Jesch/Klebeck/Dobrauz

Investmentrecht

Investmentrecht

Handbuch zum Investmentrecht
in Deutschland, Österreich, Schweiz,
Luxemburg und Liechtenstein

von

Dr. Thomas A. Jesch, LL.M. Taxation (Georgetown)
Rechtsanwalt, Fachanwalt für Steuerrecht, Frankfurt a. M.

Dr. Ulf Klebeck
Zürich

Dr. Günther Dobrauz-Saldapenna, MBA
Zürich

unter Mitarbeit von

Adrian Aldinger
Rechtsanwalt, Luxemburg

Dr. Marcel Bartnik
Rechtsanwalt, Luxemburg

Christopher Bragrock
Rechtsanwalt, Frankfurt a. M.

Dr. Herbert Buzanich
Rechtsanwalt, Wien

Corsin Derungs
Rechtsanwalt, Zürich

Sabine Igel
Rechtsanwältin, Zürich

Dr. Ursula Rath
Rechtsanwältin, Wien

2014

Verlag C.H. Beck oHG, München
Manz'sche Verlags- und Universitätsbuchhandlung, Wien
Helbing Lichtenhahn Verlag, Basel

www.beck.de
www.helbing.ch
www.manz.at

ISBN 978 3 406 64887 8
ISBN 978 3 214 02545 8 (Manz)
ISBN 978 3 7190 3325 5 (Helbing Lichtenhahn)

© 2014 Verlag C. H. Beck oHG
Wilhelmstraße 9, 80801 München
Druck und Bindung: Nomos Verlagsgesellschaft
In den Lissen 12, 76547 Sinzheim

Satz: Druckerei C.H.Beck Nördlingen
(Adresse wie Verlag)

Gedruckt auf säurefreiem, alterungsbeständigem Papier
(hergestellt aus chlorfrei gebleichtem Zellstoff)

Vorwort

Das europäische Investmentrecht wurde im Jahr 2013 einer Revision unterzogen, wie es sie seit vielen Jahrzehnten nicht gegeben hat: Die AIFM-Richtlinie, erlassen eigentlich zum Schutz institutioneller Investoren, hat auf Basis der nationalen Umsetzungsgesetze zu recht unterschiedlichen Ausgestaltungen geführt.

Auf der einen Seite sind jene EU- bzw. EUR-Mitgliedstaaten, welche einen (tatsächlich oder neu gefühlten) jahrelangen Reformstau sich aufzulösen bemüht haben, indem sie den Richtlinientext nur als Ausgangsbasis für diverse weitergehende Verschärfungen genutzt haben (neudeutsch als *Goldplating* bezeichnet). Auf der anderen Seite sind jene EU- bzw. EUR-Mitgliedstaaten, welche einer meist überproportional vertretenen Finanzdienstleistungsindustrie keine neuen Hürden in den Weg legen wollten und die AIFM-Richtlinie einfach 1:1 umgesetzt haben. Auch Drittstaaten wie die Schweiz waren aufgefordert, auf die AIFM-Richtlinie direkt (Drittstaatenqualifikation durch nationale Anpassungen) wie indirekt (KAG-Revision, Neupositionierung als Zielmarkt) zu reagieren.

Allerdings beschränkt sich das Investmentrecht keinesfalls auf die Gesetzgebungsvorhaben rund um die AIFM-Richtlinie.

Das Investmentrecht bewegt sich an der Schnittstelle von Bank- und Kapitalmarktrecht einerseits, Gesellschaftsrecht und Steuerrecht andererseits. Auch nach Veränderung der gemeinsamen Bezugsgröße AIFM-Richtlinie – zusätzlich zu den OGAW-Richtlinien im Bereich der Investmentfonds – ist ein Vergleich selbst nur der deutschsprachigen Jurisdiktionen bisher mindestens mühselig.

Hier will das vorliegende Werk Abhilfe leisten: Neben grundlegenden Einführungen in das jeweilige Investmentrecht sollen erstmalig einschlägige Gesetzestexte zusammen geführt werden. Sollte die verbesserte Vergleichbarkeit der jeweiligen regulatorischen Rahmenbedingungen zu einem gesteigerten Wettbewerb um die zielführendste gesetzliche Lösung führen, wäre ein weiteres Anliegen dieses Werkes erreicht.

Dank gilt Dr. Roland Klaes und Astrid Stanke vom Verlag C. H. Beck für ihre moralische wie tatkräftige Unterstützung des Projektes.

Die Herausgeber und Autoren freuen sich gleichermaßen über Lob wie Kritik!

Frankfurt am Main/Zürich, Ende April 2014

Thomas A. Jesch   Ulf Klebeck   Günther Dobrauz-Saldapenna

Die Herausgeber

Dr. iur. Günther Dobrauz-Saldapenna, MBA

Günther Dobrauz hat an der Johannes Kepler Universität Linz Rechtswissenschaften studiert. Nach dem Diplomstudium hat er dort zudem eine Dissertation im Bereich des internationalen Investmentrechts verfasst und nach Abschluss des Doktoratsstudiums zum Dr. iur. promoviert. Günther Dobrauz hat zusätzlich an der University of Strathclyde Graduate School of Business in Glasgow ein MBA-Studium absolviert und am Executive Education Programm der Harvard Business School teilgenommen.

Nach Absolvierung des Gerichtspraktikums beim Bezirks- und Landesgericht Steyr und Tätigkeit als Anwalt bei einer führenden Wirtschaftsrechtskanzlei war Günther Dobrauz über mehrere Jahre Legal Counsel und Managing Partner eines Schweizer Venture Capital Unternehmens. Im Anschluss daran war er wiederum für mehrere Jahre Legal Counsel einer internationalen Hedgefondsgruppe, bevor er als Senior Manager im Fachbereich Regulatory, Legal & Compliance bei der Deloitte AG in Zürich tätig wurde. Heute bekleidet er bei der PricewaterhouseCoopers AG in Zürich den Rang eines Directors und zeichnet als Technical & Markets Leader für den Bereich Regulatory & Compliance Services für die Schweiz und das Fürstentum Liechtenstein verantwortlich.

Günther Dobrauz ist der Autor mehrerer Bücher sowie von mehr als 50 Fachartikeln in internationalen Expertenmagazinen und führenden Zeitungen und hat an mehr als 40 Konferenzen weltweit referiert. Er ist zudem Vortragender im LL. M.-Programm der Universität Liechtenstein.

RA Dr. iur. Thomas A. Jesch, LL. M. (Georgetown)

Dr. Thomas A. Jesch ist seit März 2006 bei Kaye Scholer tätig. Er praktiziert in den Bereichen Steuerrecht, Fondsstrukturierung und Private Equity. Dr. Jesch ist spezialisiert auf die steueroptimierte Beratung im Zusammenhang mit der Aufsetzung von sowie Investitionen in Fondsvehikel.

Er berät schwerpunktmäßig bei der Strukturierung von Private-Equity- und Real-Estate-Fonds sowie bei der steuerrechtlichen Begleitung grenzüberschreitender M&A-Transaktionen, schwerpunktmäßig unter Beteiligung von Private-Equity-Fonds.

Dr. Jesch hat Rechtswissenschaften an der Philipps-Universität Marburg studiert. Sein Referendariat absolvierte er am Landgericht Frankfurt am Main sowie in Marburg, Gießen und München. Im Rahmen seiner juristischen Ausbildung konnte Dr. Jesch praktische Erfahrungen bei großen US- und deutschen Sozietäten in Budapest, Frankfurt am Main, München und Washington, D.C. sammeln.

Im *International Who's Who of Business Lawyers* (Ausgaben 2011 bis 2013) wird Dr. Jesch als einer der führenden Berufsvertreter im Bereich Private Funds aufgelistet.

Dr. Jesch ist der Autor zahlreicher Fachbücher und sonstiger Monographien, insbesondere im Bereich Investmentrecht und Investmentsteuerrecht. Er ist zudem Dozent an der European Business School in Oestrich-Winkel.

Dr. iur. Ulf Klebeck

Dr. Ulf Klebeck ist Head Fund Governace & Legal bei einer Schweizer Privatbank in Zürich. Er ist spezialisiert auf Fondsstrukturierungen und Asset-Management-Lösungen für in- und ausländische institutionelle und private Investoren, Manager und Initiatoren im Bereich Traditional Asset Management sowie Alternative Investments und damit einhergehende Bereiche des nationalen und internationalen Finanzaufsichts-, Steuer- und Gesellschaftsrechts. Zuvor war er als Anwalt bei Clifford Chance in München/Frankfurt sowie als Legal Counsel bei Capital Dynamics, Zug/Zürich, tätig. Dr. Ulf Klebeck ist Autor zahlreicher Veröffentlichungen im Bereich des Investment-, Finanzaufsichts- und Gesellschaftsrechts. Er ist Mitherausgeber des Beck-Kommentars zur AIFM-Richtlinie sowie eines Kommentars zum KAGB/InvStG. Neben seinen Vortragstätigkeiten zu verschiedenen finanzmarktrechtlichen Themen ist er zudem als Gastdozent an der Universität Liechtenstein, Vaduz, sowie an der Humboldt-Universität, Berlin, tätig.

Die Autoren

RA Adrian Aldinger

Adrian Aldinger ist zugelassener Rechtsanwalt und als Senior Associate bei der Luxemburger Kanzlei Arendt & Medernach tätig. Dort beschäftigt er sich schwerpunktmäßig mit der Strukturierung und der aufsichts- und gesellschaftsrechtlichen Betreuung von Private-Equity-, Venture-Capital-, Immobilien- und Infrastrukturfonds. Seine universitäre Ausbildung erhielt er an der Friedrich-Alexander Universität Erlangen-Nürnberg und der Freien Universität Berlin. Sein Referendariat absolvierte er am Kammergericht Berlin. Er ist Gründungsmitglied und stellvertretender Präsident der Deutsch-Luxemburgischen Juristenvereinigung.

RA Dr. iur. Marcel Bartnik

Dr. Marcel Bartnik ist in Deutschland und Luxemburg als Rechtsanwalt zugelassen und seit 2005 bei Arendt & Medernach in Luxemburg tätig. Der Schwerpunkt seiner Arbeit liegt im Bereich der regulierten Investmentfonds (UCITS, Hedgefonds und Private Equity – Fonds) und er begleitet Mandanten bei deren Strukturierung, Gründung und aufsichtsrechtlichen Genehmigungsverfahren. Dr. Bartnik studierte und promovierte an der Universität des Saarlandes in Saarbrücken, absolvierte sein Referendariat in Düsseldorf und erwarb an der Universität d'Aix-Marseille III ein „Diplôme d'Etudes Approfondies".

RA Christopher Bragrock

Christopher Bragrock hat Rechtswissenschaften an der Johann Wolfgang Goethe-Universität Frankfurt am Main studiert. Während des Studiums war er als studentischer Mitarbeiter in einer US-Sozietät tätig. Sein Referendariat absolvierte er am Landgericht Frankfurt am Main. Im Rahmen seiner juristischen Ausbildung konnte Christopher Bragrock praktische Erfahrungen bei großen US- und deutschen Sozietäten sammeln. Christopher Bragrock ist seit Oktober 2013 bei PricewaterhouseCoopers in Frankfurt am Main als Rechtsanwalt im Bereich M&A Tax/Private Equity tätig.

RA Dr. Herbert Buzanich, LL. M. Tax (NYU)

Herbert Buzanich ist Partner der auf Steuerrecht spezialisierten Rechtsanwaltssozietät Aigner Buzanich. Seine Beratungsschwerpunkte umfassen insbesondere internationales Steuerrecht, M&A-Transaktionen und Umgründungen, Kapitalmarkt- und Finanzprodukte, Investmentfonds, strukturierte Finanzierungen, Prozessführung in Steuersachen und Private Clients. Herbert Buzanich studierte Rechtswissenschaften an der Universität Wien (Mag. iur., Dr. iur.) und internationales Steuerrecht an der New York University School of Law (LL.M. 2004). Herbert Buzanich ist in Österreich und New York als Rechtsanwalt zugelassen. Er ist Fachvortragender und Autor von Büchern und Artikeln zu Themen des österreichischen und internationalen Steuerrechts.

Die Autoren

RA, lic. iur. utr. Corsin Derungs

Corsin Derungs hat an der Universität Freiburg i. Ue. Rechtswissenschaften studiert. Nach dem Studium hat er das Career Start Program der Credit Suisse absolviert und war in dieser Zeit im Kreditbereich und dem Handel für strukturierte Produkte tätig. Darauffolgend hat er ein Praktikum in einer Anwaltskanzlei in Zürich gemacht. Nach erfolgreichem Abschluss der Anwaltsprüfung war Corsin Derungs mehrere Jahre als Legal Counsel bei der Credit Suisse tätig und mitverantwortlich für die rechtliche Betreuung der Handelsabteilung in Zürich. Des Weiteren hat sich Corsin Derungs mit rechtlichen Fragen bezüglich Custody, Fonds und technischer Infrastruktur auseinandergesetzt.

Danach war Corsin Derungs als Senior Manager im Fachbereich Regulatory, Compliance und Legal bei der Deloitte AG tätig mit Schwerpunkt Fonds & Asset Management. Daneben betreute er Banken und Effektenhändler in Bewilligungsverfahren und diversen Projekten. Heute ist Corsin Derungs bei der Bank Julius Bär & Co. AG in Zürich beschäftigt und setzt sich mit den rechtlichen und regulatorischen Herausforderungen im Bereich Fonds & Vermögensverwaltung auseinander.

Corsin Derungs ist Co-Autor eines Fachbuchs zu kollektiven Kapitalanlagen in der Schweiz und Autor diverser Publikationen und Fachartikel und hat zu aktuellen Themen in der Entwicklung der Fondsregulierung referiert.

RAin Sabine Igel, MIBL

Sabine Igel studierte Rechtswissenschaften an Europa-Universität Viadrina Frankfurt Oder und der Ruprecht-Karls-Universität in Heidelberg. Nach dem Erreichen des Abschlusses in International Business and Law an der University of Sydney/Australien absolvierte Sabine Igel das Referendariat am Landgericht Frankfurt am Main sowie diesbezüglich Stationen in Heidelberg und Luxemburg. Während ihrer Ausbildung konnte Sabine Igel praktische Erfahrungen in inländischen und ausländischen Fondsgesellschaften sowie Kanzleien gewinnen. Nach ihrer Anstellung als Legal Counsel im Bereich der Immobilienfinanzierung einer Bank in Utrecht/Niederlande zog es sie zurück in den Fondsbereich in das Grossherzogtum Luxemburg.

Bei PricewaterhouseCoopers im Grossherzogtum Luxemburg und Zürich/Schweiz ist sie Managerin und hat ihren Schwerpunkt im Aufsichtsrecht. Insbesondere begleitet sie das Tätigkeitsfeld des Asset Managements mit der Fondsstrukturierung im UCITS- und Private Equity Bereich, bei Unterstellung von Vermögensverwaltern unter das revidierte Kollektivanlagengesetz in der Schweiz sowie unter das Gesetz alternativer Investmentfondsmanager im Fürstentum Liechtenstein. Sabine Igel ist bei Publikationen, Studien, Vorträgen und Workshops im aufsichtsrechtlichen Bereich involviert.

RAin Dr. iur Ursula Rath, LL. M. (LSE)

Ursula Rath ist Partnerin bei Schönherr Rechtsanwälte in Wien und auf Kapitalmarkttransaktionen (Eigen- und Fremdkapital), Investmentfonds und Finanzdienstleistungen, einschließlich Restrukturierungen sowie M&A-Transaktionen im Finanzdienstleistungsbereich spezialisiert. Sie berät Emittenten, Gesellschafter, Banken, Finanzinstitute sowie Investoren bei Börsenotierungen, Umplatzierungen, Privatplatzierungen, bei kapitalmarktrechtlichen Offenlegungspflichten, grenzüberschreitenden Finanzdienstleistungen und Produktvertrieb, Compliance, Lizenzfragen und Wohlverhaltensregeln. Sie deckt das gesamte Spektrum von Asset Management Dienstleistungen und Investmentfonds ab wie zB die Strukturierung und Gründung von Fonds (UCITS und non-UCITS Fonds sowie offene und geschlossene Fonds), Angebot und Vermarktung von Fondsprodukten, Regulierung und Outsourcing.

Nach ihrem Abschluss an der Universität Wien (Dr. iur. 2001) und zwei Jahren Berufserfahrung in einer Wiener Wirtschaftsrechtskanzlei erwarb Ursula Rath ein Post-

Graduate Degree (LL. M. 2003) der London School of Economics and Political Science, bevor sie 2003 der Kanzlei Schönherr beitrat.

Sie publiziert regelmäßig Beiträge in nationalen und internationalen Fachzeitschriften und hat mehrere Artikel über Banken-, Kapitalmarkt- und Finanzdienstleistungsrecht veröffentlich.

Inhaltsverzeichnis

Vorwort	V
Bearbeiterverzeichnis	VII
Inhaltsverzeichnis	XI
Abkürzungsverzeichnis	XIII
Literaturverzeichnis	XXVII

A. Deutschland
(Jesch/Klebeck/Bragrock)

I. Einführung in das deutsche Investmentrecht inkl. historischer Bezüge	1
II. Q&A Deutschland	28
III. Normentexte	48
1. Nationale Gesetze	48
a) KAGB	48
b) InvStG	252
2. Sonstige Vorschriften	301

B. Liechtenstein
(Dobrauz/Igel)

I. Einführung in das Liechtensteinische Investmentrecht und seine flankierenden Materien einschließlich historischer Bezüge	303
II. Liechtensteinisches Investmentrecht	311
III. Steuerliche Aspekte des liechtensteinischen Investmentrechts	352
IV. Q&A Liechtenstein	360
V. Normentexte	366
1. AIFMG	366
2. UCITSG	427

C. Luxemburg
(Bartnik/Aldinger)

I. Einführung in das Luxemburger Investmentrecht inkl. historischer Bezüge	489
II. Q&A Luxemburg	503
III. Steuerliche Erwägungen	517
IV. Normentexte	520
1. Gesetz vom 17.Dezember 2010 über Organismen für gemeinsame Anlagen ..	520
2. Gesetz vom 13. Februar 2007 über spezialisierte Investmentfonds (SIF)	605
3. Gesetz vom 15. Juni 2004 über Gesellschaften zur Anlage in Risikokapital (SICAR)	628
4. Gesetz vom 12. Juli 2013 über die Verwalter alternativer Investmentfonds	644

D. Österreich
(Rath/Buzanich)

I. Übersicht Hauptgesetze	693
II. Historischer Abriss	695
III. Nationale Reaktionen auf AIFM-RL, OGAW und MiFID	699

IV. Hauptgesetze im Detail 701
V. Q&A Österreich 710
VI. Normenteil: Bundesgesetz über Investmentfonds 2011 (InvFG 2011) 735

E. Schweiz
(Dobrauz / Derungs)

I. Einführung in das Schweizer Investmentrecht und seine flankierenden Materien einschließlich historischer Bezüge 939
II. Schweizer Investmentrecht 942
III. Steuerliche Aspekte des Schweizer Investmentrechts 973
IV. Q&A Schweiz 985
V. Normentexte 992
    1. KAG 992
    2. KKV 1027

F. Europäische Bestimmungen

1. AIFM-Richtlinie mit Durchführungsbestimmungen („Level 2") 1079
2. OGAW-Richtlinie mit Durchführungsbestimmungen („Level 2") 1079

Stichwortverzeichnis 1081

Abkürzungsverzeichnis

aA	anderer Ansicht
aaO	am angegebenen Ort
abgedr.	abgedruckt
ABCP	Asset-Backed Commercial Paper
ABGB.	österreichisches Allgemeines Bürgerliches Gesetzbuch
abl.	ablehnend
ABl. EG	Amtsblatt der Europäischen Gemeinschaften
ABl.	Amtsblatt der Europäischen Union
ABS	Asset-Backed Security
Abs.	Absatz (Absätze)
Abschn.	Abschnitt
abw.	abweichend
abzgl.	abzüglich
AcP	Archiv für civilistische Praxis
aE	am Ende
AEUV	Vertrag über die Arbeitsweise der Europäischen Union
aF	alte Fassung
AFG	Bundesgesetz über die Anlagefonds vom 18. März 1994 (Anlagefondsgesetz, SR 951.31)
AFV	Verordnung über die Anlagefonds vom 19. Oktober 1994 (Anlagefondsverordnung, SR 951.311)
AFV-EBK	Verordnung der Eidgenössischen Bankenkommission (EBK) über die Anlagefonds vom 24. Januar 2001 (Anlagefondsverordnung EBK, SR 951.311.1)
AG	Die Aktiengesellschaft; Amtsgericht
AGB	Allgemeine Geschäftsbedingungen
AktG	Aktiengesetz
AIF	Alternative Investment Fund/Alternativer Investmentfonds
AIFM	Alternative Investment Fund Manager
AIFMD	Alternative Investment Fund Managers Directive; siehe „AIFM-RL"
AIFM-DV	AIFM-Durchführungsverordnung
AIFMG	österreichisches Alternative Investment Fund Manager Gesetz
AIFM-RL	Richtlinie 2011/61/EU des Europäischen Parlaments und des Rates vom 8. Juni 2011 über die Verwalter alternativer Investmentfonds und zur Änderung der Richtlinien 2003/41/EG und 2009/65/EG und der Verordnungen (EG) Nr. 1060/2009 und (EU) Nr. 1095/2010, ABl. EU L 174 vom 1.7.2011, S. 1
AIFM-UmsG	Diskussionsentwurf eines Gesetzes zur Umsetzung der Richtlinie 2011/61/EU über die Verwalter alternativer Investmentfonds (AIFM-Umsetzungsgesetz – AIFM-UmsG), Stand 20. Juli 2012
AIMA	Alternative Investment Management Association
alfi	Association of the Luxembourg Fund Industry
allg.	allgemein
Alt.	Alternative
AltZertG	Gesetz über die Zertifizierung von Altersvorsorge- und Basisrentenverträgen
amtl.	amtlich
amtl. Begr.	amtliche Begründung
Anh.	Anhang
AnlV	Anlageverordnung
Anm.	Anmerkung
AnsFuG	Gesetz zur Stärkung des Anlegerschutzes und Verbesserung der Funktionsfähigkeit des Kapitalmarkts (Anlegerschutz- und Funktionsverbesserungsgesetz) vom 5. April 2011, BGBl. I 2011, S. 538

Abkürzungsverzeichnis

AntAnlVerlV	Entwurf der Verordnung zur Konkretisierung der in § 28 Abs. 3 des InvG vorgesehenen Entschädigungsverfahren und zur Anpassung der InvRBV und der InvPrüfV
AnzV	Anzeigenverordnung
AO	Abgabenordnung
AR	Aufsichtsrat
Art.	Artikel
ASSEP	Association d'épargne-pension
AT	Allgemeiner Teil
Aufl.	Auflage
AuM	Assets under management
ausdr.	ausdrücklich
AuslInvestmG	Auslandinvestment-Gesetz
AVB	Allgemeine Vertragsbedingungen
AvmG	Altersvermögensgesetz
AWD	Außenwirtschaftsdienst des Betriebs-Beraters
BaFin	Bundesanstalt für Finanzdienstleistungsaufsicht
BAI	Bundesverband Alternative Investments e. V.
BAKred	Bundesaufsichtsamt für das Kreditwesen
Bank	Die Bank
BankArch	Bank-Archiv, Zeitschrift für Bank- und Börsenwesen
BankBiRiLiG	Gesetz zur Durchführung der Richtlinie des Rates der Europäischen Gemeinschaften über den Jahresabschluss und den konsolidierten Abschluss von Banken und anderen Finanzinstituten (Bankbilanzrichtlinie-Gesetz) vom 30. November 1990, BGBl. I 1990, S. 2570
BankG	Bundesgesetz über die Banken und Sparkassen vom 8. November 1934 (Bankengesetz, SR 952.0)
BAnz	Bundesanzeiger
BauSparG	Bausparkassengesetz
BAV	Bundesaufsichtsamt für das Versicherungswesen
BAWe	Bundesaufsichtsamt für das Wertpapierwesen
BayObLG	Bayrisches Oberstes Landesgericht
BayObLGZ	Entscheidungen des Bayrischen Obersten Landesgericht in Zivilsachen
BB	Betriebs-Berater
BBankG	Bundesbankgesetz
BBK	Buchführung, Bilanz, Kostenrechnung
BCBS	Baseler Ausschuss für Bankenaufsicht
Bd. (Bde.)	Band (Bände)
BDSG	Bundesdatenschutzgesetz
Beck BilKomm	Beck'scher Bilanz Kommentar, 8. Aufl. 2012
BEHG	Bundesgesetz über die Börsen und den Effektenhandel vom 24. März 1995 (Börsengesetz, SR 954.1)
BGBl	österreichisches Bundesgesetzblatt
BSV	Beckmann/Scholtz/Vollmer, Investment – Handbuch für das gesamte Investmentwesen
Begr.	Begründung
Beil.	Beilage
Bek.	Bekanntmachung
bes.	besondere(r), besonders
BetrVG	Betriebsverfassungsgesetz
BewG	Bewertungsgesetz
BFH	Bundesfinanzhof
BGB	Bürgerliches Gesetzbuch
BGBl.	Bundesgesetzblatt
BGH	Bundesgerichtshof
BGHSt	Entscheidungen des Bundesgerichtshofs in Strafsachen
BGHZ	Entscheidungen des Bundesgerichtshofs in Zivilsachen

Abkürzungsverzeichnis

BiRiLiG	Gesetz zur Durchführung der Vierten, Siebenten und Achten Richtlinie des Rates der Europäischen Gemeinschaften zur Koordinierung des Gesellschaftsrechts (Bilanzrichtlinien-Gesetz – BiRiLiG), BGBl. I 1985, S. 2355
BIZ	Bank für internationalen Zahlungsausgleich
BKR	Zeitschrift für Bank- und Kapitalmarktrecht
BlgNr	Beilage(n) zu den stenographischen Protokollen des Nationalrats
BMF	Bundesminister(ium) der Finanzen
BMF	österreichisches Bundesministerium für Finanzen
BMJ	Bundesminister(ium) der Justiz
BMWi	Bundesministerium für Wirtschaft und Technologie
BNotO	Bundesnotarordnung
BOD	Bekanntmachung des Bundesaufsichtsamtes für das Kreditwesen über die Anforderungen an die Ordnungsmäßigkeit des Depotgeschäftes und der Erfüllung von Wertpapierlieferungsverpflichtungen vom 21. Dezember 1998
BoS	Board of Supervisors
BörseG	österreichisches Börsegesetz 1989
BörsZulV	Verordnung über die Zulassung von Wertpapieren zum regulierten Markt an einer Wertpapierbörse (Börsenzulassungs-Verordnung – BörsZulV)
BörsG	Börsengesetz
BFS-M	Boos/Fischer/Schulte-Mattler, Kreditwesengesetz, 4. Aufl. 2012
BR-Drs.	Bundesrats-Drucksache
BReg.	Bundesregierung
BS	Brinkhaus/Scherer, Gesetz über Kapitalanlagegesellschaften und Auslandinvestment-Gesetz, 2003
BSL	Berger/Steck/Lübbehüsen, Investmentgesetz und Investmentsteuergesetz, 2010
Bsp.	Beispiel
bspw.	beispielsweise
BT-Drs.	Bundestags-Drucksache
BuB	Bankrecht und Bankpraxis
Buchst.	Buchstabe
BVB	Besondere Vertragsbedingungen
BVerfG	Bundesverfassungsgericht
BVerfGE	Entscheidungen des Bundesverfassungsgerichts
BVerwG	Bundesverwaltungsgericht
BVerwGE	Entscheidungen des Bundesverwaltungsgerichts
BVG	Bundesgesetz über die berufliche Alters-, Hinterlassenen- und Invalidenvorsorge vom 25. Juni 1982 (BVG, SR 831.40)
BVI	Bundesverband Investment und Asset Management e. V.
BVK	Bundesverband Deutscher Kapitalbeteiligungsgesellschaften e. V.
BWG	österreichisches Bankwesengesetz
BWNotZ	Zeitschrift für das Notariat in Baden-Württemberg
bzgl.	bezüglich
bzw.	beziehungsweise
CCP	Central Counterparty
CD	Certificate of Deposit
CDO	Collateralized Debt Obligation
CDS	Credit Default Swap
CDU	Christlich-Demokratische Union Deutschlands
CEBS	Committee of European Banking Supervisors
CESR	Committee of European Securities Regulators
CEIOPS	Committee of European Insurance and Occupational Pensions Supervisors
CFD	Computational fluid dynamics
CFlaw	Corporate Finance law
CHF	Schweizer Franken
CLO	Collateralized Loan Obligation
CMBS	Commercial Mortgage Backed Securities

Abkürzungsverzeichnis

CP	Commercial Paper
CPEC	Convertible Participating Equity Certificate
CRD	Capital Requirement Directive
CRR	Cox-Ross-Rubinstein-Modell
CSSF	Commission de Surveillance du Secteur Financier
CSU	Christlich-Soziale Union in Bayern
CTA	Commodity Trading Advisor
CVaR	Conditional Value at Risk
DAX	Deutscher Aktienindex
DB	Der Betrieb
DBA	Doppelbesteuerungsabkommen
DBG	Bundesgesetz über die direkte Bundessteuer vom 14. Dezember 1990 (DBG, SR 642.11)
DD	Due Diligence
De-Larosière-Bericht	Report from the High Level Group on Financial Supervision in the EU, chaired by Jaques de Larosière, 25. Februar 2009
DepotG	Depotgesetz
dergl.	dergleichen
ders.	derselbe
DerivateV	Verordnung über Risikomanagement und Risikomessung beim Einsatz von Derivaten in Sondervermögen nach dem Investmentgesetz (Derivateverordnung – DerivateV)
desgl.	desgleichen
DfRL	Durchführungsrichtlinie
dh	das heißt
dies.	dieselbe(n)
DIHK	Deutscher Industrie- und Handelskammertag
DIN	Deutsches Institut für Normung e. V.
DiskE	Diskussionsentwurf
Diss.	Dissertation
DIW	Deutsches Institut für Wirtschaftsforschung
DJT	Deutscher Juristentag
DJZ	Deutsche Juristenzeitung
DM	Deutsche Mark
DÖV	Die öffentliche Verwaltung
DR	Depositary Receipt
DrittelbG	Gesetz über die Drittelbeteiligung der Arbeitnehmer im Aufsichtsrat
Drucks.	Drucksache
DSCR	Debt-Service Coverage Ratio
Dt.	Deutsch
DVBl.	Deutsches Verwaltungsblatt
dz.	Dazu
DZWiR	Deutsche Zeitung für Wirtschaftsrecht
EAEG	Einlagensicherungs- und Anlegerentschädigungsgesetz
EAInvV	Verordnung zum elektronischen Anzeigeverfahren für richtlinienkonforme inländische Investmentvermögen nach dem Investmentgesetz (EAInvV)
EBA	European Banking Authority
ebda	ebenda
EBIT	Earnings before Interest and Tax
EBK	Eidgenössische Bankenkommission
EBRG	Europäische Betriebsräte-Gesetz
ECOFIN	Vertretung der Europäischen Wirtschafts- und Finanzminister
EFAMA	European Fund and Asset Management Association
EFD	Eidgenössisches Finanzdepartement
EFSL	European Financial Service Law
EFTA	European Free Trade Association
EG	Europäische Gemeinschaft (ehemals EWG)

EGAktG	Einführungsgesetz zum Aktiengesetz
EGBGB	Einführungsgesetz zum Bürgerlichen Gesetzbuch
EG InsO	Einführungsgesetz zur Insolvenzordnung
EGV	Vertrag zur Gründung der Europäischen Gemeinschaft
EIB	European Investment Bank
EIF	European Investment Fund
EIOPA	Europäische Aufsichtsbehörde für das Versicherungswesen und die betriebliche Altersversorgung
Einf.	Einführung
Einl.	Einleitung
einschr.	einschränkend
einstw.	einstweilen
EK	Eigenkapital
EL	Expected Loss
EMA	European Master Agreement
EMIR	European Market Infrastructure Regulation
EMTN	European Medium Term Note
Engl.	Englisch
Entspr.	Entsprechendes
entspr.	entsprechend
Entw.	Entwurf
EPRA	European Platform of Regulatory Authorities
Erg. Bd.	Ergänzungsband
Erg. Lfg.	Ergänzungslieferung
Erl.	Erläuterung(en); Erlass
ESFS	Europäisches System für die Finanzaufsicht
ESMA	European Securities and Market Authority
ESRB	European Systemic Risk Board
ESt	Einkommensteuer
EStG	Einkommensteuergesetz
ESTV	Eidgenössische Steuerverwaltung
etc.	et cetera
ETF	Exchange Traded Fund
EU	Europäische Union
EU-LeerverkaufsVO	Leerverkaufsverordnung der Europäischen Union
DV(O)	Durchführungsverordnung
EuGH	Europäischer Gerichtshof
EuGVVO	Verordnung über die gerichtliche Zuständigkeit und die Anerkennung und Vollstreckung von Entscheidungen in Zivil- und Handelssachen
EUR	Euro
EUV	Vertrag über die Europäische Union
EuZW	Europäische Zeitschrift für Wirtschaftsrecht
EV	Einigungsvertrag
EVCA	The European Private Equity and Venture Capital Association
e.V.	eingetragener Verein
evtl.	eventuell
EWG	Europäische Wirtschaftsgemeinschaft (heute EG bzw. EU)
EWiR	Entscheidungen zum Wirtschaftsrecht
EWR	Europäischer Wirtschaftsraum (Abkommen)
EWS	Europäisches Wirtschafts- und Steuerrecht
EZB	Europäische Zentralbank
f., ff.	folgende, fortfolgende
FATF	Financial Action Task Force
FAQs	Frequently Asked Questions
FAZ	Frankfurter Allgemeine Zeitung
FCIC	Financial Crisis Inquiry Commission
FCP	Fonds Commun de Placement
FEFSI	Fédération Européene des Fonds et Sociétés d'Investissement

Abkürzungsverzeichnis

FestG	Festgabe
FinAnV	Verordnung über die Analyse von Finanzinstrumenten (Finanzanalyseverordnung – FinAnV)
FinDAG	Gesetz über die Bundesanstalt für Finanzdienstleistungsaufsicht (Finanzdienstleistungsaufsichtsgesetz – FinDAG)
FinDAGKostV	Verordnung über die Erhebung von Gebühren und die Umlegung von Kosten nach dem Finanzdienstleistungsaufsichtsgesetz
FINMA	Eidgenössische Finanzmarktaufsicht
FINMAG	Bundesgesetz über die Eidgenössische Finanzmarktaufsicht vom 22. Juni 2007 (Finanzmarktaufsichtsgesetz, SR 956.1)
FIS	Financial Information System
FMA	österreichische Finanzmarktaufsicht
FMA-IPV	FMA-Incoming-Plattformverordnung
FMFG	Finanzmarktförderungsgesetz
Fn.	Fußnote
FR	Finanz-Rundschau
FRA	Forward Rate Agreement
FRN	Floating Rate Note
FRUG	Finanzmarktrichtlinie-Umsetzungsgesetz
FS	Festschrift
FSA	Financial Services Authority
FSB	Financial Stability Board
FX	Foreign Exchange
GAAP	Generally Accepted Accounting Principles
GATS	General Agreement on Trade in Services
Gauzès-Bericht	Bericht des Wirtschafts- und Finanzausschusses des Europäischen Parlaments vom 11. Juni 2010 (A7–0171/2010)
GbR	Gesellschaft bürgerlichen Rechts
gem.	gemäß
GG	Grundgesetz
ges.	gesetzlich
Gesetz von 1915	Gesetz vom 10.8.1915 über Handelsgesellschaften
Gesetz von 1991	Gesetz vom 19.7.1991 betreffend Organismen für gemeinsame Anlagen
Gesetz von 1998	Gesetz vom 23.12.1998 über die Schaffung einer Kommission zur Beaufsichtigung des Finanzsektors
Gesetz von 2002	Gesetz vom 20.12.2002 über Organismen für gemeinsame Anlagen
Gesetz von 2004	Gesetz vom 15.6.2004 über Gesellschaften zur Anlage in Risikokapital
Gesetz von 2007	Gesetz vom 13.2.2007 über spezialisierte Investmentfonds
Gesetz von 2010	Gesetz vom 17.12.2010 über Organismen für gemeinsame Anlagen
Gesetz von 2013	Gesetz vom 12.7.2013 zur Umsetzung der EU-Richtlinie 2011/61/EU über Verwalter alternativer Investmentfonds
GewA	Gewerbearchiv
GewO	Gewerbeordnung
ggf.	gegebenenfalls
GmbH	Gesellschaft mit beschränkter Haftung
GmbHG	Gesetz betreffend die Gesellschaften mit beschränkter Haftung
GmbHR	GmbH-Rundschau
GmbH & Co KG	Gesellschaft mit beschränkter Haftung & Co Kommanditgesellschaft
GMF-V	Geldmarktfondsverordnung
GMSLA	Global Master Securities Lending Agreement
GoB	Grundsätze ordnungsgemäßer Buchführung
GoBS	Grundsätze ordnungsmäßiger DV-gestützter Buchführungssysteme
GP	Gesetzgebungsperiode
grds.	grundsätzlich
GS	Gedächtnisschrift; Gesammelte Schriften
GuV	Gewinn- und Verlustrechnung
GWG	Gesetz gegen Wettbewerbsbeschränkungen
GwG	Gesetz über das Aufspüren von Gewinnen aus schweren Straftaten

Abkürzungsverzeichnis

GwG	Bundesgesetz zur Bekämpfung der Geldwäscherei und der Terrorismusfinanzierung im Finanzsektor vom 10. Oktober 1997 (Geldwäschereigesetz, SR 955.0)
Halbs.	Halbsatz
Hdb.	Handbuch
HFSB	Hedge Fund Strategy Barometer
HGB	Handelsgesetzbuch
hL	herrschende Lehre
hM	herrschende Meinung
HR	Handelsregister
HRegV	Handelsregisterverordnung (HRegV) vom 17. Oktober 2007 (Stand am 1. Januar 2012) (Handelsregisterverordnung, SR 221.411)
Hrsg.	Herausgeber
HV	Hauptversammlung
IA	Impact Assessment
IAS	International Accounting Standards
idF	in der Fassung
idR	in der Regel
IDW	Institut der Wirtschaftsprüfer
iE	im Ergebnis
ie	im einzelnen
ieS	im engeren Sinne
IFG	Gesetz zur Regelung des Zugangs zu Informationen des Bundes (Informationsfreiheitsgesetz – IFG)
IG-FestV	Informationen- und Gleichwertigkeitsfestlegungsverordnung
iGgs.	im Gegensatz
IHK	Industrie- und Handelskammer
iHv	in Höhe von
IIF	Institute of International Finance
IIKV	Interessenkonflikte- und Informationen für Kunden-Verordnung
ImmoInvFG	österreichisches Immobilien-Investmentfondsgesetz
InvFG 2011	österreichisches Investmentfondsgesetz 2011
ILF	Institute for Law and Finance
IMF	International Monetary Fund
IMRO	Investment Management Regulatory Organisation
InhKontrollV	Verordnung über die Anzeigen nach § 2c des Kreditwesengesetzes und § 104 des Versicherungsaufsichtsgesetzes (Inhaberkontrollverordnung – InhKontrollV)
inkl.	inklusive
InstitutsVergV	Verordnung über die aufsichtsrechtlichen Anforderungen an Vergütungssysteme von Instituten
insb.	insbesondere
insg.	insgesamt
InsO	Insolvenzordnung
int.	international
InvAG	Investmentaktiengesellschaft
InvÄndG	Gesetz zur Änderung des Investmentgesetzes und zur Anpassung anderer Vorschriften (Investmentänderungsgesetz), BGBl. I 2007, S. 3089
InvKG	Investment-Kommanditgesellschaft
InvMaRisk	Mindestanforderungen für das Risikomanagement von Investmentgesellschaften
InvModG	Gesetz zur Modernisierung des Investmentwesens und zur Besteuerung von Investmentvermögen (Investmentmodernisierungsgesetz), BGBl. I 2003, S. 2676
InvG	Investmentgesetz

Abkürzungsverzeichnis

InvPrüfbV	Verordnung über die Inhalte der Prüfungsberichte für Kapitalanlagegesellschaften, Investmentaktiengesellschaften und Sondervermögen (Investment-Prüfungsberichtsverordnung – InvPrüfbV)
InvRBV	Verordnung über Inhalt, Umfang und Darstellung der Rechnungslegung von Sondervermögen und Investmentaktiengesellschaften sowie die Bewertung der einem Investmentvermögen zugehörigen Vermögensgegenstände (Investment-Rechnungslegungs- und Bewertungsverordnung – InvRBV)
InvSchlichtV	Verordnung über die Schlichtungsstelle nach § 143c des Investmentgesetzes (Investmentschlichtungsstellenverordnung – InvSchlichtV)
InvStG	Investmentsteuergesetz
InvVerOV	Verordnung zur Konkretisierung der Verhaltensregeln und Organisationsregeln nach dem Investmentgesetz (Investment-Verhaltens- und Organisationsverordnung – InvVerOV)
IORP	Institutions for occupational retirement provision
IOSCO	Internationale Organisation der Wertpapieraufsichtsbehörden
IPMA	International Primary Markets Association
IPO	Initial Public Offering
IPR	Internationales Privatrecht
IR	Information Ratio
iR	im Rahmen
iRd	im Rahmen des (der)
IRR	Internal Rate of Return
iS	im Sinne
iSd	im Sinne des (der)
ISDA	International Swaps and Derivatives Association
ISLA	International Securities Lending Association
ISMA	International Securities and Market Association
iSv	im Sinne von
iVm	in Verbindung mit
IWB	NWB Internationales Steuer- und Wirtschaftsrecht
IWF	Internationaler Währungsfonds
iwS	im weiteren Sinne
iZw	im Zweifel
JBFfst	Jahrbuch der Fachanwälte für Steuerrecht
JBl	Juristische Blätter
JIBL	Journal of International Banking Law
jur.	juristisch
jurisPR	juris Praxisreport
JW	Juristische Wochenschrift
JZ	Juristenzeitung
KAG	Bundesgesetz über die kollektiven Kapitalanlagen vom 23. Juni 2006 (Kollektivanlagengesetz, SR 951.31)
KAGB	Kapitalanlagegesetzbuch
KAGB-	Diskussionsentwurf des Kapitalanlagegesetzbuch (Stand 20. Juli 2012) Diskussionsentwurf
KAGB-E	Regierungsentwurf des Kapitalanlagegesetzbuch (Stand 12. Dezember 2012)
KAGG	Gesetz über Kapitalanlagegesellschaften
KapErtrSt	Kapitalertragssteuer
KG	Kommanditgesellschaft; Kammergericht
KGaA	Kommanditgesellschaft auf Aktien
KGK	Kommanditgesellschaft für kollektive Kapitalanlagen
KMG	österreichisches Kapitalmarktgesetz
KI	Kreditinstitut
KID	Kundeninformationsdokument
KIID	Key investor information document

Abkürzungsverzeichnis

KKV	Verordnung über die kollektiven Kapitalanlagen vom 22. November 2006 (Kollektivanlagenverordnung, SR 951.311)
KKV-FINMA	Verordnung der Eidgenössischen Finanzmarktaufsicht über die kollektiven Kapitalanlagen vom 21. Dezember 2006 (Kollektivanlagenverordnung – FINMA, SR 951.321)
KMU	Kleinere und mittlere Unternehmen
KOM	Europäische Kommission
KRI	Key Risk Indicator
krit.	kritisch
KS	Kreisschreiben
KSt	Körperschaftsteuer
KVG	Kapitalverwaltungsgesellschaft
KWG	Kreditwesengesetz
Kz.	Kennziffer
LBO	Leveraged Buy-Out
LCR	Liquidity Coverage Ratio
Lehne-Bericht	Bericht mit Empfehlungen an die Kommission zur Transparenz institutioneller Investoren, 2007/2234 (INI) 9. Juli 2008
LG	Landgericht
LIBOR	London Interbank Offered Rate
Lit.	Literatur
lit.	litera
LiqV	Liquiditätsverordnung
LP	Limited Partnership
LS	Leitsatz
LTCM	Long-Term Capital Management
LTV	Loan to Value
MaBV	Makler- und Bauträgerverordnung
MaComp	BaFin-Rundschreiben 4/2010 (WA) – Mindestanforderungen an die Compliance-Funktion und die weiteren Verhaltens-, Organisations- und Transparenzpflichten nach §§ 31 ff. WpHG für Wertpapierdienstleistungsunternehmen, Geschäftszeichen WA 31-Wp 2002–009/0010, 7. Juni 2010, zuletzt geändert am 31. August 2012
MaH	Verlautbarung über Mindestanforderungen an das Betreiben von Handelsgeschäften der Kreditinstitute
MaRisk	Mindestanforderungen an das Risikomanagement
maW	mit anderen Worten
MB	Management Board
MBS	Mortgage Backed Security
MDR	Monatsschrift für deutsches Recht
m. E.	meines Erachtens/mit Einschränkung(en)
MiFID	Richtlinie 2004/39/EG des Europäischen Parlaments und des Rates vom 21. April 2004 über Märkte für Finanzinstrumente, zur Änderung der Richtlinien 85/611/EWG und 93/6/EWG des Rates und der Richtlinie 2000/12/EG des Europäischen Parlaments und des Rates und zur Aufhebung der Richtlinie 93/22/EWG des Rates, ABl EU L 145 vom 30. April 2004, S. 1
MiKapBG	Gesetz zur steuerlichen Förderung der Mitarbeiterkapitalbeteiligung (Mitarbeiterkapitalbeteiligungsgesetz – MiKapBG), BGBl. I 2009, S. 451
MitbestG	Mitbestimmungsgesetz
MMR	MultiMedia und Recht
mN	mit Nachweisen
Mrd.	Milliarde(n)
MTN	Medium Term Note
MüKoAktG	Münchener Kommentar zum AktG in 9 Bänden, 3. Auflage, ab 2008
MüKoBGB	Münchener Kommentar zum BGB in 11 Bänden, 5. Auflage, ab 2006

Abkürzungsverzeichnis

MüKoHGB	Münchener Kommentar zum HBG in 7 Bänden, 2. Auflage, ab 2009
mwN	mit weiteren Nachweisen
Nachtr.	Nachtrag
Nachw.	Nachweis
NAV	Net Asset Value/Nettoinventarwert
nF	neue Fassung
NIF	Note Issuing Facility
NJW	Neue Juristische Wochenschrift
NJW-RR	NJW-Rechtsprechungs-Report Zivilrecht
Nr.	Nummer
NSFR	Net Stable Funding Ratio
NWB	Neue Wirtschaftsbriefe
NZA	Neue Zeitschrift für Arbeitsrecht
NZG	Neue Zeitschrift für Gesellschaftsrecht
NZM	Neue Zeitschrift für Miet- und Wohnungsrecht
oä	oder ähnliches
ÖBA	Zeitschrift für das gesamte Bank- und Börsenwesen
ÖBA	Österreichisches Bankarchiv
OECD	Organization for Economic Cooperation and Development (Organisation für wirtschaftliche Zusammenarbeit und Entwicklung)
OGA	Other Government Agency
OGA	Organismus für Gemeinsame Anlagen
OGAW	Organismen für gemeinsame Anlagen in Wertpapieren
OGAW-RL	Richtlinie des Rates vom 20. Dezember 1985 zur Koordinierung der Rechts- und Verwaltungsvorschriften betreffend bestimmte Organismen für gemeinsame Anlagen in Wertpapieren (OGAW) (85/611/EWG), ABl. EG L 375 vom 31.12.1985, S. 3
OGAW IV-RL	Richtlinie 2009/65/EG des Europäischen Parlaments und des Rates vom 13. Juli 2009 zur Koordinierung der Rechts- und Verwaltungsvorschriften betreffend bestimmte Organismen für gemeinsame Anlagen in Wertpapieren (OGAW) (Neufassung), ABl. EU L 302 vom 17.11.2009, S. 32
OGAW-IV-UmsG	Gesetz zur Umsetzung der Richtlinie 2009/65/EG zur Koordinierung der Rechts- und Verwaltungsvorschriften betreffend bestimmte Organismen für gemeinsame Anlagen in Wertpapieren (OGAW-IV-Umsetzungsgesetz – OGAW-IV-UmsG), BGBl. I 2011, S. 1126
OHG	Offene Handelsgesellschaft
OLG	Oberlandesgericht
OR	Bundesgesetz betreffend die Ergänzung des Schweizerischen Zivilgesetzbuches (Fünfter Teil: Obligationenrecht) vom 30. März 1911 (Obligationenrecht, SR 220)
OSLA	Overseas Securities Lender's Agreement
OTC	over-the-counter
o.V.	ohne Verfasserangabe
OVG	Oberverwaltungsgericht
OWiG	Gesetz über Ordnungswidrigkeiten (OWiG)
ÖPP	Öffentlich-Private Partnerschaft
ÖStZ	Österreichische Steuerzeitung
OTC	Over the Counter
p.a.	per anno
PEX	Deutscher Pfandbriefindex
PfandBG	Pfandbriefgesetz
PrüfbV (Banken)	Prüfungsberichtsverordnung – Verordnung über die Prüfung der Jahresabschlüsse der Kreditinstitute und Finanzdienstleistungsinstitute sowie die darüber zu erstellenden Berichte (PrüfbV) vom 23. September 2009

Abkürzungsverzeichnis

Rasmussen-Bericht	Bericht mit Empfehlungen an die Kommission zu Hedge-Fonds und Private Equity, 2007/2238(INI), 11. September 2008
RBMS	Residential Backed Mortgage Security
rd.	rund
RdE	Runderlass
RdF	Recht der Finanzinstrumente
RdSchr.	Rundschreiben
RechKredV	Verordnung über die Rechnungslegung der Kreditinstitute und Finanzdienstleistungsinstitute (Kreditinstituts-Rechnungslegungsverordnung – RechKredV)
Reg.Begr.	Regierungsbegründung
RegE	Regierungsentwurf
RK	Reischauer/Kleinhans, Kreditwesengesetz
REIT	Real Estate Investment Trust
Repo	Repurchase (Agreement)
REX	Deutscher Rentenindex
RFP	Request for Proposal
Risikokapitalfonds-VO	Verordnung (EU) 345/2013
RIW	Recht der internationalen Wirtschaft
RL	Richtlinie
RL 2006/73/EG	Richtlinie 2006/73/EG der Kommission vom 10. August 2006 zur Durchführung der Richtlinie 2004/39/EG des Europäischen Parlaments und des Rates in Bezug auf die organisatorischen Anforderungen an Wertpapierfirmen und die Bedingungen für die Ausübung ihrer Tätigkeit sowie in Bezug auf die Definition bestimmter Begriffe für die Zwecke der genannten Richtlinie, ABl. EU L 241 vom 2. September 2006, S. 26
RL 2007/16/EG	Richtlinie 2007/16/EG der Kommission vom 19. März 2007 zur Durchführung der Richtlinie 85/611/EWG des Rates zur Koordinierung der Rechts- und Verwaltungsvorschriften betreffend bestimmte Organismen für gemeinsame Anlagen in Wertpapieren (OGAW) im Hinblick auf die Erläuterung gewisser Definitionen, ABl. EU L 79 vom 20. März 2007, S. 11
RL 2010/43/EU	Richtlinie 2010/43/EU der Kommission vom 1. Juli 2010 zur Durchführung der Richtlinie 2009/65/EG des Europäischen Parlaments und des Rates im Hinblick auf organisatorische Anforderungen, Interessenkonflikte, Wohlverhalten, Risikomanagement und den Inhalt der Vereinbarung zwischen Verwahrstelle und Verwaltungsgesellschaft, ABl. EU L 176 vom 10. Juli 2010, S. 42
RL 2010/44/EU	Richtlinie 2010/42/EU der Kommission vom 1. Juli 2010 zur Durchführung der Richtlinie 2009/65/EG des Europäischen Parlaments und des Rates in Bezug auf die Bestimmungen über Fondsverschmelzungen, Master-Feeder-Strukturen und das Anzeigeverfahren, ABl. EU L 176 vom 10. Juli 2010, S. 28
Rn.	Randnummer(n)
RS	Rundschreiben
Rspr.	Rechtsprechung
RTS	Regulatory Technical Standard
RV	Regierungsvorlage
S.	Satz; Seite
s.	siehe
SA	Société Anonyme (Aktiengesellschaft)
SBL	Schimansky/Bunte/Lwowski, Bankrechtshandbuch, 4. Aufl. 2011
SBVg	Schweizerische Bankiervereinigung
SEC	U.S. Securities and Exchange Commission
SECA	Swiss Private Equity & Corporate Finance Association
SEPCAV	Société d'épargne-pension à capital variable
SFA	Swiss Funds Association
SFAMA	Swiss Funds and Asset Management Association (früher SFA; Namenswechsel per 1. Juli 2013)

Abkürzungsverzeichnis

SICAF	Société d'investissement à capital fixe (Dt.: Investmentgesellschaft mit festem Kapital)
SICAR	Société d'investissement en capital à risque (Dt.: Investmentgesellschaft für Investitionen in Risikokapital)
SICAV	Société d'Investissement à Capital Variable
Slg.	Sammlung (der Entscheidung des Europäischen Gerichtshofs)
s. o.	siehe oben
SoBedWp	Sonderbedingungen für Wertpapiergeschäfte
sog.	so genannt
SolvV	Solvabilitätsverordnung (SolvV – Verordnung über die angemessene Eigenmittelausstattung von Instituten, Institutsgruppen und Finanzholding-Gruppen)
Sp.	Spalte
SPD	Sozialdemokratische Partei Deutschlands, Serial Presence Detect
SPE	Sozialdemokratische Partei Europas
SPV	Special Purpose Vehicle
SR	Sharpe Ratio
SR	Systematische Sammlung des Bundesrechts
SRO	Selbstregulierungsorganisation
stat.	statistisch
Sten Prot	Stenographische(s) Protokoll(e) des Nationalrats
StG	Bundesgesetz über die Stempelabgaben vom 27. Juni 1973 (SR 641.10)
StGB	Strafgesetzbuch
StHG	Bundesgesetz über die Harmonisierung der direkten Steuern der Kantone und Gemeinden vom 14. Dezember 1990 (SR 642.14)
str.	streitig
st. Rspr.	ständige Rechtsprechung
SWI	Steuer & Wirtschaft International
TDSV	Telekommunikations- Datenschutzverordnung
TFV	Teilfondsverordnung
TGV	Teilgesellschaftsvermögen
TOP	Tagesordnungspunkt
Tz.	Teilziffer; Textziffer
u.	und
ua	und andere; unter anderem
UAbs.	Unterabsatz
UBG	Unternehmensbeteiligungsgesellschaft(en)
UBGG	Unternehmensbeteiligungsgesellschaftengesetz
UCITS	Undertakings for Collective Investment in Transferable Securities
UCITS IV	Dt.: Richtlinie 2009/65/EG des Europäischen Parlaments und des Rates vom 13. Juli 2009 zur Koordinierung der Rechts- und Verwaltungsvorschriften betreffend bestimmte Organismen für gemeinsame Anlagen in Wertpapieren (OGAW), ABl. L 302 vom 17.11.2009
ÜHV	Übermittlungs- und Hinterlegungsverordnung
UMAG	Gesetz zur Unternehmensintegrität und Modernisierung des Anfechtungsrechts (UMAG) vom 22. September 2005, BGBl. I 2005, S. 2802
UmwG	Umwandlungsgesetz
UmwStG	Umwandlungssteuergesetz
unstr.	unstreitig
unzutr.	unzutreffend
UR	Umsatzsteuer
Urt.	Urteil
USD	Amerikanischer Dollar
USt	Umsatzsteuer
UStG	Umsatzsteuergesetz
UStG 1994	Umsatzsteuergesetz 1994
UStR	Umsatzsteuer-Richtlinien

Abkürzungsverzeichnis

usw.	und so weiter
uU	unter Umständen
UWG	Gesetz gegen den unlauteren Wettbewerb
v.	vom
VA	Verwaltungsakt, Versicherungsaufsicht
VAG	Versicherungsaufsichtsgesetz
VAG	Bundesgesetz betreffend die Aufsicht über Versicherungsunternehmen vom 17. Dezember 2004 (Versicherungsaufsichtsgesetz, SR 961.01)
Var.	Variante
VaR	Value at Risk
VerBAV	Veröffentlichungen des Bundesaufsichtsamtes für das Versicherungswesen
Verf.	Verfasser
VerkProspG	Wertpapier-Verkaufsprospektgesetz
VerkProspVO	Verordnung über Wertpapier-Verkaufsprospekte
VermAnlG	Gesetz über Vermögensanlagen
VermBDV	Vermögensbildungs-Durchführungsverordnung
VermBG	Vermögensbildungsgesetz
VermBetG	Vermögensbeteiligungsgesetz
VersR	Versicherungsrecht
Vfg.	Verfügung
VG	Verwaltungsgericht
VGF	Verband Geschlossene Fonds
VGH	Verwaltungsgerichtshof
vgl.	vergleiche
vH	vom Hundert
VLaR	Value Liquidity at Risk
VO	Verordnung
VO (EU) Nr. 583/2010	Verordnung (EU) Nr. 583/2010 der Kommission vom 1. Juli 2010 zur Durchführung der Richtlinie 2009/65/EG des Europäischen Parlaments und des Rates im Hinblick auf die wesentlichen Informationen für den Anleger und die Bedingungen, die einzuhalten sind, wenn die wesentlichen Informationen für den Anleger oder der Prospekt auf einem anderen dauerhaften Datenträger als Papier oder auf einer Website zur Verfügung gestellt werden, ABl. EU L 176 vom 10. Juli 2010, S. 1
VO (EU) Nr. 584/2010	Verordnung (EU) Nr. 584/2010 der Kommission vom 1. Juli 2010 zur Durchführung der Richtlinie 2009/65/EG des Europäischen Parlaments und des Rates im Hinblick auf Form und Inhalt des Standardmodells für das Anzeigeschreiben und die OGAW-Bescheinigung, die Nutzung elektronischer Kommunikationsmittel durch die zuständigen Behörden für die Anzeige und die Verfahren für Überprüfungen vor Ort und Ermittlungen sowie für den Informationsaustausch zwischen zuständigen Behörden, ABl. EU L 176 vom 10. Juli 2010, S. 16
Vorbem.	Vorbemerkung(en)
VorstAG	Gesetz zur Angemessenheit der Vorstandsvergütung
VStG	Bundesgesetz über die Verrechnungssteuer vom 13. Oktober 1965 (Verrechnungssteuergesetz, SR 642.21)
VStV	Verordnung über die Verrechnungssteuer vom 19. Dezember 1966 (Verrechnungssteuerverordnung, SR 642.211)
VVG	Versicherungsvertragsgesetz
VwGO	Verwaltungsgerichtsordnung
VwVfG	Verwaltungsverfahrensgesetz
WA	Wertpapieraufsicht
WAG 2007	österreichisches Wertpapieraufsichtsgesetz 2007
WEG	Wohnungseigentumsgesetz
WFA	Wohnungswirtschaftlicher Fachausschuss beim IdW
WG	Wechselgesetz
WKBG	Gesetz zur Förderung von Wagniskapitalbeteiligungen

Abkürzungsverzeichnis

WL	Wegleitung
WM	Wertpapier-Mitteilungen
wN	weitere Nachweise
WoPDV	Verordnung zur Durchführung des Wohnungsbau-Prämiengesetzes
WoPG	Wohnungsbau-Prämiengesetz
WP	Wirtschaftsprüfer
WpDPV	Verordnung über die Prüfung der Wertpapierdienstleistungsunternehmen nach § 36 des Wertpapierhandelsgesetzes (Wertpapierdienstleistungs-Prüfungsverordnung – WpDPV vom 16. Dezember 2004 (BGBl. I S. 3515), zuletzt geändert durch Artikel 1 der Verordnung vom 24. Oktober 2007 (BGBl. I S. 2499)
WpDVerOV	Verordnung zur Konkretisierung der Verhaltensregeln und Organisationsanforderungen für Wertpapierdienstleistungsunternehmen (Wertpapierdienstleistungs-Verhaltens- und Organisationsverordnung – WpDVerOV)
WPg	Die Wirtschaftsprüfung
WPG	Wirtschaftsprüfungsgesellschaft
WP-Hdb.	Handbuch der Wirtschaftsprüfung
WpHG	Wertpapierhandelsgesetz
WPO	Wirtschaftsprüferordnung
WpÜG	Wertpapiererwerbs- und Übernahmegesetz
WRP	Wettbewerb in Recht und Praxis
WTO	World Trade Organization
WuB	Entscheidungssammlung zum Wirtschafts- und Bankrecht
Z	Ziffer
zB	zum Beispiel
ZBB	Zeitschrift für Bankrecht und Bankwirtschaft
ZfgKW	Zeitschrift für das gesamte Kreditwesen
ZgKW	Zugkraftwagen
ZfIR	Zeitschrift für Immobilienrecht
ZfK	Zeitschrift für Kommunale Wirtschaft
ZGB	Schweizerisches Zivilgesetzbuch vom 10. Dezember 1907 (Zivilgesetzbuch, SR 210)
ZGR	Zeitschrift für Unternehmens- und Gesellschaftsrecht
ZHR	Zeitschrift für das gesamte Handels- und Wirtschaftsrecht
Ziff.	Ziffer(n)
ZIP	Zeitschrift für Wirtschaftsrecht
zit.	zitiert
ZKA	Zentraler Kreditausschuss
ZPO	Zivilprozessordnung
ZR	Zentralregister, Zivilrecht, Zollrecht
zT	zum Teil
zust.	zustimmend
zutr.	zutreffend
zZ	zur Zeit
zzgl.	zuzüglich
ZZP	Zeitschrift für Zivilprozess

Literaturverzeichnis

Alber, Bernd/Dobrauz-Saldapenna, Günther, Das liechtensteinische Investmentunternehmen. Eine systematische Darstellung, Österreichische Notariatszeitung (ÖNZ), 139. Jhg., (2007/9), S. 266–271.
  zit.: *Alber/Dobrauz-Saldapenna,* IUG
Apathy/Iro/Koziol (Hrsg.), Österreichisches Bankvertragsrecht, Band IV: Kapitalmarkt, 2. Auflage, Wien/Linz, 2007.
  zit.: *Bearbeiter* in Apathy/Iro/Koziol, Bankvertragsrecht, Band IV, 2007
Arndt, Jan-Holger/Voß, Thorsten, Wertpapier-Verkaufsprospektgesetz (Verkaufsprospektgesetz) und Verordnung über Vermögensanlagen-Verkaufsprospekte (Vermögensanlagen – Verkaufsprospektverordnung – VermVerkProsV). München, 2008.
  zit.: *Bearbeiter* in Arndt/Voß, VerkProspG, 2008
Assmann, Heinz-Dieter/Schütze, Rolf, Handbuch des Kapitalanlagerechts, 3. Auflage, München, 2007.
  zit.: *Bearbeiter* in Assmann/Schütze, Handbuch des Kapitalanlagerechts, 3. Auflage, 2007
Assmann, Heinz-Dieter/Lenz, Jürgen/Ritz, Corinna, Verkaufsprospektgesetz, Verkaufsprospekt – Verordnung, Verkaufsprospektgebühren – Verordnung, Kommentar, Köln, 2001.
  zit.: *Bearbeiter* in Assmann/Lenz/Ritz, VerkaufsprospektG, 2001
Baas, Volker/Izzo-Wagner, Anna, Auf dem Weg zu einem neuen Kapitalanlagegesetzbuch, die bank, 03/2013, 12 ff.
Barocka, Egon, Investment-Sparen und Investment-Gesellschaften, Stuttgart, 1956.
  zit.: *Barocka,* Investment-Sparen
Baum, Günter, Schutz und Sicherung des Investmentsparers bei Kapitalanlage-Gesellschaften und Investment-Trusts, Mainz, 1959
  zit.: *Baum,* Schutz und Sicherung des Investmentsparers bei Kapitalanlage-Gesellschaften und Investment-Trusts
Baur, Jürgen, Investmentgesetze, Berlin, 1970.
  zit.: *Baur,* Investmentgesetze
Baur, Jürgen, Investmentgesetze, 2. Auflage, Berlin, 1997.
  zit.: *Baur,* Investmentgesetze, 2. Auflage 1997
Blankenheim, Johannes, Die Umsetzung der OGAW-IV-Richtlinie in das Investmentgesetz, ZBB 2011, 344 ff.
  zit.: *Blankenheim* ZBB 2011
Botschaft zum Bundesgesetz über die kollektiven Kapitalanlagen (Kollektivanlagengesetz) vom 23. September 2005, Bern, 2005, elektronisch verfügbar unter: http://www.admin.ch/opc/de/federal-gazette/2005/6395.pdf (abgerufen am 27. September 2013).
  zit.: Botschaft zum Kollektivanlagengesetz 2005.
Botschaft über die Änderung des Kollektivanlagengesetzes (KAG) vom 2. März 2012, Bern, 2012, elektronisch verfügbar unter: http://www.admin.ch/opc/de/federal-gazette/2012/3639.pdf (abgerufen am 23. September 2013).
  zit.: Botschaft über die Änderung des Kollektivanlagengesetz 2012
Brandner/Jud/Kofler/Polster-Grüll, Private Equity und Venture Capital: Anforderungen an eine neue Fondsstruktur für den österreichischen Risikokapitalmarkt, ÖBA 2007, S 365.
Brinkhaus, Josef/Scherer, Peter (Hrsg.), KAGG, AuslInvestmG, Kommentar, München, 2003.
  zit.: *Bearbeiter* in Brinkhaus/Scherer
Brosch, Wolfgang, Die Besteuerung der Investmentzertifikate, Der Betriebs-Berater, 1967, 792 ff.
  zit.: *Brosch,* Die Besteuerung der Investmentzertifikate, BB 1967
Bruchwitz, Sebastian/Voß, Thorsten, Der Regierungsentwurf für ein Gesetz zur Novellierung des Finanzanlagenvermittler- und Vermögensumlagenrechts, BB 2011, 1226 ff.
  zit.: *Bruchwitz/Voß* BB 2011
Brülin, Frank, Verschmelzung von Investmentfonds in Luxemburg, Deutschland und im europäischen Binnenmarkt, Unter Berücksichtigung der OGAW IV-Richtlinie vom 31. Juli 2009 (Richtlinie 2009/65/EG des Europäischen Parlaments und des Rates). Hamburg, 2012.
  zit.: *Brülin,* Verschmelzung von Investmentfonds in Luxemburg, Deutschland und im europäischen Binnenmarkt
Bruppacher, C. Rudolf, Investment Trusts, Zürich, 1933
  zit.: *Bruppacher,* Investment Trusts

Bujotzek, Peter/Steinmüller, Jens, Neuerungen im Investmentrecht durch das OGAW-IV. Umsetzungsgesetz, DB 2012, 2246 ff.
zit.: *Bujotzek/Steinmüller* DB 2012

Bußalb, Jean-Pierre/Unzicker, Ferdinand, Auswirkungen der AIFM-Richtlinie auf geschlossene Fonds, BKR 2012, 309 ff.
zit.: *Bußalb/Unzicker* BKR 2012

Cahn, Andreas/Müchler, Henny, Produktinterventionen nach MiFID II Eingriffsvoraussetzungen und Auswirkungen auf die Pflichten des Vorstands von Wertpapierdienstleistungsunternehmen, BKR 2013, 45 ff.
zit.: *Cahn/Müchler* BKR 2013

Consbruch, Johannes, Investmentsparen gesetzlich geschützt, Der Betriebs-Berater, 1957, 337 ff.
zit.: *Consbruch* BB 1957, S.

Cornish, Martin/Mason, Ian, International Guide to Hedge Fund Regulation. [West Sussex] 2009.
zit.: *Bearbeiter* in International Guide to Hedge Fund Regulation

Derungs, Corsin/Dobrauz-Saldapenna, Günther, Tafeln zum Schweizer Kollektivanlagenrecht. Eine praktische Einführung, Zürich, 2013.
zit.: *Derungs/Dobrauz,* Tafeln zum Schweizer Kollektivanlagenrecht

Dornseifer, Frank/Jesch, Thomas A./Klebeck, Ulf/Tollmann, Claus, AIFM-Richtlinie, Kommentar, München, 2013.
zit.: *Bearbeiter* in DJKT, AIFM-Richtlinie

Dobrauz-Saldapenna, Günther, Der Fondsplatz Liechtenstein – Chancen und Risiken, liechtensteinjournal, Ausgabe 19, 5. Jhg., (2013/3), S. 66–68.
zit.: *Dobrauz-Saldapenna,* Fondsplatz Liechtenstein.

Dobrauz-Saldapenna, Günther, Das neue AIFM-Gesetz – eine Bestandsaufnahme, Liechtensteinisches Bankenmagazin, Ausgabe 23, Juni 2012, S. 18 f.
zit.: *Dobrauz-Saldapenna,* AIFM-Gesetz.

Dobrauz-Saldapenna, Günther, Schwieriges Schweizer Qualifying zum GP der Alpha-Jäger, B2B Magazin, Nr. 38, Mai 2012, S. 28–30.
zit.: *Dobrauz-Saldapenna,* Schweizer Qualifying.

Dobrauz-Saldapenna, Günther/ Tettamanti, Claudio, Country Reports – Liechtenstein, in: Zetzsche, Dirk (Hrsg.), The Alternative Investment Fund Managers Directive (2012), International Banking and Finance Law Series, Volume 20, Alphen aan den Rijn, Kluwer Law International BV, S. 645–695.
zit.: *Dobrauz-Saldapenna/Tettamanti,* Liechtenstein.

Dobrauz-Saldapenna, Günther/Wirth, Dieter, Vehikel für alternative Anlagen. Von Off- zu Onshore als Alternative für die Alternativen, Der Schweizer Treuhänder, 12/8, S. 545–550.
zit.: *Dobrauz-Saldapenna/Wirth,* Onshore Alternative.

Dobrauz-Saldapenna, Günther/Wirth, Dieter, New Rules for Swiss Hedge Fund Managers –Challenges and Opportunities, in HFMWeek, HFMWeek Special Edition Switzerland 2012, S. 9–12.
zit.: *Dobrauz-Saldapenna/Wirth,* New Rules.

Eidgenössisches Finanzdepartement, Totalrevision des Bundesgesetzes über die Anlagefonds vom 18. März 1994. Erläuterungsbericht samt Gesetzesentwurf der vom Eidgenössischen Finanzdepartement eingesetzten Expertenkommission, November 2003, Bern, elektronisch verfügbar unter: http://www.svig.org/sites/default/files/downloads/001.pdf (abgerufen am 18. September 2013)
zit.: Eidgenössisches Finanzdepartement, Erläuterungsbericht Totalrevision AFG 2003

Eidgenössisches Finanzdepartement, Erläuterungsbericht zur Revision der Verordnung über die kollektiven Kapitalanlagen (KKV) vom 11. Dezember 2012
zit.: Eidgenössisches Finanzdepartement, Erläuterungsbericht Revision KKV 2012

Eidgenössische Steuerverwaltung, Kreisschreiben Nr. 24 der ESTV vom 1. Januar 2009 betreffend kollektive Kapitalanlagen als Gegenstand der Verrechnungssteuer und der Stempelabgaben.
zit.: ESTV, Kreisschreiben Nr. 24

Eidgenössische Steuerverwaltung, Kreisschreiben Nr. 25 der ESTV vom 5. März 2009 betreffend Besteuerung kollektiver Kapitalanlagen und ihrer Anleger.

Eidgenössische Steuerverwaltung (ESTV), MWST-Branchen-Info 14 „Finanzbereich", Januar 2010, elektronisch verfügbar unter: http://www.estv.admin.ch/mwst/dokumentation/00130/00947/01033/, abgerufen am 12. September 2013
zit.: Eidgenössische Steuerverwaltung, MWST-Branchen-Info 14.

Efama, Trends in the European Investment Fund Industry in the Second Quarter of 2013 & Results for the first half of 2013, N°54, September 2013
  zit.: EFAM, European Investment Fund Industry
Elser, Thomas/Stadler, Rainer, Entschärfter Kabinettsentwurf zur Anpassung des Investmentsteuergesetzes an das AIFM-Umsetzungsgesetz, Deutsches Steuerrecht, 2013, 225 ff.
  zit.: Elser/Stadler DStR 2013
Emde, Thomas/Dreibus, Alexandra, Der Regierungsentwurf für ein Kapitalanlagegesetzbuch, Zeitschrift für Bank- und Kapitalmarktrecht, 2013, 89 ff.
  zit.: Emde/Dreibus BKR 2013
Emde, Thomas/Dreibus, Alexandra, Der Regierungsentwurf für ein Kapitalanlagegesetzbuch, BKR 2013, 89.
Epe, Daniel/Teichmann, Christoph, Die neuen Meldepflichten für künftig erwerbbare Stimmrechte (§§ 25, 25a WpHG), WM 2012, 1213 ff.
  zit.: Epe/Teichmann WM 2012
ESMA, Draft regulatory technical standards on types of AIFMs, Consultation paper, 19.12.2012, ESMA/2012/844
ESMA, Final report „Guidelines on key concepts of the AIFMD", 24.5.2013, ESMA/2013/600
Fintelmann, Erik, Das Angebot der deutschen Wertpapier-Investmentgesellschaften, in Schuster, Leo (Hrsg.), Investment Handbuch, Stuttgart, 1971
  zit.; Fintelmann, Investmentangebot
FMA Liechtenstein, Die FMA Liechtenstein, elektronisch verfügbar unter: http://www.fma-li.li/fma/fma-liechtenstein.html, abgerufen am 21. September 2013
  zit.: FMA, Die FMA
FMA Liechtenstein, Regulierung Verwaltungsgesellschaften und Fonds nach IUG, elektronisch verfügbar unter: http://www.fma-li.li/finanzintermediaere/bereich-wertpapiere/verwaltungsgesellschaften-und-fonds-nach-iug/regulierung-rechtsgrundlagen.html, abgerufen am 27. September 2013
  zit.: FMA, IUG
FMA Liechtenstein, Regulierung von Verwaltungsgesellschaften und OGAW nach UCITSG, elektronisch verfügbar unter: http://www.fma-li.li/finanzintermediaere/bereich-wertpapiere/verwaltungsgesellschaften-und-ogaw-nach-ucitsg/regulierung-rechtsgrundlagen.html, abgerufen am 27. September 2013
  zit.: FMA, UCITSG
FMA Liechtenstein, Regulierung von Vermögensverwaltungsgesellschaften, elektronisch verfügbar unter: http://www.fma-li.li/finanzintermediaere/bereich-wertpapiere/vermoegensverwaltungsgesellschaften/regulierung-rechtsgrundlagen.html, abgerufen am 27. September 2013
  zit.: FMA, VVG
FMA Liechtenstein, Regulierung von Verwalter alternativer Investmentfonds, elektronisch verfügbar unter: http://www.fma-li.li/finanzintermediaere/bereich-wertpapiere/verwalter-alternativer-investmentfonds/regulierung-rechtsgrundlagen.html, abgerufen am 27. September 2013
  zit.: FMA, AIFMG
Fock, Till, UBGG, Kommentar, München, 2005.
  zit.: Fock, UBGG
Förster, Wolfgang/Hertrampf, Urte, Das Recht der Investmentfonds, 3. Auflage, Neuwied, 2001.
  zit.: Förster/Hertrampf, Investmentfonds, 3. Aufl., 2001
Forstinger, „EuSEFs" (Europäischer Fonds für Soziales Unternehmertum) Förderung sozialer Innovation durch ein neues Fondslabel in der EU?, ÖBA 2013, S. 498
Forstinger, Sondervorschriften und erleichterte Rahmenbedingungen nach dem neuen Immobilien-Investmentfondsgesetzt, ÖBA 2004, S. 261
Fuhrmann/Resch, Immobilien-Investmentfondsgesetz, immolex 2003, S. 283.
Gancz, Das „Öffentliche Angebot" nach dem Kapitalmarktgesetz, ÖBA 1992, S. 264
Genequand, Emmanuel/Dobrauz-Saldapenna, Günther, LPPC et gestionnaires de Private Equity; in Banque & Finance, Ausgabe No. 118, Déc 2012/Fév 2013, S. 65–68.
  zit.: Genequand/Dobrauz-Saldapenna, LLPC.
Gericke, Karlheinz, Rechtsfragen zum Investmentsparen, Der Betrieb, 1959, 1276 ff.
  zit.: Gericke DB 1959
Gerstner/Leitner, Geschlossene Immobilienfonds und kollektive Immobilien-Investments im Fokus des AIFMG; ÖBA 2013, S. 566
Geurts, Matthias/Schubert, Leif, KAGB kompakt, Köln 2014

Günther, Thomas, Hinweise zur Gestaltung des Produktinformationsblattes gem. § 31 Abs. 3a WpHG, GWR 2013, 55 ff.
zit.: *Günther* GWR 2013
Gysi, Heidi Erika, Die qualifizierten Anleger im Kollektivanlagenrecht, Zürich/St. Gallen, 2013.
zit.: *Gysi,* Die qualifizierten Anleger im Kollektivanlagenrecht
Haisch, Martin L./Helios, Marcus, Investmentsteuerreform aufgrund AIFMD und KAGB, Betriebs-Berater, 2013, 23 ff.
zit.: *Haisch/Helios* BB 2013
Haisch, Martin/Helios, Marcus, Steuerliche Produktregulierung durch das AIFM-StAnpG – Antworten auf Zweifelsfragen, FR 2014, 313
Hanten, Mathias/Reinholz, Petra, Das Vermögensanlagengesetz, ZBB 2012, 36 ff.
zit.: *Hanten/Reinholz* ZBB 2012
Heidinger/Paul, Kommentar zum Investmentfondsgesetz, Wien, 2005
zit.: *Bearbeiter* in Heidinger/Paul, InvFG, 2005
Heidinger/Paul/Schmidt/Spranz/Urtz/Wachter, Kommentar zum Immobilien-Investmentfondsgesetz (ImmoInvFG), Wien, 2004
zit.: *Bearbeiter* in Heidinger/Paul/Schmidt/Spranz/Urtz/Wachter, ImmoInvFG, 2004
Henkel, Karl-Joachim, Die steuerliche Behandlung der Investmentgesellschaften in Deutschland, Frankfurt am Main, 1961
zit.: *Henkel,* Die steuerliche Behandlung der Investmentgesellschaften
Herring, Frank/Loff, Detmar, Die Verwaltung alternativer Investmentvermögen nach dem KAGB-E, DB 2012, 2029 ff.
zit.: *Herring/Loff* DB 2012
Heusel, Matthias, Der neue § 25a WpHG im System der Beteiligungstransparenz, WM 2012, 291 ff.
zit.: *Heusel* WM 2012
Honauer, Nikolaus/Felder, Marco/Kokel, Jana, Das Mehrwertsteuergesetz des Fürstentum Liechtensteins, Vergleich der gesetzlichen und praktischen Unterschiede zur Schweiz, Der Schweizer Treuhänder, 13/4, S. 232 ff.
zit.: *Honauer/Felder/Kokel,* MWSTG
Jacob, Michael, Asset-Management: Anlageinstrumente, Marktteilnehmer und Prozesse, Springer Gabler, Wiesbaden, 2012
zit.: *Jacob,* Asset-Management, Anlageinstrumente, Marktteilnehmer und Prozesse
Jaffer, Sohail, The international growth of Shariah compliant funds", Luxembourg Fund Review 2009, 9 ff.
zit.: *Jaffer,* Luxembourg Fund Review 2009
Jesch, Thomas A., BB-Gesetzgebungs- und Rechtsprechungsreport zur Fondsregulierung 2012, BB 2012, 2845 ff.
zit: *Jesch* BB 2012
Jesch, Thomas A., BB-Gesetzgebungs- und Rechtsprechungsreport 2013, BB 2013, 3075 ff.
zit.: *Jesch* BB 2013
Jesch, Thomas A./Aldinger, Adrian, EU-Verordnungsvorschlag über Europäische Risikokapitalfonds (EuVECA) – Wer wagt, gewinnt?, RdF 2012, 217 ff.
zit.: *Jesch/Aldinger,* RdF 2012
Jesch, Thomas A./Alten, Klaus, Erlaubnisantrag für Kapitalverwaltungsgesellschaften nach §§ 21 ff. KAGB – bisherige Erkenntnisse und offene Fragen, RdF 2013, 191 ff.
zit.: *Jesch/Alten,* RdF 2013
Jesch, Thomas A./Haug, Felix, Das neue Investmentsteuerrecht, DStZ 2013, S. 771 ff.
zit.: *Jesch/Haug* DStZ 2013
Jesch, Thomas A./Klebeck, Ulf, BB-Gesetzgebungs- und Rechtsprechungsreport 2011, BB 2011, 1866 ff.
zit.: *Jesch/Klebeck* BB 2011
Jesch, Thomas A./Striegel, Andreas/Boxberger, Lutz (Hrsg.), Rechtshandbuch Private Equity, München, 2010
zit.: *Bearbeiter* in Jesch/Striegel/Boxberger, Rechtshandbuch Private Equity
Jusits/Schredl, Die EWR-Anpassung des neuen Investmentfondsgesetzes, ÖBA 1993, S. 535
Kalss/Oppitz/Zollner, Kapitalmarktrecht Band I (System), Wien, 2005
Kalss, Editorial, GesRZ 2013, S. 113
Kammel, Alternative Investmentfonds Manager Gesetz (AIFMG) & Co – Eine erste Bestandsaufnahme, ÖBA 2013, S. 483

Kammel/Schredl, Das InvFG 2011 – Richtungsweisende Gesetzgebung oder verpasste Chance?, ÖBA 2011, S. 556

Kastner/Mayer/Feyl, Investmentfondgesetz JBl 1963, S. 549

Kilgus, Egon, Kapitalanlage-Gesellschaften Investment Trusts, Berlin, 1929
  zit.: *Kilgus,* Kapitalanlage-Gesellschaften Investment Trusts

Kind, Sebastian/Haag, Stephan Alexander, Der Begriff des Alternative Investment Fund nach der AIFM-Richtlinie, DStR 2010, 1526 ff.
  zit.: *Kind/Haag* DStR 2010

Klebeck, Ulf, Neue Richtlinie für Verwalter von alternativen Investmentfonds?, DStR 2009, 2154 ff.
  zit.: *Klebeck* DStR 2009

Klebeck, Ulf/Meyer, Catia, Drittstaatenregulierung der AIFM-Richtlinie, RdF 2012, 95 ff.
  zit.: *Klebeck/Meyer,* RdF 2012

Klebeck, Ulf/Zollinger, Peter Felix, Compliance-Funktion nach der AIFM-Richtlinie, BB 2013, 458 ff.
  zit.: *Klebeck/Zollinger* BB 2013

Klebeck, Ulf/Boxberger, Lutz, Vertrieb von Alternativen Investmentfonds nach dem KAGB, Absolutreport 04/2013, 64

Klebeck, Ulf/Eichhorn, Jochen, OGAW-Konformität von AIF, RdF 2014, 16

Klebeck, Ulf/Kolbe, Sebastian, Aufsichts- und Arbeitsrecht im KAGB, BB 2014, 707

Kley, Andreas, Grundriss des liechtensteinischen Verwaltungsrechts, Verlag der Liechtensteinischen Akademischen Gesellschaft, 1998 (zit. als Kley (1998) Verwaltungsrecht)

Koch, Raphael, Das Kapitalanlagegesetzbuch: Neue Rahmenbedingungen für Private-Equity-Fonds – Transparenz, gesellschaftsrechtliche Maßnahmen und Finanzierung, WM 2014, 433

Koenig, Helmut, Investment Trusts. Ihre Entwicklung in den Vereinigten Staaten von Amerika und die Verhältnisse für Errichtung von Kapitalanlagegesellschaften in Deutschland, Murnau, 1931
  zit.: *Koenig,* Investment Trusts

Kramer, Robert/Redenzagel, Ralf, Die AIFM-Richtlinie – Neuer Rechtsrahmen für die Verwaltung alternativer Investmentfonds, DB 2011, 2077 ff.
  zit.: *Kramer/Redenzagel* DB 2011

Krause, Martin/Klebeck, Ulf, Family Office und AIFM-Richtlinie, BB 2012, 2063 ff.
  zit.: *Krause/Klebeck* BB 2012

Krause, Martin/Klebeck, Ulf, Fonds(anteils)begriff nach der AIFM-Richtlinie und dem Entwurf des KAGB, Recht der Finanzinstrumente, 2013, 4 ff.
  zit.: *Krause/Klebeck,* RdF 2013

Kremer, Claude/Lebbe, Isabelle, Collective Investment Schemes in Luxembourg. [USA] 2009.
  zit.: *Kremer/Lebbe,* Collective Investment Schemes in Luxembourg

Lauermann, Hans-Ulrich/Birker, Christian, Investmentfonds im neuen DBA Luxemburg – ein Überblick. RDF 2013, 51
  zit.: *Lauermann/Birker,* RDF 2013

Law, Edward, Kapitalsanlage als Wissenschaft (Übersetzung des Artikels „Scientific Investment" in „The Financial Review of Reviews."), London, 1908
  zit.: *Law,* Kapitalsanlage als Wissenschaft

Leistikow, Michael/Ellerkmann, Dirk, BB-Gesetzgebungsreport: Neuerungen nach dem Investmentgesetz, BB 2003, 2693 ff.
  zit.: *Leistikow/Ellerkmann* BB 2003

Lezzi, Lukas, Regulierung und Aufsicht über kollektive Kapitalanlagen für alternative Anlagen, Zürich, 2012
  zit.: *Lezzi,* Regulierung und Aufsicht über kollektive Kapitalanlagen für alternative Anlagen

Liechtensteinischer Anlagefondsverband (LAFV), Fondsstatistik, elektronisch verfügbar unter: http://www.lafv.li/Fonds/Statistik/tabid/55/language/de-CH/Default.aspx, abgerufen am 21. September 2013.
  zit.: LAFV, Fondsstatistik.

Liefmann, Robert, Beteiligungs- und Finanzierungsgesellschaften, Eine Studie über den modernen Effektenkapitalismus, Jena, 1921.
  zit.: *Liefmann,* Beteiligungs- und Finanzierungsgesellschaften

Loff, Ditmar/Klebeck, Ulf, Fundraising nach der AIFM-Richtlinie und Umsetzung in Deutschland durch das KAGB, BKR 2013, 353 ff.
  zit.: *Loff/Klebeck* BKR 2012

Loff, Detmar/Klebeck, Ulf, Fundraising nach der AIFM-Richtlinie und Umsetzung in Deutschland durch das KAGB, BKR 2012, 353

Loritz, Karl-Georg/Uffmann, Katharina, Der Geltungsbereich des Kapitalanlagegesetzbuches (KAGB) und Investmentformen außerhalb desselben – Erste Überlegungen, auch zum Auslegungsschreiben der BaFin vom 14.6.2013 (1), WM 2013, 2193 ff.
zit.: *Loff/Klebeck* BKR 2012

Loritz, Karl-Georg/Uffmann, Katharina, Der Geltungsbereich des Kapitalanlagegesetzbuches (KAGB) und Investmentformen außerhalb desselben – Erste Überlegungen, auch zum Auslegungsschreiben der BaFin vom 14.6.2013 (1), WM 2013, 2193

Lüdicke, Jochen/Arndt, Jan-Holger (Hrsg.), Geschlossene Fonds, 6. Auflage, München, 2013
zit.: *Bearbeiter* in Lüdicke/Arndt, Geschlossene Fonds, 6. Auflage, 2013

Macher/Buchberger/Kalss/Oppitz, Kommentar zum Investmentfondsgesetz^2 (InvFG-Kommentar), Wien, 2013
zit.: *Bearbeiter* in Macher/Buchberger/Kalss/Oppitz, InvFG-Kommentar^2, 2013.

Macher, Praxishandbuch Investmentfonds (Praxishandbuch), Wien, 2011.

Majcen, Auswirkungen des AIFMG auf Fondsmanager und den Vertrieb der von ihnen verwalteten Alternativen Investmentfonds in Österreich, ÖBA 2013, S. 493.

Majcen, „EuVECA" (Europäische Risikokapitalfonds) Ein neues EU-Gütesiegel für Venture-Capital-Fonds, ÖBA 2013, S. 705.

Marxer & Partner Rechtsanwälte: Liechtensteinisches Wirtschaftsrecht, Liechtenstein Verlag, 2009.
zit.: Marxer & Partner, Wirtschaftsrecht.

Merkner, Andreas/Sustmann, Marco, Erste „Guidance" der BaFin zu den neuen Meldepflichten nach §§ 25, 25a WpHG, NZG 2012, 241 ff.
zit.: *Merkner/Sustmann* NZG 2012

Möllers/Harrer/Krüger, Die Regulierung von Hedgefonds und Private Equity durch die neue AIFM-Richtlinie, WM 2011, 1537 ff.
zit.: *Möllers/Harrer/Krüger* WM 2011

Neugebauer, Jan/Fort, Eric, Die neue Kommanditgesellschaft und die Umsetzung der AIFM-Richtlinie in Luxemburg, IStR 2014, 247.

Nelle, Andreas/Klebeck, Ulf, Der „kleine" AIFM – Chancen und Risiken der neuen Regulierung für deutsche Fondsmanager, BB 2013, 2499 ff.
zit.: *Nelle/Klebeck* BB 2013

Niedner, Claude/Kass, Francis, Les fonds alternatifs en droit luxembourgeois, in: Droit bancaire et financier au Luxembourg, Band IV. Larcier 2004, 1581 ff.
zit.: *Niedner/Kass,* Les fonds alternatifs en droit luxembourgeois

Nietsch, Michael/Graef, Andreas, Aufsicht über Hedgefonds nach dem AIFM-Richtlinienvorschlag, ZBB 2010, 12 ff.
zit.: *Nietsch/Graef* ZBB 2010

Offner, Max, Die kapitalwirtschaftliche Funktion der Holdinggesellschaften und Investment Trusts unter besonderer Berücksichtigung ihrer Besteuerung, Frankfurt am Main, 1933.
zit.: *Offner,* Kapitalwirtschaftliche Funktion

Oser, Stefan, AIFMD und KAGB – neue Geschäftsaussichten für Depotbanken, Kreditwesen 2014, 71.

Philipp, Otmar, Bankrecht: Ausreichende Überwachung des Schattenbankwesens, EuZW 2013, 43 ff.
zit.: *Philipp* EuZW 2013

Pircher/Pülzl, Historische Entwicklung, aktueller Stand und Ausblick auf die Zukunft der Investmentfondsbesteuerung, ÖStZ 2002, S 30

Pozen, Robert/Hamacher, Theresa, The Fund Industry, Hoboken 2011

PricewaterhouseCoopers, Vermögensverwaltung im Fürstentum Liechtenstein, 1. Aufl., 2008.
zit.: PricewaterhouseCoopers, Vermögensverwaltung.

Quittner, Paul, Investment. Moderne Prinzipien der Vermögensanlage, Berlin, 1930.
zit.: *Quittner,* Investment

Raab, Wolfgang, Grundlagen des Investmentfondsgeschäftes, 2.durchges. Aufl., 2006.
zit.: *Raab,* Investmentfondsgeschäft.

Regierung des Fürstentums Liechtenstein, Vernehmlassungsbericht der Regierung betreffend die Totalrevision des Gesetzes vom 3. Mai 1996 über Investmentunternehmen, Nr. 89/1996, Vaduz, 2004.
zit.: Regierung des Fürstentums Liechtenstein, Vernehmlassungsbericht IUG.

Literaturverzeichnis

Regierung des Fürstentums Liechtenstein, Bericht und Antrag der Regierung an den Landtag des Fürstentums Liechtenstein betreffend die Schaffung eines Gesetzes über bestimmte Organismen für gemeinsame Anlagen in Wertpapieren (UCITSG) und die Abänderung weiterer Gesetze, Nr. 26/2011, Vaduz, 2011.
   zit.: Regierung des Fürstentums Liechtenstein, Bericht und Antrag UCITSG.

Regierung des Fürstentums Liechtenstein, Bericht und Antrag der Regierung an den Landtag des Fürstentums Liechtenstein betreffend die Abänderung des Gesetzes über die Verwalter alternativer Investmentfonds (AIFMG) und anderer Gesetze, Nr. 24/2013, Vaduz, 2013.
   zit.: Regierung des Fürstentums Liechtenstein, Bericht und Antrag AIFMG-Ä.

Regierung des Fürstentums Liechtenstein, Bericht und Antrag der Regierung an den Landtag des Fürstentum Liechtensteins betreffend die Totalrevision des Gesetzes über die Landes- und Gemeindesteuern, Nr. 48 / 2010.
   zit.: Regierung des Fürstentums Liechtenstein, Bericht und Antrag LGST.

Reiter, Markus/Plumridge, Karola, Das neue Investmentgesetz Teil I + II, WM 2012, 343 ff.
   zit.: *Reiter/Plumridge* WM 2012

Rinas, Michael/Pobartscha, Alexandra, Das Vermögensanlagen- Informationsblatt, BB 2012, 1615 ff.
   zit.: *Rinas/Pobartscha* BB 2012

Schäcker, Hanns-Erhard, Entwicklung und System des Investmentsparens, Fritz Knapp Verlag, Frankfurt am Main, 1961
   zit.: *Schäcker,* Entwicklung und System des Investmentsparens

Schimansky, Herbert/Bunte, Hermann-Josef/Lwowski, Hans Jürgen, Bankrechts-Handbuch, 4. Aufl. (2011)
   zit: *Schimansky/Bunte/Lwowski,* Bankrechts-Handbuch, 4. Aufl.

Schlee, Alexander/Maywald, Ian M., PIB: Ein neues Risiko im Rahmen der Prospekthaftung? BKR 2012, 320 ff.
   zit.: *Schlee/Maywald* BKR 2012

Schmuhl/Wohl, Venture Capital am Scheideweg? Auswirkungen der AIFM-Richtlinie, CFB 2011, 138 ff.
   zit.: *Schmuhl/Wohl* CFB 2011

Schreiner, Petra/Roth, Jörg, Luxemburg antwortet zügig auf neue Anforderungen, Börsenzeitung vom 28.9.2013, Nummer 187, S. B 6.
   zit.: *Schreiner/Roth,* Börsenzeitung S. B 6.

Securities and Exchange Commission, The Investor's Advocate: How the SEC Protects Investors, Maintains Market Integrity, and Facilitates Capital Formation, abrufbar unter: www.sec.gov/about/whatwedo.shtml.

Seeger, Norbert, Die Anstalt, elektronisch verfügbar unter: http://www.seeger.li/Service/Publikationen/LiechtensteinerAnstalt/tabid/82/language/de-CH/Default.aspx, abgerufen am 24. September 2013.
   zit.: *Seeger,* Die Anstalt.

Siara, Georg/Tormann, Wolfgang, Kommentar zum Gesetz über Kapitalanlagegesellschaften, Frankfurt am Main, 1957
   zit.: *Siara/Tormann,* Kommentar zum Gesetz über Kapitalanlagegesellschaften

Sieberer, Das europäische Investmentrecht und das Investmentfondsgesetz 1993, 1996, S. 1

Spindler, Gerald/Bednarz, Sebastian, Die Regulierung von Hedge-Fonds im Kapitalmarkt- und Gesellschaftsrecht, Teil II, WM 2006, 601 ff.
   zit.: *Spindler/Bednarz* WM 2006

Spindler, Gerald/Tancredi, Sara, Die Richtlinie über Alternative Investmentfonds (AIFM-Richtlinie) – Teil I + II, WM 2011, 1393 ff./1441 ff.
   zit.: *Spindler/Tancredi* WM 2011

Steinberg, Wilhelm, Die steuerlichen Vorschriften des Gesetzes über Kapitalanlagegesellschaften, Der Betrieb, 1957, 196 ff.
   zit.: *Steinberg* DB, 1957

Stotz, Jörg W., Besteuerung von Wertpapier-Investmentfonds, Bielefeld, 1998
   zit.: *Stotz,* Wertpapier-Investmentfonds

Swoboda, Jörg/Silberberger, Christina, UBGG, in Striegel, Andreas/Wiesbrock, Michael/Jesch, Thomas A. (Hrsg.), Kapitalbeteiligungsrecht, Stuttgart, 2009
   zit.: *Swoboda/Silberberger* in Striegel/Wiesbrock/Jesch, Kapitalbeteiligungsrecht

Taisch, Franco/Müller, Urs, Der Fondsstandort Liechtenstein, Liechtensteinische Landesbank AG, 1997.
   zit.: *Taisch/Müller,* Fondsstandort Liechtenstein.

Literaturverzeichnis

Thöni, Andreas, UCITS-Gesetz sichert nachhaltiges Fondswachstum, Inside Liechtenstein, PwC, Mai 2011, S. 4–6.
zit.: *Thöni*, UCITSG.
Tormann, Wolfgang, Die Investmentgesellschaften, Frankfurt am Main, 1964
zit.: *Tormann*, Die Investmentgesellschaften
Volhard, Patricia/Euhus, Fabian, Neue Regeln für Venture-Capital-Fonds in Europa, Absolut.report 02/2013, 58 ff.
zit.: *Volhard/Euhus*, Absolut.report 02/2013
Volhard, Patricia/Jang, Jin-Hyuk, Der Vertrieb alternativer Investmentfonds, DB 2013, 273 ff.
zit.: *Vohard/Jang* DB 2013
vom Berge und Herrendorff, Hans-Siegmund, Der Schutz des Investmentsparers – Darstellung unter Berücksichtigung des Gesetzes über Kapitalanlagegesellschaften vom 16.4.1957, Köln, 1962
zit.: *v. Berge und Herrendorff*, Der Schutz des Investmentsparers
von Caemmerer, Ernst, Kapitalanlage- oder Investmentgesellschaften, Juristenzeitung, 1958, 41 ff.
zit.: *v. Caemmerer*, Kapitalanlage- oder Investmentgesellschaften, JZ 1958
von Hall, Peter, Warum EMIR den Finanzplatz Deutschland stärkt, und trotzdem eine Wettbewerbsverzerrung im Binnenmarkt droht, WM 2013, 673 ff.
zit.: *von Hall* WM 2013
von Livonius, Hilger/Schatz, Christian, Die AIFM-Richtlinie – Handlungsbedarf für Fondsmanager, Absolut I Report 6/2010, 54 ff.
zit.: *von Livonius/Schatz*, Absolut I Report 6/2010
von Oetinger, Nikolaus-Alexander, Amerikanische Investmentgesellschaften – Eine Erfolgsanalyse, Wiesbaden, 1972
zit.: *v. Oetinger*, Amerikanische Investmentgesellschaften
Voß, Thorsten, Das Anlegerschutz- und Funktionsverbesserungsgesetz – ausgewählte Aspekte des Regierungsentwurfs, BB 2010, 3099 ff.
zit.: *Voß* BB 2010
Wallach, Edgar, Umsetzung der AIFM-Richtlinie in deutsches Recht -erste umfassende Regulierung des deutschen Investmentrechts, Recht der Finanzinstrumente, 2013, 92 ff.
zit.: *Wallach*, RdF 2013
Wallach, Edgar, Alternative Investment Funds Managers Directive – ein neues Kapitel des europäischen Investmentrechts, RdF 2011, 80 ff.
zit.: *Wallach*, RdF 2011
Watrin, Christoph/Eberhardt, David, Problembereiche der Anlegerbesteuerung bei Kapital-Investitionsgesellschaften, DB 2014, 795.
Weiser, Benedikt/Hüwel, Martin, Verwaltung alternativer Investmentfonds und Auslagerung nach dem KAGB-E, Betriebs-Berater, 2013, 1091 ff.
zit.: *Weiser/Hüwel* BB 2013
Weiser, Benedikt/Jang, Jin-Hyuk, Die nationale Umsetzung der AIFM-Richtlinie und ihre Auswirkungen auf die Fondsbranche in Deutschland, BB 2011, 1219 ff.
zit.: *Weiser/Jang* BB 2011
Weisner, Arnd/Friedrichsen, Sönke/Heimberg, Dominik, Neue Anforderungen an Erlaubnis und Tätigkeit der „freien" Anlageberater und -vermittler, DStR 2012, 1034 ff.
zit.: *Weisner/Friedrichsen/Heimberg* DStR 2012
Weitnauer, Wolfgang, Die AIFM-Richtlinie und ihre Umsetzung, BKR 2011, 143 ff.
zit.: *Weitnauer* BKR 2011
Wenaweser, Stefan, Zur Rezeptionsfrage der Treuhänderschaft und ihren Anwendungsbereich nach liechtensteinischem Recht, Liechtensteinische Juristenzeitung (LJZ), 1/01, S. 1–23.
zit.: *Wenaweser*, Treuhänderschaft.
Wittwer, Alexander/Caspers, Wolfgang, Liechtensteinische Wirtschaftsgesetze, Books on Demand GmbH, 2007.
zit.: *Wittwer/Caspers*, Liechtensteinische Wirtschaftsgesetze.
Zetzsche, Dirk, Das UCITSG und seine Folgen, in Heiss, H.(Hrsg.) Rechtsform und Zukunft des Finanzplatzes Liechtenstein, Dike Verlag AG, 2013, S. 9–40.
zit.: *Heiss*, Finanzplatz Liechtenstein.
Zetzsche, Dirk, Prinzipien der kollektiven Vermögensanlage, Habil., Düsseldorf, 2013.
zit.: *Zetzsche*, Prinzipien der kollektiven Vermögensanlage

Literaturverzeichnis

Zetzsche, Dirk, Die Europäische Regulierung von Hedgefonds und Private Equity, NZG 2009, 642 ff.
   zit.: *Zetzsche* NZG 2009
Zib/Russ/Lorenz, Kapitalmarktgesetz Kommentar (KMG-Kommentar), Wien, 2008.
   zit.: *Bearbeiter* in Zib/Russ/Lorenz, KMG-Kommentar, 2008
Zingel, Frank/Varadenek, Brigitta, Vertrieb von Vermögensanlagen nach dem Gesetz zur Novellierung des Finanzanlagenvermittler- und Vermögensanlagenrecht, BKR 2012, 177 ff.
   zit.: *Zingel/Varadenek* BKR 2012
Zivny, Kapitalmarktgesetz, Wien, 2007.
Zuckschwerdt, Christoph/Meuter, Hans Ulrich, Verrechnungspreisproblematik beim grenzüberschreitenden Management von Private-Equity- und Hedge-Funds, ZStP 1 (2009) 1 ff.
   zit.: *Zuckschwerdt/Meuter,* Verrechnungspreisproblematik
Zwiefelhofer, Susanne, Das liechtensteinische Recht betreffend die Investmentunternehmen verglichen mit dem schweizerischen Anlagefondsrecht, Schulthess Juristische Medien AG, Zürich, 2002.
   zit.: *Zwiefelhofer,* Investmentrecht.

A. Deutschland

I. Einführung in das deutsche Investmentrecht inkl. historischer Bezüge

1. Vorgeschichte (1800–1957)

Die Anfänge der Fondsanlagen sind in der Literatur umstritten. Als die älteste Fondsgesellschaft gilt die 1822 in Brüssel gegründete „Société Générale des Pays-Bas"[1]. Nach 1860 entstanden in England und Schottland sog. *investment trusts*, wie zB die „Scottish-American Investment Company".[2] Hierbei sind zwei Grundtypen zu unterscheiden: Die *investment trust company* als körperschaftsrechtliche Lösung und der treuhänderische Ansatz des *unit trust*.[3] Auf einer Ebene darunter waren sodann die *fixed trusts*[4] mit fest zusammengesetzten Effektenvermögen von den *flexible* bzw. *managed trusts* (auch *general management investment trusts*[5]) mit variablen Effektenvermögen abzugrenzen. In letzterem Zusammenhang ist auch vom „fund"-Typus des *investment trust* bzw. von *mutual funds* die Rede[6], während zumindest für die USA die *unit (investment) trusts* als „starr" bzw. „halbstarr" kategorisiert werden.[7]

Als einen Vorläufer des Investmentgedankens in Deutschland kann man die 1871 durch den Schaffhausen'schen Bankverein gegründete „Aktiengesellschaft für Rheinisch-Westfälische Industrie" sehen, die teils Investmentgesellschaft, teils Finanzierungsgesellschaft war.[8] Die Kapitalanlagegesellschaften werden auch synonym als Investmentgesellschaften, das Kapitalanlagevermögen als Investmentfonds oder Investmentvermögen und die Anteile am Kapitalanlagevermögen als Investmentzertifikate bezeichnet.[9] Durch die enge Bindung an Banken stand zu dieser Zeit der Finanzierungsgedanke vor dem Investmentgedanken im Vordergrund. Die „Aktiengesellschaft für Rheinisch-Westfälische Industrie" gründete selbst etliche operative Gesellschaften und hielt diese jahrelang.[10] Nachdem es in Schottland und England bereits zuvor die erwähnten ersten reinen Investmentgesellschaften gab, wurde diese Idee erst nach dem Ersten Weltkrieg in Deutschland umgesetzt.[11]

---

[1] *Baum*, Schutz und Sicherung des Investmentsparers bei Kapitalanlage-Gesellschaften und Investment-Trusts, S. 2; *Jacob*, Asset-Management: Anlageinstrumente, Marktteilnehmer und Prozesse, S. 60; *v. Oetinger*, Amerikanische Investmentgesellschaften, S. 1.

[2] Investment Trusts definiert *Koenig* als „[…] Kapitalanlagegesellschaften, die durch Ausgabe eigener Wertpapiere die Kapitalien mehrerer Anlagesuchender zusammenfassen und sie in verschiedenen Wertpapieren derart anzulegen suchen, dass, auf die Dauer gesehen, durch größtmögliche Risikoverteilung eine relativ höhere Sicherheit und Rendite erzielt werden soll, als bei individueller Anlage in einem einzelnen anderen Wertpapier möglich wäre. Grundsätzlich wird dabei Kontrolle oder irgendwelche Beeinflussung der Gesellschaften vermieden, deren Wertpapiere substituiert werden.", vgl. *Koenig*, Investment Trusts, S. 1.

[3] *v. Caemmerer*, Kapitalanlagegesellschaften und Investmentgesellschaften, JZ 1958, S. 41 (42).

[4] Dieser Typus hat sich wohl vor allem in den USA durchgesetzt, vgl. *Koenig*, Investment Trusts, S. 21. Als Vorteil wurde herausgestellt, dass Manipulationsmöglichkeiten zu Lasten des Investors begrenzt sind.

[5] *Offner*, Kapitalwirtschaftliche Funktion, S. 23.

[6] *Bruppacher*, Investment Trusts, S. 34 f.

[7] *Bruppacher*, Investment Trusts, S. 212.

[8] *v. Berge und Herrendorff*, Der Schutz des Investmentsparers, S. 3.

[9] *Steinberg*, Die steuerlichen Vorschriften des Gesetzes über Kapitalanlagegesellschaften, DB 1957, S. 196.

[10] *Liefmann*, Beteiligungs- und Finanzierungsgesellschaften, S. 170 f.

[11] *Liefmann*, Beteiligungs- und Finanzierungsgesellschaften, S. 176 f.

A. Deutschland

3 Sinn und Zweck einer systematisch betriebenen Kapitalanlage waren dabei schon früh erkannt: Es galt, „das Gesetz von der Verteilung des Risikos"[12] bei der Auswahl von Wertpapieren zur Anwendung zu bringen.

4 In den USA dürfte der 1893 als *Massachusetts Trust*[13] gegründete „Boston Personal Property Trust" einer der ersten *investment trusts* gewesen sein.[14] Erste, zunächst ergebnislose Vorschläge einer gesetzlichen Regulierung der *investment trusts* in den USA brachte die von Attorney General of the State of New York, Albert Ottinger, 1927 erhobene „Survey of the Activities and Forms of Investment Trusts with Recommendations for Statutory Regulations by the New York State Department of Law".[15] Im Mai 1930 wurde ein neuer Anlauf unternommen, der seinen Niederschlag im sog. Washburn-Report fand und sich schwerpunktmäßig mit der Insiderproblematik befasste.[16] Erst der *Investment Company Act of 1940* brachte eine umfassende gesetzliche Lösung mit staatlicher Aufsicht und umfassenden Publizitätsvorschriften.

a) Der „Zickert'sche Kapitalverein"

5 Im Jahre 1923 wurde in Königswusterhausen bei Berlin der „Zickert'sche Kapitalverein" nach dem Namen seines Gründers ins Leben gerufen.[17]

6 Der „Zickert'sche Kapitalverein" wurde kurze Zeit später, im Jahr 1928, in „Deutscher Kapitalverein" umbenannt und verwaltete Ende 1928 bei einem Mitgliederbestand von 1.532 Personen ein Effektenportfolio im Wert von knapp 3 Mio. Reichsmark.[18] In der Literatur herrschen unterschiedliche Meinungen über die Rechtsform des „Deutschen Kapitalvereins". Zum einen wird die Auffassung vertreten, er sei als „bürgerlichrechtliche" Gesellschaft ins Leben gerufen worden.[19] Zum anderen wird vertreten, er sei als nichtrechtsfähiger Verein gegründet worden. Dies statuiert auch § 1 der Satzung des Deutschen Kapitalvereins, so dass er iE wohl als nichtrechtsfähiger Verein zu qualifizieren ist.[20] Auch damals spielten schon steuerliche Erwägungen eine Rolle, so dass die Rechtsform des Vereins gewählt wurde, um der verhältnismäßig hohen Körperschaftsteuer zu entgehen.[21]

7 Der „Deutsche Kapitalverein" legte von den Beiträgen der Mitglieder ein Effektenportfolio an und verwaltete dies treuhänderisch. Über die Beteiligung bekamen die Mitglieder Anteilsscheine ausgestellt. Die Dividende entsprach pro Jahr etwa 8–10 Prozent, da die Kursgewinne mit ausgeschüttet wurden.[22]

8 Es wurden mithin aus Kursgewinnen keine Reserven gebildet, sondern sämtliche Liquidität an die Mitglieder ausgeschüttet.[23]

---

[12] *Law*, Kapitalsanlage als Wissenschaft, S. 1. Weit vor *Markowitz* weist *Law* darauf hin, dass eine Diversifikation nach Anlageinstrumenten, Ländern und Branchen unter Risikogesichtspunkten in Abgrenzung zur „unbewussten Spekulation" zwingend ist, vgl. *Law*, Kapitalsanlage als Wissenschaft, S. 9. Ähnlich sodann *Quittner*, Investment, S. 3.

[13] Hierbei handelt es sich um eine nicht inkorporierte, im übrigen aber der *corporation* ähnliche Assoziationsform, vgl. *Bruppacher*, Investment Trusts, S. 162.

[14] *Koenig*, Investment Trusts, S. 30. Es folgte 1911 die „Fidelity Investment Association". Die Deutsche Bank beteiligte sich in den USA ein Jahrzehnt später zB an der Gründung von *investment trusts* wie der „American & Continental Corp.". 1922 gab es in den USA erst 6 *investment trusts*, 1929 waren es bereits 270, vgl. *Quittner*, Investment, S. 166.

[15] *Koenig*, Investment Trusts, S. 39.

[16] *Bruppacher*, Investment Trusts, S. 203.

[17] *v. Berge und Herrendorff*, Der Schutz des Investmentsparers, S. 3.

[18] *Baum*, Schutz und Sicherung des Investmentsparers bei Kapitalanlage-Gesellschaften und Investment-Trusts, S. 3.

[19] *v. Berge und Herrendorff*, Der Schutz des Investmentsparers, S. 3.

[20] *Henkel*, Die steuerliche Behandlung der Investmentgesellschaften, S. 21.

[21] *Schäcker*, Entwicklung und System des Investmentsparens, S. 26.

[22] *Henkel*, Die steuerliche Behandlung der Investmentgesellschaften, S 21.

[23] *Kilgus*, Kapitalanlage-Gesellschaften Investment Trusts, S. 158.

Dem nichtrechtsfähigen Verein fehlt die eigene Rechtspersönlichkeit. Nur der Vorstand war zur gerichtlichen und außergerichtlichen Vertretung ermächtigt. In der Satzung wurden die mitgliedschaftlichen Rechte erheblich beschnitten. Die einzelnen Mitglieder hatten keinen Einfluss auf die Geschäftsführung und keine dies ausgleichenden Kontrollbefugnisse. Zudem fehlte den Anteilen satzungsgemäß die Fungibilität. Die Zertifikate konnten nur am Ende jeden Monats gegen Erhalt des entsprechenden Teils des Vermögens an die Gesellschaft zurückgegeben werden.[24]

Der Verein erlitt bereits im Jahre 1929 einen hohen Verlust, so dass er Mitte 1931 liquidiert werden musste.[25] Zwischenzeitlich wurde er aus steuerlichen Gründen am 1.3.1930 in eine Genossenschaft umgewandelt und nannte sich bis zu seiner Liquidation „Deutsche Investment eGmbH".[26]

b) Die „Bayerische Investment-AG"

Im Jahr 1926 wurde als weitere Fondsgesellschaft die „Bayerische Investment-AG" in München gegründet.[27] Diese nahm sich die englischen Investmentgesellschaften zum Vorbild, was sich auch in § 2 ihrer Satzung niederschlug. Das Grundprinzip dieser Gesellschaften lag in einer möglichst breiten Streuung des Risikos durch Diversifikation.[28] Der „Fonds" war ausgestaltet als sog. *fixed trust* mit fester Zusammensetzung der Anlagewerte.[29] Die „Bayerische Investment-AG" beschäftigte sich jedoch überwiegend mit der Erteilung und Vermittlung von Krediten an die öffentliche Hand. Auch sie musste, nachdem sie bereits 1928/29 mit Verlusten arbeitete, im Jahr 1931 nach kurzem Bestehen wieder liquidiert werden.[30]

Das Scheitern wird auf die damalige Entwicklung des Kapitalmarktes und auf das Fehlen von speziellen Steuerbestimmungen für Investmentgesellschaften zurückgeführt,[31] dies obwohl die „Bayerische Investment-AG" 1930 einen Sieg vor dem Reichsfinanzhof errungen hatte.[32] Dieser verneinte die Steuerpflicht der Gesellschaft, brachte aber ausdrücklich zum Ausdruck, dass dies darüber hinaus von Fall zu Fall zu entscheiden sei.[33] Somit herrschte weiter Unsicherheit um die steuerliche Behandlung durch die Finanzbehörden.

Ein weiterer Grund für das Scheitern der Fondsgesellschaften der 1920er-Jahre war die generelle Kapitalknappheit.[34]

Im Gegensatz dazu wurde Deutschland offenbar langsam interessant als Zielmarkt für ausländische Kapitalanlagegesellschaften. So investierten englische und US-amerikanische Kapitalanlagegesellschaften in deutschen Effekten.[35]

c) Steuerliche Nachteile für die Investmentsparer

Ein Nachteil für die Investmentgesellschaften in Form der Aktiengesellschaft war, dass sie einer zusätzlichen Steuerbelastung unterlagen. Zum einen unterlag der direkte Aktienbesitz

---

[24] *Henkel*, Die steuerliche Behandlung der Investmentgesellschaften, S. 22.
[25] *v. Berge und Herrendorff*, Der Schutz des Investmentsparers, S. 3.
[26] *Henkel*, Die steuerliche Behandlung der Investmentgesellschaften, S. 22.
[27] *Jacob*, Asset-Management: Anlageinstrumente, Marktteilnehmer und Prozesse, S. 60.
[28] *Kilgus*, Kapitalanlage-Gesellschaften Investment Trusts, S. 158 f.
[29] *Koenig*, Investment Trusts, S. 61; *v. Caemmerer*, Kapitalanlage- oder Investmentgesellschaften, JZ 1958, S. 41 (44).
[30] *v. Berge und Herrendorff*, Der Schutz des Investmentsparers, S. 3; *Baum*, Schutz und Sicherung des Investmentsparers bei Kapitalanlage-Gesellschaften und Investment-Trusts, S. 4.
[31] *Kilgus*, Kapitalanlage-Gesellschaften Investment Trusts, S. 154; *v. Berge und Herrendorff*, Der Schutz des Investmentsparers, S. 3.
[32] Urt. v. 11.3.1930, AZ II A 103/104/30.
[33] *Baum*, Schutz und Sicherung des Investmentsparers bei Kapitalanlage-Gesellschaften und Investment-Trusts, S. 30; RFH vom 11.3.1930 – IIa 104/30. Danach handelte es sich nicht um eine Personenvereinigung mit Erwerbszwecken nach dem damaligen § 3h KVStG, sondern um eine Bruchteilsgemeinschaft gem. §§ 741 ff. BGB, vgl. hierzu auch *Offner*, Kapitalwirtschaftliche Funktion, S. 125.
[34] *Jacob*, Asset-Management: Anlageinstrumente, Marktteilnehmer und Prozesse, S. 60.
[35] *Kilgus*, Kapitalanlage-Gesellschaften Investment Trusts, S. 154.

A. Deutschland

einer doppelten Steuerbelastung, die Aktiengesellschaft musste ihre erwirtschafteten Gewinne versteuern und die Aktionäre mussten die an sie ausgezahlte Dividende versteuern. Wenn zu dieser steuerlichen Belastung noch eine weitere Ebene der Besteuerung hinzukam, indem die Investmentgesellschaften, an der die Investmentsparer beteiligt sind, ihre vereinnahmten Gewinne ebenfalls voll versteuern muss, wurde die gesamte Steuerbelastung unwirtschaftlich hoch.[36]

16 Da aber die Entscheidung des Sparers für eine bestimmt Investitionsform entscheidend von den steuerlichen Auswirkungen abhängt,[37] waren die Investmentgesellschaften für die Sparer nicht attraktiv.

17 Es bleibt insgesamt festzuhalten, dass reine Kapitalanlagegesellschaften in Deutschland vor dem 2. Weltkrieg keine Bedeutung hatten.[38]

d) Steuerliche Behandlung der Investmentgesellschaften

18 Der deutsche Gesetzgeber versuchte seit 1930 mehrfach, Investmentgesellschaften rein aktienrechtlicher Natur durch steuerliche Begünstigung zu fördern, umgesetzt wurde dies für Kapitalverwaltungsgesellschaften.[39]

19 Dies hatte jedoch im Ergebnis keinerlei positive Auswirkungen, da für die Durchführung des Investmentsparens auf rein aktienrechtlicher Basis nicht die nötigen Änderungen im Aktienrecht vollzogen wurden.[40] Zudem enthielten die § 10 KörpStG und § 61 BewG Ermächtigungen, für die Besteuerung von Kapitalverwaltungsgesellschaften besondere Vorschriften zu erlassen. Diese sind erst 1952 als nicht mehr anwendbar gestrichen worden.[41] Die wenigen entstandenen Gesellschaften hatten keine Bedeutung und konnten nicht dazu beitragen, den wirtschaftlichen Verfall dieser Zeit aufzuhalten.[42]

e) „Treuhandlösung" vs. „Miteigentumslösung"

20 Es war lange Zeit umstritten, nach welchen rechtlichen Gesichtspunkten eine Vereinigung von Investmentsparern oder Kapitalanlegern zu beurteilen ist.

21 Die Vereinigungen hatten einen wirtschaftlichen Zweck, ein Gewinnstreben. Dies hätte zur Folge, dass es sich um eine GbR nach den §§ 705 ff. BGB a. F. handelt.

22 Auch wenn man von einem nichtrechtsfähigen Verein ausgegangen wäre, hätten sich die Rechtsbeziehungen der Mitglieder untereinander und zu Dritten ebenfalls nach den Vorschriften für die GbR bestimmt. Der Reichsfinanzhof lehnte in seiner bereits oben erwähnten Entscheidung vom 11.3.1930 das Vorliegen einer Personengesellschaft ab.[43] Danach sollte eine Gemeinschaft nach Bruchteilen an Wertpapieren nicht deshalb zu einer Personengesellschaft werden, weil sie die Verwaltung eines gemeinschaftlichen Vermögens einem Dritten als Treuhänder übertragen hat. Es sollten vielmehr die Regelungen über die Bruchteilsgemeinschaft nach § 741 BGB a. F. zum Tragen kommen.[44]

23 Sowohl bei der Treuhandlösung als auch bei der Miteigentumslösung bestanden zwei getrennte Vermögensmassen: das von den Gesellschaftern oder Aktionären eingebrachte Ge-

---

[36] *v. Caemmerer*, Kapitalanlage- oder Investmentgesellschaften, JZ 1958, S. 43.
[37] *Brosch*, Die Besteuerung der Investmentzertifikate, BB 1967, S. 792.
[38] *Baum*, Schutz und Sicherung des Investmentsparers bei Kapitalanlage-Gesellschaften und Investment-Trusts, S. 3.
[39] *v. Caemmerer*, Kapitalanlage- oder Investmentgesellschaften, JZ 1958, S. 43.
[40] *Siara/Tormann*, Kommentar zum Gesetz über Kapitalanlagegesellschaften, S. 8.
[41] ErmächtigungsG v. 9.6.1930, RGBl. 1930, Teil I, S. 187; NotVO v. 5.6.1931, 7. Teil, Kap. IV, „Kapitalverwaltungsgesellschaften", RGBl. 1931, Teil I, S. 312, zit. b. *v. Caemmerer*, Kapitalanlage- oder Investmentgesellschaften, JZ 1958, S. 43. Ein Vorläufer waren hier die bereits erwähnten *investment trust companies* in England und Schottland.
[42] *Baum*, Schutz und Sicherung des Investmentsparers bei Kapitalanlage-Gesellschaften und Investment-Trusts, S. 91.
[43] RFH v. 11.3.1930, AZ II A 103/104/30.
[44] *Baum*, Schutz und Sicherung des Investmentsparers bei Kapitalanlage-Gesellschaften und Investment-Trusts, S. 98 ff.

sellschaftsvermögen und das von den Investmentsparern aufgebrachte Sondervermögen.⁴⁵ Beim uneigentlichen Treuhandeigentum genoss der Sparer an den Werten des Sondervermögens im Fall der Insolvenz der Kapitalanlagegesellschaft und in der Einzelvollstreckung gegen die Kapitalanlagegesellschaft keinen besonderen Schutz.⁴⁶

f) Die Situation vor dem 2. Weltkrieg

In den beiden Jahrzehnten nach 1929 setzte im Bereich der Kapitalanlage nicht nur wegen der Situation im Vorfeld des 2. Weltkriegs eine Zeit des absoluten Stillstands ein. Seite Ende der 20er-Jahre bis zum Jahr 1949 wurde in Deutschland keine Kapitalanlagegesellschaft mehr gegründet⁴⁷, dies trotz hohen Kapitalangebotes.⁴⁸ Insbesondere die Erfahrungen in den USA mit den schweren Verlusten der *investment trusts* dürften das Interesse auch hierzulande zunächst erstickt haben.⁴⁹ Ausländische Kapitalanleger hatten ihre Gelder ohnehin infolge der Weltwirtschaftskrise abgezogen und für deutsche Kapitalanleger stand in den folgenden Jahren vor allem die (zwangsweise) Kriegsfinanzierung im Mittelpunkt. 24

g) Die Situation nach dem 2. Weltkrieg

Im Nachkriegsdeutschland nahm 1949 die erste deutsche Investmentgesellschaft ihre Arbeit auf.⁵⁰ Am 23.11.1949 wurde unter Führung der Bayerischen Staatsbank in München die „Allgemeine Deutsche Investment-Gesellschaft m.b.H." gegründet, die ihren ersten Fonds „FONDRA" (Aktien- und Rentenwerte) im Juli 1950 auflegte. Am 18.8.1950 wurden die ersten FONDRA-Anteilsscheine verkauft.⁵¹ 25

Der Inventarwert der von allen deutschen Investmentgesellschaften erworbenen Wertpapiere betrug 1954 knapp über 10 Mio. DM. 26

Bedingt durch die Kapitalknappheit in Nachkriegsdeutschland und der Unbekanntheit des Investmentsparens in Deutschland entwickelte sich der Investmentgedanke nur zögerlich weiter. Erst im Jahre 1956 kam es zur Gründung weiterer Investment-gesellschaften, die sodann eine Reihe weitere Fonds auflegten.⁵² Dazu zählten die „Union-Investment GmbH", die „Deutsche Investment Trust GmbH", die „Deutsche Kapitalanlagengesellschaft mbH" und die „Deutsche Gesellschaft für Wertpapiersparen mbH".⁵³ 27

Bei dem in Deutschland herrschenden Universalbankensystem waren zunächst hauptsächlich Geschäftsbanken, später auch Sparkassen und Genossenschaftsbanken, Träger der deutschen Investmentgesellschaften. Das Angebot beinhaltete in den ersten Jahren Fonds, die sich ausschließlich aus deutschen Aktien zusammensetzten. Erst im Jahre 1959 wurden mit der Einführung der Währungskonvertibilität erste Fonds aufgelegt, die teilweise oder vollständig das Kapital in ausländischen Werten anlegten.⁵⁴ 28

---

⁴⁵ *Baum*, Schutz und Sicherung des Investmentsparers bei Kapitalanlage-Gesellschaften und Investment-Trusts, S. 94.
⁴⁶ *Baum*, Schutz und Sicherung des Investmentsparers bei Kapitalanlage-Gesellschaften und Investment-Trusts, S. 97.
⁴⁷ *v. Oetinger*, Amerikanische Investmentgesellschaften, S. 72.
⁴⁸ *Stotz*, Wertpapier-Investmentfonds, S. 40.
⁴⁹ *Tormann*, Die Investmentgesellschaften, S. 14.
⁵⁰ *Tormann*, Die Investmentgesellschaften, S. 14 f.; *Tormann* war später Geschäftsführer der „Deutschen Investment-Trust Gesellschaft für Wertpapieranlagen mbH (DIT)".
⁵¹ *Fintelmann*, Investmentangebot, S. 144; *Fintelmann* war später Geschäftsführer der „ADIG".
⁵² *v. Berge und Herrendorff*, Der Schutz des Investmentsparers, S. 4.
⁵³ *Steinberg*, Die steuerlichen Vorschriften des Gesetzes über Kapitalanlagegesellschaften, DB 1957, S. 196.
⁵⁴ *Fintelmann*, Investmentangebot, S. 144.

A. Deutschland

Entwicklung der Publikumsfonds in Deutschland[55]

Stichtag	Zahl der Investmentfonds	Fondsvermögen
1950	2	1 Mio. Euro
1960	20	1.622 Mio. Euro
1970	60	4.920 Mio. Euro
1980	117	16.671 Mio. Euro
1990	321	71.126 Mio. Euro
2000	1876	444.564 Mio. Euro
2010	6581	710.189 Mio. Euro

29   Die deutschen Investmentgesellschaften boten zunächst nur die Einzelanlage an. Die Investmentzertifikate wurden wie Aktien oder Renten, allerdings ohne Börsennotierung, gehandelt. Der Investmentsparer kaufte über eine Bank oder Sparkasse seine gewünschte Anzahl an Anteilsscheinen, zahlte nach Rechnung den Gegenwert und erhielt die Anteilscheine, die ihm entweder ausgehändigt oder in seinem Depot verwahrt wurden. Die in der Regel einmal jährlich ausgeschüttete Dividende floss den Anlegern in bar zu.[56]

30   Da keine spezifischen gesetzlichen Steuererleichterungen für Investmentsparer in Aussicht standen, wurde durch die Wahl anderer Rechtsformen versucht, die steuerlichen Nachteile auszugleichen. Die war aus betriebswirtschaftlicher und juristischer Sicht unzweckmäßig.[57]

31   Nach *Neuburger* in Siara/Tormann sind Kapitalanlagegesellschaften Unternehmen, die es sich zur Aufgabe machen, ihnen anvertrautes Kapital in geeigneter Weise in Effekten anzulegen und die einzelnen Geldgeber anteilsmäßig an der Gesamtheit der erworbenen Vermögenswerte in der Regel in Wertpapieren zu beteiligen.[58] Die Kapitalanlagegesellschaften versuchten für die Sparer möglichst dividendenstarke Wertpapiere zu kaufen.

32   Vor der gesetzlichen Regelung im Gesetz über Kapitalanlagegesellschaften konnten Investmentgesellschaften Betriebe mit den unterschiedlichsten wirtschaftlichen Zweckbestimmungen sein. Es war für den Sparer nicht ersichtlich, in welcher Weise die Gesellschaft das ihr anvertraute Kapital einsetzte.[59] Die Geschäftstätigkeit basierte oftmals im wesentlichen auf dem Vertrauen der Mitglieder gegenüber dem Vorstand.[60]

33   Vor Schaffung besagter gesetzlicher Grundlage hatten die Investmentsparer kaum Schutz und Sicherung ihres aufgebrachten Kapitals. Die Investmentgesellschaften verzichteten ohne entsprechende rechtliche Pflichten weitgehend auf Publizität und Transparenz und hatten bis zum Inkrafttreten des KAGG weder Bilanzen, noch Gewinn- und Verlustrechnungen zu veröffentlichen.[61]

2. KAGG (von 1957)

34   Der sich zunehmend verbreitende Gedanke des Investmentsparens und damit einhergehend die Zunahme von Anbietern inländischer Investmentfonds, allen voran die Gründung

---

[55] BVI, Vermögen der deutschen Investmentbranche, abrufbar unter: http://www.bvi.de/fileadmin/user-uploadStatistik/Zeitreihe_Statistik_20130411.pdf. Stichtag jeweils Jahresultimo. Quelle: BVI Deutsche Bundesbank (Publikumsfondsdaten bis 1970).
[56] *Fintelmann*, Investmentangebot, S. 146.
[57] *Henkel*, Die steuerliche Behandlung der Investmentgesellschaften, S. 20.
[58] *Siara/Tormann*, Kommentar zum Gesetz über Kapitalanlagegesellschaften, S. 5.
[59] *v. Berge und Herrendorff*, Der Schutz des Investmentsparers, S. 15.
[60] *Henkel*, Die steuerliche Behandlung der Investmentgesellschaften, S. 22.
[61] *Baum*, Schutz und Sicherung des Investmentsparers bei Kapitalanlage-Gesellschaften und Investment-Trusts, S. 80 f.

besagter Kapitalanlage– bzw. Investmentgesellschaft „Allgemeine Deutsche Investment-Gesellschaft m. b. H." (ADIG),[62] hatte auch den deutschen Gesetzgeber auf den Plan gerufen – nachdem sich die zuvor geplante Fondsregulierung weithin auf steuerliche Aspekte beschränkte.[63] Mit dem Gesetz über Kapitalanlagegesellschaften vom 16.4.1957 („KAGG")[64] sollte das deutsche Investmentrecht eine gesetzliche Grundlage erfahren, die zugleich aber eine weitgehende Trennung des deutschen Rechts zwischen offenen Fonds auf der einen Seite, die vom Anwendungsbereich des KAGG erfasst sein sollten, und geschlossenen Fonds außerhalb des KAGG, die typischerweise als GmbH & Co. KG bzw. GbR oder als Anlage-Aktiengesellschaften aufgelegt wurden. Man folgte mit dem KAGG grundsätzlich dem treuhänderischen Ansatz[65] und entschied sich gegen die körperschaftsrechtliche Lösung.[66] Zudem ging man hinsichtlich der Zusammensetzung des Fondsvermögens von einem *flexible* bzw. *managed trust* aus.

Nach der Grundsystematik des KAGG befand sich das einzelne Sondervermögen (§ 7 **35** Abs. 3 Satz 1 KAGG) entweder (i) nur im Miteigentum der Anteilsinhaber oder (ii) auch im treuhänderischen Eigentum der Kapitalanlagegesellschaft.[67] Die Depotbank verwahrte als unmittelbare Besitzerin das Sondervermögen.

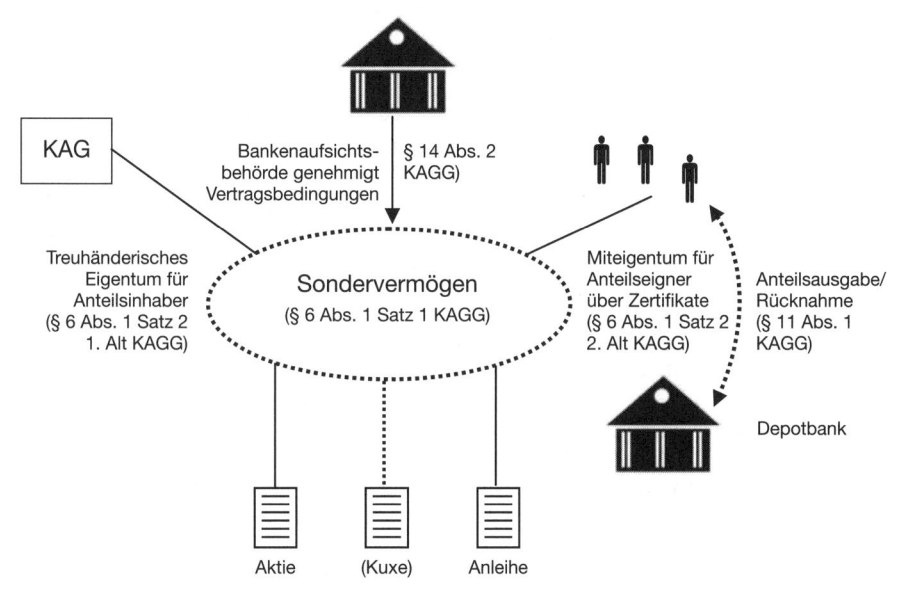

Abb. KAGG-Systematik (1957)

---

[62] Vgl. hierzu auch *Baur* in Assmann/Schütze, Handbuch des Kapitalanlagerechts, 3. Auflage (2007) § 20 Rn. 8.

[63] Vgl. die 2. NotVO für Kapitalverwaltungsgesellschaften mit diversifizierte Anlagestrategie, deren Aktien an einer Börse zum Handel zugelassen werden und deren Satzung von der Handelskammer genehmigt sind, aus dem Jahr 1930, nach der sich die Körperschafts-, Vermögens- und Landesgewerbesteuer auf ein Zehntel des Ursprungsbetrages beschränken sollte; die für die Durchführung erforderlichen Richtlinien wurden aber nicht erlassen.

[64] BGBl. 1957, Teil I, S. 378. Federführend war der Bruchsaler CDU-Bundestagsabgeordnete August Neuburger, 1953–1957 Vorsitzender des Arbeitskreises „Finanz- und Steuerfrage" der CDU/CSU-Bundestagsfraktion und sodann Vorsitzender des Finanzausschusses des Bundestages. Dieser hatten dem ersten deutschen Bundestag bereits 1953 einen Gesetzentwurf über Kapitalanlage-Gesellschaften vorgelegt, der jedoch nicht behandelt wurde, vgl. *Barocka*, Investment-Sparen, S. 25.

[65] *v. Caemmerer*, Kapitalanlage- und Investmentgesellschaften, JZ 1958, S. 41 (44).

[66] *v. Caemmerer*, Kapitalanlage- und Investmentgesellschaften, JZ 1958, S. 41 (44).

[67] Vgl. *Gericke*, Rechtsfragen zum Investmentsparen, DB 1959, S. 1276.

36 Zwei Ziele des KAGG waren dem deutschen Gesetzgeber zentral: Das sozial- und wirtschaftspolitische Ziel des Investmentsparens[68] und die Förderung der Fondsindustrie und des Mittelstandes. Hinzu kam das Ziel des Schutzes des Investmentsparers durch die Verhinderung von „unsolidem Geschäftsgebaren und verlustbringenden Manipulationen [...], die dem in Deutschland noch jungen Investmentgedanken Abbruch tun könnten".[69] Das KAGG zielte zudem darauf ab, den Kapitalanlagegesellschaften und ihren Anteilsinhabern eine sichere Rechtsgrundlage zu bieten, die diese und das den Anlagegesellschaften anvertraute Kapital vor Missbrauch und vor allzu riskanten Geschäften schützen und die Inhaber von Investmentanteilen den Eigentümern von anderen Wertpapieren steuerlich gleichstellen sollte.[70] Der Anwendungsbereich des KAGG beschränkte sich auf kollektive Kapitalanlagen mit beschränkter Vertrags- und Gründungsfreiheit durch einen investmentrechtlichen Typenzwang, die von einer zugelassenen und beaufsichtigten Kapitalanlagegesellschaft verwaltet wurden. Einzig zugelassener Anlagegegenstand waren zunächst Wertpapiere, vgl. § 1 Abs. 1 KAGG (1957).

37 Der gesetzlich vorgesehene Typenzwang für bestimmte Fondstypen und die gesetzlich beschränkten Tätigkeitsbefugnisse der Kapitalanlagegesellschaften im Rahmen des KAGG bedingten einen reaktiven Ansatz des deutschen Gesetzgebers: nicht nur um die Entwicklungen auf dem Kapital- und Finanzmarkt nachzuzeichnen, sondern auch um mit liberaleren Regulierungsvorgaben in anderen EU-Staaten im Finanzstandortwettbewerb mithalten zu können, waren immer wieder Nachbesserungen bzw. Anpassungen des KAGG erforderlich,[71] die der deutschen Fondsindustrie nicht die gewünschte Rechtssicherheit und -verlässlichkeit gab. So wurde bereits 1969 der Anwendungsbereich des KAGG auf Immobilienfonds erweitert,[72] hinzu kamen 1995 Geldmarktfonds[73] sowie 1998 die Altersvorsorgevermögen und die Gemischten Wertpapier- und Grundstückssondervermögen.[74] Darüber hinaus wurde die Möglichkeit vorgesehen, eine Investmentaktiengesellschaft zu gründen,[75] um va das private Investmentsparvermögen im Wege einer mittelbaren Anlage auch in Risikokapital der finanzsuchenden Wirtschaft zu lenken.[76] Nicht erlaubt war die Gründung von Dachfonds zum Vertrieb im Inland.[77]

38 Die steuerrechtlichen Vorschriften waren in § 21 und § 22 KAGG geregelt. Sie waren notwendig, da ansonsten in den beiden möglichen Fällen (i) des Treuhandeigentums der Kapitalanlagegesellschaft wie (ii) des Miteigentums der Anteilsinhaber in Bezug auf die Einkünfte des Sondervermögens eine einheitliche und gesonderte Feststellung nach § 215 Abs. 2 AO hätte stattfinden müssen.[78] Bei Anteilen, die im Privatvermögen gehalten werden, ist dies aber nicht möglich, bei der Vielzahl der Anteilsinhaber insgesamt zudem nicht praktikabel. Nach § 21 Abs. 1 Satz 1 KAGG war das Sondervermögen für das Vermögen – wie das Körperschaft-

---

[68] Als Leitmotiv wurde die Heranziehung minimaler Geldbeträge und ihrer „Investanten" als fursorgerische Maßnahme des aus Art. 14 und 15 GG verpflichteten Bundes genannt, vgl. *Gericke* DB 1959, S. 1276 (1278).
[69] Vgl. hierzu eingehend *v. Caemmerer* JZ 1958, S. 41 (44).
[70] Hierzu auch mit weiteren Nachweisen *Baur* in Assmann/Schütze, Handbuch des Kapitalanlagerechts, 3. Auflage (2007) § 20 Rn. 9. Kapitalanlagegesellschaften unterlagen von vornherein grundsätzlich den für Kreditinstitute geltenden gesetzlichen Regelungen.
[71] Hierzu auch *Baur* in Assmann/Schütze, Handbuch des Kapitalanlagerechts, 3. Auflage (2007) § 20 Rn. 12; *Köndgen/Schmies* in Schimansky/Bunte/Lwowski, Bankrechts-Handbuch, 4. Auflage (2011) § 113 Rn. 28.
[72] Diese waren zuvor zwar bereits existent, aber unreguliert. Vgl. *Brosch* BB 1967, S. 792 (794).
[73] *Baur,* Investmentgesetze, 2. Aufl., 1997, Einl I, Rn. 6.
[74] *Baur,* Investmentgesetze, 2. Aufl., 1997, Einl I, Rn. 6.
[75] *Baur,* Investmentgesetze, 2. Aufl., 1997, § 26 KAGG, Rn. 3 ff.
[76] So auch *Baur* in Assmann/Schütze, Handbuch des Kapitalanlagerechts, 3. Auflage (2007) § 20 Rn. 21 mit dem Hinweis auf die Begründung des 3. Finanzmarktförderungsgesetzes, BT-Dr. 13/8933 S. 2 und 61.
[77] *Baur,* Investmentgesetze, S. 12.
[78] *Steinberg* DB 1957, S. 196 (197).

steuerrecht als Zweckvermögen, also als grundsätzlich selbstständiges Rechtssubjekt zu behandeln, welches zugleich in § 21 Abs. 1 Satz 2 KAGG von sämtlichen einschlägigen Steuern befreit wurde, um die gewünschte einschlägige Transparenz zu gewährleisten. § 21 Abs. 2 KAGG regelte die Besteuerung der Anteilsinhaber. § 22 KAGG regelte die Möglichkeit des Abzugs von Aufwendungen für den Ersterwerb von Anteilsscheinen als Sonderausgaben.

3. AuslInvestmentG (von 1969)

Lag der Fokus des KAGG mehrheitlich auf der Förderung des Investmentsparens, traten die aus anderen Rechtsordnungen bereits bekannten Missbrauchsgefahren und Missstände beim Vertrieb von ausländischen Investmentfonds in Deutschland erst etwas zeitversetzt zu Tage. Während der Absatz von ausländischen Investmentgesellschaften im Jahr 1958 noch kaum eine Bedeutung hatte, nahm dieser in den Folgejahren stetig zu und erreichte bereits 1967 mehr als ein Drittel des Absatzes deutscher Kapitalanlagegesellschaften.[79] Der beschränkte Anwendungsbereich des KAGG mit dem klaren Fokus auf inländische Investmentfonds und deren Anbieter ermöglichte ausländischen Anbietern in Deutschland einen weithin unbeaufsichtigten Vertrieb ihrer Produkte – ohne einen mit dem für inländische Investmentfonds vergleichbaren und verfolgten Anlegerschutzgedanken.[80] 39

Dies sollte sich mit dem Gesetz über den Vertrieb ausländischer Investmentanteile und über die Besteuerung der Erträge aus ausländischen Investmentanteilen (kurz: AuslInvestmentG) vom 28.7.1969 grundlegend ändern.[81] Ziel des Gesetzes war es, durch wirtschaftsrechtliche Vorschriften den Vertrieb ausländischer Investmentanteile im Bundesgebiet zu regeln, um die Maßnahmen zum Schutz des Sparers und zur Förderung des Wertpapiersparens auszubauen, weiterhin durch steuerrechtliche Vorschriften grundsätzlich eine steuerliche Gleichbehandlung ausländischer und inländischer Investmenterträge zu erreichen.[82] 40

Während eine Erstreckung der Anforderungen des KAGG auf ausländische Fonds bzw. Investmentgesellschaften, die im Inland tätig sind, aus rechtlichen wie auch praktischen Gründen nicht gangbar war[83], knüpft das AuslInvestmentG an die typische Tätigkeit ausländischer Investmentgesellschaften in Deutschland an: die Vertriebstätigkeit, die vor Inkrafttreten des AuslInvestmentG weithin nur durch die GewO und das Gesetz gegen unlauteren Wettbewerb in Deutschland rechtlich begrenzt war.[84] 41

Diese Vertriebsregulierung sollte und konnte aber keine umfassende Bonitätssicherung – vergleichbar den Vorgaben für inländische Kapitalanlagegesellschaften – bewirken oder ersetzen. Der Gesetzgeber betonte nachdrücklich, dass die deutsche Aufsichtsbehörde mit Blick auf ausländische Investmentfonds und -gesellschaften nicht in der Lage sei, jede Möglichkeit von Verlusten auszuschließen. Aus diesem Grunde wurde ein Konzept gewählt, bei der von Anfang an der Eindruck vermieden werden sollte, dass dem Vertrieb eine umfassende Bonitätsprüfung durch deutsche Behörden vorausgegangen sei.[85] Dieser Eindruck hätte nach Ansicht des deutschen Gesetzgebers bei einem Zulassungsverfahren mit formellem Zulassungsbescheid nicht ausgeschlossen werden können. Daher sah das AuslInvestmentG die Einführung eines Anmeldeverfahrens mit einer bloßen Untersagungsbefugnis der Aufsichtsbehörde vor und verzichtete auf die Erteilung einer formellen Zulassung: Der Vertrieb von ausländischen Fonds sollte nach Ablauf einer Frist von zwei Monaten zulässig sein, wenn die deutsche Aufsichtsbehörde ihn nicht vorher untersagt hatte.[86] 42

---

[79] *Baur*, Investmentgesetze, 2. Aufl., 1997, Vor § 1 AuslInvestmentG, Rn. 3 f.
[80] *Baur*, Investmentgesetze, 2. Aufl., 1997, Vor § 1 AuslInvestmentG, Rn. 24 f.
[81] *Baur*, Investmentgesetze, 2. Aufl., 1997, Vor § 1 AuslInvestmentG, Rn. 29 ff.
[82] Bereits *Baur*, Investmentgesetze, S. 422 unter Bezugnahme auf die Regierungsbegründung.
[83] In Großbritannien und den USA waren Anteilseigner oftmals als Aktionäre der Investmentgesellschaft nicht nur wie in Deutschland am Sondervermögen beteiligt, vgl. *Brosch* BB 1967, S. 792 (794).
[84] Vgl. Begründung des Regierungsentwurfes, BT-Drs. V/3494, S. 15; *Köndgen/Schmies* in Schimansky/Bunte/Lwowski, Bankrechts-Handbuch, 4. Auflage (2011) § 113 Rn. 30.
[85] So ausdrücklich Begründung des Regierungsentwurfes, BT-Drs. V/3494, S. 15.
[86] § 15d Abs. 1 AuslInvestmG.

A. Deutschland

43 Um die deutschen Anleger dennoch soweit wie möglich zu schützen, wurde die Zulässigkeit des Vertriebs an die Einhaltung und laufende Beachtung bestimmter Mindestvoraussetzungen, insbesondere im Bereich der Verwahrung der zum Sondervermögen gehörenden Gegenstände und der Publizität, geknüpft. Die wesentlichen Regelungen des AuslInvestmentG sahen vor: (1) den Vertrieb von ausländischen Investmentanteilen nur dann zu erlauben, wenn eine Depotbank vorhanden ist, die den Anteilsinhabern eine der Regelung des KAGG entsprechende Sicherheit bietet, im Inland ein handelsrechtlich voll verantwortlicher Repräsentant der Gesellschaft bestellt wird und bestimmte qualitative Anforderungen, insbesondere im Bereich der Publizität, laufend erfüllt werden; (2) einen Gerichtsstand in Deutschland festzulegen; (3) den Vertrieb zu untersagen, wenn die Voraussetzungen der Zulassung nicht vorliegen, nachträglich fortfallen oder wenn erheblich gegen Gesetze oder gegen die Vertragsbedingungen verstoßen wird; (4) die Werbung zu überwachen und dabei gegen Missstände einzuschreiten; (5) dem Sparer ein Rücktrittsrecht zu gewähren, wenn die Gesellschaft in ihrem Verkaufsprospekt unrichtige oder unvollständige Angaben gemacht hat. Um eine Ungleichbehandlung von ausländischen Investmentfonds zu vermeiden, wurden zudem die neuen Vertriebsregelungen teilweise auch auf den Vertrieb von inländischen Investmentfonds übernommen.[87]

44 Was die Besteuerung der Erträge aus ausländischen Investmentanteilen anlangt, zielte das AuslInvestmentG weithin auf eine Beseitigung der Unterschiede zwischen der Besteuerung der Erträge aus ausländischen Investmentanteilen und der Erträge aus Anteilsscheinen an einem inländischen Sondervermögen, sprich: inländischen Fonds. Nach bis dahin geltendem Recht wurden die Erträge aus ausländischen Investmentanteilen steuerlich teils besser, teils schlechter behandelt als vergleichbare Erträge aus inländischen Fonds. Um diese Ungleichbehandlung zu vermeiden, sollte die Besteuerung der Erträge aus ausländischen Investmentanteilen der Besteuerung der Erträge aus inländischen Fonds angeglichen werden, wenn die Voraussetzungen für den öffentlichen Vertrieb ausländischer Investmentanteile im Inland erfüllt sind und die für die Besteuerung erforderlichen Angaben nachgewiesen wurden.[88]

4. OGAW/UCITS-Richtlinie (I bis III) und deren nationale Umsetzung

45 Grund für zahlreiche Nachbesserungsarbeiten beim KAGG wie auch AuslInvestmentG waren nicht nur die immer voranschreitenden Innovationskräfte der Kapital- und Finanzmärkte, sondern auch und insbesondere der EU-Gesetzgeber. Nach mehr als 15-jähriger Vorarbeit verabschiedete der EG-Ministerrat am 20.12.1985 die viel beachtete OGAW I-Richtlinie bzw. OGAW-Richtlinie 85/611,[89] welche es sich zum Ziel machte, die Rechtssysteme der Mitgliedstaaten in Bezug auf Investmentfonds zu harmonisieren. So führen die Erwägungsgründe aus, dass sich „die Rechtsvorschriften der Mitgliedstaaten betreffend die Organismen für gemeinsame Anlagen in Wertpapieren [...] in erheblichem Maße voneinander, insbesondere hinsichtlich der Pflichten, die diesen Organismen auferlegt, sowie der Kontrollen, denen sie unterworfen werden. Diese Unterschiede verursachen Wettbewerbsstörungen zwischen diesen Organismen und gewährleisten nicht einen angemessenen Schutz der Anteilinhaber".

46 So sollte sich eine Koordinierung der nationalen Rechtsvorschriften betreffend die Organismen für gemeinsame Anlagen im Hinblick auf eine Angleichung der Wettbewerbsbe-

---

[87] Hierzu auch *Baur* in Assmann/Schütze, Handbuch des Kapitalanlagerechts, 3. Auflage (2007) § 20 Rn. 14.
[88] Hierzu auch die Begründung des Regierungsentwurfes, BT-Drs. V/3494, S. 16.
[89] Richtlinie 85/611/EWG des Rates vom 20.12.1985 zur Koordinierung der Rechts- und Verwaltungsvorschriften betreffend bestimmte Organismen für gemeinsame Anlagen in Wertpapieren – ABl. v. 31.12.1985, Nr. L 375; mitunter auch als Investmentfonds-Richtlinie oder UCITS-Richtlinie bezeichnet; vgl. hierzu *Förster/Hertrampf*, Investmentfonds, 3. Aufl., 2001, S. 92 ff.

I. Einführung in das deutsche Investmentrecht inkl. historischer Bezüge

dingungen zwischen diesen Organismen auf Gemeinschaftsebene als zweckmäßig erweisen, um so nicht nur einen wirksameren und einheitlichen Schutz der Anteilinhaber sicherzustellen, sondern auch um den in einem Mitgliedstaat ansässigen Organismen für gemeinsame Anlagen den Vertrieb ihrer Anteile im Gebiet der anderen Mitgliedstaaten zu erleichtern. Die Verwirklichung dieser Ziele erleichtert nach Ansicht des EU-Gesetzgebers die Beseitigung der Beschränkungen des freien Verkehrs für Anteile von Organismen für gemeinsame Anlagen auf Gemeinschaftsebene; die vorgesehene Koordinierung fördert die Schaffung eines europäischen Kapitalmarkts.

Mit Blick auf diese Ziele sei es „wünschenswert, gemeinsame Mindestregelungen bezüglich der Zulassung, der Aufsicht, der Struktur, der Geschäftätigkeit sowie der Informationspflichten für die Organismen für gemeinsame Anlagen in den Mitgliedstaaten einzuführen. Die Koordinierung bzw. europaweite Harmonisierung der Rechtsvorschriften sollte dabei jedoch zunächst auf Organismen für gemeinsame Anlagen des nicht geschlossenen Typs beschränkt werden, die ihre Anteile beim Publikum in der Gemeinschaft vertreiben und deren einziges Ziel die Anlage in Wertpapieren ist – im Wesentlichen Wertpapiere, die an Wertpapierbörsen amtlich notiert oder auf ähnlich geregelten Märkten gehandelt werden. 47

In der Sache ging es um europaweit einheitliche Mindeststandards für das Produkt „OGAW" und dessen Vertrieb. Während sich die Produktregulierung auf Vorgaben zur Rechtsform, Organisation, Bestellung einer Verwahrstelle, Anlagestrategie, Offenlegung, Prospektpflicht, Transparenz, Zulassungspflicht und Aufsicht über das Produkt selbst konzentrierte, sah die Vertriebsregulierung das Recht zum grenzüberschreitenden Vertrieb vor – Stichwort: Europäischer Pass. Theoretisch und von der OGAW I-Richtlinie so vorgesehen sollte es möglich, dass die Aufsichtsbehörde des Heimatstaates des OGAW die Produktzulassung nach den Vorgaben der Richtlinie erteilt und überwacht und der Aufnahmemitgliedstaat, in dem ein öffentlicher Vertrieb beabsichtigt ist, an die Zulassung des Produkts sowie an den Vertrieb nach dem Prinzip der gegenseitigen Anerkennung keine weitergehenden Anforderungen im Anwendungsbereich der Richtlinie stellen sollte.[90] So bestimmt Artikel 44 der OGAW I-Richtlinie, dass ein OGAW, der seine Anteile in einem anderen Mitgliedstaat vertreibt, die in diesem Staat geltenden Rechts- und Verwaltungsvorschriften nur so weit zu beachten, als sie den nicht von dieser Richtlinie geregelten und damit harmonisierten Bereich betreffen. 48

Auf nationaler Ebene wurden die Vorgaben der OGAW I-Richtlinie durch das 1. Finanzmarktförderungsgesetz[91] umgesetzt. Hinzu traten weitergehende Änderungen und Flexibilisierungen des KAGG und AuslInvestmG – mit dem Ziel, den Finanzplatz Deutschland zu stärken und die Wettbewerbsfähigkeit der deutschen Investmentfonds und -industrie ob der jüngsten Entwicklungen auf den Finanzmärkten zu sichern.[92] So sollte etwa nunmehr auch die Anlage in Wertpapier-Optionsgeschäften und der Einsatz von derivativen Instrumenten in Form von Finanzterminkontrakten begrenzt möglich. Rentenfonds mit begrenzter Laufzeit sollten ebenso zulässig sein wie die Anlage von Grundstücks-Sondervermögen im Ausland. Mehr noch: Die nachfolgenden 2. bis 4. Finanzmarktförderungsgesetze[93] zielten nicht nur auf eine Verbesserung des Anlegerschutzes, eine Steigerung von Marktintegrität und -transparenz sondern zugleich auch auf eine Flexibilisierung und Erweiterung der zulässigen Tätigkeitsbereiche der durch das KAGG regulierten Kapitalanlagegesellschaften wie auch auf die Zulassung weiterer Fondstypen.[94] An den Eckpfeilern des KAGG und AuslInvestmG wurde trotz dieser zahlreichen Gesetzesänderungen je- 49

---

[90] *Zeller* in Brinkhaus/Scherer, Einl KAGG, Rn. 17 ff.
[91] Beschluss v. 22.2.1990, BGBl. I 1990/266.
[92] Begründung des Gesetzesentwurfes der Bundesregierung in BT-Drs. 11/5411.
[93] Zu Einzelheiten vgl. auch *Baur* in Assmann/Schütze, Handbuch des Kapitalanlagerechts, 3. Auflage (2007) § 20 Rn. 15 ff.
[94] *Zeller* in Brinkhaus/Scherer, Einl KAGG, Rn. 30 ff.

doch festgehalten – will meinen: Beschränkung der Vertrags(gestaltungs)freiheit für deutsche Kapitalanlagegesellschaften va durch den deutschen Fondstypenzwang und den zwingenden Anlagevorgaben sowie ein strenge Vertriebsregulierung für aus- und inländische Investmentfonds.[95]

50 Auch auf europäischer Ebene wurde – trotz des sich durchaus einstellenden Erfolges der OGAW I-Richtlinie – weiter an einer Verbesserung der europaweiten Mindestregulierung von OGAW gearbeitet, um der Verwirklichung des ausgerufenen Ziels eines EU-Binnenmarktes für die Investmentfondsindustrie ein weiteres Stück näher zu kommen: Dies sollten zwei weitere OGAW-Richtlinien ermöglichen – genauer: die sog. Verwaltungs-, Verwalter- bzw. Organisations-Richtlinie[96] sowie die sog. Produktrichtlinie[97] aus 2002, die die ursprüngliche OGAW I-Richtlinie ändern bzw. ergänzen sollten. Unbestritten hatte die OGAW I-Richtlinie bereits wesentlich zur Vollendung des Binnenmarktes für Investmentfonds in Form von OGAW beigetragen.

51 Die OGAW I-Richtlinie regelte jedoch nicht in umfassender Weise die Behandlung der Gesellschaften, die OGAW verwalten. Insbesondere gab es keine Bestimmungen, mit denen in allen Mitgliedstaaten gleichwertige Marktzugangsvorschriften und gleichwertige Bedingungen für die Ausübung der Tätigkeit von OGAW-Verwaltungsgesellschaften gewährleistet werden.[98] Aufgrund der im Markt vorgefundenen Fondsstrukturen sah es der EU-Richtliniengeber zudem geboten, Vorschriften festzulegen, unter denen eine Verwaltungsgesellschaft auf der Grundlage eines Auftrags spezifische Aufgaben und Funktionen auf Dritte übertragen kann, um so ihre Geschäftstätigkeit effizienter zu machen.[99] Um die ordnungsgemäße Funktionsweise der Grundsätze der gegenseitigen Anerkennung der Zulassung und der Herkunftslandkontrolle sicherzustellen, sollten die Mitgliedstaaten, die eine derartige Übertragung der Aufgaben gestatten, gewährleisten, dass die Verwaltungsgesellschaft, der sie eine Zulassung erteilt haben, ihre Aufgaben nicht insgesamt auf einen oder mehrere Dritte überträgt, um so zu einer „Briefkastengesellschaft" zu werden, und dass diese Aufträge eine wirksame Beaufsichtigung der Verwaltungsgesellschaft nicht behindern.[100]

52 Ferner fehlte es an Bestimmungen über die Gründung von Zweigniederlassungen und den freien Dienstleistungsverkehr dieser „Verwaltungsgesellschaften". Aufgrund der gegenseitigen Anerkennung sollten die in ihrem Herkunftsmitgliedstaat zugelassenen Verwaltungsgesellschaften befugt sein, die Dienstleistungen, für die sie eine Zulassung erhalten haben, in der gesamten EU mittels Gründung von Zweigniederlassungen oder im Rahmen des freien Dienstleistungsverkehrs zu erbringen[101]. Endlich sollte – vor dem Hintergrund der Entwicklung der Informationstechnologien – ein vereinfachter Verkaufsprospekt geschaffen werden, der in anlegerfreundlicher Weise kurz die wesentlichen Informationen zum OGAW zusammenfasst.[102]

53 Aufgrund der Marktentwicklungen war es auf Produktseite aus europäischer Sicht zudem notwendig, die Anlagemöglichkeiten der OGAW auch auf andere, hinreichend liquide Finanzanlagen als Wertpapiere iSd OGAW I-Richtlinie zu erweitern.[103] Finanzinstrumente, die als Anlagevermögenswerte eines OGAW-Portfolios in Frage kommen, wurden in der Produktrichtlinie weiter genannt. Danach sollte etwa OGAW sollte sein Vermögen in Antei-

---

[95] So auch *Köndgen/Schmies* in Schimansky/Bunte/Lwowski, Bankrechts-Handbuch, 4. Auflage (2011) § 113 Rn. 28.
[96] *Zeller* in Brinkhaus/Scherer, Einl KAGG, Rn. 17 ff.
[97] RL 2001/108/EG („Produkt-Richtlinie") vom 21.1.2002, abrufbar unter: http://eur-lex.europa.eu/LexUriServ/LexUriServ.do?uri=OJ:L:2002:041:0035:0035:DE:PDF.
[98] Vgl. Erwägungsgrund (2) der Verwaltungsrichtlinie.
[99] Vgl. Erwägungsgrund (12) der Verwaltungsrichtlinie.
[100] Vgl. Erwägungsgrund (12) der Verwaltungsrichtlinie.
[101] Vgl. Erwägungsgrund (6) der Verwaltungsrichtlinie.
[102] Vgl. Erwägungsgrund (15) der Verwaltungsrichtlinie.
[103] Vgl. Erwägungsgrund (2) der Produktrichtlinie.

len von OGAW und/oder anderer Organismen für gemeinsame Anlagen des offenen Typs anlegen können, die ebenfalls nach dem Grundsatz der Risikostreuung in die in dieser Richtlinie genannten liquiden Finanzanlagen investieren.[104] OGAW oder andere Organismen für gemeinsame Anlagen, in die ein OGAW investiert, müssen aber einer wirksamen Aufsicht unterliegen. Zudem sollte ein OGAW auch in Bankeinlagen investieren können[105] und zusätzliche flüssige Mittel wie Sichteinlagen halten dürfen.[106] Darüber hinaus sollte es einem OGAW gestattet sein, im Rahmen seiner allgemeinen Anlagepolitik und/oder zu Sicherungszwecken in abgeleitete Finanzinstrumente („Derivate") zu investieren.[107]

5. InvG 2003, InvestmentänderungsG 2007 und InvStG

Die weitreichenden Änderungen auf europäischer Ebene mussten auch auf nationaler Ebene umgesetzt werden. Der deutsche Gesetzgeber nahm den europarechtlichen Änderungsbedarf sogleich zum Anlass, unter Zusammenlegung des KAGG sowie des AuslInvestmG die nationalen gesetzlichen Regelungen im Investmentfondsbereich zu modernisieren. Ziel des Investmentmodernisierungsgesetzes ist über die Umsetzung der beiden OGAW-Änderungsrichtlinien hinaus die Schaffung eines modernen und einheitlichen Gesetzes, dass die Entwicklungen im Investmentwesen aufgreift und der Investmentbranche attraktive Rahmenbedingungen für die Ausübung ihrer Geschäftstätigkeit bietet, ohne jedoch Gesichtspunkte der Aufsicht und des Anlegerschutzes zu vernachlässigen.[108] 54

Im Rahmen der Umsetzung der Verwaltungs- und Produktrichtlinie zur Änderung der OGAW I-Richtlinie sah das deutsche Gesetz[109] insbesondere folgende Maßnahmen vor: (1) Aufhebung der gesetzlichen Fondstypen des KAGG; (2) Einführung des vereinfachten Verkaufsprospektes; (3) Ausweitung des Europäischen Passes für Investmentfonds; (4) Europäischer Pass für Kapitalanlagegesellschaften; (5) Absenkung des Anfangskapitals für Kapitalanlagegesellschaften; (6) Ausweitung der Tätigkeiten der Kapitalanlagegesellschaften; (7) Regelung zur Auslagerung von Tätigkeiten der Kapitalanlagegesellschaft; (8) Regelung zum Einsatz von Derivaten. 55

Grundlegend war va die Aufhebung der nach dem KAGG mehr oder minder klaren Typentrennung von Sondervermögen – jedenfalls für Sondervermögen, die nach den Vorgaben der OGAW-Richtlinie aufgelegt wurden: Das InvG sollte für Publikumsfonds keine Investmentkategorien vorgeben, sondern nur noch zwischen richtlinienkonformen und nicht-richtlinienkonformen Sondervermögen unterschieden werden. Zudem sollte auch den Anlegerinteressen an den bis anhin regulatorisch wenig beachteten Alternative Investmentfonds Rechnung getragen – durch die Anerkennung von „Sondervermögen mit zusätzlichen Risiken", bei dem es sich der Sache nach und nach Ansicht des deutschen Gesetzgebers um die sog. Hedgefonds handelte,[110] mit denen der Anleger über dieses neue, regulierte und von der BaFin beaufsichtigte Produkt Anteile an Hedgefonds seinem Portfolio beimischen können sollte.[111] 56

Dieses Ziel verfolgte der Gesetzgeber indes nur halbherzig: lediglich Hedgefonds sollten unter bestimmten im InvG geregelten Voraussetzungen aus dem sog. Grauen Kapitalmarkt 57

---

[104] Vgl. Erwägungsgrund (6) der Produktrichtlinie.
[105] Vgl. Erwägungsgrund (8) der Produktrichtlinie.
[106] Vgl. Erwägungsgrund (9) der Produktrichtlinie.
[107] Vgl. Erwägungsgrund (11) der Produktrichtlinie.
[108] Entwurf eines Gesetzes zur Modernisierung des Investmentwesens und zur Besteuerung von Investmentvermögen (Investmentmodernisierungsgesetz) Bundestag Drucksache 15/1553, S. 65.
[109] Entwurf eines Gesetzes zur Modernisierung des Investmentwesens und zur Besteuerung von Investmentvermögen (Investmentmodernisierungsgesetz) Bundestag Drucksache 15/1553, S. 1 f.
[110] Hierzu und Einzelheiten der Vorgaben des InvG für „Hedgefonds" auch *Leistikow/Ellerkmann* BB 2003, 2693, 2698 ff.
[111] Entwurf eines Gesetzes zur Modernisierung des Investmentwesens und zur Besteuerung von Investmentvermögen (Investmentmodernisierungsgesetz) Bundestag Drucksache 15/1553, S. 65.

herausgelöst und in den Anwendungsbereich des Investmentgesetzes und des Investmentsteuergesetzes – mit einer steuerlichen Gleichbehandlung mit herkömmlichen Sondervermögen – genommen werden. Weitere alternative Investmentfondsprodukte – wie Private Equity und Venture Capital – sollten vom Anwendungsbereich des InvG nicht erfasst und reguliert werden;[112] für diese suchte der Gesetzgeber nach anderen Lösungen. Insoweit relativieren sich auch die Aussagen des deutschen Gesetzgebers, wonach der Finanzplatz Deutschland mittlerweile reif für die Zulassung von alternativen Investmentprodukten sei. Die Hedgefonds-Branche hatte sich zu einer Branche entwickelt, die sich der mit Hedgefonds verbundenen Risiken bewusst sei und mit ihnen auch verantwortungsvoll umgehe. Der Gesetzgeber erwartete, dass die von ihm vorgesehenen Freiräume nicht missbraucht würden.[113]

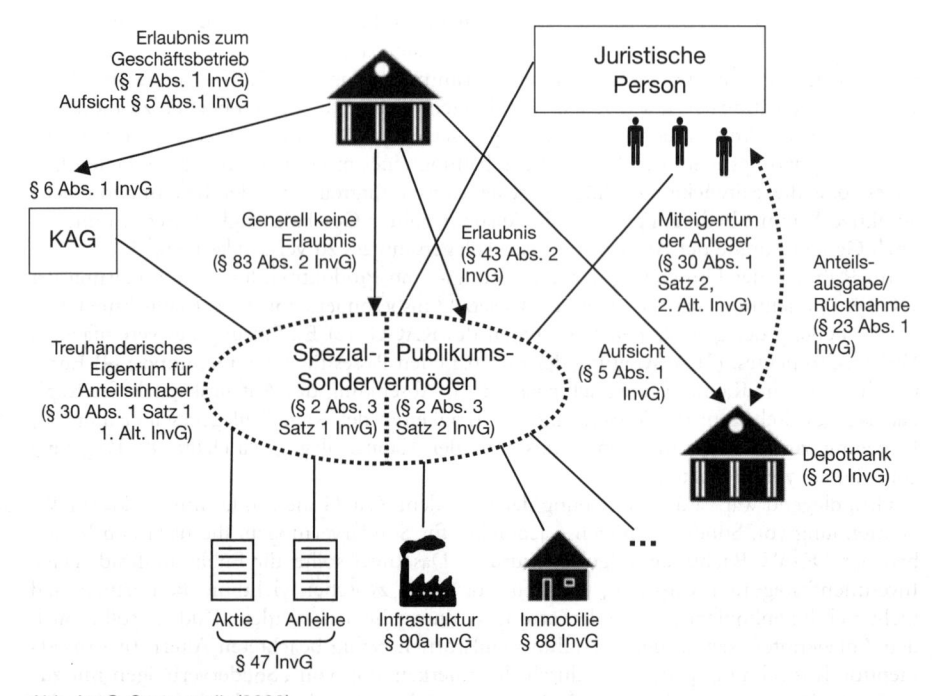

Abb. InvG-Systematik (2003)

58   Das Gesetz zur Änderung des Investmentgesetzes und anderer Gesetze (InvestmentänderungsG 2007) ist am 27.12.2007 im Bundesgesetzblatt verkündet worden und am 28.12.2007 in Kraft getreten.
59   Das InvestmentänderungsG 2007 wollte maßgeblich zum Bürokratieabbau im Finanzsektor beitragen. Die Regelungsdichte wurde hierzu in einer „Eins-zu-eins"-Anpassung auf die europäischen Harmonisierungsvorgaben zurückgeführt, bestimmte Informationspflichten aufgehoben oder vereinfacht. Durch die vereinfachte Genehmigungspraxis der BaFin sollte sich außerdem die Markteintrittsdauer für neue Produkte verkürzen. Auch die Rahmenbedingungen für offene Immobilienfonds wurden verbessert. Verschiedene neue Instrumente sollten es dem Fondsmanagement ermöglichen, offene Immobilienfonds auch in schwierigen Marktsituationen zum Nutzen der Anleger angemessen zu steuern. Dazu

---

[112] Entwurf eines Gesetzes zur Modernisierung des Investmentwesens und zur Besteuerung von Investmentvermögen (Investmentmodernisierungsgesetz) Bundestag Drucksache 15/1553, S. 65.
[113] Entwurf eines Gesetzes zur Modernisierung des Investmentwesens und zur Besteuerung von Investmentvermögen (Investmentmodernisierungsgesetz) Bundestag Drucksache 15/1553, S. 67.

gehörte die Möglichkeit, von der bisherigen Verpflichtung zur täglichen Rücknahme abzuweichen und – die AIFM-Richtlinie lag noch in weiter Ferne – die Verpflichtung zur Einführung geeigneter Risikomanagementsysteme. Mittels Infrastrukturfonds (ÖPP-Fonds) war es nunmehr möglich, in öffentlich-private Partnerschaftsprojekte zu investieren. Hinzu kamen die so genannten „Sonstigen Sondervermögen" für Nischenprodukte, mit denen Anleger nunmehr auch über regulierte Fonds zB in Edelmetalle oder unverbriefte Darlehensforderungen anlegen konnten. Zuvor war dies nur über Zertifikate möglich. Ein weiterer Schwerpunkt des InvestmentänderungsG 2007 lag auf dem Ausbau des Anlegerschutzes und der Corporate Governance. Die Reform trug zur Vermeidung von Interessenkonflikten zwischen Depotbank und KAG bei und stärkte zudem die Unabhängigkeit des Aufsichtsrates von Kapitalanlagegesellschaften. Schließlich wurde iRd InvestmentänderungsG 2007 zum Schutz nationaler Anleger die Beschränkung der Kostenvorausbelastung auf richtlinienkonforme ausländische Investmentfonds erstreckt.

Das InvStG „a. F." steht als steuerliches Pendant des reformierten InvG für ein Regime der „transparenten" Besteuerung. Dies birgt diverse Vorteile wie zB die Steuerfreiheit thesaurierter Gewinne aus Veräußerungs- und Termingeschäften, die Anwendung der Abgeltungssteuer für Privatinvestoren, die Gewerbesteuerbefreiung und die Freistellung bzw. Erstattung der KapErSt auf Fondsebene[114].

6. UBGG und WKBG – optionale Regulierung für geschlossene Fonds

Die bereits im KAGG sowie in der OGAW I-Richtlinie angelegte Trennung zwischen offenen und geschlossenen Fonds einerseits und der klare, mitunter etwas einseitige Fokus des europäischen wie auch deutschen Regulators auf „Organismen für gemeinsame Anlagen" bzw. auf Fondsvermögen und -vehikel des offenen Typs durch KAGG, OGAW-Richtlinien sowie InvG, trug maßgeblich zu der vielfach verbrämten Regulierungslosigkeit von Fondsstrukturen des geschlossenen Typs und der Entwicklung des „Grauen Kapitalmarktes" bei. Richtig ist nur, dass ein einheitliches Aufsichtskonzept für geschlossene Fondsstrukturen und -typen, allen voran für Private Equity-Fonds, fehlte. Vielmehr fand für diese Finanzmarktteilnehmer „lediglich" das allgemeine Gesellschafts-, Steuer- und Insolvenzrecht Anwendung. 60

An diesem Befund änderte auch das Inkrafttreten des UBBG im Jahre 1987[115] wie auch dessen Nachbesserungen in den Jahren 1998[116] und 2008[117] wenig.[118] Geschlossene Fonds unterlagen vor und auch nach Inkrafttreten des UBGG keinem gesetzlichen Typenzwang: Entsprechend der vertraglichen Absprache mit den Investoren sowie unter Beachtung der jeweiligen gesellschafts- und handelsrechtlichen Bestimmungen konnten als Rechtsform des Investitions- bzw. Beteiligungsvehikels nahezu jede in- oder ausländische Gesellschaftsform gewählt werden. 61

Eine spezialgesetzlich geregelte Form einer inländischer Beteiligungsgesellschaften in Deutschland war zum einen die Unternehmensbeteiligungsgesellschaft nach dem UBGG und zum anderen die durch das Gesetz zur Modernisierung der Rahmenbedingungen für Kapitalbeteiligungen (MoRaKG) eingeführte Wagniskapitalbeteiligungsgesellschaft nach dem Wagniskapitalbeteiligungsgesetz (WKBG). Strukturen für geschlossene Fonds außerhalb der gesetzlich festgelegten Strukturen der Kapitalanlage-, Unternehmensbeteiligungs- sowie Wagniskapitalbeteiligungsgesellschaft waren aber nicht ausgeschlossen. Weder KAGG, AuslInvestmentG, InvG, UBGG noch WKBG wurden und werden als verdrängende Spezialgesetze verstanden. 62

---

[114] *Haisch/Helios* BB 2013, S. 23.
[115] *Fock,* UBGG, Einl UBGG, Rn. 7 ff.
[116] *Fock,* UBGG, Einl UBGG, Rn. 35 ff.
[117] Artikel 78 des Gesetzes vom 17.12.2008 (BGBl. I, S. 2586).
[118] *Swoboda/Silberberger* in Striegel/Wiesbrock/Jesch, Kapitalbeteiligungsrecht, § 1 UBGG Rn. 4.

63 Der erhoffte Wechsel unter das „optionale" Aufsichtsregime von UBGG und WKBG insbesondere für die Anlageklassen „Private Equity" und „Venture Capital" blieb weithin aus. Zwar ist die Unternehmensbeteiligungsgesellschaft immer wieder als mögliches Investitionsvehikel für deutsche Private-Equity-Fonds genannt worden. Jedoch ist nach zahlreichen Änderungen des UBGG als einziges Steuerprivileg dieser Unternehmensform die Gewerbesteuerbefreiung verblieben. Der gesetzlich vorgesehene Bezeichnungsschutz „Unternehmensbeteiligungsgesellschaft" hatte und hat als weiteres Argument für die UBG als Fondsvehikel in der Praxis ebenso wenig durchschlagende Kraft. Die mit dem UBGG wie auch WKBG verbundenen sonstigen gesetzlichen Restriktionen, va die zwingenden und wenig flexiblen Anlagerestriktionen, machten die UBG wie aber auch die WKBG weithin unattraktiv. Zur Unattraktivität der Wagniskapitalbeteiligungsgesellschaft trägt zudem die verpflichtende Firmierung als Kapitalgesellschaft bei, die insbesondere für geschlossene Fonds unüblich ist und daher zahlreiche Nachteile (zB Beurkundungspflichten bei der GmbH, wertpapieraufsichtsrechtliche Pflichten aus KWG, AktG und WpHG bei der AG) in der Strukturierung birgt.

64 Damit blieb es dabei: Typischerweise wurden geschlossene Fonds, allen voran Private-Equity-Fonds, die sich an deutsche Anleger richteten, entweder in der Rechtsform der GmbH & Co. KG oder in der Rechtsform einer ausländischen Personengesellschaft strukturiert. Dabei waren die in Deutschland öffentlich angebotenen Private-Equity-Beteiligungen fast ausschließlich als Publikumskommanditgesellschaften aufgesetzt. An solchen Gesellschaften beteiligten sich die Anleger als Kommanditisten. Zur Vermeidung der gewerblichen Prägung beteiligten sich neben der Komplementär-GmbH mindestens eine weitere Kapital- oder Personengesellschaft und eine natürliche Person als geschäftsführender Kommanditist.[119]

7. OGAW/UCITS IV-Richtlinie und deren nationale Umsetzung

65 Während auf der Seite der geschlossenen Fonds die Regulierung weit(er)hin Sache der einzelnen Mitgliedsstaaten blieb, wurde auf der Seite der offenen Fonds die Taktung der (europäischen) Regulierung erhöht: In zwei grundlegenden Arbeitspapieren hatte die Kommission weitere Schwachstellen der EU-weiten Regulierung von bzw. Harmonisierungspotential für OGAW-Fonds ausgemacht. Sowohl das Grünbuch als auch das Weißbuch der Kommission für den Ausbau des Binnenmarktrahmens für Investmentfonds wies darauf hin, dass das Ziel der Errichtung eines EU-Binnenmarktes für Investmentfonds immer noch nicht erreicht sei. Wenn die Vorschriften über OGAW-Fonds wirksamer greifen sollten, sollten sie auch in allen Mitgliedstaaten einheitlich angewandt werden.

66 Daher sollten vorrangig zunächst die bereits ergriffenen Maßnahmen, durch die die OGAW-Richtlinie zT ergänzt worden ist, klarer dargestellt und konsolidiert werden. Hinzu kommen sollten weitere Maßnahmen zur Verbesserung der bisherigen OGAW-Richtlinie: (1) Beseitigung der administrativen Hindernisse für den grenzübergreifenden Vertrieb, da die bis dahin bestehenden Verwaltungsverfahren, die eingehalten werden mussten, bevor ein Fonds in einem anderen Mitgliedstaat vertrieben werden konnte (vor allem die ex-ante-Prüfung der Fonds-Unterlagen durch die Aufsichtsbehörde des Aufnahmelandes und die Zweimonats-Wartefrist) beschränkend wirkten;[120] (2) Erleichterung grenzübergreifender Fonds-Fusionen durch europaweit geltende Rahmenbedingungen für die Fusionen von Fonds;[121] (3) „Pooling" von Vermögenswerten durch Änderung der Streuungsregeln und Zulassung des Poolings („entity pooling") durch Master-Feeder-Fonds-

---

[119] Schatz in Jesch/Striegel/Boxberger, Rechtshandbuch Private Equity, S. 75.
[120] Grünbuch der Kommission „Ausbau des Europäischen Rahmens für Investmentfonds" vom 14.7.2005; Weißbuch der Kommission vom 15.11.2006 für den Ausbau des Binnenmarktrahmens für Investmentfonds, Tz. 1.1.
[121] Grünbuch der Kommission „Ausbau des Europäischen Rahmens für Investmentfonds" vom 14.7.2005; Weißbuch der Kommission vom 15.11.2006 für den Ausbau des Binnenmarktrahmens für Investmentfonds, Tz. 1.2.

Strukturen;¹²² (4) „EU-Pass" (einmalige Zulassung) für Verwaltungsgesellschaften, wonach zugelassene Verwaltungsgesellschaften sowohl Fonds der gesellschaftsrechtlichen als auch der vertraglichen Rechtsform in anderen Mitgliedstaaten verwalten können sollten;¹²³ (5) Ausbau der aufsichtsbehördlichen Zusammenarbeit, um eine europaweite und effiziente Aufsicht im Anwendungsbereich der OGAW-Richtlinie zu ermöglichen;¹²⁴ (6) Einführung der „wesentlichen Informationen für den Anleger" (kurz: „KIID"), um den Anleger in die Lage zu versetzen, eine fundierte Anlageentscheidung zu treffen und eine europaweit vollständige Harmonisierung der hierfür erforderlichen Angaben zu schaffen. Diese sollten den vereinfachten Verkaufsprospekt ersetzen, der nach Ansicht der Kommission wenig erfolgreich war.¹²⁵ Bereits im Weißbuch wurde darauf hingewiesen, dass der vereinfachte Verkaufsprospekt den Anlegern zwar Basisinformationen über mögliche Risiken, verbundene Kosten und erwartete Wertentwicklungen des jeweiligen Produktes an die Hand geben sollte, was aber misslang, da das Dokument zu lang war, vom Leserkreis nicht verstanden wurde, zu unterschiedlich umgesetzt und durch nationale Bestimmungen ergänzt wurde.¹²⁶

Mit dem am 1.7.2011 in Kraft getretenen OGAW-IV-Umsetzungsgesetz¹²⁷ überführte **67** der deutsche Gesetzgeber die Neuregelungen der OGAW IV-Richtlinie in nationales Recht. Wesentliche Änderungen haben dabei einmal mehr das InvG sowie das InvStG erfahren. Die Umsetzung in das nationale Recht sollte sich weithin an die europäischen Vorgaben der OGAW-Richtlinie orientieren – etwa teilweise durch wörtlich aus der Richtlinie übernommenen Gesetzeswortlaut sowie direkte Verweise auf die Richtlinie. Jedoch ging das OGAW-IV-Umsetzungsgesetz insoweit über eine sog. 1:1-Umsetzung hinaus, als die neuen Regelungen – wo nach Ansicht des deutschen Gesetzgebers erforderlich – auf nicht-richtlinienkonforme Investmentvermögen erstreckt werden sollten.

Handlungsbedarf sah der deutsche Gesetzgeber – ob der Vorgaben der OGAW IV- **68** Richtlinie – va in folgenden Bereichen, die durch Änderungen des Investmentgesetzes umgesetzt werden sollten: (1) Pflicht, Anleger durch zweiseitige wesentliche Anlegerinformationen kurz und leicht verständlich über die Hauptmerkmale der Investmentfonds zu informieren;¹²⁸ (2) Ermöglichung der grenzüberschreitenden Fondsverwaltung durch Kapitalanlagegesellschaften;¹²⁹ (3) Beschleunigung des grenzüberschreitenden Vertriebs von Fondsanteilen durch direkte Übersendung der für den öffentlichen Vertrieb im europäischen Ausland erforderlichen Unterlagen innerhalb der Aufsichtsbehörden;¹³⁰ (4) Steigerung der Fondseffizienz durch Ermöglichung von grenzüberschreitenden sog. Master-

---

¹²² Grünbuch der Kommission „Ausbau des Europäischen Rahmens für Investmentfonds" vom 14.7.2005; Weißbuch der Kommission vom 15.11.2006 für den Ausbau des Binnenmarktrahmens für Investmentfonds, Tz. 1.3.
¹²³ Grünbuch der Kommission „Ausbau des Europäischen Rahmens für Investmentfonds" vom 14.7.2005; Weißbuch der Kommission vom 15.11.2006 für den Ausbau des Binnenmarktrahmens für Investmentfonds, Tz. 1.4.
¹²⁴ Grünbuch der Kommission „Ausbau des Europäischen Rahmens für Investmentfonds" vom 14.7.2005; Weißbuch der Kommission vom 15.11.2006 für den Ausbau des Binnenmarktrahmens für Investmentfonds, Tz. 1.5.
¹²⁵ Grünbuch der Kommission „Ausbau des Europäischen Rahmens für Investmentfonds" vom 14.7.2005; Weißbuch der Kommission vom 15.11.2006 für den Ausbau des Binnenmarktrahmens für Investmentfonds, Tz. 2.1.
¹²⁶ Hierzu auch *Reiter/Plumridge* WM 2012, 388, 388 ff.; *Blankenheim* ZBB 2011, 344, 349 ff.
¹²⁷ Gesetz zur Umsetzung der Richtlinie 2009/65/EG zur Koordinierung der Rechts- und Verwaltungsvorschriften betreffend bestimmte Organismen für gemeinsame Anlagen in Wertpapieren (OGAW-IV-Umsetzungsgesetz – OGAW-IV-UmsG), BGBl. 2011, Teil I, Nr. 30, S. 1126; hierzu auch *Reiter/Plumridge* WM 2012, 343 ff. (Teil 1) und 388 ff. (Teil 2); *Blankenheim* ZBB 2011, S. 344 ff.; *Bujotzek/Steinmüller* DB 2012, S. 2246 ff. (Teil 1) und S. 2305 ff. (Teil 2).
¹²⁸ Vgl. § 42 InvG; hierzu auch *Blankenheim* ZBB 2011, S. 344, 349 ff.
¹²⁹ Vgl. § 12 InvG; hierzu auch *Blankenheim* ZBB 2011, S. 344, 348 f.
¹³⁰ Vgl. § 128 Abs. 3 InvG; hierzu auch *Blankenheim* ZBB 2011, S. 344, 356 ff.

Feeder-Konstruktionen als Form des Poolings von Vermögenswerten;[131] (5) Vereinheitlichung der aufsichtsrechtlichen Anforderungen an inländische und grenzüberschreitende Fondsverschmelzungen;[132] (6) Einführung eines Schlichtungswesens für Anleger (vergleichbar dem bereits bestehenden Ombudsmannverfahren für Banken).[133] In Anlehnung an die Vorgaben der OGAW-IV-Richtlinie im Bereich Verschmelzungen und Master-Feeder-Konstruktionen wurde neue Informationspflichten gegenüber dem Anleger mittels eines dauerhaften Datenträgers vor (Schreiben, E-Mail etc.) vorgesehen.[134]

8. AnsFuG und VermAnlG

69 Nahezu parallel zum OGAW IV-Umsetzungsgesetz wurde das Gesetz zur Stärkung des Anlegerschutzes und Verbesserung der Funktionsfähigkeit des Kapitalmarktes vom 5.4.2011 („AnsFuG") am 7.4.2011 verkündet. Neben weiteren Regelungen zur Ausweitung des Anlegerschutzes[135] – wie insbesondere der Einführung eines sog. Produktinformationsblattes für Finanzinstrumente des WpHG – sowie weitergehenden Meldepflichten beim Erwerb von stimmrechtsberechtigenden Finanzinstrumenten[136] wurden im InvG insbesondere die Vorgaben für offene Immobilienfonds neu gestaltet.[137] Das AnsFuG zielt auf die Stärkung des Vertrauens von Marktteilnehmern und der Bevölkerung in die Funktionsfähigkeit der Kapitalmärkte und in ein faires, kundenorientiertes Finanzdienstleistungsangebot – nach der jüngsten Finanzkrise.

70 Ein weitergehender Themenbereich des AnsFuG, der im Diskussionsentwurf des Bundesfinanzministeriums noch vorgesehen war, war die Regulierung des „Grauen Kapitalmarktes" durch weitergehende Transparenzpflichten und das Erfordernis einer anlegergerechten Beratung über die bislang geltenden Bestimmungen des WpHG sowie KWG hinaus. Ziel war es, die Vorgaben betreffend anlegergerechte Beratung, Offenlegung von Provisionen und Anfertigung eines Beraterprotokolls auch auf Produkte des „Grauen Kapitalmarktes" auszudehnen, wodurch insbesondere geschlossene Fonds erfasst werden sollten.[138] Zudem war geplant, dass Prospekte solcher Produkte va Angaben enthalten sollten, die es den Anlegern ermöglichen, sich ein Bild über die Seriosität des Anbieters zu machen. Weiter sollten die Verjährung von Schadensersatzansprüchen aufgrund von fehlerhaften Angaben in Prospekten für Graumarktprodukte und Wertpapiere von bisher maximal drei auf maximal zehn Jahre ausgedehnt werden.[139]

71 Um Anleger zusätzlich vor falscher Beratung, sprich: Anlageberatung zu schützen, sollte endlich bei BaFin eine Datenbank angelegt werden, in der Anlageberater, Vertriebsverantwortliche und Compliance-Beauftragte erfasst werden sollten.[140] Hiermit sollte gewährleistet werden, dass bei Anlageberatung das Kundeninteresse und nicht das Provisionsinteresse von Finanzdienstleistern im Vordergrund steht. So einig man sich auf die grundsätzliche Notwendigkeit einer weitergehenden anlegerschützenden Regulierung im Bereich des „Grauen Kapitalmarktes" war, so uneinig war man sich über Detailfragen. Im Gesetzgebungsverfahren des

---

[131] Vgl. § 45a InvG; hierzu auch *Blankenheim* ZBB 2011, S. 344, 354 ff.
[132] Vgl. § 40 InvG; hierzu auch *Blankenheim* ZBB 2011, S. 344, 350 ff.
[133] Vgl. § 143c InvG; hierzu auch *Blankenheim* ZBB 2011, S. 344, 359.
[134] Vgl. § 42a InvG; hierzu auch *Blankenheim* ZBB 2011, S. 344, 357 ff.
[135] Zum Inhalt und Reichweite des Produktionsinformationsblatts vgl. *Schlee/Maywald* BKR 2012, S. 320; *Günther* GWR 2013, S. 55.
[136] Diese neuen Meldepflichten des WpHG und die damit verbundene gesteigerte Beteiligungstransparenz sollen ein unbemerktes „Anschleichen" an Unternehmen verhindern oder jedenfalls erschweren; hierzu auch *Epe/Teichmann* WM 2012, S. 1213; *Merkner/Sustmann* NZG 2012, S. 241; *Heusel* WM 2012, S. 291.
[137] Vgl. hierzu *Reiter/Plumridge* WM 2012, S. 388, 393 ff.
[138] Vgl. hierzu *Bruchwitz/Voss* BB 2011, S. 1226 ff.; *Jesch/Klebeck* BB 2011, S. 1866, 1869 ff.
[139] Vgl. hierzu *Bruchwitz/Voss* BB 2011, S. 1226 ff.
[140] Vgl. hierzu *Jesch/Klebeck* BB 2011, S. 1866, 1869 ff.; kritisch auch *Voss* BB 2010, S. 3099, 3101 ff.

AnsFuG einigte man sich daher darauf, dass die bislang im Diskussionsentwurf des AnsFuG vorgesehene Teile zur Regulierung des grauen Kapitalmarkts aus dem AnsFuG herausgelöst und in ein neues Gesetzgebungsverfahren unter gemeinsamer Federführung von Bundesfinanzministerium und Bundesministerium für Wirtschaft zusammengefasst werden sollte.[141]

Resultat war das Artikelgesetz zur Novellierung des Finanzanlagenvermittler- und Vermögensanlagenrechts vom 6.12.2011, welches am 12.12.2011 im Bundesgesetzblatt verkündet worden ist,[142] welches va die Einführung eines Gesetzes über Vermögensanlagen (kurz: „VermAnlG") vorsieht.[143] Ausgerufenes Ziel war auch hier: Der Anlegerschutz im Bereich des „Grauen Kapitalmarkts" sollte verbessert werden – durch eine schärfere Produktregulierung, erhöhte Vertriebsanforderungen und einer Erleichterungen mit Blick auf die Prospekthaftung.[144]

Was die Produktregulierung im Bereich des Grauen Kapitalmarktes anlangt, sollen entsprechende Verkaufsprospekte für „Vermögensanlagen" künftig nicht nur vollständig, sondern auch widerspruchsfrei und kohärent sein.[145] Die bei der BaFin einzureichenden Unterlagen des Produkts müssen zudem Angaben enthalten, die eine Einschätzung zur Zuverlässigkeit des Emittenten der Vermögensanlagen erlauben. Zudem wurde eine Pflicht zur Erstellung von Kurzinformationsblättern statuiert, durch die Anleger kurz und verständlich über die wesentlichen Eigenschaften und Risiken der Vermögensanlagen informiert werden sollen.[146] Die neue Pflicht eines Emittenten von Vermögensanlagen zur Vorlage eines geprüften Jahresabschlusses soll zudem die Verlässlichkeit der Angaben zu seiner wirtschaftlichen Situation erhöhen.

Eine weitergehende und anlegerschützende Vertriebsregulierung im Bereich des Grauen Kapitalmarktes wurde durch einen rechtstechnischen „Kunstgriff" erreicht: Vermögensanlagen iSd VermAnlG sollen als Finanzinstrumente iSd KWG und WpHG qualifizieren.[147] Zentrale Folge ist, dass deren Vertrieb durch zugelassene Wertpapierdienstleistungsunternehmen unmittelbar den anlegerschützenden Vorschriften des WpHG und der BaFin-Aufsicht unterfallen solle.[148] Die sog. „freien" (gewerblichen) Vermittler und Berater von Vermögensanlagen sollen der Aufsicht der Gewerbeaufsichtsbehörden der Länder unterstehen.[149] Die Gewerbeaufsichtsbehörden sollen auch weiterhin für die Erteilung der gewerberechtlichen Erlaubnis jetzt aber nach § 34f GewO zuständig sein. Banken- und haftungsdachunabhängige Anlageberater und -vermittler von Finanzanlagen bedürfen zwar keiner Erlaubnis nach § 34c GewO, sondern vielmehr nach dem neu geschaffenen § 34f GewO, der eine Erlaubnispflicht für sog. Finanzanlagenvermittler vorsieht.[150]

Jedoch müssen Finanzanlagenvermittler künftig ihre Sachkunde durch eine entsprechende Prüfung oder eine gleich gestellte Berufsqualifikation nachweisen – vgl. § 34f GewO.[151] Voraussetzung für eine Zulassung ist zudem der Abschluss einer Berufshaftpflichtversiche-

---

[141] Hierzu auch *Jesch/Klebeck* BB 2011, S. 1866, 1870f.
[142] BGBl. 2011, Teil I, Nr. 63, S. 2481.
[143] Hierzu *Bruchwitz* in Lüdicke/Arndt, Geschlossene Fonds, 6. Aufl., 2013, S. 112f.
[144] Eingehend hierzu *Hanten/Reinholz* ZBB 2012, S. 36ff.
[145] Zu den erhöhten Anforderungen an das Prospekt nach § 8 VermAnlG und an die sonstigen Dokumentationserfordernissen *Hanten/Reinholz* ZBB 2012, S. 36, 41ff.
[146] Hierzu auch *Zingel/Varadinek* BKR 2012, S. 177; *Hanten/Reinholz* ZBB 2012, S. 36, 45f.; *Rinas/Pobortscha* BB 2012, S. 1615ff.
[147] Hierzu *Zingel/Varadinek* BKR 2012, S. 177, 177ff.; *Hanten/Reinholz* ZBB 2012, S. 36, 38ff.; *Jesch/Klebeck* BB 2011, S. 1866, 1870f.
[148] Zu diesen Folgen und den Auswirkungen auf die Fondsstrukturierung bereits *Jesch/Klebeck* BB 2011, S. 1866, 1870f.
[149] Hierzu auch *Zingel/Varadinek* BKR 2012, S. 177, 183ff.; *Weisner/Friedrichsen/Heimberg* DStR 2012, S. 1034ff.
[150] Hierzu und zum zeitlichen Anwendungsbereich sowie den Übergangsbestimmungen eingehend *Weisner/Friedrichsen/Heimberg* DStR 2012, S. 1034ff.
[151] Zu diesem Sachkundenachweis auch *Weisner/Friedrichsen/Heimberg* DStR 2012, S. 1034.

rung und die Eintragung in dem bereits für Versicherungsvermittler geführten öffentlichen Vermittlerregister.[152] Zudem müssen „freie" Anlageberater und Vermittler künftig strengeren Informations-, Beratungs- und Dokumentationspflichten nachkommen.[153] Dadurch soll ein den Wohlverhaltenspflichten des WpHG entsprechendes Anlegerschutzniveau sichergestellt werden. Die Anforderungen an den Sachkundenachweis, die Berufshaftpflichtversicherung sowie die Konkretisierung der künftig geltenden Wohlverhaltenspflichten sind nunmehr durch die am 30.3.2012 vom Bundesrat verabschiedete Finanzanlagenvermittlungsverordnung – FinVermV – festgelegt worden.[154]

76   Auch vor dem Hintergrund der aktuellen Bemühungen zur Förderung der Honorarberatung[155] scheint es sinnvoll, das Augenmerk von der Produktregulierung auf die Qualifikationsregulierung zu lenken. Es ist denkbar, jedenfalls im Bereich der Honorarberatung Qualifikationen wie die teilweise seit Jahrzehnten eingeführten Berufszertifikate CFP oder CFEP (FPSB) bzw. CeFM (DVFA) zur Voraussetzung der entsprechenden Berufsausübung zu machen. Im Gegenzug für die Gewährung eines entsprechenden Ausbildungsoligopols könnten sich die entsprechenden Verbände verpflichten, den Abschlussjahrgängen aller Schultypen auf freiwilliger Basis Kurse in Sachen Kapitalanlage („Anlegerführerschein") anzubieten. Dies würde nicht zuletzt der Tatsache entgegenwirken, dass die deutschen Privatanleger offenbar einigen Nachholbedarf in Sachen Finanzkompetenz haben.[156]

9. AIFM-Richtlinie und deren deutsche Umsetzung durch das KAGB

a) AIFM-Richtlinie

77   Eine weitergehende Regulierung von Investmentfonds außerhalb des Anwendungsbereiches der OGAW-Richtlinie war – entgegen anderslautender Stimmen – nicht überraschend. Dass es auch in diesem Bereich zu einer europaweiten Regulierung kommen sollte, wurde bereits in der OGAW I-Richtlinie in Aussicht gestellt: „*Die Koordinierung der Rechtsvorschriften der Mitgliedstaaten sollte zunächst auf Organismen für gemeinsame Anlagen des nicht geschlossenen Typs beschränkt werden, die ihre Anteile beim Publikum in der Gemeinschaft vertreiben und deren einziges Ziel die Anlage in Wertpapieren ist (im wesentlichen Wertpapiere, die an Wertpapierbörsen amtlich notiert oder auf ähnlich geregelten Märkten gehandelt werden); die Regelung der Organismen für gemeinsame Anlagen, die nicht unter diese Richtlinie fallen, wirft verschiedene Probleme auf, die durch unterschiedliche Bestimmungen behandelt werden müssen; daher sollten solche Organismen Gegenstand einer späteren Koordinierung sein; (...)*."[157]

78   Hinzu hatte sich ein unverkennbarer Kurswechsel der EU-Finanzmarktregulierung nach Ausbruch der jüngsten Finanzkrise eingestellt: Zielte die bisherige EU-Regulierung vornehmlich darauf ab, die für den freien Kapitalverkehr im Binnenmarkt notwendigen Voraussetzungen zu schaffen bzw. den Ausbau eines Binnenmarktrahmens für Investmentfonds voranzutreiben,[158] geht es nunmehr – neben den Fragen des Anlegerschutzes und der

---

[152] Hierzu *Weisner/Friedrichsen/Heimberg* DStR 2012, S. 1034, 1035.
[153] Zu diesen Pflichten schon *Weisner/Friedrichsen/Heimberg* DStR 2012, S. 1034, 1035 ff.
[154] Hierzu *Weisner/Friedrichsen/Heimberg* DStR 2012, S. 1034 ff.
[155] Vgl. zB *Reiter/Methner* WM 2013, S. 2053 ff.
[156] Vgl. *o. V.*, AssCompact, September 2013, S. 68. In einer repräsentativen europaweiten Studie von ING-DiBa/Ipsos Marktforschung wurden 11.000 Erwachsene zum Thema Finanzbildung befragt. In Deutschland gaben mit 53 Prozent die meisten Menschen zu, keine Finanzbildung zu haben. Gleichzeitig fordern danach 78 Prozent der Deutschen, dass Finanzbildung in der Schule vermittelt werden sollte. Dies ist in der Tat ein guter Ansatz, sofern man wie vorgeschlagen auf entsprechend ausgebildete „Lehrkräfte" zurückgreifen kann.
[157] Erwägungsgrund (6) der OGAW I-Richtlinie Richtlinie des Rates vom 20.12.1985 zur Koordinierung der Rechts- und Verwaltungsvorschriften betreffend bestimmte Organismen für gemeinsame Anlagen in Wertpapieren (OGAW) (85/611/EWG).
[158] Weißbuch der Kommission vom 15.11.2006 für den Ausbau des Binnenmarktrahmens für Investmentfonds, KOM(2006) 686 endg.

Funktionsfähigkeit einzelner Institute – zentral um Fragen der Stabilität des europäischen Finanzmarktes und der Verhinderung von systemischen Risiken.[159] Zudem legte die bisherige EU-Finanzmarktregulierung ihren Fokus bislang auf Anbieter, Fonds und Verwalter aus EU-Mitgliedstaaten und auf Erleichterungen für den grenzüberschreitenden Vertrieb bzw. für das europaweite Erbringen von Finanzdienstleistungen. Die Regulierung von Finanzdienstleistern im weitesten Sinne mit Sitz bzw. Fonds aus Drittstaaten, sprich: Nicht-EU-Mitgliedsstaaten, sollte bis anhin der nationalen Regulierung der einzelnen Mitgliedstaaten überlassen bleiben.[160] Mit der AIFM-Richtlinie wurde sich auch dem Thema „Drittstaatenregulierung" angenommen.[161]

Bereits vor Ausbruch der Finanzkrise gab es immer wieder Anläufe zu einer europäischen Regulierung von sog. nicht-harmonisierten Fonds bzw. von Finanzmarktteilnehmern der alternativen Investmentfondsindustrie, allen voran von sog. Hedgefonds und Private-Equity-Fonds und deren Manager.[162] Unbestreitbar beschleunigte jedoch die Finanzkrise den politischen Einigungsprozess hin zu einer europaweiten Regulierung. Unbestreitbar beschleunigte jedoch die Finanzkrise den politischen Einigungsprozess hin zu einer europaweiten Regulierung.[163] So erarbeitete das Europäische Parlament zwei vom Rechts- und dem Wirtschaftsausschuss zu verantwortenden Initiativberichte: Der im Juli 2008 vorgelegte, sog. *Lehne*-Report[164] forderte von der Kommission va Maßnahmen zur Förderung der Transparenz von Aktivitäten aller alternativer Finanzinvestoren. Der im September 2008 vorgelegte *Rasmussen*-Report[165] verlangte hingegen eine zwischen Hedgefonds und Private Equity differenzierende Regulierung auf europäischer Ebene. Die Kommission reagierte zunächst zurückhaltend und erklärte sich nur dazu bereit, die vorgebrachten Bedenken des Europäischen Parlaments bei der Überprüfung der Marktmissbrauchs- und Transparenzrichtlinien aufzunehmen.[166] Jedenfalls bis zum ersten Vorschlag für eine Richtlinie über die Verwalter alternativer Investmentfonds[167] – setzte die Kommission vielmehr auf eine indirekte Regulierung – insbesondere der Banken.[168] 79

Mit der AIFM-Richtlinie in ihrer finalen Fassung[169] betritt die europäische Finanzmarktregulierung nicht nur allgemein, sondern auch und insbesondere mit Blick auf die Aufsicht über Fonds und Fondsmanager aus Drittstaaten regulatorisches Neuland – was dem EU-Gesetzgeber auch durchaus bewusst war.[170] Zwar stützt sich auch die AIFM-Richtlinie auf die bereits bekannten und bewährten Prinzipien der EU-Finanzmarktregulierung, sprich: Harmonisierung, gegenseitige Anerkennung sowie Herkunfts- bzw. Sitzlandkontrolle. Sie geht indes über dieses Konzept hinaus, als sie einerseits weitergehende, europaweit einheitlich geltende Mindestanforderungen an die Verwalter von alternativen Investmentfonds im Allgemeinen aufstellt, und andererseits Drittstaatenfonds und deren 80

---

[159] *Lehmann*, Grundstrukturen der Regulierung der Finanzmärkte nach der Krise, Working Papers on Global Financial Markets No. 22 (August 2011) S. 5.
[160] Hierzu schon *Klebeck/Meyer* RdF 2012, S. 95.
[161] Allgemein zur Drittstaatenregulierung der AIFM-Richtlinie *Klebeck* in DJKT, AIFM-Richtlinie, Vorbemerkung zu Kapitel VII, Rn. 41 ff.
[162] Guter Überblick bei *Zetzsche* NZG 2009, S. 692 ff.; *Spindler/Bednarz* WM 2006, S. 601 ff.
[163] So auch *Nietsch/Graef* ZBB 2010, S. 12, 13; *Klebeck* in DJKT, AIFM-Richtlinie, Vorbemerkung zu Kapitel VII, Rn. 15 ff.
[164] Vgl. den Bericht mit Empfehlungen an die Kommission zur Transparenz institutioneller Investoren (2007/2239(INI)) vom 9.7.2008 (sog. *Lehne*-Report).
[165] Vgl. den Bericht mit Empfehlungen an die Kommission zu Hedge-Fonds und Private Equity (2007/2238(INI)) vom 11.9.2008 (sog. *Rasmussen*-Report).
[166] Hierzu *Zetzsche*, NZG 2009, S. 692, 693 mwN; *Spindler/Bednarz* WM 2006, S. 601, 602.
[167] Vorschlag vom 30.4.2009 für eine Richtlinie des Europäischen Parlaments und des Rates über die Verwalter alternativer Investmentfonds und zur Änderung der Richtlinien 2004/39/EG und 2009/.../EG, KOM(2009) 207 endgültig, 2009/0064 (COD); hierzu *Klebeck* DStR 2009, S. 2154 ff.
[168] Vgl. *Zetzsche* NZG 2009, S. 692, 693 mwN.
[169] Richtlinie 2011/61/EU des Europäischen Parlaments und des Rates vom 8.11.2011.
[170] Hierzu auch *Klebeck* in DJKT, AIFM-Richtlinie, Vorbemerkung zu Kapitel VII, Rn. 32.

Manager einer europaweit harmonisierten Aufsicht durch die zuständigen Behörden der EU-Mitgliedstaaten stellen will.[171]

81   Nach Ansicht des EU-Gesetzgebers haben vor allem „*die jüngsten Schwierigkeiten auf den Finanzmärkten gezeigt, dass viele Anlagestrategien von Alternativen Investmentfondsmanager für Anleger, andere Marktteilnehmer und Märkte mit bedeutenden Risiken verbunden sein können*".[172] Mit der AIFM-Richtlinie soll ein „*Rahmen geschaffen werden, mit dem diesen Risiken unter Berücksichtigung der Verschiedenartigkeit der Anlagestrategien und -techniken seitens der AIFM entgegengewirkt werden kann*" – Risiken, die für die Anleger, Gegenparteien, andere Finanzmarktteilnehmer sowie die Stabilität des Finanzsystems relevant sind.[173] Auch wenn AIFM – wie immer wieder betont wird – die vergangenen Turbulenzen auf den Finanzmärkten nicht verursacht haben, ist nach Ansicht des EU-Gesetzgebers nicht nur deutlich geworden, dass und wie die Geschäfte von AIFM dazu beitragen können, die oben genannten Risiken über das Finanzsystem zu verbreiten oder zu verstärken,[174] sondern auch, dass die bislang vorhandenen, aber weithin unkoordinierten, nationalen Aufsichtsmaßnahmen ein wirksames und koharäntes Management dieser Risiken erschweren.[175] Zugleich soll ein europäischer Binnenmarkt für AIFM in Form eines ein harmonisierten und strikten Regulierungs- und Kontrollrahmens für die Tätigkeiten aller AIFM innerhalb der Union errichtet werden – einschließlich solcher AIFM, die ihren Sitz in einem Drittstaat haben.[176]

82   Am 21.7.2011 ist die AIFM-Richtlinie nach einem über zweijährigen Gesetzgebungsverfahren mit diversen Änderungsvorschlägen und intensiv geführten Diskussionen in Kraft getreten. Die EU-Mitgliedstaaten waren angehalten, diese Richtlinie bis zum 21.7.2013 in das nationale Recht umzusetzen. Nach der finalen Fassung der AIFM-Richtlinie sollen nun sämtliche Manager von alternativen Investmentfonds, mit anderen Worten von allen Fonds, die nicht bereits durch die OGAW-Richtlinie europaweit reguliert sind, für den Vertrieb und für die Verwaltung ihrer Fonds eine europaweit geltende Zulassung benötigen. Betroffen sind sowohl geschlossene als auch offen konzipierte Fonds. Die Zulassung soll der Investmentfondsmanager aber nur dann erhalten, wenn er die jeweilige Aufsichtsbehörde von seiner Integrität und Professionalität überzeugen kann. Dabei beschränkt sich die Regulierung jedoch nicht nur auf eine Zulassungskontrolle: die Tätigkeiten wie auch Geschäftsführung des Managers unterliegen einer laufenden Aufsicht – verbunden mit umfassenden Informations- und Berichtspflichten gegenüber seinen Investoren, der Aufsichtsbehörde und weiteren Drittbetroffenen.[177]

b) Nationale Umsetzung durch das KAGB

83   Der deutsche Gesetzgeber nahm diese Richtlinie zum Anlass für eine grundlegende Überarbeitung des deutschen Investmentrechts. Ausgerufenes Ziel des deutschen Gesetzgebers ist

---

[171] So auch *Klebeck* in DJKT, AIFM-Richtlinie, Vorbemerkung zu Kapitel VII, Rn. 32.
[172] Vgl. Erwägungsgrund (3) der AIFM-Richtlinie.
[173] Hierzu auch *Klebeck/Frick* in DJKT, AIFM-Richtlinie, Artikel 37, Rn. 2.
[174] So ausdrücklich der Vorschlag der EG-Kommission für eine Richtlinie des Europäischen Parlaments und des Rates über die Verwalter alternativer Investmentfonds und zur Änderung der Richtlinien 2004/39/EG und 2009/…/EG, KOM(2009) 207 endgültig, S. 3.
[175] Vgl. Erwägungsgrund (2) der AIFM-Richtlinie.
[176] Zur Drittstaatenregulierung auch *Klebeck* in DJKT, AIFM-Richtlinie, Vorbemerkung zu Kapitel VII, Rn. 1 ff.
[177] Aus der deutschen Literatur *Klebeck* DStR 2009, 2154 ff.; *Nietsch/Graef* ZBB 2010, 12 ff.; *Kind/Haag* DStR 2010, 1526 ff.; *von Livonius/Schatz*, Absolut|report 06/2010, 54 ff.; *Schmuhl* CFB 2011, 138 ff.; *Weiser/Jang* BB 2011, 1219 ff.; *Weitnauer* BKR 2011, 143 ff.; *Wallach* RdF 2011, 80 ff.; *Möllers/Harrer/Krüger* WM 2011, 1537 ff.; *Spindler/Tancredi* WM 2011, 1393 ff. (Teil I) und 1441 ff. (Teil II); *Kramer/Recknagel* DB 2011, 2077 ff.; *Bußalb/Unzicker* BKR 2012, 309 ff.; *Herring/Loff* DB 2012, 2029 ff.; *Klebeck/Meyer* RdF 2012, 95 ff.; *Krause/Klebeck* BB 2012, 2063 ff.; *Krause/Klebeck* RdF 2013, 4 ff.; *Klebeck/Zollinger* BB 2013, 458 ff.; *Loff/Klebeck* BKR 2012, 353 ff.; *Jesch* BB 2012, 2895 ff.; *Volhard/Jang* DB 2013, 273 ff.

es, „mit dem Kapitalanlagegesetzbuch ein in sich geschlossenes Regelwerk für Investmentfonds und ihre Manager zu schaffen. Durch dieses Regelwerk wird der Aufsichts- und Regulierungsrahmen fortentwickelt und an die geänderten europäischen Vorgaben angepasst. Das Gesetz soll damit einen Beitrag zur Verwirklichung des europäischen Binnenmarktes im Investmentfondsbereich leisten und gleichzeitig dazu dienen, für den Schutz der Anleger einen einheitlichen hohen Standard zu schaffen.[178] Von dem im InvG und seinen Änderungen verfolgten Ziel, den deutschen Investmentstandort zu stärken, hat der Gesetzgeber offenbar Abstand genommen.[179]

Mit dem KAGB soll ein einheitliches Gesetzbuch für das Investmentrecht geschaffen werden,[180] in dem sämtliche europäischen Regulierungsmaßnahmen aufgenommen werden, indem die AIFM-Richtlinie umgesetzt wird, unter Aufhebung des Investmentgesetzes die Regelung der OGAW-Richtlinie integriert und – die für die Anwendung der Europäischen Verordnung über Europäische Risikokapitalfonds[181] und der Europäischen Verordnung über Europäische Fonds für soziales Unternehmertum erforderlichen Regelungen aufgenommen werden. Eine Umsetzung der europäischen Vorgaben in verschiedenen Gesetzen war nach Ansicht des Gesetzgebers[182] kein praktikable Alternative: Neben den Regeln zu OGAW und ihren Managern sei ein Großteil der AIF und ihrer Manager bislang bereits im deutschen Investmentgesetz geregelt. Ein Auseinanderreißen dieser Regelungen in getrennte Gesetze hätte erhebliche Umwälzungen für die Marktteilnehmer bedeutet. Zudem ist eine Vielzahl der Anforderungen der AIFM-Richtlinie an Fondsmanager von AIF an die Vorschriften für Fondsmanager nach der OGAW-Richtlinie angelehnt. Andere Umsetzungsalternativen, wie etwa ein Gesetz für offene und ein Gesetz für geschlossene Fonds oder ein Gesetz für OGAW und ein Gesetz für AIF, hätte eine Dopplung zahlreicher Vorschriften zur Folge gehabt. Damit will der Gesetzgeber auch der Investmentbranche entgegenkommen, die sich mehrheitlich für die Umsetzung der AIFM-Richtlinie innerhalb eines Gesetzes mit der OGAW-Richtlinie ausgesprochen hatte.[183] **84**

Zudem sollen – im Gegensatz zu anderen EU-Mitgliedstaaten, die sich auf eine weitgehende 1:1-Umsetzung der AIFM-Richtlinie beschränken, auch die von der Richtlinie vorgesehenen nationalen Regulierungsspielräume in Deutschland genutzt werden – Stichwort: *„German Goldplating".* Die AIFM-Richtlinie selbst regelt zunächst die Verwaltung und den Vertrieb von AIF für professionelle Anleger. Daneben steht es aber den Mitgliedstaaten nach der AIFM-Richtlinie frei, AIF auch als Anlagemöglichkeit für Privatanleger zuzulassen. Soweit die Mitgliedstaaten von dieser Möglichkeit Gebrauch machen, sollen nach Ansicht des deutschen Gesetzgebers[184] die Vorschriften der AIFM-Richtlinie als Mindeststandards gelten. Die AIFM-Richtlinie stellt es den Mitgliedstaaten frei, sowohl für die Manager von Publikums-AIF als auch für die Publikums-AIF selbst strengere Regelungen aufzustellen.[185] Auch mit Blick auf Manager von AIF für professionelle Anleger und diese AIF räumt die AIFM- **85**

---

[178] Gesetzentwurf der Bundesregierung vom Entwurf eines Gesetzes zur Umsetzung der Richtlinie 2011/61/EU über die Verwalter alternativer Investmentfonds, S. 2.

[179] Dies ist kein „handwerkliches" Urteil, das KAGB ist insoweit eine in jeder Hinsicht mehr als anerkennenswerte Leistung. Vgl. zu den unterschiedlichen Bewertungen auch in „politischer" Hinsicht aber *Jesch* BB 2013, S. 3075, 3077 Fn. 31.

[180] Gesetzentwurf der Bundesregierung vom Entwurf eines Gesetzes zur Umsetzung der Richtlinie 2011/61/EU über die Verwalter alternativer Investmentfonds, S. 348.

[181] Hierzu auch *Jesch/Aldinger* RdF 2012, S. 217 ff.

[182] Gesetzentwurf der Bundesregierung vom Entwurf eines Gesetzes zur Umsetzung der Richtlinie 2011/61/EU über die Verwalter alternativer Investmentfonds, S. 349.

[183] Gesetzentwurf der Bundesregierung vom Entwurf eines Gesetzes zur Umsetzung der Richtlinie 2011/61/EU über die Verwalter alternativer Investmentfonds, S. 349.

[184] Gesetzentwurf der Bundesregierung zur Umsetzung der Richtlinie 2011/61/EU über die Verwalter alternativer Investmentfonds, S. 357.

[185] Art. 43 der AIFM-RL.

A. Deutschland

Richtlinie den Mitgliedstaaten das Recht ein, zusätzliche Regelungen für ihre, sprich: deutschen Fondsmanager oder Fonds zu treffen bzw. beizubehalten.[186] Zu berücksichtigen ist freilich dabei, dass diese Regelungen nicht die Funktionsfähigkeit des in der AIFM-Richtlinie vorgesehenen EU-Passes beschränken dürfen. Vor dem Hintergrund dieser Regelungen der AIFM-Richtlinie werden in diesem Gesetz zum einen aus Gründen des Anlegerschutzes zusätzliche Regeln für Verwalter von Publikums-AIF und Produktregeln für Publikums-AIF selbst aufgenommen. Zum anderen werden aus dem Investmentgesetz bestehende Produktregulierungen für sog. Spezialfonds übernommen, um dem Bedürfnis – insbesondere von Sozialkapital wie Versicherungen und Pensionskassen – an der Beibehaltung von bewährten Produktregeln und gesetzlichen Rahmenbedingungen Rechnung zu tragen.

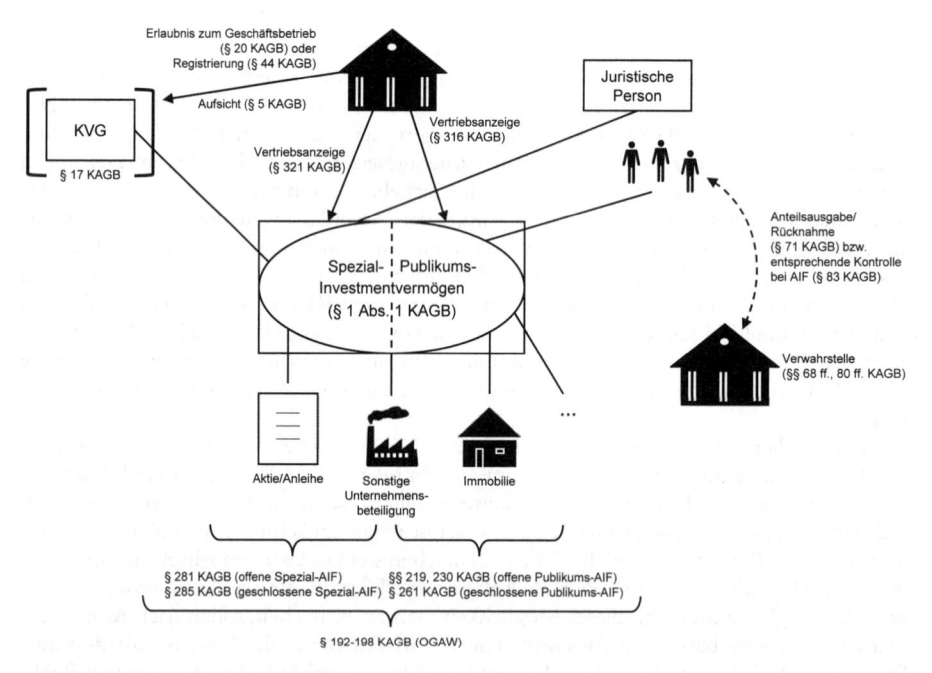

Abb. KAGB-Systematik (2013)

86 Was die Regulierung von Fondsstrukturen mit Drittstaatenbezug anlangt, sieht die AIFM-Richtlinie zwar auch für diese Konstellationen einen EU-Pass vor, wobei ausländische AIF-Verwaltungsgesellschaften in einem sog. Referenzmitgliedstaat zugelassen sein müssen, der EU- oder EWR-Mitgliedstaat ist. Gemäß der AIFM-Richtlinie müssen die Drittstaatenregulierungen bereits jetzt umgesetzt werden; gelten sollen diese Vorschriften aber erst ab dem Zeitpunkt, der in dem von der EU-Kommission nach Artikel 67 Absatz 6 der AIFM-Richtlinie zu erlassenden delegierten Rechtsakt festgelegt wird.[187] Und bis zu diesem Zeitpunkt räumt die AIFM-Richtlinie den Mitgliedstaaten das Recht ein, den Vertrieb von AIF mit Drittstaatenbezug an professionelle Anleger im Inland nach nationalen Regeln zuzulassen. Die Richtlinie stellt für diese nationale Regeln Mindeststandards auf, wobei strengere Regeln zulässig sind. Im KAGB werden diese Mindeststandards der AIFM-

---

[186] Gesetzentwurf der Bundesregierung zur Umsetzung der Richtlinie 2011/61/EU über die Verwalter alternativer Investmentfonds, S. 350.

[187] Zur zeitversetzten Anwendung der Drittstaatenregulierung der AIFM-Richtlinie vgl. *Klebeck/Frick* in DJKT, AIFM-Richtlinie, Artikel 37, Rn. 59 ff.

Richtlinie nicht nur übernommen, sondern auch insoweit strengere Regeln aufgestellt, um Wettbewerbsverzerrungen gegenüber europäischen Fondsmanagern und Fonds zu vermeiden.[188]

Einzelheiten des KAGB[189] – va mit Blick auf die Zulassung als AIFM, organisatorische und personelle Anforderungen an den AIFM, auf den Vertrieb von Publikum-AIF, Spezial-AIF, EU-AIF sowie Ausländische AIF an Privatanleger, professionelle und semi-professionelle Anleger durch Kapitalverwaltungsgesellschaften, EU-Verwaltungsgesellschaften und Ausländische AIF-Verwaltungsgesellschaften, die Möglichkeiten des grenzüberschreitenden Dienstleistungsverkehrs bzw. der Errichtung von Zweigniederlassungen, auf die Anforderungen an die Verwahrstelle, auf die Einzelheiten der nach dem KAGB vorgesehenen Fondsvehikel für offene und geschlossene Fonds sowie der damit zum Teil einhergehende Typenzwang des KAGB sollen im Abschnitt „Q&A Deutschland" behandelt werden. 87

c) Investmentsteuerrechtsreform[190] aufgrund AIFMD und KAGB

Das KAGB als deutscher Transformationsakt der AIFM-Richtlinie stellt eine Gesamtkodifikation der Regulierung von kollektiven Kapitalanlagen dar und inkooperiert daher auch das derzeitige InvG. Konsequenterweise bedurfte auch das InvStG der Überarbeitung, um auf steuerliche Seite nicht die entsprechende Anpassung vorzunehmen sondern einen Systemwechsel abzubilden.[191] 88

Der neue Anwendungsbereich umfasst hierbei OGAW, AIF sowie Anteile an selbigen. 89

Das InvStG nF führt zwei separate Besteuerungsregime für Investmentfonds einerseits und Investitionsgesellschaften andererseits ein. Während sich für die Investmentfonds gegenüber dem InvStG a.F. nur gewisse Anpassungen ergeben, wird nunmehr für die Investitionsgesellschaften weiter differenziert nach Personen-Investitionsgesellschaften (ertragsteuerlich transparent) und Kapital-Investitionsgesellschaften (ertragsteuerlich intransparent). 90

Der Kabinettsentwurf des InvStG nF vom 30.1.2013 wies gegenüber dem Referentenentwurf vom 4.12.2012 eine Reihe von Änderungen auf. So wurde ua klargestellt, dass die Anwendungsausnehmen des KAGB auch nicht zur Anwendung des InvStG nF führen. Zudem wurden die Straf- und Pauschalbesteuerungsinstrumente für Kapital-Investitionsgesellschaften (zB SICAV oder FCP) wieder beseitigt. 91

Das AIFM-StAnpG ist Ende 2013 verabschiedet worden und am 24.12.2013 in Kraft getreten.[192] Es entspricht im Wesentlichen dem in der vergangenen Legislaturperiode gescheiteren Entwurf eines AIFM-StAnpG. SICAV oder FCP qualifizieren auch hiernach jedenfalls als Kapital-Investitionsgesellschaften. 92

10. Ausblick

Regulatorische Ruhe will nicht eintreten. Der europäische Gesetzgeber plant nach der OGAW IV-Richtlinie aus dem Jahr 2009 eine weitere Novellierung des Investmentrechts. Mit dem in der Industrie zirkulierten, inoffiziellen Entwurf der OGAW V-Richtlinie sollen die Bereiche der Verwahrstelle, der Managervergütung und der Sanktion von Gesetzesver- 93

---

[188] Gesetzentwurf der Bundesregierung zur Umsetzung der Richtlinie 2011/61/EU über die Verwalter alternativer Investmentfonds, S. 357.
[189] Vgl. zusammenfassend zum Regierungsentwurf *Emde/Dreibus* BKR 2013, S. 89 ff.; *Baas/Izzo-Wagner*, die bank, 03/2013, S. 12 ff.
[190] Vgl. hierzu *Jesch/Haug* DStZ 2013, S. 771 ff.
[191] *Bäuml* BB 2014, Heft 6, S. I; *Haisch/Helios* BB 2013, S. 23; *Weber* NJW 2014, S. 273. Zur zukünftigen Bilanzierung aus Sicht der Versicherer vgl. *Wessling*, portfolio institutionell 01/2014, S. 14 f.
[192] Zur steuerlichen Produktregulierung durch das AIFM-StAnpG vgl. *Haisch/Helios* FR 2014, S. 313.

stößen aufgegriffen und umfassend überarbeitet werden. Dabei beabsichtigt der europäische Gesetzgeber mit dem Entwurf zum einen die Herstellung eines weitgehenden rechtlichen Gleichlaufs des OGAW- und des AIFM-Regimes. Zum anderen werden unter Berücksichtigung der Zunahme von grenzüberschreitenden Fondstransaktionen weitergehende Harmonisierungen der rechtlichen Rahmenbedingungen angestrebt, um – vor allem mit Blick auf den Anlegerschutz – optimale Anlagebedingungen innerhalb der europäischen Gemeinschaft herzustellen.

94   Damit nicht genug: Am 26.7.2012 hatte die EU-Kommission ein Konsultationsverfahren zu OGAW VI eingeleitet. Im Mittelpunkt stehen hier die künftige Behandlung von Geldmarktfonds, die Überarbeitung des Regelwerks für Repo-Geschäfte der Investmentfondsbranche und der Umgang mit OTC-Derivaten. Dieses Vorhaben steht nicht anders als das Gesetzgebungsverfahren zu OGAW V im Zusammenhang mit anderen Maßnahmen auf europäischer Ebene, wie etwa der Konsultation zum Schattenbankenwesen[193] und den kürzlich erlassenen „ESMA Guidelines on ETFs and other UCITS issues"[194] und mögen einmal mehr den aktuellen Trend zu einem „Mehr" an Regulierung eindrucksvoll belegen. Von großem Interesse dürften hier die Erwägungen der Kommission zu einem EU-Passport für Depotbanken sein. Nach aktueller Rechtslage, gemäß OGAW IV-Richtlinie, benötigt die Verwahrstelle entweder ihren satzungsgemäßen Sitz oder eine Niederlassung im Herkunftsmitgliedsstaat des OGAW-Fonds.[195] Die Kommission wirft die Frage auf, ob insbesondere vor dem Hintergrund der Einführungen des EU-Passes für Verwaltungsgesellschaften durch OGAW IV sowie der Harmonisierung des Depotbankenregimes durch OGAW V die Einführung eines EU-Passes für Verwahrstellen sinnvoll sei.[196]

95   Der europäische Gesetzgeber versucht mit der European Market Infrastructure Regulation (EMIR),[197] den außerbörslichen Derivatehandel transparenter und sicherer zu machen. Die Verordnung geht auf eine Vereinbarung der G-20 Staats- und Regierungschefs vom 26.9.2009 zurück. Das Ziel des Regulierungsvorhabens ist die Reduzierung systemischer Risiken. Es wurde festgelegt, dass standardisierte OTC-Derivate über zentrale Gegenparteien abgewickelt und OTC-Derivate an Transaktionsregister gemeldet werden müssen. War der außerbörsliche Handel von Derivaten zwischen Finanzmarktteilnehmern bisher weitgehend unreguliert, soll künftig der Handel von OTC-Derivaten zu großen Teilen über sogenannte zentrale Gegenparteien *(central counterparties)* besichert abgewickelt und an zentrale Register gemeldet werden. Auch für Geschäfte, die nicht über einen zentralen Kontrahenten abgewickelt werden, sollen Instrumente zur Reduzierung des Risikos vorgeschrieben werden. Zur Umsetzung der Verordnung ist am 16.2.2013 das nationale EMIR-Ausführungsgesetz in Kraft getreten.[198] Schließlich hat die Europäische Kommission am 20.10.2011 einen Vorschlag zur Novellierung der Richtlinie 2004/39/EG über Märkte für Finanzinstrumente (Markets in Financial Instruments Directive, MiFID II) veröffentlicht.[199]

---

[193] Vgl. *Philipp* EuZW 2013, S. 43.
[194] Leitlinien zu börsengehandelten Indexfonds (Exchange-Traded Funds, ETF) und anderen OGAW-Themen, ESMA/2012/832DE.
[195] Gesetzentwurf der Bundesregierung zur Umsetzung der Richtlinie 2009/65/EG zur Koordinierung der Rechts- und Verwaltungsvorschriften betreffend bestimmte Organismen für gemeinsame Anlagen in Wertpapieren (OGAW-IV-Umsetzungsgesetz – OGAW-IV-UmsG), S. 66.
[196] Zu den Geschäftsaussichten der Verwahrstellen unter AIFM-Richtlinie und KAGB vgl. *Oser,* Kreditwesen 2014, S. 71.
[197] Verordnung (EU) Nr. 648/2012 v. 4.7.2012.
[198] BGBl. 2013, Teil I, Nr. 6, S. 174; vgl. zur EMIR-Verordnung: *von Hall,* Warum EMIR den Finanzplatz Deutschland stärkt, und trotzdem eine Wettbewerbsverzerrung im Binnenmarkt droht, WM 2013, S. 673 ff.
[199] Vorschlag für eine Richtlinie des Europäischen Parlaments und des Rates über Märkte für Finanzinstrumente zur Aufhebung der RL 2004/39/EG des Europäischen Parlaments und des Rates (Neufassung), KOM (2011) S. 656 endgültig.

I. Einführung in das deutsche Investmentrecht inkl. historischer Bezüge

Neben dieser soll es eine Verordnung über Märkte für Finanzinstrumente (Markets in Financial Instruments Regulation, MiFIR) geben.[200] Der europäische Gesetzgeber will damit sämtliche organisierte Formen des Handels mit Finanzinstrumenten sowie das Wertpapierdienstleistungsgeschäft noch umfassender und effizienter regulieren, die Transparenz (speziell die Vor- und Nachhandelstransparenz) weiter erhöhen und den Anlegerschutz verbessern.[201]

Vergleicht man nach dieser auch historischen Einführung in das deutsche Investmentrecht die regulatorische Entwicklung mit jener in den USA, der nach wie vor weltweit maßgeblichen Fondsjurisdiktion, so fallen auf Anhieb drei Dinge ins Auge. 95a

Die USA haben ca. 20 Jahre Vorsprung, was die Verabschiedung der wesentlichen investmentrechtlichen und investmentsteuerrechtlichen Gesetzesgrundlagen anbelangt. Den Auftakt machte der *Security Exchange Act of 1934*, welcher vor allem die *Securities and Exchange Commission* (SEC) schuf. Der *Revenue Act of 1936* schuf die Grundlagen für eine transparente Besteuerung von Fondsvehikeln.[202] Der *Investment Advisers Act of 1940* legte die Struktur der *mutual funds* fest. Wesentlich ist danach, dass Darlehen nur bis zur Höhe von $1/3$ des Wertes der Vermögensgegenstände des *mutual fund* aufgenommen werden können. Zweiter Meilenstein ist die Festlegung (negativer) Kriterien für *diversified funds*. Danach dürfen für 75 Prozent der Gelder des *mutual fund* nicht mehr als 5 Prozent der Gelder bzw. 10 Prozent der Stimmrechte auf einen einzelnen Vermögensgegenstand entfallen. Im selben Jahr wurde schließlich der Investment Advisers Act of 1940 verabschiedet. Danach bedürfen Unternehmen einer SEC-Registrierung, wenn sie Dritten bei Investitionen in Wertpapiere beraten.[203]

Die USA weisen weiterhin eine auffällige Konstanz auf, was die wesentlichen investmentrechtlichen und investmentsteuerrechtlichen Gesetzesgrundlagen anbelangt. Zwar gibt es auch immer wieder Reformgesetze, welche dort Niederschlag finden, aber grundsätzlich wird auf Bundesebene seit 1940 mit den gleichen gesetzlichen Materien gearbeitet.

Schließlich zeichnen sich die USA jedenfalls auf Bundesebene durch eine konstante Zuständigkeit der Regulierungsbehörde aus, dies ist seit 1934 die SEC. Deren Aufgabe ist „[…] *to protect investors, maintain fair, orderly, and efficient markets, and facilitate capital formation.*"[204] Von den fünf Divisionen der SEC ist die *Investment Management Division* für die Aufsicht der *Investment Companies* und *Investment Advisers* zuständig.[205]

Sollte sich Deutschland in verschiedener Hinsicht ein Beispiel an den regulatorischen Rahmenbedingungen in den USA nehmen? 95b

Was die ursprünglich ca. 20 Jahre Erfahrungsvorsprung der USA i. S. Investmentrecht anbelangt, so dürfte dies 57 Jahre nach Verabschiedung des KAGG bedeutungslos sein.

Die Konstanz i. S. investmentrechtliche und investmentsteuerrechtliche Gesetzesgrundlagen hat sicherlich Vorteile, was allein die Vertrautheit mit den Begrifflichkeiten anbelangt. Insoweit ist zu hoffen, dass nach dem KAGG (1957), dem InvG (2003) mit dem KAGB (2013) für viele Jahrzehnte das „Grundgesetz der deutschen Investmentbranche" geschaffen ist.

Was die auf Bundesebene zentrale Aufsicht der US-Investmentbranche durch die *Investment Management Division* der SEC anbelangt, so findet diese ihr Pendant in den ent-

---

[200] Vorschlag für eine Verordnung des Europäischen Parlaments und des Rates über Märkte für Finanzinstrumente und zur Änderung der VO [EMIR] über OTC-Derivate, zentrale Gegenparteien und Transaktionsregister, KOM (2011) S. 652 endgültig.
[201] Vgl. zu MiFID II: *Cahn/Müchler* BKR 2013, S. 45.
[202] *Pozen/Hamacher*, The Fund Industry, S. 27. Der Branchenchronist Matt Fink wird dort mit den Worten zitiert, dieses Gesetz sei *the most important event in mutual fund history*.
[203] *Pozen/Hamacher*, The Fund Industry, S. 39.
[204] *Securities and Exchange Commission*, The Investor's Advocate: How the SEC Protects Investors, Maintains Market Integrity, and Facilitates Capital Formation, abrufbar unter: www.sec.gov/about/whatwedo.shtml.
[205] *Pozen/Hamacher*, The Fund Industry, S. 18.

sprechenden Fachabteilungen der BaFin. Allerdings wäre es wünschenswert, die Gewerbeaufsichtsbehörden der Länder zusätzlich von der in § 34f GewO statuierten Erlaubniserteilung für und der Aufsicht über Finanzanlagenvermittler zu befreien und auch diese bei der BaFin anzusiedeln.[206]

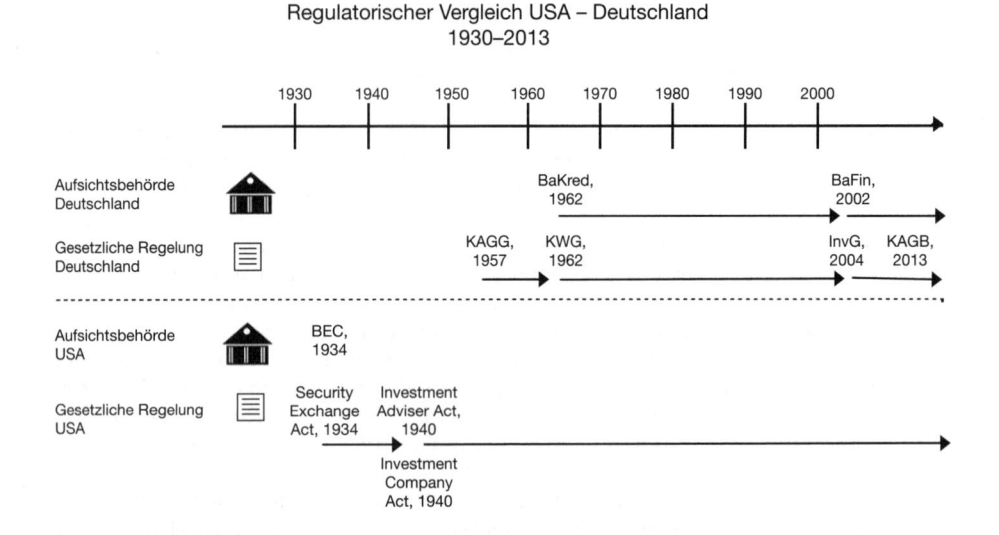

Regulatorischer Vergleich USA – Deutschland 1930–2013

Aufsichtsbehörde Deutschland	BaKred, 1962 — BaFin, 2002
Gesetzliche Regelung Deutschland	KAGG, 1957; KWG, 1962; InvG, 2004; KAGB, 2013
Aufsichtsbehörde USA	BEC, 1934
Gesetzliche Regelung USA	Security Exchange Act, 1934; Investment Adviser Act, 1940; Investment Company Act, 1940

II. Q&A Deutschland

1. Nationaler Fondsmarkt (Strukturen, Volumina, Schwerpunkte Asset-Klassen)

96   Der deutsche Fondsmarkt teilt sich – abgesehen von vermögensverwaltenden Strukturen zB im Bereich der Family Offices – auf in den Bereich der Investmentfonds/offenen Fonds und jenen der geschlossenen Fonds.

97   Das von der Investmentwirtschaft verwaltete Vermögen überstieg in Deutschland lt. Angaben des BVI zum Ende 2012 erstmalig die Marke von 2 Bn. Euro 982 Mrd. Euro entfielen hierbei auf Spezialfonds für (teilweise einzelne) institutionelle Investoren, 730 Mrd. Euro auf offene Publikumsfonds und immerhin 325 Mrd. Euro auf Vermögen außerhalb von Investmentfonds[207]. Dies sind ca. 20 Prozent der insgesamt von Investmentfonds in Europa betreuten Bestände. In 2012 konnten insbesondere Rentenfonds stark zulegen, offene Immobilienfonds moderat und Aktienfonds mussten Gelder abgeben. In 2013 konnten die Spezialfonds weiter zulegen auf 1.036 Mrd. Euro, die offenen Publikumsfonds mussten Federn lassen mit nur noch 696 Mrd. Euro verwaltetem Vermögen. Für 2014 scheint sich aus derzeitiger Sicht ein ähnliches Bild abzuzeichnen[208].

98   Für den Bereich der geschlossenen Fonds stellt sich die Ermittlung verlässlicher Gesamtzahlen als schwierig dar: Der VGF (nunmehr bsi) nennt für 2012 ein Bestandsvolumen an in Deutschland emittierten geschlossenen Fonds von 194,8 Mrd. Euro[209]. Hiervon entfielen allein 72,1 Mrd. Euro = 37 Prozent auf (nach dem Investitionsziel) deutsche und ausländische Immobilienfonds. Schiffsfonds stehen immer noch für 50,3 Mrd. Euro = 26 Pro-

---

[206] → Kapitel A. Deutschland, Rn. 74 f.
[207] BVI, Pressemitteilung, BVI-Jahresrückblick: „2012 war ein gutes Jahr", 6.2.2013, S. 1.
[208] *Jäger/Maas/Renz,* Kreditwesen 2014, S. 64.
[209] VGF, VGF Branchenzahlen Geschlossene Fonds 2012, S. 24.

zent der Gesamtbestände bei stark sinkender Tendenz. Hier haben sich einige, auch steuerlich induzierte, Überkapazitäten aufgebaut, welche zunächst abgebaut werden müssen. Dies wiederum bietet Chancen für sog. Secondary-Fonds.

Die bsi-Branchenzahlenerhebung erfasst bsi-Mitglieder und weitere Anbieter, welche in den letzten drei Jahren nach eigenen Angaben eine Summe von mindestens 5 Mio. Euro Eigenkapital platziert haben. **99**

Die – in keiner Weise dem bsi anzulastende – Schwierigkeit bei der Erhebung repräsentativer Zahlen im Bereich der geschlossenen Fonds sei einmal exemplarisch für den Bereich der Private-Equity-Fonds dargestellt. Der BVK als einschlägiger Branchenverband nennt für die bei ihm organisierten Kapitalbeteiligungsgesellschaften ein gesamtes verwaltetes Kapital von 42,03 Mrd. Euro[210] (Vergleich VGF-Bestandsvolumen Deutschland: 7,2 Mrd. Euro). Im Rahmen des Fundraisings wurden nach BVK-Angaben 2012 neue Mittel iHv 1,82 Mrd. Euro eingeworben (Vergleich VGF: 218,3 Mio. Euro). **100**

Für 2013 dürfte im Bereich der geschlossenen Fonds ein weiterer signifikanter Rückgang zu verzeichnen sein, da sich viele Initiatoren im Hinblick auf den Übergang zur (möglichen) Vollregulierung nach KAGB Zurückhaltung bei der Lancierung neuer Produkte auferlegt haben dürften. **101**

Was die Asset-Klassen anbelangt, so dominieren die Immobilienfonds bei den geschlossenen Fonds und weisen ebenfalls beachtliche Volumina im Bereich der offenen Fonds auf: Infrastruktur und Erneuerbare Energien sind weitere nachgefragte Themen. Zum Thema Infrastruktur wird auf EU-Ebene die weitere Entwicklung des Verordnungsentwurfs i. S. European Long Term Investment Fund (ELTIF-VO-E) abzuwarten sein.[211] Dieses Fondsvehikel bietet für den recht weit gefassten Bereich der „Realvermögenswerte" die Möglichkeit der europaweiten Vermarktung an Kleinanleger. Auch soll ein ELTIF die Möglichkeit haben, Darlehen auszureichen. All dies hat aber den Preis eines nach derzeitigem Stand sehr engmaschigen Regulierungskorsetts. **102**

Was die zukünftige statistische Erfassung geschlossener Fonds anbelangt, so wird die Deutsche Bundesbank auch alle geschlossenen Altbestands-Fonds erfassen. Ungeklärt ist bisher, ob die Deutsche Bundesbank offene und geschlossene Fonds separat ausweisen wird – dies hängt sicher auch von der zukünftigen Entwicklung der Assest under Management ab.

2. Typische Fondsstrukturen

Der Sache nach gibt es weiterhin Investmentfonds/OGAW, offene und geschlossene Fonds – die letzen beiden zudem als Publikums- bzw. Spezialfonds. Allerdings geht das KAGB vom Begriff des Investmentvermögens nach § 1 Abs. 1 Satz 1 KAGB aus. Danach ist ein Investmentvermögen jeder Organismus für gemeinsame Anlagen, der von einer Anzahl von Anlegern Kapital einsammelt, um es gemäß einer festgelegten Anlagestrategie zum Nutzen dieser Anleger zu investieren und der kein operativ tätiges Unternehmen außerhalb des Finanzsektors ist. **103**

Welche Fondstypen, also Spielarten des Investmentvermögens iRd KAGB existieren, zeigt die folgende Abbildung auf: **104**

---

[210] BVK, BVK-Statistik, Das Jahr in Zahlen 2012, S. 2.
[211] Vgl. hierzu *Fischer/Bühler* RdF 2013, S. 276 ff.

A. Deutschland

[Diagram: Investmentvermögen hierarchy]

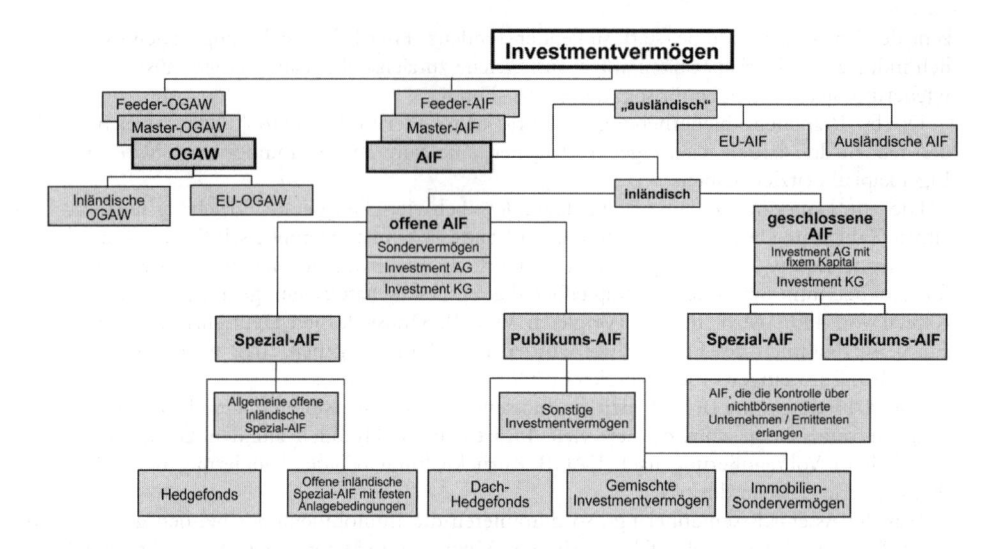

- Investmentvermögen
  - Feeder-OGAW / Master-OGAW / **OGAW**
    - Inländische OGAW
    - EU-OGAW
  - Feeder-AIF / Master-AIF / **AIF**
    - inländisch
      - offene AIF (Sondervermögen, Investment AG, Investment KG)
        - Spezial-AIF
          - Allgemeine offene inländische Spezial-AIF
            - Hedgefonds
            - Offene inländische Spezial-AIF mit festen Anlagebedingungen
        - Publikums-AIF
          - Sonstige Investmentvermögen
            - Dach-Hedgefonds
            - Gemischte Investmentvermögen
            - Immobilien-Sondervermögen
      - geschlossene AIF (Investment AG mit fixem Kapital, Investment KG)
        - Spezial-AIF
          - AIF, die die Kontrolle über nichtbörsennotierte Unternehmen / Emittenten erlangen
        - Publikums-AIF
  - "ausländisch"
    - EU-AIF
    - Ausländische AIF

a) Geschlossene Fonds

105 Die sachwertnahen geschlossenen Fonds werden in Deutschland insbesondere genutzt für Investitionen in Immobilien, Private Equity und Infrastruktur. Die international durchaus übliche Nutzung geschlossener Strukturen für Hedgefonds-Vehikel schied in Deutschland schon seit längerer Zeit aus.

106 Dies scheint nicht mehr gerechtfertigt, da in diesem einst als etwas schillernd wahrgenommenen Bereich spätestens in Folge der Finanzkrise eine starke Professionalisierung und Spezialisierung stattgefunden hat, welche die Hedgefonds traditionellen Asset-Klassen weiter angenähert.[212] Eine weitere Reform des deutschen Investmentrechts sollte daher eine wettbewerbsfähige geschlossene Fondsstruktur für Hedgefonds bereitstellen.

107 Die „Geschlossenheit" der Fondsvehikel bezieht sich zum einen auf die Annahme neuer Gelder, welche nach Abschluss des Fundraising grundsätzlich entfällt. Die Geschlossenheit bezieht sich zudem auf die Rückgabe der Fondsanteile, welche nach neuem Recht zumindest für 1 Jahr ausgeschlossen ist. Dies war zumindest nach dem Wortlaut des § 1 Abs. 4 Nr. 2 iVm § 1 Abs. 5 KAGB so. Die EU-Kommission hat allerdings am 20.12.2013 einen Entwurf einer Verordnung zur Ergänzung der Richtlinie 2011/61/EU im Hinblick auf technische Regulierungsstandards zur Bestimmung der Arten von Verwaltern alternativer Investmentfonds veröffentlicht, nach der es nur noch darauf ankommen soll, ob AIF vor ihrer Abwicklungsphase überhaupt Rückkauf- oder Rücknahmerechte vorsehen. Auch sieht diese Verordnung Änderungen für Altfonds vor, die sich insbesondere im Bereich von „Kurzläufern" auswirken dürften. Vertraglich ist zB eine Weiterveräußerung der Fondsbeteiligung idR auch vom Initiator nicht gewünscht. Sekundärmarkte sind atomisiert und wenig liquide. Im Fall von institutionellen Investoren kommen bei einer Weiterveräußerung weitere Probleme hinzu wie zB die Übertragung von Begünstigungen aus Side Letters. Der Hintergrund für die in Deutschland zunächst implementierte „Jahresregelung" in § 1 Abs. 4 Nr. 2 iVm Abs. 5 KAGB zur Abgrenzung geschlossener von offenen Fonds war ein Vorschlag der ESMA.[213] Danach sollten die Anleger mindestens einmal pro Jahr die Rücknahme ihrer Anteile verlangen können, und zwar zu einem Preis, der nicht wesentlich vom Nettoinventarwert zum Rücknahmezeitpunkt abweicht. Für die Beurteilung, ob eine solche Rücknahmeverpflichtung eingegangen wird, sollten in der Fondsdokumentation ent-

---

[212] *Viebig*, Kreditwesen 2014, S. 94.
[213] *Emde/Dreibus* BKR 2013, S. 89, 93.

haltene liquiditätswahrende Maßnahmen wie Mindesthaltefristen, Rücknahmeaussetzungen oder -beschränkungen unbeachtlich sein.[214]

Geschlossene Fonds unter dem KAGB werden als „geschlossene Investmentvermögen" bezeichnet. Ein geschlossenes Investmentvermögen darf als InvAG mit fixem Kapital oder InvKG aufgelegt werden[215] – das Modell GbR gehört also endgültig der Vergangenheit an. Die Geschäftsführung der KVG muss aus mindestens zwei natürlichen Personen bestehen. Eine InvKG muss einen Beirat bilden. Private-Equity-Fonds können nur als geschlossene Investmentvermögen aufgelegt werden. Hierbei ist zukünftig eine maximale Fremdkapitalquote von 60 Prozent für geschlossene Publikums-Investmentvermögen zu beachten. 108

Als geschlossene Publikums-Investmentvermögen sind lt. dem nach § 261 Abs. 1 KAGB nicht abschließenden Katalog zulässig: 109
- Sachwerte (Immobilien, Infrastruktur, Wald, Flugzeuge, Schiffe, Container erneuerbare Energien);
- Beteiligungen an ÖPP-Projektgesellschaften;
- Private Equity;[216]
- Anteile an anderen geschlossenen AIF (Dachfonds);
- Wertpapiere, Geldmarktinstrumente und Bankguthaben.

Geschlossene Publikums-Investmentvermögen müssen dem Grundsatz der Risikomischung entsprechen und mindestens in drei wertmäßig vergleichbare Sachwerte investieren (Übergangsfrist von 18 Monaten ab Vertriebsstart insbesondere für sog. Blind Pools). Alternativ kann ein einzelner Sachwert genügen, wenn bei wirtschaftlicher Betrachtungsweise durch die Nutzungsstruktur eine Streuung des Ausfallrisikos gewährleistet ist (zB Immobilie mit gleichzeitiger Einzelhandels-, freiberuflicher und Wohnnutzung oder bei Einkaufszentren). Ein einzelner Sachwert kann nach § 262 Abs. 2 KAGB auch dann genügen, wenn eine Mindestanlagesumme von 20 000 Euro vorgesehen ist, der Anleger die Kenntnisnahme der besonderen Risiken schriftlich bestätigt und es sich nicht um einen Private-Equity-Fonds handelt. 110

Für geschlossene Publikums-Investmentvermögen sind wesentliche Anleger-Informationen (vormals Vermögensanlagen-Informationsblatt) zu entwerfen, welche die Gesamtkosten des jeweiligen Fonds in einer Kostenquote ausweisen müssen. 111

Als geschlossene Spezial-Investmentvermögen kommen grundsätzlich alle denkbaren Vermögensgegenstände in Betracht. Für sie muss lediglich ein Verkehrswert ermittelbar sein.[217] 112

Für geschlossene Publikums-Investmentvermögen muss ein Prospekt erstellt werden, für geschlossene Spezial-Investmentvermögen ein Private Placement Memorandum. 113

Für sämtliche geschlossene Investmentvermögen müssen neben dem Gesellschaftsvertrag Anlagebedingungen vorgelegt werden, welche die Anlagestrategie detaillieren. Diese sind von der BaFin innerhalb von vier Wochen zu genehmigen. Auch Änderungen der Anlagebedingungen unterliegen der Genehmigungspflicht. 114

Umbrellastrukturen mit mehreren Teilgesellschaftsvermögen sind unter dem deutschen AIFM-UmsG nicht vorgesehen,[218] hier bietet zB Luxemburg ein entsprechendes Angebot. 115

Die für die geschlossenen Investmentvermögen vorgesehenen Rechtsformen sind gem. § 139 KAGB wie bereits erwähnt die InvAG mit fixem Kapital nach §§ 140 ff. KAGB und die geschlossene InvKG nach §§ 149 ff. KAGB. Die Investmentgesellschaften sind keine 115a

---

[214] *ESMA*, Draft regulatory technical standards on types of AIFMs, Consultation paper, 19.12.2012, ESMA/2012/844, Annex VI.
[215] Vgl. § 139 KAGB; kritisch zum Rechtsformzwang *Klebeck/Kolbe* BB 2014, S. 707, 708.
[216] Für Verwalter sog. EU-Risikokapitalfonds bzw. -Venture-Capital-Fonds besteht unter bestimmten Bedingungen ein vereinfachtes Registrierungsverfahren iRd EuVECA-VO, vgl. hierzu *Volhard/Euhus*, Absolut|report 02/2013, S. 58 ff. Für Private-Equity-Fonds sind insbesondere die §§ 287 ff. KAGB zu beachten.
[217] Vgl. § 285 KAGB.
[218] Zur Kritik *Wallach* RdF 2013, S. 100.

eigenen Gesellschaftsformen, sondern sind durch das regulatorische Regime des KAGB geprägte Formen der AG bzw. KG.[219] Andere Rechtsformen sind als Vehikel für geschlossene Investmentvermögen grundsätzlich unzulässig. Ausnahmen gelten für bisherige AIF-Verwaltungsgesellschaften, welche geschlossene AIF verwalten und für geschlossene AIF selbst. Bei Vorliegen der Voraussetzungen nach § 353 Abs. 4 (keine Ausnahmetatbestände einschlägig; Ablauf der Zeichnungsfrist vor dem 22.7.2013, Anlagetätigkeit nach dem 21.7.2013) und Abs. 5 (§ 2 Abs. 5 Satz 1 KAGB einschlägig, Ablauf der Zeichnungsfrist vor dem 22.7.2013, Anlagetätigkeit nach dem 21.7.2013) KAGB können diese in ihrer bisherigen Rechtsform verbleiben. Dies dürfte für Deutschland die klassische GmbH & Co. KG betreffen.[220] Die Beschränkung des deutschen Gesetzgebers auf InvAG mit fixem Kapital und geschlossene InvKG ist europarechtlich nicht vorgegeben, es handelt sich aber um eine zulässige Spielart des bereits erwähnten[221] *German Goldplating*.[222]

b) Offene Fonds

116   Die kapitalmarktnahen offenen Fonds, welche bisher im Investmentgesetz neben der eigentlichen Materie Investmentfonds geregelt waren, betreffen schwerpunktmäßig Immobilienfonds. Hierbei unterscheidet man Publikumsfonds von Spezialfonds für institutionelle Investoren – oftmals institutionelle Einzelinvestoren. Der offene Immobilien-Spezialfonds ist eine Erfolgsstory und in seinem Bereich absolut wettbewerbsfähig. Um so überraschter war die Branche, als der offene Immobilien-Spezialfonds mit dem deutschen AIFM-UmsG abgeschafft werden sollte. Dies wurde allerdings in späteren Entwürfen wieder bereinigt.

117   Die „Offenheit" der Fondsvehikel bezieht sich zum einen auf die Annahme neuer Gelder, welche grundsätzlich genau so möglich sein sollte wie die jederzeitige Rückgabe der Fondsanteile. Tatsächlich können Anteile an Immobilien-Publikumsfonds zukünftig mindestens einmal pro Jahr zurückgegeben werden. Dies war zumindest nach dem Wortlaut des § 1 Abs. 4 KAGB so, auf die abweichende Regelung in dem von der EU-Kommission am 20.12.2013 veröffentlichten Entwurf einer Verordnung zur Ergänzung der Richtlinie 2011/61/EU im Hinblick auf technische Regulierungsstandards zur Bestimmung der Arten von Verwaltern alternativer Investmentfonds wurde an anderer Stelle bereits verwiesen.

118   Offene Fonds unter dem KAGB werden als „offene Investmentvermögen" bezeichnet. Die Regelungen aus dem InvG sind im Wesentlichen übernommen worden. Sie können (i) als Sondervermögen einer KVG, (ii) als InvAG mit veränderlichem Kapital[223] oder (iii) für (semi-)professionelle Anleger als InvKG (insbesondere im Bereich Pension Pooling) aufgelegt werden.

119   Als offene Publikums-Investmentvermögen sind zulässig:
- OGAW-Investmentvermögen (hierzu sogleich);
- gemischte Investmentvermögen (ausschließlich Wertpapiere, Geldmarktinstrumente, Investmentanteile und Derivate);
- sonstige Investmentvermögen (ua auch Edelmetalle und unverbriefte Darlehensforderungen – keine Immobilien/-fonds/-gesellschaften);
- Dach-Hedgefonds;
- Immobilien-Sondervermögen (Immobilien/-gesellschaften).

120   Gestrichen wurden gegenüber dem InvG mangels Praxisrelevanz[224] Mitarbeiterbeteiligungs-Sondervermögen und Altersvorsorge-Sondervermögen.

---

[219] *Geurts/Schubert*, KAGB kompakt, S. 91.
[220] *Geurts/Schubert*, KAGB kompakt, S. 92.
[221] → Kapitel A. Deutschland Rn. 85.
[222] *Tollmann* in DJKT, AIFM-Richtlinie, Artikel 2, Rn. 148.
[223] Diese beiden Optionen standen bereits unter dem InvG zur Verfügung, vgl. *Wallach* RdF 2013, S. 99.
[224] So zutreffend *Wallach* RdF 2013, S. 99.

Offene Spezial-Investmentvermögen dürfen grundsätzlich in alle denkbaren Vermögensgegenstände investieren, also sind zB auch Single-Hedgefonds möglich.[225] Allerdings sind Liquiditäts- und Risikomischungserfordernisse zu beachten. Zudem dürfen offene Spezial-AIF keine Kontrolle über nicht börsennotierte Unternehmen erlangen, sodass Private-Equity-Fonds austauschen. 121

Die für die offenen Investmentvermögen vorgesehenen Rechtsformen sind gem. § 91 KAGB wie bereits erwähnt das Sondervermögen, die InvAG und die InvKG. Ein Sondervermögen gem. §§ 92 ff. KAGB liegt vor, wenn eine vertragliche Vereinbarung über die Verwaltung von rechtlich nicht weiter konkretisiertem Investmentvermögen mit einem externen Verwalter getroffen wird.[226] Die Investmentgesellschaften gem. § 1 Abs. 11 KAGB können als offene Investmentgesellschaften als InvAG mit veränderlichem Kapital nach §§ 108 ff. KAGB und als offene InvKG nach §§ 124 ff. KAGB strukturiert werden. 121a

c) Investmentfonds

Die bisher im Investmentgesetz geregelten Investmentfonds sind die richtlinienkonformen Sondervermögen, also OGAW/UCITS-Fonds, nach deutscher Lesart. Schwerpunktmäßig sind dies bei den Publikumsfonds Aktien- und Rentenfonds, es folgen Mischfonds.[227] 122

Investmentfonds unter dem KAGB werden als „OGAW-Investmentvermögen" bezeichnet. Das KAGB definiert AIF als Investmentvermögen, die keine OGAW sind.[228] Für OGAW bleibt es grundsätzlich bei den aus dem InvG bekannten Regeln. Mit § 296 KAGB stellt der deutsche Gesetzgeber eine Öffnungsklausel zur Verfügung, nach der unter bestimmten Voraussetzungen mit Drittstaaten eine Vereinbarung zur OGAW-Konformität von ausländischen AIF getroffen werden kann. Zum Beispiel des Vertriebs von Schweizer (Effekten-)Fonds vgl. *Klebeck/Eichhorn* RdF 2014, S. 16. 123

d) Sonstige

Bei Immobiliengesellschaften findet das KAGB Anwendung, wenn diese vorwiegend Immobilien verwalten, vermieten oder verkaufen und auch die sonstigen Tatbestandsmerkmale eines AIF erfüllt sind. 124

REITs sollen nach BaFin-Auffassung grundsätzlich als Investmentvermögen einzustufen sein. Konkret müsste es sich danach um einen geschlossenen Publikums-AIF handeln. Die entsprechenden Beschränkungen i. S. Kreditaufnahme und Währungsrisiko sind zu beachten. Die schleppende Akzeptanz des REIT in Deutschland dürfte mit diesen weiteren Hürden fortgeschrieben werden. 125

3. Aufsichtsbehörde

Die Bundesanstalt für Finanzdienstleistungsaufsicht (BaFin) wurde auf Basis des Finanzdienstleistungsaufsichtsgesetzes (FinDAG) am 1.5.2002 durch Zusammenlegung der Bundesaufsichtsämter für das Kreditwesen (BAKred), den Wertpapierhandel (BAWe) und das Versicherungswesen (BAV) geschaffen.[229] Durch die Zusammenlegung der drei Aufsichtsämter sollten Kompetenzüberschneidungen und Aufsichtslücken beseitigt werden. 126

Die Hauptaufgabe der BaFin ist die Aufsicht über Banken, Versicherungen und den Handel mit Wertpapieren in Deutschland. Damit sollen die Funktionsfähigkeit, Integrität und Stabilität des deutschen Finanzsystems sichergestellt werden. Als (finanz-)marktorientierte Anstalt ist die BaFin für Anbieter und Konsumenten verantwortlich. Auf der An- 127

---

[225] Vgl. § 283 Abs. 1 KAGB.
[226] *Geurts/Schubert*, KAGB kompakt, S. 90.
[227] BVI Investmentstatistik zum 31.12.2012 (Stand: 4.2.2013, S. 1).
[228] Vgl. § 1 Abs. 3 KAGB.
[229] Zu den Handlungsformen der Finanzmarktaufsicht vgl. *Gurlitt* ZHR 177 (2013), S. 862 ff. Hier sind insbesondere lesenswert die Ausführungen zu der Rundschreibenpraxis der BaFin auf S. 892 ff.

gebotsseite achtet sie auf die Solvenz von Banken, Versicherungen und Finanzdienstleistungsinstituten. Für Anleger, Bankkunden und Versicherte sichert sie das Vertrauen in die Finanzmärkte und die darin agierenden Gesellschaften.

128   Neben diesen aktiven Aufgaben ist die BaFin die zentrale Hinterlegungsstelle für Verkaufsprospekte. Beschwerden zu Anlageberatung müssen von den Banken an die Bafin gemeldet werden und werden dort im Beraterregister gespeichert.

129   Neben der BaFin sind zB die Wirtschaftsministerien der Bundesländer bei der Beaufsichtigung von Unternehmensbeteiligungsgesellschaften sowie die Gewerbeämter bei der Beaufsichtigung sog. freier Vermittler tätig.

a) Zulassungserfordernis von Fonds und/oder Manager

130   Ab dem 22.7.2013 ist der Geschäftsbetrieb einer Kapitalverwaltungsgesellschaft sowie die Auflage eines unter das KAGB fallenden Fonds nur noch Erlaubniserteilung[230] durch die BaFin zulässig. Für eine AIF-KVG beträgt die regelmäßige Entscheidungsfrist nach Abgabe des vollständigen Antrags drei Monate, für eine OGAW-KVG sechs Monate. In der Angangszeit ist zu erwarten, dass die BaFin von der in beiden Fällen verfügbaren Verlängerungsoption (weitere drei Monate) Gebrauch machen wird.

131   An Stelle der Erlaubnispflicht tritt eine bloße Registrierungs- und Anzeigepflicht in den folgenden Fällen: (i) wenn eine KVG nur Spezial-AIF verwaltet, deren Volumen 100 Mio. Euro nicht übersteigt, (ii) wenn eine KVG rein eigenkapitalfinanzierte Spezial-AIF verwaltet, deren Volumen 500 Mio. Euro nicht übersteigt und die Anleger nach Tätigung der ersten Anlage für fünf Jahre kein Rückgaberecht haben, (iii) wenn eine KVG nur inländische geschlossene AIF verwaltet, deren Volumen 100 Mio. Euro nicht übersteigt.[231] In den Prospekten ist allerdings – drucktechnisch hervorgehoben – darauf hinzuweisen, dass eine KAGB-Erlaubnis nicht besteht. Im neuen Zeitalter des Fondsvertriebs ohne „grauem Markt" könnte dies ein nicht unerhebliches Vertriebshindernis darstellen.

132   Vereinfachte Registrierungsverfahren stehen nach der finalen KAGB-Fassung auch zur Verfügung (iv) KVG, deren Volumen 5 Mio. Euro nicht übersteigt und bei denen nicht mehr als 5 Anleger beteiligt sind[232] sowie (v) Genossenschaften, die als interne KVG Publikums-AIF mit einem Volumen vom maximal 100 Mio. Euro verwalten.

133   Die Registrierung erfolgt schneller als die Erlaubniserteilung: Die BaFin muss der KVG die Registrierung innerhalb von zwei Wochen bestätigen. wobei eine einmalige Verlängerungsfrist von zwei Wochen besteht. Die KVG muss allerdings auch hier die fachliche Eignung und Zuverlässigkeit der Geschäftsleiter nachweisen.

b) Anforderungen an Fonds und Manager

134   Als Investmentvermögen unter dem KAGB gilt wie bereits erwähnt jeder Organismus für gemeinsame Anlagen, der
- von einer Anzahl von Anlegern Kapital einsammelt;
- dieses gemäß einer festgelegten Anlagestrategie zum Nutzen der Anleger investieren will und
- kein operativ tätiges Unternehmen außerhalb des Finanzsektors ist.

135   Ein Organismus liegt grundsätzlich vor, wenn ein rechtlich oder wirtschaftlich verselbständigtes gepooltes Vermögen aufgelegt wird. Joint-Venture-Vereinbarung qualifizieren daher nicht als Organismen, wenn zur Erfüllung dieser Vereinbarungen keine Gelder in einem Vehikel gepoolt werden.[233] Der Begriff des Organismus ist im Übrigen aber grund-

---

[230] Vgl. hierzu *Jesch/Alten* RdF 2013, S. 191 ff.
[231] Vgl. § 2 Abs. 4b KAGB. Vgl. zu „kleinen" AIFM insgesamt *Nelle/Klebeck* BB 2013, S. 2499 ff.
[232] Vgl. § 2 Abs. 4a KAGB.
[233] *Bundesanstalt für Finanzdienstleistungsaufsicht* Auslegungsschreiben zum Anwendungsbereich des KAGB und zum Begriff des „Investmentvermögens", Gz.: WA 41-Wp 2137-2013/0001 v. 14.6.2013, Tz.I. 1.

sätzlich weit auszulegen.[234] So können zB Genussrechte, stille Beteiligungen und Schuldverschreibungen ebf. als Anteil an einem Organismus qualifizieren.

136 Ein Organismus für gemeinsame Anlagen hat nicht notwendigerweise eine eigene Rechtspersönlichkeit, sondern kann zB ein Sondervermögen (vgl. Abs. 10) sein. Denkbar sind auch Trust-Konstruktionen. Nicht erfasst sind Individualbeziehungen wie zB Managed Accounts oder Club Deals.[235] Das Merkmal „für gemeinsame Anlagen" setzt eine Beteiligung an Gewinn und Verlust voraus.

137 Eine gemeinsame Anlage liegt vor, wenn die Anleger an den Chancen und Risiken des Organismus beteiligt werden sollen.[236] Voraussetzung hierfür ist eine Gewinn- und Verlustbeteiligung der Anleger an den Vermögensgegenständen, in die der Organismus investiert ist. Eine vertragliche Begrenzung von Gewinn- oder Verlustbeteiligung ist hierbei allerdings unschädlich. Ebenso ist eine (regelmäßig erst sekundäre) Mindestzahlungszusage (sog. „Garantiefonds") unschädlich. Schädlich ist allerdings ein unbedingter Kapitalrückzahlungsanspruch. Dies soll ebenfalls gelten, wenn mit dem Anleger ein qualifizierter Rangrücktritt vereinbart wurde.

138 Der Organismus für gemeinsame Anlagen muss „von einer Anzahl von Anlegern" Kapital einsammeln. Die entsprechende Fondsdokumentation muss also zumindest erlauben, dass sich mehr als ein Anleger kapitalmäßig an dem Investmentvermögen beteiligen kann (vgl. § 1 Abs. 1 Satz 2 KAGB), wenn auch nicht muss.[237] Damit bleiben auch „Ein-Anleger-Fonds" im Anwendungsbereich des KAGB, wenn deren konstitutive Dokumente den Beitritt weiterer Investoren zulassen.[238] Der geschäftsführende Kommanditist oder der Komplementär einer GmbH & Co. KG, die von dem Initiator strukturell gestellt werden müssen, um eine Gesellschaftsgründung überhaupt vollziehen zu können, zählen nicht als Anleger, sofern keine Anlage ieS erfolgt.[239] Ein Treuhandkommanditist gilt selbst in der üblichen Form der Kapitalgesellschaft insofern als „investmentrechtlich transparent" und erfüllt das Tatbestandsmerkmal einer „potentiellen" Mehrzahl von Anlegern. Dies sollte grundsätzlich auch für eine Bruchteilsgemeinschaft gelten[240] und ist in jedem Fall im Zusammenhang mit Feeder- und Dachfonds zu beachten.[241] Wo umgekehrt konzeptionell eine Mehrzahl von Anlegern ausgeschlossen ist, kann nur eine individuelle Verwaltung vorliegen.[242] Wenn sich eine begrenzte Anzahl von Personen eigeninitiativ zusammenschließt, um gewisse Geldbeträge (und nur diese) zu investieren, dürfte ebf. von einem „Einsammeln" nicht die Rede sein können.[243] Im Regelfall wird bei einem Anlagemodell Geld von zumindest mehreren Anlegern schon deshalb eingesammelt, um beim Fundraising einen nennenswerten Betrag zu erzielen.[244]

139 Eine „Einsammlung von Kapital" erfordert, dass ein Organismus oder eine Person oder ein Unternehmen für Rechnung eines Organismus für gemeinsame Anlagen direkte oder

---

[234] *Wollenhaupt/Beck* DB 2013, S 1951.
[235] *Wallach* RdF 2013, S. 93. Jedenfalls beim Managed Account kommt hinzu, dass der Kontoinhaber seine Verfügungsbefugnis behält oder jedenfalls wieder herstellen kann, vgl. Beckmann/Scholtz/Vollmer/*Krause,* Investment, vor 405 Rn. 15.
[236] *Bundesanstalt für Finanzdienstleistungsaufsicht* Auslegungsschreiben zum Anwendungsbereich des KAGB und zum Begriff des „Investmentvermögens", Gz.: WA 41-Wp 2137-2013/0001 v. 14.6.2013, Tz. I. 2.
[237] *Jesch/Alten* RdF 2013, 195; *Wallach* RdF 2013, S. 93.
[238] *Wollenhaupt/Beck* DB 2013, S. 1951.
[239] *Bundesanstalt für Finanzdienstleistungsaufsicht* Auslegungsschreiben zum Anwendungsbereich des KAGB und zum Begriff des „Investmentvermögens", Gz.: WA 41-Wp 2137-2013/0001 v. 14.6.2013, Tz. I. 4.
[240] *Krause* in Beckmann/Scholtz/Vollmer, Investment, vor 405 Rn. 22.
[241] *Wollenhaupt/Beck* DB 2013, S. 1951.
[242] *Krause* in Beckmann/Scholtz/Vollmer, Investment, vor 405 Rn. 19.
[243] So wohl auch *Krause* in Beckmann/Scholtz/Vollmer, Investment, vor 405 Rn. 16.
[244] *Loritz/Uffmann* WM 2013, S. 2193, 2199.

indirekte Schritte unternimmt, um gewerblich bei einem oder mehreren Anlegern Kapital zu beschaffen, um es gemäß einer festgelegten Anlagestrategie anzulegen.[245] Bei Family Offices[246] und Investmentclubs soll eine „Einsammlung von Kapital" grundsätzlich nicht zu bejahen sein.[247]

140 Nach dem Final Report von ESMA zu den „Guidelines on key concept of the AIFMD" hat ein Organismus dann eine „festgelegte Anlagestrategie", wenn er im Rahmen einer Strategie festlegt, wie das gemeinschaftliche Kapital verwaltet werden muss, damit es einen gemeinsamen Return für die Anleger generiert.[248]

141 Die folgenden Merkmale können einzeln oder in der Zusammenschau für das Vorliegen einer Anlagestrategie sprechen:[249] (i) die Strategie ist spätestens zu dem Zeitpunkt ausformuliert, zu dem die Anlegerbeteiligung bindend geworden ist, (ii) die Strategie ist in einem Dokument niedergelegt, welches Teil der Anlagebedingungen oder der Satzung des Organismus ist bzw. auf welches dortselbst Bezug genommen wird, (iii) der Organismus hat eine rechtlich bindende und von den Anlegern forcierbare Verpflichtung, die Strategie umzusetzen, (iv) die Strategie konkretisiert die Richtlinien, nach denen die Anlage zu erfolgen hat.

142 Die festgelegte Anlagestrategie muss konkreter als eine allgemeine Unternehmensstrategie sein. Eine festgelegte Anlagestrategie wird sich zwingend in den Anlagebedingungen, der Satzung oder dem Gesellschaftsvertrag wiederfinden. Inhalte einer festgelegten Anlagestrategie können ua sein Assetklasse(n), Investmentregionen, Hebelung, Haltedauer und Risikodiversifikation. *Merkt* sieht den Schwerpunkt der Festlegung einer Anlagestrategie in der Abgrenzung nach Anlagezeiträumen und Risikoklassen.[250] Der Begriff des Unternehmensgegenstands[251] habe anders als der Begriff der Anlagestrategie keine zeitliche Komponente und enthalte auch keinen Hinweis auf den Risikograd der mit der Verfolgung des Unternehmensgegenstands verbunden sei.[252] Eine Anlagestrategie ist zu unterscheiden von einer kurzfristigen Anlagetaktik, bei der lediglich iRd Anlagestrategie Spielräume genutzt werden, um innerhalb des zulässigen Anlageuniversums zyklische Schwenke vorzunehmen.

143 Die Angaben zu den Anlagestrategien nach § 44 Abs. 1 Nr. 3 und Abs. 7 KAGB iVm Art. 5 Abs. 2 der Delegierten Verordnung (EU) Nr. 231/2013 müssen umfassen: (i) die wichtigsten Vermögenswertkategorien, in die der AIF investieren darf, und, falls es sich bei dem AIF um einen Dachfonds handelt, die Arten der Zielfonds, in die der AIF investieren darf, (ii) die Risikoprofile und sonstigen Eigenschaften der AIF, die die AIF-Kapitalverwaltungsgesellschaft verwaltet, einschließlich (iia) Angaben zu den Mitgliedstaaten oder Drittstaaten, in denen sich der Sitz solcher AIF befindet, (iib) alle industriellen, geografischen und sonstigen Marktsektoren oder speziellen Vermögenswertgattungen, die im Mittelpunkt der Anlagestrategie stehen, und (iii) eine Beschreibung der Grundsätze, die

---

[245] *Bundesanstalt für Finanzdienstleistungsaufsicht* Auslegungsschreiben zum Anwendungsbereich des KAGB und zum Begriff des „Investmentvermögens", Gz.: WA 41-Wp 2137-2013/0001 v. 14.6.2013, Tz. I. 3.
[246] Vgl. zur Einordnung der verschiedenen Family-Office-Gestaltungsvarianten zB *Scholz/Appelbaum* RdF 2013, S. 268 ff.
[247] *Wollenhaupt/Beck* DB 2013, S. 1951.
[248] *Bundesanstalt für Finanzdienstleistungsaufsicht* Auslegungsschreiben zum Anwendungsbereich des KAGB und zum Begriff des „Investmentvermögens", Gz.: WA 41-Wp 2137-2013/0001 v. 14.6.2013, Tz. I. 5.
[249] *Bundesanstalt für Finanzdienstleistungsaufsicht* Auslegungsschreiben zum Anwendungsbereich des KAGB und zum Begriff des „Investmentvermögens", Gz.: WA 41-Wp 2137-2013/0001 v. 14.6.2013, Tz. I. 5; vgl. auch *Wollenhaupt/Beck* DB 2013, S. 1951.
[250] *Merkt* BB 2013, S. 1986, 1990.
[251] Fraglich ist, ob dieser mit der Unternehmensstrategie gleichgesetzt werden kann.
[252] *Merkt* BB 2013, S. 1986, 1991. Diese Feststellung mag für REIT-Aktiengesellschaften gelten, denen ein schematischer Unternehmensgegenstand gleichsam „in die Satzung geschrieben" ist. Allgemein ist es gewiss nicht ausgeschlossen, dass im Unternehmensgegenstand qua Satzung auch auf zeitliche und Risikokomponenten Bezug genommen wird.

der AIF in Bezug auf Kreditaufnahme und Hebelfinanzierung anwendet.[253] Bei der Angabe der Anlagestrategie kann auf die Kategorisierung der Anlagestrategien im Formblatt für die Berichterstattung in der Delegierten Verordnung (EU) Nr. 231/2013 in Anhang IV zurückgegriffen werden (zB Hedgefonds[254]-Strategie „Long/Short" oder Private-Equity-Strategie „Mezzanine Capital"). Wird hingegen eine Anlagestrategie verfolgt, die nicht im Formblatt für die Berichterstattung aufgeführt wird, ist diese kurz zu beschreiben.[255]

Das Verfolgen der und Investieren nach der festgelegten Anlagestrategie soll insbesondere „zum Nutzen der Anleger" erfolgen. Damit ist ein *alignment of interests* derart gemeint, dass der Fondsmanager das Kapital grundsätzlich nur dort einzusetzen hat, wo er eine Renditechance für den Anleger und sich selbst sieht. Das Verfolgen lediglich einer eigenen Gewinnerzielungsabsicht ist schädlich.[256] Ausgeschlossen sind damit (interne) Kommissionsgeschäfte, die nur die Tasche des Fondsmanagers oder ihm nahestehender Personen füllen. In diesem Zusammenhang ist weiter klärungsbedürftig, wann ein Investieren bei passiven Anlagestrategien (Index- bzw. Referenzportfolios) überhaupt zu bejahen ist.[257] Möglicherweise fehlt es hier bereits an der notwendigen Anlagestrategie.[258] Einige Negativbeispiele zumindest hat die BaFin mittlerweile veröffentlicht.[259] Ausgeschlossen sind wohl auch Kapitalsammlungen ohne Ertragserwartung wie zB der gemeinsame Erwerb einer Allmende.[260] Insgesamt bleibt das Tatbestandsmerkmal jedoch weiter klärungsbedürftig.[261] **144**

Kein Investmentvermögen ist ein „operativ tätiges Unternehmen außerhalb des Finanzsektors". Hierbei dürfte es sich insbesondere um Unternehmen mit feststehendem Gesellschafterkreis handeln, welche nur einen überschaubaren Bestand an Vermögensgegenständen halten oder entwickeln, dessen operativer „Output" zudem maßgebliche Bedeutung für die Wertschöpfung des Unternehmens hat. Methodisch wird die Frage aufgeworfen, ob diese Negativausnahme vom Begriff des „Investmentvermögens" tatsächlich nur eine richtlinienkonforme Klarstellung des Art. 4 Abs. 1 lit. a AIFM-RL ist.[262] Die ESMA will letztlich ausgeschlossen wissen Organismen mit einem *„general commercial or industrial purpose"*.[263] Ob z. B. Projektentwickler im Immobilienbereich hierunter zu fassen sind, erscheint zumindest diskussionswürdig, die BaFin allerdings bejaht dies grundsätzlich. **145**

Operativ tätige Unternehmen sind danach solche, die Immobilien entwickeln oder errichten, Güter und Handelswaren produzieren, kaufen, verkaufen, tauschen oder sonstige Dienstleistungen außerhalb des Finanzsektors anbieten.[264] Ausgeschlossen werden sollen **146**

---

[253] *Bundesanstalt für Finanzdienstleistungsaufsicht* Einzelne Hinweise zur Registrierung nach § 44 KAGB iVm Art. 2 bis 5 der Delegierten Verordnung 231/2013, Gz.: WA 41-Wp 2137-2013/0044 v. 30.8.2013, Tz. 2.
[254] Zum Begriff bereits *Baur* Investmentgesetze, 2. Aufl., 1997, Einl I Rn. 52.
[255] *Bundesanstalt für Finanzdienstleistungsaufsicht* Einzelne Hinweise zur Registrierung nach § 44 KAGB iVm Art. 2 bis 5 der Delegierten Verordnung 231/2013, Gz.: WA 41-Wp 2137-2013/0044 v. 30.8.2013, Tz. 2.
[256] *Bundesanstalt für Finanzdienstleistungsaufsicht* Auslegungsschreiben zum Anwendungsbereich des KAGB und zum Begriff des „Investmentvermögens", Gz.: WA 41-Wp 2137-2013/0001 v. 14.6.2013, Tz. I. 6.
[257] *Wallach* RdF 2013, S. 93.
[258] *Wollenhaupt/Beck* DB 2013, S. 1952.
[259] *Bundesanstalt für Finanzdienstleistungsaufsicht* Auslegungsschreiben zum Anwendungsbereich des KAGB und zum Begriff des „Investmentvermögens", Gz.: WA 41-Wp 2137-2013/0001 v. 14.6.2013, Tz. I. 6.
[260] *Krause* in Beckmann/Scholtz/Vollmer, Investment, vor 405 Rn. 17.
[261] *Hartrott/Goller* BB 2013, S. 1604; *Merkt* BB 2013, S. 1986, 1992.
[262] Zweifelnd insoweit *Loritz/Uffmann* WM 2013, S. 2193, 2200.
[263] *ESMA*, Final report „Guidelines on key concepts of the AIFMD", 24.5.2013, ESMA/2013/600, S. 17, 29.
[264] *Bundesanstalt für Finanzdienstleistungsaufsicht* Auslegungsschreiben zum Anwendungsbereich des KAGB und zum Begriff des „Investmentvermögens", Gz.: WA 41-Wp 2137-2013/0001 v. 14.6.2013, Tz. I. 7.

konkreter zB Unternehmen, die Anlagen erneuerbarer Energien oder Hotels selbst betreiben, Güter produzieren oder Rohstoffe lagern.

147 Das Kriterium „operatives Unternehmen" ist auch maßgeblich für die Beurteilung, ob Immobilienaktiengesellschaften oder REITs als Investmentvermögen iSd § 1 Abs. 1 KAGB zu qualifizieren sind.[265] Der Betrieb einer Immobilie ist als operative Tätigkeit anzusehen.[266] Dies gilt ebenfalls für die Projektentwicklung. Facility Management, Makler- und Bewertungstätigkeiten bzw. Finanzierungsberatung im Zusammenhang mit dem Kauf oder Verkauf einer Immobilie sind als „operativ" zu qualifizieren. Die Inanspruchnahme fremder Dienstleister oder gruppeninterner Dienstleister ist unschädlich, solange die unternehmerischen Entscheidungen im laufenden Betrieb bei der Immobilienaktiengesellschaft verbleiben.[267] Umgekehrt soll es auf eine Detailabwägung der Tatbestandsmerkmale „festgelegte Anlagestrategie" versus „allgemeine Unternehmensstrategie" ankommen,[268] wenn der Unternehmensgegenstand einer (börsennotierten) Immobilienaktiengesellschaft auf den Erwerb, die Vermietung, die Verpachtung, die Verwaltung sowie den Verkauf von Immobilien ausgerichtet ist. Selbiges gilt auch für REITs.[269] Für deutsche REIT-Aktiengesellschaften ist festzustellen, dass deren Vorstände zT einer strengeren Regulierung unterliegen, als dies für AIFM gilt.[270] REIT-Aktiengesellschaften sind in vollem Umfang dem börsengesellschaftlichen Regelungsregime unterworfen.[271] Insofern sollten sie und ihre Vorstände generell aus dem KAGB-Anwendungsbereich herausfallen, so wie auch KWG-regulierte Kreditinstitute nicht dem KAGB unterfallen, wenn sie einen Schwerpunkt in der Vermögensverwaltung haben. Die zukünftige Praxis dürfte nicht nur auf Basis der minimalen Anzahl deutscher REIT-Aktiengesellschaften ohnehin zeigen, dass es wohl nie zum Ernstfall einer KAGB-Regulierung einer deutschen REIT-Aktiengesellschaft kommen wird.

148 Für die Investmentvermögen sieht das KAGB die bereits erwähnten Grundstrukturen Sondervermögen, InvAG und InvKG vor.

149 Die eben dargestellten Investmentvermögen werden von Kapitalverwaltungsgesellschaften verwaltet. Eine Verwaltung liegt insoweit vor, wenn mindestens das Portfoliomanagement oder das Risikomanagement für ein oder mehrere Investmentvermögen erbracht wird. Daraus resultiert eine Erlaubnispflicht der KVG. Hiervon zu unterscheiden ist die Erlaubnisfähigkeit der KVG, welche zu verneinen ist, wenn nur angrenzende Dienst- oder Teilleistungen erbracht werden. Allerdings ist die Erlaubnisfähigkeit auch zu verneinen, wenn innerhalb der Dienstleistung „Anlageverwaltung" nur eine der beiden Teildienstleistungen Portfoliomanagement oder Risikomanagement erbracht wird. Gleichwohl kommt eine Auslagerung dieser Dienstleistungen an Dritte in Betracht.[272]

150 Abzugrenzen ist die interne von der externen KVG. Sondervermögen sind zwingend von einer externen KVG zu verwalten. Im Übrigen gilt: Wenn die Geschäftsleitung der

---

[265] *Hartrott/Goller* BB 2013, S. 1604.
[266] *Bundesanstalt für Finanzdienstleistungsaufsicht* Auslegungsschreiben zum Anwendungsbereich des KAGB und zum Begriff des „Investmentvermögens", Gz.: WA 41-Wp 2137-2013/0001 v. 14.6.2013, Tz. I. 7. a.
[267] *Bundesanstalt für Finanzdienstleistungsaufsicht* Auslegungsschreiben zum Anwendungsbereich des KAGB und zum Begriff des „Investmentvermögens", Gz.: WA 41-Wp 2137-2013/0001 v. 14.6.2013, Tz. II. 1.
[268] Hiergegen ua unter Verweis auf § 14 Abs. 1 REITG *Merkt* BB 2013, S. 1986, 1990, 1996. Danach sei die These, dass REIT-Aktiengesellschaften eine festgelegte Anlagestrategie verfolgen würden und daher als Investmentvermögen iSv § 1 Abs. 1 Satz 1 KAGB[-E] zu qualifizieren wären, „wissenschaftlich nicht [zu] halten".
[269] *Bundesanstalt für Finanzdienstleistungsaufsicht* Auslegungsschreiben zum Anwendungsbereich des KAGB und zum Begriff des „Investmentvermögens", Gz.: WA 41-Wp 2137-2013/0001 v. 14.6.2013, Tz. II. 2.
[270] *Merkt* BB 2013, S. 1987.
[271] *Merkt* BB 2013, S. 1988.
[272] Zu den Voraussetzungen vgl. *Weiser/Hüwel* BB 2013, S. 1093 ff.

InvAG bzw. InvKG entscheidet, dass keine externe KVG bestellt werden soll, ist die Investmentgesellschaft zugleich AIF und interne AIF-KVG.

Eine interne KVG muss gem. § 25 Abs. 1 Nr. 1 KAGB ein Anfangskapital von 300 000 Euro nachweisen, eine externe KAGB ein solches von 125 000 Euro. Bei einer neuen KVG muss ein Kreditinstitut dies bestätigen, bei einer bestehenden KVG kann dies alternativ ein Wirtschaftsprüfer tun. Hinsichtlich der zusätzlichen (Abs. 1 Nr. 2, Abs. 2 und 3) bzw. Mindesteigenmittel (Abs. 4) bestehen ergänzende Erfordernisse. 151

Die mindestens zwei Geschäftsleiter der KVG müssen zuverlässig und fachlich geeignet sein. Die Zuverlässigkeit ist mittels Führungszeugnis und Auszug aus dem Gewerberegister zu belegen. Eine Neueinreichung ist erforderlich, wenn die vorliegenden Unterlagen älter als 1 Jahr sind. 152

Zum Nachweis der fachlichen Eignung begründet eine dreijährige Tätigkeit bei einer Gesellschaft vergleichbarer Größe und Geschäftsart eine widerlegbare Regelvermutung. Entscheidend ist aber die Einzelfallprüfung. Erforderlich ist durchaus eine „fondsspezifische" Eignung, wobei letztere aber in der Anfangsphase nicht zwingend bei beiden Geschäftsleitern vorliegen muss. Basis der Beurteilung ist ein lückenloser, unterzeichneter Lebenslauf. 153

c) Übergangsvorschriften

AIF-Verwaltungsgesellschaften sind grundsätzlich dazu verpflichtet, innerhalb eines Jahres nach Inkrafttreten des Gesetzes ein Erlaubnis- bzw. Registrierungsverfahren zu durchlaufen, vgl. § 343 Abs. 1 KAGB. 154

4. Vertrieb an professionelle Anleger

Die Regelung des Vertrieb an institutionelle Investoren war Ausgangspunkt der Schutznormen der AIFM-Richtlinie und nimmt daher auch breiten Raum im KAGB ein, wobei wiederum nach offenen, geschlossenen und OGAW-Investmentvermögen zu unterscheiden ist. Dies bedeutet den Abschied von einem Regulierungsansatz, bei dem nur zwischen öffentlichem Vertrieb bzw. Angebot nach InvG aF einerseits und Privatplatzierung andererseits unterschieden wurde.[273] 155

Der Vertrieb von Anteilen an Investmentvermögen in Deutschland erfordert grundsätzlich eine vorherige Anzeige der Vertriebsabsicht bei der BaFin oder einer entsprechenden ausländischen Aufsichtsbehörde – verbunden mit den entsprechenden Prospekt- bzw. Informationspflichten. 156

Der weite Vertriebsbegriff des § 293 Abs. 1 Satz 1 KAGB umfasst jegliches direkte oder indirekte Anbieten oder Platzieren von Anteilen oder Aktien eines Investmentvermögens oder das Werben für ein Investmentvermögen – ob öffentlich oder nicht ist nunmehr egal. Dies bedeutet das Ende der Privatplatzierungen in Deutschland mit Inkrafttreten des KAGB.[274] Nicht erfasst vom Vertriebsbegriff ist zB die namentliche Nennung von Investmentvermögen oder die Bekanntmachung von Besteuerungsgrundlagen. Entscheidend für das Platzieren von Anteilen zu Investmentvermögen ist die Angebotsreife. Der Vertrieb muss sich auf ein konkretes Investmentvermögen beziehen. Ob dies tatsächlich zB mit der Serienfirmierung „XYZ" Capital Partners IV gegeben ist, erscheint fraglich. 157

Für (semi-)professionelle Anleger wird der Vertriebsbegriff dahingehend eingeschränkt, dass dieser auf Initiative der Verwaltungsgesellschaft oder in deren Auftrag erfolgen und sich an den entsprechenden Anlegerkreis richten muss. Eine sog. *reverse solicitation,* wonach zB Investoren der erfolgreichen ersten Fondsgeneration sich für eine Investition in die zweite Fondsgeneration registrieren lassen, dürfte damit nicht unter den Vertriebsbegriff fallen.[275] 158

---

[273] *Klebeck/Boxberger* Absolut|report 04/2013, S. 64, 65; *Loff/Klebeck* BKR 2012, S. 353, 354.
[274] *Klebeck/Boxberger* Absolut|report 04/2013, S. 64, 65.
[275] *Klebeck/Boxberger* Absolut|report 04/2013, S. 64, 66.

A. Deutschland

a) Inländische Fondsvehikel

159 Für den Vertrieb von Spezial-AIF durch eine AIF-KVG ist ein Anzeigeverfahren bei der BaFin durchzuführen. Näheres regelt § 321 KAGB. Erleichterungen gelten für gem. § 44 Abs. 1 KAGB registrierte „kleine" KVG, welche ausschließlich Spezial-AIF verwalten. Insbesondere finden die Vertriebsvorschriften des Kapitels 4 KAGB keine Anwendung.

b) Ausländische Fondsvehikel (EU und Drittstaaten)

160 Für den Vertrieb von EU-AIF durch eine AIF-KVG ist gem. § 321 KAGB ebf. ein Anzeigeverfahren bei der BaFin durchzuführen.

161 Für den Vertrieb von EU-AIF durch EU-AIF-Verwaltungsgesellschaften steht ab KAGB-Inkrafttreten der europäische Vertriebspass zur Verfügung.[276]

162 Vor Einführung des Drittstaatenpasses ist der Vertrieb ausländischer AIF nur zulässig, wenn die AIF-KVG und die Verwaltung des AIF mit den Anforderungen des KAGB im Einklang stehen. Nach Einführung des Drittstaatenpasses ist ein Anzeigeverfahren bei der BaFin durchzuführen. Zusätzlich müssen die Drittstaatenanforderungen für den AIF erfüllt sein und der AIF muss entsprechend der AIFM-RL verwaltet werden.

163 Der Vertrieb von ausländischen AIF durch EU-AIF-Verwaltungsgesellschaften ist vor Einführung des Drittstaatenpasses unter den gleichen Voraussetzungen zulässig wie der Vertrieb durch eine AIF-KVG mit der Besonderheit, dass die EU-AIF-Verwaltungsgesellschaft das für sie geltende AIFM-UmsG beachten muss. Nach Einführung des Drittstaatenpasses ist die Anzeige der Vertriebsabsicht nicht mehr gegenüber der BaFin, sondern gegenüber der Aufsichtsbehörde des Herkunftsstaates der EU-AIF-Verwaltungsgesellschaft zu erstatten.

164 Ausländische AIF-Verwaltungsgesellschaften dürfen EU-AIF auch schon vor Einführung des Drittstaatenpasses an (semi-)professionelle Anleger vertreiben, wenn bestimmte Informations- und Offenlegungspflichten erfüllt werden und eine Verwahrstelle benannt wird. Nach Einführung des Drittstaatenpasses gelten grundsätzlich die Regeln des europäischen Vertriebspasses.

165 Ausländische AIF-Verwaltungsgesellschaften haben beim Vertrieb von ausländischen AIF die Regelungen der §§ 326, 328 KAGB zu beachten.

c) Vertriebszulassung vs. -anzeige

166 Kapitel 4/§§ 293 ff. KAGB enthält Vorschriften für den Vertrieb und den Erwerb von Investmentvermögen, beschäftigt sich somit mit der Vertriebszulassung iwS, die eingeholt werden muss, bevor mit dem Vertrieb begonnen werden kann.

167 Hiervon zu unterscheiden ist als Voraussetzung der Vertriebszulassung in bestimmten Fällen die Vertriebsanzeige. Die jeweiligen Arten der Vertriebsanzeige sind in den §§ 310–334 KAGB aufgelistet, wobei unterschieden wird nach

- Vertrieb durch wen? (AIF-Kapitalverwaltungsgesellschaft, ausländische AIF-Verwaltungsgesellschaft (mit/ohne Referenzmitgliedstaat Bundesrepublik Deutschland), EU-AIF-Verwaltungsgesellschaft (generell/solche, die die Bedingungen nach Art. 3 Abs. 2 der Richtlinie 2011/61/EU erfüllen), EU-OGAW-Verwaltungsgesellschaft, OGAW-Kapitalverwaltungs-gesellschaft);
- Vertrieb von was? (ausländischer AIF, EU-AIF, EU-Feeder-AIF, EU-OGAW, inländischer OGAW, inländischer Publikums-AIF, inländischer Spezial-AIF, inländischer Spezial-Feeder-AIF);
- Vertrieb wo? (anderer EU-Mitgliedstaat, Inland, anderer EWR-Vertragsstaat);
- Vertrieb an wen? (Privatanleger, (semi-)professionelle Anleger).

---

[276] Vgl. § 323 KAGB.

d) AnlV

Am 17.12.2013 hat das BMF einen Konsultationsentwurf für die Änderung der AnlV versandt. Da die bestehende AnlV immer noch auf das InvG verweist, ist eine Revision der AnlV überfällig. **168**

Die AnlV-E sieht eine Trennung vor in: **169**
- OGAW (§ 2 Abs. 1 Nr. 15 AnlV-E);
- OGAW-konforme Spezialfonds (§ 2 Abs. 1 Nr. 16 AnlV-E);
- „sonstige" AIF (§ 2 Abs. 1 Nr. 17 AnlV-E);
- Immobilien-AIF (§ 2 Abs. 1 Nr. 14c AnlV-E);
- Private-Equity-AIF (§ 2 Abs. 1 Nr. 13b AnlV-E);
- Nicht erwerbbare AIF (zB unregulierte Private-Equity-Fonds oder Fonds, welche nicht von einer Verwaltungsgesellschaft mit Sitz im EWR verwaltet werden – eine Ausnahme gilt insoweit für Private-Equity-Fonds nach § 2 Abs. 1 Nr. 13b AnlV-E mit Sitz in einem OECD-Staat).

Anteile an OGAW und an offenen Spezial-AIF sollen zukünftig weitgehend ohne Einschränkungen erworben werden können. Die AnlV-E sieht eine kombinierte Höchstgrenze von 7,5 Prozent des gebundenen Vermögens für „sonstige" AIF (Publikums-AIF, regulierte Private-Equity-Dachfonds, Private-Equity-Fonds,[277] Immobilienfonds und Sachwertefonds), Hedgefonds und Rohstoffrisiken vor. Die Regelung stellt die Struktur der idR nicht OGAW-konformen Master-Spezial-AIF in Frage. **170**

Zukünftig soll eine Investition in Immobilienfonds dann möglich sein, wenn es sich um Spezial-AIF handelt, die mit den Anforderungen der §§ 230–260 KAGB, also wohl hinsichtlich der erwerbbaren Vermögensgegenstände, vergleichbar sind. Sind die Anforderungen nicht erfüllt, kommt ein Erwerb der Fondsanteile unter Anrechnung auf die Immobilienquote wie die 7,5 Prozent-Quote für „sonstige" AIF in Betracht. **171**

Anteile an Private-Equity-Fonds können zukünftig unter § 2 Abs. 1 Nr. 13b AnlV-E erworben werden, welcher Beteiligungen in Form von Aktien und Kommanditanteilen an geschlossenen Spezial-AIF umfasst. Hierbei müssen grundsätzlich die Anforderungen der §§ 285–292 KAGB eingehalten werden. Investiert werden darf insoweit in nicht börsennotierte Unternehmensbeteiligungen nach § 261 Abs. 1 Nr. 4 KAGB. Typische Offshore-Strukturen wie Cayman Islands Funds oder auch die Delaware LP dürften zukünftig unter § 2 Abs. 1 Nr. 13b bzw. § 2 Abs. 1 Nr. 17 AnlV-E zu subsumieren sein. **172**

Tendenziell wird der Erwerb unregulierter alternativer Anlageprodukte durch Versicherungsunternehmen nach der AnlV-E eher erschwert. Deren entsprechender Appetit erscheint jedenfalls in Deutschland allerdings ohnehin eher gemäßigt.[278] Dies erkläre sich nicht vorrangig durch regulatorische Hürden, sondern durch eine (vorübergehende) Beschränkung auf benachbarte Asset-Klassen wie Mid- und Small Cap-Aktien (statt Private Equity) und Immobilienentwicklungen (statt Infrastruktur), welche laufende Cashflows bieten. Global seien Versicherer und Pensionseinrichtungen mit ähnlichen Verpflichtungen ohnehin zu mehr als ¾ oder mehr im Bereich *fixed income* engagiert.[279] Es gilt also Geduld zu üben und mittels internem Know-how Aufbau seitens der Versicherer fit zu machen für alternative Anlageprodukte. **173**

5. Vertrieb an Privatanleger

Die AIFM-Richtlinie überlässt es nach Art. 43 AIFM-RL dem einzelnen Mitgliedstaat, ob und wie er den Vertrieb an Privatanleger regelt. Deutschland lässt einen solchen grundsätzlich für OGAW wie AIF zu. Die AIFM-Richtlinie ist allerdings insoweit weniger wer- **174**

---

[277] Zu den neuen Rahmenbedingungen für Private-Equity-Fonds unter dem KAG vgl. *Koch* WM 2014, S. 433.
[278] *Siegmund*, Absolut|report 06/2013, S. 29.
[279] *Siegmund*, Absolut|report 06/2013, S. 31.

tungsfrei, als es sich zunächst anhört. So ist nach deren Grundkonzept (vgl. Art. 31 Abs. 6 AIFM-RL) der Vertrieb an Privatanleger eigentlich nicht vorgesehen.[280]

175   Vor dem Beginn des Vertriebs von geschlossenen Publikumsfonds an Kleinanleger muss von der BaFin eine Vertriebserlaubnis eingeholt werden. Diese ersetzt die bisherige Billigung des Verkaufsprospektes. Die Vertriebserlaubnis wird innerhalb von 20 Arbeitstagen nach Einreichung der vollständigen Unterlagen erteilt. Fehlende Unterlagen sind von der BaFin innerhalb von 20 Tagen nachzufordern. Die Genehmigung der Anlagebedingungen muss vor Erteilung der Vertriebserlaubnis vorliegen.

176   Die für die jeweilige Fallkonstellation einschlägige Vertriebsregulierung iRd KAGB kann der Leser der folgenden Vertriebsmatrix entnehmen:

Anzeige / Zulassung	Professionelle Anleger*				Privatanleger			
	Publik.-AIF	Spezial-AIF	EU-AIF	Ausl. AIF	Publik.-AIF	Spezial-AIF	EU-AIF	Ausl. AIF
AIF-KVG	§ 316	§ 321	§ 321	§ 322 (erst ab 2015)	§ 316	(-)	(-)	(-)
EU-AIF-VG	Publik.-AIF (-)	Spezial-AIF § 323 (+ § 330a)	EU-AIF § 323 (+ § 330a)	Ausl. AIF § 324 (erst ab 2015)	Publik.-AIF (-)	Spezial-AIF (-)	EU-AIF §§ 317-320**	Ausl. AIF (-)
Ausl. AIF-VG	Publik.-AIF (-)	Spezial-AIF § 325 (erst ab 2015)	EU-AIF § 330* (bis 2015) § 325 (ab 2015)	Ausl. AIF § 330* (bis 2015) § 326 (ab 2015)	Publik.-AIF (-)	Spezial-AIF (-)	EU-AIF (-)	Ausl. AIF §§ 317-320**
Vertriebsvorschriften	§§ 307ff.				§§ 297ff.			
Outbound-Vertrieb	§§ 331–334				Nationale Regelungen im Zielland			

* **Ziel des KAGB:** Gleichlauf beim Vertrieb an prof. und semi-prof. Anleger; bzgl. semi-prof. Anleger auch Möglichkeit, nach §§ 317-320 zu vertreiben
** **EU-AIF und Ausl. AIF** müssen letztlich die **gleichen Voraussetzungen** erfüllen wie **Publikums-AIF**

Abb. Vertriebsregulierung nach KAGB – Vertriebsmatrix

177   Das bisherige Private Placement nach VermAnlG bzw. InvG wurde vom deutschen Gesetzgeber mit Inkrafttreten des deutschen AIFM-UmsG – von Übergangsregelungen abgesehen – abgeschafft. Die Regularien des VermAnlG stellen nur noch ein Auffangrecht[281] dar, vgl. § 1 Abs. 1 VermAnlG.

178   Was den Vertrieb von Anteilen an geschlossenen Fonds durch Kreditinstitute anbelangt, so ist darauf hinzuweisen, dass das WpHG und damit die Wohlverhaltensregeln des 6. Abschnitts des WpHG unmittelbar Anwendung finden.[282] Damit einher geht die aufsichtsrechtliche Problematik des § 31d WpHG beim Vertrieb in einem Dreiecksverhältnis.

179   Beim Vertrieb durch Kreditinstitute (Wertpapierdienstleistungsinstitute gem. WpHG) ist die BaFin zuständige Aufsichtsbehörde, beim Vertrieb über freie Vermittler sind dies die Industrie- und Handelskammern. Ob sich insoweit ein qualitativ gleichwertiges Aufsichtsniveau etabliert, bleibt abzuwarten.[283]

180   Im Zusammenhang mit der Anlageberatung, Anlage- und Abschlussvermittlung von EU-AIF und ausländischen AIF ist schließlich auf das Zusammenspiel zwischen der novel-

---

[280] *Loff/Klebeck* BKR 2012, S. 353, 356.
[281] So auch *Jäger/Maas/Renz*, Kreditwesen 2014, S. 65.
[282] *Jäger/Maas/Renz*, Kreditwesen 2014, S. 66.
[283] *Jäger/Maas/Renz*, Kreditwesen 2014, S. 68.

lierten Bereichsausnahme nach § 2 Abs. 6 Nr. 8 KWG – in deren Anwendungsbereich für die vorgenannten Tätigkeiten keine BaFin-Erlaubnis gemäß § 32 KWG erforderlich ist – und dem Erfordernis einer Vertriebsanzeige hinzuweisen: Die Bereichsausnahme setzt voraus, dass EU-AIF und ausländische AIF erfolgreich das Vertriebsanzeigeverfahren durchlaufen haben. Andernfalls wird der Vermittler ohne KWG-Erlaubnis tätig und betreibt zusätzlich den unerlaubten Vertrieb nach den Bestimmungen des KAGB. Andererseits kann die KWG-Erlaubnis nach § 32 Abs. 1 KWG eine fehlende Vertriebsberechtigung nicht ersetzen.[284]

Bei geschlossenen Fonds sind dem Anleger sog. VIBs (Vermögensanlage-Informationsblätter) zur Verfügung zu stellen. **181**

6. Besteuerung der einzelnen Fondsvehikel

a) Inländische Fondsvehikel

Das „neue" InvStG vom 24.12.2013 regelt die Besteuerung sämtlicher Investmentvermögen iSd KAGB. **182**

Es erfolgt allerdings keine einheitliche Besteuerung der verschiedenen Fondstypen. Das neue deutsche Investmentsteuerrecht ist zweigeteilt: Es unterscheidet zwischen Investmentfonds und Investitionsgesellschaften. **183**

Investmentfonds, welche die Voraussetzungen der §§ 193 ff. KAGB bzw. jene der OGAW-Richtlinie erfüllen, sowie AIF, die den Anlagekatalog des § 1 Abs. 1b InvStG erfüllen, unterliegen zukünftig einer privilegierten Besteuerung nach dem Grundsatz der eingeschränkten Transparenz.[285] Ein Investmentfonds muss in seinem Sitzstaat einer Investmentaufsicht unterstellt sein und den Anlegern mindestens einmal im Jahr das Recht zur Anteilsrückgabe gewähren. Eine Beimischung von Infrastruktur- bzw. Private-Equity-Beteiligungen ist für die Qualifikation als Investmentfonds schädlich. **184**

Investitionsgesellschaften unterliegen als AIF, die den Anlagekatalog des § 1 Abs. 1b InvStG nicht erfüllen, einem anderen Besteuerungsregime, welches davon abhängt, ob es sich um eine Kapital-Investitionsgesellschaft oder eine Personen-Investitionsgesellschaft handelt. Bestenfalls unterliegen Anleger einer Investitionsgesellschaft den allgemeinen steuerlichen Vorschriften des EStG und des KStG.[286] **185**

Kapital-Investitionsgesellschaften unterliegen den für Kapitalgesellschaften geltenden steuerlichen Regelungen, sie sind damit grundsätzlich Körperschaft- und Gewerbesteuersubjekte.[287] **186**

Einkünfte von Personen-Investitionsgesellschaften sind nach § 180 AO einheitlich und gesondert festzustellen. Für die offene InvKG soll allerdings auf Anlegerebene der Grundsatz der eingeschränkten Transparenz zur Anwendung kommen. Andererseits kann mittels der offenen InvKG ggf. eine Reduzierung der ausländischen Quellensteuerbelastung erreicht werden. **187**

Das „neue" InvStG ermöglicht nach der Gesetzesbegründung auch die Einführung eines Asset-Pooling-Vehikels in Deutschland. Danach können zB eigenständige Pensionseinrichtungen von Konzerntöchtern ihre Vermögenswerte zentral und damit (kosten-)effizienter verwalten. Die offene InvKG als steuerlich transparentes Vehikel macht eine solche Zentralisierung nun auch in Deutschland möglich. Zur weiteren Förderung des Instruments ist eine Regelung zur steuerneutralen Verschmelzung von bestehenden Spezialfonds auf offene InvKG wünschenswert. **188**

---

[284] Vgl. BaFin-Merkblatt zur Ausnahme für die Vermittlung von Investmentvermögen (Stand: Juli 2013).
[285] *Angsten* IWB 2/2014, S. 49.
[286] *Angsten* IWB 2/2014, S. 49.
[287] Ausführlich hierzu *Watrin/Eberhardt* DB 2014, S. 795.

b) Ausländische Fondsvehikel (EU und Drittstaaten)

189 Nach altem Recht war es unschädlich, wenn zB Offshore-Fonds keiner Investmentaufsicht unterlagen. § 1 Abs. 1 Nr. 3 InvStG a. F. iVm § 2 Abs. 9 InvStG a. F. ließen das Vorliegen einer der beiden Kriterien (i) Investmentaufsicht oder (ii) Rückgaberecht genügen.[288] Bestand so zB im Fall der Offshore-Fonds mindestens einmal in zwei Jahren eine Rückgabemöglichkeit und erfüllte der Fonds zusätzlich seine Bekanntmachungs- und Veröffentlichungspflichten nach § 5 Abs. 1 InvStG, so kam das transparente Investmentsteuerregime zur Anwendung.

190 Nach neuem Investmentsteuerrecht ist das Vorliegen einer Investmentaufsicht zwingende Voraussetzung für die Qualifikation als steuertransparenter Investmentfonds.[289] Immerhin gewährt § 22 Abs. 2 InvStG in den meisten Fällen eine Übergangsfrist bis zum Ende des Geschäftsjahres, welches nach dem 22.7.2016 endet.

191 Umgekehrt dürften viele Ausländische Fondsvehikel nun als Investitionsgesellschaften gelten.

192 Ein weiteres Risiko hinsichtlich der Aberkennung einer Qualifikation als steuertransparenter Investmentfonds bergen Verstöße gegen den Grundsatz der Risikomischung. Bisher kam es im Ergebnis nur darauf an, dass der Fonds nach Satzung und Anlagebedingungen eine risikodiversifizierte Anlage anstrebte. Nunmehr sanktioniert § 1 Abs. 1d InvStG wesentliche Verstöße gegen die Anlagebedingungen. Der Begriff „wesentlicher Verstoß" dürfte restriktiv dahingehend auszulegen sein, dass zB Verstöße zur Erlangung missbräuchlicher Steuergestaltungen vorliegen müssen.[290]

193 Insgesamt ist zu erwarten, dass vermehrt Fonds-Zertifikate emittiert werden, um im Zweifelsfall eine steuerliche Behandlung zu vermeiden, die sogar hinter der des § 6 InvStG zurückbleibt.[291]

194 Zukünftig werden auch ausländische Sondervermögen als Vermögensmassen iSd § 2 Nr. 1 KStG bzw. als sonstige juristische Person iSd § 2 Abs. 3 GewStG eingeordnet. Dies betrifft zB den luxemburgischen Fonds Commun de Placement (FCP), der insoweit seinen Anlegern die nachteilige Mindestbesteuerung des § 19 Abs. 2 InvStG vermitteln könnte, sollte diese Norm europarechtlichen Bedenken standhalten. Zusätzlich könnte eine Hinzurechnungsbesteuerung[292] nach AStG drohen, der § 19 Abs. 4 InvStG lässt diese jedenfalls zu.

194a § 19 Abs. 2 Satz 2 InvStG unterscheidet bei Kapital-Investitionsgesellschaften zwischen im Gemeinschaftsgebiet und in Drittstaaten ansässigen Vehikeln.[293] Letztere müssen einer Mindest-Ertragsteuerbelastung von 15 Prozent unterliegen und dürfen nicht steuerbefreit sein. Sollte diese Mindest-Ertragsteuerbelastung auf Ebene der Kapital-Investitionsgesellschaft nicht erreicht werden, kommen auf Investorenebene die privilegierenden Besteuerungsregeln des § 8b KStG bzw. § 3 Nr. 4 EStG nicht zur Anwendung.

195 Die in Luxemburg als SCS (vergleichbar einer schottischen LP) und neuerdings SCSp[294] (vergleichbar einer englischen LP) aufgesetzten Private-Equity-Fonds sollten aus Sicht deutscher Investoren regelmäßig als Personen-Investitionsgesellschaften qualifizieren.[295]

7. Besteuerung auf Investorenebene

196 Neben der soeben dargestellten Besteuerung auf Ebene des Fondsvehikels, ist die Besteuerung auf Investorenebene von nicht minder hoher Bedeutung: Es kommt hier nicht

---

[288] *Angsten* IWB 2/2014, S. 50.
[289] Vgl. § 1 Abs. 1b Satz 2 Nr. 1 InvStG.
[290] *Angsten* IWB 2/2014, S. 51.
[291] *Angsten* IWB 2/2014, S. 53.
[292] Vgl. hierzu mit Rechenbeispielen *Watrin/Eberhardt* DB 2014, S. 795, 798 ff.
[293] Vgl. *Watrin/Eberhardt* DB 2014, S. 795, 796.
[294] Vgl. hierzu detailliert *Neugebauer/Fort* IStR 2014, S. 247.
[295] *Fischer/Hartmann*, Börsen-Zeitung v. 22.1.2014, S. 4.

allein auf die Höhe der effektiven Steuerlast, sondern insbesondere auch auf die Vermittlung steuerlicher Qualifikationen an. So müssen insbesondere steuerbefreite Investoren darauf achten, ihre Privilegierung nicht zB durch die Vermittlung gewerblicher Einkünfte zu gefährden.

a) Institutionelle Investoren

Unter den deutschen institutionellen Investoren sind insbesondere von Relevanz die Versicherungsunternehmen, deren steuerliche Erfordernisse daher vorliegend etwas detaillierter erörtert werden sollen: Hierbei sind grundsätzlich Sach-/Schadenversicherer auf der einen und Personen-/Summenversicherer auf der anderen Seite zu unterscheiden. 197

Sach-/Schadenversicherer verfügen wie andere Kapitalgesellschaften über die in § 8b Abs. 2 KStG bzw. § 9 Nr. 2 Satz 2 GewStG manifestierten Steuerprivilegien hinsichtlich der Veräußerung von Kapitalgesellschaftsanteilen bzw. der Erzielung von Erträgen aus gewerblichen Mitunternehmerschaften. Letzteres können sich die Sach-/Schadenversicherer zunutze machen, indem sie über Feeder in der Form der gewerblichen Mitunternehmerschaft investieren. 198

Personen-/Summenversicherer stehen die soeben erwähnten Steuerprivilegien nicht zu. Dafür können sie steuerwirksam eine sog. Rückstellung für Beitragsrückerstattung schaffen, welche ca. 95 Prozent des Handelsbilanzergebnisses entspricht und somit die steuerliche Bemessungsgrundlage reduziert. Ausschüttungsgleiche Erträge nach InvStG wie auch Hinzurechnungsbeträge nach AStG (so jedenfalls die h. M.) erhöhen die Rückstellung für Beitragsrückerstattung. 199

b) Privatanleger

Privatanleger unterliegen mit ihren Kapitaleinkünften bisher grundsätzlich der Abgeltungsteuer iHv 25 Prozent zzgl. Solidaritätszuschlag und ggf. Kirchensteuer. Dies betrifft insbesondere Investmentfonds und offene Fonds iSd InvStG. Ausschüttungen an betriebliche Anleger sind als Betriebseinnahme grundsätzlich zu 60 Prozent steuerpflichtig. 200

Bei geschlossenen Fonds erzielt der Privatanleger bisher bei Vermögensverwaltung zB Einkünfte aus Vermietung und Verpachtung, ansonsten Einkünfte aus Gewerbebetrieb. 201

Die Besteuerungsgrundsätze des reformierten InvStG stellen sich für Privatanleger grundsätzlich so dar, dass Investmentfonds, also OGAW und offene AIF, die den Katalog des § 1 Abs. 1b InvStG erfüllen, wiederum der 25prozentigen Abgeltungsteuer beim Privatanleger unterliegen. 202

Investitionsgesellschaften, also offene AIF, die den Katalog des § 1 Abs. 1a InvStG nicht erfüllen sowie alle geschlossenen AIF unterliegen den allgemeinen Grundsätzen des Steuerrechts. Personen-Investitionsgesellschaften (InvKG) vermitteln die gleichen Steuerfolgen auf Ebene des Privatanlegers wie die bisherige GmbH & Co. KG: Es werden idR Einkünfte aus Vermietung und Verpachtung, ansonsten aus Gewerbebetrieb erzielt. Kapital-Investitionsgesellschaften sind hingegen grundsätzlich ein eigenes Körperschaft- und Gewerbesteuersubjekt. Privatanleger erzielen bei ihnen wieder Einkünfte aus Kapitalvermögen, die der 25prozentigen Abgeltungsteuer unterliegen. Betriebliche Anleger erzielen grundsätzlich zu 60 Prozent steuerpflichtige Betriebseinnahmen. 203

8. Besteuerung der Fondsmanagement-Dienstleistungen

Eine attraktive Besteuerung der Fondsmanagement-Dienstleistungen ist neben der Anreizfunktion für den einzelnen Investmentmanager wichtig für die steuerliche Rechenbarkeit der Gesamtstruktur, da insbesondere hier der grenzüberschreitende Wettbewerb eine Ansiedlungsentscheidung beeinflusst. 204

a) Carried Interest, Performance Fee, etc.

205 Der Carried Interest unterliegt in Deutschland einer privilegierten Besteuerung nach §§ 18 Abs. 1 Nr. 4, 3 Nr. 40a EStG. Es handelt sich hierbei um die überproportionale Gewinnbeteiligung des Investmentmanagers insbesondere im Bereich der Private-Equity-Fonds, welche nur zu 60 Prozent dem entsprechenden Einkommensteuertarif des Empfängers unterliegen. § 1 Abs. 19 Nr. 7 KAGB enthält eine entsprechende Legaldefinition.

206 Die Besteuerung des Carried Interest wurde allerdings von den Bundesländern Hessen, Bremen, Rheinland-Pfalz und Schleswig-Holstein i. R. e. Gesetzesvorlage in Frage gestellt.[296] Es handele sich um eine „normale" erfolgsabhängige Vergütung, welche keine steuerliche Privilegierung verdiene.

207 Bisher hat sich an der Gesetzesgrundlage auch unter der neuen Koalitionsregierung nichts geändert.

b) Umsatzsteuer auf Management-Dienstleistungen

208 Mit Urteil vom 7.3.2013 (Rs. C-275/11) hat der EuGH entschieden, dass die von einem Berater gegenüber einer Managementgesellschaft eines Investmentfonds erbrachte Beratungsleistung im Zusammenhang mit der Anlagetätigkeit des Fonds unter die Umsatzsteuerbefreiung für die Verwaltung von Sondervermögen fällt.

209 Die Umsatzsteuerbefreiung betrifft aus deutscher Perspektive nur Investmentvermögen.[297] Nach § 4 Nr. 8 lit. h UStG nF ist die Verwaltung von Investmentfonds iSd § 1 Abs. 1 InvStG von der Umsatzsteuer befreit. Die Verwaltung zB deutscher Private-Equity-Fonds ist dem Grundsatz nach und unter Zurückstellung europarechtlicher Bedenken umsatzsteuerpflichtig – ein Nachteil zB gegenüber Luxemburg, wo zB die Verwaltung einer SICAR von der Umsatzsteuer befreit ist.

9. Typische Outbound-Strukturen

210 „Typische" Outbound-Strukturen gibt es zunächst im Bereich der OGAW schon deshalb nicht, weil die entsprechenden nationalen Strukturen eine Anlage zB auch in ausländischen Wertpapieren erlauben. Allerdings hat sich Luxemburg hier auch unter deutschen Anbietern einen Namen gemacht, was einen effizienten europaweiten Vertrieb anbelangt. Dies lässt sich freilich nicht als Outbound-Struktur ieS klassifizieren. Investitionen zB deutscher institutioneller Investoren in einen *U. S. mutual fund* dürften aus steuerlichen wie aufsichtsrechtlichen Gründen ausscheiden.

211 Im Bereich der geschlossenen Fonds ist ebenfalls der Grundsatz der Wahrung der Steuerneutralität oberste Maxime.[298] Die regelmäßig in der Rechtsform der steuerlich transparenten *limited partnership* strukturierten ausländischen geschlossenen Fonds werden hierzu teilweise über Blocker-Kapitalgesellschaften adressiert, um einen schädlichen Transfer steuerlicher Merkmale qua Transparenz zu vermeiden. Will ein solcher ausländischer geschlossener Fonds zB deutsche Versicherungsunternehmen als Investoren gewinnen, so hat er dafür Sorge zu tragen, dass sämtliche Erfordernissen von ua VAG, AnlV und Kapitalanlagerundschreiben iRd Outbound-Struktur Rechnung getragen wird. Dies wird oftmals über Feeder-Strukturen erreicht, die als regulatorisch konformes Bindeglied zwischen dem eigentlichen Master-Fonds und dem institutionellen Investor fungieren.

---

[296] Entwurf eines Gesetzes zur weiteren Vereinfachung des Steuerrechts 2013 (StVereinfG 2013, BR-Drs. 684/12 vom 2.11.2012).
[297] Vgl. § 4 Nr. 8 lit. h UStG.
[298] *Boxberger* in Jesch/Striegel/Boxberger, Rechtshandbuch Private Equity, S. 108.

10. Fazit

Das KAGB als deutsches AIFM-UmsG bietet dem Anleger durch Verwahrstellenpflicht und ein erweitertes Reporting ein höheres Maß an Sicherheit. Die Doppel-Zulassung als OGAW- und AIF-KVG bietet die Chance, alle möglichen KAGB-Vehikel aufzulegen und damit einen möglichst breiten Anlegerkreis anzusprechen. 212

Das an einigen Stelle praktizierte *Goldplating* des deutschen Gesetzgebers dürfte jedenfalls nicht dazu führen, dass Deutschland sich in den nächsten Jahren zum *fund hub* entwickelt. Deutsche professionelle Investoren werden das Private Placement vermissen, die deutschen Übergangsregelungen sind nicht unbedingt hilfreich. 213

Das Steuerrecht bleibt zunächst eine zusätzliche Baustelle, KAGB und reformiertes InvStG traten nicht parallel in Kraft, was zu weiteren Unwägbarkeiten führte. Auch nach Verabschiedung des reformierten InvStG Ende 2013 bleiben Fragen offen, die möglicherweise zumindest zum Teil aber auf Sicht beantwortet werden könnten. 214

III. Normentexte

1. Nationale Gesetze

a) Kapitalanlagegesetzbuch

Kapitalanlagegesetzbuch (KAGB)[1) 2)]

Vom 4. Juli 2013

(BGBl. I S. 1981)

FNA 7612-3

Zuletzt geändert durch Art. 6 G zur Umsetzung der VerbraucherrechteRL und zur Änd. des G zur Regelung der Wohnungsvermittlung[3)] vom 20.9.2013 (BGBl. I S. 3642)

Lfd. Nr.	Änderndes Gesetz	Datum	Fundstelle	Betroffen	Hinweis
1.	Art. 6 Abs. 11 CRD IV-Umsetzungsgesetz[3)]	28.8.2013	BGBl. I S. 3395	§§ 1, 9, 18, 23, 24, 25, 39, 51, 68, 80, 198	geänd. mWv 1.1.2014
2.	Art. 6 G zur Umsetzung der VerbraucherrechteRL und zur Änd. des G zur Regelung der Wohnungsvermittlung[4)]	20.9.2013	BGBl. I S. 3642	§ 305	geänd. mWv 13.6.2014

---

[1] **[Amtl. Anm.:]** Dieses Gesetz dient der Umsetzung der Richtlinie 2009/65/EG des Europäischen Parlaments und des Rates vom 13. Juli 2009 zur Koordinierung der Rechts- und Verwaltungsvorschriften betreffend bestimmte Organismen für gemeinsame Anlagen in Wertpapieren (OGAW) (ABl. L 302 vom 17.11.2009, S. 1), der Richtlinie 2011/61/EU des Europäischen Parlaments und des Rates vom 8. Juni 2011 über die Verwalter alternativer Investmentfonds und zur Änderung der Richtlinien 2003/41/EG und 2009/65/EG und der Verordnungen (EG) Nr. 1060/2009 und (EU) Nr. 1095/2010 (ABl. L 174 vom 1.7.2011, S. 1) sowie der Anpassung an die Verordnung (EU) Nr. 345/2013 des Europäischen Parlaments und des Rates vom 17. April 2013 über Europäische Risikokapitalfonds (ABl. L 115 vom 25.4.2013, S. 1) und die Verordnung (EU) Nr. 346/2013 des Europäischen Parlaments und des Rates vom 17. April 2013 über Europäische Fonds für soziales Unternehmertum (ABl. L 115 vom 25.4.2013, S. 18).

[2] Verkündet als Art. 1 G v. 4.7.2013 (BGBl. I S. 1981); Inkrafttreten gem. Art. 28 Abs. 2 dieses G am 22.7.2013.

[3] **[Amtl. Anm.:]** Dieses Gesetz dient der Umsetzung der Richtlinie 2013/36/EU des Europäischen Parlaments und des Rates vom 26. Juni 2013 über den Zugang zur Tätigkeit von Kreditinstituten und die Beaufsichtigung von Kreditinstituten und Wertpapierfirmen, zur Änderung der Richtlinie 2002/87/EG und zur Aufhebung der Richtlinien 2006/48/EG und 2006/49/EG (ABl. L 176 vom 27.6.2013, S. 338) sowie der Anpassung des Aufsichtsrechts an die Verordnung (EU) Nr. 575/2013 des Europäischen Parlaments und des Rates vom 26. Juni 2013 über Aufsichtsanforderungen an Kreditinstitute und Wertpapierfirmen und zur Änderung der Verordnung (EU) Nr. 646/2012 (ABl. L 176 vom 27.6.2013, S. 1).

[4] **[Amtl. Anm.:]** Dieses Gesetz dient der Umsetzung der Richtlinie 2011/83/EU des Europäischen Parlaments und des Rates vom 25. Oktober 2011 über die Rechte der Verbraucher, zur Abänderung der Richtlinie 93/13/EWG des Rates und der Richtlinie 1999/44/EG des Europäischen Parlaments und des Rates sowie zur Aufhebung der Richtlinie 85/577/EWG des Rates und der Richtlinie 97/7/EG des Europäischen Parlaments und des Rates (ABl. L 304 vom 22.11.2011, S. 64).

III. Normentexte

Kapitel 1. Allgemeine Bestimmungen für Investmentvermögen und Verwaltungsgesellschaften

Übersicht

Abschnitt 1. Allgemeine Vorschriften
Abschnitt 2. Verwaltungsgesellschaften
Abschnitt 3. Verwahrstelle
Abschnitt 4. Offene inländische Investmentvermögen
Abschnitt 5. Geschlossene inländische Investmentvermögen

Abschnitt 1. Allgemeine Vorschriften

Übersicht

§ 1 Begriffsbestimmungen
§ 2 Ausnahmebestimmungen
§ 3 Bezeichnungsschutz
§ 4 Namensgebung; Fondskategorien
§ 5 Zuständige Behörde; Aufsicht; Anordnungsbefugnis
§ 6 Besondere Aufgaben
§ 7 Sofortige Vollziehbarkeit
§ 8 Verschwiegenheitspflicht
§ 9 Zusammenarbeit mit anderen Stellen
§ 10 Allgemeine Vorschriften für die Zusammenarbeit bei der Aufsicht
§ 11 Besondere Vorschriften für die Zusammenarbeit bei grenzüberschreitender Verwaltung und grenzüberschreitendem Vertrieb von AIF
§ 12 Meldungen der Bundesanstalt an die Europäische Kommission und die Europäische Wertpapier- und Marktaufsichtsbehörde
§ 13 Informationsaustausch mit der Deutschen Bundesbank
§ 14 Auskünfte und Prüfungen
§ 15 Einschreiten gegen unerlaubte Investmentgeschäfte
§ 16 Verfolgung unerlaubter Investmentgeschäfte

§ 1[5] **Begriffsbestimmungen.** (1) ¹Investmentvermögen ist jeder Organismus für gemeinsame Anlagen, der von einer Anzahl von Anlegern Kapital einsammelt, um es gemäß einer festgelegten Anlagestrategie zum Nutzen dieser Anleger zu investieren und der kein operativ tätiges Unternehmen außerhalb des Finanzsektors ist. ²Eine Anzahl von Anlegern im Sinne des Satzes 1 ist gegeben, wenn die Anlagebedingungen, die Satzung oder der Gesellschaftsvertrag des Organismus für gemeinsame Anlagen die Anzahl möglicher Anleger nicht auf einen Anleger begrenzen.

(2) Organismen für gemeinsame Anlagen in Wertpapieren (OGAW) sind Investmentvermögen, die die Anforderungen der Richtlinie 2009/65/EG des Europäischen Parlamentes und des Rates vom 13. Juli 2009 zur Koordinierung der Rechts- und Verwaltungsvorschriften betreffend bestimmte Organismen für gemeinsame Anlagen in Wertpapieren (OGAW) (ABl. L 302 vom 17.11.2009, S. 1) erfüllen.

(3) Alternative Investmentfonds (AIF) sind alle Investmentvermögen, die keine OGAW sind.

(4) Offene Investmentvermögen sind
1. OGAW und
2. AIF, deren Anleger oder Aktionäre mindestens einmal pro Jahr das Recht zur Rückgabe gegen Auszahlung ihrer Anteile oder Aktien aus dem AIF haben; Mindesthaltefristen und die Möglichkeit der Aussetzung oder Beschränkung der Rücknahme der Anteile oder Aktien werden hierbei nicht berücksichtigt.

(5) Geschlossene AIF sind alle AIF, die keine offenen AIF sind.

(6) ¹Spezial-AIF sind AIF, deren Anteile auf Grund von schriftlichen Vereinbarungen mit der Verwaltungsgesellschaft oder auf Grund der konstituierenden Dokumente des AIF nur erworben werden dürfen von
1. professionellen Anlegern im Sinne des Absatzes 19 Nummer 32 und
2. semiprofessionellen Anlegern im Sinne des Absatzes 19 Nummer 33.
²Alle übrigen Investmentvermögen sind Publikumsinvestmentvermögen.

---

[5] § 1 Abs. 19 Nr. 1 Satz 2, Nr. 9, Nr. 30 geänd. mWv 1.1.2014 durch G v. 28.8.2013 (BGBl. I S. 3395).

A. Deutschland

(7) Inländische Investmentvermögen sind Investmentvermögen, die dem inländischen Recht unterliegen.

(8) EU-Investmentvermögen sind Investmentvermögen, die dem Recht eines anderen Mitgliedstaates der Europäischen Union oder eines anderen Vertragsstaates des Abkommens über den Europäischen Wirtschaftsraum unterliegen.

(9) Ausländische AIF sind AIF, die dem Recht eines Drittstaates unterliegen.

(10) Sondervermögen sind inländische offene Investmentvermögen in Vertragsform, die von einer Verwaltungsgesellschaft für Rechnung der Anleger nach Maßgabe dieses Gesetzes und den Anlagebedingungen, nach denen sich das Rechtsverhältnis der Verwaltungsgesellschaft zu den Anlegern bestimmt, verwaltet werden.

(11) Investmentgesellschaften sind Investmentvermögen in der Rechtsform einer Investmentaktiengesellschaft oder Investmentkommanditgesellschaft.

(12) Intern verwaltete Investmentgesellschaften sind Investmentgesellschaften, die keine externe Verwaltungsgesellschaft bestellt haben.

(13) Extern verwaltete Investmentgesellschaften sind Investmentgesellschaften, die eine externe Verwaltungsgesellschaft bestellt haben.

(14) [1] Verwaltungsgesellschaften sind AIF-Verwaltungsgesellschaften und OGAW-Verwaltungsgesellschaften. [2] AIF-Verwaltungsgesellschaften sind AIF-Kapitalverwaltungsgesellschaften, EU-AIF-Verwaltungsgesellschaften und ausländische AIF-Verwaltungsgesellschaften. [3] OGAW-Verwaltungsgesellschaften sind OGAW-Kapitalverwaltungsgesellschaften und EU-OGAW-Verwaltungsgesellschaften.

(15) OGAW-Kapitalverwaltungsgesellschaften sind Kapitalverwaltungsgesellschaften gemäß § 17, die mindestens einen OGAW verwalten oder zu verwalten beabsichtigen.

(16) AIF-Kapitalverwaltungsgesellschaften sind Kapitalverwaltungsgesellschaften gemäß § 17, die mindestens einen AIF verwalten oder zu verwalten beabsichtigen.

(17) EU-Verwaltungsgesellschaften sind Unternehmen mit Sitz in einem anderen Mitgliedstaat der Europäischen Union oder einem anderen Vertragsstaat des Abkommens über den Europäischen Wirtschaftsraum, die den Anforderungen
1. an eine Verwaltungsgesellschaft oder an eine intern verwaltete Investmentgesellschaft im Sinne der Richtlinie 2009/65/EG oder
2. an einen Verwalter alternativer Investmentfonds im Sinne der Richtlinie 2011/61/EU des Europäischen Parlaments und des Rates vom 8. Juni 2011 über die Verwalter alternativer Investmentfonds und zur Änderung der Richtlinien 2003/41/EG und 2009/65/EG und der Verordnungen (EG) Nr. 1060/2009 und (EU) Nr. 1095/2010 (ABl. L 174 vom 1.7.2011, S. 1)
entsprechen.

(18) Ausländische AIF-Verwaltungsgesellschaften sind Unternehmen mit Sitz in einem Drittstaat, die den Anforderungen an einen Verwalter alternativer Investmentfonds im Sinne der Richtlinie 2011/61/EU entsprechen.

(19) Die folgenden Begriffe werden für die Zwecke dieses Gesetzes wie folgt bestimmt:
1. [1] Anfangskapital sind
    a) bei Aktiengesellschaften das eingezahlte Grundkapital ohne die Aktien, die mit einem nachzuzahlenden Vorzug bei der Verteilung des Gewinns ausgestattet sind (Vorzugsaktien), und die Rücklagen,
    b) bei Gesellschaften mit beschränkter Haftung das eingezahlte Stammkapital und die Rücklagen,
    c) bei Kommanditgesellschaften das eingezahlte Geschäftskapital und die Rücklagen nach Abzug der Entnahmen der persönlich haftenden Gesellschafter und der diesen gewährten Kredite.
    [2] Als Rücklagen im Sinne der Buchstaben a bis c gelten die Posten im Sinne des Artikels 26 Absatz 1 Buchstabe b bis d in Verbindung mit Artikel 26 Absatz 2 bis 4 der Verordnung (EU) Nr. 575/2013 des Europäischen Parlaments und des Rates vom 26. Juni 2013 über Aufsichtsanforderungen an Kreditinstitute und Wertpapierfirmen und zur Änderung der Verordnung (EU) Nr. 646/2012 (ABl. L 176 vom 27.6.2013, S. 1).
2. Arbeitnehmervertreter sind Vertreter der Arbeitnehmer im Sinne von Artikel 2 Buchstabe e der Richtlinie 2002/14/EG des Europäischen Parlaments und des Rates vom 11. März 2002 zur Festlegung eines allgemeinen Rahmens für die Unterrichtung und Anhörung der Arbeitnehmer in der Europäischen Gemeinschaft (ABl. L 80 vom 23.3.2002, S. 29).
3. Aufnahmemitgliedstaat einer OGAW-Kapitalverwaltungsgesellschaft ist ein anderer Mitgliedstaat der Europäischen Union oder ein anderer Vertragsstaat des Abkommens über den Europäischen Wirtschaftsraum, in dem eine OGAW-Kapitalverwaltungsgesellschaft

III. Normentexte

    a) eine Zweigniederlassung unterhält oder im Wege des grenzüberschreitenden Dienstleistungsverkehrs tätig wird, oder

    b) die Absicht anzeigt, Anteile oder Aktien an einem inländischen OGAW-Investmentvermögen zu vertreiben.

4. Aufnahmemitgliedstaat einer AIF-Kapitalverwaltungsgesellschaft ist ein anderer Mitgliedstaat der Europäischen Union oder ein anderer Vertragsstaat des Abkommens über den Europäischen Wirtschaftsraum, in dem eine AIF-Kapitalverwaltungsgesellschaft
    a) einen EU-AIF verwaltet oder
    b) Anteile oder Aktien an einem AIF vertreibt.
5. Drittstaaten sind alle Staaten, die nicht Mitgliedstaat der Europäischen Union oder anderer Vertragsstaat des Abkommens über den Europäischen Wirtschaftsraum sind.
6. [1] Eine bedeutende Beteiligung besteht, wenn unmittelbar oder mittelbar über ein oder mehrere Tochterunternehmen oder über ein gleichartiges Verhältnis oder im Zusammenwirken mit anderen Personen oder Unternehmen mindestens 10 Prozent des Kapitals oder der Stimmrechte einer Verwaltungsgesellschaft im Eigen- oder Fremdinteresse gehalten werden oder wenn auf die Geschäftsführung einer Verwaltungsgesellschaft ein maßgeblicher Einfluss ausgeübt werden kann. [2] Für die Berechnung des Anteils der Stimmrechte gelten § 22 Absatz 1 bis 3a des Wertpapierhandelsgesetzes in Verbindung mit der Rechtsverordnung nach § 22 Absatz 5 und § 23 des Wertpapierhandelsgesetzes entsprechend. [3] Die mittelbar gehaltenen Beteiligungen sind den mittelbar beteiligten Personen und Unternehmen in vollem Umfang zuzurechnen.
7. Carried interest ist der Anteil an den Gewinnen des AIF, den eine AIF-Verwaltungsgesellschaft als Vergütung für die Verwaltung des AIF erhält; der carried interest umfasst nicht den Anteil der AIF-Verwaltungsgesellschaft an den Gewinnen des AIF, den die AIF-Verwaltungsgesellschaft als Gewinn für Anlagen der AIF-Verwaltungsgesellschaft in den AIF bezieht.
8. Dauerhafter Datenträger ist jedes Medium, das den Anlegern gestattet, Informationen für eine den Zwecken der Informationen angemessene Dauer zu speichern, einzusehen und unverändert wiederzugeben.
9. Eigenmittel sind Eigenmittel gemäß Artikel 72 der Verordnung (EU) Nr. 575/2013.
10. Eine enge Verbindung besteht, wenn eine Kapitalverwaltungsgesellschaft oder eine extern verwaltete Investmentgesellschaft und eine andere natürliche oder juristische Person verbunden sind
    a) durch das unmittelbare oder mittelbare Halten durch ein oder mehrere Tochterunternehmen oder Treuhänder von mindestens 20 Prozent des Kapitals oder der Stimmrechte oder
    b) als Mutter- und Tochterunternehmen, durch ein gleichartiges Verhältnis oder als Schwesterunternehmen.
11. Feederfonds sind Sondervermögen, Investmentaktiengesellschaften mit veränderlichem Kapital, Teilgesellschaftsvermögen einer Investmentaktiengesellschaft mit veränderlichem Kapital oder EU-OGAW, die mindestens 85 Prozent ihres Vermögens in einem Masterfonds anlegen.
12. Masterfonds sind OGAW oder Sonstige Investmentvermögen gemäß § 220, die Anteile an mindestens einen Feederfonds ausgegeben haben, selbst keine Feederfonds sind und keine Anteile eines Feederfonds halten.
13. Feeder-AIF bezeichnet einen AIF, der
    a) mindestens 85 Prozent seines Wertes in Anteilen eines Master-AIF anlegt, oder
    b) mindestens 85 Prozent seines Wertes in mehr als einem Master-AIF anlegt, die jeweils identische Anlagestrategien verfolgen, oder
    c) anderweitig ein Engagement von mindestens 85 Prozent seines Wertes in einem Master-AIF hat.
14. Master-AIF sind AIF, an dem ein Feeder-AIF Anteile hält.
15. Geschäftsleiter sind diejenigen natürlichen Personen, die nach Gesetz, Satzung oder Gesellschaftsvertrag zur Führung der Geschäfte und zur Vertretung einer Kapitalverwaltungsgesellschaft berufen sind sowie diejenigen natürlichen Personen, die die Geschäfte der Kapitalverwaltungsgesellschaft tatsächlich leiten.
16. Gesetzlicher Vertreter einer ausländischen AIF-Verwaltungsgesellschaft ist jede natürliche Person mit Wohnsitz in der Europäischen Union oder jede juristische Person mit satzungsmäßigem Sitz oder satzungsmäßiger Zweigniederlassung in der Europäischen Union, die von einer ausländischen AIF-Verwaltungsgesellschaft ausdrücklich dazu ernannt worden ist, im Namen dieser ausländischen AIF-Verwaltungsgesellschaft gegenüber Behörden, Kunden, Einrichtungen und Gegenparteien der ausländischen AIF-Verwaltungsgesellschaft in der Europäischen Union hinsichtlich der Verpflichtungen der ausländischen AIF-Verwaltungsgesellschaft nach der Richtlinie 2011/61/EU zu handeln.

A. Deutschland

17. Herkunftsmitgliedstaat des OGAW ist der Mitgliedsstaat der Europäischen Union, in dem der OGAW zugelassen wurde.
18. Herkunftsmitgliedstaat des AIF ist
    a) der Mitgliedstaat der Europäischen Union, in dem der AIF zugelassen oder registriert ist, oder im Fall der mehrfachen Zulassung oder Registrierung der Mitgliedstaat, in dem der AIF zum ersten Mal zugelassen oder registriert wurde, oder
    b) für den Fall, dass der AIF in keinem Mitgliedstaat der Europäischen Union zugelassen oder registriert ist, der Mitgliedstaat der Europäischen Union, in dem der AIF seinen Sitz oder seine Hauptverwaltung hat.
19. Herkunftsmitgliedstaat der OGAW-Verwaltungsgesellschaft ist der Mitgliedsstaat der Europäischen Union, in dem die OGAW-Verwaltungsgesellschaft ihren Sitz hat.
20. Herkunftsmitgliedstaat der AIF-Verwaltungsgesellschaft ist,
    a) im Fall einer EU-AIF-Verwaltungsgesellschaft oder einer AIF-Kapitalverwaltungsgesellschaft der Mitgliedstaat der Europäischen Union, in dem diese AIF-Verwaltungsgesellschaft ihren satzungsmäßigen Sitz hat,
    b) im Fall einer ausländischen AIF-Verwaltungsgesellschaft der Referenzmitgliedstaat im Sinne von Artikel 37 der Richtlinie 2011/61/EU.
21. Immobilien sind Grundstücke, grundstücksgleiche Rechte und vergleichbare Rechte nach dem Recht anderer Staaten.
22. Immobilien-Gesellschaften sind Gesellschaften, die nach dem Gesellschaftsvertrag oder der Satzung nur Immobilien sowie die zur Bewirtschaftung der Immobilien erforderlichen Gegenstände erwerben dürfen.
23. Immobilien-Sondervermögen sind Sondervermögen, die nach den Anlagebedingungen das bei ihnen eingelegte Geld in Immobilien anlegen.
24. Kollektive Vermögensverwaltung umfasst die Portfolioverwaltung, das Risikomanagement, administrative Tätigkeiten, den Vertrieb von eigenen Investmentanteilen sowie bei AIF Tätigkeiten im Zusammenhang mit den Vermögensgegenständen des AIF.
25. [1] Leverage ist jede Methode, mit der die Verwaltungsgesellschaft den Investitionsgrad eines von ihr verwalteten Investmentvermögens durch Kreditaufnahme, Wertpapier-Darlehen, in Derivate eingebettete Hebelfinanzierungen oder auf andere Weise erhöht. [2] Kriterien
    a) zur Festlegung der Methoden für Leverage von AIF, einschließlich jeglicher Finanz- oder Rechtsstrukturen, an denen Dritte beteiligt sind, die von dem betreffenden AIF kontrolliert werden, und
    b) darüber, wie Leverage von AIF zu berechnen ist,
    ergeben sich aus den Artikeln 6 bis 11 der Delegierten Verordnung (EU) Nr. 231/2013 der Kommission vom 19. Dezember 2012 zur Ergänzung der Richtlinie 2011/61/EU des Europäischen Parlaments und des Rates im Hinblick auf Ausnahmen, die Bedingungen für die Ausübung der Tätigkeit, Verwahrstellen, Hebelfinanzierung, Transparenz und Beaufsichtigung (ABl. L 83 vom 22.3.2013, S. 1).
26. Mutterunternehmen sind Unternehmen, die Mutterunternehmen im Sinne des § 290 des Handelsgesetzbuchs sind.
27. Nicht börsennotiertes Unternehmen ist ein Unternehmen, das seinen satzungsmäßigen Sitz in der Europäischen Union hat und dessen Anteile im Sinne von Artikel 4 Absatz 1 Nummer 14 der Richtlinie 2004/39/EG des Europäischen Parlaments und des Rates vom 21. April 2004 über Märkte für Finanzinstrumente (ABl. L 145 vom 30.4.2004, S. 1) nicht zum Handel auf einem regulierten Markt zugelassen sind.
28. ÖPP-Projektgesellschaften sind im Rahmen Öffentlich-Privater Partnerschaften tätige Gesellschaften, die nach dem Gesellschaftsvertrag oder der Satzung zu dem Zweck gegründet wurden, Anlagen oder Bauwerke zu errichten, zu sanieren, zu betreiben oder zu bewirtschaften, die der Erfüllung öffentlicher Aufgaben dienen.
29. Organisierter Markt ist ein Markt, der anerkannt und für das Publikum offen ist und dessen Funktionsweise ordnungsgemäß ist, sofern nicht ausdrücklich etwas anderes bestimmt ist.
30. Primebroker ist ein Kreditinstitut im Sinne des Artikels 4 Absatz 1 Nummer 1 der Verordnung (EU) Nr. 575/2013, eine Wertpapierfirma im Sinne des Artikels 4 Absatz 1 Nummer 1 der Richtlinie 2004/39/EG oder eine andere Einheit, die einer Regulierungsaufsicht und ständigen Überwachung unterliegt und professionellen Anlegern Dienstleistungen anbietet, in erster Linie, um als Gegenpartei Geschäfte mit Finanzinstrumenten im Sinne der Richtlinie 2011/61/EU zu finanzieren oder durchzuführen, und die möglicherweise auch andere Dienstleistungen wie Clea-

III. Normentexte

ring und Abwicklung von Geschäften, Verwahrungsdienstleistungen, Wertpapier-Darlehen und individuell angepasste Technologien und Einrichtungen zur betrieblichen Unterstützung anbietet.
31. Privatanleger sind alle Anleger, die weder professionelle noch semiprofessionelle Anleger sind.
32. Professioneller Anleger ist jeder Anleger, der im Sinne von Anhang II der Richtlinie 2004/39/EG als professioneller Kunde angesehen wird oder auf Antrag als ein professioneller Kunde behandelt werden kann.
33. Semiprofessioneller Anleger ist
    a) jeder Anleger,
        aa) der sich verpflichtet, mindestens 200 000 Euro zu investieren,
        bb) der schriftlich in einem vom Vertrag über die Investitionsverpflichtung getrennten Dokument angibt, dass er sich der Risiken im Zusammenhang mit der beabsichtigten Verpflichtung oder Investition bewusst ist,
        cc) dessen Sachverstand, Erfahrungen und Kenntnisse die AIF-Verwaltungsgesellschaft oder die von ihr beauftragte Vertriebsgesellschaft bewertet, ohne von der Annahme auszugehen, dass der Anleger über die Marktkenntnisse und -erfahrungen der in Anhang II Abschnitt I der Richtlinie 2004/39/EG genannten Anleger verfügt,
        dd) bei dem die AIF-Verwaltungsgesellschaft oder die von ihr beauftragte Vertriebsgesellschaft unter Berücksichtigung der Art der beabsichtigten Verpflichtung oder Investition hinreichend davon überzeugt ist, dass er in der Lage ist, seine Anlageentscheidungen selbst zu treffen und die damit einhergehenden Risiken versteht und dass eine solche Verpflichtung für den betreffenden Anleger angemessen ist, und
        ee) dem die AIF-Verwaltungsgesellschaft oder die von ihr beauftragte Vertriebsgesellschaft schriftlich bestätigt, dass sie die unter Doppelbuchstabe cc genannte Bewertung vorgenommen hat und die unter Doppelbuchstabe dd genannten Voraussetzungen gegeben sind,
    b) ein in § 37 Absatz 1 genannter Geschäftsleiter oder Mitarbeiter der AIF-Verwaltungsgesellschaft, sofern er in von der AIF-Verwaltungsgesellschaft verwaltete AIF investiert, oder ein Mitglied der Geschäftsführung oder des Vorstands einer extern verwalteten Investmentgesellschaft, sofern es in die extern verwaltete Investmentgesellschaft investiert,
    c) jeder Anleger, der sich verpflichtet, mindestens 10 Millionen Euro in ein Investmentvermögen zu investieren.
34. Sitz eines
    a) AIF ist der satzungsmäßige Sitz oder, falls der AIF keine eigene Rechtspersönlichkeit hat, der Staat, dessen Recht der AIF unterliegt;
    b) gesetzlichen Vertreters, der eine juristische Person ist, ist der satzungsmäßige Sitz oder die Zweigniederlassung der juristischen Person;
    c) gesetzlichen Vertreters, der eine natürliche Person ist, ist sein Wohnsitz.
35. Tochterunternehmen sind Unternehmen, die Tochterunternehmen im Sinne des § 290 des Handelsgesetzbuchs sind.
36. Verbriefungszweckgesellschaften sind Gesellschaften, deren einziger Zweck darin besteht, eine oder mehrere Verbriefungen im Sinne von Artikel 1 Absatz 2 der Verordnung (EG) Nr. 24/2009 der Europäischen Zentralbank vom 19. Dezember 2008 über die Statistik über die Aktiva und Passiva von finanziellen Mantelkapitalgesellschaften, die Verbriefungsgeschäfte betreiben (ABl. L 15 vom 20.1.2009, S. 1), und weitere zur Erfüllung dieses Zwecks geeignete Tätigkeiten durchzuführen.
37. Verschmelzungen im Sinne dieses Gesetzes sind Auflösungen ohne Abwicklung eines Sondervermögens oder einer Investmentaktiengesellschaft mit veränderlichem Kapital
    a) durch Übertragung sämtlicher Vermögensgegenstände und Verbindlichkeiten eines oder mehrerer übertragender offener Investmentvermögen auf ein anderes bestehendes übernehmendes Sondervermögen oder einen anderen bestehenden EU-OGAW oder auf eine andere bestehende übernehmende Investmentaktiengesellschaft mit veränderlichem Kapital (Verschmelzung durch Aufnahme) oder
    b) durch Übertragung sämtlicher Vermögensgegenstände und Verbindlichkeiten zweier oder mehrerer übertragender offener Investmentvermögen auf ein neues, dadurch gegründetes übernehmendes Sondervermögen oder einen anderen, dadurch gegründeten übernehmenden EU-OGAW oder eine neue, dadurch gegründete übernehmende Investmentaktiengesellschaft mit veränderlichem Kapital (Verschmelzung durch Neugründung)
    jeweils gegen Gewährung von Anteilen oder Aktien des übernehmenden Investmentvermögens an die Anleger oder Aktionäre des übertragenden Investmentvermögens sowie gegebenenfalls ei-

ner Barzahlung in Höhe von nicht mehr als 10 Prozent des Wertes eines Anteils oder einer Aktie am übertragenden Investmentvermögen.
38. Zweigniederlassung ist in Bezug auf eine Verwaltungsgesellschaft eine Betriebsstelle, die einen rechtlich unselbstständigen Teil der Verwaltungsgesellschaft bildet und die die Dienstleistungen erbringt, für die der Verwaltungsgesellschaft eine Zulassung oder Genehmigung erteilt wurde; alle Betriebsstellen einer Verwaltungsgesellschaft mit satzungsmäßigem Sitz in einem anderen Mitgliedstaat oder einem Drittstaat, die sich in ein und demselben Mitgliedstaat befinden, gelten als eine einzige Zweigniederlassung.

§ 2 Ausnahmebestimmungen. (1) Dieses Gesetz ist nicht anzuwenden auf
1. Holdinggesellschaften, die eine Beteiligung an einem oder mehreren anderen Unternehmen halten,
    a) deren Unternehmensgegenstand darin besteht, durch ihre Tochterunternehmen oder verbundenen Unternehmen oder Beteiligungen jeweils eine Geschäftsstrategie zu verfolgen, den langfristigen Wert der Tochterunternehmen, der verbundenen Unternehmen oder der Beteiligungen zu fördern, und
    b) die
        aa) entweder auf eigene Rechnung tätig sind und deren Anteile zum Handel auf einem organisierten Markt im Sinne des § 2 Absatz 5 des Wertpapierhandelsgesetzes in der Europäischen Union zugelassen sind, oder
        bb) ausweislich ihres Jahresberichts oder anderer amtlicher Unterlagen nicht mit dem Hauptzweck gegründet wurden, ihren Anlegern durch Veräußerung ihrer Tochterunternehmen oder verbundenen Unternehmen eine Rendite zu verschaffen;
2. Einrichtungen der betrieblichen Altersversorgung, die unter die Richtlinie 2003/41/EG des Europäischen Parlaments und des Rates vom 3. Juni 2003 über die Tätigkeiten und die Beaufsichtigung von Einrichtungen der betrieblichen Altersversorgung (ABl. L 235 vom 23.9.2003, S. 10) fallen, gegebenenfalls einschließlich
    a) der in Artikel 2 Absatz 1 der Richtlinie 2003/41/EG aufgeführten zugelassenen Stellen, die für die Verwaltung solcher Einrichtungen verantwortlich und in ihrem Namen tätig sind, oder
    b) der nach Artikel 19 Absatz 1 der Richtlinie 2003/41/EG bestellten Vermögensverwalter, sofern sie nicht Investmentvermögen verwalten;
3. die Europäische Zentralbank, die Europäische Investitionsbank, der Europäische Investitionsfonds, die europäischen Entwicklungsfinanzierungsinstitute und bilaterale Entwicklungsbanken, die Weltbank, den Internationalen Währungsfonds und sonstige supranationale Einrichtungen und vergleichbare internationale Organisationen, soweit diese Einrichtungen oder Organisationen jeweils
    a) Investmentvermögen verwalten und
    b) diese Investmentvermögen im öffentlichen Interesse handeln;
4. nationale Zentralbanken;
5. staatliche Stellen und Gebietskörperschaften oder andere Einrichtungen, die Gelder zur Unterstützung von Sozialversicherungs- und Pensionssystemen verwalten;
6. Arbeitnehmerbeteiligungssysteme oder Arbeitnehmersparpläne;
7. Verbriefungszweckgesellschaften.

(2) Finanzdienstleistungsinstitute und Kreditinstitute, die über eine Erlaubnis nach dem Kreditwesengesetz verfügen, bedürfen für die Erbringung von Wertpapierdienstleistungen im Sinne von § 2 Absatz 3 des Wertpapierhandelsgesetzes für AIF keiner Erlaubnis nach diesem Gesetz.

(3) Dieses Gesetz ist nicht anzuwenden auf AIF-Kapitalverwaltungsgesellschaften, soweit sie einen oder mehrere AIF verwalten, deren Anleger
1. ausschließlich eine der folgenden Gesellschaften sind:
    a) die AIF-Kapitalverwaltungsgesellschaft selbst,
    b) eine Muttergesellschaft der AIF-Kapitalverwaltungsgesellschaft,
    c) eine Tochtergesellschaft der AIF-Kapitalverwaltungsgesellschaft oder
    d) eine andere Tochtergesellschaft einer Muttergesellschaft der AIF-Kapitalverwaltungsgesellschaft und
2. selbst keine AIF sind.

(4) [1] Auf eine AIF-Kapitalverwaltungsgesellschaft sind nur die §§ 1 bis 17, 42 und 44 Absatz 1, 4 bis 7 anzuwenden, wenn
1. die AIF-Kapitalverwaltungsgesellschaft entweder direkt oder indirekt über eine Gesellschaft, mit der die AIF-Kapitalverwaltungsgesellschaft über eine gemeinsame Geschäftsführung, ein gemein-

III. Normentexte

sames Kontrollverhältnis oder durch eine wesentliche unmittelbare oder mittelbare Beteiligung verbunden ist, ausschließlich Spezial-AIF verwaltet,
2. die verwalteten Vermögensgegenstände der verwalteten Spezial-AIF
   a) einschließlich der durch den Einsatz von Leverage erworbenen Vermögensgegenstände insgesamt nicht den Wert von 100 Millionen Euro überschreiten oder
   b) insgesamt nicht den Wert von 500 Millionen Euro überschreiten, sofern für die Spezial-AIF kein Leverage eingesetzt wird und die Anleger für die Spezial-AIF keine Rücknahmerechte innerhalb von fünf Jahren nach Tätigung der ersten Anlage ausüben können, und
3. die AIF-Kapitalverwaltungsgesellschaft nicht beschlossen hat, sich diesem Gesetz in seiner Gesamtheit zu unterwerfen.

²Die Berechnung der in Satz 1 Nummer 2 Buchstabe a und b genannten Schwellenwerte und die Behandlung von AIF-Kapitalverwaltungsgesellschaften im Sinne des Satzes 1, deren verwaltete Vermögensgegenstände innerhalb eines Kalenderjahres gelegentlich den betreffenden Schwellenwert über- oder unterschreiten, bestimmen sich nach den Artikeln 2 bis 5 der Delegierten Verordnung (EU) Nr. 231/2013.

(4a) ¹Auf eine interne AIF-Kapitalverwaltungsgesellschaft sind nur die §§ 1 bis 17, 42 und 44 Absatz 1, 4 bis 7 anzuwenden, wenn
1. die Vermögensgegenstände des von ihr verwalteten inländischen geschlossenen Publikums-AIF einschließlich der durch den Einsatz von Leverage erworbenen Vermögensgegenstände insgesamt nicht den Wert von fünf Millionen Euro überschreiten,
2. die Anteile des von ihr verwalteten inländischen geschlossenen Publikums-AIF von nicht mehr als fünf natürlichen Personen gehalten werden und
3. die interne AIF-Kapitalverwaltungsgesellschaft nicht beschlossen hat, sich diesem Gesetz in seiner Gesamtheit zu unterwerfen.

²Für die Berechnung des in Satz 1 Nummer 1 genannten Schwellenwerts und die Behandlung von AIF-Kapitalverwaltungsgesellschaften im Sinne des Satzes 1, deren verwaltete Vermögensgegenstände innerhalb eines Kalenderjahres gelegentlich den betreffenden Schwellenwert über- oder unterschreiten, gelten die Artikel 2 bis 5 der Delegierten Verordnung (EU) Nr. 231/2013 entsprechend.

(4b) ¹Auf eine interne AIF-Kapitalverwaltungsgesellschaft sind nur die §§ 1 bis 17, 42, 44 Absatz 2 bis 7 anzuwenden, wenn
1. der von ihr verwaltete inländische geschlossene Publikums-AIF in der Rechtsform der Genossenschaft aufgelegt ist, auf die die §§ 53 bis 64c des Genossenschaftsgesetzes Anwendung finden und in deren Satzung eine Nachschusspflicht ausgeschlossen ist,
2. die Vermögensgegenstände des von ihr verwalteten inländischen geschlossenen Publikums-AIF einschließlich der durch den Einsatz von Leverage erworbenen Vermögensgegenstände insgesamt nicht den Wert von 100 Millionen Euro überschreiten,
3. aufgrund gesetzlicher Regelungen ein Mindestertrag aus der Nutzung des Sachwerts, in der der von der internen AIF-Kapitalverwaltungsgesellschaft verwaltete inländische geschlossene Publikums-AIF direkt oder indirekt investiert ist, langfristig sichergestellt ist und
4. die interne AIF-Kapitalverwaltungsgesellschaft nicht beschlossen hat, sich diesem Gesetz in seiner Gesamtheit zu unterwerfen.

²Die Berechnung des in Satz 1 Nummer 2 genannten Schwellenwerts und die Behandlung von AIF-Kapitalverwaltungsgesellschaften im Sinne des Satzes 1, deren verwaltete Vermögensgegenstände innerhalb eines Kalenderjahres gelegentlich den betreffenden Schwellenwert über- oder unterschreiten, bestimmen sich nach den Artikeln 2 bis 5 der Delegierten Verordnung (EU) Nr. 231/2013.

(5) ¹Auf eine AIF-Kapitalverwaltungsgesellschaft sind nur
1. die §§ 1 bis 17, 42,
2. die §§ 26 bis 28, wobei sich die Ausgestaltung der in diesen Vorschriften geforderten Verhaltens- und Organisationspflichten nach dem Prinzip der Verhältnismäßigkeit richtet, indem die Art, der Umfang und die Komplexität der Geschäfte der AIF-Kapitalverwaltungsgesellschaft und der von der AIF-Kapitalverwaltungsgesellschaft verwalteten AIF berücksichtigt werden,
3. § 44 Absatz 1, 3 bis 7, die §§ 45 bis 48,
4. die §§ 80 bis 90,
5. § 169 entsprechend, die §§ 261 bis 270, 271 Absatz 1 und 4, § 272 sowie
6. die §§ 293, 295 bis 297, 300 bis 306, 314 und 316 mit der Maßgabe, dass in dem Verkaufsprospekt und den wesentlichen Anlegerinformationen die Anleger drucktechnisch herausgestellt an hervorgehobener Stelle darauf hinzuweisen sind, dass die AIF-Kapitalverwaltungsgesellschaft nicht über

A. Deutschland

eine Erlaubnis nach diesem Gesetz verfügt und daher bestimmte Anforderungen dieses Gesetzes nicht eingehalten werden müssen,
anzuwenden, wenn sie die Voraussetzungen des Satzes 2 erfüllt. ²Die Voraussetzungen sind:
1. die AIF-Kapitalverwaltungsgesellschaft verwaltet entweder direkt oder indirekt über eine Gesellschaft, mit der die AIF-Kapitalverwaltungsgesellschaft über eine gemeinsame Geschäftsführung, ein gemeinsames Kontrollverhältnis oder durch eine wesentliche unmittelbare oder mittelbare Beteiligung verbunden ist, ausschließlich inländische geschlossene AIF, bei denen es sich nicht ausschließlich um Spezial-AIF handelt,
2. die verwalteten Vermögensgegenstände der verwalteten inländischen geschlossenen AIF einschließlich der durch den Einsatz von Leverage erworbenen Vermögensgegenstände überschreiten insgesamt nicht den Wert von 100 Millionen Euro, und
3. die AIF-Kapitalverwaltungsgesellschaft hat nicht beschlossen, sich diesem Gesetz in seiner Gesamtheit zu unterwerfen.

³Die Berechnung des in Satz 2 Nummer 2 genannten Schwellenwertes und die Behandlung von AIF-Kapitalverwaltungsgesellschaften im Sinne des Satzes 2, deren verwaltete Vermögensgegenstände innerhalb eines Kalenderjahres gelegentlich den betreffenden Schwellenwert über- oder unterschreiten, bestimmen sich nach den Artikeln 2 bis 5 der Delegierten Verordnung (EU) Nr. 231/2013.

(6) ¹Auf eine AIF-Kapitalverwaltungsgesellschaft ist nur Kapitel 5 anzuwenden, wenn sie
1. gemäß Artikel 13 der Verordnung (EU) Nr. 345/2013 des Europäischen Parlaments und des Rates vom 17. April 2013 über Europäische Risikokapitalfonds (ABl. L 115 vom 25.4.2013, S. 1) registriert ist und
2. nicht Artikel 2 Absatz 3 der Verordnung (EU) Nr. 345/2013 unterfällt.

²Ist eine AIF-Kapitalverwaltungsgesellschaft im Sinne des Satzes 1 eine externe Kapitalverwaltungsgesellschaft und hat sie zugleich eine Erlaubnis als externe OGAW-Kapitalverwaltungsgesellschaft nach den §§ 20 und 21, kann sie abweichend von Satz 1 neben Portfolios qualifizierter Risikokapitalfonds auch OGAW verwalten; in diesem Fall sind auf die AIF-Kapitalverwaltungsgesellschaft neben Kapitel 5 auch die für die Verwaltung von OGAW geltenden Vorschriften dieses Gesetzes anzuwenden.

(7) ¹Auf eine AIF-Kapitalverwaltungsgesellschaft ist nur Kapitel 6 anzuwenden, wenn sie
1. gemäß Artikel 14 der Verordnung (EU) Nr. 346/2013 des Europäischen Parlaments und des Rates vom 17. April 2013 über Europäische Fonds für soziales Unternehmertum (ABl. L 115 vom 25.4.2013, S. 18) registriert ist und
2. nicht Artikel 2 Absatz 3 der Verordnung (EU) Nr. 346/2013 unterfällt.

²Ist eine AIF-Kapitalverwaltungsgesellschaft im Sinne des Satzes 1 eine externe Kapitalverwaltungsgesellschaft und hat sie zugleich eine Erlaubnis als externe OGAW-Kapitalverwaltungsgesellschaft nach den §§ 20 und 21, kann sie abweichend von Satz 1 neben Portfolios Europäischer Fonds für soziales Unternehmertum auch OGAW verwalten; in diesem Fall sind auf die AIF-Kapitalverwaltungsgesellschaft neben Kapitel 6 auch die für die Verwaltung von OGAW geltenden Vorschriften dieses Gesetzes anzuwenden.

§ 3 Bezeichnungsschutz. (1) ¹Die Bezeichnungen „Kapitalverwaltungsgesellschaft", „Investmentvermögen", „Investmentfonds" oder „Investmentgesellschaft" oder eine Bezeichnung, in der diese Begriffe enthalten sind, darf in der Firma, als Zusatz zur Firma, zur Bezeichnung des Geschäftszwecks oder zu Werbezwecken nur von Verwaltungsgesellschaften im Sinne dieses Gesetzes geführt werden. ²Die Bezeichnungen „Investmentfonds" und „Investmentvermögen" dürfen auch von Vertriebsgesellschaften geführt werden, die Anteile an Investmentvermögen vertreiben, die nach Maßgabe dieses Gesetzes vertrieben werden dürfen. ³Die Bezeichnungen „Investmentfonds", „Investmentvermögen" und „Investmentgesellschaft" dürfen auch von extern verwalteten Investmentgesellschaften geführt werden.

(2) Die Bezeichnung „Investmentaktiengesellschaft" darf nur von Investmentaktiengesellschaften im Sinne der §§ 108 bis 123 oder der §§ 140 bis 148 geführt werden.

(3) Die Bezeichnung „Investmentkommanditgesellschaft" darf nur von Investmentkommanditgesellschaften im Sinne der §§ 124 bis 138 oder der §§ 149 bis 161 geführt werden.

(4) ¹EU-Verwaltungsgesellschaften dürfen für die Ausübung ihrer Tätigkeit im Geltungsbereich dieses Gesetzes dieselben allgemeinen Bezeichnungen verwenden, die sie in ihrem Herkunftsmitgliedstaat führen. ²Die Bundesanstalt für Finanzdienstleistungsaufsicht (Bundesanstalt) kann einen erläuternden Zusatz zu der Bezeichnung vorschreiben, wenn die Gefahr einer Verwechslung besteht.

(5) Die §§ 42 und 43 des Kreditwesengesetzes sind entsprechend anzuwenden.

III. Normentexte

§ 4 Namensgebung; Fondskategorien. (1) Die Bezeichnung des Sondervermögens, der Investmentaktiengesellschaft oder der Investmentkommanditgesellschaft darf nicht irreführen.

(2) Die Bundesanstalt kann über Richtlinien für den Regelfall festlegen, welcher Fondskategorie das Investmentvermögen nach den Anlagebedingungen, insbesondere nach den dort genannten Anlagegrenzen, der Satzung oder dem Gesellschaftsvertrag entspricht.

§ 5 Zuständige Behörde; Aufsicht; Anordnungsbefugnis. (1) Die Bundesanstalt übt die Aufsicht nach den Vorschriften dieses Gesetzes aus.

(2) Soweit die externe Kapitalverwaltungsgesellschaft Dienst- und Nebendienstleistungen im Sinne des § 20 Absatz 2 Nummer 1 bis 3 und Absatz 3 Nummer 2 bis 5 erbringt, gelten die §§ 31 bis 31b, 31d und 33 bis 34a des Wertpapierhandelsgesetzes entsprechend.

(3) ¹Die Bundesanstalt entscheidet in Zweifelsfällen, ob ein inländisches Unternehmen den Vorschriften dieses Gesetzes unterliegt oder ob ein Investmentvermögen im Sinne des § 1 Absatz 1 vorliegt. ²Ihre Entscheidung bindet die Verwaltungsbehörden.

(4) Die Bundesanstalt überwacht die Einhaltung der Bestimmungen des § 26 Absatz 2 bis 8 und des § 27 durch ausländische AIF-Verwaltungsgesellschaften, deren Referenzmitgliedstaat nicht die Bundesrepublik Deutschland ist, oder EU-Verwaltungsgesellschaften, wenn die ausländische AIF-Verwaltungsgesellschaft oder die EU-Verwaltungsgesellschaft Investmentvermögen im Inland über eine Zweigniederlassung verwaltet oder vertreibt.

(5) Die Bundesanstalt überwacht ferner
1. die Einhaltung der §§ 293 bis 311, 314 bis 321, 323 und 330a sowie der sonstigen beim Vertrieb zu beachtenden Vorschriften des deutschen Rechts,
2. vor dem Zeitpunkt, der in dem auf Grundlage des Artikels 66 Absatz 3 in Verbindung mit Artikel 67 Absatz 6 der Richtlinie 2011/61/EU erlassenen delegierten Rechtsakt genannt ist, die Einhaltung der §§ 329 und 330 und
3. nach dem Zeitpunkt nach Nummer 2 die Einhaltung der §§ 322 und 324 bis 328
durch die Verwaltungsgesellschaften und durch andere von der Bundesanstalt beaufsichtigte Unternehmen.

(6) ¹Die Bundesanstalt überwacht die Einhaltung der Verbote und Gebote dieses Gesetzes und der auf Grund dieses Gesetzes erlassenen Bestimmungen und kann Anordnungen treffen, die zu ihrer Durchsetzung geeignet und erforderlich sind. ²Die Bundesanstalt ist ferner befugt, im Rahmen der Aufsicht alle Anordnungen zu treffen, die erforderlich und geeignet sind, um die Einhaltung der in den Anlagebedingungen, der Satzung oder dem Gesellschaftsvertrag vorgesehenen Regelungen sicherzustellen. ³Soweit Anhaltspunkte dafür vorliegen, dass dies für die Überwachung eines Verbots oder Gebots dieses Gesetzes erforderlich ist, kann die Bundesanstalt dabei insbesondere
1. von jedermann Auskünfte einholen, die Vorlage von Unterlagen und die Überlassung von Kopien verlangen, Personen laden und vernehmen sowie
2. bereits existierende Aufzeichnungen von Telefongesprächen und Datenübermittlungen anfordern; das Grundrecht des Artikels 10 des Grundgesetzes wird insoweit eingeschränkt.
⁴Sofern aus Aufzeichnungen von Telefongesprächen Daten aus dem Kernbereich privater Lebensgestaltung erlangt werden, dürfen diese nicht gespeichert, verwertet oder weitergegeben werden und sind unverzüglich zu löschen. ⁵Die Wirtschaftsprüfer haben der Bundesanstalt auf Verlangen Auskünfte zu erteilen und Unterlagen vorzulegen, soweit dies zur Prüfung erforderlich ist; die Auskunftspflicht der Abschlussprüfer beschränkt sich auf Tatsachen, die ihnen im Rahmen der Prüfung bekannt geworden sind. ⁶Für das Recht zur Auskunftsverweigerung und die Belehrungspflicht gilt § 4 Absatz 9 des Wertpapierhandelsgesetzes entsprechend. ⁷Die Bundesanstalt hat im Rahmen der ihr zugewiesenen Aufgaben Missständen entgegenzuwirken, welche die ordnungsgemäße Verwaltung von Investmentvermögen, den Vertrieb von Investmentvermögen, die ordnungsgemäße Erbringung von Dienstleistungen oder Nebendienstleistungen nach § 20 Absatz 2 und 3 oder die Tätigkeit einer Verwahrstelle nach diesem Gesetz beeinträchtigen oder erhebliche Nachteile für den Finanzmarkt oder den Markt für ein Finanzinstrument bewirken können. ⁸Die Bundesanstalt kann Anordnungen treffen, die geeignet und erforderlich sind, diese Missstände zu beseitigen oder zu verhindern.

(7) ¹Die Bundesanstalt kann unanfechtbar gewordene Anordnungen, die sie nach Absatz 6 wegen Verstößen gegen Verbote oder Gebote dieses Gesetzes getroffen hat, auf ihrer Internetseite öffentlich bekannt machen, es sei denn, diese Veröffentlichung würde die Finanzmärkte erheblich gefährden, sich nachteilig auf die Interessen der Anleger auswirken oder zu einem unverhältnismäßigen Schaden bei den Beteiligten führen. ²Die Bundesanstalt macht Vertriebsuntersagungen nach Absatz 6, den §§ 11, 311 oder 314 im Bundesanzeiger bekannt, falls ein Vertrieb bereits stattgefunden hat. ³Ent-

stehen der Bundesanstalt durch die Bekanntmachung nach Satz 2 Kosten, sind ihr diese von der Verwaltungsgesellschaft zu erstatten.

(8) Die Bundesanstalt kann insbesondere auch Auskünfte über die Geschäftsangelegenheiten und die Vorlage der Unterlagen von Personen und Unternehmen verlangen, bei denen Tatsachen die Annahme rechtfertigen, dass sie Investmentvermögen vertreiben, ohne dass die folgenden Anzeigen erstattet worden sind:
1. die nach § 310 Absatz 1, § 316 Absatz 1, § 320 Absatz 1, § 321 Absatz 1, § 323 Absatz 1 oder § 330a Absatz 2 erforderliche Anzeige sowie
2. vor dem Zeitpunkt, der in dem auf Grundlage des Artikels 66 Absatz 3 in Verbindung mit Artikel 67 Absatz 6 der Richtlinie 2011/61/EU erlassenen delegierten Rechtsakt genannt ist, die nach § 329 Absatz 2 oder § 330 Absatz 2 erforderliche Anzeige und
3. nach dem Zeitpunkt nach Nummer 2 die nach § 322 Absatz 2, § 324 Absatz 2, § 325 Absatz 1, § 326 Absatz 2, § 327 Absatz 1 oder § 328 Absatz 2 erforderliche Anzeige.

(9) [1]Von einer EU-AIF-Verwaltungsgesellschaft oder einer ausländischen AIF-Verwaltungsgesellschaft, die im Inland AIF verwaltet oder vertreibt, kann die Bundesanstalt die Vorlage der Informationen verlangen, die erforderlich sind, um zu überprüfen, ob die maßgeblichen Bestimmungen, für deren Überwachung die Bundesanstalt verantwortlich ist, durch die EU-AIF-Verwaltungsgesellschaft oder die ausländische AIF-Verwaltungsgesellschaft eingehalten werden. [2]Satz 1 gilt für EU-OGAW-Verwaltungsgesellschaften, die im Inland OGAW verwalten, entsprechend.

§ 6 Besondere Aufgaben. § 6a des Kreditwesengesetzes ist entsprechend anzuwenden, wenn Tatsachen vorliegen, die darauf schließen lassen, dass die Vermögensgegenstände, die der Kapitalverwaltungsgesellschaft oder dem Investmentvermögen anvertraut sind, oder eine Finanztransaktion der Finanzierung einer terroristischen Vereinigung nach § 129a auch in Verbindung mit § 129b des Strafgesetzbuchs dienen oder im Fall der Durchführung einer Finanztransaktion dienen würden.

§ 7 Sofortige Vollziehbarkeit. (1) Widerspruch und Anfechtungsklage gegen Maßnahmen der Bundesanstalt einschließlich der Androhung und Festsetzung von Zwangsmitteln auf Grundlage der §§ 6, 14, 15, 16, 19 Absatz 2 und 3, §§ 39, 40, 41, 42, 44 Absatz 5, § 68 Absatz 7, § 113 Absatz 2 und 3, § 311 Absatz 1 und 3 Satz 1 Nummer 1, § 314 Absatz 1 und 2, § 329 Absatz 2 Satz 3 Nummer 2 Buchstabe c und § 330 Absatz 2 Satz 3 Nummer 2 Buchstabe c haben keine aufschiebende Wirkung.

(2) Ergreift die Bundesanstalt gemäß den §§ 5, 11 Absatz 4 oder 6, § 311 Absatz 1 und 3 Satz 1 Nummer 1, § 314, § 316 Absatz 3 Satz 2 auch in Verbindung mit § 320 Absatz 2, § 329 Absatz 4 oder § 330 Absatz 4, oder gemäß § 321 Absatz 3 Satz 2 auch in Verbindung mit § 322 Absatz 4, § 325 Absatz 2 oder § 326 Absatz 3 zum Schutz der Anleger geeignete und erforderliche Maßnahmen, einschließlich einer Untersagung des Vertriebs von Anteilen oder Aktien an AIF, die im Geltungsbereich dieses Gesetzes vertrieben werden, haben Widerspruch und Anfechtungsklage gegen diese Maßnahmen einschließlich der Androhung und Festsetzung von Zwangsmitteln ebenfalls keine aufschiebende Wirkung.

§ 8 Verschwiegenheitspflicht. Die bei der Bundesanstalt beschäftigten und von ihr beauftragten Personen sowie die im Dienst der Deutschen Bundesbank stehenden Personen dürfen die ihnen bei ihrer Tätigkeit nach diesem Gesetz bekannt gewordenen Tatsachen, deren Geheimhaltung im Interesse einer Verwaltungsgesellschaft im Sinne dieses Gesetzes, eines Investmentvermögens oder eines Dritten liegt, insbesondere Geschäfts- und Betriebsgeheimnisse, nicht unbefugt offenbaren oder verwerten, auch wenn ihre Tätigkeit beendet ist; § 9 des Kreditwesengesetzes ist entsprechend anzuwenden.

§ 9[6) Zusammenarbeit mit anderen Stellen. (1) [1]Die Bundesanstalt arbeitet eng mit der Europäischen Wertpapier- und Marktaufsichtsbehörde, dem Europäischen Ausschuss für Systemrisiken und den zuständigen Stellen der Europäischen Union, der anderen Mitgliedstaaten der Europäischen Union und der anderen Vertragsstaaten des Abkommens über den Europäischen Wirtschaftsraum zusammen. [2]Sie übermittelt ihnen unverzüglich Auskünfte und Informationen, soweit dies zur Wahrnehmung der in der Richtlinie 2009/65/EG oder der in der Richtlinie 2011/61/EU festgelegten Aufgaben und Befugnisse oder der durch nationale Rechtsvorschriften übertragenen Befugnisse erforderlich ist. [3]Für die Übermittlung personenbezogener Daten an die zuständigen Stellen durch die Bundesanstalt gilt § 4b des Bundesdatenschutzgesetzes. [4]Personenbezogene Daten, die automatisiert verarbeitet oder in nicht automatisierten Dateien gespeichert sind, sind zu löschen, wenn ihre Kenntnis für die Bundesanstalt zur Erfüllung der in ihrer Zuständigkeit liegenden Aufgaben nicht mehr erforderlich ist, spätestens jedoch nach fünf Jahren.

---

[6] § 9 Abs. 5 Satz 2 geänd. mWv 1.1.2014 durch G v. 28.8.2013 (BGBl. I S. 3395).

III. Normentexte

(2) ¹Mitteilungen der zuständigen Stellen eines anderen Mitgliedstaates der Europäischen Union oder eines anderen Vertragsstaates des Abkommens über den Europäischen Wirtschaftsraum dürfen nur für folgende Zwecke verwendet werden:
1. zur Erfüllung der der Bundesanstalt obliegenden Aufgaben,
2. für Anordnungen der Bundesanstalt sowie zur Verfolgung und Ahndung von Ordnungswidrigkeiten durch die Bundesanstalt,
3. im Rahmen eines Verwaltungsverfahrens über Rechtsbehelfe gegen eine Entscheidung der Bundesanstalt oder
4. im Rahmen von Verfahren vor Verwaltungsgerichten, Insolvenzgerichten, Staatsanwaltschaften oder vor Gerichten, die für Straf- und Bußgeldsachen zuständig sind.

²Die Bundesanstalt darf diese Informationen unter Beachtung der Zweckbestimmung der übermittelnden Stelle der Deutschen Bundesbank mitteilen, sofern dies für die Erfüllung der Aufgaben der Deutschen Bundesbank erforderlich ist. ³Eine anderweitige Verwendung der Informationen ist nur mit Zustimmung der übermittelnden Stelle zulässig.

(3) ¹Die Bundesanstalt übermittelt Informationen an die zuständigen Stellen der anderen Mitgliedstaaten der Europäischen Union oder der anderen Vertragsstaaten des Abkommens über den Europäischen Wirtschaftsraum, die Europäische Wertpapier- und Marktaufsichtsbehörde und den Europäischen Ausschuss für Systemrisiken, soweit dies erforderlich ist, um
1. die Geschäfte einzelner oder aller AIF-Kapitalverwaltungsgesellschaften, EU-AIF-Verwaltungsgesellschaften oder ausländischen AIF-Verwaltungsgesellschaften zu überwachen und
2. auf mögliche Auswirkungen dieser Geschäfte auf die Stabilität systemrelevanter Finanzinstitute und das ordnungsgemäße Funktionieren der Märkte, auf denen diese tätig sind, zu reagieren.

²Der Inhalt der nach Satz 1 auszutauschenden Informationen bestimmt sich nach Artikel 116 der Delegierten Verordnung (EU) Nr. 231/2013.

(4) ¹Die Bundesanstalt übermittelt der Europäischen Wertpapier- und Marktaufsichtsbehörde und dem Europäischen Ausschuss für Systemrisiken zusammengefasste Informationen über die Geschäfte von AIF-Kapitalverwaltungsgesellschaften und ausländischen AIF-Verwaltungsgesellschaften, deren Referenzstaat nach § 56 die Bundesrepublik Deutschland ist. ²Die Übermittlung erfolgt nach Maßgabe des Artikels 35 der Verordnung (EU) Nr. 1095/2010 des Europäischen Parlaments und des Rates vom 24. November 2010 zur Errichtung einer Europäischen Aufsichtsbehörde (Europäische Wertpapier- und Marktaufsichtsbehörde), zur Änderung des Beschlusses Nr. 716/2009/EG und zur Aufhebung des Beschlusses 2009/77/EG der Kommission (ABl. L 331 vom 15.12.2010, S. 84).

(5) ¹Die Bundesanstalt übermittelt die Informationen, die sie gemäß den §§ 22 und 35 erhoben hat, den zuständigen Stellen anderer Mitgliedstaaten der Europäischen Union oder der anderen Vertragsstaaten des Abkommens über den Europäischen Wirtschaftsraum, der Europäischen Wertpapier- und Marktaufsichtsbehörde und dem Europäischen Ausschuss für Systemrisiken. ²Sie informiert die Stellen nach Satz 1 auch unverzüglich, wenn von einer AIF-Kapitalverwaltungsgesellschaft, einer ausländischen AIF-Verwaltungsgesellschaft, deren Referenzstaat die Bundesrepublik Deutschland ist, oder einem von diesen verwalteten AIF ein erhebliches Kontrahentenrisiko für ein Kreditinstitut im Sinne des Artikels 4 Absatz 1 Nummer 1 der Verordnung (EU) Nr. 575/2013 oder sonstige systemrelevante Institute in anderen Mitgliedstaaten der Europäischen Union oder anderen Vertragsstaaten des Abkommens über den Europäischen Wirtschaftsraum ausgeht.

(6) ¹Die Bundesanstalt unterrichtet die zuständigen Stellen der anderen Mitgliedstaaten der Europäischen Union oder der anderen Vertragsstaaten des Abkommens über den Europäischen Wirtschaftsraum, in denen die OGAW-Kapitalverwaltungsgesellschaft Zweigniederlassungen errichtet hat oder im Wege des grenzüberschreitenden Dienstleistungsverkehrs tätig ist oder war, über eine Aufhebung der Erlaubnis. ²Maßnahmen, die in Bezug auf einen inländischen OGAW getroffen wurden, insbesondere eine Anordnung der Aussetzung einer Rücknahme von Anteilen oder Aktien, hat die Bundesanstalt unverzüglich den zuständigen Stellen der anderen Mitgliedstaaten der Europäischen Union oder der anderen Vertragsstaaten des Abkommens über den Europäischen Wirtschaftsraum, in denen jeweils Anteile oder Aktien an einem inländischen OGAW gemäß den Vorschriften der Richtlinie 2009/65/EG vertrieben werden, mitzuteilen. ³Betrifft die Maßnahme einen inländischen OGAW, der von einer EU-OGAW-Verwaltungsgesellschaft verwaltet wird, hat die Bundesanstalt die Mitteilung nach Satz 2 auch gegenüber den zuständigen Stellen des Herkunftsstaates der EU-OGAW-Verwaltungsgesellschaft abzugeben.

(7) ¹Die Bundesanstalt übermittelt den zuständigen Stellen der Aufnahmemitgliedstaaten einer AIF-Kapitalverwaltungsgesellschaft oder einer ausländischen AIF-Verwaltungsgesellschaft, deren Refe-

renzmitgliedstaat nach § 56 die Bundesrepublik Deutschland ist, eine Abschrift der von ihr gemäß § 58 Absatz 7 Nummer 4, § 317 Absatz 2 Nummer 1 und § 322 Absatz 1 Nummer 1 geschlossenen Vereinbarungen über die Zusammenarbeit. ²Die Informationen, die die Bundesanstalt auf Grundlage einer geschlossenen Vereinbarung über die Zusammenarbeit oder nach Maßgabe des § 11 Absatz 4 und 5 von zuständigen Stellen eines Drittstaates über die AIF-Kapitalverwaltungsgesellschaft oder die ausländische AIF-Verwaltungsgesellschaft erhalten hat, leitet sie an die zuständigen Stellen der Aufnahmemitgliedstaaten nach Satz 1 weiter. ³Ist die Bundesanstalt der Auffassung, dass der Inhalt der gemäß den Artikeln 35, 37 oder 40 der Richtlinie 2011/61/EU vom Herkunftsmitgliedstaat einer EU-AIF-Verwaltungsgesellschaft oder einer ausländischen AIF-Verwaltungsgesellschaft geschlossenen Vereinbarung über die Zusammenarbeit nicht mit dem übereinstimmt, was nach den auf Grundlage von Artikel 35 Absatz 14, Artikel 37 Absatz 17 und Artikel 40 Absatz 14 der Richtlinie 2011/61/EU von der Europäischen Kommission erlassenen technischen Regulierungsstandards erforderlich ist, kann die Bundesanstalt nach Maßgabe des Artikels 19 der Verordnung (EU) Nr. 1095/2010 die Europäische Wertpapier- und Marktaufsichtsbehörde um Hilfe ersuchen.

(8) ¹Die Bundesanstalt kann Vereinbarungen über die Weitergabe von Informationen mit den zuständigen Stellen in Drittstaaten schließen, soweit diese Stellen die Informationen zur Erfüllung ihrer Aufgaben benötigen. ²Für die Zwecke der Richtlinie 2011/61/EU kann die Bundesanstalt Daten und Datenauswertungen an zuständige Stellen in Drittstaaten übermitteln, soweit die Voraussetzungen des § 4c des Bundesdatenschutzgesetzes erfüllt sind. ³Der Drittstaat darf die Daten nicht ohne ausdrückliche schriftliche Zustimmung der Bundesanstalt an andere Drittstaaten weitergeben. ⁴Absatz 2 Satz 2 sowie § 9 Absatz 1 Satz 6 bis 8 des Kreditwesengesetzes gelten für die Zwecke der Sätze 1 und 2 entsprechend.

(9) Hat die Bundesanstalt hinreichende Anhaltspunkte für einen Verstoß gegen Bestimmungen der Richtlinie 2009/65/EG durch ein Unternehmen, das nicht ihrer Aufsicht unterliegt, teilt sie dies den zuständigen Stellen des Mitgliedstaates mit, auf dessen Gebiet die vorschriftswidrige Handlung stattfindet oder stattgefunden hat oder der nach dem Recht der Europäischen Union für die Verfolgung des Verstoßes zuständig ist.

(10) Hat die Bundesanstalt hinreichende Anhaltspunkte für einen Verstoß gegen Bestimmungen der Richtlinie 2011/61/EU durch eine AIF-Verwaltungsgesellschaft, die nicht ihrer Aufsicht unterliegt, teilt sie dies der Europäischen Wertpapier- und Marktaufsichtsbehörde und den zuständigen Stellen des Herkunftsmitgliedstaates und des Aufnahmemitgliedstaates der betreffenden AIF-Verwaltungsgesellschaft mit.

(11) ¹Die Bundesanstalt ergreift ihrerseits geeignete Maßnahmen, wenn sie eine Mitteilung nach Artikel 50 Absatz 5 Satz 1 der Richtlinie 2011/61/EU von einer anderen zuständigen Stelle erhalten hat, und unterrichtet diese Stelle über die Wirkung dieser Maßnahmen und so weit wie möglich über wesentliche zwischenzeitlich eingetretene Entwicklungen. ²Im Fall von Mitteilungen in Bezug auf eine AIF-Verwaltungsgesellschaft unterrichtet sie auch die Europäische Wertpapier- und Marktaufsichtsbehörde. ³Die Bundesanstalt teilt den zuständigen Stellen eines Aufnahmemitgliedstaates einer OGAW-Kapitalverwaltungsgesellschaft auch Maßnahmen mit, die sie ergreifen wird, um Verstöße der OGAW-Kapitalverwaltungsgesellschaft gegen Rechtsvorschriften des Aufnahmemitgliedstaates zu beenden, über die sie durch die zuständigen Stellen des Aufnahmemitgliedstaates unterrichtet worden ist.

(12) ¹Das nähere Verfahren für den Informationsaustausch richtet sich nach den Artikeln 12 und 13 der Verordnung (EU) Nr. 584/2010 der Kommission vom 1. Juli 2010 zur Durchführung der Richtlinie 2009/65/EG des Europäischen Parlaments und des Rates im Hinblick auf Form und Inhalt des Standardmodells für das Anzeigeschreiben und die OGAW-Bescheinigung, die Nutzung elektronischer Kommunikationsmittel durch die zuständigen Behörden für die Anzeige und die Verfahren für Überprüfungen vor Ort und Ermittlungen sowie für den Informationsaustausch zwischen zuständigen Behörden (ABl. L 176 vom 10.7.2010, S. 16). ²Die Verfahren für die Koordinierung und den Informationsaustausch zwischen der zuständigen Behörde des Herkunftsmitgliedstaates und den zuständigen Behörden der Aufnahmemitgliedstaaten der AIF-Verwaltungsgesellschaft bestimmen sich nach den auf Grundlage von Artikel 50 Absatz 6 der Richtlinie 2011/61/EU von der Europäischen Kommission erlassenen technischen Durchführungsstandards. ³Der Mindestinhalt der in der gemäß § 58 Absatz 7 Nummer 4, § 317 Absatz 2 Nummer 1 und § 322 Absatz 1 Nummer 1 geschlossenen Vereinbarungen über Zusammenarbeit bestimmt sich nach den auf Grundlage von Artikel 35 Absatz 14, Artikel 37 Absatz 17 und Artikel 40 Absatz 14 der Richtlinie 2011/61/EU von der Europäischen Kommission erlassenen technischen Regulierungsstandards.

III. Normentexte

§ 10 Allgemeine Vorschriften für die Zusammenarbeit bei der Aufsicht. (1) ¹Die Bundesanstalt kann bei der Ausübung der Aufgaben und Befugnisse, die ihr nach diesem Gesetz übertragen werden, die zuständigen Stellen der anderen Mitgliedstaaten der Europäischen Union oder der anderen Vertragsstaaten des Abkommens über den Europäischen Wirtschaftsraum ersuchen um
1. Informationsaustausch,
2. Zusammenarbeit bei Überwachungstätigkeiten,
3. eine Überprüfung vor Ort oder
4. eine Ermittlung im Hoheitsgebiet dieses anderen Staates.
²Erfolgt die Überprüfung vor Ort oder die Ermittlung durch die zuständigen ausländischen Stellen, kann die Bundesanstalt beantragen, dass ihre Bediensteten an den Untersuchungen teilnehmen. ³Mit Einverständnis der zuständigen ausländischen Stellen kann sie die Überprüfung vor Ort oder die Ermittlung selbst vornehmen oder mit der Überprüfung vor Ort oder der Ermittlung Wirtschaftsprüfer oder Sachverständige beauftragen; die zuständigen ausländischen Stellen, auf deren Hoheitsgebiet die Überprüfung vor Ort oder die Ermittlung erfolgen soll, können verlangen, dass ihre eigenen Bediensteten an den Untersuchungen teilnehmen. ⁴Bei Untersuchungen einer Zweigniederlassung einer Kapitalverwaltungsgesellschaft in einem Aufnahmemitgliedstaat durch die Bundesanstalt genügt eine vorherige Unterrichtung der zuständigen Stellen dieses Staates.

(2) ¹Wird die Bundesanstalt von den zuständigen Stellen eines anderen Mitgliedstaates der Europäischen Union oder eines anderen Vertragsstaates des Abkommens über den Europäischen Wirtschaftsraum um eine Überprüfung vor Ort oder eine Ermittlung ersucht,
1. führt sie die Überprüfung vor Ort oder die Ermittlung selbst durch,
2. gestattet sie den ersuchenden Stellen, die Überprüfung vor Ort oder die Ermittlung durchzuführen, oder
3. gestattet sie Wirtschaftsprüfern oder Sachverständigen, die Überprüfung vor Ort oder die Ermittlung durchzuführen.
²Im Fall einer Überprüfung vor Ort oder einer Ermittlung nach Satz 1 Nummer 1 kann die ersuchende Stelle beantragen, dass ihre eigenen Bediensteten an den von der Bundesanstalt durchgeführten Untersuchungen teilnehmen. ³Erfolgt die Überprüfung vor Ort oder die Ermittlung nach Satz 1 Nummer 2, kann die Bundesanstalt verlangen, dass ihre eigenen Bediensteten an den Untersuchungen teilnehmen.

(3) ¹Die Bundesanstalt kann den Informationsaustausch und ein Ersuchen um Überprüfung oder Ermittlung nach Absatz 2 Satz 1 oder um eine Teilnahme nach Absatz 2 Satz 2 nur verweigern, wenn
1. hierdurch die Souveränität, die Sicherheit oder die öffentliche Ordnung der Bundesrepublik Deutschland beeinträchtigt werden könnten oder
2. auf Grund desselben Sachverhalts gegen die betreffenden Personen bereits ein gerichtliches Verfahren eingeleitet worden ist oder eine unanfechtbare Entscheidung ergangen ist.
²Kommt die Bundesanstalt einem Ersuchen nicht nach oder macht sie von ihrem Verweigerungsrecht nach Satz 1 Gebrauch, teilt sie dies der ersuchenden Stelle unverzüglich mit und legt die Gründe dar; bei einer Verweigerung nach Satz 1 Nummer 2 sind genaue Informationen über das gerichtliche Verfahren oder die unanfechtbare Entscheidung zu übermitteln.

(4) Die Bundesanstalt kann nach Maßgabe des Artikels 19 der Verordnung (EU) Nr. 1095/2010 die Europäische Wertpapier- und Marktaufsichtsbehörde um Hilfe ersuchen, wenn
1. ihrem Ersuchen nach Absatz 1 nicht innerhalb einer angemessenen Frist Folge geleistet wird,
2. ihr Ersuchen nach Absatz 1 ohne hinreichenden Grund abgelehnt wird oder
3. eine sonstige Uneinigkeit zwischen der Bundesanstalt und den zuständigen Stellen der anderen Mitgliedstaaten der Europäischen Union oder der anderen Vertragsstaaten des Abkommens über den Europäischen Wirtschaftsraum bezüglich einer Bewertung, Maßnahme oder Unterlassung in einem Bereich besteht, in dem die Richtlinie 2011/61/EU eine Zusammenarbeit oder Koordinierung vorschreibt.

(5) Das nähere Verfahren für die Überprüfungen vor Ort oder die Ermittlungen im Rahmen der Richtlinie 2009/65/EG richtet sich nach den Artikeln 6 bis 11 der Verordnung (EU) Nr. 584/2010 und im Rahmen der Richtlinie 2011/61/EU nach den auf Grundlage von Artikel 54 Absatz 4 der Richtlinie 2011/61/EU von der Europäischen Kommission erlassenen technischen Durchführungsstandards.

§ 11[7] Besondere Vorschriften für die Zusammenarbeit bei grenzüberschreitender Verwaltung und grenzüberschreitendem Vertrieb von AIF. (1) ¹Stellt die Bundesanstalt fest, dass eine

---

[7] § 11 Abs. 9 Nr. 2 Buchst. b geänd. mWv 1.1.2014 durch G v. 28.8.2013 (BGBl. I S. 3395).

A. Deutschland

EU-AIF-Verwaltungsgesellschaft oder eine ausländische AIF-Verwaltungsgesellschaft, die im Inland AIF verwaltet oder vertreibt, gegen eine der Bestimmungen verstößt, deren Einhaltung die Bundesanstalt zu überwachen hat, fordert sie die betreffende EU-AIF-Verwaltungsgesellschaft oder ausländische AIF-Verwaltungsgesellschaft auf, den Verstoß zu beenden. ²Die Bundesanstalt unterrichtet die zuständigen Stellen des Herkunftsmitgliedstaates der EU-AIF-Verwaltungsgesellschaft oder des Referenzmitgliedstaates der ausländischen AIF-Verwaltungsgesellschaft entsprechend.

(2) Weigert sich die EU-AIF-Verwaltungsgesellschaft oder die ausländische AIF-Verwaltungsgesellschaft, der Bundesanstalt die für die Erfüllung ihrer Aufgaben erforderlichen Informationen zukommen zu lassen oder unternimmt sie nicht die erforderlichen Schritte, um den Verstoß gemäß Absatz 1 zu beenden, setzt die Bundesanstalt die zuständigen Stellen des Herkunftsmitgliedstaates oder des Referenzmitgliedstaates hiervon in Kenntnis.

(3) ¹Erhält die Bundesanstalt die Mitteilung von einer zuständigen Stelle eines Aufnahmemitgliedstaates, dass eine AIF-Kapitalverwaltungsgesellschaft oder eine ausländische AIF-Verwaltungsgesellschaft, deren Referenzmitgliedstaat die Bundesrepublik Deutschland ist, die Herausgabe der zur Erfüllung der Aufgaben der zuständigen Stelle des Aufnahmemitgliedstaates erforderlichen Informationen verweigert,
1. trifft sie unverzüglich alle geeigneten Maßnahmen, um sicherzustellen, dass die betreffende AIF-Kapitalverwaltungsgesellschaft oder die ausländische AIF-Verwaltungsgesellschaft, deren Referenzmitgliedstaat die Bundesrepublik Deutschland ist, die von den zuständigen Stellen ihres Aufnahmemitgliedstaates gemäß Artikel 45 Absatz 3 der Richtlinie 2011/61/EU geforderten Informationen vorlegt oder den Verstoß gemäß Artikel 45 Absatz 4 der Richtlinie 2011/61/EU beendet,
2. ersucht sie die betreffenden zuständigen Stellen in Drittstaaten unverzüglich um Übermittlung der erforderlichen Informationen.
²Die Art der Maßnahmen gemäß Nummer 1 ist den zuständigen Stellen des Aufnahmemitgliedstaates der AIF-Kapitalverwaltungsgesellschaft oder der ausländischen AIF-Verwaltungsgesellschaft, deren Referenzmitgliedstaat die Bundesrepublik Deutschland ist, mitzuteilen.

(4) ¹Weigert sich die EU-AIF-Verwaltungsgesellschaft oder die ausländische AIF-Verwaltungsgesellschaft weiterhin, die von der Bundesanstalt gemäß § 5 Absatz 9 geforderten Informationen vorzulegen oder verstößt sie weiterhin gegen die in Absatz 1 genannten Bestimmungen,
1. obwohl eine Maßnahme gemäß Artikel 45 Absatz 5 Satz 2 der Richtlinie 2011/61/EU von den zuständigen Stellen ihres Herkunftsmitgliedstaates oder Referenzmitgliedstaates getroffen worden ist, oder
2. weil sich eine Maßnahme nach Nummer 1 als unzureichend erweist oder
3. weil eine Maßnahme nach Nummer 1 in dem fraglichen Mitgliedstaat nicht verfügbar ist,
kann die Bundesanstalt nach Unterrichtung der zuständigen Stellen des Herkunftsmitgliedstaates der EU-AIF-Verwaltungsgesellschaft oder des Referenzmitgliedstaates der ausländischen AIF-Verwaltungsgesellschaft geeignete Maßnahmen, einschließlich der Maßnahmen nach den §§ 5, 40 bis 42, 339 und 340, ergreifen, um die Verstöße zu ahnden oder weitere Verstöße zu verhindern. ²Soweit erforderlich, kann sie dieser EU-AIF-Verwaltungsgesellschaft oder ausländischen AIF-Verwaltungsgesellschaft auch neue Geschäfte im Inland untersagen. ³Verwaltet die EU-AIF-Verwaltungsgesellschaft oder die ausländische AIF-Verwaltungsgesellschaft AIF im Inland, kann die Bundesanstalt die Einstellung der Verwaltung verlangen.

(5) ¹Hat die Bundesanstalt hinreichende Anhaltspunkte für einen Verstoß einer EU-AIF-Verwaltungsgesellschaft oder einer ausländischen AIF-Verwaltungsgesellschaft gegen die Verpflichtungen nach diesem Gesetz, teilt sie ihre Erkenntnisse der zuständigen Stelle des Herkunftsmitgliedstaates der EU-AIF-Verwaltungsgesellschaft oder des Referenzmitgliedstaates der ausländischen AIF-Verwaltungsgesellschaft mit. ²Wenn die Bundesanstalt eine Mitteilung nach Satz 1 von einer anderen zuständigen Stelle erhalten hat,
1. ergreift sie geeignete Maßnahmen und
2. fordert sie gegebenenfalls Informationen von zuständigen Stellen in Drittstaaten an.

(6) Verhält sich die EU-AIF-Verwaltungsgesellschaft oder eine ausländische AIF-Verwaltungsgesellschaft weiterhin in einer Art und Weise, die den Interessen der Anleger der betreffenden AIF, der Finanzstabilität oder der Integrität des Marktes in der Bundesrepublik Deutschland eindeutig abträglich ist,
1. obwohl von den zuständigen Stellen ihres Herkunftsmitgliedstaates oder Referenzmitgliedstaates eine Maßnahme gemäß Artikel 45 Absatz 7 der Richtlinie 2011/61/EU getroffen worden ist,
2. weil sich eine Maßnahme nach Nummer 1 als unzureichend erweist oder
3. weil der Herkunftsmitgliedstaat der AIF-Verwaltungsgesellschaft nicht rechtzeitig handelt,

III. Normentexte

kann die Bundesanstalt nach Unterrichtung der zuständigen Stellen des Herkunftsmitgliedstaates der EU-AIF-Verwaltungsgesellschaft oder des Referenzmitgliedsstaates der ausländischen AIF-Verwaltungsgesellschaft alle erforderlichen Maßnahmen ergreifen, um die Anleger des betreffenden AIF, die Finanzstabilität und die Integrität des Marktes in der Bundesrepublik Deutschland zu schützen; sie hat auch die Möglichkeit, der EU-AIF-Verwaltungsgesellschaft oder der ausländischen AIF-Verwaltungsgesellschaft den weiteren Vertrieb von Anteilen des betreffenden AIF im Inland zu untersagen.

(7) Das Verfahren nach den Absätzen 5 und 6 wird ferner angewendet, wenn die Bundesanstalt klare und belegbare Einwände gegen die Erlaubnis einer ausländischen AIF-Verwaltungsgesellschaft durch den Referenzmitgliedstaat hat.

(8) Besteht zwischen der Bundesanstalt und den betreffenden zuständigen Stellen keine Einigkeit in Bezug auf eine von der Bundesanstalt oder einer zuständigen Stelle nach den Absätzen 1 bis 7 getroffene Maßnahme, kann die Bundesanstalt nach Maßgabe des Artikels 19 der Verordnung (EU) Nr. 1095/2010 die Europäische Wertpapier- und Marktaufsichtsbehörde um Hilfe ersuchen.

(9) Auf Verlangen der Europäischen Wertpapier- und Marktaufsichtsbehörde gemäß Artikel 47 Absatz 4 der Richtlinie 2011/61/EU ergreift die Bundesanstalt nach Maßgabe des Absatzes 10 eine der folgenden Maßnahmen:
1. Untersagung des Vertriebs von Anteilen an AIF, die von ausländischen AIF-Verwaltungsgesellschaften verwaltet werden, oder von Anteilen an ausländischen AIF, die von AIF-Kapitalverwaltungsgesellschaften oder EU-AIF-Verwaltungsgesellschaften verwaltet werden, ohne dass
   a) eine Erlaubnis nach § 57 erteilt wurde oder
   b) die Anzeige nach § 320 Absatz 1, § 322 Absatz 2, § 324 Absatz 2, § 325 Absatz 1, § 326 Absatz 2, § 327 Absatz 1, § 328 Absatz 2, § 330 Absatz 2, § 332 Absatz 2, § 333 Absatz 1 oder § 334 Absatz 2 erstattet worden ist.
2. Beschränkungen für die Verwaltung eines AIF durch eine ausländische AIF-Verwaltungsgesellschaft, wenn
   a) übermäßige Risikokonzentrationen in einem Markt auf grenzüberschreitender Grundlage vorliegen oder
   b) ein erhebliches Kontrahentenrisiko für ein Kreditinstitut im Sinne des Artikels 4 Absatz 1 Nummer 1 der Verordnung (EU) Nr. 575/2013 oder sonstige systemrelevante Institute von der ausländischen AIF-Verwaltungsgesellschaft den oder dem AIF ausgeht.

(10) Die Maßnahmen nach Absatz 9 können nur ergriffen werden, sofern sie die folgenden Voraussetzungen erfüllen:
1. sie begegnen wirksam den Risiken für die ordnungsgemäße Funktionsweise und die Integrität des Finanzmarktes oder die Stabilität des gesamten oder eines Teils des Finanzsystems in der Europäischen Union oder sie verbessern die Möglichkeit der Bundesanstalt zur Überwachung dieser Risiken wesentlich;
2. sie bergen nicht das Risiko der Aufsichtsarbitrage;
3. sie haben keine unverhältnismäßigen negativen Auswirkungen auf die Funktionsfähigkeit des Finanzmarktes, einschließlich der Verringerung der Liquidität der Märkte, oder führen nicht in unverhältnismäßiger Weise zur Unsicherheit für Marktteilnehmer.

(11) [1] Die Bundesanstalt kann die Europäische Wertpapier- und Marktaufsichtsbehörde auffordern, ihren Beschluss zu überprüfen. [2] Dabei kommt das in Artikel 44 Absatz 1 Unterabsatz 2 der Verordnung (EU) Nr. 1095/2010 vorgesehene Verfahren zur Anwendung.

§ 12 Meldungen der Bundesanstalt an die Europäische Kommission und die Europäische Wertpapier- und Marktaufsichtsbehörde. (1) Die Bundesanstalt meldet der Europäischen Kommission auf deren Verlangen
1. jede nach § 19 angezeigte Absicht von einem Unternehmen mit Sitz in einem Drittstaat, eine bedeutende Beteiligung an einer OGAW-Kapitalverwaltungsgesellschaft zu erwerben,
2. jeden Antrag auf Erteilung einer Erlaubnis nach § 21 durch ein Tochterunternehmen eines Unternehmens mit Sitz in einem Drittstaat.

(2) Die Bundesanstalt meldet der Europäischen Kommission unverzüglich
1. die Zahl und die Art der Fälle, in denen eine Zweigniederlassung in einem anderen Mitgliedstaat der Europäischen Union oder einem anderen Vertragsstaat des Abkommens über den Europäischen Wirtschaftsraum nicht errichtet worden ist, weil die Bundesanstalt die Weiterleitung der Anzeige nach § 49 Absatz 2 Satz 3 abgelehnt hat,
2. die Zahl und die Art der Fälle, in denen Maßnahmen nach § 51 Absatz 5 Satz 3 und Absatz 6 Satz 1 ergriffen wurden,

A. Deutschland

3. allgemeine Schwierigkeiten, auf die OGAW-Kapitalverwaltungsgesellschaften bei der Errichtung von Zweigniederlassungen, der Gründung von Tochterunternehmen oder beim Betreiben von Dienstleistungen und Nebendienstleistungen nach § 20 Absatz 2 Nummer 1 bis 3 in einem Drittstaat gestoßen sind,
4. jede nach § 311 Absatz 3 Satz 1 Nummer 1 ergriffene Maßnahme,
5. allgemeine Schwierigkeiten, die die OGAW-Kapitalverwaltungsgesellschaften beim Vertrieb von Anteilen in einem Drittstaat haben.

(3) Die Bundesanstalt stellt der Europäischen Kommission jährlich folgende Informationen über AIF-Verwaltungsgesellschaften zur Verfügung, die AIF unter ihrer Aufsicht verwalten oder vertreiben:
1. Angaben zum Sitz der betreffenden AIF-Verwaltungsgesellschaft,
2. gegebenenfalls die Angabe der inländischen AIF oder der EU-AIF, die von den betreffenden AIF-Verwaltungsgesellschaften verwaltet oder vertrieben werden,
3. gegebenenfalls die Angabe der ausländischen AIF, die von AIF-Kapitalverwaltungsgesellschaften verwaltet, aber nicht in der Europäischen Union vertrieben werden,
4. gegebenenfalls die Angabe der in der Europäischen Union vertriebenen ausländischen AIF,
5. Angaben zu der anwendbaren nationalen oder unionsrechtlichen Regelung, in deren Rahmen die betreffenden AIF-Verwaltungsgesellschaften ihre Tätigkeiten ausüben,
6. sonstige Informationen, die wichtig sind, um zu verstehen, wie die Verwaltung und der Vertrieb von AIF durch AIF-Verwaltungsgesellschaften in der Europäischen Union in der Praxis funktionieren, und
7. der Zeitpunkt, ab dem die Passregelung nach den §§ 57, 58, 65, 66, 322, 324 bis 328 und 331 bis 334 angewendet wurde.

(4) Die Bundesanstalt meldet der Europäischen Wertpapier- und Marktaufsichtsbehörde unverzüglich
1. die Angaben nach Absatz 2 Satz 1 Nummer 1, 2, 4 und 5,
2. die Befreiung einer ausländischen AIF-Verwaltungsgesellschaft, deren Referenzmitgliedstaat die Bundesrepublik Deutschland ist, nach § 59 Absatz 1, bestimmte Vorschriften der Richtlinie 2011/61/EU einzuhalten,
3. das Ergebnis des Erlaubnisverfahrens, Änderungen hinsichtlich der Erlaubnis und die Aufhebung der Erlaubnis einer ausländischen AIF-Verwaltungsgesellschaft, deren Referenzmitgliedstaat die Bundesrepublik Deutschland ist, nach § 60 Absatz 1,
4. die Änderungen in Bezug auf die Beendigung des Vertriebs oder des zusätzlichen Vertriebs von AIF gemäß § 322 Absatz 1 Satz 1 durch AIF-Kapitalverwaltungsgesellschaften
    a) im Inland nach § 322 Absatz 5 Satz 3 und
    b) in anderen Mitgliedstaaten der Europäischen Union und anderen Vertragsstaaten des Abkommens über den Europäischen Wirtschaftsraum nach § 332 Absatz 3 Nummer 2,
5. die Änderungen in Bezug auf die Beendigung des Vertriebs oder des zusätzlichen Vertriebs von EU-AIF oder inländischen AIF durch AIF-Verwaltungsgesellschaften, deren Referenzmitgliedstaat die Bundesrepublik Deutschland ist,
    a) im Inland nach § 325 Absatz 2 Nummer 3 und
    b) in anderen Mitgliedstaaten der Europäischen Union und anderen Vertragsstaaten des Abkommens über den Europäischen Wirtschaftsraum nach § 333 Absatz 2 Nummer 3,
6. die Änderungen in Bezug auf die Beendigung des Vertriebs oder des zusätzlichen Vertriebs von ausländischen AIF durch AIF-Verwaltungsgesellschaften, deren Referenzmitgliedstaat die Bundesrepublik Deutschland ist,
    a) im Inland nach § 326 Absatz 3 in Verbindung mit § 322 Absatz 5 und
    b) in anderen Mitgliedstaaten der Europäischen Union und anderen Vertragsstaaten des Abkommens über den Europäischen Wirtschaftsraum nach § 334 Absatz 3 Nummer 3.

(5) Die Bundesanstalt meldet der Europäischen Wertpapier- und Marktaufsichtsbehörde vierteljährlich
1. die nach § 22 erteilten Erlaubnisse und nach § 39 aufgehobenen Erlaubnisse,
2. Informationen zu AIF-Verwaltungsgesellschaften, die der Aufsicht der Bundesanstalt unterliegende AIF entweder gemäß der unionsrechtlich vorgesehenen Passregelung oder den nationalen Regelungen verwalten oder vertreiben.

(6) [1] Ferner informiert die Bundesanstalt die Europäische Wertpapier- und Marktaufsichtsbehörde über
1. jede erteilte Erlaubnis nach § 21,
2. die Informationen nach § 35 Absatz 5, die zusätzlich von AIF-Kapitalverwaltungsgesellschaften und ausländischen AIF-Verwaltungsgesellschaften, deren Referenzmitgliedstaat die Bundesrepublik Deutschland ist, gefordert worden sind,

III. Normentexte

3. den Vorschlag zur Erteilung der Erlaubnis für eine ausländische AIF-Verwaltungsgesellschaft, deren Referenzmitgliedstaat die Bundesrepublik Deutschland ist, entgegen der Empfehlung der Europäischen Wertpapier- und Marktaufsichtsbehörde gemäß § 58 Absatz 5 und § 59 Absatz 3,
4. abgelehnte Erlaubnisanträge mit Angaben zu der ausländischen AIF-Verwaltungsgesellschaft unter Angabe der Gründe für die Ablehnung gemäß § 60 Absatz 2,
5. die Beurteilung zur Festlegung der ausländischen AIF-Verwaltungsgesellschaft, deren ursprünglicher Referenzmitgliedstaat die Bundesrepublik Deutschland ist, gemäß § 61 Absatz 1 einschließlich der Begründung der ausländischen AIF-Verwaltungsgesellschaft für ihre Beurteilung hinsichtlich des Referenzmitgliedstaates und Informationen über die neue Vertriebsstrategie der ausländischen AIF-Verwaltungsgesellschaft gemäß § 61 Absatz 2,
6. die Entscheidung nach Erhalt der Empfehlung der Europäischen Wertpapier- und Marktaufsichtsbehörde unter Angabe der Gründe gemäß § 61 Absatz 4,
7. die abschließende Entscheidung unter Angabe der Gründe, sofern diese in Widerspruch zu der Empfehlung der Europäischen Wertpapier- und Marktaufsichtsbehörde steht, gemäß § 61 Absatz 5 Nummer 1,
8. den möglichen Beginn des Vertriebs von AIF gemäß § 322 Absatz 1 Satz 1 durch AIF-Kapitalverwaltungsgesellschaften
   a) im Inland nach § 322 Absatz 4 und
   b) in anderen Mitgliedstaaten der Europäischen Union und Vertragsstaaten des Abkommens über den Europäischen Wirtschaftsraum nach § 332 Absatz 3 Nummer 1,
9. den möglichen Beginn des Vertriebs von EU-AIF oder inländischen AIF durch eine ausländische AIF-Verwaltungsgesellschaft, deren Referenzmitgliedstaat die Bundesrepublik Deutschland ist,
   a) im Inland nach § 325 Absatz 2 Nummer 3 und
   b) in anderen Mitgliedstaaten der Europäischen Union und Vertragsstaaten des Abkommens über den Europäischen Wirtschaftsraum nach § 333 Absatz 2 Nummer 2,
10. den möglichen Beginn des Vertriebs von ausländischen AIF durch eine ausländische AIF-Verwaltungsgesellschaft, deren Referenzmitgliedstaat die Bundesrepublik Deutschland ist,
    a) im Inland nach § 326 Absatz 3 in Verbindung mit § 322 Absatz 4 und
    b) in anderen Mitgliedstaaten der Europäischen Union und Vertragsstaaten des Abkommens über den Europäischen Wirtschaftsraum nach § 334 Absatz 3 Nummer 2,
11. die Möglichkeit des Beginns der Verwaltung von EU-AIF durch eine ausländische AIF-Verwaltungsgesellschaft, deren Referenzmitgliedstaat die Bundesrepublik Deutschland ist, in anderen Mitgliedstaaten der Europäischen Union und Vertragsstaaten des Abkommens über den Europäischen Wirtschaftsraum nach § 65 Absatz 4,
12. die Auffassung, dass eine ausländische AIF-Verwaltungsgesellschaft, deren Referenzmitgliedstaat die Bundesrepublik Deutschland ist, nicht den Pflichten der Richtlinie 2011/61/EU nachkommt, unter Angabe der Gründe,
13. hinreichende Anhaltspunkte für einen Verstoß einer AIF-Verwaltungsgesellschaft, die nicht der Aufsicht der Bundesanstalt unterliegt, gegen Bestimmungen der Richtlinie 2011/61/EU gemäß § 9 Absatz 10,
14. vorgenommene Maßnahmen und Sanktionen gegenüber AIF-Verwaltungsgesellschaften,
15. die Geschäfte von AIF-Kapitalverwaltungsgesellschaften und ausländischen AIF-Verwaltungsgesellschaften, deren Referenzmitgliedstaat die Bundesrepublik Deutschland ist, entsprechend § 9 Absatz 4 sowie Informationen, die gemäß den §§ 22 und 35 erhoben wurden, in zusammengefasster Form gemäß § 9 Absatz 5,
16. jede Änderung in Bezug auf die Arten von Publikums-AIF und die zusätzlich vorgesehenen Vorgaben für Publikums-AIF,
17. die Absicht, den Umfang des Leverage gemäß § 215 Absatz 2 Satz 1 auch in Verbindung mit § 274 zu beschränken und die eingeleiteten Schritte bezüglich sonstiger Beschränkungen der Verwaltung des AIF gemäß § 215 Absatz 2 Satz 2 und 3, auch in Verbindung mit § 274,
18. Maßnahmen entsprechend Nummer 17 entgegen der Empfehlung der Europäischen Wertpapier- und Marktaufsichtsbehörde unter Angabe der Gründe nach § 215 Absatz 4 Satz 2, auch in Verbindung mit § 274.

[2]Die Bundesanstalt hat die Informationen nach Satz 1 Nummer 15 und 17 zusätzlich dem Europäischen Ausschuss für Systemrisiken und die Informationen nach Satz 1 Nummer 16 zusätzlich der Europäischen Kommission zu übermitteln.

(7) Ferner übermittelt die Bundesanstalt der Europäischen Kommission und der Europäischen Wertpapier- und Marktaufsichtsbehörde

A. Deutschland

1. ein Verzeichnis der in § 206 Absatz 3 Satz 1 genannten Kategorien von Schuldverschreibungen und Emittenten,
2. bis zum 22. Juli 2014 die Arten von Publikums-AIF und die zusätzlich vorgesehenen Vorgaben für den Vertrieb von Publikums-AIF.

§ 13 Informationsaustausch mit der Deutschen Bundesbank. (1) Die Bundesanstalt und die Deutsche Bundesbank haben einander Beobachtungen und Feststellungen mitzuteilen, die für die Erfüllung ihrer jeweiligen Aufgaben erforderlich sind.

(2) Die Bundesanstalt hat der Deutschen Bundesbank insbesondere die Informationen und Unterlagen gemäß
1. § 19 Absatz 1 Satz 1 und 2 und Absatz 5 auch in Verbindung mit § 108 Absatz 3,
2. § 34 Absatz 3 Nummer 3, 4 und 6 bis 11 und Absatz 4, den §§ 35, 38 Absatz 1 Satz 2 und Absatz 4 Satz 2,
3. § 49 Absatz 1 und 4 Satz 1, § 53 Absatz 2 und, soweit es sich um eine Änderung der in § 53 Absatz 2 genannten Angaben handelt, § 53 Absatz 5,
4. § 68 Absatz 7 Satz 4,
5. § 98 Absatz 2 Satz 3 auch in Verbindung mit § 116 Absatz 2 Satz 6 und § 133 Absatz 1 Satz 5,
6. § 107 Absatz 3, § 123 Absatz 5 auch in Verbindung mit § 148 Absatz 1, § 160 Absatz 4,
7. § 114 Satz 1, § 130 Satz 1, § 145 Satz 1, § 155 Satz 1,
8. § 200 Absatz 4
zur Verfügung zu stellen.

(3) [1] Die Deutsche Bundesbank hat der Bundesanstalt insbesondere die Angaben zur Verfügung zu stellen, die sie auf Grund statistischer Erhebungen nach § 18 des Gesetzes über die Deutsche Bundesbank erlangt. [2] Sie hat vor Anordnung einer solchen Erhebung die Bundesanstalt zu hören; § 18 Satz 5 des Gesetzes über die Deutsche Bundesbank gilt entsprechend.

(4) Die Bundesanstalt und die Deutsche Bundesbank regeln einvernehmlich die Einzelheiten der Weiterleitung der Beobachtungen, Feststellungen, Informationen, Unterlagen und Angaben im Sinne der Absätze 1 bis 3.

(5) [1] Der Informationsaustausch nach den Absätzen 1 bis 3 schließt die Übermittlung der personenbezogenen Daten ein, die zur Erfüllung der Aufgaben der empfangenden Stelle erforderlich sind. [2] Zur Erfüllung ihrer Aufgabe dürfen die Bundesanstalt und die Deutsche Bundesbank vereinbaren, dass gegenseitig die bei der anderen Stelle jeweils gespeicherten Daten im automatisierten Verfahren abgerufen werden dürfen. [3] Im Übrigen gilt § 7 Absatz 4 und 5 des Kreditwesengesetzes entsprechend.

§ 14 Auskünfte und Prüfungen. [1] Kapitalverwaltungsgesellschaften und extern verwaltete Investmentgesellschaften, die an ihnen jeweils bedeutend beteiligten Inhaber sowie Verwahrstellen haben der Bundesanstalt Auskünfte entsprechend § 44 Absatz 1 und 6 sowie § 44b des Kreditwesengesetzes zu erteilen. [2] Der Bundesanstalt stehen die in § 44 Absatz 1 und § 44b des Kreditwesengesetzes genannten Prüfungsbefugnisse entsprechend zu.

§ 15 Einschreiten gegen unerlaubte Investmentgeschäfte. (1) Wird die kollektive Vermögensverwaltung ohne die erforderliche Registrierung nach § 44 oder ohne die erforderliche Erlaubnis nach §§ 20, 21 oder 22 oder nach Artikel 6 der Richtlinie 2009/65/EG oder der Richtlinie 2011/61/EU betrieben oder werden neben der kollektiven Vermögensverwaltung die in § 20 Absatz 2 oder 3 aufgeführten Dienstleistungen oder Nebendienstleistungen ohne die Erlaubnis nach §§ 20, 21 oder 22 oder nach Artikel 6 der Richtlinie 2009/65/EG erbracht (unerlaubtes Investmentgeschäft), kann die Bundesanstalt hiergegen einschreiten.

(2) [1] Im Fall des Absatzes 1 kann die Bundesanstalt
1. die sofortige Einstellung des Geschäftsbetriebs und die unverzügliche Abwicklung dieser Geschäfte gegenüber dem Unternehmen sowie gegenüber seinen Gesellschaftern und den Mitgliedern seiner Organe anordnen,
2. für die Abwicklung Weisungen erlassen und
3. eine geeignete Person als Abwickler bestellen.
[2] Die Bundesanstalt kann ihre Maßnahmen nach den Nummern 1 bis 3 bekannt machen; personenbezogene Daten dürfen nur veröffentlicht werden, soweit dies zur Gefahrenabwehr erforderlich ist.

(3) Die Befugnisse der Bundesanstalt nach den Absätzen 1 und 2 bestehen auch gegenüber einem Unternehmen, das in die Anbahnung, den Abschluss oder die Abwicklung dieser Geschäfte einbezogen ist, sowie gegenüber seinen Gesellschaftern und den Mitgliedern seiner Organe.

(4) Der Abwickler ist zum Antrag auf Eröffnung eines Insolvenzverfahrens über das Vermögen des Unternehmens berechtigt.

(5) ¹Der Abwickler erhält von der Bundesanstalt eine angemessene Vergütung sowie Ersatz seiner Aufwendungen. ²Das betroffene Unternehmen hat der Bundesanstalt die gezahlten Beträge gesondert zu erstatten; auf Verlangen der Bundesanstalt hat es für die nach Satz 1 erforderlichen Beträge einen Vorschuss zu leisten. ³Die Bundesanstalt kann das betroffene Unternehmen anweisen, den von der Bundesanstalt festgesetzten Betrag im Namen der Bundesanstalt unmittelbar an den Abwickler zu leisten, wenn dadurch keine Beeinflussung der Unabhängigkeit des Abwicklers zu besorgen ist.

§ 16 Verfolgung unerlaubter Investmentgeschäfte. (1) ¹Ein Unternehmen, bei dem feststeht oder Tatsachen die Annahme rechtfertigen, dass es unerlaubte Investmentgeschäfte betreibt oder dass es in die Anbahnung, den Abschluss oder die Abwicklung unerlaubter Investmentgeschäfte einbezogen ist oder war, sowie die Mitglieder der Organe, die Gesellschafter und die Beschäftigten eines solchen Unternehmens haben der Bundesanstalt auf Verlangen Auskünfte über alle Geschäftsangelegenheiten zu erteilen und sämtliche Unterlagen vorzulegen. ²Ein Mitglied eines Organs, ein Gesellschafter oder ein Beschäftigter hat auf Verlangen auch nach seinem Ausscheiden aus dem Organ oder dem Unternehmen Auskunft zu erteilen und Unterlagen vorzulegen.

(2) ¹Soweit dies zur Feststellung der Art oder des Umfangs der Geschäfte oder Tätigkeiten erforderlich ist, kann die Bundesanstalt Prüfungen in Räumen des Unternehmens sowie in den Räumen der nach Absatz 1 auskunfts- und vorlegungspflichtigen Personen und Unternehmen vornehmen. ²Die Bediensteten der Bundesanstalt dürfen hierzu
1. Räume nach Satz 1 innerhalb der üblichen Betriebs- und Geschäftszeiten betreten und besichtigen,
2. Räume nach Satz 1 auch außerhalb der üblichen Betriebs- und Geschäftszeiten betreten und besichtigen, um dringende Gefahren für die öffentliche Ordnung und Sicherheit zu verhüten und
3. Räume, die auch als Wohnung dienen, betreten und besichtigen;
das Grundrecht des Artikels 13 des Grundgesetzes wird insoweit eingeschränkt.

(3) ¹Die Bediensteten der Bundesanstalt dürfen die Räume des Unternehmens sowie die Räume der nach Absatz 1 auskunfts- und vorlegungspflichtigen Personen durchsuchen. ²Im Rahmen der Durchsuchung dürfen die Bediensteten auch die auskunfts- und vorlegungspflichtigen Personen zum Zwecke der Sicherstellung von Gegenständen im Sinne des Absatzes 4 durchsuchen. ³Das Grundrecht des Artikels 13 des Grundgesetzes wird insoweit eingeschränkt. ⁴Durchsuchungen von Geschäftsräumen und Personen sind, außer bei Gefahr im Verzug, durch den Richter anzuordnen. ⁵Durchsuchungen von Räumen, die als Wohnung dienen, sind durch den Richter anzuordnen. ⁶Zuständig ist das Amtsgericht, in dessen Bezirk sich die Räume befinden. ⁷Gegen die gerichtliche Entscheidung ist die Beschwerde zulässig; die §§ 306 bis 310 und 311a der Strafprozessordnung gelten entsprechend. ⁸Über die Durchsuchung ist eine Niederschrift zu fertigen. ⁹Sie muss die verantwortliche Dienststelle, Grund, Zeit und Ort der Durchsuchung und ihr Ergebnis und, falls keine gerichtliche Anordnung ergangen ist, auch Tatsachen, welche die Annahme einer Gefahr im Verzug begründet haben, enthalten.

(4) Die Bediensteten der Bundesanstalt können Gegenstände sicherstellen, die als Beweismittel für die Ermittlung des Sachverhaltes von Bedeutung sein können.

(5) ¹Die Betroffenen haben Maßnahmen nach den Absätzen 2 und 3 Satz 1 sowie Absatz 4 zu dulden. ²Der zur Erteilung einer Auskunft Verpflichtete kann die Auskunft auf solche Fragen verweigern, deren Beantwortung ihn selbst oder einen der in § 383 Absatz 1 Nummer 1 bis 3 der Zivilprozessordnung bezeichneten Angehörigen der Gefahr strafgerichtlicher Verfolgung oder eines Verfahrens nach dem Gesetz über Ordnungswidrigkeiten aussetzen würde.

(6) Die Absätze 1 bis 5 gelten entsprechend für andere Unternehmen und Personen, sofern
1. Tatsachen die Annahme rechtfertigen, dass sie in die Anlage oder Verwaltung von Investmentvermögen einbezogen sind, die in einem anderen Staat entgegen einem dort bestehenden Verbot erbracht werden und
2. die zuständige Behörde des anderen Staates ein entsprechendes Ersuchen an die Bundesanstalt stellt.

Abschnitt 2. Verwaltungsgesellschaften

Übersicht

Unterabschnitt 1. Erlaubnis
Unterabschnitt 2. Allgemeine Verhaltens- und Organisationspflichten
Unterabschnitt 3. Weitere Maßnahmen der Aufsichtsbehörde
Unterabschnitt 4. Pflichten für registrierungspflichtige AIF-Kapitalverwaltungsgesellschaften

A. Deutschland

Unterabschnitt 5. Grenzüberschreitender Dienstleistungsverkehr bei OGAW-Verwaltungsgesellschaften
Unterabschnitt 6. Grenzüberschreitender Dienstleistungsverkehr und Drittstaatenbezug bei AIF-Verwaltungsgesellschaften

Unterabschnitt 1. Erlaubnis

Übersicht

§ 17 Kapitalverwaltungsgesellschaften
§ 18 Externe Kapitalverwaltungsgesellschaften
§ 19 Inhaber bedeutender Beteiligungen; Verordnungsermächtigung
§ 20 Erlaubnis zum Geschäftsbetrieb
§ 21 Erlaubnisantrag für eine OGAW-Kapitalverwaltungsgesellschaft und Erlaubniserteilung
§ 22 Erlaubnisantrag für eine AIF-Kapitalverwaltungsgesellschaft und Erlaubniserteilung
§ 23 Versagung der Erlaubnis einer Kapitalverwaltungsgesellschaft
§ 24 Anhörung der zuständigen Stellen eines anderen Mitgliedstaates der Europäischen Union oder eines anderen Vertragsstaates des Abkommens über den Europäischen Wirtschaftsraum; Aussetzung oder Beschränkung der Erlaubnis bei Unternehmen mit Sitz in einem Drittstaat
§ 25 Kapitalanforderungen

§ 17 Kapitalverwaltungsgesellschaften. (1) ¹Kapitalverwaltungsgesellschaften sind Unternehmen mit satzungsmäßigem Sitz und Hauptverwaltung im Inland, deren Geschäftsbetrieb darauf gerichtet ist, inländische Investmentvermögen, EU-Investmentvermögen oder ausländische AIF zu verwalten. ²Verwaltung eines Investmentvermögens liegt vor, wenn mindestens die Portfolioverwaltung oder das Risikomanagement für ein oder mehrere Investmentvermögen erbracht wird.

(2) Die Kapitalverwaltungsgesellschaft ist entweder
1. eine externe Kapitalverwaltungsgesellschaft, die vom Investmentvermögen oder im Namen des Investmentvermögens bestellt ist und auf Grund dieser Bestellung für die Verwaltung des Investmentvermögens verantwortlich ist (externe Kapitalverwaltungsgesellschaft), oder
2. das Investmentvermögen selbst, wenn die Rechtsform des Investmentvermögens eine interne Verwaltung zulässt und der Vorstand oder die Geschäftsführung des Investmentvermögens entscheidet, keine externe Kapitalverwaltungsgesellschaft zu bestellen (interne Kapitalverwaltungsgesellschaft).
In diesem Fall wird das Investmentvermögen als Kapitalverwaltungsgesellschaft zugelassen.

(3) Für jedes Investmentvermögen kann nur eine Kapitalverwaltungsgesellschaft zuständig sein, die für die Einhaltung der Anforderungen dieses Gesetzes verantwortlich ist.

§ 18[8)] Externe Kapitalverwaltungsgesellschaften. (1) Externe Kapitalverwaltungsgesellschaften dürfen nur in der Rechtsform der Aktiengesellschaft, der Gesellschaft mit beschränkter Haftung oder der Kommanditgesellschaft, bei der persönlich haftender Gesellschafter ausschließlich eine Gesellschaft mit beschränkter Haftung ist, betrieben werden.

(2) ¹Ein Aufsichtsrat ist auch dann zu bilden, wenn die externe Kapitalverwaltungsgesellschaft in der Rechtsform einer Gesellschaft mit beschränkter Haftung betrieben wird. ²Die externe Kapitalverwaltungsgesellschaft in der Rechtsform der Kommanditgesellschaft, bei der persönlich haftender Gesellschafter ausschließlich eine Gesellschaft mit beschränkter Haftung ist, hat einen Beirat zu bilden. ³Die Zusammensetzung sowie Rechte und Pflichten des Aufsichtsrats nach Satz 1 bestimmen sich, vorbehaltlich des Absatzes 3 Satz 2, nach § 90 Absatz 3 bis 5 Satz 2, den §§ 95 bis 114, 116, 118 Absatz 3, § 125 Absatz 3 sowie den §§ 171 und 268 Absatz 2 des Aktiengesetzes. ⁴Die Zusammensetzung sowie Rechte und Pflichten des Beirats nach Satz 2 bestimmen sich, vorbehaltlich des Absatzes 3 Satz 2, nach § 90 Absatz 3 bis 5 Satz 2, den §§ 95, 100, 101, 103, 105, 107 bis 114, 116, 118 Absatz 3, § 125 Absatz 3 sowie den §§ 171 und 268 Absatz 2 des Aktiengesetzes.

(3) ¹§ 101 Absatz 1 Satz 1 Halbsatz 1 des Aktiengesetzes ist auf externe Kapitalverwaltungsgesellschaft in der Rechtsform der Aktiengesellschaft mit der Maßgabe anzuwenden, dass die Hauptversammlung mindestens ein Mitglied des Aufsichtsrats zu wählen hat, das von den Aktionären, den mit ihnen verbundenen Unternehmen und den Geschäftspartnern der externen Kapitalverwaltungsgesellschaft unabhängig ist. ²Wird die externe Kapitalverwaltungsgesellschaft in der Rechtsform einer Gesellschaft mit beschränkter Haftung oder als Kommanditgesellschaft, bei der persönlich haftender Gesellschafter ausschließlich eine Gesellschaft mit beschränkter Haftung ist, betrieben, so gilt Satz 1

[8)] § 18 Abs. 6 geänd. mWv 1.1.2014 durch G v. 28.8.2013 (BGBl. I S. 3395).

entsprechend. ³Die Sätze 1 und 2 gelten nicht für externe Kapitalverwaltungsgesellschaften, die ausschließlich Spezial-AIF verwalten.

(4) ¹Die Mitglieder des Aufsichtsrats oder eines Beirats sollen ihrer Persönlichkeit und ihrer Sachkunde nach die Wahrung der Interessen der Anleger gewährleisten. ²Die Bestellung und das Ausscheiden von Mitgliedern des Aufsichtsrats oder eines Beirats ist der Bundesanstalt unverzüglich anzuzeigen.

(5) Absatz 4 findet keine Anwendung, soweit die Aufsichtsratsmitglieder als Vertreter der Arbeitnehmer nach den Vorschriften der Mitbestimmungsgesetze gewählt werden.

(6) Die §§ 24c und 25g bis 25l des Kreditwesengesetzes sowie § 93 Absatz 7 und 8 in Verbindung mit § 93b der Abgabenordnung gelten für die externen Kapitalverwaltungsgesellschaften entsprechend.

(7) ¹In den Fällen, in denen eine externe AIF-Kapitalverwaltungsgesellschaft nicht in der Lage ist, die Einhaltung der Anforderungen dieses Gesetzes sicherzustellen, für die der AIF oder eine andere in seinem Namen handelnde Stelle verantwortlich ist, unterrichtet die externe AIF-Kapitalverwaltungsgesellschaft unverzüglich die Bundesanstalt und, sofern anwendbar, die zuständigen Behörden des betreffenden EU-AIF. ²Die Bundesanstalt kann die externe AIF-Kapitalverwaltungsgesellschaft verpflichten, notwendige Abhilfemaßnahmen zu treffen.

(8) ¹Falls die Anforderungen trotz der in Absatz 7 Satz 2 genannten Maßnahmen weiterhin nicht eingehalten werden, fordert die Bundesanstalt, dass die externe AIF-Kapitalverwaltungsgesellschaft ihre Bestellung als externe AIF-Kapitalverwaltungsgesellschaft für diesen AIF kündigt, sofern es sich um einen inländischen AIF oder einen EU-AIF handelt. ²In diesem Fall darf der AIF nicht mehr in den Mitgliedstaaten der Europäischen Union und den anderen Vertragsstaaten des Europäischen Wirtschaftsraums vertrieben werden. ³Die Bundesanstalt setzt hiervon unverzüglich die zuständigen Behörden der Aufnahmemitgliedstaaten der externen AIF-Kapitalverwaltungsgesellschaft in Kenntnis.

§ 19 Inhaber bedeutender Beteiligungen; Verordnungsermächtigung. (1) ¹Wer beabsichtigt, allein oder im Zusammenwirken mit anderen Personen oder Unternehmen eine bedeutende Beteiligung an einer externen OGAW-Kapitalverwaltungsgesellschaft zu erwerben (interessierter Erwerber), hat dies der Bundesanstalt unverzüglich schriftlich anzuzeigen. ²§ 2c Absatz 1 Satz 2 bis 7 des Kreditwesengesetzes gilt entsprechend; § 2c Absatz 1 Satz 5 und 6 des Kreditwesengesetzes ist entsprechend anzuwenden mit der Maßgabe, dass die Anzeigen jeweils nur gegenüber der Bundesanstalt abzugeben sind.

(2) ¹Die Bundesanstalt hat eine Anzeige nach Absatz 1 innerhalb von 60 Arbeitstagen ab dem Datum des Schreibens, mit dem sie den Eingang der vollständigen Anzeige schriftlich bestätigt hat, zu beurteilen (Beurteilungszeitraum); im Übrigen gilt § 2c Absatz 1a des Kreditwesengesetzes entsprechend. ²Die Bundesanstalt kann innerhalb des Beurteilungszeitraums den beabsichtigten Erwerb der bedeutenden Beteiligung oder deren Erhöhung untersagen, wenn Tatsachen die Annahme rechtfertigen, dass
1. die externe OGAW-Kapitalverwaltungsgesellschaft nicht in der Lage sein oder bleiben wird, den Aufsichtsanforderungen, insbesondere nach der Richtlinie 2009/65/EG, zu genügen, oder
2. die externe OGAW-Kapitalverwaltungsgesellschaft durch die Begründung oder Erhöhung der bedeutenden Beteiligung mit dem Inhaber der bedeutenden Beteiligung in einen Unternehmensverbund eingebunden würde, der durch die Struktur des Beteiligungsgeflechts oder mangelhafte wirtschaftliche Transparenz eine wirksame Aufsicht über die externe OGAW-Kapitalverwaltungsgesellschaft, einen wirksamen Informationsaustausch zwischen den zuständigen Stellen oder die Aufteilung der Zuständigkeiten zwischen diesen beeinträchtigt, oder
3. einer der in § 2c Absatz 1b Satz 1 Nummer 1 und 3 bis 6 des Kreditwesengesetzes genannten Fälle, die entsprechend gelten, vorliegt.
³§ 2c Absatz 1b Satz 2 bis 8 des Kreditwesengesetzes ist entsprechend anzuwenden.

(3) ¹In den in § 2c Absatz 2 Satz 1 Nummer 1 bis 3 des Kreditwesengesetzes genannten Fällen kann die Bundesanstalt dem Inhaber der bedeutenden Beteiligung und den von ihm kontrollierten Unternehmen die Ausübung des Stimmrechts untersagen und anordnen, dass über die Anteile nur mit ihrer Zustimmung verfügt werden darf. ²Im Fall einer Verfügung nach Satz 1 hat das Gericht am Sitz der externen OGAW-Kapitalverwaltungsgesellschaft auf Antrag der Bundesanstalt, der externen OGAW-Kapitalverwaltungsgesellschaft oder eines an ihr Beteiligten einen Treuhänder zu bestellen, auf den es die Ausübung des Stimmrechts überträgt. ³§ 2c Absatz 2 Satz 3 bis 9 des Kreditwesengesetzes ist entsprechend anzuwenden.

A. Deutschland

(4) ¹Bei der Beurteilung nach Absatz 2 arbeitet die Bundesanstalt mit den zuständigen Stellen der anderen Mitgliedstaaten der Europäischen Union und der anderen Vertragsstaaten des Abkommens über den Europäischen Wirtschaftsraum zusammen, wenn der Anzeigepflichtige eine der in § 8 Absatz 3 Satz 1 Nummer 1 bis 3 des Kreditwesengesetzes aufgeführten natürlichen oder juristischen Personen ist. ² § 8 Absatz 3 Satz 3 und 4 des Kreditwesengesetzes gilt entsprechend. ³Die Bundesanstalt hat in ihrer Entscheidung alle Bemerkungen oder Vorbehalte der für den Anzeigepflichtigen zuständigen Stelle anzugeben.

(5) Wer beabsichtigt, eine bedeutende Beteiligung an einer externen OGAW-Kapitalverwaltungsgesellschaft aufzugeben oder den Betrag seiner bedeutenden Beteiligung unter die Schwellen von 20 Prozent, 30 Prozent oder 50 Prozent der Stimmrechte oder des Kapitals abzusenken oder die Beteiligung so zu verändern, dass die externe OGAW-Kapitalverwaltungsgesellschaft nicht mehr kontrolliertes Unternehmen ist, hat dies der Bundesanstalt unverzüglich schriftlich anzuzeigen.

(6)[9] ¹Das Bundesministerium der Finanzen wird ermächtigt, durch Rechtsverordnung, die nicht der Zustimmung des Bundesrates bedarf, nähere Bestimmungen zu erlassen über Art, Umfang, Zeitpunkt, Form und Übertragungsweg der nach den Absätzen 1 und 5 zu erstattenden Anzeigen sowie über die Unterlagen, die mit der Anzeige vorzulegen sind. ²Das Bundesministerium der Finanzen kann diese Ermächtigung durch Rechtsverordnung auf die Bundesanstalt übertragen.

§ 20 Erlaubnis zum Geschäftsbetrieb. (1) ¹Der Geschäftsbetrieb einer Kapitalverwaltungsgesellschaft bedarf der schriftlichen Erlaubnis der Bundesanstalt. ²Die Bundesanstalt kann die Erlaubnis auf die Verwaltung bestimmter Arten von inländischen Investmentvermögen beschränken. ³Die Bundesanstalt kann die Erlaubnis mit Nebenbestimmungen verbinden.

(2) Externe OGAW-Kapitalverwaltungsgesellschaften dürfen neben der kollektiven Vermögensverwaltung von OGAW folgende Dienstleistungen und Nebendienstleistungen erbringen:
1. die Verwaltung einzelner in Finanzinstrumenten im Sinne des § 1 Absatz 11 des Kreditwesengesetzes angelegter Vermögen für andere mit Entscheidungsspielraum einschließlich der Portfolioverwaltung fremder Investmentvermögen (Finanzportfolioverwaltung),
2. soweit die Erlaubnis die Dienstleistung nach Nummer 1 umfasst, die Anlageberatung,
3. soweit die Erlaubnis die Dienstleistung nach Nummer 1 umfasst, die Verwahrung und Verwaltung von Anteilen an inländischen Investmentvermögen, EU-Investmentvermögen oder ausländischen AIF für andere,
4. den Vertrieb von Anteilen oder Aktien an fremden Investmentvermögen,
5. soweit der externen OGAW-Kapitalverwaltungsgesellschaft zusätzlich eine Erlaubnis als externe AIF-Kapitalverwaltungsgesellschaft erteilt wurde, die Verwaltung von AIF sowie Dienstleistungen und Nebendienstleistungen nach Absatz 3,
6. den Abschluss von Altersvorsorgeverträgen gemäß § 1 Absatz 1 des Altersvorsorgeverträge-Zertifizierungsgesetzes sowie von Verträgen zum Aufbau einer eigenen kapitalgedeckten Altersversorgung im Sinne des § 10 Absatz 1 Nummer 2 Buchstabe b des Einkommensteuergesetzes,
7. die Abgabe einer Zusage gegenüber dem Anleger, dass bei Rücknahme von Anteilen, bei Beendigung der Verwaltung von Vermögen im Sinne der Nummer 1 und der Beendigung der Verwahrung und Verwaltung von Anteilen im Sinne der Nummer 3 mindestens ein bestimmter oder bestimmbarer Betrag an den Anleger gezahlt wird (Mindestzahlungszusage),
8. sonstige Tätigkeiten, die mit den in diesem Absatz genannten Dienstleistungen und Nebendienstleistungen unmittelbar verbunden sind.

(3) Externe AIF-Kapitalverwaltungsgesellschaften dürfen neben der kollektiven Vermögensverwaltung von AIF folgende Dienstleistungen und Nebendienstleistungen erbringen:
1. die Verwaltung einzelner nicht in Finanzinstrumenten im Sinne des § 1 Absatz 11 des Kreditwesengesetzes angelegter Vermögen für andere mit Entscheidungsspielraum sowie die Anlageberatung (individuelle Vermögensverwaltung und Anlageberatung),
2. die Verwaltung einzelner in Finanzinstrumenten im Sinne des § 1 Absatz 11 des Kreditwesengesetzes angelegter Vermögen für andere mit Entscheidungsspielraum einschließlich der Portfolioverwaltung fremder Investmentvermögen (Finanzportfolioverwaltung),
3. soweit die Erlaubnis die Dienstleistung nach Nummer 2 umfasst, die Anlageberatung,
4. soweit die Erlaubnis die Dienstleistung nach Nummer 2 umfasst, die Verwahrung und Verwaltung von Anteilen an inländischen Investmentvermögen, EU-Investmentvermögen oder ausländischen AIF für andere,

---

[9] § 19 Abs. 6 tritt am 11.7.2013 in Kraft gem. Art. 28 Abs. 1 des G v. 4.7.2013 (BGBl. I S. 1981).

III. Normentexte

5. soweit die Erlaubnis die Dienstleistung nach Nummer 2 umfasst, die Vermittlung von Geschäften über die Anschaffung und Veräußerung von Finanzinstrumenten (Anlagevermittlung),
6. den Vertrieb von Anteilen oder Aktien an fremden Investmentvermögen,
7. soweit der externen AIF-Kapitalverwaltungsgesellschaft zusätzlich eine Erlaubnis als externe OGAW-Kapitalverwaltungsgesellschaft erteilt wurde, die Verwaltung von OGAW sowie Dienstleistungen und Nebendienstleistungen nach Absatz 2,
8. den Abschluss von Altersvorsorgeverträgen gemäß § 1 Absatz 1 des Altersvorsorgeverträge-Zertifizierungsgesetzes sowie von Verträgen zum Aufbau einer eigenen kapitalgedeckten Altersversorgung im Sinne des § 10 Absatz 1 Nummer 2 Buchstabe b des Einkommensteuergesetzes,
9. sonstige Tätigkeiten, die mit den in diesem Absatz genannten Dienstleistungen und Nebendienstleistungen unmittelbar verbunden sind.

(4) Externe OGAW-Kapitalverwaltungsgesellschaften und externe AIF-Kapitalverwaltungsgesellschaften dürfen nicht ausschließlich die in Absatz 2 Nummer 1 bis 4 und in Absatz 3 Nummer 1 bis 6 genannten Dienstleistungen und Nebendienstleistungen erbringen, ohne auch die kollektive Vermögensverwaltung zu erbringen.

(5) ¹In der Satzung oder dem Gesellschaftsvertrag der externen OGAW-Kapitalverwaltungsgesellschaft muss bestimmt sein, dass außer den Geschäften, die zur Anlage ihres eigenen Vermögens erforderlich sind, nur die in Absatz 2 genannten Geschäfte und Tätigkeiten betrieben werden. ²In der Satzung oder dem Gesellschaftsvertrag der externen AIF-Kapitalverwaltungsgesellschaft muss bestimmt sein, dass außer den Geschäften, die zur Anlage ihres eigenen Vermögens erforderlich sind, nur die in Absatz 3 genannten Geschäfte und Tätigkeiten betrieben werden.

(6) Externe Kapitalverwaltungsgesellschaften dürfen sich an Unternehmen beteiligen, wenn der Geschäftszweck des Unternehmens gesetzlich oder satzungsmäßig im Wesentlichen auf die Geschäfte ausgerichtet ist, welche die externe Kapitalverwaltungsgesellschaft selbst betreiben darf und eine Haftung der externen Kapitalverwaltungsgesellschaft aus der Beteiligung durch die Rechtsform des Unternehmens beschränkt ist.

(7) Intern verwaltete OGAW-Kapitalverwaltungsgesellschaften dürfen keine andere Tätigkeit ausüben als die Verwaltung des eigenen OGAW; intern verwaltete AIF-Kapitalverwaltungsgesellschaften dürfen keine andere Tätigkeit ausüben als die Verwaltung des eigenen AIF.

§ 21 Erlaubnisantrag für eine OGAW-Kapitalverwaltungsgesellschaft und Erlaubniserteilung. (1) Der Erlaubnisantrag für eine OGAW-Kapitalverwaltungsgesellschaft muss enthalten:
1. einen geeigneten Nachweis der zum Geschäftsbetrieb erforderlichen Mittel nach § 25,
2. die Angabe der Geschäftsleiter,
3. Angaben zur Beurteilung der Zuverlässigkeit der Geschäftsleiter,
4. Angaben zur Beurteilung der fachlichen Eignung der Geschäftsleiter,
5. die Namen der an der OGAW-Kapitalverwaltungsgesellschaft bedeutend beteiligten Inhaber sowie Angaben zur Beurteilung ihrer Zuverlässigkeit und zur Höhe ihrer jeweiligen Beteiligung,
6. die Angaben der Tatsachen, die auf eine enge Verbindung zwischen der OGAW-Kapitalverwaltungsgesellschaft und anderen natürlichen oder juristischen Personen hinweisen,
7. einen tragfähigen Geschäftsplan, aus dem die Art der geplanten Geschäfte sowie der organisatorische Aufbau und die geplanten internen Kontrollverfahren der OGAW-Kapitalverwaltungsgesellschaft hervorgehen und
8. die Satzung oder den Gesellschaftsvertrag, die den Anforderungen dieses Gesetzes entsprechen.

(2) Die Bundesanstalt hat über die Erteilung der Erlaubnis innerhalb von sechs Monaten nach Einreichung des vollständigen Antrags zu entscheiden.

(3) Sofern der OGAW-Kapitalverwaltungsgesellschaft auch die Erlaubnis zum Erbringen der Finanzportfolioverwaltung nach § 20 Absatz 2 Nummer 1 erteilt wird, ist ihr mit der Erteilung der Erlaubnis die Entschädigungseinrichtung mitzuteilen, der sie zugeordnet ist.

(4) Die Bundesanstalt hat die Erteilung der Erlaubnis im Bundesanzeiger bekannt zu machen.

(5) Beantragt eine OGAW-Kapitalverwaltungsgesellschaft zusätzlich die Erlaubnis zur Verwaltung von AIF nach § 22, muss sie diejenigen Angaben und Unterlagen, die sie bereits mit dem Erlaubnisantrag nach Absatz 1 eingereicht hat, nicht erneut einreichen, sofern diese Angaben und Unterlagen noch aktuell sind.

§ 22 Erlaubnisantrag für eine AIF-Kapitalverwaltungsgesellschaft und Erlaubniserteilung.
(1) Der Erlaubnisantrag für eine AIF-Kapitalverwaltungsgesellschaft muss enthalten:
1. einen geeigneten Nachweis der zum Geschäftsbetrieb erforderlichen Mittel nach § 25,

A. Deutschland

2. die Angabe der Geschäftsleiter,
3. Angaben zur Beurteilung der Zuverlässigkeit der Geschäftsleiter,
4. Angaben zur Beurteilung der fachlichen Eignung der Geschäftsleiter,
5. die Namen der an der AIF-Kapitalverwaltungsgesellschaft bedeutend beteiligten Inhaber sowie Angaben zur Beurteilung ihrer Zuverlässigkeit und zur Höhe ihrer jeweiligen Beteiligung,
6. die Angaben der Tatsachen, die auf eine enge Verbindung zwischen der AIF-Kapitalverwaltungsgesellschaft und anderen natürlichen oder juristischen Personen hinweisen,
7. einen Geschäftsplan, der neben der Organisationsstruktur der AIF-Kapitalverwaltungsgesellschaft auch Angaben darüber enthält, wie die AIF-Kapitalverwaltungsgesellschaft ihren Pflichten nach diesem Gesetz nachkommen will,
8. Angaben über die Vergütungspolitik und Vergütungspraxis nach § 37,
9. Angaben über Auslagerungsvereinbarungen nach § 36,
10. Angaben zu den Anlagestrategien, einschließlich
    a) der Arten der Zielfonds, falls es sich bei dem AIF um einen Dachfonds handelt,
    b) der Grundsätze, die die AIF-Kapitalverwaltungsgesellschaft im Zusammenhang mit dem Einsatz von Leverage anwendet sowie
    c) der Risikoprofile und sonstiger Eigenschaften der AIF, die die AIF-Kapitalverwaltungsgesellschaft verwaltet oder zu verwalten beabsichtigt, einschließlich Angaben zu den Mitgliedstaaten oder Drittstaaten, in denen sich der Sitz solcher AIF befindet oder voraussichtlich befinden wird,
11. wenn es sich bei dem AIF um einen Feederfonds oder einen Feeder-AIF handelt, Angaben zum Sitz des Masterfonds oder des Master-AIF,
12. die Anlagebedingungen, Satzungen oder Gesellschaftsverträge aller AIF, die die AIF-Kapitalverwaltungsgesellschaft zu verwalten beabsichtigt, sowie die Satzung oder den Gesellschaftsvertrag der AIF-Kapitalverwaltungsgesellschaft selbst, wenn sie als externe Kapitalverwaltungsgesellschaft die Verwaltung von Publikums-AIF beabsichtigt,
13. Angaben zu den Vereinbarungen zur Beauftragung der Verwahrstelle nach § 80 für jeden AIF, den die AIF-Kapitalverwaltungsgesellschaft zu verwalten beabsichtigt, und
14. alle in den §§ 165, 269 und 307 Absatz 1 genannten weiteren Informationen für jeden AIF, den die AIF-Kapitalverwaltungsgesellschaft verwaltet oder zu verwalten beabsichtigt.

(2) ¹Die Bundesanstalt hat über die Erteilung der Erlaubnis innerhalb von drei Monaten nach Einreichung des vollständigen Antrags zu entscheiden. ²Die Bundesanstalt kann diesen Zeitraum um bis zu drei Monate verlängern, wenn sie dies auf Grund der besonderen Umstände des Einzelfalls für notwendig erachtet. ³Sie hat den Antragsteller über die Verlängerung der Frist nach Satz 2 zu informieren.

(3) Für die Zwecke des Absatzes 2 gilt ein Antrag als vollständig, wenn die AIF-Kapitalverwaltungsgesellschaft mindestens die in Absatz 1 Nummer 1 bis 5, 7, 8, 10 und 11 genannten Angaben und Nachweise eingereicht hat.

(4) Die AIF-Kapitalverwaltungsgesellschaft kann mit der Verwaltung von AIF unter Verwendung der gemäß Absatz 1 Nummer 10 im Erlaubnisantrag beschriebenen Anlagestrategien beginnen, sobald die Erlaubnis erteilt ist, frühestens jedoch einen Monat nachdem sie etwaige fehlende in Absatz 1 Nummer 6, 9, 12, 13 und 14 genannten Angaben nachgereicht hat.

(5) § 21 Absatz 3 und 4 gilt entsprechend.

§ 23[10]) **Versagung der Erlaubnis einer Kapitalverwaltungsgesellschaft.** Einer Kapitalverwaltungsgesellschaft ist die Erlaubnis zu versagen, wenn
1. das Anfangskapital und die zusätzlichen Eigenmittel nach § 25 nicht zur Verfügung stehen;
2. die Kapitalverwaltungsgesellschaft nicht mindestens zwei Geschäftsleiter hat;
3. Tatsachen vorliegen, aus denen sich ergibt, dass die Geschäftsleiter der Kapitalverwaltungsgesellschaft nicht zuverlässig sind oder die zur Leitung erforderliche fachliche Eignung im Sinne von § 25c Absatz 1 des Kreditwesengesetzes nicht haben;
4. Tatsachen die Annahme rechtfertigen, dass der Inhaber einer bedeutenden Beteiligung nicht zuverlässig ist oder aus anderen Gründen nicht den im Interesse einer soliden und umsichtigen Führung der Kapitalverwaltungsgesellschaft zu stellenden Ansprüchen genügt;
5. enge Verbindungen zwischen der Kapitalverwaltungsgesellschaft und anderen natürlichen oder juristischen Personen bestehen, die die Bundesanstalt bei der ordnungsgemäßen Erfüllung ihrer Aufsichtsfunktionen behindern;

---

[10] § 23 Nr. 3 geänd. mWv 1.1.2014 durch G v. 28.8.2013 (BGBl. I S. 3395).

6. enge Verbindungen zwischen der Kapitalverwaltungsgesellschaft und anderen natürlichen oder juristischen Personen bestehen, die den Rechts- und Verwaltungsvorschriften eines Drittstaates unterstehen, deren Anwendung die Bundesanstalt bei der ordnungsgemäßen Erfüllung ihrer Aufsichtsfunktionen behindern;
7. die Hauptverwaltung oder der satzungsmäßige Sitz der Kapitalverwaltungsgesellschaft sich nicht im Inland befindet;
8. die Kapitalverwaltungsgesellschaft nicht bereit oder in der Lage ist, die erforderlichen organisatorischen Vorkehrungen zum ordnungsgemäßen Betreiben der Geschäfte, für die sie die Erlaubnis beantragt, zu schaffen, und nicht in der Lage ist, die in diesem Gesetz festgelegten Anforderungen einzuhalten;
9. die Kapitalverwaltungsgesellschaft ausschließlich administrative Tätigkeiten, den Vertrieb von eigenen Investmentanteilen oder Tätigkeiten im Zusammenhang mit den Vermögensgegenständen des AIF erbringt, ohne auch die Portfolioverwaltung und das Risikomanagement zu erbringen;
10. die Kapitalverwaltungsgesellschaft die Portfolioverwaltung erbringt, ohne auch das Risikomanagement zu erbringen; dasselbe gilt im umgekehrten Fall;
11. andere als die in den Nummern 1 bis 10 aufgeführten Voraussetzungen für die Erlaubniserteilung nach diesem Gesetz nicht erfüllt sind.

§ 24[11] **Anhörung der zuständigen Stellen eines anderen Mitgliedstaates der Europäischen Union oder eines anderen Vertragsstaates des Abkommens über den Europäischen Wirtschaftsraum; Aussetzung oder Beschränkung der Erlaubnis bei Unternehmen mit Sitz in einem Drittstaat.** (1) Soll eine Erlaubnis einer OGAW-Kapitalverwaltungsgesellschaft oder einer AIF-Kapitalverwaltungsgesellschaft erteilt werden, die
1. Tochter- oder Schwesterunternehmen einer anderen EU-Verwaltungsgesellschaft oder einer ausländischen AIF-Verwaltungsgesellschaft, einer Wertpapierfirma im Sinne des Artikels 4 Absatz 1 Nummer 1 der Richtlinie 2004/39/EG, eines Kreditinstituts im Sinne des Artikels 4 Absatz 1 Nummer 1 der Verordnung (EU) Nr. 575/2013 oder eines Versicherungsunternehmens ist, das in einem anderen Mitgliedstaat der Europäischen Union oder einem anderen Vertragsstaat des Abkommens über den Europäischen Wirtschaftsraum zugelassen ist, oder
2. durch dieselben natürlichen oder juristischen Personen kontrolliert wird, die eine in einem anderen Mitgliedstaat der Europäischen Union oder einem anderen Vertragsstaat des Abkommens über den Europäischen Wirtschaftsraum zugelassene EU-Verwaltungsgesellschaft oder eine ausländische AIF-Verwaltungsgesellschaft, eine Wertpapierfirma im Sinne des Artikels 4 Absatz 1 Nummer 1 der Richtlinie 2004/39/EG, ein Kreditinstitut im Sinne des Artikels 4 Absatz 1 Nummer 1 der Verordnung (EU) Nr. 575/2013 oder ein Versicherungsunternehmen kontrollieren,

hat die Bundesanstalt vor Erteilung der Erlaubnis die zuständigen Stellen des Herkunftsstaates anzuhören.

(2) ¹Auf die Beziehungen zwischen OGAW-Kapitalverwaltungsgesellschaften und Drittstaaten sind die Bestimmungen des Artikels 15 der Richtlinie 2004/39/EG entsprechend anzuwenden. ²Für diesen Zweck sind die in Artikel 15 der Richtlinie 2004/39/EG genannten Ausdrücke „Wertpapierfirma" und „Wertpapierfirmen" als „OGAW-Kapitalverwaltungsgesellschaft" beziehungsweise „OGAW-Kapitalverwaltungsgesellschaften" zu verstehen; der in Artikel 15 der Richtlinie 2004/39/EG genannte Ausdruck „Erbringung von Wertpapierdienstleistungen" ist als „Erbringung von Dienstleistungen" zu verstehen.

§ 25[12] **Kapitalanforderungen.** (1) Eine Kapitalverwaltungsgesellschaft muss
1. mit einem Anfangskapital von
   a) mindestens 300 000 Euro ausgestattet sein, sofern es sich um eine interne Kapitalverwaltungsgesellschaft handelt,
   b) mit einem Anfangskapital von mindestens 125 000 Euro ausgestattet sein, sofern es sich um eine externe Kapitalverwaltungsgesellschaft handelt,
2. über zusätzliche Eigenmittel in Höhe von wenigstens 0,02 Prozent des Betrages, um den der Wert der verwalteten Investmentvermögen 250 Millionen Euro übersteigt, verfügen, wenn der Wert der von der AIF-Kapitalverwaltungsgesellschaft oder von der externen OGAW-Kapitalverwaltungsgesellschaft verwalteten Investmentvermögen 250 Millionen Euro überschreitet; die geforderte Gesamtsumme des Anfangskapitals und der zusätzlichen Eigenmittel darf jedoch 10 Millionen Euro nicht überschreiten.

---

[11] § 24 Abs. 1 Nr. 1 und 2 geänd. mWv 1.1.2014 durch G v. 28.8.2013 (BGBl. I S. 3395).
[12] § 25 Abs. 2 Nr. 1 geänd. mWv 1.1.2014 durch G v. 28.8.2013 (BGBl. I S. 3395).

(2) Eine AIF-Kapitalverwaltungsgesellschaft oder eine externe OGAW-Kapitalverwaltungsgesellschaft braucht die Anforderung, zusätzliche Eigenmittel nach Absatz 1 Satz 1 Nummer 2 in Höhe von bis zu 50 Prozent aufzubringen, nicht zu erfüllen, wenn sie über eine Garantie in derselben Höhe verfügt, die von einem der folgenden Institute oder Unternehmen gestellt wird:
1. Kreditinstitut im Sinne des Artikels 4 Absatz 1 Nummer 1 der Verordnung (EU) Nr. 575/2013 oder Versicherungsunternehmen, die ihren Sitz in einem Mitgliedstaat der Europäischen Union oder in einem anderen Vertragsstaat des Abkommens über den Europäischen Wirtschaftsraum haben, oder
2. Kreditinstitut oder Versicherungsunternehmen mit Sitz in einem Drittstaat, wenn diese Aufsichtsbestimmungen unterliegen, die nach Auffassung der Bundesanstalt denen des Unionsrechts gleichwertig sind.

(3) [1]Für die Zwecke des Absatzes 1 gelten die von der Kapitalverwaltungsgesellschaft verwalteten Investmentvermögen, einschließlich der Investmentvermögen, mit deren Verwaltung sie Dritte beauftragt hat, als Investmentvermögen der Kapitalverwaltungsgesellschaft; Investmentvermögen, die die externe Kapitalverwaltungsgesellschaft im Auftrag Dritter verwaltet, werden nicht berücksichtigt. [2]Für die Zwecke der Absätze 1 und 4 gelten für eine externe AIF-Kapitalverwaltungsgesellschaft, die ebenfalls eine externe OGAW-Kapitalverwaltungsgesellschaft ist, ausschließlich die Vorschriften für die externe OGAW-Kapitalverwaltungsgesellschaft.

(4) [1]Unabhängig von der Eigenmittelanforderung in Absatz 1 müssen die AIF-Kapitalverwaltungsgesellschaft und die externe OGAW-Kapitalverwaltungsgesellschaft zu jeder Zeit Eigenmittel aufweisen, die mindestens einem Viertel ihrer Kosten entsprechen, die in der Gewinn- und Verlustrechnung des letzten Jahresabschlusses unter den allgemeinen Verwaltungsaufwendungen sowie den Abschreibungen und Wertberichtigungen auf immaterielle Anlagewerte und Sachanlagen ausgewiesen sind. [2]Liegt für das erste abgelaufene Geschäftsjahr noch kein Jahresabschluss vor, sind die Aufwendungen auszuweisen, die im Geschäftsplan für das laufende Jahr für die entsprechenden Posten vorgesehen sind. [3]Die Bundesanstalt kann
1. die Anforderungen nach den Sätzen 1 und 2 heraufsetzen, wenn dies durch eine Ausweitung der Geschäftstätigkeit der AIF-Kapitalverwaltungsgesellschaft oder der externen OGAW-Kapitalverwaltungsgesellschaft angezeigt ist oder
2. die bei der Berechnung der Relation nach den Sätzen 1 und 2 anzusetzenden Kosten für das laufende Geschäftsjahr auf Antrag der Kapitalverwaltungsgesellschaft herabsetzen, wenn dies durch eine gegenüber dem Vorjahr nachweislich erhebliche Reduzierung der Geschäftstätigkeit der AIF-Kapitalverwaltungsgesellschaft oder der externen OGAW-Kapitalverwaltungsgesellschaft im laufenden Geschäftsjahr angezeigt ist.
[4]AIF-Kapitalverwaltungsgesellschaften und externe OGAW-Kapitalverwaltungsgesellschaften haben der Bundesanstalt die Angaben und Nachweise zu übermitteln, die für die Überprüfung der Relation und der Erfüllung der Anforderungen nach den Sätzen 1 und 3 erforderlich sind.

(5) Werden Altersvorsorgeverträge nach § 20 Absatz 2 Nummer 6 oder § 20 Absatz 3 Nummer 8 abgeschlossen oder Mindestzahlungszusagen nach § 20 Absatz 2 Nummer 7 abgegeben, müssen externe Kapitalverwaltungsgesellschaften im Interesse der Erfüllung ihrer Verpflichtungen gegenüber Anlegern und Aktionären, insbesondere im Interesse der Sicherheit der ihnen anvertrauten Vermögenswerte, über angemessene Eigenmittel verfügen.

(6) [1]Um die potenziellen Berufshaftungsrisiken aus den Geschäftstätigkeiten, denen die AIF-Kapitalverwaltungsgesellschaften nach der Richtlinie 2011/61/EU nachgehen können, abzudecken, müssen AIF-Kapitalverwaltungsgesellschaften über
1. zusätzliche Eigenmittel, um potenzielle Haftungsrisiken aus beruflicher Fahrlässigkeit angemessen abzudecken, oder
2. eine bezüglich der abgedeckten Risiken geeignete Versicherung für die sich aus beruflicher Fahrlässigkeit ergebende Haftung
verfügen. [2]Im Fall von Satz 1 Nummer 2 ist der Versicherer im Versicherungsvertrag zu verpflichten, der Bundesanstalt den Beginn und die Beendigung oder Kündigung des Versicherungsvertrages sowie Umstände, die den vorgeschriebenen Versicherungsschutz beeinträchtigen, unverzüglich mitzuteilen.

(7) Eigenmittel, einschließlich der zusätzlichen Eigenmittel gemäß Absatz 6 Nummer 1, sind entweder in liquiden Mitteln zu halten oder in Vermögensgegenstände zu investieren, die kurzfristig unmittelbar in Bankguthaben umgewandelt werden können und keine spekulativen Positionen enthalten.

(8) Für AIF-Kapitalverwaltungsgesellschaften bestimmen sich die Kriterien zu den Risiken, die durch die zusätzlichen Eigenmittel oder die Berufshaftpflichtversicherung gedeckt werden müssen, die

III. Normentexte

Voraussetzungen für die Bestimmung der Angemessenheit der zusätzlichen Eigenmittel oder der Deckung durch die Berufshaftpflichtversicherung und die Vorgehensweise bei der Bestimmung fortlaufender Anpassungen der Eigenmittel oder der Deckung nach den Artikeln 12 bis 15 der Delegierten Verordnung (EU) Nr. 231/2013.

Unterabschnitt 2. Allgemeine Verhaltens- und Organisationspflichten

Übersicht

§ 26 Allgemeine Verhaltensregeln; Verordnungsermächtigung
§ 27 Interessenkonflikte; Verordnungsermächtigung
§ 28 Allgemeine Organisationspflichten; Verordnungsermächtigung
§ 29 Risikomanagement; Verordnungsermächtigung
§ 30 Liquiditätsmanagement; Verordnungsermächtigung
§ 31 Primebroker
§ 32 Entschädigungseinrichtung
§ 33 Werbung
§ 34 Anzeigepflichten von Verwaltungsgesellschaften gegenüber der Bundesanstalt
§ 35 Meldepflichten von AIF-Verwaltungsgesellschaften
§ 36 Auslagerung
§ 37 Vergütungssysteme; Verordnungsermächtigung
§ 38 Jahresabschluss, Lagebericht, Prüfungsbericht und Abschlussprüfer der externen Kapitalverwaltungsgesellschaft; Verordnungsermächtigung

§ 26 Allgemeine Verhaltensregeln; Verordnungsermächtigung. (1) Die Kapitalverwaltungsgesellschaft handelt bei der Wahrnehmung ihrer Aufgaben unabhängig von der Verwahrstelle und ausschließlich im Interesse der Anleger.

(2) Die Kapitalverwaltungsgesellschaft ist verpflichtet,
1. ihrer Tätigkeit ehrlich, mit der gebotenen Sachkenntnis, Sorgfalt und Gewissenhaftigkeit und redlich nachzugehen,
2. im besten Interesse der von ihr verwalteten Investmentvermögen oder der Anleger dieser Investmentvermögen und der Integrität des Marktes zu handeln,
3. alle angemessenen Maßnahmen zur Vermeidung von Interessenkonflikten und, wo diese nicht vermieden werden können, zur Ermittlung, Beilegung, Beobachtung und gegebenenfalls Offenlegung dieser Interessenkonflikte zu treffen, um
   a) zu vermeiden, dass sich diese nachteilig auf die Interessen der Investmentvermögen und der Anleger auswirken und
   b) sicherzustellen, dass den von ihr verwalteten Investmentvermögen eine faire Behandlung zukommt,
4. über die für eine ordnungsgemäße Geschäftstätigkeit erforderlichen Mittel und Verfahren zu verfügen und diese wirksam einzusetzen,
5. alle auf die Ausübung ihrer Geschäftstätigkeit anwendbaren regulatorischen Anforderungen zu erfüllen, um das beste Interesse der von ihr verwalteten Investmentvermögen oder der Anleger dieser Investmentvermögen und die Integrität des Marktes zu fördern und
6. alle Anleger der Investmentvermögen fair zu behandeln.

(3) Die AIF-Kapitalverwaltungsgesellschaft darf keinem Anleger in einem AIF eine Vorzugsbehandlung gewähren, es sei denn, eine solche Vorzugsbehandlung ist in den Anlagebedingungen, in der Satzung oder dem Gesellschaftsvertrag des entsprechenden AIF vorgesehen.

(4) Eine Kapitalverwaltungsgesellschaft, deren Erlaubnis auch die in § 20 Absatz 2 Nummer 1 (Finanzportfolioverwaltung) oder die in § 20 Absatz 3 Nummer 1 (individuelle Vermögensverwaltung) oder Nummer 2 (Finanzportfolioverwaltung) genannte Dienstleistung umfasst, darf das Vermögen des Kunden weder ganz noch teilweise in Anteile der von ihr verwalteten Investmentvermögen anlegen, es sei denn, der Kunde hat zuvor eine allgemeine Zustimmung hierzu gegeben.

(5) Die Kapitalverwaltungsgesellschaft muss insbesondere über geeignete Verfahren verfügen, um bei Investmentvermögen unter Berücksichtigung des Wertes des Investmentvermögens und der Anlegerstruktur eine Beeinträchtigung von Anlegerinteressen durch unangemessene Kosten, Gebühren und Praktiken zu vermeiden.

(6) [1]Die Kapitalverwaltungsgesellschaft hat angemessene Grundsätze und Verfahren anzuwenden, um eine Beeinträchtigung der Marktstabilität und Marktintegrität zu verhindern. [2]Missbräuchliche

A. Deutschland

Marktpraktiken sind zu verhindern, insbesondere die kurzfristige, systematische Spekulation mit Investmentanteilen durch Ausnutzung von Kursdifferenzen an Börsen und anderen organisierten Märkten und damit verbundene Möglichkeiten, Arbitragegewinne zu erzielen.

(7) Für AIF-Kapitalverwaltungsgesellschaften bestimmen sich die Kriterien, nach welchen die Bundesanstalt beurteilt, ob AIF-Kapitalverwaltungsgesellschaften ihren in den Absätzen 1 und 2 genannten Pflichten nachkommen, nach den Artikeln 16 bis 29 der Delegierten Verordnung (EU) Nr. 231/2013.

(8)[13] ¹Das Bundesministerium der Finanzen wird ermächtigt, durch Rechtsverordnung, die nicht der Zustimmung des Bundesrates bedarf, für Kapitalverwaltungsgesellschaften in Bezug auf Publikums-AIF zusätzliche Bestimmungen zu den in den Artikeln 16 bis 29 der Delegierten Verordnung (EU) Nr. 231/2013 aufgeführten Kriterien nach Absatz 7 und in Bezug auf OGAW nähere Bestimmungen zu erlassen
1. zu Verhaltensregeln, die den Anforderungen nach den Absätzen 1 und 2 Nummer 1 und 2 entsprechen und
2. über die Mittel und Verfahren, die für eine ordnungsgemäße Geschäftstätigkeit solcher Kapitalverwaltungsgesellschaften erforderlich sind.
²Das Bundesministerium der Finanzen kann die Ermächtigung durch Rechtsverordnung auf die Bundesanstalt übertragen.

§ 27 Interessenkonflikte; Verordnungsermächtigung. (1) Eine Kapitalverwaltungsgesellschaft hat alle angemessenen Maßnahmen zu treffen, um Interessenkonflikte zu ermitteln, die im Zusammenhang mit der Verwaltung von Investmentvermögen auftreten zwischen
1. der Kapitalverwaltungsgesellschaft sowie ihren Führungskräften, Mitarbeitern oder jeder anderen Person, die über ein Kontrollverhältnis direkt oder indirekt mit der Kapitalverwaltungsgesellschaft verbunden ist, und dem von ihr verwalteten Investmentvermögen oder den Anlegern dieses Investmentvermögens,
2. dem Investmentvermögen oder den Anlegern dieses Investmentvermögens und einem anderen Investmentvermögen oder den Anlegern jenes Investmentvermögens,
3. dem Investmentvermögen oder den Anlegern dieses Investmentvermögens und einem anderen Kunden der Kapitalverwaltungsgesellschaft,
4. zwei Kunden der Kapitalverwaltungsgesellschaft.

(2) Eine Kapitalverwaltungsgesellschaft muss wirksame organisatorische und administrative Vorkehrungen, die es ermöglichen, alle angemessenen Maßnahmen zur Ermittlung, Vorbeugung, Beilegung und Beobachtung von Interessenkonflikten zu ergreifen, treffen und beibehalten, um zu verhindern, dass Interessenkonflikte den Interessen der Investmentvermögen und ihrer Anleger schaden.

(3) ¹Innerhalb ihrer eigenen Betriebsabläufe haben AIF-Kapitalverwaltungsgesellschaften Aufgaben und Verantwortungsbereiche, die als miteinander unvereinbar angesehen werden könnten oder potenziell systematische Interessenkonflikte hervorrufen könnten, zu trennen. ²AIF-Kapitalverwaltungsgesellschaften haben zu prüfen, ob die Bedingungen der Ausübung ihrer Tätigkeit wesentliche andere Interessenkonflikte nach sich ziehen könnten und legen diese den Anlegern der AIF gegenüber offen.

(4) Reichen die von der AIF-Kapitalverwaltungsgesellschaft zur Ermittlung, Vorbeugung, Beilegung und Beobachtung von Interessenkonflikten getroffenen organisatorischen Vorkehrungen nicht aus, um nach vernünftigem Ermessen zu gewährleisten, dass das Risiko einer Beeinträchtigung von Anlegerinteressen vermieden wird, so setzt die AIF-Kapitalverwaltungsgesellschaft die Anleger, bevor sie in ihrem Auftrag Geschäfte tätigt, unmissverständlich über die allgemeine Art und die Quellen der Interessenkonflikte in Kenntnis und entwickelt angemessene Strategien und Verfahren.

(5) Im Hinblick auf AIF-Kapitalverwaltungsgesellschaften bestimmen sich die Arten der in Absatz 1 genannten Interessenkonflikte und die angemessenen Maßnahmen, die hinsichtlich der Strukturen und der organisatorischen und administrativen Verfahren von einer AIF-Kapitalverwaltungsgesellschaft erwartet werden, um Interessenkonflikte zu ermitteln, ihnen vorzubeugen, sie zu steuern, zu beobachten und offenzulegen nach den Artikeln 30 bis 37 der Delegierten Verordnung (EU) Nr. 231/2013.

(6)[14] ¹Das Bundesministerium der Finanzen wird ermächtigt, durch Rechtsverordnung, die nicht der Zustimmung des Bundesrates bedarf, für Kapitalverwaltungsgesellschaften in Bezug auf Publikums-AIF zusätzliche Bestimmungen zu den in den Artikeln 30 bis 37 der Delegierten Verordnung

---

[13] § 26 Abs. 8 tritt am 11.7.2013 in Kraft gem. Art. 28 Abs. 1 des G v. 4.7.2013 (BGBl. I S. 1981).
[14] § 27 Abs. 6 tritt am 11.7.2013 in Kraft gem. Art. 28 Abs. 1 des G v. 4.7.2013 (BGBl. I S. 1981).

(EU) Nr. 231/2013 aufgeführten Maßnahmen und Verfahren nach Absatz 5 und in Bezug auf OGAW jeweils nähere Bestimmungen zu erlassen
1. über die Maßnahmen, die eine solche Kapitalverwaltungsgesellschaft zu ergreifen hat, um
   a) Interessenkonflikte zu erkennen, ihnen vorzubeugen, mit ihnen umzugehen und sie offenzulegen sowie
   b) geeignete Kriterien zur Abgrenzung der Arten von Interessenkonflikten festzulegen, die den Interessen des Investmentvermögens schaden könnten und
2. über die Strukturen und organisatorischen Anforderungen, die zur Verringerung von Interessenkonflikten nach Absatz 1 erforderlich sind.
²Das Bundesministerium der Finanzen kann die Ermächtigung durch Rechtsverordnung auf die Bundesanstalt übertragen.

§ 28 Allgemeine Organisationspflichten; Verordnungsermächtigung. (1) ¹Die Kapitalverwaltungsgesellschaft muss über eine ordnungsgemäße Geschäftsorganisation verfügen, die die Einhaltung der von der Kapitalverwaltungsgesellschaft zu beachtenden gesetzlichen Bestimmungen gewährleistet. ²Eine ordnungsgemäße Geschäftsorganisation umfasst insbesondere
1. ein angemessenes Risikomanagementsystem;
2. angemessene und geeignete personelle und technische Ressourcen;
3. geeignete Regelungen für die persönlichen Geschäfte der Mitarbeiter;
4. geeignete Regelungen für die Anlage des eigenen Vermögens der Kapitalverwaltungsgesellschaft;
5. angemessene Kontroll- und Sicherheitsvorkehrungen für den Einsatz der elektronischen Datenverarbeitung; für die Verarbeitung und Nutzung personenbezogener Daten ist § 9 des Bundesdatenschutzgesetzes entsprechend anzuwenden;
6. eine vollständige Dokumentation der ausgeführten Geschäfte, die insbesondere gewährleistet, dass jedes das Investmentvermögen betreffende Geschäft nach Herkunft, Kontrahent sowie Art und Abschlusszeitpunkt und -ort rekonstruiert werden kann;
7. angemessene Kontrollverfahren, die insbesondere das Bestehen einer internen Revision voraussetzen und gewährleisten, dass das Vermögen der von der Kapitalverwaltungsgesellschaft verwalteten Investmentvermögen in Übereinstimmung mit den Anlagebedingungen, der Satzung oder dem Gesellschaftsvertrag des Investmentvermögens sowie den jeweils geltenden rechtlichen Bestimmungen angelegt wird und
8. eine ordnungsgemäße Verwaltung und Buchhaltung.
³§ 33 Absatz 1a des Wertpapierhandelsgesetzes gilt entsprechend.

(2) ¹Eine ordnungsgemäße Geschäftsorganisation von OGAW-Kapitalverwaltungsgesellschaften umfasst zusätzlich zu den in Absatz 1 genannten Kriterien insbesondere
1. geeignete Verfahren und Vorkehrungen, die gewährleisten, dass die OGAW-Kapitalverwaltungsgesellschaft ordnungsgemäß mit Anlegerbeschwerden umgeht und dass Anleger und Aktionäre der von ihr verwalteten OGAW ihre Rechte uneingeschränkt wahrnehmen können; dies gilt insbesondere, falls die OGAW-Kapitalverwaltungsgesellschaft EU-OGAW verwaltet; Anleger und Aktionäre eines von ihr verwalteten EU-OGAW müssen die Möglichkeit erhalten, Beschwerde in der Amtssprache oder einer der Amtssprachen des Herkunftsstaates des EU-OGAW einzureichen und
2. geeignete Verfahren und Vorkehrungen, die gewährleisten, dass die OGAW-Kapitalverwaltungsgesellschaft ihren Informationspflichten gegenüber den Anlegern, Aktionären der von ihr verwalteten OGAW und Kunden, ihren Vertriebsgesellschaften sowie der Bundesanstalt oder den zuständigen Stellen des Herkunftsstaates des EU-OGAW nachkommt.
²Für AIF-Kapitalverwaltungsgesellschaften, die inländische Publikums-AIF verwalten, gilt Satz 1 Nummer 1 Halbsatz 1 entsprechend.

(3) Im Hinblick auf AIF-Kapitalverwaltungsgesellschaften bestimmen sich die in Absatz 1 genannten Verfahren und Regelungen nach den Artikeln 57 bis 66 der Delegierten Verordnung (EU) Nr. 231/2013.

(4)[15] ¹Das Bundesministerium der Finanzen wird ermächtigt, durch Rechtsverordnung, die nicht der Zustimmung des Bundesrates bedarf, nähere Bestimmungen für Kapitalverwaltungsgesellschaften, die OGAW oder Publikums-AIF verwalten, zu den Verfahren und Vorkehrungen für eine ordnungsgemäße Geschäftsorganisation nach den Absätzen 1 und 2 zu erlassen. ²Das Bundesministerium der Finanzen kann die Ermächtigung durch Rechtsverordnung auf die Bundesanstalt übertragen.

---

[15] § 28 Abs. 4 tritt am 11.7.2013 in Kraft gem. Art. 28 Abs. 1 des G v. 4.7.2013 (BGBl. I S. 1981).

A. Deutschland

§ 29 Risikomanagement; Verordnungsermächtigung. (1) ¹Die Kapitalverwaltungsgesellschaft hat eine dauerhafte Risikocontrollingfunktion einzurichten und aufrechtzuerhalten, die von den operativen Bereichen hierarchisch und funktionell unabhängig ist (Funktionstrennung). ²Die Bundesanstalt überwacht die Funktionstrennung nach dem Prinzip der Verhältnismäßigkeit. ³Die Kapitalverwaltungsgesellschaften, bei denen auf Grund der Art, des Umfangs und der Komplexität ihrer Geschäfte und der von ihnen verwalteten Investmentvermögen die Einrichtung einer hierarchisch und funktionell unabhängigen Risikocontrollingfunktion unverhältnismäßig ist, müssen zumindest in der Lage sein nachzuweisen, dass besondere Schutzvorkehrungen gegen Interessenkonflikte ein unabhängiges Risikocontrolling ermöglichen und dass der Risikomanagementprozess den Anforderungen der Absätze 1 bis 6 genügt und durchgehend wirksam ist.

(2) ¹Die Kapitalverwaltungsgesellschaft muss über angemessene Risikomanagementsysteme verfügen, die insbesondere gewährleisten, dass die für die jeweiligen Anlagestrategien wesentlichen Risiken der Investmentvermögen jederzeit erfasst, gemessen, gesteuert und überwacht werden können. ²Die Kapitalverwaltungsgesellschaft hat die Risikomanagementsysteme regelmäßig, mindestens jedoch einmal jährlich, zu überprüfen und erforderlichenfalls anzupassen.

(3) Die Kapitalverwaltungsgesellschaft unterliegt zumindest den folgenden Verpflichtungen:
1. sie tätigt Anlagen für Rechnung des Investmentvermögens entsprechend der Anlagestrategie, den Zielen und dem Risikoprofil des Investmentvermögens auf Basis angemessener, dokumentierter und regelmäßig aktualisierter Sorgfaltsprüfungsprozesse;
2. sie gewährleistet, dass die mit den einzelnen Anlagepositionen des Investmentvermögens verbundenen Risiken sowie deren jeweilige Wirkung auf das Gesamtrisikoprofil des Investmentvermögens laufend ordnungsgemäß erfasst, gemessen, gesteuert und überwacht werden können; sie nutzt hierzu unter anderem angemessene Stresstests;
3. sie gewährleistet, dass die Risikoprofile der Investmentvermögen der Größe, der Zusammensetzung sowie den Anlagestrategien und Anlagezielen entsprechen, wie sie in den Anlagebedingungen, dem Verkaufsprospekt und den sonstigen Verkaufsunterlagen des Investmentvermögens festgelegt sind.

(4) Die Kapitalverwaltungsgesellschaft legt ein Höchstmaß an Leverage fest, den sie für jedes der von ihr verwalteten Investmentvermögen einsetzen kann, sowie den Umfang des Rechts der Wiederverwendung von Sicherheiten oder sonstigen Garantien, die im Rahmen der Vereinbarung über den Leverage gewährt werden könnten, wobei sie Folgendes berücksichtigt:
1. die Art des Investmentvermögens,
2. die Anlagestrategie des Investmentvermögens,
3. die Herkunft des Leverage des Investmentvermögens,
4. jede andere Verbindung oder relevante Beziehung zu anderen Finanzdienstleistungsinstituten, die potenziell ein Systemrisiko darstellen,
5. die Notwendigkeit, das Risiko gegenüber jedem einzelnen Kontrahenten zu begrenzen,
6. das Ausmaß, bis zu dem das Leverage abgesichert ist,
7. das Verhältnis von Aktiva und Passiva,
8. Umfang, Art und Ausmaß der Geschäftstätigkeiten der Kapitalverwaltungsgesellschaft auf den betreffenden Märkten.

(5) Für AIF-Kapitalverwaltungsgesellschaften bestimmen sich für die von ihnen verwalteten AIF die Kriterien für
1. die Risikomanagementsysteme,
2. die angemessenen zeitlichen Abstände zwischen den Überprüfungen des Risikomanagementsystems,
3. die Art und Weise, in der die funktionale und hierarchische Trennung zwischen der Risikocontrollingfunktion und den operativen Abteilungen, einschließlich der Portfolioverwaltung, zu erfolgen hat,
4. die besonderen Schutzvorkehrungen gegen Interessenkonflikte gemäß Absatz 1 Satz 3,
5. die Anforderungen nach Absatz 3 und
6. die Anforderungen, die ein Originator, ein Sponsor oder ein ursprünglicher Kreditgeber erfüllen muss, damit eine AIF-Kapitalverwaltungsgesellschaft im Namen von AIF in Wertpapiere oder andere Finanzinstrumente dieses Typs, die nach dem 1. Januar 2011 emittiert werden, investieren darf, einschließlich der Anforderungen, die gewährleisten, dass der Originator, der Sponsor oder der ursprüngliche Kreditgeber einen materiellen Nettoanteil von mindestens 5 Prozent behält sowie
7. die qualitativen Anforderungen, die AIF-Kapitalverwaltungsgesellschaften, die im Namen eines oder mehrerer AIF in Wertpapiere oder andere Finanzinstrumente im Sinne von Nummer 6 investieren, erfüllen müssen
nach den Artikeln 38 bis 45 und 50 bis 56 der Delegierten Verordnung (EU) Nr. 231/2013.

III. Normentexte

(6)[16] ¹Das Bundesministerium der Finanzen wird ermächtigt, durch Rechtsverordnung, die nicht der Zustimmung des Bundesrates bedarf, nähere Bestimmungen für Kapitalverwaltungsgesellschaften, die OGAW oder Publikums-AIF verwalten, zu den Risikomanagementsystemen und -verfahren zu erlassen. ²Das Bundesministerium der Finanzen kann die Ermächtigung durch Rechtsverordnung auf die Bundesanstalt übertragen.

§ 30 Liquiditätsmanagement; Verordnungsermächtigung. (1) ¹Die Kapitalverwaltungsgesellschaft muss über ein angemessenes Liquiditätsmanagementsystem für jedes von ihr verwaltete Investmentvermögen verfügen, es sei denn, es handelt sich um ein geschlossenes Investmentvermögen, für das kein Leverage eingesetzt wird. ²Die Kapitalverwaltungsgesellschaft hat Verfahren festzulegen, die es ihr ermöglichen, die Liquiditätsrisiken der Investmentvermögen zu überwachen und hat zu gewährleisten, dass sich das Liquiditätsprofil der Anlagen des Investmentvermögens mit den zugrunde liegenden Verbindlichkeiten des Investmentvermögens deckt.

(2) Die Kapitalverwaltungsgesellschaft hat regelmäßig Stresstests durchzuführen und dabei sowohl normale als auch außergewöhnliche Liquiditätsbedingungen zugrunde zu legen, die die Bewertung und Überwachung der Liquiditätsrisiken der Investmentvermögen ermöglichen.

(3) Die Kapitalverwaltungsgesellschaft hat zu gewährleisten, dass die Anlagestrategie, das Liquiditätsprofil und die Rücknahmegrundsätze eines jeden von ihr verwalteten Investmentvermögens übereinstimmen.

(4) Für AIF-Kapitalverwaltungsgesellschaften bestimmen sich für die von ihnen verwalteten AIF die Kriterien für die Liquiditätsmanagementsysteme und -verfahren und die Übereinstimmung von Anlagestrategie, Liquiditätsprofil und Rücknahmegrundsätzen nach Absatz 3 nach den Artikeln 46 bis 49 der Delegierten Verordnung (EU) Nr. 231/2013.

(5)[17] ¹Das Bundesministerium der Finanzen wird ermächtigt, durch Rechtsverordnung, die nicht der Zustimmung des Bundesrates bedarf, für Kapitalverwaltungsgesellschaften in Bezug auf Publikums-AIF zusätzliche Bestimmungen zu den in den Artikeln 46 bis 49 der Delegierten Verordnung (EU) Nr. 231/2013 aufgeführten Kriterien nach Absatz 4 und in Bezug auf OGAW nähere Bestimmungen zu den Liquiditätsmanagementsystemen und -verfahren zu erlassen. ²Das Bundesministerium der Finanzen kann die Ermächtigung durch Rechtsverordnung auf die Bundesanstalt übertragen.

§ 31 Primebroker. (1) ¹Nimmt die AIF-Kapitalverwaltungsgesellschaft für Rechnung des AIF die Dienstleistungen eines Primebrokers in Anspruch, müssen die Bedingungen in einem schriftlichen Vertrag vereinbart werden. ²Insbesondere muss die Möglichkeit einer Übertragung und Wiederverwendung von Vermögensgegenständen des AIF in diesem Vertrag vereinbart werden und den Anlagebedingungen, der Satzung oder des Gesellschaftsvertrages des AIF entsprechen. ³In dem Vertrag muss festgelegt werden, dass die Verwahrstelle über den Vertrag in Kenntnis gesetzt wird.

(2) Die AIF-Kapitalverwaltungsgesellschaft hat die Auswahl und Benennung der Primebroker, mit denen ein Vertrag geschlossen wird, mit der gebotenen Sachkenntnis, Sorgfalt und Gewissenhaftigkeit vorzunehmen.

§ 32 Entschädigungseinrichtung. Sofern die Kapitalverwaltungsgesellschaft die Erlaubnis zur Erbringung der Finanzportfolioverwaltung im Sinne des § 20 Absatz 2 Nummer 1 oder Absatz 3 Nummer 2 hat, hat sie die betroffenen Kunden, die nicht Institute im Sinne des Kreditwesengesetzes sind, über die Zugehörigkeit zu einer Einrichtung zur Sicherung der Ansprüche der Kunden (Entschädigungseinrichtung) in geeigneter Weise zu informieren; § 23a Absatz 1 Satz 2 und 5 sowie Absatz 2 des Kreditwesengesetzes findet entsprechende Anwendung.

§ 33 Werbung. Auf die Werbung von Kapitalverwaltungsgesellschaften und extern verwalteten Investmentgesellschaften findet § 23 des Kreditwesengesetzes entsprechende Anwendung.

§ 34 Anzeigepflichten von Verwaltungsgesellschaften gegenüber der Bundesanstalt.
(1) Eine Kapitalverwaltungsgesellschaft hat der Bundesanstalt alle wesentlichen Änderungen der Voraussetzungen für die Erlaubnis, insbesondere wesentliche Änderungen der nach § 21 Absatz 1 und § 22 Absatz 1 vorgelegten Angaben, vor Umsetzung der Änderung mitzuteilen.

(2) ¹Beschließt die Bundesanstalt, Beschränkungen vorzuschreiben oder eine nach Absatz 1 mitgeteilte Änderung abzulehnen, so setzt sie eine Kapitalverwaltungsgesellschaft innerhalb eines Monats

---
[16] § 29 Abs. 6 tritt am 11.7.2013 in Kraft gem. Art. 28 Abs. 1 des G v. 4.7.2013 (BGBl. I S. 1981).
[17] § 30 Abs. 5 tritt am 11.7.2013 in Kraft gem. Art. 28 Abs. 1 des G v. 4.7.2013 (BGBl. I S. 1981).

nach Erhalt der Mitteilung davon in Kenntnis. ²Die Bundesanstalt kann diesen Zeitraum um bis zu einen Monat verlängern, wenn sie dies auf Grund der besonderen Umstände des Einzelfalls der Kapitalverwaltungsgesellschaft für notwendig erachtet. ³Sie hat die Kapitalverwaltungsgesellschaft über die Verlängerung der Frist nach Satz 2 zu informieren.

(3) Unbeschadet der Bestimmungen des Absatzes 1 hat eine Kapitalverwaltungsgesellschaft der Bundesanstalt unverzüglich anzuzeigen:
1. den Vollzug der Bestellung einer Person zum Geschäftsleiter;
2. das Ausscheiden eines Geschäftsleiters;
3. die Übernahme und die Aufgabe einer unmittelbaren oder mittelbaren Beteiligung an einem anderen Unternehmen; als Beteiligung gilt das unmittelbare oder mittelbare Halten von mindestens 25 Prozent der Anteile am Kapital oder Stimmrechte des anderen Unternehmens;
4. die Änderung der Rechtsform und der Firma;
5. bei externen OGAW-Kapitalverwaltungsgesellschaften und AIF-Kapitalverwaltungsgesellschaften, die Publikums-AIF verwalten, sowie bei extern verwalteten Investmentgesellschaften, die Publikums-AIF sind, jede Änderung ihrer Satzung oder ihres Gesellschaftsvertrages;
6. die Absenkung der Eigenmittel unter die in § 25 vorgesehenen Schwellen;
7. die Verlegung der Niederlassung oder des Sitzes, die Errichtung, Verlegung oder Schließung einer Zweigstelle in einem Drittstaat sowie die Aufnahme oder Beendigung der Erbringung grenzüberschreitender Dienstleistungen ohne Errichtung einer Zweigstelle;
8. die Einstellung des Geschäftsbetriebes;
9. die Absicht ihrer Geschäftsleiter, eine Entscheidung über die Auflösung der Kapitalverwaltungsgesellschaft herbeizuführen;
10. den Erwerb oder die Aufgabe einer bedeutenden Beteiligung an der eigenen Gesellschaft, das Erreichen, das Über- und Unterschreiten der Beteiligungsschwellen von 20 Prozent, 30 Prozent und 50 Prozent der Stimmrechte oder des Kapitals sowie die Tatsache, dass die Kapitalverwaltungsgesellschaft Tochterunternehmen eines anderen Unternehmens wird oder nicht mehr ist, soweit die Kapitalverwaltungsgesellschaft von der bevorstehenden Änderung dieser Beteiligungsverhältnisse Kenntnis erlangt;
11. die Absicht der Vereinigung mit einer anderen Kapitalverwaltungsgesellschaft.

(4) Die Kapitalverwaltungsgesellschaft hat der Bundesanstalt jährlich anzuzeigen:
1. den Namen und die Anschrift der an ihr bedeutend beteiligten Inhaber sowie die Höhe ihrer Beteiligung,
2. die Errichtung, Verlegung oder Schließung einer inländischen Zweigstelle und
3. die Begründung, Änderung oder die Beendigung einer engen Verbindung.

(5) ¹Die Geschäftsleiter der Kapitalverwaltungsgesellschaft haben der Bundesanstalt unverzüglich anzuzeigen:
1. die Aufnahme und die Beendigung einer Tätigkeit als Geschäftsleiter oder als Aufsichtsrats- oder Verwaltungsratsmitglied eines anderen Unternehmens und
2. die Übernahme und die Aufgabe einer unmittelbaren Beteiligung an einem Unternehmen sowie Veränderungen in der Höhe der Beteiligung.

²Als unmittelbare Beteiligung im Sinne des Satzes 1 Nummer 2 gilt das Halten von mindestens 25 Prozent der Anteile am Kapital des Unternehmens.

§ 35 Meldepflichten von AIF-Verwaltungsgesellschaften. (1) ¹Eine AIF-Kapitalverwaltungsgesellschaft unterrichtet die Bundesanstalt regelmäßig über die wichtigsten Märkte und Instrumente, auf beziehungsweise mit denen sie für Rechnung der von ihr verwalteten AIF handelt. ²Sie legt Informationen zu den wichtigsten Instrumenten, mit denen sie handelt, zu den Märkten, in denen sie Mitglied ist oder am Handel aktiv teilnimmt, sowie zu den größten Risiken und Konzentrationen jedes von ihr verwalteten AIF vor.

(2) Die AIF-Kapitalverwaltungsgesellschaft legt der Bundesanstalt für jeden von ihr verwalteten inländischen AIF und EU-AIF sowie für jeden AIF, der von ihr in einem Mitgliedstaat der Europäischen Union oder einem anderen Vertragsstaat des Abkommens über den Europäischen Wirtschaftsraum vertrieben wird, die folgenden Informationen vor:
1. den prozentualen Anteil der Vermögensgegenstände des AIF, die schwer zu liquidieren sind und für die deshalb besondere Regelungen gelten;
2. jegliche neuen Vorkehrungen zum Liquiditätsmanagement des AIF;
3. das aktuelle Risikoprofil des AIF und Angaben zu den Risikomanagementsystemen, die von der AIF-Kapitalverwaltungsgesellschaft zur Steuerung des Marktrisikos, des Liquiditätsrisikos, des Kont-

rahentenrisikos sowie sonstiger Risiken, einschließlich des operationellen Risikos, eingesetzt werden;
4. Angaben zu den wichtigsten Kategorien von Vermögensgegenständen, in die der AIF investiert hat, und
5. die Ergebnisse der nach § 29 Absatz 3 Nummer 2 und § 30 Absatz 2 durchgeführten Stresstests.

(3) Eine AIF-Kapitalverwaltungsgesellschaft legt der Bundesanstalt auf Verlangen die folgenden Unterlagen vor:
1. einen Jahresbericht über jeden von der AIF-Kapitalverwaltungsgesellschaft verwalteten inländischen Spezial-AIF und EU-AIF sowie für jeden AIF, der von ihr in einem Mitgliedstaat der Europäischen Union oder Vertragsstaat des Abkommens über den Europäischen Wirtschaftsraum vertrieben wird, für jedes Geschäftsjahr gemäß § 67 Absatz 1 Satz 1, § 101 Absatz 1 Satz 1, § 120 Absatz 1, § 135 Absatz 1 Satz 1, § 148 Absatz 1 oder § 158,
2. zum Ende jedes Quartals eine detaillierte Aufstellung sämtlicher von der AIF-Kapitalverwaltungsgesellschaft verwalteten AIF.

(4) [1] Eine AIF-Kapitalverwaltungsgesellschaft, die mindestens einen AIF verwaltet, der in beträchtlichem Umfang Leverage einsetzt, stellt der Bundesanstalt für jeden von ihr verwalteten AIF Folgendes zur Verfügung:
1. den Gesamtumfang des eingesetzten Leverage sowie eine Aufschlüsselung nach Leverage, der durch Kreditaufnahme oder Wertpapier-Darlehen begründet wird, und Leverage, der durch den Einsatz von Derivaten oder auf andere Weise zustande kommt,
2. den Umfang, in dem Vermögensgegenstände des Investmentvermögens in Zusammenhang mit dem Einsatz von Leverage wieder verwendet wurden,
3. die Identität der fünf größten Finanzierungsgeber, von denen Kredite oder Wertpapier-Darlehen aufgenommen wurden, sowie den Umfang dieser jeweils aufgenommenen Kredite oder Wertpapier-Darlehen.
[2] Die Kriterien zur Bestimmung, wann davon auszugehen ist, dass für die Zwecke des Satzes 1 Leverage in beträchtlichem Umfang eingesetzt wird, bestimmt sich nach Artikel 111 der Delegierten Verordnung (EU) Nr. 231/2013. [3] Die Bundesanstalt nutzt die Informationen nach Satz 1, um festzustellen, inwieweit die Nutzung von Leverage zur Entstehung von Systemrisiken im Finanzsystem, zur Entstehung des Risikos von Marktstörungen oder zur Entstehung von Risiken für das langfristige Wirtschaftswachstum beiträgt. [4] Die Bundesanstalt leitet die Informationen gemäß § 9 weiter.

(5) [1] Die Bundesanstalt kann für AIF-Kapitalverwaltungsgesellschaften regelmäßig oder ad hoc zusätzliche Meldepflichten festlegen, sofern dies für die wirksame Überwachung von Systemrisiken erforderlich ist oder die Bundesanstalt durch die Europäische Wertpapier- und Marktaufsichtsbehörde ersucht wurde, solche zusätzlichen Meldepflichten aufzuerlegen. [2] Die Bundesanstalt informiert die Europäische Wertpapier- und Marktaufsichtsbehörde über die zusätzlichen Meldepflichten nach Satz 1 Halbsatz 2 erste Alternative.

(6) Für eine ausländische AIF-Verwaltungsgesellschaft,
1. die, vor dem Zeitpunkt, der in dem auf Grundlage des Artikels 66 Absatz 3 in Verbindung mit Artikel 67 Absatz 6 der Richtlinie 2011/61/EG erlassenen delegierten Rechtsakt genannt ist, nach § 317 oder § 330 ausländische AIF im Geltungsbereich dieses Gesetzes vertreibt oder
2. deren Referenzmitgliedstaat die Bundesrepublik Deutschland gemäß § 56 ist,
gelten die Absätze 1 bis 5 gemäß § 58 Absatz 11, § 317 Absatz 1 Nummer 3 und § 330 Absatz 1 Satz 1 Nummer 1 Buchstabe a und Nummer 2 entsprechend mit der Maßgabe, dass die Angaben gemäß Absatz 4 auf die von ihr verwalteten inländischen Spezial-AIF, EU-AIF und die von ihr in einem Mitgliedstaat der Europäischen Union oder Vertragsstaat des Abkommens über den Europäischen Wirtschaftsraum vertriebenen AIF beschränkt sind.

(7) Eine EU-AIF-Verwaltungsgesellschaft und eine ausländische AIF-Verwaltungsgesellschaft legen der Bundesanstalt auf Verlangen einen Jahresbericht über jeden von ihr verwalteten inländischen Spezial-AIF für jedes Geschäftsjahr gemäß § 101 Absatz 1 Satz 1, § 120 Absatz 1, § 135 Absatz 1 Satz 1, § 148 Absatz 1 oder § 158 vor.

(8) Die Kriterien zur Konkretisierung der Meldepflichten nach dieser Vorschrift bestimmen sich nach Artikel 110 der Delegierten Verordnung (EU) Nr. 231/2013.

§ 36 Auslagerung. (1) [1] Die Kapitalverwaltungsgesellschaft kann Aufgaben auf ein anderes Unternehmen (Auslagerungsunternehmen) unter den folgenden Bedingungen auslagern:
1. die Kapitalverwaltungsgesellschaft muss in der Lage sein, ihre gesamte Auslagerungsstruktur anhand von objektiven Gründen zu rechtfertigen;

A. Deutschland

2. das Auslagerungsunternehmen muss über ausreichende Ressourcen für die Ausführung der ihm übertragenen Aufgaben verfügen und die Personen, die die Geschäfte des Auslagerungsunternehmens tatsächlich leiten, müssen zuverlässig sein und über ausreichende Erfahrung verfügen;
3. sofern die Auslagerung bei einer OGAW-Kapitalverwaltungsgesellschaft die Portfolioverwaltung und bei einer AIF-Kapitalverwaltungsgesellschaft die Portfolioverwaltung oder das Risikomanagement betrifft, dürfen damit nur Auslagerungsunternehmen beauftragt werden, die für die Zwecke der Vermögensverwaltung oder Finanzportfolioverwaltung zugelassen oder registriert sind und einer Aufsicht unterliegen; § 2 Absatz 6 Satz 1 Nummer 5 des Kreditwesengesetzes findet insoweit keine Anwendung; kann diese Bedingung bei AIF-Kapitalverwaltungsgesellschaften nicht erfüllt werden, kann eine Auslagerung nach Genehmigung durch die Bundesanstalt erfolgen.
4. wird die Portfolioverwaltung oder das Risikomanagement auf ein Unternehmen mit Sitz in einem Drittstaat ausgelagert, muss die Zusammenarbeit zwischen der Bundesanstalt und der zuständigen Aufsichtsbehörde des Drittstaates sichergestellt sein;
5. die Auslagerung darf die Wirksamkeit der Beaufsichtigung der Kapitalverwaltungsgesellschaft nicht beeinträchtigen; insbesondere darf sie weder die Kapitalverwaltungsgesellschaft daran hindern, im Interesse ihrer Anleger zu handeln, noch darf sie verhindern, dass das Investmentvermögen im Interesse der Anleger verwaltet wird;
6. die Kapitalverwaltungsgesellschaft muss darlegen können, dass das Auslagerungsunternehmen
   a) unter Berücksichtigung der ihm übertragenen Aufgaben über die erforderliche Qualifikation verfügt,
   b) in der Lage ist, die übernommenen Aufgaben ordnungsgemäß wahrzunehmen und
   c) sorgfältig ausgewählt wurde;
7. die Kapitalverwaltungsgesellschaft muss in der Lage sein, die ausgelagerten Aufgaben jederzeit wirksam zu überwachen; sie hat sich insbesondere die erforderlichen Weisungsbefugnisse und die Kündigungsrechte vertraglich zu sichern und
8. die Kapitalverwaltungsgesellschaft überprüft fortwährend die vom Auslagerungsunternehmen erbrachten Dienstleistungen.

[2]Die Genehmigung der Auslagerung nach Satz 1 Nummer 3 durch die Bundesanstalt ist innerhalb einer Frist von vier Wochen nach Eingang des Genehmigungsantrags zu erteilen, wenn die Voraussetzungen für die Genehmigung erfüllt sind. [3]Sind die Voraussetzungen für die Genehmigung nicht erfüllt, hat die Bundesanstalt dies dem Antragsteller innerhalb der Frist nach Satz 2 unter Angabe der Gründe mitzuteilen und fehlende oder geänderte Angaben oder Unterlagen anzufordern. [4]Mit dem Eingang der angeforderten Angaben oder Unterlagen beginnt der Lauf der in Satz 2 genannten Frist erneut.

(2) Die Kapitalverwaltungsgesellschaft hat der Bundesanstalt eine Auslagerung anzuzeigen, bevor die Auslagerungsvereinbarung in Kraft tritt.

(3) Die Portfolioverwaltung oder das Risikomanagement darf nicht ausgelagert werden auf
1. die Verwahrstelle oder einen Unterverwahrer oder
2. ein anderes Unternehmen, dessen Interessen mit denen der Kapitalverwaltungsgesellschaft oder der Anleger des Investmentvermögens im Konflikt stehen könnten, außer wenn ein solches Unternehmen
   a) die Ausführung seiner Aufgaben bei der Portfolioverwaltung oder dem Risikomanagement funktional und hierarchisch von seinen anderen potenziell dazu im Interessenkonflikt stehenden Aufgaben trennt und
   b) die potenziellen Interessenkonflikte ordnungsgemäß ermittelt, steuert, beobachtet und den Anlegern des Investmentvermögens gegenüber offenlegt.

(4) Die Kapitalverwaltungsgesellschaft hat ein Verschulden des Auslagerungsunternehmens in gleichem Umfang zu vertreten wie eigenes Verschulden.

(5) Die Kapitalverwaltungsgesellschaft darf Aufgaben nicht in einem Umfang übertragen, der dazu führt, dass sie nicht länger als Verwaltungsgesellschaft angesehen werden kann und zu einer Briefkastenfirma wird.

(6) [1]Das Auslagerungsunternehmen darf die auf ihn ausgelagerten Aufgaben unter den folgenden Bedingungen weiter übertragen (Unterauslagerung):
1. die Kapitalverwaltungsgesellschaft hat der Unterauslagerung vorher zuzustimmen,
2. die Kapitalverwaltungsgesellschaft hat der Bundesanstalt die Unterauslagerung anzuzeigen, bevor die Unterauslagerungsvereinbarung in Kraft tritt,
3. die in Absatz 1 Nummer 2 bis 8 festgelegten Bedingungen werden auf das Verhältnis zwischen Auslagerungsunternehmen und Unterauslagerungsunternehmen entsprechend angewendet.

[2]Satz 1 gilt entsprechend bei jeder weiteren Unterauslagerung.

III. Normentexte

(7) Absatz 3 gilt entsprechend bei jeder Unterauslagerung der Portfolioverwaltung oder des Risikomanagements.

(8) Bei OGAW-Kapitalverwaltungsgesellschaften muss die Auslagerung mit den von der OGAW-Kapitalverwaltungsgesellschaft regelmäßig festgesetzten Vorgaben für die Verteilung der Anlagen in Einklang stehen.

(9) Die Kapitalverwaltungsgesellschaft hat im Verkaufsprospekt nach § 165 oder § 269 die Aufgaben aufzulisten, die sie ausgelagert hat.

(10) ¹Im Hinblick auf AIF-Kapitalverwaltungsgesellschaften bestimmen sich die Bedingungen zur Erfüllung der Anforderungen nach den Absätzen 1 bis 3 und 6 und 7 sowie die Umstände, unter denen angenommen wird, dass die AIF-Kapitalverwaltungsgesellschaft im Sinne von Absatz 5 ihre Funktionen in einem Umfang übertragen hat, der sie zu einer Briefkastenfirma werden lässt, so dass sie nicht länger als Verwalter des AIF angesehen werden kann, nach den Artikel 75 bis 82 der Delegierten Verordnung (EU) Nr. 231/2013. ²Für OGAW-Kapitalverwaltungsgesellschaften sind die Artikel 75 bis 82 der Delegierten Verordnung (EU) Nr. 231/2013 hinsichtlich der Bedingungen zur Erfüllung der Anforderungen nach den Absätzen 1 bis 3 und 6 und 7 sowie der Umstände, unter denen angenommen wird, dass die OGAW-Kapitalverwaltungsgesellschaft im Sinne von Absatz 5 ihre Funktionen in einem Umfang übertragen hat, der sie zu einer Briefkastenfirma werden lässt, so dass sie nicht länger als Verwalter des OGAW angesehen werden kann, entsprechend anzuwenden.

§ 37 Vergütungssysteme; Verordnungsermächtigung. (1) AIF-Kapitalverwaltungsgesellschaften legen jeweils für Geschäftsleiter, Mitarbeiter, deren Tätigkeiten einen wesentlichen Einfluss auf das Risikoprofil der Verwaltungsgesellschaft oder der verwalteten Investmentvermögen haben (Risikoträger), Mitarbeiter mit Kontrollfunktionen und alle Mitarbeiter, die eine Gesamtvergütung erhalten, auf Grund derer sie sich in derselben Einkommensstufe befinden wie Geschäftsleiter und Risikoträger, ein Vergütungssystem fest, das mit einem soliden und wirksamen Risikomanagementsystem vereinbar und diesem förderlich ist und keine Anreize setzt zur Eingehung von Risiken, die nicht mit dem Risikoprofil, den Anlagebedingungen, der Satzung oder dem Gesellschaftsvertrag der von ihnen verwalteten Investmentvermögen vereinbar sind.

(2) Die Anforderungen an das Vergütungssystem bestimmen sich näher nach Anhang II der Richtlinie 2011/61/EU.

(3)[18] ¹Das Bundesministerium der Finanzen wird ermächtigt, durch Rechtsverordnung, die nicht der Zustimmung des Bundesrates bedarf, zur Ausgestaltung und Ergänzung der Vorgaben nach Anhang II der Richtlinie 2011/61/EU nähere Bestimmungen zu erlassen über
1. die Ausgestaltung der Vergütungssysteme, einschließlich der Entscheidungsprozesse und Verantwortlichkeiten, der Zusammensetzung der Vergütung, der Ausgestaltung positiver und negativer Vergütungsparameter, der Leistungszeiträume sowie der Berücksichtigung der Anlagestrategie, der Ziele, der Werte und der langfristigen Interessen der AIF-Kapitalverwaltungsgesellschaften und der verwalteten AIF,
2. die Überwachung der Angemessenheit und Transparenz der Vergütungssysteme durch die AIF-Kapitalverwaltungsgesellschaft und die Weiterentwicklung der Vergütungssysteme,
3. die Möglichkeit, die Auszahlung variabler Vergütungsbestandteile zu untersagen oder auf einen bestimmten Anteil des Jahresergebnisses zu beschränken,
4. die Offenlegung der Ausgestaltung der Vergütungssysteme und der Zusammensetzung der Vergütung sowie das Offenlegungsmedium und die Häufigkeit der Offenlegung.
²Die Regelungen haben sich insbesondere an Größe und Vergütungsstruktur der AIF-Kapitalverwaltungsgesellschaft und der von ihr verwalteten AIF sowie ihrer internen Organisation und der Art, des Umfangs, der Komplexität, des Risikogehalts und der Internationalität ihrer Geschäfte zu orientieren. ³Im Rahmen der Bestimmungen nach Satz 1 Nummer 4 müssen die auf Offenlegung der Vergütung bezogenen handelsrechtlichen Bestimmungen nach § 340a Absatz 1 und 2 in Verbindung mit § 340l Absatz 1 Satz 1 des Handelsgesetzbuchs unberührt bleiben. ⁴Das Bundesministerium der Finanzen kann die Ermächtigung durch Rechtsverordnung auf die Bundesanstalt übertragen.

§ 38 Jahresabschluss, Lagebericht, Prüfungsbericht und Abschlussprüfer der externen Kapitalverwaltungsgesellschaft; Verordnungsermächtigung. (1) ¹Für den Jahresabschluss, den Lagebericht und den Prüfungsbericht einer externen Kapitalverwaltungsgesellschaft gelten die §§ 340a bis 340o des Handelsgesetzbuchs entsprechend. ²§ 26 des Kreditwesengesetzes ist mit der Maßgabe

---

[18] § 37 Abs. 3 tritt am 11.7.2013 in Kraft gem. Art. 28 Abs. 1 des G v. 4.7.2013 (BGBl. I S. 1981).

entsprechend anzuwenden, dass die dort geregelten Pflichten gegenüber der Deutschen Bundesbank nicht gelten.

(2) Auf die Bestellung eines Abschlussprüfers ist § 28 des Kreditwesengesetzes mit der Maßgabe entsprechend anzuwenden, dass die dort geregelten Pflichten gegenüber der Deutschen Bundesbank nicht gelten.

(3) ¹Bei der Prüfung des Jahresabschlusses hat der Abschlussprüfer auch die wirtschaftlichen Verhältnisse der externen Kapitalverwaltungsgesellschaft zu prüfen. ²Er hat insbesondere festzustellen, ob die externe Kapitalverwaltungsgesellschaft die Anzeigepflichten nach den §§ 34, 35, 49 und 53 und die Anforderungen nach den §§ 25 bis 30, 36 und 37 sowie die Anforderungen nach Artikel 4 Absatz 1, 2 und 3 Unterabsatz 2, Artikel 9 Absatz 1 bis 4 sowie Artikel 11 Absatz 1 bis 10, 11 Unterabsatz 1 und Absatz 12 der Verordnung (EU) Nr. 648/2012 des Europäischen Parlaments und des Rates vom 4. Juli 2012 über OTC-Derivate, zentrale Gegenparteien und Transaktionsregister (ABl. L 201 vom 27.7.2012, S. 1) erfüllt hat.

(4) ¹Der Abschlussprüfer hat zu prüfen, ob die externe Kapitalverwaltungsgesellschaft ihren Verpflichtungen nach dem Geldwäschegesetz nachgekommen ist. ²Soweit die externe Kapitalverwaltungsgesellschaft Nebendienstleistungen nach § 20 Absatz 2 oder 3 erbringt, hat der Abschlussprüfer diese Nebendienstleistungen besonders zu prüfen. ³Werden Nebendienstleistungen im Sinne des § 20 Absatz 2 Nummer 1 bis 3 oder Absatz 3 Nummer 2 bis 5 erbracht, umfasst die Prüfung auch die Einhaltung der in § 5 Absatz 2 genannten Vorschriften des Wertpapierhandelsgesetzes. ⁴Die Prüfung kann auch ein geeigneter Prüfer im Sinne des § 36 Absatz 1 Satz 6 des Wertpapierhandelsgesetzes vornehmen. ⁵§ 36 Absatz 4 des Wertpapierhandelsgesetzes gilt entsprechend. ⁶Die Bundesanstalt kann auf Antrag von der gesonderten Prüfung der in § 5 Absatz 2 genannten Vorschriften des Wertpapierhandelsgesetzes ganz oder teilweise absehen, soweit dies aus besonderen Gründen, insbesondere wegen der Art und des Umfangs der betriebenen Geschäfte, angezeigt ist. ⁷§ 29 Absatz 3 des Kreditwesengesetzes ist mit der Maßgabe entsprechend anzuwenden, dass die dort geregelten Pflichten gegenüber der Deutschen Bundesbank nicht gelten.

(5)[19] ¹Das Bundesministerium der Finanzen wird ermächtigt, im Einvernehmen mit dem Bundesministerium der Justiz durch Rechtsverordnung, die nicht der Zustimmung des Bundesrates bedarf, nähere Bestimmungen über den Zeitpunkt der Prüfung, weitere Inhalte, Umfang und Darstellungen des Prüfungsberichts zu erlassen, soweit dies zur Erfüllung der Aufgaben der Bundesanstalt erforderlich ist, insbesondere um einheitliche Unterlagen zur Beurteilung der Tätigkeit der externen Kapitalverwaltungsgesellschaft zu erhalten. ²Das Bundesministerium der Finanzen kann die Ermächtigung durch Rechtsverordnung auf die Bundesanstalt übertragen.

Unterabschnitt 3. Weitere Maßnahmen der Aufsichtsbehörde

Übersicht

§ 39 Erlöschen und Aufhebung der Erlaubnis
§ 40 Abberufung von Geschäftsleitern
§ 41 Maßnahmen bei unzureichenden Eigenmitteln
§ 42 Maßnahmen bei Gefahr
§ 43 Insolvenzantrag, Unterrichtung der Gläubiger im Insolvenzverfahren

§ 39[20] Erlöschen und Aufhebung der Erlaubnis. (1) ¹Die Erlaubnis erlischt, wenn die Kapitalverwaltungsgesellschaft
1. von ihr nicht innerhalb eines Jahres seit ihrer Erteilung Gebrauch macht,
2. den Geschäftsbetrieb, auf den sich die Erlaubnis bezieht, seit mehr als sechs Monaten nicht mehr ausübt oder
3. ausdrücklich auf sie verzichtet.

²Bei Investmentaktiengesellschaften mit veränderlichem Kapital, bei Investmentaktiengesellschaften mit fixem Kapital, bei offenen Investmentkommanditgesellschaften oder bei geschlossenen Investmentkommanditgesellschaften muss der Verzicht im Sinne von Satz 1 Nummer 3 gegenüber der Bundesanstalt durch Vorlage eines Handelsregisterauszuges nachgewiesen werden, aus dem sich die entsprechende Änderung des Unternehmensgegenstandes wie auch die Änderung der Firma ergibt.

(2) Soweit die externe Kapitalverwaltungsgesellschaft auch über die Erlaubnis zur Finanzportfolioverwaltung nach § 20 Absatz 2 Nummer 1 oder Absatz 3 Nummer 2 verfügt, erlischt diese Erlaubnis,

---

[19] § 38 Abs. 5 tritt am 11.7.2013 in Kraft gem. Art. 28 Abs. 1 des G v. 4.7.2013 (BGBl. I S. 1981).
[20] § 39 Abs. 3 Nr. 4 geänd. mWv 1.1.2014 durch G v. 28.8.2013 (BGBl. I S. 3395).

III. Normentexte

wenn die Kapitalverwaltungsgesellschaft nach § 11 des Einlagen- und Anlegerentschädigungsgesetzes von der Entschädigungseinrichtung ausgeschlossen wird.

(3) Die Bundesanstalt kann die Erlaubnis außer nach den Vorschriften des Verwaltungsverfahrensgesetzes aufheben, wenn
1. die Kapitalverwaltungsgesellschaft die Erlaubnis auf Grund falscher Erklärungen oder auf sonstige rechtswidrige Weise erwirkt hat,
2. die Eigenmittel der Kapitalverwaltungsgesellschaft unter die in § 25 vorgesehenen Schwellen absinken und die Gesellschaft nicht innerhalb einer von der Bundesanstalt zu bestimmenden Frist diesen Mangel behoben hat,
3. der Bundesanstalt Tatsachen bekannt werden, die eine Versagung der Erlaubnis nach § 23 Nummer 2 bis 11 rechtfertigen würden,
4. die externe Kapitalverwaltungsgesellschaft auch über die Erlaubnis zur Finanzportfolioverwaltung nach die Verordnung (EU) Nr. 575/2013 nicht mehr erfüllt,
5. die Kapitalverwaltungsgesellschaft nachhaltig gegen die Bestimmungen dieses Gesetzes verstößt.

(4) § 38 des Kreditwesengesetzes ist entsprechend anzuwenden, wenn die Bundesanstalt die Erlaubnis der Kapitalverwaltungsgesellschaft aufhebt oder die Erlaubnis erlischt.

§ 40 Abberufung von Geschäftsleitern. (1) In den Fällen des § 39 Absatz 3 kann die Bundesanstalt statt der Aufhebung der Erlaubnis die Abberufung der verantwortlichen Geschäftsleiter verlangen und ihnen die Ausübung ihrer Tätigkeit untersagen.

(2) ¹Die Bundesanstalt kann die Organbefugnisse abberufener Geschäftsleiter so lange auf einen geeigneten Sonderbeauftragten übertragen, bis die Kapitalverwaltungsgesellschaft über neue Geschäftsleiter verfügt, die den in § 23 Nummer 3 genannten Anforderungen genügen. ²§ 45c Absatz 6 und 7 des Kreditwesengesetzes ist entsprechend anzuwenden.

§ 41 Maßnahmen bei unzureichenden Eigenmitteln. ¹Entsprechen bei einer Kapitalverwaltungsgesellschaft die Eigenmittel nicht den Anforderungen des § 25, kann die Bundesanstalt Anordnungen treffen, die geeignet und erforderlich sind, um Verstöße gegen § 25 zu unterbinden. ²Sie kann insbesondere Entnahmen durch Gesellschafter und die Ausschüttung von Gewinnen untersagen oder beschränken. ³Beschlüsse über die Gewinnausschüttung sind insoweit nichtig, als sie einer Anordnung nach Satz 1 widersprechen. ⁴§ 45 Absatz 5 Satz 1 des Kreditwesengesetzes ist entsprechend anzuwenden.

§ 42 Maßnahmen bei Gefahr. Die Bundesanstalt kann zur Abwendung einer Gefahr in folgenden Fällen geeignete und erforderliche Maßnahmen ergreifen:
1. bei einer Gefahr für die Erfüllung der Verpflichtungen einer Kapitalverwaltungsgesellschaft gegenüber ihren Gläubigern,
2. bei einer Gefahr für die Sicherheit der Vermögensgegenstände, die der Kapitalverwaltungsgesellschaft anvertraut sind, oder
3. beim begründeten Verdacht, dass eine wirksame Aufsicht über die Kapitalverwaltungsgesellschaft nach den Bestimmungen dieses Gesetzes nicht möglich ist.

§ 43 Insolvenzantrag, Unterrichtung der Gläubiger im Insolvenzverfahren. (1) Auf den Fall der Zahlungsunfähigkeit, der Überschuldung oder der drohenden Zahlungsunfähigkeit einer Kapitalverwaltungsgesellschaft ist § 46b Absatz 1 des Kreditwesengesetzes entsprechend anzuwenden.

(2) Die Gläubiger sind über die Eröffnung des Insolvenzverfahrens in entsprechender Anwendung des § 46f des Kreditwesengesetzes zu unterrichten.

Unterabschnitt 4. Pflichten für registrierungspflichtige AIF-Kapitalverwaltungsgesellschaften

Übersicht

§ 44 Registrierung und Berichtspflichten
§ 45 Erstellung und Bekanntmachung von Jahresberichten
§ 46 Inhalt von Jahresabschlüssen und Lageberichten
§ 47 Prüfung und Bestätigung des Abschlussprüfers
§ 48 Verkürzung der handelsrechtlichen Offenlegungsfrist

§ 44 Registrierung und Berichtspflichten. (1) AIF-Kapitalverwaltungsgesellschaften, die die Bedingungen nach § 2 Absatz 4, 4a oder 5 erfüllen,
1. sind zur Registrierung bei der Bundesanstalt verpflichtet,

2. weisen sich und die von ihnen zum Zeitpunkt der Registrierung verwalteten AIF gegenüber der Bundesanstalt aus,
3. legen der Bundesanstalt zum Zeitpunkt ihrer Registrierung Informationen zu den Anlagestrategien der von ihnen verwalteten AIF vor,
4. unterrichten die Bundesanstalt regelmäßig über
    a) die wichtigsten Instrumente, mit denen sie handeln und
    b) die größten Risiken und die Konzentrationen der von ihnen verwalteten AIF,
    um der Bundesanstalt eine effektive Überwachung der Systemrisiken zu ermöglichen,
5. teilen der Bundesanstalt unverzüglich mit, wenn die in § 2 Absatz 4, 4a oder 5 genannten Voraussetzungen nicht mehr erfüllt sind,
6. müssen juristische Personen oder Personenhandelsgesellschaften sein und
7. dürfen nur AIF in der Rechtsform
    a) einer juristischen Person oder
    b) einer Personenhandelsgesellschaft, bei der persönlich haftender Gesellschafter ausschließlich eine Gesellschaft mit beschränkter Haftung ist, und
    bei der die Nachschusspflicht der Anleger ausgeschlossen ist, verwalten.

(2) ¹Für AIF-Kapitalverwaltungsgesellschaften, die die Bedingungen nach § 2 Absatz 4b erfüllen, gelten Absatz 1 Nummer 1 bis 4. ²Sie teilen der Bundesanstalt unverzüglich mit, wenn die in § 2 Absatz 4b genannten Voraussetzungen nicht mehr erfüllt sind.

(3) AIF-Kapitalverwaltungsgesellschaften, die die Bedingungen nach § 2 Absatz 4b oder 5 erfüllen, legen der Bundesanstalt mit dem Antrag auf Registrierung zusätzlich zu den in Absatz 1 oder Absatz 2 genannten Angaben folgende Informationen vor:
1. die Angabe der Geschäftsleiter,
2. Angaben zur Beurteilung der Zuverlässigkeit der Geschäftsleiter,
3. Angaben zur Beurteilung der fachlichen Eignung der Geschäftsleiter.

(4) ¹Die Bundesanstalt bestätigt der AIF-Kapitalverwaltungsgesellschaft die Registrierung innerhalb einer Frist von zwei Wochen nach Eingang des vollständigen Registrierungsantrags, wenn die Voraussetzungen für die Registrierung erfüllt sind. ²Bei Registrierungsanträgen von AIF-Kapitalverwaltungsgesellschaften, die die Bedingungen nach § 2 Absatz 4b oder 5 erfüllen, kann die Bundesanstalt diesen Zeitraum um bis zu zwei Wochen verlängern, wenn sie dies aufgrund der besonderen Umstände des Einzelfalls für notwendig erachtet. ³Die Registrierung gilt als bestätigt, wenn über den Registrierungsantrag nicht innerhalb der Frist nach Satz 1 entschieden worden ist und die Bundesanstalt die Frist nicht gemäß Satz 2 verlängert hat. ⁴Die Bundesanstalt versagt der AIF-Kapitalverwaltungsesellschaft die Registrierung, wenn
1. die Bedingungen des § 2 Absatz 4, 4a, 4b oder 5 nicht erfüllt sind,
2. nicht alle zum Zeitpunkt der Registrierung erforderlichen Informationen gemäß Absatz 1 bis 3 und 7 vorgelegt wurden,
3. die AIF-Kapitalverwaltungsgesellschaft, die die Bedingungen nach § 2 Absatz 4, 4a oder 5 erfüllt, keine juristische Person oder Personenhandelsgesellschaft ist,
4. die AIF-Kapitalverwaltungsgesellschaft, die die Bedingungen nach § 2 Absatz 4, 4a oder 5 erfüllt, AIF in einer anderen als den in Absatz 1 Nummer 7 genannten Rechtsformen verwaltet,
5. die Hauptverwaltung oder der satzungsmäßige Sitz der AIF-Kapitalverwaltungsgesellschaft sich nicht im Inland befindet,
6. bei AIF-Kapitalverwaltungsgesellschaften, die die Bedingungen nach § 2 Absatz 4b oder 5 erfüllen, Tatsachen vorliegen, aus denen sich ergibt, dass die Geschäftsleiter der AIF-Kapitalverwaltungsgesellschaft nicht zuverlässig sind oder die zur Leitung erforderliche fachliche Eignung nicht haben.

(5) ¹Die Bundesanstalt kann die Registrierung außer nach den Vorschriften des Verwaltungsverfahrensgesetzes aufheben, wenn
1. die AIF-Kapitalverwaltungsgesellschaft die Registrierung auf Grund falscher Erklärungen oder auf sonstige rechtswidrige Weise erwirkt hat,
2. der Bundesanstalt Tatsachen bekannt werden, die eine Versagung der Registrierung nach Absatz 4 rechtfertigen würden,
3. die AIF-Kapitalverwaltungsgesellschaft nachhaltig gegen die Bestimmungen dieser Vorschrift oder die weiteren gemäß § 2 Absatz 4, 4a, 4b oder 5 anzuwendenden Bestimmungen dieses Gesetzes verstößt.

²Statt der Aufhebung der Registrierung kann die Bundesanstalt die Abberufung der verantwortlichen Geschäftsleiter verlangen und ihnen die Ausübung ihrer Tätigkeit untersagen. ³§ 40 Absatz 2 findet entsprechend Anwendung.

(6) ¹Sind die in § 2 Absatz 4, 4b oder 5 genannten Voraussetzungen nicht mehr erfüllt, hat die AIF-Kapitalverwaltungsgesellschaft die Erlaubnis nach den §§ 20 und 22 innerhalb von 30 Kalendertagen zu beantragen. ²Sind die in § 2 Absatz 4a genannten Voraussetzungen nicht mehr erfüllt, hat die AIF-Kapitalverwaltungsgesellschaft innerhalb von 30 Kalendertagen
1. eine Registrierung nach § 44 Absatz 1 Nummer 1, Absatz 2 bis 4 zu beantragen, wenn sie die Voraussetzungen nach § 2 Absatz 4b Satz 1 oder 5 Satz 1 erfüllt, oder
2. die Erlaubnis nach den §§ 20 und 22 zu beantragen, wenn sie nicht die in Nummer 1 genannten Voraussetzungen erfüllt.

(7) Nähere Bestimmungen zu den Pflichten der AIF-Kapitalverwaltungsgesellschaften zur Registrierung und zur Vorlage von Informationen, um eine effektive Überwachung von Systemrisiken zu ermöglichen und zur Mitteilungspflicht gegenüber den zuständigen Behörden nach Absatz 1 ergeben sich aus den Artikeln 2 bis 5 der Delegierten Verordnung (EU) Nr. 231/2013.

§ 45 Erstellung und Bekanntmachung von Jahresberichten. (1) ¹Eine AIF-Kapitalverwaltungsgesellschaft, die die Voraussetzungen von § 2 Absatz 5 erfüllt, hat für jeden von ihr verwalteten geschlossenen inländischen Publikums-AIF, der nicht verpflichtet ist, nach den Vorschriften des Handelsgesetzbuchs einen Jahresabschluss offenzulegen, für den Schluss eines jeden Geschäftsjahres einen Jahresbericht zu erstellen und spätestens sechs Monate nach Ablauf des Geschäftsjahres beim Betreiber des Bundesanzeigers elektronisch einzureichen sowie den Anlegern auf Anforderung auch in Papierform zur Verfügung zu stellen. ²Ist die Feststellung des Jahresabschlusses oder dessen Prüfung oder die Prüfung des Lageberichts binnen dieser Frist nicht möglich, ist § 328 Absatz 1 Nummer 1 Satz 2 und Nummer 2 des Handelsgesetzbuchs entsprechend anzuwenden; die fehlenden Angaben zur Feststellung oder der Bestätigungsvermerk oder der Vermerk über dessen Versagung sind spätestens neun Monate nach Ablauf des Geschäftsjahres nachzureichen und nach Absatz 3 bekannt machen zu lassen.

(2) Der Jahresbericht im Sinne des Absatzes 1 Satz 1 besteht mindestens aus
1. dem nach Maßgabe des § 46 aufgestellten und von einem Abschlussprüfer geprüften Jahresabschluss,
2. dem nach Maßgabe des § 46 aufgestellten und von einem Abschlussprüfer geprüften Lagebericht,
3. einer den Vorgaben des § 264 Absatz 2 Satz 3 beziehungsweise des § 289 Absatz 1 Satz 5 des Handelsgesetzbuchs entsprechenden Erklärung der gesetzlichen Vertreter des geschlossenen inländischen Publikums-AIF sowie
4. den Bestätigungen des Abschlussprüfers nach § 47.

(3) ¹Der Jahresbericht im Sinne des Absatzes 1 Satz 1 ist unverzüglich nach der elektronischen Einreichung im Bundesanzeiger bekannt zu machen. ²§ 325 Absatz 1 Satz 7, Absatz 2 bis 2b, 5 und 6 sowie die §§ 328 und 329 Absatz 1, 2 und 4 des Handelsgesetzbuchs gelten entsprechend.

(4) Die Bekanntmachung ist über die Internetseite des Unternehmensregisters zugänglich zu machen; die Unterlagen sind in entsprechender Anwendung des § 8b Absatz 3 Satz 1 Nummer 1 des Handelsgesetzbuchs vom Betreiber des Bundesanzeigers zu übermitteln.

§ 46 Inhalt von Jahresabschlüssen und Lageberichten. ¹Bei einem geschlossenen inländischen Publikums-AIF, der von einer AIF-Kapitalverwaltungsgesellschaft verwaltet wird, die die Voraussetzungen des § 2 Absatz 5 erfüllt, sind für den Jahresabschluss die Bestimmungen des Ersten Unterabschnitts des Zweiten Abschnitts des Dritten Buches des Handelsgesetzbuchs und für den Lagebericht die Bestimmungen des § 289 des Handelsgesetzbuchs einzuhalten, soweit sich aus dem entsprechend anwendbaren § 135 Absatz 3 bis 11 nichts anderes ergibt. ²§ 264 Absatz 1 Satz 4 Halbsatz 1, Absatz 3, 4 und § 264b des Handelsgesetzbuchs sind nicht anzuwenden.

§ 47 Prüfung und Bestätigung des Abschlussprüfers. (1) ¹Der Jahresabschluss und der Lagebericht eines geschlossenen inländischen Publikums-AIF im Sinne des § 46 Absatz 1 sind durch einen Abschlussprüfer nach Maßgabe der Bestimmungen des Dritten Unterabschnitts des Zweiten Abschnitts des Dritten Buches des Handelsgesetzbuchs zu prüfen. ²Der Jahresabschluss und der Lagebericht müssen mit dem Bestätigungsvermerk oder einem Vermerk über die Versagung der Bestätigung versehen sein.

(2) Der Abschlussprüfer hat bei seiner Prüfung auch festzustellen, ob die AIF-Kapitalverwaltungsgesellschaft, die die Voraussetzungen von § 2 Absatz 5 erfüllt, die Bestimmungen eines dem AIF zugrunde liegenden Gesellschaftsvertrags, eines Treuhandverhältnisses oder einer Satzung sowie der Anlagebedingungen beachtet hat.

(3) ¹Die Zuweisung von Gewinnen, Verlusten, Einnahmen, Ausgaben, Einlagen und Entnahmen zu den einzelnen Kapitalkonten ist vom Abschlussprüfer zu prüfen und deren Ordnungsmäßigkeit zu

bestätigen. ²Dies gilt auch für den Fall, dass der Anteil oder die Aktie am AIF für den Anleger durch einen Treuhänder gehalten wird.

§ 48 Verkürzung der handelsrechtlichen Offenlegungsfrist. (1) Ist der geschlossene inländische Publikums-AIF im Sinne des § 46 Absatz 1 nach den Vorschriften des Handelsgesetzbuchs zur Offenlegung des Jahresabschlusses verpflichtet, tritt an die Stelle des Ablaufs des zwölften Monats des dem Abschlussstichtag nachfolgenden Geschäftsjahres im Sinne des § 325 Absatz 1 Satz 2 des Handelsgesetzbuchs der Ablauf des neunten Monats.

(2) § 326 des Handelsgesetzbuchs über die größenabhängigen Erleichterungen für kleine Kapitalgesellschaften ist nicht anzuwenden.

Unterabschnitt 5. Grenzüberschreitender Dienstleistungsverkehr bei OGAW-Verwaltungsgesellschaften

Übersicht

§ 49 Zweigniederlassung und grenzüberschreitender Dienstleistungsverkehr durch OGAW-Kapitalverwaltungsgesellschaften; Verordnungsermächtigung
§ 50 Besonderheiten für die Verwaltung von EU-OGAW durch OGAW-Kapitalverwaltungsgesellschaften
§ 51 Inländische Zweigniederlassungen und grenzüberschreitender Dienstleistungsverkehr von EU-OGAW-Verwaltungsgesellschaften
§ 52 Besonderheiten für die Verwaltung inländischer OGAW durch EU-OGAW-Verwaltungsgesellschaften

§ 49 Zweigniederlassung und grenzüberschreitender Dienstleistungsverkehr durch OGAW-Kapitalverwaltungsgesellschaften; Verordnungsermächtigung. (1) ¹Eine OGAW-Kapitalverwaltungsgesellschaft hat der Bundesanstalt die Absicht, eine Zweigniederlassung in einem anderen Mitgliedstaat der Europäischen Union oder in einem anderen Vertragsstaat des Abkommens über den Europäischen Wirtschaftsraum zu errichten, um die kollektive Vermögensverwaltung oder Tätigkeiten nach § 20 Absatz 2 Nummer 1, 2, 3 oder 4 auszuüben, unverzüglich anzuzeigen. ²Das Anzeigeschreiben muss neben der Erklärung der Absicht nach Satz 1 Folgendes enthalten:
1. die Bezeichnung des Staates, in dem die Zweigniederlassung errichtet werden soll,
2. einen Geschäftsplan,
   a) aus dem die geplanten Dienstleistungen und Nebendienstleistungen gemäß Artikel 6 Absatz 2 und 3 der Richtlinie 2009/65/EG und der organisatorische Aufbau der Zweigniederlassung hervorgehen,
   b) der eine Beschreibung des Risikomanagementverfahrens umfasst, das von der OGAW-Kapitalverwaltungsgesellschaft erarbeitet wurde und
   c) der eine Beschreibung der Verfahren und Vereinbarungen zur Einhaltung von Artikel 15 der Richtlinie 2009/65/EG enthält,
3. die Anschrift, unter der Unterlagen der OGAW-Kapitalverwaltungsgesellschaft im Aufnahmemitgliedstaat angefordert und Schriftstücke zugestellt werden können und
4. die Namen der Personen, die die Zweigniederlassung leiten werden.

(2) ¹Besteht in Anbetracht der geplanten Tätigkeiten kein Grund, die Angemessenheit der Organisationsstruktur und der Finanzlage der OGAW-Kapitalverwaltungsgesellschaft anzuzweifeln, übermittelt die Bundesanstalt die Angaben nach Absatz 1 Satz 2 innerhalb von zwei Monaten nach Eingang der vollständigen Unterlagen den zuständigen Stellen des Aufnahmemitgliedstaates der OGAW-Kapitalverwaltungsgesellschaft und teilt dies der anzeigenden OGAW-Kapitalverwaltungsgesellschaft unverzüglich mit. ²Sie unterrichtet die zuständigen Stellen des Aufnahmemitgliedstaates der OGAW-Kapitalverwaltungsgesellschaft gegebenenfalls über die Sicherungseinrichtung, der die OGAW-Kapitalverwaltungsgesellschaft angehört. ³Lehnt die Bundesanstalt es ab, die Anzeige nach Absatz 1 an die zuständigen Stellen des Aufnahmemitgliedstaates der OGAW-Kapitalverwaltungsgesellschaft weiterzuleiten, teilt sie dies der OGAW-Kapitalverwaltungsgesellschaft unverzüglich, spätestens jedoch innerhalb von zwei Monaten nach Eingang der vollständigen Anzeige nach Absatz 1 Satz 2 unter Angabe der Gründe mit.

(3) Die OGAW-Kapitalverwaltungsgesellschaft darf erst die Zweigniederlassung errichten und ihre Tätigkeit aufnehmen, wenn ihr eine Mitteilung der zuständigen Stelle des Aufnahmemitgliedstaates über die Meldepflichten und die anzuwendenden Bestimmungen zugegangen ist oder, sofern diese Stelle sich nicht äußert, wenn seit der Übermittlung der Angaben durch die Bundesanstalt an die

zuständige Stelle des Aufnahmemitgliedstaates der OGAW-Kapitalverwaltungsgesellschaft nach Absatz 2 Satz 1 zwei Monate vergangen sind.

(4) ¹Ändern sich die Verhältnisse, die nach Absatz 1 Satz 2 Nummer 2 bis 4 angezeigt wurden, hat die OGAW-Kapitalverwaltungsgesellschaft der Bundesanstalt und den zuständigen Stellen des Aufnahmemitgliedstaates der OGAW-Kapitalverwaltungsgesellschaft die Änderungen mindestens einen Monat vor dem Wirksamwerden der Änderungen schriftlich anzuzeigen. ²Die Bundesanstalt entscheidet innerhalb eines Monats nach Eingang der Änderungsanzeige, ob hinsichtlich der Änderungen nach Satz 1 Gründe bestehen, die Angemessenheit der Organisationsstruktur und der Finanzlage der OGAW-Kapitalverwaltungsgesellschaft anzuzweifeln. ³Die Bundesanstalt teilt den zuständigen Stellen des Aufnahmemitgliedstaates der OGAW-Kapitalverwaltungsgesellschaft Änderungen ihrer Einschätzung an der Angemessenheit der Organisationsstruktur und der Finanzlage der OGAW-Kapitalverwaltungsgesellschaft sowie Änderungen der Sicherungseinrichtung unverzüglich mit.

(5) ¹Absatz 1 Satz 1 gilt entsprechend für die Absicht, im Wege des grenzüberschreitenden Dienstleistungsverkehrs in einem anderen Mitgliedstaat der Europäischen Union oder einem anderen Vertragsstaat des Abkommens über den Europäischen Wirtschaftsraum die kollektive Vermögensverwaltung oder Tätigkeiten nach § 20 Absatz 2 Nummer 1, 2, 3 oder 4 auszuüben. ²Die Anzeige muss neben der Erklärung der Absicht nach Satz 1 Folgendes enthalten:
1. die Bezeichnung des Staates, in dem die grenzüberschreitende Dienstleistung ausgeübt werden soll und
2. einen Geschäftsplan,
    a) aus dem die geplanten Dienstleistungen und Nebendienstleistungen gemäß Artikel 6 Absatz 2 und 3 der Richtlinie 2009/65/EG hervorgehen,
    b) der eine Beschreibung des Risikomanagementverfahrens umfasst, das von der OGAW-Kapitalverwaltungsgesellschaft erarbeitet wurde und
    c) der die Beschreibung der Verfahren und Vereinbarungen zur Einhaltung von Artikel 15 der Richtlinie 2009/65/EG enthält.

(6) ¹Die Bundesanstalt übermittelt die Angaben nach Absatz 5 Satz 2 innerhalb eines Monats nach Eingang der vollständigen Unterlagen den zuständigen Stellen des Aufnahmemitgliedstaates der OGAW-Kapitalverwaltungsgesellschaft und teilt dies der anzeigenden OGAW-Kapitalverwaltungsgesellschaft unverzüglich mit. ²Die Bundesanstalt unterrichtet die zuständigen Stellen des Aufnahmemitgliedstaates der OGAW-Kapitalverwaltungsgesellschaft gegebenenfalls über die Sicherungseinrichtung, der die OGAW-Kapitalverwaltungsgesellschaft angehört. ³Unmittelbar nachdem die Bundesanstalt die zuständigen Stellen des Aufnahmemitgliedstaates der OGAW-Kapitalverwaltungsgesellschaft unterrichtet hat, kann die OGAW-Kapitalverwaltungsgesellschaft ihre Tätigkeit im Aufnahmemitgliedstaat aufnehmen. ⁴Ändern sich die Verhältnisse, die nach Absatz 5 Satz 2 Nummer 2 angezeigt wurden, hat die OGAW-Kapitalverwaltungsgesellschaft der Bundesanstalt und den zuständigen Stellen des Aufnahmemitgliedstaates der OGAW-Kapitalverwaltungsgesellschaft die Änderungen vor dem Wirksamwerden der Änderungen schriftlich anzuzeigen.

(7) OGAW-Kapitalverwaltungsgesellschaften, die beabsichtigen, gemäß Absatz 1 eine Zweigniederlassung zu errichten oder gemäß Absatz 5 im Wege des grenzüberschreitenden Dienstleistungsverkehrs Tätigkeiten nach § 20 Absatz 2 Nummer 1, 2, 3 oder 4 auszuüben, müssen mindestens einen OGAW verwalten.

(8)²¹⁾ Das Bundesministerium der Finanzen wird ermächtigt, durch Rechtsverordnung, die nicht der Zustimmung des Bundesrates bedarf, zu bestimmen, dass die Absätze 1 bis 4 für die Errichtung einer Zweigniederlassung in einem Drittstaat entsprechend anzuwenden sind, soweit dies im Bereich des Niederlassungsrechts auf Grund von Abkommen der Europäischen Union mit Drittstaaten erforderlich ist.

§ 50 Besonderheiten für die Verwaltung von EU-OGAW durch OGAW-Kapitalverwaltungsgesellschaften. (1) ¹Beabsichtigt eine OGAW-Kapitalverwaltungsgesellschaft, über eine Zweigniederlassung oder im Wege des grenzüberschreitenden Dienstleistungsverkehrs EU-OGAW zu verwalten, fügt die Bundesanstalt der Anzeige nach § 49 Absatz 1 Satz 2 oder § 49 Absatz 5 Satz 2 eine Bescheinigung darüber bei, dass die OGAW-Kapitalverwaltungsgesellschaft eine Erlaubnis zum Geschäftsbetrieb erhalten hat, die einer Zulassung gemäß der Richtlinie 2009/65/EG entspricht, sowie eine Beschreibung des Umfangs dieser Erlaubnis. ²In diesem Fall hat die OGAW-Kapitalverwaltungsgesellschaft den zuständigen Stellen des Aufnahmemitgliedstaates darüber hinaus folgende Unterlagen zu übermitteln:

---

²¹ § 49 Abs. 8 tritt am 11.7.2013 in Kraft gem. Art. 28 Abs. 1 des G v. 4.7.2013 (BGBl. I S. 1981).

A. Deutschland

1. die schriftliche Vereinbarung mit der Verwahrstelle im Sinne der Artikel 23 und 33 der Richtlinie 2009/65/EG und
2. Angaben über die Auslagerung von Aufgaben nach § 36 bezüglich der Aufgaben der Portfolioverwaltung und der administrativen Tätigkeiten im Sinne des Anhangs II der Richtlinie 2009/65/EG.

³Verwaltet die OGAW-Kapitalverwaltungsgesellschaft in diesem Aufnahmemitgliedstaat bereits EU-OGAW der gleichen Art, ist ein Hinweis auf die bereits übermittelten Unterlagen ausreichend, sofern sich keine Änderungen ergeben.

(2) ¹Die Bundesanstalt unterrichtet die zuständigen Stellen des Aufnahmemitgliedstaates der OGAW-Kapitalverwaltungsgesellschaft über jede Änderung des Umfangs der Erlaubnis der OGAW-Kapitalverwaltungsgesellschaft. ²Sie aktualisiert die Informationen, die in der Bescheinigung nach Absatz 1 Satz 1 enthalten sind. ³Alle nachfolgenden inhaltlichen Änderungen zu den Unterlagen nach Absatz 1 Satz 2 hat die OGAW-Kapitalverwaltungsgesellschaft den zuständigen Stellen des Aufnahmemitgliedstaates unmittelbar mitzuteilen.

(3) Fordert die zuständige Stelle des Aufnahmemitgliedstaates der OGAW-Kapitalverwaltungsgesellschaft von der Bundesanstalt auf Grundlage der Bescheinigung nach Absatz 1 Satz 1 Auskünfte darüber an, ob die Art des EU-OGAW, dessen Verwaltung beabsichtigt ist, von der Erlaubnis der OGAW-Kapitalverwaltungsgesellschaft erfasst ist oder fordert sie Erläuterungen zu den nach Absatz 1 Satz 2 übermittelten Unterlagen an, gibt die Bundesanstalt ihre Stellungnahme binnen zehn Arbeitstagen ab.

(4) ¹Auf die Tätigkeit einer OGAW-Kapitalverwaltungsgesellschaft, die EU-OGAW verwaltet, sind die §§ 1 bis 43 sowie die im Herkunftsmitgliedstaat des EU-OGAW anzuwendenden Vorschriften, die Artikel 19 Absatz 3 und 4 der Richtlinie 2009/65/EG umsetzen, entsprechend anzuwenden. ²Soweit diese Tätigkeit über eine Zweigniederlassung ausgeübt wird, sind § 26 Absatz 2 in Verbindung mit einer Rechtsverordnung nach § 26 Absatz 8 sowie § 27 Absatz 1 in Verbindung mit einer Rechtsverordnung nach § 27 Absatz 6 nicht anzuwenden.

§ 51²²⁾ **Inländische Zweigniederlassungen und grenzüberschreitender Dienstleistungsverkehr von EU-OGAW-Verwaltungsgesellschaften.** (1) ¹Eine EU-OGAW-Verwaltungsgesellschaft darf ohne Erlaubnis der Bundesanstalt über eine inländische Zweigniederlassung oder im Wege des grenzüberschreitenden Dienstleistungsverkehrs im Inland die kollektive Vermögensverwaltung von inländischen OGAW sowie Dienstleistungen und Nebendienstleistungen nach § 20 Absatz 2 Nummer 1, 2, 3 oder 4 erbringen, wenn die zuständigen Stellen des Herkunftsmitgliedstaates der EU-OGAW-Verwaltungsgesellschaft
1. durch ihre Erlaubnis die im Inland beabsichtigten Tätigkeiten abgedeckt haben und
2. der Bundesanstalt eine Anzeige über die Absicht der EU-OGAW-Verwaltungsgesellschaft übermittelt haben,
   a) eine inländische Zweigniederlassung im Sinne des Artikels 17 Absatz 3 Unterabsatz 1 der Richtlinie 2009/65/EG zu errichten oder
   b) Tätigkeiten im Wege des grenzüberschreitenden Dienstleistungsverkehrs im Sinne des Artikels 18 Absatz 2 Unterabsatz 1 der Richtlinie 2009/65/EG zu erbringen.

²Beabsichtigt eine EU-OGAW-Verwaltungsgesellschaft, Anteile eines von ihr verwalteten EU-OGAW im Inland zu vertreiben, ohne eine inländische Zweigniederlassung zu errichten oder im Wege des grenzüberschreitenden Dienstleistungsverkehrs über diesen Vertrieb hinaus weitere Tätigkeiten zu erbringen, unterliegt dieser Vertrieb lediglich den §§ 293, 294, 297, 298, 301 bis 306 sowie 309 bis 311. ³§ 53 des Kreditwesengesetzes ist im Fall des Satzes 1 nicht anzuwenden.

(2) ¹Die Bundesanstalt hat eine EU-OGAW-Verwaltungsgesellschaft, die beabsichtigt, eine Zweigniederlassung im Inland zu errichten, innerhalb von zwei Monaten nach Eingang der Anzeige gemäß Absatz 1 Satz 1 auf Folgendes hinzuweisen:
1. die Meldungen an die Bundesanstalt, die für ihre geplanten Tätigkeiten vorgeschrieben sind und
2. die nach Absatz 4 Satz 1 anzuwendenden Bestimmungen.

²Nach Eingang der Mitteilung der Bundesanstalt, spätestens nach Ablauf der in Satz 1 genannten Frist, kann die Zweigniederlassung errichtet werden und ihre Tätigkeit aufnehmen. ³Ändern sich die Verhältnisse, die die EU-OGAW-Verwaltungsgesellschaft entsprechend Artikel 17 Absatz 2 Buchstabe b bis d der Richtlinie 2009/65/EG der zuständigen Stelle ihres Herkunftsmitgliedstaates angezeigt hat, hat die EU-OGAW-Verwaltungsgesellschaft dies der Bundesanstalt mindestens einen Monat vor dem Wirksamwerden der Änderungen schriftlich anzuzeigen. ⁴§ 94 Absatz 3, die §§ 293, 294, 309 bis 311 bleiben unberührt.

---

²² § 51 Abs. 8 geänd. mWv 1.1.2014 durch G v. 28.8.2013 (BGBl. I S. 3395).

III. Normentexte

(3) ¹Die Bundesanstalt hat eine EU-OGAW-Verwaltungsgesellschaft, die beabsichtigt, im Inland im Wege des grenzüberschreitenden Dienstleistungsverkehrs tätig zu werden, innerhalb eines Monats nach Eingang der Anzeige gemäß Absatz 1 Satz 1 auf Folgendes hinzuweisen:
1. die Meldungen an die Bundesanstalt, die für ihre geplanten Tätigkeiten vorgeschrieben sind, und
2. die nach Absatz 4 Satz 3 anzuwendenden Bestimmungen.

²Die EU-OGAW-Verwaltungsgesellschaft kann ihre Tätigkeit unmittelbar nach Unterrichtung der Bundesanstalt durch die zuständigen Stellen des Herkunftsmitgliedstaates der EU-OGAW-Verwaltungsgesellschaft aufnehmen. ³Ändern sich die Verhältnisse, die die EU-OGAW-Verwaltungsgesellschaft entsprechend Artikel 18 Absatz 1 Buchstabe b der Richtlinie 2009/65/EG der zuständigen Stelle ihres Herkunftsmitgliedstaates angezeigt hat, hat die EU-OGAW-Verwaltungsgesellschaft dies der Bundesanstalt vor dem Wirksamwerden der Änderungen schriftlich anzuzeigen. ⁴§ 94 Absatz 3, die §§ 293, 294 und die §§ 309 bis 311 bleiben unberührt.

(4) ¹Auf die Zweigniederlassungen im Sinne des Absatzes 1 Satz 1 sind § 3 Absatz 1, 4 und 5, die §§ 14, 26 Absatz 2, auch in Verbindung mit einer Rechtsverordnung nach § 26 Absatz 8, und § 27 Absatz 1, auch in Verbindung mit einer Rechtsverordnung nach § 27 Absatz 6, die §§ 33, 34 Absatz 3 Nummer 8 sowie § 294 Absatz 1, die §§ 297, 302, 304, 312 und 313 dieses Gesetzes anzuwenden. ²Soweit diese Zweigniederlassungen Dienst- und Nebendienstleistungen im Sinne des § 20 Absatz 2 Nummer 1, 2, 3 oder 4, soweit es sich um den Vertrieb von Anteilen an fremden OGAW handelt, erbringen, sind darüber hinaus § 31 Absatz 1 bis 9 und 11 sowie die §§ 31a, 31b, 31d, 33a, 34, 34a Absatz 3 und § 36 des Wertpapierhandelsgesetzes sowie § 18 des Gesetzes über die Deutsche Bundesbank mit der Maßgabe entsprechend anzuwenden, dass mehrere Niederlassungen derselben EU-OGAW-Verwaltungsgesellschaft als eine Zweigniederlassung gelten. ³Auf die Tätigkeiten im Wege des grenzüberschreitenden Dienstleistungsverkehrs nach Absatz 1 Satz 1 sind die §§ 14, 294 Absatz 1, die §§ 297, 302, 304, 312 und 313 dieses Gesetzes entsprechend anzuwenden.

(5) ¹Kommt eine EU-OGAW-Verwaltungsgesellschaft ihren Verpflichtungen nach Absatz 4 und § 52 Absatz 4 nicht nach, fordert die Bundesanstalt diese auf, den Mangel innerhalb einer bestimmten Frist zu beheben. ²Kommt die EU-OGAW-Verwaltungsgesellschaft der Aufforderung nicht nach, unterrichtet die Bundesanstalt die zuständigen Stellen des Herkunftsmitgliedstaates der EU-OGAW-Verwaltungsgesellschaft. ³Ergreift der Herkunftsmitgliedstaat keine Maßnahmen oder erweisen sich die Maßnahmen als unzureichend, kann die Bundesanstalt
1. nach der Unterrichtung der zuständigen Stellen des Herkunftsmitgliedstaates der EU-OGAW-Verwaltungsgesellschaft die erforderlichen Maßnahmen selbst ergreifen und falls erforderlich die Durchführung neuer Geschäfte im Inland untersagen sowie
2. die Europäische Wertpapier- und Marktaufsichtsbehörde unterrichten, wenn die zuständige Stelle des Herkunftsmitgliedstaates der EU-OGAW-Verwaltungsgesellschaft nach Ansicht der Bundesanstalt nicht in angemessener Weise tätig geworden ist.

(6) ¹In dringenden Fällen kann die Bundesanstalt vor Einleitung des in Absatz 5 vorgesehenen Verfahrens die erforderlichen Maßnahmen ergreifen. ²Sie hat die Europäische Kommission und die zuständigen Stellen des Herkunftsmitgliedstaates der EU-OGAW-Verwaltungsgesellschaft hiervon unverzüglich zu unterrichten. ³Die Bundesanstalt hat die Maßnahmen zu ändern oder aufzuheben, wenn die Europäische Kommission dies nach Anhörung der zuständigen Stellen des Herkunftsmitgliedstaates der EU-OGAW-Verwaltungsgesellschaft und der Bundesanstalt beschließt.

(7) ¹Die zuständigen Stellen des Herkunftsmitgliedstaates der EU-OGAW-Verwaltungsgesellschaft können nach vorheriger Unterrichtung der Bundesanstalt selbst oder durch ihre Beauftragten die Informationen, die für die aufsichtliche Überwachung der Zweigniederlassung erforderlich sind, bei der Zweigniederlassung prüfen. ²Auf Ersuchen der zuständigen Stellen des Herkunftsmitgliedstaates der EU-OGAW-Verwaltungsgesellschaft hat die Bundesanstalt
1. die Richtigkeit der Daten zu überprüfen, die von der zuständigen Stellen des Herkunftsmitgliedstaates der EU-OGAW-Verwaltungsgesellschaft zu aufsichtlichen Zwecken übermittelt wurden, oder
2. zu gestatten, dass die ersuchende Stelle, ein Wirtschaftsprüfer oder ein Sachverständiger diese Daten überprüft.

³Die Bundesanstalt kann nach pflichtgemäßem Ermessen gegenüber Aufsichtsstellen in Drittstaaten entsprechend verfahren, wenn Gegenseitigkeit gewährleistet ist. ⁴§ 5 Absatz 2 des Verwaltungsverfahrensgesetzes über die Grenzen der Amtshilfe gilt entsprechend. ⁵Die EU-OGAW-Verwaltungsgesellschaften im Sinne des Absatzes 1 Satz 1 haben die Prüfung zu dulden.

A. Deutschland

(8) Die §§ 24c und 25g bis 25l des Kreditwesengesetzes sowie § 93 Absatz 7 und 8 in Verbindung mit § 93b der Abgabenordnung gelten für die Zweigniederlassungen im Sinne des Absatzes 1 Satz 1 entsprechend.

§ 52 Besonderheiten für die Verwaltung inländischer OGAW durch EU-OGAW-Verwaltungsgesellschaften. (1) [1] Die Verwaltung eines inländischen OGAW durch eine EU-OGAW-Verwaltungsgesellschaft über eine Zweigniederlassung oder im Wege des grenzüberschreitenden Dienstleistungsverkehrs setzt voraus, dass die zuständigen Stellen des Herkunftsmitgliedstaates der EU-OGAW-Verwaltungsgesellschaft der Anzeige nach § 51 Absatz 1 Satz 1 eine Bescheinigung darüber beigefügt haben, dass die EU-OGAW-Verwaltungsgesellschaft in ihrem Herkunftsmitgliedstaat eine Zulassung gemäß der Richtlinie 2009/65/EG erhalten hat, eine Beschreibung des Umfangs dieser Zulassung sowie Einzelheiten darüber, auf welche Arten von OGAW diese Zulassung beschränkt ist. [2] Die EU-OGAW-Verwaltungsgesellschaft hat der Bundesanstalt darüber hinaus folgende Unterlagen zu übermitteln:
1. die schriftliche Vereinbarung mit der Verwahrstelle im Sinne des Artikels 23 oder des Artikels 33 der Richtlinie 2009/65/EG und
2. Angaben über die Auslagerung von Aufgaben bezüglich der Portfolioverwaltung und der administrativen Tätigkeiten im Sinne des Anhangs II der Richtlinie 2009/65/EG.

[3] Verwaltet die EU-OGAW-Verwaltungsgesellschaft bereits inländische OGAW der gleichen Art, ist ein Hinweis auf die bereits übermittelten Unterlagen ausreichend, sofern sich keine Änderungen ergeben. [4] Die §§ 162 und 163 bleiben unberührt. [5] Satz 2 findet keine Anwendung, sofern die EU-OGAW-Verwaltungsgesellschaft im Inland lediglich EU-OGAW vertreiben will.

(2) Soweit es die Ausübung der Aufsicht über die EU-OGAW-Verwaltungsgesellschaft bei der Verwaltung eines inländischen OGAW erfordert, kann die Bundesanstalt von den zuständigen Stellen des Herkunftsmitgliedstaates der EU-OGAW-Verwaltungsgesellschaft Erläuterungen zu den Unterlagen nach Absatz 1 anfordern sowie auf Grundlage der Bescheinigung nach Absatz 1 Satz 1 Auskünfte darüber anfordern, ob die Art des inländischen OGAW, dessen Verwaltung beabsichtigt ist, von der Zulassung der EU-OGAW-Verwaltungsgesellschaft erfasst ist.

(3) Die EU-OGAW-Verwaltungsgesellschaft hat der Bundesanstalt alle nachfolgenden inhaltlichen Änderungen zu den Unterlagen nach Absatz 1 Satz 2 unmittelbar mitzuteilen.

(4) [1] Die Bundesanstalt kann die Verwaltung eines inländischen OGAW untersagen, wenn
1. die EU-OGAW-Verwaltungsgesellschaft den Anforderungen des Artikels 19 Absatz 3 und 4 der Richtlinie 2009/65/EG nicht entspricht,
2. die EU-OGAW-Verwaltungsgesellschaft von den zuständigen Stellen ihres Herkunftsmitgliedstaates keine Zulassung zur Verwaltung der Art von OGAW erhalten hat, deren Verwaltung im Inland beabsichtigt wird, oder
3. die EU-OGAW-Verwaltungsgesellschaft die Unterlagen nach Absatz 1 nicht eingereicht hat.

[2] Vor einer Untersagung hat die Bundesanstalt die zuständigen Stellen des Herkunftsmitgliedstaates der EU-OGAW-Verwaltungsgesellschaft anzuhören.

(5) Auf die Tätigkeit einer EU-OGAW-Verwaltungsgesellschaft, die inländische OGAW verwaltet, sind ungeachtet der Anforderungen nach § 51 Absatz 4 die §§ 68 bis 79, 91 bis 123, 162 bis 213, 294 Absatz 1, §§ 297, 306, 312 und 313 entsprechend anzuwenden.

Unterabschnitt 6. Grenzüberschreitender Dienstleistungsverkehr und Drittstaatenbezug bei AIF-Verwaltungsgesellschaften

Übersicht

§ 53 Verwaltung von EU-AIF durch AIF-Kapitalverwaltungsgesellschaften
§ 54 Zweigniederlassung und grenzüberschreitender Dienstleistungsverkehr von EU-AIF-Verwaltungsgesellschaften im Inland
§ 55 Bedingungen für AIF-Kapitalverwaltungsgesellschaften, welche ausländische AIF verwalten, die weder in den Mitgliedstaaten der Europäischen Union noch in den Vertragsstaaten des Abkommens über den Europäischen Wirtschaftsraum vertrieben werden
§ 56 Bestimmung der Bundesrepublik Deutschland als Referenzmitgliedstaat einer ausländischen AIF-Verwaltungsgesellschaft
§ 57 Zulässigkeit der Verwaltung von inländischen Spezial-AIF und EU-AIF sowie des Vertriebs von AIF gemäß den §§ 325, 326, 333 oder 334 durch ausländische AIF-Verwaltungsgesellschaften

III. Normentexte

§ 58 Erteilung der Erlaubnis für eine ausländische AIF-Verwaltungsgesellschaft
§ 59 Befreiung einer ausländischen AIF-Verwaltungsgesellschaft von Bestimmungen der Richtlinie 2011/61/EU
§ 60 Unterrichtung der Europäischen Wertpapier- und Marktaufsichtsbehörde im Hinblick auf die Erlaubnis einer ausländischen AIF-Verwaltungsgesellschaft durch die Bundesanstalt
§ 61 Änderung des Referenzmitgliedstaates einer ausländischen AIF-Verwaltungsgesellschaft
§ 62 Rechtsstreitigkeiten
§ 63 Verweismöglichkeiten der Bundesanstalt an die Europäische Wertpapier- und Marktaufsichtsbehörde
§ 64 Vergleichende Analyse der Zulassung von und der Aufsicht über ausländische AIF-Verwaltungsgesellschaften
§ 65 Verwaltung von EU-AIF durch ausländische AIF-Verwaltungsgesellschaften, für die die Bundesrepublik Deutschland Referenzmitgliedstaat ist
§ 66 Inländische Zweigniederlassung und grenzüberschreitender Dienstleistungsverkehr von ausländischen AIF-Verwaltungsgesellschaften, deren Referenzmitgliedstaat nicht die Bundesrepublik Deutschland ist
§ 67 Jahresbericht für EU-AIF und ausländische AIF

§ 53 Verwaltung von EU-AIF durch AIF-Kapitalverwaltungsgesellschaften. (1) Beabsichtigt eine AIF-Kapitalverwaltungsgesellschaft, die über eine Erlaubnis nach den §§ 20, 22 verfügt, erstmals im Wege des grenzüberschreitenden Dienstleistungsverkehrs oder über eine Zweigniederlassung EU-AIF zu verwalten, so übermittelt sie der Bundesanstalt folgende Angaben:
1. den Mitgliedstaat der Europäischen Union oder den Vertragsstaat des Abkommens über den Europäischen Wirtschaftsraum, in dem sie EU-AIF im Wege des grenzüberschreitenden Dienstleistungsverkehrs oder über eine Zweigniederlassung zu verwalten beabsichtigt,
2. einen Geschäftsplan, aus dem insbesondere hervorgeht, welche EU-AIF sie zu verwalten beabsichtigt.

(2) Beabsichtigt die AIF-Kapitalverwaltungsgesellschaft, eine Zweigniederlassung in einem anderen Mitgliedstaat der Europäischen Union oder in einem anderen Vertragsstaat des Abkommens über den Europäischen Wirtschaftsraum zu errichten, so hat sie der Bundesanstalt zusätzlich zu den Angaben nach Absatz 1 folgende Informationen zu übermitteln:
1. den organisatorischen Aufbau der Zweigniederlassung,
2. die Anschrift, unter der im Herkunftsmitgliedstaat des EU-AIF Unterlagen angefordert werden können, sowie
3. die Namen und Kontaktangaben der Geschäftsführer der Zweigniederlassung.

(3) Besteht kein Grund zur Annahme, dass die Verwaltung des EU-AIF durch die AIF-Kapitalverwaltungsgesellschaft gegen dieses Gesetz verstößt oder verstoßen wird, übermittelt die Bundesanstalt binnen eines Monats nach dem Eingang der vollständigen Unterlagen nach Absatz 1 oder binnen zwei Monaten nach dem Eingang der vollständigen Unterlagen nach Absatz 2 diese zusammen mit einer Bescheinigung über die betreffende Erlaubnis der AIF-Kapitalverwaltungsgesellschaft an die zuständigen Behörden des Aufnahmemitgliedstaates der AIF-Kapitalverwaltungsgesellschaft.

(4) [1] Die Bundesanstalt unterrichtet die AIF-Kapitalverwaltungsgesellschaft unverzüglich über die Übermittlung der Unterlagen. [2] Die AIF-Kapitalverwaltungsgesellschaft darf erst unmittelbar nach dem Eingang der Übermittlungsmeldung in dem jeweiligen Aufnahmemitgliedstaat mit der Verwaltung von EU-AIF beginnen.

(5) [1] Eine Änderung der nach Absatz 1 oder Absatz 2 übermittelten Angaben hat die AIF-Kapitalverwaltungsgesellschaft der Bundesanstalt mindestens einen Monat vor der Durchführung der geplanten Änderungen schriftlich anzuzeigen. [2] Im Fall von ungeplanten Änderungen hat die AIF-Kapitalverwaltungsgesellschaft die Änderung der Bundesanstalt unmittelbar nach dem Eintritt der Änderung schriftlich anzuzeigen.

(6) Würde die geplante Änderung dazu führen, dass die AIF-Kapitalverwaltungsgesellschaft oder die Verwaltung des EU-AIF durch diese nunmehr gegen dieses Gesetz verstößt, untersagt die Bundesanstalt der AIF-Kapitalverwaltungsgesellschaft unverzüglich die Änderung.

(7) Wird eine geplante Änderung ungeachtet der Absätze 5 und 6 durchgeführt oder würde eine durch einen unvorhersehbaren Umstand ausgelöste Änderung dazu führen, dass die AIF-Kapitalverwaltungsgesellschaft oder die Verwaltung des EU-AIF durch diese nunmehr gegen dieses Gesetz verstößt, ergreift die Bundesanstalt alle erforderlichen Maßnahmen.

(8) Über Änderungen, die im Einklang mit diesem Gesetz stehen, unterrichtet die Bundesanstalt unverzüglich die zuständigen Stellen des Aufnahmemitgliedstaates der AIF-Kapitalverwaltungsgesellschaft.

A. Deutschland

§ 54 Zweigniederlassung und grenzüberschreitender Dienstleistungsverkehr von EU-AIF-Verwaltungsgesellschaften im Inland. (1) Die Verwaltung eines inländischen Spezial-AIF durch eine EU-AIF-Verwaltungsgesellschaft im Inland über eine Zweigniederlassung oder im Wege des grenzüberschreitenden Dienstleistungsverkehrs setzt voraus, dass die zuständigen Stellen des Herkunftsmitgliedstaates der EU-AIF-Verwaltungsgesellschaft der Bundesanstalt folgende Angaben und Unterlagen übermittelt haben:
1. eine Bescheinigung darüber, dass die EU-AIF-Verwaltungsgesellschaft eine Zulassung gemäß der Richtlinie 2011/61/EU erhalten hat, durch die die im Inland beabsichtigten Tätigkeiten abgedeckt sind,
2. die Anzeige der Absicht der EU-AIF-Verwaltungsgesellschaft, in der Bundesrepublik Deutschland über eine Zweigniederlassung oder im Wege des grenzüberschreitenden Dienstleistungsverkehrs inländische Spezial-AIF zu verwalten sowie
3. einen Geschäftsplan, aus dem insbesondere hervorgeht, welche inländischen Spezial-AIF die EU-AIF-Verwaltungsgesellschaft zu verwalten beabsichtigt.

(2) Die Errichtung einer Zweigniederlassung durch eine EU-AIF-Verwaltungsgesellschaft setzt voraus, dass die zuständigen Stellen des Herkunftsmitgliedstaates der EU-AIF-Verwaltungsgesellschaft der Bundesanstalt zusätzlich zu den Angaben nach Absatz 1 folgende Informationen übermittelt haben:
1. den organisatorischen Aufbau der Zweigniederlassung,
2. die Anschrift, unter der im Inland Unterlagen angefordert werden können, sowie
3. die Namen und Kontaktangaben der Geschäftsführer der Zweigniederlassung.

(3) Die EU-AIF-Verwaltungsgesellschaft kann unmittelbar nach dem Erhalt der Übermittlungsmeldung durch ihren Herkunftsmitgliedstaat gemäß Artikel 33 Absatz 4 der Richtlinie 2011/61/EU mit der Verwaltung von inländischen Spezial-AIF im Inland beginnen.

(4) ^{1} Auf die Zweigniederlassungen im Sinne des Absatzes 1 sind § 3 Absatz 1, 4 und 5, die §§ 14, 26 Absatz 2, 3 und 7, § 27 Absatz 1 bis 4, die §§ 31, 33, 34 Absatz 3 Nummer 8 sowie § 295 Absatz 5 und 7, §§ 307 und 308 entsprechend anzuwenden. ^{2} Auf die Tätigkeiten im Wege des grenzüberschreitenden Dienstleistungsverkehrs nach Absatz 1 Satz 1 sind die §§ 14, 295 Absatz 5 und 7, §§ 307 und 308 entsprechend anzuwenden.

(5) Auf die Tätigkeit einer EU-AIF-Verwaltungsgesellschaft, die inländische Spezial-AIF verwaltet, sind ungeachtet der Anforderungen nach Absatz 4 die §§ 80 bis 161, 273 Satz 1 sowie §§ 274 bis 292 entsprechend anzuwenden.

§ 55 Bedingungen für AIF-Kapitalverwaltungsgesellschaften, welche ausländische AIF verwalten, die weder in den Mitgliedstaaten der Europäischen Union noch in den Vertragsstaaten des Abkommens über den Europäischen Wirtschaftsraum vertrieben werden. (1) Die Verwaltung von ausländischen AIF, die weder in den Mitgliedstaaten der Europäischen Union noch in den Vertragsstaaten des Abkommens über den Europäischen Wirtschaftsraum vertrieben werden, durch eine nach diesem Gesetz zugelassene AIF-Kapitalverwaltungsgesellschaft ist zulässig, wenn
1. die AIF-Kapitalverwaltungsgesellschaft alle in der Richtlinie 2011/61/EU für diese AIF festgelegten Anforderungen mit Ausnahme der Anforderungen der §§ 67 und 80 bis 90 erfüllt und
2. geeignete Vereinbarungen über die Zusammenarbeit zwischen der Bundesanstalt und den Aufsichtsbehörden des Drittstaates bestehen, in dem der ausländische AIF seinen Sitz hat, durch die ein effizienter Informationsaustausch gewährleistet wird, der es der Bundesanstalt ermöglicht, ihre Aufgaben nach diesem Gesetz wahrzunehmen.

(2) Nähere Bestimmungen zu den in Absatz 1 Nummer 2 genannten Vereinbarungen über die Zusammenarbeit richten sich nach den Artikeln 113 bis 115 der Delegierten Verordnung (EU) Nr. 231/2013 sowie nach den Leitlinien der Europäischen Wertpapier- und Marktaufsichtsbehörde.

§ 56 Bestimmung der Bundesrepublik Deutschland als Referenzmitgliedstaat einer ausländischen AIF-Verwaltungsgesellschaft. (1) Die Bundesrepublik Deutschland ist Referenzmitgliedstaat einer ausländischen AIF-Verwaltungsgesellschaft,
1. wenn sie gemäß den in Artikel 37 Absatz 4 der Richtlinie 2011/61/EU genannten Kriterien Referenzmitgliedstaat sein kann und kein anderer Mitgliedstaat der Europäischen Union oder Vertragsstaat des Abkommens über den Europäischen Wirtschaftsraum als Referenzmitgliedstaat in Betracht kommt oder
2. falls gemäß den in Artikel 37 Absatz 4 der Richtlinie 2011/61/EU genannten Kriterien sowohl die Bundesrepublik Deutschland als auch ein anderer Mitgliedstaat der Europäischen Union oder ein anderer Vertragsstaat des Abkommens über den Europäischen Wirtschaftsraum als Referenzmit-

gliedstaat in Betracht kommt, wenn die Bundesrepublik Deutschland gemäß dem Verfahren nach Absatz 2 oder durch Entscheidung der ausländischen AIF-Verwaltungsgesellschaft nach Absatz 4 als Referenzmitgliedstaat festgelegt worden ist.

(2) ¹ In den Fällen, in denen gemäß Artikel 37 Absatz 4 der Richtlinie 2011/61/EU neben der Bundesrepublik Deutschland weitere Mitgliedstaaten der Europäischen Union oder weitere Vertragsstaaten des Abkommens über den Europäischen Wirtschaftsraum als Referenzmitgliedstaat in Betracht kommen, hat die ausländische AIF-Verwaltungsgesellschaft bei der Bundesanstalt zu beantragen, dass diese sich mit den zuständigen Stellen aller in Betracht kommenden Mitgliedstaaten der Europäischen Union oder Vertragsstaaten des Abkommens über den Europäischen Wirtschaftsraum über die Festlegung des Referenzmitgliedstaates für die ausländische AIF-Verwaltungsgesellschaft einigt. ² Die Bundesanstalt und die anderen zuständigen Stellen legen innerhalb eines Monats nach Eingang eines Antrags nach Satz 1 gemeinsam den Referenzmitgliedstaat für die ausländische AIF-Verwaltungsgesellschaft fest.

(3) Wird die Bundesrepublik Deutschland nach Absatz 2 als Referenzmitgliedstaat festgelegt, setzt die Bundesanstalt die ausländische AIF-Verwaltungsgesellschaft unverzüglich von dieser Festlegung in Kenntnis.

(4) Wird die ausländische AIF-Verwaltungsgesellschaft nicht innerhalb von sieben Tagen nach Erlass der Entscheidung gemäß Absatz 2 Satz 2 ordnungsgemäß über die Entscheidung der zuständigen Stellen informiert oder haben die betreffenden zuständigen Stellen innerhalb der in Absatz 2 Satz 2 genannten Monatsfrist keine Entscheidung getroffen, kann die ausländische AIF-Verwaltungsgesellschaft selbst ihren Referenzmitgliedstaat gemäß den in Artikel 37 Absatz 4 der Richtlinie 2011/61/EU aufgeführten Kriterien festlegen.

(5) Die ausländische AIF-Verwaltungsgesellschaft muss in der Lage sein, ihre Absicht zu belegen, in einem bestimmten Mitgliedstaat der Europäischen Union oder einem bestimmten Vertragsstaat des Abkommens über den Europäischen Wirtschaftsraum einen leistungsfähigen Vertrieb aufzubauen, indem sie gegenüber den zuständigen Stellen des von ihr angegebenen Mitgliedstaates der Europäischen Union oder Vertragsstaates des Abkommens über den Europäischen Wirtschaftsraum ihre Vertriebsstrategie offenlegt.

§ 57 Zulässigkeit der Verwaltung von inländischen Spezial-AIF und EU-AIF sowie des Vertriebs von AIF gemäß den §§ 325, 326, 333 oder 334 durch ausländische AIF-Verwaltungsgesellschaften. (1) ¹ Eine ausländische AIF-Verwaltungsgesellschaft, für die die Bundesrepublik Deutschland Referenzmitgliedstaat nach § 56 ist und die beabsichtigt, inländische Spezial-AIF oder EU-AIF zu verwalten oder von ihr verwaltete AIF gemäß Artikel 39 oder 40 der Richtlinie 2011/61/EU in den Mitgliedstaaten der Europäischen Union oder Vertragsstaaten des Abkommens über den Europäischen Wirtschaftsraum zu vertreiben, bedarf der Erlaubnis der Bundesanstalt. ² Die Bundesanstalt hat gegenüber ausländischen AIF-Verwaltungsgesellschaften, für die die Bundesrepublik Deutschland Referenzmitgliedstaat nach § 56 ist, die Befugnisse, die ihr nach diesem Gesetz gegenüber AIF-Kapitalverwaltungsgesellschaften zustehen. ³ Ausländische AIF-Verwaltungsgesellschaften, denen die Bundesanstalt eine Erlaubnis nach § 58 erteilt hat, unterliegen der Aufsicht der Bundesanstalt nach dem vorliegenden Gesetz.

(2) ¹ Eine ausländische AIF-Verwaltungsgesellschaft, die beabsichtigt, eine Erlaubnis gemäß Absatz 1 einzuholen, ist verpflichtet, die gleichen Bestimmungen nach diesem Gesetz einzuhalten wie AIF-Kapitalverwaltungsgesellschaften, die Spezial-AIF verwalten, mit Ausnahme der §§ 53, 54, 321, 323 und 331. ² Soweit die Einhaltung einer der in Satz 1 genannten Bestimmungen dieses Gesetzes mit der Einhaltung der Rechtsvorschriften des Drittstaates unvereinbar ist, denen die ausländische AIF-Verwaltungsgesellschaft oder der in den Mitgliedstaaten der Europäischen Union oder Vertragsstaaten des Abkommens über den Europäischen Wirtschaftsraum vertriebene ausländische AIF unterliegt, besteht für die ausländische AIF-Verwaltungsgesellschaft keine Verpflichtung, sich an die Bestimmungen dieses Gesetzes zu halten, wenn sie belegen kann, dass
1. es nicht möglich ist, die Einhaltung der Bestimmungen dieses Gesetzes mit der Einhaltung einer verpflichtenden Rechtsvorschrift, der die ausländische AIF-Verwaltungsgesellschaft oder der in den Mitgliedstaaten der Europäischen Union oder den Vertragsstaaten des Abkommens über den Europäischen Wirtschaftsraum vertriebene ausländische AIF unterliegt, zu verbinden,
2. die Rechtsvorschriften des Drittstaates, denen die ausländische AIF-Verwaltungsgesellschaft oder der ausländische AIF unterliegt, eine gleichwertige Bestimmung mit dem gleichen Regelungszweck und dem gleichen Schutzniveau für die Anleger des betreffenden AIF enthalten und
3. die ausländische AIF-Verwaltungsgesellschaft oder der ausländische AIF die in Nummer 2 genannte gleichwertige Bestimmung erfüllt.

A. Deutschland

(3) ¹Eine ausländische AIF-Verwaltungsgesellschaft, die beabsichtigt, eine Erlaubnis gemäß Absatz 1 einzuholen, muss über einen gesetzlichen Vertreter mit Sitz in der Bundesrepublik Deutschland verfügen. ²Der gesetzliche Vertreter ist die Kontaktstelle für die ausländische AIF-Verwaltungsgesellschaft in den Mitgliedstaaten der Europäischen Union oder den Vertragsstaaten des Abkommens über den Europäischen Wirtschaftsraum. ³Sämtliche Korrespondenz zwischen den zuständigen Stellen und der ausländischen AIF-Verwaltungsgesellschaft und zwischen den EU-Anlegern des betreffenden AIF und der ausländischen AIF-Verwaltungsgesellschaft gemäß der Richtlinie 2011/61/EU erfolgt über diesen gesetzlichen Vertreter. ⁴Der gesetzliche Vertreter nimmt gemeinsam mit der ausländischen AIF-Verwaltungsgesellschaft die Compliance-Funktion in Bezug auf die von der ausländischen AIF-Verwaltungsgesellschaft gemäß der Richtlinie 2011/61/EU ausgeführten Verwaltungs- und Vertriebstätigkeiten wahr.

§ 58 Erteilung der Erlaubnis für eine ausländische AIF-Verwaltungsgesellschaft.
(1) Beabsichtigt eine ausländische AIF-Verwaltungsgesellschaft, inländische Spezial-AIF oder EU-AIF zu verwalten oder von ihr verwaltete AIF gemäß Artikel 39 oder 40 der Richtlinie 2011/61/EU in den Mitgliedstaaten der Europäischen Union oder Vertragsstaaten des Abkommens über den Europäischen Wirtschaftsraum zu vertreiben und gibt sie die Bundesrepublik Deutschland als Referenzmitgliedstaat an, hat sie bei der Bundesanstalt einen Antrag auf Erteilung einer Erlaubnis zu stellen.

(2) ¹Nach Eingang eines Antrags auf Erteilung einer Erlaubnis gemäß Absatz 1 beurteilt die Bundesanstalt, ob die Entscheidung der ausländischen AIF-Verwaltungsgesellschaft hinsichtlich ihres Referenzmitgliedstaates die Kriterien gemäß § 56 einhält. ²Ist dies nicht der Fall, lehnt sie den Antrag der ausländischen AIF-Verwaltungsgesellschaft auf Erteilung einer Erlaubnis unter Angabe der Gründe für die Ablehnung ab. ³Sind die Kriterien gemäß § 56 eingehalten worden, führt die Bundesanstalt das Verfahren nach den Absätzen 3 bis 6 durch.

(3) ¹Ist die Bundesanstalt der Auffassung, dass die Entscheidung einer ausländischen AIF-Verwaltungsgesellschaft hinsichtlich ihres Referenzmitgliedstaates die Kriterien gemäß Artikel 37 Absatz 4 der Richtlinie 2011/61/EU einhält, setzt sie die Europäische Wertpapier- und Marktaufsichtsbehörde von diesem Umstand in Kenntnis und ersucht sie, eine Empfehlung zu ihrer Beurteilung auszusprechen. ²In ihrer Mitteilung an die Europäische Wertpapier- und Marktaufsichtsbehörde legt die Bundesanstalt der Europäischen Wertpapier- und Marktaufsichtsbehörde die Begründung der ausländischen AIF-Verwaltungsgesellschaft für deren Entscheidung hinsichtlich des Referenzmitgliedstaates und Informationen über die Vertriebsstrategie der ausländischen AIF-Verwaltungsgesellschaft vor.

(4) ¹Innerhalb eines Monats nach Eingang der Mitteilung gemäß Absatz 3 spricht die Europäische Wertpapier- und Marktaufsichtsbehörde eine an die Bundesanstalt gerichtete Empfehlung zu deren Beurteilung hinsichtlich des Referenzmitgliedstaates gemäß den in Artikel 37 Absatz 4 der Richtlinie 2011/61/EU genannten Kriterien aus. ²Während die Europäische Wertpapier- und Marktaufsichtsbehörde gemäß Artikel 37 Absatz 5 Unterabsatz 3 der Richtlinie 2011/61/EU die Beurteilung der Bundesanstalt prüft, wird die Frist nach § 22 Absatz 2 Satz 1 oder 2 gehemmt.

(5) Schlägt die Bundesanstalt entgegen der Empfehlung der Europäischen Wertpapier- und Marktaufsichtsbehörde gemäß Absatz 4 vor, die Erlaubnis als Referenzmitgliedstaat zu erteilen, setzt sie die Europäische Wertpapier- und Marktaufsichtsbehörde davon unter Angabe ihrer Gründe in Kenntnis.

(6) ¹Wenn die Bundesanstalt entgegen der Empfehlung der Europäischen Wertpapier- und Marktaufsichtsbehörde gemäß Absatz 4 vorschlägt, die Erlaubnis als Referenzmitgliedstaat zu erteilen und die ausländische AIF-Verwaltungsgesellschaft beabsichtigt, Anteile von durch sie verwalteten AIF in anderen Mitgliedstaaten der Europäischen Union oder in anderen Vertragsstaaten des Abkommens über den Europäischen Wirtschaftsraum als der Bundesrepublik Deutschland zu vertreiben, setzt die Bundesanstalt davon auch die zuständigen Stellen der betreffenden Mitgliedstaaten der Europäischen Union und der betreffenden Vertragsstaaten des Abkommens über den Europäischen Wirtschaftsraum unter Angabe ihrer Gründe in Kenntnis. ²Gegebenenfalls setzt die Bundesanstalt davon auch die zuständigen Stellen der Herkunftsmitgliedstaaten der von der ausländischen AIF-Verwaltungsgesellschaft verwalteten AIF unter Angabe ihrer Gründe in Kenntnis.

(7) Unbeschadet des Absatzes 9 erteilt die Bundesanstalt die Erlaubnis erst dann, wenn die folgenden zusätzlichen Bedingungen eingehalten sind:
1. die Bundesrepublik Deutschland wird als Referenzmitgliedstaat von der ausländischen AIF-Verwaltungsgesellschaft gemäß den Kriterien nach § 56 angegeben und durch die Offenlegung der Vertriebsstrategie bestätigt und das Verfahren gemäß den Absätzen 3 bis 6 wurde von der Bundesanstalt durchgeführt;

III. Normentexte

2. die ausländische AIF-Verwaltungsgesellschaft hat einen gesetzlichen Vertreter mit Sitz in der Bundesrepublik Deutschland ernannt;
3. der gesetzliche Vertreter ist, zusammen mit der ausländischen AIF-Verwaltungsgesellschaft, die Kontaktperson der ausländischen AIF-Verwaltungsgesellschaft für die Anleger der betreffenden AIF, für die Europäische Wertpapier- und Marktaufsichtsbehörde und für die zuständigen Stellen im Hinblick auf die Tätigkeiten, für die die ausländische AIF-Verwaltungsgesellschaft in den Mitgliedstaaten der Europäischen Union oder Vertragsstaaten des Abkommens über den Europäischen Wirtschaftsraum eine Erlaubnis hat und er ist zumindest hinreichend ausgestattet, um die Compliance-Funktion gemäß der Richtlinie 2011/61/EU wahrnehmen zu können;
4. es bestehen geeignete Vereinbarungen über die Zusammenarbeit zwischen der Bundesanstalt, den zuständigen Stellen des Herkunftsmitgliedstaates der betreffenden EU-AIF und den Aufsichtsbehörden des Drittstaates, in dem die ausländische AIF-Verwaltungsgesellschaft ihren satzungsmäßigen Sitz hat, damit zumindest ein effizienter Informationsaustausch gewährleistet ist, der es den zuständigen Stellen ermöglicht, ihre Aufgaben gemäß der Richtlinie 2011/61/EU wahrzunehmen;
5. der Drittstaat, in dem die ausländische AIF-Verwaltungsgesellschaft ihren satzungsmäßigen Sitz hat, steht nicht auf der Liste der nicht kooperativen Länder und Gebiete, die von der Arbeitsgruppe „Finanzielle Maßnahmen gegen die Geldwäsche und die Terrorismusfinanzierung" aufgestellt wurde;
6. der Drittstaat, in dem die ausländische AIF-Verwaltungsgesellschaft ihren satzungsmäßigen Sitz hat, hat mit der Bundesrepublik Deutschland eine Vereinbarung unterzeichnet, die den Standards gemäß Artikel 26 des OECD-Musterabkommens zur Vermeidung der Doppelbesteuerung von Einkommen und Vermögen vollständig entspricht und einen wirksamen Informationsaustausch in Steuerangelegenheiten, gegebenenfalls einschließlich multilateraler Abkommen über die Besteuerung, gewährleistet;
7. die auf ausländische AIF-Verwaltungsgesellschaften anwendbaren Rechts- und Verwaltungsvorschriften eines Drittstaates oder die Beschränkungen der Aufsichts- und Ermittlungsbefugnisse der Aufsichtsbehörden dieses Drittstaates hindern die zuständigen Stellen nicht an der effektiven Wahrnehmung ihrer Aufsichtsfunktionen gemäß der Richtlinie 2011/61/EU.

(8) Die in Absatz 7 Nummer 4 genannten Vereinbarungen über Zusammenarbeit werden durch die Artikel 113 bis 115 der Delegierten Verordnung (EU) Nr. 231/2013 sowie durch die Leitlinien der Europäischen Wertpapier- und Marktaufsichtsbehörde konkretisiert.

(9) [1]Die Erlaubnis durch die Bundesanstalt wird im Einklang mit den für die Erlaubnis von AIF-Kapitalverwaltungsgesellschaften geltenden Vorschriften dieses Gesetzes erteilt. [2]Diese gelten vorbehaltlich folgender Kriterien entsprechend:
1. die Angaben gemäß § 22 Absatz 1 Nummer 1 bis 9 werden durch folgende Angaben und Unterlagen ergänzt:
    a) eine Begründung der ausländischen AIF-Verwaltungsgesellschaft für die von ihr vorgenommene Beurteilung bezüglich des Referenzmitgliedstaates gemäß den Kriterien nach Artikel 37 Absatz 4 der Richtlinie 2011/61/EU sowie Angaben zur Vertriebsstrategie;
    b) eine Liste der Bestimmungen der Richtlinie 2011/61/EU, deren Einhaltung der ausländischen AIF-Verwaltungsgesellschaft unmöglich ist, da ihre Einhaltung durch die ausländische AIF-Verwaltungsgesellschaft gemäß § 57 Absatz 2 Satz 2 nicht vereinbar ist mit der Einhaltung einer zwingenden Rechtsvorschrift des Drittstaates, der die ausländische AIF-Verwaltungsgesellschaft oder der in den Mitgliedstaaten der Europäischen Union oder Vertragsstaaten des Abkommens über den Europäischen Wirtschaftsraum vertriebene ausländische AIF unterliegt;
    c) schriftliche Belege auf der Grundlage der von der Europäischen Wertpapier- und Marktaufsichtsbehörde ausgearbeiteten technischen Regulierungsstandards gemäß Artikel 37 Absatz 23 Buchstabe b der Richtlinie 2011/61/EU, dass die betreffenden Rechtsvorschriften des Drittstaates Vorschriften enthalten, die den Vorschriften, die nicht eingehalten werden können, gleichwertig sind, denselben regulatorischen Zweck verfolgen und den Anlegern der betreffenden AIF dasselbe Maß an Schutz bieten und dass die ausländische AIF-Verwaltungsgesellschaft sich an diese gleichwertigen Vorschriften hält; diese schriftlichen Belege werden durch ein Rechtsgutachten zum Bestehen der betreffenden inkompatiblen zwingenden Vorschrift im Recht des Drittstaates untermauert, das auch eine Beschreibung des Regulierungszwecks und der Merkmale des Anlegerschutzes enthält, die mit der Vorschrift angestrebt werden, und
    d) den Namen des gesetzlichen Vertreters der ausländischen AIF-Verwaltungsgesellschaft und den Ort, an dem er seinen Sitz hat;
2. die Angaben gemäß § 22 Absatz 1 Nummer 10 bis 14 können beschränkt werden auf die inländischen Spezial-AIF oder EU-AIF, die die ausländische AIF-Verwaltungsgesellschaft zu verwalten be-

absichtigt, und auf die von der ausländischen AIF-Verwaltungsgesellschaft verwalteten AIF, die sie mit einem Pass in den Mitgliedstaaten der Europäischen Union oder Vertragsstaaten des Abkommens über den Europäischen Wirtschaftsraum zu vertreiben beabsichtigt;

3. § 23 Nummer 7 findet keine Anwendung;

4. ein Erlaubnisantrag gilt als vollständig, wenn zusätzlich zu den in § 22 Absatz 3 genannten Angaben und Verweisen die Angaben gemäß Nummer 1 vorgelegt wurden;

5. die Bundesanstalt beschränkt die Erlaubnis in Bezug auf die Verwaltung von inländischen AIF auf die Verwaltung von inländischen Spezial-AIF; in Bezug auf die Verwaltung von EU-AIF kann die Bundesanstalt die Erlaubnis auf die Verwaltung von bestimmten Arten von EU-AIF und auf Spezial-EU-AIF beschränken.

(10) Hinsichtlich des Erlöschens oder der Aufhebung der Erlaubnis einer ausländischen AIF-Verwaltungsgesellschaft gilt § 39 entsprechend.

(11) Ausländische AIF-Verwaltungsgesellschaften, denen die Bundesanstalt die Erlaubnis nach den Vorschriften dieses Gesetzes erteilt hat, haben die für AIF-Kapitalverwaltungsgesellschaften, die Spezial-AIF verwalten, geltenden Vorschriften entsprechend einzuhalten, soweit sich aus diesem Gesetz nichts anderes ergibt.

§ 59 Befreiung einer ausländischen AIF-Verwaltungsgesellschaft von Bestimmungen der Richtlinie 2011/61/EU. (1) [1]Ist die Bundesanstalt der Auffassung, dass die ausländische AIF-Verwaltungsgesellschaft gemäß § 57 Absatz 2 Satz 2 von der Einhaltung bestimmter Vorschriften der Richtlinie 2011/61/EU befreit werden kann, so setzt sie die Europäische Wertpapier- und Marktaufsichtsbehörde hiervon unverzüglich in Kenntnis. [2]Zur Begründung dieser Beurteilung zieht sie die von der ausländischen AIF-Verwaltungsgesellschaft gemäß § 58 Absatz 9 Nummer 1 Buchstabe b und c vorgelegten Angaben heran.

(2) [1]Innerhalb eines Monats nach Eingang der Mitteilung nach Absatz 1 spricht die Europäische Wertpapier- und Marktaufsichtsbehörde eine an die Bundesanstalt gerichtete Empfehlung hinsichtlich der Anwendung der Ausnahme von der Einhaltung der Richtlinie 2011/61/EU auf Grund der Unvereinbarkeit gemäß § 57 Absatz 2 Satz 2 aus. [2]Während der Überprüfung durch die Europäische Wertpapier- und Marktaufsichtsbehörde gemäß Artikel 37 Absatz 9 Unterabsatz 2 der Richtlinie 2011/61/EU wird die Frist nach § 22 Absatz 2 Satz 1 oder 2 gehemmt.

(3) Wenn die Bundesanstalt entgegen der Empfehlung der Europäischen Wertpapier- und Marktaufsichtsbehörde gemäß Absatz 2 vorschlägt, die Erlaubnis zu erteilen, setzt sie die Europäische Wertpapier- und Marktaufsichtsbehörde davon unter Angabe ihrer Gründe in Kenntnis.

(4) Wenn die Bundesanstalt entgegen der Empfehlung der Europäischen Wertpapier- und Marktaufsichtsbehörde gemäß Absatz 2 vorschlägt, die Erlaubnis zu erteilen und die ausländische AIF-Verwaltungsgesellschaft beabsichtigt, Anteile von durch sie verwalteten AIF in anderen Mitgliedstaaten der Europäischen Union oder Vertragsstaaten des Abkommens über den Europäischen Wirtschaftsraum als der Bundesrepublik Deutschland zu vertreiben, setzt die Bundesanstalt davon auch die zuständigen Stellen der betreffenden Mitgliedstaaten der Europäischen Union oder Vertragsstaaten des Abkommens über den Europäischen Wirtschaftsraum unter Angabe ihrer Gründe in Kenntnis.

§ 60 Unterrichtung der Europäischen Wertpapier- und Marktaufsichtsbehörde im Hinblick auf die Erlaubnis einer ausländischen AIF-Verwaltungsgesellschaft durch die Bundesanstalt. (1) Die Bundesanstalt unterrichtet die Europäische Wertpapier- und Marktaufsichtsbehörde unverzüglich über das Ergebnis des Erlaubnisverfahrens, über Änderungen hinsichtlich der Erlaubnis der ausländischen AIF-Verwaltungsgesellschaft und über einen Entzug der Erlaubnis.

(2) [1]Die Bundesanstalt unterrichtet die Europäische Wertpapier- und Marktaufsichtsbehörde von den Erlaubnisanträgen, die sie abgelehnt hat und legt dabei Angaben zu den ausländischen AIF-Verwaltungsgesellschaften, die eine Erlaubnis beantragt haben sowie die Gründe für die Ablehnung vor. [2]Wenn die Europäische Wertpapier- und Marktaufsichtsbehörde, die ein zentrales Verzeichnis dieser Angaben führt, Informationen aus diesem Verzeichnis der Bundesanstalt auf Anfrage zur Verfügung gestellt hat, behandelt die Bundesanstalt diese Informationen vertraulich.

§ 61 Änderung des Referenzmitgliedstaates einer ausländischen AIF-Verwaltungsgesellschaft. (1) [1]Die weitere Geschäftsentwicklung einer ausländischen AIF-Verwaltungsgesellschaft in den Mitgliedstaaten der Europäischen Union und den Vertragsstaaten des Abkommens über den Europäischen Wirtschaftsraum hat keine Auswirkungen auf die Bestimmung des Referenzmitgliedstaates. [2]Wenn eine durch die Bundesanstalt zugelassene ausländische AIF-Verwaltungsgesellschaft jedoch innerhalb von zwei Jahren nach ihrer Erstzulassung ihre Vertriebsstrategie ändert und wenn diese Änderung, falls die geänderte Vertriebsstrategie die ursprüngliche Vertriebsstrategie gewesen wäre, die Festlegung des Referenzmitgliedstaates beeinflusst hätte, hat die ausländische AIF-Verwaltungsgesellschaft die Bundesanstalt von dieser Änderung vor ihrer Durchführung in Kenntnis zu setzen und ihren neuen Referenzmitgliedstaat gemäß den Kriterien nach Artikel 37 Absatz 4 der Richtlinie 2011/61/EU und entsprechend der neuen Strategie anzugeben. [3]Die ausländische AIF-Verwaltungsgesellschaft hat ihre Beurteilung zu begründen, indem sie ihre neue Vertriebsstrategie der Bundesanstalt gegenüber offenlegt. [4]Zugleich hat die ausländische AIF-Verwaltungsgesellschaft Angaben zu ihrem gesetzlichen Vertreter, einschließlich zu dessen Name und Ort, an dem er seinen Sitz hat, vorzulegen. [5]Der gesetzliche Vertreter muss seinen Sitz in dem neuen Referenzmitgliedstaat haben.

(2) [1]Die Bundesanstalt beurteilt, ob die Festlegung durch die ausländische AIF-Verwaltungsgesellschaft gemäß Absatz 1 zutreffend ist und setzt die Europäische Wertpapier- und Marktaufsichtsbehörde von dieser Beurteilung in Kenntnis. [2]In ihrer Meldung an die Europäische Wertpapier- und Marktaufsichtsbehörde legt die Bundesanstalt die Begründung der ausländischen AIF-Verwaltungsgesellschaft für ihre Beurteilung hinsichtlich des Referenzmitgliedstaates und Informationen über die neue Vertriebsstrategie der ausländischen AIF-Verwaltungsgesellschaft vor.

(3) Nachdem die Bundesanstalt die Empfehlung der Europäischen Wertpapier- und Marktaufsichtsbehörde im Hinblick auf ihre Beurteilung gemäß Absatz 2 erhalten hat, setzt sie die ausländische AIF-Verwaltungsgesellschaft, deren ursprünglichen gesetzlichen Vertreter und die Europäische Wertpapier- und Marktaufsichtsbehörde von ihrer Entscheidung in Kenntnis.

(4) [1]Ist die Bundesanstalt mit der von der ausländischen AIF-Verwaltungsgesellschaft vorgenommenen Beurteilung einverstanden, so setzt sie auch die zuständigen Stellen des neuen Referenzmitgliedstaates von der Änderung in Kenntnis. [2]Die Bundesanstalt übermittelt den zuständigen Stellen des neuen Referenzmitgliedstaates unverzüglich eine Abschrift der Erlaubnis- und Aufsichtsunterlagen der ausländischen AIF-Verwaltungsgesellschaft. [3]Ab dem Zeitpunkt des Zugangs der Zulassungs- und Aufsichtsunterlagen sind die zuständigen Stellen des neuen Referenzmitgliedstaates für Zulassung und Aufsicht der ausländischen AIF-Verwaltungsgesellschaft zuständig.

(5) Wenn die abschließende Entscheidung der Bundesanstalt im Widerspruch zu den Empfehlungen der Europäischen Wertpapier- und Marktaufsichtsbehörde gemäß Absatz 3 steht, gilt Folgendes:
1. die Bundesanstalt setzt die Europäische Wertpapier- und Marktaufsichtsbehörde davon unter Angabe ihrer Gründe in Kenntnis;
2. wenn die ausländische AIF-Verwaltungsgesellschaft Anteile von durch sie verwalteten AIF in anderen Mitgliedstaaten der Europäischen Union oder Vertragsstaaten des Abkommens über den Europäischen Wirtschaftsraum als der Bundesrepublik Deutschland vertreibt, setzt die Bundesanstalt davon auch die zuständigen Stellen dieser anderen Mitgliedstaaten der Europäischen Union oder Vertragsstaaten des Abkommens über den Europäischen Wirtschaftsraum unter Angabe ihrer Gründe in Kenntnis. Gegebenenfalls setzt die Bundesanstalt davon auch die zuständigen Stellen der Herkunftsmitgliedstaaten der von der ausländischen AIF-Verwaltungsgesellschaft verwalteten AIF unter Angabe ihrer Gründe in Kenntnis.

(6) [1]Erweist sich anhand des tatsächlichen Verlaufs der Geschäftsentwicklung der ausländischen AIF-Verwaltungsgesellschaft in den Mitgliedstaaten der Europäischen Union oder Vertragsstaaten des Abkommens über den Europäischen Wirtschaftsraum innerhalb von zwei Jahren nach Erteilung ihrer Erlaubnis, dass der von der ausländischen AIF-Verwaltungsgesellschaft zum Zeitpunkt ihrer Erlaubnis vorgelegten Vertriebsstrategie nicht gefolgt worden ist, die ausländische AIF-Verwaltungsgesellschaft diesbezüglich falsche Angaben gemacht hat oder die ausländische AIF-Verwaltungsgesellschaft sich bei der Änderung ihrer Vertriebsstrategie nicht an die Absätze 1 bis 5 gehalten hat, so fordert die Bundesanstalt die ausländische Verwaltungsgesellschaft auf, den Referenzmitgliedstaat gemäß ihrer tatsächlichen Vertriebsstrategie anzugeben. [2]Das Verfahren nach den Absätzen 1 bis 5 ist entsprechend anzuwenden. [3]Kommt die ausländische AIF-Verwaltungsgesellschaft der Aufforderung der Bundesanstalt nicht nach, so entzieht sie ihr die Erlaubnis.

(7) [1]Ändert die ausländische AIF-Verwaltungsgesellschaft ihre Vertriebsstrategie nach Ablauf der in Absatz 1 genannten Zeitspanne und will sie ihren Referenzmitgliedstaat entsprechend ihrer neuen Vertriebsstrategie ändern, so kann sie bei der Bundesanstalt einen Antrag auf Änderung ihres Referenzmitgliedstaates stellen. [2]Das Verfahren nach den Absätzen 1 bis 5 gilt entsprechend.

(8) [1]Sofern die Bundesrepublik Deutschland gemäß den Absätzen 1 bis 7 als neuer Referenzmitgliedstaat festgelegt wird, gilt die Zulassung des bisherigen Referenzmitgliedstaates als Erlaubnis im Sinne des § 58. [2]§ 39 ist entsprechend anzuwenden.

A. Deutschland

§ 62 Rechtsstreitigkeiten. (1) Sofern die Bundesrepublik Deutschland Referenzmitgliedstaat einer ausländischen AIF-Verwaltungsgesellschaft ist oder als solcher in Betracht kommt, werden alle zwischen der Bundesanstalt und der ausländischen AIF-Verwaltungsgesellschaft auftretenden Streitigkeiten nach deutschem Recht beigelegt und unterliegen deutscher Gerichtsbarkeit.

(2) Alle Streitigkeiten, die zwischen der ausländischen AIF-Verwaltungsgesellschaft oder dem AIF einerseits und Anlegern des jeweiligen AIF, die ihren Sitz in der Europäischen Union oder in einem Vertragsstaat des Abkommens über den Europäischen Wirtschaftsraum haben, andererseits auftreten, werden nach dem Recht des jeweiligen Mitgliedstaates der Europäischen Union oder des Vertragsstaates des Abkommens über den Europäischen Wirtschaftsraum beigelegt, in dem der Anleger seinen Sitz hat und unterliegen dessen Gerichtsbarkeit.

§ 63 Verweismöglichkeiten der Bundesanstalt an die Europäische Wertpapier- und Marktaufsichtsbehörde. Die Bundesanstalt kann die folgenden Angelegenheiten der Europäischen Wertpapier- und Marktaufsichtsbehörde zur Kenntnis bringen, die im Rahmen der ihr durch Artikel 19 der Verordnung (EU) Nr. 1095/2010 übertragenen Befugnisse tätig werden kann:
1. wenn die Bundesanstalt nicht mit der Entscheidung einer ausländischen AIF-Verwaltungsgesellschaft hinsichtlich ihres Referenzmitgliedstaates einverstanden ist,
2. wenn die Bundesanstalt nicht mit der Bewertung der Anwendung von Artikel 37 Absatz 7 Unterabsatz 1 Buchstabe a bis e und g der Richtlinie 2011/61/EU durch die zuständigen Stellen des Referenzmitgliedstaates einer ausländischen AIF-Verwaltungsgesellschaft einverstanden ist,
3. wenn eine für einen EU-AIF zuständige Stelle die gemäß Artikel 37 Absatz 7 Unterabsatz 1 Buchstabe d der Richtlinie 2011/61/EU geforderten Vereinbarungen über Zusammenarbeit nicht innerhalb eines angemessenen Zeitraums abschließt,
4. wenn die Bundesanstalt nicht mit einer von den zuständigen Stellen des Referenzmitgliedstaates einer ausländischen AIF-Verwaltungsgesellschaft erteilten Zulassung einverstanden ist,
5. wenn die Bundesanstalt nicht mit der Bewertung der Anwendung von Artikel 37 Absatz 9 der Richtlinie 2011/61/EU durch die zuständigen Stellen des Referenzmitgliedstaates einer ausländischen AIF-Verwaltungsgesellschaft einverstanden ist,
6. wenn die Bundesanstalt nicht mit der Beurteilung hinsichtlich der Festlegung des Referenzmitgliedstaates nach Artikel 37 Absatz 11 oder Absatz 12 der Richtlinie 2011/61/EU einverstanden ist,
7. wenn eine zuständige Stelle einen Antrag auf Informationsaustausch gemäß den auf Grundlage von Artikel 37 Absatz 17 der Richtlinie 2011/61/EU von der Europäischen Kommission erlassenen technischen Regulierungsstandards ablehnt.

§ 64 Vergleichende Analyse der Zulassung von und der Aufsicht über ausländische AIF-Verwaltungsgesellschaften. (1) Sofern die Europäische Wertpapier- und Marktaufsichtsbehörde nach Artikel 38 Absatz 4 der Richtlinie 2011/61/EU Leitlinien und Empfehlungen herausgibt, um einheitliche, effiziente und wirksame Praktiken für die Aufsicht über ausländische AIF-Verwaltungsgesellschaften zu schaffen, unternimmt die Bundesanstalt alle erforderlichen Anstrengungen, um diesen Leitlinien und Empfehlungen nachzukommen.

(2) ¹Die Bundesanstalt bestätigt binnen zwei Monaten nach der Herausgabe einer Leitlinie oder Empfehlung, ob sie dieser Leitlinie oder Empfehlung nachkommt oder nachzukommen beabsichtigt. ²Wenn sie der Leitlinie oder Empfehlung nicht nachkommt oder nachzukommen beabsichtigt, teilt sie dies der Europäischen Wertpapier- und Marktaufsichtsbehörde unter Angabe der Gründe mit.

§ 65 Verwaltung von EU-AIF durch ausländische AIF-Verwaltungsgesellschaften, für die die Bundesrepublik Deutschland Referenzmitgliedstaat ist. (1) Die Verwaltung eines EU-AIF durch eine ausländische AIF-Verwaltungsgesellschaft, für die die Bundesrepublik Deutschland gemäß § 56 Referenzmitgliedstaat ist und die über eine Erlaubnis nach § 58 verfügt, im Wege des grenzüberschreitenden Dienstleistungsverkehrs oder über eine Zweigniederlassung setzt voraus, dass sie der Bundesanstalt folgende Angaben übermittelt hat:
1. den Mitgliedstaat der Europäischen Union oder den Vertragsstaat des Abkommens über den Europäischen Wirtschaftsraum, in dem sie EU-AIF im Wege des grenzüberschreitenden Dienstleistungsverkehrs oder über eine Zweigniederlassung zu verwalten beabsichtigt;
2. einen Geschäftsplan, aus dem insbesondere hervorgeht, welche Arten von EU-AIF sie zu verwalten beabsichtigt.

(2) Die Errichtung einer Zweigniederlassung durch eine ausländische AIF-Verwaltungsgesellschaft in einem anderen Mitgliedstaat der Europäischen Union oder einem anderen Vertragsstaat des Abkommens über den Europäischen Wirtschaftsraum setzt voraus, dass sie der Bundesanstalt zusätzlich zu den Angaben nach Absatz 1 folgende Informationen übermittelt hat:

III. Normentexte

1. den organisatorischen Aufbau der Zweigniederlassung,
2. die Anschrift, unter der im Herkunftsmitgliedstaat des EU-AIF Unterlagen angefordert werden können sowie
3. die Namen und Kontaktangaben der Geschäftsführer der Zweigniederlassung.

(3) Besteht kein Grund zur Annahme, dass die ausländische AIF-Verwaltungsgesellschaft oder die Verwaltung des EU-AIF durch diese gegen dieses Gesetz verstößt oder verstoßen wird, übermittelt die Bundesanstalt die vollständigen Unterlagen binnen eines Monats nach dem Eingang der vollständigen Unterlagen nach Absatz 1 oder gegebenenfalls binnen zwei Monaten nach dem Eingang der vollständigen Unterlagen nach Absatz 2 zusammen mit einer Bescheinigung über die Erlaubnis der betreffenden ausländischen AIF-Verwaltungsgesellschaft an die zuständigen Stellen des Aufnahmemitgliedstaates der ausländischen AIF-Verwaltungsgesellschaft.

(4) [1] Die Bundesanstalt unterrichtet die ausländische AIF-Verwaltungsgesellschaft unverzüglich über die Übermittlung der Unterlagen. [2] Die ausländische AIF-Verwaltungsgesellschaft darf erst nach Eingang der Übermittlungsmeldung mit der Verwaltung von EU-AIF im jeweiligen Aufnahmemitgliedstaat beginnen. [3] Die Bundesanstalt teilt zudem der Europäischen Wertpapier- und Marktaufsichtsbehörde mit, dass die ausländische AIF-Verwaltungsgesellschaft in den jeweiligen Aufnahmemitgliedstaaten mit der Verwaltung des EU-AIF beginnen kann.

(5) Eine Änderung der nach Absatz 1 oder gegebenenfalls nach Absatz 2 übermittelten Angaben hat die ausländische AIF-Verwaltungsgesellschaft der Bundesanstalt mindestens einen Monat vor der Durchführung der Änderung, oder, bei ungeplanten Änderungen, unverzüglich nach Eintreten der Änderung, schriftlich anzuzeigen.

(6) Sollte die geplante Änderung dazu führen, dass die ausländische AIF-Verwaltungsgesellschaft oder die Verwaltung des EU-AIF durch diese nunmehr gegen dieses Gesetz verstößt, untersagt die Bundesanstalt der ausländischen AIF-Verwaltungsgesellschaft unverzüglich die Änderung.

(7) Wird eine geplante Änderung ungeachtet der Absätze 5 und 6 durchgeführt oder führt eine durch einen ungeplanten Umstand ausgelöste Änderung dazu, dass die ausländische AIF-Verwaltungsgesellschaft oder die Verwaltung des EU-AIF durch diese nunmehr gegen dieses Gesetz verstößt, so ergreift die Bundesanstalt alle erforderlichen Maßnahmen.

(8) Über Änderungen, die im Einklang mit diesem Gesetz stehen, unterrichtet die Bundesanstalt unverzüglich die zuständigen Behörden des Aufnahmemitgliedstaates der ausländischen AIF-Verwaltungsgesellschaft von diesen Änderungen.

§ 66 Inländische Zweigniederlassung und grenzüberschreitender Dienstleistungsverkehr von ausländischen AIF-Verwaltungsgesellschaften, deren Referenzmitgliedstaat nicht die Bundesrepublik Deutschland ist. (1) Beabsichtigt eine ausländische AIF-Verwaltungsgesellschaft, deren Referenzmitgliedstaat nicht die Bundesrepublik Deutschland ist, erstmals im Wege des grenzüberschreitenden Dienstleistungsverkehrs oder über eine Zweigniederlassung inländische Spezial-AIF zu verwalten, so ist dies nur zulässig, wenn die zuständigen Stellen des Referenzmitgliedstaates der ausländischen AIF-Verwaltungsgesellschaft der Bundesanstalt folgende Angaben und Unterlagen übermittelt haben:
1. eine Bescheinigung darüber, dass die ausländische AIF-Verwaltungsgesellschaft eine Zulassung gemäß der Richtlinie 2011/61/EU erhalten hat, durch die die im Inland beabsichtigten Tätigkeiten abgedeckt sind,
2. die Anzeige der Absicht der ausländischen AIF-Verwaltungsgesellschaft, in der Bundesrepublik Deutschland im Wege des grenzüberschreitenden Dienstleistungsverkehrs oder über eine Zweigniederlassung inländische Spezial-AIF zu verwalten sowie
3. einen Geschäftsplan, aus dem insbesondere hervorgeht, welche inländischen Spezial-AIF die ausländische AIF-Verwaltungsgesellschaft zu verwalten beabsichtigt.

(2) Beabsichtigt die ausländische AIF-Verwaltungsgesellschaft die Errichtung einer Zweigniederlassung, so ist dies nur zulässig, wenn die zuständigen Stellen des Referenzmitgliedstaates der Bundesanstalt zusätzlich zu den Angaben nach Absatz 1 folgende Informationen übermittelt haben:
1. den organisatorischen Aufbau der Zweigniederlassung,
2. die Anschrift, unter der im Inland Unterlagen angefordert werden können sowie
3. die Namen und Kontaktangaben der Geschäftsführer der Zweigniederlassung.

(3) Die ausländische AIF-Verwaltungsgesellschaft kann unmittelbar nach dem Erhalt der Übermittlungsmeldung durch ihren Referenzmitgliedstaat gemäß Artikel 41 Absatz 4 der Richtlinie 2011/61/EU mit der Verwaltung von inländischen Spezial-AIF im Inland beginnen.

(4) [1] Auf die Zweigniederlassungen im Sinne des Absatzes 1 sind § 3 Absatz 1, 4 und 5, die §§ 14, 26 Absatz 2, 3 und 7, § 27 Absatz 1 bis 4, die §§ 33, 34 Absatz 3 Nummer 8 sowie die §§ 293, 295

Absatz 5, §§ 307 und 308 entsprechend anzuwenden. ²Auf die Tätigkeiten im Wege des grenzüberschreitenden Dienstleistungsverkehrs nach Absatz 1 Satz 1 sind die §§ 14, 293, 295 Absatz 5, §§ 307 und 308 entsprechend anzuwenden.

(5) Auf die Tätigkeit einer ausländischen AIF-Verwaltungsgesellschaft, deren Referenzmitgliedstaat nicht die Bundesrepublik Deutschland ist und die inländische Spezial-AIF verwaltet, sind ungeachtet der Anforderungen nach Absatz 4 die §§ 80 bis 161, 273 Satz 1 und §§ 274 bis 292 entsprechend anzuwenden.

§ 67 Jahresbericht für EU-AIF und ausländische AIF. (1) ¹Jede AIF-Kapitalverwaltungsgesellschaft ist verpflichtet, für jeden von ihr verwalteten EU-AIF und für jeden von ihr in der Europäischen Union vertriebenen EU-AIF oder ausländischen AIF für jedes Geschäftsjahr spätestens sechs Monate nach Ende des Geschäftsjahres einen Jahresbericht gemäß Absatz 3 zu erstellen. ²Dieser Jahresbericht ist den Anlegern auf Anfrage vorzulegen.

(2) ¹Ist der EU-AIF oder ausländische AIF nach der Richtlinie 2004/109/EG des Europäischen Parlaments und des Rates vom 15. Dezember 2004 zur Harmonisierung der Transparenzanforderungen in Bezug auf Informationen über Emittenten, deren Wertpapiere zum Handel auf einem geregelten Markt zugelassen sind (ABl. L 390 vom 31.12.2004, S. 38) verpflichtet, Jahresfinanzberichte zu veröffentlichen, so sind Anlegern auf Anfrage lediglich die Angaben nach Absatz 3 Nummer 4 bis 6 zusätzlich vorzulegen. ²Die Vorlage kann gesondert spätestens vier Monate nach Ende des Geschäftsjahres oder in Form einer Ergänzung bei der Veröffentlichung des Jahresfinanzberichts erfolgen.

(3) ¹Der Jahresbericht muss mindestens Folgendes enthalten:
1. eine Bilanz oder eine Vermögensübersicht;
2. eine Aufstellung der Erträge und Aufwendungen des Geschäftsjahres;
3. einen Bericht über die Tätigkeiten im abgelaufenen Geschäftsjahr;
4. jede während des abgelaufenen Geschäftsjahres eingetretene wesentliche Änderung hinsichtlich der nach § 307 Absatz 1 oder Absatz 2 erste Alternative in Verbindung mit § 297 Absatz 4 und § 308 Absatz 1 bis 4 zur Verfügung zu stellenden Informationen;
5. die Gesamtsumme der im abgelaufenen Geschäftsjahr gezahlten Vergütungen, gegliedert in feste und variable von der Kapitalverwaltungsgesellschaft an ihre Mitarbeiter gezahlte Vergütungen, die Zahl der Begünstigten und gegebenenfalls die vom AIF gezahlten Carried Interest;
6. die Gesamtsumme der im abgelaufenen Geschäftsjahr gezahlten Vergütungen, aufgegliedert nach Führungskräften und Mitarbeitern der Kapitalverwaltungsgesellschaft, deren Tätigkeit sich wesentlich auf das Risikoprofil des AIF auswirkt.

²Inhalt und Form des Jahresberichts bestimmen sich im Übrigen nach den Artikeln 103 bis 107 der Delegierten Verordnung (EU) Nr. 231/2013.

(4) ¹Die im Jahresbericht enthaltenen Zahlenangaben werden gemäß den Rechnungslegungsstandards des Herkunftsmitgliedstaates des AIF oder gemäß den Rechnungslegungsstandards des Drittstaates, in dem der ausländische AIF seinen Sitz hat, oder gemäß den in den Anlagebedingungen, der Satzung oder dem Gesellschaftsvertrag des AIF festgelegten Rechnungslegungsstandards erstellt. ²Dies gilt nicht im Fall des Absatzes 2.

(5) ¹Die im Jahresbericht enthaltenen Zahlenangaben werden von einer oder mehreren Personen geprüft, die gemäß der Richtlinie 2006/43/EG des Europäischen Parlaments und des Rates vom 17. Mai 2006 über Abschlussprüfungen von Jahresabschlüssen und konsolidierten Abschlüssen (ABl. L 157 vom 9.6.2006, S. 87) gesetzlich zur Abschlussprüfung zugelassen sind. ²Der Abschlussprüfer hat das Ergebnis der Prüfung in einem Bestätigungsvermerk zusammenzufassen. ³Der Bestätigungsvermerk des Abschlussprüfers einschließlich etwaiger Einschränkungen ist in jedem Jahresbericht vollständig wiederzugeben. ⁴Abweichend von den Sätzen 1 und 2 können AIF-Kapitalverwaltungsgesellschaften, die ausländische AIF verwalten, die Jahresberichte dieser AIF einer Prüfung entsprechend den internationalen Prüfungsstandards unterziehen, die in dem Staat verbindlich vorgeschrieben oder zugelassen sind, in dem der ausländische AIF seinen satzungsmäßigen Sitz hat.

Abschnitt 3. Verwahrstelle

Übersicht

Unterabschnitt 1. Vorschriften für OGAW-Verwahrstellen
Unterabschnitt 2. Vorschriften für AIF-Verwahrstellen

III. Normentexte

Unterabschnitt 1. Vorschriften für OGAW-Verwahrstellen

Übersicht

§ 68 Beauftragung und jährliche Prüfung; Verordnungsermächtigung
§ 69 Aufsicht
§ 70 Interessenkollision
§ 71 Ausgabe und Rücknahme von Anteilen oder Aktien eines inländischen OGAW
§ 72 Verwahrung
§ 73 Unterverwahrung
§ 74 Zahlung und Lieferung
§ 75 Zustimmungspflichtige Geschäfte
§ 76 Kontrollfunktion
§ 77 Haftung
§ 78 Geltendmachung von Ansprüchen der Anleger; Verordnungsermächtigung
§ 79 Vergütung, Aufwendungsersatz

§ 68[23)] **Beauftragung und jährliche Prüfung; Verordnungsermächtigung.** (1) ¹Die OGAW-Kapitalverwaltungsgesellschaft hat sicherzustellen, dass für jeden von ihr verwalteten OGAW eine Verwahrstelle im Sinne des Absatzes 2 beauftragt wird. ²Die Beauftragung der Verwahrstelle ist in einem schriftlichen Vertrag zu vereinbaren. ³Der Vertrag regelt unter anderem den Informationsaustausch, der für erforderlich erachtet wird, damit die Verwahrstelle nach den Vorschriften dieses Gesetzes und gemäß den anderen einschlägigen Rechts- und Verwaltungsvorschriften ihren Aufgaben für den OGAW, für den sie als Verwahrstelle beauftragt wurde, nachkommen kann.

(2) Die Verwahrstelle ist ein Kreditinstitut im Sinne des Artikels 4 Absatz 1 Nummer 1 der Verordnung (EU) Nr. 575/2013 mit satzungsmäßigem Sitz in der Europäischen Union, das gemäß § 32 des Kreditwesengesetzes oder den im Herkunftsmitgliedstaat des EU-OGAW anzuwendenden Vorschriften, die die Richtlinie 2013/36/EU des Europäischen Parlaments und des Rates vom 26. Juni 2013 über den Zugang zur Tätigkeit von Kreditinstituten und die Beaufsichtigung von Kreditinstituten und Wertpapierfirmen, zur Änderung der Richtlinie 2002/87/EG und zur Aufhebung der Richtlinien 2006/48/EG und 2006/49/EG (ABl. L 176 vom 27.6.2013, S. 338) umsetzen, zugelassen ist.

(3) ¹Verwaltet die OGAW-Kapitalverwaltungsgesellschaft inländische OGAW, muss die Verwahrstelle ihren Sitz im Geltungsbereich dieses Gesetzes haben. ²Bei der Verwahrstelle für einen inländischen OGAW muss es sich um ein CRR-Kreditinstitut im Sinne des § 1 Absatz 3d des Kreditwesengesetzes handeln, das über die Erlaubnis zum Betreiben des Depotgeschäfts nach § 1 Absatz 1 Satz 2 Nummer 5 des Kreditwesengesetzes verfügt. ³Als Verwahrstelle für inländische OGAW kann auch eine Zweigniederlassung eines CRR-Kreditinstituts im Sinne des § 53b Absatz 1 Satz 1 des Kreditwesengesetzes im Geltungsbereich dieses Gesetzes beauftragt werden.

(4) ¹Mindestens ein Geschäftsleiter des Kreditinstituts, das als Verwahrstelle beauftragt werden soll, muss über die für die Verwahrstellenaufgaben erforderliche Erfahrung verfügen. ²Das Kreditinstitut muss bereit und in der Lage sein, die für die Erfüllung der Verwahrstellenaufgaben erforderlichen organisatorischen Vorkehrungen zu schaffen.

(5) ¹Die Verwahrstelle muss ein Anfangskapital von mindestens 5 Millionen Euro haben. ²Hiervon unberührt bleiben etwaige Eigenmittelanforderungen nach dem Kreditwesengesetz.

(6) ¹Der Vertrag nach Absatz 1 muss insbesondere die Inhalte über den Informationsaustausch berücksichtigen, die in den Artikeln 30 bis 33 und 35 der Richtlinie 2010/43/EU der Kommission vom 1. Juli 2010 zur Durchführung der Richtlinie 2009/65/EG des Europäischen Parlaments und des Rates im Hinblick auf organisatorische Anforderungen, Interessenkonflikte, Wohlverhalten, Risikomanagement und den Inhalt der Vereinbarung zwischen Verwahrstelle und Verwaltungsgesellschaft (ABl. L 176 vom 10.7.2010, S. 42) genannt sind. ²Der Vertrag unterliegt dem Recht des Herkunftsmitgliedstaates des OGAW. ³Der Vertrag kann auch verschiedene OGAW betreffen; in diesem Fall hat er eine Liste aller OGAW zu enthalten, auf die sich der Vertrag bezieht. ⁴Über die in Artikel 30 Buchstabe c und d der Richtlinie 2010/43/EU genannten Mittel und Verfahren kann auch ein gesonderter schriftlicher Vertrag geschlossen werden.

(7) ¹Die ordnungsgemäße Erfüllung der gesetzlichen oder vertraglichen Pflichten als Verwahrstelle durch das Kreditinstitut oder die Zweigniederlassung ist durch einen geeigneten Abschlussprüfer einmal jährlich zu prüfen. ²Geeignete Prüfer sind Wirtschaftsprüfer, die hinsichtlich des Prüfungsgegen-

---

[23] § 68 Abs. 2, Abs. 3 Sätze 2 und 3 geänd. mWv 1.1.2014 durch G v. 28.8.2013 (BGBl. I S. 3395).

standes über ausreichende Erfahrung verfügen. ³Die Verwahrstelle hat den Prüfer spätestens zwei Monate nach Ablauf des Kalenderjahres zu bestellen, auf das sich die Prüfung erstreckt. ⁴Die Verwahrstelle hat den Prüfer vor der Erteilung des Prüfungsauftrags der Bundesanstalt anzuzeigen. ⁵Die Bundesanstalt kann innerhalb eines Monats nach Zugang der Anzeige die Bestellung eines anderen Prüfers verlangen, wenn dies zur Erreichung des Prüfungszwecks geboten ist. ⁶Der Prüfer hat den Prüfungsbericht unverzüglich nach Beendigung der Prüfung der Bundesanstalt einzureichen.

(8)²⁴⁾ ¹Das Bundesministerium der Finanzen wird ermächtigt, durch Rechtsverordnung, die nicht der Zustimmung des Bundesrates bedarf, nähere Bestimmungen über Art, Umfang und Zeitpunkt der Prüfung nach Absatz 7 Satz 1 zu erlassen, soweit dies zur Erfüllung der Aufgaben der Bundesanstalt erforderlich ist, insbesondere um einheitliche Unterlagen zur Beurteilung der Tätigkeit als Verwahrstelle zu erhalten. ²Das Bundesministerium der Finanzen kann die Ermächtigung durch Rechtsverordnung auf die Bundesanstalt übertragen.

§ 69 Aufsicht. (1) ¹Die Auswahl sowie jeder Wechsel der Verwahrstelle bedürfen der Genehmigung der Bundesanstalt. ²Die Bundesanstalt kann die Genehmigung mit Nebenbestimmungen verbinden. ³Erlässt die Bundesanstalt eine Übertragungsanordnung nach § 48a Absatz 1 oder § 48k Absatz 1 des Kreditwesengesetzes gegenüber einer Verwahrstelle mit der Folge, dass deren Verwahrstellenaufgaben auf einen übernehmenden Rechtsträger übergehen, gilt der durch die Anordnung herbeigeführte Verwahrstellenwechsel als genehmigt, sobald die Übertragung der Verwahrstelle die Anordnung gemäß § 48g Absatz 1 des Kreditwesengesetzes bekannt gegeben wird. ⁴Die Bundesanstalt hat die OGAW-Verwaltungsgesellschaften, die die Verwahrstelle beauftragt haben, unverzüglich nach Bekanntgabe der Übertragungsanordnung über den Wechsel der Verwahrstelle zu unterrichten.

(2) ¹Die Bundesanstalt kann der OGAW-Kapitalverwaltungsgesellschaft jederzeit einen Wechsel der Verwahrstelle auferlegen. ²Dies gilt insbesondere dann, wenn die Verwahrstelle ihre gesetzlichen oder vertraglichen Pflichten nicht ordnungsgemäß erfüllt oder ihr Anfangskapital die nach § 68 Absatz 5 vorgeschriebene Mindesthöhe unterschreitet.

(3) ¹Die Verwahrstelle stellt der Bundesanstalt auf Anfrage alle Informationen zur Verfügung, welche die Verwahrstelle im Rahmen der Erfüllung ihrer Aufgaben erhalten hat und welche die Bundesanstalt oder die zuständigen Stellen des Herkunftsmitgliedstaates der EU-OGAW-Verwaltungsgesellschaft benötigen könnten. ²Im letzteren Fall stellt die Bundesanstalt den zuständigen Stellen des Herkunftsmitgliedstaates der EU-OGAW-Verwaltungsgesellschaft die erhaltenen Informationen unverzüglich zur Verfügung.

(4) ¹Erlässt die Bundesanstalt gegenüber der Verwahrstelle Maßnahmen auf Grundlage des § 46 Absatz 1 Satz 2 Nummer 4 bis 6 des Kreditwesengesetzes oder wird ein Moratorium nach § 47 des Kreditwesengesetzes erlassen, hat die OGAW-Kapitalverwaltungsgesellschaft unverzüglich eine neue Verwahrstelle zu beauftragen; Absatz 1 bleibt unberührt. ²Bis zur Beauftragung der neuen Verwahrstelle kann die OGAW-Kapitalverwaltungsgesellschaft mit Genehmigung der Bundesanstalt bei einem anderen Kreditinstitut im Sinne des § 68 Absatz 3 ein Sperrkonto errichten, über das die OGAW-Kapitalverwaltungsgesellschaft Zahlungen für Rechnung des inländischen OGAW tätigen oder entgegennehmen kann.

§ 70 Interessenkollision. (1) Bei der Wahrnehmung ihrer Aufgaben handelt die Verwahrstelle unabhängig von der OGAW-Verwaltungsgesellschaft und ausschließlich im Interesse der Anleger.

(2) ¹Die Verwahrstelle darf keine Aufgaben in Bezug auf den inländischen OGAW oder die für Rechnung des inländischen OGAW tätige OGAW-Verwaltungsgesellschaft wahrnehmen, die Interessenkonflikte zwischen dem inländischen OGAW, den Anlegern des inländischen OGAW, der OGAW-Verwaltungsgesellschaft und ihr selbst schaffen könnten. ²Dies gilt nicht, wenn eine funktionale und hierarchische Trennung der Aufgaben vorgenommen wurde und die potenziellen Interessenkonflikte ordnungsgemäß ermittelt, gesteuert, beobachtet und den Anlegern des inländischen OGAW gegenüber offengelegt werden. ³Die Verwahrstelle hat durch Vorschriften zur Organisation und Verfahren sicherzustellen, dass bei der Wahrnehmung ihrer Aufgaben Interessenkonflikte zwischen der Verwahrstelle und der OGAW-Verwaltungsgesellschaft vermieden werden. ⁴Die Einhaltung dieser Vorschriften ist von einer bis auf Ebene der Geschäftsführung unabhängigen Stelle zu überwachen.

(3) Zur Vermeidung von Interessenkonflikten zwischen der Verwahrstelle, der OGAW-Kapitalverwaltungsgesellschaft oder dem inländischen OGAW oder seinen Anlegern darf eine OGAW-Kapitalverwaltungsgesellschaft nicht die Aufgaben einer Verwahrstelle wahrnehmen.

---

²⁴ § 68 Abs. 8 tritt am 11.7.2013 in Kraft gem. Art. 28 Abs. 1 des G v. 4.7.2013 (BGBl. I S. 1981).

III. Normentexte

(4) ¹Geschäftsleiter, Prokuristen und die zum gesamten Geschäftsbetrieb ermächtigten Handlungsbevollmächtigten der Verwahrstelle dürfen nicht gleichzeitig Angestellte der OGAW-Kapitalverwaltungsgesellschaft sein. ²Geschäftsleiter, Prokuristen und die zum gesamten Geschäftsbetrieb ermächtigten Handlungsbevollmächtigten der OGAW-Kapitalverwaltungsgesellschaft dürfen nicht gleichzeitig Angestellte der Verwahrstelle sein.

(5) Die Verwahrstelle darf die zum inländischen OGAW gehörenden Vermögensgegenstände nicht wiederverwenden.

§ 71 Ausgabe und Rücknahme von Anteilen oder Aktien eines inländischen OGAW. (1) ¹Die Verwahrstelle hat die Anteile oder Aktien eines inländischen OGAW auszugeben und zurückzunehmen. ²Anteile oder Aktien dürfen nur gegen volle Leistung des Ausgabepreises ausgegeben werden. ³Sacheinlagen sind vorbehaltlich von § 180 Absatz 4 sowie § 190 Absatz 1 und 2 unzulässig.

(2) ¹Der Preis für die Ausgabe von Anteilen oder Aktien (Ausgabepreis) muss dem Nettoinventarwert des Anteils oder der Aktie am inländischen OGAW zuzüglich eines in den Anlagebedingungen festzusetzenden Aufschlags gemäß § 165 Absatz 2 Nummer 8 entsprechen. ²Der Ausgabepreis ist an die Verwahrstelle zu entrichten und von dieser abzüglich des Aufschlags unverzüglich auf einem für den inländischen OGAW eingerichteten gesperrten Konto zu verbuchen.

(3) ¹Der Preis für die Rücknahme von Anteilen oder Aktien (Rücknahmepreis) muss dem Nettoinventarwert des Anteils oder der Aktie am inländischen OGAW abzüglich eines in den Anlagebedingungen festzusetzenden Abschlags gemäß § 165 Absatz 2 Nummer 8 entsprechen. ²Der Rücknahmepreis ist, abzüglich des Abschlags, von dem gesperrten Konto an den Anleger zu zahlen.

(4) Der Ausgabeaufschlag nach Maßgabe von Absatz 2 Satz 1 und der Rücknahmeabschlag nach Maßgabe von Absatz 3 Satz 1 können an die OGAW-Verwaltungsgesellschaft ausgezahlt werden.

§ 72 Verwahrung. (1) Die Verwahrstelle hat die zum inländischen OGAW gehörenden Wertpapiere und Einlagezertifikate in ein gesperrtes Depot zu legen.

(2) ¹Die zum inländischen OGAW gehörenden Guthaben sind auf Sperrkonten zu verwahren. ²Die Verwahrstelle ist berechtigt und verpflichtet, auf Anweisung der OGAW-Verwaltungsgesellschaft auf den Sperrkonten vorhandene Guthaben
1. auf andere Sperrkonten bei Kreditinstituten mit Sitz in einem Mitgliedstaat der Europäischen Union oder einem anderen Vertragsstaat des Abkommens über den Europäischen Wirtschaftsraum oder
2. auf andere Sperrkonten bei Kreditinstituten mit Sitz in Drittstaaten, deren Aufsichtsbestimmungen nach Auffassung der Bundesanstalt denjenigen des Rechts der Europäischen Union gleichwertig sind,
zu übertragen.

(3) Nicht verwahrfähige Vermögensgegenstände sind laufend von der Verwahrstelle zu überwachen.

§ 73 Unterverwahrung. (1) Die Verwahrstelle kann die Verwahraufgaben nach § 72 unter den folgenden Bedingungen auf ein anderes Unternehmen (Unterverwahrer) auslagern:
1. die Aufgaben werden nicht in der Absicht übertragen, die Vorschriften dieses Gesetzes zu umgehen;
2. die Verwahrstelle kann darlegen, dass es einen objektiven Grund für die Unterverwahrung gibt;
3. die Verwahrstelle geht mit der gebotenen Sachkenntnis, Sorgfalt und Gewissenhaftigkeit vor
    a) bei der Auswahl und Bestellung eines Unterverwahrers, dem sie Teile ihrer Aufgaben übertragen möchte, und
    b) bei der laufenden Kontrolle und regelmäßigen Überprüfung von Unterverwahrern, denen sie Teile ihrer Aufgaben übertragen hat, und von Vorkehrungen des Unterverwahrers hinsichtlich der ihm übertragenen Aufgaben;
4. die Verwahrstelle stellt sicher, dass der Unterverwahrer jederzeit bei der Ausführung der ihm übertragenen Aufgaben die folgenden Bedingungen einhält:
    a) der Unterverwahrer verfügt über die Organisationsstruktur und die Fachkenntnisse, die für die Art und die Komplexität der ihm anvertrauten Vermögensgegenstände des inländischen OGAW oder der für dessen Rechnung handelnden OGAW-Verwaltungsgesellschaft angemessen und geeignet sind,
    b) in Bezug auf die Verwahraufgaben nach § 72 unterliegt der Unterverwahrer einer wirksamen Regulierung der Aufsichtsanforderungen, einschließlich Mindesteigenkapitalanforderungen, und einer Aufsicht in der betreffenden Jurisdiktion sowie einer regelmäßigen externen Rechnungsprüfung durch die sichergestellt wird, dass sich die Finanzinstrumente in seinem Besitz befinden,

c) der Unterverwahrer trennt die Vermögensgegenstände der Kunden der Verwahrstelle von seinen eigenen Vermögensgegenständen und von den Vermögensgegenständen der Verwahrstelle in einer solchen Weise, dass sie zu jeder Zeit eindeutig den Kunden einer bestimmten Verwahrstelle zugeordnet werden können,
d) der Unterverwahrer hält die Pflichten und Verbote nach § 70 Absatz 1, 2, 4 und 5 und nach § 72 ein.

(2) Wenn nach den Rechtsvorschriften eines Drittstaates vorgeschrieben ist, dass bestimmte Finanzinstrumente von einer ortsansässigen Einrichtung verwahrt werden müssen und wenn es keine ortsansässigen Einrichtungen gibt, die die Anforderungen für eine Beauftragung nach Absatz 1 Nummer 4 Buchstabe b erfüllen, darf die Verwahrstelle ihre Verwahraufgaben an eine solche ortsansässige Einrichtung nur insoweit und so lange übertragen, als es von dem Recht des Drittstaates gefordert wird und es keine ortsansässigen Einrichtungen gibt, die die Anforderungen für eine Unterverwahrung erfüllen; der erste Halbsatz gilt vorbehaltlich der folgenden Bedingungen:
1. die OGAW-Verwaltungsgesellschaft hat die Anleger des jeweiligen inländischen OGAW vor Tätigung ihrer Anlage ordnungsgemäß unterrichtet
   a) darüber, dass eine solche Unterverwahrung auf Grund rechtlicher Vorgaben im Recht des Drittstaates erforderlich ist und
   b) über die Umstände, die die Übertragung rechtfertigen und
2. der inländische OGAW oder die für Rechnung des inländischen OGAW tätige OGAW-Verwaltungsgesellschaft muss die Verwahrstelle anweisen, die Verwahrung dieser Finanzinstrumente einer solchen ortsansässigen Einrichtung zu übertragen.

(3) ¹Der Unterverwahrer kann unter den Voraussetzungen nach den Absätzen 1 und 2 die Verwahraufgaben nach § 72 auf ein anderes Unternehmen unterauslagern. ²§ 77 Absatz 3 und 4 gilt entsprechend für die jeweils Beteiligten.

(4) Mit Ausnahme der Verwahraufgaben nach § 72 darf die Verwahrstelle ihre nach diesem Unterabschnitt festgelegten Aufgaben nicht auslagern.

(5) Die Erbringung von Dienstleistungen nach der Richtlinie 98/26/EG durch Wertpapierliefer- und Abrechnungssysteme, wie es für die Zwecke jener Richtlinie vorgesehen ist, oder die Erbringung ähnlicher Dienstleistungen durch Wertpapierliefer- und Abrechnungssysteme von Drittstaaten wird für Zwecke dieser Vorschrift nicht als Auslagerung von Verwahraufgaben angesehen.

§ 74 Zahlung und Lieferung. (1) Die Verwahrstelle hat folgende Geldbeträge auf einem für den inländischen OGAW eingerichteten gesperrten Konto zu verbuchen:
1. den Kaufpreis aus dem Verkauf von Vermögensgegenständen des inländischen OGAW,
2. die anfallenden Erträge,
3. Entgelte für Wertpapier-Darlehen und
4. den Optionspreis, den ein Dritter für das ihm eingeräumte Optionsrecht zahlt, sowie
5. sonstige dem inländischen OGAW zustehende Geldbeträge.

(2) Aus den gesperrten Konten oder Depots führt die Verwahrstelle auf Weisung der OGAW-Verwaltungsgesellschaft oder eines Unternehmens, das die Aufgaben der OGAW-Verwaltungsgesellschaft nach Maßgabe von § 36 Absatz 1 Satz 1 Nummer 3 oder 4 wahrnimmt, folgende Tätigkeiten durch:
1. die Bezahlung des Kaufpreises beim Erwerb von Wertpapieren oder sonstigen Vermögensgegenständen, die Leistung und Rückgewähr von Sicherheiten für Derivate, Wertpapier-Darlehen und Pensionsgeschäfte, Zahlungen von Transaktionskosten und sonstigen Gebühren sowie die Begleichung sonstiger durch die Verwaltung des inländischen OGAW bedingter Verpflichtungen,
2. die Lieferung beim Verkauf von Vermögensgegenständen sowie die Lieferung bei der darlehensweisen Übertragung von Wertpapieren sowie etwaiger weiterer Lieferpflichten,
3. die Ausschüttung der Gewinnanteile an die Anleger.

§ 75 Zustimmungspflichtige Geschäfte. (1) Die OGAW-Kapitalverwaltungsgesellschaft darf die nachstehenden Geschäfte nur mit Zustimmung der Verwahrstelle durchführen:
1. die Aufnahme von Krediten nach Maßgabe des § 199, soweit es sich nicht um valutarische Überziehungen handelt,
2. die Anlage von Mitteln des inländischen OGAW in Bankguthaben bei anderen Kreditinstituten sowie Verfügungen über solche Bankguthaben.

(2) ¹Die Verwahrstelle hat den Geschäften nach Absatz 1 zuzustimmen, wenn diese den dort genannten Anforderungen entsprechen und mit den weiteren Vorschriften dieses Gesetzes und mit den

Anlagebedingungen übereinstimmen. ²Stimmt sie einer Verfügung zu, obwohl die Bedingungen von Satz 1 nicht erfüllt sind, berührt dies nicht die Wirksamkeit der Verfügung. ³Eine Verfügung ohne Zustimmung der Verwahrstelle ist gegenüber den Anlegern unwirksam. ⁴Die Vorschriften zugunsten derjenigen, welche Rechte von einem Nichtberechtigten herleiten, sind entsprechend anzuwenden.

§ 76 Kontrollfunktion. (1) Die Verwahrstelle hat sicherzustellen, dass
1. die Ausgabe und Rücknahme von Anteilen und die Ermittlung des Wertes der Anteile den Vorschriften dieses Gesetzes und den Anlagebedingungen entsprechen,
2. bei den für gemeinschaftliche Rechnung der Anleger getätigten Geschäften der Gegenwert innerhalb der üblichen Fristen in ihre Verwahrung gelangt,
3. die Erträge des inländischen OGAW gemäß den Vorschriften dieses Gesetzes und den Anlagebedingungen verwendet werden und
4. die erforderlichen Sicherheiten für Wertpapier-Darlehen nach Maßgabe des § 200 Absatz 2 rechtswirksam bestellt und jederzeit vorhanden sind.

(2) Die Verwahrstelle hat die Weisungen der OGAW-Verwaltungsgesellschaft auszuführen, sofern diese nicht gegen gesetzliche Vorschriften und die Anlagebedingungen verstoßen.

§ 77 Haftung. (1) ¹Die Verwahrstelle haftet gegenüber dem inländischen OGAW oder gegenüber den Anlegern des inländischen OGAW für das Abhandenkommen eines verwahrten Finanzinstrumentes durch die Verwahrstelle oder durch einen Unterverwahrer, dem die Verwahrung von Finanzinstrumenten nach § 72 Absatz 1 übertragen wurde. ²Im Fall eines solchen Abhandenkommens hat die Verwahrstelle dem inländischen OGAW oder der für Rechnung des inländischen OGAW handelnden OGAW-Verwaltungsgesellschaft unverzüglich ein Finanzinstrument gleicher Art zurückzugeben oder einen entsprechenden Betrag zu erstatten. ³Die Verwahrstelle haftet nicht, wenn sie nachweisen kann, dass das Abhandenkommen auf äußere Ereignisse zurückzuführen ist, deren Konsequenzen trotz aller angemessenen Gegenmaßnahmen unabwendbar waren. ⁴Weitergehende Ansprüche, die sich aus den Vorschriften des bürgerlichen Rechts auf Grund von Verträgen oder unerlaubten Handlungen ergeben, bleiben unberührt.

(2) Die Verwahrstelle haftet auch gegenüber dem inländischen OGAW oder den Anlegern des inländischen OGAW für sämtliche sonstigen Verluste, die diese dadurch erleiden, dass die Verwahrstelle fahrlässig oder vorsätzlich ihre Verpflichtungen nach diesem Gesetz nicht erfüllt.

(3) Die Haftung der Verwahrstelle bleibt von einer etwaigen Übertragung gemäß § 73 unberührt.

(4) Unbeschadet des Absatzes 3 kann sich die Verwahrstelle bei einem Abhandenkommen von Finanzinstrumenten, die von einem Unterverwahrer nach § 73 verwahrt wurden, von der Haftung befreien, wenn sie nachweisen kann, dass
1. alle Bedingungen für die Auslagerung ihrer Verwahrungsaufgaben nach § 73 erfüllt sind,
2. es einen schriftlichen Vertrag zwischen der Verwahrstelle und dem Unterverwahrer gibt,
    a) in dem die Haftung der Verwahrstelle ausdrücklich auf diesen Unterverwahrer übertragen wird und
    b) der es dem inländischen OGAW oder der für Rechnung des inländischen OGAW handelnden OGAW-Verwaltungsgesellschaft ermöglicht, seinen oder ihren Anspruch wegen des Abhandenkommens von Finanzinstrumenten gegenüber dem Unterverwahrer geltend zu machen oder der es der Verwahrstelle ermöglicht, solch einen Anspruch für sie geltend zu machen und
3. es einen schriftlichen Vertrag zwischen der Verwahrstelle und dem inländischen OGAW oder der für Rechnung des inländischen OGAW handelnden OGAW-Verwaltungsgesellschaft gibt, in dem eine Haftungsbefreiung der Verwahrstelle ausdrücklich gestattet ist und ein objektiver Grund für die vertragliche Vereinbarung einer solchen Haftungsbefreiung angegeben wird.

(5) Wenn nach den Rechtsvorschriften eines Drittstaates vorgeschrieben ist, dass bestimmte Finanzinstrumente von einer ortsansässigen Einrichtung verwahrt werden müssen und es keine ortsansässigen Einrichtungen gibt, die die Anforderungen für eine Auslagerung nach § 73 Absatz 1 Nummer 4 Buchstabe b erfüllen, kann die Verwahrstelle sich von der Haftung befreien, sofern die folgenden Bedingungen eingehalten sind:
1. die Anlagebedingungen oder die Satzung des betreffenden inländischen OGAW erlauben ausdrücklich eine Haftungsbefreiung unter den in diesem Absatz genannten Voraussetzungen,
2. die OGAW-Verwaltungsgesellschaft hat die Anleger der entsprechenden inländischen OGAW vor Tätigung ihrer Anlage ordnungsgemäß über diese Haftungsbefreiung und die Umstände, die diese Haftungsbefreiung rechtfertigen, unterrichtet,

3. der inländische OGAW oder die für Rechnung des inländischen OGAW tätige OGAW-Verwaltungsgesellschaft hat die Verwahrstelle angewiesen, die Verwahrung dieser Finanzinstrumente einer ortsansässigen Einrichtung zu übertragen,
4. es gibt einen schriftlichen Vertrag zwischen der Verwahrstelle und dem inländischen OGAW oder der für Rechnung des inländischen OGAW tätigen OGAW-Verwaltungsgesellschaft, in dem solch eine Haftungsbefreiung ausdrücklich gestattet ist und
5. es gibt einen schriftlichen Vertrag zwischen der Verwahrstelle und dem Unterverwahrer,
   a) in dem die Haftung der Verwahrstelle ausdrücklich auf den Unterverwahrer übertragen wird und
   b) der es dem inländischen OGAW oder der für Rechnung des inländischen OGAW tätigen OGAW-Verwaltungsgesellschaft ermöglicht, seinen oder ihren Anspruch wegen des Abhandenkommens von Finanzinstrumenten gegenüber dem Unterverwahrer geltend zu machen oder der es der Verwahrstelle ermöglicht, solch einen Anspruch für sie geltend zu machen.

(6) Die Artikel 100 bis 102 der Delegierten Verordnung (EU) Nr. 231/2013 gelten entsprechend für die Zwecke dieser Vorschrift.

§ 78 Geltendmachung von Ansprüchen der Anleger; Verordnungsermächtigung.
(1) [1] Die Verwahrstelle ist berechtigt und verpflichtet, im eigenen Namen
1. Ansprüche der Anleger wegen Verletzung der Vorschriften dieses Gesetzes oder der Anlagebedingungen gegen die OGAW-Kapitalverwaltungsgesellschaft geltend zu machen und
2. im Wege einer Klage nach § 771 der Zivilprozessordnung Widerspruch zu erheben, wenn in einen inländischen OGAW wegen eines Anspruchs vollstreckt wird, für den der inländische OGAW nicht haftet; die Anleger können nicht selbst Widerspruch gegen die Zwangsvollstreckung erheben.
[2] Satz 1 Nummer 1 schließt die Geltendmachung von Ansprüchen gegen die OGAW-Kapitalverwaltungsgesellschaft durch die Anleger nicht aus.

(2) [1] Die OGAW-Kapitalverwaltungsgesellschaft ist berechtigt und verpflichtet, im eigenen Namen Ansprüche der Anleger gegen die Verwahrstelle geltend zu machen. [2] Der Anleger kann daneben einen eigenen Schadenersatzanspruch gegen die Verwahrstelle geltend machen.

(3)[25] [1] Die OGAW-Kapitalverwaltungsgesellschaft hat unter Beteiligung der Verwahrstelle für die Fälle einer fehlerhaften Berechnung von Anteilswerten und ohne Beteiligung der Verwahrstelle für die Fälle einer Verletzung von Anlagegrenzen oder Erwerbsvorgaben bei einem inländischen OGAW geeignete Entschädigungsverfahren für die betroffenen Anleger vorzusehen. [2] Die Verfahren müssen insbesondere die Erstellung eines Entschädigungsplans umfassen sowie die Prüfung des Entschädigungsplans und der Entschädigungsmaßnahmen durch einen Wirtschaftsprüfer vorsehen. [3] Das Bundesministerium der Finanzen wird ermächtigt, durch Rechtsverordnung, die nicht der Zustimmung des Bundesrates bedarf, nähere Bestimmungen zu den Entschädigungsverfahren und deren Durchführung zu erlassen, insbesondere zu
1. Einzelheiten des Verfahrens einschließlich der Beteiligung der depotführenden Stellen des Anlegers und einer Mindesthöhe der fehlerhaften Berechnung des Anteilswertes, ab der das Entschädigungsverfahren durchzuführen ist, sowie gegebenenfalls zu den Einzelheiten eines vereinfachten Entschädigungsverfahrens bei Unterschreitung einer bestimmten Gesamtschadenshöhe,
2. den gegenüber einem betroffenen Anleger oder inländischen OGAW vorzunehmenden Entschädigungsmaßnahmen sowie gegebenenfalls zu Bagatellgrenzen, bei denen solche Entschädigungsmaßnahmen einen unverhältnismäßigen Aufwand verursachen würden,
3. Meldepflichten gegenüber der Bundesanstalt und gegebenenfalls gegenüber den zuständigen Stellen des Herkunftsstaates der einen inländischen OGAW verwaltenden EU-OGAW-Verwaltungsgesellschaft,
4. Informationspflichten gegenüber den betroffenen Anlegern,
5. Inhalt und Aufbau des zu erstellenden Entschädigungsplans und Einzelheiten der Entschädigungsmaßnahmen sowie
6. Inhalt und Umfang der Prüfung des Entschädigungsplans und der Entschädigungsmaßnahmen durch einen Wirtschaftsprüfer.
[4] Das Bundesministerium der Finanzen kann diese Ermächtigung durch Rechtsverordnung auf die Bundesanstalt übertragen.

§ 79 Vergütung, Aufwendungsersatz. (1) Die Verwahrstelle darf der OGAW-Verwaltungsgesellschaft aus den zu einem inländischen OGAW gehörenden Konten nur die für die Verwaltung

---
[25] § 78 Abs. 3 Satz 3 und 4 tritt am 11.7.2013 in Kraft gem. Art. 28 Abs. 1 des G v. 4.7.2013 (BGBl. I S. 1981).

des inländischen OGAW zustehende Vergütung und den ihr zustehenden Ersatz von Aufwendungen auszahlen.

(2) Die Verwahrstelle darf die Vergütung, die ihr für die Verwahrung des inländischen OGAW und die Wahrnehmung der Aufgaben nach Maßgabe dieses Gesetzes zusteht, nur mit Zustimmung der OGAW-Verwaltungsgesellschaft entnehmen.

Unterabschnitt 2. Vorschriften für AIF-Verwahrstellen

Übersicht

§ 80 Beauftragung
§ 81 Verwahrung
§ 82 Unterverwahrung
§ 83 Kontrollfunktion
§ 84 Zustimmungspflichtige Geschäfte
§ 85 Interessenkollision
§ 86 Informationspflichten gegenüber der Bundesanstalt
§ 87 Anwendbare Vorschriften für Publikums-AIF
§ 88 Haftung
§ 89 Geltendmachung von Ansprüchen der Anleger; Verordnungsermächtigung
§ 90 Anwendbare Vorschriften für ausländische AIF

§ 80[26] **Beauftragung.** (1) ¹Die AIF-Kapitalverwaltungsgesellschaft hat sicherzustellen, dass für jeden von ihr verwalteten AIF eine Verwahrstelle im Sinne des Absatzes 2 oder, sofern die Voraussetzungen nach den Absätzen 3 und 4 erfüllt sind, eine Verwahrstelle im Sinne des Absatzes 3 beauftragt wird; § 55 bleibt unberührt. ²Die Beauftragung der Verwahrstelle ist in einem schriftlichen Vertrag zu vereinbaren. ³Der Vertrag regelt unter anderem den Informationsaustausch, der für erforderlich erachtet wird, damit die Verwahrstelle nach den Vorschriften dieses Gesetzes und gemäß den anderen einschlägigen Rechts- und Verwaltungsvorschriften ihren Aufgaben für den AIF, für den sie als Verwahrstelle beauftragt wurde, nachkommen kann.

(2) Die Verwahrstelle ist
1. ein Kreditinstitut im Sinne des Artikels 4 Absatz 1 Nummer 1 der Verordnung (EU) Nr. 575/2013 mit satzungsmäßigem Sitz in der Europäischen Union, das gemäß § 32 des Kreditwesengesetzes oder den im Herkunftsmitgliedstaat des EU-AIF anzuwendenden Vorschriften, die die Richtlinie 2013/36/EU umsetzen, zugelassen ist;
2. eine Wertpapierfirma im Sinne des Artikels 4 Absatz 1 Nummer 2 der Verordnung (EU) Nr. 575/2013 mit satzungsmäßigem Sitz in der Europäischen Union, für die die Eigenkapitalanforderungen gemäß Artikel 92 der Verordnung (EU) Nr. 575/2013, einschließlich der Kapitalanforderungen für operationelle Risiken, gelten, die gemäß den Vorschriften, die die Richtlinie 2004/39/EG umsetzen, zugelassen ist und die auch die Nebendienstleistungen wie Verwahrung und Verwaltung von Finanzinstrumenten für Rechnung von Kunden gemäß Anhang I Abschnitt B Nummer 1 der Richtlinie 2004/39/EG erbringt; solche Wertpapierfirmen müssen in jedem Fall über Eigenmittel verfügen, die den in Artikel 28 Absatz 2 der Richtlinie 2013/36/EU genannten Betrag des Anfangskapitals nicht unterschreiten oder
3. eine andere Kategorie von Einrichtungen, die einer Beaufsichtigung und ständigen Überwachung unterliegen und die am 21. Juli 2011 unter eine der von den Mitgliedstaaten gemäß Artikel 23 Absatz 3 der Richtlinie 2009/65/EG festgelegten Kategorien von Einrichtungen fallen, aus denen eine Verwahrstelle gewählt werden kann.

(3) ¹Abweichend von Absatz 2 kann die Verwahrstelle für geschlossene AIF anstelle der in § 80 Absatz 2 Nummer 1 bis 3 genannten Einrichtungen auch ein Treuhänder sein, der die Aufgaben einer Verwahrstelle im Rahmen seiner beruflichen oder geschäftlichen Tätigkeit wahrnimmt, wenn
1. bei den geschlossenen AIF innerhalb von fünf Jahren nach Tätigung der ersten Anlagen keine Rücknahmerechte ausgeübt werden können,
2. die geschlossenen AIF im Einklang mit ihrer Hauptanlagestrategie in der Regel
    a) nicht in Vermögensgegenstände investieren, die nach § 81 Absatz 1 Nummer 1 verwahrt werden müssen, oder
    b) in Emittenten oder nicht börsennotierte Unternehmen investieren, um nach § 261 Absatz 7, den §§ 287, 288 möglicherweise die Kontrolle über solche Unternehmen zu erlangen.

---

[26] § 80 Abs. 2 Nr. 1 und 2, Abs. 7 Satz 1 geänd. mWv 1.1.2014 durch G v. 28.8.2013 (BGBl. I S. 3395).

A. Deutschland

²In Bezug auf die berufliche oder geschäftliche Tätigkeit muss der Treuhänder
1. einer gesetzlich anerkannten obligatorischen berufsmäßigen Registrierung oder
2. Rechts- und Verwaltungsvorschriften oder berufsständischen Regeln unterliegen,

die ausreichend finanzielle und berufliche Garantien bieten können, um es ihm zu ermöglichen, die relevanten Aufgaben einer Verwahrstelle wirksam auszuführen und die mit diesen Funktionen einhergehenden Verpflichtungen zu erfüllen. ³Die ausreichende finanzielle und berufliche Garantie ist laufend zu gewährleisten. ⁴Der Treuhänder hat Änderungen, die seine finanziellen und beruflichen Garantien betreffen, der Bundesanstalt unverzüglich anzuzeigen. ⁵Sofern der Treuhänder zum Zwecke der finanziellen Garantie eine Versicherung abschließt, ist das Versicherungsunternehmen im Versicherungsvertrag zu verpflichten, der Bundesanstalt den Beginn und die Beendigung oder Kündigung des Versicherungsvertrages sowie Umstände, die den vorgeschriebenen Versicherungsschutz beeinträchtigen, unverzüglich mitzuteilen.

(4) ¹Der Treuhänder im Sinne von Absatz 3 muss der Bundesanstalt vor Beauftragung benannt werden. ²Hat die Bundesanstalt gegen die Beauftragung Bedenken, kann sie verlangen, dass binnen angemessener Frist ein anderer Treuhänder benannt wird. ³Unterbleibt dies oder hat die Bundesanstalt auch gegen die Beauftragung des neu vorgeschlagenen Treuhänders Bedenken, so hat die AIF-Kapitalverwaltungsgesellschaft eine Verwahrstelle im Sinne von Absatz 2 zu beauftragen.

(5) Unbeschadet von Absatz 6 Satz 3 kann die Verwahrstelle für ausländische AIF auch ein Kreditinstitut oder ein Unternehmen sein, das den in Absatz 2 Satz 1 Nummer 1 und 2 genannten Unternehmen vergleichbar ist, sofern die Bedingungen des Absatzes 8 Satz 1 Nummer 2 eingehalten sind.

(6) ¹Verwaltet die AIF-Kapitalverwaltungsgesellschaft einen inländischen AIF, muss die Verwahrstelle ihren satzungsmäßigen Sitz oder ihre satzungsmäßige Zweigniederlassung im Geltungsbereich dieses Gesetzes haben. ²Verwaltet die AIF-Kapitalverwaltungsgesellschaft einen EU-AIF, muss die Verwahrstelle ihren satzungsmäßigen Sitz oder ihre satzungsmäßige Zweigniederlassung im Herkunftsmitgliedstaat des EU-AIF haben. ³Bei ausländischen AIF kann die Verwahrstelle ihren satzungsmäßigen Sitz oder ihre satzungsmäßige Zweigniederlassung in dem Drittstaat haben, in dem der ausländische AIF seinen Sitz hat oder im Geltungsbereich dieses Gesetzes, wenn die AIF-Kapitalverwaltungsgesellschaft einen ausländischen AIF verwaltet oder in dem Referenzmitgliedstaat der ausländischen AIF-Verwaltungsgesellschaft, die den ausländischen AIF verwaltet; § 55 bleibt unberührt.

(7) ¹Wird für den inländischen AIF eine Verwahrstelle im Sinne des Absatzes 2 Nummer 1 beauftragt, muss es sich um ein CRR-Kreditinstitut im Sinne des § 1 Absatz 3d des Kreditwesengesetzes handeln, das über die Erlaubnis zum Betreiben des Depotgeschäfts nach § 1 Absatz 1 Satz 2 Nummer 5 des Kreditwesengesetzes oder zur Erbringung des eingeschränkten Verwahrgeschäfts nach § 1 Absatz 1a Satz 2 Nummer 12 des Kreditwesengesetzes verfügt. ²Wird für den inländischen AIF eine Verwahrstelle im Sinne des Absatzes 2 Nummer 2 beauftragt, muss es sich um ein Finanzdienstleistungsinstitut handeln, das über die Erlaubnis zum eingeschränkten Verwahrgeschäft nach § 1 Absatz 1a Satz 2 Nummer 12 des Kreditwesengesetzes verfügt; wird das in § 83 Absatz 6 Satz 2 aufgeführte Geldkonto bei der Verwahrstelle eröffnet, muss es sich bei der Verwahrstelle um ein Kreditinstitut handeln, das über die Erlaubnis zum Betreiben des Einlagengeschäfts nach § 1 Absatz 1 Satz 2 Nummer 1 des Kreditwesengesetzes verfügt.

(8) ¹Unbeschadet der Anforderungen der Absätze 2 bis 5 unterliegt die Beauftragung einer Verwahrstelle mit Sitz in einem Drittstaat den folgenden Bedingungen:
1. zwischen den zuständigen Behörden des Mitgliedstaates, in dem die Anteile des ausländischen AIF gehandelt werden sollen, und, falls es sich um unterschiedliche Behörden handelt, den Behörden des Herkunftsmitgliedstaates der AIF-Kapitalverwaltungsgesellschaft oder der EU-AIF-Verwaltungsgesellschaft bestehen Vereinbarungen über die Zusammenarbeit und den Informationsaustausch mit den zuständigen Behörden der Verwahrstelle,
2. die Verwahrstelle unterliegt einer wirksamen Regulierung der Aufsichtsanforderungen, einschließlich Mindesteigenkapitalanforderungen, und einer Aufsicht, die jeweils den Rechtsvorschriften der Europäischen Union entsprechen und die wirksam durchgesetzt werden,
3. der Drittstaat, in dem die Verwahrstelle ihren Sitz hat, steht nicht auf der Liste der nicht kooperativen Länder und Gebiete, die von der Arbeitsgruppe „Finanzielle Maßnahmen gegen die Geldwäsche und die Terrorismusfinanzierung" aufgestellt wurde,
4. die Mitgliedstaaten, in denen die Anteile des ausländischen AIF vertrieben werden sollen, und, soweit verschieden, der Herkunftsmitgliedstaat der AIF-Kapitalverwaltungsgesellschaft oder EU-AIF-Verwaltungsgesellschaft haben mit dem Drittstaat, in dem die Verwahrstelle ihren Sitz hat, eine

III. Normentexte

Vereinbarung abgeschlossen, die den Standards des Artikels 26 des OECD-Musterabkommens zur Vermeidung der Doppelbesteuerung von Einkommen und Vermögen vollständig entspricht und einen wirksamen Informationsaustausch in Steuerangelegenheiten, einschließlich multilateraler Steuerabkommen, gewährleistet,
5. die Verwahrstelle haftet vertraglich gegenüber dem ausländischen AIF oder gegenüber den Anlegern des ausländischen AIF entsprechend § 88 Absatz 1 bis 4 und erklärt sich ausdrücklich zur Einhaltung von § 82 bereit.

²Ist eine zuständige Behörde eines anderen Mitgliedstaates nicht mit der Bewertung der Anwendung von Satz 1 Nummer 1, 3 oder 5 durch die zuständigen Behörden des Herkunftsmitgliedstaates der AIF-Kapitalverwaltungsgesellschaft oder EU-AIF-Verwaltungsgesellschaft einverstanden, kann die betreffende zuständige Behörde die Angelegenheit der Europäischen Wertpapier- und Marktaufsichtsbehörde zur Kenntnis bringen; diese kann nach den ihr durch Artikel 19 der Verordnung (EU) Nr. 1095/2010 übertragenen Befugnisse tätig werden.

(9) ¹Mindestens ein Geschäftsleiter der Einrichtung, die als Verwahrstelle beauftragt werden soll, muss über die für die Verwahrstellenaufgaben erforderliche Erfahrung verfügen. ²Diese Einrichtung muss bereit und in der Lage sein, die für die Erfüllung der Verwahrstellenaufgaben erforderlichen organisatorischen Vorkehrungen zu schaffen. ³Wird eine natürliche Person als Treuhänder nach den Absätzen 3 und 4 mit der Verwahrstellenfunktion beauftragt, muss dieser über die für die Verwahrstellenaufgaben erforderliche Erfahrung verfügen sowie die für die Erfüllung der Verwahrstellenaufgaben notwendigen organisatorischen Vorkehrungen schaffen.

(10) Die in den in Absatz 1 genannten schriftlichen Vertrag aufzunehmenden Einzelheiten und die allgemeinen Kriterien zur Bewertung, ob die Anforderungen an die aufsichtliche Regulierung und an die Aufsicht in Drittstaaten nach Absatz 8 Satz 1 Nummer 2 den Rechtsvorschriften der Europäischen Union entsprechen und wirksam durchgesetzt werden, bestimmen sich nach den Artikeln 83 und 84 der Delegierten Verordnung (EU) Nr. 231/2013.

§ 81 Verwahrung. (1) Die Verwahrstelle hat die Vermögensgegenstände des inländischen AIF oder der für Rechnung des inländischen AIF handelnden AIF-Verwaltungsgesellschaft wie folgt zu verwahren:
1. für Finanzinstrumente im Sinne der Richtlinie 2011/61/EU, die in Verwahrung genommen werden können, gilt:
   a) die Verwahrstelle verwahrt sämtliche Finanzinstrumente, die im Depot auf einem Konto für Finanzinstrumente verbucht werden können, und sämtliche Finanzinstrumente, die der Verwahrstelle physisch übergeben werden können;
   b) zu diesem Zweck stellt die Verwahrstelle sicher, dass alle Finanzinstrumente, die im Depot auf einem Konto für Finanzinstrumente verbucht werden können, nach den in Artikel 16 der Richtlinie 2006/73/EG festgelegten Grundsätzen in den Büchern der Verwahrstelle auf gesonderten Konten, die im Namen des inländischen AIF oder der für ihn tätigen AIF-Verwaltungsgesellschaft eröffnet wurden, registriert werden, so dass die Finanzinstrumente jederzeit nach geltendem Recht eindeutig als zum inländischen AIF gehörend identifiziert werden können;
2. für sonstige Vermögensgegenstände gilt:
   a) die Verwahrstelle prüft das Eigentum des inländischen AIF oder der für Rechnung des inländischen AIF tätigen AIF-Verwaltungsgesellschaft an solchen Vermögensgegenständen und führt Aufzeichnungen derjenigen Vermögensgegenstände, bei denen sie sich vergewissert hat, dass der inländische AIF oder die für Rechnung des inländischen AIF tätige AIF-Verwaltungsgesellschaft an diesen Vermögensgegenständen das Eigentum hat;
   b) die Beurteilung, ob der inländische AIF oder die für Rechnung des inländischen AIF tätige AIF-Verwaltungsgesellschaft Eigentümer oder Eigentümerin ist, beruht auf Informationen oder Unterlagen, die vom inländischen AIF oder von der AIF-Verwaltungsgesellschaft vorgelegt werden und, soweit verfügbar, auf externen Nachweisen;
   c) die Verwahrstelle hält ihre Aufzeichnungen auf dem neuesten Stand.

(2) Die Bedingungen für die Ausübung der Aufgaben einer Verwahrstelle nach Absatz 1, einschließlich
1. der Art der Finanzinstrumente, die nach Absatz 1 Nummer 1 von der Verwahrstelle verwahrt werden sollen,
2. der Bedingungen, unter denen die Verwahrstelle ihre Verwahraufgaben über bei einem Zentralverwahrer registrierte Finanzinstrumente ausüben kann, und

3. der Bedingungen, unter denen die Verwahrstelle in nominativer Form emittierte und beim Emittenten oder bei einer Registrierstelle registrierte Finanzinstrumente nach Absatz 1 Nummer 2 zu verwahren hat,

bestimmen sich nach den Artikeln 85 bis 97 der Delegierten Verordnung (EU) Nr. 231/2013.

§ 82 Unterverwahrung. (1) Die Verwahrstelle kann die Verwahraufgaben nach § 81 auf ein anderes Unternehmen (Unterverwahrer) unter den folgenden Bedingungen auslagern:
1. die Aufgaben werden nicht in der Absicht übertragen, die Vorschriften dieses Gesetzes zu umgehen;
2. die Verwahrstelle kann darlegen, dass es einen objektiven Grund für die Unterverwahrung gibt;
3. die Verwahrstelle geht mit der gebotenen Sachkenntnis, Sorgfalt und Gewissenhaftigkeit vor
   a) bei der Auswahl und Bestellung eines Unterverwahrers, dem sie Teile ihrer Aufgaben übertragen möchte, und
   b) bei der laufenden Kontrolle und regelmäßigen Überprüfung von Unterverwahrern, denen sie Teile ihrer Aufgaben übertragen hat, und von Vorkehrungen des Unterverwahrers hinsichtlich der ihm übertragenen Aufgaben;
4. die Verwahrstelle stellt sicher, dass der Unterverwahrer jederzeit bei der Ausführung der ihm übertragenen Aufgaben die folgenden Bedingungen einhält:
   a) der Unterverwahrer verfügt über eine Organisationsstruktur und die Fachkenntnisse, die für die Art und die Komplexität der ihm anvertrauten Vermögensgegenstände des inländischen AIF oder der für dessen Rechnung handelnden AIF-Verwaltungsgesellschaft angemessen und geeignet sind,
   b) in Bezug auf die Verwahraufgaben nach § 81 Absatz 1 Nummer 1 unterliegt der Unterverwahrer einer wirksamen aufsichtlichen Regulierung, einschließlich Mindesteigenkapitalanforderungen, und einer Aufsicht in der betreffenden Jurisdiktion sowie einer regelmäßigen externen Rechnungsprüfung, durch die sichergestellt wird, dass sich die Finanzinstrumente in seinem Besitz befinden,
   c) der Unterverwahrer trennt die Vermögensgegenstände der Kunden der Verwahrstelle von seinen eigenen Vermögensgegenständen und von den Vermögensgegenständen der Verwahrstelle in einer solchen Weise, dass sie zu jeder Zeit eindeutig den Kunden einer bestimmten Verwahrstelle zugeordnet werden können,
   d) im Hinblick auf Spezial-AIF darf der Unterverwahrer die Vermögensgegenstände nicht ohne vorherige Zustimmung des inländischen Spezial-AIF oder der für Rechnung des inländischen Spezial-AIF tätigen AIF-Verwaltungsgesellschaft und vorherige Mitteilung an die Verwahrstelle verwenden; bei Publikums-AIF ist eine Wiederverwendung unabhängig von der Zustimmung ausgeschlossen und
   e) der Unterverwahrer hält die Pflichten und Verbote nach den §§ 81 und 85 Absatz 1, 2 und 5 ein.

(2) Wenn es nach den Rechtsvorschriften eines Drittstaates vorgeschrieben ist, dass bestimmte Finanzinstrumente von einer ortsansässigen Einrichtung verwahrt werden müssen und wenn es keine ortsansässigen Einrichtungen gibt, die die Anforderungen für eine Beauftragung nach Absatz 1 Nummer 4 Buchstabe b erfüllen, darf die Verwahrstelle ihre Verwahrstellenaufgaben an eine solche ortsansässige Einrichtung nur insoweit und so lange übertragen, als es von dem Recht des Drittstaates gefordert wird und es keine ortsansässigen Einrichtungen gibt, die die Anforderungen für eine Unterverwahrung erfüllen; der erste Halbsatz gilt vorbehaltlich der folgenden Bedingungen:
1. die AIF-Verwaltungsgesellschaft hat die Anleger des jeweiligen inländischen AIF vor Tätigung ihrer Anlage ordnungsgemäß unterrichtet
   a) darüber, dass eine solche Unterverwahrung auf Grund rechtlicher Vorgaben im Recht des Drittstaates erforderlich ist, und
   b) über die Umstände, die die Übertragung rechtfertigen, und
2. der inländische AIF oder die für Rechnung des inländischen AIF tätige AIF-Verwaltungsgesellschaft muss die Verwahrstelle anweisen, die Verwahrung dieser Finanzinstrumente einer solchen ortsansässigen Einrichtung zu übertragen.

(3) [1] Der Unterverwahrer kann unter den Voraussetzungen nach den Absätzen 1 und 2 die Verwahraufgaben nach § 81 auf ein anderes Unternehmen unterauslagern. [2] § 88 Absatz 2 und 4 gilt entsprechend für die jeweils Beteiligten.

(4) Mit Ausnahme der Verwahraufgaben nach § 81 darf die Verwahrstelle ihre nach diesem Unterabschnitt festgelegten Aufgaben nicht auslagern.

III. Normentexte

(5) Die Erbringung von Dienstleistungen nach der Richtlinie 98/26/EG durch Wertpapierliefer- und Abrechnungssysteme, wie es für die Zwecke jener Richtlinie vorgesehen ist, oder die Erbringung ähnlicher Dienstleistungen durch Wertpapierliefer- und Abrechnungssysteme von Drittstaaten wird für Zwecke dieser Vorschrift nicht als Auslagerung von Verwahraufgaben angesehen.

(6) Die Sorgfaltspflichten von Verwahrstellen nach Absatz 1 Nummer 3 sowie die Trennungspflicht nach Absatz 1 Nummer 4 Buchstabe c bestimmen sich nach den Artikeln 98 und 99 der Delegierten Verordnung (EU) Nr. 231/2013.

§ 83 Kontrollfunktion. (1) Die Verwahrstelle hat sicherzustellen, dass
1. die Ausgabe und Rücknahme von Anteilen oder Aktien des inländischen AIF und die Ermittlung des Wertes der Anteile oder Aktien des inländischen AIF den Vorschriften dieses Gesetzes und den Anlagebedingungen, der Satzung oder dem Gesellschaftsvertrag des inländischen AIF entsprechen,
2. bei den für gemeinschaftliche Rechnung der Anleger getätigten Geschäften der Gegenwert innerhalb der üblichen Fristen an den inländischen AIF oder für Rechnung des inländischen AIF überwiesen wird,
3. die Erträge des inländischen AIF nach den Vorschriften dieses Gesetzes und nach den Anlagebedingungen, der Satzung oder dem Gesellschaftsvertrag des inländischen AIF verwendet werden.

(2) Verwahrt die Verwahrstelle Vermögenswerte von Publikums-AIF, hat sie zusätzlich zu den Kontrollpflichten nach Absatz 1 sicherzustellen, dass die erforderlichen Sicherheiten für Wertpapier-Darlehen nach Maßgabe des § 200 Absatz 2 rechtswirksam bestellt und jederzeit vorhanden sind.

(3) [1] Hält der Publikums-AIF Anteile oder Aktien an einer Gesellschaft im Sinne des § 1 Absatz 19 Nummer 22 oder des § 261 Absatz 1 Nummer 3, hat die Verwahrstelle die Vermögensaufstellung dieser Gesellschaft zum Bewertungszeitpunkt zu überprüfen. [2] Bei einem offenen Publikums-AIF, der Beteiligungen an einer Immobilien-Gesellschaft hält, hat die Verwahrstelle zudem zu überwachen, dass der Erwerb einer Beteiligung unter Beachtung der §§ 234 bis 238 erfolgt.

(4) Um die Verfügungsbeschränkung nach § 84 Absatz 1 Nummer 3 sicherzustellen, hat die Verwahrstelle Folgendes zu überwachen:
1. bei inländischen Immobilien die Eintragung der Verfügungsbeschränkung in das Grundbuch,
2. bei EU- oder ausländischen Immobilien die Sicherstellung der Wirksamkeit der Verfügungsbeschränkung,
3. bei den sonstigen Vermögensgegenständen im Sinne des § 261 Absatz 2 Nummer 2 bis 8,
    a) sofern ein Register für den jeweiligen Vermögensgegenstand besteht, die Eintragung der Verfügungsbeschränkung in dieses Register oder,
    b) wenn kein Register besteht, die Sicherstellung der Wirksamkeit der Verfügungsbeschränkung.

(5) Die Verwahrstelle hat die Weisungen der AIF-Verwaltungsgesellschaft auszuführen, sofern diese nicht gegen gesetzliche Vorschriften oder die Anlagebedingungen verstoßen.

(6) [1] Die Verwahrstelle hat sicherzustellen, dass die Zahlungsströme der inländischen AIF ordnungsgemäß überwacht werden und sorgt insbesondere dafür, dass sämtliche Zahlungen von Anlegern oder im Namen von Anlegern bei der Zeichnung von Anteilen eines inländischen AIF geleistet wurden. [2] Die Verwahrstelle hat dafür zu sorgen, dass die gesamten Geldmittel des inländischen AIF auf einem Geldkonto verbucht wurden, das für Rechnung des inländischen AIF, im Namen der AIF-Verwaltungsgesellschaft, die für Rechnung des inländischen AIF tätig ist, oder im Namen der Verwahrstelle, die für Rechnung des inländischen AIF tätig ist, bei einer der folgenden Stellen eröffnet wurde:
1. einer Stelle nach Artikel 18 Absatz 1 Buchstabe a, b und c der Richtlinie 2006/73/EG oder
2. einer Stelle der gleichen Art in dem entsprechenden Markt, in dem Geldkonten verlangt werden, solange eine solche Stelle einer wirksamen Regulierung der Aufsichtsanforderungen und einer Aufsicht unterliegt, die jeweils den Rechtsvorschriften der Europäischen Union entsprechen, wirksam durchgesetzt werden und insbesondere mit den Grundsätzen nach Artikel 16 der Richtlinie 2006/73/EG übereinstimmen.

[3] Sofern Geldkonten im Namen der Verwahrstelle, die für Rechnung des inländischen AIF handelt, eröffnet werden, sind keine Geldmittel der in Satz 2 genannten Stelle und keine Geldmittel der Verwahrstelle selbst auf solchen Konten zu verbuchen.

(7) Die Bedingungen für die Ausübung der Aufgaben einer Verwahrstelle nach den Absätzen 1, 5 und 6 bestimmen sich nach den Artikeln 85 bis 97 der Delegierten Verordnung (EU) Nr. 231/2013.

§ 84 Zustimmungspflichtige Geschäfte. (1) Die AIF-Kapitalverwaltungsgesellschaft darf die nachstehenden Geschäfte im Hinblick auf Publikums-AIF nur mit Zustimmung der Verwahrstelle durchführen:

A. Deutschland

1. die Aufnahme von Krediten nach Maßgabe der §§ 199, 221 Absatz 6, der §§ 254 und 263 Absatz 1, soweit es sich nicht um valutarische Überziehungen handelt,
2. die Anlage von Mitteln des Publikums-AIF in Bankguthaben bei anderen Kreditinstituten sowie Verfügungen über solche Bankguthaben,
3. die Verfügung über zum Immobilien-Sondervermögen gehörende Immobilien und zum geschlossenen Publikums-AIF gehörende Vermögensgegenstände im Sinne des § 261 Absatz 1 Nummer 1,
4. die Belastung von in Nummer 3 genannten Vermögensgegenständen sowie die Abtretung von Forderungen aus Rechtsverhältnissen, die sich auf diese Vermögensgegenstände beziehen und
5. Verfügungen über Beteiligungen an Gesellschaften im Sinne des § 1 Absatz 19 Nummer 22 oder des § 261 Absatz 1 Nummer 3 oder, wenn es sich nicht um eine Minderheitsbeteiligung handelt, die Verfügung über zum Vermögen dieser Gesellschaften gehörende Vermögensgegenstände im Sinne des § 231 Absatz 1 oder des § 261 Absatz 1 Nummer 1 sowie Änderungen des Gesellschaftsvertrages oder der Satzung.

(2) ¹Die Verwahrstelle hat den Geschäften nach Absatz 1 zuzustimmen, wenn diese den dort genannten Anforderungen entsprechen und mit den weiteren Vorschriften dieses Gesetzes und mit den Anlagebedingungen übereinstimmen. ²Stimmt sie einer Verfügung zu, obwohl die Bedingungen von Satz 1 nicht erfüllt sind, berührt dies nicht die Wirksamkeit der Verfügung. ³Eine Verfügung ohne Zustimmung der Verwahrstelle ist gegenüber den Anlegern unwirksam. ⁴Die Vorschriften zugunsten derjenigen, welche Rechte von einem Nichtberechtigten herleiten, sind entsprechend anzuwenden.

§ 85 Interessenkollision. (1) Bei der Wahrnehmung ihrer Aufgaben handelt die Verwahrstelle ehrlich, redlich, professionell, unabhängig und im Interesse des inländischen AIF und seiner Anleger.

(2) ¹Die Verwahrstelle darf keine Aufgaben in Bezug auf den inländischen AIF oder die für Rechnung des inländischen AIF tätige AIF-Verwaltungsgesellschaft wahrnehmen, die Interessenkonflikte zwischen dem inländischen AIF, den Anlegern des inländischen AIF, der AIF-Verwaltungsgesellschaft und ihr selbst schaffen könnten. ²Dies gilt nicht, wenn eine funktionale und hierarchische Trennung der Ausführung ihrer Aufgaben als Verwahrstelle von ihren potenziell dazu in Konflikt stehenden Aufgaben vorgenommen wurde und die potenziellen Interessenkonflikte ordnungsgemäß ermittelt, gesteuert, beobachtet und den Anlegern des inländischen AIF gegenüber offengelegt werden. ³Die Verwahrstelle hat durch Vorschriften zu Organisation und Verfahren sicherzustellen, dass bei der Wahrnehmung ihrer Aufgaben Interessenkonflikte zwischen der Verwahrstelle und der AIF-Verwaltungsgesellschaft vermieden werden. ⁴Die Einhaltung dieser Vorschriften ist von einer bis einschließlich der Ebene der Geschäftsführung unabhängigen Stelle zu überwachen. ⁵Wird eine natürliche Person als Treuhänder nach § 80 Absatz 3 und 4 mit der Verwahrstellenfunktion beauftragt, gilt nur Satz 1.

(3) Im Hinblick auf Spezial-AIF darf die Verwahrstelle die in § 81 genannten Vermögensgegenstände nicht ohne vorherige Zustimmung des inländischen Spezial-AIF oder der für Rechnung des inländischen Spezial-AIF tätigen AIF-Verwaltungsgesellschaft wiederverwenden; bei Publikums-AIF ist eine Wiederverwendung unabhängig von der Zustimmung ausgeschlossen.

(4) Zur Vermeidung von Interessenkonflikten zwischen der Verwahrstelle und der AIF-Kapitalverwaltungsgesellschaft oder dem inländischen AIF oder seinen Anlegern
1. darf eine AIF-Kapitalverwaltungsgesellschaft nicht die Aufgaben einer Verwahrstelle wahrnehmen,
2. darf ein Primebroker, der als Kontrahent bei Geschäften für Rechnung des inländischen AIF auftritt, nicht die Aufgaben einer Verwahrstelle für diesen inländischen AIF wahrnehmen; dies gilt nicht, wenn eine funktionale und hierarchische Trennung der Ausführung seiner Aufgaben als Verwahrstelle von seinen Aufgaben als Primebroker vorliegt und die potenziellen Interessenkonflikte ordnungsgemäß ermittelt, gesteuert, beobachtet und den Anlegern des inländischen AIF offengelegt werden. Unter Einhaltung der Bedingungen nach § 82 ist es zulässig, dass die Verwahrstelle einem solchen Primebroker ihre Verwahraufgaben überträgt.

(5) ¹Geschäftsleiter, Prokuristen und die zum gesamten Geschäftsbetrieb ermächtigten Handlungsbevollmächtigen der Verwahrstelle dürfen nicht gleichzeitig Angestellte der AIF-Kapitalverwaltungsgesellschaft sein. ²Geschäftsleiter, Prokuristen und die zum gesamten Geschäftsbetrieb ermächtigten Handlungsbevollmächtigen der AIF-Kapitalverwaltungsgesellschaft dürfen nicht gleichzeitig Angestellte der Verwahrstelle sein. ³Wird eine natürliche Person als Treuhänder nach § 80 Absatz 3 und 4 mit der Verwahrstellenfunktion beauftragt, darf dieser nicht gleichzeitig Mitglied des Vorstands oder des Aufsichtsrats, Gesellschafter oder Angestellter der AIF-Kapitalverwaltungsgesellschaft oder eines mit ihr verbundenen Unternehmens sein.

III. Normentexte

§ 86 Informationspflichten gegenüber der Bundesanstalt. ¹Die Verwahrstelle stellt der Bundesanstalt auf Anfrage alle Informationen zur Verfügung, die sie im Rahmen der Erfüllung ihrer Aufgaben erhalten hat und die die zuständigen Behörden des AIF oder der AIF-Verwaltungsgesellschaft benötigen können. ²Ist die Bundesanstalt nicht die zuständige Behörde des AIF oder der AIF-Verwaltungsgesellschaft, stellt sie den zuständigen Behörden des AIF und der AIF-Verwaltungsgesellschaft die erhaltenen Informationen unverzüglich zur Verfügung.

§ 87 Anwendbare Vorschriften für Publikums-AIF. Für Verwahrstellen, die mit der Verwahrung von Publikums-AIF beauftragt sind, gelten zusätzlich zu den Vorschriften dieses Unterabschnitts die Regelungen des § 69 Absatz 1, 2 und 4 entsprechend.

§ 88 Haftung. (1) ¹Die Verwahrstelle haftet gegenüber dem inländischen AIF oder gegenüber den Anlegern des inländischen AIF für das Abhandenkommen eines verwahrten Finanzinstrumentes durch die Verwahrstelle oder durch einen Unterverwahrer, dem die Verwahrung von Finanzinstrumenten nach § 81 Absatz 1 Nummer 1 übertragen wurde. ²Im Fall eines solchen Abhandenkommens hat die Verwahrstelle dem inländischen AIF oder der für Rechnung des inländischen AIF handelnden AIF-Verwaltungsgesellschaft unverzüglich ein Finanzinstrument gleicher Art zurückzugeben oder einen entsprechenden Betrag zu erstatten. ³Die Verwahrstelle haftet nicht, wenn sie nachweisen kann, dass das Abhandenkommen auf äußere Ereignisse zurückzuführen ist, deren Konsequenzen trotz aller angemessenen Gegenmaßnahmen unabwendbar waren. ⁴Weitergehende Ansprüche, die sich aus den Vorschriften des bürgerlichen Rechts auf Grund von Verträgen oder unerlaubten Handlungen ergeben, bleiben unberührt.

(2) Die Verwahrstelle haftet auch gegenüber dem inländischen AIF oder den Anlegern des inländischen AIF für sämtliche sonstigen Verluste, die diese dadurch erleiden, dass die Verwahrstelle ihre Verpflichtungen nach diesem Gesetz fahrlässig oder vorsätzlich nicht erfüllt.

(3) Die Haftung der Verwahrstelle bleibt von einer etwaigen Übertragung gemäß § 82 unberührt.

(4) Unbeschadet des Absatzes 3 kann sich die Verwahrstelle bei einem Abhandenkommen von Finanzinstrumenten, die von einem Unterverwahrer nach § 82 verwahrt wurden, von der Haftung befreien, wenn sie nachweisen kann, dass
1. alle Bedingungen für die Auslagerung ihrer Verwahraufgaben nach § 82 erfüllt sind,
2. es einen schriftlichen Vertrag zwischen der Verwahrstelle und dem Unterverwahrer gibt,
   a) in dem die Haftung der Verwahrstelle ausdrücklich auf diesen Unterverwahrer übertragen wird und
   b) der es dem inländischen AIF oder der für Rechnung des inländischen AIF handelnden AIF-Verwaltungsgesellschaft ermöglicht, seinen oder ihren Anspruch wegen des Abhandenkommens von Finanzinstrumenten gegenüber dem Unterverwahrer geltend zu machen oder der es der Verwahrstelle ermöglicht, solch einen Anspruch für sie geltend zu machen und
3. es einen schriftlichen Vertrag zwischen der Verwahrstelle und dem inländischen AIF oder der für Rechnung des inländischen AIF handelnden AIF-Verwaltungsgesellschaft gibt, in dem eine Haftungsbefreiung der Verwahrstelle ausdrücklich gestattet ist und ein objektiver Grund für die vertragliche Vereinbarung einer solchen Haftungsbefreiung angegeben wird.

(5) Wenn nach den Rechtsvorschriften eines Drittstaates vorgeschrieben ist, dass bestimmte Finanzinstrumente von einer ortsansässigen Einrichtung verwahrt werden müssen und es keine ortsansässigen Einrichtungen gibt, die die Anforderungen für eine Auslagerung nach § 82 Absatz 1 Nummer 4 Buchstabe b erfüllen, kann die Verwahrstelle sich von der Haftung befreien, sofern die folgenden Bedingungen eingehalten sind:
1. die Anlagebedingungen, die Satzung oder der Gesellschaftsvertrag des betreffenden inländischen AIF erlauben ausdrücklich eine Haftungsbefreiung unter den in diesem Absatz genannten Voraussetzungen,
2. die AIF-Verwaltungsgesellschaft hat die Anleger des entsprechenden inländischen AIF vor Tätigung ihrer Anlage ordnungsgemäß über diese Haftungsbefreiung und die Umstände, die diese Haftungsbefreiung rechtfertigen, unterrichtet,
3. der inländische AIF oder die für Rechnung des inländischen AIF tätige AIF-Verwaltungsgesellschaft hat die Verwahrstelle angewiesen, die Verwahrung dieser Finanzinstrumente einer ortsansässigen Einrichtung zu übertragen,
4. es gibt einen schriftlichen Vertrag zwischen der Verwahrstelle und dem inländischen AIF oder der für Rechnung des inländischen AIF tätigen AIF-Verwaltungsgesellschaft, in dem solch eine Haftungsbefreiung ausdrücklich gestattet ist und

5. es gibt einen schriftlichen Vertrag zwischen der Verwahrstelle und dem Unterverwahrer,
   a) in dem die Haftung der Verwahrstelle ausdrücklich auf den Unterverwahrer übertragen wird und
   b) der es dem inländischen AIF oder der für Rechnung des inländischen AIF tätigen AIF-Verwaltungsgesellschaft ermöglicht, seinen oder ihren Anspruch wegen des Abhandenkommens von Finanzinstrumenten gegenüber dem Unterverwahrer geltend zu machen oder der es der Verwahrstelle ermöglicht, solch einen Anspruch für sie geltend zu machen.

(6) Die Artikel 100 bis 102 der Delegierten Verordnung (EU) Nr. 231/2013 bestimmen näher
1. die Bedingungen und Umstände, unter denen verwahrte Finanzinstrumente als abhandengekommen anzusehen sind,
2. was unter äußeren Ereignissen, deren Konsequenzen trotz aller angemessenen Gegenmaßnahmen nach Absatz 1 unabwendbar gewesen wären, zu verstehen ist sowie
3. die Bedingungen und Umstände, unter denen ein objektiver Grund für die vertragliche Vereinbarung einer Haftungsbefreiung nach Absatz 4 vorliegt.

§ 89 Geltendmachung von Ansprüchen der Anleger; Verordnungsermächtigung. (1) ¹Die Verwahrstelle ist berechtigt und verpflichtet, im eigenen Namen
1. Ansprüche der Anleger wegen Verletzung der Vorschriften dieses Gesetzes oder der Anlagebedingungen gegen die AIF-Kapitalverwaltungsgesellschaft geltend zu machen,
2. im Fall von Verfügungen nach Maßgabe des § 84 Absatz 2 Satz 3 und 4 Ansprüche der Anleger gegen den Erwerber eines Gegenstandes des Publikums-AIF im eigenen Namen geltend zu machen und
3. im Wege einer Klage nach § 771 der Zivilprozessordnung Widerspruch zu erheben, wenn in einen inländischen AIF wegen eines Anspruchs vollstreckt wird, für den der inländische AIF nicht haftet; die Anleger können nicht selbst Widerspruch gegen die Zwangsvollstreckung erheben.

²Satz 1 Nummer 1 schließt die Geltendmachung von Ansprüchen gegen die AIF-Kapitalverwaltungsgesellschaft durch die Anleger nicht aus.

(2) ¹Die AIF-Kapitalverwaltungsgesellschaft ist berechtigt und verpflichtet, im eigenen Namen Ansprüche der Anleger gegen die Verwahrstelle geltend zu machen. ²Der Anleger kann daneben einen eigenen Schadenersatzanspruch gegen die Verwahrstelle geltend machen.

(3)[27] ¹Die AIF-Kapitalverwaltungsgesellschaft hat für die Fälle einer fehlerhaften Berechnung von Anteilswerten oder einer Verletzung von Anlagegrenzen oder Erwerbsvorgaben bei einem inländischen AIF geeignete Entschädigungsverfahren für die betroffenen Anleger vorzusehen. ²Die Verfahren müssen insbesondere die Erstellung eines Entschädigungsplans umfassen sowie die Prüfung des Entschädigungsplans und der Entschädigungsmaßnahmen durch einen Wirtschaftsprüfer vorsehen. ³Das Bundesministerium der Finanzen wird ermächtigt, durch Rechtsverordnung, die nicht der Zustimmung des Bundesrates bedarf, nähere Bestimmungen zu den Entschädigungsverfahren und deren Durchführung zu erlassen, insbesondere zu
1. Einzelheiten des Verfahrens einschließlich, soweit erforderlich, der Beteiligung der depotführenden Stellen des Anlegers und einer Mindesthöhe der fehlerhaften Berechnung des Anteilswertes, ab der das Entschädigungsverfahren durchzuführen ist sowie gegebenenfalls zu den Einzelheiten eines vereinfachten Entschädigungsverfahrens bei Unterschreitung einer bestimmten Gesamtschadenshöhe,
2. den gegenüber einem betroffenen Anleger oder inländischen AIF vorzunehmenden Entschädigungsmaßnahmen sowie gegebenenfalls zu Bagatellgrenzen, bei denen solche Entschädigungsmaßnahmen einen unverhältnismäßigen Aufwand verursachen würden,
3. Meldepflichten gegenüber der Bundesanstalt und gegebenenfalls gegenüber den zuständigen Stellen des Herkunftsstaates der einen inländischen AIF verwaltenden EU-AIF-Verwaltungsgesellschaft,
4. Informationspflichten gegenüber den betroffenen Anlegern,
5. Inhalt und Aufbau des zu erstellenden Entschädigungsplans und zu den Einzelheiten der Entschädigungsmaßnahmen sowie
6. Inhalt und Umfang der Prüfung des Entschädigungsplans und der Entschädigungsmaßnahmen durch einen Wirtschaftsprüfer.

⁴Das Bundesministerium der Finanzen kann diese Ermächtigung durch Rechtsverordnung auf die Bundesanstalt übertragen.

§ 90 Anwendbare Vorschriften für ausländische AIF. Verwaltet eine AIF-Kapitalverwaltungsgesellschaft einen ausländischen AIF und beauftragt sie eine Verwahrstelle mit Sitz in der Bundesre-

---

[27] § 89 Abs. 3 Satz 3 und 4 tritt am 11.7.2013 in Kraft gem. Art. 28 Abs. 1 des G v. 4.7.2013 (BGBl. I S. 1981).

publik Deutschland oder verwaltet eine ausländische AIF-Verwaltungsgesellschaft, deren Referenzmitgliedstaat die Bundesrepublik Deutschland nach § 56 ist, einen ausländischen AIF und beauftragt eine Verwahrstelle mit Sitz in der Bundesrepublik Deutschland, gelten die Vorschriften dieses Unterabschnitts entsprechend; § 55 bleibt unberührt.

Abschnitt 4. Offene inländische Investmentvermögen

Übersicht

Unterabschnitt 1. Allgemeine Vorschriften für offene inländische Investmentvermögen
Unterabschnitt 2. Allgemeine Vorschriften für Sondervermögen
Unterabschnitt 3. Allgemeine Vorschriften für Investmentaktiengesellschaften mit veränderlichem Kapital
Unterabschnitt 4. Allgemeine Vorschriften für offene Investmentkommanditgesellschaften

Unterabschnitt 1. Allgemeine Vorschriften für offene inländische Investmentvermögen

§ 91 Rechtsform. (1) Offene inländische Investmentvermögen dürfen nur als Sondervermögen gemäß den Vorschriften des Unterabschnitts 2 oder als Investmentaktiengesellschaft mit veränderlichem Kapital gemäß den Vorschriften des Unterabschnitts 3 aufgelegt werden.

(2) Abweichend von Absatz 1 dürfen offene inländische Investmentvermögen, die nicht inländische OGAW sind und deren Anteile nach dem Gesellschaftsvertrag ausschließlich von professionellen und semiprofessionellen Anlegern erworben werden dürfen, zusätzlich als offene Investmentkommanditgesellschaft gemäß den Vorschriften des Unterabschnitts 4 aufgelegt werden.

(3) Abweichend von den Absätzen 1 und 2 dürfen offene inländische Investmentvermögen, die nach den Anlagebedingungen das bei ihnen eingelegte Geld in Immobilien anlegen, nur als Sondervermögen aufgelegt werden.

Unterabschnitt 2. Allgemeine Vorschriften für Sondervermögen

Übersicht

§ 92 Sondervermögen
§ 93 Verfügungsbefugnis, Treuhänderschaft, Sicherheitsvorschriften
§ 94 Stimmrechtsausübung; Verordnungsermächtigung
§ 95 Anteilscheine
§ 96 Anteilklassen und Teilsondervermögen; Verordnungsermächtigung
§ 97 Sammelverwahrung, Verlust von Anteilscheinen
§ 98 Rücknahme von Anteilen, Aussetzung
§ 99 Kündigung und Verlust des Verwaltungsrechts
§ 100 Abwicklung des Sondervermögens
§ 101 Jahresbericht
§ 102 Abschlussprüfung
§ 103 Halbjahresbericht
§ 104 Zwischenbericht
§ 105 Auflösungs- und Abwicklungsbericht
§ 106 Verordnungsermächtigung
§ 107 Veröffentlichung der Jahres-, Halbjahres-, Zwischen-, Auflösungs- und Abwicklungsberichte

§ 92 Sondervermögen. (1) [1]Die zum Sondervermögen gehörenden Vermögensgegenstände können nach Maßgabe der Anlagebedingungen im Eigentum der Kapitalverwaltungsgesellschaft oder im Miteigentum der Anleger stehen. [2]Das Sondervermögen ist von dem eigenen Vermögen der Kapitalverwaltungsgesellschaft getrennt zu halten.

(2) Zum Sondervermögen gehört auch alles, was die Kapitalverwaltungsgesellschaft auf Grund eines zum Sondervermögen gehörenden Rechts oder durch ein Rechtsgeschäft erwirbt, das sich auf das Sondervermögen bezieht, oder was derjenige, dem das Sondervermögen zusteht, als Ersatz für ein zum Sondervermögen gehörendes Recht erwirbt.

(3) [1]Die Kapitalverwaltungsgesellschaft darf mehrere Sondervermögen bilden. [2]Diese haben sich durch ihre Bezeichnung zu unterscheiden und sind getrennt zu halten.

(4) Auf das Rechtsverhältnis zwischen den Anlegern und der Kapitalverwaltungsgesellschaft ist das Depotgesetz nicht anzuwenden.

(5) Vermögen, die von der Kapitalverwaltungsgesellschaft gemäß § 20 Absatz 2 Nummer 1 oder gemäß § 20 Absatz 3 Nummer 1 oder 2 verwaltet werden, bilden keine Sondervermögen.

§ 93 Verfügungsbefugnis, Treuhänderschaft, Sicherheitsvorschriften. (1) Die Kapitalverwaltungsgesellschaft ist berechtigt, im eigenen Namen über die zu einem Sondervermögen gehörenden Gegenstände nach Maßgabe dieses Gesetzes und der Anlagebedingungen zu verfügen und alle Rechte aus ihnen auszuüben.

(2) [1] Das Sondervermögen haftet nicht für Verbindlichkeiten der Kapitalverwaltungsgesellschaft; dies gilt auch für Verbindlichkeiten der Kapitalverwaltungsgesellschaft aus Rechtsgeschäften, die sie für gemeinschaftliche Rechnung der Anleger tätigt. [2] Die Kapitalverwaltungsgesellschaft ist nicht berechtigt, im Namen der Anleger Verbindlichkeiten einzugehen. [3] Von den Vorschriften dieses Absatzes abweichende Vereinbarungen sind unwirksam.

(3) Die Kapitalverwaltungsgesellschaft kann sich wegen ihrer Ansprüche auf Vergütung und auf Ersatz von Aufwendungen aus den für gemeinschaftliche Rechnung der Anleger getätigten Geschäften nur aus dem Sondervermögen befriedigen; die Anleger haften ihr nicht persönlich.

(4) Die Kapitalverwaltungsgesellschaft darf für gemeinschaftliche Rechnung der Anleger weder Gelddarlehen gewähren noch Verpflichtungen aus einem Bürgschafts- oder einem Garantievertrag eingehen.

(5) [1] Gegenstände, die zu einem Sondervermögen gehören, dürfen nicht verpfändet oder sonst belastet, zur Sicherung übereignet oder zur Sicherung abgetreten werden; eine unter Verstoß gegen diese Vorschrift vorgenommene Verfügung ist gegenüber den Anlegern unwirksam. [2] Satz 1 ist nicht anzuwenden, wenn für Rechnung eines Sondervermögens nach den §§ 199, 221 Absatz 3, §§ 254, 274, 283 Absatz 1 Satz 1 Nummer 1, § 284 Absatz 4 Kredite aufgenommen, einem Dritten Optionsrechte eingeräumt oder Wertpapier-Pensionsgeschäfte nach § 203 oder Finanztermingeschäfte, Devisentermingeschäfte, Swaps oder ähnliche Geschäfte nach Maßgabe des § 197 abgeschlossen werden oder wenn für Rechnung eines Sondervermögens nach § 283 Absatz 1 Satz 1 Nummer 2 Leerverkäufe getätigt oder einem Sondervermögen im Sinne des § 283 Absatz 1 Wertpapier-Darlehen gewährt werden.

(6) [1] Forderungen gegen die Kapitalverwaltungsgesellschaft und Forderungen, die zu einem Sondervermögen gehören, können nicht gegeneinander aufgerechnet werden. [2] Dies gilt nicht für Rahmenverträge über Geschäfte nach § 197 Absatz 3 Nummer 3, nach den §§ 200 und 203 oder mit Primebrokern, für die vereinbart ist, dass die auf Grund dieser Geschäfte oder des Rahmenvertrages für Rechnung des Sondervermögens begründeten Ansprüche und Forderungen selbsttätig oder durch Erklärung einer Partei aufgerechnet oder im Fall der Beendigung des Rahmenvertrages wegen Nichterfüllung oder Insolvenz durch eine einheitliche Ausgleichsforderung ersetzt werden.

(7) Werden nicht voll eingezahlte Aktien in ein Sondervermögen aufgenommen, so haftet die Kapitalverwaltungsgesellschaft für die Leistung der ausstehenden Einlagen nur mit dem eigenen Vermögen.

(8) Sind Anteile in den Verkehr gelangt, ohne dass der Anteilwert dem Sondervermögen zugeflossen ist, so hat die Kapitalverwaltungsgesellschaft aus ihrem eigenen Vermögen den fehlenden Betrag in das Sondervermögen einzulegen.

§ 94 Stimmrechtsausübung; Verordnungsermächtigung. (1) [1] Die Kapitalverwaltungsgesellschaft bedarf zur Ausübung des Stimmrechts aus den zu einem Sondervermögen gehörenden Aktien keiner schriftlichen Vollmacht der Anleger. [2] § 129 Absatz 3 des Aktiengesetzes ist entsprechend anzuwenden. [3] Die Kapitalverwaltungsgesellschaft soll das Stimmrecht aus Aktien von Gesellschaften, die ihren Sitz im Geltungsbereich dieses Gesetzes haben, im Regelfall selbst ausüben. [4] Das Stimmrecht kann für den Einzelfall durch einen Bevollmächtigten ausgeübt werden; dabei sollen ihm Weisungen für die Ausübung erteilt werden. [5] Ein unabhängiger Stimmrechtsvertreter kann auf Dauer und ohne Weisungen für die Stimmrechtsausübungen bevollmächtigt werden.

(2) [1] Die Kapitalverwaltungsgesellschaft ist hinsichtlich der von ihr verwalteten Sondervermögen kein Tochterunternehmen im Sinne des § 22 Absatz 3 des Wertpapierhandelsgesetzes und des § 2 Absatz 6 des Wertpapiererwerbs- und Übernahmegesetzes und keine Mehrheitsbeteiligung im Sinne des § 135 Absatz 3 Satz 4 des Aktiengesetzes, wenn folgende Voraussetzungen erfüllt sind:
1. die Kapitalverwaltungsgesellschaft übt ihre Stimmrechte unabhängig vom Mutterunternehmen aus,
2. das Sondervermögen wird nach Maßgabe der Richtlinie 2009/65/EG verwaltet,
3. das Mutterunternehmen teilt der Bundesanstalt den Namen dieser Kapitalverwaltungsgesellschaft und die für deren Überwachung zuständige Behörde oder das Fehlen einer solchen mit und

4. das Mutterunternehmen erklärt gegenüber der Bundesanstalt, dass die Voraussetzungen der Nummer 1 erfüllt sind.
²Die Kapitalverwaltungsgesellschaft gilt jedoch dann als Tochterunternehmen, wenn
1. das Mutterunternehmen oder ein anderes vom Mutterunternehmen kontrolliertes Unternehmen im Sinne des § 22 Absatz 3 des Wertpapierhandelsgesetzes seinerseits Anteile an dem von dieser Kapitalverwaltungsgesellschaft verwalteten Sondervermögen hält und
2. die Kapitalverwaltungsgesellschaft die Stimmrechte, die mit diesen Beteiligungen verbunden sind, nicht nach freiem Ermessen, sondern nur auf Grund unmittelbarer oder mittelbarer Weisungen ausüben kann, die ihr vom Mutterunternehmen oder von einem anderen im Sinne des § 22 Absatz 3 des Wertpapierhandelsgesetzes kontrollierten Unternehmen des Mutterunternehmens erteilt werden.
³Stimmrechte aus Aktien, die zu einem von einer Kapitalverwaltungsgesellschaft verwalteten Sondervermögen gehören, das kein Spezialsondervermögen ist und dessen Vermögensgegenstände im Miteigentum der Anleger stehen, gelten für die Anwendung des § 21 Absatz 1 des Wertpapierhandelsgesetzes und des § 29 Absatz 2 des Wertpapiererwerbs- und Übernahmegesetzes als Stimmrechte der Kapitalverwaltungsgesellschaft; stehen die Vermögensgegenstände dieses Sondervermögens im Eigentum der Kapitalverwaltungsgesellschaft, sind auf die Stimmrechte § 22 Absatz 1 des Wertpapierhandelsgesetzes und § 30 Absatz 1 des Wertpapiererwerbs- und Übernahmegesetzes nicht anzuwenden. ⁴Für die Mitteilungspflichten nach § 25 des Wertpapierhandelsgesetzes gilt Satz 3 entsprechend.

(3) ¹Für EU-Verwaltungsgesellschaften gilt Absatz 2 Satz 1, 2 und 4 in Verbindung mit einer Rechtsverordnung nach Absatz 5 Satz 1 Nummer 1 entsprechend. ²Absatz 2 Satz 3 ist entsprechend anzuwenden, wenn der Anleger regelmäßig keine Weisungen für die Ausübung der Stimmrechte erteilen kann.

(4) ¹Ein Unternehmen mit Sitz in einem Drittstaat, das einer Erlaubnis nach § 20 oder § 113 bedürfte, wenn es seinen Sitz im Inland hätte, ist hinsichtlich des von ihm verwalteten Investmentvermögens kein Tochterunternehmen im Sinne des § 22 Absatz 3 des Wertpapierhandelsgesetzes und des § 2 Absatz 6 des Wertpapiererwerbs- und Übernahmegesetzes und keine Mehrheitsbeteiligung im Sinne des § 135 Absatz 3 Satz 4 des Aktiengesetzes, wenn die folgenden Voraussetzungen erfüllt sind:
1. das Unternehmen genügt bezüglich seiner Unabhängigkeit Anforderungen, die denen für Kapitalverwaltungsgesellschaften nach Absatz 2 Satz 1 in Verbindung mit einer Rechtsverordnung nach Absatz 5 Nummer 1 gleichwertig sind,
2. das Mutterunternehmen des Unternehmens gibt eine Mitteilung entsprechend Absatz 2 Satz 1 Nummer 3 ab und
3. das Mutterunternehmen erklärt gegenüber der Bundesanstalt, dass die Voraussetzungen der Nummer 1 erfüllt sind.
²Absatz 2 Satz 2 bis 4 gilt entsprechend.

(5)[28] Das Bundesministerium der Finanzen wird ermächtigt, durch Rechtsverordnung, die nicht der Zustimmung des Bundesrates bedarf, nähere Bestimmungen zu erlassen über
1. Umstände, unter denen im Sinne des Absatzes 2 Satz 1 und 2 eine Unabhängigkeit der Kapitalverwaltungsgesellschaft vom Mutterunternehmen gegeben ist und
2. die Gleichwertigkeit von Regeln eines Drittstaates zur Unabhängigkeit von Kapitalverwaltungsgesellschaften vom Mutterunternehmen.

§ 95 Anteilscheine. (1) ¹Die Anteile an Sondervermögen werden in Anteilscheinen verbrieft. ²Die Anteilscheine können auf den Inhaber oder auf Namen lauten. ³Lauten sie auf den Namen, so gelten für sie die §§ 67 und 68 des Aktiengesetzes entsprechend. ⁴Die Anteilscheine können über einen oder mehrere Anteile desselben Sondervermögens ausgestellt werden. ⁵Die Anteilscheine sind von der Kapitalverwaltungsgesellschaft und von der Verwahrstelle zu unterzeichnen. ⁶Die Unterzeichnung kann durch mechanische Vervielfältigung geschehen.

(2) ¹Stehen die zum Sondervermögen gehörenden Gegenstände den Anlegern gemeinschaftlich zu, so geht mit der Übertragung der in dem Anteilschein verbrieften Ansprüche auch der Anteil des Veräußerers an den zum Sondervermögen gehörenden Gegenständen auf den Erwerber über. ²Entsprechendes gilt für sonstige rechtsgeschäftliche Verfügungen sowie für Verfügungen, die im Wege der Zwangsvollstreckung oder Arrestvollziehung erfolgen. ³Über den Anteil an den zum Sondervermögen gehörenden Gegenständen kann in keiner anderen Weise verfügt werden.

---

[28] § 94 Abs. 5 tritt am 11.7.2013 in Kraft gem. Art. 28 Abs. 1 des G v. 4.7.2013 (BGBl. I S. 1981).

§ 96 Anteilklassen und Teilsondervermögen; Verordnungsermächtigung.

(1) ¹Die Anteile an einem Sondervermögen können unter Berücksichtigung der Festlegungen in der Rechtsverordnung nach Absatz 4 nach verschiedenen Ausgestaltungsmerkmalen, insbesondere hinsichtlich der Ertragsverwendung, des Ausgabeaufschlags, des Rücknahmeabschlags, der Währung des Anteilswertes, der Verwaltungsvergütung, der Mindestanlagesumme oder einer Kombination dieser Merkmale unterteilt werden (Anteilklassen). ²Anteile einer Anteilklasse haben gleiche Ausgestaltungsmerkmale. ³Die Kosten bei Einführung neuer Anteilklassen für bestehende Sondervermögen müssen zulasten der Anteilpreise der neuen Anteilklasse in Rechnung gestellt werden. ⁴Der Wert des Anteils ist für jede Anteilklasse gesondert zu errechnen.

(2) ¹Unter Berücksichtigung der Festlegung in der Rechtsverordnung nach Absatz 4 können mehrere Sondervermögen, die sich hinsichtlich der Anlagepolitik oder eines anderen Ausstattungsmerkmals unterscheiden (Teilsondervermögen), zusammengefasst werden (Umbrella-Konstruktion). ²Die Kosten für die Auflegung neuer Teilsondervermögen dürfen nur zulasten der Anteilpreise der neuen Teilsondervermögen in Rechnung gestellt werden. ³Bei Publikumssondervermögen sind die Anlagebedingungen eines Teilsondervermögens und deren Änderungen durch die Bundesanstalt nach Maßgabe der §§ 162 und 163 zu genehmigen. ⁴Bei Spezialsondervermögen sind die Anlagebedingungen eines Teilsondervermögens und deren wesentliche Änderungen bei der Bundesanstalt gemäß § 273 vorzulegen.

(3) ¹Die jeweiligen Teilsondervermögen einer Umbrella-Konstruktion sind von den übrigen Teilsondervermögen der Umbrella-Konstruktion vermögensrechtlich und haftungsrechtlich getrennt. ²Im Verhältnis der Anleger untereinander wird jedes Teilsondervermögen als eigenständiges Zweckvermögen behandelt. ³Die Rechte von Anlegern und Gläubigern im Hinblick auf ein Teilsondervermögen, insbesondere dessen Auflegung, Verwaltung, Übertragung und Auflösung, beschränken sich auf die Vermögensgegenstände dieses Teilsondervermögens. ⁴Für die auf das einzelne Teilsondervermögen entfallenden Verbindlichkeiten haftet nur das betreffende Teilsondervermögen. ⁵Absatz 1 Satz 4 gilt entsprechend.

(4)²⁹⁾ ¹Das Bundesministerium der Finanzen wird ermächtigt, durch Rechtsverordnung, die nicht der Zustimmung des Bundesrates bedarf, nähere Bestimmungen zur buchhalterischen Darstellung, Rechnungslegung und Ermittlung des Wertes jeder Anteilklasse oder jedes Teilsondervermögens zu erlassen. ²Das Bundesministerium der Finanzen kann die Ermächtigung durch Rechtsverordnung auf die Bundesanstalt übertragen.

§ 97 Sammelverwahrung, Verlust von Anteilscheinen.

(1) Anteilscheine dürfen in Sammelverwahrung im Sinne des Depotgesetzes nur genommen werden, wenn sie auf den Inhaber lauten oder blanko indossiert sind.

(2) ¹Ist ein Anteilschein abhanden gekommen oder vernichtet, so kann die Urkunde, wenn nicht das Gegenteil darin bestimmt ist, im Aufgebotsverfahren für kraftlos erklärt werden. ²§ 799 Absatz 2 und § 800 des Bürgerlichen Gesetzbuchs gelten sinngemäß. ³Sind Gewinnanteilscheine auf den Inhaber ausgegeben, so erlischt mit der Kraftloserklärung des Anteilscheins auch der Anspruch aus den noch nicht fälligen Gewinnanteilscheinen.

(3) ¹Ist ein Anteilschein infolge einer Beschädigung oder einer Verunstaltung nicht mehr zum Umlauf geeignet, so kann der Berechtigte, wenn der wesentliche Inhalt und die Unterscheidungsmerkmale der Urkunde noch mit Sicherheit erkennbar sind, von der Gesellschaft die Erteilung einer neuen Urkunde gegen Aushändigung der alten verlangen. ²Die Kosten hat er zu tragen und vorzuschießen.

(4) ¹Neue Gewinnanteilscheine dürfen an den Inhaber des Erneuerungsscheins nicht ausgeben werden, wenn der Besitzer des Anteilscheins der Ausgabe widerspricht. ²In diesem Fall sind die Scheine dem Besitzer des Anteilscheins auszuhändigen, wenn er die Haupturkunde vorlegt.

§ 98 Rücknahme von Anteilen, Aussetzung.

(1) ¹Jeder Anleger kann verlangen, dass ihm gegen Rückgabe des Anteils sein Anteil an dem Sondervermögen aus diesem ausgezahlt wird; die Einzelheiten sind in den Anlagebedingungen festzulegen. ²Für ein Spezialsondervermögen kann abweichend von Satz 1 vereinbart werden, dass die Rücknahme von Anteilen nur zu bestimmten Rücknahmeterminen, jedoch mindestens einmal im Jahr erfolgen.

(2) ¹In den Anlagebedingungen kann vorgesehen werden, dass die Kapitalverwaltungsgesellschaft die Rücknahme der Anteile aussetzen darf, wenn außergewöhnliche Umstände vorliegen, die eine Aussetzung unter Berücksichtigung der Interessen der Anleger erforderlich erscheinen lassen.

---

²⁹ § 96 Abs. 4 tritt am 11.7.2013 in Kraft gem. Art. 28 Abs. 1 des G v. 4.7.2013 (BGBl. I S. 1981).

²Solange die Rücknahme ausgesetzt ist, dürfen keine Anteile ausgegeben werden. ³Die Kapitalverwaltungsgesellschaft hat der Bundesanstalt und den zuständigen Stellen der anderen Mitgliedstaaten der Europäischen Union oder der anderen Vertragsstaaten des Abkommens über den Europäischen Wirtschaftsraum, in denen sie Anteile des Sondervermögens vertreibt, die Entscheidung zur Aussetzung der Rücknahme unverzüglich anzuzeigen. ⁴Die Kapitalverwaltungsgesellschaft hat die Aussetzung und die Wiederaufnahme der Rücknahme der Anteile im Bundesanzeiger und darüber hinaus in einer hinreichend verbreiteten Wirtschafts- oder Tageszeitung oder in dem im Verkaufsprospekt bezeichneten elektronischen Informationsmedien bekannt zu machen. ⁵Die Anleger sind über die Aussetzung und Wiederaufnahme der Rücknahme der Anteile unverzüglich nach der Bekanntmachung im Bundesanzeiger mittels eines dauerhaften Datenträgers zu unterrichten. ⁶Satz 4 findet auf Spezial-AIF keine Anwendung.

(3) ¹Die Bundesanstalt kann anordnen, dass die Kapitalverwaltungsgesellschaft die Rücknahme der Anteile auszusetzen hat, wenn dies im Interesse der Anleger oder der Öffentlichkeit erforderlich ist; die Bundesanstalt soll die Aussetzung der Rücknahme anordnen, wenn die AIF-Kapitalverwaltungsgesellschaft bei einem Immobilien-Sondervermögen im Fall des Absatzes 2 Satz 1 die Aussetzung nicht vornimmt oder im Fall des § 257 der Verpflichtung zur Aussetzung nicht nachkommt. ²Absatz 2 Satz 2 und 4 bis 6 ist entsprechend anzuwenden.

§ 99 Kündigung und Verlust des Verwaltungsrechts. (1) ¹Die Kapitalverwaltungsgesellschaft ist berechtigt, die Verwaltung eines Sondervermögens unter Einhaltung einer Kündigungsfrist von sechs Monaten durch Bekanntmachung im Bundesanzeiger und darüber hinaus im Jahresbericht oder Halbjahresbericht zu kündigen. ²Die Anlagebedingungen können eine längere Kündigungsfrist vorsehen. ³Die Anleger sind über eine nach Satz 1 bekannt gemachte Kündigung mittels eines dauerhaften Datenträgers unverzüglich zu unterrichten. ⁴Abweichend von Satz 1 kann für ein Spezialsondervermögen in den Anlagebedingungen auch eine kürzere Kündigungsfrist vereinbart werden; bei Spezialsondervermögen ist eine Bekanntmachung der Kündigung im Bundesanzeiger und im Jahresbericht nicht erforderlich.

(2) Die Kapitalverwaltungsgesellschaft kann ihre Auflösung nicht für einen früheren als den Zeitpunkt beschließen, in dem ihr Recht zur Verwaltung aller Sondervermögen erlischt.

(3) ¹Das Recht der Kapitalverwaltungsgesellschaft, die Sondervermögen zu verwalten, erlischt ferner mit der Eröffnung des Insolvenzverfahrens über das Vermögen der Kapitalverwaltungsgesellschaft oder mit der Rechtskraft des Gerichtsbeschlusses, durch den der Antrag auf die Eröffnung des Insolvenzverfahrens mangels Masse nach § 26 der Insolvenzordnung abgewiesen wird. ²Die Sondervermögen gehören nicht zur Insolvenzmasse der Kapitalverwaltungsgesellschaft.

(4) Wird die Kapitalverwaltungsgesellschaft aus einem in den Absätzen 2 und 3 nicht genannten Grund aufgelöst oder wird gegen sie ein allgemeines Verfügungsverbot erlassen, so hat die Verwahrstelle das Recht, hinsichtlich eines bei ihr verwahrten Sondervermögens für die Anleger deren Vertragsverhältnis mit der Kapitalverwaltungsgesellschaft ohne Einhaltung einer Kündigungsfrist zu kündigen.

(5) Kein Anleger kann die Aufhebung der in Ansehung des Sondervermögens bestehenden Gemeinschaft der Anleger verlangen; ein solches Recht steht auch nicht einem Gläubiger, Pfandgläubiger, Pfändungsgläubiger oder dem Insolvenzverwalter über das Vermögen eines Anlegers zu.

§ 100 Abwicklung des Sondervermögens. (1) Erlischt das Recht der Kapitalverwaltungsgesellschaft, ein Sondervermögen zu verwalten, so geht,
1. wenn das Sondervermögen im Eigentum der Kapitalverwaltungsgesellschaft steht, das Sondervermögen auf die Verwahrstelle über,
2. wenn es im Miteigentum der Anleger steht, das Verfügungsrecht über das Sondervermögen auf die Verwahrstelle über.

(2) Die Verwahrstelle hat das Sondervermögen abzuwickeln und an die Anleger zu verteilen.

(3) ¹Mit Genehmigung der Bundesanstalt kann die Verwahrstelle von der Abwicklung und Verteilung absehen und einer anderen Kapitalverwaltungsgesellschaft die Verwaltung des Sondervermögens nach Maßgabe der bisherigen Anlagebedingungen übertragen. ²Die Bundesanstalt kann die Genehmigung mit Nebenbestimmungen verbinden. ³§ 415 des Bürgerlichen Gesetzbuchs ist nicht anzuwenden. ⁴Abweichend von Satz 1 bedarf die Übertragung der Verwaltung eines Spezialsondervermögens auf eine andere AIF-Kapitalverwaltungsgesellschaft keiner Genehmigung der Bundesanstalt; die Übertragung ist der Bundesanstalt anzuzeigen.

A. Deutschland

§ 101 Jahresbericht. (1) ¹Die Kapitalverwaltungsgesellschaft hat für jedes OGAW-Sondervermögen für den Schluss eines jeden Geschäftsjahres spätestens vier Monate nach Ende des Geschäftsjahres und für jedes AIF-Sondervermögen für den Schluss eines jeden Geschäftsjahres spätestens sechs Monate nach Ende des Geschäftsjahres einen Jahresbericht nach den Sätzen 2 und 3 zu erstellen. ²Der Jahresbericht muss einen Bericht über die Tätigkeit der Kapitalverwaltungsgesellschaft im abgelaufenen Geschäftsjahr und alle wesentlichen Angaben enthalten, die es den Anlegern ermöglichen, sich ein Urteil über diese Tätigkeit und die Ergebnisse des Sondervermögens zu bilden. ³Der Jahresbericht muss enthalten:
1. eine Vermögensaufstellung der zum Sondervermögen gehörenden Vermögensgegenstände sowie der Verbindlichkeiten aus Kreditaufnahmen, Pensionsgeschäften, Wertpapier-Darlehensgeschäften und der sonstigen Verbindlichkeiten. Die Vermögensgegenstände sind nach Art, Nennbetrag oder Zahl, Kurs und Kurswert aufzuführen. Der Wertpapierbestand ist zu untergliedern in Wertpapiere mit einer Zulassung zum Handel an einer Börse, an einem organisierten Markt zugelassene oder in diesen einbezogene Wertpapiere, Wertpapiere aus Neuemissionen, die an einer Börse zum Handel zugelassen oder an einem organisierten Markt zugelassen oder in diesen einbezogen werden sollen, sonstige Wertpapiere gemäß § 198 Absatz 1 Nummer 1 und 3 und verbriefte Geldmarktinstrumente sowie Schuldscheindarlehen, wobei eine weitere Gliederung nach geeigneten Kriterien unter Berücksichtigung der Anlagepolitik nach prozentualen Anteilen am Wert des Sondervermögens vorzunehmen ist. Für jeden Posten der Vermögensaufstellung ist sein Anteil am Wert des Sondervermögens anzugeben. Für jeden Posten der Wertpapiere, Geldmarktinstrumente und Investmentanteile sind auch die während des Berichtszeitraums getätigten Käufe und Verkäufe nach Nennbetrag oder Zahl aufzuführen. Der Wert des Sondervermögens ist anzugeben. Es ist anzugeben, inwieweit zum Sondervermögen gehörende Vermögensgegenstände Gegenstand von Rechten Dritter sind;
2. die während des Berichtszeitraums abgeschlossenen Geschäfte, die Finanzinstrumente zum Gegenstand haben, Pensionsgeschäfte und Wertpapier-Darlehen, soweit sie nicht mehr in der Vermögensaufstellung erscheinen. Die während des Berichtszeitraums von Spezialsondervermögen nach § 283 getätigten Leerverkäufe in Wertpapieren sind unter Nennung von Art, Nennbetrag oder Zahl, Zeitpunkt der Verkäufe und Nennung der erzielten Erlöse anzugeben;
3. die Anzahl der am Berichtsstichtag umlaufenden Anteile und der Wert eines Anteils gemäß § 168 Absatz 1;
4. eine nach Art der Erträge und Aufwendungen gegliederte Ertrags- und Aufwandsrechnung. Sie ist so zu gestalten, dass aus ihr die Erträge aus Anlagen, sonstige Erträge, Aufwendungen für die Verwaltung des Sondervermögens und für die Verwahrstelle, sonstige Aufwendungen und Gebühren und der Nettoertrag sowie Erhöhungen und Verminderungen des Sondervermögens durch Veräußerungsgeschäfte ersichtlich sind. Außerdem ist eine Übersicht über die Entwicklung des Sondervermögens während des Berichtszeitraums zu erstellen, die auch Angaben über ausgeschüttete und wieder angelegte Erträge, Mehr- oder Minderwerte bei den ausgewiesenen Vermögensgegenständen sowie Angaben über Mittelzuflüsse aus Anteilverkäufen und Mittelabflüsse durch Anteilrücknahmen enthalten muss;
5. die von der Kapitalverwaltungsgesellschaft beschlossene Verwendung der Erträge des Sondervermögens;
6. bei Publikumssondervermögen eine vergleichende Übersicht der letzten drei Geschäftsjahre, wobei zum Ende jedes Geschäftsjahres der Wert des Publikumssondervermögens und der Wert eines Anteils anzugeben sind.

(2) Im Jahresbericht eines Publikumssondervermögens sind ferner anzugeben:
1. eine als Prozentsatz auszuweisende Gesamtkostenquote im Sinne des § 166 Absatz 5 Satz 1; sofern in den Anlagebedingungen eine erfolgsabhängige Verwaltungsvergütung oder eine zusätzliche Verwaltungsvergütung für den Erwerb, die Veräußerung oder die Verwaltung von Vermögensgegenständen nach § 231 Absatz 2 und § 234 vereinbart wurde, ist diese darüber hinaus gesondert als Prozentsatz des durchschnittlichen Nettoinventarwertes des Publikumssondervermögens anzugeben;
2. die an die Kapitalverwaltungsgesellschaft, die Verwahrstelle oder an Dritte geleisteten Vergütungen, falls in den Anlagebedingungen für die Vergütungen und Kosten eine Pauschalgebühr vereinbart wird; der Anleger ist darauf hinzuweisen, ob und welche Kosten dem Publikumssondervermögen gesondert in Rechnung gestellt werden;
3. eine Beschreibung, ob der Kapitalverwaltungsgesellschaft Rückvergütungen der aus dem Sondervermögen an die Verwahrstelle und an Dritte geleisteten Vergütungen und Aufwendungserstattun-

gen zufließen und ob je nach Vertriebsweg ein wesentlicher Teil der aus dem Sondervermögen an die Kapitalverwaltungsgesellschaft geleisteten Vergütungen für Vergütungen an Vermittler von Anteilen des Sondervermögens auf den Bestand von vermittelten Anteilen verwendet werden;
4. der Betrag der Ausgabeaufschläge und Rücknahmeabschläge, die dem Sondervermögen im Berichtszeitraum für den Erwerb und die Rücknahme von Anteilen im Sinne der §§ 196 und 230 berechnet worden sind sowie die Vergütung, die dem Sondervermögen von der Kapitalverwaltungsgesellschaft selbst, einer anderen Kapitalverwaltungsgesellschaft oder einer Gesellschaft, mit der die Kapitalverwaltungsgesellschaft durch eine wesentliche unmittelbare oder mittelbare Beteiligung verbunden ist oder einer EU-Verwaltungsgesellschaft oder ausländischen AIF-Verwaltungsgesellschaft als Verwaltungsvergütung für die im Sondervermögen gehaltenen Anteile berechnet wurde.

(3) [1] Der Jahresbericht eines AIF muss zusätzlich folgende Angaben enthalten:
1. die Gesamtsumme der im abgelaufenen Geschäftsjahr gezahlten Vergütungen, gegliedert in feste und variable von der Kapitalverwaltungsgesellschaft an ihre Mitarbeiter gezahlte Vergütungen, die Zahl der Begünstigten und gegebenenfalls der vom inländischen AIF gezahlten Carried Interest;
2. die Gesamtsumme der im abgelaufenen Geschäftsjahr gezahlten Vergütungen, aufgeteilt nach Führungskräften und Mitarbeitern der Kapitalverwaltungsgesellschaft, deren berufliche Tätigkeit sich wesentlich auf das Risikoprofil des inländischen AIF ausgewirkt hat;
3. bei Publikumssondervermögen jede während des abgelaufenen Geschäftsjahres eingetretene wesentliche Änderung der im Verkaufsprospekt aufgeführten Informationen und bei Spezialsondervermögen jede während des abgelaufenen Geschäftsjahres eingetretene wesentliche Änderung hinsichtlich der nach § 307 Absatz 1 oder Absatz 2 erste Alternative in Verbindung mit § 297 Absatz 4 und § 308 Absatz 4 zur Verfügung zu stellenden Informationen.
[2] Die näheren Anforderungen zu Inhalt und Form des Jahresberichts bestimmen sich für AIF nach den Artikeln 103 bis 107 der Delegierten Verordnung (EU) Nr. 231/2013.

§ 102 Abschlussprüfung. [1] Der Jahresbericht des Sondervermögens ist durch einen Abschlussprüfer zu prüfen. [2] Der Abschlussprüfer wird von den Gesellschaftern der Kapitalverwaltungsgesellschaft gewählt und von den gesetzlichen Vertretern, bei Zuständigkeit des Aufsichtsrats oder des Beirats von diesem, beauftragt; § 318 Absatz 1 Satz 2, 4 und 5 des Handelsgesetzbuchs bleibt unberührt. [3] § 318 Absatz 3 bis 8 sowie die §§ 319, 319b und 323 des Handelsgesetzbuchs gelten entsprechend. [4] Das Ergebnis der Prüfung hat der Abschlussprüfer in einem besonderen Vermerk zusammenzufassen; der Vermerk ist in vollem Wortlaut im Jahresbericht wiederzugeben. [5] Bei der Prüfung hat der Abschlussprüfer auch festzustellen, ob bei der Verwaltung des Sondervermögens die Vorschriften dieses Gesetzes sowie die Bestimmungen der Anlagebedingungen beachtet worden sind. [6] Der Abschlussprüfer hat den Bericht über die Prüfung des Publikumssondervermögens unverzüglich nach Beendigung der Prüfung der Bundesanstalt einzureichen, der Bericht über die Prüfung des Spezialsondervermögens ist der Bundesanstalt auf Verlangen einzureichen.

§ 103 Halbjahresbericht. [1] Die Kapitalverwaltungsgesellschaft hat für die Publikumssondervermögen für die Mitte des Geschäftsjahres einen Halbjahresbericht zu erstellen, der die Angaben nach § 101 Absatz 1 Satz 3 Nummer 1 bis 3 enthalten muss. [2] Sind für das Halbjahr Zwischenausschüttungen erfolgt oder vorgesehen, sind außerdem die Angaben nach § 101 Absatz 1 Satz 3 Nummer 4 aufzunehmen.

§ 104 Zwischenbericht. (1) [1] Wird das Recht zur Verwaltung eines Sondervermögens während des Geschäftsjahres von der Kapitalverwaltungsgesellschaft auf eine andere Kapitalverwaltungsgesellschaft übertragen oder ein Sondervermögen während des Geschäftsjahres auf ein anderes Sondervermögen oder einen EU-OGAW verschmolzen, so hat die übertragende Gesellschaft auf den Übertragungsstichtag einen Zwischenbericht zu erstellen, der den Anforderungen an einen Jahresbericht gemäß § 101 entspricht. [2] Der Zwischenbericht ist der übernehmenden Kapitalverwaltungsgesellschaft oder der Kapitalverwaltungsgesellschaft des übernehmenden Sondervermögens oder EU-OGAW unverzüglich auszuhändigen.

(2) [1] Zwischenberichte sind ebenfalls durch einen Abschlussprüfer zu prüfen. [2] Auf die Prüfung nach Satz 1 ist § 102 entsprechend anzuwenden.

§ 105 Auflösungs- und Abwicklungsbericht. (1) Wird ein Sondervermögen aufgelöst, so hat die Kapitalverwaltungsgesellschaft auf den Tag, an dem ihr Verwaltungsrecht nach Maßgabe des § 99 erlischt, einen Auflösungsbericht zu erstellen, der den Anforderungen an einen Jahresbericht entspricht.

(2) Wird ein Sondervermögen abgewickelt, hat die Verwahrstelle jährlich sowie auf den Tag, an dem die Abwicklung beendet ist, einen Abwicklungsbericht zu erstellen, der den Anforderungen an einen Jahresbericht nach § 101 entspricht.

A. Deutschland

(3) ¹Auflösungs- und Abwicklungsberichte nach den Absätzen 1 und 2 sind ebenfalls durch einen Abschlussprüfer zu prüfen. ²Auf die Prüfung nach Satz 1 ist § 102 entsprechend anzuwenden.

§ 106[30] **Verordnungsermächtigung.** ¹Das Bundesministerium der Finanzen wird ermächtigt, im Einvernehmen mit dem Bundesministerium der Justiz durch Rechtsverordnung, die nicht der Zustimmung des Bundesrates bedarf, nähere Bestimmungen über weitere Inhalte, Umfang und Darstellung der Berichte nach den §§ 101, 103, 104 und 105 sowie über den Inhalt der Prüfungsberichte für Sondervermögen zu erlassen, soweit dies zur Erfüllung der Aufgaben der Bundesanstalt erforderlich ist, insbesondere um einheitliche Unterlagen zur Beurteilung der Tätigkeit der Kapitalverwaltungsgesellschaften bei der Verwaltung von Sondervermögen zu erhalten. ²Das Bundesministerium der Finanzen kann die Ermächtigung durch Rechtsverordnung auf die Bundesanstalt übertragen.

§ 107 Veröffentlichung der Jahres-, Halbjahres-, Zwischen-, Auflösungs- und Abwicklungsberichte. (1) ¹Der Jahresbericht
1. eines OGAW-Sondervermögens ist spätestens vier Monate nach Ablauf des Geschäftsjahres,
2. eines AIF-Publikumssondervermögens spätestens sechs Monate nach Ablauf des Geschäftsjahres
im Bundesanzeiger bekannt zu machen. ²Der Halbjahresbericht eines Publikumssondervermögens ist spätestens zwei Monate nach dem Stichtag im Bundesanzeiger bekannt zu machen.

(2) Der Auflösungs- und der Abwicklungsbericht sind spätestens drei Monate nach dem Stichtag im Bundesanzeiger bekannt zu machen.

(3) ¹Für die Publikumssondervermögen sind der Bundesanstalt jeweils der nach den §§ 101, 103, 104 und 105 zu erstellende Jahresbericht, Halbjahresbericht, Zwischenbericht, Auflösungsbericht sowie Abwicklungsbericht unverzüglich nach erstmaliger Verwendung einzureichen. ²Auf Anfrage der Bundesanstalt sind ihr auch für die EU-OGAW, die von einer OGAW-Kapitalverwaltungsgesellschaft nach den §§ 51 und 52 verwaltet werden, die Berichte nach Satz 1 zur Verfügung zu stellen.

(4) Die Berichte nach den Absätzen 1 und 2 müssen dem Publikum an den Stellen zugänglich sein, die im Verkaufsprospekt und in den wesentlichen Anlegerinformationen angegeben sind.

(5) Einem Anleger des Sondervermögens wird der Jahresbericht auf Anfrage vorgelegt.

Unterabschnitt 3. Allgemeine Vorschriften für Investmentaktiengesellschaften mit veränderlichem Kapital

Übersicht

§ 108 Rechtsform, anwendbare Vorschriften
§ 109 Aktien
§ 110 Satzung
§ 111 Anlagebedingungen
§ 112 Verwaltung und Anlage
§ 113 Erlaubnisantrag und Erlaubniserteilung bei der extern verwalteten OGAW-Investmentaktiengesellschaft
§ 114 Unterschreitung des Anfangskapitals oder der Eigenmittel
§ 115 Gesellschaftskapital
§ 116 Veränderliches Kapital, Rücknahme von Aktien
§ 117 Teilgesellschaftsvermögen; Verordnungsermächtigung
§ 118 Firma und zusätzliche Hinweise im Rechtsverkehr
§ 119 Vorstand, Aufsichtsrat
§ 120 Jahresabschluss und Lagebericht; Verordnungsermächtigung
§ 121 Prüfung des Jahresabschlusses und des Lageberichts; Verordnungsermächtigung
§ 122 Halbjahres- und Liquidationsbericht
§ 123 Offenlegung und Vorlage von Berichten

§ 108 Rechtsform, anwendbare Vorschriften. (1) Investmentaktiengesellschaften mit veränderlichem Kapital dürfen nur in der Rechtsform der Aktiengesellschaft betrieben werden.

(2) ¹Die Investmentaktiengesellschaften mit veränderlichem Kapital unterliegen den Vorschriften des Aktiengesetzes mit Ausnahme des § 23 Absatz 5, der §§ 150 bis 158, 161, 182 bis 240 und 278 bis 290 des Aktiengesetzes, soweit sich aus den Vorschriften dieses Unterabschnitts nichts anderes ergibt. ²§ 3 Absatz 2 des Aktiengesetzes und § 264d des Handelsgesetzbuchs sind auf Anlageaktien einer extern verwalteten Investmentaktiengesellschaft mit veränderlichem Kapital nicht anzuwenden.

---

[30] § 106 tritt am 11.7.2013 in Kraft gem. Art. 28 Abs. 1 des G v. 4.7.2013 (BGBl. I S. 1981).

(3) Auf OGAW-Investmentaktiengesellschaften ist § 19 dieses Gesetzes mit der Maßgabe anzuwenden, dass
1. der beabsichtigte Erwerb einer Beteiligung nach § 19 Absatz 1 nur anzuzeigen ist, wenn die Schwelle von 50 Prozent der Stimmrechte oder des Kapitals erreicht oder überschritten wird oder die Gesellschaft unter die Kontrolle des Erwerbers der Beteiligung gerät und
2. die beabsichtigte Aufgabe einer Beteiligung nach § 19 Absatz 5 nur anzuzeigen ist, wenn diese Beteiligung die Schwelle von 50 Prozent der Stimmrechte oder des Kapitals erreicht oder überschritten hat oder die Gesellschaft kontrolliertes Unternehmen ist.

(4) Auf die Investmentaktiengesellschaft mit veränderlichem Kapital sind § 93 Absatz 8, § 94 Absatz 2 und 4 in Verbindung mit einer Rechtsverordnung nach Absatz 5 und § 96 entsprechend anwendbar.

(5) Auf die Tätigkeit der Investmentaktiengesellschaft mit veränderlichem Kapital ist das Wertpapiererwerbs- und Übernahmegesetz nicht anzuwenden.

§ 109 Aktien. (1) ¹Die Aktien einer Investmentaktiengesellschaft mit veränderlichem Kapital bestehen aus Unternehmensaktien und Anlageaktien; eine Investmentaktiengesellschaft, die als Spezialinvestmentaktiengesellschaft mit veränderlichem Kapital errichtet wurde, kann auf die Begebung von Anlageaktien verzichten. ²Die Aktien der Investmentaktiengesellschaft mit veränderlichem Kapital lauten auf keinen Nennbetrag. ³Sie müssen als Stückaktien begeben werden und am Vermögen der Investmentaktiengesellschaft mit veränderlichem Kapital (Gesellschaftskapital) in gleichem Umfang beteiligt sein, es sei denn, die Investmentaktiengesellschaft lässt in der Satzung auch eine Beteiligung nach Bruchteilen zu.

(2) ¹Die Personen, die die Investmentaktiengesellschaft mit veränderlichem Kapital unter Leistung der erforderlichen Einlagen gründen, müssen die Unternehmensaktien übernehmen. ²Nach der Gründung können weitere Personen gegen Leistung von Einlagen und Übernahme von Unternehmensaktien beteiligt werden. ³Die Unternehmensaktien müssen auf Namen lauten. ⁴Die Unternehmensaktionäre sind zur Teilnahme an der Hauptversammlung der Investmentaktiengesellschaft mit veränderlichem Kapital berechtigt und haben ein Stimmrecht. ⁵Eine Übertragung der Unternehmensaktien ist nur zulässig, wenn der Erwerber sämtliche Rechte und Pflichten aus diesen Aktien übernimmt. ⁶Die Unternehmensaktionäre und jeder Wechsel in ihrer Person sind der Bundesanstalt anzuzeigen, es sei denn, die Investmentaktiengesellschaft ist eine Spezialinvestmentaktiengesellschaft mit veränderlichem Kapital.

(3) ¹Anlageaktien können erst nach Eintragung der Investmentaktiengesellschaft mit veränderlichem Kapital in das Handelsregister begeben werden. ²Sie berechtigen nicht zur Teilnahme an der Hauptversammlung der Investmentaktiengesellschaft und gewähren kein Stimmrecht, es sei denn, die Satzung der Investmentaktiengesellschaft sieht dies ausdrücklich vor. ³Auf Anlageaktien findet § 139 Absatz 2 des Aktiengesetzes keine Anwendung.

(4) Aktien dürfen nur gegen volle Leistung des Ausgabepreises ausgegeben werden.

(5) Bei Publikumsinvestmentaktiengesellschaften mit veränderlichem Kapital sind Sacheinlagen unzulässig.

§ 110 Satzung. (1) ¹Die Satzung der Investmentaktiengesellschaft mit veränderlichem Kapital muss die Bestimmung enthalten, dass der Betrag des Gesellschaftskapitals dem Wert des Gesellschaftsvermögens entspricht. ²Der Wert des Gesellschaftsvermögens entspricht der Summe der jeweiligen Verkehrswerte der zum Gesellschaftsvermögen gehörenden Vermögensgegenstände abzüglich der aufgenommenen Kredite und sonstigen Verbindlichkeiten.

(2) ¹Satzungsmäßig festgelegter Unternehmensgegenstand der Investmentaktiengesellschaft mit veränderlichem Kapital muss ausschließlich die Anlage und Verwaltung ihrer Mittel nach einer festen Anlagestrategie und dem Grundsatz der Risikomischung zur gemeinschaftlichen Kapitalanlage
1. bei OGAW-Investmentaktiengesellschaften mit veränderlichem Kapital nach Kapitel 2 Abschnitt 1 und 2,
2. bei AIF-Publikumsinvestmentaktiengesellschaften mit veränderlichem Kapital nach Kapitel 2 Abschnitt 1 und 3 und
3. bei Spezialinvestmentaktiengesellschaften mit veränderlichem Kapital gemäß Kapitel 3 Abschnitt 1 und 2

zum Nutzen ihrer Aktionäre sein. ²Die Satzung hat vorzusehen, dass die Aktionäre mindestens einmal pro Jahr das Recht zur Rückgabe ihrer Aktien haben.

A. Deutschland

(3) Die Satzung von Spezialinvestmentaktiengesellschaften mit veränderlichem Kapital muss zusätzlich festlegen, dass die Aktien ausschließlich von professionellen Anlegern und semiprofessionellen Anlegern erworben werden dürfen.

(4) ¹Die Änderungen der Satzung einer OGAW-Investmentaktiengesellschaft bedürfen der Genehmigung. ²§ 163 Absatz 2 Satz 1, 2 und 4 bis 9 gilt entsprechend.

§ 111 Anlagebedingungen. ¹Die Anlagebedingungen der Investmentaktiengesellschaft mit veränderlichem Kapital sind zusätzlich zur Satzung zu erstellen. ²Die Anlagebedingungen sind nicht Bestandteil der Satzung; eine notarielle Beurkundung ist nicht erforderlich. ³In allen Fällen, in denen die Satzung veröffentlicht, ausgehändigt oder in anderer Weise zur Verfügung gestellt werden muss, ist auf die jeweiligen Anlagebedingungen zu verweisen und sind diese ebenfalls zu veröffentlichen oder zur Verfügung zu stellen.

§ 112 Verwaltung und Anlage. (1) ¹Die Investmentaktiengesellschaft mit veränderlichem Kapital kann eine ihrem Unternehmensgegenstand entsprechende externe Kapitalverwaltungsgesellschaft bestellen. ²Dieser obliegt neben der Ausführung der allgemeinen Verwaltungstätigkeit insbesondere auch die Anlage und Verwaltung der Mittel der Investmentaktiengesellschaft mit veränderlichem Kapital. ³Die Bestellung einer externen Kapitalverwaltungsgesellschaft ist kein Fall des § 36 und auch nicht als Unternehmensvertrag im Sinne des Aktiengesetzes anzusehen. ⁴§ 99 ist entsprechend anzuwenden. ⁵§ 100 ist entsprechend anzuwenden mit der Maßgabe, dass das Verfügungsrecht über das Gesellschaftsvermögen nur dann auf die Verwahrstelle zur Abwicklung übergeht, wenn
1. die Investmentaktiengesellschaft mit veränderlichem Kapital
    a) sich nicht in eine intern verwaltete Investmentaktiengesellschaft mit veränderlichem Kapital umwandelt oder
    b) keine andere Kapitalverwaltungsgesellschaft bestellt und
2. dies
    a) bei Publikumsinvestmentaktiengesellschaften mit veränderlichem Kapital jeweils von der Bundesanstalt genehmigt wird und
    b) bei Spezialinvestmentaktiengesellschaften mit veränderlichem Kapital jeweils der Bundesanstalt angezeigt wird.

(2) ¹Eine intern verwaltete Investmentaktiengesellschaft mit veränderlichem Kapital darf bewegliches und unbewegliches Vermögen erwerben, das für den Betrieb der Investmentaktiengesellschaft notwendig ist (Investmentbetriebsvermögen). ²Den Erwerb darf sie nicht mit Kapital aus der Begebung von Anlageaktien bestreiten. ³Als Publikumsinvestmentaktiengesellschaften mit veränderlichem Kapital darf sie maximal Kredite in Höhe von bis zu 10 Prozent ihres Gesellschaftsvermögens aufnehmen, soweit dies den Erwerb von unbeweglichem Vermögen ermöglichen soll, das für die Ausübung ihrer Tätigkeit notwendig ist; die Kreditaufnahme darf jedoch zusammen mit der Kreditaufnahme gemäß § 199 nicht mehr als 15 Prozent oder zusammen mit der Kreditaufnahme gemäß § 221 Absatz 6 nicht mehr als 25 Prozent des Gesellschaftsvermögens betragen.

§ 113 Erlaubnisantrag und Erlaubniserteilung bei der extern verwalteten OGAW-Investmentaktiengesellschaft. (1) ¹Eine extern verwaltete OGAW-Investmentaktiengesellschaft bedarf zum Geschäftsbetrieb der schriftlichen Erlaubnis durch die Bundesanstalt. ²Die Erlaubnis darf der extern verwalteten OGAW-Investmentaktiengesellschaft nur erteilt werden, wenn
1. sie eine externe OGAW-Kapitalverwaltungsgesellschaft benannt hat,
2. die Geschäftsleiter der OGAW-Investmentaktiengesellschaft zuverlässig sind und die zur Leitung der OGAW-Investmentaktiengesellschaft erforderliche fachliche Eignung haben, auch in Bezug auf die Art des Unternehmensgegenstandes der OGAW-Investmentaktiengesellschaft, und
3. die Satzung der OGAW-Investmentaktiengesellschaft den Anforderungen dieses Gesetzes entspricht.

³Dem Antragsteller ist binnen zwei Monaten nach Einreichung eines vollständigen Antrags mitzuteilen, ob eine Erlaubnis erteilt wird. ⁴Die Ablehnung des Antrags ist zu begründen.

(2) Die Bundesanstalt kann die Erlaubnis außer nach den Vorschriften des Verwaltungsverfahrensgesetzes insbesondere dann aufheben, wenn
1. die OGAW-Investmentaktiengesellschaft die Erlaubnis auf Grund falscher Erklärungen oder auf sonstige rechtswidrige Weise erhalten hat,
2. die Voraussetzungen nach Absatz 1 nicht mehr erfüllt sind oder
3. die OGAW-Investmentaktiengesellschaft nachhaltig gegen die Bestimmungen dieses Gesetzes verstößt. Die §§ 15, 16 und 39 Absatz 4 gelten entsprechend.

III. Normentexte

(3) In den Fällen des Absatzes 2 kann die Bundesanstalt statt der Aufhebung der Erlaubnis die Abberufung der verantwortlichen Geschäftsleiter verlangen und ihnen die Ausübung ihrer Tätigkeit untersagen.

§ 114 Unterschreitung des Anfangskapitals oder der Eigenmittel. [1] Die intern verwaltete Investmentaktiengesellschaft mit veränderlichem Kapital hat der Bundesanstalt und den Aktionären unverzüglich anzuzeigen, wenn das Gesellschaftsvermögen den Wert des Anfangskapitals oder den Wert der zusätzlich erforderlichen Eigenmittel gemäß § 25 unterschreitet. [2] Mit der Anzeige gegenüber den Aktionären ist durch den Vorstand eine Hauptversammlung einzuberufen.

§ 115 Gesellschaftskapital. [1] Der Vorstand einer Investmentaktiengesellschaft mit veränderlichem Kapital ist ermächtigt, das Gesellschaftskapital wiederholt durch Ausgabe neuer Anlageaktien gegen Einlagen zu erhöhen. [2] Unternehmensaktionäre und Anlageaktionäre haben ein Bezugsrecht entsprechend § 186 des Aktiengesetzes; Anlageaktionäre haben jedoch nur dann ein Bezugsrecht, wenn ihnen nach Maßgabe des § 109 Absatz 3 Satz 2 ein Stimmrecht zusteht. [3] Mit der Ausgabe der Aktien ist das Gesellschaftskapital erhöht.

§ 116 Veränderliches Kapital, Rücknahme von Aktien. (1) Die Investmentaktiengesellschaft mit veränderlichem Kapital kann in den Grenzen eines in der Satzung festzulegenden Mindestkapitals und Höchstkapitals nach Maßgabe der folgenden Bestimmungen jederzeit ihre Aktien ausgeben und zurücknehmen.

(2) [1] Aktionäre können von der Investmentaktiengesellschaft mit veränderlichem Kapital verlangen, dass ihnen gegen Rückgabe von Aktien ihr Anteil am Gesellschaftskapital ausgezahlt wird. [2] Die Verpflichtung zur Rücknahme besteht bei einer intern verwalteten Investmentaktiengesellschaft mit veränderlichem Kapital nur, wenn durch die Erfüllung des Rücknahmeanspruchs das Gesellschaftsvermögen den Betrag des Anfangskapitals und der zusätzlich erforderlichen Eigenmittel gemäß § 25 nicht unterschreitet. [3] Unternehmensaktionäre können die Rücknahme ihrer Aktien ferner nur verlangen, wenn alle Unternehmensaktionäre zustimmen und bezogen auf alle Einlagen der Unternehmensaktionäre der Betrag des Anfangskapitals und der zusätzlich erforderlichen Eigenmittel gemäß § 25 nicht unterschritten wird; bei einer extern verwalteten Investmentaktiengesellschaft mit veränderlichem Kapital darf bezogen auf alle Einlagen der Unternehmensaktionäre ein Betrag von 50 000 Euro nicht unterschritten werden. [4] Die Einzelheiten der Rücknahme regelt die Satzung. [5] Die Zahlung des Erwerbspreises bei der Rücknahme von Aktien gilt nicht als Rückgewähr von Einlagen. [6] Für die Beschränkung des Rechts der Aktionäre auf Rückgabe der Aktien in der Satzung gelten § 98 Absatz 2 und 3, die §§ 223, 227 oder 283 Absatz 3 entsprechend.

(3) Mit der Rücknahme der Aktien ist das Gesellschaftskapital herabgesetzt.

§ 117 Teilgesellschaftsvermögen; Verordnungsermächtigung. (1) [1] Die Investmentaktiengesellschaft mit veränderlichem Kapital kann Teilgesellschaftsvermögen bilden. [2] Die Bildung neuer Teilgesellschaftsvermögen durch den Vorstand bedarf der Zustimmung des Aufsichtsrats; die Zustimmung der Hauptversammlung ist nicht erforderlich.

(2) [1] Die Teilgesellschaftsvermögen sind haftungs- und vermögensrechtlich voneinander getrennt. [2] Im Verhältnis der Aktionäre untereinander wird jedes Teilgesellschaftsvermögen als eigenständiges Gesellschaftsvermögen behandelt. [3] Die Rechte von Aktionären und Gläubigern im Hinblick auf ein Teilgesellschaftsvermögen, insbesondere dessen Bildung, Verwaltung und Auflösung, beschränken sich auf die Vermögensgegenstände dieses Teilgesellschaftsvermögens. [4] Für die auf das einzelne Teilgesellschaftsvermögen entfallenden Verbindlichkeiten haftet nur das betreffende Teilgesellschaftsvermögen. [5] Die haftungs- und vermögensrechtliche Trennung gilt auch für den Fall der Insolvenz der Investmentaktiengesellschaft mit veränderlichem Kapital und die Abwicklung eines Teilgesellschaftsvermögens.

(3) § 109 Absatz 1 Satz 3 gilt bei der Investmentaktiengesellschaft mit Teilgesellschaftsvermögen mit der Maßgabe, dass die Aktien eines Teilgesellschaftsvermögens denselben Anteil an dem jeweiligen Teilgesellschaftsvermögen oder Bruchteile davon verkörpern.

(4) [1] Die Kosten für die Auflegung neuer Teilgesellschaftsvermögen dürfen nur zulasten der Anteilpreise der neuen Teilgesellschaftsvermögen in Rechnung gestellt werden. [2] Der Wert des Anteils ist für jedes Teilgesellschaftsvermögen gesondert zu errechnen.

(5) [1] Für jedes Teilgesellschaftsvermögen sind Anlagebedingungen zu erstellen. [2] Bei Publikumsinvestmentaktiengesellschaften müssen diese Anlagebedingungen mindestens die Angaben nach § 162 enthalten. [3] Die Anlagebedingungen sowie deren Änderungen sind gemäß § 163 von der Bundesan-

stalt zu genehmigen. ⁴Bei Spezialinvestmentaktiengesellschaften sind die Anlagebedingungen der Teilgesellschaftsvermögen sowie wesentliche Änderungen der Anlagebedingungen gemäß § 273 der Bundesanstalt vorzulegen.

(6) Für jedes Teilgesellschaftsvermögen ist eine Verwahrstelle zu benennen.

(7) ¹Eine Investmentaktiengesellschaft mit veränderlichem Kapital, die Teilgesellschaftsvermögen bildet, hat in ihre Satzung einen Hinweis aufzunehmen, dass für die Teilgesellschaftsvermögen besondere Anlagebedingungen gelten. ²In allen Fällen, in denen die Satzung veröffentlicht, ausgehändigt oder in anderer Weise zur Verfügung gestellt werden muss, sind die jeweiligen Anlagebedingungen ebenfalls zu veröffentlichen, auszuhändigen oder in anderer Weise zur Verfügung zu stellen.

(8) ¹Die Satzung der Investmentaktiengesellschaft mit veränderlichem Kapital, die Teilgesellschaftsvermögen bildet, kann vorsehen, dass der Vorstand mit Zustimmung des Aufsichtsrats oder der Verwahrstelle die Auflösung eines Teilgesellschaftsvermögens beschließen kann. ²Der Auflösungsbeschluss des Vorstands wird sechs Monate nach seiner Bekanntgabe im Bundesanzeiger wirksam. ³Der Auflösungsbeschluss ist in den nächsten Jahresbericht oder Halbjahresbericht aufzunehmen. ⁴Für die Abwicklung des Teilgesellschaftsvermögens gilt § 100 Absatz 1 und 2 entsprechend.

(9)³¹⁾ ¹Das Bundesministerium der Finanzen wird ermächtigt, durch Rechtsverordnung, die nicht der Zustimmung des Bundesrates bedarf, nähere Bestimmungen zur buchhalterischen Darstellung, Rechnungslegung und Ermittlung des Wertes jedes Teilgesellschaftsvermögens zu erlassen. ²Das Bundesministerium der Finanzen kann die Ermächtigung durch Rechtsverordnung auf die Bundesanstalt übertragen.

§ 118 Firma und zusätzliche Hinweise im Rechtsverkehr. (1) ¹Die Firma einer Investmentaktiengesellschaft mit veränderlichem Kapital muss abweichend von § 4 des Aktiengesetzes die Bezeichnung „Investmentaktiengesellschaft" oder eine allgemein verständliche Abkürzung dieser Bezeichnung enthalten; auf allen Geschäftsbriefen im Sinne des § 80 des Aktiengesetzes muss zudem ein Hinweis auf die Veränderlichkeit des Gesellschaftskapitals gegeben werden. ²Die Firma einer Investmentaktiengesellschaft mit Teilgesellschaftsvermögen muss darüber hinaus den Zusatz „mit Teilgesellschaftsvermögen" oder eine allgemein verständliche Abkürzung dieser Bezeichnungen enthalten.

(2) Wird die Investmentaktiengesellschaft mit Teilgesellschaftsvermögen im Rechtsverkehr lediglich für ein oder mehrere Teilgesellschaftsvermögen tätig, so ist sie verpflichtet, dies offenzulegen und auf die haftungsrechtliche Trennung der Teilgesellschaftsvermögen hinzuweisen.

§ 119 Vorstand, Aufsichtsrat. (1) ¹Der Vorstand einer Investmentaktiengesellschaft mit veränderlichem Kapital besteht aus mindestens zwei Personen. ²Er ist verpflichtet,
1. bei der Ausübung seiner Tätigkeit im ausschließlichen Interesse der Aktionäre und der Integrität des Marktes zu handeln,
2. seine Tätigkeit mit der gebotenen Sachkenntnis, Sorgfalt und Gewissenhaftigkeit im besten Interesse des von ihm verwalteten Vermögens und der Integrität des Marktes auszuüben und
3. sich um die Vermeidung von Interessenkonflikten zu bemühen und, wenn diese sich nicht vermeiden lassen, dafür zu sorgen, dass unvermeidbare Konflikte unter der gebotenen Wahrung der Interessen der Aktionäre gelöst werden.

³Der Vorstand hat bei der Wahrnehmung seiner Aufgaben unabhängig von der Verwahrstelle zu handeln.

(2) Die Mitglieder des Vorstands der Investmentaktiengesellschaft mit veränderlichem Kapital müssen zuverlässig sein und die zur Leitung der Investmentaktiengesellschaft mit veränderlichem Kapital erforderliche fachliche Eignung haben, auch in Bezug auf die Art des Unternehmensgegenstandes der Investmentaktiengesellschaft mit veränderlichem Kapital.

(3) ¹Die Persönlichkeit und die Sachkunde der Mitglieder des Aufsichtsrats müssen Gewähr dafür bieten, dass die Interessen der Aktionäre gewahrt werden. ²Für die Zusammensetzung des Aufsichtsrats gilt § 18 Absatz 3 entsprechend. ³Die Bestellung und das Ausscheiden von Mitgliedern des Aufsichtsrats ist der Bundesanstalt unverzüglich anzuzeigen. ⁴Auf Aufsichtsratsmitglieder, die als Vertreter der Arbeitnehmer nach den Vorschriften der Mitbestimmungsgesetze gewählt werden, sind die Sätze 1 und 3 nicht anzuwenden.

(4) ¹Mitglieder des Vorstands oder des Aufsichtsrats der Investmentaktiengesellschaft mit veränderlichem Kapital dürfen Vermögensgegenstände weder an die Investmentaktiengesellschaft veräußern noch von dieser erwerben. ²Erwerb und Veräußerung von Aktien der Investmentaktiengesellschaft durch die Mitglieder des Vorstands und des Aufsichtsrats sind davon nicht erfasst.

---

³¹ § 117 Abs. 9 tritt am 11.7.2013 in Kraft gem. Art. 28 Abs. 1 des G v. 4.7.2013 (BGBl. I S. 1981).

III. Normentexte

(5) Die Bundesanstalt kann die Abberufung des Vorstands oder von Mitgliedern des Vorstands verlangen und ihnen die Ausübung ihrer Tätigkeit untersagen, wenn
1. Tatsachen vorliegen, aus denen sich ergibt, dass der Vorstand oder Mitglieder des Vorstands nicht zuverlässig sind oder die zur Leitung erforderliche fachliche Eignung gemäß Absatz 2 nicht haben oder
2. der Vorstand oder Mitglieder des Vorstands nachhaltig gegen die Bestimmungen dieses Gesetzes oder des Geldwäschegesetzes verstoßen.

§ 120 Jahresabschluss und Lagebericht; Verordnungsermächtigung. (1) ¹Auf den Jahresabschluss und den Lagebericht einer Investmentaktiengesellschaft mit veränderlichem Kapital sind die Vorschriften des Dritten Buches des Handelsgesetzbuchs anzuwenden, soweit sich aus den folgenden Vorschriften nichts anderes ergibt. ²Die gesetzlichen Vertreter einer OGAW-Investmentaktiengesellschaft mit veränderlichem Kapital haben den Jahresabschluss und den Lagebericht spätestens vier Monate und die gesetzlichen Vertreter einer AIF-Publikumsinvestmentaktiengesellschaft mit veränderlichem Kapital und einer Spezialinvestmentaktiengesellschaft mit veränderlichem Kapital spätestens sechs Monate nach Ende des Geschäftsjahres aufzustellen.

(2) ¹Die Bilanz ist in Staffelform aufzustellen. ²Auf Gliederung, Ansatz und Bewertung von dem Sondervermögen vergleichbaren Vermögensgegenständen und Schulden (Investmentanlagevermögen) ist § 101 Absatz 1 Satz 3 Nummer 1 anzuwenden.

(3) Auf die Gliederung und den Ausweis der Aufwendungen und Erträge in der Gewinn- und Verlustrechnung ist § 101 Absatz 1 Satz 3 Nummer 4 anzuwenden.

(4) ¹Der Anhang ist um die Angaben nach § 101 Absatz 1, bei Spezialinvestmentaktiengesellschaften mit veränderlichem Kapital ohne die Angabe nach § 101 Absatz 1 Satz 3 Nummer 6, zu ergänzen, die nicht bereits nach den Absätzen 3, 4, 6 und 7 zu machen sind. ²Bei Publikumsinvestmentaktiengesellschaften mit veränderlichem Kapital sind in den Anhang die Angaben nach § 101 Absatz 2 aufzunehmen.

(5) ¹Der Lagebericht ist um die Angaben nach § 101 Absatz 1 Satz 2 zu ergänzen. ²Die Tätigkeiten einer Kapitalverwaltungsgesellschaft, die diese als externe Kapitalverwaltungsgesellschaft ausübt, sind gesondert aufzuführen.

(6) ¹Zusätzlich zu den in den Absätzen 1 bis 5 genannten Angaben sind im Anhang des Jahresabschlusses einer AIF-Investmentaktiengesellschaft mit veränderlichem Kapital noch die Angaben nach § 101 Absatz 3 zu machen. ²§ 101 Absatz 3 Satz 2 ist anzuwenden.

(7) ¹Soweit die AIF-Investmentaktiengesellschaft mit veränderlichem Kapital nach § 37v des Wertpapierhandelsgesetzes verpflichtet ist, einen Jahresfinanzbericht zu erstellen, sind den Anlegern auf Antrag lediglich die Angaben nach den Absätzen 3 bis 7 zusätzlich vorzulegen. ²Die Übermittlung dieser Angaben kann gesondert oder in Form einer Ergänzung zum Jahresfinanzbericht erfolgen. ³Im letzteren Fall ist der Jahresfinanzbericht spätestens vier Monate nach Ende des Geschäftsjahres zu veröffentlichen.

(8)[32] ¹Das Bundesministerium der Finanzen wird ermächtigt, im Einvernehmen mit dem Bundesministerium der Justiz durch Rechtsverordnung, die nicht der Zustimmung des Bundesrates bedarf, nähere Bestimmungen über weitere Inhalte, Umfang und Darstellung des Jahresabschlusses und des Lageberichts zu erlassen, soweit dies zur Erfüllung der Aufgaben der Bundesanstalt erforderlich ist, insbesondere, um einheitliche Unterlagen zur Beurteilung der Tätigkeit der Investmentaktiengesellschaft mit veränderlichem Kapital zu erhalten. ²Das Bundesministerium der Finanzen kann die Ermächtigung durch Rechtsverordnung auf die Bundesanstalt übertragen.

§ 121 Prüfung des Jahresabschlusses und des Lageberichts; Verordnungsermächtigung.
(1) ¹Der Aufsichtsrat hat den Jahresabschluss und den Lagebericht der Investmentaktiengesellschaft mit veränderlichem Kapital zu prüfen und über das Ergebnis seiner Prüfung einen schriftlichen Bericht zu erstatten. ²Er hat seinen Bericht innerhalb eines Monats, nachdem ihm der Jahresabschluss und der Lagebericht zugegangen sind, dem Vorstand und dem Abschlussprüfer zuzuleiten. ³Billigt der Aufsichtsrat den Jahresabschluss und den Lagebericht, so ist dieser festgestellt.

(2) ¹Der Jahresabschluss und der Lagebericht der Investmentaktiengesellschaft mit veränderlichem Kapital sind durch den Abschlussprüfer zu prüfen. ²Das Ergebnis der Prüfung hat der Abschlussprüfer in einem besonderen Vermerk zusammenzufassen; der Vermerk ist in vollem Wortlaut im Jahresab-

---

[32] § 120 Abs. 8 tritt am 11.7.2013 in Kraft gem. Art. 28 Abs. 1 des G v. 4.7.2013 (BGBl. I S. 1981).

schluss wiederzugeben. ³Bei einer Investmentaktiengesellschaft mit veränderlichem Kapital mit Teilgesellschaftsvermögen darf der besondere Vermerk nur erteilt werden, wenn für jedes einzelne Teilgesellschaftsvermögen der besondere Vermerk erteilt worden ist. ⁴Bei Investmentaktiengesellschaften mit veränderlichem Kapital wird der Abschlussprüfer auf Vorschlag des Aufsichtsrats von der Hauptversammlung gewählt und vom Aufsichtsrat beauftragt. ⁵§ 28 des Kreditwesengesetzes gilt entsprechend mit der Maßgabe, dass die Anzeige nur gegenüber der Bundesanstalt zu erfolgen hat. ⁶§ 318 Absatz 3 bis 8 sowie die §§ 319, 319b und 323 des Handelsgesetzbuchs gelten entsprechend.

(3) ¹Die Prüfung durch den Abschlussprüfer hat sich bei Investmentaktiengesellschaften mit veränderlichem Kapital auch darauf zu erstrecken, ob bei der Verwaltung des Vermögens der Investmentaktiengesellschaft mit veränderlichem Kapital die Vorschriften dieses Gesetzes und die Anforderungen nach Artikel 4 Absatz 1, 2 und 3 Unterabsatz 2, Artikel 9 Absatz 1 bis 4 sowie Artikel 11 Absatz 1 bis 10, 11 Unterabsatz 1 und Absatz 12 der Verordnung (EU) Nr. 648/2012 sowie die Bestimmungen der Satzung und der Anlagebedingungen beachtet worden sind. ²Bei der Prüfung hat er insbesondere festzustellen, ob die Investmentaktiengesellschaft mit veränderlichem Kapital die Anzeigepflicht nach § 34 Absatz 1, 3 Nummer 1 bis 3, 5, 7 bis 11, Absatz 4, 5 und § 35 sowie die Anforderungen nach den §§ 36 und 37 erfüllt hat und ihren Verpflichtungen nach dem Geldwäschegesetz nachgekommen ist. ³Das Ergebnis dieser Prüfung hat der Abschlussprüfer im Prüfungsbericht gesondert wiederzugeben. ⁴Der Abschlussprüfer hat den Bericht über die Prüfung der Publikumsinvestmentaktiengesellschaft mit veränderlichem Kapital unverzüglich nach Beendigung der Prüfung der Bundesanstalt einzureichen, der Bericht über die Prüfung der Spezialinvestmentaktiengesellschaft mit veränderlichem Kapital ist der Bundesanstalt auf Verlangen einzureichen.

(4)[33]) ¹Das Bundesministerium der Finanzen wird ermächtigt, im Einvernehmen mit dem Bundesministerium der Justiz durch Rechtsverordnung, die nicht der Zustimmung des Bundesrates bedarf, nähere Bestimmungen über weitere Inhalte, Umfang und Darstellungen des Prüfungsberichts des Abschlussprüfers zu erlassen, soweit dies zur Erfüllung der Aufgaben der Bundesanstalt erforderlich ist, insbesondere, um einheitliche Unterlagen zur Beurteilung der Tätigkeit der Investmentaktiengesellschaften mit veränderlichem Kapital zu erhalten. ²Das Bundesministerium der Finanzen kann die Ermächtigung durch Rechtsverordnung auf die Bundesanstalt übertragen.

§ 122 Halbjahres- und Liquidationsbericht. (1) ¹Soweit die Publikumsinvestmentaktiengesellschaft mit veränderlichem Kapital zur Aufstellung eines Halbjahresfinanzberichts nach § 37w des Wertpapierhandelsgesetzes verpflichtet ist, ist § 120 entsprechend anzuwenden. ²Dabei gelten die Verweise in § 120 Absatz 3 bis 6 auf § 101 nur in dem für den Halbjahresbericht gemäß § 103 erforderlichen Umfang. ³Soweit eine Prüfung oder prüferische Durchsicht durch den Abschlussprüfer erfolgt, gilt § 121 Absatz 2 und 3 entsprechend. ⁴Anderenfalls hat die Halbjahresberichterstattung nach Maßgabe der §§ 103 und 107 zu erfolgen.

(2) Im Fall der Auflösung und Liquidation der Publikumsinvestmentaktiengesellschaft mit veränderlichem Kapital sind die §§ 120 und 121 entsprechend anzuwenden.

§ 123 Offenlegung und Vorlage von Berichten. (1) Die Offenlegung des Jahresabschlusses und des Lageberichts hat unverzüglich nach seiner Vorlage an die Gesellschafter, jedoch bei
1. einer OGAW-Investmentaktiengesellschaft spätestens vier Monate nach Ablauf des Geschäftsjahres,
2. einer AIF-Publikumsinvestmentaktiengesellschaft mit veränderlichem Kapital spätestens sechs Monate nach Ablauf des Geschäftsjahres
nach Maßgabe der Vorschriften des Vierten Unterabschnitts des Zweiten Abschnitts des Dritten Buches des Handelsgesetzbuchs zu erfolgen.

(2) ¹Die Offenlegung des Halbjahresberichts erfolgt nach Maßgabe des § 37w des Wertpapierhandelsgesetzes. ²Der Halbjahresbericht ist unverzüglich im Bundesanzeiger zu veröffentlichen.

(3) Die Berichte nach den Absätzen 1 und 2 müssen dem Publikum an den Stellen zugänglich sein, die im Verkaufsprospekt und in den wesentlichen Anlegerinformationen angegeben sind.

(4) Einem Anleger der Investmentaktiengesellschaft mit veränderlichem Kapital sind der Jahresabschluss und der Lagebericht auf Anfrage vorzulegen.

(5) Die Publikumsinvestmentaktiengesellschaft mit veränderlichem Kapital hat der Bundesanstalt den Jahresabschluss und den Lagebericht unverzüglich nach der Feststellung und den Halbjahresbericht unverzüglich nach der Erstellung einzureichen.

---

[33] § 121 Abs. 4 tritt am 11.7.2013 in Kraft gem. Art. 28 Abs. 1 des G v. 4.7.2013 (BGBl. I S. 1981).

III. Normentexte

Unterabschnitt 4. Allgemeine Vorschriften für offene Investmentkommanditgesellschaften

Übersicht

§ 124 Rechtsform, anwendbare Vorschriften
§ 125 Gesellschaftsvertrag
§ 126 Anlagebedingungen
§ 127 Anleger
§ 128 Geschäftsführung
§ 129 Verwaltung und Anlage
§ 130 Unterschreitung des Anfangskapitals oder der Eigenmittel
§ 131 Gesellschaftsvermögen
§ 132 Teilgesellschaftsvermögen; Verordnungsermächtigung
§ 133 Veränderliches Kapital, Kündigung von Kommanditanteilen
§ 134 Firma und zusätzliche Hinweise im Rechtsverkehr
§ 135 Jahresbericht; Verordnungsermächtigung
§ 136 Abschlussprüfung; Verordnungsermächtigung
§ 137 Vorlage von Berichten
§ 138 Auflösung und Liquidation

§ 124 Rechtsform, anwendbare Vorschriften. (1) [1]Offene Investmentkommanditgesellschaften dürfen nur in der Rechtsform der Kommanditgesellschaft betrieben werden. [2]Die Bestimmungen des Handelsgesetzbuchs sind anzuwenden, soweit sich aus den Vorschriften dieses Unterabschnitts nichts anderes ergibt.

(2) Auf die offene Investmentkommanditgesellschaft sind § 93 Absatz 8, § 94 Absatz 4 in Verbindung mit einer Rechtsverordnung nach Absatz 5 und § 96 Absatz 1 entsprechend anwendbar.

§ 125 Gesellschaftsvertrag. (1) Der Gesellschaftsvertrag einer offenen Investmentkommanditgesellschaft bedarf der Schriftform.

(2) [1]Gesellschaftsvertraglich festgelegter Unternehmensgegenstand der offenen Investmentkommanditgesellschaft muss ausschließlich die Anlage und Verwaltung ihrer Mittel nach einer festgelegten Anlagestrategie und dem Grundsatz der Risikomischung zur gemeinschaftlichen Kapitalanlage nach den §§ 273 bis 284 zum Nutzen ihrer Anleger sein. [2]Der Gesellschaftsvertrag muss festlegen, dass die Kommanditisten mindestens einmal pro Jahr das Recht zur Rückgabe ihrer Anteile im Wege der Kündigung nach § 133 haben und dass die Anteile der Gesellschaft ausschließlich von professionellen Anlegern und semiprofessionellen Anlegern erworben werden dürfen.

(3) Der Gesellschaftsvertrag hat vorzusehen, dass
1. Ladungen zu Gesellschafterversammlungen unter vollständiger Angabe der Beschlussgegenstände in Textform erfolgen und
2. über die Ergebnisse der Gesellschafterversammlung ein schriftliches Protokoll anzufertigen ist, von dem die offene Investmentkommanditgesellschaft den Anlegern eine Kopie zu übersenden hat.

(4) Im Gesellschaftsvertrag darf nicht von § 131 Absatz 3 Nummer 2 und 4 des Handelsgesetzbuchs abgewichen werden.

§ 126 Anlagebedingungen. [1]Die Anlagebedingungen der offenen Investmentkommanditgesellschaft sind zusätzlich zum Gesellschaftsvertrag zu erstellen. [2]Die Anlagebedingungen sind nicht Bestandteil des Gesellschaftsvertrags. [3]In allen Fällen, in denen der Gesellschaftsvertrag veröffentlicht, ausgehändigt oder in anderer Weise zur Verfügung gestellt werden muss, ist auf die jeweiligen Anlagebedingungen zu verweisen und sind diese ebenfalls zu veröffentlichen oder zur Verfügung zu stellen.

§ 127 Anleger. (1) [1]Anteile an offenen Investmentkommanditgesellschaften und an Teilgesellschaftsvermögen von offenen Investmentkommanditgesellschaften dürfen ausschließlich von professionellen und semiprofessionellen Anlegern erworben werden. [2]Die Anleger dürfen sich an offenen Investmentkommanditgesellschaften nur unmittelbar als Kommanditisten beteiligen.

(2) [1]Eine Rückgewähr der Einlage oder eine Ausschüttung, die den Wert der Kommanditeinlage unter den Betrag der Einlage herabmindert, darf nur mit Zustimmung des betroffenen Kommanditisten erfolgen. [2]Vor der Zustimmung ist der Kommanditist darauf hinzuweisen, dass er den Gläubigern der Gesellschaft unmittelbar haftet, soweit die Einlage durch die Rückgewähr oder Ausschüttung zurückbezahlt wird.

(3) [1]Der Anspruch der offenen Investmentkommanditgesellschaft gegen einen Kommanditisten auf Leistung der Einlage erlischt, sobald er seine Kommanditeinlage erbracht hat. [2]Die Kommanditisten sind nicht verpflichtet, entstandene Verluste auszugleichen. [3]Eine Nachschusspflicht der Kommanditisten ist ausgeschlossen. [4]§ 707 des Bürgerlichen Gesetzbuchs ist nicht abdingbar. [5]Entgegenstehende Vereinbarungen sind unwirksam.

(4) Der Eintritt eines Kommanditisten in eine bestehende offene Investmentkommanditgesellschaft wird erst mit der Eintragung des Eintritts des Kommanditisten im Handelsregister wirksam.

§ 128 Geschäftsführung. (1) [1]Die Geschäftsführung der offenen Investmentkommanditgesellschaft besteht aus mindestens zwei Personen. [2]Die Voraussetzung nach Satz 1 ist auch dann erfüllt, wenn Geschäftsführer der offenen Investmentkommanditgesellschaft eine juristische Person ist, deren Geschäftsführung ihrerseits von zwei Personen wahrgenommen wird. [3]Die Geschäftsführung ist verpflichtet,
1. bei der Ausübung ihrer Tätigkeit im ausschließlichen Interesse der Gesellschafter und der Integrität des Marktes zu handeln,
2. ihre Tätigkeit mit der gebotenen Sachkenntnis, Sorgfalt und Gewissenhaftigkeit im besten Interesse des von ihr verwalteten Vermögens und der Integrität des Marktes auszuüben und
3. sich um die Vermeidung von Interessenkonflikten zu bemühen und, wenn diese sich nicht vermeiden lassen, dafür zu sorgen, dass unvermeidbare Konflikte unter der gebotenen Wahrung der Interessen der Gesellschafter gelöst werden.

[4]Die Geschäftsführung hat bei der Wahrnehmung ihrer Aufgaben unabhängig von der Verwahrstelle zu handeln.

(2) Die Mitglieder der Geschäftsführung der offenen Investmentkommanditgesellschaft müssen zuverlässig sein und die zur Leitung der offenen Investmentkommanditgesellschaft erforderliche fachliche Eignung haben, auch in Bezug auf die Art des Unternehmensgegenstandes der offenen Investmentkommanditgesellschaft.

(3) [1]Mitglieder der Geschäftsführung der offenen Investmentkommanditgesellschaft dürfen Vermögensgegenstände weder an die offene Investmentkommanditgesellschaft veräußern noch von dieser erwerben. [2]Erwerb und Veräußerung von Kommanditanteilen durch die Mitglieder der Geschäftsführung sind davon nicht erfasst.

(4) Die Bundesanstalt kann die Abberufung der Geschäftsführung oder von Mitgliedern der Geschäftsführung verlangen und ihnen die Ausübung ihrer Tätigkeit untersagen, wenn
1. Tatsachen vorliegen, aus denen sich ergibt, dass die Geschäftsführung oder Mitglieder der Geschäftsführung nicht zuverlässig sind oder die zur Leitung erforderliche fachliche Eignung gemäß Absatz 3 nicht haben oder
2. die Geschäftsführung oder Mitglieder der Geschäftsführung nachhaltig gegen die Bestimmungen dieses Gesetzes oder des Geldwäschegesetzes verstoßen.

§ 129 Verwaltung und Anlage. (1) [1]Die offene Investmentkommanditgesellschaft kann eine ihrem Unternehmensgegenstand entsprechende externe Kapitalverwaltungsgesellschaft bestellen. [2]Dieser obliegt insbesondere die Anlage und Verwaltung des Kommanditanlagevermögens. [3]Die Bestellung der externen AIF-Kapitalverwaltungsgesellschaft ist kein Fall des § 36. [4]Die externe AIF-Kapitalverwaltungsgesellschaft ist berechtigt, die Verwaltung der Mittel der offenen Investmentkommanditgesellschaft zu kündigen. [5]§ 99 Absatz 1 bis 4 gilt entsprechend.

(2) [1]§ 100 ist entsprechend anzuwenden mit der Maßgabe, dass das Verfügungsrecht über das Gesellschaftsvermögen nur dann auf die Verwahrstelle zur Abwicklung übergeht, wenn die offene Investmentkommanditgesellschaft sich nicht in eine intern verwaltete offene Investmentkommanditgesellschaft umwandelt oder keine andere externe AIF-Kapitalverwaltungsgesellschaft benennt und dies jeweils der Bundesanstalt angezeigt wurde. [2]§ 147 des Handelsgesetzbuchs findet keine Anwendung.

§ 130 Unterschreitung des Anfangskapitals oder der Eigenmittel. [1]Eine intern verwaltete offene Investmentkommanditgesellschaft hat der Bundesanstalt und den Anlegern unverzüglich anzuzeigen, wenn das Gesellschaftsvermögen den Wert des Anfangskapitals oder den Wert der zusätzlich erforderlichen Eigenmittel gemäß § 25 unterschreitet. [2]Mit der Anzeige gegenüber den Anlegern ist durch die Geschäftsführung eine Gesellschafterversammlung einzuberufen.

§ 131 Gesellschaftsvermögen. (1) [1]Eine intern verwaltete offene Investmentkommanditgesellschaft darf bewegliches und unbewegliches Vermögen erwerben, das für den Betrieb der Investmentkommanditgesellschaft notwendig ist. [2]Hierfür hat sie ein Betriebsvermögen zu bilden, das rechnerisch bei

III. Normentexte

den Kapitalanteilen der geschäftsführenden Gesellschafter zu erfassen ist. ³Den Erwerb darf sie nicht mit Kapital aus der Begebung von Kommanditanteilen an Anleger bestreiten.

(2) ¹Die Einlagen der Anleger, die sich als Kommanditisten beteiligen, die im Zusammenhang mit der Anlagetätigkeit erhaltenen und verwalteten Vermögensgegenstände, für die Vermögensgegenstände erhaltene Sicherheiten sowie liquide Mittel werden rechnerisch dem Kommanditkapital zugeordnet. ²Sie bilden das Kommanditanlagevermögen.

§ 132 Teilgesellschaftsvermögen; Verordnungsermächtigung. (1) ¹Der Gesellschaftsvertrag kann die Bildung von Teilgesellschaftsvermögen vorsehen. ²Die Teilgesellschaftsvermögen sind haftungs- und vermögensrechtlich voneinander getrennt. ³Im Verhältnis der Anleger untereinander wird jedes Teilgesellschaftsvermögen als eigenständiges Gesellschaftsvermögen behandelt. ⁴Die Rechte von Anlegern und Gläubigern im Hinblick auf ein Teilgesellschaftsvermögen, insbesondere auf dessen Bildung, Verwaltung und Auflösung, beschränken sich auf die Vermögensgegenstände dieses Teilgesellschaftsvermögens. ⁵Für die auf das einzelne Teilgesellschaftsvermögen entfallenden Verbindlichkeiten haftet nur das betreffende Teilgesellschaftsvermögen. ⁶Die haftungs- und vermögensrechtliche Trennung gilt auch für den Fall der Insolvenz der offenen Investmentkommanditgesellschaft und die Abwicklung eines Teilgesellschaftsvermögens.

(2) ¹Für jedes Teilgesellschaftsvermögen sind Anlagebedingungen zu erstellen. ²Die Anlagebedingungen eines Teilgesellschaftsvermögens und deren wesentliche Änderungen sind der Bundesanstalt nach Maßgabe von § 273 vorzulegen.

(3) ¹Die Kosten für die Auflegung neuer Teilgesellschaftsvermögen dürfen nur zulasten der Anteilspreise der neuen Teilgesellschaftsvermögen in Rechnung gestellt werden. ²Der Wert des Anteils ist für jedes Teilgesellschaftsvermögen gesondert zu errechnen.

(4) Für jedes Teilgesellschaftsvermögen ist eine Verwahrstelle zu benennen.

(5) ¹Die persönlich haftenden Gesellschafter haften für die Verbindlichkeiten sämtlicher Teilgesellschaftsvermögen. ²Die Kommanditisten haften gemäß den §§ 171 bis 176 des Handelsgesetzbuchs in Verbindung mit den Vorschriften dieses Unterabschnitts nur für Verbindlichkeiten des sie betreffenden Teilgesellschaftsvermögens.

(6) Der Gesellschaftsvertrag muss vorsehen, dass über Angelegenheiten, die die offene Investmentkommanditgesellschaft insgesamt betreffen, in einer Gesellschafterversammlung entschieden wird, zu der Anleger sämtlicher Teilgesellschaftsvermögen geladen werden.

(7) ¹Der Gesellschaftsvertrag kann vorsehen, dass die Geschäftsführung die Auflösung eines Teilgesellschaftsvermögens mit Zustimmung der Verwahrstelle beschließen kann. ²Der Auflösungsbeschluss wird sechs Monate nach Mitteilung des Beschlusses an die Anleger des betreffenden Teilgesellschaftsvermögens wirksam, es sei denn, die Anleger stimmen einer früheren Auflösung zu. ³Der Auflösungsbeschluss ist in den nächsten Jahresbericht aufzunehmen. ⁴Für die Abwicklung des Teilgesellschaftsvermögens gilt § 100 Absatz 1 und 2 entsprechend.

(8)³⁴⁾ ¹Das Bundesministerium der Finanzen wird ermächtigt, durch Rechtsverordnung, die nicht der Zustimmung des Bundesrates bedarf, nähere Bestimmungen zur buchhalterischen Darstellung, Rechnungslegung und Ermittlung des Wertes jedes Teilgesellschaftsvermögens zu erlassen. ²Das Bundesministerium der Finanzen kann die Ermächtigung durch Rechtsverordnung auf die Bundesanstalt übertragen.

§ 133 Veränderliches Kapital, Kündigung von Kommanditanteilen. (1) ¹Kommanditisten können mindestens einmal pro Jahr ihre Kommanditbeteiligung in voller Höhe oder zu einem Teilbetrag kündigen. ²Kündigt ein Kommanditist, erhält er einen Abfindungsanspruch gegen die offene Investmentkommanditgesellschaft in Höhe seines gekündigten Anteils am Wert des Gesellschaftsvermögens, gegebenenfalls abzüglich der Aufwendungen, die der offenen Investmentkommanditgesellschaft entstanden sind. ³Das Recht zur Kündigung nach Satz 1 besteht bei der intern verwalteten offenen Investmentkommanditgesellschaft nur, wenn durch die Erfüllung des Abfindungsanspruchs das Gesellschaftsvermögen den Betrag des Anfangskapitals und der zusätzlich erforderlichen Eigenmittel gemäß § 25 nicht unterschreitet. ⁴Die Einzelheiten der Kündigung regelt der Gesellschaftsvertrag. ⁵Für die Beschränkung des Rechts der Anleger auf Kündigung nach Satz 1 im Gesellschaftsvertrag gelten § 98 Absatz 2 und 3 und § 283 Absatz 3 entsprechend.

(2) ¹Die Erfüllung des Abfindungsanspruchs gilt nicht als Rückzahlung der Einlage des Kommanditisten. ²Ab dem Zeitpunkt des Ausscheidens haftet der ausgeschiedene Kommanditist nicht für Verbindlichkeiten der offenen Investmentkommanditgesellschaft.

---

³⁴ § 132 Abs. 8 tritt am 11.7.2013 in Kraft gem. Art. 28 Abs. 1 des G v. 4.7.2013 (BGBl. I S. 1981).

A. Deutschland

§ 134 Firma und zusätzliche Hinweise im Rechtsverkehr. (1) Die Firma der offenen Investmentkommanditgesellschaft muss abweichend von § 19 Absatz 1 Nummer 3 des Handelsgesetzbuchs die Bezeichnung „offene Investmentkommanditgesellschaft" oder eine allgemein verständliche Abkürzung dieser Bezeichnung enthalten.

(2) ¹Die Firma einer offenen Investmentkommanditgesellschaft mit Teilgesellschaftsvermögen muss darüber hinaus den Zusatz „mit Teilgesellschaftsvermögen" oder eine allgemein verständliche Abkürzung dieser Bezeichnung enthalten. ²Wird die Investmentkommanditgesellschaft im Rechtsverkehr lediglich für ein oder mehrere Teilgesellschaftsvermögen tätig, ist sie verpflichtet, dies offenzulegen und auf die haftungsrechtliche Trennung der Teilgesellschaftsvermögen hinzuweisen.

§ 135 Jahresbericht; Verordnungsermächtigung. (1) ¹Die Kapitalverwaltungsgesellschaft hat für die offene Investmentkommanditgesellschaft, auch wenn auf diese § 264a des Handelsgesetzbuchs nicht anzuwenden ist, für den Schluss eines jeden Geschäftsjahres spätestens sechs Monate nach Ende des Geschäftsjahres einen Jahresbericht nach Maßgabe der folgenden Absätze zu erstellen. ²Der Jahresbericht besteht mindestens aus
1. dem nach Maßgabe der folgenden Absätze aufgestellten und von einem Abschlussprüfer geprüften Jahresabschluss,
2. dem nach Maßgabe der folgenden Absätze aufgestellten und von einem Abschlussprüfer geprüften Lagebericht,
3. einer den Vorgaben von § 264 Absatz 2 Satz 3, § 289 Absatz 1 Satz 5 des Handelsgesetzbuchs entsprechenden Erklärung der gesetzlichen Vertreter der offenen Investmentkommanditgesellschaft sowie
4. den Bestätigungen des Abschlussprüfers nach § 136.

(2) ¹Auf den Jahresabschluss der offenen Investmentkommanditgesellschaft sind die Bestimmungen des Ersten Unterabschnitts des Zweiten Abschnitts des Dritten Buches des Handelsgesetzbuchs und für den Lagebericht die Bestimmungen des § 289 des Handelsgesetzbuchs anzuwenden, soweit sich aus den folgenden Vorschriften nichts anderes ergibt. ²§ 264 Absatz 1 Satz 4, Absatz 3, 4 und § 264b des Handelsgesetzbuchs sind nicht anzuwenden.

(3) ¹Die Bilanz ist in Staffelform aufzustellen. ²Auf Gliederung, Ansatz und Bewertung der dem Sondervermögen vergleichbaren Vermögensgegenstände und Schulden ist § 101 Absatz 1 Satz 3 Nummer 1 anzuwenden.

(4) Auf die Gliederung und den Ausweis der Aufwendungen und Erträge in der Gewinn- und Verlustrechnung ist § 101 Absatz 1 Satz 3 Nummer 4 anzuwenden.

(5) Der Anhang ist um die Angaben nach § 101 Absatz 1, ohne die Angabe nach § 101 Absatz 1 Satz 3 Nummer 6, zu ergänzen, die nicht bereits nach den Absätzen 3, 4, 6 und 7 zu machen sind.

(6) ¹Der Lagebericht ist um die Angaben nach § 101 Absatz 1 Satz 2 zu ergänzen. ²Die Tätigkeiten einer Kapitalverwaltungsgesellschaft, die diese als externe Kapitalverwaltungsgesellschaft ausübt, sind gesondert aufzuführen.

(7) ¹Der Lagebericht hat zusätzlich die Angaben nach § 101 Absatz 3 zu enthalten. ²§ 101 Absatz 3 Satz 2 ist anzuwenden.

(8) ¹Soweit die offene Investmentkommanditgesellschaft nach § 37v des Wertpapierhandelsgesetzes verpflichtet ist, einen Jahresfinanzbericht zu erstellen, sind den Anlegern auf Antrag lediglich die ergänzenden Angaben nach den Absätzen 5 bis 7 zusätzlich vorzulegen. ²Die Übermittlung dieser Angaben kann gesondert spätestens vier Monate nach Ende des Geschäftsjahres oder in Form einer Ergänzung zum Jahresfinanzbericht erfolgen.

(9) Das sonstige Vermögen der Gesellschafter (Privatvermögen) darf nicht in die Bilanz und die auf das Privatvermögen entfallenden Aufwendungen und Erträge dürfen nicht in die Gewinn- und Verlustrechnung aufgenommen werden.

(10) Bei der intern verwalteten offenen Investmentkommanditgesellschaft im Sinne des Absatzes 1 Satz 1 hat in der Bilanz und in der Gewinn- und Verlustrechnung ein gesonderter Ausweis des Investmentbetriebsvermögens und des Investmentanlagevermögens sowie der diesen zuzuordnenden Aufwendungen und Erträge zu erfolgen.

(11)[35] ¹Das Bundesministerium der Finanzen wird ermächtigt, im Einvernehmen mit dem Bundesministerium der Justiz durch Rechtsverordnung, die nicht der Zustimmung des Bundesrates bedarf, nähere Bestimmungen über weitere Inhalte, Umfang und Darstellung des Jahresabschlusses und des

---

[35] § 135 Abs. 11 tritt am 11.7.2013 in Kraft gem. Art. 28 Abs. 1 des G v. 4.7.2013 (BGBl. I S. 1981).

III. Normentexte

Lageberichts zu erlassen, soweit dies zur Erfüllung der Aufgaben der Bundesanstalt erforderlich ist, insbesondere, um einheitliche Unterlagen zur Beurteilung der Tätigkeit der offenen Investmentkommanditgesellschaft zu erhalten. ²Das Bundesministerium der Finanzen kann die Ermächtigung durch Rechtsverordnung auf die Bundesanstalt übertragen.

§ 136 Abschlussprüfung; Verordnungsermächtigung. (1) ¹Der Jahresabschluss und der Lagebericht der offenen Investmentkommanditgesellschaft sind durch einen Abschlussprüfer nach Maßgabe der Bestimmungen des Dritten Unterabschnitts des Zweiten Abschnitts des Dritten Buches des Handelsgesetzbuchs zu prüfen. ²Das Ergebnis der Prüfung hat der Abschlussprüfer in einem besonderen Vermerk zusammenzufassen; der Vermerk ist in vollem Wortlaut im Jahresabschluss wiederzugeben.

(2) Die Zuweisung von Gewinnen, Verlusten, Einnahmen, Ausgaben, Einlagen und Entnahmen zu den einzelnen Kapitalkonten ist vom Abschlussprüfer zu prüfen und deren Ordnungsmäßigkeit zu bestätigen.

(3) ¹Der Abschlussprüfer hat bei seiner Prüfung auch festzustellen, ob die offene Investmentkommanditgesellschaft die Bestimmungen dieses Gesetzes und des zugrunde liegenden Gesellschaftsvertrags beachtet hat. ²Bei der Prüfung hat er insbesondere festzustellen, ob die offene Investmentkommanditgesellschaft die Anzeigepflichten nach § 34 Absatz 1, 3 Nummer 1 bis 3, 5, 7 bis 11, Absatz 4 und 5, § 35 und die Anforderungen nach den §§ 36 und 37 sowie die Anforderungen nach Artikel 4 Absatz 1, 2 und 3 Unterabsatz 2, Artikel 9 Absatz 1 bis 4 sowie Artikel 11 Absatz 1 bis 10, 11 Unterabsatz 1 und Absatz 12 der Verordnung (EU) Nr. 648/2012 erfüllt hat und ihren Verpflichtungen nach dem Geldwäschegesetz nachgekommen ist. ³Das Ergebnis dieser Prüfung hat der Abschlussprüfer im Prüfungsbericht gesondert wiederzugeben. ⁴Der Bericht über die Prüfung der offenen Investmentkommanditgesellschaft ist der Bundesanstalt auf Verlangen vom Abschlussprüfer einzureichen.

(4)[36] ¹Das Bundesministerium der Finanzen wird ermächtigt, im Einvernehmen mit dem Bundesministerium der Justiz durch Rechtsverordnung, die nicht der Zustimmung des Bundesrates bedarf, nähere Bestimmungen über weitere Inhalte, Umfang und Darstellungen des Prüfungsberichts des Abschlussprüfers zu erlassen, soweit dies zur Erfüllung der Aufgaben der Bundesanstalt erforderlich ist, insbesondere, um einheitliche Unterlagen zur Beurteilung der Tätigkeit der offenen Investmentkommanditgesellschaft zu erhalten. ²Das Bundesministerium der Finanzen kann die Ermächtigung durch Rechtsverordnung auf die Bundesanstalt übertragen.

§ 137 Vorlage von Berichten. Einem Anleger wird der Jahresbericht auf Anfrage vorgelegt.

§ 138 Auflösung und Liquidation. (1) ¹§ 133 Absatz 1 des Handelsgesetzbuchs gilt nicht. ²Ein Gesellschafter der offenen Investmentkommanditgesellschaft kann die Gesellschaft vor dem Ablauf der für ihre Dauer bestimmten Zeit oder bei einer für unbestimmte Zeit eingegangenen Gesellschaft außerordentlich kündigen und aus ihr ausscheiden, wenn ein wichtiger Grund vorliegt. ³§ 133 Absatz 2 und 3 des Handelsgesetzbuchs ist entsprechend anzuwenden.

(2) Die Kommanditisten haften nach Beendigung der Liquidation nicht für die Verbindlichkeiten der offenen Investmentkommanditgesellschaft.

Abschnitt 5. Geschlossene inländische Investmentvermögen

Übersicht

Unterabschnitt 1. Allgemeine Vorschriften für geschlossene inländische Investmentvermögen
Unterabschnitt 2. Allgemeine Vorschriften für Investmentaktiengesellschaften mit fixem Kapital
Unterabschnitt 3. Allgemeine Vorschriften für geschlossene Investmentkommanditgesellschaften

Unterabschnitt 1. Allgemeine Vorschriften für geschlossene inländische Investmentvermögen

§ 139 Rechtsform. Geschlossene inländische Investmentvermögen dürfen nur als Investmentaktiengesellschaft mit fixem Kapital gemäß den Vorschriften des Unterabschnitts 2 oder als geschlossene Investmentkommanditgesellschaft gemäß den Vorschriften des Unterabschnitts 3 aufgelegt werden.

---

[36] § 136 Abs. 4 tritt am 11.7.2013 in Kraft gem. Art. 28 Abs. 1 des G v. 4.7.2013 (BGBl. I S. 1981).

A. Deutschland

Unterabschnitt 2. Allgemeine Vorschriften für Investmentaktiengesellschaften mit fixem Kapital

Übersicht

§ 140 Rechtsform, anwendbare Vorschriften
§ 141 Aktien
§ 142 Satzung
§ 143 Anlagebedingungen
§ 144 Verwaltung und Anlage
§ 145 Unterschreitung des Anfangskapitals oder der Eigenmittel
§ 146 Firma
§ 147 Vorstand, Aufsichtsrat
§ 148 Rechnungslegung

§ 140 Rechtsform, anwendbare Vorschriften. (1) [1] Investmentaktiengesellschaften mit fixem Kapital dürfen nur in der Rechtsform der Aktiengesellschaft betrieben werden. [2] Die Vorschriften des Aktiengesetzes sind anzuwenden, soweit sich aus den Vorschriften dieses Unterabschnitts nichts anderes ergibt.

(2) § 23 Absatz 5, die §§ 150 bis 158, 161 und 278 bis 290 des Aktiengesetzes sind nicht anzuwenden.

(3) Auf die Investmentaktiengesellschaft mit fixem Kapital sind § 93 Absatz 8, § 94 Absatz 2 und 4 in Verbindung mit einer Rechtsverordnung nach Absatz 5 und § 96 Absatz 1 entsprechend anwendbar.

§ 141 Aktien. (1) Aktien dürfen nur gegen volle Leistung des Ausgabepreises ausgegeben werden.

(2) Bei Publikumsinvestmentaktiengesellschaften mit fixem Kapital sind Sacheinlagen unzulässig.

§ 142 Satzung. [1] Satzungsmäßig festgelegter Unternehmensgegenstand der Investmentaktiengesellschaft mit fixem Kapital muss ausschließlich die Anlage und Verwaltung ihrer Mittel nach einer festgelegten Anlagestrategie zur gemeinschaftlichen Kapitalanlage
1. bei Publikumsinvestmentaktiengesellschaften mit fixem Kapital nach den §§ 261 bis 272 und
2. bei Spezialinvestmentaktiengesellschaften mit fixem Kapital nach den §§ 273 bis 277 und 285 bis 292

zum Nutzen der Aktionäre sein. [2] Die Satzung von Spezialinvestmentaktiengesellschaften mit fixem Kapital muss zusätzlich festlegen, dass die Aktien der Gesellschaft ausschließlich von professionellen Anlegern und semiprofessionellen Anlegern erworben werden dürfen.

§ 143 Anlagebedingungen. [1] Die Anlagebedingungen der Investmentaktiengesellschaft mit fixem Kapital sind zusätzlich zur Satzung zu erstellen. [2] Die Anlagebedingungen sind nicht Bestandteil der Satzung; eine notarielle Beurkundung ist nicht erforderlich. [3] In allen Fällen, in denen die Satzung veröffentlicht, ausgehändigt oder in anderer Weise zur Verfügung gestellt werden muss, ist auf die jeweiligen Anlagebedingungen zu verweisen und sind diese ebenfalls zu veröffentlichen, auszuhändigen oder in anderer Weise zur Verfügung zu stellen.

§ 144 Verwaltung und Anlage. [1] Die Investmentaktiengesellschaft mit fixem Kapital kann eine ihrem Unternehmensgegenstand entsprechende externe Kapitalverwaltungsgesellschaft bestellen. [2] Dieser obliegt neben der Ausführung der allgemeinen Verwaltungstätigkeit insbesondere auch die Anlage und Verwaltung der Mittel der Investmentaktiengesellschaft mit fixem Kapital. [3] Die Bestellung einer externen AIF-Kapitalverwaltungsgesellschaft als Verwaltungsgesellschaft ist kein Fall des § 36 und auch nicht als Unternehmensvertrag im Sinne des Aktiengesetzes anzusehen. [4] § 99 ist mit den folgenden Maßgaben entsprechend anzuwenden:
1. eine Kündigung kann nur aus wichtigem Grund erfolgen;
2. die Kündigungsfrist muss im angemessenen Verhältnis zu dem Zeitraum stehen, der erforderlich ist, um die zum Investmentvermögen gehörenden Vermögensgegenstände zu liquidieren; bei Publikumsinvestmentaktiengesellschaften muss die Kündigungsfrist jedoch mindestens sechs Monate betragen.

[5] § 100 ist entsprechend anzuwenden mit der Maßgabe, dass das Verfügungsrecht über das Gesellschaftsvermögen nur dann auf die Verwahrstelle zur Abwicklung übergeht, wenn
1. die Investmentaktiengesellschaft mit fixem Kapital
   a) sich nicht in eine intern verwaltete Investmentaktiengesellschaft mit fixem Kapital umwandelt oder
   b) keine andere externe AIF-Kapitalverwaltungsgesellschaft bestellt und

III. Normentexte

2. dies
   a) bei Publikumsinvestmentaktiengesellschaften mit fixem Kapital jeweils von der Bundesanstalt genehmigt wird und
   b) bei Spezialinvestmentaktiengesellschaften mit fixem Kapital jeweils der Bundesanstalt angezeigt wird.

§ 145 Unterschreitung des Anfangskapitals oder der Eigenmittel. ¹Die intern verwaltete Investmentaktiengesellschaft mit fixem Kapital hat der Bundesanstalt und den Aktionären unverzüglich anzuzeigen, wenn das Gesellschaftsvermögen den Wert des Anfangskapitals oder den Wert der zusätzlich erforderlichen Eigenmittel gemäß § 25 unterschreitet. ²Mit der Anzeige gegenüber den Aktionären ist durch den Vorstand eine Hauptversammlung einzuberufen.

§ 146 Firma. Die Firma einer Investmentaktiengesellschaft mit fixem Kapital muss abweichend von § 4 des Aktiengesetzes die Bezeichnung „Investmentaktiengesellschaft" oder eine allgemein verständliche Abkürzung dieser Bezeichnung enthalten.

§ 147 Vorstand, Aufsichtsrat. (1) ¹Der Vorstand einer Investmentaktiengesellschaft mit fixem Kapital besteht aus mindestens zwei Personen. ²Er ist verpflichtet,
1. bei der Ausübung seiner Tätigkeit im ausschließlichen Interesse der Aktionäre und der Integrität des Marktes zu handeln,
2. seine Tätigkeit mit der gebotenen Sachkenntnis, Sorgfalt und Gewissenhaftigkeit im besten Interesse des von ihm verwalteten Vermögens und der Integrität des Marktes auszuüben und
3. sich um die Vermeidung von Interessenkonflikten zu bemühen und, wenn diese sich nicht vermeiden lassen, dafür zu sorgen, dass unvermeidbare Konflikte unter der gebotenen Wahrung der Interessen der Aktionäre gelöst werden.

³Der Vorstand hat bei der Wahrnehmung seiner Aufgaben unabhängig von der Verwahrstelle zu handeln.

(2) Die Mitglieder des Vorstands der Investmentaktiengesellschaft mit fixem Kapital müssen zuverlässig sein und die zur Leitung der Investmentaktiengesellschaft erforderliche fachliche Eignung haben, auch in Bezug auf die Art des Unternehmensgegenstandes der Investmentaktiengesellschaft mit fixem Kapital.

(3) ¹Die Persönlichkeit und die Sachkunde der Mitglieder des Aufsichtsrats müssen Gewähr dafür bieten, dass die Interessen der Aktionäre gewahrt werden. ²Für die Zusammensetzung des Aufsichtsrats gilt § 18 Absatz 3 entsprechend. ³Die Bestellung und das Ausscheiden von Mitgliedern des Aufsichtsrats ist der Bundesanstalt unverzüglich anzuzeigen. ⁴Auf Aufsichtsratsmitglieder, die als Vertreter der Arbeitnehmer nach den Vorschriften der Mitbestimmungsgesetze gewählt werden, sind die Sätze 1 und 3 nicht anzuwenden.

(4) ¹Mitglieder des Vorstands oder des Aufsichtsrats der Investmentaktiengesellschaft mit fixem Kapital dürfen Vermögensgegenstände weder an die Investmentaktiengesellschaft veräußern noch von dieser erwerben. ²Erwerb und Veräußerung von Aktien der Investmentaktiengesellschaft mit fixem Kapital durch die Mitglieder des Vorstands und des Aufsichtsrats sind davon nicht erfasst.

(5) Die Bundesanstalt kann die Abberufung des Vorstands oder von Mitgliedern des Vorstands verlangen und ihnen die Ausübung ihrer Tätigkeit untersagen, wenn
1. Tatsachen vorliegen, aus denen sich ergibt, dass der Vorstand oder Mitglieder des Vorstands nicht zuverlässig sind oder die zur Leitung erforderliche fachliche Eignung gemäß Absatz 2 nicht haben oder
2. der Vorstand oder Mitglieder des Vorstands nachhaltig gegen die Bestimmungen dieses Gesetzes oder des Geldwäschegesetzes verstoßen.

§ 148 Rechnungslegung. (1) Auf den Jahresabschluss und den Lagebericht einer Investmentaktiengesellschaft mit fixem Kapital sind die §§ 120 bis 123 entsprechend anzuwenden.

(2) ¹Zusätzlich zu den Angaben nach Absatz 1 sind bei einer Publikumsinvestmentaktiengesellschaft mit fixem Kapital bei einer Beteiligung nach § 261 Absatz 1 Nummer 2 bis 6 im Anhang des Jahresabschlusses anzugeben:
1. die Firma, die Rechtsform und der Sitz der Gesellschaften im Sinne des § 261 Absatz 1 Nummer 2 bis 6,
2. das jeweilige Gesellschaftskapital dieser Gesellschaften,
3. die Höhe der Beteiligung und der Zeitpunkt ihres Erwerbs durch die AIF-Kapitalverwaltungsgesellschaft.

²Als Verkehrswert der Beteiligung ist der nach § 271 Absatz 1 ermittelte Wert anzusetzen.

A. Deutschland

Unterabschnitt 3. Allgemeine Vorschriften für geschlossene Investmentkommanditgesellschaften

Übersicht

§ 149 Rechtsform, anwendbare Vorschriften
§ 150 Gesellschaftsvertrag
§ 151 Anlagebedingungen
§ 152 Anleger
§ 153 Geschäftsführung, Beirat
§ 154 Verwaltung und Anlage
§ 155 Unterschreitung des Anfangskapitals oder der Eigenmittel
§ 156 Gesellschaftsvermögen
§ 157 Firma
§ 158 Jahresbericht
§ 159 Abschlussprüfung
§ 160 Offenlegung und Vorlage von Berichten
§ 161 Auflösung und Liquidation

§ 149 Rechtsform, anwendbare Vorschriften. (1) [1] Geschlossene Investmentkommanditgesellschaften dürfen nur in der Rechtsform der Kommanditgesellschaft betrieben werden. [2] Die Bestimmungen des Handelsgesetzbuchs sind anzuwenden, soweit sich aus den Vorschriften dieses Unterabschnitts nichts anderes ergibt.

(2) Auf die geschlossene Investmentkommanditgesellschaft sind § 93 Absatz 8, § 94 Absatz 2 und 4 in Verbindung mit einer Rechtsverordnung nach Absatz 5 und § 96 Absatz 1 entsprechend anzuwenden.

§ 150 Gesellschaftsvertrag. (1) Der Gesellschaftsvertrag einer geschlossenen Investmentkommanditgesellschaft bedarf der Schriftform.

(2) [1] Gesellschaftsvertraglich festgelegter Unternehmensgegenstand der geschlossenen Investmentkommanditgesellschaft muss ausschließlich die Anlage und Verwaltung ihrer Mittel nach einer festgelegten Anlagestrategie zur gemeinschaftlichen Kapitalanlage
1. bei geschlossenen Publikumsinvestmentkommanditgesellschaften nach den §§ 261 bis 272 und
2. bei geschlossenen Spezialinvestmentkommanditgesellschaften nach den §§ 273 bis 277 und 285 bis 292

zum Nutzen der Anleger sein. [2] Der Gesellschaftsvertrag von geschlossenen Spezialinvestmentkommanditgesellschaften muss zusätzlich festlegen, dass die Anteile der Gesellschaft ausschließlich von professionellen Anlegern und semiprofessionellen Anlegern erworben werden dürfen.

(3) Der Gesellschaftsvertrag hat vorzusehen, dass
1. Ladungen zu Gesellschafterversammlungen unter vollständiger Angabe der Beschlussgegenstände in Textform erfolgen und
2. über die Ergebnisse der Gesellschafterversammlung ein schriftliches Protokoll anzufertigen ist, von dem die geschlossene Investmentkommanditgesellschaft den Anlegern eine Kopie zu übersenden hat.

(4) Im Gesellschaftsvertrag darf nicht von § 131 Absatz 3 Nummer 2 und 4 des Handelsgesetzbuchs abgewichen werden.

§ 151 Anlagebedingungen. [1] Die Anlagebedingungen der geschlossenen Investmentkommanditgesellschaft sind zusätzlich zum Gesellschaftsvertrag zu erstellen. [2] Die Anlagebedingungen sind nicht Bestandteil des Gesellschaftsvertrages. [3] In allen Fällen, in denen der Gesellschaftsvertrag veröffentlicht, ausgehändigt oder in anderer Weise zur Verfügung gestellt werden muss, ist auf die jeweiligen Anlagebedingungen zu verweisen und sind diese ebenfalls zu veröffentlichen, auszuhändigen oder in anderer Weise zur Verfügung zu stellen.

§ 152 Anleger. (1) [1] Anleger dürfen sich an der geschlossenen Investmentkommanditgesellschaft nur unmittelbar als Kommanditisten beteiligen. [2] Abweichend von Satz 1 dürfen sich Anleger an der geschlossenen Publikumsinvestmentkommanditgesellschaft auch mittelbar über einen Kommanditisten (Treuhandkommanditisten) beteiligen. [3] Bei mittelbarer Beteiligung über einen Treuhandkommanditisten hat der mittelbar beteiligte Anleger im Innenverhältnis der Gesellschaft und der Gesellschafter zueinander die gleiche Rechtsstellung wie ein Kommanditist. [4] Der mittelbar beteiligte Anleger oder der am Erwerb einer mittelbaren Beteiligung Interessierte gilt als Anleger oder am Erwerb eines Anteils Interessierter im Sinne dieses Gesetzes.

(2) ¹Eine Rückgewähr der Einlage oder eine Ausschüttung, die den Wert der Kommanditeinlage unter den Betrag der Einlage herabmindert, darf nur mit Zustimmung des betroffenen Kommanditisten erfolgen. ²Vor der Zustimmung ist der Kommanditist darauf hinzuweisen, dass er den Gläubigern der Gesellschaft unmittelbar haftet, soweit die Einlage durch die Rückgewähr oder Ausschüttung zurückbezahlt wird. ³Bei mittelbarer Beteiligung über einen Treuhandkommanditisten bedarf die Rückgewähr der Einlage oder eine Ausschüttung, die den Wert der Kommanditeinlage unter den Betrag der Einlage herabmindert, zusätzlich der Zustimmung des betroffenen mittelbar beteiligten Anlegers; Satz 2 gilt entsprechend.

(3) ¹Der Anspruch der geschlossenen Investmentkommanditgesellschaft gegen einen Kommanditisten auf Leistung der Einlage erlischt, sobald er seine Kommanditeinlage erbracht hat. ²Die Kommanditisten sind nicht verpflichtet, entstandene Verluste auszugleichen. ³Eine Nachschusspflicht der Kommanditisten ist ausgeschlossen. ⁴§ 707 des Bürgerlichen Gesetzbuchs ist nicht abdingbar. ⁵Entgegenstehende Vereinbarungen sind unwirksam.

(4) Der Eintritt eines Kommanditisten in eine bestehende geschlossene Investmentkommanditgesellschaft wird erst mit der Eintragung des Eintritts des Kommanditisten im Handelsregister wirksam.

(5) Bei geschlossenen Publikumsinvestmentkommanditgesellschaften können die Kommanditisten dem Geschäftsbeginn nicht zustimmen, bevor die Gesellschaft in das Handelsregister eingetragen ist.

(6) ¹Scheidet ein Kommanditist während der Laufzeit der Investmentkommanditgesellschaft aus der Investmentkommanditgesellschaft aus, gilt die Erfüllung des Abfindungsanspruchs nicht als Rückzahlung der Einlage des Kommanditisten. ²Ab dem Zeitpunkt des Ausscheidens haftet der ausgeschiedene Kommanditist nicht für Verbindlichkeiten der Investmentkommanditgesellschaft.

(7) Bei geschlossenen Publikumsinvestmentkommanditgesellschaften sind Sacheinlagen unzulässig.

§ 153 Geschäftsführung, Beirat. (1) ¹Die Geschäftsführung der geschlossenen Investmentkommanditgesellschaft besteht aus mindestens zwei Personen. ²Die Voraussetzung nach Satz 1 ist auch dann erfüllt, wenn Geschäftsführer der geschlossenen Investmentkommanditgesellschaft eine juristische Person ist, deren Geschäftsführung ihrerseits von zwei Personen wahrgenommen wird. ³Die Geschäftsführung ist verpflichtet,
1. bei der Ausübung ihrer Tätigkeit im ausschließlichen Interesse der Gesellschafter und der Integrität des Marktes zu handeln,
2. ihre Tätigkeit mit der gebotenen Sachkenntnis, Sorgfalt und Gewissenhaftigkeit im besten Interesse des von ihr verwalteten Vermögens und der Integrität des Marktes auszuüben und
3. sich um die Vermeidung von Interessenkonflikten zu bemühen und, wenn diese sich nicht vermeiden lassen, dafür zu sorgen, dass unvermeidbare Konflikte unter der gebotenen Wahrung der Interessen der Gesellschafter gelöst werden.

⁴Die Geschäftsführung hat bei der Wahrnehmung ihrer Aufgaben unabhängig von der Verwahrstelle zu handeln.

(2) Die Mitglieder der Geschäftsführung müssen zuverlässig sein und die zur Leitung der geschlossenen Investmentkommanditgesellschaft erforderliche fachliche Eignung haben, auch in Bezug auf die Art des Unternehmensgegenstandes der geschlossenen Investmentkommanditgesellschaft.

(3) ¹Die intern verwaltete geschlossene Publikumsinvestmentkommanditgesellschaft hat einen Beirat zu bilden, der die Geschäftsführung bei der Umsetzung der Anlagebedingungen überwacht. ²§ 18 Absatz 2 Satz 4 und Absatz 3 Satz 2 gilt entsprechend. ³Die Persönlichkeit und die Sachkunde der Mitglieder des Beirats müssen Gewähr dafür bieten, dass die Interessen der Anleger gewahrt werden. ⁴Die Bestellung und das Ausscheiden von Mitgliedern des Beirats ist der Bundesanstalt unverzüglich anzuzeigen.

(4) ¹Mitglieder der Geschäftsführung oder des Beirats der geschlossenen Investmentkommanditgesellschaft dürfen Vermögensgegenstände weder an die Investmentkommanditgesellschaft veräußern noch von dieser erwerben. ²Erwerb und Veräußerung von Kommanditanteilen durch die Mitglieder der Geschäftsführung sind davon nicht erfasst.

(5) Die Bundesanstalt kann die Abberufung der Geschäftsführung oder von Mitgliedern der Geschäftsführung verlangen und ihnen die Ausübung ihrer Tätigkeit untersagen, wenn
1. Tatsachen vorliegen, aus denen sich ergibt, dass die Geschäftsführung oder Mitglieder der Geschäftsführung nicht zuverlässig sind oder die zur Leitung erforderliche fachliche Eignung gemäß Absatz 3 nicht haben oder

2. die Geschäftsführung oder Mitglieder der Geschäftsführung nachhaltig gegen die Bestimmungen dieses Gesetzes oder des Geldwäschegesetzes verstoßen.

§ 154 Verwaltung und Anlage. (1) [1] Die geschlossene Investmentkommanditgesellschaft kann eine ihrem Unternehmensgegenstand entsprechende externe AIF-Kapitalverwaltungsgesellschaft bestellen. [2] Dieser obliegt insbesondere die Anlage und Verwaltung des Kommanditanlagevermögens. [3] Die Bestellung der externen AIF-Kapitalverwaltungsgesellschaft ist kein Fall des § 36. [4] Die AIF-Kapitalverwaltungsgesellschaft ist berechtigt, die Verwaltung der Mittel der geschlossenen Investmentkommanditgesellschaft zu kündigen. [5] § 99 Absatz 1 bis 4 ist mit den folgenden Maßgaben entsprechend anzuwenden:
1. eine Kündigung kann nur aus wichtigem Grund erfolgen;
2. die Kündigungsfrist muss im angemessenen Verhältnis zu dem Zeitraum stehen, der erforderlich ist, um die zum Investmentvermögen gehörenden Vermögensgegenstände zu liquidieren; bei Publikumsinvestmentkommanditgesellschaften muss die Kündigungsfrist jedoch mindestens sechs Monate betragen.

(2) § 100 ist entsprechend anzuwenden mit den Maßgaben, dass
1. das Verfügungsrecht über das Gesellschaftsvermögen nur dann auf die Verwahrstelle zur Abwicklung übergeht, wenn die geschlossene Investmentkommanditgesellschaft sich nicht in eine intern verwaltete offene Investmentkommanditgesellschaft umwandelt oder keine andere externe AIF-Kapitalverwaltungsgesellschaft benennt und dies bei geschlossenen Publikumsinvestmentkommanditgesellschaften jeweils von der Bundesanstalt genehmigt wird und bei geschlossenen Spezialinvestmentkommanditgesellschaften jeweils der Bundesanstalt angezeigt wird;
2. die Gesellschafter die Bestellung eines anderen Liquidators als der Verwahrstelle beschließen können; § 147 des Handelsgesetzbuchs findet keine Anwendung, wenn die Liquidation durch die Verwahrstelle als Liquidator erfolgt.

(3) Wird eine geschlossene Publikumsinvestmentkommanditgesellschaft aufgelöst, hat sie auf den Tag, an dem das Recht der AIF-Kapitalverwaltungsgesellschaft zur Verwaltung des Gesellschaftsvermögens erlischt, einen Auflösungsbericht zu erstellen, der den Anforderungen nach § 158 entspricht.

§ 155 Unterschreitung des Anfangskapitals oder der Eigenmittel. [1] Eine intern verwaltete geschlossene Investmentkommanditgesellschaft hat der Bundesanstalt und den Anlegern unverzüglich anzuzeigen, wenn das Gesellschaftsvermögen den Wert des Anfangskapitals oder den Wert der zusätzlich erforderlichen Eigenmittel gemäß § 25 unterschreitet. [2] Mit der Anzeige gegenüber den Anlegern ist durch die Geschäftsführung eine Gesellschafterversammlung einzuberufen.

§ 156 Gesellschaftsvermögen. (1) [1] Eine intern verwaltete geschlossene Investmentkommanditgesellschaft darf bewegliches und unbewegliches Vermögen erwerben, das für den Betrieb der Investmentkommanditgesellschaft notwendig ist. [2] Hierfür hat sie ein Betriebsvermögen zu bilden, das rechnerisch bei den Kapitalanteilen der geschäftsführenden Gesellschafter zu erfassen ist. [3] Den Erwerb darf sie nicht mit Kapital aus der Begebung von Kommanditanteilen an Anleger bestreiten.

(2) [1] Die Einlagen der Anleger, die im Zusammenhang mit der Anlagetätigkeit erhaltenen und verwalteten Vermögensgegenstände, für die Vermögensgegenstände erhaltene Sicherheiten sowie liquide Mittel werden rechnerisch dem Kommanditkapital zugeordnet. [2] Sie bilden das Kommanditanlagevermögen.

§ 157 Firma. Die Firma der geschlossenen Investmentkommanditgesellschaft muss abweichend von § 19 Absatz 1 Nummer 3 des Handelsgesetzbuchs die Bezeichnung „geschlossene Investmentkommanditgesellschaft" oder eine allgemein verständliche Abkürzung dieser Bezeichnung enthalten.

§ 158 Jahresbericht. [1] Auf den Jahresbericht einer geschlossenen Investmentkommanditgesellschaft ist § 135 anzuwenden. [2] Zusätzlich zu Satz 1 sind bei geschlossenen Publikumsinvestmentgesellschaften die in § 101 Absatz 2 genannten Angaben und bei einer Beteiligung nach § 261 Absatz 1 Nummer 2 bis 6 die in § 148 Absatz 2 genannten Angaben im Anhang zu machen.

§ 159 Abschlussprüfung. [1] § 136 ist auf die geschlossene Investmentkommanditgesellschaft anzuwenden. [2] § 136 Absatz 3 Satz 4 ist auf die geschlossene Publikumsinvestmentkommanditgesellschaft jedoch mit der Maßgabe anzuwenden, dass der Bericht über die Prüfung der geschlossenen Publikumsinvestmentkommanditgesellschaft unverzüglich nach Beendigung der Prüfung der Bundesanstalt einzureichen ist.

III. Normentexte

§ 160 Offenlegung und Vorlage von Berichten. (1) Die Offenlegung des Jahresberichts einer geschlossenen Publikumsinvestmentkommanditgesellschaft erfolgt, auch wenn auf diese § 264a des Handelsgesetzbuchs nicht anzuwenden ist, spätestens sechs Monate nach Ende des Geschäftsjahres nach Maßgabe des insoweit anzuwendenden § 325 Absatz 1 Satz 1 und 7, Absatz 2 bis 2b, 5 und 6 des Handelsgesetzbuchs; die §§ 328, 329 Absatz 1, 2 und 4 und § 335 des Handelsgesetzbuchs sind anzuwenden.

(2) Der Bericht einer geschlossenen Publikumsinvestmentkommanditgesellschaft nach Absatz 1 muss dem Publikum an den Stellen zugänglich sein, die im Verkaufsprospekt und in den wesentlichen Anlegerinformationen angegeben sind.

(3) Einem Anleger der geschlossenen Investmentkommanditgesellschaft wird der Jahresbericht auf Anfrage vorgelegt.

(4) Die geschlossene Publikumsinvestmentkommanditgesellschaft hat der Bundesanstalt den Jahresbericht unverzüglich nach der Erstellung einzureichen.

§ 161 Auflösung und Liquidation. (1) ¹§ 133 Absatz 1 des Handelsgesetzbuchs gilt nicht. ²Ein Gesellschafter der geschlossenen Investmentkommanditgesellschaft kann die Gesellschaft vor dem Ablauf der für ihre Dauer bestimmten Zeit oder bei einer für unbestimmte Zeit eingegangenen Gesellschaft außerordentlich kündigen und aus ihr ausscheiden, wenn ein wichtiger Grund vorliegt. ³§ 133 Absatz 2 und 3 des Handelsgesetzbuchs ist entsprechend anzuwenden.

(2) Wird eine geschlossene Publikumsinvestmentkommanditgesellschaft abgewickelt, hat der Liquidator jährlich sowie auf den Tag, an dem die Abwicklung beendet ist, einen Abwicklungsbericht zu erstellen, der den Anforderungen nach § 158 entspricht.

(3) Die Kommanditisten haften nach Beendigung der Liquidation nicht für die Verbindlichkeiten der geschlossenen Investmentkommanditgesellschaft.

Kapitel 2. Publikumsinvestmentvermögen

Übersicht

Abschnitt 1. Allgemeine Vorschriften für offene Publikumsinvestmentvermögen
Abschnitt 2. Investmentvermögen gemäß der OGAW-Richtlinie
Abschnitt 3. Offene inländische Publikums-AIF
    Unterabschnitt 3. Sonstige Investmentvermögen
Abschnitt 4. Geschlossene inländische Publikums-AIF

Abschnitt 1. Allgemeine Vorschriften für offene Publikumsinvestmentvermögen

Übersicht

Unterabschnitt 1. Allgemeines
Unterabschnitt 2. Master-Feeder-Strukturen
Unterabschnitt 3. Verschmelzung von offenen Publikumsinvestmentvermögen

Unterabschnitt 1. Allgemeines

Übersicht

§ 162 Anlagebedingungen
§ 163 Genehmigung der Anlagebedingungen
§ 164 Erstellung von Verkaufsprospekt und wesentlichen Anlegerinformationen
§ 165 Mindestangaben im Verkaufsprospekt
§ 166 Inhalt, Form und Gestaltung der wesentlichen Anlegerinformationen; Verordnungsermächtigung
§ 167 Information mittels eines dauerhaften Datenträgers
§ 168 Bewertung; Verordnungsermächtigung
§ 169 Bewertungsverfahren
§ 170 Veröffentlichung des Ausgabe- und Rücknahmepreises und des Nettoinventarwertes

A. Deutschland

§ 162 Anlagebedingungen. (1) Die Anlagebedingungen, nach denen sich
1. das vertragliche Rechtsverhältnis der Kapitalverwaltungsgesellschaft zu den Anlegern eines Publikumssondervermögens oder der EU-OGAW-Verwaltungsgesellschaft zu den Anlegern eines inländischen OGAW-Sondervermögens bestimmt oder
2. in Verbindung mit der Satzung der Publikumsinvestmentaktiengesellschaft mit veränderlichem Kapital das Rechtsverhältnis dieser Investmentaktiengesellschaft zu ihren Anlegern oder der EU-OGAW-Verwaltungsgesellschaft zu den Anlegern einer inländischen OGAW-Investmentaktiengesellschaft bestimmt,

sind vor Ausgabe der Anteile oder Aktien schriftlich festzuhalten.

(2) Die Anlagebedingungen müssen neben der Bezeichnung des Investmentvermögens sowie der Angabe des Namens und des Sitzes der Verwaltungsgesellschaft mindestens folgende Angaben enthalten:
1. nach welchen Grundsätzen die Auswahl der zu beschaffenden Vermögensgegenstände erfolgt, insbesondere, welche Vermögensgegenstände in welchem Umfang erworben werden dürfen, die Arten der Investmentvermögen, deren Anteile oder Aktien für das Investmentvermögen erworben werden dürfen sowie der Anteil des Investmentvermögens, der höchstens in Anteilen oder Aktien der jeweiligen Art gehalten werden darf; ob, in welchem Umfang und mit welchem Zweck Geschäfte mit Derivaten getätigt werden dürfen und welcher Anteil in Bankguthaben und Geldmarktinstrumenten gehalten wird; Techniken und Instrumente, von denen bei der Verwaltung des Investmentvermögens Gebrauch gemacht werden kann; Zulässigkeit von Kreditaufnahmen für Rechnung des Investmentvermögens;
2. wenn die Auswahl der für das Investmentvermögen zu erwerbenden Wertpapiere darauf gerichtet ist, einen Wertpapierindex im Sinne von § 209 nachzubilden, welcher Wertpapierindex nachgebildet werden soll und dass die in § 206 genannten Grenzen überschritten werden dürfen;
3. ob die zum Sondervermögen gehörenden Gegenstände im Eigentum der Verwaltungsgesellschaft oder im Miteigentum der Anleger stehen;
4. unter welchen Voraussetzungen, zu welchen Bedingungen und bei welchen Stellen die Anleger die Rücknahme, gegebenenfalls den Umtausch der Anteile oder Aktien von der Verwaltungsgesellschaft verlangen können; Voraussetzungen, unter denen die Rücknahme und gegebenenfalls der Umtausch der Anteile oder Aktien ausgesetzt werden kann;
5. in welcher Weise und zu welchen Stichtagen der Jahresbericht und der Halbjahresbericht über die Entwicklung des Investmentvermögens und seine Zusammensetzung erstellt und dem Publikum zugänglich gemacht werden;
6. ob Erträge des Investmentvermögens auszuschütten oder wieder anzulegen sind und ob auf Erträge entfallende Teile des Ausgabepreises für ausgegebene Anteile oder Aktien zur Ausschüttung herangezogen werden können (Ertragsausgleichsverfahren); ob die Ausschüttung von Veräußerungsgewinnen vorgesehen ist;
7. wann und in welcher Weise das Investmentvermögen, sofern es nur für eine begrenzte Dauer gebildet wird, abgewickelt und an die Anleger verteilt wird;
8. ob das Investmentvermögen verschiedene Teilinvestmentvermögen umfasst, unter welchen Voraussetzungen Anteile oder Aktien an verschiedenen Teilinvestmentvermögen ausgegeben werden, nach welchen Grundsätzen die Teilinvestmentvermögen gebildet und welche Rechte ihnen gemäß § 96 Absatz 2 Satz 1 zugeordnet werden sowie das Verfahren gemäß § 96 Absatz 3 Satz 5 in Verbindung mit Absatz 4 oder § 117 Absatz 9 für die Errechnung des Wertes der Anteile oder Aktien der Teilinvestmentvermögen;
9. ob und unter welchen Voraussetzungen Anteile oder Aktien mit unterschiedlichen Rechten ausgegeben werden und das Verfahren gemäß § 96 Absatz 1 Satz 4 in Verbindung mit Absatz 4 Satz 1 für die Errechnung des Wertes der Anteile oder Aktien jeder Anteil- oder Aktienklasse;
10. ob und unter welchen Voraussetzungen das Investmentvermögen in ein anderes Investmentvermögen aufgenommen werden darf und ob und unter welchen Voraussetzungen ein anderes Investmentvermögen aufgenommen werden darf;
11. nach welcher Methode, in welcher Höhe und auf Grund welcher Berechnung die Vergütungen und Aufwendungserstattungen aus dem Investmentvermögen an die Verwaltungsgesellschaft, die Verwahrstelle und Dritte zu leisten sind;
12. Höhe des Aufschlags bei der Ausgabe der Anteile oder Aktien oder der Abschlag bei der Rücknahme sowie sonstige vom Anleger zu entrichtende Kosten einschließlich deren Berechnung;
13. falls in den Anlagebedingungen für die Vergütungen und Kosten eine Pauschalgebühr vereinbart wird, die Angabe, aus welchen Vergütungen und Kosten sich die Pauschalgebühr zusammensetzt

III. Normentexte

und den Hinweis, ob und welche Kosten dem Investmentvermögen gesondert in Rechnung gestellt werden;
14. dass im Jahresbericht und im Halbjahresbericht der Betrag der Ausgabeaufschläge und Rücknahmeabschläge offenzulegen ist, die dem Investmentvermögen im Berichtszeitraum für den Erwerb und die Rücknahme von Anteilen und Aktien im Sinne der §§ 196 und 230 berechnet worden sind, sowie die Vergütung offenzulegen ist, die dem Investmentvermögen von der Verwaltungsgesellschaft selbst, einer anderen Verwaltungsgesellschaft oder einer Gesellschaft, mit der die Verwaltungsgesellschaft durch eine wesentliche unmittelbare oder mittelbare Beteiligung verbunden ist, als Verwaltungsvergütung für die im Investmentvermögen gehaltenen Anteile oder Aktien berechnet wurde.

§ 163 Genehmigung der Anlagebedingungen. (1) ¹Die Anlagebedingungen sowie deren Änderung bedürfen der Genehmigung der Bundesanstalt. ²Die Genehmigung kann nur von folgenden Verwaltungsgesellschaften beantragt werden:
1. von Kapitalverwaltungsgesellschaften, die die betroffene Art von Investmentvermögen verwalten dürfen und
2. in Bezug auf inländische OGAW von EU-OGAW-Verwaltungsgesellschaften, die von den zuständigen Stellen ihres Herkunftsmitgliedstaates eine Zulassung zur Verwaltung von OGAW erhalten haben, deren Verwaltung im Inland beabsichtigt wird, die den Anforderungen des Artikels 19 Absatz 3 und 4 der Richtlinie 2009/65/EG entsprechen, das Anzeigeverfahren nach den §§ 51 und 52 erfolgreich durchlaufen und der Bundesanstalt darüber hinaus die in § 52 Absatz 1 Satz 2 aufgeführten Unterlagen für das betroffene Investmentvermögen vorgelegt oder auf diese gemäß § 52 Absatz 1 Satz 3 verwiesen haben.

(2) ¹Die Genehmigung ist innerhalb einer Frist von vier Wochen nach Eingang des Genehmigungsantrags zu erteilen, wenn die Anlagebedingungen den gesetzlichen Anforderungen entsprechen und der Antrag von einer Verwaltungsgesellschaft im Sinne von Absatz 1 Satz 2 gestellt wurde. ²Sind die Voraussetzungen für die Genehmigung nicht erfüllt, hat die Bundesanstalt dies dem Antragsteller innerhalb der Frist nach Satz 1 unter Angabe der Gründe mitzuteilen und fehlende oder geänderte Angaben oder Unterlagen anzufordern. ³Ist die Antragstellerin eine EU-OGAW-Verwaltungsgesellschaft, hört die Bundesanstalt vor einer Mitteilung nach Satz 2 die zuständigen Stellen des Herkunftsstaates der EU-OGAW-Verwaltungsgesellschaft an. ⁴Mit dem Eingang der angeforderten Angaben oder Unterlagen beginnt der Lauf der in Satz 1 genannten Frist erneut. ⁵Die Genehmigung gilt als erteilt, wenn über den Genehmigungsantrag nicht innerhalb der Frist nach Satz 1 entschieden worden und eine Mitteilung nach Satz 2 nicht erfolgt ist. ⁶Auf Antrag der Verwaltungsgesellschaft hat die Bundesanstalt die Genehmigung nach Satz 5 schriftlich zu bestätigen. ⁷Der Genehmigungsantrag ist von den Geschäftsleitern zu unterschreiben. ⁸Die Bundesanstalt kann die Genehmigung mit Nebenbestimmungen versehen. ⁹Die Verwaltungsgesellschaft darf die Anlagebedingungen dem Verkaufsprospekt nur beifügen, wenn die Genehmigung nach Absatz 1 Satz 1 erteilt worden ist. ¹⁰Die von der Bundesanstalt genehmigten Anlagebedingungen sind dem Publikum in der jeweils geltenden Fassung auf der Internetseite der Kapitalverwaltungsgesellschaft oder der EU-OGAW-Verwaltungsgesellschaft zugänglich zu machen. ¹¹Bei offenen Publikums-AIF dürfen die Anlagebedingungen erst veröffentlicht werden, wenn die Verwaltungsgesellschaft mit dem Vertrieb des Investmentvermögens gemäß § 316 beginnen darf.

(3) ¹Wenn die Änderungen der Anlagebedingungen mit den bisherigen Anlagegrundsätzen des Investmentvermögens nicht vereinbar sind, erteilt die Bundesanstalt die Genehmigung nur, wenn die Verwaltungsgesellschaft die Änderungen der Anlagebedingungen mindestens drei Monate vor dem Inkrafttreten nach Absatz 4 bekannt macht und den Anlegern anbietet,
1. entweder der Rücknahme ihrer Anteile oder Aktien ohne weitere Kosten zu verlangen oder
2. soweit möglich, den Umtausch ihrer Anteile oder Aktien ohne weitere Kosten zu verlangen in Anteile oder Aktien eines anderen Investmentvermögens, das mit den bisherigen Anlagegrundsätzen vereinbar ist und von derselben Verwaltungsgesellschaft oder von einem Unternehmen, das zu der Verwaltungsgesellschaft in einer Verbindung im Sinne des § 290 des Handelsgesetzbuchs steht, verwaltet wird.

²Dieses Recht nach Satz 1 Nummer 1 oder 2 besteht spätestens ab dem Zeitpunkt, in dem die Anleger über die geplante Änderung der Anlagebedingungen nach Absatz 4 unterrichtet werden. ³Sind die Änderungen genehmigt oder gelten diese als genehmigt, dürfen sie frühestens drei Monate nach der in Absatz 4 Satz 1 bestimmten Bekanntmachung in Kraft treten. ⁴Die Änderung der Anlagebedingungen von Immobilien-Sondervermögen ist nur zulässig, wenn diese entweder nach Änderung

der Anlagebedingungen mit den bisherigen Anlagegrundsätzen vereinbar sind oder dem Anleger ein Umtauschrecht nach Satz 1 Nummer 2 angeboten wird.

(4) [1]Vorgesehene Änderungen der Anlagebedingungen, die von der Bundesanstalt genehmigt sind, sind im Bundesanzeiger und, sofern die Anteile oder Aktien des betreffenden Investmentvermögens im Geltungsbereich dieses Gesetzes vertrieben werden dürfen, darüber hinaus in einer hinreichend verbreiteten Wirtschafts- oder Tageszeitung oder in den in dem Verkaufsprospekt bezeichneten elektronischen Informationsmedien bekannt zu machen. [2]Im Fall von Änderungen der Angaben nach § 162 Absatz 2 Nummer 11, Änderungen im Sinne des Absatzes 3 Satz 1 oder Änderungen in Bezug auf wesentliche Anlegerrechte sind den Anlegern zeitgleich mit der Bekanntmachung nach Satz 1 die wesentlichen Inhalte der vorgesehenen Änderungen der Anlagebedingungen und ihre Hintergründe sowie eine Information über ihre Rechte nach Absatz 3 in einer verständlichen Art und Weise mittels eines dauerhaften Datenträgers zu übermitteln. [3]Dabei ist mitzuteilen, wo und auf welche Weise weitere Informationen über die Änderung der Anlagebedingungen erlangt werden können. [4]Die Übermittlung gilt drei Tage nach der Aufgabe zur Post oder Absendung als erfolgt. [5]Dies gilt nicht, wenn feststeht, dass der dauerhafte Datenträger den Empfänger nicht oder zu einem späteren Zeitpunkt erreicht hat. [6]Die Änderungen dürfen frühestens am Tag nach der Bekanntmachung im Bundesanzeiger in Kraft treten, im Fall von Änderungen der Angaben nach § 162 Absatz 2 Nummer 11 jedoch nicht vor Ablauf von drei Monaten nach der entsprechenden Bekanntmachung. [7]Mit Zustimmung der Bundesanstalt kann ein früherer Zeitpunkt bestimmt werden, soweit es sich um eine Änderung handelt, die den Anleger begünstigt.

§ 164 Erstellung von Verkaufsprospekt und wesentlichen Anlegerinformationen. (1) [1]Die Kapitalverwaltungsgesellschaft oder die EU-OGAW-Verwaltungsgesellschaft hat für die von ihr verwalteten offenen Publikumsinvestmentvermögen den Verkaufsprospekt und die wesentlichen Anlegerinformationen zu erstellen und dem Publikum die jeweils aktuelle Fassung auf der Internetseite der Kapitalverwaltungsgesellschaft oder der EU-OGAW-Verwaltungsgesellschaft zugänglich zu machen. [2]Bei offenen AIF-Publikumsinvestmentvermögen dürfen Verkaufsprospekt und wesentliche Anlegerinformationen dem Publikum erst zugänglich gemacht werden, sobald die Verwaltungsgesellschaft mit dem Vertrieb des Investmentvermögens gemäß § 316 beginnen darf.

(2) Für die einzelnen Teilinvestmentvermögen eines Umbrella-Investmentvermögens kann ein gemeinsamer Verkaufsprospekt erstellt werden, in dem die folgenden Angaben in klarer und übersichtlicher Art und Weise darzustellen sind:
1. für alle Teilinvestmentvermögen gemeinsam die in § 165 genannten Angaben, die bei allen Teilinvestmentvermögen identisch sind und
2. für jedes Teilinvestmentvermögen gesondert alle Angaben, bei denen sich für einzelne Teilinvestmentvermögen Unterschiede auf Grund einer besonderen Anlagepolitik oder anderer Ausstattungsmerkmale ergeben.

(3) Die Angaben in den wesentlichen Anlegerinformationen sowie die Angaben von wesentlicher Bedeutung im Verkaufsprospekt sind auf dem neusten Stand zu halten.

(4) [1]Die OGAW-Kapitalverwaltungsgesellschaft oder die EU-OGAW-Verwaltungsgesellschaft hat der Bundesanstalt für die von ihr verwalteten inländischen OGAW den Verkaufsprospekt und die wesentlichen Anlegerinformationen unverzüglich nach erstmaliger Verwendung einzureichen. [2]Auf Anfrage hat die OGAW-Kapitalverwaltungsgesellschaft der Bundesanstalt auch den Verkaufsprospekt für die von ihr nach den §§ 49 und 50 verwalteten EU-OGAW zur Verfügung zu stellen.

(5) Die OGAW-Kapitalverwaltungsgesellschaft oder die EU-OGAW-Verwaltungsgesellschaft hat der Bundesanstalt für die von ihr verwalteten inländischen OGAW alle Änderungen des Verkaufsprospekts und der wesentlichen Anlegerinformationen unverzüglich nach erstmaliger Verwendung einzureichen.

§ 165 Mindestangaben im Verkaufsprospekt. (1) [1]Der Verkaufsprospekt eines offenen Publikumsinvestmentvermögens muss mit einem Datum versehen sein und die Angaben enthalten, die erforderlich sind, damit sich die Anleger über die ihnen angebotene Anlage und insbesondere über die damit verbundenen Risiken ein begründetes Urteil bilden können. [2]Der Verkaufsprospekt muss redlich und eindeutig und darf nicht irreführend sein.

(2) Der Verkaufsprospekt muss neben dem Namen des Investmentvermögens, auf das er sich bezieht, mindestens folgende Angaben enthalten:
1. Zeitpunkt der Auflegung des Investmentvermögens sowie Angabe der Laufzeit;
2. an hervorgehobener Stelle eine Beschreibung der Anlageziele des Investmentvermögens einschließlich der finanziellen Ziele und Beschreibung der Anlagepolitik und -strategie, einschließ-

lich etwaiger Konkretisierungen und Beschränkungen bezüglich dieser Anlagepolitik und -strategie; eine Beschreibung der Art der Vermögensgegenstände, in die das Investmentvermögen investieren darf sowie die Angabe etwaiger Techniken und Instrumente, von denen bei der Verwaltung des Investmentvermögens Gebrauch gemacht werden kann und aller damit verbundenen Risiken, Interessenkonflikte und Auswirkungen auf die Wertentwicklung des Investmentvermögens; Beschreibung der wesentlichen Merkmale der für das Investmentvermögen erwerbbaren Anteile oder Aktien an Investmentvermögen einschließlich der maßgeblichen Anlagegrundsätze und -grenzen und des Sitzes der Zielinvestmentvermögen;
3. eindeutige und leicht verständliche Erläuterung des Risikoprofils des Investmentvermögens;
4. Hinweis, dass der am Erwerb eines Anteils oder einer Aktie Interessierte Informationen über die Anlagegrenzen des Risikomanagements, die Risikomanagementmethoden und die jüngsten Entwicklungen bei den Risiken und Renditen der wichtigsten Kategorien von Vermögensgegenständen des Investmentvermögens verlangen kann und Angabe der Stellen, wo der am Erwerb eines Anteils oder einer Aktie Interessierte diese Informationen in welcher Form erhalten kann;
5. Zulässigkeit von Kreditaufnahmen für Rechnung des Investmentvermögens;
6. Umstände, unter denen das Investmentvermögen Leverage einsetzen kann, Art und Herkunft des zulässigen Leverage und die damit verbundenen Risiken, sonstige Beschränkungen für den Einsatz von Leverage sowie den maximalen Umfang des Leverage, die die Verwaltungsgesellschaft für Rechnung des Investmentvermögens einsetzen dürfen; bei inländischen OGAW kann die Angabe des maximalen Umfangs des Leverage durch die Angabe des maximalen Marktrisikopotenzials, gegebenenfalls ergänzt um die Angabe des erwarteten Leverage, ersetzt werden;
7. Handhabung von Sicherheiten, insbesondere Art und Umfang der geforderten Sicherheiten und die Wiederverwendung von Sicherheiten und Vermögensgegenständen, sowie die sich daraus ergebenden Risiken;
8. Angaben zu den Kosten einschließlich Ausgabeaufschlag und Rückgabeabschlag nach Maßgabe von Absatz 3;
9. gegebenenfalls bisherige Wertentwicklung des Investmentvermögens und gegebenenfalls der Anteil- oder Aktienklassen zusammen mit einem Warnhinweis, dass die bisherige Wertentwicklung kein Indikator für die zukünftige Wertentwicklung ist;
10. Profil des typischen Anlegers, für den das Investmentvermögen konzipiert ist;
11. Beschreibung der Verfahren, nach denen das Investmentvermögen seine Anlagestrategie oder seine Anlagepolitik oder beides ändern kann;
12. Voraussetzungen für die Auflösung und Übertragung des Investmentvermögens unter Angabe von Einzelheiten insbesondere bezüglich der Rechte der Anleger;
13. Beschreibung, in welcher Weise und zu welchem Zeitpunkt die gemäß § 300 erforderlichen Informationen offengelegt werden;
14. Beschreibung der Regeln für die Ermittlung und Verwendung der Erträge;
15. Kurzangaben über die für die Anleger bedeutsamen Steuervorschriften einschließlich der Angabe, ob ausgeschüttete Erträge des Investmentvermögens einem Quellensteuerabzug unterliegen;
16. Ende des Geschäftsjahres des Investmentvermögens; Häufigkeit der Ausschüttung von Erträgen;
17. Angabe der Stellen, bei denen die Jahresberichte und Halbjahresberichte über das Investmentvermögen erhältlich sind;
18. Name des Abschlussprüfers, der mit der Prüfung des Investmentvermögens einschließlich des Jahresberichtes beauftragt ist;
19. Regeln für die Vermögensbewertung, insbesondere eine Beschreibung des Verfahrens zur Bewertung des Investmentvermögens und der Kalkulationsmethoden für die Bewertung von Vermögenswerten, einschließlich der Verfahren für die Bewertung schwer zu bewertender Vermögenswerte nach den §§ 168 bis 170, 212, 216 und 217; bei offenen Publikums-AIF Nennung des externen Bewerters;
20. gegebenenfalls Angabe der Börsen oder Märkte, an denen Anteile oder Aktien notiert oder gehandelt werden; Angabe, dass der Anteilswert vom Börsenpreis abweichen kann;
21. Verfahren und Bedingungen für die Ausgabe und die Rücknahme sowie gegebenenfalls den Umtausch von Anteilen oder Aktien;
22. Beschreibung des Liquiditätsmanagements des Investmentvermögens, einschließlich der Rückgaberechte unter normalen und außergewöhnlichen Umständen, und der bestehenden Rücknahmevereinbarungen mit den Anlegern einschließlich der Voraussetzungen, unter denen die Rücknahme und gegebenenfalls auch der Umtausch von Anteilen oder Aktien ausgesetzt werden kann;

23. die getroffenen Maßnahmen, um die Zahlungen an die Anleger, die Rücknahme der Anteile oder Aktien sowie die Verbreitung der Berichte und sonstigen Informationen über das Investmentvermögen vorzunehmen; falls Anteile oder Aktien in einem anderen Mitgliedstaat der Europäischen Union oder in einem anderen Vertragsstaat des Abkommens über den Europäischen Wirtschaftsraum vertrieben werden, sind Angaben über die in diesem Staat getroffenen Maßnahmen zu machen und in den dort bekannt zu machenden Verkaufsprospekt aufzunehmen;
24. eine Beschreibung der wichtigsten rechtlichen Auswirkungen der für die Tätigung der Anlage eingegangenen Vertragsbeziehung, einschließlich Informationen über die zuständigen Gerichte, das anwendbare Recht und das Vorhandensein oder Nichtvorhandensein von Rechtsinstrumenten, die die Anerkennung und Vollstreckung von Urteilen in dem Gebiet vorsehen, in dem das Investmentvermögen seinen Sitz hat;
25. Art und Hauptmerkmale der Anteile oder Aktien, insbesondere Art der durch die Anteile oder Aktien verbrieften oder verbundenen Rechte oder Ansprüche; Angaben, ob die Anteile oder Aktien durch Globalurkunden verbrieft oder ob Anteilscheine oder Einzelurkunden ausgegeben werden; Angaben, ob die Anteile auf den Inhaber oder auf den Namen lauten und Angabe der Stückelung;
26. gegebenenfalls Angabe des Investmentvermögens und seiner einzelnen Teilinvestmentvermögen und unter welchen Voraussetzungen Anteile an verschiedenen Teilinvestmentvermögen ausgegeben werden, einschließlich einer Beschreibung der Anlageziele und der Anlagepolitik der Teilinvestmentvermögen;
27. eine Beschreibung der Art und Weise, wie die Verwaltungsgesellschaft eine faire Behandlung der Anleger gewährleistet sowie Angaben darüber, ob und unter welchen Voraussetzungen Anteile oder Aktien mit unterschiedlichen Rechten ausgegeben werden und eine Erläuterung, welche Ausgestaltungsmerkmale gemäß § 96 Absatz 1 und 2 oder § 108 Absatz 4 den Anteil- oder Aktienklassen zugeordnet werden; eine Beschreibung des Verfahrens gemäß § 96 Absatz 1 Satz 4 oder § 108 Absatz 4 für die Errechnung des Wertes der Anteile oder Aktien jeder Anteil- oder Aktienklasse, einschließlich der Angaben, wenn ein Anleger eine Vorzugsbehandlung oder einen Anspruch auf eine solche Behandlung erhält, eine Erläuterung dieser Behandlung, der Art der Anleger, die eine solche Vorzugsbehandlung erhalten, sowie gegebenenfalls der rechtlichen oder wirtschaftlichen Verbindungen zwischen diesen Anlegern und dem Investmentvermögen oder der Verwaltungsgesellschaft;
28. Firma, Rechtsform, Sitz und, wenn sich die Hauptverwaltung nicht am Sitz befindet, Ort der Hauptverwaltung der Verwaltungsgesellschaft; Zeitpunkt ihrer Gründung;
29. Namen der Mitglieder des Vorstands oder der Geschäftsführung und des Aufsichtsrats oder gegebenenfalls des Beirats, jeweils unter Angabe der außerhalb der Verwaltungsgesellschaft ausgeübten Hauptfunktionen, wenn diese für die Verwaltungsgesellschaft von Bedeutung sind;
30. Höhe des gezeichneten und eingezahlten Kapitals;
31. Angabe der weiteren Investmentvermögen, die von der Verwaltungsgesellschaft verwaltet werden;
32. Firma, Rechtsform, Sitz und, wenn sich die Hauptverwaltung nicht am Sitz befindet, Ort der Hauptverwaltung der Verwahrstelle;
33. Haupttätigkeit der Verwahrstelle;
34. die Namen von Beratungsfirmen, Anlageberatern oder sonstigen Dienstleistern, wenn ihre Dienste auf Vertragsbasis in Anspruch genommen werden; Einzelheiten dieser Verträge, die für die Anleger von Interesse sind, insbesondere Erläuterung der Pflichten der Dienstleister und der Rechte der Anleger; andere Tätigkeiten der Beratungsfirma, des Anlageberaters oder des sonstigen Dienstleistungsanbieters von Bedeutung;
35. eine Beschreibung sämtlicher von der Verwaltungsgesellschaft übertragener Verwaltungsfunktionen sowie sämtlicher von der Verwahrstelle übertragener Verwahrungsfunktionen, Bezeichnung des Beauftragten sowie sämtlicher Interessenkonflikte, die sich aus der Aufgabenübertragung ergeben könnten;
36. eine Beschreibung, in welcher Weise die AIF-Verwaltungsgesellschaft den Anforderungen des § 25 Absatz 6 gerecht wird;
37. gegebenenfalls Benennung der Vereinbarungen, die die Verwahrstelle getroffen hat, um sich vertraglich von der Haftung gemäß § 77 Absatz 4 oder § 88 Absatz 4 freizustellen;
38. Umstände oder Beziehungen, die Interessenkonflikte begründen können;
39. bei Investmentvermögen mit mindestens einem Teilinvestmentvermögen dessen Anteile oder Aktien im Geltungsbereich dieses Gesetzes vertrieben werden dürfen, und mit weiteren Teilinvestmentvermögen desselben Investmentvermögens, die im Geltungsbereich dieses Gesetzes nicht

vertrieben werden dürfen, den drucktechnisch an hervorgehobener Stelle herausgestellten Hinweis, dass die Anteile oder Aktien dieser weiteren Teilinvestmentvermögen im Geltungsbereich dieses Gesetzes nicht vertrieben werden dürfen; diese weiteren Teilinvestmentvermögen sind namentlich zu bezeichnen.

(3) Der Verkaufsprospekt hat in Bezug auf die Kosten einschließlich Ausgabeaufschlag und Rücknahmeabschlag folgende Angaben zu enthalten:
1. Berechnung der Ausgabe- und Rücknahmepreise der Anteile oder Aktien unter Berücksichtigung der Methode und Häufigkeit der Berechnung dieser Preise und der mit der Ausgabe und der Rücknahme der Anteile oder Aktien verbundenen Kosten;
2. Angaben über Art, Ort und Häufigkeit der Veröffentlichung der Ausgabe- und Rücknahmepreise der Anteile oder Aktien;
3. etwaige sonstige Kosten oder Gebühren, aufgeschlüsselt nach denjenigen, die vom Anleger zu zahlen sind und denjenigen, die aus dem Investmentvermögen zu zahlen sind;
4. Verwendung des Aufschlags bei der Ausgabe der Anteile oder Aktien oder des Abschlags bei der Rücknahme der Anteile oder Aktien;
5. Angabe, dass eine Gesamtkostenquote in Form einer einzigen Zahl, die auf den Zahlen des vorangegangenen Geschäftsjahres basiert, zu berechnen ist und welche Kosten einbezogen werden;
6. Erläuterung, dass Transaktionskosten aus dem Investmentvermögen gezahlt werden und dass die Gesamtkostenquote keine Transaktionskosten enthält;
7. Angabe, aus welchen Vergütungen und Kosten sich die Pauschalgebühr zusammensetzt und Hinweis, ob und welche Kosten dem Investmentvermögen gesondert in Rechnung gestellt werden, falls in den Anlagebedingungen für die Vergütungen und Kosten eine Pauschalgebühr vereinbart wurde; die Nummern 5 und 6 bleiben unberührt;
8. Beschreibung, ob der Verwaltungsgesellschaft Rückvergütungen der aus dem Investmentvermögen an die Verwahrstelle und an Dritte geleisteten Vergütungen und Aufwendungserstattungen zufließen und ob je nach Vertriebsweg ein wesentlicher Teil der Vergütungen, die aus dem Investmentvermögen an die Verwaltungsgesellschaft geleistet werden, für Vergütungen an Vermittler von Anteilen oder Aktien des Investmentvermögens auf den Bestand von vermittelten Anteilen oder Aktien verwendet wird;
9. Angabe gemäß § 162 Absatz 2 Nummer 14; Art der möglichen Gebühren, Kosten, Steuern, Provisionen und sonstigen Aufwendungen unter Angabe der jeweiligen Höchstbeträge, die mittelbar oder unmittelbar von den Anlegern des Investmentvermögens zu tragen sind; Hinweis, dass dem Investmentvermögen neben der Vergütung zur Verwaltung des Investmentvermögens eine Verwaltungsvergütung für die im Investmentvermögen gehaltenen Anteile oder Aktien berechnet wird.

(4) Sofern die Verwaltungsgesellschaft für Rechnung des Investmentvermögens Geschäfte mit Derivaten tätigen darf, muss der Verkaufsprospekt an hervorgehobener Stelle erläutern, ob diese Geschäfte zu Absicherungszwecken oder als Teil der Anlagestrategie getätigt werden dürfen und wie sich die Verwendung von Derivaten möglicherweise auf das Risikoprofil des Investmentvermögens auswirkt.

(5) Weist ein Investmentvermögen durch seine Zusammensetzung oder durch die für die Fondsverwaltung verwendeten Techniken eine erhöhte Volatilität auf, muss im Verkaufsprospekt an hervorgehobener Stelle darauf hingewiesen werden.

(6) [1] Im Verkaufsprospekt eines Investmentvermögens, das einen anerkannten Wertpapierindex nachbildet, muss an hervorgehobener Stelle darauf hingewiesen werden, dass der Grundsatz der Risikomischung für dieses Investmentvermögen nur eingeschränkt gilt. [2] Zudem muss der Verkaufsprospekt die Angabe enthalten, welche Wertpapiere Bestandteile des Wertpapierindexes sind und wie hoch der Anteil der jeweiligen Wertpapiere am Wertpapierindex ist. [3] Die Angaben über die Zusammensetzung des Wertpapierindexes können unterbleiben, wenn sie für den Schluss oder für die Mitte des jeweiligen Geschäftsjahres im letzten bekannt gemachten Jahres- oder Halbjahresbericht enthalten sind.

(7) Der Verkaufsprospekt von AIF hat zusätzlich mindestens folgende weitere Angaben zu enthalten:
1. Identität des Primebrokers, Beschreibung jeder wesentlichen Vereinbarung zwischen dem Investmentvermögen und seinen Primebrokern, Art und Weise der Beilegung diesbezüglicher Interessenkonflikte;
2. Angaben über jede eventuell bestehende Haftungsübertragung auf den Primebroker.

(8) Die Bundesanstalt kann verlangen, dass in den Verkaufsprospekt weitere Angaben aufgenommen werden, wenn sie Grund zu der Annahme hat, dass die Angaben für die Erwerber erforderlich sind.

(9) Etwaige Prognosen im Verkaufsprospekt sind deutlich als solche zu kennzeichnen.

A. Deutschland

§ 166 Inhalt, Form und Gestaltung der wesentlichen Anlegerinformationen; Verordnungsermächtigung. (1) Die wesentlichen Anlegerinformationen sollen den Anleger in die Lage versetzen, Art und Risiken des angebotenen Anlageproduktes zu verstehen und auf dieser Grundlage eine fundierte Anlageentscheidung zu treffen.

(2) Die wesentlichen Anlegerinformationen müssen folgende Angaben zu den wesentlichen Merkmalen des betreffenden Investmentvermögens enthalten:
1. Identität des Investmentvermögens,
2. kurze Beschreibung der Anlageziele und der Anlagepolitik,
3. Risiko- und Ertragsprofil der Anlage,
4. Kosten und Gebühren,
5. bisherige Wertentwicklung und gegebenenfalls Performance-Szenarien und
6. praktische Informationen und Querverweise.

(3) ¹Diese wesentlichen Merkmale muss der Anleger verstehen können, ohne dass hierfür zusätzliche Dokumente herangezogen werden müssen. ²Die wesentlichen Anlegerinformationen müssen redlich und eindeutig und dürfen nicht irreführend sein. ³Sie müssen mit den einschlägigen Teilen des Verkaufsprospekts übereinstimmen. ⁴Sie sind kurz zu halten und in allgemein verständlicher Sprache abzufassen. ⁵Sie sind in einem einheitlichen Format zu erstellen, um Vergleiche zu ermöglichen.

(4) ¹Für die inländischen OGAW bestimmen sich die näheren Inhalte, Form und Gestaltung der wesentlichen Anlegerinformationen nach der Verordnung (EU) Nr. 583/2010 der Kommission vom 1. Juli 2010 zur Durchführung der Richtlinie 2009/65/EG des Europäischen Parlaments und des Rates im Hinblick auf die wesentlichen Informationen für den Anleger und die Bedingungen, die einzuhalten sind, wenn die wesentlichen Informationen für den Anleger oder der Prospekt auf einem anderen dauerhaften Datenträger als Papier oder auf einer Website zur Verfügung gestellt werden (ABl. L 176 vom 10.7.2010, S. 1). ²Für offene AIF-Publikumsinvestmentvermögen ist die Verordnung (EU) Nr. 583/2010 hinsichtlich der näheren Inhalte, der Form und Gestaltung der wesentlichen Anlegerinformationen entsprechend anzuwenden, soweit sich aus den nachfolgenden Vorschriften nichts anderes ergibt.

(5)[37] ¹Die Verwaltungsgesellschaft weist in den wesentlichen Anlegerinformationen eine Gesamtkostenquote aus. ²Die Gesamtkostenquote stellt eine einzige Zahl dar, die auf den Zahlen des vorangegangenen Geschäftsjahres basiert. ³Sie umfasst sämtliche vom Investmentvermögen im Jahresverlauf getragenen Kosten und Zahlungen im Verhältnis zum durchschnittlichen Nettoinventarwert des Investmentvermögens und wird in den wesentlichen Anlegerinformationen unter der Bezeichnung „laufende Kosten" im Sinne von Artikel 10 Absatz 2 Buchstabe b der Verordnung (EU) Nr. 583/2010 zusammengefasst; sie ist als Prozentsatz auszuweisen. ⁴Sofern in den Anlagebedingungen eine erfolgsabhängige Verwaltungsvergütung oder eine zusätzliche Verwaltungsvergütung für den Erwerb, die Veräußerung oder die Verwaltung von Vermögensgegenständen nach § 231 Absatz 1 und § 234 vereinbart wurde, ist diese darüber hinaus gesondert als Prozentsatz des durchschnittlichen Nettoinventarwertes des Investmentvermögens anzugeben. ⁵Das Bundesministerium der Finanzen wird ermächtigt, durch Rechtsverordnung, die nicht der Zustimmung des Bundesrates bedarf, nähere Bestimmungen zu Methoden und Grundlagen der Berechnung der Gesamtkostenquote zu erlassen. ⁶Das Bundesministerium der Finanzen kann die Ermächtigung durch Rechtsverordnung auf die Bundesanstalt übertragen.

(6) ¹Für die Immobilien-Sondervermögen nach § 230 sind Artikel 4 Absatz 8 und die Artikel 8 und 9 der Verordnung (EU) Nr. 583/2010 nicht anzuwenden. ²Die Darstellung des Risiko- und Ertragsprofils nach Absatz 2 Satz 1 Nummer 3 für Immobilien-Sondervermögen hat eine Bezeichnung der wesentlichen Risiken und Chancen zu enthalten, die mit einer Anlage in den Immobilien-Sondervermögen verbunden sind. ³Dabei ist auf die wesentlichen Risiken, die Einfluss auf das Risikoprofil des Sondervermögens haben, hinzuweisen; insbesondere sind die Risiken der Immobilieninvestitionen und der Beteiligung an den Immobilien-Gesellschaften zu bezeichnen. ⁴Daneben ist ein Hinweis auf die Beschreibung der wesentlichen Risiken in den Verkaufsprospekt aufzunehmen. ⁵Die Darstellung muss den Anleger in die Lage versetzen, die Bedeutung und die Wirkung der verschiedenen Risikofaktoren zu verstehen. ⁶Die Beschreibung ist in Textform zu erstellen und darf keine grafischen Elemente aufweisen. ⁷Daneben sind folgende Angaben aufzunehmen:
1. ein genereller Hinweis, dass mit der Investition in das Sondervermögen neben den Chancen auf Wertsteigerungen auch Risiken verbunden sein können und
2. anstelle der Angaben nach Artikel 7 Absatz 1 Satz 2 Buchstabe b der Verordnung (EU) Nr. 583/ 2010 ein Hinweis auf die Einschränkung der Rückgabemöglichkeiten für den Anleger nach § 256

---

[37] § 166 Abs. 5 Satz 5 und 6 tritt am 11.7.2013 in Kraft gem. Art. 28 Abs. 1 des G v. 4.7.2013 (BGBl. I S. 1981).

III. Normentexte

Absatz 1 Nummer 1 sowie ein Hinweis auf die Möglichkeit der Aussetzung der Rücknahme von Anteilen und deren Folgen nach § 257.

(7) ¹Für Dach-Hedgefonds gemäß den §§ 225 bis 229 sind Artikel 4 Absatz 8 und die Artikel 8 und 9 der Verordnung (EU) Nr. 583/2010 nicht anzuwenden. ²Die Darstellung des Risiko- und Ertragsprofils nach Absatz 2 Satz 1 Nummer 3 hat für Dach-Hedgefonds eine Bezeichnung der wesentlichen Risiken und Chancen, die mit einer Anlage in diesen Investmentvermögen verbunden sind, zu enthalten. ³Dabei ist auf die wesentlichen Risiken hinzuweisen, die Einfluss auf das Risikoprofil des Investmentvermögens haben; dabei sind auch die Risiken der Zielinvestmentvermögen einzubeziehen, wenn diese einen wesentlichen Einfluss auf das Risikoprofil des Investmentvermögens haben. ⁴Absatz 6 Satz 4 bis 6 gilt entsprechend. ⁵Daneben sind folgende Angaben aufzunehmen:
1. anstelle der Angaben nach Artikel 7 Absatz 1 Buchstabe b der Verordnung (EU) Nr. 583/2010 der Hinweis auf die Möglichkeit zur Einschränkung der Rücknahme nach § 227,
2. im Abschnitt „Risiko- und Ertragsprofil" zusätzlich der Warnhinweis nach § 228 Absatz 2,
3. zusätzlich zu den Angaben nach Artikel 28 der Verordnung (EU) Nr. 583/2010 auch Angaben zum Erwerb ausländischer nicht beaufsichtigter Zielinvestmentvermögen nach § 228 Absatz 1 Nummer 2,
4. zusätzlich zu den Angaben nach Artikel 29 der Verordnung (EU) Nr. 583/2010 auch Angaben zu Krediten und Leerverkäufen nach § 228 Absatz 1 Nummer 4.

(8) ¹Die Ermittlung und Erläuterung der Risiken im Rahmen des Risiko- und Ertragsprofils nach den Absätzen 6 und 7 müssen mit dem internen Verfahren zur Ermittlung, Messung und Überwachung von Risiken übereinstimmen, das die Verwaltungsgesellschaft im Sinne der Artikel 38 bis 40 der Richtlinie 2010/43/EU angewendet hat. ²Verwaltet eine Verwaltungsgesellschaft mehr als ein Investmentvermögen, sind die hiermit verbundenen Risiken einheitlich zu ermitteln und widerspruchsfrei zu erläutern.

§ 167 Information mittels eines dauerhaften Datenträgers. (1) Ist für die Übermittlung von Informationen nach diesem Gesetz die Verwendung eines dauerhaften Datenträgers vorgesehen, ist die Verwendung eines anderen dauerhaften Datenträgers als Papier nur zulässig, wenn dies auf Grund der Rahmenbedingungen, unter denen das Geschäft ausgeführt wird, angemessen ist und der Anleger sich ausdrücklich für diese andere Form der Übermittlung von Informationen entschieden hat.

(2) ¹Eine elektronische Übermittlung von Informationen gilt im Hinblick auf die Rahmenbedingungen, unter denen das Geschäft zwischen der Kapitalverwaltungsgesellschaft und dem Anleger ausgeführt wird oder werden soll, als angemessen, wenn der Anleger nachweislich einen regelmäßigen Zugang zum Internet hat. ²Dies gilt als nachgewiesen, wenn der Anleger für die Ausführung dieser Geschäfte eine E-Mail-Adresse angegeben hat.

(3) ¹Soweit die Kapitalverwaltungsgesellschaft Anteile oder Aktien nicht selbst verwahrt oder die Übermittlung von Informationen nicht selbst vornehmen kann, hat sie den depotführenden Stellen der Anleger die Informationen in angemessener Weise für eine Übermittlung an die Anleger bereitzustellen. ²Die depotführenden Stellen haben den Anlegern die Informationen unverzüglich nach der Bereitstellung zu übermitteln. ³Die Kapitalverwaltungsgesellschaft hat der depotführenden Stelle die Aufwendungen zu erstatten, die diese für die Vervielfältigung von Mitteilungen und für die Verwendung des dauerhaften Datenträgers an die Anleger erbracht hat. ⁴Für die Höhe des Aufwendungsersatzanspruchs gilt die Verordnung über den Ersatz von Aufwendungen der Kreditinstitute vom 17. Juni 2003 (BGBl. I S. 885) in der jeweils geltenden Fassung entsprechend.

§ 168 Bewertung; Verordnungsermächtigung. (1) ¹Der Nettoinventarwert je Anteil oder je Aktie ergibt sich aus der Teilung des Wertes des offenen Publikumsinvestmentvermögens durch die Zahl der in den Verkehr gelangten Anteile oder Aktien. ²Der Wert eines offenen Publikumsinvestmentvermögens ist auf Grund der jeweiligen Verkehrswerte der zu ihm gehörenden Vermögensgegenstände abzüglich der aufgenommenen Kredite und sonstigen Verbindlichkeiten zu ermitteln. ³Zur Bestimmung des Verkehrswertes des Vermögensgegenstandes ist das jeweilige gesetzliche oder marktübliche Verfahren zugrunde zu legen.

(2) Bei Vermögensgegenständen, die zum Handel an einer Börse zugelassen oder an einem anderen organisierten Markt zugelassen oder in diesen einbezogen sind, ist als Verkehrswert der Kurswert der Vermögensgegenstände anzusetzen, sofern dieser eine verlässliche Bewertung gewährleistet.

(3) Bei Vermögensgegenständen, für die die Voraussetzungen nach Absatz 2 nicht vorliegen oder für die kein handelbarer Kurs verfügbar ist, ist der Verkehrswert, der bei sorgfältiger Einschätzung nach geeigneten Bewertungsmodellen unter Berücksichtigung der aktuellen Marktgegebenheiten angemessen ist, zugrunde zu legen.

A. Deutschland

(4) Für die Bewertung von Schuldverschreibungen, die nicht zum Handel an einer Börse zugelassen oder nicht an einem anderen organisierten Markt zugelassen oder in diesen einbezogen sind, sowie für die Bewertung von Schuldscheindarlehen sind die für vergleichbare Schuldverschreibungen und Schuldscheindarlehen vereinbarten Preise und gegebenenfalls die Kurswerte von Anleihen vergleichbarer Emittenten und entsprechender Laufzeit und Verzinsung, erforderlichenfalls mit einem Abschlag zum Ausgleich der geringeren Veräußerbarkeit, zugrunde zu legen.

(5) Auf Derivate geleistete Einschüsse unter Einbeziehung der am Börsentag festgestellten Bewertungsgewinne und Bewertungsverluste sind dem Investmentvermögen zuzurechnen.

(6) [1]Bei schwebenden Verpflichtungsgeschäften ist anstelle des von der Kapitalverwaltungsgesellschaft zu liefernden Vermögensgegenstandes die von ihr zu fordernde Gegenleistung unmittelbar nach Abschluss des Geschäfts zu berücksichtigen. [2]Für die Rückerstattungsansprüche aus Wertpapier-Darlehen ist der jeweilige Kurswert der als Darlehen übertragenen Wertpapiere maßgebend.

(7) [1]Die Kapitalverwaltungsgesellschaft hat alle angemessenen Maßnahmen zu ergreifen, um bei Erwerb und Veräußerung von Vermögensgegenständen das bestmögliche Ergebnis für das offene Publikumsinvestmentvermögen zu erzielen. [2]Dabei hat sie den Kurs oder den Preis, die Kosten, die Geschwindigkeit und Wahrscheinlichkeit der Ausführung und Abrechnung, den Umfang und die Art des Auftrags sowie alle sonstigen, für die Auftragsausführung relevanten Aspekte zu berücksichtigen. [3]Die Gewichtung dieser Faktoren bestimmt sich nach folgenden Kriterien:
1. Ziele, Anlagepolitik und spezifische Risiken des offenen Publikumsinvestmentvermögens, wie sie im Verkaufsprospekt oder gegebenenfalls in den Anlagebedingungen dargelegt sind,
2. Merkmale des Auftrags,
3. Merkmale der Vermögensgegenstände und
4. Merkmale der Ausführungsplätze, an die der Auftrag weitergeleitet werden kann.
[4]Geschäftsabschlüsse für das offene Publikumsinvestmentvermögen zu nicht marktgerechten Bedingungen sind unzulässig, wenn sie für das offene Publikumsinvestmentvermögen nachteilig sind.

(8)[38] [1]Das Bundesministerium der Finanzen wird ermächtigt, durch Rechtsverordnung, die nicht der Zustimmung des Bundesrates bedarf, weitere Bestimmungen über die Bewertung der Vermögensgegenstände und die Anteil- oder Aktienwertermittlung sowie über die Berücksichtigung ungewisser Steuerverpflichtungen bei der Anteil- oder Aktienwertermittlung zu erlassen. [2]Das Bundesministerium der Finanzen kann diese Ermächtigung durch Rechtsverordnung auf die Bundesanstalt übertragen.

§ 169 Bewertungsverfahren. (1) [1]Die Kapitalverwaltungsgesellschaft hat eine interne Bewertungsrichtlinie zu erstellen. [2]Die Bewertungsrichtlinie legt geeignete und kohärente Verfahren für die ordnungsgemäße, transparente und unabhängige Bewertung der Vermögensgegenstände des Investmentvermögens fest. [3]Die Bewertungsrichtlinie soll vorsehen, dass für jeden Vermögensgegenstand ein geeignetes, am jeweiligen Markt anerkanntes Wertermittlungsverfahren zugrunde zu legen ist und dass die Auswahl des Verfahrens zu begründen ist.

(2) Die Bewertung der Vermögensgegenstände hat unparteiisch und mit der gebotenen Sachkenntnis, Sorgfalt und Gewissenhaftigkeit zu erfolgen.

(3) [1]Die Kriterien für die Verfahren für die ordnungsgemäße Bewertung der Vermögensgegenstände und für die Berechnung des Nettoinventarwertes pro Anteil oder Aktie sowie deren konsistente Anwendung und die Überprüfung der Verfahren, Methoden und für Berechnungen bestimmen sich nach den Artikeln 67 bis 74 der Delegierten Verordnung (EU) Nr. 231/2013. [2]Für das Bewertungsverfahren bei inländischen OGAW sind die Artikel 67 bis 74 der Delegierten Verordnung (EU) Nr. 231/2013 entsprechend anzuwenden.

§ 170 Veröffentlichung des Ausgabe- und Rücknahmepreises und des Nettoinventarwertes. [1]Gibt die Kapitalverwaltungsgesellschaft oder die Verwahrstelle den Ausgabepreis bekannt, so ist sie verpflichtet, auch den Rücknahmepreis bekannt zu geben; wird der Rücknahmepreis bekannt gegeben, so ist auch der Ausgabepreis bekannt zu geben. [2]Ausgabe- und Rücknahmepreis sowie der Nettoinventarwert je Anteil oder Aktie sind bei jeder Möglichkeit zur Ausgabe oder Rücknahme von Anteilen oder Aktien, für OGAW mindestens jedoch zweimal im Monat, in einer hinreichend verbreiteten Wirtschafts- oder Tageszeitung oder im Verkaufsprospekt oder in den in den wesentlichen Anlegerinformationen bezeichneten elektronischen Informationsmedien zu veröffentlichen.

---

[38] § 168 Abs. 8 tritt am 11.7.2013 in Kraft gem. Art. 28 Abs. 1 des G v. 4.7.2013 (BGBl. I S. 1981).

III. Normentexte

Unterabschnitt 2. Master-Feeder-Strukturen

Übersicht

§ 171 Genehmigung des Feederfonds
§ 172 Besondere Anforderungen an Kapitalverwaltungsgesellschaften
§ 173 Verkaufsprospekt, Anlagebedingungen, Jahresbericht
§ 174 Anlagegrenzen, Anlagebeschränkungen, Aussetzung der Anteile
§ 175 Vereinbarungen bei Master-Feeder-Strukturen
§ 176 Pflichten der Kapitalverwaltungsgesellschaft und der Verwahrstelle
§ 177 Mitteilungspflichten der Bundesanstalt
§ 178 Abwicklung eines Masterfonds
§ 179 Verschmelzung oder Spaltung des Masterfonds
§ 180 Umwandlung in Feederfonds oder Änderung des Masterfonds

§ 171 Genehmigung des Feederfonds. (1) ¹Die Anlage eines Feederfonds in einem Masterfonds bedarf der vorherigen Genehmigung durch die Bundesanstalt. ²Die Anlage eines inländischen OGAW als Feederfonds in einem Masterfonds ist nur genehmigungsfähig, soweit es sich bei dem Masterfonds um einen OGAW handelt. ³Die Anlage eines Sonstigen Investmentvermögens als Feederfonds in einem Masterfonds ist nur genehmigungsfähig, soweit es sich auch bei dem Masterfonds um ein Sonstiges Investmentvermögen handelt.

(2) Spezial-AIF dürfen nicht Masterfonds oder Feederfonds einer Master-Feeder-Struktur sein, wenn Publikumsinvestmentvermögen Masterfonds oder Feederfonds derselben Master-Feeder-Struktur sind.

(3) ¹Die Kapitalverwaltungsgesellschaft, die den Feederfonds verwaltet, hat dem Genehmigungsantrag folgende Angaben und Unterlagen beizufügen:
1. die Anlagebedingungen oder die Satzung des Feederfonds und des Masterfonds,
2. den Verkaufsprospekt und die wesentlichen Anlegerinformationen des Feederfonds und des Masterfonds gemäß den §§ 164, 166 oder gemäß Artikel 78 der Richtlinie 2009/65/EG,
3. die Master-Feeder-Vereinbarung oder die entsprechenden internen Regelungen für Geschäftstätigkeiten gemäß § 175 Absatz 1 Satz 2 oder Artikel 60 Absatz 1 Unterabsatz 3 der Richtlinie 2009/65/EG,
4. die Verwahrstellenvereinbarung im Sinne des § 175 Absatz 2, wenn für den Masterfonds und den Feederfonds verschiedene Verwahrstellen beauftragt wurden,
5. die Abschlussprüfervereinbarung, wenn für den Masterfonds und den Feederfonds verschiedene Abschlussprüfer bestellt wurden und
6. gegebenenfalls die Informationen für die Anleger nach § 180 Absatz 1.

²Bei einem EU-OGAW, der Anteile an mindestens einen OGAW-Feederfonds ausgegeben hat, selbst kein Feederfonds ist und keine Anteile eines Feederfonds hält (EU-Master-OGAW) hat die Kapitalverwaltungsgesellschaft, die den Feederfonds verwaltet, außerdem eine Bestätigung der zuständigen Stelle des Herkunftsstaates des Masterfonds beizufügen, dass dieser ein EU-OGAW ist, selbst nicht Feederfonds ist und keine Anteile an einem anderen Feederfonds hält. ³Die Unterlagen sind in einer in internationalen Finanzkreisen üblichen Sprache beizufügen. ⁴Fremdsprachige Unterlagen sind mit einer deutschen Übersetzung vorzulegen.

(4) ¹Der beabsichtigte Wechsel der Anlage in einen anderen Masterfonds bedarf der vorherigen Genehmigung durch die Bundesanstalt gemäß Absatz 1. ²Dem Antrag auf Genehmigung sind folgende Angaben und Unterlagen beizufügen:
1. der Antrag auf Genehmigung der Änderung der Anlagebedingungen unter Bezeichnung des Masterfonds,
2. die vorgenommenen Änderungen des Verkaufsprospekts und der wesentlichen Anlegerinformationen und
3. die Unterlagen gemäß Absatz 3.

(5) ¹Die Bundesanstalt hat die Genehmigung nach Absatz 1 oder Absatz 4 abweichend von § 163 Absatz 2 Satz 1 innerhalb einer Frist von 15 Arbeitstagen zu erteilen, wenn alle in Absatz 3 oder Absatz 4 genannten Unterlagen vollständig vorliegen und der Feederfonds, seine Verwahrstelle und sein Abschlussprüfer sowie der Masterfonds die Anforderungen nach diesem Abschnitt erfüllen. ²Liegen die Voraussetzungen für die Genehmigung nicht vor, hat die Bundesanstalt dies dem Antragsteller innerhalb der Frist nach Satz 1 unter Angabe der Gründe mitzuteilen und fehlende oder geänderte Angaben oder Unterlagen anzufordern. ³Mit dem Eingang der angeforderten Angaben oder Unterla-

gen beginnt der Lauf der in Satz 1 genannten Frist erneut. [4]Die Genehmigung gilt als erteilt, wenn über den Genehmigungsantrag nicht innerhalb der Frist nach Satz 1 entschieden worden ist und eine Mitteilung nach Satz 2 nicht erfolgt ist. [5]Auf Antrag der Kapitalverwaltungsgesellschaft hat die Bundesanstalt die Genehmigung nach Satz 4 schriftlich zu bestätigen.

(6) [1]Wird beabsichtigt, einen EU-OGAW, der mindestens 85 Prozent seines Vermögens in einem Masterfonds anlegt (EU-Feeder-OGAW), in einem inländischen OGAW als Masterfonds anzulegen, stellt die Bundesanstalt auf Antrag der EU-OGAW-Verwaltungsgesellschaft oder der Kapitalverwaltungsgesellschaft, die den Feederfonds verwaltet, eine Bescheinigung aus, mit der bestätigt wird, dass es sich bei diesem Masterfonds um einen inländischen OGAW handelt, der inländische OGAW selbst nicht ebenfalls Feederfonds ist und keine Anteile an einem Feederfonds hält. [2]Die Bescheinigung dient zur Vorlage bei den zuständigen Stellen des Herkunftsstaates eines EU-Feeder-OGAW und als Nachweis, dass es sich bei dem Masterfonds um einen inländischen OGAW handelt, dieser selbst nicht ebenfalls Feederfonds ist und keine Anteile an einem Feederfonds hält. [3]Zum Nachweis, dass keine Anteile an einem Feederfonds gehalten werden, hat die Verwahrstelle eine entsprechende Bestätigung auszustellen, die bei Antragstellung nicht älter als zwei Wochen sein darf.

§ 172 Besondere Anforderungen an Kapitalverwaltungsgesellschaften. (1) [1]Verwaltet eine Kapitalverwaltungsgesellschaft Masterfonds und Feederfonds, muss sie so organisiert sein, dass das Risiko von Interessenkonflikten zwischen Feederfonds und Masterfonds oder zwischen Feederfonds und anderen Anlegern des Masterfonds möglichst gering ist. [2]Die Kapitalverwaltungsgesellschaft muss insbesondere geeignete Regelungen zu den Kosten und Gebühren festlegen, die der Feederfonds zu tragen hat. [3]Sie muss gegebenenfalls geeignete Regelungen festlegen zu Rückerstattungen des Masterfonds an den Feederfonds sowie zu den Anteil- oder Aktienklassen des Masterfonds, die von Feederfonds erworben werden können.

(2) Bei der Anwendung von angemessenen Grundsätzen und Verfahren gemäß § 26 Absatz 6 zur Verhinderung von Beeinträchtigungen der Marktstabilität und Marktintegrität sind insbesondere angemessene Maßnahmen zur Abstimmung der Zeitpläne für die Berechnung und Veröffentlichung des Wertes von Investmentvermögen, insbesondere von Masterfonds und Feederfonds, zu treffen.

§ 173 Verkaufsprospekt, Anlagebedingungen, Jahresbericht. (1) Der Verkaufsprospekt eines Feederfonds hat über die Angaben nach § 165 hinaus mindestens folgende Angaben zu enthalten:
1. eine Erläuterung, dass es sich um einen Feederfonds eines bestimmten Masterfonds handelt und er als solcher dauerhaft mindestens 85 Prozent seines Wertes in Anteile dieses Masterfonds anlegt,
2. die Angabe des Risikoprofils und die Angabe, ob die Wertentwicklung von Feederfonds und Masterfonds identisch ist oder in welchem Ausmaß und aus welchen Gründen sie sich unterscheiden sowie eine Beschreibung der gemäß § 174 Absatz 1 getätigten Anlagen,
3. eine kurze Beschreibung des Masterfonds, seiner Struktur, seines Anlageziels und seiner Anlagestrategie einschließlich des Risikoprofils und Angaben dazu, wo und wie der aktuelle Verkaufsprospekt des Masterfonds erhältlich ist sowie Angaben über den Sitz des Masterfonds,
4. eine Zusammenfassung der Master-Feeder-Vereinbarung nach § 175 Absatz 1 Satz 2 oder der entsprechenden internen Regelungen für Geschäftstätigkeiten nach § 175 Absatz 1 Satz 3,
5. die Möglichkeiten für die Anleger, weitere Informationen über den Masterfonds und die Master-Feeder-Vereinbarung einzuholen,
6. eine Beschreibung sämtlicher Vergütungen und Kosten, die der Feederfonds auf Grund der Anlage in Anteilen des Masterfonds zu zahlen hat, sowie der gesamten Gebühren von Feederfonds und Masterfonds und
7. eine Beschreibung der steuerlichen Auswirkungen der Anlage in den Masterfonds für den Feederfonds.

(2) [1]Handelt es sich bei dem Feederfonds um einen OGAW, hat die den Feederfonds verwaltende Kapitalverwaltungsgesellschaft der Bundesanstalt vorbehaltlich der Einreichungspflicht nach § 171 Absatz 3 auch Änderungen des Verkaufsprospekts und der wesentlichen Anlegerinformationen des Masterfonds unverzüglich nach erstmaliger Verwendung einzureichen. [2]Handelt es sich bei dem Feederfonds um ein Sonstiges Investmentvermögen, sind der Bundesanstalt auch die Änderungen des Verkaufsprospekts und der wesentlichen Anlegerinformationen des Masterfonds gemäß § 316 Absatz 4 mitzuteilen.

(3) Die Anlagebedingungen des Feederfonds müssen die Bezeichnung des Masterfonds enthalten.

(4) [1]Der Jahresbericht eines Feederfonds muss zusätzlich zu den in § 101 Absatz 1 vorgesehenen Informationen eine Erklärung zu den zusammengefassten Gebühren von Feederfonds und Master-

fonds enthalten. ²Er muss ferner darüber informieren, wo der Jahresbericht des Masterfonds erhältlich ist. ³Der Halbjahresbericht eines Feederfonds muss auch darüber informieren, wo der Halbjahresbericht des Masterfonds erhältlich ist.

(5) Kapitalverwaltungsgesellschaften, die einen Feederfonds verwalten, haben der Bundesanstalt auch für den Masterfonds den Jahres- und Halbjahresbericht unverzüglich nach erstmaliger Verwendung einzureichen.

(6) ¹Der Abschlussprüfer des Feederfonds hat in seinem Prüfungsbericht den Prüfungsvermerk und weitere Informationen nach Artikel 27 Absatz 1 Buchstabe a der Richtlinie 2010/44/EU der Kommission vom 1. Juli 2010 zur Durchführung der Richtlinie 2009/65/EG des Europäischen Parlaments und des Rates in Bezug auf Bestimmungen über Fondsverschmelzungen, Master-Feeder-Strukturen und das Anzeigeverfahren (ABl. L 176 vom 10.7.2010, S. 28, L 179 vom 14.7.2010, S. 16) des Abschlussprüfers des Masterfonds zu berücksichtigen. ²Haben der Feederfonds und der Masterfonds unterschiedliche Geschäftsjahre, hat der Abschlussprüfer des Masterfonds einen Bericht über die Prüfung der von der Verwaltungsgesellschaft des Masterfonds zu erstellenden Informationen nach Artikel 12 Buchstabe b der Richtlinie 2010/44/EU für den Masterfonds zum Geschäftsjahresende des Feederfonds zu erstellen. ³Der Abschlussprüfer des Feederfonds hat in seinem Prüfungsbericht insbesondere jegliche in den vom Abschlussprüfer des Masterfonds übermittelten Unterlagen festgestellten Unregelmäßigkeiten sowie deren Auswirkungen auf den Feederfonds zu nennen. ⁴Weder der Abschlussprüfer des Masterfonds noch der Abschlussprüfer des Feederfonds verletzt durch Befolgung dieser Vorschrift vertragliche oder durch Rechts- oder Verwaltungsvorschrift vorgesehene Bestimmungen, die die Offenlegung von Informationen einschränken oder die den Datenschutz betreffen. ⁵Eine Haftung des Abschlussprüfers oder einer für ihn handelnden Person aus diesem Grund ist ausgeschlossen.

§ 174 Anlagegrenzen, Anlagebeschränkungen, Aussetzung der Anteile. (1) ¹Die Kapitalverwaltungsgesellschaft hat für einen Feederfonds ungeachtet der Anlagegrenzen nach § 207 Absatz 1, § 210 Absatz 3 und § 221 Absatz 3 mindestens 85 Prozent des Wertes des Feederfonds in Anteile eines Masterfonds anzulegen. ²Der Feederfonds darf erst dann über die Anlagegrenzen nach § 207 Absatz 1, § 210 Absatz 3 und § 221 Absatz 3 hinaus in Anteile eines Masterfonds anlegen, wenn die Genehmigung nach § 167 erteilt worden ist und die Master-Feeder-Vereinbarung nach § 175 Absatz 1 und, falls erforderlich, die Verwahrstellenvereinbarung nach § 175 Absatz 2 und die Abschlussprüfervereinbarung nach § 175 Absatz 3 wirksam geworden sind. ³Die Kapitalverwaltungsgesellschaft darf bis zu 15 Prozent des Wertes des Feederfonds anlegen in
1. Bankguthaben nach § 195, sofern diese täglich verfügbar sind, und
2. Derivate nach § 197 Absatz 1, sofern diese ausschließlich für Absicherungszwecke verwendet werden.
⁴§ 112 Absatz 2 Satz 1 und 2 bleibt unberührt.

(2) Die Kapitalverwaltungsgesellschaft darf für Rechnung eines Masterfonds keine Anteile an einem Feederfonds halten.

(3) Die Kapitalverwaltungsgesellschaft muss für die Zwecke der Einhaltung des § 197 Absatz 2 das Marktrisikopotenzial eines Feederfonds berechnen aus der Kombination seines Marktrisikopotenzials durch den Einsatz von Derivaten nach Absatz 1 Satz 3 Nummer 2 mit
1. dem tatsächlichen Marktrisikopotenzial des Masterfonds durch den Einsatz von Derivaten im Verhältnis zur Anlage des Feederfonds in dem Masterfonds oder
2. dem höchstmöglichen Marktrisikopotenzial des Masterfonds durch den Einsatz von Derivaten gemäß seiner Anlagebedingungen oder seiner Satzung im Verhältnis zur Anlage des Feederfonds in dem Masterfonds.

(4) Wird die Rücknahme der Anteile eines Masterfonds zeitweilig ausgesetzt, ist die den Feederfonds verwaltende Kapitalverwaltungsgesellschaft abweichend von § 98 Absatz 2 Satz 1 oder § 116 Absatz 2 Satz 6 dazu berechtigt, die Rücknahme der Anteile des Feederfonds während des gleichen Zeitraums auszusetzen.

§ 175 Vereinbarungen bei Master-Feeder-Strukturen. (1) ¹Die Kapitalverwaltungsgesellschaft des inländischen Masterfonds hat der Verwaltungsgesellschaft des Feederfonds alle Unterlagen und Informationen zur Verfügung zu stellen, die diese benötigt, um die Anforderungen an einen Feederfonds nach diesem Gesetz oder der zur Umsetzung der Richtlinie 2009/65/EG erlassenen Vorschriften des Herkunftsstaates des Feederfonds zu erfüllen. ²Beide Verwaltungsgesellschaften haben hierüber eine Vereinbarung gemäß den Artikeln 8 bis 14 der Richtlinie 2010/44/EU abzuschließen (Master-Feeder-Vereinbarung). ³Werden Masterfonds und Feederfonds von der gleichen Kapitalverwaltungsgesellschaft verwaltet, kann die Vereinbarung durch interne Regelungen für Geschäftstätigkeiten unter Berücksichtigung der in den Artikeln 15 bis 19 der Richtlinie 2010/44/EU genannten Inhalte ersetzt werden.

(2) Wenn für Masterfonds und Feederfonds unterschiedliche Verwahrstellen beauftragt wurden, haben diese eine Vereinbarung gemäß den Artikeln 24 bis 26 der Richtlinie 2010/44/EU über den Informationsaustausch abzuschließen, um sicherzustellen, dass beide ihre Pflichten erfüllen (Verwahrstellenvereinbarung).

(3) Wurden für Masterfonds und Feederfonds unterschiedliche Abschlussprüfer bestellt, haben diese eine Vereinbarung gemäß den Artikeln 27 und 28 der Richtlinie 2010/44/EU über den Informationsaustausch und die Pflichten nach § 173 Absatz 6 Satz 1 bis 3 abzuschließen, um sicherzustellen, dass beide Abschlussprüfer ihre Pflichten erfüllen (Abschlussprüfervereinbarung).

§ 176 Pflichten der Kapitalverwaltungsgesellschaft und der Verwahrstelle. (1) ¹Die Kapitalverwaltungsgesellschaft hat für einen von ihr verwalteten Feederfonds die Anlagen des Masterfonds wirksam zu überwachen. ²Zur Erfüllung dieser Verpflichtung kann sie sich auf Informationen und Unterlagen der Verwaltungsgesellschaft des Masterfonds, seiner Verwahrstelle oder seines Abschlussprüfers stützen, es sei denn, es liegen Gründe vor, an der Richtigkeit dieser Informationen und Unterlagen zu zweifeln.

(2) ¹Die Kapitalverwaltungsgesellschaft, die einen Masterfonds verwaltet, darf weder für die Anlage des Feederfonds in den Anteilen des Masterfonds einen Ausgabeaufschlag noch für die Rücknahme einen Rücknahmeabschlag erheben. ²Erhält die Kapitalverwaltungsgesellschaft, die einen Feederfonds verwaltet, oder eine in ihrem Namen handelnde Person im Zusammenhang mit einer Anlage in Anteilen des Masterfonds eine Vertriebsgebühr, eine Vertriebsprovision oder einen sonstigen geldwerten Vorteil, sind diese in das Vermögen des Feederfonds einzuzahlen.

(3) ¹Die Kapitalverwaltungsgesellschaft hat die Bundesanstalt unverzüglich über jeden Feederfonds zu unterrichten, der in Anteile des von ihr verwalteten Masterfonds anlegt. ²Haben auch ausländische Feederfonds in Anteile des Masterfonds angelegt, hat die Bundesanstalt unverzüglich die zuständigen Stellen im Herkunftsstaat des Feederfonds über solche Anlagen zu unterrichten.

(4) Die Kapitalverwaltungsgesellschaft hat für einen von ihr verwalteten Masterfonds sicherzustellen, dass sämtliche Informationen, die infolge der Umsetzung der Richtlinie 2009/65/EG, nach anderen Rechtsvorschriften der Europäischen Union, nach den geltenden inländischen Vorschriften, den Anlagebedingungen oder der Satzung erforderlich sind, den folgenden Stellen rechtzeitig zur Verfügung gestellt werden:
1. der Verwaltungsgesellschaft des Feederfonds,
2. der Bundesanstalt und den zuständigen Stellen des Herkunftsstaates des Feederfonds,
3. der Verwahrstelle des Feederfonds und
4. dem Abschlussprüfer des Feederfonds.

(5) Eine Kapitalverwaltungsgesellschaft muss Anteile an einem Masterfonds, in den mindestens zwei Feederfonds angelegt sind, nicht dem Publikum anbieten.

(6) ¹Die Kapitalverwaltungsgesellschaft eines Feederfonds hat der Verwahrstelle des Feederfonds alle Informationen über den Masterfonds mitzuteilen, die für die Erfüllung der Pflichten der Verwahrstelle erforderlich sind. ²Die Verwahrstelle eines inländischen Masterfonds hat die Bundesanstalt, die Verwaltungsgesellschaft des Feederfonds und die Verwahrstelle des Feederfonds unmittelbar über alle Unregelmäßigkeiten zu unterrichten, die sie in Bezug auf den Masterfonds feststellt und die eine negative Auswirkung auf den Feederfonds haben könnten. ³Weder die Verwahrstelle des Masterfonds noch die Verwahrstelle des Feederfonds verletzt durch Befolgung dieser Vorschrift vertragliche oder durch Rechts- oder Verwaltungsvorschrift vorgesehene Bestimmungen, die die Offenlegung von Informationen einschränken oder die den Datenschutz betreffen. ⁴Eine Haftung der Verwahrstelle oder einer für sie handelnden Person aus diesem Grund ist ausgeschlossen.

§ 177 Mitteilungspflichten der Bundesanstalt. (1) Sind die Anlagebedingungen sowohl des Masterfonds als auch des Feederfonds nach den Vorschriften dieses Gesetzes genehmigt worden, unterrichtet die Bundesanstalt die Kapitalverwaltungsgesellschaft, die den Feederfonds verwaltet, unverzüglich über
1. jede Entscheidung,
2. jede Maßnahme,
3. jede Feststellung von Zuwiderhandlungen gegen die Bestimmungen dieses Unterabschnitts sowie

4. alle nach § 38 Absatz 4 Satz 2 in Verbindung mit § 29 Absatz 3 des Kreditwesengesetzes mitgeteilten Tatsachen,

die den Masterfonds, seine Verwahrstelle oder seinen Abschlussprüfer betreffen.

(2) Sind nur die Anlagebedingungen des Masterfonds nach den Vorschriften dieses Gesetzes enehmigt worden, unterrichtet die Bundesanstalt die zuständigen Stellen des Herkunftsstaates des EU-Feeder-OGAW unverzüglich über
1. jede Entscheidung,
2. jede Maßnahme,
3. jede Feststellung von Zuwiderhandlungen gegen die Bestimmungen dieses Unterabschnitts sowie
4. alle nach 38 Absatz 4 Satz 2 in Verbindung mit § 29 Absatz 3 des Kreditwesengesetzes mitgeteilten Tatsachen,

die den Masterfonds, seine Verwahrstelle oder seinen Abschlussprüfer betreffen.

(3) Sind nur die Anlagebedingungen des Feederfonds nach den Vorschriften dieses Gesetzes genehmigt worden und erhält die Bundesanstalt Informationen entsprechend Absatz 2 von den zuständigen Stellen des Herkunftsstaates des EU-Master-OGAW, unterrichtet sie die Kapitalverwaltungsgesellschaft, die den Feederfonds verwaltet, unverzüglich darüber.

§ 178 Abwicklung eines Masterfonds. (1) Die Abwicklung eines inländischen Masterfonds darf frühestens drei Monate nach dem Zeitpunkt beginnen, zu dem alle Anleger des Masterfonds, bei einem inländischen Feederfonds die Bundesanstalt und bei einem EU-Feeder-OGAW die zuständige Stelle des Herkunftsstaates über die verbindliche Entscheidung der Abwicklung informiert worden sind.

(2) ¹Bei der Abwicklung eines inländischen Masterfonds ist auch der inländische Feederfonds abzuwickeln, es sei denn, die Bundesanstalt genehmigt ein Weiterbestehen als Feederfonds durch Anlage in einem anderen Masterfonds oder eine Umwandlung des Feederfonds in ein inländisches Investmentvermögen, das kein Feederfonds ist. ²Für die Genehmigung nach Satz 1 hat die Kapitalverwaltungsgesellschaft folgende Angaben und Unterlagen spätestens zwei Monate nach Kenntnis der verbindlichen Entscheidung über die Abwicklung des Masterfonds bei der Bundesanstalt einzureichen:
1. bei Anlage in einem anderen Masterfonds
   a) den Antrag auf Genehmigung des Weiterbestehens,
   b) den Antrag auf Genehmigung der Änderung der Anlagebedingungen mit der Bezeichnung des Masterfonds, in dessen Anteile mindestens 85 Prozent des Wertes des Investmentvermögens angelegt werden sollen,
   c) die vorgenommenen Änderungen des Verkaufsprospekts und der wesentlichen Anlegerinformationen und
   d) die Angaben und Unterlagen nach § 171 Absatz 3;
2. bei Umwandlung des inländischen Feederfonds in ein inländisches Investmentvermögen, das kein Feederfonds ist,
   a) den Antrag auf Genehmigung der Änderung der Anlagebedingungen,
   b) die vorgenommenen Änderungen des Verkaufsprospekts und der wesentlichen Anlegerinformationen.

³Wenn die Verwaltungsgesellschaft des Masterfonds die Kapitalverwaltungsgesellschaft des Feederfonds mehr als fünf Monate vor dem Beginn der Abwicklung des Masterfonds über ihre verbindliche Entscheidung zur Abwicklung informiert hat, hat die Kapitalverwaltungsgesellschaft des Feederfonds abweichend von der Frist nach Satz 2 den Genehmigungsantrag und die Angaben und Unterlagen nach Satz 2 spätestens drei Monate vor der Abwicklung des Masterfonds bei der Bundesanstalt einzureichen.

(3) ¹Die Bundesanstalt hat die Genehmigung innerhalb einer Frist von 15 Arbeitstagen zu erteilen, wenn alle in Absatz 2 genannten Angaben und Unterlagen vollständig vorliegen und die Anforderungen nach diesem Abschnitt erfüllen. ²Liegen die Voraussetzungen für die Genehmigung nicht vor, hat die Bundesanstalt dies der Kapitalverwaltungsgesellschaft innerhalb der Frist nach Satz 1 unter Angabe der Gründe mitzuteilen und fehlende oder geänderte Angaben oder Unterlagen anzufordern. ³Mit dem Eingang der angeforderten Angaben oder Unterlagen beginnt der Lauf der in Satz 1 genannten Frist erneut. ⁴Die Genehmigung gilt als erteilt, wenn über den Genehmigungsantrag nicht innerhalb der Frist nach Satz 1 entschieden worden ist und eine Mitteilung nach Satz 2 nicht erfolgt ist. ⁵Auf Antrag der Kapitalverwaltungsgesellschaft hat die Bundesanstalt die Genehmigung nach Satz 4 schriftlich zu bestätigen.

(4) Die Kapitalverwaltungsgesellschaft des Feederfonds hat die Verwaltungsgesellschaft des Masterfonds unverzüglich über die erteilte Genehmigung zu unterrichten und alle erforderlichen Maßnahmen zu ergreifen, um die Anforderungen nach § 180 zu erfüllen.

(5) [1] Die Kapitalverwaltungsgesellschaft des Feederfonds hat eine beabsichtigte Abwicklung des Feederfonds der Bundesanstalt spätestens zwei Monate nach Kenntnisnahme der geplanten Abwicklung des Masterfonds mitzuteilen; die Anleger des Feederfonds sind hiervon unverzüglich durch eine Bekanntmachung im Bundesanzeiger und mittels eines dauerhaften Datenträgers zu unterrichten. [2] Absatz 2 Satz 3 gilt entsprechend.

(6) [1] Sollen Abwicklungserlöse des Masterfonds an den Feederfonds ausgezahlt werden, bevor der Feederfonds in einen neuen Masterfonds gemäß Absatz 2 Satz 2 Nummer 1 anlegt oder seine Anlagegrundsätze gemäß Absatz 2 Satz 2 Nummer 2 ändert, versieht die Bundesanstalt ihre Genehmigung mit einer Nebenbestimmung, dass der Feederfonds die Abwicklungserlöse zu erhalten hat entweder
1. als Barzahlung oder
2. ganz oder neben einer Barzahlung zumindest teilweise in Form einer Übertragung von Vermögensgegenständen, wenn die Kapitalverwaltungsgesellschaft des Feederfonds damit einverstanden ist und die Master-Feeder-Vereinbarung oder die internen Regelungen für Geschäftstätigkeiten und die verbindliche Entscheidung zur Abwicklung des Masterfonds dies vorsehen.

[2] Bankguthaben, die der Feederfonds vor Genehmigung nach Absatz 2 als Abwicklungserlöse erhalten hat, dürfen vor einer Wiederanlage gemäß Absatz 2 Satz 2 Nummer 1 oder Nummer 2 lediglich für ein effizientes Liquiditätsmanagement angelegt werden. [3] Die Kapitalverwaltungsgesellschaft darf erhaltene Vermögensgegenstände nach Satz 1 Nummer 2 jederzeit gegen Barzahlung veräußern.

§ 179 Verschmelzung oder Spaltung des Masterfonds. (1) [1] Eine Verschmelzung eines inländischen Masterfonds kann nur dann wirksam werden, wenn die Kapitalverwaltungsgesellschaft die Verschmelzungsinformationen nach § 177 mindestens 60 Tage vor dem geplanten Übertragungsstichtag allen Anlegern des Masterfonds auf einem dauerhaften Datenträger übermittelt. [2] Im Fall eines inländischen Feederfonds sind die Verschmelzungsinformationen darüber hinaus auch der Bundesanstalt und im Fall eines ausländischen Feederfonds den zuständigen Stellen des Herkunftsstaates zu übermitteln.

(2) [1] Bei der Verschmelzung eines Masterfonds oder der Spaltung eines ausländischen Masterfonds ist der Feederfonds abzuwickeln, es sei denn, die Bundesanstalt genehmigt auf Antrag der Kapitalverwaltungsgesellschaft ein Weiterbestehen des Investmentvermögens. [2] Eine solche Genehmigung ist nur zulässig, wenn der Feederfonds
1. Feederfonds desselben Masterfonds bleibt und der Masterfonds übernehmendes Investmentvermögen einer Verschmelzung ist oder ohne wesentliche Veränderungen aus einer Spaltung hervorgeht,
2. Feederfonds eines anderen aus der Verschmelzung oder Spaltung hervorgegangenen Masterfonds wird und
   a) der Masterfonds übertragendes Investmentvermögen einer Verschmelzung ist und der Feederfonds Anteile am übernehmenden Masterfonds erhält oder
   b) der Feederfonds nach einer Spaltung eines Masterfonds Anteile am Investmentvermögen erhält und dieses sich nicht wesentlich vom Masterfonds unterscheidet,
3. Feederfonds eines anderen nicht aus der Verschmelzung oder Spaltung hervorgegangen Masterfonds wird oder
4. der Feederfonds in ein inländisches Investmentvermögen umgewandelt wird, das kein Feederfonds ist.

(3) [1] Dem Antrag gemäß Absatz 2 sind folgende Angaben und Unterlagen spätestens einen Monat nach Kenntnis der Verschmelzung oder Spaltung des Masterfonds bei der Bundesanstalt einzureichen:
1. bei einem Antrag nach Absatz 2 Satz 2 Nummer 1
   a) gegebenenfalls der Antrag auf Genehmigung der Änderung der Anlagebedingungen und
   b) gegebenenfalls die vorgenommenen Änderungen des Verkaufsprospekts und der wesentlichen Anlegerinformationen;
2. bei einem Antrag nach Absatz 2 Satz 2 Nummer 2 oder Nummer 3
   a) der Antrag auf Genehmigung der Änderung der Anlagebedingungen unter Bezeichnung des Masterfonds,
   b) die vorgenommenen Änderungen des Verkaufsprospekts und der wesentlichen Anlegerinformationen und
   c) die Angaben und Unterlagen nach § 171 Absatz 3;
3. bei einem Antrag nach Absatz 2 Satz 2 Nummer 4

a) der Antrag auf Genehmigung der Änderung der Anlagebedingungen und
b) die vorgenommenen Änderungen des Verkaufsprospekts und der wesentlichen Anlegerinformationen.

²Hat die Verwaltungsgesellschaft des Masterfonds der Kapitalverwaltungsgesellschaft des Feederfonds die Verschmelzungsinformationen nach § 177 mehr als vier Monate vor der geplanten Verschmelzung oder Spaltung übermittelt, hat die Kapitalverwaltungsgesellschaft des Feederfonds abweichend von der Frist nach Satz 1 den Genehmigungsantrag und die Angaben und Unterlagen nach Satz 1 spätestens drei Monate vor dem Wirksamwerden der Verschmelzung eines Masterfonds oder der Spaltung eines ausländischen Masterfonds bei der Bundesanstalt einzureichen.

(4) ¹Die Bundesanstalt hat die Genehmigung innerhalb einer Frist von 15 Arbeitstagen zu erteilen, wenn alle in Absatz 3 genannten Angaben und Unterlagen vollständig vorliegen und die Anforderungen nach diesem Abschnitt erfüllen. ²Liegen die Voraussetzungen für die Genehmigung nicht vor, hat die Bundesanstalt dies der Kapitalverwaltungsgesellschaft innerhalb der Frist nach Satz 1 unter Angabe der Gründe mitzuteilen und fehlende oder geänderte Angaben oder Unterlagen anzufordern. ³Mit dem Eingang der angeforderten Angaben oder Unterlagen beginnt der Lauf der in Satz 1 genannten Frist erneut. ⁴Die Genehmigung gilt als erteilt, wenn über den Genehmigungsantrag nicht innerhalb der Frist nach Satz 1 entschieden worden ist und eine Mitteilung nach Satz 2 nicht erfolgt ist. ⁵Auf Antrag der Kapitalverwaltungsgesellschaft hat die Bundesanstalt die Genehmigung nach Satz 4 schriftlich zu bestätigen.

(5) Die Kapitalverwaltungsgesellschaft des Feederfonds hat die Verwaltungsgesellschaft des Masterfonds unverzüglich über die erteilte Genehmigung zu unterrichten und die Maßnahmen nach § 180 zu ergreifen.

(6) ¹Die Kapitalverwaltungsgesellschaft des Feederfonds hat der Bundesanstalt eine beabsichtigte Abwicklung des Feederfonds spätestens einen Monat nach Kenntnis der geplanten Verschmelzung oder Spaltung des Masterfonds mitzuteilen; die Anleger des Feederfonds sind hiervon unverzüglich durch eine Bekanntmachung im Bundesanzeiger und mittels eines dauerhaften Datenträgers zu unterrichten. ²Absatz 3 Satz 2 gilt entsprechend.

(7) ¹Die Kapitalverwaltungsgesellschaft des Masterfonds muss der Verwaltungsgesellschaft des Feederfonds vor dem Wirksamwerden einer Verschmelzung die Möglichkeit zur Rückgabe sämtlicher Anteile einräumen, es sei denn, die Bundesanstalt oder die zuständigen Stellen des Herkunftsmitgliedstaates des Feederfonds haben ein Weiterbestehen des Feederfonds genehmigt. ²Die Kapitalverwaltungsgesellschaft des Feederfonds kann ihr Rückgaberecht entsprechend den Vorgaben des § 187 Absatz 1 auch ausüben, wenn die Bundesanstalt in den Fällen des Absatzes 2 Satz 2 Nummer 2, 3 und 4 ihre Genehmigung nicht spätestens einen Arbeitstag vor dem Wirksamwerden der Verschmelzung oder Spaltung erteilt hat. ³Die Kapitalverwaltungsgesellschaft des Feederfonds kann dieses Rückgaberecht ferner ausüben, um das Rückgaberecht der Anleger des Feederfonds nach § 180 Absatz 1 Satz 1 Nummer 4 zu wahren. ⁴Bevor die Kapitalverwaltungsgesellschaft des Feederfonds das Rückgaberecht ausübt, hat sie andere zur Verfügung stehende Möglichkeiten in Erwägung zu ziehen, durch die Transaktionskosten oder andere negative Auswirkungen auf die Anleger des Feederfonds vermieden oder verringert werden können.

(8) ¹Übt die Kapitalverwaltungsgesellschaft des Feederfonds ihr Rückgaberecht an Anteilen des Masterfonds aus, erhält sie den Rücknahmebetrag entweder
1. als Barzahlung oder
2. ganz oder neben einer Barzahlung zumindest teilweise in Form einer Übertragung von Vermögensgegenständen, wenn sie damit einverstanden ist und die Master-Feeder-Vereinbarung dies vorsieht.

²Die Kapitalverwaltungsgesellschaft des Feederfonds darf erhaltene Vermögensgegenstände, die sie nach Satz 1 Nummer 2 erhalten hat, jederzeit gegen Barzahlung veräußern. ³Sie darf Barzahlungen, die sie nach Satz 1 Nummer 1 erhalten hat, vor einer Wiederanlage gemäß Absatz 2 Satz 2 Nummer 2 oder Nummer 3 lediglich für ein effizientes Liquiditätsmanagement anlegen.

§ 180 Umwandlung in Feederfonds oder Änderung des Masterfonds. (1) ¹Werden die Anlagebedingungen eines inländischen OGAW oder eines Sonstigen Investmentvermögens im Rahmen der Umwandlung in einen Feederfonds erstmals als Anlagebedingungen dieses Feederfonds genehmigt oder wird die Anlage eines Feederfonds in Anteile eines Masterfonds bei einem beabsichtigten Wechsel des Masterfonds gemäß § 171 Absatz 1 erneut genehmigt, hat die Kapitalverwaltungsgesellschaft den Anlegern folgende Informationen zur Verfügung zu stellen:
1. den Hinweis, dass die Bundesanstalt die Anlage des Feederfonds in Anteile des Masterfonds genehmigt hat,

2. die wesentlichen Anlegerinformationen nach den §§ 164 und 166 oder nach Artikel 78 der Richtlinie 2009/65/EG über Feederfonds und Masterfonds,
3. das Datum der ersten Anlage des Feederfonds in dem Masterfonds oder, wenn er bereits in dem Masterfonds angelegt hat, das Datum des Tages, an dem seine Anlagen die bisher für ihn geltenden Anlagegrenzen übersteigen werden und
4. den Hinweis, dass die Anleger das Recht haben, innerhalb von 30 Tagen die kostenlose Rücknahme ihrer Anteile zu verlangen, gegebenenfalls unter Anrechnung der Gebühren, die zur Abdeckung der Rücknahmekosten entstanden sind.

[2]Diese Informationen müssen spätestens 30 Tage vor dem in Satz 1 Nummer 3 genannten Datum auf einem dauerhaften Datenträger zur Verfügung gestellt werden. [3]Die in Satz 1 Nummer 4 genannte Frist beginnt mit dem Zugang der Informationen.

(2) [1]Wurde ein EU-OGAW in einen EU-Feeder-OGAW umgewandelt oder ändert ein EU-OGAW als Feederfonds seinen Masterfonds und wurde der EU-OGAW oder der EU-Feeder-OGAW bereits gemäß § 310 zum Vertrieb angezeigt, sind die in Artikel 64 Absatz 1 der Richtlinie 2009/65/EG genannten Informationen den Anlegern in deutscher Sprache auf einem dauerhaften Datenträger zur Verfügung zu stellen. [2]Die EU-OGAW-Verwaltungsgesellschaft oder die Kapitalverwaltungsgesellschaft, die den EU-Feeder-OGAW verwaltet, ist für die Erstellung der Übersetzung verantwortlich. [3]Die Übersetzung muss den Inhalt des Originals richtig und vollständig wiedergeben.

(3) Die Kapitalverwaltungsgesellschaft darf für Rechnung des Feederfonds vor Ablauf der in Absatz 1 Satz 2 genannten Frist nur Anteile des Masterfonds unter Berücksichtigung der bisher geltenden Anlagegrenzen erwerben.

(4) In den Fällen der Umwandlung in einen Feederfonds nach Absatz 1 ist die Übertragung aller Vermögensgegenstände des in den Feederfonds umgewandelten Investmentvermögens an den Masterfonds gegen Ausgabe von Anteilen am Masterfonds zulässig.

Unterabschnitt 3. Verschmelzung von offenen Publikumsinvestmentvermögen

Übersicht

§ 181 Gegenstand der Verschmelzung; Verschmelzungsarten
§ 182 Genehmigung der Verschmelzung
§ 183 Verschmelzung eines EU-OGAW auf ein OGAW-Sondervermögen
§ 184 Verschmelzungsplan
§ 185 Prüfung der Verschmelzung; Verordnungsermächtigung
§ 186 Verschmelzungsinformationen
§ 187 Rechte der Anleger
§ 188 Kosten der Verschmelzung
§ 189 Wirksamwerden der Verschmelzung
§ 190 Rechtsfolgen der Verschmelzung
§ 191 Verschmelzung mit Investmentaktiengesellschaften mit veränderlichem Kapital

§ 181 Gegenstand der Verschmelzung; Verschmelzungsarten. (1) [1]Spezial-AIF dürfen nicht auf Publikumsinvestmentvermögen verschmolzen werden, Publikumsinvestmentvermögen dürfen nicht auf Spezial-AIF verschmolzen werden. [2]OGAW dürfen nur mit AIF verschmolzen werden, wenn das übernehmende oder neu gegründete Investmentvermögen weiterhin ein OGAW ist.

(2) Neben der Verschmelzung durch Aufnahme und der Verschmelzung durch Neugründung im Sinne von § 1 Absatz 19 Nummer 37 können Verschmelzungen eines EU-OGAW auf ein OGAW-Sondervermögen, eine OGAW-Investmentaktiengesellschaft oder ein Teilgesellschaftsvermögen einer OGAW-Investmentaktiengesellschaft gemäß den Vorgaben des Artikels 2 Absatz 1 Buchstabe p Ziffer iii der Richtlinie 2009/65/EG erfolgen.

§ 182 Genehmigung der Verschmelzung. (1) Die Verschmelzung von Sondervermögen auf ein anderes bestehendes oder ein neues, dadurch gegründetes übernehmendes Sondervermögen (inländische Verschmelzung) oder eines OGAW-Sondervermögens auf ein anderes bestehendes oder einen neuen, dadurch gegründeten übernehmenden EU-OGAW (grenzüberschreitende Verschmelzung) bedarf der Genehmigung der Bundesanstalt.

(2) [1]Bei einer Verschmelzung durch Aufnahme hat die Kapitalverwaltungsgesellschaft des übertragenden Sondervermögens dem Antrag auf Genehmigung folgende Angaben und Unterlagen beizufügen:
1. den Verschmelzungsplan nach § 184,

2. bei grenzüberschreitender Verschmelzung eine aktuelle Fassung des Verkaufsprospekts gemäß Artikel 69 Absatz 1 und 2 der Richtlinie 2009/65/EG und der wesentlichen Anlegerinformationen gemäß Artikel 78 der Richtlinie 2009/65/EG des übernehmenden EU-OGAW,
3. eine Erklärung der Verwahrstellen des übertragenden Sondervermögens und des übernehmenden Sondervermögens oder des EU-OGAW zu ihrer Prüfung nach § 185 Absatz 1 oder bei einer grenzüberschreitenden Verschmelzung gemäß Artikel 41 der Richtlinie 2009/65/EG und
4. die Verschmelzungsinformationen nach § 186 Absatz 1 oder bei einer grenzüberschreitenden Verschmelzung gemäß Artikel 43 der Richtlinie 2009/65/EG, die den Anlegern des übertragenden Sondervermögens und des übernehmenden Sondervermögens oder des EU-OGAW zu der geplanten Verschmelzung übermittelt werden sollen.
²Bei einer Verschmelzung durch Neugründung eines Sondervermögens ist dem Antrag auf Genehmigung zusätzlich zu den in Satz 1 genannten Angaben und Unterlagen ein Antrag auf Genehmigung der Anlagebedingungen des neu zu gründenden Sondervermögens nach den §§ 162 und 163 beizufügen. ³Bei einer Verschmelzung durch Neugründung eines EU-OGAW ist dem Antrag auf Genehmigung zusätzlich zu den in Satz 1 genannten Angaben und Unterlagen ein Nachweis darüber beizufügen, dass die Genehmigung der Anlagebedingungen des neu zu gründenden EU-OGAW bei der zuständigen Stelle des Herkunftsmitgliedstaates beantragt wurde. ⁴Die Angaben und Unterlagen nach Satz 1 Nummer 1 bis 4 sind in deutscher Sprache und bei einer grenzüberschreitenden Verschmelzung auch in der Amtssprache oder in einer der Amtssprachen der zuständigen Stellen des Herkunftsmitgliedstaates des übernehmenden EU-OGAW oder einer von diesen gebilligten Sprache einzureichen.

(3) ¹Fehlende Angaben und Unterlagen fordert die Bundesanstalt innerhalb von zehn Arbeitstagen nach Eingang des Genehmigungsantrags an. ²Liegt der vollständige Antrag vor, übermittelt die Bundesanstalt bei einer grenzüberschreitenden Verschmelzung den zuständigen Stellen des Herkunftsstaates des übernehmenden EU-OGAW unverzüglich Abschriften der Angaben und Unterlagen nach Absatz 2.

(4) ¹Die Bundesanstalt prüft, ob den Anlegern angemessene Verschmelzungsinformationen zur Verfügung gestellt werden; dabei berücksichtigt sie die potenziellen Auswirkungen der geplanten Verschmelzung auf die Anleger des übertragenden und des übernehmenden Sondervermögens. ²Sie kann von der Kapitalverwaltungsgesellschaft des übertragenden Sondervermögens schriftlich verlangen, dass die Verschmelzungsinformationen für die Anleger des übertragenden Sondervermögens klarer gestaltet werden. ³Soweit sie eine Nachbesserung der Verschmelzungsinformationen für die Anleger des übernehmenden Sondervermögens für erforderlich hält, kann sie innerhalb von 15 Arbeitstagen nach dem Erhalt des vollständigen Antrags gemäß Absatz 2 schriftlich eine Änderung verlangen.

(5) Die Bundesanstalt genehmigt die geplante Verschmelzung, wenn
1. die geplante Verschmelzung den Anforderungen der §§ 183 bis 186 entspricht,
2. bei einer grenzüberschreitenden Verschmelzung für den übernehmenden EU-OGAW der Vertrieb der Anteile sowohl gemäß § 310 im Inland als auch gemäß Artikel 93 der Richtlinie 2009/65/EG zumindest in denjenigen Mitgliedstaaten der Europäischen Union oder Vertragsstaaten des Abkommens über den Europäischen Wirtschaftsraum angezeigt wurde, in denen auch für das übertragende OGAW-Sondervermögen der Vertrieb der Anteile gemäß Artikel 93 der Richtlinie 2009/65/EG angezeigt wurde,
3. die Bundesanstalt
   a) keine oder keine weitere Nachbesserung der Verschmelzungsinformationen nach Absatz 4 verlangt hat oder
   b) bei einer grenzüberschreitenden Verschmelzung keinen Hinweis der zuständigen Stellen des Herkunftsmitgliedstaates des übernehmenden EU-OGAW erhalten hat, dass die Verschmelzungsinformationen nicht zufriedenstellend im Sinne des Artikels 39 Absatz 3 Unterabsatz 4 Satz 1 der Richtlinie 2009/65/EG sind oder eine Mitteilung der zuständigen Stellen des Herkunftsmitgliedstaates im Sinne des Artikels 39 Absatz 3 Unterabsatz 4 Satz 2 der Richtlinie 2009/65/EG erhalten hat, dass die Nachbesserung der Verschmelzungsinformationen zufriedenstellend ist und
4. bei einer Verschmelzung durch Neugründung eines EU-OGAW ein Nachweis der Genehmigung der Anlagebedingungen des neu gegründeten EU-OGAW durch die zuständige Stelle des Herkunftsstaates von der EU-OGAW-Verwaltungsgesellschaft des neu gegründeten EU-OGAW der Bundesanstalt eingereicht wurde.

(6) ¹Die Bundesanstalt teilt der Kapitalverwaltungsgesellschaft innerhalb von 20 Arbeitstagen nach Vorlage der vollständigen Angaben nach Absatz 2 mit, ob die Verschmelzung genehmigt wird. ²Der

Lauf dieser Frist ist gehemmt, solange die Bundesanstalt eine Nachbesserung der Verschmelzungsinformationen nach Absatz 4 verlangt oder ihr bei einer grenzüberschreitenden Verschmelzung eine Mitteilung der zuständigen Stellen des Herkunftsstaates des übernehmenden EU-OGAW vorliegt, dass die Verschmelzungsinformationen nicht zufriedenstellend sind. [3] Ist die Frist bei einer grenzüberschreitenden Verschmelzung gehemmt, gilt Satz 1 mit der Maßgabe, dass die Bundesanstalt der Kapitalverwaltungsgesellschaft nach 20 Arbeitstagen mitteilt, dass die Genehmigung erst erteilt werden kann, wenn sie eine Mitteilung der zuständigen Stellen des Herkunftsmitgliedstaates darüber erhalten hat, dass die Nachbesserung der Verschmelzungsinformationen zufriedenstellend ist und dass damit die Hemmung der Frist beendet ist. [4] Bei einer grenzüberschreitenden Verschmelzung unterrichtet die Bundesanstalt die zuständigen Stellen des Herkunftsstaates des übernehmenden EU-OGAW darüber, ob sie die Genehmigung erteilt hat.

(7) Bei einer Verschmelzung durch Neugründung eines Sondervermögens gilt § 163 Absatz 2 mit der Maßgabe, dass an die Stelle der Frist von vier Wochen eine Frist von 20 Arbeitstagen tritt; werden fehlende oder geänderte Angaben oder Unterlagen angefordert, beginnt der Lauf der in Absatz 6 Satz 1 genannten Frist mit dem Eingang der angeforderten Angaben oder Unterlagen erneut.

§ 183 Verschmelzung eines EU-OGAW auf ein OGAW-Sondervermögen. (1) [1] Werden der Bundesanstalt bei einer geplanten Verschmelzung eines EU-OGAW auf ein OGAW-Sondervermögen Abschriften der Angaben und Unterlagen nach Artikel 39 Absatz 2 der Richtlinie 2009/65/EG von den zuständigen Stellen des Herkunftsmitgliedstaates des übertragenden EU-OGAW übermittelt, prüft sie, ob den Anlegern angemessene Verschmelzungsinformationen zur Verfügung gestellt werden; dabei berücksichtigt sie die potenziellen Auswirkungen der geplanten Verschmelzung auf die Anleger des übernehmenden OGAW-Sondervermögens. [2] Soweit die Bundesanstalt eine Nachbesserung für erforderlich hält, kann sie innerhalb von 15 Arbeitstagen nach dem Erhalt der vollständigen Angaben und Unterlagen gemäß Artikel 39 Absatz 2 der Richtlinie 2009/65/EG von der OGAW-Kapitalverwaltungsgesellschaft des übernehmenden OGAW-Sondervermögens schriftlich eine Änderung der Verschmelzungsinformationen für die Anleger des übernehmenden OGAW-Sondervermögens verlangen.

(2) [1] Verlangt die Bundesanstalt die Nachbesserung der Verschmelzungsinformationen nach Absatz 1, setzt sie die zuständigen Stellen des Herkunftsmitgliedstaates des übertragenden EU-OGAW hierüber in Kenntnis. [2] Sobald sie von der OGAW-Kapitalverwaltungsgesellschaft des übernehmenden OGAW-Sondervermögens eine zufriedenstellende Nachbesserung der Verschmelzungsinformationen erhalten hat, teilt sie dies den zuständigen Stellen des Herkunftsmitgliedstaates des übertragenden EU-OGAW mit, spätestens jedoch innerhalb von 20 Arbeitstagen.

§ 184 Verschmelzungsplan. [1] Die Vertretungsorgane der an der Verschmelzung beteiligten Rechtsträger haben für gemeinschaftliche Rechnung der Anleger des übertragenden Sondervermögens und der Anleger des übernehmenden Sondervermögens oder übernehmenden EU-OGAW einen gemeinsamen Verschmelzungsplan aufzustellen. [2] Soweit unterschiedliche Rechtsträger an der Verschmelzung beteiligt sind, handelt es sich dabei um einen Vertrag, auf den § 311b Absatz 2 des Bürgerlichen Gesetzbuchs keine Anwendung findet. [3] Der Verschmelzungsplan muss mindestens die folgenden Angaben enthalten:
1. die Art der Verschmelzung und die beteiligten Sondervermögen oder EU-OGAW,
2. den Hintergrund der geplanten Verschmelzung und die Beweggründe dafür,
3. die erwarteten Auswirkungen der geplanten Verschmelzung auf die Anleger des übertragenden Sondervermögens und des übernehmenden Sondervermögens oder EU-OGAW,
4. die beschlossenen Kriterien für die Bewertung der Vermögensgegenstände und Verbindlichkeiten im Zeitpunkt der Berechnung des Umtauschverhältnisses,
5. die Methode zur Berechnung des Umtauschverhältnisses,
6. den geplanten Übertragungsstichtag, zu dem die Verschmelzung wirksam wird,
7. die für die Übertragung von Vermögenswerten und den Umtausch von Anteilen geltenden Bestimmungen und
8. bei einer Verschmelzung durch Neugründung gemäß § 1 Absatz 19 Nummer 37 Buchstabe b die Anlagebedingungen oder die Satzung des neuen Sondervermögens oder EU-OGAW.

[4] Weitere Angaben sind zulässig, können aber nicht von der Bundesanstalt verlangt werden.

§ 185 Prüfung der Verschmelzung; Verordnungsermächtigung. (1) Die Verwahrstellen des übertragenden Sondervermögens und des übernehmenden Sondervermögens oder EU-OGAW haben zu überprüfen, ob die Angaben nach § 184 Satz 3 Nummer 1, 6 und 7 mit den Anforderungen dieses Gesetzes und den Anlagebedingungen des jeweiligen Sondervermögens übereinstimmen.

III. Normentexte

(2) ¹Die Verschmelzung ist entweder durch eine Verwahrstelle, durch einen Wirtschaftsprüfer oder durch den Abschlussprüfer des übertragenden Sondervermögens oder des übernehmenden Sondervermögens oder EU-OGAW zu prüfen. ²Die Prüfung ist mit einer Erklärung darüber abzuschließen, ob bei der Verschmelzung
1. die Kriterien, die im Zeitpunkt der Berechnung des Umtauschverhältnisses für die Bewertung der Vermögensgegenstände und gegebenenfalls der Verbindlichkeiten beschlossen worden sind, beachtet wurden,
2. die Barzahlung, sofern eine Barzahlung erfolgt, je Anteil entsprechend den getroffenen Vereinbarungen berechnet wurde und
3. die Methode, die zur Berechnung des Umtauschverhältnisses beschlossen worden ist, beachtet wurde und das tatsächliche Umtauschverhältnis zu dem Zeitpunkt, auf den die Berechnung dieses Umtauschverhältnisses erfolgte, nach dieser Methode berechnet wurde.
³ § 318 Absatz 3 bis 8 sowie die §§ 319, 319b und 323 des Handelsgesetzbuchs gelten entsprechend.

(3)[39] ¹Das Bundesministerium der Finanzen wird ermächtigt, im Einvernehmen mit dem Bundesministerium der Justiz durch Rechtsverordnung, die nicht der Zustimmung des Bundesrates bedarf, nähere Bestimmungen über den Zeitpunkt der Prüfung, Inhalte der Prüfung sowie Umfang und Darstellungen des Prüfungsberichts zu erlassen, soweit dies zur Erfüllung der Aufgaben der Bundesanstalt erforderlich ist. ²Das Bundesministerium der Finanzen kann die Ermächtigung durch Rechtsverordnung auf die Bundesanstalt übertragen.

§ 186 Verschmelzungsinformationen. (1) ¹Den Anlegern des übertragenden Sondervermögens und des übernehmenden Sondervermögens oder EU-OGAW sind von der Kapitalverwaltungsgesellschaft geeignete und präzise Informationen über die geplante Verschmelzung zu übermitteln, damit sie sich ein verlässliches Urteil über die Auswirkungen des Vorhabens auf ihre Anlage bilden und ihre Rechte nach § 187 ausüben können (Verschmelzungsinformationen). ²Hierbei sind insbesondere die Vorgaben nach Artikel 3 der Richtlinie 2010/44/EU zu beachten.

(2) ¹Die Verschmelzungsinformationen sind den Anlegern des übertragenden Sondervermögens und des übernehmenden Sondervermögens oder EU-OGAW erst zu übermitteln, nachdem die Bundesanstalt oder, bei der Verschmelzung eines EU-OGAW auf ein OGAW-Sondervermögen, die zuständigen Stellen des Herkunftsstaates die geplante Verschmelzung genehmigt haben. ²Zwischen der Übermittlung der Verschmelzungsinformationen und dem Fristablauf für einen Antrag auf Rücknahme oder gegebenenfalls Umtausch ohne weitere Kosten gemäß § 187 Absatz 1 muss ein Zeitraum von mindestens 30 Tagen liegen.

(3) ¹Die Verschmelzungsinformationen müssen die folgenden Angaben enthalten:
1. Hintergrund der geplanten Verschmelzung und die Beweggründe dafür,
2. potenzielle Auswirkungen der geplanten Verschmelzung auf die Anleger nach Maßgabe des Artikels 4 Absatz 1 und 2 der Richtlinie 2010/44/EU, insbesondere hinsichtlich wesentlicher Unterschiede in Bezug auf Anlagepolitik und -strategie, Kosten, erwartetes Ergebnis, Jahres- und Halbjahresberichte, etwaige Beeinträchtigung der Wertentwicklung und gegebenenfalls eine eindeutige Warnung an die Anleger, dass sich hinsichtlich ihrer steuerlichen Behandlung im Zuge der Verschmelzung Änderungen ergeben können,
3. spezifische Rechte der Anleger in Bezug auf die geplante Verschmelzung nach Maßgabe des Artikels 4 Absatz 3 und 4 der Richtlinie 2010/44/EU, insbesondere das Recht auf zusätzliche Informationen, auf Erhalt einer Abschrift der Erklärung des Prüfers gemäß § 185 Absatz 2 auf Anfrage, auf kostenlose Rücknahme und gegebenenfalls Umtausch der Anteile gemäß § 187 Absatz 1 sowie die Frist für die Wahrnehmung dieses Rechts,
4. maßgebliche Verfahrensaspekte und den geplanten Übertragungsstichtag, zu dem die Verschmelzung wirksam wird, nach Maßgabe des Artikels 4 Absatz 5 bis 8 der Richtlinie 2010/44/EU und
5. eine aktuelle Fassung der wesentlichen Anlegerinformationen gemäß den §§ 164 und 166 oder gemäß Artikel 78 der Richtlinie 2009/65/EG des übernehmenden Sondervermögens oder EU-OGAW nach Maßgabe des Artikels 5 der Richtlinie 2010/44/EU.
²Werden zu Beginn der Verschmelzungsinformationen die wesentlichen Punkte der Verschmelzung zusammengefasst, ist darin auf den jeweiligen Abschnitt im Dokument zu verweisen, der die weiteren Informationen enthält. ³Die Verschmelzungsinformationen sind den Anlegern auf einem dauerhaften Datenträger zu übermitteln und auf der Internetseite der Kapitalverwaltungsgesellschaft zugänglich zu machen. ⁴Die Kapitalverwaltungsgesellschaft hat die Übermittlung der Verschmelzungsinformationen

---

[39] § 185 Abs. 3 tritt am 11.7.2013 in Kraft gem. Art. 28 Abs. 1 des G v. 4.7.2013 (BGBl. I S. 1981).

an die Anleger im Bundesanzeiger bekannt zu machen; dabei ist mitzuteilen, wo und auf welche Weise weitere Informationen zur Verschmelzung erlangt werden können. [5] Die Übermittlung der Verschmelzungsinformationen gilt drei Tage nach der Aufgabe zur Post oder Absendung als erfolgt. [6] Dies gilt nicht, wenn feststeht, dass der dauerhafte Datenträger den Empfänger nicht oder zu einem späteren Zeitpunkt erreicht hat.

(4) [1] Wurde die Absicht, EU-OGAW-Investmentanteile am übertragenden oder übernehmenden EU-OGAW im Geltungsbereich dieses Gesetzes zu vertreiben, gemäß § 310 angezeigt, müssen die Verschmelzungsinformationen der Bundesanstalt unverzüglich in deutscher Sprache eingereicht werden. [2] Die EU-OGAW-Verwaltungsgesellschaft oder die Kapitalverwaltungsgesellschaft, die diese Informationen zu übermitteln hat, ist für die Übersetzung verantwortlich. [3] Die Übersetzung hat den Inhalt des Originals richtig und vollständig wiederzugeben.

§ 187 Rechte der Anleger. (1) [1] Die Anleger des übertragenden Sondervermögens und des übernehmenden Sondervermögens oder EU-OGAW haben das Recht, von der Kapitalverwaltungsgesellschaft Folgendes zu verlangen:
1. die Rücknahme ihrer Anteile ohne weitere Kosten, mit Ausnahme der Kosten, die zur Deckung der Auflösungskosten einbehalten werden oder
2. soweit möglich, den Umtausch ihrer Anteile ohne weitere Kosten in Anteile eines anderen Sondervermögens oder EU-OGAW, das mit den bisherigen Anlagegrundsätzen vereinbar ist und von derselben Kapitalverwaltungsgesellschaft oder von einem Unternehmen, das zu der Kapitalverwaltungsgesellschaft in einer Verbindung im Sinne des § 290 Absatz 1 Satz 1 des Handelsgesetzbuchs steht, verwaltet wird oder
3. im Fall der Verschmelzung von Immobilien-Sondervermögen den Umtausch ihrer Anteile ohne weitere Kosten in Anteile eines anderen Immobilien-Sondervermögens, das mit den bisherigen Anlagegrundsätzen vereinbar ist.

[2] Dieses Recht auf Rücknahme oder Umtausch besteht ab dem Zeitpunkt, in dem die Anleger sowohl des übertragenden Sondervermögens als auch des übernehmenden Sondervermögens oder EU-OGAW nach § 186 Absatz 2 über die geplante Verschmelzung unterrichtet werden; es erlischt fünf Arbeitstage vor dem Zeitpunkt der Berechnung des Umtauschverhältnisses nach § 189 Absatz 1 Nummer 3 oder Artikel 47 Absatz 1 Unterabsatz 1 der Richtlinie 2009/65/EG. [3] § 255 Absatz 3 und 4 bleibt unberührt. [4] Rückgabeerklärungen, die ein Anleger vor der Verschmelzung bezüglich der von ihm gehaltenen Anteile abgibt, gelten nach der Verschmelzung weiter und beziehen sich dann auf Anteile des Anlegers an dem übernehmenden Investmentvermögen mit entsprechendem Wert.

(2) Unbeschadet der Bestimmungen des Absatzes 1 kann die Bundesanstalt bei Verschmelzungen abweichend von § 98 Absatz 1 die zeitweilige Aussetzung der Rücknahme der Anteile verlangen oder gestatten, wenn eine solche Aussetzung aus Gründen des Anlegerschutzes gerechtfertigt ist.

(3) Die Kapitalverwaltungsgesellschaft hat den Anlegern des übertragenden Sondervermögens und des übernehmenden Sondervermögens oder EU-OGAW sowie der Bundesanstalt auf Anfrage kostenlos eine Abschrift der Erklärung des Prüfers gemäß § 185 Absatz 2 zur Verfügung zu stellen.

§ 188 Kosten der Verschmelzung. Eine Kapitalverwaltungsgesellschaft darf jegliche Kosten, die mit der Vorbereitung und Durchführung der Verschmelzung verbunden sind, weder dem übertragenden Sondervermögen noch dem übernehmenden Sondervermögen oder EU-OGAW noch ihren Anlegern in Rechnung stellen.

§ 189 Wirksamwerden der Verschmelzung. (1) Die Verschmelzung wird mit Ablauf des Geschäftsjahres des übertragenden Sondervermögens wirksam, wenn
1. die Verschmelzung im laufenden Geschäftsjahr genehmigt worden ist,
2. soweit erforderlich, die Hauptversammlungen der beteiligten Investmentvermögen zugestimmt haben,
3. die Werte des übernehmenden und des übertragenden Sondervermögens oder EU-OGAW zum Ende des Geschäftsjahres des übertragenden Sondervermögens (Übertragungsstichtag) berechnet worden sind und
4. das Umtauschverhältnis der Anteile sowie gegebenenfalls der Barzahlung in Höhe von nicht mehr als 10 Prozent des Nettoinventarwertes dieser Anteile zum Übertragungsstichtag festgelegt worden ist.

(2) [1] Es kann ein anderer Stichtag bestimmt werden, mit dessen Ablauf die Verschmelzung wirksam werden soll. [2] Dieser Zeitpunkt darf erst nach einer gegebenenfalls erforderlichen Zustimmung der stimmberechtigten Aktionäre der übernehmenden oder übertragenden Investmentaktiengesellschaft

mit veränderlichem Kapital oder des übernehmenden oder übertragenden EU-OGAW liegen. [3] Im Übrigen ist Absatz 1 mit der Maßgabe anzuwenden, dass die Werte des übernehmenden und des übertragenden Sondervermögens zu diesem Stichtag zu berechnen sind und das Umtauschverhältnis zu diesem Stichtag festzulegen ist.

(3) Die am Verschmelzungsvorgang beteiligten Kapitalverwaltungsgesellschaften und die Verwahrstellen haben die hierfür erforderlichen technischen Umbuchungen und rechtsgeschäftlichen Handlungen vorzunehmen und sich gegenseitig hierüber zu unterrichten.

(4) [1] Die Kapitalverwaltungsgesellschaft des übernehmenden Sondervermögens hat das Wirksamwerden der Verschmelzung im Bundesanzeiger und darüber hinaus in einer hinreichend verbreiteten Wirtschafts- oder Tageszeitung oder in den im Verkaufsprospekt bezeichneten elektronischen Informationsmedien bekannt zu machen. [2] Bei einer grenzüberschreitenden Verschmelzung hat sie das Wirksamwerden der Verschmelzung nach den entsprechenden Rechtsvorschriften des Herkunftsstaates des übernehmenden EU-OGAW zu veröffentlichen. [3] Die Bundesanstalt ist hierüber zu unterrichten; bei der Verschmelzung eines EU-OGAW auf ein OGAW-Sondervermögen sind auch die zuständigen Stellen im Herkunftsstaat des übertragenden EU-OGAW zu unterrichten.

(5) Eine Verschmelzung, die nach Absatz 1 oder Absatz 2 wirksam geworden ist, kann nicht mehr für nichtig erklärt werden.

§ 190 Rechtsfolgen der Verschmelzung. (1) Eine Verschmelzung durch Aufnahme hat folgende Auswirkungen:
1. alle Vermögensgegenstände und Verbindlichkeiten des übertragenden Sondervermögens gehen auf das übernehmende Sondervermögen oder den übernehmenden EU-OGAW über;
2. die Anleger des übertragenden Sondervermögens werden Anleger des übernehmenden Sondervermögens oder des übernehmenden EU-OGAW; sie haben, soweit dies im Verschmelzungsplan vorgesehen ist, Anspruch auf eine Barzahlung in Höhe von bis zu 10 Prozent des Wertes ihrer Anteile am übertragenden Sondervermögen, wobei dies nicht gilt, soweit das übernehmende Sondervermögen oder der übernehmende EU-OGAW Anteilsinhaber des übertragenden Sondervermögens ist; Rechte Dritter an den Anteilen bestehen an den an ihre Stelle tretenden Anteilen weiter und
3. das übertragende Sondervermögen erlischt.

(2) Eine Verschmelzung durch Neugründung hat folgende Auswirkungen:
1. alle Vermögensgegenstände und Verbindlichkeiten der übertragenden Sondervermögen gehen auf das neu gegründete Sondervermögen oder den neu gegründeten EU-OGAW über;
2. die Anleger der übertragenden Sondervermögen werden Anleger des neu gegründeten Sondervermögens oder des neu gegründeten EU-OGAW; sie haben, soweit dies im Verschmelzungsplan vorgesehen ist, Anspruch auf eine Barzahlung in Höhe von bis zu 10 Prozent des Wertes ihrer Anteile an dem übertragenden Sondervermögen; Rechte Dritter an den Anteilen bestehen an den an ihre Stelle tretenden Anteilen weiter und
3. die übertragenden Sondervermögen erlöschen.

(3) Die neuen Anteile des übernehmenden oder neu gegründeten Sondervermögens gelten mit Beginn des Tages, der dem Übertragungsstichtag folgt, als bei den Anlegern des übertragenden Sondervermögens oder EU-OGAW ausgegeben.

§ 191 Verschmelzung mit Investmentaktiengesellschaften mit veränderlichem Kapital.
(1) Die §§ 181 bis 190 sind entsprechend anzuwenden auf die Verschmelzung
1. eines Sondervermögens auf eine Investmentaktiengesellschaft mit veränderlichem Kapital oder auf ein Teilgesellschaftsvermögen einer Investmentaktiengesellschaft mit veränderlichem Kapital,
2. eines Teilgesellschaftsvermögens einer Investmentaktiengesellschaft mit veränderlichem Kapital auf ein anderes Teilgesellschaftsvermögen derselben Investmentaktiengesellschaft,
3. eines Teilgesellschaftsvermögens einer Investmentaktiengesellschaft mit veränderlichem Kapital auf ein Teilgesellschaftsvermögen einer anderen Investmentaktiengesellschaft mit veränderlichem Kapital und
4. eines Teilgesellschaftsvermögens einer Investmentaktiengesellschaft mit veränderlichem Kapital auf ein Sondervermögen oder auf einen EU-OGAW.

(2) Die §§ 183, 186, 189 und 190 sind entsprechend anzuwenden auf die Verschmelzung eines EU-OGAW auf eine OGAW-Investmentaktiengesellschaft oder auf ein Teilgesellschaftsvermögen einer OGAW-Investmentaktiengesellschaft.

(3) Auf die Fälle der Verschmelzung einer Investmentaktiengesellschaft mit veränderlichem Kapital auf eine andere Investmentaktiengesellschaft mit veränderlichem Kapital, auf ein Teilgesellschaftsver-

mögen einer Investmentaktiengesellschaft mit veränderlichem Kapital, auf ein Sondervermögen oder auf einen EU-OGAW sind die Vorschriften des Umwandlungsgesetzes über die Verschmelzung anzuwenden, soweit sich aus der entsprechenden Anwendung der §§ 167, 182, 188 und 189 Absatz 2 bis 5 sowie des § 190 nichts anderes ergibt.

(4) Die Satzung einer Investmentaktiengesellschaft mit veränderlichem Kapital darf für die Zustimmung der Aktionäre zu einer Verschmelzung nicht mehr als 75 Prozent der tatsächlich abgegebenen Stimmen der bei der Hauptversammlung anwesenden oder vertretenen Aktionäre verlangen.

(5) Bei intern verwalteten Investmentaktiengesellschaften mit veränderlichem Kapital dürfen entsprechend den Vorgaben des § 188 die Kosten einer Verschmelzung nicht den Anlageaktionären zugerechnet werden.

Abschnitt 2. Investmentvermögen gemäß der OGAW-Richtlinie

Übersicht

§ 192 Zulässige Vermögensgegenstände
§ 193 Wertpapiere
§ 194 Geldmarktinstrumente
§ 195 Bankguthaben
§ 196 Investmentanteile
§ 197 Gesamtgrenze; Derivate; Verordnungsermächtigung
§ 198 Sonstige Anlageinstrumente
§ 199 Kreditaufnahme
§ 200 Wertpapier-Darlehen, Sicherheiten
§ 201 Wertpapier-Darlehensvertrag
§ 202 Organisierte Wertpapier-Darlehenssysteme
§ 203 Pensionsgeschäfte
§ 204 Verweisung; Verordnungsermächtigung
§ 205 Leerverkäufe
§ 206 Emittentengrenzen
§ 207 Erwerb von Anteilen an Investmentvermögen
§ 208 Erweiterte Anlagegrenzen
§ 209 Wertpapierindex-OGAW
§ 210 Emittentenbezogene Anlagegrenzen
§ 211 Überschreiten von Anlagegrenzen
§ 212 Bewerter; Häufigkeit der Bewertung und Berechnung
§ 213 Umwandlung von inländischen OGAW

§ 192 Zulässige Vermögensgegenstände. [1]Die OGAW-Kapitalverwaltungsgesellschaft darf für einen inländischen OGAW nur die in den §§ 193 bis 198 genannten Vermögensgegenstände erwerben. [2]Edelmetalle und Zertifikate über Edelmetalle dürfen von der OGAW-Kapitalverwaltungsgesellschaft für einen inländischen OGAW nicht erworben werden.

§ 193 Wertpapiere. (1) [1]Die OGAW-Kapitalverwaltungsgesellschaft darf vorbehaltlich des § 198 für Rechnung eines inländischen OGAW nur Wertpapiere erwerben,
1. die an einer Börse in einem Mitgliedstaat der Europäischen Union oder in einem anderen Vertragsstaat des Abkommens über den Europäischen Wirtschaftsraum zum Handel zugelassen oder in einem dieser Staaten an einem anderen organisierten Markt zugelassen oder in diesen einbezogen sind,
2. die ausschließlich an einer Börse außerhalb der Mitgliedstaaten der Europäischen Union oder außerhalb der anderen Vertragsstaaten des Abkommens über den Europäischen Wirtschaftsraum zum Handel zugelassen oder in einem dieser Staaten an einem anderen organisierten Markt zugelassen oder in diesen einbezogen sind, sofern die Wahl dieser Börse oder dieses organisierten Marktes von der Bundesanstalt zugelassen ist,
3. deren Zulassung an einer Börse in einem Mitgliedstaat der Europäischen Union oder in einem anderen Vertragsstaat des Abkommens über den Europäischen Wirtschaftsraum zum Handel oder deren Zulassung an einem organisierten Markt oder deren Einbeziehung in diesen Markt in einem Mitgliedstaat der Europäischen Union oder in einem anderen Vertragsstaat des Abkommens über den Europäischen Wirtschaftsraum nach den Ausgabebedingungen zu beantragen ist, sofern die Zulassung oder Einbeziehung dieser Wertpapiere innerhalb eines Jahres nach ihrer Ausgabe erfolgt,
4. deren Zulassung an einer Börse zum Handel oder deren Zulassung an einem organisierten Markt oder die Einbeziehung in diesen Markt außerhalb der Mitgliedstaaten der Europäischen Union

oder außerhalb der anderen Vertragsstaaten des Abkommens über den Europäischen Wirtschaftsraum nach den Ausgabebedingungen zu beantragen ist, sofern die Wahl dieser Börse oder dieses organisierten Marktes von der Bundesanstalt zugelassen ist und die Zulassung oder Einbeziehung dieser Wertpapiere innerhalb eines Jahres nach ihrer Ausgabe erfolgt,
5. in Form von Aktien, die dem inländischen OGAW bei einer Kapitalerhöhung aus Gesellschaftsmitteln zustehen,
6. die in Ausübung von Bezugsrechten, die zum inländischen OGAW gehören, erworben werden,
7. in Form von Anteilen an geschlossenen Fonds, die die in Artikel 2 Absatz 2 Buchstabe a und b der Richtlinie 2007/16/EG der Kommission vom 19. März 2007 zur Durchführung der Richtlinie 85/611/EWG des Rates zur Koordinierung der Rechts- und Verwaltungsvorschriften betreffend bestimmte Organismen für gemeinsame Anlagen in Wertpapieren (OGAW) im Hinblick auf die Erläuterung gewisser Definitionen (ABl. L 79, S. 11) genannten Kriterien erfüllen,
8. in Form von Finanzinstrumenten, die die in Artikel 2 Absatz 2 Buchstabe c der Richtlinie 2007/16/EG genannten Kriterien erfüllen.
²Der Erwerb von Wertpapieren nach Satz 1 Nummer 1 bis 4 darf nur erfolgen, wenn zusätzlich die Voraussetzungen des Artikels 2 Absatz 1 Unterabsatz 1 Buchstabe a bis c Ziffer i, Buchstabe d Ziffer i und Buchstabe e bis g der Richtlinie 2007/16/EG erfüllt sind.

(2) Wertpapiere nach Maßgabe des Absatzes 1 sind auch Bezugsrechte, sofern sich die Wertpapiere, aus denen die Bezugsrechte herrühren, im inländischen OGAW befinden können.

§ 194 Geldmarktinstrumente. (1) Die OGAW-Kapitalverwaltungsgesellschaft darf vorbehaltlich des § 198 für Rechnung eines inländischen OGAW Instrumente, die üblicherweise auf dem Geldmarkt gehandelt werden, sowie verzinsliche Wertpapiere, die im Zeitpunkt ihres Erwerbs für den inländischen OGAW eine restliche Laufzeit von höchstens 397 Tagen haben, deren Verzinsung nach den Ausgabebedingungen während ihrer gesamten Laufzeit regelmäßig, mindestens aber einmal in 397 Tagen, marktgerecht angepasst wird oder deren Risikoprofil dem Risikoprofil solcher Wertpapiere entspricht (Geldmarktinstrumente), nur erwerben, wenn sie
1. an einer Börse in einem Mitgliedstaat der Europäischen Union oder in einem anderen Vertragsstaat des Abkommens über den Europäischen Wirtschaftsraum zum Handel zugelassen oder dort an einem anderen organisierten Markt zugelassen oder in diesen einbezogen sind,
2. ausschließlich an einer Börse außerhalb der Mitgliedstaaten der Europäischen Union oder außerhalb der anderen Vertragsstaaten des Abkommens über den Europäischen Wirtschaftsraum zum Handel zugelassen oder dort an einem anderen organisierten Markt zugelassen oder in diesen einbezogen sind, sofern die Wahl dieser Börse oder dieses organisierten Marktes von der Bundesanstalt zugelassen ist,
3. von der Europäischen Union, dem Bund, einem Sondervermögen des Bundes, einem Land, einem anderen Mitgliedstaat oder einer anderen zentralstaatlichen, regionalen oder lokalen Gebietskörperschaft oder der Zentralbank eines Mitgliedstaates der Europäischen Union, der Europäischen Zentralbank oder der Europäischen Investitionsbank, einem Drittstaat oder, sofern dieser ein Bundesstaat ist, einem Gliedstaat dieses Bundesstaates oder von einer internationalen öffentlich-rechtlichen Einrichtung, der mindestens ein Mitgliedstaat der Europäischen Union angehört, begeben oder garantiert werden,
4. von einem Unternehmen begeben werden, dessen Wertpapiere auf den unter den Nummern 1 und 2 bezeichneten Märkten gehandelt werden,
5. begeben oder garantiert werden
    a) von einem Kreditinstitut, das nach den im Recht der Europäischen Union festgelegten Kriterien einer Aufsicht unterstellt ist, oder
    b) einem Kreditinstitut, das Aufsichtsbestimmungen, die nach Auffassung der Bundesanstalt denjenigen des Rechts der Europäischen Union gleichwertig sind, unterliegt und diese einhält oder
6. von anderen Emittenten begeben werden und es sich bei dem jeweiligen Emittenten
    a) um ein Unternehmen mit einem Eigenkapital von mindestens 10 Millionen Euro handelt, das seinen Jahresabschluss nach den Vorschriften der Vierten Richtlinie 78/660/EWG des Rates vom 25. Juli 1978 aufgrund von Artikel 54 Absatz 3 Buchstabe g des Vertrages über den Jahresabschluss von Gesellschaften bestimmter Rechtsformen (ABl. L 222 vom 14.8.1978, S. 11), die zuletzt durch Artikel 1 der Richtlinie 2012/6/EU (ABl. L 81 vom 21.3.2012, S. 3) geändert worden ist, erstellt und veröffentlicht,
    b) um einen Rechtsträger handelt, der innerhalb einer Unternehmensgruppe, die eine oder mehrere börsennotierte Gesellschaften umfasst, für die Finanzierung dieser Gruppe zuständig ist oder

c) um einen Rechtsträger handelt, der die wertpapiermäßige Unterlegung von Verbindlichkeiten durch Nutzung einer von einer Bank eingeräumten Kreditlinie finanzieren soll; für die wertpapiermäßige Unterlegung und die von einer Bank eingeräumte Kreditlinie gilt Artikel 7 der Richtlinie 2007/16/EG.

(2) [1] Geldmarktinstrumente im Sinne des Absatzes 1 dürfen nur erworben werden, wenn sie die Voraussetzungen des Artikels 4 Absatz 1 und 2 der Richtlinie 2007/16/EG erfüllen. [2] Für Geldmarktinstrumente im Sinne des Absatzes 1 Nummer 1 und 2 gilt Artikel 4 Absatz 3 der Richtlinie 2007/16/EG.

(3) [1] Geldmarktinstrumente im Sinne des Absatzes 1 Nummer 3 bis 6 dürfen nur erworben werden, wenn die Emission oder der Emittent dieser Instrumente Vorschriften über den Einlagen- und den Anlegerschutz unterliegt und zusätzlich die Kriterien des Artikels 5 Absatz 1 der Richtlinie 2007/16/EG erfüllt sind. [2] Für den Erwerb von Geldmarktinstrumenten, die nach Absatz 1 Nummer 3 von einer regionalen oder lokalen Gebietskörperschaft eines Mitgliedstaates der Europäischen Union oder von einer internationalen öffentlich-rechtlichen Einrichtung im Sinne des Absatzes 1 Nummer 3 begeben werden, aber weder von diesem Mitgliedstaat oder, wenn dieser ein Bundesstaat ist, einem Gliedstaat dieses Bundesstaates garantiert werden und für den Erwerb von Geldmarktinstrumenten nach Absatz 1 Nummer 4 und 6 gilt Artikel 5 Absatz 2 der Richtlinie 2007/16/EG; für den Erwerb aller anderen Geldmarktinstrumente nach Absatz 1 Nummer 3 außer Geldmarktinstrumenten, die von der Europäischen Zentralbank oder der Zentralbank eines Mitgliedstaates der Europäischen Union begeben oder garantiert wurden, gilt Artikel 5 Absatz 4 dieser Richtlinie. [3] Für den Erwerb von Geldmarktinstrumenten nach Absatz 1 Nummer 5 gelten Artikel 5 Absatz 3 und, wenn es sich um Geldmarktinstrumente handelt, die von einem Kreditinstitut, das Aufsichtsbestimmungen, die nach Auffassung der Bundesanstalt denjenigen des Rechts der Europäischen Union gleichwertig sind, unterliegt und diese einhält, begeben oder garantiert werden, Artikel 6 der Richtlinie 2007/16/EG.

§ 195 Bankguthaben. [1] Die OGAW-Kapitalverwaltungsgesellschaft darf für Rechnung eines inländischen OGAW nur Bankguthaben halten, die eine Laufzeit von höchstens zwölf Monaten haben. [2] Die auf Sperrkonten zu führenden Guthaben können bei einem Kreditinstitut mit Sitz in einem Mitgliedstaat der Europäischen Union oder einem anderen Vertragsstaat des Abkommens über den Europäischen Wirtschaftsraum unterhalten werden; die Guthaben können auch bei einem Kreditinstitut mit Sitz in einem Drittstaat, dessen Aufsichtsbestimmungen nach Auffassung der Bundesanstalt denjenigen des Rechts der Europäischen Union gleichwertig sind, gehalten werden.

§ 196 Investmentanteile. (1) [1] Die OGAW-Kapitalverwaltungsgesellschaft kann für Rechnung eines inländischen OGAW Anteile an OGAW erwerben. [2] Anteile an anderen inländischen Sondervermögen und Investmentaktiengesellschaften mit veränderlichem Kapital sowie Anteile an ausländischen offenen Investmentvermögen, die keine Anteile an EU-OGAW sind, kann sie nur erwerben, wenn
1. diese nach Rechtsvorschriften zugelassen wurden, die sie einer wirksamen öffentlichen Aufsicht zum Schutz der Anleger unterstellen und ausreichende Gewähr für eine befriedigende Zusammenarbeit zwischen den Behörden besteht,
2. das Schutzniveau des Anlegers dem Schutzniveau eines Anlegers in einem inländischen OGAW gleichwertig ist und insbesondere die Vorschriften für die getrennte Verwahrung der Vermögensgegenstände, für die Kreditaufnahme und die Kreditgewährung sowie für Leerverkäufe von Wertpapieren und Geldmarktinstrumenten den Anforderungen der Richtlinie 85/611/EWG gleichwertig sind,
3. die Geschäftstätigkeit Gegenstand von Jahres- und Halbjahresberichten ist, die es erlauben, sich ein Urteil über das Vermögen und die Verbindlichkeiten, die Erträge und die Transaktionen im Berichtszeitraum zu bilden,
4. die Anteile dem Publikum ohne eine zahlenmäßige Begrenzung angeboten werden und die Anleger das Recht zur Rückgabe der Anteile haben.
[3] Anteile an inländischen Sondervermögen, an Investmentaktiengesellschaften mit veränderlichem Kapital, an EU-OGAW und an ausländischen offenen AIF dürfen nur erworben werden, wenn nach den Anlagebedingungen oder der Satzung der OGAW-Kapitalverwaltungsgesellschaft, der Investmentaktiengesellschaft mit veränderlichem Kapital, des ausländischen AIF oder der ausländischen AIF-Verwaltungsgesellschaft insgesamt höchstens 10 Prozent des Wertes ihres Vermögens in Anteilen an anderen inländischen Sondervermögen, Investmentaktiengesellschaften mit veränderlichem Kapital oder ausländischen offenen AIF angelegt werden dürfen.

(2) Beim Erwerb von Anteilen im Sinne des Absatzes 1, die direkt oder indirekt von derselben OGAW-Kapitalverwaltungsgesellschaft oder von einer Gesellschaft verwaltet werden, mit der die

III. Normentexte

OGAW-Kapitalverwaltungsgesellschaft durch eine wesentliche unmittelbare oder mittelbare Beteiligung verbunden ist, darf die OGAW-Kapitalverwaltungsgesellschaft oder die andere Gesellschaft für den Erwerb und die Rücknahme keine Ausgabeaufschläge und Rücknahmeabschläge berechnen.

§ 197 Gesamtgrenze; Derivate; Verordnungsermächtigung. (1) ¹Der inländische OGAW darf nur in Derivate, die von Wertpapieren, Geldmarktinstrumenten, Investmentanteilen gemäß § 196, Finanzindizes im Sinne des Artikels 9 Absatz 1 der Richtlinie 2007/16/EG, Zinssätzen, Wechselkursen oder Währungen, in die der inländische OGAW nach seinen Anlagebedingungen investieren darf, abgeleitet sind, zu Investmentzwecken investieren. ²Satz 1 gilt entsprechend für Finanzinstrumente mit derivativer Komponente im Sinne des Artikels 10 Absatz 1 der Richtlinie 2007/16/EG.

(2) Die OGAW-Verwaltungsgesellschaft muss sicherstellen, dass sich das Marktrisikopotenzial eines inländischen OGAW durch den Einsatz von Derivaten und Finanzinstrumenten mit derivativer Komponente gemäß Absatz 1 höchstens verdoppelt.

(3)[40] ¹Das Bundesministerium der Finanzen wird ermächtigt, durch Rechtsverordnung, die nicht der Zustimmung des Bundesrates bedarf,
1. die Beschaffenheit von zulässigen Risikomesssystemen für Derivate einschließlich der Bemessungsmethode des Marktrisikopotenzials festzulegen,
2. vorzuschreiben, wie die Derivate auf die Grenzen gemäß den §§ 206 und 207 anzurechnen sind,
3. nähere Bestimmungen über Derivate zu erlassen, die nicht zum Handel an einer Börse zugelassen oder an einem anderen organisierten Markt zugelassen oder in diesen einbezogen sind,
4. Bestimmungen über die Berechnung und Begrenzung des Anrechnungsbetrages für das Kontrahentenrisiko nach § 206 Absatz 5 Satz 1 Nummer 3 festzulegen,
5. Aufzeichnungs- und Unterrichtungspflichten festzulegen,
6. weitere Voraussetzungen für den Abschluss von Geschäften, die Derivate zum Gegenstand haben, festzulegen, insbesondere für Derivate, deren Wertentwicklung zur Wertentwicklung des dazugehörigen Basiswertes entgegengesetzt verläuft.

²Das Bundesministerium der Finanzen kann die Ermächtigung durch Rechtsverordnung auf die Bundesanstalt übertragen.

§ 198[41] **Sonstige Anlageinstrumente.** Die OGAW-Kapitalverwaltungsgesellschaft darf nur bis zu 10 Prozent des Wertes des inländischen OGAW insgesamt anlegen in
1. Wertpapiere, die nicht zum Handel an einer Börse zugelassen oder an einem anderen organisierten Markt zugelassen oder in diesen einbezogen sind, im Übrigen jedoch die Kriterien des Artikels 2 Absatz 1 Buchstabe a bis c Ziffer ii, Buchstabe d Ziffer ii und Buchstabe e bis g der Richtlinie 2007/16/EG erfüllen,
2. Geldmarktinstrumente von Emittenten, die nicht den Anforderungen des § 194 genügen, sofern die Geldmarktinstrumente die Voraussetzungen des Artikels 4 Absatz 1 und 2 der Richtlinie 2007/16/EG erfüllen,
3. Aktien, welche die Anforderungen des § 193 Absatz 1 Nummer 3 und 4 erfüllen,
4. Forderungen aus Gelddarlehen, die nicht unter § 194 fallen, Teilbeträge eines von einem Dritten gewährten Gesamtdarlehens sind und über die ein Schuldschein ausgestellt ist (Schuldscheindarlehen), sofern diese Forderungen nach dem Erwerb für den inländischen OGAW mindestens zweimal abgetreten werden können und das Darlehen gewährt wurde
   a) dem Bund, einem Sondervermögen des Bundes, einem Land, der Europäischen Union oder einem Staat, der Mitglied der Organisation für wirtschaftliche Zusammenarbeit und Entwicklung ist,
   b) einer anderen inländischen Gebietskörperschaft oder einer Regionalregierung oder örtlichen Gebietskörperschaft eines anderen Mitgliedstaates der Europäischen Union oder eines anderen Vertragsstaates des Abkommens über den Europäischen Wirtschaftsraum, sofern die Forderung an die Regionalregierung oder an die Gebietskörperschaft gemäß Artikel 115 Absatz 2 der Verordnung (EU) Nr. 575/2013 in derselben Weise behandelt werden kann wie eine Forderung an den Zentralstaat, auf dessen Hoheitsgebiet die Regionalregierung oder die Gebietskörperschaft ansässig ist,
   c) sonstigen Körperschaften oder Anstalten des öffentlichen Rechts mit Sitz im Inland oder in einem anderen Mitgliedstaat der Europäischen Union oder einem anderen Vertragsstaat des Abkommens über den Europäischen Wirtschaftsraum,

---

[40] § 197 Abs. 3 tritt am 11.7.2013 in Kraft gem. Art. 28 Abs. 1 des G v. 4.7.2013 (BGBl. I S. 1981).
[41] § 198 Nr. 4 Buchst. b geänd. mWv 1.1.2014 durch G v. 28.8.2013 (BGBl. I S. 3395).

A. Deutschland

d) Unternehmen, die Wertpapiere ausgegeben haben, die an einem organisierten Markt im Sinne von § 2 Absatz 5 des Wertpapierhandelsgesetzes zum Handel zugelassen sind oder die an einem anderen organisierten Markt, der die wesentlichen Anforderungen an geregelte Märkte im Sinne der Richtlinie 2004/39/EG in der jeweils geltenden Fassung erfüllt, zum Handel zugelassen sind, oder

e) gegen Übernahme der Gewährleistung für die Verzinsung und Rückzahlung durch eine der in den Buchstaben a bis c bezeichneten Stellen.

§ 199 Kreditaufnahme. Die OGAW-Kapitalverwaltungsgesellschaft darf für gemeinschaftliche Rechnung der Anleger kurzfristige Kredite nur bis zur Höhe von 10 Prozent des Wertes des inländischen OGAW und nur aufnehmen, wenn die Bedingungen der Kreditaufnahme marktüblich sind und dies in den Anlagebedingungen vorgesehen ist.

§ 200 Wertpapier-Darlehen, Sicherheiten. (1) [1] Die OGAW-Kapitalverwaltungsgesellschaft darf für Rechnung des inländischen OGAW Wertpapiere an einen Dritten (Wertpapier-Darlehensnehmer) gegen ein marktgerechtes Entgelt nur mit der Maßgabe übertragen, dass der Wertpapier-Darlehensnehmer der OGAW-Kapitalverwaltungsgesellschaft für Rechnung des inländischen OGAW Wertpapiere von gleicher Art, Güte und Menge zurückzuerstatten hat (Wertpapier-Darlehen), wenn dies in den Anlagebedingungen vorgesehen ist. [2] Wertpapier-Darlehen dürfen einem Wertpapier-Darlehensnehmer nur insoweit gewährt werden, als der Kurswert der zu übertragenden Wertpapiere zusammen mit dem Kurswert der für Rechnung des inländischen OGAW dem Wertpapier-Darlehensnehmer bereits als Wertpapier-Darlehen übertragenen Wertpapiere 10 Prozent des Wertes des inländischen OGAW nicht übersteigt; Wertpapier-Darlehen an konzernangehörige Unternehmen im Sinne des § 290 des Handelsgesetzbuchs gelten als Wertpapier-Darlehen an dasselbe Unternehmen. [3] Die OGAW-Kapitalverwaltungsgesellschaft muss jederzeit zur Kündigung des Wertpapier-Darlehens berechtigt sein.

(2) [1] Die OGAW-Kapitalverwaltungsgesellschaft darf Wertpapiere nach Absatz 1 nur übertragen, wenn sie sich vor Übertragung oder Zug um Zug gegen Übertragung der Wertpapiere für Rechnung des inländischen OGAW ausreichende Sicherheiten durch Geldzahlung oder durch Verpfändung oder Abtretung von Guthaben oder durch Übereignung oder Verpfändung von Wertpapieren oder Geldmarktinstrumenten nach Maßgabe der Sätze 2 und 3 und des Absatzes 3 hat gewähren lassen. [2] Die durch Verfügungen nach Satz 1 gewährten Guthaben müssen auf Euro oder auf die Währung lauten, in der die Anteile oder Aktien des inländischen OGAW begeben wurden. [3] Die Guthaben müssen

1. auf Sperrkonten bei der Verwahrstelle oder mit ihrer Zustimmung auf Sperrkonten bei anderen Kreditinstituten mit Sitz in einem Mitgliedstaat der Europäischen Union oder eines anderen Vertragsstaates des Abkommens über den Europäischen Wirtschaftsraum oder bei einem anderen Kreditinstitut mit Sitz in einem Drittstaat nach Maßgabe des § 195 Satz 2 Halbsatz 2 unterhalten werden oder

2. in der Währung des Guthabens angelegt werden
   a) in Schuldverschreibungen, die eine hohe Qualität aufweisen und die vom Bund, von einem Land, der Europäischen Union, einem Mitgliedstaat der Europäischen Union oder seinen Gebietskörperschaften, einem anderen Vertragsstaat des Abkommens über den Europäischen Wirtschaftsraum oder einem Drittstaat ausgegeben worden sind,
   b) in Geldmarktfonds mit kurzer Laufzeitstruktur entsprechend von der Bundesanstalt auf Grundlage von § 4 Absatz 2 erlassenen Richtlinien oder
   c) im Wege eines Pensionsgeschäftes mit einem Kreditinstitut, das die jederzeitige Rückforderung des aufgelaufenen Guthabens gewährleistet.

[4] Die Erträge aus der Anlage der Sicherheiten stehen dem inländischen OGAW zu. [5] Zu verpfändende Wertpapiere müssen von einem geeigneten Kreditinstitut verwahrt werden. [6] Als Sicherheit unzulässig sind Wertpapiere, die vom Wertpapier-Darlehensnehmer oder von einem zu demselben Konzern gehörenden Unternehmen ausgestellt sind.

(3) [1] Der Kurswert der als Wertpapier-Darlehen zu übertragenden Wertpapiere bildet zusammen mit den zugehörigen Erträgen den zu sichernden Wert (Sicherungswert). [2] Der Umfang der Sicherheitsleistung ist insbesondere unter Berücksichtigung der wirtschaftlichen Verhältnisse des Wertpapier-Darlehensnehmers zu bestimmen. [3] Die Sicherheitsleistung darf den Sicherungswert zuzüglich eines marktüblichen Aufschlags nicht unterschreiten. [4] Die OGAW-Kapitalverwaltungsgesellschaft hat unverzüglich die Leistung weiterer Sicherheiten zu verlangen, wenn sich auf Grund der börsentäglichen Ermittlung des Sicherungswertes und der erhaltenen Sicherheitsleistung oder einer Veränderung der wirtschaftlichen Verhältnisse des Wertpapier-Darlehensnehmers ergibt, dass die Sicherheiten nicht mehr ausreichen.

(4) Die OGAW-Kapitalverwaltungsgesellschaft hat der Bundesanstalt unverzüglich die Unterschreitung des Wertes der Sicherheitsleistung unter den Sicherungswert unter Darlegung des Sachverhalts anzuzeigen.

§ 201 Wertpapier-Darlehensvertrag. In dem Darlehensvertrag zwischen der OGAW-Kapitalverwaltungsgesellschaft und dem Wertpapier-Darlehensnehmer sind neben den auf Grund des § 200 erforderlichen Regelungen insbesondere festzulegen:
1. die Verpflichtung des Wertpapier-Darlehensnehmers, die Erträge aus den als Wertpapier-Darlehen erhaltenen Wertpapieren bei Fälligkeit an die Verwahrstelle für Rechnung des inländischen OGAW zu zahlen;
2. die Verpflichtung des Wertpapier-Darlehensnehmers, als Wertpapier-Darlehen erhaltene Aktien der OGAW-Kapitalverwaltungsgesellschaft so rechtzeitig zurückzuerstatten, dass diese die verbrieften Rechte ausüben kann; dies gilt nicht für Ansprüche auf Anteile am Gewinn; die Verpflichtung zur Rückerstattung ist entbehrlich, wenn die OGAW-Kapitalverwaltungsgesellschaft zur Ausübung der Stimmrechte aus den Aktien bevollmächtigt worden ist und die Stimmrechte ausüben kann und
3. die Rechte der OGAW-Kapitalverwaltungsgesellschaft bei nicht rechtzeitiger Erfüllung der Verpflichtungen des Wertpapier-Darlehensnehmers.

§ 202 Organisierte Wertpapier-Darlehenssysteme. ¹Die OGAW-Kapitalverwaltungsgesellschaft kann sich eines von einer Wertpapiersammelbank oder von einem anderen Unternehmen, dessen Unternehmensgegenstand die Abwicklung von grenzüberschreitenden Effektengeschäften für andere ist und das in den Anlagebedingungen genannt ist, organisierten Systems zur Vermittlung und Abwicklung von Wertpapier-Darlehen bedienen, das von den Anforderungen nach den §§ 200 und 201 abweicht, wenn durch die Bedingungen dieses Systems die Wahrung der Interessen der Anleger gewährleistet ist. ²Von dem jederzeitigen Kündigungsrecht nach § 200 Absatz 1 darf nicht abgewichen werden.

§ 203 Pensionsgeschäfte. ¹Die OGAW-Kapitalverwaltungsgesellschaft darf für Rechnung eines inländischen OGAW Pensionsgeschäfte im Sinne des § 340b Absatz 2 des Handelsgesetzbuchs mit Kreditinstituten oder Finanzdienstleistungsinstituten auf der Grundlage standardisierter Rahmenverträge nur abschließen, wenn dies in den Anlagebedingungen vorgesehen ist. ²Die Pensionsgeschäfte müssen Wertpapiere zum Gegenstand haben, die nach den Anlagebedingungen für das inländische OGAW erworben werden dürfen. ³Die Pensionsgeschäfte dürfen höchstens eine Laufzeit von zwölf Monaten haben. ⁴Die OGAW-Kapitalverwaltungsgesellschaft muss jedoch jederzeit zur Kündigung des Pensionsgeschäftes berechtigt sein. ⁵Die in Pension genommenen Wertpapiere sind auf die Anlagegrenzen des § 206 Absatz 1, 2 und 3 anzurechnen.

§ 204 Verweisung; Verordnungsermächtigung. (1) Für die weiteren in den §§ 192 bis 211 genannten Vermögensgegenstände gelten die §§ 200 bis 203 sinngemäß.

(2) Die in den §§ 200 und 203 genannten Geschäfte müssen die in Artikel 11 Absatz 1 der Richtlinie 2007/16/EG genannten Kriterien erfüllen.

(3)⁴²⁾ ¹Das Bundesministerium der Finanzen wird ermächtigt, durch Rechtsverordnung, die nicht der Zustimmung des Bundesrates bedarf, weitere Kriterien für die in den §§ 200 und 203 genannten Geschäfte vorzuschreiben, insbesondere Bestimmungen über die Berechnung und Begrenzung des Marktrisikopotenzials und des Kontrahentenrisikos sowie über die Beschaffenheit und die Anlage der Sicherheiten oder der Gegenstände der Pensionsgeschäfte und deren Anrechnung auf die Anlagegrenzen. ²Das Bundesministerium der Finanzen kann die Ermächtigung durch Rechtsverordnung auf die Bundesanstalt übertragen.

§ 205 Leerverkäufe. ¹Die Kapitalverwaltungsgesellschaft darf für gemeinschaftliche Rechnung der Anleger keine Vermögensgegenstände nach Maßgabe der §§ 193, 194 und 196 verkaufen, wenn die jeweiligen Vermögensgegenstände im Zeitpunkt des Geschäftsabschlusses nicht zum inländischen OGAW gehören; § 197 bleibt unberührt. ²Die Wirksamkeit des Rechtsgeschäfts wird durch einen Verstoß gegen Satz 1 nicht berührt.

§ 206 Emittentengrenzen. (1) Die OGAW-Kapitalverwaltungsgesellschaft darf in Wertpapiere und Geldmarktinstrumente desselben Emittenten nur bis zu 5 Prozent des Wertes des inländischen OGAW anlegen; in diesen Werten dürfen jedoch bis zu 10 Prozent des Wertes des inländischen

---

⁴² § 204 Abs. 3 tritt am 11.7.2013 in Kraft gem. Art. 28 Abs. 1 des G v. 4.7.2013 (BGBl. I S. 1981).

OGAW angelegt werden, wenn dies in den Anlagebedingungen vorgesehen ist und der Gesamtwert der Wertpapiere und Geldmarktinstrumente dieser Emittenten 40 Prozent des Wertes des inländischen OGAW nicht übersteigt.

(2) Die OGAW-Kapitalverwaltungsgesellschaft darf in Schuldverschreibungen, Schuldscheindarlehen und Geldmarktinstrumente, die vom Bund, von einem Land, der Europäischen Union, einem Mitgliedstaat der Europäischen Union oder seinen Gebietskörperschaften, einem anderen Vertragsstaat des Abkommens über den Europäischen Wirtschaftsraum, einem Drittstaat oder von einer internationalen Organisation, der mindestens ein Mitgliedstaat der Europäischen Union angehört, ausgegeben oder garantiert worden sind, jeweils bis zu 35 Prozent des Wertes des inländischen OGAW nur anlegen, wenn dies in den Anlagebedingungen vorgesehen ist.

(3) [1] Die OGAW-Kapitalverwaltungsgesellschaft darf in Pfandbriefe und Kommunalschuldverschreibungen sowie Schuldverschreibungen, die von Kreditinstituten mit Sitz in einem Mitgliedstaat der Europäischen Union oder in einem anderen Vertragsstaat des Abkommens über den Europäischen Wirtschaftsraum ausgegeben worden sind, jeweils bis zu 25 Prozent des Wertes des inländischen OGAW nur anlegen, wenn
1. dies in den Anlagebedingungen vorgesehen ist,
2. die Kreditinstitute auf Grund gesetzlicher Vorschriften zum Schutz der Inhaber dieser Schuldverschreibungen einer besonderen öffentlichen Aufsicht unterliegen,
3. die mit der Ausgabe der Schuldverschreibungen aufgenommenen Mittel nach den gesetzlichen Vorschriften in Vermögenswerten angelegt werden, die
    a) während der gesamten Laufzeit der Schuldverschreibungen die sich aus ihnen ergebenden Verbindlichkeiten ausreichend decken und
    b) bei einem Ausfall des Emittenten vorrangig für die fällig werdenden Rückzahlungen und die Zahlung der Zinsen bestimmt sind.

[2] Legt die OGAW-Kapitalverwaltungsgesellschaft mehr als 5 Prozent des Wertes des inländischen OGAW in Schuldverschreibungen desselben Emittenten nach Satz 1 an, hat sie sicherzustellen, dass der Gesamtwert dieser Schuldverschreibungen 80 Prozent des Wertes des inländischen OGAW nicht übersteigt. [3] Die Bundesanstalt übermittelt der Europäischen Wertpapier- und Marktaufsichtsbehörde und der Europäischen Kommission ein Verzeichnis der in Satz 1 genannten Kategorien von Schuldverschreibungen und Emittenten; diesem Verzeichnis ist ein Vermerk beizufügen, in dem die Art der Deckung erläutert wird.

(4) Die OGAW-Kapitalverwaltungsgesellschaft darf nur bis zu 20 Prozent des Wertes des inländischen OGAW in Bankguthaben nach Maßgabe des § 195 bei demselben Kreditinstitut anlegen.

(5) [1] Die OGAW-Kapitalverwaltungsgesellschaft hat sicherzustellen, dass eine Kombination aus
1. Wertpapieren oder Geldmarktinstrumenten, die von ein und derselben Einrichtung begeben werden,
2. Einlagen bei dieser Einrichtung und
3. Anrechnungsbeträgen für das Kontrahentenrisiko der mit dieser Einrichtung eingegangenen Geschäfte

20 Prozent des Wertes des jeweiligen inländischen OGAW nicht übersteigt. [2] Satz 1 gilt für die in den Absätzen 2 und 3 genannten Emittenten und Garantiegeber mit der Maßgabe, dass die OGAW-Kapitalverwaltungsgesellschaft sicherzustellen hat, dass eine Kombination der in Satz 1 genannten Vermögensgegenstände und Anrechnungsbeträge 35 Prozent des Wertes des jeweiligen inländischen OGAW nicht übersteigt. [3] Die jeweiligen Einzelobergrenzen bleiben in beiden Fällen unberührt.

(6) [1] Die in den Absätzen 2 und 3 genannten Schuldverschreibungen, Schuldscheindarlehen und Geldmarktinstrumente werden bei der Anwendung der in Absatz 1 genannten Grenze von 40 Prozent nicht berücksichtigt. [2] Die in den Absätzen 1 bis 5 genannten Grenzen dürfen abweichend von der Regelung in Absatz 5 nicht kumuliert werden.

(7) Wertpapiere und Geldmarktinstrumente von Unternehmen, zwischen denen eine Verbindung im Sinne des § 290 Absatz 1 Satz 1 des Handelsgesetzbuchs besteht, gelten als Wertpapiere desselben Emittenten.

§ 207 Erwerb von Anteilen an Investmentvermögen. (1) Die OGAW-Kapitalverwaltungsgesellschaft darf in Anteile an einem einzigen Investmentvermögen nach Maßgabe des § 196 Absatz 1 nur bis zu 20 Prozent des Wertes des inländischen OGAW anlegen.

(2) Die OGAW-Kapitalverwaltungsgesellschaft darf in Anteile an Investmentvermögen nach Maßgabe des § 196 Absatz 1 Satz 2 insgesamt nur bis zu 30 Prozent des Wertes des inländischen OGAW anlegen.

III. Normentexte

§ 208 Erweiterte Anlagegrenzen. Die OGAW-Kapitalverwaltungsgesellschaft darf abweichend von § 206 Absatz 1 in Wertpapiere und Geldmarktinstrumente desselben Emittenten nach Maßgabe des § 206 Absatz 2 mehr als 35 Prozent des Wertes des inländischen OGAW anlegen, wenn
1. dies in den Anlagebedingungen des inländischen OGAW unter Angabe der betreffenden Emittenten vorgesehen ist und
2. die für Rechnung des inländischen OGAW gehaltenen Wertpapiere und Geldmarktinstrumente aus mindestens sechs verschiedenen Emissionen stammen, wobei nicht mehr als 30 Prozent des Wertes des inländischen OGAW in einer Emission gehalten werden dürfen.

§ 209 Wertpapierindex-OGAW. (1) [1] Abweichend zu der in § 206 bestimmten Grenze darf die OGAW-Kapitalverwaltungsgesellschaft bis zu 20 Prozent des Wertes des inländischen OGAW in Wertpapiere eines Emittenten anlegen, wenn nach den Anlagebedingungen die Auswahl der für den inländischen OGAW zu erwerbenden Wertpapiere darauf gerichtet ist, unter Wahrung einer angemessenen Risikomischung einen bestimmten, von der Bundesanstalt anerkannten Wertpapierindex nachzubilden (Wertpapierindex-OGAW). [2] Der Wertpapierindex ist insbesondere anzuerkennen, wenn
1. seine Zusammensetzung hinreichend diversifiziert ist,
2. er eine adäquate Bezugsgrundlage für den Markt darstellt, auf den er sich bezieht,
3. er in angemessener Weise veröffentlicht wird.

[3] Ein Wertpapierindex stellt eine adäquate Bezugsgrundlage für den Markt dar, wenn er die Anforderungen des Artikels 12 Absatz 3 der Richtlinie 2007/16/EG erfüllt. [4] Ein Wertpapierindex wird in angemessener Weise veröffentlicht, wenn die Kriterien des Artikels 12 Absatz 4 der Richtlinie 2007/16/EG erfüllt sind.

(2) [1] Die in § 206 Absatz 1 bestimmte Grenze darf für Wertpapiere eines Emittenten auf bis zu 35 Prozent des Wertes des inländischen OGAW angehoben werden, wenn die Anforderungen nach Maßgabe des Absatzes 1 erfüllt sind. [2] Eine Anlage bis zu der Grenze nach Satz 1 ist nur bei einem einzigen Emittenten zulässig.

§ 210 Emittentenbezogene Anlagegrenzen. (1) [1] Schuldverschreibungen desselben Emittenten oder Geldmarktinstrumente desselben Emittenten darf die OGAW-Kapitalverwaltungsgesellschaft für Rechnung eines inländischen OGAW nur insoweit erwerben, als der Gesamtnennbetrag jeweils 10 Prozent des Gesamtnennbetrags der in Umlauf befindlichen Schuldverschreibungen und Geldmarktinstrumente desselben Emittenten nicht übersteigt. [2] Dies gilt nicht für Wertpapiere oder Geldmarktinstrumente nach Maßgabe des § 206 Absatz 2. [3] Die in Satz 1 bestimmte Grenze braucht beim Erwerb nicht eingehalten zu werden, wenn der Gesamtnennbetrag der in Umlauf befindlichen Schuldverschreibungen oder Geldmarktinstrumente desselben Emittenten von der OGAW-Kapitalverwaltungsgesellschaft nicht ermittelt werden kann. [4] Aktien ohne Stimmrechte desselben Emittenten dürfen für einen inländischen OGAW nur insoweit erworben werden, als ihr Anteil an dem Kapital, das auf die ausgegebenen Aktien ohne Stimmrechte desselben Emittenten entfällt, 10 Prozent nicht übersteigt.

(2) [1] Die OGAW-Kapitalverwaltungsgesellschaft darf für alle von ihr verwalteten inländischen OGAW Aktien desselben Emittenten nur insoweit erwerben, als die Stimmrechte, die der OGAW-Kapitalverwaltungsgesellschaft aus Aktien desselben Emittenten zustehen, 10 Prozent der gesamten Stimmrechte aus Aktien desselben Emittenten nicht übersteigen. [2] Hat ein anderer Mitgliedstaat der Europäischen Union oder ein anderer Vertragsstaat des Abkommens über den Europäischen Wirtschaftsraum eine niedrigere Grenze für den Erwerb von Aktien mit Stimmrechten desselben Emittenten festgelegt, so ist diese Grenze maßgebend, wenn eine OGAW-Kapitalverwaltungsgesellschaft für die von ihr verwalteten inländischen OGAW solche Aktien eines Emittenten mit Sitz in diesem Staat erwirbt.

(3) Die OGAW-Kapitalverwaltungsgesellschaft darf für Rechnung eines inländischen OGAW nicht mehr als 25 Prozent der ausgegebenen Anteile eines anderen offenen inländischen, EU- oder ausländischen Investmentvermögens, das nach dem Grundsatz der Risikomischung in Vermögensgegenstände im Sinne der §§ 192 bis 198 angelegt ist, erwerben.

§ 211 Überschreiten von Anlagegrenzen. (1) Die in den §§ 198, 206 und 210 bestimmten Grenzen dürfen überschritten werden, wenn es sich um den Erwerb von Aktien, die dem inländischen OGAW bei einer Kapitalerhöhung aus Gesellschaftsmitteln zustehen, oder um den Erwerb von neuen Aktien in Ausübung von Bezugsrechten aus Wertpapieren handelt, die zum inländischen OGAW gehören.

(2) Werden die in den §§ 206 bis 210 bestimmten Grenzen in den Fällen des Absatzes 1 oder unbeabsichtigt von der OGAW-Kapitalverwaltungsgesellschaft überschritten, so hat die OGAW-Kapitalverwaltungsgesellschaft bei ihren Verkäufen für Rechnung des inländischen OGAW als vorrangiges Ziel

anzustreben, diese Grenzen wieder einzuhalten, soweit dies den Interessen der Anleger nicht zuwiderläuft.

(3) Die in den §§ 206 bis 209 bestimmten Grenzen dürfen in den ersten sechs Monaten seit Errichtung eines inländischen OGAW sowie nach vollzogener Verschmelzung durch den übernehmenden inländischen OGAW jeweils unter Beachtung des Grundsatzes der Risikostreuung überschritten werden.

§ 212 Bewerter; Häufigkeit der Bewertung und Berechnung. Der Wert eines inländischen OGAW und der Nettoinventarwert je Anteil oder Aktie sind bei jeder Möglichkeit zur Ausgabe und Rückgabe von Anteilen oder Aktien entweder von der Verwahrstelle unter Mitwirkung der OGAW-Kapitalverwaltungsgesellschaft oder von der OGAW-Kapitalverwaltungsgesellschaft selbst zu ermitteln.

§ 213 Umwandlung von inländischen OGAW. Inländische OGAW dürfen nicht in AIF umgewandelt werden.

Abschnitt 3. Offene inländische Publikums-AIF

Übersicht

Unterabschnitt 1. Allgemeine Vorschriften für offene inländische Publikums-AIF
Unterabschnitt 2. Gemischte Investmentvermögen

Unterabschnitt 1. Allgemeine Vorschriften für offene inländische Publikums-AIF

Übersicht

§ 214 Risikomischung, Arten
§ 215 Begrenzung von Leverage durch die Bundesanstalt
§ 216 Bewerter
§ 217 Häufigkeit der Bewertung und Berechnung; Offenlegung

§ 214 Risikomischung, Arten. Offene Publikums-AIF müssen nach dem Grundsatz der Risikomischung angelegt sein und dürfen nur als Gemischte Investmentvermögen gemäß den §§ 218 und 219, als Sonstige Investmentvermögen gemäß den §§ 220 bis 224, als Dach-Hedgefonds gemäß den §§ 225 bis 229 oder als Immobilien-Sondervermögen gemäß den §§ 230 bis 260 aufgelegt werden.

§ 215 Begrenzung von Leverage durch die Bundesanstalt. (1) Die AIF-Kapitalverwaltungsgesellschaft hat der Bundesanstalt zu zeigen, dass die von der AIF-Kapitalverwaltungsgesellschaft angesetzte Begrenzung des Umfangs des eingesetzten Leverage angemessen ist und dass sie diese Begrenzung stets einhält.

(2) [1]Die Bundesanstalt bewertet die Risiken, die aus dem Einsatz von Leverage durch die AIF-Kapitalverwaltungsgesellschaft erwachsen könnten; sie beschränkt nach Information der Europäischen Wertpapier- und Marktaufsichtsbehörde, des Europäischen Ausschusses für Systemrisiken und der zuständigen Stellen des Herkunftsmitgliedstaates des AIF den Umfang des Leverage, den die AIF-Kapitalverwaltungsgesellschaft einsetzen darf, wenn sie dies zur Gewährleistung der Stabilität und Integrität des Finanzsystems als nötig erachtet. [2]Alternativ ordnet die Bundesanstalt sonstige Beschränkungen in Bezug auf die Verwaltung des AIF an, so dass das Ausmaß begrenzt wird, in dem der Einsatz von Leverage zur Entstehung von Systemrisiken im Finanzsystem oder des Risikos von Marktstörungen beiträgt. [3]Die Bundesanstalt informiert die Europäische Wertpapier- und Marktaufsichtsbehörde, den Europäischen Ausschuss für Systemrisiken und die zuständigen Stellen des Herkunftsmitgliedstaates des AIF ordnungsgemäß über die diesbezüglich eingeleiteten Maßnahmen.

(3) [1]Die Information gemäß Absatz 2 erfolgt spätestens zehn Arbeitstage vor dem geplanten Wirksamwerden oder der Erneuerung der eingeleiteten Maßnahme. [2]Die Mitteilung enthält Einzelheiten der vorgeschlagenen Maßnahme, die Gründe für diesen Vorschlag und den Zeitpunkt, zu dem die Maßnahme wirksam werden soll. [3]Unter besonderen Umständen kann die Bundesanstalt verfügen, dass die vorgeschlagene Maßnahme innerhalb des in Satz 1 genannten Zeitraums wirksam wird.

(4) [1]Die Bundesanstalt berücksichtigt bei ihrer Entscheidung über Maßnahmen die Empfehlung der Europäischen Wertpapier- und Marktaufsichtsbehörde, die diese nach der Information gemäß Absatz 2 Satz 3 oder auf Grundlage der Information nach Absatz 2 Satz 1 ausspricht. [2]Sieht die Bundesanstalt eine Maßnahme vor, die dieser Empfehlung nicht entspricht, unterrichtet sie die Europäische Wertpapier- und Marktaufsichtsbehörde hiervon unter Angabe der Gründe.

III. Normentexte

(5) Für die Bedingungen, unter welchen die Maßnahmen nach Absatz 2 angewendet werden, gilt Artikel 112 der Delegierten Verordnung (EU) Nr. 231/2013 entsprechend.

§ 216 Bewerter. (1) ¹Die Bewertung der Vermögensgegenstände ist durchzuführen
1. entweder durch einen externen Bewerter, der eine natürliche oder juristische Person oder eine Personenhandelsgesellschaft ist, die unabhängig vom offenen Publikums-AIF, von der AIF-Kapitalverwaltungsgesellschaft und von anderen Personen mit engen Verbindungen zum Publikums-AIF oder zur AIF-Kapitalverwaltungsgesellschaft ist oder
2. von der AIF-Kapitalverwaltungsgesellschaft selbst, vorausgesetzt die Bewertungsaufgabe ist von der Portfolioverwaltung und der Vergütungspolitik funktional unabhängig und die Vergütungspolitik und andere Maßnahmen stellen sicher, dass Interessenkonflikte gemindert und ein unzulässiger Einfluss auf die Mitarbeiter verhindert werden.

²Die für einen Publikums-AIF bestellte Verwahrstelle kann nicht als externer Bewerter dieses Publikums-AIF bestellt werden, es sei denn, es liegt eine funktionale und hierarchische Trennung der Ausführung ihrer Verwahrfunktionen von ihren Aufgaben als externer Bewerter vor und die potenziellen Interessenkonflikte werden ordnungsgemäß ermittelt, gesteuert, beobachtet und den Anlegern des Publikums-AIF gegenüber offengelegt.

(2) Wird ein externer Bewerter für die Bewertung herangezogen, so weist die AIF-Kapitalverwaltungsgesellschaft nach, dass
1. der externe Bewerter einer gesetzlich anerkannten obligatorischen berufsmäßigen Registrierung oder Rechts- und Verwaltungsvorschriften oder berufsständischen Regeln unterliegt,
2. der externe Bewerter ausreichende berufliche Garantien vorweisen kann, um die Bewertungsfunktion wirksam ausüben zu können und
3. die Bestellung des externen Bewerters den Anforderungen des § 36 Absatz 1, 2 und 10 entspricht.

(3) Die Kriterien und der Inhalt der erforderlichen beruflichen Garantien des externen Bewerters nach Absatz 2 Nummer 2 bestimmen sich nach Artikel 73 der Delegierten Verordnung (EU) Nr. 231/2013.

(4) Ein bestellter externer Bewerter darf die Bewertungsfunktion nicht an einen Dritten delegieren.

(5) ¹Die AIF-Kapitalverwaltungsgesellschaft teilt die Bestellung eines externen Bewerters der Bundesanstalt mit. ²Liegen die Voraussetzungen von Absatz 2 nicht vor, kann die Bundesanstalt die Bestellung eines anderen externen Bewerters verlangen.

(6) Wird die Bewertung nicht von einem externen Bewerter vorgenommen, kann die Bundesanstalt verlangen, dass die Bewertungsverfahren sowie Bewertungen der AIF-Kapitalverwaltungsgesellschaft durch den Abschlussprüfer im Rahmen der Jahresabschlussprüfung des Publikums-AIF zu überprüfen sind.

(7) ¹Die AIF-Kapitalverwaltungsgesellschaft bleibt auch dann für die ordnungsgemäße Bewertung der Vermögensgegenstände des Publikums-AIF sowie für die Berechnung und Bekanntgabe des Nettoinventarwertes verantwortlich, wenn sie einen externen Bewerter bestellt hat. ²Ungeachtet des Satzes 1 und unabhängig von anders lautenden vertraglichen Regelungen haftet der externe Bewerter gegenüber der AIF-Kapitalverwaltungsgesellschaft für jegliche Verluste der AIF-Kapitalverwaltungsgesellschaft, die sich auf fahrlässige oder vorsätzliche Nichterfüllung der Aufgaben durch den externen Bewerter zurückführen lassen.

§ 217 Häufigkeit der Bewertung und Berechnung; Offenlegung. (1) Die Bewertung der Vermögensgegenstände und die Berechnung des Nettoinventarwertes je Anteil oder Aktie sind in einem zeitlichen Abstand durchzuführen, der den zum Investmentvermögen gehörenden Vermögensgegenständen und der Ausgabe- und Rücknahmehäufigkeit der Anteile oder Aktien angemessen ist, jedoch mindestens einmal im Jahr.

(2) Die Kriterien zur Bestimmung der Häufigkeit der Bewertung der Vermögensgegenstände und zur Berechnung des Nettoinventarwertes je Anteil oder Aktie bestimmen sich nach den Artikeln 67 bis 74 der Delegierten Verordnung (EU) Nr. 231/2013.

(3) ¹Die Offenlegung des Nettoinventarwertes je Anteil oder Aktie erfolgt gemäß § 170. ²Die Bewertung der Vermögensgegenstände ist entsprechend den diesbezüglichen Anlagebedingungen offenzulegen; sie hat nach jeder Bewertung zu erfolgen.

A. Deutschland

Unterabschnitt 2. Gemischte Investmentvermögen

Übersicht

§ 218 Gemischte Investmentvermögen
§ 219 Zulässige Vermögensgegenstände, Anlagegrenzen

§ 218 Gemischte Investmentvermögen. ¹Gemischte Investmentvermögen sind offene inländische Publikums-AIF, die in Vermögensgegenstände nach Maßgabe des § 219 anlegen. ²Auf die Verwaltung von Gemischten Investmentvermögen sind die Vorschriften der §§ 192 bis 211 insoweit anzuwenden, als sich aus den nachfolgenden Vorschriften nichts anderes ergibt.

§ 219 Zulässige Vermögensgegenstände, Anlagegrenzen. (1) Die AIF-Kapitalverwaltungsgesellschaft darf für Rechnung eines Gemischten Investmentvermögens nur erwerben:
1. Vermögensgegenstände nach Maßgabe der §§ 193 bis 198,
2. Anteile oder Aktien an
    a) inländischen AIF nach Maßgabe der §§ 218, 219 sowie Anteile an vergleichbaren EU- oder ausländischen AIF,
    b) inländischen AIF nach Maßgabe der §§ 220 bis 224 sowie Anteile an vergleichbaren EU- oder ausländischen AIF.

(2) ¹Anteile oder Aktien nach Absatz 1 Nummer 2 Buchstabe a dürfen nur erworben werden, soweit der Publikums-AIF seine Mittel nach den Anlagebedingungen insgesamt zu höchstens 10 Prozent des Wertes seines Vermögens in Anteile an anderen Investmentvermögen anlegen darf. ²Anteile oder Aktien nach Absatz 1 Nummer 2 Buchstabe b dürfen nur erworben werden, soweit der Publikums-AIF seine Mittel nach den Anlagebedingungen nicht in Anteile oder Aktien an anderen Investmentvermögen anlegen darf.

(3) Absatz 2 gilt nicht für Anteile oder Aktien an anderen inländischen, EU- oder ausländischen Publikums-AIF im Sinne des § 196 oder für Anteile oder Aktien an Spezial-AIF, die nach den Anlagebedingungen ausschließlich in die folgenden Vermögensgegenstände anlegen dürfen:
1. Bankguthaben,
2. Geldmarktinstrumente,
3. Wertpapiere, die zur Sicherung der in Artikel 18.1 des Protokolls über die Satzung des Europäischen Systems der Zentralbanken und der Europäischen Zentralbank vom 7. Februar 1992 (BGBl. 1992 II S. 1299) genannten Kreditgeschäfte von der Europäischen Zentralbank oder der Deutschen Bundesbank zugelassen sind oder deren Zulassung nach den Emissionsbedingungen beantragt wird, sofern die Zulassung innerhalb eines Jahres nach ihrer Ausgabe erfolgt.

(4) Ist es der AIF-Kapitalverwaltungsgesellschaft nach den Anlagebedingungen gestattet, für Rechnung des Gemischten Investmentvermögens Anteile oder Aktien nach Absatz 1 Nummer 2 Buchstabe b zu erwerben, gelten § 225 Absatz 3 und 4 Satz 2 und 3, § 228 Absatz 1 und § 229 Absatz 2 entsprechend.

(5) ¹Die AIF-Kapitalverwaltungsgesellschaft darf in Anteile oder Aktien nach Absatz 1 Nummer 2 Buchstabe b insgesamt nur bis zu 10 Prozent des Wertes des Investmentvermögens anlegen. ²Nach Maßgabe des § 207 Absatz 1 darf die AIF-Kapitalverwaltungsgesellschaft in Anteile oder Aktien an einem einzigen Investmentvermögen nach § 196 Absatz 1 Satz 1 und 2 insgesamt nur in Höhe von bis zu 20 Prozent des Wertes des Investmentvermögens anlegen; § 207 Absatz 2 ist nicht anzuwenden.

(6) ¹Die AIF-Kapitalverwaltungsgesellschaft kann die in § 209 bestimmten Grenzen für ein Wertpapierindex-OGAW-Investmentvermögen überschreiten, wenn nach den Anlagebedingungen die Auswahl der für das Gemischte Investmentvermögen zu erwerbenden Wertpapiere darauf gerichtet ist, unter Wahrung einer angemessenen Risikomischung einen bestimmten, allgemein und von der Bundesanstalt anerkannten Wertpapierindex nachzubilden. ² § 209 Absatz 1 Satz 2 gilt entsprechend.

Unterabschnitt 3. Sonstige Investmentvermögen

Übersicht

§ 220 Sonstige Investmentvermögen
§ 221 Zulässige Vermögensgegenstände, Anlagegrenzen, Kreditaufnahme
§ 222 Mikrofinanzinstitute
§ 223 Sonderregelungen für die Ausgabe und Rücknahme von Anteilen oder Aktien
§ 224 Angaben im Verkaufsprospekt und in den Anlagebedingungen
Unterabschnitt 4. Dach-Hedgefonds
Unterabschnitt 5. Immobilien-Sondervermögen

III. Normentexte

§ 220 Sonstige Investmentvermögen. Auf die Verwaltung von Sonstigen Investmentvermögen nach Maßgabe der §§ 220 bis 224 sind die Vorschriften der §§ 192 bis 205 insoweit anzuwenden, als sich aus den nachfolgenden Vorschriften nichts anderes ergibt.

§ 221 Zulässige Vermögensgegenstände, Anlagegrenzen, Kreditaufnahme. (1) Die AIF-Kapitalverwaltungsgesellschaft darf für ein Sonstiges Investmentvermögen nur erwerben:
1. Vermögensgegenstände nach Maßgabe der §§ 193 bis 198, wobei sie nicht den Erwerbsbeschränkungen nach § 197 Absatz 1 unterworfen ist,
2. Anteile oder Aktien an inländischen Investmentvermögen nach Maßgabe der §§ 196, 218 und 220 sowie an entsprechenden EU-Investmentvermögen oder ausländischen AIF,
3. Edelmetalle,
4. unverbriefte Darlehensforderungen.

(2) Ist es der AIF-Kapitalverwaltungsgesellschaft nach den Anlagebedingungen gestattet, für Rechnung des Sonstigen Investmentvermögens Anteile oder Aktien an anderen Sonstigen Investmentvermögen sowie an entsprechenden EU-AIF oder ausländischen AIF zu erwerben, gelten § 225 Absatz 3 und 4 Satz 2 und 3, § 228 Absatz 1 und § 229 Absatz 2 entsprechend.

(3) Die AIF-Kapitalverwaltungsgesellschaft darf in Anteile oder Aktien an anderen Sonstigen Investmentvermögen sowie an entsprechenden EU-AIF oder ausländischen AIF nur bis zu 30 Prozent des Wertes des Sonstigen Investmentvermögens anlegen.

(4) Die AIF-Kapitalverwaltungsgesellschaft darf in Vermögensgegenstände im Sinne des § 198 nur bis zu 20 Prozent des Wertes des Sonstigen Investmentvermögens anlegen.

(5) [1] Die AIF-Kapitalverwaltungsgesellschaft muss sicherstellen, dass der Anteil der für Rechnung des Sonstigen Investmentvermögens gehaltenen Edelmetalle, Derivate und unverbrieften Darlehensforderungen einschließlich solcher, die als sonstige Anlageinstrumente im Sinne des § 198 erwerbbar sind, 30 Prozent des Wertes des Sonstigen Investmentvermögens nicht übersteigt. [2] Derivate im Sinne des § 197 Absatz 1 werden auf diese Grenze nicht angerechnet.

(6) Die AIF-Kapitalverwaltungsgesellschaft darf für gemeinschaftliche Rechnung der Anleger kurzfristige Kredite nur bis zur Höhe von 20 Prozent des Wertes des Sonstigen Investmentvermögens und nur aufnehmen, wenn die Bedingungen der Kreditaufnahme marktüblich sind und dies in den Anlagebedingungen vorgesehen ist.

(7) [1] Abweichend von § 200 darf die AIF-Kapitalverwaltungsgesellschaft Wertpapiere auf bestimmte Zeit übertragen. [2] Ist für die Rückerstattung eines Wertpapier-Darlehens eine Zeit bestimmt, muss die Rückerstattung spätestens 30 Tage nach der Übertragung der Wertpapiere fällig sein. [3] Der Kurswert der für eine bestimmte Zeit zu übertragenden Wertpapiere darf zusammen mit dem Kurswert der für Rechnung des Sonstigen Investmentvermögens bereits als Wertpapier-Darlehen für eine bestimmte Zeit übertragenen Wertpapiere 15 Prozent des Wertes des Sonstigen Investmentvermögens nicht übersteigen. [4] Abweichend von § 203 müssen Pensionsgeschäfte nicht jederzeit kündbar sein.

§ 222 Mikrofinanzinstitute. (1) [1] Abweichend von § 221 Absatz 5 Satz 1 darf die AIF-Kapitalverwaltungsgesellschaft bis zu 95 Prozent des Wertes des Sonstigen Investmentvermögens in unverbriefte Darlehensforderungen von regulierten Mikrofinanzinstituten und in unverbriefte Darlehensforderungen gegen regulierte Mikrofinanzinstitute anlegen; ein Erwerb von unverbrieften Darlehensforderungen gegen regulierte Mikrofinanzinstitute ist jedoch nur zulässig, wenn der Erwerb der Refinanzierung des Mikrofinanzinstituts dient. [2] Regulierte Mikrofinanzinstitute im Sinne des Satzes 1 sind Unternehmen,
1. die als Kredit- oder Finanzinstitut von der in ihrem Sitzstaat für die Beaufsichtigung von Kreditinstituten zuständigen Behörde zugelassen sind und nach international anerkannten Grundsätzen beaufsichtigt werden,
2. deren Haupttätigkeit die Vergabe von Gelddarlehen an Klein- und Kleinstunternehmer für deren unternehmerische Zwecke ist und
3. bei denen 60 Prozent der Darlehensvergaben an einen einzelnen Darlehensnehmer den Betrag von insgesamt 10 000 Euro nicht überschreitet.

[3] Abweichend von § 221 Absatz 5 Satz 1 darf die AIF-Kapitalverwaltungsgesellschaft auch bis zu 75 Prozent des Wertes des Sonstigen Investmentvermögens in unverbriefte Darlehensforderungen von unregulierten Mikrofinanzinstituten und in unverbriefte Darlehensforderungen gegen unregulierte Mikrofinanzinstitute anlegen, deren Geschäftstätigkeit jeweils die in Satz 2 Nummer 2 und 3 genannten Kriterien erfüllt und
1. die seit mindestens drei Jahren neben der allgemeinen fachlichen Eignung über ein ausreichendes Erfahrungswissen für die Tätigkeit im Mikrofinanzsektor verfügen,

2. die ein nachhaltiges Geschäftsmodell vorweisen können und
3. deren ordnungsgemäße Geschäftsorganisation sowie deren Risikomanagement von einem im Staat des Mikrofinanzinstituts niedergelassenen Wirtschaftsprüfer geprüft sowie von der AIF-Kapitalverwaltungsgesellschaft regelmäßig kontrolliert werden.
⁴Die AIF-Kapitalverwaltungsgesellschaft darf Vermögensgegenstände desselben Mikrofinanzinstituts jedoch nur in Höhe von bis zu 10 Prozent oder mehreren Mikrofinanzinstituten desselben Staates nur in Höhe von bis zu 15 Prozent des Wertes des Sonstigen Investmentvermögens erwerben.

(2) ¹Macht eine AIF-Kapitalverwaltungsgesellschaft von den Anlagemöglichkeiten nach Absatz 1 Gebrauch, darf sie für Rechnung des Sonstigen Investmentvermögens auch Wertpapiere erwerben, die von Mikrofinanzinstituten im Sinne des Absatzes 1 Satz 2 begeben werden, ohne dass die Erwerbsbeschränkungen nach § 193 Absatz 1 Satz 1 Nummer 2 und 4 gelten. ²Die AIF-Kapitalverwaltungsgesellschaft darf in Wertpapiere im Sinne des Satzes 1 nur bis zu 15 Prozent des Wertes des Sonstigen Investmentvermögens anlegen.

(3) In den Fällen des Absatzes 1 müssen die Personen, die für die Anlageentscheidungen bei dem Sonstigen Investmentvermögen verantwortlich sind, neben der allgemeinen fachlichen Eignung für die Durchführung von Investmentgeschäften ausreichendes Erfahrungswissen in Bezug auf die in Absatz 1 genannten Anlagemöglichkeiten haben.

§ 223 Sonderregelungen für die Ausgabe und Rücknahme von Anteilen oder Aktien.
(1) ¹Die Anlagebedingungen von Sonstigen Investmentvermögen können abweichend von § 98 Absatz 1 vorsehen, dass die Rücknahme von Anteilen oder Aktien höchstens einmal halbjährlich und mindestens einmal jährlich zu einem in den Anlagebedingungen bestimmten Termin erfolgt, wenn zum Zeitpunkt der Rückgabe der Anteile oder Aktien die Summe der Werte der zurückgegebenen Anteile oder Aktien einen in den Anlagebedingungen bestimmten Betrag überschreitet. ²In den Fällen des Satzes 1 müssen die Anlagebedingungen vorsehen, dass die Rückgabe eines Anteils oder von Aktien durch eine unwiderrufliche schriftliche Rückgabeerklärung gegenüber der AIF-Kapitalverwaltungsgesellschaft unter Einhaltung einer Rückgabefrist erfolgen muss, die mindestens einen Monat betragen muss und höchstens zwölf Monate betragen darf; § 227 Absatz 3 gilt entsprechend.

(2) ¹In den Fällen des § 222 Absatz 1 ist § 98 Absatz 1 mit der Maßgabe anzuwenden, dass die Anlagebedingungen vorsehen müssen, dass die Rücknahme von Anteilen oder Aktien nur zu bestimmten Rücknahmeterminen erfolgt, jedoch höchstens einmal vierteljährlich und mindestens einmal jährlich. ²Die Rückgabe von Anteilen oder Aktien ist nur zulässig durch eine unwiderrufliche Rückgabeerklärung unter Einhaltung einer Rückgabefrist, die zwischen einem Monat und 24 Monaten betragen muss; § 227 Absatz 3 gilt entsprechend.

§ 224 Angaben im Verkaufsprospekt und in den Anlagebedingungen. (1) Der Verkaufsprospekt muss bei Sonstigen Investmentvermögen zusätzlich zu den Angaben nach § 165 folgende Angaben enthalten:
1. ob und in welchem Umfang in Vermögensgegenstände im Sinne des § 198, in Edelmetalle, Derivate und unverbriefte Darlehensforderungen angelegt werden darf;
2. eine Beschreibung der wesentlichen Merkmale der für das Sonstige Investmentvermögen erwerbbaren unverbrieften Darlehensforderungen;
3. Angaben zu dem Umfang, in dem Kredite aufgenommen werden dürfen, verbunden mit einer Erläuterung der Risiken, die damit verbunden sein können;
4. im Fall des § 222 Absatz 1 und 2, ob und in welchem Umfang von den dort genannten Anlagemöglichkeiten Gebrauch gemacht wird und eine Erläuterung der damit verbundenen Risiken sowie eine Beschreibung der wesentlichen Merkmale der Mikrofinanzinstitute und nach welchen Grundsätzen sie ausgewählt werden;
5. im Fall des § 223 Absatz 1 einen ausdrücklichen, drucktechnisch hervorgehobenen Hinweis, dass der Anleger abweichend von § 98 Absatz 1 von der AIF-Kapitalverwaltungsgesellschaft die Rücknahme von Anteilen oder Aktien und die Auszahlung des Anteil- oder Aktienwertes nur zu bestimmten Terminen verlangen kann, wenn zum Zeitpunkt der Rückgabe der Anteile oder Aktien die Summe der Werte der zurückgegebenen Anteile oder Aktien den in den Anlagebedingungen bestimmten Betrag überschreitet;
6. im Fall des § 223 Absatz 2 einen ausdrücklichen, drucktechnisch hervorgehobenen Hinweis, dass der Anleger abweichend von § 98 Absatz 1 von der AIF-Kapitalverwaltungsgesellschaft die Rücknahme von Anteilen oder Aktien und die Auszahlung des Anteil- oder Aktienwertes nur zu bestimmten Terminen verlangen kann;

III. Normentexte

7. alle Voraussetzungen und Bedingungen für die Rücknahme und Auszahlung von Anteilen oder Aktien aus dem Sonstigen Investmentvermögen Zug um Zug gegen Rückgabe der Anteile oder Aktien.

(2) Die Anlagebedingungen eines Sonstigen Investmentvermögens müssen zusätzlich zu den Angaben nach § 162 folgende Angaben enthalten:
1. die Arten der Edelmetalle, Derivate und Darlehensforderungen, die für das Sonstige Investmentvermögen erworben werden dürfen;
2. in welchem Umfang die zulässigen Vermögensgegenstände erworben werden dürfen;
3. den Anteil des Sonstigen Investmentvermögens, der mindestens in Bankguthaben, Geldmarktinstrumenten oder anderen liquiden Mitteln gehalten werden muss;
4. alle Voraussetzungen und Bedingungen für die Rücknahme und Auszahlung von Anteilen oder Aktien aus dem Sonstigen Investmentvermögen Zug um Zug gegen Rückgabe der Anteile oder Aktien.

Unterabschnitt 4. Dach-Hedgefonds

Übersicht

§ 225 Dach-Hedgefonds
§ 226 Auskunftsrecht der Bundesanstalt
§ 227 Rücknahme
§ 228 Verkaufsprospekt
§ 229 Anlagebedingungen

§ 225 Dach-Hedgefonds. (1) [1]Dach-Hedgefonds sind AIF, die vorbehaltlich der Regelung in Absatz 2 in Anteile oder Aktien von Zielfonds anlegen. [2]Zielfonds sind Hedgefonds nach Maßgabe des § 283 oder EU-AIF oder ausländische AIF, deren Anlagepolitik den Anforderungen des § 283 Absatz 1 vergleichbar ist. [3]Leverage mit Ausnahme von Kreditaufnahmen nach Maßgabe des § 199 und Leerverkäufe dürfen für Dach-Hedgefonds nicht durchgeführt werden.

(2) [1]Die AIF-Kapitalverwaltungsgesellschaft darf für Rechnung eines Dach-Hedgefonds nur bis zu 49 Prozent des Wertes des Dach-Hedgefonds in
1. Bankguthaben,
2. Geldmarktinstrumente und
3. Anteile an Investmentvermögen im Sinne des § 196, die ausschließlich in Bankguthaben und Geldmarktinstrumente anlegen dürfen, sowie Anteile an entsprechenden EU-AIF oder ausländischen AIF

anlegen. [2]Nur zur Währungskurssicherung von in Fremdwährung gehaltenen Vermögensgegenständen dürfen Devisenterminkontrakte verkauft sowie Verkaufsoptionsrechte auf Devisen oder auf Devisenterminkontrakte erworben werden, die auf dieselbe Fremdwährung lauten.

(3) Die AIF-Kapitalverwaltungsgesellschaft darf für Rechnung eines Dach-Hedgefonds ausländische Zielfonds nur erwerben, wenn deren Vermögensgegenstände von einer Verwahrstelle oder einem Primebroker, der die Voraussetzungen des § 85 Absatz 4 Nummer 2 erfüllt, verwahrt werden.

(4) [1]Die AIF-Kapitalverwaltungsgesellschaft darf nicht mehr als 20 Prozent des Wertes eines Dach-Hedgefonds in einem einzelnen Zielfonds anlegen. [2]Sie darf nicht in mehr als zwei Zielfonds vom gleichen Emittenten oder Fondsmanager und nicht in Zielfonds anlegen, die ihre Mittel selbst in anderen Zielfonds anlegen. [3]Die AIF-Kapitalverwaltungsgesellschaft darf nicht in ausländische Zielfonds aus Staaten anlegen, die bei der Bekämpfung der Geldwäsche nicht im Sinne internationaler Vereinbarungen kooperieren. [4]Dach-Hedgefonds dürfen auch sämtliche ausgegebene Anteile oder Aktien eines Zielfonds erwerben.

(5) AIF-Kapitalverwaltungsgesellschaften, die Dach-Hedgefonds verwalten, müssen sicherstellen, dass ihnen sämtliche für die Anlageentscheidung notwendigen Informationen über die Zielfonds, in die sie anlegen wollen, vorliegen, mindestens jedoch
1. der letzte Jahres- und gegebenenfalls Halbjahresbericht,
2. die Anlagebedingungen und Verkaufsprospekte oder gleichwertige Dokumente,
3. Informationen zur Organisation, zum Management, zur Anlagepolitik, zum Risikomanagement und zur Verwahrstelle oder zu vergleichbaren Einrichtungen,
4. Angaben zu Anlagebeschränkungen, zur Liquidität, zum Umfang des Leverage und zur Durchführung von Leerverkäufen.

(6) [1]Die AIF-Kapitalverwaltungsgesellschaften haben die Zielfonds, in die sie anlegen, in Bezug auf die Einhaltung der Anlagestrategien und Risiken laufend zu überwachen und haben sich regelmäßig

allgemein anerkannte Risikokennziffern vorlegen zu lassen. ²Die Methode, nach der die Risikokennziffer errechnet wird, muss der AIF-Kapitalverwaltungsgesellschaft von dem jeweiligen Zielfonds angegeben und erläutert werden. ³Die Verwahrstelle der Zielfonds hat eine Bestätigung des Wertes des Zielfonds vorzulegen.

§ 226 Auskunftsrecht der Bundesanstalt. AIF-Kapitalverwaltungsgesellschaften, die Dach-Hedgefonds verwalten, haben der Bundesanstalt auf Anforderung alle Unterlagen und Risikokennziffern, die ihnen nach Maßgabe des § 225 Absatz 5 und 6 vorliegen, vorzulegen.

§ 227 Rücknahme. (1) Bei Dach-Hedgefonds können die Anlagebedingungen abweichend von § 98 vorsehen, dass die Rücknahme von Anteilen oder Aktien nur zu bestimmten Rücknahmeterminen, jedoch mindestens einmal in jedem Kalendervierteljahr, erfolgt.

(2) ¹Anteil- oder Aktienrückgaben sind bei Dach-Hedgefonds bis zu 100 Kalendertage vor dem jeweiligen Rücknahmetermin, zu dem auch der Anteil- oder Aktienwert ermittelt wird, durch eine unwiderrufliche Rückgabeerklärung gegenüber der AIF-Kapitalverwaltungsgesellschaft zu erklären. ²Im Fall von im Inland in einem Depot verwahrten Anteilen oder Aktien hat die Erklärung durch die depotführende Stelle zu erfolgen.

(3) ¹Die Anteile oder Aktien, auf die sich die Rückgabeerklärung bezieht, sind bis zur tatsächlichen Rückgabe von der depotführenden Stelle zu sperren. ²Bei Anteilen oder Aktien, die nicht im Inland in einem Depot verwahrt werden, wird die Rückgabeerklärung erst wirksam und beginnt die Frist erst zu laufen, wenn die Verwahrstelle die zurückzugebenden Anteile oder Aktien in ein Sperrdepot übertragen hat.

(4) Der Rücknahmepreis muss unverzüglich, spätestens aber 50 Kalendertage nach dem Rücknahmetermin gezahlt werden.

§ 228 Verkaufsprospekt. (1) Der Verkaufsprospekt muss bei Dach-Hedgefonds zusätzlich zu den Angaben nach § 165 folgende Angaben enthalten:
1. Angaben zu den Grundsätzen, nach denen die Zielfonds ausgewählt werden;
2. Angaben zu dem Umfang, in dem Anteile ausländischer nicht beaufsichtigter Zielfonds erworben werden dürfen, mit dem Hinweis, dass es sich bei diesen Zielfonds um AIF handelt, deren Anlagepolitik den Anforderungen für Hedgefonds vergleichbar ist, die aber möglicherweise keiner mit diesem Gesetz vergleichbaren staatlichen Aufsicht unterliegen;
3. Angaben zu den Anforderungen, die an die Geschäftsleitung der Zielfonds gestellt werden;
4. Angaben zu dem Umfang, in dem von den ausgewählten Zielfonds im Rahmen ihrer Anlagestrategien Kredite aufgenommen und Leerverkäufe durchgeführt werden dürfen, mit einem Hinweis zu den Risiken, die damit verbunden sein können;
5. Angaben zur Gebührenstruktur der Zielfonds mit einem Hinweis auf die Besonderheiten bei der Höhe der Gebühren sowie Angaben zu den Methoden, nach denen die Gesamtkosten berechnet werden, die der Anleger zu tragen hat;
6. Angaben zu den Einzelheiten und Bedingungen der Rücknahme und der Auszahlung von Anteilen oder Aktien, gegebenenfalls verbunden mit einem ausdrücklichen, drucktechnisch hervorgehobenen Hinweis, dass der Anleger abweichend von § 98 Absatz 1 nicht jederzeit von der AIF-Kapitalverwaltungsgesellschaft die Rücknahme von Anteilen oder Aktien und die Auszahlung des auf die Anteile oder Aktien entfallenden Vermögensanteils verlangen kann.

(2) Zusätzlich muss der Verkaufsprospekt eines Dach-Hedgefonds an auffälliger Stelle drucktechnisch hervorgehoben folgenden Warnhinweis enthalten: „Der Bundesminister der Finanzen warnt: Dieser Investmentfonds investiert in Hedgefonds, die keinen gesetzlichen Leverage- oder Risikobeschränkungen unterliegen."

§ 229 Anlagebedingungen. (1) Die Anlagebedingungen von AIF-Kapitalverwaltungsgesellschaften, die Dach-Hedgefonds verwalten, müssen die Angaben nach Maßgabe des § 162 enthalten.

(2) Ergänzend zu § 162 Absatz 2 Nummer 1 ist von den AIF-Kapitalverwaltungsgesellschaften anzugeben,
1. nach welchen Grundsätzen Zielfonds, in die sie anlegen, ausgewählt werden,
2. dass es sich bei diesen Zielfonds um Hedgefonds, EU-AIF oder ausländische AIF handelt, deren Anlagepolitik jeweils Anforderungen unterliegt, die denen nach § 283 vergleichbar sind,
3. welchen Anlagestrategien diese Zielfonds folgen und in welchem Umfang sie im Rahmen ihrer Anlagestrategien zur Generierung von Leverage Kredite aufnehmen, Wertpapier-Darlehen oder Derivate einsetzen und Leerverkäufe durchführen dürfen,

III. Normentexte

4. bis zu welcher Höhe Mittel in Bankguthaben, Geldmarktinstrumenten und in Anteilen oder Aktien an inländischen AIF, EU-AIF oder ausländischen AIF nach § 225 Absatz 2 Satz 1 angelegt werden dürfen und
5. ob die Vermögensgegenstände eines Zielfonds bei einer Verwahrstelle oder einem Primebroker verwahrt werden.

(3) Ergänzend zu § 162 Absatz 2 Nummer 4 haben AIF-Kapitalverwaltungsgesellschaften, die Dach-Hedgefonds verwalten, alle Voraussetzungen und Bedingungen der Rückgabe und Auszahlung von Anteilen aus dem Dach-Hedgefonds Zug um Zug gegen Rückgabe der Anteile anzugeben.

Unterabschnitt 5. Immobilien-Sondervermögen

Übersicht

§ 230 Immobilien-Sondervermögen
§ 231 Zulässige Vermögensgegenstände; Anlagegrenzen
§ 232 Erbbaurechtsbestellung
§ 233 Vermögensgegenstände in Drittstaaten; Währungsrisiko
§ 234 Beteiligung an Immobilien-Gesellschaften
§ 235 Anforderungen an die Immobilien-Gesellschaften
§ 236 Erwerb der Beteiligung; Wertermittlung durch Abschlussprüfer
§ 237 Umfang der Beteiligung; Anlagegrenzen
§ 238 Beteiligungen von Immobilien-Gesellschaften an Immobilien-Gesellschaften
§ 239 Verbot und Einschränkung von Erwerb und Veräußerung
§ 240 Darlehensgewährung an Immobilien-Gesellschaften
§ 241 Zahlungen, Überwachung durch die Verwahrstelle
§ 242 Wirksamkeit eines Rechtsgeschäfts
§ 243 Risikomischung
§ 244 Anlaufzeit
§ 245 Treuhandverhältnis
§ 246 Verfügungsbeschränkung
§ 247 Vermögensaufstellung
§ 248 Sonderregeln für die Bewertung
§ 249 Sonderregeln für das Bewertungsverfahren
§ 250 Sonderregeln für den Bewerter
§ 251 Sonderregeln für die Häufigkeit der Bewertung
§ 252 Ertragsverwendung
§ 253 Liquiditätsvorschriften
§ 254 Kreditaufnahme
§ 255 Sonderregeln für die Ausgabe und Rücknahme von Anteilen
§ 256 Zusätzliche Angaben im Verkaufsprospekt und in den Anlagebedingungen
§ 257 Aussetzung der Rücknahme
§ 258 Aussetzung nach Kündigung
§ 259 Beschlüsse der Anleger
§ 260 Veräußerung und Belastung von Vermögensgegenständen

§ 230 Immobilien-Sondervermögen. (1) Für die Verwaltung von Immobilien-Sondervermögen gelten die Vorschriften der §§ 192 bis 211 sinngemäß, soweit sich aus den §§ 231 bis 260 nichts anderes ergibt.

(2) Das Immobilien-Sondervermögen darf nicht für eine begrenzte Dauer gebildet werden.

§ 231 Zulässige Vermögensgegenstände; Anlagegrenzen. (1) ¹Die AIF-Kapitalverwaltungsgesellschaft darf für ein Immobilien-Sondervermögen nur folgende Vermögensgegenstände erwerben:
1. Mietwohngrundstücke, Geschäftsgrundstücke und gemischt genutzte Grundstücke;
2. Grundstücke im Zustand der Bebauung, wenn
    a) die genehmigte Bauplanung die Nutzung als Mietwohngrundstücke, Geschäftsgrundstücke oder gemischt genutzte Grundstücke vorsieht,
    b) mit einem Abschluss der Bebauung in angemessener Zeit zu rechnen ist und
    c) die Aufwendungen für die Grundstücke insgesamt 20 Prozent des Wertes des Sondervermögens nicht überschreiten;
3. unbebaute Grundstücke, die für eine alsbaldige eigene Bebauung zur Nutzung als Mietwohngrundstücke, Geschäftsgrundstücke oder gemischt genutzte Grundstücke bestimmt und geeignet

sind, wenn zur Zeit des Erwerbs ihr Wert zusammen mit dem Wert der unbebauten Grundstücke, die sich bereits in dem Sondervermögen befinden, 20 Prozent des Wertes des Sondervermögens nicht übersteigt;
4. Erbbaurechte unter den Voraussetzungen der Nummern 1 bis 3;
5. andere Grundstücke und andere Erbbaurechte sowie Rechte in Form des Wohnungseigentums, Teileigentums, Wohnungserbbaurechts und Teilerbbaurechts, wenn zur Zeit des Erwerbs ihr Wert zusammen mit dem Wert der Grundstücke und Rechte gleicher Art, die sich bereits in dem Sondervermögen befinden, 15 Prozent des Wertes des Sondervermögens nicht überschreitet;
6. Nießbrauchrechte an Mietwohngrundstücken, Geschäftsgrundstücken und gemischt genutzten Grundstücken, die der Erfüllung öffentlicher Aufgaben dienen, wenn zur Zeit der Bestellung die Aufwendungen für das Nießbrauchrecht zusammen mit dem Wert der Nießbrauchrechte, die sich bereits im Sondervermögen befinden, 10 Prozent des Wertes des Sondervermögens nicht übersteigen;
7. die in den §§ 234 und 253 genannten Vermögensgegenstände.
[2] Weitere Voraussetzung für den Erwerb der in den Nummern 5 und 6 genannten Vermögensgegenstände ist, dass deren Erwerb in den Anlagebedingungen vorgesehen sein muss und dass die Vermögensgegenstände einen dauernden Ertrag erwarten lassen müssen.

(2) [1] Ein in Absatz 1 Nummer 1 bis 6 genannter Vermögensgegenstand darf nur erworben werden, wenn
1. der Vermögensgegenstand zuvor bei einem Wert des
    a) Vermögensgegenstands bis zu einschließlich 50 Millionen Euro von einem externen Bewerter, der die Anforderungen nach § 216 Absatz 1 Satz 1 Nummer 1 und Satz 2, Absatz 2 bis 5 erfüllt oder
    b) Vermögensgegenstands über 50 Millionen Euro von zwei externen, voneinander unabhängigen Bewertern, die die Anforderungen nach § 216 Absatz 1 Satz 1 Nummer 1 und Satz 2, Absatz 2 bis 5 erfüllen und die die Bewertung des Vermögensgegenstands unabhängig voneinander vornehmen,
    bewertet wurde,
2. der externe Bewerter im Sinne von Nummer 1 Buchstabe a oder die externen Bewerter im Sinne von Nummer 1 Buchstabe b Objektbesichtigungen vorgenommen haben,
3. der externe Bewerter im Sinne von Nummer 1 Buchstabe a oder die externen Bewerter im Sinne von Nummer 1 Buchstabe b nicht zugleich die regelmäßige Bewertung gemäß den §§ 249 und 251 Absatz 1 durchführt oder durchführen und
4. die aus dem Sondervermögen zu erbringende Gegenleistung den ermittelten Wert nicht oder nur unwesentlich übersteigt.
[2] § 250 Absatz 2 gilt entsprechend. [3] Entsprechendes gilt für Vereinbarungen über die Bemessung des Erbbauzinses und über dessen etwaige spätere Änderung.

(3) Für ein Immobilien-Sondervermögen dürfen auch Gegenstände erworben werden, die zur Bewirtschaftung der Vermögensgegenstände des Immobilien-Sondervermögens erforderlich sind.

(4) Bei der Berechnung des Wertes des Sondervermögens gemäß Absatz 1 Satz 1 Nummer 2, 3, 6 und 7, § 232 Absatz 4 sowie bei der Angabe des Anteils des Sondervermögens gemäß § 233 Absatz 1 Nummer 3 werden die aufgenommenen Darlehen nicht abgezogen.

(5) Im Fall des § 234 sind die von der Immobilien-Gesellschaft gehaltenen Vermögensgegenstände bei dem Immobilien-Sondervermögen bei der Anwendung der in den Absätzen 1 und 2, §§ 232 und 233 genannten Anlagebeschränkungen und der Berechnung der dort genannten Grenzen entsprechend der Beteiligungshöhe zu berücksichtigen.

§ 232 Erbbaurechtsbestellung. (1) Die AIF-Kapitalverwaltungsgesellschaft darf ein Grundstück nur unter den in den Anlagebedingungen festgelegten Bedingungen mit einem Erbbaurecht belasten.

(2) Vor der Bestellung des Erbbaurechts ist die Angemessenheit des Erbbauzinses entsprechend § 231 Absatz 2 zu bestätigen.

(3) Innerhalb von zwei Monaten nach der Bestellung des Erbbaurechts ist der Wert des Grundstücks entsprechend § 231 Absatz 2 neu festzustellen.

(4) Ein Erbbaurecht darf nicht bestellt werden, wenn der Wert des Grundstücks, an dem das Erbbaurecht bestellt werden soll, zusammen mit dem Wert der Grundstücke, an denen bereits Erbbaurechte bestellt worden sind, 10 Prozent des Wertes des Immobilien-Sondervermögens übersteigt.

(5) Die Verlängerung eines Erbbaurechts gilt als Neubestellung.

III. Normentexte

§ 233 Vermögensgegenstände in Drittstaaten; Währungsrisiko. (1) Vermögensgegenstände, die sich in Staaten befinden, die keine Vertragsstaaten des Abkommens über den Europäischen Wirtschaftsraum sind, dürfen für ein Immobilien-Sondervermögen nur dann erworben werden, wenn
1. die Anlagebedingungen dies vorsehen;
2. eine angemessene regionale Streuung der Vermögensgegenstände gewährleistet ist;
3. diese Staaten und der jeweilige Anteil des Sondervermögens, der in diesen Staaten höchstens angelegt werden darf, in den Anlagebedingungen angegeben sind;
4. in diesen Staaten die freie Übertragbarkeit der Vermögensgegenstände gewährleistet und der Kapitalverkehr nicht beschränkt ist;
5. die Wahrnehmung der Rechte und Pflichten der Verwahrstelle gewährleistet ist.

(2) Die AIF-Kapitalverwaltungsgesellschaft hat sicherzustellen, dass die für Rechnung eines Immobilien-Sondervermögens gehaltenen Vermögensgegenstände nur insoweit einem Währungsrisiko unterliegen, als der Wert der einem solchen Risiko unterliegenden Vermögensgegenstände 30 Prozent des Wertes des Sondervermögens nicht übersteigt.

§ 234 Beteiligung an Immobilien-Gesellschaften. [1] Die AIF-Kapitalverwaltungsgesellschaft darf für Rechnung des Immobilien-Sondervermögens Beteiligungen an Immobilien-Gesellschaften nur erwerben und halten, wenn
1. die Anlagebedingungen dies vorsehen,
2. die Beteiligung einen dauernden Ertrag erwarten lässt,
3. durch Vereinbarung zwischen AIF-Kapitalverwaltungsgesellschaft und Immobilien-Gesellschaft die Befugnisse der Verwahrstelle nach § 84 Absatz 1 Nummer 5 sichergestellt sind,
4. die AIF-Kapitalverwaltungsgesellschaft bei der Immobilien-Gesellschaft die Stimmen- und Kapitalmehrheit hat, die für eine Änderung der Satzung erforderlich ist,
5. durch die Rechtsform der Immobilien-Gesellschaft eine über die geleistete Einlage hinausgehende Nachschusspflicht ausgeschlossen ist und
6. die Immobilien-Gesellschaft, sofern sie an einer anderen Immobilien-Gesellschaft beteiligt ist, an dieser unmittelbar oder mittelbar mit 100 Prozent des Kapitals und der Stimmrechte beteiligt ist; eine mittelbare Beteiligung ist nur bei einer Immobilien-Gesellschaft mit Sitz im Ausland zulässig.

[2] Abweichend von Satz 1 Nummer 4 darf die AIF-Kapitalverwaltungsgesellschaft Beteiligungen an einer Immobilien-Gesellschaft auch dann erwerben und halten, wenn sie nicht die für eine Änderung der Satzung erforderliche Stimmen- und Kapitalmehrheit hat (Minderheitsbeteiligung). [3] In diesem Fall ist die Anlagegrenze nach § 237 Absatz 3 zu beachten.

§ 235 Anforderungen an die Immobilien-Gesellschaften. (1) Die AIF-Kapitalverwaltungsgesellschaft darf für Rechnung des Immobilien-Sondervermögens Beteiligungen nur an solchen Immobilien-Gesellschaften erwerben und halten,
1. deren Unternehmensgegenstand im Gesellschaftsvertrag oder in der Satzung auf Tätigkeiten beschränkt ist, die die AIF-Kapitalverwaltungsgesellschaft für das Immobilien-Sondervermögen ausüben darf, und
2. die nach dem Gesellschaftsvertrag oder der Satzung nur Vermögensgegenstände im Sinne des § 231 Absatz 1 Satz 1 Nummer 1 bis 5 und 7 sowie Absatz 3 oder Beteiligungen an anderen Immobilien-Gesellschaften erwerben dürfen, die nach den Anlagebedingungen unmittelbar für das Immobilien-Sondervermögen erworben werden dürfen.

(2) [1] Die Satzung oder der Gesellschaftsvertrag der Immobilien-Gesellschaft muss sicherstellen, dass
1. die von der Immobilien-Gesellschaft neu zu erwerbenden Vermögensgegenstände vor ihrem Erwerb entsprechend § 231 Absatz 2 bewertet werden,
2. der externe Bewerter nicht zugleich die regelmäßige Bewertung gemäß den §§ 249 und 251 Absatz 1 durchführt und
3. die Immobilien-Gesellschaft eine Immobilie oder eine Beteiligung an einer anderen Immobilien-Gesellschaft nur erwerben darf, wenn der dem Umfang der Beteiligung entsprechende Wert der Immobilie oder der Beteiligung an der anderen Immobilien-Gesellschaft 15 Prozent des Wertes des Immobilien-Sondervermögens, für dessen Rechnung eine Beteiligung an der Immobilien-Gesellschaft gehalten wird, nicht übersteigt.

[2] § 243 Absatz 2 und § 250 Absatz 2 gelten entsprechend.

(3) Entspricht der Gesellschaftsvertrag oder die Satzung der Immobilien-Gesellschaft nicht den Vorschriften der Absätze 1 und 2, so darf die AIF-Kapitalverwaltungsgesellschaft die Beteiligung an der Immobilien-Gesellschaft nur erwerben, wenn sichergestellt ist, dass der Gesellschaftsvertrag oder die Satzung unverzüglich nach dem Erwerb der Beteiligung entsprechend geändert wird.

(4) Die Gesellschafter einer Immobilien-Gesellschaft, an der die AIF-Kapitalverwaltungsgesellschaft für Rechnung des Immobilien-Sondervermögens beteiligt ist, müssen ihre Einlagen vollständig eingezahlt haben.

§ 236 Erwerb der Beteiligung; Wertermittlung durch Abschlussprüfer. (1) Bevor die AIF-Kapitalverwaltungsgesellschaft die Beteiligung an einer Immobilien-Gesellschaft erwirbt, ist der Wert der Immobilien-Gesellschaft von einem Abschlussprüfer im Sinne des § 319 Absatz 1 Satz 1 und 2 des Handelsgesetzbuchs zu ermitteln.

(2) [1]Bei der Wertermittlung ist von dem letzten mit dem Bestätigungsvermerk eines Abschlussprüfers versehenen Jahresabschluss der Immobilien-Gesellschaft auszugehen. [2]Liegt der Jahresabschluss mehr als drei Monate vor dem Bewertungsstichtag, ist von den Vermögenswerten und Verbindlichkeiten der Immobilien-Gesellschaft auszugehen, die in einer vom Abschlussprüfer geprüften aktuellen Vermögensaufstellung nachgewiesen sind.

(3) Für die Bewertung gelten die §§ 248 und 250 Absatz 1 Nummer 2 und Absatz 2 mit der Maßgabe, dass die im Jahresabschluss oder in der Vermögensaufstellung der Immobilien-Gesellschaft ausgewiesenen Immobilien mit dem Wert anzusetzen sind, der
1. zuvor bei einem Wert der Immobilie von
    a) bis zu einschließlich 50 Millionen Euro von einem externen Bewerter, der die Anforderungen nach § 216 Absatz 1 Satz 1 Nummer 1 und Satz 2, Absatz 2 bis 5 erfüllt, oder
    b) mehr als 50 Millionen Euro von zwei externen, voneinander unabhängigen Bewertern, die die Anforderungen nach § 216 Absatz 1 Satz 1 Nummer 1 und Satz 2, Absatz 2 bis 5 erfüllen und die die Bewertung der Vermögensgegenstände unabhängig voneinander vornehmen,
    festgestellt wurde und wobei
2. der Bewerter im Sinne von Nummer 1 Buchstabe a oder die Bewerter im Sinne von Nummer 1 Buchstabe b
    a) Objektbesichtigungen vorgenommen hat oder haben,
    b) nicht zugleich die regelmäßige Bewertung gemäß den §§ 249 und 251 Absatz 1 durchführt oder durchführen und
    c) nicht zugleich Abschlussprüfer ist oder sind.

§ 237 Umfang der Beteiligung; Anlagegrenzen. (1) Der Wert aller Vermögensgegenstände, die zum Vermögen der Immobilien-Gesellschaften gehören, an denen die AIF-Kapitalverwaltungsgesellschaft für Rechnung des Immobilien-Sondervermögens beteiligt ist, darf 49 Prozent des Wertes des Immobilien-Sondervermögens nicht übersteigen.

(2) Der Wert von Vermögensgegenständen, die zum Vermögen einer Immobilien-Gesellschaft gehören, an der die AIF-Kapitalverwaltungsgesellschaft für Rechnung des Immobilien-Sondervermögens zu 100 Prozent des Kapitals und der Stimmrechte beteiligt ist, wird auf die Anlagegrenze nach Absatz 1 nicht angerechnet.

(3) Unbeschadet der Anlagegrenze nach Absatz 1 darf der Wert der Vermögensgegenstände, die zum Vermögen von Immobilien-Gesellschaften gehören, an denen die AIF-Kapitalverwaltungsgesellschaft für Rechnung des Immobilien-Sondervermögens nicht mit einer Kapitalmehrheit beteiligt ist, 30 Prozent des Wertes des Immobilien-Sondervermögens nicht überschreiten.

(4) Bei der Berechnung des Wertes des Sondervermögens nach den Absätzen 1 und 3 werden die aufgenommenen Darlehen nicht abgezogen.

(5) Nicht anzurechnen auf die Anlagegrenzen der Absätze 3 und 4 ist die von einer AIF-Kapitalverwaltungsgesellschaft für Rechnung eines einzelnen Immobilien-Sondervermögens gehaltene Kapitalbeteiligung von weniger als 50 Prozent des Wertes der Immobilien-Gesellschaft, wenn die Beteiligung der AIF-Kapitalverwaltungsgesellschaft infolge zusätzlicher Kapitalbeteiligungen die Anforderungen des § 234 Satz 1 Nummer 4 erfüllt.

(6) Beteiligungen an derselben Immobilien-Gesellschaft dürfen nicht sowohl für Rechnung eines oder mehrerer Publikums-AIF als auch für Rechnung eines oder mehrerer Spezial-AIF gehalten werden.

(7) Wenn nach Erwerb einer Minderheitsbeteiligung die Voraussetzungen für den Erwerb und das Halten der Beteiligung nicht mehr erfüllt sind, hat die AIF-Kapitalverwaltungsgesellschaft die Veräußerung der Beteiligung unter Wahrung der Interessen der Anleger anzustreben.

§ 238 Beteiligungen von Immobilien-Gesellschaften an Immobilien-Gesellschaften. Für Beteiligungen von Immobilien-Gesellschaften an anderen Immobilien-Gesellschaften gelten § 231 Absatz 5, § 235 Absatz 2 bis 4 sowie die §§ 236, 237 Absatz 1 bis 6 entsprechend.

III. Normentexte

§ 239 Verbot und Einschränkung von Erwerb und Veräußerung. (1) ¹Ein Vermögensgegenstand nach § 231 Absatz 1 oder nach § 234 darf für Rechnung eines Immobilien-Sondervermögens nicht erworben werden, wenn er bereits im Eigentum der AIF-Kapitalverwaltungsgesellschaft steht. ²Er darf ferner für Rechnung eines Immobilien-Sondervermögens nicht von einem Mutter-, Schwester- oder Tochterunternehmen der AIF-Kapitalverwaltungsgesellschaft oder von einer anderen Gesellschaft erworben werden, an der die AIF-Kapitalverwaltungsgesellschaft eine bedeutende Beteiligung hält.

(2) Eine AIF-Kapitalverwaltungsgesellschaft darf nur mit Zustimmung der Bundesanstalt einen für Rechnung eines Immobilien-Sondervermögens gehaltenen Vermögensgegenstand nach § 231 Absatz 1 oder nach § 234
1. für eigene Rechnung erwerben,
2. an ein Unternehmen im Sinne des Absatzes 1 Satz 2 veräußern oder
3. auf einen anderen AIF übertragen, der von ihr oder einem Unternehmen im Sinne des Absatzes 1 Satz 2 verwaltet wird.

§ 240 Darlehensgewährung an Immobilien-Gesellschaften. (1) Die AIF-Kapitalverwaltungsgesellschaft darf einer Immobilien-Gesellschaft für Rechnung des Immobilien-Sondervermögens ein Darlehen nur gewähren, wenn
1. sie an der Immobilien-Gesellschaft für Rechnung des Immobilien-Sondervermögens unmittelbar oder mittelbar beteiligt ist,
2. die Darlehensbedingungen marktgerecht sind,
3. das Darlehen ausreichend besichert ist und
4. bei einer Veräußerung der Beteiligung das Darlehen innerhalb von sechs Monaten nach der Veräußerung zurückzuzahlen ist.

(2) Die AIF-Kapitalverwaltungsgesellschaft hat sicherzustellen, dass
1. die Summe der Darlehen, die einer Immobilien-Gesellschaft für Rechnung des Immobilien-Sondervermögens insgesamt gewährt werden, 50 Prozent des Wertes der von der Immobilien-Gesellschaft gehaltenen Grundstücke nicht übersteigt und
2. die Summe der Darlehen, die den Immobilien-Gesellschaften insgesamt für Rechnung des Immobilien-Sondervermögens gewährt werden, 25 Prozent des Wertes des Immobilien-Sondervermögens nicht übersteigt; bei der Berechnung der Grenze sind die aufgenommenen Darlehen nicht abzuziehen.

(3) Einer Darlehensgewährung nach den Absätzen 1 und 2 steht gleich, wenn ein Dritter im Auftrag der AIF-Kapitalverwaltungsgesellschaft der Immobilien-Gesellschaft ein Darlehen im eigenen Namen für Rechnung des Immobilien-Sondervermögens gewährt.

§ 241 Zahlungen, Überwachung durch die Verwahrstelle. ¹Die AIF-Kapitalverwaltungsgesellschaft hat mit der Immobilien-Gesellschaft zu vereinbaren, dass die der AIF-Kapitalverwaltungsgesellschaft für Rechnung des Immobilien-Sondervermögens zustehenden Zahlungen, der Liquidationserlös und sonstige der AIF-Kapitalverwaltungsgesellschaft für Rechnung des Immobilien-Sondervermögens zustehende Beträge unverzüglich auf ein Konto nach § 83 Absatz 6 Satz 2 einzuzahlen sind. ²Satz 1 gilt entsprechend für Immobilien-Gesellschaften, die Beteiligungen an anderen Immobilien-Gesellschaften erwerben oder halten.

§ 242 Wirksamkeit eines Rechtsgeschäfts. Die Nichtbeachtung der vorstehenden Vorschriften berührt die Wirksamkeit des Rechtsgeschäfts nicht.

§ 243 Risikomischung. (1) ¹Der Wert einer Immobilie darf zur Zeit des Erwerbs 15 Prozent des Wertes des Sondervermögens nicht übersteigen. ²Der Gesamtwert aller Immobilien, deren einzelner Wert mehr als 10 Prozent des Wertes des Sondervermögens beträgt, darf 50 Prozent des Wertes des Sondervermögens nicht überschreiten. ³Bei der Berechnung der Werte werden aufgenommene Darlehen nicht abgezogen.

(2) Als Immobilie im Sinne des Absatzes 1 gilt auch eine aus mehreren Immobilien bestehende wirtschaftliche Einheit.

§ 244 Anlaufzeit. Die Anlagegrenzen in den §§ 231 bis 238 und 243 sowie § 253 Absatz 1 Satz 1 gelten für das Immobilien-Sondervermögen einer AIF-Kapitalverwaltungsgesellschaft erst, wenn seit dem Zeitpunkt der Bildung dieses Sondervermögens eine Frist von vier Jahren verstrichen ist.

§ 245 Treuhandverhältnis. Abweichend von § 92 Absatz 1 können Vermögensgegenstände, die zum Immobilien-Sondervermögen gehören, nur im Eigentum der AIF-Kapitalverwaltungsgesellschaft stehen.

A. Deutschland

§ 246 Verfügungsbeschränkung. (1) ¹Die AIF-Kapitalverwaltungsgesellschaft hat dafür zu sorgen, dass die Verfügungsbeschränkung nach § 84 Absatz 1 Nummer 3 in das Grundbuch eingetragen wird. ²Ist bei ausländischen Grundstücken die Eintragung der Verfügungsbeschränkung in ein Grundbuch oder ein vergleichbares Register nicht möglich, so ist die Wirksamkeit der Verfügungsbeschränkung in anderer geeigneter Form sicherzustellen.

(2) Die AIF-Kapitalverwaltungsgesellschaft kann gegenüber dem Grundbuchamt die Bestellung der Verwahrstelle durch eine Bescheinigung der Bundesanstalt nachweisen, aus der sich ergibt, dass die Bundesanstalt die Auswahl als Verwahrstelle genehmigt hat und von ihrem Recht, der AIF-Kapitalverwaltungsgesellschaft einen Wechsel der Verwahrstelle aufzuerlegen, keinen Gebrauch gemacht hat.

§ 247 Vermögensaufstellung. (1) ¹Die AIF-Kapitalverwaltungsgesellschaft hat in der Vermögensaufstellung nach § 101 Absatz 1 Satz 3 Nummer 1 den Bestand der zum Sondervermögen gehörenden Immobilien und sonstigen Vermögensgegenstände aufzuführen und dabei Folgendes anzugeben:
1. Größe, Art und Lage sowie Bau- und Erwerbsjahr eines Grundstücks,
2. Gebäudenutzfläche, Leerstandsquote, Nutzungsentgeltausfallquote, Fremdfinanzierungsquote,
3. Restlaufzeiten der Nutzungsverträge,
4. Verkehrswert oder im Fall des § 248 Absatz 2 Satz 1 den Kaufpreis,
5. Nebenkosten bei Anschaffung von Vermögensgegenständen im Sinne des § 231 Absatz 1 und des § 234,
6. wesentliche Ergebnisse der nach Maßgabe dieses Unterabschnitts erstellten Wertgutachten,
7. etwaige Bestands- oder Projektentwicklungsmaßnahmen und
8. sonstige wesentliche Merkmale der zum Sondervermögen gehörenden Immobilien und sonstigen Vermögensgegenstände.

²Die im Berichtszeitraum getätigten Käufe und Verkäufe von Immobilien und Beteiligungen an Immobilien-Gesellschaften sind in einer Anlage zur Vermögensaufstellung anzugeben.

(2) ¹Bei einer Beteiligung nach § 234 hat die AIF-Kapitalverwaltungsgesellschaft oder die Immobilien-Gesellschaft in der Vermögensaufstellung anzugeben:
1. Firma, Rechtsform und Sitz der Immobilien-Gesellschaft,
2. das Gesellschaftskapital,
3. die Höhe der Beteiligung und den Zeitpunkt ihres Erwerbs durch die AIF-Kapitalverwaltungsgesellschaft und
4. Anzahl der durch die AIF-Kapitalverwaltungsgesellschaft oder Dritte nach § 240 gewährten Darlehen sowie die jeweiligen Beträge.

²Als Verkehrswert der Beteiligung ist der nach § 248 Absatz 4 ermittelte Wert anzusetzen. ³Die Angaben nach Absatz 1 für die Immobilien und sonstigen Vermögensgegenstände der Immobilien-Gesellschaft sind nachrichtlich aufzuführen und besonders zu kennzeichnen.

§ 248 Sonderregeln für die Bewertung. (1) § 168 ist mit den Maßgaben der Absätze 2 bis 4 anzuwenden.

(2) ¹Für Vermögensgegenstände im Sinne des § 231 Absatz 1 sowie des § 234 ist im Zeitpunkt des Erwerbs und danach nicht länger als zwölf Monate der Kaufpreis dieser Vermögensgegenstände anzusetzen. ²Abweichend von Satz 1 ist der Wert erneut zu ermitteln und anzusetzen, wenn nach Auffassung der AIF-Kapitalverwaltungsgesellschaft der Ansatz des Kaufpreises auf Grund von Änderungen wesentlicher Bewertungsfaktoren nicht mehr sachgerecht ist; die AIF-Kapitalverwaltungsgesellschaft hat ihre Entscheidung und die Gründe dafür nachvollziehbar zu dokumentieren.

(3) ¹Die Anschaffungsnebenkosten eines Vermögensgegenstandes im Sinne des § 231 Absatz 1 sowie des § 234 sind gesondert anzusetzen und über die voraussichtliche Dauer seiner Zugehörigkeit zum Immobilien-Sondervermögen in gleichen Jahresbeträgen abzuschreiben, längstens jedoch über einen Zeitraum von zehn Jahren. ²Wird ein Vermögensgegenstand veräußert, sind die Anschaffungsnebenkosten in voller Höhe abzuschreiben. ³Die Abschreibungen sind nicht in der Ertrags- und Aufwandsrechnung zu berücksichtigen.

(4) ¹Der Wert der Beteiligung an einer Immobilien-Gesellschaft ist nach den für die Bewertung von Unternehmensbeteiligungen allgemein anerkannten Grundsätzen zu ermitteln. ²Die im Jahresabschluss oder in der Vermögensaufstellung der Immobilien-Gesellschaft ausgewiesenen Immobilien sind dabei mit dem Wert anzusetzen, der entsprechend § 249 Absatz 1 festgestellt wurde.

§ 249 Sonderregeln für das Bewertungsverfahren. (1) § 169 ist mit der Maßgabe anzuwenden, dass die Bewertungsrichtlinien für Immobilien-Sondervermögen zusätzlich vorzusehen haben, dass

1. die Vermögensgegenstände im Sinne des § 231 Absatz 1 sowie des § 234 von zwei externen, voneinander unabhängigen Bewertern, die die Anforderungen nach § 216 Absatz 1 Satz 1 Nummer 1 und Satz 2, Absatz 2 bis 5 erfüllen und die die Bewertung der Vermögensgegenstände unabhängig voneinander vornehmen, bewertet werden und
2. die externen Bewerter im Sinne der Nummer 1 Objektbesichtigungen vornehmen.

(2) Die AIF-Kapitalverwaltungsgesellschaft oder die Immobilien-Gesellschaft muss die Immobilien-Gesellschaft, an der sie beteiligt ist, vertraglich verpflichten,
1. bei der AIF-Kapitalverwaltungsgesellschaft und der Verwahrstelle monatlich Vermögensaufstellungen einzureichen und
2. die Vermögensaufstellungen einmal jährlich anhand des von einem Abschlussprüfer mit einem Bestätigungsvermerk versehenen Jahresabschlusses der Immobilien-Gesellschaft prüfen zu lassen.

(3) Der auf Grund der Vermögensaufstellungen ermittelte Wert der Beteiligung an einer Immobilien-Gesellschaft ist den Bewertungen zur laufenden Preisermittlung zugrunde zu legen.

§ 250 Sonderregeln für den Bewerter. (1) § 216 ist mit der Maßgabe anzuwenden, dass
1. die Bewertung der Vermögensgegenstände im Sinne des § 231 Absatz 1 nur durch zwei externe Bewerter erfolgen darf,
2. der Wert der Beteiligung an einer Immobilien-Gesellschaft durch einen Abschlussprüfer im Sinne des § 319 Absatz 1 Satz 1 und 2 des Handelsgesetzbuchs zu ermitteln ist.

(2) ¹Ein externer Bewerter darf für eine AIF-Kapitalverwaltungsgesellschaft für die Bewertung von Immobilien-Sondervermögen nur für einen Zeitraum von maximal drei Jahren tätig sein. ²Die Einnahmen des externen Bewerters aus seiner Tätigkeit für die AIF-Kapitalverwaltungsgesellschaft dürfen 30 Prozent seiner Gesamteinnahmen, bezogen auf das Geschäftsjahr des externen Bewerters, nicht überschreiten. ³Die Bundesanstalt kann verlangen, dass ihr entsprechende Nachweise vorgelegt werden. ⁴Die AIF-Kapitalverwaltungsgesellschaft darf einen externen Bewerter erst nach Ablauf von zwei Jahren seit Ende des Zeitraums nach Satz 1 erneut als externen Bewerter bestellen.

§ 251 Sonderregeln für die Häufigkeit der Bewertung. (1) ¹§ 217 ist mit der Maßgabe anzuwenden, dass der Wert der Vermögensgegenstände im Sinne des § 231 Absatz 1 und des § 234 innerhalb eines Zeitraums von drei Monaten zu ermitteln ist. ²Sehen die Anlagebedingungen eines Immobilien-Sondervermögens gemäß § 255 Absatz 2 die Rücknahme von Anteilen seltener als alle drei Monate vor, ist der Wert der Vermögensgegenstände im Sinne des § 231 Absatz 1 und des § 234 innerhalb eines Zeitraums von drei Monaten vor jedem Rücknahmetermin zu ermitteln. ³Abweichend von Satz 1 und 2 ist der Wert stets erneut zu ermitteln und anzusetzen, wenn nach Auffassung der AIF-Kapitalverwaltungsgesellschaft der zuletzt ermittelte Wert auf Grund von Änderungen wesentlicher Bewertungsfaktoren nicht mehr sachgerecht ist; die AIF-Kapitalverwaltungsgesellschaft hat ihre Entscheidung und die Gründe dafür nachvollziehbar zu dokumentieren.

(2) Absatz 1 gilt entsprechend für die Bewertung der im Jahresabschluss oder in der Vermögensaufstellung der Immobilien-Gesellschaft ausgewiesenen Immobilien.

§ 252 Ertragsverwendung. (1) Die Anlagebedingungen müssen vorsehen, dass Erträge des Sondervermögens, die für künftige Instandsetzungen von Vermögensgegenständen des Sondervermögens erforderlich sind, nicht ausgeschüttet werden dürfen.

(2) Mindestens 50 Prozent der Erträge des Sondervermögens müssen ausgeschüttet werden, sofern sie nicht für künftige erforderliche Instandsetzungen einzubehalten sind; realisierte Gewinne aus Veräußerungsgeschäften sind keine Erträge im Sinne dieses Absatzes.

(3) Die Anlagebedingungen müssen angeben, ob und in welchem Umfang Erträge zum Ausgleich von Wertminderungen der Vermögensgegenstände des Sondervermögens und für künftige erforderliche Instandsetzungen nach Absatz 1 einbehalten werden.

§ 253 Liquiditätsvorschriften. (1) ¹Die AIF-Kapitalverwaltungsgesellschaft darf für Rechnung eines Immobilien-Sondervermögens einen Betrag, der insgesamt 49 Prozent des Wertes des Sondervermögens entspricht, nur halten in
1. Bankguthaben;
2. Geldmarktinstrumenten;
3. Investmentanteilen nach Maßgabe des § 196 oder Anteilen an Spezial-Sondervermögen nach Maßgabe des § 196 Absatz 1 Satz 2, die nach den Anlagebedingungen ausschließlich in Vermögensgegenstände nach den Nummern 1, 2 und 4 Buchstabe a anlegen dürfen; die §§ 207 und 210 Absatz 3 sind auf Spezial-Sondervermögen nicht anzuwenden;

4. Wertpapieren, die
   a) zur Sicherung der in Artikel 18.1 des Protokolls über die Satzung des Europäischen Systems der Zentralbanken und der Europäischen Zentralbank vom 7. Februar 1992 (BGBl. 1992 II S. 1299) genannten Kreditgeschäfte von der Europäischen Zentralbank oder der Deutschen Bundesbank zugelassen sind oder deren Zulassung nach den Emissionsbedingungen beantragt wird, sofern die Zulassung innerhalb eines Jahres nach ihrer Ausgabe erfolgt,
   b) entweder an einem organisierten Markt im Sinne von § 2 Absatz 5 des Wertpapierhandelsgesetzes zum Handel zugelassen sind oder die festverzinsliche Wertpapiere sind, soweit ihr Wert einen Betrag von 5 Prozent des Wertes des Sondervermögens nicht übersteigt;
5. Aktien von REIT-Aktiengesellschaften oder vergleichbare Anteile ausländischer juristischer Personen, die an einem der in § 193 Absatz 1 Nummer 1 und 2 bezeichneten Märkte zugelassen oder in einen dieser Märkte einbezogen sind, soweit der Wert dieser Aktien oder Anteile einen Betrag von 5 Prozent des Wertes des Sondervermögens nicht überschreitet und die in Artikel 2 Absatz 1 der Richtlinie 2007/16/EG genannten Kriterien erfüllt sind, und
6. Derivaten zu Absicherungszwecken.

[2] Die AIF-Kapitalverwaltungsgesellschaft hat sicherzustellen, dass hiervon ein nach den überprüfbaren und dokumentierten Berechnungen des Liquiditätsmanagements ausreichender Betrag, der mindestens 5 Prozent des Wertes des Sondervermögens entspricht, für die Rücknahme von Anteilen verfügbar ist.

(2) Bei der Berechnung der Anlagegrenze nach Absatz 1 Satz 1 sind folgende gebundene Mittel des Immobilien-Sondervermögens abzuziehen:
1. die Mittel, die zur Sicherstellung einer ordnungsgemäßen laufenden Bewirtschaftung benötigt werden;
2. die Mittel, die für die nächste Ausschüttung vorgesehen sind;
3. die Mittel, die erforderlich werden zur Erfüllung von Verbindlichkeiten
   a) aus rechtswirksam geschlossenen Grundstückskaufverträgen,
   b) aus Darlehensverträgen,
   c) für die bevorstehenden Anlagen in bestimmten Immobilien,
   d) für bestimmte Baumaßnahmen sowie
   e) aus Bauverträgen,
sofern die Verbindlichkeiten in den folgenden zwei Jahren fällig werden.

(3) Die AIF-Kapitalverwaltungsgesellschaft darf für Rechnung eines Immobilien-Sondervermögens Wertpapier-Darlehen nur auf unbestimmte Zeit gewähren.

§ 254 Kreditaufnahme. (1) [1] Die AIF-Kapitalverwaltungsgesellschaft darf unbeschadet des § 199 für gemeinschaftliche Rechnung der Anleger Kredite nur bis zur Höhe von 30 Prozent des Verkehrswertes der Immobilien, die zum Sondervermögen gehören, und nur dann aufnehmen und halten, wenn
1. dies in den Anlagebedingungen vorgesehen ist,
2. die Kreditaufnahme mit einer ordnungsgemäßen Wirtschaftsführung vereinbar ist,
3. die Bedingungen der Kreditaufnahme marktüblich sind und
4. die Grenze nach § 260 Absatz 3 Nummer 3 nicht überschritten wird.

[2] Eine Kreditaufnahme zur Finanzierung der Rücknahme von Anteilen ist nur nach Maßgabe des § 199 zulässig.

(2) Entsprechend der Beteiligungshöhe sind die von der Immobilien-Gesellschaft aufgenommenen Kredite bei dem Immobilien-Sondervermögen bei der Berechnung der in Absatz 1 genannten Grenzen zu berücksichtigen.

§ 255 Sonderregeln für die Ausgabe und Rücknahme von Anteilen. (1) Die AIF-Kapitalverwaltungsgesellschaft hat die Ausgabe von Anteilen vorübergehend auszusetzen, wenn eine Verletzung der Anlagegrenzen nach den Liquiditätsvorschriften dieses Abschnitts oder der Anlagebedingungen droht.

(2) [1] In Abweichung von § 98 Absatz 1 Satz 1 können die Anlagebedingungen von Immobilien-Sondervermögen vorsehen, dass die Rücknahme von Anteilen nur zu bestimmten Rücknahmeterminen, jedoch mindestens alle zwölf Monate erfolgt. [2] Neue Anteile dürfen in den Fällen des Satzes 1 nur zu den in den Anlagebedingungen festgelegten Rücknahmeterminen ausgegeben werden.

(3) [1] Die Rückgabe von Anteilen ist erst nach Ablauf einer Mindesthaltefrist von 24 Monaten möglich. [2] Der Anleger hat nachzuweisen, dass er mindestens den in seiner Rückgabeerklärung aufgeführten Bestand an Anteilen während der gesamten 24 Monate, die dem verlangten Rücknahmetermin unmittelbar vorausgehen, durchgehend gehalten hat. [3] Der Nachweis kann durch die depotführende

Stelle in Textform als besonderer Nachweis der Anteilinhaberschaft erbracht oder auf andere in den Anlagebedingungen vorgesehene Weise geführt werden.

(4) ¹Anteilrückgaben sind unter Einhaltung einer Rückgabefrist von zwölf Monaten durch eine unwiderrufliche Rückgabeerklärung gegenüber der AIF-Kapitalverwaltungsgesellschaft zu erklären. ²§ 227 Absatz 3 gilt entsprechend; die Anlagebedingungen können eine andere Form für den Nachweis vorsehen, dass die Rückgabe in Einklang mit Satz 1 erfolgt.

§ 256 Zusätzliche Angaben im Verkaufsprospekt und in den Anlagebedingungen.

(1) Der Verkaufsprospekt muss zusätzlich zu den Angaben nach § 165 folgende Angaben enthalten:
1. einen ausdrücklichen, drucktechnisch hervorgehobenen Hinweis, dass der Anleger abweichend von § 98 Absatz 1 Satz 1 von der AIF-Kapitalverwaltungsgesellschaft die Rücknahme von Anteilen und die Auszahlung des Anteilswertes nur zu den Rücknahmeterminen verlangen kann, die in den Anlagebedingungen bestimmt sind, sowie
2. alle Voraussetzungen und Bedingungen für die Rückgabe und Auszahlung von Anteilen aus dem Sondervermögen Zug um Zug gegen Rückgabe der Anteile.

(2) Die Angaben nach Absatz 1 Nummer 2 sind in die Anlagebedingungen aufzunehmen.

§ 257 Aussetzung der Rücknahme.

(1) ¹Verlangt der Anleger, dass ihm gegen Rückgabe des Anteils sein Anteil am Immobilien-Sondervermögen ausgezahlt wird, so hat die AIF-Kapitalverwaltungsgesellschaft die Rücknahme der Anteile zu verweigern und auszusetzen, wenn die Bankguthaben und der Erlös der nach § 253 Absatz 1 angelegten Mittel zur Zahlung des Rücknahmepreises und zur Sicherstellung einer ordnungsgemäßen laufenden Bewirtschaftung nicht ausreichen oder nicht sogleich zur Verfügung stehen. ²Zur Beschaffung der für die Rücknahme der Anteile notwendigen Mittel hat die AIF-Kapitalverwaltungsgesellschaft Vermögensgegenstände des Sondervermögens zu angemessenen Bedingungen zu veräußern.

(2) ¹Reichen die liquiden Mittel gemäß § 253 Absatz 1 zwölf Monate nach der Aussetzung der Rücknahme gemäß Absatz 1 Satz 1 nicht aus, so hat die AIF-Kapitalverwaltungsgesellschaft die Rücknahme weiterhin zu verweigern und durch Veräußerung von Vermögensgegenständen des Sondervermögens weitere liquide Mittel zu beschaffen. ²Der Veräußerungserlös kann abweichend von § 260 Absatz 1 Satz 1 den dort genannten Wert um bis zu 10 Prozent unterschreiten.

(3) ¹Reichen die liquiden Mittel gemäß § 253 Absatz 1 auch 24 Monate nach der Aussetzung der Rücknahme gemäß Absatz 1 Satz 1 nicht aus, hat die AIF-Kapitalverwaltungsgesellschaft die Rücknahme der Anteile weiterhin zu verweigern und durch Veräußerung von Vermögensgegenständen des Sondervermögens weitere liquide Mittel zu beschaffen. ²Der Veräußerungserlös kann abweichend von § 260 Absatz 1 Satz 1 den dort genannten Wert um bis zu 20 Prozent unterschreiten. ³36 Monate nach der Aussetzung der Rücknahme gemäß Absatz 1 Satz 1 kann jeder Anleger verlangen, dass ihm gegen Rückgabe des Anteils sein Anteil am Sondervermögen aus diesem ausgezahlt wird.

(4) ¹Reichen auch 36 Monate nach der Aussetzung der Rücknahme die Bankguthaben und die liquiden Mittel nicht aus, so erlischt das Recht der AIF-Kapitalverwaltungsgesellschaft, dieses Immobilien-Sondervermögen zu verwalten; dies gilt auch, wenn eine AIF-Kapitalverwaltungsgesellschaft zum dritten Mal binnen fünf Jahren die Rücknahme von Anteilen aussetzt. ²Ein erneuter Fristlauf nach den Absätzen 1 bis 3 kommt nicht in Betracht, wenn die AIF-Kapitalverwaltungsgesellschaft die Anteilrücknahme binnen drei Monaten erneut aussetzt oder wenn sie, falls die Anlagebedingungen nicht mehr als vier Rückgabetermine im Jahr vorsehen, die Anteilrücknahme nur zu einem Rücknahmetermin wieder aufgenommen hatte, aber zum darauf folgenden Rücknahmetermin die Anteilrücknahme erneut unter Berufung auf Absatz 1 Satz 1 verweigert.

§ 258 Aussetzung nach Kündigung.

(1) Außergewöhnliche Umstände im Sinne des § 98 Absatz 2 Satz 1 liegen vor, wenn die AIF-Kapitalverwaltungsgesellschaft die Kündigung der Verwaltung des Immobilien-Sondervermögens erklärt hat.

(2) Eine AIF-Kapitalverwaltungsgesellschaft, die die Verwaltung eines Immobilien-Sondervermögens gekündigt hat, ist bis zum Erlöschen des Verwaltungsrechts berechtigt und verpflichtet, in Abstimmung mit der Verwahrstelle sämtliche Vermögensgegenstände dieses Sondervermögens zu angemessenen Bedingungen oder mit Einwilligung der Anleger gemäß § 259 zu veräußern.

(3) Während einer Aussetzung der Rücknahme nach § 98 Absatz 2 oder nach Absatz 1 in Verbindung mit § 98 Absatz 2 sind § 239 sowie die in § 244 genannten Anlaufbegrenzungen nicht anzuwenden, soweit die Veräußerung von Vermögensgegenständen des Sondervermögens es erfordert, dass diese Vorschriften im Interesse der Anleger nicht angewendet werden.

(4) Aus den Erlösen aus Veräußerungen nach Absatz 2 ist den Anlegern in Abstimmung mit der Verwahrstelle ungeachtet des § 252 ein halbjährlicher Abschlag auszuzahlen, soweit
1. diese Erlöse nicht zur Sicherstellung einer ordnungsgemäßen laufenden Bewirtschaftung benötigt werden und
2. nicht Gewährleistungszusagen aus den Veräußerungsgeschäften oder zu erwartende Auseinandersetzungskosten den Einbehalt im Sondervermögen verlangen.

§ 259 Beschlüsse der Anleger. (1) ¹Die Anlagebedingungen eines Immobilien-Sondervermögens haben für den Fall der Aussetzung der Rücknahme von Anteilen gemäß § 257 vorzusehen, dass die Anleger durch Mehrheitsbeschluss in die Veräußerung bestimmter Vermögensgegenstände einwilligen können, auch wenn die Veräußerung nicht zu angemessenen Bedingungen im Sinne des § 257 Absatz 1 Satz 3 erfolgt. ²Ein Widerruf der Einwilligung kommt nicht in Betracht. ³Die Einwilligung verpflichtet die AIF-Kapitalverwaltungsgesellschaft nicht zur Veräußerung.

(2) ¹Ein Beschluss der Anleger ist nur wirksam, wenn mindestens 30 Prozent der Stimmrechte bei der Beschlussfassung vertreten waren. ²§ 5 Absatz 4 Satz 1 und Absatz 6 Satz 1 sowie die §§ 6 bis 20 des Schuldverschreibungsgesetzes über Beschlüsse der Gläubiger gelten für Beschlüsse der Anleger, mit denen diese eine Einwilligung erteilen oder versagen, mit der Maßgabe entsprechend, dass
1. an die Stelle der ausstehenden Schuldverschreibungen die ausgegebenen Investmentanteile treten,
2. an die Stelle des Schuldners die AIF-Kapitalverwaltungsgesellschaft tritt und
3. an die Stelle der Gläubigerversammlung die Anlegerversammlung tritt.
³Eine einberufene Anlegerversammlung bleibt von der Wiederaufnahme der Anteilrücknahme unberührt.

(3) Die Abstimmung soll ohne Versammlung durchgeführt werden, wenn nicht außergewöhnliche Umstände eine Versammlung zur Information der Anleger erforderlich machen.

§ 260 Veräußerung und Belastung von Vermögensgegenständen. (1) ¹Die Veräußerung von Vermögensgegenständen nach § 231 Absatz 1 und § 234, die zu einem Sondervermögen gehören, ist vorbehaltlich des § 257 nur zulässig, wenn
1. dies in den Anlagebedingungen vorgesehen ist und
2. die Gegenleistung den gemäß § 249 Absatz 1 ermittelten Wert nicht oder nicht wesentlich unterschreitet.
²Werden durch ein einheitliches Rechtsgeschäft zwei oder mehr der in Satz 1 genannten Vermögensgegenstände an denselben Erwerber veräußert, darf die insgesamt vereinbarte Gegenleistung die Summe der Werte, die für die veräußerten Vermögensgegenstände ermittelt wurden, um höchstens 5 Prozent unterschreiten, wenn dies den Interessen der Anleger nicht zuwiderläuft.

(2) Von der Bewertung gemäß § 249 Absatz 1 kann abgesehen werden, wenn
1. Teile des Immobilienvermögens auf behördliches Verlangen zu öffentlichen Zwecken veräußert werden,
2. Teile des Immobilienvermögens im Umlegungsverfahren getauscht oder, um ein Umlegungsverfahren abzuwenden, gegen andere Immobilien getauscht werden oder
3. zur Abrundung eigenen Grundbesitzes Immobilien hinzuerworben werden und die hierfür zu entrichtende Gegenleistung die Gegenleistung, die für eine gleich große Fläche einer eigenen Immobilie erbracht wurde, um höchstens 5 Prozent überschreitet.

(3) Die Belastung von Vermögensgegenständen nach § 231 Absatz 1, die zu einem Sondervermögen gehören, sowie die Abtretung und Belastung von Forderungen aus Rechtsverhältnissen, die sich auf Vermögensgegenstände nach § 231 Absatz 1 beziehen, sind vorbehaltlich des § 239 zulässig, wenn
1. dies in den Anlagebedingungen vorgesehen und mit einer ordnungsgemäßen Wirtschaftsführung vereinbar ist,
2. die Verwahrstelle den vorgenannten Maßnahmen zustimmt, weil sie die Bedingungen, unter denen die Maßnahmen erfolgen sollen, für marktüblich erachtet, und
3. die AIF-Kapitalverwaltungsgesellschaft sicherstellt, dass die Belastung insgesamt 30 Prozent des Verkehrswertes der im Sondervermögen befindlichen Immobilien nicht überschreitet.

(4) Verfügungen über Vermögensgegenstände, die zum Vermögen der Immobilien-Gesellschaften gehören, gelten für die Prüfung ihrer Zulässigkeit als Vermögensgegenstände im Sinne der Absätze 1 und 3.

(5) Die Wirksamkeit einer Verfügung wird durch einen Verstoß gegen die Vorschriften der Absätze 1 und 3 nicht berührt.

III. Normentexte

Abschnitt 4. Geschlossene inländische Publikums-AIF

Übersicht

§ 261 Zulässige Vermögensgegenstände, Anlagegrenzen
§ 262 Risikomischung
§ 263 Beschränkung von Leverage und Belastung
§ 264 Verfügungsbeschränkung
§ 265 Leerverkäufe
§ 266 Anlagebedingungen
§ 267 Genehmigung der Anlagebedingungen
§ 268 Erstellung von Verkaufsprospekt und wesentlichen Anlegerinformationen
§ 269 Mindestangaben im Verkaufsprospekt
§ 270 Inhalt, Form und Gestaltung der wesentlichen Anlegerinformationen
§ 271 Bewertung, Bewertungsverfahren, Bewerter
§ 272 Häufigkeit der Bewertung und Berechnung; Offenlegung

§ 261 Zulässige Vermögensgegenstände, Anlagegrenzen. (1) Die AIF-Kapitalverwaltungsgesellschaft darf für einen geschlossenen inländischen Publikums-AIF nur investieren in
1. Sachwerte,
2. Anteile oder Aktien an ÖPP-Projektgesellschaften,
3. Anteile oder Aktien an Gesellschaften, die nach dem Gesellschaftsvertrag oder der Satzung nur Vermögensgegenstände im Sinne der Nummer 1 sowie die zur Bewirtschaftung dieser Vermögensgegenstände erforderlichen Vermögensgegenstände oder Beteiligungen an solchen Gesellschaften erwerben dürfen,
4. Beteiligungen an Unternehmen, die nicht zum Handel an einer Börse zugelassen oder in einen organisierten Markt einbezogen sind,
5. Anteile oder Aktien an geschlossenen inländischen Publikums-AIF nach Maßgabe der §§ 261 bis 272 oder an europäischen oder ausländischen geschlossenen Publikums-AIF, deren Anlagepolitik vergleichbaren Anforderungen unterliegt,
6. Anteile oder Aktien an geschlossenen inländischen Spezial-AIF nach Maßgabe der §§ 285 bis 292 in Verbindung mit den §§ 273 bis 277, der §§ 337 und 338 oder an geschlossenen EU-Spezial-AIF oder ausländischen geschlossenen Spezial-AIF, deren Anlagepolitik vergleichbaren Anforderungen unterliegt,
7. Vermögensgegenstände nach den §§ 193 bis 195.

(2) Sachwerte im Sinne von Absatz 1 Nummer 1 sind insbesondere
1. Immobilien, einschließlich Wald, Forst und Agrarland,
2. Schiffe, Schiffsaufbauten und Schiffsbestand- und -ersatzteile,
3. Luftfahrzeuge, Luftfahrzeugbestand- und -ersatzteile,
4. Anlagen zur Erzeugung, zum Transport und zur Speicherung von Strom, Gas oder Wärme aus erneuerbaren Energien,
5. Schienenfahrzeuge, Schienenfahrzeugbestand- und -ersatzteile,
6. Fahrzeuge, die im Rahmen der Elektromobilität genutzt werden,
7. Container,
8. für Vermögensgegenstände im Sinne der Nummern 2 bis 6 genutzte Infrastruktur.

(3) Geschäfte, die Derivate zum Gegenstand haben, dürfen nur zur Absicherung von im geschlossenen inländischen Publikums-AIF gehaltenen Vermögensgegenständen gegen einen Wertverlust getätigt werden.

(4) Die AIF-Kapitalverwaltungsgesellschaft hat sicherzustellen, dass die Vermögensgegenstände eines geschlossenen inländischen Publikums-AIF nur insoweit einem Währungsrisiko unterliegen, als der Wert der einem solchen Risiko unterliegenden Vermögensgegenstände 30 Prozent des Wertes dieses AIF nicht übersteigt.

(5) [1] In einen Vermögensgegenstand im Sinne des Absatzes 1 Nummer 1 darf nur investiert werden, wenn
1. der Vermögensgegenstand zuvor bei einem Wert des
   a) Vermögensgegenstandes bis zu einschließlich 50 Millionen Euro von einem externen Bewerter, der die Anforderungen nach § 216 Absatz 1 Satz 1 Nummer 1 und Satz 2, Absatz 2 bis 5 erfüllt, oder
   b) Vermögensgegenstandes über 50 Millionen Euro von zwei externen, voneinander unabhängigen Bewertern, die die Anforderungen nach § 216 Absatz 1 Satz 1 Nummer 1 und Satz 2, Absatz 2

bis 5 erfüllen und die die Bewertung des Vermögensgegenstandes unabhängig voneinander vornehmen,
bewertet wurde,
2. der externe Bewerter im Sinne von Nummer 1 Buchstabe a oder die externen Bewerter im Sinne von Nummer 1 Buchstabe b nicht zugleich die jährliche Bewertung der Vermögensgegenstände gemäß § 272 durchführt oder durchführen und
3. die aus dem geschlossenen inländischen Publikums-AIF zu erbringende Gegenleistung den ermittelten Wert nicht oder nur unwesentlich übersteigt.
²§ 250 Absatz 2 und § 271 Absatz 2 gelten entsprechend.

(6) ¹Vor der Investition in einen Vermögensgegenstand im Sinne des Absatzes 1 Nummer 2 bis 6 ist der Wert der ÖPP-Projektgesellschaft, der Gesellschaft im Sinne des Absatzes 1 Nummer 3, des Unternehmens im Sinne des Absatzes 1 Nummer 4 oder des geschlossenen AIF im Sinne des Absatzes 1 Nummer 5 oder Nummer 6
1. durch
    a) einen externen Bewerter, der die Anforderungen nach § 216 Absatz 1 Satz 1 Nummer 1 und Satz 2, Absatz 2 bis 5 erfüllt, wenn der Wert des Vermögensgegenstandes 50 Millionen Euro nicht übersteigt, oder
    b) zwei externe, voneinander unabhängige Bewerter, die die Anforderungen nach § 216 Absatz 1 Satz 1 Nummer 1 und Satz 2, Absatz 2 bis 5 erfüllen und die die Bewertung des Vermögensgegenstandes unabhängig voneinander vornehmen,
zu ermitteln, wobei
2. der externe Bewerter im Sinne von Nummer 1 Buchstabe a oder die externen Bewerter im Sinne von Nummer 1 Buchstabe b nicht zugleich die jährliche Bewertung der Vermögensgegenstände gemäß § 272 durchführt oder durchführen.
²§ 250 Absatz 2 gilt entsprechend. ³Bei der Bewertung ist von dem letzten mit Bestätigungsvermerk eines Abschlussprüfers versehenen Jahresabschluss der ÖPP-Projektgesellschaft, der Gesellschaft im Sinne des Absatzes 1 Nummer 3, des Unternehmens im Sinne des Absatzes 1 Nummer 4 oder des geschlossenen AIF im Sinne des Absatzes 1 Nummer 5 oder Nummer 6 oder, wenn der Jahresabschluss mehr als drei Monate vor dem Bewertungsstichtag liegt, von den Vermögenswerten und Verbindlichkeiten der ÖPP-Projektgesellschaft, der Gesellschaft im Sinne des Absatzes 1 Nummer 3, des Unternehmens im Sinne des Absatzes 1 Nummer 4 oder des geschlossenen AIF im Sinne des Absatzes 1 Nummer 5 oder Nummer 6 auszugehen, die in einer vom Abschlussprüfer geprüften aktuellen Vermögensaufstellung nachgewiesen sind.

(7) Investiert die AIF-Kapitalverwaltungsgesellschaft für einen geschlossenen inländischen Publikums-AIF in Vermögensgegenstände im Sinne von Absatz 1 Nummer 4, gelten die §§ 287 bis 292 entsprechend.

(8) Geschlossene Publikums-AIF dürfen nicht Feeder-AIF in einer Master-Feeder-Konstruktion sein.

§ 262 Risikomischung. (1) ¹Die AIF-Kapitalverwaltungsgesellschaft darf für einen geschlossenen inländischen Publikums-AIF nur nach dem Grundsatz der Risikomischung investieren. ²Der Grundsatz der Risikomischung im Sinne des Satzes 1 gilt als erfüllt, wenn
1. entweder in mindestens drei Sachwerte im Sinne des § 261 Absatz 2 investiert wird und die Anteile jedes einzelnen Sachwertes am Wert des gesamten AIF im Wesentlichen gleichmäßig verteilt sind oder
2. bei wirtschaftlicher Betrachtungsweise eine Streuung des Ausfallrisikos gewährleistet ist.
³Der geschlossene inländische Publikums-AIF muss spätestens 18 Monate nach Beginn des Vertriebs risikogemischt investiert sein. ⁴Für den Zeitraum nach Satz 3, in dem der geschlossene Publikums-AIF noch nicht risikogemischt investiert ist, sind die Anleger in dem Verkaufsprospekt und den wesentlichen Anlegerinformationen gemäß § 268 darauf hinzuweisen.

(2) ¹Abweichend von Absatz 1 darf die AIF-Kapitalverwaltungsgesellschaft für den geschlossenen inländischen Publikums-AIF ohne Einhaltung des Grundsatzes der Risikomischung investieren, wenn
1. sie für den geschlossenen inländischen Publikums-AIF nicht in Vermögensgegenstände im Sinne des § 261 Absatz 1 Nummer 4 investiert und
2. die Anteile oder Aktien dieses AIF nur von solchen Privatanlegern erworben werden,
    a) die sich verpflichten, mindestens 20 000 Euro zu investieren, und
    b) für die die in § 1 Absatz 19 Nummer 33 Buchstabe a Doppelbuchstabe bb bis ee genannten Voraussetzungen erfüllt sind.

²Wenn für den geschlossenen inländischen Publikums-AIF ohne Einhaltung des Grundsatzes der Risikomischung investiert wird, müssen der Verkaufsprospekt und die wesentlichen Anlegerinformationen an hervorgehobener Stelle auf das Ausfallrisiko mangels Risikomischung hinweisen.

§ 263 Beschränkung von Leverage und Belastung. (1) Für einen geschlossenen inländischen Publikums-AIF dürfen Kredite nur bis zur Höhe von 60 Prozent des Wertes des geschlossenen Publikums-AIF und nur dann aufgenommen werden, wenn die Bedingungen der Kreditaufnahme marktüblich sind und dies in den Anlagebedingungen vorgesehen ist.

(2) Für die Informationspflicht der AIF-Kapitalverwaltungsgesellschaft im Hinblick auf das eingesetzte Leverage sowie die Befugnis der Bundesanstalt zur Beschränkung des eingesetzten Leverage einschließlich der diesbezüglichen Mitteilungspflichten der Bundesanstalt gilt § 215 entsprechend.

(3) Die Belastung von Vermögensgegenständen im Sinne des § 261 Absatz 1 Nummer 1, die zu einem geschlossenen inländischen Publikums-AIF gehören, sowie die Abtretung und Belastung von Forderungen aus Rechtsverhältnissen, die sich auf diese Vermögensgegenstände beziehen, sind zulässig, wenn
1. dies in den Anlagebedingungen vorgesehen und mit einer ordnungsgemäßen Wirtschaftsführung vereinbar ist und
2. die Verwahrstelle den vorgenannten Maßnahmen zustimmt, weil sie die Bedingungen, unter denen die Maßnahmen erfolgen sollen, für marktüblich erachtet.

(4) Die AIF-Kapitalverwaltungsgesellschaft muss sicherstellen, dass die Belastung nach Absatz 3 insgesamt 60 Prozent des Verkehrswertes der im geschlossenen Publikums-AIF befindlichen Vermögensgegenstände nicht überschreitet.

(5) ¹Die in den Absätzen 1 und 4 genannten Grenzen gelten nicht während der Dauer des erstmaligen Vertriebs eines geschlossenen inländischen Publikums-AIF, längstens jedoch für einen Zeitraum von 18 Monaten ab Beginn des Vertriebs, sofern dies in den Anlagebedingungen vorgesehen ist. ²In dem Verkaufsprospekt und den wesentlichen Anlegerinformationen gemäß § 268 sind die Anleger auf die fehlenden Begrenzungen hinzuweisen.

§ 264 Verfügungsbeschränkung. (1) ¹Die AIF-Kapitalverwaltungsgesellschaft hat dafür zu sorgen, dass die Verfügungsbeschränkung nach § 84 Absatz 1 Nummer 3 bei Immobilien in das Grundbuch und sonstigen Vermögensgegenständen, sofern ein Register für den jeweiligen Vermögensgegenstand besteht, in das entsprechende eingetragen wird. ²Besteht für die in § 84 Absatz 1 Nummer 3 genannten Vermögensgegenstände kein Register, in das eine Verfügungsbeschränkung eingetragen werden kann, so ist die Wirksamkeit der Verfügungsbeschränkung in anderer geeigneter Form sicherzustellen.

(2) Die Bestellung der Verwahrstelle kann gegenüber dem Grundbuchamt oder sonstigen Register, in die in § 84 Absatz 1 Nummer 3 genannte Vermögensgegenstände eingetragen werden, durch eine Bescheinigung der Bundesanstalt nachgewiesen werden, aus der sich ergibt, dass die Bundesanstalt die Auswahl der Einrichtung als Verwahrstelle genehmigt hat und von ihrem Recht nicht Gebrauch gemacht hat, der AIF-Kapitalverwaltungsgesellschaft einen Wechsel der Verwahrstelle aufzuerlegen.

§ 265 Leerverkäufe. ¹Die AIF-Kapitalverwaltungsgesellschaft darf für gemeinschaftliche Rechnung der Anleger keine Vermögensgegenstände nach Maßgabe der §§ 193 und 194 verkaufen, wenn die jeweiligen Vermögensgegenstände im Zeitpunkt des Geschäftsabschlusses nicht zum geschlossenen inländischen Publikums-AIF gehören. ²Die Wirksamkeit des Rechtsgeschäfts wird durch einen Verstoß gegen Satz 1 nicht berührt.

§ 266 Anlagebedingungen. (1) Die Anlagebedingungen, nach denen sich
1. in Verbindung mit der Satzung der Publikumsinvestmentaktiengesellschaft mit fixem Kapital das Rechtsverhältnis dieser Investmentaktiengesellschaft zu ihren Anlegern bestimmt oder
2. in Verbindung mit dem Gesellschaftsvertrag der geschlossenen Publikumsinvestmentkommanditgesellschaft das Rechtsverhältnis dieser Investmentkommanditgesellschaft zu ihren Anlegern bestimmt,
sind vor Ausgabe der Anteile oder Aktien schriftlich festzuhalten.

(2) ¹Die Anlagebedingungen müssen neben der Bezeichnung des geschlossenen Publikums-AIF, der Angabe des Namens und des Sitzes der AIF-Kapitalverwaltungsgesellschaft sowie den in § 162 Absatz 2 Nummer 5 bis 7 und 9 bis 14 genannten Angaben mindestens folgende Angaben und Vorgaben enthalten:
1. die Angaben in § 162 Absatz 2 Nummer 4, sofern den Anlegern Rückgaberechte eingeräumt werden, und

2. die Staaten und der jeweilige Anteil des geschlossenen Publikums-AIF, der in diesen Staaten höchstens angelegt werden darf, wenn eine AIF-Kapitalverwaltungsgesellschaft für einen geschlossenen Publikums-AIF Vermögensgegenstände, die außerhalb eines Vertragsstaates des Abkommens über den Europäischen Wirtschaftsraum gelegen sind, erwirbt.

² § 162 Absatz 2 Nummer 1 ist mit der Maßgabe anzuwenden, dass anstelle der Angabe, welche Vermögensgegenstände in welchem Umfang erworben werden dürfen, die AIF-Kapitalverwaltungsgesellschaft in den Anlagebedingungen festlegen muss, welche Vermögensgegenstände in welchem Umfang für den geschlossenen Publikums-AIF erworben werden.

§ 267 Genehmigung der Anlagebedingungen. (1) ¹ Die Anlagebedingungen sowie Änderungen der Anlagebedingungen bedürfen der Genehmigung der Bundesanstalt. ² Die Genehmigung kann nur von solchen AIF-Kapitalverwaltungsgesellschaften beantragt werden, die die betroffene Art von AIF verwalten dürfen.

(2) ¹ Die Genehmigung ist innerhalb einer Frist von vier Wochen nach Eingang des Antrags zu erteilen, wenn die Anlagebedingungen den gesetzlichen Anforderungen entsprechen und der Antrag von einer AIF-Kapitalverwaltungsgesellschaft im Sinne von Absatz 1 Satz 2 gestellt wurde. ² § 163 Absatz 2 Satz 2 und 4 bis 11 gilt entsprechend.

(3) ¹ Eine Änderung der Anlagebedingungen, die mit den bisherigen Anlagegrundsätzen des geschlossenen Publikums-AIF nicht vereinbar ist oder zu einer Änderung der Kosten oder der wesentlichen Anlegerrechte führt, ist nur mit Zustimmung einer qualifizierten Mehrheit von Anlegern, die mindestens zwei Drittel des Zeichnungskapitals auf sich vereinigen, möglich. ² Handelt es sich bei dem geschlossenen Publikums-AIF um eine geschlossene Investmentkommanditgesellschaft, bei der sich die Anleger mittelbar über einen Treuhandkommanditisten an dem geschlossenen Publikums-AIF beteiligen, so darf der Treuhandkommanditist sein Stimmrecht nur nach vorheriger Weisung durch den Anleger ausüben. ³ Die Bundesanstalt kann die Änderung der Anlagebedingungen im Sinne des Satzes 1 nur unter der aufschiebenden Bedingung einer Zustimmung durch die Anleger gemäß Satz 1 genehmigen. ⁴ § 163 Absatz 2 Satz 5 gilt mit der Maßgabe, dass die Genehmigung nur unter der aufschiebenden Bedingung einer Zustimmung der Anleger gemäß Satz 1 als erteilt gilt. ⁵ Zu diesem Zweck hat die AIF-Kapitalverwaltungsgesellschaft die betroffenen Anleger mittels eines dauerhaften Datenträgers über die geplanten und von der Bundesanstalt genehmigten Änderungen im Sinne des Satzes 1 und ihre Hintergründe zu informieren und ihnen einen Zeitraum von drei Monaten für die Entscheidungsfindung einzuräumen. ⁶ Hat eine qualifizierte Mehrheit der Anleger gemäß Satz 1 der geplanten Änderung zugestimmt, informiert die AIF-Kapitalverwaltungsgesellschaft die Bundesanstalt über die bevorstehende Änderung der Anlagebedingungen und den Zeitpunkt ihres Inkrafttretens. ⁷ Die Informationen nach Satz 6 stellt die AIF-Kapitalverwaltungsgesellschaft den Anlegern auf einem dauerhaften Datenträger zur Verfügung und veröffentlicht diese Informationen im Bundesanzeiger und, sofern die Anteile oder Aktien des betreffenden geschlossenen Publikums-AIF im Geltungsbereich dieses Gesetzes vertrieben werden dürfen, in den im Verkaufsprospekt bezeichneten elektronischen Informationsmedien. ⁸ Die Änderung darf frühestens am Tag nach der Veröffentlichung im Bundesanzeiger in Kraft treten.

(4) ¹ Sonstige Änderungen, die von der Bundesanstalt genehmigt wurden oder als genehmigt gelten, veröffentlicht die AIF-Kapitalverwaltungsgesellschaft im Bundesanzeiger und, sofern die Anteile oder Aktien des betreffenden geschlossenen Publikums-AIF im Geltungsbereich dieses Gesetzes vertrieben werden dürfen, in den im Verkaufsprospekt bezeichneten elektronischen Informationsmedien. ² Die Änderungen dürfen frühestens am Tag nach der Veröffentlichung im Bundesanzeiger in Kraft treten.

(5) Für Informationen mittels eines dauerhaften Datenträgers gilt § 167 entsprechend.

§ 268 Erstellung von Verkaufsprospekt und wesentlichen Anlegerinformationen. (1) ¹ Die AIF-Kapitalverwaltungsgesellschaft hat für die von ihr verwalteten geschlossenen Publikums-AIF den Verkaufsprospekt und die wesentlichen Anlegerinformationen zu erstellen. ² Sobald die AIF-Kapitalverwaltungsgesellschaft mit dem Vertrieb des geschlossenen Publikums-AIF gemäß § 316 beginnen darf, hat sie dem Publikum die aktuelle Fassung des Verkaufsprospekts und der wesentlichen Anlegerinformationen auf der Internetseite der AIF-Kapitalverwaltungsgesellschaft zugänglich zu machen. ³ Die Pflicht zur Erstellung eines Verkaufsprospekts gilt nicht für solche geschlossenen AIF-Publikumsinvestmentaktiengesellschaften, die einen Prospekt nach dem Wertpapierprospektgesetz erstellen müssen und in diesen Prospekt zusätzlich die Angaben gemäß § 269 als ergänzende Informationen aufnehmen.

III. Normentexte

(2) ¹Die wesentlichen Anlegerinformationen sowie die Angaben von wesentlicher Bedeutung im Verkaufsprospekt sind auf dem neusten Stand zu halten. ²Bei geschlossenen Publikums-AIF mit einer einmaligen Vertriebsphase gilt dies nur für die Dauer der Vertriebsphase.

§ 269 Mindestangaben im Verkaufsprospekt. (1) Für den Verkaufsprospekt von geschlossenen Publikums-AIF gilt § 165 Absatz 1, Absatz 2 Nummer 1 bis 25 und 27 bis 38, Absatz 3 bis 5, 7 bis 9 entsprechend mit der Maßgabe, dass an die Stelle des in § 165 Absatz 2 Nummer 19 genannten Verweises auf die §§ 168 bis 170, 212, 216 und 217 der Verweis auf die §§ 271 und 272 tritt und die Regelungen, soweit sie sich auf Teilinvestmentvermögen beziehen, nicht anzuwenden sind.

(2) Zusätzlich sind folgende Informationen in den Verkaufsprospekt aufzunehmen:
1. bei geschlossenen Publikums-AIF in Form der geschlossenen Investmentkommanditgesellschaft die Angabe, wie die Anteile übertragen werden können und in welcher Weise ihre freie Handelbarkeit eingeschränkt ist;
2. gegebenenfalls in Bezug auf den Treuhandkommanditisten:
    a) Name und Anschrift, bei juristischen Personen Firma und Sitz;
    b) Aufgaben und Rechtsgrundlage der Tätigkeit;
    c) seine wesentlichen Rechte und Pflichten;
    d) der Gesamtbetrag der für die Wahrnehmung der Aufgaben vereinbarten Vergütung;
3. bei geschlossenen Publikums-AIF, die in Vermögensgegenstände gemäß § 261 Absatz 1 Nummer 2 investieren,
    a) eine Beschreibung der wesentlichen Merkmale von ÖPP-Projektgesellschaften;
    b) die Arten von ÖPP-Projektgesellschaften, die für den geschlossenen Publikums-AIF erworben werden dürfen, und nach welchen Grundsätzen sie ausgewählt werden;
    c) ein Hinweis, dass in Beteiligungen an ÖPP-Projektgesellschaften, die nicht zum Handel an einer Börse zugelassen oder in einen anderen organisierten Markt einbezogen sind, angelegt werden darf.

(3) ¹Sofern bereits feststeht, in welche konkreten Anlageobjekte im Sinne von § 261 Absatz 1 Nummer 1 investiert werden soll, sind folgende Angaben zu den Anlageobjekten zusätzlich in den Verkaufsprospekt mit aufzunehmen:
1. Beschreibung des Anlageobjekts;
2. nicht nur unerhebliche dingliche Belastungen des Anlageobjekts;
3. rechtliche oder tatsächliche Beschränkungen der Verwendungsmöglichkeiten des Anlageobjekts, insbesondere im Hinblick auf das Anlageziel;
4. ob behördliche Genehmigungen erforderlich sind und inwieweit diese vorliegen;
5. welche Verträge die Kapitalverwaltungsgesellschaft über die Anschaffung oder Herstellung des Anlageobjekts oder wesentlicher Teile davon geschlossen hat;
6. den Namen der Person oder Gesellschaft, die ein Bewertungsgutachten für das Anlageobjekt erstellt hat, das Datum des Bewertungsgutachtens und dessen Ergebnis;
7. die voraussichtlichen Gesamtkosten des Anlageobjekts in einer Aufgliederung, die insbesondere Anschaffungs- und Herstellungskosten sowie sonstige Kosten ausweist und die geplante Finanzierung in einer Gliederung, die Eigen- und Fremdmittel gesondert ausweist, jeweils untergliedert nach Zwischenfinanzierungs- und Endfinanzierungsmitteln; zu den Eigen- und Fremdmitteln sind die Konditionen und Fälligkeiten anzugeben und in welchem Umfang und von wem diese bereits verbindlich zugesagt sind.

²Steht noch nicht fest, in welche konkreten Anlageobjekte investiert werden soll, ist dies im Verkaufsprospekt anzugeben.

§ 270 Inhalt, Form und Gestaltung der wesentlichen Anlegerinformationen. (1) Für die wesentlichen Anlegerinformationen für geschlossene Publikums-AIF gilt § 166 Absatz 1 bis 3 und 5 nach Maßgabe der folgenden Vorschriften entsprechend.

(2) ¹Für geschlossene Publikums-AIF sind die Artikel 3 bis 7, 10 bis 24, 26 bis 30 und 38 der Verordnung (EU) Nr. 583/2010 hinsichtlich der näheren Inhalte, der Form und Gestaltung der wesentlichen Anlegerinformationen entsprechend mit folgenden Maßgaben anzuwenden:
1. sofern bereits feststeht, in welche konkreten Anlageobjekte im Sinne von § 261 Absatz 1 Nummer 1 investiert werden soll, ist zusätzlich zu den in Artikel 7 Absatz 1 der Verordnung (EU) Nr. 583/2010 genannten Mindestangaben eine Beschreibung dieser Anlageobjekte erforderlich. Andernfalls ist die Angabe aufzunehmen, dass noch nicht feststeht, in welche konkreten Anlageobjekte investiert werden soll;

A. Deutschland

2. in den Fällen, in denen eine Beschreibung von konkreten Anlageobjekten im Sinne von Nummer 1 oder eine Darstellung von Performance-Szenarien erfolgt, ist Artikel 6 der Verordnung (EU) Nr. 583/2010 mit der Maßgabe anzuwenden, dass die wesentlichen Anlegerinformationen ausgedruckt nicht länger als drei Seiten sein dürfen;
3. die in Artikel 10 Absatz 2 Buchstabe b und c der Verordnung (EU) Nr. 583/2010 genannten Kosten umfassen die mit der Anlage in den geschlossenen Publikums-AIF verbundenen Kosten und Provisionen;
4. sofern gemäß Artikel 15 Absatz 4 der Verordnung (EU) Nr. 583/2010 keine Daten über die frühere Wertentwicklung für ein vollständiges Kalenderjahr vorliegen, sind anstelle der bisherigen Wertentwicklung im Sinne von § 166 Absatz 2 Satz 1 Nummer 5 die Aussichten für die Kapitalrückzahlung und Erträge unter verschiedenen Marktbedingungen in Form einer Illustration darzustellen; die Illustration muss mindestens drei zweckmäßige Szenarien der potenziellen Wertentwicklung des geschlossenen Publikums-AIF enthalten;
5. Artikel 4 Absatz 8 und die Artikel 8 und 9 der Verordnung (EU) Nr. 583/2010 sind nicht anzuwenden; die Darstellung des Risiko- und Ertragsprofils nach § 166 Absatz 2 Satz 1 Nummer 3 hat dafür eine Bezeichnung der wesentlichen Risiken und Chancen, die mit einer Anlage verbunden sind, zu enthalten. Dabei ist auf die wesentlichen Risiken, die Einfluss auf das Risikoprofil des geschlossenen Publikums-AIF haben, hinzuweisen; insbesondere sind die Risiken der Investitionen in die Vermögensgegenstände, in die der geschlossene Publikums-AIF investiert, zu bezeichnen. Daneben ist ein Hinweis auf die Beschreibung der wesentlichen Risiken in den Verkaufsprospekt aufzunehmen. Die Darstellung muss den Anleger in die Lage versetzen, die Bedeutung und die Wirkung der verschiedenen Risikofaktoren zu verstehen. Die Beschreibung ist in Textform zu erstellen und darf keine grafischen Elemente aufweisen. Daneben sind folgende Angaben aufzunehmen:
    a) ein genereller Hinweis, dass mit der Investition in den geschlossenen Publikums-AIF neben den Chancen auf Wertsteigerungen auch Risiken verbunden sein können und
    b) anstelle der Angaben nach Artikel 7 Absatz 1 Satz 2 Buchstabe b der Verordnung (EU) Nr. 583/2010 ein Hinweis auf die fehlende oder nur eingeschränkte Möglichkeit der Rückgabe von Anteilen.

²Soweit sich die in Satz 1 genannten Regelungen auf Teilinvestmentvermögen oder Master-Feeder-Konstruktionen beziehen, sind sie nicht anzuwenden.

(3) ¹Die Ermittlung und die Erläuterung der Risiken im Rahmen des Risiko- und Ertragsprofils nach Absatz 2 Nummer 5 müssen mit dem internen Verfahren zur Ermittlung, Messung und Überwachung von Risiken übereinstimmen, das die AIF-Kapitalverwaltungsgesellschaft im Sinne der Artikel 38 bis 40 der Richtlinie 2010/43/EU angewendet hat. ²Verwaltet eine AIF-Kapitalverwaltungsgesellschaft mehr als ein Investmentvermögen, sind die hiermit verbundenen Risiken einheitlich zu ermitteln und widerspruchsfrei zu erläutern.

(4) Sofern in den Anlagebedingungen eine zusätzliche Verwaltungsvergütung für den Erwerb, die Veräußerung oder die Verwaltung von Vermögensgegenständen nach § 261 Absatz 1 Nummer 1 vereinbart wurde, ist diese Vergütung neben der Gesamtkostenquote nach § 166 Absatz 5 gesondert als Prozentsatz des durchschnittlichen Nettoinventarwertes des geschlossenen Publikums-AIF anzugeben.

§ 271 Bewertung, Bewertungsverfahren, Bewerter. (1) § 168 ist für die Bewertung mit folgenden Maßgaben anzuwenden:
1. Als Verkehrswert der Vermögensgegenstände im Sinne des § 261 Absatz 1 Nummer 1 ist für den Zeitraum von zwölf Monaten nach dem Erwerb der Kaufpreis des Vermögensgegenstandes anzusetzen. Ist die AIF-Kapitalverwaltungsgesellschaft der Auffassung, dass der Kaufpreis auf Grund von Änderungen wesentlicher Bewertungsfaktoren nicht mehr sachgerecht ist, so ist der Verkehrswert neu zu ermitteln; die Kapitalverwaltungsgesellschaft hat ihre Entscheidungen und die sie tragenden Gründe nachvollziehbar zu dokumentieren.
2. Bei Vermögensgegenständen im Sinne des § 261 Absatz 1 Nummer 1 sind die Anschaffungsnebenkosten gesondert anzusetzen und über die voraussichtliche Dauer der Zugehörigkeit des Vermögensgegenstandes, längstens jedoch über zehn Jahre in gleichen Jahresbeträgen abzuschreiben. Wird ein Vermögensgegenstand veräußert, sind die Anschaffungsnebenkosten in voller Höhe abzuschreiben. In einer Anlage zur Vermögensaufstellung sind die im Berichtszeitraum getätigten Käufe und Verkäufe von Vermögensgegenständen im Sinne des § 261 Absatz 1 Nummer 1 anzugeben.

(2) § 169 ist für das Bewertungsverfahren mit der Maßgabe anzuwenden, dass die Bewertungsrichtlinien für geschlossene Publikums-AIF, die in Vermögensgegenstände im Sinne des § 261 Absatz 1 Nummer 1 investieren, zusätzlich vorzusehen haben, dass der Bewerter an einer Objektbesichtigung teilnimmt.

(3) ¹Die AIF-Kapitalverwaltungsgesellschaft muss jede Gesellschaft im Sinne des § 261 Absatz 1 Nummer 2 bis 6, an der ein geschlossener Publikums-AIF eine Beteiligung hält, vertraglich verpflichten, Vermögensaufstellungen
1. auf den Zeitpunkt der Bewertung gemäß § 272 bei der AIF-Kapitalverwaltungsgesellschaft und der Verwahrstelle einzureichen und
2. einmal jährlich anhand des von einem Abschlussprüfer mit einem Bestätigungsvermerk versehenen Jahresabschlusses der Gesellschaft prüfen zu lassen.
²Die Anforderung des Satzes 1 gilt auch für eine Unterbeteiligung an einer Gesellschaft im Sinne des § 261 Absatz 1 Nummer 2 bis 6. ³Der auf Grund der Vermögensaufstellungen ermittelte Wert der Beteiligung an einer Gesellschaft ist bei den Bewertungen zur laufenden Preisermittlung zugrunde zu legen.

(4) Für die Anforderungen an den Bewerter, die Pflichten der AIF-Kapitalverwaltungsgesellschaft bei der Bestellung eines Bewerters sowie die Rechte der Bundesanstalt im Hinblick auf den Bewerter gilt § 216 entsprechend.

§ 272 Häufigkeit der Bewertung und Berechnung; Offenlegung. (1) ¹Die Bewertung der Vermögensgegenstände und die Berechnung des Nettoinventarwertes je Anteil oder Aktie müssen mindestens einmal jährlich erfolgen. ²Die Bewertung und Berechnung sind darüber hinaus auch dann durchzuführen, wenn das Gesellschaftsvermögen des AIF erhöht oder herabgesetzt wird.

(2) Die Kriterien zur Berechnung des Nettoinventarwertes je Anteil oder Aktie und zur Bestimmung der Häufigkeit der Berechnung bestimmen sich nach den Artikeln 67 bis 73 der Delegierten Verordnung (EU) Nr. 231/2013.

(3) ¹Die Bewertungen der Vermögensgegenstände und Berechnungen des Nettoinventarwertes je Anteil oder Aktie sind entsprechend den diesbezüglichen Anlagebedingungen gegenüber den Anlegern offenzulegen. ²Eine Offenlegung hat nach jeder Bewertung der Vermögensgegenstände und Berechnung des Nettoinventarwertes je Anteil oder Aktie zu erfolgen.

Kapitel 3. Inländische Spezial-AIF

Übersicht

Abschnitt 1. Allgemeine Vorschriften für inländische Spezial-AIF
Abschnitt 2. Vorschriften für offene inländische Spezial-AIF
Abschnitt 3. Vorschriften für geschlossene inländische Spezial-AIF

Abschnitt 1. Allgemeine Vorschriften für inländische Spezial-AIF

Übersicht

§ 273 Anlagebedingungen
§ 274 Begrenzung von Leverage
§ 275 Belastung
§ 276 Leerverkäufe
§ 277 Übertragung von Anteilen oder Aktien

§ 273 Anlagebedingungen. ¹Die Anlagebedingungen, nach denen sich
1. das vertragliche Rechtsverhältnis einer AIF-Kapitalverwaltungsgesellschaft oder einer EU-AIF-Verwaltungsgesellschaft zu den Anlegern eines Spezialsondervermögens bestimmt oder
2. in Verbindung mit der Satzung einer Spezialinvestmentaktiengesellschaft das Rechtsverhältnis dieser Investmentaktiengesellschaft zu ihren Anlegern bestimmt oder
3. in Verbindung mit dem Gesellschaftsvertrag einer Spezialinvestmentkommanditgesellschaft das Rechtsverhältnis dieser Investmentkommanditgesellschaft zu ihren Anlegern bestimmt,
sind vor Ausgabe der Anteile oder Aktien schriftlich festzuhalten. ²Die Anlagebedingungen von inländischen Spezial-AIF sowie die wesentlichen Änderungen der Anlagebedingungen sind der Bundesanstalt von der AIF-Kapitalverwaltungsgesellschaft vorzulegen.

§ 274 Begrenzung von Leverage. ¹Für die Informationspflicht der AIF-Kapitalverwaltungsgesellschaft im Hinblick auf das eingesetzte Leverage sowie die Befugnis der Bundesanstalt zur Beschränkung des eingesetzten Leverage einschließlich der Mitteilungspflichten der Bundesanstalt gilt § 215 entsprechend. ²Die Bedingungen, unter welchen die Maßnahmen nach Satz 1 in Verbindung mit § 215 Absatz 2 angewendet werden, bestimmen sich nach Artikel 112 der Delegierten Verordnung (EU) Nr. 231/2013.

§ 275 Belastung. (1) Die Belastung von Vermögensgegenständen, die zu einem Spezial-AIF gehören, sowie die Abtretung und Belastung von Forderungen aus Rechtsverhältnissen, die sich auf diese Vermögensgegenstände beziehen, sind zulässig, wenn
1. dies in den Anlagebedingungen vorgesehen und mit einer ordnungsgemäßen Wirtschaftsführung vereinbar ist und
2. die Verwahrstelle den vorgenannten Maßnahmen zustimmt, weil sie die Bedingungen, unter denen die Maßnahmen erfolgen sollen, für marktüblich erachtet.

(2) Die Bundesanstalt kann die Höhe der zulässigen Belastung der Vermögensgegenstände beschränken, wenn sie dies zum Schutz der Anleger oder zur Gewährleistung der Stabilität und Integrität des Finanzsystems als nötig erachtet.

§ 276 Leerverkäufe. (1) [1]Die AIF-Kapitalverwaltungsgesellschaft darf für gemeinschaftliche Rechnung der Anleger keine Vermögensgegenstände nach Maßgabe der §§ 193, 194 und 196 verkaufen, wenn die jeweiligen Vermögensgegenstände im Zeitpunkt des Geschäftsabschlusses nicht zum Spezial-AIF gehören; § 197 bleibt unberührt. [2]Die Wirksamkeit des Rechtsgeschäfts wird durch einen Verstoß gegen Satz 1 nicht berührt.

(2) [1]Absatz 1 findet keine Anwendung auf AIF-Kapitalverwaltungsgesellschaften, die Hedgefonds verwalten. [2]Die Bundesanstalt kann Leerverkäufe im Sinne des § 283 Absatz 1 Satz 1 Nummer 2 beschränken, wenn sie dies zum Schutz der Anleger oder zur Gewährleistung der Stabilität und Integrität des Finanzsystems als nötig erachtet.

§ 277 Übertragung von Anteilen oder Aktien. Die AIF-Kapitalverwaltungsgesellschaft hat schriftlich mit den Anlegern zu vereinbaren, dass die Anteile oder Aktien nur an professionelle und semiprofessionelle Anleger übertragen werden dürfen.

Abschnitt 2. Vorschriften für offene inländische Spezial-AIF

Übersicht

Unterabschnitt 1. Allgemeine Vorschriften für offene inländische Spezial-AIF
Unterabschnitt 2. Besondere Vorschriften für allgemeine offene inländische Spezial-AIF
Unterabschnitt 3. Besondere Vorschriften für Hedgefonds
Unterabschnitt 4. Besondere Vorschriften für offene inländische Spezial-AIF mit festen Anlagebedingungen

Unterabschnitt 1. Allgemeine Vorschriften für offene inländische Spezial-AIF

Übersicht

§ 278 Bewertung, Bewertungsverfahren und Bewerter
§ 279 Häufigkeit der Bewertung, Offenlegung
§ 280 Master-Feeder-Strukturen
§ 281 Verschmelzung

§ 278 Bewertung, Bewertungsverfahren und Bewerter. Für die Bewertung, das Bewertungsverfahren und den Bewerter gelten die §§ 168, 169 und 216 entsprechend.

§ 279 Häufigkeit der Bewertung, Offenlegung. (1) Die Bewertung der Vermögensgegenstände und die Berechnung des Nettoinventarwertes je Anteil oder Aktie sind in einem zeitlichen Abstand durchzuführen, der den zum Spezial-AIF gehörenden Vermögensgegenständen und der Ausgabe- und Rücknahmehäufigkeit der Anteile oder Aktien angemessen ist, jedoch mindestens einmal jährlich.

(2) Die Kriterien zur Bestimmung der Häufigkeit der Bewertung des Wertes des AIF und zur Berechnung des Nettoinventarwertes je Anteil oder Aktie bestimmen sich nach den Artikeln 67 bis 74 der Delegierten Verordnung (EU) Nr. 231/2013.

(3) Die Bewertungen der Vermögensgegenstände und Berechnungen des Nettoinventarwertes je Anteil oder Aktie sind entsprechend den diesbezüglichen Anlagebedingungen gegenüber den Anlegern offenzulegen.

III. Normentexte

§ 280 Master-Feeder-Strukturen. Spezial-AIF dürfen nicht Masterfonds oder Feederfonds einer Master-Feeder-Struktur sein, wenn Publikumsinvestmentvermögen Masterfonds oder Feederfonds derselben Master-Feeder-Struktur sind.

§ 281 Verschmelzung. (1) ¹Spezialsondervermögen dürfen nicht auf Publikumssondervermögen verschmolzen werden, Publikumssondervermögen dürfen nicht auf Spezialsondervermögen verschmolzen werden. ²Die §§ 184, 185, 189 und 190 sind auf Spezialsondervermögen mit den folgenden Maßgaben entsprechend anzuwenden:
1. die Angaben nach § 184 Absatz 1 Satz 3 Nummer 1 bis 4 im Verschmelzungsplan sind nicht erforderlich;
2. mit Zustimmung der Anleger kann eine Prüfung durch die Verwahrstellen nach § 185 Absatz 1 unterbleiben, der gesamte Verschmelzungsvorgang ist jedoch vom Abschlussprüfer zu prüfen;
3. Bekanntmachungen, Veröffentlichungen oder Unterrichtungen nach § 189 Absatz 4 sind nicht erforderlich.

³Eine Genehmigung der Verschmelzung von Spezialsondervermögen gemäß § 182 durch die Bundesanstalt ist nicht erforderlich, die Anleger müssen der Verschmelzung nach Vorlage des Verschmelzungsplans jedoch zustimmen.

(2) Absatz 1 ist entsprechend anzuwenden auf die Verschmelzung
1. eines Spezialsondervermögens auf eine Spezialinvestmentaktiengesellschaft mit veränderlichem Kapital oder auf ein Teilgesellschaftsvermögen einer Spezialinvestmentaktiengesellschaft mit veränderlichem Kapital,
2. eines Teilgesellschaftsvermögens einer Spezialinvestmentaktiengesellschaft mit veränderlichem Kapital auf ein anderes Teilgesellschaftsvermögen derselben Investmentaktiengesellschaft,
3. eines Teilgesellschaftsvermögens einer Spezialinvestmentaktiengesellschaft mit veränderlichem Kapital auf ein Teilgesellschaftsvermögen einer anderen Spezialinvestmentaktiengesellschaft mit veränderlichem Kapital,
4. eines Teilgesellschaftsvermögens einer Spezialinvestmentaktiengesellschaft mit veränderlichem Kapital auf ein Spezialsondervermögen.

(3) Auf die Fälle der Verschmelzung einer Spezialinvestmentaktiengesellschaft mit veränderlichem Kapital auf eine andere Spezialinvestmentaktiengesellschaft mit veränderlichem Kapital, ein Teilgesellschaftsvermögen einer Spezialinvestmentaktiengesellschaft mit veränderlichem Kapital oder ein Spezialsondervermögen sind die Vorschriften des Umwandlungsgesetzes zur Verschmelzung anzuwenden, soweit sich aus § 182 in Verbindung mit Absatz 1 Satz 3, § 189 Absatz 2, 3 und 5 und § 190 nichts anderes ergibt.

(4) Die Satzung einer Spezialinvestmentaktiengesellschaft mit veränderlichem Kapital darf für die Zustimmung der Aktionäre zu einer Verschmelzung nicht mehr als 75 Prozent der tatsächlich abgegebenen Stimmen der bei der Hauptversammlung anwesenden oder vertretenen Aktionäre verlangen.

Unterabschnitt 2. Besondere Vorschriften für allgemeine offene inländische Spezial-AIF

§ 282 Anlageobjekte, Anlagegrenzen. (1) Die AIF-Kapitalverwaltungsgesellschaft muss die Mittel des allgemeinen offenen inländischen Spezial-AIF nach dem Grundsatz der Risikomischung zur gemeinschaftlichen Kapitalanlage anlegen.

(2) ¹Die AIF-Kapitalverwaltungsgesellschaft darf für den Spezial-AIF nur in Vermögensgegenstände investieren, deren Verkehrswert ermittelt werden kann. ²Die Zusammensetzung der Vermögensgegenstände des Spezial-AIF muss im Einklang mit den für den Spezial-AIF geltenden Regelungen zur Rücknahme von Anteilen oder Aktien stehen.

(3) ¹Erwirbt der allgemeine offene inländische Spezial-AIF Beteiligungen an einem nicht börsennotierten Unternehmen, hat die AIF-Kapitalverwaltungsgesellschaft sicherzustellen, dass das Investmentvermögen keine Kontrolle im Sinne des § 288 über das Unternehmen erlangt. ²Für den Erwerb von Minderheitsbeteiligungen an einem nicht börsennotierten Unternehmen gilt § 289 Absatz 1 entsprechend.

Unterabschnitt 3. Besondere Vorschriften für Hedgefonds

§ 283 Hedgefonds. (1) ¹Hedgefonds sind allgemeine offene inländische Spezial-AIF nach § 282, deren Anlagebedingungen zusätzlich mindestens eine der folgenden Bedingungen vorsehen:
1. den Einsatz von Leverage in beträchtlichem Umfang oder
2. den Verkauf von Vermögensgegenständen für gemeinschaftliche Rechnung der Anleger, die im Zeitpunkt des Geschäftsabschlusses nicht zum AIF gehören (Leerverkauf).

A. Deutschland

²Die Kriterien zur Bestimmung, wann Leverage in beträchtlichem Umfang eingesetzt wird, richten sich nach Artikel 111 der Delegierten Verordnung (EU) Nr. 231/2013.

(2) Die Anlagebedingungen von Hedgefonds müssen Angaben darüber enthalten, ob die Vermögensgegenstände bei einer Verwahrstelle oder bei einem Primebroker verwahrt werden.

(3) Für die Rücknahme von Anteilen oder Aktien gilt § 227 entsprechend mit der Maßgabe, dass abweichend von § 227 Absatz 2 Anteil- oder Aktienrückgaben bei Hedgefonds bis zu 40 Kalendertage vor dem jeweiligen Rücknahmetermin, zu dem auch der Anteil- oder Aktienpreis ermittelt wird, durch eine unwiderrufliche Rückgabeerklärung gegenüber der AIF-Kapitalverwaltungsgesellschaft zu erklären sind.

Unterabschnitt 4. Besondere Vorschriften für offene inländische Spezial-AIF mit festen Anlagebedingungen

§ 284 Anlagebedingungen, Anlagegrenzen. (1) Für offene inländische Spezial-AIF mit festen Anlagebedingungen gelten § 282 Absatz 1 sowie die §§ 192 bis 211 und 218 bis 260, soweit sich aus den Absätzen 2 bis 4 nichts anderes ergibt.

(2) Die AIF-Kapitalverwaltungsgesellschaft kann bei offenen inländischen Spezial-AIF mit festen Anlagebedingungen von den §§ 192 bis 211, 218 bis 224 und 230 bis 260 abweichen, wenn
1. die Anleger zustimmen;
2. für den entsprechenden Spezial-AIF nur die folgenden Vermögensgegenstände erworben werden:
   a) Wertpapiere,
   b) Geldmarktinstrumente,
   c) Derivate,
   d) Bankguthaben,
   e) Immobilien,
   f) Beteiligungen an Immobilien-Gesellschaften,
   g) Anteile oder Aktien an inländischen offenen Investmentvermögen sowie an entsprechenden offenen EU- oder ausländischen Investmentvermögen,
   h) Beteiligungen an ÖPP-Projektgesellschaften, wenn der Verkehrswert dieser Beteiligungen ermittelt werden kann,
   i) Edelmetalle, unverbriefte Darlehensforderungen und Unternehmensbeteiligungen, wenn der Verkehrswert dieser Beteiligungen ermittelt werden kann;
3. § 197 Absatz 2, § 276 Absatz 1, die §§ 240 und 260 Absatz 3 mit der Maßgabe, dass die Belastung nach § 260 Absatz 3 Satz 1 insgesamt 50 Prozent des Verkehrswertes der im Sondervermögen befindlichen Immobilien nicht überschreiten darf, unberührt bleiben und
4. die Anlagegrenze nach § 221 Absatz 4 hinsichtlich der in § 198 Satz 1 Nummer 1 genannten Vermögensgegenstände, sofern es sich um Aktien handelt, unberührt bleibt.

(3) ¹Die AIF-Kapitalverwaltungsgesellschaft darf für einen offenen inländischen Spezial-AIF mit festen Anlagebedingungen in Beteiligungen an Unternehmen, die nicht zum Handel an einer Börse zugelassen oder in einen organisierten Markt einbezogen sind, nur bis zu 20 Prozent des Wertes des offenen inländischen Spezial-AIF mit festen Anlagebedingungen anlegen. ² § 282 Absatz 3 gilt entsprechend.

(4) ¹Die AIF-Kapitalverwaltungsgesellschaft kann für Rechnung eines offenen inländischen Spezial-AIF mit festen Anlagebedingungen kurzfristige Kredite nur bis zur Höhe von 30 Prozent des Wertes des AIF aufnehmen. ² § 254 bleibt unberührt; soweit Kredite zulasten der im Sondervermögen befindlichen Immobilien aufgenommen werden, ist dieser jedoch mit der Maßgabe anzuwenden, dass für gemeinschaftliche Rechnung der Anleger Kredite bis zur Höhe von 50 Prozent des Verkehrswertes der im Sondervermögen befindlichen Immobilien aufgenommen werden dürfen.

Abschnitt 3. Vorschriften für geschlossene inländische Spezial-AIF

Übersicht

Unterabschnitt 1. Allgemeine Vorschriften für geschlossene inländische Spezial-AIF
Unterabschnitt 2. Besondere Vorschriften für AIF, die die Kontrolle über nicht börsennotierte Unternehmen und Emittenten erlangen

Unterabschnitt 1. Allgemeine Vorschriften für geschlossene inländische Spezial-AIF

Übersicht

§ 285 Anlageobjekte
§ 286 Bewertung, Bewertungsverfahren und Bewerter; Häufigkeit der Bewertung

III. Normentexte

§ 285 Anlageobjekte. Die AIF-Kapitalverwaltungsgesellschaft darf für das Investmentvermögen nur in Vermögensgegenstände investieren, deren Verkehrswert ermittelt werden kann.

§ 286 Bewertung, Bewertungsverfahren und Bewerter; Häufigkeit der Bewertung. (1) Für die Bewertung, das Bewertungsverfahren und den Bewerter gelten die §§ 168, 169 und 216 entsprechend.

(2) Für die Häufigkeit der Bewertung gilt § 272 entsprechend.

Unterabschnitt 2. Besondere Vorschriften für AIF, die die Kontrolle über nicht börsennotierte Unternehmen und Emittenten erlangen

Übersicht

§ 287 Geltungsbereich
§ 288 Erlangen von Kontrolle
§ 289 Mitteilungspflichten
§ 290 Offenlegungspflicht bei Erlangen der Kontrolle
§ 291 Besondere Vorschriften hinsichtlich des Jahresabschlusses und des Lageberichts
§ 292 Zerschlagen von Unternehmen

§ 287 Geltungsbereich. (1) Die §§ 287 bis 292 sind anzuwenden auf AIF-Kapitalverwaltungsgesellschaften,
1. die AIF verwalten, die entweder allein oder gemeinsam auf Grund einer Vereinbarung die Erlangung von Kontrolle gemäß § 288 Absatz 1 über ein nicht börsennotiertes Unternehmen zum Ziel haben;
2. die mit einer oder mehreren AIF-Kapitalverwaltungsgesellschaften auf Grund einer Vereinbarung zusammenarbeiten, gemäß der die von diesen AIF-Kapitalverwaltungsgesellschaften verwalteten AIF die Kontrolle gemäß § 288 Absatz 1 über ein nicht börsennotiertes Unternehmen erlangen.

(2) Die §§ 287 bis 292 sind nicht anzuwenden, wenn das nicht börsennotierte Unternehmen
1. ein kleineres oder mittleres Unternehmen im Sinne von Artikel 2 Absatz 1 des Anhangs der Empfehlung 2003/361/EG der Kommission vom 6. Mai 2003 betreffend die Definition der Kleinstunternehmen sowie der kleinen und mittleren Unternehmen ist oder
2. eine Zweckgesellschaft für den Erwerb, den Besitz oder die Verwaltung von Immobilien ist.

(3) Unbeschadet der Absätze 1 und 2 ist § 289 Absatz 1 auch auf AIF-Kapitalverwaltungsgesellschaften anzuwenden, die AIF verwalten, die eine Minderheitsbeteiligung an einem nicht börsennotierten Unternehmen erlangen.

(4) [1] § 290 Absatz 1 bis 3 und § 292 sind auch auf AIF-Kapitalverwaltungsgesellschaften anzuwenden, die solche AIF verwalten, die Kontrolle in Bezug auf einen Emittenten im Sinne von Artikel 2 Absatz 1 Buchstabe d der Richtlinie 2004/109/EG erlangen,
1. der seinen satzungsmäßigen Sitz in der Europäischen Union hat und
2. dessen Wertpapiere im Sinne von Artikel 4 Absatz 1 Nummer 14 der Richtlinie 2004/39/EG zum Handel auf einem organisierten Markt im Sinne von § 2 Absatz 5 des Wertpapierhandelsgesetzes zugelassen sind.
[2] Für die Zwecke dieser Paragraphen gelten die Absätze 1 und 2 entsprechend.

(5) Die §§ 287 bis 292 gelten vorbehaltlich der Bedingungen und Beschränkungen, die in Artikel 6 der Richtlinie 2002/14/EG festgelegt sind.

§ 288 Erlangen von Kontrolle. (1) Für die Zwecke der §§ 287 bis 292 bedeutet Kontrolle im Fall nicht börsennotierter Unternehmen die Erlangung von mehr als 50 Prozent der Stimmrechte dieser Unternehmen.

(2) [1] Bei der Berechnung des Anteils an den Stimmrechten, die von den entsprechenden AIF gehalten werden, werden zusätzlich zu von dem betreffenden AIF direkt gehaltenen Stimmrechten auch die folgenden Stimmrechte berücksichtigt, wobei die Kontrolle gemäß Absatz 1 festgestellt wird:
1. von Unternehmen, die von dem AIF kontrolliert werden und
2. von natürlichen oder juristischen Personen, die in ihrem eigenen Namen, aber im Auftrag des AIF oder eines von dem AIF kontrollierten Unternehmens handeln.
[2] Der Anteil der Stimmrechte wird ausgehend von der Gesamtzahl der mit Stimmrechten versehenen Anteile berechnet, auch wenn die Ausübung dieser Stimmrechte ausgesetzt ist.

(3) Kontrolle in Bezug auf Emittenten wird für die Zwecke der §§ 290 und 292 gemäß Artikel 5 Absatz 3 der Richtlinie 2004/25/EG des Europäischen Parlaments und des Rates vom 21. April 2004 betreffend Übernahmeangebote (ABl. L 142 vom 30.4.2004, S. 12) definiert.

A. Deutschland

§ 289 Mitteilungspflichten. (1) Die AIF-Kapitalverwaltungsgesellschaft unterrichtet die Bundesanstalt, wenn der Anteil der Stimmrechte des nicht börsennotierten Unternehmens, der von dem AIF gehalten wird, durch Erwerb, Verkauf oder Halten von Anteilen an dem nicht börsennotierten Unternehmen die Schwellenwerte von 10 Prozent, 20 Prozent, 30 Prozent, 50 Prozent und 75 Prozent erreicht, überschreitet oder unterschreitet.

(2) Erlangt ein AIF allein oder gemeinsam mit anderen AIF die Kontrolle über ein nicht börsennotiertes Unternehmen gemäß § 287 Absatz 1 in Verbindung mit § 288 Absatz 1, informiert die AIF-Kapitalverwaltungsgesellschaft die folgenden Stellen über den Kontrollerwerb:
1. das nicht börsennotierte Unternehmen,
2. die Anteilseigner, soweit deren Identität und Adresse der AIF-Kapitalverwaltungsgesellschaft
   a) vorliegen,
   b) von dem nicht börsennotierten Unternehmen zur Verfügung gestellt werden können oder
   c) über ein Register, zu dem die AIF-Kapitalverwaltungsgesellschaft Zugang hat oder erhalten kann, zur Verfügung gestellt werden können und
3. die Bundesanstalt.

(3) Die Mitteilung nach Absatz 2 erhält die folgenden zusätzlichen Angaben:
1. die sich hinsichtlich der Stimmrechte ergebende Situation,
2. die Bedingungen, unter denen die Kontrolle erlangt wurde, einschließlich Nennung der einzelnen beteiligten Anteilseigner, der zur Stimmabgabe in ihrem Namen ermächtigten natürlichen oder juristischen Personen und gegebenenfalls der Beteiligungskette, über die die Stimmrechte tatsächlich gehalten werden,
3. das Datum, an dem die Kontrolle erlangt wurde.

(4) [1]In seiner Mitteilung nach Absatz 2 Nummer 1 ersucht die AIF-Kapitalverwaltungsgesellschaft den Vorstand des Unternehmens, entweder die Arbeitnehmervertreter oder, falls es keine solchen Vertreter gibt, die Arbeitnehmer selbst unverzüglich von der Erlangung der Kontrolle durch den AIF und von den Informationen gemäß Absatz 3 in Kenntnis zu setzen. [2]Die AIF-Kapitalverwaltungsgesellschaft bemüht sich nach besten Kräften sicherzustellen, dass der Vorstand entweder die Arbeitnehmervertreter oder, falls es keine solchen Vertreter gibt, die Arbeitnehmer selbst ordnungsgemäß informiert.

(5) Die Mitteilungen gemäß den Absätzen 1, 2 und 3 werden so rasch wie möglich, aber nicht später als zehn Arbeitstage nach dem Tag, an dem der AIF die entsprechende Schwelle erreicht, über- oder unterschritten hat oder die Kontrolle über das nicht börsennotierte Unternehmen erlangt hat, gemacht.

§ 290 Offenlegungspflicht bei Erlangen der Kontrolle. (1) Erlangt ein AIF allein oder gemeinsam mit anderen AIF die Kontrolle über ein nicht börsennotiertes Unternehmen oder einen Emittenten gemäß § 287 Absatz 1 in Verbindung mit § 288 Absatz 1, legt die AIF-Kapitalverwaltungsgesellschaft den folgenden Stellen die in Absatz 2 genannten Informationen vor:
1. dem betreffenden Unternehmen,
2. den Anteilseignern, soweit deren Identität und Adresse der AIF-Kapitalverwaltungsgesellschaft
   a) vorliegen,
   b) von dem nicht börsennotierten Unternehmen zur Verfügung gestellt werden können oder
   c) über ein Register, zu dem die AIF-Kapitalverwaltungsgesellschaft Zugang hat oder erhalten kann, zur Verfügung gestellt werden können und
3. die Bundesanstalt.

(2) Die AIF-Kapitalverwaltungsgesellschaft legt die folgenden Informationen vor:
1. die Identität der AIF-Kapitalverwaltungsgesellschaft, die entweder allein oder im Rahmen einer Vereinbarung mit anderen AIF-Kapitalverwaltungsgesellschaften die AIF verwalten, die die Kontrolle erlangt haben,
2. die Grundsätze zur Vermeidung und Steuerung von Interessenkonflikten, insbesondere zwischen der AIF-Kapitalverwaltungsgesellschaft, dem AIF und dem Unternehmen, einschließlich Informationen zu den besonderen Sicherheitsmaßnahmen, die getroffen wurden, um sicherzustellen, dass Vereinbarungen zwischen der AIF-Kapitalverwaltungsgesellschaft oder dem AIF und dem Unternehmen wie zwischen voneinander unabhängigen Geschäftspartnern geschlossen werden und
3. die Grundsätze für die externe und interne Kommunikation in Bezug auf das Unternehmen, insbesondere gegenüber den Arbeitnehmern.

(3) [1]In ihrer Mitteilung nach Absatz 1 Nummer 1 ersucht die AIF-Kapitalverwaltungsgesellschaft den Vorstand des Unternehmens, entweder die Arbeitnehmervertreter oder, falls es keine solchen

Vertreter gibt, die Arbeitnehmer selbst unverzüglich von den Informationen gemäß Absatz 2 in Kenntnis zu setzen. ²Die AIF-Kapitalverwaltungsgesellschaft bemüht sich nach besten Kräften sicherzustellen, dass der Vorstand entweder die Arbeitnehmervertreter oder, falls es keine solchen Vertreter gibt, die Arbeitnehmer selbst ordnungsgemäß informiert.

(4) ¹Die AIF-Kapitalverwaltungsgesellschaft stellt sicher, dass den in Absatz 1 Nummer 1 und 2 genannten Unternehmen und Anteilseignern folgende Informationen offengelegt werden:
1. die Absichten des AIF hinsichtlich der zukünftigen Geschäftsentwicklung des nicht börsennotierten Unternehmens und
2. die voraussichtlichen Auswirkungen auf die Beschäftigung, einschließlich wesentlicher Änderungen der Arbeitsbedingungen.

²Ferner ersucht die AIF-Kapitalverwaltungsgesellschaft den Vorstand des nicht börsennotierten Unternehmens, die in diesem Absatz genannten Informationen entweder den Arbeitnehmervertretern oder, falls es keine solchen Vertreter gibt, den Arbeitnehmern des nicht börsennotierten Unternehmens selbst zur Verfügung zu stellen und bemüht sich nach besten Kräften, dies sicherzustellen.

(5) Sobald ein AIF die Kontrolle über ein nicht börsennotiertes Unternehmen gemäß § 287 Absatz 1 in Verbindung mit § 288 Absatz 1 erlangt, legt die AIF-Kapitalverwaltungsgesellschaft, die den betreffenden AIF verwaltet, der Bundesanstalt und den Anlegern des AIF Angaben zur Finanzierung des Erwerbs vor.

§ 291 Besondere Vorschriften hinsichtlich des Jahresabschlusses und des Lageberichts.

(1) Erlangt ein AIF allein oder gemeinsam mit anderen AIF die Kontrolle über ein nicht börsennotiertes Unternehmen oder einen Emittenten gemäß § 287 Absatz 1 in Verbindung mit § 288 Absatz 1, ist die AIF-Kapitalverwaltungsgesellschaft dazu verpflichtet,
1. darum zu ersuchen und nach besten Kräften sicherzustellen, dass der Jahresabschluss und, sofern gesetzlich vorgeschrieben, der Lagebericht des nicht börsennotierten Unternehmens innerhalb der Frist, die in den einschlägigen nationalen Rechtsvorschriften für die Erstellung der genannten Unterlagen vorgesehen ist, gemäß Absatz 2 erstellt, um die Information nach Absatz 2 ergänzt und von den gesetzlichen Vertretern des Unternehmens den Arbeitnehmervertretern oder, falls es keine solchen Vertreter gibt, den Arbeitnehmern selbst zur Verfügung gestellt wird oder
2. für jeden betreffenden AIF in den gemäß § 148 vorgesehenen Anhang zum Jahresabschluss oder den gemäß § 158 vorgesehenen Jahresbericht zusätzlich die in Absatz 2 genannten Informationen über das betreffende nicht börsennotierte Unternehmen aufzunehmen.

(2) ¹Die zusätzlichen Informationen gemäß Absatz 1 Nummer 2 müssen zumindest einen Bericht über die Lage des nicht börsennotierten Unternehmens am Ende des von dem Jahresabschluss oder Jahresbericht abgedeckten Zeitraums enthalten, in dem der Geschäftsverlauf des Unternehmens so dargestellt wird, dass ein den tatsächlichen Verhältnissen entsprechendes Bild entsteht. ²Der Bericht soll außerdem folgende Informationen enthalten:
1. Ereignisse von besonderer Bedeutung, die nach Abschluss des Geschäftsjahres eingetreten sind,
2. die voraussichtliche Entwicklung des Unternehmens und
3. die in Artikel 22 Absatz 2 der Zweiten Richtlinie des Rates vom 13. Dezember 1976 zur Koordinierung der Schutzbestimmungen, die in den Mitgliedstaaten den Gesellschaften im Sinne des Artikels 58 Absatz 2 des Vertrages im Interesse der Gesellschafter sowie Dritter für die Gründung der Aktiengesellschaft sowie für die Erhaltung und Änderung ihres Kapitals vorgeschrieben sind, um diese Bestimmungen gleichwertig zu gestalten (77/91/EWG) (ABl. L 26 vom 31.1.1977, S. 1) bezeichneten Angaben über den Erwerb eigener Aktien.

(3) Die AIF-Kapitalverwaltungsgesellschaft hat
1. darum zu ersuchen und nach bestmöglichem Bemühen sicherzustellen, dass die gesetzlichen Vertreter des nicht börsennotierten Unternehmens die in Absatz 1 Nummer 2 genannten Informationen über das betreffende Unternehmen entweder den Arbeitnehmervertretern des betreffenden Unternehmens oder, falls es keine solchen Vertreter gibt, den Arbeitnehmern selbst innerhalb der in § 148 in Verbindung mit § 120 Absatz 1 oder in § 158 in Verbindung mit § 135 Absatz 1 genannten Frist zur Verfügung stellt oder
2. den Anlegern des AIF die Informationen gemäß Absatz 1 Nummer 2, soweit bereits verfügbar, innerhalb der in § 148 in Verbindung mit § 120 Absatz 1 oder in § 158 in Verbindung mit § 135 Absatz 1 genannten Frist und in jedem Fall spätestens bis zu dem Stichtag, zu dem der Jahresabschluss und der Lagebericht des nicht börsennotierten Unternehmens gemäß den einschlägigen nationalen Rechtsvorschriften erstellt werden, zur Verfügung zu stellen.

§ 292 Zerschlagen von Unternehmen. (1) Erlangt ein AIF allein oder gemeinsam mit anderen AIF die Kontrolle über ein nicht börsennotiertes Unternehmen oder einen Emittenten gemäß § 288, ist die AIF-Kapitalverwaltungsgesellschaft innerhalb von 24 Monaten nach Erlangen der Kontrolle über das Unternehmen durch den AIF dazu verpflichtet,
1. Ausschüttungen, Kapitalherabsetzungen, die Rücknahme von Anteilen oder den Ankauf eigener Anteile durch das Unternehmen gemäß Absatz 2 weder zu gestatten noch zu ermöglichen, zu unterstützen oder anzuordnen,
2. sofern sie befugt ist, in den Versammlungen der Leitungsgremien des Unternehmens im Namen des AIF abzustimmen, nicht für Ausschüttungen, Kapitalherabsetzungen, die Rücknahme von Anteilen oder den Ankauf eigener Anteile durch das Unternehmen gemäß Absatz 2 zu stimmen und
3. sich in jedem Fall bestmöglich zu bemühen, Ausschüttungen, Kapitalherabsetzungen, die Rücknahme von Anteilen oder den Ankauf eigener Anteile durch das Unternehmen gemäß Absatz 2 zu verhindern.

(2) Die Pflichten gemäß Absatz 1 beziehen sich auf
1. Ausschüttungen an Anteilseigner, die vorgenommen werden, wenn das im Jahresabschluss des Unternehmens ausgewiesene Nettoaktivvermögen bei Abschluss des letzten Geschäftsjahres den Betrag des gezeichneten Kapitals zuzüglich der Rücklagen, deren Ausschüttung das Recht oder die Satzung nicht gestattet, unterschreitet oder infolge einer solchen Ausschüttung unterschreiten würde, wobei der Betrag des gezeichneten Kapitals um den Betrag des noch nicht eingeforderten Teils des gezeichneten Kapitals vermindert wird, falls Letzterer nicht auf der Aktivseite der Bilanz ausgewiesen ist;
2. Ausschüttungen an Anteilseigner, deren Betrag den Betrag des Ergebnisses des letzten abgeschlossenen Geschäftsjahres, zuzüglich des Gewinnvortrags und der Entnahmen aus hierfür verfügbaren Rücklagen, jedoch vermindert um die Verluste aus früheren Geschäftsjahren sowie um die Beträge, die nach Gesetz oder Satzung in Rücklagen eingestellt worden sind, überschreiten würde;
3. in dem Umfang, in dem der Ankauf eigener Anteile gestattet ist, Ankäufe durch das Unternehmen, einschließlich Anteilen, die bereits früher vom Unternehmen erworben und von ihm gehalten wurden, und Anteilen, die von einer Person erworben werden, die in ihrem eigenen Namen, aber im Auftrag des Unternehmens handelt, die zur Folge hätten, dass das Nettoaktivvermögen unter die in Nummer 1 genannte Schwelle gesenkt würde.

(3) Für die Zwecke des Absatzes 2 gilt Folgendes:
1. der in Absatz 2 Nummer 1 und 2 verwendete Begriff „Ausschüttungen" bezieht sich insbesondere auf die Zahlung von Dividenden und Zinsen im Zusammenhang mit Anteilen,
2. die Bestimmungen für Kapitalherabsetzungen erstrecken sich nicht auf Herabsetzungen des gezeichneten Kapitals, deren Zweck im Ausgleich von erlittenen Verlusten oder in der Aufnahme von Geldern in eine nicht ausschüttbare Rücklage besteht, unter der Voraussetzung, dass die Höhe einer solchen Rücklage nach dieser Maßnahme 10 Prozent des herabgesetzten gezeichneten Kapitals nicht überschreitet, und
3. die Einschränkung gemäß Absatz 2 Nummer 3 richtet sich nach Artikel 20 Absatz 1 Buchstabe b bis h der Richtlinie 77/91/EWG.

Kapitel 4. Vorschriften für den Vertrieb und den Erwerb von Investmentvermögen

Übersicht

Abschnitt 1. Vorschriften für den Vertrieb und den Erwerb von Investmentvermögen
Abschnitt 2. Vertriebsanzeige und Vertriebsuntersagung für OGAW
Abschnitt 3. Anzeige, Einstellung und Untersagung des Vertriebs von AIF

Abschnitt 1. Vorschriften für den Vertrieb und den Erwerb von Investmentvermögen

Übersicht

Unterabschnitt 1. Allgemeine Vorschriften für den Vertrieb und den Erwerb von Investmentvermögen
Unterabschnitt 2. Vorschriften für den Vertrieb und den Erwerb von AIF in Bezug auf Privatanleger und für den Vertrieb und den Erwerb von OGAW
Unterabschnitt 3. Vorschriften für den Vertrieb und den Erwerb von AIF in Bezug auf semiprofessionelle und professionelle Anleger

III. Normentexte

Unterabschnitt 1. Allgemeine Vorschriften für den Vertrieb und den Erwerb von Investmentvermögen

Übersicht

§ 293 Allgemeine Vorschriften
§ 294 Auf den Vertrieb und den Erwerb von OGAW anwendbare Vorschriften
§ 295 Auf den Vertrieb und den Erwerb von AIF anwendbare Vorschriften
§ 296 Vereinbarungen mit Drittstaaten zur OGAW-Konformität

§ 293 Allgemeine Vorschriften. (1) [1]Vertrieb ist das direkte oder indirekte Anbieten oder Platzieren von Anteilen oder Aktien eines Investmentvermögens. [2]Als Vertrieb gilt nicht, wenn
1. Investmentvermögen nur namentlich benannt werden,
2. nur die Nettoinventarwerte und die an einem organisierten Markt ermittelten Kurse oder die Ausgabe- und Rücknahmepreise von Anteilen oder Aktien eines Investmentvermögens genannt oder veröffentlicht werden,
3. Verkaufsunterlagen eines Investmentvermögens mit mindestens einem Teilinvestmentvermögen, dessen Anteile oder Aktien im Geltungsbereich dieses Gesetzes an eine, mehrere oder alle Anlegergruppen im Sinne des § 1 Absatz 19 Nummer 31 bis 33 vertrieben werden dürfen, verwendet werden und diese Verkaufsunterlagen auch Informationen über weitere Teilinvestmentvermögen enthalten, die im Geltungsbereich dieses Gesetzes nicht oder nur an eine andere Anlegergruppe vertrieben werden dürfen, sofern in den Verkaufsunterlagen jeweils drucktechnisch herausgestellt an hervorgehobener Stelle darauf hingewiesen wird, dass die Anteile oder Aktien der weiteren Teilinvestmentvermögen im Geltungsbereich dieses Gesetzes nicht vertrieben werden dürfen oder, sofern sie an einzelne Anlegergruppen vertrieben werden dürfen, an welche Anlegergruppe im Sinne des § 1 Absatz 19 Nummer 31 bis 33 sie nicht vertrieben werden dürfen,
4. die Besteuerungsgrundlagen nach § 5 des Investmentsteuergesetzes genannt oder bekannt gemacht werden,
5. in einen Prospekt für Wertpapiere Mindestangaben nach § 7 des Wertpapierprospektgesetzes oder Zusatzangaben gemäß § 268 oder § 307 oder in einen Prospekt für Vermögensanlagen Mindestangaben nach § 8g des Verkaufsprospektgesetzes oder nach § 7 des Vermögensanlagengesetzes aufgenommen werden,
6. Verwaltungsgesellschaften nur ihre gesetzlichen Veröffentlichungspflichten im Bundesanzeiger oder ausschließlich ihre regelmäßigen Informationspflichten gegenüber dem bereits in das betreffende Investmentvermögen investierten Anleger nach diesem Gesetz erfüllen,
7. ein EU-Master-OGAW ausschließlich Anteile an einen oder mehrere inländische OGAW-Feederfonds ausgibt

und darüber hinaus kein Vertrieb im Sinne des Satzes 1 stattfindet. [3]Ein Vertrieb an semiprofessionelle und professionelle Anleger ist nur dann gegeben, wenn dieser auf Initiative der Verwaltungsgesellschaft oder in deren Auftrag erfolgt und sich an semiprofessionelle oder professionelle Anleger mit Wohnsitz oder Sitz im Inland oder einem anderen Mitgliedstaat der Europäischen Union oder Vertragsstaat des Abkommens über den Europäischen Wirtschaftsraum richtet. [4]Die Bundesanstalt kann Richtlinien aufstellen, nach denen sie für den Regelfall beurteilt, wann ein Vertrieb im Sinne der Sätze 1 und 3 vorliegt.

(2) Enthalten die Vorschriften dieses Kapitels Regelungen für Investmentvermögen, gelten diese entsprechend auch für Teilinvestmentvermögen, es sei denn, aus den Vorschriften dieses Kapitels geht etwas anderes hervor.

§ 294 Auf den Vertrieb und den Erwerb von OGAW anwendbare Vorschriften. (1) [1]Auf den Vertrieb und den Erwerb von Anteilen oder Aktien an inländischen OGAW oder an zum Vertrieb berechtigten EU-OGAW im Geltungsbereich dieses Gesetzes sind die Vorschriften des Unterabschnitts 1 dieses Abschnitts, soweit sie auf Anteile oder Aktien an inländischen OGAW oder EU-OGAW Anwendung finden, anzuwenden. [2]Zudem sind auf EU-OGAW die Vorschriften des Abschnitts 2 Unterabschnitt 1 und auf inländische OGAW die Vorschriften des Abschnitts 2 Unterabschnitt 2 anzuwenden. [3]Der Vertrieb von EU-OGAW im Inland ist nur zulässig, wenn die Voraussetzungen des § 310 gegeben sind.

(2) Die Bundesanstalt veröffentlicht auf ihrer Internetseite gemäß Artikel 30 der Richtlinie 2010/44/EU die Anforderungen, die beim Vertrieb von Anteilen oder Aktien an EU-OGAW im Geltungsbereich dieses Gesetzes zu beachten sind.

A. Deutschland

§ 295 Auf den Vertrieb und den Erwerb von AIF anwendbare Vorschriften. (1) ¹Der Vertrieb von Anteilen oder Aktien an inländischen Publikums-AIF an Privatanleger, semiprofessionelle und professionelle Anleger im Geltungsbereich dieses Gesetzes ist nur zulässig, wenn die Voraussetzungen des § 316 erfüllt sind. ²Der Vertrieb von Anteilen oder Aktien an EU-AIF und ausländischen AIF an Privatanleger im Geltungsbereich dieses Gesetzes ist nur zulässig, wenn die Voraussetzungen der §§ 317 bis 320 erfüllt sind. ³Die Verwaltungsgesellschaften, die AIF verwalten, die die Voraussetzungen für den Vertrieb an Privatanleger nicht erfüllen, müssen wirksame Vorkehrungen treffen, die verhindern, dass Anteile oder Aktien an den AIF an Privatanleger im Geltungsbereich dieses Gesetzes vertrieben werden; dies gilt auch, wenn unabhängige Unternehmen eingeschaltet werden, die für den AIF Wertpapierdienstleistungen erbringen.

(2) Der Vertrieb von Anteilen oder Aktien an inländischen Spezial-AIF, EU-AIF und ausländischen AIF an professionelle Anleger ist im Inland nur zulässig
1. bis zu dem in dem auf Grundlage des Artikels 66 Absatz 3 in Verbindung mit Artikel 67 Absatz 6 der Richtlinie 2011/61/EU erlassenen delegierten Rechtsakt der Europäischen Kommission genannten Zeitpunkt nach den Voraussetzungen der §§ 321, 323, 329, 330 oder 330a;
2. ab dem Zeitpunkt, auf den in Nummer 1 verwiesen wird, nach den Voraussetzungen der §§ 321 bis 328 oder § 330a.

(3) Der Vertrieb von Anteilen oder Aktien an inländischen Spezial-AIF, EU-AIF und ausländischen AIF an semiprofessionelle Anleger im Inland ist nur zulässig
1. bis zu dem in dem auf Grundlage des Artikels 66 Absatz 3 in Verbindung mit Artikel 67 Absatz 6 der Richtlinie 2011/61/EU erlassenen delegierten Rechtsakt der Europäischen Kommission genannten Zeitpunkt
    a) nach den für den Vertrieb an semiprofessionelle Anleger genannten Voraussetzungen der §§ 321, 323, 329, 330 oder 330a oder
    b) nach den Voraussetzungen der §§ 317 bis 320;
2. ab dem Zeitpunkt, auf den in Nummer 1 verwiesen wird,
    a) nach den für den Vertrieb an semiprofessionelle Anleger genannten Voraussetzungen der §§ 321 bis 328 oder 330a oder
    b) nach den Voraussetzungen der §§ 317 bis 320.

(4) Werden im Geltungsbereich dieses Gesetzes Anteile oder Aktien an inländischen Publikums-AIF, an zum Vertrieb an Privatanleger berechtigten EU-AIF oder an zum Vertrieb an Privatanleger berechtigten ausländischen AIF an Privatanleger vertrieben oder von diesen erworben, so gelten die Vorschriften des Unterabschnitts 1 dieses Abschnitts, soweit sie sich auf den Vertrieb oder den Erwerb von inländischen Publikums-AIF, EU-AIF oder ausländischen AIF beziehen.

(5) Werden im Geltungsbereich dieses Gesetzes Anteile oder Aktien an
1. inländischen AIF,
2. von einer AIF-Kapitalverwaltungsgesellschaft oder ab dem Zeitpunkt, auf den in Absatz 2 Nummer 1 verwiesen wird, von einer ausländischen AIF-Verwaltungsgesellschaft, die eine Erlaubnis nach § 58 erhalten hat, verwalteten EU-AIF,
3. zum Vertrieb an professionelle Anleger berechtigten EU-AIF, die von einer EU-AIF-Verwaltungsgesellschaft oder ab dem Zeitpunkt, auf den in Absatz 2 Nummer 1 verwiesen wird, von einer ausländischen AIF-Verwaltungsgesellschaft, deren Referenzmitgliedstaat nicht die Bundesrepublik Deutschland ist, verwaltet werden, oder
4. zum Vertrieb an professionelle Anleger berechtigten ausländischen AIF an semiprofessionelle oder professionelle Anleger vertrieben oder durch diese erworben, gelten die Vorschriften des Unterabschnitts 2 dieses Abschnitts.

(6) ¹Beabsichtigt eine AIF-Kapitalverwaltungsgesellschaft, Anteile oder Aktien an von ihr verwalteten inländischen AIF, an EU-AIF oder, ab dem Zeitpunkt, auf den in Absatz 2 Nummer 1 verwiesen wird, an ausländischen AIF an professionelle Anleger in einem anderen Mitgliedstaat der Europäischen Union oder in einem anderen Vertragsstaat des Abkommens über den Europäischen Wirtschaftsraum zu vertreiben, gelten § 331 und ab dem Zeitpunkt, auf den in Absatz 2 Nummer 1 verwiesen wird, § 332. ²Die AIF-Kapitalverwaltungsgesellschaft stellt den am Erwerb eines Anteils oder einer Aktie Interessierten in den anderen Mitgliedstaaten der Europäischen Union und Vertragsstaaten des Abkommens über den Europäischen Wirtschaftsraum für jeden von ihr verwalteten inländischen AIF oder EU-AIF und für jeden von ihr vertriebenen AIF vor Vertragsschluss
1. die in § 307 Absatz 1 genannten Informationen einschließlich aller wesentlichen Änderungen dieser Informationen unter Berücksichtigung von § 307 Absatz 4 in der in den Anlagebedingun-

gen, der Satzung oder dem Gesellschaftsvertrag des AIF festgelegten Art und Weise zur Verfügung und

2. unterrichtet die am Erwerb eines Anteils oder einer Aktie Interessierten nach § 307 Absatz 2 in Verbindung mit § 297 Absatz 4.

[3] Zudem informiert die AIF-Kapitalverwaltungsgesellschaft die Anleger nach § 308 Absatz 1 bis 4, auch in Verbindung mit § 300 Absatz 1 bis 3, und über Änderungen der Informationen nach § 307 Absatz 2 in Verbindung mit § 297 Absatz 4.

(7) [1] Beabsichtigt eine ausländische AIF-Verwaltungsgesellschaft ab dem Zeitpunkt, auf den in Absatz 2 Nummer 1 verwiesen wird, Anteile oder Aktien an von ihr verwalteten inländischen AIF, an EU-AIF oder an ausländischen AIF an professionelle Anleger in einem anderen Mitgliedstaat der Europäischen Union oder in einem anderen Vertragsstaat des Abkommens über den Europäischen Wirtschaftsraum zu vertreiben, gelten die §§ 333 und 334. [2] Absatz 6 Satz 2 gilt entsprechend.

(8) [1] Das Wertpapierprospektgesetz und die Richtlinie 2003/71/EG bleiben unberührt. [2] An die Stelle des Verkaufsprospekts in diesem Kapitel treten die in einem Wertpapierprospekt enthaltenen Angaben nach § 269, wenn

1. der AIF gemäß § 268 Absatz 1 Satz 3 oder § 318 Absatz 3 Satz 2 auf Grund seiner Pflicht zur Erstellung eines Prospekts nach dem Wertpapierprospektgesetz oder der Richtlinie 2003/71/EG und der Aufnahme aller gemäß § 269 erforderlichen Angaben in diesen Prospekt von der Pflicht zur Erstellung eines Verkaufsprospekts befreit ist und
2. aus den Vorschriften dieses Kapitels nichts anderes hervorgeht.

§ 296 Vereinbarungen mit Drittstaaten zur OGAW-Konformität. (1) [1] Die Bundesanstalt kann mit den zuständigen Stellen von Drittstaaten vereinbaren, dass

1. die §§ 310 und 311 auf Anteile an ausländischen AIF, die in dem Drittstaat gemäß den Anforderungen der Richtlinie 2009/65/EG aufgelegt und verwaltet werden, entsprechend anzuwenden sind, sofern diese AIF im Geltungsbereich dieses Gesetzes vertrieben werden sollen, und
2. die §§ 312 und 313 entsprechend anzuwenden sind, wenn Anteile an inländischen OGAW auf dem Hoheitsgebiet des Drittstaates vertrieben werden sollen.

[2] § 310 gilt dabei mit der Maßgabe, dass zusätzlich zu der Bescheinigung nach § 310 Absatz 1 Satz 1 Nummer 2 auch eine Bescheinigung der zuständigen Stelle des Drittstaates zu übermitteln ist, dass der angezeigte AIF gemäß der Richtlinie 2011/61/EU verwaltet wird.

(2) Die Bundesanstalt darf die Vereinbarung nach Absatz 1 nur abschließen, wenn

1. die Anforderungen der Richtlinie 2009/65/EG in das Recht des Drittstaates entsprechend umgesetzt sind und öffentlich beaufsichtigt werden,
2. die Bundesanstalt und die zuständigen Stellen des Drittstaates eine Vereinbarung im Sinne des Artikels 42 Absatz 1 Buchstabe b in Verbindung mit Absatz 3 der Richtlinie 2011/61/EU abgeschlossen haben oder zeitgleich mit der Vereinbarung nach Absatz 1 abschließen werden,
3. der Drittstaat gemäß Artikel 42 Absatz 1 Buchstabe c der Richtlinie 2011/61/EU nicht auf der Liste der nicht kooperierenden Länder und Gebiete, die von der Arbeitsgruppe „Finanzielle Maßnahmen gegen die Geldwäsche und die Terrorismusfinanzierung" aufgestellt wurde, steht,
4. der gegenseitige Marktzugang unter vergleichbaren Voraussetzungen gewährt wird und
5. die Vereinbarung nach Absatz 1 auf solche ausländischen AIF des Drittstaates beschränkt wird, bei denen sowohl der AIF als auch der Verwalter ihren Sitz in diesem Drittstaat haben, und die gemäß der Richtlinie 2011/61/EU verwaltet werden.

(3) [1] Auf ausländische AIF, deren Anteile entsprechend Absatz 1 im Geltungsbereich dieses Gesetzes vertrieben werden, sind diejenigen Bestimmungen dieses Gesetzes entsprechend anzuwenden, die eine EU-OGAW-Verwaltungsgesellschaft zu beachten hat, wenn sie Anteile an einem EU-OGAW im Geltungsbereich dieses Gesetzes vertreibt; insbesondere sind § 94 Absatz 3, die §§ 297, 298 sowie 301 bis 306 und 309 entsprechend anzuwenden. [2] Darüber hinaus gilt für den Vertrieb des ausländischen AIF Artikel 42 Absatz 1 Buchstabe a in Verbindung mit den Artikeln 22, 23 und 24 der Richtlinie 2011/61/EU.

(4) [1] Die Bundesanstalt veröffentlicht die Vereinbarung nach Absatz 1 unverzüglich nach Inkrafttreten auf ihrer Internetseite. [2] Mit der Bekanntmachung sind die in Absatz 3 genannten Vorschriften anzuwenden. [3] Die Vereinbarung nach Absatz 1 verliert ihre Geltungskraft ab dem Zeitpunkt, auf den in § 295 Absatz 2 Nummer 1 verwiesen wird.

A. Deutschland

Unterabschnitt 2. Vorschriften für den Vertrieb und den Erwerb von AIF in Bezug auf Privatanleger und für den Vertrieb und den Erwerb von OGAW

Übersicht

§ 297 Verkaufsunterlagen und Hinweispflichten
§ 298 Veröffentlichungspflichten und laufende Informationspflichten für EU-OGAW
§ 299 Veröffentlichungspflichten und laufende Informationspflichten für EU-AIF und ausländische AIF
§ 300 Zusätzliche Informationspflichten bei AIF
§ 301 Sonstige Veröffentlichungspflichten
§ 302 Werbung
§ 303 Maßgebliche Sprachfassung
§ 304 Kostenvorausbelastung
§ 305 Widerrufsrecht
§ 306 Prospekthaftung und Haftung für die wesentlichen Anlegerinformationen

§ 297 Verkaufsunterlagen und Hinweispflichten. (1) [1]Dem am Erwerb eines Anteils oder einer Aktie an einem OGAW Interessierten sind rechtzeitig vor Vertragsschluss die wesentlichen Anlegerinformationen in der geltenden Fassung kostenlos zur Verfügung zu stellen. [2]Darüber hinaus sind ihm sowie auch dem Anleger eines OGAW auf Verlangen der Verkaufsprospekt sowie der letzte veröffentlichte Jahres- und Halbjahresbericht kostenlos zur Verfügung zu stellen.

(2) [1]Der am Erwerb eines Anteils oder einer Aktie an einem AIF interessierte Privatanleger ist vor Vertragsschluss über den jüngsten Nettoinventarwert des Investmentvermögens oder den jüngsten Marktpreis der Anteile oder Aktien gemäß den §§ 168 und 271 Absatz 1 zu informieren. [2]Ihm sind rechtzeitig vor Vertragsschluss die wesentlichen Anlegerinformationen, der Verkaufsprospekt und der letzte veröffentlichte Jahres- und Halbjahresbericht in der geltenden Fassung kostenlos zur Verfügung zu stellen.

(3) Die Anlagebedingungen und gegebenenfalls die Satzung oder der Gesellschaftsvertrag und der Treuhandvertrag mit dem Treuhandkommanditisten sind dem Verkaufsprospekt von OGAW und AIF beizufügen, es sei denn, dieser enthält einen Hinweis, wo diese im Geltungsbereich dieses Gesetzes kostenlos erhalten werden können.

(4) Der am Erwerb eines Anteils oder einer Aktie Interessierte ist auf eine bestehende Vereinbarung hinzuweisen, die die Verwahrstelle getroffen hat, um sich vertraglich von der Haftung gemäß § 77 Absatz 4 oder § 88 Absatz 4 freizustellen.

(5) [1]Die in den Absätzen 1, 2 Satz 2 sowie in Absatz 3 genannten Unterlagen (Verkaufsunterlagen) sind dem am Erwerb eines Anteils oder einer Aktie Interessierten und dem Anleger auf einem dauerhaften Datenträger oder einer Internetseite gemäß Artikel 38 der Verordnung (EU) Nr. 583/2010 sowie auf Verlangen jederzeit kostenlos in Papierform zur Verfügung zu stellen. [2]Der am Erwerb eines Anteils oder einer Aktie Interessierte ist darauf hinzuweisen, wo im Geltungsbereich des Gesetzes und auf welche Weise er die Verkaufsunterlagen kostenlos erhalten kann.

(6) [1]Dem am Erwerb eines Anteils oder einer Aktie an einem Feederfonds Interessierten und dem Anleger eines Feederfonds sind auch der Verkaufsprospekt sowie Jahres- und Halbjahresbericht des Masterfonds auf Verlangen kostenlos in Papierform zur Verfügung zu stellen. [2]Zusätzlich ist den Anlegern des Feederfonds und des Masterfonds die gemäß § 175 Absatz 1 oder § 317 Absatz 3 Nummer 5 abgeschlossene Master-Feeder-Vereinbarung auf Verlangen kostenlos zur Verfügung zu stellen.

(7) [1]Dem am Erwerb eines Anteils oder einer Aktie interessierten Privatanleger sind vor dem Erwerb eines Anteils oder einer Aktie an einem Dach-Hedgefonds oder von EU-AIF oder ausländischen AIF, die hinsichtlich der Anlagepolitik Anforderungen unterliegen, die denen von Dach-Hedgefonds vergleichbar sind, sämtliche Verkaufsunterlagen auszuhändigen. [2]Der Erwerb bedarf der schriftlichen Form. [3]Der am Erwerb Interessierte muss vor dem Erwerb auf die Risiken des AIF nach Maßgabe des § 228 Absatz 2 ausdrücklich hingewiesen werden. [4]Ist streitig, ob der Verkäufer die Belehrung durchgeführt hat, trifft die Beweislast den Verkäufer.

(8) [1]Soweit sie Informationspflichten gegenüber dem am Erwerb eines Anteils oder einer Aktie Interessierten betreffen, finden die Absätze 1, 2, 4, 6 Satz 1 und Absatz 7 keine Anwendung auf den Erwerb von Anteilen oder Aktien im Rahmen einer Finanzportfolioverwaltung im Sinne des § 1 Absatz 1a Nummer 3 des Kreditwesengesetzes oder des § 20 Absatz 2 Nummer 1 oder Absatz 3 Nummer 2. [2]Werden Anteilen oder Aktien im Rahmen eines Investment-Sparplans in regelmäßigem Abstand erworben, so sind die Absätze 1, 2, 4, 6 Satz 1 und Absatz 7, soweit sie Informationspflichten

gegenüber dem am Erwerb eines Anteils oder einer Aktie Interessierten betreffen, nur auf den erstmaligen Erwerb anzuwenden.

(9) Dem Erwerber eines Anteils oder einer Aktie an einem OGAW oder AIF ist eine Durchschrift des Antrags auf Vertragsabschluss auszuhändigen oder eine Kaufabrechnung zu übersenden, die jeweils einen Hinweis auf die Höhe des Ausgabeaufschlags und des Rücknahmeabschlags und eine Belehrung über das Recht des Käufers zum Widerruf nach § 305 enthalten müssen.

(10) Auf Verlangen des am Erwerb eines Anteils oder einer Aktie Interessierten muss die Kapitalverwaltungsgesellschaft, die EU-Verwaltungsgesellschaft oder die ausländische AIF-Verwaltungsgesellschaft zusätzlich über die Anlagegrenzen des Risikomanagements des Investmentvermögens, die Risikomanagementmethoden und die jüngsten Entwicklungen bei den Risiken und Renditen der wichtigsten Kategorien von Vermögensgegenständen des Investmentvermögens informieren.

§ 298 Veröffentlichungspflichten und laufende Informationspflichten für EU-OGAW.

(1) ¹Für nach § 310 zum Vertrieb angezeigte Anteile oder Aktien an EU-OGAW hat die EU-OGAW-Verwaltungsgesellschaft oder die OGAW-Kapitalverwaltungsgesellschaft folgende Unterlagen und Angaben im Geltungsbereich dieses Gesetzes in deutscher Sprache oder in einer in internationalen Finanzkreisen üblichen Sprache zu veröffentlichen:
1. den Jahresbericht für den Schluss eines jeden Geschäftsjahres,
2. den Halbjahresbericht,
3. den Verkaufsprospekt,
4. die Anlagebedingungen oder die Satzung,
5. die Ausgabe- und Rücknahmepreise der Anteile oder Aktien sowie
6. sonstige Unterlagen und Angaben, die in dem Herkunftsmitgliedstaat des EU-OGAW zu veröffentlichen sind.

²Die wesentlichen Anlegerinformationen gemäß Artikel 78 der Richtlinie 2009/65/EG sind ohne Änderung gegenüber der im Herkunftsmitgliedstaat verwendeten Fassung in deutscher Sprache zu veröffentlichen. ³Die in den Sätzen 1 und 2 beschriebenen Anforderungen gelten auch für jegliche Änderungen der genannten Informationen und Unterlagen. ⁴Für die Häufigkeit der Veröffentlichungen von Ausgabe- und Rücknahmepreis gelten die Vorschriften des Herkunftsmitgliedstaates des EU-OGAW entsprechend.

(2) Neben der Veröffentlichung in einem im Verkaufsprospekt zu benennenden Informationsmedium sind die Anleger entsprechend § 167 unverzüglich mittels eines dauerhaften Datenträgers zu unterrichten über
1. die Aussetzung der Rücknahme der Anteile oder Aktien eines Investmentvermögens;
2. die Kündigung der Verwaltung eines Investmentvermögens oder dessen Abwicklung;
3. Änderungen der Anlagebedingungen, die mit den bisherigen Anlagegrundsätzen nicht vereinbar sind, die wesentliche Anlegerrechte berühren oder die Vergütungen und Aufwendungserstattungen betreffen, die aus dem Investmentvermögen entnommen werden können, einschließlich der Hintergründe der Änderungen sowie der Rechte der Anleger in einer verständlichen Art und Weise; dabei ist mitzuteilen, wo und auf welche Weise weitere Informationen hierzu erlangt werden können;
4. die Verschmelzung von Investmentvermögen in Form von Verschmelzungsinformationen, die gemäß Artikel 43 der Richtlinie 2009/65/EG zu erstellen sind, und
5. die Umwandlung eines Investmentvermögens in einen Feederfonds oder die Änderung eines Masterfonds in Form von Informationen, die gemäß Artikel 64 der Richtlinie 2009/65/EG zu erstellen sind.

§ 299 Veröffentlichungspflichten und laufende Informationspflichten für EU-AIF und ausländische AIF.
(1) ¹Die EU-AIF-Verwaltungsgesellschaft oder die ausländische AIF-Verwaltungsgesellschaft veröffentlicht für Anteile oder Aktien an EU-AIF oder ausländischen AIF
1. den Verkaufsprospekt und alle Änderungen desselben auf der Internetseite der AIF-Verwaltungsgesellschaft;
2. die Anlagebedingungen, die Satzung oder den Gesellschaftsvertrag und alle Änderungen derselben auf der Internetseite der AIF-Verwaltungsgesellschaft;
3. einen Jahresbericht für den Schluss eines jeden Geschäftsjahres im Bundesanzeiger spätestens sechs Monate nach Ablauf des Geschäftsjahres; der Bericht hat folgende Angaben zu enthalten:
   a) eine Vermögensaufstellung, die in einer dem § 101 Absatz 1 Satz 3 Nummer 1 und 2, ausgenommen Nummer 1 Satz 3 und 7, vergleichbaren Weise ausgestaltet ist und die im Berichtszeitraum getätigten Käufe und Verkäufe von Vermögensgegenständen im Sinne von § 261 Absatz 1 Nummer 1 benennt;

A. Deutschland

b) eine nach der Art der Aufwendungen und Erträge gegliederte Aufwands- und Ertragsrechnung;
c) einen Bericht über die Tätigkeiten der AIF-Verwaltungsgesellschaft im vergangenen Geschäftsjahr einschließlich einer Übersicht über die Entwicklung des Investmentvermögens in einer § 101 Absatz 1 Satz 3 Nummer 4 Satz 3 und § 247 Absatz 1 vergleichbaren Weise; die Übersicht ist mit dem ausdrücklichen Hinweis zu verbinden, dass die vergangenheitsbezogenen Werte keine Rückschlüsse für die Zukunft gewähren;
d) die Anzahl der am Berichtsstichtag umlaufenden Anteile oder Aktien und den Wert eines Anteils oder einer Aktie;
e) jede wesentliche Änderung der im Verkaufsprospekt aufgeführten Informationen während des Geschäftsjahres, auf das sich der Bericht bezieht;
f) die Gesamtsumme der im abgelaufenen Geschäftsjahr gezahlten Vergütungen, aufgegliedert nach festen und variablen von der Verwaltungsgesellschaft an ihre Mitarbeiter gezahlten Vergütungen, sowie die Zahl der Begünstigten und gegebenenfalls die vom EU-AIF oder ausländischen AIF gezahlten Carried Interest;
g) die Gesamtsumme der gezahlten Vergütungen, aufgegliedert nach Vergütungen für Führungskräfte und Mitarbeiter der Verwaltungsgesellschaft, deren Tätigkeit sich wesentlich auf das Risikoprofil des AIF auswirkt;
h) eine Wiedergabe des vollständigen Berichts des Rechnungsprüfers einschließlich etwaiger Vorbehalte;
i) eine Gesamtkostenquote entsprechend § 166 Absatz 5 oder § 270 Absatz 1 in Verbindung mit § 166 Absatz 5; gegebenenfalls zusätzlich eine Kostenquote für erfolgsabhängige Verwaltungsvergütungen und zusätzliche Verwaltungsvergütungen nach § 166 Absatz 5 Satz 4 oder § 270 Absatz 4;
4. einen Halbjahresbericht für die Mitte eines jeden Geschäftsjahres, falls es sich um einen offenen AIF handelt; der Bericht ist im Bundesanzeiger spätestens zwei Monate nach dem Stichtag zu veröffentlichen und muss die Angaben nach Nummer 3 Buchstabe a und d enthalten; außerdem sind die Angaben nach Nummer 3 Buchstabe b und c aufzunehmen, wenn für das Halbjahr Zwischenausschüttungen erfolgt oder vorgesehen sind;
5. die Ausgabe- und Rücknahmepreise und den Nettoinventarwert je Anteil oder Aktie bei jeder Ausgabe oder Rücknahme von Anteilen oder Aktien, jedoch mindestens einmal im Jahr, in einer im Verkaufsprospekt anzugebenden hinreichend verbreiteten Wirtschafts- oder Tageszeitung mit Erscheinungsort im Geltungsbereich dieses Gesetzes oder in den im Verkaufsprospekt bezeichneten elektronischen Informationsmedien; dabei ist der für den niedrigsten Anlagebetrag berechnete Ausgabepreis zu nennen; abweichend erfolgt die Veröffentlichung bei mit OGAW nach § 192 vergleichbaren Investmentvermögen mindestens zweimal im Monat.

[2] Inhalt und Form des Jahresberichtes bestimmen sich im Übrigen nach den Artikeln 103 bis 107 der Delegierten Verordnung (EU) Nr. 231/2013. [3] Der Jahresbericht eines Feederfonds muss zudem die Anforderungen entsprechend § 173 Absatz 4 erfüllen. [4] Die Berichte nach § 299 Absatz 1 Satz 1 Nummer 3 und 4 sind dem Anleger auf Verlangen zur Verfügung zu stellen.

(2) Ausgabe- und Rücknahmepreise der Anteile oder Aktien an ausländischen AIF und EU-AIF dürfen in Bekanntgaben nur gemeinsam genannt werden; dabei ist der für den niedrigsten Anlagebetrag berechnete Ausgabepreis zu nennen.

(3) Für geschlossene EU-AIF und geschlossene ausländische AIF, die mit inländischen geschlossenen Publikums-AIF nach den §§ 261 bis 272 vergleichbar sind und die an einem organisierten Markt im Sinne des § 2 Absatz 5 des Wertpapierhandelsgesetzes oder an einem organisierten Markt, der die wesentlichen Anforderungen an geregelte Märkte im Sinne der Richtlinie 2004/39/EG erfüllt, zugelassen sind, müssen die gemäß Absatz 1 Satz 1 Nummer 3 zu veröffentlichenden Unterlagen eine Darstellung der Entwicklung des Kurses der Anteile oder Aktien des Investmentvermögens und des Nettoinventarwertes des Investmentvermögens im Berichtszeitraum enthalten.

(4) [1] Absatz 1 Satz 1 Nummer 5 und Absatz 2 gelten nicht für geschlossene EU-AIF und geschlossene ausländische AIF, die mit inländischen geschlossenen AIF nach den §§ 261 bis 272 vergleichbar sind. [2] Für AIF im Sinne von Satz 1, die nicht zu den in Absatz 3 genannten AIF gehören, muss den Anlegern der Nettoinventarwert je Anteil oder Aktie entsprechend den Vorschriften für inländische geschlossene Publikums-AIF nach § 272 offengelegt werden. [3] Für AIF im Sinne von Absatz 3 veröffentlichen die AIF-Verwaltungsgesellschaften täglich in einer hinreichend verbreiteten Wirtschafts- oder Tageszeitung mit Erscheinungsort im Geltungsbereich dieses Gesetzes
1. den Kurs der Anteile oder Aktien des AIF, der an dem organisierten Markt im Sinne des § 2 Absatz 5 des Wertpapierhandelsgesetzes oder an einem organisierten Markt, der die wesentlichen An-

forderungen an geregelte Märkte im Sinne der Richtlinie 2004/39/EG erfüllt, ermittelt wurde, und
2. den Nettoinventarwert des AIF entsprechend den Vorschriften für inländische geschlossene Publikums-AIF nach § 272.
[4] In sonstigen Veröffentlichungen und Werbeschriften über den AIF im Sinne von Satz 3 dürfen der Kurs der Anteile oder Aktien und der Nettoinventarwert des Investmentvermögens nur gemeinsam genannt werden.

(5) [1] Die Veröffentlichungs- und Unterrichtungspflichten gemäß § 298 Absatz 2 gelten für EU-AIF-Verwaltungsgesellschaften oder ausländische AIF-Verwaltungsgesellschaften entsprechend. [2] Zusätzlich ist dem Anleger auf Verlangen der Jahresbericht mit den Angaben nach Absatz 1 Satz 1 Nummer 3 zur Verfügung zu stellen. [3] Ist der AIF nach der Richtlinie 2004/109/EG verpflichtet, Jahresfinanzberichte zu veröffentlichen, so sind dem Anleger die Angaben nach Absatz 1 Satz 1 Nummer 3 auf Verlangen gesondert oder in Form einer Ergänzung zum Jahresfinanzbericht zur Verfügung zu stellen. [4] In letzterem Fall ist der Jahresfinanzbericht spätestens vier Monate nach Ende des Geschäftsjahres zu veröffentlichen.

§ 300 Zusätzliche Informationspflichten bei AIF. (1) Für jeden von ihr verwalteten inländischen AIF, EU-AIF oder ausländischen AIF muss die AIF-Verwaltungsgesellschaft den Anlegern im Geltungsbereich dieses Gesetzes regelmäßig Folgendes offenlegen:
1. den prozentualen Anteil der Vermögensgegenstände des AIF, die schwer zu liquidieren sind und für die deshalb besondere Regelungen gelten,
2. jegliche neue Regelungen zum Liquiditätsmanagement des AIF und
3. das aktuelle Risikoprofil des AIF und die von der AIF-Verwaltungsgesellschaft zur Steuerung dieser Risiken eingesetzten Risikomanagementsysteme.

(2) Für jeden von ihr verwalteten, Leverage einsetzenden inländischen AIF, EU-AIF oder ausländischen AIF muss die AIF-Verwaltungsgesellschaft den Anlegern im Geltungsbereich dieses Gesetzes regelmäßig Folgendes offenlegen:
1. alle Änderungen des maximalen Umfangs, in dem die AIF-Verwaltungsgesellschaft für Rechnung des AIF Leverage einsetzen kann sowie etwaige Rechte zur Wiederverwendung von Sicherheiten oder sonstige Garantien, die im Rahmen von Leverage-Geschäften gewährt wurden, und
2. die Gesamthöhe des Leverage des betreffenden AIF.

(3) Nähere Bestimmungen zu den Offenlegungspflichten gemäß den Absätzen 1 und 2 ergeben sich aus den Artikeln 108 und 109 der Delegierten Verordnung (EU) Nr. 231/2013.

(4) Die AIF-Verwaltungsgesellschaft informiert die Anleger zusätzlich unverzüglich mittels dauerhaften Datenträgers entsprechend § 167 und durch Veröffentlichung in einem weiteren im Verkaufsprospekt zu benennenden Informationsmedium über alle Änderungen, die sich in Bezug auf die Haftung der Verwahrstelle ergeben.

§ 301 Sonstige Veröffentlichungspflichten. Auf der Internetseite der Kapitalverwaltungsgesellschaft, der EU-Verwaltungsgesellschaft oder der ausländischen AIF-Verwaltungsgesellschaft ist jeweils eine geltende Fassung der wesentlichen Anlegerinformationen zu veröffentlichen und auf eine bestehende Vereinbarung hinzuweisen, die die Verwahrstelle getroffen hat, um sich vertraglich von der Haftung gemäß § 77 Absatz 4 oder § 88 Absatz 4 freizustellen.

§ 302 Werbung. (1) [1] Werbung für AIF gegenüber Privatanlegern und Werbung für OGAW muss eindeutig als solche erkennbar sein. [2] Sie muss redlich und eindeutig sein und darf nicht irreführend sein. [3] Insbesondere darf Werbung, die zum Erwerb von Anteilen oder Aktien eines inländischen Investmentvermögens, EU-Investmentvermögens oder ausländischen AIF auffordert und spezifische Informationen über diese Anteile oder Aktien enthält, keine Aussagen treffen, die im Widerspruch zu Informationen des Verkaufsprospekts und den in den §§ 166, 270, 318 Absatz 5 oder in Artikel 78 der Richtlinie 2009/65/EG genannten wesentlichen Anlegerinformationen stehen oder die Bedeutung dieser Informationen herabstufen.

(2) [1] Bei Werbung in Textform ist darauf hinzuweisen, dass ein Verkaufsprospekt existiert und dass die in den §§ 166, 270, 318 Absatz 5 oder in Artikel 78 der Richtlinie 2009/65/EG genannten wesentlichen Anlegerinformationen verfügbar sind. [2] Dabei ist anzugeben, wo und in welcher Sprache diese Informationen oder Unterlagen erhältlich sind und welche Zugangsmöglichkeiten bestehen.

(3) Werbung in Textform für den Erwerb von Anteilen oder Aktien eines inländischen Investmentvermögens, nach dessen Anlagebedingungen oder Satzung die Anlage von mehr als 35 Prozent des

Wertes des Investmentvermögens in Schuldverschreibungen eines der in § 206 Absatz 2 Satz 1 genannten Aussteller zulässig ist, muss diese Aussteller benennen.

(4) ¹Werbung für den Erwerb von Anteilen oder Aktien eines Investmentvermögens, nach dessen Anlagebedingungen oder Satzung ein anerkannter Wertpapierindex nachgebildet wird oder hauptsächlich in Derivate nach Maßgabe des § 197 angelegt wird, muss auf die Anlagestrategie hinweisen. ²Weist ein Investmentvermögen auf Grund seiner Zusammensetzung oder der für die Fondsverwaltung verwendeten Techniken eine erhöhte Volatilität auf, so muss in der Werbung darauf hingewiesen werden. ³Die Sätze 1 und 2 gelten nicht für die Werbung für ausländische AIF oder EU-AIF.

(5) Werbung in Textform für einen Feederfonds muss einen Hinweis enthalten, dass dieser dauerhaft mindestens 85 Prozent seines Vermögens in Anteile eines Masterfonds anlegt.

(6) Werbung für Dach-Hedgefonds oder für ausländische AIF oder EU-AIF, die hinsichtlich der Anlagepolitik Anforderungen unterliegen, die denen von Dach-Hedgefonds vergleichbar sind, muss ausdrücklich auf die besonderen Risiken des Investmentvermögens nach Maßgabe des § 228 Absatz 2 hinweisen.

(7) ¹Die Bundesanstalt kann Werbung untersagen, um Missständen bei der Werbung für AIF gegenüber Privatanlegern und für OGAW zu begegnen. ²Dies gilt insbesondere für
1. Werbung mit Angaben, die in irreführender Weise den Anschein eines besonders günstigen Angebots hervorrufen können sowie
2. Werbung mit dem Hinweis auf die Befugnisse der Bundesanstalt nach diesem Gesetz oder auf die Befugnisse der für die Aufsicht zuständigen Stellen in anderen Mitgliedstaaten der Europäischen Union, Vertragsstaaten des Abkommens über den Europäischen Wirtschaftsraum oder Drittstaaten.

§ 303 Maßgebliche Sprachfassung. (1) ¹Sämtliche Veröffentlichungen und Werbeschriften, die sich auf Anteile oder Aktien an einem an Privatanleger vertriebenen AIF oder an einem inländischen OGAW beziehen, sind in deutscher Sprache abzufassen oder mit einer deutschen Übersetzung zu versehen. ²Dabei ist der deutsche Wortlaut der in § 297 Absatz 1 bis 5 und 9 genannten Unterlagen und der in Satz 1 genannten Unterlagen und Veröffentlichungen maßgeblich.

(2) ¹Bei EU-OGAW ist der deutsche Wortlaut der wesentlichen Anlegerinformationen für die Prospekthaftung nach § 306 maßgeblich; für die übrigen in § 298 Absatz 1 genannten Unterlagen ist die im Geltungsbereich dieses Gesetzes veröffentlichte Sprachfassung zugrunde zu legen. ²Erfolgt die Veröffentlichung auch in deutscher Sprache, so ist der deutsche Wortlaut maßgeblich.

(3) ¹Übersetzungen von wesentlichen Anlegerinformationen und Unterlagen gemäß § 298 Absatz 1 Satz 1 und gemäß § 299 Absatz 1 Satz 1 müssen unter der Verantwortung der ausländischen AIF-Verwaltungsgesellschaft oder der EU-Verwaltungsgesellschaft erstellt werden. ²Sie müssen den Inhalt der ursprünglichen Informationen richtig und vollständig wiedergeben.

§ 304 Kostenvorausbelastung. Wurde die Abnahme von Anteilen oder Aktien für einen mehrjährigen Zeitraum vereinbart, so darf von jeder der für das erste Jahr vereinbarten Zahlungen höchstens ein Drittel für die Deckung von Kosten verwendet werden, die restlichen Kosten müssen auf alle späteren Zahlungen gleichmäßig verteilt werden.

§ 305 Widerrufsrecht. (1) ¹Ist der Käufer von Anteilen oder Aktien eines offenen Investmentvermögens durch mündliche Verhandlungen außerhalb der ständigen Geschäftsräume desjenigen, der die Anteile oder Aktien verkauft oder den Verkauf vermittelt hat, dazu bestimmt worden, eine auf den Kauf gerichtete Willenserklärung abzugeben, so ist er an diese Erklärung nur gebunden, wenn er sie nicht innerhalb einer Frist von zwei Wochen bei der Verwaltungsgesellschaft oder einem Repräsentanten im Sinne des § 319 schriftlich widerruft; dies gilt auch dann, wenn derjenige, der die Anteile oder Aktien verkauft oder den Verkauf vermittelt, keine ständigen Geschäftsräume hat. ²Bei Fernabsatzgeschäften gilt § 312d Absatz 4 Nummer 6 des Bürgerlichen Gesetzbuchs entsprechend.

(2) ¹Zur Wahrung der Frist genügt die rechtzeitige Absendung der Widerrufserklärung. ²Die Widerrufsfrist beginnt erst zu laufen, wenn dem Käufer die Durchschrift des Antrags auf Vertragsabschluss ausgehändigt oder eine Kaufabrechnung übersandt worden ist und in der Durchschrift oder der Kaufabrechnung eine Belehrung über das Widerrufsrecht enthalten ist, die den Anforderungen des § 360 Absatz 1 des Bürgerlichen Gesetzbuchs genügt. ³Ist der Fristbeginn nach Satz 2 streitig, trifft die Beweislast den Verkäufer.

(3) Das Recht zum Widerruf besteht nicht, wenn der Verkäufer nachweist, dass
1. der Käufer kein Verbraucher im Sinne des § 13 des Bürgerlichen Gesetzbuchs ist oder

2. er den Käufer zu den Verhandlungen, die zum Verkauf der Anteile oder Aktien geführt haben, auf Grund vorhergehender Bestellung gemäß § 55 Absatz 1 der Gewerbeordnung aufgesucht hat.

(4) Ist der Widerruf erfolgt und hat der Käufer bereits Zahlungen geleistet, so ist die Kapitalverwaltungsgesellschaft, die EU-Verwaltungsgesellschaft oder die ausländische AIF-Verwaltungsgesellschaft verpflichtet, dem Käufer, gegebenenfalls Zug um Zug gegen Rückübertragung der erworbenen Anteile oder Aktien, die bezahlten Kosten und einen Betrag auszuzahlen, der dem Wert der bezahlten Anteile oder Aktien am Tag nach dem Eingang der Widerrufserklärung entspricht.

(5) Auf das Recht zum Widerruf kann nicht verzichtet werden.

(6) Die Vorschrift ist auf den Verkauf von Anteilen oder Aktien durch den Anleger entsprechend anwendbar.

(7) Das Widerrufsrecht in Bezug auf Anteile und Aktien eines geschlossenen Investmentvermögens richtet sich nach dem Bürgerlichen Gesetzbuch.

(8) [1] Anleger, die vor der Veröffentlichung eines Nachtrags zum Verkaufsprospekt eine auf den Erwerb eines Anteils oder einer Aktie eines geschlossenen Publikums-AIF gerichtete Willenserklärung abgegeben haben, können diese innerhalb einer Frist von zwei Werktagen nach Veröffentlichung des Nachtrags widerrufen, sofern noch keine Erfüllung eingetreten ist. [2] Der Widerruf muss keine Begründung enthalten und ist in Textform gegenüber der im Nachtrag als Empfänger des Widerrufs bezeichneten Verwaltungsgesellschaft oder Person zu erklären; zur Fristwahrung reicht die rechtzeitige Absendung. [3] Auf die Rechtsfolgen des Widerrufs ist § 357 des Bürgerlichen Gesetzbuches entsprechend anzuwenden.

§ 306 Prospekthaftung und Haftung für die wesentlichen Anlegerinformationen. (1) [1] Sind in dem Verkaufsprospekt Angaben, die für die Beurteilung der Anteile oder Aktien von wesentlicher Bedeutung sind, unrichtig oder unvollständig, so kann derjenige, der auf Grund des Verkaufsprospekts Anteile oder Aktien gekauft hat, von der Verwaltungsgesellschaft, von denjenigen, die neben der Verwaltungsgesellschaft für den Verkaufsprospekt die Verantwortung übernommen haben oder von denen der Erlass des Verkaufsprospektes ausgeht, und von demjenigen, der diese Anteile oder Aktien im eigenen Namen gewerbsmäßig verkauft, als Gesamtschuldner die Übernahme der Anteile oder Aktien gegen Erstattung des von ihm gezahlten Betrages verlangen. [2] Ist der Käufer in dem Zeitpunkt, in dem er von der Unrichtigkeit oder Unvollständigkeit des Verkaufsprospekts Kenntnis erlangt hat, nicht mehr Inhaber des Anteils oder der Aktie, so kann er die Zahlung des Betrages verlangen, um den der von ihm gezahlte Betrag den Rücknahmepreis des Anteils oder der Aktie oder andernfalls den Wert des Anteils oder der Aktie im Zeitpunkt der Veräußerung übersteigt.

(2) [1] Sind in den wesentlichen Anlegerinformationen enthaltene Angaben irreführend, unrichtig oder nicht mit den einschlägigen Stellen des Verkaufsprospekts vereinbar, so kann derjenige, der auf Grund der wesentlichen Anlegerinformationen Anteile oder Aktien gekauft hat, von der Verwaltungsgesellschaft und von demjenigen, der diese Anteile oder Aktien im eigenen Namen gewerbsmäßig verkauft hat, als Gesamtschuldner die Übernahme der Anteile oder Aktien gegen Erstattung des von ihm gezahlten Betrages verlangen. [2] Ist der Käufer in dem Zeitpunkt, in dem er von der Fehlerhaftigkeit der wesentlichen Anlegerinformationen Kenntnis erlangt hat, nicht mehr Inhaber des Anteils oder der Aktie, so kann er die Zahlung des Betrages verlangen, um den der von ihm gezahlte Betrag den Rücknahmepreis des Anteils oder der Aktie oder andernfalls den Wert des Anteils oder der Aktie im Zeitpunkt der Veräußerung übersteigt.

(3) [1] Eine Gesellschaft, eine Person oder diejenige Stelle, welche die Anteile oder Aktien im eigenen Namen gewerbsmäßig verkauft hat, kann nicht nach Absatz 1 oder 2 in Anspruch genommen werden, wenn sie nachweist, dass sie die Unrichtigkeit oder Unvollständigkeit des Verkaufsprospekts oder die Unrichtigkeit der wesentlichen Anlegerinformationen nicht gekannt hat und die Unkenntnis nicht auf grober Fahrlässigkeit beruht. [2] Der Anspruch nach Absatz 1 oder nach Absatz 2 besteht nicht, wenn der Käufer der Anteile oder Aktien die Unrichtigkeit oder Unvollständigkeit des Verkaufsprospekts oder die Unrichtigkeit der wesentlichen Anlegerinformationen beim Kauf gekannt hat.

(4) [1] Zur Übernahme nach Absatz 1 oder 2 ist auch verpflichtet, wer gewerbsmäßig den Verkauf der Anteile oder Aktien vermittelt oder die Anteile oder Aktien im fremden Namen verkauft hat, wenn er die Unrichtigkeit oder Unvollständigkeit des Verkaufsprospekts oder die Unrichtigkeit der wesentlichen Anlegerinformationen gekannt hat. [2] Dies gilt nicht, wenn auch der Käufer der Anteile oder Aktien die Unrichtigkeit oder Unvollständigkeit des Verkaufsprospekts oder die Unrichtigkeit der wesentlichen Anlegerinformationen beim Kauf gekannt hat.

(5) ¹Wurde ein Verkaufsprospekt entgegen § 164 Absatz 1, § 268 Absatz 1, § 298 Absatz 1 oder § 299 Absatz 1 nicht veröffentlicht, so kann der Erwerber eines Anteils oder einer Aktie an einem Investmentvermögen von dem Anbieter die Übernahme der Anteile oder Aktien gegen Erstattung des Erwerbspreises, soweit dieser den ersten Erwerbspreis nicht überschreitet, und der mit dem Erwerb verbundenen üblichen Kosten verlangen, sofern das Erwerbsgeschäft vor Veröffentlichung eines Verkaufsprospekts und innerhalb von zwei Jahren nach dem ersten Anbieten oder Platzieren von Anteilen oder Aktien dieses Investmentvermögens im Inland abgeschlossen wurde. ²Ist der Erwerber nicht mehr Inhaber der Anteile oder Aktien des Investmentvermögens, kann er die Zahlung des Unterschiedsbetrags zwischen dem Erwerbspreis und dem Veräußerungspreis der Anteile oder Aktien sowie der mit dem Erwerb und der Veräußerung verbundenen üblichen Kosten verlangen. ³Die Ansprüche dieses Absatzes bestehen nicht, sofern der Erwerber die Pflicht, einen Verkaufsprospekt zu veröffentlichen, bei dem Erwerb kannte.

(6) ¹Eine Vereinbarung, durch die der Anspruch nach Absatz 1, 2, 4 oder 5 im Voraus ermäßigt oder erlassen wird, ist unwirksam. ²Weitergehende Ansprüche, die sich aus den Vorschriften des bürgerlichen Rechts auf Grund von Verträgen oder unerlaubten Handlungen ergeben können, bleiben unberührt.

Unterabschnitt 3. Vorschriften für den Vertrieb und den Erwerb von AIF in Bezug auf semiprofessionelle und professionelle Anleger

Übersicht

§ 307 Informationspflichten gegenüber semiprofessionellen und professionellen Anlegern und Haftung
§ 308 Sonstige Informationspflichten

§ 307 Informationspflichten gegenüber semiprofessionellen und professionellen Anlegern und Haftung. (1) ¹Dem am Erwerb eines Anteils oder einer Aktie interessierten professionellen Anleger oder semiprofessionellen Anleger ist vor Vertragsschluss der letzte Jahresbericht nach den §§ 67, 101, 102, 106, 107, 120 bis 123, 135 bis 137, 148, 158 bis 161 oder Artikel 22 der Richtlinie 2011/61/EU zur Verfügung zu stellen. ²Zusätzlich sind ihm folgende Informationen einschließlich aller wesentlichen Änderungen in der in den Anlagebedingungen, der Satzung oder des Gesellschaftsvertrages des AIF festgelegten Art und Weise zur Verfügung zu stellen:
1. eine Beschreibung der Anlagestrategie und der Ziele des AIF;
2. eine Beschreibung der Art der Vermögenswerte, in die der AIF investieren darf und der Techniken, die er einsetzen darf und aller damit verbundenen Risiken;
3. eine Beschreibung etwaiger Anlagebeschränkungen;
4. Angaben über den Sitz eines eventuellen Master-AIF und über den Sitz der Zielinvestmentvermögen, wenn es sich bei dem AIF um ein Dach-Investmentvermögen handelt;
5. eine Beschreibung der Umstände, unter denen der AIF Leverage einsetzen kann, Art und Quellen des zulässigen Leverage und damit verbundener Risiken, Beschreibung sonstiger Beschränkungen für den Einsatz von Leverage sowie des maximalen Umfangs des Leverage, den die AIF-Verwaltungsgesellschaft für Rechnung des AIF einsetzen darf, und der Handhabung der Wiederverwendung von Sicherheiten und Vermögenswerten;
6. eine Beschreibung der Verfahren, nach denen der AIF seine Anlagestrategie oder seine Anlagepolitik oder beides ändern kann;
7. eine Beschreibung der wichtigsten rechtlichen Auswirkungen der für die Tätigung der Anlage eingegangenen Vertragsbeziehung, einschließlich Informationen über die zuständigen Gerichte, das anwendbare Recht und darüber, ob Rechtsinstrumente vorhanden sind, die die Anerkennung und Vollstreckung von Urteilen in dem Gebiet vorsehen, in dem der AIF seinen Sitz hat;
8. Identität der AIF-Verwaltungsgesellschaft, der Verwahrstelle des AIF, des Rechnungsprüfers oder sonstiger Dienstleistungsanbieter sowie eine Erläuterung ihrer Pflichten sowie der Rechte der Anleger;
9. eine Beschreibung, in welcher Weise die AIF-Verwaltungsgesellschaft den Anforderungen des § 25 Absatz 6 oder des Artikels 9 Absatz 7 der Richtlinie 2011/61/EU gerecht wird;
10. eine Beschreibung sämtlicher von der AIF-Verwaltungsgesellschaft übertragener Verwaltungsfunktionen gemäß Anhang I der Richtlinie 2011/61/EU sowie sämtlicher von der Verwahrstelle übertragener Verwahrfunktionen; die Bezeichnung des Beauftragten sowie eine Beschreibung sämtlicher Interessenkonflikte, die sich aus der Aufgabenübertragung ergeben könnten;

11. eine Beschreibung des Bewertungsverfahrens des AIF und der Kalkulationsmethoden für die Bewertung von Vermögenswerten, einschließlich der Verfahren für die Bewertung schwer zu bewertender Vermögenswerte gemäß den §§ 278, 279, 286 oder gemäß Artikel 19 der Richtlinie 2011/61/EU;
12. eine Beschreibung des Liquiditätsrisikomanagements des AIF, einschließlich der Rücknahmerechte unter normalen und außergewöhnlichen Umständen, und der bestehenden Rücknahmevereinbarungen mit den Anlegern;
13. eine Beschreibung sämtlicher Entgelte, Gebühren und sonstiger Kosten unter Angabe der jeweiligen Höchstbeträge, die von den Anlegern mittel- oder unmittelbar getragen werden;
14. eine Beschreibung, in welcher Weise die AIF-Verwaltungsgesellschaft eine faire Behandlung der Anleger gewährleistet, sowie, wann immer Anleger eine Vorzugsbehandlung oder einen Anspruch darauf erhalten, eine Erläuterung
    a) dieser Behandlung,
    b) der Art der Anleger, die eine solche Behandlung erhalten sowie
    c) gegebenenfalls der rechtlichen oder wirtschaftlichen Verbindungen zwischen diesen Anlegern und dem AIF oder der AIF-Verwaltungsgesellschaft;
15. eine Beschreibung der Verfahren und Bedingungen für die Ausgabe und den Verkauf von Anteilen oder Aktien;
16. die Angabe des jüngsten Nettoinventarwerts des AIF oder des jüngsten Marktpreises der Anteile oder Aktien des AIF nach den §§ 278 und 286 Absatz 1 oder nach Artikel 19 der Richtlinie 2011/61/EU;
17. Angaben zur bisherigen Wertentwicklung des AIF, sofern verfügbar;
18. die Identität des Primebrokers, eine Beschreibung aller wesentlichen Vereinbarungen zwischen der AIF-Verwaltungsgesellschaft und ihren Primebrokern einschließlich der Darlegung, in welcher Weise diesbezügliche Interessenkonflikte beigelegt werden sowie die Bestimmung, die im Vertrag mit der Verwahrstelle über die Möglichkeit einer Übertragung oder Wiederverwendung von Vermögenswerten des AIF enthalten ist und Angaben über jede eventuell bestehende Haftungsübertragung auf den Primebroker;
19. eine Beschreibung, wann und wie die Informationen offengelegt werden, die gemäß § 308 Absatz 4 Satz 2 in Verbindung mit § 300 Absatz 1 bis 3 oder Artikel 23 Absatz 4 und 5 der Richtlinie 2011/61/EU erforderlich sind.

(2) § 297 Absatz 4 und 8 sowie § 305 gelten entsprechend.

(3) § 306 Absatz 1, 3, 4 und 6 gilt entsprechend mit der Maßgabe, dass es statt „Verkaufsprospekt" „Informationen nach § 307 Absatz 1 und 2" heißen muss und dass die Haftungsregelungen in Bezug auf die wesentlichen Anlegerinformationen nicht anzuwenden sind.

(4) Ist die AIF-Verwaltungsgesellschaft durch das Wertpapierprospektgesetz oder durch die Richtlinie 003/71/EG verpflichtet, einen Wertpapierprospekt zu veröffentlichen, so hat sie die in Absatz 1 genannten Angaben entweder gesondert oder als ergänzende Angaben im Wertpapierprospekt offenzulegen.

§ 308 Sonstige Informationspflichten. (1) Die EU-AIF-Verwaltungsgesellschaft und die ausländische AIF-Verwaltungsgesellschaft haben den semiprofessionellen und den professionellen Anlegern eines EU-AIF oder ausländischen AIF im Geltungsbereich dieses Gesetzes spätestens sechs Monate nach Ende eines jeden Geschäftsjahres auf Verlangen den geprüften und testierten Jahresbericht nach Artikel 22 der Richtlinie 2011/61/EU zur Verfügung zu stellen.

(2) [1] Der Jahresbericht muss folgende Angaben enthalten:
1. eine Vermögensaufstellung,
2. eine Aufwands- und Ertragsrechnung,
3. einen Bericht über die Tätigkeiten der AIF-Verwaltungsgesellschaft im vergangenen Geschäftsjahr und
4. die in § 299 Absatz 1 Satz 1 Nummer 3 Buchstabe e bis h genannten Angaben.
[2] § 299 Absatz 1 Satz 2 gilt entsprechend.

(3) [1] Ist der AIF nach der Richtlinie 2004/109/EG verpflichtet, Jahresfinanzberichte zu veröffentlichen, so sind dem Anleger die Angaben nach Absatz 2 auf Verlangen gesondert oder in Form einer Ergänzung zum Jahresfinanzbericht zur Verfügung zu stellen. [2] In letzterem Fall ist der Jahresfinanzbericht spätestens vier Monate nach Ende des Geschäftsjahres zu veröffentlichen.

(4) [1] Die AIF-Verwaltungsgesellschaft informiert die Anleger unverzüglich über alle Änderungen, die sich in Bezug auf die Haftung der Verwahrstelle ergeben. [2] Zudem gilt § 300 Absatz 1 bis 3 entsprechend.

A. Deutschland

Abschnitt 2. Vertriebsanzeige und Vertriebsuntersagung für OGAW

Übersicht

Unterabschnitt 1. Anzeigeverfahren beim Vertrieb von EU-OGAW im Inland
Unterabschnitt 2. Anzeigeverfahren für den Vertrieb von inländischen OGAW in anderen Mitgliedstaaten der Europäischen Union oder in Vertragsstaaten des Abkommens über den Europäischen Wirtschaftsraum

Unterabschnitt 1. Anzeigeverfahren beim Vertrieb von EU-OGAW im Inland

Übersicht

§ 309 Pflichten beim Vertrieb von EU-OGAW im Inland
§ 310 Anzeige zum Vertrieb von EU-OGAW im Inland
§ 311 Untersagung und Einstellung des Vertriebs von EU-OGAW

§ 309 Pflichten beim Vertrieb von EU-OGAW im Inland. (1) [1] Die EU-OGAW-Verwaltungsgesellschaft oder die OGAW-Kapitalverwaltungsgesellschaft muss für den Vertrieb von Anteilen oder Aktien an EU-OGAW unter Einhaltung der deutschen Rechts- und Verwaltungsvorschriften sämtliche Vorkehrungen treffen, die sicherstellen, dass
1. Zahlungen an die Anteilinhaber oder Aktionäre im Geltungsbereich dieses Gesetzes geleistet werden und
2. Rückkauf und Rücknahme der Anteile oder Aktien im Geltungsbereich dieses Gesetzes erfolgen.
[2] Sie hat mindestens ein inländisches Kreditinstitut oder eine inländische Zweigniederlassung eines Kreditinstituts mit Sitz im Ausland zu benennen, über das oder die die Zahlungen für die Anleger geleitet werden und über das oder die die Rücknahme von Anteilen oder Aktien durch die EU-OGAW-Verwaltungsgesellschaft oder die OGAW-Kapitalverwaltungsgesellschaft abgewickelt werden kann, soweit die Anteile oder Aktien an EU-OGAW als gedruckte Einzelurkunden ausgegeben werden.

(2) Die EU-OGAW-Verwaltungsgesellschaft oder die OGAW-Kapitalverwaltungsgesellschaft, die Anteile oder Aktien an EU-OGAW im Geltungsbereich dieses Gesetzes vertreibt, hat sicherzustellen, dass die Anleger im Geltungsbereich dieses Gesetzes alle Informationen und Unterlagen sowie Änderungen dieser Informationen und Unterlagen erhalten, die sie gemäß Kapitel IX der Richtlinie 2009/65/EG den Anlegern im Herkunftsmitgliedstaat des EU-OGAW liefern muss.

(3) [1] Angaben über die nach den Absätzen 1 und 2 getroffenen Vorkehrungen und Maßnahmen sind in den Verkaufsprospekt aufzunehmen, der im Geltungsbereich dieses Gesetzes verbreitet ist. [2] Bei EU-OGAW mit mindestens einem Teilinvestmentvermögen, dessen Anteile oder Aktien im Geltungsbereich dieses Gesetzes vertrieben werden dürfen, und mindestens einem weiteren Teilinvestmentvermögen, für das keine Anzeige nach § 310 erstattet wurde, ist drucktechnisch hervorgehoben an zentraler Stelle darauf hinzuweisen, dass für das weitere oder die weiteren Teilinvestmentvermögen keine Anzeige erstattet wurde und Anteile oder Aktien dieses oder dieser Teilinvestmentvermögen im Geltungsbereich dieses Gesetzes nicht vertrieben werden dürfen; dieses oder diese weiteren Teilinvestmentvermögen sind namentlich zu bezeichnen.

§ 310 Anzeige zum Vertrieb von EU-OGAW im Inland. (1) [1] Beabsichtigt eine EU-OGAW-Verwaltungsgesellschaft oder eine OGAW-Kapitalverwaltungsgesellschaft, Anteile oder Aktien im Geltungsbereich dieses Gesetzes an EU-OGAW zu vertreiben, so prüft die Bundesanstalt, ob die zuständigen Stellen des Herkunftsmitgliedstaates des EU-OGAW folgende Unterlagen an die Bundesanstalt übermittelt haben:
1. das Anzeigeschreiben gemäß Anhang I der Verordnung (EU) Nr. 584/2010,
2. die Bescheinigung gemäß Anhang II der Verordnung (EU) Nr. 584/2010 darüber, dass es sich um einen EU-OGAW handelt,
3. die Anlagebedingungen oder die Satzung des EU-OGAW, den Verkaufsprospekt sowie den letzten Jahresbericht und den anschließenden Halbjahresbericht gemäß Artikel 93 Absatz 2 Buchstabe a der Richtlinie 2009/65/EG und
4. die in Artikel 78 der Richtlinie 2009/65/EG genannten wesentlichen Anlegerinformationen.
[2] Der Vertrieb kann aufgenommen werden, wenn die EU-OGAW-Verwaltungsgesellschaft oder die OGAW-Kapitalverwaltungsgesellschaft von der zuständigen Stelle des Herkunftsmitgliedstaates des EU-OGAW über diese Übermittlung unterrichtet wurde. [3] Die näheren Inhalte, die Form und die

III. Normentexte

Gestaltung des Anzeigeverfahrens bestimmen sich nach den Artikeln 1 bis 5 der Verordnung (EU) Nr. 584/2010.

(2) [1] Die in Absatz 1 Satz 1 Nummer 3 genannten Unterlagen sind entweder in deutscher Sprache oder in einer in internationalen Finanzkreisen gebräuchlichen Sprache vorzulegen. [2] Die in Absatz 1 Satz 1 Nummer 4 genannten wesentlichen Anlegerinformationen sind in deutscher Sprache vorzulegen. [3] Verantwortlich für die Übersetzungen ist die EU-OGAW-Verwaltungsgesellschaft oder die OGAW-Kapitalverwaltungsgesellschaft; der Inhalt der ursprünglichen Informationen muss richtig und vollständig wiedergegeben werden. [4] Das Anzeigeschreiben gemäß Absatz 1 Satz 1 Nummer 1 und die Bescheinigung gemäß Absatz 1 Satz 1 Nummer 2 sind in einer in internationalen Finanzkreisen gebräuchlichen Sprache vorzulegen, sofern die Bundesanstalt und die zuständige Stelle des Herkunftsmitgliedstaates nicht vereinbart haben, dass diese in einer Amtssprache beider Mitgliedstaaten übermittelt werden können.

(3) Die Bundesanstalt verlangt im Rahmen des Anzeigeverfahrens keine zusätzlichen Unterlagen, Zertifikate oder Informationen, die nicht in Artikel 93 der Richtlinie 2009/65/EG vorgesehen sind.

(4) [1] Die EU-OGAW-Verwaltungsgesellschaft oder die OGAW-Kapitalverwaltungsgesellschaft hat die Bundesanstalt über Änderungen der Anlagebedingungen oder der Satzung, des Verkaufsprospekts, des Jahresberichts, des Halbjahresberichts und der wesentlichen Anlegerinformationen gemäß Artikel 78 der Richtlinie 2009/65/EG jeweils unverzüglich zu unterrichten und unverzüglich darüber zu informieren, wo diese Unterlagen in elektronischer Form verfügbar sind. [2] Die Bundesanstalt hat eine E-Mail-Adresse anzugeben, an die die Aktualisierungen und Änderungen sämtlicher in Satz 1 genannter Unterlagen übermittelt werden müssen. [3] Die EU-OGAW-Verwaltungsgesellschaft oder die OGAW-Kapitalverwaltungsgesellschaft hat bei der Übersendung die Änderungen oder Aktualisierungen zu beschreiben oder eine geänderte Fassung des jeweiligen Dokuments als Anlage in einem gebräuchlichen elektronischen Format beizufügen.

(5) Werden Informationen über die Modalitäten der Vermarktung oder vertriebene Anteil- oder Aktienklassen, die im Anzeigeschreiben gemäß Artikel 93 Absatz 1 der Richtlinie 2009/65/EG mitgeteilt wurden, geändert, so teilt die EU-OGAW-Verwaltungsgesellschaft oder die OGAW-Kapitalverwaltungsgesellschaft diese Änderung der Bundesanstalt vor Umsetzung der Änderung in Textform mit.

§ 311 Untersagung und Einstellung des Vertriebs von EU-OGAW. (1) Die Bundesanstalt ist befugt, alle erforderlichen und geeigneten Maßnahmen zum Schutz der Anleger zu ergreifen, einschließlich einer Untersagung des Vertriebs von Anteilen oder Aktien an EU-OGAW, wenn
1. die Art und Weise des Vertriebs gegen sonstige Vorschriften des deutschen Rechts verstoßen,
2. die Pflichten nach § 309 nicht oder nicht mehr erfüllt sind.

(2) Hat die Bundesanstalt hinreichende Anhaltspunkte für die Annahme, dass eine EU-OGAW-Verwaltungsgesellschaft oder OGAW-Kapitalverwaltungsgesellschaft, die Anteile oder Aktien an EU-OGAW im Geltungsbereich dieses Gesetzes vertreibt, gegen Vorschriften dieses Gesetzes verstößt und hat die Bundesanstalt keine Befugnisse nach Absatz 1, so teilt sie ihre Erkenntnisse den zuständigen Stellen des Herkunftsmitgliedstaates des EU-OGAW mit und fordert diese auf, geeignete Maßnahmen zu ergreifen.

(3) [1] Werden Verstöße gegen Vorschriften dieses Gesetzes durch die Maßnahmen der zuständigen Stellen des Herkunftsmitgliedstaates des EU-OGAW nicht beendet oder erweisen sich diese Maßnahmen als nicht geeignet oder als unzulänglich, so ist die Bundesanstalt befugt,
1. nach Unterrichtung der zuständigen Stellen des Herkunftsmitgliedstaates des EU-OGAW im Rahmen ihrer Aufsicht und Überwachung der Vorschriften des Abschnitts 1 Unterabschnitt 1 und des Abschnitts 2 Unterabschnitt 1 dieses Kapitels alle erforderlichen und geeigneten Maßnahmen zum Schutz der Anleger zu ergreifen, einschließlich einer Untersagung des weiteren Vertriebs von Anteilen oder Aktien an EU-OGAW,
2. die Europäische Wertpapier- und Marktaufsichtsbehörde nach Maßgabe des Artikels 19 der Verordnung (EU) Nr. 1095/2010 um Hilfe zu ersuchen.
[2] Maßnahmen gemäß Satz 1 Nummer 1 und 2 sind auch zu ergreifen, wenn der Herkunftsmitgliedstaat des EU-OGAW nicht innerhalb einer angemessenen Frist Maßnahmen ergreift und die EU-OGAW-Verwaltungsgesellschaft oder die OGAW-Kapitalverwaltungsgesellschaft, die Anteile oder Aktien dieses EU-OGAW im Geltungsbereich dieses Gesetzes vertreibt, deshalb weiterhin auf eine Weise tätig ist, die den Interessen der Anleger im Geltungsbereich dieses Gesetzes eindeutig zuwiderläuft. [3] Die Europäische Kommission und die Europäische Wertpapier- und Marktaufsichtsbehörde sind unverzüglich über jede nach Satz 1 Nummer 1 ergriffene Maßnahme zu unterrichten.

A. Deutschland

(4) ¹Die Bundesanstalt teilt den zuständigen Stellen des Herkunftsmitgliedstaates des EU-OGAW die Untersagung des Vertriebs mit. ²Sofern der Herkunftsmitgliedstaat dieses EU-OGAW ein anderer ist als der Herkunftsmitgliedstaat der verwaltenden EU-OGAW-Verwaltungsgesellschaft, teilt die Bundesanstalt die Untersagung auch den zuständigen Stellen des Herkunftsmitgliedstaates der EU-OGAW-Verwaltungsgesellschaft mit. ³Sie macht die Untersagung im Bundesanzeiger bekannt, falls ein Vertrieb stattgefunden hat. ⁴Entstehen der Bundesanstalt durch die Bekanntmachung nach Satz 2 Kosten, sind diese der Bundesanstalt von der EU-OGAW-Verwaltungsgesellschaft oder der OGAW-Kapitalverwaltungsgesellschaft zu erstatten.

(5) ¹Teilt die zuständige Stelle des Herkunftsmitgliedstaates des EU-OGAW der Bundesanstalt die Einstellung des Vertriebs von Anteilen oder Aktien an EU-OGAW mit, so hat die EU-OGAW-Verwaltungsgesellschaft oder die OGAW-Kapitalverwaltungsgesellschaft dies unverzüglich im Bundesanzeiger zu veröffentlichen und die Veröffentlichung der Bundesanstalt nachzuweisen. ²Wenn die Veröffentlichungspflicht auch nach Fristsetzung durch die Bundesanstalt nicht erfüllt wird, kann die Bundesanstalt die Veröffentlichung auf Kosten der EU-OGAW-Verwaltungsgesellschaft oder der OGAW-Kapitalverwaltungsgesellschaft vornehmen. ³Absatz 6 bleibt unberührt.

(6) ¹Teilt die zuständige Stelle des Herkunftsmitgliedstaates des EU-OGAW der Bundesanstalt die Einstellung des Vertriebs von einzelnen Teilinvestmentvermögen des EU-OGAW mit, so hat die EU-OGAW-Verwaltungsgesellschaft oder die OGAW-Kapitalverwaltungsgesellschaft die Bundesanstalt über geänderte Angaben und Unterlagen entsprechend § 310 Absatz 4 Satz 1 zu unterrichten. ²Dabei ist § 293 Absatz 1 Satz 2 Nummer 3 zu berücksichtigen. ³Die geänderten Unterlagen dürfen erst nach der Unterrichtung im Geltungsbereich dieses Gesetzes eingesetzt werden. ⁴Die EU-OGAW-Verwaltungsgesellschaft oder die OGAW-Kapitalverwaltungsgesellschaft hat die Einstellung des Vertriebs unverzüglich im Bundesanzeiger zu veröffentlichen und dies der Bundesanstalt nachzuweisen. ⁵Wenn die Veröffentlichungspflicht auch nach Fristsetzung nicht erfüllt wird, kann die Bundesanstalt die Veröffentlichung auf Kosten der EU-OGAW-Verwaltungsgesellschaft oder der OGAW-Kapitalverwaltungsgesellschaft vornehmen.

Unterabschnitt 2. Anzeigeverfahren für den Vertrieb von inländischen OGAW in anderen Mitgliedstaaten der Europäischen Union oder in Vertragsstaaten des Abkommens über den Europäischen Wirtschaftsraum

Übersicht

§ 312 Anzeigepflicht; Verordnungsermächtigung
§ 313 Veröffentlichungspflichten

§ 312 Anzeigepflicht; Verordnungsermächtigung. (1) ¹Beabsichtigt eine OGAW-Kapitalverwaltungsgesellschaft oder eine EU-OGAW-Verwaltungsgesellschaft, Anteile oder Aktien an einem von ihr verwalteten inländischen OGAW in einem anderen Mitgliedstaat der Europäischen Union oder in einem anderen Vertragsstaat des Abkommens über den Europäischen Wirtschaftsraum zu vertreiben, so hat sie dies der Bundesanstalt mit einem Anzeigeschreiben gemäß Anhang I der Verordnung (EU) Nr. 584/2010 anzuzeigen. ²Die Anzeige muss in einer in internationalen Finanzkreisen gebräuchlichen Sprache gefasst sein, wenn nicht vereinbart wurde, dass sie in einer der Amtssprachen der beiden Mitgliedstaaten gefasst wird. ³Der Anzeige sind in jeweils geltender Fassung beizufügen:
1. die Anlagebedingungen, der Verkaufsprospekt sowie der letzte Jahresbericht und der anschließende Halbjahresbericht,
2. die wesentlichen Anlegerinformationen gemäß § 166.

(2) Die nach Absatz 1 Satz 2 Nummer 1 beizufügenden Unterlagen sind entweder zu übersetzen
1. in die Amtssprache des Aufnahmestaates,
2. in eine der Amtssprachen des Aufnahmestaates,
3. in eine von den zuständigen Stellen des Aufnahmestaates akzeptierte Sprache oder
4. in eine in internationalen Finanzkreisen gebräuchliche Sprache.

(3) ¹Die wesentlichen Anlegerinformationen sind in der Amtssprache oder in einer der Amtssprachen des Aufnahmestaates oder in einer von den zuständigen Stellen des Aufnahmestaates akzeptierten Sprache vorzulegen. ²Verantwortlich für die Übersetzung ist die OGAW-Kapitalverwaltungsgesellschaft oder die EU-OGAW-Verwaltungsgesellschaft; die Übersetzung muss den Inhalt der ursprünglichen Informationen richtig und vollständig wiedergeben.

(4) ¹Die Bundesanstalt prüft, ob die gemäß Absatz 1 übermittelten Unterlagen vollständig sind. ²Fehlende Angaben und Unterlagen fordert sie innerhalb von zehn Arbeitstagen als Ergänzungsanzei-

ge an. ³Die Ergänzungsanzeige ist der Bundesanstalt innerhalb von sechs Monaten nach der Erstattung der Anzeige oder der letzten Ergänzungsanzeige einzureichen; anderenfalls ist eine Übermittlung der Anzeige nach Absatz 5 ausgeschlossen. ⁴Die Frist nach Satz 3 ist eine Ausschlussfrist. ⁵Eine erneute Anzeige ist jederzeit möglich.

(5) ¹Spätestens zehn Arbeitstage nach Eingang der vollständigen Anzeige bei der Bundesanstalt übermittelt sie den zuständigen Stellen des Aufnahmestaates diese Anzeige sowie eine Bescheinigung gemäß Anhang II der Verordnung (EU) Nr. 584/2010 darüber, dass es sich um einen inländischen OGAW handelt. ²Das Anzeigeschreiben und die Bescheinigung sind den zuständigen Stellen des Aufnahmestaates in einer in internationalen Finanzkreisen gebräuchlichen Sprache zu übermitteln, wenn nicht vereinbart wurde, dass sie in einer der Amtssprachen der beiden Mitgliedstaaten gefasst werden. ³Die Bundesanstalt benachrichtigt die OGAW-Kapitalverwaltungsgesellschaft oder die EU-OGAW-Verwaltungsgesellschaft unmittelbar über die Übermittlung. ⁴Die OGAW-Kapitalverwaltungsgesellschaft oder die EU-OGAW-Verwaltungsgesellschaft kann ihre Anteile oder Aktien ab dem Datum dieser Benachrichtigung im Aufnahmestaat auf den Markt bringen. ⁵Die näheren Inhalte, die Form und die Gestaltung des Anzeigeverfahrens bestimmen sich nach den Artikeln 1 bis 5 der Verordnung (EU) Nr. 584/2010.

(6) Unbeschadet der Anzeige nach Absatz 1 stellt die Bundesanstalt auf Antrag der OGAW-Kapitalverwaltungsgesellschaft oder der EU-OGAW-Verwaltungsgesellschaft eine Bescheinigung gemäß Anhang II der Verordnung (EU) Nr. 584/2010 aus, dass die Vorschriften der Richtlinie 2009/65/EG erfüllt sind.

(7) Die OGAW-Kapitalverwaltungsgesellschaft oder die EU-OGAW-Verwaltungsgesellschaft hat das Anzeigeschreiben nach Absatz 1 Satz 1 und die in Absatz 1 Satz 2 genannten Unterlagen über das Melde- und Veröffentlichungssystem der Bundesanstalt zu übermitteln.

(8)⁴³⁾ ¹Das Bundesministerium der Finanzen kann durch Rechtsverordnung, die nicht der Zustimmung des Bundesrates bedarf, nähere Bestimmungen über Art, Umfang und Form der einzureichenden Unterlagen nach Absatz 6 und über die zulässigen Datenträger und Übertragungswege erlassen. ²Das Bundesministerium der Finanzen kann die Ermächtigung durch Rechtsverordnung auf die Bundesanstalt übertragen.

§ 313 Veröffentlichungspflichten. (1) ¹Die OGAW-Kapitalverwaltungsgesellschaft oder die EU-OGAW-Verwaltungsgesellschaft hat sämtliche in § 312 Absatz 1 und 2 genannten Unterlagen sowie deren Änderungen auf ihrer Internetseite oder einer Internetseite, die sie im Anzeigeschreiben gemäß Anhang I der Verordnung (EU) Nr. 584/2010 genannt hat, zu veröffentlichen. ²Sie hat den zuständigen Stellen des Aufnahmestaates Zugang zu dieser Internetseite zu gewähren.

(2) ¹Die OGAW-Kapitalverwaltungsgesellschaft oder die EU-OGAW-Verwaltungsgesellschaft hat die veröffentlichten Unterlagen und Übersetzungen auf dem neuesten Stand zu halten. ²Die OGAW-Kapitalverwaltungsgesellschaft oder die EU-OGAW-Verwaltungsgesellschaft hat die zuständigen Stellen des Aufnahmestaates auf elektronischem Wege über jede Änderung an den in § 312 genannten Unterlagen sowie darüber, wo diese Unterlagen im Internet verfügbar sind, zu unterrichten. ³Die OGAW-Kapitalverwaltungsgesellschaft oder die EU-OGAW-Verwaltungsgesellschaft hat hierbei entweder die Änderungen oder Aktualisierungen zu beschreiben oder eine geänderte Fassung des jeweiligen Dokuments als Anlage in einem gebräuchlichen elektronischen Format beizufügen.

(3) Sollten sich die im Anzeigeschreiben nach Absatz 1 Satz 1 mitgeteilten Vorkehrungen für die Vermarktung gemäß Anhang I Teil B der Verordnung (EU) Nr. 584/2010 oder für die vertriebenen Anteil- oder Aktienklassen ändern, so hat die OGAW-Kapitalverwaltungsgesellschaft oder die EU-OGAW-Verwaltungsgesellschaft dies den zuständigen Stellen des Aufnahmestaates vor Umsetzung der Änderung in Textform mitzuteilen.

Abschnitt 3. Anzeige, Einstellung und Untersagung des Vertriebs von AIF

Übersicht

§ 314 Untersagung des Vertriebs
§ 315 Einstellung des Vertriebs von AIF
Unterabschnitt 1. Anzeigeverfahren für den Vertrieb von Publikums-AIF, von EU-AIF oder
   von ausländischen AIF an Privatanleger im Inland

---

⁴³ § 312 Abs. 8 tritt am 11.7.2013 in Kraft gem. Art. 28 Abs. 1 des G v. 4.7.2013 (BGBl. I S. 1981).

A. Deutschland

Unterabschnitt 2. Anzeigeverfahren für den Vertrieb von AIF an semiprofessionelle Anleger und professionelle Anleger im Inland
Unterabschnitt 3. Anzeigeverfahren für den Vertrieb von AIF an professionelle Anleger in anderen Mitgliedstaaten der Europäischen Union und Vertragsstaaten des Abkommens über den Europäischen Wirtschaftsraum
Unterabschnitt 4. Verweis und Ersuchen für den Vertrieb von AIF an semiprofessionelle und professionelle Anleger

§ 314 Untersagung des Vertriebs. (1) Soweit § 11 nicht anzuwenden ist, ist die Bundesanstalt in Bezug auf AIF befugt, alle zum Schutz der Anleger geeigneten und erforderlichen Maßnahmen zu ergreifen, einschließlich einer Untersagung des Vertriebs von Anteilen oder Aktien dieser Investmentvermögen, wenn
1. eine nach diesem Gesetz beim beabsichtigten Vertrieb von Anteilen oder Aktien an einem AIF erforderliche Anzeige nicht ordnungsgemäß erstattet oder der Vertrieb vor der entsprechenden Mitteilung der Bundesanstalt aufgenommen worden ist,
2. die nach § 295 Absatz 1 Satz 3 geforderten Vorkehrungen nicht geeignet sind, um einen Vertrieb an Privatanleger wirksam zu verhindern oder entsprechende Vorkehrungen nicht eingehalten werden,
3. eine Voraussetzung für die Zulässigkeit des Vertriebs nach diesem Gesetz nicht vorliegt oder entfallen ist oder die der Bundesanstalt gegenüber nach § 320 Absatz 1 Satz 2 Nummer 7, § 329 Absatz 2 Satz 3 Nummer 2 oder 3, § 330 Absatz 2 Satz 3 Nummer 2 oder § 330a Absatz 2 Satz 2 Nummer 2 und 3 übernommenen Pflichten trotz Mahnung nicht eingehalten werden,
4. die AIF-Verwaltungsgesellschaft, ein von ihr bestellter Repräsentant oder eine mit dem Vertrieb befasste Person erheblich gegen § 302 Absatz 1 bis 6 oder Anordnungen nach § 302 Absatz 7 verstößt und die Verstöße trotz Verwarnung durch die Bundesanstalt nicht eingestellt werden,
5. die Informations- und Veröffentlichungspflichten nach § 307 Absatz 1 oder Absatz 2 in Verbindung mit § 297 Absatz 4 oder nach § 308 oder § 297 Absatz 2 bis 7, 9 oder 10, den §§ 299 bis 301, 303 Absatz 1 oder 3 oder § 318 nicht ordnungsgemäß erfüllt werden,
6. gegen sonstige Vorschriften dieses Gesetzes verstoßen wird,
7. bei einem Vertrieb eines AIF an Privatanleger ein durch rechtskräftiges Urteil oder gerichtlichen Vergleich gegenüber der AIF-Verwaltungsgesellschaft oder der Vertriebsgesellschaft festgestellter Anspruch eines Anlegers nicht erfüllt worden ist,
8. bei dem Vertrieb an Privatanleger erheblich gegen die Anlagebedingungen, die Satzung oder den Gesellschaftsvertrag verstoßen worden ist,
9. die Art und Weise des Vertriebs gegen sonstige Vorschriften des deutschen Rechts verstoßen,
10. Kosten, die der Bundesanstalt im Rahmen der Pflicht zur Bekanntmachung des gesetzlichen Vertreters nach § 319 Absatz 3 entstanden sind, trotz Mahnung nicht erstattet werden oder eine Gebühr, die für die Prüfung von nach § 320 Absatz 1 Satz 2 Nummer 7, § 329 Absatz 2 Satz 3 Nummer 2 oder § 330 Absatz 2 Satz 3 Nummer 2 vorgeschriebenen Angaben und Unterlagen zu entrichten ist, trotz Mahnung nicht gezahlt wird.

(2) Die Bundesanstalt kann bei AIF mit Teilinvestmentvermögen auch den Vertrieb von Anteilen oder Aktien an Teilinvestmentvermögen, die im Geltungsbereich dieses Gesetzes nach den §§ 316, 320, 329 oder 330 an eine, mehrere oder alle Anlegergruppen im Sinne des § 1 Absatz 19 Nummer 31 bis 33 vertrieben werden dürfen, untersagen, wenn weitere Anteile oder Aktien von Teilinvestmentvermögen desselben AIF im Geltungsbereich dieses Gesetzes an eine, mehrere oder alle Anlegergruppen im Sinne des § 1 Absatz 19 Nummer 31 bis 33 vertrieben werden, die im Geltungsbereich dieses Gesetzes entweder nicht oder nicht an diese Anlegergruppe vertrieben werden dürfen.

(3) ¹Die Bundesanstalt macht eine Vertriebsuntersagung im Bundesanzeiger bekannt, falls ein Vertrieb bereits stattgefunden hat. ²Entstehen der Bundesanstalt durch die Bekanntmachung nach Satz 1 Kosten, sind ihr diese von der AIF-Verwaltungsgesellschaft zu erstatten.

(4) Hat die Bundesanstalt den weiteren Vertrieb eines AIF, der einer Anzeigepflicht nach den §§ 316, 320, 329 oder 330 unterliegt, nach Absatz 1 Nummer 2, 5 und 7 bis 10 oder Absatz 2 im Geltungsbereich dieses Gesetzes untersagt, darf die AIF-Verwaltungsgesellschaft die Absicht, die Anteile oder Aktien dieses AIF im Geltungsbereich dieses Gesetzes zu vertreiben, erst ein Jahr nach der Untersagung wieder anzeigen.

§ 315 Einstellung des Vertriebs von AIF. (1) ¹Stellt eine AIF-Verwaltungsgesellschaft den Vertrieb von Anteilen oder Aktien eines von ihr verwalteten und nach § 316 oder § 320 vertriebenen AIF im

Geltungsbereich dieses Gesetzes gegenüber einer, mehreren oder allen Anlegergruppen im Sinne des § 1 Absatz 19 Nummer 31 bis 33 ein, so hat die AIF-Verwaltungsgesellschaft dies unverzüglich im Bundesanzeiger zu veröffentlichen und die Veröffentlichung der Bundesanstalt nachzuweisen. [2]Die Bundesanstalt kann die Veröffentlichung auf Kosten der AIF-Verwaltungsgesellschaft vornehmen, wenn die Veröffentlichungspflicht auch nach Fristsetzung durch die Bundesanstalt nicht erfüllt wird. [3]Absatz 2 bleibt unberührt.

(2) [1]Stellt eine AIF-Verwaltungsgesellschaft den Vertrieb von einzelnen Teilinvestmentvermögen eines AIF gegenüber einer, mehreren oder allen Anlegergruppen im Sinne des § 1 Absatz 19 Nummer 31 bis 33 im Geltungsbereich dieses Gesetzes ein, so hat sie § 293 Absatz 1 Satz 2 Nummer 3 bei Änderungen der im Anzeigeverfahren eingereichten Angaben und Unterlagen zu berücksichtigen. [2]Die AIF-Verwaltungsgesellschaft hat die Einstellung des Vertriebs von Anteilen oder Aktien an nach § 316 oder § 320 vertriebenen AIF unverzüglich im Bundesanzeiger zu veröffentlichen und dies der Bundesanstalt nachzuweisen. [3]Die Bundesanstalt kann die Veröffentlichung auf Kosten der AIF-Verwaltungsgesellschaft vornehmen, wenn die Veröffentlichungspflicht auch nach Fristsetzung nicht erfüllt wird.

Unterabschnitt 1. Anzeigeverfahren für den Vertrieb von Publikums-AIF, von EU-AIF oder von ausländischen AIF an Privatanleger im Inland

Übersicht

§ 316 Anzeigepflicht einer AIF-Kapitalverwaltungsgesellschaft beim beabsichtigten Vertrieb von inländischen Publikums-AIF im Inland
§ 317 Zulässigkeit des Vertriebs von EU-AIF oder von ausländischen AIF an Privatanleger
§ 318 Verkaufsprospekt und wesentliche Anlegerinformationen beim Vertrieb von EU-AIF oder von ausländischen AIF an Privatanleger
§ 319 Vertretung der Gesellschaft, Gerichtsstand beim Vertrieb von EU-AIF oder von ausländischen AIF an Privatanleger
§ 320 Anzeigepflicht beim beabsichtigten Vertrieb von EU-AIF oder von ausländischen AIF an Privatanleger im Inland

§ 316 Anzeigepflicht einer AIF-Kapitalverwaltungsgesellschaft beim beabsichtigten Vertrieb von inländischen Publikums-AIF im Inland. (1) [1]Beabsichtigt eine AIF-Kapitalverwaltungsgesellschaft, Anteile oder Aktien an einem von ihr verwalteten inländischen Publikums-AIF im Geltungsbereich dieses Gesetzes zu vertreiben, so hat sie dies der Bundesanstalt anzuzeigen. [2]Das Anzeigeschreiben muss folgende Angaben und Unterlagen in jeweils geltender Fassung enthalten:
1. einen Geschäftsplan, der Angaben zu dem angezeigten Publikums-AIF enthält;
2. die Anlagebedingungen oder einen Verweis auf die zur Genehmigung eingereichten Anlagebedingungen und gegebenenfalls die Satzung oder den Gesellschaftsvertrag des angezeigten AIF;
3. die Angabe der Verwahrstelle oder einen Verweis auf die von der Bundesanstalt gemäß den §§ 87, 69 Absatz 1 genehmigte Verwahrstelle des angezeigten AIF;
4. den Verkaufsprospekt und die wesentlichen Anlegerinformationen des angezeigten AIF;
5. falls es sich bei dem angezeigten AIF um einen Feederfonds handelt, einen Verweis auf die von der Bundesanstalt genehmigten Anlagebedingungen des Masterfonds, einen Verweis auf die von der Bundesanstalt gemäß § 87 in Verbindung mit § 69 genehmigte Verwahrstelle des Masterfonds, den Verkaufsprospekt und die wesentlichen Anlegerinformationen des Masterfonds sowie die Angabe, ob der Masterfonds im Geltungsbereich dieses Gesetzes an Privatanleger vertrieben werden darf.

(2) [1]Die Bundesanstalt prüft, ob die gemäß Absatz 1 übermittelten Angaben und Unterlagen vollständig sind. [2]Fehlende Angaben und Unterlagen fordert die Bundesanstalt innerhalb einer Frist von 20 Arbeitstagen nach dem Tag, an dem sämtliche der folgenden Voraussetzungen vorliegen, als Ergänzungsanzeige an:
1. Eingang der Anzeige,
2. Genehmigung der Anlagebedingungen und
3. Genehmigung der Verwahrstelle.
[3]Mit Eingang der Ergänzungsanzeige beginnt die in Satz 2 genannte Frist erneut. [4]Die Ergänzungsanzeige ist der Bundesanstalt innerhalb von sechs Monaten nach der Erstattung der Anzeige oder der letzten Ergänzungsanzeige einzureichen; andernfalls ist eine Mitteilung nach Absatz 3 ausgeschlossen. [5]Die Frist nach Satz 4 ist eine Ausschlussfrist. [6]Eine erneute Anzeige ist jederzeit möglich.

A. Deutschland

(3) [1]Innerhalb von 20 Arbeitstagen nach Eingang der vollständigen Anzeigeunterlagen nach Absatz 1 sowie der Genehmigung der Anlagebedingungen und der Verwahrstelle teilt die Bundesanstalt der AIF-Kapitalverwaltungsgesellschaft mit, ob sie mit dem Vertrieb des im Anzeigeschreiben nach Absatz 1 genannten AIF im Geltungsbereich dieses Gesetzes beginnen kann. [2]Die Bundesanstalt kann die Aufnahme des Vertriebs innerhalb der in Satz 1 genannten Frist untersagen, wenn die AIF-Kapitalverwaltungsgesellschaft oder die Verwaltung des angezeigten AIF durch die AIF-Kapitalverwaltungsgesellschaft gegen die Vorschriften dieses Gesetzes verstößt. [3]Teilt sie der AIF-Kapitalverwaltungsgesellschaft entsprechende Beanstandungen der eingereichten Angaben und Unterlagen innerhalb der Frist von Satz 1 mit, wird die Frist unterbrochen und beginnt die in Satz 1 genannte Frist mit der Einreichung der geänderten Angaben und Unterlagen erneut. [4]Die AIF-Kapitalverwaltungsgesellschaft kann ab dem Datum der entsprechenden Mitteilung nach Satz 1 mit dem Vertrieb des angezeigten AIF im Geltungsbereich dieses Gesetzes beginnen.

(4) [1]Bei einer Änderung der nach Absatz 1 übermittelten Angaben oder Unterlagen teilt die AIF-Kapitalverwaltungsgesellschaft der Bundesanstalt diese Änderung schriftlich mit und übermittelt der Bundesanstalt gegebenenfalls zeitgleich aktualisierte Angaben und Unterlagen. [2]Geplante Änderungen sind mindestens 20 Arbeitstage vor Durchführung der Änderung mitzuteilen, ungeplante Änderungen unverzüglich nach deren Eintreten. [3]Sollte die AIF-Kapitalverwaltungsgesellschaft oder die Verwaltung des betreffenden AIF durch die geplante Änderung gegen dieses Gesetz verstoßen, so teilt die Bundesanstalt der AIF-Kapitalverwaltungsgesellschaft unverzüglich mit, dass sie die Änderung nicht durchführen darf. [4]Wird eine geplante Änderung ungeachtet der Sätze 1 bis 3 durchgeführt oder führt eine durch einen unvorhersehbaren Umstand ausgelöste Änderung dazu, dass die AIF-Kapitalverwaltungsgesellschaft oder die Verwaltung des betreffenden AIF durch diese Änderung nunmehr gegen dieses Gesetz verstößt, so ergreift die Bundesanstalt alle gebotenen Maßnahmen gemäß § 5 einschließlich der ausdrücklichen Untersagung des Vertriebs des betreffenden AIF.

(5) Betrifft die Änderung nach Absatz 4 einen wichtigen neuen Umstand oder eine wesentliche Unrichtigkeit in Bezug auf die im Verkaufsprospekt eines geschlossenen inländischen Publikums-AIF enthaltenen Angaben, die die Beurteilung des Investmentvermögens oder der AIF-Kapitalverwaltungsgesellschaft beeinflussen könnten, so ist diese Änderung auch als Nachtrag zum Verkaufsprospekt, der den Empfänger des Widerrufs bezeichnen sowie einen Hinweis, wo der Nachtrag zur kostenlosen Ausgabe bereitgehalten wird, und an hervorgehobener Stelle auch eine Belehrung über das Widerrufsrecht enthalten muss, unverzüglich im Bundesanzeiger und in einer hinreichend verbreiteten Wirtschafts- oder Tageszeitung oder in den im Verkaufsprospekt zu bezeichneten elektronischen Informationsmedien zu veröffentlichen.

§ 317 Zulässigkeit des Vertriebs von EU-AIF oder von ausländischen AIF an Privatanleger.

(1) [1]Der Vertrieb von EU-AIF und ausländischen AIF durch eine EU-AIF-Verwaltungsgesellschaft oder eine ausländische AIF-Verwaltungsgesellschaft an Privatanleger im Geltungsbereich dieses Gesetzes ist nur zulässig, wenn
1. der AIF und seine Verwaltungsgesellschaft im Staat ihres gemeinsamen Sitzes einer wirksamen öffentlichen Aufsicht zum Schutz der Anleger unterliegen;
2. die zuständigen Aufsichtsstellen des Sitzstaates zu einer nach den Erfahrungen der Bundesanstalt befriedigenden Zusammenarbeit mit der Bundesanstalt entsprechend den §§ 9 und 10 bereit sind;
3. die AIF-Verwaltungsgesellschaft und die Verwaltung des angezeigten AIF durch sie den Anforderungen der Richtlinie 2011/61/EU entsprechen;
4. die AIF-Verwaltungsgesellschaft der Bundesanstalt ein inländisches Kreditinstitut oder eine zuverlässige, fachlich geeignete Person mit Sitz oder Wohnsitz im Geltungsbereich dieses Gesetzes als Repräsentanten benennt, der hinreichend ausgestattet ist, um die Compliance-Funktion entsprechend § 57 Absatz 3 Satz 3 wahrnehmen zu können;
5. eine Verwahrstelle die Gegenstände des AIF in einer Weise sichert, die den Vorschriften der §§ 80 bis 90 vergleichbar ist;
6. ein oder mehrere inländische Kreditinstitute oder inländische Zweigniederlassungen von Kreditinstituten mit Sitz im Ausland als Zahlstellen benannt werden, über welche von den Anlegern geleistete oder für sie bestimmte Zahlungen geleitet werden können; werden Zahlungen und Überweisungen über eine Zahlstelle geleitet, so ist sicherzustellen, dass die Beträge unverzüglich an das in § 83 Absatz 6 genannte Geldkonto oder an die Anleger weitergeleitet werden;
7. die Anlagebedingungen, die Satzung oder der Gesellschaftsvertrag

III. Normentexte

a) bei offenen AIF die Mindestinhalte nach § 162 und gegebenenfalls
   aa) bei mit Sonstigen Investmentvermögen vergleichbaren AIF die Angaben nach § 224 Absatz 2,
   bb) bei mit Dach-Hedgefonds vergleichbaren AIF die Angaben nach § 229,
   cc) bei mit Immobilien-Sondervermögen vergleichbaren AIF die Angaben nach § 256 Absatz 2
aufweisen,
b) bei geschlossenen AIF die Mindestinhalte nach § 266 aufweisen,
c) Regelungen enthalten, die bei offenen AIF die Einhaltung der Vorschriften in den §§ 192 bis 213 oder den §§ 218, 219 oder den §§ 220, 221, 222 oder § 225 oder den §§ 230 bis 246, 252 bis 254, 258 bis 260 und bei geschlossenen AIF die Einhaltung der Vorschriften in den §§ 261 bis 265 sicherstellen,
d) vorsehen, dass die zum AIF gehörenden Vermögensgegenstände nicht verpfändet oder sonst belastet, zur Sicherung übereignet oder zur Sicherung abgetreten werden dürfen, es sei denn, es werden für den AIF Kredite unter Berücksichtigung der Anforderungen nach den §§ 199, 221 Absatz 6, nach § 254 aufgenommen, einem Dritten Optionsrechte eingeräumt oder Wertpapierpensionsgeschäfte nach § 203 oder Finanzterminkontrakte, Devisenterminkontrakte, Swaps oder ähnliche Geschäfte nach Maßgabe des § 197 abgeschlossen,
e) bei offenen AIF mit Ausnahme von offenen Immobilien-Investmentvermögen vorsehen, dass die Anleger täglich die Auszahlung des auf den Anteil oder die Aktie entfallenden Vermögensteils verlangen können, es sei denn, sie sehen bei mit Sonstigen Investmentvermögen vergleichbaren AIF Regelungen entsprechend § 223 Absatz 1, bei mit Sonstigen Investmentvermögen mit Anlagemöglichkeiten entsprechend § 222 Absatz 1 vergleichbaren AIF Regelungen entsprechend § 223 Absatz 2 oder bei mit Dach-Hedgefonds vergleichbaren AIF Regelungen entsprechend § 227 vor,
f) bei mit Immobilien-Sondervermögen vergleichbaren Investmentvermögen eine Regelung entsprechend den §§ 255, 257 vorsehen,
g) bei geschlossenen AIF vorsehen, dass die Anleger zumindest am Ende der Laufzeit die Auszahlung des auf den Anteil oder die Aktie entfallenden Vermögensteils verlangen können,
h) Regelungen enthalten, die sicherstellen, dass die Bewertung des AIF bei offenen AIF in einer den §§ 168 bis 170, 216 und 217, bei mit Immobilien-Sondervermögen vergleichbaren AIF unter Berücksichtigung der Sonderregelung in den §§ 248 bis 251 und bei geschlossenen AIF in einer den §§ 271 und 272 entsprechenden Weise erfolgt,
i) vorsehen, dass eine Kostenvorausbelastung nach Maßgabe des § 304 eingeschränkt ist und dass im Jahresbericht und gegebenenfalls in den Halbjahresberichten die Angaben gemäß § 101 Absatz 2 Nummer 4 zu machen sind,
j) bei geschlossenen AIF zudem vorsehen, dass die Bildung von Teilinvestmentvermögen und Master-Feeder-Konstruktionen ausgeschlossen ist;
8. die in § 297 Absatz 2 bis 7, 9 und 10, in den §§ 299 bis 301, 303 Absatz 1 und 3 und in § 318 genannten Pflichten zur Unterrichtung der am Erwerb eines Anteils oder einer Aktie Interessierten oder des Anlegers ordnungsgemäß erfüllt werden.

(2) Sofern es sich bei dem angezeigten AIF um einen ausländischen AIF handelt, der von einer ausländischen AIF-Verwaltungsgesellschaft verwaltet wird, ist der Vertrieb nur zulässig, wenn zusätzlich folgende Anforderungen erfüllt sind:
1. Es bestehen geeignete Vereinbarungen über die Zusammenarbeit zwischen der Bundesanstalt und den für die Aufsicht zuständigen Stellen des Drittstaates, in dem der ausländische AIF und die ausländische AIF-Verwaltungsgesellschaft ihren Sitz haben; die Vereinbarungen müssen
   a) der Überwachung von Systemrisiken dienen,
   b) im Einklang mit den internationalen Standards und den Artikeln 113 bis 115 der Delegierten Verordnung (EU) Nr. 231/2013 stehen und
   c) einen wirksamen Informationsaustausch gewährleisten, der es der Bundesanstalt ermöglicht, ihre in § 5 festgelegten Aufgaben zu erfüllen.
2. Der Herkunftsstaat des angezeigten AIF steht nicht auf der Liste der nicht kooperativen Länder und Gebiete, die von der Arbeitsgruppe „Finanzielle Maßnahmen gegen die Geldwäsche und die Terrorismusfinanzierung" aufgestellt wurde.
3. Der Herkunftsstaat des angezeigten AIF hat mit der Bundesrepublik Deutschland eine Vereinbarung unterzeichnet, die den Normen gemäß Artikel 26 des OECD-Musterabkommens zur Vermeidung der Doppelbesteuerung von Einkommen und Vermögen vollständig entspricht und einen

A. Deutschland

wirksamen Informationsaustausch in Steuerangelegenheiten, gegebenenfalls einschließlich multilateraler Abkommen über die Besteuerung, gewährleistet.

(3) Ist der angezeigte AIF ein Feeder-AIF, müssen zusätzlich zu den Anforderungen nach Absatz 1 und gegebenenfalls nach Absatz 2 in Bezug auf den Feeder-AIF zumindest folgende Anforderungen erfüllt sein:
1. der Master-AIF und dessen Verwaltungsgesellschaft müssen denselben Herkunftsstaat haben wie der Feeder-AIF und dessen Verwaltungsgesellschaft,
2. die Anlagebedingungen, die Satzung oder der Gesellschaftsvertrag des Master-AIF müssen Regelungen enthalten, die die Einhaltung der Vorschriften der §§ 220, 221 und 222 sicherstellen,
3. der Master-AIF und dessen Verwaltungsgesellschaft müssen die Voraussetzungen der §§ 317 bis 319 erfüllen und das Anzeigeverfahren gemäß § 320 erfolgreich abgeschlossen haben,
4. die Anlagebedingungen oder die Satzung des Feeder-AIF müssen eine Bezeichnung des Master-AIF enthalten, in dessen Anteile oder Aktien mindestens 85 Prozent des Wertes des Feeder-AIF angelegt werden und gewährleisten, dass die Anleger in einer Art und Weise geschützt werden, die mit den Vorschriften dieses Gesetzes in Bezug auf Master-Feeder-Konstruktionen im Bereich der Publikumsinvestmentvermögen vergleichbar ist,
5. die in § 175 vorgesehenen Vereinbarungen wurden abgeschlossen.

§ 318 Verkaufsprospekt und wesentliche Anlegerinformationen beim Vertrieb von EU-AIF oder von ausländischen AIF an Privatanleger. (1) [1]Der Verkaufsprospekt des EU-AIF oder des ausländischen AIF muss mit einem Datum versehen sein und alle Angaben enthalten, die zum Zeitpunkt der Antragstellung für die Beurteilung der Anteile oder Aktien des EU-AIF oder des ausländischen AIF von wesentlicher Bedeutung sind. [2]Er muss zumindest die in § 165 Absatz 2 bis 7 und 9 geforderten Angaben enthalten. [3]Der Verkaufsprospekt eines geschlossenen AIF muss keine Angaben entsprechend § 165 Absatz 3 Nummer 2 und Absatz 4 bis 7, dafür aber Angaben entsprechend § 269 Absatz 2 Nummer 2 und 3 und Absatz 3 sowie einen Hinweis enthalten, wie die Anteile oder Aktien übertragen werden können und gegebenenfalls einen Hinweis, in welcher Weise ihre freie Handelbarkeit eingeschränkt ist. [4]Der Verkaufsprospekt eines Feeder-AIF muss zusätzlich die Angaben nach § 173 Absatz 1 enthalten. [5]Darüber hinaus muss der Verkaufsprospekt eines EU-AIF oder ausländischen AIF insbesondere Angaben enthalten
1. über Name oder Firma, Rechtsform, Sitz und Höhe des gezeichneten und eingezahlten Kapitals (Grund- oder Stammkapital abzüglich der ausstehenden Einlagen zuzüglich der Rücklagen) des EU-AIF oder des ausländischen AIF, der AIF-Verwaltungsgesellschaft, des Unternehmens, das den Vertrieb der Anteile oder Aktien im Geltungsbereich dieses Gesetzes übernommen hat (Vertriebsgesellschaft), und der Verwahrstelle,
2. über Name oder Firma, Sitz und Anschrift des Repräsentanten und der Zahlstellen,
3. über die Voraussetzungen und Bedingungen, zu denen die Anleger die Auszahlung des auf den Anteil oder die Aktie entfallenden Vermögensteils verlangen können sowie über die für die Auszahlung zuständigen Stellen.

[6]Der Verkaufsprospekt muss ferner ausdrückliche Hinweise darauf enthalten, dass der EU-AIF oder der ausländische AIF und seine Verwaltungsgesellschaft nicht einer staatlichen Aufsicht durch die Bundesanstalt unterstehen. [7]Die Bundesanstalt kann verlangen, dass in den Verkaufsprospekt weitere Angaben aufgenommen werden, wenn sie Grund zu der Annahme hat, dass die Angaben für den Erwerber erforderlich sind.

(2) [1]Der Verkaufsprospekt von EU-AIF und ausländischen AIF, die hinsichtlich ihrer Anlagepolitik Anforderungen unterliegen, die denen von Dach-Hedgefonds nach § 225 Absatz 1 und 2 vergleichbar sind, muss darüber hinaus Angaben entsprechend den in § 228 genannten Angaben enthalten. [2]Der Verkaufsprospekt von EU-AIF oder ausländischen AIF, die hinsichtlich ihrer Anlagepolitik Anforderungen unterliegen, die denen von Sonstigen Sondervermögen nach den §§ 220, 221, 222 vergleichbar sind, muss darüber hinaus Angaben entsprechend den in § 224 Absatz 1 genannten Angaben enthalten. [3]Der Verkaufsprospekt von EU-AIF oder ausländischen AIF, die hinsichtlich ihrer Anlagepolitik Anforderungen unterliegen, die denen von Immobilien-Sondervermögen nach § 230 vergleichbar sind, muss darüber hinaus Angaben entsprechend den Angaben nach § 256 Absatz 1 enthalten.

(3) [1]Für EU-AIF-Verwaltungsgesellschaften oder ausländische AIF-Verwaltungsgesellschaften, die nach der Richtlinie 2003/71/EG einen Prospekt zu veröffentlichen haben, bestimmen sich die in diesen Prospekt aufzunehmenden Mindestangaben nach dem Wertpapierprospektgesetz und der Verordnung (EG) Nr. 809/2004. [2]Enthält dieser Prospekt zusätzlich die in den Absätzen 1 und 2 gefor-

III. Normentexte

derten Angaben, muss darüber hinaus kein Verkaufsprospekt erstellt werden. [3]Die Absätze 4 und 6 gelten entsprechend.

(4) Außerdem ist dem Verkaufsprospekt als Anlage beizufügen:
1. ein Jahresbericht nach § 299 Absatz 1 Satz 1 Nummer 3, dessen Stichtag nicht länger als 16 Monate zurückliegen darf, und
2. bei offenen AIF, wenn der Stichtag des Jahresberichts länger als acht Monate zurückliegt, auch ein Halbjahresbericht nach § 299 Absatz 1 Satz 1 Nummer 4.

(5) [1]Für EU-AIF und ausländische AIF sind wesentliche Anlegerinformationen zu erstellen. [2]Für offene EU-AIF und offene ausländische AIF gilt § 166 Absatz 1 bis 5 und für geschlossene EU-AIF und geschlossene ausländische AIF gilt § 270 entsprechend. [3]Für die wesentlichen Anlegerinformationen von EU-AIF und ausländischen AIF, die Immobilien-Sondervermögen entsprechen, sind die Anforderungen nach § 166 Absatz 6 und von EU-AIF und ausländischen AIF, die Dach-Hedgefonds nach § 225 entsprechen, sind die Anforderungen nach § 166 Absatz 7 zu beachten.

(6) [1]Die wesentlichen Anlegerinformationen sowie Angaben von wesentlicher Bedeutung im Verkaufsprospekt sind auf dem neusten Stand zu halten. [2]Bei geschlossenen AIF mit einer einmaligen Vertriebsphase gilt dies nur für die Dauer der Vertriebsphase.

§ 319 Vertretung der Gesellschaft, Gerichtsstand beim Vertrieb von EU-AIF oder von ausländischen AIF an Privatanleger. (1) [1]Der Repräsentant vertritt den EU-AIF oder ausländischen AIF gerichtlich und außergerichtlich. [2]Er ist ermächtigt, für die AIF-Verwaltungsgesellschaft und die Vertriebsgesellschaft bestimmten Schriftstücke zu empfangen. [3]Diese Befugnisse können nicht beschränkt werden.

(2) [1]Für Klagen gegen einen EU-AIF oder einen ausländischen AIF, eine AIF-Verwaltungsgesellschaft oder eine Vertriebsgesellschaft, die zum Vertrieb von Anteilen oder Aktien an EU-AIF oder ausländischen AIF an Privatanleger im Geltungsbereich dieses Gesetzes Bezug haben, ist das Gericht zuständig, in dessen Bezirk der Repräsentant seinen Wohnsitz oder Sitz hat. [2]Dieser Gerichtsstand kann durch Vereinbarung nicht ausgeschlossen werden.

(3) [1]Der Name des Repräsentanten und die Beendigung seiner Stellung sind von der Bundesanstalt im Bundesanzeiger bekannt zu machen. [2]Entstehen der Bundesanstalt durch die Bekanntmachung nach Satz 1 Kosten, so sind ihr diese Kosten zu erstatten.

§ 320 Anzeigepflicht beim beabsichtigten Vertrieb von EU-AIF oder von ausländischen AIF an Privatanleger im Inland. (1) [1]Beabsichtigt eine EU-AIF-Verwaltungsgesellschaft oder eine ausländische AIF-Verwaltungsgesellschaft, Anteile oder Aktien an einem von ihr verwalteten EU-AIF oder an einem ausländischen AIF im Geltungsbereich dieses Gesetzes an Privatanleger zu vertreiben, so hat sie dies der Bundesanstalt anzuzeigen. [2]Das Anzeigeschreiben muss folgende Angaben und Unterlagen in jeweils geltender Fassung enthalten:
1. bei der Anzeige
   a) einer EU-AIF-Verwaltungsgesellschaft oder ab dem Zeitpunkt, auf den in § 295 Absatz 2 Nummer 1 verwiesen wird, einer ausländischen AIF-Verwaltungsgesellschaft eine Bescheinigung der zuständigen Stelle ihres Herkunftsmitgliedstaates oder ihres Referenzmitgliedstaates in einer in der internationalen Finanzwelt gebräuchlichen Sprache, dass die AIF-Verwaltungsgesellschaft und die Verwaltung des AIF durch diese der Richtlinie 2011/61/EU entsprechen,
   b) einer ausländischen AIF-Verwaltungsgesellschaft vor dem Zeitpunkt, auf den in § 295 Absatz 2 Nummer 1 verwiesen wird, Angaben und Unterlagen entsprechend § 22 Absatz 1 Nummer 1 bis 9 und 13;
2. alle wesentlichen Angaben zum Repräsentanten, zur Verwahrstelle und zur Zahlstelle sowie die Bestätigungen des Repräsentanten, der Verwahrstelle und der Zahlstelle über die Übernahme dieser Funktionen; Angaben zur Verwahrstelle sind nur insoweit erforderlich, als sie von der Bescheinigung nach Nummer 1 Buchstabe a nicht erfasst werden;
3. die Anlagebedingungen, die Satzung oder den Gesellschaftsvertrag des EU-AIF oder ausländischen AIF, seinen Geschäftsplan, der auch die wesentlichen Angaben zu seinen Organen enthält, sowie den Verkaufsprospekt und die wesentlichen Anlegerinformationen und alle weiteren für den Anleger verfügbaren Informationen über den angezeigten AIF sowie wesentliche Angaben über die für den Vertrieb im Geltungsbereich dieses Gesetzes vorgesehenen Vertriebsgesellschaften;

A. Deutschland

4. den letzten Jahresbericht, der den Anforderungen des § 299 Absatz 1 Satz 1 Nummer 3 entsprechen muss, und, wenn der Stichtag des Jahresberichts länger als acht Monate zurückliegt und es sich nicht um einen geschlossenen AIF handelt, auch der anschließende Halbjahresbericht, der den Anforderungen des § 299 Absatz 1 Satz 1 Nummer 4 entsprechen muss; der Jahresbericht muss mit dem Bestätigungsvermerk eines Wirtschaftsprüfers versehen sein;
5. die festgestellte Jahresbilanz des letzten Geschäftsjahres nebst Gewinn- und Verlustrechnung (Jahresabschluss) der Verwaltungsgesellschaft, die mit dem Bestätigungsvermerk eines Wirtschaftsprüfers versehen sein muss;
6. Angaben zu den Vorkehrungen für den Vertrieb des angezeigten AIF;
7. die Erklärung der EU-AIF-Verwaltungsgesellschaft oder der ausländischen AIF-Verwaltungsgesellschaft, dass sie sich verpflichtet,
    a) der Bundesanstalt den Jahresabschluss der Verwaltungsgesellschaft und den nach § 299 Absatz 1 Satz 1 Nummer 3 zu veröffentlichenden Jahresbericht spätestens sechs Monate nach Ende jedes Geschäftsjahres sowie für offene AIF zusätzlich den nach § 299 Absatz 1 Satz 1 Nummer 4 zu veröffentlichenden Halbjahresbericht spätestens drei Monate nach Ende jedes Geschäftshalbjahres einzureichen; der Jahresabschluss und der Jahresbericht müssen mit dem Bestätigungsvermerk eines Wirtschaftsprüfers versehen sein;
    b) die Bundesanstalt über alle wesentlichen Änderungen von Umständen, die bei der Vertriebsanzeige angegeben worden sind oder die der Bescheinigung der zuständigen Stelle nach Nummer 1 Buchstabe a zugrunde liegen, gemäß Absatz 3 zu unterrichten und die Änderungsangaben nachzuweisen;
    c) der Bundesanstalt auf Verlangen über ihre Geschäftstätigkeit Auskunft zu erteilen und Unterlagen vorzulegen;
    d) auf Verlangen der Bundesanstalt den Einsatz von Leverage auf den von der Bundesanstalt geforderten Umfang zu beschränken oder einzustellen und
    e) falls es sich um eine ausländische AIF-Verwaltungsgesellschaft handelt, gegenüber der Bundesanstalt die Berichtspflichten nach § 35 zu erfüllen,
8. den Nachweis über die Zahlung der Gebühr für die Anzeige;
9. alle wesentlichen Angaben und Unterlagen, aus denen hervorgeht, dass der ausländische AIF und seine Verwaltungsgesellschaft in dem Staat, in dem sie ihren Sitz haben, einer wirksamen öffentlichen Aufsicht zum Schutz der Anleger unterliegen;
10. gegebenenfalls die nach § 175 erforderlichen Vereinbarungen für Master-Feeder-Strukturen.

[3] Fremdsprachige Unterlagen sind mit einer deutschen Übersetzung vorzulegen.

(2) § 316 Absatz 2 und 3 ist mit der Maßgabe entsprechend anzuwenden, dass es statt „AIF-Kapitalverwaltungsgesellschaft" „EU-AIF-Verwaltungsgesellschaft oder ausländische AIF-Verwaltungsgesellschaft" heißen muss und dass die in § 316 Absatz 3 Satz 1 genannte Frist bei der Anzeige
1. einer EU-AIF-Verwaltungsgesellschaft oder ab dem Zeitpunkt, auf den in § 295 Absatz 2 Nummer 1 verwiesen wird, einer ausländischen AIF-Verwaltungsgesellschaft drei Monate,
2. einer ausländischen AIF-Verwaltungsgesellschaft vor dem Zeitpunkt, auf den in § 295 Absatz 2 Nummer 1 verwiesen wird, sechs Monate
beträgt.

(3) [1] Hat die anzeigende ausländische AIF-Verwaltungsgesellschaft im Sinne von Absatz 1 Buchstabe b bereits einen AIF zum Vertrieb an Privatanleger im Geltungsbereich dieses Gesetzes nach Absatz 1 Satz 1 angezeigt, so prüft die Bundesanstalt bei der Anzeige eines weiteren AIF der gleichen Art nicht erneut das Vorliegen der Voraussetzungen nach § 317 Absatz 1 Satz 1 Nummer 1 und 3, wenn die anzeigende AIF-Verwaltungsgesellschaft im Anzeigeschreiben versichert, dass in Bezug auf die Anforderungen nach § 317 Absatz 1 Satz 1 Nummer 1 und 3 seit der letzten Anzeige keine Änderungen erfolgt sind. [2] In diesem Fall müssen die in § 22 Absatz 1 Nummer 1 bis 9 genannten Angaben nicht eingereicht werden und die in Absatz 2 Nummer 2 genannte Frist beträgt drei Monate.

(4) [1] § 316 Absatz 4 Satz 1 bis 3 ist mit der Maßgabe entsprechend anzuwenden, dass es statt „AIF-Kapitalverwaltungsgesellschaft" „EU-AIF-Verwaltungsgesellschaft oder ausländische AIF-Verwaltungsgesellschaft" heißen muss. [2] Wird eine geplante Änderung ungeachtet von § 316 Absatz 4 Satz 1 bis 3 durchgeführt oder führt eine durch einen unvorhersehbaren Umstand ausgelöste Änderung dazu, dass die EU-AIF-Verwaltungsgesellschaft, ausländische AIF-Verwaltungsgesellschaft oder die Verwaltung des betreffenden AIF durch die EU-AIF-Verwaltungsgesellschaft oder die ausländische AIF-Verwaltungsgesellschaft gegen dieses Gesetz verstößt, so ergreift die Bundesanstalt alle gebotenen Maßnahmen einschließlich der ausdrücklichen Untersagung des Vertriebs des betreffenden AIF. [3] § 316 Absatz 5 gilt entsprechend.

III. Normentexte

Unterabschnitt 2. Anzeigeverfahren für den Vertrieb von AIF an semiprofessionelle Anleger und professionelle Anleger im Inland

Übersicht

§ 321 Anzeigepflicht einer AIF-Kapitalverwaltungsgesellschaft beim beabsichtigten Vertrieb von EU-AIF oder von inländischen Spezial-AIF an semiprofessionelle und professionelle Anleger im Inland

§ 322 Anzeigepflicht einer AIF-Kapitalverwaltungsgesellschaft beim beabsichtigten Vertrieb von ausländischen AIF oder von inländischen Spezial-Feeder-AIF oder EU-Feeder-AIF, deren jeweiliger Master-AIF kein EU-AIF oder inländischer AIF ist, der von einer EU-AIF-Verwaltungsgesellschaft oder einer AIF-Kapitalverwaltungsgesellschaft verwaltet wird, an semiprofessionelle und professionelle Anleger im Inland

§ 323 Anzeigepflicht einer EU-AIF-Verwaltungsgesellschaft beim beabsichtigten Vertrieb von EU-AIF oder von inländischen Spezial-AIF an semiprofessionelle und professionelle Anleger im Inland

§ 324 Anzeigepflicht einer EU-AIF-Verwaltungsgesellschaft beim beabsichtigten Vertrieb von ausländischen AIF oder von inländischen Spezial-Feeder-AIF oder EU-Feeder-AIF, deren jeweiliger Master-AIF kein EU-AIF oder inländischer AIF ist, der von einer EU-AIF-Verwaltungsgesellschaft oder einer AIF-Kapitalverwaltungsgesellschaft verwaltet wird, an semiprofessionelle und professionelle Anleger im Inland

§ 325 Anzeigepflicht einer ausländischen AIF-Verwaltungsgesellschaft, deren Referenzmitgliedstaat die Bundesrepublik Deutschland ist, beim beabsichtigten Vertrieb von EU-AIF oder von inländischen Spezial-AIF an semiprofessionelle und professionelle Anleger im Inland

§ 326 Anzeigepflicht einer ausländischen AIF-Verwaltungsgesellschaft, deren Referenzmitgliedstaat die Bundesrepublik Deutschland ist, beim beabsichtigten Vertrieb von ausländischen AIF an semiprofessionelle und professionelle Anleger im Inland

§ 327 Anzeigepflicht einer ausländischen AIF-Verwaltungsgesellschaft, deren Referenzmitgliedstaat nicht die Bundesrepublik Deutschland ist, beim beabsichtigten Vertrieb von EU-AIF oder von inländischen Spezial-AIF an semiprofessionelle und professionelle Anleger im Inland

§ 328 Anzeigepflicht einer ausländischen AIF-Verwaltungsgesellschaft, deren Referenzmitgliedstaat nicht die Bundesrepublik Deutschland ist, beim beabsichtigten Vertrieb von ausländischen AIF an semiprofessionelle und professionelle Anleger im Inland

§ 329 Anzeigepflicht einer EU-AIF-Verwaltungsgesellschaft oder einer AIF-Kapitalverwaltungsgesellschaft beim beabsichtigten Vertrieb von von ihr verwalteten inländischen Spezial-Feeder-AIF oder EU-Feeder-AIF, deren jeweiliger Master-AIF kein EU-AIF oder inländischer AIF ist, der von einer EU-AIF-Verwaltungsgesellschaft oder einer AIF-Kapitalverwaltungsgesellschaft verwaltet wird, oder ausländischen AIF an semiprofessionelle und professionelle Anleger im Inland

§ 330 Anzeigepflicht einer ausländischen AIF-Verwaltungsgesellschaft beim beabsichtigten Vertrieb von von ihr verwalteten ausländischen AIF oder EU-AIF an semiprofessionelle und professionelle Anleger im Inland

§ 330a Anzeigepflicht von EU-AIF-Verwaltungsgesellschaften, die die Bedingungen nach Artikel 3 Absatz 2 der Richtlinie 2011/61/EU erfüllen, beim beabsichtigten Vertrieb von AIF an professionelle und semiprofessionelle Anleger im Inland

§ 321 Anzeigepflicht einer AIF-Kapitalverwaltungsgesellschaft beim beabsichtigten Vertrieb von EU-AIF oder von inländischen Spezial-AIF an semiprofessionelle und professionelle Anleger im Inland. (1) [1]Beabsichtigt eine AIF-Kapitalverwaltungsgesellschaft, Anteile oder Aktien an einem von ihr verwalteten EU-AIF oder an einem von ihr verwalteten inländischen Spezial-AIF an semiprofessionelle oder professionelle Anleger im Geltungsbereich dieses Gesetzes zu vertreiben, so hat sie dies der Bundesanstalt anzuzeigen. [2]Das Anzeigeschreiben muss folgende Angaben und Unterlagen in jeweils geltender Fassung enthalten:
1. einen Geschäftsplan, der Angaben zum angezeigten AIF sowie zu seinem Sitz enthält;
2. die Anlagebedingungen, die Satzung oder den Gesellschaftsvertrag des angezeigten AIF;
3. den Namen der Verwahrstelle des angezeigten AIF;
4. eine Beschreibung des angezeigten AIF und alle für die Anleger verfügbaren Informationen über den angezeigten AIF;
5. Angaben zum Sitz des Master-AIF und seiner Verwaltungsgesellschaft, falls es sich bei dem angezeigten AIF um einen Feeder-AIF handelt;

A. Deutschland

6. alle in § 307 Absatz 1 genannten weiteren Informationen für jeden angezeigten AIF;
7. Angaben zu den Vorkehrungen, die getroffen wurden, um zu verhindern, dass Anteile oder Aktien des angezeigten AIF an Privatanleger vertrieben werden, insbesondere wenn die AIF-Kapitalverwaltungsgesellschaft für die Erbringung von Wertpapierdienstleistungen für den angezeigten AIF auf unabhängige Unternehmen zurückgreift.

[3] Ist der EU-AIF oder der inländische Spezial-AIF, den die AIF-Kapitalverwaltungsgesellschaft an semiprofessionelle oder professionelle Anleger im Geltungsbereich dieses Gesetzes zu vertreiben beabsichtigt, ein Feeder-AIF, ist eine Anzeige nach Satz 1 nur zulässig, wenn der Master-AIF ebenfalls ein EU-AIF oder ein inländischer AIF ist, der von einer EU-AIF-Verwaltungsgesellschaft oder einer AIF-Kapitalverwaltungsgesellschaft verwaltet wird. [4] Andernfalls richtet sich das Anzeigeverfahren ab dem Zeitpunkt, auf den in § 295 Absatz 2 Nummer 1 verwiesen wird, nach § 322 und vor diesem Zeitpunkt nach § 329.

(2) [1] Die Bundesanstalt prüft, ob die gemäß Absatz 1 übermittelten Angaben und Unterlagen vollständig sind. [2] Fehlende Angaben und Unterlagen fordert sie innerhalb einer Frist von 20 Arbeitstagen als Ergänzungsanzeige an. [3] Mit Eingang der Ergänzungsanzeige beginnt die in Satz 2 genannte Frist erneut. [4] Die Ergänzungsanzeige ist der Bundesanstalt innerhalb von sechs Monaten nach der Erstattung der Anzeige oder der letzten Ergänzungsanzeige einzureichen; andernfalls ist eine Mitteilung nach Absatz 4 ausgeschlossen. [5] Die Frist nach Satz 3 ist eine Ausschlussfrist. [6] Eine erneute Anzeige ist jederzeit möglich.

(3) [1] Innerhalb von 20 Arbeitstagen nach Eingang der vollständigen Anzeigeunterlagen nach Absatz 1 teilt die Bundesanstalt der AIF-Kapitalverwaltungsgesellschaft mit, ob diese mit dem Vertrieb des im Anzeigeschreiben genannten AIF an semiprofessionelle und professionelle Anleger im Geltungsbereich dieses Gesetzes ab sofort beginnen kann. [2] Die Bundesanstalt kann innerhalb dieser Frist die Aufnahme des Vertriebs untersagen, wenn die AIF-Kapitalverwaltungsgesellschaft oder die Verwaltung des angezeigten AIF durch die AIF-Kapitalverwaltungsgesellschaft gegen die Vorschriften dieses Gesetzes oder gegen die Vorschriften der Richtlinie 2011/61/EU verstößt. [3] Teilt sie der AIF-Kapitalverwaltungsgesellschaft entsprechende Beanstandungen der eingereichten Angaben und Unterlagen innerhalb der Frist von Satz 1 mit, wird die in Satz 1 genannte Frist unterbrochen und beginnt mit der Einreichung der geänderten Angaben und Unterlagen erneut. [4] Die AIF-Kapitalverwaltungsgesellschaft kann ab dem Datum der entsprechenden Mitteilung nach Satz 1 mit dem Vertrieb des angezeigten AIF an semiprofessionelle und professionelle Anleger im Geltungsbereich dieses Gesetzes beginnen. [5] Handelt es sich um einen EU-AIF, so teilt die Bundesanstalt zudem den für den EU-AIF zuständigen Stellen mit, dass die AIF-Kapitalverwaltungsgesellschaft mit dem Vertrieb von Anteilen oder Aktien des EU-AIF an professionelle Anleger im Geltungsbereich dieses Gesetzes beginnen kann.

(4) [1] Die AIF-Kapitalverwaltungsgesellschaft teilt der Bundesanstalt wesentliche Änderungen der nach Absatz 1 oder 2 übermittelten Angaben schriftlich mit. [2] Änderungen, die von der AIF-Kapitalverwaltungsgesellschaft geplant sind, sind mindestens einen Monat vor Durchführung der Änderung mitzuteilen. [3] Ungeplante Änderungen sind unverzüglich nach ihrem Eintreten mitzuteilen. [4] Führt die geplante Änderung dazu, dass die AIF-Kapitalverwaltungsgesellschaft oder die Verwaltung des betreffenden AIF durch die AIF-Kapitalverwaltungsgesellschaft nunmehr gegen die Vorschriften dieses Gesetzes oder gegen die Vorschriften der Richtlinie 2011/61/EU verstößt, so teilt die Bundesanstalt der AIF-Kapitalverwaltungsgesellschaft unverzüglich mit, dass sie die Änderung nicht durchführen darf. [5] Wird eine geplante Änderung ungeachtet der Sätze 1 bis 4 durchgeführt oder führt eine durch einen unvorhersehbaren Umstand ausgelöste Änderung dazu, dass die AIF-Kapitalverwaltungsgesellschaft oder die Verwaltung des betreffenden AIF durch die AIF-Kapitalverwaltungsgesellschaft nunmehr gegen die Vorschriften dieses Gesetzes oder der Richtlinie 2011/61/EU verstößt, so ergreift die Bundesanstalt alle gebotenen Maßnahmen gemäß § 5 einschließlich der ausdrücklichen Untersagung des Vertriebs des betreffenden AIF.

§ 322 Anzeigepflicht einer AIF-Kapitalverwaltungsgesellschaft beim beabsichtigten Vertrieb von ausländischen AIF oder von inländischen Spezial-Feeder-AIF oder EU-Feeder-AIF, deren jeweiliger Master-AIF kein EU-AIF oder inländischer AIF ist, der von einer EU-AIF-Verwaltungsgesellschaft oder einer AIF-Kapitalverwaltungsgesellschaft verwaltet wird, an semiprofessionelle und professionelle Anleger im Inland. (1) Der Vertrieb von Anteilen oder Aktien an ausländischen AIF und von Anteilen oder Aktien an EU-Feeder-AIF oder inländischen Spezial-Feeder-AIF, deren jeweiliger Master-AIF kein EU-AIF oder inländischer AIF ist, der von einer EU-AIF-Verwaltungsgesellschaft oder einer AIF-Kapitalverwaltungsgesellschaft verwal-

tet wird, an semiprofessionelle und professionelle Anleger im Geltungsbereich dieses Gesetzes durch eine AIF-Kapitalverwaltungsgesellschaft ist nur zulässig, wenn
1. geeignete Vereinbarungen über die Zusammenarbeit zwischen der Bundesanstalt und den Aufsichtsbehörden des Drittstaates bestehen, in dem der ausländische AIF seinen Sitz hat, damit unter Berücksichtigung von § 9 Absatz 8 zumindest ein effizienter Informationsaustausch gewährleistet ist, der es der Bundesanstalt ermöglicht, ihre Aufgaben gemäß der Richtlinie 2011/61/EU wahrzunehmen;
2. der Drittstaat, in dem der ausländische AIF seinen Sitz hat, nicht auf der Liste der nicht kooperativen Länder und Gebiete steht, die von der Arbeitsgruppe „Finanzielle Maßnahmen gegen die Geldwäsche und die Terrorismusfinanzierung" aufgestellt wurde;
3. der Drittstaat, in dem der ausländische AIF seinen Sitz hat, mit der Bundesrepublik Deutschland eine Vereinbarung unterzeichnet hat, die den Normen des Artikels 26 des OECD-Musterabkommens zur Vermeidung der Doppelbesteuerung von Einkommen und Vermögen vollständig entspricht und einen wirksamen Informationsaustausch in Steuerangelegenheiten, gegebenenfalls einschließlich multilateraler Abkommen über die Besteuerung, gewährleistet;
4. die AIF-Kapitalverwaltungsgesellschaft bei der Verwaltung eines ausländischen AIF abweichend von § 55 Absatz 1 Nummer 1 alle in der Richtlinie 2011/61/EU für diese AIF festgelegten Anforderungen erfüllt.

(2) ¹Beabsichtigt eine AIF-Kapitalverwaltungsgesellschaft, Anteile oder Aktien an einem von ihr verwalteten AIF im Sinne von Absatz 1 Satz 1 im Geltungsbereich dieses Gesetzes an semiprofessionelle oder professionelle Anleger zu vertreiben, so hat sie dies der Bundesanstalt anzuzeigen. ²Für den Inhalt des Anzeigeschreibens einschließlich der erforderlichen Dokumentation und Angaben gilt § 321 Absatz 1 Satz 2 entsprechend.

(3) § 321 Absatz 2 gilt entsprechend.

(4) ¹§ 321 Absatz 3 Satz 1 bis 4 und 6 gilt entsprechend. ²Die Bundesanstalt teilt der Europäischen Wertpapier- und Marktaufsichtsbehörde mit, dass die AIF-Kapitalverwaltungsgesellschaft mit dem Vertrieb von Anteilen oder Aktien des angezeigten AIF im Geltungsbereich dieses Gesetzes an professionelle Anleger beginnen kann. ³Falls es sich um einen EU-Feeder-AIF handelt, teilt die Bundesanstalt zudem den für den EU-Feeder-AIF in seinem Herkunftsmitgliedstaat zuständigen Stellen mit, dass die AIF-Kapitalverwaltungsgesellschaft mit dem Vertrieb von Anteilen oder Aktien des EU-Feeder-AIF an professionelle Anleger im Geltungsbereich dieses Gesetzes beginnen kann.

(5) ¹Die AIF-Kapitalverwaltungsgesellschaft teilt der Bundesanstalt wesentliche Änderungen der nach Absatz 2 übermittelten Angaben schriftlich mit. ²§ 321 Absatz 4 Satz 2 bis 5 gilt entsprechend. ³Änderungen sind zulässig, wenn sie nicht dazu führen, dass die AIF-Kapitalverwaltungsgesellschaft oder die Verwaltung des angezeigten AIF durch die AIF-Kapitalverwaltungsgesellschaft gegen die Vorschriften dieses Gesetzes oder gegen die Vorschriften der Richtlinie 2011/61/EU verstößt. ⁴Bei zulässigen Änderungen unterrichtet die Bundesanstalt unverzüglich die Europäische Wertpapier- und Marktaufsichtsbehörde, soweit die Änderungen die Beendigung des Vertriebs von bestimmten AIF oder zusätzlich vertriebenen AIF betreffen.

§ 323 Anzeigepflicht einer EU-AIF-Verwaltungsgesellschaft beim beabsichtigten Vertrieb von EU-AIF oder von inländischen Spezial-AIF an semiprofessionelle und professionelle Anleger im Inland. (1) ¹Beabsichtigt eine EU-AIF-Verwaltungsgesellschaft im Geltungsbereich dieses Gesetzes Anteile oder Aktien an EU-AIF oder an inländischen Spezial-AIF an semiprofessionelle oder professionelle Anleger zu vertreiben, so prüft die Bundesanstalt, ob die zuständige Stelle des Herkunftsmitgliedstaates der EU-AIF-Verwaltungsgesellschaft Folgendes übermittelt hat:
1. eine von ihr ausgestellte Bescheinigung über die Erlaubnis der betreffenden EU-AIF-Verwaltungsgesellschaft zur Verwaltung von AIF mit einer bestimmten Anlagestrategie sowie
2. ein Anzeigeschreiben für jeden angezeigten AIF
jeweils in einer in der internationalen Finanzwelt gebräuchlichen Sprache. ²Für den Inhalt des Anzeigeschreibens einschließlich der erforderlichen Dokumentation und Angaben gilt § 321 Absatz 1 Satz 2 entsprechend mit der Maßgabe, dass es statt „AIF-Kapitalverwaltungsgesellschaft" „EU-AIF-Verwaltungsgesellschaft" heißen muss, die Vorkehrungen zum Vertrieb des angezeigten AIF angegeben sein müssen und die Bundesrepublik Deutschland als Staat genannt sein muss, in dem Anteile oder Aktien des angezeigten AIF an professionelle Anleger vertrieben werden sollen.

(2) ¹Der Vertrieb kann aufgenommen werden, wenn die EU-AIF-Verwaltungsgesellschaft von der zuständigen Stelle ihres Herkunftsmitgliedstaates über die Übermittlung nach Absatz 1 unterrichtet wurde. ²Ist der AIF im Sinne von Absatz 1 Satz 1 ein Feeder-AIF, so besteht ein Recht zum Vertrieb

gemäß Satz 1 nur, wenn der Master-AIF ebenfalls ein EU-AIF oder ein inländischer AIF ist, der von einer EU-AIF-Verwaltungsgesellschaft oder einer AIF-Kapitalverwaltungsgesellschaft verwaltet wird. [3]Die Bundesanstalt prüft, ob die Vorkehrungen nach § 321 Absatz 1 Satz 2 Nummer 7 geeignet sind, um einen Vertrieb an Privatanleger wirksam zu verhindern und ob die Vorkehrungen nach § 323 Absatz 1 Satz 2 gegen dieses Gesetz verstoßen.

(3) Wird die Bundesanstalt von den zuständigen Stellen im Herkunftsmitgliedstaat der EU-AIF-Verwaltungsgesellschaft über eine Änderung der Vorkehrungen nach § 321 Absatz 1 Satz 2 Nummer 7 und § 323 Absatz 1 Satz 2 unterrichtet, prüft die Bundesanstalt, ob die Vorkehrungen nach § 321 Absatz 1 Satz 2 Nummer 7 weiterhin geeignet sind, um einen Vertrieb an Privatanleger wirksam zu verhindern und ob die Vorkehrungen nach § 323 Absatz 1 Satz 2 weiterhin nicht gegen dieses Gesetz verstoßen.

§ 324 Anzeigepflicht einer EU-AIF-Verwaltungsgesellschaft beim beabsichtigten Vertrieb von ausländischen AIF oder von inländischen Spezial-Feeder-AIF oder EU-Feeder-AIF, deren jeweiliger Master-AIF kein EU-AIF oder inländischer AIF ist, der von einer EU-AIF-Verwaltungsgesellschaft oder einer AIF-Kapitalverwaltungsgesellschaft verwaltet wird, an semiprofessionelle und professionelle Anleger im Inland. (1) [1]Ein Vertrieb von Anteilen oder Aktien an ausländischen AIF und von Anteilen oder Aktien an inländischen Spezial-Feeder-AIF oder EU-Feeder-AIF, deren jeweiliger Master-AIF kein EU-AIF oder inländischer AIF ist, der von einer EU-AIF-Verwaltungsgesellschaft oder einer AIF-Kapitalverwaltungsgesellschaft verwaltet wird, an semiprofessionelle oder professionelle Anleger im Geltungsbereich dieses Gesetzes durch eine EU-AIF-Verwaltungsgesellschaft ist nur zulässig, wenn die in § 322 Absatz 1 genannten Voraussetzungen gegeben sind. [2]Ist die Bundesanstalt nicht mit der Beurteilung der in § 322 Absatz 1 Nummer 1 und 2 genannten Voraussetzungen durch die zuständige Stelle des Herkunftsmitgliedstaates der EU-AIF-Verwaltungsgesellschaft einverstanden, kann die Bundesanstalt die Europäische Wertpapier- und Marktaufsichtsbehörde nach Maßgabe des Artikels 19 der Verordnung (EU) Nr. 1095/2010 um Hilfe ersuchen.

(2) [1]Beabsichtigt eine EU-AIF-Verwaltungsgesellschaft im Geltungsbereich dieses Gesetzes die in Absatz 1 Satz 1 genannten AIF an semiprofessionelle oder professionelle Anleger zu vertreiben, so prüft die Bundesanstalt, ob die zuständige Stelle des Herkunftsmitgliedstaates der EU-AIF-Verwaltungsgesellschaft eine von ihr ausgestellte Bescheinigung über die Erlaubnis der betreffenden EU-AIF-Verwaltungsgesellschaft zur Verwaltung von AIF mit einer bestimmten Anlagestrategie sowie ein Anzeigeschreiben für jeden AIF in einer in der internationalen Finanzwelt gebräuchlichen Sprache übermittelt hat. [2]§ 323 Absatz 1 Satz 2 gilt entsprechend.

(3) § 323 Absatz 2 Satz 1 und 3 sowie Absatz 3 ist entsprechend anzuwenden.

§ 325 Anzeigepflicht einer ausländischen AIF-Verwaltungsgesellschaft, deren Referenzmitgliedstaat die Bundesrepublik Deutschland ist, beim beabsichtigten Vertrieb von EU-AIF oder von inländischen Spezial-AIF an semiprofessionelle und professionelle Anleger im Inland. (1) [1]Beabsichtigt eine ausländische AIF-Verwaltungsgesellschaft, deren Referenzmitgliedstaat gemäß § 56 die Bundesrepublik Deutschland ist und die von der Bundesanstalt eine Erlaubnis nach § 58 erhalten hat, Anteile oder Aktien an einem von ihr verwalteten EU-AIF oder inländischen Spezial-AIF an semiprofessionelle oder professionelle Anleger im Geltungsbereich dieses Gesetzes zu vertreiben, hat sie dies der Bundesanstalt anzuzeigen. [2]§ 321 Absatz 1 Satz 2 gilt entsprechend mit der Maßgabe, dass es statt „AIF-Kapitalverwaltungsgesellschaft" „ausländische AIF-Verwaltungsgesellschaft" heißen muss.

(2) § 321 Absatz 2 bis 4 ist mit der Maßgabe entsprechend anzuwenden, dass
1. es statt „AIF-Kapitalverwaltungsgesellschaft" „ausländische AIF-Verwaltungsgesellschaft" heißen muss,
2. im Rahmen von § 321 Absatz 3 die Bundesanstalt zusätzlich der Europäischen Wertpapier- und Marktaufsichtsbehörde mitteilt, dass die ausländische AIF-Verwaltungsgesellschaft mit dem Vertrieb von Anteilen oder Aktien des angezeigten AIF an professionelle Anleger im Inland beginnen kann und
3. bei zulässigen Änderungen nach § 321 Absatz 4 die Bundesanstalt unverzüglich die Europäische Wertpapier- und Marktaufsichtsbehörde unterrichtet, soweit die Änderungen die Beendigung des Vertriebs von bestimmten AIF oder zusätzlich vertriebenen AIF betreffen.

§ 326 Anzeigepflicht einer ausländischen AIF-Verwaltungsgesellschaft, deren Referenzmitgliedstaat die Bundesrepublik Deutschland ist, beim beabsichtigten Vertrieb von ausländischen AIF an semiprofessionelle und professionelle Anleger im Inland. (1) Der Vertrieb von

Anteilen oder Aktien an ausländischen AIF an semiprofessionelle oder professionelle Anleger im Geltungsbereich dieses Gesetzes durch eine ausländische AIF-Verwaltungsgesellschaft, deren Referenzmitgliedstaat gemäß Artikel 37 Absatz 4 der Richtlinie 2011/61/EU die Bundesrepublik Deutschland ist, ist nur zulässig, wenn die in § 322 Absatz 1 genannten Voraussetzungen gegeben sind.

(2) [1]Beabsichtigt eine ausländische AIF-Verwaltungsgesellschaft, deren Referenzmitgliedstaat gemäß § 56 die Bundesrepublik Deutschland ist und die von der Bundesanstalt eine Erlaubnis nach § 58 erhalten hat, Anteile oder Aktien an einem von ihr verwalteten ausländischen AIF im Geltungsbereich dieses Gesetzes an semiprofessionelle oder professionelle Anleger zu vertreiben, hat sie dies der Bundesanstalt anzuzeigen. [2]§ 321 Absatz 1 Satz 2 gilt entsprechend mit der Maßgabe, dass es statt „AIF-Kapitalverwaltungsgesellschaft" „ausländische AIF-Verwaltungsgesellschaft" heißen muss.

(3) § 322 Absatz 3, 4 Satz 1 und 2 und Absatz 5 gilt entsprechend mit der Maßgabe, dass es statt „AIF-Kapitalverwaltungsgesellschaft" „ausländische AIF-Verwaltungsgesellschaft" heißen muss.

§ 327 Anzeigepflicht einer ausländischen AIF-Verwaltungsgesellschaft, deren Referenzmitgliedstaat nicht die Bundesrepublik Deutschland ist, beim beabsichtigten Vertrieb von EU-AIF oder von inländischen Spezial-AIF an semiprofessionelle und professionelle Anleger im Inland. (1) [1]Beabsichtigt eine ausländische AIF-Verwaltungsgesellschaft, deren Referenzmitgliedstaat gemäß Artikel 37 Absatz 4 der Richtlinie 2011/61/EU ein anderer Mitgliedstaat der Europäischen Union oder ein anderer Vertragsstaat des Abkommens über den Europäischen Wirtschaftsraum als die Bundesrepublik Deutschland ist, im Geltungsbereich dieses Gesetzes Anteile oder Aktien an EU-AIF oder inländische Spezial-AIF an semiprofessionelle oder professionelle Anleger im Geltungsbereich dieses Gesetzes zu vertreiben, so prüft die Bundesanstalt, ob die zuständige Stelle des Referenzmitgliedstaates der ausländischen AIF-Verwaltungsgesellschaft Folgendes übermittelt hat:
1. eine von ihr ausgestellte Bescheinigung über die Erlaubnis der betreffenden ausländischen AIF-Verwaltungsgesellschaft zur Verwaltung von AIF mit einer bestimmten Anlagestrategie und
2. ein Anzeigeschreiben für jeden angezeigten AIF;

jeweils in einer in der internationalen Finanzwelt gebräuchlichen Sprache. [2]Für den Inhalt des Anzeigeschreibens einschließlich der erforderlichen Dokumentation und Angaben gilt § 321 Absatz 1 Satz 2 entsprechend mit der Maßgabe, dass es statt „AIF-Kapitalverwaltungsgesellschaft" „ausländische AIF-Verwaltungsgesellschaft" heißen muss, die Vorkehrungen zum Vertrieb des angezeigten AIF angegeben sein müssen und die Bundesrepublik Deutschland als Staat genannt sein muss, in dem Anteile oder Aktien des angezeigten AIF an professionelle Anleger vertrieben werden sollen.

(2) [1]Der Vertrieb kann aufgenommen werden, wenn die ausländische AIF-Verwaltungsgesellschaft von der zuständigen Stelle ihres Referenzmitgliedstaates über die Übermittlung nach Absatz 1 unterrichtet wurde. [2]§ 323 Absatz 2 Satz 3 und Absatz 3 ist entsprechend anzuwenden.

§ 328 Anzeigepflicht einer ausländischen AIF-Verwaltungsgesellschaft, deren Referenzmitgliedstaat nicht die Bundesrepublik Deutschland ist, beim beabsichtigten Vertrieb von ausländischen AIF an semiprofessionelle und professionelle Anleger im Inland. (1) [1]Ein Vertrieb von Anteilen oder Aktien an ausländischen AIF an semiprofessionelle oder professionelle Anleger im Geltungsbereich dieses Gesetzes durch eine ausländische AIF-Verwaltungsgesellschaft, deren Referenzmitgliedstaat gemäß Artikel 37 Absatz 4 der Richtlinie 2011/61/EU ein anderer Mitgliedstaat der Europäischen Union oder Vertragsstaat des Abkommens über den Europäischen Wirtschaftsraum ist, ist nur zulässig, wenn die in § 322 Absatz 1 genannten Voraussetzungen gegeben sind. [2]Ist die Bundesanstalt nicht mit der Beurteilung der in § 322 Absatz 1 Nummer 1 und 2 genannten Voraussetzungen durch die zuständige Stelle des Referenzmitgliedstaates der ausländischen AIF-Verwaltungsgesellschaft einverstanden, kann die Bundesanstalt die Europäische Wertpapier- und Marktaufsichtsbehörde nach Maßgabe des Artikels 19 der Verordnung (EU) Nr. 1095/2010 um Hilfe ersuchen.

(2) [1]Beabsichtigt eine ausländische AIF-Verwaltungsgesellschaft, im Geltungsbereich dieses Gesetzes Anteile oder Aktien an ausländischen AIF an semiprofessionelle oder professionelle Anleger zu vertreiben, prüft die Bundesanstalt, ob die zuständige Stelle des Referenzmitgliedstaates der ausländischen AIF-Verwaltungsgesellschaft Folgendes übermittelt hat:
1. eine von ihr ausgestellte Bescheinigung über die Erlaubnis der betreffenden ausländischen AIF-Verwaltungsgesellschaft zur Verwaltung von AIF mit einer bestimmten Anlagestrategie sowie
2. ein Anzeigeschreiben für jeden angezeigten AIF;

jeweils in einer in der internationalen Finanzwelt gebräuchlichen Sprache. [2]§ 327 Absatz 1 Satz 2 gilt entsprechend.

(3) § 327 Absatz 2 ist entsprechend anzuwenden.

A. Deutschland

§ 329 Anzeigepflicht einer EU-AIF-Verwaltungsgesellschaft oder einer AIF-Kapitalverwaltungsgesellschaft beim beabsichtigten Vertrieb von von ihr verwalteten inländischen Spezial-Feeder-AIF oder EU-Feeder-AIF, deren jeweiliger Master-AIF kein EU-AIF oder inländischer AIF ist, der von einer EU-AIF-Verwaltungsgesellschaft oder einer AIF-Kapitalverwaltungsgesellschaft verwaltet wird, oder ausländischen AIF an semiprofessionelle und professionelle Anleger im Inland. (1) [1]Der Vertrieb von Anteilen oder Aktien an von einer EU-AIF-Verwaltungsgesellschaft oder einer AIF-Kapitalverwaltungsgesellschaft verwalteten inländischen Spezial-Feeder-AIF oder EU-Feeder-AIF, deren jeweiliger Master-AIF kein EU-AIF oder inländischer AIF ist, der von einer EU-AIF-Verwaltungsgesellschaft oder einer AIF-Kapitalverwaltungsgesellschaft verwaltet wird, oder ausländischen AIF an semiprofessionelle oder professionelle Anleger im Geltungsbereich dieses Gesetzes ist zulässig, wenn
1. bei einem Vertrieb an professionelle Anleger
   a) die AIF-Kapitalverwaltungsgesellschaft und die Verwaltung des AIF durch die AIF-Kapitalverwaltungsgesellschaft die Anforderungen dieses Gesetzes mit Ausnahme der §§ 80 bis 90 und die EU-AIF-Verwaltungsgesellschaft und die Verwaltung des AIF durch diese die Anforderungen der von ihrem Herkunftsmitgliedstaat zur Umsetzung der Richtlinie 2011/61/EU erlassenen Vorschriften mit Ausnahme der in Artikel 21 der Richtlinie 2011/61/EU genannten Voraussetzungen erfüllt und
   b) die AIF-Kapitalverwaltungsgesellschaft oder die EU-AIF-Verwaltungsgesellschaft eine oder mehrere Stellen benannt hat, die sie nicht selbst ist und die die Aufgaben nach Artikel 21 Absatz 7, 8 und 9 der Richtlinie 2011/61/EU wahrnehmen, und sie diese Stelle oder Stellen der Bundesanstalt oder der in ihrem Herkunftsmitgliedstaat zuständigen Stelle angezeigt hat;
2. bei einem Vertrieb an semiprofessionelle Anleger die AIF-Kapitalverwaltungsgesellschaft oder die EU-AIF-Verwaltungsgesellschaft und die Verwaltung des AIF durch diese den Anforderungen dieses Gesetzes oder den von ihrem Herkunftsmitgliedstaat zur Umsetzung der Richtlinie 2011/61/EU erlassenen Vorschriften entsprechen;
3. bei einem Vertrieb an semiprofessionelle Anleger oder professionelle Anleger
   a) bei einem ausländischen AIF geeignete, der Überwachung der Systemrisiken dienende und im Einklang mit den internationalen Standards und den Artikeln 113 bis 115 der Delegierten Verordnung (EU) Nr. 231/2013 stehende Vereinbarungen über die Zusammenarbeit zwischen der Bundesanstalt oder den zuständigen Stellen im Herkunftsmitgliedstaat der EU-AIF-Verwaltungsgesellschaft und den zuständigen Stellen des Drittstaates, in dem der ausländische AIF seinen Sitz hat, bestehen, sodass ein effizienter Informationsaustausch gewährleistet ist, der es der Bundesanstalt oder den zuständigen Stellen im Herkunftsmitgliedstaat der EU-AIF-Verwaltungsgesellschaft ermöglicht, ihre in der Richtlinie 2011/61/EU festgelegten Aufgaben zu erfüllen;
   b) der Drittstaat, in dem der ausländische AIF seinen Sitz hat, nicht auf der Liste der nicht kooperativen Länder und Gebiete steht, die von der Arbeitsgruppe „Finanzielle Maßnahmen gegen die Geldwäsche und die Terrorismusfinanzierung" aufgestellt wurde;
   c) die Vorkehrungen nach § 321 Absatz 1 Satz 2 Nummer 7 geeignet sind, einen Vertrieb an Privatanleger zu verhindern.
[2]Ist der angezeigte AIF ein Feeder-AIF, sind zusätzlich die Anforderungen des Absatzes 1 Satz 1 Nummer 1 oder 2 und 3 von dem Master-AIF und dessen Verwaltungsgesellschaft entsprechend einzuhalten.

(2) [1]Beabsichtigt eine EU-AIF-Verwaltungsgesellschaft oder eine AIF-Kapitalverwaltungsgesellschaft, Anteile oder Aktien an von ihr verwalteten AIF im Sinne von Absatz 1 Satz 1 im Geltungsbereich dieses Gesetzes an semiprofessionelle oder professionelle Anleger zu vertreiben, so hat sie dies der Bundesanstalt anzuzeigen. [2]§ 321 Absatz 1 Satz 2 gilt entsprechend. [3]Darüber hinaus sind der Anzeige folgende Angaben und Dokumente beizufügen:
1. bei der Anzeige durch eine EU-AIF-Verwaltungsgesellschaft eine Bescheinigung der zuständigen Stelle ihres Herkunftsmitgliedstaates in einer in der internationalen Finanzwelt gebräuchlichen Sprache, dass die EU-AIF-Verwaltungsgesellschaft und die Verwaltung des AIF durch diese der Richtlinie 2011/61/EU entsprechen und gegebenenfalls, dass geeignete Vereinbarungen im Sinne von Absatz 1 Satz 1 Nummer 3 Buchstabe a über die Zusammenarbeit zwischen den zuständigen Stellen im Herkunftsmitgliedstaat der EU-AIF-Verwaltungsgesellschaft und den zuständigen Stellen des Drittstaates, in dem der ausländische AIF seinen Sitz hat, bestehen; ist nur ein Vertrieb an professionelle Anleger beabsichtigt, muss sich die Bescheinigung nicht auf die gesamten in Artikel 21 der Richtlinie 2011/61/EU genannten Anforderungen erstrecken, sondern nur auf die in Artikel 21 Absatz 7, 8 und 9 genannten Voraussetzungen;

2. eine Erklärung der EU-AIF-Verwaltungsgesellschaft darüber, dass sie sich verpflichtet,
    a) der Bundesanstalt den Jahresbericht des AIF, der den Anforderungen des Artikels 22 und gegebenenfalls des Artikels 29 der Richtlinie 2011/61/EU entsprechen muss, spätestens sechs Monate nach Ende eines jeden Geschäftsjahres einzureichen; der Jahresbericht muss mit dem Bestätigungsvermerk eines Wirtschaftsprüfers versehen sein;
    b) die Bundesanstalt über alle wesentlichen Änderungen von Umständen, die bei der Vertriebsanzeige angegeben worden sind oder die der Bescheinigung der zuständigen Stelle nach Nummer 1 zugrunde liegen, zu unterrichten und die Änderungsangaben nachzuweisen;
    c) der Bundesanstalt auf Verlangen über ihre Geschäftstätigkeit Auskunft zu erteilen und Unterlagen vorzulegen;
3. eine Erklärung der AIF-Kapitalverwaltungsgesellschaft, dass sie sich entsprechend Nummer 2 Buchstabe b verpflichtet;
4. ein Nachweis über die Zahlung der Gebühr für die Anzeige.

(3) Ist der angezeigte AIF ein Feeder-AIF,
1. sind der Anzeige zusätzlich in Bezug auf den Master-AIF und seine Verwaltungsgesellschaft Angaben und Dokumente entsprechend
    a) Absatz 2 Satz 3 Nummer 1 oder, sofern es sich bei der Verwaltungsgesellschaft des Master-AIF um eine ausländische AIF-Verwaltungsgesellschaft handelt, Angaben und Dokumente entsprechend § 22 Absatz 1 bis 9 und 13, und alle weiteren wesentlichen Angaben über die Verwahrstelle oder die Stellen nach Absatz 1 Satz 1 Nummer 1 Buchstabe b sowie
    b) § 321 Absatz 1 Satz 2
beizufügen und
2. muss sich die Erklärung nach Absatz 2 Satz 3 Nummer 2 oder 3 auch auf den Master-AIF und seine Verwaltungsgesellschaft erstrecken.

(4) ¹Fremdsprachige Unterlagen sind in deutscher Übersetzung oder in englischer Sprache vorzulegen. ²§ 321 Absatz 2 und Absatz 3 Satz 1 bis 4 gilt entsprechend mit der Maßgabe, dass es statt „AIF-Kapitalverwaltungsgesellschaft" „AIF-Kapitalverwaltungsgesellschaft oder EU-AIF-Verwaltungsgesellschaft" heißen muss und dass die in § 321 Absatz 3 Satz 1 genannte Frist 30 Arbeitstage und für den Fall, dass der angezeigte AIF ein Feeder-AIF ist,
1. dessen Master-AIF nicht von einer ausländischen AIF-Verwaltungsgesellschaft verwaltet wird, zwei Monate,
2. dessen Master-AIF von einer ausländischen AIF-Verwaltungsgesellschaft verwaltet wird, fünf Monate beträgt.

§ 330 Anzeigepflicht einer ausländischen AIF-Verwaltungsgesellschaft beim beabsichtigten Vertrieb von von ihr verwalteten ausländischen AIF oder EU-AIF an semiprofessionelle und professionelle Anleger im Inland: (1) ¹Der Vertrieb von Anteilen oder Aktien an von einer ausländischen AIF-Verwaltungsgesellschaft verwalteten ausländischen AIF oder EU-AIF an professionelle oder semiprofessionelle Anleger im Geltungsbereich dieses Gesetzes ist zulässig, wenn
1. bei einem Vertrieb an professionelle Anleger
    a) die ausländische AIF-Verwaltungsgesellschaft und die Verwaltung des AIF durch die ausländische AIF-Verwaltungsgesellschaft den Anforderungen des § 35 und gegebenenfalls der §§ 287 bis 292 entsprechen,
    b) die ausländische AIF-Verwaltungsgesellschaft eine oder mehrere Stellen benannt hat, die die Aufgaben nach Artikel 21 Absatz 7 bis 9 der Richtlinie 2011/61/EU wahrnehmen, die ausländische AIF-Verwaltungsgesellschaft diese Aufgaben nicht selbst wahrnimmt und sie diese Stelle oder Stellen der Bundesanstalt angezeigt hat und
    c) die in § 307 Absatz 1 und Absatz 2 erste Alternative in Verbindung mit § 297 Absatz 4 sowie § 308 vorgesehenen Pflichten zur Unterrichtung der am Erwerb eines Anteils oder einer Aktie Interessierten ordnungsgemäß erfüllt werden;
2. bei einem Vertrieb an semiprofessionelle Anleger die ausländische AIF-Verwaltungsgesellschaft und die Verwaltung des AIF durch diese den in diesem Gesetz umgesetzten Anforderungen der Richtlinie 2011/61/EU entsprechen;
3. bei einem Vertrieb an semiprofessionelle Anleger oder professionelle Anleger
    a) geeignete Vereinbarungen über die Zusammenarbeit zwischen der Bundesanstalt und den zuständigen Stellen des Drittstaates, in dem die ausländische AIF-Verwaltungsgesellschaft ihren Sitz hat, und gegebenenfalls den zuständigen Stellen des Drittstaates, in dem der ausländische AIF seinen Sitz hat, und den zuständigen Stellen des Herkunftsmitgliedstaates des EU-AIF bestehen; die Vereinbarungen müssen

aa) der Überwachung der Systemrisiken dienen,
bb) im Einklang mit den internationalen Standards und den Artikeln 113 bis 115 der Delegierten Verordnung (EU) Nr. 231/2013 stehen und
cc) einen effizienten Informationsaustausch gewährleisten, der es der Bundesanstalt ermöglicht, ihre in der Richtlinie 2011/61/EU festgelegten Aufgaben zu erfüllen;
b) weder der Drittstaat, in dem die ausländische AIF-Verwaltungsgesellschaft ihren Sitz hat noch der Drittstaat, in dem der ausländische AIF seinen Sitz hat, auf der Liste der nicht kooperativen Länder und Gebiete steht, die von der Arbeitsgruppe „Finanzielle Maßnahmen gegen die Geldwäsche und die Terrorismusfinanzierung" aufgestellt wurde;
c) die Vorkehrungen nach § 321 Absatz 1 Satz 2 Nummer 7 geeignet sind, einen Vertrieb an Privatanleger zu verhindern.
[2] Ist der angezeigte AIF ein Feeder-AIF, sind zusätzlich die Anforderungen des Absatzes 1 Satz 1 Nummer 1 oder 2 und 3 von dem Master-AIF und dessen Verwaltungsgesellschaft entsprechend einzuhalten.

(2) [1] Beabsichtigt eine ausländische AIF-Verwaltungsgesellschaft, Anteile oder Aktien an von ihr verwalteten ausländischen AIF oder EU-AIF im Geltungsbereich dieses Gesetzes an semiprofessionelle oder professionelle Anleger zu vertreiben, so hat sie dies der Bundesanstalt anzuzeigen. [2] § 321 Absatz 1 Satz 2 gilt entsprechend. [3] Darüber hinaus sind der Anzeige folgende Dokumente und Angaben beizufügen:
1. alle wesentlichen Angaben über
   a) die Verwaltungsgesellschaft des angezeigten AIF und ihre Organe sowie
   b) die Verwahrstelle oder die Stellen nach Absatz 1 Satz 1 Nummer 1 Buchstabe b, einschließlich der Angaben entsprechend § 22 Absatz 1 Nummer 13;
2. eine Erklärung der ausländischen AIF-Verwaltungsgesellschaft darüber, dass sie sich verpflichtet,
   a) der Bundesanstalt den Jahresbericht des AIF, der den Anforderungen des Artikels 22 und gegebenenfalls des Artikels 29 der Richtlinie 2011/61/EU entsprechen muss, spätestens sechs Monate nach Ende jedes Geschäftsjahres einzureichen; der Jahresbericht muss mit dem Bestätigungsvermerk eines Wirtschaftsprüfers versehen sein;
   b) die Bundesanstalt über alle wesentlichen Änderungen von Umständen, die bei der Vertriebsanzeige angegeben worden sind, zu unterrichten und die Änderungsangaben nachzuweisen;
   c) der Bundesanstalt auf Verlangen über ihre Geschäftstätigkeit Auskunft zu erteilen und Unterlagen vorzulegen und gegenüber der Bundesanstalt die sich aus Absatz 1 Satz 1 Nummer 1 oder 2 ergebenden Melde- und Informationspflichten zu erfüllen;
3. bei einem Vertrieb an semiprofessionelle Anleger zusätzlich die Angaben und Unterlagen entsprechend § 22 Absatz 1 Nummer 1 bis 9 in Bezug auf die ausländische AIF-Verwaltungsgesellschaft;
4. der Nachweis über die Zahlung der Gebühr für die Anzeige.

(3) Ist der angezeigte AIF ein Feeder-AIF,
1. sind der Anzeige zusätzlich in Bezug auf den Master-AIF und seine Verwaltungsgesellschaft Angaben und Dokumente
   a) entsprechend Absatz 2 Satz 3 Nummer 1 sowie entsprechend § 321 Absatz 1 Satz 2 und
   b) bei einem Vertrieb an semiprofessionelle Anleger
      aa) entsprechend Absatz 2 Satz 3 Nummer 3 in Bezug auf die ausländische AIF-Verwaltungsgesellschaft, sofern der Master-AIF von einer ausländischen AIF-Verwaltungsgesellschaft verwaltet wird, oder
      bb) eine Bescheinigung der zuständigen Stelle ihres Herkunftsmitgliedstaates in einer in der internationalen Finanzwelt gebräuchlichen Sprache, dass die EU-AIF-Verwaltungsgesellschaft und die Verwaltung des Master-AIF durch diese der Richtlinie 2011/61/EU entsprechen, sofern der Master-AIF von einer EU-AIF-Verwaltungsgesellschaft verwaltet wird,
   beizufügen und
2. muss sich die Erklärung nach Absatz 2 Satz 3 Nummer 2 auch auf den Master-AIF und seine Verwaltungsgesellschaft erstrecken.

(4) [1] Fremdsprachige Unterlagen sind in deutscher Übersetzung oder in englischer Sprache vorzulegen. [2] § 316 Absatz 2 und 3 gilt entsprechend mit der Maßgabe, dass es statt „AIF-Kapitalverwaltungsgesellschaft" „ausländische AIF-Verwaltungsgesellschaft" heißen muss und dass die in § 316 Absatz 3 Satz 1 genannte Frist
1. bei einem Vertrieb an professionelle Anleger,
   a) für den Fall, dass der angezeigte AIF kein Feeder-AIF ist, zwei Monate,

b) für den Fall, dass der angezeigte AIF ein Feeder-AIF ist,
   aa) dessen Master-AIF nicht von einer ausländischen AIF-Verwaltungsgesellschaft verwaltet wird, drei Monate,
   bb) dessen Master-AIF von einer ausländischen AIF-Verwaltungsgesellschaft verwaltet wird, vier Monate,
2. bei einem Vertrieb an semiprofessionelle Anleger
   a) für den Fall, dass der angezeigte AIF kein Feeder-AIF ist, vier Monate,
   b) für den Fall, dass der angezeigte AIF ein Feeder-AIF ist,
      aa) dessen Master-AIF nicht von einer ausländischen AIF-Verwaltungsgesellschaft verwaltet wird, fünf Monate,
      bb) dessen Master-AIF von einer ausländischen AIF-Verwaltungsgesellschaft verwaltet wird, acht Monate
beträgt.

(5) [1] Hat die anzeigende ausländische AIF-Verwaltungsgesellschaft bereits einen AIF zum Vertrieb an semiprofessionelle Anleger im Geltungsbereich dieses Gesetzes nach Absatz 2 Satz 1 angezeigt, so prüft die Bundesanstalt bei der Anzeige eines weiteren AIF der gleichen Art nicht erneut das Vorliegen der Voraussetzungen nach Absatz 1 Satz 1 Nummer 2 mit Ausnahme der Artikel 22 und 23 der Richtlinie 2011/61/EU, wenn die anzeigende AIF-Verwaltungsgesellschaft im Anzeigeschreiben versichert, dass in Bezug auf die gemäß Absatz 2 Satz 3 Nummer 1 und 3 gemachten Angaben seit der letzten Anzeige keine Änderungen erfolgt sind. [2] In diesem Fall sind die in Absatz 2 Satz 3 Nummer 1 und 3 genannten Angaben nicht erforderlich und die in Absatz 4 Nummer 2 genannten Fristen für den Vertrieb an semiprofessionelle Anleger verkürzen sich jeweils um zwei Monate.

§ 330a Anzeigepflicht von EU-AIF-Verwaltungsgesellschaften, die die Bedingungen nach Artikel 3 Absatz 2 der Richtlinie 2011/61/EU erfüllen, beim beabsichtigten Vertrieb von AIF an professionelle und semiprofessionelle Anleger im Inland. (1) Der Vertrieb von Anteilen oder Aktien an AIF, die von einer EU-AIF-Verwaltungsgesellschaft verwaltet werden, die die Bedingungen nach Artikel 3 Absatz 2 der Richtlinie 2011/61/EU erfüllt, an semiprofessionelle oder professionelle Anleger im Geltungsbereich dieses Gesetzes ist zulässig, wenn
1. die EU-AIF-Verwaltungsgesellschaft in ihrem Herkunftsmitgliedstaat gemäß den im Herkunftsmitgliedstaat anzuwendenden Vorschriften, die Artikel 3 der Richtlinie 2011/61/EU umsetzen, registriert ist und
2. der Herkunftsmitgliedstaat der EU-AIF-Verwaltungsgesellschaft einen Vertrieb von AIF, die von einer AIF-Kapitalverwaltungsgesellschaft verwaltet werden, die die Bedingungen nach § 2 Absatz 4 erfüllt und gemäß § 44 Absatz 1 Nummer 1 registriert ist, ebenfalls gestattet und den Vertrieb dieser AIF nicht an höhere Voraussetzungen knüpft als dieses Gesetz.

(2) [1] Beabsichtigt eine EU-AIF-Verwaltungsgesellschaft, die die Bedingungen nach Artikel 3 Absatz 2 der Richtlinie 2011/61/EU erfüllt, Anteile oder Aktien an von ihr verwalteten AIF im Geltungsbereich dieses Gesetzes an semiprofessionelle oder professionelle Anleger zu vertreiben, so hat sie dies der Bundesanstalt anzuzeigen. [2] Der Anzeige sind folgende Angaben und Dokumente beizufügen:
1. eine Bescheinigung der zuständigen Stelle ihres Herkunftsmitgliedstaates in einer in der internationalen Finanzwelt gebräuchlichen Sprache, dass die EU-AIF-Verwaltungsgesellschaft in ihrem Herkunftsmitgliedstaat gemäß den im Herkunftsmitgliedstaat anzuwendenden Vorschriften, die Artikel 3 der Richtlinie 2011/61/EU umsetzen, registriert ist,
2. eine Erklärung der EU-AIF-Verwaltungsgesellschaft darüber, dass sie sich verpflichtet, die Bundesanstalt über alle wesentlichen Änderungen ihre Registrierung betreffend zu unterrichten und die Änderungsangaben nachzuweisen,
3. der Bundesanstalt auf Verlangen über ihre Geschäftstätigkeit Auskunft zu erteilen und Unterlagen vorzulegen,
4. ein Nachweis über die Zahlung der Gebühr für die Anzeige.
[3] Fremdsprachige Unterlagen sind in deutscher Übersetzung oder in englischer Sprache vorzulegen.

(3) [1] Der Vertrieb kann aufgenommen werden, wenn die Zulässigkeitsvoraussetzungen nach Absatz 1 gegeben sind und eine vollständige Anzeige nach Absatz 2 bei der Bundesanstalt eingegangen ist. [2] Auf Antrag der EU-AIF-Verwaltungsgesellschaft hat die Bundesanstalt das Vorliegen der Zulässigkeitsvoraussetzungen nach Absatz 1 und den Eingang der vollständigen Anzeige nach Absatz 2 zu bestätigen.

(4) § 295 Absatz 5 findet keine Anwendung für den Vertrieb und den Erwerb von AIF, die von einer EU-AIF-Verwaltungsgesellschaft verwaltet werden, die die Bedingungen nach Artikel 3 Absatz 2 der Richtlinie 2011/61/EU erfüllt, und die im Inland gemäß § 330a vertrieben werden dürfen.

A. Deutschland

Unterabschnitt 3. Anzeigeverfahren für den Vertrieb von AIF an professionelle Anleger in anderen Mitgliedstaaten der Europäischen Union und Vertragsstaaten des Abkommens über den Europäischen Wirtschaftsraum

Übersicht

§ 331 Anzeigepflicht einer AIF-Kapitalverwaltungsgesellschaft beim Vertrieb von EU-AIF oder inländischen AIF an professionelle Anleger in anderen Mitgliedstaaten der Europäischen Union oder in Vertragsstaaten des Abkommens über den Europäischen Wirtschaftsraum; Verordnungsermächtigung

§ 332 Anzeigepflicht einer AIF-Kapitalverwaltungsgesellschaft beim Vertrieb von ausländischen AIF oder von inländischen Feeder-AIF oder EU-Feeder-AIF, deren jeweiliger Master-AIF kein EU-AIF oder inländischer AIF ist, der von einer EU-AIF-Verwaltungsgesellschaft oder einer AIF-Kapitalverwaltungsgesellschaft verwaltet wird, an professionelle Anleger in anderen Mitgliedstaaten der Europäischen Union oder in Vertragsstaaten des Abkommens über den Europäischen Wirtschaftsraum

§ 333 Anzeigepflicht einer ausländischen AIF-Verwaltungsgesellschaft, deren Referenzmitgliedstaat die Bundesrepublik Deutschland ist, beim Vertrieb von EU-AIF oder von inländischen AIF an professionelle Anleger in anderen Mitgliedstaaten der Europäischen Union oder in Vertragsstaaten des Abkommens über den Europäischen Wirtschaftsraum

§ 334 Anzeigepflicht einer ausländischen AIF-Verwaltungsgesellschaft, deren Referenzmitgliedstaat die Bundesrepublik Deutschland ist, beim Vertrieb von ausländischen AIF an professionelle Anleger in anderen Mitgliedstaaten der Europäischen Union oder in Vertragsstaaten des Abkommens über den Europäischen Wirtschaftsraum

§ 335 Bescheinigung der Bundesanstalt

§ 331 Anzeigepflicht einer AIF-Kapitalverwaltungsgesellschaft beim Vertrieb von EU-AIF oder inländischen AIF an professionelle Anleger in anderen Mitgliedstaaten der Europäischen Union oder in Vertragsstaaten des Abkommens über den Europäischen Wirtschaftsraum; Verordnungsermächtigung. (1) ¹Beabsichtigt eine AIF-Kapitalverwaltungsgesellschaft, Anteile oder Aktien an einem von ihr verwalteten EU-AIF oder an einem von ihr verwalteten inländischen AIF in anderen Mitgliedstaaten der Europäischen Union oder in Vertragsstaaten des Abkommens über den Europäischen Wirtschaftsraum an professionelle Anleger zu vertreiben, so hat sie dies der Bundesanstalt in einer in internationalen Finanzkreisen gebräuchlichen Sprache anzuzeigen. ²Das Anzeigeschreiben muss die in § 321 Absatz 1 Satz 2 geforderten Angaben und Unterlagen in jeweils geltender Fassung enthalten. ³Zusätzlich müssen in dem Schreiben Angaben zu den Vorkehrungen für den Vertrieb des angezeigten AIF gemacht und der Mitgliedstaat der Europäischen Union oder der Vertragsstaat des Abkommens über den Europäischen Wirtschaftsraum, in dem Anteile oder Aktien des angezeigten AIF an professionelle Anleger vertrieben werden sollen, angegeben werden. ⁴Ist der AIF im Sinne von Satz 1 ein Feeder-AIF, so ist eine Anzeige nach Satz 1 nur zulässig, wenn der Master-AIF ebenfalls ein EU-AIF oder ein inländischer AIF ist, der von einer EU-AIF-Verwaltungsgesellschaft oder einer AIF-Kapitalverwaltungsgesellschaft verwaltet wird. ⁵Ist dies nicht der Fall, so richtet sich das Anzeigeverfahren ab dem Zeitpunkt, auf den in § 295 Absatz 2 Nummer 1 verwiesen wird, nach § 332.

(2)[44] ¹Die AIF-Kapitalverwaltungsgesellschaft hat das Anzeigeschreiben nach Absatz 1 einschließlich der erforderlichen Angaben und Unterlagen über das Melde- und Veröffentlichungssystem der Bundesanstalt zu übermitteln. ²Das Bundesministerium der Finanzen kann durch Rechtsverordnung, die nicht der Zustimmung des Bundesrates bedarf, nähere Bestimmungen über Art, Umfang und Form der einzureichenden Unterlagen nach Satz 1 und über die zulässigen Datenträger und Übertragungswege erlassen. ³Das Bundesministerium der Finanzen kann die Ermächtigung durch Rechtsverordnung auf die Bundesanstalt übertragen.

(3) § 321 Absatz 2 ist entsprechend anzuwenden mit der Maßgabe, dass nach Ablauf der in § 321 Absatz 2 Satz 4 genannten Frist eine Übermittlung der Anzeige nach Absatz 4 ausgeschlossen ist.

(4) ¹Liegen keine Anhaltspunkte dafür vor, dass die AIF-Kapitalverwaltungsgesellschaft oder die Verwaltung des angezeigten AIF durch die AIF-Kapitalverwaltungsgesellschaft den Vorschriften dieses Gesetzes oder der Richtlinie 2011/61/EU nicht entspricht oder künftig nicht entsprechen wird, übermittelt die Bundesanstalt spätestens 20 Arbeitstage nach dem Eingang der vollständigen Anzeigeunterlagen nach Absatz 1 die vollständigen Anzeigeunterlagen an die zuständigen Stellen der anderen

---

[44] § 331 Abs. 2 Satz 2 und 3 tritt am 11.7.2013 in Kraft gem. Art. 28 Abs. 1 des G v. 4.7.2013 (BGBl. I S. 1981).

III. Normentexte

Mitgliedstaaten der Europäischen Union oder der Vertragsstaaten des Abkommens über den Europäischen Wirtschaftsraum, in denen der angezeigte AIF an professionelle Anleger vertrieben werden soll. ²Die Bundesanstalt fügt eine in einer in internationalen Finanzkreisen gebräuchlichen Sprache erstellte Bescheinigung über die Erlaubnis der AIF-Kapitalverwaltungsgesellschaft zur Verwaltung von AIF mit einer bestimmten Anlagestrategie bei. ³Die Vorkehrungen nach § 321 Absatz 1 Satz 2 Nummer 7 und § 331 Absatz 1 Satz 3 sind von der Bundesanstalt nicht zu überprüfen.

(5) ¹Die Bundesanstalt unterrichtet die AIF-Kapitalverwaltungsgesellschaft unverzüglich über den Versand der Anzeigeunterlagen. ²Die AIF-Kapitalverwaltungsgesellschaft kann ab dem Datum dieser Mitteilung mit dem Vertrieb des angezeigten AIF an professionelle Anleger in dem betreffenden Mitgliedstaat der Europäischen Union oder im Vertragsstaat des Abkommens über den Europäischen Wirtschaftsraum beginnen. ³Falls es sich bei dem angezeigten AIF um einen EU-AIF handelt, für den eine andere Stelle als die Stelle des Mitgliedstaates der Europäischen Union oder des Vertragsstaates des Abkommens über den Europäischen Wirtschaftsraum, in dem der angezeigte AIF an professionelle Anleger vertrieben werden soll, zuständig ist, teilt die Bundesanstalt zudem der für den EU-AIF zuständigen Stelle mit, dass die AIF-Kapitalverwaltungsgesellschaft mit dem Vertrieb von Anteilen oder Aktien des EU-AIF an professionelle Anleger im Aufnahmestaat der AIF-Kapitalverwaltungsgesellschaft beginnen kann.

(6) ¹Können die Anzeigeunterlagen nicht nach Absatz 4 Satz 1 an die zuständigen Stellen der anderen Mitgliedstaaten der Europäischen Union oder Vertragsstaaten des Abkommens über den Europäischen Wirtschaftsraum übermittelt werden, teilt die Bundesanstalt dies der AIF-Kapitalverwaltungsgesellschaft unter Angabe der Gründe innerhalb der Frist von Absatz 4 Satz 1 mit. ²Hierdurch wird die in Satz 1 genannte Frist unterbrochen und beginnt mit der Einreichung der geänderten Angaben und Unterlagen erneut.

(7) ¹§ 321 Absatz 4 ist entsprechend anzuwenden. ²Bei zulässigen Änderungen unterrichtet die Bundesanstalt unverzüglich die zuständigen Stellen des Aufnahmemitgliedstaates der AIF-Kapitalverwaltungsgesellschaft über diese Änderungen. ³Die Vorkehrungen nach § 321 Absatz 1 Satz 2 Nummer 7 und § 331 Absatz 1 Satz 3 sind von der Bundesanstalt nicht zu überprüfen.

§ 332 Anzeigepflicht einer AIF-Kapitalverwaltungsgesellschaft beim Vertrieb von ausländischen AIF oder von inländischen Feeder-AIF oder EU-Feeder-AIF, deren jeweiliger Master-AIF kein EU-AIF oder inländischer AIF ist, der von einer EU-AIF-Verwaltungsgesellschaft oder einer AIF-Kapitalverwaltungsgesellschaft verwaltet wird, an professionelle Anleger in anderen Mitgliedstaaten der Europäischen Union oder in Vertragsstaaten des Abkommens über den Europäischen Wirtschaftsraum. (1) Der Vertrieb von Anteilen oder Aktien an ausländischen AIF und von Anteilen oder Aktien an inländischen Feeder-AIF oder EU-Feeder-AIF, deren jeweiliger Master-AIF kein EU-AIF oder inländischer AIF ist, der von einer EU-AIF-Verwaltungsgesellschaft oder einer AIF-Kapitalverwaltungsgesellschaft verwaltet wird, an professionelle Anleger in anderen Mitgliedstaaten der Europäischen Union oder in Vertragsstaaten des Abkommens über den Europäischen Wirtschaftsraum durch eine AIF-Kapitalverwaltungsgesellschaft ist nur zulässig, wenn die in § 322 Absatz 1 genannten Voraussetzungen gegeben sind.

(2) ¹Beabsichtigt eine AIF-Kapitalverwaltungsgesellschaft, Anteile oder Aktien an einem von ihr verwalteten AIF im Sinne von Absatz 1 Satz 1 in einem anderen Mitgliedstaat der Europäischen Union oder in einem Vertragsstaat des Abkommens über den Europäischen Wirtschaftsraum an professionelle Anleger zu vertreiben, so hat sie dies der Bundesanstalt in einer in internationalen Finanzkreisen gebräuchlichen Sprache anzuzeigen. ²Das Anzeigeschreiben muss die in § 322 Absatz 2 Satz 2 geforderten Angaben und Unterlagen in jeweils geltender Fassung enthalten.

(3) § 331 Absatz 2 bis 7 ist mit der Maßgabe entsprechend anzuwenden,
1. dass die Bundesanstalt im Rahmen von § 331 Absatz 5 zusätzlich der Europäischen Wertpapier- und Marktaufsichtsbehörde mitteilt, dass die AIF-Kapitalverwaltungsgesellschaft mit dem Vertrieb von Anteilen oder Aktien des angezeigten AIF an professionelle Anleger im Aufnahmemitgliedstaat der AIF-Kapitalverwaltungsgesellschaft beginnen kann,
2. dass die Bundesanstalt bei einer zulässigen Änderung nach § 331 Absatz 7 zusätzlich unverzüglich die Europäische Wertpapier- und Marktaufsichtsbehörde zu benachrichtigen hat, soweit die Änderungen die Beendigung des Vertriebs von bestimmten AIF oder zusätzlich vertriebenen AIF betreffen.

§ 333 Anzeigepflicht einer ausländischen AIF-Verwaltungsgesellschaft, deren Referenzmitgliedstaat die Bundesrepublik Deutschland ist, beim Vertrieb von EU-AIF oder von inländischen AIF an professionelle Anleger in anderen Mitgliedstaaten der Europäischen

A. Deutschland

Union oder in Vertragsstaaten des Abkommens über den Europäischen Wirtschaftsraum.
(1) ¹Beabsichtigt eine ausländische AIF-Verwaltungsgesellschaft, deren Referenzmitgliedstaat gemäß § 56 die Bundesrepublik Deutschland ist und die von der Bundesanstalt eine Erlaubnis nach § 58 erhalten hat, Anteile oder Aktien an einem von ihr verwalteten EU-AIF oder inländischen AIF in anderen Mitgliedstaaten der Europäischen Union oder in Vertragsstaaten des Abkommens über den Europäischen Wirtschaftsraum an professionelle Anleger zu vertreiben, so hat sie dies der Bundesanstalt in einer in internationalen Finanzkreisen gebräuchlichen Sprache anzuzeigen. ²Das Anzeigeschreiben muss die in § 331 Absatz 1 Satz 2 geforderten Angaben und Unterlagen in jeweils geltender Fassung enthalten, wobei es statt „AIF-Kapitalverwaltungsgesellschaft" „ausländische AIF-Verwaltungsgesellschaft" heißen muss.

(2) § 331 Absatz 2 bis 7 ist mit den Maßgaben entsprechend anzuwenden, dass
1. es statt „AIF-Kapitalverwaltungsgesellschaft" „ausländische AIF-Verwaltungsgesellschaft" heißen muss,
2. die Bundesanstalt im Rahmen von § 331 Absatz 5 zusätzlich der Europäischen Wertpapier- und Marktaufsichtsbehörde mitteilt, dass die ausländische AIF-Verwaltungsgesellschaft mit dem Vertrieb von Anteilen oder Aktien des angezeigten AIF an professionelle Anleger im Aufnahmemitgliedstaat der ausländischen AIF-Verwaltungsgesellschaft beginnen kann und
3. die Bundesanstalt bei einer zulässigen Änderung nach § 331 Absatz 7 zusätzlich unverzüglich die Europäische Wertpapier- und Marktaufsichtsbehörde zu benachrichtigen hat, soweit die Änderungen die Beendigung des Vertriebs von bestimmten AIF oder zusätzlich vertriebenen AIF betreffen.

§ 334 Anzeigepflicht einer ausländischen AIF-Verwaltungsgesellschaft, deren Referenzmitgliedstaat die Bundesrepublik Deutschland ist, beim Vertrieb von ausländischen AIF an professionelle Anleger in anderen Mitgliedstaaten der Europäischen Union oder in Vertragsstaaten des Abkommens über den Europäischen Wirtschaftsraum. (1) ¹Der Vertrieb von Anteilen oder Aktien an ausländischen AIF durch eine ausländische AIF-Verwaltungsgesellschaft an professionelle Anleger in anderen Mitgliedstaaten der Europäischen Union oder in Vertragsstaaten des Abkommens über den Europäischen Wirtschaftsraum ist nur zulässig, wenn die in § 322 Absatz 1 genannten Anforderungen erfüllt sind. ²Ist die zuständige Stelle des Aufnahmestaates der ausländischen AIF-Verwaltungsgesellschaft nicht mit der Beurteilung der in § 322 Absatz 1 Nummer 1 und 2 genannten Voraussetzungen durch die Bundesanstalt einverstanden, kann sie die Europäische Wertpapier- und Marktaufsichtsbehörde nach Maßgabe des Artikels 19 der Verordnung (EU) Nr. 1095/2010 um Hilfe ersuchen.

(2) ¹Beabsichtigt eine ausländische AIF-Verwaltungsgesellschaft, deren Referenzmitgliedstaat gemäß § 56 die Bundesrepublik Deutschland ist und die von der Bundesanstalt eine Erlaubnis nach § 58 erhalten hat, Anteile oder Aktien an einem von ihr verwalteten AIF im Sinne von Absatz 1 Satz 1 in einem anderen Mitgliedstaat der Europäischen Union oder in einem Vertragsstaat des Abkommens über den Europäischen Wirtschaftsraum an professionelle Anleger zu vertreiben, so hat sie dies der Bundesanstalt in einer in internationalen Finanzkreisen gebräuchlichen Sprache anzuzeigen. ²Das Anzeigeschreiben muss die in § 331 Absatz 2 Satz 1 geforderten Angaben und Unterlagen in jeweils geltender Fassung enthalten, wobei es statt „AIF-Kapitalverwaltungsgesellschaft" „ausländische AIF-Verwaltungsgesellschaft" heißen muss.

(3) § 331 Absatz 2 bis 5 Satz 1 und 2, Absatz 6 und Absatz 7 ist mit der Maßgabe entsprechend anzuwenden, dass
1. es statt „AIF-Kapitalverwaltungsgesellschaft" „ausländische AIF-Verwaltungsgesellschaft" heißen muss,
2. im Rahmen von § 331 Absatz 5 die Bundesanstalt zusätzlich der Europäischen Wertpapier- und Marktaufsichtsbehörde mitteilt, dass die ausländische AIF-Verwaltungsgesellschaft mit dem Vertrieb von Anteilen oder Aktien des angezeigten AIF an professionelle Anleger im Aufnahmemitgliedstaat der ausländischen AIF-Verwaltungsgesellschaft beginnen kann und
3. die Bundesanstalt bei einer zulässigen Änderung nach § 331 Absatz 7 zusätzlich unverzüglich die Europäische Wertpapier- und Marktaufsichtsbehörde zu benachrichtigen hat, soweit die Änderungen die Beendigung des Vertriebs von bestimmten AIF oder zusätzlich vertriebenen AIF betreffen.

§ 335 Bescheinigung der Bundesanstalt. (1) Unbeschadet der Anzeigen nach den §§ 331 bis 334 stellt die Bundesanstalt auf Antrag der AIF-Kapitalverwaltungsgesellschaft eine Bescheinigung darüber aus, dass die Vorschriften der Richtlinie 2011/61/EU erfüllt sind.

(2) Die Bundesanstalt stellt auf Antrag der AIF-Kapitalverwaltungsgesellschaft, die gemäß § 44 registriert ist, eine Bescheinigung über die Registrierung aus.

III. Normentexte

Unterabschnitt 4. Verweis und Ersuchen für den Vertrieb von AIF an semiprofessionelle und professionelle Anleger

§ 336 Verweise und Ersuchen nach Artikel 19 der Verordnung (EU) Nr. 1095/2010. (1) Die näheren Bestimmungen zu den in § 322 Absatz 1 Nummer 1, § 324 Absatz 1 Satz 1, § 326 Absatz 1, § 328 Absatz 1 Satz 1, § 330 Absatz 1 Satz 1 Nummer 3, § 332 Absatz 1 Satz 1 und § 334 Absatz 1 Satz 1 genannten Vereinbarungen über die Zusammenarbeit richten sich nach den Artikeln 113 bis 115 der Delegierten Verordnung (EU) Nr. 231/2013.

(2) Lehnt eine zuständige Stelle einen Antrag auf Informationsaustausch im Sinne der §§ 324, 328, 332 und 334 zwischen den zuständigen Stellen des Herkunftsmitgliedstaates oder des Referenzmitgliedstaates und den zuständigen Stellen der Aufnahmemitgliedstaaten der AIF-Kapitalverwaltungsgesellschaft, der EU-AIF-Verwaltungsgesellschaft oder der ausländischen AIF-Verwaltungsgesellschaft ab, so können die Bundesanstalt und die zuständigen Stellen des Herkunftsmitgliedstaates oder des Referenzmitgliedstaates und des Aufnahmemitgliedstaates der AIF-Verwaltungsgesellschaft die Europäische Wertpapier- und Marktaufsichtsbehörde nach Maßgabe des Artikels 19 der Verordnung (EU) Nr. 1095/2010 um Hilfe ersuchen.

(3) Schließt eine für einen EU-AIF zuständige Stelle die gemäß § 330 Absatz 1 Satz 1 Nummer 3 Buchstabe a geforderte Vereinbarung über Zusammenarbeit nicht innerhalb eines angemessenen Zeitraums ab, kann die Bundesanstalt die Europäische Wertpapier- und Marktaufsichtsbehörde nach Maßgabe des Artikels 19 der Verordnung (EU) Nr. 1095/2010 um Hilfe ersuchen.

Kapitel 5. Europäische Risikokapitalfonds

§ 337 Europäische Risikokapitalfonds. (1) Für AIF-Kapitalverwaltungsgesellschaften, die die Voraussetzungen nach § 2 Absatz 6 erfüllen, gelten
1. die §§ 1, 2, 5 Absatz 1 und die §§ 6, 7, 13, 14, 44 Absatz 1 Nummer 1, 2, 5 bis 7 und Absatz 4 bis 7 entsprechend sowie
2. die Vorschriften der Verordnung (EU) Nr. 345/2013.

(2) AIF-Kapitalverwaltungsgesellschaften, die die Voraussetzungen des Artikels 2 Absatz 2 Buchstabe b der Verordnung (EU) Nr. 345/2013 erfüllen und die Bezeichnung „EuVECA" weiter führen, haben neben den Vorschriften dieses Gesetzes die in Artikel 2 Absatz 2 Buchstabe b der Verordnung (EU) Nr. 345/2013 genannten Artikel der Verordnung (EU) Nr. 345/2013 zu erfüllen.

Kapitel 6. Europäische Fonds für soziales Unternehmertum

§ 338 Europäische Fonds für soziales Unternehmertum. (1) Für AIF-Kapitalverwaltungsgesellschaften, die die Voraussetzungen nach § 2 Absatz 7 erfüllen, gelten
1. die §§ 1, 2, 5 Absatz 1 und die §§ 6, 7, 13, 14, 44 Absatz 1 Nummer 1, 2, 5 bis 7 und Absatz 4 bis 7 entsprechend sowie
2. die Vorschriften der Verordnung (EU) Nr. 346/2013.

(2) AIF-Kapitalverwaltungsgesellschaften, die die Voraussetzungen des Artikels 2 Absatz 2 Buchstabe b der Verordnung (EU) Nr. 346/2013 erfüllen und die Bezeichnung „EuSEF" weiter führen, haben neben den Vorschriften dieses Gesetzes die in Artikel 2 Absatz 2 Buchstabe b der Verordnung (EU) Nr. 346/2013 genannten Artikel der Verordnung (EU) Nr. 346/2013 zu erfüllen.

Kapitel 7. Straf-, Bußgeld- und Übergangsvorschriften

Übersicht

Abschnitt 1. Straf- und Bußgeldvorschriften
Abschnitt 2. Übergangsvorschriften

Abschnitt 1. Straf- und Bußgeldvorschriften

Übersicht

§ 339 Strafvorschriften
§ 340 Bußgeldvorschriften
§ 341 Beteiligung der Bundesanstalt und Mitteilungen in Strafsachen
§ 342 Beschwerde- und Schlichtungsverfahren; Verordnungsermächtigung

§ 339 **Strafvorschriften.** (1) Mit Freiheitsstrafe bis zu drei Jahren oder mit Geldstrafe wird bestraft, wer
1. ohne Erlaubnis nach § 20 Absatz 1 Satz 1 das Geschäft einer Kapitalverwaltungsgesellschaft betreibt,
2. entgegen § 43 Absatz 1 in Verbindung mit § 46b Absatz 1 Satz 1 des Kreditwesengesetzes eine Anzeige nicht, nicht richtig, nicht vollständig oder nicht rechtzeitig erstattet oder
3. ohne Registrierung nach § 44 Absatz 1 Nummer 1, auch in Verbindung mit Absatz 2 Satz 1, das Geschäft einer dort genannten AIF-Kapitalverwaltungsgesellschaft betreibt.

(2) Handelt der Täter in den Fällen des Absatzes 1 Nummer 2 fahrlässig, so ist die Strafe Freiheitsstrafe bis zu einem Jahr oder Geldstrafe.

§ 340 **Bußgeldvorschriften.** (1) Ordnungswidrig handelt, wer
1. einer vollziehbaren Anordnung nach § 40 Absatz 1, § 113 Absatz 3, § 119 Absatz 5, § 128 Absatz 4, § 147 Absatz 5 oder § 153 Absatz 5 zuwiderhandelt,
2. entgegen § 93 Absatz 4 ein Gelddarlehen gewährt oder eine dort genannte Verpflichtung eingeht,
3. entgegen § 112 Absatz 2 Satz 3, den § 199, 221 Absatz 6, § 263 Absatz 1, § 284 Absatz 4 Satz 1 einen Kredit aufnimmt,
4. entgegen § 205 Satz 1, auch in Verbindung mit § 218 Satz 2, § 220 oder § 284 Absatz 1, entgegen § 265 Satz 1 oder § 276 Absatz 1 Satz 1 einen dort genannten Vermögensgegenstand verkauft,
5. einer vollziehbaren Anordnung nach § 215 Absatz 2 Satz 1 zweiter Halbsatz oder Satz 2, jeweils auch in Verbindung mit § 263 Absatz 2 oder § 274 Satz 1, zuwiderhandelt,
6. entgegen § 225 Absatz 1 Satz 3 einen Leerverkauf durchführt oder
7. einer vollziehbaren Anordnung nach § 276 Absatz 2 Satz 2 zuwiderhandelt.

(2) Ordnungswidrig handelt, wer vorsätzlich oder leichtfertig
1. einer vollziehbaren Anordnung nach § 19 Absatz 2 Satz 2 oder Absatz 3 Satz 1, jeweils auch in Verbindung mit § 108 Absatz 3, zuwiderhandelt,
2. entgegen § 34 Absatz 3, 4 oder Absatz 5 Satz 1 eine Anzeige nicht, nicht richtig, nicht vollständig oder nicht rechtzeitig erstattet,
3. entgegen § 35 Absatz 3, auch in Verbindung mit Absatz 6, oder entgegen § 35 Absatz 7 eine dort genannte Unterlage oder einen Jahresbericht nicht, nicht richtig, nicht vollständig oder nicht rechtzeitig vorlegt,
4. entgegen
   a) § 49 Absatz 1 Satz 1, auch in Verbindung mit Absatz 5 oder einer Rechtsverordnung nach Absatz 8,
   b) § 49 Absatz 4 Satz 1, auch in Verbindung mit einer Rechtsverordnung nach Absatz 8, oder
   c) § 49 Absatz 6 Satz 4
   eine Anzeige nicht, nicht richtig, nicht vollständig, nicht in der vorgeschriebenen Weise oder nicht rechtzeitig erstattet,
5. entgegen § 53 Absatz 1, auch in Verbindung mit Absatz 2, eine dort genannte Angabe nicht, nicht richtig, nicht vollständig, nicht in der vorgeschriebenen Weise oder nicht rechtzeitig übermittelt,
6. entgegen § 53 Absatz 4 Satz 2 mit der Verwaltung von EU-AIF beginnt,
7. entgegen § 53 Absatz 5 eine Anzeige nicht, nicht richtig, nicht vollständig, nicht in der vorgeschriebenen Weise oder nicht rechtzeitig erstattet,
8. entgegen § 65 Absatz 1 einen EU-AIF verwaltet,
9. entgegen § 65 Absatz 2 eine Zweigniederlassung errichtet,
10. entgegen § 65 Absatz 4 Satz 2 mit der Verwaltung von EU-AIF beginnt,
11. entgegen § 65 Absatz 5 eine Anzeige nicht, nicht richtig, nicht vollständig, nicht in der vorgeschriebenen Weise oder nicht rechtzeitig erstattet,
12. entgegen
    a) § 67 Absatz 1 Satz 1 einen Jahresbericht,
    b) § 101 Absatz 1 Satz 1, den §§ 103, 104 Absatz 1 Satz 1 oder § 105 Absatz 1 oder Absatz 2, jeweils auch in Verbindung mit einer Rechtsverordnung nach § 106 Satz 1, einen Jahresbericht, einen Halbjahresbericht, einen Zwischenbericht, einen Auflösungsbericht oder einen Abwicklungsbericht,
    c) § 120 Absatz 1 Satz 2, in Verbindung mit einer Rechtsverordnung nach Absatz 8, jeweils auch in Verbindung mit § 122 Absatz 1 Satz 1 oder Absatz 2 oder § 148 Absatz 1 oder Absatz 2 Satz 1, jeweils auch in Verbindung mit § 291 Absatz 1 Nummer 2, einen Jahresabschluss, einen Lagebericht, einen Halbjahresfinanzbericht, einen Auflösungsbericht oder einen Abwicklungsbericht oder

III. Normentexte

d) § 135 Absatz 1, auch in Verbindung mit einer Rechtsverordnung nach Absatz 11 Satz 1, jeweils auch in Verbindung mit § 158, auch in Verbindung mit § 291 Absatz 1 Nummer 2, einen Jahresbericht
nicht, nicht richtig, nicht vollständig, nicht in der vorgeschriebenen Weise oder nicht rechtzeitig erstellt oder nicht, nicht richtig, nicht vollständig, nicht in der vorgeschriebenen Weise oder nicht rechtzeitig aufstellt,
13. entgegen § 107 Absatz 1 oder 2 den Jahresbericht, den Halbjahresbericht, den Auflösungsbericht oder den Abwicklungsbericht nicht, nicht richtig, nicht vollständig, nicht in der vorgeschriebenen Weise oder nicht rechtzeitig bekannt macht,
14. entgegen § 107 Absatz 3, § 123 Absatz 5, auch in Verbindung mit § 148 Absatz 1, oder entgegen § 160 Absatz 4 einen dort genannten Bericht nicht, nicht richtig, nicht vollständig oder nicht rechtzeitig bei der Bundesanstalt einreicht oder nicht, nicht richtig, nicht vollständig oder nicht rechtzeitig der Bundesanstalt zur Verfügung stellt,
15. entgegen § 114 Satz 1, § 130 Satz 1, § 145 Satz 1 oder entgegen § 155 Satz 1 eine Anzeige nicht, nicht richtig, nicht vollständig oder nicht rechtzeitig erstattet,
16. entgegen § 163 Absatz 2 Satz 9, auch in Verbindung mit § 267 Absatz 2 Satz 2, die Anlagebedingungen dem Verkaufsprospekt beifügt,
17. entgegen § 163 Absatz 2 Satz 10 die Anlagebedingungen dem Publikum nicht, nicht richtig oder nicht vollständig zugänglich macht,
18. entgegen § 164 Absatz 1 Satz 1 einen dort genannten Verkaufsprospekt oder die wesentlichen Anlegerinformationen dem Publikum nicht, nicht richtig oder nicht vollständig zugänglich macht,
19. entgegen § 164 Absatz 1 Satz 2 einen dort genannten Verkaufsprospekt oder die wesentlichen Anlegerinformationen dem Publikum zugänglich macht,
20. entgegen § 178 Absatz 1 eine Abwicklung beginnt,
21. entgegen § 178 Absatz 5 Satz 1 oder § 179 Absatz 6 Satz 1 eine Mitteilung nicht, nicht richtig, nicht vollständig oder nicht rechtzeitig macht oder die Anleger nicht, nicht richtig, nicht vollständig, nicht in der vorgesehenen Weise oder nicht rechtzeitig unterrichtet,
22. entgegen § 180 Absatz 1 Satz 1 oder Satz 2 oder Absatz 2 Satz 1 eine dort genannte Information nicht, nicht richtig, nicht vollständig, nicht in der vorgeschriebenen Weise oder nicht rechtzeitig zur Verfügung stellt,
23. entgegen § 186 Absatz 2 Satz 1, auch in Verbindung mit § 191 Absatz 1 oder Absatz 2, eine Verschmelzungsinformation übermittelt,
24. entgegen § 186 Absatz 4 Satz 1, auch in Verbindung mit § 191 Absatz 1 oder Absatz 2, eine Verschmelzungsinformation der Bundesanstalt nicht, nicht richtig, nicht vollständig, nicht in der vorgeschriebenen Weise oder nicht rechtzeitig einreicht,
25. entgegen § 268 Absatz 1 Satz 2 einen dort genannten Verkaufsprospekt oder die wesentlichen Anlegerinformationen dem Publikum nicht, nicht richtig oder nicht vollständig zugänglich macht,
26. entgegen § 289 Absatz 1, 2 oder Absatz 5 eine Unterrichtung, Information oder Mitteilung nicht, nicht richtig, nicht vollständig oder nicht rechtzeitig vornimmt oder
27. entgegen § 290 Absatz 1 oder Absatz 5 eine dort genannte Information oder Angabe nicht, nicht richtig, nicht vollständig oder nicht rechtzeitig vorlegt.

(3) Ordnungswidrig handelt, wer vorsätzlich oder fahrlässig
1. einer vollziehbaren Anordnung nach § 5 Absatz 6 Satz 2 oder Satz 8, § 11 Absatz 4 Satz 1 oder Satz 2 oder Absatz 6, § 311 Absatz 1 oder Absatz 3 Satz 1 Nummer 1 oder § 314 Absatz 1 oder Absatz 2 zuwiderhandelt,
2. entgegen § 14 Satz 1 in Verbindung mit § 44 Absatz 1 Satz 1 des Kreditwesengesetzes, auch in Verbindung mit § 44b Absatz 1 Satz 1 des Kreditwesengesetzes, eine Auskunft nicht, nicht richtig, nicht vollständig oder nicht rechtzeitig erteilt oder eine Unterlage nicht, nicht richtig, nicht vollständig oder nicht rechtzeitig vorlegt,
3. entgegen § 14 Satz 2 in Verbindung mit § 44 Absatz 1 Satz 4 oder § 44b Absatz 2 Satz 2 des Kreditwesengesetzes eine Maßnahme nicht duldet,
4. entgegen § 18 Absatz 6 in Verbindung mit § 24c Absatz 1 Satz 1 oder Satz 5 des Kreditwesengesetzes eine Datei nicht, nicht richtig oder nicht vollständig führt oder nicht gewährleistet, dass die Bundesanstalt jederzeit Daten automatisiert abrufen kann,
5. einer vollziehbaren Anordnung nach § 41 Satz 1 oder Satz 2 oder § 42 zuwiderhandelt,
6. entgegen § 70 Absatz 5 oder § 85 Absatz 3 einen dort genannten Vermögensgegenstand wiederverwendet,

A. Deutschland

7. entgegen § 174 Absatz 1 Satz 1 weniger als 85 Prozent des Wertes des Feederfonds in Anteile eines Masterfonds anlegt,
8. entgegen § 174 Absatz 1 Satz 2 in einen Masterfonds anlegt,
9. entgegen
   a) den §§ 192, 193 Absatz 1, § 194 Absatz 1, § 210 Absatz 1 Satz 1 oder Satz 4, Absatz 2 oder 3, § 219 Absatz 1 oder Absatz 2, § 221 Absatz 1 oder § 225 Absatz 2 Satz 2 oder
   b) § 231 Absatz 1, § 234 Satz 1, § 239 oder § 261 Absatz 1
   einen Vermögensgegenstand erwirbt oder in einen dort genannten Vermögensgegenstand investiert,
10. entgegen § 195 Satz 1, § 234 Satz 1 oder § 253 Absatz 1 Satz 1 einen dort genannten Vermögensgegenstand oder Betrag hält,
11. entgegen § 197 Absatz 1 Satz 1 oder § 261 Absatz 3 in Derivate investiert oder ein dort genanntes Geschäft tätigt,
12. entgegen § 197 Absatz 2, auch in Verbindung mit einer Rechtsverordnung nach Absatz 3 Satz 1 Nummer 1, nicht sicherstellt, dass sich das Marktrisikopotenzial höchstens verdoppelt,
13. entgegen den §§ 198, 206 Absatz 1 Satz 1 erster Halbsatz, Absatz 2, 3 Satz 1 oder Absatz 4, den §§ 207, 219 Absatz 5, § 221 Absatz 3 oder Absatz 4, § 222 Absatz 2 Satz 2 oder § 225 Absatz 2 Satz 1 oder Absatz 4 Satz 1 mehr als einen dort genannten Prozentsatz des Wertes in einen dort genannten Vermögensgegenstand anlegt,
14. entgegen § 200 Absatz 1 Satz 1 oder Absatz 2 Satz 1 Wertpapiere überträgt,
15. entgegen § 200 Absatz 1 Satz 2 erster Halbsatz oder § 240 Absatz 1 ein Darlehen gewährt,
16. entgegen § 200 Absatz 4 eine Anzeige nicht, nicht richtig, nicht vollständig oder nicht rechtzeitig erstattet,
17. entgegen § 203 Satz 1 ein Pensionsgeschäft abschließt,
18. entgegen § 206 Absatz 3 Satz 2 nicht sicherstellt, dass der Gesamtwert der Schuldverschreibungen 80 Prozent des Wertes des inländischen OGAW nicht übersteigt,
19. einer Vorschrift des § 206 Absatz 5 Satz 1, auch in Verbindung mit § 206 Absatz 5 Satz 2, oder § 221 Absatz 5 Satz 1 über eine dort genannte Sicherstellungspflicht zuwiderhandelt,
20. entgegen § 222 Absatz 1 Satz 4 einen dort genannten Vermögensgegenstand erwirbt,
21. entgegen § 225 Absatz 1 Satz 3 Leverage durchführt,
22. entgegen § 225 Absatz 2 Satz 2 einen Devisenterminkontrakt verkauft,
23. entgegen § 225 Absatz 4 Satz 2 oder Satz 3, jeweils auch in Verbindung mit § 221 Absatz 2, in dort genannte Zielfonds anlegt,
24. entgegen § 225 Absatz 5 nicht sicherstellt, dass die dort genannten Informationen vorliegen,
25. entgegen § 233 Absatz 2 oder § 261 Absatz 4 nicht sicherstellt, dass die Vermögensgegenstände nur in dem dort genannten Umfang einem Währungsrisiko unterliegen,
26. entgegen § 239 Absatz 2 Nummer 2 einen Vermögensgegenstand veräußert,
27. entgegen § 240 Absatz 2 nicht sicherstellt, dass die Summe der Darlehen einen dort genannten Prozentsatz nicht übersteigt,
28. entgegen § 264 Absatz 1 Satz 1 nicht dafür sorgt, dass die genannte Verfügungsbeschränkung in das Grundbuch oder ein dort genanntes Register eingetragen wird,
29. entgegen § 282 Absatz 2 Satz 1 in einen dort genannten Vermögensgegenstand investiert oder
30. entgegen § 285 in einen dort genannten Vermögensgegenstand investiert.

(4) Ordnungswidrig handelt, wer vorsätzlich oder fahrlässig einer unmittelbar geltenden Vorschrift in Rechtsakten der Europäischen Union über Europäische Risikokapitalfonds oder Europäische Fonds für soziales Unternehmertum zuwiderhandelt, soweit eine Rechtsverordnung nach Absatz 7 für einen bestimmten Tatbestand auf diese Bußgeldvorschrift verweist.

(5) Die Ordnungswidrigkeit kann in den Fällen des Absatzes 3 Nummer 4, 6 und 8 bis 20 mit einer Geldbuße bis zu fünfzigtausend Euro, in den übrigen Fällen mit einer Geldbuße bis zu hunderttausend Euro geahndet werden.

(6) Verwaltungsbehörde im Sinne des § 36 Absatz 1 Nummer 1 des Gesetzes über Ordnungswidrigkeiten ist die Bundesanstalt.

(7)[45] Das Bundesministerium der Finanzen wird ermächtigt, soweit dies zur Durchsetzung der Rechtsakte der Europäischen Union erforderlich ist, durch Rechtsverordnung ohne Zustimmung des Bundesrates die Tatbestände zu bezeichnen, die als Ordnungswidrigkeit nach Absatz 4 geahndet werden können.

---

[45] § 340 Abs. 7 tritt am 11.7.2013 in Kraft gem. Art. 28 Abs. 1 des G v. 4.7.2013 (BGBl. I S. 1981).

III. Normentexte

§ 341 Beteiligung der Bundesanstalt und Mitteilungen in Strafsachen. (1) ¹Das Gericht, die Strafverfolgungs- oder die Strafvollstreckungsbehörde hat in Strafverfahren gegen bedeutend beteiligte Inhaber, Geschäftsleiter oder Mitglieder der Verwaltungs- oder Aufsichtsorgane von Verwaltungsgesellschaften, extern verwalteten Investmentgesellschaften oder Verwahrstellen oder deren jeweilige gesetzliche Vertreter oder persönlich haftende Gesellschafter wegen Verletzung ihrer Berufspflichten oder anderer Straftaten bei oder im Zusammenhang mit der Ausübung eines Gewerbes oder dem Betrieb einer sonstigen wirtschaftlichen Unternehmung, ferner in Strafverfahren, die Straftaten nach § 339 zum Gegenstand haben, im Fall der Erhebung der öffentlichen Klage der Bundesanstalt
1. die Anklageschrift oder eine an ihre Stelle tretende Antragsschrift,
2. den Antrag auf Erlass eines Strafbefehls und
3. die das Verfahren abschließende Entscheidung mit Begründung
zu übermitteln; ist gegen die Entscheidung ein Rechtsmittel eingelegt worden, ist die Entscheidung unter Hinweis auf das eingelegte Rechtsmittel zu übermitteln. ²In Verfahren wegen fahrlässig begangener Straftaten werden die in den Nummern 1 und 2 bestimmten Übermittlungen nur vorgenommen, wenn aus der Sicht der übermittelnden Stelle unverzüglich Entscheidungen oder andere Maßnahmen der Bundesanstalt geboten sind.

(2) ¹In Strafverfahren, die Straftaten nach § 339 zum Gegenstand haben, hat die Staatsanwaltschaft die Bundesanstalt bereits über die Einleitung des Ermittlungsverfahrens zu unterrichten, soweit dadurch eine Gefährdung des Ermittlungszwecks nicht zu erwarten ist. ²Erwägt die Staatsanwaltschaft, das Verfahren einzustellen, so hat sie die Bundesanstalt zu hören.

(3) ¹Werden sonst in einem Strafverfahren Tatsachen bekannt, die auf Missstände in dem Geschäftsbetrieb einer Verwaltungsgesellschaft, extern verwalteten Investmentgesellschaft oder Verwahrstelle hindeuten und ist deren Kenntnis aus der Sicht der übermittelnden Stelle für Maßnahmen der Bundesanstalt nach diesem Gesetz erforderlich, soll das Gericht, die Strafverfolgungs- oder die Strafvollstreckungsbehörde diese Tatsachen ebenfalls mitteilen, soweit nicht für die übermittelnde Stelle erkennbar ist, dass schutzwürdige Interessen des Betroffenen überwiegen. ²Dabei ist zu berücksichtigen, wie gesichert die zu übermittelnden Erkenntnisse sind.

(4) ¹Der Bundesanstalt ist auf Antrag Akteneinsicht zu gewähren, soweit nicht für die Akteneinsicht gewährende Stelle erkennbar ist, dass schutzwürdige Interessen des Betroffenen überwiegen. ²Absatz 3 Satz 2 gilt entsprechend.

§ 342 Beschwerde- und Schlichtungsverfahren; Verordnungsermächtigung. (1) Anleger und Kunden können jederzeit wegen behaupteter Verstöße gegen dieses Gesetz Beschwerde bei der Bundesanstalt einlegen.

(2) Beschwerden sind schriftlich oder zur Niederschrift bei der Bundesanstalt einzulegen und sollen den Sachverhalt sowie den Beschwerdegrund angeben.

(3) ¹Verbraucher können bei Streitigkeiten im Zusammenhang mit Vorschriften nach diesem Gesetz die Schlichtungsstelle anrufen, die für die außergerichtliche Beilegung von Verbraucherrechtsstreitigkeiten bei der Bundesanstalt einzurichten ist. ²Hiervon unberührt bleibt das Recht, den Rechtsweg zu beschreiten.

(4) Soweit behauptete Verstöße nach Absatz 1 oder Streitigkeiten nach Absatz 3 grenzüberschreitende Sachverhalte betreffen, arbeitet die Bundesanstalt mit den zuständigen Stellen der anderen Mitgliedstaaten der Europäischen Union oder der anderen Vertragsstaaten des Abkommens über den Europäischen Wirtschaftsraum zusammen; die §§ 8, 9 und 19 gelten entsprechend.

(5)[46] ¹Das Bundesministerium der Finanzen wird ermächtigt, durch Rechtsverordnung ohne Zustimmung des Bundesrates im Einvernehmen mit dem Bundesministerium der Justiz und dem Bundesministerium für Ernährung, Landwirtschaft und Verbraucherschutz die näheren Einzelheiten des Verfahrens der Schlichtungsstelle nach Absatz 3 und die Zusammenarbeit mit vergleichbaren Stellen zur außergerichtlichen Streitbeilegung in anderen Mitgliedstaaten der Europäischen Union und in Vertragsstaaten des Abkommens über den Europäischen Wirtschaftsraum zu regeln. ²Das Verfahren ist auf die Verwirklichung des Rechts auszurichten und muss insbesondere gewährleisten, dass
1. die Schlichtungsstelle unabhängig und unparteiisch handelt,
2. die Verfahrensregeln für Interessierte zugänglich sind,
3. die Beteiligten des Schlichtungsverfahrens rechtliches Gehör erhalten, insbesondere Tatsachen und Bewertungen vorbringen können, und

---

[46] § 342 Abs. 5 tritt am 11.7.2013 in Kraft gem. Art. 28 Abs. 1 des G v. 4.7.2013 (BGBl. I S. 1981).

4. die Schlichter und ihre Hilfspersonen die Vertraulichkeit der Informationen gewährleisten, von denen sie im Schlichtungsverfahren Kenntnis erhalten.

³Die Rechtsverordnung kann auch die Pflicht der Unternehmen, sich nach Maßgabe eines geeigneten Verteilungsschlüssels an den Kosten des Verfahrens zu beteiligen und Einzelheiten zur Ermittlung des Verteilungsschlüssels enthalten. ⁴Das Bundesministerium der Finanzen kann die Ermächtigung durch Rechtsverordnung auf die Bundesanstalt übertragen.

(6)[47] ¹Das Bundesministerium der Finanzen wird ermächtigt, durch Rechtsverordnung ohne Zustimmung des Bundesrates im Einvernehmen mit dem Bundesministerium der Justiz und dem Bundesministerium für Ernährung, Landwirtschaft und Verbraucherschutz die Streitschlichtungsaufgaben nach Absatz 3 auf eine oder mehrere geeignete private Stellen zu übertragen, wenn die Aufgaben dort zweckmäßiger erledigt werden können. ²Das Bundesministerium der Finanzen kann die Ermächtigung durch Rechtsverordnung auf die Bundesanstalt übertragen.

Abschnitt 2. Übergangsvorschriften

Übersicht

Unterabschnitt 1. Allgemeine Übergangsvorschriften für AIF-Verwaltungsgesellschaften
Unterabschnitt 2. Besondere Übergangsvorschriften für offene AIF und für AIF-Verwaltungsgesellschaften, die offene AIF verwalten
Unterabschnitt 3. Besondere Übergangsvorschriften für AIF-Verwaltungsgesellschaften, die geschlossene AIF verwalten, und für geschlossene AIF
Unterabschnitt 4. Übergangsvorschriften für OGAW-Verwaltungsgesellschaften und OGAW

Unterabschnitt 1. Allgemeine Übergangsvorschriften für AIF-Verwaltungsgesellschaften

Übersicht

§ 343 Übergangsvorschriften für inländische und EU-AIF-Verwaltungsgesellschaften
§ 344 Übergangsvorschriften für ausländische AIF-Verwaltungsgesellschaften

§ 343 Übergangsvorschriften für inländische und EU-AIF-Verwaltungsgesellschaften.

(1) ¹AIF-Kapitalverwaltungsgesellschaften, die vor dem 22. Juli 2013 Tätigkeiten im Sinne des § 20 ausüben, haben alle erforderlichen Maßnahmen zu ergreifen, um den Rechtsvorschriften dieses Gesetzes nachzukommen. ²Sie haben vor Ablauf des 21. Juli 2014 die Erlaubnis nach den §§ 20 und 22 oder, wenn sie die Voraussetzungen des § 2 Absatz 4 Satz 1, Absatz 4a Satz 1, Absatz 4b Satz 1 oder Absatz 5 Satz 1 erfüllen, die Registrierung nach § 44 zu beantragen.

(2) ¹EU-AIF-Verwaltungsgesellschaften, die vor dem 22. Juli 2013 inländische Spezial-AIF im Sinne des § 54 verwalten, haben alle erforderlichen Maßnahmen zu ergreifen, um den entsprechenden Rechtsvorschriften dieses Gesetzes nachzukommen. ²Die Angaben gemäß § 54 sind unmittelbar nach Erteilung der Erlaubnis im Herkunftsmitgliedstaat, spätestens bis zum 31. Dezember 2014 der Bundesanstalt zu übermitteln.

(3) ¹Eine AIF-Kapitalverwaltungsgesellschaft, die vor dem 22. Juli 2013 Tätigkeiten im Sinne des § 20 ausübt, darf bis zum 21. Januar 2015 bereits vor Erteilung der Erlaubnis nach den §§ 20 und 22 neue AIF nach den Vorschriften dieses Gesetzes, mit Ausnahme des Erfordernisses der Erlaubnis, verwalten und im Geltungsbereich dieses Gesetzes vertreiben, wenn sie bei Publikums-AIF zusammen mit dem Antrag auf Genehmigung der Anlagebedingungen nach § 163 oder § 267 und bei Spezial-AIF zusammen mit der Vertriebsanzeige nach § 321
1. im Zeitraum vom 22. Juli 2013 bis zum 21. Juli 2014 den Antrag auf Erlaubnis nach den §§ 20 und 22 einreicht, auf den bereits eingereichten, noch nicht beschiedenen Antrag auf Erlaubnis nach den §§ 20 und 22 verweist oder die verbindliche Erklärung gegenüber der Bundesanstalt abgibt, innerhalb der in Absatz 1 Satz 2 genannten Frist einen Antrag auf Erlaubnis nach den §§ 20 und 22 zu stellen,
2. im Zeitraum vom 22. Juli 2014 bis zum 21. Januar 2015 auf den eingereichten, noch nicht beschiedenen Antrag auf Erlaubnis nach den §§ 20 und 22 verweist.

²Auf die Genehmigung der Anlagebedingungen findet § 163 Absatz 2 Satz 5 keine Anwendung. ³In dem Verkaufsprospekt und den wesentlichen Anlegerinformationen gemäß § 164 oder § 268 sind die Anleger drucktechnisch herausgestellt an hervorgehobener Stelle über die fehlende Erlaubnis der AIF-Kapitalverwaltungsgesellschaft und die Folgen einer unterlassenen Antragstellung oder Erlaubnisversagung

---

[47] § 342 Abs. 6 tritt am 11.7.2013 in Kraft gem. Art. 28 Abs. 1 des G v. 4.7.2013 (BGBl. I S. 1981).

III. Normentexte

hinzuweisen. [4] Bei Spezial-AIF muss dieser Hinweis im Rahmen der Informationen gemäß § 307 erfolgen. [5] Als neuer AIF im Sinne von Satz 1 gilt ein AIF, der nach dem 21. Juli 2013 aufgelegt wird.

(4) Ein AIF gilt mit dem Zeitpunkt als aufgelegt im Sinne dieses Abschnittes, in dem mindestens ein Anleger durch den unbedingten und unbefristeten Abschluss des auf die Ausgabe eines Anteils oder einer Aktie gerichteten schuldrechtlichen Verpflichtungsgeschäfts einen Anteil oder eine Aktie des AIF gezeichnet hat.

(5) [1] AIF-Kapitalverwaltungsgesellschaften im Sinne des Absatzes 1, die weder die Voraussetzungen des § 2 Absatz 4, 4a, 4b oder 5 erfüllen noch binnen der in Absatz 1 Satz 2 vorgesehenen Frist einen Erlaubnisantrag stellen oder denen die Erlaubnis gemäß § 23 versagt wurde, können mit Zustimmung von Anlegern, die mehr als 50 Prozent der Anteile des AIF halten, die Abwicklung des inländischen AIF binnen drei Monaten nach Ablauf der in Absatz 1 Satz 2 genannten Frist oder nach Versagung der Erlaubnis dadurch abwenden, dass sie die Verwaltung auf eine AIF-Kapitalverwaltungsgesellschaft übertragen, die über eine Erlaubnis nach den §§ 20 und 22 verfügt und sich zur Übernahme der Verwaltung bereit erklärt. [2] Die Bundesanstalt kann im öffentlichen Interesse bestimmen, dass die Verwaltung des AIF auf eine AIF-Kapitalverwaltungsgesellschaft, die über eine Erlaubnis nach den §§ 20 und 22 verfügt und sich zur Übernahme der Verwaltung bereit erklärt, übergeht. [3] Die Verwaltung von inländischen Spezial-AIF kann auch auf EU-AIF-Verwaltungsgesellschaften übertragen werden, für welche die erforderlichen Angaben gemäß § 54 übermittelt wurden.

(6) [1] Für EU-AIF-Verwaltungsgesellschaften im Sinne des Absatzes 2, für die nicht binnen der in Absatz 2 Satz 2 vorgesehenen Frist die Angaben gemäß § 54 übermittelt wurden, gilt Absatz 5 entsprechend mit der Maßgabe, dass die Übertragung binnen drei Monaten nach Ablauf der in Absatz 2 Satz 2 genannten Frist erfolgen kann. [2] Für EU-AIF-Verwaltungsgesellschaften, die vor dem 22. Juli 2013 inländische Publikums-AIF verwalten, und für ausländische AIF-Verwaltungsgesellschaften, die vor dem 22. Juli 2013 inländische AIF verwalten, gilt Absatz 5 entsprechend mit der Maßgabe, dass die Übertragung innerhalb von 15 Monaten nach dem 21. Juli 2013 erfolgen kann.

§ 344 Übergangsvorschriften für ausländische AIF-Verwaltungsgesellschaften. Die §§ 56 bis 66 sind erst ab dem Zeitpunkt anzuwenden, auf den in § 295 Absatz 2 Nummer 1 verwiesen wird.

Unterabschnitt 2. Besondere Übergangsvorschriften für offene AIF und für AIF-Verwaltungsgesellschaften, die offene AIF verwalten

Übersicht

§ 345 Übergangsvorschriften für offene AIF und AIF-Verwaltungsgesellschaften, die offene AIF verwalten, die bereits nach dem Investmentgesetz reguliert waren
§ 346 Besondere Übergangsvorschriften für Immobilien-Sondervermögen
§ 347 Besondere Übergangsvorschriften für Altersvorsorge-Sondervermögen
§ 348 Besondere Übergangsvorschriften für Gemischte Sondervermögen und Gemischte Investmentaktiengesellschaften
§ 349 Besondere Übergangsvorschriften für Sonstige Sondervermögen und Sonstige Investmentaktiengesellschaften
§ 350 Besondere Übergangsvorschriften für Hedgefonds und offene Spezial-AIF
§ 351 Übergangsvorschriften für offene AIF und für AIF-Verwaltungsgesellschaften, die offene AIF verwalten, die nicht bereits nach dem Investmentgesetz reguliert waren
§ 352 Übergangsvorschrift zu § 127 des Investmentgesetzes

§ 345 Übergangsvorschriften für offene AIF und AIF-Verwaltungsgesellschaften, die offene AIF verwalten, die bereits nach dem Investmentgesetz reguliert waren. (1) [1] Eine AIF-Kapitalverwaltungsgesellschaft, die bei Inkrafttreten dieses Gesetzes
1. über eine Erlaubnis als Kapitalanlagegesellschaft nach § 7 Absatz 1 des Investmentgesetzes in der bis zum 21. Juli 2013 geltenden Fassung oder als Investmentaktiengesellschaft nach § 97 Absatz 1 des Investmentgesetzes in der bis zum 21. Juli 2013 geltenden Fassung verfügt und
2. inländische offene Publikums-AIF verwaltet, die vor dem 22. Juli 2013 im Sinne des § 343 Absatz 4 aufgelegt sind und deren Anlagebedingungen gemäß den §§ 43, 43a des Investmentgesetzes in der bis zum 21. Juli 2013 geltenden Fassung genehmigt wurden,
hat die Anlagebedingungen und gegebenenfalls die Satzung dieser inländischen offenen Publikums-AIF an die Vorschriften dieses Gesetzes anzupassen; die geänderten Anlagebedingungen müssen spätestens am 21. Juli 2014 in Kraft treten. [2] Die für die Anpassung erforderlichen Änderungen der Anlagebedingungen müssen nur dann von der Bundesanstalt genehmigt werden, wenn es sich bei diesen Änderungen nicht um rein redaktionelle Änderungen auf Grund der Anpassungen an die Begrifflichkeiten nach diesem

A. Deutschland

Gesetz handelt. ³ Andere als die zur Anpassung der Anlagebedingungen an die Vorschriften dieses Gesetzes notwendigen Änderungen dürfen in den Anlagebedingungen nicht vorgenommen werden. ⁴ Für die Genehmigung der Anlagebedingungen gilt nur § 163 Absatz 2 Satz 1 bis 4, 7 bis 11 und Absatz 4 Satz 1, 6 und 7 mit der Maßgabe, dass die in § 163 Absatz 2 Satz 1 genannte Frist zwei Monate ab Einreichung des Antrags auf Genehmigung der Anlagebedingungen beträgt. ⁵ Auf rein redaktionelle Änderungen von Anlagebedingungen im Sinne des Satzes 2 ist § 163 nicht anzuwenden, jedoch gilt für die Bekanntmachung der Änderungen und deren Inkrafttreten § 163 Absatz 4 Satz 1 und 6 erster Halbsatz entsprechend; die redaktionell angepassten Anlagebedingungen sind bei der Bundesanstalt einzureichen. ⁶ Der Antrag auf Genehmigung der Änderungen der Anlagebedingungen oder, falls ein solcher nach Satz 2 nicht erforderlich ist, die redaktionell angepassten Anlagebedingungen dürfen nicht nach dem Erlaubnisantrag gemäß § 22 bei der Bundesanstalt eingereicht werden. ⁷ Wird der Antrag auf Genehmigung der Änderungen der Anlagebedingungen oder werden, falls ein solcher nach Satz 2 nicht erforderlich ist, die redaktionell angepassten Anlagebedingungen vor dem Erlaubnisantrag gemäß § 22 eingereicht, muss die AIF-Kapitalverwaltungsgesellschaft bei der Einreichung verbindlich gegenüber der Bundesanstalt erklären, spätestens bis zum 21. Juli 2014 einen Antrag auf Erlaubnis nach den §§ 20 und 22 zu stellen. ⁸ Die Bundesanstalt ist unverzüglich über den Zeitpunkt des Inkrafttretens der Änderungen der Anlagebedingungen zu informieren. ⁹ Bis zum Inkrafttreten der Änderungen der Anlagebedingungen der verwalteten inländischen offenen Publikums-AIF im Sinne des Satzes 1 Nummer 2, spätestens jedoch bis zum 21. Juli 2014, sind für diese AIF die für entsprechende Publikums-AIF geltenden Vorschriften des Investmentgesetzes in der bis zum 21. Juli 2013 geltenden Fassung weiter anzuwenden. ¹⁰ Die §§ 1 und 2 sowie die Vorschriften dieses Gesetzes betreffend die für Umstellung auf das neue Recht erforderlichen Anträge, Verwaltungsverfahren und Bescheide sowie die Übergangsvorschriften nach diesem Gesetz bleiben unberührt. ¹¹ Ab Inkrafttreten der geänderten Anlagebedingungen, spätestens jedoch ab dem 22. Juli 2014, sind auf die inländischen offenen Publikums-AIF die Vorschriften dieses Gesetzes anzuwenden.

(2) ¹ Bis zum Eingang des Erlaubnisantrags nach § 22 bei der Bundesanstalt, spätestens jedoch bis zum Ablauf des 21. Juli 2014, gelten für eine AIF-Kapitalverwaltungsgesellschaft im Sinne des Absatzes 1 Satz 1 die Vorschriften des Investmentgesetzes in der bis zum 21. Juli 2013 geltenden Fassung weiter. ² Absatz 1 Satz 10 gilt entsprechend. ³ Soweit sich aus Absatz 1 Satz 9 nichts anderes ergibt, ist ab Eingang des Erlaubnisantrags nach § 22, spätestens jedoch ab dem 22. Juli 2014, dieses Gesetz vollständig auf die AIF-Kapitalverwaltungsgesellschaft im Sinne des Absatzes 1 Satz 1 anzuwenden mit der Maßgabe, dass im Hinblick auf die Verwaltung und den Vertrieb von Publikums-AIF im Sinne des Absatzes 1 Satz 1 Nummer 2 im Geltungsbereich dieses Gesetzes und so lange der Erlaubnisantrag, der bis zum 21. Juli 2014 einzureichen ist, noch nicht beschieden wurde, das Erfordernis der Erlaubnis durch den noch nicht beschiedenen vollständigen Erlaubnisantrag ersetzt wird. ⁴ Haben die in Absatz 1 Satz 1 genannten AIF-Kapitalverwaltungsgesellschaften bis zum Ablauf des 21. Juli 2014 keinen Antrag auf Erlaubnis gemäß § 22 gestellt, ist § 343 Absatz 5 anzuwenden.

(3) ¹ Eine AIF-Kapitalverwaltungsgesellschaft, die bei Inkrafttreten dieses Gesetzes
1. über eine Erlaubnis als Kapitalanlagegesellschaft nach § 7 Absatz 1 des Investmentgesetzes in der bis zum 21. Juli 2013 geltenden Fassung oder über eine Erlaubnis als Investmentaktiengesellschaft nach § 97 Absatz 1 des Investmentgesetzes in der bis zum 21. Juli 2013 geltenden Fassung verfügt und
2. inländische offene Spezial-AIF verwaltet, die vor dem 22. Juli 2013 im Sinne des § 343 Absatz 4 aufgelegt wurden,

hat die Anlagebedingungen und gegebenenfalls die Satzung dieser inländischen offenen Spezial-AIF spätestens bis zum 21. Juli 2014 an die Vorschriften dieses Gesetzes anzupassen und zusammen mit dem Erlaubnisantrag gemäß § 22 einzureichen. ² Absatz 1 Satz 8 und 9 und Absatz 2 gelten entsprechend.

(4) ¹ Erfüllt eine AIF-Kapitalverwaltungsgesellschaft im Sinne des Absatzes 3 Satz 1 die Voraussetzungen des § 2 Absatz 4, gelten für sie und die von ihr verwalteten inländischen offenen Spezial-AIF im Sinne des Absatzes 3 Satz 1 bis zum Eingang des Antrags auf Registrierung nach § 44 bei der Bundesanstalt, spätestens jedoch bis zum 21. Juli 2014, die Vorschriften des Investmentgesetzes in der bis zum 21. Juli 2013 geltenden Fassung weiter. ² Die Übergangsvorschriften, die Vorschriften zur Registrierung sowie die Befugnisse der Bundesanstalt nach diesem Gesetz bleiben unberührt. ³ Ab dem Eingang des Antrags auf Registrierung bei der Bundesanstalt, spätestens ab dem 22. Juli 2014, sind die für diese AIF-Kapitalverwaltungsgesellschaft geltenden Vorschriften dieses Gesetzes anzuwenden.

(5) Beantragt eine AIF-Kapitalverwaltungsgesellschaft im Sinne des Absatzes 1 Satz 1 oder des Absatzes 3 Satz 1 gemäß § 22 die Erlaubnis zur Verwaltung von AIF, muss sie diejenigen Angaben und Unterlagen, die sie bereits bei dem Erlaubnisantrag nach § 7 Absatz 1 oder § 97 Absatz 1 des Investmentgesetzes in der bis zum 21. Juli 2013 geltenden Fassung oder im Rahmen der Umstellung ihrer Investmentvermögen

auf dieses Gesetz vorgelegt hat, nicht erneut vorlegen, sofern diese Angaben und Unterlagen weiterhin aktuell sind.

(6) ¹Eine AIF-Kapitalverwaltungsgesellschaft im Sinne des Absatzes 1 Satz 1 darf von ihr verwaltete inländische offene Publikums-AIF im Sinne des Absatzes 1 Satz 1 Nummer 2 nach dem 21. Juli 2013 im Geltungsbereich dieses Gesetzes nach den Vorschriften des Investmentgesetzes in der bis zum 21. Juli 2013 geltenden Fassung weiter vertreiben. ²Das Vertriebsrecht nach Satz 1 endet,
1. wenn die Bundesanstalt den Vertrieb untersagt hat,
2. wenn die Bundesanstalt die Erlaubnis nach § 23 versagt hat,
3. mit dem Inkrafttreten der Änderungen der Anlagebedingungen gemäß Absatz 1,
4. spätestens jedoch mit Ablauf des 21. Juli 2014.
³Ein Vertrieb der in Satz 1 genannten inländischen offenen Publikums-AIF nach dem 21. Juli 2014 oder, sofern die Änderungen der Anlagebedingungen nach Absatz 2 früher in Kraft treten, nach dem Inkrafttreten der Änderungen der Anlagebedingungen gemäß Absatz 2 ist nur zulässig, wenn die AIF-Kapitalverwaltungsgesellschaft bis zu dem früheren der beiden Zeitpunkte das Anzeigeverfahren nach § 316 erfolgreich durchlaufen hat. ⁴§ 316 Absatz 1 bis 3 ist für das Anzeigeverfahren im Sinne des Satzes 3 mit den Maßgaben anzuwenden, dass
1. die Frist nach § 316 Absatz 3 zwei Monate beträgt,
2. die Vertriebsanzeige zusammen mit dem Erlaubnisantrag gemäß § 22 eingereicht werden muss,
3. solange der bei der Bundesanstalt eingereichte Erlaubnisantrag gemäß § 22 noch nicht beschieden ist, das Erfordernis der Erlaubnis nach § 22 durch den bei der Bundesanstalt eingereichten, aber noch nicht beschiedenen vollständigen Erlaubnisantrag ersetzt wird.
⁵Der Vertrieb nach den Vorschriften dieses Gesetzes darf erst nach der Mitteilung nach § 316 Absatz 3 und nach Inkrafttreten der Änderungen der Anlagebedingungen fortgesetzt werden. ⁶In dem Zeitraum, in dem das Erfordernis der Erlaubnis nach § 22 durch den bei der Bundesanstalt eingereichten, aber noch nicht beschiedenen Erlaubnisantrag ersetzt wird, sind in dem Verkaufsprospekt und den wesentlichen Anlegerinformationen die Anleger drucktechnisch herausgestellt an hervorgehobener Stelle über die fehlende Erlaubnis der AIF-Kapitalverwaltungsgesellschaft und die Folgen einer Erlaubnisversagung hinzuweisen. ⁷Das Vertriebsrecht erlischt, wenn die Erlaubnis gemäß § 23 versagt wird.

(7) Für eine AIF-Kapitalverwaltungsgesellschaft im Sinne des Absatzes 3 Satz 1 und den Vertrieb der von ihr verwalteten inländischen offenen Spezial-AIF im Sinne des Absatzes 3 Satz 1 Nummer 2 nach dem 21. Juli 2013 im Geltungsbereich dieses Gesetzes an professionelle oder semiprofessionelle Anleger gilt Absatz 6 entsprechend mit der Maßgabe, dass jeweils an die Stelle des § 316 der § 321 und an die Stelle von inländischen offenen Publikums-AIF inländische offene Spezial-AIF treten.

(8) ¹AIF-Verwaltungsgesellschaften, die bei Inkrafttreten dieses Gesetzes eine Anzeige nach § 139 Absatz 1 des Investmentgesetzes in der bis zum 21. Juli 2013 geltenden Fassung oder nach § 7 Absatz 1 des Auslandsinvestmentgesetzes in der bis zum 31. Dezember 2003 geltenden Fassung erstattet haben und zum öffentlichen Vertrieb von Anteilen oder Aktien eines von ihr verwalteten AIF berechtigt sind und diese auch nach dem 21. Juli 2014 im Geltungsbereich dieses Gesetzes zu vertreiben beabsichtigen, müssen
1. in Bezug auf
   a) EU-AIF und
   b) ausländische AIF,
   die im Geltungsbereich dieses Gesetzes an Privatanleger vertrieben werden, eine Anzeige nach § 320 an die Bundesanstalt übermitteln,
2. in Bezug auf
   a) ausländische AIF und
   b) EU-Feeder-AIF, deren Master-AIF keine EU-AIF oder inländischen AIF sind, die von einer EU-AIF-Verwaltungsgesellschaft oder einer AIF-Kapitalverwaltungsgesellschaft verwaltet werden,
   und die im Geltungsbereich dieses Gesetzes von einer AIF-Kapitalverwaltungsgesellschaft oder einer EU-AIF-Verwaltungsgesellschaft an professionelle oder semiprofessionelle Anleger vertrieben werden, eine Anzeige nach § 329 an die Bundesanstalt übermitteln,
3. in Bezug auf
   a) EU-AIF und
   b) EU-Feeder-AIF, deren Master-AIF ein EU-AIF oder inländischer AIF ist, der von einer EU-AIF-Verwaltungsgesellschaft oder einer AIF-Kapitalverwaltungsgesellschaft verwaltet wird,
   und die im Geltungsbereich dieses Gesetzes von einer EU-AIF-Verwaltungsgesellschaft an professionelle oder semiprofessionelle Anleger vertrieben werden, über die zuständigen Stellen des Herkunftsmitgliedstaates der EU-AIF-Verwaltungsgesellschaft eine Anzeige nach § 323 übermitteln,

A. Deutschland

4. in Bezug auf
  a) ausländische AIF und
  b) EU-AIF,
  die im Geltungsbereich dieses Gesetzes von einer ausländischen AIF-Verwaltungsgesellschaft an professionelle oder semiprofessionelle Anleger vertrieben werden, eine Anzeige nach § 330 an die Bundesanstalt übermitteln,
5. in Bezug auf AIF, die im Geltungsbereich dieses Gesetzes von einer EU-AIF-Verwaltungsgesellschaft, die die Bedingungen nach Artikel 3 Absatz 2 der Richtlinie 2011/61/EU erfüllt, an professionelle oder semiprofessionelle Anleger vertrieben werden, eine Anzeige nach § 330a an die Bundesanstalt übermitteln.

[2] Die AIF-Verwaltungsgesellschaft darf den AIF im Sinne von Satz 1 noch bis zum Abschluss des Anzeigeverfahrens im Geltungsbereich dieses Gesetzes nach den Vertriebsvorschriften des Investmentgesetzes in der bis zum 21. Juli 2013 geltenden Fassung vertreiben. [3] Das Vertriebsrecht nach Satz 2 endet spätestens am 21. Juli 2014. [4] Wird kein weiterer Vertrieb des AIF im Sinne von Satz 1 beabsichtigt, gilt § 315 entsprechend. [5] Eine neue Vertriebsanzeige nach Satz 1 ist jederzeit möglich.

(9) [1] AIF-Verwaltungsgesellschaften, die in Bezug auf ihre EU-AIF oder ausländischen AIF nach dem 21. Juli 2014 Tätigkeiten ausüben oder ausüben lassen, die zwar nach dem Investmentgesetz in der bis zum 21. Juli 2013 geltenden Fassung nicht als öffentlicher Vertrieb galten, nach diesem Gesetz aber als Vertrieb anzusehen sind, haben, gegebenenfalls über die zuständigen Stellen des Herkunftsmitgliedstaates, eine Anzeige nach den §§ 320, 323, 329, 330 oder 330a zu übermitteln. [2] Absatz 8 Satz 2, 3 und 5 gilt entsprechend.

(10) [1] AIF-Kapitalverwaltungsgesellschaften, die bei Inkrafttreten dieses Gesetzes in einem anderen Mitgliedstaat der Europäischen Union oder in einem anderen Vertragsstaat des Abkommens über den Europäischen Wirtschaftsraum zum Vertrieb eines ab dem 22. Juli 2013 der Anzeigepflicht nach § 331 unterfallenden AIF an professionelle Anleger berechtigt sind, dürfen diesen nach dem 21. Juli 2014 dort nicht mehr vertreiben, es sei denn, sie haben ein neues Vertriebsrecht nach § 331 Absatz 5 Satz 2 erhalten. [2] Abweichende Fristen in dem Mitgliedstaat der Europäischen Union oder in dem anderen Vertragsstaat des Abkommens über den Europäischen Wirtschaftsraum, in dem der AIF bisher zum Vertrieb an professionelle Anleger zugelassen war, bleiben unberührt. [3] Die Fristen nach § 331 Absatz 3 und 4 beginnen zu laufen, sobald die Bundesanstalt der AIF-Kapitalverwaltungsgesellschaft eine Erlaubnis gemäß § 22 erteilt hat und die Änderungen der Anlagebedingungen in Kraft getreten sind.

(11) Für Verwahrstellen von inländischen offenen Publikums-AIF ist keine erneute Genehmigung nach § 69 Absatz 1 Satz 1, auch in Verbindung mit § 87, erforderlich, wenn deren Auswahl bereits nach § 21 Absatz 1 des Investmentgesetzes in der bis zum 21. Juli 2013 geltenden Fassung genehmigt worden ist.

(12) [1] Der Antrag einer AIF-Kapitalverwaltungsgesellschaft, der auf eine Genehmigung der Anlagebedingungen eines AIF durch die Bundesanstalt nach dem Investmentgesetz gerichtet ist und der vor dem 21. Juli 2013 bei der Bundesanstalt eingegangen ist, jedoch bis zum Ablauf des 21. Juli 2013 noch nicht genehmigt war, gilt als am 22. Juli 2013 gestellter Antrag auf Genehmigung der Anlagebedingungen nach diesem Gesetz. [2] Sofern nach diesem Gesetz erforderliche Angaben oder Dokumente fehlen, hat die Bundesanstalt diese nachzufordern.

§ 346 Besondere Übergangsvorschriften für Immobilien-Sondervermögen. (1) [1] Für Anleger, die am 21. Juli 2013 Anteile an Immobilien-Sondervermögen in einem Wertpapierdepot auf ihren Namen hinterlegt haben, gelten im Hinblick auf diese Anteile nicht die Mindesthaltefrist gemäß § 255 Absatz 3 und die Rückgabefrist für Anteilsrückgaben gemäß § 255 Absatz 4, soweit die Anteilsrückgaben 30 000 Euro pro Kalenderhalbjahr für einen Anleger nicht übersteigen. [2] Anleger können verlangen, dass die Rückgabe von Anteilen gemäß Satz 1 weiterhin entsprechend den am 21. Juli 2013 geltenden Vertragsbedingungen erfolgt.

(2) [1] Für Anleger, die nach dem 21. Juli 2013 Anteile eines Immobilien-Sondervermögens erworben haben, gilt § 255 Absatz 3 und 4 ungeachtet dessen, ob die AIF-Kapitalverwaltungsgesellschaft die Anlagebedingungen des Immobilien-Sondervermögens bereits nach § 345 an die Vorschriften dieses Gesetzes angepasst hat. [2] Der Verkaufsprospekt muss einen ausdrücklichen, drucktechnisch hervorgehobenen Hinweis darauf enthalten, dass § 255 Absatz 3 und 4 abweichend von den am 21. Juli 2013 geltenden Vertragsbedingungen für Anteile, die nach dem 21. Juli 2013 erworben werden, gilt.

(3) Für Anteile gemäß Absatz 1 Satz 1 ist in den Anlagebedingungen des Immobilien-Sondervermögens festzulegen, dass die Rücknahme dieser Anteile weiterhin entsprechend der Regelung der am 21. Juli 2013 geltenden Vertragsbedingungen erfolgt.

(4) Für Anteile gemäß Absatz 1 Satz 1 müssen die Angaben im Verkaufsprospekt nach § 256 Absatz 1 Nummer 1 einen ausdrücklichen, drucktechnisch hervorgehobenen Hinweis darauf enthalten, dass der Anleger die Rücknahme dieser Anteile und die Auszahlung des Anteilswertes entsprechend der Regelung der am 21. Juli 2013 geltenden Vertragsbedingungen verlangen kann.

(5) [1] Soweit Anleger Anteile vor Änderung der Vertragsbedingungen zum Zwecke der Anpassung an das Investmentgesetz in der ab dem 8. April 2011 geltenden Fassung erworben haben, gilt die Frist des § 255 Absatz 3 als eingehalten. [2] Aussetzungen, nach denen die Kapitalverwaltungsgesellschaft am ersten Börsentag nach dem 1. Januar 2013 oder früher die Anteilrücknahme wieder aufnimmt, gelten für die Zwecke des § 257 Absatz 4 Satz 1 nicht als Aussetzungen. [3] Auf die am 8. April 2011 bestehenden Immobilien-Sondervermögen, bei denen am 31. Dezember 2012 die Rücknahme von Anteilen gemäß § 37 Absatz 2 oder § 81 des Investmentgesetzes in der bis zum 21. Juli 2013 geltenden Fassung ausgesetzt ist, dürfen die §§ 37, 78, 80, 80c, 80d und 81 des Investmentgesetzes in der bis zum 7. April 2011 geltenden Fassung noch bis zu dem Tag, der sechs Monate nach der Wiederaufnahme der Rücknahme der Anteile liegt, und müssen die §§ 258, 259 erst ab dem Tag, der auf den Tag sechs Monate nach der Wiederaufnahme der Anteile folgt, angewendet werden.

(6) [1] Auf die am 8. April 2011 bestehenden Immobilien-Sondervermögen dürfen die §§ 80a, 91 Absatz 3 Nummer 3 und Absatz 4 Satz 4 des Investmentgesetzes in der bis zum 7. April 2011 geltenden Fassung noch bis zum 31. Dezember 2014 weiter angewendet werden. [2] Auf die am 1. Juli 2011 bestehenden Immobilien-Sondervermögen dürfen § 82 Absatz 3 Satz 2 und § 91 Absatz 3 Nummer 3 des Investmentgesetzes in der vor dem 1. Juli 2011 geltenden Fassung noch bis zum 31. Dezember 2014 weiter angewendet werden.

§ 347 Besondere Übergangsvorschriften für Altersvorsorge-Sondervermögen. (1) [1] Für Altersvorsorge-Sondervermögen im Sinne des § 87 des Investmentgesetzes in der bis zum 21. Juli 2013 geltenden Fassung, die vor dem 22. Juli 2013 im Sinne des § 343 Absatz 4 aufgelegt wurden, gelten nach Inkrafttreten der Änderungen der Anlagebedingungen zusätzlich zu den in § 345 Absatz 1 Satz 11 genannten Vorschriften § 87 Absatz 2 sowie die §§ 88 bis 90 und 143 Absatz 3 Nummer 6 Buchstabe b des Investmentgesetzes in der bis zum 21. Juli 2013 geltenden Fassung entsprechend. [2] Die in § 345 Absatz 1 Satz 11 genannten Vorschriften dieses Gesetzes, die sich auf Publikums-AIF beziehen, gelten jedoch nur, soweit sich aus § 87 Absatz 2 sowie den §§ 88 bis 90 und 99 Absatz 3 des Investmentgesetzes in der bis zum 21. Juli 2013 geltenden Fassung nichts anderes ergibt.

(2) Nach dem 21. Juli 2013 dürfen Altersvorsorge-Sondervermögen im Sinne des § 87 des Investmentgesetzes in der bis zum 21. Juli 2013 geltenden Fassung nicht mehr aufgelegt im Sinne des § 343 Absatz 4 werden.

§ 348 Besondere Übergangsvorschriften für Gemischte Sondervermögen und Gemischte Investmentaktiengesellschaften. [1] Gemischte Sondervermögen oder Gemischte Investmentaktiengesellschaften, die vor dem 22. Juli 2013 gemäß den §§ 83 bis 86 des Investmentgesetzes in der bis zum 21. Juli 2013 geltenden Fassung aufgelegt wurden und die zu diesem Zeitpunkt
1. Anteile an Immobilien-Sondervermögen nach den §§ 66 bis 82 des Investmentgesetzes in der bis zum 21. Juli 2013 geltenden Fassung,
2. Anteile an Sondervermögen mit zusätzlichen Risiken nach § 112 des Investmentgesetzes in der bis zum 21. Juli 2013 geltenden Fassung,
3. Aktien an Investmentaktiengesellschaften, deren Satzung eine dem § 112 des Investmentgesetzes in der bis zum 21. Juli 2013 geltenden Fassung vergleichbare Anlageform vorsieht oder
4. Anteile oder Aktien an mit Nummer 2 oder 3 vergleichbaren EU-AIF oder ausländischen AIF unter Einhaltung der Anlagegrenzen, der zusätzlichen Angaben im Verkaufsprospekt und in den Vertragsbedingungen gemäß § 84 Absatz 2, 3 in Verbindung mit § 113 Absatz 3 und 4 Satz 2 und 3, in Verbindung mit § 117 Absatz 1 Satz 2, in Verbindung mit § 118 Satz 2 sowie § 85 des Investmentgesetzes in der bis zum 21. Juli 2013 geltenden Fassung erworben haben, dürfen diese gehaltenen Anteile oder Aktien abweichend von § 219 auch nach dem 21. Juli 2013 weiter halten. [2] Auf die Verwaltung von Gemischten Investmentvermögen im Sinne des Satzes 1 Nummer 1 oder 4, deren Vertragsbedingungen es erlauben, die Mittel zu mehr als 50 Prozent des Wertes des Vermögens des Gemischten Investmentvermögens in Anteile an Immobilien-Sondervermögen in Form von Publikumsinvestmentvermögen sowie in Anteile an vergleichbaren EU-AIF oder ausländischen AIF anzulegen, ist § 255 Absatz 3 und 4 anzuwenden, solange die Anteile nach Satz 1 Nummer 1 oder Nummer 4 weiter gehalten werden. [3] Im Übrigen gelten für diese Gemischten Investmentvermögen im Sinne des Satzes 1 die Vorschriften dieses Gesetzes einschließlich der Übergangsvorschriften.

A. Deutschland

§ 349 Besondere Übergangsvorschriften für Sonstige Sondervermögen und Sonstige Investmentaktiengesellschaften. ¹Sonstige Sondervermögen oder Sonstige Investmentaktiengesellschaften, die vor dem 22. Juli 2013 gemäß den §§ 90g bis 90k des Investmentgesetzes in der bis zum 21. Juli 2013 geltenden Fassung aufgelegt wurden und die zu diesem Zeitpunkt

1. Anteile an Immobilien-Sondervermögen nach § 66 des Investmentgesetzes in der bis zum 21. Juli 2013 geltenden Fassung,
2. Anteile an Sondervermögen mit zusätzlichen Risiken nach § 112 des Investmentgesetzes in der bis zum 21. Juli 2013 geltenden Fassung,
3. Aktien an Investmentaktiengesellschaften, deren Satzung eine dem § 112 des Investmentgesetzes in der bis zum 21. Juli 2013 geltenden Fassung vergleichbare Anlageform vorsieht,
4. Anteile oder Aktien an mit Nummer 1, 2 oder 3 vergleichbaren EU-AIF oder ausländischen AIF oder
5. Beteiligungen an Unternehmen, sofern der Verkehrswert der Beteiligungen ermittelt werden kann,

unter Einhaltung der Anlagegrenzen, der zusätzlichen Angaben im Verkaufsprospekt und in den Vertragsbedingungen gemäß § 90h Absatz 2 in Verbindung mit § 113 Absatz 3 und 4 Satz 2 und 3, § 90h Absatz 3 und 4, § 90j Absatz 2 Nummer 1, § 117 Absatz 1 Satz 2 sowie § 118 Satz 2 des Investmentgesetzes in der bis zum 21. Juli 2013 geltenden Fassung erworben haben, dürfen diese gehaltenen Anteile, Aktien oder Beteiligungen abweichend von § 221 auch nach dem 21. Juli 2013 weiter halten. ²Im Übrigen gelten für die Sonstigen Investmentvermögen im Sinne des Satzes 1 die Vorschriften dieses Gesetzes einschließlich der Übergangsvorschriften.

§ 350 Besondere Übergangsvorschriften für Hedgefonds und offene Spezial-AIF. (1) ¹Für eine AIF-Kapitalverwaltungsgesellschaft, die bei Inkrafttreten dieses Gesetzes

1. über eine Erlaubnis als Kapitalanlagegesellschaft nach § 7 Absatz 1 des Investmentgesetzes in der bis zum 21. Juli 2013 geltenden Fassung oder über eine Erlaubnis als Investmentaktiengesellschaft nach § 97 Absatz 1 des Investmentgesetzes in der bis zum 21. Juli 2013 geltenden Fassung verfügt und
2. Sondervermögen oder Investmentaktiengesellschaften mit zusätzlichen Risiken im Sinne des § 112 des Investmentgesetzes in der bis zum 21. Juli 2013 geltenden Fassung verwaltet, die vor dem 22. Juli 2013 aufgelegt im Sinne des § 343 Absatz 4 wurden, an Privatanleger vertrieben werden durften und deren Anlagebedingungen gemäß den §§ 43, 43a des Investmentgesetzes in der bis zum 21. Juli 2013 geltenden Fassung genehmigt wurden,

gilt § 345 Absatz 1 und 2 entsprechend mit der Maßgabe, dass in § 345 Absatz 1 Satz 11 an die Stelle des Begriffs „Publikums-AIF" der Begriff „Spezial-AIF" tritt und ein Vertrieb an Privatanleger oder ein Erwerb der Anteile oder Aktien durch Privatanleger ab dem 22. Juli 2013 nicht mehr zulässig ist, soweit sich aus Satz 2 nichts anderes ergibt. ²Solange Anteile oder Aktien von Privatanlegern gehalten werden, gelten abweichend von § 345 Absatz 1 Satz 11 ab Inkrafttreten der Änderungen der Anlagebedingungen die §§ 112, 116 und 118 des Investmentgesetzes in der bis zum 21. Juli 2013 geltenden Fassung entsprechend, sofern sie Sondervermögen oder Investmentaktiengesellschaften mit zusätzlichen Risiken im Sinne des § 112 des Investmentgesetzes in der bis zum 21. Juli 2013 geltenden Fassung betreffen; ein Vertrieb an oder ein Erwerb durch Privatanleger ist ausgeschlossen. ³Solange Anteile oder Aktien von Privatanlegern gehalten werden, gelten ferner die §§ 162, 163 und 297, soweit sich diese Vorschriften auf Anleger beziehen, und die §§ 300, 301, 305 und 306 im Hinblick auf diejenigen Privatanleger, die noch Anteile oder Aktien halten.

(2) Werden Anteile oder Aktien von inländischen offenen Spezial-AIF im Sinne des § 345 Absatz 3 Satz 1 Nummer 2, die von einer AIF-Kapitalverwaltungsgesellschaft im Sinne von § 345 Absatz 3 Satz 1 Nummer 1 verwaltet werden, von Privatanlegern gehalten, die diese Anteile oder Aktien vor dem 22. Juli 2013 erworben haben, so dürfen diese Privatanleger diese vor dem 22. Juli 2013 erworbenen Anteile oder Aktien auch nach dem 22. Juli 2013 weiter halten, bis sie diese Anteile oder Aktien zurückgeben, ohne dass sich die Qualifikation des Investmentvermögens als inländischer Spezial-AIF nach § 1 Absatz 6 ändert.

§ 351 Übergangsvorschriften für offene AIF und für AIF-Verwaltungsgesellschaften, die offene AIF verwalten, die nicht bereits nach dem Investmentgesetz reguliert waren.

(1) ¹Eine AIF-Kapitalverwaltungsgesellschaft, die bei Inkrafttreten dieses Gesetzes

1. nicht über eine Erlaubnis als Kapitalanlagegesellschaft nach § 7 Absatz 1 des Investmentgesetzes in der bis zum 21. Juli 2013 geltenden Fassung oder eine Erlaubnis als Investmentaktiengesellschaft nach § 97 Absatz 1 des Investmentgesetzes in der bis zum 21. Juli 2013 geltenden Fassung verfügt und
2. inländische offene Publikums-AIF verwaltet, die vor dem 22. Juli 2013 aufgelegt im Sinne des § 343 Absatz 4 wurden,

hat die Anlagebedingungen, Satzungen oder Gesellschaftsverträge dieser inländischen offenen Publikums-AIF an die Vorschriften dieses Gesetzes anzupassen; die geänderten Anlagebedingungen müssen spätestens am 21. Juli 2014 in Kraft treten. ²Für die Genehmigung der Anlagebedingungen gilt nur § 163 Absatz 2 Satz 1 bis 4, 7 bis 11 und Absatz 4. ³Der Antrag auf Genehmigung der Anlagebedingungen darf nicht nach dem Erlaubnisantrag gemäß § 22 bei der Bundesanstalt eingereicht werden. ⁴Wird der Antrag auf Genehmigung der Änderungen der Anlagebedingungen vor dem Erlaubnisantrag gemäß § 22 eingereicht, muss die AIF-Kapitalverwaltungsgesellschaft bei der Einreichung verbindlich gegenüber der Bundesanstalt erklären, spätestens bis zum 21. Juli 2014 einen Antrag auf Erlaubnis nach den §§ 20 und 22 zu stellen. ⁵Ab Inkrafttreten der Anlagebedingungen, spätestens jedoch ab dem 22. Juli 2014, finden auf diese inländischen offenen Publikums-AIF die für sie nach diesem Gesetz geltenden Vorschriften Anwendung. ⁶Die §§ 1 und 2 sowie die Vorschriften dieses Gesetzes betreffend die für Umstellung auf das neue Recht erforderlichen Anträge, Verwaltungsverfahren und Bescheide sowie die Übergangsvorschriften nach diesem Gesetz bleiben bis zu dem in Satz 5 genannten Zeitpunkt unberührt.

(2) ¹Soweit sich aus Absatz 1 Satz 5 nichts anderes ergibt, ist ab Eingang des Erlaubnisantrags nach § 22 bei der Bundesanstalt dieses Gesetz vollständig auf die AIF-Kapitalverwaltungsgesellschaft mit der Maßgabe anzuwenden, dass im Hinblick auf die Verwaltung und den Vertrieb von Publikums-AIF im Sinne des Satzes 1 Nummer 2 im Geltungsbereich dieses Gesetzes und solange der Erlaubnisantrag, der bis zum 21. Juli 2014 einzureichen ist, noch nicht beschieden wurde, das Erfordernis der Erlaubnis durch den noch nicht beschiedenen vollständigen Erlaubnisantrag ersetzt wird. ²Absatz 1 Satz 6 gilt entsprechend.

(3) ¹Eine AIF-Kapitalverwaltungsgesellschaft im Sinne des Absatzes 1 Satz 1 Nummer 1 darf von ihr verwaltete inländische offene Publikums-AIF im Sinne des Absatzes 1 Satz 1 Nummer 2 nach dem 21. Juli 2013 weiter im Geltungsbereich dieses Gesetzes ohne die nach § 316 erforderliche Anzeige vertreiben. ²Für das Ende des Vertriebsrechts nach Satz 1 und die Voraussetzungen für einen Vertrieb nach dem Inkrafttreten der Änderungen der Anlagebedingungen, jedenfalls spätestens nach dem 21. Juli 2014, gilt § 345 Absatz 6 Satz 2 bis 7 entsprechend.

(4) Die Absätze 1 bis 3 gelten für inländische offene Spezial-AIF entsprechend mit der Maßgabe, dass an die Stelle des Antrags auf Genehmigung der Anlagebedingungen die Anlagebedingungen, an die Stelle des Verweises auf § 316 der Verweis auf § 321 und an die Stelle von Publikums-AIF Spezial-AIF treten.

(5) ¹AIF-Verwaltungsgesellschaften, die
1. offene EU-AIF oder offene ausländische AIF verwalten, die keine ausländischen Investmentvermögen im Sinne des Investmentgesetzes in der bis zum 21. Juli 2013 geltenden Fassung sind und im Inland vor dem 22. Juli 2013 vertrieben werden durften und
2. ab dem 22. Juli 2013 Tätigkeiten ausüben oder ausüben lassen, die nach diesem Gesetz als Vertrieb eines Investmentvermögens anzusehen sind,
übermitteln, gegebenenfalls über die zuständigen Stellen des Herkunftsmitgliedstaates, eine Anzeige nach den §§ 320, 323, 329, 330 oder 330a. ²§ 345 Absatz 8 Satz 2, 3 und 5 gilt entsprechend mit der Maßgabe, dass an die Stelle der Wörter „nach den Vertriebsvorschriften des Investmentgesetzes in der bis zum 21. Juli 2013 geltenden Fassung" die Wörter „nach den Vertriebsvorschriften, die für diese Investmentvermögen vor dem 22. Juli 2013 anwendbar waren" treten.

§ 352 Übergangsvorschrift zu § 127 des Investmentgesetzes. ¹Auf Ansprüche nach § 127 des Investmentgesetzes in der Fassung vom 30. Juni 2011, die vor dem 1. Juli 2011 entstanden sind, ist § 127 Absatz 5 des Investmentgesetzes in der bis zum 30. Juni 2011 geltenden Fassung weiter anzuwenden. ²Sind dem Käufer die wesentlichen Anlageinformationen oder der Verkaufsprospekt nach dem Investmentgesetz zur Verfügung gestellt worden, ist auf diese Dokumente § 127 des Investmentgesetzes in der bis zum 21. Juli 2013 geltenden Fassung weiter anzuwenden.

Unterabschnitt 3. Besondere Übergangsvorschriften für AIF-Verwaltungsgesellschaften, die geschlossene AIF verwalten, und für geschlossene AIF

Übersicht

§ 353 Besondere Übergangsvorschriften für AIF-Verwaltungsgesellschaften, die geschlossene AIF verwalten, und für geschlossene AIF
§ 354 Übergangsvorschrift zu § 342 Absatz 3

A. Deutschland

§ 353 Besondere Übergangsvorschriften für AIF-Verwaltungsgesellschaften, die geschlossene AIF verwalten, und für geschlossene AIF. (1) Sofern AIF-Kapitalverwaltungsgesellschaften vor dem 22. Juli 2013 geschlossene AIF verwalten, die nach dem 21. Juli 2013 keine zusätzlichen Anlagen tätigen, können sie weiterhin solche AIF verwalten, ohne eine Erlaubnis oder Registrierung nach diesem Gesetz zu haben.

(2) Sofern EU-AIF-Verwaltungsgesellschaften oder ausländische AIF-Verwaltungsgesellschaften keine Erlaubnis oder Registrierung nach den zur Umsetzung der Richtlinie 2011/61/EU erlassenen Rechtsvorschriften der anderen Mitgliedstaaten der Europäischen Union oder der anderen Vertragsstaaten des Abkommens über den Europäischen Wirtschaftsraum benötigen und im Inland ausschließlich geschlossene inländische AIF verwalten, die nach dem 21. Juli 2013 keine zusätzlichen Anlagen tätigen, können sie weiterhin solche AIF verwalten, ohne die Vorschriften dieses Gesetzes einhalten zu müssen.

(3) [1] Sofern AIF-Kapitalverwaltungsgesellschaften ausschließlich geschlossene AIF verwalten, deren Zeichnungsfrist für Anleger vor Inkrafttreten der Richtlinie 2011/61/EU ablief und die für einen Zeitraum aufgelegt wurden, der spätestens am 21. Juli 2016 abläuft, können sie weiterhin solche AIF verwalten, ohne dass sie die Vorschriften dieses Gesetzes mit Ausnahme der §§ 67, 148 oder 158 und gegebenenfalls des § 261 Absatz 7 und der §§ 287 bis 292 einhalten oder eine Erlaubnis oder Registrierung gemäß diesem Gesetz benötigen. [2] Satz 1 findet auf die Verwaltung von inländischen geschlossenen AIF, deren Zeichnungsfrist vor Inkrafttreten der Richtlinie 2011/61/EU ablief und die für einen Zeitraum aufgelegt wurden, der spätestens am 21. Juli 2016 abläuft, durch EU-AIF-Verwaltungsgesellschaften oder ausländische AIF-Verwaltungsgesellschaften entsprechend Anwendung.

(4) [1] Für AIF-Kapitalverwaltungsgesellschaften, die nicht die Voraussetzungen des § 2 Absatz 4 Satz 1, Absatz 4a Satz 1, Absatz 4b Satz 1 oder Absatz 5 Satz 1 erfüllen und die geschlossene inländische AIF verwalten, deren Zeichnungsfrist vor dem 22. Juli 2013 abgelaufen ist und die nach dem 21. Juli 2013 Anlagen tätigen, gelten ab Eingang des Erlaubnisantrags gemäß § 22 bei der Bundesanstalt für die Verwaltung dieser geschlossenen inländischen AIF nur die §§ 1 bis 43, 53 bis 67, 80 bis 90, 158 Satz 1 in Verbindung mit § 135 Absatz 7 und 8, § 158 Satz 2, § 160 Absatz 4, § 261 Absatz 7, § 263 Absatz 2, die §§ 271, 272, 274, 286 bis 292, 300, 303, 308 und 339 bis 344, 352 bis 354 entsprechend. [2] Satz 1 ist auf die Verwaltung von inländischen geschlossenen Spezial-AIF, deren Zeichnungsfrist vor dem 22. Juli 2013 abgelaufen ist und die nach dem 21. Juli 2013 Anlagen tätigen, durch EU-AIF-Verwaltungsgesellschaften entsprechend anzuwenden.

(5) Für AIF-Kapitalverwaltungsgesellschaften, die die Voraussetzungen des § 2 Absatz 5 Satz 1 erfüllen und die geschlossene inländische AIF verwalten, deren Zeichnungsfrist vor dem 22. Juli 2013 abgelaufen ist und die nach dem 21. Juli 2013 Anlagen tätigen, sind ab Eingang des Registrierungsantrags gemäß § 44 bei der Bundesanstalt für die Verwaltung dieser geschlossenen inländischen AIF abweichend von § 2 Absatz 5 Satz 1 nur die §§ 1 bis 17, 26 bis 28, 42, 44 bis 48, 80 bis 90, 261 Absatz 7, § 263 Absatz 2, die §§ 271, 272, 339 bis 343, 353 und 354 entsprechend anzuwenden; dabei richtet sich die Ausgestaltung der in den §§ 26 bis 28 geforderten Verhaltens- und Organisationspflichten nach dem Prinzip der Verhältnismäßigkeit, indem die Art, der Umfang und die Komplexität der Geschäfte der AIF-Kapitalverwaltungsgesellschaft und der von der AIF-Kapitalverwaltungsgesellschaft verwalteten AIF berücksichtigt werden.

(6) [1] Für AIF-Kapitalverwaltungsgesellschaften, die geschlossene inländische AIF verwalten, die vor dem 22. Juli 2013 aufgelegt wurden, deren Zeichnungsfrist nicht vor dem 22. Juli 2013 abgelaufen ist und die nach dem 21. Juli 2013 Anlagen tätigen, gilt für die Verwaltung dieser geschlossenen AIF § 351 Absatz 1 bis 4 entsprechend. [2] Für AIF-Verwaltungsgesellschaften, die geschlossene EU-AIF oder geschlossene ausländische AIF verwalten, die im Inland vor dem 22. Juli 2013 vertrieben werden durften und deren Zeichnungsfrist nicht vor dem 22. Juli 2013 abgelaufen ist, gilt § 351 Absatz 5 entsprechend.

(7) Soweit sich aus den Absätzen 1 bis 3 nichts anderes ergibt, ist für AIF-Kapitalverwaltungsgesellschaften, die geschlossene AIF verwalten, § 343 anzuwenden.

(8) Die §§ 53, 54, 316, 320, 321, 323 und 329 bis 331 sind nicht anzuwenden auf den Vertrieb von Anteilen oder Aktien an inländischen AIF oder EU-AIF, die Gegenstand eines laufenden öffentlichen Angebots unter Verwendung eines Prospektes sind, der vor dem 22. Juli 2013 gemäß dem Wertpapierprospektgesetz oder der Richtlinie 2003/71/EG erstellt und veröffentlicht wurde, solange dieser Prospekt Gültigkeit hat.

III. Normentexte

§ 354 Übergangsvorschrift zu § 342 Absatz 3. § 342 Absatz 3 gilt für Streitigkeiten im Zusammenhang mit geschlossenen Publikums-AIF erst ab dem 22. Juli 2014.

Unterabschnitt 4. Übergangsvorschriften für OGAW-Verwaltungsgesellschaften und OGAW

§ 355 Übergangsvorschriften für OGAW-Verwaltungsgesellschaften und OGAW.
(1) OGAW-Kapitalverwaltungsgesellschaften oder extern verwaltete OGAW-Investmentaktiengesellschaften, die bei Inkrafttreten dieses Gesetzes die in § 17 Absatz 1 und § 20 Absatz 2 aufgeführten Geschäfte betreiben und die eine Erlaubnis nach § 7 des Investmentgesetzes in der bis zum 21. Juli 2013 geltenden Fassung oder eine Erlaubnis als Investmentaktiengesellschaft nach § 97 Absatz 1 des Investmentgesetzes in der bis zum 21. Juli 2013 geltenden Fassung erhalten haben, bedürfen keiner erneuten Erlaubnis zum Geschäftsbetrieb; die Erlaubnis nach den §§ 20, 21 oder § 113 gilt insoweit als erteilt.

(2) [1] Die Anlagebedingungen für inländische OGAW, die vor dem 22. Juli 2013 aufgelegt im Sinne des § 343 Absatz 4 wurden, sind an die Vorschriften dieses Gesetzes anzupassen. [2] Andere als die zur Anpassung der Anlagebedingungen an die Vorschriften dieses Gesetzes notwendigen Änderungen dürfen in den Anlagebedingungen nicht vorgenommen werden. [3] Die Änderungen müssen nicht genehmigt werden, sofern diese Anlagebedingungen bereits nach § 43 Absatz 2 und § 43a des Investmentgesetzes in der bis zum 21. Juli 2013 geltenden Fassung genehmigt wurden und Anpassungen lediglich auf Grund von Anpassungen an die Begrifflichkeiten nach diesem Gesetz redaktioneller Natur sind. [4] Sofern eine Genehmigung der Anlagebedingungen nach Satz 3 nicht erforderlich ist, haben die OGAW-Kapitalverwaltungsgesellschaften und EU-OGAW-Verwaltungsgesellschaften die Anlagebedingungen redaktionell bis zum 31. Dezember 2014 an die Rechtsvorschriften dieses Gesetzes anzupassen. [5] § 163 Absatz 1 bis 3 und 4 Satz 2 bis 5, 6 Halbsatz 2 und 7 gilt für diese Änderungen nicht. [6] Müssen die Anlagebedingungen an die Anforderungen nach den §§ 200 bis 203 angepasst werden, bedürfen diese Änderungen der Genehmigung; die Anpassungen sind innerhalb von sechs Monaten ab dem 22. Juli 2013 vorzunehmen. [7] Für die Genehmigung der Anlagebedingungen gilt § 163 mit der Maßgabe, dass die in Absatz 2 Satz 1 genannte Frist drei Monate beträgt und dass Absatz 2 Satz 5, 6 und 10, Absatz 3, Absatz 4 Satz 2 bis 5 keine Anwendung finden. [8] Zudem haben die OGAW-Kapitalverwaltungsgesellschaften und EU-OGAW-Verwaltungsgesellschaften zeitgleich mit den Anlagebedingungen jeweils die wesentlichen Anlegerinformationen und den Verkaufsprospekt an die Vorschriften dieses Gesetzes anzupassen und diese Unterlagen jeweils gemeinsam unverzüglich nach erstmaliger Verwendung bei der Bundesanstalt einzureichen. [9] Bedürfen die Änderungen der Anlagebedingungen keiner Genehmigung durch die Bundesanstalt, haben die OGAW-Kapitalverwaltungsgesellschaften und die EU-OGAW-Verwaltungsgesellschaften zeitgleich die redaktionell angepassten Anlagebedingungen bei der Bundesanstalt einzureichen. [10] Bis zum Inkrafttreten der Änderungen der Anlagebedingungen der inländischen OGAW, die von einer OGAW-Verwaltungsgesellschaft im Sinne des Absatzes 1 verwaltet werden, gelten für diese inländische OGAW die auf inländische OGAW anwendbaren Vorschriften des Investmentgesetzes in der bis zum 21. Juli 2013 geltenden Fassung weiter. [11] Ab Inkrafttreten der geänderten Anlagebedingungen finden auf diese inländischen OGAW die auf inländische OGAW nach diesem Gesetz anwendbaren Vorschriften Anwendung.

(3) Die Verwahrstelle von bereits aufgelegten inländischen OGAW bedarf keiner Genehmigung, sofern sie bereits nach § 21 Absatz 1 des Investmentgesetzes in der bis zum 21. Juli 2013 geltenden Fassung genehmigt wurde.

(4) [1] OGAW-Verwaltungsgesellschaften, die bei Inkrafttreten dieses Gesetzes über die zuständigen Stellen des Herkunftsstaates des EU-OGAW eine Anzeige nach § 132 Absatz 1 des Investmentgesetzes in der bis zum 21. Juli 2013 geltenden Fassung oder nach § 15c Absatz 1 des Auslandsinvestmentgesetzes in der bis zum 31. Dezember 2003 geltenden Fassung erstattet haben und zum öffentlichen Vertrieb berechtigt sind, müssen keine neue Anzeige nach § 310 übermitteln; ein bereits erlangtes Vertriebsrecht besteht fort. [2] OGAW-Verwaltungsgesellschaften, die in Bezug auf ihre EU-OGAW nach dem 21. Juli 2013 Tätigkeiten ausüben oder ausüben lassen, die nach dem Investmentgesetz in der bis zum 21. Juli 2013 geltenden Fassung nicht als öffentlicher Vertrieb galten, nach diesem Gesetz aber als Vertrieb anzusehen sind, übermitteln bis zum 21. Juli 2014 über die zuständigen Stellen des Herkunftsmitgliedstaates des EU-OGAW eine Anzeige nach § 310.

A. Deutschland

Investmentsteuergesetz (InvStG)[48] [49]

Vom 15. Dezember 2003

(BGBl. I S. 2676/2724)

FNA 610-6-15

Zuletzt geändert durch Art. 1 Gesetz zur Anpassung des Investmentsteuergesetzes und anderer Gesetze an das AIFM-Umsetzungsgesetz (AIFM-Steuer-Anpassungsgesetz – AIFM-StAnpG) vom 18.12.2013 (BGBl. I S. 4318)

Lfd. Nr.	Änderndes Gesetz	Datum	Fundstelle	Betroffen	Hinweis
1.	Art. 12 Gesetz zur Umsetzung von EU-Richtlinien in nationales Steuerrecht und zur Änderung weiterer Vorschriften (Richtlinien-Umsetzungsgesetz – EURLUmsG)[50]	9.12.2004	BGBl. I S. 3310	Inhaltsübersicht, §§ 1, 2, 3, 4, 5, 6, 7, 8, 11, 12, 13, 14, 15, 16, 18	geänd.
				§ 18a	eingef.
2.	Art. 4 Abs. 26 Gesetz zur Neuorganisation der Bundesfinanzverwaltung und zur Schaffung eines Refinanzierungsregisters	22.9.2005	BGBl. I S. 2809	§§ 5, 11, 17a	geänd.
3.	Art. 13 Jahressteuergesetz 2007 (JStG 2007)	13.12.2006	BGBl. I S. 2878	§§ 3, 5, 7, 18	geänd.
4.	Art. 5 Gesetz zur Schaffung deutscher Immobilienaktiengesellschaften mit börsennotierten Anteilen	28.5.2007	BGBl. I S. 914	§§ 2, 8, 18	geänd.

---

[48] Das Investmentsteuergesetz wurde verkündet als Art. 2 des Investmentmodernisierungsgesetzes.
[49] In Kraft ab 1.1.2004. Siehe auch die Anwendungsvorschriften (§ 21) und die Übergangsvorschriften (§ 23).
[50] **[Amtl. Anm.:]** Dieses Gesetz dient der Umsetzung folgender Richtlinien:
– Richtlinie 90/435/EWG des Rates vom 23. Juli 1990 über das gemeinsame Steuersystem der Mutter- und Tochtergesellschaften verschiedener Mitgliedstaaten (ABl. EG Nr. L 225 S. 6, Nr. L 266 S. 20, 1997 Nr. L 16 S. 98), zuletzt geändert durch die Richtlinie 2003/123/EG des Rates vom 22. Dezember 2003 (ABl. EU Nr. L 7 S. 41),
– Richtlinie 77/388/EWG des Rates vom 17. Mai 1977 zur Harmonisierung der Rechtsvorschriften der Mitgliedstaaten über die Umsatzsteuern – Gemeinsames Mehrwertsteuersystem: einheitliche steuerpflichtige Bemessungsgrundlage (ABl. EG Nr. L 145 S. 1, Nr. L 173 S. 27, Nr. L 242 S. 22), zuletzt geändert durch die Richtlinie 2004/66/EG des Rates vom 26. April 2004 (ABl. EU Nr. L 168 S. 35),
– Richtlinie 1999/37/EG des Rates vom 29. April 1999 über die Zulassungsdokumente für Fahrzeuge (ABl. EG Nr. L 138 S. 57), zuletzt geändert durch die Richtlinie 2003/127/EG der Kommission vom 23. Dezember 2003 (ABl. EU 2004 Nr. L 10 S. 29), und
– Richtlinie 76/308/EWG des Rates vom 15. März 1976 über die gegenseitige Unterstützung bei der Beitreibung von Forderungen im Zusammenhang mit Maßnahmen, die Bestandteil des Finanzierungssystems des Europäischen Ausrichtungs- und Garantiefonds für die Landwirtschaft sind, sowie von Abschöpfungen und Zöllen (ABl. EG Nr. L 73 S. 18), zuletzt geändert durch die Akte über die Bedingungen des Beitritts der Tschechischen Republik, der Republik Estland, der Republik Zypern, der Republik Lettland, der Republik Litauen, der Republik Ungarn, der Republik Malta, der Republik Polen, der Republik Slowenien und der Slowakischen Republik und die Anpassungen der die Europäische Union begründenden Verträge (ABl. EU 2003 Nr. L 236 S. 555), sowie der Richtlinie 2002/94/EG der Kommission vom 9. Dezember 2002 zur Festlegung ausführlicher Durchführungsbestimmungen zu bestimmten Artikeln der Richtlinie 76/308/EWG über die gegenseitige Unterstützung bei der Beitreibung von Forderungen im Zusammenhang mit bestimmten Abgaben, Zöllen, Steuern und sonstigen Maßnahmen (ABl. EG Nr. L 337 S. 41), zuletzt geändert durch die Richtlinie 2004/79/EG der Kommission vom 4. März 2004 (ABl. EU Nr. L 168 S. 68).

Lfd. Nr.	Änderndes Gesetz	Datum	Fundstelle	Betroffen	Hinweis
5.	Art. 2a Achtes Gesetz zur Änderung des Versicherungsaufsichtsgesetzes sowie zur Änderung des Finanzdienstleistungsaufsichtsgesetzes und anderer Vorschriften	28.5.2007	BGBl. I S. 923	§ 2	geänd.
6.	Art. 8 Unternehmensteuerreformgesetz 2008	14.8.2007	BGBl. I S. 1912	§§ 1, 2, 3, 4, 5, 7, 8, 14, 15, 16, 18, 19	geänd.
7.	Art. 23 Jahressteuergesetz 2008 (JStG 2008)[51]	20.12.2007	BGBl. I S. 3150	§§ 2, 5, 7, 13, 15, 16, 18	geänd.
8.	Art. 14 Jahressteuergesetz 2009 (JStG 2009)	19.12.2008	BGBl. I S. 2794	§§ 1, 3, 4, 5, 7, 8, 13, 17a, 18	geänd.
9.	Art. 4 Gesetz zur steuerlichen Förderung der Mitarbeiterkapitalbeteiligung (Mitarbeiterkapitalbeteiligungsgesetz)	7.3.2009	BGBl. I S. 451	§ 18	geänd.
10.	Art. 9 Gesetz zur verbesserten steuerlichen Berücksichtigung von Vorsorgeaufwendungen (Bürgerentlastungsgesetz Krankenversicherung)	16.7.2009	BGBl. I S. 1959	Inhaltsübersicht, §§ 3, 5, 7, 11, 14, 15, 17a, 18	geänd.
11.	Art. 6 Jahressteuergesetz 2010 (JStG 2010)	8.12.2010	BGBl. I S. 1768	§§ 2, 4, 5, 7, 8, 9, 14, 16, 17a, 18	geänd.
12.	Art. 9 Gesetz zur Umsetzung der Richtlinie 2009/65/EG zur Koordinierung der Rechts- und Verwaltungsvorschriften betreffend bestimmte Organismen für gemeinsame Anlagen in Wertpapieren (OGAW-IV-Umsetzungsgesetz – OGAW-IV-UmsG)[52]	22.6.2011	BGBl. I S. 1126	Inhaltsübers., §§ 1, 2, 5, 7, 10, 11, 13, 14, 15, 17a, 18	geänd.
13.	Art. 22 Gesetz zur Umsetzung der Beitreibungsrichtlinie sowie zur Änderung steuerlicher Vorschriften (Beitreibungsrichtlinie-Umsetzungsgesetz – BeitrRLUmsG)	7.12.2011	BGBl. I S. 2592	§§ 7, 18	geänd.
14.	Art. 2 Abs. 56 Gesetz zur Änderung von Vorschriften über Verkündung und Bekanntmachungen sowie der Zivilprozessordnung, des Gesetzes betreffend die Einführung der Zivilprozessordnung und der Abgabenordnung	22.12.2011	BGBl. I S. 3044	§§ 5, 13, 16	geänd.

[51] [Amtl. Anm.:] Dieses Gesetz dient der Umsetzung nachfolgender Richtlinien:
a) der Richtlinie 2004/106/EG des Rates vom 16. November 2004 zur Änderung der Richtlinie 77/799/EWG über die gegenseitige Amtshilfe zwischen den zuständigen Behörden der Mitgliedstaaten im Bereich der direkten Steuern, bestimmter Verbrauchsteuern und der Steuern auf Versicherungsprämien sowie der Richtlinie 92/12/EWG über das allgemeine System, den Besitz, die Beförderung und die Kontrolle verbrauchsteuerpflichtiger Waren (ABl. EU Nr. L 359 S. 30) und
b) der Richtlinie 2006/98/EG des Rates vom 20. November 2006 zur Anpassung bestimmter Richtlinien im Bereich Steuerwesen anlässlich des Beitritts Bulgariens und Rumäniens (ABl. EU Nr. L 363 S. 129).

[52] [Amtl. Anm.:] Dieses Gesetz dient der Umsetzung
– der Richtlinie 2009/65/EG des Europäischen Parlaments und des Rates vom 13. Juli 2009 zur Koordinierung der Rechts- und Verwaltungsvorschriften betreffend bestimmte Organismen für gemeinsame Anlagen in Wertpapieren (OGAW) (ABl. L 302 vom 17.11.2009, S. 32),
– der Richtlinie 2010/43/EU der Kommission vom 1. Juli 2010 zur Durchführung der Richtlinie 2009/65/EG des Europäischen Parlaments und des Rates im Hinblick auf organisatorische Anforderungen, Interessenkonflikte, Wohlverhalten, Risikomanagement und den Inhalt der Vereinbarung zwischen Verwahrstelle und Verwaltungsgesellschaft (ABl. L 176 vom 10.7.2010, S. 42) und

A. Deutschland

Lfd. Nr.	Änderndes Gesetz	Datum	Fundstelle	Betroffen	Hinweis
15.	Art. 2 Gesetz zur Umsetzung des EuGH-Urteils vom 20. Oktober 2011 in der Rechtssache C-284/09	21.3.2013	BGBl. I S. 561	§§ 2, 5, 8, 15, 16, 18	geänd.
16.	Art. 8 Gesetz zur Umsetzung der Amtshilferichtlinie sowie zur Änderung steuerlicher Vorschriften (Amtshilferichtlinie-Umsetzungsgesetz – AmtshilfeRLUmsG)	26.6.2013	BGBl. I S. 1809	§§ 11, 17a, 18	geänd.
17.	Art. 1 Gesetz zur Anpassung des Investmentsteuergesetzes und anderer Gesetze an das AIFM-Umsetzungsgesetz (AIFM-Steuer-Anpassungsgesetz – AIFM-StAnpG)	18.12.2013	BGBl. I S. 4318	Inhaltsübersicht, §§ 1, 2, 3, 4, 5, 7, 8, 10, 11, 12, 13, 14, 15, 16, 17, 17a, Überschrift 4. Abschnitt, §§ 18, 19, 21, 23	geänd.
				§§ 3a, 15a, 20, Überschrift 5. Abschnitt, § 22	eingef.

Abschnitt 1.[53)] **Gemeinsame Regelungen für inländische und ausländische Investmentanteile [[neue Fassung:] Investmentfonds]**

Übersicht

§ 1   Anwendungsbereich und Begriffsbestimmungen
§ 2   Erträge aus Investmentanteilen
§ 3   Ermittlung der Erträge
§ 3a   Ausschüttungsreihenfolge
§ 4   Ausländische Einkünfte
§ 5   Besteuerungsgrundlagen
§ 6   Besteuerung bei fehlender Bekanntmachung
§ 7   Kapitalertragsteuer
§ 8   Veräußerung von Investmentanteilen; Vermögensminderung
§ 9   Ertragsausgleich
§ 10   Dach-Investmentvermögen [[neue Fassung:] Dach-Investmentfonds]

§ 1 Anwendungsbereich und Begriffsbestimmungen

[Fassung bis 23.12.2013:]   *[Fassung ab 24.12.2013:]*

(1)[54)] Dieses Gesetz ist anzuwenden auf
1. inländische Investmentvermögen, soweit diese gebildet werden,
   a) in Form eines Sondervermögens im Sinne des § 2 Absatz 2 des Investmentgesetzes,[55)] das von einer Kapitalanlagegesellschaft im Sinne des § 2 Absatz 6

  – der Richtlinie 2010/44/EU der Kommission vom 1. Juli 2010 zur Durchführung der Richtlinie 2009/65/EG des Europäischen Parlaments und des Rates in Bezug auf Bestimmungen über Fondsverschmelzungen, Master-Feeder-Strukturen und das Anzeigeverfahren (ABl. L 176 vom 10.7.2010, S. 28, L 179 vom 14.7.2010, S. 16).
  [53] Überschrift Abschnitt 1 geänd. (laut BGBl. nur in Inhaltsübersicht geänd.) durch G v. 18.12.2013 (BGBl. I S. 4318).
  [54] § 1 Abs. 1 und 2 neu gef., Abs. 1a eingef. mWv 1.7.2011 durch G v. 22.6.2011 (BGBl. I S. 1126); zur Anwendung siehe § 21 Abs. 20 Satz 1.
  [55] §§ 1 und 2 InvG v. 15.12.2003 (BGBl. I S. 2676) sind in der bis zum 21.7.2013 geltenden Fassung als nichtamtlicher Anhang nach § 19 abgedruckt; zur Problematik steuerrechtliches Anpassungsgesetz zum AIFM-Umsetzungsgesetz, Fortgeltung des bisherigen Rechts, siehe auch BMF-Schreiben vom 18.7.2013 (BStBl. I S. 899).

des Investmentgesetzes[56)] verwaltet wird,
b) in Form eines Sondervermögens im Sinne des § 2 Absatz 2 des Investmentgesetzes[57)], das von einer inländischen Zweigniederlassung einer EU-Verwaltungsgesellschaft im Sinne des § 2 Absatz 6a des Investmentgesetzes[58)] verwaltet wird,
c) in Form eines Sondervermögens im Sinne des § 2 Absatz 2 des Investmentgesetzes[59)], das von einer EU-Verwaltungsgesellschaft im Sinne des § 2 Absatz 6a des Investmentgesetzes[60)] im Wege der grenzüberschreitenden Dienstleistung verwaltet wird, und
d) in Form einer inländischen Investmentaktiengesellschaft im Sinne des § 2 Absatz 5 des Investmentgesetzes,[61)]
2. inländische Investmentanteile in Form der Anteile an Sondervermögen nach Nummer 1 Buchstabe a bis c (inländische Anteile) oder in Form von Aktien an der inländischen Investmentaktiengesellschaft nach Nummer 1 Buchstabe d und
3. ausländische Investmentvermögen und ausländische Investmentanteile im Sinne des § 2 Absatz 8 bis 10 des Investmentgesetzes[62)].

(1a)[64)] ¹ Für die Anwendung dieses Gesetzes zählt ein von einer Kapitalanlagegesellschaft im Sinne des § 2 Absatz 6 des

(1)[63)] ¹ Dieses Gesetz ist anzuwenden auf Organismen für gemeinsame Anlagen in Wertpapieren (OGAW) im Sinne des § 1 Absatz 2 des Kapitalanlagegesetzbuchs und Alternative Investmentfonds (AIF) im Sinne des § 1 Absatz 3 des Kapitalanlagegesetzbuchs sowie auf Anteile an OGAW oder AIF. ² Teilsondervermögen im Sinne des § 96 Absatz 2 Satz 1 des Kapitalanlagegesetzbuchs, Teilgesellschaftsvermögen im Sinne des § 117 oder des § 132 des Kapitalanlagegesetzbuchs oder vergleichbare rechtlich getrennte Einheiten eines ausländischen OGAW oder AIF (Teilfonds) gelten für die Zwecke dieses Gesetzes selbst als OGAW oder AIF.

(1a)[65)] Dieses Gesetz ist nicht anzuwenden auf
1. Gesellschaften, Einrichtungen oder Organisationen, für die nach § 2 Absatz 1 und 2 des Kapital-

---

[56] §§ 1 und 2 InvG v. 15.12.2003 (BGBl. I S. 2676) sind in der bis zum 21.7.2013 geltenden Fassung als nichtamtlicher Anhang nach § 19 abgedruckt; zur Problematik steuerrechtliches Anpassungsgesetz zum AIFM-Umsetzungsgesetz, Fortgeltung des bisherigen Rechts, siehe auch BMF-Schreiben vom 18.7.2013 (BStBl. I S. 899).

[57] §§ 1 und 2 InvG v. 15.12.2003 (BGBl. I S. 2676) sind in der bis zum 21.7.2013 geltenden Fassung als nichtamtlicher Anhang nach § 19 abgedruckt; zur Problematik steuerrechtliches Anpassungsgesetz zum AIFM-Umsetzungsgesetz, Fortgeltung des bisherigen Rechts, siehe auch BMF-Schreiben vom 18.7.2013 (BStBl. I S. 899).

[58] §§ 1 und 2 InvG v. 15.12.2003 (BGBl. I S. 2676) sind in der bis zum 21.7.2013 geltenden Fassung als nichtamtlicher Anhang nach § 19 abgedruckt; zur Problematik steuerrechtliches Anpassungsgesetz zum AIFM-Umsetzungsgesetz, Fortgeltung des bisherigen Rechts, siehe auch BMF-Schreiben vom 18.7.2013 (BStBl. I S. 899).

[59] §§ 1 und 2 InvG v. 15.12.2003 (BGBl. I S. 2676) sind in der bis zum 21.7.2013 geltenden Fassung als nichtamtlicher Anhang nach § 19 abgedruckt; zur Problematik steuerrechtliches Anpassungsgesetz zum AIFM-Umsetzungsgesetz, Fortgeltung des bisherigen Rechts, siehe auch BMF-Schreiben vom 18.7.2013 (BStBl. I S. 899).

[60] §§ 1 und 2 InvG v. 15.12.2003 (BGBl. I S. 2676) sind in der bis zum 21.7.2013 geltenden Fassung als nichtamtlicher Anhang nach § 19 abgedruckt; zur Problematik steuerrechtliches Anpassungsgesetz zum AIFM-Umsetzungsgesetz, Fortgeltung des bisherigen Rechts, siehe auch BMF-Schreiben vom 18.7.2013 (BStBl. I S. 899).

[61] §§ 1 und 2 InvG v. 15.12.2003 (BGBl. I S. 2676) sind in der bis zum 21.7.2013 geltenden Fassung als nichtamtlicher Anhang nach § 19 abgedruckt; zur Problematik steuerrechtliches Anpassungsgesetz zum AIFM-Umsetzungsgesetz, Fortgeltung des bisherigen Rechts, siehe auch BMF-Schreiben vom 18.7.2013 (BStBl. I S. 899).

[62] §§ 1 und 2 InvG v. 15.12.2003 (BGBl. I S. 2676) sind in der bis zum 21.7.2013 geltenden Fassung als nichtamtlicher Anhang nach § 19 abgedruckt; zur Problematik steuerrechtliches Anpassungsgesetz zum AIFM-Umsetzungsgesetz, Fortgeltung des bisherigen Rechts, siehe auch BMF-Schreiben vom 18.7.2013 (BStBl. I S. 899).

[63] § 1 Abs 1, 1a und 2 neu gef., Absätze 1b bis 1g und 2a eingef. durch G v. 18.12.2013 (BGBl. I S. 4318); zur Anwendung siehe § 22 Abs. 1 und 2.

[64] § 1 Abs. 1 und 2 neu gef., Abs. 1a eingef. mWv 1.7.2011 durch G v. 22.6.2011 (BGBl. I S. 1126); zur Anwendung siehe § 21 Abs. 20 Satz 1.

[65] § 1 Abs 1, 1a und 2 neu gef., Absätze 1b bis 1g und 2a eingef. durch G v. 18.12.2013 (BGBl. I S. 4318); zur Anwendung siehe § 22 Abs. 1 und 2.

Investmentgesetzes oder einer inländischen Zweigniederlassung einer EU-Verwaltungsgesellschaft im Sinne des § 2 Absatz 6a des Investmentgesetzes verwaltetes EU-Investmentvermögen der Vertragsform zu den ausländischen Investmentvermögen. ²Ist nach dem Recht des Herkunftsstaates eines Investmentvermögens nach Satz 1 auf Grund des Sitzes der Kapitalanlagegesellschaft im Inland oder der inländischen Zweigniederlassung der EU-Verwaltungsgesellschaft die Bundesrepublik Deutschland zur Regelung der umfassenden Besteuerung des Investmentvermögens berufen, so gilt dieses für die Anwendung dieses Gesetzes abweichend von Satz 1 als inländisches Investmentvermögen. ³Anteile an einem Investmentvermögen nach Satz 2 gelten als Anteile an einem inländischen Investmentvermögen. ⁴Anteile an einem Investmentvermögen nach Satz 1 zählen zu den ausländischen Investmentanteilen.

anlagegesetzbuchs das Kapitalanlagegesetzbuch nicht anwendbar ist,
2. Unternehmensbeteiligungsgesellschaften im Sinne des § 1a Absatz 1 des Gesetzes über Unternehmensbeteiligungsgesellschaften und
3. Kapitalbeteiligungsgesellschaften, die im öffentlichen Interesse mit Eigenmitteln oder mit staatlicher Hilfe Beteiligungen erwerben.

(1b)[66] Die Abschnitte 1 bis 3 und 5 sind auf Investmentfonds und Anteile an Investmentfonds anzuwenden. Ein Investmentfonds ist ein OGAW oder ein AIF, der die folgenden Anlagebestimmungen erfüllt:
1. Der OGAW, der AIF oder der Verwalter des AIF ist in seinem Sitzstaat einer Aufsicht über Vermögen zur gemeinschaftlichen Kapitalanlage unterstellt. ²Diese Bestimmung gilt in den Fällen des § 2 Absatz 3 des Kapitalanlagegesetzbuchs als erfüllt.
2. ¹Die Anleger können mindestens einmal pro Jahr das Recht zur Rückgabe oder Kündigung ihrer Anteile, Aktien oder Beteiligung ausüben. ²Dies gilt als erfüllt, wenn der OGAW oder der AIF an einer Börse im Sinne des § 2 Absatz 1 des Börsengesetzes oder einer vergleichbaren ausländischen Börse gehandelt wird.
3. ¹Der objektive Geschäftszweck ist auf die Anlage und Verwaltung seiner Mittel für gemeinschaftliche Rechnung der Anteils- oder Aktieninhaber beschränkt und eine aktive unternehmerische Bewirtschaftung der Vermögensgegenstände ist ausgeschlossen. ²Eine aktive unternehmerische Bewirtschaftung ist bei Beteiligungen an Immobilien-Gesellschaften im Sinne des § 1 Absatz 19 Nummer 22 des Kapitalanlagegesetzbuchs nicht schädlich.
4. ¹Das Vermögen wird nach dem Grundsatz der Risikomischung angelegt. Eine Risikomischung liegt regelmäßig vor, wenn das Vermögen in mehr als drei Vermögensgegenstände mit unterschiedlichen Anlagerisiken angelegt ist. ²Der Grundsatz der Risikomischung gilt als gewahrt, wenn der

---

[66] § 1 Abs 1, 1a und 2 neu gef., Absätze 1b bis 1g und 2a eingef. durch G v. 18.12.2013 (BGBl. I S. 4318); zur Anwendung siehe § 22 Abs. 1 und 2.

III. Normentexte

OGAW oder der AIF in nicht nur unerheblichem Umfang Anteile an einem oder mehreren anderen Vermögen hält und diese anderen Vermögen unmittelbar oder mittelbar nach dem Grundsatz der Risikomischung angelegt sind.
5. Die Vermögensanlage erfolgt zu mindestens 90 Prozent des Wertes des OGAW oder des AIF in die folgenden Vermögensgegenstände:
   a) Wertpapiere,
   b) Geldmarktinstrumente,
   c) Derivate,
   d) Bankguthaben,
   e) Grundstücke, grundstücksgleiche Rechte und vergleichbare Rechte nach dem Recht anderer Staaten,
   f) Beteiligungen an Immobilien-Gesellschaften im Sinne des § 1 Absatz 19 Nummer 22 des Kapitalanlagegesetzbuchs,
   g) Betriebsvorrichtungen und andere Bewirtschaftungsgegenstände im Sinne des § 231 Absatz 3 des Kapitalanlagegesetzbuchs,
   h) Anteile oder Aktien an inländischen und ausländischen Investmentfonds,
   i) Beteiligungen an ÖPP-Projektgesellschaften im Sinne des § 1 Absatz 19 Nummer 28 des Kapitalanlagegesetzbuchs, wenn der Verkehrswert dieser Beteiligungen ermittelt werden kann und
   j) Edelmetalle, unverbriefte Darlehensforderungen und Beteiligungen an Kapitalgesellschaften, wenn der Verkehrswert dieser Beteiligungen ermittelt werden kann.
6. [1] Höchstens 20 Prozent seines Wertes werden in Beteiligungen an Kapitalgesellschaften investiert, die weder zum Handel an einer Börse zugelassen noch in einem anderen organisierten Markt zugelassen oder in diesen einbezogen sind. [2] OGAW oder AIF, die nach ihren Anlagebedingungen das bei ihnen eingelegte Geld in Immobilien anlegen, dürfen bis zu 100 Prozent ihres Wertes in Immobilien-Gesellschaften investieren. [3] Innerhalb der Grenzen des Satzes 1 dürfen auch Unternehmensbeteiligungen gehalten werden, die vor dem 28. November 2013 erworben wurden.
7. [1] Die Höhe der Beteiligung an einer Kapitalgesellschaft liegt unter 10 Prozent des Kapitals der Kapitalgesellschaft. [2] Dies gilt nicht für Beteiligungen eines OGAW oder eines AIF an
   a) Immobilien-Gesellschaften,
   b) ÖPP-Projektgesellschaften und
   c) Gesellschaften, deren Unternehmensgegenstand auf die Erzeugung erneuerbarer Energien im Sinne des § 3 Nummer 3 des Gesetzes über den Vorrang erneuerbarer Energien gerichtet ist.
8. [1] Ein Kredit darf nur kurzfristig und nur bis zur Höhe von 30 Prozent des Wertes des OGAW oder des AIF aufgenommen werden. [2] AIF, die

nach den Anlagebedingungen das bei ihnen eingelegte Geld in Immobilien anlegen, dürfen kurzfristige Kredite bis zu einer Höhe von 30 Prozent des Wertes des Investmentfonds und im Übrigen Kredite bis zu einer Höhe von 50 Prozent des Verkehrswertes der im AIF unmittelbar oder mittelbar gehaltenen Immobilien aufnehmen.

9. Die vorstehenden Anlagebestimmungen oder die für OGAW geltenden Anlagebestimmungen des Kapitalanlagegesetzbuchs gehen aus seinen Anlagebedingungen hervor.

(1c)[67] ¹OGAW und AIF, die nicht die Voraussetzungen der Absätze 1b und 1f erfüllen, sind Investitionsgesellschaften. ²Auf Investitionsgesellschaften sind die Absätze 1, 1a und 2 sowie die Abschnitte 4 und 5 anzuwenden.

(1d)[68] ¹Ändert ein Investmentfonds seine Anlagebedingungen in der Weise ab, dass die Anlagebestimmungen des Absatzes 1b nicht mehr erfüllt sind, oder liegt in der Anlagepraxis ein wesentlicher Verstoß gegen die Anlagebestimmungen des Absatzes 1b vor, so hat bei inländischen Investmentfonds das nach § 13 Absatz 5 zuständige Finanzamt und bei ausländischen Investmentfonds das Bundeszentralamt für Steuern das Fehlen der Anlagebestimmungen festzustellen. ²Die §§ 164, 165 und 172 bis 175a der Abgabenordnung sind auf die Feststellung nicht anzuwenden. ³Nach Ablauf des Geschäftsjahres des Investmentfonds, in dem der Feststellungsbescheid unanfechtbar geworden ist, gilt der Investmentfonds für einen Zeitraum von mindestens drei Jahren als Investitionsgesellschaft. ⁴Unanfechtbare Feststellungsbescheide sind vom zuständigen Finanzamt dem Bundeszentralamt für Steuern mitzuteilen. ⁵Das Bundeszentralamt für Steuern hat die Bezeichnung des Investmentfonds, die Wertpapieridentifikationsnummer ISIN, soweit sie erteilt wurde, und den Zeitpunkt, ab dem der Investmentfonds als Investitionsgesellschaft gilt, im Bundesanzeiger zu veröffentlichen.

(1e)[69] Bei einer Überschreitung der zulässigen Beteiligungshöhe an Kapitalgesellschaften nach Absatz 1b Nummer 7 sind für den Investmentfonds oder für dessen Anleger keine Besteuerungsregelungen anzuwenden, die eine über dieser Grenze liegende Beteiligungshöhe voraussetzen.

(1f)[70] Inländische Investmentfonds können gebildet werden

---

[67] § 1 Abs 1, 1a und 2 neu gef., Absätze 1b bis 1g und 2a eingef. durch G v. 18.12.2013 (BGBl. I S. 4318); zur Anwendung siehe § 22 Abs. 1 und 2.

[68] § 1 Abs 1, 1a und 2 neu gef., Absätze 1b bis 1g und 2a eingef. durch G v. 18.12.2013 (BGBl. I S. 4318); zur Anwendung siehe § 22 Abs. 1 und 2, zur Anwendung von § 1 Abs. 1d siehe § 22 Abs. 2 Satz 4.

[69] § 1 Abs 1, 1a und 2 neu gef., Absätze 1b bis 1g und 2a eingef. durch G v. 18.12.2013 (BGBl. I S. 4318); zur Anwendung siehe § 22 Abs. 1 und 2.

[70] § 1 Abs 1, 1a und 2 neu gef., Absätze 1b bis 1g und 2a eingef. durch G v. 18.12.2013 (BGBl. I S. 4318); zur Anwendung siehe § 22 Abs. 1 und 2.

III. Normentexte

1. in Form eines Sondervermögens im Sinne des § 1 Absatz 10 des Kapitalanlagegesetzbuchs, das von einer
   a) externen Kapitalverwaltungsgesellschaft im Sinne des § 17 Absatz 2 Nummer 1 des Kapitalanlagegesetzbuchs verwaltet wird,
   b) inländischen Zweigniederlassung einer EU-Verwaltungsgesellschaft im Sinne des § 1 Absatz 17 des Kapitalanlagegesetzbuchs verwaltet wird oder
   c) EU-Verwaltungsgesellschaft im Sinne des § 1 Absatz 17 Nummer 1 des Kapitalanlagegesetzbuchs mittels der grenzüberschreitenden Dienstleistung verwaltet wird,
2. in Form einer Investmentaktiengesellschaft mit veränderlichem Kapital im Sinne des Kapitels 1 Abschnitt 4 Unterabschnitt 3 des Kapitalanlagegesetzbuchs oder
3. in Form einer offenen Investmentkommanditgesellschaft im Sinne des Kapitels 1 Abschnitt 4 Unterabschnitt 4 des Kapitalanlagegesetzbuchs, die nach ihrem Gesellschaftsvertrag nicht mehr als 100 Anleger hat, die nicht natürliche Personen sind und deren Gesellschaftszweck unmittelbar und ausschließlich der Abdeckung von betrieblichen Altersvorsorgeverpflichtungen dient. ²Die Voraussetzungen des Satzes 1 gelten nicht als erfüllt, wenn der Wert der Anteile, die ein Anleger erwirbt, den Wert der betrieblichen Altersvorsorgeverpflichtung übersteigt. ³Die Anleger haben schriftlich nach amtlichem Muster gegenüber der offenen Investmentkommanditgesellschaft zu bestätigen, dass sie ihren Anteil unmittelbar und ausschließlich zur Abdeckung von betrieblichen Altersvorsorgeverpflichtungen halten.

(1g)[71] ¹Für die Anwendung der Abschnitte 1 bis 3 und 5 zählt ein EU-Investmentfonds der Vertragsform, der von einer externen Kapitalverwaltungsgesellschaft im Sinne des § 17 Absatz 2 Nummer 1 des Kapitalanlagegesetzbuchs oder einer inländischen Zweigniederlassung einer EU-Verwaltungsgesellschaft im Sinne des § 1 Absatz 17 des Kapitalanlagegesetzbuchs verwaltet wird, zu den ausländischen Investmentfonds. ²Ist nach dem Recht des Herkunftsstaates eines Investmentfonds nach Satz 1 auf Grund des Sitzes der Kapitalverwaltungsgesellschaft im Inland oder der inländischen Zweigniederlassung der EU-Verwaltungsgesellschaft die Bundesrepublik Deutschland dazu berufen, die Besteuerung des Investmentfonds umfassend zu regeln, so gilt dieser Investmentfonds für die Anwendung dieses Gesetzes abweichend von Satz 1 als inländischer Investmentfonds. ³Anteile an einem Investmentfonds nach Satz 2 gelten als Anteile an einem inländischen Investmentfonds. ⁴Anteile an einem Investmentfonds nach Satz 1 zählen zu den ausländischen Anteilen.

---

[71] § 1 Abs 1, 1a und 2 neu gef., Absätze 1b bis 1g und 2a eingef. durch G v. 18.12.2013 (BGBl. I S. 4318); zur Anwendung siehe § 22 Abs. 1 und 2.

(2)[72] ¹Die Begriffsbestimmungen in § 1 Satz 2 und § 2 des Investmentgesetzes mit Ausnahme des § 2 Absatz 1 Satz 1 des Investmentgesetzes[73] gelten entsprechend. ²Anleger im Sinne dieses Gesetzes sind die Inhaber von Anteilen an Investmentvermögen, unabhängig von deren rechtlicher Ausgestaltung. ³Inländische Investmentvermögen sind zugleich inländische Investmentgesellschaften im Sinne dieses Gesetzes. ⁴Sie werden bei der Geltendmachung von Rechten und der Erfüllung von Pflichten nach diesem Gesetz im Falle des
1. Absatzes 1 Nummer 1
   a) Buchstabe a durch die Kapitalanlagegesellschaft,
   b) Buchstabe b durch die inländische Zweigniederlassung der ausländischen Verwaltungsgesellschaft und
   c) Buchstabe c durch die inländische Depotbank und
2. Absatzes 1a durch die Kapitalanlagegesellschaft
vertreten.

(2)[74] ¹Die Begriffsbestimmungen des Kapitalanlagegesetzbuchs gelten entsprechend, soweit sich keine abweichende Begriffsbestimmung aus diesem Gesetz ergibt. ²Anleger sind die Inhaber von Anteilen an Investmentfonds und Investitionsgesellschaften, unabhängig von deren rechtlicher Ausgestaltung. ³Inländische Investmentfonds oder inländische Investitionsgesellschaften sind OGAW oder AIF, die dem inländischen Aufsichtsrecht unterliegen. ⁴EU-Investmentfonds und EU-Investitionsgesellschaften sind OGAW oder AIF, die dem Aufsichtsrecht eines anderen Mitgliedstaates der Europäischen Union oder eines anderen Vertragsstaates des Abkommens über den Europäischen Wirtschaftsraum unterliegen. ⁵Ausländische Investmentfonds und ausländische Investitionsgesellschaften sind EU-Investmentfonds oder EU-Investitionsgesellschaften oder AIF, die dem Recht eines Drittstaates unterliegen. ⁶Als Anlagebedingungen im Sinne dieses Gesetzes gelten auch die Satzung, der Gesellschaftsvertrag oder vergleichbare konstituierende Dokumente eines OGAW oder eines AIF.

(2a)[75] ¹Inländische Investmentfonds sind zugleich inländische Investmentgesellschaften im Sinne dieses Gesetzes. ²Ausländische Investmentfonds sind zugleich ausländische Investmentgesellschaften im Sinne dieses Gesetzes. ³Inländische Investmentfonds werden bei der Geltendmachung von Rechten und der Erfüllung von Pflichten wie folgt vertreten:
1. bei Sondervermögen nach Absatz 1f Nummer 1
   a) Buchstabe a durch die Kapitalverwaltungsgesellschaft,
   b) Buchstabe b durch die inländische Zweigniederlassung der EU-Verwaltungsgesellschaft,
   c) Buchstabe c durch die inländische Verwahrstelle im Sinne des § 68 Absatz 3 des Kapitalanlagegesetzbuchs, wenn es sich um inländische OGAW handelt, oder durch die inländische Verwahrstelle im Sinne des § 80 Absatz 6 des Kapitalanlagegesetzbuchs, wenn es sich um inländische AIF handelt, und
2. bei Gesellschaften nach Absatz 1g durch die Kapitalverwaltungsgesellschaft.
⁴Während der Abwicklung eines inländischen Investmentfonds tritt die inländische Verwahrstelle für die Anwendung des Satzes 2 an die Stelle der Kapitalverwaltungsgesellschaft.

---

[72] § 1 Abs. 2 neu gef. mWv 1.7.2011 durch G v. 22.6.2011 (BGBl. I S. 1126); zur Anwendung siehe § 21 Abs. 20 Satz 1.
[73] §§ 1 und 2 InvG v. 15.12.2003 (BGBl. I S. 2676) sind in der bis zum 21.7.2013 geltenden Fassung als nichtamtlicher Anhang nach § 19 abgedruckt.
[74] § 1 Abs 1, 1a und 2 neu gef., Absätze 1b bis 1g und 2a eingef. durch G v. 18.12.2013 (BGBl. I S. 4318); zur Anwendung siehe § 22 Abs. 1 und 2.
[75] § 1 Abs 1, 1a und 2 neu gef., Absätze 1b bis 1g und 2a eingef. durch G v. 18.12.2013 (BGBl. I S. 4318); zur Anwendung siehe § 22 Abs. 1 und 2.

III. Normentexte

(3)[76] ¹Ausschüttungen sind die dem Anleger tatsächlich gezahlten oder gutgeschriebenen Beträge einschließlich der einbehaltenen Kapitalertragsteuer. ²Ausgeschüttete Erträge sind die von einem Investmentvermögen [[neue Fassung:] Investmentfonds][77] zur Ausschüttung verwendeten Kapitalerträge, Erträge aus der Vermietung und Verpachtung von Grundstücken und grundstücksgleichen Rechten, sonstige Erträge und Gewinne aus Veräußerungsgeschäften. ³Ausschüttungsgleiche Erträge sind die von einem Investmentvermögen [[neue Fassung:] Investmentfonds][78] nach Abzug der abziehbaren Werbungskosten nicht zur Ausschüttung verwendeten
1. Kapitalerträge mit Ausnahme der Erträge aus Stillhalterprämien im Sinne des § 20 Abs. 1 Nr. 11 des Einkommensteuergesetzes, der Gewinne im Sinne des § 20 Abs. 2 Satz 1 Nr. 1 des Einkommensteuergesetzes, der Gewinne im Sinne des § 20 Abs. 2 Satz 1 Nr. 3 des Einkommensteuergesetzes und der Gewinne im Sinne des § 20 Abs. 2 Satz 1 Nr. 7 des Einkommensteuergesetzes, soweit sie nicht auf vereinnahmte Stückzinsen entfallen und wenn es sich um sonstige Kapitalforderungen handelt,
   a) die eine Emissionsrendite haben,
   b) bei denen das Entgelt für die Kapitalüberlassung ausschließlich nach einem festen oder variablen Bruchteil des Kapitals bemessen und die Rückzahlung des Kapitals in derselben Höhe zugesagt oder gewährt wird, in der es überlassen wurde. ²Ein Emissionsdisagio oder Emissionsdiskont zur Feinabstimmung des Zinses bleibt dabei unberücksichtigt,
   c) bei denen weder eine auch nur teilweise Rückzahlung des Kapitalvermögens noch ein gesondertes Entgelt für die Überlassung des Kapitalvermögens zur Nutzung zugesagt oder gewährt wird und die Rückzahlung des Kapitals sich nach der Wertentwicklung einer einzelnen Aktie oder eines veröffentlichten Index für eine Mehrzahl von Aktien richtet und diese Wertentwicklung in gleichem Umfang nachgebildet wird,
   d) die solche im Sinne des Buchstaben b sind, bei denen der Inhaber neben der festen Verzinsung ein Recht auf Umtausch in Gesellschaftsanteile hat, oder bei denen der Inhaber zusätzlich bei Endfälligkeit das Wahlrecht besitzt, vom Emittenten entweder die Kapitalrückzahlung oder die Lieferung einer vorher festgelegten Anzahl von Aktien eines Unternehmens zu verlangen, oder bei denen der Emittent zusätzlich das Recht besitzt, bei Fälligkeit dem Inhaber an Stelle der Rückzahlung des Nominalbetrags eine vorher festgelegte Anzahl von Aktien anzudienen,
   e) die Gewinnobligationen oder Genussrechte im Sinne des § 43 Abs. 1 Satz 1 Nr. 2 des Einkommensteuergesetzes sind,
   f) bei denen die Anschaffungskosten teilweise auf abtrennbare Optionsscheine und eine separat handelbare Anleihe entfallen,
2. Erträge aus der Vermietung und Verpachtung von Grundstücken und grundstücksgleichen Rechten, sonstige Erträge und Gewinne aus privaten Veräußerungsgeschäften im Sinne des § 23 Abs. 1 Satz 1 Nr. 1, Abs. 2 und 3 des Einkommensteuergesetzes.
⁴Zu den ausgeschütteten und ausschüttungsgleichen Erträgen im Sinne der Sätze 2 und 3 gehören auch nach § 3 Abs. 2 Satz 1 Nr. 2 abgegrenzte Erträge. ⁵Fasst die Investmentgesellschaft nicht spätestens vier Monate nach Ablauf des Geschäftsjahres einen Beschluss über die Verwendung der Erträge des abgelaufenen Geschäftsjahres, gelten diese als nicht zur Ausschüttung verwendet.

(4)[79] Zwischengewinn ist das Entgelt für die dem Anleger noch nicht zugeflossenen oder als zugeflossen geltenden
1.[80] Einnahmen des *Investmentvermögens* [[**neue Fassung:**] Investmentfonds][81] im Sinne des § 20 Abs. 1 Nr. 7 und des Abs. 2 Satz 1 Nr. 2 Buchstabe b sowie des § 20 Abs. 2 Satz 1 Nr. 7 des Einkommensteuergesetzes, soweit sie zu den ausschüttungsgleichen Erträgen im Sinne des Absatzes 3 Satz 3 gehören, sowie für die angewachsenen Ansprüche des *Investmentvermögens* [[**neue Fassung:**] Investmentfonds][82] auf derartige Einnahmen; die Ansprüche sind auf der Grundlage des § 20 Abs. 2 des Einkommensteuergesetzes zu bewerten;

---

[76] § 1 Abs. 3 neu gef. durch G v. 19.12.2008 (BGBl. I S. 2794); zur Anwendung siehe § 21 Abs. 12 Satz 1, Abs. 14.
[77] Bezeichnung geänd. durch G v. 18.12.2013 (BGBl. I S. 4318).
[78] Bezeichnung geänd. durch G v. 18.12.2013 (BGBl. I S. 4318).
[79] § 1 Abs. 4 angef. durch G v. 9.12.2004 (BGBl. I S. 3310); zur erstmaligen Anwendung siehe § 21 Abs. 3 Satz 1 aF.
[80] § 1 Abs. 4 Nr. 1 und Nr. 2 geänd. durch G v. 14.8.2007 (BGBl. I S. 1912), zur erstmaligen Anwendung siehe § 21 Abs. 1 Satz 1 nF; geänd. durch G v. 19.12.2008 (BGBl. I S. 2794); zur Anwendung siehe § 21 Abs. 12 Satz 1.
[81] Bezeichnung geänd. durch G v. 18.12.2013 (BGBl. I S. 4318).
[82] Bezeichnung geänd. durch G v. 18.12.2013 (BGBl. I S. 4318).

2.[83]) Einnahmen aus Anteilen an anderen *Investmentvermögen* [*[neue Fassung:]* Investmentfonds][84]), soweit darin Erträge des anderen *Investmentvermögens* [*[neue Fassung:]* Investmentfonds][85]) im Sinne des § 20 Abs. 1 Nr. 7 und des Abs. 2 Satz 1 Nr. 2 Buchstabe b sowie des § 20 Abs. 2 Satz 1 Nr. 7 des Einkommensteuergesetzes, soweit sie zu den ausschüttungsgleichen Erträgen im Sinne des Absatzes 3 Satz 3 gehören, enthalten sind;
3. Zwischengewinne des *Investmentvermögens* [*[neue Fassung:]* Investmentfonds][86]);
4. zum Zeitpunkt der Rückgabe oder Veräußerung des Investmentanteils veröffentlichte Zwischengewinne oder stattdessen anzusetzende Werte für Anteile an anderen *Investmentvermögen* [*[neue Fassung:]* Investmentfonds][87]), die das *Investmentvermögen* [*[neue Fassung:]* der Investmentfonds][88]) hält.

§ 2 Erträge aus Investmentanteilen. (1)[89]) ¹Die auf Investmentanteile ausgeschütteten sowie die ausschüttungsgleichen Erträge und der Zwischengewinn gehören zu den Einkünften aus Kapitalvermögen im Sinne des § 20 Abs. 1 Nr. 1 des Einkommensteuergesetzes, wenn sie nicht Betriebseinnahmen des Anlegers, Leistungen nach § 22 Nr. 1 Satz 3 Buchstabe a Doppelbuchstabe aa des Einkommensteuergesetzes in Verbindung mit § 10 Abs. 1 Nr. 2 Buchstabe b des Einkommensteuergesetzes oder Leistungen im Sinne des § 22 Nr. 5 des Einkommensteuergesetzes sind; § 3 Nr. 40 des Einkommensteuergesetzes und § 8b Abs. 1 des Körperschaftsteuergesetzes sind außer in den Fällen des Absatzes 2 nicht anzuwenden. ²Die ausschüttungsgleichen Erträge gelten in den Fällen des § 22 Nr. 1 Satz 3 Buchstabe a Doppelbuchstabe aa des Einkommensteuergesetzes in Verbindung mit § 10 Abs. 1 Nr. 2 Buchstabe b des Einkommensteuergesetzes oder des § 22 Nr. 5 des Einkommensteuergesetzes mit dem Ablauf des Geschäftsjahres, in dem sie vereinnahmt worden sind, als zugeflossen. ³Bei Teilausschüttung der in § 1 Absatz 3 genannten Erträge sind die ausschüttungsgleichen Erträge dem *Anteilscheininhaber* [*[ab 1.1.2012:*[90])*]* Anleger] im Zeitpunkt der Teilausschüttung zuzurechnen. ⁴ *Reicht im Falle der Teilausschüttung die Ausschüttung nicht aus, um die Kapitalertragsteuer einzubehalten, so gilt die Teilausschüttung als ausschüttungsgleicher Ertrag.* [*[ab 1.1.2012:*[91])*]* Reicht im Falle der Teilausschüttung die Ausschüttung nicht aus, um die Kapitalertragsteuer gemäß § 7 Absatz 1 bis 3 einschließlich der bundes- oder landesgesetzlich geregelten Zuschlagsteuern zur Kapitalertragsteuer (Steuerabzugsbeträge) einzubehalten, gilt auch die Teilausschüttung dem Anleger mit dem Ablauf des Geschäftsjahres, in dem die Erträge gemäß § 3 Absatz 1 vom *Investmentvermögen* [*[neue Fassung:]* Investmentfonds[92]) erzielt worden sind, als zugeflossen und für den Steuerabzug als ausschüttungsgleicher Ertrag.] ⁵Der Zwischengewinn gilt als in den Einnahmen aus der Rückgabe oder Veräußerung des Investmentanteils enthalten.

[*[ab 1.1.2012:]*] (1a)[93]) ¹Erwirbt ein Anleger einen Anteil an einem ausschüttenden *Investmentvermögen* [*[neue Fassung:]* Investmentfonds[94])] unter Einschluss des Rechts zum Bezug der Ausschüttung, erhält er ihn aber ohne dieses Recht, so gelten die Einnahmen anstelle der Ausschüttung als vom *Investmentvermögen* [*[neue Fassung:]* Investmentfonds[95])] an den Anleger ausgeschüttet. ²Hat das *Investmentvermögen* [*[neue Fassung:]* der Investmentfonds[96])] auf den erworbenen Anteil eine Teilausschüttung im Sinne des Absatzes 1 Satz 3 geleistet, sind dem Anleger neben den Einnahmen anstelle der Ausschüttung auch Beträge in Höhe der ausschüttungsgleichen Erträge zuzurechnen. ³Die Be-

---

[83] § 1 Abs. 4 Nr. 1 und Nr. 2 geänd. durch G v. 14.8.2007 (BGBl. I S. 1912), zur erstmaligen Anwendung siehe § 21 Abs. 1 Satz 1 nF; geänd. durch G v. 19.12.2008 (BGBl. I S. 2794); zur Anwendung siehe § 21 Abs. 12 Satz 1.
[84] Bezeichnung geänd. durch G v. 18.12.2013 (BGBl. I S. 4318).
[85] Bezeichnung geänd. durch G v. 18.12.2013 (BGBl. I S. 4318).
[86] Bezeichnung geänd. durch G v. 18.12.2013 (BGBl. I S. 4318); zur Anwendung siehe § 22 Abs. 1 und 2.
[87] Bezeichnung geänd. durch G v. 18.12.2013 (BGBl. I S. 4318).
[88] Bezeichnung geänd. durch G v. 18.12.2013 (BGBl. I S. 4318).
[89] § 2 Abs. 1 Satz 1 ergänzt, Satz 5 angef. durch G v. 9.12.2004 (BGBl. I S. 3310); zur erstmaligen Anwendung siehe § 21 Abs. 3 Satz 1 aF; Abs. 1 Sätze 1 und 2 geänd. durch G v. 28.5.2007 (BGBl. I S. 923); Satz 3 Bezeichnung geänd., Satz 4 neu gef. durch G v. 22.6.2011 (BGBl. I S. 1126); zur Anwendung siehe § 18 Abs. 20 Satz 2.
[90] § 2 Abs. 1 Satz 1 ergänzt, Satz 5 angef. durch G v. 9.12.2004 (BGBl. I S. 3310); zur erstmaligen Anwendung siehe § 21 Abs. 3 Satz 1 aF; Abs. 1 Sätze 1 und 2 geänd. durch G v. 28.5.2007 (BGBl. I S. 923); Satz 3 Bezeichnung geänd., Satz 4 neu gef. durch G v. 22.6.2011 (BGBl. I S. 1126); zur Anwendung siehe § 18 Abs. 20 Satz 2.
[91] § 2 Abs. 1 Satz 1 ergänzt, Satz 5 angef. durch G v. 9.12.2004 (BGBl. I S. 3310); zur erstmaligen Anwendung siehe § 21 Abs. 3 Satz 1 aF; Abs. 1 Sätze 1 und 2 geänd. durch G v. 28.5.2007 (BGBl. I S. 923); Satz 3 Bezeichnung geänd., Satz 4 neu gef. durch G v. 22.6.2011 (BGBl. I S. 1126); zur Anwendung siehe § 18 Abs. 20 Satz 2.
[92] Bezeichnung geänd. durch G v. 18.12.2013 (BGBl. I S. 4318).
[93] § 2 Abs. 1a eingef. durch G v. 22.6.2011 (BGBl. I S. 1126); zur Anwendung siehe § 21 Abs. 20 Satz 2.
[94] Bezeichnung geänd. durch G v. 18.12.2013 (BGBl. I S. 4318).
[95] Bezeichnung geänd. durch G v. 18.12.2013 (BGBl. I S. 4318).
[96] Bezeichnung geänd. durch G v. 18.12.2013 (BGBl. I S. 4318).

kanntmachungen nach § 5 gelten auch für diese Einnahmen und Beträge. ⁴Für die Anwendung dieses Gesetzes stehen die Einnahmen anstelle der Ausschüttung auf den Investmentanteil und die Beträge nach Satz 2 den ausschüttungsgleichen Erträgen gleich. ⁵Die auszahlende Stelle nach § 7 Absatz 1 oder der Entrichtungspflichtige nach § 7 Absatz 3a und 3c hat die Einnahmen nach Satz 1 vom Veräußerer des Anteils einzuziehen.

(1b)[97] ¹Erwirbt ein Anleger einen Anteil an einem inländischen thesaurierenden *Investmentvermögen* [*[neue Fassung:]* Investmentfonds[98]] im Laufe des Geschäftsjahres, erhält er ihn aber nach Ablauf des Geschäftsjahres, so gilt dem Anleger ein Betrag zum Ende des Geschäftsjahres als zugeflossen, der in Höhe und Zusammensetzung den ausschüttungsgleichen Erträgen entspricht. ²Leistet *das Investmentvermögen* [*[neue Fassung:]* der Investmentfonds[99]] auf den erworbenen Anteil eine Teilausschüttung im Sinne des Absatzes 1 Satz 4, ist der Betrag nach Satz 1 um diese Teilausschüttung zu erhöhen. ³Die Bekanntmachungen nach § 5 gelten für den Betrag nach Satz 1 und Teilausschüttungen. ⁴Für die Anwendung dieses Gesetzes stehen die Beträge nach Satz 1 den ausschüttungsgleichen Erträgen und etwaige Einnahmen anstelle der Teilausschüttung nach Satz 2 der Ausschüttung auf den Investmentanteil gleich. ⁵Der Entrichtungspflichtige nach § 7 Absatz 3b, 3d und 4 hat die Steuerabzugsbeträge und eine etwaige Erhöhung nach Satz 2 vom Veräußerer des Anteils einzuziehen.

(1c)[100] Die Investmentgesellschaft hat in Abstimmung mit der *Depotbank* [*[neue Fassung:]* Verwahrstelle[101]] dafür Sorge zu tragen, dass durch Anteilsrückgaben, die vor dem Tag verlangt oder vereinbart werden, an dem der Nettoinventarwert *des Investmentvermögens* [*[neue Fassung:]* des Investmentfonds[102]] um die von den auszahlenden Stelle oder dem Entrichtungspflichtigen zu erhebenden Steuerabzugsbeträge vermindert wird, und die nach diesem Tag erfüllt werden, nicht von einem zu niedrigen Umfang *des Investmentvermögens* [*[neue Fassung:]* des Investmentfonds[103]] ausgegangen wird und Ausschüttungen an die Anleger oder als Steuerabzugsbeträge zur Verfügung zu stellende Beträge nur in dem Umfang *das Investmentvermögen* [*[neue Fassung:]* den Investmentfonds[104]] belasten, der den Berechnungen der Investmentgesellschaft entspricht.

[Fassung bis 28.2.2013:]

(2) ¹Soweit ausgeschüttete und ausschüttungsgleiche inländische und ausländische Erträge solche im Sinne des § 43 Absatz 1 Satz 1 Nr. 1 [*[ab 1.1.2012:*[106]*]* Nummer 1 und 1a] sowie Satz 2 des Einkommensteuergesetzes enthalten, sind § 3 Nr. 40 des Einkommensteuergesetzes, die §§ 8b *und 37 Abs. 3*[107] des Körperschaftsteuergesetzes sowie § 19 des REIT-Gesetzes vom 28. Mai 2007 (BGBl. I S. 914)[108] anzuwenden. ²Soweit ausgeschüttete inländische und ausländische Erträge solche im Sinne des § 43 Abs. 1 Satz 1 Nr. 9 sowie Satz 2 des Einkommensteuergesetzes enthalten, ist Satz 1 entsprechend anzuwenden.

[Fassung ab 1.3.2013:[105]*]*

(2) ¹Soweit ausgeschüttete und ausschüttungsgleiche inländische und ausländische Erträge solche im Sinne des § 43 Absatz 1 Satz 1 Nummer 1, 1a und 6 sowie Satz 2 des Einkommensteuergesetzes enthalten, sind § 3 Nummer 40 des Einkommensteuergesetzes sowie § 19 des REIT-Gesetzes vom 28. Mai 2007 (BGBl. I S. 914) anzuwenden. ²Soweit ausgeschüttete inländische und ausländische Erträge solche im Sinne des § 43 Absatz 1 Satz 1 Nummer 9 sowie Satz 2 des Einkommensteuergesetzes enthalten, sind § 3 Nummer 40 des Einkommensteuergesetzes, § 8b des Körperschaftsteuergesetzes sowie § 19 des REIT-Gesetzes anzuwenden. ³§ 15 Absatz 1a und § 16 Satz 3 bleiben unberührt.

---

[97] § 2 Abs. 1b und 1c eingef. durch G v. 22.6.2011 (BGBl. I S. 1126); zur Anwendung siehe § 21 Abs. 20 Satz 2.
[98] Bezeichnung geänd. durch G v. 18.12.2013 (BGBl. I S. 4318).
[99] Bezeichnung geänd. durch G v. 18.12.2013 (BGBl. I S. 4318).
[100] § 2 Abs. 1b und 1c eingef. durch G v. 22.6.2011 (BGBl. I S. 1126); zur Anwendung siehe § 21 Abs. 20 Satz 2.
[101] Bezeichnung geänd. durch G v. 18.12.2013 (BGBl. I S. 4318).
[102] Bezeichnung geänd. durch G v. 18.12.2013 (BGBl. I S. 4318).
[103] Bezeichnung geänd. durch G v. 18.12.2013 (BGBl. I S. 4318).
[104] Bezeichnung geänd. durch G v. 18.12.2013 (BGBl. I S. 4318).
[105] § 2 Abs. 2 neu gef. durch G v. 21.3.2013 (BGBl. I S. 561); zur Anwendung siehe § 21 Abs. 22 Satz 1.
[106] § 2 Abs. 2 Verweis auf § 37 Abs. 3 KStG gstr., Satz 2 angef. durch G v. 14.8.2007 (BGBl. I S. 1912); zur Anwendung siehe § 21 Abs. 1 nF und 23 Abs. 1; Satz 1 Verweis geänd. durch G v. 22.6.2011 (BGBl. I S. 1126); zur Anwendung siehe § 21 Abs. 20 Satz 2.
[107] § 2 Abs. 2 Verweis auf § 37 Abs. 3 KStG gstr., Satz 2 angef. durch G v. 14.8.2007 (BGBl. I S. 1912); zur Anwendung siehe § 21 Abs. 1 nF und 23 Abs. 1; Satz 1 Verweis geänd. durch G v. 22.6.2011 (BGBl. I S. 1126); zur Anwendung siehe § 21 Abs. 20 Satz 2.
[108] § 2 Abs. 2 und Abs. 3 Nr. 1 Satz 1 Verweis geänd. durch G v. 28.5.2007 (BGBl. I S. 914); zur erstmaligen Anwendung siehe § 21 Abs. 5.

(2a)[109] Ausgeschüttete oder ausschüttungsgleiche Erträge des *Investmentvermögens* [*[neue Fassung:]* Investmentfonds[110]], die aus Zinserträgen im Sinne des § 4h Abs. 3 Satz 3 des Einkommensteuergesetzes stammen, sind beim Anleger im Rahmen des § 4h Abs. 1 des Einkommensteuergesetzes als Zinserträge zu berücksichtigen.

(3)[111] Die ausgeschütteten Erträge auf Investmentanteile sind insoweit steuerfrei, als sie Gewinne aus der Veräußerung von Grundstücken und grundstücksgleichen Rechten enthalten, es sei denn, dass es sich um Gewinne aus privaten Veräußerungsgeschäften im Sinne des § 23 Abs. 1 Satz 1 Nr. 1, Abs. 2 und 3 des Einkommensteuergesetzes handelt oder dass die Ausschüttungen Betriebseinnahmen des Steuerpflichtigen sind.

(4) § 3 Nr. 41 Buchstabe a des Einkommensteuergesetzes ist sinngemäß anzuwenden.

(5)[112] Negative Kapitalerträge aus Zwischengewinnen auf Grund des Erwerbs von während des laufenden Geschäftsjahres *des Investmentvermögens* [*[neue Fassung:]* des Investmentfonds[113]] ausgegebenen Anteilen werden nur berücksichtigt, wenn *das Investmentvermögen* [*[neue Fassung:]* der Investmentfonds[114]] einen Ertragsausgleich nach § 9 durchführt.

§ 3 Ermittlung der Erträge. (1) Bei der Ermittlung der Erträge des *Investmentvermögens* [*[neue Fassung:]* Investmentfonds[115]] ist § 2 Absatz 2 Satz 1 Nummer 2[116] des Einkommensteuergesetzes sinngemäß anzuwenden.

(1a)[117] ¹Wird ein Zinsschein oder eine Zinsforderung vom Stammrecht abgetrennt, gilt dies als Veräußerung der Schuldverschreibung und als Anschaffung der durch die Trennung entstandenen Wirtschaftsgüter. ²Eine Trennung gilt als vollzogen, wenn dem Inhaber der Schuldverschreibung die Wertpapierkennnummern für die durch die Trennung entstandenen Wirtschaftsgüter zugehen. ³Als Veräußerungserlös der Schuldverschreibung gilt deren gemeiner Wert zum Zeitpunkt der Trennung. ⁴Für die Ermittlung der Anschaffungskosten der neuen Wirtschaftsgüter ist der Wert nach Satz 3 entsprechend dem gemeinen Wert der neuen Wirtschaftsgüter aufzuteilen. ⁵Die Erträge des Stammrechts sind in sinngemäßer Anwendung des Absatzes 2 Satz 1 Nummer 2 periodengerecht abzugrenzen.

(2) ¹§ 11 des Einkommensteuergesetzes ist mit folgenden Maßgaben anzuwenden:
1. Dividenden gelten bereits am Tag des Dividendenabschlags als zugeflossen;
2.[118] ¹Zinsen, angewachsene Ansprüche aus einem Emissions-Agio oder -Disagio mit Ausnahme des Feinabstimmungsabschlags nach § 1 Abs. 3 Satz 3 Nr. 1 Buchstabe b Satz 2 einer sonstigen Kapitalforderung im Sinne des § 20 Abs. 1 Nr. 7 des Einkommensteuergesetzes, die eine Emissionsrendite hat, und Mieten sind periodengerecht abzugrenzen; die angewachsenen Ansprüche sind mit der Emissionsrendite anzusetzen, sofern diese leicht und eindeutig ermittelbar ist; anderenfalls ist der Unterschiedsbetrag zwischen dem Marktwert zum Ende des Geschäftsjahrs und dem Marktwert zu Beginn des Geschäftsjahres oder im Falle des Erwerbs innerhalb des Geschäftsjahres der Unterschiedsbetrag zwischen dem Marktwert zum Ende des Geschäftsjahres und den Anschaffungskosten als Zins (Marktrendite) anzusetzen; die abgegrenzten Zinsen und Mieten gelten als zugeflossen. ²Bei sonstigen Kapitalforderungen im Sinne des § 1 Absatz 3 Satz 3 Nummer 1 Buchstabe f[119] ist Satz 1 nur auf die Zinsen und nicht auch auf angewachsene Ansprüche anzuwenden;
3. periodengerecht abgegrenzte Werbungskosten gelten als abgeflossen, soweit der tatsächliche Abfluss im folgenden Geschäftsjahr erfolgt.

²Soweit die Einnahmen schon vor dem Zufluss erfasst werden, ist ein Abzug der ausländischen Steuern gemäß § 4 Abs. 4 bereits in dem Geschäftsjahr zulässig, in dem die Einnahmen zugerechnet werden.

---

[109] § 2 Abs. 2a eingef. durch G v. 20.12.2007 (BGBl. I S. 3150); zur erstmaligen Anwendung siehe § 21 Abs. 6.
[110] Bezeichnung geänd. durch G v. 18.12.2013 (BGBl. I S. 4318).
[111] § 2 Abs. 3 neu gef. durch G v. 14.8.2007 (BGBl. I S. 1912); zur erstmaligen Anwendung siehe § 21 Abs. 1 nF.
[112] § 2 Abs. 5 angef. durch G v. 8.12.2010 (BGBl. I S. 1768).
[113] Bezeichnung geänd. durch G v. 18.12.2013 (BGBl. I S. 4318).
[114] Bezeichnung geänd. durch G v. 18.12.2013 (BGBl. I S. 4318).
[115] Bezeichnung geänd. durch G v. 18.12.2013 (BGBl. I S. 4318).
[116] Verweis geänd. durch G v. 14.8.2007 (BGBl. I S. 1912); redaktionell geänd. durch G v. 18.12.2013 (BGBl. I S. 4318).
[117] § 3 Abs. 1a eingef. durch G v. 18.12.2013 (BGBl. I S. 4318); zur Anwendung siehe § 22 Abs. 3 Satz 1.
[118] § 3 Abs. 2 Satz 1 Nr. 2 neu gef. durch G v. 19.12.2008 (BGBl. I S. 2794); zur Anwendung siehe § 21 Abs. 12 Sätze 2 und 3.
[119] Verweis geänd. durch G v. 16.7.2009 (BGBl. I S. 1959); zur Anwendung siehe § 18 Abs. 1 aF.

III. Normentexte

[Fassung bis VZ 2013:]

(3) ¹Zu den Werbungskosten gehören auch Absetzungen für Abnutzung oder Substanzverringerung, soweit diese die nach § 7 des Einkommensteuergesetzes zulässigen Beträge nicht übersteigen. ²Für Werbungskosten des Investmentvermögens, die nicht in einem unmittelbaren wirtschaftlichen Zusammenhang mit Einnahmen stehen, gilt Folgendes:
1.[120)] ¹Soweit Werbungskosten eines Investmentvermögens mit ausländischen Einnahmen in einem wirtschaftlichen Zusammenhang stehen und der Bundesrepublik Deutschland auf Grund eines Doppelbesteuerungsabkommens kein Besteuerungsrecht für diese ausländischen Einkünfte zusteht, sind die Werbungskosten im Verhältnis des durchschnittlichen Vermögens des vorangegangenen Geschäftsjahres, das Quelle dieser Einnahmen ist, zu dem durchschnittlichen Gesamtvermögen des vorangegangenen Geschäftsjahres den ausländischen Einnahmen zuzuordnen. ²Zur Berechnung des durchschnittlichen Vermögens sind die monatlichen Endwerte des vorangegangenen Geschäftsjahres zugrunde zu legen.
2.[121)] Von den nach der Anwendung der Nummer 1 verbleibenden abzugsfähigen Werbungskosten gelten 10 Prozent als nichtabzugsfähige Werbungskosten.
3.[122)] ¹Bei der Ermittlung der Erträge für Anleger, für die § 3 Nr. 40 des Einkommensteuergesetzes anwendbar ist, sind die nach Anwendung der Nummern 1 und 2 verbleibenden abzugsfähigen Werbungskosten den zugrunde liegenden Einnahmen im Sinne des § 3 Nr. 40 des Einkommensteuergesetzes nach dem Verhältnis des durchschnittlichen Vermögens des vorangegangenen Geschäftsjahres, das Quelle dieser Einnahmen ist, zu dem um das Vermögen im Sinne der Nummer 1 verminderte durchschnittliche Gesamtvermögen des vorangegangenen Geschäftsjahres zuzuordnen. ²Nummer 1 Satz 2 gilt entsprechend.
4.[123)] ¹Bei der Ermittlung der Erträge für Anleger, für die § 8b Abs. 1 des Körperschaftsteuergesetzes anwendbar ist, ist abweichend von Nummer 3 § 3c Abs. 1 des Einkommensteuergesetzes auf die nach Anwendung der

[Fassung ab VZ 2014:]

(3)[124)] ¹Werbungskosten des Investmentfonds, die in einem unmittelbaren wirtschaftlichen Zusammenhang mit Einnahmen stehen, sind bei den jeweiligen Einnahmen abzuziehen. ²Zu den unmittelbaren Werbungskosten gehören auch Absetzungen für Abnutzung oder Substanzverringerung, soweit diese die nach § 7 des Einkommensteuergesetzes zulässigen Beträge nicht übersteigen. ³Die nach Satz 1 verbleibenden, in einem mittelbaren wirtschaftlichen Zusammenhang mit Einnahmen der in § 1 Absatz 3 Satz 3 Nummer 1 und 2 genannten Art (laufende Einnahmen) sowie mit sonstigen Gewinnen und Verlusten aus Veräußerungsgeschäften stehenden Werbungskosten sind ausschließlich nach den nachfolgenden Maßgaben abziehbar:
1. Den ausländischen laufenden Einnahmen oder sonstigen ausländischen Gewinnen und Verlusten aus Veräußerungsgeschäften, für die der Bundesrepublik Deutschland auf Grund eines Abkommens zur Vermeidung der Doppelbesteuerung kein Besteuerungsrecht zusteht, sind Werbungskosten im Verhältnis des durchschnittlichen Vermögens des vorangegangenen Geschäftsjahres, das Quelle dieser laufenden Einnahmen und dieser sonstigen Gewinne und Verluste aus Veräußerungsgeschäften ist, zu dem durchschnittlichen Gesamtvermögen des vorangegangenen Geschäftsjahres zuzuordnen. ²Zur Berechnung des durchschnittlichen Vermögens sind die monatlichen Endwerte des vorangegangenen Geschäftsjahres zugrunde zu legen.
2. Bei der Ermittlung der Erträge, auf die beim Anleger
   a) § 3 Nummer 40 des Einkommensteuergesetzes anwendbar ist, sind die nach Anwendung der Nummer 1 verbleibenden abziehbaren Werbungskosten den laufenden Einnahmen, die auch § 3 Nummer 40 des Einkommensteuergesetzes unterfallen, sowie den sonstigen Gewinnen im Sinne des § 3 Nummer 40 des Einkommensteuergesetzes und den sonstigen Gewinnminderungen im Sinne des § 3c Absatz 2 des Einkommensteuergesetzes des laufenden Geschäftsjahres im Verhält-

---

[120] § 3 Abs. 3 Satz 2 Nr. 1 Satz 1 geänd. durch G v. 9.12.2004 (BGBl. I S. 3310); zur erstmaligen Anwendung siehe § 21 Abs. 2 Satz 1 aF.

[121] § 3 Abs. 3 Satz 2 Nr. 2 bish. Satz 2 aufgeh., Nr. 3 Satz 1 neugef. durch G v. 9.12.2004 (BGBl. I S. 3310); zur erstmaligen Anwendung siehe § 21 Abs. 2 Satz 1 aF.

[122] § 3 Abs. 3 Satz 2 Nr. 2 bish. Satz 2 aufgeh., Nr. 3 Satz 1 neugef. durch G v. 9.12.2004 (BGBl. I S. 3310); zur erstmaligen Anwendung siehe § 21 Abs. 2 Satz 1 aF.

[123] § 3 Abs. 3 Satz 2 Nr. 4 Satz 1 geänd. durch G v. 9.12.2004 (BGBl. I S. 3310) und durch G v. 13.12.2006 (BGBl. I S. 2878); zur erstmaligen Anwendung siehe § 21 Abs. 2 aF.

[124] § 3 Abs. 3 neu gef. durch G v. 18.12.2013 (BGBl. I S. 4318); zur Anwendung siehe § 22 Abs. 3 Satz 2.

Nummern 1 und 2 verbleibenden abzugsfähigen Werbungskosten mit der Maßgabe anzuwenden, dass die Zuordnung von Werbungskosten zu den dem § 8b Abs. 1 des Körperschaftsteuergesetzes zugrunde liegenden Einnahmen nach dem Verhältnis des durchschnittlichen Vermögens des vorangegangenen Geschäftsjahres, das Quelle dieser Einnahmen ist, zu dem um das Vermögen im Sinne der Nummer 1 verminderten durchschnittlichen Gesamtvermögens des vorangegangenen Geschäftsjahres erfolgt. ²Nummer 1 Satz 2 gilt entsprechend.

nis des durchschnittlichen Vermögens des vorangegangenen Geschäftsjahres, das Quelle dieser Einnahmen ist, zu dem durchschnittlichen Gesamtvermögen des vorangegangenen Geschäftsjahres zuzuordnen, das um das Vermögen im Sinne der Nummer 1 vermindert ist. ²Nummer 1 Satz 2 gilt entsprechend;

b) § 8b Absatz 1 des Körperschaftsteuergesetzes anwendbar ist oder, ungeachtet des § 8b Absatz 4 des Körperschaftsteuergesetzes in Verbindung mit § 15 Absatz 1a dieses Gesetzes, anwendbar wäre, sind die nach Anwendung der Nummer 1 verbleibenden abziehbaren Werbungskosten den laufenden Einnahmen im Sinne des § 15 Absatz 1a dieses Gesetzes in Verbindung mit § 8b Absatz 1 des Körperschaftsteuergesetzes, den laufenden Einnahmen im Sinne des § 2 Absatz 2 Satz 1 dieses Gesetzes sowie den sonstigen Gewinnen und Verlusten aus Veräußerungsgeschäften im Sinne des § 8b Absatz 2 und 3 des Körperschaftsteuergesetzes des laufenden Geschäftsjahres im Verhältnis des vorangegangenen Geschäftsjahres, das Quelle dieser Einnahmen ist, zu dem durchschnittlichen Gesamtvermögen des vorangegangenen Geschäftsjahres zuzuordnen, das um das Vermögen im Sinne der Nummer 1 vermindert ist. ²Nummer 1 Satz 2 gilt entsprechend.

3. Die abziehbaren Werbungskosten, die nach Anwendung der Sätze 1 und 3 Nummer 1 und 2 noch nicht zugeordnet wurden, sind von den verbleibenden laufenden Einnahmen sowie den verbleibenden sonstigen Gewinnen und Verlusten aus Veräußerungsgeschäften des laufenden Geschäftsjahres abzuziehen. ⁴Die nach Satz 3 zuzuordnenden Werbungskosten sind innerhalb der jeweiligen Nummern 1 bis 3 den jeweiligen laufenden Einnahmen oder den sonstigen Gewinnen und Verlusten aus Veräußerungsgeschäften nach dem Verhältnis der positiven Salden der laufenden Einnahmen des vorangegangenen Geschäftsjahres einerseits und der positiven Salden der sonstigen Gewinne und Verluste aus Veräußerungsgeschäften des vorangegangenen Geschäftsjahres andererseits zuzuordnen. ⁵Hierbei bleiben Gewinn- und Verlustvorträge unberücksichtigt. ⁶Nach Zuordnung der Werbungskosten nach den Sätzen 1 bis 5 erfolgt eine weitere Zuordnung der Werbungskosten in dem Verhältnis der positiven laufenden Einnahmen des vorangegangenen Geschäftsjahres zueinander auf die jeweiligen laufenden Einnahmen. ⁷Den laufenden Einnahmen nach Satz 3 Nummer 2 Buchstabe b

sind die Werbungskosten nach dem Verhältnis des positiven Saldos der laufenden Einnahmen im Sinne des § 15 Absatz 1a dieses Gesetzes in Verbindung mit § 8b Absatz 1 des Körperschaftsteuergesetzes des vorangegangenen Geschäftsjahres einerseits und des positiven Saldos der laufenden Einnahmen im Sinne des § 2 Absatz 2 Satz 1 dieses Gesetzes des vorangegangenen Geschäftsjahres andererseits zuzuordnen; Satz 6 gilt entsprechend. [8] Satz 6 ist auf die sonstigen Gewinne und Verluste aus Veräußerungsgeschäften entsprechend anzuwenden. [9] Bei Fehlen positiver Salden auf beiden Seiten erfolgt die Zuordnung der Werbungskosten jeweils hälftig zu den laufenden Einnahmen sowie zu den sonstigen Gewinnen und Verlusten aus Veräußerungsgeschäften.

(4)[125)] [1] Negative Erträge des *Investmentvermögens* [*[neue Fassung:]* Investmentfonds[126)]] sind bis zur Höhe der positiven Erträge gleicher Art mit diesen zu verrechnen. [2] Nicht ausgeglichene negative Erträge sind in den folgenden Geschäftsjahren auszugleichen.

(5) Erträge aus Gewinnanteilen des *Investmentvermögens* [*[neue Fassung:]* Investmentfonds[127)]] an einer Personengesellschaft gehören zu den Erträgen des Geschäftsjahres, in dem das Wirtschaftsjahr der Personengesellschaft endet.

§ 3a[128)] **Ausschüttungsreihenfolge.** Für eine Ausschüttung gelten die Substanzbeträge erst nach Ausschüttung sämtlicher Erträge des laufenden und aller vorherigen Geschäftsjahre als verwendet.

§ 4 **Ausländische Einkünfte.** (1) [1] Die auf Investmentanteile ausgeschütteten sowie die ausschüttungsgleichen Erträge sind bei der Veranlagung der Einkommensteuer oder Körperschaftsteuer insoweit außer Betracht zu lassen, als sie aus einem ausländischen Staat stammende Einkünfte enthalten, für die die Bundesrepublik Deutschland auf Grund eines Abkommens zur Vermeidung der Doppelbesteuerung auf die Ausübung des Besteuerungsrechts verzichtet hat.

[alte Fassung:]

[2] § 32b Absatz 1 Satz 2 des Einkommensteuergesetzes gilt entsprechend.[130)] [3] § 32b Abs. 1a des Einkommensteuergesetzes ist anzuwenden.

[neue Fassung[129)]:]

[2] Gehören die ausgeschütteten oder ausschüttungsgleichen Erträge aus einem Investmentanteil nicht zu den Einkünften aus Kapitalvermögen, so ist bei den nach Satz 1 befreiten Einkünften der Steuersatz anzuwenden, der sich ergibt, wenn bei der Berechnung der Einkommensteuer das nach § 32a des Einkommensteuergesetzes zu versteuernde Einkommen um die in Satz 1 genannten Einkünfte vermehrt oder vermindert wird, wobei die darin enthaltenen außerordentlichen Einkünfte mit einem Fünftel zu berücksichtigen sind. [3] § 32b Absatz 1 Satz 2 des Einkommensteuergesetzes gilt entsprechend. [4] § 32b Abs. 1a des Einkommensteuergesetzes ist anzuwenden.

---

[125] § 3 Abs. 4 Satz 1 geänd. durch G v. 9.12.2004 (BGBl. I S. 3310); zur erstmaligen Anwendung siehe § 21 Abs. 1 Satz 1 aF.
[126] Bezeichnung geänd. durch G v. 18.12.2013 (BGBl. I S. 4318).
[127] Bezeichnung geänd. durch G v. 18.12.2013 (BGBl. I S. 4318).
[128] § 3a eingef. durch G v. 18.12.2013 (BGBl. I S. 4318); zur Anwendung siehe § 22 Abs. 4.
[129] § 4 Abs. 1 Satz 2 neu gef., Satz 3 eingef., bish. Satz 3 wird Satz 4 durch G v. 18.12.2013 (BGBl. I S. 4318); zur Anwendung siehe § 22 Abs. 1 Satz 1.
[130] § 4 Abs. 1 Satz 2 neu gef. durch G v. 8.12.2010 (BGBl. I S. 1768); zur Anwendung siehe § 21 Abs. 19.

(2)[131] ¹Sind in den auf Investmentanteile ausgeschütteten sowie den ausschüttungsgleichen Erträgen aus einem ausländischen Staat stammende Einkünfte enthalten, die in diesem Staat zu einer nach § 34c Abs. 1 des Einkommensteuergesetzes oder § 26 Abs. 1 des Körperschaftsteuergesetzes oder nach einem Abkommen zur Vermeidung der Doppelbesteuerung auf die Einkommensteuer oder Körperschaftsteuer anrechenbaren Steuer herangezogen werden, so ist bei unbeschränkt steuerpflichtigen Anlegern die festgesetzte und gezahlte und keinem Ermäßigungsanspruch unterliegende ausländische Steuer auf den Teil der Einkommensteuer oder Körperschaftsteuer anzurechnen, der auf diese ausländischen um die anteilige ausländische Steuer erhöhten Einkünfte entfällt. ²Dieser Teil ist in der Weise zu ermitteln, dass die sich bei der Veranlagung des zu versteuernden Einkommens – einschließlich der ausländischen Einkünfte – nach den §§ 32a, 32b, 34 und 34b des Einkommensteuergesetzes ergebende Einkommensteuer oder nach § 23 des Körperschaftsteuergesetzes ergebende Körperschaftsteuer im Verhältnis dieser ausländischen Einkünfte zur Summe der Einkünfte aufgeteilt wird. ³Der Höchstbetrag der anrechenbaren ausländischen Steuern ist für die ausgeschütteten sowie ausschüttungsgleichen Erträge aus jedem einzelnen *Investmentvermögen* [*[neue Fassung:]* Investmentfonds[132]] zusammengefasst zu berechnen. ⁴§ 34c Abs. 1 Satz 3 und 4, Abs. 2, 3, 6 und 7 des Einkommensteuergesetzes ist sinngemäß anzuwenden. ⁵Wird von auf ausländische Investmentanteile ausgeschütteten Erträgen in dem Staat, in dem *das ausschüttende ausländische Investmentvermögen* [*[neue Fassung:]* der ausschüttende ausländische Investmentfonds[133]] ansässig ist, eine Abzugsteuer erhoben, gelten die Sätze 1 bis 4 mit der Maßgabe, dass für die Ermittlung des Höchstbetrags der anrechenbaren ausländischen Steuern Satz 3 entsprechend gilt. ⁶Der Anrechnung der ausländischen Steuer nach § 34c Abs. 1 des Einkommensteuergesetzes steht bei ausländischen Investmentanteilen § 34c Abs. 6 Satz 1 des Einkommensteuergesetzes nicht entgegen. ⁷Sind in den auf ausländische Investmentanteile ausgeschütteten sowie den ausschüttungsgleichen Erträgen Einkünfte enthalten, die mit deutscher Ertragsteuer belastet sind, so gelten diese Einkünfte und die darauf entfallende deutsche Steuer für Zwecke der Anrechnung und bei der Anwendung des § 7 Abs. 1[134] als ausländische Einkünfte und ausländische Steuer im Sinne des Satzes 1. ⁸Abweichend von den Sätzen 1 bis 6 sind bei Erträgen, die Einkünfte im Sinne des § 20 Abs. 1 Satz 1 Nr. 1 des Einkommensteuergesetzes sind, § 32d Abs. 5 und § 43a Abs. 3 Satz 1 des Einkommensteuergesetzes sinngemäß anzuwenden.

(3) Ausländische Steuern, die auf ausgeschüttete sowie ausschüttungsgleiche Erträge entfallen, die nach Absatz 1 oder § 2 Abs. 2 und 3 steuerfrei sind, sind bei der Anrechnung oder dem Abzug nach Absatz 2 oder beim Abzug nach Absatz 4 nicht zu berücksichtigen.

(4) ¹*Das Investmentvermögen* [*[neue Fassung:]* Der Investmentfonds[135]] kann die nach Absatz 2 beim Anleger anrechenbaren oder abziehbaren ausländischen Steuern bei der Ermittlung der Erträge (§ 3) als Werbungskosten abziehen. ²In diesem Fall hat der Anleger keinen Anspruch auf Anrechnung oder Abzug dieser Steuern nach Absatz 2.

§ 5 Besteuerungsgrundlagen. (1) ¹Die §§ 2 und 4 sind nur anzuwenden, wenn
1.[136] die Investmentgesellschaft den Anlegern bei jeder Ausschüttung bezogen auf einen Investmentanteil unter Angabe der Wertpapieridentifikationsnummer ISIN *des Investmentvermögens* [*[neue Fassung:]* des Investmentfonds[137]] und des Zeitraums, auf den sich die Angaben beziehen, folgende Besteuerungsgrundlagen in deutscher Sprache bekannt macht:
    a) den Betrag der Ausschüttung (mit mindestens vier Nachkommastellen) sowie
        aa) in der Ausschüttung enthaltene ausschüttungsgleiche Erträge der Vorjahre,
        bb) in der Ausschüttung enthaltene Substanzbeträge,
    b) den Betrag der ausgeschütteten Erträge (mit mindestens vier Nachkommastellen),
    c) die in den ausgeschütteten Erträgen enthaltenen

---

[131] § 4 Abs. 2 Satz 1 geänd. durch G v. 9.12.2004 (BGBl. I S. 3310); zur erstmaligen Anwendung siehe § 21 Abs. 1 Satz 1 aF; Satz 8 angef. durch G v. 19.12.2008 (BGBl. I S. 2794); zur Anwendung siehe § 21 Abs. 13.
[132] Bezeichnung geänd. durch G v. 18.12.2013 (BGBl. I S. 4318).
[133] Bezeichnung geänd. durch G v. 18.12.2013 (BGBl. I S. 4318).
[134] § 4 Abs. 2 Satz 7 ergänzt durch G v. 14.8.2007 (BGBl. I S. 1912); zur erstmaligen Anwendung siehe § 21 Abs. 1 Satz 1 nF.
[135] Bezeichnung geänd. durch G v. 18.12.2013 (BGBl. I S. 4318).
[136] § 5 Abs. 1 Satz 1 Nr. 1 neu gef. durch G v. 8.12.2010 (BGBl. I S. 1768); zur Anwendung siehe § 21 Abs. 19 Satz 2.
[137] Bezeichnung geänd. durch G v. 18.12.2013 (BGBl. I S. 4318).

III. Normentexte

[Fassung bis 28.2.2013:]	*[Fassung ab 1.3.2013:[138)]*
aa) Erträge im Sinne des § 2 Absatz 2 Satz 1 dieses Gesetzes in Verbindung mit § 8b Absatz 1 des Körperschaftsteuergesetzes oder § 3 Nummer 40 des Einkommensteuergesetzes,	aa) Erträge im Sinne des § 2 Absatz 2 Satz 1 dieses Gesetzes in Verbindung mit § 3 Nummer 40 des Einkommensteuergesetzes oder im Fall des § 16 dieses Gesetzes in Verbindung mit § 8b Absatz 1 des Körperschaftsteuergesetzes,

   bb) Veräußerungsgewinne im Sinne des § 2 Absatz 2 Satz 2 dieses Gesetzes in Verbindung mit § 8b Absatz 2 des Körperschaftsteuergesetzes oder § 3 Nummer 40 des Einkommensteuergesetzes,
   cc) Erträge im Sinne des § 2 Absatz 2a,
   dd) steuerfreie Veräußerungsgewinne im Sinne des § 2 Absatz 3 Nummer 1 Satz 1 in der am 31. Dezember 2008 anzuwendenden Fassung,
   ee) Erträge im Sinne des § 2 Absatz 3 Nummer 1 Satz 2 in der am 31. Dezember 2008 anzuwendenden Fassung, soweit die Erträge nicht Kapitalerträge im Sinne des § 20 des Einkommensteuergesetzes sind,
   ff) steuerfreie Veräußerungsgewinne im Sinne des § 2 Absatz 3 in der ab 1. Januar 2009 anzuwendenden Fassung,
   gg) Einkünfte im Sinne des § 4 Absatz 1,
   hh) in Doppelbuchstabe gg enthaltene Einkünfte, die nicht dem Progressionsvorbehalt unterliegen,
   ii) Einkünfte im Sinne des § 4 Absatz 2, für die kein Abzug nach Absatz 4 vorgenommen wurde,
   jj)[139)] in Doppelbuchstabe ii enthaltene Einkünfte, auf die § 2 Absatz 2 dieses Gesetzes in Verbindung mit § 8b Absatz 1 und 2 des Körperschaftsteuergesetzes oder § 3 Nummer 40 des Einkommensteuergesetzes *[[ab 1.3.2013:]* § 8b Absatz 2 des Körperschaftsteuergesetzes oder § 3 Nummer 40 des Einkommensteuergesetzes oder im Fall des § 16 dieses Gesetzes in Verbindung mit § 8b Absatz 1 des Körperschaftsteuergesetzes] anzuwenden ist,
   kk) in Doppelbuchstabe ii enthaltene Einkünfte im Sinne des § 4 Absatz 2, die nach einem Abkommen zur Vermeidung der Doppelbesteuerung zur Anrechnung einer als gezahlt geltenden Steuer auf die Einkommensteuer oder Körperschaftsteuer berechtigen,
   ll)[140)] in Doppelbuchstabe kk enthaltene Einkünfte, auf die § 2 Absatz 2 dieses Gesetzes in Verbindung mit § 8b Absatz 1 und 2 des Körperschaftsteuergesetzes oder § 3 Nummer 40 des Einkommensteuergesetzes *[[ab 1.3.2013:]* § 8b Absatz 2 des Körperschaftsteuergesetzes oder § 3 Nummer 40 des Einkommensteuergesetzes oder im Fall des § 16 dieses Gesetzes in Verbindung mit § 8b Absatz 1 des Körperschaftsteuergesetzes] anzuwenden ist,
   mm)[141)] *[aufgehoben]*
 d) den zur Anrechnung von Kapitalertragsteuer berechtigenden Teil der Ausschüttung
   aa) im Sinne des § 7 Absatz 1 und 2,
   bb) im Sinne des § 7 Absatz 3,
   cc) im Sinne des § 7 Absatz 1 *Satz 5* *[[neue Fassung:]* Satz 4[142)]], soweit in Doppelbuchstabe aa enthalten,
 e) (weggefallen)
 f) den Betrag der ausländischen Steuer, der auf die in den ausgeschütteten Erträgen enthaltenen Einkünfte im Sinne des § 4 Absatz 2 entfällt und
   aa) der nach § 4 Absatz 2 dieses Gesetzes in Verbindung mit § 32d Absatz 5 oder § 34c Absatz 1 des Einkommensteuergesetzes oder einem Abkommen zur Vermeidung der Doppelbesteuerung anrechenbar ist, wenn kein Abzug nach § 4 Absatz 4 vorgenommen wurde,

---

[138] § 5 Abs. 1 Satz 1 Buchst. c Doppelbuchst. aa geänd. durch G v. 21.3.2013 (BGBl. I S. 561); zur Anwendung siehe § 21 Abs. 22 Satz 2.
[139] § 5 Abs. 1 Satz 1 Buchst. c Doppelbuchst. jj geänd. durch G v. 21.3.2013 (BGBl. I S. 561); zur Anwendung siehe § 21 Abs. 22 Satz 2.
[140] § 5 Abs. 1 Satz 1 Buchst. c Doppelbuchst. ll geänd. durch G v. 21.3.2013 (BGBl. I S. 561); zur Anwendung siehe § 21 Abs. 22 Satz 2.
[141] § 5 Abs. 1 Satz 1 Buchst. c Doppelbuchst. mm angef. durch G v. 21.3.2013 (BGBl. I S. 561); zur Anwendung siehe § 21 Abs. 22 Satz 2; Abs. 1 Satz 1 Buchst. c Doppelbuchst. mm aufgeh. durch G v. 18.12.2013 (BGBl. I S. 4318); zur Anwendung siehe § 22 Abs. 1.
[142] Verweis geänd. durch G v. 18.12.2013 (BGBl. I S. 4318).

bb)[143] in Doppelbuchstabe aa enthalten ist und auf Einkünfte entfällt, auf die § 2 Absatz 2 dieses Gesetzes in Verbindung mit *§ 8b Absatz 1 und 2 des Körperschaftsteuergesetzes oder § 3 Nummer 40 des Einkommensteuergesetzes* [[ab 1.3.2013:] § 8b Absatz 2 des Körperschaftsteuergesetzes oder § 3 Nummer 40 des Einkommensteuergesetzes oder im Fall des § 16 dieses Gesetzes in Verbindung mit § 8b Absatz 1 des Körperschaftsteuergesetzes] anzuwenden ist,

cc) der nach § 4 Absatz 2 dieses Gesetzes in Verbindung mit § 34c Absatz 3 des Einkommensteuergesetzes abziehbar ist, wenn kein Abzug nach § 4 Absatz 4 dieses Gesetzes vorgenommen wurde,

dd)[144] in Doppelbuchstabe cc enthalten ist und auf Einkünfte entfällt, auf die § 2 Absatz 2 dieses Gesetzes in Verbindung mit *§ 8b Absatz 1 und 2 des Körperschaftsteuergesetzes oder § 3 Nummer 40 des Einkommensteuergesetzes* [[ab 1.3.2013] § 8b Absatz 2 des Körperschaftsteuergesetzes oder § 3 Nummer 40 des Einkommensteuergesetzes oder im Fall des § 16 dieses Gesetzes in Verbindung mit § 8b Absatz 1 des Körperschaftsteuergesetzes] anzuwenden ist,

ee) der nach einem Abkommen zur Vermeidung der Doppelbesteuerung als gezahlt gilt und nach § 4 Absatz 2 in Verbindung mit diesem Abkommen anrechenbar ist,

ff)[145] in Doppelbuchstabe ee enthalten ist und auf Einkünfte entfällt, auf die § 2 Absatz 2 dieses Gesetzes in Verbindung mit *§ 8b Absatz 1 und 2 des Körperschaftsteuergesetzes oder § 3 Nummer 40 des Einkommensteuergesetzes* [[ab 1.3.2013:] § 8b Absatz 2 des Körperschaftsteuergesetzes oder § 3 Nummer 40 des Einkommensteuergesetzes oder im Fall des § 16 dieses Gesetzes in Verbindung mit § 8b Absatz 1 des Körperschaftsteuergesetzes] anzuwenden ist,

gg) den Betrag der Absetzungen für Abnutzung oder Substanzverringerung,

hh) die im Geschäftsjahr gezahlte Quellensteuer, vermindert um die erstattete Quellensteuer des Geschäftsjahres oder früherer Geschäftsjahre.

ii)[146] *[aufgehoben]*

2. [147] die Investmentgesellschaft den Anlegern bei ausschüttungsgleichen Erträgen spätestens vier Monate nach Ablauf des Geschäftsjahres, in dem sie als zugeflossen gelten, die Angaben entsprechend der Nummer 1 mit Ausnahme des Buchstaben a bezogen auf einen Investmentanteil in deutscher Sprache bekannt macht;

3. [148] die Investmentgesellschaft die in den Nummern 1 und 2 genannten Angaben in Verbindung mit dem Jahresbericht im Sinne *von § 45 Abs. 1, § 122 Abs. 1 oder Abs. 2 des Investmentgesetzes* [[neue Fassung:] der §§ 101, 120, 135, 298 Absatz 1 Satz 1 Nummer 1 sowie § 299 Absatz 1 Nummer 3 des Kapitalanlagegesetzbuchs[149]] spätestens vier Monate nach Ablauf des Geschäftsjahres im [[Fassung bis 31.3.2012:] elektronischen] Bundesanzeiger bekannt macht; die Angaben sind mit der Bescheinigung eines zur geschäftsmäßigen Hilfeleistung befugten Berufsträgers im Sinne des § 3 des Steuerberatungsgesetzes, einer behördlich anerkannten Wirtschaftsprüfungsstelle oder einer vergleichbaren Stelle zu versehen, dass die Angaben nach den Regeln des deutschen Steuerrechts ermittelt wurden; die Bescheinigung muss eine Aussage enthalten, ob in die Ermittlung der Angaben Werte aus einem Ertragsausgleich eingegangen sind; § 323 des Handelsgesetzbuchs ist sinngemäß anzuwenden. ²Wird innerhalb von vier Monaten nach Ablauf des Geschäftsjahres ein Ausschüttungsbeschluss für dieses abgelaufene Geschäftsjahr gefasst, sind abweichend von Satz 1 die in den Nummern 1 und 2 genannten Angaben spätestens vier Monate nach dem Tag des Beschlusses bekannt zu machen. ³Wird der Jahresbericht nach den Bestimmungen des *Investmentgesetzes* [[neue Fassung:] Kapitalanlagegesetzbuchs[150]] nicht im [[Fassung bis 31.3.2012:] elektronischen]

---

[143] § 5 Abs. 1 Satz 1 Buchst. f Doppelbuchst. bb geänd. durch G v. 21.3.2013 (BGBl. I S. 561); zur Anwendung siehe § 21 Abs. 22 Satz 2.

[144] § 5 Abs. 1 Satz 1 Buchst. f Doppelbuchst. dd geänd. durch G v. 21.3.2013 (BGBl. I S. 561); zur Anwendung siehe § 21 Abs. 22 Satz 2.

[145] § 5 Abs. 1 Satz 1 Buchst. f Doppelbuchst. ff geänd. durch G v. 21.3.2013 (BGBl. I S. 561); zur Anwendung siehe § 21 Abs. 22 Satz 2.

[146] § 5 Abs. 1 Satz 1 Buchst. i aufgeh. durch G v. 18.12.2013 (BGBl. I S. 4318); zur Anwendung siehe § 22 Abs. 1.

[147] § 5 Abs. 1 Satz 1 Nr. 2 geänd. durch G v. 19.12.2008 (BGBl. I S. 2794); zur Anwendung siehe § 21 Abs. 14.

[148] § 5 Abs. 1 Satz 1 Nr. 3 Satz 2 geänd. durch G v. 9.12.2004 (BGBl. I S. 3310); zur erstmaligen Anwendung siehe § 21 Abs. 1 aF; Nr. 3 Satz 1 geänd., Satz 2 eingef., bish. Satz 2 wird Satz 3 durch G v. 19.12.2008 (BGBl. I S. 2794); zur Anwendung siehe § 18 Abs. 14; Abs. 1 Satz 1 Nr. 3 Satz 1 ergänzt durch G v. 8.12.2010 (BGBl. I S. 1768); zur Anwendung siehe § 18 Abs. 19 iVm Abs. 1; Abs. 1 Satz 1 Nr. 3 Satz 1 und 3 geänd. mWv 1.4.2012 durch G v. 22.12.2011 (BGBl. I S. 3044).

[149] Verweis geänd. durch G v. 18.12.2013 (BGBl. I S. 4318).

[150] Bezeichnung geänd. durch G v. 18.12.2013 (BGBl. I S. 4318).

III. Normentexte

Bundesanzeiger veröffentlicht, ist auch die Fundstelle bekannt zu machen, in der der Rechenschaftsbericht in deutscher Sprache bekannt gemacht ist;
4. die ausländische Investmentgesellschaft oder die ein *EU-Investmentvermögen* [*[neue Fassung:]* EU-Investmentfonds[151]] der Vertragsform verwaltende *Kapitalanlagegesellschaft* [*[neue Fassung:]* Kapitalverwaltungsgesellschaft[152]][153] die Summe der nach dem 31. Dezember 1993 dem Inhaber der ausländischen Investmentanteile als zugeflossen geltenden, noch nicht dem Steuerabzug unterworfenen Erträge ermittelt und mit dem Rücknahmepreis bekannt macht;
5. die ausländische Investmentgesellschaft oder die *ein EU-Investmentvermögen* [*[neue Fassung:]* einen EU-Investmentfonds[154]] der Vertragsform verwaltende *Kapitalanlagegesellschaft* [*[neue Fassung:]* Kapitalverwaltungsgesellschaft[155]][156] auf Anforderung gegenüber dem Bundeszentralamt für Steuern[157] innerhalb von drei Monaten die Richtigkeit der in den Nummern 1, 2 und 4 genannten Angaben vollständig nachweist. ²Sind die Urkunden in einer fremden Sprache abgefasst, so kann eine beglaubigte Übersetzung in die deutsche Sprache verlangt werden. ³Hat die ausländische Investmentgesellschaft oder die *ein EU-Investmentvermögen* [*[neue Fassung:]* einen EU-Investmentfonds[158]] der Vertragsform verwaltende *Kapitalanlagegesellschaft* [*[neue Fassung:]* Kapitalverwaltungsgesellschaft[159]][160] Angaben in unzutreffender Höhe bekannt gemacht, so hat sie die Unterschiedsbeträge eigenverantwortlich oder auf Verlangen des Bundeszentralamtes für Steuern[161] in der Bekanntmachung für das laufende Geschäftsjahr zu berücksichtigen.
²Liegen die in Satz 1 Nummer 1 Buchstabe c oder f genannten Angaben nicht vor, werden die Erträge insoweit nach § 2 Abs. 1 Satz 1 besteuert und § 4 findet insoweit keine Anwendung. ³Eine Bekanntmachung zu Satz 1 Nummer 1 Buchstabe c Doppelbuchstabe aa und gg ist nur zulässig, wenn die Veröffentlichung nach § 5 Absatz 2 Satz 4 erfolgt ist.[162]

(2)[163] [164] ¹§ 8 Absatz 1 bis 4[165] ist nur anzuwenden, wenn die Investmentgesellschaft bewertungstäglich den positiven oder negativen Prozentsatz des Wertes des Investmentanteils [*[ab 1.3.2013:*[166]*]*, getrennt für natürliche Personen und für Körperschaften, Personenvereinigungen oder Vermögensmassen,] ermittelt, der auf die in den Einnahmen aus der Veräußerung enthaltenen Bestandteile im Sinne des § 8 entfällt (Aktiengewinn) und mit dem Rücknahmepreis veröffentlicht. ²Der Aktiengewinn pro Investmentanteil darf sich durch den An- und Verkauf von Investmentanteilen nicht ändern. ³Die Investmentgesellschaft ist an ihre bei der erstmaligen Ausgabe der Anteile getroffene Entscheidung, ob sie den Aktiengewinn ermittelt oder davon absieht, gebunden. ⁴§ 2 Absatz 2 und § 4 Absatz 1 sind jeweils nur anzuwenden, wenn die Investmentgesellschaft die entsprechenden Teile des Aktiengewinns bewertungstäglich veröffentlicht. ⁵Absatz 1 Satz 1 Nr. 5 gilt entsprechend.

(3)[167] ¹Die Investmentgesellschaft hat bewertungstäglich den Zwischengewinn zu ermitteln und mit dem Rücknahmepreis zu veröffentlichen; dabei ist anzugeben, ob bei der Ermittlung des Zwischengewinns nach § 9 Satz 2 verfahren wurde. ²Sind die Voraussetzungen des Satzes 1 nicht erfüllt, sind 6 Prozent des Entgelts für die Rückgabe oder Veräußerung des Investmentanteils anzusetzen; negative Kapitalerträge aus Zwischengewinnen auf Grund des Erwerbs von während des laufenden

---

[151] Bezeichnung geänd. durch G v. 18.12.2013 (BGBl. I S. 4318).
[152] Bezeichnung geänd. durch G v. 18.12.2013 (BGBl. I S. 4318).
[153] § 5 Abs. 1 Satz 1 Nr. 4 und 5 Satz 1 und 3 Bezeichnung geänd. durch G v. 22.6.2011 (BGBl. I S. 1126).
[154] Bezeichnung geänd. durch G v. 18.12.2013 (BGBl. I S. 4318); zur Anwendung siehe § 22 Abs. 1 und 2.
[155] Bezeichnung geänd. durch G v. 18.12.2013 (BGBl. I S. 4318).
[156] § 5 Abs. 1 Satz 1 Nr. 4 und 5 Satz 1 und 3 Bezeichnung geänd. durch G v. 22.6.2011 (BGBl. I S. 1126).
[157] Bezeichnung geänd. durch G v. 22.9.2005 (BGBl. I S. 2809).
[158] Bezeichnung geänd. durch G v. 18.12.2013 (BGBl. I S. 4318).
[159] Bezeichnung geänd. durch G v. 18.12.2013 (BGBl. I S. 4318).
[160] § 5 Abs. 1 Satz 1 Nr. 5 Satz 1 und 3 Bezeichnung geänd. durch G v. 22.6.2011 (BGBl. I S. 1126).
[161] Bezeichnung geänd. durch G v. 22.9.2005 (BGBl. I S. 2809).
[162] § 5 Abs. 1 Satz 3 angef. durch G v. 18.12.2013 (BGBl. I S. 4318); zur Anwendung siehe § 22 Abs. 1 und 2.
[163] Zur Anwendung siehe § 21 Abs. 1 Satz 3 aF.
[164] § 5 Abs. 2 Satz 3 eingef., bish. Satz 3 wird Satz 4 und geänd. durch G v. 9.12.2004 (BGBl. I S. 3310); zur erstmaligen Anwendung siehe § 21 Abs. 1 Satz 1 aF; Abs. 2 Satz 4 eingef. durch G v. 14.8.2007 (BGBl. I S. 1912); zur erstmaligen Anwendung siehe § 21 Abs. 1 Satz 1 nF; Abs. 2 Satz 4 neu gef. durch G v. 8.12.2010 (BGBl. I S. 1768); zur erstmaligen Anwendung siehe § 21 Abs. 19 Sätze 3 bis 6.
[165] Zitat ergänzt durch G v. 16.7.2009 (BGBl. I S. 1959).
[166] § 5 Abs. 2 Satz 1 geänd. durch G v. 21.3.2013 (BGBl. I S. 561); zur Anwendung siehe § 21 Abs. 22 Satz 3.
[167] § 5 Abs. 3 angef. durch G v. 9.12.2004 (BGBl. I S. 3310); zur erstmaligen Anwendung siehe § 21 Abs. 3 Satz 1 bzw. Abs. 1 aF; Satz 1 2. HS angef. und Satz 2 neu gef. durch G v. 8.12.2010 (BGBl. I S. 1768); zur Anwendung siehe § 18 Abs. 19 Satz 2.

A. Deutschland

Geschäftsjahres des *Investmentvermögens* [*[neue Fassung:]* Investmentfonds[168)]] ausgegebenen Anteilen werden nicht berücksichtigt. ³Absatz 1 Satz 1 Nr. 5 gilt entsprechend. ⁴Die Sätze 1 und 2 finden bei inländischen *Investmentvermögen* [*[neue Fassung:]* Investmentfonds[169)]] im Sinne *der §§ 112 und 113 des Investmentgesetzes* [*[ab 22.7.2013:]* des § 225 des Kapitalanlagegesetzbuchs[170)]] und bei ausländischen Investmentvermögen, die hinsichtlich ihrer Anlagepolitik vergleichbaren Anforderungen unterliegen, keine Anwendung.[171)]

§ 6 Besteuerung bei fehlender Bekanntmachung. ¹Sind die Voraussetzungen des § 5 Abs. 1 nicht erfüllt, sind beim Anleger die Ausschüttungen auf Investmentanteile, der Zwischengewinn[172)] sowie 70 Prozent des Mehrbetrags anzusetzen, der sich zwischen dem ersten im Kalenderjahr festgesetzten Rücknahmepreis und dem letzten im Kalenderjahr festgesetzten Rücknahmepreis eines Investmentanteils ergibt; mindestens sind 6 Prozent des letzten im Kalenderjahr festgesetzten Rücknahmepreises anzusetzen. ²Wird ein Rücknahmepreis nicht festgesetzt, so tritt an seine Stelle der Börsen- oder Marktpreis. ³Der nach Satz 1 anzusetzende Teil des Mehrbetrags gilt mit Ablauf des jeweiligen Kalenderjahres als ausgeschüttet und zugeflossen.

§ 7 Kapitalertragsteuer. (1) ¹Ein Steuerabzug vom Kapitalertrag wird erhoben von
1. ausgeschütteten Erträgen im Sinne des § 2 Abs. 1, soweit sie nicht enthalten:
   a)[173)] inländische Kapitalerträge im Sinne des § 43 Absatz 1 Satz 1 Nummer 1 [*[ab 1.1.2012:]* und 1a] sowie Satz 2 des Einkommensteuergesetzes und von inländischen Investmentgesellschaften ausgeschüttete Erträge aus der Vermietung und Verpachtung von im Inland belegenen Grundstücken und grundstücksgleichen Rechten sowie ausgeschüttete Gewinne aus privaten Veräußerungsgeschäften mit im Inland belegenen Grundstücken und grundstücksgleichen Rechten; Absatz 3 bleibt unberührt;
   b)[174)] Gewinne aus der Veräußerung von Wertpapieren und Bezugsrechten auf Anteile an Kapitalgesellschaften, aus Termingeschäften im Sinne des *§ 18 Abs. 1 Satz 2* [*[neue Fassung:]* § 21 Absatz 1 Satz 2[175)]] sowie aus der Veräußerung von Grundstücken und grundstücksgleichen Rechten im Sinne des § 2 Abs. 3 sowie Erträge im Sinne des § 4 Abs. 1,
2. Ausschüttungen im Sinne des § 6,
3. den nach dem 31. Dezember 1993 einem Anleger in ausländische Investmentanteile als zugeflossen geltenden, noch nicht dem Steuerabzug unterworfenen Erträgen einschließlich der ausländischen Erträge im Sinne des § 43 Abs. 1 Satz 1 Nr. 1 des Einkommensteuergesetzes[176)]. ²Hat die die Kapitalerträge auszahlende Stelle den Investmentanteil erworben oder veräußert und seitdem verwahrt oder sind der auszahlenden Stelle im Rahmen eines Depotübertrags die Anschaffungsdaten gemäß § 43a Abs. 2 Satz 2 bis 5 des Einkommensteuergesetzes nachgewiesen worden, hat sie den Steuerabzug nur von den in dem Zeitraum der Verwahrung als zugeflossen geltenden, noch nicht dem Steuerabzug unterworfenen Erträgen vorzunehmen.[177)]
4.[178)] dem Zwischengewinn.

---

[168] Bezeichnung geänd. durch G v. 18.12.2013 (BGBl. I S. 4318).
[169] Bezeichnung geänd. durch G v. 18.12.2013 (BGBl. I S. 4318).
[170] Verweis geänd. durch G v. 18.12.2013 (BGBl. I S. 4318); zur Anwendung siehe § 22 Abs. 5.
[171] § 5 Abs. 3 Satz 4 angef. durch G v. 13.12.2006 (BGBl. I S. 2878); zur erstmaligen Anwendung siehe § 21 Abs. 3 Satz 2 aF.
[172] § 6 Satz 1 ergänzt durch G v. 9.12.2004 (BGBl. I S. 3310); zur erstmaligen Anwendung siehe § 21 Abs. 3 Satz 1 aF.
[173] § 7 Abs. 1 Satz 1 Nr. 1 Buchst. a geänd., Nr. 1 Buchst. b ergänzt durch G v. 14.8.2007 (BGBl. I S. 1912); zur erstmaligen Anwendung siehe § 21 Abs. 2 Satz 1 nF; Nr. 1 Buchst. a neu gef. durch G v. 8.12.2010 (BGBl. I S. 1768); zur Anwendung siehe § 18 Abs. 19 Satz 7; Satz 1 Nr. 1 Buchst. a Verweis geänd. durch G v. 22.6.2011 (BGBl. I S. 1126); zur Anwendung siehe § 21 Abs. 20 Satz 2.
[174] § 7 Abs. 1 Satz 1 Nr. 1 Buchst. a geänd., Nr. 1 Buchst. b ergänzt durch G v. 14.8.2007 (BGBl. I S. 1912); zur erstmaligen Anwendung siehe § 21 Abs. 2 Satz 1 nF; Nr. 1 Buchst. a neu gef. durch G v. 8.12.2010 (BGBl. I S. 1768); zur Anwendung siehe § 18 Abs. 19 Satz 7.
[175] Verweis geänd. durch G v. 18.12.2013 (BGBl. I S. 4318).
[176] § 7 Abs. 1 Satz 1 Nr. 3 ergänzt durch G v. 14.8.2007 (BGBl. I S. 1912); zur erstmaligen Anwendung siehe § 21 Abs. 2 Satz 1 nF.
[177] § 7 Abs. 1 Satz 1 Nr. 3 Satz 2 geänd. durch G v. 13.12.2006 (BGBl. I S. 2878); zur erstmaligen Anwendung siehe § 21 Abs. 4; Nr. 3 Satz 2 geänd. durch G v. 19.12.2008 (BGBl. I S. 2794); zur Anwendung siehe § 21 Abs. 13.
[178] § 7 Abs. 1 Satz 1 Nr. 4 angef. durch G v. 9.12.2004 (BGBl. I S. 3310); zur erstmaligen Anwendung siehe § 21 Abs. 3 Satz 1 aF.

III. Normentexte

²Die für den Steuerabzug von Kapitalerträgen im Sinne des § 43 Abs. 1 Satz 1 Nr. 7[179]) sowie Satz 2 des Einkommensteuergesetzes geltenden Vorschriften des Einkommensteuergesetzes sind entsprechend anzuwenden. ³Die Anrechnung ausländischer Steuern richtet sich nach § 4 Abs. 2 Satz 8.[180] ⁴*§ 4 Absatz 5 ist nicht anzuwenden.* ⁵Soweit die ausgeschütteten Erträge Kapitalerträge im Sinne des § 43 Absatz 1 Satz 1 Nummer 6 und 8 bis 12 des Einkommensteuergesetzes enthalten, hat die inländische auszahlende Stelle § 43 Absatz 2 Satz 3 bis 8 des Einkommensteuergesetzes anzuwenden.[181])

[Fassung bis 31.12.2011:]

(2) ¹Werden die Erträge nur zum Teil ausgeschüttet, gilt für den Teil der ausschüttungsgleichen Erträge des Investmentvermögens Absatz 1 entsprechend. ²Die darauf zu erhebende Kapitalertragsteuer ist von dem ausgeschütteten Betrag einzubehalten.

[Fassung ab 1.1.2012:[182])]

(2) ¹Im Falle einer Teilausschüttung nach § 2 Absatz 1 Satz 3 sind auf die ausgeschütteten und ausschüttungsgleichen Erträge die Absätze 1, 3, 3a und 3c anzuwenden; die zu erhebende Kapitalertragsteuer ist von dem ausgeschütteten Betrag einzubehalten. ²Im Falle einer Teilausschüttung nach § 2 Absatz 1 Satz 4 sind auf die ausgeschütteten und ausschüttungsgleichen Erträge die Absätze 3, 3b, 3d und 4 anzuwenden.

(3)[183]) ¹Von den ausgeschütteten und ausschüttungsgleichen Erträgen eines inländischen Investmentvermögens wird ein Steuerabzug in Höhe von 25 Prozent vorgenommen, soweit
1. inländische Erträge im Sinne des § 43 Absatz 1 Satz 1 Nummer 1 sowie Satz 2 des Einkommensteuergesetzes oder
2. Erträge aus der Vermietung und Verpachtung von im Inland belegenen Grundstücken und grundstücksgleichen Rechten sowie Gewinne aus privaten Veräußerungsgeschäften mit im Inland belegenen Grundstücken und grundstücksgleichen Rechten
enthalten sind. ²Von den für den Steuerabzug von Kapitalerträgen geltenden Vorschriften des Einkommensteuergesetzes sind auf Erträge nach Satz 1 Nummer 1 die für Kapitalerträge im Sinne des § 43 Absatz 1 Satz 1 Nummer 1 und Satz 2 des Einkommensteuergesetzes und auf Erträge nach Satz 1 Nummer 2 die für Kapitalerträge im Sinne des § 43 Absatz 1 Satz 1 Nummer 7 und Satz 2 des Einkommensteuergesetzes geltenden Vorschriften entsprechend anzuwenden. ³Absatz 4 Satz 2, 4 und 5 gilt entsprechend.

(3) ¹Eine Kapitalertragsteuer wird von den Erträgen aus einem Anteil an einem inländischen *Investmentvermögen* [*[neue Fassung:]* Investmentfonds[184])] erhoben,
1. soweit in den Erträgen aus dem Investmentanteil inländische Erträge im Sinne des § 43 Absatz 1 Satz 1 Nummer 1 und 1a sowie Satz 2 des Einkommensteuergesetzes enthalten sind,
   a) von den ausgeschütteten Erträgen nach Maßgabe des Absatzes 3a und
   b) von den ausschüttungsgleichen Erträgen nach Maßgabe des Absatzes 3b,
2. soweit in den Erträgen aus dem Investmentanteil Erträge aus der Vermietung und Verpachtung von und Gewinne aus Veräußerungsgeschäften mit im Inland belegenen Grundstücken und grundstücksgleichen Rechten enthalten sind,
   a) von den ausgeschütteten Erträgen nach Maßgabe des Absatzes 3c und
   b) von den ausschüttungsgleichen Erträgen nach Maßgabe des Absatzes 3d.
²Der Steuerabzug obliegt dem Entrichtungspflichtigen. ³Dieser hat die auszuschüttenden Beträge einschließlich der Steuerabzugsbeträge bei der *Depotbank* [*[neue Fassung:]* Verwahrstelle[185])] einzuziehen, soweit er sie nicht nach § 2 Absatz 1a und 1b vom Veräußerer des Anteils einzuziehen hat. ⁴*Das Investmentvermögen* [*[neue*

---

[179] § 7 Abs. 1 Satz 2 Verweis auf Nr. 8 aufgeh. durch G v. 14.8.2007 (BGBl. I S. 1912); zur erstmaligen Anwendung siehe § 21 Abs. 2 Satz 1 nF
[180] § 7 Abs. 1 Satz 3 angef. durch G v. 19.12.2008 (BGBl. I S. 2794); zur Anwendung siehe § 21 Abs. 13.
[181] § 7 Abs. 1 Sätze 4 und 5 angef. durch G v. 8.12.2010 (BGBl. I S. 1768); zur Anwendung siehe § 21 Abs. 19 Satz 7; Satz 4 aufgeh. durch G v. 22.6.2011 (BGBl. I S. 1126); zur letztmaligen Anwendung siehe § 21 Abs. 20 Satz 2.
[182] § 7 Abs. 2 bis 6 neu gef. durch G v. 22.6.2011 (BGBl. I S. 1126); zur Anwendung siehe § 21 Abs. 20 Satz 2 ff.
[183] § 7 Abs. 3 Satz 1 geänd. durch G v. 14.8.2007 (BGBl. I S. 1912); zur erstmaligen Anwendung siehe § 21 Abs. 2 Satz 1 nF; Abs. 3 neu gef. durch G v. 8.12.2010 (BGBl. I S. 1768); zur Anwendung siehe § 18 Abs. 19 Satz 8.
[184] Bezeichnung geänd. durch G v. 18.12.2013 (BGBl. I S. 4318).
[185] Bezeichnung geänd. durch G v. 18.12.2013 (BGBl. I S. 4318).

Fassung:] Der Investmentfonds[186)]] hat der *Depotbank* *[[neue Fassung:]* Verwahrstelle[187)]] die Beträge für die Ausschüttungen und den Steuerabzug zur Verfügung zu stellen, die sich nach seinen Berechnungen unter Verwendung der von der *Depotbank* *[[neue Fassung:]* Verwahrstelle[188)]] ermittelten Zahl der Investmentanteile ergeben.

(3a) [1] Entrichtungspflichtiger ist bei ausgeschütteten Erträgen im Sinne von Absatz 3 Satz 1 Nummer 1 Buchstabe a als auszahlende Stelle

1. das inländische Kredit- oder Finanzdienstleistungsinstitut im Sinne des § 43 Absatz 1 Satz 1 Nummer 7 Buchstabe b des Einkommensteuergesetzes oder das inländische Wertpapierhandelsunternehmen, welches, oder die inländische Wertpapierhandelsbank, welche

   a) die Anteile an dem *Investmentvermögen* *[[neue Fassung:]* Investmentfonds[189)]] verwahrt oder verwaltet und

      aa) die Erträge im Sinne des Satzes 1 auszahlt oder gutschreibt oder

      bb) die Erträge im Sinne des Satzes 1 an eine ausländische Stelle auszahlt oder

   b) die Anteile an dem *Investmentvermögen* *[[neue Fassung:]* Investmentfonds[190)]] nicht verwahrt oder verwaltet und

      aa) die Erträge im Sinne des Satzes 1 auszahlt oder gutschreibt oder

      bb) die Erträge im Sinne des Satzes 1 an eine ausländische Stelle auszahlt, oder

2. die Wertpapiersammelbank, der die Anteile an dem *Investmentvermögen* *[[neue Fassung:]* Investmentfonds[191)]] zur Sammelverwahrung anvertraut wurden, wenn sie die Erträge im Sinne des Satzes 1 an eine ausländische Stelle auszahlt.

[2] Ergänzend sind die für den Steuerabzug von Kapitalerträgen im Sinne des § 43 Absatz 1 Satz 1 Nummer 1a des Einkommensteuergesetzes geltenden Vorschriften des Einkommensteuergesetzes entsprechend anzuwenden.

(3b) [1] Entrichtungspflichtiger ist bei ausschüttungsgleichen Erträgen im Sinne des Absatzes 3 Satz 1 Nummer 1 Buchstabe b die inländische Stelle, die im Falle einer Ausschüttung auszahlende Stelle nach Absatz 3a Satz 1 wäre. [2] Die *Depotbank* *[[neue Fassung:]* Verwahrstelle[192)]] hat die Steuerabzugsbeträge den inländischen Stellen nach Satz 1 auf deren Anforderung zur

---

[186] Bezeichnung geänd. durch G v. 18.12.2013 (BGBl. I S. 4318).
[187] Bezeichnung geänd. durch G v. 18.12.2013 (BGBl. I S. 4318).
[188] Bezeichnung geänd. durch G v. 18.12.2013 (BGBl. I S. 4318).
[189] Bezeichnung geänd. durch G v. 18.12.2013 (BGBl. I S. 4318).
[190] Bezeichnung geänd. durch G v. 18.12.2013 (BGBl. I S. 4318).
[191] Bezeichnung geänd. durch G v. 18.12.2013 (BGBl. I S. 4318).
[192] Bezeichnung geänd. durch G v. 18.12.2013 (BGBl. I S. 4318).

III. Normentexte

Verfügung zu stellen, soweit nicht die inländische Stelle Beträge nach § 2 Absatz 1b einzuziehen hat; nicht angeforderte Steuerabzugsbeträge hat die *Depotbank [[neue Fassung:]* Verwahrstelle[193]] nach Ablauf des zweiten Monats seit dem Ende des Geschäftsjahres des *Investmentvermögens [[neue Fassung:]* des Investmentfonds[194]] zum 10. des Folgemonats anzumelden und abzuführen. ³Das *Investmentvermögen [[neue Fassung:]* Der Investmentfonds[195]], die *Depotbank [[neue Fassung:]* Verwahrstelle[196]] und die sonstigen inländischen Stellen haben das zur Verfügungstellen und etwaige Rückforderungen der Steuerabzugsbeträge nach denselben Regeln abzuwickeln, die für ausgeschüttete Beträge nach Absatz 3 Satz 1 Nummer 1 Buchstabe a gelten würden. ⁴Die inländische Stelle hat die Kapitalertragsteuer spätestens mit Ablauf des ersten Monats seit dem Ende des Geschäftsjahres des *Investmentvermögens [[neue Fassung:]* des Investmentfonds[197]] einzubehalten und zum 10. des Folgemonats anzumelden und abzuführen. ⁵Ergänzend sind die für den Steuerabzug von Kapitalerträgen im Sinne des § 43 Absatz 1 Satz 1 Nummer 1a des Einkommensteuergesetzes geltenden Vorschriften des Einkommensteuergesetzes entsprechend anzuwenden.

(3c)[198] ¹Den Steuerabzug hat bei ausgeschütteten Erträgen im Sinne des Absatzes 3 Satz 1 Nummer 2 Buchstabe a als Entrichtungspflichtiger die auszahlende Stelle im Sinne des Absatzes 3a Satz 1 vorzunehmen. ²Ergänzend sind die für den Steuerabzug von Kapitalerträgen im Sinne des § 43 Absatz 1 Satz 1 Nummer 7 sowie Satz 2 des Einkommensteuergesetzes geltenden Vorschriften des Einkommensteuergesetzes und § 44a Absatz 10 Satz 4 bis 7 des Einkommensteuergesetzes entsprechend anzuwenden.

(3d)[199] ¹Den Steuerabzug nimmt bei ausschüttungsgleichen Erträgen im Sinne des Absatzes 3 Satz 1 Nummer 2 Buchstabe b als Entrichtungspflichtiger die inländische Stelle vor, die im Falle einer Ausschüttung auszahlende Stelle nach Absatz 3c Satz 1 in Verbindung mit Absatz 3a Satz 1 wäre. ²Absatz 3b Satz 2 bis 4 ist entsprechend anzuwenden. ³Ergänzend sind die für den Steuerabzug von Kapitalerträgen im Sinne des § 43 Absatz 1 Satz 1 Nummer 7 sowie Satz 2 des Einkommensteuergesetzes geltenden

---

[193] Bezeichnung geänd. durch G v. 18.12.2013 (BGBl. I S. 4318).
[194] Bezeichnung geänd. durch G v. 18.12.2013 (BGBl. I S. 4318).
[195] Bezeichnung geänd. durch G v. 18.12.2013 (BGBl. I S. 4318).
[196] Bezeichnung geänd. durch G v. 18.12.2013 (BGBl. I S. 4318).
[197] Bezeichnung geänd. durch G v. 18.12.2013 (BGBl. I S. 4318).
[198] § 7 Abs. 3c Satz 2 geänd. mWv 1.1.2012 durch G v. 7.12.2011 (BGBl. I S. 2592); zur Anwendung siehe § 21 Abs. 20 Satz 2.
[199] § 7 Abs. 3d Satz 3 geänd. mWv 1.1.2012 durch G v. 7.12.2011 (BGBl. I S. 2592); zur Anwendung siehe § 21 Abs. 20 Satz 2.

A. Deutschland

(4)[200] ¹Von den ausschüttungsgleichen Erträgen eines inländischen Investmentvermögens mit Ausnahme der in Absatz 3 genannten hat die inländische Investmentgesellschaft den Steuerabzug vorzunehmen. ²§ 43 Absatz 2 Satz 2 und § 44a des Einkommensteuergesetzes sowie § 7 Absatz 1 Satz 5 dieses Gesetzes sind nicht anzuwenden. ³Im Übrigen gilt Absatz 1 entsprechend. ⁴Die Kapitalertragsteuer ist innerhalb eines Monats nach der Entstehung zu entrichten. ⁵Die Investmentgesellschaft hat bis zu diesem Zeitpunkt eine Steueranmeldung nach amtlich vorgeschriebenem Datensatz auf elektronischem Weg nach Maßgabe der Steuerdaten-Übermittlungsverordnung vom 28. Januar 2003 (BGBl. I S. 139), geändert durch die Verordnung vom 20. Dezember 2006 (BGBl. I S. 3380), in der jeweils geltenden Fassung zu übermitteln.[201]

(5)[204] ¹Bei Kapitalerträgen im Sinne des Absatzes 3 Satz 1 Nummer 2 und in den Fällen des Absatzes 4 Satz 2, in denen keine Ausnahme oder Abstandnahme vom Steuerabzug möglich ist, hat das inländische Kredit- oder Finanzdienstleistungsinstitut im Sinne des § 43 Absatz 1 Satz 1 Nummer 7 Buchstabe b des Einkommensteuergesetzes, das den Investmentanteil im Zeitpunkt des Zufließens der Kapitalerträge verwahrt, § 44b Absatz 6 Satz 1, 2 und 4 des Einkommensteuergesetzes entsprechend anzuwenden. ²Wird die Kapitalertragsteuer nicht nach Satz 1 erstattet, erstattet die inländische Investmentgesellschaft die Kapitalertragsteuer und den auf sie entfallenden Solidaritätszuschlag, die einem von der Körperschaftsteuer befreiten Anleger als zugeflossen gelten. ³Der Anleger hat die Bescheinigung nach § 44a Absatz 4 Satz 3 des Einkommensteuergesetzes und eine Steuerbescheinigung vorzulegen, aus der sich ergibt, dass nicht nach Satz 1 verfahren wurde.

Vorschriften des Einkommensteuergesetzes und § 44a Absatz 10 Satz 4 bis 7 des Einkommensteuergesetzes entsprechend anzuwenden.

(4)[202] ¹Von den ausschüttungsgleichen Erträgen eines inländischen *Investmentvermögens [[neue Fassung:]* Investmentfonds [203]]* mit Ausnahme der in Absatz 3 Satz 1 Nummer 1 Buchstabe b und Nummer 2 Buchstabe b genannten hat als Entrichtungspflichtiger die inländische Stelle einen Steuerabzug vorzunehmen, die bei Erträgen im Sinne des Absatzes 3 Satz 1 Nummer 2 Buchstabe b nach Absatz 3d Satz 1 als auszahlende Stelle hierzu verpflichtet wäre. ²Im Übrigen gilt Absatz 1 entsprechend. ³Absatz 3b Satz 2 bis 4 ist entsprechend anzuwenden. ³Absatz 3b Satz 2 bis 4 und § 44a Absatz 10 Satz 4 bis 7 des Einkommensteuergesetzes sind entsprechend anzuwenden.

(5) ¹Wird bei ausschüttungsgleichen Erträgen nach Absatz 3 Satz 1 Nummer 1 Buchstabe b und Nummer 2 Buchstabe b sowie nach Absatz 4 von der inländischen Stelle weder vom Steuerabzug abgesehen noch ganz oder teilweise Abstand genommen, wird auf Antrag die einbehaltene Kapitalertragsteuer unter den Voraussetzungen *des § 44a Absatz 4 und des § 44b Absatz 1 Satz 1 [[neue Fassung:]* des § 44a Absatz 4 und 10 Satz 1[205]]* des Einkommensteuergesetzes in dem dort vorgesehenen Umfang von der inländischen Investmentgesellschaft erstattet. ²Der Anleger hat der Investmentgesellschaft eine Bescheinigung der inländischen Stelle im Sinne der Absätze 3b, 3d und 4 vorzulegen, aus der hervorgeht, dass diese die Erstattung nicht vorgenommen hat und auch nicht vornehmen wird. ³Im Übrigen sind die für die Anrechnung und Erstattung der Kapitalertragsteuer geltenden Vorschriften des Einkommensteuergesetzes entsprechend anzuwenden. ⁴Die erstattende inländische Investmentgesellschaft haftet in sinngemäßer Anwendung des § 44 Absatz 5 des Einkommensteuergesetzes für zu Unrecht vorgenommene Erstattungen; für die Zahlungsaufforderung gilt § 219 der Abga-

---

[200] § 7 Abs. 4 Satz 1 geänd. durch G v. 14.8.2007 (BGBl. I S. 1912); zur erstmaligen Anwendung siehe § 21 Abs. 2 Satz 1 nF; Abs. 4 Satz 2 neu gef. durch G v. 8.12.2010 (BGBl. I S. 1768); zur Anwendung siehe § 21 Abs. 19 Satz 7.
[201] § 7 Abs. 4 Satz 5 neu gef. durch G v. 19.12.2008 (BGBl. I S. 2794); zur Anwendung siehe § 21 Abs. 15.
[202] § 7 Abs. 4 Satz 3 neu gef. durch G v. 7.12.2011 (BGBl. I S. 2592); zur Anwendung siehe § 21 Abs. 20 Satz 2.
[203] Bezeichnung geänd. durch G v. 18.12.2013 (BGBl. I S. 4318); zur Anwendung siehe § 22 Abs. 1 und 2.
[204] § 7 Abs. 5 neu gef. durch G v. 16.7.2009 (BGBl. I S. 1959); zur Anwendung siehe § 21 Abs. 17 Satz 1; Abs. 5 Satz 1 neu gef. durch G v. 8.12.2010 (BGBl. I S. 1768); zur Anwendung siehe § 21 Abs. 19 Satz 7.
[205] Verweis geänd. durch G v. 18.12.2013 (BGBl. I S. 4318).

(6)[206] ¹Verwahrt ein inländisches Kreditinstitut oder Finanzdienstleistungsinstitut im Sinne des § 43 Absatz 1 Satz 1 Nummer 7 Buchstabe b des Einkommensteuergesetzes den Investmentanteil in dem Zeitpunkt, in dem die Kapitalerträge im Sinne des Absatzes 4 einem Gläubiger, der als Körperschaft weder Sitz noch Geschäftsleitung oder der als natürliche Person weder Wohnsitz noch gewöhnlichen Aufenthalt im Inland hat, als zugeflossen gelten, in einem auf den Namen des Gläubigers der Kapitalerträge lautenden Depot, ist das Verfahren nach Absatz 5 Satz 1 entsprechend anzuwenden. ²Wird der Investmentanteil in dem Zeitpunkt, in dem die Kapitalerträge im Sinne des Absatzes 4 einem Gläubiger, der als Körperschaft weder Sitz noch Geschäftsleitung oder der als natürliche Person weder Wohnsitz noch gewöhnlichen Aufenthalt im Inland hat, als zugeflossen gelten, in einem auf den Namen des Gläubigers der Kapitalerträge lautenden Depot eines ausländischen Kreditinstituts oder Finanzdienstleistungsinstituts verwahrt, hat die inländische Investmentgesellschaft auf Antrag die einbehaltene Kapitalertragsteuer zu erstatten. ³Die inländische Investmentgesellschaft hat sich von dem ausländischen Kreditinstitut oder Finanzdienstleistungsinstitut versichern zu lassen, dass der Gläubiger der Kapitalerträge nach den Depotunterlagen als Körperschaft weder Sitz noch Geschäftsleitung oder als natürliche Person weder Wohnsitz noch gewöhnlichen Aufenthalt im Inland hat. ⁴Das Verfahren nach den Sätzen 1 bis 3 ist auf den Steuerabzug von Erträgen im Sinne des Absatzes 3 Satz 1 Nummer 2 entsprechend anzuwenden, soweit die Erträge einem Anleger zufließen oder als zugeflossen gelten, der eine nach den Rechtsvorschriften eines Mitgliedstaates der Europäischen Union oder des Europäischen Wirtschaftsraums gegründete Gesellschaft im Sinne des Artikels 54 des Vertrags über die Arbeitsweise der Europäischen Union oder des Artikels 34 des Abkommens über den Europäischen Wirtschaftsraum mit Sitz und Ort der Geschäftsleitung innerhalb des Hoheitgebietes eines dieser Staaten ist, und der einer Körperschaft im Sinne des § 5 Absatz 1 Nummer 3 des Körperschaftsteuergesetzes vergleichbar ist; so-benordnung entsprechend. ⁵Für die Überprüfung der Erstattungen sowie für die Geltendmachung der Rückforderung von Erstattungen oder der Haftung ist das Finanzamt zuständig, das für die Besteuerung der inländischen Investmentgesellschaft nach dem Einkommen zuständig ist.

(6) ¹Wird bei einem Gläubiger ausschüttungsgleicher Erträge im Sinne des Absatzes 4, der als Körperschaft weder Sitz noch Geschäftsleitung oder als natürliche Person weder Wohnsitz noch gewöhnlichen Aufenthalt im Inland hat, von der inländischen Stelle nicht vom Steuerabzug abgesehen, hat die inländische Investmentgesellschaft auf Antrag die einbehaltene Kapitalertragsteuer zu erstatten. ²Die inländische Investmentgesellschaft hat sich von dem ausländischen Kreditinstitut oder Finanzdienstleistungsinstitut versichern zu lassen, dass der Gläubiger der Kapitalerträge nach den Depotunterlagen als Körperschaft weder Sitz noch Geschäftsleitung oder als natürliche Person weder Wohnsitz noch gewöhnlichen Aufenthalt im Inland hat. ³Das Verfahren nach den Sätzen 1 und 2 ist auf den Steuerabzug von Erträgen im Sinne des Absatzes 3 Satz 1 Nummer 2 entsprechend anzuwenden, soweit die Erträge einem Anleger zufließen oder als zugeflossen gelten, der eine nach den Rechtsvorschriften eines Mitgliedstaates der Europäischen Union oder des Europäischen Wirtschaftsraums gegründete Gesellschaft im Sinne des Artikels 54 des Vertrags über die Arbeitsweise der Europäischen Union oder des Artikels 34 des Abkommens über den Europäischen Wirtschaftsraum mit Sitz und Ort der Geschäftsleitung innerhalb des Hoheitsgebietes eines dieser Staaten ist, und der einer Körperschaft im Sinne des § 5 Absatz 1 Nummer 3 des Körperschaftsteuergesetzes vergleichbar ist; soweit es sich um eine nach den Rechtsvorschriften eines Mitgliedstaates des Europäischen Wirtschaftsraums gegründete Gesellschaft oder eine Gesellschaft mit Ort und Geschäftsleitung in diesem Staat handelt, ist zusätzlich Voraussetzung, dass mit diesem Staat ein Amtshilfeabkommen besteht. ⁴Absatz 5 Satz 4 und 5 ist entsprechend anzuwenden.

---

[206] § 7 Abs. 6 neu gef. durch G v. 8.12.2010 (BGBl. I S. 1768); zur Anwendung siehe § 21 Abs. 19 Satz 7.

A. Deutschland

weit es sich um eine nach den Rechtsvorschriften eines Mitgliedstaates des Europäischen Wirtschaftsraums gegründete Gesellschaft oder eine Gesellschaft mit Ort und Geschäftsleitung in diesem Staat handelt, ist zusätzlich Voraussetzung, dass mit diesem Staat ein Amtshilfeabkommen besteht.

(7) Für die Anrechnung der einbehaltenen und abgeführten Kapitalertragsteuer nach § 36 Abs. 2 des Einkommensteuergesetzes oder deren Erstattung nach § 50d des Einkommensteuergesetzes gelten die Vorschriften des Einkommensteuergesetzes entsprechend.

(8)[207] ¹ Für die ergänzende Anwendung der Vorschriften des Einkommensteuergesetzes zum Kapitalertragsteuerabzug in den Absätzen 3 bis 6 steht die inländische Investmentgesellschaft einem inländischen Kreditinstitut gleich. ² Ferner steht die inländische Kapitalanlagegesellschaft hinsichtlich der ihr erlaubten Verwahrung und Verwaltung von Investmentanteilen für die Anwendung der Vorschriften des Einkommensteuergesetzes zum Kapitalertragsteuerabzug einem inländischen Kreditinstitut gleich.

§ 8[208] Veräußerung von Investmentanteilen; Vermögensminderung

[Fassung bis 28.2.2013:[209]]

(1) ¹ Auf die Einnahmen aus der Rückgabe, Veräußerung oder Entnahme von Investmentanteilen im Betriebsvermögen sind § 3 Nr. 40 des Einkommensteuergesetzes und § 8b des Körperschaftsteuergesetzes sowie § 4 Abs. 1, aber auch § 19 des REIT-Gesetzes, anzuwenden, soweit sie dort genannte, dem Anleger noch nicht zugeflossene oder als zugeflossen geltende Einnahmen enthalten oder auf bereits realisierte oder noch nicht realisierte Gewinne aus der Beteiligung des Investmentvermögens an Körperschaften, Personenvereinigungen oder Vermögensmassen entfallen, deren Leistungen beim Empfänger zu den Einnahmen im Sinne des § 20 Abs. 1 Nr. 1 des Einkommensteuergesetzes gehören (positiver Aktiengewinn). ² Bei Beteiligungen des Investmentvermögens an anderen Investmentvermögen ist Satz 1 entsprechend anzuwenden. ³ Bei dem Ansatz des in § 6 Abs. 1 Nr. 2 Satz 3 des Einkommensteuergesetzes bezeichneten Wertes sind die Sätze 1 und 2 entsprechend anzuwenden.

[Fassung ab 1.3.2013:[210]]

(1) ¹ Auf die Einnahmen aus der Rückgabe, Veräußerung oder Entnahme von Investmentanteilen sind § 3 Nummer 40 des Einkommensteuergesetzes, § 4 Absatz 1 dieses Gesetzes sowie § 19 des REIT-Gesetzes anzuwenden, soweit sie dort genannte, dem Anleger noch nicht zugeflossene oder als zugeflossen geltende Einnahmen enthalten oder auf bereits realisierte oder noch nicht realisierte Gewinne aus der Beteiligung des *Investmentvermögens* *[[neue Fassung:]* Investmentfonds[211]*]* an Körperschaften, Personenvereinigungen oder Vermögensmassen entfallen, deren Leistungen beim Empfänger zu den Einnahmen im Sinne des § 20 Absatz 1 Nummer 1 des Einkommensteuergesetzes gehören (positiver Aktiengewinn). ² Auf die Einnahmen aus der Rückgabe, Veräußerung oder Entnahme von Investmentanteilen im Betriebsvermögen sind § 8b des Körperschaftsteuergesetzes sowie § 19 des REIT-Gesetzes anzuwenden, soweit sie auf bereits realisierte oder noch nicht realisierte Gewinne aus der Beteiligung des *Investmentvermögens* *[[neue Fassung:]* Investmentfonds[212]*]* an Körperschaften, Personenvereinigungen oder Vermögensmassen entfallen, deren Leistungen beim Empfänger zu den Einnahmen im Sinne des § 20 Absatz 1 Nummer 1 des Einkommensteuergesetzes gehören. ³ § 15 Absatz 1a und § 16 Absatz 3 bleiben unberührt. ⁴ Bei Beteiligungen des Investmentvermögens sind die Sätze 1 bis 3 entsprechend anzuwen-

---

[207] § 7 Abs. 8 angef. durch G v. 20.12.2007 (BGBl. I S. 3150); zur erstmaligen Anwendung siehe § 21 Abs. 7.
[208] Zur Anwendung siehe § 21 Abs. 1 Satz 2 und 3 aF sowie § 23 Abs. 1 Satz 2.
[209] § 8 Abs. 1 Satz 1 ergänzt durch G v. 28.5.2007 (BGBl. I S. 914); zur erstmaligen Anwendung siehe § 21 Abs. 5 Sätze 2 und 3; Abs. 1 Satz 1 geänd. durch G v. 8.12.2010 (BGBl. I S. 1768).
[210] § 8 Abs. 1 neu gef. durch G v. 21.3.2013 (BGBl. I S. 561); zur Anwendung siehe § 21 Abs. 22 Sätze 1 und 5.
[211] Bezeichnung geänd. durch G v. 18.12.2013 (BGBl. I S. 4318).
[212] Bezeichnung geänd. durch G v. 18.12.2013 (BGBl. I S. 4318).

den. ⁵Bei dem Ansatz des in § 6 Absatz 1 Nummer 2 Satz 3 des Einkommensteuergesetzes bezeichneten Wertes sind die Sätze 1 bis 4 entsprechend anzuwenden.

(2)²¹³⁾ ¹Auf Vermögensminderungen innerhalb des *Investmentvermögens* [*[neue Fassung:]* Investmentfonds²¹⁴⁾] sind beim Anleger § 3c Abs. 2 des Einkommensteuergesetzes und § 8b des Körperschaftsteuergesetzes anzuwenden, soweit die Vermögensminderungen auf Beteiligungen des *Investmentvermögens* [*[neue Fassung:]* Investmentfonds²¹⁵⁾] an Körperschaften, Personenvereinigungen oder Vermögensmassen entfallen, deren Leistungen beim Empfänger zu den Einnahmen im Sinne des § 20 Abs. 1 Nr. 1 des Einkommensteuergesetzes gehören; Vermögensminderungen, die aus Wirtschaftsgütern herrühren, auf deren Erträge § 4 Abs. 1 anzuwenden ist, dürfen das Einkommen nicht mindern (negativer Aktiengewinn). ²Bei Beteiligungen des *Investmentvermögens* [*[neue Fassung:]* Investmentfonds²¹⁶⁾] an anderen *Investmentvermögen* [*[neue Fassung:]* Investmentfonds²¹⁷⁾] ist Satz 1 entsprechend anzuwenden. ³Die Sätze 1 und 2 gelten nicht für Beteiligungen des *Investmentvermögens* [*[neue Fassung:]* Investmentfonds²¹⁸⁾] an inländischen REIT-Aktiengesellschaften oder anderen REIT-Körperschaften, -Personenvereinigungen oder -Vermögensmassen im Sinne des REIT-Gesetzes.²¹⁹⁾

(3)²²⁰⁾ ¹Der nach den Absätzen 1 und 2 zu berücksichtigende Teil der Einnahmen ist, vorbehaltlich einer Berichtigung nach Satz 4, der Unterschied zwischen dem Aktiengewinn auf den Rücknahmepreis zum Zeitpunkt der Veräußerung einerseits und dem Aktiengewinn auf den Rücknahmepreis zum Zeitpunkt der Anschaffung andererseits. ²Bei Ansatz eines niedrigeren Teilwerts ist der zu berücksichtigende Teil nach § 3c Abs. 2 des Einkommensteuergesetzes und § 8b des Körperschaftsteuergesetzes, vorbehaltlich einer Berichtigung nach Satz 4, der Unterschied zwischen dem Aktiengewinn auf den maßgebenden Rücknahmepreis zum Zeitpunkt der Bewertung einerseits und dem Aktiengewinn auf den Rücknahmepreis zum Zeitpunkt der Anschaffung andererseits, soweit dieser Unterschiedsbetrag sich auf den Bilanzansatz ausgewirkt hat. ³Entsprechendes gilt bei Gewinnen aus dem Ansatz des in § 6 Abs. 1 Nr. 2 Satz 3 des Einkommensteuergesetzes bezeichneten Wertes für die Ermittlung des zu berücksichtigenden Teils nach § 3 Nr. 40 des Einkommensteuergesetzes oder § 8b des Körperschaftsteuergesetzes. ⁴Die nach den Sätzen 1, 2 und 3 zu berücksichtigenden Teile sind um einen nach den Sätzen 2 bzw. 3 ermittelten Aktiengewinn auf den maßgebenden Rücknahmepreis zum Schluss des vorangegangenen Wirtschaftsjahres zu berichtigen, soweit er sich auf den Bilanzansatz ausgewirkt hat.

(4)²²¹⁾ ¹Kommt eine Investmentgesellschaft ihrer Ermittlungs- und Veröffentlichungspflicht nach § 5 Abs. 2 nicht nach, gilt der Investmentanteil bei betrieblichen Anlegern als zum zeitgleich mit dem letzten Aktiengewinn veröffentlichten Rücknahmepreis zurückgegeben und wieder angeschafft. ²Die auf den Veräußerungsgewinn entfallende Einkommen- oder Körperschaftsteuer gilt als zinslos gestundet. ³Bei einer nachfolgenden Rückgabe oder Veräußerung des Investmentanteils endet die Stundung mit der Rückgabe oder Veräußerung. ⁴Auf die als angeschafft geltenden Investmentanteile sind § 3 Nr. 40 des Einkommensteuergesetzes und § 8b des Körperschaftsteuergesetzes nicht anzuwenden.

(5)²²²⁾ ¹Gewinne aus der Rückgabe oder Veräußerung von Investmentanteilen, die weder zu einem Betriebsvermögen gehören noch zu den Einkünften nach § 22 Nr. 1 oder Nr. 5 des Einkommensteuergesetzes gehören, gehören zu den Einkünften aus Kapitalvermögen im Sinne des § 20 Abs. 2 Satz 1 Nr. 1 des Einkommensteuergesetzes; § 3 Nr. 40 und § 17 des Einkommensteuergesetzes und § 8b des Körperschaftsteuergesetzes sind nicht anzuwenden. ²Negative Einnahmen gemäß § 2 Abs. 1 Satz 1 sind von den

---

²¹³ § 8 Abs. 2 Satz 1 HS 2 und Satz 2 angef. durch G v. 9.12.2004 (BGBl. I S. 3310); zur erstmaligen Anwendung siehe § 21 Abs. 1 Satz 1 aF.
²¹⁴ Bezeichnung geänd. durch G v. 18.12.2013 (BGBl. I S. 4318).
²¹⁵ Bezeichnung geänd. durch G v. 18.12.2013 (BGBl. I S. 4318).
²¹⁶ Bezeichnung geänd. durch G v. 18.12.2013 (BGBl. I S. 4318).
²¹⁷ Bezeichnung geänd. durch G v. 18.12.2013 (BGBl. I S. 4318).
²¹⁸ Bezeichnung geänd. durch G v. 18.12.2013 (BGBl. I S. 4318).
²¹⁹ § 8 Abs. 2 Satz 3 angef. durch G v. 28.5.2007 (BGBl. I S. 914); zur erstmaligen Anwendung siehe § 21 Abs. 5 Sätze 2 und 3.
²²⁰ § 8 Abs. 3 neugef., Abs. 4 angef. durch G v. 9.12.2004 (BGBl. I S. 3310); zur erstmaligen Anwendung siehe § 21 Abs. 1 Satz 1 aF.
²²¹ § 8 Abs. 3 neugef., Abs. 4 angef. durch G v. 9.12.2004 (BGBl. I S. 3310); zur erstmaligen Anwendung siehe § 21 Abs. 1 Satz 1 aF.
²²² § 8 Abs. 5 neugef. durch G v. 14.8.2007 (BGBl. I S. 1912); Sätze 1, 3 und 4 geänd. durch G v. 19.12.2008 (BGBl. I S. 2794); zur Anwendung siehe § 21 Abs. 2 Satz 2 nF; Abs. 5 Satz 6 eingef., bish. Satz 6 wird Satz 7 durch G v. 8.12.2010 (BGBl. I S. 1768).

A. Deutschland

Anschaffungskosten des Investmentanteils, erhaltener Zwischengewinn ist vom Veräußerungserlös des Investmentanteils abzusetzen. ³Der Veräußerungserlös ist ferner um die während der Besitzzeit als zugeflossen geltenden ausschüttungsgleichen Erträge zu mindern sowie um die hierauf entfallende, seitens der Investmentgesellschaft gezahlte und um einen entstandenen Ermäßigungsanspruch gekürzte Steuer im Sinne des § 4 Abs. 2, § 7 Abs. 3 und 4 zu erhöhen. ⁴Sind ausschüttungsgleiche Erträge in einem späteren Geschäftsjahr innerhalb der Besitzzeit ausgeschüttet worden, sind diese dem Veräußerungserlös hinzuzurechnen. ⁵Der Gewinn aus der Veräußerung oder Rückgabe ist um die während der Besitzzeit des Anlegers ausgeschütteten Beträge zu erhöhen, die nach *§ 18 Abs. 1 Satz 2* [[*neue Fassung:*] § 21 Absatz 1 Satz 2²²³⁾] in Verbindung mit § 2 Abs. 3 Nr. 1 in der am 31. Dezember 2008 anzuwendenden Fassung des Gesetzes steuerfrei sind. ⁶Des Weiteren ist der Veräußerungsgewinn um die während der Besitzzeit des Anlegers zugeflossene Substanzauskehrung sowie um die Beträge zu erhöhen, die während der Besitzzeit auf Grund der Absetzung für Abnutzung oder Substanzverringerung im Sinne des § 3 Absatz 3 *Satz 1* [[*neue Fassung:*] Satz 2²²⁴⁾] steuerfrei ausgeschüttet wurden. ⁷Ferner bleiben bei der Ermittlung des Gewinns die Anschaffungskosten und der Veräußerungserlös mit dem Prozentsatz unberücksichtigt, den die Investmentgesellschaft für den jeweiligen Stichtag nach § 5 Abs. 2 für die Anwendung des Absatzes 1 in Verbindung mit § 4 Abs. 1 veröffentlicht hat.

(6)²²⁵⁾ ¹Von den Einnahmen aus der Rückgabe oder Veräußerung von Investmentanteilen ist ein Steuerabzug vorzunehmen. ²Bemessungsgrundlage für den Kapitalertragsteuerabzug ist auch bei Investmentanteilen, die zu einem Betriebsvermögen gehören, der Gewinn nach Absatz 5. ³Die für den Steuerabzug von Kapitalerträgen nach § 43 Abs. 1 Satz 1 Nr. 9 sowie Satz 2 des Einkommensteuergesetzes geltenden Vorschriften des Einkommensteuergesetzes sind einschließlich des § 43 Abs. 2 Satz 3 bis 9 und des § 44a Abs. 4 und 5 entsprechend anzuwenden. ⁴Bei der unmittelbaren Rückgabe von Investmentanteilen an eine inländische Kapitalanlagegesellschaft oder Investmentaktiengesellschaft hat die Investmentgesellschaft den Kapitalertragsteuerabzug nach den Sätzen 1 bis 3 vorzunehmen; dieser Steuerabzug tritt an die Stelle des Steuerabzugs durch die auszahlende Stelle.

(7)²²⁶⁾ § 15b des Einkommensteuergesetzes ist auf Verluste aus der Rückgabe, Veräußerung oder Entnahme von Investmentanteilen sowie auf Verluste durch Ansatz des niedrigeren Teilwerts bei Investmentanteilen sinngemäß anzuwenden.

(8)²²⁷⁾ ¹Ein Investmentanteil gilt mit Ablauf des Geschäftsjahres, in dem ein Feststellungsbescheid nach § 1 Absatz 1d Satz 1 unanfechtbar geworden ist, als veräußert. ²Ein Anteil an einer Investitionsgesellschaft gilt zum selben Zeitpunkt als angeschafft. ³Als Veräußerungserlös des Investmentanteils und als Anschaffungskosten des Investitionsgesellschaftsanteils ist der Rücknahmepreis am Ende des Geschäftsjahres anzusetzen, in dem der Feststellungsbescheid unanfechtbar geworden ist. ⁴Wird kein Rücknahmepreis festgesetzt, tritt an seine Stelle der Börsen- oder Marktpreis. ⁵Kapitalertragsteuer ist nicht einzubehalten und abzuführen. ⁶Im Übrigen sind die vorstehenden Absätze anzuwenden. ⁷Die festgesetzte Steuer gilt bis zur tatsächlichen Veräußerung des Anteils als zinslos gestundet.

§ 9²²⁸⁾ **Ertragsausgleich.** ¹Den in den ausgeschütteten und ausschüttungsgleichen Erträgen enthaltenen einzelnen Beträgen im Sinne der §§ 2 und 4 sowie der anrechenbaren oder abziehbaren ausländischen Quellensteuer stehen die hierauf entfallenden Teile des Ausgabepreises für ausgegebene Anteile gleich. ²Die Einnahmen und Zwischengewinne im Sinne des § 1 Absatz 4 sind bei Anwendung eines Ertragsausgleichsverfahrens um die hierauf entfallenden Teile des Ausgabepreises für ausgegebene Anteile zu erhöhen.

§ 10 Dach-Investmentvermögen²²⁹⁾ [[*neue Fassung:*] **Dach-Investmentfonds**²³⁰⁾]. ¹Bei Erträgen eines Anlegers aus Investmentanteilen, die aus Erträgen des *Investmentvermögens* [[*neue Fassung:*] Investmentfonds²³¹⁾] aus Anteilen an anderen *Investmentvermögen* [[*neue Fassung:*] Investmentfonds²³²⁾]

---

²²³ Verweis geänd. durch G v. 18.12.2013 (BGBl. I S. 4318).
²²⁴ Verweis geänd. durch G v. 18.12.2013 (BGBl. I S. 4318).
²²⁵ § 8 Abs. 6 angef. durch G v. 14.8.2007 (BGBl. I S. 1912); Satz 3 geänd. durch G v. 19.12.2008 (BGBl. I S. 2794); zur Anwendung siehe § 21 Abs. 2 Satz 2 nF.
²²⁶ § 8 Abs. 7 angef. durch G v. 8.12.2010 (BGBl. I S. 1768).
²²⁷ § 8 Abs. 8 angef. durch G v. 18.12.2013 (BGBl. I S. 4318); zur Anwendung siehe § 22 Abs. 1 Satz 1.
²²⁸ § 9 Satz 1 Bezeichnung geänd., Satz 2 angef. durch G v. 8.12.2010 (BGBl. I S. 1768).
²²⁹ § 10 Überschrift geänd., Satz 1 Bezeichnung geänd., Satz 2 neu gef. und Satz 3 angef. durch G v. 22.6.2011 (BGBl. I S. 1126); zur Anwendung siehe § 21 Abs. 20 Satz 1.
²³⁰ Bezeichnung geänd. durch G v. 18.12.2013 (BGBl. I S. 4318); zur Anwendung siehe § 22 Abs. 1 Satz 1.
²³¹ Bezeichnung geänd. durch G v. 18.12.2013 (BGBl. I S. 4318); zur Anwendung siehe § 22 Abs. 1 Satz 1.
²³² Bezeichnung geänd. durch G v. 18.12.2013 (BGBl. I S. 4318); zur Anwendung siehe § 22 Abs. 1 Satz 1.

III. Normentexte

stammen, findet § 6 entsprechende Anwendung, soweit die Besteuerungsgrundlagen des *Dach-Investmentvermögens* [*[neue Fassung:]* Dach-Investmentfonds[233)]] im Sinne des § 5 Abs. 1 nicht nachgewiesen werden. ²Soweit *Ziel-Investmentvermögen* [*[neue Fassung:]* Ziel-Investmentfonds[234)]] die Voraussetzungen des § 5 Absatz 1 nicht erfüllen, sind die nach § 6 zu ermittelnden Besteuerungsgrundlagen des *Ziel-Investmentvermögens* [*[neue Fassung:]* Ziel-Investmentfonds[235)]] den steuerpflichtigen Erträgen des *Dach-Investmentvermögens* [*[neue Fassung:]* Dach-Investmentfonds[236)]] zuzurechnen. ³Die vorstehenden Sätze sind auch auf Master-Feeder-Strukturen im Sinne *des Kapitels 2 Abschnitt 1a des Investmentgesetzes* [*[neue Fassung:]* der §§ 171 bis 180 des Kapitalanlagegesetzbuchs[237)]] anzuwenden.

Abschnitt 2.[238)] **Regelungen nur für inländische Investmentanteile**
[*[neue Fassung:]* Investmentfonds]

Übersicht

§ 11   Zweckvermögen; Steuerbefreiung; Außenprüfung [[neue Fassung:] Steuerbefreiung und Außenprüfung]
§ 12   Ausschüttungsbeschluss
§ 13   Gesonderte Feststellung der Besteuerungsgrundlagen
§ 14   Verschmelzung von Investmentvermögen und Teilen von Investmentvermögen
        [[neue Fassung:] Investmentfonds und Teilen von Investmentfonds]
§ 15   Inländische Spezial-Sondervermögen und Spezial-Investmentaktiengesellschaften
        [[neue Fassung:] Inländische Spezial-Investmentfonds]
§ 15a Offene Investmentkommanditgesellschaft

§ 11 *Zweckvermögen; Steuerbefreiung; Außenprüfung* **[*[neue Fassung:]* Steuerbefreiung und Außenprüfung[239)]]**

[alte Fassung:]

(1)[241)] ¹Das inländische Sondervermögen gilt in den Fällen des § 1 Absatz 1 Nummer 1 Buchstabe a bis c als Zweckvermögen im Sinne des § 1 Absatz 1 Nummer 5 des Körperschaftsteuergesetzes. ²Es ist von der Körperschaftsteuer und der Gewerbesteuer befreit. ³Satz 2 findet auch auf die Investmentaktiengesellschaft Anwendung. ⁴Die Sätze 1 und 2 gelten auch für Investmentvermögen im Sinne des § 1 Absatz 1a Satz 2.

[neue Fassung:[240)]*]*

(1) ¹Das inländische Sondervermögen gilt als Zweckvermögen im Sinne des § 1 Absatz 1 Nummer 5 des Körperschaftsteuergesetzes und als sonstige juristische Person des privaten Rechts im Sinne des § 2 Absatz 3 des Gewerbesteuergesetzes. ²Ein inländischer Investmentfonds in der Rechtsform eines Sondervermögens oder einer Investmentaktiengesellschaft mit veränderlichem Kapital ist von der Körperschaftsteuer und der Gewerbesteuer befreit. ³Ein inländischer Investmentfonds in der Rechtsform einer offenen Investmentkommanditgesellschaft ist von der Gewerbesteuer befreit. ⁴Satz 2 gilt nicht für
1. Einkünfte, die die Investmentaktiengesellschaft mit veränderlichem Kapital oder deren Teilgesellschaftsvermögen aus der Verwaltung des Vermögens erzielt, oder
2. Einkünfte der Investmentaktiengesellschaft mit veränderlichem Kapital oder deren Teil-

---

[233] Bezeichnung geänd. durch G v. 18.12.2013 (BGBl. I S. 4318); zur Anwendung siehe § 22 Abs. 1 Satz 1.
[234] Bezeichnung geänd. durch G v. 18.12.2013 (BGBl. I S. 4318); zur Anwendung siehe § 22 Abs. 1 Satz 1.
[235] Bezeichnung geänd. durch G v. 18.12.2013 (BGBl. I S. 4318); zur Anwendung siehe § 22 Abs. 1 Satz 1.
[236] Bezeichnung geänd. durch G v. 18.12.2013 (BGBl. I S. 4318); zur Anwendung siehe § 22 Abs. 1 Satz 1.
[237] Verweis geänd. durch G v. 18.12.2013 (BGBl. I S. 4318); zur Anwendung siehe § 22 Abs. 1 Satz 1.
[238] Überschrift Abschnitt 2 geänd. (laut BGBl. nur in Inhaltsübersicht geänd.) durch G v. 18.12.2013 (BGBl. I S. 4318).
[239] Bezeichnung geänd. durch G v. 18.12.2013 (BGBl. I S. 4318); zur Anwendung siehe § 22 Abs. 1 Satz 1.
[240] § 11 Abs. 1 neu gef. durch G v. 18.12.2013 (BGBl. I S. 4318); zur Anwendung siehe § 22 Abs. 1 Satz 2.
[241] § 11 Abs. 1 Satz 2 geänd. durch G v. 9.12.2004 (BGBl. I S. 3310); zur erstmaligen Anwendung siehe § 21 Abs. 1 Satz 1 aF; Abs. 1 Satz 1 neu gef., Satz 4 angef. durch G v. 22.6.2011 (BGBl. I S. 1126); zur Anwendung siehe § 18 Abs. 20 Satz 1.

gesellschaftsvermögen, die auf Unternehmensaktien entfallen, es sei denn, es wurde nach § 109 Absatz 1 Satz 1 des Kapitalanlagegesetzbuchs auf die Begebung von Anlageaktien verzichtet.
⁵Die Sätze 1 und 2 gelten auch für Investmentfonds im Sinne des § 1 Absatz 1g Satz 2.

(2)[242] ¹Die von den Kapitalerträgen des inländischen *Investmentvermögens* [*[neue Fassung:]* Investmentfonds[243]] einbehaltene und abgeführte Kapitalertragsteuer wird dem *Investmentvermögen* [*[neue Fassung:]* Investmentfonds[244]] unter Einschaltung der *Depotbank* [*[neue Fassung:]* Verwahrstelle[245]] erstattet, soweit nicht nach § 44a des Einkommensteuergesetzes vom Steuerabzug Abstand zu nehmen ist; dies gilt auch für den als Zuschlag zur Kapitalertragsteuer einbehaltenen und abgeführten Solidaritätszuschlag. ²Bei Kapitalerträgen im Sinne des § 43 Absatz 1 Satz 1 Nummer 1 und 2 des Einkommensteuergesetzes wendet die *Depotbank* [*[neue Fassung:]* Verwahrstelle[246]] § 44b Absatz 6 des Einkommensteuergesetzes entsprechend an; bei den übrigen Kapitalerträgen [*ab 1.1.2012:*[247]] [außer Kapitalerträgen im Sinne des § 43 Absatz 1 Satz 1 Nummer 1a des Einkommensteuergesetzes] erstattet das Finanzamt, an das die Kapitalertragsteuer abgeführt worden ist, die Kapitalertragsteuer und den Solidaritätszuschlag auf Antrag an die Depotbank. ³Im Übrigen sind die Vorschriften des Einkommensteuergesetzes über die Abstandnahme vom Steuerabzug und über die Erstattung von Kapitalertragsteuer bei unbeschränkt einkommensteuerpflichtigen Gläubigern sinngemäß anzuwenden. ⁴An die Stelle der nach dem Einkommensteuergesetz erforderlichen[248] Nichtveranlagungs-Bescheinigung tritt eine Bescheinigung des für *das Investmentvermögen* [*[neue Fassung:]* den Investmentfonds[249]] zuständigen Finanzamts, in der bestätigt wird, dass ein Zweckvermögen oder eine Investmentaktiengesellschaft im Sinne des Absatzes 1 vorliegt.

(3) Beim inländischen *Investmentvermögen* [*[neue Fassung:]* Investmentfonds[250]] ist eine Außenprüfung im Sinne der §§ 194 ff. der Abgabenordnung zulässig zur Ermittlung der steuerlichen Verhältnisse des *Investmentvermögens* [*[neue Fassung:]* Investmentfonds[251]], zum Zwecke der Prüfung der Berichte nach *§ 44 des Investmentgesetzes* [*[neue Fassung:]* nach den §§ 101, 120 und 135 des Kapitalanlagegesetzbuchs[252]] und der Besteuerungsgrundlagen nach § 5.

§ 12 Ausschüttungsbeschluss. ¹Die inländische Investmentgesellschaft hat über die Verwendung der zur Ausschüttung zur Verfügung stehenden Beträge zu beschließen und den Beschluss schriftlich zu dokumentieren. ²Der Beschluss hat Angaben zur Zusammensetzung der Ausschüttung zu enthalten. ³Er hat außerdem Angaben zu den noch nicht ausgeschütteten Beträgen, die nicht unter *§ 19 Abs. 1*[253][1] [*[neue Fassung:]* § 23 Absatz 1[254]] fallen, zu enthalten.

§ 13 Gesonderte Feststellung der Besteuerungsgrundlagen. (1) Die Besteuerungsgrundlagen im Sinne des § 5 Abs. 1 sind gegenüber der Investmentgesellschaft gesondert festzustellen.

(2)[255] ¹Die Investmentgesellschaft hat spätestens vier Monate nach Ablauf des Geschäftsjahres eine Erklärung zur gesonderten Feststellung der Besteuerungsgrundlagen abzugeben. ²Wird innerhalb von vier Monaten nach Ablauf des Geschäftsjahres ein Beschluss über eine Ausschüttung gefasst, ist die Erklärung nach Satz 1 spätestens vier Monate nach dem Tag des Beschlusses abzugeben. ³Der Feststel-

---

[242] § 11 Abs. 2 Satz 1 und 2 neu gef. durch G v. 16.7.2009 (BGBl. I S. 1959); zur Anwendung siehe § 21 Abs. 17 Satz 2.
[243] Bezeichnung geänd. durch G v. 18.12.2013 (BGBl. I S. 4318).
[244] Bezeichnung geänd. durch G v. 18.12.2013 (BGBl. I S. 4318).
[245] Bezeichnung geänd. durch G v. 18.12.2013 (BGBl. I S. 4318).
[246] Bezeichnung geänd. durch G v. 18.12.2013 (BGBl. I S. 4318).
[247] § 11 Abs. 2 Satz 2 2. HS geänd. durch G v. 22.6.2011 (BGBl. I S. 1126); zur Anwendung siehe § 21 Abs. 20 Satz 2 iVm Abs. 21.
[248] § 11 Abs. 2 Satz 4 geänd. durch G v. 26.6.2013 (BGBl. I S. 1809); zur Anwendung siehe § 21 Abs. 21 Satz 3.
[249] Bezeichnung geänd. durch G v. 18.12.2013 (BGBl. I S. 4318).
[250] Bezeichnung geänd. durch G v. 18.12.2013 (BGBl. I S. 4318).
[251] Bezeichnung geänd. durch G v. 18.12.2013 (BGBl. I S. 4318).
[252] Verweis geänd. durch G v. 18.12.2013 (BGBl. I S. 4318).
[253] Verweis geänd. durch G v. 9.12.2004 (BGBl. I S. 3310).
[254] Verweis geänd. durch G v. 18.12.2013 (BGBl. I S. 4318).
[255] § 13 Abs. 2 Satz 2 geänd., Abs. 2 Satz 1 geänd., Satz 2 eingef., bish. Satz 2 wird Satz 3 durch G v. 19.12.2008 (BGBl. I S. 2794); zur Anwendung siehe § 21 Abs. 14; Abs. 2 Satz 3 geänd. durch G v. 18.12.2013 (BGBl. I S. 4318); zur Anwendung siehe § 22 Abs. 1 Satz 1.

lungserklärung sind der Jahresbericht, die Bescheinigung *(§ 5 Abs. 1 Satz 1 Nr. 3) und der Ausschüttungsbeschluss (§ 12) beizufügen* *[[neue Fassung:]* nach § 5 Absatz 1 Satz 1 Nummer 3, der Ausschüttungsbeschluss gemäß § 12 und eine Überleitungsrechnung, aus der hervorgeht, wie aus der investmentrechtlichen Rechnungslegung die Besteuerungsgrundlagen ermittelt wurden, beizufügen].

(3)[256)] ¹Die Feststellungserklärung steht einer gesonderten Feststellung gleich. ²Die Investmentgesellschaft hat die erklärten Besteuerungsgrundlagen zugleich im [*[Fassung bis 31.3.2012:]* elektronischen] Bundesanzeiger bekannt zu machen.

(4)[257)] ¹Stellt das Finanzamt materielle Fehler der gesonderten Feststellung nach Absatz 3 Satz 1 fest, sind die Unterschiedsbeträge zwischen den erklärten Besteuerungsgrundlagen und den zutreffenden Besteuerungsgrundlagen gesondert festzustellen. ²Weichen die nach Absatz 3 Satz 2 bekannt gemachten Besteuerungsgrundlagen von der Feststellungserklärung ab, sind die Unterschiedsbeträge zwischen den nach Absatz 3 Satz 2 bekannt gemachten Besteuerungsgrundlagen und den erklärten Besteuerungsgrundlagen gesondert festzustellen. ³Die Investmentgesellschaft hat die Unterschiedsbeträge in der Feststellungserklärung für das Geschäftsjahr zu berücksichtigen, in dem die Feststellung nach den Sätzen 1 und 2 unanfechtbar geworden ist. ⁴Die §§ 129, 164, 165, 172 bis 175a der Abgabenordnung sind auf die gesonderte Feststellung nach Absatz 3 Satz 1 sowie Absatz 4 Satz 1 und 2 nicht anzuwenden. ⁵Eine gesonderte Feststellung nach den Sätzen 1 und 2 ist bis zum Ablauf der für die Feststellung nach Absatz 3 Satz 1 geltenden Feststellungsfrist zulässig.

(5)[258)] Örtlich zuständig ist das Finanzamt, in dessen Bezirk sich die Geschäftsleitung der *Investmentgesellschaft befindet, oder in den Fällen des § 1 Absatz 1 Nummer 1 Buchstabe b, in dessen Bezirk die Zweigniederlassung besteht, oder in den Fällen des § 1 Absatz 1 Nummer 1 Buchstabe c, in dessen Bezirk sich die Geschäftsleitung der inländischen Depotbank befindet* *[[neue Fassung:]* Kapitalverwaltungsgesellschaft des Investmentfonds befindet, oder in den Fällen des § 1 Absatz 2a Satz 3 Nummer 1 Buchstabe b, in dessen Bezirk die Zweigniederlassung besteht, oder in den Fällen des § 1 Absatz 2a Satz 3 Nummer 1 Buchstabe c, in dessen Bezirk sich die Geschäftsleitung der inländischen Verwahrstelle befindet.].

§ 14[259)] **Verschmelzung von *Investmentvermögen und Teilen von Investmentvermögen* *[[neue Fassung:]* Investmentfonds und Teilen von Investmentfonds**[260)]**]** (1) Die folgenden Absätze 2 bis 6[261)] gelten nur für die Verschmelzung im Sinne des *§ 40g des Investmentgesetzes* *[[neue Fassung:]* § 189 des Kapitalanlagegesetzbuchs[262)]] unter alleiniger Beteiligung inländischer Sondervermögen.

(2) ¹Das übertragende Sondervermögen hat die zu übertragenden Vermögensgegenstände und Verbindlichkeiten, die Teil des Nettoinventars sind, mit den Anschaffungskosten abzüglich Absetzungen für Abnutzungen oder Substanzverringerung (fortgeführte Anschaffungskosten) zu seinem Geschäftsjahresende (Übertragungsstichtag) anzusetzen. ²Ein nach *§ 40g Absatz 2 Satz 1 des Investmentgesetzes* *[[neue Fassung:]* § 189 Absatz 2 Satz 1 des Kapitalanlagegesetzbuchs[263)]] bestimmter Übertragungsstichtag gilt als Geschäftsjahresende des übertragenden Sondervermögens.

(3) ¹Das übernehmende Sondervermögen hat zu Beginn des dem Übertragungsstichtag folgenden Tages die übernommenen Vermögensgegenstände und Verbindlichkeiten mit den fortgeführten Anschaffungskosten anzusetzen. ²Das übernehmende Sondervermögen tritt in die steuerliche Rechtsstellung des übertragenden Sondervermögens ein.

(4)[264)] ¹Die Ausgabe der Anteile am übernehmenden Sondervermögen an die Anleger des übertragenden Sondervermögens gilt nicht als Tausch. ²Die erworbenen Anteile an dem übernehmenden Sondervermögen treten an die Stelle der Anteile an dem übertragenden Sondervermögen. ³Erhalten

---

[256] § 13 Abs. 3 Satz 2 geänd. mWv 1.4.2012 durch G v. 22.12.2011 (BGBl. I S. 3044).
[257] § 13 Abs. 4 Satz 1 geänd., Satz 2 eingef., Satz 3 Verweis auf Satz 2 eingef., Satz 4 Verweis auf § 129 AO sowie Klammerzusatz eingef., Satz 5 angef. durch G v. 20.12.2007 (BGBl. I S. 3150); zur Anwendung siehe § 21 Abs. 8.
[258] § 13 Abs. 5 neu gef. durch G v. 22.6.2011 (BGBl. I S. 1126); zur Anwendung siehe § 21 Abs. 20 Satz 1; Abs. 5 geänd. durch G v. 18.12.2013 (BGBl. I S. 4318); zur Anwendung siehe § 22 Abs. 1 Satz 1.
[259] § 14 neu gef. durch G v. 9.12.2004 (BGBl. I S. 3310); zur erstmaligen Anwendung siehe § 21 Abs. 1 Satz 1 aF; Überschrift neu gef. durch G v. 16.7.2009 (BGBl. I S. 1959); § 14 Überschrift geänd., Abs. 1 geänd., Abs. 2 Satz 2 angef., Abs. 3 Satz 1 geänd. durch G v. 22.6.2011 (BGBl. I S. 1126); zur Anwendung siehe § 21 Abs. 20 Satz 1.
[260] Bezeichnung geänd. durch G v. 18.12.2013 (BGBl. I S. 4318); zur Anwendung siehe § 22 Abs. 1 Satz 1.
[261] Verweis geänd. durch G v. 16.7.2009 (BGBl. I S. 1959); zur erstmaligen Anwendung siehe § 21 Abs. 18.
[262] Verweis geänd. durch G v. 18.12.2013 (BGBl. I S. 4318); zur Anwendung siehe § 22 Abs. 1 Satz 1.
[263] Verweis geänd. durch G v. 18.12.2013 (BGBl. I S. 4318); zur Anwendung siehe § 22 Abs. 1 Satz 1.
[264] § 14 Abs. 4 Sätze 3 und 4 angef. durch G v. 22.6.2011 (BGBl. I S. 1126); zur Anwendung siehe § 18 Abs. 20 Satz 1.

die Anleger des übertragenden Sondervermögens eine Barzahlung im Sinne des § *40h des Investmentgesetzes* [[*neue Fassung:*] § 190 des Kapitalanlagegesetzbuchs[265)]], gilt diese als Ertrag im Sinne des § 20 Absatz 1 Nummer 1 des Einkommensteuergesetzes, wenn sie nicht Betriebseinnahme des Anlegers, eine Leistung nach § 22 Nummer 1 Satz 3 Buchstabe a Doppelbuchstabe aa des Einkommensteuergesetzes oder eine Leistung nach § 22 Nummer 5 des Einkommensteuergesetzes ist; § 3 Nummer 40 des Einkommensteuergesetzes und § 8b Absatz 1 des Körperschaftsteuergesetzes und § 5 sind nicht anzuwenden. ⁴Die Barzahlung ist als Ausschüttung eines sonstigen Ertrags oder als Teil der Ausschüttung nach § 6 zu behandeln.

(5)[266)] ¹Die nicht bereits ausgeschütteten ausschüttungsgleichen Erträge des letzten Geschäftsjahres des übertragenden Sondervermögens gelten den Anlegern dieses Sondervermögens mit Ablauf des Übertragungsstichtags als zugeflossen. ²Dies gilt nicht, wenn die Erträge gemäß § 2 Abs. 1 Satz 1 zu den Einkünften nach § 22 Nr. 1 oder 5 des Einkommensteuergesetzes zählen. ³Als ausschüttungsgleiche Erträge sind auch die nicht bereits zu versteuernden angewachsenen Erträge des übertragenden Sondervermögens zu behandeln.

(6) ¹Ermitteln beide Sondervermögen den Aktiengewinn nach § 5 Abs. 2, so darf sich der Aktiengewinn je Investmentanteil durch die Übertragung nicht verändern. ²Ermittelt nur eines der beiden Sondervermögen den Aktiengewinn, ist auf die Investmentanteile des Sondervermögens, das bisher einen Aktiengewinn ermittelt und veröffentlicht hat, § 8 Abs. 4 anzuwenden.

(7)[267)] ¹Die Absätze 2 bis 6 sind entsprechend anzuwenden, wenn bei einer nach dem Investmentgesetz zulässigen Übertragung von allen Vermögensgegenständen im Wege der Sacheinlage sämtliche Vermögensgegenstände
1. eines Sondervermögens auf eine Investmentaktiengesellschaft mit veränderlichem Kapital oder auf ein Teilgesellschaftsvermögen einer Investmentaktiengesellschaft mit veränderlichem Kapital,
2. eines Teilgesellschaftsvermögens einer Investmentaktiengesellschaft mit veränderlichem Kapital auf ein anderes Teilgesellschaftsvermögen derselben Investmentaktiengesellschaft mit veränderlichem Kapital,
3. eines Teilgesellschaftsvermögens einer Investmentaktiengesellschaft mit veränderlichem Kapital auf ein Teilgesellschaftsvermögen einer anderen Investmentaktiengesellschaft mit veränderlichem Kapital,
4. einer Investmentaktiengesellschaft mit veränderlichem Kapital oder eines Teilgesellschaftsvermögens einer Investmentaktiengesellschaft mit veränderlichem Kapital auf ein Sondervermögen oder
5. einer Investmentaktiengesellschaft mit veränderlichem Kapital auf eine andere Investmentaktiengesellschaft oder ein Teilgesellschaftsvermögen einer anderen Investmentaktiengesellschaft mit veränderlichem Kapital

übertragen werden. ²Satz 1 ist nicht anzuwenden, wenn ein Spezial-Sondervermögen nach *§ 2 Absatz 3 des Investmentgesetzes oder ein Teilfonds* [[*neue Fassung:*] § 1 Absatz 6 und 10 des Kapitalanlagegesetzbuchs oder ein Teilinvestmentvermögen[268)]] eines solchen Sondervermögens oder eine Spezial-Investmentaktiengesellschaft *nach § 2 Absatz 5 Satz 2 des Investmentgesetzes oder ein Teilgesellschaftsvermögen einer solchen Investmentaktiengesellschaft als übertragendes oder aufnehmendes Investmentvermögen* [[*neue Fassung:*] mit veränderlichem Kapital nach § 1 Absatz 6 in Verbindung mit Kapitel 1 Abschnitt 4 Unterabschnitt 3 des Kapitalanlagegesetzbuchs oder ein Teilgesellschaftsvermögen einer solchen Investmentaktiengesellschaft als übertragender oder aufnehmender Investmentfonds[269)]] beteiligt ist.

(8)[270)] Die gleichzeitige Übertragung aller Vermögensgegenstände mehrerer Sondervermögen, Teilgesellschaftsvermögen oder Investmentaktiengesellschaften auf dasselbe Sondervermögen oder Teilgesellschaftsvermögen oder dieselbe Investmentaktiengesellschaft mit veränderlichem Kapital ist zulässig.

---

[265] Verweis geänd. durch G v. 18.12.2013 (BGBl. I S. 4318); zur Anwendung siehe § 22 Abs. 1 Satz 1.
[266] § 14 Abs. 5 Satz 2 neu gef. durch G v. 14.8.2007 (BGBl. I S. 1912); zur erstmaligen Anwendung siehe § 21 Abs. 1 Satz 1 nF; Abs. 5 Satz 3 neu gef. durch G v. 8.12.2010 (BGBl. I S. 1768).
[267] § 14 Abs. 7 angef. mW für Übertragungen, die nach dem 22.7.2009 wirksam werden (§ 18 Abs. 18), durch G v. 16.7.2009 (BGBl. I S. 1959); Abs. 7 Satz 2 aufgeh., bish. Satz 3 wird Satz 2 und geänd. durch G v. 8.12.2010 (BGBl. I S. 1768); Abs. 7 Satz 1 Nr. 5 geänd. durch G v. 22.6.2011 (BGBl. I S. 1126); zur Anwendung siehe § 21 Abs. 20 Satz 1; Abs. 7 Satz 1 Nr. 1 bis 4 geänd. durch G v. 18.12.2013 (BGBl. I S. 4318); zur Anwendung siehe § 22 Abs. 1 Satz 1.
[268] § 14 Abs. 7 Satz 2 geänd. durch G v. 18.12.2013 (BGBl. I S. 4318); zur Anwendung siehe § 22 Abs. 1 Satz 1.
[269] § 14 Abs. 7 Satz 2 geänd. durch G v. 18.12.2013 (BGBl. I S. 4318); zur Anwendung siehe § 22 Abs. 1 Satz 1.
[270] § 14 Abs. 8 angef. durch G v. 8.12.2010 (BGBl. I S. 1768); Abs. 8 geänd. durch G v. 18.12.2013 (BGBl. I S. 4318); zur Anwendung siehe § 22 Abs. 1 und 2.

§ 15 Inländische Spezial-Sondervermögen und Spezial-Investmentaktiengesellschaften [[neue Fassung:] Inländische Spezial-Investmentfonds[271]] (1)[272]

[alte Fassung:]

¹Bei inländischen Spezial-Sondervermögen [oder Spezial-Investmentaktiengesellschaften, die aufgrund einer schriftlichen Vereinbarung mit der Kapitalanlagegesellschaft oder ihrer Satzung nicht mehr als 100 Anleger oder Aktionäre haben, die nicht natürliche Personen sind,][274] sind § 4 Abs. 4, § 5 Abs. 1, §§ 6, 7 Abs. 4 Satz 2 [[ab 1.1.2012[275]:] § 6] und § 8 Abs. 4 nicht anzuwenden.

[neue Fassung[273]:]

¹Bei inländischen Sondervermögen oder Investmentaktiengesellschaften mit veränderlichem Kapital, die auf Grund einer schriftlichen Vereinbarung mit der Kapitalverwaltungsgesellschaft oder auf Grund ihrer Satzung nicht mehr als 100 Anleger oder Aktionäre haben, die nicht natürliche Personen sind (Spezial-Investmentfonds), sind § 1 Absatz 1d, § 4 Absatz 4, § 5 Absatz 1 sowie die §§ 6 und 8 Absatz 4 und 8 nicht anzuwenden.

²§ 5 Abs. 2 Satz 1 ist mit der Maßgabe anzuwenden, dass die Investmentgesellschaft verpflichtet ist, den Aktiengewinn [[ab 1.3.2013[276]:] für Körperschaften, Personenvereinigungen oder Vermögensmassen] bei jeder Bewertung des *Investmentvermögens* [[neue Fassung:] Investmentfonds[277]] zu ermitteln; die Veröffentlichung des Aktiengewinns entfällt. ³Für die Feststellung der Besteuerungsgrundlagen gilt § 180 Abs. 1 Nr. 2 Buchstabe a der Abgabenordnung entsprechend; die Feststellungserklärung steht einer gesonderten und einheitlichen Feststellung unter dem Vorbehalt der Nachprüfung gleich [, eine berichtigte Feststellungserklärung gilt als Antrag auf Änderung][278]. ⁴§ 13 Abs. 1, 3 und 4 ist nicht anzuwenden. ⁵Nicht ausgeglichene negative Erträge im Sinne des § 3 Abs. 4 Satz 2 entfallen, soweit ein Anleger seine Investmentanteile veräußert oder zurückgibt. ⁶In den Fällen des § 14 gilt dies auch, soweit sich jeweils die Beteiligungsquote des Anlegers an den beteiligten Sondervermögen reduziert. ⁷§ 32 Abs. 3 des Körperschaftsteuergesetzes gilt entsprechend; die Investmentgesellschaft hat den Kapitalertragsteuerabzug vorzunehmen. ⁸*§ 7 Abs. 4 Satz 4 und 5 gilt entsprechend.*[279] [[ab 1.1.2012[280]:] ⁸Die Kapitalertragsteuer nach Satz 7 und nach § 7 ist durch die Investmentgesellschaft innerhalb eines Monats nach der Entstehung zu entrichten. ⁹Die Investmentgesellschaft hat bis zu diesem Zeitpunkt eine Steueranmeldung nach amtlich vorgeschriebenem Datensatz auf elektronischem Weg nach Maßgabe der Steuerdaten-Übermittlungsverordnung vom 28. Januar 2003 (BGBl. I S. 139), die zuletzt durch Artikel 8 der Verordnung vom 17. November 2010 (BGBl. I S. 1544) geändert worden ist, in der jeweils geltenden Fassung zu übermitteln. ¹⁰Im Rahmen der ergänzenden Anwendung der Vorschriften des Einkommensteuergesetzes über den Steuerabzug sind § 44a Absatz 6 und § 45a Absatz 3 des Einkommensteuergesetzes nicht anzuwenden.]

[[ab 1.3.2013:]] (1a)[281] ¹Bei Investmentvermögen im Sinne des Absatzes 1 Satz 1 ist abweichend von § 2 Absatz 2 Satz 1 und § 8 Absatz 1 Satz 1, § 8b des Körperschaftsteuergesetzes anzuwenden. ²Voraussetzung für die Anwendung des Satzes 1 auf Erträge des Investmentanteils ist, dass die Beteiligung des Investmentvermögens mindestens 10 Prozent des Grund- oder Stammkapitals, des Vermögens oder der Summe der Geschäftsguthaben beträgt und der dem einzelnen Anleger zuzurechnende Anteil an dem Investmentvermögen so hoch ist, dass die auf den einzelnen Anleger anteilig entfallende Beteiligung an der Körperschaft, Personenvereinigung oder Vermögensmasse mindestens 10 Prozent des Grund- oder Stammkapitals, des Vermögens oder der Summe der Geschäftsguthaben beträgt. ³Für die Berechnung der Beteiligungsgrenze ist für die Beteiligung des Investmentvermögens auf die Höhe der

---

[271] Überschrift neu gef. durch G v. 18.12.2013 (BGBl. I S. 4318); zur Anwendung siehe § 22 Abs. 1 Satz 1.
[272] § 15 Abs. 1 Satz 1 geänd., Sätze 5 und 6 angef. durch G v. 9.12.2004 (BGBl. I S. 3310); zur erstmaligen Anwendung siehe § 21 Abs. 1 Satz 1 aF; § 15 Überschrift geänd., Abs. 1 Satz 2 Bezeichnung geänd. durch G v. 22.6.2011 (BGBl. I S. 1126); zur Anwendung siehe § 21 Abs. 20 Satz 1.
[273] § 15 Abs. 1 Satz 1 und Satz 3 Klammerzusätze eingef. durch G v. 20.12.2007 (BGBl. I S. 3150); zur Anwendung siehe § 21 Abs. 9 und 10.
[274] § 15 Abs. 1 Satz 1 Verweis geänd., Satz 8 neu gef., Sätze 9 und 10 angef. durch G v. 22.6.2011 (BGBl. I S. 1126); zur Anwendung siehe § 21 Abs. 20 Satz 2.
[275] § 15 Abs. 1 Satz 1 neu gef. durch G v. 18.12.2013 (BGBl. I S. 4318); zur Anwendung siehe § 22 Abs. 1 Satz 1.
[276] § 15 Abs. 1 Satz 2 geänd. durch G v. 21.3.2013 (BGBl. I S. 561); zur Anwendung siehe § 21 Abs. 22 Satz 1.
[277] Bezeichnung geänd. durch G v. 18.12.2013 (BGBl. I S. 4318); zur Anwendung siehe § 22 Abs. 1 Satz 1.
[278] § 15 Abs. 1 Satz 1 und Satz 3 Klammerzusätze eingef. durch G v. 20.12.2007 (BGBl. I S. 3150); zur Anwendung siehe § 21 Abs. 9 und 10.
[279] § 15 Abs. 1 Sätze 7 und 8 angef. durch G v. 14.8.2007 (BGBl. I S. 1912); zur erstmaligen Anwendung siehe § 18 Abs. 3 nF.
[280] § 15 Abs. 1 Satz 1 Verweis geänd., Satz 8 neu gef., Sätze 9 und 10 angef. durch G v. 22.6.2011 (BGBl. I S. 1126); zur Anwendung siehe § 21 Abs. 20 Satz 2.
[281] § 15 Abs. 1a eingef. durch G v. 21.3.2013 (BGBl. I S. 561); zur Anwendung siehe § 21 Abs. 22 Satz 1.

Beteiligung an der Körperschaft, Personenvereinigung oder Vermögensmasse zu dem Zeitpunkt abzustellen, zu dem die auf die Beteiligung entfallenden Erträge dem Investmentvermögen zugerechnet werden; für den Anteil des Anlegers an dem Investmentvermögen ist auf den Schluss des Geschäftsjahres abzustellen. ⁴Über eine Mitunternehmerschaft gehaltene Investmentanteile sind dem Mitunternehmer anteilig nach dem allgemeinen Gewinnmaßstab zuzurechnen. ⁵Eine einem Anleger über einen direkt gehaltenen Anteil an einem Investmentvermögen und über einen von einer Mitunternehmerschaft gehaltenen Anteil an demselben Investmentvermögen zuzurechnende Beteiligung an derselben Körperschaft, Personenvereinigung oder Vermögensmasse sind zusammenzurechnen. ⁶Eine Zusammenrechnung von Beteiligungen an Körperschaften, Personenvereinigungen oder Vermögensmassen, die dem Anleger über andere Investmentvermögen oder ohne Einschaltung eines Investmentvermögens zuzurechnen sind, findet bei dem jeweiligen Investmentvermögen nicht statt. ⁷Ist der Anleger bereits unmittelbar zu mindestens 10 Prozent an dem Grund- oder Stammkapital einer Körperschaft, Personenvereinigung oder Vermögensmasse beteiligt, gilt die Beteiligungsgrenze auch als überschritten, soweit der Anleger an dieser Körperschaft, Personenvereinigung oder Vermögensmasse auch über ein Investmentvermögen beteiligt ist, wenn der Anleger die Höhe der unmittelbaren Beteiligung gegenüber der Investmentgesellschaft nachgewiesen hat; eine mittelbar über eine Mitunternehmerschaft gehaltene Beteiligung gilt hierbei als unmittelbare Beteiligung. ⁸Vom Investmentvermögen entliehene Wertpapiere und Investmentanteile sowie vom Anleger entliehene Investmentanteile werden für die Berechnung einer Beteiligung dem Verleiher zugerechnet. ⁹Teilfonds oder Teilgesellschaftsvermögen stehen für die Anwendung der vorstehenden Sätze einem Investmentvermögen gleich.

(2) ¹Erträge aus Vermietung und Verpachtung von inländischen Grundstücken und grundstücksgleichen Rechten und Gewinne aus privaten Veräußerungsgeschäften mit inländischen Grundstücken und grundstücksgleichen Rechten sind gesondert auszuweisen. ²Diese Erträge gelten beim beschränkt steuerpflichtigen Anleger als unmittelbar bezogene Einkünfte gemäß § 49 Abs. 1 Nr. 2 Buchstabe f, Nr. 6 oder Nr. 8 des Einkommensteuergesetzes. ³Dies gilt auch für die Anwendung der Regelungen in Doppelbesteuerungsabkommen. ⁴*§ 7 ist sinngemäß anzuwenden mit der Maßgabe, dass der Steuersatz 25²⁸²⁾ Prozent der Erträge beträgt und die Kapitalertragsteuer von der Investmentgesellschaft einzubehalten ist.* [*ab 1.1.2012²⁸³⁾:]* ⁴*Von den Erträgen ist Kapitalertragsteuer in Höhe von 25 Prozent durch die Investmentgesellschaft einzubehalten; Absatz 1 Satz 8 bis 10 gilt entsprechend.*] ⁵§ 50 Absatz 2 Satz 1²⁸⁴⁾ des Einkommensteuergesetzes findet keine Anwendung.

(3)²⁸⁵⁾ ¹Ein Investmentanteil an einem Spezial-Investmentfonds gilt mit Ablauf des vorangegangenen Geschäftsjahres des Spezial-Investmentfonds als veräußert, in dem der Spezial-Investmentfonds seine Anlagebedingungen in der Weise abgeändert hat, dass die Voraussetzungen des § 1 Absatz 1b nicht mehr erfüllt sind oder in dem ein wesentlicher Verstoß gegen die Anlagebestimmungen des § 1 Absatz 1b vorliegt. ²Als Veräußerungserlös des Investmentanteils und als Anschaffungskosten des Anteils an der Investitionsgesellschaft ist der Rücknahmepreis anzusetzen. ³Wird kein Rücknahmepreis festgesetzt, tritt an seine Stelle der Börsen- oder Marktpreis. ⁴Kapitalertragsteuer ist nicht einzubehalten und abzuführen. ⁵Der Spezial-Investmentfonds gilt mindestens für einen Zeitraum von drei Jahren als Investitionsgesellschaft.

§ 15a²⁸⁶⁾ **Offene Investmentkommanditgesellschaft.** (1) ¹§ 15 gilt für offene Investmentkommanditgesellschaften im Sinne des § 1 Absatz 1f Nummer 3 entsprechend. ²§ 15 Absatz 3 ist entsprechend anzuwenden, wenn die Voraussetzungen des § 1 Absatz 1f Nummer 3 nicht mehr erfüllt sind.

(2) ¹Die für die Ermittlung von Einkünften eines Anlegers eines Spezial-Investmentfonds geltenden Regelungen sind für die Anleger von offenen Investmentkommanditgesellschaften entsprechend anzuwenden. ²Für die Bewertung eines Anteils an einer offenen Investmentkommanditgesellschaft im Sinne des Absatzes 1 gilt § 6 Absatz 1 Nummer 2 des Einkommensteuergesetzes entsprechend.

(3) ¹Die Beteiligung an einer offenen Investmentkommanditgesellschaft im Sinne des Absatzes 1 führt nicht zur Begründung oder anteiligen Zurechnung einer Betriebsstätte des Anteilseigners. ²Die Einkünfte der offenen Investmentkommanditgesellschaft im Sinne des Absatzes 1 gelten als nicht gewerblich. ³§ 9 Nummer 2 des Gewerbesteuergesetzes ist auf Anteile am Gewinn an einer offenen Investmentkommanditgesellschaft im Sinne des Absatzes 1 nicht anzuwenden.

---

²⁸² § 15 Abs. 2 Satz 4 geänd. durch G v. 14.8.2007 (BGBl. I S. 1912); zur erstmaligen Anwendung siehe § 21 Abs. 2 Satz 3 nF.
²⁸³ § 15 Abs. 2 Satz 4 neu gef. durch G v. 22.6.2011 (BGBl. I S. 1126); zur Anwendung siehe § 21 Abs. 20 Satz 2.
²⁸⁴ Zitat geänd. durch G v. 16.7.2009 (BGBl. I S. 1959).
²⁸⁵ § 15 Abs. 3 angef. durch G v. 18.12.2013 (BGBl. I S. 4318); zur Anwendung siehe § 22 Abs. 2 Satz 4.
²⁸⁶ § 15a eingef. durch G v. 18.12.2013 (BGBl. I S. 4318); zur Anwendung siehe § 22 Abs. 1 und 2.

III. Normentexte

(4) Wird ein Wirtschaftsgut aus einem Betriebsvermögen des Anlegers in das Gesellschaftsvermögen einer offenen Investmentkommanditgesellschaft übertragen, ist bei der Übertragung der Teilwert anzusetzen.

Abschnitt 3.[287] Regelungen nur für ausländische Investmentanteile [*[neue Fassung:]* Investmentfonds]

Übersicht

§ 16 Ausländische Spezial-Investmentvermögen [[neue Fassung:] Spezial-Investmentfonds]
§ 17 Repräsentant
§ 17a Auswirkungen der Verschmelzung von ausländischen Investmentvermögen und Teilen eines solchen Investmentvermögens auf ein anderes ausländisches Investmentvermögen oder Teile eines solchen Investmentvermögens [[neue Fassung:] Investmentfonds und Teilen eines solchen Investmentfonds auf einen anderen ausländischen Investmentfonds oder Teile eines solchen Investmentfonds]

§ 16[288] Ausländische *Spezial-Investmentvermögen* [*[neue Fassung:]* Spezial-Investmentfonds[289]]

[alte Fassung:]

¹Bei ausländischen Spezial-Investmentvermögen, deren Anteile satzungsgemäß von nicht mehr als 100[291] Anlegern, die nicht natürliche Personen sind, gehalten werden, sind § 4 Abs. 4, § 5 Abs. 1 Satz 1 Nr. 5 Satz 3, §§ 6 und 8 Abs. 4 nicht anzuwenden.

[neue Fassung[290]:]

¹Bei ausländischen AIF, deren Anteile satzungsgemäß von nicht mehr als 100 Anlegern, die nicht natürliche Personen sind, gehalten werden (ausländische Spezial-Investmentfonds), sind § 1 Absatz 1d, § 4 Absatz 4, § 5 Absatz 1 Satz 1 Nummer 5 Satz 3 sowie die §§ 6 und 8 Absatz 4 und 8 nicht anzuwenden.

²§ 5 Abs. 1 Satz 1 Nr. 3[292] ist mit der Maßgabe anzuwenden, dass die Investmentgesellschaft von der Bekanntmachung im *[Fassung bis 31.3.2012:] elektronischen]* Bundesanzeiger absehen kann, wenn sie den Anlegern die Daten mitteilt. ³§ 15 Absatz 1 Satz 2 *[[ab 1.3.2013[293]:]* und Absatz 1a] gilt entsprechend. ⁴§ 15 Absatz 1 Satz 5 ist entsprechend anzuwenden. ⁵§ 15 Absatz 1 Satz 6 ist in Fällen des § 17a entsprechend anzuwenden. ⁶Für ausländische *Spezial-Investmentvermögen* [*[neue Fassung:]* Spezial-Investmentfonds[294]]] mit mindestens einem inländischen Anleger hat die ausländische Investmentgesellschaft dem Bundeszentralamt für Steuern innerhalb von vier Monaten nach Ende des Geschäftsjahres eine Bescheinigung eines zur geschäftsmäßigen Hilfeleistung befugten Berufsträgers im Sinne des § 3 des Steuerberatungsgesetzes, einer behördlich anerkannten Wirtschaftsprüfungsstelle oder einer vergleichbaren Stelle vorzulegen, aus der hervorgeht, dass die Angaben nach den Regeln des deutschen Steuerrechts ermittelt wurden. ⁷Fasst das ausländische *Spezial-Investmentvermögen* [*[neue Fassung:]* Spezial-Investmentfonds[295]]] innerhalb von vier Monaten nach Ende des Geschäftsjahres einen Ausschüttungsbeschluss, beginnt die Frist nach Satz 6 erst mit dem Tage des Ausschüttungsbeschlusses. ⁸§ 15 Absatz 3 gilt entsprechend.[296]

§ 17 Repräsentant. Der Repräsentant einer ausländischen Investmentgesellschaft im Sinne des *§ 136 Abs. 1 Nr. 2 und des § 138 des Investmentgesetzes [[neue Fassung:]* § 317 Absatz 1 Nummer 4 und § 319 des Kapitalanlagegesetzbuchs[297]]] gilt nicht als ständiger Vertreter im Sinne des § 49 Abs. 1 Nr. 2 Buchstabe a des Einkommensteuergesetzes und des § 13 der Abgabenordnung, soweit er die ausländische Investmentgesellschaft gerichtlich oder außergerichtlich vertritt und er hierbei weder über die Anlage des eingelegten Geldes bestimmt noch bei dem Vertrieb der ausländischen Investmentanteile tätig wird.

---

[287] Überschrift Abschnitt 3 geänd. (laut BGBl. nur in Inhaltsübersicht geänd.) durch G v. 18.12.2013 (BGBl. I S. 4318).
[288] § 16 Satz 1 und Satz 3 geänd. durch G v. 9.12.2004 (BGBl. I S. 3310); zur erstmaligen Anwendung siehe § 21 Abs. 1 Satz 1 aF; Sätze 4 bis 7 angef. durch G v. 8.12.2010 (BGBl. I S. 1768); zur Anwendung siehe § 21 Abs. 19 Satz 1; Satz 2 geänd. mWv 1.4.2012 durch G v. 22.12.2011 (BGBl. I S. 3044).
[289] Überschrift geänd. durch G v. 18.12.2013 (BGBl. I S. 4318); zur Anwendung siehe § 22 Abs. 1.
[290] § 16 Abs. 1 Satz 1 neu gef. durch G v. 18.12.2013 (BGBl. I S. 4318); zur Anwendung siehe § 22 Abs. 1 und 2.
[291] § 16 Satz 1 geänd. durch G v. 20.12.2007 (BGBl. I S. 3150); zur erstmaligen Anwendung siehe § 21 Abs. 10.
[292] Zitat geänd. durch G v. 14.8.2007 (BGBl. I S. 1912).
[293] § 16 Satz 3 geänd. durch G v. 21.3.2013 (BGBl. I S. 561); zur Anwendung siehe § 21 Abs. 22 Satz 1.
[294] Bezeichnung geänd. durch G v. 18.12.2013 (BGBl. I S. 4318).
[295] Bezeichnung geänd. durch G v. 18.12.2013 (BGBl. I S. 4318).
[296] § 16 Satz 8 angef. durch G v. 18.12.2013 (BGBl. I S. 4318); zur Anwendung siehe § 22 Abs. 2 Satz 4.
[297] Verweis geänd. durch G v. 18.12.2013 (BGBl. I S. 4318).

A. Deutschland

§ 17a[298] **Auswirkungen der Verschmelzung von ausländischen Investmentvermögen und Teilen eines solchen Investmentvermögens auf ein anderes ausländisches Investmentvermögen oder Teile eines solchen Investmentvermögens [[neue Fassung:] Investmentfonds und Teilen eines solchen Investmentfonds auf einen anderen ausländischen Investmentfonds oder Teile eines solchen Investmentfonds[299)]**

¹ Für den Anleger eines Investmentanteils an einem *Investmentvermögen* [[*neue Fassung:*] Investmentfonds[300)]], das dem Recht eines anderen Mitgliedstaates der Europäischen Union untersteht, ist für Verschmelzungen von *Investmentvermögen* [[*neue Fassung:*] Investmentfonds[301)]], die demselben Aufsichtsrecht unterliegen, § 14 Absatz 4 bis 6 und 8 entsprechend anzuwenden, wenn

1. die dem *§ 40g des Investmentgesetzes* [[*neue Fassung:*] § 189 des Kapitalanlagegesetzbuchs[302)]] entsprechenden Vorschriften des Sitzstaates der Sondervermögen erfüllt sind und dies durch eine Bestätigung der für die Investmentaufsicht zuständigen Stelle nachgewiesen wird und
2. das übernehmende Sondervermögen die fortgeführten Anschaffungskosten des übertragenden Sondervermögens für die Ermittlung der Investmenterträge fortführt und hierzu eine Bescheinigung eines zur geschäftsmäßigen Hilfeleistung befugten Berufsträgers im Sinne des § 3 des Steuerberatungsgesetzes, einer behördlich anerkannten Wirtschaftsprüfungsgesellschaft oder einer vergleichbaren Stelle vorlegt.

² Den Mitgliedstaaten der Europäischen Union stehen die Staaten gleich, auf die das Abkommen über den Europäischen Wirtschaftsraum anwendbar ist, sofern zwischen der Bundesrepublik Deutschland und dem anderen Staat auf Grund der Amtshilferichtlinie gemäß § 2 Absatz 2 des EU-Amtshilfegesetzes[303)] oder einer vergleichbaren zwei- oder mehrseitigen Vereinbarung Auskünfte erteilt werden, die erforderlich sind, um die Besteuerung durchzuführen. ³ Die Bescheinigungen nach Satz 1 sind dem Bundeszentralamt für Steuern vorzulegen. ⁴ § 5 Abs. 1 Satz 1 Nr. 5 gilt entsprechend. ⁵ Die Sätze 1 bis 4 sind entsprechend anzuwenden, wenn alle Vermögensgegenstände eines nach dem Investmentrecht des Sitzstaates abgegrenzten Teils eines *Investmentvermögens* [[*neue Fassung:*] Investmentfonds[304)]] übertragen werden oder ein solcher Teil eines Investmentvermögens alle Vermögensgegenstände eines anderen *Investmentvermögens* [[*neue Fassung:*] Investmentfonds[305)]] oder eines nach dem Investmentrecht des Sitzstaates abgegrenzten Teils eines *Investmentvermögens* [[*neue Fassung:*] Investmentfonds[306)]] übernimmt. ⁶ § 14 Absatz 7 Satz 2 und Absatz 8 gilt entsprechend; dies gilt bei § 14 Absatz 7 Satz 2 nicht für die Übertragung aller Vermögensgegenstände eines Sondervermögens auf ein anderes Sondervermögen.

Abschnitt 4. Gemeinsame Regelungen für inländische und ausländische Investitionsgesellschaften[[307)]]

Übersicht

§ 18 Personen-Investitionsgesellschaften
§ 19 Kapital-Investitionsgesellschaften
§ 20 Umwandlung einer Investitionsgesellschaft in einen Investmentfonds

---

[298] § 17a eingef. durch G v. 9.12.2004 (BGBl. I S. 3310); zur erstmaligen Anwendung siehe § 21 Abs. 1 Satz 1 aF; Satz 1 Nr. 2 geänd., Satz 2 eingef., bish. Satz 2 wird Satz 3 durch G v. 19.12.2008 (BGBl. I S. 2794); zur Anwendung siehe § 21 Abs. 16; Satz 1 geänd., Sätze 2, 5 und 6 eingef., bish. Sätze 2 und 3 werden Sätze 3 und 4 durch G v. 16.7.2009 (BGBl. I S. 1959); zur Anwendung siehe § 21 Abs. 18; Satz 1 Verweis geänd., Satz 6 neu gef. durch G v. 8.12.2010 (BGBl. I S. 1768); Überschrift und Satz 1 geänd., Satz 1 Nr. 1 Verweis geänd. durch G v. 22.6.2011 (BGBl. I S. 1126); zur Anwendung siehe § 21 Abs. 20 Satz 1; Satz 2 geänd. durch G v. 26.6.2013 (BGBl. I S. 1809); zur Anwendung siehe § 21 Abs. 23.
[299] Überschrift geänd. durch G v. 18.12.2013 (BGBl. I S. 4318); zur Anwendung siehe § 22 Abs. 1 und 2.
[300] Bezeichnung geänd. durch G v. 18.12.2013 (BGBl. I S. 4318).
[301] Bezeichnung geänd. durch G v. 18.12.2013 (BGBl. I S. 4318).
[302] Verweis geänd. durch G v. 18.12.2013 (BGBl. I S. 4318).
[303] Das EUAHiG (BGBl. I S. 1809) dient der Umsetzung der Richtlinie 2011/16/EU des Rates v. 15.2.2011 über die Zusammenarbeit der Verwaltungsbehörden im Bereich der Besteuerung und zur Aufhebung der Richtlinie 77/799/EWG.
[304] Bezeichnung geänd. durch G v. 18.12.2013 (BGBl. I S. 4318).
[305] Bezeichnung geänd. durch G v. 18.12.2013 (BGBl. I S. 4318).
[306] Bezeichnung geänd. durch G v. 18.12.2013 (BGBl. I S. 4318).
[307] Überschrift Abschnitt 4 neu gef. durch G v. 18.12.2013 (BGBl. I S. 4318); zur Anwendung siehe § 22 Abs. 1 Satz 1.

III. Normentexte

§ 18[308] Personen-Investitionsgesellschaften. ¹Personen-Investitionsgesellschaften sind Investitionsgesellschaften in der Rechtsform einer Investmentkommanditgesellschaft oder einer vergleichbaren ausländischen Rechtsform. ²Für diese sind die Einkünfte nach § 180 Absatz 1 Nummer 2 der Abgabenordnung gesondert und einheitlich festzustellen. ³Die Einkünfte sind von den Anlegern nach den allgemeinen steuerrechtlichen Regelungen zu versteuern.

§ 19[309] Kapital-Investitionsgesellschaften. (1) ¹Kapital-Investitionsgesellschaften sind alle Investitionsgesellschaften, die keine Personen-Investitionsgesellschaften sind. ²Kapital-Investitionsgesellschaften in der Rechtsform eines Sondervermögens gelten als Zweckvermögen im Sinne des § 1 Absatz 1 Nummer 5 des Körperschaftsteuergesetzes und als sonstige juristische Personen des privaten Rechts im Sinne des § 2 Absatz 3 des Gewerbesteuergesetzes. ³Ausländische Kapital-Investitionsgesellschaften, die keine Kapitalgesellschaften sind, gelten als Vermögensmassen im Sinne des § 2 Nummer 1 des Körperschaftsteuergesetzes und als sonstige juristische Person des privaten Rechts im Sinne des § 2 Absatz 3 des Gewerbesteuergesetzes.

(2) ¹Bei Anlegern, die ihren Investitionsgesellschaftsanteil im Privatvermögen halten, gelten die Ausschüttungen als Einkünfte im Sinne des § 20 Absatz 1 Nummer 1 des Einkommensteuergesetzes. ²§ 8b des Körperschaftsteuergesetzes und § 3 Nummer 40 des Einkommensteuergesetzes sind anzuwenden, wenn der Anleger nachweist, dass die Kapital-Investitionsgesellschaft

1. in einem Mitgliedstaat der Europäischen Union oder in einem anderen Vertragsstaat des Abkommens über den Europäischen Wirtschaftsraum ansässig ist und dort der Ertragsbesteuerung für Kapitalgesellschaften unterliegt und nicht von ihr befreit ist, oder
2. in einem Drittstaat ansässig ist und dort einer Ertragsbesteuerung für Kapitalgesellschaften in Höhe von mindestens 15 Prozent unterliegt, und nicht von ihr befreit ist.

³Die inländische auszahlende Stelle hat von den Ausschüttungen einer Kapital-Investitionsgesellschaft Kapitalertragsteuer einzubehalten und abzuführen. ⁴Die für den Steuerabzug von Kapitalerträgen im Sinne des § 43 Absatz 1 Satz 1 Nummer 1 oder Nummer 1a sowie Satz 2 des Einkommensteuergesetzes geltenden Vorschriften des Einkommensteuergesetzes sind entsprechend anzuwenden. ⁵Bei Ausschüttungen von ausländischen Kapital-Investitionsgesellschaften sind die für den Steuerabzug von Kapitalerträgen im Sinne des § 43 Absatz 1 Satz 1 Nummer 6 des Einkommensteuergesetzes geltenden Vorschriften entsprechend anzuwenden.

(3) ¹Gewinne oder Verluste aus der Rückgabe oder Veräußerung von Kapital-Investitionsgesellschaftsanteilen, die nicht zu einem Betriebsvermögen gehören, sind Einkünfte im Sinne des § 20 Absatz 2 Satz 1 Nummer 1 des Einkommensteuergesetzes. ²Als Veräußerung gilt auch die vollständige oder teilweise Liquidation der Kapital-Investitionsgesellschaft. ³§ 8b des Körperschaftsteuergesetzes und § 3 Nummer 40 des Einkommensteuergesetzes sind unter den Voraussetzungen des Absatzes 2 Satz 2 anzuwenden. ⁴Die Regelungen zum Abzug der Kapitalertragsteuer nach § 8 Absatz 6 sind entsprechend anzuwenden.

(4) ¹Abweichend von § 7 Absatz 7 des Außensteuergesetzes bleiben die §§ 7 bis 14 des Außensteuergesetzes anwendbar. ²Soweit Hinzurechnungsbeträge nach § 10 Absatz 1 Satz 1 des Außensteuergesetzes angesetzt worden sind, ist auf Ausschüttungen und Veräußerungsgewinne § 3 Nummer 41 des Einkommensteuergesetzes anzuwenden. ³Im Übrigen unterliegen die Ausschüttungen und Veräußerungsgewinne der Besteuerung nach den vorstehenden Absätzen.

§ 20[310] Umwandlung einer Investitionsgesellschaft in einen Investmentfonds. ¹Ändert eine Investitionsgesellschaft ihre Anlagebedingungen und das tatsächliche Anlageverhalten dergestalt ab, dass die Voraussetzungen des § 1 Absatz 1b erfüllt sind, hat auf Antrag der Investitionsgesellschaft das für ihre Besteuerung nach dem Einkommen zuständige Finanzamt oder im Übrigen das Bundeszentralamt für Steuern das Vorliegen der Voraussetzungen festzustellen. ²Dabei ist der Mindestzeitraum von drei Jahren nach § 1 Absatz 1d Satz 3 zu beachten. ³§ 1 Absatz 1d Satz 4 und 5 ist entsprechend anzuwenden. ⁴Mit Ablauf des Geschäftsjahres, in dem der Feststellungsbescheid unanfechtbar geworden ist, gilt der Anteil an der Investitionsgesellschaft als veräußert und der Anteil an einem Investmentfonds als angeschafft. ⁵Kapitalertragsteuer ist nicht einzubehalten und abzuführen. ⁶Als Veräußerungserlös des Investitionsgesellschaftsanteils und als Anschaffungskosten des Investmentanteils ist der Rücknahmepreis am Ende des Geschäftsjahres anzusetzen, in dem der Feststellungsbescheid unanfechtbar geworden ist. ⁷Wird kein Rücknahmepreis festgesetzt, tritt an seine Stelle der Börsen- oder

---

[308] § 18 eingef. durch G v. 18.12.2013 (BGBl. I S. 4318); zur Anwendung siehe § 22 Abs. 1 Satz 1.
[309] § 19 eingef. durch G v. 18.12.2013 (BGBl. I S. 4318); zur Anwendung siehe § 22 Abs. 1 Satz 1.
[310] § 20 eingef. durch G v. 18.12.2013 (BGBl. I S. 4318); zur Anwendung siehe § 22 Abs. 1 Satz 1.

Marktpreis. ⁸Die festgesetzte Steuer gilt bis zur tatsächlichen Veräußerung des Anteils als zinslos gestundet.

Abschnitt 5.³¹¹⁾ Anwendungs- und Übergangsvorschriften

Übersicht

§ 21   Anwendungsvorschriften [[neue Fassung:] vor Inkrafttreten des AIFM-Steuer-Anpassungsgesetzes]
§ 22   Anwendungsvorschriften zum AIFM-Steuer-Anpassungsgesetz
§ 23   Übergangsvorschriften

§ 21³¹²⁾ Anwendungsvorschriften [*[neue Fassung:]* vor Inkrafttreten des AIFM-Steuer-Anpassungsgesetzes³¹³⁾]

[alte Fassung:³¹⁴⁾]

(1) ¹Diese Fassung des Gesetzes ist vorbehaltlich der Absätze 2 und 3 erstmals auf das Geschäftsjahr des Investmentvermögens anzuwenden, welches nach dem 31. Dezember 2003 beginnt, sowie auf Erträge, die dem Investmentvermögen in diesem Geschäftsjahr zufließen. ²§ 8 ist bei Anteilen an einem inländischen Investmentvermögen auf Einnahmen anzuwenden, die nach dem 31. Dezember 2003 zufließen, sowie auf Gewinnminderungen, die nach dem 31. Dezember 2003 entstehen. ³Ausländische Investmentvermögen können erstmals zum Beginn des Geschäftsjahres im Sinne des Satzes 1 den Aktiengewinn (§ 5 Abs. 2 und § 8) ermitteln. ⁴Er ist bei der erstmaligen Ermittlung mit 0 Prozent anzusetzen.

(2) ¹§ 3 Abs. 3 in der am 16. Dezember 2004 geltenden Fassung ist erstmals auf das Geschäftsjahr des Investmentvermögens anzuwenden, das nach dem 31. Dezember 2004 beginnt. ²Für § 3 Abs. 3 Satz 2 Nr. 4 Satz 1 in der Fassung des Artikels 13 des Gesetzes vom 13. Dezember 2006 (BGBl. I S. 2878) gilt Satz 1 entsprechend.

[neue Fassung³¹⁵⁾:]

(1) ¹Diese Fassung des Gesetzes ist vorbehaltlich des Satzes 2 und der nachfolgenden Absätze erstmals auf die Erträge eines Investmentvermögens anzuwenden, die dem Investmentvermögen nach dem 31. Dezember 2008 zufließen. ²Auf ausgeschüttete Gewinne aus der Veräußerung von Wertpapieren, Termingeschäften und Bezugsrechten auf Anteile an Kapitalgesellschaften, bei denen das Investmentvermögen die Wertpapiere oder Bezugsrechte vor dem 1. Januar 2009 angeschafft hat oder das Investmentvermögen das Termingeschäft vor dem 1. Januar 2009 abgeschlossen hat, ist § 2 Abs. 3 Nr. 1 in der am 31. Dezember 2008 anzuwendenden Fassung weiter anzuwenden. ³Die in § 21 verwendeten Begriffe Investmentvermögen, Publikums-Investmentvermögen, Ziel-Investmentvermögen und Dach-Investmentvermögen bestimmen sich weiterhin nach diesem Gesetz und dem Investmentgesetz in der am 21. Juli 2013 geltenden Fassung.³¹⁶⁾

(2)³¹⁷⁾ ¹§ 7 Abs. 1, 3 und 4 in der Fassung des Artikels 8 des Gesetzes vom 14. August 2007 (BGBl. I S. 1912) ist erstmals auf Kapitalerträge anzuwenden, die dem Anleger nach dem 31. Dezember 2008 zufließen oder als zugeflossen gelten. ²§ 8 Abs. 5 und Absatz 6 in der Fassung des Artikels 14 des Gesetzes vom 19. Dezember 2008 (BGBl. I S. 2794) ist vorbehaltlich der Absätze 2a und 2b erstmals auf die Rückgabe oder Veräußerung von Investmentanteilen anzuwenden, die nach dem 31. Dezember 2008 erworben werden. ³§ 15 Abs. 2 in der Fassung des Artikels 8 des Gesetzes vom 14. August 2007 (BGBl. I S. 1912) ist

---

³¹¹ Abschnitt 5 eingef. durch G v. 18.12.2013 (BGBl. I S. 4318).
³¹² Bish. § 18 wird § 21 und geänd. durch G v. 18.12.2013 (BGBl. I S. 4318).
³¹³ Überschr. geänd. durch G v. 18.12.2013 (BGBl. I S. 4318).
³¹⁴ § 21 (bish. § 18) Abs. 1 Satz 1 geänd., Abs. 2 und 3 angef. durch G v. 9.12.2004 (BGBl. I S. 3310), Abs. 2 Satz 2, Abs. 3 Satz 2 und Abs. 4 angef. durch G v. 13.12.2006 (BGBl. I S. 2878).
³¹⁵ § 21 (bish. § 18) Abs. 1, 2, 3 neugef. durch G v. 14.8.2007 (BGBl. I S. 1912).
³¹⁶ § 21 Abs. 1 Satz 3 angef. durch G v. 18.12.2013 (BGBl. I S. 4318).
³¹⁷ § 21 (bish. § 18) Abs. 2 Sätze 1 und 2 geänd. durch G v. 20.12.2007 (BGBl. I S. 3150); Abs. 2 Satz 2 neu gef. durch G v. 19.12.2008 (BGBl. I S. 2794); ber. durch G v. 7.3.2009 (BGBl. I S. 451).

erstmals auf Erträge anzuwenden, die dem Anleger nach dem 31. Dezember 2008 zufließen oder als zugeflossen gelten.

(2a)[318] ¹Auf die Veräußerung oder Rückgabe von Anteilen an inländischen Spezial-Sondervermögen, inländischen Spezial-Investment-Aktiengesellschaften oder ausländischen Spezial-Investmentvermögen, die nach dem 9. November 2007 und vor dem 1. Januar 2009 erworben werden, ist bereits § 8 Abs. 5 in der in Absatz 2 Satz 2 genannten Fassung mit Ausnahme des Satzes 5 anzuwenden. ²Satz 1 gilt entsprechend für die Rückgabe oder Veräußerung von Anteilen an anderen Investmentvermögen, bei denen durch Gesetz, Satzung, Gesellschaftsvertrag oder *Vertragsbedingungen* [*[neue Fassung:]* Anlagebedingungen[319]] die Beteiligung natürlicher Personen von der Sachkunde des Anlegers abhängig oder für die Beteiligung eine Mindestanlagesumme von 100 000 Euro oder mehr vorgeschrieben ist. ³Wann von dieser Sachkunde auszugehen ist, richtet sich nach dem Gesetz, der Satzung, dem Gesellschaftsvertrag oder den *Vertragsbedingungen* [*[neue Fassung:]* Anlagebedingungen[320]]. ⁴Als Veräußerungsgewinn wird aber höchstens die Summe der vom Investmentvermögen thesaurierten Veräußerungsgewinne angesetzt, auf die bei Ausschüttung Absatz 1 Satz 2 nicht anzuwenden wäre; der Anleger hat diesen niedrigeren Wert nachzuweisen. ⁵Auf Veräußerungsgewinne im Sinne dieses Absatzes ist § 8 Abs. 6 nicht anzuwenden; § 32d des Einkommensteuergesetzes in der nach dem 31. Dezember 2008 anzuwendenden Fassung gilt entsprechend.

(2b)[321] ¹Auf die Rückgabe oder Veräußerung von Anteilen an Publikums-Investmentvermögen, deren Anlagepolitik auf die Erzielung einer Geldmarktrendite ausgerichtet ist und deren Termingeschäfts- und Wertpapierveräußerungsgewinne nach Verrechnung mit entsprechenden Verlusten vor Aufwandsverrechnung ohne Ertragsausgleich gemäß dem Jahresbericht des letzten vor dem 19. September 2008 endenden Geschäftsjahres die ordentlichen Erträge vor Aufwandsverrechnung ohne Ertragsausgleich übersteigen, ist § 8 Abs. 5 Satz 1 bis 4 und 6 sowie Abs. 6 in der in Absatz 2 Satz 2 genannten Fassung auch für vor dem 1. Januar 2009 angeschaffte Anteile anzuwenden, es sei denn, die Anteile wurden vor dem 19. September 2008 angeschafft; für neu aufgelegte Publikums-Investmentvermögen ist auf das erste nach dem

---

[318] § 21 (bish. § 18) Abs. 2a eingef. durch G v. 20.12.2007 (BGBl. I S. 3150).
[319] Bezeichnung geänd. durch G v. 18.12.2013 (BGBl. I S. 4318).
[320] Bezeichnung geänd. durch G v. 18.12.2013 (BGBl. I S. 4318).
[321] § 21 (bish. § 18) Abs. 2b eingef. durch G v. 19.12.2008 (BGBl. I S. 2794).

(3) ¹Die Bestimmungen über den Zwischengewinn sind erstmals auf Rückgaben, Veräußerungen oder Erwerbe anzuwenden, die nach dem 31. Dezember 2004 stattfinden. ²Für § 5 Abs. 3 Satz 4 in der Fassung des Artikels 13 des Gesetzes vom 13. Dezember 2006 (BGBl. I S. 2878) gilt Satz 1 entsprechend.

19. September 2008 endende Geschäftsjahr abzustellen. ²Auf die Veräußerung oder Rückgabe von Anteilen im Sinne des Satzes 1, die vor dem 19. September 2008 angeschafft wurden, ist bei Rückgaben oder Veräußerungen nach dem 10. Januar 2011 die in Absatz 2 Satz 2 genannte Fassung mit der Maßgabe anzuwenden, dass eine Anschaffung des Investmentanteils zum 10. Januar 2011 unterstellt wird.

(3) § 15 Absatz 1 Satz 7 und 8[322] in der Fassung des Artikels 8 des Gesetzes vom 14. August 2007 (BGBl. I S. 1912) ist erstmals auf ausgeschüttete oder ausschüttungsgleiche Erträge anzuwenden, soweit sie Entgelte enthalten, die dem Investmentvermögen nach dem 17. August 2007 zufließen.

(4)[323] ¹§ 7 Abs. 1 Satz 1 Nr. 3 Satz 2 in der Fassung des Artikels 13 des Gesetzes vom 13. Dezember 2006 (BGBl. I S. 2878) ist anzuwenden auf die Rückgabe oder Veräußerung von Investmentanteilen, die nach dem 31. Dezember 2006 innerhalb des gleichen Instituts auf das Depot des Anlegers übertragen worden sind. ²Die Neufassung kann auch auf die Rückgabe oder Veräußerung von Investmentanteilen angewandt werden, die vor dem 1. Januar 2007 innerhalb des gleichen Instituts auf das Depot des Anlegers übertragen worden sind, wenn die Anschaffungskosten der Investmentanteile sich aus den Unterlagen des Instituts ergeben.

(5)[324] ¹§ 2 in der Fassung des Gesetzes vom 28. Mai 2007 (BGBl. I S. 914) ist erstmals auf Dividenden und Veräußerungserlöse anzuwenden, die dem Investmentvermögen nach dem 31. Dezember 2007 zufließen oder als zugeflossen gelten. ²§ 8 in der Fassung des Gesetzes vom 28. Mai 2007 (BGBl. I S. 914) ist erstmals bei der Rückgabe oder Veräußerung eines Investmentanteils nach dem 31. Dezember 2007 anzuwenden. ³Die Investmentgesellschaft hat für Bewertungstage nach dem 31. Dezember 2007 bei der Ermittlung des Prozentsatzes nach § 5 Abs. 2 die Neufassung des § 8 zu berücksichtigen.

(6)[325] § 2 Abs. 2a und § 5 Abs. 1 Satz 1 Buchstabe c Doppelbuchstabe ll in der Fassung des Artikels 23 des Gesetzes vom 20. Dezember 2007 (BGBl. I S. 3150) sind erstmals auf Investmenterträge anzuwenden, die einem Anleger nach dem 25. Mai 2007 zufließen oder als zugeflossen gelten.

(7)[326] § 7 Abs. 8 in der Fassung des Artikels 23 des Gesetzes vom 20. Dezember 2007 (BGBl. I S. 3150) ist auf den nach dem 31. Dezember 2007 vorzunehmenden Steuerabzug anzuwenden.

(8)[327] § 13 Abs. 4 in der Fassung des Artikels 23 des Gesetzes vom 20. Dezember 2007 (BGBl. I S. 3150) ist für alle Feststellungszeiträume anzuwenden, für die die Feststellungsfrist noch nicht abgelaufen ist.

(9)[328] § 15 Abs. 1 Satz 3 in der Fassung des Artikels 23 des Gesetzes vom 20. Dezember 2007 (BGBl. I S. 3150) ist für alle Feststellungszeiträume anzuwenden, für die die Feststellungsfrist noch nicht abgelaufen ist.

(10)[329] § 15 Abs. 1 Satz 1 und § 16 Satz 1 in der Fassung dieses Gesetzes sind erstmals auf das erste nach dem Inkrafttreten des Investmentänderungsgesetzes vom 21. Dezember 2007 (BGBl. I S. 3089) endende Geschäftsjahr anzuwenden.

(11)[330] ¹Sind Anteile an ausländischen Vermögen zwar ausländische Investmentanteile gemäß § 2 Abs. 9 des Investmentgesetzes in der bis zum, nicht aber in der seit dem Inkrafttreten des Investment-

---

[322] § 21 (bish. § 18) Abs. 3 Verweis berichtigt durch G v. 8.12.2010 (BGBl. I S. 1768).
[323] § 21 (bish. § 18) Abs. 4 angef. durch G v. 13.12.2006 (BGBl. I S. 2878).
[324] § 21 (bish. § 18) Abs. 4 angef. durch G v. 28.5.2007 (BGBl. I S. 914); Abs. 4 wird Abs. 5 durch G v. 20.12.2007 (BGBl. I S. 3150); geänd. durch G v. 19.12.2008 (BGBl. I S. 2794).
[325] § 21 (bish. § 18) Abs. 6 bis 11 angef. durch G v. 20.12.2007 (BGBl. I S. 3150).
[326] § 21 (bish. § 18) Abs. 6 bis 11 angef. durch G v. 20.12.2007 (BGBl. I S. 3150).
[327] § 21 (bish. § 18) Abs. 6 bis 11 angef. durch G v. 20.12.2007 (BGBl. I S. 3150).
[328] § 21 (bish. § 18) Abs. 6 bis 11 angef. durch G v. 20.12.2007 (BGBl. I S. 3150).
[329] § 21 (bish. § 18) Abs. 6 bis 11 angef. durch G v. 20.12.2007 (BGBl. I S. 3150).
[330] § 21 (bish. § 18) Abs. 6 bis 11 angef. durch G v. 20.12.2007 (BGBl. I S. 3150).

III. Normentexte

änderungsgesetzes vom 21. Dezember 2007 (BGBl. I S. 3089) geltenden Fassung, so gelten sie für die Anwendung dieses Gesetzes bis zum Ende des letzten Geschäftsjahres, das vor dem 28. Dezember 2007 begonnen hat, weiterhin als ausländische Investmentanteile. ²In den Fällen des § 6 gelten solche Anteile bis zum 31. Dezember 2007 als ausländische Investmentanteile.

(12)[331] ¹§ 1 Abs. 3 Satz 3 und 4 sowie Abs. 4 Nr. 1 und 2 in der Fassung des Artikels 14 des Gesetzes vom 19. Dezember 2008 (BGBl. I S. 2794) ist erstmals auf Erträge anzuwenden, die dem Investmentvermögen nach dem 31. Dezember 2008 zufließen oder als zugeflossen gelten. ²Satz 1 gilt nicht für Erträge aus vom Investmentvermögen vor dem 1. Januar 2009 angeschafften sonstigen Kapitalforderungen im Sinne der nach dem 31. Dezember 2008 anzuwendenden Fassung des § 20 Absatz 1 Nummer 7 des Einkommensteuergesetzes, die nicht sonstige Kapitalforderungen im Sinne der vor dem 1. Januar 2009 anzuwendenden Fassung des § 20 Absatz 1 Nummer 7 des Einkommensteuergesetzes sind. ³3 Abs. 2 Satz 1 Nr. 2 in der Fassung des Artikels 14 des Gesetzes vom 19. Dezember 2008 (BGBl. I S. 2794) ist erstmals auf Erträge anzuwenden, die dem Investmentvermögen nach dem 31. Dezember 2008 als zugeflossen gelten; für die Anwendung des § 3 Abs. 2 Satz 1 Nr. 2 gelten die sonstigen Kapitalforderungen, die vor dem 1. Januar 2009 angeschafft wurden und bei denen nach § 3 Abs. 2 Satz 1 Nr. 2 in der bis zum 31. Dezember 2008 geltenden Fassung keine Zinsabgrenzung vorzunehmen war, als zum 1. Januar 2009 angeschafft.

(13)[332] § 4 Abs. 2 Satz 8 und § 7 Abs. 1 Satz 1 Nr. 3 und Satz 3 in der Fassung des Artikels 14 des Gesetzes vom 19. Dezember 2008 (BGBl. I S. 2794) sind erstmals beim Steuerabzug nach dem 31. Dezember 2008 anzuwenden.

(14)[333] § 1 Abs. 3 Satz 5, § 5 Abs. 1 und § 13 Abs. 2 in der Fassung des Artikels 14 des Gesetzes vom 19. Dezember 2008 (BGBl. I S. 2794) sind erstmals für Geschäftsjahre anzuwenden, die nach dem Inkrafttreten dieses Gesetzes[334] enden.

(15)[335] § 7 Abs. 4 Satz 5 in der Fassung des Artikels 14 des Gesetzes vom 19. Dezember 2008 (BGBl. I S. 2794) ist auf alle Steueranmeldungen anzuwenden, die nach dem 31. Dezember 2009 abzugeben sind.

(16)[336] § 17a in der Fassung des Artikels 14 des Gesetzes vom 19. Dezember 2008 (BGBl. I S. 2794) ist erstmals auf Übertragungen anzuwenden, bei denen der Vermögensübergang nach dem Inkrafttreten dieses Gesetzes wirksam wird.

(17)[337] ¹§ 7 Absatz 5 in der Fassung des Artikels 9 des Gesetzes vom 16. Juli 2009 (BGBl. I S. 1959) ist erstmals auf Kapitalerträge anzuwenden, die dem Anleger nach dem 31. Dezember 2009 als zugeflossen gelten. ²§ 11 Absatz 2 Satz 1 und 2 in der Fassung des Artikels 9 des Gesetzes vom 16. Juli 2009 (BGBl. I S. 1959) ist erstmals auf Kapitalerträge anzuwenden, die dem Investmentvermögen nach dem 31. Dezember 2009 zufließen oder als zugeflossen gelten.

(18)[338] Die §§ 14 und 17a in der Fassung des Artikels 9 des Gesetzes vom 16. Juli 2009 (BGBl. I S. 1959) sind erstmals auf Übertragungen anzuwenden, die nach dem 22. Juli 2009 wirksam werden.

(19)[339] ¹§ 4 Absatz 1 und § 16 in der Fassung des Artikels 6 des Gesetzes vom 8. Dezember 2010 (BGBl. I S. 1768) sind erstmals für Geschäftsjahre anzuwenden, die nach dem 14. Dezember 2010 enden. ²§ 5 Absatz 1 mit Ausnahme des Satzes 1 Nummer 3 Satz 1 und Absatz 3 in der Fassung des Artikels 6 des Gesetzes vom 8. Dezember 2010 (BGBl. I S. 1768) ist erstmals für Geschäftsjahre anzuwenden, die nach dem 31. Dezember 2010 beginnen. ³§ 5 Absatz 2 ist erstmals für Erträge anzuwenden, die dem Anleger nach dem 19. Mai 2010 zufließen oder als zugeflossen gelten. ⁴Investmentgesellschaften, die bei der erstmaligen Ausgabe von Anteilen entschieden haben, von einer Ermittlung und Veröffentlichung des Aktiengewinns abzusehen, können abweichend von § 5 Absatz 2 Satz 3 hierüber erneut entscheiden. ⁵Diese Entscheidung wird für die erstmalige Anwendung des § 5 Absatz 2 Satz 4 in der Fassung des Artikels 6 des Gesetzes vom 8. Dezember 2010 (BGBl. I S. 1768) nur

---

[331] § 21 (bish. § 18) Abs. 12 angef. durch G v. 19.12.2008 (BGBl. I S. 2794); Abs. 12 Satz 2 neu gef. durch G v. 16.7.2009 (BGBl. I S. 1959).
[332] § 21 (bish. § 18) Abs. 13 bis 16 angef. durch G v. 19.12.2008 (BGBl. I S. 2794).
[333] § 21 (bish. § 18) Abs. 13 bis 16 angef. durch G v. 19.12.2008 (BGBl. I S. 2794).
[334] 25.12.2008.
[335] § 21 (bish. § 18) Abs. 13 bis 16 angef. durch G v. 19.12.2008 (BGBl. I S. 2794).
[336] § 21 (bish. § 18) Abs. 13 bis 16 angef. durch G v. 19.12.2008 (BGBl. I S. 2794).
[337] § 21 (bish. § 18) Abs. 17 angef. durch G v. 16.7.2009 (BGBl. I S. 1959).
[338] § 21 (bish. § 18) Abs. 18 angef. durch G v. 16.7.2009 (BGBl. I S. 1959).
[339] § 21 (bish. § 18) Abs. 19 angef. durch G v. 8.12.2010 (BGBl. I S. 1768); Satz 7 geänd., Satz 9 angef. durch G v. 22.6.2011 (BGBl. I S. 1126).

berücksichtigt, wenn die erstmalige Veröffentlichung des Aktiengewinns bis spätestens zum 19. Juli 2010 erfolgt. [6] Bei der erstmaligen Veröffentlichung ist von einem Aktiengewinn von Null auszugehen. [7] § 7 Absatz 1 und 4 bis 6 in der Fassung des Artikels 6 des Gesetzes vom 8. Dezember 2010 (BGBl. I S. 1768) ist vorbehaltlich der Sätze 8 und 9 erstmals auf Kapitalerträge anzuwenden, die dem Anleger nach dem 14. Dezember 2010 zufließen oder als zugeflossen gelten. [8] § 7 Absatz 3 in der Fassung des Artikels 6 des Gesetzes vom 8. Dezember 2010 (BGBl. I S. 1768) ist erstmals für Geschäftsjahre des Investmentvermögens anzuwenden, die nach dem 31. Dezember 2010 beginnen. [9] Dies gilt für § 7 Absatz 1 Satz 1 Nummer 1 Buchstabe a entsprechend, soweit dieser inländische Immobilienerträge aus seinem Anwendungsbereich ausnimmt.

(20)[340] [1] § 1 Absatz 1, 1a und 2, die §§ 5, 10, 11 Absatz 1, § 13 Absatz 5, die §§ 14, 15 Absatz 1 Satz 2 und § 17a in der Fassung des Artikels 9 des Gesetzes vom 22. Juni 2011 (BGBl. I S. 1126) sind erstmals auf Geschäftsjahre anzuwenden, die nach dem 30. Juni 2011 beginnen. [2] Die §§ 2, 11 Absatz 2 und § 15 Absatz 1 Satz 1 und 8 bis 10 und Absatz 2 in der Fassung des Artikels 9 des Gesetzes vom 22. Juni 2011 (BGBl. I S. 1126) und § 7 in der Fassung des Artikels 22 des Gesetzes vom 7. Dezember 2011 (BGBl. I S. 2592) sind erstmals auf Kapitalerträge anzuwenden, die dem Anleger oder in den Fällen des § 11 Absatz 2 dem Investmentvermögen nach dem 31. Dezember 2011 zufließen oder ihm als zugeflossen gelten. [3] Für vor dem 1. Januar 2013 als zugeflossen geltende Erträge hat die inländische Stelle abweichend von § 7 Absatz 3b Satz 4 und Absatz 4 die Kapitalertragsteuer spätestens mit Ablauf des zweiten Monats seit dem Ende des Geschäftsjahres des Investmentvermögens einzubehalten und zum 10. des Folgemonats anzumelden und abzuführen. [4] Steuerabzugsbeträge, die für vor dem 1. Januar 2013 als zugeflossen geltende Erträge von Entrichtungspflichtigen bei der *Depotbank* [[*neue Fassung:*] Verwahrstelle[341]] nicht eingezogen wurden, hat die *Depotbank* [[*neue Fassung:*] Verwahrstelle[342]] abweichend von § 7 Absatz 3b Satz 2 Halbsatz 2 spätestens mit Ablauf des dritten Monats seit dem Ende des Geschäftsjahres des Investmentvermögens einzubehalten und zum 10. des Folgemonats anzumelden und abzuführen.

(21)[343] [1] § 11 Absatz 2 Satz 2 in der Fassung des Artikels 9 des Gesetzes vom 16. Juli 2009 (BGBl. I S. 1959) ist für Kapitalerträge, die dem Investmentvermögen nach dem 31. Dezember 2010 und vor dem 1. Januar 2012 zufließen, mit der Maßgabe anzuwenden, dass bei Kapitalerträgen im Sinne des § 43 Absatz 1 Satz 1 Nummer 1 des Einkommensteuergesetzes eine Erstattung von Kapitalertragsteuer nach § 44b Absatz 6 des Einkommensteuergesetzes nur zulässig ist, wenn die betreffenden Anteile, aus denen die Kapitalerträge stammen, im Zeitpunkt des Gewinnverteilungsbeschlusses neben dem wirtschaftlichen Eigentum auch
1. im zivilrechtlichen Eigentum der Investmentaktiengesellschaft oder
2. bei Sondervermögen im zivilrechtlichen Eigentum der Kapitalanlagegesellschaft oder im zivilrechtlichen Miteigentum der Anleger
stehen. [2] Satz 1 gilt nicht bei Kapitalerträgen aus Anteilen, wenn es sich um den Erwerb von Anteilen an einem Ziel-Investmentvermögen handelt und die Anteile an das Dach-Investmentvermögen ausgegeben werden. [3] § 11 Absatz 2 Satz 4 in der Fassung des Artikels 8 des Gesetzes vom 26. Juni 2013 (BGBl. I S. 1809) ist erstmals anzuwenden auf Erträge aus Investmentanteilen, die dem Anleger nach dem 31. Dezember 2012 zufließen oder als ihm zugeflossen gelten.

(22)[344] [1] § 2 Absatz 2, § 8 Absatz 1, § 15 Absatz 1 Satz 2 und Absatz 1a und § 16 Satz 3 in der Fassung des Artikels 2 des Gesetzes vom 21. März 2013 (BGBl. I S. 561) sind ab dem 1. März 2013 anzuwenden. [2] § 5 Absatz 1 in der Fassung des Artikels 2 des Gesetzes vom 21. März 2013 (BGBl. I S. 561) ist erstmals auf Geschäftsjahre anzuwenden, die nach dem 28. Februar 2013 enden. [3] § 5 Absatz 2 in der Fassung des Artikels 2 des Gesetzes vom 21. März 2013 (BGBl. I S. 561) ist erstmals auf Veröffentlichungen anzuwenden, die nach dem 28. Februar 2013 erfolgen. [4] Soweit ausgeschüttete und ausschüttungsgleiche inländische und ausländische Erträge, die dem Anleger nach dem 28. Februar 2013 zufließen oder als zugeflossen gelten, solche im Sinne des § 43 Absatz 1 Satz 1 Nummer 1, 1a und 6 sowie Satz 2 des Einkommensteuergesetzes enthalten, die dem Investmentvermögen vor dem 1. März 2013 zugeflossen sind, sind § 8b des Körperschaftsteuergesetzes mit Ausnahme des Absatzes 4 sowie § 19 des REIT-Gesetzes anzuwenden. [5] Auf die Einnahmen im Sinne des

---

[340] § 21 (bish. § 18) Abs. 20 und 21 angef. durch G v. 22.6.2011 (BGBl. I S. 1126); Abs. 20 Satz 2 neu gef. durch G v. 7.12.2011 (BGBl. I S. 2592).

[341] Bezeichnung geänd. durch G v. 18.12.2013 (BGBl. I S. 4318).

[342] Bezeichnung geänd. durch G v. 18.12.2013 (BGBl. I S. 4318).

[343] § 21 (bish. § 18) Abs. 20 und 21 angef. durch G v. 22.6.2011 (BGBl. I S. 1126); Abs. 21 Satz 3 angef. durch G v. 26.6.2013 (BGBl. I S. 1809).

[344] § 21 (bish. § 18) Abs. 22 angef. durch G v. 21.3.2013 (BGBl. I S. 561).

III. Normentexte

§ 8 Absatz 1 aus einer Rückgabe, Veräußerung oder Entnahme von Investmentanteilen, die nach dem 28. Februar 2013 erfolgt, ist § 8b des Körperschaftsteuergesetzes mit Ausnahme des Absatzes 4 anzuwenden, soweit sie dort genannte, dem Anleger noch nicht zugeflossene oder als zugeflossen geltende Einnahmen enthalten, die dem Investmentvermögen vor dem 1. März 2013 zugeflossen sind oder als zugeflossen gelten.

(23)[345] § 17a Satz 2 in der Fassung des Artikels 8 des Gesetzes vom 26. Juni 2013 (BGBl. I S. 1809) ist ab dem 1. Januar 2013 anzuwenden.

(24)[346] Sind in den Erträgen eines Investmentvermögens solche im Sinne des § 21 Absatz 22 Satz 4 enthalten und endet das Geschäftsjahr eines Investmentvermögens nach dem 28. November 2013, ist § 5 Absatz 1 Satz 1 Nummer 1 in folgender Fassung anzuwenden:
„
1. die Investmentgesellschaft den Anlegern bei jeder Ausschüttung bezogen auf einen Investmentanteil unter Angabe der Wertpapieridentifikationsnummer ISIN des Investmentfonds und des Zeitraums, auf den sich die Angaben beziehen, folgende Besteuerungsgrundlagen in deutscher Sprache bekannt macht:
   a) den Betrag der Ausschüttung (mit mindestens vier Nachkommastellen) sowie
      aa) in der Ausschüttung enthaltene ausschüttungsgleiche Erträge der Vorjahre,
      bb) in der Ausschüttung enthaltene Substanzbeträge,
   b) den Betrag der ausgeschütteten Erträge (mit mindestens vier Nachkommastellen),
   c) die in den ausgeschütteten Erträgen enthaltenen
      aa) Erträge im Sinne des § 2 Absatz 2 Satz 1 dieses Gesetzes in Verbindung mit § 3 Nummer 40 des Einkommensteuergesetzes oder im Fall des § 16 dieses Gesetzes in Verbindung mit § 8b Absatz 1 des Körperschaftsteuergesetzes,
      bb) Veräußerungsgewinne im Sinne des § 2 Absatz 2 Satz 2 dieses Gesetzes in Verbindung mit § 8b Absatz 2 des Körperschaftsteuergesetzes oder § 3 Nummer 40 des Einkommensteuergesetzes,
      cc) Erträge im Sinne des § 2 Absatz 2a,
      dd) steuerfreie Veräußerungsgewinne im Sinne des § 2 Absatz 3 Nummer 1 Satz 1 in der am 31. Dezember 2008 anzuwendenden Fassung,
      ee) Erträge im Sinne des § 2 Absatz 3 Nummer 1 Satz 2 in der am 31. Dezember 2008 anzuwendenden Fassung, soweit die Erträge nicht Kapitalerträge im Sinne des § 20 des Einkommensteuergesetzes sind,
      ff) steuerfreie Veräußerungsgewinne im Sinne des § 2 Absatz 3 in der ab 1. Januar 2009 anzuwendenden Fassung,
      gg) Einkünfte im Sinne des § 4 Absatz 1,
      hh) in Doppelbuchstabe gg enthaltene Einkünfte, die nicht dem Progressionsvorbehalt unterliegen,
      ii) Einkünfte im Sinne des § 4 Absatz 2, für die kein Abzug nach Absatz 4 vorgenommen wurde,
      jj) in Doppelbuchstabe ii enthaltene Einkünfte, auf die § 2 Absatz 2 dieses Gesetzes in Verbindung mit § 8b Absatz 2 des Körperschaftsteuergesetzes oder § 3 Nummer 40 des Einkommensteuergesetzes oder im Fall des § 16 dieses Gesetzes in Verbindung mit § 8b Absatz 1 des Körperschaftsteuergesetzes anzuwenden ist,
      kk) in Doppelbuchstabe ii enthaltene Einkünfte im Sinne des § 4 Absatz 2, die nach einem Abkommen zur Vermeidung der Doppelbesteuerung zur Anrechnung einer als gezahlt geltenden Steuer auf die Einkommensteuer oder Körperschaftsteuer berechtigen,
      ll) in Doppelbuchstabe kk enthaltene Einkünfte, auf die § 2 Absatz 2 dieses Gesetzes in Verbindung mit § 8b Absatz 2 des Körperschaftsteuergesetzes oder § 3 Nummer 40 des Einkommensteuergesetzes oder im Fall des § 16 dieses Gesetzes in Verbindung mit § 8b Absatz 1 des Körperschaftsteuergesetzes anzuwenden ist,
      mm) Erträge im Sinne des § 21 Absatz 22 Satz 4 dieses Gesetzes in Verbindung mit § 8b Absatz 1 des Körperschaftsteuergesetzes,
      nn) in Doppelbuchstabe ii enthaltene Einkünfte im Sinne des § 21 Absatz 22 Satz 4 dieses Gesetzes, auf die § 2 Absatz 2 dieses Gesetzes in der am 20. März 2013 geltenden Fassung in Verbindung mit § 8b Absatz 1 des Körperschaftsteuergesetzes anzuwenden ist,

---
[345] § 21 (bish. § 18) Abs. 23 angef. durch G v. 26.6.2013 (BGBl. I S. 1809).
[346] § 21 Abs. 24 angef. durch G v. 18.12.2013 (BGBl. I S. 4318).

oo) in Doppelbuchstabe kk enthaltene Einkünfte im Sinne des § 21 Absatz 22 Satz 4 dieses Gesetzes, auf die § 2 Absatz 2 dieses Gesetzes in der am 20. März 2013 geltenden Fassung in Verbindung mit § 8b Absatz 1 des Körperschaftsteuergesetzes anzuwenden ist,
d) den zur Anrechnung von Kapitalertragsteuer berechtigenden Teil der Ausschüttung
aa) im Sinne des § 7 Absatz 1 und 2,
bb) im Sinne des § 7 Absatz 3,
cc) im Sinne des § 7 Absatz 1 Satz 4, soweit in Doppelbuchstabe aa enthalten,
e) (weggefallen)
f) den Betrag der ausländischen Steuer, der auf die in den ausgeschütteten Erträgen enthaltenen Einkünfte im Sinne des § 4 Absatz 2 entfällt und
aa) der nach § 4 Absatz 2 dieses Gesetzes in Verbindung mit § 32d Absatz 5 oder § 34c Absatz 1 des Einkommensteuergesetzes oder einem Abkommen zur Vermeidung der Doppelbesteuerung anrechenbar ist, wenn kein Abzug nach § 4 Absatz 4 vorgenommen wurde,
bb) in Doppelbuchstabe aa enthalten ist und auf Einkünfte entfällt, auf die § 2 Absatz 2 dieses Gesetzes in Verbindung mit § 8b Absatz 2 des Körperschaftsteuergesetzes oder § 3 Nummer 40 des Einkommensteuergesetzes oder im Fall des § 16 dieses Gesetzes in Verbindung mit § 8b Absatz 1 des Körperschaftsteuergesetzes anzuwenden ist,
cc) der nach § 4 Absatz 2 dieses Gesetzes in Verbindung mit § 34c Absatz 3 des Einkommensteuergesetzes abziehbar ist, wenn kein Abzug nach § 4 Absatz 4 dieses Gesetzes vorgenommen wurde,
dd) in Doppelbuchstabe cc enthalten ist und auf Einkünfte entfällt, auf die § 2 Absatz 2 dieses Gesetzes in Verbindung mit § 8b Absatz 2 des Körperschaftsteuergesetzes oder § 3 Nummer 40 des Einkommensteuergesetzes oder im Fall des § 16 dieses Gesetzes in Verbindung mit § 8b Absatz 1 des Körperschaftsteuergesetzes anzuwenden ist,
ee) der nach einem Abkommen zur Vermeidung der Doppelbesteuerung als gezahlt gilt und nach § 4 Absatz 2 in Verbindung mit diesem Abkommen anrechenbar ist,
ff) in Doppelbuchstabe ee enthalten ist und auf Einkünfte entfällt, auf die § 2 Absatz 2 dieses Gesetzes in Verbindung mit § 8b Absatz 2 des Körperschaftsteuergesetzes oder § 3 Nummer 40 des Einkommensteuergesetzes oder im Fall des § 16 dieses Gesetzes in Verbindung mit § 8b Absatz 1 des Körperschaftsteuergesetzes anzuwenden ist,
gg) in Doppelbuchstabe aa enthalten ist und auf Einkünfte im Sinne des § 21 Absatz 22 Satz 4 dieses Gesetzes entfällt, auf die § 2 Absatz 2 dieses Gesetzes in der am 20. März 2013 geltenden Fassung in Verbindung mit § 8b Absatz 1 des Körperschaftsteuergesetzes anzuwenden ist,
hh) in Doppelbuchstabe cc enthalten ist und auf Einkünfte im Sinne des § 21 Absatz 22 Satz 4 dieses Gesetzes entfällt, auf die § 2 Absatz 2 dieses Gesetzes in der am 20. März 2013 geltenden Fassung in Verbindung mit § 8b Absatz 1 des Körperschaftsteuergesetzes anzuwenden ist,
ii) in Doppelbuchstabe ee enthalten ist und auf Einkünfte im Sinne des § 21 Absatz 22 Satz 4 dieses Gesetzes entfällt, auf die § 2 Absatz 2 dieses Gesetzes in der am 20. März 2013 geltenden Fassung in Verbindung mit § 8b Absatz 1 des Körperschaftsteuergesetzes anzuwenden ist,
g) den Betrag der Absetzungen für Abnutzung oder Substanzverringerung,
h) die im Geschäftsjahr gezahlte Quellensteuer, vermindert um die erstattete Quellensteuer des Geschäftsjahres oder früherer Geschäftsjahre;
"

§ 22[347] **Anwendungsvorschriften zum AIFM-Steuer-Anpassungsgesetz.** (1) ¹Die Vorschriften dieses Gesetzes in der Fassung des Artikels 1 des Gesetzes vom 18. Dezember 2013 (BGBl. I S. 4318) sind ab dem 24. Dezember 2013 anzuwenden, soweit im Folgenden keine abweichenden Bestimmungen getroffen werden. ²Die Vorschriften dieses Gesetzes in der am 21. Juli 2013 geltenden Fassung sind in der Zeit vom 22. Juli 2013 bis zum 23. Dezember 2013 weiterhin anzuwenden.

(2) ¹Investmentvermögen im Sinne dieses Gesetzes in der am 21. Juli 2013 geltenden Fassung gelten bis zum Ende des Geschäftsjahres, das nach dem 22. Juli 2016 endet, als Investmentfonds im Sinne des § 1 Absatz 1b Satz 2. ²Voraussetzung für die Anwendung des Satzes 1 ist, dass die Investmentver-

---

[347] § 22 eingef. durch G v. 18.12.2013 (BGBl. I S. 4318).

III. Normentexte

mögen weiterhin die Voraussetzungen des § 1 Absatz 1 und 1a in der am 21. Juli 2013 geltenden Fassung sowie die Anlagebestimmungen und Kreditaufnahmegrenzen nach dem Investmentgesetz in der am 21. Juli 2013 geltenden Fassung erfüllen. ³Anteile an Investmentvermögen im Sinne der Sätze 1 und 2 gelten als Anteile an Investmentfonds im Sinne des § 1 Absatz 1b Satz 2. ⁴§ 1 Absatz 1d, § 15 Absatz 3 und § 16 Satz 8 in der am 24. Dezember 2013 geltenden Fassung sind bei Investmentvermögen im Sinne des Satzes 1 sinngemäß anzuwenden, sobald das Investmentvermögen gegen die in Satz 2 genannten Voraussetzungen wesentlich verstößt. ⁵Es gilt als wesentlicher Verstoß, wenn ein Investmentvermögen seine Anlagebedingungen nach dem 23. Dezember 2013 in der Weise ändert, dass die für Hedgefonds geltenden Vorschriften nach § 283 des Kapitalanlagegesetzbuchs oder nach § 112 des Investmentgesetzes in der am 21. Juli 2013 geltenden Fassung erstmals anzuwenden sind.

(3) ¹§ 3 Absatz 1a ist erstmals auf Abtrennungen von Zinsscheinen bzw. Zinsforderungen von dem dazugehörigen Stammrecht anzuwenden, die nach dem 28. November 2013 erfolgen. ²§ 3 Absatz 3 in der Fassung des Artikels 1 des Gesetzes vom 18. Dezember 2013 (BGBl. I S. 4318) ist erstmals auf Geschäftsjahre anzuwenden, die nach dem 31. Dezember 2013 beginnen.

(4) § 3a ist erstmals bei Ausschüttungen anzuwenden, die nach dem 23. August 2014 abfließen.

(5) § 5 Absatz 3 Satz 4 in der am 21. Juli 2013 geltenden Fassung ist weiterhin anzuwenden bei Investmentvermögen im Sinne des Absatzes 2 Satz 1.

§ 23[348] **Übergangsvorschriften.** (1)[349] ¹§ 2 Abs. 3 Nr. 1 zweiter Halbsatz in der am 1. Januar 2004 geltenden Fassung und § 2 Abs. 2 Satz 2 in der Fassung des Artikels 8 des Gesetzes vom 14. August 2007 (BGBl. I S. 1912) sind bei inländischen *Investmentvermögen* [[*neue Fassung:*] Investmentfonds[350]] auf Veräußerungen von Anteilen an unbeschränkt körperschaftsteuerpflichtigen Kapitalgesellschaften und von Bezugsrechten auf derartige Anteile anzuwenden, die nach Ablauf des ersten Wirtschaftsjahres der Gesellschaft erfolgen, deren Anteile veräußert werden, für die das Körperschaftsteuergesetz in der Fassung des Artikels 3 des Gesetzes vom 23. Oktober 2000 (BGBl. I S. 1433) erstmals anzuwenden ist, und auf sonstige Veräußerungen, die nach dem 31. Dezember 2000 erfolgen. ²§ 8 Abs. 1 ist hinsichtlich der in § 3 Nr. 40 des Einkommensteuergesetzes und in § 8b Abs. 2 des Körperschaftsteuergesetzes genannten Einnahmen nur anzuwenden, soweit diese auch im Falle der Ausschüttung nach § 2 Abs. 2 oder Abs. 3 Nr. 1 in der am 1. Januar 2004 geltenden Fassung und § 2 Abs. 2 in der Fassung des Artikels 8 des Gesetzes vom 14. August 2007 (BGBl. I S. 1912) begünstigt wären.

(2) ¹Die §§ 37n bis 50d des Gesetzes über Kapitalanlagegesellschaften in der Fassung der Bekanntmachung vom 9. September 1998 (BGBl. I S. 2726), das zuletzt durch Artikel 3 des Gesetzes von 21. Juni 2002 (BGBl. I S. 2010) geändert worden ist, sind letztmals auf das Geschäftsjahr des inländischen *Investmentvermögens* [[*neue Fassung:*] Investmentfonds[351]] anzuwenden, welches vor dem 1. Januar 2004 beginnt, sowie auf Erträge, die in diesem Geschäftsjahr zufließen. ²§ 40a des in Satz 1 genannten Gesetzes ist letztmals auf Einnahmen anzuwenden, die vor dem 1. Januar 2004 zufließen, sowie auf Gewinnminderungen, die vor dem 1. Januar 2004 entstehen. ³Die in dem Satz 1 genannten Gesetz enthaltenen Bestimmungen zum Zwischengewinn sind letztmals auf Veräußerungen, Erwerbe oder Abtretungen anzuwenden, die vor dem 1. Januar 2004 stattfinden.

(3) ¹Die §§ 17 bis 20 des Auslandinvestment-Gesetzes in der Fassung der Bekanntmachung vom 9. September 1998 (BGBl. I S. 2810)[352], das zuletzt durch Artikel 32 des Gesetzes vom 21. August 2002 (BGBl. I S. 3322) geändert worden ist, sind letztmals auf das Geschäftsjahr des ausländischen *Investmentvermögens* [[*neue Fassung:*] Investmentfonds[353]] anzuwenden, welches vor dem 1. Januar 2004 beginnt, sowie auf Erträge, die in diesem Geschäftsjahr zufließen. ²§ 17 Abs. 2b des in Satz 1 genannten Gesetzes ist letztmals auf Einnahmen anzuwenden, die vor dem 1. Januar 2004 zufließen. ³Die in dem in Satz 1 genannten Gesetz enthaltenen Bestimmungen zum Zwischengewinn sind letztmals auf Veräußerungen, Erwerbe oder Abtretungen anzuwenden, die vor dem 1. Januar 2004 stattfinden.

---

[348] Bish. § 19 wird § 23 und geänd. durch G v. 18.12.2013 (BGBl. I S. 4318).
[349] § 23 (bish. § 19) Abs. 1 Sätze 1 und 2 geänd. durch G v. 14.8.2007 (BGBl. I S. 1912).
[350] Bezeichnung geänd. durch G v. 18.12.2013 (BGBl. I S. 4318).
[351] Bezeichnung geänd. durch G v. 18.12.2013 (BGBl. I S. 4318).
[352] Fundstelle müsste lauten: „S. 2820".
[353] Bezeichnung geänd. durch G v. 18.12.2013 (BGBl. I S. 4318).

A. Deutschland

Nichtamtlicher Anhang zu § 1: Anwendungsbereich und Begriffsbestimmungen des InvestmentG[354]

§ 1 Anwendungsbereich. [1] Dieses Gesetz ist anzuwenden auf
1. inländische Investmentvermögen, soweit diese in Form von Sondervermögen im Sinne des § 2 Absatz 2 oder Investmentaktiengesellschaften im Sinne des § 2 Abs. 5 gebildet werden,
2. die Aufsicht über inländische Investmentgesellschaften, die Anteile oder Aktien an inländischen Investmentvermögen nach Maßgabe der Nummer 1 oder an EU-Investmentvermögen ausgeben,
3. den beabsichtigten und den tatsächlichen öffentlichen Vertrieb von ausländischen Investmentanteilen im Sinne des § 2 Absatz 9 sowie den beabsichtigten und tatsächlichen Vertrieb von Anteilen an ausländischen Investmentvermögen, die hinsichtlich der Anlagepolitik Anforderungen unterliegen, die denen nach § 112 Absatz 1 vergleichbar sind, sowie
4. die Verwaltung von richtlinienkonformen Sondervermögen durch eine EU-Verwaltungsgesellschaft im Inland.
[2] Investmentvermögen im Sinne des Satzes 1 sind Vermögen zur gemeinschaftlichen Kapitalanlage, die nach dem Grundsatz der Risikomischung in Vermögensgegenständen im Sinne des § 2 Abs. 4 angelegt sind.

§ 2 Begriffsbestimmungen. (1) [1] Inländische Investmentgesellschaften sind Kapitalanlagegesellschaften und Investmentaktiengesellschaften. [2] EU-Investmentgesellschaften sind EU-Verwaltungsgesellschaften und EU-Investmentvermögen in Satzungsform, die ihren Sitz in einem anderen Mitgliedstaat der Europäischen Union oder einem anderen Vertragsstaat des Abkommens über den Europäischen Wirtschaftsraum haben und den Anforderungen an eine Verwaltungsgesellschaft oder eine Investmentgesellschaft im Sinne der Richtlinie 2009/65/EG des Europäischen Parlaments und des Rates vom 13. Juli 2009 zur Koordinierung der Rechts- und Verwaltungsvorschriften betreffend bestimmte Organismen für gemeinsame Anlagen in Wertpapieren (OGAW) (ABl. L 302 vom 17.11.2009, S. 32) entsprechen.

(2) Sondervermögen sind inländische Investmentvermögen in Vertragsform, die von einer Kapitalanlagegesellschaft für Rechnung der Anleger nach Maßgabe dieses Gesetzes und den Vertragsbedingungen, nach denen sich das Rechtsverhältnis der Kapitalanlagegesellschaft zu den Anlegern bestimmt, verwaltet werden, und bei denen die Anleger das Recht zur Rückgabe der Anteile haben.

(3) [1] Spezial-Sondervermögen sind Sondervermögen, deren Anteile aufgrund schriftlicher Vereinbarungen mit der Kapitalanlagegesellschaft ausschließlich von Anlegern, die nicht natürliche Personen sind, gehalten werden. [2] Alle übrigen Sondervermögen sind Publikums-Sondervermögen.

(4) Vermögensgegenstände im Sinne dieses Gesetzes sind
1. Wertpapiere,
2. Geldmarktinstrumente,
3. Derivate,
4. Bankguthaben,
5. Grundstücke, grundstücksgleiche Rechte und vergleichbare Rechte nach dem Recht anderer Staaten (Immobilien),
6. Beteiligungen an Gesellschaften, die nach dem Gesellschaftsvertrag oder der Satzung nur Immobilien sowie die zur Bewirtschaftung der Immobilien erforderlichen Gegenstände erwerben dürfen (Immobilien-Gesellschaften),
7. Anteile oder Aktien an inländischen Investmentvermögen sowie an entsprechenden ausländischen Investmentvermögen,
8. für Investmentvermögen im Sinne des § 90a sowie für vergleichbare ausländische Investmentvermögen Beteiligungen an ÖPP-Projektgesellschaften, wenn der Verkehrswert dieser Beteiligungen ermittelt werden kann,
9. für inländische Investmentvermögen im Sinne des § 90g sowie für vergleichbare ausländische Investmentvermögen als weitere Vermögensgegenstände Edelmetalle, unverbriefte Darlehensforderungen und Unternehmensbeteiligungen, wenn der Verkehrswert dieser Beteiligungen ermittelt werden kann,

---

[354] Das InvestmentG in der bis zum 21.7.2013 geltenden Fassung.
Das InvestmentG ist bis zum Inkrafttreten einer gesetzlichen Neuregelung des Anwendungsbereichs weiterhin auf Investmentvermögen und Anteile an Investmentvermögen im Sinne des InvestmentG in der am 21. Juli 2013 geltenden Fassung anzuwenden. Das Gleiche gilt für Investmentvermögen und Anteile an Investmentvermögen, die nach dem 21. Juli 2013 aufgelegt werden, wenn sie die Voraussetzungen des InvestmentG in der am 21. Juli 2013 geltenden Fassung an ein Investmentvermögen erfüllen (BMF-Schreiben v. 18.7.2013, BStBl. I S. 899).

9a. für inländische Investmentvermögen im Sinne des § 90l als weitere Vermögensgegenstände unverbriefte Darlehensforderungen gegen Unternehmen, die ihren Arbeitnehmern einen Vorteil im Sinne des § 3 Nummer 39 des Einkommensteuergesetzes zum Erwerb von Anteilen an diesen Investmentvermögen gewähren, und Beteiligungen einschließlich stiller Beteiligungen im Sinne des § 230 des Handelsgesetzbuchs an diesen Unternehmen, wenn der Verkehrswert der Beteiligungen ermittelt werden kann,
10. für inländische Investmentvermögen im Sinne des § 112, für vergleichbare ausländische Investmentvermögen und für Investmentaktiengesellschaften stille Beteiligungen im Sinne des § 230 des Handelsgesetzbuchs an einem Unternehmen mit Sitz und Geschäftsleitung im Geltungsbereich des Gesetzes, wenn deren Verkehrswert ermittelt werden kann,
11. für inländische Investmentvermögen im Sinne des § 112 sowie für ausländische Investmentvermögen, die hinsichtlich der Anlagepolitik Anforderungen unterliegen, die denen nach § 112 Abs. 1 vergleichbar sind, als weitere Vermögensgegenstände Edelmetalle und Unternehmensbeteiligungen, wenn deren Verkehrswert ermittelt werden kann.

(5) [1]Investmentaktiengesellschaften sind inländische Unternehmen, deren Unternehmensgegenstand nach der Satzung auf die Anlage und Verwaltung ihrer Mittel nach dem Grundsatz der Risikomischung zur gemeinschaftlichen Kapitalanlage in Vermögensgegenständen nach Absatz 4 Nr. 1 bis 4, 7, 9, 10 und 11 beschränkt ist und bei denen die Anleger das Recht zur Rückgabe ihrer Aktien haben. [2]Spezial-Investmentaktiengesellschaften sind Unternehmen im Sinne des Satzes 1, deren Aktien nach der Satzung ausschließlich von Anlegern, die nicht natürliche Personen sind, gehalten werden dürfen.

(6) Kapitalanlagegesellschaften sind inländische Unternehmen, deren Hauptzweck in der Verwaltung von inländischen Investmentvermögen oder EU-Investmentvermögen sowie der individuellen Vermögensverwaltung besteht.

(6a) EU-Verwaltungsgesellschaften sind Unternehmen mit Sitz in einem anderen Mitgliedstaat der Europäischen Union oder einem anderen Vertragsstaat des Abkommens über den Europäischen Wirtschaftsraum, die den Anforderungen an eine Verwaltungsgesellschaft im Sinne der Richtlinie 2009/65/EG entsprechen.

(7) Depotbanken sind Unternehmen, die die Verwahrung und Überwachung von Investmentvermögen ausführen.

(8) [1]Ausländische Investmentvermögen sind Investmentvermögen im Sinne des § 1 Satz 2, die dem Recht eines anderen Staates unterstehen. [2]Der Grundsatz der Risikomischung gilt für ausländische Investmentvermögen auch dann als gewahrt, wenn das Investmentvermögen in nicht nur unerheblichem Umfang Anteile an einem oder mehreren anderen Vermögen enthält und diese anderen Vermögen unmittelbar oder mittelbar nach dem Grundsatz der Risikomischung angelegt sind.

(8a) EU-Investmentvermögen sind Investmentvermögen, die dem Recht eines anderen Mitgliedstaates der Europäischen Union oder eines anderen Vertragsstaates des Abkommens über den Europäischen Wirtschaftsraum unterstehen und die unabhängig von ihrer Rechtsform den Anforderungen der Richtlinie 2009/65/EG entsprechen.

(9) Ausländische Investmentanteile sind Anteile an ausländischen Investmentvermögen, die von einem Unternehmen mit Sitz im Ausland ausgegeben werden (ausländische Investmentgesellschaft), und bei denen der Anleger verlangen kann, dass ihm gegen Rückgabe des Anteils sein Anteil an dem ausländischen Investmentvermögen ausgezahlt wird, oder bei denen der Anleger kein Recht zur Rückgabe der Anteile hat, aber die ausländische Investmentgesellschaft in ihrem Sitzstaat einer Aufsicht über Vermögen zur gemeinschaftlichen Kapitalanlage unterstellt ist.

(10) EU-Investmentanteile sind Anteile an einem EU-Investmentvermögen, die von einer EU-Investmentgesellschaft oder einer Kapitalanlagegesellschaft ausgegeben werden.

(11) [1]Öffentlicher Vertrieb ist ein Vertrieb, der im Wege des öffentlichen Anbietens, der öffentlichen Werbung oder in ähnlicher Weise erfolgt. [2]Nicht als öffentlicher Vertrieb gilt, wenn
1. die Investmentanteile ausschließlich an Institute im Sinne des § 1 Abs. 1b des Kreditwesengesetzes, private und öffentlich-rechtliche Versicherungsunternehmen, Kapitalanlagegesellschaften, Investmentaktiengesellschaften sowie ausländische Investmentgesellschaften und von diesen beauftragte Verwaltungsgesellschaften sowie an Pensionsfonds und ihre Verwaltungsgesellschaften vertrieben werden;
2. Investmentvermögen nur namentlich benannt werden;
3. nur die Ausgabe- und Rücknahmepreise von Investmentanteilen veröffentlicht werden;
4. Verkaufsunterlagen einer Umbrella-Konstruktion mit mindestens einem Teilfonds, dessen Anteile im Geltungsbereich dieses Gesetzes öffentlich vertrieben werden dürfen, verwendet werden, und

diese Verkaufsunterlagen auch Informationen über weitere Teilfonds enthalten, für die keine Anzeige nach § 132 oder § 139 erstattet worden ist, sofern in den Verkaufsunterlagen jeweils drucktechnisch herausgestellt an hervorgehobener Stelle darauf hingewiesen wird, dass die Anteile der weiteren Teilfonds an Anleger im Geltungsbereich dieses Gesetzes nicht öffentlich vertrieben werden dürfen;
5. die Besteuerungsgrundlagen nach § 5 des Investmentsteuergesetzes bekannt gemacht werden;
6. in einen Prospekt für Wertpapiere Mindestangaben nach § 7 des Wertpapierprospektgesetzes oder in einen Prospekt für Vermögensanlagen Mindestangaben nach § 8g des Verkaufsprospektgesetzes aufgenommen werden;
7. für ausländische Investmentanteile, die an einer inländischen Börse zum Handel im regulierten Markt zugelassen oder in den regulierten Markt oder den Freiverkehr einbezogen sind, ausschließlich die von der Börse vorgeschriebenen Bekanntmachungen getätigt werden und darüber hinaus kein öffentlicher Vertrieb im Sinne des Satzes 1 stattfindet;
8. ein ausländischer Masterfonds ausschließlich Anteile an einen oder mehrere inländische Feederfonds ausgibt.
³Die Bundesanstalt für Finanzdienstleistungsaufsicht (Bundesanstalt) kann Richtlinien aufstellen, nach denen sie für den Regelfall beurteilt, wann ein öffentlicher Vertrieb im Sinne des Satzes 1 vorliegt.

(12) Drittstaaten im Sinne dieses Gesetzes sind alle Staaten, die nicht Mitgliedstaat der Europäischen Union oder anderer Vertragsstaat des Abkommens über den Europäischen Wirtschaftsraum sind.

(13) Organisierter Markt ist ein Markt, der anerkannt und für das Publikum offen ist und dessen Funktionsweise ordnungsgemäß ist, sofern nicht ausdrücklich etwas anderes bestimmt ist.

(14) ÖPP-Projektgesellschaften im Sinne dieses Gesetzes sind im Rahmen Öffentlich Privater Partnerschaften tätige Gesellschaften, die nach dem Gesellschaftsvertrag oder der Satzung zu dem Zweck gegründet wurden, Anlagen oder Bauwerke zu errichten, zu sanieren, zu betreiben oder zu bewirtschaften, die der Erfüllung öffentlicher Aufgaben dienen.

(15) Prime Broker im Sinne dieses Gesetzes sind Unternehmen, die Vermögensgegenstände von Sondervermögen nach § 112 Abs. 1 oder von Investmentaktiengesellschaften, deren Satzung eine dem § 112 Abs. 1 vergleichbare Anlageform vorsieht, verwahren und sich diese ganz oder teilweise zur Nutzung auf eigene Rechnung übertragen lassen und gegebenenfalls sonstige mit derartigen Investmentvermögen verbundene Dienstleistungen erbringen.

(16) Geschäftsleiter im Sinne dieses Gesetzes sind diejenigen natürlichen Personen, die nach Gesetz, Satzung oder Gesellschaftsvertrag zur Führung der Geschäfte und zur Vertretung einer Kapitalanlagegesellschaft berufen sind, sowie diejenigen natürlichen Personen, die die Geschäfte der Kapitalanlagegesellschaft tatsächlich leiten.

(17) Herkunftsstaat im Sinne dieses Gesetzes ist der Staat, in dem eine Kapitalanlagegesellschaft oder EU-Verwaltungsgesellschaft ihren Sitz hat oder in dem ein Investmentvermögen zugelassen wurde.

(18) Aufnahmestaat im Sinne dieses Gesetzes ist der Staat, in dem eine Kapitalanlagegesellschaft
1. eine Zweigniederlassung unterhält oder im Wege des grenzüberschreitenden Dienstleistungsverkehrs tätig wird, oder
2. die Absicht anzeigt, Anteile an einem richtlinienkonformen Sondervermögen oder Aktien einer richtlinienkonformen Investmentaktiengesellschaft oder eines Teilgesellschaftsvermögens einer richtlinienkonformen Investmentaktiengesellschaft zu vertreiben.

(19) Eine enge Verbindung im Sinne dieses Gesetzes ist eine Verbindung im Sinne des § 1 Abs. 10 des Kreditwesengesetzes zwischen einer Kapitalanlagegesellschaft oder einer Investmentaktiengesellschaft und einer anderen natürlichen oder juristischen Person.

(20) ¹Eine bedeutende Beteiligung im Sinne dieses Gesetzes ist eine Beteiligung im Sinne des § 1 Abs. 9 Satz 1 des Kreditwesengesetzes. ²Für die Berechnung des Anteils der Stimmrechte gelten § 22 Abs. 1 bis 3a in Verbindung mit einer Rechtsverordnung nach Abs. 5 und § 23 des Wertpapierhandelsgesetzes entsprechend. ³Die mittelbar gehaltenen Beteiligungen sind den mittelbar beteiligten Personen und Unternehmen in vollem Umfang zuzurechnen.

(21) Mutterunternehmen im Sinne dieses Gesetzes sind Unternehmen, die Mutterunternehmen im Sinne des § 290 des Handelsgesetzbuchs sind.

(22) Tochterunternehmen im Sinne dieses Gesetzes sind Unternehmen, die Tochterunternehmen im Sinne des § 290 des Handelsgesetzbuchs sind.

III. Normentexte

(23) Anfangskapital im Sinne dieses Gesetzes sind das eingezahlte Grund- oder Stammkapital ohne die Aktien, die mit einem nachzuzahlenden Vorzug bei der Verteilung des Gewinns ausgestattet sind (Vorzugsaktien), und die Rücklagen im Sinne des § 10 Abs. 3a des Kreditwesengesetzes.

(24) Die Eigenmittel im Sinne dieses Gesetzes bestehen aus dem haftenden Eigenkapital und den Drittrangmitteln im Sinne des § 10 Abs. 2 Satz 1 des Kreditwesengesetzes.

(25) [1] Verschmelzungen im Sinne dieses Gesetzes sind Auflösungen ohne Abwicklung eines inländischen Investmentvermögens
1. durch Übertragung sämtlicher Vermögenswerte und Verbindlichkeiten eines oder mehrerer übertragender Investmentvermögen auf ein anderes bestehendes übernehmendes inländisches Investmentvermögen oder EU-Investmentvermögen (Verschmelzung durch Aufnahme) oder
2. durch Übertragung sämtlicher Vermögenswerte und Verbindlichkeiten zweier oder mehrerer übertragender Investmentvermögen auf ein neues, dadurch gegründetes übernehmendes inländisches Investmentvermögen oder EU-Investmentvermögen (Verschmelzung durch Neugründung)

jeweils gegen Gewährung von Anteilen oder Aktien des übernehmenden Investmentvermögens an die Anleger oder Aktionäre des übertragenden Investmentvermögens sowie gegebenenfalls einer Barzahlung in Höhe von nicht mehr als 10 Prozent des Wertes eines Anteils oder einer Aktie am übertragenden Investmentvermögen. [2] Verschmelzungen eines EU-Investmentvermögens auf ein richtlinienkonformes Sondervermögen, eine richtlinienkonforme Investmentaktiengesellschaft oder ein Teilgesellschaftsvermögen einer richtlinienkonformen Investmentaktiengesellschaft können darüber hinaus gemäß den Vorgaben des Artikels 2 Absatz 1 Buchstabe p Ziffer iii der Richtlinie 2009/65/EG erfolgen.

(26) Feederfonds im Sinne dieses Gesetzes sind Sondervermögen, Investmentaktiengesellschaften, Teilgesellschaftsvermögen einer Investmentaktiengesellschaft oder EU-Investmentvermögen, die mindestens 85 Prozent ihres Vermögens in einem Masterfonds anlegen.

(27) Masterfonds im Sinne dieses Gesetzes sind richtlinienkonforme Sondervermögen, richtlinienkonforme Investmentaktiengesellschaften oder Teilgesellschaftsvermögen einer richtlinienkonformen Investmentaktiengesellschaft, EU-Investmentvermögen, Sonstige Sondervermögen oder Sondervermögen mit zusätzlichen Risiken, die Anteile an mindestens einen Feederfonds ausgegeben haben, selbst keine Feederfonds sind und keine Anteile eines Feederfonds halten.

(28) Dauerhafter Datenträger im Sinne dieses Gesetzes ist jedes Medium, das den Anlegern gestattet, Informationen für eine ihrem Zweck angemessene Dauer zu speichern, einzusehen und unverändert wiederzugeben.

2. Sonstige Vorschriften

BMF-Schreiben vom 13.12.2003, IV A 6 – S 2240 – 153/03
http://treffer.nwb.de/completecontent/dms/content/000/125/Content/000125019.htm

B. Liechtensteinisches Investmentrecht[1] [2]

I. Einführung in das liechtensteinische Investmentrecht und seine flankierenden Materien einschließlich historischer Bezüge

1. Liechtenstein zwischen Österreich und der Schweiz bis zur EWR-Mitgliedschaft: Entwicklung der rechtlichen Rahmenbedingungen bis heute

a) Liechtensteinische Rechtsentwicklung unter österreichischem Einfluss

Das Fürstentum Liechtenstein entstand im 17. Jahrhundert, als der österreichische Fürst **1** Johann Adam Andreas von Liechtenstein die Herrschaft Schellenberg und die Grafschaft Vaduz erwarb, welche 1719 zum Reichsfürstentum Liechtenstein erhoben wurden. Nach dem Niedergang des Alten Reichs gestattete Kaiser Napoleon I. dem Fürstentum Liechtenstein in den Rheinbundakten von 1806 die volle Souveränität. Ab 1815 bis zu dessen Auflösung in 1866 war Liechtenstein Gründungsmitglied des Deutschen Bundes.[3]

Im Jahre 1852 schloss Liechtenstein mit der österreichisch-ungarischen Monarchie einen **2** Zollvertrag ab. Bis zum Ende des Ersten Weltkrieges stand Liechtenstein aufgrund dieses Zoll- und weiteren Post- und Währungsanschlusses in enger Verbindung mit Österreich-Ungarn. Folglich hatte das Land im Rechtsbereich ein Reihe österreichischer Entwicklungen miterfahren und sein Verwaltungsrecht gänzlich an österreichische Gesetze, Theorie und Praxis angelehnt. Hand in Hand mit dem durch die neue liechtensteinische Verfassung vom 5. Oktober 1921 realisierten rechtsstaatlichen Umbruch entstand jedoch das Bedürfnis, die Landesverwaltung an neue rechtsstaatliche Anforderungen anzupassen. 1922 wurde schließlich ein neues, liechtensteinisches Gesetz über die Landesverwaltungspflege verabschiedet.

b) Annäherung an die Schweiz und Rezeption von Schweizer Recht

Infolge der gravierenden wirtschaftlichen und politischen Schwierigkeiten, ausgelöst **3** durch die Kriegsfolgen, den Zusammenbruch der österreich-ungarischen Monarchie und der Hyperinflation der auch in Liechtenstein geltenden Kronenwährung des Habsburgerreiches, erfolgte in den Jahren nach dem Ersten Weltkrieg eine zunehmende Annäherung des Fürstentums an die Schweiz. So schloss Liechtenstein 1923 den noch heute geltenden Zollvertrag mit der Schweiz ab. Im darauffolgenden Jahr wurde der Schweizer Franken (CHF) als Landeswährung eingeführt.[4]

Seit dem Zollanschlussvertrag Liechtensteins mit der Schweiz, ist das materielle Verwal- **4** tungsrecht Liechtensteins einerseits direkt anwendbares schweizerisches Recht, andererseits staatsvertraglich oder freiwillig angenommenes schweizerisches Verwaltungsrecht, das über das österreichisch orientierte, allgemeine Landesverwaltungspflegegesetz Anwendung findet. Somit wurden zwei unterschiedliche Verwaltungsrechtsordnungen gemischt aufgenommen.[5]

---

[1] Die Autoren danken Frau cand. iur. Olivia Ledebur-Wicheln, Frau Rechtsanwältin Anne Batlinger und Frau dipl. math (oec) Nicole Schadeck herzlich für ihre wertvolle Mithilfe bei Recherche und Texterstellung. Ein besonderer Dank gilt auch den Herrn Benjamin De Zordi, Marco Felder, Stefan Giezendanner und Herrn Roland Wild für ihre Unterstützung und Ausführungen zu den steuerlichen Aspekten. Herzlich gedankt sei zudem Frau Annette von Osten, Director Regulatory Affairs des Liechtensteinischen Anlagefondsverbands, für ihre wertvollen Hinweise.

[2] Dieser Beitrag beruht auf dem Diskussionsstand zu Ende September 2013.

[3] *Marxer & Partner,* Wirtschaftsrecht, S. 7.

[4] *Marxer & Partner,* Wirtschaftsrecht, S. 12.

[5] *Kley,* Verwaltungsrecht, S. 19 f.

5   1980 ging Liechtenstein den Währungsvertrag mit der Schweiz ein, wodurch ein einheitlicher Währungsraum geschaffen und der Schweizerischen Nationalbank (SNB) hoheitliche Befugnisse gegenüber den liechtensteinischen Banken zugesprochen wurde.[6] Diese Eingliederung Liechtensteins in den schweizerischen Wirtschaftsraum gilt als bedeutsames Fundament der liechtensteinischen Prosperität.[7]

6   Im Hinblick auf eine Annäherung Liechtensteins an die Schweiz und deren Rechtssystematik erließ der Liechtensteinische Landtag das Personen- und Gesellschaftsrecht (PGR) vom 20. Januar 1926, welches am 19. Februar 1926 als Gesetz in Kraft trat. Zwei Jahre später wurde das Gesetz über das Treuunternehmen (TrUG) erlassen und in das PGR inkorporiert. Durch zeitgemäße und flexible gesellschafsrechtliche Regelungen wollte Liechtenstein sich als attraktiver Finanzdienstleistungsstandort etablieren. Ziel war es, damit fremde Investoren und ausländisches Kapital anzuziehen, um das Problem der damals herrschenden Armut zu lösen.[8]

7   Das PGR und das TrUG stehen repräsentativ für eine liberale Gesetzgebung auf flexibler Basis, die ein Eingehen auf wandelnde internationale Gegebenheiten erlaubt, ohne dass die eigentlichen Hauptziele hintangestellt werden müssen. Sie verhalfen Liechtenstein in der Folge zur Position eines führenden Anbieters von Rechts- und Geschäftsberatung in der Verwaltung von Gesellschaften und Treuhänderschaften. Grund hierfür ist unter anderem die im Gesellschaftsrecht angebotene Vielzahl an flexiblen Rechtsinstituten, welche verwendet werden können.[9] So enthält das PGR neben eigenschöpferischen Elementen wie der Anstalt auch schweizerische Anleihen wie das Stiftungs- und das Aktienrecht. Weiter wurden Konzepte wie zum Beispiel die Nebenleistungsaktie aus dem amerikanischen und die Aktiengesellschaft (AG) mit variablem Kapital aus dem französischen Recht miteinbezogen. Auch ist Liechtenstein bisher die einzige kontinentaleuropäische Nation, die den angloamerikanischen Trust positivrechtlich geregelt hat und somit über ein vollständig ausgeformtes Treuhandrecht verfügt.[10]

c) Der europäische Weg: EWR-Beitritt und Umsetzung europäischer Standards

8   Bis in die 1980er-Jahre, gab es in Liechtenstein lediglich drei Banken. Erst 1990 erhielten zwei weitere Institute eine Bankbewilligung. Um das liechtensteinische Bankenrecht ausführlich zu regeln und eine nachhaltige gesetzliche Grundlage für Banken zu schaffen, wurden das Gesetz vom 21. Oktober 1992 über die Banken und Wertpapierfirmen (BankG) und die Verordnung über die Banken und Wertpapierfirmen vom 22. Februar 1994 (BankV) in Kraft gesetzt. Zweck des liechtensteinischen Bankenrechts ist der Schutz der Bankgläubiger und die Sicherung des Vertrauens in das liechtensteinische Geld-, Wertpapier- und Kreditwesen.[11] Des Weiteren wurde das weitreichende liechtensteinische Bankengeheimnis unter anderem im BankG verankert. Dieses verpflichtet alle Organe der Bank, die Bankmitarbeiter und alle sonst für die Bank tätigen Personen zur Geheimhaltung von Tatsachen, die ihnen im Rahmen einer Geschäftsverbindung mit Kunden anvertraut oder zugänglich gemacht worden sind.[12] Durch den im Anschluss erläuterten Beitritt Liechtensteins zum Europäischen Wirtschaftsraum (EWR) im Jahre 1995 und der damit einhergehenden Anpassung der Bankgesetzgebung an den gemeinsamen europäischen Rechtsbestand kam es zu einem drastischen Anstieg der Bankdichte in Liechtenstein.[13]

---

[6] *Zwiefelhofer*, Investmentrecht, S. 5.
[7] *Marxer & Partner*, Wirtschaftsrecht, S. 12.
[8] *Marxer & Partner*, Wirtschaftsrecht, S. 35.
[9] *Zwiefelhofer*, Investmentrecht, S. 8.
[10] *Marxer & Partner*, Wirtschaftsrecht, S. 39.
[11] *Marxer & Partner*, Wirtschaftsrecht, S. 231 f.
[12] *Zwiefelhofer*, Investmentrecht, S. 10.
[13] *Marxer & Partner*, Wirtschaftsrecht, S. 232.

I. Einführung in das liechtensteinische Investmentrecht

Seit 1. Mai 1995 ist das Fürstentum Liechtenstein Mitglied des EWR und folglich eng **9** mit der Europäischen Union (EU) verbunden. Dem EWR gehören aktuell 31 Staaten an, nämlich die 28 EU-Mitgliedsstaaten sowie die Mitglieder der Europäischen Freihandelsassoziation (EFTA) Island, Norwegen und Liechtenstein. Das EWR-Abkommen stellt faire Wettbewerbsbedingungen zwischen den Vertragsparteien sicher und gewährleistet den Mitgliedstaaten der EFTA wie namentlich Liechtenstein Zugang zum europäischen Binnenmarkt.[14] Liechtenstein zieht somit einen Vorteil aus der Einheitslizenz, die es Banken und Investmentunternehmen aus dem EWR erlaubt, Niederlassungen in Liechtenstein zu errichten. Gleiches gilt umgekehrt auch für liechtensteinische Banken und Investmentunternehmen, die ihre Tätigkeiten im gesamten europäischen Binnenmarkt entfalten können.[15] Das Abkommen ist ein direkter Bestandteil der liechtensteinischen Rechtsordnung.[16] Liechtenstein hat sich somit zur fortwährenden Übernahme des gemeinsamen Rechtsnormbestandes *(acquis communautaire)* verpflichtet.[17] So erfuhr das Land im Jahre 2000 mit der Übernahme des analogen EWR- bzw. Europäischen Gemeinschaftsrechts (EG) die umfassendste Revision des PGR seit dessen Inkrafttreten und muss auch zukünftig bei EU-Rechtsänderungen das innerstaatliche Recht angleichen. Angesichts des EWR-Beitritts und der gleichzeitigen Aufrechterhaltung des Zollvertrages mit der Schweiz gehört Liechtenstein zwei Wirtschaftsräumen an. Wo jedoch der bereits erläuterte Zoll- und Währungsvertrag eine Teilintegration Liechtensteins in das schweizerische Wirtschaftsgebiet nach sich zog, beabsichtigt das EWR-Abkommen keine solche Integration in die EU. Es strebt hingegen einen dynamischen und homogenen europäischen Wirtschaftsraum an, der auf einer Harmonisierung der nationalen Vorschriften und keiner Rechtsvereinheitlichung basiert. Dies bedeutet, dass die Mitgliedsstaaten in einigen Bereichen eine gewisse Bewegungsfreiheit bezüglich deren Regelung ausnutzen können.[18] Dennoch hat Liechtenstein als EWR-Mitgliedsstaat jegliche europäische Rechtsakte des Finanzmarktrechts umgesetzt und entspricht somit gänzlich den aktuellen aufsichtsrechtlichen Standards der EU – ein nötiger Schritt, da das rasche Wachstum des Finanzplatzes Liechtenstein gleichzeitig auch die Gefahr von Missbräuchen bedeutete.[19]

d) Schaffung einer integrierten Finanzmarktaufsicht

Am 1. Januar 2005 erhielt Liechtenstein mit dem Inkrafttreten des Gesetzes vom 18. Juni **10** 2004 über die Finanzmarktaufsicht (FMAG) eine integrierte und selbstständige Finanzmarktaufsichtsbehörde (FMA). Die Beauftragung unabhängiger, integrierter Behörden mit Tätigkeiten der Finanzmarktaufsicht wurde davor bereits in einigen Ländern umgesetzt, so zum Beispiel 2002 in Österreich und Deutschland.[20] Die FMA Liechtenstein ist eine mit eigener Rechtspersönlichkeit ausgestattete, unabhängige Anstalt des öffentlichen Rechts. Sie wird nach den Regeln und der Praxis der verantwortungsvollen und zeitgemäßen Unternehmensführung betrieben und beschäftigt aktuell rund 80 Mitarbeiter aus Liechtenstein, der Schweiz, Österreich, Deutschland und anderen Ländern. Das FMAG regelt die Organisation, Aufgaben und Kompetenzen der FMA. Im Genaueren überwacht die FMA Liechtenstein als integrierte und unabhängige Aufsichtsbehörde die Finanzmarktteilnehmer des Finanzplatzes Liechtenstein. Mit ihrem Aufsichtshandeln gewährleistet die FMA die Stabilität der Finanzinstitute und des Finanzmarktes wie auch den Schutz der Kunden. Bei Zuwiderhandlungen gegen aufsichtsrechtliche Vorschriften erlässt sie unter Berücksichtigung des Kundenschutzes und des Ansehens des Finanzplatzes die erforderlichen Maßnahmen. Des Weiteren geht die FMA im Zuge der Missbrauchsbekämpfung Fällen nach, in

---

[14] *Marxer & Partner*, Wirtschaftsrecht, S. 7 f.
[15] *Marxer & Partner*, Wirtschaftsrecht, S. 237.
[16] *Zwiefelhofer*, Investmentrecht, S. 6.
[17] *Wittwer/Caspers*, Liechtensteinische Wirtschaftsgesetze, S. 13.
[18] *Zwiefelhofer*, Investmentrecht, S. 6 f.
[19] *Marxer & Partner*, Wirtschaftsrecht, Vorwort.
[20] *Marxer & Partner*, Wirtschaftsrecht, S. 229.

denen bewilligungspflichtige Tätigkeiten rechtswidrig ausgeübt wurden. Zudem sorgt sie dafür, dass internationale Standards umgesetzt und eingehalten werden. Im Auftrag der Regierung kann sie außerdem am Entwurf von Finanzmarktgesetzen mitarbeiten. Durch die Gewährleistung einer effizienten und wirkungsvollen Aufsicht tritt die FMA somit für eine standhafte Regulierung ein.[21]

Nicht zuletzt als Resultat der Entwicklung der obigen exzellenten rechtlichen Rahmenbedingungen und des Beitritts zum EWR sowie durch die Etablierung einer anerkannten Aufsicht, die als internationale Visitenkarte des Finanzplatzes wirkt, erfuhr der gesamte liechtensteinische Finanzdienstleistungssektor einen Aufschwung. Liechtenstein etablierte sich in der Folge insbesondere als Fondsstandort.

2. Genesis des liechtensteinischen Investmentrechts

a) Vom KIAG zum IUG

11   Heutzutage umfasst der Finanzplatz Liechtenstein einen vielseitigen, mit guten Rahmenbedingungen, breit aufgestellten Marktteilnehmern und einer umfassenden Produktpalette ausgestatteten Fondsbereich. Bis 1990 jedoch fiel die Nachfrage nach Vehikeln für die kollektive Kapitalanlage in Liechtenstein eher gering aus. Erst nachdem mehr Anleger und Finanzintermediäre angesichts des weltweiten Fondswachstums die Vorteile von Investmentfonds erkannten, entschied Liechtenstein, dieses Potenzial auch für sich zu nutzen. Das damals für diesen Bereich bestehende Gesetz vom 21. Dezember 1960 über Kapitalanlagegesellschaften, Investment-Trust und Anlagefonds (KIAG) bot mit seinen lediglich vier Artikeln allerdings keine ausreichende Grundlage für ein florierendes Fondsgeschäft, da es den Anforderungen an ein zeitgemäßes Gesetz selbstredend von Anfang an nicht gerecht wurde.[22] Es wurde nach seinem Inkrafttreten nie wieder revidiert und konnte somit einer positiven Weiterentwicklung des Finanzmarktes und des Anlagefondsgeschäftes auch in der Folge nicht Hand bieten.[23] Vor allem hinsichtlich des Anlegerschutzes und der Anlagemöglichkeiten sowie bezüglich des Kataloges verfügbarer Vehikel stand Liechtenstein gegenüber seiner europäischen Konkurrenz – insbesondere Luxemburg – im Nachteil. Das Grossherzogtum Luxemburg verfügte seit 1988 über ein modernes Fondsgesetz, das eine Vielzahl von Möglichkeiten bot. Viele Anleger erwarben deshalb Anteile luxemburgischer Fonds und Promotoren lancierten dort Produkte, was einem dynamischen Wachstum dieses Standortes Vorschub leistete. Infolgedessen und, um Harmonisierungsvorgaben aus dem EWR Rechnung zu tragen, initiierte Liechtenstein die Ausarbeitung eines neuen Regelwerkes, welches als Gesetz vom 5. Mai 1996 über Investmentunternehmen (IUG) am 10. Juli 1996 in Kraft trat. Flankiert wurde es durch die Verordnung vom 2. Juli 1996 zum Gesetz über Investmentunternehmen (IUV).[24]

b) IUG und VVG

12   Mit dem IUG von 1996 wurde die fondsspezifische EU-Richtlinie 85/611/EWG vom 20. Dezember 1985 zur Koordinierung der Rechts- und Verwaltungsvorschriften betreffend Organismen für gemeinsame Anlagen in Wertpapieren (OGAW), die sogenannte „UCITS I"[25]-Richtlinie, umgesetzt, die – wie alle darauffolgenden OGAW- (bzw. UCITS-)Richtlinien auch – die Koordination der nationalen Rechtsvorschriften anstrebte. Ihr Ziel war es, einen wirksameren Schutz der Anteilinhaber und einen vereinfachten Vertrieb der Anteile innerhalb der Mitgliedstaaten zu gewährleisten.[26]

---

[21] *FMA*, Die FMA.
[22] *Zwiefelhofer*, Investmentrecht, S. 14.
[23] *Alber/Dobrauz-Saldapenna*, IUG, S. 266.
[24] *Zwiefelhofer*, Investmentrecht, S. 14 f.
[25] Anm.: Engl. Undertakings for Collective Investment in Transferable Securities.
[26] *Alber/Dobrauz-Saldapenna*, IUG, S. 266.

I. Einführung in das liechtensteinische Investmentrecht

Die Gestaltung des IUG lehnte sich an andere ausländische Fondsgesetze wie insbesondere dem in 1995 verabschiedeten schweizerischen Bundesgesetz über die Anlagefonds vom 18. März 1994 (AFG) und orientierte sich am luxemburgischen Recht. Vor allem hinsichtlich der Europakonformität und der Zulässigkeit der Anlagegesellschaften (Aktiengesellschaften mit fixem oder veränderlichem Kapital), die in Luxemburg als société d'investissement à capital variable (SICAV) beziehungsweise als société d'investissement à capital fixe (SICAF) etabliert waren, wurde das IUG vom luxemburgischen Anlagefondsgesetz, dem Loi relative aux Organismes de Placement Collectif (LOPC) von 1988, beeinflusst.[27] 13

Um sich den ändernden Gegebenheiten in Liechtenstein und im EWR anzupassen, wurde das IUG von 1996 zwei Teil- und einer Totalrevision(en) unterzogen. Die erste Revision 1999 betraf die Übergangsbestimmungen für im Ausland sitzende Investmentunternehmen und für interne Sondervermögen. Ziel war die Vereinfachung der Gesetzeshandhabung. Im Jahr 2000 erfolgte die zweite Revision aufgrund der Umsetzung des gesellschaftsrechtlichen Rechtsnormbestandes des EWR-Abkommens und der entsprechenden Revision des liechtensteinischen PGR.[28] Im Jahre 2005 schließlich wurden das IUG und die dazugehörige Verordnung einer Totalrevision unterzogen. 14

Dabei galt es, die neu erlassenen EU-Richtlinien 2001/107/EG („Verwaltungsrichtlinie") und 2001/108/EG („Produkterichtlinie") – zusammen die „UCITS III"-Richtlinie – umzusetzen. Bei der Revision des IUG handelte es sich um eine Teilrevision im materiellen Sinne. Dies aus zwei Gründen: Zum einen waren die beiden EU-Richtlinien ebenfalls nur Abänderungsrichtlinien; zum anderen wurde das bestehende Gesetz lediglich angepasst und erweitert. Aufgrund der Neunummerierung der Artikel, die aus Gründen der Lesbarkeit und Übersichtlichkeit unumgänglich war, kann aber von einer Totalrevision in formeller Hinsicht gesprochen werden.[29] Das hiermit neu entstandene IUG vom 19. Mai 2005 und die entsprechende IUV vom 23. August 2005 traten am 1. September 2005 in Kraft.[30]

Soweit IUG-Fonds nicht von liechtensteinischen Banken oder Fondsleitungen selbst, sondern als sogenannte Private Label-Fonds im Auftrag von Drittpromotoren lanciert wurden, an welche in der Folge im Falle extern verwalteter kollektive Kapitalanlagen Vermögensverwaltungskompetenzen bezüglich dieser kollektiven Kapitalanlagen delegiert wurden, verfügen diese Promotoren regelmäßig entweder über eine anerkannte Bewilligung als Finanzintermediär im Ausland oder sind von der FMA in Liechtenstein als Vermögensverwalter zugelassen. Die Grundlage für diesen Bewilligungsstatus bildet das Gesetz vom 25. November 2005 über die Vermögensverwaltung (VVG), welches durch die Verordnung vom 20. Dezember 2005 zum Gesetz über die Vermögensverwaltung (VVO) flankiert wird. Dieses Gesetz dient der Umsetzung der Richtlinie 2004/39/EG des Europäischen Parlaments und des Rates vom 21. April 2004 über Märkte für Finanzinstrumente, zur Änderung der Richtlinien 85/611/EWG und 93/6/EWG des Rates und der Richtlinie 2000/12/EG des Europäischen Parlaments und des Rates und zur Aufhebung der Richtlinie 93/22/EWG des Rates (sogenannte MiFID[31]-Richtlinie). Durch das VVG wurde in Liechtenstein in Gestalt des FMA-bewilligten Vermögensverwalters ein neuer und international anerkannter Finanzintermediär geschaffen, dessen Kerntätigkeit die Anlageberatung und Vermögensverwaltung beinhaltet. Die Vermögensverwaltungsgesellschaft darf ihre Tätigkeit innerhalb des EWR im Rahmen der Errichtung einer Zweigniederlassung oder des grenzüberschreitenden Dienstleistungsverkehrs ausüben.[32] Auf den 1. November 2007 wurde das Gesetz im Rahmen der Restumsetzung der europäischen Richtlinie 2004/39/EG des Europäischen Parlaments vom 21. April 2004 über Märkte für Finanzinstrumente (MiFID) angepasst. 15

---

[27] *Zwiefelhofer,* Investmentrecht, S. 22.
[28] *Zwiefelhofer,* Investmentrecht, S. 23 f.
[29] *Regierung des Fürstentums Liechtenstein,* Vernehmlassungsbericht IUG, S. 6.
[30] *Alber/Dobrauz-Saldapenna,* IUG, S. 266.
[31] Anm.: Engl. Markets in Financial Instruments Directive.
[32] *PricewaterhouseCoopers,* Vermögensverwaltung, S. 9.

c) UCITSG

16 Seit dem Inkrafttreten des IUG von 2005 wuchs die liechtensteinische Fondsindustrie dynamisch. Liechtenstein orientierte sich nun nicht mehr ausschließlich an der schweizerischen Fondsgesetzgebung, sondern nutzte auch die Vorteile des EWR-Abkommens und passte den Rechtsrahmen für kollektive Kapitalanlagen der EU-Mindestregulierung an. Um den Fondsstandort weiterhin zu stärken, sah Liechtenstein sich in der Verantwortung, für Fondsanbieter eine noch vielseitigere Plattform zu erlauben und mit einer Ausgliederung der OGAW-Regelungen aus dem bestehenden IUG ein im europäischen Markt wettbewerbsfähiges Gesetz für in Liechtenstein gegründete OGAW zu schaffen.[33] So sieht es das IUG von 2005 iVm dem PGR nicht vor, Investmentfonds auf vertraglicher Grundlage oder einen regulierten Typ der Kommanditgesellschaft für gemeinsame Anlage zu kreieren, auch wenn der FMA die Autorität zukommt, andere Rechtsformen von kollektiven Kapitalanlagen zu genehmigen.[34] Darüber hinaus erhofft sich Liechtenstein mit dem UCITSG einen erleichterten grenzüberschreitenden Vertrieb von OGAW-Anteilen sowie eine Erleichterung der Tätigkeit von Verwaltungsgesellschaften durch den EU-Pass.[35] In diesem Sinne beschloss Liechtenstein im Dezember 2009 mit dem Projekt „Fondsplatz Liechtenstein 2011" eine auf zwei Teilen ausgerichtete Totalrevision seines IUG von 2005. Dabei sollte das bestehende Gesetz durch zwei, auf EU-Richtlinien basierende Gesetze ersetzt werden, um die nötigen Voraussetzungen für eine starke Fondsindustrie zu schaffen.[36]

17 Im August 2011 erfolgte mit dem Inkrafttreten des Gesetzes vom 28. Juni 2011 über bestimmte Organismen für gemeinsame Anlagen in Wertpapiere (OGAW-Gesetz, in Liechtenstein Englisch abgekürzt als UCITSG) und der dieses flankierenden Verordnung vom 5. Juli (UCITSV) der erste Teil der Totalrevision des IUG von 2005. Das UCITSG überführte dabei die Richtlinie 2009/65/EG des europäischen Parlaments und des Rates vom 13. Juli 2009 zur Koordinierung der Rechts- und Verwaltungsvorschriften betreffend bestimmte Organismen für gemeinsame Anlagen in Wertpapieren (OGAW), genannt „UCITS IV"-Richtlinie, welche die Richtlinie 85/611/EWG und deren bisherige Abänderungen ablöste, ins liechtensteinische Recht.[37] Das UCITSG gibt mit Übernahme der Richtlinie 2009/65/EG inklusive aller zugehörigen europarechtlichen Umsetzungsrechtsakte den Weg für eine weitergehende Zusammenarbeit der Aufsichtsbehörden im EWR vor und öffnet den Zugang zum sogenannten „EU-Pass" für in Liechtenstein aufgesetzte Verwaltungsgesellschaften sowie zu Regelungen für die inländische und grenzüberschreitende Verschmelzung von OGAW, Master-Feeder-Strukturen, das grenzüberschreitende Anzeigeverfahren zum Vertrieb von OGAW-Anteilen sowie Vorgaben für einen verstärkten Anlegerschutz.[38]

18 Da die UCITS IV-Richtlinie mehrere Umsetzungsermächtigungen für verschiedene Rechtsakte betreffend ihrer Durchführung erfasst, wurde das UCITSG als Rahmengesetz konzipiert, das durch Verordnungen zu konkretisieren ist. Somit können zukünftige Umsetzungen oder Anpassungen ohne Eingriff in das bestehende Gesetz geschehen und eine volle EU-Konformität sichergestellt werden.[39]

19 Die EU-Ausrichtung des UCITSG zeigt sich auch in seiner Terminologie. So ersetzt die richtliniengetreue Bezeichnung „OGAW" bzw. „UCITS" den Begriff „Investmentunternehmen". Weitere terminologische Änderungen sind „Zulassung" anstatt „Bewilligung",

---

[33] *Regierung des Fürstentums Liechtenstein,* Bericht und Antrag UCITSG, S. 10.
[34] Siehe Rn. 13, Rechtsformen der Investmentunternehmen.
[35] *Regierung des Fürstentums Liechtenstein,* Bericht und Antrag UCITSG, S. 10.
[36] *Thöni,* UCITSG, S. 4.
[37] *Heiss,* Finanzplatz Lichtenstein, S. 10.
[38] Vgl. Erwägungsgründe der Richtlinie 2009/65/EG des Europäischen Parlaments und des Rates vom 13. Juli 2009 zur Koordinierung der Rechts- und Verwaltungsvorschriften betreffend bestimmte Organismen für gemeinsame Anlagen in Wertpapieren (OGAW), Nr. 8, 10, 27 f, 51, 64.
[39] *Regierung des Fürstentums Liechtenstein,* Bericht und Antrag UCITSG, S. 22.

I. Einführung in das liechtensteinische Investmentrecht

"Wirtschaftsprüfer" anstatt "Revisor", "Investmentgesellschaft" anstatt "Anlagegesellschaft", "Satzung" anstatt "Statuten" und "Verwahrstelle" anstatt "Depotbank".[40]

Das UCITSG basiert auf mehreren Grundprinzipien, wie namentlich dem Vertragsprinzip, das eine Voranstellung der Regelungen in den Vertragsbedingungen, Satzungen und Gesellschaftsverträgen bedeutet. Da dies jedoch den Anlegerschutz reduzieren kann, wird es in gebotenen Fällen durch das Aufsichtsprinzip ergänzt. Demnach muss eine Genehmigung der konstituierenden Dokumente sowie deren Änderungen durch die FMA erfolgen. Der dadurch entstehende Druck auf die Aufsichtsbehörde soll mithilfe des Verordnungsprinzips gedämpft werden. Dies erfasst eine Delegation der Flexibilität der EWR-Mitgliedstaaten auf Verordnungsstufe, um zukünftige Entwicklungen und Durchführungsmaßnahmen der Europäischen Kommission sowie der Europäischen Wertpapier- und Börsenaufsicht (ESMA) besser realisieren zu können. Der damit einhergehenden Einschränkung des nationalen Regelungsspielraums soll durch das Beschleunigungsprinzip, das eine Reduzierung der bisherigen Bewilligungsfristen nach IUG und der nach Europarecht zulässigen Maximalfristen vorsieht, entgegengewirkt werden und Liechtenstein erlauben, sich von anderen Fondsstandorten abzuheben.[41] 20

Das UCITSG gilt für alle UCITS, die in Liechtenstein gegründet oder der Öffentlichkeit in oder von Liechtenstein aus angeboten werden.

Laut der European Fund and Asset Management Association (EFAMA) beträgt der Anteil liechtensteinischer UCITS-Fonds in Europa 0,4%.[42]

In Liechtenstein beträgt gemäß dem Liechtensteinischen Anlagefondsverband (LAFV) am 13. September 2013 der Anteil von UCITS-Fonds am Gesamtvolumen aller liechtensteinischen Fonds von CHF 37 885 483 859 rund 67%.[43]

d) AIFMG

Alternative Anlagen umfassen im Wesentlichen Immobilien, Venture Capital/Private Equity und Hedgefonds. Letztere sind ein bisher nicht verbindlich definierter Sammelbegriff für ein breites Spektrum von Strategien und Stilen. Während der jüngsten Finanz- und Wirtschaftskrise von 2008 haben sich zum Beispiel Managed-Futures-Fonds als exzellenter Airbag für das Portfolio erwiesen; bei richtiger Gewichtung konnten sie die allgemein massiven Verluste kompensieren. Gleichzeitig zeigten sich während der Krise aber auch Schwächen von Alternativinvestmentfonds (AIFs). Aufgrund versiegender Liquidität kam eine Reihe von als Schneeballsystem oder Ponzi-Scheme konzipierter Betrugsfälle wie jener von Bernard L. Madoff ans Licht. Und auch andere, legitime Produkte konnten ihre Rücknahmeverpflichtungen nicht mehr erfüllen. Damit war klar: Es gibt Regulierungslücken in diesem Bereich. Diesem Problem wirken einige regulatorische Initiativen entgegen. Sie lassen sich in amerikanische und europäische Vorstöße unterteilen: Zur ersten Gruppe zählt zum Beispiel der Dodd-Frank Wall Street Reform and Consumer Protection Act of 2010, zur zweiten die Richtlinie 2011/61/EU des Europäischen Parlaments und des Rates vom 8. Juni 2011 über die Verwalter alternativer Investmentfonds und zur Änderung der Richtlinien 2003/41/EG und 2009/65/EG (OGAW) und der Verordnungen Nr. 1060/2009/EU vom 1. Juli 2011 (AIFM-RL).[44] 21

Als eine der unmittelbaren Reaktionen auf die Finanzkrise trat am 21. Juli 2011 die AIFM-RL (Alternative Investment Fund Manager-Richtlinie) in Kraft. Neben einer einheitlichen Regulierung der Zulassung von und Aufsicht über Verwalter alternativer Investmentfonds schafft diese Richtlinie einen "EU-Pass", der nach einmaliger Zulassung im Herkunftsmitgliedstaat eine grenzüberschreitende Tätigkeit für Verwalter alternativer Investmentfonds ermöglicht. Am 22. Juli 2013 endete die zweijährige Frist der EU-Mitglied- 22

---

[40] *Regierung des Fürstentums Liechtenstein*, Bericht und Antrag UCITSG, S. 23.
[41] *Regierung des Fürstentums Liechtenstein*, (2011) Bericht und Antrag UCITSG, S. 24 f.
[42] *EFAMA*, European Investment Fund, S. 6 f.
[43] *LAFV*, Fondsstatistik.
[44] *Dobrauz-Saldapenna/Wirth*, Onshore Alternative, S. 545.

B. Liechtensteinisches Investmentrecht

staaten zur Umsetzung und EWR-Mitgliedstaaten zur Überführung der AIFM-RL in deren jeweiliges nationales Recht.[45]

23   Die Richtlinie wurde vom europäischen Gesetzeber und den EWR-Staaten als relevant für den EWR erklärt und deren Übernahme in das EWR-Abkommen beschlossen. Dieses Übernahmeverfahren verzögerte sich jedoch aufgrund von Schwierigkeiten bei der Harmonisierung mit dem EWR und verfassungsrechtlicher Bedenken vereinzelter Länder.[46] Liechtenstein, das als erstes Land in Europa bereits im Sommer 2012 einen Umsetzungsentwurf betreffend die AIFM-RL präsentiert und bereits am 8. Februar 2013 das Gesetz vom 19. Dezember 2013 über die Verwalter alternativer Investmentfonds (AIFMG) und die entsprechende Verordnung am 29. Januar 2013 (AIFMV) im Hinblick auf ein Inkrafttreten am 22. Juli 2013 publiziert hatte, musste diese infolge der Umsetzungsverzögerung anpassen.[47] Dabei wurden in den neuen, am 22. Juli 2013 in begrenzter Form in Kraft getretenen AIFMG und AIFMV jene Bestimmungen, die auf die AIFM-Richtlinie Bezug nehmen, über Koordinationsbestimmungen aufgehoben, bis der EWR-Übernahmebeschluss in Kraft tritt. Das bedeutet, dass eine grenzüberschreitende Tätigkeit unter Verwendung des „EU-Passes" bis dahin nicht möglich ist, und somit das ursprünglich als Umsetzungsgesetz geplante AIFMG vorläufig ausschließlich nationale Wirkung entfaltet. Des Weiteren besteht bis zum Inkrafttreten des Übernahmebeschlusses eine parallele Geltung von AIFMG und IUG. Nach dessen Inkrafttreten soll jedoch das AIFMG gelten. Das IUG wird – nach Ablauf eines weiteren Jahres als Übergangsrecht – aufgehoben.[48]

24   Beachtlich ist, dass sich das AIFMG vom ursprünglich aus der Schweiz übernommenen Fondsleitungskonzept verabschiedet und stattdessen ein an internationalen Standards im Alternativfondsbereich orientiertes Administratorenmodell vorsieht. Zusätzlich erweitert es den Katalog der für die Realisierung von AIFs verfügbaren Rechtsformen und sieht die Korporation, die Personengesellschaft, die vertragliche und die Trust-Form vor. Daneben ermöglicht es erstmals auch „Limited Partnerships". Außerdem erlaubt das AIFMG bei Nutzung eines Prime Brokers die korrekte, risikogerechte Einbindung dieser Gegenparteien eines AIF. Der Alternativinvestmentfondsmanager AIFM ist ein spezialisierter Vermögensverwalter für kollektive Kapitalanlagen. Die AIFM-RL ordnet ihm nur Anlageentscheid und Risikomanagement als wesensbestimmend zu. Administration, Vertrieb und weitere Tätigkeiten kann er übernehmen. Will er sich auf den Kernbereich der Anlageentscheidung beschränken, kann er alle anderen Tätigkeiten delegieren. Der Administrator als neu geschaffenes Institut und separat bewilligter Dienstleister sorgt dann für eine rechtmäßige Organisation und Abwicklung von AIFs. So bleibt die Qualität gesichert und die Strukturanforderungen an den AIFM aufs Wesentliche reduziert. Im Fondsleitungskonzept erbringt hingegen die namensgebende Einheit eine Organisationsdienstleistung, trifft jedoch oft nicht den Anlageentscheid, sondern delegiert diesen zum Beispiel an einen Vermögensverwalter. Trotzdem hat die Fondsleitung die höherrangige Zulassung. Alles Weitere leitet sich mit entsprechender Haftung davon ab. Im Administratormodell dagegen steht der AIFM als Hauptentscheidungsträger im Zentrum der AIF-Organisation. Er führt die AIF-Struktur an, gefolgt von einem möglichen Administrator, an den delegiert wird. Die Haftungen ergeben sich aus den jeweiligen Handlungsbereichen.

Entsprechend teilt das liechtensteinische AIFM-Gesetz für Hedgefonds die Verantwortung für den Prime Broker klar dem AIFM zu, der ihn auswählt, nutzt und überwacht. Der Depotbank kommen zwar strenge Kontrollpflichten für das Anlagevermögen des AIF zu, die zum Teil auch den Prime Broker einschließen, trotzdem ist sie nicht länger dessen primäre Vertragspartei. Insgesamt ergibt sich eine effiziente, transparente AIF-Struktur, deren Leistungsträger bedarfsgerecht bewilligt und beaufsichtigt werden können.[49]

---

[45] Dobrauz-Saldapenna/Genequand, LPCC, S. 65.
[46] Regierung des Fürstentums Liechtenstein, Bericht und Antrag AIFMG-Ä, S. 9 f.
[47] Dobrauz-Saldapenna, AIFM-Gesetz, S. 18.
[48] Regierung des Fürstentums Liechtenstein, Bericht und Antrag AIFMG-Ä, S. 12 f.
[49] Dobrauz-Saldapenna, Schweizer Qualifying, S. 25 f.

e) Zusammenfassende Chronologie

Zusammenfassend stellt sich die Genesis des liechtensteinischen Investmentrechts und 25
der weiteren dafür wesentlichen liechtensteinischen Rechtsmaterien wie in folgendem
chronologischen Schaubild dar.

	Europäische Richtlinien (RL)	Liechtensteinische Gesetze
1960		Gesetz über Kapitalanlagegesellschaften, Investment-Trust und Anlagefonds
1985	"UCITS I"-RL	
1996		IUG & IUV
	"UCITS II"-RL deadlock	
2001	"UCITS III"-RL	
2004	MiFID-RL	
2005		Revision IUG & IUV VVG & VVO
2009	"UCITS IV"-RL	
2011		UCITSG
	AIFM-RL	
2012		AIFMG
	"UCITS V"-RL Vorschlag	
2013		AIFMV Revision AIFMG & AIFMV

Abbildung 3: Chronologie EU- und liechtensteinischer Rechtsentwicklung
Quelle: eigene Darstellung

II. Liechtensteinisches Investmentrecht

1. IUG

a) Struktur des IUG

Das IUG ist in neun Kapitel unterteilt. Das erste Kapitel beinhaltet die allgemeinen Be- 26
stimmungen und beschäftigt sich demnach mit dem Zweck des IUG, seinem Geltungsbereich und den wichtigsten Begriffsbestimmungen. Das zweite Kapitel beinhaltet die Bestimmungen zur Geschäftstätigkeit, das dritte Kapitel widmet sich den Bewilligungen für

Verwaltungsgesellschaften und Investmentunternehmen. Das vierte Kapitel des IUG beschäftigt sich mit dem Verhältnis zum EWR und zu Drittstaaten, während das fünfte Kapitel dem Thema der Aufsicht über Verwaltungsgesellschaften und Investmentunternehmen gewidmet ist und das sechste Kapitel die Ausführungen zum Themenkreis Haftung beinhaltet. Das siebte Kapitel birgt die Bestimmungen zu Verfahren und Rechtsmitteln, das achte Kapitel detailliert die Strafbestimmungen und das neunte Kapitel beinhaltet schließlich die Übergangs- und Schlussbestimmungen.

b) Zweck und Geltungsbereich

27 Gemäß Art. 1 Abs. 1 IUG bezweckt das IUG den Schutz der Anleger sowie die Sicherung des Vertrauens in den liechtensteinischen Fondsplatz und das liechtensteinische Finanzwesen. Zudem dient es der Umsetzung der UCITS-Richtlinie. Entscheidend ist im Zusammenhang mit dem Geltungsbereich, dass das IUG nicht mehr zwischen in- oder ausländischen Investmentunternehmen unterscheidet, sondern mit der Definition des Art. 1 Abs. 1 iVm Art. 1 Abs. 3 IUG für die Organisation und die Geschäfte von Investmentunternehmen und deren Verwaltungsgesellschaften Anwendung findet, die ihr Domizil in Liechtenstein haben oder ihre Anteile in Liechtenstein oder von Liechtenstein aus öffentlich anbieten oder vertreiben.

c) Begriffsbestimmungen

28 **aa) Investmentunternehmen.** Die wesentlichen Begriffsbestimmungen befinden sich in Art. 2 Abs. 1 IUG. Gemäß Art. 2 Abs. 1 lit. a IUG ist ein Investmentunternehmen (= Fonds) ein Vermögen, das aufgrund öffentlicher Werbung beim Publikum zum Zweck gemeinschaftlicher Kapitalanlage beschafft und für gemeinsame Rechnung der Anleger, sofern nicht ausdrücklich etwas anderes bestimmt ist, nach dem Grundsatz der Risikostreuung von einer Verwaltungsgesellschaft als Anlagefonds oder Anlagegesellschaft verwaltet wird. Hiermit gleicht sich die Definition des Art. 2 Abs. 1a IUG an den Grundgedanken eines Fonds an, nämlich das Aufbringen von Kapital durch mehrere Anleger, um es gemeinsam verwalten zu lassen.[50] Hinzu kommen die Elemente der öffentlichen Werbung und Risikoverteilung, die sich aus dem wachsenden Gedanken des Anlegerschutzes herleiten lassen.[51]

29 Für jedes Investmentunternehmen gemäß Art. 2 Abs. 1 lit. a IUG ist für die Deponierung der gemeinsamen Anlagen gemäß Art. 2 Abs. 1 lit. f IUG ein qualifiziertes Institut im In- oder Ausland zu bestimmen.

Darüber hinaus definiert Art. 2 Abs. 1 lit. b IUG als das Investmentunternehmen verwaltendes Organ die Verwaltungsgesellschaft, die als eine juristische Person das Investmentunternehmen für Rechnung der Anleger nach Maßgabe des IUG verwaltet. Beim Anlagefonds spricht Art. 2 Abs. 1 lit. b IUG von der Fondsleitung als verwaltende Gesellschaft, bei der Anlagegesellschaft wird auf die Anlagegesellschaft selbst oder eine von ihr benannte Drittgesellschaft Bezug genommen.

30 Ein Anlagefonds sowie eine Anlagegesellschaft kann als offenes und geschlossenes Investmentunternehmen strukturiert werden. Hierbei wäre aus der in Art. 2 Abs. 1 lit. d IUG enthaltenen Definition der geschlossenen Investmentunternehmen eine Abgrenzung zur Struktur der offenen Investmentunternehmen abzuleiten. So heißt es in Art. 2 Abs. 1 lit. d IUG für geschlossene Investmentunternehmen, dass diese nicht zur Ausgabe und/oder Rücknahme von Anteilen zu einem errechneten Nettoinventarwert des Fonds verpflichtet sind, was im Umkehrschluss bei offenen Strukturen in der Form interpretiert werden kann, dass sie jährlich zu einer Ausgabe und/oder Rücknahme von Anteilen verpflichtet sind. Somit bestimmt die offene oder geschlossene Struktur des Investmentunternehmens über die Möglichkeit des Anlegers, sich aus seiner gemeinsamen Kapitalanlage zurückzuziehen.

---

[50] *Raab,* Grundlagen des Investmentfondsgeschäfts, S. XIII f.
[51] *Raab,* Grundlagen des Investmentfondsgeschäft, S. 50 f.

II. Liechtensteinisches Investmentrecht

Beide Arten von Investmentunternehmen – sowohl der Anlagefonds als auch die Anlagegesellschaft – können in der Form eines segmentierten Investmentunternehmens (bekannt als Umbrella Fonds) aufgelegt werden. Hierbei sind unter den Segmenten wirtschaftlich voneinander unabhängige Teilvermögen eines Investmentunternehmens zu verstehen, was zum Ziel hat, die Haftung auf das jeweilige Segment zu beschränken. Jedes Segment kann nunmehr Anteilskategorien bilden, die wiederum unterschiedliche Rechte und Pflichten beinhalten, sich jedoch auf dasselbe Teilvermögen bzw. Segment beziehen. 31

bb) Rechtsformen der Investmentunternehmen. Das Investmentunternehmen kann gemäß Art. 4 Abs. 1 IUG iVm Art. 1 Abs. 1 IUV ein Anlagefonds in der Rechtsform der Kollektivtreuhänderschaft nach Art. 4 Abs. 2 IUG oder eine Anlagegesellschaft in der Rechtsform der Aktiengesellschaft gemäß Art. 261 bis Art. 367 PGR oder der Europäischen Gesellschaft (*société européenne,* SE), die den besonderen Bestimmungen für Anlagegesellschaften in Art. 33 f. IUG entspricht, sein. 32

Die Rechtsform der Kollektivtreuhänderschaft als Basis für den Anlagefonds geht darauf zurück, dass Liechtenstein als ein zivilrechtlich geprägtes kontinentaleuropäisches Land das Institut der Treuhänderschaft aus dem angelsächsischen Gedankengut übernommen hat.[52] Die Treuhänderschaft ist weder eine juristische Person, noch hat sie eine Rechtspersönlichkeit. Gemäß Art. 899 Abs. 1 PGR kann ein Treuhandverhältnis durch eine schriftliche Vereinbarung (= Treuhandurkunde) zwischen dem Treugeber und dem Treuhänder oder durch eine einseitige Erklärung des Treugebers (Treuhandbrief oder Verfügung von Todes wegen) begründet werden. Letztere einseitige Erklärungen entstammen dem englischen Trust-Prinzip,[53] wohingegen das zweiseitige Vertragsverhältnis gemäß Art. 899 f. PGR vielmehr der Treuhänderschaft eigen ist und somit eine geeignete Grundlage für die Kollektivtreuhänderschaft nach dem IUG bietet.[54] Somit bilden die Art. 899 f. PGR die Basis für den Anlagefonds in der Rechtsform der Treuhänderschaft, die durch das IUG iVm der IUV präzisiert werden. 33

Die Kollektivtreuhänderschaft iSd Art. 4 Abs. 1 lit. a IUG ist gemäß Art. 4 Abs. 2 IUG legal definiert als das Eingehen einer inhaltlich identischen Treuhänderschaft mit einer unbestimmten Zahl von Treugebern (=Anleger), wobei die einzelnen Treugeber partiell an dieser Treuhänderschaft beteiligt sind. Die Art. 897 bis Art. 932 PGR finden Anwendung. Sinngemäß ist der Anlagefonds in der Form der Kollektivtreuhänderschaft gemäß Art. 1 Abs. 1 lit. a IUV in das Öffentlichkeitsregister des Fürstentums Liechtenstein eintragungsfähig. Art. 900 f. PGR, worin grundsätzlich Schriftlichkeit sowie Eintragungs- und Hinterlegungspflicht jeder Treuhänderschaft verlangt wird, ist gemäß Art. 1 Abs. 1 lit. a IUV abgeschwächt, so dass die Eintragungs- bzw. Hinterlegungspflicht in sinngemäßer Anwendung des Art. 900 f. PGR insofern genügt, als dass aus Praktikabilitätsgründen der Anlagefonds selbst einzutragen ist. Die Treuhandurkunde wird durch die Hinterlegung des vollständigen und vereinfachten Prospekts gemäß Art. 1 Abs. 1 lit. b und c IUV substituiert. 34

Anlagegesellschaften können in der Rechtsform der Aktiengesellschaft gemäß Art. 261 bis Art. 367 PGR als Aktiengesellschaft mit fixem Kapital (SICAF) oder als Aktiengesellschaft mit veränderlichem Kapital (SICAV) ausgestattet sein. Dazu wurde die Form der Aktiengesellschaft mit veränderlichem Kapital in Art. 361 f. PGR aufgenommen, wodurch die allgemeinen Eintragungs- und Hinterlegungsvorschriften des PGR Anwendung finden. 35

Noch immer überwiegt in Liechtenstein die Zahl der Anlagefonds in Form von Treuhänderschaften gegenüber den Anlagegesellschaften. Derzeit sind 607 Anlagefonds und lediglich 112 Anlagegesellschaften in Liechtenstein zugelassen.[55] Zum einen ist dies historisch begründbar, da Liechtenstein sich in seiner Fondspraxis an den Standort Schweiz an- 36

---

[52] *Wenaweser,* Treuhänderschaft, S. 2 f.
[53] *Wenaweser,* Treuhänderschaft, S. 2 f.
[54] *Zwiefelhofer,* Investmentrecht, S. 41 f.
[55] *LAFV,* Fondstatistik.

lehnte, wo Anlagefonds eine weite Verbreitung erfahren hatten.[56] Zum anderen war die Treuhänderschaft bereits ein in der liechtensteinischen Praxis anerkanntes Rechtsgebilde, das lediglich auf den Anlagefonds in einigen Teilen angepasst werden musste, um dem Zweck und der Struktur des Anlagefonds gerecht zu werden.[57]

37 **cc) Verwaltung der Investmentunternehmen: Fondsleitung, Verwaltungsgesellschaft und Selbstverwaltung.** Jede Form von Investmentunternehmen benötigt gemäß Art. 64 IUG eine Verwaltungsgesellschaft. Art. 24 Abs. 2 IUG iVm Art. 30f. IUV legen die Tätigkeiten einer Verwaltungsgesellschaft dar. Art. 24 Abs. 2 IUG spricht dabei von einer vorbehaltlichen Tätigkeit in der Verwaltung von Investmentunternehmen und den damit zusammenhängenden Aufgaben, namentlich dem Fondsgeschäft. Nach Art. 24 Abs. 3 IUG wird der FMA die Autorität gegeben, einer Fondsleitung zusätzlich zur Tätigkeit nach Art. 24 Abs. 2 IUG auch die Übernahme der Verwaltung von Einzelportfolios und anderen anlagefondsähnlichen Vermögen, insbesondere von Pensionsfonds oder Anlagestiftungen und im Zusammenhang mit der Verwaltung die Durchführung der Anlageberatung sowie die Übernahme der technischen Verwahrung von Anteilen von Investmentunternehmen, bewilligen zu können.

38 Gemäß Art. 64 Abs. 2 IUG werden die Aufgaben der Verwaltungsgesellschaft bei einem Anlagefonds von der Fondsleitung und bei einer Anlagegesellschaft vom Verwaltungsrat und der Geschäftsleitung wahrgenommen. Darüber hinaus muss die Verwaltungsgesellschaft gemäß Art. 64 Abs. 6 IUG ihren Sitz in Liechtenstein aufweisen, wobei sich die Qualifizierung als Hauptverwaltung gemäß Art. 30 IUV in Liechtenstein definiert, wenn in Liechtenstein die ansässige Verwaltungsgesellschaft für die Entscheide über die Anlagen, die Ausgabe von Anteilen, Berechnung der Ausgabe- und Rücknahmepreise, Festsetzung von Gewinnausschüttungen, Festlegung der Inhalte des vollständigen Prospekts und der periodischen Berichte zuständig ist. Zu den in Art. 24 Abs. 2 IUG umfassten Aufgaben des Fondsgeschäfts zählen gemäß Art. 31 IUV die Anlageverwaltung, administrative Tätigkeiten (wie Rechnungslegungsdienstleistungen, Kundenanfragen, Bewertung und Preisfestsetzung, Überwachung und Einhaltung der Rechtsvorschriften, das Führen des Anteilinhaberregisters, die Gewinnausschüttung, Ausgabe und Rückgabe von Anteilen, Kontraktabrechnungen und das Führen von Aufzeichnungen) sowie der Vertrieb.

39 Das Investmentunternehmen und die Verwaltungsgesellschaft müssen nach Art. 64 Abs. 4 IUG eine für die Erfüllung ihrer Aufgaben geeignete Organisation haben und sich verpflichten, die von der FMA erlassenen Wohlverhaltensregeln (Code of Conduct) ständig einzuhalten. Gemäß Art. 64 Abs. 7 IUG bedient sich das Investmentunternehmen eines allgemein anerkannten und dem beabsichtigten Geschäftszweck entsprechenden Risikomanagementverfahrens. Darüber hinaus untersteht die Verwaltungsgesellschaft für ihre verwalteten Investmentunternehmen den Grundsätzen der internen Kontrollmechanismen nach Art. 33 IUV unter anderem in Bezug auf die Buchhaltung, elektronische Datenverarbeitung, Mitarbeitertransaktionen, Anlagerestriktionen von Investmentunternehmen, der Vermeidung von Interessenkonflikten und der Einhaltung eines geeigneten Risikomanagements.

40 Das Anfangskapital einer Verwaltungsgesellschaft sind deren gemäß Art. 66 Abs. 1 IUG zusammengesetzten Eigenmittel, die bei der Gesellschaftsgründung voll einbezahlt oder durch eine Bankgarantie gedeckt sein müssen. Bei einer Fondsleitung entspricht dieses Anfangskapital mindestens einer Million CHF und bei einer Anlagegesellschaft 500 000 CHF, oder dem Gegenwert in Euro (EUR) oder US Dollar (USD). Gemäß Art. 66 Abs. 4 IUG ist das verwaltete Vermögen eines Investmentunternehmens nicht in den Eigenmitteln der Verwaltungsgesellschaft mitinbegriffen. Eine Verpflichtung zur zusätzlichen Hinterlegung der Eigenmittel mit 0,02% des verwalteten Vermögens besteht nur für Verwaltungsgesellschaften, deren verwaltetes Vermögen eine Milliarde CHF übersteigt. Gemäß Art. 66

---

[56] *Zwiefelhofer,* Investmentrecht, S. 32 f.
[57] *Zwiefelhofer,* Investmentrecht, S. 32 f.

Abs. 6 IUG kann die Hinterlegung durch die FMA jedoch auf 0,01 % herabgesetzt werden, sofern eine gleichwertige Garantie eines Kreditinstituts oder Versicherungsunternehmens mit Sitz in einem EWR- oder Drittstaat mit gleichwertigen Aufsichtsbestimmungen gegeben ist. Werden die vorgesehenen Eigenmittel unterschritten, so kann die FMA gemäß Art. 66 Abs. 8 IUG eine Frist zur entsprechenden Erhöhung setzen. Anderenfalls muss die Tätigkeit eingestellt werden.

Durch Art. 34 IUV wird der Verwaltungsgesellschaft ermöglicht, Aufgaben an qualifizierte Dritte mit Sitz in oder außerhalb Liechtensteins zu delegieren, was jedoch nur gestattet ist, sofern die Aufsicht der FMA weiterhin sichergestellt ist, Anlegerinteressen nicht gefährdet sind und auch sonst keine Interessenkonflikte vorliegen. 41

Gemäß Art. 64 Abs. 2 IUG iVm Art. 65 IUG muss die Fondsleitung eines Anlagefonds als Aktiengesellschaft oder als Anstalt liechtensteinischen Rechts oder als Europäische Gesellschaft (SE) konstituiert sein. Seit der Gesellschaftsreform von 1980 ist vor allem die liechtensteinische Anstalt, auch Establishment oder Établissement, eine besonders beliebte Rechtsform.[58] Als Unternehmensform des Privatrechts und eigenständige Errichtung des liechtensteinischen Gesetzgebers von 1926 ist sie in den Art. 534 bis 552 PGR geregelt.[59] Art. 534 Abs. 1 PGR definiert die Anstalt als rechtlich selbstständiges und organisiertes, dauernden wirtschaftlichen oder anderen Zwecken gewidmetes, ins Öffentlichkeitsregister als Anstaltsregister eingetragenes Unternehmen. Dass für Verbindlichkeiten lediglich das Anstaltsvermögen haftet, erlaubt eine flexible Gestaltung der Anstalt. Als typisch liechtensteinische Rechtsform kann die Anstalt für wirtschaftliche Zwecke benutzt werden, kann aber auch für nicht kommerzielle Geschäfte herangezogen werden, wie etwa die Anlage und Verwaltung von Vermögen oder das Halten von Beteiligungen und Immobilien. Auf Versicherungen, Banken und Wertpapierfirmen wird die Rechtsform der Anstalt jedoch nicht angewendet.[60] 42

dd) Hinterlegungsstelle. Jede Form von Investmentunternehmen benötigt gemäß Art. 64 IUG eine Depotbank. Dies kann gemäß Art. 30 IUG nur eine Bank sein, die über eine Bewilligung nach dem Gesetz vom 21. Oktober 1992 über die Banken und Wertpapierfirmen (Bankengesetz, BankG) verfügt oder eine inländische Zweigstelle einer Bank aus dem EWR, die nach Art. 30d BankG errichtet wurde. Gemäß Art. 31 IUG verwahrt die Depotbank das Vermögen des Investmentunternehmens im Rahmen eines banküblichen Depotgeschäfts und sorgt dafür, dass die Berechnung des Nettoinventarwertes und der Ausgabe- und Rücknahmepreise der Anteile sowie die Anlageentscheide dem IUG und den jeweiligen Prospekten entsprechen. Außerdem stellt sie sicher, dass der Erfolg des Investmentunternehmens nach Maßgabe der Prospekte verwendet wird. Darüber hinaus besorgt die Depotbank gemäß Art. 31 Abs. 3 IUG die Ausgabe und Rücknahme von Anteilen sowie den Zahlungsverkehr. Dabei kann auch die Depotbank gemäß Art. 31 Abs. 5 IUG und den Bestimmungen des BankG eine oder mehrere ihrer Aufgaben (wie Aufbewahrung von Vermögenswerten im In- und Ausland) an Dritte delegieren. Dies befreit sie jedoch nicht von ihrer Haftung für das Vermögen. 43

ee) Anleger und Anlegerschutz. Gemäß Art. 19 Abs. 1 IUG erwirbt der Anleger durch seine Einzahlung Forderungen gegen das Investmentunternehmen auf Beteiligung am Vermögen und Ertrag des Investmentunternehmens, die sich bei segmentierten Investmentunternehmen auf das jeweilige Segment bezieht. So gibt Art. 20 IUG dem Anleger das Auskunfts- und Informationsrecht zur Hand, um dem notwendigen Einfluss des Anlegers auf sein verwaltetes Vermögen gerecht zu werden.[61] Auskunfts- und Informationsrechte finden sich in der Verpflichtung zur jährlichen bzw. halbjährlichen Geschäftsberichts- 44

---

[58] *Zwiefelhofer*, Investmentrecht, S. 41 f.
[59] *Marxer & Partner*, Wirtschaftsrecht, S. 69.
[60] *Seeger*, Die Anstalt.
[61] *Taisch und Müller*, Fondsstandort Liechtenstein, S. 9.

pflicht sowie der mustervorgegebenen vollständigen und vereinfachten Prospekterstellungspflicht gemäß Art. 5 bis Art. 10 IUG wieder. Weitere Grundlagen des Anlegerschutzes bilden die strengen Zulassungsvoraussetzungen, die Überwachung und Kontrolle der Geschäftstätigkeit, die Risikoverteilungsvorschriften, die Verpflichtung zur externen Revision sowie die verschiedenen Meldepflichten an die Aufsichtsbehörde. Im Genaueren überprüfen die Revisionsstelle und die Aufsichtsbehörden die Geschäftstätigkeit auf ihre Übereinstimmung mit den gesetzlichen Vorgaben. Die Oberaufsicht über die Investmentunternehmen fällt in den Zuständigkeitsbereich der FMA, die Zulassungen erteilt, entzieht oder widerruft.[62]

45   ff) **Anlagetypen des IUG.** Art. 3 IUG unterscheidet drei wesentliche Anlagetypen, für welche das Kapitel F detailliert die Anlagevorschriften definiert:

a) Investmentunternehmen, deren Anlagepolitik darin besteht, ihr gesamtes Vermögen in Wertpapiere oder in andere Investmentunternehmen für Wertpapiere (Dachfonds) zu investieren,

b) Investmentunternehmen, deren Anlagepolitik darin besteht, einen anerkannten Aktien- oder Schuldtitelindex nachzubilden (Indexfonds),

c) Investmentunternehmen für andere Werte nach Art. 42 und 43 IUG und solche mit erhöhtem Risiko nach Art. 44 IUG sowie Investmentunternehmen für Immobilien nach Art. 45 bis 52 IUG.

46   aaa) **Investmentunternehmen für Wertpapiere.** Gemäß Art. 40 Abs. 1 IUG dürfen Investmentunternehmen für Wertpapiere investieren:

a) in massenweise ausgegebene Wertpapiere, Geldmarktinstrumente und in nicht verurkundete Rechte mit gleicher Funktion (Wertrechte), die an einer Börse oder an einem anderen geregelten, dem Publikum offen stehenden Markt gehandelt werden. Gemäß Art. 40 Abs. 2 IUG kann die Regierung durch die IUV für Wertpapiere weitere Anlagen zulassen, namentlich solche, die nach dem EWR-Recht für OGAW zugelassen sind. Nach Art. 40 Abs. 3 IUG dürfen Investmentunternehmen für Wertpapiere in begrenztem Umfang auch andere Wertpapiere, Geldmarktinstrumente und Wertrechte sowie angemessene flüssige Mittel halten. Die Regierung regelt das Nähere bezüglich der Anlagegrenzen in den Artikeln 37 und 38 f. IUV;

b) in Wertpapiere aus Neuemissionen, die zum Handel an der Börse oder an einem anderen geregelten, dem Publikum offen stehenden Markt vorgesehen sind und spätestens nach einem Jahr zum Handel zugelassen werden;

c) in Anteile anderer Investmentunternehmen für Wertpapiere bzw. diesen gleichwertigen Investmentunternehmen, Sichteinlagen oder kündbaren Einlagen, derivative Finanzinstrumente und Geldmarktinstrumente, die nicht an einem geregelten Markt gehandelt werden. Hier bestimmt die näheren Voraussetzungen für solche Investitionen Art. 37 f. IUV.

47   Gemäß Art. 40 Abs. 1 IUG iVm Art. 37 f. IUV werden gesetzliche und regulatorische Vorgaben in Bezug auf die zulässigen Vermögensgegenstände und die einzuhaltenden Anlagegrenzen vorgegeben, wobei in den Anlagegrenzen und der Risikoverteilung gemäß Art. 41 IUG iVm Art. 39 IUV bereits die UCITS I-Richtlinie Eingang fand und somit entscheidend die Risikoverteilung der Anlagemöglichkeiten beeinflusste.

Für Investmentunternehmen in Wertpapiere gelten als Hauptvermögensgegenstand die Wertpapiere. Die UCITS III-Richtlinie ging von dem Hauptvermögensgegenstand der Wertpapiere und hin zu einer höheren Diversifizierung und wurde als solche auch im späteren UCITSG übernommen.[63]

---

[62] *Taisch und Müller*, Fondsstandort Liechtenstein, S. 9.
[63] Vgl. Gründe der Richtlinie 2007/16/EG der Kommission vom 19. März 2007 zur Durchführung der Richtlinie 85/611/EWG des Rates zur Koordinierung der Rechts- und Verwaltungsvor-

bbb) **Investmentunternehmen für andere Werte und mit erhöhtem Risiko.** 48
Gemäß Art. 42 Abs. 1 IUG iVm Art. 51 IUV sind Investmentunternehmen, die sich weder als Investmentunternehmen für Wertpapiere noch als Investmentunternehmen für Immobilien qualifizieren, Investmentunternehmen für andere Werte. In ihrem Grundsatz dürfen Investmentunternehmen für andere Werte auch in Anlagen investieren, die nur beschränkt marktgängig sind, hohen Kursschwankungen unterliegen, eine begrenzte Risikoverteilung aufweisen oder deren Bewertung erschwert ist. Zulässig sind insbesondere Anlagen in Edelmetalle, Massenwaren (Commodities) und derivative Finanzinstrumente. So gibt es auch bei diesem Anlagetyp die Möglichkeit, ihn gemäß Art. 44 IUG iVm Art. 54 IUV als Investmentunternehmen für andere Werte mit erhöhtem Risiko zu strukturieren, so dass er aufgrund seiner Anlagepolitik, Struktur oder Anlagetechniken und -beschränkungen ein Risikoprofil aufweist, das im Vergleich zu dem im Art. 42 IUG iVm Art. 51 IUV beschriebenen Investmentunternehmen für andere Werte deutlich erhöht ist. Diese bedürfen besonderer Bewilligungsvoraussetzungen, Kontrollen und Darstellungen der Anlagepolitik und des Anlagerisikos.

ccc) **Investmentunternehmen für Immobilien.** Art. 45 IUG iVm Art. 56 IUV be- 49
schreibt die Anlage in Mittel unter Wahrung des Grundsatzes der Risikoverteilung in Immobilienwerten als Investmentunternehmen für Immobilien, soweit es die jeweils nationalen Vorschriften im Fürstentum Liechtenstein erlauben. So dürfen gemäß Art. 45 IUG Investmentunternehmen für Immobilien höchstens einen in den Artikeln 56 und 57 IUV näher bestimmten Teil ihres Nettovermögens in die gleiche Anlage investieren. Die Ausgabe und Rücknahme von Anteilen liegt im Ermessen der für das Investmentunternehmen für Immobilien bestimmten Verwaltungsgesellschaft. Jedoch kann diese für den Anleger eine Zeichnungs- und/oder Kündigungsfrist von höchstens zwölf Monaten auf das Ende eines Rechnungsjahres festlegen. Darüber hinaus verlangt Art. 47 IUG für die Bewertung der Anlagen die Benennung eines Sachverständigenausschusses mit mindestens drei Sachverständigen, welcher vorab durch die FMA genehmigt werden muss.

d) Bewilligungen

Gemäß Art. 55 Abs. 1 IUG unterstehen die Verwaltungsgesellschaft und das Investment- 50
unternehmen der Bewilligungspflicht durch die FMA. Art. 55 Abs. 2 IUG erlaubt sofort nach Erteilung der Bewilligung durch die FMA die Aufnahme der Geschäftstätigkeit, die jedoch mit Auflagen versehen sein kann, welche mit der Bewilligung durch die FMA erteilt werden.

aa) **Bewilligungsvoraussetzungen und -verfahren für die Verwaltungsgesell-** 51
schaft. Die Bewilligung für die Verwaltungsgesellschaft wird auf ein Gesuch gemäß Art. 56 IUG durch die FMA erteilt, wenn

a) die Organisation der Verwaltungsgesellschaft den Vorschriften des IUG entspricht;

b) eine Rechtsform nach Art. 65 IUG vorliegt;

c) die Kapitalausstattung ausreichend ist;

d) die Gewähr für eine einwandfreie Geschäftstätigkeit geboten wird; und

e) die in den entsprechenden Bestimmungen des IUG aufgeführten zusätzlichen Bewilligungsvoraussetzungen erfüllt sind.

Gemäß Art. 56 Abs. 5 IUG unterrichtet die FMA den Gesuchsteller innerhalb von zehn 52
Werktagen ab Eingang seines Gesuchs darüber, ob die Gesuchunterlagen entsprechend der Wegleitung der FMA formell vollständig eingereicht worden sind und stellt ihm gegebenenfalls eine Bestätigung aus. Die Wegleitung betreffend die einzureichenden Unterlagen bei einem Bewilligungsgesuch für eine Verwaltungsgesellschaft können der Hompage der

---

schriften betreffend bestimmte Organismen für gemeinsame Anlagen in Wertpapieren (OGAW) im Hinblick auf die Erläuterung gewisser Definitionen.

FMA entnommen werden.[64] Über das Gesuch auf Erteilung einer Bewilligung wird gemäß Art. 56 Abs. 6 IUG spätestens drei Monate nach Ausstellung der Bestätigung nach Art. 56 Abs. 5 IUG entschieden. Kann gemäß Art. 56 Abs. 7 IUG die Frist nach Art. 56 Abs. 6 IUG aufgrund besonderer Umstände, insbesondere bei komplexen Grundsatzfragen und Fragen in Zusammenhang mit der Organisationsstruktur oder den Beteiligungsverhältnissen sowie in anderen besonders berücksichtigungswürdigen Fällen nicht eingehalten werden, hat die FMA den Gesuchsteller unverzüglich nach Kenntnis, jedenfalls aber innerhalb der Dreimonats-Frist nach Art. 56 Abs. 6 IUG darüber zu unterrichten und spätestens sechs Monate ab Eingang der Gesuchunterlagen über die Erteilung der Bewilligung zu entscheiden. Sind zur Beurteilung des Gesuchs weitere Unterlagen oder Informationen erforderlich, kann die FMA den Gesuchsteller gemäß Art. 56 Abs. 8 IUG auffordern, diese nachzureichen, wobei der Fortlauf der Fristen ab dem Zeitpunkt der Aufforderung bis zum Eingang der Unterlagen bei der FMA gehemmt ist.

53   **bb) Bewilligungsvoraussetzungen und -verfahren für die Investmentunternehmen für Wertpapiere.** Die Bewilligung für die Investmentunternehmen für Wertpapiere wird gemäß Art. 57 IUG durch die FMA erteilt, wenn

a) der vollständige Prospekt den Vorschriften des IUG entspricht;

b) eine Rechtsform nach Art. 4 IUG vorliegt;

c) dessen Anlagepolitik nach Maßgabe des IUG typenkonform ausgestaltet ist und die jeweiligen dazugehörenden Bestimmungen eingehalten werden; und

d) die in den entsprechenden Bestimmungen des IUG und der IUV aufgeführten zusätzlichen Bewilligungsvoraussetzungen erfüllt sind.

54   Gemäß Art. 57 Abs. 3 IUG für Investmentunternehmen für Wertpapiere sowie für Investmentunternehmen für andere Werte oder gemäß Art. 58 Abs. 2 IUG für Immobilien unterrichtet die FMA den Gesuchsteller innerhalb von zehn Werktagen ab Eingang seines Gesuchs darüber, ob die Gesuchunterlagen entsprechend der Wegleitung der FMA formell vollständig eingereicht worden sind und stellt ihm, falls die Unterlagen formell vollständig sind, eine Bestätigung aus. Die Wegleitung betreffend die einzureichenden Unterlagen bei einem Bewilligungsgesuch für einen Anlagefonds als auch für eine Anlagegesellschaft können der Webseite der FMA entnommen werden.[65] Über das Gesuch auf Erteilung einer Bewilligung von Investmentunternehmen für Wertpapiere wird gemäß Art. 57 Abs. 4 IUG spätestens sechs Wochen nach Ausstellung der Bestätigung nach Art. 57 Abs. 3 IUG entschieden. Bei Gesuchen von Investmentunternehmen für andere Werte oder für Immobilien wird gemäß Art. 58 Abs. 3 IUG spätestens vier Monate nach Ausstellung der Bestätigung nach Art. 58 Abs. 2 IUG über das Gesuch durch die FMA entschieden. Kann die Frist nach Art. 57 Abs. 4 IUG aufgrund besonderer Umstände, insbesondere bei Grundsatzfragen und komplexen Fragen zu spezifischen Anlageprodukten, -arten und -techniken sowie in anderen besonders berücksichtigungswürdigen Fällen durch die FMA nicht eingehalten werden, so hat die FMA den Gesuchsteller gemäß Art. 57 Abs. 5 IUG für Investmentunternehmen für Wertpapiere und nach Art. 58 Abs. 4 IUG für Investmentunternehmen für andere Werte oder für Immobilien unverzüglich nach Kenntnis, jedenfalls aber innerhalb der Sechswochenfrist nach Art. 57 Abs. 4 IUG für Investmentunternehmen für Wertpapiere und innerhalb der Viermonatsfrist nach Art. 58 Abs. 4 IUG darüber zu unterrichten. In diesem Fall hat die FMA für Investmentunternehmen für Wertpapiere spätestens zwölf Wochen ab Ausstellung der Bestätigung nach Art. 57 Abs. 3 IUG über die Erteilung der Bewilligung zu entscheiden. Sind zur Beurteilung des Gesuchs weitere Unterlagen oder Informationen erforderlich, so kann die FMA den Gesuchsteller gemäß Art. 57 Abs. 6 IUG iVm Art. 56 Abs. 8 IUG sowie Art. 58 Abs. 5 IUG auffordern, diese nachzureichen, wobei der Fortlauf der Fristen ab dem Zeitpunkt der Aufforderung bis zum Eingang der nachzureichenden Unterlagen bei der FMA gehemmt ist.

---

[64] *FMA*, IUG.
[65] *FMA*, IUG.

e) Strafbestimmungen

Das IUG erfasst in den Art. 111 und 112 IUG besondere Strafbestimmungen bezüglich Investmentunternehmen, wobei der allgemeine Teil des Strafgesetzbuches sinngemäß Anwendung findet.

Nach Art. 111 Abs. 1 und Abs. 3 IUG wird vom Landgericht wegen Vergehen mit Freiheitsstrafe bis zu einem Jahr oder mit Geldstrafe bis zu 360 Tagessätzen bestraft, wer als Organmitglied oder Mitarbeiter sowie sonst für eine Verwaltungsgesellschaft oder eine Depotbank tätige Person, als Revisor sowie als Mitglied der FMA-Beschwerdekommission oder als Mitarbeiter der FMA die Pflicht zur Geheimhaltung verletzt oder wer hierzu verleitet oder zu verleiten sucht, oder wer ohne Bewilligung eine diesem Gesetz unterstehende Tätigkeit ausübt, oder wer eine Straftat nach Art. 111 Abs. 2 des Artikels im Rahmen eines Investmentunternehmens für andere Werte mit erhöhtem Risiko begeht. Art. 111 Abs. 2 IUG erläutert hierbei unter anderem folgende, vom Landgericht wegen Vergehen mit Freiheitsstrafe bis zu sechs Monaten oder mit Geldstrafe bis zu 180 Tagessätzen verhängte Straftaten: Verletzung einer mit einer Bewilligung verbundenen Auflage, Verletzung der Bestimmungen über das Mindestnettovermögen und die Kapitalausstattungen, verbotswidrige Verwendung von Bezeichnungen, die die Tätigkeit als Investmentunternehmen oder Verwaltungsgesellschaft vermuten lassen und Betreibung anderer Geschäfte als die nach dem IUG erlaubten Tätigkeiten als Verwaltungsgesellschaft. Für all diese erläuterten Vergehenstatbestände gilt gemäß Art. 111 Abs. 8 des gleichen Artikels eine zweijährige Verjährungsfrist und gemäß Art. 111 Abs. 9 eine geringere Strafe bei fahrlässiger Begehung.

Investmentunternehmen müssen im Zusammenhang mit einem Bewilligungsgesuch gegenüber der FMA eine Erklärung betreffend Straf- und Verwaltungsstrafverfahren sowie über die Exekutions- und Konkursfreiheit abgegeben. Diese kann der Webseite der FMA entnommen werden.[66]

2. UCITSG

a) Struktur des UCITSG

Das UCITSG ist in 16 Kapitel unterteilt. Das erste Kapitel beinhaltet die allgemeinen Bestimmungen und beschäftigt sich demnach mit dem Zweck des UCITSG, seinem Geltungsbereich und den wichtigsten Begriffsbestimmungen. Das zweite Kapitel beinhaltet die Bestimmungen zur Zulassung von OGAW, das dritte Kapitel widmet sich der Zulassung und den Pflichten von Verwaltungsgesellschaften. Das vierte Kapitel des UCITSG beschäftigt sich mit den Bestimmungen bezüglich der Verwahrstelle während das fünfte Kapitel die Strukturmaßnahmen und das sechste Kapitel die Anlagepolitik regeln. Das siebte Kapitel widmet sich dem Thema der Master-Feeder-Strukturen und das achte Kapitel beinhaltet Ausführungen zum Themenkreis Anlegerinformationen. Das neunte Kapitel befasst sich mit den allgemeinen Verpflichtungen eines OGAW und das zehnte Kapitel birgt die Bestimmungen zur Bestellung und den Pflichten des Wirtschaftsprüfers. Die Bestimmungen zur grenzüberschreitenden Geschäftstätigkeit werden im elften Kapitel mit Bezug zum EWR und im zwölften Kapitel mit Bezug zu den Drittstaaten geregelt. Das dreizehnte Kapitel beschäftigt sich mit dem Thema der Aufsicht und das vierzehnte Kapitel widmet sich den Rechtsmitteln, dem Verfahren und der außergerichtlichen Streitbeilegung. Das fünfzehnte Kapitel detailliert die Strafbestimmungen und das sechzehnte Kapitel beinhaltet schließlich die Übergangs- und Schlussbestimmungen.

b) Zweck und Geltungsbereich

Das UCITSG regelt die Aufnahme, Ausübung und Beaufsichtigung der Tätigkeit von Organismen für gemeinsame Anlagen in Wertpapieren (OGAW, UCITS) sowie deren Verwaltungsgesellschaften. Es dient gemäß Art. 1 Abs. 2 UCITSG dem Schutz der Anle-

---

[66] *FMA*, IUG.

ger, der Sicherung des Vertrauens in den liechtensteinischen Fondsplatz und der Stabilisierung des Finanzsystems. Das UCITSG setzt die sogenannte UCITS IV-Richtlinie, die Richtlinie 2010/43/EU der Kommission von 1. Juli 2010 zur Durchführung der Richtlinie 2009/65/EG des Europäischen Parlaments und des Rates im Hinblick auf organisatorische Anforderungen, Interessenkonflikte, Wohlverhalten, Risikomanagement und den Inhalt der Vereinbarung zwischen Verwahrstelle und Verwaltungsgesellschaft sowie die Richtlinie 2010/44/EG der Kommission vom 1. Juli 2010 zur Durchführung der Richtlinie 2009/65/EG des Europäischen Parlaments und des Rates in Bezug auf Bestimmungen über Fondsverschmelzungen, Master-Feeder-Strukturen und das Anzeigeverfahren um. Des Weiteren gehören zur UCITS IV-Richtlinie zwei Durchführungsverordnungen, welche unmittelbar gelten. Diese sind die Verordnung (EU) Nr. 583/2010 der Kommission vom 1. Juli 2010 zur Durchführung der Richtlinie 2009/65/EG des Europäischen Parlaments und des Rates im Hinblick auf die wesentlichen Informationen für den Anleger und die Bedingungen, die einzuhalten sind, wenn die wesentlichen Informationen für den Anleger oder der Prospekt auf einem anderen dauerhaften Datenträger als Papier oder auf einer Webseite zur Verfügung gestellt werden sowie die Verordnung (EU) Nr. 584/2010 der Kommission vom 1. Juli 2010 zur Durchführung der Richtlinie 2009/65/EG des Europäischen Parlaments und des Rates im Hinblick auf Form und Inhalt des Standardmodells für das Anzeigeschreiben und die OGAW-Bescheinigung, die Nutzung elektronischer Kommunikationsmittel durch die zuständigen Behörden für die Anzeige und die Verfahren für Überprüfungen vor Ort und Ermittlungen sowie für den Informationsaustausch zwischen den zuständigen Behörden. Auch gilt weiterhin die Richtlinie 2007/16/EG der Kommission vom 19. März 2007 zur Durchführung der Richtlinie 85/611/EWG des Rates zur Koordinierung der Rechts- und Verwaltungsvorschriften betreffend bestimmte Organismen für gemeinsame Anlagen in Wertpapieren (OGAW) im Hinblick auf die Erläuterung gewisser Definitionen. All diese Durchführungsrichtlinien bzw. -verordnungen können der Website der FMA entnommen werden.[67]

58   Das UCITSG gilt gemäß Art. 2 Abs. 1 UCITSG für OGAW und deren Verwaltungsgesellschaften, die ihren Sitz in Liechtenstein haben oder Anteile eines OGAW in Liechtenstein oder von Liechtenstein aus öffentlich anbieten oder vertreiben. Gemäß Art. 2 Abs. 2 UCITSG gilt es zudem für Zusammensetzungen von OGAW aus verschiedenen, vermögens- und haftungsrechtlich getrennten Teilfonds.

c) Begriffsbestimmungen

59   **aa) Organismen für gemeinsame Anlagen in Wertschriften (OGAW/UCITS).** OGAW haben gemäß Art. 3 Abs. 1 Nr. 1 lit. a UCITSG den ausschließlichen Zweck, beim Publikum beschaffte Gelder für gemeinsame Rechnung nach dem Grundsatz der Risikostreuung in Wertpapieren und/oder die in Art. 51 UCITSG genannten liquide Finanzanlagen zu investieren. Anteile von OGAW werden gemäß Art. 3 Abs. 1 Nr. 1 lit. b UCITSG auf Verlangen der Anteilinhaber unmittelbar oder mittelbar zu Lasten des Vermögens dieser Organismen zurückgenommen oder ausgezahlt, wobei diesen Rücknahmen oder Auszahlungen Handlungen gleichgestellt sind, mit denen ein OGAW sicherzustellen beabsichtigt, dass der Kurs seiner Anteile nicht erheblich von deren Nettoinventarwert abweicht.

60   Ein OGAW kann gemäß Art. 4 Abs. 1 UCITSG die Vertragsform (als von einer Verwaltungsgesellschaft verwalteter „Investmentfonds"), die Form der Treuhänderschaft („Kollektivtreuhänderschaft") oder die Satzungsform („Investmentgesellschaft") aufweisen. Dahingehend sind die Vertragsform und die Form der Treuhänderschaft vertraglich und die Investmentgesellschaft wie im Rest der EU/EWR vorwiegend als Aktiengesellschaft, société européenne (SE) oder als Anstalt liechtensteinischen Rechts[68] organisiert.

---

[67] *FMA*, UCITSG.
[68] Siehe Darstellungen zur Anstalt, 1.c) cc) → Rn. 42.

Art. 4 Abs. 2 UCITSG konkretisiert nunmehr die Kollektivtreuhänderschaft als Investmentfonds und stellt Aktien und, soweit Gründer und Anlegeraktien ausgegeben werden, den Anlegeraktien einer Investmentgesellschaft als Anteile eines Investmentfonds gleich. In Liechtenstein existiert die steuerrechtlich angeregte Bestrebung, die Anlegeraktien von den Gründeraktien zu trennen.

Art. 5 bis Art. 7 UCITSG geben die Anforderungen an den Investmentfonds, die Kollektivtreuhänderschaft und die Investmentgesellschaft wieder. Hier hatte der Gesetzgeber die Absicht, aufgrund eines europäischen Rechtsvergleichs Promotoren in Liechtenstein eine weitmögliche Freiheit bei der Rechtsformgestaltung ihrer Fondsstrukturen zu gewähren.[69]

aaa) Investmentfonds. Gemäß Art. 5 UCITSG ist ein Investmentfonds eine durch einen inhaltlich identischen Vertrag begründete Rechtsbeziehung mehrerer Anleger zu einer Verwaltungsgesellschaft und einer Verwahrstelle zu Zwecken der Vermögensanlage, Verwaltung und Verwahrung für Rechnung der Anleger in Form einer rechtlich separaten Vermögensmasse (Fonds), an der die Anleger beteiligt sind. Gemäß Art. 5 Abs. 2 UCITSG verbindet der Fondsvertrag das Rechtsverhältnis zwischen den Anlegern und der Verwaltungsgesellschaft gemäß dem Allgemeinen Bürgerlichen Gesetzbuch Liechtenstein sowie PGR über die Treuhänderschaft entsprechend. Die Verwaltungsgesellschaft bekommt gemäß Art. 5 Abs. 5 UCITSG das Recht, erkennbar im eigenen Namen über die zum Investmentfonds gehörenden Gegenstände nach Maßgabe des UCITSG und des Fondsvertrags zu verfügen.

Der Fondsvertrag muss gemäß Art. 5 Abs. 3 lit. a bis h UCITSG folgende wesentliche Bestandteile enthalten: die Anlagen, Anlagepolitik und Anlagebeschränkungen, die Bewertung, Ausgabe und Rücknahme von Anteilen und deren Verbriefung, die Bedingungen der Anteilsrücknahme oder -aussetzung, die von den Anlegern direkt oder indirekt zu tragenden Kosten und Aufwendungen, Anlegerinformationen, Kündigung und Verlust des Rechts zur Investmentfondsverwaltung, die Voraussetzungen für Vertragsänderungen, Abwicklung, Verschmelzung und Spaltung des Investmentfonds, die Anteilsklassen und bei Umbrella-Strukturen die Bedingungen des Wechsels von Teilfonds. Gemäß Art. 5 Abs. 7 UCITSG bedürfen der Fondsvertrag und jede seiner Änderung der Zustimmung der FMA und dürfen erst nach der Zulassung durch die FMA gemäß Art. 5 Abs. 8 UCITSG in das Öffentlichkeitsregister eingetragen werden. Bei der Darstellung der Anforderungen im Fondsvertrag wird Präzision und Klarheit in der Darstellung gefordert, so dass Auslegungszweifel zu Lasten der verwaltenden Verwaltungsgesellschaft und nicht des Anlegers gehen sollen.[70]

bbb) Kollektivtreuhänderschaft. Art. 6 Abs. 1 UCITSG definiert eine Kollektivtreuhänderschaft als das Eingehen einer inhaltlich identischen Treuhänderschaft mit einer unbestimmten Zahl von Anlegern zu Zwecken der Vermögensanlage und Verwaltung für Rechnung der Anleger, wobei die einzelnen Anleger gemäß ihrem Anteil an dieser Treuhänderschaft beteiligt sind und nur bis zur Höhe des Anlagebetrags persönlich haften. Die Rechtsverhältnisse zwischen den Anlegern und der Verwaltungsgesellschaft richten sich gemäß Art. 6 Abs. 2 UCITSG nach dem Treuhandvertrag bzw. den Bestimmungen des PGR über die Treuhänderschaft. Art. 6 Abs. 3 UCITSG fordert für den Fondsvertrag wie auch für den Treuhandvertrag die folgenden wesentlichen Bestandteile: die Anlagen, Anlagepolitik und Anlagebeschränkungen, die Bewertung, Ausgabe und Rücknahme von Anteilen und deren Verbriefung, die Bedingungen der Anteilsrücknahme oder -aussetzung, die von den Anlegern direkt oder indirekt zu tragenden Kosten und Aufwendungen, Anlegerinformationen, Kündigung und Verlust des Rechts zur Investmentfondsverwaltung, die Voraussetzungen für Vertragsänderungen, Abwicklung, Verschmelzung und Spaltung der

---

[69] *Regierung des Fürstentums Liechtenstein,* Bericht und Antrag UCITSG, S. 45.
[70] *Regierung des Fürstentums Liechtenstein,* Bericht und Antrag UCITSG, S. 45.

Kollektivtreuhänderschaft, die Anteilsklassen und bei Umbrella-Strukturen die Bedingungen des Wechsels von Teilfonds. Bezüglich der Zulassungs- und Präzisionsanforderungen verhält es sich wie bei dem Fondsvertrag (Art. 6 Abs. 5 und Abs. 6 UCITSG).

66   ccc) **Investmentgesellschaft mit veränderlichem Kapital (SICAV).** Gemäß Art. 7 ist die Investmentgesellschaft mit veränderlichem Kapital ein OGAW in Form der Aktiengesellschaft, der Europäischen Gesellschaft (SE) oder der Anstalt, deren ausschließlicher Zweck die Vermögensanlage und Verwaltung für Rechnung der Anleger ist und deren Anteile bei Anlegern platziert werden. So richten sich nach Art. 7 Abs. 2 UCITSG die Rechtsverhältnisse zwischen den Anlegern, der Investmentgesellschaft und (soweit nicht selbstverwaltend) der Verwaltungsgesellschaft nach der Satzung der Investmentgesellschaft und nach den Bestimmungen des PGR über die Aktiengesellschaft oder die Anstalt oder des SEG über die europäische Gesellschaft.

Ebenso wie Art. 6 Abs. 3 für den Treuhandvertrag und Art. 5 Abs. 3 für den Fondsvertrag benötigt auch die Satzung der Investmentgesellschaft präzise Regelungen über die Anlagen, Anlagepolitik und Anlagebeschränkungen, die Bewertung, Ausgabe und Rücknahme von Anteilen und deren Verbriefung, die Bedingungen der Anteilsrücknahme oder -aussetzung, die von den Anlegern direkt oder indirekt zu tragenden Kosten und Aufwendungen, Anlegerinformationen, Kündigung und Verlust des Rechts zur Investmentfondsverwaltung, die Voraussetzungen für Vertragsänderungen, Abwicklung, Verschmelzung und Spaltung der Investmentgesellschaft, die Anteilsklassen und bei Umbrella-Strukturen die Bedingungen des Wechsels von Teilfonds sowie, da es sich um eine Gesellschaft handelt, die Aufgaben und Funktionen der Gesellschaftsorgane bei der fremdverwalteten Investmentgesellschaft.

67   bb) **Verwaltungsgesellschaft nach UCITSG.** Gemäß Art. 17 Abs. 1 UCITSG benötigt eine Investmentgesellschaft, sofern sie selbstverwaltet ist, ein Eigenkapital von € 300 000 (oder äquivalent in CHF) und eine Verwaltungsgesellschaft ein Eigenkapital von € 125 000 Euro (oder äquivalent CHF). Dabei muss gemäß Art. 17 Abs. 2 UCITSG die Kapitalausstattung mindestens einem Viertel der fixen Gemeinkosten im Vorjahr entsprechen, bei Neugründungen sind die vorgesehenen fixen Gemeinkosten im Geschäftsplan der Verwaltungsgesellschaft maßgeblich. Ist der Wert der von der Verwaltungsgesellschaft verwalteten Portfolios über 250 Millionen Euro, erfordert die Kapitalausstattung zusätzlich 0,02 % des Betrags, um welchen der Wert der verwalteten Portfolios den Betrag von 250 Millionen Euro überschreitet. Dabei muss die Kapitalausstattung jedoch € 10 Millionen nicht übersteigen. Es werden gemäß Art. 17 Abs. 3 UCITSG unter verwalteten Portfolios die von ihr verwalteten OGAW und Organismen für gemeinsamen Anlagen (OGA), einschließlich Portfolios, mit deren Verwaltung sie Dritte beauftragt hat, aber nicht solcher, die sie selbst im Auftrag Dritter verwaltet, betrachtet. Gemäß Art. 17 Abs. 5 UCITSG können bis zu 50 % der Kapitalausstattung durch eine von einem Kreditinstitut oder einem Versicherungsunternehmen gestellte Garantie in derselben Höhe gestellt werden.

68   Um analog den Anforderungen von Art. 10a des VVG Rechnung zu tragen, hat man in Art. 19 UCITSG auch die Offenlegung der qualifizierten Beteiligungen gefordert. So muss gemäß Art. 19 Abs. 1 UCITSG jeder beabsichtigte direkte oder indirekte Erwerb und jede Erhöhung oder Veräußerung einer qualifizierten Beteiligung an einer Verwaltungsgesellschaft der FMA mitgeteilt und somit alle qualifizierten Beteiligungen an der Verwaltungsgesellschaft der FMA offengelegt werden.[71]

69   Gemäß Art. 20 UCITSG muss die Verwaltungsgesellschaft in Umsetzung der UCITS IV Richtlinie nunmehr gegenüber dem IUG gesteigerte Wohlverhaltensrichtlinien aufstellen.[72] Art. 25 f. UCITSV formuliert die detaillierten Anforderungen an die Wohlverhaltensregeln entsprechend aus. So hat die Verwaltungsgesellschaft gemäß Art. 20 UCITSG bei der Aus-

---

[71] *Regierung des Fürstentums Liechtenstein,* Bericht und Antrag UCITSG, S. 69.
[72] *Regierung des Fürstentums Liechtenstein,* Bericht und Antrag UCITSG, S. 70.

II. Liechtensteinisches Investmentrecht

übung ihrer Tätigkeit recht und billig im besten Interesse der OGAW und der Marktintegrität zu handeln; ihre Tätigkeit mit der gebotenen Sachkenntnis, Sorgfalt und Gewissenhaftigkeit im besten Interesse der OGAW und der Marktintegrität auszuüben, über die für eine ordnungsgemäße Geschäftstätigkeit erforderlichen Mittel und Verfahren zu verfügen und diese wirksam einzusetzen, sich um die Vermeidung von Interessenkonflikten zu bemühen und bei Nichtvermeidbarkeit für die rechte und billige Behandlung der von ihr verwalteten OGAW zu sorgen sowie nach Maßgabe der anwendbaren Normen und konstituierenden Dokumente ausschließlich im Interesse der Anleger zu handeln. Darüber hinaus verpflichtet Art. 20 Abs. 2 UCITSG eine bestellte Verwaltungsgesellschaft, welche auch für individuelles Portfoliomanagement zugelassen ist, nur mit allgemeiner Zustimmung des Kunden sein Vermögen in Anteilen der von ihr verwalteten OGAW anzulegen.

Art. 21 Abs. 1 UCITSG verpflichtet die Verwaltungsgesellschaft zu einer ordnungsgemäßen Verwaltung und Buchhaltung, (elektronischen) Kontroll- und Sicherheitsvorkehrungen sowie angemessenen internen Kontrollverfahren. So wurden der UCITS-IV Richtlinie entstammende besondere Regelungen zu den persönlichen Geschäften der Mitarbeitenden sowie das Halten oder Verwalten von Anlagen in Finanzinstrumenten zum Zwecke der Anlage auf eigene Rechnung durch Art. 21 Abs. 1 UCITSG bei allen Verwaltungsgesellschaften implementiert. Deren konkrete Anforderungen werden mit Art. 34 f. UCITSV für die Verwaltungsgesellschaften definiert. Nicht zuletzt fordert Art. 23 UCITSG im Sinne der Implementierung der UCITS IV-Richtlinie ein eigenes, angemessenes Risikomanagementverfahren, so dass der Verwaltungsgesellschaft die Überwachung und Messung des mit den Anlagepositionen verbundenen Risikos sowie des jeweiligen Anteils am Gesamtrisikoprofil des Portfolios möglich ist. Zudem hat die Verwaltungsgesellschaft gemäß Art. 23 UCITSG ein Verfahren zu implementieren, das eine präzise und unabhängige Bewertung des Wertes von OTC-Derivaten ermöglicht. Diese Risikomanagementverfahren müssen gemäß Art. 23 Abs. 3 UCITSG jährlich mindestens einmal überprüft werden. **70**

Art. 22 Abs. 1 UCITSG erlaubt der Verwaltungsgesellschaft, einen Teil ihrer Aufgaben zum Zwecke einer effizienteren Geschäftsführung auf Dritte zu übertragen, sofern die Übertragung die Wirksamkeit der Beaufsichtigung der Verwaltungsgesellschaft nicht beeinträchtigt und Anlegerinteressen nicht gefährdet sind. Darüber hinaus dürfen gemäß Art. 22 Abs. 1 lit. b UCITSG Aufgaben nur an für Zwecke der Vermögensverwaltung zugelassene und beaufsichtigte Unternehmen übertragen werden. Zudem darf eine Aufgabenübertragung an ein im Drittstaat zugelassenes und beaufsichtigtes Unternehmen nur dann erfolgen, wenn eine Zusammenarbeit mit der FMA und der Drittstaatenaufsichtsbehörde gesichert ist. Die Anlageverwaltung darf zudem gemäß Art. 22 Abs. 1 lit. d UCITSG nicht an Verwahrstellen übertragen werden. In das Auftragsverhältnis bezüglich der Übertragung von Aufgaben muss zwischen der Verwaltungsgesellschaft und dem Auftragnehmer sichergestellt sein, dass beim Auftragnehmer gemäß Art. 22 Abs. 1 lit. g UCITSG die notwendige Qualifikation zur Aufgabenausführung vorhanden ist, die Geschäftsleiter gemäß Art. 22 Abs. 1 lit. e UCITSG die Tätigkeiten des Unternehmens jederzeit wirksam überwachen können, die Verwaltungsgesellschaft gemäß Art. 22 Abs. 1 lit. f UCITSG jederzeit weitere Anweisungen erteilen oder den Auftrag mit sofortiger Wirkung entziehen kann und die Übertragung im Anlegerinteresse gemäß Art. 22 Abs. 1 lit. h UCITSG genau im Prospekt aufgeführt ist. Wesentlich ist an dieser Stelle festzuhalten, dass die Übertragung der Aufgaben durch die Verwaltungsgesellschaft nicht (mehr) durch die FMA genehmigt werden muss, selbige jedoch vorab gemäß Art. 22 Abs. 2 UCITSG informiert werden muss. Hier liess die FMA verlauten, dass sie die Übertragungsvoraussetzungen (möglicherweise durch Wirtschaftsprüfer) durchaus prüfen lässt.[73] Art. 22 Abs. 3 iVm Art. 24 UCITSG stellt klar, dass die Haftung der Verwaltungsgesellschaft für die übertragenen Aufgaben gegenüber den Anlegern im OGAW in jedem Fall bestehen bleibt. **71**

---

[73] *Regierung des Fürstentums Liechtenstein,* Bericht und Antrag UCITSG, S. 72.

72 **cc) Verwahrstelle nach UCITSG.** Gemäß Art. 32 UCITSG ist die Verwahrung des Vermögens eines inländischen OGAW einer Verwahrstelle zu übertragen. So darf gemäß Art. 32 Abs. 2 UCITSG als Verwahrstelle nur eine nach dem BankG für die Verwahrung zugelassene Bank oder Wertpapierfirma, eine nach dem BankG errichtete und für die Verwahrung zugelassene inländische Zweigstelle einer Bank oder Wertpapierfirma mit Sitz innerhalb des EWR, oder eine andere von der FMA beaufsichtigte Person mit Sitz oder Niederlassung im Inland, welche die Anforderungen an eine Verwahrstelle nach UCITSG und UCITSV erfüllen kann, benannt werden. Die Formulierung der „anderen beaufsichtigten Person" lässt eine für Liechtenstein typische Verwahrstellenfunktion des Treuhänders zu, soweit sie den Anforderungen des UCITSG und der UCITSV genügen und geht damit weiter als Art. 30 IUG. So wurde die Möglichkeit des Treuhänders als Verwahrstelle zwar bedacht, jedoch mit Blick sowohl auf die AIFM-Richtlinie als auch die UCITS V Richtlinie weiterhin bezüglich der Erfüllung der Anforderungen kritisch betrachtet.[74]

73 Art. 33 Abs. 1 UCITSG nennt als Pflichten der Verwahrstelle: die Ausgabe und Rücknahme von Anteilen sowie die des Zahlungsverkehrs des OGAW, die Berechnung des Nettoinventarwerts sowie der Ausgabe- und Rücknahmepreise der Anteile und Verwendung der Erträge des OGAW. Mit diesen Pflichten folgt sie den Weisungen der Investmentgesellschaft bzw. Verwaltungsgesellschaft, soweit diese nicht gegen Bestimmungen der konstituierenden Dokumente oder des UCITSG verstoßen. So hat mit dem Pflichtenkatalog des Art. 33 UCITSG die Anpassung der Depotbankpflichten an die UCITS IV Richtlinienstandards gegenüber Art. 31 IUG stattgefunden und gleichzeitig die in Art. 31 Abs. 2 lit. b IUG geschriebene Gewährleistungspflicht der Depotbank für die Gesetz- und Prospektmäßigkeit der Anlageentscheidung entschärft. Dadurch erwartet der Fondsplatz Liechtenstein eine Klarstellung und Vereinfachung der Ansiedlung international tätiger Depotbanken in Liechtenstein.[75]

Die Bestellung sowie der Wechsel der Depotbank bedarf gemäß Art. 32 Abs. 4 UCITSG der Genehmigung durch die FMA.

74 **dd) Anleger, Anlegerschutz und KIID nach UCITSG.** Der OGAW ist offen für alle Anleger und steht daher unter dem besonderen Dach des Anlegerschutzgedankens der UCITS-IV-Richtlinie. So werden hiermit interne Kontroll- und Beschwerdeverfahren für OGAW und deren Verwaltungsgesellschaften sowie deutliche Vorgaben zur Prospektgestaltung implementiert.[76]

Um dem durch die UCITS-IV-Richtlinie erhöhten Anlegerschutz gerecht zu werden, hat Art. 70 UCITSG die Informationsfristen an und Veröffentlichungsfristen für die Anleger implementiert. So hat gemäß Art. 70 Abs. 1 jeder OGAW einen Prospekt, Anhang zur Prospektgliederung des UCITSG und eine Pflichtinformation in periodischen Berichten (Schema A), vier Monate nach Berichtszeitraumende einen Jahresbericht, zwei Monate nach dem Ende des Berichtszeitraumes einen Halbjahresbericht über die ersten sechs Monate des Geschäftsjahres, den Ausgabe-, Verkaufs-, Rücknahme- und Auszahlungspreis sowie die wesentlichen Anlegerinformationen (Key Investor Information Document, KIID) zu veröffentlichen. So soll es dem Anleger gemäß Art. 71 Abs. 1 UCITSG möglich sein, die Angaben zu erhalten, die erforderlich sind, um sich über die Anlage und damit verbundene Risiken ein fundiertes Urteil bilden können.

75 Gemäß Art. 71 Abs. 2 UCITSG hat der Jahresbericht eines OGAW eine Bilanz oder eine Vermögensübersicht, eine gegliederte Rechnung über Erträge und Aufwendungen des Geschäftsjahres und alle sonstigen in Anhang Schema B zum UCITSG vorgesehenen Angaben sowie alle wesentlichen Informationen zu enthalten. So muss sich auf Grundlage des

---

[74] *Regierung des Fürstentums Liechtenstein,* Bericht und Antrag UCITSG, S. 79.
[75] *Regierung des Fürstentums Liechtenstein,* Bericht und Antrag UCITSG, S. 81.
[76] Vgl. Erwägungsgründe der Richtlinie 2009/65/EG des Europäischen Parlaments und des Rates vom 13. Juli 2009 zur Koordinierung der Rechts- und Verwaltungsvorschriften betreffend bestimmte Organismen für gemeinsame Anlagen in Wertpapieren (OGAW), Nr. 10, 19, 32 f.

Jahresberichts der Anleger gemäß Art. 71 Abs. 2 UCITSG in voller Sachkenntnis ein Urteil über die Entwicklung der Tätigkeit und der Ergebnisse des OGAW bilden können. Der Halbjahresbericht eines OGAW hat geringere Anforderungen. So sind darin unter anderem keine Angaben über die Entwicklung des OGAW-Vermögens oder Vergleiche zu den vergangenen Geschäftsjahren notwendig.

Gemäß Art. 73 iVm Art. 76 UCITSG muss jede Aktualisierung von wesentlicher **76** Bedeutung im Prospekt erkenntlich sein und dieser sowie auch die Jahres- und Halbjahresberichte der FMA übermittelt werden. Darüber hinaus muss jeder Prospekt und die dazugehörigen KIID (über eine dauerhaften Datenträger oder eine Internetseite) sowie Jahres- und Halbjahresbericht gemäß Art. 77 Abs. 1 UCITSG kostenlos dem Anleger zur Verfügung stehen. Zudem muss der OGAW den Ausgabe-, Verkaufs-, Rücknahme- oder Auszahlungspreis seiner Anteile, wenn eine Ausgabe, Rücknahme oder Auszahlung seiner Anteile erfolgt, aber mindestens zweimal im Monat für die Anleger veröffentlichen.

Werbung darf für den OGAW gemäß Art. 79 UCITSG nur durchgeführt werden, soweit sie als solche erkennbar und nicht widersprüchlich zur Aussage des Prospekts oder KIIDs steht.

Eine wesentliche Neuerung der UCITS-IV-Richtlinie war die Einführung eines KIIDs, **77** um gemäß Art. 80 UCITSG ein kurzes Dokument mit wesentlichen Informationen für den Anleger nach Maßgabe der Kommissions-Verordnung (EU) Nr. 583/2010 in der Amtssprache jedes Vertriebsstaates des OGAW zu erstellen, das für den Anleger verständlich ist. So muss das KIID gemäß Art. 80 Abs. 3 UCITSG die Identität des OGAW, eine kurze Beschreibung der Anlageziele und der Anlagestrategie, die Darstellung der bisherigen Wertentwicklung oder gegebenenfalls Performance-Szenarien, der Kosten und Gebühren sowie das Risiko-/Renditeprofil der Anlage unter Verwendung eines synthetischen Indikators nach Art. 8 und Anhang I der Kommissions-Verordnung (EU) 583/2010, einschließlich angemessener Hinweise auf die mit der Anlage in den betreffenden OGAW verbundenen Risiken und entsprechende Warnhinweise enthalten. Darüber hinaus hat das KIID eindeutig anzugeben, wo und wie zusätzliche Informationen über die vorgeschlagene Anlage und somit den Prospekt, Jahres- und Halbjahresbericht und seine Übersetzungen kostenlos erhältlich sind. Im Grundsatz sind die Informationen im KIID gemäß Art. 80 Abs. 5 UCITSG kurz, in allgemein verständlicher Sprache und einheitlich vergleichbar mit anderen KIIDs zu halten. Darüber hinaus müssen die Informationen im KIID redlich, eindeutig und nicht irreführend sein, also mit dem Prospekt und dessen Informationen übereinstimmen. Der FMA ist der KIID gemäß Art. 84 UCITSG zu übermitteln, was allerdings keine Überprüfungspflicht durch die FMA begründet.

d) Zulassungen

aa) Zulassung und Änderung von OGAW. Gemäß Art. 8 Abs. 1 UCITSG bedarf **78** ein OGAW mit Sitz in Liechtenstein zur Ausübung seiner Geschäftstätigkeit einer Zulassung durch die FMA, welche dann gemäß Art. 8 Abs. 2 UCITSG für alle EWR-Mitgliedstaaten gilt und zum Vertrieb der OGAW-Anteile EWR-weit berechtigt.

So erteilt die FMA gemäß Art. 9 Abs. 1 UCITSG die Zulassung des OGAW, sofern der **79** Antrag der verwalteten Verwaltungsgesellschaft oder entsprechend selbstverwalteten Investmentgesellschaft, die Bestellung der Verwahrstelle und die konstituierenden Dokumente vorab genehmigt wurden und die Zulassung nicht mit einem der Gründe des Art. 9 Abs. 2 UCITSG abgelehnt wurden. Einer dieser Gründe des Art. 9 Abs. 2 UCITSG könnte eine Bestimmung der Vertragsbedingungen oder Satzung sein, die einen Vertrieb der OGAW-Anteile in Liechtenstein nicht zulässt, die fehlende Erfahrung oder der fehlende gute Ruf der Geschäftsleiter der Verwahrstelle in Bezug auf OGAW oder Nichtzulassung der Verwaltungsgesellschaft zur Verwaltung von OGAW aufweist. Gemäß Art. 10 UCITSG müssen bei der Einreichung des Zulassungsantrags des OGAW alle für Art. 9 Abs. 1 und Abs. 2 UCITSG erforderlichen Angaben der FMA vorliegen. Eine genaue Darstellung der für die Antragstellung notwendigen Dokumentation sind der Webseite der FMA und der

Wegleitung zum Zulassungsantrag für einen Investmentfonds, eine Kollektivtreuhänderschaft oder eine Investmentgesellschaft mit veränderlichem Kapital nach dem UCITSG (erlassen im August 2011) zu entnehmen. Zum Zulassungsantrag vorbenannter OGAW benötigt der Antragsteller ein Antragschreiben sowie das ausgefüllte Formular zum Antrag für die Zulassung eines OGAW nach UCITSG.[77]

80 Nach Eingang des vollständigen Antrags übermittelt die FMA nach Art. 10 Abs. 3 UCITSG binnen drei Arbeitstagen eine Eingangsbestätigung. Gemäß Art. 10 Abs. 5 UCITSG kann die FMA die Frist auf vier Monate für fremdverwaltete und sechs Monate für selbstverwaltete OGAW hochsetzen, sofern dies zum Schutz der Anleger und des öffentlichen Interesses erforderlich ist. Bei fehlender Verlängerung vorbenannter Fristen gilt gemäß Art. 10 Abs. 6 UCITSG die Zulassung des OGAW als erteilt.

81 Ein Wechsel der Verwaltungsgesellschaft und Verwahrstelle des OGAW bedarf gemäß Art. 11 Abs. 1 UCITSG der Genehmigung der FMA; der Wechsel des Wirtschaftsprüfers ist der FMA gemäß Art. 11 Abs. 2 UCITSG anzuzeigen. Vorbenannte und weitere Änderungen des OGAW sind in Form des Änderungsverfahrens auf der Webseite der FMA mit den jeweiligen Wegleitungen zur Änderung von Investmentfonds nach UCITSG, zur Änderung von Investmentgesellschaften nach UCITSG und zur Änderung von Verwaltungsgesellschaften nach UCITSG entsprechend aufgegriffen. Zum Änderungsantrag für einen OGAW benötigt der Antragsteller ein Antragschreiben mit der Nennung der Änderungen sowie das ausgefüllte Formular zum Antrag auf die Änderung des jeweiligen OGAW.[78]

82 **bb) Zulassung und Änderung von Verwaltungsgesellschaften nach UCITSG.**
Art. 13 Abs. 1 UCITSG stellt eine Verwaltungsgesellschaft mit Sitz in Liechtenstein unter die Zulassungspflicht durch die FMA, welche diese nach Art. 15 Abs. 1 UCITSG erteilt, sofern der Antrag auf Zulassung gemäß Art. 16 UCITSG eingereicht und gemäß Antrag die mindestens zwei Geschäftsleiter der Verwaltungsgesellschaft ausreichend gut beleumdet sind und auch in Bezug auf den Typ des von der Verwaltungsgesellschaft zu verwaltenden OGAW über ausreichende Erfahrung verfügen, ein Geschäftsplan mit dem organisatorischen Aufbau der Verwaltungsgesellschaft vorliegt, die qualifiziert Beteiligten den zur Gewährleistungen einer soliden und umsichtigen Führung der Verwaltungsgesellschaft zu stellenden Ansprüchen genügen und die Hauptverwaltung sowie der Sitz der Verwaltungsgesellschaft in Liechtenstein ist.

83 Die Zulassung der Verwaltungsgesellschaft kann allein die Verwaltung von zugelassenen OGAW und AIF gemäß AIFMG im EWR oder auch zusätzlich die individuelle Portfolioverwaltung, Anlageberatung, Verwahrung und technische Verwaltung von Anteilen von OGA und in Fällen, in denen die Verwaltungsgesellschaft sonstige OGA verwaltet, die Annahme und Übermittlung von Aufträgen, die ein oder mehrere Finanzinstrumente zum Gegenstand haben (Art. 3 Abs. 1 lit. c VVG), umfassen. Die Anforderungen der für die Antragstellung notwendigen Dokumentation ist der Webseite der FMA und der Wegleitung zum Zulassungsantrag für eine Verwaltungsgesellschaft nach dem UCITSG (erlassen im August 2011) zu entnehmen. Zum Zulassungsantrag für eine Verwaltungsgesellschaft nach dem UCITSG benötigt der Antragsteller ein Antragschreiben sowie das ausgefüllte Formular zum Antrag für die Zulassung einer Verwaltungsgesellschaft nach UCITSG.[79]

84 Art. 16 Abs. 3 UCITSG verpflichtet die FMA zum Erteilen einer Eingangsbestätigung innerhalb von drei Tagen sowie zum Entscheid über den Antrag innerhalb eines Monats nach Übermittlung des vollständigen Antrags. Letztere Frist kann gemäß Art. 16 Abs. 4 und Abs. 5 UCITSG mit einer Begründung von der FMA auf höchstens sechs Monate verlängert werden, soweit dies zum Schutz der Anleger oder im öffentlichen Interesse erforderlich ist. Im

---

[77] *FMA*, UCITSG.
[78] *FMA*, UCITSG.
[79] *FMA*, UCITSG.

Rahmen des Zulassungsverfahrens hat die FMA die anderen zuständigen Behörden anderer betroffener EWR-Mitgliedsstaaten zu hören, soweit dort Tochter- oder Schwesterunternehmen der Verwaltungsgesellschaft existieren oder Eigentümeridentität mit dort ansässigen, bewilligungspflichtigen Gesellschaften besteht. Verwaltungsgesellschaften, welche in anderen EWR-Staaten bereits zugelassen sind, dürfen in Umsetzung der UCITS IV-Richtlinie gemäß Art. 13 Abs. 1 UCITSG iVm Art. 96f. UCITSG von ihrem EU/EWR-Pass und demnach einer Registrierungsmöglichkeit in Liechtenstein Gebrauch machen.

Jede Änderung der Zulassungsvoraussetzungen bedarf gemäß Art. 18 Abs. 1 UCITSG iVm Art. 15 und Art. 16 UCITSG zumindest der Mitteilung an die FMA. Änderungen des Geschäftsplans sind von der FMA zwei Monate vor Inkrafttreten der Änderungen gemäß Art. 18 Abs. 2 UCITSG zu genehmigen.

85

Zum Änderungsantrag für eine Verwaltungsgesellschaft benötigt der Antragsteller ein Antragschreiben mit der Nennung der Änderungen sowie das ausgefüllte Formular zum Antrag auf die Genehmigung der Änderung der Verwaltungsgesellschaft.[80]

e) Anlagepolitik von OGAW

Art. 51 bis Art. 59 UCITSG geben die Grenzen der Anlagepolitik eines OGAW vor, wobei gemäß Art. 50 Abs. 1 UCITSG jeder Teilfonds eines OGAW als eigener OGAW betrachtet wird. Folgend wurden die zulässigen Anlagegegenstände tabellarisch aufbereitet.

86

Vermögensgegenstand	Globale Anlagegrenzen
Wertpapiere in der in Art. 51 Abs. 1 lit. a und b UCITSG dargestellten Form	Bis zu 100%
Geldmarktinstrumente in der in Art. 51 Abs. 1 lit. a, b und f UCITSG dargestellten Form	Bis zu 100%
OGAW und andere mit einem OGAW vergleichbare OGA, sofern OGAW und OGA nach ihren konstituierenden Dokumenten höchstens 10% ihres Vermögens in Anteile eines anderen OGAW oder vergleichbarer OGA anlegen dürfen	Bis zu 100%
Sichteinlagen oder kündbare Einlagen mit einer Laufzeit von höchstens zwölf Monaten bei Kreditinstituten mit Sitz einem EWR-Staat oder gleichwertig beaufsichtigten Drittstaat	Bis zu 100%
Derivative Finanzinstrumente, deren Basiswert für OGAW zulässige Anlagegegenstände hat oder für OGAW zulässige Finanzindizes, Zinssätze, Wechselkurse oder Währungen sind; Bei Geschäften von OTC-Derivaten müssen die Gegenparteien beaufsichtigte Institute einer von der FMA zugelassenen Kategorie sein und die OTC Derivate einer zuverlässigen und überprüfbaren Bewertung auf Tagesbasis unterliegen und jederzeit auf Initiative des OGAW zum angemessenen Zeitwert veräußert, liquidiert oder durch ein Gegengeschäft glattgestellt werden können	Gesamtauslastung darf nicht 100% des Nettovermögens übersteigen
Barmittel	Bis zu 49% (EU/EWR Praxis)

---

[80] *FMA*, UCITSG.

B. Liechtensteinisches Investmentrecht

87 Individuelle und kombinierbare Anlagegrenzen:

Vermögens-gegenstand	Anlagegrenzen		
	Unternehmens-emittenten	Bestimmte Schuldver-schreibungen	Staat oder supranationaler Emittent
Wertpapiere	5 bzw. 10%, sofern der Gesamtwert der Wert-papiere und Geld-marktinstrumente, bei denen der OGAW mehr als 5% anlegt, 40% des Vermögens nicht überschreitet	25%	35% (100%)
Geldmarkt-instrumente	5 bzw. 10%, sofern der Gesamtwert der Wert-papiere und Geld-marktinstrumente, bei denen der OGAW mehr als 5% anlegt, 40% des Vermögens nicht überschreitet	/	35% (100%)
Bankeinlagen	20%	/	/
OTC-Derivate	5%	/	/
Gesamtlimit pro Emittent	Max. 20%	Max. 35%	Max. 35% (100% als Aus-nahmegenehmigung durch die FMA bei Anlage in verschiedene Emissionen vom selben staatlichen Emittenten ausgegeben oder garantiert)

Vermögensgegenstand	Anlagegrenzen
Anteile desselben OGAW oder vergleichbaren OGA	20% bzw. 10% sofern der OGAW Zielinvestment anderer OGAW ist
Anteile anderer mit einem OGAW vergleichbaren OGA★	30% bzw. 10% sofern der OGAW Zielinvestment anderer OGAW ist

★ Zu beachten wäre die Mitteilung der FMA über die Auslegung des Artikels 50 Abs. 2 lit. a der UCITS IV-Richtlinie 2009/65/EG (Trash-Quoten Regelung) Investiert also ein Liechtensteiner UCITS-Fonds im Rahmen der Trash-Quote in Anteile an OGAW oder anderen mit einem OGAW vergleichbaren OGA, welche nicht die Voraussetzungen von Art. 51 Abs. 1 lit. c UCITSG iVm Art. 3 Abs. 1 Nr. 17 lit. b), c) und d) UCITSG erfüllen, ist diese Position nach Auffassung der ESMA unzu-lässig, da Art. 50 Abs. 1 lit. e der UCITS IV-Richtlinie nicht von der Ausnahme des Art. 50 Abs. 2 lit. a der UCITS IV-Richtlinie erfasst ist.

f) Verschmelzung von OGAW

88 Die Möglichkeit von auch grenzüberschreitenden Verschmelzungen von OGAW im EWR ist eines der Ergebnisse der UCITS IV-Richtlinie, die unter anderem für OGAW

ein kosteneffizientes und synergetisches Wachstum zum Vorteil für die Anleger ermöglichen sollte.[81]

Nach Art. 38 kann sich ein OGAW im Rahmen einer inländischen oder grenzüberschreitenden Verschmelzung mit einem oder mehreren anderen OGAW vereinigen und zwar unabhängig davon, welche Rechtsform der OGAW hat und ob der aufnehmende oder übertragende OGAW seinen Sitz in Liechtenstein hat.

Für einen in Liechtenstein ansässigen, übertragenden OGAW bedarf es der Genehmigung der FMA gemäß Art. 39 Abs. 1 UCITSG. Um eine Verschmelzung von der FMA genehmigt zu bekommen, bedarf es gemäß Art. 39 Abs. 2 und Abs. 3 UCITSG folgender Dokumente in Deutsch und in der Amtssprache des EWR-Mitgliedstaats, in welchem sich der übernehmende OGAW findet: einen Verschmelzungsplan gemäß Art. 40 UCITSG, welcher von beiden OGAW genehmigt wurde, darüber hinaus eine aktuelle Fassung des Prospekts und der wesentlichen Informationen für den Anleger des übernehmenden OGAW, soweit dieser in einem anderen EWR-Mitgliedstaat niedergelassen ist, des weiteren eine von allen Verwahrstellen der an der Verschmelzung beteiligten OGAW abgegebene spezifische Übereinstimmungserklärung nach Art. 41 UCITSG sowie die Informationen, die die an der Verschmelzung beteiligten OGAW an ihre jeweiligen Anteilinhaber zur geplanten Verschmelzung nach Art. 43 UCITSG übermitteln. **89**

Der gemeinsame Verschmelzungsplan nach Art. 40 UCITSG muss folgende Angaben enthalten: die Namen der beteiligten OGAW (Art. 40a UCITSG), die Art der Verschmelzung (Aufnahme, Neugründung oder Teilliquidation, Art. 40b UCITSG), Hintergrund und Beweggründe für die geplante Verschmelzung (Art. 40c UCITSG), erwartete Auswirkungen der geplanten Verschmelzung auf die Anleger des übertragenen und übernehmenden OGAW (Art. 40d UCITSG), die beschlossenen Kriterien für die Vermögensbewertung und gegebenenfalls der Verbindlichkeiten zum Zeitpunkt der Berechnung des Umtauschverhältnisses nach Art. 47 Abs. 1 UCITSG (Art. 40e UCITSG), die Berechnungsmethode des Umtauschverhältnisses (Art. 40f UCITSG), den geplanten effektiven Verschmelzungstermin (Art. 40g UCITSG), die für die Übertragung von Vermögenswerten und den Umtausch von Anteilen geltenden Bestimmungen (Art. 40h UCITSG) sowie bei einer Verschmelzung durch Neugründung oder mit Teilliquidation die konstituierenden Dokumente des neu gegründeten übernehmenden OGAW (Art. 40i UCITSG). **90**

Die gemäß Art. 39 Abs. 1 lit. c iVm Art. 41 UCITSG erforderliche Überprüfung der Übereinstimmung der Angaben nach Art. 40 Abs. 2 lit. a (Namen der OGAW), b (die Art der Verschmelzung (Aufnahme, Neugründung oder Teilliquidation)), g (der geplante effektive Verschmelzungstermin) und h (den Umtausch von Anteilen geltenden Bestimmungen) UCITSG mit den Anforderungen der konstituierenden Dokumente, der gesetzlichen Anforderungen und denjenigen der UCITS IV-Richtlinie erfolgt durch die Verwahrstelle. **91**

Nach Art. 39 Abs. 2d iVm Art. 43 UCITSG ist weiter die angemessene und präzise Anlegerinformation zur geplanten Verschmelzung notwendig, so dass sich die Anleger ein fundiertes Urteil über die Auswirkungen des Vorhabens auf ihre Anlage und die Ausübung ihrer Rechte nach Art. 44 UCITSG (Zustimmung der Anleger) und Art. 45 UCITSG (Umtauschrecht der Anleger) machen können. Die Anlegerinformation hat somit gemäß Art. 43 UCITSG neben dem KIID des übernehmenden OGAW auch Angaben zum Hintergrund und zu den Beweggründen für die geplante Verschmelzung, zu den potentiellen Auswirkungen der Verschmelzung auf die Anleger einschließlich wesentlicher Unterschiede in Bezug auf Anlagepolitik und -strategie, die Kosten, das erwartete Ergebnis, die periodischen Berichte, eine etwaige Verwässerung der Leistung und soweit erforderlich eine eindeutige Warnung, dass die steuerliche Behandlung der Anleger im Zuge der Verschmelzung Änderungen unterworfen sein kann, zu den spezifischen Anlegerrechten bezüglich der geplanten Verschmelzung, insbesondere des Rechts auf zusätzliche Informationen, des Rechts auf Erhalt einer Kopie des Berichts der Verwahrstelle oder unab- **92**

---

[81] *Regierung des Fürstentums Liechtenstein,* Vernehmlassungsbericht IUG, S. 85.

hängigen Wirtschaftsprüfers, des Rechts auf Anteilsrücknahme oder gegebenenfalls Umwandlung ihrer Anteile (Art. 45 UCITSG) und der Frist für die Rechtswahrnehmung sowie zu den maßgeblichen Verfahrensaspekten und dem geplanten Verschmelzungstermin zu enthalten.

93   Bei unvollständigem Vorliegen der Unterlagen hat die FMA gemäß Art. 39 Abs. 4 UCITSG binnen zehn Arbeitstagen nach deren Zugang die Vervollständigung zu verlangen; bei Vorlage vollständiger Unterlagen erfolgt die umgehende Übermittlung der Informationen an die Behörde des Herkunftsmitgliedstaats des übernehmenden OGAW. Danach wägen die FMA und die Behörde des Herkunftsmitgliedsstaats des übernehmenden OGAW die Auswirkungen auf die Anleger beider OGAW ab und entscheiden, ob die Anleger angemessen über die Verschmelzung informiert werden. Innerhalb von fünfzehn Arbeitstagen nach Erhalt der Unterlagen kann die FMA von der Behörde des Herkunftsmitgliedstaates des übernehmenden OGAW möglichen Änderungsbedarf betreffend die Anlegerinformationen anfragen. Soweit eine Änderung durch die Behörde des Herkunftsmitgliedstaates des übernehmenden OGAW gewünscht ist, hat sie dies binnen zwanzig Arbeitstagen mitzuteilen.

94   Soweit die FMA darüber befindet, dass die Unterlagen nach Art. 39 bis Art. 42 UCITSG erfüllt sind, der übernehmende OGAW die Vertriebsvorschriften einhält und die Behörde des Herkunftsmitgliedstaates des übernehmenden OGAW die Anlegerinformation für zufriedenstellend erachtet, genehmigt die FMA die Verschmelzung innerhalb von zwanzig Arbeitstagen und teilt dies der Behörde des Herkunftsmitgliedstaates des übernehmenden OGAW sowie dem übertragenen OGAW mit.

Nunmehr ist die Anlegerinformation nach Art. 43 Abs. 1 UCITSG unverzüglich nach der Zustimmung der FMA nach Art. 39 UCITSG sowie mindestens 30 Tage vor der letzten Frist für einen Antrag auf Anteilsrücknahme oder gegebenenfalls Umwandlung ohne Zusatzkosten (Art. 45 UCITSG) den Anlegern der beteiligten OGAW zu übermitteln.

95   Ob die Zustimmung der Anleger erforderlich ist, bestimmt sich gemäß Art. 44 UCITSG nach den konstituierenden Dokumenten. Gemäß Art. 45 UCITSG können die Anleger der an der Verschmelzung beteiligten OGAW ohne weitere Kosten als jene, die vom OGAW zur Deckung der Auflösungskosten einbehalten werden, den Wiederverkauf ihrer Anteile, die Rücknahme ihrer Anteile oder den Umtausch ihrer Anteile in solche eines anderen OGAW mit ähnlicher Anlagepolitik (soweit der OGAW mit ähnlicher Anlagepolitik von derselben Verwaltungsgesellschaft oder eine mit dieser eng verbundenen Gesellschaft verwaltet wird) verlangen. Fünf Arbeitstage vor dem Zeitpunkt der Berechnung des Umtauschverhältnisses nach Art. 47 Abs. 1 UCITSG erlischt das Recht der Anleger zum Wiederverkauf, Rücknahme oder Umtausch der Anteile.

96   Gemäß Art. 47 Abs. 1 lit. a UCITSG ist die Verschmelzung zu Beginn des 45. Tages nach Übermittlung der Anlegerinformation wirksam, sofern keine Zustimmung der Anleger erforderlich ist. Sofern letztere erforderlich ist, ist gemäß Art. 47 Abs. 1 lit. b UCITSG die Verschmelzung mit Rechtskraft der Zustimmung der Hauptversammlungsbeschlüsse, frühestens aber zu Beginn des 45. Tages nach Übermittlung der Anlegerinformation wirksam. Die Rechtskraft des Hauptversammlungsbeschlusses tritt gemäß Art. 47 Abs. 1 lit. b UCITSG ein, sofern nicht binnen zwei Arbeitstagen nach dem Tag der Versammlung auf den Antrag von Anlegern, deren Anteile mindestens 5% des verwalteten Vermögens des OGAW ausmachen, das Landgericht eine einstweilige Verfügung erlässt und binnen fünf Arbeitstagen nach dem Tag der Versammlung die Antragsteller Anfechtungsklage erheben. Das 5%-Quorum ist bei der Antragstellung nachzuweisen, die Klage aber abzuweisen, wenn es während der Dauer der nachfolgenden Klage unterschritten wird.

Für die Verschmelzung vorgegebene Fristen können nicht verkürzt, aber zum Schutz der Anleger oder des öffentlichen Interesses nach Art. 47 Abs. 2 UCITSG verlängert werden.

97   Nach Wirksamwerden der Verschmelzung wird selbige gemäß Art. 47 Abs. 3 UCITSG (iVm Art. 351h PGR) in einem der in Liechtenstein möglichen Publikationsorgane öffentlich bekannt gegeben, in das Öffentlichkeitsregister eingetragen und den Behörden des

Herkunftsmitgliedstaates des übernehmenden OGAW mitgeteilt. Für die Bekanntmachungen des übernehmenden OGAW ist das Recht seines Herkunftsmitgliedstaates maßgebend.

Die Rechtsfolge der Verschmelzung ist gemäß Art. 48 UCITSG bei Aufnahme, Neugründung oder Teilliquidation die Übertragung aller Vermögenswerte und Verbindlichkeiten des übertragenden auf den übernehmenden OGAW. Somit sind die Anleger des übertragenden OGAW nunmehr solche des übernehmenden OGAW und der übertragende OGAW mit Wirksamkeit der Verschmelzung erloschen.

Die Verwahrstelle ist am Ende gemäß Art. 48 Abs. 4 UCITSG vom Abschluss der Verschmelzung in Kenntnis zu setzen.

g) Master-Feeder-OGAW

Mit der UCITS IV-Richtlinie wurde zudem die Möglichkeit geschaffen, innerhalb des EWR nationale sowie grenzüberschreitende Master-Feeder-OGAW zu strukturieren. Master-Feeder-Strukturen gemäß der UCITS IV-Richtlinie vereinheitlichen zugleich zum Schutz der Anleger die EWR-einheitliche Handhabung des Poolings von Vermögenswerten.[82]

So kann ein Feeder-OGAW im Grundsatz bis zu 15% seines Vermögens in einem oder mehreren der folgenden Vermögensgegenstände halten: flüssige Mittel nach Art. 51 Abs. 2 Satz 2 UCITSG, derivative Finanzinstrumente nach Art. 51 Abs. 1 lit. e und Art. 53 Abs. 2 bis 4 UCITSG zur ausschließlichen Verwendung von Absicherungszwecken und, sofern es sich beim Feeder-OGAW um eine Investmentgesellschaft handelt, in bewegliches und unbewegliches Vermögen, welches für die unmittelbare Ausübung seiner Tätigkeit unerlässlich ist. Gemäß Art. 60 Abs. 2 und Abs. 3 UCITSG sind für spezielle Master-Feeder-Konstruktionen je nach Art und Risiko der Zielinvestments den Feeder-OGAW entsprechende Risikovorgaben sowie Anlagebeschränkungen vorgegeben.

Gemäß Art. 61 Abs. 1 iVm Art. 61 Abs. 3 UCITSG hat die FMA als Behörde des Herkunftsmitgliedstaates des Feeder-OGAW die Anlagen eines Feeder-OGAW in einen bestimmten Master-OGAW, welche das Investitionslimit von 20% in Anteile andere OGAW überschreiten, im Voraus binnen 10 Arbeitstagen nach Zugang des vollständigen Antrags zu genehmigen. An die FMA sind gemäß Art. 61 Abs. 2 UCITSG mit dem Genehmigungsantrag in deutscher (oder anderer genehmigter) Sprache die konstituierenden Dokumente von Feeder- und Master-OGAW, der Prospekt und die KIID des Feeder- und Master-OGAW, die Vereinbarung zum Informationsaustausch zwischen Feeder- und Master-OGAW (Art. 62 Abs. 1 UCITSG) oder entsprechende interne Regelungen für Geschäftstätigkeiten, (bei Umwandlungen/Änderungen des Feeder-OGAW) die Anlegerinformation nach Art. 66 Abs. 1 UCITSG, wenn notwendig, die Vereinbarung zum Informationsaustausch zwischen den Verwahrstellen (Art. 63 Abs. 1 UCITSG), wenn notwendig, die Vereinbarung zum Informationsaustausch zwischen den Wirtschaftsprüfern (Art. 64 Abs. 1 UCITSG), die OGAW-Bestätigung durch die Behörde des Herkunftsmitgliedstaates des Master-OGAW einzureichen.

Der Master-OGAW und Feeder-OGAW treffen gemäß Art. 62 Abs. 3 UCITSG angemessene Vorkehrungen zur Abstimmung ihrer Zeitpläne für die Nettoinventarwertberechnung und -veröffentlichung zur Verhinderung von Market Timing und Arbitrage. Bei Aussetzung der Rücknahme, Auszahlung und Zeichnung der Anteile des Master-OGAW darf gemäß Art. 62 Abs. 4 UCITSG auch der Feeder-OGAW diese Aussetzung in derselben Form durchführen. Auch bei einer Liquidation des Master-OGAW ist eine Liquidation des Feeder-OGAW nach Art. 62 Abs. 5 UCITSG möglich, sofern nicht eine Umwandlung oder Änderung der Investition in einen anderen OGAW durch die FMA genehmigt wird. So gilt auch gemäß Art. 62 Abs. 7 UCITSG für die Verschmelzung eines Master-OGAW

---

[82] Vgl. Erwägungsgründe der Richtlinie 2009/65/EG des Europäischen Parlaments und des Rates vom 13. Juli 2009 zur Koordinierung der Rechts- und Verwaltungsvorschriften betreffend bestimmte Organismen für gemeinsame Anlagen in Wertpapieren (OGAW), Nr. 50, 51 f.

mit einem anderen OGAW oder Spaltung in mehrere OGAW für den Feeder-OGAW bei Genehmigung der FMA die Möglichkeit der Liquidation oder alternativ Umwandlung bzw. Investitionsänderung in einen anderen Master-OGAW.

102 Bei allen Änderungen der Struktur der genehmigten Master-Feeder-OGAW wird eine fristgerechte Anlegerinformation gemäß Art. 62 Abs. 6 bzw. Abs. 8 UCITSG gefordert.

Für den Feeder-OGAW gelten nach Art. 65 UCITSG erweiterte Prospekt- und Berichtspflichten. So muss der Feeder-OGAW gemäß Art. 65 Abs. 1 UCITSG in seinem Prospekt zusätzlich eine Erklärung zu seiner Natur als Feeder-OGAW geben, nach welcher dieser dauerhaft mindestens 85% seines Vermögens in Anteile dieses Master-OGAW investiert, das Anlageziel und die Anlagestrategie mit dem entsprechenden Risikoprofil und die einheitliche/unterschiedliche Wertentwicklung des Feeder-OGAW und Master-OGAW erläutert, die Struktur, das Anlageziel und die Anlagestrategie sowie das Risikoprofil des Master-OGAW darstellt sowie Angabe darüber enthält, wo der Prospekt des Master-OGAW erhältlich ist, Informationen zur der zwischen Feeder-OGAW und Master-OGAW geschlossenen Vereinbarung oder den internen Regelungen darstellt sowie eine Beschreibung des Vergütungs- und Kostensystems und steuerlichen Auswirkungen der Master-Feeder-Struktur darlegt. Nach Art. 65 Abs. 2 UCITSG muss auch im Jahresbericht die Erklärung zu den aggregierten Gebühren von Feeder-OGAW und Master-OGAW enthalten sein sowie die Angabe, wo der Prospekt des Master-OGAW erhältlich ist.

Grundsätzlich hat der Feeder-OGAW gemäß Art. 67 Abs. 1 UCITSG die Tätigkeiten des Master-OGAW zu überwachen, wobei er sich auf Informationen und Unterlagen des Master-OGAW bzw. der Verwaltungsgesellschaft, der Verwahrstelle oder des Wirtschaftsprüfers des Master-OGAW verlassen darf, sofern kein Anlass zu Zweifeln besteht.

103 Sind Feeder-OGAW und Master-OGAW in unterschiedlichen EWR-Mitgliedstaaten ansässig, unterrichtet gemäß Art. 69 UCITSG die Behörde des jeweiligen Herkunftsmitgliedstaates über jede Entscheidung, Maßnahme oder Feststellung von Zuwiderhandlungen und gibt jede gleichwertige Information der Behörde des Herkunftsmitgliedstaates des Master-OGAW an den Feeder-OGAW weiter.

h) EU/EWR/Drittstaaten-Vertrieb von OGAW

104 Gemäß Art. 96 Abs. 1 lit. a haben Verwaltungsgesellschaften oder selbstverwaltete Investmentgesellschaften unter Einhaltung des Rechts des jeweiligen Aufnahme- oder Vertriebsstaates sicherzustellen, dass die Anleger in allen Vertriebsstaaten Zahlungen empfangen, den Rückkauf und die Rücknahme von Anteilen veranlassen können und die vom OGAW bereitgestellten Informationen erhalten. So sind nach Art. 96 Abs. 1 lit. a aE UCITSG Anlegerbeschwerden in einer Amtssprache des Vertriebsstaates entgegenzunehmen.

105 Für den grenzüberschreitenden Vertrieb von Anteilen eines OGAW innerhalb des EWR findet das Anzeigeverfahren gemäß Art. 97f UCITSG Anwendung. So wird sichergestellt, dass dieselben Vorkehrungen und Anforderungen an den Vertrieb mit Hintergrund des Anlegerschutzes in allen Vertriebsstaaten innerhalb des EWR eingehalten werden. Gemäß Art. 98 Abs. 1 UCITSG zeigt ein OGAW mit Sitz in Liechtenstein der FMA an, dass er seine Anteile in anderen EWR-Mitgliedstaaten vertreiben möchte. Mit der Anzeige nach Art. 98 Abs. 1 UCITSG gibt der OGAW für den Vertrieb seiner Anteile die Vertriebsmodalitäten und die betroffenen Anteilsklassen an, wobei eine Verwaltungsgesellschaft darauf hinzuweisen hat, dass der OGAW von ihr vertrieben wird. Art. 98 Abs. 2 UCITSG gibt die konstituierenden Dokumente, den Prospekt sowie den letzten Jahres- und Halbjahresbericht sowie die wesentlichen Anlegerinformationen als die der Vertriebsanzeige beizufügenden Unterlagen (falls erforderlich, mit Übersetzung, Art. 100 Abs. 2 UCITSG) an. Gemäß Art. 98 Abs. 3 UCITSG prüft die FMA die Unterlagen und fügt bei Vollständigkeit und Richtigkeit die OGAW-Bescheinigung (in Englisch oder vereinbarter Sprache) bei. Im Anschluss übermittelt die FMA die Unterlagen gemäß Art. 98 Abs. 3 UCITSG an die zuständigen Behörden des Vertriebsstaates in elektronischer Form spätestens drei (oder

II. Liechtensteinisches Investmentrecht

bei begründeter Verlängerung zehn) Arbeitstage nach Eingang des Anzeigeschreibens und der vollständigen Unterlagen und unterrichtet den OGAW unmittelbar über die Anzeigeübermittlung an die Behörde des jeweiligen Vertriebsstaates.

Sofern die FMA selbst Behörde des Vertriebsstaates ist, akzeptiert sie die Übermittlung der vorbenannten Unterlagen in elektronischer Form, veranlasst die elektronische Archivierung und den kostenlosen elektronischen Abruf gemäß Art. 99 UCITSG. So hat der OGAW nach Art. 100 Abs. 2 UCITSG den Anlegern in Liechtenstein alle Informationen und Unterlagen zugänglich zu machen, die er den Anlegern in seinem Herkunftsmitgliedstaat zur Verfügung stellen muss. **106**

Nach Art. 121 Abs. 1 UCITSG haben Verwaltungsgesellschaften, die in Drittstaaten Anteile an OGAW vertreiben möchten, vor Aufnahme ihrer Tätigkeit der FMA nachzuweisen, dass sie zu der beabsichtigten Tätigkeit im Drittstaat zugelassen sind oder dort keiner Zulassungspflicht unterliegen. Stellt das Recht des Drittstaates der Verwaltungsgesellschaft weitergehende Voraussetzungen, so muss sie diese gemäß Art. 121 Abs. 2 UCITSG erfüllen, wobei die FMA deren Einhaltung überwacht. Gemäß Art. 121 Abs. 3 UCITSG muss zwischen der FMA und der Aufsichtsbehörde ein ständiger Informationsaustausch stattfinden. Art. 122 Abs. 1 UCITSG überlässt den Vertrieb von Anteilen von mit OGAW vergleichbaren OGA dem IUG. **107**

i) Erstnotifizierung für Zweigniederlassungen von Verwaltungsgesellschaften

Für in anderen EWR Mitgliedstaaten zugelassene Verwaltungsgesellschaften sieht Art. 103f. UCITSG das sogenannte Erstnotifizierungsverfahren vor. Erst bei erfolgreichem Notifizierungsverfahren (= Zugang einer Mitteilung an die Zweigniederlassung durch die Behörde des Aufnahmemitgliedstaates zu den Meldepflichten und anzuwendenden Bestimmungen) kann die Zweigniederlassung der Verwaltungsgesellschaft ihre Tätigkeit aufnehmen. Somit sind gemäß Art. 103 Abs. 2 UCITSG folgende Angaben und Unterlagen der FMA vorzulegen: die Bezeichnung des EWR-Mitgliedstaates, in dem eine Zweigniederlassung errichtet werden soll, ein Geschäftsplan mit den geplanten Tätigkeiten, der Organisationsstruktur der Zweigniederlassung, den praktizierten Risikomanagementverfahren und den Maßnahmen zugunsten der im Aufnahmemitgliedstaat ansässigen Anleger nach Art. 96 UCITSG, die offizielle Anschrift des OGAW für die Anforderung von Unterlagen sowie die Namen der Geschäftsführer der Zweigniederlassung. Soweit gemäß Art. 103 Abs. 3 UCITSG nach Ansicht der FMA keine Zweifel an der Angemessenheit der Verwaltungsstruktur oder Finanzlage bestehen, übermittelt die FMA binnen zehn Arbeitstagen (oder nach begründeter Fristverlängerung innerhalb von bis zu maximal zwei Monaten) nach Zugang der vollständigen Unterlagen diese den Behörden des Aufnahmemitgliedstaates und teilt dies der Verwaltungsgesellschaft unter Angabe des Übermittlungsdatums mit. Die Informationen zu Entschädigungssystemen zur Sicherstellung des Anlegerschutzes sowie der für die grenzüberschreitenden gemeinsamen Portfoliomanagementaktivitäten entsprechende Nachweis behördlicher Zulassung sind der Übermittlung beizufügen. Hat die FMA Zweifel an der Angemessenheit der Verwaltungsstruktur oder Finanzlage der Verwaltungsgesellschaft, lehnt sie die Übermittlung spätestens innerhalb von zwei Monaten ab. **108**

Änderungen der an die FMA übermittelten Angaben müssen gemäß Art. 104 Abs. 1 UCITSG mindestens einen Monat vor deren Wirksamwerden der FMA und der Behörde des Aufnahmemitgliedstaates mitgeteilt werden. **109**

j) Erstnotifizierung für grenzüberschreitenden Dienstleistungsverkehr

Für Verwaltungsgesellschaften, die ihre Tätigkeiten erstmals in einem anderen EWR-Mitgliedstaat auf dem Weg des grenzüberschreitenden Dienstleistungsverkehrs ausüben möchten, sieht Art. 105 UCITSG ebenfalls ein Erstnotifizierungsverfahren vor. Dabei sind gemäß Art. 105 Abs. 1 UCITSG folgende Angaben und Unterlagen der FMA vorzulegen: die Bezeichnung des Mitgliedstaates, in dem die Tätigkeit im Rahmen des grenzüberschreitenden Dienstleistungsverkehrs ausgeübt werden soll und ein Geschäftsplan mit den geplan- **110** ten Tätigkeiten, die praktizierten Risikomanagementverfahren und die Maßnahmen zugunsten der im Aufnahmemitgliedstaat ansässigen Anleger. Nach Zugang der vollständigen Unterlagen muss gemäß Art. 105 Abs. 2 UCITSG die FMA diese den Aufnahmemitgliedsstaatsbehörden innerhalb von zehn Arbeitstagen (oder nach begründeter Firstverlängerung innerhalb von bis zu einem Monat) übermitteln und dies der Verwaltungsgesellschaft unter Angabe des Übermittlungsdatums mitteilen. Die Informationen zu Anleger-Entschädigungssystemen, der für die grenzüberschreitenden gemeinsamen Portfoliomanagementaktivitäten entsprechende Nachweis behördlicher Zulassung sowie eine Beschreibung des Umfangs der Zulassung und Einzelheiten bezüglich Beschränkungen der Anlagen des zugelassenen OGAW sind der Übermittlung beizufügen. Bei dem erfolgreichem Notifizierungsverfahren darf die Verwaltungsgesellschaft ihre Tätigkeit im Rahmen des grenzüberschreitenden Verkehrs unmittelbar aufnehmen, wobei sie die Wohlverhaltensregeln nach Art. 20 UCITSG (ua OGAW nach Recht und Billigkeit zu behandeln, Sachkenntnis und Sorgfalt auszuüben, über erforderlichen Mittel und Verfahren zu verfügen) beachten muss.

111 Inhaltsänderungen der an die FMA übermittelten Angaben müssen gemäß Art. 106 Abs. 1 UCITSG vor deren Vornahme der FMA und der Behörde des Aufnahmemitgliedstaates schriftlich mitgeteilt werden.

k) Strafbestimmungen

112 Das UCITSG erfasst in den Art. 143 bis Art. 146 UCITSG besondere Strafbestimmungen bezüglich OGAW.

Nach Art. 143 Abs. 1 UCITSG wird vom Landgericht wegen Vergehen mit Freiheitsstrafe bis zu einem Jahr oder mit Geldstrafe bis zu 360 Tagessätzen bestraft, wer als Organmitglied oder Mitarbeiter oder sonst für einen OGAW oder eine Verwaltungsgesellschaft tätige Person oder als Wirtschaftsprüfer die Pflicht zur Geheimhaltung wissentlich verletzt oder wer hierzu verleitet oder zu verleiten sucht, wer ohne Zulassung einen OGAW verwaltet oder dessen Anteile in Liechtenstein vertreibt oder zu diesem Zweck Vermögenswerte Dritter entgegennimmt oder hält, oder wer in wesentlichen Informationsdarstellungen wissentlich falsche Angaben macht oder wesentliche Tatsachen verschweigt. Art. 143 Abs. 2 UCITSG erläutert unter anderem folgende, vom Landgericht wegen Vergehen mit Freiheitsstrafe bis zu sechs Monaten oder mit Geldstrafe bis zu 180 Tagessätzen verhängte Straftaten: Verletzung einer mit einer Zulassung verbundenen Auflage der FMA, fehlende oder falsche oder unvollständige Erteilung von Auskünften an die FMA oder an den Wirtschaftsprüfer, Verletzung seiner Pflichten als Wirtschaftsprüfer und Verletzung der Bestimmungen über die Kapitalausstattung. Die Straftatbestände, welche wegen Übertretung mit Busse bis zu 200 000 CHF von der FMA bestraft werden, sind in Art. 143 Abs. 3 UCITSG geregelt und erfassen unter anderem die verspätete oder unterlassene Einreichung periodischer oder vorgeschriebener Berichte an die FMA, die unterlassene Durchführung der ordentlichen oder einer von der FMA vorgeschriebenen Wirtschaftsprüfung, oder das Nicht-Nachkommen der Pflichten gegenüber dem Wirtschaftsprüfer oder der Aufforderung der FMA zur Herstellung des rechtmäßigen Zustandes oder zur Zusammenarbeit in einem Ermittlungsverfahren.

Die FMA kann gemäß Art. 145 Abs. 1 UCITSG Sanktionen auf Kosten des Betroffenen bekanntmachen, insofern dies verhältnismäßig und keine Gefahr für die Stabilität der Finanzmärkte oder die Interessen der Anleger ist.

3. VVG

a) Struktur des VVG

113 Das VVG ist in neun Kapitel unterteilt. Das erste Kapitel beinhaltet die allgemeinen Bestimmungen und beschäftigt sich demnach mit dem Zweck des VVG, seinem Geltungsbereich und den wichtigsten Begriffsbestimmungen. Das zweite Kapitel beinhaltet die Bestimmungen zu den Bewilligungen für Vermögensverwaltungsgesellschaften, das dritte

Kapitel widmet sich deren Rechten und Pflichten. Das vierte Kapitel beschäftigt sich mit dem Thema des Widerrufs, des Erlöschens und dem Entzug von Bewilligungen, während das fünfte Kapitel das Verhältnis zum EWR und zu Drittstaaten regelt. Das sechste Kapitel widmet sich der Aufsicht und das siebte Kapitel beschäftigt sich mit dem Verfahren, der Rechtsmittel und der außergerichtlichen Streitbeilegung. Das achte Kapitel detailliert die Strafbestimmungen und das neunte Kapitel beinhaltet schließlich die Übergangs- und Schlussbestimmungen.

b) Zweck und Geltungsbereich

Gemäß Art. 1 Abs. 1 VVG bezweckt das VVG den Schutz der Kunden sowie die Sicherung des Vertrauens in den liechtensteinischen Finanzplatz. Zudem dient es gemäß Art. 1 Abs. 2 VVG der Umsetzung der MiFID-Richtlinie, legal definiert als die Richtlinie 2004/39/EG des Europäischen Parlaments und des Rates vom 21. April 2004 über Märkte für Finanzinstrumente, zur Änderung der Richtlinien 85/611/EWG und 93/6/EWG des Rates und der Richtlinie 2000/12/EG des Europäischen Parlaments und des Rates und zur Aufhebung der Richtlinie 93/22/EWG des Rates. 114

Das VVG gilt gemäß Art. 2 Abs. 1 VVG für Unternehmen, die gewerbsmäßig Vermögensverwaltung für Dritte erbringen oder vermitteln, sogenannte Vermögensverwaltungsgesellschaften; diese sind zugleich Wertpapierfirmen im Sinne der MiFID-Richtlinie. 115

c) Begriffsbestimmungen

aa) Vermögensverwaltung. Nach Art. 3 Abs. 1 VVG erfasst die Vermögensverwaltung nach Art. 2 Abs. 1 VVG folgende vier Dienstleistungen: 116
a) Portfolioverwaltung;
b) Anlageberatung;
c) Annahme und Übermittlung von Aufträgen, die ein oder mehrere Finanzinstrumente betreffen; und
d) Wertpapier- und Finanzanalyse oder weitere Formen allgemeiner Empfehlungen, die sich auf Geschäfte mit Finanzinstrumenten beziehen, die unmittelbar der Kundenbetreuung dienen.

Die Portfolioverwaltung wird gemäß Art. 4 Abs. 1 lit. f VVG als die Verwaltung von Portfolios auf Einzelkundenbasis mit einem Ermessensspielraum im Rahmen eines Mandats des Kunden definiert, sofern diese Portfolios mindestens ein Finanzinstrument nach Art. 4 Abs. 1 lit. g (zB Wertpapiere wie Aktien oder Optionen, Geldmarktinstrumente, Fondsanteile, etc.) enthalten.

Art. 4 Abs. 1 lit. e VVG umschreibt die Anlageberatung als die Abgabe persönlicher Empfehlungen an einen Kunden auf dessen Aufforderung oder auf Initiative der Vermögensverwaltungsgesellschaft, die auf ein oder mehrere Geschäfte mit Finanzinstrumenten Bezug nehmen.

bb) Outsourcing. Laut Art. 12 Abs. 1 VVG kann die Vermögensverwaltungsgesellschaft zum Zweck einer effizienten Geschäftsführung oder zur Erbringung ihrer Dienstleistungen eine oder mehrere ihrer Tätigkeiten an Dritte delegieren. Art. 12 Abs. 2 VVG verbietet jedoch hierbei eine Delegation von in direktem Kontakt mit Kunden erbrachten Haupttätigkeiten. Gemäß Abs. 3 des gleichen Artikels wird die Vermögensverwaltungsgesellschaft durch die Delegation an Dritte nicht von ihrer Haftung befreit, sondern hat für die notwendige Instruktion sowie die zweckmäßige Überwachung und Kontrolle des Delegierten zu sorgen. Vor allem die Geheimhaltungspflicht darf durch die Delegation nicht verletzt werden, und die Personendaten sowie weitere für die Aufsicht notwendige Unterlagen müssen in Liechtenstein aufbewahrt werden. 117

cc) Anlegerschutz nach VVG. In den Art. 14 ff. widmet sich das VVG in Ausführung der MiFID-Richtlinie den detaillierten Anlegerschutzbestimmungen für Vermögensverwal- 118 tungsgesellschaften.[83] Nach Art. 15 VVG ist für jeden Kunden ein Kundenprofil zu erstellen, das spezifische Angaben über seine Finanzlage, Anlageziele sowie Kenntnisse und Erfahrungen im Anlagebereich enthält, um die für ihn geeigneten Dienstleistungen und Finanzinstrumente erbringen bzw. empfehlen zu können. Die Verweigerung von Angaben auf Seite des Kunden oder das Vorliegen unzureichender Angaben ist im Kundenprofil zu dokumentieren und vom Kunden schriftlich bestätigen zu lassen. Dem Kunden sowie potenziellen Kunden sind gemäß Art. 16 Abs. 1 VVG angemessene Informationen über die Vermögensverwaltungsgesellschaft, über Anlagestrategien und Finanzinstrumente einschließlich Risikohinweisen und über die Kosten der Dienstleistungen zur Verfügung zu stellen. Neben dieser Auskunfts- und Informationspflicht muss die Vermögensverwaltungsgesellschaft laut Art. 18 VVG eine schriftliche Vereinbarung über jeweilige Rechte und Pflichten und sonstige Bedingungen mit dem Kunden abschließen. Insbesondere sind die Art der zu tätigenden Anlagen, der Umfang der Ermächtigung zur Vermögensverwaltung und die Entschädigung der Gesellschaft festzulegen. Art. 21 VVG regelt schließlich die zeitlich unbegrenzte Geheimhaltungspflicht der Mitglieder der Organe der Vermögensverwaltungsgesellschaft und deren Angestellte sowie sonst für solche Unternehmen tätige Personen betreffend Tatsachen, die ihnen aufgrund der Geschäftsbeziehungen mit Kunden anvertraut oder zugänglich gemacht worden sind.

d) Bewilligungen

119   Nach Art. 5 VVG bedürfen Vermögensverwaltungsgesellschaften vor Aufnahme ihrer Geschäftstätigkeit einer Bewilligung der FMA. Die Bewilligungsvoraussetzungen sind in Art. 6 VVG geregelt, wobei diesbezügliche Wegleitungen und Formulare der FMA, wie zum Beispiel die Wegleitung betreffend die einzureichenden Unterlagen bei einem Bewilligungsgesuch für eine Vermögensverwaltungsgesellschaft oder das Formular für die Zulassung einer Vermögensverwaltung nach VVG, wesentlich sind. Diese können der Webseite der FMA entnommen werden.[84] Der Antrag sowie die einzureichenden Unterlagen sind nach Art. 6 Abs. 2 VVG im Original der FMA beizubringen.

120   Die Bewilligung als Vermögensverwaltungsgesellschaft wird gemäß Art. 6 Abs. 1 VVG auf Antrag erteilt, wenn die Gesellschaft in der Rechtsform einer Verbandsperson, Kollektiv- oder Kommanditgesellschaft (Art. 689 ff. PGR) errichtet wird, der Sitz und die Hauptverwaltung der Gesellschaft sich in Liechtenstein befinden, eine angemessene Betriebsstätte und geeignete Organisation vorhanden ist, ein tragfähiger Geschäftsplan samt organisatorischem Aufbau und eine Darstellung der Eigentumsverhältnisse an der Gesellschaft vorliegt, eine externe Revisionsstelle nach Art. 43 VVG bestellt wurde, die Gesellschaft über Eigenmittel verfügt, die nach Art. 8 VVG den von ihr eingegangenen Risiken angemessen sind und zu keinem Zeitpunkt das vorausgesetzte Anfangskapital von 100 000 CHF oder dessen Gegenwert in Euro oder US-Dollar unterschreiten und die Gesellschaft nicht gleichzeitig über eine Bewilligung nach dem Treuhändergesetz verfügt. Des Weiteren muss die Geschäftsführung aus mindestens zwei vertrauenswürdigen Personen bestehen, wobei ein Geschäftsführer die Voraussetzung nach Art. 7 VVG erfüllen muss.[85]

121   Die FMA hat gemäß Art. 6 Abs. 3 VVG spätestens nach sechs Monaten ab Eingang der vollständig eingereichten Unterlagen über den Antrag auf Erteilung einer Bewilligung zu entscheiden. Die bewilligten Vermögensverwaltungsgesellschaften hat sie sodann gemäß Art. 6 Abs. 4 VVG in ein öffentlich zugängliches Verzeichnis aufzunehmen, das mittels Abrufverfahren eingesehen werden kann.

122   Einer vorgängigen Bewilligung durch die FMA bedürfen nach Art. 10 Abs. 1 VVG jede beabsichtigte personelle Änderung in der Geschäftsführung sowie jeder Wechsel in der Revisionsstelle, jede beabsichtigte Änderung der Statuten und des Geschäftsreglements, die

---

[83] *Marxer & Partner,* Wirtschaftsrecht, S. 261.
[84] *FMA,* VVG.
[85] *Marxer & Partner,* Wirtschaftsrecht, S. 260.

den Geschäftskreis, das Anfangskapital oder die Organisation betreffen und jeder beabsichtigte Erwerb sowie Aufgabe einer qualifizierten Beteiligung. Jede beabsichtigte personelle Änderung des Verwaltungsrates benötigt gemäß Art. 10 Abs. 2 VVG lediglich einer vorgängigen Meldung an die FMA. Um diese erläuterten Änderungen umfassend beurteilen zu können und sicherzustellen, dass sämtliche Bewilligungsvoraussetzungen weiterhin vorliegen, kann die FMA laut Art. 10 Abs. 3 VVG alle nötigen Informationen hierzu anfordern.

e) Internationale Tätigkeit

Gemäß Art. 33 Abs. 1 VVG dürfen liechtensteinische Vermögensverwaltungsgesellschaften, denen eine Bewilligung nach diesem Gesetz erteilt wurde, die Portfolioverwaltung, die Anlageberatung sowie die Annahme und Übermittlung von Aufträgen über Finanzinstrumente in einem anderen EWR-Mitgliedsstaat ausüben. Soll eine dieser Dienstleistungen im Rahmen des freien Dienstleistungsverkehrs ohne Errichtung einer Niederlassung erfolgen, so muss dies bei der FMA notifiziert werden. Soll jedoch eine Zweigniederlassung im Sinne einer rechtlich unselbständigen Betriebsstelle nach Art. 4 Abs. 1 lit. o VVG errichtet werden, so müssen in einem Mitteilungsverfahren bei der FMA entsprechende Unterlagen eingereicht und der Aufsichtsbehörde des Gastlandes (EWR-Mitgliedstaat) einzelne Angaben durch die FMA erteilt werden. In beiden Fällen ist ein Bewilligungsverfahren im Gastland (EWR-Mitgliedstaat) nicht erforderlich.[86] Beabsichtigt die liechtensteinische Vermögensverwaltungsgesellschaft jedoch in einem Drittstaat aktiv Kunden zu akquirieren, so verlangt Art. 36 Abs. 1 VVG von der Gesellschaft noch vor Aufnahme der Tätigkeit einen Nachweis an die FMA, dass sie im Besitz einer entsprechenden Bewilligung des betreffenden Staates oder dort keiner Bewilligungspflicht ausgesetzt ist. **123**

Gleiches gilt auch umgekehrt für Vermögensverwaltungsgesellschaften aus einem EWR-Mitgliedsstaat in Liechtenstein. Diese dürfen gemäß Art. 34 Abs. 1 VVG alle Dienstleistungen nach Art. 3 Abs. 1 VVG in Liechtenstein ohne Bewilligung nach diesem Gesetz erbringen, sofern sie dazu in ihrem Herkunftsmitgliedstaat zugelassen sind. Wird die Tätigkeit im Rahmen eines freien Dienstleistungsverkehrs ausgeübt, so muss die Aufsichtsbehörde des Herkunftslandes notifiziert werden. Bei der Errichtung einer Zweigniederlassung in Liechtenstein muss ein Mitteilungsverfahren vor der Aufsichtsbehörde des Herkunftslandes durchgeführt werden.[87] Diese Zweigniederlassung hat gemäß Art. 35 VVG Berichterstattungs- und Auskunftspflichten gegenüber der FMA. Beabsichtigt hingegen eine Vermögensverwaltungsgesellschaft mit Sitz bzw. ein Vermögensverwalter mit Wohnsitz in einem Drittstaat in Liechtenstein aktiv Kunden akquirieren, so bedürfen sie gemäß Art. 37 VVG einer Bewilligung nach Art. 5 VVG der FMA. **124**

Die Formulare der FMA zur Notifikation der Auslandstätigkeit inländischer Vermögensverwaltungsgesellschaften im Rahmen einer Zweigniederlassung im EWR sowie im Rahmen des freien Dienstleistungsverkehrs im EWR oder in einem Drittstaat können der Webseite der FMA entnommen werden.[88] **125**

f) Strafbestimmungen

Das VVG erfasst in Art 62 bis Art. 64 VVG besondere Strafbestimmungen bezüglich Vermögensverwaltungsgesellschaften, wobei der allgemeine Teil des Strafgesetzbuches sinngemäß Anwendung findet. **126**

Nach Art. 62 Abs. 1 VVG wir vom Landgericht wegen Vergehen mit Freiheitsstrafe bis zu einem Jahr oder mit Geldstrafe bis zu 360 Tagessätzen bestraft, wer als Organmitglied oder Mitarbeiter oder sonst für eine Vermögensverwaltungsgesellschaft tätige Person oder als Revisor die Pflicht zur Geheimhaltung verletzt oder wer hierzu verleitet oder zu verlei-

---

[86] *Marxer & Partner*, Wirtschaftsrecht, S. 263.
[87] *Marxer & Partner*, Wirtschaftsrecht, S. 263.
[88] *FMA*, VVG.

ten sucht, wer ohne Bewilligung eine Dienstleistung im Sinne von Art. 3 Abs. 1 VVG erbringt oder vermittelt oder wer entgegen Art. 3 Abs. 3 VVG Vermögenswerte Dritter entgegennimmt oder hält. Art. 62 Abs. 2 VVG erläutert unter anderem folgende, vom Landgericht wegen Vergehen mit Freiheitsstrafe bis zu sechs Monaten oder mit Geldstrafe bis 180 Tagessätzen verhängte Straftaten: Verletzung einer mit Bewilligung verbundenen Auflage, Erteilung falscher Auskünfte an die FMA oder Revisionsstelle oder in den periodischen Berichten und Verletzung seiner Pflichten als Revisor. Die Straftatbestände, die wegen Übertretung mit Busse bis zu 100 000 CHF von der FMA bestraft werden, sind in Art. 62 Abs. 3 VVG geregelt und erfassen unter anderem die verspätete oder unterlassene Einreichung periodischer Berichte, die unterlassene Durchführung der ordentlichen oder einer von der FMA vorgeschriebenen Revision, oder das Nicht-Nachkommen der Pflichten gegenüber der Revisionsstelle. Für all die erläuterten Vergehenstatbestände gilt gemäß Art. 62 Abs. 4 VVG eine zweijährige Verjährungsfrist. Abs. 6 des gleichen Artikels gestattet der FMA die Bekanntmachung von verhängten rechtskräftigen Strafen und Bussen, sofern der Zweck des VVG verwirklicht und der Verhältnismäßigkeit Achtung geboten wird.

127 Die Mitteilungspflicht anderer Behörden, namentlich der Gerichte, gegenüber der FMA betreffend Urteile und Einstellungsbeschlüsse von Mitgliedern der Verwaltung oder Geschäftsführung von Vermögensverwaltungsgesellschaften und von Revisionsstellen, ist in Art. 64 VVG geregelt.

Vermögensverwaltungsgesellschaften müssen im Zusammenhang mit einem Bewilligungsgesuch gegenüber der FMA eine Erklärung betreffend Straf- und Verwaltungsstrafverfahren sowie über die Exekutions- und Konkursfreiheit abgegeben. Diese kann der Webseite der FMA entnommen werden.[89]

4. AIFMG

a) Struktur des AIFMG

128 Das AIFMG ist, wie auch das UCITSG, in 16 Kapitel unterteilt. Das erste Kapitel beinhaltet die allgemeinen Bestimmungen, demnach den Zweck des AIFMG, seinen Geltungsbereich und die wichtigsten Begriffsbestimmungen. Das zweite Kapitel bezeichnet die Bestimmungen zur Autorisierung und Zulassung von AIF in Liechtenstein, das dritte Kapitel widmet sich der Zulassung und den Pflichten von AIFM. Das vierte Kapitel des AIFMG thematisiert die Bestimmungen bezüglich der Verwahrstelle und sonstiger Geschäftspartner des AIFM und der Verwahrstelle während das fünfte Kapitel die Strukturmaßnahmen und das sechste Kapitel die Anlagepolitik regelt. Das siebte Kapitel widmet sich dem Thema der Master-Feeder-Strukturen und Teilfonds. Das achte Kapitel beinhaltet Ausführungen zum Themenkreis Anleger- und Behördeninformationen. Das neunte Kapitel befasst sich mit der Anteilsrücknahme, der Ausschüttung und der Wiederanlage und das zehnte Kapitel birgt die Bestimmungen zur Bestellung und zu den Pflichten des Wirtschaftsprüfers. Die Bestimmungen zur grenzüberschreitenden Geschäftstätigkeit werden im elften Kapitel mit Bezug zum EWR-AIFM und im zwölften Kapitel mit Bezug zu Nicht-EWR-AIFM geregelt. Das dreizehnte Kapitel beschäftigt sich mit dem Thema der Aufsicht und das vierzehnte Kapitel widmet sich den Rechtsmitteln, dem Verfahren und der außergerichtlichen Streitbeilegung. Das fünfzehnte Kapitel detailliert die Strafbestimmungen und das sechszehnte Kapitel beinhaltet schließlich die Übergangs- und Schlussbestimmungen.

b) Zweck und Geltungsbereich

129 Das AIFMG regelt gemäß Art. 1 Abs. 1 AIFMG die Aufnahme, Ausübung und Beaufsichtigung der Tätigkeit Verwalter alternativer Investmentfonds (Engl. alternative investment fund managers; AIFMs) und alternativer Investmentfonds (AIF) selbst.

---

[89] *FMA*, VVG.

II. Liechtensteinisches Investmentrecht

Gemäß Art. 1 Abs. 2 AIFMG ist sein wie auch der Zweck des UCITSG der Schutz der Anleger, die Sicherung des Vertrauens in den liechtensteinischen Fondsplatz und die Stabilität des Finanzsystems.

Art. 2 Abs. 1 AIFMG definiert den Geltungsbereich des AIFMG für einen AIFM mit Sitz in Liechtenstein, der einen oder mehrere AIF verwaltet, unabhängig davon, wo der AIF seinen Sitz hat, als einen AIFM mit Sitz in einem anderen EWR-Mitgliedstaat oder in einem Drittstaat, der einen oder mehrere AIF mit Sitz in Liechtenstein verwaltet, einen AIFM mit Sitz in einem anderen EWR-Mitgliedstaat oder in einem Drittstaat, der einen oder mehrere AIF in Liechtenstein vertreibt, unabhängig davon, wo der AIF seinen Sitz hat, einen AIFM mit Sitz in einem Drittstaat und mit Liechtenstein als EWR-Referenzstaat, unabhängig davon, wo der AIF seinen Sitz hat. Art. 2 Abs. 2 AIFMG grenzt den Geltungsbereich negativ gegen einen AIFM ab, der nur einen oder mehrere AIF verwaltet, deren einziger Anleger der AIFM selbst oder dessen Mutter- oder Tochterunternehmen bzw. Tochterunternehmen der Mutterunternehmen sind, solange keiner der Anleger selbst ein AIF ist, Holdinggesellschaften, durch die Richtlinie 2003/41/EG regulierte Institute der betrieblichen Altersvorsorge, supranationale Institutionen (insbesondere die Europäische Zentralbank, der Internationale Währungsfonds und die Weltbank sowie vergleichbare internationale Organisationen, falls solche Einrichtungen bzw. Organisationen AIF im öffentlichen Interesse verwalten), nationale Zentralbanken, staatliche Stellen und Gebietskörperschaften oder andere Einrichtungen, die OGA zur Unterstützung von Sozialversicherungs- und Pensionssystemen verwalten, Arbeitnehmerbeteiligungssysteme oder -sparpläne, Zweckgesellschaften für die Verbriefung von Vermögensgegenständen, Wertpapierfirmen (Family-Office-Vehikel, die das Privatvermögen von Anlegern investieren, ohne Fremdkapital zu beschaffen). 130

Zur Verwaltung von OGA, die weder AIF noch OGAW sind und deren Verwaltung nicht auf eine andere Art in Liechtenstein gesetzlich reguliert ist sind in Bezug auf Finanzinstrumente als Anlagegegenstände des OGA AIFM, Verwaltungsgesellschaften nach UCITSG, Banken und Wertpapierfirmen nach BankG, Vermögensverwalter nach VVG und in Bezug auf andere Anlagegegenstände des OGA AIFM und Treuhänder nach dem Treuhändergesetz berechtigt. Die Berichts- und Registrierungspflichten des kleinen AIFM (Art. 3 AIFMG), Rechtsformen (Art. 6 bis 15 AIFMG), Namen (Art. 27 AIFMG), Wirtschaftsprüfung (Art. 109 bis 111 AIFMG), Hebelfinanzierung (Art. 94 und 95 AIFMG) und Aufsichtsrechte der FMA und Sanktionen (Art. 152 bis 180 AIFMG) gelten für die Verwalter von OGA, die weder AIF noch OGAW sind, entsprechend. 131

c) Begriffsbestimmungen

aa) Alternativer Investmentfonds (AIF). Gemäß Art. 4 Abs. 1 Nr. 1 AIFMG ist ein AIF jeder OGA einschließlich seiner Teilfonds, der von einer Anzahl von Anlegern Kapital einsammelt, um es gemäß einer festgelegten Anlagestrategie zum Nutzen dieser Anleger zu investieren und kein OGAW im Sinne des UCITSG ist. Dabei ist es gemäß Art. 4 Nr. 1 aE AIFMG für die Eigenschaft als AIF ohne Bedeutung, ob es sich bei dem AIF um einen offenen oder geschlossenen OGA handelt, ob der AIF in der Vertragsform, der Form des Trust, der Satzungsform oder irgendeiner anderen Rechtsform errichtet ist und welche Struktur der AIF hat. 132

bb) Rechtsformen der AIF. Dem UCITSG zeitlich nachfolgend hat auch das AIFMG die Rechtsformen des Investmentfonds in Art. 7 AIFMG, der Kollektivtreuhänderschaft in Art. 8 AIFMG, der Investmentgesellschaft in Art. 9 AIFMG mit der Erweiterung der Form der Stiftung in gleicher Gestalt übernommen.[90] 133

Liechtenstein verfügt seit 1926 über sein eigenes Stiftungsrecht, das vielen ausländischen Stiftungsrechten wie namentlich dem österreichischen Privatstiftungsgesetz von 1993 als 134

---

[90] Siehe 2.c) aa) aaa) Investmentfonds → Rn. 63–64, 2.c) aa) bbb) Kollektivtreuhänderschaft → Rn. 65, 2.c) aa) ccc) Investmentgesellschaft mit veränderlichem Kapital (SICAV) → Rn. 66.

Vorbild diente. Das liechtensteinische Stiftungsrecht wurde über die Jahrzehnte lediglich punktuell angepasst, worauf im Jahre 2001 aus Gründen der Rechtssicherheit dessen Totalrevision beschlossen wurde. Am 1. April 2009 trat sodann das neue Stiftungsrecht in Kraft, welches in Art. 552 f. PGR normiert ist.[91] Nach Art. 552 f. PGR wird die Stiftung legal definiert als rechtlich und wirtschaftlich verselbstständigtes Zweckvermögen, das als Verbandsperson (juristische Person) durch die einseitige Willenserklärung des Stifters errichtet wird, wobei der Stifter das bestimmt bezeichnete Stiftungsvermögen, das aus seinem Privatvermögen ausscheidet, widmet und den unmittelbar nach außen gerichteten, bestimmt bezeichneten Stiftungszweck sowie die Begünstigten festlegt.

135   Neu im AIFMG aufgenommen wurde die Rechtsform der Anlage-Kommanditgesellschaft in Art. 10 AIFMG sowie der Anlage-Kommanditärengesellschaft nach Art. 14 AIFMG.

Die Anlage-Kommanditgesellschaft ist nach Art. 10 Abs. 1 AIFMG ein AIF in Form einer Personengesellschaft oder einer juristischen Person, bei der die Haftung der Anleger als Kommanditäre nach vollständiger Einzahlung des Anlagebetrags auf dessen Höhe beschränkt ist und deren ausschließlicher Zweck die Vermögensanlage und Verwaltung für Rechnung der Anleger ist. Sie bestimmt sich nach den Art. 10f AIFMG, den Art. 733f PGR und ihrem darauf aufbauenden Gesellschaftsvertrag. Verwaltet wird die Anlage-Kommanditgesellschaft gemäß Art. 10 Abs. 4 AIFMG durch ihren Komplementär als unbeschränkt haftendes Mitglied (= selbstverwaltet) oder einen dazu bestellten Kommanditär oder als fremdverwaltete Kommanditgesellschaft durch einen externen AIFM, solange die Verwaltung dem Anlegerinteresse verpflichtet bleibt. Entscheidend ist, dass die Anleger als in einem Register eingetragene Kommanditäre von der Geschäftsführung ausgeschlossen werden können, sofern im Gesellschaftsvertrag nichts anderes bestimmt ist, womit gelingt, die Mitbestimmung der Anleger entscheidend zu reduzieren. Im Handelsregister ist nicht der Name des Kommanditärs, sondern lediglich gemäß Art. 10 Abs. 8 AIFMG der Mindest- und Höchstbetrag der Kommanditsumme einzutragen, was gleichzeitig eine Sonderbestimmung zu Art. 734 PGR darstellt. Weiterhin entscheidend ist, dass die Anlage-Kommanditgesellschaft nicht für die Verbindlichkeiten des AIFM oder der Anleger haftet. Der Gesellschaftsvertrag der Anlage-Kommanditgesellschaft muss die folgenden Mindestregelungen gemäß Art. 11 AIFMG aufführen: die Firma und den Sitz der Anlage-Kommanditgesellschaft und der Komplementäre, bei einer geschlossenen Anlage-Kommanditgesellschaft den Betrag des Kommanditkapitals und bei einer offenen Anlage-Kommanditgesellschaft den Mindest- und Höchstbetrag des Kommanditkapitals sowie die Voraussetzungen zum Beitritt und Ausscheiden der Kommanditäre, die Dauer der Anlage-Kommanditgesellschaft, die Führung eines Registers der Kommanditäre, die Delegation der Geschäftsführung, die Übertragbarkeit des Kommanditanteils, die Rechte und Pflichten, insbesondere die Einlagepflichten der Kommanditäre, die Eigenschaft als Personengesellschaft oder juristische Person, die Anlagen, Anlagepolitik und Anlagebeschränkungen, die Bewertung, Ausgabe und Rücknahme von Anteilen und deren Verbriefung, die Anteilsrücknahme- oder Aussetzungsbedingungen, von den Anlegern direkt oder indirekt zu tragende Kosten und Aufwendungen, die Vergütung des AIFM und verwaltenden Komplementärs oder Kommanditärs, Anlegerinformationen, Kündigung und Verlust des Verwaltungsrechts, Voraussetzungen der Vertragsänderungen sowie Abwicklung, Verschmelzung und Spaltung, Bestimmungen zu den Anteilsklassen und Umbrella-Strukturen und bei selbstverwalteten Anlage-Kommanditgesellschaften die Personen, welche die Aufgaben des AIFM ausführen.

Nach Art. 12 Abs. 1 AIFMG können Komplementäre eine oder mehrere in- oder ausländische natürliche oder juristische Personen sein. Insgesamt muss das Kapital bei einer selbstverwalteten Anlage-Kapitalgesellschaft gemäß Art. 12 Abs. 2 AIFMG bei 300 000 Euro (bzw. dem Gegenwert in Schweizer Franken) liegen. Die Einlage eines ver-

---

[91] *Marxer & Partner,* Wirtschaftsrecht, S. 83.

waltenden Komplementärs oder Kommanditärs muss bei mindestens 50 000 Euro (bzw. dem Gegenwert in Schweizer Franken) liegen.

Gemäß Art. 13 Abs. 1 AIFMG iVm Art. 734 Abs. 1 PGR muss der Sitz einer Anlage-Kommanditgesellschaft in Liechtenstein sein, wobei die Anlage-Kommanditgesellschaft selbst im letzten Schritt durch die Eintragung in das Handelsregister entsteht.

Die Anlage-Kommanditärengesellschaft gemäß Art. 14 Abs. 1 AIFMG ist ein AIF in **136** Form einer Personengesellschaft oder einer juristischen Person, bei der die Haftung der Anleger als Kommanditäre nach vollständiger Einzahlung des Anlagebetrags auf dessen Höhe beschränkt ist und deren ausschließlicher Zweck die Vermögensanlage und Verwaltung für Rechnung der Anleger ist – einen haftenden Komplementär hat sie nicht. Art. 11 bis 13 AIFMG gelten hier sinngemäß. Gemäß Art. 14 Abs. 3 AIFMG ist bei selbstverwaltenden Anlage-Kommanditärengesellschaften im Gesellschaftsvertrag ein anlageverwaltender Kommanditär zu bestimmen, der im Handelsregister einzutragen ist und eine Kommanditeinlage von mindestens 50 000 Euro (bzw. dem Gegenwert in Schweizer Franken) erbringt. Die nicht zur Verwaltung bestellten Kommanditäre sind von der Vertretung der Anlage-Kommanditärengesellschaft ausgeschlossen und unterliegen keiner Treuepflicht. Für den zur Verwaltung bestellten Kommanditär gelten die Bestimmungen für den zur Verwaltung bestellten Komplementären einer Anlage-Kommanditgesellschaft.

cc) Zulassung von AIF. Gemäß Art. 21 Abs. 1 AIFMG erteilt die FMA einem AIF **137** die Zulassung nach vorheriger Genehmigung des Antrags des zugelassenen AIFM oder des selbstverwalteten AIF, den AIF zu verwalten, der Bestellung der Verwahrstelle und des Wirtschaftsprüfers und der konstituierenden Dokumente.

Der Zulassungsantrag eines AIF ist vom AIFM oder vom selbstverwalteten AIF bei der FMA gemäß Art. 22 Abs. 1 AIFMG einzureichen. Er muss dafür einen Geschäftsplan mit Angaben zum AIF und dessen Sitz, die konstituierenden Dokumente des AIF, die Nachweise über die Bestellung der Verwahrstelle und des Wirtschaftsprüfers, eine Beschreibung des AIF oder die über den AIF verfügbaren Anlegerinformationen, bei Feeder-AIF den Sitz des Master-AIF sowie eine Erklärung der Geschäftsleitung des AIFM, dass die gesetzlichen Vorschriften eingehalten wurden, einreichen.

Soweit beabsichtigt ist, die Anteile des AIF ausschließlich an professionelle Anleger zu vertreiben, ist dem Zulassungsantrag zusätzlich zu den Angaben nach Art. 22 Abs. 3 AIFMG eine Beschreibung der Vorkehrungen zur Verhinderung eines Vertriebs von AIF an Privatanleger beizufügen, die auch den Rückgriff auf vom AIFM unabhängige Unternehmen berücksichtigt. Gemäß Art. 22 Abs. 4 AIFMG ist der Anzeige zusätzlich zu den Angaben nach Art. 22 Abs. 2 AIFMG eine rechtsverbindliche Erklärung der Geschäftsleitung des AIFM, dass für den AIF regelmäßig ein Prospekt, eine aktuelle wesentliche Anlegerinformation sowie Jahres- und Halbjahresberichte erstellt und in Liechtenstein zugänglich gemacht werden, ein Prospekt mit Vertriebsinformationen für Anleger und eine wesentliche Anlegerinformation zu Anlagestrategie des AIF beigefügt würde. Die von der FMA veröffentlichte Wegleitung betreffend AIF[92] gibt einen Leitfaden zur Zulassungsbeantragung vor. Das von der FMA veröffentlichte Formblatt für die Berichterstattung der AIFM für ihre verwalteten AIF[93] ist zur Zulassung auszufüllen und einzureichen.

Die FMA prüft gemäß Art. 23 AIFMG die nach Art. 22 AIFMG vollständig eingegangenen Unterlagen und übermittelt gemäß Art. 24 Abs. 1 AIFMG dem AIFM binnen drei Arbeitstagen eine Eingangsbestätigung. Innerhalb von 20 Arbeitstagen (und im Fall der Erstzulassung eines selbstverwalteten AIF drei Monaten) hat die FMA gemäß Art. 24 Abs. 2 AIFMG nach Eingang der vollständigen Unterlagen über den Antrag zu entscheiden. Die Frist kann durch die FMA auf höchstens zwei Monate (und im Fall der Erstzulassung eines selbstverwalteten AIF auf höchstens sechs Monate) verlängern.

---

[92] *FMA*, AIFMG.
[93] *FMA*, AIFMG.

Änderungen in den konstituierenden Dokumenten des AIF bestimmen sich ebenfalls gemäß Art. 25 AIFMG wie die Zulassungen nach den Art. 21 bis 24 AIFMG. Sobald ein Wechsel des AIFM, des Administrators, des Risikomanagers und der Verwahrstelle betroffen ist, bedürfen diese der Genehmigung der FMA auch dann, wenn damit keine Änderung der konstituierenden Dokumente verbunden ist. Gemäß Art. 25 Abs. 3 AIFMG hat der AIFM der FMA den Wechsel des Wirtschaftsprüfers des AIF, eines Geschäftsleiters des AIFM sowie den Wechsels eines Verwaltungsrats bzw. eines Aufsichtsrats des AIFM sowie deren Name, Adresse und Eignungsnachweise anzuzeigen.

138   **dd) Verwalter alternativer Investmentfonds (AIFM).** Der AIFM wird gemäß Art. 4 Abs. 1 Nr. 2 AIFMG als jede juristische Person bezeichnet, deren reguläre Geschäftstätigkeit darin besteht, einen oder mehrere AIF zu verwalten. So wird im AIFMG gemäß der AIFM-Richtlinie zwischen den Anforderungen an einen kleinen AIFM (Art. 3 AIFMG) und regulären AIFM unterschieden. Ein kleiner AIFM verwaltet gemäß Art. 3 Abs. 1 AIFMG AIF, deren Gesamtvermögen einschließlich der durch Hebelfinanzierung erworbenen Vermögenswerte einen Betrag ausmacht, der 100 Millionen Euro (bzw. den Gegenwert in Schweizer Franken) oder 500 Millionen Euro (bzw. den Gegenwert in Schweizer Franken) nicht überschreitet, wenn für die verwalteten AIF auf den Einsatz von Hebelfinanzierung verzichtet wird und binnen der ersten fünf Jahre nach der Erstanlage in den jeweiligen AIF keine Rücknahmerechte ausgeübt werden dürfen. Dahingehend ist bei Ermittlung des durch den AIF verwalteten Gesamtvermögens nach Art. 3 Abs. 2 AIFMG iVm Art. 3 Abs. 3 AIFMG zu berücksichtigen, dass der AIFM direkt oder indirekt über eine Gesellschaft verwaltet, mit der er durch eine gemeinsame Verwaltung oder Kontrolle oder durch eine qualifizierte direkte oder indirekte Beteiligung verbunden ist.

139   So wird durch die Unterscheidung nach kleinem AIFM oder regulärem AIFM entweder eine Registrierungspflicht für den kleinen AIFM oder eine Zulassungspflicht für den regulären AIFM ausgelöst.

Ein AIFM mit Sitz in Liechtenstein hat gemäß Art. 16 AIFMG einen von ihm verwalteten AIF nach Maßgabe der Art. 17 bis 20 AIFMG der FMA anzuzeigen und von ihr autorisieren zu lassen, wenn er die Anteile des AIF in Liechtenstein ausschließlich an professionelle Anleger vertreiben möchte oder an professionelle Anleger und Privatanleger vertreiben möchte und keine Zulassungspflicht nach Art. 16 Abs. 2 AIFMG besteht. Gemäß Art. 16 Abs. 2 AIFMG hat ein AIFM mit Sitz in Liechtenstein bei der FMA die Zulassung eines von ihm verwalteten AIF nach Maßgaben von Art. 21 bis 25 AIFMG zu beantragen, wenn er die Anteile des AIF in Liechtenstein an Privatanleger vertreiben möchte und es sich um einen hebelfinanzierten AIF handelt, der Anlegerschutz und das öffentliche Interesse eine Zulassung erfordern und die Anlagestrategie des AIF keinem von der Regierung bestimmten Fondstyp nach Art. 91 AIFMG entspricht.

Die Zulassungspflicht des AIFM bestimmt sich nach Art. 28 Abs. 1 AIFMG, wonach ein AIFM mit Sitz in Liechtenstein zur Ausübung seiner Geschäftstätigkeit der Zulassung durch die FMA bedarf. Art. 28 Abs. 2 AIFMG stellt klar, dass Banken, Wertpapierfirmen und Vermögensverwaltungsgesellschaften für Wertpapierdienstleistungen, die sie lediglich im Auftrag von AIFM für AIF erbringen, keiner gesonderten Zulassung gemäß Art. 28 Abs. 1 AIFMG bedürfen. Die Zulassung nach Art. 28 Abs. 1 AIFMG iVm mit Art. 29 Abs. 2 AIFMG kann zusätzlich zur Anlageverwaltung und zum Vertrieb im Rahmen der kollektiven Verwaltung eines AIF die Administration und Tätigkeiten im Zusammenhang mit den Vermögenswerten des AIF umfassen, wobei unter letzterem Dienstleistungen zu verstehen sind, die zur Erfüllung der treuhänderischen Pflichten erforderlich sind, wie das Facility Management, die Immobilienverwaltung, die Beratung von Unternehmen über die Kapitalstruktur, die industrielle Strategie und damit verbundene Fragen, Beratungs- und Dienstleistungen im Zusammenhang mit Fusionen und dem Erwerb von Unternehmen sowie weitere Dienstleistungen in Verbindung mit der Verwaltung der AIF und der Unternehmen und anderer Vermögenswerte, in die für Rechnung des AIF investiert wurde. Zur

II. Liechtensteinisches Investmentrecht

Zulassung des AIFM für die Verwaltung von AIF kann er zusätzlich nach Art. 29 Abs. 3 AIFMG eine Zulassung für die individuelle Portfolioverwaltung, Anlageberatung (und damit im Zusammenhang stehende Verwahrung und technischen Verwaltung von OGA-Anteilen, die Annahme und Übermittlung von Aufträgen, die Finanzinstrumente zum Gegenstand haben) und die Verwaltung von OGAW unter den im UCITSG näher bestimmten Voraussetzungen beantragen.

Zu den nach Art. 30 AIFMG iVm Art. 31 Abs. 1 und 2 AIFMG aufgeführten Zulassungsvoraussetzungen zählen:
– die erforderliche Kapitalausstattung mit 300 000 Euro (bzw. den Gegenwert in Schweizer Franken) bei selbstverwalteten AIF, 125 000 Euro (bzw. den Gegenwert in Schweizer Franken) bei AIFM und gedeckelt bis zu einer Kapitalausstattung von 10 Millionen Euro (bzw. den Gegenwert in Schweizer Franken) zusätzlich 0,02 % des Betrags, um den der Wert der verwalteten Portfolios den Betrag von 250 Millionen Euro (bzw. den Gegenwert in Schweizer Franken) überschreitet,
– zwei von der FMA als ausreichend fachlich qualifizierte und persönlich als integer befundene Geschäftsführer für die Geschäftsleitung des AIFM,
– der aussagekräftige Geschäftsplan mit dem organisatorischen Aufbau des AIFM und der Darstellung der Erfüllung der gesetzlichen Pflichten,
– die qualifizierten Beteiligten, welche nach Ansicht der FMA zur Gewährleistung einer soliden und umsichtigen Führung des AIFM genügen,
– der Sitz des AIFM in Liechtenstein,
– die Berücksichtigung der Vergütungspolitik in der Organisation des AIFM nach Art. 36 AIFMG in der Form, dass Vergütungsgrundsätze und -praktiken im Verhältnis zum Umfang und zur Komplexität der Tätigkeiten für alle auch leitenden Angestellten mit Einfluss auf die Risikostruktur der verwalteten AIF aufzustellen sind und
– die Vorlage der Vereinbarungen zur Übertragung und Unterübertragung von Aufgabe an Dritte (Art. 46 AIFMG).

Darüber hinaus verlangt Art. 35 AIFMG die Einhaltung der Wohlverhaltensregeln, nämlich die Tätigkeit ehrlich und mit der gebotenen Sachkenntnis, Sorgfalt, Gewissenhaftigkeit und Redlichkeit auszuüben, bei der Ausübung seiner Tätigkeit recht und billig im besten Interesse der AIF, der Anleger und der Marktintegrität zu handeln, über die für eine ordnungsgemäße Geschäftstätigkeit erforderlichen Mittel und Verfahren zu verfügen (Art. 38 AIFMG), sich um die Vermeidung von Interessenkonflikten zu bemühen (Art. 37 AIFMG), die Interessenwahrung der Anleger einzuhalten und die im Grundsatz faire Behandlung aller Anleger der AIF sicherzustellen.

In Bezug auf jeden verwalteten AIF sind dem Antrag gemäß Art. 31 Abs. 3 Informationen **140** zu den Anlagestrategien, der Risikostruktur, dem Einsatz von Hebelfinanzierungen und dem Sitz des AIF, für Feeder-AIF Informationen zum Sitz des Master-AIF, für Dachfonds Angaben zu den Arten der Zielfonds, die konstituierenden Dokumente, Angaben zur Bestellung von Verwahrstellen, die Anlegerinformationen sowie der Prospekt im Fall des Vertriebs an liechtensteinische Privatanleger beizufügen. Innerhalb von zehn Arbeitstagen nach vollständigem Eingang der Zulassungsunterlagen versendet die FMA gemäß Art. 31 Abs. 4 AIFMG eine Eingangsbestätigung und hat innerhalb von drei Monaten oder mit begründeter Fristverlängerung auf höchstens sechs Monate nach Eingang des vollständigen Antrags über diesen zu befinden. Ein AIFM kann gemäß Art. 31 Abs. 9 AIFMG regulär nach Eingang der Zulassung seine Tätigkeit in Liechtenstein sofort aufnehmen, aber auch bereits einen Monat nach Einreichung in dem vorangegangenen Zulassungsantrag fehlender Angaben.

Die Wegleitung zum Antrag auf Erteilung einer Zulassung als kleiner/großer AIFM, Administrator, Risikomanager oder Vertriebsträger nach AIFMG in Liechtenstein leitet den Antragsteller durch den Zulassungsantrag, welcher mit der durch die FMA veröffentlichten Vorlage bei der FMA einzureichen ist.[94]

---

[94] *FMA*, AIFMG.

141 **ee) Verwahrstelle.** Gemäß Art. 57 Abs. 1 und 2 AIFMG ist die Verwahrung des Vermögens bei einem inländischen AIF einer Verwahrstelle in Liechtenstein mit einem schriftlichen Verwahrstellenvertrag zu übertragen.

Als Verwahrstelle darf gemäß Art. 57 Abs. 3 AIFMG nur eine nach dem liechtensteinischen BankG für die Verwahrung zugelassene Bank oder Wertpapierfirma oder für bestimmte AIF ein nach dem Treuhändergesetz zugelassener Treuhänder bestellt werden. Keine Verwahrstelle darf gemäß Art. 57 Abs. 4 AIFMG der AIFM des AIF oder ein Primebroker, der als Geschäftspartner eines AIF auftritt, sein, es sei denn, die Ausführung seiner Verwahrfunktionen ist von seinen Aufgaben als Primebroker funktional und hierarchisch getrennt und die potenziellen Interessenkonflikte sind ordentlich ermittelt, gesteuert, beobachtet und den Anlegern des AIF offengelegt.

Für Drittstaaten-AIF kann nach Art. 58 Abs. 1 AIFMG die Verwahrstelle auch ein einer Bank oder einer Wertpapierfirma ähnliches Unternehmen sein. In jedem Fall muss sie ihren Sitz gemäß Art. 58 Abs. 2 AIFMG im Sitzstaat des AIF oder des AIFM haben. Bezüglich der Anforderungen des AIFM (Art. 57 AIFMG) müssen nach Art. 58 Abs. 3 AIFMG bei Verwahrstellen mit Sitz in einem Drittstaat Vereinbarungen über die Zusammenarbeit und den Informationsaustausch zwischen der Behörde des Sitzstaates und der Behörde des Vertriebsstaats existieren, die Verwahrstellen im Sitzstaat wirksam reguliert und beaufsichtigt sein sowie ein wirksamer Informationsaustausch in Steuerangelegenheiten bestehen.

142 Gemäß Art. 59 AIFMG ist die Verwahrstelle verpflichtet, auf einem Konto verbuchungsfähige und sonstige ihr übergebene Finanzinstrumente zu verwahren, wobei die Verwahrstelle verpflichtet ist, die Verbuchung verbuchungsfähiger Finanzinstrumente auf gesonderten, im Namen oder für Rechnung des AIF geführten Konten in einer Weise zu verwahren, dass diese eindeutig als solche des AIF identifiziert werden können und bei allen anderen Vermögensgegenständen aufgrund von Informationen oder Unterlagen, die vom AIF oder von der Verwaltungsgesellschaft geliefert werden, die Rechtsinhaberschaft des AIF oder gegebenenfalls des für Rechnung des AIF tätigen AIFM zu prüfen und zu registrieren, wobei die Beurteilung der Rechtsinhaberschaft auf externen Nachweisen beruht und die Verwahrstelle das Register der Vermögensgegenstände auf dem neuesten Stand hält. Darüber hinaus ist gemäß Art. 59 Abs. 1 lit. c AIFMG allgemein sicherzustellen, dass der Zahlungsverkehr des AIF ordnungsgemäß überwacht ist, sämtliche Zahlungen aus der Anteilszeichnung von oder im Namen von Anlegern eingegangen und flüssige Mittel des AIF auf Konten verbucht werden, die für Rechnung des AIF im Namen des AIFM oder der Verwahrstelle bei einer liechtensteinischen Bank, einer Zentralbank, einem Kreditinstitut mit Sitz im EWR oder einem vergleichbaren Institut in dem Drittstaat in dem Geldkonten verlangt werden, geführt werden. Gemäß Art. 59 Abs. 2 AIFMG hat die Verwahrstelle sicherzustellen, dass der Verkauf, die Ausgabe, die Rücknahme, die Auszahlung und die Aufhebung von Anteilen des AIF den Bestimmungen des AIFMG und der konstituierenden Dokumente des AIF entsprechen, die Berechnung des Wertes der Anteile des AIF mit den Bestimmungen des AIFMG und den konstituierenden Dokumenten des AIF sowie den Anforderungen an die Bewertung (Art. 42 bis 45 AIFMG) übereinstimmen, die Weisungen des AIFM ausgeführt werden, soweit sie nicht gegen die Bestimmungen des AIFMG und nicht gegen die konstituierenden Dokumente des AIF verstoßen, im Falle eines Verstoßes der Wirtschaftsprüfer bzw. in besonders schweren Fällen die FMA informiert wird, bei Transaktionen mit Vermögensgegenständen von AIF der Gegenwert innerhalb der üblichen Fristen übertragen wird und die Erträge des AIF nach den Bestimmungen des AIFMG und der konstituierenden Dokumente des AIF verwendet werden.

143 In Art. 59 Abs. 3 AIFMG wird klargestellt, dass die Verwahrstelle ehrlich, redlich, professionell, unabhängig und im Interesse des AIF und seiner Anleger handelt und somit gemäß Art. 59 Abs. 4 AIFMG keine Aufgaben wahrnehmen darf, die Interessenkonflikte zwischen dem AIF, seinen Anlegern, dem AIFM und der Verwahrstelle schaffen könnten. Konfliktbehaftete Aufgaben können dann gemäß Art. 59 Abs. 4 AIFMG wahrgenommen werden, wenn die Aufgaben der Verwahrstelle von ihren anderen potenziell dazu in Kon-

flikt stehenden Aufgaben funktional und hierarchisch getrennt sind und die potenziellen Interessenkonflikte ordnungsgemäß ermittelt, gesteuert, beobachtet und den Anlegern des AIF gegenüber offengelegt werden. Die Verwahrstelle oder das Unternehmen, an welche bzw. welches die Verwahrstelle Aufgaben übertragen hat, dürfen Vermögensgegenstände des AIF nicht ohne Zustimmung des AIF oder des AIFM wiederverwenden.

Die Verwahrstelle darf gemäß Art. 60 AIFMG ihre Aufgaben nach Art. 59 AIFMG nicht an Dritte übertragen, es sei denn, es handelt sich um nach Art. 59 Abs. 1 lit. a AIFMG näher bestimmte, auf einem Konto verbuchungsfähige und sonstige der Verwahrstelle übergebene Finanzinstrumente oder nach Art. 59 Abs. 1 lit. b AIFMG näher bestimmte Vermögensgegenstände aufgrund von Informationen oder Unterlagen, die vom AIF oder von der Verwaltungsgesellschaft geliefert werden. Diese Aufgaben können gemäß Art. 59 Abs. 1 lit. a und b AIFMG auf Dritte übertragen werden, wenn die Aufgabenübertragung nicht zur Umgehung der Vorschriften des AIFMG führt, ein objektiver Grund für die Übertragung vorliegt, die Auswahl und Bestellung des Auftragnehmers mit der gebotenen Sachkenntnis, Sorgfalt und Gewissenhaftigkeit erfolgen, die Verwahrstelle den Auftragnehmer sachkundig, sorgfältig, gewissenhaft und regelmäßig kontrolliert und überprüft, die Verwahrstelle gewährleistet, dass der Auftragnehmer während der Ausübung der ihm übertragenen Aufgaben über die für die Art und Komplexität der anvertrauten Vermögensgegenstände angemessene und geeignete Organisationsstrukturen und Fachkenntnisse verfügt, bezogen auf die Übertragung von Verwahraufgaben nach Art. 59 Abs. 1 lit. a AIFMG ein wirksames Aufsichtsrecht, einer wirksamen Aufsicht und einer regelmäßigen Wirtschaftsprüfung unterliegt, welche gewährleistet, dass sich die Finanzinstrumente in seinem Besitz befinden, die Vermögensgegenstände der Kunden der Verwahrstelle von seinen eigenen und dem Vermögen der Verwahrstelle trennt, so dass die Vermögensgegenstände zu jeder Zeit eindeutig als solche der Kunden einer bestimmten Verwahrstelle identifiziert werden können und die Vermögenswerte nicht ohne vorherige Zustimmung des AIF oder des AIFM und vorherige Information der Verwahrstelle verwendet. Es kann eine Weiterübertragung der delegierbaren Aufgaben erfolgen, wenn die gleichen Bedingungen eingehalten werden und auch die jeweiligen Unterauftragnehmer und nachfolgenden Auftragnehmer zu deren Einhaltung verpflichtet sind. **144**

Beim Verlust von Finanzinstrumenten nach Art. 59 Abs. 1 lit. a AIFMG muss die Verwahrstelle unverzüglich Finanzinstrumente desselben Typs und der gleichen Anzahl dem AIF beschaffen oder dessen Anlegern übertragen oder Schadenersatz leisten, es sei denn, die Verluste sind Folge höherer Gewalt, deren Konsequenzen trotz aller angemessenen Gegenmaßnahmen unabwendbar waren. Die Verwahrstelle wird gemäß Art. 61 Abs. 2 AIFMG auch bei Übertragungen an weitere Unterverwahrstellen von der Haftung nicht befreit. Allerdings kann die Verwahrstelle gemäß Art. 61 Abs. 3 lit. a AIFMG ihre Haftung durch Vertrag für den Fall ausschließen, dass die Verwahrstelle allen ihren Verpflichtungen bei der Aufgabenübertragung und der Überwachung nachgekommen und ein Vertrag zwischen der Verwahrstelle und dem Auftragnehmer mindestens regelt, dass die Haftung ausdrücklich auf den Auftragnehmer übertragen ist und es das Recht des AIF oder des für die Rechnung des AIF tätigen AIFM oder der Verwahrstelle ist, einen Anspruch wegen des Abhandenkommens von Finanzinstrumenten gegen den Auftragnehmer geltend zu machen. Darüber hinaus muss ein Vertrag zwischen der Verwahrstelle und dem AIF oder dem für Rechnung des AIF handelnden AIFM mindestens einen Haftungsausschluss der Verwahrstelle und einen objektiven Grund für den Haftungsausschluss enthalten. Gemäß Art. 61 Abs. 4 AIFMG haftet die Verwahrstelle dem AIF oder den Anlegern über Art. 61 Abs. 1 AIFMG hinaus für alle sonstigen Verluste, die diese infolge einer schuldhaften Nichterfüllung der Verwahrstellenpflichten erleiden. Die Anleger können Haftungsansprüche direkt an den AIFM richten, die nach Art. 61 Abs. 6 AIFMG mit dem Ablauf von fünf Jahren nach Eintritt des Schadens, spätestens aber ein Jahr nach der Rückzahlung eines Anteils oder der Kenntnis des Anspruchsberechtigten vom Schaden verjähren. **145**

Zur Rolle der Verwahrstelle innerhalb der AIF-Struktur sei zudem auch an dieser Stelle die Wegleitung zum Antrag auf Erteilung einer Zulassung als kleiner/großer AIFM, Administrator, Risikomanager oder Vertriebsträger nach AIFMG in Liechtenstein erwähnt.[95]

146 **ff) Administrator und Risikomanager.** Der Administrator und Risikomanager bedürfen gemäß Art. 65 Abs. 1 AIFMG der Zulassung durch die FMA. Wesentlich ist, dass gemäß Art. 65 Abs. 2 AIFMG die Zulassung als AIFM auch die Zulassung als Risikomanager und als Administrator beinhalten kann, sofern die Voraussetzungen hierfür miterfüllt sind. So bestimmen sich die Zulassungsvoraussetzungen und Pflichten für den Administrator und Risikomanager gemäß Art. 66 AIFMG nach denen des AIFM, sofern sich diese ausschließlich auf die Administration und das Risikomanagement beziehen.

Der AIFM hat gemäß Art. 40 Abs. 1 der Verordnung vom 29. Januar 2013 über die Verwalter alternativer Investmentfonds (AIFMV) einen nach Art. 65f AIFMG zugelassenen Administrator zu bestellen, wenn er alle Aufgaben der Administration überträgt und sich auf die Überwachung des Administrators beschränkt. Die Übertragung der Aufgaben der Administration muss den Vorschriften der Aufgabenübertragung nach Art. 46f AIFMG gemäß Art. 42 Abs. 2 AIFMG entsprechen.

So kann der AIFM gemäß Art. 40 AIFMV einen zugelassenen Administrator bestellen, wenn er Aufgaben der Administration nach Art. 4 Abs. 1 Ziffer 43 AIFMG und somit die rechtlichen Dienstleistungen sowie Dienstleistungen der Fondsbuchhaltung und Rechnungslegung, Kundenanfragen, Bewertung und Preisfestsetzung der Anteile von AIF einschließlich Steuererklärungen, Überwachung der Einhaltung der Rechtsvorschriften, Führung eines Anlegerregisters, Gewinnausschüttung, Ausgabe und Rücknahme von Anteilen, Kontraktabrechnungen, einschließlich Versand der Zertifikate, und Führung von Aufzeichnungen übernimmt. Dahingehend hat der Administrator gemäß Art. 42 AIFMV die Pflichten des Administrators und demnach die Einhaltung des AIFMG, der AIFMV, der internen Leitlinien des AIFM bezüglich der Administration, die Vorgaben der konstituierenden Dokumente und Anlegerinformation und für den kleinen AIFM die Vorgaben des Organisationsvertrages sicherzustellen.

147 Der AIFM hat einen nach Art. 65f AIFMG zugelassenen Risikomanager zu bestellen, wenn er gemäß Art. 43 AIFMV iVm Art. 40 Abs. 1 AIFMV und Art. 39 AIFMG alle ihm obliegenden Aufgaben des Risikomanagements auf ihn überträgt und sich auf die Überwachung des Risikomanagers beschränkt und somit die Vorschriften zur Übertragung von Aufgaben nach Art. 46f AIFMG beachtet.

So hat ein AIFM gemäß Art. 39 AIFMG geeignete Risikomanagementverfahren zu verwenden, die es ihm erlauben, dass mit den Anlagepositionen verbundene Risiko sowie den jeweiligen Anteil am Gesamtrisikoprofil des AIF-Anlageportfolios jederzeit zu überwachen und zu messen – die Risikomanagementverfahren sind mindestens einmal jährlich zu überprüfen und anzupassen. Gemäß Art. 39 Abs. 3 AIFMG muss der AIFM für den AIF ein angemessenes, dokumentiertes und regelmäßig aktualisiertes Prüfverfahren („due diligence") durchführen, wenn er für den AIF Anlagen tätigt sowie sicherstellen, dass die Risiken aus jedem Anlagegegenstand und deren Auswirkungen auf das Portfolio des AIF angemessen und fortlaufend erkannt, insbesondere durch angemessene Stresstests eingeschätzt und überwacht werden sowie, dass die Risikostruktur des AIF seiner Größe, der Zusammensetzung seiner Anlagegegenstände, seiner Anlagestrategie, den Anlagezielen sowie den Angaben in den konstituierenden Dokumenten, dem Prospekt und den Vertriebsunterlagen entspricht. Hierbei begrenzt der AIFM gemäß Art. 39 Abs. 4 AIFMG für jeden AIF den Umfang der maximalen Hebelfinanzierungen und die Bestellung von Sicherheiten im Rahmen der Vereinbarung über die Hebelfinanzierung im Sinne der Art, der Anlagestrategie und der Systemrisiken des AIF.

Hinzuweisen ist in diesem Zusammenhang auf die in 2013 erlassene Richtlinie 2013/3 der FMA betreffend die Verbindlicherklärung der Standards für das Risikomanagement bei

---
[95] *FMA*, AIFMG.

AIFM und Risikomanagern gemäß AIFMG, die durch den Liechtensteinischen Anlagefondsverband (LAFV) verabschiedet wurde und gemäß Art. 11 Abs. 2 AIFMV für verbindlich erklärt wird.[96]

Zur Konkretisierung der Funktion des Administrators und Risikomanagers dient auch an dieser Stelle die Wegleitung zum Antrag auf Erteilung einer Zulassung als kleiner/ großer AIFM, Administrator, Risikomanager oder Vertriebsträger nach AIFMG in Liechtenstein.[97]

gg) Vertriebsträger. Der Vertriebsträger bedarf gemäß Art. 69 AIFMG der Zulassung **148** durch die FMA. Auch hier beinhaltet die Zulassung als AIFM gemäß Art. 69 Abs. 2 AIFMG die Zulassung als Vertriebsträger der von ihm verwalteten AIF. Delegiert der AIFM die Aufgabe des Vertriebs an einen zugelassenen Vertriebsträger, so beziehen sich die Pflichten des bestellten Vertriebsträgers gemäß Art. 70 Abs. 1 AIFMG ausschließlich auf die Pflichten des Vertriebs, die der AIFM gemäß Art. 46 AIFMG zu überwachen hat. Vertrieb wird nach Art. 4 Abs. 1 Zif. 23 AIFMG als das direkte oder indirekte, auf Initiative des AIFM oder in dessen Auftrag erfolgende Anbieten oder Platzieren von Anteilen des AIF an Anleger oder bei Anlegern mit Wohnsitz oder Sitz in Liechtenstein definiert. Der AIF muss nach Art. 44 AIFMV für jeden von ihm verwalteten Fondstyp einen geeigneten Vertriebsträger benennen und ist dann für die Organisation und die Überwachung des Vertriebs von Anteilen der von ihm verwalteten AIF zuständig. In diesem Zusammenhang hat er gemäß Art. 44 Abs. 2 AIFMV die Einhaltung der Vorschriften über die Anlegerinformation sicherzustellen. Soweit der Vertriebsträger Tätigkeiten nach Anhang 2 des BankG oder nach Art. 3 Abs. 1 VVG ausübt, bedarf er einer entsprechenden Zulassung nach dem BankG oder VVG; in jedem Fall gelten Banken nach dem BankG und Vermögensverwaltungsgesellschaften nach dem VVG als Vertriebsträger nach Art. 44 AIFMV.

Die Funktion des Vertriebsträgers ist in der Wegleitung zum Antrag auf Erteilung einer Zulassung als kleiner/großer AIFM, Administrator, Risikomanager oder Vertriebsträger nach AIFMG in Liechtenstein aufgegriffen worden.[98]

hh) Primebroker. Sofern ein Primebroker in die Struktur des AIFM einbezogen wird, **149** muss die Auswahl und Beauftragung gemäß Art. 73 AIFMG mit den konstituierenden Dokumenten des AIF im Einklang stehen. So müssen der AIFM und der Primebroker die Auftragsbedingungen in einem schriftlichen Vertrag gemäß Art. 73 Abs. 2 AIFMG, insbesondere die Möglichkeit einer Übertragung und Wiederverwendung von Vermögenswerten des AIF sowie die Bezeichnung der Verwahrstelle vereinbaren.

Der Primebroker kann in zwei Funktionen von dem AIFM beauftragt werden – zum einen als Unterverwahrstelle nach Art. 74 AIFMG, wobei er die Pflichten der Verwahrstelle nach Art. 57f AIFMG zu befolgen hat und zum anderen als Geschäftspartner des AIFM (= Primebroker-Dienste) oder für Rechnung des AIF, soweit gemäß Art. 75 Abs. 1 AIFMG nicht nur Aufgaben einer Verwahrstelle wahrgenommen werden. Wesentlich ist, dass die Dienste eines Primebrokers als Geschäftspartners des AIFM gemäß Art. 75 Abs. 2 AIFMG nicht Teil der Vereinbarungen über die Aufgabenübertragung an eine Unterverwahrstelle sein dürfen. Zwar hat der AIFM den Primebroker als Geschäftspartner des AIFM gemäß Art. 75 Abs. 3 AIFMG mit der gebotenen Sachkenntnis, Sorgfalt und Gewissenhaftigkeit auszuwählen und zu beauftragen; trotzdem bleibt gemäß Art. 75 Abs. 4 AIFMG die Verantwortung für die Auswahl und Überwachung bei dem AIFM.

ii) Anleger. Als Anleger versteht das AIFMG einerseits gemäß Art. 4 Abs. 1 Nr. 31 **150** AIFMG professionelle Anleger, die iSv Anhang II der MiFID-Richtlinie als professionelle Kunden angesehen werden und andererseits gemäß Art. 4 Abs. 1 Nr. 34 AIFMG die Pri-

---

[96] *FMA*, AIFMG.
[97] *FMA*, AIFMG.
[98] *FMA*, AIFMG.

vatanleger, die keine professionellen Anleger sind. Die Definition des AIF gemäß Art. 4 Abs. 1 Nr. 1 AIFMG spricht lediglich von einer Anzahl von Anlegern, von welcher Kapital eingesammelt würde und unterscheidet dabei nicht in professionelle oder private Anleger. Dabei ist mit den Erwägungsgründen der AIFM-Richtlinie davon auszugehen, dass die Klassifizierung des AIF unabhängig von der des Anlegers betrachtet wird und die Vorgaben der Berichtspflichten für AIF im Sinne des Schutzes des professionellen sowie des privaten Anlegers bestehen.[99]

151 So muss der AIFM für jeden AIF gemäß Art. 104 Abs. 1 AIFMG binnen der ersten sechs Monate nach dem Ende des Geschäftsjahres einen Jahresbericht vorweisen und auf Verlangen den Anlegern kostenlos zur Verfügung stellen. Enthalten muss der Jahresbericht eine Bilanz oder Vermögensübersicht, Aufstellung der Erträge und Aufwendungen, einen Bericht über die Tätigkeiten, die Gesamtsumme der gezahlten Vergütungen, die Gesamtsumme der Vergütungen und jede wesentliche Änderung der Vertriebsinformationen (Art. 105 AIFMG). Die Zahlenangaben sind gemäß Art. 104 Abs. 5 AIFMG von einem Wirtschaftsprüfer zu prüfen, dessen Bestätigungsvermerk und gegebenenfalls Einschränkungen im Jahresbericht gemäß Art. 73f AIFMV vollständig wiederzugeben sind.

152 Ein AIFM stellt gemäß Art. 105 Abs. 1 AIFM den Anlegern für jeden von ihm verwalteten AIF die Vertriebsinformationen in jeweils aktueller Form vor deren Anteilserwerb gemäß der in den konstituierenden Dokumenten bestimmten Form (beim Vertrieb des AIF an Privatanleger als Prospekt und wesentlicher Anlegerinformation) zur Verfügung. So hat er gemäß Art. 105 Abs. 1 AIFMG die Beschreibung der Anlagestrategie und Ziele des AIF, die Angaben über den Sitz eines eventuellen Master-AIF (falls der AIF ein Feeder-AIF ist), die Angaben über den Sitz des Zielfonds, wenn es sich bei dem AIF um einen Dachfonds handelt, die Beschreibung der Art der Vermögenswerte, in die der AIF investieren darf, der Techniken, die er einsetzen darf und aller damit verbundenen Risiken, etwaiger Anlagebeschränkungen und Hebelfinanzierungen, des Verfahrens und die Voraussetzungen der Änderungen der Anlagestrategie und -politik, die Beschreibung der wichtigsten rechtlichen Merkmale der für die Anlage eingegangenen Vertragsbeziehung, einschließlich Informationen über die Gerichtsbarkeit, die Identität und Pflichten aller AIF-Dienstleister, Haftungsdeckungen, einer Beschreibung der Bewertungsverfahren-/methoden und Umgang mit den Liquiditätsrisiken, einer Beschreibung aller Entgelte, Gebühren und Kosten, eine Beschreibung der Anlegergleichbehandlung, den letzten Jahresbericht, die Ausgabe- und Rücknahmebedingungen, den letzten Nettoinventarwert des AIF oder den letzten Marktpreis der Anteile, die bisherige Wertentwicklung des AIF, die Identität des Primebrokers und damit verbundene Vereinbarung mit dem AIFM.

153 Der FMA hat gemäß Art. 107 Abs. 1 AIFMG der AIFM die für seine AIF wichtigsten Märkte und Instrumente, auf bzw. mit denen für Rechnung des AIF gehandelt wird und die wesentlichen Risikopositionen und -konzentrationen zu berichten und gemäß Art. 107 Abs. 4 AIFMG bei erheblichen Hebelfinanzierungen den Gesamtumfang der eingesetzten Hebelfinanzierungen für jeden der von ihm verwalteten AIF, eine Aufschlüsselung nach Hebelfinanzierungen (die durch Kreditaufnahmen oder Wertpapierleihe begründet wurden oder solche, die in Derivate eingebettet sind) und Angaben zu dem Umfang, in dem die Vermögenswerte der AIF im Rahmen von Hebelfinanzierungen wiederverwendet wurden, zu berichten.

d) Wirtschaftsprüfer

154 Gemäß Art. 109 Abs. 1 AIFMG ist für jeden AIF und jeden nach Art. 109 definierten Zulassungsträger nach dem AIFMG (AIF, kleiner und großer AIFM, Administrator, Risikoma-

---

[99] Vgl. Erwägungsgründe der 2011/61/EU Des Europäischen Parlaments und des Rates vom 8. Juni 2011 über die Verwalter alternativer Investmentfonds und zur Änderung der Richtlinien 2003/41/EG und 2009/65/EG und der Verordnungen (EG) Nr. 1060/2009 und (EU) Nr. 1095/2010 (AIFMD), Nr. 3, 12 f.

nager, Vertriebsträger) ein in Liechtenstein nach dem Gesetz vom 9. Dezember 1992 über Wirtschaftsprüfer und Revisionsgesellschaften (WPRG) zugelassener Wirtschaftsprüfer zu bestellen. Auch die Verwahrstelle fällt unter diese Anforderung, sofern sie nicht gemäß BankG oder anderen liechtensteinischen Gesetzen zu dessen Bestellung dazu verpflichtet ist.

Der Wirtschaftsprüfer prüft gemäß Art. 110 AIFMG insbesondere die fortwährende Erfüllung der Zulassungsvoraussetzungen, die Einhaltung der Bestimmungen des AIFMG und der konstituierenden Dokumente bei der Ausübung der Geschäftstätigkeit, die Jahresberichte des AIF, den Zulassungsträger nach dem AIFMG und die Verwahrstelle, wobei gemäß Art. 110 Abs. 3 AIFMG der Prüfungsbericht sechs Monate nach Geschäftsjahresende dem Zulassungsträger nach dem AIFMG bzw. der Verwahrstelle, dem jeweils anderen Wirtschaftsprüfer des Zulassungsträgers nach dem AIFMG bzw. der Verwahrstelle und der FMA zur Verfügung stehen muss.

e) Anlagepolitik

Gemäß Art. 91 Abs. 1 AIFMG iVm Art. 61f AIFMV werden AIF in verschiedene **155** Fondstypen eingeteilt, welche jedoch nach Art. 91 Abs. 2 AIFMG nicht abschließend sein sollen und daher dem AIF eine Flexibilität in der Anlagestrategie ermöglichen. Allerdings wird der kleine AIFM gemäß Art. 91 Abs. 2 AIFMG iVm Art. 92 AIFMG zu einem Typenzwang und damit zur Einhaltung der jeweiligen Bestimmungen zum Fondstyp verpflichtet. Im Grundsatz dürfen jedoch sowohl der kleine als auch der große AIFM gemäß Art. 93 Abs. 1 AIFMG bei Einhaltung des AIFMG nach Maßgabe ihrer Zulassung und der konstituierenden Dokumente das Vermögen des AIF in jeden Anlagegegenstand anlegen sowie auch das Vermögen des AIF mit den entsprechenden Anlagestrategien, Techniken und Instrumenten verwalten. Soweit der große AIFM den AIF einem bestimmten Fondstyp zuordnet, ist der Fondstyp in den konstituierenden Dokumenten des AIF festzulegen und der AIFM hat die für den jeweiligen Fondstyp nach Art. 91 Abs. 1 AIFMG festgelegten Vorgaben zur Anlagestrategie einzuhalten.

Grundsätzlich dürfen nach Art. 61 AIFMG die Namen von AIF nicht zu Verwechslungen und zur Täuschung Anlass geben, so dass der Name eines AIF auf eine bestimmte Anlagestrategie schließen lassen muss, welche er auch umsetzt.

Gemäß Art. 61 Abs. 2 AIFMG sind in den konstituierenden Dokumenten des AIF die Investitionszeiträume (innerhalb derer die entsprechenden Anlagegrenzen erreicht werden müssen) und das Vorgehen bei Abweichungen von den Anlagegrenzen zu definieren. Art. 62 AIFMV beschreibt den Fondstyp „AIF für liquide Anlagen", Art. 63 AIFMV den Fondstyp „AIF für illiquide Anlagen", Art. 64 AIFMV den „Flexfonds" und Art. 65 AIFMV den „Gehebelte(n) AIF".

AIF für liquide Anlagen umfassen nach Art. 62 Abs. 1 AIFMV in einem Umfang von **156** mindestens 70 % des Nettoinventarwerts liquide Anlagen. Solche sind gemäß Art. 62 Abs. 2 AIFMV nach Art. 51 UCITSG zulässige Anlagegegenstände[100], Edelmetalle, Rohstoffe oder Zertifikate über Edelmetalle und Rohstoffe, die liquide und jederzeit genau bewertbar sind sowie andere Anlagegegenstände, die liquide und jederzeit genau bewertbar sind. Die Definition von Liquidität ist nach Art. 61 Abs. 3 AIFMV gegeben, wenn sich die Anlagegegenstände innerhalb hinreichend kurzer Zeit mit begrenzten Kosten veräußern lassen und jederzeit, mindestens aber einmal im Monat, genau mit der Ermittlung eines Nettoinventarwerts bewertbar sind. Darüber hinaus ist eine Hebelfinanzierung nach Art. 62 Abs. 4 AIFMV begrenzt einsetzbar.

AIF für illiquide Anlagen umfassen nach Art. 63 Abs. 1 AIFMV in einem Umfang von **157** mindestens 70 % des Nettoinventarwerts illiquide Anlagen. Als illiquide Anlagen definiert Art. 63 Abs. 2 AIFMV Anlagen, die nicht liquide Anlagen nach Art. 62 Abs. 2 AIFMV sind. Eine Hebelfinanzierung ist für illiquide Anlagen auch gemäß Art. 63 Abs. 3 AIFMV begrenzt einsetzbar.

---

[100] Siehe Darstellungen zu 2.e) Anlagepolitik von OGAW → Rn. 86.

158 Flexfonds sind gemäß Art. 64 Abs. 1 AIFMV AIF, die nach Maßgabe ihrer Anlagenpolitiken liquide und illiquide Anlagen kombinieren, was sie in ihren konstituierenden Dokumenten bestimmen. Eine Hebelfinanzierung ist gemäß Art. 64 Abs. 3 AIFMV begrenzt möglich.

159 Gehebelte AIF ermöglichen nach Art. 65 Abs. 1 AIFMV eine erweiterte Hebelfinanzierung, die bei den AIF in liquide Anlagen und illiquide Anlagen sowie Flexfonds nicht möglich ist und stellen daher den Fondstyp mit den weitesten Anlagemöglichkeiten, aber auch dem höchsten Risiko dar. Demnach fordert Art. 65 Abs. 5 AIFMV für gehebelte AIF in den Anlegerinformationen und im Zeichnungsschein einen Hinweis auf die mit der Hebelfinanzierung verbundenen Risiken und lässt der FMA die Forderungsmöglichkeit erweiterter Berichtspflichten in Art. 65 Abs. 6 AIFMV.

160 AIF können den vorbenannten Fondstypen untergeordnet oder gemäß Art. 96 Abs. 1 AIFMG allein oder aufgrund einer Vereinbarung mit anderen AIFM zusammen die Kontrolle über eine nicht börsennotierte Zielgesellschaft erlangen. Gemäß Art. 96 Abs. 2 AIFMG bedeutet hierbei Kontrolle in Bezug auf nicht börsennotierte Zielgesellschaften das Halten von mehr als 50 % der Stimmrechte, wobei sich der Anteil der Stimmrechte aus der Gesamtzahl der mit Stimmrechten versehenen Aktien errechnet, auch wenn die Ausübung dieser Stimmrechte ausgesetzt ist. Darüber hinaus sind Stimmrechte von Unternehmen, die der AIF kontrolliert oder Stimmrechte natürlicher oder juristischer Personen, die in ihrem eigenen Namen, aber im Auftrag des AIF oder eines von dem AIF kontrollierten Unternehmens handeln, zu berücksichtigen. Art. 96 Abs. 3 AIFMG nimmt von der Anwendung der Art. 96f AIFMG kleine und mittlere Unternehmen aus, die weniger als 250 Personen beschäftigen und entweder höchstens einen Jahresumsatz erzielen, der 50 Millionen Euro (bzw. den Gegenwert in einer anderen Währung) entsprechen oder deren Jahresbilanzsumme höchstens einen Betrag ausmacht, der 43 Millionen Euro (bzw. dem Gegenwert in einer anderen Währung) entspricht sowie auch Zweckgesellschaften für den Erwerb, den Besitz und die Verwaltung von Immobilien.

Nach Art. 97 AIFMG hat ein AIFM binnen zehn Arbeitstagen nach dem Kontrollerwerb diesen mit den neuen Stimmrechtsverhältnissen, den Bedingungen des Kontrollerwerbs, dem Datum des Kontrollerwerbs und der notwendigen Mitarbeiterinformation an die Zielgesellschaft, den Gesellschaftern, deren Adressen ihm bekannt oder zugänglich sind sowie der FMA mitzuteilen. Der AIFM hat zudem nach Art. 98 AIFMG einen Offenlegungspflicht mit der Mitteilung seines Namens, seinen Regeln zur Vermeidung und Behandlung von Interessenkonflikten, zur internen Kommunikation bezüglich der Zielgesellschaft und der notwendigen Mitarbeiterkommunikation der Zielgesellschaft der FMA, den Gesellschaftern sowie der Geschäftsführung der Zielgesellschaft und der für die Zielgesellschaft zuständigen Behörde mitzuteilen. Erwirbt, übersteigt oder unterschreitet der AIF bedeutende Beteiligungen mit Schwellenwerten von 10 %, 20 %, 30 %, 50 % oder 75 % der Stimmrechte, muss er seine Anleger und die FMA insbesondere auch gemäß Art. 99 Abs. 2 AIFMG über die Finanzierung des Kontrollerwerbs informieren.

Der AIFM stellt nach Art. 100 AIFMG die fristgerechte Offenlegung des Jahresberichts oder Informationen über die Zielgesellschaft sicher, welcher wesentlich über deren Geschäftslage am Ende des Geschäftsjahres und die voraussichtliche Entwicklung berichtet.

161 Art. 102 AIFMG stellt die Zulässigkeit von Master-Feeder-Strukturen auch für AIF klar, jedoch muss die Eigenschaft des Master-AIF oder Feeder-AIF in den konstituierenden Dokumenten ausgeführt werden.

162 AIF können wie OGAW ebenso in der Umbrella-Form strukturiert werden, so dass gemäß Art. 103 AIFMG jeder Teilfonds in seiner Anlagestruktur gemäß Art. 103 Abs. 3 AIFMG wie ein eigener AIF und somit als eigenständige Haftungseinheit zu betrachten ist.

f) Verschmelzung von AIF

163 Nach Art. 78 AIFMG kann sich (wie ein OGAW) auch ein AIF im Rahmen einer Verschmelzung mit einem oder mehreren anderen AIF vereinigen und zwar unabhängig da-

II. Liechtensteinisches Investmentrecht

von, welche Rechtsform der AIF hat. Die Verschmelzung bedarf gemäß Art. 80 Abs. 1 AIFMG der Zustimmung der FMA.

Die Verschmelzung von AIF verlangt gemäß Art. 79 Abs. 1 AIFMG die vorherige Anzeige an die FMA, soweit der übertragende AIF nicht zulassungspflichtig ist. Für jeden AIF übermittelt der AIFM der FMA gemäß Art. 79 Abs. 2 AIFMG den Verschmelzungsplan, die für die Vertriebsanzeige notwendigen Informationen nach Art. 17 AIFMG, die Erklärung der Verwahrstellen, dass sie die Übereinstimmung der Angaben mit den Anforderungen des AIFMG und den konstituierenden Dokumenten des AIF überprüft haben oder den Nachweis, dass die Anleger gemäß Art. 82 Abs. 2 AIFMG auf diese Prüfung verzichteten und die Anlegerinformationen bezüglich der Verschmelzung bzw. den Nachweis des entsprechenden Verzichts.

Die Anforderungen an den Verschmelzungsplan (Art. 81 AIFMG), die Erklärung der Verwahrstellen (Art. 82 AIFMG, soweit sie nicht entfällt), den Prüfbericht des Wirtschaftsprüfers (Art. 83 AIFMG), die Anlegerinformation (Art. 84 AIFMG, soweit nicht darauf verzichtet wurde) entsprechen den Anforderungen an die jeweiligen Dokumente im UCITSG.[101]

Soweit die Anteile nur an professionelle Anleger vertrieben werden, hat die FMA gemäß Art. 79 Abs. 4 AIFMG binnen zehn (oder nach begründeter Fristverlängerung zwanzig) Arbeitstagen nach Zugang der Unterlagen den AIFM über die Vollständigkeit der Unterlagen zu informieren oder deren Vervollständigung zu verlangen. Im Falle, dass Privatanleger von der Verschmelzung betroffen sind, die nicht auf die Erteilung oder Prüfung des Verschmelzungsplans und die Anlegerinformation ausdrücklich verzichteten, hat die FMA gemäß Art. 79 Abs. 5 AIFMG die Auswirkungen auf die Anleger abzuwägen und die angemessene Information der Anleger zu prüfen und gegebenenfalls deren Vervollständigung zu verlangen.

g) EU/EWR/Drittstaaten-Vertrieb/Verwaltung von AIF

Aufgrund der zuvor erörterten Verzögerung der Übernahme der AIFM-Richtlinie in den EWR kann von dem grenzüberschreitenden EU/EWR-Pass des AIF und AIFM zum aktuellen Zeitpunkt kein Gebrauch gemacht werden. Dies bedeutet, dass der Vertrieb von liechtensteinischen AIF vorerst auf in Liechtenstein ansässige Anleger eingeschränkt ist und liechtensteinische AIFM aktuell auf die Verwaltung von liechtensteinische AIF gemäß AIFMG beschränkt sind. **164**

Die Verwaltung eines Drittstaaten-AIF ohne Vertriebsbefugnis in Liechtenstein darf durch einen AIFM in Liechtenstein gemäß Art. 125 Abs. 1 AIFMG erfolgen, wenn der AIFM alle im AIFMG für Drittstaaten-AIF festgelegten Anforderungen mit Ausnahme der Anforderungen an die Verwahrstelle und den Jahresbericht erfüllt und geeignete Vereinbarungen über die Zusammenarbeit und den Informationsaustausch zwischen der FMA und den Drittstaatbehörden am Sitz des Drittstaaten-AIF bestehen, die der FMA ermöglichen, ihre Aufgaben nach dem AIFMG wahrzunehmen. **165**

Die Zulassung des Vertriebs eines Drittstaaten-AIF durch einen in Liechtenstein ansässigen AIFM wird gemäß Art. 128 Abs. 1 AIFMG durch die FMA zugelassen, wenn der AIFM alle im AIFMG festgelegten Anforderungen mit Ausnahme der Anforderungen an die Verwahrstelle erfüllt. Zahlungen und Verwahrung müssen jedoch an eine Stelle übertragen werden, die nicht der AIFM sein darf. Zudem müssen gemäß Art. 128 Abs. 1 lit. b AIFMG zwischen der FMA und den Aufsichtsbehörden des Sitzstaats des Drittstaaten-AIF für die Überwachung von Systemrisiken geeignete Vereinbarungen zur Zusammenarbeit und zum Informationsaustausch bestehen oder getroffen werden. **166**

h) Strafbestimmungen

Das AIFMG erfasst in den Art. 176 bis Art. 180 AIFMG besondere Strafbestimmungen bezüglich der AIF. **167**

---

[101] Siehe Darstellungen zu 2.f., Verschmelzung von OGAW → Rn. 90, 91, 92.

Nach Art. 176 Abs. 1 AIFMG wird vom Landgericht wegen Vergehen mit Freiheitsstrafe bis zu einem Jahr oder mit Geldstrafe bis zu 360 Tagessätzen unter anderem bestraft, wer als Organmitglied oder Mitarbeiter oder sonst für einen AIF oder eine als AIFM tätige Person oder als Wirtschaftsprüfer die Pflicht zur Geheimhaltung wissentlich verletzt oder wer hierzu verleitet oder zu verleiten sucht, oder wer ohne die erforderliche Autorisierung oder Zulassung einen AIF verwaltet oder dessen Anteile in Liechtenstein vertreibt oder zu diesem Zweck Vermögenswerte Dritter entgegennimmt oder hält, oder wer ohne Zulassung als AIFM tätig ist. Art. 176 Abs. 2 AIFMG erläutert hierbei unter anderem folgende, vom Landgericht wegen Vergehen mit Freiheitsstrafe bis zu sechs Monaten oder mit Geldstrafe bis 180 Tagessätzen verhängte Straftaten: Verletzung einer mit Zulassung oder Registrierung verbundenen Auflage der FMA, falsche, unvollständige oder unterlassene Erteilung von Auskünften an die FMA, Verletzung seiner Pflichten als Wirtschaftsprüfer, oder Verletzung der nach diesem Gesetz bestehenden Pflicht zur Vermögenstrennung und zur Übertragung des Vermögens auf eine Verwahrstelle als Organmitglied eines AIFM oder eines selbstverwalteten AIF. Die Straftatbestände, die wegen Übertretung mit Busse bis zu 200 000 CHF von der FMA bestraft werden, sind in Art. 176 Abs. 3 AIFMG geregelt und erfassen unter anderem die verspätete oder unterlassene Einreichung periodischer Berichte an die FMA, die unterlassene Durchführung der ordentlichen oder einer von der FMA vorgeschriebenen Wirtschaftsprüfung, oder das Nicht-Nachkommen der Pflichten gegenüber dem Wirtschaftsprüfer. Liegt eine Übertretung vor, die einen wirtschaftlicher Vorteil nach sich zog, kann die FMA gemäß Art. 177 AIFMG innerhalb von fünf Jahren seit Beendigung der Zuwiderhandlung die Abschöpfung dieses Vorteils anordnen und den Begünstigten zur Zahlung des entsprechenden Geldbetrags verpflichten, sofern der Vorteil nicht schon durch Schadenersatz oder sonstige Leistungen ausgeglichen wurde.

168 Die FMA kann gemäß Art. 179 Abs. 1 AIFMG Sanktionen auf Kosten des Betroffenen bekanntmachen, insofern dies verhältnismäßig und keine Gefahr für die Stabilität der Finanzmärkte oder der Interessen der Anleger ist.

Die Mitteilungspflicht anderer Behörden und der Gerichte gegenüber der FMA betreffend Urteile und Einstellungsbeschlüsse von Mitgliedern der Verwaltung oder Geschäftsführung von AIFM und von Wirtschaftsprüfern ist in Art. 180 AIFMG geregelt.

III. Steuerliche Aspekte des liechtensteinischen Investmentrechts

1. Besteuerung des Fondsmanagements

a) Ertragssteuer

169 Juristische Personen sind mit ihren gesamten Erträgen unbeschränkt steuerpflichtig, wenn sich der Sitz oder der Ort ihrer tatsächlichen Verwaltung in Liechtenstein befindet.[102] Die Ertragssteuer beträgt 12,5% des steuerpflichtigen Reinertrags.[103] Die Steuern selber sind dabei nicht abzugsfähig.[104] Der effektiv resultierende Steuersatz wird durch den Eigenkapitalzinsabzug weiter reduziert.[105] Dieser beträgt aktuell 4% und wird jährlich durch die Regierung festgelegt.

170 Gewinnanteile (zB Dividenden) aus der Beteiligung an juristischen Personen sind steuerfrei.[106] Auch Kapitalgewinne aus der Veräußerung oder Liquidation von Beteiligungen an

---

[102] Art. 44 Abs. 1 SteG.
[103] Art. 61 SteG.
[104] Art. 47 Abs. 3 lit. f SteG.
[105] Art. 54 SteG.
[106] Art. 48 Abs. 1 lit. e SteG.

juristischen Personen sind von der Ertragssteuer befreit.[107] Obwohl Anteile an Investmentunternehmen nicht als Beteiligung an einer juristischen Person qualifizieren, sind Erträge aus Investmentunternehmen steuerfrei, sofern nachgewiesen werden kann, dass die Erträge des Investmentunternehmens aus qualifizierenden Beteiligungen stammen.[108]

b) Couponsteuer

171 Liechtenstein hat bis Ende 2010 eine Couponsteuer von 4% auf inländische Wertpapiere und ihnen gleichgestellte Urkunden erhoben.[109] Die Couponsteuer wurde jedoch mit dem Inkrafttreten des neuen Steuergesetzes per 1. Januar 2011 abgeschafft. Allerdings erhebt Liechtenstein auf die maßgebenden Reserven per 31. Dezember 2010 (Altreserven) weiterhin die Couponsteuer.[110] Diese Altreserven konnten zwischen dem 1. Januar 2011 und 31. Dezember 2012 zu einem reduzierten Satz von 2% versteuert werden.[111] Die Besteuerung erfolgte entweder bei Ausschüttung oder auf Antrag (ohne Ausschüttung). Sofern von dieser Möglichkeit nicht Gebrauch gemacht wurde, kommt auf die verbleibenden Altreserven weiterhin der Steuersatz von 4% zur Anwendung. Zu beachten ist, dass sowohl bei offenen als auch verdeckten Gewinnausschüttungen die Altreserven grundsätzlich als zuerst verwendet gelten, dh es gibt kein Wahlrecht.

c) Stempelabgaben

172 Bei den Stempelabgaben handelt es sich eigentlich um eine schweizerische Steuer, welche auf den Rechtsverkehr mit bestimmten in- und ausländischen Urkunden erhoben wird. Als Inländer qualifiziert, wer im Inland (der Schweiz und Liechtenstein) Wohnsitz, dauernden Aufenthalt, statuarisch oder gesetzlichen Sitz hat oder als Unternehmen im inländischen oder schweizerischen Handelsregister eingetragen ist.[112] Aufgrund des Zollanschlussvertrages vom 29. März 1923[113] sowie des Einführungsgesetzes zum Zollvertrag vom 13. Mai 1924[114] gilt das Gebiet des Fürstentums Liechtenstein stempelsteuerrechtlich ebenfalls als Inland. Folglich findet, soweit nichts anderes bestimmt wird und in den Ausführungsbestimmungen betreffend die Durchführung der Bundesgesetzgebung über Stempelabgaben nichts anderes geregelt ist, das schweizerische Stempelsteuerrecht im Fürstentum Liechtenstein unverändert Anwendung.

173 **aa) Emissionsabgabe.** Verwaltungsgesellschaften von vertraglichen Investmentfonds (Fondsleitungen) unterliegen in Abhängigkeit ihrer Rechtsform entweder der schweizerischen Emissionsabgabe oder der Gründungsabgabe gemäß Art. 66 SteG. Sofern die Fondsleitung in der Form einer Aktiengesellschaft organisiert ist, ist auf der Ausgabe von Anteilen die Emissionsabgabe von 1% geschuldet, wobei eine allgemeine Freigrenze von 1 Mio. CHF zur Anwendung kommt.

174 Ist die Fondsleitung jedoch beispielsweise als Anstalt gemäß Art. 534ff. PGR organisiert, kommt die Gründungsabgabe zur Anwendung. Diese beträgt ebenfalls 1% unter Anwendung einer Freigrenze von 1 Mio. CHF. Die Gesellschaftssteuer reduziert sich jedoch auf 0.5% des Kapitals, das 5 Mio. CHF übersteigt, und auf 0.3% des Kapitals, das 10 Mio. CHF übersteigt.

175 **bb) Umsatzabgabe.** Gegenstand der schweizerischen Umsatzabgabe ist die entgeltliche Übertragung von Eigentum an steuerbaren Urkunden, sofern eine der involvierten Vertragsparteien ein inländischer Effektenhändler ist oder die Transaktion durch einen solchen inländischen Effektenhändler vermittelt wird.[115] Sind diese Voraussetzungen kumulativ

---

[107] Art. 48 Abs. 1 lit. f SteG.
[108] Art. 31 SteV.
[109] Art. 88 lit. a aSteG.
[110] Art. 158 Abs. 2 SteG.
[111] Art. 158 Abs. 3 SteG.
[112] Art. 4 Abs. 1 StG.
[113] LR 0.631.112.
[114] LR 631.112.1.
[115] Art. 13 Abs. 1 StG.

erfüllt, wird der als Vermittler oder als Vertragspartei an der Transaktion beteiligte Effektenhändler abgabepflichtig. Die zu entrichtende Umsatzabgabe beträgt 1.5‰ auf inländische bzw. 3‰ auf ausländische Urkunden. Berechnungsgrundlage bildet dabei das beim Kauf oder Verkauf einer steuerbaren Urkunde bezahlte Entgelt (also auch im Falle der Vermittlung der Betrag, den der Investor für das Investment bezahlt, nicht lediglich die Kommission des Vermittlers). Ferner ist zu beachten, dass sich die Umsatzabgabe immer in halben Abgaben bezogen auf die involvierten Vertragsparteien berechnet.

176 Eine Umsatzabgabepflicht entsteht nur dann, wenn an der entgeltlichen Übertragung von Eigentum an steuerbaren Urkunden mindestens ein inländischer Effektenhändler (im umsatzabgaberechtlichen Sinne im Unterschied zum regulatorischen Sinne) beteiligt ist. Als Effektenhändler im umsatzabgaberechtlichen Sinne gelten auch inländische juristische Personen (zB schweizerische Aktiengesellschaften), sofern deren Tätigkeit darin besteht, für Dritte den Handel mit steuerbaren Urkunden zu betreiben (Händler) oder als Anlageberater oder Vermögensverwalter Kauf und Verkauf von steuerbaren Urkunden zu vermitteln (Vermittler).[116] Ferner können juristische Personen zum Effektenhändler werden, wenn sie steuerbare Urkunden im Buchwert von mehr als 10 Mio. CHF besitzen.

177 Der Begriff der Vermittlung wird in der schweizerischen Steuerrechtspraxis weit ausgelegt. Im Ergebnis gilt jede Tätigkeit, die darauf ausgerichtet ist, nicht bloß zu beraten oder einen Auftrag nur weiterzuleiten, sondern den Abschluss eines Geschäfts herbeizuführen, als steuerrechtlich relevante Vermittlung. Dabei ist umstritten, ob der Vermittlerbegriff wirtschaftlich oder formell auszulegen ist. Während einer weit verbreiteten Meinung zufolge bei einer Rechtsverkehrssteuer lediglich die formelle Auslegung in Frage kommt, wendet die Eidgenössische Steuerverwaltung (ESTV) den Begriff in der Regel wirtschaftlich und damit weit aus. Letztere Auslegung kann dazu führen, dass ein Anlageberater, welcher materiell die Investitionsentscheide fällt, auch dann zum Vermittler wird, wenn die Geschäfte formell durch einen ausländischen Verwalter (Manager) getätigt werden.

178 Es ist zu beachten, dass selbst beim Vorliegen einer Vermittlung einer steuerbaren Urkunde die schweizerische Umsatzabgabe nur dann entrichtet werden muss, wenn keine Steuerausnahme greift. Die schweizerische Umsatzabgabe kennt eine Vielzahl von objektiven[117] Befreiungsgründen und subjektiven[118] Befreiungsgründen. Je nach Art des Befreiungsgrundes ist entweder gar keine Umsatzabgabe zu entrichten, oder es ist lediglich eine halbe Abgabe geschuldet. Allerdings gilt dies nicht, wenn ein weiterer Effektenhändler oder ein befreiter Anleger[119] an der Transaktion beteiligt ist. Der Effektenhändler schuldet somit je eine halbe Abgabe, wenn er vermittelt, für jede Vertragspartei, die weder ein registrierter Effektenhändler noch ein befreiter Anleger ist.

179 Objektive Befreiungsgründe führen dazu, dass die gesamte Transaktion von der Umsatzabgabe ausgenommen ist.[120]

---

[116] Art. 13 Abs. 3 lit. b StG.

[117] Objektiv deshalb, weil der Befreiungsgrund in der Natur der Transaktion liegt (vgl. Art. 14 StG).

[118] Subjektiv deshalb, weil sich der Befreiungsgrund aufgrund der an der Transaktion beteiligten Parteien ergibt (vgl. Art. 17a StG).

[119] Befreite Anleger sind: Ausländische Staaten und Zentralbanken; inländische (= schweizerische) kollektive Kapitalanlagen; ausländische kollektive Kapitalanlagen; ausländische Einrichtungen der Sozialversicherung; ausländische Einrichtungen der beruflichen Vorsorge; ausländische Lebensversicherer, die einer der schweizerischen Bundesaufsicht vergleichbaren ausländischen Regulierung unterstehen; ausländische Gesellschaften, deren Aktien an einer anerkannten Börse kotiert sind, sowie ihre ausländischen konsolidierten Konzerngesellschaften; ausländische Banken sowie ausländische Börsenagenten (vgl. Art. 17a Abs. 1 StG). Diese Aufzählung gibt lediglich einen Überblick. Für bestimmte befreite Anleger sind zusätzliche Kriterien zu prüfen, damit die Steuerausnahme angewendet werden kann.

[120] Von der Umsatzabgabe sind folgende Transaktionen ausgenommen: (i) Der ganze Emissionsvorgang bei inländischen Beteiligungsurkunden (Aktien, Anteilscheine von Gesellschaften mit beschränkter Haftung und von Genossenschaften, Partizipationsscheine, Genussscheine), bei Anteilscheinen von

III. Steuerliche Aspekte des liechtensteinischen Investmentrechts

Subjektive Befreiungsgründe führen dazu, dass eine halbe Abgabe für die Partei entfällt, welche den Befreiungsgrund aufgrund bestimmter Eigenschaften der Partei erfüllt – dh entweder ist eine halbe Abgabe geschuldet (wenn nur eine der beiden Parteien einen subjektiven Befreiungsgrund erfüllt), oder gar keine Umsatzabgabe (wenn beide Parteien einen subjektiven Befreiungsgrund erfüllen).

Handelt der Effektenhändler als Vermittler, ergeben sich somit folgende Konstellationen:

Vertragspartei 1 ist ein...	Vermittler	Vertragspartei 2 ist ein...
...Nicht-Effektenhändler	Vermittler rechnet für beide Vertragsparteien je eine halbe Abgabe (insgesamt also eine volle Abgabe) ab, da keine der Vertragsparteien selber Effektenhändler oder befreiter Anleger ist **Volle Abgabe**	...Nicht-Effektenhändler
...befreiter Anleger	Vermittler rechnet als Effektenhändler keine Abgabe ab, da beide Vertragsparteien befreite Anleger sind **keine Abgabe**	...befreiter Anleger
...Effektenhändler*	Vermittler rechnet als Effektenhändler keine Abgabe ab, da beide Vertragsparteien als Effektenhändler bereits für sich abrechnen. **keine Abgabe**	...Effektenhändler*
...Effektenhändler*	Vermittler rechnet als Effektenhändler ½ Abgabe ab. **½ Abgabe**	...Nicht-Effektenhändler

180

---

inländischen Anlagefonds sowie bei inländischen Obligationen und Geldmarktpapieren; (ii) die Ausgabe von Euroobligationen; (iii) die Vermittlung oder der Kauf und Verkauf von ausländischen Obligationen (Euroobligationen) soweit der Käufer oder der Verkäufer eine ausländische Vertragspartei ist; (iv) die Sacheinlage von Urkunden zur Liberierung inländischer Aktien, Stammeinlagen von Gesellschaften mit beschränkter Haftung, Genossenschaftsanteile, Partizipationsscheine und Anteile an einem Anlagefonds; (v) der Handel mit Bezugsrechten und Optionen; (vi) die Rückgabe von Urkunden zur Tilgung; (vii) der Handel mit in- und ausländischen Geldmarktpapieren sowie (viii) Transaktionen für den Handelsbestand eines gewerbsmäßigen Effektenhändlers, soweit dieser Titel daraus veräußert oder zur Äufnung dieses Bestandes erwirbt (Befreiung für den auf ihn selbst entfallenden Teil der Abgabe).

Vertragspartei 1 ist ein...	Vermittler	Vertragspartei 2 ist ein...
...Effektenhändler*	Vermittler rechnet weder für Vertragspartei 1 noch für Vertragspartei 2 etwas ab, da Vertragspartei 1 bereits selbst abrechnet und Vertragspartei 2 von der Abgabe befreit ist. **keine Abgabe**	...befreiter Anleger
...Nicht-Effektenhändler	Vermittler rechnet für Vertragspartei 1 ½ Abgabe ab, nicht aber für Vertragspartei 2, da diese von der Abgabe befreit ist. **½ Abgabe**	...befreiter Anleger

*Effektenhändler rechnet die Steuer selber ab.

181 Eine Umsatzabgabepflicht zieht verschiedene Compliance-Erfordernisse mit sich. Dabei ist zu beachten, dass es sich bei der Umsatzabgabe um eine Selbstveranlagungssteuer handelt und sich die Vermögensverwaltungsgesellschaft bzw. AIFM deshalb bei der ESTV mit der Aufnahme der Geschäftstätigkeit unaufgefordert als Effektenhändler zu registrieren hat.

Ein Effektenhändler ist verpflichtet, ein Umsatzregister zu führen, das nach bestimmten Vorschriften zu gliedern ist. In dieses Umsatzregister ist grundsätzlich jede Transaktion innerhalb von drei Tagen nach deren Abschluss einzutragen, ausgenommen, es handle sich um eine aufgrund von objektiven Befreiungsgründen von der Umsatzabgabe ausgenommene Transaktion. Allerdings müssen Sekundärmarkttransaktionen mit ausländischen Obligationen immer in das Umsatzregister eingetragen werden. Gleiches gilt für Transaktionen mit befreiten Anlegern, dh wobei subjektive Befreiungsgründe zur Anwendung gelangen.

Ferner ist zu beachten, dass, selbst wenn keine Umsatzabgabe geschuldet ist, der ESTV jeweils innerhalb von 30 Tagen nach Ablauf des Geschäftsvierteljahres das amtliche Abrechnungsformular (Formular 9: Abgabe auf Wertpapieren beim Umsatz) unaufgefordert eingereicht werden muss. Um unverhältnismäßige Umtriebe zu vermeiden, kann bei der ESTV beantragt werden, ein anderes Abrechnungsverfahren (zB jährliche Abrechnungen) verwenden zu dürfen. Die Limite zur Bewilligung eines solchen Gesuches liegt derzeit bei 5000 CHF Umsatzabgabe pro Jahr.

d) Mehrwertsteuer

182 Die Schweiz und das Fürstentum Liechtenstein bilden hinsichtlich der Mehrwertsteuer ein gemeinsames Anwendungsgebiet. Grundlage dieser Regelung ist der Staatsvertrag vom 28. Oktober 1994. Gestützt auf diesen Vertrag hatten der Schweizerische Bundesrat und die Regierung des Fürstentums Liechtenstein die Vereinbarung vom 28. November 1994 ausgehandelt, die seit dem 1. Januar 1995 in Kraft ist und regelmäßig an gesetzliche Neuerungen angepasst wird.

183 Investmentunternehmen mit Sitz im Fürstentum Liechtenstein sind gemäß dem UCITSG sowie dem IUG den schweizerischen kollektiven Anlagen gleichgestellt, wodurch das Schweizerische Bundesgesetz über die kollektiven Kapitalanlagen (KAG) herangezogen wird.

Der Vertrieb von Anteilen an und die Verwaltung von kollektiven Kapitalanlagen gemäß **184** KAG durch Personen, welche diese verwalten oder aufbewahren, die Fondsleitungen, die Depotbanken, deren Beauftragte sowie deren (Unter-)Beauftragte, ist von der Mehrwertsteuer grundsätzlich ausgenommen.[121] Die Ausnahme greift somit unter den folgenden drei Voraussetzungen:
- Es handelt sich um eine kollektive Kapitalanlage gemäß KAG;
- die Leistung wird durch die Fondsleitung, die Depotbank, eine SICAV, eine KGK oder deren Beauftragte erbracht; und
- bei der Leistung handelt es sich um eine Verwaltungsaufgabe oder um eine Vertriebsleistung für eine kollektive Kapitalanlage.

Nicht unter diese Ausnahme fallen dagegen die inländische SICAF sowie ausländische **185** kollektive Kapitalanlagen, die nicht unter das KAG fallen. Praxisgemäß handelt es sich dabei um jene ausländischen kollektiven Kapitalanlagen, die nicht auf der Liste der bewilligten kollektiven Kapitalanlagen der FINMA aufgeführt sind.

Der Vertrieb von Anteilen an einer SICAF ist ebenfalls von der Mehrwertsteuer ausgenommen.[122] Die Verwaltung einer SICAF ist dagegen je nach Art der jeweiligen Leistung **186** steuerbar. Letzteres gilt auch für ausländische kollektive Kapitalanlagen, die nicht unter das KAG fallen.

2. Besteuerung der OGA

a) Ertragssteuer

Die Ertragssteuer beträgt 12,5 % des steuerpflichtigen Reinertrags.[123] Das Unternehmenseinkommen aus den verwalteten Vermögenswerten des OGA ist vom steuerbaren **187** Unternehmenseinkommen ausgeschlossen.[124] Dies betrifft sowohl die Erträge aus OGAW gemäß UCITSG, Investmentunternehmen für andere Werte oder Immobilien nach dem IUG, AIF nach AIFMG als auch vergleichbare, nach dem Recht eines anderen Staates errichtete OGA. Das übrige Unternehmenseinkommen unterliegt einer unbeschränkten Steuerpflicht und damit der Ertragsteuer (vgl. Ziff. 1.1 oben).

b) Couponsteuer

Liechtenstein hat früher eine Couponsteuer von 4 % auf inländischen Wertpapiere und **188** ihnen gleichgestellte Urkunden erhoben.[125] Die Couponsteuer wurde jedoch mit dem Inkrafttreten des neuen Steuergesetzes per 1. Januar 2011 abgeschafft. Allerdings erhebt Liechtenstein auf die maßgebenden Reserven per 31. Dezember 2010 (sogenannte Altreserven) weiterhin die Couponsteuer.[126] Diese Altreserven konnten zwischen dem 1. Januar 2011 und 31. Dezember 2012 zu einem reduzierten Satz von 2 % versteuert werden.[127] Die Besteuerung erfolgte entweder bei Ausschüttung oder auf Antrag (ohne Ausschüttung). Sofern von dieser Möglichkeit nicht Gebrauch gemacht wurde, kommt auf den verbleibenden Altreserven weiterhin der Steuersatz von 4 % zur Anwendung. Zu beachten ist, dass sowohl bei offenen als auch verdeckten Gewinnausschüttungen die Altreserven immer als zuerst verwendet gelten, dh es gibt kein Wahlrecht.

Bei OGA ist ferner zu beachten, dass auf dem verwalteten Vermögen keine Coupon- **189** steuer geschuldet ist.[128] Die Couponsteuer ist somit ausschließlich für das eigene Vermögen der Anlagegesellschaft oder die Verwaltungsgesellschaft/Fondsleitung relevant. Zudem kann

---

[121] Art. 21 Abs. 2 Ziff. 19 lit. e MWSTG.
[122] Art. 21 Abs. 2 Ziff. 19 lit. e MWSTG.
[123] Art. 61 SteG.
[124] Art. 48 Abs. 1 lit. b SteG.
[125] Art. 88 lit. a aSteG.
[126] Art. 158 Abs. 2 SteG.
[127] Art. 158 Abs. 3 SteG.
[128] Art. 86 Abs. 2 aSteG.

ein OGA bzw. dessen Anleger indirekt von der Couponsteuer betroffen sein, sofern es für die Couponsteuer qualifizierende Urkunden hält und auf Gewinnausschüttungen dieser Investitionen die Couponsteuer in Abzug gebracht wurde.

c) Stempelabgaben

190   Bei den Stempelabgaben handelt es sich eigentlich um eine schweizerische Steuer, welche auf den Rechtsverkehr mit bestimmten in- und ausländischen Urkunden erhoben wird. Als Inländer qualifiziert, wer im Inland (der Schweiz und Liechtenstein) Wohnsitz, dauernden Aufenthalt, statuarisch oder gesetzlichen Sitz hat oder als Unternehmen im inländischen Handelsregister eingetragen ist.[129] Aufgrund des Zollanschlussvertrages vom 29. März 1923[130] sowie des Einführungsgesetzes zum Zollvertrag vom 13. Mai 1924[131] gilt das Gebiet des Fürstentums Liechtenstein stempelsteuerrechtlich ebenfalls als Inland. Folglich findet, soweit nichts anderes bestimmt wird und in den Ausführungsbestimmungen betreffend die Durchführung der Bundesgesetzgebung über Stempelabgaben nichts anderes geregelt ist, das schweizerische Stempelsteuerrecht im Fürstentum Liechtenstein Anwendung.

191   **aa) Emissionsabgabe.** Die Begründung und Ausgabe von Anteilen an liechtensteinischen Investmentfonds (vertraglicher Anlagefonds) ist von der Emissionsabgabe befreit.[132] Es ist zu beachten, dass sich der Ausnahmetatbestand ausschließlich auf das verwaltete Vermögen bezieht. Da die Befreiung der Emissionsabgabe im Stempelabgabegesetz der Schweiz explizit geregelt ist, ist keine Gründungsabgabe geschuldet.[133]

192   Bei der SICAV unterliegen die Anteile am Grundkapital (als Teil der Eigenmittel) sowie die Anteile am verwalteten Vermögen weder der Emissionsabgabe noch der Gründungsabgabe.

193   Bei der SICAF unterliegt die Ausgabe (bzw. Erhöhung des Nennwertes) von Aktien der Emissionsabgabe von 1 %, sofern die Gegenleistung 1 Million CHF überschreitet.

194   **bb) Umsatzabgabe.** Die Ausgabe von Anteilen an liechtensteinischen OGA ist von der Umsatzabgabe ausgenommen.[134]

195   Beim Kauf, Verkauf oder bei der Übertragung von Anteilen an einem in Liechtenstein domizilierten OGA (Sekundärmarkttransaktionen) über einen Effektenhändler (zB eine Liechtensteiner Bank) wird eine Umsatzabgabe erhoben, die bei Involvierung von zwei Effektenhändlern zu gleichen Teilen vom Käufer und vom Verkäufer zu tragen ist.

196   Die Rücknahme von Fondsanteilen zur Tilgung ist von der Umsatzabgabe ausgenommen.[135]

197   Weiter ist zu beachten, dass liechtensteinische OGA als von der Stempelabgabe befreite Anleger qualifizieren.[136] Aus diesem Grund entfallen beim Kauf/Verkauf von inländischen und ausländischen Wertpapieren durch ein liechtensteinisches OGA die dem OGA zugeschriebenen Stempelabgaben.

3. Besteuerung der Investoren

a) Einzelanleger mit privaten Vermögenswerten

198   In Liechtenstein steuerpflichtige natürliche Personen unterliegen der Kombination aus Vermögens- und Erwerbssteuer. Durch die Integration der Vermögenssteuer in die Er-

---

[129] Art. 4 Abs. 1 StG.
[130] LR 0.631.112.
[131] LR 631.112.1.
[132] Art. 6 Abs. 1 lit. i StG.
[133] Art. 66 SteG.
[134] Art. 14 Abs. 1 lit. a StG.
[135] Art. 14 Abs. 1 lit. e StG.
[136] Art. 17a Abs. 1 lit. b StG.

werbssteuer werden die Einkünfte einer natürlichen Person gleichmäßig und in Übereinstimmung mit dem international anerkannten Prinzip der einmaligen Besteuerung des Markteinkommens einer Person auch nur einmalig erfasst.

aa) Vermögenssteuer. Anteile an OGA unterliegen grundsätzlich der Vermögenssteuer.[137] Allerdings ist zu beachten, dass die Vermögenssteuer in die Erwerbssteuer integriert ist.[138] Die Vermögensbesteuerung erfolgt somit nicht über eine separate Berechnung, sondern durch Überleitung des Vermögens in den standardisierten Vermögensertrag. Dieser wird jährlich durch die Regierung festgelegt und beträgt aktuell 4%.[139]   199

bb) Erwerbssteuer. Das aus den Fondsanteilen erzielte Einkommen unterliegt nicht der Erwerbssteuer, da es bereits durch die Vermögenssteuer über den standardisierten Vermögensertrag erfasst wird.[140]   200

Kapitalgewinne aus der Veräußerung von Fondsanteilen unterliegen ebenfalls nicht der Erwerbssteuer.[141] Schließlich sind auch Gewinnanteile (Dividenden) aus der Beteiligung an juristischen Personen sowie Kapitalgewinne aus der Veräußerung oder Liquidation von Beteiligungen von der Erwerbssteuer ausgenommen.[142]   201

cc) Grundstückgewinnsteuer. Gewinne aus in Liechtenstein gelegenen Grundstücken unterliegen grundsätzlich der Grundstückgewinnsteuer.[143]   202

b) Einzelanleger mit geschäftlichen Vermögenswerten

Im Geschäftsvermögen vereinnahmte Gewinnanteile (zB Dividenden) aus der Beteiligung an juristischen Personen sowie Kapitalgewinne aus der Veräußerung oder Liquidation von Beteiligungen an juristischen Personen sind von der Erwerbssteuer befreit.[144] Obwohl Anteile an OGA nicht als Beteiligung an einer juristischen Person qualifizieren, sind die entsprechenden Erträge steuerfrei, sofern nachgewiesen werden kann, dass die Erträge des Investmentunternehmens aus Investitionen in Beteiligungen von juristischen Personen stammen.   203

Die übrigen Erträge (zB die aus den Fondsanteilen bezogenen Ausschüttungen und die aus dem Verkauf der Fondsanteile erzielten Kapitalgewinne) unterliegen dagegen der Erwerbssteuer.[145]   204

Der Erwerbssteuersatz ist progressiv. Die Maximalprogression beträgt ab dem Jahr 2013 bei einem Gemeindesteuersatz von 200% maximal 24%. Der effektive Steuersatz kann jedoch durch Anwendung des fiktiven Eigenkapitalzinsabzugs auf das sogenannte modifizierte Nettoeigenkapital weiter reduziert werden.   205

c) Besteuerung von Unternehmensanlegern mit Sitz in Liechtenstein

Gewinnanteile (zB Dividenden) aus der Beteiligung an juristischen Personen sind steuerfrei.[146] Auch Kapitalgewinne aus der Veräusserung oder Liquidation von Beteiligungen an juristischen Personen sind von der Ertragssteuer befreit.[147] Obwohl Anteile an OGA nicht als Beteiligung an einer juristischen Person qualifizieren, sind Erträge aus OGA steuerfrei, sofern nachgewiesen werden kann, dass die Erträge des OGA aus qualifizierenden Beteiligungen stammen.[148]   206

---

[137] Art. 9 Abs. 1 SteG.
[138] Art. 6 Abs. 1 und Art. 14 Abs. 1 Ziff. 1 SteG.
[139] Art. 5 SteG.
[140] Art. 15 Abs. 1 lit. a SteG.
[141] Art. 15 Abs. 1 lit. m SteG.
[142] Art. 15 Abs. 1 lit. n und o SteG.
[143] Art. 35 ff. StG.
[144] Art. 15 Abs. 1 lit. n bzw. o SteG.
[145] Art. 15 Abs. 2 lit. a und c SteG.
[146] Art. 48 Abs. 1 lit. e SteG.
[147] Art. 48 Abs. 1 lit. f SteG.
[148] Art. 31 SteV.

207 Die übrigen Erträge (zB die aus den Fondsanteilen bezogenen Ausschüttungen und die aus dem Verkauf der Fondsanteile erzielten Kapitalgewinne) unterliegen der Ertragssteuer.[149] Die Ertragssteuer beträgt 12,5%.[150] Zu beachten ist die Mindestertragssteuer, die aktuell 1200 CHF pro Jahr beträgt und unabhängig von der Dauer im jeweiligen Steuerjahr geschuldet ist.[151] Der effektiv resultierende Steuersatz wird durch den Eigenkapitalzinsabzug weiter reduziert.[152]

208 Insbesondere zu erwähnen ist die sogenannte Privatvermögensstruktur (PVS).[153] Eine PVS bezweckt ausschließlich die Verwaltung des Vermögens von Privatpersonen. Eine wirtschaftliche Tätigkeit ist explizit ausgeschlossen. Eine PVS schuldet ausschließlich die Mindestertragssteuer von aktuell jährlich 1200 CHF[154] und hat keine Steuererklärung einzureichen. Der Steuerstatus PVS wird nur auf Antrag bei der Steuerverwaltung Liechtenstein gewährt und ist jeweils vor Beginn des neuen Geschäftsjahrs, für welches er erstmals zur Anwendung kommen soll, zu beantragen.

IV. Q&A-Liechtenstein

1. Nationaler Fondsmarkt[155]

209 Per Ende Dezember 2013 registriert der Liechtensteinische Anlagefondsverband (LAFV) 723 in Liechtenstein aufgelegte Fonds. 308 dieser Fonds entfallen auf die Anlagestruktur des OGAW nach UCITSG, die weiteren 415 Fonds sind Investmentunternehmen nach IUG bzw. AIF nach AIFMG.

210 Die Statistik des Liechtensteinischen Fondsmarktes wies per Ende Dezember 2013 ein Totalvolumen von 37.15 Mrd. CHF aus, wovon allein 24.8 Mrd. CHF auf OGAW und 12.4 Mrd. CHF auf Investmentunternehmen nach IUG bzw. AIF nach AIFMG entfielen.

211 Nach Anlagekategorien bzw. Fondstypen klassifiziert, dominieren per Ende Dezember 2013 in Liechtenstein den Fondsmarkt die Obligationenfonds (25.55%) und die Aktienfonds (22.73%), gefolgt von Gemischten Fonds (16.44%) etwa gleich auf mit den Geldmarktfonds (16.05%).

2. Typische Fondsstrukturen

a) Geschlossene Fonds

212 Investmentunternehmen und AIF können in Liechtenstein als geschlossene Fonds strukturiert werden. Dabei ist es möglich, diese Investmentunternehmen als Anlagefonds sowie Anlagegesellschaft, darüber hinaus geschlossene AIF gemäß Art. 4 Nr. 1 aE AIFMG in der Vertragsform, der Form des Trust, der Satzungsform oder irgendeiner anderen Rechtsform zu errichten. Dem UCITSG zeitlich nachfolgend hat auch das AIFMG die Rechtsformen des Investmentfonds in Art. 7 AIFMG, der Kollektivtreuhänderschaft in Art. 8 AIFMG, der Investmentgesellschaft in Art. 9 AIFMG mit der Erweiterung der Form der Stiftung in gleicher Gestalt übernommen.

213 Mit der in Art. 2 Abs. 1 lit. d IUG enthaltenen Definition heißt es in Art. 2 Abs. 1 lit. d IUG für geschlossene Investmentunternehmen, dass diese nicht zur Ausgabe und/oder Rücknahme von Anteilen zu einem errechneten Nettoinventarwert des Fonds ver-

---

[149] Art. 44 ff. SteG.
[150] Art. 61 SteG.
[151] Art. 62 SteG.
[152] Art. 54 SteG.
[153] Vgl. Art. 64 SteG.
[154] Art. 66 SteG.
[155] Die Zahlen sind der Webseite des Liechtensteinischen Anlagefondsverbands entnommen und stellen den Stand per Ende Dezember 2013 dar; www.lafv.li.

pflichtet sind, was bei offenen Strukturen in der Form interpretiert werden kann, dass sie jährlich zu einer Ausgabe und/oder Rücknahme von Anteilen verpflichtet sind.

Art. 3 Abs. 2 lit. a UCITSG schließt seine Anwendbarkeit für OGA des geschlossenen 214 Typs aus, wobei die alleinige Möglichkeit der Strukturierung eines OGAW als offene Fondsstruktur implementiert worden ist.

b) Offene Fonds

Für die offene Fondsstruktur erweitern sich die zuvor genannten Gestaltungsmöglichkei- 215 ten für Investmentunternehmen und AIF um die des OGAW, welcher allein die Gestalt der offenen Struktur gemäß Art. 3 Abs. 2 lit. a UCITSG zulassen kann.

3. Aufsichtsbehörde

a) Entstehung, Historie

Am 1. Januar 2005 erhielt Liechtenstein mit dem Inkrafttreten des Gesetzes vom 18. Juni 216 2004 über die Finanzmarktaufsicht (FMAG) eine integrierte und selbstständige Finanzmarktaufsichtsbehörde (FMA). Die FMA Liechtenstein ist eine mit eigener Rechtspersönlichkeit ausgestattete, unabhängige Anstalt des öffentlichen Rechts. Das FMAG regelt die Organisation, Aufgaben und Kompetenzen der FMA. Im Genaueren überwacht die FMA Liechtenstein als integrierte und unabhängige Aufsichtsbehörde die Finanzmarktteilnehmer des Finanzplatzes Liechtenstein. Durch die Gewährleistung einer effizienten und wirkungsvollen Aufsicht tritt die FMA somit für eine standhafte Regulierung ein. Nicht zuletzt als Resultat der Entwicklung der obigen exzellenten rechtlichen Rahmenbedingungen und des Beitritts zum EWR sowie durch die Etablierung einer anerkannten Aufsicht, die als internationale Visitenkarte des Finanzplatzes wirkt, erfuhr der gesamte liechtensteinische Finanzdienstleistungssektor einen Aufschwung. Liechtenstein etablierte sich in der Folge insbesondere als Fondsstandort.

b) Zulassungserfordernis von Fonds und/oder Manager

Liechtensteinische OGAW und Investmentunternehmen bzw. AIF bedürfen vor deren 217 Errichtung der Genehmigung der FMA. Dabei unterscheiden sich die Erfordernisse zur Bewilligung eines Fonds nach dessen Typ, namentlich Investmentunternehmen bzw. AIF oder OGAW.

Gemäß Art. 21 Abs. 1 AIFMG erteilt die FMA einem AIF die Zulassung nach vorheri- 218 ger Genehmigung des Antrags des zugelassenen AIFM oder des selbstverwalteten AIF, den AIF zu verwalten, der Bestellung der Verwahrstelle und des Wirtschaftsprüfers und der konstituierenden Dokumente.

Der Zulassungsantrag eines AIF ist vom AIFM oder vom selbstverwalteten AIF bei der 219 FMA gemäß Art. 22 Abs. 1 AIFMG einzureichen. Er muss dafür einen Geschäftsplan mit Angaben zum AIF und dessen Sitz, die konstituierenden Dokumente des AIF, die Nachweise über die Bestellung der Verwahrstelle und des Wirtschaftsprüfers, eine Beschreibung des AIF oder die über den AIF verfügbaren Anlegerinformationen, bei Feeder-AIF den Sitz des Master-AIF sowie eine Erklärung der Geschäftsleitung des AIFM, dass die gesetzlichen Vorschriften eingehalten wurden, einreichen.

Soweit beabsichtigt ist, die Anteile des AIF ausschließlich an professionelle Anleger zu 220 vertreiben, ist dem Zulassungsantrag zusätzlich zu den Angaben nach Art. 22 Abs. 3 AIFMG eine Beschreibung der Vorkehrungen zur Verhinderung eines Vertriebs von AIF an Privatanleger beizufügen, die auch den Rückgriff auf vom AIFM unabhängige Unternehmen berücksichtigt. Gemäß Art. 22 Abs. 4 AIFMG ist der Anzeige zusätzlich zu den Angaben nach Art. 22 Abs. 2 AIFMG eine rechtsverbindliche Erklärung der Geschäftsleitung des AIFM, dass für den AIF regelmäßig ein Prospekt, eine aktuelle wesentliche Anlegerinformation sowie Jahres- und Halbjahresberichte erstellt und in Liechtenstein zugänglich gemacht werden, ein Prospekt mit Vertriebsinformationen für Anleger und eine wesentliche Anlegerinformation zu Anlagestrategie des AIF beizufügen. Die von der FMA veröffentlichte Wegleitung betreffend AIF gibt einen Leitfaden zur Zulassungsbeantragung vor. Das von der FMA veröffentlichte Formblatt für die Berichterstattung der AIFM für ihre verwalteten AIF ist zur Zulassung auszufüllen und einzureichen.

221   Die FMA prüft gemäß Art. 23 AIFMG die nach Art. 22 AIFMG vollständig eingegangenen Unterlagen und übermittelt gemäß Art. 24 Abs. 1 AIFMG dem AIFM binnen drei Arbeitstagen eine Eingangsbestätigung. Innerhalb von 20 Arbeitstagen (und im Fall der Erstzulassung eines selbstverwalteten AIF drei Monaten) hat die FMA gemäß Art. 24 Abs. 2 AIFMG nach Eingang der vollständigen Unterlagen über den Antrag zu entscheiden. Die Frist kann durch die FMA auf höchstens zwei Monate (und im Fall der Erstzulassung eines selbstverwalteten AIF auf höchstens sechs Monate) verlängern.

222   Nach Art. 28 Abs. 1 AIFMG bedarf ein AIFM mit Sitz in Liechtenstein zur Ausübung seiner Geschäftstätigkeit der Zulassung durch die FMA. Art. 28 Abs. 2 AIFMG stellt klar, dass Banken, Wertpapierfirmen und Vermögensverwaltungsgesellschaften für Wertpapierdienstleistungen, die sie lediglich im Auftrag von AIFM für AIF erbringen, keiner gesonderten Zulassung gemäß Art. 28 Abs. 1 AIFMG bedürfen. Zu den nach Art. 30 AIFMG iVm Art. 31 Abs. 1 und 2 AIFMG aufgeführten Voraussetzungen zählen unter anderem als die zentralen Zulassungsmerkmale:
– die erforderliche Kapitalausstattung,
– zwei von der FMA als ausreichend fachlich qualifizierte und persönlich als integer befundene Geschäftsführer für die Geschäftsleitung des AIFM,
– der aussagekräftige Geschäftsplan,
– die nach Ansicht der FMA zur Gewährleistung genügend qualifizierten Beteiligten,
– der Sitz des AIFM in Liechtenstein,
– die Berücksichtigung der Vergütungspolitik und
– die Vorlage der Vereinbarungen zur Übertragung und Unterübertragung von Aufgaben an Dritte.

c) Anforderungen an Fonds und ihre Manager

223   In Bezug auf jeden verwalteten AIF sind dem Zulassungsantrag gemäß Art. 31 Abs. 3 AIFMG Informationen zu den Anlagestrategien, der Risikostruktur, dem Einsatz von Hebelfinanzierungen und dem Sitz des AIF, für Feeder-AIF Informationen zum Sitz des Master-AIF, für Dachfonds Angaben zu den Arten der Zielfonds, die konstituierenden Dokumente, Angaben zur Bestellung von Verwahrstellen, die Anlegerinformationen sowie der Prospekt im Fall des Vertriebs an liechtensteinische Privatanleger beizufügen. Ein AIFM kann gemäß Art. 31 Abs. 9 AIFMG regulär nach Eingang der Zulassung seine Tätigkeit in Liechtenstein sofort aufnehmen, aber auch bereits einen Monat nach Einreichung in dem Zulassungsantrag fehlender Angaben.

224   Ein AIFM mit Sitz in Liechtenstein hat gemäß Art. 16 AIFMG einen von ihm verwalteten AIF nach Maßgabe der Art. 17 bis 20 AIFMG der FMA anzuzeigen und von ihr autorisieren zu lassen, wenn er die Anteile des AIF in Liechtenstein ausschließlich an professionelle Anleger oder an professionelle Anleger und Privatanleger vertreiben möchte und keine Zulassungspflicht nach Art. 16 Abs. 2 AIFMG besteht. Gemäß Art. 16 Abs. 2 AIFMG hat ein AIFM mit Sitz in Liechtenstein bei der FMA die Zulassung eines von ihm verwalteten AIF nach Maßgaben von Art. 21 bis 25 AIFMG zu beantragen, wenn er die Anteile des AIF in Liechtenstein an Privatanleger vertreiben möchte und es sich um einen hebelfinanzierten AIF handelt, der Anlegerschutz und das öffentliche Interesse eine Zulassung erfordern und die Anlagestrategie des AIF keinem von der Regierung bestimmten Fondstyp nach Art. 91 AIFMG entspricht.

4. Verband

225   Alle in Liechtenstein zugelassenen Fondsleitungen haben im Jahr 2000 den Liechtensteinischen Anlagefondsverband (LAFV) gegründet.

Der LAFV hat als Ziel, unter Ausschluss jeder geschäftlichen Tätigkeit die Entwicklung des Fondsplatzes Liechtenstein zu fördern und ebenso als Interessenverband das liechtensteinische Anlagefondsgewerbe im In- und Ausland zu repräsentieren. Dabei sieht der LAFV als eine seiner wichtigsten Aufgaben, mit an der gesetzlichen Plattform zu arbeiten, um den Bedürfnissen des Fondssektors gerecht zu werden. Er unterhält dabei eine ständige Kooperation mit den zuständigen Behörden, insbesondere der FMA und den Berufsvereinigungen des Liechtensteinischen Finanzdienstleistungssektors.

5. Zulassungsverfahren ieS

a) Fondsvehikel

226 OGAW und Investmentunternehmen bzw. AIF bedürfen der Bewilligung der FMA. Hierzu hat die FMA auf ihrer Webseite neben den aktuellen Gesetzes-, Verordnungs- und Richtlinienversionen auch Formulare und Mitteilungen erstellt und publiziert.[156]

b) Fondsmanager

227 In Liechtenstein kann die Vermögensverwaltung durch Vermögensverwaltungsgesellschaften nach VVG und AIFM nach AIFMG sowie Verwaltungsgesellschaften nach UCITSG ausgeführt werden. Vorgenannte bedürfen ebenfalls vor der Ausübung ihrer Tätigkeit einer Bewilligung der FMA. Hierzu hat die FMA auf ihrer Webseite neben den aktuellen Gesetzes-, Verordnungs- und Richtlinienversionen auch Formulare und Mitteilungen erstellt und publiziert.[157]

6. Vertrieb

a) OGAW

228 Gemäß Art. 8 Abs. 1 UCITSG bedarf ein OGAW mit Sitz in Liechtenstein zur Ausübung seiner Geschäftstätigkeit einer Zulassung durch die FMA, welche dann gemäß Art. 8 Abs. 2 UCITSG für alle EWR-Mitgliedstaaten gilt und zum Vertrieb der OGAW-Anteile EWR-weit berechtigt. Entsprechend findet das Anzeigeverfahren gemäß Art. 97f UCITSG Anwendung, was dieselben Vorkehrungen und Anforderungen an den Vertrieb mit Hintergrund des Anlegerschutzes in allen Vertriebsstaaten innerhalb des EWR sicherstellt.

b) AIF

229 Nach Art. 4 Abs. 1 Zif. 23 AIFMG ist Vertrieb das direkte oder indirekte, auf Initiative des AIFM oder in dessen Auftrag erfolgende Anbieten oder Platzieren von Anteilen des AIF an Anleger oder bei Anlegern mit Wohnsitz oder Sitz in Liechtenstein.

230 In Liechtenstein kann die Bewilligung als AIFM gemäß Art. 69 Abs. 2 AIFMG auch die Zulassung als Vertriebsträger der von ihm verwalteten AIF beinhalten. Der Vertriebsträger bedarf gemäß Art. 69 AIFMG der Zulassung durch die FMA. Delegiert der AIFM die Aufgabe des Vertriebs an einen zugelassenen Vertriebsträger, so beziehen sich die Pflichten des bestellten Vertriebsträgers gemäß Art. 70 Abs. 1 AIFMG ausschließlich auf die Pflichten des Vertriebs, die der AIFM gemäß Art. 46 AIFMG zu überwachen hat. Die Funktion des Vertriebsträgers hat die FMA in der Wegleitung zum Antrag auf Erteilung einer Zulassung als kleiner/großer AIFM, Administrator, Risikomanager oder Vertriebsträger nach AIFMG in Liechtenstein aufgegriffen.[158]

231 Aufgrund der Verzögerung der Übernahme der AIFM-Richtlinie in den EWR kann von dem grenzüberschreitenden EU/EWR-Pass des AIF und AIFM zum aktuellen Zeit-

---

[156] Siehe FMA, Verwaltungsgesellschaften und Fonds nach IUG; FMA, Verwaltungsgesellschaften und Fonds nach UCITSG; FMA, Verwalter alternativer Investmentfonds.

[157] Siehe FMA, Verwaltungsgesellschaften und Fonds nach IUG; FMA, Verwaltungsgesellschaften und Fonds nach UCITSG; FMA, Verwalter alternativer Investmentfonds.

[158] FMA, Verwalter alternativer Investmentfonds.

punkt kein Gebrauch gemacht werden. Dies bedeutet, dass der Vertrieb von liechtensteinischen AIF vorerst auf in Liechtenstein ansässige Anleger eingeschränkt ist und liechtensteinische AIFM aktuell auf die Verwaltung von liechtensteinische AIF gemäß AIFMG beschränkt sind.

232 Die Verwaltung eines Drittstaaten-AIF ohne Vertriebsbefugnis in Liechtenstein darf durch einen AIFM in Liechtenstein gemäß Art. 125 Abs. 1 AIFMG erfolgen, wenn der AIFM alle im AIFMG für Drittenstaaten-AIF festgelegten Anforderungen mit Ausnahme der Anforderungen an die Verwahrstelle und den Jahresbericht erfüllt und geeignete Vereinbarungen über die Zusammenarbeit und den Informationsaustausch zwischen der FMA und den Drittstaatbehörden am Sitz des Drittstaaten-AIF bestehen, die der FMA ermöglichen, ihre Aufgaben nach dem AIFMG wahrzunehmen.

233 Die Zulassung des Vertriebs eines Drittstaaten-AIF durch einen in Liechtenstein ansässigen AIFM wird gemäß Art. 128 Abs. 1 AIFMG durch die FMA genehmigt, wenn der AIFM alle im AIFMG festgelegten Anforderungen mit Ausnahme der Anforderungen an die Verwahrstelle erfüllt. Zahlungen und Verwahrung müssen jedoch an eine Stelle übertragen werden, die nicht der AIFM sein darf. Zudem müssen gemäß Art. 128 Abs. 1 lit. b AIFMG zwischen der FMA und den Aufsichtsbehörden des Sitzstaats des Drittstaaten-AIF für die Überwachung von Systemrisiken geeignete Vereinbarungen zur Zusammenarbeit und zum Informationsaustausch bestehen oder getroffen werden.

7. Besteuerung der einzelnen Fondsvehikel

234 Das Unternehmenseinkommen aus den verwalteten Vermögenswerten des Investmentunternehmens ist vom steuerbaren Unternehmenseinkommen ausgeschlossen. Dies betrifft sowohl die Erträge aus Investmentunternehmen für gemeinsame Anlagen in Wertpapieren gemäß UCITSG, Investmentunternehmen für andere Werte oder Immobilien nach dem IUG, alternative Investmentfonds nach AIFMG als auch vergleichbare, nach dem Recht eines anderen Staates errichtete OGA. Das übrige Unternehmenseinkommen unterliegt einer unbeschränkten Steuerpflicht und damit der Ertragsteuer.

8. Besteuerung auf Investorenebene

a) Im Geschäftsvermögen gehaltene Fondsanteile

235 Im Geschäftsvermögen vereinnahmte Gewinnanteile (zB Dividenden) aus der Beteiligung an juristischen Personen sowie Kapitalgewinne aus der Veräußerung oder Liquidation von Beteiligungen an juristischen Personen sind von der Erwerbssteuer befreit. Obwohl Anteile an Investmentunternehmen nicht als Beteiligung an einer juristischen Person qualifizieren, sind die entsprechenden Erträge steuerfrei, sofern nachgewiesen werden kann, dass die Erträge des Investmentunternehmens aus qualifizierenden Beteiligungen stammen.

236 Die übrigen Erträge (zB die aus den Fondsanteilen bezogenen Ausschüttungen und die aus dem Verkauf der Fondsanteile erzielten Kapitalgewinne) unterliegen dagegen der Erwerbssteuer.

b) Im Privatvermögen gehaltene Fondsanteile

237 Anteile an Investmentunternehmen unterliegen grundsätzlich der Vermögenssteuer, allerdings ist zu beachten, dass die Vermögenssteuer in die Erwerbssteuer integriert ist. Die Vermögensbesteuerung erfolgt daher durch Überleitung des Vermögens in den standardisierten Vermögensertrag. Entsprechend unterliegt das aus den Fondsanteilen erzielte Einkommen nicht der Erwerbssteuer, da es bereits durch die Vermögenssteuer über den standardisierten Vermögensertrag erfasst wird.

9. Besteuerung der Fondsmanagement-Dienstleistungen

a) Vermögens- und Erwerbs- bzw. Ertragssteuer

Bei der Besteuerung der Fondsmanagement-Dienstleistungen ist zu unterscheiden, ob diese Dienstleistungen von einer Gesellschaft oder von natürlichen Personen wahrgenommen werden. 238

Die Fondsmanagementgesellschaft unterliegt grundsätzlich der Ertragssteuer. Folglich unterliegen die der Managementgesellschaft zufließenden Management Fees und Vorzugsgewinne der Ertragssteuer von zurzeit 12.5%, welche durch den Eigenkapitalzinsabzug reduziert werden kann. 239

Wird das Fondsmanagement hingegen von natürlichen Personen ausgeübt, dann qualifiziert diese Tätigkeit für liechtensteinische Steuerzwecke als selbständige Erwerbstätigkeit. 240

b) Mehrwertsteuer auf Management-Dienstleistungen

Die Verwaltung von inländischen kollektiven Kapitalanlagen gemäß KAG durch Personen, welche diese verwalten oder aufbewahren, die Fondsleitungen, die Depotbanken, deren Beauftragte sowie deren (Unter-)Beauftragte, ist von der Mehrwertsteuer grundsätzlich ausgenommen. 241

Nicht unter diese Ausnahme fällt dagegen die inländische SICAF. Die Verwaltung der SICAF ist je nach Art der jeweiligen Leistung grundsätzlich steuerbar. 242

Bei ausländischen kollektiven Kapitalanlagen ist die Verwaltung grundsätzlich steuerbar, allerdings liegt der Ort der Dienstleistung in der Regel im Ausland, weshalb auf den entsprechenden Dienstleistungen keine schweizerische Mehrwertsteuer anfällt. 243

10. Update: Investmentrechtliches Vorhaben 2015/2016 – Markets in Financial Instruments Directive, MiFID

Am 20. Oktober 2011 hat die Europäische Kommission einen Vorschlag zur Überarbeitung der Richtlinie über Märkte für Finanzinstrumente (RL 2004/39/EG vom 21. April 2004, Markets in Financial Instruments Directive, MiFID) vorgelegt. Nach der ersten Richtlinie über Märkte für Finanzinstrumente vom 21. April 2004 soll die Regulierung von Finanzmärkten und Wertpapierdienstleistungen weiter ausgebaut werden, nämlich Transparenz sowie Überwachung und damit den Anlegerschutz zu stärken. Wesentliche Eckpunkte der MiFID-Überarbeitung sind hierbei die Erhöhung der Anforderungen an die Zulassung von Wertpapierfirmen aus Drittstaaten, eine weitergehende Regulierung und Transparenz elektronischer Handelsplätze, die Ausweitung und Erhöhung der für Aktien bereits bestehenden Transparenz- und Reportingvorschriften auf die sonstigen Finanzinstrumente sowie auch die Erweiterung von Corporate Governance-Regeln. 244

V. Normentexte

1. AIFMG
Gesetz über die Verwalter alternativer Investmentfonds (AIFMG)

vom 19. Dezember 2012

Dem nachstehenden vom Landtag gefassten Beschluss erteile Ich Meine Zustimmung:[1]

I. Allgemeine Bestimmungen

A. Gegenstand, Zweck, Geltungsbereich und Begriffsbestimmungen

Art. 1 Gegenstand und Zweck. (1) Dieses Gesetz regelt die Aufnahme, Ausübung und Beaufsichtigung der Tätigkeit von Verwaltern alternativer Investmentfonds („alternative investment fund managers – AIFM") und von alternativen Investmentfonds (AIF).

(2) Es bezweckt den Schutz der Anleger, die Sicherung des Vertrauens in den liechtensteinischen Fondsplatz und die Stabilität des Finanzsystems.

(3) Aufgehoben[2]

Art. 2 Geltungsbereich. (1) Dieses Gesetz gilt für:
a) einen AIFM mit Sitz in Liechtenstein, der einen oder mehrere AIF verwaltet, unabhängig davon, wo der AIF seinen Sitz hat;
b) einen AIFM mit Sitz in einem Drittstaat, der einen oder mehrere AIF mit Sitz in Liechtenstein verwaltet;[3]
c) einen AIFM mit Sitz in einem Drittstaat, der einen oder mehrere AIF mit Sitz in Liechtenstein vertreibt, unabhängig davon, wo der AIF seinen Sitz hat;[4]
d) Aufgehoben[5]

(2) Dieses Gesetz gilt nicht für:
a) einen AIFM, der nur einen oder mehrere AIF verwaltet, deren einzige Anleger der AIFM selbst oder dessen Mutter- oder Tochterunternehmen bzw. Tochterunternehmen der Mutterunternehmen sind, wenn keiner der Anleger selbst ein AIF ist;
b) Holdinggesellschaften;
c) Institute, die durch die Richtlinie 2003/41/EG des Europäischen Parlaments und des Rates vom 3. Juni 2003 über die Tätigkeiten und die Beaufsichtigung von Einrichtungen der betrieblichen Altersversorgung und der zu ihrer Umsetzung erlassenen Vorschriften reguliert sind, einschließlich allfälliger zugelassener AIFM von Pensionsfonds und der für sie handelnden Personen nach Art. 2 Abs. 1 der Richtlinie 2003/41/EG oder der bestellten Vermögensverwalter nach Art. 19 Abs. 1 der Richtlinie 2003/41/EG;
d) supranationale Institutionen, insbesondere die Europäische Zentralbank, der Internationale Währungsfonds und die Weltbank, sowie vergleichbare internationale Organisationen, falls solche Einrichtungen bzw. Organisationen AIF im öffentlichen Interesse verwalten;
e) nationale Zentralbanken;
f) staatliche Stellen und Gebietskörperschaften oder andere Einrichtungen, die Organismen für gemeinsame Anlagen zur Unterstützung von Sozialversicherungs- und Pensionssystemen verwalten;
g) Arbeitnehmerbeteiligungssysteme oder -sparpläne;
h) Zweckgesellschaften für die Verbriefung von Vermögensgegenständen;
i) Wertpapierfirmen, wie zB Family-Office-Vehikel, die das Privatvermögen von Anlegern investieren, ohne Fremdkapital zu beschaffen.

---

[1] Bericht und Antrag sowie Stellungnahme der Regierung Nr. 54/2012 und 132/2012.
[2] Art. 1 Abs. 3 aufgehoben durch LGBl. 2013 Nr. 242.
[3] Art. 2 Abs. 1 Bst. b abgeändert durch LGBl. 2013 Nr. 242.
[4] Art. 2 Abs. 1 Bst. c abgeändert durch LGBl. 2013 Nr. 242.
[5] Art. 2 Abs. 1 Bst. d aufgehoben durch LGBl. 2013 Nr. 242.

(3) Zur Verwaltung von Organismen für gemeinsame Anlagen (OGA), die kein AIF und kein OGAW sind und deren Verwaltung nicht auf eine andere Art in Liechtenstein gesetzlich reguliert ist, sind nach Maßgabe von Abs. 4 berechtigt:
a) in Bezug auf Finanzinstrumente als Anlagegegenstände des OGA:
 1. AIFM nach Maßgabe von Art. 29 Abs. 6;
 2. Verwaltungsgesellschaften nach dem Gesetz über bestimmte Organismen für gemeinsame Anlagen in Wertpapieren (UCITSG);
 3. Banken und Wertpapierfirmen nach dem Bankengesetz (BankG);
 4. Vermögensverwalter nach dem Vermögensverwaltungsgesetz (VVG);
b) in Bezug auf andere Anlagegegenstände des OGA:
 1. AIFM nach Maßgabe von Art. 29 Abs. 6;
 2. Treuhänder nach dem Treuhändergesetz (TrHG).

(4) Für Tätigkeiten nach Abs. 3 gelten entsprechend die Vorschriften über:
a) die Berichts- und Registrierungspflichten des kleinen AIFM (Art. 3);
b) die Rechtsformen (Art. 6 bis 15) und den Namen (Art. 27);
c) die Wirtschaftsprüfung (Art. 109 bis 111);
d) die Hebelfinanzierung (Art. 94 und 95); und
e) die Aufsichtsrechte der FMA und Sanktionen (Art. 152 bis 180).

(5) Die Regierung kann mit Verordnung oder die FMA im Einzelfall von einzelnen oder allen Anforderungen nach Abs. 4 befreien, insbesondere wenn dies mit dem öffentlichen Interesse und dem Anlegerschutz vereinbar oder der Verwalter des OGA nach ausländischem Recht gesetzlich geregelt ist.

Art. 3 Kleiner AIFM. (1) Dieses Gesetz gilt mit Ausnahme der Vorschriften über die grenzüberschreitende Tätigkeit sowie vorbehaltlich der nachfolgenden Bestimmungen auch für kleine AIFM nach Abs. 2 und 3.[6)]

(2) Ein kleiner AIFM verwaltet AIF, deren Gesamtvermögen:
a) einschließlich der durch Hebelfinanzierung erworbenen Vermögenswerte nicht mehr als einen Betrag ausmacht, der 100 Millionen Euro oder den Gegenwert in Schweizer Franken oder einem geringeren von der Regierung mit Verordnung bestimmten Betrag entspricht; oder
b) 500 Millionen Euro oder den Gegenwert in Schweizer Franken oder einen geringeren von der Regierung mit Verordnung bestimmten Betrag nicht überschreitet, wenn für die verwalteten AIF auf den Einsatz von Hebelfinanzierung verzichtet wird und binnen der ersten fünf Jahre nach der Erstanlage in den jeweiligen AIF keine Rücknahmerechte ausgeübt werden dürfen.

(3) Bei der Ermittlung des verwalteten Gesamtvermögens nach Abs. 2 ist das Vermögen zu berücksichtigen, das der AIFM direkt oder indirekt über eine Gesellschaft verwaltet, mit der er durch eine gemeinsame Verwaltung oder Kontrolle oder durch eine qualifizierte direkte oder indirekte Beteiligung verbunden ist.

(4) Kleine AIFM werden im Rahmen eines vereinfachten Zulassungsverfahrens registriert. Auf die Registrierung finden die Vorschriften über die Zulassung eines AIFM nach Kapitel III Abschnitt A sinngemäß mit der Maßgabe Anwendung, dass:
a) keine Mindestkapitalausstattung (Art. 30 Abs. 1 Bst. a iVm Art. 32) erforderlich ist;
b) sich der Umfang der einzureichenden Unterlagen nach den gesetzlichen Vorgaben richtet; die FMA kann in einem Formblatt weitere Angaben verlangen;[7)]
c) die Vorschriften über die Vergütungspolitik (Art. 30 Abs. 1 Bst. f) nicht gelten; und
d) der kleine AIFM einen zugelassenen Administrator (Art. 65 bis 68) zu bestellen hat.

(5) Für kleine AIFM gelten die Vorschriften nach Kapitel III Abschnitt B über:
a) die Mitteilung und Genehmigung von Änderungen (Art. 33) sowie die qualifizierte Beteiligung (Art. 34);
b) die Wohlverhaltensregeln (Art. 35 Abs. 1);
c) die Bewertung (Art. 42 bis 45);
d) die Aufgabenübertragung (Art. 46); und
e) die Haftung und den Geheimnisschutz (Art. 47 und 48) sowie den Widerruf, das Erlöschen und den Entzug der Zulassung (Art. 49 bis 52).

(6) Der kleine AIFM und der Administrator haben die Anforderungen an die Organisation, das Risiko- und Liquiditätsmanagement und die Administration des kleinen AIFM in einem Organisations-

---

[6] Art. 3 Abs. 1 abgeändert durch LGBl. 2013 Nr. 242.
[7] Art. 3 Abs. 4 Bst. b abgeändert durch LGBl. 2013 Nr. 242.

vertrag festzulegen. Ist aufgrund des Organisationsvertrags nicht sichergestellt, dass der Anlegerschutz und die öffentlichen Interessen ausreichend gewahrt sind, kann die FMA die Registrierung verweigern. Ein Organisationsvertrag, der die Anforderungen an zugelassene AIFM wiedergibt, wahrt jedenfalls den Anlegerschutz und die öffentlichen Interessen. Der AIFM und der Administrator haben den Abschluss, die Aufhebung und die Übertragung des Organisationsvertrages der FMA mitzuteilen.

(7) Die Geschäftsleiter des kleinen AIFM haben zu prüfen, ob das verwaltete Vermögen des kleinen AIFM die nach Abs. 2 und 3 bestimmten Schwellenwerte überschreitet.

(8) Ein kleiner AIFM hat die Zulassung als AIFM zu beantragen, wenn:
a) er die vollständige Anwendung dieses Gesetzes beschließt; der Beschluss ist unwiderruflich, wenn:
  1. der AIFM grenzüberschreitend tätig geworden ist;[8]
  2. der AIFM die Schwellenwerte nach Abs. 2 und 3 überschritten hat; oder
  3. der AIFM in Anlegerinformationen auf den Beschluss oder eine beantragte Zulassung als AIFM durch die FMA hingewiesen hat, soweit von ihm verwaltete AIF nicht ausschließlich an professionelle Anleger vertrieben wurden und nicht alle Anleger dem Verzicht auf die Zulassung als AIFM zustimmen; oder
b) das verwaltete Vermögen des kleinen AIFM die nach Abs. 2 und 3 bestimmten Schwellenwerte überschreitet; in diesem Fall ist die Zulassung bei der FMA binnen 30 Kalendertagen zu beantragen.

(9) Das Zulassungsverfahren richtet sich in Fällen des Abs. 8 nach Kapitel III Abschnitt A mit der Maßgabe, dass sich die Zulassungsprüfung auf die bei vollständiger Anwendung dieses Gesetzes zusätzlich zu erfüllenden Voraussetzungen beschränkt. Die FMA verzichtet vorbehaltlich einer weitergehenden gesetzlichen Verpflichtung oder neuer Tatsachen auf die Heranziehung von Unterlagen und Prüfungen, die bereits für die Registrierung vorgelegt bzw. durchgeführt wurden.

(10) Dieser Artikel gilt entsprechend für selbstverwaltete AIF mit der Maßgabe, dass an die Stelle des AIFM die Organe des AIF treten.

(11) Die Regierung kann das Nähere über kleine AIFM mit Verordnung regeln, insbesondere:
a) die Berechnung der Schwellenwerte nach Abs. 2 und 3;
b) die Konkretisierung der Administratorpflichten nach Abs. 4 Bst. d;[9]
c) die Mindestanforderungen an den Organisationsvertrag sowie die Mitteilungspflicht gegenüber der FMA nach Abs. 6.

Art. 4 Begriffsbestimmungen und Bezeichnungen. (1) Im Sinne dieses Gesetzes gelten als:
1. „AIF": jeder Organismus für gemeinsame Anlagen einschließlich seiner Teilfonds, der:
   a) von einer Anzahl von Anlegern Kapital einsammelt, um es gemäß einer festgelegten Anlagestrategie zum Nutzen dieser Anleger zu investieren; und
   b) weder ein OGAW im Sinne des UCITSG noch ein Investmentunternehmen im Sinne des Investmentunternehmensgesetzes ist.[10]
   Für die Eigenschaft als AIF ist es ohne Bedeutung, ob es sich bei dem AIF um einen offenen oder geschlossenen Fonds handelt, ob der AIF in der Vertragsform, der Form des Trust, der Satzungsform oder irgendeiner anderen Rechtsform errichtet ist und welche Struktur der AIF hat;
2. „AIFM": jede juristische Person, deren reguläre Geschäftstätigkeit darin besteht, einen oder mehrere AIF zu verwalten;
3. „Zweigniederlassung": in Bezug auf einen AIFM eine Betriebsstelle, die einen rechtlich unselbstständigen Teil eines AIFM bildet und diejenigen Dienstleistungen erbringt, für die dem AIFM eine Zulassung erteilt wurde; alle Betriebsstellen eines AIFM innerhalb eines EWR-Mitgliedstaats gelten als eine Zweigniederlassung;
4. „carried interest": jede gewinnbezogene Vergütung, welche der AIFM vom AIF erhält, mit Ausnahme von Gewinnanteilen, die der AIFM als Rendite für Anlagen des AIFM in den AIF bezieht;
5. „enge Verbindungen": eine Situation, in der zwei oder mehrere natürliche oder juristische Personen verbunden sind durch:
   a) Beteiligung, dh das direkte Halten oder das Halten im Wege der Kontrolle von mindestens 20 % der Stimmrechte oder des Kapitals an einem Unternehmen; oder
   b) Kontrolle, dh das Verhältnis zwischen einem Mutterunternehmen und einem Tochterunternehmen oder ein ähnliches Verhältnis zwischen einer natürlichen oder juristischen Person und einem Unternehmen. Ein Tochterunternehmen eines Tochterunternehmens wird auch als

---

[8] Art. 3 Abs. 8 Bst. a Ziff. 1 abgeändert durch LGBl. 2013 Nr. 242.
[9] Art. 3 Abs. 11 Bst. b abgeändert durch LGBl. 2013 Nr. 242.
[10] Art. 4 Abs. 1 Ziff. 1 Bst. b abgeändert durch LGBl. 2013 Nr. 242.

Tochterunternehmen des Mutterunternehmens angesehen, das an der Spitze dieser Unternehmen steht. Eine Situation in der zwei oder mehrere natürliche oder juristische Personen mit ein und derselben Person durch ein Kontrollverhältnis dauerhaft verbunden sind, gilt auch als enge Verbindung zwischen diesen Personen;

6. „zuständige Behörde": die Finanzmarktaufsicht Liechtenstein (FMA);[11]
7. „zuständige Behörden" in Bezug auf eine Verwahrstelle:
    a) die zuständigen Behörden im Sinne des Art. 4 Ziff. 4 der Richtlinie 2006/48/EG, wenn die Verwahrstelle ein nach jener Richtlinie zugelassenes Kreditinstitut ist;
    b) die zuständigen Behörden im Sinne des Art. 4 Abs. 1 Ziff. 22 der Richtlinie 2004/39/EG, wenn die Verwahrstelle eine nach jener Richtlinie und in Liechtenstein nach dem Bankengesetz zugelassene Wertpapierfirma ist;
    c) wenn die Verwahrstelle eine Einrichtung nach Art. 57 Abs. 3 Bst. c ist, die nach dieser Vorschrift zuständige Behörde, in Liechtenstein die FMA;
    d) Aufgehoben[12]
    e) die betreffenden nationalen Behörden des Drittstaats, in dem die Verwahrstelle ihren Satzungssitz hat, wenn die Verwahrstelle nach Art. 58 Abs. 2 als Verwahrstelle für einen Drittstaaten-AIF benannt wird und nicht unter die Bst. a bis d fällt;[13]
8. „zuständige Behörden des Drittstaaten-AIF": die nationalen Behörden eines Drittstaats, die aufgrund von Rechts- oder Verwaltungsvorschriften zur Beaufsichtigung von AIF befugt sind;[14]
9. „mit Sitz in":
    a) bei AIFM eines AIF: „mit Satzungssitz in";
    b) bei AIF: „zugelassen oder registriert in", oder, falls der AIF nicht zugelassen oder registriert ist: „mit Satzungssitz in";
    c) bei Verwahrstellen: „mit Satzungssitz oder Zweigniederlassung in";
    d) bei gesetzlichen Vertretern, die juristische Personen sind: „mit Satzungssitz oder Zweigniederlassung in";
    e) bei gesetzlichen Vertretern, die natürliche Personen sind: „mit Wohnsitz in";
10. Aufgehoben[15]
11. Aufgehoben[16]
12. „Feeder-AIF": ein AIF, der:
    a) mindestens 85% seiner Vermögenswerte in Anteilen eines anderen AIF („Master-AIF") anlegt; oder
    b) mindestens 85% seiner Vermögenswerte in mehr als einem Master-AIF anlegt, wenn diese Master-AIF identische Anlagestrategien verfolgen; oder
    c) anderweitig ein Engagement von mindestens 85% seiner Vermögenswerte in solch einem Master-AIF hat;
13. „Finanzinstrument": eines der in Anhang I Abschnitt C der Richtlinie 2004/39/EG genannten Instrumente;
14. „Holdinggesellschaft": eine Gesellschaft, die an einem oder mehreren anderen Unternehmen eine Beteiligung hält, deren Geschäftsgegenstand darin besteht, durch ihre Tochterunternehmen oder verbundenen Unternehmen oder Beteiligungen eine Geschäftsstrategie oder -strategien zur Förderung deren langfristigen Werts zu verfolgen, und bei der es sich um eine Gesellschaft handelt, die entweder:
    a) auf eigene Rechnung tätig ist und deren Anteile zum Handel auf einem geregelten Markt im EWR zugelassen sind; oder
    b) die ausweislich ihres Jahresberichts oder anderer amtlicher Unterlagen nicht mit dem Hauptzweck gegründet wurde, ihren Anlegern durch Veräusserung ihrer Tochterunternehmen oder verbundenen Unternehmen eine Rendite zu verschaffen;
15. Aufgehoben[17]
16. Aufgehoben[18]

---

[11] Art. 4 Ziff. 6 abgeändert durch LGBl. 2013 Nr. 242.
[12] Art. 4 Ziff. 7 Bst. d aufgehoben durch LGBl. 2013 Nr. 242.
[13] Art. 4 Ziff. 7 Bst. e abgeändert durch LGBl. 2013 Nr. 242.
[14] Art. 4 Ziff. 8 abgeändert durch LGBl. 2013 Nr. 242.
[15] Art. 4 Ziff. 10 aufgehoben durch LGBl. 2013 Nr. 242.
[16] Art. 4 Ziff. 11 aufgehoben durch LGBl. 2013 Nr. 242.
[17] Art. 4 Ziff. 15 aufgehoben durch LGBl. 2013 Nr. 242.
[18] Art. 4 Ziff. 16 aufgehoben durch LGBl. 2013 Nr. 242.

17. Aufgehoben[19]
18. „Kapitalausstattung": das Anfangskapital nach Art. 57 Abs. 1 Bst. a und b der Richtlinie 2006/48/EG und die Eigenmittel nach Art. 56 bis 67 der Richtlinie 2006/48/EG;[20]
19. „Emittent": jeder Emittent im Sinne von Art. 3 Abs. 1 Bst. f des Offenlegungsgesetzes, der seinen Satzungssitz innerhalb des EWR hat, und dessen Wertpapiere im Sinne von Art. 4 Abs. 1 Bst. h des Vermögensverwaltungsgesetzes zum Handel auf einem geregelten Markt zugelassen sind;
20. „gesetzlicher Vertreter": jede natürliche Person mit Wohnsitz in Liechtenstein oder jede juristische Person mit Sitz in Liechtenstein, die von einem Drittstaaten-AIFM ausdrücklich dazu ernannt worden ist, im Namen des Drittstaaten-AIFM innerhalb Liechtensteins hinsichtlich der Verpflichtungen des Drittstaaten-AIFM nach diesem Gesetz zu handeln;[21]
21. „Hebelfinanzierung": jede Methode, mit der ein AIFM das Verlustrisiko eines von ihm verwalteten AIF über das Vermögen des AIF hinaus durch Kreditaufnahme, Wertpapierleihe und Pensionsgeschäfte, Derivate oder auf andere Weise erhöht;
22. „Verwaltung": die Anlageverwaltung eines AIF mit den Mindestbestandteilen der Portfolioverwaltung und dem Risikomanagement;
23. „Vertrieb": das direkte oder indirekte, auf Initiative des AIFM oder in dessen Auftrag erfolgende Anbieten oder Platzieren von Anteilen des AIF an Anleger oder bei Anlegern mit Wohnsitz oder Sitz in Liechtenstein;[22]
24. „Master-AIF": jeder AIF, in den ein anderer AIF investiert oder Risiken an ihm nach Ziff. 12 übernommen hat;
25. Aufgehoben[23]
26. „Drittstaaten-AIF": ein AIF, der kein AIF mit Sitz in Liechtenstein ist;[24]
27. „Drittstaaten-AIFM": ein AIFM, der kein AIFM mit Sitz in Liechtenstein ist;[25]
28. „nicht börsennotiertes Unternehmen": ein Unternehmen, das seinen Satzungssitz innerhalb des EWR hat und dessen Anteile im Sinne von Art. 4 Abs. 1 Ziff. 14 der Richtlinie 2004/39/EG nicht zum Handel auf einem regulierten Markt zugelassen sind;
29. „Mutterunternehmen": ein Mutterunternehmen im Sinne der Art. 1 und 2 der Richtlinie 83/349/EWG, für in Liechtenstein ansässige Unternehmen ein Mutterunternehmen nach den Rechnungslegungsvorschriften im 20. Titel des Personen- und Gesellschaftsrechts (PGR);
30. „Primebroker": ein Kreditinstitut, eine regulierte Wertpapierfirma oder eine andere Einheit, die einer Regulierungsaufsicht und ständigen Überwachung unterliegt und professionellen Anlegern Dienstleistungen anbietet, in erster Linie, um als Gegenpartei Geschäfte mit Finanzinstrumenten zu finanzieren oder durchzuführen, und die möglicherweise auch andere Dienstleistungen wie Clearing und Abwicklung von Geschäften, Verwahrungsdienstleistungen, Wertpapierleihe und individuell angepasste Technologien und Einrichtungen zur betrieblichen Unterstützung anbietet;
31. „professioneller Anleger": jeder Anleger, der im Sinne von Anhang II der Richtlinie 2004/39/EG als ein professioneller Kunde angesehen wird oder auf Antrag als professionelle Kunden behandelt werden kann;
32. „qualifizierte Beteiligung": eine direkte oder indirekte Beteiligung an einem AIFM, die mindestens 10% des Kapitals oder der Stimmrechte entspricht oder die es ermöglicht, maßgeblichen Einfluss auf die Geschäftsführung des AIFM, an dem die Beteiligung gehalten wird, zu nehmen. Für die Feststellung der Stimmrechte sind die Art. 25, 26, 27 und 31 des Offenlegungsgesetzes anzuwenden;
33. „Arbeitnehmervertreter": Vertreter der Arbeitnehmer im Sinne von Art. 3 ff. des Mitwirkungsgesetzes;
34. „Privatanleger": jeder Anleger, der kein professioneller Anleger ist;
35. „Tochterunternehmen": ein Tochterunternehmen nach der Definition in Art. 1 und 2 der Richtlinie 83/349/EWG, für in Liechtenstein ansässige Unternehmen ein Tochterunternehmen nach den Rechnungslegungsvorschriften im 20. Titel des PGR;
36. „Aufsichtsbehörden": in Bezug auf:[26]

---

[19] Art. 4 Ziff. 17 aufgehoben durch LGBl. 2013 Nr. 242.
[20] Art. 4 Ziff. 18 abgeändert durch LGBl. 2013 Nr. 242.
[21] Art. 4 Ziff. 20 abgeändert durch LGBl. 2013 Nr. 242.
[22] Art. 4 Ziff. 23 abgeändert durch LGBl. 2013 Nr. 242.
[23] Art. 4 Ziff. 25 aufgehoben durch LGBl. 2013 Nr. 242.
[24] Art. 4 Ziff. 26 abgeändert durch LGBl. 2013 Nr. 242.
[25] Art. 4 Ziff. 27 abgeändert durch LGBl. 2013 Nr. 242.
[26] Art. 4 Ziff. 36 abgeändert durch LGBl. 2013 Nr. 242.

a) Drittstaaten-AIF die für die Beaufsichtigung von AIF zuständigen Behörden eines Drittstaats;
b) Drittstaaten-AIFM die für die Beaufsichtigung von AIFM zuständigen Behörden eines Drittstaats;
37. „Verbriefungszweckgesellschaften": Gesellschaften, deren einziger Zweck die Verbriefung im Sinne von Art. 1 Ziff. 2 der Verordnung (EG) Nr. 24/2009 der Europäischen Zentralbank vom 19. Dezember 2008 über die Statistik über die Aktiva und Passiva von finanziellen Mantelkapitalgesellschaften, die Verbriefungsgeschäfte betreiben (ABl. L 15 vom 20. Januar 2009, S. 1) nebst den zur Erfüllung dieses Zwecks geeigneten Tätigkeiten ist;
38. „OGAW": Organismen für gemeinsame Anlagen in Wertpapieren nach Art. 3 Abs. 1 Ziff. 1 UCITSG, die nach Art. 8 Abs. 1 UCITSG oder den Art. 5 der Richtlinie 2009/65/EG entsprechenden Vorschriften anderer EWR-Mitgliedstaaten zugelassen sind;
39. „konstituierende Dokumente": die Vertragsbedingungen eines Investmentfonds, die Satzung der Investmentgesellschaft, der Kommanditgesellschaft oder Kommanditärengesellschaft, der Treuhandvertrag einer Kollektivtreuhänderschaft, eine eventuell separate Beschreibung der Anlagepolitik sowie Nebenabreden und Reglemente, die die Funktion der vorgenannten Dokumente erfüllen, und andere von der Regierung mit Verordnung bestimmte Dokumente, in denen die Grundlagen des AIF geregelt sind;
40. „Originator": das Rechtssubjekt, das im Sinne von Art. 1 Ziff. 3 der Verordnung (EG) Nr. 24/2009 der Europäischen Zentralbank die Sicherheit oder den Sicherheitenpool und/oder das Kreditrisiko der Sicherheit oder des Sicherheitenpools auf die Verbriefungsstruktur überträgt;
41. Aufgehoben[27]
42. Aufgehoben[28]
43. „Administration": rechtliche Dienstleistungen sowie Dienstleistungen der Fondsbuchhaltung und Rechnungslegung, Kundenanfragen, Bewertung und Preisfestsetzung der Anteile von AIF, einschließlich Steuererklärungen, Überwachung der Einhaltung der Rechtsvorschriften, Führung eines Anlegerregisters, Gewinnausschüttung, Ausgabe und Rücknahme von Anteilen, Kontraktabrechnungen, einschließlich Versand der Zertifikate, und Führung von Aufzeichnungen.
44. „Drittstaat": jeder Staat außer Liechtenstein.[29]

(2) Die Regierung kann mit Verordnung die Begriffe nach Abs. 1 näher umschreiben sowie weitere in diesem Gesetz verwendete Begriffe definieren.

(3) Im Übrigen finden die Begriffsbestimmungen des anwendbaren EWR-Rechts ergänzend Anwendung.[30]

(4) Unter den in diesem Gesetz verwendeten Personen- und Funktionsbezeichnungen sind Angehörige des weiblichen und männlichen Geschlechts zu verstehen.

Art. 5 Bezeichnung und Verantwortung des AIFM. (1) Für jeden AIF, der in Liechtenstein verwaltet oder vertrieben wird, muss ein AIFM die Verantwortung für die Einhaltung der Bestimmungen dieses Gesetzes übernehmen. In Bezug auf die Administration, den Vertrieb und sonstige Tätigkeiten nach Art. 29 Abs. 1 und 2 können auch andere nach Kapitel IV zugelassene Personen die Verantwortung übernehmen; die Regierung bestimmt das Nähere, insbesondere die Voraussetzungen, unter denen solche Personen als Auftragnehmer des AIFM gelten, mit Verordnung.[31]

(2) Der AIFM kann:
a) eine von einem AIF oder im Namen des AIF bestellte juristische Person sein, die aufgrund dieser Bestellung verantwortlich ist (externer AIFM);
b) der AIF selbst sein, wenn die Verwaltung des AIF entscheidet, keinen externen AIFM zu bestellen, und dies nach der Rechtsform des AIF möglich ist; in diesem Fall ist der AIF als AIFM zuzulassen.

(3) Soweit nichts anderes bestimmt ist, gelten für selbstverwaltete AIF die Bestimmungen dieses Gesetzes für AIFM mit der Maßgabe entsprechend, dass an die Stelle des AIFM die Organe des AIF treten.

B. Rechtsformen

1. Allgemeines

Art. 6 Grundsatz. (1) Ein AIF mit Sitz in Liechtenstein kann die Vertragsform („Investmentfonds"), die Form der Treuhänderschaft („Kollektivtreuhänderschaft"), die Satzungsform („Investmentgesell-

---

[27] Art. 4 Ziff. 41 aufgehoben durch LGBl. 2013 Nr. 242.
[28] Art. 4 Ziff. 42 aufgehoben durch LGBl. 2013 Nr. 242.
[29] Art. 4 Ziff. 44 eingefügt durch LGBl. 2013 Nr. 242.
[30] Art. 4 Abs. 3 abgeändert durch LGBl. 2013 Nr. 242.
[31] Art. 5 Abs. 1 abgeändert durch LGBl. 2013 Nr. 242.

schaft") oder die Form einer Personengesellschaft („Anlage-Kommanditgesellschaft"; „Anlage-Kommanditärengesellschaft") haben.

(2) Die Regierung kann mit Verordnung bestimmen, dass ein AIF mit Sitz in Liechtenstein eine andere als in Art. 6 bis 14 genannte Rechtsform aufweisen kann, soweit der Schutz der Anleger und das öffentliche Interesse nicht entgegen stehen; die Verordnung legt zugleich fest, ob die Vorschriften dieses Gesetzes für Investmentfonds, Kollektivtreuhänderschaften, Investmentgesellschaften, Anlage-Kommanditgesellschaften oder Anlage-Kommanditärengesellschaften entsprechend gelten.

2. Investmentfonds

Art. 7 Grundsatz. (1) Ein Investmentfonds ist eine durch einen inhaltlich identischen Vertrag begründete Rechtsbeziehung mehrerer Anleger zu einem AIFM und einer Verwahrstelle zu Zwecken der Vermögensanlage, Verwaltung und Verwahrung für Rechnung der Anleger in Form einer rechtlich separaten Vermögensmasse („Fonds"), an der die Anleger beteiligt sind.

(2) Soweit in diesem Gesetz nichts anderes bestimmt wird, richten sich die Rechtsverhältnisse zwischen den Anlegern und dem AIFM nach dem Fondsvertrag und, soweit dort keine Regelungen getroffen sind, nach den Bestimmungen des ABGB. Soweit dort keine Regelungen getroffen sind, gelten die Bestimmungen des PGR über die Treuhänderschaft entsprechend.

(3) Der Fondsvertrag hat Regelungen zu enthalten über:
a) die Anlagen, Anlagepolitik und Anlagebeschränkungen;
b) die Bewertung, Ausgabe und Rücknahme von Anteilen und deren Verbriefung, wobei sich der Wert des Anteils aus der Teilung des Wertes der Vermögenswerte des Investmentfonds oder Teilfonds durch die Anzahl der in Verkehr gelangten Anteile ergibt;
c) die Bedingungen der Anteilsrücknahme oder -aussetzung;
d) die von den Anlegern direkt oder indirekt zu tragenden Kosten und Aufwendungen und wie sich diese berechnen;
e) die Informationen für die Anleger;
f) die Kündigung und den Verlust des Rechts zur Verwaltung des Investmentfonds;
g) die Voraussetzungen für Vertragsänderungen sowie zur Abwicklung, Verschmelzung und Spaltung des Investmentfonds; und
h) die Anteilsklassen und bei Einbindung des Investmentfonds in eine Umbrella-Struktur die Bedingungen für den Wechsel von einem vermögens- und haftungsrechtlich getrennten Teilfonds zu einem anderen.

(4) Die Regierung kann mit Verordnung weitere Anforderungen an den Fondsvertrag festlegen, sofern dies zum Schutz der Anleger und des öffentlichen Interesses erforderlich ist.

(5) Der AIFM ist berechtigt, im eigenen Namen über die zum Investmentfonds gehörenden Gegenstände nach Maßgabe dieses Gesetzes und des Fondsvertrags zu verfügen und alle Rechte daraus auszuüben; das Handeln für den Investmentfonds muss erkennbar sein. Der Investmentfonds haftet nicht für Verbindlichkeiten des AIFM oder der Anleger. Zum Investmentfonds gehört auch alles, was der AIFM aufgrund eines zum Investmentfonds gehörenden Rechts oder durch ein Rechtsgeschäft mit Bezug zum Investmentfonds oder als Ersatz für ein zum Investmentfonds gehörendes Recht erwirbt.

(6) Der AIFM ist nicht berechtigt, im Namen der Anleger Verbindlichkeiten sowie Verpflichtungen aus Bürgschaft oder Garantie einzugehen oder Gelddarlehen zu gewähren. Der AIFM kann sich wegen seiner Ansprüche auf Vergütung und Aufwendungsersatz nur aus dem Investmentfonds befriedigen. Die Anleger haften persönlich nur bis zur Höhe des Anlagebetrags.

(7) Soweit der AIF zulassungspflichtig ist, bedürfen der Fondsvertrag und jede seiner Änderungen zu seiner Wirksamkeit der Genehmigung der FMA. Der Fondsvertrag wird genehmigt, wenn er die Anforderungen nach Abs. 3 bis 6 erfüllt und der Schutz der Anleger und das öffentliche Interesse nicht entgegen stehen. Die FMA kann Musterfondsverträge genehmigen oder zur Verfügung stellen, bei deren Verwendung der Fondsvertrag als genehmigt gilt.

(8) Der Investmentfonds ist nach seiner Autorisierung oder Zulassung in das Handelsregister einzutragen. Die Eintragung ist jedoch keine Bedingung für die Entstehung des Investmentfonds und die Genehmigung des Fondsvertrages durch die FMA. Die Regierung regelt das Nähere über das Eintragungsverfahren mit Verordnung.

3. Kollektivtreuhänderschaft

Art. 8 Grundsatz. (1) Eine Kollektivtreuhänderschaft ist das Eingehen einer inhaltlich identischen Treuhänderschaft mit einer Anzahl von Anlegern zu Zwecken der Vermögensanlage und Verwaltung

V. Normentexte

für Rechnung der Anleger, wobei die einzelnen Anleger gemäß ihrem Anteil an dieser Treuhänderschaft beteiligt sind und nur bis zur Höhe des Anlagebetrags persönlich haften.

(2) Soweit in diesem Gesetz nichts anderes bestimmt wird, richten sich die Rechtsverhältnisse zwischen den Anlegern und dem AIFM nach dem Treuhandvertrag und, sofern dort keine Regelungen getroffen sind, nach den Bestimmungen des PGR über die Treuhänderschaft. Soweit die konstituierenden Dokumente nicht ausdrücklich etwas anderes festlegen, gilt nur der AIFM als Treuhänder und nur dieser schließt für Rechnung des AIF die maßgeblichen Rechtsgeschäfte ab.

(3) Der Treuhandvertrag hat Regelungen zu enthalten über:
a) die Anlagen, Anlagepolitik und Anlagebeschränkungen;
b) die Bewertung, Ausgabe und Rücknahme von Anteilen und deren Verbriefung, wobei sich der Wert des Anteils aus der Teilung des Wertes der Vermögenswerte der Kollektivtreuhänderschaft oder des Teilfonds durch die Anzahl der in Verkehr gelangten Anteile ergibt;
c) die Bedingungen der Anteilsrücknahme oder -aussetzung;
d) die von den Anlegern direkt oder indirekt zu tragenden Kosten und Aufwendungen und wie sich diese berechnen;
e) die Informationen für die Anleger;
f) die Kündigung und den Verlust des Rechts zur Verwaltung der Kollektivtreuhänderschaft;
g) die Voraussetzungen für Änderungen des Treuhandvertrags sowie zur Abwicklung, Verschmelzung und Spaltung der Kollektivtreuhänderschaft; und
h) die Anteilsklassen und bei Einbindung der Kollektivtreuhänderschaft in eine Umbrella-Struktur die Bedingungen für den Wechsel von einem vermögens- und haftungsrechtlich getrennten Teilfonds zu einem anderen.

(4) Die Regierung kann mit Verordnung weitere Anforderungen an den Treuhandvertrag festlegen, sofern dies zum Schutz der Anleger und des öffentlichen Interesses erforderlich ist.

(5) Soweit der AIF zulassungspflichtig ist, bedürfen der Treuhandvertrag und jede seiner Änderungen zu seiner Wirksamkeit der Genehmigung der FMA. Der Treuhandvertrag wird genehmigt, wenn er die Anforderungen nach Abs. 3 und 4 erfüllt und dem Schutz der Anleger und das öffentliche Interesse nicht entgegenstehen. Die FMA kann Mustertreuhandverträge genehmigen oder zur Verfügung stellen, bei deren Verwendung der Treuhandvertrag als genehmigt gilt.

(6) Die Kollektivtreuhänderschaft ist nach ihrer Autorisierung oder Zulassung in das Handelsregister einzutragen. Die Eintragung ist jedoch keine Bedingung für die Entstehung der Kollektivtreuhänderschaft oder die Genehmigung des Treuhandvertrags durch die FMA. Die Regierung regelt das Nähere über das Eintragungsverfahren mit Verordnung.

4. Investmentgesellschaft

Art. 9 Grundsatz. (1) Die Investmentgesellschaft ist ein AIF in Form der Aktiengesellschaft, der Europäischen Gesellschaft (SE), der Anstalt oder der Stiftung:
a) bei der die Haftung der Anleger als Aktionäre oder Beteiligte nach vollständiger Einzahlung des Anlagebetrages auf dessen Höhe beschränkt ist;
b) deren ausschließlicher Zweck die Vermögensanlage und Verwaltung für Rechnung der Anleger ist; und
c) deren Anteile bei Anlegern platziert werden.

(2) Soweit in diesem Gesetz nichts anderes bestimmt wird, richten sich die Rechtsverhältnisse zwischen den Anlegern, der Investmentgesellschaft und dem AIFM nach der Satzung der Investmentgesellschaft und, soweit dort keine Regelungen getroffen sind, nach den Bestimmungen des PGR über die Aktiengesellschaft, die Anstalt oder die Stiftung oder nach jenen des SEG über die Europäische Gesellschaft.

(3) Die Satzung hat Regelungen zu enthalten über:
a) die Anlagen, Anlagepolitik und Anlagebeschränkungen;
b) die Bewertung, Ausgabe und Rücknahme von Anlegeraktien und deren Verbriefung, wobei sich der Wert der Anlegeraktie aus der Teilung des Wertes der zu Anlagezwecken gehaltenen Vermögenswerte der Investmentgesellschaft oder des Teilfonds durch die Anzahl der in Verkehr gelangten Anlegeraktien ergibt;
c) die Bedingungen der Rücknahme oder Aussetzung für die Anlegeraktien;
d) die von den Anlegern direkt oder indirekt zu tragenden Kosten und Aufwendungen und wie sich diese berechnen;
e) die Informationen für die Anleger;

1. AIFMG

f) die Kündigung und den Verlust des Rechts zur Verwaltung der Investmentgesellschaft;
g) die Voraussetzungen für Satzungsänderungen sowie zur Abwicklung, Verschmelzung und Spaltung der Investmentgesellschaft;
h) die Anteilsklassen und bei Einbindung der Investmentgesellschaft in eine Umbrella-Struktur die Bedingungen für den Wechsel von einem vermögens- und haftungsrechtlich getrennten Teilfonds zu einem anderen; und
i) die Aufgaben und Funktionen der Gesellschaftsorgane bei der fremdverwalteten Investmentgesellschaft.

(4) Die Regierung kann mit Verordnung weitere Anforderungen an die Satzung festlegen, sofern dies zum Schutz der Anleger und des öffentlichen Interesses erforderlich ist.

(5) Die Investmentgesellschaft kann durch ihre Organe (selbstverwaltete Investmentgesellschaft) oder durch einen AIFM (fremdverwaltete Investmentgesellschaft) verwaltet werden. Die Verwaltung der Investmentgesellschaft ist dem Interesse der Anleger verpflichtet.

(6) Die Organe der Investmentgesellschaft können eingliedrig oder zweigliedrig strukturiert sein. Im ersten Fall leitet und überwacht der Verwaltungsrat die Geschäfte, im zweiten Fall leitet der Vorstand die Geschäfte und der Aufsichtsrat überwacht dessen Geschäftsführung. Soweit die Satzung und die Regierung mit Verordnung nichts anderes bestimmen, finden auf die Bestellung und Zusammenarbeit der Gesellschaftsorgane die Bestimmungen dieses Gesetzes, des PGR und des SEG Anwendung; bei einer zweigliedrigen Organstruktur finden ausschließlich die Bestimmungen des SEG sinngemäß Anwendung.

(7) Die Satzung muss angeben, ob und in welchem Umfang die Investmentgesellschaft Gründer- und Anlegeranteile mit und ohne Stimmrecht und mit oder ohne Recht zur Teilnahme an der Generalversammlung ausgibt sowie ob das eigene Vermögen und das verwaltete Vermögen getrennt sind. Sind das eigene Vermögen und das verwaltete Vermögen getrennt, so sind die Inhaber von Anlegeraktien bei Anstalten als Genussberechtigte zu qualifizieren.

(8) Sofern die Regierung mit Verordnung keine höhere Mindestgrundkapitalausstattung festlegt, muss im Fall der Vermögenstrennung mittels der Gründeraktien ein Grundkapital von mindestens 50 000 Euro oder den Gegenwert in Schweizer Franken gehalten werden. Die erforderliche Kapitalausstattung nach Art. 32 bleibt unberührt. Die Entscheidung über die Ausgabe neuer Anteile trifft bei eingliedriger Struktur der Verwaltungsrat und bei zweigliedriger Struktur der Vorstand, jedoch in Bezug auf Gründeraktien die Generalversammlung, sofern dieses Gesetz, die Satzung oder die Verordnung nichts anderes bestimmen.

(9) Eine Investmentgesellschaft nach diesem Artikel hat in ihrer Firma die Bezeichnung „Investmentgesellschaft" oder eine alternative Rechtsformbezeichnung nach Art. 27 Abs. 2 Bst. c zu führen.

(10) Eine Investmentgesellschaft kann von einem AIFM fremdverwaltet oder von ihren Organen selbstverwaltet werden. Soweit dieses Gesetz nichts anderes bestimmt, gelten für selbstverwaltete Investmentgesellschaften die Vorschriften für AIF und AIFM sinngemäß mit der Maßgabe, dass die Pflichten von AIF und AIFM von den Organen der Investmentgesellschaft zu erfüllen sind.

(11) Soweit der AIF zulassungspflichtig ist, bedürfen die Satzung und jede ihrer Änderungen zu ihrer Wirksamkeit der Genehmigung der FMA. Die Satzung wird genehmigt, wenn sie die Anforderungen nach Abs. 3 bis 10 erfüllt und der Schutz der Anleger und das öffentliche Interesse nicht entgegen stehen. Die FMA kann Mustersatzungen genehmigen oder zur Verfügung stellen, bei deren Verwendung die Satzung als genehmigt gilt.

(12) Die Investmentgesellschaft entsteht durch Eintragung in das Handelsregister. Vor der Eintragung gelten die Vorschriften des PGR über die einfache Gesellschaft mit der Maßgabe, dass eine Haftung der Anleger ausgeschlossen ist. Die Regierung regelt das Nähere mit Verordnung.

5. Anlage-Kommanditgesellschaft

Art. 10 Grundsatz. (1) Die Anlage-Kommanditgesellschaft ist ein AIF in Form einer Personengesellschaft oder einer juristischen Person, bei der die Haftung der Anleger als Kommanditäre nach vollständiger Einzahlung des Anlagebetrags auf dessen Höhe beschränkt ist und deren ausschließlicher Zweck die Vermögensanlage und Verwaltung für Rechnung der Anleger ist.

(2) Soweit in diesem Gesetz und den darauf gestützten Verordnungen nichts anderes bestimmt ist, richten sich die Rechtsverhältnisse der Anlage-Kommanditgesellschaft nach dem Gesellschaftsvertrag der Anlage-Kommanditgesellschaft und, soweit dort keine Regelungen getroffen sind, nach den Bestimmungen des PGR über die Kommanditgesellschaft.

V. Normentexte

(3) Die Regierung kann mit Verordnung über Art. 11 hinaus weitere Anforderungen an den Gesellschaftsvertrag festlegen, sofern dies zum Schutz der Anleger und des öffentlichen Interesses erforderlich ist. Die FMA kann Mustergesellschaftsverträge veröffentlichen oder auf Antrag genehmigen, bei deren Verwendung der Gesellschaftsvertrag als genehmigt gilt.

(4) Die Anlage-Kommanditgesellschaft kann als selbstverwaltete Kommanditgesellschaft durch ihren Komplementär (unbeschränkt haftendes Mitglied) oder einen dazu bestellten Kommanditär oder als fremdverwaltete Kommanditgesellschaft durch einen AIFM verwaltet werden. Die Verwaltung der Anlage-Kommanditgesellschaft ist dem Interesse der Anleger verpflichtet.

(5) Ein AIFM haftet bei einer fremdverwalteten Anlage-Kommanditgesellschaft in gleicher Weise wie bei der fremdverwalteten Investmentgesellschaft. Ein zugelassener AIFM kann für mehrere Anlage-Kommanditgesellschaften, sonstige AIF oder bestimmte Organismen für gemeinsame Anlagen in Wertpapieren gleichzeitig tätig sein.

(6) Die Anleger als Kommanditäre sind von der Geschäftsführung ausgeschlossen, sofern im Gesellschaftsvertrag nichts anderes bestimmt ist. Sind die Anleger nicht mit der Verwaltung betraut, sind sie in Abweichung von Art. 740 PGR zwingend von der Vertretung der Kommanditgesellschaft ausgeschlossen und unterliegen keiner Treuepflicht.

(7) Die Anlage-Kommanditgesellschaft führt ein Register der Anleger als Kommanditäre. Dieses Register bzw. die Identität der Anleger sind nicht dem Handelsregister anzumelden.

(8) Die gesamte auf die Anleger als Kommanditäre entfallende Kommanditsumme ist im Handelsregister einzutragen. Für Anlage-Kommanditgesellschaften des offenen Typs genügt die Angabe eines Mindest- und Höchstbetrags.

(9) Die Regierung regelt das Verfahren über den Ausschluss von Anlegern aus der Gesellschaft mit Verordnung. Wird die Anlage-Kommanditgesellschaft an Privatanleger vertrieben, können Anleger nur aus wichtigem Grund ausgeschlossen werden.

(10) Die Anlage-Kommanditgesellschaft haftet nicht für die Verbindlichkeiten des AIFM oder der Anleger.

Art. 11 Gesellschaftsvertrag. Der Gesellschaftsvertrag hat insbesondere Regelungen zu enthalten über:
a) die Firma und den Sitz der Anlage-Kommanditgesellschaft und der Komplementäre;
b) den Betrag des Kommanditkapitals bzw. im Fall der Anlage-Kommanditgesellschaft des offenen Typs den Mindest- und Höchstbetrag des Kommanditkapitals sowie die Voraussetzungen, unter denen der Beitritt und das Ausscheiden von Kommanditären erfolgt;
c) die Dauer der Gesellschaft;
d) die Führung eines Registers der Kommanditäre;
e) die Delegation der Geschäftsführung;
f) die Übertragbarkeit des Kommanditanteils;
g) die Rechte und Pflichten, insbesondere die Einlagepflichten der Kommanditäre;
h) die Eigenschaft als Personengesellschaft oder juristische Person;
i) die Anlagen, die Anlagepolitik und die Anlagebeschränkungen;
k) die Bewertung, Ausgabe und Rücknahme von Anteilen und deren Verbriefung, wobei sich der Wert des Anteils aus der Teilung des Wertes der zu Anlagezwecken gehaltenen Vermögenswerte der Kommanditgesellschaft oder der maßgeblichen Anteilsklasse durch die Anzahl der in Verkehr gelangten Anteile ergibt;
l) die Bedingungen der Anteilsrücknahme oder -aussetzung;
m) die von den Anlegern direkt oder indirekt zu tragenden Kosten und Aufwendungen und wie sich diese berechnen;
n) die Vergütung des AIFM und/oder des zur Verwaltung bestellten Komplementärs oder Kommanditärs;
o) die Informationen für die Anleger;
p) die Kündigung und den Verlust des Rechts zur Verwaltung der Kommanditgesellschaft bzw. die Voraussetzungen für die Bestellung und Abberufung der zur Verwaltung bestimmten Personen;
q) die Voraussetzungen für Vertragsänderungen sowie die Abwicklung, Verschmelzung und Spaltung der Kommanditgesellschaft;
r) die Anteilsklassen und bei Einbindung der Kommanditgesellschaft in eine Umbrella-Struktur die Bedingungen für den Wechsel von einem vermögens- und haftungsrechtlich getrennten Teilfonds zu einem anderen;

s) im Fall der selbstverwalteten Anlage-Kommanditgesellschaft die Personen (Komplementär oder Kommanditär), die Aufgaben des AIFM wahrnehmen.

Art. 12 Komplementär und Kommanditär. 1) Komplementäre können eine oder mehrere in- oder ausländische natürliche oder juristische Personen sein.

(2) Selbstverwaltete Anlage-Kommanditgesellschaften müssen im Zeitpunkt der Antragstellung und jederzeit danach über ein einbezahltes Kapital verfügen, das im Zeitpunkt der Antragstellung einem Betrag von mindestens 300 000 Euro oder dem Gegenwert in Schweizer Franken entspricht. Der zur Verwaltung bestellte Komplementär oder Kommanditär hat eine Einlage einzubringen, die dem Betrag von mindestens 50 000 Euro oder dem Gegenwert in Schweizer Franken entspricht. Ist eine Anlage-Kommanditgesellschaft eine juristische Person, kann der Komplementär zusätzlich auch Kommanditanteile besitzen.

Art. 13 Entstehung der Anlage-Kommanditgesellschaft. (1) Die Anlage-Kommanditgesellschaft muss ihren Sitz in Liechtenstein haben.

(2) Die Kommanditäre, mit Ausnahme eines allenfalls zur Verwaltung bestellten Kommanditärs, sind nicht in das Handelsregister einzutragen.

(3) Die Anlage-Kommanditgesellschaft entsteht durch Eintragung in das Handelsregister. Vor der Eintragung gelten die Vorschriften des PGR über die einfache Gesellschaft mit der Maßgabe, dass eine Haftung der Anleger ausgeschlossen ist.

(4) Die Regierung regelt das Nähere mit Verordnung.

6. Anlage-Kommanditärengesellschaft

Art. 14 Grundsatz. (1) Die Anlage-Kommanditärengesellschaft ist ein AIF in Form einer Personengesellschaft oder einer juristischen Person, bei der die Haftung der Anleger als Kommanditäre nach vollständiger Einzahlung des Anlagebetrages auf dessen Höhe beschränkt ist und deren ausschließlicher Zweck die Vermögensanlage und Verwaltung für Rechnung der Anleger sind. Im Unterschied zur Anlage-Kommanditgesellschaft hat die Anlage-Kommanditärengesellschaft keinen unbeschränkt haftenden Komplementär.

(2) Soweit nachfolgend nichts anderes bestimmt ist, gelten für die Anlage-Kommanditärengesellschaft die Art. 11 bis 13 über die Anlage-Kommanditgesellschaft sinngemäß.

(3) Bei selbstverwalteten Anlage-Kommanditärengesellschaften ist im Gesellschaftsvertrag ein anlageverwaltender Kommanditär zu bestimmen. Dieser ist im Handelsregister einzutragen und hat eine Kommanditeinlage zu erbringen, welche mindestens 50 000 Euro oder dem Gegenwert in Schweizer Franken entspricht. Die nicht zur Verwaltung bestellten Kommanditäre sind von der Vertretung der Anlage-Kommanditärengesellschaft ausgeschlossen und unterliegen keiner Treuepflicht. Mit Ausnahme der Haftungsbegrenzung auf seine Kommanditsumme gelten für den zur Verwaltung bestellten Kommanditär der Anlage-Kommanditärengesellschaft dieselben Regeln wie für den Komplementär der Anlage-Kommanditgesellschaft.

C. Wertpapiereigenschaft

Art. 15 Grundsatz. Anteile eines AIF sind übertragbare Wertpapiere, sofern die Anteile nach den konstituierenden Dokumenten des AIF standardisiert ausgestaltet und handelbar sind und deren Übertragbarkeit nicht beschränkt ist.

II. Autorisierung und Zulassung von AIF in Liechtenstein

A. Allgemeines

Art. 16 Autorisierungs- oder Zulassungspflicht. (1) Ein AIFM mit Sitz in Liechtenstein hat einen von ihm verwalteten AIF nach Maßgabe der Art. 17 bis 20 der FMA anzuzeigen und von ihr autorisieren zu lassen, wenn er die Anteile des AIF in Liechtenstein:[32]
a) ausschließlich an professionelle Anleger vertreiben möchte; oder
b) an professionelle Anleger und Privatanleger vertreiben möchte und keine Zulassungspflicht nach Abs. 2 besteht.

---

[32] Art. 16 Abs. 1 Einleitungssatz abgeändert durch LGBl. 2013 Nr. 242.

(2) Ein AIFM mit Sitz in Liechtenstein hat bei der FMA die Zulassung eines von ihm verwalteten AIF nach Maßgabe von Art. 21 bis 25 zu beantragen, wenn er die Anteile des AIF in Liechtenstein an Privatanleger vertreiben möchte und:[33]
a) es sich um einen hebelfinanzierten AIF nach Kapitel VI Abschnitt B handelt;[34]
b) der Schutz der Anleger und des öffentlichen Interesses eine Zulassung erfordert; die Regierung bestimmt die Fälle, in denen eine Zulassung erforderlich ist, mit Verordnung; oder
c) die Anlagestrategie des AIF keinem von der Regierung bestimmten Fondstyp nach Art. 91 entspricht.[35]

(3) Ein AIFM mit Sitz in Liechtenstein kann bei der FMA nach Maßgabe der Art. 21 bis 25 die Zulassung eines von ihm verwalteten AIF beantragen, insbesondere um in Drittstaaten eine Vertriebszulassung zu erlangen oder um die Anlagebestimmungen bestimmter professioneller Anleger zu erfüllen.[36]

(4) Mit der Zulassung nach Abs. 2 und 3 ist das Recht zum Vertrieb von AIF an professionelle Anleger und Privatanleger in Liechtenstein verbunden.

(5) Ist der AIF ein Feeder-AIF, richten sich die Autorisierungs- und Zulassungspflicht und das Vertriebsrecht nur nach diesem Kapitel, wenn auch der Master-AIF ein AIF ist, der von einem AIFM mit Sitz und Zulassung in Liechtenstein verwaltet wird. Andernfalls gilt Art. 128.[37]

(6) Die FMA teilt der EFTA-Überwachungsbehörde die Anforderungen an den Vertrieb von AIF an Privatanleger in Liechtenstein mit.

B. Autorisierte AIF

Art. 17 Vertriebsanzeige. (1) Der AIFM hat der FMA eine Anzeige für jeden AIF, den er zu vertreiben beabsichtigt, in elektronischer Form in deutscher, englischer oder einer anderen von der FMA anerkannten Sprache vorzulegen.[38]

(2) Die Vertriebsanzeige nach Abs. 1 muss insbesondere enthalten:
a) einen Geschäftsplan mit Angaben zum AIF und dessen Sitz;
b) die konstituierenden Dokumente des AIF;
c) die Nachweise über die Bestellung der Verwahrstelle und des Wirtschaftsprüfers;
d) eine Beschreibung des AIF oder die über den AIF verfügbaren Anlegerinformationen;
e) bei Feeder-AIF den Sitz des Master-AIF;
f) die Vertriebsinformationen für Anleger nach Art. 105 Abs. 1, sofern diese nicht schon nach Bst. d beigefügt wurden;
g) eine Erklärung der Geschäftsleitung des AIFM, dass die Vorschriften dieses Gesetzes vollumfänglich eingehalten wurden.[39]

(3) Soweit beabsichtigt ist, die Anteile des AIF ausschließlich an professionelle Anleger zu vertreiben, ist der Anzeige zusätzlich zu den Angaben nach Abs. 2 eine Beschreibung der Vorkehrungen zur Verhinderung eines Vertriebs von AIF an Privatanleger beizufügen, die auch den Rückgriff auf vom AIFM unabhängige Unternehmen berücksichtigt.

(4) Soweit beabsichtigt ist, die Anteile des AIF auch an Privatanleger zu vertreiben, und die Anforderungen an eine Privatplatzierung nicht erfüllt sind, ist der Anzeige zusätzlich zu den Angaben nach Abs. 2 beizufügen:
a) eine rechtsverbindliche Erklärung der Geschäftsleitung des AIFM, dass:
1. in Bezug auf den autorisierten AIF keine Zulassungspflicht nach Art. 16 Abs. 2 besteht;
2. für den AIF regelmäßig ein Prospekt, eine aktuelle „wesentliche Anlegerinformation" sowie Jahres- und Halbjahresberichte erstellt und in Liechtenstein zugänglich gemacht werden;
b) ein Prospekt mit Vertriebsinformationen für Anleger, sofern diese nicht schon nach Abs. 2 Bst. d beigefügt wurden;
c) eine „wesentliche Anlegerinformation" zur Anlagestrategie des AIF.

(5) Die Regierung kann das Nähere mit Verordnung regeln, insbesondere über:
a) die Anforderungen an die Erstellung, Aktualisierung und Veröffentlichung:

---

[33] Art. 16 Abs. 2 Einleitungssatz abgeändert durch LGBl. 2013 Nr. 242.
[34] Art. 16 Abs. 2 Bst. a abgeändert durch LGBl. 2013 Nr. 242.
[35] Art. 16 Abs. 2 Bst. c abgeändert durch LGBl. 2013 Nr. 242.
[36] Art. 16 Abs. 3 abgeändert durch LGBl. 2013 Nr. 242.
[37] Art. 16 Abs. 5 abgeändert durch LGBl. 2013 Nr. 242.
[38] Art. 17 Abs. 1 abgeändert durch LGBl. 2013 Nr. 242.
[39] Art. 17 Abs. 2 Bst. g abgeändert durch LGBl. 2013 Nr. 242.

1. des Prospekts nach Abs. 4 Bst. b; vorbehalten bleiben die Bestimmungen des Wertpapierprospektgesetzes und Anhang XV der Verordnung (EG) Nr. 809/2004;
2. der „wesentlichen Anlegerinformation" nach Abs. 4 Bst. c;
3. des Halbjahres- und Jahresberichts nach Abs. 4 Bst. a Ziff. 2;
b) die Voraussetzungen, unter denen eine Privatplatzierung gegeben ist und diese erfolgen darf.

Art. 18 Prüfung durch die FMA. (1) Die FMA prüft nach vollständigem Eingang der Unterlagen nach Art. 17 ausschließlich, ob der AIFM die Vorschriften dieses Gesetzes einhält. Bei einem Verstoß gegen die Bestimmungen dieses Gesetzes untersagt die FMA den Vertrieb.[40]

(2) Werden die Anteile des AIF auch an Privatanleger vertrieben, kann die FMA den Vertrieb an Privatanleger zudem untersagen bei:
a) begründetem Verdacht eines Verstoßes gegen andere gesetzliche Bestimmungen; oder
b) Vorliegen von Umständen, die den Ruf des Finanzplatzes oder die Finanzstabilität als gefährdet erscheinen lassen.

(3) Wird der Vertrieb nicht sofort untersagt, schließt dies die spätere Untersagung des Vertriebs an professionelle Anleger oder Privatanleger nach Zugang der Autorisierung nach Art. 19 nicht aus.

Art. 19 Autorisierung durch die FMA. (1) Die FMA übermittelt dem AIFM binnen einer Frist von höchstens zehn Arbeitstagen nach Eingang der vollständigen Anzeige eine Autorisierung.

(2) Die FMA ist berechtigt, die Frist nach Abs. 1 auf bis zu 20 Arbeitstage, im Fall der Erstzulassung eines selbstverwalteten AIF auf bis zu sechs Monate, zu verlängern.

(3) Mit der Autorisierung bestätigt die FMA, dass der AIFM alle für die Anzeige notwendigen Unterlagen eingereicht hat und nach Kenntnis der FMA die Vorschriften dieses Gesetzes eingehalten sind.[41]

(4) Jede Untersagung des Vertriebs nach Art. 18 Abs. 1 und 2 sowie jede Fristverlängerung nach Abs. 2 ist schriftlich zu begründen. Für den Erlass einer beschwerdefähigen Verfügung kann die FMA zusätzliche Gebühren erheben.

(5) Mit Zugang der Autorisierung darf der AIFM mit dem Vertrieb des AIF in Liechtenstein beginnen.

(6) Auf den Widerruf, das Erlöschen und den Entzug der Autorisierung finden die Art. 49 bis 52 sinngemäß Anwendung.

(7) Die Regierung regelt das Nähere mit Verordnung. Sie kann insbesondere festlegen:
a) ein Mindestvermögen mit einem Gegenwert von bis zu 10 Millionen Euro oder den entsprechenden Gegenwert in Schweizer Franken;
b) die Frist, innert welcher dieses Mindestvermögen erreicht werden muss.

Art. 20 Anzeigepflicht bei wesentlichen Änderungen. (1) Wesentliche Änderungen der nach Art. 17 Abs. 2 und 4 übermittelten Angaben teilt der AIFM der FMA mindestens einen Monat vor Durchführung der Änderung oder unverzüglich nach Eintreten einer ungeplanten Änderung schriftlich mit.

(2) Bei einem Verstoß gegen die Bestimmungen dieses Gesetzes untersagt die FMA die Änderung. Werden die Anteile des AIF auch an Privatanleger vertrieben, kann die FMA den Vertrieb an Privatanleger zudem untersagen bei:[42]
a) begründetem Verdacht eines Verstoßes gegen andere gesetzliche Bestimmungen; oder
b) Vorliegen von Umständen, die den Ruf des Finanzplatzes oder die Finanzstabilität als gefährdet erscheinen lassen.

(3) Die Regierung kann das Nähere, insbesondere die Fälle, in denen eine wesentliche Änderung im Sinne des Abs. 1 vorliegt, mit Verordnung regeln.

C. Zulassungspflichtige AIF

Art. 21 Zulassungsvoraussetzungen. (1) Die FMA erteilt einem AIF die Zulassung nach vorheriger Genehmigung:

---

[40] Art. 18 Abs. 1 abgeändert durch LGBl. 2013 Nr. 242.
[41] Art. 19 Abs. 3 abgeändert durch LGBl. 2013 Nr. 242.
[42] Art. 20 Abs. 2 Einleitungssatz abgeändert durch LGBl. 2013 Nr. 242.

a) des Antrags des zugelassenen AIFM oder des selbstverwalteten AIF, den AIF zu verwalten;
b) der Bestellung der Verwahrstelle und des Wirtschaftsprüfers; und
c) der konstituierenden Dokumente.

(2) Die FMA verweigert die Zulassung, wenn:
a) der AIF aus rechtlichen Gründen, insbesondere aufgrund einer Bestimmung seiner konstituierenden Dokumente, seine Anteile in Liechtenstein nicht vertreiben darf;
b) die Geschäftsleiter oder andere verantwortliche Personen der Verwahrstelle nicht über ausreichende Erfahrung in Bezug auf die Art des zu verwaltenden AIF verfügen;
c) der AIFM nicht als AIFM für die Art des zu verwaltenden AIF zugelassen ist;
d) Umstände vorliegen, die darauf schließen lassen, dass die nach Art. 95 von der FMA festgesetzten Risikolimits voraussichtlich überschritten werden, oder der AIFM unzureichende Maßnahmen zur Einhaltung der Risikolimits trifft;
e) der für den AIF zuständige Wirtschaftsprüfer nicht über ausreichende Erfahrung in Bezug auf die Art des zu prüfenden AIF verfügt.

(3) Aufgehoben[43]

(4) Die Regierung kann mit Verordnung für bestimmte Arten von AIF festlegen:
a) ein Mindestvermögen mit einem Gegenwert von bis zu 10 Millionen Euro oder den entsprechenden Gegenwert in Schweizer Franken;
b) die Frist, innert welcher dieses Mindestvermögen erreicht werden muss.

Art. 22 Zulassungsantrag. (1) Der Antrag auf Erteilung einer Zulassung eines AIF ist vom AIFM oder vom selbstverwalteten AIF bei der FMA einzureichen.

(2) Der Zulassungsantrag muss insbesondere enthalten:
a) einen Geschäftsplan mit Angaben zum AIF und dessen Sitz;
b) die konstituierenden Dokumente des AIF;
c) die Nachweise über die Bestellung der Verwahrstelle und des Wirtschaftsprüfers;
d) eine Beschreibung des AIF oder die über den AIF verfügbaren Anlegerinformationen;
e) bei Feeder-AIF den Sitz des Master-AIF;
f) die Vertriebsinformationen für Anleger nach Art. 105 Abs. 1, sofern diese nicht schon nach Bst. d beigefügt wurden;
g) eine Erklärung der Geschäftsleitung des AIFM, dass die gesetzlichen Vorschriften eingehalten wurden.

(3) Soweit beabsichtigt ist, die Anteile des AIF ausschließlich an professionelle Anleger zu vertreiben, ist dem Zulassungsantrag zusätzlich zu den Angaben nach Abs. 2 eine Beschreibung der Vorkehrungen zur Verhinderung eines Vertriebs von AIF an Privatanleger beizufügen, die auch den Rückgriff auf vom AIFM unabhängige Unternehmen berücksichtigt.[44]

(4) Soweit beabsichtigt ist, die Anteile des AIF auch an Privatanleger zu vertreiben, und die Anforderungen an eine Privatplatzierung nicht erfüllt sind, ist der Anzeige zusätzlich zu den Angaben nach Abs. 2 beizufügen:[45]
a) eine rechtsverbindliche Erklärung der Geschäftsleitung des AIFM, dass für den AIF regelmäßig ein Prospekt, eine aktuelle „wesentliche Anlegerinformation" sowie Jahres- und Halbjahresberichte erstellt und in Liechtenstein zugänglich gemacht werden;
b) ein Prospekt mit Vertriebsinformationen für Anleger, sofern diese nicht schon nach Abs. 2 Bst. d beigefügt wurden;
c) eine „wesentliche Anlegerinformation" zur Anlagestrategie des AIF.

(5) Die Regierung kann das Nähere mit Verordnung regeln, insbesondere über:
a) die Form und den Inhalt des Antrags nach Abs. 1;
b) die Anforderungen an die Erstellung, Aktualisierung und Veröffentlichung:
　1. des Prospekts nach Abs. 4 Bst. b; vorbehalten bleiben die Bestimmungen des Wertpapierprospektgesetzes;
　2. der „wesentlichen Anlegerinformation" nach Abs. 4 Bst. c;
　3. des Halbjahres- und Jahresberichts nach Abs. 4 Bst. a;
c) die Voraussetzungen, unter denen eine Privatplatzierung gegeben ist und diese erfolgen darf.

---

[43] Art. 21 Abs. 3 aufgehoben durch LGBl. 2013 Nr. 242.
[44] Art. 22 Abs. 3 abgeändert durch LGBl. 2013 Nr. 242.
[45] Art. 22 Abs. 4 Einleitungssatz abgeändert durch LGBl. 2013 Nr. 242.

1. AIFMG

Art. 23 Prüfung durch die FMA. Die FMA prüft nach vollständigem Eingang der Unterlagen nach Art. 22, ob aufgrund der ihr vorliegenden Informationen gegen Vorschriften dieses Gesetzes verstoßen wird.

Art. 24 Verfahren vor der FMA. (1) Die FMA übermittelt dem AIFM binnen drei Arbeitstagen nach Eingang des vollständigen Antrags eine Eingangsbestätigung.

(2) Die FMA hat innerhalb von 20 Arbeitstagen, im Fall der Erstzulassung eines selbstverwalteten AIF innerhalb von drei Monaten, nach Eingang der vollständigen Unterlagen über den Antrag zu entscheiden. Die FMA kann die Frist auf höchstens zwei Monate, im Fall der Erstzulassung eines selbstverwalteten AIF auf höchstens sechs Monate, verlängern.

(3) Aufgehoben[46]

(4) Jede Fristverlängerung, Ablehnung oder Einschränkung der Zulassung ist schriftlich zu begründen. Für den Erlass einer beschwerdefähigen Verfügung kann die FMA zusätzliche Gebühren erheben.

(5) Mit Eingang der Zulassung beim AIFM darf der AIFM entsprechend dem zugelassenen Umfang mit dem Vertrieb des AIF in Liechtenstein beginnen.

(6) Die Regierung kann das Nähere mit Verordnung regeln, insbesondere über:
a) die Eingangsbestätigung nach Abs. 1;
b) die Gründe für eine Fristverlängerung nach Abs. 2.

Art. 25 Änderungen. (1) Für das Verfahren zur Änderung der konstituierenden Dokumente eines zugelassenen AIF gelten die Art. 21 bis 24 entsprechend.

(2) Der Wechsel des AIFM, des Administrators, des Risikomanagers und der Verwahrstelle bedürfen der Genehmigung der FMA auch dann, wenn damit keine Änderung der konstituierenden Dokumente verbunden ist. Das Nähere bestimmt sich nach Art. 33.

(3) Der AIFM hat der FMA den Wechsel des Wirtschaftsprüfers des AIF, eines Geschäftsleiters des AIFM sowie der Wechsel eines Verwaltungsrats bzw. eines Aufsichtsrats des AIFM anzuzeigen. Zusammen mit der Anzeige sind Name, Adresse und Eignungsnachweise für den neuen Wirtschaftsprüfer, den neuen Geschäftsleiter oder das Mitglied des Verwaltungsrats mitzuteilen.

(4) Die Regierung regelt das Nähere mit Verordnung.

Art. 26 Widerruf, Erlöschen und Entzug der Zulassung. Auf den Widerruf, das Erlöschen und den Entzug der Zulassung des AIF finden die Art. 49 bis 52 sinngemäß Anwendung.

D. Name des AIF

Art. 27 Grundsatz. 1) Der Name eines AIF darf nicht zu Verwechslungen und Täuschungen Anlass geben. Lässt der Name auf eine bestimmte Anlagestrategie schließen, ist diese überwiegend umzusetzen.

(2) Sofern der Anlegerschutz und das öffentliche Interesse nicht entgegenstehen, ist ein AIF berechtigt, seinem Namen eine Bezeichnung der Rechtsform oder eine der im Folgenden genannten Bezeichnungen oder Abkürzungen beizufügen:
a) beim Investmentfonds: „common contractual fund", „CCF", „C.C.F.", „fonds commun de placement", „FCP" oder „F.C.P.";
b) bei der Kollektivtreuhänderschaft: „Anlagefonds", „unit trust", „authorized unit trust" oder „AUT";
c) bei der Investmentgesellschaft:
   1. mit variablem Kapital: „open-ended investment company", „OEIC", „société d'investissement à capital variable" oder „SICAV";
   2. mit fixem Kapital: „closed-ended investment company", „CEIC", „société d'investissement à capital fix" oder „SICAF";
d) bei der Anlage-Kommanditgesellschaft: „Anlage-KG", „limited partnership" oder „L.P.", „société en commandite de placements collectives" oder „SCPC";
e) bei der Anlage-Kommanditärengesellschaft: „Anlage-KommanditärenG", „partnership of limited partners" oder „PLP";
f) eine andere von der Regierung mit Verordnung bestimmte Bezeichnung oder Abkürzung.

---

[46] Art. 24 Abs. 3 aufgehoben durch LGBl. 2013 Nr. 242.

(3) Wird der Name eines AIF, einschließlich der Bezeichnung oder Abkürzung, geändert, so sind auch die konstituierenden Dokumente anzupassen. Solche Änderungen sind der FMA anzuzeigen.

(4) Andere als AIFM oder AIF dürfen keine Bezeichnungen verwenden, die auf die Tätigkeit eines AIFM oder eines AIF schließen lassen.

(5) Die Regierung kann das Nähere mit Verordnung regeln.

III. Zulassung und Pflichten von AIFM

A. Zulassung von AIFM

Art. 28 Zulassungspflicht und anwendbares Recht. (1) Ein AIFM mit Sitz in Liechtenstein bedarf zur Ausübung seiner Geschäftstätigkeit der Zulassung durch die FMA.[47]

(2) Banken, Wertpapierfirmen und Vermögensverwaltungsgesellschaften bedürfen für Wertpapierdienstleistungen, die sie im Auftrag von AIFM für AIF erbringen, insbesondere die individuelle Portfolioverwaltung, keine Zulassung nach Abs. 1.[48]

Art. 29 Umfang der Zulassung. (1) Die Zulassung als AIFM gilt in Liechtenstein und berechtigt den AIFM zur Verwaltung und zum Vertrieb von AIF.[49]

(2) Die Zulassung kann zusätzlich zur Anlageverwaltung und zum Vertrieb im Rahmen der kollektiven Verwaltung eines AIF umfassen:
a) die Administration;
b) Tätigkeiten im Zusammenhang mit den Vermögenswerten des AIF, worunter Dienstleistungen, die zur Erfüllung der treuhänderischen Pflichten des AIFM erforderlich sind, insbesondere das Facility Management, die Immobilienverwaltung, die Beratung von Unternehmen über die Kapitalstruktur, die industrielle Strategie und damit verbundene Fragen, Beratungs- und Dienstleistungen im Zusammenhang mit Fusionen und dem Erwerb von Unternehmen sowie weitere Dienstleistungen in Verbindung mit der Verwaltung der AIF und der Unternehmen und anderer Vermögenswerte, in die für Rechnung des AIF investiert wurde, fallen.

(3) Zusätzlich zur Verwaltung von AIF kann die FMA dem AIFM eine Zulassung für die Erbringung folgender Dienstleistungen erteilen:
a) individuelle Verwaltung einzelner Portfolios mit einem Ermessensspielraum im Rahmen eines Mandats der Anleger;
b) soweit die Zulassung Dienstleistungen nach Bst. a umfasst:
1. die Anlageberatung;
2. die Verwahrung und technische Verwaltung in Bezug auf die Anteile von Organismen für gemeinsame Anlagen; und
3. in Fällen, in denen der AIFM sonstige Organismen für gemeinsame Anlagen verwaltet, die Annahme und Übermittlung von Aufträgen, die Finanzinstrumente zum Gegenstand haben; und
c) die Verwaltung von OGAW unter den im UCITSG näher bestimmten Voraussetzungen.

(4) Der AIFM muss von den Tätigkeiten der Anlageverwaltung zumindest die Portfolioverwaltung oder das Risikomanagement übernehmen. Art. 46 bleibt unberührt.

(5) Ein selbstverwalteter AIF darf nur seine eigenen Vermögensgegenstände verwalten.

(6) Die FMA kann die Zulassung für alle oder nur für einzelne Arten von AIF erteilen.

(7) Die Regierung kann das Nähere, insbesondere im Hinblick auf die Rechtsform des AIFM und die Arten von AIF nach Abs. 6, mit Verordnung regeln.

Art. 30 Zulassungsvoraussetzungen. (1) Die FMA erteilt dem AIFM die Zulassung, wenn:
a) die Kapitalausstattung nach Art. 32 ausreichend ist;
b) die Geschäftsleiter des AIFM oder andere Personen, für die der AIFM nachweist, dass sie die Geschäfte des AIFM tatsächlich führen, ausreichend fachlich qualifiziert und persönlich integer sind; über die Geschäftsführung des AIFM müssen mindestens zwei Personen, die die genannten Bedingungen erfüllen, bestimmen;
c) ein Geschäftsplan vorliegt, aus dem zumindest der organisatorische Aufbau des AIFM hervorgeht und dem zu entnehmen ist, wie der AIFM seinen gesetzlichen Pflichten nachkommen wird;

---

[47] Art. 28 Abs. 1 abgeändert durch LGBl. 2013 Nr. 242.
[48] Art. 28 Abs. 2 abgeändert durch LGBl. 2013 Nr. 242.
[49] Art. 29 Abs. 1 abgeändert durch LGBl. 2013 Nr. 242.

d) die qualifiziert Beteiligten den zur Gewährleistung einer soliden und umsichtigen Führung des AIFM zu stellenden Ansprüchen genügen;
e) die Hauptverwaltung und der Sitz des AIFM in Liechtenstein sind;
f) die Vergütungspolitik die Vorschriften des Art. 36 berücksichtigt; und
g) die Vereinbarungen zur Übertragung und Unterübertragung von Aufgaben an Dritte Art. 46 entsprechen.

(2) Die FMA verweigert die Zulassung, wenn:
a) die gesetzlichen Anforderungen an die Tätigkeit eines AIFM nicht erfüllt sind;
b) sie durch enge Verbindungen zwischen dem AIFM und anderen Personen an der Aufsicht gehindert wird;
c) sie durch die Rechts- und Verwaltungsvorschriften eines Drittstaats, denen Personen unterstehen, zu denen der AIFM enge Verbindungen besitzt, oder durch Schwierigkeiten bei deren Anwendung an der Aufsicht gehindert wird;
d) die qualifiziert Beteiligten den zur Gewährleistung einer soliden und umsichtigen Führung des AIFM zu stellenden Ansprüchen nicht genügen.

(3) Bei Zulassungen für Dienstleistungen nach Art. 29 Abs. 3 Bst. a und b finden die Art. 12, 13 und 19 der Richtlinie 2004/39/EG über die Erbringung von Dienstleistungen als Gegenpartei, die Kapitalausstattung, die organisatorischen Anforderungen und die Wohlverhaltensregeln bei der Erbringung von Kundendienstleistungen entsprechend Anwendung.

(4) Vermögensverwaltungsgesellschaften, deren Geschäftsbereich die Erbringung und Vermittlung von Dienstleistungen nach Art. 3 Abs. 1 des Vermögensverwaltungsgesetzes umfasst, dürfen als AIFM zugelassen werden.[50]

(5) Die Regierung kann das Nähere, insbesondere den Mindestinhalt des Geschäftsplans nach Abs. 1 Bst. c, mit Verordnung regeln.

Art. 31 Antrag und Zulassungsverfahren. (1) Der Antrag auf Erteilung einer Zulassung als AIFM ist in der durch die Regierung mit Verordnung bestimmten Form bei der FMA einzureichen.

(2) Dem Antrag sind die zum Nachweis der Voraussetzungen nach Art. 30 erforderlichen Angaben und Unterlagen im Hinblick auf den AIFM beizufügen. Zugleich hat die Geschäftsleitung des AIFM zu bestätigen, dass keine Verweigerungsgründe nach Art. 30 Abs. 2 vorliegen.

(3) Dem Antrag sind in Bezug auf jeden zu verwaltenden AIF insbesondere beizufügen:
a) Informationen zu den Anlagestrategien, der Risikostruktur, dem Einsatz von Hebelfinanzierungen und dem Sitz des AIF;
b) für Feeder-AIF Informationen zum Sitz des Master-AIF, für Dachfonds Angaben zu den Arten der Zielfonds;
c) die konstituierenden Dokumente;
d) Angaben zur Bestellung von Verwahrstellen;
e) die Anlegerinformationen nach Art. 105;
f) im Fall des Vertriebs an Privatanleger in Liechtenstein ein Prospekt nach Art. 17 Abs. 4 Bst. b bzw. Art. 22 Abs. 4 Bst. b.

(4) Die FMA übermittelt dem Antragsteller binnen zehn Arbeitstagen nach Eingang des vollständigen Antrags eine Eingangsbestätigung. Ein Antrag gilt als vollständig, wenn der AIFM mindestens die Angaben nach Art. 30 Abs. 1 Bst. a bis d und die Erklärung der Geschäftsleitung in Bezug auf die Angaben nach Art. 30 Abs. 2 Bst. a und b vorgelegt hat.

(5) Die FMA hat innerhalb von drei Monaten nach Eingang des vollständigen Antrags über diesen zu entscheiden.

(6) Die FMA kann die Frist nach Abs. 5 auf höchstens sechs Monate nach Eingang des vollständigen Antrags verlängern, wenn dies zum Schutz der Anleger oder des öffentlichen Interesses erforderlich ist.

(7) Jede Fristverlängerung, Ablehnung oder Einschränkung der Zulassung ist schriftlich zu begründen. Für den Erlass einer beschwerdefähigen Verfügung kann die FMA zusätzliche Gebühren erheben.

(8) Aufgehoben[51]

(9) Nach Eingang der Zulassung kann der AIFM seine Tätigkeit in Liechtenstein sofort aufnehmen, frühestens jedoch einen Monat nach Einreichung etwaiger fehlender Angaben nach Abs. 2 und 3.

---

[50] Art. 30 Abs. 4 abgeändert durch LGBl. 2013 Nr. 242.
[51] Art. 31 Abs. 8 aufgehoben durch LGBl. 2013 Nr. 242.

V. Normentexte

(10) Die Regierung kann das Nähere über die Eingangsbestätigung, die Antragsform, das Verfahren, die Vollständigkeit des Antrags nach Abs. 4, die Fristverlängerung nach Abs. 6 und die Begründung nach Abs. 7 mit Verordnung regeln.

(11) Im Falle eines Antrags einer nach Art. 13 UCITSG und Art. 6 der Richtlinie 2009/65/EG zugelassenen Verwaltungsgesellschaft sind Unterlagen nach Abs. 2 und 3, soweit sie der FMA bereits vorliegen und noch aktuell sind, nicht mehr zu übermitteln.

B. Pflichten des AIFM
1. Organisatorische Anforderungen

Art. 32 Kapitalausstattung. (1) Die Kapitalausstattung muss mindestens betragen:
a) bei selbstverwalteten AIF: 300 000 Euro oder den Gegenwert in Schweizer Franken;
b) bei AIFM: 125 000 Euro oder den Gegenwert in Schweizer Franken.

(2) Überschreitet der Wert der vom AIFM verwalteten Portfolios 250 Millionen Euro oder den Gegenwert in Schweizer Franken, muss die Kapitalausstattung zusätzlich 0,02 % des Betrags ausmachen, um den der Wert der verwalteten Portfolios den Betrag von 250 Millionen Euro oder den Gegenwert in Schweizer Franken übersteigt; die Kapitalausstattung beträgt höchstens 10 Millionen Euro oder den Gegenwert in Schweizer Franken. Als vom AIFM verwaltete Portfolios gelten alle von ihm verwalteten OGAW und AIF sowie etwaiger sonstiger Organismen für gemeinsame Anlagen, einschließlich Portfolios, mit deren Verwaltung er Dritte beauftragt hat, nicht jedoch Portfolios, die er selbst im Auftrag Dritter verwaltet.

(3) Ungeachtet von Abs. 2 muss die Kapitalausstattung mindestens einem Viertel der fixen Gemeinkosten des Vorjahres entsprechen; bei Neugründungen sind die im Geschäftsplan vorgesehenen fixen Gemeinkosten des AIFM maßgeblich. Die FMA kann die Anforderung an die Kapitalausstattung bei einer gegenüber dem Vorjahr erheblich veränderten Geschäftstätigkeit anpassen.

(4) Die Kapitalausstattung darf zu keiner Zeit unter den in Art. 21 der Richtlinie 2006/49/EG genannten Betrag absinken.

(5) Die zusätzliche Kapitalausstattung nach Abs. 2 kann bis zu 50 % durch eine von einem Kreditinstitut oder einem Versicherungsunternehmen gestellte Garantie in derselben Höhe nachgewiesen werden. Der Garantiegeber muss seinen Sitz in einem Drittstaat mit gleichwertigen Aufsichtsbestimmungen haben und in Liechtenstein zur Geschäftstätigkeit entsprechend zugelassen sein.[52]

(6) Der AIFM hat zur Abdeckung von Haftungsrisiken entweder über eine zusätzliche Kapitalausstattung oder eine Berufshaftpflichtversicherung für Risiken aus fahrlässigem Handeln zu verfügen.

(7) Die Kapitalausstattung muss voll einbezahlt und in flüssige Vermögenswerte oder Vermögenswerte investiert sein, die kurzfristig unmittelbar in Bargeld umgewandelt werden können. Sie darf keine spekulativen Positionen enthalten.

(8) Für die Umrechnung der Beträge nach Abs. 1 und 2 sind die von der Europäischen Zentralbank (EZB) festgelegten Referenzkurse maßgeblich.

(9) Eine Verwaltungsgesellschaft mit Zulassung nach Art. 13 UCITSG hat neben Bestimmungen des UCITSG nur die Abs. 6 und 7 einzuhalten.

(10) Die Regierung kann das Nähere mit Verordnung regeln. Sie kann unter Berücksichtigung des Verhältnismäßigkeitsgebots insbesondere bestimmen:[53]
a) dass die Kapitalausstattung in bestimmten Fällen bis zu 1 Million Euro oder den Gegenwert in Schweizer Franken beträgt;
b) welche Risiken durch die Berufshaftpflichtversicherung oder die Kapitalausstattung abzudecken sind, welche Voraussetzungen für die Bestimmung deren Angemessenheit gelten und wie die Kapitalausstattung oder Berufshaftpflichtversicherung anzupassen ist;
c) die Anlagemöglichkeiten nach Abs. 7.

Art. 33 Mitteilungs- und genehmigungspflichtige Änderungen. (1) Einer vorgängigen Mitteilung an die FMA bedürfen sämtliche wesentlichen Änderungen der nach Art. 31 Abs. 2 und 3 vorgelegten Angaben und Unterlagen.

(2) Die FMA kann den Änderungen nach Abs. 1 binnen eines Monats widersprechen.

(3) Die FMA kann die Frist nach Abs. 2 durch begründete Mitteilung an den AIFM jeweils um einen Monat verlängern.

---

[52] Art. 32 Abs. 5 abgeändert durch LGBl. 2013 Nr. 242.
[53] Art. 32 Abs. 10 Einleitungssatz abgeändert durch LGBl. 2013 Nr. 242.

(4) Genehmigt die FMA die Änderung binnen kürzerer Frist oder widerspricht sie nicht binnen der Fristen nach Abs. 2 und 3, darf die Änderung nach Abs. 1 durchgeführt werden.

(5) Der FMA sind vom AIFM alle Informationen zur Verfügung zu stellen, die sie benötigt, um die Änderungen nach Abs. 1 umfassend zu beurteilen und sich zu vergewissern, dass sämtliche Zulassungsvoraussetzungen weiterhin vorliegen.

(6) Die Regierung kann das Nähere mit Verordnung regeln, insbesondere die Fälle, in denen:
a) eine Neuzulassung erforderlich ist;
b) eine wesentliche Änderung im Sinne des Abs. 1 vorliegt.

Art. 34 Qualifizierte Beteiligungen. (1) Jeder beabsichtigte direkte oder indirekte Erwerb, jede beabsichtigte direkte oder indirekte Erhöhung oder jede beabsichtigte Veräußerung einer qualifizierten Beteiligung am AIFM ist der FMA zu melden.

(2) Die FMA konsultiert die Behörde, die für die Zulassung des Erwerbers bzw. des Unternehmens, dessen Mutterunternehmen oder kontrollierende Person den Erwerb oder die Erhöhung beabsichtigt, zuständig ist, wenn der Erwerb oder die Erhöhung einer Beteiligung im Sinne von Abs. 1 beabsichtigt wird durch:
a) eine(n) in einem Drittstaat zugelassene(n) Verwaltungsgesellschaft nach dem UCITSG, Vermögensverwaltungsgesellschaft, Wertpapierfirma, Versicherungsgesellschaft, Bank oder AIFM;[54]
b) ein Mutterunternehmen eines Unternehmens nach Bst. a; oder
c) eine natürliche oder juristische Person, die ein Unternehmen nach Bst. a kontrolliert.

(3) Jede unbeabsichtigte Änderung einer qualifizierten Beteiligung an einem AIFM ist der FMA anzuzeigen.

(4) Die Regierung regelt das Nähere mit Verordnung, insbesondere über das Verfahren und die Kriterien zur Beurteilung des Erwerbs, der Erhöhung oder der Veräußerung qualifizierter Beteiligungen.[55]

Art. 35 Wohlverhaltensregeln. (1) Der AIFM muss:
a) seine Tätigkeit ehrlich, mit der gebotenen Sachkenntnis, Sorgfalt, Gewissenhaftigkeit und Redlichkeit ausüben;
b) bei der Ausübung seiner Tätigkeit recht und billig im besten Interesse der AIF, der Anleger und der Marktintegrität handeln;
c) über die für eine ordnungsgemäße Geschäftstätigkeit erforderlichen Mittel und Verfahren verfügen und diese wirksam einsetzen;
d) sich um die Vermeidung von Interessenkonflikten bemühen und, wenn sich diese nicht vermeiden lassen, dafür sorgen, dass die von ihm verwalteten AIF nach Recht und Billigkeit behandelt werden;
e) alle für die Ausübung seiner Tätigkeit geltenden Vorschriften im besten Interesse der AIF, der Anleger und der Marktintegrität einhalten;
f) alle Anleger der AIF fair behandeln. Kein Anleger eines AIF darf eine Vorzugsbehandlung erhalten, es sei denn, eine solche Vorzugsbehandlung ist in konstituierenden Dokumenten des AIF vorgesehen.

(2) Ein AIFM, dessen Zulassung sich auch auf die individuelle Portfolioverwaltung mit Ermessensspielraum nach Art. 29 Abs. 3 Bst. a erstreckt:
a) darf das Vermögen des Kunden weder ganz noch teilweise in Anteilen der von ihm verwalteten AIF anlegen, es sei denn, der Kunde hat zuvor eine allgemeine Zustimmung erteilt;
b) unterliegt in Bezug auf die Dienstleistungen nach Art. 29 Abs. 3 Bst. a und b den einschlägigen Vorschriften über Systeme für die Entschädigung der Anleger.

(3) Die Regierung regelt das Nähere mit Verordnung.[56]

Art. 36 Vergütung. (1) Der AIFM muss Vergütungsgrundsätze und -praktiken für alle Angestellten, auch seine leitenden Angestellten, aufstellen, deren Handeln einen wesentlichen Einfluss auf die Risikostruktur des von ihnen verwalteten AIF haben kann. Die Grundsätze und Praktiken müssen mit einem vernünftigen und wirksamen Risikomanagement übereinstimmen beziehungsweise ein solches Risikomanagement fördern; das Risikomanagement muss mit der Risikostruktur und den konstituierenden Dokumenten des AIF vereinbar sein.[57]

---

[54] Art. 34 Abs. 2 Bst. a abgeändert durch LGBl. 2013 Nr. 242.
[55] Art. 34 Abs. 4 abgeändert durch LGBl. 2013 Nr. 242.
[56] Art. 35 Abs. 3 abgeändert durch LGBl. 2013 Nr. 242.
[57] Art. 36 Abs. 1 abgeändert durch LGBl. 2013 Nr. 242.

(2) Die Vergütungsgrundsätze und -praktiken müssen angemessen und verhältnismäßig sein zur Art, zum Umfang und zur Komplexität der Tätigkeiten des AIFM und der von ihm verwalteten AIF.

(3) Die Regierung regelt das Nähere über die Vergütungsgrundsätze und -praktiken mit Verordnung.[58]

Art. 37 Interessenkonflikte. (1) Jeder AIFM muss so aufgebaut und organisiert sein, dass das Risiko von Interessenkonflikten, die den Interessen des AIF oder denen der Kunden schaden, möglichst gering ist und, sofern es dennoch zu Konflikten kommt, diese erkannt und angemessen behandelt werden. Dabei sind insbesondere Interessenkonflikte zwischen dem AIFM, seinen Kunden, AIF, Anlegern und gegebenenfalls Primebrokern – jeweils im Verhältnis zum AIFM und untereinander – zu berücksichtigen.

(2) AIFM müssen:
a) wirksame organisatorische und administrative Vorkehrungen zur Ergreifung aller angemessenen Maßnahmen zur Ermittlung, Vorbeugung, Beilegung und Beobachtung von Interessenkonflikten treffen und beibehalten;
b) innerhalb ihrer Betriebsabläufe Aufgaben und Verantwortungsbereiche trennen, die als miteinander unvereinbar angesehen werden könnten oder potenziell systematische Interessenkonflikte hervorrufen;
c) prüfen, ob die Bedingungen der Ausübung ihrer Tätigkeit wesentliche andere Interessenkonflikte nach sich ziehen könnten und diese den Anlegern der AIF gegenüber offenlegen.

(3) Reichen die vom AIFM getroffenen organisatorischen Vorkehrungen nicht aus, setzt der AIFM die Anleger vor dem Abschluss von Geschäften unmissverständlich über die allgemeine Art und die Quellen der Interessenkonflikte in Kenntnis und entwickelt angemessene Strategien und Verfahren.

(4) Die Regierung regelt das Nähere über Interessenkonflikte mit Verordnung.[59]

Art. 38 Organisation. (1) Der AIFM muss über eine ordnungsgemäße Verwaltung und Buchhaltung, über Kontroll- und Sicherheitsvorkehrungen in Bezug auf die elektronische Datenverarbeitung sowie über angemessene interne Kontrollverfahren verfügen. Dazu gehören insbesondere Regeln für persönliche Geschäfte seiner Angestellten und für das Halten oder Verwalten von Anlagen in Finanzinstrumenten zum Zwecke der Anlage auf eigene Rechnung.

(2) Die Regeln nach Abs. 1 müssen zumindest gewährleisten, dass:
a) jedes den AIF betreffende Geschäft nach Herkunft, Gegenpartei, Art, Abschlusszeitpunkt und -ort rekonstruiert werden kann; und
b) das Vermögen des AIF gemäß den konstituierenden Dokumenten sowie dem geltenden Recht angelegt wird.

(3) Die Regierung regelt das Nähere über die Organisation mit Verordnung.[60]

Art. 39 Risikomanagement. (1) Ein AIFM hat das Risikomanagement und die Anlageverwaltung verschiedenen Personen zuzuweisen. Ein AIFM, bei dem wegen der Art, Grösse und Komplexität des AIF die Funktionstrennung unangemessen ist, kann für einzelne von der Regierung mit Verordnung bestimmte Bereiche des Risikomanagements mit Zustimmung der FMA auf die Funktionstrennung verzichten. Der Verzicht darf die Wirksamkeit der Risikomanagementverfahren nach Abs. 2 nicht beeinträchtigen.

(2) Ein AIFM verwendet geeignete Risikomanagementverfahren, die es ihm erlauben, das mit den Anlagepositionen verbundene Risiko sowie den jeweiligen Anteil am Gesamtrisikoprofil des Anlageportfolios jederzeit zu überwachen und zu messen. Die Risikomanagementverfahren sind mindestens einmal jährlich zu überprüfen und anzupassen.

(3) Der AIFM muss:
a) für den AIF ein angemessenes, dokumentiertes und regelmäßig aktualisiertes Prüfverfahren („due diligence") durchführen, wenn er für den AIF Anlagen tätigt;
b) sicherstellen, dass die Risiken aus jedem Anlagegegenstand und deren Auswirkungen auf das Portfolio des AIF angemessen und fortlaufend erkannt, eingeschätzt und überwacht werden, insbesondere durch angemessene Stresstests;

---

[58] Art. 36 Abs. 3 abgeändert durch LGBl. 2013 Nr. 242.
[59] Art. 37 Abs. 4 abgeändert durch LGBl. 2013 Nr. 242.
[60] Art. 38 Abs. 3 abgeändert durch LGBl. 2013 Nr. 242.

c) sicherstellen, dass die Risikostruktur des AIF seiner Größe, der Zusammensetzung seiner Anlagegegenstände, seiner Anlagestrategie, den Anlagezielen sowie den Angaben in den konstituierenden Dokumenten, dem Prospekt und den Vertriebsunterlagen entspricht.

(4) Der AIFM begrenzt für jeden AIF:
a) den Umfang der maximalen Hebelfinanzierungen;
b) die Bestellung von Sicherheiten im Rahmen der Vereinbarung über die Hebelfinanzierung.

(5) Der AIFM hat im Rahmen der Begrenzung nach Abs. 4 Folgendes zu berücksichtigen:
a) die Art und Anlagestrategie des AIF;
b) die Herkunft der Hebelfinanzierung;
c) Systemrisiken aus der Verbindung oder relevanten Beziehung zu anderen Finanzdienstleistungsinstituten;
d) die Notwendigkeit, das Risiko gegenüber jeder einzelnen Gegenpartei zu begrenzen;
e) die Sicherheiten für die Hebelfinanzierung;
f) das Verhältnis von Aktiva und Passiva;
g) Umfang, Wesen und Ausmaß der Geschäftstätigkeiten des AIFM auf den betreffenden Märkten.

(6) Die Regierung regelt das Nähere mit Verordnung. Sie kann festlegen:[61]
a) die Bedingungen, unter denen von dem Erfordernis einer Funktionstrennung abgewichen werden kann;
b) die näheren Vorgaben für das Risikomanagement des AIFM und die Maßnahmen nach Abs. 3;
c) für welche Bereiche des Risikomanagements und unter welchen Voraussetzungen mit Zustimmung der FMA von dem Gebot der funktionalen und hierarchischen Trennung abgewichen werden kann.

Art. 40 Liquiditätsmanagement. (1) Der AIFM hat zur Überwachung und Einschätzung von Liquiditätsrisiken:
a) für AIF des offenen Typs oder bei Einsatz von Hebelfinanzierungen angemessene Liquiditätsmanagementsysteme und -verfahren einzusetzen;
b) regelmäßig Stresstests unter normalen und außergewöhnlichen Bedingungen durchzuführen;
c) sicherzustellen, dass die Anlagestrategie, die Liquidität der Vermögensgegenstände und die Verpflichtungen des AIF, insbesondere zur Anteilsrücknahme, miteinander vereinbar sind.

(2) Die Regierung kann das Nähere mit Verordnung regeln. Sie kann festlegen:[62]
a) die Definitionen der Liquiditätsmanagementsysteme und -verfahren;
b) unter welchen Umständen ein AIF als solcher des offenen Typs gilt oder Hebelfinanzierungen einsetzt.

Art. 41 Vermeidung von Fehlanreizen für Anlagen in verbriefte Vermögensgegenstände.
Zur Gewährleistung bereichsübergreifender Regelungsstimmigkeit und zur Vermeidung von Fehlanreizen zwischen den Interessen von Originatoren und von AIFM, die für AIF in Finanzinstrumente aus Verbriefungstransaktionen investieren, kann die Regierung mit Verordnung regeln:[63]
a) die Voraussetzungen, unter denen ein AIFM in Finanzinstrumente aus Verbriefungstransaktionen eines Originators investieren darf, insbesondere:
   1. dass beim Originator ein ökonomisches Interesse von nicht weniger als 5% verbleiben muss;
   2. dass beim Vertrieb an Privatanleger in Liechtenstein der Originator ein prudentiell beaufsichtigtes Institut ist; und
   3. wie mit Interessenkonflikten zwischen AIFM und Originator umzugehen ist;
b) die qualitativen und formalen Anforderungen, die AIFM, die im Namen eines oder mehrerer AIF in diese Wertpapiere oder andere Finanzinstrumente investieren, erfüllen müssen.

2. Bewertung

Art. 42 Bewertungspflicht. Der AIFM stellt für jeden AIF angemessene und stimmige Bewertungsverfahren nach Art. 43 bis 45 sicher.

Art. 43 Grundsätze der Bewertung. (1) Soweit dieses Gesetz nichts anderes bestimmt, richten sich die Bewertung der Vermögensgegenstände sowie die Berechnung des Nettoinventarwertes je Anteil

---

[61] Art. 39 Abs. 6 Einleitungssatz abgeändert durch LGBl. 2013 Nr. 242.
[62] Art. 40 Abs. 2 Einleitungssatz abgeändert durch LGBl. 2013 Nr. 242.
[63] Art. 41 Einleitungssatz abgeändert durch LGBl. 2013 Nr. 242.

V. Normentexte

("net asset value"; NAV) und – im Fall eines offenen AIF – des Ausgabe- oder Verkaufspreises und des Rücknahme- oder Auszahlungspreises nach den konstituierenden Dokumenten des AIF.

(2) Mindestens einmal jährlich sind die Vermögensgegenstände zu bewerten und der Nettoinventarwert je Anteil zu berechnen. Die Anleger werden über die Bewertung der Vermögensgegenstände und die Berechnung des Nettoinventarwertes je Anteil nach Maßgabe der konstituierenden Dokumente des AIF informiert.

(3) Für AIF des offenen Typs werden die Bewertungen und Berechnungen in einer Häufigkeit durchgeführt, die im Verhältnis zu den Eigenheiten der Vermögensgegenstände und den Regeln zur Ausgabe und Rücknahme von Anteilen angemessen sind.

(4) Unabhängig von Abs. 2 ist für AIF der geschlossenen Form eine Bewertung zumindest im Fall der Kapitalerhöhung oder Kapitalherabsetzung vorzunehmen.

(5) Die Bewertung muss durchgeführt werden:
a) von einem externen Bewerter nach Art. 44;
b) vom AIFM selbst, wenn die Bewertungsaufgabe von der Portfolioverwaltung und der Vergütungspolitik funktional unabhängig ist und die Vergütungspolitik und andere Maßnahmen sicherstellen, dass Interessenkonflikte gemindert und ein unzulässiger Einfluss auf die Mitarbeiter verhindert werden.

(6) Findet keine unabhängige Bewertung statt, kann die FMA als Herkunftsmitgliedstaatsbehörde verlangen, dass der AIFM seine Bewertungsverfahren und/oder Bewertungen durch einen externen Bewerter oder den Wirtschaftsprüfer überprüfen lässt.

(7) Kommt der AIFM dem Verlangen der FMA binnen angemessener Frist nicht nach, darf die FMA auf Kosten des AIFM einen externen Bewerter bestellen.

Art. 44 Anforderungen an die externe Bewertung. (1) Der AIFM ist für die ordnungsgemäße Bewertung der Vermögensgegenstände sowie die Berechnung und Bekanntgabe des Nettoinventarwertes verantwortlich. Er muss die Tätigkeit des externen Bewerters wirksam überwachen. Die Tätigkeit eines externen Bewerters darf insbesondere nicht den AIFM daran hindern, im besten Interesse der Anleger zu handeln.

(2) Ein externer Bewerter muss:
a) qualifiziert, zur Bewertung befähigt und mit Sorgfalt ausgesucht sein;
b) einer gesetzlich anerkannten, einer obligatorischen berufsständischen oder einer gesetzlichen Registrierungs-, Bewilligungs- oder Zulassungspflicht unterliegen;
c) gewährleisten, dass er die Bewertung wirksam durchführen kann;
d) den Anforderungen an die Aufgabenübertragung nach Art. 46 genügen;
e) von dem AIF, dem AIFM und anderen Personen mit engen Verbindungen zum AIF oder zum AIFM unabhängig sein.

(3) Der externe Bewerter darf die Bewertung nicht an Dritte übertragen.

(4) Die für einen AIF bestellte Verwahrstelle kann gleichzeitig als externer Bewerter bestellt werden, soweit eine funktionale und hierarchische Trennung der Ausführung der Verwahrfunktionen von der Ausführung der Bewertungsfunktion vorliegt und die potenziellen Interessenkonflikte ordentlich bestimmt, verwaltet und den Anlegern des AIF mitgeteilt werden.

(5) Die Inanspruchnahme eines externen Bewerters ist der FMA als Herkunftsmitgliedstaatsbehörde des AIFM anzuzeigen. Die FMA kann bei Fehlen der Unabhängigkeit und bei einem Verstoß gegen Abs. 2 die Beauftragung eines anderen Bewerters verlangen. Art. 43 Abs. 7 gilt entsprechend.

(6) Der AIFM ist für die ordnungsgemäße Bewertung der Vermögensgegenstände, die Berechnung des Nettoinventarwertes und die Bekanntgabe des Anteilwertes verantwortlich. Ein Haftungsausschluss ist gegenüber dem AIF und den Anlegern unwirksam.

(7) Der externe Bewerter hat seine Aufgaben mit der gebotenen Sachkenntnis, Sorgfalt und Aufmerksamkeit auszuüben. Er haftet für Schäden, die er beim AIFM durch eine schuldhafte Nicht- oder Schlechterfüllung der Pflichten des Bewerters verursacht.

Art. 45 Ausführungsbestimmungen. Die Regierung regelt das Nähere über die Bewertung von Vermögensgegenständen mit Verordnung. Sie kann festlegen:[64]
a) die Kriterien für die angemessene Bewertung von Gegenständen und Anteilen eines AIF;
b) das angemessene Niveau der Unabhängigkeit des Bewerters;

---

[64] Art. 45 Einleitungssatz abgeändert durch LGBl. 2013 Nr. 242.

1. AIFMG

c) unter welchen Umständen die Bewertung nicht als unabhängig gilt;
d) die Angemessenheit der professionellen Vorkehrungen zur effektiven Durchführung einer Bewertung;
e) die Angemessenheit einer Haftpflichtversicherung im Verhältnis zu den aus der Bewertung entstehenden Risiken;
f) unter welchen Voraussetzungen die FMA die Bewertung nach Art. 43 Abs. 6 verlangen kann;
g) binnen welcher Frist nach Art. 43 Abs. 7 ein externer Bewerter zu bestellen ist.

3. Aufgabenübertragung

Art. 46 Grundsatz. (1) Ein AIFM kann Teile seiner Aufgaben zum Zwecke einer effizienteren Geschäftsführung auf Dritte übertragen, wenn:
a) der AIFM in der Lage ist, seine gesamte Struktur zur Übertragung von Aufgaben mit objektiven Gründen zu rechtfertigen;
b) der Auftragnehmer über ausreichende Ressourcen für die Ausführung der jeweiligen Aufgaben verfügt und die Personen, die die Geschäfte des Auftragnehmers tatsächlich führen, gut beleumdet sind und über ausreichende Erfahrung verfügen;
c) die Übertragung die Wirksamkeit der Beaufsichtigung des AIFM nicht beeinträchtigt; insbesondere darf sie weder den AIFM daran hindern, im Interesse seiner Anleger zu handeln, noch verhindern, dass der AIF im Interesse der Anleger verwaltet wird;
d) der AIFM nachweisen kann, dass:
  1. der betreffende Auftragnehmer über die erforderliche Qualifikation verfügt, in der Lage ist, die betreffenden Funktionen wahrzunehmen, und vom AIFM sorgfältig ausgewählt wurde;
  2. der AIFM in der Lage ist, jederzeit die übertragenen Aufgaben wirksam zu überwachen, jederzeit weitere Anweisungen an den Auftragnehmer zu erteilen und die Übertragung mit sofortiger Wirkung zurückzunehmen, wenn dies im Interesse der Anleger ist;
e) der AIFM fortwährend die von den Auftragnehmern erbrachten Dienstleistungen überprüft; und
f) sichergestellt ist, dass der AIFM seine Funktionen nicht in einem Umfang überträgt, der darauf hinaus läuft, dass er nicht länger als Verwalter des AIF angesehen werden kann und er zu einem bloßen Briefkastenunternehmen wird.

(2) Überträgt ein AIFM das Portfoliomanagement oder das Risikomanagement, ist zusätzlich zu den Anforderungen des Abs. 1 zu gewährleisten, dass:
a) die Übertragung nur an Auftragnehmer erfolgt, die für die Zwecke der Vermögensverwaltung zugelassen und beaufsichtigt sind; kann diese Bedingung nicht eingehalten werden, ist eine Aufgabenübertragung nur nach vorheriger Genehmigung durch die FMA zulässig;
b) bei Aufgabenübertragung an einen Auftragnehmer mit Sitz in einem Drittstaat ergänzend zu den Anforderungen nach Bst. a sichergestellt ist, dass die FMA und die für den Auftragnehmer zuständige Aufsichtsbehörde im Drittstaat zusammenarbeiten;
c) keine Aufgaben übertragen werden an:
  1. die Verwahrstelle oder einen Auftragnehmer der Verwahrstelle; oder
  2. einen anderen Auftragnehmer, dessen Interessen mit denen des AIFM oder der Anleger des AIF im Konflikt stehen könnten, außer wenn ein solcher Auftragnehmer eine funktionale und hierarchische Trennung der Ausführung seiner Aufgaben bei der Anlageverwaltung von seinen anderen potenziell dazu im Interessenkonflikt stehenden Aufgaben vorgenommen hat und die potenziellen Interessenkonflikte ordnungsgemäß ermittelt, gesteuert, beobachtet und den Anlegern des AIF gegenüber offengelegt werden.

(3) Der AIFM hat der FMA die Übertragung von Aufgaben vor Wirksamkeit der Übertragungsvereinbarung mitzuteilen.

(4) Die Übertragung und Unterübertragung von Aufgaben lassen die Haftung des AIFM oder der Verwahrstelle unberührt.

(5) Der Auftragnehmer kann die Aufgaben an weitere Personen übertragen, wenn:
a) der AIFM vorher zugestimmt hat;
b) der AIFM die Unterübertragung der FMA als Herkunftsmitgliedstaatsbehörde vor Wirksamkeit der Übertragung anzeigt hat;
c) die in Abs. 1 und 2 genannten Bedingungen in Ansehung des Unterauftragnehmers erfüllt sind; insbesondere muss der Auftragnehmer die Dienstleistungen des Unterauftragnehmers fortwährend überprüfen.

(6) Abs. 4 gilt für Übertragungen durch den Unterauftragnehmer und nachfolgende Unterauftragnehmer entsprechend.

V. Normentexte

(7) Die Regierung kann das Nähere über die Aufgabenübertragung mit Verordnung regeln, insbesondere:[65]
a) die Bedingungen zur Erfüllung der Anforderungen nach diesem Artikel;
b) wann der AIFM durch den Umfang der Aufgabenübertragung nicht länger als Verwalter des AIF angesehen werden kann und er zu einem bloßen Briefkastenunternehmen wird;
c) unter welchen Voraussetzungen die Aufsicht eines Drittstaats nach Abs. 2 Bst. b gleichwertig ist;
d) die Frist für die Anzeige nach Abs. 3.

4. Haftung und Geheimnisschutz

Art. 47 Haftung. (1) Ein AIFM, ein Liquidator oder ein Sachwalter haftet den Anlegern für den aus der Verletzung der Art. 32 bis 46 entstandenen Schaden, sofern er nicht nachweist, dass ihn keinerlei Verschulden trifft. Eine Aufgabenübertragung und eine Unterübertragung nach Art. 46 auf Dritte lassen die Haftung unberührt. Eine Beschränkung dieser Haftung ist ausgeschlossen.

(2) Sind wesentliche Angaben in einem Prospekt, einem Jahres- oder Halbjahresbericht, der nach diesem Gesetz zu erstellen ist, unrichtig oder unvollständig oder wurde die Erstellung eines diesen Vorschriften entsprechenden Prospekts unterlassen, haften die verantwortlichen Personen nach Abs. 1 jedem Anleger für den Schaden, welcher diesem entstanden ist, sofern sie nicht nachweisen, dass sie keinerlei Verschulden trifft. Für Angaben in den wesentlichen Informationen für den Anleger, der Zusammenfassung des Prospekts oder in der Werbung einschließlich deren Übersetzungen wird nur gehaftet, wenn sie irreführend, unrichtig oder nicht mit den einschlägigen Teilen des Prospekts vereinbar sind.

(3) Die in Abs. 1 genannten sowie die handelnden und verantwortlichen Personen haften den Anlegern für die Richtigkeit der Erklärung nach Art. 17 Abs. 4 Bst. a und Art. 22 Abs. 4 Bst. a für den Schaden, welcher diesen entstanden ist, sofern sie nicht nachweisen, dass sie keinerlei Verschulden trifft.

(4) Mehrere Beteiligte haften im Außenverhältnis als Gesamtschuldner, im Innenverhältnis nach dem ihnen anteilig zurechenbaren Verschulden. Der Rückgriff unter den Beteiligten bestimmt sich unter Würdigung aller Umstände.

(5) Der Anspruch auf Schadenersatz nach Abs. 1 bis 3 verjährt mit dem Ablauf von fünf Jahren nach Eintritt des Schadens, spätestens aber ein Jahr nach der Rückzahlung des Anteils oder nach Kenntnis vom Schaden.

(6) Für Klagen aus dem Rechtsverhältnis mit einem inländischen AIF oder eines inländischen AIFM oder für Klagen eines inländischen Anlegers aus einem ausländischen AIF, dessen Anteile im Inland vertrieben werden, ist jedenfalls das Landgericht zuständig.

Art. 48 Geheimnisschutz. (1) Die Mitglieder der Organe von AIFM und ihre Mitarbeiter sowie sonst für solche AIFM tätige Personen sind zur Geheimhaltung von Tatsachen verpflichtet, die ihnen auf Grund der Geschäftsverbindungen mit Kunden anvertraut oder zugänglich gemacht worden sind. Die Geheimhaltungspflicht gilt zeitlich unbegrenzt.

(2) Vorbehalten bleiben die gesetzlichen Vorschriften über die Zeugnis- oder Auskunftspflicht gegenüber den Strafgerichten und den Behörden und Stellen der Aufsicht sowie die Bestimmungen über die Zusammenarbeit mit den zuständigen Behörden und Stellen der Aufsicht.

C. Widerruf, Erlöschen und Entzug von Zulassungen

Art. 49 Widerruf der Zulassung. (1) Zulassungen werden abgeändert oder widerrufen, wenn:
a) der AIFM die Erteilung durch falsche Angaben oder auf andere Weise erschlichen hat; oder
b) der FMA wesentliche Umstände im Zeitpunkt der Erteilung nicht bekannt waren.

(2) Der Widerruf der Zulassung ist dem AIFM mit schriftlich begründeter Verfügung mitzuteilen und nach Eintritt der Rechtskraft auf Kosten des AIFM in den von der Regierung mit Verordnung bestimmten Publikationsorganen zu veröffentlichen.

(3) Aufgehoben[66]

(4) Im Übrigen findet Art. 52 sinngemäß Anwendung.

Art. 50 Erlöschen der Zulassung. (1) Zulassungen erlöschen, wenn:
a) die Geschäftstätigkeit nicht innert Jahresfrist aufgenommen wird;
b) die Geschäftstätigkeit während mindestens sechs Monaten nicht mehr ausgeübt wird;

---

[65] Art. 46 Abs. 7 Einleitungssatz abgeändert durch LGBl. 2013 Nr. 242.
[66] Art. 49 Abs. 3 aufgehoben durch LGBl. 2013 Nr. 242.

c) schriftlich darauf verzichtet wird;
d) der Konkurs rechtskräftig eröffnet wird.

(2) Im Übrigen finden Art. 49 Abs. 2 und Art. 52 sinngemäß Anwendung.[67]

Art. 51 Entzug der Zulassung. (1) Zulassungen werden entzogen, wenn:
a) die Voraussetzungen für deren Erteilung nicht mehr erfüllt sind und eine Wiederherstellung des gesetzlichen Zustandes binnen angemessener Frist nicht zu erwarten ist;
b) der AIFM die gesetzlichen Pflichten systematisch in schwerwiegender Weise verletzt;
c) der AIFM den Aufforderungen der FMA zur Wiederherstellung des gesetzlichen Zustandes nicht Folge leistet;
d) die Kapitalausstattung des AIFM den Voraussetzungen nach Art. 32 – bei der individuellen Portfolioverwaltung nach Art. 29 Abs. 3 Bst. a zudem den Bestimmungen der Richtlinie 2006/49/EG – nicht mehr genügt und eine Wiederherstellung des gesetzlichen Zustandes binnen angemessener Frist nicht zu erwarten ist;
e) die Fortsetzung der Geschäftstätigkeit des AIFM voraussichtlich das Vertrauen in den liechtensteinischen Fondsplatz, die Stabilität des Finanzsystems oder den Anlegerschutz gefährdet.

(2) Im Übrigen finden Art. 49 Abs. 2 und Art. 52 sinngemäß Anwendung.[68]

Art. 52 Mahnung Mund Fristsetzung. (1) Liegen Umstände vor, die den Schutz der Anleger, den Ruf des Finanzplatzes Liechtenstein oder die Stabilität des Finanzsystems als gefährdet erscheinen lassen, trifft die FMA die Maßnahmen nach Art. 49 bis 51 ohne vorherige Mahnung und Fristsetzung.

(2) Die Vorschriften über Sofortmaßnahmen nach Art. 158 bleiben unberührt.

D. Mitteilungspflicht bei Gesetzesverstoß[69]

Art. 53 Grundsatz. (1) Kann ein AIFM die Einhaltung der Anforderungen dieses Gesetzes für AIF nicht sicherstellen, hat er unverzüglich die FMA zu unterrichten.[70]

(2) Die FMA als zuständige Behörde des AIFM verpflichtet den AIFM zur Wiederherstellung des gesetzlichen Zustandes. Wird dennoch weiterhin gegen die Anforderungen dieses Gesetzes verstoßen, entzieht die FMA:[71]
a) sofern ein AIFM oder ein AIF betroffen ist, als zuständige Behörde dem AIFM das Recht zur Verwaltung des AIF; mit dem Entzug erlischt das Recht zum Vertrieb von AIF an professionelle Anleger in Liechtenstein sowie das Recht zum Vertrieb von AIF an professionelle Anleger und Privatanleger in Liechtenstein nach Art. 128; oder
b) das Recht zum Vertrieb von AIF an professionelle und Privatanleger in Liechtenstein nach Art. 150 und 151.

(3) Im Übrigen finden Art. 49 Abs. 2 und Art. 52 sinngemäß Anwendung.[72]

(4) Aufgehoben[73]

E. Liquidation, Sachwalterschaft, Konkurs

Art. 54 Auflösung und Liquidation nach Verlust der Zulassung. (1) Widerruf, Erlöschen und Entzug der Zulassung des AIFM bewirken die Auflösung und Liquidation des AIFM.

(2) Die FMA informiert das Amt für Justiz und die Verwahrstelle über den rechtskräftigen Verlust der Zulassung. Das Amt für Justiz trägt die Liquidation im Handelsregister ein und bestellt auf Vorschlag der FMA einen Liquidator nach Maßgabe von Art. 133 PGR. Die Vorschrift des Art. 133 Abs. 6 PGR kommt nur zur Anwendung, wenn die Regierung der Kostenübernahme zustimmt.

(3) Die Kosten der Auflösung und Liquidation gehen zu Lasten des AIFM, bei Investmentgesellschaften im Fall der Vermögenstrennung nach Art. 9 Abs. 7 zu Lasten des eigenen Vermögens sowie bei Anlage-Kommanditgesellschaften und Anlage-Kommanditärengesellschaften zu Lasten des Vermögens des Komplementärs und daneben gegebenenfalls zu Lasten eines anlageverwaltenden Kommanditisten bzw. Kommanditärs.

---

[67] Art. 50 Abs. 2 abgeändert durch LGBl. 2013 Nr. 242.
[68] Art. 51 Abs. 2 abgeändert durch LGBl. 2013 Nr. 242.
[69] Überschrift vor Art. 53 abgeändert durch LGBl. 2013 Nr. 242.★
[70] Art. 53 Abs. 1 abgeändert durch LGBl. 2013 Nr. 242.
[71] Art. 53 Abs. 2 abgeändert durch LGBl. 2013 Nr. 242.
[72] Art. 53 Abs. 3 abgeändert durch LGBl. 2013 Nr. 242.
[73] Art. 53 Abs. 4 aufgehoben durch LGBl. 2013 Nr. 242.

(4) Die Auflösung und Liquidation des AIFM oder des eigenen Vermögens der Investmentgesellschaft, Anlage-Kommanditgesellschaft oder Anlage-Kommanditärengesellschaft erfolgt nach Art. 133 ff. PGR oder einem anderen mit Zustimmung des Amtes für Justiz und der FMA bestimmten Liquidationsverfahren, mit der Maßgabe, dass die FMA die Aufsicht über die Liquidation führt.

(5) Für das verwaltete Vermögen von AIF gilt Art. 56.

(6) Die FMA kann vom Liquidator die Erstellung eines Liquidationsberichtes verlangen.

Art. 55 Ernennung eines Sachwalters. (1) Die FMA ernennt für einen geschäftsunfähigen AIFM einen Sachwalter. Die Ernennung eines Sachwalters ist den Anlegern durch den Sachwalter mitzuteilen.

(2) Der Sachwalter:
a) führt die Geschäfte des AIFM, sieht aber von der Verwaltung neuer AIF ab;
b) entscheidet über die Anteilsausgabe und -rücknahme und veranlasst gegebenenfalls die Aussetzung eines vom AIFM veranlassten Anteilshandels;
c) beantragt bei der FMA innerhalb von einem Jahr die Zustimmung zur Fortführung der Geschäftstätigkeit, zur Gründung eines neuen AIFM oder dessen Auflösung.

(3) Die FMA entscheidet über die Vergütung des Sachwalters. Vergütung und Aufwand des Sachwalters gehen zu Lasten des AIFM.

(4) Die Regierung kann das Nähere über den Sachwalter, insbesondere die Kriterien für die Vergütung und die persönlichen Anforderungen an den Sachwalter, mit Verordnung regeln.

Art. 56 Verwaltetes Vermögen bei Auflösung und Konkurs des AIFM und der Verwahrstelle. (1) Das zum Zwecke der gemeinschaftlichen Kapitalanlage für Rechnung der Anleger verwaltete Vermögen fällt im Fall der Auflösung und des Konkurses des AIFM oder, sofern eine Vermögenstrennung stattgefunden hat, bei selbstverwalteten AIF nicht in deren Konkursmasse und wird nicht zusammen mit dem eigenen Vermögen aufgelöst. Jeder AIF oder Teilfonds bildet zugunsten seiner Anleger ein Sondervermögen. Jedes Sondervermögen ist mit Zustimmung der FMA auf einen anderen AIFM zu übertragen oder, wenn sich nicht binnen drei Monaten ab Eröffnung des Konkursverfahrens ein AIFM zur Übernahme bereit erklärt, im Wege der abgesonderten Befriedigung zugunsten der Anleger des jeweiligen AIF oder Teilfonds zu liquidieren. Die FMA kann die Frist auf bis zu zwölf Monate verlängern, wenn dies zum Schutz der Anleger geboten erscheint. Soweit die FMA zum Schutz der Anleger oder des öffentlichen Interesses nichts anderes bestimmt, erfolgt die Liquidation durch die Verwahrstelle als Liquidator.

(2) Im Fall des Konkurses der Verwahrstelle ist das verwaltete Vermögen jedes AIF oder Teilfonds mit Zustimmung der FMA auf eine andere Verwahrstelle zu übertragen oder im Wege der abgesonderten Befriedigung zugunsten der Anleger des jeweiligen AIF oder Teilfonds zu liquidieren.

(3) Die Kosten der Liquidation des AIF oder Teilfonds gehen in den Fällen des Abs. 1 und 2 zu Lasten der Anleger des jeweiligen Sondervermögens.

(4) Die Regierung kann das Nähere mit Verordnung regeln.

IV. Verwahrstelle und sonstige Geschäftspartner des AIFM und der Verwahrstelle

A. Verwahrstelle

Art. 57 Verwahrstelle eines inländischen AIF.[74] (1) Die Verwahrung des Vermögens ist zu übertragen:
a) bei einem inländischen AIF einer Verwahrstelle in Liechtenstein;
b) Aufgehoben[75]

(2) Die Bestellung der Verwahrstelle ist durch einen schriftlichen Verwahrstellenvertrag zu regeln.

(3) Als Verwahrstelle darf nur bestellt werden:
a) eine nach dem Bankengesetz für die Verwahrung zugelassene Bank oder Wertpapierfirma; oder
b) Aufgehoben[76]
c) ein nach dem Treuhändergesetz zugelassener Treuhänder, soweit es sich um AIF handelt:

---

[74] Art. 57 Sachüberschrift abgeändert durch LGBl. 2013 Nr. 242.
[75] Art. 57 Abs. 1 Bst. b aufgehoben durch LGBl. 2013 Nr. 242.
[76] Art. 57 Abs. 3 Bst. b aufgehoben durch LGBl. 2013 Nr. 242.

1. bei denen innerhalb von fünf Jahren nach Tätigung der ersten Anlagen keine Rücknahmerechte ausgeübt werden können; und
2. die nach ihrer Hauptanlagestrategie grundsätzlich nicht in Vermögenswerte, die nach Art. 59 Abs. 1 Bst. a verwahrt werden müssen, in Emittenten oder nicht börsennotierte Unternehmen investieren, um nach Kapitel VI Abschnitt C möglicherweise die Kontrolle über solche Unternehmen zu erlangen.

(4) Als Verwahrstelle darf nicht bestellt werden:
a) der AIFM des AIF;
b) ein Primebroker, der als Geschäftspartner eines AIF auftritt, außer wenn die Ausführung seiner Verwahrfunktionen von seinen Aufgaben als Prime-broker funktional und hierarchisch getrennt sind und die potenziellen Interessenkonflikte ordentlich ermittelt, gesteuert, beobachtet und den Anlegern des AIF offengelegt werden. Die Verwahrstelle darf dem Primebroker Verwahraufgaben in Übereinstimmung mit den Bedingungen für die Aufgabenübertragung übertragen.

Art. 58 Verwahrstelle eines Drittstaaten-AIF[77]. (1) Für Drittstaaten-AIF kann die Verwahrstelle unter den in den Abs. 2 bis 6 genannten Voraussetzungen auch ein einer Bank oder einer Wertpapierfirma ähnliches Unternehmen sein.[78]

(2) Für Drittstaaten-AIF muss die Verwahrstelle ihren Sitz im Sitzstaat des AIF oder des AIFM haben.[79]

(3) Über die Anforderungen für AIF nach Art. 57 hinaus gelten für Verwahrstellen mit Sitz in einem Drittstaat die folgenden Bedingungen:[80]
a) Sitzstaats- und Vertriebsstaatsbehörden des AIF, des AIFM und der Verwahrstelle haben Vereinbarungen über die Zusammenarbeit und den Informationsaustausch abgeschlossen.[81]
b) In dem Sitzstaat der Verwahrstelle sind Verwahrstellen wirksam reguliert und beaufsichtigt.[82]
c) Der Sitzstaat der Verwahrstelle steht nicht auf der Liste der nicht kooperativen Staaten der Arbeitsgruppe „Finanzielle Maßnahmen gegen Geldwäsche und Terrorismusfinanzierung".
d) Der Sitzstaat der Verwahrstelle hat mit dem Sitzstaat des AIFM sowie mit jedem Vertriebsstaat eine Vereinbarung unterzeichnet, die den Standards von Art. 26 des OECD-Musterabkommens zur Vermeidung der Doppelbesteuerung von Einkommen und Vermögen vollständig entspricht und einen wirksamen Informationsaustausch in Steuerangelegenheiten, einschließlich multilateraler Steuerabkommen, gewährleistet.[83]
e) Die Verwahrstelle haftet nach Art. 60 und 61 aus Vertrag gegenüber dem AIF oder dessen Anlegern und stimmt ausdrücklich der Einhaltung der Bestimmungen über die Aufgabenübertragung nach Art. 60 zu.

(4) Aufgehoben[84]

Art. 59 Pflichten der Verwahrstelle. (1) Die Verwahrstelle ist verpflichtet:
a) auf einem Konto verbuchungsfähige und sonstige ihr übergebene Finanzinstrumente zu verwahren. Die Verwahrstelle gewährleistet die Verbuchung verbuchungsfähiger Finanzinstrumente auf gesonderten, im Namen oder für Rechnung des AIF geführten Konten in einer Weise, dass diese eindeutig als solche des AIF identifiziert werden können. Die Regierung kann das Nähere in Übereinstimmung mit Art. 16 der Richtlinie 2006/73/EG mit Verordnung regeln;
b) bei allen anderen Vermögensgegenständen aufgrund von Informationen oder Unterlagen, die vom AIF oder von der Verwaltungsgesellschaft geliefert werden, die Rechtsinhaberschaft des AIF oder gegebenenfalls des für Rechnung des AIF tätigen AIFM zu prüfen und zu registrieren. Die Beurteilung der Rechtsinhaberschaft beruht, soweit verfügbar, auf externen Nachweisen. Die Verwahrstelle hält das Register der Vermögensgegenstände auf dem neuesten Stand;
c) allgemein sicherzustellen, dass:
1. der Zahlungsverkehr des AIF ordnungsgemäß überwacht ist;
2. sämtliche Zahlungen aus der Anteilszeichnung von oder im Namen von Anlegern eingehen; und

---

[77] Art. 58 Sachüberschrift abgeändert durch LGBl. 2013 Nr. 242.
[78] Art. 58 Abs. 1 abgeändert durch LGBl. 2013 Nr. 242.
[79] Art. 58 Abs. 2 abgeändert durch LGBl. 2013 Nr. 242.
[80] Art. 58 Abs. 3 Einleitungssatz abgeändert durch LGBl. 2013 Nr. 242.
[81] Art. 58 Abs. 3 Bst. a abgeändert durch LGBl. 2013 Nr. 242.
[82] Art. 58 Abs. 3 Bst. b abgeändert durch LGBl. 2013 Nr. 242.
[83] Art. 58 Abs. 3 Bst. d abgeändert durch LGBl. 2013 Nr. 242.
[84] Art. 58 Abs. 4 aufgehoben durch LGBl. 2013 Nr. 242.

3. flüssige Mittel des AIF auf Konten verbucht werden, die für Rechnung des AIF im Namen des AIFM oder der Verwahrstelle geführt werden bei:
   aa) einer liechtensteinischen Bank;
   bb) einer Zentralbank;
   cc) einem Kreditinstitut mit Sitz im EWR; oder
   dd) einem mit Bst. aa bis cc vergleichbaren Institut in dem Drittstaat, in dem Geldkonten verlangt werden.

   Falls die Verwahrstelle, die für Rechnung des AIF handelt, Konten eröffnet, dürfen dort keine flüssigen Mittel der Verwahrstelle und/oder der nach Bst. aa bis cc genannten Institute verbucht werden.

(2) Über die in Abs. 1 genannten Aufgaben hinaus stellt die Verwahrstelle sicher, dass:
a) der Verkauf, die Ausgabe, die Rücknahme, die Auszahlung und die Aufhebung von Anteilen des AIF den Bestimmungen dieses Gesetzes und der konstituierenden Dokumente des AIF entsprechen;
b) die Berechnung des Wertes der Anteile des AIF nach den Bestimmungen dieses Gesetzes und den konstituierenden Dokumenten des AIF sowie den Anforderungen an die Bewertung nach Art. 42 bis 45 erfolgt;
c) die Weisungen des AIFM ausgeführt werden, soweit sie nicht gegen die Bestimmungen dieses Gesetzes und die konstituierenden Dokumente des AIF verstoßen; verstößt der AIFM gegen die Bestimmungen dieses Gesetzes oder der konstituierenden Dokumente, ist unverzüglich der Wirtschaftsprüfer zu informieren; verstößt der AIFM in einer Weise, dass ein begründeter Verdacht für den Entzug der Zulassung nach Art. 26 und 51 vorliegt, informiert die Verwahrstelle die FMA;
d) bei Transaktionen mit Vermögensgegenständen von AIF der Gegenwert innerhalb der üblichen Fristen übertragen wird;
e) die Erträge des AIF nach den Bestimmungen dieses Gesetzes und der konstituierenden Dokumente des AIF verwendet werden.

(3) Die Verwahrstelle handelt ehrlich, redlich, professionell, unabhängig und im Interesse des AIF oder seiner Anleger.

(4) Eine Verwahrstelle darf keine Aufgaben wahrnehmen, die Interessenkonflikte zwischen dem AIF, seinen Anlegern, dem AIFM und der Verwahrstelle schaffen könnten. Dies gilt nicht, wenn die Aufgaben der Verwahrstelle von ihren anderen potenziell dazu in Konflikt stehenden Aufgaben funktional und hierarchisch getrennt sind und die potenziellen Interessenkonflikte ordnungsgemäß ermittelt, gesteuert, beobachtet und den Anlegern des AIF gegenüber offengelegt werden.

(5) Die Verwahrstelle oder das Unternehmen, an welche bzw. welches die Verwahrstelle Aufgaben nach Art. 60 übertragen hat, dürfen Vermögensgegenstände des AIF nicht ohne Zustimmung des AIF oder des AIFM wiederverwenden.

Art. 60 Aufgabenübertragung. (1) Die Verwahrstelle darf ihre Aufgaben nach Art. 59 nicht an Dritte übertragen; davon ausgenommen sind Aufgaben nach Art. 59 Abs. 1 Bst. a und b. Dienstleistungen im Rahmen von Wertpapierabrechnungssystemen, die mit der Verwahrung von Vermögenswerten nach dem Finalitätsgesetz und der Richtlinie 98/26/EG oder ähnlichen Dienstleistungen durch Nicht-EWR-Wertpapierabrechnungssysteme betraut sind, sind keine Aufgabenübertragung im Sinne dieses Artikels.

(2) Die Aufgaben nach Art. 59 Abs. 1 Bst. a und b können auf Dritte übertragen werden, wenn:
a) die Aufgabenübertragung nicht zur Umgehung der Vorschriften dieses Gesetzes erfolgt;[85]
b) ein objektiver Grund für die Übertragung vorliegt;
c) die Auswahl und Bestellung des Auftragnehmers mit der gebotenen Sachkenntnis, Sorgfalt und Gewissenhaftigkeit erfolgen;
d) die Verwahrstelle den Auftragnehmer sachkundig, sorgfältig, gewissenhaft und regelmäßig kontrolliert und überprüft;
e) die Verwahrstelle gewährleistet, dass der Auftragnehmer während der Ausübung der ihm übertragenen Aufgaben:
   1. über für die Art und Komplexität der anvertrauten Vermögensgegenstände angemessene und geeignete Organisationsstrukturen und Fachkenntnisse verfügt;
   2. bezogen auf die Übertragung von Verwahraufgaben nach Art. 59 Abs. 1 Bst. a einem wirksamen Aufsichtsrecht (einschließlich Mindesteigenkapitalanforderungen), einer wirksamen Auf-

---

[85] Art. 60 Abs. 2 Bst. a abgeändert durch LGBl. 2013 Nr. 242.

sicht und einer regelmäßigen Wirtschaftsprüfung unterliegt, welche gewährleistet, dass sich die Finanzinstrumente in seinem Besitz befinden;
3. die Vermögensgegenstände der Kunden der Verwahrstelle von seinem eigenen und dem Vermögen der Verwahrstelle trennt, so dass die Vermögensgegenstände zu jeder Zeit eindeutig als solche der Kunden einer bestimmten Verwahrstelle identifiziert werden können;
4. die Vermögenswerte nicht ohne vorherige Zustimmung des AIF oder des AIFM und vorherige Information der Verwahrstelle verwendet;
5. Art. 59 Abs. 1 Bst. a und b sowie Abs. 3 bis 5 einhält.

(3) Die Auftragnehmer der Verwahrstelle nach Abs. 1 können ihrerseits diese Aufgaben unter der Voraussetzung weiter übertragen, dass die gleichen Bedingungen eingehalten werden und auch die jeweiligen Unterauftragnehmer und – im Fall der Unter-Unterübertragung – die nachfolgenden Auftragnehmer zur Einhaltung verpflichtet sind; Art. 61 gilt für die jeweils Beteiligten entsprechend.

Art. 61 Haftung der Verwahrstelle. (1) Bei Verlust von Finanzinstrumenten nach Art. 59 Abs. 1 Bst. a muss die Verwahrstelle unverzüglich Finanzinstrumente desselben Typs und der gleichen Anzahl dem AIF beschaffen oder dessen Anlegern übertragen oder Schadenersatz leisten, es sei denn, die Verluste sind Folge höherer Gewalt, deren Konsequenzen trotz aller angemessenen Gegenmaßnahmen unabwendbar waren.

(2) Die Übertragung an Dritte nach Art. 60 beeinflusst die Haftung der Verwahrstelle nicht.

(3) Die Verwahrstelle kann jedoch für den Fall eines Verlusts von Finanzinstrumenten durch eine Unterverwahrstelle durch Vertrag ihre Haftung für den Fall ausschließen, dass:
a) die Verwahrstelle allen ihren Verpflichtungen bei der Aufgabenübertragung und der Überwachung nachgekommen ist;
b) ein Vertrag zwischen der Verwahrstelle und dem Auftragnehmer mindestens Folgendes regelt:
1. den Umstand, dass die Haftung der Verwahrstelle ausdrücklich auf den Auftragnehmer übertragen ist;
2. das Recht des AIF oder des für Rechnung des AIF tätigen AIFM oder der Verwahrstelle, einen Anspruch wegen des Abhandenkommens von Finanzinstrumenten gegen den Auftragnehmer geltend zu machen; und
c) ein Vertrag zwischen der Verwahrstelle und dem AIF oder dem für Rechnung des AIF handelnden AIFM mindestens enthält:
1. einen Haftungsausschluss der Verwahrstelle; und
2. einen objektiven Grund für den Haftungsausschluss.

(4) Die Verwahrstelle haftet dem AIF oder den Anlegern über Abs. 1 hinaus für alle sonstigen Verluste, die diese infolge einer schuldhaften Nichterfüllung der Verwahrstellenpflichten erleiden.

(5) Zur Geltendmachung der Haftungsansprüche der Anleger ist jedenfalls der AIFM berechtigt und verpflichtet. Daneben sind die einzelnen Anleger zur Geltendmachung berechtigt.

(6) Der Anspruch auf Schadensersatz verjährt mit dem Ablauf von fünf Jahren nach Eintritt des Schadens, spätestens aber ein Jahr nach der Rückzahlung eines Anteils oder der Kenntnis des Anspruchsberechtigten vom Schaden.

(7) Die Klage gegen eine Verwahrstelle eines AIF mit Sitz in Liechtenstein kann unbeschadet einer konkurrierenden Zuständigkeit ausländischer Gerichte jedenfalls in Liechtenstein erhoben werden. Zuständig ist das Landgericht.

Art. 62 Verwahrstellenzwang in Drittstaat. (1) Wenn nach dem Recht eines Drittstaats bestimmte Finanzinstrumente von einer ortsansässigen Einrichtung verwahrt werden müssen und es keine ortsansässige Verwahrstelle gibt, die den Anforderungen nach Art. 60 Abs. 2 Bst. e Ziff. 2 genügt, gelten die Vorschriften dieses Artikels.

(2) Die Verwahrstelle darf ihre Funktionen an eine andere ortsansässige Einrichtung nur insoweit und solange übertragen, wie es von dem Recht des Drittstaats gefordert wird und keine ortsansässige Verwahrstelle den gesetzlichen Anforderungen entspricht. Des Weiteren müssen:
a) die Anleger des jeweiligen AIF vor Tätigung ihrer Anlage ordnungsgemäß unterrichtet werden, dass eine solche Beauftragung aufgrund rechtlicher Zwänge im Recht des Drittstaats erforderlich ist; dabei sind die Umstände anzugeben, die die Übertragung rechtfertigen; und
b) der AIF oder der für Rechnung des AIF tätige AIFM die Verwahrstelle anweisen, die Verwahrung dieser Finanzinstrumente an eine solche Einrichtung zu übertragen.

(3) Der Auftragnehmer kann seinerseits seine Funktionen unter den Bedingungen nach Abs. 1 und 2 weiter übertragen; Art. 61 Abs. 2 und 3 gilt für die jeweils Beteiligten entsprechend.

(4) Die Verwahrstelle ist aus der Haftung nach Art. 61 entlassen, wenn:
a) die konstituierenden Dokumente des AIF einen Haftungsausschluss unter den weiteren Voraussetzungen dieses Artikels ausdrücklich gestatten;
b) die Anleger in gebührender Weise über den Haftungsausschluss und dessen Voraussetzungen vor der Anlageentscheidung informiert werden;
c) der AIF oder AIFM die Verwahrstelle angewiesen hat, die Verwahrung dieser Finanzinstrumente der ortsansässigen Einrichtung zu übertragen;
d) ein schriftlicher Vertrag zwischen der Verwahrstelle und dem AIF oder dem AIFM den Haftungsausschluss ausdrücklich gestattet;
e) in einem schriftlichen Vertrag zwischen Verwahrstelle und Auftragnehmer der Auftragnehmer die Haftung der Verwahrstelle ausdrücklich übernimmt und dem AIF, dem AIFM oder der Verwahrstelle das Recht einräumt, die Ansprüche nach Art. 61 gegenüber dem Auftragnehmer geltend zu machen.

Art. 63 Informationsaustausch. Die Verwahrstelle stellt den zuständigen Behörden ihres Herkunftsmitgliedstaates auf Anfrage alle Informationen zur Verfügung, die die Verwahrstelle bei der Wahrnehmung ihrer Aufgaben erhalten hat und die die zuständigen Behörden der Verwahrstelle, des AIF oder des AIFM benötigen. Handelt es sich um unterschiedliche Behörden, tauschen diese die erhaltenen Informationen unverzüglich untereinander aus.

Art. 64 Ausführungsbestimmungen. Die Regierung kann das Nähere über die Verwahrstellen mit Verordnung regeln, insbesondere:[86]
a) die Einzelheiten, welche in den Verwahrstellenvertrag nach Art. 57 Abs. 2 aufzunehmen sind;
b) das Nähere zu Art. 57 Abs. 3 Bst. c;
c) die allgemeinen Kriterien für eine wirksame Regulierung, Aufsicht und Durchsetzung in Drittstaaten nach Art. 58 Abs. 3;
d) die Bedingungen für die Ausübung der Aufgaben einer Verwahrstelle nach Art. 59, einschließlich:
 1. der Art der Finanzinstrumente, die nach Art. 59 Abs. 1 Bst. a von der Verwahrstelle verwahrt werden;
 2. der Bedingungen, unter denen die Verwahrstelle ihre Verwahraufgaben über bei einem Zentralverwahrer verwahrte Finanzinstrumente ausüben darf;
 3. der Bedingungen, unter denen die Verwahrstelle den Bestand auf den Namen lautender Vermögensgegenstände nach Art. 59 Abs. 1 Bst. b sichert;
 4. die Voraussetzungen für die Qualifikation einer Bank nach Art. 59 Abs. 1 Bst. c Ziff. 3;
e) die Sorgfaltspflichten der Verwahrstelle nach Art. 60 Abs. 2 Bst. c und d;
f) die Pflicht zur Trennung von Vermögensgegenständen nach Art. 60 Abs. 2 Bst. e Ziff. 3;
g) die Bedingungen und Umstände, unter denen verwahrte Finanzinstrumente nach Art. 61 Abs. 1 als abhandengekommen angesehen werden;
h) was unter höherer Gewalt im Sinne von Art. 61 Abs. 1 verstanden wird;
i) die Bedingungen und Umstände, unter denen objektive Gründe für einen vertraglichen Haftungsausschluss nach Art. 61 und 62 vorliegen;
k) welche Personen unter welchen Voraussetzungen als Verwahrstellen in Liechtenstein handeln dürfen und wie die Zulassung erfolgt;
l) die Voraussetzungen und Umstände, unter denen eine Aufgabenübertragung und Unterübertragung zulässig sind.

B. Administrator und Risikomanager

Art. 65 Zulassungspflicht. (1) Der Administrator und der Risikomanager von AIF bedürfen der Zulassung durch die FMA.

(2) Die Zulassung als AIFM nach Kapitel III Abschnitt A beinhaltet auch die Zulassung als Risikomanager und kann die Zulassung als Administrator beinhalten, sofern die jeweils einschlägigen Voraussetzungen erfüllt sind.

(3) Für rechtliche, wirtschaftsberatende und buchführende Dienstleistungen nach den dafür maßgeblichen berufsständischen Vorschriften bedarf es keiner Zulassung nach Abs. 1.

Art. 66 Zulassungsvoraussetzungen und Pflichten. (1) Für Administratoren und Risikomanager gelten die Vorschriften für die Zulassung und Pflichten des AIFM nach dem Kapitel III sinngemäß mit der Maßgabe, dass die Zulassungsvoraussetzungen und Pflichten sich ausschließlich auf die Administration oder das Risikomanagement beziehen.

---

[86] Art. 64 Einleitungssatz abgeändert durch LGBl. 2013 Nr. 242.

(2) Die Regierung kann das Nähere über die Zulassungsvoraussetzungen und die Pflichten eines Administrators und eines Risikomanagers mit Verordnung regeln, insbesondere:
a) die Anforderungen an die Geschäftsleitung;
b) die organisatorischen Vorkehrungen;
c) die Höhe und Berechnungsgrundlage für die Kapitalausstattung, wobei das Anfangskapital bis zu 1 Million Franken betragen darf.

Art. 67 Delegation an zugelassene Administratoren und Risikomanager. (1) Überträgt ein zugelassener AIFM nach Maßgabe von Art. 46 bestimmte Teile oder die ganze Administration an einen zugelassenen Administrator oder bestimmte Teile des Risikomanagements an einen zugelassenen Risikomanager, gelten die für die Administration oder das Risikomanagement erforderlichen personellen und organisatorischen Anforderungen an den AIFM als erfüllt.

(2) Die FMA prüft im Rahmen der Zulassung des AIFM in Bezug auf die Administration oder das Risikomanagement nur, ob die Anforderungen an die Aufgabenübertragung nach Art. 46 sowie das Risikomanagement der Gesamtorganisation eingehalten sind.

(3) Der zugelassene Administrator oder Risikomanager ist der FMA gegenüber zur Auskunft und Mitteilung in gleicher Weise verpflichtet, als ob die Tätigkeit von dem AIFM selbst ausgeübt wird.

(4) Der Administrator oder Risikomanager hat erhebliche Verletzungen von Bestimmungen dieses Gesetzes und der konstituierenden Dokumente der FMA mitzuteilen. Art. 111 gilt entsprechend.

(5) Die Regierung kann das Nähere mit Verordnung regeln, insbesondere:
a) die Melde- und Mitteilungspflichten des Administrators und Risikomanagers;
b) welche Verletzungen von Bestimmungen dieses Gesetzes und der konstituierenden Dokumente jedenfalls als erheblich gelten.

Art. 68 Haftung des Administrators und Risikomanagers. (1) Der Administrator und der Risikomanager haften für die schuldhafte Verletzung der ihnen obliegenden Pflichten.

(2) Soweit die Aufgaben vom AIFM auf den Administrator oder Risikomanager nach Maßgabe von Art. 46 übertragen wurden, haftet der Administrator oder Risikomanager gegenüber dem AIFM. Bei einem Entzug der Zulassung oder der Insolvenz des AIFM haftet der Administrator oder Risikomanager den Anlegern des jeweiligen AIF unmittelbar. In diesem Fall ist nur der nach Befriedigung der Anleger verbleibende Betrag der Liquidations- bzw. Insolvenzmasse des AIFM zuzuordnen.

(3) Für kleine AIFM nach Art. 3 besteht die Haftung des Administrators oder Risikomanagers bei der Investmentgesellschaft, Anlage-Kommanditgesellschaft und Anlage-Kommanditärengesellschaft gegenüber dem AIF, im Übrigen gegenüber den Anlegern des jeweiligen AIF.

C. Vertriebsträger

Art. 69 Zulassungspflicht. (1) Der Vertriebsträger von AIF in Liechtenstein bedarf der Zulassung durch die FMA.

(2) Die Zulassung als AIFM nach Kapitel III Abschnitt A beinhaltet auch die Zulassung als Vertriebsträger der von ihm verwalteten AIF.

(3) Aufgehoben[87]

Art. 70 Zulassungsvoraussetzungen und Pflichten. (1) Für Vertriebsträger gelten die Vorschriften über die Zulassung und Pflichten des AIFM nach Kapitel III sinngemäß mit der Maßgabe, dass die Zulassungsvoraussetzungen und Pflichten sich ausschließlich auf den Vertrieb beziehen.

(2) Die Höhe der Kapitalausstattung eines Vertriebsträgers beträgt mindestens 125 000 Euro oder den Gegenwert in Schweizer Franken.

(3) Keine Zulassung zum Vertrieb benötigen Vertriebsträger:
a) die nach anderen Vorschriften einer prudentiellen Aufsicht durch die FMA unterliegen; und
b) bei denen davon auszugehen ist, dass sie für den Vertrieb von AIF über das erforderliche Fachwissen verfügen.

(4) Die Regierung kann das Nähere über die Zulassungsvoraussetzungen und die Pflichten eines Vertriebsträgers mit Verordnung regeln, insbesondere:
a) die Anforderungen an die Geschäftsleitung des Vertriebsträgers;
b) die organisatorischen Vorkehrungen, die der Vertriebsträger zu treffen hat;
c) die Personen und Personengruppen, welche die Voraussetzungen nach Abs. 3 erfüllen.

---

[87] Art. 69 Abs. 3 aufgehoben durch LGBl. 2013 Nr. 242.

Art. 71 Delegation an zugelassene Vertriebsträger. (1) Überträgt ein zugelassener AIFM bestimmte Teile oder den ganzen Vertrieb an einen zugelassenen Vertriebsträger nach Maßgabe von Art. 46, gelten die für den Vertrieb erforderlichen personellen und organisatorischen Anforderungen an den AIFM als erfüllt.

(2) Die FMA prüft im Rahmen der Zulassung des AIFM in Bezug auf den Vertrieb nur, ob die Anforderungen an die Aufgabenübertragung nach Art. 46 sowie das Risikomanagement der Gesamtorganisation eingehalten sind.

(3) Der Vertriebsträger ist der FMA gegenüber zur Auskunft und Mitteilung in gleicher Weise verpflichtet, als ob die Tätigkeit von dem AIFM selbst ausgeübt wird.

(4) Der Vertriebsträger hat erhebliche Verletzungen von Bestimmungen dieses Gesetzes und der konstituierenden Dokumente der FMA mitzuteilen. Art. 111 gilt entsprechend.

(5) Die Regierung kann das Nähere mit Verordnung regeln, insbesondere:
a) die Melde- und Mitteilungspflichten des Vertriebsträgers in Bezug auf den Vertrieb;
b) welche Verletzungen von Bestimmungen dieses Gesetzes und der konstituierenden Dokumente jedenfalls als erheblich gelten.

Art. 72 Haftung des Vertriebsträgers. (1) Der Vertriebsträger haftet für die schuldhafte Verletzung der ihm obliegenden Pflichten.

(2) Soweit die Aufgaben von dem AIFM auf den Vertriebsträger nach Maßgabe von Art. 46 übertragen wurden, haftet der Vertriebsträger gegenüber dem AIFM. Bei einem Entzug der Zulassung oder der Insolvenz des AIFM haftet der Vertriebsträger gegenüber den Anlegern des jeweiligen AIF unmittelbar. In diesem Fall ist nur der nach Befriedigung der Anleger verbleibende Betrag der Liquidations- bzw. Insolvenzmasse des AIFM zuzuordnen.

(3) Soweit die Aufgaben des Vertriebsträgers nicht nach Maßgabe von Art. 46 übertragen wurden, besteht die Haftung des Vertriebsträgers gegenüber den Anlegern des jeweiligen AIF.

D. Primebroker

Art. 73 Beauftragung eines Primebrokers. (1) Die Auswahl und Beauftragung eines Primebrokers muss mit den konstituierenden Dokumenten des AIF im Einklang stehen.

(2) Der AIFM und der Primebroker müssen die Auftragsbedingungen in einem schriftlichen Vertrag vereinbaren.

(3) Im Vertrag nach Abs. 2 muss insbesondere vereinbart werden:
a) die Möglichkeit einer Übertragung und Wiederverwendung von Vermögenswerten des AIF; und
b) die Bezeichnung der Verwahrstelle.

(4) Die Regierung kann das Nähere mit Verordnung regeln.[88]

Art. 74 Primebroker als Unterverwahrstelle. Über Art. 73 hinaus gelten für die Bestellung und Aufgaben eines Primebrokers als Unterverwahrstelle die Vorschriften von Kapitel IV.

Art. 75 Primebroker als Geschäftspartner des AIFM. (1) Soweit nicht nur Aufgaben einer Verwahrstelle wahrgenommen werden, können Primebroker mit dem AIFM mit Wirkung für oder für Rechnung des AIF sonstige Primebroker-Dienste (Primebroker als Geschäftspartner) erbringen.

(2) Die Dienste eines Primebrokers als Geschäftspartner des AIFM sind nicht Teil der Vereinbarungen über die Aufgabenübertragung an eine Unterverwahrstelle.

(3) Der AIFM hat einen Primebroker als Geschäftspartner mit der gebotenen Sachkenntnis, Sorgfalt und Gewissenhaftigkeit auszuwählen und zu beauftragen.

(4) Die Verantwortung für die Auswahl und Überwachung der Primebroker als Geschäftspartner liegt beim AIFM.

(5) Primebroker als Geschäftspartner können eine Kontenbeziehung zum AIFM eingehen.

(6) Die Pflichten der Verwahrstelle richten sich nach Art. 59 Abs. 1 Bst. c.

(7) Die Regierung kann das Nähere mit Verordnung regeln, insbesondere:[89]
a) wie der AIFM seiner Pflicht zur Auswahl und Überwachung der Primebroker nachkommen muss;
b) wie der AIFM in Ausführung von Abs. 5 in Bezug auf Primebroker sicherstellt, dass die Cashflows der AIF ordnungsgemäß überwacht werden;
c) die Vorkehrungen zur Vermeidung von Interessenkonflikten und deren Offenlegung.

---

[88] Art. 73 Abs. 4 abgeändert durch LGBl. 2013 Nr. 242.
[89] Art. 75 Abs. 7 Einleitungssatz abgeändert durch LGBl. 2013 Nr. 242.

V. Strukturmaßnahmen

A. Allgemeines

Art. 76 Grundsatz. (1) Soweit in diesem Kapitel nichts anderes bestimmt ist:
a) schließt für die Zwecke dieses Kapitels ein AIF die dazugehörigen Teilfonds ein;
b) finden die Bestimmungen dieses Kapitels sinngemäß auf selbstverwaltete AIF Anwendung;
c) sind die Bestimmungen dieses Kapitals auf in- und ausländische AIF anzuwenden, sofern das Recht des ausländischen AIF nicht entgegen steht.[90]

(2) Beteiligen sich AIF in Form der Aktiengesellschaft und der Europäischen Gesellschaft (SE) an einer Spaltung oder Fusion, so gelten folgende Vorschriften:
a) bei einer Spaltung neben den Vorschriften dieses Kapitels die Vorschriften der Richtlinie 82/891/EWG, in der Fassung der Richtlinien 2007/63/EG und 2009/109/EG;
b) bei einer Fusion (Verschmelzung) neben den Vorschriften dieses Kapitels die Vorschriften der Richtlinie 2011/35/EU sowie bei Beteiligung von AIF des geschlossenen Typs aus verschiedenen EWR-Mitgliedstaaten in der Rechtsform von Kapitalgesellschaften die Vorschriften der Richtlinie 2005/56/EG.

(3) In den Fällen nach Abs. 2 sind die nach diesem Kapitel erforderlichen Prüfvorgänge, Dokumente und Informationen mit den nach den EWR-Rechtsvorschriften erforderlichen Prüfvorgängen, Dokumenten und Informationen möglichst zusammenzufassen. Sind die Bestimmungen der in Abs. 2 genannten EWR-Rechtsvorschriften mit einzelnen Bestimmungen dieses Kapitels unvereinbar, gehen die Bestimmungen in den genannten EWR-Rechtsvorschriften vor. Soweit sonstige Bestimmungen des PGR mit den Bestimmungen dieses Kapitels unvereinbar sind, gehen jene dieses Kapitels vor.

(4) Für Strukturmaßnahmen zwischen OGAW und AIF gelten die Bestimmungen des UCITSG.

(5) Strukturmaßnahmen nach diesem Kapitel sind in das Handelsregister einzutragen.

(6) Die Regierung regelt das Registerverfahren für Strukturmaßnahmen mit Verordnung.

Art. 77 Gestaltungsgrenze. Bei grenzüberschreitenden Strukturmaßnahmen unter Beteiligung von AIF muss die Strukturmaßnahme nach dem Recht derjenigen Staaten, in denen die beteiligten AIF ihren Sitz haben, zulässig sein.

B. Verschmelzung

Art. 78 Grundsatz. Ein AIF kann sich im Rahmen einer inländischen oder grenzüberschreitenden Verschmelzung mit einem oder mehreren anderen AIF vereinigen und zwar unabhängig davon, welche Rechtsform der AIF hat und ob der aufnehmende oder übertragende AIF seinen Sitz in Liechtenstein hat.

Art. 79 Autorisierungspflicht. (1) Die Verschmelzung von AIF bedarf der vorherigen Anzeige an die FMA, soweit alle beteiligten AIF ihren Sitz in Liechtenstein haben und der übertragende AIF nicht zulassungspflichtig ist.

(2) Für jeden AIF nach Abs. 1 übermittelt der AIFM der FMA folgende Unterlagen:
a) den von den an der Verschmelzung beteiligten AIF gebilligten Verschmelzungsplan nach Art. 81 oder den Nachweis, dass die Anleger nach Art. 81 Abs. 3 auf die Erstellung eines Verschmelzungsplans verzichtet haben;
b) die für die Anzeige nach Art. 17 bis 20 erforderlichen Unterlagen in der Fassung, wie sie nach der Wirksamkeit der Verschmelzung verwendet werden sollen;
c) eine von allen Verwahrstellen der an der Verschmelzung beteiligten AIF abgegebene Erklärung, dass sie die Übereinstimmung der Angaben mit den Anforderungen dieses Gesetzes und den konstituierenden Dokumenten des AIF, für den sie tätig sind, überprüft haben, oder den Nachweis, dass die Anleger nach Art. 82 Abs. 2 auf die Prüfung verzichtet haben;
d) die Informationen, die die an der Verschmelzung beteiligten AIF an ihre jeweiligen Anteilinhaber zur geplanten Verschmelzung nach Art. 84 übermitteln, oder den Nachweis, dass die Anleger auf die Anlegerinformation nach Art. 84 Abs. 6 verzichtet haben.

(3) Die Unterlagen sind in deutscher, englischer oder einer von der FMA für diese Zwecke akzeptierten Sprache einzureichen.

(4) Soweit die Anteile des AIF nur an professionelle Anleger vertrieben werden, hat die FMA binnen zehn Arbeitstagen nach Zugang der Unterlagen den AIFM über die Vollständigkeit der Unterlagen zu informieren oder deren Vervollständigung zu verlangen. Liegt der vollständige Antrag vor, übermittelt

---

[90] Art. 76 Abs. 1 Bst. c abgeändert durch LGBl. 2013 Nr. 242.

die FMA den beteiligten AIFM binnen zehn Arbeitstagen eine Vollständigkeitsbestätigung. Die FMA kann diese Fristen mit begründeter Mitteilung auf jeweils 20 Tage verlängern. Mit Zugang der Vollständigkeitsbestätigung kann der AIFM mit dem Vollzug der Verschmelzung beginnen.

(5) Sind an der Verschmelzung AIF beteiligt, deren Anteile auch an Privatanleger vertrieben werden, und haben nicht alle Privatanleger auf die Erteilung oder Prüfung des Verschmelzungsplans und der Anlegerinformationen ausdrücklich nach Art. 82 Abs. 2 verzichtet:
a) wägt die FMA die Auswirkungen auf die Anleger der an der Verschmelzung beteiligten AIF ab, um zu prüfen, ob die Anleger angemessen über die Verschmelzung informiert werden;
b) kann die FMA vom AIFM des übertragenden AIF schriftlich eine verbesserte Ausgestaltung der Anlegerinformationen nach Abs. 2 Bst. d verlangen, soweit sie dies für erforderlich hält;
c) teilt die FMA binnen 20 Arbeitstagen nach Zugang der vollständigen oder der nach Bst. b geänderten Unterlagen mit, dass die Anlegerinformationen zufriedenstellend sind;
d) darf der AIFM ab dem Zugang der Mitteilung nach Bst. c mit dem Vollzug der Verschmelzung beginnen.

(6) Die Regierung regelt das Nähere mit Verordnung. Sie kann insbesondere festlegen:[91]
a) die Voraussetzungen für den Verzicht nach Abs. 5;
b) die Form des Nachweises nach Abs. 2 Bst. a, c und d.

Art. 80 Genehmigungspflicht. (1) Die Verschmelzung von AIF bedarf der vorherigen Genehmigung der FMA, wenn:
a) der übertragende AIF seinen Sitz in Liechtenstein hat und zulassungspflichtig ist;
b) ein beteiligter AIF seinen Sitz im Ausland hat; oder
c) der aufnehmende AIF seinen Sitz in Liechtenstein hat und die Verschmelzung eine wesentliche Änderung der Zulassung nach Art. 25 darstellt.

(2) Für jeden übertragenden AIF übermittelt dessen AIFM der FMA folgende Unterlagen:
a) den von den an der Verschmelzung beteiligten AIF gebilligten Verschmelzungsplan nach Art. 81 oder den Nachweis, dass die Anleger auf die Erstellung eines Verschmelzungsplans verzichtet haben;
b) die für die Anzeige nach Art. 17 erforderlichen Unterlagen in der Fassung, wie sie nach der Wirksamkeit der Verschmelzung verwendet werden sollen;
c) eine von allen Verwahrstellen der an der Verschmelzung beteiligten AIF abgegebene Erklärung, dass sie die Übereinstimmung der Angaben mit den Anforderungen dieses Gesetzes und den konstituierenden Dokumenten der AIF, für den sie tätig sind, überprüft haben oder den Nachweis, dass die Anleger nach Art. 82 Abs. 2 auf die Prüfung verzichtet haben;
d) die Informationen, die die an der Verschmelzung beteiligten OGAW an ihre jeweiligen Anteilinhaber zur geplanten Verschmelzung nach Art. 84 übermitteln, oder den Nachweis, dass die Anleger nach Art. 84 Abs. 6 auf die Anlegerinformation verzichtet haben.

(3) Die Unterlagen sind in deutscher, englischer oder einer von der FMA für diese Zwecke akzeptierten Sprache einzureichen.

(4) Sind die Unterlagen nach Abs. 2 unvollständig, hat die FMA binnen zehn Arbeitstagen nach deren Zugang die Vervollständigung zu verlangen. Liegt der vollständige Antrag vor, übermittelt die FMA den beteiligten AIFM binnen zehn Arbeitstagen eine Vollständigkeitsbestätigung.

(5) Die FMA entscheidet binnen eines Monats nach Zugang der vollständigen Unterlagen nach Abs. 2 über die Zulassung der Verschmelzung. Die Frist kann mit begründeter Mitteilung auf sechs Monate verlängert werden.

(6) Die FMA genehmigt die Verschmelzung, wenn:
a) die gesetzlichen Voraussetzungen erfüllt sind;
b) gegebenenfalls weitere, im Rahmen völkerrechtlicher Verträge oder der Zusammenarbeit mit ausländischen Aufsichtsbehörden festgelegte Anforderungen erfüllt sind.

(7) Die FMA teilt ihre Entscheidung an die AIFM der an der Verschmelzung beteiligten AIF sowie gegebenenfalls den Aufsichtsbehörden mit, die für an der Verschmelzung beteiligte AIF zuständig sind.

(8) AIFM dürfen mit Zugang der Genehmigung mit dem Vollzug der Verschmelzung beginnen.

(9) Die Regierung kann das Nähere mit Verordnung regeln. Sie kann unter Berücksichtigung des Verhältnismäßigkeitsgebots insbesondere festlegen:[92]

---

[91] Art. 79 Abs. 6 Einleitungssatz abgeändert durch LGBl. 2013 Nr. 242.
[92] Art. 80 Abs. 9 Einleitungssatz abgeändert durch LGBl. 2013 Nr. 242.

a) welche Anforderungen im Rahmen des Informationsaustauschs zwischen der FMA und anderen Aufsichtsbehörden verlangt werden dürfen;
b) die Form des Nachweises nach Abs. 2 Bst. a, c und d.

Art. 81 Verschmelzungsplan. (1) Für den übertragenden und den übernehmenden AIF ist ein gemeinsamer Verschmelzungsplan zu erstellen.

(2) Sind an der Verschmelzung AIF beteiligt, deren Anteile auch an Privatanleger vertrieben werden, hat der Verschmelzungsplan die folgenden Angaben zu enthalten:
a) die beteiligten AIF;
b) die Angabe, ob die Verschmelzung eine Verschmelzung durch Aufnahme, eine Verschmelzung durch Neugründung oder eine Verschmelzung mit Teilliquidation ist;
c) den Hintergrund und die Beweggründe für die geplante Verschmelzung;
d) die zu erwartenden Auswirkungen der geplanten Verschmelzung auf die Anleger des übertragenden und übernehmenden AIF;
e) die beschlossenen Kriterien für die Bewertung des Vermögens und gegebenenfalls der Verbindlichkeiten zum Zeitpunkt der Berechnung des Umtauschverhältnisses nach Art. 86 Abs. 1;
f) die Methode zur Berechnung des Umtauschverhältnisses;
g) den geplanten effektiven Verschmelzungstermin;
h) die für die Übertragung von Vermögenswerten und den Umtausch von Anteilen geltenden Bestimmungen;
i) im Falle einer Verschmelzung durch Neugründung und einer Verschmelzung mit Teilliquidation die konstituierenden Dokumente des neu gegründeten übernehmenden AIF;
k) gegebenenfalls weitere, nach den konstituierenden Dokumenten eines der beteiligten AIF erforderliche Angaben.

(3) AIFM können mit qualifizierter Zustimmung aller Anleger der an der Verschmelzung beteiligten AIF auf die Erstellung des Verschmelzungsplans verzichten.

(4) Werden die Anteile der an der Verschmelzung beteiligten AIF nur an professionelle Anleger vertrieben, sind im Verschmelzungsplan zumindest die nach den konstituierenden Dokumenten eines der beteiligten AIF erforderlichen Angaben aufzunehmen. Enthalten die konstituierenden Dokumente keine Bestimmungen, genügt jedenfalls ein Verschmelzungsplan mit den Angaben nach Abs. 2.

(5) Die Haftung des AIFM für die Richtigkeit der Angaben im Verschmelzungsplan kann nicht ausgeschlossen werden.

(6) Die Regierung kann das Nähere über den Verschmelzungsplan in Übereinstimmung mit Art. 5 bis 7 der Richtlinie 2005/56/EG und Art. 5, 6, 9 und 11 der Richtlinie 2011/35/EU mit Verordnung regeln, insbesondere:
a) die Anforderungen an die qualifizierte Zustimmung aller Anleger nach Abs. 3;
b) die Veröffentlichung des Verschmelzungsplans.

Art. 82 Prüfung des Verschmelzungsplans durch die Verwahrstelle. (1) Die Verwahrstellen der an der Verschmelzung beteiligten AIF haben die Übereinstimmung der Angaben nach Art. 81 Abs. 2 Bst. a, b, g und h mit den Anforderungen dieses Gesetzes sowie den konstituierenden Dokumenten des AIF zu überprüfen, für den sie tätig sind.[93]

(2) AIFM können mit qualifizierter Zustimmung aller Anleger der an der Verschmelzung beteiligten AIF auf eine Prüfung des Verschmelzungsplans durch die Verwahrstelle verzichten.

(3) Werden die Anteile aller an der Verschmelzung beteiligten AIF nur an professionelle Anleger vertrieben:
a) entfällt die Prüfungspflicht, soweit die Angaben nach Art. 81 Abs. 2 nicht erforderlich sind;
b) können die konstituierenden Dokumente der beteiligten AIF abweichende Regelungen vorsehen.

(4) Die Regierung kann das Nähere, insbesondere über die qualifizierte Zustimmung und den mindestens einzuhaltenden Prüfungsumfang, mit Verordnung regeln.[94]

Art. 83 Bericht der Verwahrstelle oder des unabhängigen Wirtschaftsprüfers. (1) Eine Verwahrstelle nach Art. 57 bis 64 oder ein unabhängiger Wirtschaftsprüfer nach Art. 109 bis 111 bestätigt nach entsprechender Prüfung:
a) die Kriterien für die Bewertung des Vermögens und gegebenenfalls der Verbindlichkeiten zum Zeitpunkt der Berechnung des Umtauschverhältnisses nach Art. 88 Abs. 1;

---

[93] Art. 82 Abs. 1 abgeändert durch LGBl. 2013 Nr. 242.
[94] Art. 82 Abs. 4 abgeändert durch LGBl. 2013 Nr. 242.

b) gegebenenfalls die Barzahlung je Anteil;
c) die Methode zur Berechnung des Umtauschverhältnisses und das tatsächliche Umtauschverhältnis zum Zeitpunkt für die Berechnung dieses Umtauschverhältnisses nach Art. 88 Abs. 1.

(2) Die gesetzlichen Abschlussprüfer des übertragenden oder übernehmenden AIF gelten für die Zwecke des Abs. 1 als unabhängige Wirtschaftsprüfer.

(3) Ist ein übertragender AIF in einem anderen Staat ansässig, bestimmt das dortige Recht, ob die Bestätigung von einer Verwahrstelle oder einem unabhängigen Wirtschaftsprüfer zu erstellen ist.

(4) Den Anlegern und Aufsichtsbehörden der an der Verschmelzung beteiligten AIF ist eine Kopie des Berichts mit der Bestätigung nach Abs. 1 auf Verlangen kostenlos zur Verfügung zu stellen.

(5) AIFM können mit Zustimmung aller Anleger der an der Verschmelzung beteiligten AIF auf den Bericht der Verwahrstelle oder des unabhängigen Wirtschaftsprüfers verzichten.

(6) Werden die Anteile aller an der Verschmelzung beteiligten AIF nur an professionelle Anleger vertrieben:
a) entfällt die Berichtspflicht, soweit die Angaben nach Art. 81 Abs. 2 nicht erforderlich sind;
b) können die konstituierenden Dokumente der beteiligten AIF abweichende Regelungen vorsehen.

(7) Die Regierung kann das Nähere in Übereinstimmung mit den Vorschriften des EWR-Rechts, insbesondere Art. 8 der Richtlinie 2005/56/EG und Art. 10 der Richtlinie 2011/35/EU, mit Verordnung regeln.

Art. 84 Anlegerinformationen. (1) AIFM haben die Anleger der an der Verschmelzung beteiligten AIF angemessen und präzise über die geplante Verschmelzung zu informieren. Die gleiche Pflicht besteht, wenn die Verschmelzung eine Änderung der Anzeige nach Art. 16 Abs. 1 oder der Zulassung nach Art. 16 Abs. 2 mit sich bringt. Diese Anlegerinformationen müssen den Anlegern ein fundiertes Urteil über die Auswirkungen des Vorhabens auf ihre Anlage und die Ausübung ihrer Rechte nach Art. 85 und 86 ermöglichen.

(2) Die Anlegerinformationen nach Abs. 1 enthalten die wesentlichen Informationen für den Anleger des übernehmenden AIF und darüber hinaus Angaben zu:
a) Hintergrund und Beweggründen für die geplante Verschmelzung;
b) potenziellen Auswirkungen der geplanten Verschmelzung auf die Anleger, einschließlich wesentlicher Unterschiede in Bezug auf Anlagepolitik und -strategie, die Kosten, das erwartete Ergebnis, die periodischen Berichte, eine etwaige Verwässerung der Leistung und soweit erforderlich eine eindeutige Warnung, dass die steuerliche Behandlung der Anleger im Zuge der Verschmelzung Änderungen unterworfen sein kann;
c) den spezifischen Rechten der Anleger in Bezug auf die geplante Verschmelzung, insbesondere des Rechts auf zusätzliche Informationen, des Rechts auf Erhalt einer Kopie des Berichts nach Art. 83, des Rechts auf Anteilsrücknahme oder gegebenenfalls Umwandlung ihrer Anteile nach Art. 86 Abs. 1 und der Frist für die Rechtswahrnehmung;
d) den maßgeblichen Verfahrensaspekten und dem geplanten Verschmelzungstermin.

(3) Die Anlegerinformationen nach Abs. 1 sind den Anlegern aller autorisierungs- oder zulassungspflichtigen AIF (Art. 79 Abs. 1 und Art. 80 Abs. 1) zu übermitteln:
a) bei autorisierungspflichtigen AIF unverzüglich nach der Mitteilung der FMA nach Art. 79 Abs. 4 und 5 Bst. c, dass die Anlegerinformationen zufriedenstellend sind;
b) bei zulassungspflichtigen AIF unverzüglich nach der Zustimmung zur Verschmelzung durch die FMA nach Art. 80 Abs. 6;
c) sofern ein AIF mit Sitz in einem anderen Staat betroffen ist und dessen zuständige Behörden an der Verschmelzung des AIF mitwirken müssen, sobald die Mitwirkung dieser Behörde erfolgt ist.

(4) Die Anlegerinformation ist mindestens 30 Tage vor der letzten Frist für einen Antrag auf Anteilsrücknahme oder gegebenenfalls Umwandlung ohne Zusatzkosten nach Art. 86 Abs. 2, jedenfalls mindestens 30 Tage vor der Wirksamkeit der Verschmelzung nach Art. 88 zu übermitteln.

(5) Soweit die Grundsätze nach Abs. 1 eingehalten werden, kann mit Zustimmung aller Anleger:
a) auf die Anlegerinformation nach Abs. 2 ganz oder teilweise verzichtet werden;
b) die Frist nach Abs. 4 verkürzt oder auf diese verzichtet werden.

(6) Sofern die Anteile des jeweiligen AIF ausschließlich an professionelle Anleger vertrieben werden, können die konstituierenden Dokumente des AIF vorsehen, dass:
a) keine Anlegerinformation nach Abs. 2 zu erstellen ist; oder
b) die Frist nach Abs. 4 verkürzt oder auf diese verzichtet wird.

(7) Wird der übernehmende AIF bisher ausschließlich an professionelle Anleger vertrieben und sind an der Verschmelzung AIF beteiligt, die auch an Privatanleger vertrieben werden, hat der AIFM ab dem Zeitpunkt der Wirksamkeit der Verschmelzung die Anforderungen des Art. 17 Abs. 4 zu erfüllen.

(8) Die Regierung regelt das Nähere mit Verordnung.

Art. 85 Zustimmung der Anleger. (1) Soweit die konstituierenden Dokumente eines AIF nichts anderes vorsehen, bedarf die Verschmelzung von AIF nicht der Zustimmung der Anleger.

(2) Bestimmen die konstituierenden Dokumente eines AIF mit Sitz in Liechtenstein, dass die Zustimmung der Anleger zu Verschmelzungen zwischen AIF erforderlich ist, vermittelt grundsätzlich jeder Anteil eine Stimme. Für die Zustimmung ist die Mehrheit der tatsächlich abgegebenen Stimmen der bei der Hauptversammlung anwesenden oder vertretenen Anleger erforderlich.

(3) Die verbindliche Annahme des Umtauschangebots gilt in der Hauptversammlung nach Abs. 2 als Zustimmung zur Verschmelzung. Ist das Quorum nach Abs. 2 bereits vor der Hauptversammlung erreicht, bedarf es der Durchführung der Hauptversammlung nicht mehr.

Art. 86 Umtauschrecht, Aussetzungsbefugnis der FMA. (1) Die Anleger jedes autorisierungs- oder zulassungspflichtigen AIF (Art. 79 Abs. 1 und Art. 80 Abs. 1) können ohne weitere Kosten als jene, die vom AIF zur Deckung der Auflösungskosten einbehalten werden, verlangen:
a) den Wiederverkauf ihrer Anteile;
b) die Rücknahme ihrer Anteile; oder
c) den Umtausch ihrer Anteile in solche eines anderen AIF mit ähnlicher Anlagepolitik; das Umtauschrecht besteht nur, soweit der AIF mit ähnlicher Anlagepolitik von demselben AIFM oder einer mit dem AIFM eng verbundenen Gesellschaft verwaltet wird.

(2) Das Recht nach Abs. 1 entsteht mit der Übermittlung der Anlegerinformation nach Art. 84 und erlischt fünf Arbeitstage vor dem Zeitpunkt für die Berechnung des Umtauschverhältnisses nach Art. 88 Abs. 1. Die konstituierenden Dokumente können eine längere Frist vorsehen.

(3) Soweit Anteile des AIF auch an Privatanleger vertrieben werden, kann die FMA als zuständige Behörde eines an der Verschmelzung beteiligten AIF die zeitweilige Aussetzung der Zeichnung, der Rücknahme oder der Auszahlung von Anteilen verlangen oder gestatten, wenn dies zum Schutz der Anleger oder des öffentlichen Interesses erforderlich ist.

(4) Mit qualifizierter Zustimmung aller Anleger kann der AIFM von der Gewährung eines Umtauschrechts absehen.

(5) Soweit die Anteile des AIF nur an professionelle Anleger vertrieben werden:
a) können die konstituierenden Dokumente des AIF die Rechte der Anleger nach diesem Artikel abbedingen oder die Frist nach Abs. 2 abändern oder auf diese verzichten;
b) kann der AIFM die Anleger binnen eines Jahres vor der Verschmelzung auffordern, sich verbindlich zur Ausübung der Rechte nach diesem Artikel mit der Maßgabe zu erklären, dass Anleger, die auf die Aufforderung nicht reagieren, ihre Rechte nach Abs. 4 verwirken.

(6) Die Regierung kann das Nähere, insbesondere über die Anforderungen an die Zustimmung der Anleger nach Abs. 4, unter Berücksichtigung des Verhältnismäßigkeitsgebots mit Verordnung regeln.[95]

Art. 87 Verbot der Kostenzuweisung an die Anleger. (1) Wird ein AIF von einem AIFM verwaltet, dürfen Rechts-, Beratungs- oder Verwaltungskosten, die mit der Vorbereitung und Durchführung der Verschmelzung verbunden sind, weder einem der an der Verschmelzung beteiligten AIF noch den Anlegern angelastet werden.

(2) Auf das Verbot der Kostenzuweisung kann mit qualifizierter Zustimmung aller Anleger verzichtet werden. Die Regierung regelt das Nähere mit Verordnung.

(3) Soweit die Anteile des AIF nur an professionelle Anleger vertrieben werden:
a) können die konstituierenden Dokumente des AIF das Verbot der Kostenzuweisung abbedingen;
b) kann der AIFM die Anleger binnen eines Jahres vor der Verschmelzung auffordern, sich verbindlich zur Befreiung des AIFM vom Verbot der Kostenzuweisung nach diesem Artikel mit der Maßgabe zu erklären, dass Anleger, die auf die Aufforderung nicht reagieren, ihr Widerspruchsrecht verwirken.

---

[95] Art. 86 Abs. 6 abgeändert durch LGBl. 2013 Nr. 242.

Art. 88 Wirksamkeit der Verschmelzung. (1) Ist der übernehmende AIF in Liechtenstein ansässig, gelten – soweit die Bestimmungen in Art. 351h und 352 PGR nichts anderes bestimmen – die folgenden Wirksamkeitsfristen:
a) Ist keine Zustimmung der Anleger zur Verschmelzung erforderlich, wird die Verschmelzung zu Beginn des 45. Tages nach Übermittlung der Anlegerinformation wirksam.
b) Ist die Zustimmung der Anleger zur Verschmelzung nach Art. 85 erforderlich, wird die Verschmelzung mit Rechtskraft der Zustimmung der Hauptversammlungsbeschlüsse, frühestens aber zu Beginn des 45. Tages nach Übermittlung der Anlegerinformation wirksam. Die Rechtskraft der Hauptversammlungsbeschlüsse tritt ein, sofern nicht binnen zwei Arbeitstagen nach dem Tag der Versammlung auf den Antrag von Anlegern, deren Anteile mindestens 5 % des verwalteten Vermögens des AIF ausmachen, das Landgericht eine einstweilige Verfügung erlässt und binnen fünf Arbeitstagen nach dem Tag der Versammlung die Antragsteller Anfechtungsklage erheben. Das 5 %-Quorum ist bei der Antragstellung nachzuweisen. Die Klage ist abzuweisen, wenn es während der Dauer der nachfolgenden Klage unterschritten wird.

(2) Die 45-Tages-Frist nach Abs. 1 kann:
a) durch den Verschmelzungsplan oder durch Verfügung der FMA zum Schutz der Anleger oder des öffentlichen Interesses verlängert werden;
b) mit qualifizierter Zustimmung aller an den AIF beteiligten Anleger verkürzt oder auf diese verzichtet werden;
c) soweit die Anteile des AIF ausschließlich an professionelle Anleger vertrieben werden, durch Bestimmungen in den konstituierenden Dokumenten des AIF verkürzt oder auf diese verzichtet werden.

(3) Das Wirksamwerden der Verschmelzung wird in den von der Regierung mit Verordnung bestimmten Publikationsorganen öffentlich bekannt gegeben und den Herkunftsmitgliedstaatsbehörden der an der Verschmelzung beteiligten AIF mitgeteilt. Des Weiteren ist die Verschmelzung von AIF zu dem nach Abs. 1 und 2 bestimmten Zeitpunkt in das Handelsregister einzutragen und nach Art. 958 Ziff. 2 PGR bekanntzumachen.

(4) Ist der übernehmende AIF in einem anderen Staat ansässig, ist für die Wirksamkeit der Verschmelzung und deren Bekanntmachung das dortige Recht maßgeblich. Die Fristen nach Abs. 1 sind jedenfalls einzuhalten.

(5) Die Regierung kann das Nähere in Übereinstimmung mit den Vorschriften des EWR-Rechts, insbesondere Art. 12 und 13 der Richtlinie 2005/56/EG und Art. 7, 8, 17 und 18 der Richtlinie 2011/35/EU, mit Verordnung regeln.

Art. 89 Rechtsfolgen der Verschmelzung. (1) Eine Verschmelzung durch Aufnahme hat folgende Auswirkungen:
a) Alle Vermögenswerte und Verbindlichkeiten des übertragenden AIF werden auf den übernehmenden AIF oder gegebenenfalls auf die Verwahrstelle des übernehmenden AIF übertragen.
b) Die Anleger des übertragenden AIF werden Anleger des übernehmenden AIF; sie haben gegebenenfalls Anspruch auf eine Barzahlung in Höhe von höchstens 10 % des Nettobestandswerts ihrer Anteile an dem übertragenden AIF.
c) Der übertragende AIF erlischt mit Wirksamkeit der Verschmelzung.

(2) Eine Verschmelzung durch Neugründung hat folgende Auswirkungen:
a) Alle Vermögenswerte und Verbindlichkeiten des übertragenden AIF werden auf den neu gegründeten übernehmenden AIF oder gegebenenfalls auf die Verwahrstelle des übernehmenden AIF übertragen.
b) Die Anleger des übertragenden AIF werden Anleger des neu gegründeten übernehmenden AIF; sie haben gegebenenfalls Anspruch auf eine Barzahlung in Höhe von höchstens 10 % des Nettobestandswerts ihrer Anteile an dem übertragenden AIF.
c) Der übertragende AIF erlischt mit Wirksamkeit der Verschmelzung.

(3) Eine Verschmelzung mit Teilliquidation hat folgende Auswirkungen:
a) Die Nettovermögenswerte des übertragenden AIF werden auf den übernehmenden AIF oder gegebenenfalls auf die Verwahrstelle des übernehmenden AIF übertragen.
b) Die Anleger des übertragenden AIF werden Anleger des übernehmenden AIF.
c) Der übertragende AIF besteht weiter, bis alle Verbindlichkeiten getilgt sind.

(4) Der AIFM des übernehmenden AIF hat der Verwahrstelle des übernehmenden AIF unverzüglich nach Abschluss schriftlich zu bestätigen, dass die Übertragung der Vermögenswerte und gegebenenfalls der Verbindlichkeiten abgeschlossen ist.

(5) Die Regierung kann das Nähere in Übereinstimmung mit den Vorschriften des EWR-Rechts, insbesondere Art. 14 der Richtlinie 2005/56/EG und Art. 19 in Verbindung mit Art. 23 der Richtlinie 2011/35/EU, mit Verordnung regeln.

C. Entsprechende Geltung der Verschmelzungsvorschriften für andere Strukturmaßnahmen

Art. 90 Grundsatz. Soweit die Regierung mit Verordnung nichts anderes bestimmt, gelten die Vorschriften der Art. 78 bis 89 entsprechend für:
a) inländische oder grenzüberschreitende Verschmelzungen bei Teilfonds und Anteilsklassen;
b) inländische oder grenzüberschreitende Spaltungen von AIF und Teilfonds;
c) den Wechsel des AIFM;
d) den Wechsel der Verwahrstelle;
e) den Wechsel eines selbstverwalteten in einen fremdverwalteten AIF sowie im umgekehrten Fall der Umwandlung eines fremdverwalteten in einen selbstverwalteten AIF;
f) die Umwandlung eines Teilfonds aus einer Umbrella-Struktur in einen selbständigen AIF oder die Umwandlung eines selbständigen AIF in einen Teilfonds einer Umbrella-Struktur;
g) den Wechsel des Fondstyps nach Art. 91 Abs. 3;
h) inländische oder grenzüberschreitende Rechtsformwechsel und Sitzverlegungen von AIF;
i) sonstige den AIF oder Teilfonds betreffende Strukturmaßnahmen.

VI. Anlagepolitik

A. Fondstypen und Typenzwang

Art. 91 Fondstypen. (1) Die Regierung bestimmt mit Verordnung in Abhängigkeit von der gewählten Anlagestrategie Fondstypen.[96]

(2) Die mit Verordnung nach Abs. 1 bestimmten Fondstypen sind nicht abschließend. Vorbehaltlich eines Typenzwangs nach Art. 92, der Zulassung, der Organisation und der Befugnisse des AIFM sowie der übrigen Vorschriften dieses Gesetzes sind AIFM berechtigt, AIF mit beliebigen Anlagestrategien zu verwalten.

(3) Als Strukturmaßnahme im Sinne von Art. 76 bis 90 gelten:
a) die erstmalige Verpflichtung zur Einhaltung eines nach Abs. 1 bestimmten Fondstyps;
b) die Aufgabe einer Verpflichtung zur Einhaltung eines nach Abs. 1 bestimmten Fondstyps; oder
c) der Wechsel von einem nach Abs. 1 bestimmten Fondstyps in einen anderen Fondstyps.

(4) Die nach diesem Artikel bestimmten Fondstypen sind auch für die Beurteilung des Umfangs der Zulassung nach Art. 29 Abs. 6 heranzuziehen.

Art. 92 Typenzwang für kleine AIFM. (1) Ein kleiner AIFM, der nach Art. 3 Abs. 1 bis 7 die Vorschriften dieses Gesetzes nicht vollständig anwendet, muss jeden von ihm verwalteten AIF einem der Fondstypen nach Art. 91 Abs. 1 zuordnen und die Einhaltung der dafür maßgeblichen Bestimmungen sicherstellen.

(2) Abs. 1 gilt entsprechend für selbstverwaltete AIF mit der Maßgabe, dass anstelle des AIFM die Organe des selbstverwalteten AIF verpflichtet sind.

Art. 93 Typenfreiheit für AIFM und bestimmte kleine AIFM. (1) AIFM und kleine AIFM, die die Vorschriften dieses Gesetzes vollständig anwenden, dürfen nach Maßgabe ihrer Zulassung, der konstituierenden Dokumente und dieses Gesetzes:
a) das Vermögen des AIF in jeden Anlagegegenstand anlegen; und
b) das Vermögen des AIF mit den entsprechenden Anlagestrategien, Techniken und Instrumenten verwalten.

(2) Der AIFM kann sich entschließen, AIF mit einer einem bestimmten Fondstyp nach Art. 91 Abs. 1 entsprechenden Anlagestrategie zu verwalten. In diesem Fall:
a) ist der Fondstyp in den konstituierenden Dokumenten des AIF festzulegen; und
b) hat der AIFM die für den jeweiligen Fondstyp nach Art. 91 Abs. 1 festgelegten Vorgaben zur Anlagestrategie einzuhalten.

---

[96] Art. 91 Abs. 1 abgeändert durch LGBl. 2013 Nr. 242.

V. Normentexte

B. Hebelfinanzierungen

Art. 94 Nutzung und Austausch von Informationen durch Aufsichtsbehörden. (1) Die nach Art. 107 erlangten Informationen hat die FMA zur Identifikation systemischer Risiken, dem Risiko von Marktstörungen oder von langfristigen Risiken für das Wirtschaftswachstum zu verwenden.

(2) Aufgehoben[97]

Art. 95 Begrenzung der Hebelfinanzierung. (1) Der AIFM muss nachweisen, dass die Begrenzung der Hebelfinanzierung für jeden AIF angemessen ist und die festgelegten Grenzwerte zu keinem Zeitpunkt überschritten werden.

(2) Die FMA hat die Risiken aus dem Einsatz von Hebelfinanzierungen für AIFM mit Sitz in Liechtenstein einzuschätzen.

(3) Zur Sicherung der Stabilität und Integrität des Finanzsystems hat die FMA:
a) den Umfang der Hebelfinanzierung nach Abs. 1 zu begrenzen und/oder andere geeignete Maßnahmen zu treffen, um Systemrisiken im Finanzsystem und Marktstörungen zu vermeiden oder einzudämmen; der AIFM ist dafür verantwortlich, dass die Begrenzung eingehalten und den anderen Maßnahmen Folge geleistet wird;
b) Aufgehoben[98]
c) in dringenden Fällen die sofortige oder alsbaldige Wirksamkeit der Maßnahme nach Bst. a zu verfügen.[99]

(4) Aufgehoben[100]

(5) Die Regierung regelt das Nähere mit Verordnung, insbesondere:
a) Aufgehoben[101]
b) was unter angemessener Hebelfinanzierung zu verstehen ist.

C. Erwerb der Kontrolle über Unternehmen

Art. 96 Anwendungsbereich. (1) Dieser Abschnitt ist auf AIFM anzuwenden, die über AIF allein oder aufgrund einer Vereinbarung mit anderen AIFM zusammen die Kontrolle über eine nicht börsennotierte Zielgesellschaft erlangen oder erlangen können.

(2) Kontrolle im Sinne dieses Abschnitts bedeutet in Bezug auf nicht börsennotierte Zielgesellschaften das Halten von mehr als 50 % der Stimmrechte. Der Anteil der Stimmrechte berechnet sich ausgehend von der Gesamtzahl der mit Stimmrechten versehenen Aktien, auch wenn die Ausübung dieser Stimmrechte ausgesetzt ist. Bei der Berechnung des Anteils gehaltener Stimmrechte werden neben den von AIF direkt gehaltenen Stimmrechten diejenigen Stimmrechte berücksichtigt, die gehalten werden von:
a) Unternehmen, die der AIF kontrolliert;
b) natürlichen oder juristischen Personen, die in ihrem eigenen Namen, aber im Auftrag des AIF oder eines von dem AIF kontrollierten Unternehmens handeln.

(3) Dieser Abschnitt ist nicht anwendbar auf den Kontrollerwerb an:
a) kleinen und mittleren Unternehmen; kleine und mittlere Unternehmen sind Unternehmen, die weniger als 250 Personen beschäftigen und die entweder höchstens einen Jahresumsatz erzielen, der 50 Millionen Euro oder dem Gegenwert in einer anderen Währung entspricht, oder deren Jahresbilanzsumme höchstens einen Betrag ausmacht, der 43 Millionen Euro oder dem Gegenwert in einer anderen Währung entspricht;
b) Zweckgesellschaften für den Erwerb, den Besitz und die Verwaltung von Immobilien.

(4) Art. 98 Abs. 1 und 2 sowie Art. 101 sind auch auf den Kontrollerwerb an Emittenten sinngemäß anzuwenden. Abweichend von Abs. 2 bemisst sich die Kontrolle in Bezug auf Emittenten nach Art. 25 des Übernahmegesetzes.

(5) Die Bedingungen und Beschränkungen nach Art. 6 der Richtlinie 2002/14/EG bleiben von den Bestimmungen dieses Abschnitts unberührt.

(6) Die Regierung kann das Nähere mit Verordnung regeln, insbesondere über:
a) den Kontrollerwerb an Zielgesellschaften mit Sitz in Liechtenstein; die Regierung kann abweichend von Abs. 1 bis 5 strengere Vorschriften über den Kontrollerwerb erlassen;
b) die Rechtsformen der Zielgesellschaft;

---

[97] Art. 94 Abs. 2 abgeändert durch LGBl. 2013 Nr. 242.
[98] Art. 95 Abs. 3 Bst. b aufgehoben durch LGBl. 2013 Nr. 242.
[99] Art. 95 Abs. 3 Bst. c abgeändert durch LGBl. 2013 Nr. 242.
[100] Art. 95 Abs. 4 aufgehoben durch LGBl. 2013 Nr. 242.
[101] Art. 95 Abs. 5 Bst. a aufgehoben durch LGBl. 2013 Nr. 242.

c) die Voraussetzungen, die ein Unternehmen erfüllen muss, um Emittent im Sinne dieses Abschnitts zu sein.

Art. 97 Anzeige des Kontrollerwerbs. (1) Ein AIFM mit Sitz in Liechtenstein hat binnen zehn Arbeitstagen nach dem Kontrollerwerb den Umstand des Kontrollerwerbs der Zielgesellschaft, den Gesellschaftern, deren Adressen ihm bekannt oder zugänglich sind, sowie der FMA mitzuteilen.

(2) Die Mitteilung nach Abs. 1 muss die folgenden Informationen enthalten:
a) die durch den Kontrollerwerb entstandenen Stimmrechtsverhältnisse;
b) die Bedingungen des Kontrollerwerbs, insbesondere Informationen über die beteiligten Gesellschafter, über Personen, die für Gesellschafter Stimmrechte ausüben dürfen, sowie über die Unternehmen, über welche der AIF die Stimmrechte hält;
c) den Tag des Kontrollerwerbs;
d) eine Aufforderung an die Geschäftsleitung der Zielgesellschaft, die Arbeitnehmervertreter oder die Arbeitnehmer unverzüglich über den Kontrollerwerb zu informieren; der AIFM soll bestmöglich gewährleisten, dass die Geschäftsleitung dieser Aufforderung nachkommt.

Art. 98 Offenlegungspflicht bei Kontrollerwerb. (1) Ein AIFM mit Sitz in Liechtenstein hat nach dem Kontrollerwerb die in Abs. 2 genannten Informationen mitzuteilen:
a) der Zielgesellschaft;
b) den Gesellschaftern der Zielgesellschaft, deren Adressen ihm bekannt oder zugänglich sind;
c) der FMA;
d) der für die Zielgesellschaft zuständigen Behörde; hat die Zielgesellschaft ihren Sitz in Liechtenstein, ist eine Mitteilung nach Bst. c ausreichend.

(2) Die Mitteilung nach Abs. 1 hat die folgenden Informationen zu enthalten:
a) den Namen des AIFM, der allein oder mit anderen AIFM zusammen die Kontrolle erworben hat;
b) die Regeln zur Vermeidung und Behandlung von Interessenkonflikten, insbesondere zwischen AIFM und Zielgesellschaft, einschließlich Informationen zu den besonderen Sicherheitsmaßnahmen, die sicherstellen sollen, dass Vereinbarungen zwischen dem AIFM und/oder den AIF und dem Unternehmen als solche zwischen unabhängigen Partnern geschlossen werden;
c) die Regeln für die externe und interne Kommunikation in Bezug auf die Zielgesellschaft, insbesondere in Bezug auf die Arbeitnehmer;
d) eine Aufforderung an die Geschäftsleitung der Zielgesellschaft, die Arbeitnehmervertreter oder die Arbeitnehmer unverzüglich über die Informationen nach Bst. a bis c zu informieren; der AIFM hat bestmöglich zu gewährleisten, dass die Geschäftsleitung dieser Aufforderung nachkommt.

(3) Die Mitteilung an Zielgesellschaft und Gesellschafter nach Abs. 1 hat zudem die Absichten bezüglich der zukünftigen Geschäftsentwicklung und die voraussichtlichen Auswirkungen auf die Beschäftigung, einschließlich wesentlicher Änderungen der Arbeitsbedingungen, darzulegen.

Art. 99 Mitteilung über den Erwerb bedeutender Beteiligungen. (1) Beim Erwerb, Verkauf oder Halten von Anteilen an einer Zielgesellschaft durch einen AIF teilt der AIFM der FMA mit, wenn der Anteil des AIF Schwellenwerte von 10%, 20%, 30%, 50% und 75% der Stimmrechte erreicht, überschreitet oder unterschreitet.

(2) Sobald ein AIF die Kontrolle über eine nicht börsennotierte Gesellschaft ausüben kann, informiert der AIFM die Anleger des AIF und die FMA über die Finanzierung des Kontrollerwerbs.

Art. 100 Jahresbericht des AIF. (1) Der AIFM stellt die fristgerechte Offenlegung des Jahresberichts der Zielgesellschaft nach Abs. 2 oder der Informationen über die Zielgesellschaft im Jahresbericht des AIF nach Abs. 3 sicher und macht diese nach Abs. 4 bekannt.

(2) Der AIFM stellt sicher, dass der Jahresbericht der Zielgesellschaft innerhalb der einschlägigen nationalen Fristen, bei einer Zielgesellschaft mit Sitz in Liechtenstein innerhalb von sechs Monaten nach Ablauf des Geschäftsjahres (Art. 1048 Abs. 2 PGR), unter Einbeziehung der in Abs. 3 genannten Informationen erstellt wird.

(3) Der AIFM nimmt die folgenden Informationen zu den Zielgesellschaften in ihren Jahresbericht nach Art. 104 auf:
a) einen Bericht über die Lage am Ende des Geschäftsjahres, der ein den tatsächlichen Verhältnissen entsprechendes Bild vermittelt;
b) Ereignisse von besonderer Bedeutung nach Abschluss des Geschäftsjahres;
c) die voraussichtliche Entwicklung der Zielgesellschaft;
d) die in Art. 1068 PGR bezeichneten Angaben über den Erwerb eigener Aktien.

(4) Der AIFM:
a) wirkt bestmöglich darauf hin, dass die Geschäftsleitung der Zielgesellschaft die Berichte nach Abs. 2 und 3, den Arbeitnehmervertretern oder den Arbeitnehmern übermittelt; die Übermittlung hat in den Fällen nach Abs. 3 binnen sechs Monaten nach Ende des Geschäftsjahres zu erfolgen;
b) macht die Berichte nach Abs. 1 ihren Anlegern nach Beendigung der Abschlusserstellung, spätestens aber binnen sechs Monaten nach Ende des Geschäftsjahres zugänglich.

Art. 101 Zerschlagen von Unternehmen. (1) Der AIFM darf innerhalb von 24 Monaten nach dem Kontrollerwerb die Reduzierung der Eigenkapitalausstattung der Zielgesellschaft durch Ausschüttung, Kapitalherabsetzung oder Aktienrückkauf weder gestatten noch ermöglichen, unterstützen oder anordnen noch in den Leitungsgremien der Zielgesellschaft dafür stimmen. Der AIFM hat sich bestmöglich gegen die Reduzierung der Eigenkapitalausstattung einzusetzen.

(2) Die Regierung regelt das Nähere, insbesondere den Umfang der Pflichten nach Abs. 1, mit Verordnung.

VII. Master-Feeder-Strukturen und Teilfonds

Art. 102 Master-Feeder-Struktur. (1) Jeder AIF kann Teil einer Master-Feeder-Struktur sein.

(2) Die konstituierenden Dokumente müssen bestimmen, ob der AIF ein Master-Fonds oder Feeder-Fonds sein soll.

(3) Die Regierung kann das Nähere mit Verordnung regeln, insbesondere die Voraussetzungen für eine Umgestaltung eines Feeder- oder Master-AIF in einen AIF und umgekehrt.

Art. 103 Teilfonds. (1) Bei einem AIF, der aus mehr als einem Teilfonds zusammengesetzt ist, ist jeder Teilfonds als eigener AIF zu betrachten.

(2) Die konstituierenden Dokumente müssen das Recht zur Eröffnung weiterer Teilfonds und zur Auflösung oder Zusammenlegung bestehender Teilfonds einräumen. Verbleibt nach der Auflösung oder Zusammenlegung von Teilfonds nur ein Teilfonds, sind die Vorschriften dieses Kapitels nicht mehr anwendbar.

(3) Für jeden Teilfonds ist sicherzustellen, dass:
a) eine Trennung der Vermögenswerte der einzelnen Teilfonds erfolgt;
b) Vergütungen und Verbindlichkeiten den einzelnen Teilfonds verursachergerecht zugeordnet werden;
c) Kosten, die nicht verursachergerecht zugeordnet werden können, den einzelnen Teilfonds im Verhältnis zum Vermögen belastet werden;
d) der Anleger nur am Vermögen und Ertrag jener Teilfonds berechtigt ist, an denen er beteiligt ist.

(4) Ansprüche von Anlegern und Gläubigern, die sich gegen einen Teilfonds richten oder die anlässlich der Gründung, während des Bestehens oder bei der Liquidation des Teilfonds entstanden sind, sind auf diesen Teilfonds beschränkt.

(5) Die an Anleger und Behörden gerichteten Informationen können für alle Teilfonds zusammengefasst werden. Diese Informationen müssen:
a) auf die Eigenschaften des Umbrella-AIF nach Abs. 3 hinweisen;
b) einen Hinweis enthalten, falls der Wechsel von einem Teilfonds zu einem anderen Teilfonds nicht spesenfrei ist.

(6) Die aus dem Wechsel von einem Teilfonds zu einem anderen Teilfonds entstehenden Transaktionskosten müssen durch eine fixe Rücknahme- und Ausgabekommission zugunsten des Fonds ausgeglichen werden.

(7) Die Regierung kann das Nähere mit Verordnung regeln, insbesondere:
a) den Umfang eines Kostenbelastungsverbots zwischen den Teilfonds;
b) mögliche Anlagebeschränkungen bei Anlagen von Teilfonds in andere Teilfonds.

VIII. Anleger- und Behördeninformationen

Art. 104 Jahresbericht. (1) Der AIFM muss für jeden AIF binnen der ersten sechs Monate nach dem Ende des Geschäftsjahres:[102]

---

[102] Art. 104 Abs. 1 Einleitungssatz abgeändert durch LGBl. 2013 Nr. 242.

a) einen Jahresbericht erstellen;
b) Aufgehoben[103]
c) den Jahresbericht auf Verlangen den Anlegern kostenlos zur Verfügung stellen.

(2) Soweit der AIF einen Jahresbericht nach dem Offenlegungsgesetz oder der Richtlinie 2004/109/EG erstellen und zugänglich machen muss:
a) ist der Jahresbericht binnen der ersten vier Monate nach dem Ende des Geschäftsjahres zugänglich zu machen;
b) sind den Anlegern die in Abs. 3 genannten Informationen gesondert oder als Teil des Jahresberichts zur Verfügung zu stellen.

(3) Der Jahresbericht nach Abs. 1 hat in Bezug auf das abgelaufene Geschäftsjahr zu enthalten:
a) eine Bilanz oder Vermögensübersicht;
b) eine Aufstellung der Erträge und Aufwendungen;
c) einen Bericht über die Tätigkeiten;
d) die Gesamtsumme der gezahlten Vergütungen, gegliedert in feste und variable vom AIFM an seine Angestellten gezahlte Vergütungen, die Zahl der Begünstigten und gegebenenfalls die vom AIF gezahlten carried interests;
e) die Gesamtsumme der Vergütung, aufgeteilt nach höherem Management und sonstigen Angestellten, deren Tätigkeit wesentlichen Einfluss auf die Risikostruktur des AIF hat;
f) jede wesentliche Änderung der in Art. 105 aufgeführten Informationen.

(4) Die in den Jahresberichten enthaltenen Zahlenangaben werden in Übereinstimmung mit den konstituierenden Dokumenten und unter Angabe des gewählten Rechnungslegungsstandards wie folgt erstellt:
a) für AIF in Liechtenstein nach Wahl des AIFM nach den Rechnungslegungsvorschriften des 20. Kapitels des PGR oder, soweit dies nicht gegen EWR-Recht verstößt, auch nach anderen international anerkannten Rechnungslegungsstandards;
b) Aufgehoben[104]
c) für Drittstaaten-AIF nach Wahl des AIFM nach den Rechnungslegungsvorschriften des 20. Kapitels des PGR, nach den Rechnungslegungsstandards des Drittstaats oder nach anderen international anerkannten Rechnungslegungsstandards.[105]

(5) Die Zahlenangaben sind von einem Wirtschaftsprüfer zu prüfen. Dessen Bestätigungsvermerk und gegebenenfalls Einschränkungen sind im Jahresbericht vollständig wiederzugeben.

(6) Die Regierung kann das Nähere mit Verordnung regeln, insbesondere:
a) den Inhalt und die Form des Jahresberichts;
b) die für die jeweilige Rechtsform zulässigen Rechnungslegungsstandards;
c) die Fälle, in denen eine wesentliche Änderung im Sinne von Abs. 3 Bst. f vorliegt;
d) wer Begünstigter im Sinne von Abs. 3 Bst. d ist;
e) eine Verkürzung der Frist nach Abs. 1 auf vier Monate oder eine Veröffentlichung des Jahresberichts in den von der Regierung bestimmten Publikationsorganen, sofern der Vertrieb des AIF auch an Privatanleger in Liechtenstein erfolgt.

Art. 105 Vertriebsinformationen. (1) Ein AIFM stellt den Anlegern für jeden vom ihm verwalteten AIF die folgenden Informationen in jeweils aktueller Form vor deren Anteilserwerb gemäß der in den konstituierenden Dokumenten bestimmten Form – im Fall des Vertriebs des AIF auch an Privatanleger in Liechtenstein als Prospekt und wesentliche Anlegerinformation – zur Verfügung:[106]
a) die Beschreibung der Anlagestrategie und Ziele des AIF;
b) Angaben über den Sitz eines eventuellen Master-AIF, wenn es sich bei dem AIF um einen Feeder-AIF handelt;
c) Angaben über den Sitz der Zielfonds, wenn es sich bei dem AIF um einen Dachfonds handelt;
d) die Beschreibung:
   1. der Art der Vermögenswerte, in die der AIF investieren darf;
   2. der Techniken, die er einsetzen darf und aller damit verbundener Risiken, etwaiger Anlagebeschränkungen, der Umstände, unter denen der AIF Hebelfinanzierungen einsetzen kann, der Art und Herkunft der zulässigen Hebelfinanzierung und damit verbundener Risiken, sonstiger

---

[103] Art. 104 Abs. 1 Bst. b aufgehoben durch LGBl. 2013 Nr. 242.
[104] Art. 104 Abs. 4 Bst. b aufgehoben durch LGBl. 2013 Nr. 242.
[105] Art. 104 Abs. 4 Bst. c abgeändert durch LGBl. 2013 Nr. 242.
[106] Art. 105 Abs. 1 Einleitungssatz abgeändert durch LGBl. 2013 Nr. 242.

Beschränkungen für den Einsatz von Hebelfinanzierungen und Vereinbarungen über Sicherheiten und über die Wiederverwendung von Vermögenswerten sowie des maximalen Umfangs der Hebelfinanzierung, die der AIFM für Rechnung des AIF einsetzen darf;
  3. des Verfahrens und der Voraussetzungen für die Änderung der Anlagestrategie und -politik;
e) die Beschreibung der wichtigsten rechtlichen Merkmale der für die Anlage eingegangenen Vertragsbeziehung, einschließlich Informationen über:
  1. die zuständigen Gerichte;
  2. das anwendbare Recht; und
  3. die Vollstreckbarkeit von Urteilen im Sitzstaat des AIF;
f) die Identität und die Pflichten aller für den AIF tätigen Dienstleistungsunternehmen, insbesondere der AIFM, die Verwahrstelle des AIF und der Wirtschaftsprüfer, mit einer Beschreibung der Rechte der Anleger;
g) die Beschreibung, wie der AIFM eine potenzielle Haftung aus beruflicher Tätigkeit abdeckt;
h) die Beschreibung von übertragenen Verwaltungs- oder Verwahrfunktionen, die Bezeichnung des Auftragnehmers und jedes mit der Übertragung verbundenen Interessenkonflikts;
i) eine Beschreibung der vom AIF verwendeten Bewertungsverfahren und -methoden, unter Berücksichtigung der schwer bewertbaren Vermögensgegenstände nach Kapitel III Abschnitt B;
k) eine Beschreibung der Verfahren zum Umgang mit Liquiditätsrisiken des AIF unter Berücksichtigung von Rücknahmerechten unter normalen und außergewöhnlichen Umständen und der Rücknahmevereinbarungen mit den Anlegern;
l) eine Beschreibung aller Entgelte, Gebühren und sonstiger Kosten unter Angabe des jeweiligen Höchstbetrags, soweit diese direkt oder indirekt von den Anlegern zu tragen sind;
m) eine Beschreibung der Art und Weise, wie der AIFM eine faire Behandlung der Anleger gewährleistet, sowie eine Beschreibung gegebenenfalls eingeräumter Vorzugsbehandlungen unter Angabe der Art der begünstigten Anleger sowie gegebenenfalls der rechtlichen oder wirtschaftlichen Verbindungen zwischen diesen Anlegern, dem AIF oder dem AIFM;
n) den letzten Jahresbericht;
o) das Verfahren und die Bedingungen für die Ausgabe und den Verkauf von Anteilen eines AIF;
p) den letzten Nettoinventarwert des AIF oder den letzten Marktpreis seiner Anteile nach Art. 43;
q) sofern verfügbar, die bisherige Wertentwicklung des AIF;
r) gegebenenfalls zum Primebroker:
  1. dessen Identität;
  2. eine Beschreibung jeder wesentlichen Vereinbarung zwischen AIF und den Primebrokern, der Art und Weise, in der diesbezügliche Interessenskonflikte beigelegt werden, die Bestimmung im Vertrag mit der Verwahrstelle über die Möglichkeit einer Übertragung und einer Wiederverwendung von Vermögenswerten des AIF sowie Angaben über jede eventuell bestehende Haftungsübertragung auf den Primebroker;
s) die Beschreibung, in welcher Weise und zu welchem Zeitpunkt die nach den Art. 106 Abs. 1 Bst. b und Abs. 2 erforderlichen Informationen offengelegt werden.

(2) Der AIFM muss die Anleger vor deren Anteilserwerb und danach unverzüglich über einen Haftungsausschluss und Änderungen der Haftung der Verwahrstelle nach Art. 61 und 62 in Kenntnis setzen.

(3) Sofern der AIF einen Prospekt nach der Richtlinie 2003/71/EG oder nach den Vorschriften des Wertpapierprospektgesetzes erstellen muss, sind die in den Abs. 1 und 2 aufgeführten Informationen, die nicht im Prospekt enthalten sind, gesondert oder ergänzend in dem Prospekt offenzulegen.

(4) Die Regierung kann das Nähere mit Verordnung regeln, insbesondere:
a) in welcher Form und zu welchem Zeitpunkt die Informationen nach Abs. 1 und 2 zugänglich zu machen bzw. mitzuteilen sind;
b) den Inhalt der Identitätsangabe und den Umfang der Pflichten im Sinne von Abs. 1 Bst. f;
c) zu den Angaben des Abs. 1 Bst. b und c;
d) die Gliederung der nach diesem Artikel zu erstellenden Vertriebsinformation;
e) den Inhalt der Vertriebsinformationen, namentlich den Hinweis, ob der AIF durch die FMA autorisiert oder zugelassen wurde.

Art. 106 Regelmäßige Informationen. (1) Während des Anlagezeitraums ist der AIFM verpflichtet:
a) Anleger über Veränderungen der Haftung der Verwahrstelle eines AIF unverzüglich in Kenntnis zu setzen;
b) für jeden von ihm verwalteten AIF den Anlegern regelmäßig offen zu legen:[107]

---

[107] Art. 106 Abs. 1 Bst. b abgeändert durch LGBl. 2013 Nr. 242.

1. den Prozentanteil der Vermögensgegenstände des AIF, die wegen ihrer Illiquidität speziellen Vorkehrungen unterworfen sind;
2. jede neue Regelung zur Steuerung der Liquidität des AIF;
3. das aktuelle Risikoprofil des AIF und die vom AIFM zur Steuerung dieser Risiken eingesetzten Risikomanagement-Systeme.

(2) Ein AIFM, der für von ihm verwaltete AIF Hebelfinanzierungen einsetzt, muss regelmäßig offen legen:[108]
a) Veränderungen des maximalen Verschuldungsgrads;
b) etwaige Rechte zur Wiederverwendung von für die Hebelfinanzierung bestellter Sicherheiten;
c) die Gesamthöhe der Verschuldung.

(3) Die Regierung regelt das Nähere mit Verordnung, insbesondere:
a) die Einzelheiten der Offenlegungspflicht nach Abs. 1 Bst. b und Abs. 2;
b) die Gliederung der Informationen nach diesem Artikel.

Art. 107 Periodische und anlassbezogene Berichtspflichten gegenüber der FMA.
(1) Der AIFM mit Sitz in Liechtenstein berichtet der FMA regelmäßig über:
a) die für ihre AIF wichtigsten Märkte und Instrumente, auf bzw. mit denen für Rechnung des AIF gehandelt wird; und
b) die wesentlichen Risikopositionen und -konzentrationen.

(2) Für jeden von ihm verwalteten AIF stellt der AIFM mit Sitz in Liechtenstein der FMA die folgenden Informationen zur Verfügung:[109]
a) den Prozentanteil der Vermögensgegenstände des AIF, die wegen ihrer Illiquidität speziellen Vorkehrungen unterworfen sind;
b) jede neue Regelung zur Steuerung der Liquidität des AIF;
c) das aktuelle Risikoprofil des AIF und die vom AIFM eingesetzten Risikomanagementsysteme zur Verwaltung der Markt-, Liquiditäts-, Gegenpartei- und anderen, insbesondere operationellen Risiken;
d) die wichtigsten Arten von Vermögensgegenständen;
e) das Ergebnis der Stresstests nach Art. 39 und 40.

(3) Auf Verlangen stellt der AIFM mit Sitz in Liechtenstein der FMA die folgenden Informationen zur Verfügung:
a) den Jahresbericht (Art. 104) für jeden AIF;[110]
b) zum Ende jedes Quartals eine detaillierte Aufstellung der von ihm verwalteten AIF.

(4) Ein AIFM mit Sitz in Liechtenstein, der AIF mit erheblicher Hebelfinanzierung verwaltet, stellt der FMA folgende Angaben zur Verfügung:
a) den Gesamtumfang der eingesetzten Hebelfinanzierungen für jeden der von ihm verwalteten AIF;
b) eine Aufschlüsselung nach Hebelfinanzierungen, die durch Kreditaufnahme oder Wertpapierleihe begründet wurden, und solchen, die in Derivate eingebettet sind;
c) Angaben zu dem Umfang, in dem die Vermögenswerte der AIF im Rahmen von Hebelfinanzierungen wiederverwendet wurden.

(5) Die Angaben nach Abs. 4 umfassen für jeden AIF:
a) Angaben zur Identität der fünf größten Finanzierungspartner; und
b) Angaben zur jeweiligen Höhe der aus diesen Quellen für jeden der genannten AIF erhaltenen Hebelfinanzierung.

(6) Aufgehoben[111]

(7) Die FMA kann, sofern dies für die wirksame Überwachung von Systemrisiken erforderlich ist, regelmäßig oder spontan ergänzende Informationen zu den in diesem Artikel festgelegten Informationen anfordern.[112]

(8) Bei Vorliegen außergewöhnlicher Umstände und soweit zur Sicherung der Stabilität und Integrität des Finanzsystems oder zur Förderung eines langfristigen nachhaltigen Wachstums erforderlich, legt die FMA dem AIFM mit Sitz in Liechtenstein zusätzliche Berichtspflichten auf.[113]

---

[108] Art. 106 Abs. 2 Einleitungssatz abgeändert durch LGBl. 2013 Nr. 242.
[109] Art. 107 Abs. 2 Einleitungssatz abgeändert durch LGBl. 2013 Nr. 242.
[110] Art. 107 Abs. 3 Bst. a abgeändert durch LGBl. 2013 Nr. 242.
[111] Art. 107 Abs. 6 aufgehoben durch LGBl. 2013 Nr. 242.
[112] Art. 107 Abs. 7 abgeändert durch LGBl. 2013 Nr. 242.
[113] Art. 107 Abs. 8 abgeändert durch LGBl. 2013 Nr. 242.

(9) Die Regierung kann das Nähere unter Vermeidung eines übermäßigen Verwaltungsaufwandes mit Verordnung regeln, insbesondere:[114]
a) wann davon auszugehen ist, dass für die Zwecke des Abs. 4 erhebliche Hebelfinanzierungen eingesetzt werden;
b) die Berichts- und Informationspflichten;
c) die Arten von Vermögensgegenständen; und
d) das Formblatt, welches für die Berichterstattung zu verwenden ist.

IX. Anteilsrücknahme, Ausschüttung und Wiederanlage

Art. 108 Grundsatz. Die Regierung kann die Anforderungen an die Anteilsrücknahme, Ausschüttung und Wiederanlage mit Verordnung regeln, wobei diese Anforderungen nicht strenger sein dürfen als die entsprechenden Vorgaben nach Kapitel IX des UCITSG.

X. Wirtschaftsprüfer

Art. 109 Bestellung des Wirtschaftsprüfers. (1) Für jeden AIF und jeden Zulassungsträger nach diesem Gesetz ist ein Wirtschaftsprüfer zu bestellen. Für die Zwecke dieses Kapitels gilt der kleine AIFM als Zulassungsträger. Sofern eine Verwahrstelle nicht nach anderen Gesetzen einer Prüfung durch einen Wirtschaftsprüfer in Bezug auf ihre Verwahrtätigkeit unterliegt, ist für diese Tätigkeit ebenfalls ein Wirtschaftsprüfer zu bestellen.

(2) Der Wirtschaftsprüfer muss nach Art. 3 der Richtlinie 2006/43/EG, in Liechtenstein nach Art. 1b Abs. 2 des Gesetzes über Wirtschaftsprüfer und Revisionsgesellschaften, zugelassen sein. Im Übrigen gilt Art. 157 Abs. 4 und 5.

(3) Der Wirtschaftsprüfer hat sich ausschließlich der Prüfungstätigkeit und den unmittelbar damit zusammenhängenden Geschäften zu widmen. Er darf keine Vermögensverwaltungen besorgen. Der Wirtschaftsprüfer muss von dem zu prüfenden AIF, dem AIFM und der Verwahrstelle unabhängig sein.

(4) Die Wirtschaftsprüfer des AIF, der Zulassungsträger nach diesem Gesetz und der Verwahrstelle haben das Recht, in Bezug auf den AIFM und sämtliche von diesem verwalteten AIF alle für die Prüfung notwendigen Informationen gegenseitig auszutauschen.

Art. 110 Pflichten des Wirtschaftsprüfers. (1) Vorbehaltlich abweichender Regelungen in diesem Gesetz prüft der Wirtschaftsprüfer insbesondere:
a) die fortwährende Erfüllung der Zulassungsvoraussetzungen;
b) die Einhaltung der Bestimmungen dieses Gesetzes und der konstituierenden Dokumente bei der Ausübung der Geschäftstätigkeit;
c) die Jahresberichte der AIF, der Zulassungsträger nach diesem Gesetz und der Verwahrstelle.

(2) Für die Geheimhaltungspflicht des Wirtschaftsprüfers gilt Art. 48 entsprechend. Davon abweichend sind die Wirtschaftsprüfer des AIF, der Zulassungsträger nach diesem Gesetz und der Verwahrstelle zur Zusammenarbeit berechtigt und verpflichtet.

(3) Der Prüfungsbericht mit Ausführungen zum Aufsichtsrecht ist spätestens sechs Monate nach dem Ende des Geschäftsjahrs gleichzeitig zu übermitteln:
a) dem Zulassungsträger nach diesem Gesetz bzw. der Verwahrstelle;
b) dem Wirtschaftsprüfer des Zulassungsträgers nach diesem Gesetz bzw. der Verwahrstelle; und
c) der FMA.

(4) Die Pflicht nach Abs. 3 endet erst mit dem rechtskräftigen Verlust der Zulassung oder, wenn dieser Zeitpunkt später liegt, mit der Beendigung der Liquidation.

(5) Der Wirtschaftsprüfer hat bei der Prüfung des AIF, der Zulassungsträger nach diesem Gesetz und der Verwahrstelle die Prüfstandards nach Art. 10a Abs. 1 des Gesetzes über die Wirtschaftsprüfer und Revisionsgesellschaften anzuwenden.

(6) Der Wirtschaftsprüfer haftet für alle Pflichtverletzungen nach den Vorschriften des PGR über die Abschlussprüfung.

(7) Die Regierung kann das Nähere mit Verordnung regeln, insbesondere:
a) die Einzelheiten des Prüfungsberichts;
b) die Frist zur Erstellung und Einreichung des Prüfungsberichts bei der FMA.

---

[114] Art. 107 Abs. 9 Einleitungssatz abgeändert durch LGBl. 2013 Nr. 242.

Art. 111 Anzeigepflichten. (1) Wirtschaftsprüfer müssen der FMA unverzüglich alle Tatsachen oder Entscheidungen anzeigen, von denen sie bei der Wahrnehmung ihrer Aufgaben Kenntnis erhalten haben und die folgende Auswirkungen haben können:
a) eine erhebliche Verletzung der Rechts- und Verwaltungsvorschriften sowie der konstituierenden Dokumente, welche für die Zulassung oder die Ausübung der Tätigkeit eines AIF, eines AIFM, einer Verwahrstelle und anderer an ihrer Geschäftstätigkeit mitwirkenden Unternehmen gelten;
b) die Behinderung der Tätigkeit des AIF oder einem an seiner Geschäftstätigkeit mitwirkenden Unternehmen; oder
c) die Ablehnung des Prüfungsvermerks oder die Äußerung von Vorbehalten.

(2) Die Anzeigepflicht nach Abs. 1 besteht auch in Bezug auf Unternehmen, die aus einem Kontrollverhältnis heraus enge Verbindungen zum AIF oder den Unternehmen, die an seiner Geschäftstätigkeit mitwirken, unterhalten.

(3) Zeigt der Wirtschaftsprüfer der FMA in gutem Glauben die in Abs. 1 genannten Tatsachen oder Entscheidungen an, verletzt er dabei keine vertragliche oder gesetzliche Geheimhaltungspflicht. Er ist von jeglicher Haftung für die Anzeige ausgenommen.

(4) Die Regierung regelt das Nähere mit Verordnung.

XI. Grenzüberschreitende Geschäftstätigkeit von AIFM[115]

A. Allgemeines[116]

Art. 112 Anwendungsbereich. (1) Soweit in diesem Gesetz nichts anderes bestimmt ist, sind anzuwenden:
a) Aufgehoben[117]
b) Aufgehoben[118]
c) Aufgehoben[119]
d) Aufgehoben[120]
e) Aufgehoben[121]
f) Aufgehoben[122]
g) Art. 125, wenn ein AIFM mit Sitz in Liechtenstein einen Drittstaaten-AIF grenzüberschreitend verwalten möchte, ohne diesen in Liechtenstein zu vertreiben;[123]
h) Aufgehoben[124]
i) Aufgehoben[125]
k) Aufgehoben[126]
l) Art. 128 Abs. 3, wenn ein AIFM mit Sitz in Liechtenstein einen Drittstaaten-AIF an Privatanleger in Liechtenstein vertreiben möchte.[127]

(2) Aufgehoben[128]

B. Grenzüberschreitender Vertrieb von EWR-AIF an professionelle Anleger
Art. 113 bis 117 *Aufgehoben*[129]

C. Grenzüberschreitender Vertrieb von EWR-AIF an Privatanleger
Art. 118 bis 119 *Aufgehoben*[130]

---

[115] Überschrift vor Art. 112 abgeändert durch LGBl. 2013 Nr. 242.
[116] Überschrift vor Art. 112 abgeändert durch LGBl. 2013 Nr. 242.
[117] Art. 112 Abs. 1 Bst. a aufgehoben durch LGBl. 2013 Nr. 242.
[118] Art. 112 Abs. 1 Bst. b aufgehoben durch LGBl. 2013 Nr. 242.
[119] Art. 112 Abs. 1 Bst. c aufgehoben durch LGBl. 2013 Nr. 242.
[120] Art. 112 Abs. 1 Bst. d aufgehoben durch LGBl. 2013 Nr. 242.
[121] Art. 112 Abs. 1 Bst. e aufgehoben durch LGBl. 2013 Nr. 242.
[122] Art. 112 Abs. 1 Bst. f aufgehoben durch LGBl. 2013 Nr. 242.
[123] Art. 112 Abs. 1 Bst. g abgeändert durch LGBl. 2013 Nr. 242.
[124] Art. 112 Abs. 1 Bst. h aufgehoben durch LGBl. 2013 Nr. 242.
[125] Art. 112 Abs. 1 Bst. i aufgehoben durch LGBl. 2013 Nr. 242.
[126] Art. 112 Abs. 1 Bst. k aufgehoben durch LGBl. 2013 Nr. 242.
[127] Art. 112 Abs. 1 Bst. l abgeändert durch LGBl. 2013 Nr. 242.
[128] Art. 112 Abs. 2 aufgehoben durch LGBl. 2013 Nr. 242.
[129] Art. 113 bis 117 aufgehoben durch LGBl. 2013 Nr. 242.
[130] Art. 118 bis 119 aufgehoben durch LGBl. 2013 Nr. 242.

V. Normentexte

D. Grenzüberschreitende Verwaltung von EWR-AIF

Art. 120 bis 124 *Aufgehoben*[131]

E. Grenzüberschreitende Tätigkeit des AIFM in Bezug auf Drittstaaten-AIF[132]

1. Grenzüberschreitende Verwaltung eines Drittstaaten-AIF ohne Vertriebsbefugnis in Liechtenstein[133]

Art. 125 Grundsatz. (1) Ein in Liechtenstein zugelassener AIFM darf Drittstaaten-AIF verwalten, die ausschließlich in Drittstaaten vertrieben werden, wenn:[134]
a) der AIFM alle in diesem Gesetz für diese AIF festgelegten Anforderungen mit Ausnahme der Anforderungen an die Verwahrstelle und den Jahresbericht erfüllt;
b) geeignete Vereinbarungen über die Zusammenarbeit und den Informationsaustausch zwischen der FMA und den Drittstaatbehörden am Sitz des Drittstaaten-AIF bestehen, die der FMA ermöglichen, ihre Aufgaben nach diesem Gesetz wahrzunehmen.

(2) Der AIFM hat neben den Anforderungen nach Abs. 1 beim Vertrieb in Drittstaaten das jeweilige Recht des Vertriebsstaats einzuhalten.

(3) Die Regierung kann das Nähere mit Verordnung regeln, insbesondere die Vorschriften, die an die Stelle der nach Abs. 1 Bst. a ausgenommenen Vorschriften treten.[135]

2. Grenzüberschreitender Vertrieb eines Nicht-EWR-AIF durch einen EWR-AIFM mit EWR-Pass

Art. 126 und 127 *Aufgehoben*[136]

3. Grenzüberschreitender Vertrieb eines Drittstaaten-AIF durch einen AIFM aufgrund einer Zulassung der FMA[137]

Art. 128 Grundsatz. (1) Die FMA erteilt einem in Liechtenstein zugelassenen AIFM die Zulassung zum Vertrieb von Anteilen von ihm verwalteter Drittstaaten-AIF, wenn zumindest folgende Voraussetzungen erfüllt sind:[138]
a) Der AIFM erfüllt alle in diesem Gesetz festgelegten Anforderungen, mit Ausnahme der Anforderungen an die Verwahrstelle nach Kapitel IV Abschnitt A. Der AIFM hat jedoch mindestens eine Stelle mit der Überwachung von Zahlungen, der Verwahrung sowie den Überwachungsaufgaben nach Art. 59 Abs. 1 und 2 zu beauftragen. Der AIFM selbst darf diese Aufgaben nicht wahrnehmen. Der AIFM hat die von ihm benannte Stelle der FMA anzuzeigen.[139]
b) Zwischen der FMA und den Aufsichtsbehörden des Sitzstaats des Drittstaaten-AIF bestehen für die Überwachung von Systemrisiken geeignete Vereinbarungen zur Zusammenarbeit und zum Informationsaustausch.[140]
c) Der Drittstaat steht nicht auf der Liste der nicht kooperativen Länder und Gebiete der Arbeitsgruppe „Finanzielle Maßnahmen gegen Geldwäsche und Terrorismusfinanzierung".

(2) Im Übrigen gelten die Bestimmungen des Kapitels II entsprechend. Soweit beim Vertrieb an Privatanleger keine Privatplatzierung erfolgt, gelten zudem die Bestimmungen der Art. 129 bis 132.

(3) Der Vertrieb von Anteilen eines Drittstaaten-AIF bedarf keiner Zulassung nach Abs. 1 und 2, wenn:[141]
a) keine öffentliche Werbung stattfindet;

---

[131] Art. 120 bis 124 aufgehoben durch LGBl. 2013 Nr. 242.
[132] Überschrift vor Art. 125 abgeändert durch LGBl. 2013 Nr. 242.
[133] Überschrift vor Art. 125 abgeändert durch LGBl. 2013 Nr. 242.
[134] Art. 125 Abs. 1 abgeändert durch LGBl. 2013 Nr. 242.★3
[135] Art. 125 Abs. 3 abgeändert durch LGBl. 2013 Nr. 242.
[136] Art. 126 und 127 aufgehoben durch LGBl. 2013 Nr. 242.
[137] Überschrift vor Art. 128 abgeändert durch LGBl. 2013 Nr. 242.
[138] Art. 128 Abs. 1 Einleitungssatz abgeändert durch LGBl. 2013 Nr. 242.
[139] Art. 128 Abs. 1 Bst. a abgeändert durch LGBl. 2013 Nr. 242.
[140] Art. 128 Abs. 1 Bst. b abgeändert durch LGBl. 2013 Nr. 242.
[141] Art. 128 Abs. 3 abgeändert durch LGBl. 2013 Nr. 242.

b) der Personenkreis bestimmt ist und die Angesprochenen in einer qualifizierten Beziehung zum Werbenden stehen;
c) der Personenkreis zahlenmäßig klein und begrenzt ist, wobei es irrelevant ist, in welchem Zeitraum und ob diese Personen gleichzeitig oder gestaffelt angesprochen werden oder ob die Werbung Erfolg hatte;
d) die öffentliche Werbung eine gewisse Häufigkeit nicht erreicht; oder
e) ein Vermögensverwaltungsvertrag vorliegt, welcher die reine Vermittlung von Anteilen eines AIF ohne Beratungstätigkeit beinhaltet.

(4) Die Regierung kann das Nähere mit Verordnung regeln, insbesondere:
a) die weiteren Anforderungen für die Zulassung nach Abs. 1 zum Schutz der Anleger und des öffentlichen Interesses;
b) die zum Nachweis der Voraussetzungen nach Abs. 1 erforderlichen Angaben und Unterlagen.

F. Folgepflichten im Fall des Vertriebs von AIF an Privatanleger in Liechtenstein

Art. 129[142] **Anwendungsbereich.** AIFM, die Anteile von AIF an Privatanleger vertreiben, haben die Art. 130 bis 132 einzuhalten. Dies gilt nicht, wenn:
a) der Vertrieb durch Privatplatzierung nach Art. 17 Abs. 4 und 5 Bst. b oder Art. 22 Abs. 4 und 5 Bst. c erfolgt; oder
b) ein Vertrieb nach Art. 128 Abs. 3 vorliegt.

Art. 130 Zahlstellen, Informationen und Beschwerderechte. (1) Der AIFM stellt sicher, dass:
a) die Anleger in Liechtenstein Zahlungen empfangen, den Rückkauf und die Rücknahme von Anteilen veranlassen können und die vom AIFM für den AIF bereitgestellten Informationen erhalten; Anlegerbeschwerden sind zumindest in deutscher Sprache entgegenzunehmen und ordnungsgemäß zu behandeln;
b) die Anlegerrechte nicht dadurch beschränkt sind, dass nur der AIFM, nicht aber der AIF in Liechtenstein zugelassen ist; und
c) Informationen auf Antrag der FMA den Anlegern oder der Sitzstaatsbehörde des AIF in Liechtenstein bereitgestellt werden.[143]

(2) Die Regierung kann das Nähere mit Verordnung regeln.

Art. 131 Anlegerinformationen, Sprachwahl. (1) Der AIFM stellt den Anlegern in Liechtenstein alle Informationen und Unterlagen, die sie Anlegern im Sitzstaat oder in einem anderen Vertriebsstaat des AIF zur Verfügung stellt oder stellen muss, in Übereinstimmung mit den Bestimmungen dieses Gesetzes zur Verfügung.[144]

(2) Für die Erfüllung der Pflicht nach Abs. 1 sind:
a) die „wesentlichen Informationen" für den Anleger in die deutsche Sprache zu übersetzen;
b) andere Informationen oder Unterlagen nach Wahl des AIFM in die deutsche, eine von der FMA im Einzelfall akzeptierte oder die englische Sprache zu übersetzen.

(3) Die Übersetzungen von Informationen und/oder Unterlagen nach Abs. 2 sind unter der Verantwortung des AIFM zu erstellen und haben den Inhalt der ursprünglichen Informationen getreu wiederzugeben.

(4) Abs. 1 bis 3 gelten sinngemäß für Änderungen.

(5) Die Häufigkeit der Veröffentlichung der Ausgabe-, Verkaufs-, Wiederverkaufs- oder Rücknahmepreise für die Anteile eines AIF bestimmt sich nach dem Recht des Sitzstaats des AIF.[145]

Art. 132[146] **Rechtsformbezeichnung.** Werden Anteile von AIF grenzüberschreitend in Liechtenstein vertrieben, dürfen AIF denselben Hinweis auf ihre Rechtsform wie in ihrem Sitzstaat verwenden.

---

[142] Art. 129 abgeändert durch LGBl. 2013 Nr. 242.
[143] Art. 130 Abs. 1 Bst. c abgeändert durch LGBl. 2013 Nr. 242.
[144] Art. 131 Abs. 1 abgeändert durch LGBl. 2013 Nr. 242.
[145] Art. 131 Abs. 5 abgeändert durch LGBl. 2013 Nr. 242.
[146] Art. 132 abgeändert durch LGBl. 2013 Nr. 242.

V. Normentexte

XII. Grenzüberschreitende Geschäftstätigkeit von Drittstaaten-AIFM[147]

A. Allgemeines[148]

Art. 133 *Aufgehoben*[149]

B. Auswahl des EWR-Referenzstaats und Zulassung des Nicht-EWR-AIFM

Art. 134 bis 143[150] *Aufgehoben*

C. Vertrieb und Verwaltung von EWR-AIF mit EWR-Pass

Art. 144 bis 146 *Aufgehoben*[151]

D. Vertrieb von Nicht-EWR-AIF mit EWR-Pass

Art. 147 bis 149 *Aufgehoben*[152]

E. Vertrieb von Drittstaaten-AIF an professionelle Anleger aufgrund einer Zulassung[153]

Art. 150 Zulassung eines von einem Drittstaaten-AIFM verwalteten AIF in Liechtenstein.[154] (1) Die FMA kann einem Drittstaaten-AIFM gestatten, Anteile der von ihm verwalteten AIF in Liechtenstein zu vertreiben, wenn folgende Voraussetzungen erfüllt sind:[155]

a) Für jeden AIF müssen die Bestimmungen zum Jahresbericht (Art. 104), zu den Anlegerinformationen (Art. 105 und 106) und den Berichtspflichten gegenüber den zuständigen Behörden (Art. 107) sowie gegebenenfalls die Bestimmungen zum Kontrollerwerb an Zielgesellschaften eingehalten sein. Zuständige Behörden und Anleger sind die Behörden und Anleger in Liechtenstein.

b) Es bestehen für die Überwachung der Systemrisiken geeignete Vereinbarungen zwischen der FMA und den zuständigen Behörden der Drittstaaten, in denen die AIF auch vertrieben werden, und gegebenenfalls den zuständigen Behörden des Drittstaats, in dem der Drittstaaten-AIFM oder der Drittstaaten-AIF seinen Sitz hat, so dass ein wirksamer Informationsaustausch gewährleistet ist, der die Aufgabenerfüllung nach diesem Gesetz ermöglicht.[156]

c) Der Drittstaat, in dem der Drittstaaten-AIFM und gegebenenfalls der Drittstaaten-AIF seinen Sitz haben, steht nicht auf der Liste der nicht kooperativen Länder und Gebiete der Arbeitsgruppe „Finanzielle Maßnahmen gegen Geldwäsche und Terrorismusfinanzierung".[157]

(2) Aufgehoben[158]

(3) Im Übrigen gelten die Bestimmungen des Kapitels II entsprechend.

(3a) Der Vertrieb von Anteilen eines Drittstaaten-AIF bedarf keiner Zulassung nach Abs. 1 und 3, wenn:[159]

a) keine öffentliche Werbung stattfindet;

b) der Personenkreis bestimmt ist und die Angesprochenen in einer qualifizierten Beziehung zum Werbenden stehen;

c) der Personenkreis zahlenmäßig klein und begrenzt ist, wobei es irrelevant ist, in welchem Zeitraum und ob diese Personen gleichzeitig oder gestaffelt angesprochen werden oder ob die Werbung Erfolg hatte;

d) die öffentliche Werbung eine gewisse Häufigkeit nicht erreicht; oder

e) ein Vermögensverwaltungsvertrag vorliegt, welcher die reine Vermittlung von Anteilen eines AIF ohne Beratungstätigkeit beinhaltet.

---

[147] Überschrift vor Art. 133 abgeändert durch LGBl. 2013 Nr. 242.
[148] Überschrift vor Art. 133 abgeändert durch LGBl. 2013 Nr. 242.
[149] Art. 133 aufgehoben durch LGBl. 2013 Nr. 242.
[150] Art. 134 bis 143 aufgehoben durch LGBl. 2013 Nr. 242.
[151] Art. 144 bis 146 aufgehoben durch LGBl. 2013 Nr. 242.
[152] Art. 147 bis 149 aufgehoben durch LGBl. 2013 Nr. 242.
[153] Überschrift vor Art. 150 abgeändert durch LGBl. 2013 Nr. 242.
[154] Art. 150 Sachüberschrift abgeändert durch LGBl. 2013 Nr. 242.★
[155] Art. 150 Abs. 1 Einleitungssatz abgeändert durch LGBl. 2013 Nr. 242.
[156] Art. 150 Abs. 1 Bst. b abgeändert durch LGBl. 2013 Nr. 242.
[157] Art. 150 Abs. 1 Bst. c abgeändert durch LGBl. 2013 Nr. 242.
[158] Art. 150 Abs. 2 aufgehoben durch LGBl. 2013 Nr. 242.
[159] Art. 150 Abs. 3a eingefügt durch LGBl. 2013 Nr. 242

1. AIFMG

(4) Die Regierung regelt das Nähere mit Verordnung, insbesondere:
a) die weiteren Anforderungen an die Zulassung nach Abs. 1 zum Schutz der Anleger und des öffentlichen Interesses;
b) die zum Nachweis der Voraussetzungen nach Abs. 1 erforderlichen Angaben und Unterlagen.

F. Folgepflichten bei Vertrieb von AIF an Privatanleger in Liechtenstein durch Drittstaaten-AIFM[160]

Art. 151[161] **Grundsatz.** (1) Für den Vertrieb von Anteilen eines AIF an Privatanleger in Liechtenstein durch Drittstaaten-AIFM gelten die Vorschriften der Art. 129 bis 132 sowie Art. 150 entsprechend. Dies gilt nicht, wenn der Vertrieb nach Art. 150 Abs. 3a erfolgt.

(2) Die Regierung kann das Nähere mit Verordnung regeln, insbesondere kann sie, soweit dies zum Schutz der Anleger oder des öffentlichen Interesses erforderlich ist, einzelne oder alle Anforderungen dieses Gesetzes für den Drittstaaten-AIFM für verbindlich erklären.

XIII. Aufsicht

A. Allgemeines

Art. 152 Grundsatz. Mit der Durchführung dieses Gesetzes werden betraut:
a) die Finanzmarktaufsicht (FMA);
b) das Landgericht;
c) die Schlichtungsstelle.

Art. 153 Datenbearbeitung und -bekanntgabe. (1) Die zuständigen inländischen Behörden und Stellen dürfen alle erforderlichen Personendaten, einschließlich Persönlichkeitsprofile und besonders schützenswerte Personendaten über administrative oder strafrechtliche Verfolgungen und Sanktionen, bearbeiten, welche für die Erfüllung ihrer Aufsichtsaufgaben im Rahmen dieses Gesetzes notwendig sind.

(2) Die zuständigen inländischen Behörden und Stellen dürfen einander sowie den zuständigen ausländischen Behörden in anderen EWR-Mitgliedstaaten oder – unter den Voraussetzungen nach Art. 8 des Datenschutzgesetzes – Drittstaaten alle erforderlichen Personendaten, einschließlich Persönlichkeitsprofile und besonders schützenswerte Personendaten über administrative oder strafrechtliche Verfolgungen und Sanktionen, bekannt geben, soweit dies für die Erfüllung ihrer Aufsichtsaufgaben notwendig ist.

Art. 154 Amtsgeheimnis. (1) Alle Personen, die für die FMA und der von ihr zugezogenen Behörden tätig sind oder waren sowie die in ihrem Auftrag tätigen Wirtschaftsprüfer und Sachverständigen unterliegen dem Amtsgeheimnis.

(2) Vertrauliche Informationen, die diese Personen in ihrer beruflichen Eigenschaft erhalten, dürfen an keine Person oder Behörde weitergegeben werden, es sei denn, in zusammengefasster oder allgemeiner Form, so dass der AIF, der AIFM, der Administrator, der Vertriebsträger und die Verwahrstelle nicht zu erkennen sind. Vorbehalten bleiben strafrechtliche Bestimmungen sowie besondere gesetzliche Vorschriften.

(3) Wurde gegen einen AIF oder ein an seiner Geschäftstätigkeit mitwirkendes Unternehmen durch Gerichtsbeschluss das Konkursverfahren eröffnet oder die Liquidation eingeleitet, können vertrauliche Informationen, die sich nicht auf Dritte beziehen, welche an Rettungsversuchen beteiligt sind, in zivilgerichtlichen oder handelsgerichtlichen Verfahren weitergegeben werden.

(4) Das Amtsgeheimnis steht dem Informationsaustausch zwischen der FMA und den zuständigen Behörden anderer EWR-Mitgliedstaaten oder zuständigen Behörden von Drittstaaten nach diesem Gesetz nicht entgegen. Die ausgetauschten Informationen fallen unter das Amtsgeheimnis. Die FMA hat bei der Übermittlung von Informationen an die zuständigen Behörden anderer EWR-Mitgliedstaaten darauf hinzuweisen, dass die übermittelten Informationen nur mit ausdrücklicher Zustimmung der FMA veröffentlicht werden dürfen. Die Zustimmung darf nur erteilt werden, wenn der Informationsaustausch mit dem öffentlichen Interesse sowie dem Schutz der Anleger vereinbar ist.

(5) Die Regierung oder mit deren Ermächtigung die FMA kann Kooperationsvereinbarungen über den Informationsaustausch mit den zuständigen Behörden von Drittstaaten oder mit Behörden oder Stellen von Drittstaaten im Sinne von Abs. 4 sowie Art. 167 Abs. 1 nur zur Erfüllung der aufsichts-

---

[160] Überschrift vor Art. 151 abgeändert durch LGBl. 2013 Nr. 242.
[161] Art. 151 abgeändert durch LGBl. 2013 Nr. 242.

rechtlichen Aufgaben dieser Behörden oder Stellen und nur dann treffen, wenn die Geheimhaltung der mitgeteilten Informationen ebenso gewährleistet ist wie nach diesem Artikel. Stammen die Informationen aus einem anderen EWR-Mitgliedstaat, dürfen sie nur mit ausdrücklicher Zustimmung der übermittelnden Behörden und gegebenenfalls nur für Zwecke weitergegeben werden, denen diese Behörden zugestimmt haben.

(6) Erhält die FMA nach Abs. 1 bis 4 vertrauliche Informationen, darf sie diese Informationen nur für folgende Zwecke verwenden:
a) zur Prüfung, ob die Anzeige- oder Zulassungsbedingungen für den AIF oder die Unternehmen, die an seiner Geschäftätigkeit mitwirken, erfüllt werden und zur leichteren Überwachung der Bedingungen der Tätigkeitsausübung, der verwaltungsmäßigen und buchhalterischen Organisation und der internen Kontrollmechanismen;
b) zur Verhängung von Sanktionen;
c) im Rahmen eines Verwaltungsverfahrens über die Anfechtung einer Entscheidung der zuständigen Behörden;
d) im Rahmen von Verfahren nach Art. 170.

(7) Die Regierung kann mit Verordnung für die nach Abs. 5 erhaltenen Informationen Ausnahmen vorsehen.

(8) Abs. 1 bis 3 und 6 stehen der Übermittlung vertraulicher Informationen an die mit der Verwaltung der Entschädigungssysteme betrauten Stellen im EWR nicht entgegen.

Art. 155 Aufsichtsabgaben und Gebühren. Die Aufsichtsabgaben und Gebühren richten sich nach der Finanzmarktaufsichtsgesetzgebung.

B. FMA

Art. 156 Aufgaben. (1) Die FMA überwacht den Vollzug dieses Gesetzes und der dazu erlassenen Verordnungen. Sie trifft die notwendigen Maßnahmen direkt, in Zusammenarbeit mit anderen Aufsichtsorganen oder durch Anzeige bei der Staatsanwaltschaft.

(2) Der FMA obliegen insbesondere:
a) die Erteilung, die Abänderung, der Widerruf und der Entzug von Zulassungen sowie Autorisierungen;
b) die Genehmigung der konstituierenden Dokumente und Musterdokumente;
c) die Überprüfung der Berichte der Wirtschaftsprüfer;
d) die Ernennung von Sachwaltern und die Entscheidung über deren Vergütung;
e) die Zusammenarbeit zur Erleichterung der Aufsicht mit den zuständigen Behörden der anderen EWR-Mitgliedstaaten;
f) die Ahndung von Übertretungen nach Art. 176.

Art. 157 Befugnisse. (1) Erhält die FMA von Verletzungen dieses Gesetzes oder von sonstigen Missständen Kenntnis, so ergreift sie die zur Herstellung des rechtmäßigen Zustandes und zur Beseitigung der Missstände notwendigen Maßnahmen.

(2) Die FMA ist insbesondere befugt:
a) von den diesem Gesetz und ihrer Aufsicht Unterstellten, der Verwahrstelle, jeder mit den Tätigkeiten des AIFM oder des AIF in Verbindung stehenden Person sowie solchen Personen, die im Verdacht stehen, unter Verstoß gegen die Autorisierungs-, Zulassungs- und Registrierungspflicht nach diesem Gesetz Tätigkeiten auszuüben, alle für den Vollzug dieses Gesetzes erforderlichen Auskünfte, Informationen und Unterlagen zu verlangen;
b) Entscheidungen und Verfügungen zu erlassen; sie kann diese nach vorhergehender Androhung veröffentlichen, wenn sich der AIFM diesen widersetzt;
c) ein vorübergehendes Berufsausübungsverbot zu verhängen;
d) die Staatsanwaltschaft zu ersuchen, Maßnahmen zur Sicherung der Abschöpfung der Bereicherung oder des Verfalls von Vermögenswerten nach Maßgabe der Strafprozessordnung zu beantragen;
e) angekündigte und unangekündigte Überprüfungen oder Ermittlungen vor Ort vorzunehmen oder durch qualifizierte Wirtschaftsprüfer oder Sachverständige vornehmen zu lassen;
f) im Interesse der Anteilinhaber oder der Öffentlichkeit die Aussetzung der Ausgabe, Rücknahme oder Auszahlung von Anteilen zu verlangen;
g) bereits existierende Aufzeichnungen von Telefongesprächen und Datenübermittlungen anzufordern;
h) Praktiken, die gegen dieses Gesetz oder die dazu erlassenen Verordnungen verstoßen, zu untersagen.

(3) Die FMA ist berechtigt, von den Zulassungsträgern nach diesem Gesetz in Bezug auf sie selbst und die Verwahrstelle und beim AIFM auch für jeden von ihm verwalteten AIF oder Teilfonds einen Quartalsbericht zu verlangen. Die Regierung kann das Nähere mit Verordnung regeln.

(4) Die Regierung kann mit Verordnung festlegen, dass nur qualifizierte Wirtschaftsprüfer zu den nach diesem Gesetz erforderlichen Prüfungen und Berichten berechtigt sind und das Verfahren zur Feststellung der Qualifikation der Wirtschaftsprüfer festlegen. Davon ausgenommen ist die Prüfung von Zahlenangaben in den Jahresberichten nach Art. 104.

(5) Die FMA kann für alle oder einzelne einem Zulassungs- oder Genehmigungsantrag beigefügte oder zu Aufsichtszwecken erhobene Darstellungen, Angaben zu oder Informationen über Tatsachen die Bestätigung durch einen nach Abs. 4 qualifizierten Wirtschaftsprüfer verlangen. Die Regierung kann mit Verordnung die Befugnis der FMA auf bestimmte Tatsachen beschränken.

(6) Veröffentlicht die FMA Formulare für die Erstattung von nach diesem Gesetz erforderlichen Anträgen, Meldungen, Mitteilungen und Anzeigen, sind diese von den Antragstellern und Melde-, Mitteilungs- und Anzeigepflichtigen zu verwenden. Andernfalls ist die FMA berechtigt, den Antrag als nicht gestellt oder die Melde-, Mitteilungs- und Anzeigepflicht als nicht erfüllt anzusehen.

(7) Bei der Beaufsichtigung der Wirtschaftsprüfer kann die FMA insbesondere Qualitätskontrollen durchführen und die Wirtschaftsprüfer bei ihrer Prüftätigkeit bei den AIF und deren AIFM begleiten. Die Befugnis zur Vor-Ort-Kontrolle nach Art. 26 Abs. 4 des Finanzmarktaufsichtsgesetzes bleibt unberührt.

(8) Aufgehoben[162]

Art. 158 Sofortmaßnahmen. (1) Liegen Umstände vor, die den Schutz der Anleger, den Ruf des Finanzplatzes Liechtenstein oder die Stabilität des Finanzsystems als gefährdet erscheinen lassen, kann die FMA insbesondere ohne Mahnung und Fristsetzung:
a) vom AIFM, vom Wirtschaftsprüfer, von der Verwahrstelle, von allen Auftragnehmern im Sinne von Art. 46 und 60 sowie von allen sonstigen Beteiligten Informationen erheben; dabei kann die FMA auch vor Ort tätig werden;
b) einen Beobachter einsetzen, der Informationen für die FMA erhebt und dem alle Geschäftsvorfälle zu berichten sind;
c) einen Kommissär einsetzen, ohne dessen Zustimmung der AIFM oder dessen Geschäftsleiter keine Willenserklärungen für den AIFM oder die AIF abgeben dürfen;
d) in Bezug auf einige oder alle AIF:
1. die Sistierung der Anteilsausgabe und -rücknahme verlangen;
2. den Vertrieb von AIF untersagen;
3. die Zulassung entziehen;
e) einen Kommissär einsetzen, ohne dessen Mitwirkung der AIFM oder die Geschäftsleiter des AIFM keine Willenserklärungen für den AIFM oder die AIF abgeben können;
f) in Bezug auf die Vermögensgegenstände des AIFM ein Verfügungsverbot erlassen;
g) anstelle der bisherigen Geschäftsleiter einen Sachwalter mit den Aufgaben nach Art. 55 einsetzen;
h) den Entzug der Zulassung des AIFM verfügen;
i) die Auflösung des AIFM verfügen.

(2) Die Maßnahmen nach Abs. 1 Bst. d bis i sind abweichend von Art. 963 Abs. 5 PGR unter Hinweis auf die ausstehende Rechtskraft der Verfügung im Handelsregister beim AIFM und den betroffenen AIF zu vermerken und können, soweit dies zum Schutz der Anleger und des öffentlichen Interesses erforderlich ist, den Anlegern mitgeteilt und auf der Internetseite der FMA veröffentlicht werden.

(3) Die FMA kann vom AIFM für die Maßnahmen nach Abs. 1 und 2 einen Kostenvorschuss verlangen. Die Pflicht zum Kostenvorschuss kann mit der Maßnahme verbunden werden. Der Vorschuss ist zurückzuerstatten, wenn keine Rechtsverstöße festzustellen sind. Er darf einbehalten werden, soweit aufgrund weiterer Maßnahmen nach Abs. 1 und 2 mit Kosten in mindestens derselben Höhe zu rechnen ist.

(4) Die FMA hat bei der Auswahl der Maßnahmen nach Abs. 1 der Verhältnismäßigkeit der Mittel Rechnung zu tragen.

(5) Die Regierung kann das Nähere mit Verordnung regeln, insbesondere über:
a) die Aufgaben des Beobachters nach Abs. 1 Bst. b;

---

[162] Art. 157 Abs. 8 aufgehoben durch LGBl. 2013 Nr. 242.

V. Normentexte

b) die Zusammenarbeit der bisherigen Geschäftsleiter mit dem Kommissär nach Abs. 1 Bst. c und e;
c) die Art der Veröffentlichung und der Mitteilung an die Anleger nach Abs. 2;
d) die näheren Anforderungen zur Auswahl der Beobachter, Kommissäre und Sachwalter.

Art. 159 Zulassung unter Auflagen, verbindliche Auskunft und Musterdokumente. (1) Soweit das öffentliche Interesse nicht entgegensteht, kann die FMA in geeigneten Fällen auf Antrag eine oder mehrere Autorisierungen oder Zulassungen unter Auflagen erteilen. Auflagen können formeller, zeitlicher oder sachlicher Art sein. Die Zulassungswirkung tritt mit der Erfüllung der Auflagen ein. Die FMA hat den Eintritt der Autorisierungs- oder Zulassungswirkung auf Antrag zu bestätigen.

(2) Sofern die maßgeblichen Tatsachen bei Antragstellung vollständig und richtig offengelegt werden, kann die FMA Einschätzungen zu Rechts- und Tatsachenfragen auf Antrag durch verbindliche Auskunft vorab beantworten. Soweit das öffentliche Interesse nicht entgegensteht, ist die FMA durch eine verbindliche Auskunft bei einer nachfolgenden Tatbestandsauslegung und Ermessensausübung im Umfang ihrer schriftlichen Feststellungen gebunden. Mündliche Aussagen begründen keinen Vertrauensschutz.

(3) Die FMA kann Musterdokumente für die Genehmigung von konstituierenden Dokumenten genehmigen und veröffentlichen, bei deren Verwendung die Genehmigung als erteilt gilt, soweit das öffentliche Interesse nicht entgegensteht.

(4) Die FMA kann für die Maßnahmen und Erklärungen nach diesem Artikel separate Gebühren erheben.

(5) Die Regierung kann das Nähere mit Verordnung regeln.

Art. 160 Prospektprüfung. (1) Die Prüfung eingereichter Prospekte und Anlegerinformationen nach Art. 17 Abs. 4 Bst. b und Art. 22 Abs. 4 Bst. b durch die FMA beschränkt sich darauf, dass:
a) die konstituierenden Dokumente oder eine Bezugsadresse dafür beigefügt sind;
b) der Inhalt mit den Mindestanforderungen nach Anhang XV der EU-Verordnung Nr. 809/2004 für AIF des geschlossenen Typs, deren Anteile Wertpapiere sind, oder in den anderen Fällen den von der Regierung mit Verordnung festgelegten Mindestanforderungen in formeller Hinsicht übereinstimmt;
c) eine Versicherung der Geschäftsleitung des AIFM beigefügt ist, wonach die Angaben von wesentlicher Bedeutung zutreffend und auf dem neuesten Stand sind;
d) soweit diese beigefügt sind, die Jahresberichte mit dem Vermerk des Wirtschaftsprüfers versehen sind;
e) der Prospekt und die Informationen den Anlegern nach den Anforderungen dieses Gesetzes zur Verfügung gestellt werden.

(2) Soweit die Reihenfolge der Darstellung von der in der Verordnung bestimmten Reihenfolge abweicht oder andere Gliederungspunkte aufführt, hat der AIFM eine Übersicht einzureichen, aus der die Übereinstimmung mit den Anforderungen von Anhang XV der EU-Verordnung Nr. 809/2004 oder den von der Regierung mit Verordnung festgelegten Mindestanforderungen hervorgeht.

(3) Die FMA ist nicht verpflichtet, die inhaltliche Richtigkeit der Angaben zu prüfen.

Art. 161 Haftung der FMA. Die zivilrechtliche Haftung der FMA richtet sich nach Art. 21 des Finanzmarktaufsichtsgesetzes.

C. Amtshilfe

1. Zusammenarbeit mit inländischen Behörden, Behörden anderer EWR-Mitgliedstaaten und der ESMA

Art. 162 bis 170 *Aufgehoben*[163)]

2. Zusammenarbeit mit inländischen Behörden und den zuständigen Behörden von Drittstaaten[164)]

Art. 171[165)] **Grundsatz.** (1) Die FMA arbeitet im Rahmen ihrer Aufsicht mit anderen inländischen Behörden zusammen.

---

[163] Art. 162 bis 170 aufgehoben durch LGBl. 2013 Nr. 242.
[164] Überschrift vor Art. 171 abgeändert durch LGBl. 2013 Nr. 242.
[165] Art. 171 abgeändert durch LGBl. 2013 Nr. 242.

(2) Sie kann mit zuständigen Behörden von Drittstaaten Informationen austauschen, sofern die Informationsweitergabe zum Schutz der Anleger und des öffentlichen Interesses notwendig ist.

Art. 171a[166] **Informationsaustausch.** (1) Die FMA tauscht mit anderen inländischen Behörden und den zuständigen Behörden von Drittstaaten Informationen aus, wenn diese Behörden:
a) mit der Überwachung von Banken, Kreditinstituten, Wertpapierfirmen, Versicherungsunternehmen oder anderen Finanzinstituten oder mit der Überwachung der Finanzmärkte betraut sind;
b) mit der Liquidation, dem Konkurs oder vergleichbaren Verfahren eines AIF und an seiner Geschäftstätigkeit mitwirkenden Unternehmen befasst sind;
c) mit der Beaufsichtigung der Personen, denen die Kontrolle der Rechnungslegung von Versicherungsunternehmen, Banken, Kreditinstituten, Wertpapierfirmen oder anderen Finanzinstituten obliegt, betraut sind.

(2) Die FMA kann zum Schutz der Stabilität und Integrität des Finanzsystems Informationen – unter den Voraussetzungen nach Art. 8 des Datenschutzgesetzes – auch mit anderen als den in Abs. 1 genannten zuständigen Behörden austauschen.

(3) Die Weitergabe von Informationen, die im Rahmen eines Informationsaustausches nach Abs. 1 und 2 übermittelt wurden, ist zulässig, wenn:
a) die Informationen nur zur Erfüllung der spezifischen Beaufsichtigungsaufgabe verwendet werden;
b) das Amtsgeheimnis nach Art. 154 gewahrt wird;
c) bei Informationen, die von der zuständigen Behörde eines Drittstaats übermittelt wurden, deren Zustimmung zur Weitergabe vorliegt. Die FMA teilt im Auftrag der zuständigen inländischen Behörden nach Abs. 1 und 2 den übermittelnden Behörden die Namen und die genaue Aufgabe der Personen mit, an die die betreffenden Informationen weitergegeben werden sollen.

Art. 171b[167] **Informationsweitergabe an Zentralbanken und ähnliche Einrichtungen.**
(1) Die FMA tauscht mit den Zentralbanken von Drittstaaten und anderen Einrichtungen mit ähnlichen Aufgaben in ihrer Eigenschaft als Währungsbehörden Informationen aus, die diesen zur Erfüllung ihrer Aufgaben dienen.

(2) Die FMA tauscht Informationen, die unter das Amtsgeheimnis nach Art. 154 fallen, mit einer Clearingstelle oder einer ähnlichen anerkannten Stelle aus, um Clearing- oder Abwicklungsdienstleistungen in Liechtenstein sicherzustellen, sofern diese Informationen ihrer Auffassung nach erforderlich sind, um das ordnungsgemäße Funktionieren dieser Stellen im Fall von Verstößen – oder auch nur möglichen Verstößen – der Marktteilnehmer sicherzustellen. Die im Wege des Informationsaustauschs von zuständigen Behörden von Drittstaaten übermittelten Informationen darf die FMA nur mit der ausdrücklichen Zustimmung der übermittelnden Behörden weitergeben.

(3) Die nach Abs. 1 und 2 übermittelten Informationen fallen unter das Amtsgeheimnis (Art. 154).

(4) Die Regierung kann das Nähere mit Verordnung regeln.

3. Einbindung der und Verfahren vor der ESMA
Art. 172 und 173 *Aufgehoben*[168]

XIV. Rechtsmittel, Verfahren und aussergerichtliche Streitbeilegung

Art. 174 Rechtsmittel und Verfahren. (1) Gegen Entscheidungen und Verfügungen der FMA kann binnen 14 Tagen ab Zustellung Beschwerde bei der FMA-Beschwerdekommission erhoben werden.

(2) Wird über einen vollständigen Antrag auf Zulassung eines AIFM oder eines selbstverwalteten AIF nicht binnen drei Monaten nach seinem Eingang entschieden, kann Beschwerde bei der FMA-Beschwerdekommission erhoben werden.

(3) Gegen Entscheidungen und Verfügungen der FMA-Beschwerdekommission kann binnen 14 Tagen ab Zustellung Beschwerde beim Verwaltungsgerichtshof erhoben werden.

(4) Im Interesse oder auf Initiative der Anleger stehen dem Amt für Volkswirtschaft sämtliche Rechtsmittel und -behelfe zur Verfügung, um dafür zu sorgen, dass die Vorschriften dieses Gesetzes angewandt werden.

---

[166] Art. 171a eingefügt durch LGBl. 2013 Nr. 242.
[167] Art. 171b eingefügt durch LGBl. 2013 Nr. 242.
[168] Art. 172 und 173 aufgehoben durch LGBl. 2013 Nr. 242.

(5) Soweit dieses Gesetz nichts anderes bestimmt, finden auf das Verfahren die Bestimmungen des Gesetzes über die allgemeine Landesverwaltungspflege Anwendung.

Art. 175 Außergerichtliche Schlichtungsstelle. (1) Zur Beilegung von Streitfällen zwischen Anlegern, AIFM, selbstverwalteten AIF, Verwahrstellen, Administratoren und Vertriebsträgern bestimmt die Regierung mit Verordnung eine Schlichtungsstelle.

(2) Die Schlichtungsstelle hat zur Aufgabe, im Streitfall zwischen den Parteien auf geeignete Weise zu vermitteln und auf diese Weise eine Einigung zwischen den Parteien herbeizuführen.

(3) Kann keine Einigung zwischen den Parteien erzielt werden, so sind sie auf den ordentlichen Rechtsweg zu verweisen.

(4) Die Regierung regelt das Nähere mit Verordnung, insbesondere die organisatorische Ausgestaltung, die Zusammensetzung und das Verfahren. Sie kann dabei für professionelle Kunden und Privatkunden unterschiedliche Regelungen treffen.

XV. Strafbestimmungen

Art. 176 Vergehen und Übertretungen. (1) Vom Landgericht wird wegen Vergehens mit Freiheitsstrafe bis zu einem Jahr oder mit Geldstrafe bis zu 360 Tagessätzen bestraft, wer:
a) als Organmitglied oder Mitarbeiter oder sonst für einen AIF oder einen AIFM tätige Person oder als Wirtschaftsprüfer die Pflicht zur Geheimhaltung wissentlich verletzt oder wer hierzu verleitet oder zu verleiten sucht;
b) ohne die nach Art. 16 erforderliche Autorisierung oder Zulassung einen AIF verwaltet oder dessen Anteile in Liechtenstein vertreibt oder zu diesem Zweck Vermögenswerte Dritter entgegennimmt oder hält;
c) ohne Zulassung nach Kapitel III Abschnitt A als AIFM tätig ist;
d) in den Prospekten, periodischen Berichten oder wesentlichen Informationen für den Anleger sowie den Mitteilungen und Anzeigen an die FMA oder andere zuständige Aufsichtsbehörden von Drittstaaten wissentlich falsche Angaben macht oder wesentliche Tatsachen verschweigt;[169]
e) ohne die erforderliche Autorisierung oder Zulassung die Anteile eines AIF, die nur an professionelle Anleger vertrieben werden dürfen, an Privatanleger vertreibt;
f) ohne die erforderliche Registrierung nach Art. 3 Abs. 4 als kleiner AIFM tätig ist;
g) ohne die erforderliche Zulassung als Administrator, Risikomanager oder Vertriebsträger nach Art. 65 und 69 tätig ist.

(2) Vom Landgericht wird wegen Vergehens mit Freiheitsstrafe bis zu sechs Monaten oder mit Geldstrafe bis 180 Tagessätzen bestraft, wer:
a) die mit einer Zulassung oder Registrierung verbundenen Auflagen der FMA verletzt;
b) entgegen Art. 27 Abs. 4 Bezeichnungen verwendet;
c) der FMA oder dem Wirtschaftsprüfer keine, falsche oder unvollständige Auskünfte erteilt;
d) als Wirtschaftsprüfer seine Pflichten grob verletzt, insbesondere im Bericht wissentlich unwahre Angaben macht oder wesentliche Tatsachen verschweigt oder eine vorgeschriebene Aufforderung an den AIFM unterlässt oder vorgeschriebene Berichte und Meldungen nicht erstattet;
e) als Organmitglied eines AIFM oder eines selbstverwalteten AIF die Pflicht zur Vermögenstrennung nach Art. 38 und zur Übertragung des Vermögens auf eine Verwahrstelle nach Art. 57 Abs. 1 verletzt;
f) die Geschäftsbücher nicht ordnungsgemäß führt oder Geschäftsbücher, Unterlagen und Belege nicht aufbewahrt;
g) die Pflichten zur Kapitalausstattung nach Art. 32 verletzt;
h) die nach Art. 22 Abs. 3 beschriebenen Vorkehrungen zur Verhinderung eines Vertriebs von AIF an Privatanleger nicht trifft und für den Fall des indirekten Vertriebs diesen nicht ausreichend überwacht;
i) die Pflicht zur Stellung eines fristgerechten Zulassungsantrags nach Art. 3 Abs. 8 Bst. b verletzt;
k) als Verwahrstelle die Pflichten nach Art. 59 Abs. 1 verletzt.

(3) Von der FMA wird wegen Übertretung mit Busse bis zu 200 000 Franken bestraft, wer:
a) die periodischen Berichte an die FMA und die Anleger nicht vorschriftsgemäß erstellt bzw. nicht oder verspätet einreicht;
b) die ordentliche oder eine von der FMA vorgeschriebene Wirtschaftsprüfung nicht durchführen lässt;

---

[169] Art. 176 Abs. 1 Bst. d abgeändert durch LGBl. 2013 Nr. 242.

1. AIFMG

c) seine Pflichten gegenüber dem Wirtschaftsprüfer nicht erfüllt;
d) die vorgeschriebenen Berichte, Meldungen und Anzeigen an die FMA unzutreffend, nicht oder verspätet erstattet;[170]
e) einer Aufforderung zur Herstellung des rechtmäßigen Zustandes oder einer anderen Verfügung der FMA nicht nachkommt;
f) einer Aufforderung zur Zusammenarbeit in einem Ermittlungsverfahren der FMA nicht nachkommt;
g) in der Werbung für einen AIF oder einen AIFM unzulässige, falsche oder irreführende Angaben macht;
h) den Wohlverhaltensregeln (Art. 35) nicht nachkommt;
i) entgegen Art. 38 keine wirksamen organisatorischen und verwaltungsmäßigen Vorkehrungen zur Verhinderung der negativen Beeinflussung von Kundeninteressen durch Interessenkonflikte trifft oder beibehält;
k) entgegen Art. 39 keine wirksamen Risikomanagementsysteme und das im Geschäftsplan für das Risikomanagement vorgesehene Personal nicht oder nicht in dem vorgesehenen Umfang für das Risikomanagement einsetzt;
l) entgegen Art. 40 keine wirksamen Liquiditätsmanagementsysteme und das im Geschäftsplan für das Liquiditätsmanagement vorgesehene Personal nicht oder nicht in dem vorgesehenen Umfang für das Liquiditätsmanagement einsetzt;
m) die Anforderungen für die Anlage in Verbriefungsprodukte nach Art. 41 nicht einhält;
n) entgegen Art. 42 bis 45 die Bewertung nicht, auf eine andere als die nach Art. 43 gebotene Art und Weise oder – bei einer externen Bewertung – durch eine andere als die in Art. 44 Abs. 2 bestimmte Person vornehmen lässt;
o) als externer Bewerter nach Art. 44 Abs. 2 seine Pflichten nach Art. 43 und 44 verletzt;
p) die wesentlichen Informationen für den Anleger nach Art. 17 Abs. 4 Bst. c oder 22 Abs. 4 Bst. c oder andere speziell an Privatkunden gerichtete Kurzinformationen über AIF in einer Form präsentiert, die für Privatkunden aller Voraussicht nach unverständlich ist;
q) die Angaben in den wesentlichen Informationen für den Anleger nach Art. 17 Abs. 4 Bst. c oder 22 Abs. 4 Bst. c nicht, unzutreffend, unvollständig, unverständlich oder verspätet macht;
r) als Wirtschaftsprüfer seine Pflichten nach diesem Gesetz, insbesondere nach Art. 109 Abs. 3, Art. 110 Abs. 1 und 3 oder Art. 111 Abs. 1 und 2 verletzt;
s) entgegen Art. 20 Abs. 1 und Art. 25 Abs. 1 die Genehmigung zur Änderung der konstituierenden Dokumente oder entgegen Art. 25 Abs. 2 die Genehmigung des Wechsels von AIFM, Verwahrstelle, Administrator oder Risikomanager nicht beantragt oder entgegen Art. 25 Abs. 3 den Wechsel des Wirtschaftsprüfers und eines Geschäftsleiters der Verwahrstelle nicht, unzutreffend oder verspätet anzeigt;
t) entgegen Art. 97 Abs. 2 Bst. d die Geschäftsleitung der Zielgesellschaft und deren Arbeitnehmer nicht oder verspätet über den Kontrollerwerb informiert;
u) entgegen Art. 95 Abs. 3 Bst. a die Begrenzung der Hebelfinanzierung nicht einhält oder andere von der FMA festgelegte Maßnahmen nicht befolgt;
v) entgegen Art. 3 Abs. 6 die Mitteilungspflicht an die FMA betreffend den Abschluss, die Aufhebung und die Übertragung des Organisationsvertrages nicht einhält.

(4) Bei fahrlässiger Begehung werden die Strafobergrenzen auf die Hälfte herabgesetzt. Im Wiederholungsfall, im Fall eines Schadens, der 75 000 Franken übersteigt, und bei Schädigungsabsicht verdoppelt sich die Strafobergrenze.

(5) Führt der AIF einen anderen als den nach Art. 27 Abs. 1 zulässigen Namen oder eine andere als die nach Art. 27 Abs. 2 zulässige Rechtsformbezeichnung oder Abkürzung oder verzichtet der AIF mit variablem Kapital entgegen Art. 9 Abs. 9 auf eine nach Art. 27 Abs. 2 zulässige Rechtsformbezeichnung oder Abkürzung, so wird der AIFM oder der selbstverwaltete AIF von der FMA mit einer Ordnungsbusse bis zu 10 000 Franken bestraft. Diese Ordnungsbusse kann fortgesetzt verhängt werden, bis der gesetzliche Zustand hergestellt ist.

Art. 177 Vorteilsabschöpfung. (1) Wird eine Übertretung nach Art. 176 Abs. 3 begangen und dadurch ein wirtschaftlicher Vorteil erlangt, ordnet die FMA die Abschöpfung des wirtschaftlichen Vorteils an und verpflichtet den Begünstigten zur Zahlung eines entsprechenden Geldbetrages.

(2) Abs. 1 findet keine Anwendung, wenn der wirtschaftliche Vorteil durch Schadenersatz- oder sonstige Leistungen ausgeglichen ist. Soweit der Begünstigte solche Leistungen erst nach der Vorteils-

---

[170] Art. 176 Abs. 3 Bst. d abgeändert durch LGBl. 2013 Nr. 242.

V. Normentexte

abschöpfung erbringt, ist der bezahlte Geldbetrag in Höhe der nachgewiesenen Zahlungen zurückzuerstatten. Die Höhe des wirtschaftlichen Vorteils kann geschätzt werden.

(3) Die Vorteilsabschöpfung verjährt nach einem Ablauf von fünf Jahren seit Beendigung der Zuwiderhandlung.

(4) Das Verfahren richtet sich nach den Bestimmungen des Gesetzes über die allgemeine Landesverwaltungspflege.

(5) Die Abschöpfung der Bereicherung bei Vergehen nach Art. 176 Abs. 1 und 2 richtet sich nach den §§ 20 ff. des Strafgesetzbuches.

Art. 178 Verantwortlichkeit. Werden Widerhandlungen im Geschäftsbetrieb einer juristischen Person, einer Kollektiv-, Anlage-Kommandit- oder Anlage-Kommanditärengesellschaft oder einer Einzelfirma im Zusammenhang mit einem AIF begangen, so finden die Strafbestimmungen auf die Personen Anwendung, die für sie gehandelt haben oder hätten handeln sollen, jedoch unter solidarischer Mithaftung der juristischen Person, der Gesellschaft oder der Einzelfirma für Geldstrafen und Bussen.

Art. 179 Bekanntmachung von Sanktionen; Bindungswirkung von Schuldsprüchen. (1) Die FMA kann die Verhängung von rechtskräftigen Strafen und Bussen auf Kosten des Betroffenen bekannt machen, sofern die Bekanntgabe die Stabilität der Finanzmärkte nicht ernstlich gefährdet, die Interessen der Anleger nicht beeinträchtigt und verhältnismäßig ist.

(2) Ein Schuldspruch nach diesem Gesetz ist mit Bezug auf die Beurteilung der Schuld und der Widerrechtlichkeit sowie die Bestimmung des Schadens für den Zivilrichter nicht verbindlich.

Art. 180 Mitteilungspflicht anderer Behörden. Die Gerichte übermitteln der FMA in vollständiger Ausfertigung alle Urteile und Einstellungsbeschlüsse, welche Mitglieder der Verwaltung oder Geschäftsführung von AIFM und Wirtschaftsprüfer betreffen.

XVI. Übergangs- und Schlussbestimmungen

Art. 181 Durchführungsverordnungen. Die Regierung erlässt die für die Durchführung dieses Gesetzes erforderlichen Verordnungen.

Art. 182 Elektronische Bereitstellung von Rechtsvorschriften. Die FMA stellt dieses Gesetz und die dazu erlassenen Durchführungsverordnungen in deutscher und englischer Sprache in der jeweils geltenden Fassung auf ihrer oder einer von ihr erreichbaren Internetseite zum Abruf bereit. Die Regierung regelt mit Verordnung, wer die Übersetzung der Rechtsvorschriften zu veranlassen hat.

Art. 183 Übergangsbestimmungen in Bezug auf Verwaltungsgesellschaften nach dem IUG.
(1) Verwaltungsgesellschaften mit einer Bewilligung nach dem Investmentunternehmensgesetz (IUG), die Tätigkeiten ausüben, welche ab Inkrafttreten des Beschlusses des Gemeinsamen EWR-Ausschusses betreffend die Übernahme der Richtlinie 2011/61/EU (EWR-Übernahmebeschluss) unter dieses Gesetz fallen, dürfen ihre Tätigkeiten während eines Jahres nach diesem Zeitpunkt zunächst weiterhin ausüben. Sie müssen spätestens ein Jahr nach Inkrafttreten des EWR-Übernahmebeschlusses einen Antrag auf Zulassung als AIFM nach diesem Gesetz stellen. Wird der Antrag nicht fristgerecht eingereicht, so erlischt die Bewilligung der Verwaltungsgesellschaft. Während eines Jahres nach Inkrafttreten des EWR-Übernahmebeschlusses gelten für die Verwaltungsgesellschaft weiterhin die Vorschriften des IUG, es sei denn, die Verwaltungsgesellschaft stellt bei der FMA einen Antrag auf Zulassung zu einem früheren Zeitpunkt.[171]

(1a) Eine Zulassung als AIFM, die vor Inkrafttreten des EWR-Übernahmebeschlusses von der FMA erteilt wird, führt nicht zum Erlöschen der Bewilligung als Verwaltungsgesellschaft nach dem IUG. Die Bewilligung als Verwaltungsgesellschaft nach dem IUG erlischt in diesem Fall mit Inkrafttreten des EWR-Übernahmebeschlusses.[172]

(2) Aufgehoben[173]

---

[171] Art. 183 Abs. 1 abgeändert durch LGBl. 2013 Nr. 242.
[172] Art. 183 Abs. 1a eingefügt durch LGBl. 2013 Nr. 242.
[173] Art. 183 Abs. 2 aufgehoben durch LGBl. 2013 Nr. 242.

(3) Lehnt die FMA nach Inkrafttreten des EWR-Übernahmebeschlusses einen Antrag auf Zulassung als AIFM nach Abs. 1 ab, erlischt die Bewilligung der Verwaltungsgesellschaft nach dem IUG mit Rechtskraft der Verfügung. In diesem Fall sind die von der Verwaltungsgesellschaft verwalteten Investmentunternehmen binnen einer Frist von zwölf Monaten auf einen nach diesem Gesetz zugelassenen AIFM unter Anwendung der Vorschriften dieses Gesetzes zu übertragen oder aufzulösen. Für die Auflösung von Investmentunternehmen sind die Bestimmungen dieses Gesetzes sinngemäß anzuwenden.[174]

(4) Die Verwaltungsgesellschaft nach dem IUG ist nach Inkrafttreten des EWR-Übernahmebeschlusses nicht berechtigt, nach dem Wertpapierprospektgesetz innerhalb des EWR grenzüberschreitend tätig zu werden.[175]

Art. 184[176] **Übergangsbestimmung in Bezug auf die Tätigkeiten von Verwaltungsgesellschaften nach dem IUG und UCITSG als Administratoren und Vertriebsträger.** Verwaltungsgesellschaften mit einer Bewilligung oder Zulassung nach dem IUG oder UCITSG, die beabsichtigen, als Administrator und/oder Vertriebsträger tätig zu werden, dürfen diese Tätigkeit nach Inkrafttreten dieses Gesetzes während eines Jahres nach Maßgabe der für Administratoren und Vertriebsträger geltenden Bestimmungen dieses Gesetzes ausüben. Die Verwaltungsgesellschaft hat spätestens ein Jahr nach Inkrafttreten dieses Gesetzes bei der FMA einen Antrag auf Zulassung als Administrator und/oder Vertriebsträger zu stellen. Zur Ausübung dieser Tätigkeit während der Übergangszeit ist der FMA eine Bestätigung eines Wirtschaftsprüfers im Sinne dieses Gesetzes vorzulegen, dass die Voraussetzungen dieses Gesetzes in Bezug auf die Administration und/oder den Vertrieb erfüllt sind.

Art. 185 Übergangsbestimmungen in Bezug auf Investmentunternehmen nach dem IUG.
(1) Für Investmentunternehmen nach dem IUG gelten vorbehaltlich Abs. 5 nach Inkrafttreten des EWR-Übernahmebeschlusses für ein Jahr weiterhin die Vorschriften des IUG. Der AIFM hat spätestens ein Jahr nach Inkrafttreten des EWR-Übernahmebeschlusses für alle Investmentunternehmen bei der FMA die Umwandlung in AIF nach Art. 91 Abs. 3 Bst. a dieses Gesetzes zu beantragen, wobei eine entsprechende Umwandlung einzelner oder aller Investmentunternehmen auch zu einem früheren Zeitpunkt möglich ist. Nach Ablauf eines Jahres nach Inkrafttreten des EWR-Übernahmebeschlusses ist dieses Gesetz anzuwenden. Nach diesem Zeitpunkt sind die Investmentunternehmen durch den AIFM binnen einer Frist von zwölf Monaten unter Anwendung der Vorschriften dieses Gesetzes aufzulösen.[177]

(1a) Die Vorschriften für AIF, die auch an Privatanleger vertrieben werden, sind ab Inkrafttreten des EWR-Übernahmebeschlusses anzuwenden, wenn:[178]
a) das Investmentunternehmen vor Inkrafttreten des EWR-Übernahmebeschlusses zumindest auch an Personen vertrieben wurde, die nach Inkrafttreten des EWR-Übernahmebeschlusses als Privatanleger gelten; oder
b) nicht festgestellt werden kann, ob das Investmentunternehmen auch an Privatanleger vertrieben worden ist.

(2) Für Anträge auf Autorisierung oder Zulassung eines AIF bedarf es nach dem 22. Juli 2013 eines zugelassenen AIFM.

(3) Aufgehoben[179]

(4) Investmentunternehmen nach dem IUG verlieren nach Inkrafttreten des EWR-Übernahmebeschlusses die Berechtigung zur grenzüberschreitenden Tätigkeit innerhalb des EWR nach dem Wertpapierprospektgesetz. Unberührt davon bleiben Investmentunternehmen, die Gegenstand eines laufenden öffentlichen Angebots mittels eines Prospekts sind, der nach der Richtlinie 2003/71/EG vor Inkrafttreten des EWR-Übernahmebeschlusses erstellt und veröffentlicht wurde, solange dieser Prospekt Gültigkeit hat.[180]

---

[174] Art. 183 Abs. 3 abgeändert durch LGBl. 2013 Nr. 242.
[175] Art. 183 Abs. 4 eingefügt durch LGBl. 2013 Nr. 242.
[176] Art. 184 abgeändert durch LGBl. 2013 Nr. 242.
[177] Art. 185 Abs. 1 abgeändert durch LGBl. 2013 Nr. 242.
[178] Art. 185 Abs. 1a eingefügt durch LGBl. 2013 Nr. 242.
[179] Art. 185 Abs. 3 aufgehoben durch LGBl. 2013 Nr. 242.
[180] Art. 185 Abs. 4 abgeändert durch LGBl. 2013 Nr. 242.

V. Normentexte

(5) Soweit für Investmentunternehmen nach dem IUG die für die Autorisierung oder Zulassung erforderlichen Informationen der FMA vorliegen und die konstituierenden Dokumente und Anlegerinformationen des AIF nach Maßgabe des Art. 187 angepasst wurden, führt die FMA nach der Zulassung des AIFM und auf Antrag des AIFM ein Verfahren zur Autorisierung oder Zulassung der von ihm verwalteten AIF nach Maßgabe der Bestimmungen dieses Gesetzes durch.[181]

(6) Die Regierung kann das Nähere zur Umwandlung von Investmentunternehmen nach Abs. 1 mit Verordnung regeln.[182]

Art. 186 Einsetzung des AIFM statt IUG-Verwaltungsgesellschaft mit Administratorfunktion. (1) Eine Verwaltungsgesellschaft nach dem IUG und ein nach diesem Gesetz zugelassener AIFM können während eines Jahres nach Inkrafttreten des EWR-Übernahmebeschlusses abweichend von den Regelungen über Strukturmaßnahmen nach Kapitel V einen Austausch der Verwaltung des AIF vereinbaren, wenn folgende Voraussetzungen erfüllt sind:[183]
a) Die konstituierenden Dokumente schließen den Austausch der Verwaltung nicht aus.
b) Der bisher für den AIF handelnde zugelassene Vermögensverwalter hat spätestens ein Jahr nach Inkrafttreten des EWR-Übernahmebeschlusses die Zulassung als AIFM beantragt, übernimmt für den AIF die Portfolioverwaltung und verpflichtet sich durch schriftliche Erklärung gegenüber der FMA und den Anlegern, spätestens ab Inkrafttreten des EWR-Übernahmebeschlusses in alle für oder für Rechnung des AIF begründeten Rechte und Pflichten einzutreten.[184]
c) Der AIFM, eine Verwaltungsgesellschaft nach dem IUG oder ein nach diesem Gesetz zugelassener Administrator übernimmt die Verantwortung für die Administration des AIF.
d) Der AIFM oder ein nach diesem Gesetz zugelassener Vertriebsträger übernimmt durch schriftliche Erklärung gegenüber der FMA die Verantwortung für den Vertrieb des AIF.
e) Die Verwahrstelle stimmt dem Austausch der Verwaltung zu.
f) Die Anleger und Vertragspartner der für Rechnung des AIF eingegangenen Geschäfte sind unverzüglich über den Austausch der Verwaltung und die neuen Verantwortlichkeiten für die Kernfunktionen des AIFM – Portfolioverwaltung, Risikomanagement, Administration und Vertrieb – zu informieren; die Information muss spätestens sechs Wochen vor dem angestrebten Wirksamkeitstermin für den Austausch der Verwaltung erfolgen.

(2) Die Übernahme der Anlageverwaltung durch den AIFM in Bezug auf den AIF ist im Handelsregister einzutragen. Das Nähere regelt die Regierung mit Verordnung.

(3) Im Anschluss an die Übernahme ist binnen drei Monaten, spätestens jedoch vor Beginn oder Fortsetzung des Vertriebs, ein Antrag auf Autorisierung oder Zulassung des AIF bei der FMA einzureichen.

Art. 187 Anpassung des vollständigen und vereinfachten Prospekts von Investmentunternehmen nach dem IUG.[185] (1) Der vollständige und vereinfachte Prospekt von Investmentunternehmen nach dem IUG, die nach Inkrafttreten des EWR-Übernahmebeschlusses den Bestimmungen dieses Gesetzes nicht entsprechen, sind an die Vorschriften dieses Gesetzes anzupassen:[186]
a) bei einem grenzüberschreitenden Vertrieb;
b) vor Aufnahme erheblicher Vertriebsaktivitäten in Liechtenstein;
c) spätestens jedoch ein Jahr nach Inkrafttreten des EWR-Übernahmebeschlusses.[187]

(2) Art. 20 und 25 über die Anpassung der konstituierenden Dokumente finden entsprechend mit der Maßgabe Anwendung, dass eine lediglich terminologische Anpassung der konstituierenden Dokumente und Vertriebsinformationen nicht als wesentliche Änderung der konstituierenden Dokumente im Sinne von Art. 25 gilt.

(3) Der AIFM oder Administrator hat bei einer lediglich terminologischen Anpassung der FMA eine schriftliche Erklärung abzugeben, dass es sich um eine solche handelt. Diese Erklärung ist zusammen mit den Dokumenten in der aktualisierten Fassung spätestens zwei Wochen vor deren Ver-

---

[181] Art. 185 Abs. 5 abgeändert durch LGBl. 2013 Nr. 242.
[182] Art. 185 Abs. 6 eingefügt durch LGBl. 2013 Nr. 242.
[183] Art. 186 Abs. 1 Einleitungssatz abgeändert durch LGBl. 2013 Nr. 242.
[184] Art. 186 Abs. 1 Bst. b abgeändert durch LGBl. 2013 Nr. 242.
[185] Art. 187 Sachüberschrift abgeändert durch LGBl. 2013 Nr. 242.
[186] Art. 187 Abs. 1 Einleitungssatz abgeändert durch LGBl. 2013 Nr. 242.
[187] Art. 187 Abs. 1 Bst. c abgeändert durch LGBl. 2013 Nr. 242.

wendung bei der FMA einzureichen. Der AIFM oder Administrator, welcher eine falsche Erklärung abgibt, wird von der FMA mit einer Busse bis zu 200 000 Franken bestraft.

(4) Bis zum Ablauf der Frist nach Abs. 1 Bst. c können Änderungen des vollständigen und vereinfachten Prospekts ohne Anpassung der übrigen Regelungen und Informationen vorgenommen werden.[188]

Art. 188 Aufhebung bisherigen Rechts. Mit Inkrafttreten des EWR-Übernahmebeschlusses werden aufgehoben:[189]
a) Gesetz vom 19. Mai 2005 über Investmentunternehmen für andere Werte oder Immobilien (Investmentunternehmensgesetz; IUG), LGBl. 2005 Nr. 156;
b) Gesetz vom 25. November 2005 betreffend die Abänderung des Gesetzes über Investmentunternehmen, LGBl. 2006 Nr. 30;
c) Gesetz vom 13. Dezember 2006 betreffend die Abänderung des Gesetzes über Investmentunternehmen, LGBl. 2007 Nr. 45;
d) Gesetz vom 23. Mai 2007 betreffend die Abänderung des Gesetzes über Investmentunternehmen, LGBl. 2007 Nr. 198;
e) Gesetz vom 20. September 2007 betreffend die Abänderung des Gesetzes über Investmentunternehmen, LGBl. 2007 Nr. 268;
f) Gesetz vom 23. Oktober 2008 betreffend die Abänderung des Gesetzes über Investmentunternehmen, LGBl. 2008 Nr. 358;
g) Gesetz vom 21. November 2008 betreffend die Abänderung des Gesetzes über Investmentunternehmen, LGBl. 2008 Nr. 373;
h) Gesetz vom 27. Mai 2009 betreffend die Abänderung des Gesetzes über Investmentunternehmen, LGBl. 2009 Nr. 186;
i) Gesetz vom 27. Mai 2009 betreffend die Abänderung des Gesetzes über Investmentunternehmen, LGBl. 2009 Nr. 189;
k) Gesetz vom 25. November 2010 betreffend die Abänderung des Gesetzes über Investmentunternehmen, LGBl. 2011 Nr. 9;
l) Gesetz vom 28. Juni 2011 betreffend die Abänderung des Gesetzes über Investmentunternehmen, LGBl. 2011 Nr. 296.

Art. 189 Vorzeitige Anträge auf Zulassung eines AIFM und auf Autorisierung oder Zulassung eines AIF. Anträge auf Zulassung eines AIFM und Anträge auf Autorisierung oder Zulassung der von diesem verwalteten AIF können ab dem 1. April 2013 gestellt werden; solche Anträge sind nach Maßgabe der Bestimmungen der Kapitel II und III zu behandeln. Die Zulassung oder Autorisierung gilt frühestens ab dem Inkrafttreten dieses Gesetzes.

Art. 190[190] **Inkrafttreten.** (1) Dieses Gesetz tritt vorbehaltlich Art. 189 am 22. Juli 2013 in Kraft.

(2) Die Voraussetzungen nach Art. 125 Abs. 1 Bst. b und Art. 150 Abs. 1 Bst. b sind auch dann erfüllt, wenn die Aufsichtsbehörde des Sitzstaats des AIFM und des AIF Mitglied der Internationalen Organisation für Effektenhandels- und Börsenaufsichtsbehörden (IOSCO) und im Appendix A des Multilateralen Memorandum of Understanding aufgeführt ist.

In Stellvertretung des Landesfürsten:
gez. *Alois*
Erbprinz
gez. *Dr. Klaus Tschütscher*
Fürstlicher Regierungschef

---

[188] Art. 187 Abs. 4 abgeändert durch LGBl. 2013 Nr. 242.
[189] Art. 188 Einleitungssatz abgeändert durch LGBl. 2013 Nr. 242.
[190] Art. 190 abgeändert durch LGBl. 2013 Nr. 242.

2. UCITSG
Gesetz über bestimmte Organismen für gemeinsame Anlagen in Wertpapieren (UCITSG)
vom 28. Juni 2011

Dem nachstehenden vom Landtag gefassten Beschluss erteile Ich Meine Zustimmung:[1]

I. Allgemeine Bestimmungen
A. Zweck, Gegenstand, Geltungsbereich und Begriffsbestimmungen

Art. 1 Gegenstand und Zweck. (1) Dieses Gesetz regelt die Aufnahme, Ausübung und Beaufsichtigung der Tätigkeit von Organismen für gemeinsame Anlagen in Wertpapieren (OGAW; „UCITS") sowie deren Verwaltungsgesellschaften.

(2) Es bezweckt den Schutz der Anleger, die Sicherung des Vertrauens in den liechtensteinischen Fondsplatz und die Stabilität des Finanzsystems.[2]

(3) Es dient zudem der Umsetzung:
a) der Richtlinie 2009/65/EG des Europäischen Parlaments und des Rates vom 13. Juli 2009 zur Koordinierung der Rechts- und Verwaltungsvorschriften betreffend bestimmte Organismen für gemeinsame Anlagen in Wertpapieren (OGAW) (EWR-Rechtssammlung: Anhang IX – 30.01; ABl. L 302 vom 17.11.2009, S. 32);
b) der Richtlinie 2010/43/EU der Kommission vom 1. Juli 2010 zur Durchführung der Richtlinie 2009/65/EG des Europäischen Parlaments und des Rates im Hinblick auf organisatorische Anforderungen, Interessenkonflikte, Wohlverhalten, Risikomanagement und den Inhalt der Vereinbarung zwischen Verwahrstelle und Verwaltungsgesellschaft (ABl. L 176 vom 10.7.2010, S. 42); und
c) der Richtlinie 2010/44/EU der Kommission vom 1. Juli 2010 zur Durchführung der Richtlinie 2009/65/EG des Europäischen Parlaments und des Rates in Bezug auf Bestimmungen über Fondsverschmelzungen, Master-Feeder-Strukturen und das Anzeigeverfahren (ABl. L 176 vom 10.7.2010, S. 28, L 179 vom 14.7.2010, S. 16).

Art. 2 Geltungsbereich. (1) Dieses Gesetz gilt für OGAW und deren Verwaltungsgesellschaften, die ihren Sitz in Liechtenstein haben oder Anteile eines OGAW in Liechtenstein oder von Liechtenstein aus öffentlich anbieten oder vertreiben.

(2) Es gilt zudem für Zusammensetzungen von OGAW aus verschiedenen, vermögens- und haftungsrechtlich getrennten Teilfonds. Das Nähere regelt die Regierung mit Verordnung.

(3) Dieses Gesetz gilt nicht für:
a) Organismen für gemeinsame Anlagen des geschlossenen Typs;
b) Organismen für gemeinsame Anlagen, welche ihre Anteile nicht beim Publikum innerhalb des EWR vertreiben;
c) Organismen für gemeinsame Anlagen, deren Anteile aufgrund der Vertragsbedingungen oder aufgrund der Satzung der Investmentgesellschaft nur an das Publikum von Drittstaaten verkauft werden dürfen;
d) Investmentgesellschaften, deren Vermögen über Tochtergesellschaften hauptsächlich in anderen Vermögensgegenständen als Wertpapieren angelegt ist;
e) von der Regierung mit Verordnung bestimmte Kategorien von Organismen für gemeinsame Anlagen, für welche die in Art. 50 bis 59 und Art. 89 vorgesehenen Regeln zur Anlage- und Kreditpolitik ungeeignet sind.

Art. 2a[3] Konsolidierte und zusätzliche Beaufsichtigung. (1) Bilden Verwaltungsgesellschaften ein Finanzkonglomerat, so unterstehen sie den Bestimmungen des Finanzkonglomeratsgesetzes.

(2) Gelangt das Finanzkonglomeratsgesetz nicht zur Anwendung, so gelten für die konsolidierte und die zusätzliche Beaufsichtigung von Verwaltungsgesellschaften die einschlägigen Bestimmungen

---
[1] Bericht und Antrag sowie Stellungnahme der Regierung Nr. 26/2011 und 58/2011
[2] Art. 1 Abs. 2 abgeändert durch LGBl. 2013 Nr. 50.
[3] Art. 2a eingefügt durch LGBl. 2013 Nr. 50.

des Bankengesetzes und des Versicherungsaufsichtsgesetzes betreffend Beaufsichtigung von Banken und Wertpapierfirmen auf konsolidierter Basis sowie die zusätzliche Beaufsichtigung der Versicherungsunternehmen einer Versicherungsgruppe sinngemäß.

(3) Für die Beaufsichtigung nach Abs. 1 gilt eine Verwaltungsgesellschaft als Teil der Branche, der sie nach Abs. 2 zugeordnet wird.

(4) Die von Verwaltungsgesellschaften ausgeübten Tätigkeiten sind nach Art. 7 des Finanzkonglomeratsgesetzes als erhebliche, branchenübergreifende Tätigkeiten in die Bestimmung eines Finanzkonglomerats einzubeziehen.

Art. 3 Begriffsbestimmungen und Bezeichnungen. (1) Im Sinne dieses Gesetzes gelten als:
1. „OGAW": Organismen für gemeinsame Anlagen:
    a) deren ausschließlicher Zweck es ist, beim Publikum beschaffte Gelder für gemeinsame Rechnung nach dem Grundsatz der Risikostreuung in Wertpapieren und/oder anderen in Art. 51 genannten liquiden Finanzanlagen zu investieren; und
    b) deren Anteile auf Verlangen der Anteilinhaber unmittelbar oder mittelbar zu Lasten des Vermögens dieser Organismen zurückgenommen oder ausgezahlt werden. Diesen Rücknahmen oder Auszahlungen gleichgestellt sind Handlungen, mit denen ein OGAW sicherstellen will, dass der Kurs seiner Anteile nicht erheblich von deren Nettoinventarwert abweicht;
2. „Verwahrstelle": eine Einrichtung, die mit der Durchführung der in Art. 33 genannten Pflichten betraut ist und den sonstigen in Kapitel IV festgelegten Bestimmungen unterliegt;
3. „Geschäftsleiter der Verwahrstelle": die Personen, die die Verwahrstelle aufgrund der gesetzlichen Vorschriften oder der Satzung vertreten oder die Ausrichtung der Tätigkeit der Verwahrstelle tatsächlich bestimmen;
4. „Verwaltungsgesellschaft": eine Gesellschaft, deren reguläre Geschäftstätigkeit in der Verwaltung von OGAW besteht;
5. „Geschäftsleiter der Verwaltungsgesellschaft": die Personen, die die Geschäfte der Verwaltungsgesellschaft tatsächlich leiten;
6. „Verwaltung" und „gemeinsame Portfolioverwaltung": die Anlageentscheidung, das Risikomanagement sowie die sonstige Anlageverwaltung, administrative Tätigkeiten und Vertrieb nach Anhang II der Richtlinie 2009/65/EG;
7. „Herkunftsmitgliedstaat der Verwaltungsgesellschaft": der EWR-Mitgliedstaat, in dem die Verwaltungsgesellschaft ihren Sitz hat;
8. „Aufnahmemitgliedstaat der Verwaltungsgesellschaft": der EWR-Mitgliedstaat, der nicht der Herkunftsmitgliedstaat ist und in dessen Hoheitsgebiet die Verwaltungsgesellschaft eine Zweigniederlassung hat oder Dienstleistungen erbringt;
9. „Herkunftsmitgliedstaat des OGAW": der EWR-Mitgliedstaat, in dem der OGAW nach Art. 8 zugelassen ist. Ein OGAW ist in seinem Herkunftsmitgliedstaat als niedergelassen anzusehen; ist ein OGAW nicht zugelassen oder registriert, ist er dort niedergelassen, wo er seinen Sitz und/oder seine Hauptverwaltung hat;
10. „Aufnahmemitgliedstaat des OGAW": der EWR-Mitgliedstaat, der nicht der Herkunftsmitgliedstaat des OGAW ist und in dem die Anteile des OGAW vertrieben werden;
11. „Zweigniederlassung": eine Niederlassung, die einen rechtlich unselbständigen Teil einer Verwaltungsgesellschaft bildet und Dienstleistungen erbringt, für die der Verwaltungsgesellschaft eine Zulassung erteilt wurde. Hat eine Verwaltungsgesellschaft mit Hauptverwaltung in einem anderen EWR-Mitgliedstaat in ein und demselben EWR-Mitgliedstaat mehrere Niederlassungen errichtet, so werden diese als eine einzige Zweigniederlassung betrachtet;
12. „enge Verbindungen": eine Situation, in der zwei oder mehrere natürliche oder juristische Personen verbunden sind durch:
    a) „Beteiligung", dh das direkte Halten oder das Halten im Wege der Kontrolle von mindestens 20% der Stimmrechte oder des Kapitals an einem Unternehmen; oder
    b) „Kontrolle", dh das Verhältnis zwischen einem Mutterunternehmen und einem Tochterunternehmen oder ein ähnliches Verhältnis zwischen einer natürlichen oder juristischen Person und einem Unternehmen. Ein Tochterunternehmen eines Tochterunternehmens wird auch als Tochterunternehmen des Mutterunternehmens angesehen, das an der Spitze dieser Unternehmen steht. Eine Situation, in der zwei oder mehrere natürliche oder juristische Personen mit ein und derselben Person durch ein Kontrollverhältnis dauerhaft verbunden sind, gilt auch als enge Verbindung zwischen diesen Personen;
13. „qualifizierte Beteiligung": eine direkte oder indirekte Beteiligung an einer Verwaltungsgesellschaft, die mindestens 10% des Kapitals oder der Stimmrechte entspricht oder die es ermöglicht,

maßgeblichen Einfluss auf die Geschäftsführung der Verwaltungsgesellschaft, an der die Beteiligung gehalten wird, zu nehmen: Für die Feststellung der Stimmrechte sind die Art. 25, 26, 27 und 31 des Offenlegungsgesetzes anzuwenden;
14. „Kapitalausstattung": das Anfangskapital nach Art. 7 Abs. 1 Bst. a und die Eigenmittel nach Art. 10 Abs. 1, 2. Unterabsatz der Richtlinie 2009/65/EG;
15. „dauerhafter Datenträger": jedes Medium, das es einem Anleger gestattet, an ihn persönlich gerichtete Informationen derart zu speichern, dass der Anleger sie in der Folge für eine für die Zwecke der Informationen angemessene Dauer einsehen kann, und das die unveränderte Wiedergabe der gespeicherten Informationen ermöglicht;
16. „Wertpapiere": mit Ausnahme der in Art. 53 genannten Techniken und Instrumente:
    a) Aktien und andere, Aktien gleichwertige Wertpapiere („Aktien");
    b) Schuldverschreibungen und sonstige verbriefte Schuldtitel („Schuldtitel");
    c) alle anderen marktfähigen Wertpapiere, die zum Erwerb von Wertpapieren im Sinne dieses Gesetzes durch Zeichnung oder Austausch berechtigen;
17. „mit OGAW vergleichbare Organismen für gemeinsame Anlagen" oder „Organismen für gemeinsame Anlagen, die mit OGAW vergleichbar sind": Organismen für gemeinsame Anlagen des offenen Typs:
    a) deren ausschließlicher Zweck darin besteht, beim Publikum beschaffte Gelder für gemeinsame Rechnung nach dem Grundsatz der Risikostreuung in die in Art. 51 genannten liquiden Finanzanlagen zu investieren;
    b) die nach Rechtsvorschriften zugelassen wurden, die sie einer Aufsicht unterstellen, welche nach Auffassung der zuständigen Behörden des Herkunftsstaates des OGAW derjenigen nach der Richtlinie 2009/65/EG gleichwertig ist und ausreichende Gewähr für die Zusammenarbeit zwischen den Aufsichtsbehörden besteht;
    c) bei denen das Schutzniveau der Anleger dem Schutzniveau der Anleger eines OGAW gleichwertig ist und insbesondere die Bestimmungen für die getrennte Verwahrung des Sondervermögens, die Kreditaufnahme, die Kreditgewährung und Leerverkäufe von Wertpapieren und Geldmarktinstrumenten den Anforderungen der Richtlinie 2009/65/EG gleichwertig sind;
    d) deren Geschäftstätigkeiten Gegenstand von Halbjahres- und Jahresberichten ist, die es erlauben, sich ein Urteil über das Vermögen und die Verbindlichkeiten, Erträge und Transaktionen im Berichtszeitraum zu bilden; und
    e) nach deren konstituierenden Dokumenten höchstens 10% des verwalteten Vermögens in Anteilen anderer OGAW oder Organismen für gemeinsame Anlagen angelegt werden dürfen;
18. „Geldmarktinstrumente": Instrumente, die üblicherweise auf dem Geldmarkt gehandelt werden, liquide sind und deren Wert jederzeit genau bestimmt werden kann;
19. „Verschmelzung": eine Transaktion, bei der:
    a) ein oder mehrere OGAW oder Teilfonds davon, die „übertragenden OGAW", bei ihrer Auflösung ohne Abwicklung sämtliche Vermögenswerte und Verbindlichkeiten auf einen anderen bestehenden OGAW oder einen Teilfonds davon, den „übernehmenden OGAW", übertragen und ihre Anleger dafür Anteile des übernehmenden OGAW sowie gegebenenfalls eine Barzahlung in Höhe von maximal 10% des Nettobestandswerts dieser Anteile erhalten;
    b) zwei oder mehrere OGAW oder Teilfonds davon, die „übertragenden OGAW", bei ihrer Auflösung ohne Abwicklung sämtliche Vermögenswerte und Verbindlichkeiten auf einen von ihnen gebildeten OGAW oder einen Teilfonds davon, den „übernehmenden OGAW", übertragen und ihre Anleger dafür Anteile des übernehmenden OGAW sowie gegebenenfalls eine Barzahlung in Höhe von maximal 10% des Nettobestandswerts dieser Anteile erhalten;
    c) ein oder mehrere OGAW oder Teilfonds davon, die „übertragenden OGAW", die weiter bestehen, bis die Verbindlichkeiten getilgt sind, ihr Nettovermögen auf einen anderen Teilfonds davon, auf einen von ihnen gebildeten oder anderen bestehenden OGAW oder einen Teilfonds davon, den „übernehmenden OGAW", übertragen;
20. „grenzüberschreitende Verschmelzung": eine Verschmelzung von OGAW:
    a) von denen mindestens zwei in unterschiedlichen EWR-Mitgliedstaaten niedergelassen sind; oder
    b) die in demselben EWR-Mitgliedstaat niedergelassen sind, zu einer neu gegründeten und in einem anderen EWR-Mitgliedstaat niedergelassenen OGAW.
21. „inländische Verschmelzung": eine Verschmelzung von OGAW, die im gleichen EWR-Mitgliedstaat niedergelassen sind, wenn mindestens einer der betroffenen OGAW nach Art. 98 angezeigt wurde;

22. „Feeder-OGAW": ein OGAW oder ein Teilfonds davon, der abweichend von den für OGAW geltenden Bestimmungen mindestens 85% seines Vermögens in Anteile eines anderen OGAW oder eines Teilfonds eines anderen OGAW („Master-OGAW") anlegt;
23. „Master-OGAW": ein OGAW oder ein Teilfonds eines OGAW, der:
    a) mindestens einen Feeder-OGAW unter seinen Anlegern hat;
    b) nicht selbst ein Feeder-OGAW ist; und
    c) keine Anteile eines Feeder-OGAW hält;
24. „konstituierende Dokumente": die Vertragsbedingungen eines Investmentfonds, die Satzung der Investmentgesellschaft, der Treuhandvertrag einer Kollektivtreuhänderschaft, eine eventuell separate Beschreibung der Anlagepolitik sowie Nebenabreden und Reglemente, die die Funktion der vorgenannten Dokumente erfüllen, und andere von der Regierung mit Verordnung bestimmte Dokumente, in denen die Grundlagen des OGAW geregelt sind;[4]
25. „AIF": jeder Organismus für gemeinsame Anlagen einschliesslich seiner Teilfonds, der:
    a) von einer Anzahl von Anlegern Kapital einsammelt, um es gemäss einer festgelegten Anlagestrategie zum Nutzen dieser Anleger zu investieren; und
    b) weder ein OGAW im Sinne dieses Gesetzes noch ein Investmentunternehmen im Sinne des IUG ist.[5]
    Für die Eigenschaft als AIF ist es ohne Bedeutung, ob es sich bei dem AIF um einen offenen oder geschlossenen Fonds handelt, ob der AIF in der Vertragsform, der Form des Trust, der Satzungsform oder irgendeiner anderen Rechtsform errichtet ist und welche Struktur der AIF hat;[6]
26. „Derivate": abgeleitete Finanzinstrumente, einschliesslich gleichwertiger bar abgerechneter Instrumente, die an einem der unter den Art. 51 Abs. 1 Bst. a bezeichneten geregelten Märkten gehandelt werden, und/oder abgeleitete Finanzinstrumente, die nicht an der Börse gehandelt werden („OTC-Derivate");
27. „ESMA": die Europäische Wertpapier- und Marktaufsichtsbehörde nach der Verordnung (EU) Nr. 1095/2010;
28. „staatlicher Emittent": ein EWR-Mitgliedstaat oder eine seiner Gebietskörperschaften, ein Drittstaat oder eine internationale Einrichtung öffentlichrechtlichen Charakters, der ein oder mehrere EWR-Mitgliedstaaten angehören;
29. „zuständige Behörde": die von den EWR-Mitgliedstaaten nach Art. 97 der Richtlinie 2009/65/EG bezeichneten Behörden, in Liechtenstein die FMA.
30. „Originator": das Rechtssubjekt, das im Sinne von Art. 1 Ziff. 3 der Verordnung (EG) Nr. 24/2009 der Europäischen Zentralbank die Sicherheit oder den Sicherheitenpool und/oder das Kreditrisiko der Sicherheit oder des Sicherheitenpools auf die Verbriefungsstruktur überträgt.[7]

(2) Die Regierung kann mit Verordnung die Begriffe nach Abs. 1 näher umschreiben sowie weitere in diesem Gesetz verwendete Begriffe definieren.

(3) Im Übrigen finden die Begriffsbestimmungen des anwendbaren EWR-Rechts, insbesondere der Richtlinien 2009/65/EG und 2007/16/EG, ergänzend Anwendung.

(4) Unter den in diesem Gesetz verwendeten Personen- und Funktionsbezeichnungen sind Angehörige weiblichen und männlichen Geschlechts zu verstehen.

B. Rechtsformen

Art. 4 Grundsatz. (1) Ein OGAW kann die Vertragsform (von einer Verwaltungsgesellschaft verwalteter „Investmentfonds"), die Form der Treuhänderschaft („Kollektivtreuhänderschaft") oder die Satzungsform („Investmentgesellschaft") haben.

(2) Aufgehoben[8]

(3) Die Regierung kann mit Verordnung bestimmen, dass ein OGAW eine andere als in Art. 5 bis 7 genannte Rechtsform aufweisen kann, soweit der Schutz der Anleger und das öffentliche Interesse nicht entgegen stehen; die Verordnung legt zugleich fest, ob die Vorschriften dieses Gesetzes für Investmentfonds, Kollektivtreuhänderschaften oder Investmentgesellschaften entsprechend gelten.

Art. 5 Investmentfonds. (1) Ein Investmentfonds ist eine durch einen inhaltlich identischen Vertrag begründete Rechtsbeziehung mehrerer Anleger zu einer Verwaltungsgesellschaft und einer Verwahr-

---

[4] Art. 3 Abs. 1 Ziff. 24 abgeändert durch LGBl. 2013 Nr. 50.
[5] Art. 3 Abs. 1 Ziff. 25 Bst. b abgeändert durch LGBl. 2013 Nr. 244.
[6] Art. 3 Abs. 1 Ziff. 25 abgeändert durch LGBl. 2013 Nr. 50.
[7] Art. 3 Abs. 1 Ziff. 30 eingefügt durch LGBl. 2013 Nr. 50.
[8] Art. 4 Abs. 2 aufgehoben durch LGBl. 2013 Nr. 50.

stelle zu Zwecken der Vermögensanlage, Verwaltung und Verwahrung für Rechnung der Anleger in Form einer rechtlich separaten Vermögensmaße (der „Fonds"), an der die Anleger beteiligt sind.

(2) Soweit in diesem Gesetz nichts anderes bestimmt wird, richten sich die Rechtsverhältnisse zwischen den Anlegern und der Verwaltungsgesellschaft nach dem Fondsvertrag und, soweit dort keine Regelungen getroffen sind, nach den Bestimmungen des ABGB. Soweit dort keine Regelungen getroffen sind, gelten die Bestimmungen des PGR über die Treuhänderschaft entsprechend.

(3) Der Fondsvertrag hat Regelungen zu enthalten über:
a) die Anlagen, Anlagepolitik und Anlagebeschränkungen;
b) die Bewertung, Ausgabe und Rücknahme von Anteilen und deren Verbriefung, wobei sich der Wert des Anteils aus der Teilung des Wertes der Vermögenswerte des Investmentfonds oder Teilfonds durch die Anzahl der in Verkehr gelangten Anteile ergibt;
c) die Bedingungen der Anteilsrücknahme oder -aussetzung;
d) die von den Anlegern direkt oder indirekt zu tragenden Kosten und Aufwendungen und wie sich diese berechnen;
e) die Informationen für die Anleger;
f) die Kündigung und den Verlust des Rechts zur Verwaltung des Investmentfonds;
g) die Voraussetzungen für Vertragsänderungen sowie zur Abwicklung, Verschmelzung und Spaltung des Investmentfonds; und
h) die Anteilsklassen und bei Einbindung des Investmentfonds in eine Umbrella-Struktur die Bedingungen für den Wechsel von einem vermögens- und haftungsrechtlich getrennten Teilfonds zu einem anderen.

(4) Die Regierung kann mit Verordnung weitere Anforderungen an den Fondsvertrag festlegen, sofern dies zum Schutz der Anleger und des öffentlichen Interesses erforderlich ist.

(5) Die Verwaltungsgesellschaft ist berechtigt, im eigenen Namen über die zum Investmentfonds gehörenden Gegenstände nach Maßgabe dieses Gesetzes und des Fondsvertrags zu verfügen und alle Rechte daraus auszuüben; das Handeln für den Investmentfonds muss erkennbar sein. Der Investmentfonds haftet nicht für Verbindlichkeiten der Verwaltungsgesellschaft oder der Anleger. Zum Investmentfonds gehört auch alles, was die Verwaltungsgesellschaft aufgrund eines zum Investmentfonds gehörenden Rechts oder durch ein Rechtsgeschäft mit Bezug zum Investmentfonds oder als Ersatz für ein zum Investmentfonds gehörendes Recht erwirbt.

(6) Die Verwaltungsgesellschaft ist nicht berechtigt, im Namen der Anleger Verbindlichkeiten sowie Verpflichtungen aus Bürgschaft oder Garantie einzugehen oder Gelddarlehen zu gewähren. Die Verwaltungsgesellschaft kann sich wegen ihrer Ansprüche auf Vergütung und Aufwendungsersatz nur aus dem Investmentfonds befriedigen. Die Anleger haften persönlich nur bis zur Höhe des Anlagebetrags.

(7) Der Fondsvertrag und jede seiner Änderungen bedarf zu seiner Wirksamkeit der Genehmigung der FMA. Der Fondsvertrag wird genehmigt, wenn er die Anforderungen nach Abs. 3 bis 6 erfüllt und der Schutz der Anleger und das öffentliche Interesse nicht entgegen stehen. Die FMA kann Musterfondsverträge genehmigen oder zur Verfügung stellen, bei deren Verwendung der Fondsvertrag als genehmigt gilt.

(8) Der Investmentfonds ist nach Zulassung in das Handelsregister einzutragen, die Eintragung ist jedoch keine Bedingung für die Entstehung des Investmentfonds und die Genehmigung des Fondsvertrages durch die FMA. Das Nähere zum Eintragungsverfahren regelt die Regierung mit Verordnung.[9]

Art. 6 Kollektivtreuhänderschaft. (1) Eine Kollektivtreuhänderschaft ist das Eingehen einer inhaltlich identischen Treuhänderschaft mit einer unbestimmten Zahl von Anlegern zu Zwecken der Vermögensanlage und Verwaltung für Rechnung der Anleger, wobei die einzelnen Anleger gemäß ihrem Anteil an dieser Treuhänderschaft beteiligt sind und nur bis zur Höhe des Anlagebetrags persönlich haften.

(2) Soweit in diesem Gesetz nichts anderes bestimmt wird, richten sich die Rechtsverhältnisse zwischen den Anlegern und der Verwaltungsgesellschaft nach dem Treuhandvertrag und, sofern dort keine Regelungen getroffen sind, nach den Bestimmungen des PGR über die Treuhänderschaft. Soweit die konstituierenden Dokumente nicht ausdrücklich etwas anderes festlegen, gilt nur die Verwaltungsgesellschaft als Treuhänder und nur diese schließt für Rechnung des OGAW die maßgeblichen Rechtsgeschäfte ab.[10]

---

[9] Art. 5 Abs. 8 abgeändert durch LGBl. 2013 Nr. 6.
[10] Art. 6 Abs. 2 abgeändert durch LGBl. 2013 Nr. 50.

(3) Der Treuhandvertrag hat Regelungen zu enthalten über:
a) die Anlagen, Anlagepolitik und Anlagebeschränkungen;
b) die Bewertung, Ausgabe und Rücknahme von Anteilen und deren Verbriefung, wobei sich der Wert des Anteils aus der Teilung des Wertes der Vermögenswerte der Kollektivtreuhänderschaft oder des Teilfonds durch die Anzahl der in Verkehr gelangten Anteile ergibt;
c) die Bedingungen der Anteilsrücknahme oder -aussetzung;
d) die von den Anlegern direkt oder indirekt zu tragenden Kosten und Aufwendungen und wie sich diese berechnen;
e) die Informationen für die Anleger;
f) die Kündigung und den Verlust des Rechts zur Verwaltung der Kollektivtreuhänderschaft;
g) die Voraussetzungen für Änderungen des Treuhandvertrags sowie zur Abwicklung, Verschmelzung und Spaltung der Kollektivtreuhänderschaft; und
h) die Anteilsklassen und bei Einbindung der Kollektivtreuhänderschaft in eine Umbrella-Struktur die Bedingungen für den Wechsel von einem vermögens- und haftungsrechtlich getrennten Teilfonds zu einem anderen.

(4) Die Regierung kann mit Verordnung weitere Anforderungen an den Treuhandvertrag festlegen, sofern dies zum Schutz der Anleger und des öffentlichen Interesses erforderlich ist.

(5) Der Treuhandvertrag und jede seiner Änderungen bedarf zu seiner Wirksamkeit der Genehmigung der FMA. Der Treuhandvertrag wird genehmigt, wenn er die Anforderungen nach Abs. 3 und 4 erfüllt und der Schutz der Anleger und das öffentliche Interesse nicht entgegen stehen. Die FMA kann Mustertreuhandverträge genehmigen oder zur Verfügung stellen, bei deren Verwendung der Treuhandvertrag als genehmigt gilt.

(6) Die Kollektivtreuhänderschaft ist nach Zulassung in das Handelsregister einzutragen, die Eintragung ist jedoch keine Bedingung für die Entstehung der Kollektivtreuhänderschaft oder die Genehmigung des Treuhandvertrags durch die FMA. Das Nähere zum Eintragungsverfahren regelt die Regierung mit Verordnung.[11]

Art. 7 Investmentgesellschaft mit veränderlichem Kapital. (1) Die Investmentgesellschaft mit veränderlichem Kapital (im Folgenden: Investmentgesellschaft) ist ein OGAW in Form der Aktiengesellschaft, der Europäischen Gesellschaft (SE) oder der Anstalt:[12]
a) bei der die Haftung der Anleger als Aktionäre oder Beteiligte nach vollständiger Einzahlung des Anlagebetrages auf dessen Höhe beschränkt ist;
b) deren ausschließlicher Zweck die Vermögensanlage und Verwaltung für Rechnung der Anleger ist; und
c) deren Anteile bei Anlegern platziert werden.

(2) Soweit in diesem Gesetz nichts anderes bestimmt wird, richten sich die Rechtsverhältnisse zwischen den Anlegern, der Investmentgesellschaft und der Verwaltungsgesellschaft nach der Satzung der Investmentgesellschaft und, soweit dort keine Regelungen getroffen sind, nach den Bestimmungen des PGR über die Aktiengesellschaft oder die Anstalt oder nach jenen des SEG über die Europäische Gesellschaft.

(3) Die Satzung hat Regelungen zu enthalten über:
a) die Anlagen, Anlagepolitik und Anlagebeschränkungen;
b) die Bewertung, Ausgabe und Rücknahme von Anlegeraktien und deren Verbriefung, wobei sich der Wert der Anlegeraktie aus der Teilung des Wertes der zu Anlagezwecken gehaltenen Vermögenswerte der Investmentgesellschaft oder des Teilfonds durch die Anzahl der in Verkehr gelangten Anlegeraktien ergibt;
c) die Bedingungen der Rücknahme oder Aussetzung für die Anlegeraktien;
d) die von den Anlegern direkt oder indirekt zu tragenden Kosten und Aufwendungen und wie sich diese berechnen;
e) die Informationen für die Anleger;
f) die Kündigung und den Verlust des Rechts zur Verwaltung der Investmentgesellschaft;
g) die Voraussetzungen für Satzungsänderungen sowie zur Abwicklung, Verschmelzung und Spaltung der Investmentgesellschaft;
h) die Anteilsklassen und bei Einbindung der Investmentgesellschaft in eine Umbrella-Struktur die Bedingungen für den Wechsel von einem vermögens- und haftungsrechtlich getrennten Teilfonds zu einem anderen; und

---

[11] Art. 6 Abs. 6 abgeändert durch LGBl. 2013 Nr. 6.
[12] Art. 7 Abs. 1 abgeändert durch LGBl. 2013 Nr. 50.

i) die Aufgaben und Funktionen der Gesellschaftsorgane bei der fremdverwalteten Investmentgesellschaft.

(4) Die Regierung kann mit Verordnung weitere Anforderungen an die Satzung festlegen, sofern dies zum Schutz der Anleger und des öffentlichen Interesses erforderlich ist.

(5) Die Investmentgesellschaft kann durch ihre Organe (selbstverwaltete Investmentgesellschaft) oder durch eine Verwaltungsgesellschaft (fremdverwaltete Investmentgesellschaft) verwaltet werden. Die Verwaltung der Investmentgesellschaft ist dem Interesse der Anleger verpflichtet.

(6) Die Organe der Investmentgesellschaft können eingliedrig oder zweigliedrig strukturiert sein. Im ersten Fall leitet und überwacht der Verwaltungsrat die Geschäfte, im zweiten Fall leitet der Vorstand die Geschäfte und der Aufsichtsrat überwacht dessen Geschäftsführung. Soweit die Satzung und die Regierung mit Verordnung nichts anderes bestimmen, finden auf die Bestellung und Zusammenarbeit der Gesellschaftsorgane die Bestimmungen dieses Gesetzes, des PGR und des SEG Anwendung; bei einer zweigliedrigen Organstruktur finden ausschließlich die Bestimmungen des SEG sinngemäß Anwendung.

(7) Die Satzung muss angeben, ob und in welchem Umfang die Investmentgesellschaft Gründer- und Anlegeranteile mit und ohne Stimmrecht und mit oder ohne Recht zur Teilnahme an der Generalversammlung ausgibt sowie ob das eigene Vermögen und das verwaltete Vermögen getrennt sind. Sind das eigene Vermögen und das verwaltete Vermögen getrennt, so sind die Inhaber von Anlegeraktien bei Anstalten als Genussberechtigte zu qualifizieren.[13]

(8) Sofern die Regierung mit Verordnung keine höhere Mindestgrundkapitalausstattung festlegt, muss im Fall der Vermögenstrennung mittels der Gründeraktien ein Grundkapital von mindestens 50 000 Euro oder den Gegenwert in Schweizer Franken gehalten werden. Die erforderliche Kapitalausstattung nach Art. 17 bleibt unberührt. Die Entscheidung über die Ausgabe neuer Anteile trifft bei eingliedriger Struktur der Verwaltungsrat und bei zweigliedriger Struktur der Vorstand, jedoch in Bezug auf Gründeraktien die Generalversammlung, sofern dieses Gesetz, die Satzung oder die Verordnung nichts anderes bestimmen.[14]

(9) Eine Investmentgesellschaft nach diesem Artikel hat in ihrer Firma die Bezeichnung als „Investmentgesellschaft mit veränderlichem Kapital" oder eine alternative Rechtsformbezeichnung nach Art. 12 Abs. 2 Bst. c zu führen.

(10) Eine Investmentgesellschaft kann von einer Verwaltungsgesellschaft fremdverwaltet oder von ihren Organen selbstverwaltet werden. Soweit dieses Gesetz nichts anderes bestimmt, gelten für selbstverwaltete Investmentgesellschaften die Vorschriften für OGAW und Verwaltungsgesellschaften sinngemäß mit der Maßgabe, dass die Pflichten von OGAW und Verwaltungsgesellschaften von den Organen der Investmentgesellschaft zu erfüllen sind.

(11) Die Satzung und jede ihrer Änderungen bedürfen zu ihrer Wirksamkeit der Genehmigung der FMA. Die Satzung wird genehmigt, wenn sie die Anforderungen nach Abs. 3 bis 10 erfüllt und der Schutz der Anleger und das öffentliche Interesse nicht entgegen stehen. Die FMA kann Mustersatzungen genehmigen oder zur Verfügung stellen, bei deren Verwendung die Satzung als genehmigt gilt.

(12) Die Investmentgesellschaft entsteht durch Eintragung in das Handelsregister. Vor der Eintragung gelten die Vorschriften des PGR über die einfache Gesellschaft mit der Maßgabe, dass eine Haftung der Anleger ausgeschlossen ist. Die Regierung regelt das Nähere mit Verordnung.[15]

II. Zulassung von OGAW

Art. 8 Zulassungspflicht und -umfang. (1) Ein OGAW mit Sitz in Liechtenstein bedarf zur Ausübung seiner Geschäftstätigkeit einer Zulassung durch die FMA. Art. 97 Abs. 1 bleibt unberührt.

(2) Die Zulassung gilt in allen EWR-Mitgliedstaaten und berechtigt zum Vertrieb der Anteile des OGAW auf der Grundlage der Dienstleistungs- oder Niederlassungsfreiheit innerhalb des EWR.

(3) Für den OGAW handeln im Fall der selbstverwalteten Investmentgesellschaft deren Organe, andernfalls die Verwaltungsgesellschaft.

Art. 9 Zulassungsvoraussetzungen. (1) Die FMA erteilt einem OGAW die Zulassung nach vorheriger Genehmigung:

---

[13] Art. 7 Abs. 7 abgeändert durch LGBl. 2013 Nr. 50.
[14] Art. 7 Abs. 8 abgeändert durch LGBl. 2013 Nr. 50.
[15] Art. 7 Abs. 12 eingefügt durch LGBl. 2013 Nr. 50.

a) des Antrages der zugelassenen Verwaltungsgesellschaft oder im Falle der Selbstverwaltung der zugelassenen Investmentgesellschaft, den OGAW zu verwalten;
b) der Bestellung der Verwahrstelle; und
c) der konstituierenden Dokumente.

(2) Die FMA verweigert die Zulassung, wenn:
a) der OGAW aus rechtlichen Gründen, insbesondere aufgrund einer Bestimmung seiner Vertragsbedingungen oder Satzung, seine Anteile in Liechtenstein nicht vertreiben darf;
b) die Geschäftsleiter der Verwahrstelle nicht ausreichend gut beleumdet sind und nicht über ausreichende Erfahrung in Bezug auf die Art des zu verwaltenden OGAW verfügen;
c) die Verwaltungsgesellschaft nicht als Verwaltungsgesellschaft für die Art des zu verwaltenden OGAW zugelassen ist.

(3) Bei grenzüberschreitender Tätigkeit innerhalb des EWR ist es nicht erforderlich, dass der OGAW von einer Verwaltungsgesellschaft mit Sitz oder Geschäftstätigkeit in Liechtenstein verwaltet wird.

(4) Die Regierung kann mit Verordnung für einen OGAW ein Mindestvermögen sowie die Frist, innert welcher dieses erreicht werden muss, festlegen.

Art. 10 Antrag und Zulassungsverfahren. (1) Der Antrag auf Erteilung einer Zulassung eines OGAW ist von der Verwaltungsgesellschaft oder im Falle der Selbstverwaltung von der Investmentgesellschaft bei der FMA einzureichen.

(2) Dem Antrag sind die zum Nachweis der Voraussetzungen nach Art. 9 erforderlichen Angaben und Unterlagen beizufügen. Zugleich hat die Geschäftsleitung der Verwaltungsgesellschaft zu bestätigen, dass kein Verweigerungsgrund nach Art. 9 Abs. 2 vorliegt.

(3) Die FMA übermittelt der Verwaltungsgesellschaft oder im Falle der selbstverwalteten Investmentgesellschaft der Investmentgesellschaft binnen drei Arbeitstagen nach Eingang des vollständigen Antrags eine Eingangsbestätigung.

(4) Die FMA hat innerhalb von zehn Arbeitstagen, im Falle der Erstzulassung einer selbstverwalteten Investmentgesellschaft innerhalb von einem Monat, nach Eingang der vollständigen Unterlagen über den Antrag zu entscheiden.

(5) Die FMA kann die Frist nach Abs. 4 auf höchstens zwei Monate, im Falle der Erstzulassung einer selbstverwalteten Investmentgesellschaft auf höchstens sechs Monate, nach Eingang der vollständigen Unterlagen verlängern, wenn dies zum Schutz der Anleger und des öffentlichen Interesses erforderlich ist.

(6) Verlängert die FMA die Fristen nach Abs. 4 nicht, so gilt die Zulassung mit jeweiligem Fristablauf als erteilt. Die FMA hat die Genehmigungswirkung schriftlich zu bestätigen.

(7) Jede Fristverlängerung, Ablehnung oder Einschränkung der Zulassung ist schriftlich zu begründen. Für den Erlass einer beschwerdefähigen Verfügung kann die FMA zusätzliche Gebühren erheben.

(8) Die Regierung kann das Nähere über die Antragsform, die Vollständigkeit des Antrags, die Eingangsbestätigung, das Verfahren, die Anwendbarkeit der Frist nach Abs. 4, die Fristverlängerung nach Abs. 5, die Bestätigung nach Abs. 6 sowie die Begründung nach Abs. 7 mit Verordnung regeln.

(9) Die Regierung kann die FMA mit Verordnung ermächtigen, die Genehmigungswirkung nach Abs. 6 in Ausnahmefällen auszusetzen.

Art. 11 Änderung konstituierender Dokumente, Wechsel von Verwaltungsgesellschaft, Verwahrstelle, Wirtschaftsprüfer und Geschäftsleiter der Verwahrstelle. (1) Für das Verfahren zur Änderung der konstituierenden Dokumente nach Art. 5 Abs. 7, Art. 6 Abs. 5 und Art. 7 Abs. 11 gelten die Art. 8 bis 10 entsprechend.

(2) Der Wechsel der Verwaltungsgesellschaft und der Wechsel der Verwahrstelle bedürfen der Genehmigung der FMA auch dann, wenn damit keine Änderung der konstituierenden Dokumente verbunden ist. Das Nähere bestimmt sich nach Art. 49.

(3) Den Wechsel des Wirtschaftsprüfers des OGAW und eines Geschäftsleiters der Verwahrstelle hat die Verwaltungsgesellschaft der FMA anzuzeigen. Zusammen mit der Anzeige ist der Name des neuen Wirtschaftsprüfers oder des neuen Geschäftsleiters mitzuteilen.

(4) Das Nähere regelt die Regierung mit Verordnung.

Art. 12 Name. (1) Der Name eines OGAW darf nicht zu Verwechslungen und Täuschungen Anlass geben. Lässt der Name auf eine bestimmte Anlagestrategie schließen, ist diese überwiegend umzusetzen.

(2) Sofern der Anlegerschutz und das öffentliche Interesse nicht entgegen stehen, ist ein OGAW berechtigt, seinem Namen eine Bezeichnung der Rechtsform oder eine der im Folgenden genannten Bezeichnungen oder Abkürzungen beizufügen:
a) beim Investmentfonds: „common contractual fund", „CCF", „C. C. F.", „fonds commun de placement", „FCP" oder „F. C. P.";
b) bei der Kollektivtreuhänderschaft: „Anlagefonds", „unit trust", „authorized unit trust" oder „AUT";
c) bei der Investmentgesellschaft mit variablem Kapital: „open-ended investment company", „OEIC", „société d'investissement à capital variable" oder „SICAV";
d) eine andere von der Regierung mit Verordnung bestimmte Bezeichnung oder Abkürzung.

(3) Wird der Name eines OGAW, einschließlich der Bezeichnung oder Abkürzung, geändert, so sind auch die konstituierenden Dokumente anzupassen. Solche Änderungen bedürfen der Genehmigung der FMA.

(4) Andere als Verwaltungsgesellschaften oder OGAW dürfen keine Bezeichnungen verwenden, die auf die Tätigkeit einer Verwaltungsgesellschaft oder eines OGAW schließen lassen.

(5) Die Regierung kann das Nähere mit Verordnung regeln.

III. Zulassung und Pflichten von Verwaltungsgesellschaften

A. Zulassung von Verwaltungsgesellschaften

Art. 13 Zulassungspflicht und anwendbares Recht. (1) Eine Verwaltungsgesellschaft mit Sitz in Liechtenstein bedarf zur Ausübung ihrer Geschäftstätigkeit der Zulassung durch die FMA. Vorbehalten bleiben die Bestimmungen nach Art. 96 bis 120.

(2) Soweit nichts anderes bestimmt ist, finden auf die selbstverwaltete Investmentgesellschaft die Bestimmungen dieses Kapitels sinngemäß Anwendung.

Art. 14 Umfang der Zulassung. (1) Die Zulassung als Verwaltungsgesellschaft gilt in allen EWR-Mitgliedstaaten und berechtigt die Verwaltungsgesellschaft auf der Grundlage der Dienstleistungs- oder der Niederlassungsfreiheit innerhalb des EWR zur Verwaltung von zugelassenen OGAW.

(2) Zusätzlich zur Verwaltung von zugelassenen OGAW kann die FMA der Verwaltungsgesellschaft eine Zulassung für die Erbringung folgender Dienstleistungen erteilen:
a) individuelle Verwaltung einzelner Portfolios – einschließlich der Portfolios von Pensionsfonds und Stiftungen – mit einem Ermessensspielraum im Rahmen eines Mandats der Anleger, sofern die betreffenden Portfolios eines oder mehrere der in Anhang I Abschnitt C der Richtlinie 2004/39/EG genannten Instrumente enthalten;
b) soweit die Zulassung Dienstleistungen nach Bst. a umfasst:
   1. die Anlageberatung in Bezug auf eines oder mehrere der in Anhang I Abschnitt C der Richtlinie 2004/39/EG genannten Instrumente;
   2. die Verwahrung und technische Verwaltung in Bezug auf die Anteile von Organismen für gemeinsame Anlagen; und
   3. in Fällen, in denen die Verwaltungsgesellschaft sonstige Organismen für gemeinsame Anlagen verwaltet, die Annahme und Übermittlung von Aufträgen, die ein oder mehrere Instrumente gemäß Anhang I Abschnitt C der Richtlinie 2004/39/EG zum Gegenstand haben;
c) die Verwaltung von AIF unter den im Investmentunternehmensgesetz näher bestimmten Voraussetzungen; und
d) andere durch Verordnung bestimmte Tätigkeiten, soweit der Anlegerschutz und das öffentliche Interesse nicht entgegen stehen.

(3) Eine selbstverwaltete Investmentgesellschaft darf nur ihre eigenen Vermögensgegenstände verwalten.

(4) Die FMA kann die Zulassung für alle oder nur für einzelne Arten von OGAW erteilen.

(5) Die Regierung kann das Nähere, insbesondere im Hinblick auf die Rechtsform der Verwaltungsgesellschaft und die Arten von OGAW nach Abs. 4, mit Verordnung regeln.

Art. 15 Zulassungsvoraussetzungen. (1) Die FMA erteilt der Verwaltungsgesellschaft die Zulassung, wenn:
a) die Kapitalausstattung nach Art. 17 ausreichend ist;
b) die Geschäftsleiter der Verwaltungsgesellschaft oder andere Personen, für die die Verwaltungsgesellschaft nachweist, dass sie die Geschäfte der Verwaltungsgesellschaft tatsächlich führen, ausreichend

fachlich qualifiziert und persönlich integer sind; über die Geschäftsführung der Verwaltungsgesellschaft müssen mindestens zwei Personen, die die genannten Bedingungen erfüllen, bestimmen;[16]
c) ein Geschäftsplan vorliegt, aus dem zumindest der organisatorische Aufbau der Verwaltungsgesellschaft hervorgeht;
d) die qualifiziert Beteiligten den zur Gewährleistung einer soliden und umsichtigen Führung der Verwaltungsgesellschaft zu stellenden Ansprüchen genügen;
e) die Hauptverwaltung und der Sitz der Verwaltungsgesellschaft in Liechtenstein sind.

(2) Die FMA verweigert die Zulassung, wenn:
a) sie durch enge Verbindungen zwischen der Verwaltungsgesellschaft und anderen Personen an der Aufsicht gehindert wird;
b) sie durch die Rechts- und Verwaltungsvorschriften eines Drittstaates, denen Personen unterstehen, zu denen die Verwaltungsgesellschaft enge Verbindungen besitzt, oder durch Schwierigkeiten bei deren Anwendung an der Aufsicht gehindert wird.

(3) Bei Zulassungen für Dienstleistungen nach Art. 14 Abs. 2 Bst. a und b finden die Bestimmungen des Vermögensverwaltungsgesetzes (VVG) und im Fall der Verwahrung und technischen Verwaltung in Bezug auf Anteile von Organismen für gemeinsame Anlagen die Vorschriften des Bankengesetzes (BankG) über die Erbringung von Dienstleistungen als Gegenpartei, die Kapitalausstattung, die organisatorischen Anforderungen und die Wohlverhaltensregeln bei der Erbringung von Kundendienstleistungen Anwendung.

(4) Vermögensverwaltungsgesellschaften, deren Geschäftsbereich die Erbringung und Vermittlung von Dienstleistungen nach Art. 3 Abs. 1 des Vermögensverwaltungsgesetzes umfasst, dürfen als Verwaltungsgesellschaften zugelassen werden, wenn sie nach Art. 30 Abs. 1 Bst. c des Vermögensverwaltungsgesetzes schriftlich auf ihre Bewilligung verzichten.[17]

(5) Die Regierung regelt das Nähere mit Verordnung.

Art. 16 Antrag und Zulassungsverfahren. (1) Der Antrag auf Erteilung einer Zulassung als Verwaltungsgesellschaft ist in der durch die Regierung mit Verordnung bestimmten Form bei der FMA einzureichen.

(2) Dem Antrag sind die zum Nachweis der Voraussetzungen nach Art. 15 erforderlichen Angaben und Unterlagen im Hinblick auf die Verwaltungsgesellschaft sowie die nach Art. 9 erforderlichen Angaben und Unterlagen im Hinblick auf die zu verwaltenden OGAW beizufügen. Zugleich hat die Geschäftsleitung der Verwaltungsgesellschaft zu bestätigen, dass keine Verweigerungsgründe nach Art. 15 Abs. 2 oder Art. 9 Abs. 2 vorliegen.

(3) Die FMA übermittelt dem Antragsteller binnen drei Arbeitstagen nach Eingang des vollständigen Antrags eine Eingangsbestätigung.

(4) Die FMA hat innerhalb von einer Frist von einem Monat nach Eingang der vollständigen Unterlagen über den Antrag zu entscheiden.

(5) Die FMA kann die Frist nach Abs. 4 auf höchstens sechs Monate nach Eingang der vollständigen Unterlagen verlängern, wenn dies zum Schutz der Anleger oder des öffentlichen Interesses erforderlich ist.

(6) Jede Fristverlängerung, Ablehnung oder Einschränkung der Zulassung ist schriftlich zu begründen. Für den Erlass einer beschwerdefähigen Verfügung kann die FMA zusätzliche Gebühren erheben.

(7) Vor Erteilung der Zulassung hat die FMA die zuständigen Behörden des anderen betroffenen EWR-Mitgliedstaats zu hören, wenn die Verwaltungsgesellschaft:
a) Tochter- oder Schwesterunternehmen einer anderen Verwaltungsgesellschaft, einer Wertpapierfirma, eines Kreditinstituts oder einer Versicherungsgesellschaft mit einer Zulassung in einem anderen EWR-Mitgliedstaat ist;
b) von denselben natürlichen oder juristischen Personen kontrolliert wird wie eine andere Verwaltungsgesellschaft, eine Wertpapierfirma, ein Kreditinstitut oder eine Versicherungsgesellschaft mit einer Zulassung in einem anderen EWR-Mitgliedstaat.

(8) Nach Eingang der Zulassung kann die Verwaltungsgesellschaft ihre Tätigkeit in Liechtenstein sofort aufnehmen.[18]

---

[16] Art. 15 Abs. 1 Bst. b abgeändert durch LGBl. 2013 Nr. 50.
[17] Art. 15 Abs. 4 abgeändert durch LGBl. 2013 Nr. 50.
[18] Art. 16 Abs. 8 abgeändert durch LGBl. 2013 Nr. 50.

(9) Die Regierung kann das Nähere über die Eingangsbestätigung, die Antragsform, das Verfahren, die Vollständigkeit des Antrages nach Abs. 4, die Fristverlängerung nach Abs. 5 und die Begründung nach Abs. 6 mit Verordnung regeln.

(10) Im Falle eines Antrages eines nach Art. 28 AIFMG zugelassenen AIFM sind Unterlagen nach Abs. 1 und 2, soweit sie der FMA bereits vorliegen und noch aktuell sind, nicht mehr zu übermitteln.[19)]

B. Pflichten der Verwaltungsgesellschaft

Art. 17 Kapitalausstattung. (1) Die Kapitalausstattung muss mindestens betragen:
a) bei selbstverwalteten Investmentgesellschaften: 300 000 Euro oder den Gegenwert in Schweizer Franken;
b) bei Verwaltungsgesellschaften: 125 000 Euro oder den Gegenwert in Schweizer Franken.

(2) Überschreitet der Wert der von der Verwaltungsgesellschaft verwalteten Portfolios 250 Millionen Euro oder den Gegenwert in Schweizer Franken, muss die Kapitalausstattung zusätzlich 0,02 % des Betrags ausmachen, um den der Wert der verwalteten Portfolios den Betrag von 250 Millionen Euro oder den Gegenwert in Schweizer Franken übersteigt; die Kapitalausstattung beträgt höchstens 10 Millionen Euro oder den Gegenwert in Schweizer Franken. Als von der Verwaltungsgesellschaft verwaltete Portfolios gelten alle von ihr verwalteten OGAW und Organismen für gemeinsame Anlagen, einschließlich Portfolios, mit deren Verwaltung sie Dritte beauftragt hat, nicht jedoch Portfolios, die sie selbst im Auftrag Dritter verwaltet.[20)]

(3) Ungeachtet von Abs. 2 muss die Kapitalausstattung mindestens einem Viertel der fixen Gemeinkosten des Vorjahres entsprechen; bei Neugründungen sind die im Geschäftsplan vorgesehenen fixen Gemeinkosten der Verwaltungsgesellschaft maßgeblich. Die FMA kann die Anforderung an die Kapitalausstattung bei einer gegenüber dem Vorjahr erheblich veränderten Geschäftstätigkeit anpassen.[21)]

(4) Die Kapitalausstattung darf zu keiner Zeit unter den in Art. 21 der Richtlinie 2006/49/EG genannten Betrag absinken.

(5) Die zusätzliche Kapitalausstattung nach Abs. 3 kann bis zu 50 % durch eine von einem Kreditinstitut oder einem Versicherungsunternehmen gestellte Garantie in derselben Höhe nachgewiesen werden. Der Garantiegeber muss seinen Sitz in einem EWR-Mitgliedstaat, in der Schweiz oder einem Drittstaat mit gleichwertigen Aufsichtsbestimmungen haben und in Liechtenstein zur Geschäftstätigkeit entsprechend zugelassen sein.

(6) Für die Umrechnung der Beträge nach Abs. 1 sind die von der Europäischen Zentralbank (EZB) festgelegten Referenzkurse maßgeblich.

(7) Die Regierung kann das Nähere mit Verordnung regeln. Sie kann mit Verordnung bestimmen, dass die Kapitalausstattung in bestimmten Fällen bis zu 1 Million Euro oder den Gegenwert in Schweizer Franken beträgt.

Art. 18[22)] Mitteilungs- und genehmigungspflichtige Änderungen. (1) Einer vorgängigen Mitteilung an die FMA bedürfen sämtliche wesentlichen Änderungen der nach Art. 16 Abs. 2 vorgelegten Angaben und Unterlagen.

(2) Die FMA kann den Änderungen nach Abs. 1 binnen eines Monats widersprechen.

(3) Die FMA kann die Frist nach Abs. 2 durch begründete Mitteilung an die Verwaltungsgesellschaft jeweils um einen Monat verlängern.

(4) Genehmigt die FMA die Änderung binnen kürzerer Frist oder widerspricht sie nicht binnen der Fristen nach Abs. 2 und 3, darf die Änderung nach Abs. 1 durchgeführt werden.

(5) Der FMA sind von der Verwaltungsgesellschaft alle Informationen zur Verfügung zu stellen, die sie benötigt, um die Änderungen nach Abs. 1 umfassend zu beurteilen und sich zu vergewissern, dass sämtliche Zulassungsvoraussetzungen weiterhin vorliegen.

(6) Die Regierung kann das Nähere mit Verordnung regeln. Sie kann insbesondere festlegen:
a) in welchen Fällen eine Neuzulassung erforderlich ist;
b) in welchen Fällen eine wesentliche Änderung im Sinne des Abs. 1 vorliegt.

---

[19] Art. 16 Abs. 10 abgeändert durch LGBl. 2013 Nr. 244.
[20] Art. 17 Abs. 2 abgeändert durch LGBl. 2013 Nr. 50.
[21] Art. 17 Abs. 3 abgeändert durch LGBl. 2013 Nr. 50.
[22] Art. 18 abgeändert durch LGBl. 2013 Nr. 50.

V. Normentexte

Art. 19 Qualifizierte Beteiligungen. (1) Jeder beabsichtigte direkte oder indirekte Erwerb, jede beabsichtigte direkte oder indirekte Erhöhung oder jede beabsichtigte Veräußerung einer qualifizierten Beteiligung an einer Verwaltungsgesellschaft ist der FMA mitzuteilen.

(2) Die FMA konsultiert nach einer Mitteilung gemäß Abs. 1 die Behörde, die für die Zulassung des Erwerbers bzw. des Unternehmens, dessen Mutterunternehmen oder kontrollierende Person den Erwerb oder die Erhöhung beabsichtigt, zuständig ist, wenn der Erwerb oder die Erhöhung einer Beteiligung im Sinne von Abs. 1 beabsichtigt wird durch:
a) eine in einem EWR-Mitgliedstaat zugelassene Verwaltungsgesellschaft, Vermögensverwaltungsgesellschaft, Wertpapierfirma, Versicherungsgesellschaft, Bank oder einen AIFM nach dem AIFMG;[23]
b) ein Mutterunternehmen eines Unternehmens nach Bst. a; oder
c) eine natürliche oder juristische Person, die ein Unternehmen nach Bst. a kontrolliert.

(3) Jede unbeabsichtigte Änderung einer qualifizierten Beteiligung an einer Verwaltungsgesellschaft ist der FMA anzuzeigen.

(4) Die Regierung regelt das Nähere über das Verfahren und die Kriterien zur Beurteilung des Erwerbs, der Erhöhung oder der Veräußerung qualifizierter Beteiligungen mit Verordnung. Die Regierung ist ermächtigt, für Investmentgesellschaften von Abs. 1 und 3 abweichende Regelungen zu treffen.

Art. 20 Wohlverhaltensregeln. (1) Die Verwaltungsgesellschaft muss:
a) bei der Ausübung ihrer Tätigkeit recht und billig im besten Interesse der OGAW und der Marktintegrität handeln;
b) ihre Tätigkeit mit der gebotenen Sachkenntnis, Sorgfalt und Gewissenhaftigkeit im besten Interesse der OGAW und der Marktintegrität ausüben;
c) über die für eine ordnungsgemäße Geschäftstätigkeit erforderlichen Mittel und Verfahren verfügen und diese wirksam einsetzen;
d) sich um die Vermeidung von Interessenkonflikten bemühen und, wenn sich diese nicht vermeiden lassen, dafür sorgen, dass die von ihr verwalteten OGAW nach Recht und Billigkeit behandelt werden;
e) nach Maßgabe der Gesetze und konstituierenden Dokumente unabhängig und ausschließlich im Interesse der Anleger handeln.

(2) Eine bestellte Verwaltungsgesellschaft, deren Zulassung auch die individuelle Portfolioverwaltung nach Art. 14 Abs. 2 Bst. a umfasst:
a) darf das Vermögen des Kunden weder ganz noch teilweise in Anteilen der von ihr verwalteten OGAW anlegen, es sei denn, der Kunde hat zuvor eine allgemeine Zustimmung erteilt;
b) unterliegt in Bezug auf die Dienstleistungen gemäß Art. 14 Abs. 2 Bst. a und b den einschlägigen Vorschriften über Systeme für die Entschädigung der Anleger.

(3) Die Regierung regelt das Nähere mit Verordnung.

Art. 21 Organisation, getrennte Verwahrung. (1) Eine Verwaltungsgesellschaft muss über eine ordnungsgemäße Verwaltung und Buchhaltung, über Kontroll- und Sicherheitsvorkehrungen in Bezug auf die elektronische Datenverarbeitung sowie über angemessene interne Kontrollverfahren verfügen. Dazu gehören insbesondere Regeln für persönliche Geschäfte ihrer Angestellten und für das Halten oder Verwalten von Anlagen in Finanzinstrumenten zum Zwecke der Anlage auf eigene Rechnung.

(2) Die Regeln nach Abs. 1 müssen zumindest gewährleisten, dass:
a) jedes den OGAW betreffende Geschäft nach Herkunft, Gegenpartei, Art, Abschlusszeitpunkt und -ort rekonstruiert werden kann; und
b) das Vermögen des von der Verwaltungsgesellschaft verwalteten OGAW entsprechend den konstituierenden Dokumenten sowie nach den Bestimmungen dieses Gesetzes angelegt wird.

(3) Eine Verwaltungsgesellschaft muss so aufgebaut und organisiert sein, dass das Risiko von Interessenkonflikten, die den Interessen des OGAW oder denen von Anlegern und Kunden schaden, möglichst gering ist und, sofern es dennoch zu Konflikten kommt, diese erkannt und angemessen behandelt werden. Dabei sind insbesondere Interessenkonflikte zwischen der Verwaltungsgesellschaft, ihren Kunden, OGAW und Anlegern – jeweils im Verhältnis zur Verwaltungsgesellschaft und untereinander – zu berücksichtigen.

---

[23] Art. 19 Abs. 2 Bst. a abgeändert durch LGBl. 2013 Nr. 50.

2. UCITSG

(4) Eine Verwaltungsgesellschaft ist verpflichtet, das Vermögen eines OGAW vom Vermögen eines anderen OGAW und vom eigenen Vermögen getrennt zu halten.

(5) Das Nähere regelt die Regierung mit Verordnung.

Art. 22 Aufgabenübertragung. (1) Eine Verwaltungsgesellschaft kann einen Teil ihrer Aufgaben zum Zwecke einer effizienteren Geschäftsführung auf Dritte übertragen, wenn:
a) die Übertragung die Wirksamkeit der Beaufsichtigung der Verwaltungsgesellschaft nicht beeinträchtigt; sie darf weder die Verwaltungsgesellschaft daran hindern, im Interesse ihrer Anleger zu handeln, noch darf sie verhindern, dass der OGAW im Interesse der Anleger verwaltet wird;
b) bei der Übertragung der Anlageverwaltung der Auftrag nur Unternehmen erteilt wird, die für die Zwecke der Vermögensverwaltung zugelassen und beaufsichtigt sind; die Übertragung muss der von der Verwaltungsgesellschaft regelmäßig festgelegten Verteilung der Anlagen entsprechen;
c) bei der Übertragung der Anlageverwaltung an ein Unternehmen mit Sitz in einem Drittstaat die Zusammenarbeit zwischen der FMA und der Herkunftsstaatbehörde des Unternehmens sichergestellt ist;
d) der Verwahrstelle und anderen Unternehmen, deren Interessen mit denen der Verwaltungsgesellschaft oder der Anleger kollidieren können, kein Auftrag für die Anlageverwaltung erteilt wird;
e) die Geschäftsleiter der Verwaltungsgesellschaft die Tätigkeiten des Unternehmens, dem der Auftrag erteilt wurde, jederzeit wirksam überwachen können;
f) die Verwaltungsgesellschaft befugt ist, dem Unternehmen, dem die Aufgaben übertragen wurden, jederzeit weitere Anweisungen zu erteilen oder den Auftrag mit sofortiger Wirkung zu entziehen, sofern dies im Interesse der Anleger ist;
g) unter Berücksichtigung der Art der zu übertragenden Aufgaben das Unternehmen, dem die Aufgaben übertragen werden, über die notwendige Qualifikation verfügt und die Aufgaben ausüben kann;
h) die übertragenen Aufgaben in den OGAW-Prospekten aufgelistet sind, für deren Übertragung die Verwaltungsgesellschaft gemäß diesem Artikel eine Genehmigung erhalten hat;
i) die Verwaltungsgesellschaft durch den Umfang der Übertragung nicht zu einem Briefkastenunternehmen wird.

(2) Die Verwaltungsgesellschaft hat der FMA die Übertragung von Aufgaben vor Wirksamkeit der Übertragungsvereinbarung mitzuteilen.[24]

(3) Die Übertragung von Aufgaben lässt die Haftung der Verwaltungsgesellschaft oder der Verwahrstelle unberührt.

(4) Die Regierung kann das Nähere, insbesondere den Umfang der zulässigen Aufgabenübertragung, mit Verordnung regeln.

Art. 23 Risikomanagement. (1) Eine Verwaltungsgesellschaft hat das Risikomanagement und die Anlageverwaltung verschiedenen Personen zuzuweisen. Eine Verwaltungsgesellschaft, bei der wegen der Art, Größe und Komplexität des OGAW die Funktionstrennung unangemessen ist, kann für einzelne von der Regierung mit Verordnung bestimmte Bereiche des Risikomanagements mit Zustimmung der FMA auf die Funktionstrennung verzichten. Der Verzicht darf die Wirksamkeit der Risikomanagementverfahren nach Abs. 2 nicht beeinträchtigen.[25]

(2) Sie hat Verfahren einzusetzen, die eine präzise und unabhängige Bewertung des Werts von OTC-Derivaten ermöglichen.

(3) Sie hat die Risikomanagementsysteme in angemessenen Abständen, mindestens aber einmal jährlich, zu überprüfen und anzupassen.

(4) Die Regierung regelt das Nähere mit Verordnung.

Art. 24 Haftung. (1) Eine Verwaltungsgesellschaft, ein Liquidator oder ein Sachwalter haftet den Anlegern für den aus der Verletzung der Art. 20 bis 23 entstandenen Schaden, sofern ihrerseits ein Verschulden nachweislich nicht ausgeschlossen werden kann. Eine Aufgabenübertragung nach Art. 22 auf Dritte lässt die Haftung unberührt. Eine Beschränkung dieser Haftung ist ausgeschlossen.[26]

(2) Sind wesentliche Angaben in einem Prospekt, einem Jahres- oder Halbjahresbericht, der nach diesem Gesetz zu erstellen ist, unrichtig oder unvollständig oder wurde die Erstellung eines diesen Vorschrif-

---

[24] Art. 22 Abs. 2 abgeändert durch LGBl. 2013 Nr. 50.
[25] Art. 23 Abs. 1 abgeändert durch LGBl. 2013 Nr. 50.
[26] Art. 24 Abs. 1 abgeändert durch LGBl. 2013 Nr. 50.

ten entsprechenden Prospekts unterlassen, haften die verantwortlichen Personen nach Abs. 1 jedem Anleger für den Schaden, welcher diesem entstanden ist, sofern sie nicht nachweisen, dass sie keinerlei Verschulden trifft. Für Angaben in den wesentlichen Informationen für den Anleger, der Zusammenfassung des Prospekts oder in der Werbung einschließlich deren Übersetzungen wird nur gehaftet, wenn sie irreführend, unrichtig oder nicht mit den einschlägigen Teilen des Prospekts vereinbar sind.

(3) Die in Abs. 1 genannten sowie die handelnden und verantwortlichen Personen haften den Anlegern für die Richtigkeit der Erklärung nach Art. 10 Abs. 2 für den Schaden, welcher diesem entstanden ist, sofern sie nicht nachweisen, dass sie keinerlei Verschulden trifft.[27]

(4) Mehrere Beteiligte haften im Aussenverhältnis als Gesamtschuldner, im Innenverhältnis nach dem ihnen anteilig zurechenbaren Verschulden. Der Rückgriff unter den Beteiligten bestimmt sich unter Würdigung aller Umstände.[28]

(5) Der Anspruch auf Schadenersatz nach Abs. 1 bis 3 verjährt mit dem Ablauf von fünf Jahren nach Eintritt des Schadens, spätestens aber ein Jahr nach der Rückzahlung des Anteils oder nach Kenntnis vom Schaden.[29]

(6) Für Klagen aus dem Rechtsverhältnis mit einem inländischen OGAW oder einer inländischen Verwaltungsgesellschaft oder für Klagen eines inländischen Anlegers aus einem ausländischen OGAW, dessen Anteile im Inland vertrieben werden, ist jedenfalls das Landgericht zuständig.[30]

Art. 25 Geheimnisschutz. (1) Die Mitglieder der Organe von Verwaltungsgesellschaften und ihre Mitarbeiter sowie sonst für solche Verwaltungsgesellschaften tätige Personen sind zur Geheimhaltung von Tatsachen verpflichtet, die ihnen auf Grund der Geschäftsverbindungen mit Kunden anvertraut oder zugänglich gemacht worden sind. Die Geheimhaltungpflicht gilt zeitlich unbegrenzt.

(2) Vorbehalten bleiben die gesetzlichen Vorschriften über Zeugnis- oder Auskunftspflicht gegenüber den Strafgerichten und den Behörden und Stellen der Aufsicht sowie die Bestimmungen über die Zusammenarbeit mit den zuständigen Behörden und Stellen der Aufsicht.

C. Widerruf, Erlöschen und Entzug von Zulassungen

Art. 26 Widerruf der Zulassung. (1) Zulassungen werden abgeändert oder widerrufen, wenn:
a) die Verwaltungsgesellschaft die Erteilung durch falsche Angaben oder auf andere Weise erschlichen hat; oder
b) der FMA wesentliche Umstände im Zeitpunkt der Erteilung nicht bekannt waren.

(2) Der Widerruf der Zulassung ist der Verwaltungsgesellschaft mit schriftlich begründeter Verfügung mitzuteilen und nach Eintritt der Rechtskraft auf Kosten der Verwaltungsgesellschaft in den von der Regierung bestimmten Publikationsorganen zu veröffentlichen.[31]

(3) In den Fällen des Widerrufs nach Abs. 1 setzt die FMA als zuständige Behörde der Verwaltungsgesellschaft die zuständigen Behörden der Aufnahmemitgliedstaaten in Kenntnis.[32]

(4) Im Übrigen findet Art. 28a sinngemäß Anwendung.[33]

Art. 27 Erlöschen der Zulassung. (1) Zulassungen erlöschen, wenn:
a) die Geschäftstätigkeit nicht innert Jahresfrist aufgenommen wird;
b) die Geschäftstätigkeit während mindestens sechs Monaten nicht mehr ausgeübt wird;
c) schriftlich darauf verzichtet wird;
d) der Konkurs rechtskräftig eröffnet wird; oder
e) die Investmentgesellschaft im Handelsregister gelöscht wird.[34]

(2) Im Übrigen finden Art. 26 Abs. 2 und 3 sowie Art. 28a sinngemäß Anwendung.[35]

Art. 28 Entzug der Zulassung. (1) Zulassungen werden entzogen, wenn:
a) die Voraussetzungen für deren Erteilung nicht mehr erfüllt sind und eine Wiederherstellung des gesetzlichen Zustandes binnen angemessener Frist nicht zu erwarten ist;

---

[27] Art. 24 Abs. 3 abgeändert durch LGBl. 2013 Nr. 50.
[28] Art. 24 Abs. 4 abgeändert durch LGBl. 2013 Nr. 50.
[29] Art. 24 Abs. 5 eingefügt durch LGBl. 2013 Nr. 50.
[30] Art. 24 Abs. 6 eingefügt durch LGBl. 2013 Nr. 50.
[31] Art. 26 Abs. 2 abgeändert durch LGBl. 2013 Nr. 50.
[32] Art. 26 Abs. 3 abgeändert durch LGBl. 2013 Nr. 50.
[33] Art. 26 Abs. 4 eingefügt durch LGBl. 2013 Nr. 50.
[34] Art. 27 Abs. 1 Bst. e abgeändert durch LGBl. 2013 Nr. 6.
[35] Art. 27 Abs. 2 abgeändert durch LGBl. 2013 Nr. 50.

b) die Verwaltungsgesellschaft die gesetzlichen Pflichten systematisch in schwerwiegender Weise verletzt;[36]
c) die Verwaltungsgesellschaft den Aufforderungen der FMA zur Wiederherstellung des gesetzlichen Zustandes nicht Folge leistet;[37]
d) die Kapitalausstattung der Verwaltungsgesellschaft oder der selbstverwalteten Investmentgesellschaft den Voraussetzungen nach Art. 17 – bei der individuellen Portfolioverwaltung nach Art. 14 Abs. 2 Bst. a zudem den Bestimmungen der Richtlinie 2006/49/EG – nicht mehr genügt und eine Wiederherstellung des gesetzlichen Zustandes binnen angemessener Frist nicht zu erwarten ist;
e) die Fortsetzung der Geschäftstätigkeit der Verwaltungsgesellschaft voraussichtlich das Vertrauen in den liechtensteinischen Fondsplatz, die Stabilität des Finanzsystems oder den Anlegerschutz gefährdet.

(2) Im Übrigen finden Art. 26 Abs. 2 und 3 sowie Art. 28a sinngemäß Anwendung.[38]

Art. 28a[39] **Mahnung und Fristsetzung.** (1) Liegen Umstände vor, die den Schutz der Anleger, den Ruf des Finanzplatzes Liechtenstein oder die Stabilität des Finanzsystems als gefährdet erscheinen lassen, trifft die FMA die Maßnahmen nach Art. 26 bis 28 ohne vorherige Mahnung und Fristsetzung.

(2) Die Vorschriften über Sofortmaßnahmen nach Art. 129a bleiben unberührt.

D. Liquidation, Sachwalterschaft, Konkurs

Art. 29 Auflösung und Liquidation nach Verlust der Zulassung. (1) Widerruf, Erlöschen und Entzug der Zulassung der Verwaltungsgesellschaft bewirken die Auflösung und Liquidation der Verwaltungsgesellschaft.[40]

(2) Die FMA informiert das Amt für Justiz und die Verwahrstelle über den rechtskräftigen Verlust der Zulassung. Das Amt für Justiz trägt die Liquidation im Handelsregister ein und bestellt auf Vorschlag der FMA einen Liquidator nach Maßgabe von Art. 133 PGR. Die Vorschrift des Art. 133 Abs. 6 PGR kommt nur zur Anwendung, wenn die Regierung der Kostenübernahme zustimmt.[41]

(3) Die Kosten der Auflösung und Liquidation gehen zu Lasten der Verwaltungsgesellschaft, bei Investmentgesellschaften im Fall der Vermögenstrennung nach Art. 7 Abs. 7 zu Lasten des eigenen Vermögens.

(4) Die Auflösung und Liquidation der Verwaltungsgesellschaft oder des eigenen Vermögens der Investmentgesellschaft erfolgt nach Art. 133 ff. PGR oder einem anderen mit Zustimmung des Amtes für Justiz und der FMA bestimmten Liquidationsverfahrens, mit der Maßgabe, dass die FMA die Aufsicht über die Liquidation führt.[42]

(5) Für das verwaltete Vermögen von OGAW gilt Art. 31.

(6) Die FMA kann vom Liquidator die Erstellung eines Liquidationsberichtes verlangen.[43]

Art. 30[44] **Ernennung eines Sachwalters.** (1) Die FMA ernennt für eine geschäftsunfähige Verwaltungsgesellschaft einen Sachwalter. Die Ernennung eines Sachwalters ist den Anlegern durch den Sachwalter mitzuteilen.

(2) Der Sachwalter:
a) führt die Geschäfte der Verwaltungsgesellschaft, sieht aber von der Verwaltung neuer OGAW ab;
b) entscheidet über die Anteilsausgabe und -rücknahme und veranlasst gegebenenfalls die Aussetzung eines von der Verwaltungsgesellschaft veranlassten Anteilshandels;
c) beantragt bei der FMA innerhalb von einem Jahr die Zustimmung zur Fortführung der Geschäftstätigkeit, zur Gründung einer neuen Verwaltungsgesellschaft oder deren Auflösung.

(3) Die FMA entscheidet über die Vergütung des Sachwalters. Vergütung und Aufwand des Sachwalters gehen zu Lasten der Verwaltungsgesellschaft.

(4) Die Regierung kann das Nähere über den Sachwalter, insbesondere die Kriterien für die Vergütung und die persönlichen Anforderungen an den Sachwalter, mit Verordnung regeln.

---

[36] Art. 28 Abs. 1 Bst. b abgeändert durch LGBl. 2013 Nr. 50.
[37] Art. 28 Abs. 1 Bst. c abgeändert durch LGBl. 2013 Nr. 50.
[38] Art. 28 Abs. 2 abgeändert durch LGBl. 2013 Nr. 50.
[39] Art. 28a eingefügt durch LGBl. 2013 Nr. 50.
[40] Art. 29 Abs. 1 abgeändert durch LGBl. 2013 Nr. 50.
[41] Art. 29 Abs. 2 abgeändert durch LGBl. 2013 Nr. 50.
[42] Art. 29 Abs. 4 abgeändert durch LGBl. 2013 Nr. 6.
[43] Art. 29 Abs. 6 eingefügt durch LGBl. 2013 Nr. 50.
[44] Art. 30 abgeändert durch LGBl. 2013 Nr. 50.

Art. 31 Verwaltetes Vermögen bei Auflösung und Konkurs der Verwaltungsgesellschaft und Verwahrstelle. (1) Das zum Zwecke der gemeinschaftlichen Kapitalanlage für Rechnung der Anleger verwaltete Vermögen fällt im Fall der Auflösung und des Konkurses der Verwaltungsgesellschaft oder, sofern nach Art. 7 Abs. 7 eine Vermögenstrennung stattgefunden hat, der Investmentgesellschaft nicht in deren Konkursmaße und wird nicht zusammen mit dem eigenen Vermögen aufgelöst. Jeder OGAW oder Teilfonds bildet zugunsten seiner Anleger ein Sondervermögen. Jedes Sondervermögen ist mit Zustimmung der FMA auf eine andere Verwaltungsgesellschaft zu übertragen oder, wenn sich nicht binnen drei Monaten ab Eröffnung des Konkursverfahrens eine Verwaltungsgesellschaft zur Übernahme bereit erklärt, im Wege der abgesonderten Befriedigung zugunsten der Anleger des jeweiligen OGAW oder Teilfonds zu liquidieren. Die FMA kann die Frist auf bis zu zwölf Monate verlängern, wenn dies zum Schutz der Anleger geboten erscheint. Soweit die FMA zum Schutz der Anleger oder des öffentlichen Interesses nichts anderes bestimmt, erfolgt die Liquidation durch die Verwahrstelle als Liquidator.[45]

(2) Im Fall des Konkurses der Verwahrstelle ist das verwaltete Vermögen jedes OGAW oder Teilfonds mit Zustimmung der FMA auf eine andere Verwahrstelle zu übertragen oder im Wege der abgesonderten Befriedigung zugunsten der Anleger des jeweiligen OGAW oder Teilfonds zu liquidieren.

(2a) Die Kosten der Liquidation des OGAW oder Teilfonds gehen in den Fällen des Abs. 1 und 2 zu Lasten der Anleger des jeweiligen Sondervermögens.[46]

(3) Die Regierung kann das Nähere mit Verordnung regeln.

IV. Verwahrstelle

A. Bestellung, Pflichten und Haftung[47]

Art. 32 Bestellung der Verwahrstelle. (1) Die Verwahrung des Vermögens eines inländischen OGAW ist vorbehaltlich Art. 34 einer Verwahrstelle in Liechtenstein zu übertragen.

(2) Als Verwahrstelle darf nur bestellt werden:
a) eine nach dem Bankengesetz für die Verwahrung zugelassene Bank oder Wertpapierfirma;
b) eine nach dem Bankengesetz errichtete und für die Verwahrung zugelassene inländische Zweigstelle einer Bank oder Wertpapierfirma mit Sitz innerhalb des EWR; oder
c) eine andere von der FMA beaufsichtigte Person mit Sitz oder Niederlassung im Inland, soweit sie die von der Regierung mit Verordnung festgelegten Voraussetzungen erfüllt.

(3) Die Bestellung und der Wechsel der Verwahrstelle bedarf der Genehmigung durch die FMA.

(4) Die Verwahrstelle hat über ausreichende finanzielle und organisatorische Mittel zu verfügen, um die ihr obliegenden Tätigkeiten für den betreffenden OGAW ordnungsgemäss auszuführen und den sich daraus ergebenden Verpflichtungen nachzukommen. Die Regierung regelt das Nähere mit Verordnung.

(5) Die Verwahrstelle stellt der FMA auf Antrag alle Informationen zur Verfügung, die die FMA zur Aufsicht über OGAW und Verwaltungsgesellschaften benötigt.

(6) Die Aufgaben der Verwahrstelle und der Verwaltungsgesellschaft oder der selbstverwalteten Investmentgesellschaft dürfen nicht von ein und derselben Gesellschaft wahrgenommen werden. Die Regierung kann mit Verordnung regeln, inwieweit Gesellschaften, die mit der Verwaltungsgesellschaft oder der selbstverwalteten Investmentgesellschaft in einem Beteiligungsverhältnis stehen, die Aufgaben der Verwahrstelle wahrnehmen dürfen.

Art. 33 Pflichten der Verwahrstelle. (1) Die Verwahrstelle gewährleistet, dass:
a) die Ausgabe und Rücknahme von Anteilen sowie der Zahlungsverkehr des OGAW nach Maßgabe der Bestimmungen dieses Gesetzes und der konstituierenden Dokumente erfolgt;
b) die Berechnung des Nettoinventarwertes sowie der Ausgabe- und Rücknahmepreise der Anteile nach Maßgabe der Bestimmungen dieses Gesetzes und der konstituierenden Dokumente erfolgt;
c) bei Geschäften, die sich auf das Vermögen eines OGAW beziehen, der Gegenwert innerhalb der üblichen Fristen übertragen wird;
d) die Erträge des OGAW nach Maßgabe der Bestimmungen dieses Gesetzes und der konstituierenden Dokumente verwendet werden.

---

[45] Art. 31 Abs. 1 abgeändert durch LGBl. 2013 Nr. 50.
[46] Art. 31 Abs. 2a eingefügt durch LGBl. 2013 Nr. 50.
[47] Überschrift vor Art. 32 eingefügt durch LGBl. 2013 Nr. 50.

(2) Sie leistet den Weisungen der Verwaltungsgesellschaft oder der selbstverwalteten Investmentgesellschaft Folge, soweit sie nicht gegen gesetzliche Bestimmungen oder die konstituierenden Dokumente verstossen.

(3) Sie handelt bei der Wahrnehmung ihrer Aufgaben professionell, ehrlich, fair, unabhängig und ausschließlich im Interesse der Anleger.

(4) Sie kann eine oder mehrere ihrer Aufgaben an Dritte übertragen. Die Regierung regelt das Nähere mit Verordnung, insbesondere die Voraussetzungen und den Umfang der zulässigen Aufgabenübertragung.

Art. 34 Ausnahmen von der Pflicht zur Bestellung einer Verwahrstelle. (1) Die FMA kann auf Antrag folgende Investmentgesellschaften von der Pflicht zur Bestellung einer Verwahrstelle nach Art. 32 Abs. 1 ausnehmen:
a) Investmentgesellschaften, deren Anteile amtlich notiert sind und ausschließlich über eine oder mehrere Wertpapierbörsen vertrieben werden; Art. 78, 85 und 86 finden auf diese Investmentgesellschaften keine Anwendung;
b) Investmentgesellschaften, welche mindestens 80% ihrer Anteile über eine oder mehrere in ihrer Satzung benannte Wertpapierbörsen vertreiben, wenn:
  1. diese Anteile an den Wertpapierbörsen in den Vertriebsstaaten der Investmentgesellschaft zur amtlichen Notierung zugelassen sind;
  2. die Investmentgesellschaft ausserbörsliche Geschäfte mit ihren Anteilen nur zum Börsenkurs tätigt; die Satzung hat die Wertpapierbörse des Vertriebsstaates anzugeben, deren Notierung für den Kurs der ausserbörslichen Geschäfte maßgeblich ist;
  3. die Anleger den gleichen Schutz wie die Anleger eines OGAW mit einer Verwahrstelle geniessen.

(2) Die in Abs. 1 genannten Investmentgesellschaften sind verpflichtet:
a) in ihrer Satzung Regeln für die Bewertung des Vermögens und insbesondere die Methoden zur Berechnung des Nettoinventarwerts der Anteile anzugeben;
b) auf dem Markt zu intervenieren, um zu verhindern, dass der Börsenkurs ihrer Anteile um mehr als 5% vom Nettoinventarwert dieser Anteile abweicht;
c) den Nettoinventarwert der Anteile zu bestimmen, diesen der FMA mindestens zweimal wöchentlich mitzuteilen und ihn zweimal monatlich zu veröffentlichen.

(3) Ein unabhängiger Wirtschaftsprüfer hat sich mindestens zweimal monatlich zu vergewissern, dass die Berechnung des Anteilswertes und die Anlage des Vermögens der Investmentgesellschaft mit diesem Gesetz und der Satzung vereinbar ist.

(4) Die FMA teilt der EFTA-Überwachungsbehörde mit, welche Investmentgesellschaften von der Pflicht zur Bestellung einer Verwahrstelle befreit wurden.

(5) Die Regierung kann das Nähere mit Verordnung regeln, insbesondere die Bewertung des Vermögens nach Abs. 2 Bst. a sowie die Mitteilung und Veröffentlichung nach Abs. 2 Bst. c.

Art. 35 Haftung der Verwahrstelle. (1) Die Verwahrstelle haftet der Verwaltungsgesellschaft und den Anlegern bei schuldhafter Pflichtverletzung für den daraus entstandenen Schaden. Die Haftung bleibt durch eine Übertragung von Aufgaben auf Dritte unberührt.

(2) Zur Geltendmachung der Ersatzansprüche der Anleger sind in deren Namen auch die selbstverwaltete Investmentgesellschaft oder die Verwaltungsgesellschaft berechtigt.

(3) Der Anspruch auf Schadenersatz verjährt mit dem Ablauf von fünf Jahren nach Eintritt des Schadens, spätestens aber ein Jahr nach der Rückzahlung eines Anteils oder der Kenntnis des Anspruchsberechtigten vom Schaden.

(4) Die Klage gegen eine Verwahrstelle eines OGAW mit Sitz in Liechtenstein kann unbeschadet weiterer Zuständigkeiten nach den Vorschriften des internationalen Privatrechts jedenfalls in Liechtenstein erhoben werden. Zuständig ist das Landgericht.

(5) Soweit in diesem Gesetz nichts anderes geregelt wird, kann die Regierung mit Verordnung die Umstände regeln:
a) unter denen nicht von einer schuldhaften Pflichtverletzung der Verwahrstelle auszugehen ist;
b) in welchen Fällen die Haftung durch Vertrag zwischen Verwahrstelle, OGAW, Verwaltungsgesellschaft und Anlegern ausgeschlossen werden darf;
c) unter welchen Umständen die Ansprüche durch den OGAW oder die Verwaltungsgesellschaft geltend zu machen sind;

d) unter welchen Umständen die FMA für diesen Fall Informationen bereitstellen darf;
e) unter welchen Ausnahmen von den Bestimmungen dieses Kapitels möglich sind.

B. Besondere Vorschriften aufgrund vertraglicher Vereinbarung[48]

Art. 35a[49] **Grundsatz.** Die Verwaltungsgesellschaft und die Verwahrstelle können vereinbaren, dass anstelle der Art. 32 bis 35 die Bestimmungen dieses Abschnitts gelten.

Art. 35b[50] **Verwahrstelle eines inländischen OGAW und eines OGAW mit Sitz in einem anderen EWR-Mitgliedstaat.** (1) Die Verwahrung des Vermögens ist zu übertragen:
a) bei einem inländischen OGAW einer Verwahrstelle in Liechtenstein;
b) bei einem OGAW mit Sitz in einem anderen EWR-Mitgliedstaat einer Verwahrstelle im Herkunftsmitgliedstaat des OGAW.

(2) Die Bestellung der Verwahrstelle ist durch einen schriftlichen Verwahrstellenvertrag zu regeln.

(3) Als Verwahrstelle darf nur bestellt werden:
a) eine nach dem Bankengesetz für die Verwahrung zugelassene Bank oder Wertpapierfirma;
b) eine nach dem Bankengesetz errichtete und für die Verwahrung zugelassene inländische Zweigstelle einer Bank oder Wertpapierfirma mit Sitz innerhalb des EWR.

(4) Als Verwahrstelle nicht bestellt werden:
a) die Verwaltungsgesellschaft des OGAW oder die selbstverwaltete Investmentgesellschaft;
b) ein Primebroker, der als Geschäftspartner eines OGAW auftritt, ausser wenn die Ausführung seiner Verwahrfunktionen von seinen Aufgaben als Primebroker funktional und hierarchisch getrennt sind und die potenziellen Interessenkonflikte ordentlich ermittelt, gesteuert, beobachtet und den Anlegern des OGAW offengelegt werden. Die Verwahrstelle darf dem Primebroker Verwahraufgaben in Übereinstimmung mit den Bedingungen für die Aufgabenübertragung übertragen.

Art. 35c[51] **Pflichten der Verwahrstelle.** (1) Die Verwahrstelle ist verpflichtet:
a) auf einem Konto verbuchungsfähige und sonstige ihr übergebene Finanzinstrumente zu verwahren. Die Verwahrstelle gewährleistet die Verbuchung verbuchungsfähiger Finanzinstrumente auf gesonderten, im Namen oder für Rechnung des OGAW geführten Konten in einer Weise, dass diese eindeutig als solche des OGAW identifiziert werden können. Die Regierung regelt das Nähere in Übereinstimmung mit Art. 16 der Richtlinie 2006/73/EG mit Verordnung;
b) bei allen anderen Vermögensgegenständen aufgrund von Informationen oder Unterlagen, die vom OGAW oder von der Verwaltungsgesellschaft geliefert werden, die Rechtsinhaberschaft des OGAW oder gegebenenfalls der für Rechnung des OGAW tätigen Verwaltungsgesellschaft zu prüfen und zu registrieren. Die Beurteilung der Rechtsinhaberschaft beruht, soweit verfügbar, auf externen Nachweisen. Die Verwahrstelle hält das Register der Vermögensgegenstände auf dem neuesten Stand;
c) allgemein sicherzustellen, dass:
1. der Zahlungsverkehr des OGAW ordnungsgemäß überwacht ist;
2. sämtliche Zahlungen aus der Anteilszeichnung von oder im Namen von Anlegern eingehen; und
3. alle flüssigen Mittel des OGAW auf Konten verbucht werden, die für Rechnung des OGAW im Namen des OGAW, der Verwaltungsgesellschaft oder der Verwahrstelle geführt werden bei:
   aa) einer liechtensteinischen Bank;
   bb) einer Zentralbank;
   cc) einem Kreditinstitut mit Sitz im EWR; oder
   dd) einem mit Bst. aa bis cc vergleichbaren Institut in dem Drittstaat, in dem Geldkonten verlangt werden.
Falls die Verwahrstelle Konten für den OGAW im eigenen Namen führt, dürfen dort keine flüssigen Mittel der Verwahrstelle und/oder der nach Bst. aa bis cc benannten Institute verbucht werden.

(2) Über die in Abs. 1 genannten Aufgaben hinaus stellt die Verwahrstelle sicher, dass:
a) der Verkauf, die Ausgabe, die Rücknahme, die Auszahlung und die Aufhebung von Anteilen des OGAW den Bestimmungen dieses Gesetzes und der konstituierenden Dokumente des OGAW entsprechen;

---

[48] Überschrift vor Art. 35a eingefügt durch LGBl. 2013 Nr. 50.
[49] Art. 35a eingefügt durch LGBl. 2013 Nr. 50.
[50] Art. 35b eingefügt durch LGBl. 2013 Nr. 50.
[51] Art. 35c eingefügt durch LGBl. 2013 Nr. 50.

b) die Berechnung des Wertes der Anteile des OGAW nach den Bestimmungen dieses Gesetzes und den konstituierenden Dokumenten des OGAW sowie den Anforderungen an die Bewertung nach Art. 86 erfolgt;
c) die Weisungen des OGAW ausgeführt werden, soweit sie nicht gegen die Bestimmungen dieses Gesetzes und die konstituierenden Dokumente des OGAW verstoßen; verstößt die Verwaltungsgesellschaft gegen die Bestimmungen dieses Gesetzes oder der konstituierenden Dokumente, ist unverzüglich der Wirtschaftsprüfer zu informieren; verstößt die Verwaltungsgesellschaft in einer Weise, dass ein begründeter Verdacht für den Entzug der Zulassung nach Art. 28 vorliegt, informiert die Verwahrstelle die FMA;
d) bei Transaktionen mit Vermögensgegenständen von OGAW der Gegenwert innerhalb der üblichen Fristen übertragen wird;
e) die Erträge des OGAW nach den Bestimmungen dieses Gesetzes und der konstituierenden Dokumente des OGAW verwendet werden.

(3) Die Verwahrstelle handelt ehrlich, redlich, professionell, unabhängig und im Interesse des OGAW oder seiner Anleger.

(4) Eine Verwahrstelle darf keine Aufgaben wahrnehmen, die Interessenkonflikte zwischen dem OGAW, seinen Anlegern, der Verwaltungsgesellschaft und der Verwahrstelle schaffen könnten. Dies gilt nicht, wenn die Aufgaben der Verwahrstelle von ihren anderen potenziell dazu in Konflikt stehenden Aufgaben funktional und hierarchisch getrennt sind und die potenziellen Interessenkonflikte ordnungsgemäß ermittelt, gesteuert, beobachtet und den Anlegern des OGAW gegenüber offengelegt werden.

(5) Die Verwahrstelle oder das Unternehmen, an welche bzw. welches die Verwahrstelle Aufgaben nach Art. 35d übertragen hat, dürfen Vermögensgegenstände des OGAW nicht ohne Zustimmung des OGAW oder der Verwaltungsgesellschaft wiederverwenden.

Art. 35d[52] **Aufgabenübertragung.** (1) Die Verwahrstelle darf ihre Aufgaben nach Art. 35c nicht an Dritte übertragen; davon ausgenommen sind Aufgaben nach Art. 35c Abs. 1 Bst. a und b. Dienstleistungen im Rahmen von Wertpapierabrechnungssystemen, die mit der Verwahrung von Vermögenswerten nach dem Finalitätsgesetz und der Richtlinie 98/26/EG oder ähnlichen Dienstleistungen durch Wertpapierabrechnungssysteme in Drittstaaten betraut sind, sind keine Aufgabenübertragung im Sinne dieses Artikels.

(2) Die Aufgaben nach Art. 35c Abs. 1 Bst. a und b können auf Dritte übertragen werden, wenn:
a) die Aufgabenübertragung nicht zur Umgehung der Vorschriften dieses Gesetzes und der Richtlinie 2009/65/EG erfolgt;
b) ein objektiver Grund für die Übertragung vorliegt;
c) die Auswahl und Bestellung des Auftragnehmers mit der gebotenen Sachkenntnis, Sorgfalt und Gewissenhaftigkeit erfolgen;
d) die Verwahrstelle den Auftragnehmer sachkundig, sorgfältig, gewissenhaft und regelmäßig kontrolliert und überprüft;
e) die Verwahrstelle gewährleistet, dass der Auftragnehmer während der Ausübung der ihm übertragenen Aufgaben:
  1. über für die Art und Komplexität der anvertrauten Vermögensgegenstände angemessene und geeignete Organisationsstrukturen und Fachkenntnisse verfügt;
  2. bezogen auf die Übertragung von Verwahraufgaben nach Art. 35c Abs. 1 Bst. a einem wirksamen Aufsichtsrecht (einschließlich Mindesteigenkapitalanforderungen), einer wirksamen Aufsicht und einer regelmäßigen Wirtschaftsprüfung unterliegt, welche gewährleistet, dass sich die Finanzinstrumente in seinem Besitz befinden;
  3. die Vermögensgegenstände der Kunden der Verwahrstelle von seinem eigenen und dem Vermögen der Verwahrstelle trennt, so dass die Vermögensgegenstände zu jeder Zeit eindeutig als solche der Kunden einer bestimmten Verwahrstelle identifiziert werden können;
  4. die Vermögenswerte nicht ohne vorherige Zustimmung des OGAW oder der Verwaltungsgesellschaft und vorherige Information der Verwahrstelle verwendet;
  5. Art. 35c Abs. 1 Bst. a und b sowie Abs. 3 einhält.

(3) Die Auftragnehmer der Verwahrstelle nach Abs. 1 können ihrerseits diese Aufgaben unter der Voraussetzung weiter übertragen, dass die gleichen Bedingungen eingehalten werden und auch die jeweiligen Unterauftragnehmer und – im Fall der Unter-Unterübertragung – die nachfolgenden Auftragnehmer zur Einhaltung verpflichtet sind; Art. 35e gilt für die jeweils Beteiligten entsprechend.

---

[52] Art. 35d eingefügt durch LGBl. 2013 Nr. 50.

V. Normentexte

Art. 35e[53] **Haftung der Verwahrstelle.** (1) Bei Verlust von Finanzinstrumenten nach Art. 35c Abs. 1 Bst. a muss die Verwahrstelle unverzüglich Finanzinstrumente desselben Typs und der gleichen Anzahl dem OGAW beschaffen oder dessen Anlegern übertragen oder Schadenersatz leisten, es sei denn, die Verluste sind Folge höherer Gewalt, deren Konsequenzen trotz aller angemessenen Gegenmaßnahmen unabwendbar waren.

(2) Die Übertragung an Dritte nach Art. 35d beeinflusst die Haftung der Verwahrstelle nicht.

(3) Die Verwahrstelle kann jedoch für den Fall eines Verlusts von Finanzinstrumenten durch eine Unterverwahrstelle durch Vertrag ihre Haftung für den Fall ausschliessen, dass:
a) die Verwahrstelle allen ihren Verpflichtungen bei der Aufgabenübertragung und der Überwachung nachgekommen ist;
b) ein Vertrag zwischen der Verwahrstelle und dem Auftragnehmer mindestens die folgenden Gegenstände regelt:
   1. der Umstand, dass die Haftung der Verwahrstelle ausdrücklich auf den Auftragnehmer übertragen ist;
   2. dem OGAW oder der für Rechnung des OGAW tätigen Verwaltungsgesellschaft oder der Verwahrstelle das Recht eingeräumt wird, einen Anspruch wegen des Abhandenkommens von Finanzinstrumenten gegen den Auftragnehmer geltend zu machen; und
c) ein Vertrag zwischen der Verwahrstelle und dem OGAW oder der für Rechnung des OGAW handelnden Verwaltungsgesellschaft mindestens enthält:
   1. einen Haftungsausschluss der Verwahrstelle; und
   2. einen objektiven Grund für den Haftungsausschluss.

(4) Die Verwahrstelle haftet dem OGAW oder den Anlegern über Abs. 1 hinaus für alle sonstigen Verluste, die diese infolge einer schuldhaften Nichterfüllung der Verwahrstellenpflichten erleiden.

(5) Zur Geltendmachung der Haftungsansprüche der Anleger ist jedenfalls die Verwaltungsgesellschaft berechtigt und verpflichtet. Daneben sind die einzelnen Anleger zur Geltendmachung berechtigt.

(6) Der Anspruch auf Schadensersatz verjährt mit dem Ablauf von fünf Jahren nach Eintritt des Schadens, spätestens aber ein Jahr nach der Rückzahlung eines Anteils oder der Kenntnis des Anspruchsberechtigten vom Schaden.

(7) Die Klage gegen eine Verwahrstelle eines OGAW mit Sitz in Liechtenstein kann unbeschadet einer konkurrierenden Zuständigkeit ausländischer Gerichte jedenfalls in Liechtenstein erhoben werden. Zuständig ist das Landgericht.

Art. 35f[54] **Verwahrstellenzwang in Drittstaat.** (1) Wenn nach dem Recht eines Drittstaats bestimmte Finanzinstrumente von einer ortsansässigen Einrichtung verwahrt werden müssen und es keine ortsansässige Verwahrstelle gibt, die den Anforderungen nach Art. 35d Abs. 2 Bst. e Ziff. 2 genügt, gelten die Vorschriften dieses Artikels.

(2) Die Verwahrstelle darf ihre Funktionen an eine andere ortsansässige Einrichtung nur insoweit und solange übertragen, wie es von dem Recht des Drittstaats gefordert wird und keine ortsansässige Verwahrstelle den gesetzlichen Anforderungen entspricht. Des Weiteren müssen:
a) die Anleger des jeweiligen OGAW vor Tätigung ihrer Anlage ordnungsgemäß unterrichtet werden, dass eine solche Beauftragung aufgrund rechtlicher Zwänge im Recht des Drittstaats erforderlich ist; dabei sind die Umstände anzugeben, die die Übertragung rechtfertigen; und
b) der OGAW oder die für Rechnung des OGAW tätige Verwaltungsgesellschaft die Verwahrstelle anweisen, die Verwahrung dieser Finanzinstrumente an eine solche Einrichtung zu übertragen.

(3) Der Auftragnehmer kann seinerseits seine Funktionen unter den Bedingungen nach Abs. 1 und 2 weiter übertragen; Art. 35e Abs. 2 und 3 gilt für die jeweils Beteiligten entsprechend.

(4) Die Verwahrstelle ist aus der Haftung nach Art. 35e entlassen, wenn:
a) die konstituierenden Dokumente des OGAW einen Haftungsausschluss unter den weiteren Voraussetzungen dieses Artikels ausdrücklich gestatten;
b) die Anleger in gebührender Weise über den Haftungsausschluss und dessen Voraussetzungen vor der Anlageentscheidung informiert werden;
c) der OGAW oder die Verwaltungsgesellschaft die Verwahrstelle angewiesen hat, die Verwahrung dieser Finanzinstrumente der ortsansässigen Einrichtung zu übertragen;

---

[53] Art. 35e eingefügt durch LGBl. 2013 Nr. 50.
[54] Art. 35f eingefügt durch LGBl. 2013 Nr. 50.

d) ein schriftlicher Vertrag zwischen der Verwahrstelle und dem OGAW oder der Verwaltungsgesellschaft den Haftungsausschluss ausdrücklich gestattet;
e) in einem schriftlichen Vertrag zwischen Verwahrstelle und Auftragnehmer der Auftragnehmer die Haftung der Verwahrstelle ausdrücklich übernimmt und dem OGAW, der Verwaltungsgesellschaft oder der Verwahrstelle das Recht einräumt, die Ansprüche nach Art. 35e gegenüber dem Auftragnehmer geltend zu machen.

Art. 35g[55] **Informationsaustausch.** Die Verwahrstelle stellt den zuständigen Behörden ihres Herkunftsmitgliedstaates auf Anfrage alle Informationen zur Verfügung, die die Verwahrstelle bei der Wahrnehmung ihrer Aufgaben erhalten hat und die die zuständigen Behörden der Verwahrstelle, des OGAW oder der Verwaltungsgesellschaft benötigen. Handelt es sich um unterschiedliche Behörden, tauschen diese die erhaltenen Informationen unverzüglich untereinander aus.

Art. 35h[56] **Ausführungsbestimmungen.** Die Regierung regelt das Nähere über die Verwahrstellen in Übereinstimmung mit dem EWR-Recht mit Verordnung, insbesondere:
a) die Einzelheiten, welche in den Verwahrstellenvertrag nach Art. 35b Abs. 2 aufzunehmen sind;
b) die Bedingungen für die Ausübung der Aufgaben einer Verwahrstelle nach Art. 35c, einschließlich:
  1. der Art der Finanzinstrumente, die nach Art. 35c Abs. 1 Bst. a von der Verwahrstelle verwahrt werden;
  2. der Bedingungen, unter denen die Verwahrstelle ihre Verwahraufgaben über bei einem Zentralverwahrer verwahrte Finanzinstrumente ausüben darf;
  3. der Bedingungen, unter denen die Verwahrstelle den Bestand auf den Namen lautender Vermögensgegenstände nach Art. 35c Abs. 1 Bst. b sichert;
  4. die Voraussetzungen für die Qualifikation einer Bank nach Art. 35c Abs. 1 Bst. c Ziff. 3;
d) die Sorgfaltspflichten der Verwahrstelle nach Art. 35d Abs. 2 Bst. c und d;
e) die Pflicht zur Trennung von Vermögensgegenständen nach Art. 35d Abs. 2 Bst. e Ziff. 3;
f) die Bedingungen und Umstände, unter denen verwahrte Finanzinstrumente nach Art. 35e Abs. 1 als abhandengekommen angesehen werden;
g) was unter höherer Gewalt im Sinne von Art. 35e Abs. 1 verstanden wird;
h) die Bedingungen und Umstände, unter denen objektive Gründe für einen vertraglichen Haftungsausschluss nach Art. 35e und 35f vorliegen;
i) welche Personen unter welchen Voraussetzungen als Verwahrstellen in Liechtenstein handeln dürfen und wie die Zulassung erfolgt;
k) die Voraussetzungen und Umstände, unter denen eine Aufgabenübertragung und Unterübertragung zulässig sind.

V. Strukturmaßnahmen

A. Allgemeines

Art. 36 Grundsatz. (1) Soweit in diesem Kapitel nichts anderes bestimmt ist:
a) schließt für die Zwecke dieses Kapitels ein OGAW die dazugehörigen Teilfonds ein; und
b) finden die Bestimmungen dieses Kapitels sinngemäß auf selbstverwaltete Investmentgesellschaften Anwendung.

(2) Strukturmaßnahmen nach diesem Kapitel sind in das Handelsregister einzutragen. Soweit Bestimmungen des PGR mit den Bestimmungen dieses Kapitels unvereinbar sind, gehen jene dieses Kapitels vor.[57]

(3) Die Regierung regelt das Registerverfahren für Strukturmaßnahmen mit Verordnung.[58]

Art. 37 Gestaltungsgrenze. Eine Umbildung eines OGAW in einen AIF oder eine andere Rechts-, Unternehmens- oder Anlageform, die nicht unter dieses Gesetz oder die entsprechenden Regelungen anderer EWR-Mitgliedstaaten fällt, ist unzulässig.

B. Verschmelzung

Art. 38 Grundsatz. Ein OGAW kann sich im Rahmen einer inländischen oder grenzüberschreitenden Verschmelzung mit einem oder mehreren anderen OGAW vereinigen und zwar unabhängig da-

---

[55] Art. 35g eingefügt durch LGBl. 2013 Nr. 50.
[56] Art. 35h eingefügt durch LGBl. 2013 Nr. 50.
[57] Art. 36 Abs. 2 abgeändert durch LGBl. 2013 Nr. 6.
[58] Art. 36 Abs. 3 abgeändert durch LGBl. 2013 Nr. 50.

von, welche Rechtsform der OGAW hat und ob der aufnehmende oder übertragende OGAW seinen Sitz in Liechtenstein hat.

Art. 39 Genehmigungspflicht und Voraussetzungen. (1) Die Verschmelzung bedarf der vorherigen Genehmigung der FMA, soweit der übertragende OGAW seinen Sitz in Liechtenstein hat.

(2) Der übertragende OGAW übermittelt der FMA folgende Unterlagen:
a) den von den an der Verschmelzung beteiligten OGAW gebilligten Verschmelzungsplan nach Art. 40;
b) eine aktuelle Fassung des Prospekts und der wesentlichen Informationen für den Anleger des übernehmenden OGAW, soweit dieser in einem anderen EWR-Mitgliedstaat niedergelassen ist;
c) eine von allen Verwahrstellen der an der Verschmelzung beteiligten OGAW abgegebene Erklärung, mit der nach Maßgabe von Art. 41 bestätigt wird, dass sie die Übereinstimmung der Angaben nach Art. 40 Abs. 2 Bst. a, b, g und h mit den Anforderungen dieses Gesetzes und den konstituierenden Dokumenten des OGAW, für den sie tätig sind, überprüft haben;
d) die Informationen, die die an der Verschmelzung beteiligten OGAW an ihre jeweiligen Anteilinhaber zur geplanten Verschmelzung nach Art. 43 übermitteln.

(3) Die Unterlagen sind in Deutsch oder einer von der FMA für diese Zwecke akzeptierten Sprache und bei grenzüberschreitenden Verschmelzungen zudem in der Amtssprache des EWR-Mitgliedstaats, in dem der übernehmende OGAW niedergelassen ist, einzureichen. Die zuständige Behörde des EWR-Mitgliedstaats, in dem der übernehmende OGAW niedergelassen ist, kann auch Unterlagen in einer anderen Sprache zulassen.

(4) Sind die Unterlagen nach Abs. 2 unvollständig, hat die FMA binnen zehn Arbeitstagen nach deren Zugang die Vervollständigung zu verlangen. Liegt der vollständige Antrag vor, übermittelt die FMA die Informationen nach Abs. 2 umgehend an die Herkunftsmitgliedstaatsbehörde des übernehmenden OGAW.

(5) Die FMA und die Herkunftsmitgliedstaatsbehörde des übernehmenden OGAW wägen die Auswirkungen auf die Anleger der an der Verschmelzung beteiligten OGAW ab, um zu prüfen, ob die Anleger angemessen über die Verschmelzung informiert werden.

(6) Die FMA kann vom übertragenden OGAW schriftlich eine klarere Ausgestaltung der Anlegerinformationen nach Abs. 2 Bst. d verlangen, soweit sie es für erforderlich erachtet.

(7) Die Herkunftsmitgliedstaatsbehörde des übernehmenden OGAW hat der FMA einen Änderungsbedarf betreffend die Anlegerinformationen nach Abs. 2 Bst. d binnen 15 Arbeitstagen nach Erhalt der Unterlagen mitzuteilen. Nach einer Änderung der Anlegerinformationen auf diese Mitteilung hin hat die Herkunftsmitgliedstaatsbehörde des übernehmenden OGAW der FMA binnen 20 Arbeitstagen mitzuteilen, ob die Anlegerinformationen nunmehr zufriedenstellend sind.

(8) Die FMA genehmigt die Verschmelzung binnen 20 Arbeitstagen nach Zugang der vollständigen Unterlagen nach Abs. 2, wenn:
a) die Voraussetzungen der Art. 39 bis 42 bzw. der zur Umsetzung von Art. 39 bis 42 der Richtlinie 2009/65/EG ergangenen Vorschriften des Herkunftsmitgliedstaats des übertragenden OGAW erfüllt sind;
b) der übernehmende OGAW gemäß Art. 98 bzw. der zur Umsetzung von Art. 93 der Richtlinie 2009/65/EG ergangenen Vorschriften anderer EWR-Mitgliedstaaten für den Vertrieb seiner Anteile in sämtlichen EWR-Mitgliedstaaten angezeigt ist, in denen der übertragende OGAW zugelassen oder für den Vertrieb seiner Anteile nach denselben Vorschriften angezeigt ist;
c) die Herkunftsmitgliedstaatsbehörde der an der Verschmelzung beteiligten OGAW die Anlegerinformationen nach Abs. 2 Bst. d für zufriedenstellend hält oder die Herkunftsmitgliedstaatsbehörde des übernehmenden OGAW der Genehmigungsbehörde binnen der dafür bestimmten Fristen keine Mitteilung nach Abs. 6 gemacht hat.

(9) Die FMA teilt ihre Entscheidung dem übertragenden OGAW und der Herkunftsmitgliedstaatsbehörde des übernehmenden OGAW mit.

(10) Die Regierung kann mit Verordnung festlegen, welche Unterlagen nach Abs. 2 die FMA in welchen Sprachen zu akzeptieren hat.

Art. 40 Verschmelzungsplan. (1) Der übertragende und der übernehmende OGAW haben gemeinsam einen Verschmelzungsplan zu erstellen.

(2) Soweit die an der Verschmelzung beteiligten OGAW nicht beschliessen, weitere Punkte in den Verschmelzungsplan aufzunehmen, hat er die folgenden Angaben zu enthalten:

a) die beteiligten OGAW;
b) die Angabe, ob die Verschmelzung eine Verschmelzung durch Aufnahme, eine Verschmelzung durch Neugründung oder eine Verschmelzung mit Teilliquidation ist;
c) den Hintergrund und Beweggründe für die geplante Verschmelzung;
d) die zu erwartenden Auswirkungen der geplanten Verschmelzung auf die Anleger des übertragenden und übernehmenden OGAW;
e) die beschlossenen Kriterien für die Bewertung des Vermögens und gegebenenfalls der Verbindlichkeiten zu dem Zeitpunkt der Berechnung des Umtauschverhältnisses nach Art. 47 Abs. 1;
f) die Methode zur Berechnung des Umtauschverhältnisses;
g) den geplanten effektiven Verschmelzungstermin;
h) die für die Übertragung von Vermögenswerten und den Umtausch von Anteilen geltenden Bestimmungen;
i) im Falle einer Verschmelzung durch Neugründung und einer Verschmelzung mit Teilliquidation die konstituierenden Dokumente des neu gegründeten übernehmenden OGAW;
k) gegebenenfalls weitere, nach den konstituierenden Dokumenten eines der beteiligten OGAW erforderliche Angaben.[59]

Art. 41 Prüfung des Verschmelzungsplans durch die Verwahrstelle. Die Verwahrstellen der an der Verschmelzung beteiligten OGAW haben die Übereinstimmung der Angaben nach Art. 40 Abs. 2 Bst. a, b, g und h mit den gesetzlichen Anforderungen und denjenigen der Richtlinie 2009/65/EG und den konstituierenden Dokumenten des OGAW zu überprüfen, für den sie tätig sind.

Art. 42 Bericht der Verwahrstelle oder des unabhängigen Wirtschaftsprüfers. (1) Eine Verwahrstelle nach Art. 32 bis 35 oder ein unabhängiger Wirtschaftsprüfer nach Art. 93 bis 95 bestätigt nach entsprechender Prüfung:
a) die Kriterien für die Bewertung des Vermögens und gegebenenfalls der Verbindlichkeiten zum Zeitpunkt der Berechnung des Umtauschverhältnisses nach Art. 47 Abs. 1;
b) gegebenenfalls die Barzahlung je Anteil;
c) die Methode zur Berechnung des Umtauschverhältnisses und das tatsächliche Umtauschverhältnis zum Zeitpunkt für die Berechnung dieses Umtauschverhältnisses nach Art. 47 Abs. 1.

(2) Die gesetzlichen Abschlussprüfer des übertragenden oder übernehmenden OGAW gelten für die Zwecke des Abs. 1 als unabhängige Wirtschaftsprüfer.

(3) Ist ein übertragender OGAW in einem anderen EWR-Mitgliedstaat ansässig, bestimmt das dortige Recht, ob die Bestätigung von einer Verwahrstelle oder einem unabhängigen Wirtschaftsprüfer zu erstellen ist.

(4) Den Anlegern und Aufsichtsbehörden der an der Verschmelzung beteiligten OGAW ist eine Kopie des Berichts mit der Bestätigung nach Abs. 1 auf Verlangen kostenlos zur Verfügung zu stellen.

Art. 43 Anlegerinformation. (1) Die an der Verschmelzung beteiligten OGAW haben ihre Anleger angemessen und präzise über die geplante Verschmelzung zu informieren. Diese Anlegerinformation muss den Anlegern ein fundiertes Urteil über die Auswirkungen des Vorhabens auf ihre Anlage und die Ausübung ihrer Rechte nach Art. 44 und 45 ermöglichen.

(2) Die Anlegerinformation nach Abs. 1 enthält die wesentlichen Informationen für den Anleger des übernehmenden OGAW und darüber hinaus Angaben zu:
a) Hintergrund und Beweggründen für die geplante Verschmelzung;
b) potenziellen Auswirkungen der geplanten Verschmelzung auf die Anleger, einschließlich wesentlicher Unterschiede in Bezug auf Anlagepolitik und -strategie, die Kosten, das erwartete Ergebnis, die periodischen Berichte, eine etwaige Verwässerung der Leistung und soweit erforderlich eine eindeutige Warnung, dass die steuerliche Behandlung der Anleger im Zuge der Verschmelzung Änderungen unterworfen sein kann;
c) den spezifischen Rechten der Anleger in Bezug auf die geplante Verschmelzung, insbesondere des Rechts auf zusätzliche Informationen, des Rechts auf Erhalt einer Kopie des Berichts nach Art. 42, des Rechts auf Anteilsrücknahme und gegebenenfalls Umwandlung ihrer Anteile nach Art. 45 Abs. 1 und der Frist für die Rechtswahrnehmung;
d) den maßgeblichen Verfahrensaspekten und dem geplanten Verschmelzungstermin.

(3) Wurde für einen beteiligten OGAW eine Vertriebsanzeige nach Art. 98 oder der zur Umsetzung von Art. 93 der Richtlinie 2009/65/EG erlassenen Vorschriften des Herkunftsmitgliedstaats des

---

[59] Art. 40 Abs. 2 Bst. k eingefügt durch LGBl. 2013 Nr. 50.

OGAW gemacht, wird die Anlegerinformation auch in einer Amtssprache des Aufnahmemitgliedstaats des jeweiligen OGAW oder einer von dessen zuständigen Behörden gebilligten Sprache vorgelegt. Der betreffende OGAW ist für die Erstellung einer originalgetreuen Übersetzung verantwortlich.

(4) Die Anlegerinformation nach Abs. 1 ist den Anlegern der beteiligten OGAW zu übermitteln:
a) unverzüglich nach der Zustimmung zur Verschmelzung durch die FMA nach Art. 39 oder der zur Umsetzung von Art. 39 der Richtlinie 2009/65/EG erlassenen Vorschriften des Herkunftsmitgliedstaats;
b) mindestens 30 Tage vor der letzten Frist für einen Antrag auf Anteilsrücknahme oder gegebenenfalls Umwandlung ohne Zusatzkosten nach Art. 45 Abs. 1.

(5) Die Regierung regelt das Nähere mit Verordnung.

Art. 44 Zustimmung der Anleger. (1) Soweit die konstituierenden Dokumente eines OGAW nichts anderes vorsehen, bedarf die Verschmelzung von OGAW nicht der Zustimmung der Anleger.

(2) Bestimmen die konstituierenden Dokumente eines OGAW mit Sitz in Liechtenstein, dass die Zustimmung der Anleger zu Verschmelzungen zwischen OGAW erforderlich ist, vermittelt grundsätzlich jeder Anteil eine Stimme. Für die Zustimmung ist die Mehrheit der tatsächlich abgegebenen Stimmen der bei der Hauptversammlung anwesenden oder vertretenen Anleger erforderlich.

(3) Die verbindliche Annahme des Umtauschangebots gilt in der Hauptversammlung nach Abs. 2 als Zustimmung zur Verschmelzung. Ist das Quorum nach Abs. 2 bereits vor der Hauptversammlung erreicht, bedarf es der Durchführung der Hauptversammlung nicht mehr.

Art. 45 Umtauschrecht, Aussetzungsbefugnis der FMA. (1) Die Anleger der an der Verschmelzung beteiligten OGAW können ohne weitere Kosten als jene, die vom OGAW zur Deckung der Auflösungskosten einbehalten werden, verlangen:
a) den Wiederverkauf ihrer Anteile;
b) die Rücknahme ihrer Anteile; oder
c) den Umtausch ihrer Anteile in solche eines anderen OGAW mit ähnlicher Anlagepolitik; das Umtauschrecht besteht nur, soweit der OGAW mit ähnlicher Anlagepolitik von derselben Verwaltungsgesellschaft oder einer mit der Verwaltungsgesellschaft eng verbundenen Gesellschaft verwaltet wird.

(2) Das Recht nach Abs. 1 entsteht mit der Übermittlung der Anlegerinformation nach Art. 43 und erlischt fünf Arbeitstage vor dem Zeitpunkt für die Berechnung des Umtauschverhältnisses nach Art. 47 Abs. 1.

(3) Die FMA ist als zuständige Behörde eines an der Verschmelzung beteiligten OGAW berechtigt, die zeitweilige Aussetzung der Zeichnung, der Rücknahme oder der Auszahlung von Anteilen zu verlangen oder zu gestatten, wenn dies zum Schutz der Anleger oder des öffentlichen Interesses erforderlich ist.

Art. 46 Verbot der Kostenzuweisung an die Anleger. Wird ein OGAW von einer Verwaltungsgesellschaft verwaltet, dürfen Rechts-, Beratungs- oder Verwaltungskosten, die mit der Vorbereitung und Durchführung der Verschmelzung verbunden sind, weder einem der an der Verschmelzung beteiligten OGAW noch den Anlegern angelastet werden.

Art. 47 Wirksamkeit der Verschmelzung. (1) Ist der aufnehmende OGAW in Liechtenstein ansässig, gelten – im Fall von Investmentgesellschaften abweichend von Art. 351h und 352 PGR – die folgenden Wirksamkeitsfristen:
a) ist keine Zustimmung der Anleger zur Verschmelzung erforderlich, wird die Verschmelzung zu Beginn des 45. Tages nach Übermittlung der Anlegerinformation nach Art. 43 wirksam;
b) ist die Zustimmung der Anleger zur Verschmelzung nach Art. 44 erforderlich, wird die Verschmelzung mit Rechtskraft der Zustimmung der Hauptversammlungsbeschlüsse, frühestens aber zu Beginn des 45. Tages nach Übermittlung der Anlegerinformation nach Art. 43 wirksam. Die Rechtskraft der Hauptversammlungsbeschlüsse tritt ein, sofern nicht binnen zwei Arbeitstagen nach dem Tag der Versammlung auf den Antrag von Anlegern, deren Anteile mindestens 5 % des verwalteten Vermögens des OGAW ausmachen, das Landgericht eine einstweilige Verfügung erlässt und binnen fünf Arbeitstagen nach dem Tag der Versammlung die Antragsteller Anfechtungsklage erheben. Das 5 %-Quorum ist bei der Antragstellung nachzuweisen. Die Klage ist abzuweisen, wenn es während der Dauer der nachfolgenden Klage unterschritten wird.

(2) Die 45-Tages-Frist nach Abs. 1 kann durch den Verschmelzungsplan oder durch Verfügung der FMA zum Schutz der Anleger oder des öffentlichen Interesses verlängert werden.[60]

---

[60] Art. 47 Abs. 2 abgeändert durch LGBl. 2013 Nr. 50.

(3) Das Wirksamwerden der Verschmelzung wird in den von der Regierung mit Verordnung bestimmten Publikationsorganen öffentlich bekannt gegeben und den Herkunftsmitgliedstaatsbehörden der an der Verschmelzung beteiligten OAGW mitgeteilt. Des Weiteren ist die Verschmelzung von OGAW zu dem nach Abs. 1 und 2 bestimmten Zeitpunkt in das Handelsregister einzutragen und nach Art. 958 Ziff. 2 PGR bekanntzumachen.[61]

(4) Ist der aufnehmende OGAW in einem anderen EWR-Mitgliedstaat ansässig, ist für die Wirksamkeit der Verschmelzung und deren Bekanntmachung das dortige Recht maßgeblich.

Art. 48 Rechtsfolgen der Verschmelzung. (1) Eine Verschmelzung durch Aufnahme hat folgende Auswirkungen:
a) alle Vermögenswerte und Verbindlichkeiten des übertragenden OGAW werden auf den übernehmenden OGAW oder gegebenenfalls auf die Verwahrstelle des übernehmenden OGAW übertragen;
b) die Anleger des übertragenden OGAW werden Anleger des übernehmenden OGAW; sie haben gegebenenfalls Anspruch auf eine Barzahlung in Höhe von höchstens 10 % des Nettobestandswerts ihrer Anteile an dem übernehmenden OGAW;
c) der übertragende OGAW erlischt mit Wirksamkeit der Verschmelzung.

(2) Eine Verschmelzung durch Neugründung hat folgende Auswirkungen:
a) alle Vermögenswerte und Verbindlichkeiten des übertragenden OGAW werden auf den neu gegründeten übernehmenden OGAW oder gegebenenfalls auf die Verwahrstelle des übernehmenden OGAW übertragen;
b) die Anleger des übertragenden OGAW werden Anleger des neu gegründeten übernehmenden OGAW; sie haben gegebenenfalls Anspruch auf eine Barzahlung in Höhe von höchstens 10 % des Nettobestandswerts ihrer Anteile an dem übertragenden OGAW;
c) der übertragende OGAW erlischt mit Wirksamkeit der Verschmelzung.

(3) Eine Verschmelzung mit Teilliquidation hat folgende Auswirkungen:
a) die Nettovermögenswerte des übertragenden OGAW werden auf den übernehmenden OGAW oder gegebenenfalls auf die Verwahrstelle des übernehmenden OGAW übertragen;
b) die Anleger des übertragenden OGAW werden Anleger des übernehmenden OGAW;
c) der übertragende OGAW besteht weiter, bis alle Verbindlichkeiten getilgt sind.

(4) Die Verwaltungsgesellschaft des übernehmenden OGAW hat der Verwahrstelle des übernehmenden OGAW unverzüglich nach Abschluss schriftlich zu bestätigen, dass die Übertragung der Vermögenswerte und gegebenenfalls der Verbindlichkeiten abgeschlossen ist.

C. Entsprechende Geltung der Verschmelzungsvorschriften für andere Strukturmaßnahmen

Art. 49 Grundsatz. Soweit die Regierung mit Verordnung nichts anderes bestimmt, gelten die Vorschriften dieses Kapitels entsprechend für:
a) Verschmelzungen von Organismen für gemeinsame Anlagen, Teilfonds und Anteilsklassen mit Sitz in einem Drittstaat auf OGAW oder deren Teilfonds und Anteilsklassen mit Sitz in Liechtenstein;
b) inländische Verschmelzungen von OGAW, Teilfonds und Anteilsklassen und von inländischen AIF auf OGAW oder deren Teilfonds und Anteilsklassen;
c) grenzüberschreitende Verschmelzungen von AIF, deren Teilfonds und Anteilsklassen auf OGAW oder deren Teilfonds und Anteilsklassen;
d) inländische oder grenzüberschreitende Spaltungen von OGAW, Teilfonds oder Anteilsklassen oder von Organismen für gemeinsame Anlagen, die infolge dieser Strukturmaßnahme OGAW werden sollen;[62]
e) den Wechsel der Verwaltungsgesellschaft;
f) den Wechsel der Verwahrstelle;
g) den Wechsel einer selbstverwalteten in eine fremdverwaltete Investmentgesellschaft sowie im umgekehrten Fall der Umwandlung einer fremdverwalteten in eine selbstverwaltete Investmentgesellschaft;
h) die Umwandlung eines Teilfonds aus einer Umbrella-Struktur in einen selbständigen OGAW oder die Umwandlung eines selbständigen OGAW in einen Teilfonds einer Umbrella-Struktur;
i) inländische oder grenzüberschreitende Rechtsformwechsel und Sitzverlegungen von OGAW;[63]
k) sonstige den OGAW betreffende Strukturmaßnahmen.[64]

---

[61] Art. 47 Abs. 3 abgeändert durch LGBl. 2013 Nr. 50.
[62] Art. 49 Bst. d abgeändert durch LGBl. 2013 Nr. 50.
[63] Art. 49 Bst. i abgeändert durch LGBl. 2013 Nr. 50.
[64] Art. 49 Bst. k eingefügt durch LGBl. 2013 Nr. 50.

VI. Anlagepolitik

Art. 50 Anwendbarkeit auf Teilfonds und selbstverwaltete OGAW. (1) Für Zwecke der Art. 50 bis 59 wird bei einem OGAW, der aus mehr als einem Teilfonds zusammengesetzt ist, jeder Teilfonds als eigener OGAW betrachtet.

(2) Die Bestimmungen dieses Kapitels finden sinngemäß auf selbstverwaltete Investmentgesellschaften Anwendung, soweit in diesem Kapitel nichts anderes bestimmt ist.

Art. 51 Zulässige Anlagegegenstände. (1) Ein OGAW darf die Vermögensgegenstände für Rechnung seiner Anleger ausschließlich in einen oder mehrere der folgenden Vermögensgegenstände anlegen:
a) Wertpapiere und Geldmarktinstrumente:
 1. die an einem geregelten Markt im Sinne von Art. 4 Abs. 1 Ziff. 14 der Richtlinie 2004/39/EG notiert oder gehandelt werden;
 2. die an einem anderen geregelten Markt eines EWR-Mitgliedstaats, der anerkannt, für das Publikum offen und dessen Funktionsweise ordnungsgemäß ist, gehandelt werden;
 3. die an einer Wertpapierbörse eines Drittstaates amtlich notiert oder an einem anderen geregelten Markt eines Drittstaates gehandelt werden, der anerkannt, für das Publikum offen und dessen Funktionsweise ordnungsgemäß ist, sofern die Wahl dieser Börse oder dieses Marktes durch die FMA genehmigt wurde oder in den konstituierenden Dokumenten des OGAW vorgesehen ist;
b) Wertpapiere aus Neuemissionen, sofern:
 1. die Emissionsbedingungen die Verpflichtung enthalten, dass die Zulassung zur amtlichen Notierung an einer Wertpapierbörse oder an einem anderen geregelten Markt, der anerkannt, für das Publikum offen und dessen Funktionsweise ordnungsgemäß ist, beantragt wird, und sofern die Wahl dieser Börse oder dieses Marktes durch die FMA genehmigt wurde oder in den konstituierenden Dokumenten des OGAW vorgesehen ist;
 2. die unter Ziff. 1. genannte Zulassung spätestens vor Ablauf eines Jahres nach der Emission erlangt wird;
c) Anteile an OGAW und anderen mit einem OGAW vergleichbaren Organismen für gemeinsame Anlagen, sofern OGAW und die Organismen für gemeinsame Anlagen nach ihren konstituierenden Dokumenten höchstens 10% ihres Vermögens in Anteile eines anderen OGAW oder vergleichbarer Organismen für gemeinsame Anlagen anlegen dürfen;
d) Sichteinlagen oder kündbare Einlagen mit einer Laufzeit von höchstens zwölf Monaten bei Kreditinstituten, die ihren Sitz in einem EWR-Mitgliedstaat oder einem Drittstaat haben, dessen Aufsichtsrecht dem des EWR-Rechts gleichwertig ist;
e) Derivate, deren Basiswert Anlagegegenstände im Sinne dieses Artikels oder Finanzindizes, Zinssätze, Wechselkurse oder Währungen sind, in die der OGAW gemäß seinen konstituierenden Dokumenten investieren darf. Im Fall von Geschäften mit OTC-Derivaten müssen die Gegenparteien beaufsichtigte Institute einer von der FMA zugelassenen Kategorie sein und die OTC-Derivate einer zuverlässigen und überprüfbaren Bewertung auf Tagesbasis unterliegen und jederzeit auf Initiative des OGAW zum angemessenen Zeitwert veräußert, liquidiert oder durch ein Gegengeschäft glattgestellt werden können;
f) Geldmarktinstrumente, die nicht auf einem geregelten Markt gehandelt werden, sofern die Emission oder der Emittent dieser Instrumente Vorschriften über den Einlagen- und den Anlegerschutz unterliegt, vorausgesetzt, sie werden:
 1. von einer zentralstaatlichen, regionalen oder lokalen Körperschaft oder der Zentralbank eines EWR-Mitgliedstaats, der Europäischen Zentralbank, der Gemeinschaft oder der Europäischen Investitionsbank, einem Drittstaat oder, sofern dieser ein Bundesstaat ist, einem Gliedstaat der Föderation oder von einer internationalen Einrichtung öffentlich-rechtlichen Charakters, der mindestens ein EWR-Mitgliedstaat angehört, ausgegeben oder garantiert;
 2. von einem Unternehmen ausgegeben, dessen Wertpapiere auf den unter Bst. a bezeichneten geregelten Märkten gehandelt werden;
 3. von einem Institut, das gemäß den im EWR-Recht festgelegten Kriterien einer Aufsicht unterstellt ist oder einem Institut ausgegeben oder garantiert, dessen Aufsichtsrecht dem EWR-Recht gleichwertig ist und das dieses Recht einhält; oder
 4. von einem Emittenten ausgegeben, der einer von der FMA zugelassenen Kategorie angehört, sofern für Anlagen in diesen Instrumenten den Ziff. 1 bis 3 gleichwertige Anlegerschutzvorschriften gelten und der Emittent entweder ein Unternehmen mit einem Eigenkapital in Höhe

2. UCITSG

von mindestens 10 Millionen Euro oder den Gegenwert in Schweizer Franken ist und seinen Jahresabschluss nach den Vorschriften der Richtlinie 78/660/EWG erstellt und veröffentlicht, oder ein gruppenzugehöriger Rechtsträger ist, der für die Finanzierung der Unternehmensgruppe mit zumindest einer börsennotierten Gesellschaft zuständig ist oder ein Rechtsträger ist, der die wertpapiermäßige Unterlegung von Verbindlichkeiten durch Nutzung einer von einer Bank eingeräumten Kreditlinie finanzieren soll.

(2) Ein OGAW darf nicht:
a) mehr als 10% seines Vermögens in andere als die in Abs. 1 genannten Wertpapiere und Geldmarktinstrumente anlegen;
b) Edelmetalle oder Zertifikate über Edelmetalle erwerben.
Er darf daneben flüssige Mittel halten.

(3) Eine Investmentgesellschaft darf bewegliches und unbewegliches Vermögen erwerben, das für die unmittelbare Ausübung ihrer Tätigkeit unerlässlich ist.

(4) Die Regierung kann mit Verordnung regeln:
a) die Wahl welcher Börsen oder Märkte im Sinne von Abs. 1 Bst. a und b Ziff. 1 der Zulassung der FMA bedarf;
b) welche Kategorien die FMA nach Abs. 1 Bst. e Satz 2 und Bst. f Ziff. 4 zuzulassen hat;
c) die Aufsichtsbestimmungen welcher Drittstaaten nach Abs. 1 Bst. d und Bst. f Ziff. 3 und 4 mit dem EWR-Recht gleichwertig sind.
d) welche Anforderungen ein Originator erfüllen muss, damit ein OGAW in Wertpapiere oder andere Finanzinstrumente dieses Typs, die nach dem 1. Januar 2011 emittiert werden, investieren darf, einschließlich der Anforderung, dass der Originator einen materiellen Nettoanteil von mindestens 5% behält;[65]
e) welche qualitativen Anforderungen die OGAW, die in diese Wertpapiere oder andere Finanzinstrumente investieren, erfüllen müssen.[66]

Art. 52 Von Zweckgesellschaften ausgegebene Wertpapiere. Soweit es zum Schutz der Anleger und des öffentlichen Interesses geboten ist, kann die Regierung mit Verordnung die Voraussetzungen regeln, die Originatoren erfüllen müssen, damit ein OGAW in Finanzinstrumente, die von ihnen oder von für sie handelnde Zweckgesellschaften für die Verbriefung von Vermögensgegenständen ausgegeben werden, investieren darf.

Art. 53 Derivateeinsatz. (1) Die Verwaltungsgesellschaft teilt der FMA regelmäßig die Arten der Derivate im Portfolio, die mit den jeweiligen Basiswerten verbundenen Risiken, die Anlagegrenzen und für jeden von ihr verwalteten OGAW die verwendeten Methoden zur Messung der mit den Derivategeschäften verbundenen Risiken mit. Derivate im Sinne dieses Artikels sind auch Derivate, die in ein Wertpapier oder ein Geldmarktinstrument eingebettet sind.

(2) Ein OGAW stellt sicher, dass das mit Derivaten verbundene Gesamtrisiko den Gesamtnettowert seiner Portfolios nicht überschreitet. Ein OGAW darf als Teil seiner Anlagestrategie innerhalb der in Art. 54 festgelegten Grenzen Anlagen in Derivaten tätigen, sofern das Gesamtrisiko der Basiswerte die Anlagegrenzen des Art. 54 nicht überschreitet. Bei der Berechnung dieses Risikos werden der Marktwert der Basiswerte, das Ausfallrisiko, künftige Marktfluktuationen und die Liquidationsfrist der Positionen berücksichtigt.

(3) Sofern der Schutz der Anleger und das öffentliche Interesse nicht entgegen stehen, sind Anlagen des OGAW in indexbasierten Derivaten in Bezug auf die Obergrenzen des Art. 54 nicht zu berücksichtigen. Die Inanspruchnahme dieser Ausnahme ist der FMA mitzuteilen.

(4) Ein OGAW darf mit Genehmigung der FMA zur effizienten Verwaltung der Portfolios unter Einhaltung der Bestimmungen dieses Gesetzes, der konstituierenden Dokumente und der in den an die Anleger gerichteten Informationen genannten Anlageziele Techniken und Instrumente einsetzen, die Wertpapiere und Geldmarktinstrumente zum Gegenstand haben. Die Genehmigung ist zu erteilen, soweit der Schutz der Anleger und das öffentliche Interesse nicht entgegen stehen.

(5) Die Regierung regelt das Nähere mit Verordnung, insbesondere unter welchen Voraussetzungen die FMA die Genehmigung nach Abs. 4 zum Einsatz von Techniken und Instrumenten, die Wertpapiere und Geldmarktinstrumente zum Gegenstand haben, zu erteilen hat.[67]

---

[65] Art. 51 Abs. 4 Bst. d eingefügt durch LGBl. 2013 Nr. 50.
[66] Art. 51 Abs. 4 Bst. e eingefügt durch LGBl. 2013 Nr. 50.
[67] Art. 53 Abs. 5 abgeändert durch LGBl. 2013 Nr. 50.

Art. 54 Emittentengrenzen. (1) Ein OGAW darf höchstens 5% seines Vermögens in Wertpapieren oder Geldmarktinstrumenten desselben Emittenten und höchstens 20% seines Vermögens in Einlagen desselben Emittenten anlegen.

(2) Das Ausfallrisiko aus Geschäften eines OGAW mit OTC-Derivaten mit einem Kreditinstitut als Gegenpartei, das seinen Sitz in einem EWR-Mitgliedstaat oder einem Drittstaat hat, dessen Aufsichtsrecht dem des EWR-Rechts gleichwertig ist, darf 10% des Vermögens des OGAW nicht überschreiten; bei anderen Gegenparteien beträgt das maximale Ausfallrisiko 5% des Vermögens.

(3) Sofern der Gesamtwert der Wertpapiere und Geldmarktinstrumente der Emittenten, bei denen der OGAW jeweils mehr als 5% seines Vermögens anlegt, 40% seines Vermögens nicht überschreitet, ist die in Abs. 1 genannte Emittentengrenze von 5% auf 10% angehoben. Bei Inanspruchnahme der Anhebung werden die Wertpapiere und Geldmarktinstrumente nach Abs. 5 und die Schuldverschreibungen nach Abs. 6 nicht berücksichtigt.[68]

(3a) Die Anhebung der Grenze nach Abs. 3 auf 40% findet keine Anwendung für Einlagen oder auf Geschäfte mit OTC-Derivaten mit beaufsichtigten Finanzinstituten.[69]

(4) Ungeachtet der Einzelobergrenzen nach Abs. 1 und 2 darf ein OGAW Folgendes nicht kombinieren, wenn dies zu einer Anlage von mehr als 20% seines Vermögens bei ein und derselben Einrichtung führen würde:
a) von dieser Einrichtung ausgegebene Wertpapiere oder Geldmarktinstrumente;
b) Einlagen bei dieser Einrichtung;
c) von dieser Einrichtung erworbene OTC-Derivate.

(5) Sofern die Wertpapiere oder Geldmarktinstrumente von einem EWR-Mitgliedstaat oder seinen Gebietskörperschaften, von einem Drittstaat oder von einer internationalen Einrichtung öffentlich-rechtlichen Charakters, der mindestens ein EWR-Mitgliedstaat angehört, ausgegeben oder garantiert werden, ist die in Abs. 1 genannte Obergrenze von 5% auf höchstens 35% angehoben.

(6) Sofern Schuldverschreibungen von einem Kreditinstitut mit Sitz in einem EWR-Mitgliedstaat ausgegeben werden, das aufgrund gesetzlicher Vorschriften zum Schutz der Inhaber dieser Schuldverschreibungen einer besonderen öffentlichen Aufsicht unterliegt und insbesondere die Erträge aus der Emission dieser Schuldverschreibungen in Vermögenswerte anzulegen hat, die während der gesamten Laufzeit der Schuldverschreibungen die sich daraus ergebenden Verbindlichkeiten ausreichend decken und vorrangig für die beim Ausfall des Emittenten fällig werdende Rückzahlung des Kapitals und der Zinsen bestimmt sind, ist für solche Schuldverschreibungen die in Abs. 1 genannte Obergrenze von 5% auf höchstens 25% angehoben. In diesem Fall darf der Gesamtwert der Anlagen 80% des Vermögens des OGAW nicht überschreiten. Die FMA übermittelt der EFTA-Überwachungsbehörde zu Zwecken der Weiterleitung und Veröffentlichung ein Verzeichnis der Kategorien von Schuldverschreibungen und jener Emittenten, die in Liechtenstein die Kriterien erfüllen. Die FMA fügt dem Verzeichnis eine Erläuterung des Status der gebotenen Garantien bei.

(7) Die in Abs. 1 bis 6 genannten Grenzen dürfen nicht kumuliert werden. Die maximale Emittentengrenze beträgt 35% des Vermögens des OGAW.

(8) Gesellschaften derselben Unternehmensgruppe gelten für die Berechnung der in diesem Artikel vorgesehenen Anlagegrenzen als ein einziger Emittent. Für Anlagen in Wertpapieren und Geldmarktinstrumenten derselben Unternehmensgruppe ist die Emittentengrenze auf zusammen 20% des Vermögens des OGAW angehoben.

(9) Die Regierung kann mit Verordnung für alle oder einzelne Kategorien von OGAW vorsehen, dass die Anhebung der Emittentengrenzen nach Abs. 3, 5, 6 und 8 nur mit Genehmigung der FMA in Anspruch genommen werden kann, und die Voraussetzungen für die Genehmigung festlegen. Die FMA kann ihre Genehmigung unter Auflagen erteilen.

Art. 55 Erhöhte Emittentengrenzen für Indexfonds. (1) Die Emittentengrenzen nach Art. 54 sind in Bezug auf Aktien oder Schuldtitel ein und desselben Emittenten auf höchstens 20% angehoben, wenn die Anlagestrategie gemäß den konstituierenden Dokumenten des OGAW einen von der FMA oder den zuständigen Behörden anderer EWR-Mitgliedstaaten anerkannten Aktien- oder Schuldtitelindex nachbilden soll. Die FMA hat den Index anzuerkennen, wenn:
a) die Zusammensetzung des Index hinreichend diversifiziert ist;
b) der Index eine adäquate Bezugsgrundlage für den Markt darstellt, auf den er sich bezieht; und
c) der Index in angemessener Weise veröffentlicht wird.

---

[68] Art. 54 Abs. 3 abgeändert durch LGBl. 2013 Nr. 50.
[69] Art. 54 Abs. 3a eingefügt durch LGBl. 2013 Nr. 50.

(2) Die in Abs. 1 festgelegte Grenze ist auf höchstens 35 % angehoben, sofern dies aufgrund aussergewöhnlicher Marktbedingungen gerechtfertigt ist, und zwar insbesondere auf geregelten Märkten, auf denen bestimmte Wertpapiere oder Geldmarktinstrumente stark dominieren. Die Anlage in einer Höhe, die die Grenze des Abs. 1 übersteigt, bis zu dieser Obergrenze ist nur in Anlagen eines einzigen Emittenten zulässig.

Art. 56 Ausnahmegenehmigung für Anlage in Wertpapiere staatlicher Emittenten. (1) Mit einer Ausnahmegenehmigung der FMA, die unter Auflagen zu erteilen ist, darf ein OGAW nach dem Grundsatz der Risikostreuung bis zu 100 % seines Vermögens in Wertpapiere und Geldmarktinstrumente verschiedener Emissionen anlegen, die von ein und demselben staatlichen Emittenten begeben oder garantiert werden. So ein OGAW muss zumindest Wertpapiere aus sechs verschiedenen Emissionen halten, wobei die Wertpapiere aus einer einzigen Emission 30 % des Gesamtbetrags ihres Vermögens nicht überschreiten dürfen. Die FMA erteilt die Ausnahmegenehmigung, wenn die Anleger des OGAW ebenso gut wie bei Einhaltung der Emittentengrenzen nach Art. 54 geschützt sind.

(2) Ein OGAW nach Abs. 1 gibt in den konstituierenden Dokumenten die staatlichen Emittenten an, deren Wertpapiere mehr als 35 % seines Vermögens ausmachen sollen. Die Aufnahme dieser Regelung in die konstituierenden Dokumente bedarf einer Ausnahmegenehmigung der FMA.

(3) Ein OGAW nach Abs. 1 weist in den Prospekten sowie in der Werbung deutlich auf die Ausnahmegenehmigung hin und gibt dabei die staatlichen Emittenten an, deren Wertpapiere mehr als 35 % seines Vermögens ausmachen sollen.

Art. 57 Anlage in andere OGAW und mit OGAW vergleichbare Organismen für gemeinsame Anlagen, Gebühren bei und Information über Kaskadenstrukturen. (1) Ein OGAW darf höchstens 20 % seines Vermögens in Anteile eines anderen OGAW oder in Anteile eines anderen mit einem OGAW vergleichbaren Organismus für gemeinsame Anlagen anlegen.[70]

(2) Die Anlagen in Anteile von mit OGAW vergleichbaren Organismen für gemeinsame Anlagen dürfen insgesamt 30 % des Vermögens des OGAW nicht übersteigen. Diese Anlagen sind in Bezug auf die Obergrenzen nach Art. 54 nicht zu berücksichtigen.[71]

(3) Werden Anteile nach Abs. 1 unmittelbar oder mittelbar von der Verwaltungsgesellschaft des OGAW oder von einer Gesellschaft verwaltet, mit der die Verwaltungsgesellschaft des OGAW durch eine gemeinsame Verwaltung, Kontrolle oder qualifizierte Beteiligung verbunden ist, dürfen weder die Verwaltungsgesellschaft des OGAW noch die andere Gesellschaft für die Anteilsausgabe oder -rücknahme an den oder von dem OGAW Gebühren berechnen.

(4) Machen die Anlagen nach Abs. 1 einen wesentlichen Teil des Vermögens des OGAW aus, muss der Prospekt über die maximale Höhe und der Jahresbericht über den maximalen Anteil der Verwaltungsgebühren informieren, die vom OGAW selbst und von den Organismen für gemeinsame Anlagen nach Abs. 1, deren Anteile erworben wurden, zu tragen sind.

Art. 58 Kontrollverbot, emittentenbezogene Anlagegrenzen. (1) Eine Verwaltungsgesellschaft erwirbt für keine von ihr verwalteten OGAW Stimmrechtsaktien desselben Emittenten, mit denen sie einen nennenswerten Einfluss auf die Geschäftsführung des Emittenten ausüben kann. Ein nennenswerter Einfluss wird ab 10 % der Stimmrechte des Emittenten vermutet. Gilt in einem anderen EWR-Mitgliedstaat eine niedrigere Grenze für den Erwerb von Stimmrechtsaktien desselben Emittenten, ist diese Grenze für die Verwaltungsgesellschaft maßgebend, wenn sie für einen OGAW Aktien eines Emittenten mit Sitz in diesem EWR-Mitgliedstaat erwirbt. Die Bestimmungen dieses Absatzes gelten sinngemäß für Investmentgesellschaften.

(2) Ein OGAW darf Finanzinstrumente desselben Emittenten in einem Umfang von höchstens:
a) 10 % des Grundkapitals des Emittenten erwerben, soweit stimmrechtslose Aktien betroffen sind;
b) 10 % des Gesamtnennbetrags der in Umlauf befindlichen Schuldverschreibungen oder Geldmarktinstrumente des Emittenten erwerben, soweit Schuldverschreibungen oder Geldmarktinstrumente betroffen sind. Diese Grenze braucht nicht eingehalten zu werden, wenn sich der Gesamtnennbetrag zum Zeitpunkt des Erwerbs nicht ermitteln lässt;
c) 25 % der Anteile desselben Organismus erwerben, soweit Anteile von anderen OGAW oder von mit einem OGAW vergleichbaren Organismen für gemeinsame Anlagen betroffen sind. Diese bestimmte Grenze braucht nicht eingehalten zu werden, wenn sich der Nettobetrag zum Zeitpunkt des Erwerbs nicht ermitteln lässt.

---

[70] Art. 57 Abs. 1 abgeändert durch LGBl. 2013 Nr. 50.
[71] Art. 57 Abs. 2 abgeändert durch LGBl. 2013 Nr. 50.

(3) Abs. 1 und 2 sind nicht anzuwenden:
a) auf Wertpapiere und Geldmarktinstrumente, die von einem staatlichen Emittenten ausgegeben oder garantiert werden;
b) auf Aktien, die ein OGAW an dem Kapital einer Gesellschaft eines Drittstaates besitzt, die ihr Vermögen im Wesentlichen in Wertpapieren von Emittenten anlegt, die in diesem Drittstaat ansässig sind, wenn eine derartige Beteiligung für den OGAW aufgrund der Rechtsvorschriften dieses Drittstaates die einzige Möglichkeit darstellt, Anlagen in Wertpapieren von Emittenten dieses Landes zu tätigen. Dafür darf die Gesellschaft des Drittstaates die in den Art. 54 und 57 sowie in Abs. 1 und 2 festgelegten Grenzen nicht überschreiten. Kommt es dennoch zur Überschreitung, ist Art. 59 entsprechend anzuwenden;
c) auf von Investmentgesellschaften gehaltene Anteile am Kapital ihrer Tochtergesellschaften, die im Niederlassungsstaat ausschließlich für die Investmentgesellschaft den Rückkauf von Anteilen auf Wunsch der Anleger organisieren.

Art. 59 Ausnahme für Bezugsrechtsausübung, Rückführungspflicht, Befreiung für neue OGAW. (1) Ein OGAW muss die Anlagegrenzen nach diesem Kapitel bei der Ausübung von zu seinem Vermögen zählenden Bezugsrechten aus Wertpapieren oder Geldmarktinstrumenten nicht einhalten.

(2) Bei Überschreitung der in Abs. 1 genannten Grenzen hat der OGAW bei seinen Verkäufen als vorrangiges Ziel die Normalisierung dieser Lage unter Berücksichtigung der Interessen der Anleger anzustreben.

(3) Ein OGAW darf binnen der ersten sechs Monate nach seiner Zulassung von den Vorschriften dieses Kapitels abweichen. Dem Gebot der Risikostreuung ist weiterhin Folge zu leisten.

VII. Master-Feeder-Strukturen

A. Anwendungsbereich und Genehmigung

Art. 60 Anlagegrenzen. (1) Ein Feeder-OGAW kann bis zu 15% seines Vermögens in einem oder mehreren der folgenden Vermögensgegenständen halten:
a) flüssige Mittel nach Art. 51 Abs. 2 Satz 2;
b) derivative Finanzinstrumente nach Art. 51 Abs. 1 Bst. e und 53 Abs. 2 bis 4, die ausschließlich für Absicherungszwecke verwendet werden dürfen;
c) wenn es sich beim Feeder-OGAW um eine Investmentgesellschaft handelt, bewegliches und unbewegliches Vermögen, das für die unmittelbare Ausübung seiner Tätigkeit unerlässlich ist.

(2) Für die Zwecke der Einhaltung von Art. 53 Abs. 2 und 3 berechnet der Feeder-OGAW sein Gesamtrisiko im Zusammenhang mit derivativen Finanzinstrumenten anhand einer Kombination seines eigenen unmittelbaren Risikos nach Abs. 1 Bst. b:
a) entweder mit dem tatsächlichen Risiko des Master-OGAW gegenüber derivativen Finanzinstrumenten im Verhältnis zur Anlage des Feeder-OGAW in den Master-OGAW; oder
b) mit dem potenziellen Gesamthöchstrisiko des Master-OGAW in Bezug auf derivative Finanzinstrumente gemäß den konstituierenden Dokumenten des Master-Fonds im Verhältnis zur Anlage des Feeder-OGAW in den Master-OGAW.

(3) Für einen Master-OGAW gelten folgende Abweichungen von den für OGAW geltenden Anlagebeschränkungen:
a) Investieren mindestens zwei Feeder-OGAW in einen Master-OGAW, gelten die Beschränkungen nach Art. 3 Abs. 1 Ziff. 1 Bst. a und Art. 2 Abs. 3 Bst. b nicht und der Master-OGAW kann sich Kapital bei anderen Anlegern beschaffen.
b) Beschafft sich ein Master-OGAW in einem anderen EWR-Mitgliedstaat als seinem Sitzstaat, in dem er lediglich über einen oder mehrere Feeder-OGAW verfügt, kein Kapital beim Publikum, gelten Art. 97 bis 102 und 118 Abs. 3 nicht.

(4) Soweit nichts anderes geregelt wird, gelten die Vorschriften der Art. 60 bis 69 sowohl für in Liechtenstein ansässige Feeder-OGAW, als auch in Liechtenstein ansässige Master-OGAW.

Art. 61 Genehmigungsverfahren vor Herkunftsmitgliedstaatsbehörde des Feeder-OGAW.
(1) Die FMA als Herkunftsmitgliedstaatsbehörde des Feeder-OGAW hat Anlagen eines Feeder-OGAW in einen bestimmten Master-OGAW, die die Grenze nach Art. 57 Abs. 1 Anlagen in andere OGAW überschreiten, im Voraus zu genehmigen.

(2) Mit dem Genehmigungsantrag sind der FMA in deutscher oder einer von ihr gebilligten Sprache die folgenden Dokumente zu übermitteln:

2. UCITSG

a) die konstituierenden Dokumente von Feeder- und Master-OGAW;
b) der Prospekt und die wesentlichen Informationen für den Anleger von Feeder- und Master-OGAW;
c) die in Art. 62 Abs. 1 genannte Vereinbarung zwischen Feeder- und Master-OGAW oder die entsprechenden internen Regelungen für Geschäftätigkeiten;
d) sofern zutreffend, die in Art. 66 Abs. 1 genannten Anlegerinformationen;
e) wenn Feeder- und Master-OGAW verschiedene Verwahrstellen haben, die in Art. 63 Abs. 1 genannte Vereinbarung zwischen den Verwahrstellen;
f) wenn Feeder- und Master-OGAW verschiedene Wirtschaftsprüfer haben, die in Art. 64 Abs. 1 genannte Vereinbarung zwischen den Wirtschaftsprüfern;
g) wenn Feeder- und Master-OGAW in verschiedenen EWR-Mitgliedstaaten niedergelassen sind, eine Bestätigung der Herkunftsmitgliedstaatsbehörde des Master-OGAW, dass der Master-OGAW ein OGAW oder ein OGAW-Teilfonds ist, der weder selbst ein Feeder-OGAW ist, noch selbst Anteile eines Feeder-OGAW hält.

(3) Die FMA erteilt die Genehmigung nach Abs. 1, wenn der Feeder-OGAW, seine Verwahrstelle und sein Wirtschaftsprüfer sowie der Master-OGAW alle in diesem Kapitel dargelegten Anforderungen erfüllen. Die Genehmigung ist binnen zehn Arbeitstagen nach Zugang des vollständigen Antrags zu erteilen.

B. Gemeinsame Bestimmungen für Feeder-OGAW und Master-OGAW

Art. 62 Vereinbarung und Verhaltensabstimmung zwischen Master- und Feeder-OGAW, Rechtsfolgen der Aussetzung der Anteilsrücknahme durch den Master-OGAW, Liquidation und Verschmelzung des Master-OGAW. (1) Der Master-OGAW hat dem Feeder-OGAW alle Informationen zur Verfügung zu stellen, damit der Feeder-OGAW die Anforderungen dieses Gesetzes erfüllen kann. Dazu schliessen Feeder- und Master-OGAW eine Vereinbarung. Werden Master- und Feeder-OGAW von der gleichen Verwaltungsgesellschaft verwaltet, kann die Vereinbarung durch interne Regelungen für Geschäftätigkeiten ersetzt werden, durch die sichergestellt wird, dass die Bestimmungen dieses Absatzes eingehalten werden.

(2) Der Feeder-OGAW tätigt erst Anlagen in Anteile des Master-OGAW, die die Grenze nach Art. 57 Abs. 1 übersteigen, wenn die in Abs. 1 genannte Vereinbarung in Kraft getreten ist. Diese Vereinbarung wird auf Anfrage allen Anlegern unentgeltlich zugänglich gemacht.

(3) Master- und Feeder-OGAW treffen angemessene Vorkehrungen zur Abstimmung ihrer Zeitpläne für die Berechnung und Veröffentlichung des Nettovermögenswertes, um das Market Timing mit ihren Anteilen und Arbitragemöglichkeiten zu verhindern.

(4) Wenn ein Master-OGAW im Einklang mit Art. 85 auf eigene Initiative oder auf Ersuchen der zuständigen Behörden die Rücknahme, Auszahlung oder Zeichnung seiner Anteile zeitweilig aussetzt, darf jeder seiner Feeder-OGAW die Rücknahme, Auszahlung oder Zeichnung seiner Anteile gegenüber seinen Anlegern, unabhängig von den in Art. 85 Abs. 2 formulierten Bedingungen, während des gleichen Zeitraums wie der Master-OGAW aussetzen.

(5) Wird ein Master-OGAW liquidiert, so wird auch der Feeder-OGAW liquidiert, es sei denn, die FMA genehmigt:
a) die Anlage von mindestens 85% des Vermögens des Feeder-OGAW in Anteile eines anderen Master-OGAW; oder
b) die Änderung der konstituierenden Dokumente, um dem Feeder-OGAW die Umwandlung in einen OGAW zu ermöglichen, der kein Feeder-OGAW ist.

(6) Die Liquidation eines Master-OGAW erfolgt frühestens drei Monate nach dem Zeitpunkt, an dem er all seine Anleger und die zuständige Behörde des Feeder-OGAW über die verbindliche Entscheidung zur Liquidation informiert hat. Die Regierung kann mit Verordnung nach Abs. 8 einen längeren Zeitraum bestimmen.

(7) Bei der Verschmelzung eines Master-OGAW mit einem anderen OGAW oder der Spaltung in zwei oder mehr OGAW wird der Feeder-OGAW liquidiert, es sei denn, die FMA als zuständige Behörde des Feeder-OGAW genehmigt, dass der Feeder-OGAW:
a) Feeder-OGAW des Master-OGAW oder eines anderen OGAW bleibt, der aus der Verschmelzung bzw. Spaltung des Master-OGAW hervorgeht;
b) mindestens 85% seines Vermögens in Anteile eines anderen Master-OGAW anlegt, der nicht aus der Verschmelzung bzw. Spaltung hervorgegangen ist; oder
c) seine konstituierenden Dokumente im Sinne einer Umwandlung in einen OGAW ändert, der kein Feeder-OGAW ist.

(8) Eine Verschmelzung oder Spaltung eines Master-OGAW wird nur wirksam, wenn der Master-OGAW seinen Anlegern und den Herkunftsmitgliedstaatsbehörden seiner Feeder-OGAW bis 60 Tage vor dem vorgeschlagenen Datum des Wirksamwerdens die in Art. 43 genannten Informationen oder mit diesen vergleichbare Informationen bereitgestellt hat. Der Feeder-OGAW erhält vom Master-OGAW die Möglichkeit vor Wirksamwerden der Verschmelzung bzw. der Spaltung des Master-OGAW alle Anteile am Master-OGAW zurückzunehmen oder auszuzahlen, es sei denn, die Herkunftsmitgliedstaatsbehörden des Feeder-OGAW haben die in Abs. 7 Bst. a vorgesehene Genehmigung erteilt.

(9) Die Regierung regelt das Nähere mit Verordnung.

C. Verwahrstellen und Wirtschaftsprüfer

Art. 63 Vereinbarung der Verwahrstellen und Informationspflichten. (1) Haben Master- und Feeder-OGAW unterschiedliche Verwahrstellen, müssen die Verwahrstellen eine Vereinbarung über den Informationsaustausch abschliessen, um sicherzustellen, dass beide Verwahrstellen ihre Pflichten erfüllen.

(2) Der Feeder-OGAW tätigt Anlagen in Anteile des Master-OGAW erst, wenn die Vereinbarung nach Abs. 1 wirksam geworden ist.

(3) Der Feeder-OGAW bzw. dessen Verwaltungsgesellschaft haben der Verwahrstelle des Feeder-OGAW alle Informationen über den Master-OGAW mitzuteilen, die für die Erfüllung der Pflichten der Verwahrstelle des Feeder-OGAW erforderlich sind.

(4) Die Verwahrstelle des Master-OGAW unterrichtet die Herkunftsmitgliedstaatsbehörde des Master-OGAW, den Feeder-OGAW bzw. dessen Verwaltungsgesellschaft und die Verwahrstelle des Feeder-OGAW unmittelbar über alle Unregelmäßigkeiten in Bezug auf den Master-OGAW, die negative Auswirkungen auf den Feeder-OGAW haben könnten.

(5) Bei der Befolgung der Vorschriften dieses Abschnitts dürfen die Verwahrstellen des Master- und des Feeder-OGAW keine vertraglichen oder gesetzlichen Geheimhaltungs- oder Datenschutzbestimmungen verletzen. Die Einhaltung der betreffenden Vorschriften zieht für die Verwahrstelle keine Haftung nach sich.

(6) Die Regierung regelt das Nähere mit Verordnung.

Art. 64 Vereinbarung, Informations- und Berichtspflichten der Wirtschaftsprüfer.
(1) Haben Master-OGAW und Feeder-OGAW unterschiedliche Wirtschaftsprüfer, müssen die Wirtschaftsprüfer eine Vereinbarung über den Informationsaustausch unter Berücksichtigung der Vorgaben nach Abs. 3 abschliessen, um sicherzustellen, dass beide Wirtschaftsprüfer ihre Pflichten erfüllen.

(2) Der Feeder-OGAW tätigt Anlagen in Anteile des Master-OGAW erst, wenn eine solche Vereinbarung wirksam geworden ist.

(3) Der Wirtschaftsprüfer des Feeder-OGAW berücksichtigt in seinem Prüfbericht den Prüfbericht des Master-OGAW. Bei abweichenden Rechnungsjahren erstellt der Wirtschaftsprüfer des Master-OGAW einen Ad-hoc-Bericht zum Abschlusstermin des Feeder-OGAW. Der Wirtschaftsprüfer des Feeder-OGAW nennt in seinem Bericht insbesondere sämtliche im Prüfbericht des Master-OGAW festgestellten Unregelmäßigkeiten sowie deren Auswirkungen auf den Feeder-OGAW.

(4) Bei der Befolgung der Vorschriften dieses Abschnitts dürfen die Wirtschaftsprüfer des Master- und des Feeder-OGAW keine vertraglichen oder gesetzlichen Geheimhaltungs- oder Datenschutzbestimmungen verletzen. Die Einhaltung der betreffenden Vorschriften zieht für den Wirtschaftsprüfer keine Haftung nach sich.

(5) Die Regierung regelt das Nähere mit Verordnung.

D. Pflichtinformationen und Vertriebsmitteilungen des Feeder-OGAW

Art. 65 Erweiterte Prospekt- und Berichtspflichten des Feeder-OGAW. (1) Der Prospekt des Feeder-OGAW hat zusätzlich zu den in Anhang Schema A vorgesehenen Informationen zu enthalten:

a) eine Erklärung, der zufolge der Feeder-OGAW ein Feeder-Fonds eines bestimmten Master-OGAW ist und als solcher dauerhaft mindestens 85 % seines Vermögens in Anteile dieses Master-OGAW anlegt;

b) die Angabe des Anlageziels und der Anlagestrategie, einschließlich des Risikoprofils sowie, ob die Wertentwicklung von Feeder-OGAW und Master-OGAW identisch sind bzw. in welchem Ausmaß und aus welchen Gründen sie sich unterscheiden, einschließlich einer Beschreibung zu der nach Art. 60 Abs. 1 getätigten Anlage;

c) eine kurze Beschreibung des Master-OGAW, seiner Struktur, seines Anlageziels und seiner Anlagestrategie, einschließlich des Risikoprofils, und Angaben dazu, wie der aktualisierte Prospekt des Master-OGAW erhältlich ist;

d) eine Zusammenfassung der zwischen Feeder- und Master-OGAW geschlossenen Vereinbarung oder der entsprechenden internen Regelungen für Geschäftstätigkeiten nach Art. 62 Abs. 1;

e) die Angabe der Möglichkeiten zur Einholung weiterer Informationen über den Master-OGAW und die nach Art. 62 Abs. 1 geschlossene Vereinbarung bzw. internen Regelungen zwischen Feeder-OGAW und Master-OGAW durch die Anleger;

f) eine Beschreibung sämtlicher Vergütungen und Kosten, die aufgrund der Anlage in Anteile des Master-OGAW durch den Feeder-OGAW zu zahlen sind, sowie der aggregierten Gebühren von Feeder-OGAW und Master-OGAW;

g) eine Beschreibung der steuerlichen Auswirkungen der Anlage in den Master-OGAW für den Feeder-OGAW.

(2) Der Jahresbericht des Feeder-OGAW enthält zusätzlich zu den in Anhang Schema B vorgesehenen Informationen eine Erklärung zu den aggregierten Gebühren von Feeder- und Master-OGAW. Die Jahres- und Halbjahresberichte des Feeder-OGAW geben an, wo der Jahres- bzw. Halbjahresbericht des Master-OGAW verfügbar ist.

(3) Zusätzlich zu den in den Art. 76 und 84 formulierten Anforderungen übermittelt der Feeder-OGAW der FMA den Prospekt, die wesentlichen Informationen für den Anleger, einschließlich jeder einschlägigen Änderung, sowie die Jahres- und Halbjahresberichte des Master-OGAW.

(4) Ein Feeder-OGAW nimmt in jede relevante Werbung den Hinweis auf, dass er dauerhaft mindestens 85 % seines Vermögens in Anteile dieses Master-OGAW anlegt.

(5) Der Feeder-OGAW stellt den Anlegern auf Verlangen kostenlos eine Papierfassung des Prospekts, des Jahres- und Halbjahresberichts des Master-OGAW zur Verfügung.

E. Umwandlung von OGAW in Feeder-OGAW und Änderung des Master-OGAW

Art. 66 Information der Anleger über Umwandlung. (1) Ein Feeder-OGAW, der als OGAW oder als Feeder-OGAW eines anderen Master-OGAW tätig ist, muss den Anlegern spätestens 30 Tage vor dem in Bst. c genannten Datum folgende Informationen zur Verfügung stellen:

a) eine Erklärung, der zufolge die Herkunftsmitgliedstaatsbehörde des Feeder-OGAW die Anlage des Feeder-OGAW in Anteile dieses Master-OGAW genehmigt hat;

b) die wesentlichen Informationen für den Anleger betreffend Feeder- und Master-OGAW;

c) das Datum der ersten Anlage des Feeder-OGAW in den Master-OGAW oder, wenn er bereits in den Master angelegt hat, das Datum zu dem seine Anlagen die Anlagegrenzen nach Art. 57 Abs. 1 übersteigen werden;

d) eine Erklärung, der zufolge die Anleger innerhalb von 30 Tagen ab Bereitstellung der in diesem Absatz genannten Informationen die kostenlose Anteilsrücknahme verlangen können. Die Anleger dürfen nur mit den vom OGAW zur Abdeckung der Veräußerungskosten erhobenen Gebühren belastet werden.

(2) Wurde der Feeder-OGAW nach Art. 96 bis 102 zum Vertrieb in Liechtenstein gemeldet, sind die in Abs. 1 genannten Informationen in deutscher oder einer von der FMA gebilligten Sprache vorzulegen. Der Feeder-OGAW ist für die Erstellung einer Übersetzung fremdsprachiger Informationen verantwortlich.

(3) Die Anlagen des Feeder-OGAW dürfen vor Ablauf der Frist nach Abs. 1 keine Anlagen in Anteile des betreffenden Master-OGAW tätigen, die die Anlagegrenze nach Art. 57 Abs. 1 übersteigen.

(4) Die Regierung regelt das Nähere mit Verordnung.

F. Verpflichtungen und zuständige Behörden

Art. 67 Überwachung des Master-OGAW durch Feeder-OGAW, Zuordnung von geldwerten Vorteilen zum Vermögen des Feeder-OGAW. (1) Ein Feeder-OGAW hat die Tätigkeiten des Master-OGAW zu überwachen. Dazu darf sich der Feeder-OGAW auf Informationen und Unterlagen des Master-OGAW bzw. der Verwaltungsgesellschaft, der Verwahrstelle oder des Wirtschaftsprüfers des Master-OGAW verlassen, sofern kein Anlass zu Zweifeln an deren Richtigkeit besteht.

(2) Eine an den Feeder-OGAW, dessen Verwaltungsgesellschaft oder für diese handelnde Person gezahlte Vertriebsgebühr oder -provision oder geldwerte Vorteile im Zusammenhang mit einer Anlage in Anteile des Master-OGAW ist in das Vermögen des Feeder-OGAW einzuzahlen.

Art. 68 Informationspflichten von Master-OGAW und Herkunftsmitgliedstaatsbehörde, Verbot von Zeichnungs- oder Rückkaufsgebühren. (1) Der Master-OGAW informiert die FMA als Herkunftsmitgliedstaatsbehörde unmittelbar über die Identität jedes Feeder-OGAW, der Anlagen in seine Anteile tätigt.

(2) Der Master-OGAW muss sämtliche Informationen nach diesem Gesetz, der Richtlinie 2009/65/EG sowie den konstituierenden Dokumenten der Fonds dem Feeder-OGAW bzw. dessen Verwaltungsgesellschaft, den zuständigen Behörden, der Verwahrstelle und dem Wirtschaftsprüfer des Feeder-OGAW rechtzeitig zur Verfügung stellen.

(3) Sind Master- und Feeder-OGAW in unterschiedlichen EWR-Mitgliedstaaten ansässig, unterrichtet die FMA die Herkunftsmitgliedstaatsbehörde des Feeder-OGAW über die Anlagen des Feeder-OGAW in Anteile des Master-OGAW.

(4) Der Master-OGAW erhebt für die Anlage des Feeder-OGAW in seine Anteile bzw. deren Veräußerung keine Zeichnungs- oder Rückkaufgebühren.

Art. 69 Mitteilungspflichten der FMA über Maßnahmen und Informationen betreffend den Master-OGAW. (1) Sind Master- und Feeder-OGAW in unterschiedlichen EWR-Mitgliedstaaten ansässig, unterrichtet die FMA die Herkunftsmitgliedstaatsbehörde des Feeder-OGAW unmittelbar über jede Entscheidung, Maßnahme, Feststellung von Zuwiderhandlungen gegen die Bestimmungen dieses Kapitels sowie alle nach Art. 95 Abs. 1 mitgeteilten Informationen, die den Master-OGAW bzw. seine Verwaltungsgesellschaft, seine Verwahrstelle oder seinen Wirtschaftsprüfer betreffen.

(2) Die FMA unterrichtet den Feeder-OGAW mit Sitz in Liechtenstein unmittelbar über jede Entscheidung, Maßnahme, Feststellung von Zuwiderhandlungen gegen die Bestimmungen dieses Kapitels sowie alle nach Art. 95 Abs. 1 mitgeteilten Informationen, die den Master-OGAW oder gegebenenfalls seine Verwaltungsgesellschaft, seine Verwahrstelle oder seinen Wirtschaftsprüfer betreffen. Dies gilt für Kenntnisse, die die FMA als für den Master-OGAW zuständige Aufsichtsbehörde und durch eine Abs. 1 entsprechende Mitteilung der Herkunftsmitgliedstaatsbehörde des Master-OGAW erlangt hat.

VIII. Anlegerinformationen

A. Allgemeines

Art. 70 Informationspflichten, Veröffentlichungsfristen. Die Verwaltungsgesellschaft oder selbstverwaltete Investmentgesellschaft hat für jeden OGAW folgende Unterlagen zu veröffentlichen:
a) einen Prospekt nach Abschnitt B;
b) vier Monate nach dem Ende des Berichtszeitraums einen Jahresbericht nach Abschnitt B;
c) zwei Monate nach dem Ende des Berichtszeitraums einen Halbjahresbericht über die ersten sechs Monate des Geschäftsjahres nach Abschnitt B;
d) den Ausgabe-, Verkaufs-, Rücknahme- und Auszahlungspreis nach Art. 78; sowie
e) die wesentlichen Informationen für den Anleger (Key Investor Information Document; KIID) nach Abschnitt E.

B. Prospekte und Finanzberichte

Art. 71 Inhalt der Prospekte und Berichte. (1) Der Prospekt eines OGAW enthält die Angaben, die erforderlich sind, damit sich die Anleger über Anlagen und die damit verbundenen Risiken ein fundiertes Urteil bilden können. Der Prospekt muss – unabhängig von der Art der Anlagegegenstände – eine eindeutige und leicht verständliche Erläuterung des Risikoprofils des Fonds enthalten. Der Prospekt muss mindestens die Angaben enthalten, die in Anhang Schema A vorgesehen sind, soweit diese Angaben nicht bereits in den konstituierenden Dokumenten des OGAW enthalten sind, die dem Prospekt nach Art. 73 Satz 1 als Anhang beizufügen sind. Die Regierung kann mit Verordnung die Pflichtangaben nach Anhang Schema A konkretisieren oder weitere Pflichtangaben hinzufügen.

(2) Der Jahresbericht eines OGAW enthält eine Bilanz oder eine Vermögensübersicht, eine gegliederte Rechnung über Erträge und Aufwendungen des Geschäftsjahres, einen Bericht über die Tätigkeiten des abgelaufenen Geschäftsjahres und alle sonstigen in Anhang Schema B vorgesehenen Angaben sowie alle wesentlichen Informationen, auf Grund derer sich die Anleger in voller Sachkenntnis ein Urteil über die Entwicklung der Tätigkeit und der Ergebnisse des OGAW bilden können.

2. UCITSG

(3) Der Halbjahresbericht eines OGAW enthält mindestens die in Anhang Schema B Ziff. 1 bis 4 vorgesehenen Angaben. Die Zahlenangaben müssen – wenn ein OGAW Zwischenausschüttungen vorgenommen hat oder dies vorschlägt – das Ergebnis nach Steuern für das betreffende Halbjahr sowie die erfolgte oder vorgesehene Zwischenausschüttung ausweisen.

Art. 72 Hinweis auf Anlagegegenstände und Derivate, Hinweis auf erhöhte Volatilität, weitere Information auf Verlangen. (1) Im Prospekt ist anzugeben, in welche Kategorien von Anlagegegenständen der OGAW investiert, und ob der OGAW Geschäfte mit Derivaten tätigen darf. Ist Letzteres der Fall, so wird im Prospekt an hervorgehobener Stelle erläutert, ob diese Geschäfte zur Deckung von Anlagepositionen oder als Teil der Anlagestrategie getätigt werden dürfen und wie sich die Verwendung von Derivaten möglicherweise auf das Risikoprofil auswirkt.

(2) Wenn ein OGAW sein Vermögen hauptsächlich in andere Anlagegegenstände und Einlagen nach Art. 51 als Wertpapiere oder Geldmarktinstrumente investiert oder einen Aktien- oder Schuldtitelindex nach Art. 55 nachbildet, haben Prospekt und Werbung darauf an hervorgehobener Stelle hinzuweisen.

(3) Weist das Nettovermögen eines OGAW aufgrund der Zusammensetzung seines Portfolios oder der verwendeten Portfoliomanagementtechniken unter Umständen eine erhöhte Volatilität auf, haben Prospekt und Werbung darauf an hervorgehobener Stelle hinzuweisen.

(4) Auf Verlangen werden Anleger zusätzlich über die Anlagegrenzen des Risikomanagements des OGAW, die Risikomanagementmethoden und die jüngsten Entwicklungen bei den Risiken und Renditen der wichtigsten Kategorien von Anlagegegenständen informiert.

Art. 73 Konstituierende Dokumente als Prospektinhalt. Die konstituierenden Dokumente sind als Bestandteil des Prospekts diesem beizufügen. Dies ist nicht erforderlich, soweit dem Anleger ein Zugang zu den konstituierenden Dokumenten sichergestellt wird.

Art. 74 Aktualisierungspflicht. Die Angaben von wesentlicher Bedeutung im Prospekt sind auf dem neuesten Stand zu halten. Die Regierung kann mit Verordnung regeln, welche Angaben von wesentlicher Bedeutung sind und in welchen Intervallen deren Aktualisierung zu erfolgen hat.

Art. 75 Prüfungspflicht bei Jahresberichten. Die in den Jahresberichten enthaltenen Zahlenangaben sind von einem Wirtschaftsprüfer zu prüfen. Dessen Bestätigungsvermerk und gegebenenfalls Einschränkungen sind in jedem Jahresbericht vollständig wiederzugeben.

Art. 76 Information der Aufsichtsbehörden. Die Verwaltungsgesellschaft oder selbstverwaltete Investmentgesellschaft hat für jeden OGAW der FMA und auf Verlangen auch der zuständigen Behörde des Herkunftsmitgliedstaats der Verwaltungsgesellschaft den Prospekt, dessen Änderungen sowie die Jahres- und Halbjahresberichte zu übermitteln. Die Regierung regelt mit Verordnung Form und Frist der Bereitstellung.

Art. 77 Publizität. (1) Der OGAW stellt dem Anleger auf Verlangen den Prospekt und den zuletzt veröffentlichten Jahres- und Halbjahresbericht kostenlos zur Verfügung.

(2) Der Prospekt kann auf einem dauerhaften Datenträger oder über eine Internetseite zur Verfügung gestellt werden. Die Jahres- und die Halbjahresberichte werden dem Anleger in der im Prospekt und in den in Art. 80 genannten wesentlichen Informationen für den Anleger beschriebenen Form zur Verfügung gestellt. Eine Papierfassung der genannten Dokumente wird den Anlegern auf Verlangen kostenlos zur Verfügung gestellt.

(3) Es gilt Art. 38 der Kommissions-Verordnung (EU) Nr. 583/2010. Im Übrigen kann die Regierung das Nähere mit Verordnung regeln.

C. Ausgabe-, Verkaufs-, Rücknahme- und Auszahlungspreis

Art. 78 Veröffentlichungspflicht. (1) Der OGAW veröffentlicht den Ausgabe-, Verkaufs-, Rücknahme- oder Auszahlungspreis seiner Anteile jedes Mal in geeigneter Weise, wenn eine Ausgabe, ein Verkauf, eine Rücknahme oder Auszahlung seiner Anteile stattfindet, mindestens aber zweimal im Monat.

(2) Die FMA kann einem OGAW gestatten, die Veröffentlichung nach Abs. 1 nur einmal monatlich vorzunehmen, sofern dies mit dem Schutz der Anleger vereinbar ist.

D. Werbung

Art. 79 Redlichkeitsgebot, Hinweispflichten. (1) Werbung muss eindeutig als solche erkennbar sein. Sie muss redlich, eindeutig und darf nicht irreführend sein. Insbesondere darf Werbung, die eine Aufforderung zum Erwerb von Anteilen eines OGAW und spezifische Informationen über einen OGAW enthält, keine Aussagen treffen, die im Widerspruch zu Informationen des Prospekts und den wesentlichen Informationen für den Anleger (KIID) stehen oder die Bedeutung dieser Informationen herabstufen.

(2) In der Werbung ist auf die Existenz des Prospekts und der wesentlichen Informationen für den Anleger (KIID), deren Bezugsquelle und Sprache hinzuweisen und welche Zugangsmöglichkeiten bestehen. Die FMA kann ein Muster der erforderlichen Hinweise erstellen.

E. Wesentliche Informationen für den Anleger
(Key Investor Information Dokument; KIID)

Art. 80 Grundsatz, Inhalt. (1) Für jeden OGAW ist ein kurzes Dokument mit wesentlichen Informationen für den Anleger nach Maßgabe der Kommissions-Verordnung (EU) Nr. 583/2010 zu erstellen, das als „wesentliche Informationen für den Anleger" bezeichnet wird und für den Anleger verständlich ist. Der Ausdruck „wesentliche Informationen für den Anleger" wird in diesem Dokument klar und deutlich in einer Amtssprache jedes Vertriebsstaats oder in einer von den Vertriebsstaatbehörden gebilligten Sprache erwähnt.

(2) Die wesentlichen Informationen für den Anleger enthalten sinnvolle Angaben zu den wesentlichen Merkmalen des betreffenden OGAW und versetzen die Anleger in die Lage, Art und Risiken des angebotenen Anlageprodukts ohne Heranziehung zusätzlicher Dokumente zu verstehen und auf dieser Grundlage eine fundierte Anlageentscheidung zu treffen.

(3) Die wesentlichen Informationen für den Anleger enthalten Angaben zu folgenden wesentlichen Elementen des betreffenden OGAW:
a) Identität des OGAW;
b) eine kurze Beschreibung der Anlageziele und der Anlagestrategie;
c) Darstellung der bisherigen Wertentwicklung oder gegebenenfalls Performance-Szenarien;
d) Kosten und Gebühren;
e) Risiko-/Renditeprofil der Anlage unter Verwendung eines synthetischen Indikators nach Art. 8 und Anhang I der Kommissions-Verordnung (EU) 583/2010, einschließlich angemessener Hinweise auf die mit der Anlage in den betreffenden OGAW verbundenen Risiken und entsprechenden Warnhinweisen.

(4) Die wesentlichen Informationen für den Anleger müssen eindeutige Angaben darüber enthalten, wo und wie zusätzliche Informationen über die vorgeschlagene Anlage eingeholt werden können, einschließlich der Angabe, wo und wie der Prospekt sowie die Jahres- und Halbjahresberichte jederzeit auf Anfrage kostenlos erhältlich sind und in welcher Sprache diese Informationen verfügbar sind.

(5) Die wesentlichen Informationen für den Anleger sind kurz zu halten und in allgemein verständlicher Sprache abzufassen. Sie werden in einem einheitlichen Format erstellt, um Vergleiche zu ermöglichen, und in einer Weise präsentiert, die für Kleinanleger aller Voraussicht nach verständlich ist.

(6) Die wesentlichen Informationen für den Anleger werden in allen EWR-Mitgliedstaaten, in denen der Vertrieb der OGAW-Anteile nach Art. 98 angezeigt wurde, abgesehen von der Übersetzung, ohne Änderungen oder Ergänzungen verwendet.

(7) Unter Beachtung der Kommissions-Verordnung (EU) Nr. 583/2010 kann die Regierung das Nähere mit Verordnung regeln.

Art. 81 Materielle Richtigkeit, Aktualisierungspflicht, Haftung, Warnhinweis. (1) Die wesentlichen Informationen für den Anleger müssen redlich, eindeutig und dürfen nicht irreführend sein. Sie müssen mit den einschlägigen Teilen des Prospekts übereinstimmen.

(2) Die Angaben zu den wesentlichen Elementen des betreffenden OGAW nach Art. 80 Abs. 3 sind stets auf dem neuesten Stand zu halten.

(3) Die wesentlichen Informationen für den Anleger sind vorvertragliche Informationen. Für Angaben in den wesentlichen Informationen, einschließlich deren Übersetzungen, wird nur gehaftet, wenn sie im Zusammenhang mit anderen Teilen des Prospekts irreführend, unrichtig oder widersprüchlich sind.

(4) Die wesentlichen Informationen für den Anleger müssen einen Warnhinweis enthalten, der die Regelung des Abs. 3 wiedergibt.

(5) Unter Beachtung der Kommissions-Verordnung (EU) Nr. 583/2010 kann die Regierung das Nähere mit Verordnung regeln.

Art. 82 Bereitstellung. (1) Die Verwaltungsgesellschaft, die den OGAW direkt oder über eine andere natürliche oder juristische Person, die in ihrem Namen und unter ihrer vollen und unbedingten Haftung handelt, vertreibt, hat den Anlegern rechtzeitig vor der Zeichnung die wesentlichen Informationen für den Anleger für diesen OGAW kostenlos zur Verfügung zu stellen.

(2) In anderen Fällen hat die Verwaltungsgesellschaft den Produktgestaltern und Vertriebsintermediären die wesentlichen Informationen für den Anleger auf Verlangen bereitzustellen. Beim Vertrieb oder bei der Anlageberatung haben die Vertriebsintermediäre den Kunden die wesentlichen Informationen für den Anleger kostenlos zur Verfügung zu stellen.

(3) Abs. 1 und 2 gelten für selbstverwaltete Investmentgesellschaften entsprechend.

(4) Es gilt Art. 38 der Kommissions-Verordnung (EU) Nr. 583/2010. Im Übrigen kann die Regierung das Nähere mit Verordnung regeln.

Art. 83 Zugänglichkeit. (1) Die wesentlichen Informationen für den Anleger sind von der Verwaltungsgesellschaft oder der selbstverwalteten Investmentgesellschaft für den Anleger auf einem dauerhaften Datenträger oder über eine Internetseite, auf Verlangen der Anleger auch als Papierfassung, kostenlos zur Verfügung zu stellen.

(2) Die aktuelle Fassung der wesentlichen Informationen für den Anleger ist zusätzlich auf der Internetseite der Verwaltungsgesellschaft oder der selbstverwalteten Investmentgesellschaft oder auf einer darüber erreichbaren Internetseite zugänglich zu machen.

(3) Die Regierung regelt das Nähere mit Verordnung.

Art. 84 Information der FMA. (1) Die Verwaltungsgesellschaft oder selbstverwaltete Investmentgesellschaft hat der FMA für jeden OGAW die wesentlichen Informationen für den Anleger und alle einschlägigen Änderungen zu übermitteln.

(2) Die Regierung regelt das Nähere, insbesondere Form und Fristen, mit denen und innerhalb welcher die Pflicht nach Abs. 1 zu erfüllen ist, mit Verordnung.

IX. Allgemeine Verpflichtungen eines OGAW

Art. 85 Anteilsrücknahme, Anteilsauszahlung und deren Aussetzung. (1) Ein OGAW tätigt auf Verlangen eines Anlegers die Anteilsrücknahme und -auszahlung.

(2) Abweichend von Abs. 1 darf ein OGAW mit Sitz oder Vertrieb in Liechtenstein die Anteilsrücknahme nach Maßgabe der konstituierenden Dokumente oder bei grenzüberschreitender Tätigkeit nach den Rechtsvorschriften des Aufnahmemitgliedstaats vorläufig aussetzen, wenn die Aussetzung unbedingt erforderlich und unter Berücksichtigung der Anlegerinteressen gerechtfertigt ist.

(3) Eine vorläufige Aussetzung ist der FMA anzuzeigen. Diese Anzeigepflicht besteht für einen OGAW mit Sitz in Liechtenstein auch gegenüber allen zuständigen Behörden von EWR-Mitgliedstaaten, in denen er seine Anteile vertreibt.

(4) Zum Schutz der Anleger oder des öffentlichen Interesses ist die FMA berechtigt, von einem OGAW mit Sitz in Liechtenstein die Aussetzung der Anteilsrücknahme zu verlangen.

(5) Die Regierung kann das Nähere über die Anteilsrücknahme nach Abs. 2 und 4 mit Verordnung regeln.

Art. 86 Bewertung. (1) Die Bewertung des Vermögens sowie die Berechnung des Ausgabe- oder Verkaufspreises und des Rücknahme- oder Auszahlungspreises der Anteile richten sich nach den konstituierenden Dokumenten des OGAW.

(2) Die Regierung kann mit Verordnung die Bewertung des Vermögens sowie die Berechnung des Ausgabe- oder Verkaufspreises und des Rücknahme- oder Auszahlungspreises der Anteile eines OGAW oder einer bestimmten Art eines OGAW regeln. Abweichend von Art. 5 Abs. 3 Bst. b, Art. 6 Abs. 3 Bst. b und Art. 7 Abs. 3 Bst. b genügt in diesem Fall in den konstituierenden Dokumenten die Angabe, wo die einschlägigen Verordnungsbestimmungen zu finden sind.

Art. 87 Ausschüttung und Wiederanlage. (1) Die Ausschüttung oder Wiederanlage der Erträge richtet sich nach den konstituierenden Dokumenten des OGAW.

(2) Die Regierung kann mit Verordnung die Ausschüttung und Wiederanlage der Erträge regeln.

V. Normentexte

Art. 88 Zuweisung der Einnahmen aus der Anteilsausgabe zum Vermögen des OGAW. Der Gegenwert des Nettoausgabepreises aus der Anteilsausgabe hat dem Vermögen des OGAW innerhalb der üblichen Fristen zuzufließen. Dies steht der Ausgabe von Gratis-Anteilen nicht entgegen.

Art. 89 Begrenzung der Kreditaufnahme. (1) Die Kreditaufnahme durch einen OGAW ist auf vorübergehende Kredite begrenzt, bei denen die Kreditaufnahme 10 % des Vermögens des OGAW nicht überschreitet; die Grenze gilt nicht für den Erwerb von Fremdwährungen durch ein „Back-to-back-Darlehen".

(2) Ein OGAW darf Kredite zum Erwerb von Immobilien aufnehmen, die für die unmittelbare Ausübung seiner Tätigkeit unerlässlich sind und sich im Falle von Investmentgesellschaften auf nicht mehr als 10 % ihres Vermögens belaufen.

(3) Falls ein OGAW Kredite nach Abs. 1 und 2 aufnimmt, dürfen diese Kredite zusammen 15 % seines Vermögens nicht übersteigen.

(4) Über Abs. 1 bis 3 hinaus darf ein OGAW keine Kredite aufnehmen. Gegen dieses Verbot verstoßende Abreden binden weder den OGAW noch die Anleger.

Art. 90 Verbot der Kreditgewährung und Bürgschaft. (1) Ein OGAW darf weder Kredite gewähren noch Dritten als Bürge einstehen. Gegen diese Verbote verstoßende Abreden binden weder den OGAW noch die Anleger.

(2) Abs. 1 steht dem Erwerb von noch nicht voll eingezahlten Finanzinstrumenten nicht entgegen.

Art. 91 Verbot ungedeckter Leerverkäufe. Für einen OGAW dürfen keine Anlagegegenstände verkauft werden, die im Zeitpunkt des Geschäftsabschlusses nicht zum Vermögen des OGAW gehören.

Art. 92 Verwaltungskosten. (1) Die konstituierenden Dokumente des OGAW regeln die Vergütung und Kosten für seine Verwaltung sowie die Art ihrer Berechnung.

(2) Sofern es zum Schutz der Anleger und des öffentlichen Interesses geboten ist, kann die Regierung mit Verordnung regeln, wie die Art, Höhe und Berechnung der Vergütung und Kosten darzustellen und bekanntzumachen sind.

X. Wirtschaftsprüfer

Art. 93 Bestellung des Wirtschaftsprüfers. (1) OGAW, Verwaltungsgesellschaften und Verwahrstellen haben einen Wirtschaftsprüfer zu bestellen.

(2) Der Wirtschaftsprüfer muss nach Art. 3 der Richtlinie 2006/43/EG, in Liechtenstein nach Art. 1b Abs. 2 des Gesetzes über Wirtschaftsprüfer und Revisionsgesellschaften, zugelassen sein. Im Übrigen gilt Art. 129 Abs. 4 und 5.

(3) Der Wirtschaftsprüfer hat sich ausschließlich der Prüfungstätigkeit und den unmittelbar damit zusammenhängenden Geschäften zu widmen. Er darf keine Vermögensverwaltungen besorgen. Der Wirtschaftsprüfer muss von dem zu prüfenden OGAW, der Verwaltungsgesellschaft und der Verwahrstelle unabhängig sein.

(4) Die Wirtschaftsprüfer der Verwaltungsgesellschaft, des OGAW sowie der Verwahrstelle haben das Recht, in Bezug auf die Verwaltungsgesellschaft und die von dieser verwalteten OGAW alle für die Prüfung notwendigen Informationen gegenseitig auszutauschen.[72]

Art. 94 Pflichten des Wirtschaftsprüfers. (1) Vorbehaltlich abweichender Regelungen in diesem Gesetz prüft der Wirtschaftsprüfer insbesondere:
a) die fortwährende Erfüllung der Zulassungsvoraussetzungen;
b) die Einhaltung der Bestimmungen des Gesetzes und der konstituierenden Dokumente bei der Ausübung der Geschäftstätigkeit;
c) die Jahresberichte des OGAW, der Verwaltungsgesellschaft und der Verwahrstelle.

(2) Für die Geheimhaltungspflicht des Wirtschaftsprüfers gilt Art. 25 entsprechend. Davon abweichend sind die Wirtschaftsprüfer des OGAW, der Verwaltungsgesellschaft und der Verwahrstelle zur Zusammenarbeit berechtigt und verpflichtet.

(3) Der Prüfungsbericht mit Ausführungen zum Aufsichtsrecht ist spätestens sechs Monate nach dem Ende des Geschäftsjahrs gleichzeitig zu übermitteln:[73]

---

[72] Art. 93 Abs. 4 eingefügt durch LGBl. 2013 Nr. 50.
[73] Art. 94 Abs. 3 abgeändert durch LGBl. 2013 Nr. 50.

a) der Verwaltungsgesellschaft bzw. der Verwahrstelle;
b) dem Wirtschaftsprüfer der Verwaltungsgesellschaft bzw. der Verwahrstelle; und
c) der FMA.

(4) Die Pflicht nach Abs. 3 endet erst mit dem rechtskräftigen Verlust der Zulassung oder, wenn dieser Zeitpunkt später liegt, mit der Beendigung der Liquidation.[74]

(5) Der Wirtschaftsprüfer hat bei der Prüfung des OGAW, der Verwaltungsgesellschaft und der Verwahrstelle die Prüfstandards nach Art. 10a Abs. 1 des Gesetzes über die Wirtschaftsprüfer und Revisionsgesellschaften anzuwenden.[75]

(6) Der Wirtschaftsprüfer haftet für alle Pflichtverletzungen nach den Vorschriften des PGR über die Abschlussprüfung.[76]

(7) Die Regierung regelt das Nähere mit Verordnung, insbesondere:[77]
a) den näheren Inhalt des Prüfungsberichts;
b) die Frist zur Erstellung und Einreichung des Prüfungsberichts bei der FMA.

Art. 95 Anzeigepflichten. (1) Wirtschaftsprüfer müssen der FMA unverzüglich alle Tatsachen oder Entscheidungen anzeigen, von denen sie bei der Wahrnehmung ihrer Aufgaben Kenntnis erhalten haben und die folgende Auswirkungen haben können:
a) eine erhebliche Verletzung der Rechts- und Verwaltungsvorschriften sowie der konstituierenden Dokumente, welche für die Zulassung oder die Ausübung der Tätigkeit von einem OGAW, einer Verwaltungsgesellschaft, Verwahrstelle und anderer an ihrer Geschäftätigkeit mitwirkenden Unternehmen gelten;
b) die Behinderung der Tätigkeit des OGAW oder einem an seiner Geschäftstätigkeit mitwirkenden Unternehmen; oder
c) die Ablehnung des Prüfungsvermerks oder die Äußerung von Vorbehalten.

(2) Die Anzeigepflicht nach Abs. 1 besteht auch in Bezug auf Unternehmen, die aus einem Kontrollverhältnis heraus enge Verbindungen zum OGAW oder den Unternehmen, die an seiner Geschäftstätigkeit mitwirken, unterhalten.

(3) Zeigt der Wirtschaftsprüfer der FMA in gutem Glauben die in Abs. 1 genannten Tatsachen oder Entscheidungen an, verletzt er dabei keine vertragliche oder gesetzliche Geheimhaltungspflicht. Er ist von jeglicher Haftung für die Anzeige ausgenommen.

(4) Die Regierung regelt das Nähere mit Verordnung.[78]

XI. Grenzüberschreitende Geschäftstätigkeit innerhalb des EWR

A. Allgemeines

Art. 96 Zahlstellen, Anlegerinformation und Beschwerderechte. (1) Verwaltungsgesellschaften oder selbstverwaltete Investmentgesellschaften:
a) haben unter Einhaltung des Rechts des jeweiligen Aufnahme- oder Vertriebsstaates sicherzustellen, dass die Anleger in allen Vertriebsstaaten Zahlungen empfangen, den Rückkauf und die Rücknahme von Anteilen veranlassen können und die vom OGAW bereitgestellten Informationen erhalten; Anlegerbeschwerden sind zumindest in einer Amtssprache des Vertriebsstaats entgegenzunehmen und ordnungsgemäß zu behandeln;
b) stellen sicher, dass die Anlegerrechte nicht dadurch beschränkt sind, dass nur die Verwaltungsgesellschaft, nicht aber der OGAW in Liechtenstein zugelassen ist; und
c) haben Informationen auf Antrag der Öffentlichkeit oder der zuständigen Behörden des Herkunftsmitgliedstaats des OGAW in allen Vertriebsstaaten bereitzustellen.

(2) Die Regierung kann das Nähere mit Verordnung regeln.

B. Grenzüberschreitender Vertrieb von Anteilen eines OGAW im EWR

Art. 97 Grundsatz. (1) Der Vertrieb von Anteilen einer selbstverwalteten Investmentgesellschaft mit Sitz in Liechtenstein oder eines OGAW, der von einer Verwaltungsgesellschaft mit Sitz in Liechtenstein verwaltet wird, in einem anderen EWR-Mitgliedstaat ohne Errichtung einer Zweigniederlassung

---

[74] Art. 94 Abs. 4 eingefügt durch LGBl. 2013 Nr. 50.
[75] Art. 94 Abs. 5 eingefügt durch LGBl. 2013 Nr. 50.
[76] Art. 94 Abs. 6 eingefügt durch LGBl. 2013 Nr. 50.
[77] Art. 94 Abs. 7 eingefügt durch LGBl. 2013 Nr. 50.
[78] Art. 95 Abs. 4 eingefügt durch LGBl. 2013 Nr. 50.

oder Ausübung weiterer erlaubter Tätigkeiten nach Art. 14 Abs. 2 unterliegt nur den Bestimmungen der EWR-Mitgliedstaaten, die Art. 96 bis 102 entsprechen.

(2) Der Vertrieb von Anteilen eines OGAW durch eine Verwaltungsgesellschaft oder eine selbstverwaltete Investmentgesellschaft mit Sitz in einem anderen EWR-Mitgliedstaat in Liechtenstein ohne Errichtung einer Zweigniederlassung oder Ausübung weiterer erlaubter Tätigkeiten nach Art. 14 Abs. 2 unterliegt nur Art. 96 bis 102.

(3) Für die Zwecke dieses Abschnitts schließt ein OGAW die dazugehörigen Teilfonds ein.

Art. 98 FMA als Herkunftsmitgliedstaatsbehörde: Vertriebsanzeige. (1) Ein OGAW mit Sitz in Liechtenstein, der seine Anteile in anderen EWR-Mitgliedstaaten vertreiben möchte, zeigt dies der FMA im Voraus an. Die Anzeige gibt die Modalitäten des Vertriebs der OGAW-Anteile im jeweiligen Vertriebsstaat und die betroffenen Anteilsklassen an. Eine Verwaltungsgesellschaft hat darauf hinzuweisen, dass der OGAW von ihr vertrieben wird.

(2) Der OGAW hat der Vertriebsanzeige folgende Unterlagen, erforderlichenfalls zusammen mit einer Übersetzung entsprechend Art. 100 Abs. 2, beizufügen:

a) die konstituierenden Dokumente, den Prospekt sowie den letzten Jahres- und Halbjahresbericht nach Art. 71 bis 77;

b) die wesentlichen Informationen für den Anleger nach Art. 80 bis 84.

(3) Die FMA prüft, ob die vom OGAW nach Abs. 1 und 2 bereitgestellten Unterlagen vollständig sind. Sie:

a) fügt den Unterlagen nach Abs. 1 und 2 eine Bescheinigung bei, der zufolge der OGAW die in diesem Gesetz festgelegten Bedingungen erfüllt;

b) übermittelt die Unterlagen den zuständigen Behörden des Vertriebsstaates in elektronischer Form spätestens drei Arbeitstage nach Eingang des Anzeigeschreibens und der vollständigen Unterlagen nach Abs. 2; diese Frist kann durch begründete Mitteilung an den OGAW auf bis zu zehn Arbeitstage verlängert werden; und

c) unterrichtet den OGAW unmittelbar über die Übermittlung der Anzeige an die Aufnahmemitgliedstaatsbehörde.

(4) Die Anzeige nach Abs. 1 und die Bescheinigung der FMA nach Abs. 3 sind in englischer Sprache abzufassen, soweit die FMA und der Vertriebsstaat nicht vereinbaren, dass sie in deutscher oder einer von den zuständigen Behörden beider EWR-Mitgliedstaaten gebilligten Sprache bereitgestellt werden.

(5) Der OGAW kann seine Anteile nach der Unterrichtung durch die FMA nach Abs. 3 Bst. c im Aufnahmemitgliedstaat vertreiben.

(6) Der OGAW hat die in Abs. 1 und 2 genannten Unterlagen und soweit erforderlich die Übersetzungen auf dem neuesten Stand zu halten. Der OGAW teilt den Aufnahmemitgliedstaatsbehörden jede Änderung mit und gibt bekannt, wo diese Unterlagen in elektronischer Form verfügbar sind. Bei einer Änderung der Modalitäten des Vertriebs oder der vertriebenen Anteilsklassen nach Abs. 1 teilt der OGAW diese den Aufnahmemitgliedstaatsbehörden vor deren Umsetzung schriftlich mit.

Art. 99 FMA als Aufnahmemitgliedstaatsbehörde: Vertriebsanzeige. (1) Ist die FMA Aufnahmemitgliedstaatsbehörde:

a) akzeptiert sie die Übermittlung der Art. 98 Abs. 3 entsprechenden Unterlagen durch die Herkunftsmitgliedstaatsbehörden in elektronischer Form;

b) veranlasst sie die elektronische Archivierung und den kostenlosen elektronischen Abruf.

(2) Im Übrigen verlangt sie im Rahmen des in Art. 98 beschriebenen Anzeigeverfahrens keine zusätzlichen Unterlagen, Zertifikate oder Informationen.

(3) Nach Eingang der Anzeige durch die Herkunftsmitgliedstaatsbehörde entsprechend Art. 98 Abs. 3 Bst. c darf der OGAW seine Anteile in Liechtenstein vertreiben.

(4) Der OGAW unterrichtet die FMA als Aufnahmemitgliedstaatsbehörde über jede Änderung:

a) der Unterlagen nach Art. 98 Abs. 3 und deren elektronische Bezugsquelle;

b) der im Anzeigeschreiben entsprechend Art. 98 Abs. 1 mitgeteilten Modalitäten des Vertriebs oder der vertriebenen Anteilsklassen vor deren Umsetzung.

Art. 100 Anlegerinformation im Aufnahmestaat. (1) Ein OGAW stellt den Anlegern in Liechtenstein alle Informationen und Unterlagen, die er den Anlegern im Herkunftsmitgliedstaat zur Verfügung stellen muss, in Einklang mit diesem Gesetz zur Verfügung.

2. UCITSG

(2) Für die Erfüllung der Pflicht nach Abs. 1 sind:
a) die wesentlichen Informationen für den Anleger in die deutsche oder eine von der FMA akzeptierte Sprache zu übersetzen;
b) andere Informationen oder Unterlagen nach Wahl des OGAW in die deutsche, eine von der FMA akzeptierte oder die englische Sprache zu übersetzen.

(3) Die Übersetzungen von Informationen und/oder Unterlagen nach Abs. 2 sind unter der Verantwortung des OGAW zu erstellen und haben den Inhalt der ursprünglichen Informationen getreu wiederzugeben.

(4) Abs. 1 bis 3 gelten sinngemäß für Änderungen.

(5) Die Häufigkeit der Veröffentlichung der Ausgabe-, Verkaufs-, Wiederverkaufs- oder Rücknahmepreise für die Anteile eines OGAW bestimmt sich nach dem Recht des Herkunftsmitgliedstaats des OGAW.

Art. 101 Rechtsformbezeichnung. Werden Anteile von OGAW grenzüberschreitend in Liechtenstein vertrieben, dürfen OGAW denselben Hinweis auf ihre Rechtsform wie in ihrem Herkunftsmitgliedstaat verwenden.

Art. 102 Ausführungsbestimmungen. (1) Das Nähere bestimmt sich nach Art. 1 bis 5 der Kommissions-Verordnung (EU) Nr. 584/2010.

(2) Im Übrigen regelt die Regierung das Nähere zu den Art. 97 bis 101 mit Verordnung, insbesondere:
a) die elektronische Zugänglichkeit der für den grenzüberschreitenden Vertrieb in Liechtenstein einschlägigen Rechtsvorschriften im Einklang mit Art. 30 der Kommissions-Richtlinie 2010/44/EU;
b) die Form der Vertriebsanzeige des OGAW nach Art. 98 Abs. 1 und 2;
c) die Form der an den OGAW gerichteten Mitteilungen und Unterrichtungen durch die FMA nach Art. 98 Abs. 3;
d) den elektronischen Zugang der Aufnahmemitgliedstaatsbehörden zu den Unterlagen der FMA nach Art. 98 Abs. 3 und 4 im Einklang mit Art. 31 der Kommissions-Richtlinie 2010/44/EU;
e) die Form und den elektronischen Zugang von Aktualisierungen und Änderungen nach Art. 99 Abs. 4 im Einklang mit Art. 32 der Kommissions-Richtlinie 2010/44/EU; und
f) die Einbindung der FMA in EWR-weite elektronische Datenverarbeitungs- und Zentralspeichersysteme zur Erleichterung des Austausches der nach Art. 98 und 99 erforderlichen Unterlagen und Informationen im Einklang mit Art. 33 der Kommissions-Richtlinie 2010/44/EU;
g) die Bedingungen für den durch liechtensteinische Banken und Wertpapierfirmen nicht ans Publikum gerichteten Vertrieb von zugelassenen OGAW aus anderen EWR-Mitgliedstaaten in Liechtenstein (Private Placement).[79]

C. Sonstige grenzüberschreitende Tätigkeit

Art. 103 Erstnotifizierung für Zweigniederlassung. (1) Verwaltungsgesellschaften eines OGAW, die beabsichtigen, im Hoheitsgebiet eines anderen EWR-Mitgliedstaats eine Zweigniederlassung für die Ausübung zugelassener Tätigkeiten zu errichten, müssen die Bedingungen der Abschnitte A und B des Kapitels III erfüllen.

(2) Die Absicht nach Abs. 1 ist der FMA anzuzeigen. Zusammen mit der Anzeige sind folgende Angaben und Unterlagen vorzulegen:
a) die Bezeichnung des EWR-Mitgliedstaats, in dem eine Zweigniederlassung errichtet werden soll;
b) ein Geschäftsplan mit den geplanten Tätigkeiten, der Organisationsstruktur der Zweigniederlassung, den praktizierten Risikomanagementverfahren und den Maßnahmen zugunsten der im Aufnahmemitgliedstaat ansässigen Anleger nach Art. 96;
c) die Anschrift, unter der im Aufnahmemitgliedstaat Unterlagen angefordert werden können;
d) die Namen der Geschäftsführer der Zweigniederlassung.

(3) Bestehen nach Ansicht der FMA keine Zweifel an der Angemessenheit der Verwaltungsstruktur oder Finanzlage, übermittelt die FMA binnen zehn Arbeitstagen nach Zugang der vollständigen Unterlagen nach Abs. 2 diese den Aufnahmemitgliedstaatsbehörden und teilt dies der Verwaltungsgesellschaft unter Angabe des Übermittlungsdatums mit. Die Übermittlungsfrist kann durch begründete Mitteilung auf bis zu zwei Monate verlängert werden, soweit dies zum Schutz der Anleger oder des öffentlichen Interesses erforderlich ist. Der Übermittlung sind beizufügen:

---

[79] Art. 102 Abs. 2 Bst. g eingefügt durch LGBl. 2013 Nr. 50.

a) Einzelheiten zu Entschädigungssystemen, die den Schutz der Anleger sicherstellen sollen;
b) wenn die Verwaltungsgesellschaft die gemeinsame Portfolioverwaltung in einem anderen EWR-Mitgliedstaat ausüben möchte, eine Bescheinigung darüber, dass die Verwaltungsgesellschaft die dafür erforderliche Zulassung nach diesem Gesetz erhalten hat sowie eine Beschreibung des Umfangs der Zulassung der Verwaltungsgesellschaft und Einzelheiten in Bezug auf Beschränkungen der Arten von OGAW, für deren Verwaltung die Verwaltungsgesellschaft eine Zulassung erhalten hat.

(4) Bei Zweifeln an der Angemessenheit der Verwaltungsstruktur oder Finanzlage lehnt die FMA die Übermittlung ab. Die Ablehnung ist unverzüglich, spätestens binnen zwei Monaten nach Zugang der vollständigen Unterlagen zu begründen. Im Fall der Untätigkeit gilt Art. 141 Abs. 2 und 3 entsprechend.

(5) Die Verwaltungsgesellschaft darf ihre Zweigniederlassung erst errichten und ihre Tätigkeit aufnehmen, wenn ihr eine Mitteilung der Aufnahmemitgliedstaatsbehörde über die Meldepflichten und anzuwendenden Bestimmungen zugegangen ist oder, sofern sich diese nicht äußert, seit der Übermittlung der Angaben durch die FMA nach Abs. 3 zwei Monate vergangen sind.

(6) Das Nähere regelt die Regierung mit Verordnung.

Art. 104 Änderung der Notifizierung für die Zweigniederlassung. (1) Im Falle einer Änderung der nach Art. 103 Abs. 2 Bst. b, c oder d übermittelten Angaben teilt die Verwaltungsgesellschaft mindestens einen Monat vor Wirksamwerden der Änderung diese der FMA und den Aufnahmemitgliedstaatsbehörden schriftlich mit.

(2) Die FMA aktualisiert erforderlichenfalls ihre Entscheidungen und Anordnungen und informiert darüber die Aufnahmemitgliedstaatsbehörden. Art. 103 Abs. 3 bis 5 gelten entsprechend.

(3) Soweit durch tatsächliche oder rechtliche Veränderungen geboten, aktualisiert die FMA ihre:
a) Entscheidung nach Art. 103 Abs. 3;
b) Angaben nach Art. 103 Abs. 3 Bst. a zu Entschädigungssystemen, die den Schutz der Anleger sicherstellen sollen;
c) in der Bescheinigung nach Art. 103 Abs. 3 Bst. b enthaltenen Informationen;
und teilt jede Änderung den Aufnahmemitgliedstaatsbehörden mit.

Art. 105 Erstnotifizierung für grenzüberschreitenden Dienstleistungsverkehr. (1) Eine Verwaltungsgesellschaft, die Tätigkeiten, für die sie eine Zulassung erhalten hat, erstmals in einem anderen EWR-Mitgliedstaat im Wege des grenzüberschreitenden Dienstleistungsverkehrs ausüben möchte, übermittelt der FMA die folgenden Angaben und Unterlagen:
a) die Bezeichnung des EWR-Mitgliedstaats, in dem die Tätigkeit im Wege des grenzüberschreitenden Dienstleistungsverkehrs ausgeübt werden soll;
b) einen Geschäftsplan mit den geplanten Tätigkeiten, den praktizierten Risikomanagementverfahren und den Maßnahmen zugunsten der im Aufnahmemitgliedstaat ansässigen Anleger;

(2) Die FMA übermittelt innerhalb von zehn Arbeitstagen nach Zugang der vollständigen Unterlagen nach Abs. 1 diese den Aufnahmemitgliedstaatsbehörden und teilt dies der Verwaltungsgesellschaft unter Angabe des Übermittlungsdatums mit. Die Frist kann durch begründete Mitteilung auf bis zu einen Monat verlängert werden, soweit dies zum Schutz der Anleger oder des öffentlichen Interesses geboten ist. Der Übermittlung sind beizufügen:
a) erforderlichenfalls Einzelheiten zu Anleger-Entschädigungssystemen;
b) wenn die inländische Verwaltungsgesellschaft die gemeinsame Portfolioverwaltung in einem anderen EWR-Mitgliedstaat ausüben möchte, eine Bescheinigung darüber, dass die Verwaltungsgesellschaft die dafür erforderliche Zulassung nach diesem Gesetz erhalten hat, sowie eine Beschreibung des Umfangs der Zulassung der Verwaltungsgesellschaft und Einzelheiten in Bezug auf Beschränkungen der Anlagen des OGAW, für deren Verwaltung die Verwaltungsgesellschaft eine Zulassung erhalten hat.

(3) Die Verwaltungsgesellschaft darf ihre Tätigkeit unmittelbar nach Unterrichtung der Aufnahmemitgliedstaatsbehörde durch die FMA aufnehmen. Art. 112 zur grenzüberschreitenden gemeinsamen Portfolioverwaltung eines OGAW und Art. 99 zum grenzüberschreitenden Vertrieb bleiben unberührt.

(4) Die Verwaltungsgesellschaft hat bei ihrer Tätigkeit im Wege des grenzüberschreitenden Verkehrs die Wohlverhaltensregeln nach Art. 20 einzuhalten. Die FMA hat die Einhaltung der Wohlverhaltensregeln nach Art. 20 zu überwachen.

(5) Das Nähere regelt die Regierung mit Verordnung.

2. UCITSG

Art. 106 Änderung der Notifizierung für grenzüberschreitenden Dienstleistungsverkehr. (1) Im Falle einer Änderung des Inhalts der nach Art. 105 Abs. 1 Bst. b übermittelten Angaben teilt die Verwaltungsgesellschaft diese Änderung vor deren Vornahme der FMA und den Aufnahmemitgliedstaatsbehörden schriftlich mit.

(2) Die FMA aktualisiert die in der Bescheinigung nach Art. 105 Abs. 2 Bst. b enthaltenen Informationen und unterrichtet die Aufnahmemitgliedstaatsbehörden über jede Änderung des Umfangs der Zulassung oder der Einzelheiten in Bezug auf Beschränkungen der Arten von OGAW, für die die Verwaltungsgesellschaft eine Zulassung erhalten hat.

Art. 107 FMA als Aufnahmemitgliedstaatsbehörde: Aufnahme der Tätigkeit. (1) Eine in einem anderen EWR-Mitgliedstaat zugelassene Verwaltungsgesellschaft darf die durch ihre Herkunftsmitgliedstaatsbehörde entsprechend Art. 14 erlaubten Tätigkeiten in Liechtenstein ohne Zulassung durch die FMA über eine inländische Zweigniederlassung oder im Rahmen des grenzüberschreitenden Dienstleistungsverkehrs ausüben, wenn die Herkunftsmitgliedstaatsbehörde der FMA die Absicht zur Errichtung einer Zweigniederlassung entsprechend Art. 103 oder zur Tätigkeit im Wege des grenzüberschreitenden Dienstleistungsverkehrs entsprechend Art. 105 angezeigt hat.

(2) Die FMA hat der Verwaltungsgesellschaft, die eine Zweigniederlassung in Liechtenstein errichtet, innerhalb von zwei Monaten nach Eingang der Anzeige nach Abs. 1 die der FMA gegenüber bestehenden Meldepflichten und die für ihre Tätigkeit maßgeblichen Bestimmungen dieses Gesetzes mitzuteilen. Nach Eingang der Mitteilung spätestens nach Ablauf der in Satz 1 genannten Frist, kann die Zweigniederlassung errichtet werden und ihre Tätigkeit aufnehmen.

(3) Die Verwaltungsgesellschaft, die in Liechtenstein im Wege des grenzüberschreitenden Dienstleistungsverkehrs tätig werden möchte, kann ihre Tätigkeit unmittelbar nach Zugang der Anzeige nach Abs. 1 aufnehmen. Die FMA hat ihr die der FMA gegenüber bestehenden Meldepflichten und die für die der Tätigkeit der Verwaltungsgesellschaft maßgeblichen Bestimmungen dieses Gesetzes mitzuteilen.

(4) Ein inländischer OGAW darf von einer Verwaltungsgesellschaft mit Sitz in einem anderen EWR-Mitgliedstaat verwaltet werden. Zusätzlich zu Abs. 1 bis 3 gelten die Art. 110 bis 113.

Art. 108 FMA als Aufnahmemitgliedstaatsbehörde: Folgepflichten für inländische Zweigniederlassungen. (1) Die Verwaltungsgesellschaft, die über eine Zweigniederlassung in Liechtenstein tätig wird, hat die Wohlverhaltenspflichten nach Art. 20 einzuhalten. Die FMA überwacht deren Einhaltung.

(2) Zweigniederlassungen von Verwaltungsgesellschaften mit Sitz in einem EWR-Mitgliedstaat dürfen nicht schlechter gestellt werden, als solche von Verwaltungsgesellschaften mit Sitz in einem Drittstaat.

(3) Mindestens einen Monat vor Änderungen des Geschäftsplans, der Anschrift der Verwaltungsgesellschaft in Liechtenstein oder der Namen der Geschäftsführer der Zweigniederlassung teilt die Verwaltungsgesellschaft diese der FMA mit. Sind infolge einer solchen Mitteilung oder einer Aktualisierung der Angaben der Herkunftsmitgliedstaatsbehörde entsprechend Art. 104 Abs. 2 und 3 andere Vorschriften für die grenzüberschreitende Tätigkeit maßgeblich, teilt die FMA dieser die weiteren ihr gegenüber bestehenden Meldepflichten und die für die für die Tätigkeit der Verwaltungsgesellschaft maßgeblichen Bestimmungen dieses Gesetzes mit.

Art. 109 FMA als Aufnahmemitgliedstaatsbehörde: Folgepflichten für grenzüberschreitenden Dienstleistungsverkehr. (1) Änderungen des Geschäftsplans teilt die Verwaltungsgesellschaft der FMA vor deren Wirksamwerden schriftlich mit.

(2) Sind wegen einer Mitteilung nach Abs. 1 oder infolge einer Aktualisierung der Angaben der Herkunftsmitgliedstaatsbehörde entsprechend Art. 106 Abs. 2 andere Vorschriften für die grenzüberschreitende Tätigkeit maßgeblich, teilt die FMA die weiteren ihr gegenüber bestehenden Meldepflichten und die für die der Tätigkeit der Verwaltungsgesellschaft maßgeblichen Bestimmungen dieses Gesetzes mit.

D. Gemeinsame Portfolioverwaltung

Art. 110 Anwendbares Recht. (1) Für die grenzüberschreitende gemeinsame Portfolioverwaltung der Verwaltungsgesellschaft ist eine Erstnotifizierung gemäß Art. 103 bis 109 erforderlich. Des Weiteren gelten die Bestimmungen dieses Abschnittes.

(2) Auf die Organisation der Verwaltungsgesellschaft ist das Recht des Herkunftsmitgliedstaats der Verwaltungsgesellschaft anzuwenden, insbesondere die Bestimmungen:

a) zu den Übertragungsvereinbarungen;
b) zum Risikomanagementverfahren;
c) zum Aufsichts- und Überwachungsrecht;
d) zum Verfahren zur Erkennung, Vermeidung und angemessenen Behandlung von Interessenkonflikten;
e) zu den Offenlegungspflichten.

(3) Betreffend die Gründung und die Geschäftstätigkeit des OGAW ist das Recht des Herkunftsmitgliedstaats des OGAW anzuwenden, insbesondere die Bestimmungen:
a) zur Zulassung;
b) zur Ausgabe und Veräußerung von Anteilen;
c) zur Anlagepolitik und zu den Beschränkungen einschließlich der Berechnung des gesamten Kreditrisikos und der Verschuldung;
d) zu den Beschränkungen in Bezug auf Kreditaufnahme, Kreditgewährung und Leerverkäufe;
e) zur Bewertung der Vermögenswerte und der Rechnungsführung;
f) zur Berechnung des Ausgabepreises und/oder des Auszahlungspreises sowie für den Fall fehlerhafter Berechnungen des Nettobestandswerts und für entsprechende Entschädigungen der Anleger;
g) zur Ausschüttung oder Wiederanlage der Erträge;
h) zur Offenlegungs- und Berichtspflicht des OGAW einschließlich des Prospekts, der wesentlichen Informationen für die Anleger und der regelmäßigen Berichte;
i) zu den Modalitäten des Vertriebes;
k) zur Beziehung zu den Anlegern;
l) zur Verschmelzung und Umstrukturierung des OGAW;
m) zur Auflösung und Liquidation des OGAW;
n) gegebenenfalls zum Inhalt des Verzeichnisses der Anteilsinhaber;
o) zu den Gebühren für Zulassung und Aufsicht;
p) zur Ausübung der Stimmrechte der Anleger und weiterer Rechte der Anleger im Zusammenhang mit den Bst. a bis m.

(4) Die Verwaltungsgesellschaft hat den in den konstituierenden Dokumenten und im Prospekt des OGAW enthaltenen Verpflichtungen nachzukommen. Diese Verpflichtungen müssen dem nach Abs. 2 und 3 jeweils anzuwendenden Recht entsprechen.

(5) Die Verwaltungsgesellschaft ist verantwortlich für sämtliche Vereinbarungen und die Organisation zur Erfüllung der Bestimmungen in Bezug auf die Gründung und die Arbeitsweise des OGAW und der in den konstituierenden Dokumenten und im Prospekt enthaltenen Verpflichtungen. Sie hat die Modalitäten und Organisation so zu gestalten, dass sie den Verpflichtungen und Bestimmungen im Zusammenhang mit der Gründung und der Arbeitsweise aller von ihr verwalteten OGAW nachkommen kann.

(6) Ist die FMA Herkunftsmitgliedstaatsbehörde der Verwaltungsgesellschaft, überwacht sie die Einhaltung der Vorschriften nach Abs. 2 und 5. Ist die FMA Herkunftsmitgliedstaatsbehörde des OGAW, überwacht sie die Einhaltung der Vorschriften nach Abs. 3 und 4.

(7) Die Regierung legt durch Verordnung fest, welche Vorschriften den Vorgaben von Abs. 2 bis 5 entsprechen.

(8) Eine in einem EWR-Mitgliedstaat zugelassene Verwaltungsgesellschaft, die die gemeinsame Portfolioverwaltung eines inländischen OGAW betreibt, darf, ausser in den gesetzlich vorgesehenen Fällen, weder rechtlich noch tatsächlich zusätzlichen Anforderungen unterworfen werden.

Art. 111 Vereinbarung zwischen Verwaltungsgesellschaft und Verwahrstelle über den Informationsaustausch. (1) Die Verwahrstelle und die Verwaltungsgesellschaft unterzeichnen eine schriftliche Vereinbarung über den Informationsaustausch, damit die Verwahrstelle ihren Aufgaben nach Art. 32 bis 35 bzw. den für Verwahrstellen im Herkunftsmitgliedstaat des OGAW einschlägigen Rechts- und Verwaltungsvorschriften nachkommen kann.

(2) Die Regierung regelt das Nähere mit Verordnung.

Art. 112 Zulassung durch FMA als Herkunftsmitgliedstaatsbehörde des OGAW. (1) Eine Verwaltungsgesellschaft, die die grenzüberschreitende gemeinsame Portfolioverwaltung beabsichtigt, legt der Herkunftsmitgliedstaatsbehörde des OGAW folgende Unterlagen vor:
a) die schriftliche Vereinbarung mit der Verwahrstelle entsprechend Art. 111;
b) Angaben über die Aufgabenübertragung mit Bezug auf die gemeinsame Portfolioverwaltung entsprechend Art. 22.

(2) Nachfolgende Änderungen sind in gleicher Weise mitzuteilen. Verwaltet die Verwaltungsgesellschaft in Liechtenstein andere OGAW der gleichen Art, reicht der Hinweis auf die bereits vorgelegten Unterlagen aus.

(3) Soweit für die Einhaltung der ihrer Aufsicht unterliegenden Vorschriften erforderlich, fordert die FMA von der Herkunftsmitgliedstaatsbehörde der Verwaltungsgesellschaft weitere Informationen zu den Unterlagen nach Abs. 1 sowie darüber an, inwieweit die Art des zu verwaltenden OGAW in den Geltungsbereich der Zulassung der Verwaltungsgesellschaft fällt.

(4) Die FMA hat die Herkunftsmitgliedstaatsbehörde der Verwaltungsgesellschaft vor Ablehnung eines Antrags zu konsultieren. Sie darf den Antrag der Verwaltungsgesellschaft nur ablehnen, wenn:
a) die Verwaltungsgesellschaft den nach Art. 110 Abs. 6 von der FMA zu überwachenden Bestimmungen nicht entspricht;
b) die Verwaltungsgesellschaft von ihrer Herkunftsmitgliedstaatsbehörde keine Zulassung zur Verwaltung der Art von OGAW, für die eine Zulassung vor der FMA beantragt wird, erhalten hat; oder
c) die Verwaltungsgesellschaft die Unterlagen nach Abs. 1 nicht eingereicht hat.

(5) Die Verwaltungsgesellschaft teilt der FMA alle sachlichen Änderungen an den Unterlagen nach Abs. 1 mit.

(6) Die Regierung kann das Nähere mit Verordnung regeln.

Art. 113 FMA als Herkunftsmitgliedstaatsbehörde der Verwaltungsgesellschaft. Ist die FMA Herkunftsmitgliedstaatsbehörde der Verwaltungsgesellschaft, hat sie rechtmäßige Informationsbegehren der Herkunftsmitgliedstaatsbehörde des OGAW entsprechend Art. 112 Abs. 3 binnen zehn Arbeitstagen zu beantworten.

E. Informationsaustausch und Kooperation der zuständigen Behörden der EWR-Mitgliedstaaten bei Sanktionen und Anlegerschutz

Art. 114 FMA als Aufnahmemitgliedstaatsbehörde: Informationsübermittlung. (1) Die Regierung kann mit Verordnung bestimmen oder die FMA ermächtigen zu bestimmen, dass die Verwaltungsgesellschaften:
a) mit Zweigniederlassungen in Liechtenstein für statistische Zwecke der FMA in regelmäßigen Abständen Bericht über ihre in Liechtenstein ausgeübten Tätigkeiten zu erstatten haben; und/oder
b) mit Zweigniederlassungen in Liechtenstein oder solche, die im Rahmen des freien Dienstleistungsverkehrs tätig sind, die Angaben machen, die erforderlich sind, um die Einhaltung der gesetzlichen Bestimmungen zu überwachen, für deren Überwachung Liechtenstein als Aufnahmemitgliedstaat zuständig ist.

(2) Die Anforderungen nach Abs. 1 dürfen nicht strenger sein als die Anforderungen für Verwaltungsgesellschaften mit Sitz in Liechtenstein zur Überwachung derselben Vorschriften.

Art. 115 FMA als Aufnahmemitgliedstaatsbehörde: Behördenkooperation bei Sanktionen und Anlegerschutz. (1) Stellt die FMA fest, dass eine Verwaltungsgesellschaft gegen eine ihrer Aufsicht unterliegende Bestimmung verstößt, fordert sie die Verwaltungsgesellschaft zur Beendigung des Verstoßes auf und unterrichtet die Herkunftsmitgliedstaatsbehörde.

(2) Weigert sich die Verwaltungsgesellschaft der FMA die nach Art. 114 in ihre Zuständigkeit fallenden Informationen zukommen zu lassen oder unternimmt sie nicht die erforderlichen Schritte, um den Verstoß nach Abs. 1 zu beenden, setzt die FMA die Herkunftsmitgliedstaatsbehörden davon in Kenntnis.

(3) Im Fall eines andauernden Verstoßes trotz der von der Herkunftsmitgliedstaatsbehörde getroffenen oder infolge unzureichender oder fehlender Maßnahmen darf die FMA nach Unterrichtung der Herkunftsmitgliedstaatsbehörde im Rahmen ihrer allgemeinen Befugnisse geeignete Maßnahmen ergreifen, um weitere Verstöße zu verhindern oder zu ahnden und zu diesem Zweck neue Geschäfte in Liechtenstein untersagen. Handelt es sich bei der in Liechtenstein erbrachten Dienstleistung um die Verwaltung eines OGAW, kann die FMA die Einstellung der Verwaltung dieses OGAW verfügen.

(4) Wird im Fall der grenzüberschreitenden gemeinsamen Portfolioverwaltung die FMA von der Herkunftsmitgliedstaatsbehörde der Verwaltungsgesellschaft konsultiert, um der Verwaltungsgesellschaft die Zulassung zu entziehen, trifft die FMA geeignete Maßnahmen zur Wahrung der Anlegerinteressen. Die FMA kann zu diesem Zweck der Verwaltungsgesellschaft neue Geschäfte in Liechtenstein untersagen.

(5) In dringenden Fällen kann die FMA als Aufnahmemitgliedstaatsbehörde Sicherungsmaßnahmen zum Schutz der Anleger oder sonstiger Dienstleistungsempfänger ergreifen. Sie hat die EFTA-

Überwachungsbehörde und die zuständigen Behörden der anderen betroffenen EWR-Mitgliedstaaten von Eilmaßnahmen so früh wie möglich zu unterrichten. Beschließt die EFTA-Überwachungsbehörde nach Anhörung der zuständigen Behörden der betroffenen EWR-Mitgliedstaaten, dass die FMA die Maßnahmen zu ändern oder aufzuheben hat, handelt die FMA entsprechend des Beschlussinhalts.

Art. 116 FMA als Herkunftsmitgliedstaatsbehörde: Behördenkooperation der EWR-Mitgliedstaaten bei Sanktionen und Anlegerschutz. (1) Wird die FMA von einer Aufnahmemitgliedstaatsbehörde entsprechend Art. 115 Abs. 2 in Kenntnis gesetzt, trifft sie unverzüglich alle geeigneten Maßnahmen zur Durchsetzung der dem Aufnahmemitgliedstaat zustehenden Informationsansprüche bzw. zur Beendigung des Verstoßes. Die FMA teilt die Art dieser Maßnahmen der Aufnahmemitgliedstaatsbehörde mit.

(2) Ist eine Verwaltungsgesellschaft mit Sitz in Liechtenstein entsprechend Art. 115 Abs. 3 Adressat von Maßnahmen der Aufnahmemitgliedstaatsbehörde, übernimmt die FMA für die Aufnahmemitgliedstaatsbehörde die Zustellung von Amts wegen innerhalb Liechtensteins, sofern andere Arten der Zustellung scheitern.

(3) Im Fall der grenzüberschreitenden gemeinsamen Portfolioverwaltung konsultiert die FMA die Herkunftsmitgliedstaatsbehörde des OGAW, bevor sie der Verwaltungsgesellschaft die Zulassung entzieht.

Art. 117 Mitteilung an die EFTA Überwachungsbehörde. Die FMA teilt der EFTA-Überwachungsbehörde die Anzahl und die Art der Fälle mit, in denen sie:
a) als Herkunftsmitgliedstaatsbehörde der Verwaltungsgesellschaft die Erstnotifizierung der Aufnahmemitgliedstaatsbehörde zu Zwecken der Errichtung einer Zweigniederlassung nach Art. 103 oder als Herkunftsmitgliedstaatsbehörde des OGAW einen Antrag einer Verwaltungsgesellschaft mit Sitz in einem anderen EWR-Mitgliedstaat auf grenzüberschreitende gemeinsame Portfolioverwaltung nach Art. 112 abgelehnt hat;
b) Maßnahmen als Aufnahmemitgliedstaatsbehörde gegen eine Verwaltungsgesellschaft nach Art. 115 Abs. 3 getroffen hat.

F. Aufsicht

Art. 118 Zuständigkeit, Mitteilungspflichten. (1) Die FMA ist als Herkunftsmitgliedstaatsbehörde der Verwaltungsgesellschaft befugt, bei Verletzung des die Verwaltungsgesellschaft betreffenden Rechts Maßnahmen gegen die Verwaltungsgesellschaft zu ergreifen.

(2) Die FMA ist als Herkunftsmitgliedstaatsbehörde eines OGAW befugt, gegen diesen OGAW bei Verletzung des den OGAW betreffenden Rechts sowie der konstituierenden Dokumente Maßnahmen zu ergreifen. Sie hat jede Entscheidung über die Entziehung der Zulassung des OGAW, jede andere schwerwiegende Maßnahme und jede ihm auferlegte Aussetzung der Anteilsausgabe oder -rücknahme allen Aufnahmemitgliedstaatsbehörden des OGAW und bei grenzüberschreitender gemeinsamer Portfolioverwaltung der Herkunftsmitgliedstaatsbehörde der Verwaltungsgesellschaft unverzüglich mitzuteilen.

(3) Die FMA ist als Aufnahmemitgliedstaatsbehörde eines OGAW befugt, gegen diesen OGAW bei Verletzung der Art. 96 und 100 Maßnahmen zu ergreifen.

(4) Ist die FMA als Aufnahmemitgliedstaatsbehörde eines OGAW nicht nach Abs. 3 zuständig, hat sie ihr bekannte Tatsachen, die auf Verstöße des OGAW gegen Verpflichtungen aus der Richtlinie 2009/65/EG hinweisen, der Herkunftsmitgliedstaatsbehörde des OGAW mitzuteilen. Bei nachhaltiger Verletzung der Interessen der Anleger des Aufnahmemitgliedstaats ist die FMA als Aufnahmemitgliedstaatsbehörde befugt:
a) nach Unterrichtung der Herkunftsmitgliedstaatsbehörden des OGAW alle angemessenen Maßnahmen zum Schutz der Anleger im Aufnahmemitgliedstaat zu treffen, einschließlich der Untersagung der weiteren Anteilsvermarktung im Aufnahmemitgliedstaat. Sie hat die EFTA-Überwachungsbehörde unverzüglich über jede derartige Maßnahme zu unterrichten;
b) die Angelegenheit der ESMA zur Kenntnis zu bringen.

(5) Die FMA unterstützt die Zustellung von Schriftstücken der zuständigen Behörden für Maßnahmen nach diesem Artikel in Liechtenstein und veranlasst die Zustellung innerhalb Liechtensteins notfalls im eigenen Namen.

Art. 119 Kooperationspflicht der FMA bei grenzüberschreitender Tätigkeit. (1) Bei grenzüberschreitender Tätigkeit der Verwaltungsgesellschaft kooperieren die zuständigen Behörden aller betroffenen EWR-Mitgliedstaaten. Die FMA stellt auf Anfrage alle die Überwachung der Verwaltungsgesellschaft erleichternden Informationen zur Verfügung, insbesondere zur Verwaltung und den Eigentumsverhältnissen dieser Verwaltungsgesellschaft. Die FMA als Herkunftsmitgliedstaatsbehörde der Verwaltungsgesellschaft erleichtert die Erhebung der Angaben, die erforderlich sind, um die Einhaltung der für die Verwaltungsgesellschaft maßgeblichen Bestimmungen des Aufnahmemitgliedstaats zu überwachen.

(2) Soweit es für die Ausübung der Aufsichtsbefugnisse des Herkunftsmitgliedstaats erforderlich ist, unterrichten die Aufnahmemitgliedstaatsbehörden die Herkunftsmitgliedstaatsbehörde der Verwaltungsgesellschaft über alle nach Art. 115 ergriffenen Maßnahmen, Sanktionen oder Tätigkeitsbeschränkungen.

(3) Die FMA als Herkunftsmitgliedstaatsbehörde der Verwaltungsgesellschaft teilt der Herkunftsmitgliedstaatsbehörde des OGAW unverzüglich Probleme der Verwaltungsgesellschaft mit, die deren Fähigkeit zur Erfüllung ihrer Aufgaben in Bezug auf den OGAW erheblich beeinflussen können. Zudem teilt sie alle Verstöße gegen die Verpflichtungen der Verwaltungsgesellschaft nach Art. 13 bis 28, Art. 96 und Art. 103 bis 117 mit.

(4) Die FMA als Herkunftsmitgliedstaatsbehörde des OGAW teilt der Herkunftsmitgliedstaatsbehörde der Verwaltungsgesellschaft unverzüglich Probleme des OGAW mit, die die Fähigkeit der Verwaltungsgesellschaft zur Erfüllung ihrer Aufgaben und zur Einhaltung von Bestimmungen der Richtlinie 2009/65/EG beeinflussen können, die in die Verantwortung des Herkunftsmitgliedstaats des OGAW fallen.

Art. 120 Überprüfungsrecht ausländischer Behörden bei Zweigniederlassung in Liechtenstein. (1) Übt eine Verwaltungsgesellschaft mit Sitz in einem anderen EWR-Mitgliedstaat ihre Tätigkeit in Liechtenstein über eine Zweigniederlassung aus, ist die Herkunftsmitgliedstaatsbehörde der Verwaltungsgesellschaft nach Unterrichtung der FMA befugt, die Angaben nach Art. 119 selbst oder durch zu diesem Zweck benannte Beauftragte vor Ort zu überprüfen.

(2) Das Recht der FMA, vor Ort Überprüfungen dieser Zweigniederlassung vorzunehmen, bleibt unberührt.

XII. Grenzüberschreitende Geschäftstätigkeit mit Bezug zu Drittstaaten

Art. 121 Auslandstätigkeit inländischer Verwaltungsgesellschaften. (1) Verwaltungsgesellschaften haben, sofern sie beabsichtigen, im Drittstaat Organismen für gemeinsame Anlagen zu verwalten, Anteile an solchen Organismen zu vertreiben oder anderen zugelassenen Tätigkeiten nachzugehen, vor Aufnahme ihrer Tätigkeit der FMA nachzuweisen, dass sie zu der beabsichtigten Tätigkeit im Drittstaat zugelassen sind oder keiner Zulassungspflicht unterliegen.

(2) Muss die Verwaltungsgesellschaft nach dem Recht des Drittstaates eine größere Kapitalausstattung vorweisen, zusätzliche organisatorische Vorkehrungen treffen oder sonstige weitergehende Voraussetzungen erfüllen, als nach diesem Gesetz erforderlich ist, können FMA und Verwaltungsgesellschaft vereinbaren, dass die Verwaltungsgesellschaft die weitergehenden Voraussetzungen erfüllen und die FMA die Einhaltung dieser Voraussetzungen überwachen muss. Für diesen Fall:
a) gelten die weitergehenden Voraussetzungen als nach diesem Gesetz zu erfüllenden Voraussetzungen;
b) ist die FMA zu allen Maßnahmen und Handlungen befugt, die zur Überwachung und Sicherstellung der gesetzlichen Voraussetzungen zulässig wären; und
c) bescheinigt die FMA der Verwaltungsgesellschaft oder auf Anfrage der im Drittstaat zuständigen Behörde, dass sich die Verwaltungsgesellschaft zur Einhaltung der weitergehenden Voraussetzungen und die FMA zu deren Überwachung verpflichtet hat und nach Kenntnis der FMA die weiteren Voraussetzungen erfüllt sind.

(3) Auf den Informationsaustausch zwischen der FMA und der Aufsichtsbehörde im Drittstaat findet Art. 138 sinngemäß Anwendung. Im Übrigen richtet sich die Tätigkeit nach den im Drittstaat geltenden Rechts- und Verwaltungsvorschriften.

Art. 122 Inlandstätigkeit ausländischer Verwaltungsgesellschaften. (1) Werden nur Anteile von mit OGAW vergleichbaren Organismen für gemeinsame Anlagen vertrieben, gilt Art. 94 des Investmentunternehmensgesetzes. Verwaltungsgesellschaften mit Sitz in einem Drittstaat bedürfen für die übrigen nach diesem Gesetz zulässigen Tätigkeiten in Liechtenstein einer Zulassung nach Art. 13 bis 31.

(2) Die Errichtung einer inländischen Zweigstelle von Verwaltungsgesellschaften mit Sitz in einem Drittstaat bedarf der Zulassung. Für die Zulassung gelten die Art. 13 bis 31 mit der Maßgabe, dass:
a) die Verwaltungsgesellschaft einer der FMA gleichwertigen Aufsicht untersteht;
b) die Aufsichtsbehörde des Herkunftsmitgliedstaates keine Einwände gegen die Errichtung der Zweigniederlassung erhebt und erklärt, die FMA unverzüglich über Umstände zu unterrichten, die den Schutz der Anleger und die Stabilität des Finanzsystems gefährden können;
c) die Leiter der Zweigniederlassung die Einhaltung der für die Verwaltungsgesellschaft geltenden Vorschriften sicherstellen;
d) die Kapitalausstattung der Zweigniederlassung von denen der Verwaltungsgesellschaft getrennt gehalten werden; die Kapitalausstattung muss die Voraussetzungen nach Art. 17 erfüllen und dauernd zur Verfügung stehen;
e) die für die Zweigniederlassung verantwortlichen Personen die Anforderungen an die Zuverlässigkeit, fachliche Erfahrung und die weiteren Voraussetzungen des Art. 180a PGR erfüllen;
f) die Zweigniederlassung über eine angemessene Organisations- und Finanzstruktur in Liechtenstein verfügt;
g) im Übrigen zumindest die für Zweigniederlassungen von Verwaltungsgesellschaften aus EWR-Mitgliedstaaten geltenden Voraussetzungen erfüllt sind; und
h) der Schutz der Anleger und das öffentliche Interesse nicht entgegenstehen.

(3) Auf die Auskunfts- und Berichterstattungspflicht der Verwaltungsgesellschaft nach Abs. 1 oder 2 finden Art. 121 und auf den Informationsaustausch zwischen der FMA und der Aufsichtsbehörde im Drittstaat Art. 138 sinngemäß Anwendung. Verletzt eine Verwaltungsgesellschaft nach Abs. 1 oder 2 liechtensteinische Rechtsvorschriften, findet Art. 143 sinngemäß Anwendung.

(4) Die Regierung kann durch Verordnung von den Voraussetzungen des Abs. 1 sowie den Voraussetzungen des Abs. 2 Bst. a, b, c und d befreien, wenn die Zweigniederlassung oder deren Verwaltungsgesellschaft durch geeignete Maßnahmen einen gleichwertigen Schutz der Anleger, des Finanzplatzes und des Finanzsystems gewährleisten und das öffentliche Interesse nicht entgegen steht.

(5) Allfällige Gegenrechtsvereinbarungen bleiben vorbehalten.

Art. 123 Tätigkeitshindernisse in Drittstaaten. (1) Die FMA teilt der EFTA-Überwachungsbehörde alle allgemeinen Schwierigkeiten mit:
a) auf die Verwaltungsgesellschaften mit Sitz in Liechtenstein bei ihrer Niederlassung oder bei der Erbringung von Dienstleistungen und/oder Anlagetätigkeiten in Drittstaaten stoßen;
b) auf die OGAW mit Sitz in Liechtenstein bei der Vermarktung ihrer Anteile in Drittstaaten stoßen.

(2) Auf eine Feststellung in einem Verfahren nach Art. 15 der Richtlinie 2004/39/EG hin kann die FMA ihre Entscheidungen über Zulassungsanträge und den Erwerb von Beteiligungen durch Mutterunternehmen aus dem betreffenden Drittstaat für einen Zeitraum von maximal drei Monaten aussetzen.

(3) Die FMA kann der EFTA-Überwachungsbehörde in einem Verfahren nach Art. 15 der Richtlinie 2004/39/EG zudem auf Ersuchen Folgendes mitteilen:
a) jeden Antrag auf Zulassung einer Verwaltungsgesellschaft, die direkt oder indirekt Tochterunternehmen eines Mutterunternehmens ist, das dem Recht des betreffenden Drittstaats unterliegt;
b) jede der FMA gemeldete Absicht eines solchen Mutterunternehmens, eine Beteiligung an einer Verwaltungsgesellschaft mit Sitz in einem EWR-Mitgliedstaat zu erwerben, wodurch letztere dessen Tochterunternehmen würde.

(4) Abs. 1 bis 3 gelten nicht, wenn die Maßnahmen der EFTA-Überwachungsbehörde oder der FMA mit den Verpflichtungen der EWR-Mitgliedstaaten aus bi- oder multilateralen internationalen Abkommen unvereinbar sind.

XIII. Aufsicht

A. Allgemeines

Art. 124 Grundsatz. Mit der Durchführung dieses Gesetzes werden betraut:
a) die Finanzmarktaufsicht (FMA);
b) das Landgericht;
c) die Schlichtungsstelle.

Art. 125[80] Datenbearbeitung und -bekanntgabe. (1) Die zuständigen inländischen Behörden und Stellen dürfen alle erforderlichen Personendaten, einschließlich Persönlichkeitsprofile und beson-

---

[80] Art. 125 abgeändert durch LGBl. 2013 Nr. 50.

ders schützenswerte Personendaten über administrative oder strafrechtliche Verfolgungen und Sanktionen, bearbeiten, welche für die Erfüllung ihrer Aufsichtsaufgaben im Rahmen dieses Gesetzes notwendig sind.

(2) Die zuständigen inländischen Behörden und Stellen dürfen einander sowie den zuständigen ausländischen Behörden in anderen EWR-Mitgliedstaaten oder – unter den Voraussetzungen nach Art. 8 des Datenschutzgesetzes – Drittstaaten alle erforderlichen Personendaten, einschließlich Persönlichkeitsprofile und besonders schützenswerte Personendaten über administrative oder strafrechtliche Verfolgungen und Sanktionen, bekannt geben, soweit dies für die Erfüllung ihrer Aufsichtsaufgaben notwendig ist.

Art. 126 Amtsgeheimnis. (1) Alle Personen, die für die FMA und der von ihr zugezogenen Behörden tätig sind oder waren sowie die in ihrem Auftrag tätigen Wirtschaftsprüfer und Sachverständigen unterliegen dem Amtsgeheimnis.

(2) Vertrauliche Informationen, die diese Personen in ihrer beruflichen Eigenschaft erhalten, dürfen an keine Person oder Behörde weitergegeben werden, es sei denn, in zusammengefasster oder allgemeiner Form, so dass der OGAW, die Verwaltungsgesellschaft und die Verwahrstelle nicht zu erkennen sind. Vorbehalten bleiben strafrechtliche Bestimmungen sowie besondere gesetzliche Vorschriften.

(3) Wurde gegen einen OGAW oder ein an seiner Geschäftätigkeit mitwirkendes Unternehmen durch Gerichtsbeschluss das Konkursverfahren eröffnet oder die Liquidation eingeleitet, können vertrauliche Informationen, die sich nicht auf Dritte beziehen, welche an Rettungsversuchen beteiligt sind, in zivilgerichtlichen oder handelsgerichtlichen Verfahren weitergegeben werden.

(4) Das Amtsgeheimnis steht dem Informationsaustausch zwischen der FMA und den zuständigen Behörden anderer EWR-Mitgliedstaaten oder zuständigen Behörden von Drittstaaten nach diesem Gesetz nicht entgegen. Die ausgetauschten Informationen fallen unter das Amtsgeheimnis. Die FMA hat bei der Übermittlung von Informationen an die zuständigen Behörden anderer EWR-Mitgliedstaaten darauf hinzuweisen, dass die übermittelten Informationen nur mit ausdrücklicher Zustimmung der FMA veröffentlicht werden dürfen. Die Zustimmung darf nur erteilt werden, wenn der Informationsaustausch mit dem öffentlichen Interesse sowie dem Schutz der Anleger vereinbar ist.[81]

(5) Die Regierung oder mit deren Ermächtigung die FMA kann Kooperationsvereinbarungen über den Informationsaustausch mit den zuständigen Behörden von Drittstaaten oder mit Behörden oder Stellen von Drittstaaten im Sinne von Abs. 4 sowie Art. 138 Abs. 1 nur zur Erfüllung der aufsichtsrechtlichen Aufgaben dieser Behörden oder Stellen und nur dann treffen, wenn die Geheimhaltung der mitgeteilten Informationen ebenso gewährleistet ist wie nach diesem Artikel. Stammen die Informationen aus einem anderen EWR-Mitgliedstaat, dürfen sie nur mit ausdrücklicher Zustimmung der übermittelnden Behörden und gegebenenfalls nur für Zwecke weitergegeben werden, denen diese Behörden zugestimmt haben.

(6) Erhält die FMA nach Abs. 1 bis 4 vertrauliche Informationen, darf sie diese Informationen nur für folgende Zwecke verwenden:
a) zur Prüfung, ob die Zulassungsbedingungen für den OGAW oder die Unternehmen, die an ihrer Geschäftätigkeit mitwirken, erfüllt werden und zur leichteren Überwachung der Bedingungen der Tätigkeitsausübung, der verwaltungsmäßigen und buchhalterischen Organisation und der internen Kontrollmechanismen;
b) zur Verhängung von Sanktionen;
c) im Rahmen eines Verwaltungsverfahrens über die Anfechtung einer Entscheidung der zuständigen Behörden;
d) im Rahmen von Verfahren nach Art. 140.

(7) Die Regierung kann mit Verordnung für die nach Abs. 5 erhaltenen Informationen Ausnahmen vorsehen.

(8) Abs. 1 bis 3 und 6 stehen der Übermittlung vertraulicher Informationen an die mit der Verwaltung der Entschädigungssysteme betrauten Stellen im EWR nicht entgegen.

Art. 127 Aufsichtsabgaben und Gebühren. Die Aufsichtsabgaben und Gebühren richten sich nach der Finanzmarktaufsichtsgesetzgebung.

---

[81] Art. 126 Abs. 4 abgeändert durch LGBl. 2013 Nr. 50.

B. FMA

Art. 128 Aufgaben. (1) Die FMA überwacht den Vollzug dieses Gesetzes und der dazu erlassenen Verordnungen. Sie trifft die notwendigen Maßnahmen direkt, in Zusammenarbeit mit anderen Aufsichtsorganen oder durch Anzeige bei der Staatsanwaltschaft.

(2) Der FMA obliegen insbesondere:
a) die Erteilung, die Abänderung, der Widerruf und der Entzug von Zulassungen;
b) die Genehmigung der konstituierenden Dokumente und Musterdokumente;
c) die Überprüfung der Berichte der Wirtschaftsprüfer;
d) die Ernennung von Sachwaltern und die Entscheidung über deren Vergütung;
e) die Zusammenarbeit zur Erleichterung der Aufsicht mit den zuständigen Behörden der anderen EWR-Mitgliedstaaten;
f) die Ahndung von Übertretungen nach Art. 143.

Art. 129 Befugnisse. (1) Erhält die FMA von Verletzungen dieses Gesetzes oder von sonstigen Missständen Kenntnis, so ergreift sie die zur Herstellung des rechtmäßigen Zustandes und zur Beseitigung der Missstände notwendigen Maßnahmen.

(2) Die FMA ist insbesondere befugt:
a) von den diesem Gesetz und ihrer Aufsicht Unterstellten, jeder mit den Tätigkeiten der Verwaltungsgesellschaft oder dem OGAW in Verbindung stehenden Person sowie solchen Personen, die unter dem Verdacht stehen, unter Verstoß gegen die Zulassungspflicht nach diesem Gesetz Tätigkeiten auszuüben, alle für den Vollzug dieses Gesetzes erforderlichen Auskünfte, Informationen und Unterlagen zu verlangen;[82]
b) Entscheidungen und Verfügungen zu erlassen; sie kann diese nach vorhergehender Androhung veröffentlichen, wenn sich die Verwaltungsgesellschaft diesen widersetzt;
c) ein vorübergehendes Berufsausübungsverbot zu verhängen;
d) die Staatsanwaltschaft zu ersuchen, Maßnahmen zur Sicherung der Abschöpfung der Bereicherung oder des Verfalls von Vermögenswerten nach Maßgabe der Strafprozessordnung zu beantragen;
e) angekündigte und unangekündigte Überprüfungen oder Ermittlungen vor Ort vorzunehmen oder durch qualifizierte Wirtschaftsprüfer oder Sachverständige vornehmen zu lassen;[83]
f) im Interesse der Anteilinhaber oder der Öffentlichkeit die Aussetzung der Ausgabe, Rücknahme oder Auszahlung von Anteilen zu verlangen;
g) bereits existierende Aufzeichnungen von Telefongesprächen und Datenübermittlungen anzufordern;
h) Praktiken, die gegen dieses Gesetz oder die dazu erlassenen Verordnungen verstoßen, zu untersagen.

(3) Die FMA ist berechtigt, von den Verwaltungsgesellschaften und Investmentgesellschaften in Bezug auf sie selbst und jeden von ihnen verwalteten OGAW oder Teilfonds einen Quartalsbericht zu verlangen. Die Regierung kann das Nähere mit Verordnung regeln.

(4) Die Regierung kann mit Verordnung festlegen, dass nur qualifizierte Wirtschaftsprüfer zu den nach diesem Gesetz erforderlichen Prüfungen und Berichten berechtigt sind und das Verfahren zur Feststellung der Qualifikation der Wirtschaftsprüfer festlegen. Davon ausgenommen ist die Prüfung von Zahlenangaben in den Jahresberichten nach Art. 70 Bst. b.[84]

(5) Die FMA kann für alle oder einzelne einem Zulassungs- oder Genehmigungsantrag beigefügte oder zu Aufsichtszwecken erhobene Darstellungen, Angaben zu oder Informationen über Tatsachen die Bestätigung durch einen nach Abs. 4 qualifizierten Wirtschaftsprüfer verlangen. Die Regierung kann mit Verordnung die Befugnis der FMA auf bestimmte Tatsachen beschränken.

(6) Veröffentlicht die FMA Formulare für die Erstattung von nach diesem Gesetz erforderlichen Anträgen, Meldungen, Mitteilungen und Anzeigen, sind diese von den Antragstellern und Melde-, Mitteilungs- und Anzeigepflichtigen zu verwenden. Andernfalls ist die FMA berechtigt, den Antrag als nicht gestellt und die Melde-, Mitteilungs- und Anzeigepflicht als nicht erfüllt anzusehen.

(7) Bei der Beaufsichtigung der Wirtschaftsprüfer kann die FMA insbesondere Qualitätskontrollen durchführen und die Wirtschaftsprüfer bei ihrer Prüftätigkeit bei dem OGAW und deren Verwaltungsgesellschaften begleiten. Die Befugnis zur Vor-Ort-Kontrolle nach Art. 26 Abs. 4 des Finanzmarktaufsichtsgesetzes bleibt unberührt.[85]

(8) *Aufgehoben*[86]

---

[82] Art. 129 Abs. 2 Bst. a abgeändert durch LGBl. 2013 Nr. 50.
[83] Art. 129 Abs. 2 Bst. e abgeändert durch LGBl. 2013 Nr. 50.
[84] Art. 129 Abs. 4 abgeändert durch LGBl. 2013 Nr. 50.
[85] Art. 129 Abs. 7 abgeändert durch LGBl. 2013 Nr. 50.
[86] Art. 129 Abs. 8 aufgehoben durch LGBl. 2013 Nr. 50.

2. UCITSG

Art. 129a[87] **Sofortmaßnahmen.** (1) Liegen Umstände vor, die den Schutz der Anleger, den Ruf des Finanzplatzes Liechtenstein oder die Stabilität des Finanzsystems als gefährdet erscheinen lassen, kann die FMA insbesondere ohne Mahnung und Fristsetzung:
a) von der Verwaltungsgesellschaft, vom Wirtschaftsprüfer, von der Verwahrstelle, von allen Auftragnehmern im Sinne von Art. 22 und 33 Abs. 4 oder Art. 35d und 35f Abs. 3 und von allen sonstigen Beteiligten Informationen erheben; dabei kann die FMA auch vor Ort tätig werden;
b) einen Beobachter einsetzen, der Informationen für die FMA erhebt und dem alle Geschäftsvorfälle zu berichten sind;
c) einen Kommissär einsetzen, ohne dessen Zustimmung die Verwaltungsgesellschaft oder deren Geschäftsleiter keine Willenserklärungen für die Verwaltungsgesellschaft oder die OGAW abgeben dürfen;
d) in Bezug auf einige oder alle OGAW:
   1. die Sistierung der Anteilsausgabe und -rücknahme verlangen;
   2. den Vertrieb von OGAW untersagen;
   3. die Zulassung entziehen;
e) einen Kommissär einsetzen, ohne dessen Mitwirkung die Verwaltungsgesellschaft oder die Geschäftsleiter der Verwaltungsgesellschaft keine Willenserklärungen für die Verwaltungsgesellschaft oder die OGAW abgeben können;
f) in Bezug auf die Vermögensgegenstände der Verwaltungsgesellschaft ein Verfügungsverbot erlassen;
g) anstelle der bisherigen Geschäftsleiter einen Sachwalter mit den Aufgaben nach Art. 30 einsetzen;
h) den Entzug der Zulassung der Verwaltungsgesellschaft verfügen;
i) die Auflösung der Verwaltungsgesellschaft verfügen.

(2) Die Maßnahmen nach Abs. 2 Bst. d bis i sind abweichend von Art. 963 Abs. 5 PGR unter Hinweis auf die ausstehende Rechtskraft der Verfügung im Handelsregister bei der Verwaltungsgesellschaft und den betroffenen OGAW zu vermerken und können, soweit dies zum Schutz der Anleger und des öffentlichen Interesses erforderlich ist, den Anlegern mitgeteilt und auf der Internetseite der FMA veröffentlicht werden.

(3) Die FMA kann von der Verwaltungsgesellschaft für die Maßnahmen nach Abs. 1 und 2 einen Kostenvorschuss verlangen. Die Pflicht zum Kostenvorschuss kann mit der Maßnahme verbunden werden. Der Vorschuss ist zurückzuerstatten, wenn keine Rechtsverstöße festzustellen sind. Er darf einbehalten werden, soweit aufgrund weiterer Maßnahmen nach Abs. 1 und 2 mit Kosten in mindestens derselben Höhe zu rechnen ist.

(4) Die FMA hat bei der Auswahl der Maßnahmen nach Abs. 1 der Verhältnismäßigkeit der Mittel Rechnung zu tragen.

(5) Die Regierung regelt das Nähere durch Verordnung, insbesondere über:
a) die Aufgaben des Beobachters nach Abs. 1 Bst. b;
b) die Zusammenarbeit der bisherigen Geschäftsleiter mit dem Kommissär nach Abs. 1 Bst. c und e;
c) die Art der Veröffentlichung und der Mitteilung an die Anleger nach Abs. 2;
d) die näheren Anforderungen zur Auswahl der Beobachter, Kommissäre und Sachwalter.

Art. 130 Zulassung unter Auflagen, verbindliche Auskunft und Musterdokumente. (1) Soweit das öffentliche Interesse nicht entgegen steht, kann die FMA in geeigneten Fällen auf Antrag eine oder mehrere Zulassungen unter Auflagen erteilen. Auflagen können formeller, zeitlicher oder sachlicher Art sein. Die Zulassungswirkung tritt mit der Erfüllung der Auflagen ein. Die FMA hat den Eintritt der Zulassungswirkung auf Antrag zu bestätigen.

(2) Sofern die maßgeblichen Tatsachen bei Antragstellung vollständig und richtig offengelegt werden, kann die FMA Einschätzungen zu Rechts- und Tatsachenfragen auf Antrag durch verbindliche Auskunft vorab bekannt geben. Soweit das öffentliche Interesse nicht entgegensteht, ist die FMA durch eine verbindliche Auskunft bei einer nachfolgenden Tatbestandsauslegung und Ermessensausübung im Umfang ihrer schriftlichen Feststellungen gebunden. Mündliche Aussagen begründen keinen Vertrauensschutz.

(3) Die FMA kann Musterdokumente für die Genehmigung von konstituierenden Dokumenten genehmigen und veröffentlichen, bei deren Verwendung die Genehmigung als erteilt gilt, soweit das öffentliche Interesse nicht entgegensteht.

(4) Die FMA kann für die Maßnahmen und Erklärungen nach diesem Artikel separate Gebühren erheben.

(5) Die Regierung kann das Nähere mit Verordnung regeln.

---

[87] Art. 129a eingefügt durch LGBl. 2013 Nr. 50.

Art. 131 Prospektprüfung. (1) Die Prüfung eingereichter Prospekte durch die FMA beschränkt sich darauf, dass:
a) die konstituierenden Dokumente oder eine Bezugsadresse dafür beigefügt sind;
b) der Prospektinhalt mit den Mindestanforderungen gemäß Anhang in formeller Hinsicht übereinstimmt;
c) eine Versicherung der Geschäftsleitung der Verwaltungsgesellschaft beigefügt ist, wonach die Angaben von wesentlicher Bedeutung im Prospekt zutreffend und auf dem neuen Stand sind;
d) soweit diese beigefügt sind, die Jahresberichte mit dem Vermerk des Wirtschaftsprüfers versehen sind;
e) der Prospekt den Anlegern gemäß den Anforderungen dieses Gesetzes zur Verfügung gestellt wird.

(2) Soweit die Reihenfolge der Darstellung im Prospekt von der Reihenfolge im Anhang abweicht oder andere Gliederungspunkte aufführt, hat die Verwaltungsgesellschaft eine Übersicht einzureichen, aus der die Übereinstimmung mit den Anforderungen des Anhangs hervorgeht.

(3) Die FMA ist nicht verpflichtet, die inhaltliche Richtigkeit der Prospektangaben zu prüfen.

Art. 132[88] Haftung der FMA. Die zivilrechtliche Haftung der FMA richtet sich nach Art. 21 des Finanzmarktaufsichtsgesetzes.

C. Amtshilfe

1. Zusammenarbeit mit inländischen Behörden und Behörden anderer EWR-Mitgliedstaaten

Art. 133 Grundsatz. (1) Die FMA arbeitet im Rahmen ihrer Aufsicht mit anderen inländischen Behörden und den zuständigen Behörden anderer EWR-Mitgliedstaaten zusammen.

(2) Sie ist im Rahmen der Zusammenarbeit mit den zuständigen Behörden anderer EWR-Mitgliedstaaten berechtigt und verpflichtet:
a) von ihren Befugnissen Gebrauch zu machen, auch wenn die Verhaltensweise, die Gegenstand der Ermittlung ist, keinen Verstoß gegen liechtensteinische Rechtsvorschriften darstellt;
b) den zuständigen Behörden anderer EWR-Mitgliedstaaten unverzüglich die zur Wahrnehmung ihrer Aufgaben und Befugnisse erforderlichen Informationen zu übermitteln.

Art. 134 Gemeinsame Missbrauchsbekämpfung. (1) Hat die FMA begründeten Anlass zur Vermutung, dass Personen, die nicht ihrer Aufsicht unterliegen, in einem anderen EWR-Mitgliedstaat gegen EWR-Rechtsvorschriften verstoßen oder verstoßen haben, teilt die FMA diesen Umstand der zuständigen Behörde so genau wie möglich mit. Die Befugnisse der FMA bleiben davon unberührt.

(2) Erhält die FMA eine Mitteilung im Sinne von Abs. 1 von der zuständigen Behörde eines anderen EWR-Mitgliedstaats, so ergreift sie geeignete Maßnahmen und unterrichtet die mitteilende Behörde über den Ausgang dieser Maßnahmen sowie – soweit möglich – über wesentliche zwischenzeitlich eingetretene Entwicklungen.

(3) Die FMA setzt ESMA in Kenntnis, wenn eine Mitteilung nach Abs. 1 zurückgewiesen oder binnen einer angemessenen Zeit nicht beantwortet wurde.

Art. 135 Vor-Ort-Untersuchungen der FMA in anderen EWR-Mitgliedstaaten. (1) Die FMA kann die zuständigen Behörden eines anderen EWR-Mitgliedstaats um Zusammenarbeit bei einer Überwachung, einer Überprüfung vor Ort oder einer Ermittlung im Hoheitsgebiet dieses EWR-Mitgliedstaats ersuchen.

(2) Die FMA kann ESMA in Kenntnis setzen, wenn ein Ersuchen:
a) um eine Überprüfung oder eine Ermittlung vor Ort oder einen Informationsaustausch zurückgewiesen wurde oder innerhalb einer angemessenen Frist zu keiner Reaktion geführt hat; oder
b) um die Zulassung zur Begleitung der zuständigen Behörde zurückgewiesen wurde oder innerhalb einer angemessenen Frist zu keiner Reaktion geführt hat.

(3) Im Übrigen finden Art. 6 bis 11 der Kommissions-Verordnung (EU) Nr. 584/2010 Anwendung.

Art. 136 Vor-Ort-Untersuchungen zuständiger Behörden eines anderen EWR-Mitgliedstaats in Liechtenstein. (1) Erhält die FMA ein Ersuchen um Zusammenarbeit bei einer Überwachung, einer Überprüfung vor Ort oder einer Ermittlung in Liechtenstein von der zuständigen Behörde eines anderen EWR-Mitgliedstaats:

---

[88] Art. 132 abgeändert durch LGBl. 2013 Nr. 50.

2. UCITSG

a) nimmt sie die Überprüfung oder Ermittlung selbst vor. Die ersuchende Behörde kann die FMA begleiten;
b) gestattet sie der ersuchenden Behörde die Durchführung der Überprüfung oder Ermittlung. Die FMA hat die ersuchende Behörde zu begleiten; oder
c) beauftragt sie Wirtschaftsprüfer oder Sachverständige mit der Durchführung der Überprüfung oder Ermittlung.

(2) Die FMA kann ein Ersuchen um Informationsaustausch oder Zusammenarbeit bei einer Ermittlung oder einer Überprüfung vor Ort ablehnen, wenn:
a) die Ermittlung, die Überprüfung vor Ort oder der Informationsaustausch die Souveränität, die Sicherheit oder die öffentliche Ordnung Liechtensteins beeinträchtigen könnte;
b) gegen die betreffende Person aufgrund derselben Handlungen in Liechtenstein ein Gerichtsverfahren anhängig oder bereits rechtskräftig entschieden ist.

(3) Die Ablehnung ist der ersuchenden Behörde unter Angabe von Gründen mitzuteilen.

(4) Im Übrigen finden Art. 6 bis 11 der Kommissions-Verordnung (EU) Nr. 584/2010 Anwendung.

(5) Die Regierung kann das Nähere mit Verordnung regeln.

Art. 137 Schlichtung von Streitigkeiten zwischen der FMA und den zuständigen Behörden anderer EWR-Mitgliedstaaten. Die FMA hat sich der von ESMA etablierten Mechanismen zur Streitschlichtung zu bedienen, wenn sie und eine zuständige Behörde eines anderen EWR-Mitgliedstaats unterschiedlicher Auffassung in Bezug auf behördliche Maßnahmen, Rechte und Pflichten nach diesem Gesetz sind.

Art. 138 Informationsaustausch. (1) Die FMA tauscht mit anderen inländischen Behörden oder den zuständigen Behörden anderer EWR-Mitgliedstaaten Informationen aus, wenn diese Behörden:
a) mit der Überwachung von Banken, Kreditinstituten, Wertpapierfirmen, Versicherungsunternehmen oder anderen Finanzinstituten oder mit der Überwachung der Finanzmärkte betraut sind;
b) mit der Liquidation, dem Konkurs oder vergleichbaren Verfahren eines OGAW und an seiner Geschäftstätigkeit mitwirkenden Unternehmen befasst sind;
c) mit der Beaufsichtigung der Personen, denen die Kontrolle der Rechnungslegung von Versicherungsunternehmen, Banken, Kreditinstituten, Wertpapierfirmen oder anderen Finanzinstituten obliegt, betraut sind.

(2) Die FMA kann zum Schutz der Stabilität und Integrität des Finanzsystems Informationen auch mit anderen als den in Abs. 1 genannten inländischen und in EWR-Mitgliedsstaaten und der Schweiz zuständigen Behörden austauschen.

(3) Die Weitergabe von Informationen, die im Rahmen eines Informationsaustausches nach Abs. 1 und 2 übermittelt wurden, ist zulässig, wenn:
a) die Informationen nur zur Erfüllung der spezifischen Beaufsichtigungsaufgabe verwendet werden;
b) das Amtsgeheimnis nach Art. 126 gewahrt wird;
c) bei Informationen, die von der zuständigen Behörde eines anderen EWR-Mitgliedstaates übermittelt wurden, deren Zustimmung zur Weitergabe vorliegt. Die FMA teilt im Auftrag der zuständigen inländischen Behörden nach Abs. 1 und 3 den übermittelnden Behörden die Namen und die genaue Aufgabe der Personen mit, an die die betreffenden Informationen weitergegeben werden sollen.

Art. 139 Informationsweitergabe an Zentralbanken und ähnliche Einrichtungen.
(1) Die FMA tauscht mit den Zentralbanken anderer EWR-Mitgliedstaaten und anderen Einrichtungen mit ähnlichen Aufgaben in ihrer Eigenschaft als Währungsbehörden Informationen aus, die diesen zur Erfüllung ihrer Aufgaben dienen.

(2) Die FMA tauscht Informationen, die unter das Amtsgeheimnis nach Art. 126 fallen, mit einer Clearingstelle oder einer ähnlichen anerkannten Stelle aus, um Clearing- oder Abwicklungsdienstleistungen in Liechtenstein sicherzustellen, sofern diese Informationen ihrer Auffassung nach erforderlich sind, um das ordnungsgemäße Funktionieren dieser Stellen im Fall von Verstößen – oder auch nur möglichen Verstößen – der Marktteilnehmer sicherzustellen. Die im Wege des Informationsaustauschs von zuständigen Behörden anderer EWR-Mitgliedstaaten übermittelten Informationen darf die FMA nur mit der ausdrücklichen Zustimmung der übermittelnden Behörden weitergeben.

(3) Die nach Abs. 1 und 2 übermittelten Informationen fallen unter das Amtsgeheimnis (Art. 126).

(4) Die Regierung kann das Nähere mit Verordnung regeln.

2. Zusammenarbeit mit zuständigen Behörden von Drittstaaten

Art. 140 Informationsaustausch mit zuständigen Behörden von Drittstaaten. Die FMA kann mit zuständigen Behörden von Drittstaaten Informationen austauschen, sofern die Informationsweitergabe zum Schutz der Anleger und des öffentlichen Interesses notwendig ist. Art. 138 und 139 finden sinngemäß Anwendung.

XIV. Rechtsmittel, Verfahren und außergerichtliche Streitbeilegung

Art. 141 Rechtsmittel und Verfahren. (1) Gegen Entscheidungen und Verfügungen der FMA kann binnen 14 Tagen ab Zustellung Beschwerde bei der FMA-Beschwerdekommission erhoben werden.

(2) Wird über einen vollständigen Antrag auf Zulassung einer Verwaltungsgesellschaft oder selbstverwalteten Investmentgesellschaft nicht binnen drei Monaten nach seinem Eingang entschieden, kann Beschwerde bei der FMA-Beschwerdekommission erhoben werden.

(3) Gegen Entscheidungen und Verfügungen der FMA-Beschwerdekommission kann binnen 14 Tagen ab Zustellung Beschwerde beim Verwaltungsgerichtshof erhoben werden.

(4) Im Interesse oder auf Initiative der Anleger stehen dem Amt für Volkswirtschaft sämtliche Rechtsmittel und -behelfe zur Verfügung, um dafür zu sorgen, dass die Vorschriften dieses Gesetzes angewandt werden.[89]

(5) Soweit dieses Gesetz nichts anderes bestimmt, finden auf das Verfahren die Bestimmungen des Gesetzes über die allgemeine Landesverwaltungspflege Anwendung.

Art. 142 Außergerichtliche Schlichtungsstelle. (1) Zur Beilegung von Streitfällen zwischen Anlegern, Verwaltungsgesellschaften, selbstverwalteten OGAW und Verwahrstellen bestimmt die Regierung mit Verordnung eine Schlichtungsstelle.

(2) Die Schlichtungsstelle hat zur Aufgabe, im Streitfall zwischen den Parteien auf geeignete Weise zu vermitteln und auf diese Weise eine Einigung zwischen den Parteien herbeizuführen.

(3) Kann keine Einigung zwischen den Parteien erzielt werden, so sind sie auf den ordentlichen Rechtsweg zu verweisen.

(4) Die Regierung regelt das Nähere mit Verordnung, insbesondere die organisatorische Ausgestaltung, die Zusammensetzung und das Verfahren. Sie kann dabei für professionelle Kunden und Privatkunden unterschiedliche Regelungen treffen.

XV. Strafbestimmungen

Art. 143 Vergehen und Übertretungen. (1) Vom Landgericht wird wegen Vergehen mit Freiheitsstrafe bis zu einem Jahr oder mit Geldstrafe bis zu 360 Tagessätzen bestraft, wer:
a) als Organmitglied oder Mitarbeiter oder sonst für einen OGAW oder eine Verwaltungsgesellschaft tätige Person oder als Wirtschaftsprüfer die Pflicht zur Geheimhaltung wissentlich verletzt oder wer hierzu verleitet oder zu verleiten sucht;
b) ohne Zulassung einen OGAW verwaltet oder dessen Anteile in Liechtenstein vertreibt oder zu diesem Zweck Vermögenswerte Dritter entgegennimmt oder hält;
c) in den Prospekten, periodischen Berichten oder wesentlichen Informationen für den Anleger sowie den Mitteilungen und Anzeigen an die FMA oder andere zuständige Aufsichtsbehörden von EWR-Mitgliedstaaten oder von Drittstaaten wissentlich falsche Angaben macht oder wesentliche Tatsachen verschweigt.

(2) Vom Landgericht wird wegen Vergehen mit Freiheitsstrafe bis zu sechs Monaten oder mit Geldstrafe bis 180 Tagessätzen bestraft, wer:
a) die mit einer Zulassung verbundenen Auflagen der FMA verletzt;
b) unter Verstoß gegen Art. 12 Abs. 4 Bezeichnungen verwendet;
c) der FMA oder dem Wirtschaftsprüfer keine, falsche oder unvollständige Auskünfte erteilt;
d) als Wirtschaftsprüfer seine Pflichten grob verletzt, insbesondere im Bericht wissentlich unwahre Angaben macht oder wesentliche Tatsachen verschweigt oder eine vorgeschriebene Aufforderung an die Verwaltungsgesellschaft unterlässt oder vorgeschriebene Berichte und Meldungen nicht erstattet;

---

[89] Art. 141 Abs. 4 abgeändert durch LGBl. 2013 Nr. 50.

e) als Organmitglied einer Verwaltungsgesellschaft oder selbstverwaltenden Investmentgesellschaft die Pflicht zur Vermögenstrennung nach Art. 21 Abs. 4 und zur Übertragung des Vermögens auf eine Verwahrstelle nach Art. 32 Abs. 1 oder Art. 35b Abs. 1 verletzt;[90]
f) die Geschäftsbücher nicht ordnungsgemäß führt oder Geschäftsbücher, Unterlagen und Belege nicht aufbewahrt;
g) die Pflichten zur Kapitalausstattung nach Art. 17 verletzt.

(3) Von der FMA wird wegen Übertretung mit Busse bis zu 200 000 Franken bestraft, wer:
a) die periodischen Berichte an die FMA und die Anleger nicht vorschriftsgemäß erstellt bzw. nicht oder verspätet einreicht;
b) die ordentliche oder eine von der FMA vorgeschriebene Wirtschaftsprüfung nicht durchführen lässt;
c) seine Pflichten gegenüber dem Wirtschaftsprüfer nicht erfüllt;
d) die vorgeschriebenen Berichte, Meldungen und Anzeigen an die FMA oder zuständigen Behörden eines anderen EWR-Mitgliedstaates unzutreffend, nicht oder verspätet erstattet;
e) einer Aufforderung zur Herstellung des rechtmäßigen Zustandes oder einer anderen Verfügung der FMA nicht nachkommt;
f) einer Aufforderung zur Zusammenarbeit in einem Ermittlungsverfahren der FMA nicht nachkommt;
g) in der Werbung für einen OGAW oder eine Verwaltungsgesellschaft unzulässige, falsche oder irreführende Angaben macht;
h) den Wohlverhaltensregeln (Art. 20) nicht nachkommt;
i) entgegen Art. 21 keine wirksamen organisatorischen und verwaltungsmäßigen Vorkehrungen zur Verhinderung der negativen Beeinflussung von Kundeninteressen durch Interessenkonflikte trifft oder beibehält;
k) die wesentlichen Informationen für den Anleger oder andere speziell an Privatkunden gerichtete Kurzinformationen über OGAW in einer Form präsentiert, die für Privatkunden aller Voraussicht nach unverständlich ist;
l) die Angaben zu den wesentlichen Elementen des OGAW in den wesentlichen Informationen für den Anleger nach Art. 80 Abs. 3 nicht, unzutreffend, unvollständig, unverständlich oder verspätet macht;
m) als Wirtschaftsprüfer seine Pflichten nach diesem Gesetz, insbesondere nach Art. 93 Abs. 3, Art. 94 Abs. 1 und 3, Art. 95 Abs. 1 und 2 verletzt;
n) entgegen Art. 11 Abs. 1 die Genehmigung zur Änderung der konstituierenden Dokumente oder entgegen Art. 11 Abs. 2 die Genehmigung des Wechsels von Verwaltungsgesellschaft oder Verwahrstelle nicht beantragt oder entgegen Art. 11 Abs. 3 den Wechsel des Wirtschaftsprüfers und eines Geschäftsleiters der Verwahrstelle nicht, unzutreffend oder verspätet anzeigt.

(4) Bei fahrlässiger Begehung werden die Strafobergrenzen auf die Hälfte herabgesetzt. Im Wiederholungsfall, im Fall eines Schadens, der 75 000 Franken übersteigt, und bei Schädigungsabsicht verdoppelt sich die Strafobergrenze.

(5) Führt der OGAW einen anderen als den nach Art. 12 Abs. 1 zulässigen Namen oder eine andere als die nach Art. 12 Abs. 2 zulässige Rechtsformbezeichnung oder Abkürzung oder verzichtet die Investmentgesellschaft mit variablem Kapital entgegen Art. 7 Abs. 9 auf eine nach Art. 12 Abs. 2 zulässige Rechtsformbezeichnung oder Abkürzung, so wird die Verwaltungsgesellschaft oder selbstverwaltete Investmentgesellschaft von der FMA mit einer Ordnungsbusse bis zu 10 000 Franken bestraft. Diese Ordnungsbusse kann fortgesetzt verhängt werden, bis der gesetzliche Zustand hergestellt ist.

Art. 143a[91] **Vorteilsabschöpfung.** (1) Wird eine Übertretung nach Art. 143 Abs. 3 begangen und dadurch ein wirtschaftlicher Vorteil erlangt, ordnet die FMA die Abschöpfung des wirtschaftlichen Vorteils an und verpflichtet den Begünstigten zur Zahlung eines entsprechenden Geldbetrages.

(2) Abs. 1 findet keine Anwendung, wenn der wirtschaftliche Vorteil durch Schadenersatz- oder sonstige Leistungen ausgeglichen ist. Soweit der Begünstigte solche Leistungen erst nach der Vorteilsabschöpfung erbringt, ist der bezahlte Geldbetrag in Höhe der nachgewiesenen Zahlungen zurückzuerstatten. Die Höhe des wirtschaftlichen Vorteils kann geschätzt werden.

(3) Die Vorteilsabschöpfung verjährt nach einem Ablauf von fünf Jahren seit Beendigung der Zuwiderhandlung.

---

[90] Art. 143 Abs. 2 Bst. e abgeändert durch LGBl. 2013 Nr. 50.
[91] Art. 143a eingefügt durch LGBl. 2013 Nr. 50.

(4) Das Verfahren richtet sich nach den Bestimmungen des Gesetzes über die allgemeine Landesverwaltungspflege.

(5) Die Abschöpfung der Bereicherung bei Vergehen nach Art. 143 Abs. 1 und 2 richtet sich nach den §§ 20 ff. des Strafgesetzbuches.

Art. 144 Verantwortlichkeit. Werden Widerhandlungen im Geschäftsbetrieb einer juristischen Person, einer Kollektiv- oder Kommanditgesellschaft oder einer Einzelfirma im Zusammenhang mit einem OGAW begangen, so finden die Strafbestimmungen auf die Personen Anwendung, die für sie gehandelt haben oder hätten handeln sollen, jedoch unter solidarischer Mithaftung der juristischen Person, der Gesellschaft oder der Einzelfirma für Geldstrafen und Bussen.

Art. 145 Bekanntmachung von Sanktionen; Bindungswirkung von Schuldsprüchen. (1) Die FMA kann die Verhängung von rechtskräftigen Strafen und Bussen auf Kosten des Betroffenen bekannt machen, sofern die Bekanntgabe die Stabilität der Finanzmärkte nicht ernstlich gefährdet, die Interessen der Anleger nicht beeinträchtigt und verhältnismäßig ist.

(2) Ein Schuldspruch nach diesem Gesetz ist mit Bezug auf die Beurteilung der Schuld und der Widerrechtlichkeit sowie die Bestimmung des Schadens für den Zivilrichter nicht verbindlich.

Art. 146 Mitteilungspflicht anderer Behörden. Die Gerichte übermitteln der FMA in vollständiger Ausfertigung alle Urteile und Einstellungsbeschlüsse, welche Mitglieder der Verwaltung oder Geschäftsführung von Verwaltungsgesellschaften und Wirtschaftsprüfer betreffen.

XVI. Übergangs- und Schlussbestimmungen

Art. 147 Durchführungsverordnungen. Die Regierung erlässt die für die Durchführung dieses Gesetzes erforderlichen Verordnungen.

Art. 148 Elektronische Bereitstellung von Rechtsvorschriften. Die FMA stellt dieses Gesetz und die dazu erlassenen Durchführungsverordnungen in deutscher und englischer Sprache in der jeweils geltenden Fassung auf ihrer oder einer von ihr erreichbaren Internetseite zum Abruf bereit. Die Regierung regelt mit Verordnung, wer die Übersetzung der Rechtsvorschriften zu veranlassen hat.

Art. 149 Übergangsbestimmungen. (1) OGAW und deren Verwaltungsgesellschaften, die in Liechtenstein bereits vor dem Inkrafttreten dieses Gesetzes zugelassen wurden und die unter dieses Gesetz fallen, gelten im Sinne dieses Gesetzes als zugelassen und können ihre Tätigkeit nach Maßgabe der Bestimmungen dieses Gesetzes fortsetzen.

(2) Der vereinfachte Prospekt ist spätestens bis zum 1. Juli 2012 durch die wesentlichen Anlegerinformationen nach Art. 80 bis 84 (KIID) zu ersetzen.

(3) Bis zum Außerkrafttreten des Investmentunternehmensgesetzes haben Verwaltungsgesellschaften, die sowohl OGAW als auch andere Organismen für gemeinsame Anlagen verwalten, die für den betreffenden Organismus für gemeinsame Anlagen geltenden Vorschriften zu beachten.

(4) Verwaltungsgesellschaften, die bereits vor dem 13. Februar 2004 in ihrem Herkunftsmitgliedstaat gemäß der Richtlinie 85/611/EWG eine Zulassung für die Verwaltung von OGAW in Form eines Anlagefonds oder einer Anlagegesellschaft erhalten haben, gelten im Sinne dieses Gesetzes als zugelassen, wenn die Rechtsvorschriften dieser EWR-Mitgliedstaaten vorsehen, dass die Gesellschaften zur Aufnahme dieser Tätigkeit Bedingungen genügen müssen, die den Zulassungsvoraussetzungen nach diesem Gesetz bzw. den Art. 7 und 8 der Richtlinie 2009/65/EG gleichwertig sind.

(5) Abweichend von Art. 10 Abs. 4 bis 6 beträgt die Frist für die Antragsbearbeitung durch die FMA bis zum 30. April 2012 für die Zulassung von OGAW und die Hinzufügung von Teilfonds sechs Wochen nach Eingang des vollständigen Antrags. Die Genehmigungswirkung des Fristablaufs nach Art. 10 Abs. 6 gilt erstmals für Anträge, die nach dem 30. September 2012 bei der FMA eingegangen sind.

(6) Abweichend von Art. 16 Abs. 4 und 5 sowie Art. 98 Abs. 3 Bst. b beträgt die Frist für die Antragsbearbeitung durch die FMA bis zum 30. Juni 2014:
a) für die Zulassung von Verwaltungsgesellschaften und die Erstzulassung von selbstverwalteten Investmentgesellschaften nach Art. 16 drei Monate ab Eingang des vollständigen Antrags; und
b) für die Übermittlung der Unterlagen an die zuständigen Behörden des Vertriebsstaats nach Art. 98 zehn Arbeitstage nach Eingang des Anzeigeschreibens und der vollständigen Unterlagen.

2. UCITSG

(7) Auf bei Inkrafttreten dieses Gesetzes bereits hängige Verfahren findet das bisherige Recht Anwendung.

Art. 150 Inkrafttreten. Dieses Gesetz tritt unter Vorbehalt des ungenutzten Ablaufs der Referendumsfrist am 1. August 2011 in Kraft, andernfalls am Tage der Kundmachung.

In Stellvertretung des Landesfürsten:
gez. *Alois*
Erbprinz

gez. *Dr. Klaus Tschütscher*
Fürstlicher Regierungschef

Anhang
(Art. 65, 71, 131)

Prospektgliederung und Pflichtinformationen in periodischen Berichten

I. Prospektgliederung (Schema A)

1. Informationen über den Investmentfonds	1. Informationen über die Verwaltungsgesellschaft mit einem Hinweis darauf, ob die Verwaltungsgesellschaft in einem anderen EWR-Mitgliedstaat niedergelassen ist als im Herkunftsmitgliedstaat des OGAW	1. Informationen über die Investmentgesellschaft
1.1. Bezeichnung	1.1. Bezeichnung oder Firma, Rechtsform, Gesellschaftssitz und Ort der Hauptverwaltung, wenn dieser nicht mit dem Gesellschaftssitz zusammenfällt	1.1. Bezeichnung oder Firma, Rechtsform, Gesellschaftssitz und Ort der Hauptverwaltung, wenn dieser nicht mit dem Gesellschaftssitz zusammenfällt
1.2. Zeitpunkt der Gründung des Investmentfonds. Angabe der Dauer, falls diese begrenzt ist	1.2. Zeitpunkt der Gründung der Gesellschaft. Angabe der Dauer, falls diese begrenzt ist	1.2. Zeitpunkt der Gründung der Gesellschaft. Angabe der Dauer, falls diese begrenzt ist
	1.3. Falls die Gesellschaft weitere Investmentfonds verwaltet, Angabe dieser weiteren Investmentfonds	1.3. Im Falle von Investmentgesellschaften mit unterschiedlichen Teilfonds, Angabe dieser Teilfonds
1.4. Angabe der Stelle, bei der die Vertragsbedingungen, wenn auf deren Beifügung verzichtet wird, sowie die periodischen Berichte erhältlich sind		1.4. Angabe der Stelle, bei der die Satzung, wenn auf deren Beifügung verzichtet wird, sowie die periodischen Berichte erhältlich sind
1.5. Kurzangaben über die auf den Investmentfonds anwendbaren Steuervorschriften, wenn sie für den Anleger von Bedeutung sind. Angabe, ob auf die von den Anlegern vom Investmentfonds be-		1.5. Kurzangaben über die auf die Gesellschaft anwendbaren Steuervorschriften, wenn sie für den Anleger von Bedeutung sind. Angabe, ob auf die von den Anlegern von der Gesellschaft bezogenen Ein-

V. Normentexte

zogenen Einkünfte und Kapitalerträge Quellenabzüge erhoben werden

1.6. Stichtag für den Jahresabschluss und Häufigkeit der Ausschüttung

1.7. Name der Personen, die mit der Prüfung der in Art. 70 vorgesehenen Zahlenangaben beauftragt sind

1.10. Angabe der Art und der Hauptmerkmale der Anteile, insbesondere:
– Art des Rechts (dingliches, Forderungs- oder anderes Recht), das der Anteil repräsentiert
– Original-Urkunden oder Zertifikate über diese Urkunden, Eintragung in einem Register oder auf einem Konto
– Merkmale der Anteile: Namens- oder Inhaberpapiere, gegebenenfalls Angabe der Stückelung
– Beschreibung des Stimmrechts der Anleger, falls dieses besteht
– Voraussetzungen, unter denen die Auflösung des Investmentfonds beschlossen werden kann, und Einzelheiten der Auflösung, insbesondere in Bezug auf die Rechte der Anleger

1.11. Gegebenenfalls Angabe der Börsen oder Märkte, an denen die Anteile no-

---

künfte und Kapitalerträge Quellenabzüge erhoben werden

1.6. Stichtag für den Jahresabschluss und Häufigkeit der Dividendenausschüttung

1.7. Name der Personen, die mit der Prüfung der in Art. 70 vorgesehenen Zahlenangaben beauftragt sind

1.8. Name und Funktion der Mitglieder der Verwaltungs-, Leitungs- und Aufsichtsorgane. Angabe der Hauptfunktionen, die diese Personen außerhalb der Gesellschaft ausüben, wenn sie für diese von Bedeutung sind

1.9. Kapital: Höhe des gezeichneten Kapitals mit Angabe des eingezahlten Kapitals

---

1.8. Name und Funktion der Mitglieder der Verwaltungs-, Leitungs- und Aufsichtsorgane. Angabe der Hauptfunktionen, die diese Personen außerhalb der Gesellschaft ausüben, wenn sie für diese von Bedeutung sind

1.9. Kapital

1.10. Angabe der Art und der Hauptmerkmale der Anteile, insbesondere:
– Original-Urkunden oder Zertifikate über diese Urkunden, Eintragung in einem Register oder auf einem Konto
– Merkmale der Anteile: Namens- oder Inhaberpapiere, gegebenenfalls Angabe der Stückelung
– Beschreibung des Stimmrechts der Anleger
– Voraussetzungen, unter denen die Auflösung der Investmentgesellschaft beschlossen werden kann, und Einzelheiten der Auflösung, insbesondere in Bezug auf die Rechte der Anleger

1.11. Gegebenenfalls Angabe der Börsen oder Märkte, an denen die Anteile notiert oder gehandelt werden

1.12. Modalitäten und Bedingungen für die Ausgabe und/oder den Verkauf der Anteile

1.13. Modalitäten und Bedingungen der Rücknahme oder Auszahlung der Anteile und Voraussetzungen, unter denen diese ausgesetzt werden kann

1.14. Beschreibung der Regeln für die Ermittlung und Verwendung der Erträge

1.15. Beschreibung der Anlageziele des Investmentfonds, einschließlich der finanziellen Ziele (zB Kapital- oder Ertragssteigerung), der Anlagepolitik (zB Spezialisierung auf geografische Gebiete oder Wirtschaftsbereiche), etwaiger Beschränkungen bei dieser Anlagepolitik sowie der Angabe etwaiger Techniken und Instrumente oder Befugnisse zur Kreditaufnahme, von denen bei der Verwaltung des Investmentfonds Gebrauch gemacht werden kann

1.16. Regeln für die Vermögensbewertung

1.17. Ermittlung der Verkaufs- oder Ausgabe- und der Auszahlungs- oder Rücknahmepreise der Anteile, insbesondere:
– Methode und Häufigkeit der Berechnung dieser Preise
– Angaben der mit dem Verkauf, der Ausgabe, der Rücknahme oder

tiert oder gehandelt werden

1.12. Modalitäten und Bedingungen für die Ausgabe und/oder den Verkauf der Anteile

1.13. Modalitäten und Bedingungen der Rücknahme oder Auszahlung der Anteile und Voraussetzungen, unter denen diese ausgesetzt werden kann. Im Falle von Investmentgesellschaften mit unterschiedlichen Teilfonds, Angabe der Art und Weise, wie ein Anleger von einem Teilfonds in den anderen wechseln kann, und welche Kosten damit verbunden sind

1.14. Beschreibung der Regeln für die Ermittlung und Verwendung der Erträge

1.15. Beschreibung der Anlageziele der Gesellschaft, einschließlich der finanziellen Ziele (zB Kapital- oder Ertragssteigerung), der Anlagepolitik (zB Spezialisierung auf geografische Gebiete oder Wirtschaftsbereiche), etwaiger Beschränkungen bei dieser Anlagepolitik sowie der Angabe etwaiger Techniken und Instrumente oder Befugnisse zur Kreditaufnahme, von denen bei der Verwaltung der Gesellschaft Gebrauch gemacht werden kann

1.16. Regeln für die Vermögensbewertung

1.17. Ermittlung der Verkaufs- oder Ausgabe- und der Auszahlungs- oder Rücknahmepreise der Anteile, insbesondere:
– Methode und Häufigkeit der Berechnung dieser Preise
– Angaben der mit dem Verkauf, der Ausgabe, der Rücknahme oder

Auszahlung der Anteile verbundenen Kosten
– Angabe von Art, Ort und Häufigkeit der Veröffentlichung dieser Preise

1.18. Angaben über die Methode, die Höhe und die Berechnung der zu Lasten des Investmentfonds gehenden Vergütungen für die Verwaltungsgesellschaft, die Verwahrstelle oder Dritte und der Unkostenerstattungen an die Verwaltungsgesellschaft, die Verwahrstelle oder Dritte durch den Investmentfonds

Auszahlung der Anteile verbundenen Kosten
– Angabe von Art, Ort und Häufigkeit der Veröffentlichung dieser Preise([1])

1.18. Angaben über die Methode, die Höhe und die Berechnung der Vergütungen, die von der Gesellschaft zu zahlen sind an ihre Geschäftsleiter und Mitglieder der Verwaltungs-, Leitungs- und Aufsichtsorgane, an die Verwahrstelle oder an Dritte, und der Unkostenerstattungen an die Geschäftsleiter der Gesellschaft, an die Verwahrstelle oder an Dritte durch die Gesellschaft

([1]) Die in Art. 32 Abs. 5 der Richtlinie 2009/65/EG bezeichneten Investmentgesellschaften geben außerdem an:
– Methode und Häufigkeit der Ermittlung des Nettoinventarwerts der Anteile;
– Art, Ort und Häufigkeit der Veröffentlichung dieses Wertes;
– Börse im Vertriebsstaat, deren Notierung den Preis der in diesem Staat außerbörslich getätigten Geschäfte bestimmt.

2. Angaben über die Verwahrstelle:
   2.1. Bezeichnung oder Firma, Rechtsform, Gesellschaftssitz und Ort der Hauptverwaltung, wenn dieser nicht mit dem Gesellschaftssitz zusammenfällt;
   2.2. Haupttätigkeit;
3. Angaben über die externen Beratungsfirmen oder Anlageberater, wenn ihre Dienste auf Vertragsbasis in Anspruch genommen und die Vergütungen hierfür dem Vermögen des OGAW entnommen werden:
   3.1. Name der Firma oder des Beraters;
   3.2. Einzelheiten des Vertrags mit der Verwaltungsgesellschaft oder der Investmentgesellschaft, die für die Anleger von Interesse sind; ausgenommen sind Einzelheiten betreffend die Vergütungen;
   3.3. andere Tätigkeiten von Bedeutung.
4. Angaben über die Maßnahmen, die getroffen worden sind, um die Zahlungen an die Anleger, den Rückkauf oder die Rücknahme der Anteile sowie die Verbreitung der Informationen über den OGAW vorzunehmen. Diese Angaben sind auf jeden Fall hinsichtlich des EWR-Mitgliedstaats zu machen, in dem der OGAW niedergelassen ist. Falls ferner die Anteile in einem anderen EWR-Mitgliedstaat vermarktet werden, sind die oben bezeichneten Angaben hinsichtlich dieses EWR-Mitgliedstaats zu machen und in den dort verbreiteten Prospekt aufzunehmen.
5. Weitere Anlageinformationen:
   5.1. gegebenenfalls bisherige Ergebnisse des OGAW; diese Angaben können entweder im Prospekt enthalten oder diesem beigefügt sein;
   5.2. Profil des typischen Anlegers, für den der OGAW konzipiert ist.
6. Wirtschaftliche Informationen:
   6.1. etwaige Kosten oder Gebühren mit Ausnahme der unter Ziff. 1.17 genannten Kosten, aufgeschlüsselt nach denjenigen, die vom Anleger zu entrichten sind, und denjenigen, die aus dem Vermögen des OGAW zu zahlen sind.

2. UCITSG

II. Pflichtinformationen in periodischen Berichten (Schema B)

1. Vermögensstand:
   - 1.1 Wertpapiere;
   - 1.2 Bankguthaben;
   - 1.3 sonstige Vermögen;
   - 1.4 Vermögen insgesamt;
   - 1.5 Verbindlichkeiten;
   - 1.6 Nettobestandswert;
2. Anzahl der umlaufenden Anteile;
3. Nettobestandswert je Anteil;
4. Wertpapierbestand, wobei zu unterscheiden ist zwischen:
   - 4.1 Wertpapieren, die zur amtlichen Notierung an einer Wertpapierbörse zugelassen sind;
   - 4.2 Wertpapieren, die auf einem anderen geregelten Markt gehandelt werden;
   - 4.3 in Art. 51 Abs. 1 Bst. b bezeichneten neu emittierten Wertpapieren;
   - 4.4 den sonstigen in Art. 51 Abs. 2 Bst. a bezeichneten Wertpapieren.

   Es ist eine Gliederung nach den geeignetsten Kriterien unter Berücksichtigung der Anlagepolitik des OGAW (zB nach wirtschaftlichen oder geografischen Kriterien, nach Devisen usw.) nach prozentualen Anteilen am Reinvermögen vorzunehmen; für jedes vorstehend bezeichnete Wertpapier ist sein Anteil am Gesamtvermögen des OGAW anzugeben. Zudem sind Veränderungen in der Zusammensetzung des Wertpapierbestandes während des Berichtszeitraums anzugeben;
5. Angaben über die Entwicklung des Vermögens des OGAW während des Berichtszeitraums, die Folgendes umfassen:
   - 5.1 Erträge aus Anlagen;
   - 5.2 sonstige Erträge;
   - 5.3 Aufwendungen für die Verwaltung;
   - 5.4 Aufwendungen für die Verwahrstelle;
   - 5.5 sonstige Aufwendungen und Gebühren;
   - 5.6 Nettoertrag;
   - 5.7 Ausschüttungen und wiederangelegte Erträge;
   - 5.8 Erhöhung oder Verminderung der Kapitalrechnung;
   - 5.9 Mehr- oder Minderwert der Anlagen;
   - 5.10 etwaige sonstige Änderungen, welche das Vermögen und die Verbindlichkeiten des OGAW berühren;
   - 5.11 Transaktionskosten (Kosten, die dem OGAW bei Geschäften mit seinem Portfolio entstehen);
6. Vergleichende Übersicht über die letzten drei Geschäftsjahre, wobei zum Ende jeden Geschäftsjahres Folgendes anzugeben ist:
   - 6.1 gesamter Nettobestandswert;
   - 6.2 Nettobestandswert je Anteil;
7. Angabe des Betrags der bestehenden Verbindlichkeiten aus vom OGAW im Berichtszeitraum getätigten Geschäften im Sinne von Art. 53, wobei nach Kategorien zu differenzieren ist.

C. Luxemburg

I. Einführung in das Luxemburger Investmentrecht einschließlich historischer Bezüge

1. Ursprünge und Entwicklung zum europäischen Fondsstandort

a) Luxemburg – Vorgeschichte

Das Großherzogtum Luxemburg ist trotz seiner geringen geographischen Größe seit mehr als 25 Jahren ein wichtiger Finanzplatz mit weit über Europa hinausreichender Bedeutung. Der mit 2600 km² kleinste Flächenstaat Europas ist – nach den USA – der weltweit zweitgrößte Standort für Investmentfonds mit derzeit rund 3900 zugelassenen Fonds und einem verwalteten Nettovermögen von mehr als 2,7 Bio. Euro.[1] Dies erklärt sich neben der geographisch idealen Lage im Herzen Europas insbesondere durch die flexible, reaktionsschnelle und an die Bedürfnisse des Finanzsektors angepasste Gesetzgebung, eine Vielzahl an erfahrenen und kompetenten Dienstleistern mit in der Regel mehrsprachigen und damit auf die internationale Klientel gut vorbereiteten Mitarbeitern sowie einem flexiblen regulatorischen Umfeld mit der *Commission de Surveillance du Secteur Financier* (CSSF) als erfahrener Aufsichtsbehörde. 1

Luxemburg existiert als Großherzogtum seit dem Jahre 1815,[2] damals jedoch noch als Mitglied des Deutschen Bundes und de facto Provinz des holländischen Königreiches. In seinen heutigen Grenzen entstand Luxemburg im Jahre 1839, als anlässlich der belgischen Revolution ein Teil des Landes an Belgien fiel[3] und der andere Teil eine autonome Verwaltung erhielt. In den Wirren der beiden Weltkriege im 20. Jahrhundert wurde das Großherzogtum zweimal von Deutschland besetzt. Nach seiner Befreiung durch die Amerikaner im Jahre 1944 erhielt es seine Unabhängigkeit zurück und engagierte sich seitdem aktiv im europäischen Annäherungsprozess: Als Gründungsmitglied der Europäischen Wirtschaftsgemeinschaft (1957), Namensgeber des Schengener Abkommens[4] und Gastgeberland für wichtige Gemeinschaftsorgane der Europäischen Union (ua Generalsekretariat des Europäischen Parlaments, Europäischer Gerichtshof, Europäische Investitionsbank, Europäischer Rechnungshof und mehrere Dienststellen der Europäischen Kommission) festigte es seine Position als wichtige Schaltstelle im Zusammenwachsen der europäischen Staatengemeinschaft. 2

b) Entstehung des Finanzplatzes Luxemburg

Der wirtschaftliche Aufschwung der 1920er Jahre wurde für erste Schritte zur Etablierung eines Finanzplatzes mit der Errichtung der Luxemburger Börse im Mai 1929 genutzt.[5] Nach dem Ende des zweiten Weltkrieges wurde noch im Jahre 1945[6] die erste Finanzaufsichtsbehörde unter dem Namen *„Commission au contrôle des banques"* etabliert. Wie der Name vermuten lässt, beschränkte sich diese zunächst auf die Beaufsichtigung der Kreditin- 3

---

[1] Stand: 31.3.2014 (Quelle: CSSF). Die nicht als Investmentfonds geltenden SICAR sind in diesen Zahlen nicht berücksichtigt.

[2] Die Gründung des Großherzogtums wurde auf dem Wiener Kongress beschlossen.

[3] Sog. Londoner Vertrag vom 19.4.1839.

[4] Schengen ist ein Luxemburger Dorf, in dem im Jahre 1985 das Abkommen zur Abschaffung der Personenkontrollen unterzeichnet wurde.

[5] Das Gesetz vom 30.12.1927 beschloss die Etablierung des Handelsplatzes, der als *„Société anonyme de la Bourse de Luxembourg"* am 5.4.1928 gegründet wurde.

[6] 17.10.1945.

stitute; die Ausdehnung der Kompetenzen der Aufsichtsbehörde auch auf andere Finanzdienstleister und Investmentfonds führte im Jahre 1983 zur Umbenennung in „Institut Monétaire Luxembourgeois" und einer Neudefinierung ihrer Funktionen und Aufgaben.[7] Es folgte eine weitere Umbenennung zum 1.6.1998 in „Banque Centrale du Luxembourg" (luxemburgische Zentralbank) im Rahmen der Währungsumstellung auf den Euro. Die CSSF wurde mit dem Gesetz vom 23.12.1998 über die Schaffung einer Kommission zur Beaufsichtigung des Finanzsektors[8] offiziell ins Leben gerufen. Zum 1.1.1999 nahm die CSSF dann ihre Arbeit als oberste Finanzaufsichtsbehörde Luxemburgs auf und übernahm die Funktionen, die zuvor von der Börseninspektion *(Commissariat aux Bourses)* und der luxemburgischen Zentralbank wahrgenommen wurden und vereinigte somit die gesamte Aufsicht des Finanzsektors mit Ausnahme der Versicherungen auf sich.

c) Entwicklung des rechtlichen Rahmens für Investmentfonds in Luxemburg

4   Der erste Luxemburger Investmentfonds wurde im Jahre 1959 aufgelegt und orientierte sich noch stark an dem Modell der „Trusts" aus dem angelsächsischen Bereich.[9] Bereits zu diesem Zeitpunkt war er als Gesamthandseigentum der Investoren ausgestaltet und bediente sich einer Verwaltungsgesellschaft sowie einer Depotbank als Dienstleister.[10] Kurz darauf wurden auch die ersten Investmentfonds in Form einer Gesellschaft gegründet,[11] zu diesem Zeitpunkt jedoch noch ohne spezifischen rechtlichen Rahmen und lediglich auf Basis der gesellschaftsrechtlichen Regelungen des Gesetzes von 1915 über Handelsgesellschaften.

5   Dies änderte sich im Jahre 1972 im Wege einer großherzoglichen Verordnung,[12] welche als Reaktion auf einen Anleger-Skandal Ende der 1960er Jahre den Investmentfonds zum Zwecke des Anlegerschutzes gewisse Mindestanforderungen auferlegen wollte. In dieser Verordnung fand sich zum ersten Mal eine Definition des Begriffes „Investmentfonds",[13] welche bereits die Elemente der gemeinsamen Anlage von Vermögenswerten im Wege eines öffentlichen oder privaten Angebotes beinhaltete; es fehlte zu diesem Zeitpunkt jedoch noch an dem (heute selbstverständlichen) Element der Risikostreuung. Die Investmentfonds wurden zudem erstmals ausdrücklich der Bankenaufsichtsbehörde unterstellt und mussten ihre Jahresabschlüsse durch einen unabhängigen Sachverständigen prüfen lassen.[14]

6   Dieser in seinem Umfang sehr überschaubare Rechtsrahmen erwies sich nach einigen Jahren als unzureichend und konnte mit der rasanten Entwicklung der Investmentfonds nicht Schritt halten. Ende der 1970er-Jahre wurde daher über eine deutlich detailliertere Regelung in Form eines Gesetzes debattiert. Ergebnis dieser Diskussion war das Gesetz vom 24. August 1983 über Organismen für gemeinsame Anlagen,[15] welches den Grundstein für die weitere Entwicklung der Luxemburger Investmentfonds legte. Dort wurde nicht nur das zukünftige Leitmotiv einer Risikostreuung gesetzlich festgeschrieben,[16] sondern auch die Zweiteilung der Fonds in Sondervermögen ohne Rechtspersönlichkeit auf der einen Seite (sog. *fonds commun de placement* oder FCP) und Investmentgesellschaften mit variablem Kapital (sog. SICAV)[17] auf der anderen Seite eingeführt.

d) Umsetzung der OGAW-Richtlinien

7   Bereits zu diesem Zeitpunkt war man sich jedoch bewusst, dass in Kürze eine europaweit einheitliche Regelung der Investmentfonds folgen würde, da der diesbezüglichen Richtlinie

---

[7] Gesetz vom 20.5.1983 (Mémorial A 1983, 915).
[8] Gesetz vom 23.12.1998 (Mémorial A 1998, 2985).
[9] *Kremer/Lebbe*, Collective Investment Schemes in Luxembourg, 1.20.
[10] *Kremer/Lebbe*, ibid.
[11] *Kremer/Lebbe*, Collective Investment Schemes in Luxembourg, 1.21.
[12] Großherzogliche Verordnung vom 22. Dezember 1972 (Mémorial A 1972, 2112).
[13] Art. 1 (1) der Großherzoglichen Verordnung vom 22. Dezember 1972.
[14] *Kremer/Lebbe*, Collective Investment Schemes in Luxembourg, 1.24.
[15] Mémorial A 1983, 1462.
[16] Art. 1 (1) und Art. 22 (1) des Gesetzes vom 25.8.1983.
[17] *société d'investissement à capital variable.*

I. Einführung in das Luxemburger Investmentrecht einschließlich historischer Bezüge

eine lange Vorarbeit vorangegangen war. Die erste OGAW-Richtlinie 85/611[18] wurde am 20.12.1985 mit der Zielsetzung verabschiedet, den rechtlichen Rahmen der Investmentfonds in den Mitgliedstaaten zu harmonisieren. Luxemburg setzte die Richtlinie durch das Gesetz vom 30.3.1988 um, bei dem es sich um ein von Grund auf neues Regelwerk und nicht lediglich um eine teilweise Änderung des Gesetzes von 1983 handelte. Bereits das Gesetz von 1988 beinhaltete neben der Umsetzung der OGAW-Richtlinie auch Regelungen für flexiblere, sich an Privatanleger richtende Fondstypen, die nicht auf eine Anlage in Wertpapiere beschränkt waren. Ergänzt durch das Rundschreiben der Aufsichtsbehörde 91/75[19] wurden damit erstmalig rechtliche Rahmenbedingungen für (insbesondere geschlossene) Immobilienfonds sowie Private-Equity-Fonds geschaffen. Dem steigenden Interesse institutioneller Anleger an einer auf diese zugeschnittenen, flexibleren Regelung wurde kurze Zeit später durch das Gesetz vom 19.7.1991 betreffend Organismen für gemeinsame Anlagen, deren Anteile nicht zum öffentlichen Vertrieb bestimmt sind,[20] Rechnung getragen.

Die weitere Arbeit auf europäischer Ebene mit der Zielsetzung eines Binnenmarktes für Investmentfonds und die Erkenntnis der Notwendigkeit einer Erweiterung des Kanons der erwerbbaren Vermögenswerte für diese sowie einer weitergehenden Regelung der Verwaltungsgesellschaften schlug sich gut zehn Jahre später in zwei Richtlinien nieder, welche die OGAW-Richtlinie änderten: die sog. Produktrichtlinie 2001/108[21] sowie die sog. Verwaltungsrichtlinie 2001/107.[22] In Luxemburg wurden diese auch als OGAW-III-Richtlinien bezeichneten Vorgaben zügig im Wege des Gesetzes vom 20.12.2002 in nationales Recht umgesetzt.[23] Das Gesetz von 2002 ersetzte damit das Gesetz von 1988; die bereits vorher bestehende Möglichkeit zur Auflegung von in ihrer Anlagemöglichkeit flexibleren Investmentfonds auf nationaler Ebene wurde jedoch im zweiten Teil des Gesetzes von 2002 beibehalten, ebenso wie (zunächst) das Gesetz von 1991. Ergänzend dazu erließ die Aufsichtsbehörde nahezu zeitgleich eine Regelung von Investmentfonds mit alternativen Anlagestrategien – landläufig als Hedgefonds bezeichnet – im Wege des Rundschreibens CSSF 02/80.[24] Die einige Jahre später beschlossene europäische Richtlinie 2007/16, welche eine Reihe von begrifflichen Klarstellungen im Hinblick auf erwerbbare Vermögenswerte für OGAW enthielt, wurde in Luxemburg im Wege einer großherzoglichen Verordnung umgesetzt.[25]

8

Da nach Auffassung der europäischen Kommission die vormals bestehende Regelung von Investmentfonds eine Reihe von Schwachstellen aufwies, wurde im weiteren Verlauf durch die sogenannte OGAW-IV-Richtlinie 2009/65/EG[26] nachgebessert: Diese ersetzte vollständig die (durch die OGAW-III-Richtlinie modifizierte) OGAW-I-Richtlinie und zielte schwerpunktmäßig auf die Vereinfachung des grenzüberschreitenden Vertriebs und der Einführung eines funktionierenden EU-Passes für Verwaltungsgesellschaften ab. Luxemburg setzte diese Richtlinie im Wege des Gesetzes vom 17.12.2010[27] um, welches das Gesetz von 2002 ablöste. Auch hier wurde die Zweiteilung in die Umsetzung der OGAW-

9

---

[18] Richtlinie 85/611/EWG des Rates vom 20.12.1985 zur Koordinierung der Rechts- und Verwaltungsvorschriften betreffend bestimmte Organismen für gemeinsame Anlagen in Wertpapieren – ABl. v. 31.12.1985, Nr. L 375/3; diese wird gelegentlich auch als UCITS-Richtlinie bezeichnet.
[19] Rundschreiben IML 91/75 vom 21.1.1991.
[20] Mémorial A 1991, 996.
[21] Richtlinie 2001/108/EG des Europäischen Parlamentes und des Rates vom 21.1.2001 – ABl. Nr. L 41, 2002, S. 20.
[22] Richtlinie 2001/107/EG des Europäischen Parlamentes und des Rates vom 21.1.2001 – ABl. Nr. L 41, 2002, S. 35.
[23] Gesetz vom 20.12.2002 über Organismen für gemeinsame Anlagen, Mémorial A 2002, 3660.
[24] Rundschreiben CSSF 02/80 vom 5.12.2002 betreffend spezielle Regeln für Organismen für gemeinsame Anlagen, die sogenannte alternative Anlagestrategien verfolgen.
[25] Großherzogliche Verordnung vom 8.2.2008, Mémorial A 2008, 303.
[26] Richtlinie 2009/65/EG des Europäischen Parlamentes und des Rates vom 13.7.2009 – ABl. Nr. L 302, 2009, S. 32.
[27] Gesetz vom 17.12.2010, Mémorial A 2010, 3928.

C. Luxemburg

IV-Richtlinie und der Möglichkeit alternativer Produkte auf nationaler Ebene beibehalten. Darüber hinaus wurden die beiden EU-Richtlinien 2010/43/EG und 2010/44/EG, welche auf organisatorische Details einer Reihe von Neuerungen abzielen, in Luxemburg durch zwei Verordnungen der CSSF umgesetzt.[28]

e) Innovationen auf nationaler Ebene: SICAR und SIF

10   In der Zwischenzeit sah sich Luxemburg einer steigenden Nachfrage nach Produkten insbesondere für institutionelle Anleger ausgesetzt, die einen flexibleren Rechtsrahmen – vornehmlich im Hinblick auf die aus den OGAW-Richtlinien resultierende Beschränkung auf Wertpapiere – erforderte. Das vor allem aus Verweisen auf das damalige Gesetz von 1988 bestehende Gesetz von 1991 sowie die nur teilweise ausformulierte Verwaltungspraxis der CSSF[29] konnten diesen Bedürfnissen nicht mehr in ausreichendem Maße gerecht werden. Folgerichtig wurde in einem ersten Schritt durch ein Gesetz vom 15.6.2004[30] über Gesellschaften zur Anlage in Risikokapital die sogenannte SICAR *(société d'investissement en capital à risque)* geschaffen, die speziell für Anlagen in Private Equity und Venture Capital konzipiert wurde.

11   Kurze Zeit später wurde das Gesetz von 1991 vollständig – nach dem Vorbild des Gesetzes von 2002 – durch ein neues, umfassendes Gesetz vom 13.2.2007 über spezialisierte Investmentfonds (auch als SIF bezeichnet) ersetzt.[31] Damit vervollständigte Luxemburg das Angebot an regulierten Anlagevehikeln, welches sich in erster Linie an institutionelle Anleger[32] richtete.

f) AIFM-Richtlinie und deren Luxemburger Umsetzung

12   Der Ausbruch der Finanzkrise im Jahre 2008 weckte das Bedürfnis, auch solche Fonds einer einheitlichen Regulierung zu unterstellen, die sich außerhalb der OGAW-Richtlinie befinden. Dabei spielte neben den im Kontext von Investmentfonds bereits bekannten Zielen der Herstellung eines funktionierenden Binnenmarktes auch die Vermeidung sogenannter systemischer Risiken eine Rolle; dies hatte zur Folge, dass erstmals die Verwalter von Hedgefonds, Private-Equity-Fonds und Immobilienfonds in das Visier neuer aufsichtsrechtlichen Bestimmungen rückten. Letztlich wurde daher die AIFM-Richtlinie[33] nicht als ein Regelwerk konzipiert, welches sich wie in der Vergangenheit an die Fonds selbst richtet, sondern setzt bei deren Verwaltern an. Luxemburg hat die AIFM-Richtlinie durch das Gesetz vom 12.7.2013[34] umgesetzt. Da im Gegensatz zu den meisten anderen europäischen Rechtsordnungen in Luxemburg bereits ein detailliertes rechtliches Regelwerk für Fonds außerhalb der OGAW-Richtlinie(n) bestand (s.o.), musste dieses im Rahmen des Gesetzes von 2013 in nicht unerheblichem Maße überarbeitet werden. Gleichzeitig wurde die Umsetzung der AIFM-Richtlinie zum Anlass genommen, auch das Luxemburger Gesellschaftsrecht teilweise zu modernisieren und eine neue Gesellschaftsform einzuführen, die den angelsächsischen *limited partnerships* nachempfunden ist.[35]

---

[28] CSSF-Verordnungen 10-04 (Mémorial A 2010, 3984) und 10-05 (Mémorial A 2010, 4002), Letztere abgeändert durch die CSSF-Verordnung 11-04 (Mémorial A 2011, 95).

[29] Diese hatte durch das Rundschreiben 91/75 bereits eigene Regeln für Anlagen in Risikokapital geschaffen.

[30] Mémorial A 2004, 1568.

[31] Mémorial A 2007, 368.

[32] Beide Gesetze verwenden den Begriff des „sachkundigen Anlegers", bei dem es sich grundsätzlich auch um Privatanleger handeln kann. In der Praxis werden beide Produkte jedoch ganz überwiegend von institutionellen Anlegern eingesetzt.

[33] Richtlinie 2011/61/EU des Europäischen Parlamentes und des Rates vom 8.6.2011 über die Verwalter alternativer Investmentfonds, ABl. Nr. L 174, 2011, S. 1.

[34] Mémorial A, 2013, 1856.

[35] Es handelt sich dabei um die spezielle Kommanditgesellschaft *(société en commandite spéciale)*, die in den neuen Art. 22-1 ff. des Gesetzes vom 10.8.1915 über Handelsgesellschaften geregelt ist.

2. Die derzeitige Gesetzeslage im Hinblick auf Investmentfonds – ein Überblick

Die vorstehend nachgezeichnete geschichtliche Entwicklung in Luxemburg führte zu der Entstehung von vier Haupt-Regelwerken im Bereich der Investmentfonds:[36] das Gesetz vom 17.12.2010 über Organismen für gemeinsame Anlagen; das Gesetz vom 13.4.2007 betreffend spezialisierte Investmentfonds; das Gesetz vom 15.6.2004 betreffend Investmentgesellschaften in Risikokapital und das Gesetz vom 12.7.2013 über Verwalter alternativer Investmentfonds. Im vorliegenden Kapitel soll zu den betreffenden Gesetzen eine zusammenfassende Darstellung erfolgen, die insbesondere im Falle der Umsetzung europäischer Richtlinien schwerpunktmäßig auf die Luxemburger Spezifika eingeht. 13

a) Gesetz vom 17.12.2010 über Organismen für gemeinsame Anlagen

Das Gesetz von 2010 lässt sich in drei Schwerpunkte untergliedern: die Umsetzung der OGAW-Produktrichtlinie (Teil I)[37], der rechtliche Rahmen für alternative Publikumsfonds (Teil II)[38] und schließlich Regelungen bezüglich Verwaltungsgesellschaften (Teil IV)[39]. Ergänzend dazu beinhaltet das Gesetz einen allgemeinen Teil, einen für OGAW und Teil II-Fonds geltenden Teil V[40] sowie zwei Anhänge am Schluss des Gesetzes. 14

aa) OGAW oder Teil-I-Fonds. Sowohl OGAW als auch Teil-II-Fonds können in Luxemburg grundsätzlich im Wege von zwei Rechtsformen aufgelegt werden: entweder als ein dem deutschen Sondervermögen ähnlicher *fonds commun de placement* (FCP) oder in Form einer Investmentgesellschaft mit variablem Kapital (SICAV). Statistisch gesehen ist die Verteilung zwischen beiden Rechtsformen vergleichsweise ausgewogen: 46,05 % werden als FCP, 52,97 % als SICAV konzipiert.[41] 15

bb) Der Fonds Commun de Placement (FCP). Das Gesetz definiert einen FCP als eine *„ungeteilte Masse von Wertpapieren und/oder anderen liquiden Vermögenswerten [...], die für Rechnung seiner Gesamthandseigentümer nach dem Grundsatz der Risikostreuung zusammengesetzt und verwaltet wird, wobei die Haftung der Gesamthandseigentümer auf ihre Einlage beschränkt ist und ihre Rechte in Anteilen verkörpert werden"*.[42] Beim FCP handelt es sich um ein rein vertragsrechtliches Konstrukt[43] ohne eigene Rechtspersönlichkeit, durch das Anleger im Wege ihrer Zeichnung von Anteilen eine proportionale Beteiligung am Nettovermögen des FCP erwerben. Die Rolle der Anleger erschöpft sich in dieser wirtschaftlichen Beteiligung, da sie weder an der Verwaltung oder Geschäftsführung des FCP teilnehmen noch über gesetzlich gewährleistete Stimm- oder sonstige typische Aktionärsrechte verfügen. Die Verwaltung des FCP fällt der Verwaltungsgesellschaft[44] zu, die dessen Anteilsinhaber im Rechtsverkehr gegenüber Dritten vertritt; dabei ist das Vermögen der Verwaltungsgesellschaft jedoch strikt von den Vermögenswerten des FCP getrennt. Der rechtliche Rahmen des FCP wird – neben dem Verkaufsprospekt – durch ein sog. Verwaltungsreglement abge- 16

---

[36] Auch wenn strenggenommen die SICAR mangels Risikodiversifizierung kein Investmentfonds darstellt, soll sie aufgrund der offensichtlichen Regelungsnähe zu diesen berücksichtigt werden; ausgeklammert werden jedoch die Verbriefungsvehikel, welche im Gesetz vom 22.3.2004 kodifiziert wurden (Mémorial A 2004, 720).
[37] Art. 2–86.
[38] Art. 87–99.
[39] Art. 101–128.
[40] Art. 129–194.
[41] Quelle: CSSF; Stand: 31.3.2014.
[42] Art. 5 des Gesetzes von 2010.
[43] Die vertragliche Bindung wird durch den Zeichnungsschein hergestellt, durch den sich der betreffende Anleger mit der Verwaltungsgesellschaft vertraglich bindet.
[44] In Luxemburg wird der Begriff „Verwaltungsgesellschaft", übersetzt aus dem Französischen *(société de gestion)* anstelle von „Kapitalanlagegesellschaft" verwendet, wie er in Deutschland üblich ist.

steckt, welches von der Verwaltungsgesellschaft erlassen wird (oft in Abstimmung mit der Depotbank) und eine Reihe von Minimalanforderungen an seinen Inhalt erfüllen muss.[45] Die Anteilsinhaber eines FCP sind nicht Vertragspartei des Verwaltungsreglments, dessen Inhalt typischerweise durch eine Verweisung darauf im Zeichnungsschein zum Bestandteil des Letzteren wird. Demzufolge können die Anteilsinhaber auch keine Änderung des Verwaltungsreglements bewirken, da dies in der ausschließlichen Kompetenz der Verwaltungsgesellschaft liegt.

17   Da die Rechtsstellung der Verwaltungsgesellschaft durch das Gesetz festgelegt wird, kann diese nicht als ein Bevollmächtigter/Erfüllungsgehilfe der Anleger angesehen werden. Sie ist demzufolge nicht an Weisungen der Anleger gebunden, sondern kann – im Rahmen ihrer gesetzlich definierten und in Verkaufsprospekt und Verwaltungsreglement näher festgelegten Aufgaben – den betreffenden FCP frei verwalten. Diese Immunität gegenüber feindlichen Übernahmen ist einer der wesentlichen Entscheidungsfaktoren in der Wahl der Rechtsform zwischen FCP und SICAV. Soweit die Mitbestimmung der Anleger jedoch – etwa aus kommerziellen Erwägungen – als wichtig angesehen wird, ist es der Verwaltungsgesellschaft unbenommen, den Anlegern im Wege des Verwaltungsreglements Mitspracherechte einzuräumen; dies ist jedoch zumindest im Bereich der Publikumsfonds unüblich. Auch in diesem Fall können die Anleger jedoch nicht die Auflösung des FCP verlangen[46] oder aus eigener Initiative die Verwaltungsgesellschaft absetzen.

18   Haftungsrechtlich stehen die Anleger eines FCP einem Aktionär insofern gleich, als ihre Haftung auf ihre jeweilige Einlage beschränkt ist.[47] Gläubiger des FCP haben keinen direkten Durchgriff auf die Anleger des FCP, da gegenüber Dritten ausschließlich die Verwaltungsgesellschaft auftritt, welche im eigenen Namen aber für Rechnung des FCP handelt. Umgekehrt haftet der FCP weder für Verbindlichkeiten der Anleger noch für solche der Verwaltungsgesellschaft.[48]

19   Aufgrund seiner fehlenden Rechtspersönlichkeit wird der FCP in den meisten Rechtsordnungen als steuerlich transparentes Vehikel angesehen. Das Einkommen des FCP wird seinen Anlegern anteilsmäßig zugeordnet, so dass diese gegebenenfalls von existierenden Doppelbesteuerungsabkommen profitieren können.

20   **cc) Die Investmentgesellschaft mit variablem Kapital (SICAV).** Die gesellschaftsrechtliche Alternative zu einem FCP stellt die SICAV dar, bei der es sich im Falle von OGAW zwangsläufig um eine Aktiengesellschaft handeln muss.[49] Im Gegensatz zum FCP besitzt die SICAV eine eigene, von den Anlegern getrennte Rechtspersönlichkeit; daraus folgt unter anderem, dass eine Trennung des Gesellschaftskapitals der SICAV und dem Vermögen der Anleger existiert und zwischen den Anlegern keine Verbindlichkeiten bestehen, sondern lediglich gegenüber der SICAV selbst.

21   Als Gesellschaft ist die SICAV den Bestimmungen des Luxemburger Gesellschaftsrecht unterstellt, soweit die fondsrechtlichen Sonderbestimmungen nicht hiervon abweichen.[50] Demzufolge befindet sich die SICAV im Spannungsfeld zwischen dem Gesetz von 2010 und dem Gesetz vom 10.8.1915 über Handelsgesellschaften, welches ua die grundsätzlich auf Aktiengesellschaften anwendbaren Regeln enthält. Der wohl wichtigste Unterschied zwischen einer SICAV und einer nicht-regulierten Luxemburger Aktiengesellschaft besteht im variablen Kapital der SICAV (gegenüber dem „starren" Kapital einer nicht-regulierten Aktiengesellschaft): Die Änderungen des Gesellschaftskapitals einer SICAV erfolgen automatisch und ohne die Notwendigkeit einer – ansonsten regelmäßig erforderlichen – Sat-

---

[45] Vgl. Art. 13 (2) des Gesetzes von 2010; etwa die Mechanismen von Ausgabe und Rückgabe von Anteilen, die Identität der Dienstleister oder die Grundlagen der Anlagestrategie.
[46] Art. 11 (1) des Gesetzes von 2010.
[47] Art. 5 des Gesetzes von 2010.
[48] Art. 6 des Gesetzes von 2010.
[49] Art. 25 des Gesetzes von 2010.
[50] Art. 26 (1) des Gesetzes von 2010.

zungsänderung mit den hierfür vorgesehenen Formalitäten (dh Einberufen und Abhalten einer notariell zu protokollierenden Hauptversammlung).[51] Diese automatische Fluktuation des Gesellschaftskapitals ist in erster Linie abhängig von der Entwicklung der Vermögenswerte der SICAV; der daraus resultierende Nettovermögenswert wird üblicherweise von der Zentralverwaltungsstelle der SICAV berechnet und veröffentlicht.

Als Aktiengesellschaft kann eine SICAV entweder durch einen Verwaltungsrat oder durch die insbesondere in Deutschland übliche dualistische Struktur aus Vorstand und Aufsichtsrat verwaltet werden. Die letztgenannte Möglichkeit wurde im Jahre 2006 im Luxemburger Gesellschaftsrecht eingeführt, erfährt jedoch, zumindest im Bereich der Investmentfonds, so gut wie keine Anwendung. Im Falle des Verwaltungsrates wird dieser durch die Hauptversammlung der Aktionäre gewählt, muss aus wenigstens drei Personen bestehen und aus seiner Mitte einen Vorsitzenden wählen. Er ist für die tägliche Geschäftsführung der SICAV verantwortlich, vertritt die SICAV gegenüber Dritten und schließt somit sämtliche Rechtsgeschäfte in ihrem Namen ab. In der Praxis wird oft ein Großteil der Tätigkeiten des Verwaltungsrates an Dritte delegiert, wobei der Bestellung jeden Geschäftsführers eine Prüfung durch die CSSF im Hinblick auf Erfahrung und Reputation vorausgeht.[52] Auch im Hinblick auf die Delegation administrativer Tätigkeiten etwa an einen Finanzdienstleister wie die Zentralverwaltungsstelle erschöpft sich die Tätigkeit des Verwaltungsrates in den meisten Fällen in der sorgfältigen Auswahl und Überwachung der beauftragten Gesellschaften. 22

Die Hauptversammlung der Aktionäre als zweites zentrales Gesellschaftsorgan der SICAV wird in der Regel nur zu zwei Anlässen tätig: Einerseits im Rahmen der jährlichen Hauptversammlung, in welcher unter anderem der durch den Wirtschaftsprüfer testierte Jahresbericht genehmigt und Ausschüttungen beschlossen werden, andererseits im Falle der Notwendigkeit einer Änderung der Satzung der SICAV. In der Praxis nutzen die Anleger einer SICAV ihre Stimmrechte (zB zur Vertagung von Hauptversammlung und Erweiterung der Tagesordnung) jedoch nur selten, auch wenn die Möglichkeit hierzu jederzeit besteht. 23

dd) Teil-II-Fonds. Neben den im ersten Teil des Gesetzes von 2010 geregelten OGAW kennt das Luxemburger Fondsrecht in Teil II des vorgenannten Gesetzes auch Publikumsfonds, welche außerhalb des Anwendungsbereiches der OGAW-Richtlinien existieren.[53] Diese sog. Teil-II-Fonds ermöglichen insbesondere die Auflegung von Fonds, die in Vermögenswerte investieren, die nicht als Wertpapiere angesehen werden können, wie beispielsweise Immobilien oder Private-Equity-Beteiligungen. Daneben können Teil-II-Fonds im Gegensatz zu OGAW auch als geschlossene Fonds konzipiert werden, die während ihrer (notwendigerweise beschränkten) Laufzeit den Anlegern nicht die Möglichkeit eröffnen, die Rücknahme ihrer Anteile zu verlangen. Des Weiteren wird auf Teil II-Fonds im Bereich der Hedgefonds zurückgegriffen, im Rahmen derer Strategien wie Leerverkäufe oder der Einsatz von Hebeleffekten über Derivate oder Fremdfinanzierung möglich sind. Darüber hinaus kommen flexiblere Risikostreuungsregeln zur Anwendung, als dies im OGAW-Bereich der Fall ist. 24

Mit Umsetzung der AIFM-Richtlinie in Luxemburg wurde festgelegt, dass alle Teil-II-Fonds *ipso iure* als AIF anzusehen sind.[54] 25

Die interne Funktionsweise von Teil-II-Fonds ist nahezu identisch zu derjenigen von OGAW; daher erschöpft sich der Regelungsgehalt von Teil II des Gesetzes von 2010 überwiegend in einer Reihe von Verweisen auf Teil I desselben Gesetzes.[55] Teil-II-Fonds 26

---

[51] Art. 29 des Gesetzes von 2010.
[52] Art. 129 (5) des Gesetzes von 2010.
[53] Derzeit sind knapp 510 dieser Teil II-Fonds in Luxemburg zugelassen (Quelle: CSSF; Stand: 31.3.2014).
[54] Art. 88-1 des Gesetzes von 2010.
[55] Vgl. Art. 90 und 95 des Gesetzes von 2010.

können ebenfalls als FCP oder SICAV strukturiert werden, und die diesbezüglich vorangehend dargestellten Regeln finden gleichermaßen auf sie Anwendung. Ausgenommen von den gesetzlichen Verweisen sind jedoch sämtliche OGAW-Bestimmungen hinsichtlich erwerbbarer Vermögenswerte oder Risikostreuung; hier kommen daher ergänzend die durch die Aufsichtsbehörde getroffenen Verwaltungsbestimmungen zum Tragen.

27   Die CSSF hat im Laufe der Jahre verschiedene, sich an bestimmte Kategorien von Teil-II-Fonds richtende Rundschreiben erlassen. Auch wenn diese überwiegend während des Geltungszeitraums der Vorgänger-Gesetze des Gesetzes von 2010 erlassen wurden, behalten sie prinzipiell auch heute noch ihre Gültigkeit und werden durch die Aufsichtsbehörde entsprechend angewandt.

28   So hat die CSSF (bzw. ihre Vorgängerbehörde) bereits im Jahre 1991 im Rundschreiben 91/75[56] eine Reihe von Regeln im Hinblick auf Immobilienfonds festgelegt. Hinsichtlich deren Risikostreuung wurde bestimmt, dass nicht mehr als 20% des Nettovermögens des betreffenden Fonds in ein einzelnes Immobilien-Objekt angelegt werden kann. Diese Anlagebeschränkung gilt jedoch nicht für die ersten vier Jahre ab Schließung der Erstzeichnungsphase, um dem Fonds den (wohl überlegten) Aufbau seines Portfolios zu ermöglichen. Des Weiteren muss die Bewertung der Immobilien durch unabhängige Sachverständige erfolgen und ein Erwerb oder eine Veräußerung ist ohne ein entsprechendes Gutachten nicht zulässig. Eine Kreditaufnahme ist bis zu 50% des Wertes der Immobilien zulässig.

29   Das Rundschreiben 91/75 stellt weiterhin eine Reihe von Regeln für Teil-II-Fonds auf, deren Zweck die Anlage in Risikokapital ist.[57] Jedoch haben diese seit der Schaffung von SICAR und SIF ihre Praxisrelevanz verloren und sollen daher nicht Gegenstand der vorliegenden Ausführungen sein. Demgegenüber besitzt das sog. Hedgefonds-Rundschreiben 02/80 weiterhin Bedeutung im Hinblick auf Fonds, die sog. alternative Anlagestrategien verfolgen. Auch wenn diesbezüglich keine abschließende Definition existiert, welche Fondstypen unter diesen Begriff zu fassen sind, haben sich insoweit eine Reihe von Determinanten herauskristallisiert. So unterfallen dem vorgenannten Rundschreiben insbesondere solche Fonds, die eine absolute Wertentwicklung verfolgen, unkonventionelle Anlagestrategien unter Einsatz von Derivaten und Fremdfinanzierung und einem hohen Hebeleffekt einsetzen. Die Verabschiedung des Rundschreibens 02/80 führte zu einem deutlichen Anstieg der Anzahl an Hedgefonds in Luxemburg, die derzeit ein Vermögen von etwa 122 Mrd. EUR verwalten.[58] Das Rundschreiben enthält detaillierte Regeln zu Anlagegrenzen im Falle der Anlage in Wertpapiere (Risikostreuung von 20% pro Emittent), Regeln hinsichtlich des Gegenparteirisikos und der Risikostreuung im Falle von Leerverkäufen und der Möglichkeit der Kreditaufnahme. Letztere ist im Normalfall auf 200% des Nettovermögens begrenzt, kann im Falle einer hohen Korrelation von Long- und Short-Positionen jedoch auch bis zu 400% des Nettovermögens des jeweiligen Fonds betragen. Ein Schwerpunkt des Rundschreibens ist weiterhin der Umgang mit Derivaten, und es werden dort genaue Anforderungen hinsichtlich Umgang mit Einschusszahlungen (Margin) und Gegenparteirisiko im Falle von OTC-Transaktionen aufgestellt. Da eine Vielzahl von Hedgefonds als Dachfonds konzipiert sind, enthält das Rundschreiben auch Regeln hinsichtlich der Anlage in Zielfonds. Darüber hinaus ist festzuhalten, dass das Rundschreiben durch die ständige Verwaltungspraxis der CSSF ergänzt wird, die ua für den Fall des Einsatzes eines Prime Brokers[59] oder in Bezug auf Master-Feeder-Strukturen zusätzliche Anforderungen aufgestellt hat.

---

[56] Rundschreiben 91/75 vom 21.1.1991, Kapitel I. Abschnitt III.
[57] Kapitel I., Abschnitt I.
[58] Quelle: ALFI; Stand: Juni 2013.
[59] Für spezialisierte Investmentfonds wurde das Rundschreiben 08/372 herausgegeben, welches die CSSF zT analog auf Teil-II-Fonds angewandt hat; mittlerweile sind diese Regeln jedoch durch die Umsetzung der AIFM-Richtlinie überwiegend obsolet geworden.

ee) **Verwaltungsgesellschaften.** In Luxemburg existieren vor Umsetzung der AIFM- 30
Richtlinie zwei Arten von Verwaltungsgesellschaften, die beide im Gesetz von 2010 verankert sind. Einerseits handelt es sich dabei um die richtlinienkonforme OGAW-Verwaltungsgesellschaft, deren Regelungen in Umsetzung der OGAW-IV-Richtlinie ausgestaltet sind, andererseits um eine Verwaltungsgesellschaft außerhalb des Regelungsbereiches der OGAW-Richtlinie (der sogenannten Kapitel-16-Verwaltungsgesellschaft).

Die Mehrzahl der Initiatoren der Verwaltungsgesellschaften stammt aus dem deutschen 31
und Schweizer Raum, gefolgt von Frankreich und Italien.[60] Sie werden in der Mehrzahl der Fälle in der Rechtsform einer Aktiengesellschaft aufgelegt, auch wenn andere Rechtsformen möglich sind.[61] Seit Umsetzung der OGAW-IV-Richtlinie dehnen eine Reihe von OGAW-Verwaltungsgesellschaften ihre Aktivitäten im Wege der Etablierung von Zweigstellen oder der Nutzung des EU-Passes auch auf andere Mitgliedstaaten aus; umgekehrt nutzen seit 2012 auch ausländische Verwaltungsgesellschaften die Möglichkeit, über den EU-Pass in Luxemburg OGAW aufzulegen.[62]

Die Umsetzung der AIFM-Richtlinie hat Luxemburg des Weiteren dazu genutzt, die 32
Möglichkeit einer sog. „Super-Verwaltungsgesellschaft" zu schaffen. Dies ermöglicht einer OGAW-Verwaltungsgesellschaft, zusätzlich auch eine Lizenz als AIFM zu beantragen[63] und somit sowohl den EU-Pass unter der OGAW-Richtlinie als auch denjenigen unter der AIFM-Richtlinie in Anspruch zu nehmen.

Daneben existiert eine zweite Art von Verwaltungsgesellschaft, welche ausschließlich sol- 33
che Investmentfonds verwalten kann, bei denen es sich nicht um OGAW handelt.[64] Seit Umsetzung der AIFM-Richtlinie sind dies insbesondere solche AIF, die unter eine der Ausnahmeregelungen der AIFM-Richtlinie im Hinblick auf die Summe der verwalteten Aktiva fallen; desweiteren für FCP (welche aufgrund ihrer fehlenden Rechtspersönlichkeit immer eine Verwaltungsgesellschaft benötigen), für die dann allerdings ein externer AIFM benannt werden muss, soweit der Anwendungsbereich der AIFM-Richtlinie eröffnet ist. Sobald die betreffenden Ausnahmevorschriften der AIFM-Richtlinie nicht mehr greifen, muss die betreffende Verwaltungsgesellschaft eine Lizenz als AIFM bei der CSSF beantragen.[65]

ff) **Teilfonds und Umbrella-Strukturen.** Sowohl OGAW als auch Teil-II-Fonds 34
können als sogenannte „Umbrella"-Strukturen mit einem oder einer potentiell unbegrenzten Anzahl an Teilfonds aufgelegt werden,[66] es kann sich dabei sowohl um FCP als auch SICAVs handeln, deren Gründungsunterlagen die Möglichkeit von Teilfonds vorsehen.[67] Jeder einzelne Teilfonds entspricht dabei einem spezifischen Teil des Vermögens des betreffenden Fonds und besitzt seine eigene Anlagepolitik, Referenzwährung oder ist für eine bestimmte Kategorie von Investoren vorgesehen. Dementsprechend können Anleger sich bei Abschluss eines Zeichnungsscheins für einen oder mehrere bestimmte Teilfonds entscheiden, an deren wirtschaftlicher Entwicklung sie im Weiteren partizipieren. Auch eine Überkreuz-Anlage von Teilfonds innerhalb desselben Umbrellas – im Wege derer ein Teilfonds in einen anderen Teilfonds desselben Umbrellas anlegt – ist unter bestimmten Bedingungen zulässig.[68]

---

[60] Quelle: CSSF, Jahresbericht 2013.
[61] Art. 101 (1) des Gesetzes von 2010: ua Gesellschaft mit beschränkter Haftung, Kommanditgesellschaft auf Aktien.
[62] Im Jahre 2012 erhielt die CSSF 28 Notifizierungen in diesem Sinne, überwiegend von französischen Verwaltungsgesellschaften. Quelle: CSSF, Jahresbericht 2012.
[63] Art. 101-1 des Gesetzes von 2010.
[64] Art. 125-1 des Gesetzes von 2010.
[65] Art. 125-2 (1) des Gesetzes von 2010.
[66] Art. 181 (1) des Gesetzes von 2010.
[67] Art. 181 (2) des Gesetzes von 2010.
[68] Art. 181 (8) des Gesetzes von 2010.

C. Luxemburg

35   Die einzelnen Teilfonds besitzen keine eigene Rechtspersönlichkeit, so dass im Rechtsverkehr einzig und allein die gesamte Umbrella-Struktur auftritt (bzw. im Falle des FCP die Verwaltungsgesellschaft). Soweit in Bezug auf einen bestimmten Teilfonds der Abschluss eines Vertrages notwendig ist (zB ein Fondsmanagement-Vertrag), ist die Vertragspartei die betreffende SICAV oder Verwaltungsgesellschaft; diese handelt dabei im eigenen Namen, jedoch für Rechnung des jeweiligen Teilfonds. Daraus folgt ebenfalls, dass die gesamte Umbrella-Struktur einem einheitlichen Rechtsrahmen unterliegen muss und es daher nicht möglich ist, einen Teilfonds als OGAW und einen weiteren als Teil-II-Fonds auszugestalten.

36   Innerhalb einer Umbrella-Struktur sind die einzelnen Teilfonds wirtschaftlich getrennt: Das Gesetz von 2010 bestimmt, dass jeder Teilfonds gegenüber Gläubigern ausschließlich für seine eigenen Verbindlichkeiten haftet; umgekehrt beschränken sich auch die Rechte der Anleger auf die Vermögenswerte des jeweiligen Teilfonds.[69] Soweit die Gründungsunterlagen diese Prinzipien nicht ausschließen (wozu es in der Praxis üblicherweise nicht kommen wird), sind damit die Anleger eines Teilfonds gegen die wirtschaftliche Entwicklung und im Extremfall die Insolvenz eines anderen Teilfonds derselben Umbrella-Struktur abgesichert. Es ist jedoch auch möglich, den Umtausch von Anteilen eines Teilfonds in solche eines anderen Teilfonds innerhalb der Umbrella-Struktur vorzusehen, beispielsweise um im Falle eines geänderten Risikoprofils auf Seiten des Anlegers diesem eine Investitionsalternative innerhalb derselben Struktur anzubieten.

37   Der in der Praxis mindestens genauso wichtige Vorteil einer Umbrella-Struktur liegt in den Synergie-Effekten hinsichtlich Kosten und Zeitaufwand begründet. Die Dienstleister der betreffenden Umbrella-Struktur sind weitestgehend identisch,[70] es ist lediglich eine einzige Gesamtprüfung der Abschlussberichte erforderlich und nach Durchführung des Genehmigungsverfahrens bei der CSSF für den Umbrella an sich ist die Auflegung weiterer Teilfonds mit einem erheblich reduzierten zeitlichen Aufwand im Rahmen des dann durchzuführenden Genehmigungsverfahrens verbunden, da die durch die Aufsichtsbehörde zu prüfende Dokumentation wesentlich reduziert ist. Diese handfesten Vorteile in der Praxis haben in Luxemburg das Geschäftsmodell von Plattformen für Drittkunden ermöglicht, im Wege derer die Auflegung eines Teilfonds für solche Fonds-Promotoren innerhalb einer bestehenden Umbrella-Struktur angeboten wird, die zunächst die mit der Auflegung eines kompletten, eigenständigen Fonds verbunden Kosten und Aufwand scheuen.

b) Gesetz vom 13.2.2007 über spezialisierte Investmentfonds (SIF)

38   Das Gesetz von 2007 wurde nach dem Vorbild des Gesetzes von 2002 konzipiert und ist in seiner Grundstruktur diesem daher sehr ähnlich; eine im Jahre 2012[71] vorgenommene Überarbeitung des Gesetzes hat diese Tendenz nochmals verstärkt und eine Reihe von Regelungen der absehbaren Umsetzung der AIFM-Richtlinie bereits vorweggenommen. Das Gesetz von 2007 hat das Gesetz von 1991 vollständig ersetzt und den Anwendungsbereich von institutionellen Anlegern auf sogenannte sachkundige Anleger[72] *(investisseurs avertis)* erweitert. Diese Begrifflichkeit ging auf ein Weissbuch der EU-Kommission zurück und fand bereits im Gesetz von 2004 Anwendung. Damit öffnete man den Anwendungsbereich des Gesetzes von 2007 auch für Privatanleger, soweit diese einen Mindestbetrag von 125 000 EUR investieren und ihrer Einstufung als sachkundige Anleger schriftlich zustimmen.[73]

---

[69] Art. 181 (5) des Gesetzes von 2010; dieses Prinzip wird auch als „ring fencing" bezeichnet.

[70] Dies trifft insbesondere auf Verwaltungsgesellschaft, Zentralverwaltung, Depotbank und Wirtschaftsprüfer zu, während als Resultat der Differenzierung der jeweiligen Anlagepolitiken es zu einer Ernennung unterschiedlicher Fondsmanager kommen kann und regelmäßig auch kommen wird.

[71] Die Änderungen wurden durch ein Gesetz v. 26.3.2012 ausgelöst und traten am 1.4.2012 in Kraft.

[72] Art. 2 (1) des Gesetzes von 2007.

[73] Eine Anlage unterhalb dieses Mindestbetrages ist ebenfalls möglich, jedoch mit einer Pflicht zum Vorlegen einer Bestätigung der Erfahrung des betreffenden Investors durch eine Bank oder einen Finanzdienstleister verbunden; in der Praxis scheuen diese meist die damit verbundenen Haftungsrisiken, weshalb von dieser Möglichkeit wenig Gebrauch gemacht wird.

Ein SIF ist hinsichtlich der erwerbbaren Vermögenswerte äußerst flexibel und kann grundsätzlich in jegliche Vermögenswerte investieren, soweit ihnen ein Wert zugeordnet werden kann. Neben traditionellen Wertpapier- oder Geldmarktfonds kann ein SIF auch als Immobilienfonds, Private-Equity-Fonds, Hedgefonds, Mikrofinanzfonds oder Infrastrukturfonds ausgestaltet werden.[74] Im Rahmen der jeweiligen Anlagepolitik unterliegen zwar auch die SIFs dem Prinzip der Risikostreuung; dieses ist jedoch im Gesetz selbst nicht näher definiert,[75] was eine flexible Anwendung dieses Grundsatzes durch die Aufsichtsbehörde ermöglicht. Die CSSF hat dies in ihrem Rundschreiben 07/309 dahingehend präzisiert, dass nicht mehr als 30 % der Vermögenswerte oder Kapitalzusagen[76] eines SIF in Wertpapiere desselben Typs angelegt werden dürfen, die von ein und demselben Emittenten ausgegeben werden; eine solche 30 %-Grenze gilt auch hinsichtlich der Basiswerte im Falle von Derivaten sowie hinsichtlich offener Positionen bei Leerverkäufen. Des Weiteren wird diese 30 %-Grenze analog auch auf SIFs angewandt, die nicht in Wertpapiere investieren; wie schon im Bereich der Teil-II-Fonds erläutert, können diese Grundsätze der Risikostreuung für eine gewisse Anfangsphase ausgesetzt werden, bis das Portfolio des betreffenden SIF aufgebaut ist (sog. „Build-Up-Phase"). **39**

Dem Vorbild des Gesetzes von 2010 folgend, können auch SIFs in Form eines FCP oder einer SICAV aufgelegt werden, wobei auch bei einem FCP die Haftung der Gesamthandseigentümer auf ihre Einlage beschränkt ist. Im Unterschied zu den Publikumsfonds des Gesetzes von 2010 besteht im Bereich der SICAV jedoch eine größere Auswahl an möglichen Rechtsformen: Neben der Aktiengesellschaft können unter anderem auch die Gesellschaft mit beschränkter Haftung, die Kommanditgesellschaft auf Aktien, die einfache Kommanditgesellschaft oder seit kurzem die spezielle Kommanditgesellschaft gewählt werden.[77] Damit ist es einerseits möglich, bei einer SICAV eine feindliche Übernahme durch die Kontrolle des Komplementärs einer Kommanditgesellschaft so gut wie auszuschließen; andererseits steuerrechtlich überwiegend als transparent angesehene Gesellschaftsformen zu wählen, um insbesondere institutionellen Anlegern die Vorteile des eigenen, gegebenenfalls vorteilhaften Steuerstatus zu erhalten. Im Falle eines FCP muss dieser durch eine Luxemburger Verwaltungsgesellschaft verwaltet werden, bei der es sich sowohl um eine OGAW-Verwaltungsgesellschaft als auch um eine sogenannte Kapitel-16-Verwaltungsgesellschaft handeln kann. **40**

Im Gegensatz zu OGAW können SIFs nicht nur als offene (dh die Rücknahme der Anteile auf Initiative der Anleger zulassende), sondern auch als geschlossene Fonds konzipiert werden. Auch besteht ähnlich wie bei Fonds, die dem Gesetz von 2010 unterliegen, die Möglichkeit einer Umbrella-Struktur mit einem oder mehreren Teilfonds. Seit 2012 besteht in diesem Rahmen auch die Möglichkeit von Überkreuz-Anlagen eines Teilfonds einer Umbrella-Struktur in einen anderen Teilfonds desselben Umbrellas.[78] **41**

Aus der Flexibilität hinsichtlich der erwerbbaren Vermögenswerte folgt auch, dass sich SIFs in nicht unerheblichem Umfang über Darlehen finanzieren können und darüber hinaus über die Möglichkeit der Ausgabe von Schuldverschreibungen oder Genussrechten verfügen. Aktien oder andere Formen von Anteilen müssen lediglich zu 5 % einbezahlt sein; darüber hinaus muss deren Wert nicht notwendigerweise dem Nettoinventarwert entsprechen, sondern die Unterlagen des SIF können je nach Fallgestaltung einen angemessenen Mechanismus zur Preisbildung vorsehen. **42**

---

[74] Den Autoren sind auch SIFs bekannt, die in exotischere Vermögenswerte wie Kunstwerke oder Wein investieren.

[75] Vgl. Art. 1 (1) des Gesetzes von 2007, der lediglich davon spricht, dass ein SIF dem Grundsatz der Risikostreuung unterliegt.

[76] Der Begriff der „Kapitalzusagen" zielt insbesondere auf Immobilien- und Private-Equity-Fonds ab, die den Mechanismus von Kapitalzusagen und Kapitalabrufen verwenden.

[77] Art. 25 des Gesetzes von 2007.

[78] Art. 71 (8) des Gesetzes von 2007; die Bedingungen einer solchen Anlage sind jedoch weniger restriktiv als im Gesetz von 2010.

43 Seit der Überarbeitung des Gesetzes von 2007 im Jahre 2012 sind SIFs verpflichtet, ein Risikomanagement-System sowie Grundsätze zur Vermeidung von Interessenkonflikten zu erstellen. Die CSSF hat die genauen Anforderungen in diesem Zusammenhang im Rahmen der Verordnung Nr. 12-01[79] festgelegt.

44 Wie auch die dem Gesetz von 2010 unterliegenden Fonds müssen SIFs eine Reihe von Dienstleistern ernennen. Dabei handelt es sich um die mit der Verwahrung der Vermögenswerte befasste Verwahrstelle, die mit Buchführung und Berechnung des Nettoinventarwertes betraute Zentralverwaltung und den für die Prüfung der Abschlussberichte verantwortliche Wirtschaftsprüfer. Hinsichtlich der Bestellung eines Fondsmanagers existieren mehrere Optionen: Soweit ein externer Fondsmanager ernannt wird, muss dieser grundsätzlich über eine entsprechende Lizenz verfügen und der Aufsicht einer Aufsichtsbehörde unterliegen;[80] falls sich der betreffende Fondsmanager im Anwendungsbereich der AIFM-Richtlinie befindet, gelten weitere Sonderregeln für den SIF,[81] die sich aus der AIFM-Richtlinie ergeben und etwa die Ernennung der Verwahrstelle, die Bewertung der Vermögenswerte des SIF oder die Informationen an die Anleger betreffen. Auf der anderen Seite kann der SIF die Aufgaben der Portfolio-Verwaltung auch selbst übernehmen; in diesem Falle müssen die hierfür verantwortlichen Personen eine entsprechende fachliche Eignung und persönliche Zuverlässigkeit aufweisen. Soweit der SIF aufgrund der internen Ausführung des Fondsmanagements selbst als AIFM anzusehen ist, muss er darüber hinaus selbst die Lizenz als AIFM beantragen.[82]

c) Gesetz vom 15.6.2004 über Investmentgesellschaften zur Anlage in Risikokapital (SICAR)

45 Die Investmentgesellschaft zur Anlage in Risikokapital (SICAR) wurde konzipiert, um den Private-Equity-Sektor zu fördern und den Zugang zu Wagniskapital für Anleger mit besonderer Sachkunde zu vereinfachen.

46 Der gesellschaftsrechtliche, gesetzlich festgelegte Zweck der SICAR besteht ausschließlich darin, die ihr zur Verfügung stehenden Mittel in Risikokapital anzulegen und ihre Anleger an dem Ergebnis der Verwaltung dieser Vermögenswerte teilhaben zu lassen. Das Gesetz von 2004 definiert dabei Risikokapital als die direkte oder indirekte Einbringung von Mitteln in Anlageobjekte im Hinblick auf deren Geschäftseinführung, Entwicklung oder Börseneinführung.

47 Diese recht weit gefasste Definition wurde zwei Jahre später durch das Rundschreiben 06/241 der CSSF ergänzt, in welchem die Aufsichtsbehörde den Begriff des Risikokapitals näher bestimmte. Hierbei wurde der Schwerpunkt auf zwei Elemente gelegt, welche gleichzeitig vorhanden sein müssen: ein erhöhtes Risiko und der Wille, zu einer Entwicklung der Zielgesellschaften beizutragen. Dabei geht die Aufsichtsbehörde davon aus, dass das erstgenannte Element des erhöhten Risikos dem Bereich von Private Equity im engeren Sinne (vor allem aufgrund mangelnder Liquidität der Anteile der Zielgesellschaften) und Venture Capital (durch die hierunter verstandene Finanzierung von neu zu gründenden oder gegründeten Gesellschaften, sog. „Start-Ups") ohnehin inhärent ist. Ausgeschlossen werden sollen auf dieser Ebene insbesondere die Anlage in große, börsennotierte Gesellschaften, deren primäres Risiko sich im allgemeinen Marktrisiko erschöpft.

48 Unter dem Element der Absicht einer Entwicklung der Zielgesellschaften versteht die Aufsichtsbehörde jegliche Wertsteigerung derselben, so beispielsweise Anstrengungen zur Erlangung der Börsenreife einer Gesellschaft, ihre Restrukturierung oder Modernisierung, oder im Falle von Immobilien deren Renovierung oder Erschließung unbebauten Terrains unter be-

---

[79] Mémorial A 2012, 2756.

[80] Art. 42ter c) des Gesetzes von 2007; die Ausnahmevorschrift des Art. 42ter d) wird seitens der CSSF äußerst restriktiv gehandhabt.

[81] Art. 79 ff. des Gesetzes von 2007.

[82] Art. 80 (2) b) des Gesetzes von 2007.

sonders risikoreichen Umständen. Dabei kann es zu einer Einbindung der SICAR auf Ebene des Managements der Zielgesellschaften und somit direkter Einflussnahme kommen (im Wege etwa einer Präsenz der SICAR in den Aufsichtsgremien einer Zielgesellschaft), es kann jedoch ausnahmsweise auch bei einer weniger aktiven Rolle im Wege einer Finanzierung bleiben. Jedoch darf sich die Tätigkeit der SICAR nicht auf ein lediglich Halten der Zielgesellschaften beschränken;[83] vielmehr muss sie deren Entwicklung aktiv begleiten und fördern. Dabei kann bereits die Art und Weise der Finanzierung – etwa durch Mezzanine-Kapital – oder die Form der Investition (Leveraged Buy Out, Management Buy Out/In etc.) auf eine Anlage in Risikokapital schließen lassen. Nach dem vorgenannten Rundschreiben sowie den parlamentarischen Unterlagen des Gesetzes vom 15.6.2004 bestand die Absicht des Gesetzgebers gerade darin, den Begriff des Risikokapitals möglichst offen zu gestalten.

Im Unterschied zu Investmentfonds unterliegt die SICAR keiner Pflicht zur Risikostreuung. Es ist daher prinzipiell auch möglich, dass diese in lediglich ein einziges Zielobjekt investiert;[84] jedoch darf sich die Tätigkeit der SICAR nicht in der einer bloßen Holdinggesellschaft erschöpfen. Wie im späteren Verlauf für SIFs hat der Luxemburger Gesetzgeber ad initio den Erwerb der Anteile an einer SICAR aufgrund der mit einer solchen Anlage verbundenen Risiken auf sachkundige Anleger beschränkt. 49

Die am häufigsten anzutreffende gesellschaftsrechtliche Form der SICAR ist die Kommanditgesellschaft auf Aktien *(société en commandite par actions)*. Es ist darüber hinaus möglich, sie als Aktiengesellschaft *(société anonyme)*, Gesellschaft mit beschränkter Haftung *(société à responsabilité limitée)*, einfache Kommanditgesellschaft *(société en commandite simple)* und spezielle Kommanditgesellschaft *(société en commandite spéciale)* zu gründen. Die SICAR kann mit variablem oder feststehendem Kapital konzipiert werden und verfügt ebenso wie die Luxemburger Investmentfonds über die Möglichkeit des Einsatzes einer Umbrella-Struktur mit mehreren Teilfonds. Wie für die SIFs ist die Ernennung einer Verwahrstelle, einer Zentralverwaltung sowie eines Wirtschaftsprüfers notwendig. Im Gegensatz zum Gesetz von 2007 erfordert das Gesetz von 2004 jedoch nicht, dass ein gegebenenfalls ernannter Fondsmanager über eine Lizenz verfügen sowie einer öffentlichen Aufsicht unterstehen muss; soweit jedoch der jeweilige Fondsmanager oder auch die SICAR selbst (soweit sie selbst die Entscheidungen im Hinblick auf das Portfolio-Management trifft) dem Regelungsbereich der AIFM-Richtlinie unterfällt, ist eine entsprechende Zulassung erforderlich.[85] 50

Seit Einführung der spezialisierten Investmentfonds hat die SICAR aufgrund ihrer Beschränkung auf die Anlage in Risikokapital etwas an Bedeutung verloren, zumal der Genehmigungsprozess sich aufgrund der umfangreichen Prüfung der Zulässigkeit der verfolgten Anlagestrategie/-objekte in der Praxis oft als langwieriger als beispielsweise bei einem SIF erweist. 51

d) Gesetz vom 12.7.2013 über die Verwalter alternativer Investmentfonds

Das Gesetz von 2013 zur Umsetzung der AIFM-Richtlinie ist im Kanon der Luxemburger Fondsgesetzgebung insofern ein Unikum, als es sich – den Wünschen der europäischen Gesetzgebung folgend – nicht um eine Regelung auf Ebene des Produktes (also der Anlage-Vehikel selbst) handelt, sondern dieses vielmehr auf den Fondsmanager der betreffenden Strukturen abzielt. Dieser Paradigmenwechsel erforderte eine umfassende Überarbeitung der existierenden Gesetze im Hinblick auf eine Differenzierung, welche Regeln für diese Fonds gelten, soweit sie direkt oder indirekt vom Regelungsbereich der AIFM-Richtlinie erfasst werden. Der Luxemburger Gesetzgeber führte daher im Bereich der Gesetze von 2007 und 2004 für SIF und SICAR eine Zweiteilung ein: ein allgemeiner Teil gilt für alle 52

---

[83] Anders bei dem nicht-regulierten Holdinggesellschaftstyp der sog. SOPARFI *(société des participations financières)*.
[84] Es soll nicht unerwähnt bleiben, dass die CSSF der Anlage in lediglich ein einziges Zielobjekt sehr kritisch gegenübersteht.
[85] Art. 46 ff. des Gesetzes von 2004.

SIFs bzw. SICARs unabhängig davon, ob sie in den Anwendungsbereich des Gesetzes von 2013 fallen, ein besonderer Teil enthält weitergehende Anforderungen mit Verweisen auf das Gesetz von 2013, soweit der Anwendungsbereich der AIFM-Richtlinie eröffnet ist.

53   Inhaltlich hat die Umsetzung der AIFM-Richtlinie in Luxemburg jedoch weniger Änderungen nach sich gezogen als in anderen Jurisdiktionen. Dies liegt in erster Linie daran, dass Luxemburg für außerhalb der Umsetzung der OGAW-Richtlinie befindliche Anlagevehikel bereits seit geraumer Zeit einen ausführlichen Regelungskomplex besaß, der viele Kernforderungen der AIFM-Richtlinie bereits vorausnahm. So unterlagen Teil-II-Fonds, SIFs und SICARs bereits seit langem einer behördlichen Aufsicht, es existierte bereits die Notwendigkeit von Verfahren zu Risikomanagement und Interessenkonflikten, die Bestellung einer Verwahrstelle und eines Wirtschaftsprüfers sowie das Erfordernis eines regulierten Fondsmanagers in weiten Teilen dieser Produkte.

54   Hinsichtlich der Zulassung als AIFM gibt es in Luxemburg mehrere Möglichkeiten. Einerseits kann eine bereits bestehende OGAW-Verwaltungsgesellschaft die Erweiterung der Lizenz auf AIFM-Tätigkeiten beantragen und somit zur sogenannten „Super-Verwaltungsgesellschaft" werden, was aufgrund der zwischen beiden Regimen vorhandenen Synergie-Effekten hinsichtlich interner Verfahren insbesondere für große Anbieter eine attraktive Lösung darstellt. Daneben kann eine bereits bestehende sogenannte Kapitel-16-Verwaltungsgesellschaft in einen AIFM umgewandelt werden, wenn diese eine solche Lizenz beantragt. Darüber hinaus kann ein dezidierter, neuer AIFM geschaffen werden, ohne dass eine bereits existierende Gesellschaft involviert ist. Schließlich besteht die Möglichkeit, dass ein SIF oder eine SICAR selbst die Zulassung als AIFM beantragt.

55   Aufgrund der bereits bestehenden Regelungsdichte im Bereich außerhalb der OGAW-Richtlinie und der Vielzahl an insoweit bestehenden Anlagevehikeln und Gesellschaften gestaltet sich der Übergang in den Geltungsbereich der AIFM-Richtlinie in Luxemburg komplexer als in anderen Rechtsordnungen. Die CSSF hat zum Zwecke der Bewältigung der damit verbundenen praktischen Schwierigkeiten eine Reihe von Hilfestellungen veröffentlicht. Dabei handelt es sich unter anderem um einen Katalog von Antworten auf häufig gestellte Fragen,[86] Mitteilungen über den Umgang mit grenzüberschreitendem Vertrieb von AIF und einer Reihe von Formularen zur Systematisierung der Antragstellung für neue oder bestehende Vehikel.

56   Auf der anderen Seite hat die Luxemburger Rechtsordnung im Bereich der der AIFM-Richtlinie unterliegenden Akteure zweifelsfrei einen beträchtlichen Erfahrungsvorsprung, kann man doch sowohl seitens der Aufsichtsbehörde als auch auf Seiten der Dienstleister auf einen langjährigen Umgang mit einer Vielzahl von Regeln zurückgreifen, die nun im Rahmen der Umsetzung der AIFM-Richtlinie europaweit eingeführt wurden. Zusammen mit den Synergie-Effekten, die sich aus der bereits bestehenden OGAW-Infrastruktur in Luxemburg für viele Akteure ergeben (insbesondere im Bereich des grenzüberschreitenden Vertriebs), ist zu erwarten, dass das Großherzogtum in Zukunft noch weiter an Attraktivität im Bereich der alternativen Anlagen gewinnen wird.

3. Ausblick

57   Die Frequenz der gesetzgeberischen Initiativen und regulatorischen Eingriffe im Bereich der Investmentfonds wird auch in den nächsten Jahren hoch bleiben. Das europäische Parlament, der Rat sowie die Kommission haben sich im Februar 2014 bereits auf einen Entwurf der OGAW-Richtlinie geeinigt. Diese soll va. Neuerungen im Bereich der Depotbank und Vergütung der Fondsmanager beinhalten; dabei sollen Diskrepanzen mit der AIFM-Richtlinie beseitigt werden. Darüber hinaus wurde sogar bereits ein Konsultationsverfahren für eine OGAW-VI-Richtlinie eingeleitet, in deren Mittelpunkt der Handel mit

---

[86] Sog. Frequently Asked Questions oder FAQs; die letzte Fassung der FAQs zum Gesetz von 2013 datiert derzeit auf den 17. März 2014 und kann auf der Website der CSSF eingesehen werden: http://www.cssf.lu/fileadmin/files/AIFM/FAQ_AIFMD.pdf.

OTC-Derivaten sowie Geldmarktfonds steht, was im Zusammenhang mit der sogenannten EMIR-Verordnung zu sehen ist.

Es ist des Weiteren zu erwarten, dass die Informationen für Anleger im Zuge der PRIPS-Verordnung[87] eine weitere Überarbeitung erfahren werden und ein dem KIID nachempfundenes Produktinformationsblatt auch für nichtrichtlinienkonforme Publikumsfonds eingeführt wird.

II. Q&A Luxemburg

1. Nationaler Fondsmarkt (Strukturen, Volumina, Schwerpunkte Asset-Klassen)

a) Gesamtsituation: Fakten und Zahlen zu bestehenden Strukturen (OGAW, Spezialisierte Investmentfonds, Pensionsfonds, Investmentgesellschaften in Risikokapital, Teilfonds)

Der nationale Fondsmarkt mit einem derzeitigen Volumen von EUR 2742208 Milliarden Nettovermögen[88] macht Luxemburg zum bedeutendsten Fondsstandort Europas und muss sich im globalen Vergleich nur den USA geschlagen geben.[89] Aktuell sind 3898 Investmentfonds bei der luxemburgischen Finanzaufsichtsbehörde registriert, von denen 2546 als Umbrella-Strukturen mit insgesamt 12373 Teilfonds aufgelegt wurden. Diese setzen sich wiederum aus 1831 Teil-I-Fonds, 509 als nicht-richtlinienkonforme Teil-II-Fonds und 1558 spezialisierten Investmentfonds (SIFs) zusammen.

Hinzu kommen aktuell 281 registrierte SICARs, 14 Pensionsfonds und 31 zugelassene Verbriefungsgesellschaften.[90]

Es sind derzeit 191 Verwaltungsgesellschaften gem. Kapitel 15 des Gesetzes von 2010 und 196 Verwaltungsgesellschaften gem. Kapitel 16 des Gesetzes von 2010 registriert. Zugelassene Verwalter alternativer Investmentfonds gem. dem Gesetz von 2013 gibt es derzeit über 50, wobei derzeit nach Schätzung der Autoren weit über 150 Genehmigungsanträge bei der CSSF bearbeitet werden.[91] Somit darf davon ausgegangen werden, dass die Zahl der zugelassenen AIFM in Kürze die der vorgenannten Verwaltungsgesellschaftstypen erreichen bzw. sogar übersteigen wird.

b) Vergleichender Überblick der bestehenden Produkttypen – Welche Produkttypen gibt es?

Primäres Abgrenzungskriterium zwischen den zur Verfügung stehenden Fondsprodukten ist der angestrebte Anlegerkreis, da der Anwendungsbereich der einschlägigen Produktgesetze sich nach der Anlegerqualifizierung richtet. So sind OGAW als Publikumsfonds einer breiten Masse von Anlegern zugänglich, wohingegen SIFs oder SICARs nur sachkundigen Anlegern offenstehen.

Die Unterscheidung zwischen offenen und geschlossenen Fonds ist zwar auch in Luxemburg üblich, allerdings ist diese Differenzierung weniger maßgeblich als in anderen Ländern[92] und in erster Linie Gestaltungsfrage der Initiatoren, welche sich diesbezüglich in

---

[87] Die Europäische Kommission hat am 3.7.2012 einen ersten Vorschlag veröffentlicht.
[88] CSSF, Stand: 30.4.2014.
[89] Laut statistischem Bericht der EFAMA (International Statistical Release) (Stand: Q3 2013) – elektronisch abrufbar unter: http://www.efama.org/Publications/Statistics/International/Quarterly%20%20International/140107_International%20Statistical%20Release%202013%20Q3.pdf.
[90] Verbriefungsgesellschaften können sowohl als zugelassene als auch als nicht regulierte Strukturen aufgelegt werden. Die Mehrzahl der Strukturen unterliegt keiner Aufsicht durch die CSSF.
[91] Stand: 6.6.2014; die entsprechende Liste kann ebenfalls auf der Website der CSSF eingesehen werden.
[92] Zur grundsätzlichen Abgrenzung zwischen offenen und geschlossenen Fonds im Bereich alternative Beteiligungen darf auf den Verordnungsentwurf der Europäischen Kommission vom 17.12.2013

ihren Erwägungen wesentlich von den Besonderheiten der geplanten Investitionen leiten lassen werden. OGAW werden zwangsläufig als offene Fonds ausgestaltet sein, wohingegen Teil-II-Fonds oder auch SICARs als typisches Private-Equity-Investmentvehikel als geschlossene Fonds aufgelegt werden. SIFs wiederum können je nach Anlagestrategie als offene oder geschlossene Fonds strukturiert werden.

64 In diesem Zusammenhang gilt es klarzustellen, dass die Bestimmungen, welche auf die unterschiedlichen Fondstypen Anwendung finden, in spezifischen Produktgesetzen niedergelegt sind.[93] Diese aufsichtsrechtlichen (und gegebenenfalls steuerrechtlichen) Bestimmungen ergänzen bzw. ersetzen die gesellschaftsrechtlichen Bestimmungen, welche auf die zugrundeliegende Gesellschaftsform Anwendung finden und sich aus dem Gesetz von 1915 ergeben.[94] Daraus ergibt sich ein über den einzelnen Fondstyp hinausgehender Gestaltungsspielraum, welcher die Anpassung eines jeden Fonds an die spezifischen Bedürfnisse der Initiatoren und Investoren erlaubt. Zusätzliche Gestaltungsmöglichkeiten wurden durch die Modernisierung bzw. Neueinführung unterschiedlicher Typen von Kommanditgesellschaften durch das Gesetz von 2013 eröffnet.

c) **Überblick der Asset-Klassen: Aktienfonds, Geldmarktfonds, Hedgefonds, Dachfonds, Immobilien, Infrastruktur, Kreditfonds– Welche Asset-Klassen werden genutzt?**

65 Grundsätzlich decken luxemburgische Investmentfonds sämtliche Asset-Klassen ab. Zu den gängigen Fondsprodukten zählen ua Geldmarktfonds, Aktienfonds, Mischfonds, Anleihefonds, Immobilienfonds, Infrastrukturfonds sowie Private-Equity-Fonds und Hedge-Fond als alternative Asset-Klassen. Als weitere Asset-Klasse haben sich die schariakonformen „Sukuks" etabliert.[95] Auch sog. „Debt Funds" oder Kreditfonds sind auf dem Vormarsch, wenngleich derzeit noch überwiegend unregulierte Fondsstrukturen für diese Asset-Klasse verwendet werden.

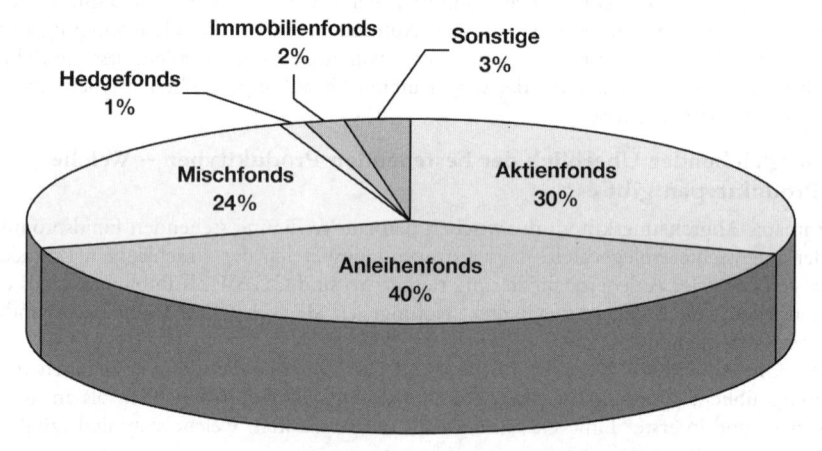

Assetklassen (nach Vermögen)

- Aktienfonds 30%
- Anleihenfonds 40%
- Mischfonds 24%
- Immobilienfonds 2%
- Hedgefonds 1%
- Sonstige 3%

Quelle: Luxemburgische Zentralbank[96]

---

verwiesen werden: http://ec.europa.eu/internal_market/investment/docs/alternative_investments/131217_delegated-regulation_de.pdf.

[93] Vgl. dazu die Übersicht unter Rn. 13 ff.

[94] Eine Ausnahme in diesem Zusammenhang bildet der FCP, welcher keine Gesellschaft darstellt.

[95] Vgl. dazu S. Jaffer, „The International growth of shariah compliant funds", Luxembourg Fund Review, 2009, 9 ff.

[96] http://www.bcl.lu/fr/publications/bulletins_bcl/Bulletin_BCL_2013_4/197409_BCL_BULLETIN_04_2013_web.pdf.

d) Zuordnung von Fondsvehikeln/-strukturen zu Asset-Klassen (Vor- und Nachteile sowie aktuelle Entwicklungen) – Welche Produkttypen sind für die jeweiligen Asset-Klassen gebräuchlich? Wieso?

Obwohl die meisten Fondstypen Investitionen in die unterschiedlichsten Asset-Klassen erlauben, haben sich dennoch bestimmte typische Strukturierungsmuster etabliert, wobei sich der SIF hinsichtlich der zugelassenen Asset-Klassen als am vielseitigsten einsetzbar erweist. 66

So sind SIFs und SICARs die meistgenutzten Strukturen für Investitionen in Private Equity. Hedgefonds hingegen können in der Praxis als SIFs, Teil-I oder Teil-II-Fonds aufgelegt werden.[97] 67

Bevorzugter Fondstyp für Immobilienfonds ist ebenfalls der mehrheitlich als FCI ausgestaltete SIF, wobei auch Teil-II-Fonds noch regelmäßig Verwendung finden.[98] Die meisten Immobilienfonds sind vom geschlossenen Typ und werden als alleinstehende Struktur, also nicht als Umbrella-Struktur, gestaltet. Es ist auch möglich, mit SICARs Immobilieninvestitionen zu tätigen, allerdings nur sofern sich die Investitionen in die Zielgesellschaften als opportunistisch und nicht als konservative „Core"-Investments erweisen. Dies setzt voraus, dass die Anlagestrategie auf eine Wertsteigerung durch aktive Einwirkung auf die das Immobilienobjekt haltende Zielgesellschaft abzielt und sich nicht im regelmäßigen Abschöpfen der Mieteinnahmen gekoppelt mit einer passiven Wertsteigerung der Immobilienanlage erschöpft. 68

Immobilienfonds nach rechtlicher Struktur

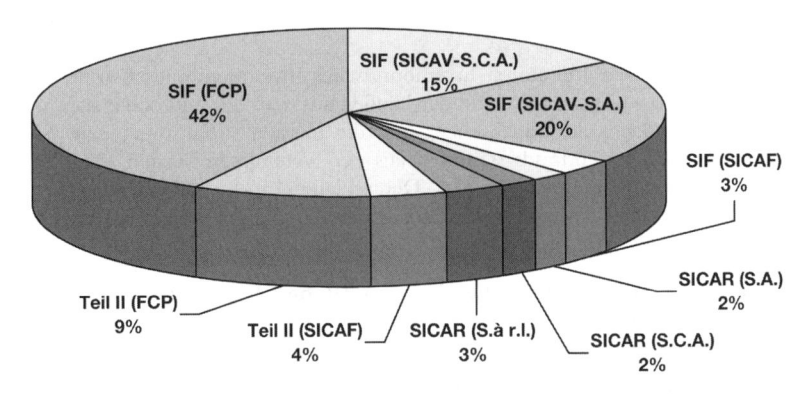

- SIF (SICAV-S.C.A.) 15%
- SIF (SICAV-S.A.) 20%
- SIF (SICAF) 3%
- SICAR (S.A.) 2%
- SICAR (S.C.A.) 2%
- SICAR (S.à r.l.) 3%
- Teil II (SICAF) 4%
- Teil II (FCP) 9%
- SIF (FCP) 42%

Quelle: ALFI Survey 2013

Grundsätzlich erfreuen sich SIFs seit ihrer Einführung durch das Gesetz von 2007 immer größerer Beliebtheit. Im Rahmen der Strukturierung von SIFs ist ein leichter Vormarsch von SICAVs gegenüber FCPs zu erkennen, wobei beide Gestaltungsvarianten in der Praxis in vergleichbaren Größenordnungen anzutreffen sind.[99] Der intakte Aufwärtstrend von SIFs geht allerdings zu Lasten der vormals für vergleichbare Anlageszenarien häufig eingesetzten Teil-II-Fonds. 69

---

[97] S. dazu *Bartnik/Kass* in: „International Guide to Hedge Fund Regulation", S. 309 ff.
[98] Quelle: ALFI Survey – Luxembourg real estate investment funds survey November 2013, elektronisch abrufbar unter: http://www.alfi.lu//sites/alfi.lu/files/files/Publications_Statements/Surveys/ALFI-Reif-Survey-2013-final.pdf
[99] S. dazu ALFI Jahresbericht 2012–2013, elektronisch abrufbar unter: http://www.alfi.lu//sites/alfi.lu/files/files/Annual%20report/ALFI-AR-2012–2013.pdf.

e) **Gibt es bereits einen erkennbaren Einfluss der AIFM-Richtlinie auf Investitionen in alternative Asset-Klassen?**

70 Bislang scheint die Umsetzung der AIFM-Richtlinie in luxemburgisches Recht noch keinerlei Einfluss auf die alternativen Anlagestrategien zu haben.[100] Die durch die erhöhte Regulierungsdichte befürchtete Abschreckungswirkung ist bislang ausgeblieben.

2. Typische Fondsstrukturen

a) **Abgrenzung nach Initiatorenherkunft, Anlegerprofil, Anlagehorizont, Investmentstrategie, Assetklassen, Vertriebsmöglichkeiten/ -beschränkungen (SIF, SICAR, PE/RE vs. Publikumsfonds; geschlossene Fonds vs. offene Fonds, reguliert vs. nicht-reguliert (zB Verbriefungsgesellschaften)) – Welche Fondsstrukturen eignen sich besonders für welche Anlagestrategie/Investoren?**

71 Die gängigen Abgrenzungskriterien für Investmentfonds, wie zB Abgrenzung nach Unternehmensform, Kapitalstruktur, Anlage- und Ausschüttungspolitik, Anlagegegenständen, Anlegerkreise, etc. sind auch auf luxemburgische Strukturen anwendbar.[101]

72 Klassische Aktien- oder Mischfonds, welche an ein größeres Publikum vertrieben werden sollen, werden typischerweise als OGAW ausgestaltet sein. Luxemburger Pensionsfonds können entweder als Altersvorsorge-Sparvereinigung (*association d'épargne-pension* – „ASSEP"), als Altersvorsorge-Spargesellschaften mit variablem Kapital (*société d'épargne-pension à capital variable* – „SEPCAV") oder als Pensionsfonds, welche gem. großherzoglichem Erlass vom 31.8.2000 der Aufsicht des *Commissariat aux Assurances* unterstellt sind, strukturiert werden.

73 Was die Herkunft der Initiatoren luxemburgischer Investmentfonds betrifft, kann festgehalten werden, dass trotz der Vielzahl der Länder, aus dem die Initiatoren stammen, einige Länder als besonders aktiv anzusehen sind: die meisten Promotoren bzw. Sponsoren luxemburgischer Investmentfonds stammen aus den Vereinigten Staaten (22,6%), gefolgt von dem Vereinigten Königreich (15,5%), Deutschland (15%), und der Schweiz (13,9%). Mit deutlichem Abstand, aber dennoch stark vertreten, sind Initiatoren aus Italien, Frankreich und Belgien.[102]

b) **Steuerliche Erwägungen – Welche steuerlichen Erwägungen sind bei der Wahl des Produkts zu berücksichtigen?**

74 Grundsätzlich sind Investmentfonds steuerbefreit, so dass steuerliche Erwägungen auf Ebene der Investmentfonds selbst bei der Wahl zwischen Teil-I-Fonds, Teil-II-Fonds und SIFs keine bedeutsame Rolle spielen werden. Einzige Ausnahme hierzu ist die jährliche Zeichnungssteuer, welche je nach Produkttyp unterschiedlich hoch ausfällt.[103] In Abgrenzung zu den vorgenannten Fondstypen im eigentlichen Sinne unterliegen SICARs, als Kapitalgesellschaften, grundsätzlich der vollen Besteuerung wie herkömmliche Handelsgesellschaften.[104] Im Gegenzug profitieren aus Luxemburger Sicht Letztere von etwaigen Doppelbesteuerungsabkommen und Europäischen Richtlinien,[105] während die Anwend-

---

[100] *Schreiner/Roth*, „Luxemburg antwortet zügig auf neue Anforderungen" in: Börsen-Zeitung vom 28.9.2013.

[101] Zu den möglichen Abgrenzungskriterien, s. *Förster/Hertrampf*, Das Recht der Investmentfonds, Europarechtlicher Rahmen und nationale Gesetzgebung, 3. Aufl., Rn. 8 ff.

[102] Quelle: CSSF (Stand: 31.3.2014).

[103] Einzelne Produkt-Typen sind auch gänzlich von dieser befreit, so etwa Mikrofinanz-Fonds.

[104] Einkommen aus Wertpapieren oder aus deren Zession oder Liquidation sind jedoch steuerbefreit.

[105] ZB Richtlinie des Rates über das gemeinsame Steuersystem der Mutter- und Tochtergesellschaften verschiedener Mitgliedstaaten vom 23. Juli 1990, 90/435/EWG, ABl. 1990, L 225/6–9.

barkeit von Doppelbesteuerungsabkommen bei Investmentgesellschaften nicht immer gewährleistet ist. Zusätzlichen Gestaltungsspielraum für steuertransparente Strukturen bieten im Falle von Investmentfonds die Rechtsform des FCP oder für Investmentgesellschaften, sowohl in Form von Investmentfonds als auch in Form von SICARs, die Strukturierung als einfache oder spezielle Kommanditgesellschaft. Das durch das Gesetz von 2013 in wesentlichen Teilen neu geregelte Kommanditgesellschaftsregime bietet deutschen Investoren die Möglichkeit, luxemburgische Strukturen aufzusetzen, die den ihnen bekannten Publikums-KGs entsprechen.

c) **Vergleich/Abgrenzung zu Deutschland – Gibt es einen erkennbaren Unterschied zu deutschen Fondsstrukturen, welche in vergleichbaren Situationen eingesetzt werden?**

Eine pauschale Gegenüberstellung der verfügbaren Fondsstrukturen in Deutschland und Luxemburg fällt schwer, da die Strukturierung eines Fonds auf den Einzelfall angepasst werden muss. Grundsätzliche Unterschiede können sich hinsichtlich Besteuerung, Vertrieb und Möglichkeit einer Privatplatzierung sowie Kosten und Anforderungen an Fondsinfrastruktur ergeben.

3. Aufsichtsbehörde

a) Allgemein

aa) Interne Organisation – Wie ist die CSSF organisatorisch aufgebaut? Die CSSF wird durch ihre beiden Führungsorgane, den Rat *(conseil)* und den Vorstand *(direction)*, geleitet. Der Rat besteht aus sieben Mitgliedern, welche durch den Großherzog auf Vorschlag des Parlaments für eine Amtszeit von fünf Jahren ernannt werden. Die Befugnisse des Rates ergeben sich aus Artikel 5 des Gesetzes vom 23.12.1998 über die Schaffung einer Kommission zur Beaufsichtigung des Finanzsektors und umfassen ua die Annahme des Jahresabschlusses und des Rechenschaftsberichtes des Rates sowie die Festlegung der allgemeinen politischen Leitlinien der CSSF. Im Rat sind neben Vertretern der CSSF auch Vertreter aus der Industrie (wie zB dem luxemburgischen Fondsverband ALFI) vertreten. Der Rat darf jedoch nicht in den Kernbereich der Aufsicht eingreifen.

Der Vorstand der CSSF besteht aus einem Generaldirektor und zwei bis vier Direktoren, welche von dem Großherzog auf Vorschlag des Parlaments für eine Amtszeit von fünf Jahren ernannt werden. Gemäß Artikel 9 des Gesetzes von 1998 ist der Vorstand befugt, alle notwendigen Maßnahmen zur Erfüllung des Auftrages der CSSF zu ergreifen und die interne Organisation festzulegen.

Die tatsächliche Aufsicht erfolgt durch die jeweiligen Abteilungen, welche nach Sachressort organisiert sind und kürzlich im Rahmen der Umsetzung der AIFM-Richtlinie neu untergliedert wurden. Die Aufsicht über die fondsrelevanten Tätigkeitsbereiche wird durch die Abteilung „Organismen für gemeinsame Anlagen (OGA), Verwaltungsgesellschaften und Verwalter alternativer Investmentfonds" sichergestellt, welche wiederum in weitere Unterabteilungen unterteilt ist. Darüber hinaus gibt es auch noch Abteilungen, welche sich ua mit Verbriefungsgesellschaften, Pensionsfonds, Kapitalmärkten und Banken beschäftigen. Die Abteilungen bestimmen ihre interne Funktionsweise selbst und fixieren diese in internen Handbüchern *(manuels de procédures internes)*.

Ergänzend zu den Abteilungen verfügt die CSSF über Beratungsgremien. Zunächst gibt es Beratungsgremien zur Finanzaufsicht *(comité consultatif de la réglementation prudentielle)* und zur Beaufsichtigung des Berufes des Wirtschaftsprüfers *(comité consultatif de la profession de l'audit)*, welche mit den Mitgliedern des Vorstands und weiteren Vertretern der CSSF besetzt sind. Zudem existieren Expertengremien *(comités d'experts)*, in denen auch Vertreter aus der Industrie, Berufsverbänden und Verbraucherschutzorganisationen zu Wort kommen und zB aktuelle gesetzgeberische Initiativen besprochen werden. Eine Beteiligung an solchen Expertengremien teilt die CSSF im Rahmen der Veröffentlichung ihrer Jahresberichte mit. Derzeit existieren Expertengremien zu den folgenden Sachgebieten: Verbraucherschutz *(Protection des consommateurs financiers)*, Unternehmensführung *(Gouvernance d'entreprise)*, Geldwäschebekämpfung *(Anti-Blanchiment)*, Banken und Investmentunternehmen *(Banques et entreprises d'investissement)*, Bilanzierung/Buchhaltung von Banken und Investmentunternehmen *(Comptabilité des banques et des entreprises d'investissement)*, Pfandbriefbanken *(Banques d'émission de lettres de gage)*, Verwahrstellen *(Dépositaires)*, Organismen zur gemeinsamen Anlage *(Organismes de Placement Collectif)*, Investmentgesellschaften in Risikokapital *(SICAR)*, Verbriefung *(Titrisation)*, Pensionsfonds *(Fonds de pension)* und Buchhaltung *(Technique d'Audit)*. Bei Bedarf besteht die Möglichkeit der Schaffung weiterer Ad-hoc Expertengremien.

80   **bb) Umfang des Überwachungsauftrags – Welche Strukturen und Verhalten werden von der CSSF beaufsichtigt?** Die Befugnisse der CSSF sind in dem Gesetz von 1998 niedergelegt. Demnach obliegt ihr die Genehmigung und Überwachung der Tätigkeit bestimmter Akteure des Finanzsektors. Das Zulassungserfordernis und der Überwachungsauftrag finden auf folgende Institutionen Anwendung:
– Banken,
– Finanzdienstleister (sog. *professionels du secteur financier* oder „PSF" einschließlich Investmentgesellschaften),
– Investmentfonds,
– Verwaltungsgesellschaften,
– Pensionsfonds,
– Verbriefungsgesellschaften (mit regelmäßigen öffentlichen Emissionen),
– Investmentgesellschaften in Risikokapital,
– Zahlungsinstitute,
– Börsenbetreiber, und
– E-Geld-Institute.

81   Insgesamt unterliegt der CSSF auch die Kapitalmarktaufsicht und die öffentliche Abschlussprüferaufsicht.[106] Ein weiteres Aufgabengebiet stellt die Aufsicht über die Einhaltung der Vorschriften über die Bekämpfung der Geldwäsche und Terrorismusfinanzierung dar. Schliesslich befasst sie sich auch mit dem Verbraucherschutz im Rahmen des Finanzwesens.

82   **cc) Befugnisse: Festlegung der administrativen Praxis, Verfassen aufsichtsrechtlicher Leitlinien/Verwaltungsvorschriften (Rundschreiben, CSSF-Verordnungen, Jahresbericht, etc.), laufende Überwachung, Kontrollrechte und Durchsetzungsmöglichkeiten – Welche Befugnisse hat die CSSF?** Die CSSF nutzt zur Festlegung ihrer Verwaltungspraxis ua die folgenden Mittel: Rundschreiben *(circulaires)*, CSSF-Verordnungen *(règlement)*, Ad-Hoc-Pressemitteilungen, Newsletter, Jahresberichte und Antworten zu häufig gestellten Fragen (sog. FAQs).

83   Gängigstes Werkzeug zur Festlegung der Anwendung von Gesetzgebungsakten sind die von der CSSF veröffentlichten Rundschreiben. Daneben dienen sie der Präzisierung von anwendbaren Regeln für bestimmte Tätigkeitsbereiche und um Handlungsempfehlungen für bestimmte Bereiche des Finanzsektors auszusprechen.[107] Nachdem seitens der CSSF entsprechender Handlungsbedarf festgestellt wird, werden die zuständigen Abteilungen mit der Erstellung eines ersten Entwurfs des Rundschreibens betraut, welcher im Rahmen eines umfassenden Konsultationsprozesses mit betroffenen Personen und Expertengremien erstellt wird. Anschließend wird der ggf. überarbeitete Entwurf dem Beratungsgremium zur Finanzaufsicht *(comité consultatif de la réglementation prudentielle)* vorgelegt, wobei letzteres bei sämtlichen Legislativakten und die Verwaltungspraxis bestimmenden Schriftstücken einbezogen wird.

---

[106] Verleihung der Bezeichnungen „réviseur d'entreprises" und „cabinet de révision".
[107] Zum rechtlichen Stellenwert solcher Rundschreiben s. *Niedner/Kass*, Les fonds alternatifs en droit luxembourgeois in: Droit bancaire et financier au Luxembourg, Bd. IV, 2004 S. 1581, 1594.

Die vorgenannten Dokumente werden überwiegend in französischer Sprache im Einklang mit den luxemburgischen Legislativakten verfasst. Dennoch werden immer häufiger weniger förmliche Dokumente wie zB die FAQs ausschließlich in englischer Sprache abgefasst, um dem internationalen Adressatenkreis dieser Dokumente gebührend Rechnung zu tragen. 84

Die laufende Überwachung erfolgt einerseits durch die Überprüfung der, je nach Tätigkeit, monatlich, vierteljährlich, halbjährlich oder jährlich zu erstellenden Berichte über die Finanzkennzahlen sowie der Abschlussprüferberichte und andererseits durch Vor-Ort-Kontrollen. Letztere dienen ua der Überprüfung des Risikomanagements sowie der Vervollständigung und Überprüfung der in den periodischen Berichten enthaltenen Angaben. 85

Die CSSF verfügt darüber hinaus über umfassende Kontroll- und Eingriffsrechte einschließlich Dokumenteneinsicht, Untersagungsrechte in Bezug auf bestimmte Tätigkeiten, Entzug von Zulassungen und Erteilung von Sanktionen (zB Verhängung von Ordnungsstrafen bis zu einer Höhe von EUR 250 000). 86

Widerspruch gegen Maßnahmen und Entscheidungen der CSSF können binnen Monatsfrist (als Ausschlussfrist) beim Verwaltungsgericht eingereicht werden. 87

dd) Europäischer Einfluss durch ESMA – Wie verhält sich das Zusammenspiel zwischen CSSF und ESMA? Gibt es derzeit erkennbare Tendenzen? Die CSSF ist Mitglied des seit dem 1.1.2011 bestehenden Europäischen Finanzaufsichtssystems (ESFS),[108] welches sich aus der Europäischen Bankenaufsichtsbehörde (*European Banking Authority* oder EBA), der Europäischen Aufsichtsbehörde für das Versicherungswesen und die betriebliche Altersversorgung (*European Insurance and Occupational Pensions Authority* oder EIOPA), der Europäischen Wertpapier- und Marktaufsichtsbehörde (*European Securities and Markets Authority* oder ESMA) und dem Europäischen Ausschuss für Systemrisiken (*European Systemic Risk Board* oder ESRB) zusammensetzt.[109] 88

Der zunehmende Einfluss der ESMA ist vor allem im Bereich der alternativen Investments unübersehbar. Die ESMA ist ua mit der Erstellung von Konsultationspapieren, technischen Standards und selbst delegierten Rechtsakten betraut und prägt damit wesentlich den aufsichtsrechtlichen Rahmen für die vorgenannten Investitionstypen. 89

ee) Zulassungserfordernis und -voraussetzungen für Fondsvehikel – Welche Zulassungserfordernisse und -voraussetzungen finden auf die unterschiedlichen Fondsvehikel Anwendung?

aaa) OGAW, Teil-II-Fonds. Um eine Zulassung von der CSSF zu erhalten, müssen Anlageinstrumente und -strategie der OGAW und Teil-II-Fonds im Einklang mit dem Gesetz von 2010 auf die kollektive Kapitalanlage in Wertpapiere unter Beachtung des Grundsatzes der Risikostreuung gerichtet sein. Illiquide Anlagestrategien für Teil-I-Fonds sind nicht zulässig. Darüber hinaus müssen OGAW zwingend als offene Fonds ausgestaltet sein, also die jederzeitige Rücknahme auf Verlangen der Anteilsinhaber ermöglichen. 90

Die Rechtsform spielt dabei keine Rolle. Sie können sowohl als Gesellschaft als auch als vertraglich vereinbartes Gesamthandseigentum in Form eines FCP strukturiert werden. 91

Zudem gilt es bestimmte Kapitalanforderungen zu berücksichtigen. So muss eine SICAV innerhalb von sechs Monaten nach Zulassung ein Mindestkapital von EUR 1 250 000 vor- 92

---

[108] S. dazu *Brülin,* Verschmelzung von Investmentfonds in Luxemburg, Deutschland und im europäischen Binnenmarkt, Unter Berücksichtigung der OGAW IV-Richtlinie vom 13. Juli 2009 (Richtlinie 2009/65/EG des Europäischen Parlaments und des Rates), § 2 II 6. a.

[109] EU-Verordnung Nr. 1095/2010 des europäischen Parlaments und des Rates vom 24. November 2010 zur Errichtung einer Europäischen Aufsichtsbehörde (Europäische Wertpapier- und Marktaufsichtsbehörde), zur Änderung des Beschlusses Nr. 716/2009/EG und zur Aufhebung des Beschlusses 2009/77/EG der Kommission elektronisch abrufbar unter: http://eur-lex.europa.eu/LexUriServ/LexUriServ.do?uri=OJ:L:2010:331:0084:0119:DE:PDF

weisen. Darüber hinaus müssen SICAVs, welche keine Verwaltungsgesellschaft benannt haben, bereits am Tag ihrer Zulassung über ein Mindestkapital von EUR 300 000 verfügen.

93 Zwingend vom Fonds zu bestellende Dienstleister sind Verwahrstelle, Zentralverwaltung und Abschlussprüfer.

94 Teil-II-Fonds müssen stets über einen sog. Promoter verfügen[110]. Die Rolle des Promoters ist nicht gesetzlich geregelt, aber findet in dem Rundschreiben 91/75 Erwähnung und verweist auf die Notwendigkeit, gewisse Information über selbigen in den Antrag mitaufzunehmen. Aufgrund etablierter Verwaltungspraxis kann die Rolle des Promoters wie folgt definiert werden: „*Jeder, der einen OGA errichtet, der als treibende Kraft hinter der Errichtung eines OGA steht oder diesen auslöst, der sein Geschäftsprofil erstellt und von seinem Ergebnis profitiert.*"[111]

95 **bbb) SIFs.** Die von einem SIF zu erfüllenden Merkmale sind in Art. 1 des Gesetzes von 2007 niedergelegt. Demzufolge sind SIFs alle Organismen für gemeinsame Anlagen mit Sitz in Luxemburg:
 – deren ausschließlicher Zweck darin besteht, die ihnen zur Verfügung stehenden Mittel nach dem Grundsatz der Risikostreuung für gemeinsame Rechnung in Vermögenswerte anzulegen und den Anlegern das Ergebnis der Verwaltung ihrer Vermögenswerte zukommen zu lassen und
 – die ihre Anteile einem oder mehreren sachkundigen Anlegern vorbehalten und
 – deren Gründungsunterlagen oder Emissionsdokumente oder Gesellschaftsvertrag vorsehen, dass sie den Bestimmungen dieses Gesetzes unterliegen.

96 Daraus ergeben sich die vier wesentlichen Zulassungsvoraussetzungen: eine kollektive Kapitalanlage, eine ausreichende Risikostreuung, der Vertrieb darf sich ausschliesslich an sachkundige Anleger richten und der Unterwerfung bzw. Berücksichtigung der allgemeinen Anforderungen des Gesetzes von 2007. Zu den letzteren zählen ua die Anforderungen an das Mindestkapital. Ein SIF muss innerhalb von zwölf Monaten nach Gründung über ein Mindestkapital von EUR 1 250 000 verfügen.

97 Ebenso wie Teil-I und Teil-II-Fonds muss auch ein SIF zwingend über eine Verwahrstelle und einen Abschlussprüfer verfügen. Auch eine Zentralverwaltung ist vorzusehen.

98 SIFs brauchen keinen Promoter, wobei dem gesetzlich nicht weiter definierten Initiator eine ähnlich – wenngleich weit weniger verbindliche – Rolle zukommt. Letzterer tritt gegenüber der CSSF als Urheber des Projekts und Ansprechpartner auf. Oft werden Promotoren und Initiatoren pauschal als Sponsoren bezeichnet, um der international verwendeten Terminologie in der Fondsindustrie Rechnung zu tragen, wobei diesem Begriff aus rechtlicher Sicht oder in der administrativen Praxis kein eigener Stellenwert zukommt.

99 **ccc) SICARs.** SICARs als Gesellschaften zur Anlage in Risikokapital müssen eine eng gefasste Anlagestrategie verfolgen, welche ausschließlich auf Investitionen in Risikokapital gerichtet ist, wie in dem Gesetz von 2004 und dem CSSF-Rundschreiben 06/241 näher beschrieben. Eine Risikostreuung ist entgegen der zuvor dargestellten Investmentvehikel nicht erforderlich und stünde auch im direkten Widerspruch zur gesetzlich geforderten risikoorientierten Anlagestrategie.

100 Auch SICARs müssen, wenngleich in geringerer Höhe als SIFs, eine gewisse Mindestkapitalisierung vorweisen. Dementsprechend muss eine SICAR innerhalb von zwölf Monaten nach Gründung über ein Mindestkapital von EUR 1 000 000 verfügen.

101 Der Einsatz von derivativen Finanzinstrumenten ist nur für Hedging-Zwecke erlaubt. Die Investition in liquide Mittel darf nur vorübergehend erfolgen. Eine Pflicht zur Risikostreuung besteht anders als bspw. bei einem SIF nicht.

102 Ebenso wie OGAW und SIFs müssen auch SICARs eine Verwahrstelle, eine Zentralverwaltung und einen Abschlussprüfer festlegen. Im Gegensatz zu Luxemburger Publi-

---

[110] Es ist jedoch davon auszugehen, dass im Rahmen der weiteren Anwendung der AIFM-Regelungen dieses Erfordernis auch für Teil II – Fonds aufgegeben wird.

[111] S. *Kremer/Lebbe*, Collective Investment Schemes in Luxembourg, 2009, Rn. 4.04.

kumsfonds verlangt die CSSF nicht, dass ein Promoter mit einer bestimmten Mindestkapitalisierung hinter der SICAR steht.

ff) Zulassungsverfahren für Fondsvehikel – Wie ist das Zulassungsverfahren für die unterschiedlichen Fondsvehikel ausgestaltet? Das Zulassungsverfahren beginnt mit einer Antragsstellung bei der CSSF. Dem Antrag sind je nach Fondstyp folgende Dokumente beizufügen: Antragsformular, Entwurf des Verkaufsprospekts,[112] Entwurf des Verwaltungsreglements (ausschliesslich im Falle eines FCP), Entwurf der Gründungssatzung, Entwurf einer schriftlichen Risikomanagementprozedur, Entwurf einer schriftlichen Prozedur zur Lösung von Interessenkonflikten, Bestätigungsschreiben des zukünftigen Abschlussprüfers, Entwürfe der Dienstverträge mit der Verwahrstelle, Zentralverwaltung und etwaiger Berater, ein Businessplan und Ehrenerklärungen der zukünftigen Mitglieder der Verwaltungsorgane des Fonds sowie deren unterschriebenen und datierten Lebensläufe und Auszüge aus dem Vorstrafenregister. Meist wird der Antrag in englischer Sprache abgefasst, weshalb die CSSF die entsprechenden Formulare auf ihrer Webseite bereits in englischer Sprache vorhält. Grundsätzlich kann die Kommunikation seitens der Antragsteller jedoch in französischer, deutscher oder englischer Sprache erfolgen. In diesem Sinne der erleichterten Kommunikation kann auch die gesamte Fondsdokumentation für OGAWs, SIFs und SICARs in einer der vorgenannten Sprachen abgefasst werden.[113]

103

Der Wertpapierprospekt nimmt eine zentrale Rolle ein und wird regelmäßig Hauptgegenstand der Antragsprüfung und etwaiger Anmerkungen seitens der CSSF sein. Die darin enthaltenen Informationen müssen einen potentiellen Investor in die Lage versetzen, eine ausgewogene Anlageentscheidung, einschließlich potentieller Risiken und Nutzen, treffen zu können. Folgerichtig besteht eine gesetzliche Pflicht zur Aktualisierung der darin enthaltenen wesentlichen Informationen bei der Ausgabe von Anteilen an neue Investoren.

104

Die Antragsstellung erfolgt grundsätzlich auf elektronischem Wege, entweder per E-Mail oder gesicherter Kommunikationsplattform (sog. *E-file*). Nach vollständigem Eingang des Antrags ist innerhalb von zwei Tagen mit einer Empfangsbestätigung seitens der CSSF zu rechnen. Nach erfolgter Prüfung wird die CSSF regelmäßig mit Anmerkungen zu den Entwürfen der Dokumente auf den Antragsteller zurückkommen (innerhalb von ca. 10 Werktagen). Dieser Austausch von Fragen und/oder Anmerkungen mit dem zuständigen Sachbearbeiter erfolgt üblicherweise telefonisch, um eine zeitnahe Rückmeldung und Umsetzung der Kommentare zu gewährleisten. Bei SICARs verlangt die CSSF grundsätzlich noch ein persönliches Treffen mit den Initiatoren vor Beginn der Dokumentenprüfung, um sich ein besseres Bild des avisierten Projekts und seiner Urheber machen zu können.[114]

105

Die Gründung der Gesellschaft erfolgt nach grundsätzlicher Genehmigung *(accord de principe)* durch die CSSF.[115] Die offizielle Zulassung des jeweiligen Investmentfonds wird neben dem Bestätigungsschreiben der CSSF durch eine Eintragung in die entsprechenden öffentlich zugänglichen Listen bezeugt,[116] welche nach erfolgreicher Gründung und Abschluss der notwendigen Verträge mit Fondsdienstleistern, wie zB Verwahrstelle und Wirtschafts-

106

---

[112] Für OGAW muss darüber hinaus ein Dokument mit Wesentlichen Anlegerinformationen (sog. KIID) erstellt werden; dieses kann jedoch auch im weiteren Verlauf des Zulassungsverfahrens nachgereicht werden.

[113] Im ausschließlichen Anwendungsbereich des luxemburgischen Gesellschaftsrechts müssen Satzungen oder Gesellschaftsverträge in einer der offiziellen Amtssprachen (Französisch, Deutsch) abgefasst sein bzw. eine Übersetzung in eine dieser Sprachen aufweisen, so dass dies eine erhebliche Erleichterung gegenüber nicht regulierten Strukturen darstellt.

[114] Aufgrund des damit verbundenen administrativen Aufwands ist jedoch damit zu rechnen, dass diese Praxis in naher Zukunft aufgegeben wird.

[115] Die früher bestehende Möglichkeit der Gründung eines SIFs vor abschließender Genehmigung durch die CSSF wurde durch das Gesetz vom 26. März 2012 abgeschafft; dafür wird nun eine schriftliche Bestätigung des Endes des Antragsverfahrens durch die CSSF übermittelt.

[116] Diese sind auf der Webseite der CSSF unter der einschlägigen Rubrik per Fondstyp abrufbar: http://www.cssf.lu/fr/entites-surveillees/.

prüfer, erfolgt. Bei erfolgter Eintragung in die Liste erhalten die Initiatoren auch gestempelte Fassungen des jeweiligen Wertpapierprospekts, welche je nach Fondstyp unterschiedlich ausgestaltet sind.[117]

107 Im Rahmen der Bearbeitung des Genehmigungsantrags durch die CSSF fallen einmalige Registrierungskosten in Höhe von EUR 3500 pro spezialisiertem Investmentfonds an, welche sich im Falle einer Umbrella-Struktur auf EUR 7000 erhöhen. Darüber hinaus fallen die folgenden Jahresgebühren an: EUR 3000 pro spezialisiertem Investmentfonds, welche sich bei einer Umbrella-Struktur je nach Anzahl der Teilfonds (degressiv) auf einen Höchstbetrag von EUR 30000 erhöhen können.

108 Die Gesamtbearbeitungsdauer für einen Genehmigungsantrag durch die CSSF kann je nach Fondstyp erheblich schwanken. In einfach gelagerten Fällen kann jedoch von einer Bearbeitungsdauer (Eingang des Antrags bis Genehmigung) von 8 bis 12 Wochen für einen SIF ausgegangen werden, wobei bei OGAW und SICARs (mit Ausnahme solcher, die eine klare Venture Capital Strategie verfolgen) regelmäßig mit einer Dauer des Genehmigungsverfahrens von mehreren Monaten zu rechnen ist.

109 Die einzelnen Schritte des oben beschriebenen Zulassungsverfahrens sind für jeden zusätzlichen Teilfonds innerhalb einer Umbrella-Struktur zu wiederholen, wobei die Bearbeitungsdauer eines Antrags zur Errichtung eines zusätzlichen Teilfonds meist (deutlich) kürzer sein wird als die beim erstmaligen Auflegen der Umbrella-Struktur selbst.

110 Bei Wegfall der Zulassungsvoraussetzungen oder Verstoß gegen sonstige gesetzliche Pflichten kann die CSSF die Zulassung jederzeit widerrufen. Gegen eine solche Entscheidung kann der Rechtsweg vor dem Verwaltungsgericht beschritten werden.

b) Zulassungserfordernis und -verfahren für Verwaltungsgesellschaften

111 **aa) Zulassungserfordernis und -voraussetzungen für Verwaltungsgesellschaften – Welche Zulassungserfordernisse und -voraussetzungen finden auf die unterschiedlichen Verwaltungsgesellschaften Anwendung?** Das Gesetz von 2010 kennt verschiedene Typen von Verwaltungsgesellschaften, welche für Teil-I-Fonds, Teil-II-Fonds und SIFs verwendet werden können. Diese sind in dem 15. und 16. Kapitel des vorgenannten Gesetzes niedergelegt. Durch das Gesetz von 2013 ist eine Zulassung als Verwalter alternativer Investmentfonds hinzugekommen.

112 **aaa) Verwaltungsgesellschaften nach Kapitel 15 und 16 des Gesetzes von 2010.** Das 15. Kapitel des Gesetzes von 2010 (Artt. 101 bis 124) enthält die gesetzlichen Vorschriften für Verwaltungsgesellschaften, deren Gesellschaftszweck die Verwaltung von OGAWs ist, wobei die Verwaltung der eigenen Vermögenswerte nur nachrangigen Charakter haben darf.

113 Eine Kapitel-15-Verwaltungsgesellschaft kann in Form einer Aktiengesellschaft, einer Gesellschaft mit beschränkter Haftung, einer Genossenschaft (ggf. organisiert als Aktiengesellschaft) oder einer Kommanditgesellschaft auf Aktien errichtet werden.

114 Die Verwaltungsgesellschaft muss über ein Mindestkapital von EUR 125000 verfügen, welches bei Gründung grundsätzlich in bar (und nicht durch Sacheinlagen) geleistet werden muss, um ein gewisse Liquidität sicherzustellen. Zusätzliche Eigenkapitalanforderungen können sich ergeben, wenn der Wert des verwalteten Portfolios EUR 250000000 übersteigt. In einem solchen Fall muss zusätzliches Eigenkapital in Höhe von 0,02% des überschüssigen Betrages bereitgestellt werden, wobei eine Obergrenze von EUR 10000000 vorgesehen ist. Die zusätzlichen Eigenkapitalanforderungen können allerdings bis zu einer Höhe von 50% durch eine entsprechende Garantie eines Kreditinstitutes oder eines Versicherungsunternehmens ersetzt werden. Das Eigenkapital muss grundsätzlich stets verfügbar sein, so dass eine Verwendung zu Investitionszwecken und zur Vergabe von Darlehen folgerichtig ausscheidet. Auch eine Besicherung der Anteile ist nicht möglich.

---

[117] Außer bei SICARs wird der Begriff „Visa" für den offiziellen Stempel der CSSF verwendet. Die Übermittlung des Visa-Prospektes erfolgt (mit Ausnahme der SICARs) ausschließlich in elektronischer Form.

II. Q&A Luxemburg

Die Verwaltungsgesellschaft muss ihren Gesellschaftssitz in Luxemburg haben und ihr muss eine ausreichende technische, administrative und personelle Infrastruktur zur Verfügung stehen, um die ihr zugedachten Aufgaben wahrnehmen zu können. 115

Eine Verwaltungsgesellschaft nach Kapitel 15 darf ausschließlich Namensaktien/-anteile ausgeben, aber keine Inhaberpapiere.[118] 116

Die Verwaltungsgesellschaft muss über sog. Referenzaktionäre iSv Art. 103 des Gesetzes von 2010 verfügen. Letztere müssen nicht zwingend Mehrheitsaktionäre sein, aber eine qualifizierte Beteiligung halten. Eine solche liegt vor, wenn entweder 10% des Kapitals gehalten werden oder wenn ein bestimmender Einfluss auf die Verwaltungsgesellschaft ausgeübt werden kann. Anteilsinhaber einer qualifizierten Beteiligung müssen ua die folgenden Kriterien erfüllen: berufliches Ansehen des Aktionärs, berufliches Ansehen und berufliche Erfahrung der Personen, welche die Verwaltungsgesellschaft verwalten/leiten, finanzielle Solidität/Bonität der Aktionäre, Beachtung der aufsichtsrechtlichen Bestimmungen innerhalb der Unternehmensgruppe sowie die Einhaltung der einschlägigen Geldwäsche- und Terrorismusbekämpfungsvorschriften. Schließlich muss die Aktionärsstruktur transparent gestaltet und die indirekten oder direkten Aktionäre ermittelbar sein. In der Praxis werden oft größere Fondsinitiatoren als Referenzaktionäre und Bürgen für die Seriosität/Machbarkeit des angestrebten Projekts auftreten. 117

Die Mitglieder des Verwaltungsorgans der Verwaltungsgesellschaft müssen ihre persönliche Zuverlässigkeit und ihre fachliche Eignung im Rahmen des Zulassungsverfahrens nachweisen. 118

Die Regelungen über Verwaltungsgesellschaften für nicht-richtlinienkonforme Fonds sind im 16. Kapitel des Gesetzes von 2010 (Artt. 125 und 126) niedergelegt. Der Umfang der Genehmigung ist negativ formuliert und umfasst die Verwaltung von allen OGAs, die nicht OGAW sind. Darüber hinaus enthalten Artt. 125 und 126 detaillierte Tätigkeitskataloge. Die zusätzlichen allgemeinen Anforderungen ähneln denen der Kapitel-15-Verwaltungsgesellschaften. 119

bbb) AIFM-Zulassung. Die Verwaltung eines alternativen Investmentfonds kann gem. Art. 4 Abs. 1 des Gesetzes von 2013 sowohl intern als auch extern durchgeführt werden. Eine interne Verwaltung ist möglich, wenn die Gesellschaftsform des AIF eine interne Verwaltung vorsieht und wenn das Verwaltungsorgan des AIF keine externen Verwalter bestimmt. In diesem Falle ist der AIF selbst als AIFM anzusehen. Externe Verwalter müssen über ein Mindestkapital von EUR 125 000 verfügen, wohingegen interne Verwalter ein Mindestkapital von mindestens EUR 300 000 vorweisen müssen, welches jedoch bei einem Portfoliowert des AIFs, welcher EUR 250 000 000 übersteigt, um 0,02% des überschüssigen Betrages bis zu einem Höchstbetrag von EUR 10 000 000 erhöht werden muss. Bis zu 50% der zusätzlichen Eigenmittel können ersatzweise durch entsprechende Versicherungspolicen abgedeckt werden. 120

Der AIFM darf gewisse Aufgaben delegieren, muss aber wesentliche Aufgaben im Rahmen des Portfolio- und Risikomanagements selbst durchführen, um nicht als Briefkastenfirma (sog. *Letterbox entity*) im Sinne der AIFM-RL angesehen zu werden. Als weitere Substanzanforderungen muss der AIFM über mindestens zwei leitende Angestellte in Luxemburg verfügen. 121

Ein AIFM ist von der Zulassungspflicht befreit und muss sich lediglich bei der CSSF registrieren lassen sowie ein jährliches Reporting sicherstellen, wenn das vom AIFM verwaltete Vermögen gewisse Schwellenwerte nicht übersteigt. 122

Die Zulassung als AIFM kann mit einer Kapitel-15-Zulassung oder einer Kapitel-16-Zulassung kumuliert werden. 123

bb) Zulassungsverfahren für Verwaltungsgesellschaften – Wie ist das Zulassungsverfahren für die unterschiedlichen Verwaltungsgesellschaften ausgestaltet? 124

---

[118] Inhaberaktien dürften ohnehin in absehbarer Zeit infolge eines kürzlich vorgelegten Gesetzesentwurfs an Relevanz verlieren bzw. in ihrer Funktionsweise den Namensaktien angenähert werden.

C. Luxemburg

Der Antrag auf Zulassung muss ua folgende Informationen enthalten: Darlegung der Gründe für eine Errichtung in Luxemburg, einen Businessplan, welcher mindestens die ersten drei Jahre abdeckt, eine schriftlich abgefasste Prozedur zur Behandlung von Interessenkonflikten gem. Artt. 109 (1) und 111 des Gesetzes von 2010, die Festlegung einer Vergütungspolitik gem. Rundschreiben 10/437,[119] Passkopien der Mitglieder des Verwaltungsorgans oder, im Falle der Wahrnehmung der Verwaltungsfunktion durch eine juristische Person, Satzung und Jahresabschlüsse der letzten drei Jahre und die Benennung des zu bestellenden Wirtschaftsprüfers. Für Kapitel-15-Verwaltungsgesellschaften und AIFM fällt eine einmalige Bearbeitungsgebühr iHv EUR 10 000 an und für Kapitel-16-Verwaltungsgesellschaften eine Bearbeitungsgebühr iHv EUR 5 000.[120] Nach Zulassung kann die Verwaltungsgesellschaft sofort ihre Tätigkeit aufnehmen.

125 Im Fall der AIFM-Genehmigung gilt diese als erteilt, wenn sie nicht innerhalb von drei Monaten beschieden wurde. Allerdings kann diese Frist durch die CSSF um drei weitere Monate verlängert werden.

c) Zulassungserfordernis und -verfahren für sonstige Dienstleister

126 **aa) Zulassungserfordernis und -voraussetzungen für sonstige Dienstleister – Welche Zulassungserfordernisse und -voraussetzungen finden auf die unterschiedlichen Dienstleister Anwendung?** Investmentmanager[121] oder -berater bedürfen keiner formellen Genehmigung durch die CSSF, um ihrer Tätigkeit nachzugehen. Nichtsdestotrotz sind Kopien der Verträge, welche die Beziehungen zwischen dem Investmentmanager oder -berater und dem Fonds regeln, der CSSF im Rahmen des Genehmigungsverfahrens zu übermitteln.

127 Darüber hinaus setzen die einschlägigen Produktgesetze gewisse Dienstleister voraus. Dazu gehören insbesondere die Verwahrstelle, der Abschlussprüfer und die Zentralverwaltung, wobei für letztere ein gruppeninterner Befreiungstatbestand existiert. Das Gesetz vom 5.4.1993 über die Gewerbetreibende des Finanzsektors (*professionnels du secteur financier* oder PSF) sieht noch weitere genehmigungspflichtige Tätigkeiten, welche für Investmentfonds relevant sein können, vor. Neben gewissen Typen von Anlageberatern gehören seit kurzem auch die sogenannten Family Offices dazu.

128 Ebenso wie bei Verwaltungsgesellschaften müssen qualifizierte Beteiligungen an einem PSF offengelegt werden. Gesellschafter, welche eine qualifizierte Beteiligung halten, müssen vergleichbare Kriterien erfüllen wie die einer Verwaltungsgesellschaft. Dazu gehören berufliches Ansehen des Aktionärs, berufliches Ansehen und berufliche Erfahrung der Personen, welche den PSF nach Zulassung leiten werden, finanzielle Solidität/Bonität der Aktionäre, Beachtung der aufsichtsrechtlichen Bestimmungen innerhalb der Unternehmensgruppe und die Einhaltung der einschlägigen Geldwäsche- und Terrorismusbekämpfungsvorschriften.

129 Je nach Tätigkeit stellt das Gesetz unterschiedliche Anforderungen an Gesellschaftsform und Kapital, welches zwischen EUR 50 000 und EUR 125 000 betragen muss. Auch PSF müssen ihren Gesellschaftssitz in Luxemburg haben und eine ihrer Tätigkeit angepasste Infrastruktur nachweisen.

130 Der Antragsteller bzw. seine Vertreter müssen ihr berufliches Ansehen bzw. eine einwandfreie Geschäftstätigkeit nachweisen können. Zu diesem Zwecke kann die CSSF im Rahmen des Zulassungsverfahrens auch Kontakt mit dem Antragsteller aufnehmen, um sich persönlich von der Geeignetheit des Antragstellers zu überzeugen. Im Falle einer Benennung von natürlichen Personen muss die tägliche Geschäftsführung mindestens

---

[119] Elektronisch abrufbar unter: http://www.cssf.lu/fileadmin/files/Lois_reglements/Circulaires/Hors_blanchiment_terrorisme/cssf10_437.pdf.

[120] Siehe dazu großherzogliche Verordnung vom 29. September 2012, elektronisch abrufbar unter: http://www.cssf.lu/fileadmin/files/Lois_reglements/Legislation/Reglements/RGD_290912_taxes_CSSF_upd180213.pdf.

[121] Sofern sie nicht in den Anwendungsbereich des Gesetzes von 1993 fallen.

zwei natürlichen Personen anvertraut sein, welche entweder ihren Wohnsitz in Luxemburg haben oder ihre persönliche Anwesenheit in Luxemburg zur Durchführung ihrer Tätigkeit zu jeder Zeit gewährleisten können. Über diese Mindestanforderung hinaus können zusätzliche Geschäftsführer, welche die vorgenannten Kriterien nicht erfüllen, ernannt werden.

Schliesslich müssen die für die PSF zu erstellenden Jahresabschlüsse von einem zugelas- 131
sen Wirtschaftsprüfer geprüft werden.

bb) Zulassungsverfahren für sonstige Dienstleister – Wie ist das Zulassungs- 132
verfahren für die unterschiedlichen Dienstleister ausgestaltet? Die Einzelheiten zum Zulassungsverfahren für PSF sind in den Artt. 13 bis 23 des Gesetzes von 1993 geregelt. Grundsätzlich gibt es drei Kategorien von PSF: Investmentgesellschaften (Artt. 24 bis 24-9), spezialisierte PSF (Artt. 13 und 25 bis 28-10) und (unterstützende) Dienstleistungs-PSF (Artt. 29-1 bis 29-4). Zur erstgenannten Kategorie gehören zB Anlageberater, Makler, Market makers, Emissionsbanken, wohingegen die meisten von Gesetzes wegen obligatorischen Fondsdienstleister, wie etwa Domizilierungsagenten oder berufsmäßige Verwahrstellen in der zweiten Gruppe anzusiedeln sind. Die Kategorie der Dienstleister-PSF *(PSF de support)* umfasst ua Kundenkommunikationsstellen *(agents de communication à la clientèle)* und Verwaltungsstellen des Finanzsektors. Ausgenommen vom Anwendungsbereich sind ua Gesellschaften, welche ausschließlich gruppeninterne Dienstleistungen erbringen, SIFs, SICARs und ihre jeweiligen Verwaltungsorgane bzw. Geschäftsleiter.

Der Antrag auf Zulassung ist an das Finanzministerium zu stellen. Die Zulassung erfolgt 133
erst nach Prüfung des Antrags durch die CSSF und ggf. dem Versicherungskommissariat *(Commissariat aux Assurances)*, falls die Tätigkeit versicherungsrelevante Aspekte beinhaltet. Grundsätzlich können auch Zulassungen hinsichtlich mehrerer Tätigkeiten von ein und demselben Antragsteller ersucht werden. Der Zulassungsantrag muss ua die folgenden Informationen beinhalten: Organigramm und Darstellung der Unternehmensgruppe (einschließlich Jahresabschlüsse der drei letzten Geschäftsjahre), Darstellung der Gesellschaft und Gründe für eine Errichtung in Luxemburg, Auflistung und ggf. Beschreibung der Tätigkeiten, für welche eine Zulassung beantragt wird, Umfang der avisierten Tätigkeit und Kundenkreis, Businessplan für die ersten drei Jahre der Tätigkeit, Angaben zur Aktionärsstruktur, Zusammensetzung des Verwaltungsorgans (Erklärungen der zukünftigen Mitglieder der Verwaltungsorgane bezüglich ihrer persönlichen Zuverlässigkeit, deren unterschriebene und datierte Lebensläufe, Passkopien und Auszug aus dem Vorstrafenregister), Satzungsentwurf, zu verwendende Vertragsmuster, Angaben zum Abschlussprüfer und internem Aufsichtsorgan, Beschreibung der Infrastruktur und entsprechender Daten-/Notfallwiederherstellung *(Disaster Recovery Plan)* sowie interne Vorgaben zur Geldwäsche- und Terrorismusbekämpfung.

Die Bescheidung soll in der Regel unter Angaben von Gründen innerhalb von sechs 134
Monaten ab Eingang des Antrags auf Zulassung erfolgen, aber in jedem Falle innerhalb von zwölf Monaten, da ansonsten die Nichtbescheidung als Ablehnung anzusehen ist. Für die Bearbeitung des Zulassungsantrags fällt eine Pauschalgebühr iHv € 3 250 an.

4. Vertrieb

a) Allgemein

Der grenzüberschreitende Vertrieb von luxemburgischen Fondsanteilen ist der Regelfall, 135
so dass entsprechende Erwägungen von Initiatoren bereits vor Auflegung des Fonds angestellt werden. Ein rein inländischer Vertrieb ist aufgrund der geografischen und demografischen Besonderheiten Luxemburgs nicht praxisrelevant. Bei den anzustellenden Vertriebserwägungen werden also avisierte Anlegertypen und die jeweiligen Zielländer eine zentrale Rolle einnehmen.

b) **Vertrieb an institutionelle Investoren und Privatanleger – Was ist bei einem Vertrieb von Fondsanteilen an institutionelle/ professionelle Investoren und Privatanleger zu beachten?**

136   Grundsätzlich eignen sich bestimmte Fondsprodukte nur für bestimmte Anlegertypen. So können zB Anteile an einem OGAW nur an Privatanleger vertrieben werden, wohingegen SIFs und SICARs ausschließlich sachkundigen (regelmäßig aber nicht zwingend institutionellen) Investoren vorbehalten sind. Der rechtliche Rahmen der Vertriebsmodalitäten an sachkundige Anleger ist gesetzlich nicht ausdrücklich geregelt. Allerdings darf ein solcher Vertrieb nicht an die Öffentlichkeit bzw. ein breites Publikum erfolgen. Es gilt also die sich aus dem Umkehrschluss zu einem öffentlichen Angebot gem. dem Gesetz von 2005[122] ergebenden Bedingungen für eine Privatplatzierung zu beachten. Eine Anzeige oder Registrierung ist grundsätzlich nicht erforderlich, wobei sich je nach Struktur spezialgesetzliche übergeordnete Anzeige- oder Registrierungspflichten ergeben können, wie zB durch das Gesetz von 2013.

137   **aa) Privatplatzierung nach derzeitigem Stand: Zusammenspiel mit AIFM-RL und Transparenz-/Prospektrichtlinie – Ist es derzeit möglich im Rahmen eines nichtöffentlichen Angebots Fondsanteile zu vertreiben?** Art. 45 des Gesetzes von 2013 regelt den Vertrieb an professionelle Anleger[123] durch Drittstaaten-AIFMs ohne AIFM-Pass. Dies setzt voraus, dass bestimmte Mindestvoraussetzungen unter dem Gesetz von 2013 eingehalten werden, Kooperationsvereinbarungen mit den betroffenen Drittstaaten bestehen und der Drittstaat nicht auf der schwarzen Liste der FATF steht.

138   Ein Vertrieb von Anteilen eines AIF an Privatanleger durch zugelassene AIFM ist in Artikel 46 des Gesetzes von 2012 niedergelegt. Dieser setzt wiederum voraus, dass der AIF in seinem Herkunftsstaat der Aufsicht einer Finanzbehörde unterliegt, welche den Anlegerschutz bezweckt und einen mit der CSSF vergleichbaren Aufsichtsstandard gewährleistet.[124] Letzteres wird durch einen angemessenen Austausch und Koordination zwischen den Aufsichtsbehörden sichergestellt.

139   **bb) Aus AIFM-Umsetzung resultierende Änderungen/Übergangsvorschriften – Welche sich aus der AIFM-RL-Umsetzung ergebenden Änderungen sind zu beachten?** Die wesentlichen Übergangsvorschriften und Bestandsschutzbestimmungen der AIFM-RL finden sich auch im Gesetz von 2013 wieder. Der bislang existierende ungeschriebene Rechtsrahmen für Privatplatzierungen wird voraussichtlich gem. Art. 58(5) des Gesetzes von 2013 Ende 2018 auslaufen.

c) **Vertriebszulassung vs. -anzeige – Wann muss der Vertrieb genehmigt sein und wann genügt eine bloße Anzeige des Vertriebs in Luxemburg?**

140   **aa) OGAW.** Bei einem Vertrieb von Anteilen eines OGAW eines anderen Mitgliedsstaates in Luxemburg muss dieser dafür Sorge tragen, dass die zuständige Aufsichtsbehörde des Herkunftsstaates der CSSF die in Art. 93 Abs. 1 und 2 der OGAW-Richtlinie enthaltenen Information sowie eine Bestätigung, dass der OGAW die von der OGAW-Richtlinie gestellten Anforderungen erfüllt, übermittelt. Rechtliche oder tatsächliche Änderungen, welche einen Einfluss auf den Inhalt der von der Behörde des Herkunftsstaates erfolgten Anzeige haben, müssen der CSSF unmittelbar von dem OGAW (auf elektronischem Wege) mitgeteilt werden.

141   **bb) AIFM.** Bei einem Vertrieb von Anteilen eines EU-AIF in Luxemburg durch einen luxemburgischen AIFM ist eine Anzeige gegenüber der CSSF erforderlich gem. Art. 29 des

---

[122] Mit diesem Gesetz wurde die sog. Prospektrichtlinie (2003/71/EG vom 4. November 2003) in luxemburgisches Recht umgesetzt.

[123] Dieser Begriff ist in Annex II der MiFID-Richtlinie (2004/39/EG vom 21. April 2004) definiert.

[124] Für Luxemburg AIF wird dies bei Teil-II-Fonds vermutet.

Gesetzes von 2013, welcher Art. 31 der AIFM-RL umsetzt. Die Anzeige muss die in Annex III des Gesetzes von 2013 vorgesehenen Angaben enthalten wie zB die Satzung oder Regelungen des AIF, Angaben zur Verwahrstelle des AIF, Angaben zu Informationen, welche Investoren zugänglich sind, Angaben zum Master-Fonds im Falle einer Master-Feeder-Struktur, sonstige Angaben gem. Art. 21(1) des Gesetzes von 2013 und, falls anwendbar, angewandte Vorkehrungen, um den Vertrieb an Privatanleger zu vermeiden.

Innerhalb von zwanzig Tagen nach Eingang der Anzeige wird die CSSF dem AIFM mitteilen, ob mit dem Vertrieb begonnen werden kann. 142

Ein Vertrieb von Anteilen eines EU-AIF durch einen nicht-luxemburgischen AIFM in Luxemburg setzt die Benachrichtigung der CSSF durch die zuständige Behörde des Herkunftsstaates gem. Art. 31 des Gesetzes von 2013 voraus.[125] 143

cc) **EuVECA/EuSEF.** Wagniskapitalfonds haben die Möglichkeit, einen EuVECA-Pass und Fonds für soziales Unternehmertum, einen EuSEF-Pass zu beantragen.[126] Derzeit ist ein Gesetz in Planung, welches die Regelungen in luxemburgisches Recht umsetzt. Zwar ist die Umsetzung durch ein nationales Gesetz aus europarechtlicher Sicht nicht erforderlich, um die Anwendung der Verordnungen in Luxemburg zu gewährleisten, doch der Gesetzgeber beabsichtigt dadurch eine Vereinheitlichung des Rechtsrahmens für Venture-Capital-Fonds in Luxemburg, insbesondere mit Blick auf das bestehende SICAR-Regime.[127] Der Vertrieb von Anteilen im Anwendungsbereich der vorgenannten Verordnungen ist in den jeweiligen Artikel 14 ff. niedergelegt. Der Vertrieb darf nur an sachkundige Investoren im Sinne der jeweiligen Artikel 6 erfolgen. Der Pass gilt europaweit und eine zusätzliche Genehmigung oder Anzeige ist nicht erforderlich. 144

III. Steuerrechtliche Erwägungen

1. Besteuerung von Fondsvehikeln und Investoren – Welcher Besteuerung unterliegen die jeweiligen Fondsvehikel und ihre jeweiligen Investoren?

Luxemburger Investmentfonds unterliegen einer jährlichen Zeichnungssteuer *(taxe d'abonnement)* iHv 0,05 % des gesamten Nettoinventarwertes (zum Ende eines jeden Quartals) des jeweiligen Fonds,[128] wobei auf SIFs ein ermäßigter Steuersatz von 0,01 % Anwendung findet. Zudem finden die folgenden Besteuerungsarten keine Anwendung: Körperschaftssteuer, Vermögenssteuer, Gewerbesteuer und Quellensteuer.[129] SICARs, da keine Fonds im engeren Sinne, unterliegen weder einer Zeichnungssteuer noch einer Vermögenssteuer, dafür aber grundsätzlich der Körperschafts- und der Gewerbesteuer soweit sie als Kapitalgesellschaft aufgesetzt werden. 145

---

[125] Darüber hinaus hat die CSSF in ihren FAQs zum Gesetz von 2013 zu erkennen gegeben, dass der Vertrieb von Anteilen an AIFs in Luxemburg durch einen nicht-europäischen Verwalter von der CSSF zu genehmigen sei. Einzelheiten zum dem Genehmigungsverfahren sind derzeit nicht bekannt, obwohl in der Praxis wohl eher von einer Mitteilungspflicht auszugehen ist.

[126] Die Verordnungen sind jeweils elektronisch abrufbar unter: http://eur-lex.europa.eu/Lex UriServ/LexUriServ.do?uri=OJ:L:2013:115:0001:0017:DE:PDF und http://eur-lex.europa.eu/Lex UriServ/LexUriServ.do?uri=OJ:L:2013:115:0018:0038:DE:PDF.

[127] Insbesondere ist beabsichtigt, die im Gesetz von 2004 vorgesehene Pflicht zur Bestellung einer Verwahrstelle aufgrund der in der EuVECA-Verordnung vorgesehenen verstärkten Prüfpflichten abzubedingen.

[128] Gewisse Fonds mit spezifischen Anlagestrategien wie zB Mikrofinanzfonds, bestimmte Geldmarktfonds, ETFs oder Pensionsfonds, sind von der Zeichnungssteuer befreit.

[129] Dies gilt auch für Investmentfonds, welche in Form einer regulierten Verbriefungsgesellschaft aufgelegt sind, nicht jedoch für „einfache" Verbriefungsgesellschaften.

146 Luxemburg hat eine Vielzahl von Doppelbesteuerungsabkommen abgeschlossen.[130] Der FCP kommt in Ermangelung einer eigenen Rechtspersönlichkeit nicht in den Genuss von Doppelbesteuerungsabkommen, wohingegen zahlreiche (wenngleich nicht alle) Doppelbesteuerungsabkommen auf SICAVs und SICAFs anwendbar sind. In den Genuss von Doppelbesteuerungsabkommen kommen aus luxemburgischer Sicht in der Regel SICARs als Kapitalgesellschaften.

147 Luxemburger Pensionsfonds in Form einer ASSEP oder SEPCAV unterliegen grundsätzlich der Körperschafts- und der Gewerbesteuer, sind aber vermögenssteuerbefreit. Allerdings sind ASSEPs und Pensionsfonds, welche einer Aufsicht durch das *Commissariat aux Assurances* unterliegen, verpflichtet, abzugsfähige Rückstellungen vorzusehen, um zukünftige Ansprüche der Berechtigten abzudecken. SEPCAVs sind bezüglich ihres Einkommens aus Kapitalerträgen körperschaftssteuerbefreit.

148 Kapitalerträge und sonstiges durch die Beteiligung generiertes Einkommen von nicht in Luxemburg ansässigen Investoren unterliegen grundsätzlich keiner Besteuerung in Luxemburg. Eine Quellen- oder Kapitalertragssteuer wird in der Regel auf Ausschüttungen Luxemburger Fondsvehikel nicht vorgenommen. Eine Ausnahme besteht für OGAW bzw. alle sonstigen Fondstypen soweit sie als FCP oder spezielle Kommanditgesellschaft aufgesetzt werden. In diesen Fällen können Ausschüttungen und Rückkäufe in bestimmten Fällen als Zinsen im Sinne der EU Zinsertragsrichtlinie unqualifiziert werden. Luxemburg hat jedoch angekündigt im Rahmen der EU Zinsertragsrichtlinie ab 1. Januar 2015 auf den automatischen Informationsaustausch umzustellen.

149 In umsatzsteuerrechtlicher Hinsicht haben Fondsvehikel in Luxemburg den Status von „Unternehmern", denen aufgrund ihrer vollumfänglich umsatzsteuerbefreiten Umsätze kein Vorsteuerabzugsrecht zusteht. Aufgrund ihrer ausschließlich umsatzsteuerbefreiten Aktivitäten sind Fondsvehikel zudem nur dann verpflichtet, sich in Luxemburg unter einem vereinfachten Verfahren zur Umsatzsteuer zu registrieren, wenn sie umsatzsteuerpflichtige Leistungen aus dem Ausland beziehen, auf welche sie im Wege der Selbstveranlagung Luxemburger Umsatzsteuer anzuwenden haben (sog. *„Reverse Charge"* Verfahren).

150 Die Modernisierung der Bestimmungen zu den Kommanditgesellschaften erlaubt es nunmehr Strukturen aufzusetzen, die denen der in Deutschland bekannten Publikums-KGs aufzusetzen. Sowohl die einfache Kommanditgesellschaft als auch die durch das Gesetz von 2013 neu eingeführte spezielle Kommanditgesellschaft unterliegen voll dem steuerrechtlichen Transparenzprinzip, wohingegen auf die Kommanditgesellschaft auf Aktien das Trennungsprinzip Anwendung findet.

151 Das Gesetz von 2013 hat zudem eine wichtige Neuerung im Hinblick auf die auf nicht regulierte Kommanditgesellschaften anwendbare Geprägetheorie mit sich gebracht.[131] Zuvor wurde eine gewerbliche Tätigkeit einer einfachen Kommanditgesellschaft ungeachtet ihrer tatsächlichen Tätigkeit angenommen, wenn der Komplementär eine Kapitalgesellschaft war, ohne dass eine „Entprägung" der Kommanditgesellschaft nach deutschem Vorbild möglich war. Als Konsequenz färbte der gewerbliche Charakter des Komplementärs auf die Kommanditgesellschaft selbst ab, welche dementsprechend der Gewerbesteuerpflicht unterlag und die Gründung einer Betriebsstätte in Luxemburg von nichtansässigen Gesellschaftern angenommen wurde, sofern die Kommanditgesellschaft über eine feste Einrichtung in Luxemburg verfügte. Das Gesetz von 2013 hat nun die einfache und die spezielle Kommanditgesellschaft einer einheitlichen Regelung unterworfen, welche vorsieht, dass diese nur dann als gewerblich geprägt anzusehen sind, wenn der Komplementär eine luxemburgische Kapitalgesellschaft ist, mit einer Beteiligung von mindestens 5 % an einer der vorgenannten Kommanditgesellschaftstypen. Weiterhin wesentlich zu berücksich-

---

[130] Zum DBA Luxemburg-Deutschland, s. *Lauermann/Birker*, Investmentfonds im neuen DBA Luxemburg – ein Überblick, RdF 2013, 51.

[131] S. dazu *Neugebauer/Fort*, Die neue Kommanditgesellschaft und die Umsetzung der AIFM-Richtlinie in Luxemburg, IStR 2014, 247.

III. Steuerrechtliche Erwägungen

tigen sein wird bei der steuerlichen Betrachtung sowohl von nicht regulierten Kommanditgesellschaftstypen als auch ihrer Gesellschafter die Tatsache, ob das Vehikel als originär gewerblich oder nicht einzuordnen ist.

Schließlich werden Herkunftsländer der jeweiligen Investoren und das Bestehen von etwaigen Doppelbesteuerungsabkommen bei der Strukturierung zu berücksichtigen sein. 152

2. Besteuerung der Fondsmanagement-Dienstleistungen – Welcher Besteuerung unterliegen Fondsmanagement-Dienstleistungen?

Grundsätzlich sind Management-Dienstleistungen, welche gegenüber Fondsvehikeln erbracht werden, von der Umsatzsteuer befreit.[132] Dabei ist das Konzept von Management-Dienstleistungen in Luxemburg weit auszulegen. So fallen nicht nur Verwaltungstätigkeiten ieS in den Anwendungsbereich von umsatzsteuerbefreiten Management-Dienstleistungen, sondern auch (Anlage-)Beratungsdienstleistungen.[133] 153

Neuerungen in der Umsatzbesteuerung hat das Gesetz von 2013 mit sich gebracht. Demzufolge bleiben Management-Dienstleistungen, welche an existierende Fondstypen, wie zB OGAW, SIFs, SICARs, ASSEPs, SEPCAVs, Pensionsfonds und Verbriefungsgesellschaften erbracht werden, von der Umsatzsteuer befreit. Darüber hinaus wird der Anwendungsbereich auf vergleichbare Fondsvehikel in andern Mitgliedstaaten erweitert. Schließlich stellt das Gesetz von 2013 klar, dass die Umsatzsteuerbefreiung für Management-Dienstleistungen auch auf die Verwaltung von alternativen Investmentfonds Anwendung findet. 154

Die Umsatzsteuerbefreiung erstreckt sich dabei auch auf solche Verwaltungstätigkeiten, welche durch die Verwaltungsgesellschaft oder den AIFM auf Dritte übertragen wurden. Allerdings ist hierfür Voraussetzung, dass die erbrachten Leistungen *„ein im Großen und Ganzen eigenständiges Ganzes bilden und für die Verwaltung von Sondervermögen durch Kapitalanlagegesellschaften spezifisch und wesentlich sind".*[134] Dieser Grundsatz wurde durch die zuständigen Luxemburger Behörden mittels Rundschreiben 723 und 723bis in die Luxemburger Verwaltungspraxis eingeführt. Darüber hinaus wurde kürzlich Rundschreiben 723ter[135] veröffentlicht, welches klarstellt, dass auch das in der Praxis wichtige fondsspezifische Risikomanagement zu den umsatzsteuerbefreiten Management-Dienstleistungen zählt. 155

Zuletzt können auch die von einem Dritten erbrachten Vermittlungstätigkeiten beim Vertrieb von Fondsanteilen von der Umsatzsteuer befreit sein, soweit sie die Anforderungen des Art. 44 Abs. 1 lit. c) des Luxemburger UStG erfüllen, dem Dritten mithin die Rolle eines aktiven Vermittlers zwischen dem Fondsvehikel und potentiellen Investoren zukommt. Passive Tätigkeiten, wie das Beschaffen von Kontaktdaten potentieller Investoren, das Werben für den Fonds oder die bloße Verbreitung von Informationen zum Fonds reichen hierzu nicht aus. 156

Mit Umsetzung der AIFM-Richtlinie in nationales Recht, wurde auch das Konzept von *Carried Interest* in das luxemburgische Einkommensteuerrecht eingeführt. *Carried Interest*-Ausschüttungen an Angestellte einer Verwaltungsgesellschaft können nunmehr einer vorteilhafteren Besteuerung unterliegen. Das Gesetz von 2013 sieht hierfür einen ermäßigten Höchststeuersatz für Personen vor, welche nach Luxemburg gezogen sind und in den Fünf-Jahres-Zeitraum vor 2013 keiner Besteuerung in Luxemburg unterlagen. Die Anwendbarkeit dieser Regelung ist zunächst auf eine Dauer von elf Jahren begrenzt. 157

---

[132] Zurückhaltung ist allerdings angezeigt bei Investmentfonds, in den das Kapitalvermögen verschiedener Altersversorgungssysteme zum Zweck der Vermögensanlage zusammengelegt wird, nach dem EuGH-Urteil vom 7.3.2013 (C-424/11 – Wheels Common Investment Fund Trustees).
[133] Zuletzt vom EuGH bestätigt in seinem Urteil vom 7.3.2013 (C-275/11 – GfBK Gesellschaft für Börsenkommunikation GmbH).
[134] EuGH Urteil vom 4.5.2006 (C-169/04 – Abbey National).
[135] Elektronisch abrufbar unter (in der französischen Originalfassung): http://www.aed.public.lu/actualites/2013/11/fcp_gestion_risque/Circ_723ter_07_nov_2013.pdf.

IV. Normentexte*

1. Gesetz vom 17.12.2010 über Organismen für gemeinsame Anlagen

Gesetz vom 17. Dezember 2010 über Organismen für gemeinsame Anlagen

Konsolidierte Fassung vom 15. Juli 2013

Einführung

Definitionen

Art. 1. Für die Zwecke dieses Gesetzes gelten folgende Definitionen:
(1) „zuständige Behörden": die Behörden, die jeder Mitgliedstaat gemäß Artikel 97 der Richtlinie 2009/65/EG als solche bezeichnet. Die in Luxemburg für die Aufsicht über Organismen für gemeinsame Anlagen und Verwaltungsgesellschaften zuständige Behörde ist die CSSF;

(2) „Verwahrstelle": ein Kreditinstitut, welches mit der Durchführung der in den Artikeln 17, 18, 33 und 34 genannten Aufgaben dieses Gesetzes betraut ist;

(3) „Anfangskapital": ist das in Artikel 57 Buchstaben a) und b) der Richtlinie 2006/48/EG genannte Kapital,[1]

(4) „CSSF": die *Commission de Surveillance du Secteur Financier;*

(5) „Richtlinie 78/660/EWG": die geänderte Richtlinie 78/660/EWG des Rates vom 25. Juli 1978 aufgrund von Artikel 54 Absatz 3 Buchstabe g) des Vertrages über den Jahresabschluss von Gesellschaften bestimmter Rechtsformen;

(6) „Richtlinie 83/349/EWG": die geänderte Richtlinie 83/349/EWG des Rates vom 13. Juni 1983 aufgrund von Artikel 54 Absatz 3 Buchstabe g) des Vertrages über den konsolidierten Abschluss;

(7) „Richtlinie 97/9/EG": die Richtlinie 97/9/EG des Europäischen Parlaments und des Rates vom 3. März 1997 über Systeme für die Entschädigung der Anleger;

(8) „Richtlinie 2004/39/EG": die Richtlinie 2004/39/EG des Europäischen Parlaments und des Rates vom 21. April 2004 über Märkte für Finanzinstrumente;

(9) „Richtlinie 2006/48/EG": die Richtlinie 2006/48/EG des Europäischen Parlaments und des Rates vom 14. Juni 2006 über die Aufnahme und Ausübung der Tätigkeit der Kreditinstitute;

(10) „Richtlinie 2006/49/EG": die Richtlinie 2006/49/EG des Europäischen Parlaments und des Rates vom 14. Juni 2006 über die angemessene Eigenkapitalausstattung von Wertpapierfirmen und Kreditinstituten;

(11) „Richtlinie 2009/65/EG": die Richtlinie 2009/65/EG des Europäischen Parlaments und des Rates vom 13. Juli 2009 zur Koordinierung der Rechts- und Verwaltungsvorschriften betreffend bestimmte Organismen für gemeinsame Anlagen in Wertpapieren (OGAW);

(11bis) „Richtlinie 2011/61/EU": die Richtlinie 2011/61/EU des Europäischen Parlaments und des Rates vom 8. Juni 2011 über die Verwalter alternativer Investmentfonds und zur Änderung der Richtlinien 2003/41/EG und 2009/65/EG und der Verordnungen (EG) Nr. 1060/2009 und (EU) Nr. 1095/2010;

---

* Deutsche Übersetzung der französischen Originaltexte. Für die Erstellung der Übersetzungen danken wir Arendt & Hedernach sowie Elvinger, Hoss & Pussen.

[1] Artikel 57, Buchstaben a) und b):
a) das Kapital im Sinne des Artikels 22 der Richtlinie 86/635/EWG, zuzüglich des Emissionsagiokontos, jedoch unter Ausschluss der kumulativen Vorzugsaktien;
b) die Rücklagen im Sinne des Artikels 23 der Richtlinie 86/635/EWG, sowie die unter Zuweisung des endgültigen Ergebnisses vorgetragenen Ergebnisse.

(12) „Mutterunternehmen": ein Unternehmen, welches die folgenden Rechte besitzt:
  a) es besitzt die Mehrheit der Stimmrechte der Aktionäre oder Gesellschafter eines Unternehmens; oder
  b) es besitzt das Recht, die Mehrheit der Mitglieder des Verwaltungs-, Leitungs- oder Aufsichtsorgans eines Unternehmens zu bestellen oder abzuberufen und ist gleichzeitig Aktionär oder Gesellschafter dieses Unternehmens; oder
  c) es besitzt das Recht, auf ein Unternehmen, dessen Aktionär oder Gesellschafter es ist, einen beherrschenden Einfluss aufgrund eines mit diesem Unternehmen geschlossenen Vertrages oder aufgrund einer Satzungsbestimmung dieses Unternehmens auszuüben, sofern das Recht, dem dieses Unternehmen unterliegt, es zulässt, dass es solchen Verträgen oder Satzungsbestimmungen unterworfen wird; oder
  d) es ist Aktionär oder Gesellschafter eines Unternehmens und verfügt aufgrund einer Vereinbarung mit anderen Aktionären oder Gesellschaftern dieses Unternehmens allein über die Mehrheit der Stimmrechte dieses Unternehmens; oder
  e) es kann einen beherrschenden Einfluss über ein anderes Unternehmen ausüben oder übt tatsächlich einen solchen Einfluss aus; oder
  f) es wird mit einem anderen Unternehmen unter einer einheitlichen Leitung zusammengefasst;
(13) „Mitgliedstaat":[2] ein Mitgliedstaat der Europäischen Union. Den Mitgliedstaaten der Europäischen Union gleichgestellt sind Vertragsstaaten des Abkommens über den Europäischen Wirtschaftsraum, mit Ausnahme der Mitgliedstaaten der Europäischen Union selbst, und innerhalb der Grenzen dieses Abkommens sowie damit zusammenhängender Rechtsakte;
(14) „Aufnahmemitgliedstaat eines OGAW": der Mitgliedstaat, der nicht der Herkunftsmitgliedstaat eines OGAW ist und in dem die Anteile des Investmentfonds bzw. der Investmentgesellschaft vertrieben werden;
(15) „Herkunftsmitgliedstaat eines OGAW": der Mitgliedstaat, in dem der Investmentfonds bzw. die Investmentgesellschaft gemäß Artikel 5 der Richtlinie 2009/65/EG zugelassen ist;
(16) „Aufnahmemitgliedstaat einer Verwaltungsgesellschaft": der Mitgliedstaat, der nicht Herkunftsmitgliedstaat ist und in dessen Hoheitsgebiet eine Verwaltungsgesellschaft eine Zweigniederlassung errichtet hat oder Dienstleistungen erbringt;
(17) „Herkunftsmitgliedstaat einer Verwaltungsgesellschaft": der Mitgliedstaat, in dem die Verwaltungsgesellschaft ihren Satzungssitz hat;
(18) „Tochterunternehmen": ein Unternehmen, im Hinblick auf welches einem Mutterunternehmen die unter Ziffer 12 aufgeführten Rechte zustehen. Jedes Tochterunternehmen eines Tochterunternehmens ist auch als Tochterunternehmen desjenigen Mutterunternehmens anzusehen, welches an der Spitze dieser Unternehmen steht;
(18bis) „Alternative Investmentfonds (AIF)": Organismen für gemeinsame Anlagen, einschließlich ihrer Teilfonds, gemäß Artikel 4 Absatz (1) Punkt a) der Richtlinie 2011/61/EU, die:
  a) von einer Anzahl von Anlegern Kapital einsammeln, um es gemäß einer festgelegten Anlagestrategie zum Nutzen dieser Anleger zu investieren und
  b) keine Genehmigung gemäß Artikel 5 der Richtlinie 2009/65/EG benötigen.
  In Luxemburg sind dies die alternativen Investmentfonds im Sinne des Artikels 1 Absatz (39) des Gesetzes vom 12. Juli 2013 über die Verwalter alternativer Investmentfonds.
(19) „Eigenmittel": Eigenmittel im Sinne von Titel V, Kapitel 2, Abschnitt 1 der Richtlinie 2006/48/EG. Zur Anwendung dieser Definition gelten die Artikel 13 bis 16 der Richtlinie 2006/49/EG sinngemäß;
(20) „Verschmelzung": eine Transaktion, bei der:
  a) ein oder mehrere OGAW oder Teilfonds eines OGAW, nachfolgend der „übertragende OGAW", bei ihrer Auflösung ohne Abwicklung sämtliche Vermögenswerte und Verbindlichkeiten, auf einen anderen bestehenden OGAW oder einen Teilfonds dieses OGAW, nachfolgend der „übernehmende OGAW", übertragen und ihren Anteilinhabern dafür Anteile des übernehmenden OGAW, sowie gegebenenfalls eine Barzahlung in Höhe von maximal 10 % des Nettoinventarwertes dieser Anteile, gewähren;
  b) mindestens zwei OGAW oder Teilfonds eines OGAW, nachfolgend die „übertragenden OGAW", bei ihrer Auflösung ohne Abwicklung sämtliche Vermögenswerte und Verbindlich-

---

[2] Die Richtlinie 2009/65/EG enthält keine Definition des Begriffs „Mitgliedstaat". In Anwendung der Grundsätze des europäischen Unionsrechts sind Mitgliedstaaten die Staaten der Europäischen Union.

keiten auf einen von ihnen gegründeten OGAW oder einen Teilfonds dieses OGAW, nachfolgend der „übernehmende OGAW", übertragen und ihren Anteilinhabern dafür Anteile des übernehmenden OGAW sowie gegebenenfalls eine Barzahlung in Höhe von maximal 10 % des Nettoinventarwertes dieser Anteile gewähren;
  c) ein oder mehrere OGAW oder Teilfonds eines OGAW, nachfolgend der „übertragende OGAW", die weiter bestehen bis sämtliche Verbindlichkeiten getilgt sind, ihr Nettovermögen auf einen anderen Teilfonds desselben OGAW, auf einen von ihnen gegründeten OGAW oder auf einen anderen bestehenden OGAW oder einen Teilfonds dieses OGAW, nachfolgend der „übernehmende OGAW", übertragen;

(21) „grenzüberschreitende Verschmelzung": eine Verschmelzung von OGAW:
  a) von denen mindestens zwei in unterschiedlichen Mitgliedstaaten niedergelassen sind oder
  b) die in demselben Mitgliedstaat niedergelassen sind, durch Neugründung eines OGAW, der in einem anderen Mitgliedstaat errichtet wird.

(22) „inländische Verschmelzung": die Verschmelzung von OGAW, die im selben Mitgliedstaat niedergelassen sind, wenn mindestens einer der betroffenen OGAW gemäß Artikel 93 der Richtlinie 2009/65/EG gemeldet wurde;

(22bis) „Verwaltung von AIF": die Erbringung zumindest der in Anhang I Punkt 1 Buchstaben a) oder b) der Richtlinie 2011/61/EU genannten Anlageverwaltungsfunktionen für einen oder mehrere AIF;

(22ter) „AIFM": die juristischen Personen, deren reguläre Geschäftstätigkeit darin besteht, einen oder mehrere AIF im Sinne von Artikel 4 Absatz (1) Punkt a) der Richtlinie 2011/61/EU zu verwalten. In Luxemburg sind dies die Verwalter alternativer Investmentfonds (AIFM) im Sinne des Artikels 1 Absatz (46) des Gesetzes vom 12. Juli 2013 über Verwalter alternativer Investmentfonds;

(23) „Geldmarktinstrumente": Instrumente, die üblicherweise auf dem Geldmarkt gehandelt werden, liquide sind und deren Wert jederzeit genau bestimmt werden kann;

(24) „enge Verbindungen": eine Situation, in der zwei oder mehr natürliche oder juristische Personen verbunden sind durch
  a) eine „Beteiligung", d. h. das direkte Halten oder das Halten im Wege der Kontrolle von mindestens 20 % des Kapitals oder der Stimmrechte an einem Unternehmen oder
  b) eine „Kontrolle", d. h. das Verhältnis zwischen einem „Mutterunternehmen" und einem „Tochterunternehmen" im Sinne der Artikel 1 und 2 der Siebten Richtlinie 83/349/EWG des Rates vom 13. Juni 1983 aufgrund von Artikel 54 Absatz 3 Buchstabe g) des Vertrags über den konsolidierten Abschluss und in allen Fällen des Artikels 1 Absätze 1 und 2 der Richtlinie 83/349/EWG oder ein ähnliches Verhältnis zwischen einer natürlichen oder juristischen Person und einem Unternehmen.
  In diesem Zusammenhang gelten folgende Bestimmungen:
  – jedes Tochterunternehmen eines Tochterunternehmens ist ebenfalls als Tochterunternehmen desjenigen Mutterunternehmens anzusehen, das an der Spitze dieser Unternehmen steht;
  – eine Situation, in der mindestens zwei natürliche oder juristische Personen mit ein und derselben Person durch ein Kontrollverhältnis dauerhaft verbunden sind, gilt ebenfalls als enge Verbindung zwischen diesen Personen;

(24bis) „Gesetz vom 12. Juli 2013 über die Verwalter alternativer Investmentfonds": das Gesetz vom 12. Juli 2013 über die Verwalter alternativer Investmentfonds zur Umsetzung der Richtlinie 2011/61/EU des Europäischen Parlaments und des Rates vom 8. Juni 2011 über die Verwalter alternativer Investmentfonds und zur Änderung der Richtlinien 2003/41/EG und 2009/65/EG und der Verordnungen (EG) Nr. 1060/2009 und (EU) Nr. 1095/2010;

(25) „OGA": Organismus für gemeinsame Anlagen;

(26) „OGAW": Organismus für gemeinsame Anlagen in Wertpapieren, welcher der Richtlinie 2009/65/EG unterliegt;

(27) „Anteile": Anteile eines Organismus in vertraglicher Form (von einer Verwaltungsgesellschaft verwalteter Investmentfonds) sowie Aktien eines Organismus in der Form einer Gesellschaft (Investmentgesellschaft);

(28) „qualifizierte Beteiligung an einer Verwaltungsgesellschaft": eine direkte oder indirekte Beteiligung an einer Verwaltungsgesellschaft in Höhe von mindestens 10 % des Kapitals oder der Stimmrechte in Übereinstimmung mit Artikel 8 und 9 des Gesetzes vom 11. Januar 2008 über die Transparenzanforderungen sowie den in Artikel 11 Absätzen (4) und (5) dieses Gesetzes ge-

nannten Bedingungen zur Zurechnung von Stimmrechten, oder jede andere Möglichkeit zur Ausübung von maßgeblichem Einfluss auf die Geschäftsführung des Unternehmens;
(29) „Drittland": ein Staat, der kein Mitgliedstaat ist;
(30) „Anteilinhaber": Anteilinhaber eines Organismus in vertraglicher Form (von einer Verwaltungsgesellschaft verwalteter Investmentfonds) sowie Aktionäre eines Organismus in der Form einer Gesellschaft (Investmentgesellschaft);
(31) „SICAV": Investmentgesellschaft mit variablem Kapital;
(32) „Zweigniederlassung": eine Niederlassung, die rechtlich Teil einer Verwaltungsgesellschaft ist, aber keine eigene Rechtspersönlichkeit hat und Dienstleistungen erbringt, für die der Verwaltungsgesellschaft eine Zulassung erteilt wurde. In diesem Zusammenhang gelten alle Standorte, die in ein und demselben Mitgliedstaat von einer Verwaltungsgesellschaft, die ihre Hauptverwaltung in einem anderen Mitgliedstaat hat, errichtet werden, als eine einzige Niederlassung;
(33) „dauerhafter Datenträger": jedes Medium, das es einem Anleger gestattet, an ihn persönlich gerichtete Informationen derart zu speichern, dass der Anleger sie in der Folge für eine für die Zwecke der Informationen angemessene Dauer einsehen kann, und das die unveränderte Wiedergabe der gespeicherten Informationen ermöglicht;
(34) „Wertpapiere"[3]
- Aktien und andere Aktien gleichwertige Wertpapiere („Aktien"),
- Schuldverschreibungen und sonstige verbriefte Schuldtitel („Schuldtitel"),
- alle anderen marktfähigen Wertpapiere, die zum Erwerb von Wertpapieren durch Zeichnung oder Austausch berechtigen.

In diesem Zusammenhang gelten die Techniken und Instrumente im Sinne von Artikel 42 dieses Gesetzes nicht als Wertpapiere.

Teil I. OGAW

1. Kapitel – Allgemeine Bestimmungen und Anwendungsbereich

Art. 2. (1) Die Bestimmungen dieses Teils des Gesetzes sind auf alle in Luxemburg niedergelassenen OGAW anzuwenden.

(2) Vorbehaltlich der Bestimmungen in Artikel 3 gelten als OGAW alle Organismen,
- deren ausschließlicher Zweck darin besteht, beim Publikum beschaffte Mittel für gemeinsame Rechnung nach dem Grundsatz der Risikostreuung in Wertpapiere und/oder in andere liquide Finanzanlagen im Sinne von Artikel 41 Absatz (1) dieses Gesetzes anzulegen und
- deren Anteile auf Verlangen der Anteilinhaber unmittelbar oder mittelbar zu Lasten des Vermögens dieser Organismen zurückgenommen oder ausgezahlt werden.[4] Der Rücknahme gleichgestellt sind Handlungen, mit denen ein OGAW sicherstellen will, dass der Börsenkurs seiner Anteile nicht wesentlich von deren Nettoinventarwert abweicht.

(3) Die besagten Organismen können Vertragsform (als von einer Verwaltungsgesellschaft[5] verwaltete Investmentfonds)[6] oder Satzungsform (als Investmentgesellschaften)[7] haben.

(4) Diesem Teil dieses Gesetzes unterliegen nicht die Investmentgesellschaften, deren Vermögen über Tochtergesellschaften hauptsächlich in anderen Vermögensgegenständen als Wertpapieren oder anderen liquiden Finanzanlagen im Sinne von Artikel 41 Absatz (1) dieses Gesetzes angelegt wird.

(5) Den Bestimmungen dieses Teils dieses Gesetzes unterliegende OGAW dürfen nicht in Organismen für Anlagen umgewandelt werden, welche nicht den Bestimmungen der Richtlinie 2009/65/EG unterliegen.

---

[3] Im Gegensatz zur französischen und englischen Terminologie, die auf *valeurs mobilières* bzw. *transferable securities* Bezug nimmt, unterscheidet die deutsche Terminologie der Richtlinie 2009/65/EG nicht zwischen „übertragbaren" (im Sinne von liquiden, insbesondere weil börsengehandelten) und anderen Wertpapieren.

[4] Obgleich in der amtlichen deutschen Fassung der Richtlinie 2009/65/EG die Begriffe *Rücknahme oder Auszahlung* (auf Französisch: „retrait ou remboursement") verwendet werden, wird im französischen Originaltext des Gesetzes der Begriff *rachat* verwendet, der dem Begriff *Rückkauf* entspricht. In dieser Übersetzung wird jedoch in Anlehnung an die amtliche deutsche Fassung der Richtlinie 2009/65/EG der Begriff „Rücknahme" verwendet.

[5] *Société de gestion.*

[6] *Fonds commun de placement (FCP).*

[7] *Société d'investissement à capital variable ou à capital fixe (SICAV/SICAF).*

Art. 3. Diesem Teil des Gesetzes unterliegen nicht:
- OGAW des geschlossenen Typs,
- OGAW, die sich ihr Kapital beschaffen, ohne ihre Anteile beim Publikum innerhalb der Europäischen Union oder in einem Teil der Europäischen Union zu vertreiben,
- OGAW, deren Anteile aufgrund des Verwaltungsreglements[8] des Fonds oder der Gründungsunterlagen[9] nur an das Publikum von Ländern außerhalb der Europäischen Union verkauft werden dürfen,
- bestimmte, von der CSSF festgelegte Kategorien von OGAW, für welche die in Kapitel 5 niedergelegten Bestimmungen angesichts ihrer spezifischen Anlage- und Kreditpolitik ungeeignet sind.

Art. 4. Ein OGAW gilt als in Luxemburg niedergelassen, wenn dieser OGAW gemäß Artikel 129 dieses Gesetzes zugelassen ist.

2. Kapitel – Investmentfonds zur Anlage in Wertpapieren

Art. 5. Als Investmentfonds im Sinne dieses Teils dieses Gesetzes gilt jedes ungeteilte Vermögen von Wertpapieren und/oder von anderen liquiden Finanzanlagen im Sinne von Artikel 41 Absatz (1), das für Rechnung seiner Gesamthandseigentümer nach dem Grundsatz der Risikostreuung zusammengesetzt und verwaltet wird, wobei die Haftung der Gesamthandseigentümer auf ihre Einlage beschränkt ist und ihre Rechte in Anteilen verkörpert werden, die zum Vertrieb im Wege eines öffentlichen Angebotes oder einer Privatplatzierung bestimmt sind.

Art. 6. Der Investmentfonds haftet nicht für Verbindlichkeiten der Verwaltungsgesellschaft oder der Anteilinhaber; seine Haftung beschränkt sich auf die Verbindlichkeiten und Kosten, die in seinem Verwaltungsreglement ausdrücklich zu seinen Lasten aufgeführt sind.

Art. 7. Die Verwaltung eines Investmentfonds wird durch eine Verwaltungsgesellschaft im Sinne von Teil IV, Kapitel 15 dieses Gesetzes sichergestellt.

Art. 8. (1) Die Verwaltungsgesellschaft gibt Namensanteile, Inhaberanteile oder entmaterialisierte Anteile aus, die einen oder mehrere Anteile an dem von ihr verwalteten Investmentfonds verbriefen. Die Verwaltungsgesellschaft kann gemäß den im Verwaltungsreglement festgelegten Bedingungen schriftliche Zertifikate über den Eintrag der Anteile oder der – uneingeschränkt zulässigen - Anteilbruchteile ausgeben.

Die den Anteilbruchteilen zugeordneten Rechte werden im Verhältnis der jeweils gehaltenen Anteilbruchteile ausgeübt; dies gilt nicht für eventuelle Stimmrechte, die ausschließlich für ganze Anteile ausgeübt werden können. Inhaberanteile werden von der Verwaltungsgesellschaft und von der gemäß Artikel 17 bestellten Verwahrstelle unterzeichnet.

Vorerwähnte Unterschriften können in mechanisch reproduzierter Form geleistet werden.

(2) Das Eigentum an den Anteilen in Form von Namens- oder Inhaberanteilen sowie deren Übertragung richten sich nach den in Artikel 40 und 42 des geänderten Gesetzes vom 10. August 1915 über die Handelsgesellschaften[10] vorgesehenen Bestimmungen. Die Rechte an Anteilen, die auf einem Anteilkonto eingetragen werden, sowie deren Übertragung richten sich nach den im Gesetz über entmaterialisierte Anteile und dem Gesetz vom 1. August 2001 über den Wertpapierverkehr vorgesehenen Bestimmungen.

---

[8] In Luxemburg hat sich für die Vertragsbedingungen eines Investmentfonds in Angleichung an den französischen Begriff *règlement de gestion* die Bezeichnung „Verwaltungsreglement" eingebürgert.
[9] Satzung der Investmentgesellschaft.
[10] *Loi du 10 août 1915 concernant les sociétés commerciales;* der Text der Artikel 40 und 42 des Gesetzes vom 10. August 1915 über Handelsgesellschaften lautet in nichtamtlicher deutscher Übersetzung wie folgt:

Artikel 40. Das Eigentum an Namensaktien wird durch Eintrag in dem in vorstehendem Artikel beschriebenen Register begründet. Die Aktionäre erhalten Zertifikate, welche diesen Eintrag feststellen.

Die Abtretung erfolgt durch eine vom Zedenten und Zessionar oder von deren jeweiligem Handlungsbevollmächtigten datierte und unterschriebene Abtretungserklärung, die in nämlichem Register eingetragen wird sowie gemäß den in Artikel 1690 des Code civil für die Forderungsabtretung festgelegten Regelungen. Die Gesellschaft kann eine Abtretung akzeptieren und im Register eintragen, die durch Korrespondenz oder andere Unterlagen, welche die Einigung zwischen Zedenten und Zessionar begründen, nachgewiesen ist.

Vorbehaltlich anderweitiger Regelungen in der Satzung erfolgt die Übertragung von Todes wegen gegenüber der Gesellschaft rechtsgültig, sofern nach Vorlage der Sterbeurkunde, der Eintragungsbestätigung und einer amtsrichterlichen oder notariellen Beglaubigung *(acte de notoriété reçu par le juge de paix ou un notaire)* kein Einspruch erhoben wird.

Artikel 42. Die Abtretung von Inhaberaktien erfolgt durch deren Übergabe.

(3) Die Inhaber von Inhaberanteilen können jederzeit auf eigene Kosten deren Umwandlung in Namensanteile oder, falls das Verwaltungsreglement[11] dies vorsieht, in entmaterialisierte Anteile verlangen. Im letzteren Fall sind die Kosten von der im Gesetz über entmaterialisierte Anteile vorgesehenen Person zu tragen.

Sofern im Verwaltungsreglement[11] kein formelles Verbot vorgesehen ist, können die Inhaber von Namensanteilen jederzeit deren Umwandlung in Inhaberanteile verlangen.

Wenn das Verwaltungsreglement[11] dies vorsieht, können die Eigentümer von Namensanteilen deren Umwandlung in entmaterialisierte Anteile verlangen. Die Kosten sind von der im Gesetz über entmaterialisierte Anteile vorgesehenen Person zu tragen.

Die Inhaber von entmaterialisierten Anteilen können jederzeit auf eigene Kosten deren Umwandlung in Namensanteile verlangen, außer das Verwaltungsreglement sieht die verpflichtende Entmaterialisierung der Anteile vor.

Art. 9. (1) Die Anteilausgabe erfolgt zu einem Preis, der durch Teilung des Nettovermögens[12] des Investmentfonds durch die Zahl der im Umlauf befindlichen Anteile bestimmt wird, wobei der so errechnete Preis durch Kosten und Provisionen erhöht werden kann, deren Höchstbeträge und Erhebungsverfahren durch eine CSSF-Verordnung[13] festgelegt werden können.

(2) Anteile dürfen nicht ausgegeben werden, bevor der Gegenwert des Nettoausgabepreises innerhalb der üblichen Fristen dem Fondsvermögen zugeflossen ist. Die Ausgabe von Gratisanteilen bleibt hiervon unberührt.

(3) Unbeschadet anderweitiger Bestimmungen im Verwaltungsreglement des betreffenden Fonds erfolgt die Bewertung der Vermögenswerte des Investmentfonds im Hinblick auf zu einer amtlichen Notierung zugelassene Wertpapiere auf der Grundlage des letzten bekannten Kurses, es sei denn dieser Kurs wäre nicht repräsentativ. Im Hinblick auf nicht zu einer amtlichen Notierung zugelassene Wertpapiere sowie auf solcherart zugelassene Wertpapiere, deren zuletzt ermittelter Kurs nicht repräsentativ ist, erfolgt die Bewertung aufgrund des wahrscheinlichen, in umsichtiger Weise und nach den Grundsätzen von Treu und Glauben zu schätzenden Veräußerungswertes.

Art. 10. Kauf und Verkauf der Vermögenswerte müssen zu Preisen erfolgen, die den in Artikel 9 Absatz (3) aufgeführten Bewertungskriterien entsprechen.

Art. 11. (1) Weder die Anteilinhaber noch deren Gläubiger sind berechtigt, die Teilung oder Auflösung eines Investmentfonds zu verlangen.

(2) Ein Investmentfonds ist verpflichtet, seine Anteile auf Verlangen eines Anteilinhabers zurückzunehmen.

(3) Die Anteilrücknahme erfolgt auf der Grundlage des gemäß Artikel 9 Absatz (1) ermittelten Wertes der Anteile, abzüglich eventueller Kosten und Provisionen, deren Höchstbeträge und Erhebungsverfahren durch eine Verordnung der CSSF[14] festgelegt werden können.

Art. 12. (1) Abweichend von den in Artikel 11 Absatz (2) festgelegten Bestimmungen kann:
a) die Verwaltungsgesellschaft in den im Verwaltungsreglement vorgesehenen Fällen und im Einklang mit dem dort festgelegten Verfahren die Anteilrücknahme zeitweilig aussetzen. Die Aussetzung der Anteilrücknahme darf nur für Ausnahmefälle vorgesehen werden, wenn die Umstände eine solche Aussetzung erfordern und wenn die Aussetzung unter Berücksichtigung der Interessen der Anteilinhaber gerechtfertigt ist,
b) die CSSF im Interesse der Anteilinhaber oder im öffentlichen Interesse die Aussetzung der Anteilrücknahme verlangen, insbesondere dann, wenn gesetzliche, aufsichtsrechtliche oder vertragliche Bestimmungen im Hinblick auf die Geschäftätigkeit oder die Funktionsweise eines Investmentfonds nicht beachtet werden.

(2) In den gemäß Absatz (1) Buchstabe a) vorgesehenen Fällen muss die Verwaltungsgesellschaft ihre Entscheidung unverzüglich der CSSF sowie, sofern die Anteile in anderen Mitgliedstaaten

---

[11] Die Originalversion des Gesetzes vom 6. April 2013 verweist auf die „Satzung". Dies sollte jedoch für *fonds communs de placement* als „Verwaltungsreglement" verstanden werden.

[12] Die Richtlinie 2009/65/EG verwendet den Fachbegriff „Nettoinventarwert" im Zusammenhang mit dem Wert der einzelnen Anteile eines Investmentfonds. Der für Anlagebeschränkungen uä wichtige Nettowert des Fondsvermögens wird dort als „Sondervermögen" bezeichnet. Der Begriff des Sondervermögens wird in dieser Übersetzung nicht verwendet, um Missverständnisse mit der Terminologie des deutschen Investmentrechts, die diesen Begriff synonym mit dem als Sondervermögen errichteten Fonds selbst verwendet, zu vermeiden.

[13] Gegenwärtig besteht keine derartige Verordnung oder sonstige einschlägige Rechtsvorschrift.

[14] Gegenwärtig besteht keine derartige Verordnung oder sonstige einschlägige Rechtsvorschrift.

der Europäischen Union vertrieben werden, den zuständigen Aufsichtsbehörden dieser Staaten mitteilen.

(3) Die Anteilausgabe und die Anteilrücknahme sind untersagt:
a) während eines Zeitraumes, in dem keine Verwaltungsgesellschaft oder Verwahrstelle besteht,
b) im Falle der Liquidation der Verwaltungsgesellschaft oder der Verwahrstelle, der Eröffnung des Insolvenzverfahrens über das Vermögen der Verwaltungsgesellschaft oder der Verwahrstelle oder des Antrages der Verwaltungsgesellschaft oder der Verwahrstelle auf Eröffnung des Vergleichsverfahrens,[15] auf Zahlungsaufschub[16] oder auf Anordnung der Zwangsverwaltung[17] oder eines ähnlichen Verfahrens.

Art. 13. (1) Die Verwaltungsgesellschaft verfasst das Verwaltungsreglement des Investmentfonds. Dieses Verwaltungsreglement muss beim Handels- und Firmenregister[18] hinterlegt werden und die Veröffentlichung des Verwaltungsreglements im Mémorial[19] erfolgt durch einen Verweis auf die Hinterlegung dieses Dokuments beim Handels- und Firmenregister gemäß den Bestimmungen des geänderten Gesetzes vom 10. August 1915 über die Handelsgesellschaften. Mit dem Erwerb der Anteile gelten die Bestimmungen des Verwaltungsreglements als durch die Anteilinhaber angenommen.

(2) Das Verwaltungsreglement eines Investmentfonds unterliegt Luxemburger Recht und muss mindestens die folgenden Angaben beinhalten:
a) die Bezeichnung und die Dauer des Investmentfonds sowie die Bezeichnung der Verwaltungsgesellschaft und der Verwahrstelle,
b) die Anlagepolitik in Bezug auf die spezifischen Anlageziele und Anlagekriterien,
c) die in Artikel 16 angesprochene Ausschüttungspolitik,
d) Vergütungen und Kostenerstattungen, die die Verwaltungsgesellschaft dem Investmentfonds entnehmen kann, sowie die Berechnungsweise dieser Vergütungen,
e) Bestimmungen zu Veröffentlichungen,
f) das Datum der Rechnungslegung des Investmentfonds,
g) unbeschadet der einschlägigen gesetzlichen Regelungen die Fälle, in denen der Investmentfonds aufgelöst werden kann,
h) das Verfahren zur Änderung des Verwaltungsreglements,
i) das Verfahren zur Anteilausgabe,
j) das Verfahren zur Anteilrücknahme sowie die Bedingungen, nach denen Anteilrücknahmen möglich sind bzw. ausgesetzt werden können.

Art. 14. (1) Die Verwaltungsgesellschaft verwaltet den Investmentfonds entsprechend dem Verwaltungsreglement und im ausschließlichen Interesse der Anteilinhaber.

(2) Sie handelt in eigenem Namen, wobei sie darauf hinweisen muss, für Rechnung des Investmentfonds zu handeln.

(3) Sie übt sämtliche Rechte aus, die im Zusammenhang mit den Wertpapieren stehen, die das Portfolio des Investmentfonds bilden.

Art. 15. Die Verwaltungsgesellschaft muss ihre Aufgaben mit der Sorgfalt eines entgeltlichen Auftragnehmers[20] ausführen; sie haftet gegenüber den Anteilinhabern für Schäden, die aus der Nicht- oder Schlechterfüllung ihrer Pflichten entstehen.

Art. 16. Vorbehaltlich anderweitiger Bestimmungen im Verwaltungsreglement können die Nettovermögenswerte eines Investmentfonds im Rahmen der gemäß Artikel 23 dieses Gesetzes festgelegten Einschränkungen ausgeschüttet werden.

Art. 17. (1) Die Verwahrung der Vermögenswerte eines Investmentfonds muss einer Verwahrstelle anvertraut werden.

(2) Die Verwahrstelle muss entweder ihren Satzungssitz in Luxemburg haben oder dort niedergelassen sein, wenn sie ihren Satzungssitz in einem anderen Mitgliedstaat hat.

---

[15] *Concordat.*
[16] *Sursis de paiement.*
[17] *Gestion contrôlée.*
[18] *Registre de Commerce et des Sociétés.*
[19] Das *Mémorial C, Recueil des Sociétés et Associations* ist der Teil des Amtsblattes des Großherzogtums Luxemburg, in dem bestimmte Pflichtpublikationen und vorgeschriebene Mitteilungen für Gesellschaften veröffentlicht werden.
[20] *Mandataire salarié.*

IV. Normentexte

(3) Die Verwahrstelle muss ein Kreditinstitut im Sinne des geänderten Gesetzes vom 5. April 1993 über den Finanzsektor sein.

(4) Die Haftung der Verwahrstelle wird durch die vollständige oder teilweise Übertragung der verwahrten Vermögenswerte auf Dritte nicht berührt.

(5) Die Geschäftsleiter der Verwahrstelle müssen ausreichend gut beleumdet sein und auch in Bezug auf den Typ des zu verwaltenden Investmentfonds über ausreichende Erfahrung verfügen. Zu diesem Zweck sind die Namen der Geschäftsleiter sowie jeder Wechsel dieser Geschäftsleiter der CSSF unverzüglich mitzuteilen.

Unter „Geschäftsleiter" sind Personen zu verstehen, die die Verwahrstelle aufgrund von gesetzlichen Vorschriften oder der Gründungsunterlagen vertreten oder die Ausrichtung der Tätigkeit der Verwahrstelle tatsächlich bestimmen.

(6) Die Verwahrstelle ist verpflichtet, der CSSF auf Anfrage sämtliche Informationen zu übermitteln, die sie in Ausübung ihrer Funktion erhalten hat, und die notwendig sind, um der CSSF die Überprüfung der Einhaltung dieses Gesetzes durch den Investmentfonds zu ermöglichen.

Art. 18. (1) Die Verwahrstelle erfüllt alle Aufgaben im Zusammenhang mit der laufenden Verwaltung der Vermögenswerte des Investmentfonds.

(2) Die Verwahrstelle muss außerdem:
a) dafür sorgen, dass der Verkauf, die Ausgabe, die Rücknahme und die Entwertung der Anteile, die für Rechnung des Investmentfonds oder durch die Verwaltungsgesellschaft vorgenommen werden, den gesetzlichen Vorschriften und dem Verwaltungsreglement gemäß erfolgen,
b) dafür sorgen, dass die Berechnung des Wertes der Anteile den gesetzlichen Vorschriften und dem Verwaltungsreglement gemäß erfolgt,
c) den Weisungen der Verwaltungsgesellschaft Folge leisten, es sei denn, dass sie gegen die gesetzlichen Vorschriften oder das Verwaltungsreglement verstoßen,
d) dafür sorgen, dass ihr bei Geschäften, die sich auf das Vermögen des Investmentfonds beziehen, der Gegenwert innerhalb der üblichen Fristen übertragen wird,
e) dafür sorgen, dass die Erträge des Investmentfonds gemäß dem Verwaltungsreglement verwendet werden.

(3) Sind Herkunftsmitgliedstaat der Verwaltungsgesellschaft und Herkunftsmitgliedstaat des Investmentfonds nicht identisch, ist die Verwahrstelle verpflichtet, mit der Verwaltungsgesellschaft eine schriftliche Vereinbarung über den Austausch solcher Informationen zu treffen, die für erforderlich erachtet werden, damit die Verwahrstelle ihren Aufgaben gemäß Artikel 17 (1), 17 (4) und 18 (2) sowie gemäß anderer für Verwahrstellen einschlägigen Rechts-, Aufsichts- und Verwaltungsvorschriften nachkommen kann.

Art. 19. (1) Die Verwahrstelle haftet nach dem Recht des Großherzogtums Luxemburg gegenüber der Verwaltungsgesellschaft und den Anteilinhabern für sämtliche Schäden, die durch eine schuldhafte Nicht- oder Schlechterfüllung der Pflichten der Verwahrstelle verursacht worden sind.

(2) Die Haftung gegenüber den Anteilinhabern wird durch die Verwaltungsgesellschaft geltend gemacht. Sofern die Verwaltungsgesellschaft trotz schriftlicher Aufforderung durch einen Anteilinhaber nicht innerhalb von drei Monaten nach dieser Aufforderung handelt, kann dieser Anteilinhaber die Haftung der Verwahrstelle unmittelbar geltend machen.

Art. 20. Die Verwaltungsgesellschaft und die Verwahrstelle müssen im Rahmen ihrer jeweiligen Aufgaben unabhängig und ausschließlich im Interesse der Anteilinhaber handeln.

Art. 21. Die Aufgaben der Verwaltungsgesellschaft bzw. der Verwahrstelle im Hinblick auf einen Investmentfonds enden:
a) im Falle des Ausscheidens der Verwaltungsgesellschaft, sofern diese durch eine andere nach den Bestimmungen der Richtlinie 2009/65/EG zugelassene Verwaltungsgesellschaft ersetzt wird,
b) im Falle des auf eigene Veranlassung oder auf Veranlassung der Verwaltungsgesellschaft erfolgten Ausscheidens der Verwahrstelle; bis zu ihrer Ersetzung, die innerhalb von zwei Monaten erfolgen muss, wird die Verwahrstelle sämtliche erforderlichen Maßnahmen ergreifen, um die angemessene Wahrnehmung der Interessen der Anteilinhaber zu gewährleisten,
c) im Falle der Eröffnung des Insolvenzverfahrens über das Vermögen der Verwaltungsgesellschaft oder der Verwahrstelle sowie im Falle der Eröffnung des Vergleichsverfahrens, der Gewährung von Zahlungsaufschub, der Anordnung der Zwangsverwaltung oder einer vergleichbaren Maßnahme oder der Liquidation der Verwaltungsgesellschaft oder der Verwahrstelle,

d) sofern die Zulassung der Verwaltungsgesellschaft oder der Verwahrstelle von der zuständigen Behörde entzogen wurde und

e) in allen anderen im Verwaltungsreglement vorgesehenen Fällen.

Art. 22. (1) Der Investmentfonds befindet sich in folgenden Fällen in Liquidation:
a) nach Ablauf der gegebenenfalls im Verwaltungsreglement vorgesehenen Frist,
b) sofern die Verwaltungsgesellschaft oder die Verwahrstelle ihre Aufgaben gemäß den Buchstaben b), c), d) und e) in Artikel 21 beenden, ohne innerhalb von zwei Monaten ersetzt worden zu sein, wobei der nachfolgend in c) genannte Fall hiervon nicht betroffen ist,
c) nach Eröffnung des Insolvenzverfahrens über das Vermögen der Verwaltungsgesellschaft,
d) nachdem das Nettovermögen des Investmentfonds während eines Zeitraums von mehr als sechs Monaten unter einem Viertel des gesetzlichen Mindestbetrages gemäß nachstehendem Artikel 23 verblieben ist und
e) in allen anderen im Verwaltungsreglement vorgesehenen Fällen.

(2) Der Umstand, der die Liquidation nach sich zieht, wird unverzüglich durch die Verwaltungsgesellschaft oder die Verwahrstelle veröffentlicht. Erfolgt eine solche Veröffentlichung nicht, wird sie von der CSSF auf Kosten des Investmentfonds vorgenommen. Diese Veröffentlichung erfolgt im Mémorial und in mindestens zwei hinreichend verbreiteten Tageszeitungen, einschließlich mindestens einer Luxemburger Tageszeitung.

(3) Unmittelbar nach Eintritt eines Umstandes, der die Liquidation eines Organismus für gemeinsame Anlagen nach sich zieht, ist die Ausgabe von Anteilen untersagt und nichtig. Die Rücknahme von Anteilen bleibt weiter möglich, wenn dabei die Gleichbehandlung der Anteilinhaber gewährleistet werden kann.

Art. 23. Das Nettovermögen des Investmentfonds muss mindestens eine Million zweihundertfünfzigtausend Euro (1 250 000 EUR) betragen.

Dieser Mindestbetrag muss innerhalb von sechs Monaten nach Zulassung des Investmentfonds erreicht sein.

Dieser Mindestbetrag kann durch eine Verordnung der CSSF[21] bis auf einen Höchstbetrag von zwei Millionen fünfhunderttausend Euro (2 500 000 EUR) erhöht werden.

Art. 24. Die Verwaltungsgesellschaft muss die CSSF unverzüglich in Kenntnis setzen, sobald das Nettovermögen des Investmentfonds unter zwei Drittel des gesetzlichen Mindestbetrages gefallen ist. Sofern das Nettovermögen des Investmentfonds zwei Drittel des gesetzlichen Mindestbetrages unterschreitet, kann die CSSF unter Berücksichtigung der jeweiligen Umstände die Verwaltungsgesellschaft dazu verpflichten, den Investmentfonds zu liquidieren.

Die Anweisung der CSSF an die Verwaltungsgesellschaft, den Investmentfonds zu liquidieren, wird unverzüglich von der Verwaltungsgesellschaft oder der Verwahrstelle veröffentlicht. Erfolgt eine solche Veröffentlichung nicht, wird sie von der CSSF auf Kosten des Investmentfonds vorgenommen. Diese Veröffentlichung erfolgt im Mémorial und in mindestens zwei hinreichend verbreiteten Tageszeitungen, einschließlich mindestens einer Luxemburger Tageszeitung.

3. Kapitel – Investmentgesellschaften mit variablem Kapital[22] (SICAV) zur Anlage in Wertpapieren

Art. 25. Als SICAV im Sinne dieses Teils des Gesetzes gelten Gesellschaften in Form einer Aktiengesellschaft nach Luxemburger Recht,
– deren ausschließlicher Zweck darin besteht, die ihr zur Verfügung stehenden Mittel nach dem Grundsatz der Risikostreuung in Wertpapiere und/oder andere liquide Finanzanlagen im Sinne von Artikel 41 Absatz (1) dieses Gesetzes anzulegen und ihren Anteilinhabern[23] das Ergebnis der Verwaltung ihrer Vermögenswerte zukommen zu lassen und
– deren Anteile[24] zum Vertrieb im Wege eines öffentlichen Angebotes oder einer Privatplatzierung bestimmt sind und

---

[21] Gegenwärtig besteht keine derartige Verordnung oder sonstige einschlägige Rechtsvorschrift.

[22] Société d'investissement à capital variable.

[23] Der Begriff „Anteilinhaber" ist im Einklang mit der Definition des Artikels 1 Nr. 30 dieses Gesetzes zu verstehen. Grundsätzlich wird der Begriff „Aktionäre" für die Anteilinhaber einer SICAV verwendet.

[24] Der Begriff „Anteile" ist im Einklang mit der Definition des Artikels 1 Nr. 25 dieses Gesetzes zu verstehen. Grundsätzlich wird der Begriff „Aktien" für Anteile an einer SICAV verwendet.

– deren Satzung bestimmt, dass ihr Kapital zu jeder Zeit dem Nettovermögen der Gesellschaft entspricht.

Art. 26. (1) Vorbehaltlich anderweitiger Bestimmungen dieses Gesetzes unterliegen SICAV den generell auf Aktiengesellschaften anwendbaren Bestimmungen.

(2) Die Satzung einer SICAV und jede Satzungsänderung sind notariell zu beurkunden und wahlweise in französischer, deutscher oder englischer Sprache zu verfassen. Abweichend von den Bestimmungen des Erlasses vom 24. Prairial XI entfällt im Rahmen der Hinterlegung der Urkunde das Erfordernis, eine Übersetzung in eine der Amtssprachen beizufügen, sollte die Urkunde in englischer Sprache verfasst sein. Dieses Erfordernis entfällt ebenfalls für sämtliche anderen Urkunden, welche der notariellen Form bedürfen, wie etwa notarielle Urkunden, die Protokolle von Aktionärsversammlungen einer SICAV oder einen eine SICAV betreffenden Verschmelzungsplan festhalten.

(3) Abweichend von Artikel 73 Absatz (2) des geänderten Gesetzes vom 10. August 1915 über die Handelsgesellschaften sind SICAV nicht verpflichtet, den Jahresabschluss, den Bericht des zugelassenen Wirtschaftsprüfers, den Geschäftsbericht und gegebenenfalls den Bericht des Aufsichtsrats zeitgleich mit der Einberufung zur jährlichen Generalversammlung an die Inhaber von Namensanteilen zu versenden. Im Einberufungsschreiben werden der Ort und die Modalitäten für die Bereitstellung dieser Dokumente angegeben und dargelegt, dass jeder Anteilinhaber die Zusendung des Jahresabschlusses, des Berichts des zugelassenen Wirtschaftsprüfers, des Geschäftsberichts und gegebenenfalls des Berichts des Aufsichtsrats verlangen kann.

(4) Die Einberufungsschreiben zu den Generalversammlungen der Anteilinhaber können vorsehen, dass das Anwesenheitsquorum und die Mehrheitserfordernisse in der Generalversammlung entsprechend der Anzahl der am fünften Tag um Mitternacht (Ortszeit Luxemburg) vor der Generalversammlung (nachfolgend „Stichtag") ausgegebenen und im Umlauf befindlichen Anteile bestimmt werden. Die Rechte eines Anteilinhabers zur Teilnahme an einer Generalversammlung und zur Ausübung der mit seinen Anteilen verbundenen Stimmrechte werden entsprechend der Anzahl der am Stichtag von diesem Anteilinhaber gehaltenen Anteilen bestimmt.

Art. 27. (1) Eine SICAV, die keine Verwaltungsgesellschaft benannt hat, muss am Tag ihrer Zulassung mit einem Gesellschaftskapital von dreihunderttausend Euro (300 000 EUR) ausgestattet sein. Das Gesellschaftskapital einer jeden SICAV, einschließlich solcher, die eine Verwaltungsgesellschaft benannt haben, muss innerhalb von sechs Monaten nach Zulassung der SICAV eine Million zweihundertfünfzigtausend Euro (1 250 000 EUR) erreicht haben. Vorgenannte Mindestbeträge können durch Verordnung der CSSF[25] erhöht werden, ohne dabei sechshunderttausend Euro (600 000 EUR) bzw. zwei Millionen fünfhunderttausend Euro (2 500 000 EUR) zu überschreiten.

Hat eine SICAV keine gemäß der Richtlinie 2009/65/EG zugelassene Verwaltungsgesellschaft benannt,

– muss dem Antrag auf Zulassung ein Geschäftsplan beigefügt sein, aus dem mindestens der organisatorische Aufbau der SICAV hervorgeht,

– müssen die Geschäftsleiter[26] der SICAV ausreichend gut beleumdet sein und in Bezug auf die Art der Geschäftstätigkeit vorbezeichneter Gesellschaft über ausreichende Erfahrung verfügen. Zu diesem Zweck ist die Identität der Geschäftsleiter sowie jeder Wechsel dieser Geschäftsleiter der CSSF unverzüglich mitzuteilen. Über die Geschäftspolitik der SICAV müssen mindestens zwei Personen, die die genannten Bedingungen erfüllen, bestimmen. „Geschäftsleiter" sind die Personen, welche die SICAV aufgrund der gesetzlichen Vorschriften oder der Gründungsunterlagen[27] vertreten oder die Ausrichtung der Tätigkeit der SICAV tatsächlich bestimmen,

– erteilt die CSSF die Zulassung außerdem im Falle etwaiger enger Verbindungen zwischen der SICAV und anderen natürlichen oder juristischen Personen nur dann, wenn diese Verbindungen sie nicht bei der ordnungsmäßen Erfüllung ihrer Aufsichtsfunktion behindern.

Die CSSF erteilt ferner die Zulassung nicht, wenn sie bei der ordnungsgemäßen Erfüllung ihrer Aufsichtsfunktion durch die Rechts-, Aufsichts- oder Verwaltungsvorschriften eines Drittlandes, denen eine oder mehrere natürliche oder juristische Personen unterstehen, zu denen die SICAV enge Verbindungen besitzt, oder durch Schwierigkeiten bei deren Anwendung behindert wird.

---

[25] Gegenwärtig besteht keine derartige Verordnung oder sonstige einschlägige Rechtsvorschrift

[26] Die amtliche französische Fassung der Richtlinie 2009/65/EG sowie französische Originaltext des Gesetzes verwenden den Begriff *dirigeants,* wohingegen die amtliche englische Fassung der Richtlinie 2009/65/EG den Begriff *directors* und die amtliche deutsche Fassung der Richtlinie 2009/65/EG den Begriff „Geschäftsleiter" verwenden.

[27] Satzung der SICAV.

Die SICAV sind gehalten, die von der CSSF geforderten Angaben zu übermitteln.

Dem Antragsteller ist binnen sechs Monaten nach Einreichung eines vollständigen Antrags mitzuteilen, ob eine Zulassung erteilt wird oder nicht. Jede Ablehnung eines Antrags ist zu begründen.

Nach Erteilung der Zulassung kann die SICAV ihre Tätigkeit sofort aufnehmen.

Die Zulassung beinhaltet für die Mitglieder der Verwaltungs-, Geschäftsführungs- und Aufsichtsorgane der SICAV, die Verpflichtung, der CSSF unverzüglich jede Änderung solcher wesentlichen Informationen, auf welche die CSSF sich bei der Prüfung des Zulassungsantrages gestützt hat, in vollständiger, schlüssiger und verständlicher Weise, schriftlich mitzuteilen.

Die CSSF darf einer unter diesen Teil des Gesetzes fallenden SICAV die Zulassung nur entziehen, wenn die betreffende SICAV

a) von der Zulassung nicht binnen zwölf Monaten Gebrauch macht, ausdrücklich auf sie verzichtet oder seit mehr als sechs Monaten die in diesem Gesetz genannten Tätigkeiten nicht mehr ausübt,

b) die Zulassung aufgrund falscher Erklärungen oder auf sonstige rechtswidrige Weise erhalten hat,

c) die Voraussetzungen, auf denen die Zulassung beruhte, nicht mehr erfüllt,

d) in schwerwiegender Weise und/oder systematisch gegen dieses Gesetz oder gegen die in Anwendung dieses Gesetzes erlassenen Verordnungen verstoßen hat,

e) ein anderer, in diesem Gesetz vorgesehener Grund für den Entzug vorliegt.

(2) Auf SICAV, die keine gemäß der Richtlinie 2009/65/EG zugelassene Verwaltungsgesellschaft benannt haben, finden Artikel 110, 111 und 112 in Kapitel 15 Anwendungen, wobei der dort verwendete Begriff „Verwaltungsgesellschaft" als „SICAV" zu lesen ist.

SICAV können ausschließlich Vermögen ihrer eigenen Portfolios verwalten und können in keiner Weise beauftragt werden, Vermögen für Dritte zu verwalten.

(3) SICAV, die keine gemäß der Richtlinie 2009/65/EG zugelassene Verwaltungsgesellschaft benannt haben, müssen zu jedem Zeitpunkt die einschlägigen Aufsichtsregeln einhalten.

Insbesondere schreibt die CSSF, auch unter Berücksichtigung des Typs der SICAV, vor, dass die betreffende Gesellschaft über eine ordnungsgemäße Verwaltung und Buchhaltung, Kontroll- und Sicherheitsvorkehrungen in Bezug auf die elektronische Datenverarbeitung sowie angemessene interne Kontrollverfahren verfügen muss, zu denen insbesondere Regeln für persönliche Geschäfte ihrer Angestellten und Regeln für das Halten oder Verwalten von Anlagen in Finanzinstrumenten zum Zwecke der Anlage ihres Anfangskapitals gehören. Die vorgenannten Einrichtungen müssen unter anderem gewährleisten, dass jedes die Gesellschaft betreffende Geschäft nach Herkunft, betroffener Vertragspartei, Art, Abschlusszeitpunkt und -ort rekonstruiert werden kann und dass Vermögenswerte der SICAV gemäß ihren Gründungsunterlagen und gemäß den geltenden rechtlichen Bestimmungen angelegt wird.

Art. 28. (1)

a) Vorbehaltlich anderweitiger Bestimmungen in der Satzung kann die SICAV zu jeder Zeit Anteile ausgeben.

b) Vorbehaltlich der Bestimmungen in Absätzen (5) und (6) dieses Artikels muss die SICAV ihre Anteile auf Verlangen der Anteilinhaber zurücknehmen.

(2)

a) Die Anteilausgabe erfolgt zu einem Preis, der sich durch Teilung des Nettovermögens der SICAV durch die Zahl der im Umlauf befindlichen Anteile bestimmt, wobei der so errechnete Preis durch Kosten und Provisionen erhöht werden kann, deren Höchstbeträge und Erhebungsverfahren durch eine CSSF-Verordnung[28] festgelegt werden können.

b) Die Anteilrücknahme erfolgt zu einem Preis, der sich durch Teilung des Nettovermögens der SICAV durch die Zahl der im Umlauf befindlichen Anteile bestimmt, wobei der so errechnete Preis durch Kosten und Provisionen vermindert werden kann, deren Höchstbeträge und Erhebungsverfahren durch eine CSSF-Verordnung[29] festgelegt werden können.

(3) Anteile an einer SICAV dürfen nicht ausgegeben werden, bevor der Gegenwert des Ausgabepreises innerhalb der üblichen Fristen dem Vermögen der SICAV zufließt. Die Ausgabe von Gratisanteilen bleibt hiervon unberührt.

(4) Die Satzung bestimmt die Zahlungsfristen im Zusammenhang mit der Anteilausgabe und der Anteilrücknahme und legt die Grundsätze und das Verfahren der Bewertung der Vermögenswerte der SICAV fest. Vorbehaltlich anderweitiger Bestimmungen in der Satzung erfolgt die Bewertung der

---

[28] Gegenwärtig besteht keine derartige Verordnung oder sonstige einschlägige Rechtsvorschrift.

[29] Gegenwärtig besteht keine derartige Verordnung oder sonstige einschlägige Rechtsvorschrift.

IV. Normentexte

Vermögenswerte der SICAV im Hinblick auf zu einer amtlichen Notierung zugelassene Wertpapiere auf der Grundlage des letzten bekannten Börsenkurses, es sei denn, dieser Kurs wäre nicht repräsentativ. Im Hinblick auf nicht zu einer amtlichen Notierung zugelassene Wertpapiere sowie im Hinblick auf solcherart zugelassene Wertpapiere, deren zuletzt ermittelter Kurs nicht repräsentativ ist, erfolgt die Bewertung aufgrund des wahrscheinlichen Veräußerungswertes, der in umsichtiger Weise und nach den Grundsätzen von Treu und Glauben zu ermitteln ist.

(5) Abweichend von den Bestimmungen in Absatz (1) und vorbehaltlich der gesetzlich vorgesehenen Fälle werden in der Satzung die Bedingungen festgelegt, zu denen die Anteilausgabe und die Anteilrücknahme ausgesetzt werden können. Im Falle einer Aussetzung der Anteilausgabe oder der Anteilrücknahme hat die SICAV die CSSF sowie, sofern die Anteile in anderen Mitgliedstaaten der Europäischen Union vertrieben werden, die zuständigen Aufsichtsbehörden dieser Staaten unverzüglich zu informieren.

Im Interesse der Anteilinhaber kann die CSSF die Aussetzung der Anteilrücknahme insbesondere dann verlangen, wenn gesetzliche oder aufsichtsrechtliche Bestimmungen oder Bestimmungen der Satzung im Hinblick auf die Geschäftstätigkeit oder die Funktionsweise der SICAV nicht beachtet werden.

(6) Die Satzung legt die Häufigkeit der Berechnung von Ausgabepreis und Rücknahmepreis fest.

(7) Die Satzung bestimmt die der SICAV zu belastenden Kosten.

(8) Die Anteile müssen vollumfänglich eingezahlt sein. Sie haben keinen Nennwert.

(9) Jeder Anteil gibt den Mindestbetrag des Gesellschaftskapitals an und enthält keinerlei Bezug auf den Nennwert oder auf den dargestellten Anteil am Gesellschaftskapital.

(10) Kauf und Verkauf der Vermögenswerte müssen zu Preisen erfolgen, die den in Absatz (4) aufgeführten Bewertungskriterien entsprechen.

Art. 29. (1) Die Veränderungen im Gesellschaftskapital erfolgen von Rechts wegen und ohne dass die Kapitalerhöhungen oder Kapitalherabsetzungen, wie für Aktiengesellschaften vorgesehen, veröffentlicht oder im Handels- und Firmenregister eingetragen werden müssen.

(2) Auszahlungen an die Anteilinhaber als Folge einer Kapitalherabsetzung sind lediglich den Beschränkungen gemäß Artikel 31 Absatz (1) unterworfen.

(3) Im Fall der Ausgabe neuer Anteile können die bisherigen Anteilinhaber nur dann ein Vorzugsrecht geltend machen, wenn die Satzung ein solches Recht ausdrücklich vorsieht.

Art. 30. (1) Wenn das Gesellschaftskapital der SICAV unter zwei Drittel des Mindestbetrages fällt, muss der Verwaltungsrat oder gegebenenfalls der Vorstand der Generalversammlung die Auflösung der SICAV vorschlagen, wobei die Generalversammlung ohne Anwesenheitsquorum berät und mit einfacher Mehrheit der auf der Generalversammlung vertretenen Anteile beschließt.

(2) Wenn das Gesellschaftskapital der SICAV unter ein Viertel des Mindestbetrages fällt, muss der Verwaltungsrat oder gegebenenfalls der Vorstand der Generalversammlung die Auflösung der SICAV vorschlagen, wobei die Generalversammlung ohne Anwesenheitsquorum beschließt; die Auflösung der SICAV kann durch die Anteilinhaber beschlossen werden, die ein Viertel der auf der Generalversammlung vertretenen Anteile halten.

(3) Die Einberufung muss so erfolgen, dass die Generalversammlung innerhalb von vierzig Tagen nach Feststellung der Unterschreitung der vorbeschriebenen Betragsgrenzen von zwei Dritteln bzw. einem Viertel des Mindestkapitals stattfindet.

Art. 31. (1) Vorbehaltlich anderweitiger Bestimmungen in der Satzung kann das Nettovermögen der SICAV innerhalb der in Artikel 27 dieses Gesetzes aufgeführten Grenzen ausgeschüttet werden.

(2) SICAV sind nicht verpflichtet, eine gesetzliche Mindestrücklage zu bilden.

(3) SICAV unterliegen nicht den auf die Zahlung von Vorschussdividenden anwendbaren Bestimmungen in Artikel 72-2[30] des geänderten Gesetzes vom 10. August 1915 über die Handelsgesellschaften.

Art. 32. Die Bezeichnung „Aktiengesellschaft"[31] oder „Europäische Aktiengesellschaft (SE)" wird für Gesellschaften, die in den Anwendungsbereich dieses Kapitels fallen, durch „Investmentgesellschaft

---

[30] Artikel 72-2 entspricht dem Artikel 15 Absatz (2) der geänderten Zweiten Richtlinie des Rates der Europäischen Gemeinschaften Nr. 77/91/EWG und sieht die Bedingungen vor, zu denen eine Gesellschaft Vorschussdividenden ausschütten kann.

[31] *Société anonyme* oder *S. A.*

mit variablem Kapital" oder „SICAV" bzw. durch „Europäische Investmentgesellschaft mit variablem Kapital" oder „SICAV-SE" ersetzt.

Art. 33. (1) Die Verwahrung der Vermögenswerte einer SICAV muss einer Verwahrstelle anvertraut werden.

(2) Die Haftung der Verwahrstelle wird durch die vollständige oder teilweise Übertragung der verwahrten Vermögenswerte auf Dritte nicht berührt.

(3) Die Verwahrstelle muss außerdem dafür sorgen, dass:
a) der Verkauf, die Ausgabe, die Rücknahme und die Entwertung von Anteilen durch oder für Rechnung der SICAV gemäß den gesetzlichen Vorschriften und der Satzung der SICAV erfolgen,
b) ihr bei Geschäften, die sich auf die Vermögenswerte der SICAV beziehen, der Gegenwert innerhalb der üblichen Fristen übertragen wird,
c) die Erträge der SICAV der Satzung gemäß verwendet werden.

(4) Hat eine SICAV eine Verwaltungsgesellschaft benannt und sind Herkunftsmitgliedstaat der Verwaltungsgesellschaft und Herkunftsmitgliedstaat der SICAV nicht identisch, ist die Verwahrstelle verpflichtet, mit der Verwaltungsgesellschaft eine schriftliche Vereinbarung über den Austausch solcher Informationen zu treffen, die für erforderlich erachtet werden, damit die Verwahrstelle ihren Aufgaben gemäß Artikel 33 Absätze (1), (2) und (3) sowie anderer für Verwahrstellen einschlägiger Rechts-, Aufsichts- und Verwaltungsvorschriften nachkommen kann.

Art. 34. (1) Die Verwahrstelle muss entweder ihren Satzungssitz in Luxemburg haben oder dort niedergelassen sein, wenn sie ihren Satzungssitz in einem anderen Mitgliedstaat hat.

(2) Die Verwahrstelle muss ein Kreditinstitut im Sinne des geänderten Gesetzes vom 5. April 1993 über den Finanzsektor sein.

(3) Die Geschäftsleiter der Verwahrstelle müssen ausreichend gut beleumdet sein und auch in Bezug auf den Typ des zu verwaltenden SICAV über ausreichende Erfahrung verfügen. Zu diesem Zweck ist die Identität der Geschäftsleiter sowie jeder Wechsel dieser Geschäftsleiter der CSSF unverzüglich mitzuteilen.

„Geschäftsleiter" sind Personen, die die Verwahrstelle aufgrund der gesetzlichen Vorschriften oder der Gründungsunterlagen vertreten oder die Ausrichtung der Tätigkeit der Verwahrstelle tatsächlich bestimmen.

(4) Die Verwahrstelle ist verpflichtet, der CSSF auf Anfrage sämtliche Informationen zu übermitteln, die sie in Ausübung ihrer Funktion erhalten hat und die notwendig sind, um der CSSF die Überprüfung der Einhaltung dieses Gesetzes durch die SICAV zu ermöglichen.

Art. 35. Die Verwahrstelle haftet der Investmentgesellschaft und den Anteilinhabern gegenüber nach Luxemburger Recht für Schäden, die diesen durch die schuldhafte Nicht- oder Schlechterfüllung ihrer Pflichten entstanden sind.

Art. 36. Die Aufgaben der Verwahrstelle oder der Verwaltungsgesellschaft, sofern die SICAV eine Verwaltungsgesellschaft ernannt hat, enden jeweils im Hinblick auf die SICAV:
a) im Falle des Ausscheidens der Verwahrstelle auf eigene Veranlassung oder auf Veranlassung der SICAV; bis zu der Ersetzung der Verwahrstelle, die innerhalb von zwei Monaten erfolgen muss, ist die Verwahrstelle verpflichtet, sämtliche erforderlichen Maßnahmen zu ergreifen, um die angemessene Wahrnehmung der Interessen der Anteilinhaber zu gewährleisten,
b) im Falle des Ausscheidens der ernannten Verwaltungsgesellschaft auf eigene Veranlassung oder auf Veranlassung der SICAV, sofern diese durch eine Verwaltungsgesellschaft ersetzt wird, welche gemäß der Richtlinie 2009/65/EG zugelassen ist,
c) im Falle des Ausscheidens der ernannten Verwaltungsgesellschaft auf Veranlassung der SICAV, sofern diese beschlossen hat, den Status einer selbstverwalteten SICAV anzunehmen,
d) im Falle der Eröffnung des Insolvenzverfahrens über das Vermögen der SICAV, der Verwahrstelle oder der ernannten Verwaltungsgesellschaft sowie im Falle der Eröffnung eines Vergleichsverfahrens, der Gewährung von Zahlungsaufschub, der Anordnung der Zwangsverwaltung oder einer vergleichbaren Maßnahme oder der Liquidation,
e) wenn der SICAV, der Verwahrstelle oder der ernannten Verwaltungsgesellschaft die Zulassung von der zuständigen Behörde entzogen wurde,
f) in allen anderen in der Satzung vorgesehenen Fällen.

Art. 37. Die Verwahrstelle muss im Rahmen der Wahrnehmung ihrer Aufgaben ausschließlich im Interesse der Anteilinhaber handeln.

IV. Normentexte

4. Kapitel – Sonstige Investmentgesellschaften zur Anlage in Wertpapieren

Art. 38. Unter sonstigen Investmentgesellschaften im Sinne von Teil I dieses Gesetzes sind Gesellschaften zu verstehen, die nicht die Form einer SICAV besitzen und

– deren ausschließlicher Zweck darin besteht, ihre Mittel nach dem Grundsatz der Risikostreuung in Wertpapiere und/oder andere liquide Finanzanlagen im Sinne von Artikel 41 Absatz (1) dieses Gesetzes anzulegen und ihren Anteilinhabern das Ergebnis der Verwaltung ihrer Vermögenswerte zuteil werden zu lassen und

– deren Anteile zum Vertrieb im Wege eines öffentlichen Angebots oder einer Privatplatzierung bestimmt sind, wobei der Begriff „Investmentgesellschaft" auf allen Urkunden, Anzeigen, Veröffentlichungen, Schreiben und anderen Unterlagen erwähnt sein muss.

Art. 39. Artikel 26, 27 und 28 mit Ausnahme der Absätze (8) und (9), Artikel 30, 33, 34, 35, 36 und 37 dieses Gesetzes sind auf die Investmentgesellschaften, die unter den Anwendungsbereich dieses Kapitels fallen, anwendbar.

5. Kapitel – Anlagepolitik eines OGAW

Art. 40. Im Sinne dieses Kapitels wird jeder Teilfonds eines aus mehreren Teilfonds bestehenden OGAW als eigener OGAW betrachtet.

Art. 41. (1) Die Anlagen eines OGAW dürfen ausschließlich aus einer oder mehreren der folgenden Anlagearten bestehen:

a) Wertpapieren und Geldmarktinstrumenten, die an einem geregelten Markt im Sinne der Richtlinie 2004/39/EG des Europäischen Parlaments und des Rates vom 21. April 2004 über Märkte für Finanzinstrumente notiert sind oder gehandelt werden,

b) Wertpapieren und Geldmarktinstrumenten, die an einem anderen geregelten Markt eines Mitgliedstaats, dessen Funktionsweise ordnungsgemäß und der anerkannt und für das Publikum offen ist, gehandelt werden,

c) Wertpapieren und Geldmarktinstrumenten, die an einer Wertpapierbörse eines Staats, der nicht Mitglied der Europäischen Union ist, zur amtlichen Notierung zugelassen oder an einem anderen Markt eines Staats, der nicht Mitglied der Europäischen Union ist, gehandelt werden, dessen Funktionsweise ordnungsgemäß und der anerkannt und für das Publikum offen ist, sofern die Wahl dieser Börse oder dieses Markts im Verwaltungsreglement oder in den Gründungsunterlagen des OGAW vorgesehen ist,

d) Wertpapieren und Geldmarktinstrumenten aus Neuemissionen, sofern:

 – die Emissionsbedingungen die Verpflichtung enthalten, dass die Zulassung zur amtlichen Notierung an einer Wertpapierbörse oder an einem anderen geregelten Markt beantragt wird, dessen Funktionsweise ordnungsgemäß und der anerkannt und für das Publikum offen ist, und sofern die Wahl dieser Börse oder dieses Markts im Verwaltungsreglement oder den Gründungsunterlagen des OGAW genannt ist,

 – die Zulassung spätestens vor Ablauf eines Jahres nach der Ausgabe erlangt wird,

e) Anteilen von nach der Richtlinie 2009/65/EG zugelassenen OGAW und/oder anderen OGA im Sinne von Artikel 1 Absatz (2) Buchstaben a) und b) der Richtlinie 2009/65/EG, unabhängig davon, ob sie in einem Mitgliedstaat niedergelassen sind, sofern:

 – diese anderen OGA nach Rechtsvorschriften zugelassen wurden, die sie einer Aufsicht unterstellen, die nach Auffassung der CSSF derjenigen des Unionsrechts gleichwertig ist, und ausreichende Gewähr für die Zusammenarbeit zwischen den Behörden besteht,

 – das Schutzniveau der Anteilinhaber dieser anderen OGA dem Schutzniveau der Anteilinhaber eines OGAW gleichwertig ist und insbesondere die Vorschriften für die getrennte Verwahrung des Vermögens, die Kreditaufnahme, die Kreditgewährung und Leerverkäufe von Wertpapieren und Geldmarktinstrumenten den Anforderungen der Richtlinie 2009/65/EG gleichwertig sind,

 – die Geschäftstätigkeit dieser anderen OGA Gegenstand von Halbjahres- und Jahresberichten ist, die es erlauben, sich ein Urteil über das Vermögen und die Verbindlichkeiten, die Erträge und die Transaktionen im Berichtszeitraum zu bilden,

 – die OGAW oder die anderen OGA, deren Anteile erworben werden sollen, nach ihrem Verwaltungsreglement oder ihren Gründungsunterlagen insgesamt höchstens 10% ihres Vermögens in Anteilen anderer OGAW oder anderer OGA anlegen dürfen,

f) Sichteinlagen oder kündbaren Einlagen mit einer Laufzeit von höchstens zwölf Monaten bei Kreditinstituten, sofern das Kreditinstitut seinen Satzungssitz in einem Mitgliedstaat hat oder, falls sich der Satzungssitz des Kreditinstituts in einem Drittstaat befindet, es Aufsichtsbestimmungen unterliegt, die nach Auffassung der CSSF denjenigen des Unionsrechts gleichwertig sind,

g) derivativen Finanzinstrumenten, einschließlich gleichwertiger bar abgerechneter Instrumente, die an einem der unter den vorstehenden Buchstaben a), b) und c) bezeichneten geregelten Märkte gehandelt werden oder derivativen Finanzinstrumenten, die nicht an einer Börse gehandelt werden („OTC-Derivaten"), sofern
 – es sich bei den Basiswerten um Instrumente im Sinne von Artikel 41 Absatz (1), um Finanzindizes, um Zinssätze, um Wechselkurse oder um Währungen handelt, in die der OGAW gemäß den in seinem Verwaltungsreglement oder seinen Gründungsunterlagen genannten Anlagezielen investieren darf,
 – die Gegenparteien bei Geschäften mit OTC-Derivaten einer behördlichen Aufsicht unterliegende Institute der Kategorien sind, die von der CSSF zugelassen wurden und
 – die OTC-Derivate einer zuverlässigen und überprüfbaren Bewertung auf Tagesbasis unterliegen und jederzeit auf Initiative des OGAW zum angemessenen Zeitwert veräußert, liquidiert oder durch ein Gegengeschäft glattgestellt werden können,

h) Geldmarktinstrumenten, die nicht an einem geregelten Markt gehandelt werden und die der Definition des Artikels 1 dieses Gesetzes unterfallen, sofern die Emission oder der Emittent dieser Instrumente selbst Vorschriften über den Anleger- und den Einlagenschutz unterliegt, vorausgesetzt, diese Instrumente werden:
 – von einer zentralstaatlichen, regionalen oder lokalen Körperschaft oder von einer Zentralbank eines Mitgliedstaats, von der Europäischen Zentralbank, von der Europäischen Union oder von der Europäischen Investitionsbank, von einem Drittstaat oder, im Falle eines Bundesstaates, von einem Gliedstaat der Föderation, oder von einer internationalen Einrichtung öffentlich-rechtlichen Charakters, der ein Mitgliedstaat oder mehrere Mitgliedstaaten angehört/angehören, begeben oder garantiert oder
 – von einem Unternehmen begeben, dessen Wertpapiere an den unter den vorstehenden Buchstaben a), b) und c) genannten geregelten Märkten gehandelt werden, oder
 – von einem Institut, das gemäß den im Unionsrecht festgelegten Kriterien einer behördlichen Aufsicht unterstellt ist, oder von einem Institut, das Aufsichtsbestimmungen, die nach Auffassung der CSSF mindestens so streng sind wie die des Unionsrechts, unterliegt und diese einhält, begeben oder garantiert oder
 – von anderen Rechtsträgern begeben, die einer der Kategorien angehören, die von der CSSF zugelassen wurden, sofern für Anlagen in diesen Instrumenten Vorschriften für den Anlegerschutz gelten, die denen des ersten, des zweiten oder des dritten Gedankenstrichs gleichwertig sind, und es sich bei dem Emittenten entweder um ein Unternehmen mit einem Eigenkapital von mindestens zehn Millionen Euro (10 000 000 EUR), das seinen Jahresabschluss nach den Vorschriften der vierten Richtlinie 78/660/EWG erstellt und veröffentlicht, oder um einen Rechtsträger, der innerhalb einer eine oder mehrere börsennotierte Gesellschaften umfassenden Unternehmensgruppe für die Finanzierung dieser Gruppe zuständig ist, oder um einen Rechtsträger handelt, der die wertpapiermäßige Unterlegung von Verbindlichkeiten durch Nutzung einer von einer Bank eingeräumten Kreditlinie finanzieren soll.

(2) Jedoch darf ein OGAW:
a) weder mehr als 10% seines Nettovermögens[32] in anderen als den in Absatz (1) genannten Wertpapieren oder Geldmarktinstrumenten anlegen,
b) noch Edelmetalle oder Zertifikate über diese erwerben.
Ein OGAW darf daneben flüssige Mittel halten.

(3) Eine Investmentgesellschaft darf bewegliches und unbewegliches Vermögen erwerben, das für die unmittelbare Ausübung ihrer Tätigkeit unerlässlich ist.

Art. 42. (1) Eine Verwaltungsgesellschaft, deren Satzungssitz in Luxemburg ist, muss ein Risikomanagement-Verfahren verwenden, das es ihr erlaubt, das mit den Anlagepositionen verbundene Risiko sowie ihren jeweiligen Anteil am Gesamtrisikoprofil des Anlageportfolios jederzeit zu überwachen und zu messen. Sie muss ein Verfahren verwenden, das eine präzise und unabhängige Bewertung des Wertes der OTC-Derivate erlaubt. Sie muss der CSSF regelmäßig entsprechend dem von dieser festgelegten Verfahren die Arten der Derivate im Portfolio, die mit den jeweiligen Basiswerten verbundenen Risiken, die Anlagegrenzen und die verwendeten Methoden zur Messung der mit den Derivategeschäften verbundenen Risiken bezüglich jedem verwalteten OGAW mitteilen.
Eine Investmentgesellschaft, deren Satzungssitz in Luxemburg ist, unterliegt den gleichen Pflichten.

---

[32] Im französischen Originaltext des Gesetzes wird der Begriff *actifs* verwendet. In der Verwaltungspraxis der Luxemburger Aufsichtsbehörde ist damit jedoch das Nettovermögen gemeint.

IV. Normentexte

(2) Einem OGAW ist es ferner gestattet, sich unter Einhaltung der von der CSSF festgelegten Bedingungen und Grenzen der Techniken und Instrumente zu bedienen, die Wertpapiere und Geldmarktinstrumente zum Gegenstand haben, sofern die Verwendung dieser Techniken und Instrumente im Hinblick auf die effiziente Verwaltung der Portfolios geschieht. Beziehen sich diese Transaktionen auf die Verwendung von Derivaten, müssen die Bedingungen und Grenzen mit den Bestimmungen dieses Gesetzes im Einklang stehen.

Unter keinen Umständen dürfen diese Transaktionen dazu führen, dass der OGAW von den in seinem Verwaltungsreglement, seinen Gründungsunterlagen bzw. seinem Prospekt genannten Anlagezielen abweicht.

(3) Der OGAW stellt sicher, dass das mit Derivaten verbundene Gesamtrisiko den Gesamtnettowert seines Portfolios nicht überschreitet.

Bei der Berechnung des Risikos werden der Marktwert der Basiswerte, das Ausfallrisiko der Gegenpartei, künftige Marktfluktuationen und die Liquidationsfrist der Positionen berücksichtigt. Dies gilt auch für die folgenden Unterabsätze.

Ein OGAW darf als Teil seiner Anlagepolitik und innerhalb der in Artikel 43 Absatz (5) festgelegten Grenzen Anlagen in derivative Finanzinstrumente tätigen, sofern das Gesamtrisiko der Basiswerte die Grenzen von Artikel 43 nicht überschreitet. Wenn ein OGAW in indexbasierte derivative Finanzinstrumente anlegt, müssen diese Anlagen nicht zwangsläufig bei den Grenzen von Artikel 43 berücksichtigt werden.

Wenn ein Derivat in ein Wertpapier oder ein Geldmarktinstrument eingebettet ist, muss es hinsichtlich der Anwendung der Bestimmungen dieses Artikels mit berücksichtigt werden.

Art. 43. (1) Ein OGAW darf höchstens 10% seines Nettovermögens in Wertpapiere oder Geldmarktinstrumente, die von ein und derselben Einrichtung ausgegeben werden, anlegen. Ein OGAW darf höchstens 20% seines Nettovermögens in Einlagen bei ein und derselben Einrichtung anlegen. Das Ausfallrisiko der Gegenpartei bei Geschäften eines OGAW mit OTC-Derivaten darf 10% seines Nettovermögens nicht überschreiten, wenn die Gegenpartei ein Kreditinstitut im Sinne von Artikel 41 Absatz (1) Buchstabe f) ist. Für andere Fälle beträgt die Grenze maximal 5% des Nettovermögens.

(2) Der Gesamtwert der Wertpapiere und Geldmarktinstrumente von Emittenten, bei denen der OGAW jeweils mehr als 5% seines Nettovermögens anlegt, darf 40% des Wertes seines Nettovermögens nicht überschreiten. Diese Begrenzung findet keine Anwendung auf Einlagen bei Finanzinstituten, die einer behördlichen Aufsicht unterliegen, und auf Geschäfte mit OTC-Derivaten mit solchen Finanzinstituten.

Ungeachtet der einzelnen Obergrenzen des Absatzes (1) darf ein OGAW mehrere der folgenden Elemente nicht kombinieren, wenn dies zu einer Anlage von mehr als 20% seines Nettovermögens bei ein und derselben Einrichtung führen würde:
– von dieser Einrichtung begebene Wertpapiere oder Geldmarktinstrumente,
– Einlagen bei dieser Einrichtung, oder
– von dieser Einrichtung erworbene OTC-Derivate.

(3) Die in Absatz (1) Satz 1 genannte Obergrenze wird auf höchstens 35% angehoben, wenn die Wertpapiere oder Geldmarktinstrumente von einem Mitgliedstaat, von seinen Gebietskörperschaften, von einem Drittstaat oder von internationalen Einrichtungen öffentlich-rechtlichen Charakters, denen mindestens ein Mitgliedstaat angehört, begeben oder garantiert werden.

(4) Die in Absatz (1) Satz 1 genannte Obergrenze wird auf höchstens 25% für bestimmte Schuldverschreibungen angehoben, wenn diese von einem Kreditinstitut mit Satzungssitz in einem Mitgliedstaat begeben werden, das aufgrund gesetzlicher Vorschriften zum Schutz der Inhaber dieser Schuldverschreibungen einer besonderen behördlichen Aufsicht unterliegt. Insbesondere müssen die Erträge aus der Emission dieser Schuldverschreibungen gemäß den gesetzlichen Vorschriften in Vermögenswerten angelegt werden, die während der gesamten Laufzeit der Schuldverschreibungen die sich daraus ergebenden Verbindlichkeiten ausreichend decken und vorrangig für die beim Ausfall des Emittenten fällig werdende Rückzahlung des Kapitals und die Zahlung der angefallenen Zinsen bestimmt sind.

Legt ein OGAW mehr als 5% seines Nettovermögens in Schuldverschreibungen im Sinne des vorstehenden Absatzes an, die von ein und demselben Emittenten begeben werden, darf der Gesamtwert dieser Anlagen 80% des Wertes des Nettovermögens des OGAW nicht überschreiten.

Die CSSF übermittelt der Europäischen Wertpapier- und Marktaufsichtsbehörde (ESMA) die Liste der im ersten Unterabsatz genannten Arten von Schuldverschreibungen und der Arten von Emittenten, die im Einklang mit den gesetzlichen Vorschriften und den in jenem Unterabsatz genannten, die behördliche Aufsicht betreffenden Bestimmungen berechtigt sind, die in diesem Artikel genannten Kriterien erfüllende Schuldverschreibungen zu begeben.

(5) Die in den Absätzen (3) und (4) genannten Wertpapiere und Geldmarktinstrumente werden bei der Anwendung der in Absatz (2) vorgesehenen Grenze von 40 % nicht berücksichtigt.

Die in den Absätzen (1), (2), (3) und (4) genannten Grenzen dürfen nicht kombiniert werden; daher dürfen gemäß den Absätzen (1), (2), (3) und (4) getätigte Anlagen in Wertpapieren oder Geldmarktinstrumenten, die von ein und derselben Einrichtung ausgegeben werden, in Einlagen oder in Derivaten bei dieser Einrichtung 35 % des Nettovermögens des OGAW nicht übersteigen.

Gesellschaften, die im Hinblick auf die Konsolidierung der Abschlüsse im Sinne der Richtlinie 83/349/EWG oder nach den anerkannten internationalen Rechnungslegungsvorschriften zusammengefasst werden, sind bei der Berechnung der in diesem Artikel vorgesehenen Grenzen als eine einzige Einrichtung anzusehen.

Ein einzelner OGAW darf kumulativ bis zu 20 % seines Nettovermögens in Wertpapieren und Geldmarktinstrumenten ein und derselben Unternehmensgruppe anlegen.

Art. 44. (1) Unbeschadet der in Artikel 48 festgelegten Grenzen werden die in Artikel 43 genannten Grenzen für Anlagen in Aktien und/oder Schuldtiteln, die von ein und derselben Einrichtung ausgegeben werden, auf höchstens 20 % angehoben, wenn es gemäß dem Verwaltungsreglements oder den Gründungsunterlagen des OGAW Ziel seiner Anlagepolitik ist, einen bestimmten, von der CSSF anerkannten Aktien- oder Schuldtitelindex auf Basis der folgenden Voraussetzungen nachzubilden:
– die Zusammensetzung des Index ist hinreichend diversifiziert,
– der Index stellt eine adäquate Bezugsgrundlage für den Markt, auf den er sich bezieht, dar,
– er wird in angemessener Weise veröffentlicht.

(2) Die in Absatz (1) vorgesehene Grenze beträgt 35 %, sofern dies aufgrund außergewöhnlicher Marktbedingungen gerechtfertigt ist, insbesondere bei geregelten Märkten, an denen bestimmte Wertpapiere oder bestimmte Geldmarktinstrumente stark dominieren. Eine Anlage bis zu dieser Grenze ist nur bei einem einzigen Emittenten möglich.

Art. 45. (1) Abweichend von Artikel 43 kann die CSSF einem OGAW gestatten, nach dem Grundsatz der Risikostreuung bis zu 100 % seines Nettovermögens in Wertpapieren und Geldmarktinstrumenten verschiedener Emissionen anzulegen, die von einem Mitgliedstaat, von seinen Gebietskörperschaften, von einem Staat, der nicht Mitglied der Europäischen Union ist, oder von internationalen Organismen öffentlich-rechtlichen Charakters, denen ein oder mehrere Mitgliedstaaten angehören, begeben oder garantiert werden.

Die CSSF erteilt die vorerwähnte Genehmigung nur dann, wenn sie der Auffassung ist, dass die Anteilinhaber des OGAW den gleichen Schutz wie Anteilinhaber von OGAW, die die in den Artikeln 43 und 44 genannten Grenzen einhalten, genießen.

Diese OGAW müssen Vermögenswerte halten, die im Rahmen von mindestens sechs verschiedenen Emissionen begeben worden sind, wobei die im Rahmen ein und derselben Emission begebenen Vermögenswerte 30 % des Gesamtvermögens nicht übersteigen dürfen.

(2) Die in Absatz (1) genannten OGAW müssen in ihren Verwaltungsreglements oder ihren Gründungsunterlagen ausdrücklich die Staaten, Gebietskörperschaften oder internationalen Organismen öffentlich-rechtlichen Charakters erwähnen, die Vermögenswerte begeben oder garantieren, in denen der OGAW mehr als 35 % ihres Nettovermögens anzulegen beabsichtigt.

(3) Ferner müssen die in Absatz (1) genannten OGAW in die Prospekte oder Marketing-Anzeigen eine Erklärung aufnehmen, die diese Genehmigung deutlich hervorhebt und die Staaten, Gebietskörperschaften und internationalen Organismen öffentlich-rechtlichen Charakters angibt, in deren Vermögenswerte sie mehr als 35 % ihres Nettovermögens anzulegen beabsichtigen oder angelegt haben.

Art. 46. (1) Ein OGAW darf Anteile anderer OGAW und/oder anderer OGA im Sinne von Artikel 41 Absatz (1) Buchstabe e) erwerben, wenn er nicht mehr als 20 % seines Nettovermögens in ein und denselben OGAW oder anderen OGA anlegt.

Bei der Anwendung dieser Anlagegrenze ist jeder Teilfonds eines Umbrella-Fonds als eigenständiger Emittent zu betrachten, vorausgesetzt, das Prinzip der Einzelhaftung der verschiedenen Teilfonds gegenüber Dritten findet Anwendung.

(2) Anlagen in Anteilen von anderen OGA als OGAW dürfen insgesamt 30 % des Nettovermögens eines OGAW nicht übersteigen.

Wenn ein OGAW Anteile anderer OGAW und/oder sonstiger OGA erworben hat, werden die Anlagewerte dieser OGAW oder anderen OGA in Bezug auf die in Artikel 43 genannten Grenzen nicht kombiniert.

IV. Normentexte

(3) Erwirbt ein OGAW Anteile anderer OGAW und/oder sonstiger OGA, die unmittelbar oder mittelbar von derselben Verwaltungsgesellschaft oder einer anderen Gesellschaft verwaltet werden, mit der die Verwaltungsgesellschaft durch eine gemeinsame Verwaltung oder Beherrschung oder durch eine wesentliche direkte oder indirekte Beteiligung verbunden ist, darf die Verwaltungsgesellschaft oder die andere Gesellschaft für die Zeichnung oder den Rückkauf von Anlagen des OGAW in Anteile der anderen OGAW und/oder anderen OGA keine Gebühren berechnen.

Legt ein OGAW einen wesentlichen Teil seines Nettovermögens in andere OGAW und/oder andere OGA an, muss sein Prospekt Angaben darüber enthalten, wie hoch die Verwaltungsgebühren maximal sind, die von dem betreffenden OGAW selbst sowie von den anderen OGAW und/oder sonstigen OGA, in die er zu investieren beabsichtigt, zu tragen sind. Im Jahresbericht ist anzugeben, wie hoch der Anteil der Verwaltungsgebühren maximal ist, den der OGAW einerseits und die OGAW und/oder anderen OGA, in die er investiert, andererseits zu tragen haben.

Art. 47. (1) In dem Prospekt wird angegeben, in welche Kategorien von Vermögenswerten ein OGAW investieren darf. Er gibt ferner an, ob der OGAW Geschäfte mit Derivaten tätigen darf; ist dies der Fall, muss der Prospekt an hervorgehobener Stelle erläutern, ob diese Geschäfte zur Deckung von Anlagepositionen oder als Teil der Anlagestrategie getätigt werden dürfen und wie sich die Verwendung von derivativen Finanzinstrumenten möglicherweise auf das Risikoprofil auswirkt.

(2) Wenn ein OGAW hauptsächlich in eine der in Artikel 41 genannten Kategorien von Vermögenswerten, bei der es sich nicht um Wertpapiere oder Geldmarktinstrumente handelt, investiert oder einen Aktien- oder Schuldtitelindex gemäß Artikel 44 nachbildet, müssen der Prospekt und, sofern anwendbar, die Marketing-Anzeigen an hervorgehobener Stelle einen Hinweis auf seine Anlagepolitik enthalten.

(3) Wenn der Nettoinventarwert eines OGAW aufgrund der Zusammensetzung seines Portfolios oder der Portfoliomanagementtechniken, die angewendet werden können, der Gefahr einer erhöhten Volatilität unterliegt, müssen der Prospekt und, sofern anwendbar, die Marketing-Anzeigen an hervorgehobener Stelle einen Hinweis auf dieses Merkmal des OGAW enthalten.

(4) Wenn ein Anleger dies wünscht, muss die Verwaltungsgesellschaft ferner zusätzliche Informationen über die Grenzen des Risikomanagements des OGAW, die Methoden, welche zur Einhaltung dieser Grenzen gewählt wurden, und die jüngsten Entwicklungen der wesentlichen Risiken und Renditen der Kategorien von Anlageinstrumenten bereitstellen.

Art. 48. (1) Eine Investmentgesellschaft oder eine Verwaltungsgesellschaft, die für alle von ihr verwalteten Investmentfonds, die in den Anwendungsbereich des Teil I dieses Gesetzes bzw. der Richtlinie 2009/65/EG fallen, handelt, darf keine Aktien erwerben, die mit einem Stimmrecht verbunden sind und die es ihr ermöglichen, einen nennenswerten Einfluss auf die Geschäftsführung eines Emittenten auszuüben.

(2) Ferner darf ein OGAW nicht mehr als:
- 10% der stimmrechtslosen Aktien ein und desselben Emittenten,
- 10% der Schuldtitel ein und desselben Emittenten,
- 25% der Anteile ein und desselben OGAW oder eines anderen OGA im Sinne von Artikel 2 Absatz (2) dieses Gesetzes,
- 10% der Geldmarktinstrumente, die von ein und demselben Emittenten begeben werden, erwerben.

Die im zweiten, dritten und vierten Gedankenstrich vorgesehenen Grenzen brauchen beim Erwerb nicht eingehalten zu werden, wenn der Bruttobetrag der Schuldverschreibungen oder der Geldmarktinstrumente oder der Nettobetrag der ausgegebenen Anteile[33] zu diesem Zeitpunkt nicht berechnet werden kann.

(3) Absätze (1) und (2) sind nicht anwendbar im Hinblick auf:
a) Wertpapiere und Geldmarktinstrumente, die von einem Mitgliedstaat oder dessen Gebietskörperschaften begeben oder garantiert werden,
b) Wertpapiere und Geldmarktinstrumente, die von einem Staat, der nicht Mitglied der Europäischen Union ist, begeben oder garantiert werden,

---

[33] Die amtliche französische Fassung der Richtlinie 2009/65/EG sowie der französische Originaltext des Gesetzes verwenden die Bezeichnung *titres émis*, wohingegen die amtliche englische Fassung der Richtlinie 2009/65/EG die Bezeichnung *instruments in issue* und die amtliche deutsche Fassung der Richtlinie 2009/65/EG die Bezeichnung „ausgegebene Anteile" verwenden.

c) Wertpapiere und Geldmarktinstrumente, die von internationalen Organismen öffentlich-rechtlichen Charakters begeben werden, denen ein oder mehrere Mitgliedstaaten der Europäischen Union angehören,
d) Aktien, die ein OGAW an dem Kapital einer Gesellschaft eines Drittstaates hält, die ihr Vermögen im Wesentlichen in Wertpapieren von Emittenten anlegt, die in diesem Drittstaat ansässig sind, wenn eine derartige Beteiligung für den OGAW aufgrund der Rechtsvorschriften dieses Staates die einzige Möglichkeit darstellt, Anlagen in Wertpapieren von Emittenten dieses Staates zu tätigen. Diese Ausnahmeregelung gilt jedoch nur unter der Voraussetzung, dass die Gesellschaft des Drittstaates in ihrer Anlagepolitik die in den Artikeln 43 und 46 sowie in Artikel 48 Absätze (1) und (2) festgelegten Grenzen beachtet. Bei Überschreitung der in den Artikeln 43 und 46 vorgesehenen Grenzen findet Artikel 49 sinngemäß Anwendung,
e) Aktien, die von einer oder mehreren Investmentgesellschaften am Kapital von Tochtergesellschaften gehalten werden, die ausschließlich für die Investmentgesellschaft oder -gesellschaften Verwaltungs-, Beratungs- oder Vertriebstätigkeiten in dem Staat, in dem die Tochtergesellschaft niedergelassen ist, ausüben, im Hinblick auf die Rücknahme von Anteilen auf Wunsch der Anteilinhaber.

Art. 49. (1) OGAW brauchen die in diesem Kapitel vorgesehenen Grenzen bei der Ausübung von Bezugsrechten, die an Wertpapiere oder Geldmarktinstrumente geknüpft sind, die Teil ihres Nettovermögens sind, nicht einzuhalten.

Unbeschadet ihrer Verpflichtung, den Grundsatz der Risikostreuung einzuhalten, können neu zugelassene OGAW während eines Zeitraums von sechs Monaten nach ihrer Zulassung von den Artikeln 43, 44, 45 und 46 abweichen.

(2) Werden die in Absatz (1) genannten Grenzen von einem OGAW unbeabsichtigt oder infolge der Ausübung von Bezugsrechten überschritten, muss der betreffende OGAW im Rahmen der von ihm getätigten Verkäufe vorrangig die Abhilfe dieser Situation unter Berücksichtigung der Interessen der Anteilinhaber anstreben.

Art. 50. (1) Kredite aufnehmen darf:
– weder eine Investmentgesellschaft,
– noch eine Verwaltungsgesellschaft oder eine Verwahrstelle, die jeweils für Rechnung eines Investmentfonds handeln.

Jedoch darf ein OGAW Fremdwährungen durch ein „Back-to-back"-Darlehen erwerben.

(2) Abweichend von Absatz (1) dürfen OGAW Kredite aufnehmen, sofern es sich um Kredite handelt:
a) die vorübergehend aufgenommen werden und die sich belaufen:
 – im Falle von Investmentgesellschaften auf höchstens 10% ihres Nettovermögens, oder
 – im Falle von Investmentfonds auf höchstens 10% des Fondsvermögens oder
b) die den Erwerb von Immobilien ermöglichen sollen, die für die unmittelbare Ausübung ihrer Tätigkeiten unerlässlich sind und sich im Falle von Investmentgesellschaften auf höchstens 10% ihres Nettovermögens belaufen.

Falls ein OGAW Kredite gemäß den Buchstaben a) und b) aufnehmen darf, dürfen diese Kredite zusammen 15% seines Nettovermögens nicht übersteigen.

Art. 51. (1) Unbeschadet der Bestimmungen in Artikeln 41 und 42 darf
– weder eine Investmentgesellschaft,
– noch eine Verwaltungsgesellschaft oder eine Verwahrstelle, die jeweils für Rechnung eines Investmentfonds handeln,
Kredite gewähren oder für Dritte als Bürge einstehen.

(2) Absatz (1) steht dem Erwerb nicht voll eingezahlter Wertpapiere, Geldmarktinstrumente oder anderer Finanzinstrumente im Sinne von Artikel 41 Absatz (1) Buchstaben e), g) und h) durch die betreffenden Organismen nicht entgegen.

Art. 52. Leerverkäufe von Wertpapieren, Geldmarktinstrumenten oder anderen in Artikel 41 Absatz (1) Buchstaben e), g) und h) genannten Finanzinstrumenten dürfen
– weder von einer Investmentgesellschaft,
– noch von einer Verwaltungsgesellschaft oder Verwahrstelle, die für Rechnung eines Investmentfonds handeln,
getätigt werden.

IV. Normentexte

6. Kapitel – In Luxemburg niedergelassene OGAW, die ihre Anteile in anderen Mitgliedstaaten vertreiben

Art. 53. Ein OGAW, der seine Anteile in einem anderen Mitgliedstaat vertreibt, hat die erforderlichen Maßnahmen zur Einhaltung der in dem Mitgliedstaat, in dem seine Anteile vertrieben werden, anwendbaren Rechts-, Aufsichts- und Verwaltungsvorschriften zu treffen, um die Zahlungen an die Anteilinhaber, den Anteilrückkauf oder die Anteilrücknahme sowie die Bereitstellung von Informationen in diesem Mitgliedstaat sicherzustellen.

Art. 54. (1) Ein OGAW, der beabsichtigt, seine Anteile in einem anderen Mitgliedstaat zu vertreiben, muss der CSSF vorab ein Anzeigeschreiben übermitteln.

Das Anzeigeschreiben enthält Angaben zu den Modalitäten, die für den Vertrieb der Anteile des OGAW in dem Aufnahmemitgliedstaat vorgesehen sind, sowie gegebenenfalls zu den Anteilklassen. Im Falle von Artikel 113 enthält es einen Hinweis darauf, dass der OGAW von der Verwaltungsgesellschaft vertrieben wird, die den OGAW verwaltet.

(2) Der OGAW fügt dem in Absatz (1) genannten Anzeigeschreiben die aktuelle Fassung folgender Unterlagen bei:
a) sein Verwaltungsreglement oder seine Gründungsunterlagen, seinen Prospekt sowie gegebenenfalls seinen letzten Jahresbericht und den anschließenden Halbjahresbericht in der gemäß Artikel 55 Absatz (1) Buchstaben c) und d) angefertigten Übersetzung und
b) die in Artikel 159 genannten wesentlichen Informationen für den Anleger in der gemäß Artikel 55 Absatz (1) Buchstaben b) und d) angefertigten Übersetzung.

(3) Die CSSF prüft, ob die vom OGAW gemäß den Absätzen (1) und (2) bereitgestellten Unterlagen vollständig sind.

Die CSSF übermittelt alle in den Absätzen (1) und (2) genannten Unterlagen den zuständigen Behörden des Mitgliedstaats, in dem der OGAW seine Anteile zu vertreiben beabsichtigt, spätestens zehn Werktage nach Eingang des Anzeigeschreibens und sämtlicher in Absatz (2) genannten Unterlagen. Die CSSF fügt den Unterlagen eine Bescheinigung bei, der zufolge der OGAW die in der Richtlinie 2009/65/EG festgelegten Bedingungen erfüllt.

Die CSSF unterrichtet den OGAW unmittelbar über den Versand der Unterlagen. Der OGAW kann seine Anteile ab dem Datum dieser Anzeige im Aufnahmemitgliedstaat auf den Markt bringen.

Der OGAW muss den zuständigen Behörden des Aufnahmemitgliedsstaates jede vorgenommene Änderung der in Absatz (2) genannten Dokumente mitteilen sowie angeben, wo diese Dokumente in elektronischer Form erhältlich sind.

(4) Im Falle einer Änderung der im Anzeigeschreiben gemäß Absatz (1) gemachten Angaben zu den für den Vertrieb vorgesehenen Modalitäten oder einer Änderung der vertriebenen Anteilklassen, teilt der OGAW den zuständigen Behörden des Aufnahmemitgliedstaats vor Umsetzung der Änderung diese schriftlich mit.

Art. 55. (1) Ein OGAW, der seine Anteile in einem anderen Mitgliedstaat vertreibt, muss den Anlegern im Hoheitsgebiet dieses Mitgliedstaats alle Informationen und alle Unterlagen zur Verfügung stellen, die er gemäß Kapitel 21 dieses Gesetzes den Anlegern in Luxemburg zur Verfügung stellen muss.

Diese Informationen und diese Unterlagen werden den Anlegern gemäß den folgenden Bestimmungen zur Verfügung gestellt:
a) unbeschadet der Bestimmungen von Kapitel 21 dieses Gesetzes werden diese Informationen oder Unterlagen den Anlegern im Einklang mit den Rechts-, Aufsichts- und Verwaltungsvorschriften des Aufnahmemitgliedstaats des OGAW zur Verfügung gestellt,
b) die in Artikel 159 dieses Gesetzes genannten wesentlichen Informationen für den Anleger werden in die Amtssprache oder in eine der Amtssprachen des Aufnahmemitgliedstaats des OGAW oder in eine von den zuständigen Behörden dieses Mitgliedstaats akzeptierte Sprache übersetzt,
c) andere Informationen und Unterlagen als die in Artikel 159 dieses Gesetzes genannten wesentlichen Informationen für den Anleger werden nach Wahl des OGAW in die Amtssprache oder in eine der Amtssprachen des Aufnahmemitgliedstaats des OGAW, in eine von den zuständigen Behörden dieses Mitgliedstaats akzeptierte Sprache oder in eine in der internationalen Finanzwelt gebräuchliche Sprache übersetzt und
d) die Übersetzungen von Informationen und Unterlagen gemäß den Buchstaben b) und c) werden unter der Verantwortung des OGAW erstellt und müssen den Inhalt der ursprünglichen Informationen getreu wiedergeben.

(2) Die in Absatz (1) beschriebenen Anforderungen gelten auch für jegliche Änderungen der in diesem Absatz genannten Informationen und Unterlagen.

(3) Die Häufigkeit der in Artikel 157 dieses Gesetzes vorgesehenen Veröffentlichungen des Ausgabe-, Verkaufs-, Rücknahme- oder Auszahlungspreises der Anteile eines OGAW richtet sich nach den in Luxemburg anwendbaren Rechts-, Aufsichts- und Verwaltungsvorschriften.

Art. 56. Ein OGAW kann im Rahmen der Ausübung seiner Tätigkeiten in einem Aufnahmemitgliedstaat denselben Verweis auf seine Rechtsform, beispielsweise „Investmentgesellschaft" oder „Investmentfonds", verwenden, den er in Luxemburg verwendet.

Art. 57. Für die Zwecke dieses Kapitels schließt die Bezeichnung „OGAW" die Teilfonds eines OGAW ein.

Art 58. Die Bestimmungen der Artikel 53 bis 57 dieses Gesetzes sind innerhalb der im Abkommen über den Europäischen Wirtschaftsraum und der damit zusammenhängenden Rechtsakte vorgesehenen Grenzen anwendbar, wenn ein in Luxemburg niedergelassener OGAW seine Anteile in einem Staat vertreibt, der Teil des Europäischen Wirtschaftsraums, jedoch kein Mitgliedstaat ist.[34]

7. Kapitel – In einem anderen Mitgliedstaat niedergelassene OGAW, die ihre Anteile in Luxemburg vertreiben

Art. 59. Ein OGAW, der in einem anderen Mitgliedstaat niedergelassen ist und seine Anteile in Luxemburg vertreibt, muss ein Kreditinstitut ernennen, um Zahlungen an die Anteilinhaber und die Rücknahme oder Auszahlung von Anteilen in Luxemburg sicherzustellen. Der OGAW muss die Maßnahmen treffen, die erforderlich sind, um sicherzustellen, dass die Anteilinhaber die von dem OGAW zu liefernden Informationen erhalten.

Art. 60. (1) Beabsichtigt ein in einem anderen Mitgliedstaat niedergelassener OGAW, seine Anteile in Luxemburg zu vertreiben, werden die zuständigen Behörden des Herkunftsmitgliedstaats des OGAW der CSSF die in Artikel 93 Absätze (1) und (2) der Richtlinie 2009/65/EG genannten Dokumente sowie eine Bescheinigung, der zufolge der OGAW die in der Richtlinie 2009/65/EG festgelegten Bedingungen erfüllt, übermitteln.

Ab dem Datum der Bekanntgabe an den OGAW der in diesem Absatz beschriebenen Übermittlung der zuständigen Behörden des Herkunftsmitgliedstaates des OGAW an die CSSF, kann der OGAW seine Anteile in Luxemburg auf den Markt bringen.

(2) Im Falle einer Änderung der im Anzeigeschreiben gemäß Absatz (1) gemachten Angaben zu den für den Vertrieb vorgesehenen Modalitäten oder einer Änderung der vertriebenen Anteilklassen, teilt der OGAW der CSSF vor Umsetzung der Änderung diese schriftlich mit.

Art. 61. (1) Wenn ein in einem anderen Mitgliedstaat niedergelassener OGAW seine Anteile in Luxemburg vertreibt, muss er seinen in Luxemburg ansässigen Anlegern alle Informationen und alle Unterlagen zur Verfügung stellen, die er gemäß Kapitel IX der Richtlinie 2009/65/EG den Anlegern in seinem Herkunftsmitgliedstaat zur Verfügung stellen muss.

Diese Informationen und diese Unterlagen werden den Anlegern gemäß den folgenden Bestimmungen zur Verfügung gestellt:

a) unbeschadet der Bestimmungen von Kapitel IX der Richtlinie 2009/65/EG werden diese Informationen oder Unterlagen den Anlegern im Einklang mit den in Luxemburg geltenden Rechts-, Aufsichts- und Verwaltungsvorschriften zur Verfügung gestellt,

b) sowohl die in Artikel 78 der Richtlinie 2009/65/EG genannten wesentlichen Informationen für den Anleger als auch andere Informationen und Unterlagen als die in Artikel 78 der Richtlinie 2009/65/EG genannten wesentlichen Informationen für den Anleger sind ins Luxemburgische, Französische, Deutsche oder Englische zu übersetzen,

c) die Übersetzungen der Informationen und Unterlagen gemäß Buchstabe b) werden unter der Verantwortung des OGAW erstellt und müssen den Inhalt der ursprünglichen Informationen getreu wiedergeben.

(2) Die in Absatz (1) beschriebenen Anforderungen gelten auch für jegliche Änderungen der in diesem Absatz genannten Informationen und Unterlagen.

(3) Die Häufigkeit der in Artikel 76 der Richtlinie 2009/65/EG vorgesehenen Veröffentlichungen des Ausgabe-, Verkaufs-, Rücknahme- oder Auszahlungspreises der Anteile eines OGAW richtet sich nach den Rechts-, Aufsichts- und Verwaltungsvorschriften des Herkunftsmitgliedstaates des OGAW.

---

[34] Derzeit sind dies Island, Liechtenstein und Norwegen.

Art. 62. Ein OGAW kann im Rahmen der Ausübung seiner Tätigkeiten in Luxemburg denselben Verweis auf seine Rechtsform, beispielsweise „Investmentgesellschaft" oder „Investmentfonds", verwenden, wie in seinem Herkunftsmitgliedstaat.

Art. 63. Für die Zwecke dieses Kapitels schließt die Bezeichnung „OGAW" die Teilfonds eines OGAW ein.

Art. 64. Die Bestimmungen der Artikel 59 bis 63 dieses Gesetzes sind innerhalb der im Abkommen über den Europäischen Wirtschaftsraum und der damit zusammenhängenden Rechtsakte vorgesehenen Grenzen anwendbar, wenn ein OGAW in einem anderen Staat als einem Mitgliedstaat[35], der Teil des Abkommens über den Europäischen Wirtschaftsraum ist, niedergelassen ist und seine Anteile in Luxemburg vertreibt.

8. Kapitel – Verschmelzung von UCITS

A. – Grundsatz, Genehmigung und Zustimmung

Art. 65. Für die Zwecke dieses Kapitels schließt die Bezeichnung „OGAW" die Teilfonds eines OGAW ein.

Art. 66. (1) Unter den in diesem Kapitel festgelegten Voraussetzungen und unabhängig von der Form, in der die OGAW gemäß Artikel 2 Absatz (3) gegründet wurden, kann ein in Luxemburg niedergelassener OGAW sowohl als übertragender als auch als übernehmender OGAW Gegenstand von grenzüberschreitenden und inländischen Verschmelzungen gemäß Artikel 1 Ziffern 21) und 22) im Einklang mit einem der in Artikel 1 Ziffer 20) dieses Gesetzes vorgesehenen Verschmelzungsverfahren sein.

(2) Unter dieses Kapitel fallen auch Verschmelzungen von in Luxemburg niedergelassenen OGAW, wenn keiner der betreffenden OGAW Gegenstand einer Anzeige gemäß Artikel 93 der Richtlinie 2009/65/EG war.

(3) Die Bestimmungen des Abschnittes XIV des geänderten Gesetzes vom 10. August 1915 über die Handelsgesellschaften bezüglich Verschmelzungen gelten nicht für die Verschmelzung von OGAW.

(4) Unbeschadet der Bestimmungen des nachfolgenden Absatzes müssen die Gründungsunterlagen eines in Luxemburg in der Form einer Gesellschaft niedergelassenen OGAW vorsehen, ob das Organ der Generalversammlung der Anteilinhaber oder der Verwaltungsrat bzw. der Vorstand im Einzelfall für die Entscheidung über das Wirksamwerden der Verschmelzung mit einem anderen OGAW zuständig ist. Für in der Form eines Investmentfonds in Luxemburg niedergelassene OGAW ist, außer im Falle einer im Verwaltungsreglement vorgesehenen Ausnahme, die Verwaltungsgesellschaft dieser OGAW für die Entscheidung über das Wirksamwerden der Verschmelzung mit einem anderen OGAW zuständig. Sehen das Verwaltungsreglement oder die Gründungsunterlagen die Zustimmung einer Generalversammlung der Anteilinhaber vor, müssen diese Unterlagen überdies das Anwesenheitsquorum und die Mehrheitserfordernisse benennen, wobei im Hinblick auf die Zustimmung der Anteilinhaber zum gemeinsamen Verschmelzungsplan eine solche Zustimmung mindestens mit einfacher Mehrheit, jedoch nicht mit mehr als 75 %, der abgegebenen Stimmen der in der Generalversammlung anwesenden oder vertretenen Anteilinhabern erteilt werden muss.

Fehlen besondere Bestimmungen im Verwaltungsreglement oder in den Gründungsunterlagen, bedarf jede Verschmelzung auf Seiten eines übertragenden OGAW in der Form eines Investmentfonds der Zustimmung der Verwaltungsgesellschaft oder auf Seiten eines übertragenden OGAW in der Form einer Gesellschaft der Zustimmung der Generalversammlung der Anteilinhaber, wobei Letztere mit mindestens einfacher Mehrheit der abgegebenen Stimmen der in der Generalversammlung anwesenden oder vertretenen Anteilinhabern erfolgen muss.

Ist bei einer Verschmelzung unter Auflösung der übertragende OGAW eine Investmentgesellschaft, muss das Wirksamwerden der Verschmelzung stets von der Generalversammlung der Anteilinhaber des übertragenden OGAW beschlossen werden, wobei der Beschluss nach dem in der Satzung vorgesehenen Verfahren sowie dem darin genannten Anwesenheitsquorum und Mehrheitserfordernis zu fassen ist; die Bestimmungen dieses Absatzes finden Anwendung. Bei jeder Verschmelzung einer übertragenden Investmentgesellschaft unter Auflösung muss das Wirksamwerden der Verschmelzung durch notarielle Urkunde festgestellt werden.

---

[35] Derzeit sind dies Island, Liechtenstein und Norwegen.

C. Luxemburg

Bei jeder Verschmelzung eines übertragenden OGAW in Form eines Investmentfonds unter Auflösung muss das Wirksamwerden der Verschmelzung durch die Verwaltungsgesellschaft dieses OGAW beschlossen werden, es sei denn, das Verwaltungsreglement sieht für dieses Erfordernis eine Ausnahme vor. Bei jeder Verschmelzung eines übertragenden Investmentfonds unter Auflösung muss die Entscheidung über das Wirksamwerden der Verschmelzung beim Handels- und Firmenregister hinterlegt sowie ein Hinterlegungsvermerk hierüber im Mémorial gemäß den Regelungen des Gesetzes vom 10. August 1915 über die Handelsgesellschaften veröffentlicht werden.

Ist für eine Verschmelzung die Zustimmung der Anteilinhaber nach den oben genannten Bestimmungen erforderlich, ist nur die Zustimmung der Anteilinhaber des oder der betroffenen Teilfonds notwendig, sofern das Verwaltungsreglement oder die Gründungsunterlagen des OGAW nichts Gegenteiliges bestimmen.

Die praktischen Modalitäten der Verschmelzungsverfahren für von einer Verschmelzung betroffene luxemburgische OGAW können mittels Verordnung der CSSF festgelegt werden. Die in Artikel 1 Ziffer 20) c) dieses Gesetzes vorgesehenen Verschmelzungen erfolgen gemäß den in diesem Kapitel vorgesehenen Verfahren.

Wenn der übernehmende und der übertragende OGAW in Luxemburg niedergelassen sind, finden die in diesem Kapitel vorgesehenen Bestimmungen bezüglich der Beteiligung der zuständigen Behörden eines anderen Mitgliedstaates keine Anwendung.

Art. 67. (1) Ist der übertragende OGAW ein in Luxemburg niedergelassener OGAW, bedarf die Verschmelzung der vorherigen Genehmigung der CSSF.

(2) Der übertragende OGAW übermittelt folgende Informationen an die CSSF:

a) den vom übertragenden und übernehmenden OGAW genehmigten gemeinsamen Verschmelzungsplan,

b) eine aktualisierte Fassung des Prospekts und der in Artikel 78 der Richtlinie 2009/65/EG genannten wesentlichen Informationen für den Anleger des übernehmenden OGAW, falls dieser in einem anderen Mitgliedstaat niedergelassen ist,

c) eine Bestätigung der jeweiligen Verwahrstellen des übertragenden und des übernehmenden OGAW gemäß Artikel 70, dass sie die Übereinstimmung der Angaben nach Artikel 69 Absatz (1) Buchstaben a), f) und g) mit den Anforderungen dieses Gesetzes und mit dem Verwaltungsreglement oder den Gründungsunterlagen des jeweiligen OGAW überprüft haben. Sollte der übernehmende OGAW in einem anderen Mitgliedstaat niedergelassen sein, bestätigt die Verwahrstelle des übernehmenden OGAW gemäß Artikel 41 der Richtlinie 2009/65/EG ferner, dass die Übereinstimmung der in Artikel 40 Absatz (1) Buchstaben a), f) und g) aufgelisteten Angaben mit den Anforderungen der Richtlinie 2009/65/EG und mit dem Verwaltungsreglement oder den Gründungsunterlagen des übernehmenden OGAW überprüft worden ist und

d) die Informationen über die geplante Verschmelzung, die der übernehmende und der übertragende OGAW beabsichtigen, ihren jeweiligen Anteilinhabern zur Verfügung zu stellen.

Diese Informationen sind der CSSF in luxemburgischer, französischer, deutscher oder englischer Sprache zur Verfügung zu stellen.

(3) Ist die CSSF der Auffassung, dass die Akte nicht vollständig ist, fordert sie zusätzliche Informationen innerhalb einer Frist von maximal zehn Werktagen nach Erhalt der in Absatz (2) genannten Informationen an.

(4)

a) Ist der übernehmende OGAW nicht in Luxemburg niedergelassen und ist die Akte soweit vollständig, übermittelt die CSSF unverzüglich Kopien der in Absatz (2) genannten Informationen an die zuständigen Behörden des Herkunftsmitgliedstaats des übernehmenden OGAW. Die CSSF und die zuständigen Behörden des Herkunftsmitgliedstaats des übernehmenden OGAW prüfen jeweils die möglichen Auswirkungen der geplanten Verschmelzung auf die Anteilinhaber des übertragenden und des übernehmenden OGAW, um festzustellen, ob den Anteilinhabern angemessene Informationen zur Verfügung gestellt werden.

Wenn die CSSF es für erforderlich hält, kann sie schriftlich verlangen, dass die Informationen an die Anteilinhaber des übertragenden OGAW klarer gestaltet werden.

Halten die zuständigen Behörden des Herkunftsmitgliedstaates des übernehmenden OGAW es für erforderlich, können sie innerhalb einer Frist von maximal fünfzehn Werktagen nach Eingang der Kopien der in Absatz (2) genannten vollständigen Informationen schriftlich verlangen, dass der übernehmende OGAW die seinen Anteilinhabern zur Verfügung zu stellenden Informationen ändert.

In einem solchen Fall übermitteln die zuständigen Behörden des Herkunftsmitgliedstaates des übernehmenden OGAW der CSSF einen Hinweis auf ihre Beanstandungen. Sie teilen der CSSF innerhalb von zwanzig Werktagen, nachdem ihnen die geänderten Informationen an die Anteilinhaber des übernehmenden OGAW vorgelegt worden sind, mit, ob sie diese Informationen als zufriedenstellend erachten.

b) Ist der übernehmende OGAW in Luxemburg niedergelassen und ist die Akte soweit vollständig, prüft die CSSF die möglichen Auswirkungen der geplanten Verschmelzung auf die Anteilinhaber des übertragenden und des übernehmenden OGAW, um festzustellen, ob den Anteilinhabern angemessene Informationen zur Verfügung gestellt werden. Wenn die CSSF es für erforderlich hält, kann sie schriftlich (i) eine Klarstellung der Informationen an die Anteilinhaber des übertragenden OGAW verlangen und (ii) den übernehmenden OGAW innerhalb einer Frist von maximal fünfzehn Werktagen nach Eingang der Kopien der in Absatz (2) genannten vollständigen Informationen auffordern, die seinen Anteilinhabern zur Verfügung zu stellenden Informationen zu ändern.

(5) Die CSSF unterrichtet den übertragenden OGAW innerhalb von zwanzig Werktagen nach Vorlage der in Absatz (2) genannten vollständigen Informationen über die Erteilung oder Ablehnung der Genehmigung der Verschmelzung.

(6) Ist der übernehmende OGAW nicht in Luxemburg niedergelassen und:

a) erfüllt die geplante Verschmelzung sämtliche Anforderungen der Artikel 67, 69, 70 und 71 dieses Gesetzes und
b) hat der übernehmende OGAW eine Mitteilung über den Vertrieb seiner Anteile in Luxemburg gemäß Artikel 60 dieses Gesetzes und in allen Mitgliedstaaten, in denen der übertragende OGAW entweder genehmigt oder Gegenstand einer Mitteilung über den Vertrieb seiner Anteile gemäß Artikel 60 dieses Gesetzes ist, erhalten und
c) sind die CSSF und die zuständigen Behörden des Herkunftsmitgliedstaats des übernehmenden OGAW mit den zur Mitteilung an die Anteilinhaber vorgeschlagenen Informationen einverstanden oder ist keine Angabe über Beanstandungen seitens der zuständigen Behörden des Herkunftsmitgliedstaats des übernehmenden OGAW im Sinne des vierten Unterabsatzes des Absatzes (4) Buchstabe a) eingegangen,

genehmigt die CSSF die geplante Verschmelzung, wenn diese Bedingungen erfüllt sind. Die CSSF teilt zudem den zuständigen Behörden des Herkunftsmitgliedstaats des übernehmenden OGAW ihre Entscheidung mit.

Ist der übernehmende OGAW auch in Luxemburg niedergelassen und:

a) erfüllt die geplante Verschmelzung sämtliche Anforderungen der Artikel 67, 69, 70 und 71 dieses Gesetzes und
b) hat der übernehmende OGAW eine Mitteilung über den Vertrieb seiner Anteile gemäß Artikel 60 dieses Gesetzes in allen Mitgliedstaaten, in denen der übertragende OGAW entweder zugelassen oder Gegenstand einer Mitteilung über den Vertrieb seiner Anteile gemäß Artikel 60 dieses Gesetzes ist, erhalten und
c) ist die CSSF mit den zur Mitteilung an die Anteilinhaber vorgeschlagenen Informationen des übertragenden und übernehmenden OGAW einverstanden,

genehmigt die CSSF die geplante Verschmelzung, wenn diese Bedingungen erfüllt sind.

Art. 68. (1) Ist der übernehmende OGAW in Luxemburg und der übertragende OGAW in einem anderen Mitgliedstaat niedergelassen, muss die CSSF von den zuständigen Behörden dieses anderen Mitgliedstaats Kopien der in Artikel 67 Absatz (2) Buchstaben a), c) und d) aufgelisteten Informationen erhalten.

(2) Die CSSF und die zuständigen Behörden des Herkunftsmitgliedstaats des übertragenden OGAW überprüfen jeweils die möglichen Auswirkungen der geplanten Verschmelzung auf die Anteilinhaber des übertragenden und des übernehmenden OGAW, um festzustellen, ob den Anteilinhabern angemessene Informationen zur Verfügung gestellt werden.

Wenn die CSSF es für erforderlich hält, kann sie den übernehmenden OGAW schriftlich innerhalb einer Frist von maximal fünfzehn Werktagen nach Eingang der Kopien der in Absatz (1) genannten vollständigen Informationen auffordern, die seinen Anteilinhabern zur Verfügung zu stellenden Informationen zu ändern.

Die CSSF teilt den zuständigen Behörden des Herkunftsmitgliedstaats des übertragenden OGAW innerhalb von zwanzig Werktagen nach Erhalt der geänderten Informationen an die Anteilinhaber des übernehmenden OGAW mit, ob sie diese als zufriedenstellend erachtet.

(3) Unbeschadet ihrer Verpflichtung, den Grundsatze der Risikostreuung einzuhalten, kann der übernehmende OGAW während eines Zeitraums von sechs Monaten nach dem Zeitpunkt des Wirksamwerdens der Verschmelzung von den Artikeln 43, 44, 45 und 46 abweichen.

Art. 69. (1) Der übertragende und der übernehmende OGAW müssen einen gemeinsamen Verschmelzungsplan erstellen.

Der gemeinsame Verschmelzungsplan enthält folgende Angaben:
a) Art der Verschmelzung und der beteiligten OGAW,
b) Hintergrund und Beweggründe für die geplante Verschmelzung,
c) erwartete Auswirkungen der geplanten Verschmelzung auf die Anteilinhaber sowohl des übertragenden als auch des übernehmenden OGAW,
d) die beschlossenen Kriterien für die Bewertung des Vermögens und gegebenenfalls der Verbindlichkeiten zum Zeitpunkt der Berechnung des Umtauschverhältnisses gemäß Artikel 75 Absatz (1),
e) Methode zur Berechnung des Umtauschverhältnisses,
f) geplanter Zeitpunkt des Wirksamwerdens der Verschmelzung,
g) die für die Übertragung von Vermögenswerten und den Umtausch von Anteilen geltenden Bestimmungen und
h) im Falle einer Verschmelzung nach Artikel 1 Ziffer 20) b) und gegebenenfalls Artikel 1 Ziffer 20) Buchstabe c) dieses Gesetzes oder gegebenenfalls nach Artikel 2 Absatz (1) Buchstabe p) ii) und gegebenenfalls nach Artikel 2 Absatz (1) Buchstabe p) iii) der Richtlinie 2009/65/EG, das Verwaltungsreglement oder die Gründungsunterlagen des neu gegründeten übernehmenden OGAW.

(2) Der übertragende und der übernehmende OGAW können beschließen, weitere Punkte in den gemeinsamen Verschmelzungsplan aufzunehmen.

B. – Kontrolle durch Dritte, Information der Anteilinhaber und sonstige Rechte der Anteilinhaber

Art. 70. Die Verwahrstellen des übertragenden und des übernehmenden OGAW müssen, soweit der oder die OGAW in Luxemburg niedergelassen sind, die Übereinstimmung der Angaben nach Artikel 69 Absatz (1) Buchstaben a), f) und g) mit den Anforderungen dieses Gesetzes und dem Verwaltungsreglement oder den Gründungsunterlagen des jeweiligen OGAW überprüfen.

Art. 71. (1) Der in Luxemburg niedergelassene übertragende OGAW muss einen zugelassenen Wirtschaftsprüfer oder gegebenenfalls einen unabhängigen Abschlussprüfer[36] mit der Bestätigung des Folgenden beauftragen:
a) die beschlossenen Kriterien für die Bewertung des Vermögens und gegebenenfalls der Verbindlichkeiten zum Zeitpunkt der Berechnung des Umtauschverhältnisses gemäß Artikel 75 Absatz (1) dieses Gesetzes,
b) gegebenenfalls die Barzahlung je Anteil und
c) die Methode zur Berechnung des Umtauschverhältnisses und das tatsächliche Umtauschverhältnis zum Zeitpunkt der Berechnung dieses Umtauschverhältnisses gemäß Artikel 75 Absatz (1) dieses Gesetzes.

(2) Für die Zwecke des Absatzes (1) gelten der zugelassene Wirtschaftsprüfer oder der Abschlussprüfer des übertragenden OGAW oder der zugelassene Wirtschaftsprüfer oder der Abschlussprüfer des übernehmenden OGAW als zugelassene Wirtschaftsprüfer oder unabhängige Abschlussprüfer.

(3) Den Anteilinhabern des übertragenden und des übernehmenden OGAW sowie ihren jeweiligen zuständigen Behörden wird auf Anfrage kostenlos eine Kopie der Berichte der zugelassenen Wirtschaftsprüfer oder gegebenenfalls der unabhängigen Abschlussprüfer zur Verfügung gestellt.

Art. 72. (1) Sind der übertragende und/oder der übernehmende OGAW in Luxemburg niedergelassen, muss jeder seinen jeweiligen Anteilinhabern geeignete und präzise Informationen über die geplante Verschmelzung übermitteln, damit sich diese in voller Kenntnis über die Auswirkungen dieser Verschmelzung auf ihre Anlagen ein fundiertes Urteil bilden können.

---

[36] *Contrôleur légal des comptes indépendant.*
In Anlehnung an die deutsche Fassung der Richtlinie 2006/43/EG des Europäischen Parlaments und des Rates vom 17. Mai 2006 über Abschlussprüfungen von Jahresabschlüssen und konsolidierten Abschlüssen, zur Änderung der Richtlinien 78/660/EWG und 83/349/EWG des Rates und zur Aufhebung der Richtlinie 84/253/EWG des Rates Richtlinie 2009/65/EG wird in dieser Übersetzung der Begriff „unabhängiger Abschlussprüfer" verwendet.

(2) Diese Informationen werden den Anteilinhabern des in Luxemburg niedergelassenen übertragenden und des in Luxemburg niedergelassenen übernehmenden OGAW erst übermittelt, nachdem die CSSF die geplante Verschmelzung nach Artikel 67 dieses Gesetzes genehmigt hat.

Sie werden mindestens dreißig Tage vor der letzten Frist für einen Antrag auf Rücknahme oder Auszahlung oder gegebenenfalls Umwandlung ohne zusätzliche Kosten gemäß Artikel 73 Absatz (1) dieses Gesetzes übermittelt.

(3) Die Informationen, die den Anteilinhabern des in Luxemburg niedergelassenen übertragenden OGAW und/oder des in Luxemburg niedergelassenen übernehmenden OGAW zu übermitteln sind, umfassen geeignete und präzise Informationen über die geplante Verschmelzung, damit sie in voller Kenntnis über die Auswirkungen dieser Verschmelzung auf ihre Anlagen ein fundiertes Urteil bilden und ihre Rechte nach den Artikeln 66 Absatz (4) und 73 dieses Gesetzes ausüben können.

Sie umfassen Folgendes:
a) Hintergrund und Beweggründe für die geplante Verschmelzung,
b) mögliche Auswirkungen der geplanten Verschmelzung auf die Anteilinhaber, einschließlich, aber nicht ausschließlich wesentlicher Unterschiede in Bezug auf Anlagepolitik und -strategie, Kosten, erwartetes Ergebnis, periodische Berichte, etwaige Verwässerung der Leistung, und gegebenenfalls eine deutlich erkennbare Warnung an die Anleger, dass ihre steuerliche Behandlung nach der Verschmelzung Änderungen unterworfen sein kann,
c) alle besonderen Rechte der Anteilinhaber in Bezug auf die geplante Verschmelzung, einschließlich, aber nicht ausschließlich des Rechts auf zusätzliche Informationen, des Rechts auf Anfrage eine Kopie des Berichts des zugelassenen Wirtschaftsprüfers oder gegebenenfalls des unabhängigen Abschlussprüfers oder der Verwahrstelle (falls anwendbar im Herkunftsmitgliedstaat des übertragenden oder übernehmenden OGAW) zu erhalten, und des Rechts, gemäß Artikel 73 Absatz (1) die kostenlose Rücknahme oder Auszahlung oder gegebenenfalls die Umwandlung ihrer Anteile zu verlangen, und der Frist für die Ausübung dieses Rechts,
d) maßgebliche Verfahrensaspekte und der geplante Zeitpunkt des Wirksamwerdens der Verschmelzung und
e) eine Kopie der in Artikel 159 dieses Gesetzes oder gegebenenfalls in Artikel 78 der Richtlinie 2009/65/EG genannten wesentlichen Informationen für den Anleger des übernehmenden OGAW.

(4) Wurde der übertragende oder der übernehmende OGAW gemäß Artikel 93 der Richtlinie 2009/65/EG gemeldet, werden die in Absatz (3) genannten Informationen in einer der Amtssprachen des Aufnahmemitgliedstaats des jeweiligen OGAW oder in einer von dessen zuständigen Behörden akzeptierten Sprache vorgelegt. Der OGAW, der die Informationen zu übermitteln hat, ist für die Erstellung der Übersetzung verantwortlich. Diese Übersetzung gibt den Inhalt des Originals getreu wieder.

Art. 73. (1) Sind der übertragende und/oder der übernehmende OGAW in Luxemburg niedergelassen, haben ihre Anteilinhaber das Recht, ohne weitere Kosten als jene, die vom OGAW zur Deckung der Auflösungskosten einbehalten werden, die Rücknahme oder Auszahlung ihrer Anteile oder gegebenenfalls deren Umwandlung in Anteile eines anderen OGAW mit ähnlicher Anlagepolitik, der von derselben Verwaltungsgesellschaft oder einer anderen Gesellschaft verwaltet wird, mit der die Verwaltungsgesellschaft durch eine gemeinsame Verwaltung oder Kontrolle oder durch eine wesentliche direkte oder indirekte Beteiligung verbunden ist, zu verlangen. Dieses Recht wird ab dem Zeitpunkt wirksam, zu dem die Anteilinhaber des übertragenden OGAW und die Anteilinhaber des übernehmenden OGAW nach Artikel 72 über die geplante Verschmelzung informiert wurden und erlischt fünf Werktage vor dem Zeitpunkt für die Berechnung des Umtauschverhältnisses gemäß Artikel 75 Absatz (1) dieses Gesetzes.

(2) Unbeschadet des Absatzes (1) können bei Verschmelzungen von OGAW und abweichend von den Artikeln 11 Absatz (2) und 28 Absatz (1) Buchstabe b) die betreffenden OGAW vorübergehend die Zeichnung, die Rücknahme oder die Auszahlung von Anteilen aussetzen, sofern eine solche Aussetzung aus Gründen des Anteilinhaberschutzes gerechtfertigt ist. Die CSSF kann darüber hinaus die vorübergehende Aussetzung der Zeichnung, der Rücknahme oder der Auszahlung von Anteilen verlangen, sofern der Anteilinhaberschutz dies erfordert.

C. – Kosten und Wirksamwerden

Art. 74. Außer in den Fällen, in denen ein OGAW keine Verwaltungsgesellschaft benannt hat, können Rechts-, Beratungs- oder Verwaltungskosten, die mit der Vorbereitung und der Durchführung der Verschmelzung verbunden sind, nicht dem übertragenden OGAW, dem übernehmenden OGAW oder deren Anteilinhabern angelastet werden.

C. Luxemburg

Art. 75. (1) Der Zeitpunkt des Wirksamwerdens der Verschmelzung sowie der Zeitpunkt für die Berechnung des Umtauschverhältnisses von Anteilen des übertragenden OGAW in Anteile des übernehmenden OGAW und gegebenenfalls für die Festlegung des angemessenen Nettoinventarwerts für Barzahlungen werden im gemeinsamen Verschmelzungsplan gemäß Artikel 69 vorgesehen. Diese Daten müssen zeitlich nach der gegebenenfalls erforderlichen Genehmigung der Verschmelzung durch die Anteilinhaber des übernehmenden OGAW oder des übertragenden OGAW liegen.

(2) Das Wirksamwerden der Verschmelzung wird mit allen geeigneten Mitteln durch den in Luxemburg niedergelassenen übernehmenden OGAW öffentlich bekannt gegeben und der CSSF sowie den anderen an der Verschmelzung beteiligten zuständigen Behörden mitgeteilt.

(3) Eine Verschmelzung, die nach Absatz (1) wirksam geworden ist, kann nicht mehr für nichtig erklärt werden.

Art. 76. (1) Eine nach Artikel 1 Ziffer 20) a) durchgeführte Verschmelzung hat folgende Auswirkungen:
a) sämtliche Vermögenswerte und Verbindlichkeiten des übertragenden OGAW werden auf den übernehmenden OGAW oder, sofern zutreffend, auf die Verwahrstelle des übernehmenden OGAW übertragen,
b) die Anteilinhaber des übertragenden OGAW werden Anteilinhaber des übernehmenden OGAW und haben gegebenenfalls Anspruch auf eine Barzahlung in Höhe von maximal 10% des Nettoinventarwertes ihrer Anteile am übertragenden OGAW und
c) der in Luxemburg niedergelassene übertragende OGAW erlischt mit Inkrafttreten der Verschmelzung.

(2) Eine nach Artikel 1 Ziffer 20) b) durchgeführte Verschmelzung hat folgende Auswirkungen:
a) sämtliche Vermögenswerte und Verbindlichkeiten der übertragenden OGAW werden auf den neu gegründeten übernehmenden OGAW oder, sofern zutreffend, auf die Verwahrstelle des übernehmenden OGAW übertragen,
b) die Anteilinhaber der übertragenden OGAW werden Anteilinhaber des neu gegründeten übernehmenden OGAW und haben gegebenenfalls einen Anspruch auf Barzahlung in Höhe von maximal 10% des Nettoinventarwertes der Anteile an den übertragenden OGAW und
c) die in Luxemburg niedergelassenen übertragenden OGAW erlöschen mit Inkrafttreten der Verschmelzung.

(3) Eine nach Artikel 1 Ziffer 20) c) durchgeführte Verschmelzung hat folgende Auswirkungen:
a) die Nettovermögenswerte des übertragenden OGAW werden auf den übernehmenden OGAW oder, sofern zutreffend, auf die Verwahrstelle des übernehmenden OGAW übertragen,
b) die Anteilinhaber des übertragenden OGAW werden Anteilinhaber des übernehmenden OGAW und
c) der in Luxemburg niedergelassene übertragende OGAW besteht weiter, bis alle Verbindlichkeiten erfüllt worden sind.

(4) Die Verwaltungsgesellschaft des übernehmenden OGAW bestätigt der Verwahrstelle des übernehmenden OGAW schriftlich, dass die Übertragung der Vermögenswerte und gegebenenfalls der Verbindlichkeiten abgeschlossen ist. Hat der übernehmende OGAW keine Verwaltungsgesellschaft benannt, richtet er diese Bestätigung an die Verwahrstelle des übernehmenden OGAW.

Kapitel 9 – Master-Feeder-Strukturen

A. – Geltungsbereich und Genehmigung

Art. 77. (1) Ein Feeder-OGAW ist ein OGAW oder ein Teilfonds eines OGAW, der abweichend von Artikel 2 Absatz (2) erster Gedankenstrich, Artikeln 41, 43 und 46 und Artikel 48 Absatz (2) dritter Gedankenstrich des Gesetzes mindestens 85% seines Vermögens in Anteile eines anderen OGAW oder eines Teilfonds eines anderen OGAW („Master-OGAW") anlegt.

(2) Ein Feeder-OGAW kann bis zu 15% seines Vermögens in einen oder mehrere der folgenden Vermögenswerte halten:
a) zusätzliche flüssige Mittel gemäß Artikel 41 Absatz (2) Unterabsatz 2,
b) derivative Finanzinstrumente, die ausschließlich zu Absicherungszwecken gemäß Artikel 41 Absatz (1) Buchstabe g) und Artikel 42 Absätze (2) und (3) verwendet werden dürfen,
c) sofern es sich beim Feeder-OGAW um eine Investmentgesellschaft handelt, bewegliches und unbewegliches Vermögen, das für die unmittelbare Ausübung seiner Tätigkeit unerlässlich ist.

Für die Zwecke der Einhaltung von Artikel 42 Absatz (3), berechnet der Feeder-OGAW sein Gesamtrisiko im Zusammenhang mit derivativen Finanzinstrumenten anhand einer Kombination seines eigenen unmittelbaren Risikos nach Unterabsatz 1 Buchstabe b) mit:

IV. Normentexte

a) entweder dem tatsächlichen Risiko des Master-OGAW gegenüber derivativen Finanzinstrumenten im Verhältnis zur Anlage des Feeder-OGAW in den Master-OGAW oder
b) dem potentiellen Gesamthöchstrisiko des Master-OGAW in Bezug auf derivative Finanzinstrumente, die in dem Verwaltungsreglement oder den Gründungsunterlagen des Master-OGAW festgelegt sind im Verhältnis zur Anlage des Feeder-OGAW in den Master-OGAW.

(3) Ein Master-OGAW ist ein OGAW oder ein Teilfonds eines OGAW:
a) der mindestens einen Feeder-OGAW unter seinen Anteilinhabern hat,
b) der nicht selbst ein Feeder-OGAW ist und
c) der keine Anteile eines Feeder-OGAW hält.

(4) Für einen Master-OGAW gelten folgende Abweichungen:
a) wenn ein Master-OGAW mindestens zwei Feeder-OGAW als Anteilinhaber hat, gelten Artikel 2 Absatz (2) erster Gedankenstrich und Artikel 3 zweiter Gedankenstrich des Gesetzes nicht und der Master-OGAW hat die Möglichkeit, sich Kapital bei anderen Anlegern zu beschaffen,
b) wenn ein Master-OGAW in keinem anderen Mitgliedstaat als dem, in dem er niedergelassen ist und in dem er lediglich über einen oder mehrere Feeder-OGAW verfügt, beim Publikum beschafftes Kapital aufnimmt, kommen die Bestimmungen von Kapitel XI und Artikel 108 Absatz (1) Unterabsatz 2 der Richtlinie 2009/65/EG nicht zur Anwendung.

Art. 78. (1) Die Anlage eines Feeder-OGAW, der in Luxemburg niedergelassen ist, in einen Master-OGAW, der die gemäß Artikel 46 Absatz (1) anwendbare Grenze für Anlagen in andere OGAW überschreitet, unterliegt der vorherigen Zustimmung durch die CSSF.

(2) Der Feeder-OGAW wird innerhalb von fünfzehn Werktagen nach der Einreichung eines vollständigen Antrags darüber informiert, ob die CSSF die Anlage in den Master-OGAW genehmigt oder ablehnt.

(3) Die CSSF erteilt ihre Genehmigung, wenn der Feeder-OGAW, seine Verwahrstelle, sein zugelassener Wirtschaftsprüfer sowie der Master-OGAW, alle in diesem Kapitel dargelegten Anforderungen erfüllen. Der Feeder-OGAW übermittelt der CSSF zu diesem Zweck folgende Unterlagen:
a) das Verwaltungsreglement oder die Gründungsunterlagen des Feeder-OGAW und des Master-OGAW,
b) den Prospekt und die in Artikel 159 genannten wesentlichen Informationen für den Anleger des Feeder-OGAW und des Master-OGAW,
c) die Vereinbarung zwischen dem Feeder-OGAW und dem Master-OGAW oder die internen Wohlverhaltensregeln gemäß Artikel 79 Absatz (1),
d) gegebenenfalls die an die Anteilinhaber gemäß Artikel 83 Absatz (1) bereitzustellenden Informationen,
e) wenn der Master-OGAW und der Feeder-OGAW unterschiedliche Verwahrstellen haben, die Vereinbarung gemäß Artikel 80 Absatz (1) über den Informationsaustausch zwischen den Verwahrstellen und
f) wenn der Master-OGAW und der Feeder-OGAW unterschiedliche zugelassene Wirtschaftsprüfer haben, die Vereinbarung gemäß Artikel 81 Absatz (1) zwischen den Wirtschaftsprüfern.

Die Punkte a), b) und c) des Absatzes (3) dieses Artikels gelten nicht für den Fall, dass sowohl der Feeder-OGAW als auch der Master-OGAW in Luxemburg niedergelassen sind.

Ist der Feeder-OGAW in Luxemburg und der Master-OGAW in einem anderen Mitgliedstaat niedergelassen, muss der Feeder-OGAW der CSSF auch eine Bescheinigung der zuständigen Behörde des Herkunftsmitgliedstaates des Master-OGAW übermitteln, aus welcher hervorgeht, dass der Master-OGAW ein OGAW oder ein Teilfonds eines OGAW ist, der die Bestimmungen des Artikels 58 Absatz (3) Buchstaben b) und c) der Richtlinie 2009/65/EG erfüllt. Die Unterlagen sind vom Feeder-OGAW in luxemburgischer, französischer, deutscher oder englischer Sprache vorzulegen.

B. – Gemeinsame Bestimmungen für Feeder- und Master-OGAW

Art. 79. (1) Der Master-OGAW muss dem Feeder-OGAW alle erforderlichen Unterlagen und Informationen zur Verfügung stellen, die Letzterer benötigt, um die Anforderungen dieses Gesetzes zu erfüllen. Zu diesem Zweck schließen der Feeder-OGAW und der Master-OGAW eine Vereinbarung.

Der Feeder-OGAW darf erst über den Grenzwert für Anlagen nach Artikel 46 Absatz (1) hinaus in Anteile des Master-OGAW investieren, wenn die im ersten Unterabsatz genannte Vereinbarung wirksam geworden ist. Diese Vereinbarung wird sämtlichen Anteilinhabern auf Anfrage kostenlos zur Verfügung gestellt.

C. Luxemburg

Für den Fall, dass der Master-OGAW und der Feeder-OGAW von derselben Verwaltungsgesellschaft verwaltet werden, kann die Vereinbarung durch interne Wohlverhaltensregeln, die die Einhaltung der in diesem Absatz geregelten Anforderungen sicherstellen, ersetzt werden.

(2) Master-OGAW und Feeder-OGAW treffen angemessene Maßnahmen zur Abstimmung ihrer Zeitpläne für die Berechnung und Veröffentlichung ihrer Nettoinventarwerte, um *Market Timing* zu verhindern.

(3) Wenn ein Master-OGAW unbeschadet von Artikel 11 Absatz (2) und Artikel 28 Absatz (1) Buchstabe b) auf eigene Initiative oder auf Ersuchen der zuständigen Behörden die Rücknahme, Auszahlung oder Zeichnung seiner Anteile zeitweilig aussetzt, ist jeder seiner Feeder-OGAW dazu berechtigt, die Rücknahme, Auszahlung oder Zeichnung seiner Anteile ungeachtet der in Artikel 12 Absatz (1) und Artikel 28 Absatz (5) genannten Bedingungen während des gleichen Zeitraums wie der Master-OGAW auszusetzen.

(4) Wird ein Master-OGAW liquidiert, ist der Feeder-OGAW grundsätzlich ebenfalls zu liquidieren, es sei denn, die CSSF genehmigt:
a) die Anlage von mindestens 85% des Vermögens des Feeder-OGAW in Anteile eines anderen Master-OGAW oder
b) die Änderung des Verwaltungsreglements oder der Gründungsunterlagen des Feeder-OGAW, um diesem die Umwandlung in einen OGAW, der kein Feeder-OGAW ist, zu ermöglichen.

Unbeschadet spezifischer Bestimmungen bezüglich verpflichtender Liquidationen erfolgt die Liquidation eines Master-OGAW frühestens drei Monate nach dem Zeitpunkt, an dem er sämtliche Anteilinhaber und die CSSF über die verbindliche Entscheidung zur Liquidation informiert hat.

(5) Im Falle einer Verschmelzung eines Master-OGAW mit einem anderen OGAW oder der Spaltung eines Master-OGAW in zwei oder mehr OGAW, wird der Feeder-OGAW liquidiert, es sei denn, die CSSF genehmigt, dass der Feeder-OGAW:
a) weiterhin ein Feeder-OGAW des Master-OGAW oder eines anderen OGAW bleibt, der aus der Verschmelzung oder Spaltung des Master-OGAW hervorgeht,
b) mindestens 85% seines Vermögens in Anteile eines anderen Master-OGAW investiert, der nicht aus der Verschmelzung oder Spaltung hervorgegangen ist oder
c) sein Verwaltungsreglement oder seine Gründungsunterlagen für die Umwandlung in einen OGAW, der kein Feeder-OGAW ist, ändert.

Eine Verschmelzung oder Spaltung eines Master-OGAW kann nur wirksam werden, wenn der Master-OGAW sämtlichen Anteilinhabern und den zuständigen Behörden der Herkunftsmitgliedstaaten seiner Feeder-OGAW bis spätestens sechzig Tage vor dem vorgeschlagenen Datum des Wirksamwerdens die in Artikel 72 genannten Informationen oder damit vergleichbare Informationen zur Verfügung gestellt hat. Der Feeder-OGAW erhält vom Master-OGAW die Möglichkeit, vor Wirksamwerden der Verschmelzung oder Spaltung des Master-OGAW, alle Anteile am Master-OGAW zurückzunehmen oder auszuzahlen, es sei denn, die CSSF hat die in Unterabsatz 1 Buchstabe a) vorgesehene Genehmigung erteilt.

C. – Verwahrstellen und zugelassene Wirtschaftsprüfer

Art. 80. (1) Wenn ein Master-OGAW und ein Feeder-OGAW unterschiedliche Verwahrstellen haben, müssen diese Verwahrstellen eine Vereinbarung über den Informationsaustausch abschließen, um sicherzustellen, dass beide Verwahrstellen ihre Pflichten erfüllen.

Der Feeder-OGAW darf erst in Anteile des Master-OGAW investieren, wenn eine solche Vereinbarung wirksam geworden ist.

Bei der Befolgung der Vorschriften dieses Kapitels darf weder die Verwahrstelle des Master-OGAW, noch die des Feeder-OGAW eine Bestimmung verletzen, die die Offenlegung von Informationen einschränkt oder den Datenschutz betrifft, wenn derartige Bestimmungen durch Vertrag oder durch eine Rechts-, Aufsichts- oder Verwaltungsvorschrift vorgesehen sind. Die Einhaltung der betreffenden Vorschriften darf für eine Verwahrstelle oder eine für diese handelnde Person keine Haftung nach sich ziehen.

Der Feeder-OGAW oder gegebenenfalls die Verwaltungsgesellschaft des Feeder-OGAW, ist verpflichtet, der Verwahrstelle des Feeder-OGAW sämtliche Informationen über den Master-OGAW mitzuteilen, die für die Erfüllung der Pflichten der Verwahrstelle des Feeder-OGAW erforderlich sind.

(2) Die Verwahrstelle des Master-OGAW unterrichtet die zuständigen Behörden des Herkunftsmitgliedstaats des Master-OGAW, den Feeder-OGAW oder gegebenenfalls die Verwaltungsgesellschaft und die Verwahrstelle des Feeder-OGAW unverzüglich über jede Unregelmäßigkeit, die sie in Bezug

auf den Master-OGAW feststellt, die möglicherweise eine negative Auswirkung auf den Feeder-OGAW haben kann.

Art. 81. (1) Wenn ein Master-OGAW und ein Feeder-OGAW unterschiedliche zugelassene Wirtschaftsprüfer haben, müssen diese zugelassenen Wirtschaftsprüfer eine Vereinbarung über den Informationsaustausch abschließen, um die Erfüllung der Aufgaben beider zugelassener Wirtschaftsprüfer, einschließlich der Vorschriften des Absatzes (2) zu gewährleisten.

Der Feeder-OGAW darf erst in Anteile des Master-OGAW investieren, wenn eine solche Vereinbarung wirksam geworden ist.

(2) In seinem Prüfungsbericht muss der zugelassene Wirtschaftsprüfer des Feeder-OGAW den Prüfungsbericht des Master-OGAW berücksichtigen. Wenn der Feeder-OGAW und der Master-OGAW unterschiedliche Geschäftsjahre haben, erstellt der zugelassene Wirtschaftsprüfer des Master-OGAW zum Abschlusstermin des Feeder-OGAW einen Ad-hoc-Bericht.

Der zugelassene Wirtschaftsprüfer des Feeder-OGAW nennt in seinem Bericht insbesondere jede in dem Prüfungsbericht des Master-OGAW festgestellte Unregelmäßigkeit sowie deren Auswirkungen auf den Feeder-OGAW.

(3) Bei der Befolgung der Vorschriften dieses Kapitels darf weder der zugelassene Wirtschaftsprüfer des Master-OGAW noch der des Feeder-OGAW eine Bestimmung verletzen, die die Offenlegung von Informationen einschränkt oder den Datenschutz betrifft, wenn diese Bestimmungen durch Vertrag oder durch eine Rechts-, Aufsichts- oder Verwaltungsvorschrift vorgesehen sind. Die Einhaltung der betreffenden Vorschriften darf für einen zugelassenen Wirtschaftsprüfer oder eine für diesen handelnde Person keine Haftung nach sich ziehen.

D. – Verpflichtende Informationen und Marketing-Mitteilungen des Feeder-OGAW

Art. 82. (1) Zusätzlich zu den Informationen gemäß Schema A des Anhangs I muss der Prospekt des Feeder-OGAW folgende Informationen enthalten:
a) eine Erklärung, der zufolge der Feeder-OGAW Feeder eines bestimmten Master-OGAW ist und als solcher dauerhaft 85% oder mehr seines Vermögens in Anteile dieses Master-OGAW anlegt,
b) Anlageziel und -politik, einschließlich des Risikoprofils, und ob die Wertentwicklung des Feeder-OGAW und Master-OGAW identisch sind bzw. in welchem Ausmaß und aus welchen Gründen sie sich unterscheiden, einschließlich einer Beschreibung der gemäß Artikel 77 Absatz (2) getätigten Anlagen,
c) eine kurze Beschreibung des Master-OGAW, seiner Organisation und seiner Anlageziele und -politik, einschließlich seines Risikoprofils, sowie eine Angabe, auf welche Weise der Prospekt des Master-OGAW erhältlich ist,
d) eine Zusammenfassung der zwischen dem Feeder-OGAW und dem Master-OGAW getroffenen Vereinbarung oder der internen Wohlverhaltensregeln gemäß Artikel 79 Absatz (1),
e) Angabe der Möglichkeit, wie die Anteilinhaber weitere Informationen zum Master-OGAW und über die zwischen dem Feeder-OGAW und dem Master-OGAW gemäß Artikel 79 Absatz (1) getroffene Vereinbarung erhalten können,
f) eine Beschreibung sämtlicher Vergütungen und Kosten zulasten des Feeder-OGAW aufgrund seiner Anlage in Anteile des Master-OGAW sowie der Gesamtkosten des Feeder-OGAW und des Master-OGAW und
g) eine Beschreibung der steuerlichen Auswirkungen der Anlage in den Master-OGAW für den Feeder-OGAW.

(2) Zusätzlich zu den Informationen gemäß Schema B des Anhangs I muss der Jahresbericht des Feeder-OGAW eine Erklärung über die Gesamtkosten des Feeder-OGAW und des Master-OGAW enthalten.

In den Jahres- und Halbjahresberichten des Feeder-OGAW ist anzugeben, auf welche Weise die Jahres- und Halbjahresberichte des Master-OGAW erhältlich sind.

(3) Zusätzlich zu den in Artikel 155 Absatz (1) und 163 Absatz (1) genannten Anforderungen muss der Feeder-OGAW der CSSF sowohl den Prospekt, die wesentlichen Informationen für den Anleger gemäß Artikel 159 als auch sämtliche Änderungen dieser Dokumente sowie den Jahres- und Halbjahresbericht des Master-OGAW übermitteln.

(4) Ein Feeder-OGAW muss in allen relevanten Werbemitteilungen darauf hinweisen, dass er dauerhaft 85% oder mehr seines Vermögens in Anteile dieses Master-OGAW anlegt.

(5) Eine Papierversion des Prospekts und der Jahres- und Halbjahresberichte des Master-OGAW müssen den Anlegern auf Anfrage kostenlos von dem Feeder-OGAW zur Verfügung gestellt werden.

E. – Umwandlung bestehender OGAW in Feeder-OGAW und Änderung des Master-OGAW

Art. 83. (1) Ein Feeder-OGAW, der bereits als OGAW, einschließlich als Feeder-OGAW eines anderen Master-OGAW, tätig ist, muss seinen Anteilinhabern folgende Informationen zur Verfügung stellen:
a) eine Erklärung, dass die CSSF die Anlage des Feeder-OGAW in Anteile des Master-OGAW genehmigt hat,
b) die wesentlichen Informationen für den Anleger im Sinne von Artikel 159 des Feeder-OGAW und des Master-OGAW,
c) das Datum, zu dem der Feeder-OGAW mit der Anlage in den Master-OGAW beginnen muss oder, falls er bereits in den Master-OGAW anlegt, das Datum, zu dem seine Anlage die Anlagegrenzen gemäß Artikel 46 Absatz (1) übersteigen werden und
d) eine Erklärung, der zufolge die Anteilinhaber das Recht haben, innerhalb einer Frist von dreißig Tagen die, abgesehen der von dem OGAW zur Abdeckung der Veräußerungskosten erhobenen Gebühren, gebührenfreie Rücknahme oder Auszahlung ihrer Anteile zu verlangen; dieses Recht wird ab dem Zeitpunkt wirksam, zu dem der Feeder-OGAW die in diesem Absatz genannten Informationen bereitgestellt hat.

Diese Informationen müssen mindestens dreißig Tage vor dem in Buchstabe c) dieses Absatzes genannten Zeitpunkt zur Verfügung gestellt werden.

(2) Ist der Feeder-OGAW gemäß Kapitel 7 gemeldet, sind die Informationen gemäß Absatz (1) auf Luxemburgisch, Französisch, Deutsch oder Englisch zur Verfügung zu stellen. Der Feeder-OGAW ist für die Erstellung der Übersetzung verantwortlich. Diese Übersetzung muss den Inhalt des Originals getreu wiedergeben.

(3) Der Feeder-OGAW darf vor Ablauf der Frist von dreißig Tagen nach Absatz (1), zweiter Unterabsatz, nicht über die Grenze nach Artikel 46 Absatz (1) hinaus in Anteile des betroffenen Master-OGAW anlegen.

F. – Verpflichtungen und zuständige Behörden

Art. 84. (1) Der Feeder-OGAW muss die Tätigkeit des Master-OGAW wirksam überwachen. In Erfüllung dieser Verpflichtung kann sich der Feeder-OGAW auf die von dem Master-OGAW erhaltenen Informationen und Dokumente oder gegebenenfalls dessen Verwaltungsgesellschaft, Verwahrstelle oder zugelassenen Wirtschaftsprüfer, stützen, es sei denn es liegen Gründe vor, an der Richtigkeit dieser Dokumente bzw. Informationen zu zweifeln.

(2) Wird im Zusammenhang mit einer Anlage in Anteile des Master-OGAW eine Vertriebsgebühr, Vertriebsprovision oder ein sonstiger geldwerter Vorteil vom Feeder-OGAW, seiner Verwaltungsgesellschaft oder einer Person, die für Rechnung des Feeder-OGAW oder der Verwaltungsgesellschaft handelt, ausgezahlt, muss die Gebühr, Provision oder der geldwerte Vorteil in das Vermögen des Feeder-OGAW eingezahlt werden.

Art. 85. (1) Jeder in Luxemburg niedergelassene Master-OGAW unterrichtet unverzüglich die CSSF über die Identität jedes Feeder-OGAW, der in seine Anteile anlegt. Ist der Feeder-OGAW in einem anderen Mitgliedstaat niedergelassen, informiert die CSSF unverzüglich die zuständigen Behörden des Herkunftsmitgliedstaats des Feeder-OGAW über diese Anlage.

(2) Der Master-OGAW darf keine Zeichnungs- oder Auszahlungsgebühren für den Erwerb oder die Übertragung seiner Anteile durch den Feeder-OGAW erheben.

(3) Der Master-OGAW muss dafür sorgen, dass sämtliche nach diesem Gesetz sowie allen anderen in Luxemburg geltenden Rechts-, Aufsichts- oder Verwaltungsvorschriften, europarechtlichen Bestimmungen sowie des Verwaltungsreglements oder der Gründungsunterlagen des OGAW vorgesehenen Informationen dem Feeder-OGAW oder, sofern zutreffend, dessen Verwaltungsgesellschaft, sowie den zuständigen Behörden, der Verwahrstelle und dem zugelassenen Wirtschaftsprüfer des Feeder-OGAW rechtzeitig zur Verfügung gestellt werden.

Art. 86. (1) Sind sowohl der Master-OGAW als auch der Feeder-OGAW in Luxemburg niedergelassen, unterrichtet die CSSF den Feeder-OGAW unverzüglich über jede Entscheidung, Maßnahme, Feststellung von Zuwiderhandlungen gegen Vorschriften dieses Kapitels sowie die gemäß Artikel 154 Absatz (3) mitgeteilten Informationen, die den Master-OGAW oder, sofern zutreffend, seine Verwaltungsgesellschaft, Verwahrstelle oder seinen zugelassenen Wirtschaftsprüfer betreffen.

(2) Ist der Master-OGAW in Luxemburg und der Feeder-OGAW in einem anderen Mitgliedstaat niedergelassen, unterrichtet die CSSF die zuständigen Behörden des Herkunftsmitgliedstaats des Fee-

der-OGAW unverzüglich über jede Entscheidung, Maßnahme, Feststellung von Zuwiderhandlungen gegen Vorschriften dieses Kapitels sowie die gemäß Artikel 154 Absatz (3) mitgeteilten Informationen, die den Master-OGAW oder, sofern zutreffend, seine Verwaltungsgesellschaft, Verwahrstelle oder seinen zugelassenen Wirtschaftsprüfer betreffen.

(3) Ist der Master-OGAW in einem anderen Mitgliedstaat und der Feeder-OGAW in Luxemburg niedergelassen, übermittelt die CSSF jede Entscheidung, Maßnahme sowie Feststellung gemäß Artikel 67 Absatz (2) der Richtlinie 2009/65/EG, die ihr seitens der zuständigen Behörden des Herkunftsmitgliedstaats des Master-OGAW mitgeteilt worden sind.

Teil II. Andere OGA

10. Kapitel – Anwendungsbereich

Art. 87. Dieser Teil des Gesetzes ist auf alle in Artikel 3 dieses Gesetzes genannten OGAW sowie auf alle anderen in Luxemburg ansässigen und nicht unter Teil I fallenden OGA anwendbar.

Art. 88. Ein OGA gilt als in Luxemburg niedergelassen, sofern sich der Satzungssitz der Verwaltungsgesellschaft des Investmentfonds oder der Investmentgesellschaft in Luxemburg befindet. Die Hauptverwaltung muss sich in Luxemburg befinden.

Kapitel 10bis – Allgemeine Bestimmungen

Art. 88-1. Jeder OGA gemäß Teil II dieses Gesetzes stellt einen AIF im Sinne des Gesetzes vom 12. Juli 2013 über die Verwalter alternativer Investmentfonds dar.

Dieses Kapitel enthält die auf OGA gemäß Teil II dieses Gesetzes aufgrund des Gesetzes vom 12. Juli 2013 über die Verwalter alternativer Investmentfonds anwendbaren allgemeinen Bestimmungen.

Art. 88-2. (1) Unbeschadet der in Artikel 3 des Gesetzes vom 12. Juli 2013 über die Verwalter alternativer Investmentfonds vorgesehenen Ausnahmen muss jeder OGA von einem einzigen AIFM verwaltet werden, der entweder ein in Luxemburg ansässiger nach Kapitel 2 des Gesetzes vom 12. Juli 2013 über die Verwalter alternativer Investmentfonds zugelassener AIFM oder ein in einem anderen Mitgliedstaat oder in einem Drittland ansässiger nach Kapitel II der Richtlinie 2011/61/EU zugelassener AIFM sein kann, jedoch unter Vorbehalt der Anwendung des Artikels 66 Absatz (3) der genannten Richtlinie, sofern die Verwaltung des OGA durch einen in einem Drittland ansässigen AIFM ausgeübt wird.

(2) Der AIFM muss im Einklang mit den Bestimmungen des Artikels 4 des Gesetzes vom 12. Juli 2013 über die Verwalter alternativer Investmentfonds beziehungsweise im Einklang mit den Bestimmungen des Artikels 5 der Richtlinie 2011/61/EU bestimmt werden.

Der AIFM ist:

a) entweder ein externer AIFM, der eine vom OGA oder für den OGA ernannte juristische Person ist und der aufgrund dieser Ernennung mit der Verwaltung des OGA betraut ist; im Falle der Ernennung eines externen AIFM muss dieser, unter Vorbehalt der in Artikel 3 des Gesetzes vom 12. Juli 2013 über die Verwalter alternativer Investmentfonds vorgesehenen Ausnahmen, gemäß den Bestimmungen des Kapitels 2 des Gesetzes vom 12. Juli 2013 über die Verwalter alternativer Investmentfonds beziehungsweise gemäß den Bestimmungen des Kapitels II und gegebenenfalls auch den Bestimmungen des Kapitels VII der Richtlinie 2011/61/EU zugelassen sein;

b) oder, sofern die Rechtsform des OGA eine interne Verwaltung erlaubt und das Leitungsgremium des OGA entscheidet, keinen externen Verwalter zu ernennen, der OGA selbst.

Ein OGA, der im Sinne des Absatzes (2) Buchstabe b) dieses Artikels intern verwaltet wird, muss neben der gemäß Artikel 129 dieses Gesetzes erforderlichen Zulassung und unter Vorbehalt der in Artikel 3 des Gesetzes vom 12. Juli 2013 über die Verwalter alternativer Investmentfonds vorgesehenen Ausnahmen auch als AIFM im Sinne des Kapitels 2 des Gesetzes vom 12. Juli 2013 über die Verwalter alternativer Investmentfonds zugelassen sein. Der betreffende OGA muss ständig die Einhaltung der Gesamtheit der Vorschriften des genannten Gesetzes überwachen, soweit diese Vorschriften auf ihn anwendbar sind.

Art. 88-3. (1) Die Verwahrung der Vermögenswerte eines OGA, dessen Verwaltung von einem gemäß Kapitel 2 des Gesetzes vom 12. Juli 2013 über die Verwalter alternativer Investmentfonds zugelassenen AIFM ausgeübt wird, muss einer einzigen Verwahrstelle anvertraut werden, die gemäß den Bestimmungen des Artikels 19 des Gesetzes vom 12. Juli 2013 über die Verwalter alternativer Investmentfonds und den in den von der Richtlinie 2011/61/EU vorgesehenen delegierten Rechtsakten enthaltenen Bestimmungen ernannt wird.

(2) Die Geschäftsleiter der Verwahrstelle eines OGA im Sinne des Absatzes (1) müssen ausreichend gut beleumdet sein und auch in Bezug auf den Typ des zu verwaltenden OGA über ausreichende Erfahrung verfügen. Zu diesem Zweck sind die Namen der Geschäftsleiter sowie jeder Wechsel dieser Geschäftsleiter der CSSF unverzüglich mitzuteilen.

Unter „Geschäftsleiter" sind Personen zu verstehen, die die Verwahrstelle aufgrund von gesetzlichen Vorschriften oder der Gründungsunterlagen vertreten oder die Ausrichtung der Tätigkeit der Verwahrstelle tatsächlich bestimmen.

(3) Die Verwahrstelle eines OGA im Sinne des Absatzes (1) ist verpflichtet, der CSSF auf Anfrage sämtliche Informationen zu übermitteln, die sie in Ausübung ihrer Funktion erhalten hat und die notwendig sind, um der CSSF die Überprüfung der Einhaltung dieses Gesetzes durch den OGA zu ermöglichen.

(4) Die Aufgaben und die Haftung der Verwahrstelle eines OGA im Sinne des Absatzes (1) werden gemäß den in Artikel 19 des Gesetzes vom 12. Juli 2013 über die Verwalter alternativer Investmentfonds und in den in der Richtlinie 2011/61/EU vorgesehenen delegierten Rechtsakten enthaltenen Regelungen definiert.

Art. 88-4. Unbeschadet der Anwendbarkeit der Bestimmungen der Artikel 9, 28 Absatz (4) und 99 Absatz (5) dieses Gesetzes erfolgt die Bewertung der Vermögenswerte eines OGA, dessen Verwaltung durch einen gemäß Kapitel 2 des Gesetzes vom 12. Juli 2013 über die Verwalter alternativer Investmentfonds zugelassenen AIFM ausgeübt wird, im Einklang mit den in Artikel 17 des Gesetzes vom 12. Juli 2013 über die Verwalter alternativer Investmentfonds und in den von der Richtlinie 2011/61/EU vorgesehenen delegierten Rechtsakten enthaltenen Regelungen.

Art. 88-5. Der AIFM eines OGA darf die Ausübung einer oder mehrerer seiner Aufgaben auf eigene Rechnung an Dritte übertragen. In diesem Fall muss die Übertragung der Aufgaben durch den AIFM im Einklang mit allen in Artikel 18 des Gesetzes vom 12. Juli 2013 über die Verwalter alternativer Investmentfonds und in den in der Richtlinie 2011/61/EU vorgesehenen delegierten Rechtsakten festgelegten Voraussetzungen, soweit es sich um OGA handelt, die von einem in Luxemburg ansässigen AIFM verwaltet werden, und im Einklang mit den Voraussetzungen des Artikels 20 der Richtlinie 2011/61/EU für OGA, die von einem AIFM verwaltet werden, der in einem anderen Mitgliedstaat oder einem Drittland ansässig ist, erfolgen, jedoch unter Vorbehalt der Anwendung des Artikels 66 Absatz (3) der genannten Richtlinie, falls der OGA von einem in einem Drittland ansässigen AIFM verwaltet wird. Dieser Artikel findet keine Anwendung, falls der AIFM unter die in Artikel 3 des Gesetzes vom 12. Juli 2013 über die Verwalter alternativer Investmentfonds genannten Ausnahmevorschriften fällt und von ihnen Gebrauch macht.

Art. 88-6. Der Vertrieb von Anteilen oder Aktien von OGA in der Europäischen Union durch den AIFM sowie die grenzüberschreitende Verwaltung dieser OGA in der Europäischen Union werden für von einem in Luxemburg ansässigen AIFM verwalteten OGA durch die in Kapitel 6 des Gesetzes vom 12. Juli 2013 über die Verwalter alternativer Investmentfonds aufgeführten Bestimmungen beziehungsweise für von einem in einem anderen Mitgliedstaat oder einem Drittland ansässigen AIFM verwalteten OGA durch die in den Kapiteln VI und VII der Richtlinie 2011/61/EU aufgeführten Bestimmungen geregelt, jedoch unter Vorbehalt der Anwendung des Artikels 66 Absatz (3) der genannten Richtlinie, falls der OGA von einem in einem Drittland ansässigen AIFM verwaltet wird. Dieser Artikel findet keine Anwendung, falls der AIFM unter die in Artikel 3 des Gesetzes vom 12. Juli 2013 über die Verwalter alternativer Investmentfonds genannten Ausnahmevorschriften fällt und von ihnen Gebrauch macht.

11. Kapitel – Investmentfonds

Art. 89. (1) Als Investmentfonds im Sinne dieses Teils des Gesetzes gilt jedes ungeteilte Vermögen, das nach dem Grundsatz der Risikostreuung für Rechnung seiner Gesamthandseigentümer zusammengesetzt und verwaltet wird, wobei die Haftung der Eigentümer auf ihre Einlage beschränkt ist und ihre Rechte in Anteilen verkörpert werden, die zum Vertrieb im Wege eines öffentlichen Angebotes oder einer Privatplatzierung bestimmt sind.

(2) Ein Investmentfonds wird von einer Verwaltungsgesellschaft mit Satzungssitz in Luxemburg verwaltet, die den Anforderungen von Teil IV, Kapitel 15 oder 16 dieses Gesetzes entspricht.

(3)[37]

---

[37] Aufgehoben durch das Gesetz vom 12. Juli 2013 über die Verwalter alternativer Investmentfonds.

IV. Normentexte

Art. 90. (1) Die Bestimmungen der Artikel 6, 8, 9, 10, 11 Absatz (1), 12 Absatz (1) Buchstabe b), 12 Absatz (3), 13 Absatz (1), 13 Absatz (2) Buchstaben a) bis i), 14, 15, 16, 20, 21, 22, 23 und 24 dieses Gesetzes sind auf Investmentfonds anwendbar, deren Verwaltung durch einen nach Kapitel 2 des Gesetzes vom 12. Juli 2013 über die Verwalter alternativer Investmentfonds zugelassenen AIFM erfolgt.

(2) Die Artikel 6, 8, 9, 10, 11 Absatz (1), 12 Absatz (1) Buchstabe b), 12 Absatz (3), 13 Absatz (1), 13 Absatz (2) Buchstaben a) bis i), 14, 15, 16, 17 Absatz (1), 17 Absatz (4), 18 Absatz (1), 18 Absatz (2) Buchstaben a), c), d) und e), 19, 20, 21, 22, 23 und 24 dieses Gesetzes sind auf Investmentfonds anwendbar, deren AIFM unter die in Artikel 3 des Gesetzes vom 12. Juli 2013 über die Verwalter alternativer Investmentfonds genannten Ausnahmevorschriften fällt und von ihnen Gebrauch macht.

Die Verwahrstelle der Vermögenswerte eines Investmentfonds, dessen AIFM unter die in Artikel 3 des Gesetzes vom 12. Juli 2013 über die Verwalter alternativer Investmentfonds genannten Ausnahmevorschriften fällt und von ihnen Gebrauch macht, muss entweder ihren Satzungssitz in Luxemburg haben oder dort niedergelassen sein, wenn sie ihren Satzungssitz in einem anderen Mitgliedstaat oder in einem Drittstaat hat.

Unbeschadet der Bestimmung des zweiten Unterabsatzes dieses Absatzes muss die Verwahrstelle ein Kreditinstitut oder eine Wertpapierfirma im Sinne des geänderten Gesetzes vom 5. April 1993 über den Finanzsektor sein. Eine Wertpapierfirma ist nur unter der Maßgabe als Verwahrstelle zulässig, dass diese Wertpapierfirma außerdem die Voraussetzungen des Artikels 19 Absatz (3) des Gesetzes vom 12. Juli 2013 über die Verwalter alternativer Investmentfonds erfüllt.

Für Investmentfonds, deren AIFM unter die in Artikel 3 des Gesetzes vom 12. Juli 2013 über die Verwalter alternativer Investmentfonds genannten Ausnahmevorschriften fällt und von ihnen Gebrauch macht und bei denen innerhalb von fünf Jahren nach Tätigung der ersten Anlagen keine Rücknahmerechte ausgeübt werden können und die im Einklang mit ihrer Hauptanlagestrategie in der Regel nicht in Vermögenswerte investieren, die gemäß Artikel 19 Absatz (8) Buchstabe a) des Gesetzes vom 12. Juli 2013 über die Verwalter alternativer Investmentfonds verwahrt werden müssen, oder in der Regel in Emittenten oder nicht börsennotierte Unternehmen investieren, um gemäß Artikel 24 des genannten Gesetzes möglicherweise die Kontrolle über solche Unternehmen zu erlangen, kann die Verwahrstelle auch ein Rechtsträger luxemburgischen Rechts sein, der den Status einer professionellen Verwahrstelle von anderen Vermögenswerten als Finanzinstrumente im Sinne des Artikels 26-1 des geänderten Gesetzes vom 5. April 1993 über den Finanzsektor hat.

Art. 91. (1) Eine CSSF-Verordnung[38)] kann hierzu insbesondere Folgendes festlegen:
a) die Mindestzeitabstände zur Ermittlung von Ausgabe- und Rücknahmepreisen der Anteile des Investmentfonds,
b) der Mindestanteil an flüssigen Mitteln, welche Bestandteil des Vermögens des Investmentfonds sein müssen,
c) der Höchstanteil, bis zu welchem das Vermögen des Investmentfonds in nicht börsennotierte Wertpapiere oder in Wertpapiere, die nicht auf einem mit vergleichbaren Sicherheiten ausgestatteten organisierten Markt gehandelt werden, angelegt werden darf,
d) der Höchstanteil, bis zu welchem der Investmentfonds von ein und demselben Emittenten begebene verbriefte Rechte derselben Art besitzen darf,
e) der Höchstanteil, bis zu welchem das Vermögen des Investmentfonds in verbriefte Rechte ein und desselben Emittenten angelegt sein darf,
f) die Bedingungen, zu denen und gegebenenfalls der Höchstanteil, bis zu welchem der Investmentfonds in verbriefte Rechte anderer OGA anlegen darf,
g) der Höchstanteil, bis zu welchem der Investmentfonds im Verhältnis zu seinem Gesamtvermögen Kredite aufnehmen darf und die Modalitäten einer derartigen Kreditaufnahme.

(2) Bei den im vorstehenden Absatz festgelegten Zeitabständen und Prozentsätzen kann je nach den spezifischen Charakteristika des betreffenden Investmentfonds oder bei Vorliegen bestimmter Bedingungen differenziert werden.

(3) Ein neu aufgelegter Investmentfonds kann unter Berücksichtigung des Grundsatzes der Risikostreuung während eines Zeitraums von sechs Monaten nach seiner Zulassung von den im vorstehenden Absatz (1) Buchstabe e) festgelegten Bestimmungen abweichen.

(4) Werden die in Absatz (1) Buchstaben c), d), e), f) und g) genannten Grenzen von einem Investmentfonds infolge der Ausübung von Bezugsrechten oder in anderer Weise als durch den Erwerb

---

[38] Gegenwärtig besteht keine derartige Verordnung oder sonstige einschlägige Rechtsvorschrift.

C. Luxemburg

von verbrieften Rechten überschritten, muss die Verwaltungsgesellschaft im Rahmen der von ihr getätigten Verkäufe von Vermögenswerten vorrangig die Normalisierung der Vermögensstruktur unter Berücksichtigung der Interessen der Anteilinhaber anstreben.

Art. 92. (1) Weder die im Namen des Investmentfonds handelnde Verwaltungsgesellschaft noch die im Namen des Investmentfonds handelnde Verwahrstelle, dürfen direkt oder indirekt Kredite an Käufer und Anteilinhaber des Investmentfonds für den Erwerb oder die Zeichnung von Anteilen vergeben.

(2) Absatz (1) steht dem Erwerb durch den Investmentfonds von nicht vollständig eingezahlten Wertpapieren nicht entgegen.

12. Kapitel – Die Investmentgesellschaften mit variablem Kapital (SICAV)

Art. 93. Als SICAV im Sinne dieses Teils des Gesetzes gilt eine Gesellschaft in Form einer Aktiengesellschaft nach Luxemburger Recht,
– deren ausschließlicher Zweck darin besteht, die ihr zur Verfügung stehenden Mittel nach dem Grundsatz der Risikostreuung in Vermögenswerte anzulegen und ihren Anteilinhabern das Ergebnis der Verwaltung ihrer Vermögenswerte zuteil werden zu lassen und
– deren Anteile zum Vertrieb im Wege eines öffentlichen Angebotes oder einer Privatplatzierung bestimmt sind und
– deren Satzung bestimmt, dass ihr Kapital zu jeder Zeit dem Wert des Nettovermögens der Gesellschaft entspricht.

Art. 94. Das Gesellschaftskapital der SICAV darf einen Mindestbetrag von einer Million zweihundertfünfzigtausend Euro (1.250.000 EUR) nicht unterschreiten. Dieser Mindestbetrag muss innerhalb von sechs Monaten ab dem Zeitpunkt der Zulassung der SICAV erreicht werden. Durch CSSF-Verordnung[39] kann ein höherer Mindestbetrag festgelegt werden, wobei zwei Millionen fünfhunderttausend Euro (2.500.000 EUR) nicht überschritten werden dürfen.

Art. 95. (1) Die Bestimmungen der Artikel 26, 28 Absatz (1) Buchstabe a), 28 Absatz (2) Buchstabe a), 28 Absätze (3) bis (10), 29, 30, 31, 32, 36 und 37 dieses Gesetzes sind auf SICAV anwendbar, deren Verwaltung durch einen nach Kapitel 2 des Gesetzes vom 12. Juli 2013 über die Verwalter alternativer Investmentfonds zugelassenen AIFM erfolgt.

(1bis) Die Artikel 26, 28 Absatz (1) Buchstabe a), 28 Absatz (2) Buchstabe a), 28 Absätze (3) bis (10), 29, 30, 31, 32, 33 Absätze (1) bis (3), 35, 36 und 37 dieses Gesetzes sind auf SICAV anwendbar, deren AIFM unter die in Artikel 3 des Gesetzes vom 12. Juli 2013 über die Verwalter alternativer Investmentfonds genannten Ausnahmevorschriften fällt und von ihnen Gebrauch macht.

Die Verwahrstelle der Vermögenswerte einer SICAV, deren AIFM unter die in Artikel 3 des Gesetzes vom 12. Juli 2013 über die Verwalter alternativer Investmentfonds genannten Ausnahmevorschriften fällt und von ihnen Gebrauch macht, muss entweder ihren Satzungssitz in Luxemburg haben oder dort niedergelassen sein, wenn sie ihren Satzungssitz in einem anderen Mitgliedstaat oder in einem Drittstaat hat.

Unbeschadet der Bestimmung des zweiten Unterabsatzes dieses Absatzes muss die Verwahrstelle ein Kreditinstitut oder eine Wertpapierfirma im Sinne des geänderten Gesetzes vom 5. April 1993 über den Finanzsektor sein. Eine Wertpapierfirma ist nur unter der Maßgabe als Verwahrstelle zulässig, dass diese Wertpapierfirma außerdem die Voraussetzungen des Artikels 19 Absatz (3) des Gesetzes vom 12. Juli 2013 über die Verwalter alternativer Investmentfonds erfüllt.

Für SICAV, deren Verwalter unter die Ausnahmevorschriften des Artikels 3 des Gesetzes vom 12. Juli 2013 über die Verwalter alternativer Investmentfonds fällt und von ihnen Gebrauch macht und bei denen innerhalb von fünf Jahren nach Tätigung der ersten Anlagen keine Rücknahmerechte ausgeübt werden können und die im Einklang mit ihrer Hauptanlagestrategie in der Regel nicht in Vermögenswerte investieren, die gemäß Artikel 19 Absatz (8) Buchstabe a) des Gesetzes vom 12. Juli 2013 über die Verwalter alternativer Investmentfonds verwahrt werden müssen oder in der Regel in Emittenten oder nicht börsennotierte Unternehmen investieren, um gemäß Artikel 24 des genannten Gesetzes möglicherweise die Kontrolle über solche Unternehmen zu erlangen, kann die Verwahrstelle auch ein Rechtsträger luxemburgischen Rechts sein, der den Status einer professionellen Verwahrstelle von anderen Vermögenswerten als Finanzinstrumente im Sinne des Artikels 26-1 des geänderten Gesetzes vom 5. April 1993 über den Finanzsektor hat.

(2) SICAV, deren Verwaltung von einem nach Kapitel 2 des Gesetzes vom 12. Juli 2013 über die Verwalter alternativer Investmentfonds zugelassenen AIFM erfolgt und die einen externen AIFM im

---

[39] Gegenwärtig besteht keine derartige Verordnung oder sonstige einschlägige Rechtsvorschrift

IV. Normentexte

Sinne des Artikels 88-2 Absatz (2) Buchstabe a) dieses Gesetzes ernannt haben, sind berechtigt, die Ausübung einer oder mehrerer ihrer Verwaltungs- oder Vertriebsaufgaben zum Zwecke einer effizienteren Geschäftsführung an Dritte zu übertragen, die diese Aufgaben für sie wahrnehmen, sofern der externe AIFM die in Rede stehenden Aufgaben nicht selbst ausübt.

In diesem Falle müssen folgende Voraussetzungen vorab erfüllt sein:
a) die CSSF muss in geeigneter Form informiert werden;
b) der Auftrag darf die Wirksamkeit der Beaufsichtigung der SICAV in keiner Weise beeinträchtigen; insbesondere darf er weder die SICAV daran hindern, im besten Interesse ihrer Anleger zu handeln, noch darf er verhindern, dass die SICAV im besten Interesse der Anleger verwaltet wird.

Für SICAV, die im Sinne des Artikels 88-2 Absatz (2) Buchstabe b) dieses Gesetzes intern verwaltet werden und die von den in Artikel 3 des Gesetzes vom 12. Juli 2013 über die Verwalter alternativer Investmentfonds genannten Ausnahmevorschriften keinen Gebrauch machen bzw. keinen Gebrauch machen können, muss die Übertragung einer oder mehrerer ihrer Aufgaben im Einklang mit den in Artikel 18 des Gesetzes vom 12. Juli 2013 über die Verwalter alternativer Investmentfonds vorgesehenen Bestimmungen erfolgen.

(3) SICAV, deren Verwalter unter die in Artikel 3 des Gesetzes vom 12. Juli 2013 über die Verwalter alternativer Investmentfonds genannten Ausnahmevorschriften fällt und von ihnen Gebrauch macht, sind berechtigt, die Ausübung einer oder mehrerer ihrer Aufgaben zum Zwecke einer effizienteren Geschäftsführung an Dritte zu übertragen, die diese Aufgaben für sie wahrnehmen. In diesem Fall müssen folgende Voraussetzungen vorab erfüllt sein:
a) die CSSF muss in geeigneter Form informiert werden,
b) der Auftrag darf die Wirksamkeit der Beaufsichtigung der SICAV in keiner Weise beeinträchtigen; insbesondere darf er weder die SICAV daran hindern, im besten Interesse ihrer Anleger zu handeln, noch darf er verhindern, dass die SICAV im besten Interesse der Anleger verwaltet wird,
c) wenn die Übertragung die Anlageverwaltung betrifft, darf der Auftrag nur Unternehmen erteilt werden, die für die Zwecke der Vermögensverwaltung zugelassen oder eingetragen sind und einer behördlichen Aufsicht unterliegen; wenn der Auftrag einem Drittlandsunternehmen erteilt wird, das der Überwachung einer behördlichen Aufsicht unterliegt, muss die Zusammenarbeit zwischen der CSSF und der Aufsichtsbehörde dieses Landes sichergestellt sein,
d) wenn die Bedingungen des Buchstaben c) nicht erfüllt sind, wird die Übertragung erst durch die vorherige Genehmigung der CSSF wirksam und
e) der Verwahrstelle darf kein Auftrag für die Hauptdienstleistung der Anlageverwaltung erteilt werden.

Art. 96. (1) Eine CSSF-Verordnung[40] kann insbesondere Folgendes festlegen:
a) die Mindestzeitabstände zur Ermittlung des Ausgabepreises und, sofern die Satzung ein Rücknahmerecht der Anteilinhaber vorsieht, der Rücknahmepreise der Anteile der SICAV,
b) der Mindestanteil an flüssigen Mitteln, welche Bestandteil des Vermögens einer SICAV sein müssen,
c) der Höchstanteil, bis zu welchem das Vermögen der SICAV in nicht börsennotierte Wertpapiere oder in Wertpapiere, die nicht an einem mit vergleichbaren Sicherheiten ausgestatteten organisierten Markt gehandelt werden, angelegt werden darf,
d) der Höchstanteil, bis zu welchem die SICAV von ein und demselben Emittenten begebene verbriefte Rechte derselben Art besitzen darf,
e) der Höchstanteil, bis zu welchem das Vermögen der SICAV in verbriefte Rechte ein und desselben Emittenten angelegt sein darf,
f) die Bedingungen, zu denen und gegebenenfalls der Höchstanteil, bis zu welchem die SICAV in verbriefte Rechte anderer OGA anlegen darf,
g) der Höchstanteil, bis zu welchem die SICAV im Verhältnis zu ihrem Gesamtvermögen Kredite aufnehmen darf und die Modalitäten einer derartigen Kreditaufnahme.

(2) Bei den im vorstehenden Absatz festgelegten Zeitabständen und Prozentsätzen kann je nach den spezifischen Charakteristika der betreffenden SICAV oder bei Vorliegen bestimmter Bedingungen differenziert werden.

(3) Eine neu aufgelegte SICAV kann unter Berücksichtigung des Grundsatzes der Risikostreuung während eines Zeitraums von sechs Monaten nach ihrer Zulassung von den im vorstehenden Absatz (1) Buchstabe e) festgelegten Bestimmungen abweichen.

(4) Werden die in Absatz (1) Buchstaben c), d), e), f) und g) genannten Grenzen infolge der Ausübung von Bezugsrechten oder in anderer Weise als durch den Erwerb von verbrieften Rechten über-

---

[40] Gegenwärtig besteht keine derartige Verordnung oder sonstige einschlägige Rechtsvorschrift

schritten, muss die SICAV im Rahmen der von ihr getätigten Verkäufe von Vermögenswerten vorrangig die Normalisierung der Vermögensstruktur unter Berücksichtigung der Interessen der Anteilinhaber anstreben.

Art. 96bis. Unbeschadet Artikel 309 des geänderten Gesetzes vom 10. August 1915 über die Handelsgesellschaften sind die diesem Kapitel unterliegenden SICAV sowie deren Tochtergesellschaften von der Pflicht zur Konsolidierung von zu Investitionszwecken gehaltenen Gesellschaften befreit.

13. Kapitel – OGA, die nicht die Rechtsform eines Investmentfonds oder einer SICAV besitzen

Art. 97. Dieses Kapitel ist auf alle Gesellschaften und Organismen anwendbar, die nicht als Investmentfonds oder SICAV qualifiziert werden können,[41)]
- deren ausschließlicher Zweck darin besteht, die ihnen zur Verfügung stehenden Mittel gemeinsam und nach dem Grundsatz der Risikostreuung in Vermögenswerte anzulegen und ihren Anteilinhabern das Ergebnis der Verwaltung ihrer Vermögenswerte zuteil werden zu lassen und
- deren Anteile zum Vertrieb im Wege eines öffentlichen Angebotes oder einer Privatplatzierung bestimmt sind.

Art. 98. (1) Das Nettovermögen der OGA im Sinne dieses Kapitels darf einen Mindestbetrag von einer Million zweihundertfünfzigtausend Euro (1 250 000 EUR) nicht unterschreiten.
Dieser Mindestbetrag muss innerhalb von sechs Monaten nach Zulassung des betreffenden Organismus erreicht werden. Durch eine CSSF-Verordnung[42)] kann ein höherer Mindestbetrag festgesetzt werden, wobei zwei Millionen fünfhunderttausend Euro (2 500 000 EUR) nicht überschritten werden dürfen.

(2) Sobald das Nettovermögen unter zwei Drittel des gesetzlichen Mindestbetrages fällt, müssen die Verwaltungsratsmitglieder oder gegebenenfalls der Vorstand oder die Geschäftsführer der Generalversammlung die Auflösung des OGA vorschlagen, wobei die Generalversammlung ihren Beschluss ohne Anwesenheitsquorum und mit einfacher Mehrheit der auf der Generalversammlung vertretenen Anteile fasst.

(3) Sobald das Nettovermögen unter ein Viertel des gesetzlichen Mindestbetrages fällt, müssen die Verwaltungsratsmitglieder oder gegebenenfalls der Vorstand oder die Geschäftsführer der Generalversammlung die Auflösung vorschlagen, wobei die Generalversammlung ohne Anwesenheitsquorum beschließt; die Auflösung kann durch die Anteilinhaber beschlossen werden, die ein Viertel der auf der Generalversammlung vertretenen Anteile halten.

(4) Die Einberufung muss so erfolgen, dass die Generalversammlung innerhalb von vierzig Tagen nach Feststellung der Unterschreitung der vorbeschriebenen gesetzlichen Mindestbetragsgrenzen von zwei Dritteln oder einem Viertel stattfindet.

(5) Wenn die Gründungsunterlagen des Organismus keine Generalversammlungen vorsehen, müssen die Verwaltungsratsmitglieder oder gegebenenfalls der Vorstand oder die Geschäftsführer die CSSF unverzüglich davon in Kenntnis setzen, sobald das Nettovermögen des OGA zwei Drittel des gesetzlichen Mindestbetrages unterschritten hat. In diesem Fall kann die CSSF unter Berücksichtigung der jeweiligen Umstände die Verwaltungsratsmitglieder oder gegebenenfalls den Vorstand oder die Geschäftsführer zur Liquidation des OGA verpflichten.

Art. 99. (1) Eine CSSF-Verordnung[43)] kann insbesondere Folgendes festlegen:
a) die Mindestzeitabstände zur Ermittlung des Ausgabepreises und, sofern die Gründungsunterlagen ein Rücknahmerecht der Anteilinhaber oder Gesellschafter vorsehen, der Rücknahmepreise der Anteile des OGA,
b) den Mindestanteil an flüssigen Mitteln, die Bestandteil des Vermögens des OGA sein müssen,
c) den Höchstanteil, bis zu welchem das Vermögen des OGA in nicht börsennotierte Wertpapiere oder in Wertpapiere, die nicht auf einem mit vergleichbaren Sicherheiten ausgestatteten organisierten Markt gehandelt werden, angelegt werden darf,

---

[41] Vgl. hierzu insbesondere die Investmentgesellschaft mit festgeschriebenem Kapital (*société d'investissement à capital fixe*, SICAF), die in der Regel als geschlossener Fonds nach Teil II des Gesetzes strukturiert ist, allerdings auch als offener Fonds nach Teil I strukturiert sein kann, sofern sie sich verpflichtet, ihre Anteile jederzeit zurückzunehmen und deren Rechtsgrundlagen sich insbesondere auch im Gesetz vom 10. August 1915 über Handelsgesellschaften, in der geänderten Fassung finden.
[42] Gegenwärtig besteht keine derartige Verordnung oder sonstige einschlägige Rechtsvorschrift.
[43] Gegenwärtig besteht keine derartige Verordnung oder sonstige einschlägige Rechtsvorschrift.

IV. Normentexte

d) der Höchstanteil, bis zu welchem der OGA von ein und demselben Emittenten begebene verbriefte Rechte derselben Art besitzen darf,
e) der Höchstanteil, bis zu welchem das Vermögen des OGA in verbriefte Rechte ein und desselben Emittenten angelegt sein darf,
f) die Bedingungen, zu denen und gegebenenfalls der Höchstanteil, bis zu welchem der OGA in verbriefte Rechte anderer Organismen für gemeinsame Anlagen anlegen darf,
g) der Höchstanteil, bis zu welchem der OGA im Verhältnis zu seinem Gesamtvermögen Kredite aufnehmen darf und die Modalitäten einer derartigen Kreditaufnahme.

(2) Bei den im vorstehenden Absatz (1) festgelegten Zeitabständen und Prozentsätzen kann je nach den spezifischen Charakteristika des betreffenden OGA oder bei Vorliegen bestimmter Bedingungen differenziert werden.

(3) Ein neu aufgelegter OGA kann unter Berücksichtigung des Grundsatzes der Risikostreuung während eines Zeitraums von sechs Monaten nach seiner Zulassung von den im vorstehenden Absatz (1) Buchstabe e) festgelegten Bestimmungen abweichen.

(4) Werden die in Absatz (1) Buchstaben c), d), e), f) und g) genannten Grenzen infolge der Ausübung von Bezugsrechten oder in anderer Weise als durch den Erwerb von verbrieften Rechten überschritten, muss der OGA im Rahmen der von ihm getätigten Verkäufe von Vermögenswerten vorrangig die Normalisierung der Vermögensstruktur unter Berücksichtigung der Interessen der Anteilinhaber oder der Gesellschafter anstreben.

(5) Das Verwaltungsreglement oder die Gründungsunterlagen eines OGA enthalten die Grundsätze und Methoden zur Bewertung der Vermögenswerte des OGA. Vorbehaltlich gegenteiliger Bestimmungen im Verwaltungsreglement oder in den Gründungsunterlagen erfolgt die Bewertung der Vermögenswerte des betreffenden OGA im Hinblick auf börsennotierte Werte auf dem letzten bekannten Börsenkurs, es sei denn, dieser Kurs ist nicht repräsentativ. Im Hinblick auf nicht börsennotierte Werte und auf börsennotierte Werte, deren Börsenschlusskurs nicht repräsentativ ist, erfolgt die Bewertung aufgrund des wahrscheinlichen Veräußerungswertes, der in umsichtiger Weise und nach den Grundsätzen von Treu und Glauben zu ermitteln ist.

(6) Die Artikel 28 Absatz (5), 36 und 37 dieses Gesetzes sind auf OGA anwendbar, die weder die Rechtsform eines Investmentfonds noch einer SICAV besitzen und deren Verwaltung durch einen nach Kapitel 2 des Gesetzes vom 12. Juli 2013 über die Verwalter alternativer Investmentfonds zugelassenen AIFM erfolgt.

(6bis) Die Artikel 28 Absatz (5), 33 Absätze (1) bis (3), 35, 36 und 37 dieses Gesetzes sind auf OGA anwendbar, die weder die Rechtsform eines Investmentfonds noch einer SICAV besitzen und deren Verwaltung durch einen AIFM erfolgt, der unter die Ausnahmevorschriften des Artikels 3 des Gesetzes vom 12. Juli 2013 über die Verwalter alternativer Investmentfonds fällt und von ihnen Gebrauch macht.

Die Verwahrstelle der Vermögenswerte eines OGA, der weder die Rechtsform eines Investmentfonds oder einer SICAV besitzt und dessen Verwaltung durch einen AIFM erfolgt, der unter die Ausnahmevorschriften des Artikels 3 des Gesetzes vom 12. Juli 2013 über die Verwalter alternativer Investmentfonds fällt und von ihnen Gebrauch macht, muss entweder ihren Satzungssitz in Luxemburg haben oder dort niedergelassen sein, wenn sie ihren Satzungssitz in einem anderen Mitgliedstaat oder in einem Drittstaat hat.

Unbeschadet der Bestimmung des zweiten Unterabsatzes dieses Absatzes muss die Verwahrstelle ein Kreditinstitut oder eine Wertpapierfirma im Sinne des geänderten Gesetzes vom 5. April 1993 über den Finanzsektor sein. Eine Wertpapierfirma ist nur unter der Maßgabe als Verwahrstelle zulässig, dass diese Wertpapierfirma außerdem die Voraussetzungen des Artikels 19 Absatz (3) des Gesetzes vom 12. Juli 2013 über die Verwalter alternativer Investmentfonds erfüllt.

Für OGA, die weder die Rechtsform eines Investmentfonds noch einer SICAV besitzen und deren AIFM unter die Ausnahmevorschriften des Artikels 3 des Gesetzes vom 12. Juli 2013 über die Verwalter alternativer Investmentfonds fällt und von ihnen Gebrauch macht und bei denen innerhalb von fünf Jahren nach Tätigung der ersten Anlagen keine Rücknahmerechte ausgeübt werden können und die im Einklang mit ihrer Hauptanlagestrategie in der Regel nicht in Vermögenswerte investieren, die gemäß Artikel 19 Absatz (8) Buchstabe a) des Gesetzes vom 12. Juli 2013 über die Verwalter alternativer Investmentfonds verwahrt werden müssen oder die in der Regel in Emittenten oder nicht börsennotierte Unternehmen investieren, um gemäß Artikel 24 des genannten Gesetzes möglicherweise die Kontrolle über solche Unternehmen zu erlangen, kann die Verwahrstelle auch ein Rechtsträger luxemburgischen Rechts sein, der den Status einer professionellen Verwahrstelle von anderen Vermögenswerten als Finanzinstrumente im Sinne des Artikels 26-1 des geänderten Gesetzes vom 5. April 1993 über den Finanzsektor hat.

(6ter) OGA, die weder die Rechtsform eines Investmentfonds noch einer SICAV besitzen und deren Verwaltung durch einen nach Kapitel 2 des Gesetzes vom 12. Juli 2013 über die Verwalter alternativer Investmentfonds zugelassenen AIFM erfolgt und die einen externen AIFM im Sinne des Artikels 88-2 Absatz (2) Buchstabe a) dieses Gesetzes ernannt haben, sind berechtigt, die Ausübung einer oder mehrerer ihrer Verwaltungs- oder Vertriebsaufgaben zum Zwecke einer effizienteren Geschäftsführung an Dritte zu übertragen, die diese Aufgaben für sie wahrnehmen, sofern der externe AIFM die in Rede stehenden Aufgaben nicht selbst ausübt.

In diesem Falle müssen folgende Voraussetzungen erfüllt sein:
a) die CSSF muss in geeigneter Form informiert werden;
b) der Auftrag darf die Wirksamkeit der Beaufsichtigung des OGA in keiner Weise beeinträchtigen; insbesondere darf er weder den OGA daran hindern, im besten Interesse der Anleger zu handeln, noch darf er verhindern, dass der OGA im besten Interesse der Anleger verwaltet wird.

Für OGA, die weder die Rechtsform eines Investmentfonds noch einer SICAV besitzen und deren Verwaltung durch einen nach Kapitel 2 des Gesetzes vom 12. Juli 2013 über die Verwalter alternativer Investmentfonds zugelassenen AIFM erfolgt, und die im Sinne des Artikels 88-2 Absatz (2) Buchstabe b) dieses Gesetzes intern verwaltet werden, muss die Übertragung einer oder mehrerer ihrer Aufgaben im Einklang mit den in Artikel 18 des Gesetzes vom 12. Juli 2013 über die Verwalter alternativer Investmentfonds vorgesehenen Bestimmungen erfolgen.

(6quater) OGA, die weder die Rechtsform eines Investmentfonds noch einer SICAV besitzen und deren Verwaltung durch einen AIFM erfolgt, der unter die Ausnahmevorschriften des Artikels 3 des Gesetzes vom 12. Juli 2013 über die Verwalter alternativer Investmentfonds fällt und von ihnen Gebrauch macht, sind berechtigt, die Ausübung einer oder mehrerer ihrer Aufgaben zum Zwecke einer effizienteren Geschäftsführung an Dritte zu übertragen, die diese Aufgaben für sie wahrnehmen. In diesem Fall müssen folgende Voraussetzungen vorab erfüllt sein:
a) die CSSF muss in geeigneter Form informiert werden,
b) der Auftrag darf die Wirksamkeit der Beaufsichtigung des OGA in keiner Weise beeinträchtigen; insbesondere darf er weder den OGA daran hindern, im besten Interesse der Anleger zu handeln, noch darf er verhindern, dass der OGA im besten Interesse der Anleger verwaltet wird,
c) wenn die Übertragung die Anlageverwaltung betrifft, darf der Auftrag nur Unternehmen erteilt werden, die für die Zwecke der Vermögensverwaltung zugelassen sind oder eingetragen sind und einer behördlichen Aufsicht unterliegen; wenn der Auftrag einem Drittlandsunternehmen erteilt wird, das einer behördlichen Aufsicht unterliegt, muss die Zusammenarbeit zwischen der CSSF und der Aufsichtsbehörde dieses Landes sichergestellt sein,
d) wenn die Bedingungen des Buchstaben c) nicht erfüllt sind, wird die Übertragung erst durch die vorherige Genehmigung der CSSF wirksam und
e) der Verwahrstelle darf kein Auftrag für die Hauptdienstleistung der Anlageverwaltung erteilt werden.

(7) Die Satzung und jede Satzungsänderung eines OGA, der in einer der gemäß Artikel 2 des geänderten Gesetzes vom 10. August 1915 über die Handelsgesellschaften vorgesehenen Gesellschaftsformen gegründet ist, sind notariell zu beurkunden und wahlweise in französischer, deutscher oder englischer Sprache zu verfassen. Abweichend von den Bestimmungen des Erlasses des 24. Prairials, Jahr XI, entfällt im Rahmen der Hinterlegung der Urkunde das Erfordernis, eine Übersetzung in eine der Amtssprachen beizufügen, sollte die Urkunde in englischer Sprache verfasst sein. Dieses Erfordernis entfällt ebenfalls für sämtliche anderen Urkunden, welche der notariellen Form bedürfen, wie etwa notarielle Urkunden, die Protokolle von Aktionärsversammlungen oben genannter Gesellschaften oder einen die Gesellschaften betreffenden Verschmelzungsplan festhalten.

(8) Abweichend von Artikel 73 Absatz (2) des geänderten Gesetzes vom 10. August 1915 über die Handelsgesellschaften sind OGA im Sinne dieses Kapitels in Form einer Aktiengesellschaft oder einer Kommanditgesellschaft auf Aktien nicht verpflichtet, den Jahresabschluss, den Bericht des zugelassenen Wirtschaftsprüfers, den Geschäftsbericht und gegebenenfalls den Bericht des Aufsichtsrats zeitgleich mit der Einberufung zur jährlichen Generalversammlung an die Inhaber von Namensanteilen zu versenden. Im Einberufungsschreiben werden der Ort und die Modalitäten für die Bereitstellung dieser Dokumente an die Anteilinhaber angegeben und dargelegt, dass jeder Anteilinhaber die Zusendung des Jahresabschlusses, des Berichts des zugelassenen Wirtschaftsprüfers, des Geschäftsberichts und gegebenenfalls des Berichts des Aufsichtsrats verlangen kann.

(9) Die Einberufungsschreiben zu den Generalversammlungen der Anteilinhaber können vorsehen, dass das Anwesenheitsquorum und die Mehrheitserfordernisse in der Generalversammlung entspre-

IV. Normentexte

chend der Anzahl der am fünften Tag um Mitternacht (Ortszeit Luxemburg) vor der Generalversammlung (nachfolgend „Stichtag") ausgegebenen und im Umlauf befindlichen Anteile bestimmt werden. Die Rechte eines Anteilinhabers zur Teilnahme an einer Generalversammlung und zur Ausübung der mit seinen Anteilen verbundenen Stimmrechte werden entsprechend der Anzahl der am Stichtag von diesem Anteilinhaber gehaltenen Anteilen bestimmt.

(10) Die Bestimmungen des geänderten Gesetzes vom 10. August 1915 über die Handelsgesellschaften finden auf die OGA im Sinne dieses Kapitels Anwendung, soweit sie durch dieses Gesetz nicht davon ausgenommen sind.

Teil III. Ausländische OGA

14. Kapitel – Allgemeine Bestimmungen und Anwendungsbereich

Art. 100. (1) Unbeschadet Absatz (2) müssen OGA anderen als geschlossenen Typs, die nach ausländischem Recht gegründet wurden oder ihre Geschäftstätigkeit ausüben, ohne den Bestimmungen des Kapitels 7 dieses Gesetzes zu unterliegen und deren Anteile in Luxemburg oder von Luxemburg aus Gegenstand eines Vertriebs gegenüber Kleinanlegern sind, in ihrem Herkunftsstaat einer ständigen Aufsicht durch eine gesetzlich zum Schutz der Anleger eingerichteten Aufsichtsbehörde unterliegen. Diese OGA müssen außerdem einer Aufsicht unterliegen, die nach Auffassung der CSSF der in diesem Gesetz vorgesehenen Aufsicht gleichwertig ist. Artikel 59 dieses Gesetzes findet auf diese OGA Anwendung.

(2) Dieser Artikel ist nicht anwendbar auf den Vertrieb von Anteilen oder Aktien von AIF ausländischen Rechts an professionelle Anleger, der im Falle des Vertriebs durch einen in Luxemburg niedergelassenen Verwalter im Einklang mit den Bestimmungen der Kapitel 6 und 7 des Gesetzes vom 12. Juli 2013 über die Verwalter alternativer Investmentfonds bzw. im Falle des Vertriebs durch einen in einem anderen Mitgliedstaat oder in einem Drittstaat niedergelassenen Verwalter im Einklang mit den Bestimmungen der Kapitel VI und VII der Richtlinie 2011/61/EU erfolgt, jedoch unter Vorbehalt der Bestimmungen des Artikels 58 Absatz (5) des Gesetzes vom 12. Juli 2013 über die Verwalter alternativer Investmentfonds.

Teil IV. Verwaltungsgesellschaften

15. Kapitel – Verwaltungsgesellschaften, die OGAW im Sinne der Richtlinie 2009/65/EG verwalten

A. – Bedingungen für die Aufnahme der Tätigkeit von Verwaltungsgesellschaften mit Satzungssitz in Luxemburg

Art. 101. (1) Für den Zugang zur Tätigkeit einer Verwaltungsgesellschaft im Sinne dieses Kapitels mit Satzungssitz in Luxemburg ist die vorherige Zulassung durch die CSSF erforderlich. Die gemäß diesem Gesetz erteilte Zulassung einer Verwaltungsgesellschaft ist in allen Mitgliedstaaten gültig und wird der Europäischen Wertpapier- und Marktaufsichtsbehörde (ESMA) mitgeteilt.

Eine Verwaltungsgesellschaft wird in der Form einer Aktiengesellschaft,[44] einer Gesellschaft mit beschränkter Haftung,[45] einer Genossenschaft[46] oder einer Genossenschaft, die wie eine Aktiengesellschaft organisiert ist,[47] oder in der Form einer Kommanditgesellschaft auf Aktien[48] gegründet. Das Kapital dieser Gesellschaft wird durch Namensaktien oder Namensanteile vertreten. Die Bestimmungen des geänderten Gesetzes vom 10. August 1915 über die Handelsgesellschaften finden auf Verwaltungsgesellschaften im Sinne dieses Kapitels Anwendung, soweit sie durch dieses Gesetz nicht davon ausgenommen sind.

Zugelassene Verwaltungsgesellschaften werden von der CSSF in eine Liste[49] eingetragen. Diese Eintragung gilt als Zulassung und wird der betreffenden Verwaltungsgesellschaft von der CSSF mitgeteilt. Anträge auf Eintragung müssen vor der Gründung der Verwaltungsgesellschaft bei der CSSF eingereicht werden. Die Gründung der Verwaltungsgesellschaft kann erst nach Mitteilung der Zulassung durch die CSSF vorgenommen werden. Diese Liste sowie jede Änderung dieser Liste werden auf Veranlassung der CSSF im Mémorial[50] veröffentlicht.

---

[44] *Société anonyme.*
[45] *Société à responsabilité limitée.*
[46] *Société coopérative.*
[47] *Société coopérative organisée comme une société anonyme.*
[48] *Société en commandite par actions.*
[49] Diese Liste ist auf der Webseite der CSSF (www.cssf.lu) verfügbar.
[50] *Mémorial B, Recueil Administratif et Economique.* In diesem Teil des Amtsblatts des Großherzogtums Luxemburg werden bestimmte Publikationen der Verwaltung vorgenommen.

(2) Eine Verwaltungsgesellschaft darf keine andere Tätigkeit als die der Verwaltung von gemäß der Richtlinie 2009/65/EG zugelassenen OGAW ausüben, wobei dies nicht die Möglichkeit der zusätzlichen Verwaltung anderer OGA ausschließt, die nicht unter diese Richtlinie fallen und für die die Verwaltungsgesellschaft einer behördlichen Aufsicht unterliegt, deren Anteile jedoch nicht in anderen Mitgliedstaaten der Europäischen Union gemäß der Richtlinie 2009/65/EG vertrieben werden können.

Die Tätigkeit der Verwaltung von OGAW schließt die Aufgaben ein, die in Anhang II dieses Gesetzes genannt sind.

(3) Abweichend von Absatz (2) können die Verwaltungsgesellschaften zusätzlich folgende Dienstleistungen erbringen:
a) individuelle Verwaltung einzelner Portfolios – einschließlich der Portfolios von Pensionsfonds – mit Ermessensspielraum im Rahmen eines Mandats der Anleger, sofern die betreffenden Portfolios eines oder mehrere der in Abschnitt B des Anhangs II des geänderten Gesetzes vom 5. April 1993 über den Finanzsektor genannten Instrumente[51] enthalten,
b) als Nebendienstleistungen:
– Anlageberatung in Bezug auf eines oder mehrere der in Abschnitt B des Anhangs II des geänderten Gesetzes vom 5. April 1993 über den Finanzsektor genannten Instrumente,
– Verwahrung und technische Verwaltung in Bezug auf die Anteile von OGA.

Auf keinen Fall darf es einer Verwaltungsgesellschaft im Rahmen dieses Kapitels gestattet werden, ausschließlich die in diesem Absatz genannten Dienstleistungen oder Nebendienstleistungen zu erbringen, ohne dass sie eine Zulassung für die in Buchstabe a) genannten Dienstleistungen erhalten hat.

Im Rahmen der Anwendung dieses Artikels gilt als Anlageberatung die Erteilung personenbezogener Empfehlungen an einen Kunden, sei es auf Nachfrage dieses Kunden, sei es auf Initiative der Verwaltungsgesellschaft, im Hinblick auf eine oder mehrere Transaktionen betreffend Finanzinstrumente im Sinne des Abschnitts B des Anhangs II des geänderten Gesetzes vom 5. April 1993 über den Finanzsektor.

Im Rahmen dieses Artikels gilt als personenbezogene Empfehlung eine Empfehlung, die an eine Person auf Grund deren Eigenschaft als Anleger oder potentieller Anleger oder als Vertreter eines Anlegers oder potentiellen Anlegers gerichtet ist.

Diese Empfehlung muss als auf diese Person zugeschnitten oder als auf der Untersuchung der besonderen Situation dieser Person basierend gegeben werden und muss die Durchführung eines Geschäftes empfehlen, das unter die folgenden Kategorien fällt:
a) der Kauf, der Verkauf, die Zeichnung, der Tausch, die Zurückzahlung, das Halten oder die Übernahme der Emission eines bestimmten Finanzinstruments,

---

[51] Anhang II, Abschnitt B:
1. Übertragbare Wertpapiere
2. Geldmarktinstrumente
3. Anteile an Organismen für gemeinsame Anlagen
4. Optionen, Terminkontrakte, Swaps, Zinsausgleichsvereinbarungen und alle anderen Derivatkontrakte in Bezug auf Wertpapiere, Währungen, Zinssätze oder Erträge, oder andere Derivat-Instrumente, finanzielle Indizes oder Messgrößen, die effektiv geliefert oder bar abgerechnet werden können
5. Optionen, Terminkontrakte, Swaps, Zinsausgleichsvereinbarungen und alle anderen Derivatkontrakte in Bezug auf Waren, die bar abgerechnet werden müssen oder auf Wunsch einer der Parteien (anders als wegen eines zurechenbaren oder anderen Beendigungsgrunds) bar abgerechnet werden können
6. Optionen, Terminkontrakte, Swaps und alle anderen Derivatkontrakte in Bezug auf Waren, die effektiv geliefert werden können, vorausgesetzt, sie werden an einem geregelten Markt und/oder über ein MTF gehandelt
7. Optionen, Terminkontrakte, Swaps, Termingeschäfte und alle anderen Derivatkontrakte in Bezug auf Waren, die effektiv geliefert werden können, die sonst nicht in Nummer 6 genannt sind und nicht kommerziellen Zwecken dienen, die die Merkmale anderer derivativer Finanzinstrumente aufweisen, wobei unter anderem berücksichtigt wird, ob Clearing und Abrechnung über anerkannte Clearingstellen erfolgen oder ob eine Margin-Einschussforderung besteht
8. derivative Instrumente für den Transfer von Kreditrisiken
9. Finanzielle Differenzgeschäfte
10. Optionen, Terminkontrakte, Swaps, Zinsausgleichsvereinbarungen und alle anderen Derivatkontrakte in Bezug auf Klimavariablen, Frachtsätze, Emissionsberechtigungen, Inflationsraten und andere offizielle Wirtschaftsstatistiken, die bar abgerechnet werden müssen oder auf Wunsch einer der Parteien (anders als wegen eines zurechenbaren oder anderen Beendigungsgrunds) bar abgerechnet werden können, sowie alle anderen Derivatkontrakte in Bezug auf Vermögenswerte, Rechte, Obligationen, Indizes und Messwerte, die sonst nicht in vorliegendem Abschnitt genannt sind, und die die Merkmale anderer derivativer Finanzinstrumente aufweisen, wobei unter anderem berücksichtigt wird, ob sie auf einem geregelten Markt oder einem MTF gehandelt werden, ob Clearing und Abrechnung über anerkannte Clearingstellen erfolgen oder ob eine Margin-Einschussforderung besteht.

b) die Ausübung oder Nichtausübung des mit dem Finanzinstrument verbundenen Rechts, ein Finanzinstrument zu kaufen, zu verkaufen, zu zeichnen, zu tauschen oder zurückzuzahlen.

Eine Empfehlung gilt dann nicht als personenbezogene Empfehlung, wenn diese ausschließlich über Vertriebskanäle im Sinne des Artikels 1 Punkt 18) des geänderten Gesetzes vom 9. Mai 2006 über den Marktmissbrauch[52] verbreitet wird oder wenn diese an die Öffentlichkeit gerichtet ist.

(4) Artikel 1–1, Artikel 37-1 sowie Artikel 37-3 des geänderten Gesetzes vom 5. April 1993 über den Finanzsektor finden auf die Erbringung der in Absatz (3) dieses Artikels genannten Dienstleistungen durch Verwaltungsgesellschaften entsprechende Anwendung.

Verwaltungsgesellschaften, die die in Buchstabe a) des Absatzes (3) dieses Artikels genannte Dienstleistung erbringen, müssen außerdem die luxemburgischen Regelungen zur Umsetzung der Richtlinie 2006/49/EG des Europäischen Parlaments und des Rates vom 14. Juni 2006 über die angemessene Eigenkapitalausstattung von Wertpapierfirmen und Kreditinstituten (Neufassung) beachten.

(5) Im Falle einer Insolvenz der Verwaltungsgesellschaft fallen die in Anwendung der Absätze (2) und (3) verwalteten Vermögenswerte nicht in die Insolvenzmasse. Sie können nicht von den Gläubigern der Verwaltungsgesellschaft vollstreckt werden.

Art. 101-1. (1) In Abweichung von Artikel 101 Absatz (2) müssen nach diesem Kapitel zugelassene Verwaltungsgesellschaften, die ihren Satzungssitz in Luxemburg haben und als AIFM von AIF der Richtlinie 2011/61/EU ernannt werden, außerdem die vorherige Zulassung der CSSF als AIFM von AIF im Sinne des Kapitels 2 des Gesetzes vom 12. Juli 2013 über die Verwalter alternativer Investmentfonds erhalten.

(2) Wenn eine Verwaltungsgesellschaft eine Zulassung gemäß Absatz (1) beantragt, ist diese davon befreit, der CSSF die Informationen oder Dokumente zu übermitteln, die dieser bereits im Rahmen des Zulassungsverfahrens gemäß Artikel 102 übermittelt wurden, sofern diese Informationen oder Dokumente dem neuesten Stand entsprechen.

(3) Die Verwaltungsgesellschaften im Sinne dieses Artikels dürfen keine anderen Tätigkeiten ausüben als die in Anhang I des Gesetzes vom 12. Juli 2013 über die Verwalter alternativer Investmentfonds genannten Tätigkeiten und die zusätzliche Verwaltung von OGAW vorbehaltlich einer Zulassung nach Artikel 101 dieses Gesetzes.

Im Rahmen ihrer Verwaltungstätigkeit für AIF dürfen diese Verwaltungsgesellschaften außerdem Nebendienstleistungen im Sinne des Artikels 5 Absatz (4) des Gesetzes vom 12. Juli 2013 über die Verwalter alternativer Investmentfonds ausüben, einschließlich der Annahme und Übermittlung von Aufträgen, die Finanzinstrumente zum Gegenstand haben.

(4) Verwaltungsgesellschaften, welche als Verwalter von AIF im Sinne dieses Artikels ernannt sind, unterliegen insoweit sämtlichen im Gesetz vom 12. Juli 2013 über die Verwalter alternativer Investmentfonds vorgesehenen Regelungen, wie diese auf sie Anwendung finden.

Art. 102. (1) Die CSSF erteilt der Verwaltungsgesellschaft nur unter nachfolgenden Bedingungen eine Zulassung:
a) die Verwaltungsgesellschaft muss, unter Berücksichtigung der folgenden Punkte, über ein Anfangskapital von mindestens einhundertfünfundzwanzigtausend Euro (125 000 EUR) verfügen:
– Wenn der Wert der Portfolios der Verwaltungsgesellschaft zweihundertfünfzig Millionen Euro (250 000 000 EUR) überschreitet, muss diese über zusätzliche Eigenmittel verfügen. Diese zusätzlichen Eigenmittel müssen 0,02 % des Betrags, um den der Wert der Portfolios der Verwaltungsgesellschaft zweihundertfünfzig Millionen Euro (250 000 000 EUR) übersteigt, betragen. Die geforderte Gesamtsumme des Anfangskapitals und der zusätzlichen Eigenmittel darf jedoch zehn Millionen Euro (10 000 000 EUR) nicht überschreiten.
– Für die Zwecke dieses Absatzes gelten die folgenden Portfolios als Portfolios der Verwaltungsgesellschaft:
  i) von der Verwaltungsgesellschaft verwaltete Investmentfonds, einschließlich Portfolios, mit deren Verwaltung sie Dritte beauftragt hat, nicht jedoch Portfolios, die sie selbst im Auftrage Dritter verwaltet,
  ii) Investmentgesellschaften, die sie als ihre Verwaltungsgesellschaft benannt haben,

---

[52] Artikel 1 Nr. 18: „Vertriebskanäle": Kanäle, über die eine Information öffentlich gemacht wird oder werden kann, und „an die Öffentlichkeit gerichtete Information": jede Information, die für eine große Anzahl von Personen zugänglich ist.

iii) andere von der Verwaltungsgesellschaft verwaltete OGA, einschließlich Portfolios, mit deren Verwaltung sie Dritte beauftragt hat, nicht jedoch Portfolios, die sie selbst im Auftrag Dritter verwaltet.
– Unabhängig von dieser Eigenmittelanforderung dürfen die Eigenmittel der Verwaltungsgesellschaft zu keiner Zeit unter den in Artikel 21 der Richtlinie 2006/49/EG[53] genannten Betrag absinken.
Die Verwaltungsgesellschaften brauchen die Anforderung der Erbringung von bis zu 50 % der vorgenannten zusätzlichen Eigenmittel nicht zu erfüllen, wenn sie über eine von einem Kreditinstitut oder einem Versicherungsunternehmen gestellte Garantie in derselben Höhe verfügen. Das Kreditinstitut bzw. Versicherungsunternehmen muss seinen Satzungssitz in einem Mitgliedstaat oder in einem Drittstaat haben, soweit es im letzten Fall Aufsichtsbestimmungen unterliegt, die nach Auffassung der CSSF denen des Unionsrechts gleichwertig sind.

b) Die Gelder gemäß Absatz (1) Buchstabe a) müssen zur freien Verfügbarkeit der Verwaltungsgesellschaft gehalten und in ihrem eigenen Interesse angelegt werden.

c) Die Personen, die die Geschäfte der Verwaltungsgesellschaft tatsächlich leiten, müssen ausreichend gut beleumdet sein und auch in Bezug auf den Typ des von der Verwaltungsgesellschaft verwalteten OGAW über ausreichende Erfahrung verfügen. Zu diesem Zweck sind die Namen dieser Personen sowie jeder Wechsel dieser Personen der CSSF unverzüglich mitzuteilen. Über die Geschäftspolitik der Verwaltungsgesellschaft müssen mindestens zwei Personen, die die genannten Bedingungen erfüllen, bestimmen.

d) Dem Antrag auf Zulassung ist ein Geschäftsplan beizufügen, aus dem unter anderem der organisatorische Aufbau der Verwaltungsgesellschaft hervorgeht.

e) Ihre Hauptverwaltung und ihr Satzungssitz müssen sich in Luxemburg befinden.

f) Die Geschäftsleiter der Verwaltungsgesellschaft im Sinne von Artikel 129 Absatz (5) müssen ausreichend beleumdet sein und in Bezug auf den betreffenden OGAW oder OGA über ausreichende Erfahrung verfügen.

(2) Bestehen zwischen der Verwaltungsgesellschaft und anderen natürlichen oder juristischen Personen enge Verbindungen, erteilt die CSSF die Zulassung außerdem nur dann, wenn diese Verbindungen sie nicht in der ordnungsgemäßen Erfüllung ihrer Aufsichtsfunktion behindern.

Die CSSF erteilt ferner die Zulassung nicht, wenn sie bei der ordnungsgemäßen Erfüllung ihrer Aufsichtsfunktionen durch die Rechts-, Aufsichts- oder Verwaltungsvorschriften eines Drittlandes, denen eine oder mehrere natürliche oder juristische Personen unterstehen, zu denen die Verwaltungsgesellschaft enge Verbindungen besitzt, oder durch Schwierigkeiten bei deren Anwendung behindert wird.

Die CSSF schreibt vor, dass ihr die Verwaltungsgesellschaft die Angaben übermittelt, die sie zur Kontrolle der Einhaltung der in diesem Absatz genannten Bedingungen fortlaufend benötigt.

(3) Dem Antragsteller ist binnen sechs Monaten nach Einreichung eines vollständigen Antrags mitzuteilen, ob eine Zulassung erteilt wird oder nicht. Jede Ablehnung eines Antrags ist zu begründen.

(4) Nach Erteilung der Zulassung kann die Verwaltungsgesellschaft ihre Tätigkeit sofort aufnehmen.

Die Zulassung beinhaltet für die Mitglieder der Verwaltungs-, Geschäftsführungs- und Aufsichtsorgane der Verwaltungsgesellschaft, die Verpflichtung, der CSSF unverzüglich jede Änderung solcher wesentlichen Informationen, auf welche die CSSF sich bei der Prüfung des Zulassungsantrages gestützt hat, in vollständiger, schlüssiger und verständlicher Weise, schriftlich mitzuteilen.

(5) Die CSSF darf einer unter dieses Kapitel fallenden Verwaltungsgesellschaft die Zulassung nur entziehen, wenn die betreffende Verwaltungsgesellschaft

a) von der Zulassung nicht binnen zwölf Monaten Gebrauch macht, ausdrücklich auf sie verzichtet oder seit mehr als sechs Monaten die in diesem Kapitel genannte Tätigkeit nicht mehr ausübt,

b) die Zulassung aufgrund falscher Erklärungen oder auf sonstige rechtswidrige Weise erhalten hat,

c) die Voraussetzungen, auf denen die Zulassung beruhte, nicht mehr erfüllt,

---

[53] *Artikel 21.*
Wertpapierfirmen müssen eine Eigenkapitalunterlegung aufweisen, die einem Viertel ihrer fixen Gemeinkosten im Vorjahr entspricht.
Die zuständigen Behörden können diese Anforderung bei einer gegenüber dem Vorjahr erheblich veränderten Geschäftstätigkeit einer Firma berichtigen.
Firmen, die ihre Geschäftstätigkeit seit weniger als einem Jahr (einschließlich des Tages der Aufnahme der Geschäftstätigkeit) ausüben, müssen eine Eigenkapitalanforderung in Höhe von einem Viertel der im Unternehmensplan vorgesehenen fixen Gemeinkosten erfüllen, sofern nicht die zuständigen Behörden eine Anpassung dieses Plans verlangen.

d) sofern sich die Zulassung auch auf die Portfolioverwaltung mit Ermessensspielraum gemäß Artikel 101 Absatz (3) Buchstabe a) erstreckt, die Bestimmungen des geänderten Gesetzes vom 5. April 1993 über den Finanzsektor, durch das die Richtlinie 2006/49/EG umgesetzt wurde, nicht mehr einhält,
e) in schwerwiegender Weise und/oder systematisch gegen dieses Gesetz oder die in Anwendung dieses Gesetzes erlassenen Bestimmungen verstoßen hat,
f) ein anderer in diesem Gesetz vorgesehener Grund für den Entzug vorliegt.

(6) Übt die Verwaltungsgesellschaft die Aufgabe der gemeinsamen Portfolioverwaltung auf grenzüberschreitender Basis gemäß Artikel 116 dieses Gesetzes aus, wird die CSSF, bevor sie der Verwaltungsgesellschaft die Zulassung entzieht, die zuständigen Behörden des Herkunftsmitgliedstaats des OGAW zu Rate ziehen.

Art. 103. (1) Die CSSF erteilt die Zulassung für die Aufnahme der Tätigkeit einer Verwaltungsgesellschaft nur, wenn ihr die Identität und die Höhe der Beteiligung der direkten oder indirekten Aktionäre oder Gesellschafter, die als natürliche oder juristische Personen eine qualifizierte Beteiligung an der Verwaltungsgesellschaft halten, mitgeteilt wurden.

Die CSSF erteilt die Zulassung nicht, wenn sie der Auffassung ist, dass die Qualität der betreffenden Aktionäre oder Gesellschafter zur Gewährleistung einer soliden und umsichtigen Führung der Verwaltungsgesellschaft nicht befriedigend ist.

(2) Vor der Erteilung der Zulassung einer Verwaltungsgesellschaft sind die zuständigen Behörden des anderen betroffenen Mitgliedstaats zu hören, wenn diese Verwaltungsgesellschaft
a) ein Tochterunternehmen einer anderen Verwaltungsgesellschaft, einer Wertpapierfirma, eines Kreditinstituts oder einer Versicherungsgesellschaft ist, die/das in einem anderen Mitgliedstaat zugelassen ist,
b) ein Tochterunternehmen des Mutterunternehmens einer anderen Verwaltungsgesellschaft, einer Wertpapierfirma, eines Kreditinstituts oder einer Versicherungsgesellschaft ist, die/das in einem anderen Mitgliedstaat zugelassen ist, oder
c) von denselben natürlichen oder juristischen Personen kontrolliert wird wie eine andere Verwaltungsgesellschaft, eine Wertpapierfirma, ein Kreditinstitut oder eine Versicherungsgesellschaft, das/die in einem anderen Mitgliedstaat zugelassen ist.

Art. 104. (1) Die Zulassung für eine Verwaltungsgesellschaft wird nur erteilt, wenn die Verwaltungsgesellschaft einen oder mehrere zugelassene Wirtschaftsprüfer mit der Prüfung ihrer Jahresabschlüsse betraut, die eine angemessene Berufserfahrung nachweisen können.

(2) Jede Veränderung im Hinblick auf die zugelassenen Wirtschaftsprüfer bedarf der vorherigen Genehmigung durch die CSSF.

(3) Das im geänderten Gesetz vom 10. August 1915 über die Handelsgesellschaften geregelte Rechtsinstitut des Rechnungsprüfers[54] sowie Artikel 140[55] des vorgenannten Gesetzes finden auf Verwaltungsgesellschaften im Sinne dieses Kapitels keine Anwendung.

(4) Jede der Aufsicht der CSSF unterliegende Verwaltungsgesellschaft, deren Rechnungslegung von einem zugelassenen Wirtschaftsprüfer geprüft werden muss, muss der CSSF unaufgefordert die Berichte und schriftlichen Anmerkungen des zugelassenen Wirtschaftsprüfers im Zusammenhang mit seiner Prüfung der Unterlagen der Jahresabschlüsse übermitteln.

Die CSSF kann den Umfang des Mandats zur Prüfung der Unterlagen der Jahresabschlüsse sowie die inhaltlichen Anforderungen an die im vorhergehenden Unterabsatz genannten Berichte und schriftlichen Anmerkungen des zugelassenen Wirtschaftsprüfers festlegen, unbeschadet der gesetzlichen Bestimmungen über den Inhalt des Berichts des Abschlussprüfers.

(5) Der zugelassene Wirtschaftsprüfer ist verpflichtet, der CSSF unverzüglich alle Tatsachen oder Entscheidungen zu melden, von denen er bei der Prüfung der Rechnungsdaten des Jahresberichts einer Verwaltungsgesellschaft oder in Erfüllung anderer gesetzlicher Aufgaben bei einer Verwaltungsgesellschaft oder bei einem OGA Kenntnis erhalten hat, sofern diese Tatsachen oder Entscheidungen:
– eine schwerwiegende Verletzung der Rechtsvorschriften dieses Gesetzes oder der entsprechenden Verwaltungsvorschriften zu dessen Umsetzung darstellen können, oder
– die Fortsetzung der Tätigkeit der Verwaltungsgesellschaft oder eines Unternehmens, welches an seiner Geschäftstätigkeit mitwirkt, beeinträchtigen können, oder

---

[54] *Commissaire aux comptes* – Ein Rechnungsprüfer im Sinne des Luxemburger Gesellschaftsrechts ist ein Organ einer Gesellschaft mit spezifischen Prüfungs- und Überwachungsaufgaben.
[55] Dies ist als Verweis auf Artikel 137 des Gesetzes vom 10. August 1915 über Handelsgesellschaften zu lesen.

– die Ablehnung der Bestätigung der Rechnungslegung oder diesbezügliche Vorbehalte zur Folge haben können.

Des Weiteren ist der zugelassene Wirtschaftsprüfer verpflichtet, die CSSF bei der Wahrnehmung der in vorstehendem Absatz genannten Aufgaben im Zusammenhang mit einer Verwaltungsgesellschaft, unverzüglich über alle Tatsachen oder Entscheidungen betreffend die Verwaltungsgesellschaft zu unterrichten, die unter die in vorstehendem Absatz genannten Kriterien fallen, von denen der zugelassene Wirtschaftsprüfer bei der Prüfung der Rechnungsdaten des Jahresberichts oder in Erfüllung anderer gesetzlicher Aufgaben bei einem anderen Unternehmen, das mit dieser Verwaltungsgesellschaft durch ein Kontrollverhältnis verbunden ist oder bei einem Unternehmen, welches an seiner Geschäftstätigkeit mitwirkt, Kenntnis erhalten hat.

Erhält der zugelassene Wirtschaftsprüfer in Erfüllung seiner Aufgaben Kenntnis davon, dass die den Anlegern oder der CSSF übermittelten Angaben in den Berichten oder in anderen Unterlagen der Verwaltungsgesellschaft die Finanzsituation und Vermögenslage der Verwaltungsgesellschaft nicht zutreffend wiedergeben, muss er die CSSF hiervon unverzüglich unterrichten.

Der zugelassene Wirtschaftsprüfer muss darüber hinaus der CSSF sämtliche Angaben oder bescheinigte Unterlagen übermitteln, die die CSSF im Hinblick auf Umstände anfordert, von denen der zugelassene Wirtschaftsprüfer bei der Ausführung seines Auftrags Kenntnis erhalten hat oder erhalten haben sollte.

Macht der zugelassene Wirtschaftsprüfer der CSSF in gutem Glauben Mitteilung über die in diesem Absatz genannten Tatsachen oder Entscheidungen, gilt dies weder als Verletzung des Berufsgeheimnisses noch als Verletzung einer vertraglich geregelten Beschränkung der Offenlegung von Informationen und zieht für den zugelassenen Wirtschaftsprüfer keine Haftung nach sich.

Die CSSF kann von einem zugelassenen Wirtschaftsprüfer die Durchführung einer gezielten Prüfung im Hinblick auf einen oder mehrere näher definierte Aspekte der Tätigkeit und der Arbeitsabläufe einer Verwaltungsgesellschaft verlangen. Die Kosten in diesem Zusammenhang gehen zu Lasten der betroffenen Verwaltungsgesellschaft.

Art. 105. Im Falle einer nicht gerichtlich veranlassten Liquidation einer Verwaltungsgesellschaft, müssen der oder die Liquidatoren zuvor von der CSSF zugelassen werden. Der oder die Liquidatoren müssen in vollem Umfang den erforderlichen Leumund sowie die erforderliche berufliche Qualifikation nachweisen.

Art. 105bis. (1) Auf Antrag des Staatsanwaltes,[56] der sowohl von Amts wegen als auch auf Antrag der CSSF tätig werden kann, ordnet die Kammer für Handelssachen des Bezirksgerichts die Auflösung und Liquidation von Verwaltungsgesellschaften an, deren Eintragung (i) in die gemäß Artikel 101 Absatz (1) dieses Gesetzes vorgesehene Liste und gegebenenfalls (ii) in die gemäß Artikel 7 Absatz (1) des Gesetzes vom 12. Juli 2013 über die Verwalter alternativer Investmentfonds vorgesehene Liste endgültig verweigert oder entzogen wurde, an.

(2) Die Entscheidung der CSSF, eine Verwaltungsgesellschaft von den im Absatz (1) dieses Artikels genannten Listen zu streichen, hat von Rechts wegen ab dem Zeitpunkt ihrer Mitteilung an die betreffende Verwaltungsgesellschaft bis zu dem Zeitpunkt, an welchem die Entscheidung rechtskräftig wird, die Aussetzung aller Zahlungen durch diese Verwaltungsgesellschaft und die Untersagung bzw. Nichtigkeit sämtlicher Handlungen, die nicht lediglich Erhaltungsmaßnahmen darstellen, zur Folge, es sei denn, diese wurden durch die CSSF genehmigt.

B. – Beziehungen zu Drittländern

Art. 106. Die Beziehungen zu Drittländern sind durch die Bestimmungen von Artikel 15 der Richtlinie 2004/39/EG geregelt.

Für die Zwecke dieses Gesetzes sind die Begriffe „Firma" bzw. „Wertpapierfirma" und „Wertpapierfirmen" in Artikel 15 der Richtlinie 2004/39/EG als „Verwaltungsgesellschaft2 bzw. „Verwaltungsgesellschaften" und die Worte „Erbringung von Wertpapierdienstleistungen" in Artikel 15 Absatz (1) der Richtlinie 2004/39/EG als „Erbringung von Dienstleistungen" zu verstehen.

C. Bedingungen für die Ausübung der Tätigkeit für Verwaltungsgesellschaften mit Satzungssitz in Luxemburg

Art. 107. (1) Die Verwaltungsgesellschaft muss die in vorgenannten Artikeln 101 und 102 Absätze (1) und (2) genannten Bedingungen fortwährend erfüllen. Die Eigenmittel einer Verwaltungsgesellschaft

---

[56] *Procureur d'Etat.*

dürfen nicht unter das in Artikel 102 Absatz (1) Buchstabe a) genannte Niveau absinken. Tritt dieser Fall ein, kann die CSSF der Gesellschaft jedoch, sofern die Umstände dies rechtfertigen, eine Frist einräumen, innerhalb derer sie entweder die Situation korrigieren oder ihre Tätigkeit einstellen muss.

(2) Die behördliche Aufsicht über eine Verwaltungsgesellschaft obliegt der CSSF unabhängig davon, ob die Verwaltungsgesellschaft in einem anderen Mitgliedstaat eine Zweigniederlassung, wie in Artikel 1 dieses Gesetzes näher definiert, errichtet oder Dienstleistungen in einem anderen Mitgliedstaat erbringt; die Bestimmungen der Richtlinie 2009/65/EG, die eine Zuständigkeit der Behörden des Aufnahmemitgliedstaats vorsehen, bleiben hiervon unberührt.

Art. 108. (1) Qualifizierte Beteiligungen an einer Verwaltungsgesellschaft unterliegen denselben Vorschriften denen auch Wertpapierfirmen im Sinne von Artikel 18 des geänderten Gesetzes vom 5. April 1993 über den Finanzsektor unterliegen.

(2) Für die Zwecke dieses Gesetzes sind die von Artikel 18 des geänderten Gesetzes vom 5. April 1993 über den Finanzsektor verwendeten Begriffe „Firma", „Wertpapierfirma" bzw. „Wertpapierfirmen" als „Verwaltungsgesellschaft" bzw. „Verwaltungsgesellschaften" zu lesen.

Art. 109. (1) Unter Berücksichtigung des Typs der von der Verwaltungsgesellschaft verwalteten OGAW und der aufsichtsrechtlichen Regeln, die sie fortwährend im Hinblick auf die Verwaltung der unter die Richtlinie 2009/65/EG fallenden OGAW einhalten müssen, muss eine Verwaltungsgesellschaft:
a) über eine ordnungsgemäße Verwaltung und Buchhaltung, Kontroll- und Sicherheitsvorkehrungen in Bezug auf die elektronische Datenverarbeitung sowie angemessene interne Kontrollverfahren, zu denen insbesondere Regeln für persönliche Geschäfte ihrer Angestellten und für das Halten oder Verwalten von Anlagen in Finanzinstrumenten zum Zwecke der Anlage auf eigene Rechnung gehören, verfügen muss, durch die zumindest gewährleistet wird, dass jedes den OGAW betreffende Geschäft nach Herkunft, Gegenpartei, Art, Abschlusszeitpunkt und -ort rekonstruiert werden kann und dass das Vermögen der von der Verwaltungsgesellschaft verwalteten OGAW gemäß dem Verwaltungsreglement, den Gründungsunterlagen sowie den geltenden rechtlichen Bestimmungen angelegt wird,
b) so aufgebaut und organisiert sein, dass das Risiko von Interessenkonflikten zwischen der Gesellschaft und ihren Kunden, zwischen zwei Kunden der Gesellschaft, zwischen einem von ihren Kunden und einem OGAW oder zwischen zwei OGAW, die den Interessen der OGAW oder denen der Kunden schaden, möglichst gering ist.

(2) Eine Verwaltungsgesellschaft, deren Zulassung sich auch auf die Portfolioverwaltung mit Ermessensspielraum gemäß Artikel 101 Absatz (3) Buchstabe a) erstreckt,
– darf das Vermögen des Anlegers weder ganz noch teilweise in Anteilen der von ihnen verwalteten OGAW anlegen, es sei denn, der Kunde hat zuvor eine allgemeine Zustimmung gegeben,
– unterliegt in Bezug auf die Dienstleistungen gemäß Artikel 101 Absatz (3) den Vorschriften des Gesetzes vom 27. Juli 2000, welches die Richtlinie 97/9/EG über Systeme für die Entschädigung der Anleger[57] durch Einfügung in das geänderte Gesetz vom 5. April 1993 über den Finanzsektor umgesetzt hat.

Art. 110. (1) Eine Verwaltungsgesellschaft kann eine oder mehrere ihrer Aufgaben zum Zwecke einer effizienteren Geschäftsführung an Dritte übertragen, die diese Aufgaben für sie wahrnehmen. In diesem Fall müssen sämtliche der nachfolgenden Voraussetzungen erfüllt sein:
a) die Verwaltungsgesellschaft muss die CSSF in geeigneter Form unterrichten; die CSSF wird die Informationen unverzüglich an die zuständigen Behörden des Herkunftsmitgliedstaates des OGAW übermitteln,
b) der Auftrag darf die Wirksamkeit der Beaufsichtigung der Verwaltungsgesellschaft in keiner Weise beeinträchtigen; insbesondere darf er weder die Verwaltungsgesellschaft daran hindern, im Interesse ihrer Anleger zu handeln, noch darf er verhindern, dass der OGAW im besten Interesse der Anleger verwaltet wird,
c) wenn die Übertragung die Anlageverwaltung betrifft, darf der Auftrag nur Unternehmen erteilt werden, die für die Zwecke der Vermögensverwaltung zugelassen oder eingetragen sind und einer behördlichen Aufsicht unterliegen; die Übertragung muss mit den von der Verwaltungsgesellschaft regelmäßig festgelegten Vorgaben für die Verteilung der Anlagen in Einklang stehen,

---

[57] Dies zwingt die betroffene Verwaltungsgesellschaft, Mitglied in einem in Luxemburg errichteten System für die Entschädigung der Anleger, dh der *Association de Garantie de Dépôts à Luxembourg* (AGDL) zu sein.

d) wenn der Auftrag die Anlageverwaltung betrifft und einem Drittlandsunternehmen erteilt wird, muss die Zusammenarbeit zwischen der CSSF und der Aufsichtsbehörde dieses Landes sichergestellt sein,
e) der Verwahrstelle oder anderen Unternehmen, deren Interessen mit denen der Verwaltungsgesellschaft oder der Anteilinhaber kollidieren können, darf kein Auftrag für die Hauptdienstleistung der Anlageverwaltung erteilt werden,
f) es müssen Mittel vorhanden sein, die die Personen, die die Geschäfte der Verwaltungsgesellschaft führen, in die Lage versetzen, die Tätigkeiten des Unternehmens, dem der Auftrag erteilt wurde, jederzeit wirksam zu überwachen,
g) der Auftrag hindert die Personen, die die Geschäfte der Verwaltungsgesellschaft führen, nicht daran, dem Unternehmen, dem die Aufgaben übertragen wurden, jederzeit weitere Anweisungen zu erteilen oder den Auftrag mit sofortiger Wirkung zu entziehen, wenn dies im Interesse der Anleger ist,
h) unter Berücksichtigung der Art der zu übertragenden Aufgaben muss das Unternehmen, dem diese Aufgaben übertragen werden, über die entsprechende Qualifikation verfügen und in der Lage sein, die betreffenden Aufgaben wahrzunehmen und
i) in den Prospekten der OGAW sind die von der Verwaltungsgesellschaft an Dritte übertragenen Aufgaben aufzulisten.

(2) Die Haftung der Verwaltungsgesellschaft oder der Verwahrstelle wird nicht durch die Tatsache berührt, dass die Verwaltungsgesellschaft eigene Aufgaben auf Dritte übertragen hat. Ferner darf die Verwaltungsgesellschaft keinesfalls ihre Aufgaben in einem Umfang übertragen, der sie zu einer Briefkastenfirma werden lässt.

Art. 111. Eine Verwaltungsgesellschaft im Sinne dieses Kapitels muss bei ihrer Tätigkeit fortwährend die folgenden Wohlverhaltensregeln einhalten:
a) bei der Ausübung ihrer Tätigkeit recht und billig im besten Interesse der OGAW, die sie verwaltet und der Integrität des Marktes handeln,
b) ihre Tätigkeit mit der gebotenen Sachkenntnis, Sorgfalt und Gewissenhaftigkeit im besten Interesse der OGAW, die sie verwaltet und der Integrität des Marktes ausüben,
c) über die für eine ordnungsgemäße Geschäftstätigkeit erforderlichen Mittel und Verfahren verfügen und diese wirksam einsetzen,
d) sich um die Vermeidung von Interessenkonflikten bemühen und, wenn sich diese nicht vermeiden lassen, dafür sorgen, dass die OGAW, die sie verwaltet nach Recht und Billigkeit behandelt werden und
e) alle für die Ausübung ihrer Tätigkeit geltenden Vorschriften im besten Interesse ihrer Anleger und der Integrität des Marktes einhalten.

Art. 112. Eine Verwaltungsgesellschaft muss gemäß Artikel 53 Maßnahmen ergreifen und geeignete Verfahren und Vorkehrungen vorsehen, um zu gewährleisten, dass Anlegerbeschwerden ordnungsgemäß bearbeitet werden, und Anleger keine Einschränkungen in Bezug auf die Wahrnehmung ihrer Rechte erfahren, falls die Verwaltungsgesellschaft einen OGAW verwaltet, der in einem anderen Mitgliedstaat zugelassen wurde. Diese Maßnahmen ermöglichen es den Anlegern, Beschwerden in der Amtssprache oder einer der Amtssprachen ihres Mitgliedstaats einzureichen.

Die Verwaltungsgesellschaft soll ferner geeignete Verfahren und Vorkehrungen vorsehen, um auf Anfrage der Öffentlichkeit oder der zuständigen Behörden des Herkunftsmitgliedstaats des OGAW Informationen bereitstellen zu können.

Art. 112bis. (1) Verwaltungsgesellschaften sind befugt, auf die vertraglich gebundenen Vermittler im Sinne des Artikels 1 Absatz (1) des geänderten Gesetzes vom 5. April 1993 über den Finanzsektor zurückzugreifen.

(2) Wenn eine Verwaltungsgesellschaft sich entschließt, auf vertraglich gebundene Vermittler zurückzugreifen, muss sich diese Verwaltungsgesellschaft im Rahmen der ihr durch dieses Gesetz erlaubten Tätigkeiten an dieselben Regeln halten, die auf Wertpapierfirmen[58] gemäß Artikel 37-8 des geänderten Gesetzes vom 5. April 1993 über den Finanzsektor anwendbar sind. Für die Anforderungen an die Anwendbarkeit dieses Absatzes ist der Begriff „Wertpapierfirma" des Artikels 37-8 des geänderten Gesetzes vom 5. April 1993 über den Finanzsektor als „Verwaltungsgesellschaft" zu lesen.

---

[58] *Entreprises d'investissement.*

IV. Normentexte

D. – Niederlassungsfreiheit und freier Dienstleistungsverkehr

Art. 113. Wenn eine gemäß dieses Kapitels zugelassene Verwaltungsgesellschaft beabsichtigt, die Anteile des von ihr gemäß Anhang II verwalteten OGAW in einem Mitgliedstaat zu vertreiben, der nicht mit dem Herkunftsmitgliedstaat des OGAW identisch ist, ohne eine Zweigniederlassung zu errichten und ohne weitere Tätigkeiten oder Dienste anzubieten, unterliegt dieser Vertrieb lediglich den Bestimmungen von Kapitel 6 dieses Gesetzes.

I. Niederlassungsfreiheit und freier Dienstleistungsverkehr in einem anderen Mitgliedstaat hinsichtlich einer Verwaltungsgesellschaft, die gemäß dieses Kapitels zugelassen ist.

Art. 114. (1) Eine gemäß dieses Kapitels zugelassene Verwaltungsgesellschaft, die im Hoheitsgebiet eines anderen Mitgliedstaats eine Zweigniederlassung errichten möchte, um die Tätigkeiten auszuüben, für die sie zugelassen ist, muss die Bedingungen von Artikel 101 und 102 dieses Gesetzes erfüllen und der CSSF ihre Absicht mitteilen.

(2) Zusammen mit der Mitteilung gemäß Absatz (1) muss sie folgende Angaben und Unterlagen vorlegen:
a) Mitgliedstaat, in dessen Hoheitsgebiet die Verwaltungsgesellschaft eine Zweigniederlassung errichten möchte,
b) Geschäftsplan, in dem die geplanten Tätigkeiten und Dienstleistungen gemäß Artikel 101 Absätze (2) und (3), sowie die Organisationsstruktur der Zweigniederlassung und eine Beschreibung des Risikomanagement-Verfahrens, das die Verwaltungsgesellschaft erarbeitet hat, enthalten sind. Der Geschäftsplan beinhaltet ferner eine Beschreibung der Verfahren und Vorkehrungen, die im Einklang mit Artikel 112 festgelegt wurden,
c) die Anschrift im Aufnahmemitgliedstaat der Verwaltungsgesellschaft, unter der die Unterlagen angefordert werden können und
d) Namen der Geschäftsleiter der Zweigniederlassung.

(3) Sofern die CSSF in Anbetracht der beabsichtigten Tätigkeit keine Gründe für Zweifel an der Angemessenheit der Verwaltungsstruktur oder der Angemessenheit der Finanzlage der betreffenden Verwaltungsgesellschaft hat, übermittelt sie innerhalb von zwei Monaten nach Eingang sämtlicher Informationen gemäß Absatz (2) diese den zuständigen Behörden des Aufnahmemitgliedstaats der Verwaltungsgesellschaft und teilt dies der betreffenden Verwaltungsgesellschaft mit. Ferner übermittelt sie Einzelheiten zu etwaigen Entschädigungssystemen, die den Schutz der Anleger sicherstellen sollen.

Lehnt die CSSF die Übermittlung der in Absatz (2) genannten Informationen an die zuständigen Behörden des Aufnahmemitgliedstaats der Verwaltungsgesellschaft ab, nennt sie der betroffenen Verwaltungsgesellschaft innerhalb von zwei Monaten nach Eingang sämtlicher Informationen die Gründe dieser Ablehnung. Bei Ablehnung oder Nichtäußerung können die Luxemburger Gerichte angerufen werden.

Möchte eine Verwaltungsgesellschaft die Aufgabe der gemeinsamen Portfolioverwaltung gemäß Anhang II ausüben, fügt die CSSF den Unterlagen, die sie an die zuständigen Behörden des Aufnahmemitgliedstaats der Verwaltungsgesellschaft schickt, eine Bescheinigung darüber bei, dass die Verwaltungsgesellschaft eine Zulassung gemäß den Bestimmungen der Richtlinie 2009/65/EG erhalten hat, sowie eine Beschreibung des Umfangs der Zulassung der Verwaltungsgesellschaft und Einzelheiten in Bezug auf Beschränkungen der Arten von OGAW, für deren Verwaltung die Verwaltungsgesellschaft eine Zulassung erhalten hat.

(4) Eine Verwaltungsgesellschaft, die im Hoheitsgebiet des Aufnahmemitgliedstaats Tätigkeiten über eine Zweigniederlassung ausübt, muss die vom Aufnahmemitgliedstaat gemäß Artikel 14 der Richtlinie 2009/65/EG festgelegten Bestimmungen einhalten.

(5) Bevor die Zweigniederlassung einer Verwaltungsgesellschaft ihre Tätigkeit aufnimmt, verfügen die zuständigen Behörden des Aufnahmemitgliedstaats über einen Zeitraum von zwei Monaten nach Eingang der in Absatz (2) genannten Informationen, zur Vorbereitung der Aufsicht über die Einhaltung der unter ihrer Zuständigkeit zu beachtenden Bestimmungen durch die Verwaltungsgesellschaft.

(6) Nach Eingang einer Mitteilung der zuständigen Behörden des Aufnahmemitgliedstaats der Verwaltungsgesellschaft oder, bei Nichtäußerung, nach Ablauf der in Absatz (5) genannten Frist, kann die Zweigniederlassung errichtet werden und ihre Tätigkeit aufnehmen.

(7) Im Falle einer Änderung des Inhalts der gemäß Absatz (2) Buchstaben b), c) oder d) übermittelten Informationen teilt die Verwaltungsgesellschaft der CSSF und den zuständigen Behörden des Aufnahmemitgliedstaats die betreffende Änderung mindestens einen Monat vor deren Vornahme schrift-

lich mit, damit die CSSF gemäß Absatz (3) und die zuständigen Behörden des Aufnahmemitgliedstaats gemäß Absatz (6) des Artikels 17 der Richtlinie 2009/65/EG eine Entscheidung über diese Änderung treffen können.

(8) Im Falle einer Änderung der gemäß Absatz (3) erster Unterabsatz übermittelten Angaben teilt die CSSF dies den zuständigen Behörden des Aufnahmemitgliedstaates der Verwaltungsgesellschaft mit.

Die CSSF aktualisiert die in der Bescheinigung gemäß Absatz (3) dritter Unterabsatz enthaltenen Informationen und unterrichtet die zuständigen Behörden des Aufnahmemitgliedstaats der Verwaltungsgesellschaft über jede Änderung des Umfangs der Zulassung der Verwaltungsgesellschaft oder der Einzelheiten in Bezug auf eventuelle Einschränkungen der Arten von OGAW, für deren Verwaltung die Verwaltungsgesellschaft eine Zulassung erhalten hat.

Art. 115. (1) Jede Verwaltungsgesellschaft, die gemäß diesem Kapitel zugelassen ist und die die Tätigkeiten, für die sie zugelassen ist, erstmals im Hoheitsgebiet eines anderen Mitgliedstaats im Wege des freien Dienstleistungsverkehrs ausüben möchte, übermittelt der CSSF die folgenden Informationen:
a) Mitgliedstaat, in dessen Hoheitsgebiet die Verwaltungsgesellschaft ihre Tätigkeit ausüben möchte und
b) Geschäftsplan, in dem die geplanten Tätigkeiten und Dienstleistungen gemäß Artikel 101 Absätze (2) und (3) angegeben sind und der eine Beschreibung des Risikomanagement-Verfahrens umfasst, das die Verwaltungsgesellschaft erarbeitet hat. Er beinhaltet ferner eine Beschreibung der Verfahren und Vereinbarungen, die gemäß Artikel 112 festgelegt wurden.

(2) Die CSSF übermittelt den zuständigen Behörden des Aufnahmemitgliedstaats der Verwaltungsgesellschaft die Informationen nach Absatz (1) innerhalb eines Monats nach deren Eingang.

Ferner übermittelt die CSSF Einzelheiten zu etwaigen Entschädigungssystemen, die den Schutz der Anleger sicherstellen sollen.

Möchte eine Verwaltungsgesellschaft die Aufgabe der gemeinsamen Portfolioverwaltung gemäß Anhang II ausüben, fügt die CSSF den Unterlagen, die sie an die zuständigen Behörden des Aufnahmemitgliedstaats der Verwaltungsgesellschaft sendet, eine Bescheinigung darüber bei, dass die Verwaltungsgesellschaft eine Zulassung gemäß der Richtlinie 2009/65/EG erhalten hat, sowie eine Beschreibung des Umfangs der Zulassung der Verwaltungsgesellschaft und Einzelheiten in Bezug auf eventuelle Beschränkungen der Arten von OGAW, für deren Verwaltung die Verwaltungsgesellschaft eine Zulassung erhalten hat.

Ungeachtet des Artikels 20 der Richtlinie 2009/65/EG und des Artikels 54 dieses Gesetzes kann die Verwaltungsgesellschaft daraufhin ihre Tätigkeit im Aufnahmemitgliedstaat der Verwaltungsgesellschaft aufnehmen.

(3) Die von einer Verwaltungsgesellschaft nach Maßgabe des freien Dienstleistungsverkehrs ausgeübte Tätigkeit richtet sich nach den durch die CSSF gemäß Artikel 111 festgelegten Bestimmungen.

(4) Im Falle einer Änderung des Inhalts der nach Absatz (1) Buchstabe b) übermittelten Informationen teilt die Verwaltungsgesellschaft der CSSF und den zuständigen Behörden ihres Aufnahmemitgliedstaats diese Änderung vor deren Vornahme schriftlich mit. Die CSSF aktualisiert die in der Bescheinigung nach Absatz (2) enthaltenen Informationen und unterrichtet die zuständigen Behörden des Aufnahmemitgliedstaats der Verwaltungsgesellschaft über jede Änderung des Umfangs der Zulassung der Verwaltungsgesellschaft oder der Einzelheiten in Bezug auf eventuelle Beschränkungen der Arten von OGAW, für deren Verwaltung die Verwaltungsgesellschaft eine Zulassung erhalten hat.

Art. 116. (1) Eine im Sinne dieses Kapitels zugelassene Verwaltungsgesellschaft, die durch Gründung einer Zweigniederlassung oder nach Maßgabe des freien Dienstleistungsverkehrs grenzüberschreitend die Aufgabe der gemeinsamen Portfolioverwaltung ausübt, unterliegt den Bestimmungen dieses Gesetzes in Bezug auf ihre Organisation, einschließlich der Übertragungsvereinbarungen, des Risikomanagement-Verfahrens, der aufsichts- und überwachungsrechtlichen Bestimmungen, des Verfahrens nach Artikel 109 und der Offenlegungspflicht der Verwaltungsgesellschaft.

(2) Die CSSF überwacht die Einhaltung der Bestimmungen nach Absatz (1).

(3) Eine Verwaltungsgesellschaft, die durch Gründung einer Zweigniederlassung oder nach Maßgabe des freien Dienstleistungsverkehrs grenzüberschreitend die Aufgabe der gemeinsamen Portfolioverwaltung ausübt, unterliegt den Bestimmungen des Herkunftsmitgliedstaats des OGAW in Bezug auf die Gründung und die Geschäftstätigkeit des OGAW, insbesondere den Bestimmungen, die für folgende Aspekte gelten:
a) die Errichtung und Zulassung der OGAW,
b) die Ausgabe und Veräußerung von Anteilen,

IV. Normentexte

c) die Anlagepolitik und Anlagebeschränkungen, insbesondere die Berechnung des gesamten Kreditrisikos und der Verschuldung,
d) die Beschränkungen in Bezug auf Kreditaufnahme, Kreditgewährung und Leerverkäufe,
e) die Bewertung der Vermögenswerte und die Rechnungsführung der OGAW,
f) die Berechnung des Ausgabepreises oder des Auszahlungspreises sowie für fehlerhafte Berechnungen des Nettoinventarwerts und für entsprechende Entschädigungen der Anleger,
g) die Ausschüttung oder Wiederanlage der Erträge,
h) die Offenlegungs- und Berichtspflicht der OGAW, insbesondere betreffend den Prospekt, die wesentlichen Informationen für den Anleger und die regelmäßigen Berichte,
i) die Modalitäten des Vertriebs,
j) die Beziehungen zu den Anteilinhabern,
k) die Verschmelzung und Umstrukturierung der OGAW,
l) die Auflösung und Liquidation der OGAW,
m) gegebenenfalls den Inhalt des Registers der Anteilinhaber,
n) die Gebühren für Zulassung und Aufsicht der OGAW und
o) die Ausübung der Stimmrechte der Anteilinhaber und weiterer Rechte der Anteilinhaber im Zusammenhang mit den Buchstaben a) bis m).

(4) Die Verwaltungsgesellschaft kommt den in dem Verwaltungsreglement oder in den Gründungsunterlagen und den im Prospekt enthaltenen Verpflichtungen nach.

(5) Die Verwaltungsgesellschaft entscheidet über und ist verantwortlich für die Annahme und Umsetzung sämtlicher Vereinbarungen und organisatorischer Entscheidungen, die erforderlich sind, um den Bedingungen in Bezug auf die Gründung und die Funktionsweise des OGAW und den im Verwaltungsreglement oder in den Gründungsunterlagen sowie den im Prospekt enthaltenen Verpflichtungen nachzukommen.

(6) Die CSSF überwacht die Angemessenheit der Modalitäten der Organisation der Verwaltungsgesellschaft, damit Letztere in der Lage ist, den Verpflichtungen und Bestimmungen im Zusammenhang mit der Gründung und der Funktionsweise aller von ihr verwalteten OGAW nachzukommen.

Art. 117. (1) Eine diesem Kapitel unterliegende Verwaltungsgesellschaft, die die Verwaltung eines in einem anderen Mitgliedstaat niedergelassenen OGAW beabsichtigt, übermittelt den zuständigen Behörden des Herkunftsmitgliedstaats des OGAW folgende Unterlagen:
a) die schriftliche Vereinbarung mit der Verwahrstelle gemäß den Artikeln 23 und 33 der Richtlinie 2009/65/EG und
b) Angaben über Übertragungsvereinbarungen bezüglich der in Anhang II genannten Aufgaben der Verwaltung und des Anlagenmanagements.
Verwaltet die Verwaltungsgesellschaft bereits OGAW der gleichen Art im Herkunftsmitgliedstaat des OGAW, reicht der Hinweis auf die bereits vorgelegten Unterlagen aus.

(2) Die zuständigen Behörden des Herkunftsmitgliedstaats des OGAW können von der CSSF Erläuterungen und Informationen über die Unterlagen nach Absatz (1) sowie auf der Grundlage der in den Artikeln 114 Absatz (3) dritter Unterabsatz und 115 Absatz (2) dritter Unterabsatz genannten Bescheinigung Auskünfte darüber anfordern, inwieweit die Art des OGAW, für die eine Zulassung beantragt wird, in den Geltungsbereich der Zulassung der Verwaltungsgesellschaft fällt. Die CSSF gibt ihre Stellungnahme binnen zehn Werktagen nach Erhalt des ursprünglichen Antrags ab.

(3) Alle nachträglichen sachlichen Änderungen an den Unterlagen nach Absatz (1) werden den zuständigen Behörden des Herkunftsmitgliedstaats des OGAW von der Verwaltungsgesellschaft mitgeteilt.

Art. 118. (1) Der Aufnahmemitgliedstaat einer Verwaltungsgesellschaft kann von den Verwaltungsgesellschaften, die in seinem Hoheitsgebiet Tätigkeiten gemäß der Richtlinie 2009/65/EG ausüben, die Angaben verlangen, die erforderlich sind, um die Einhaltung der für diese Verwaltungsgesellschaften maßgeblichen Bestimmungen, für die der Aufnahmemitgliedstaat zuständig ist, zu überwachen.

Die Verwaltungsgesellschaften stellen sicher, dass die Verfahren und Vorkehrungen gemäß Artikel 112 dieses Gesetzes gewährleisten, dass die zuständigen Behörden des Herkunftsmitgliedstaats des OGAW die in diesem Absatz genannten Informationen unmittelbar von der Verwaltungsgesellschaft erhalten.

(2) Stellen die zuständigen Behörden des Aufnahmemitgliedstaats der Verwaltungsgesellschaft fest, dass diese Verwaltungsgesellschaft gegen eine der Bestimmungen unter ihrer Zuständigkeit verstößt, fordern die Behörden die betreffende Verwaltungsgesellschaft auf, den Verstoß zu beenden und unterrichten die CSSF entsprechend.

(3) Lehnt es die betreffende Verwaltungsgesellschaft ab, dem Aufnahmemitgliedstaat der Verwaltungsgesellschaft die in seine Zuständigkeit fallenden Informationen zukommen zu lassen oder unternimmt sie nicht die erforderlichen Schritte, um den Verstoß gemäß Absatz (1) zu beenden, setzen die zuständigen Behörden des Aufnahmemitgliedstaats der Verwaltungsgesellschaft die CSSF davon in Kenntnis. Die CSSF trifft unverzüglich alle geeigneten Maßnahmen, um sicherzustellen, dass die betreffende Verwaltungsgesellschaft die vom Aufnahmemitgliedstaat der Verwaltungsgesellschaft gemäß Absatz (1) geforderten Informationen zur Verfügung stellt oder den Verstoß beendet. Die Art dieser Maßnahmen ist den zuständigen Behörden des Aufnahmemitgliedstaats der Verwaltungsgesellschaft mitzuteilen.

(4) Weigert sich die Verwaltungsgesellschaft trotz der von der CSSF getroffenen Maßnahmen weiter, die vom Aufnahmemitgliedstaat der Verwaltungsgesellschaft gemäß Absatz (1) geforderten Informationen bereitzustellen, oder verstößt sie weiter gegen die in diesem Absatz genannten Rechts- und Verwaltungsvorschriften, können die zuständigen Behörden des Aufnahmemitgliedstaats der Verwaltungsgesellschaft nach Unterrichtung der CSSF geeignete Maßnahmen, einschließlich der in Artikel 98 und 99 der Richtlinie 2009/65/EG genannten Maßnahmen, ergreifen, um weitere Verstöße zu verhindern oder zu ahnden; soweit erforderlich, können sie dieser Verwaltungsgesellschaft auch neue Geschäfte in ihrem Hoheitsgebiet untersagen. Handelt es sich bei der im Aufnahmemitgliedstaat der Verwaltungsgesellschaft erbrachten Dienstleistung um die Verwaltung eines OGAW, kann der Aufnahmemitgliedstaat von der Verwaltungsgesellschaft verlangen, dass sie die Verwaltung dieses OGAW einstellt.

(5) Jede Maßnahme gemäß den Absätzen (3) oder (4), die Maßnahmen oder Sanktionen beinhaltet, wird ordnungsgemäß begründet und der betreffenden Verwaltungsgesellschaft mitgeteilt. Gegen jede derartige Maßnahme kann in dem Mitgliedstaat, in dem sie ergriffen wurde, Klage erhoben werden.

II. Niederlassungsfreiheit und freier Dienstleistungsverkehr in Luxemburg hinsichtlich einer Verwaltungsgesellschaft, die im Sinne der Richtlinie 2009/65/EG in einem anderen Mitgliedstaat zugelassen ist.

Art. 119. (1) Eine von den zuständigen Behörden eines anderen Mitgliedstaats gemäß der Richtlinie 2009/65/EG zugelassene Verwaltungsgesellschaft kann in Luxemburg die Tätigkeiten, für die sie zugelassen ist, entweder durch Errichtung einer Zweigniederlassung oder im Rahmen des freien Dienstleistungsverkehrs ausüben.

(2) Die Errichtung einer Zweigniederlassung oder das Erbringen von Dienstleistungen wie vorgehend beschrieben, ist weder von einer Zulassung noch von einem Dotationskapital oder von einer sonstigen Voraussetzung gleicher Wirkung abhängig.

(3) Innerhalb der hier genannten Grenzen, steht es einem in Luxemburg niedergelassenen OGAW frei, eine in einem anderen Mitgliedstaat gemäß der Richtlinie 2009/65/EG zugelassene Verwaltungsgesellschaft zu bestellen oder von einer solchen Verwaltungsgesellschaft verwaltet zu werden, sofern die Verwaltungsgesellschaft die Bedingungen des Artikels 16 Absatz (3) der Richtlinie 2009/65/EG erfüllt.

Art. 120. (1) Eine in einem anderen Mitgliedstaat zugelassene Verwaltungsgesellschaft, die eine Zweigniederlassung in Luxemburg errichten möchte, um die Tätigkeiten auszuüben, für die sie zugelassen ist, teilt diese Absicht den zuständigen Behörden ihres Herkunftsmitgliedstaats gemäß den Bestimmungen des Artikels 17 der Richtlinie 2009/65/EG mit.

Die zuständigen Behörden des Herkunftsmitgliedstaats übermitteln der CSSF die in Artikel 17 Absatz (2) der Richtlinie 2009/65/EG genannten Informationen innerhalb von zwei Monaten nach deren Erhalt.

Möchte eine Verwaltungsgesellschaft die Aufgabe der gemeinsamen Portfolioverwaltung ausüben, muss diese Benachrichtigung eine Bescheinigung enthalten, welche bestätigt, dass die Verwaltungsgesellschaft gemäß der Richtlinie 2009/65/EG zugelassen ist, sowie eine Beschreibung des Umfangs der Zulassung der Verwaltungsgesellschaft und Einzelheiten in Bezug auf Beschränkungen der Arten von OGAW, für deren Verwaltung die Verwaltungsgesellschaft eine Zulassung erhalten hat.

(2) Die Verwaltungsgesellschaft muss Artikel 111 dieses Gesetzes einhalten. Die CSSF ist für die Überwachung der Einhaltung dieser Bestimmungen zuständig.

(3) Die CSSF verfügt über einen Zeitraum von zwei Monaten nach Erhalt der in Artikel 17 der Richtlinie 2009/65/EG genannten Informationen, um die Beaufsichtigung der Einhaltung der unter ihrer Zuständigkeit zu beachtenden Bestimmungen durch die Verwaltungsgesellschaft vorzubereiten.

(4) Nach Eingang einer Mitteilung der CSSF oder bei Nichtäußerung nach Ablauf der in Absatz (3) genannten Frist, kann die Zweigniederlassung errichtet werden und ihre Tätigkeiten aufnehmen.

(5) Im Falle einer Änderung des Inhalts der gemäß Artikel 17 Absatz (2) der Richtlinie 2009/65/EG übermittelten Informationen teilt die Verwaltungsgesellschaft den zuständigen Behörden des Herkunftsmitgliedstaats der Verwaltungsgesellschaft und der CSSF die betreffende Änderung mindestens einen Monat vor deren Vornahme schriftlich mit, damit die zuständigen Behörden des Herkunftsmitgliedstaats der Verwaltungsgesellschaft und die CSSF zu dieser Änderung eine Entscheidung in Übereinstimmung mit der Wahrnehmung ihrer Pflichten gemäß der Richtlinie 2009/65/EG bzw. dieses Gesetzes treffen können.

Art. 121. (1) Eine in einem anderen Mitgliedstaat zugelassene Verwaltungsgesellschaft, die erstmals in Luxemburg im Wege des freien Dienstleistungsverkehrs die Tätigkeiten ausüben möchte, für die sie zugelassen ist, übermittelt dies den zuständigen Behörden ihres Herkunftsmitgliedstaats gemäß den in Artikel 18 der Richtlinie 2009/65/EG vorgesehenen Bestimmungen.

(2) Die zuständigen Behörden des Herkunftsmitgliedstaats der Verwaltungsgesellschaft bringen der CSSF die Informationen gemäß dem vorgenannten Absatz innerhalb eines Monats nach deren Eingang zur Kenntnis. Sofern eine Verwaltungsgesellschaft die Aufgabe der gemeinsamen Portfolioverwaltung ausüben möchte, müssen diese Informationen eine Bescheinigung darüber enthalten, dass die Verwaltungsgesellschaft eine Zulassung gemäß der Richtlinie 2009/65/EG erhalten hat, sowie eine Beschreibung des Umfangs der Zulassung der Verwaltungsgesellschaft und Einzelheiten in Bezug auf eventuelle Beschränkungen der Arten von OGAW, für deren Verwaltung die Verwaltungsgesellschaft eine Zulassung erhalten hat.

(3) Ungeachtet der Vorschriften der Artikel 20 und 93 der Richtlinie 2009/65/EG kann die Verwaltungsgesellschaft daraufhin ihre Tätigkeit in Luxemburg aufnehmen.

(4) Die Verwaltungsgesellschaft muss die in Artikel 14 der Richtlinie 2009/65/EG festgelegten Bestimmungen befolgen.

(5) Im Falle einer Änderung des Inhalts der gemäß Artikel 18 Absatz (1) Buchstabe b) der Richtlinie 2009/65/EG übermittelten Informationen teilt die Verwaltungsgesellschaft den zuständigen Behörden des Herkunftsmitgliedstaats der Verwaltungsgesellschaft und der CSSF die betreffende Änderung mindestens einen Monat vor deren Durchführung schriftlich mit.

Art. 122. (1) Eine Verwaltungsgesellschaft, die durch Gründung einer Zweigniederlassung oder nach Maßgabe des freien Dienstleistungsverkehrs grenzüberschreitend die Aufgaben der gemeinsamen Portfolioverwaltung in Luxemburg ausübt, unterliegt den Bestimmungen ihres Herkunftsmitgliedstaats in Bezug auf ihre Organisation, einschließlich der Übertragungsvereinbarungen, des Risikomanagement-Verfahrens, der aufsichts- und überwachungsrechtlichen Bestimmungen, des Verfahrens nach Artikel 12 der Richtlinie 2009/65/EG und der Offenlegungspflicht der Verwaltungsgesellschaft.

(2) Eine Verwaltungsgesellschaft gemäß Absatz (1) unterliegt den in Luxemburg geltenden Bestimmungen in Bezug auf die Gründung und die Geschäftstätigkeit des OGAW, insbesondere den Bestimmungen, die für folgende Aspekte gelten:
  a) die Errichtung und Zulassung der OGAW,
  b) die Ausgabe und Veräußerung von Anteilen,
  c) die Anlagepolitik und Anlagebeschränkungen einschließlich der Berechnung des gesamten Kreditrisikos und der Verschuldung,
  d) die Beschränkungen in Bezug auf Kreditaufnahme, Kreditgewährung und Leerverkäufe,
  e) die Bewertung der Vermögenswerte und die Rechnungsführung der OGAW,
  f) die Berechnung des Ausgabepreises oder des Auszahlungspreises sowie für fehlerhafte Berechnungen des Nettoinventarwerts und für entsprechende Entschädigungen der Anleger,
  g) die Ausschüttung oder Wiederanlage der Erträge,
  h) die Offenlegungs- und Berichtspflicht der OGAW, insbesondere betreffend den Prospekt, die wesentlichen Informationen für den Anleger und die regelmäßigen Berichte,
  i) die Modalitäten des Vertriebs,
  j) die Beziehung zu den Anteilinhabern,
  k) die Verschmelzung und Umstrukturierung der OGAW,
  l) die Auflösung und Liquidation der OGAW,
  m) gegebenenfalls den Inhalt des Registers der Anteilinhaber,
  n) die Gebühren für Zulassung und Aufsicht der OGAW und
  o) die Ausübung der Stimmrechte der Anteilinhaber und weiterer Rechte der Anteilinhaber im Zusammenhang mit den Buchstaben a) bis m).

(3) Die Verwaltungsgesellschaft kommt den in dem Verwaltungsreglement oder in den Gründungsunterlagen und den im Prospekt enthaltenen Verpflichtungen nach.

C. Luxemburg

(4) Die CSSF ist dafür zuständig, dass die geltenden Rechtsvorschriften nach den Absätzen (2) und (3) befolgt werden.

(5) Die Verwaltungsgesellschaft entscheidet über und ist verantwortlich für die Annahme und Umsetzung sämtlicher Vereinbarungen und organisatorischer Entscheidungen, die erforderlich sind, um den Bedingungen in Bezug auf die Gründung und die Funktionsweise des OGAW und den im Verwaltungsreglement oder in den Gründungsunterlagen sowie den im Prospekt enthaltenen Verpflichtungen nachzukommen.

Art. 123. (1) Unbeschadet des Artikels 129 muss eine Verwaltungsgesellschaft, die die Verwaltung eines in Luxemburg niedergelassenen OGAW beabsichtigt, der CSSF folgende Unterlagen vorlegen:
a) die schriftliche Vereinbarung mit der Verwahrstelle gemäß den Artikeln 17 und 33 dieses Gesetzes und
b) Angaben über Übertragungsvereinbarungen bezüglich der in Anhang II dieses Gesetzes genannten Aufgaben der Verwaltung und des Anlagenmanagements.

Verwaltet die Verwaltungsgesellschaft bereits OGAW der gleichen Art in Luxemburg, reicht der Hinweis auf die bereits vorgelegten Unterlagen aus.

(2) Falls erforderlich kann die CSSF von den zuständigen Behörden des Herkunftsmitgliedstaats der Verwaltungsgesellschaft Erläuterungen und Informationen über die Unterlagen nach Absatz (1) sowie auf der Grundlage der in den Artikeln 120 Absatz (1) und 121 Absatz (2) dieses Gesetzes genannten Bescheinigung, Auskünfte darüber anfordern, inwieweit die Art des OGAW, für den eine Zulassung beantragt wird, in den Geltungsbereich der Zulassung der Verwaltungsgesellschaft fällt.

(3) Die CSSF kann den Antrag der Verwaltungsgesellschaft nur dann ablehnen, wenn:
a) die Verwaltungsgesellschaft den Bestimmungen nach Maßgabe der Zuständigkeit der Behörden gemäß Artikel 122 dieses Gesetzes nicht entspricht;
b) die Verwaltungsgesellschaft von den zuständigen Behörden ihres Herkunftsmitgliedstaats keine Zulassung zur Verwaltung der Art von OGAW erhalten hat, für die eine Zulassung beantragt wird oder
c) die Verwaltungsgesellschaft die Unterlagen nach Absatz (1) nicht eingereicht hat.

Vor Ablehnung eines Antrags zieht die CSSF die zuständigen Behörden des Herkunftsmitgliedstaats der Verwaltungsgesellschaft zu Rate.

(4) Alle nachträglichen sachlichen Änderungen an den Unterlagen nach in Absatz (1) werden der CSSF von der Verwaltungsgesellschaft mitgeteilt.

Art. 124. (1) Eine Verwaltungsgesellschaft mit Zweigniederlassung in Luxemburg muss der CSSF für statistische Zwecke in regelmäßigen Abständen Bericht über ihre in Luxemburg ausgeübten Tätigkeiten erstatten.

(2) Eine Verwaltungsgesellschaft, die in Luxemburg durch die Gründung einer Zweigniederlassung oder im Rahmen des freien Dienstleistungsverkehrs tätig ist, muss der CSSF die Informationen mitteilen, die erforderlich sind, um die Einhaltung der für diese Verwaltungsgesellschaft maßgeblichen Bestimmungen, für deren Kontrolle die CSSF zuständig ist, überwachen zu können.

Die Verwaltungsgesellschaft stellt sicher, dass die Verfahren und Vorkehrungen gemäß Artikel 15 der Richtlinie 2009/65/EG gewährleisten, dass die CSSF die in diesem Absatz genannten Informationen unmittelbar von der Verwaltungsgesellschaft erhält.

(3) Stellt die CSSF fest, dass eine Verwaltungsgesellschaft, die eine Zweigniederlassung in Luxemburg hat oder dort Dienstleistungen erbringt, gegen eine der Bestimmungen unter ihrer Zuständigkeit verstößt, wird die CSSF die betreffende Verwaltungsgesellschaft auffordern, den Verstoß zu beenden und unterrichtet die zuständigen Behörden des Herkunftsmitgliedstaats der Verwaltungsgesellschaft entsprechend.

(4) Lehnt es die betreffende Verwaltungsgesellschaft ab, der CSSF die in ihre Zuständigkeit fallenden Informationen zukommen zu lassen oder unternimmt sie nicht die erforderlichen Schritte, um den Verstoß gemäß Absatz (3) zu beenden, setzt die CSSF die zuständigen Behörden des Herkunftsmitgliedstaats der Verwaltungsgesellschaft davon in Kenntnis. Die zuständigen Behörden des Herkunftsmitgliedstaats der Verwaltungsgesellschaft treffen unverzüglich alle geeigneten Maßnahmen, um sicherzustellen, dass die betreffende Verwaltungsgesellschaft die von der CSSF gemäß Absatz (2) geforderten Informationen zur Verfügung stellt oder den Verstoß beendet. Die Art dieser Maßnahmen ist der CSSF mitzuteilen.

(5) Weigert sich die Verwaltungsgesellschaft trotz der von den zuständigen Behörden des Herkunftsmitgliedstaats der Verwaltungsgesellschaft getroffenen Maßnahmen oder infolge unzureichender oder fehlender Maßnahmen des betreffenden Mitgliedstaats weiter, die von der CSSF gemäß Ab-

IV. Normentexte

satz (2) geforderten Informationen bereitzustellen, oder verstößt sie weiter gegen die in diesem Absatz genannten in Luxemburg geltenden Rechts- und Verwaltungsvorschriften, kann die CSSF nach Unterrichtung der zuständigen Behörden des Herkunftsmitgliedstaats der Verwaltungsgesellschaft geeignete Maßnahmen, einschließlich der in Artikel 147 und 148 dieses Gesetzes genannten Maßnahmen, ergreifen, um weitere Verstöße zu verhindern oder zu ahnden; soweit erforderlich, kann sie dieser Verwaltungsgesellschaft auch neue Geschäfte in Luxemburg untersagen.

Handelt es sich bei der erbrachten Dienstleistung um die Verwaltung eines OGAW, kann die CSSF von der Verwaltungsgesellschaft verlangen, dass sie die Verwaltung dieses OGAW einstellt.

Ist die CSSF der Auffassung, dass die zuständige Behörde des Herkunftsmitgliedstaats der Verwaltungsgesellschaft nicht sachgemäß gehandelt hat, kann sie den Fall der Europäischen Wertpapier- und Marktaufsichtsbehörde vorlegen.

(6) Jede Maßnahme gemäß den Absätzen (4) oder (5), die Maßnahmen oder Sanktionen beinhaltet, wird ordnungsgemäß begründet und der betreffenden Verwaltungsgesellschaft mitgeteilt. Gegen jede derartige Maßnahme kann vor den Luxemburger Gerichten Klage erhoben werden.

(7) In dringenden Fällen kann die CSSF vor der Einleitung des in den Absätzen (3), (4) oder (5) vorgesehenen Verfahrens die Sicherungsmaßnahmen ergreifen, die zum Schutz der Interessen der Anleger oder sonstiger Personen, für die Dienstleistungen erbracht werden, notwendig sind. Die CSSF wird die Kommission der Europäischen Union, die Europäische Wertpapier- und Marktaufsichtsbehörde und die zuständigen Behörden der anderen betroffenen Mitgliedstaaten von solchen Maßnahmen so früh wie möglich unterrichten.

Die Kommission der Europäischen Union kann nach Anhörung der zuständigen Behörden der betroffenen Mitgliedstaaten beschließen, dass die CSSF die Maßnahmen zu ändern oder aufzuheben hat.

(8) Die zuständigen Behörden des Herkunftsmitgliedstaats der Verwaltungsgesellschaft konsultieren die CSSF, bevor sie der Verwaltungsgesellschaft die Zulassung entziehen. In solchen Fällen trifft die CSSF geeignete Maßnahmen zur Wahrung der Interessen der Anleger. Diese Maßnahmen können Entscheidungen beinhalten, mit denen verhindert wird, dass die betreffende Verwaltungsgesellschaft neue Geschäfte in Luxemburg tätigt.

16. Kapitel – Andere Verwaltungsgesellschaften

Art. 125-1. (1) Für den Zugang zur Tätigkeit einer Verwaltungsgesellschaft im Sinne dieses Kapitels ist die vorherige Zulassung durch die CSSF erforderlich.

Eine Verwaltungsgesellschaft muss in der Form einer Aktiengesellschaft,[59] einer Gesellschaft mit beschränkter Haftung,[60] einer Genossenschaft,[61] einer Genossenschaft, die wie eine Aktiengesellschaft organisiert ist[62] oder in der Form einer Kommanditgesellschaft auf Aktien[63] gegründet werden. Das Kapital dieser Gesellschaft wird durch Namensaktien oder Namensanteile vertreten. Die Bestimmungen des geänderten Gesetzes vom 10. August 1915 über die Handelsgesellschaften finden auf Verwaltungsgesellschaften dieses Kapitels Anwendung, soweit sie durch dieses Gesetz nicht davon ausgenommen sind.

Zugelassene Verwaltungsgesellschaften werden von der CSSF in eine Liste[64] eingetragen. Diese Eintragung gilt als Zulassung und wird der betreffenden Verwaltungsgesellschaft von der CSSF mitgeteilt. Anträge auf Eintragung müssen vor der Gründung der Verwaltungsgesellschaft bei der CSSF eingereicht werden. Die Gründung der Verwaltungsgesellschaft kann erst nach Mitteilung der Zulassung durch die CSSF vorgenommen werden. Diese Liste und jede Änderung dieser Liste werden auf Veranlassung der CSSF im Mémorial[65] veröffentlicht.

Unbeschadet der Anwendung des Artikels 125-2 dieses Gesetzes, dürfen die nach diesem Artikel zugelassenen Verwaltungsgesellschaften keine anderen als die nachfolgend aufgelisteten Tätigkeiten ausüben:
a) Wahrnehmung der Verwaltung für andere Anlagestrukturen als AIF im Sinne der Richtlinie 2011/61/EU,

---

[59] *Société anonyme.*
[60] *Société à responsabilité limitée.*
[61] *Société coopérative.*
[62] *Société coopérative organisée comme une société anonyme.*
[63] *Société en commandite par actions.*
[64] Diese Liste ist auf der Webseite der CSSF (www.cssf.lu) verfügbar.
[65] *Mémorial B, Recueil Administratif et Economique.* In diesem Teil des Amtsblatts des Großherzogtums Luxemburg werden bestimmte Publikationen der Verwaltung vorgenommen.

b) Wahrnehmung der Funktion einer Verwaltungsgesellschaft im Sinne des Artikels 89 Absatz (2) dieses Gesetzes für einen oder mehrere Investmentfonds, die AIF im Sinne der Richtlinie 2011/61/EU darstellen, oder für eine oder mehrere Investmentgesellschaften mit variablem Kapital oder Investmentgesellschaften mit fixem Kapital, die AIF im Sinne der Richtlinie 2011/61/EU darstellen. In diesem Fall muss die Verwaltungsgesellschaft für Rechnung des oder der betroffenen Investmentfonds und/oder Investmentgesellschaft mit variablem Kapital oder Investmentgesellschaft mit fixem Kapital einen externen AIFM im Einklang mit Artikel 88-2 Absatz (2) Buchstabe a) dieses Gesetzes bestimmen,

c) Wahrnehmung der Verwaltung für einen oder mehrere AIF, wenn die verwalteten Vermögenswerte keinen der in Artikel 3 Absatz (2) des Gesetzes vom 12. Juli 2013 über die Verwalter alternativer Investmentfonds vorgesehenen Schwellenwerte überschreiten. In diesem Fall müssen die betroffenen Verwaltungsgesellschaften:
– die von ihnen verwalteten AIF gegenüber der CSSF angeben,
– der CSSF Informationen über die Anlagestrategien der von ihnen verwalteten AIF übermitteln,
– der CSSF regelmäßig Informationen über die wichtigsten Instrumente, mit denen sie handeln, und über die größten Risiken und Konzentration der von ihnen verwalteten AIF übermitteln, um der CSSF eine effektive Überwachung der Systemrisiken zu ermöglichen.

Werden die vorgenannten Schwellenwerte überschritten und hat die Verwaltungsgesellschaft keinen externen Verwalter im Sinne des Artikels 88-2 Absatz (2) Buchstabe a) dieses Gesetzes ernannt oder hat die Verwaltungsgesellschaft sich entschlossen, sich dem Anwendungsbereich des Gesetzes vom 12. Juli 2013 über die Verwalter alternativer Investmentfonds zu unterwerfen, muss die betroffene Verwaltungsgesellschaft innerhalb von dreißig Kalendertagen eine Zulassung gemäß dem in Kapitel 2 des Gesetzes vom 12. Juli 2013 über die Verwalter alternativer Investmentfonds vorgesehenen Verfahren beantragen.

Die Verwaltungsgesellschaften dürfen keinesfalls im Sinne dieses Artikels ausschließlich zur Ausübung von Tätigkeiten gemäß Buchstabe a) zugelassen sein, ohne ebenfalls Tätigkeiten gemäß Buchstabe b) oder c) auszuüben, es sei denn die anderen Anlagestrukturen als AIF im Sinne der Richtlinie 2011/61/EU werden durch sie betreffende spezifische Gesetze geregelt.

Die Verwaltung des gesellschaftseigenen Vermögens von Verwaltungsgesellschaften darf lediglich akzessorischen Charakter haben.

Ihre Hauptverwaltung und ihr Satzungssitz müssen sich in Luxemburg befinden.

Verwaltungsgesellschaften, die unter den Anwendungsbereich dieses Artikels fallen und die unter den Buchstaben a) oder c) des vierten Unterabsatzes dieses Absatzes aufgelisteten Tätigkeiten ausüben, sind befugt, eine oder mehrere ihrer Aufgaben zum Zwecke der effizienteren Geschäftsführung an Dritte zu übertragen, die diese Aufgaben für sie wahrnehmen. In diesem Fall müssen folgende Voraussetzungen vorab erfüllt sein:
a) die CSSF muss in geeigneter Form informiert werden,
b) der Auftrag darf die Wirksamkeit der Beauftragung der Verwaltungsgesellschaft in keiner Weise beeinträchtigen; insbesondere darf er weder die Verwaltungsgesellschaft daran hindern, im besten Interesse der Anleger zu handeln, noch verhindern, dass der OGA im besten Interesse der Anleger verwaltet wird,
c) wenn der Auftrag die Anlageverwaltung betrifft, darf der Auftrag nur Unternehmen erteilt werden, die für die Zwecke der Vermögensverwaltung zugelassen oder eingetragen sind und einer behördlichen Aufsicht unterliegen; wenn der Auftrag einem Drittlandsunternehmen erteilt wird, das der Überwachung einer behördlichen Aufsicht unterliegt, muss die Zusammenarbeit zwischen der CSSF und der Aufsichtsbehörde dieses Landes sichergestellt sein,
d) wenn die Bedingungen des Buchstabens c) nicht erfüllt sind, wird die Übertragung erst durch die vorherige Genehmigung der CSSF wirksam und
e) der Verwahrstelle darf kein Auftrag für die Hauptdienstleistung der Anlageverwaltung erteilt werden.

Verwaltungsgesellschaften, welche unter den Anwendungsbereich dieses Artikels fallen und die unter dem Buchstaben b) des vierten Unterabsatzes dieses Absatzes genannten Tätigkeiten ausüben, sind berechtigt, die Ausübung einer oder mehrerer ihrer Verwaltungs- und Vertriebsaufgaben zum Zwecke einer effizienteren Geschäftsführung an Dritte zu übertragen, die diese Aufgaben für sie wahrnehmen, sofern der durch die Verwaltungsgesellschaft bestellte externe AIFM die in Rede stehenden Aufgaben nicht selbst ausübt. In diesem Fall müssen folgende Voraussetzungen vorab erfüllt sein:
a) die CSSF muss in geeigneter Form informiert werden,
b) der Auftrag darf die Wirksamkeit der Beaufsichtigung der Verwaltungsgesellschaft in keiner Weise beeinträchtigen; insbesondere darf er weder die Verwaltungsgesellschaft daran hindern, im besten

Interesse der Anleger zu handeln, noch verhindern, dass der Investmentfonds, die SICAV oder die SICAF im besten Interesse der Anleger verwaltet wird.

(2) Die CSSF erteilt der Gesellschaft nur unter folgenden Bedingungen eine Zulassung:
a) sie muss über ausreichende finanzielle Mittel verfügen, um in effizienter Weise ihre Geschäftstätigkeit ausüben zu können und um ihre Verpflichtungen wahrnehmen zu können; insbesondere muss sie ein voll eingezahltes Gesellschaftskapital von mindestens einhundertfünfundzwanzigtausend Euro (125 000 EUR) vorweisen; in einer Verordnung der CSSF[66] kann ein höherer Mindestbetrag festgelegt werden, der jedoch sechshundertfünfundzwanzigtausend Euro (625 000 EUR) nicht übersteigen darf,
b) die in Absatz (2) a) genannten Gelder müssen der Verwaltungsgesellschaft jederzeit zur Verfügung stehen und im eigenen Interesse angelegt werden,
c) die Geschäftsleiter der Verwaltungsgesellschaft im Sinne von Artikel 129 Absatz (5) müssen nachweisen, dass sie entsprechend gut beleumdet sind und über die entsprechende Berufserfahrung zur Erfüllung ihrer Aufgaben verfügen,
d) die Namen der wesentlich beteiligten Aktionäre bzw. Gesellschafter der Verwaltungsgesellschaft sind der CSSF mitzuteilen,
e) der Antrag auf Zulassung muss eine Beschreibung des organisatorischen Aufbaus der Verwaltungsgesellschaft enthalten.

(3) Dem Antragsteller ist binnen sechs Monaten nach Einreichung eines vollständigen Antrags mitzuteilen, ob eine Zulassung erteilt wird oder nicht. Jede Ablehnung eines Antrags ist zu begründen.

(4) Nach Erteilung der Zulassung kann die Verwaltungsgesellschaft ihre Tätigkeit sofort aufnehmen. Die Zulassung beinhaltet für die Mitglieder der Verwaltungs-, Geschäftsführungs- und Aufsichtsorgane der Verwaltungsgesellschaft, die Verpflichtung, der CSSF unverzüglich jede Änderung solcher wesentlichen Informationen, auf welche die CSSF sich bei der Prüfung des Zulassungsantrags gestützt hat, in vollständiger, schlüssiger und verständlicher Weise, schriftlich mitzuteilen.

(5) Die CSSF darf einer unter dieses Kapitel fallenden Verwaltungsgesellschaft die Zulassung nur entziehen, wenn die betreffende Verwaltungsgesellschaft:
a) von der Zulassung nicht binnen zwölf Monaten Gebrauch macht, ausdrücklich auf sie verzichtet oder seit mehr als sechs Monaten die in diesem Kapitel genannten Tätigkeiten nicht mehr ausübt,
b) die Zulassung aufgrund falscher Erklärungen oder auf sonstige rechtswidrige Weise erhalten hat,
c) die Voraussetzungen, auf denen die Zulassung beruhte, nicht mehr erfüllt,
d) in schwerwiegender Weise und/oder systematisch gegen die gemäß diesem Gesetz erlassenen Bestimmungen verstoßen hat oder
e) ein anderer, in diesem Gesetz vorgesehener Grund für den Entzug vorliegt.

(6) Die Verwaltungsgesellschaft darf die Vermögenswerte der von ihr verwalteten OGA nicht für eigene Zwecke verwenden.

(7) Im Falle einer Insolvenz der Verwaltungsgesellschaft fallen die von ihr verwalteten Vermögenswerte der OGA nicht in die Insolvenzmasse. Sie können nicht von den Gläubigern der Verwaltungsgesellschaft vollstreckt werden.

Art. 125-2. (1) Die gemäß diesem Artikel zugelassenen Verwaltungsgesellschaften, welche als ernannte Verwaltungsgesellschaften einen oder mehrere AIF im Sinne der Richtlinie 2011/61/EU verwalten, ohne einen externen AIFM im Sinne des Artikels 88-2 Absatz (2) Buchstabe a) dieses Gesetzes ernannt zu haben, müssen unter anderem, wenn ihre verwalteten Vermögenswerte einen der in Artikel 3 Absatz (2) des Gesetzes vom 12. Juli 2013 über die Verwalter alternativer Investmentfonds vorgesehenen Schwellenwerte überschreiten, die vorherige Zulassung der CSSF als Verwalter von AIF im Sinne des Kapitels 2 des Gesetzes vom 12. Juli 2013 über die Verwalter alternativer Investmentfonds beantragen.

(2) Die in diesem Artikel genannten Verwaltungsgesellschaften dürfen keine anderen als die in Anhang I des Gesetzes vom 12. Juli 2013 über die Verwalter alternativer Investmentfonds genannten Tätigkeiten sowie die Nebendienstleistungen gemäß Artikel 5 Absatz (4) jenes Gesetzes ausüben.

(3) In Bezug auf AIF, die sie im Sinne dieses Artikels verwalten, unterliegen die Verwaltungsgesellschaften als ernannte Verwaltungsgesellschaften insoweit sämtlichen im Gesetz vom 12. Juli 2013 über die Verwalter alternativer Investmentfonds vorgesehenen Bestimmungen, wie diese auf sie Anwendung finden.

---

[66] Gegenwärtig besteht keine derartige Verordnung oder sonstige einschlägige Rechtsvorschrift.

Art. 126. (1) Artikel 104 findet auf Verwaltungsgesellschaften Anwendung, die in den Anwendungsbereich dieses Kapitels fallen.

(2) Im Falle einer nicht gerichtlich veranlassten Liquidation einer Verwaltungsgesellschaft, müssen der oder die Liquidatoren zuvor von der CSSF zugelassen werden. Der oder die Liquidatoren müssen in vollem Umfang den erforderlichen Leumund sowie die erforderliche berufliche Qualifikation nachweisen.

Art. 126-1. (1) Auf Antrag des Staatsanwaltes,[67] der sowohl von Amts wegen als auch auf Antrag der CSSF tätig werden kann, ordnet die Kammer für Handelssachen des Bezirksgerichts die Auflösung und Liquidation von Verwaltungsgesellschaften an, deren Eintragung (i) in die gemäß Artikel 125 Absatz (1) dieses Gesetzes vorgesehene Liste und gegebenenfalls (ii) in die gemäß Artikel 7 Absatz (1) des Gesetzes vom 12. Juli 2013 über die Verwalter alternativer Investmentfonds vorgesehene Liste endgültig verweigert oder entzogen wurde.

(2) Die Entscheidung der CSSF, eine Verwaltungsgesellschaft von den im Absatz (1) dieses Artikels genannten Listen zu streichen, hat von Rechts wegen ab dem Zeitpunkt ihrer Mitteilung an die betreffende Verwaltungsgesellschaft bis zu dem Zeitpunkt, an welchem die Entscheidung rechtskräftig wird, die Aussetzung aller Zahlungen durch diese Verwaltungsgesellschaft und die Untersagung bzw. Nichtigkeit sämtlicher Handlungen, die nicht lediglich Erhaltungsmaßnahmen darstellen, zur Folge, es sei denn, diese wurden durch die CSSF genehmigt.

17. Kapitel – Verwaltungsgesellschaften aus Mitgliedstaaten oder Drittländern, die nicht von den zuständigen Behörden eines anderen Mitgliedstaates im Einklang mit der Richtlinie 2009/65/EG zugelassen sind

Art. 127. (1) Verwaltungsgesellschaften aus anderen Mitgliedstaaten oder Drittländern, die nicht von den zuständigen Behörden eines Mitgliedstaates im Einklang mit den Bestimmungen der Richtlinie 2009/65/EG zugelassen sind und die in Luxemburg eine Zweigniederlassung einrichten möchten, unterliegen denselben Zulassungsanforderungen, die auf Verwaltungsgesellschaften gemäß Kapitel 16 dieses Gesetzes Anwendung finden.

(2) Für die Zwecke der Anwendung des vorangehenden Absatzes wird die Einhaltung der Bedingungen, die für die Zulassung erforderlich sind im Hinblick auf die ausländische Einrichtung bemessen.

(3) Die Zulassung für die Tätigkeit einer Verwaltungsgesellschaft von OGA kann Zweigniederlassungen ausländischer Gesellschaften nur gewährt werden, sofern diese Gesellschaften mit Eigenmitteln ausgestattet sind, die von dem Vermögen ihrer Gesellschafter getrennt sind. Des Weiteren muss die Zweigniederlassung jederzeit verfügbares Dotationskapital oder gleichwertige finanzielle Mittel, wie für Verwaltungsgesellschaften gemäß Kapitel 16 dieses Gesetzes verlangt, vorweisen können.

(4) Das Erfordernis der Ehrenhaftigkeit und der Berufserfahrung wird auf die Geschäftsführer der Zweigniederlassung erweitert. Die Zweigniederlassung muss darüber hinaus, anstatt der Hauptverwaltung, eine angemessene Verwaltungsstruktur in Luxemburg nachweisen können.

18. Kapitel – Ausübung der Tätigkeit einer Verwaltungsgesellschaft seitens multilateraler Entwicklungsbanken

Art. 128. Multilaterale Entwicklungsbanken, die in Anhang VI Ziffer 20 der geänderten Richtlinie 2006/48/EG aufgeführt sind und deren Satzung die Aufgabe der gemeinsamen Portfolioverwaltung erlaubt, sind berechtigt, die Tätigkeit der Verwaltung von OGA im Sinne von Artikel 125-1 dieses Gesetzes auszuführen.

Die im vorbenannten Unterabsatz bezeichneten Einrichtungen müssen der CSSF sämtliche Informationen bezüglich des oder der OGA, die in den Anwendungsbereich der Überwachung der CSSF fallen, mitteilen, die zum Zweck einer umsichtigen Überwachung des oder der verwalteten OGA erforderlich sind.

Für OGA, die die Form eines Investmentfonds aufweisen und von den im ersten Unterabsatz genannten Einrichtungen verwaltet werden, gelten die Bestimmungen dieses Artikels nur, wenn das Verwaltungsreglement der betreffenden OGA Luxemburger Recht unterworfen ist.

---

[67] *Procureur d'Etat.*

IV. Normentexte

Teil V. Allgemein anwendbare Bestimmungen im Hinblick auf OGAW und andere OGA

19. Kapitel – Zulassung

Art. 129. (1) OGA im Sinne der Artikel 2, 87 und 100 Absatz (1) bedürfen zur Ausübung ihrer Geschäftstätigkeit in Luxemburg der vorherigen Zulassung durch die CSSF gemäß diesem Gesetz.

Einem unter Artikel 2 fallenden OGAW, der insbesondere aufgrund einer Bestimmung im Verwaltungsreglement oder in den Gründungsunterlagen daran gehindert ist, seine Anteile in Luxemburg zu vertreiben, wird von der CSSF keine Zulassung erteilt.

(2) Ein OGA wird erst dann zugelassen, wenn die CSSF ihre Zustimmung in Bezug auf die Gründungsunterlagen bzw. das Verwaltungsreglement und die Wahl der Verwahrstelle erteilt hat.

(2bis) Zusätzlich zu den in Absatz (2) vorgesehenen Voraussetzungen und unter dem Vorbehalt der in Artikel 3 des Gesetzes vom 12. Juli 2013 über die Verwalter alternativer Investmentfonds vorgesehenen Ausnahmen darf ein unter Teil II dieses Gesetzes fallender OGA nur zugelassen werden, wenn sein ernannter externer AIFM im Einklang mit Artikel 88-2 Absatz (2) Buchstabe a) dieses Gesetzes vorab in Übereinstimmung mit diesem Artikel zugelassen wurde.

Ein unter Teil II dieses Gesetzes fallender OGA, der im Sinne von Artikel 88-2 Absatz (2) Buchstabe b) dieses Gesetzes intern verwaltet wird, muss neben der in Artikel 129 Absatz (1) dieses Gesetzes vorgesehenen Zulassung und unter Vorbehalt der in Artikel 3 des Gesetzes vom 12. Juli 2013 über die Verwalter alternativer Investmentfonds vorgesehenen Ausnahmen im Einklang mit Artikel 88-2 Absatz (2) Buchstabe b) dieses Gesetzes zugelassen worden sein.

(3) Zusätzlich zu den Voraussetzungen des Absatzes (2) wird einem OGAW gemäß Artikel 2 dieses Gesetzes die Zulassung nur unter folgenden Voraussetzungen erteilt:
a) Die Zulassung eines Investmentfonds wird nur dann erteilt, wenn die CSSF dem Antrag der Verwaltungsgesellschaft, den Investmentfonds zu verwalten, zustimmt. Die Zulassung einer Investmentgesellschaft, die eine Verwaltungsgesellschaft benannt hat, wird nur dann erteilt, wenn die CSSF dem Antrag der für die Verwaltung dieser Investmentgesellschaft benannten Verwaltungsgesellschaft zustimmt.
b) Unbeschadet Unterabsatz a) entscheidet die CSSF im Einklang mit Artikel 123 über den Antrag der Verwaltungsgesellschaft, den OGAW zu verwalten, wenn der in Luxemburg niedergelassene OGAW von einer Verwaltungsgesellschaft im Sinne der Richtlinie 2009/65/EG verwaltet wird und von den zuständigen Behörden eines anderen Mitgliedstaats gemäß der Richtlinie 2009/65/EG zugelassen ist.

(4) Die CSSF darf den Antrag eines OGAW im Sinne von Artikel 2 nur zurückweisen, wenn:
a) sie feststellt, dass die Investmentgesellschaft die Voraussetzungen gemäß Kapitel 3 nicht erfüllt oder
b) die Verwaltungsgesellschaft nicht gemäß Kapitel 15 als Verwaltungsgesellschaft für OGAW zugelassen ist oder
c) die Verwaltungsgesellschaft nicht als Verwaltungsgesellschaft für OGAW in ihrem Herkunftsmitgliedstaat zugelassen ist.

Unbeschadet Artikel 27 Absatz (1) dieses Gesetzes ist die Verwaltungsgesellschaft oder gegebenenfalls die Investmentgesellschaft spätestens zwei Monate nach Einreichung des vollständigen Antrags darüber zu unterrichten, ob dem OGAW eine Zulassung erteilt wurde oder nicht.

(5) Die Geschäftsleiter des OGA und der Verwahrstelle müssen ausreichend gut beleumdet sein und auch in Bezug auf die Art des OGA über ausreichende Erfahrung verfügen. Deshalb müssen die Namen der Geschäftsleiter sowie jeder Wechsel dieser Geschäftsleiter der CSSF unverzüglich mitgeteilt werden.

„Geschäftsleiter"[68] im Sinne dieser Vorschrift sind Personen, welche kraft Gesetzes oder gemäß den Gründungsunterlagen den OGA oder die Verwahrstelle vertreten oder tatsächlich die Geschäftspolitik des OGA bestimmen.

(6) Jeder Wechsel der Verwaltungsgesellschaft, des AIFM oder der Verwahrstelle sowie jegliche Änderung des Verwaltungsreglements oder der Gründungsunterlagen der Investmentgesellschaft müssen von der CSSF genehmigt werden.

---

[68] Die amtliche französische Fassung der Richtlinie 2009/65/EG sowie der französische Originaltext des Gesetzes verwenden den Begriff *dirigeants*, wohingegen die amtliche englische Fassung der Richtlinie 2009/65/EG den Begriff *directors* und die amtliche deutsche Fassung der Richtlinie 2009/65/EG den Begriff „Geschäftsleiter" verwenden.

(7) Die Zulassung im Sinne des Absatzes (1) dieses Artikels beinhaltet für die Mitglieder der Verwaltungs-, Geschäftsführungs- und Aufsichtsorgane der Verwaltungsgesellschaft, des AIFM oder gegebenenfalls der Investmentgesellschaft, die Verpflichtung, der CSSF unverzüglich jede Änderung solcher wesentlichen Informationen, auf welche die CSSF sich bei der Prüfung des Zulassungsantrages gestützt hat, sowie jeden Wechsel in Bezug auf die Geschäftsleiter im Sinne von Absatz (5), in vollständiger, schlüssiger und verständlicher Weise schriftlich mitzuteilen.

Art. 130. (1) Zugelassene OGA werden von der CSSF in eine Liste[69] eingetragen. Diese Eintragung gilt als Zulassung und wird dem betreffenden OGA von der CSSF mitgeteilt. Für OGA gemäß den Bestimmungen von Artikel 2 und 87 muss der Antrag auf Zulassung bei der CSSF innerhalb eines Monats nach Gründung oder Errichtung eingereicht werden. Diese Liste sowie jede Änderung dieser Liste werden auf Veranlassung der CSSF im Mémorial[70] veröffentlicht.

(2) Die Eintragung und ihre Aufrechterhaltung auf der Liste im Sinne von Absatz (1) erfolgen unter der Bedingung, dass alle gesetzlichen, behördlichen oder vertraglichen Bestimmungen, welche die Organisation und die Funktionsweise der OGA sowie den Vertrieb, die Platzierung oder den Verkauf ihrer Anteile betreffen, eingehalten werden.

Art. 131. Die luxemburgischen OGA anderen als geschlossenen Typs, die dem harmonisierten Unionsrecht unterliegenden OGAW und die ausländischen OGA für den Fall des öffentlichen Vertriebs in Luxemburg, sind von der Pflicht zur Veröffentlichung eines Verkaufsprospekts gemäß Teil III des Gesetzes über Wertpapierverkaufsprospekte[71] befreit. Der Verkaufsprospekt, den diese OGA gemäß der auf OGA anwendbaren Rechtsvorschriften erstellen, ist zum Zwecke des öffentlichen Vertriebs von Wertpapieren oder zwecks Zulassung von Wertpapieren zum Handel an einem geregelten Markt gültig.

Art. 132. Die Eintragung eines OGA in der gemäß Artikel 130 Absatz (1) geführten Liste darf keinesfalls und in keiner Form so beschrieben werden, dass sie eine positive Wertung der Qualität der zum Verkauf angebotenen Anteile durch die CSSF nahelegen könnte.

20. Kapitel – Organisation der Aufsicht

A. – Zuständige Aufsichtsbehörde

Art. 133. (1) Zuständige Behörde für die von diesem Gesetz vorgesehenen Aufgaben ist die CSSF.

(2) Die CSSF übt ihre Zuständigkeit ausschließlich im öffentlichen Interesse aus.

(3) Die CSSF ist für die außergerichtliche Beilegung von Verbraucherrechtsstreitigkeiten im Zusammenhang mit der in diesem Gesetz geregelten Tätigkeiten von OGA zuständig.

Art. 134. (1) Alle Personen, die für die CSSF tätig sind oder waren sowie die von der CSSF beauftragten zugelassenen Wirtschaftsprüfer[72] oder Sachverständigen unterliegen dem Berufsgeheimnis im Sinne von Artikel 16 des geänderten Gesetzes vom 23. Dezember 1998 über die Gründung einer Aufsichtsbehörde für den Finanzsektor. Dieses Berufsgeheimnis bedeutet, dass vertrauliche Informationen, die sie in ihrer beruflichen Eigenschaft erhalten, weder an Personen noch Behörden weitergegeben werden dürfen, es sei denn, in derart zusammengefasster oder allgemeiner Form, dass kein OGA, keine Verwaltungsgesellschaft und keine Verwahrstelle zu erkennen ist. Hiervon ausgenommen sind alle Fälle, die in den Anwendungsbereich des Strafrechts fallen.

Wenn jedoch über das Vermögen eines OGA oder eines Unternehmens, welches an seiner Geschäftstätigkeit mitwirkt, das Insolvenzverfahren eröffnet oder die zwangsweise Liquidation angeordnet wurde, dürfen vertrauliche Informationen, die sich nicht auf Dritte beziehen, welche an Versuchen zur Weiterführung der Gesellschaft beteiligt sind, in Zivil- und Handelsrechtsverfahren weitergegeben werden.

(2) Absatz (1) steht nicht entgegen, dass die CSSF innerhalb der von diesem Gesetz vorgesehenen Grenzen Informationen mit den Aufsichtsbehörden anderer Mitgliedstaaten der Europäischen Union austauscht oder diese Informationen im Einklang mit der Verordnung (EU) Nr. 1095/2010 der Europäischen Wertpapier- und Marktaufsichtsbehörde oder dem Europäischen Ausschuss für Systemrisiken[73] übermittelt.

---

[69] Diese Liste ist auf der Webseite der CSSF (www.cssf.lu) verfügbar.
[70] *Mémorial B, Recueil Administratif et Economique*. In diesem Teil des Amtsblatts des Großherzogtums Luxemburg werden bestimmte Publikationen der Verwaltung vorgenommen.
[71] Gesetz vom 10. Juli 2005 über Wertpapierverkaufsprospekte.
[72] *Réviseurs d'entreprises agréés*.
[73] European Systemic Risk Board.

Den Aufsichtsbehörden der Mitgliedstaaten der Europäischen Union sind Aufsichtsbehörden der Mitgliedstaaten des Abkommens über den Europäischen Wirtschaftsraum, die nicht Mitgliedstaaten der Europäischen Union sind,[74] innerhalb der Grenzen dieses Abkommens und der damit zusammenhängenden Rechtsakte gleichgestellt.

(3) Absatz (1) steht nicht entgegen, dass die CSSF Informationen austauscht mit:
– den Behörden von Drittländern, die mit der behördlichen Aufsicht von OGA betraut sind,
– anderen in Absatz (5) genannten Behörden, Organismen und Personen, mit Ausnahme von Risikosicherungseinrichtungen, die ihren Sitz in Drittländern haben,
– den in Absatz (6) genannten Behörden von Drittländern.

Für die gemäß diesem Artikel zulässige Informationsübermittlung der CSSF gelten folgende Voraussetzungen:
– die übermittelten Informationen müssen zur Ausübung der Aufgaben der Behörden, Organismen und Personen, die diese Informationen empfangen, erforderlich sein,
– die übermittelten Informationen müssen unter das Berufsgeheimnis der Behörden, Organismen und Personen fallen, die sie empfangen, und das Berufsgeheimnis dieser Behörden, Organismen und Personen muss mindestens denselben Anforderungen entsprechen, die an das Berufsgeheimnis gestellt werden, dem die CSSF unterliegt,
– die Behörden, Organismen und Personen, die von der CSSF Informationen erhalten, dürfen diese nur zu den Zwecken verwenden, zu denen sie ihnen übermittelt wurden und sie müssen gewährleisten können, dass diese Informationen keinesfalls zu anderen Zwecken verwendet werden,
– die Behörden, Organismen und Personen, die von der CSSF Informationen erhalten, räumen der CSSF dasselbe Informationsrecht ein,
– die Preisgabe von Informationen, die die CSSF von anderen zuständigen Behörden von Mitgliedstaaten der Europäischen Union, die mit der behördlichen Aufsicht von OGA betraut sind, erhalten hat, kann nur mit dem ausdrücklichen Einverständnis dieser Behörden und gegebenenfalls ausschließlich zu den Zwecken erfolgen, für die diese Behörden ihr Einverständnis erteilt haben.

Drittländer im Sinne dieses Absatzes sind andere Staaten als die unter Absatz (2) genannten.

(4) Die CSSF, die im Rahmen der Absätze (2) und (3) vertrauliche Informationen erhält, darf diese im Rahmen der Durchführung ihrer Aufgaben nur zu folgenden Zwecken verwenden:
– zur Prüfung, ob die Zulassungsbedingungen für die Tätigkeitsaufnahme von OGAW, Verwaltungsgesellschaften und Verwahrstellen sowie jeder anderen Gesellschaft, die an Geschäftstätigkeiten dieser Einheiten mitwirkt, erfüllt sind, und zur leichteren Überwachung dieser Tätigkeitsausübung, der verwaltungsmäßigen und buchhalterische Verfahrensabläufe und der internen Kontrollmechanismen oder
– zur Verhängung von Sanktionen oder
– im Rahmen eines verwaltungsrechtlichen Rechtsbehelfs gegen eine Entscheidung der CSSF oder
– im Rahmen von Gerichtsverfahren gegen aufgrund dieses Gesetzes getroffene Entscheidungen der CSSF.

(5) Die Absätze (1) und (4) schließen nicht aus:
a) einen Informationsaustausch innerhalb der Europäischen Union oder in Luxemburg zwischen der CSSF und:
 – den mit der Überwachung von Kreditinstituten, Wertpapierfirmen, Versicherungsunternehmen und anderen Finanzinstituten im öffentlichen Auftrag betrauten Behörden sowie den mit der Überwachung der Finanzmärkte betrauten Behörden,
 – den Organen, die mit der Liquidation, der Insolvenz oder anderen ähnlichen Verfahren im Hinblick auf OGA, Verwaltungsgesellschaften und Verwahrstellen oder andere Gesellschaften, die an der Geschäftstätigkeit dieser Einheiten mitwirken, befasst sind,
 – den mit der gesetzlichen Kontrolle der Rechnungslegung von Kreditinstituten, Wertpapierfirmen und anderen Finanzinstituten oder Versicherungsunternehmen betrauten Personen,
 – der Europäischen Wertpapier- und Marktaufsichtsbehörde, der Europäischen Bankenaufsichtsbehörde, der Europäischen Aufsichtsbehörde für das Versicherungswesen und die betriebliche Altersversorgung und dem Europäischen Ausschuss für Systemrisiken,
 zwecks Gewährleistung der Durchführung ihrer Aufsichtsfunktion,
b) der Weitergabe von Informationen durch die CSSF innerhalb der Europäischen Union oder in Luxemburg an die mit der Verwaltung von Entschädigungssystemen der Anleger oder von Risiko-

---

[74] Derzeit sind dies Island, Liechtenstein und Norwegen.

sicherungseinrichtungen betrauten Stellen, die diese Informationen zur Erfüllung ihrer Aufgaben benötigen.

Die nach diesem Absatz zugelassene Informationsübermittlung durch die CSSF setzt voraus, dass diese Informationen unter das Berufsgeheimnis der Behörden, Organismen und Personen fallen, die diese Informationen erhalten und ist nur insoweit zugelassen, als das Berufsgeheimnis dieser Behörden, Organismen und Personen einen Sicherheitsstandard erfüllt, der mindestens dem des Berufsgeheimnisses entspricht, dem die CSSF unterliegt. So dürfen insbesondere die Behörden, die Informationen von der CSSF erhalten, diese lediglich zu den Zwecken verwenden, zu denen sie ihnen übermittelt wurden, und müssen gewährleisten können, dass diese Informationen keinesfalls zu anderen Zwecken verwendet werden.

Innerhalb der Grenzen des Abkommens über den Europäischen Wirtschaftsraum und der damit zusammenhängenden Rechtsakte sind den Mitgliedstaaten der Europäischen Union die Mitgliedstaaten dieses Abkommens, die nicht Mitgliedstaaten der Europäischen Union sind,[75] gleichgestellt.

(6) Absätze (1) und (4) stehen einem Informationsaustausch innerhalb der Europäischen Union oder in Luxemburg zwischen der CSSF und:
– den Behörden, denen die Aufsicht der mit der Liquidation, der Insolvenz und ähnlichen Verfahren betreffend Kreditinstitute, Wertpapierfirmen, Versicherungsunternehmen, OGA, Verwaltungsgesellschaften und Verwahrstellen betrauten Organe, obliegt,
– den Behörden, denen die Beaufsichtigung jener Personen, die mit der gesetzlichen Kontrolle der Rechnungslegung von Kreditinstituten, Wertpapierfirmen, Versicherungsunternehmen und sonstigen Finanzinstituten betraut sind, obliegt,
nicht entgegen.

Die nach diesem Absatz zugelassene Informationsübermittlung durch die CSSF setzt voraus, dass:
– die übermittelten Informationen den Behörden zur Ausführung ihres Aufsichtsauftrages dienen,
– die übermittelten Informationen unter das Berufsgeheimnis der empfangenen Behörden fallen und dieses Berufsgeheimnis mindestens denselben Anforderungen entspricht, die an das Berufsgeheimnis gestellt werden, dem die CSSF unterliegt,
– die Behörden, die Informationen von der CSSF erhalten, diese Informationen nur zu den Zwecken verwenden, zu denen sie übermittelt wurden und dass gewährleistet wird, dass diese Informationen keinesfalls zu anderen Zwecken verwendet werden,
– die Preisgabe von Informationen, die der CSSF von Aufsichtsbehörden nach Absätzen (2) und (3) übermittelt worden sind, nur mit ausdrücklicher Zustimmung dieser Behörden erfolgen kann und dass diese Informationen gegebenenfalls nur zu den Zwecken weitergegeben werden, zu denen diese Behörden eine Genehmigung erteilt haben.

Innerhalb der Grenzen des Abkommens über den Europäischen Wirtschaftsraum und der damit zusammenhängenden Rechtsakte sind den Mitgliedstaaten der Europäischen Union die Mitgliedstaaten dieses Abkommens, die nicht Mitgliedstaaten der Europäischen Union sind,[76] gleichgestellt.

(7) Diesem Artikel steht nicht entgegen, dass die CSSF an die Zentralbanken und an andere Institutionen mit ähnlichen Aufgaben in deren Eigenschaft als Währungsbehörden Informationen zur Erfüllung ihrer Aufgaben weiterleitet.

Die nach diesem Absatz zulässige Weiterleitung von Informationen darf nur insoweit erfolgen, als diese Informationen unter das Berufsgeheimnis der Behörden fallen, die diese Informationen von der CSSF empfangen und ist nur insoweit zugelassen, als das Berufsgeheimnis dieser Behörden mindestens denselben Anforderungen entspricht, die an das Berufsgeheimnis gestellt werden, dem die CSSF unterliegt. So dürfen insbesondere die Behörden, die Informationen von der CSSF erhalten, diese lediglich zu den Zwecken verwenden, zu denen sie ihnen übermittelt wurden, und müssen gewährleisten können, dass diese Informationen keinesfalls zu anderen Zwecken verwendet werden.

Diesem Artikel steht darüber hinaus nicht entgegen, dass die Behörden oder Organismen gemäß diesem Absatz der CSSF Informationen übermitteln, die diese zu den Zwecken im Sinne des Absatzes (4) benötigt. Die der CSSF übermittelten Informationen fallen unter ihr Berufsgeheimnis.

(8) Diesem Artikel steht nicht entgegen, dass die CSSF die Informationen gemäß Absätzen (1) bis (4) einer Clearingstelle oder ähnlichen gesetzlich anerkannten und mit der Sicherstellung von Clearing- oder Abwicklungsdienstleistungen auf einem der Märkte in Luxemburg betrauten Stelle übermittelt, sofern diese Informationen nach Auffassung der CSSF erforderlich sind, um die ord-

---

[75] Derzeit sind dies Island, Liechtenstein und Norwegen.
[76] Derzeit sind dies Island, Liechtenstein und Norwegen.

nungsgemäße Funktionsweise dieser Stellen im Falle von Verstößen, oder auch nur möglichen Verstößen, der Marktteilnehmer sicherzustellen.

Die nach diesem Absatz zulässige Weiterleitung von Informationen durch die CSSF darf nur insoweit erfolgen, als diese Informationen unter das Berufsgeheimnis der Organismen fallen, die diese erhalten und ist nur insoweit zugelassen, als das Berufsgeheimnis dieser Organismen mindestens den Anforderungen an das Berufsgeheimnis entspricht, dem die CSSF unterliegt. So dürfen insbesondere Organismen, die Informationen von der CSSF erhalten, diese lediglich zu den Zwecken verwenden, zu denen sie ihnen übermittelt worden sind und müssen gewährleisten können, dass diese Informationen keinesfalls zu anderen Zwecken verwendet werden.

Die gemäß Absätze (2) und (3) von der CSSF erhaltenen Informationen dürfen in dem in diesem Absatz genannten Fall nur mit der ausdrücklichen Zustimmung der Aufsichtsbehörden, die die Informationen an die CSSF übermittelt haben, weitergegeben werden.

B. – Zusammenarbeit mit den zuständigen Behörden anderer Mitgliedstaaten

Art. 135. (1) Die CSSF arbeitet mit den zuständigen Behörden der anderen Mitgliedstaaten zusammen, wann immer dies zur Wahrnehmung der in der Richtlinie 2009/65/EG festgelegten Aufgaben oder der ihnen durch die genannte Richtlinie oder durch nationale Rechtsvorschriften übertragenen Befugnisse erforderlich ist.

Die CSSF arbeitet mit den anderen zuständigen Behörden zusammen, auch wenn die Verhaltensweise, die Gegenstand der Ermittlung ist, keinen Verstoß gegen eine in Luxemburg geltende Vorschrift darstellt.

(2) Die CSSF übermittelt den anderen zuständigen Behörden der anderen Mitgliedstaaten unverzüglich die zur Wahrnehmung ihrer Aufgaben im Rahmen der Richtlinie 2009/65/EG erforderlichen Informationen.

(2bis) Die CSSF arbeitet im Einklang mit der Verordnung (EU) Nr. 1095/2010 mit der Europäischen Wertpapier- und Marktaufsichtsbehörde im Rahmen der Richtlinie 2009/65/EG zusammen.

Die CSSF übermittelt der Europäischen Wertpapier- und Marktaufsichtsbehörde im Einklang mit Artikel 35 der Verordnung (EU) Nr. 1095/2010 unverzüglich die zur Wahrnehmung ihrer Aufgaben erforderlichen Informationen.

(3) Hat die CSSF begründeten Anlass zu der Vermutung, dass Rechtsträger, die nicht ihrer Aufsicht unterliegen, im Hoheitsgebiet eines anderen Mitgliedstaats gegen die Bestimmungen der Richtlinie 2009/65/EG verstoßen oder verstoßen haben, teilt sie dies den zuständigen Behörden dieses anderen Mitgliedstaats so genau wie möglich mit.

(4) Die zuständigen Behörden eines Mitgliedstaats können bei der Ausübung der ihnen durch die Richtlinie 2009/65/EG übertragenen Befugnisse die CSSF um Zusammenarbeit bei Überwachungstätigkeiten oder einer Überprüfung vor Ort oder einer Ermittlung im Hoheitsgebiet dieses anderen Mitgliedstaats ersuchen. Erhält die CSSF ein Ersuchen um eine Überprüfung vor Ort oder eine Ermittlung, so
a) nimmt sie die Überprüfung oder Ermittlung selbst vor,
b) gestattet sie der ersuchenden Behörde die Durchführung der Überprüfung oder Ermittlung,
c) gestattet sie Abschlussprüfern[77] oder Sachverständigen die Durchführung der Überprüfung oder Ermittlung.

(5) Erfolgt die Überprüfung oder Ermittlung durch die CSSF, kann die zuständige Behörde des um Amtshilfe ersuchenden Mitgliedstaats beantragen, dass ihre eigenen Beamten die Beamten der CSSF, die die Überprüfung oder Ermittlung durchführen, begleiten. Die Überprüfung oder Ermittlung unterliegt jedoch der Gesamtkontrolle der CSSF.

Erfolgt die Überprüfung oder Ermittlung durch die zuständige Behörde eines anderen Mitgliedstaats in Luxemburg, kann die CSSF verlangen, dass ihre eigenen Beamten die Beamten, die die Überprüfung oder Ermittlung durchführen, begleiten.

(6) Die CSSF kann ein Ersuchen um einen Informationsaustausch gemäß Absatz (2) oder um Zusammenarbeit bei einer Ermittlung oder einer Überprüfung vor Ort gemäß Absatz (4) nur ablehnen, wenn:

---

[77] *Contrôleurs légaux des comptes.* In Anlehnung an die deutsche Fassung der geänderten Richtlinie 2006/43/EG des Europäischen Parlaments und des Rates vom 17. Mai 2006 über Abschlussprüfungen von Jahresabschlüssen und konsolidierten Abschlüssen, zur Änderung der Richtlinien 78/660/EWG und 83/349/EWG des Rates und zur Aufhebung der Richtlinie 84/253/EWG des Rates wird in dieser Übersetzung der Begriff „Abschlussprüfer" verwendet.

a) die Ermittlung, die Überprüfung vor Ort oder der Informationsaustausch die Souveränität, die Sicherheit oder die öffentliche Ordnung Luxemburgs beeinträchtigen könnte,
b) gegen dieselben Personen und aufgrund derselben Handlungen bereits ein Verfahren vor einem Gericht Luxemburgs anhängig ist,
c) gegen die betreffenden Personen aufgrund derselben Handlungen bereits ein rechtskräftiges Urteil in Luxemburg ergangen ist.

(7) Die CSSF unterrichtet die ersuchenden zuständigen Behörden über jede nach Absatz (6) getroffene Entscheidung. In dieser Benachrichtigung sind die Gründe für die Entscheidung anzugeben.

Art. 136. (1) In Bezug auf einen in Luxemburg niedergelassenen OGAW ist allein die CSSF befugt, diesem OGAW gegenüber bei Verletzung der Rechts-, Aufsichts- und Verwaltungsvorschriften sowie der im Verwaltungsreglement oder in den Gründungsunterlagen der Investmentgesellschaft enthaltenen Bestimmungen Maßnahmen zu ergreifen.

(2) Die CSSF wird den Behörden der Aufnahmemitgliedstaaten des OGAW sowie, sofern die Verwaltungsgesellschaft des OGAW in einem anderen Mitgliedstaat niedergelassen ist, der Behörde des Herkunftsmitgliedstaates dieser Verwaltungsgesellschaft, jede Entscheidung über die Entziehung der Zulassung oder jede andere gegen den OGAW getroffene schwerwiegende Maßnahme oder jede ihm auferlegte Maßnahme zur Aussetzung der Ausgabe, der Rücknahme oder der Auszahlung seiner Anteile unverzüglich mitteilen.

(3) Die CSSF, als die zuständige Behörde des Herkunftsmitgliedstats des OGAW, und die zuständigen Behörden des Herkunftsmitgliedstats der Verwaltungsgesellschaft haben jeweils die Möglichkeit, Maßnahmen gegen die Verwaltungsgesellschaft einzuleiten, wenn diese die unter ihre jeweilige Zuständigkeit fallenden Bestimmungen verletzt.

(4) Die CSSF soll entsprechende Maßnahmen ergreifen, wenn die zuständigen Behörden des Aufnahmemitgliedstats eines OGAW, dessen Anteile in dem Hoheitsgebiet dieses Mitgliedstats vertrieben werden, eindeutig und nachweisbare Gründe für die Annahme haben, dass dieser OGAW gegen Verpflichtungen verstößt, die ihm aus Vorschriften erwachsen, die nach der Richtlinie 2009/65/EG erlassen wurden und dieser Behörde keine Befugnisse übertragen.

Art. 137. (1) Die CSSF kann entsprechende Maßnahmen gegen einen OGAW, dessen Anteile in Luxemburg vertrieben werden, auch dann ergreifen, wenn gegen Rechts-, Aufsichts- oder Verwaltungsvorschriften verstoßen wird, die nicht in den Geltungsbereich dieses Gesetzes oder unter die Anforderungen der Artikel 59 und 61 fallen.

(2) Jede Entscheidung über die Entziehung der Zulassung und jede andere gegen einen OGAW getroffene schwerwiegende Maßnahme oder jede ihm auferlegte Maßnahme zur Aussetzung der Ausgabe, der Rücknahme oder der Auszahlung seiner Anteile wird der CSSF von den zuständigen Behörden des Herkunftsmitgliedstaates des OGAW unverzüglich mitgeteilt. Diese Informationen sind der CSSF auch dann mitzuteilen, wenn die Verwaltungsgesellschaft des OGAW in Luxemburg niedergelassen ist.

(3) Die CSSF informiert die zuständigen Behörden des Herkunftsmitgliedstaates des OGAW, wenn sie eindeutige und nachweisbare Gründe für die Annahme hat, dass der OGAW gegen Verpflichtungen verstößt, die ihm aus Vorschriften erwachsen, die nach der Richtlinie 2009/65/EG erlassen wurden und der CSSF keine Befugnisse übertragen.

(4) Wenn trotz der Maßnahmen der zuständigen Behörden des Herkunftsmitgliedstats des OGAW, der OGAW weiterhin auf eine Weise tätig ist, die den Interessen der Anleger in Luxemburg eindeutig zuwiderläuft, kann die CSSF:
a) nach Unterrichtung der zuständigen Behörden des Herkunftsmitgliedstats des OGAW alle angemessenen Maßnahmen ergreifen, die zum Schutz der Anleger erforderlich sind, einschließlich der möglichen Unterbindung des weiteren Vertriebs der Anteile des betreffenden OGAW in Luxemburg oder
b) die Angelegenheit gegebenenfalls der Europäischen Wertpapier- und Marktaufsichtsbehörde vorlegen, die im Rahmen der ihr durch Artikel 19 der Verordnung (EU) Nr. 1095/2010 zugewiesenen Befugnisse handeln kann.
Die CSSF wird die Kommission der Europäischen Union und die Europäische Wertpapier- und Marktaufsichtsbehörde unverzüglich über jede gemäß Buchstabe a) ergriffene Maßnahme unterrichten.

Art. 138. Betreibt eine Verwaltungsgesellschaft im Rahmen des Dienstleistungsverkehrs oder durch Errichtung von Zweigniederlassungen ihre Geschäfte in einem oder mehreren Aufnahmemitgliedstaaten der Verwaltungsgesellschaft, arbeitet die CSSF mit den zuständigen Behörden aller betroffenen Mitgliedstaaten eng zusammen. Sie stellt auf Anfrage alle Informationen bezüglich der Verwaltung und der Eigentumsverhältnisse dieser Verwaltungsgesellschaft zur Verfügung, die deren Beaufsichtigung erleichtern könnten, sowie sämtliche Informationen, die geeignet sind, die Überwachung dieser Gesellschaften zu erleichtern.

Art. 139. (1) Wenn die CSSF die für die Verwaltungsgesellschaft zuständige Behörde ist, arbeitet sie mit den Behörden des Aufnahmemitgliedstaats der Verwaltungsgesellschaft zusammen, um diesen die Erhebung der in Artikel 21 Absatz (2) der Richtlinie 2009/65/EG genannten Angaben zu ermöglichen.

(2) Soweit für die Ausübung der Aufsichtsbefugnisse der CSSF erforderlich, unterrichten die zuständigen Behörden des Aufnahmemitgliedstaats der Verwaltungsgesellschaft die CSSF, als zuständige Behörde des Herkunftsmitgliedstaats der Verwaltungsgesellschaft, über alle nach Artikel 21 Absatz (5) der Richtlinie 2009/65/EG ergriffenen Maßnahmen, die Maßnahmen oder Sanktionen gegen eine Verwaltungsgesellschaft oder eine Beschränkung ihrer Tätigkeiten beinhalten.

(3) Die CSSF, als Herkunftsbehörde der Verwaltungsgesellschaft, teilt der zuständigen Behörde des Herkunftsmitgliedstaates des OGAW unverzüglich etwaige auf der Ebene der Verwaltungsgesellschaft festgestellten Probleme, die die Fähigkeit der Verwaltungsgesellschaft erheblich beeinflussen können, ihre Aufgaben in Bezug auf den OGAW ordnungsgemäß wahrzunehmen, und alle Verstöße gegen die Anforderungen gemäß Kapitel 15 dieses Gesetzes mit.

(4) Die CSSF wird von den zuständigen Behörden des Herkunftsmitgliedstaats des OGAW über etwaige auf der Ebene des OGAW festgestellten Probleme informiert, die die Fähigkeit der Verwaltungsgesellschaft wesentlich beeinträchtigen können, ihre Aufgaben ordnungsgemäß wahrzunehmen oder die Anforderungen unter der Richtlinie 2009/65/EG, die in die Verantwortung des Herkunftsmitgliedstaats des OGAW fallen, einzuhalten.

Art. 140. Wenn der OGAW in Luxemburg niedergelassen ist, muss die CSSF den zuständigen Behörden des Herkunftsmitgliedstaats der Verwaltungsgesellschaft unverzüglich etwaige auf der Ebene des OGAW festgestellten Probleme mitteilen, die die Fähigkeit der Verwaltungsgesellschaft wesentlich beeinträchtigen können, ihre Aufgaben sachgerecht wahrzunehmen oder die Anforderungen dieses Gesetzes, die in die Verantwortung der CSSF fallen, einzuhalten.

Art. 141. (1) Übt eine in einem anderen Mitgliedstaat zugelassene Verwaltungsgesellschaft ihre Tätigkeit in Luxemburg im Rahmen des Dienstleistungsverkehrs oder über eine Zweigniederlassung aus, unterrichtet die CSSF die zuständigen Behörden des Herkunftsmitgliedstaates der Verwaltungsgesellschaft über alle von ihr nach Artikel 124 Absatz (5) ergriffenen Maßnahmen, die Maßnahmen oder Sanktionen gegenüber einer Verwaltungsgesellschaft oder eine Beschränkung ihrer Tätigkeiten als Verwaltungsgesellschaft beinhalten, sofern eine solche Unterrichtung für die Ausübung der Aufsichtsbefugnisse dieser Aufsichtsbehörden erforderlich ist.

(2) Wenn eine in einem anderen Mitgliedstaat zugelassene Verwaltungsgesellschaft ihre Tätigkeit in Luxemburg über eine Zweigniederlassung ausübt, sorgt die CSSF dafür, dass die zuständigen Behörden des Herkunftsmitgliedstaats der Verwaltungsgesellschaft nach vorheriger Unterrichtung der CSSF die in Artikel 109 Richtlinie 2009/65/EG genannten Informationen selbst oder durch zu diesem Zweck von ihr bestimmte Personen vor Ort überprüfen können.

(3) Absatz (2) berührt nicht das Recht der CSSF, in Ausübung der ihr aufgrund dieses Gesetzes obliegenden Verantwortung vor Ort Überprüfungen der in Luxemburg errichteten Zweigniederlassungen vorzunehmen.

C. – Aufsichts- und Sanktionsbefugnisse

Art. 142. (1) Entscheidungen der CSSF in Ausführung dieses Gesetzes müssen schriftlich begründet werden und erfolgen, sofern nicht Gefahr in Verzug besteht, nach Durchführung eines streitigen Verfahrens.[78)] Diese Entscheidungen werden mittels Einschreibens übermittelt oder durch den Gerichtsvollzieher[79)] zugestellt.

(2) Gegen die Entscheidungen der CSSF betreffend die Erteilung, Verweigerung oder den Entzug der in diesem Gesetz vorgesehenen Zulassungen kann Rechtsmittel beim Verwaltungsgericht, das in

---

[78] *Instruction contradictoire.*
[79] *Huissier.*

der Hauptsache entscheidet,[80] eingelegt werden. Das Rechtsmittel muss innerhalb einer Ausschlussfrist von einem Monat nach Mitteilung der angegriffenen Entscheidung eingelegt werden.

(3) Die Entscheidung der CSSF, einen OGA gemäß Artikel 2 und 87 von der in Artikel 130 Absatz (1) dieses Gesetzes vorgesehenen Liste zu streichen, hat, von Rechts wegen ab dem Zeitpunkt ihrer Mitteilung an den betreffenden Organismus und zu dessen Lasten bis zu dem Zeitpunkt, an welchem die Entscheidung rechtskräftig wird, die Aussetzung aller Zahlungen durch diesen Organismus und die Untersagung bzw. Nichtigkeit sämtlicher Handlungen, die nicht lediglich Erhaltungsmaßnahmen darstellen, zur Folge, es sei denn, diese wurden durch die kommissarische Leitung[81] genehmigt. Die CSSF nimmt von Rechts wegen die Funktion der kommissarischen Leitung wahr, sofern nicht die Kammer für Handelssachen des Bezirksgerichts auf Antrag der CSSF eine oder mehrere Personen mit der kommissarischen Leitung betraut. Hierzu wird ein zu begründender und mit Belegen zu versehender Antrag bei der Kanzlei des Bezirksgerichtes am Sitz des Organismus hinterlegt.

Das Gericht entscheidet kurzfristig.

Sofern es die vorgelegten Angaben für ausreichend erachtet, trifft es unverzüglich und ohne Anhörung der Parteien seine Entscheidung in öffentlicher Sitzung. Sofern es dies für notwendig erachtet, lädt es durch seine Kanzlei die Parteien spätestens innerhalb von drei Tagen nach Hinterlegung des Antrages. Das Gericht führt sodann eine Anhörung der Parteien im Kammertermin durch und trifft seine Entscheidung in öffentlicher Sitzung.

Für sämtliche Handlungen und Entscheidungen des Organismus ist die schriftliche Zustimmung der kommissarischen Leitung erforderlich. Anderenfalls sind solche Handlungen oder Entscheidungen nichtig.

Das Gericht kann jedoch den Bereich der genehmigungspflichtigen Geschäfte begrenzen.

Die kommissarische Leitung kann den Gesellschaftsorganen des OGA alle Vorschläge zur Beratung unterbreiten, die sie für angebracht hält. Die kommissarische Leitung ist berechtigt, an den Beschlussverfahren der Verwaltungs-, Leitungs-, Geschäftsführungs- oder Aufsichtsorgane des Organismus teilzunehmen.

Das Gericht setzt die Kosten und die Honorare der Mitglieder der kommissarischen Leitung fest; es kann Vorschusszahlungen bewilligen.

Die in Artikel 143 Absatz (1) dieses Gesetzes vorgesehene Gerichtsentscheidung beendet das Amt der kommissarischen Leitung, die innerhalb eines Monats nach ihrer Ersetzung den in der Entscheidung bestimmten Liquidatoren, unter Vorlage der Rechnungslegungsunterlagen und Belege, Bericht über die Verwendung der Vermögenswerte des Organismus erstatten muss.

Sofern die Entscheidung zum Entzug der Genehmigung durch die gemäß dem vorstehenden Absatz (2) vorgesehenen Rechtsmittelinstanzen aufgehoben wird, gilt die kommissarische Leitung als zurückgetreten.

Art. 143. (1) Auf Antrag des Staatsanwaltes,[82] der sowohl von Amts wegen als auch auf Antrag der CSSF tätig werden kann, ordnet die Kammer für Handelssachen des Bezirksgerichts gemäß Artikel 2 und 87 dieses Gesetzes die Auflösung und Liquidation von OGA, deren Eintragung in die gemäß Artikel 130 Absatz (1) vorgesehene Liste endgültig verweigert oder entzogen wurde, an.

Auf Antrag des Staatsanwaltes, der sowohl von Amts wegen als auch auf Antrag der CSSF tätig werden kann, ordnet die Kammer für Handelssachen des Bezirksgerichts gemäß Artikel 2 und 87 dieses Gesetzes die Auflösung und Liquidation von einem oder mehreren Teilfonds eines OGA, denen die Zulassung verweigert oder entzogen wurde, an.

Bei Anordnung der Liquidation ernennt das Gericht einen kommissarischen Richter[83] sowie einen oder mehrere Liquidatoren. Es legt die Art und Weise der Liquidation fest. Es kann nach eigenem Ermessen festsetzen, inwieweit die Regeln der Insolvenzabwicklung Anwendung finden. Die Art und Weise der Liquidation kann durch eine spätere Entscheidung von Amts wegen oder auf Antrag des oder der Liquidatoren geändert werden.

Das Gericht setzt die Kosten und Honorare der Liquidatoren fest; es kann Vorschusszahlungen bewilligen. Die Gerichtsentscheidung, durch welche die Auflösung beschlossen und die Liquidation angeordnet wird, ist vorläufig vollstreckbar.

(2) Der oder die Liquidatoren können für den Organismus sämtliche Handlungen einleiten und vornehmen, Zahlungen in Empfang nehmen, Löschungen gegen Quittung oder ohne Quittung veranlas-

---

[80] *Tribunal administratif.*
[81] *Commissaire de surveillance.*
[82] *Procureur d'Etat.*
[83] *Juge-commissaire.*

IV. Normentexte

sen, alle Wertpapiere des Organismus veräußern und wiederanlegen, Wechsel ausgeben oder übertragen sowie in allen streitigen Angelegenheiten Vergleiche abschließen oder Verzichtserklärungen abgeben. Immobilien des Organismus können sie im Wege einer öffentlichen Versteigerung veräußern.

Sie können darüber hinaus, jedoch ausschließlich mit Genehmigung des Gerichts, auf einzelvertraglicher Basis ihre Güter mit Hypotheken belasten, verpfänden oder ihre Immobilien veräußern.

(3) Mit Erlass der Gerichtsentscheidung können sämtliche Mobiliar- und Immobiliarklagen sowie jegliche Vollstreckungshandlungen im Zusammenhang mit beweglichem oder unbeweglichem Vermögen nur noch gegenüber den Liquidatoren verfolgt, eingeleitet oder vollzogen werden.

Die Gerichtsentscheidung über die Liquidation beendet jegliche Beschlagnahme auf Antrag von nicht bevorzugten und nicht mit Privilegien[84] ausgestatteten Gläubigern im Hinblick auf bewegliches und unbewegliches Vermögen.

(4) Nach Zahlung auf die Verbindlichkeiten bzw. nach Hinterlegung der zur Zahlung der Verbindlichkeiten notwendigen Beträge kehren die Liquidatoren an die Anteilinhaber die ihnen jeweils zustehenden Beträge oder Vermögenswerte aus.

(5) Die Liquidatoren können auf eigenes Betreiben und müssen auf Antrag von Anteilinhabern, die mindestens ein Viertel der Vermögenswerte des Organismus vertreten, eine Generalversammlung der Anteilinhaber zur Entscheidung darüber einberufen, ob anstelle einer einfachen Liquidation die Einbringung der Vermögenswerte des Organismus in Liquidation in einen anderen OGA zu veranlassen ist. Diese Entscheidung wird nur dann gefasst, wenn auf dieser Generalversammlung mindestens die Hälfte der ausgegebenen Anteile oder des Gesellschaftskapitals vertreten sind und wenn der Beschluss mit einer Mehrheit von mindestens zwei Dritteln der Stimmen der anwesenden oder vertretenen Anteilinhaber gefasst wird.

(6) Die Gerichtsentscheidung, durch die die Auflösung eines OGA beschlossen und seine Liquidation angeordnet wird, wird im Mémorial[85] und in zwei vom Gericht benannten, hinreichend verbreiteten Tageszeitungen, von denen mindestens eine Luxemburger Tageszeitung sein muss, veröffentlicht. Für die Veröffentlichung tragen der oder die Liquidatoren die Verantwortung.

(7) Wird vom kommissarischen Richter festgestellt, dass keine oder keine ausreichenden Vermögenswerte vorhanden sind, werden die Verfahrensunterlagen von allen Kanzlei- und Registersteuern freigestellt und die Kosten und Honorare der Liquidatoren werden von der Staatskasse getragen und als Gerichtskosten erstattet.

(8) Die Liquidatoren sind gegenüber Dritten ebenso wie gegenüber dem OGA für die Ausführung ihres Auftrages und für durch ihre Geschäftsführung entstandene Fehler verantwortlich.

(9) Nach Abschluss der Liquidation erstatten die Liquidatoren dem Gericht Bericht über die Verwendung der Vermögenswerte des Organismus und legen die Schlussrechnung einschließlich der Belege vor. Das Gericht ernennt Prüfer zur Begutachtung der Unterlagen.

Nach dem Bericht der Prüfer wird über die Geschäftsführung der Liquidatoren und über den Abschluss der Liquidation entschieden.

Dieser Abschluss wird gemäß vorstehendem Absatz (6) veröffentlicht.

Die Veröffentlichung enthält unter anderem:
– die Angabe des vom Gericht bezeichneten Ortes, an dem die Bücher und Gesellschaftsunterlagen für mindestens fünf Jahre aufbewahrt werden müssen,
– die Angabe der gemäß Artikel 145 ergriffenen Maßnahmen zur Hinterlegung der Beträge und Werte, die denjenigen Gläubigern, Anteilinhabern oder Gesellschaftern zustehen, an die eine Auskehrung nicht erfolgen konnte.

(10) Sämtliche Klagen[86] gegen die Liquidatoren des OGA in deren Eigenschaft als Liquidatoren verjähren innerhalb von fünf Jahren nach der gemäß Absatz (9) erfolgten Veröffentlichung des Abschlusses der Liquidation.

Klagen gegen die Liquidatoren, die auf Vorfälle im Zusammenhang mit deren Eigenschaft als Liquidatoren gestützt werden, verjähren innerhalb von fünf Jahren nach dem jeweiligen Vorfall bzw. nach dessen Entdeckung, sofern diese Vorfälle vorsätzlich verdeckt wurden.

---

[84] Unter „Privilegien" *(privilèges)* versteht der französische *Code Civil* bestimmte Sonderrechte in der Vollstreckung in Vermögenswerte, die eine ungefähre Entsprechung in Absonderungs- und Aussonderungsrechten nach deutschem Recht finden.

[85] *Das Mémorial C, Recueil des Sociétés et Associations* ist der Teil des Amtsblatts des Großherzogtums Luxemburg, in dem bestimmte Pflichtpublikationen und vorgeschriebene Mitteilungen für Gesellschaften veröffentlicht werden.

[86] „Klagen" steht für den französischen Begriff „actions".

(11) Die Bestimmungen dieses Artikels finden auch auf OGA Anwendung, die ihre Eintragung in der gemäß Artikel 130 Absatz (1) vorgesehenen Liste nicht innerhalb der vorgeschriebenen Frist beantragt haben.

Art. 144. (1) Nach ihrer Auflösung bestehen OGA zu Zwecken ihrer Liquidation fort. Im Falle der nicht gerichtlich veranlassten Liquidation unterliegen sie weiterhin der Aufsicht der CSSF.

(2) In sämtlichen Unterlagen eines OGA in Liquidation muss erwähnt werden, dass er sich in Liquidation befindet.

Art. 145. (1) Im Falle einer nicht gerichtlich veranlassten Liquidation eines OGA müssen der oder die Liquidatoren zuvor von der CSSF zugelassen werden. Der oder die Liquidatoren müssen in vollem Umfang den erforderlichen Leumund sowie die erforderliche berufliche Qualifikation nachweisen.

(2) Wenn ein Liquidator einen Auftrag nicht annimmt oder nicht genehmigt wird, bestimmt die Kammer für Handelssachen des Bezirksgerichts auf Antrag jedes Betroffenen oder der CSSF den oder die Liquidatoren. Die Gerichtsentscheidung, durch welche der oder die Liquidatoren bestimmt werden, ist in Urschrift und vor ihrer Hinterlegung vorläufig vollstreckbar, unbeschadet etwaiger Rechtsmittel der Berufung oder des Einspruchs.

Art. 146. Im Falle einer freiwilligen oder veranlassten Liquidation eines OGA im Sinne dieses Gesetzes werden die Beträge und Vermögenswerte, die den Anteilen zuzuordnen sind, deren Inhaber bis zum Abschluss der Liquidation keine Ansprüche angemeldet haben, bei der öffentlichen Hinterlegungsstelle[87] zugunsten der Berechtigten hinterlegt.

Art. 147. (1) Die CSSF ist mit allen für die Wahrnehmung ihrer Aufgaben notwendigen Überwachungs- und Ermittlungsbefugnissen ausgestattet.

(2) Die Befugnisse der CSSF beinhalten das Recht:
a) Unterlagen aller Art einzusehen und Kopien davon zu erhalten,
b) von jeder Person Auskünfte zu verlangen und, falls notwendig, eine Person einzubestellen und zu befragen, um Informationen zu erhalten,
c) Ermittlungen vor Ort oder Überprüfungen von Personen, die ihrer Überwachung unterliegen, selber oder durch von ihr bestimmten Personen im Einklang mit diesem Gesetz vorzunehmen,
d) bereits existierende Aufzeichnungen von Telefongesprächen und Datenübermittlungen anzufordern,
e) vorzuschreiben, dass Praktiken, die gegen die nach diesem Gesetz erlassenen Vorschriften dieses Gesetzes verstoßen, unterbunden werden,
f) das Einfrieren oder die Beschlagnahme von Vermögenswerten bei dem Präsidenten des Bezirksgerichts[88] in Luxemburg und Umgebung zu verlangen,
g) ein vorübergehendes Berufsverbot sowohl gegenüber ihrer Aufsicht unterstehenden Personen als auch den Mitgliedern der Verwaltungs-, Leitungs- und Geschäftsführungsorgane, Angestellten und Bevollmächtigten, die in Verbindung zu diesen Personen stehen, zu verlangen,
h) von zugelassenen Investmentgesellschaften, Verwaltungsgesellschaften und Verwahrstellen die Erteilung von Auskünften zu verlangen,
i) jegliche Art von Maßnahmen zu ergreifen, um sicherzustellen, dass Investmentgesellschaften, Verwaltungsgesellschaften oder Verwahrstellen weiterhin den Anforderungen dieses Gesetzes genügen,
j) im Interesse der Anteilinhaber oder der Öffentlichkeit die Aussetzung der Ausgabe, der Rücknahme oder der Auszahlung von Anteilen zu verlangen,
k) die einem OGA, einer Verwaltungsgesellschaft oder einer Verwahrstelle erteilte Zulassung zu entziehen,
l) im Hinblick auf eine strafrechtliche Verfolgung Informationen an den Staatsanwalt weiterzuleiten und
m) Überprüfungen oder Ermittlungen durch zugelassene Wirtschaftsprüfer oder Sachverständige vornehmen zu lassen.

(3) Der vorsitzende Richter der Kammer für Handelssachen des Bezirksgerichts kann, auf Antrag der in Artikel L. 313-1 ff. des durch das Gesetz vom 8. April 2011 eingeführten Verbrauchergesetzbuchs[89] genannten Organisationen oder der CSSF, sämtliche Maßnahmen zum Zwecke der Beendi-

---

[87] *Caisse de Consignation.*
[88] *Président du Tribunal d'arrondissement.*
[89] *Code de la consommation.*

IV. Normentexte

gung von gemäß dem zweiten Unterabsatz dieses Absatzes im Widerspruch zu den Bestimmungen dieses Gesetzes stehenden Handlungen anordnen. Die Unterlassungsklage ist gemäß dem anwendbaren Verfahren beim für Eilverfahren zuständigen Gericht[90] zu erheben. Der vorsitzende Richter der Kammer für Handelssachen des Bezirksgerichts entscheidet als Tatsacheninstanz. Die Berufungsfrist beträgt fünfzehn Tage.

Handlungen im Sinne des Unterabsatzes 1 sind:
a) die Beschaffung oder das Veranlassen der Beschaffung von Geldern beim Publikum, um diese anzulegen, ohne dass der OGA auf der in Artikel 130 dieses Gesetzes vorgesehenen Liste eingetragen ist;
b) die Ausübung von Tätigkeiten einer Verwaltungsgesellschaft von OGA, ohne gemäß den Bestimmungen der Kapitel 15, 16 oder 17 dieses Gesetzes zugelassen zu sein,
c) die Verwendung einer Bezeichnung, die den Anschein einer diesem Gesetz unterliegenden Geschäftstätigkeit erweckt, ohne über eine Zulassung gemäß Artikel 130 zu verfügen.

Art. 148. (1) Die Verwaltungsratsmitglieder bzw. gegebenenfalls die Vorstandsmitglieder, Geschäftsführer und leitenden Angestellten eines OGA, einer Verwaltungsgesellschaft, Verwahrstelle als auch von jedem anderen Unternehmen, das an den Geschäftstätigkeiten des OGA mitwirkt, die der Aufsicht der CSSF unterliegen, sowie die Liquidatoren im Falle einer freiwilligen Liquidation eines OGA, können von der CSSF mit einer Geldbuße von 125 bis 12 500 Euro belegt werden, wenn sie sich weigern, der CSSF Finanzberichte und weitere angeforderte Informationen vorzulegen oder wenn diese sich als unvollständig, ungenau oder unrichtig erweisen oder wenn gegen Bestimmungen des Kapitels 21 dieses Gesetzes verstoßen wird sowie bei Feststellung jeder anderen schwerwiegenden Unregelmäßigkeit.

(2) Die gleiche Geldbuße wird auch gegen Personen verhängt, die gegen die Bestimmungen von Artikel 132 dieses Gesetzes verstoßen haben.

Art. 149. Die CSSF kann jede Geldbuße, die gemäß Artikel 148 verhängt wird, sowie jede verhängte Maßnahme der Öffentlichkeit bekannt geben, sofern eine solche Bekanntgabe nicht die Stabilität der Finanzmärkte ernstlich gefährdet, nachteilig für die Interessen der Anleger ist oder den Beteiligten einen unverhältnismäßig hohen Schaden zufügt.

21. Kapitel – Verpflichtungen betreffend die Information der Investoren
A. – Veröffentlichung eines Prospektes und regelmäßiger Berichte

Art. 150. (1) Eine Investmentgesellschaft bzw. eine Verwaltungsgesellschaft muss für jeden der von ihr verwalteten Investmentfonds folgende Unterlagen veröffentlichen:
– einen Prospekt,
– einen Jahresbericht je Geschäftsjahr und
– einen Halbjahresbericht, der sich auf die ersten sechs Monate des Geschäftsjahres erstreckt.

(2) Der Jahresbericht und der Halbjahresbericht müssen innerhalb folgender Fristen, gerechnet ab dem Ende des jeweiligen Berichtszeitraums, veröffentlicht werden:
– vier Monate für den Jahresbericht,
– zwei Monate für den Halbjahresbericht.

Für Organismen für gemeinsame Anlagen, welche Teil II dieses Gesetzes unterliegen, verlängert sich die im ersten Gedankenstrich genannte Frist für die Veröffentlichung des Jahresberichts jedoch von vier Monaten auf sechs Monate und die im zweiten Gedankenstrich genannte Frist für die Veröffentlichung des Halbjahresberichts von zwei Monaten auf drei Monate.

(3) Die Pflicht einen Prospekt im Sinne dieses Gesetzes zu veröffentlichen, besteht nicht für Organismen für gemeinsame Anlagen des geschlossenen Typs.

Art. 151. (1) Der Prospekt muss die Angaben enthalten, die notwendig sind, damit sich die Anleger über die ihnen vorgeschlagene Anlage und vor allem über die damit verbundenen Risiken ein fundiertes Urteil bilden können. Der Prospekt muss, unabhängig von der Art der Instrumente, in die investiert wird, eine eindeutige und leicht verständliche Erläuterung des Risikoprofils des Fonds enthalten.

(2) Der Prospekt muss mindestens die Angaben enthalten, die in Schema A in Anhang I dieses Gesetzes aufgeführt sind, soweit diese Angaben nicht bereits in den als Anhang zum Prospekt beigefügten Gründungsunterlagen gemäß Artikel 152 Absatz (1) enthalten sind.

---

[90] *Tribunal des référés.*

(3) Der Jahresbericht muss eine Bilanz oder eine Übersicht über die Vermögenswerte und Verbindlichkeiten, eine nach Erträgen und Aufwendungen für das jeweilige Geschäftsjahr gegliederte Rechnungslegung, einen Bericht über die Geschäftstätigkeit im abgelaufenen Geschäftsjahr und alle sonstigen in Anhang I, Schema B dieses Gesetzes aufgeführten Angaben sowie alle wesentlichen Informationen, die es den Anlegern ermöglichen, sich in vollständiger Sachkenntnis ein Urteil über die Entwicklung der Geschäftstätigkeit und -ergebnisse des OGA zu bilden, enthalten.

(4) Der Halbjahresbericht muss mindestens die in Kapitel I bis IV von Anhang I, Schema B dieses Gesetzes vorgesehenen Angaben enthalten. Wenn ein OGA Zwischenausschüttungen vorgenommen hat oder dies vorschlägt, müssen die Zahlenangaben das Ergebnis nach Steuern für das betreffende Halbjahr sowie die erfolgte oder vorgeschlagene Zwischenausschüttung ausweisen.

(5) Die CSSF kann im Hinblick auf die in Absätzen (2), (3) und (4) vorgesehenen Schemata je nach den spezifischen Charakteristika des betreffenden OGA im Sinne der Artikel 87 und 100 dieses Gesetzes oder bei Vorliegen bestimmter Bedingungen differenzieren.

Art. 152. (1) Das Verwaltungsreglement oder die Gründungsunterlagen der Investmentgesellschaft sind integraler Bestandteil des Prospektes, dem sie beigefügt werden müssen.

(2) Die in Absatz (1) bezeichneten Dokumente müssen dem Prospekt jedoch nicht beigefügt werden, wenn dem Anteilinhaber mitgeteilt wird, dass diese Dokumente ihm auf Verlangen zugesandt werden oder dass er auf Anfrage erfahren kann, an welcher Stelle er sie in jedem Mitgliedstaat, in dem Anteile vertrieben werden, einsehen kann.

Art. 153. Die Angaben von wesentlicher Bedeutung im Prospekt müssen auf dem neuesten Stand gehalten werden.

Art. 154. (1) In Luxemburg ansässige OGA müssen die in ihren Jahresberichten enthaltenen Rechnungslegungsdaten von einem zugelassenen Wirtschaftsprüfer[91] prüfen lassen.

Der Bestätigungsvermerk des zugelassenen Wirtschaftsprüfers und gegebenenfalls dessen Vorbehalte werden vollständig in jedem Jahresbericht wiedergegeben.

Der zugelassene Wirtschaftsprüfer muss eine adäquate Berufserfahrung nachweisen können.

(2) Der zugelassene Wirtschaftsprüfer wird von dem OGA ernannt und erhält von diesem seine Vergütung.

(3) Der zugelassene Wirtschaftsprüfer ist verpflichtet, der CSSF unverzüglich alle Tatsachen oder Entscheidungen zu melden, von denen er bei der Wahrnehmung der Prüfung der im Jahresbericht eines OGA enthaltenen Rechnungslegungsdaten oder bei der Erfüllung anderer gesetzlicher Aufgaben bei einem OGA Kenntnis erlangt hat, sofern diese Tatsachen oder Entscheidungen:
– eine schwerwiegende Verletzung der Vorschriften dieses Gesetzes oder der entsprechenden Verwaltungsvorschriften zu dessen Umsetzung darstellen könnten oder
– die Fortsetzung der Tätigkeit des OGA oder eines Unternehmens, das an der Geschäftstätigkeit des OGA mitwirkt, beeinträchtigen könnten oder
– die Ablehnung der Bestätigung der Rechnungslegung oder diesbezügliche Vorbehalte zur Folge haben können.

Des Weiteren ist der zugelassene Wirtschaftsprüfer verpflichtet, bei der Wahrnehmung der in vorstehendem Absatz genannten Aufgaben im Zusammenhang mit einem OGA die CSSF unverzüglich über alle diesbezüglichen Tatsachen oder Entscheidungen zu unterrichten, die unter die im vorstehenden Absatz genannten Kriterien, von denen der zugelassene Wirtschaftsprüfer bei der Prüfung der im Jahresbericht enthaltenen Rechnungslegungsdaten oder in Erfüllung anderer gesetzlicher Aufgaben bei einem anderen Unternehmen, das mit diesem OGA durch ein Kontrollverhältnis verbunden ist oder enge Verbindungen mit einem Unternehmen hat, welches an seiner Geschäftstätigkeit mitwirkt, Kenntnis erlangt hat.

Erlangt der zugelassene Wirtschaftsprüfer in Erfüllung seiner Aufgaben Kenntnis davon, dass die den Anlegern oder der CSSF übermittelten Angaben in den Berichten oder in anderen Unterlagen des OGA die Finanzsituation und Vermögenslage des OGA nicht zutreffend wiedergeben, muss er die CSSF hiervon unverzüglich unterrichten.

Der zugelassene Wirtschaftsprüfer muss darüber hinaus der CSSF sämtliche Angaben oder Bescheinigungen übermitteln, welche die CSSF im Hinblick auf Umstände anfordert, von denen der zugelassene Wirtschaftsprüfer bei der Ausführung seines Auftrags Kenntnis erlangt hat oder erlangt haben muss. Gleiches gilt, wenn der zugelassene Wirtschaftsprüfer davon Kenntnis erlangt, dass die Vermö-

---

[91] *Réviseur d'entreprises agréé.*

genswerte des OGA nicht im Einklang mit den im Gesetz oder im Prospekt vorgesehenen Regeln angelegt sind oder angelegt wurden.

Macht der zugelassene Wirtschaftsprüfer der CSSF in gutem Glauben Mitteilung über die in diesem Absatz genannten Tatsachen oder Entscheidungen, gilt dies weder als Verletzung des Berufsgeheimnisses noch als Verletzung einer vertraglich geregelten Bekanntmachungsbeschränkung und zieht für den zugelassenen Wirtschaftsprüfer keine Haftung nach sich.

Jeder der Aufsicht der CSSF unterliegende luxemburgische OGA, dessen Rechnungslegung von einem zugelassenen Wirtschaftsprüfer geprüft werden muss, muss der CSSF unaufgefordert die Berichte und schriftlichen Anmerkungen des zugelassenen Wirtschaftsprüfers im Zusammenhang mit seiner Prüfung der Unterlagen der Jahresabschlüsse übermitteln.

Die CSSF kann Regelungen hinsichtlich des Umfangs des Mandats zur Prüfung der Jahresabschlüsse sowie der inhaltlichen Anforderungen an die im vorhergehenden Unterabsatz genannten Berichte und schriftlichen Anmerkungen des zugelassenen Wirtschaftsprüfers festlegen, unbeschadet der gesetzlichen Bestimmungen über den Inhalt des Berichts des Abschlussprüfers.

Die CSSF kann von einem zugelassenen Wirtschaftsprüfer die Durchführung einer gezielten Prüfung im Hinblick auf einen oder mehrere näher bestimmte Aspekte der Tätigkeit und der Funktionsweise eines OGA verlangen. Die Kosten in diesem Zusammenhang gehen zu Lasten des betroffenen OGA.

(4) Die CSSF verweigert oder löscht die Eintragung in die Liste solcher OGA, deren zugelassener Wirtschaftsprüfer entweder die in diesem Artikel aufgestellten Bedingungen nicht erfüllt oder die in diesem Artikel auferlegten Verpflichtungen nicht beachtet.

(5) Die Ernennung von Rechnungsprüfern[92] gemäß Artikel 61, 109, 114 und 200 des geänderten Gesetzes vom 10. August 1915 über die Handelsgesellschaften[93] ist für nach Luxemburger Recht errichtete Investmentgesellschaften nicht erforderlich. Der Verwaltungsrat bzw. gegebenenfalls der Vorstand ist allein zuständig in allen Fällen, in denen das geänderte Gesetz vom 10. August 1915 über die Handelsgesellschaften gemeinsame Maßnahmen der Rechnungsprüfer und des Verwaltungsrates bzw. gegebenenfalls des Vorstands oder von Geschäftsführern vorsieht.

Die Ernennung von Rechnungsprüfern, wie in Artikel 151 des geänderten Gesetzes vom 10. August 1915 über die Handelsgesellschaften vorgesehen, wird für Luxemburger Investmentgesellschaften abgeschafft. Nach Abschluss der Liquidation erstellt der zugelassene Wirtschaftsprüfer einen Liquidationsbericht. Dieser Bericht wird der Generalversammlung, in der die Liquidatoren ihren Bericht über die Verwendung des Gesellschaftsvermögens vorlegen, zusammen mit der diesbezüglich als Nachweis dienenden Schlussrechnung und den Belegen, vorgelegt. In dieser Generalversammlung wird ebenfalls über die Billigung der Schlussrechnung, die Entlastung und den Liquidationsabschluss entschieden.

Die Pflicht, einen Liquidationsbericht im Sinne des vorherigen Unterabsatzes zu erstellen, gilt auch für OGA in der Form eines Investmentfonds. Die Entscheidung, den Investmentfonds zu liquidieren und die Entscheidung über den Abschluss der Liquidation müssen beim Handels- und Firmenregister hinterlegt werden sowie ein Hinterlegungsvermerk hierüber im Mémorial gemäß den Regelungen des geänderten Gesetzes vom 10. August 1915 über die Handelsgesellschaften veröffentlicht werden.

(6) Die Rechnungslegungsunterlagen in den Jahresberichten ausländischer OGA im Sinne von Artikel 100 müssen der Prüfung durch einen unabhängigen Sachverständigen, der in vollem Umfang den erforderlichen Leumund und die berufliche Qualifikation vorweisen muss, unterzogen werden.

Die Absätze (2), (3) und (4) sind auf die in diesem Absatz geregelten Fallgestaltungen anwendbar.

Art. 155. (1) OGA müssen ihre Prospekte und deren Änderungen sowie ihre Jahres- und Halbjahresberichte der CSSF übermitteln. Der OGA muss auf Anfrage diese Dokumente den zuständigen Behörden des Herkunftsmitgliedstaats der Verwaltungsgesellschaft zur Verfügung stellen.

(2) Die CSSF kann vorgenannte Dokumente in jeder von ihr für angemessen befundenen Weise veröffentlichen oder veröffentlichen lassen.

Art. 156. (1) Der Prospekt sowie die letzten veröffentlichten Jahres- und Halbjahresberichte müssen den Anlegern auf Verlangen kostenlos zur Verfügung gestellt werden.

(2) Der Prospekt kann auf einem dauerhaften Datenträger oder mittels einer *Website* zur Verfügung gestellt werden. In jedem Fall ist den Anlegern eine Papierfassung des Prospektes auf Anfrage kostenlos zur Verfügung zu stellen.

---

[92] *Commissaires aux comptes* – Ein Rechnungsprüfer im Sinne des Gesellschaftsrechts ist ein Organ der Gesellschaft mit bestimmten Prüfungs- und Überwachungsaufgaben.

[93] *Loi du 10 août 1915 concernant les sociétés commerciales, telle que modifiée.*

(3) Die Jahres- und Halbjahresberichte sind den Anlegern in der im Prospekt, und in Bezug auf OGAW ebenfalls in den in Artikel 159 genannten wesentlichen Informationen für den Anleger, beschriebenen Form zur Verfügung zu stellen. In jedem Fall ist den Anlegern eine Papierfassung des Jahres- und Halbjahresberichts auf Anfrage kostenlos zur Verfügung zu stellen.

B. – Veröffentlichung sonstiger Informationen

Art. 157. (1) OGAW gemäß Artikel 2 dieses Gesetzes müssen den Ausgabe-, Verkaufs- und Rücknahmepreis ihrer Anteile jedes Mal dann veröffentlichen, wenn eine Ausgabe, ein Verkauf oder eine Rücknahme ihrer Anteile stattfindet, mindestens jedoch zweimal im Monat. Die CSSF kann jedoch einem OGAW gestatten, sich auf eine Veröffentlichung im Monat zu beschränken, sofern sich dies nicht nachteilig auf die Interessen der Anteilinhaber auswirkt.

(2) OGA im Sinne von Artikel 87 dieses Gesetzes müssen den Ausgabe-, Verkaufs- und Rücknahmepreis ihrer Anteile jedes Mal dann veröffentlichen, wenn eine Ausgabe, ein Verkauf oder eine Rücknahme ihrer Anteile stattfindet, mindestens jedoch einmal im Monat. Auf hinreichend begründeten Antrag hin kann die CSSF jedoch Ausnahmeregelungen gestatten.

Art. 158. Marketing-Anzeigen an die Anleger müssen eindeutig als solche erkennbar sein. Sie müssen redlich, eindeutig und dürfen nicht irreführend sein. Insbesondere darf eine Marketing-Anzeige, die eine Aufforderung zum Erwerb von Anteilen eines OGA und spezifische Informationen über einen OGA enthält, keine Aussagen treffen, die im Widerspruch zu Informationen des Prospekts, und im Falle eines OGAW, den in Artikel 159 genannten wesentlichen Informationen für den Anleger, stehen oder die Bedeutung dieser Informationen abschwächen. In der Anzeige ist darauf hinzuweisen, dass ein Prospekt existiert und, im Falle eines OGAW, dass die in Artikel 159 genannten wesentlichen Informationen für den Anleger verfügbar sind. Es ist anzugeben, wo und in welcher Sprache diese Informationen bzw. Unterlagen für den Anleger bzw. potentiellen Anleger erhältlich sind und welche Zugangsmöglichkeiten bestehen.

C. – Von OGAW zu erstellende wesentliche Informationen für den Anleger

Art. 159. (1) Investmentgesellschaften und Verwaltungsgesellschaften für jeden Investmentfonds, den sie verwalten, müssen ein kurzes Dokument mit wesentlichen Informationen für den Anleger erstellen. Dieses Dokument wird in diesem Gesetz als „wesentliche Informationen für den Anleger"[94] bezeichnet.

Sofern der OGAW in Luxemburg niedergelassen ist oder seine Anteile in Luxemburg gemäß Kapitel 7 dieses Gesetzes vertreibt, muss die Bezeichnung „wesentliche Informationen für den Anleger" in diesem Dokument klar und deutlich in Luxemburgisch, Französisch, Deutsch oder Englisch erwähnt werden.

(2) Die wesentlichen Informationen für den Anleger müssen sinnvolle Angaben zu den wesentlichen Merkmalen des betreffenden OGAW enthalten und sollen die Anleger in die Lage versetzen, Art und Risiken des angebotenen Anlageprodukts zu verstehen und auf dieser Grundlage eine fundierte Anlageentscheidung zu treffen.

(3) Die wesentlichen Informationen für den Anleger enthalten Angaben zu folgenden wesentlichen Merkmalen des betreffenden OGAW:
a) Identität des OGAW,
b) eine kurze Beschreibung der Anlageziele und der Anlagepolitik,
c) Darstellung der bisherigen Wertentwicklung oder gegebenenfalls Performance-Szenarien,
d) Kosten und Gebühren und
e) Risiko-/Renditeprofil der Anlage, einschließlich angemessener Hinweise auf die mit der Anlage in den betreffenden OGAW verbundenen Risiken und entsprechenden Warnhinweisen.

Diese wesentlichen Elemente muss der Anleger verstehen können, ohne dass hierfür zusätzliche Dokumente herangezogen werden müssen.

(4) Die wesentlichen Informationen für den Anleger müssen eindeutige Angaben darüber enthalten, wo und wie zusätzliche Informationen über die angebotene Anlage eingeholt werden können, einschließlich der Angabe, wo und wie der Prospekt und die Jahres- und Halbjahresberichte jederzeit auf Anfrage kostenlos erhältlich sind und in welcher Sprache diese Informationen für die Anleger verfügbar sind.

(5) Die wesentlichen Informationen für den Anleger müssen kurz gehalten und in allgemein verständlicher Sprache abgefasst werden. Sie werden in einem einheitlichen Format erstellt, um Verglei-

---

[94] Üblicherweise auch als „KIID" *(key investor information document)* bezeichnet.

IV. Normentexte

che zu ermöglichen, und in einer Weise präsentiert, die für Kleinanleger aller Voraussicht nach verständlich ist.

(6) Die wesentlichen Informationen für den Anleger müssen in allen Mitgliedstaaten, in denen der Vertrieb der OGAW-Anteile gemäß Artikel 54 angezeigt wurde, abgesehen von der Übersetzung, ohne Änderungen oder Ergänzungen verwendet werden.

Art. 160. (1) Die wesentlichen Informationen für den Anleger sind vorvertragliche Informationen. Sie müssen korrekt, eindeutig und dürfen nicht irreführend sein. Sie müssen mit den einschlägigen Teilen des Prospekts übereinstimmen.

(2) Allein aufgrund der wesentlichen Informationen für den Anleger, einschließlich der entsprechenden Übersetzung, entsteht keine zivilrechtliche Haftung, es sei denn, diese Informationen wären irreführend oder unrichtig oder stimmten nicht mit den einschlägigen Teilen des Prospektes überein. Die wesentlichen Informationen für den Anleger müssen eine eindeutige Warnung dahingehend enthalten, dass allein auf der Grundlage der wesentlichen Informationen für den Anleger, einschließlich der entsprechenden Übersetzungen, keine zivilrechtliche Haftung entsteht, es sei denn, diese Informationen sind irreführend, ungenau oder stimmen nicht mit den einschlägigen Teilen des Prospekts überein.

Art 161. (1) Die Investmentgesellschaften und die Verwaltungsgesellschaften für jeden Investmentfonds, den sie verwalten, welche den OGAW direkt oder über eine andere natürliche oder juristische Person, die in ihrem Namen und unter ihrer vollen und unbedingten Haftung handelt, verkaufen, müssen den Anlegern rechtzeitig vor der angebotenen Zeichnung der Anteile des OGAW die wesentlichen Informationen für den Anleger für diesen OGAW zur Verfügung stellen.

Die wesentlichen Informationen für den Anleger müssen nicht notwendigerweise den Anlegern in einem Drittstaat zur Verfügung gestellt werden, es sei denn, die zuständige Behörde dieses Staates fordert, dass diese Informationen den Anlegern zur Verfügung gestellt werden.

Ein OGA, der kein OGAW ist, ist befugt, ein Dokument, das die wesentlichen Informationen für den Anleger im Sinne dieses Gesetzes enthält, zu erstellen. In einem solchen Fall muss dieses Dokument eine ausdrückliche Erwähnung enthalten, wonach der OGA, welcher die wesentlichen Informationen für den Anleger erstellt hat, kein OGAW im Sinne der Richtlinie 2009/65/EG ist.

(2) Die Investmentgesellschaften und die Verwaltungsgesellschaften für jeden Investmentfonds, den sie verwalten, welche den OGAW weder direkt noch über eine andere natürliche oder juristische Person, die in ihrem eigenen Namen und unter ihrer vollen und unbedingten Haftung handelt, verkaufen, müssen den Produktgestaltern sowie Vermittlern, die Anlagen in solche OGAW oder in Produkte, die Anlagerisiken solcher OGAW einschließen, vermitteln, verkaufen oder dazu beraten, die wesentlichen Informationen für den Anleger auf deren Anfrage bereitstellen. Vermittler, die Anlegern potentielle Anlagen in OGAW verkaufen oder sie dazu beraten, müssen ihren Kunden bzw. potentiellen Kunden die wesentlichen Informationen für den Anleger zur Verfügung stellen.

(3) Die wesentlichen Informationen für den Anleger sind den Anlegern kostenlos bereitzustellen.

Art. 162. (1) Die wesentlichen Informationen für den Anleger können auf einem dauerhaften Datenträger oder über eine *Website* zur Verfügung gestellt werden. In jedem Fall muss den Anlegern eine Papierfassung des Prospektes auf Anfrage kostenlos zur Verfügung gestellt werden.

(2) Zusätzlich muss eine aktualisierte Fassung der wesentlichen Informationen für den Anleger auf der *Website* der Investmentgesellschaft oder der Verwaltungsgesellschaft zugänglich gemacht werden.

Art. 163. (1) OGAW müssen der CSSF die wesentlichen Informationen für den Anleger und sämtliche einschlägigen Änderungen übermitteln.

(2) Die zentralen Elemente der wesentlichen Informationen für den Anleger müssen stets auf neuestem Stand sein.

D. – Bezeichnungsschutz

Art. 164. (1) Keine Einheit darf Bezeichnungen oder Angaben verwenden, die den Eindruck erwecken, dass ihre Geschäftstätigkeit diesem Gesetz unterfällt, wenn sie nicht im Sinne von Artikel 130 zugelassen wurde. OGA im Sinne von Kapitel 7 und Artikel 100 können die Bezeichnung verwenden, die sie gemäß den rechtlichen Bestimmungen ihres Herkunftslandes tragen. Diese Organismen müssen jedoch solchen Bezeichnungen dann entsprechende Zusätze beifügen, wenn die Gefahr der Irreführung besteht.

(2) Auf Antrag der Staatsanwaltschaft kann die Kammer für Handelssachen des Gerichtsbezirkes, in dem der OGA ansässig ist, oder des Gerichtsbezirkes, in dem die Bezeichnung verwendet wurde,

jedermann die Verwendung der Bezeichnung gemäß Absatz (1) untersagen, wenn die Anforderungen dieses Gesetzes nicht oder nicht mehr erfüllt sind.

(3) Die in Rechtskraft erwachsene Gerichtsentscheidung oder das in Rechtskraft erwachsene Urteil, durch welche die Untersagung ausgesprochen wird, ist durch die Staatsanwaltschaft auf Kosten des Verurteilten in zwei hinreichend verbreiteten Luxemburger oder ausländischen Tageszeitungen zu veröffentlichen.

22. Kapitel – Strafbestimmungen

Art. 165. Haftstrafen von mindestens einem Monat und höchstens einem Jahr und/oder Geldbußen von mindestens fünfhundert und höchstens fünfundzwanzigtausend Euro werden nur verhängt gegen:
(1) jeden, der die Ausgabe oder Rücknahme von Anteilen eines Investmentfonds in den unter Artikel 12 Absatz (3), 22 Absatz (3) sowie Artikel 90 dieses Gesetzes – soweit letzterer Artikel die Artikel 12 Absatz (3) und 22 Absatz (3) dieses Gesetzes im Hinblick auf die Bestimmungen im 11. Kapitel für anwendbar erklärt – geregelten Fällen vorgenommen hat oder hat vornehmen lassen,
(2) jeden, der Anteile an einem Investmentfonds zu einem anderen Preis als er gemäß den Vorschriften in Artikel 9 Absatz (1), 9 Absatz (3), 11 Absatz (3) sowie Artikel 90 dieses Gesetzes – soweit letzterer Artikel die Artikel 9 Absatz (1) und 9 Absatz (3) dieses Gesetzes im Hinblick auf die Bestimmungen im 11. Kapitel für anwendbar erklärt – zu ermitteln ist, ausgibt oder zurücknimmt,
(3) jeden, der als Mitglied des Verwaltungsrates oder gegebenenfalls des Vorstands, als Geschäftsführer oder Mitglied der kommissarischen Leitung der Verwaltungsgesellschaft oder der Verwahrstelle aus den Mitteln des Investmentfonds Darlehen oder Vorschüsse auf die Anteile dieses Investmentfonds gewährt hat oder zu Lasten des Investmentfonds in irgendeiner Weise Einzahlungen auf Anteile vorgenommen hat oder als erfolgt zugelassen hat, die tatsächlich nicht vorgenommen wurden.

Art. 166. (1) Mit Haftstrafen von mindestens einem und höchstens sechs Monaten und/oder einer Geldbuße von mindestens fünfhundert und höchstens fünfundzwanzigtausend Euro wird belegt:
a) wer es als Mitglied des Verwaltungsrates oder gegebenenfalls des Vorstands oder als Geschäftsführer der Verwaltungsgesellschaft unterlassen hat, unverzüglich die CSSF davon zu unterrichten, dass das Nettovermögen des Investmentfonds unter zwei Drittel bzw. unter ein Viertel des gesetzlichen Mindestbetrages gefallen ist,
b) wer als Mitglied des Verwaltungsrates oder gegebenenfalls des Vorstands oder als Geschäftsführer der Verwaltungsgesellschaft gegen die Vorschriften gemäß Artikel 10, Artikel 41 bis 52 sowie Artikel 90 dieses Gesetzes – soweit letzterer Artikel den Artikel 10 dieses Gesetzes im Hinblick auf die Bestimmungen im 11. Kapitel für anwendbar erklärt – und gegen die gemäß Artikel 91 dieses Gesetzes erlassenen Ausführungsbestimmungen verstoßen hat.

(2) Mit einer Geldbuße von mindestens fünfhundert und höchstens fünfundzwanzigtausend Euro wird belegt, wer unter Verstoß gegen Artikel 164 eine Bezeichnung gebraucht oder eine Beschreibung verwendet hat, die den Anschein einer diesem Gesetz unterliegenden Geschäftstätigkeit erweckt, ohne dass eine Zulassung gemäß Artikel 130 erteilt wurde.

Art. 167. Mit einer Geldbuße von mindestens fünfhundert und höchstens zehntausend Euro wird belegt, wer als Mitglied des Verwaltungsrates oder gegebenenfalls des Vorstands oder als Geschäftsführer einer Verwaltungs- oder Investmentgesellschaft den Ausgabe- und Rücknahmepreis der Anteile des OGA nicht innerhalb der festgelegten Zeitabschnitte festgestellt oder diesen Preis nicht gemäß Artikel 157 dieses Gesetzes veröffentlicht hat.

Art. 168. Mit Haftstrafen von mindestens einem Monat und höchstens einem Jahr und/oder einer Geldbuße von mindestens fünfhundert und höchstens fünfundzwanzigtausend Euro wird belegt, wer als Gründungsgesellschafter, Mitglied des Verwaltungsrates oder gegebenenfalls des Vorstands oder Geschäftsführer einer Investmentgesellschaft gegen die Artikel 28 Absatz (2), 28 Absatz (4) und 28 Absatz (10) dieses Gesetzes verstoßen hat; gegen Artikel 39 verstoßen hat, insoweit dieser Artikel die Artikel 28 Absatz (2), 28 Absatz (4) und 28 Absatz (10) dieses Gesetzes im Hinblick auf die Bestimmungen des 4. Kapitels für anwendbar erklärt; gegen Artikel 41 bis 52 dieses Gesetzes verstoßen hat; gegen Artikel 95 dieses Gesetzes verstoßen hat, insoweit dieser Artikel die Artikel 28 Absatz (2) Buchstabe a), 28 Absatz (4) und 28 Absatz (10) dieses Gesetzes im Hinblick auf die Bestimmungen des 12. Kapitels für anwendbar erklärt; gegen auf der Grundlage von Artikel 96 und Artikel 99 dieses Gesetzes erlassene Ausführungsbestimmungen verstoßen hat.

Art. 169. Mit Haftstrafen von mindestens einem Monat und höchstens einem Jahr und/oder einer Geldbuße von mindestens fünfhundert und höchstens fünfundzwanzigtausend Euro wird belegt, wer als Mit-

IV. Normentexte

glied des Verwaltungsrats oder gegebenenfalls des Vorstands oder als Geschäftsführer einer Investmentgesellschaft die außerordentliche Generalversammlung nicht gemäß Artikel 30 dieses Gesetzes, gemäß Artikel 39 (soweit dieser Artikel 30 dieses Gesetzes auf die Bestimmungen im 4. Kapitel für anwendbar erklärt), gemäß Artikel 95 (soweit dieser Artikel 30 dieses Gesetzes auf die Bestimmungen im 12. Kapitel für anwendbar erklärt) und gemäß Artikel 98 Absätze (2) bis (4) dieses Gesetzes einberufen hat.

Art. 170. Mit Haftstrafen von mindestens drei Monaten und höchstens zwei Jahren und/oder einer Geldbuße von mindestens fünfhundert und höchstens fünfzigtausend Euro wird belegt, wer es für einen OGA unternommen hat oder veranlasst, Gelder beim Publikum zu beschaffen, um diese anzulegen, ohne dass der betreffende OGA in der Liste der zugelassenen Organismen eingetragen ist.

Art. 171. (1) Mit Haftstrafen von mindestens einem Monat und höchstens einem Jahr und/oder einer Geldbuße von mindestens fünfhundert und höchstens fünfundzwanzigtausend Euro wird belegt, wer als Geschäftsleiter eines OGA gemäß Artikel 97 und 100 dieses Gesetzes den ihm von diesem Gesetz auferlegten Pflichten nicht genügt hat.

(2) In gleicher Weise wird bestraft, wer als Mitglied der Leitung eines OGA gemäß Artikel 2 und 87 dieses Gesetzes, unbeschadet der Bestimmungen in Artikel 142 Absatz (3), andere Maßnahmen als die der Erhaltung getroffen hat, ohne hierzu von der kommissarischen Leitung ermächtigt zu sein.

23. Kapitel – Steuerliche Bestimmungen

Art. 172. Die steuerrechtlichen Bestimmungen dieses Gesetzes sind auf diesem Gesetz unterliegende OGA sowie auf OGA, die dem geänderten Gesetz vom 20. Dezember 2002 über Organismen für gemeinsame Anlagen[95)] unterliegen, anzuwenden.

Art. 173. (1) Unbeschadet der Erhebung von Registrierungs- und Umschreibungssteuern sowie der Anwendung der nationalen Rechtsvorschriften über die Umsatzsteuer, unterliegen im Sinne dieses Gesetzes in Luxemburg niedergelassene OGA mit Ausnahme der in den Artikeln 174 bis 176 geregelten Abonnementsteuer keiner weiteren Steuer.

(2) Die von diesen OGA vorgenommenen Ausschüttungen unterliegen keiner Quellensteuer und werden bei nicht Gebietsansässigen nicht besteuert.

Art. 174. (1) Der Satz der jährlich von den diesem Gesetz unterliegenden OGA geschuldeten Abonnementsteuer beträgt 0,05 %.

(2) Dieser Satz beträgt 0,01 % im Hinblick auf:
a) die Organismen, deren ausschließlicher Zweck die Anlage in Geldmarktinstrumente und Termingelder bei Kreditinstituten ist,
b) die Organismen, deren ausschließlicher Zweck die Anlage in Termingelder bei Kreditinstituten ist,
c) einzelne Teilfonds eines OGA in der Form eines Umbrella-Fonds im Sinne dieses Gesetzes sowie einzelne Anteilklassen innerhalb eines OGA oder innerhalb eines Teilfonds eines OGA in der Form eines Umbrella-Fonds, sofern die Anlage in diese Teilfonds oder Anteilklassen einem oder mehreren institutionellen Anlegern vorbehalten ist.

Art. 175. Von der Abonnementsteuer befreit sind:
a) der Wert der an anderen OGA gehaltenen Anteile, soweit diese bereits der in Artikel 174 oder in Artikel 68 des Gesetzes vom 13. Februar 2007 über spezialisierte Investmentfonds geregelten Abonnementsteuer unterworfen waren,
b) OGA sowie einzelne Teilfonds von OGA mit mehreren Teilfonds:
   (i) sofern die Anlage hierin institutionellen Anlegern vorbehalten ist und
   (ii) deren einziger Zweck die gemeinsame Anlage in Geldmarktinstrumente und in Depots bei Kreditinstituten ist und
   (iii) deren gewichtete verbleibende Portfoliorestlaufzeit 90 Tage nicht überschreitet und
   (iv) die das höchste von einer anerkannten Ratingagentur vergebene Rating erhalten haben.
   Sind mehrere Anteilklassen innerhalb des OGA oder des Teilfonds vorhanden, ist die Befreiung nur auf die Klassen anwendbar, deren Anteile institutionellen Anlegern vorbehalten sind.
c) OGA, deren Anteile (i) betrieblichen Versorgungswerken oder Trägern ähnlicher Anlagestrukturen, die auf Initiative eines oder mehrerer Arbeitgeber zu Gunsten ihrer Arbeitnehmer geschaffen wurden und (ii) Gesellschaften von einem oder mehreren Arbeitgeber, die die von ihnen gehaltenen Mittel für Versorgungsleistungen an ihre Arbeitnehmer verwenden, vorbehalten sind.

---

[95] Es ist darauf hinzuweisen, dass alle OGA seit dem 1. Juli 2011 unter dieses Gesetz fallen.

d) OGA sowie einzelne Teilfonds von OGA mit mehreren Teilfonds, deren Hauptziel die Anlage in Mikrofinanzinstitutionen ist.
e) OGA sowie einzelne Teilfonds von OGA mit mehreren Teilfonds:
  (i) deren Anteile an mindestens einer Wertpapierbörse oder an einem anderen geregelten Markt, der anerkannt, für das Publikum offen und dessen Funktionsweise ordnungsgemäß ist, notiert oder gehandelt werden und
  (ii) deren ausschließlicher Zweck darin besteht, die Wertentwicklung eines oder mehrerer Indizes nachzubilden.
Sind mehrere Anteilklassen innerhalb des OGA oder des Teilfonds vorhanden, ist die Befreiung nur auf die Klassen anwendbar, die die Bedingung von Unterpunkt (i) erfüllen.

Art. 176. (1) Bemessungsgrundlage für die Abonnementsteuer ist das Gesamtnettovermögen des OGA zum letzten Tag eines jeden Quartals.

(2) Die Anwendungsmodalitäten des Steuersatzes von 0,01% und der Befreiung werden in einer großherzoglichen Verordnung[96] geregelt, in der die Kriterien festgelegt sind, denen die in Artikel 174 und 175 aufgeführten Geldmarktinstrumente entsprechen müssen.

(3) Eine großherzogliche Verordnung[97] legt die Kriterien fest, welche die OGA sowie Teilfonds von OGA mit mehreren Teilfonds gemäß Artikel 175 Buchstabe d) erfüllen müssen.

(4) Unbeschadet alternativer oder zusätzlicher Kriterien, welche durch großherzogliche Verordnung festgelegt werden können, muss der in Artikel 175 Buchstabe e) Unterpunkt (ii) bezeichnete Index eine adäquate Bezugsgrundlage für den Markt darstellen, auf den er sich bezieht, und in angemessener Weise veröffentlicht werden.

(5) Die in Artikel 174 Absatz (2) und Artikel 175 genannten Voraussetzungen stehen weder der Verwaltung zusätzlicher flüssiger Mittel, gegebenenfalls aus der Platzierung von durch Organismen im Sinne von Artikel 174 Absatz (2) Buchstaben a) und b) ausgegebenen Anteile, noch dem Einsatz von Techniken und Instrumenten zur Absicherung oder zur effektiven Portfolioverwaltung entgegen.

(6) Die Bestimmungen der Artikel 174 bis 176 gelten sinngemäß auch für die einzelnen Teilfonds eines OGA mit mehreren Teilfonds.

Art. 177. Die staatliche Registerverwaltung[98] ist für die steuerliche Aufsicht der OGA zuständig.

Sofern die vorerwähnte Behörde nach Errichtung eines diesem Gesetz unterliegenden OGA feststellt, dass dieser OGA Geschäftstätigkeiten ausübt, die über den von diesem Gesetz festgelegten Rahmen hinausgehen, verlieren die in den Artikeln 172 bis 175 vorgesehenen Steuerbestimmungen ihre Anwendbarkeit.

Außerdem kann die staatliche Registerverwaltung eine Geldbuße von maximal 0,2% auf den Gesamtbetrag des Vermögens des jeweiligen OGA verhängen.

Art. 178. Artikel 156 Ziffer 8) Buchstabe c) des geänderten Gesetzes vom 4. Dezember 1967 über die Einkommensteuer wird geändert und wie folgt ergänzt: „c) unter die Ziffern 8a und 8b fallen jedoch nicht Einnahmen aus dem Verkauf einer Beteiligung an einem Organismus für gemeinsame Anlagen in Form einer Gesellschaft, an einer Investmentgesellschaft zur Anlage in Risikokapital oder an einer Verwaltungsgesellschaft für Familienvermögen *(société de gestion de patrimoine familiale)*."

Art. 179. OGA, die außerhalb des Hoheitsgebiets von Luxemburg niedergelassen sind, sind von der Körperschaftssteuer, Gewerbesteuer und Vermögenssteuer befreit, wenn sie ihre tatsächliche Geschäftsleitung oder ihre Hauptverwaltung im Gebiet von Luxemburg haben.

24. Kapitel – Besondere Bestimmungen im Hinblick auf die Rechtsform

Art. 180. (1) Die auf der in Artikel 130 Absatz (1) vorgesehenen Liste eingetragenen Investmentgesellschaften können in eine SICAV umgewandelt werden, und ihre Satzung kann durch Beschluss einer Generalversammlung, der unabhängig vom vertretenen Kapital mit zwei Dritteln der anwesen-

---

[96] Großherzogliche Verordnung vom 14. April 2003 über die Festlegung der Bedingungen und Kriterien für die Anwendung der Abonnementsteuer im Sinne von Artikel 129 des Gesetzes vom 20. Dezember 2002 über Organismen für gemeinsame Anlagen.
[97] Großherzogliche Verordnung vom 14. Juli 2010 über die Bedingungen und Kriterien für die Befreiung von Organismen für gemeinsame Anlagen und spezialisierte Investmentfonds, welche in die Mikrofinanz anlegen, von der Abonnementsteuer in Anwendung der Artikel 20 und 21 des Gesetzes vom 18. Dezember 2009 betreffend den Staatshaushalt für das Jahr 2010.
[98] *Administration de l'Enregistrement.*

den oder vertretenen Anteilinhaber gefasst werden muss, an die Bestimmungen des 3. Kapitels bzw. an die des 12. Kapitels dieses Gesetzes angepasst werden.

(2) Investmentfonds im Sinne des 2. Kapitels oder gegebenenfalls des 11. Kapitels dieses Gesetzes können zu denselben Bedingungen wie in vorstehendem Absatz (1) in eine dem 3. Kapitel oder gegebenenfalls dem 12. Kapitel dieses Gesetzes unterliegende SICAV umgewandelt werden.

Art. 181. (1) OGA können die Rechtsform eines Umbrella-Fonds mit einzelnen Teilfonds aufweisen, die jeweils einen separaten Teil des Vermögens des OGA umfassen.

(2) Im Verwaltungsreglement oder den Gründungsunterlagen eines OGA muss diese Möglichkeit, ebenso wie die diesbezüglichen Modalitäten, ausdrücklich vorgesehen sein. Der Prospekt muss eine Beschreibung der spezifischen Anlagepolitik jedes Teilfonds enthalten.

(3) Die Anteile eines Umbrella-Fonds können, je nach der gewählten Rechtsform, einen unterschiedlichen Wert besitzen und mit oder ohne Wertangabe ausgegeben werden.

(4) Umbrella-Fonds können teilfondsspezifische Verwaltungsreglements mit den je Teilfonds relevanten Charakteristika und Bestimmungen erlassen.

(5) Die Rechte der Anteilinhaber und Gläubiger im Hinblick auf einen Teilfonds oder die Rechte, die im Zusammenhang mit der Gründung, der Verwaltung oder der Liquidation eines Teilfonds stehen, beschränken sich, vorbehaltlich einer anderslautenden Vereinbarung im Verwaltungsreglement oder den Gründungsunterlagen, auf die Vermögenswerte dieses Teilfonds.

Die Vermögenswerte eines Teilfonds haften, vorbehaltlich einer anderslautenden Vereinbarung im Verwaltungsreglement oder den Gründungsunterlagen, ausschließlich im Umfang der Anlagen der Anleger in diesem Teilfonds und im Umfang der Forderungen derjenigen Gläubiger, deren Forderungen im Zusammenhang mit der Gründung, der Verwaltung oder der Liquidation dieses Teilfonds entstanden sind.

Vorbehaltlich einer anderslautenden Vereinbarung im Verwaltungsreglement oder den Gründungsunterlagen wird im Verhältnis der Anteilinhaber untereinander jeder Teilfonds als eigenständige Einheit behandelt.

(6) Jeder Teilfonds eines OGA kann einzeln liquidiert werden, ohne dass dies die Liquidation eines anderen Teilfonds zur Folge hat. Nur die Liquidation des letzten verbleibenden Teilfonds eines OGA führt automatisch auch zur Liquidation des OGA im Sinne von Artikel 145 Absatz (1) dieses Gesetzes. In diesem Fall ist die Ausgabe von Anteilen, sollte der OGA eine Gesellschaft sein, ab dem Auftreten der die Liquidation des OGA nach sich ziehenden Tatsache mit der Folge der Nichtigkeit untersagt, es sei denn, diese Ausgabe wäre zum Zwecke der Liquidation erforderlich.

(7) Die Zulassung eines Teilfonds eines OGA im Sinne von Artikeln 2 und 87 dieses Gesetzes ist an die Bedingung geknüpft, dass alle Rechts-, Aufsichts- und Vertragsbestimmungen in Bezug auf seine Organisation und Funktionsfähigkeit eingehalten werden. Der Entzug der Zulassung eines Teilfonds gibt keinen Anlass, den OGA insgesamt von der in Artikel 130 Absatz (1) vorgesehenen Liste zu streichen.

(8) Ein Teilfonds eines OGA kann, vorbehaltlich der im Verwaltungsreglement oder den Gründungsunterlagen sowie im Prospekt vorgesehenen Bedingungen, die von einem oder mehreren anderen Teilfonds desselben OGA auszugebenden oder ausgegebenen Anteile zeichnen, erwerben und/oder halten, ohne dass dieser OGA, sollte er in der Form einer Gesellschaft gegründet sein, den Vorschriften des geänderten Gesetzes vom 10. August 1915 über die Handelsgesellschaften betreffend die Zeichnung, den Erwerb und/oder das Halten eigener Aktien durch eine Gesellschaft unterliegt.

Dies gilt jedoch nur unter der Bedingung, dass:
– der Zielteilfond nicht selbst in den Teilfonds, welcher in den Zielteilfonds investiert, anlegt und
– gemäß dem Verwaltungsreglement oder den Gründungsunterlagen des OGA, der Anteil der Vermögenswerte, den die Zielteilfonds, deren Erwerb vorgesehen ist, insgesamt in Anteile anderer Zielteilfonds des selben OGA[99] anlegen können, 10 % nicht übersteigt und
– das Stimmrecht, das gegebenenfalls den jeweiligen Anteilen zugeordnet ist, so lange ausgesetzt wird, wie die Anteile vom betroffenen Teilfonds gehalten werden, unbeschadet einer ordnungsgemäßen Abwicklung der Buchführung und der regelmäßigen Berichte und
– bei Berechnung des Nettovermögens des OGA zur Überprüfung des von diesem Gesetz vorgesehenen Mindestnettovermögens von OGA der Wert dieser Anteile keinesfalls berücksichtigt wird, solange sie von dem OGA gehalten werden.

---

[99] Obwohl der französische Originaltext des Gesetzes wörtlich auf „Anteile anderer Zielteilfonds desselben OGA" *(parts d'autres compartiments cibles du même OPC)* abstellt, sollte hier wie auch in Artikel 191 des Gesetzes auf „Anteile anderer OGA" *(parts d'autres OPC)* abgestellt werden.

Art. 182. Sämtliche Vorschriften dieses Gesetzes, die sich auf die „Aktiengesellschaft" beziehen, sind in dem Sinne zu verstehen, dass sie auch auf die „Europäische Aktiengesellschaft (SE)" Anwendung finden.

25. Kapitel – Übergangsbestimmungen

Art. 183. (1) OGAW, die Teil I des geänderten Gesetzes vom 20. Dezember 2002 über Organismen für gemeinsame Anlagen unterworfen sind und die vor dem Inkrafttreten dieses Gesetzes gegründet wurden, können bis zum 1. Juli 2011 wahlweise vorgenanntem geänderten Gesetz vom 20. Dezember 2002 unterworfen bleiben oder sich diesem Gesetz unterwerfen. Ab dem 1. Juli 2011 gelten für sie von Rechts wegen die Bestimmungen dieses Gesetzes.

Die Gründung eines neuen Teilfonds hat keinen Einfluss auf die im vorgenannten Absatz genannte Wahlmöglichkeit. Diese Wahlmöglichkeit muss für den ganzen OGAW, d.h. alle Teilfonds zusammengenommen, ausgeübt werden.

(2) OGAW, im Sinne von Artikel 2 des geänderten Gesetzes vom 20. Dezember 2002 über Organismen für gemeinsame Anlagen, mit Ausnahme der von Artikel 3 des vorgenannten Gesetzes erfassten OGAW, die zwischen dem Tag des Inkrafttretens dieses Gesetzes[100] und dem 1. Juli 2011 gegründet wurden, können sich wahlweise dem vorgenannten geänderten Gesetz vom 20. Dezember 2002 oder diesem Gesetz unterwerfen. Ab dem 1. Juli 2011 gelten für sie von Rechts wegen die Bestimmungen dieses Gesetzes.

(3) Alle ab dem 1. Juli 2011 gegründeten OGAW unterliegen von Rechts wegen den Bestimmungen dieses Gesetzes.

(4) OGA, die keine OGAW im Sinne der Absätze (1) und (2) sind und die vor dem Datum des Inkrafttretens dieses Gesetzes gegründet wurden, unterliegen von Rechts wegen den Bestimmungen dieses Gesetzes.

Diese OGA müssen bis zum 1. Juli 2012 den Artikeln 95 Absatz (2) und 99 Absatz (6) Unterabsatz 2 entsprechen, soweit diese Artikel für sie Anwendung finden.

(5) Für nach dem Datum des Inkrafttretens dieses Gesetzes gegründete OGA gelten von Rechts wegen die Bestimmungen dieses Gesetzes, es sei denn, sie fallen in den Anwendungsbereich eines Spezialgesetzes.[101]

(6) Für OGA Luxemburger Rechts, die am 1. Juli 2011 bereits bestehen und die bis zu diesem Zeitpunkt dem geänderten Gesetz vom 20. Dezember 2002 über Organismen für gemeinsame Anlagen unterlagen, gelten sämtliche Verweise im Verwaltungsreglement oder den Gründungsunterlagen auf das geänderte Gesetz vom 20. Dezember 2002 über Organismen für gemeinsame Anlagen als Verweise auf dieses Gesetz.

Art. 184. (1) Verwaltungsgesellschaften, die Kapitel 13 des geänderten Gesetzes vom 20. Dezember 2002 über Organismen für gemeinsame Anlagen unterliegen und vor dem Inkrafttreten dieses Gesetzes gegründet wurden, können bis zum 1. Juli 2011 wahlweise weiterhin dem vorgenannten geänderten Gesetz von 20. Dezember 2002 unterworfen bleiben oder sich diesem Gesetz unterwerfen. Ab dem 1. Juli 2011 gelten für sie von Rechts wegen die Bestimmungen dieses Gesetzes.

(2) Verwaltungsgesellschaften, die Kapitel 13 des geänderten Gesetzes vom 20. Dezember 2002 über Organismen für gemeinsame Anlagen unterliegen und zwischen dem Inkrafttreten dieses Gesetzes und dem 1. Juli 2011 gegründet wurden, können bis zum 1. Juli 2011 wahlweise weiterhin dem vorgenannten geänderten Gesetz vom 20. Dezember 2002 unterworfen bleiben oder sich Kapitel 15 dieses Gesetzes unterwerfen. Ab dem 1. Juli 2011 gelten für sie von Rechts wegen die Bestimmungen dieses Gesetzes.

(3) Verwaltungsgesellschaften, die Kapitel 14 des geänderten Gesetzes vom 20. Dezember 2002 über Organismen für gemeinsame Anlagen unterliegen und vor dem Inkrafttreten dieses Gesetzes gegründet wurden, unterliegen von Rechts wegen den Bestimmungen dieses Gesetzes und somit Kapitel 16 dieses Gesetzes. Sie haben bis zum 1. Juli 2012 Artikel 125 Absatz (1) Unterabsatz 6 zu erfüllen.

(4) Nach dem Datum des Inkrafttretens dieses Gesetzes ist es nicht mehr möglich, Verwaltungsgesellschaften gemäß Kapitel 14 des geänderten Gesetzes vom 20. Dezember 2002 über Organismen für gemeinsame Anlagen zu gründen.

---

[100] Dieses Gesetz trat am 1. Januar 2011 in Kraft.
[101] Dies trifft zu für OGA, die dem Gesetz vom 13. Februar 2007 über spezialisierte Investmentfonds unterliegen.

(5) Verwaltungsgesellschaften, die eine Genehmigung zur Verwaltung von OGAW vor dem Inkrafttreten dieses Gesetzes gemäß dem geänderten Gesetz vom 20. Dezember 2002 über Organismen für gemeinsame Anlagen erhalten haben, gelten auch für die Zwecke dieses Gesetzes als genehmigt.

(6) Wertpapierfirmen im Sinne von Kapitel 2 Abschnitt 2 Unterabschnitt 1 des geänderten Gesetzes vom 5. April 1993 über den Finanzsektor deren Zulassung sich auf das Erbringen von Dienstleistungen im Sinne von Anhang II Abschnitt A Ziffern 4 und 5 des vorgenannten Gesetzes[102] beschränkt, kann gemäß diesem Gesetz gestattet werden, Investmentfonds und Investmentgesellschaften zu verwalten und die Bezeichnung „Verwaltungsgesellschaft" zu führen. In diesem Fall müssen diese Wertpapierfirmen ihre auf der Grundlage des geänderten Gesetzes vom 5. April 1993 über den Finanzsektor erteilte Zulassung zurückgeben. Sie unterliegen dem vorstehenden Absatz (1).

(7) Für am 1. Juli 2011 bereits bestehende Verwaltungsgesellschaften Luxemburger Rechts, die bis zu diesem Zeitpunkt dem geänderten Gesetz vom 20. Dezember 2002 über Organismen für gemeinsame Anlagen unterlagen, gelten sämtliche Verweise in ihren Gründungsunterlagen auf das geänderte Gesetz vom 20. Dezember 2002 über Organismen für gemeinsame Anlagen als Verweise auf dieses Gesetz.

Art. 185. Zwischen dem Zeitpunkt des Inkrafttretens dieses Gesetzes und dem 1. Juli 2011 können sich OGAW und Verwaltungsgesellschaften, die in anderen Mitgliedstaaten zugelassen sind, nur dann auf die Bestimmungen dieses Gesetzes in einer grenzüberschreitenden Situation berufen, wenn die Bestimmungen der Richtlinie 2009/65/EG in ihrem Herkunftsstaat umgesetzt wurden.

Art. 186. Vor dem Inkrafttreten dieses Gesetzes gegründete OGAW sowie zwischen dem Inkrafttreten dieses Gesetzes und dem 1. Juli 2011 gegründete OGAW, welche die Unterwerfung unter die Bestimmungen des geänderten Gesetzes vom 20. Dezember 2002 über Organismen für gemeinsame Anlagen gewählt haben, müssen bis zum 1. Juli 2012 ihren vereinfachten Prospekt, der gemäß Artikel 109 ff. des geänderten Gesetzes vom 20. Dezember 2002 über Organismen für gemeinsame Anlagen erstellt wurde, durch die wesentlichen Informationen für den Anleger im Sinne von Artikel 159 dieses Gesetzes ersetzen.

Art. 186-1. (1) Unbeschadet der in Artikel 58 des Gesetzes vom 12. Juli 2013 über die Verwalter alternativer Investmentfonds vorgesehenen Übergangsbestimmungen oder, falls es sich um einen in einem Drittland ansässigen Verwalter alternativer Investmentfonds handelt, der in Artikel 45 des Gesetzes vom 12. Juli 2013 über die Verwalter alternativer Investmentfonds vorgesehenen Übergangsbestimmungen müssen OGA, die Teil II dieses Gesetzes unterliegen und die von einem gemäß Kapitel 2 des Gesetzes vom 12. Juli 2013 über die Verwalter alternativer Investmentfonds oder gemäß Kapitel II der Richtlinie 2011/61/EU zugelassenen AIFM verwaltet werden, und die vor dem 22. Juli 2013 gegründet wurden, bis zum 22. Juli 2014 die Bestimmungen des Kapitels 10bis dieses Gesetzes erfüllen. Auf diese OGA finden die Artikel 78, 79, 80, 81, 83, 86 und 87 des Gesetzes vom 12. Juli 2013 über die Verwalter alternativer Investmentfonds erst ab dem Datum ihrer Einhaltung dieser Bestimmungen des Kapitels 10bis dieses Gesetzes Anwendung oder spätestens ab dem 22. Juli 2014.

(2) Unbeschadet der in Artikel 58 des Gesetzes vom 12. Juli 2013 über die Verwalter alternativer Investmentfonds vorgesehenen Übergangsbestimmungen oder, falls es sich um einen in einem Drittland ansässigen Verwalter alternativer Investmentfonds handelt, der in Artikel 45 des Gesetzes vom 12. Juli 2013 über die Verwalter alternativer Investmentfonds vorgesehenen Übergangsbestimmungen werden OGA, die Teil II dieses Gesetzes unterliegen und zwischen dem 22. Juli 2013 und dem 22. Juli 2014 gegründet wurden, ab ihrem Gründungsdatum als AIF im Sinne des Gesetzes vom 12. Juli 2013 über die Verwalter alternativer Investmentfonds eingestuft. Diese OGA gemäß Teil II, die von einem gemäß Kapitel 2 des Gesetzes vom 12. Juli 2013 über die Verwalter alternativer Investmentfonds oder gemäß Kapitel II der Richtlinie 2011/61/EU zugelassenen AIFM verwaltet werden, müssen die Bestimmungen des Kapitels 10bis dieses Gesetzes ab ihrer Gründung einhalten. In Abweichung von diesem Grundsatz haben diese OGA gemäß Teil II, die zwischen dem 22. Juli 2013 und dem 22. Juli 2014 mit einem vor dem 22. Juli 2013 die Tätigkeiten eines AIFM ausübenden externen AIFM gegründet wurden, die in Kapitel 10bis dieses Gesetzes aufgeführten Bestimmungen bis spätestens zum 22. Juli 2014 zu erfüllen. Auf diese letztgenannten OGA sind die Artikel 78, 79, 80, 81, 83, 86 und 87 des Gesetzes vom 12. Juli 2013 über die Verwalter alternativer Investmentfonds erst ab dem Datum ihrer Einhaltung der Bestimmungen des Kapitels 10bis dieses Gesetzes oder spätestens ab dem 22. Juli 2014 anwendbar.

---

[102] Anhang II, Abschnitt A, Ziffern 4 und 5: Portfolioverwaltung und Anlageberatung.

(3) Alle OGA, die Teil II dieses Gesetzes unterliegen und nach dem 22. Juli 2014 gegründet werden, unterliegen von Rechts wegen dem Kapitel 10bis dieses Gesetzes. Diese OGA im Sinne des Teils II bzw. deren AIFM unterliegen unbeschadet der in Artikel 3 des Gesetzes vom 12. Juli 2013 über die Verwalter alternativer Investmentfonds und Artikel 45 des Gesetzes vom 12. Juli 2013 über die Verwalter alternativer Investmentfonds genannten Ausnahmevorschriften kraft Gesetzes den Bestimmungen des Gesetzes vom 12. Juli 2013 über die Verwalter alternativer Investmentfonds.

(4) OGA, die unter Teil II dieses Gesetzes fallen und vor dem 22. Juli 2013 gegründet wurden und gemäß dem Gesetz von 12. Juli 2013 über die Verwalter alternativer Investmentfonds als AIF des geschlossenen Typs einzustufen sind und die nach diesem Datum keine zusätzlichen Anlagen vornehmen, müssen nicht von einem nach Kapitel 2 des Gesetzes vom 12. Juli 2013 über die Verwalter alternativer Investmentfonds zugelassenen AIFM verwaltet werden. Diese OGA im Sinne von Teil II müssen lediglich die Artikel dieses Gesetzes einhalten, die auf OGA anwendbar sind, deren AIFM unter die in Artikel 3 des Gesetzes vom 12. Juli 2013 über die Verwalter alternativer Investmentfonds genannten Ausnahmevorschriften fällt und von ihnen Gebrauch macht, mit Ausnahme von Artikel 129 Absatz (2bis).

(5) OGA, die unter Teil II dieses Gesetzes fallen und die im Sinne des Gesetzes vom 12. Juli 2013 über die Verwalter alternativer Investmentfonds als AIF des geschlossenen Typs einzustufen sind und deren Zeichnungsperiode für die Anleger vor dem 22. Juli 2011 abgelaufen ist und die für einen Zeitraum, welcher spätestens drei Jahre nach dem 22. Juli 2013 endet, aufgelegt wurden, müssen weder die Bestimmungen des Gesetzes vom 12. Juli 2013 über die Verwalter alternativer Investmentfonds, mit Ausnahme des Artikels 20 und gegebenenfalls der Artikel 24 bis 28 des Gesetzes vom 12. Juli 2013 über die Verwalter alternativer Investmentfonds, einhalten noch einen Antrag auf Zulassung nach dem Gesetz vom 12. Juli 2013 über die Verwalter alternativer Investmentfonds stellen.

(6) Unter Vorbehalt der Anwendung des Artikels 58 Absatz (3) und (4) des Gesetzes vom 12. Juli 2013 über die Verwalter alternativer Investmentfonds müssen die nach Kapitel 15 dieses Gesetzes zugelassenen Verwaltungsgesellschaften, die vor dem 22. Juli 2013 als ernannte Verwaltungsgesellschaft die Verwaltung eines oder mehrerer AIF im Sinne der Richtlinie 2011/61/EU gewährleisten, bis zum 22. Juli 2014 die Bestimmungen des Artikels 101-1 dieses Gesetzes einhalten.

(7) Unter Vorbehalt der Anwendung des Artikels 58 Absatz (3) und (4) des Gesetzes vom 12. Juli 2013 über die Verwalter alternativer Investmentfonds müssen die nach Kapitel 16 dieses Gesetzes zugelassenen Verwaltungsgesellschaften, die vor dem 22. Juli 2013 als ernannte Verwaltungsgesellschaft die Verwaltung eines oder mehrerer AIF im Sinne der Richtlinie 2011/61/EU gewährleisten, in dem in Artikel 125-2 dieses Gesetzes genannten Fall bis zum 22. Juli 2014 die Bestimmungen des betreffenden Artikels 125-2 einhalten.

26. Kapitel – Änderungen, Aufhebungen und Schlussbestimmungen

Art. 187. Der Verweis in Artikel 6 des Gesetzes vom 13. Februar 2007 über spezialisierte Investmentfonds auf „Teil IV, Kapitel 13 oder 14 des geänderten Gesetzes vom 20. Dezember 2002 über Organismen für gemeinsame Anlagen" wird ersetzt durch „Teil IV, Kapitel 13 des geänderten Gesetzes vom 20. Dezember 2002 über Organismen für gemeinsame Anlagen bzw. Kapitel 15, 16 oder 18 des Gesetzes vom 17. Dezember 2010 über Organismen für gemeinsame Anlagen".

Art. 188. Der Verweis in Artikel 68 Absatz (2) des Gesetzes vom 13. Februar 2007 über spezialisierte Investmentfonds auf „Artikel 129 des geänderten Gesetzes vom 20. Dezember 2002 über Organismen für gemeinsame Anlagen" wird ersetzt durch „Artikel 174 des Gesetzes vom 17. Dezember 2010 über Organismen für gemeinsame Anlagen".

Art. 189. Artikel 26 des geänderten Gesetzes vom 20. Dezember 2002 wird um die Absätze (2), (3) und (4) wie folgt ergänzt:

„(2) Die Satzung einer SICAV und jede Satzungsänderung sind notariell zu beurkunden und wahlweise in französischer, deutscher oder englischer Sprache zu verfassen. Abweichend von den Bestimmungen des Erlasses vom 24. Prairial XI entfällt im Rahmen der Hinterlegung der Urkunde das Erfordernis, eine Übersetzung in eine der Amtssprachen beizufügen, sollte die Urkunde in englischer Sprache verfasst sein.

(3) Abweichend von Artikel 73 Absatz (2) des geänderten Gesetzes vom 10. August 1915 über die Handelsgesellschaften sind SICAV nicht verpflichtet, den Jahresabschluss, den Bericht des zugelassenen Wirtschaftsprüfers, den Geschäftsbericht und gegebenenfalls den Bericht des Aufsichtsrats zeitgleich mit der Einberufung zur jährlichen Generalversammlung an die Inhaber von Namensanteilen zu

versenden. Im Einberufungsschreiben werden der Ort und die Modalitäten für die Bereitstellung dieser Dokumente angegeben und dargelegt, dass jeder Anteilinhaber die Zusendung des Jahresabschlusses, des Berichts des zugelassenen Wirtschaftsprüfers, des Geschäftsberichts und gegebenenfalls des Berichts des Aufsichtsrats verlangen kann.

(4) Die Einberufungsschreiben zu den Generalversammlungen der Anteilinhaber können vorsehen, dass das Anwesenheitsquorum und die Mehrheitserfordernisse in der Generalversammlung entsprechend der Anzahl der am fünften Tag um Mitternacht (Ortszeit Luxemburg) vor der Generalversammlung (nachfolgend „Stichtag") ausgegebenen und im Umlauf befindlichen Anteile bestimmt werden. Die Rechte eines Anteilinhabers zur Teilnahme an einer Generalversammlung und zur Ausübung der mit seinen Anteilen verbundenen Stimmrechte werden entsprechend der Anzahl der am Stichtag von diesem Anteilinhaber gehaltenen Anteile bestimmt."

Art. 190. Artikel 75 des geänderten Gesetzes vom 20. Dezember 2002 wird um die Absätze (7), (8) und (9) wie folgt ergänzt:

„(7) Die Satzung und jede Satzungsänderung eines OGA, der in einer der gemäß Artikel 2 des geänderten Gesetzes vom 10. August 1915 über die Handelsgesellschaften vorgesehenen Gesellschaftsformen gegründet ist, sind notariell zu beurkunden und wahlweise in französischer, deutscher oder englischer Sprache zu verfassen. Abweichend von den Bestimmungen des Erlasses vom 24. Prairial XI entfällt im Rahmen der Hinterlegung der Urkunde das Erfordernis, eine Übersetzung in eine der Amtssprachen beizufügen, sollte die Urkunde in englischer Sprache verfasst sein.

(8) Abweichend von Artikel 73 Absatz (2) des geänderten Gesetzes vom 10. August 1915 über die Handelsgesellschaften sind OGA im Sinne dieses Kapitels in Form einer Aktiengesellschaft oder einer Kommanditgesellschaft auf Aktien nicht verpflichtet, den Jahresabschluss, sowie den Bericht des zugelassenen Wirtschaftsprüfers, den Geschäftsbericht und gegebenenfalls den Bericht des Aufsichtsrats zeitgleich mit der Einberufung zur jährlichen Generalversammlung an die Inhaber von Namensanteilen zu versenden. Im Einberufungsschreiben werden der Ort und die Modalitäten für die Bereitstellung dieser Dokumente angegeben und dargelegt, dass jeder Anteilinhaber die Zusendung des Jahresabschlusses, des Berichts des zugelassenen Wirtschaftsprüfers, des Geschäftsberichts und gegebenenfalls des Berichts des Aufsichtsrats verlangen kann.

(9) Die Einberufungsschreiben zu den Generalversammlungen der Anteilinhaber können vorsehen, dass das Anwesenheitsquorum und die Mehrheitserfordernisse in der Generalversammlung entsprechend der Anzahl der am fünften Tag um Mitternacht (Ortszeit Luxemburg) vor der Generalversammlung (nachfolgend „Stichtag") ausgegebenen und im Umlauf befindlichen Anteile bestimmt werden. Die Rechte eines Anteilinhabers zur Teilnahme an einer Generalversammlung und zur Ausübung der mit seinen Anteilen verbundenen Stimmrechte werden entsprechend der Anzahl der am Stichtag von diesem Anteilinhaber gehaltenen Anteilen bestimmt."

Art. 191. Artikel 133 des geänderten Gesetzes vom 20. Dezember 2002 wird um einen neuen Absatz (7) wie folgt ergänzt:

„(7) Ein Teilfonds eines OGA kann, vorbehaltlich der im Verwaltungsreglement oder den Gründungsunterlagen sowie im Prospekt vorgesehenen Bedingungen, die von einem oder mehreren anderen Teilfonds desselben OGA auszugebenden oder ausgegebenen Anteile zeichnen, erwerben und/ oder halten, ohne dass dieser OGA, sollte er in der Form einer Gesellschaft gegründet sein, den Vorschriften des geänderten Gesetzes vom 10. August 1915 über die Handelsgesellschaften betreffend die Zeichnung, den Erwerb und/oder das Halten eigener Aktien durch eine Gesellschaft unterliegt.

Dies gilt jedoch nur unter der Bedingung, dass:
– der Zielteilfonds nicht selbst in den Teilfonds, welcher in den Zielteilfonds investiert, anlegt und
– gemäß dem Verwaltungsreglement oder den Gründungsunterlagen des OGA, der Anteil der Vermögenswerte, den die Zielteilfonds, deren Erwerb vorgesehen ist, insgesamt in Anteile anderer OGA anlegen können, 10 % nicht übersteigt und
– das Stimmrecht, das gegebenenfalls den jeweiligen Anteilen zugeordnet ist, so lange ausgesetzt wird, wie die Anteile vom betroffenen Teilfonds gehalten werden, unbeschadet einer ordnungsgemäßen Abwicklung der Buchführung und der regelmäßigen Berichte und
– bei Berechnung des Nettovermögens des OGA zur Überprüfung des von diesem Gesetz vorgesehenen Mindestnettovermögens von OGA der Wert dieser Anteile keinesfalls berücksichtigt wird, solange sie von dem OGA gehalten werden und
– es keine Verdopplung der Verwaltungs-/Zeichnungs- oder Rücknahmegebühren auf Ebene des Teilfonds des OGA, welcher in den Zielteilfonds anlegt, und auf Ebene dieses Zielteilfonds gibt."

C. Luxemburg

Art. 192. Das geänderte Gesetz vom 20. Dezember 2002 über Organismen für gemeinsame Anlagen wird mit Wirkung zum 1. Juli 2012 aufgehoben, mit Ausnahme der Artikel 127 und 129, welche bereits mit Wirkung zum 1. Januar 2011 aufgehoben sind.

Art. 193. Die Bezugnahme auf dieses Gesetz kann in verkürzter Form durch Verwendung folgenden Titels erfolgen: „Gesetz vom 17. Dezember 2010 über Organismen für gemeinsame Anlagen".

Art. 194. Dieses Gesetz tritt am ersten Tag des Monats nach seiner Veröffentlichung im Mémorial[103] in Kraft.

Anhang 1

Schema A

1. Informationen über den Investmentfonds	1. Informationen über die Verwaltungsgesellschaft, einschließlich der Angabe, ob die Verwaltungsgesellschaft in einem anderen Mitgliedstaat als dem Herkunftsmitgliedstaat des OGAW niedergelassen ist.	1. Informationen über die Investmentgesellschaft
1.1. Bezeichnung	1.1. Bezeichnung oder Firma, Rechtsform, Satzungssitz und Sitz der Hauptverwaltung, wenn dieser nicht mit dem Satzungssitz zusammenfällt	1.1. Bezeichnung oder Firma, Rechtsform, Satzungssitz und Sitz der Hauptverwaltung, wenn dieser nicht mit dem Satzungssitz zusammenfällt
1.2. Gründungsdatum des Investmentfonds, Angabe der Dauer, falls diese begrenzt ist	1.2. Gründungsdatum der Gesellschaft, Angabe der Dauer, falls diese begrenzt ist	1.2. Gründungsdatum der Gesellschaft, Angabe der Dauer, falls diese begrenzt ist
1.3. Im Falle eines Umbrella-Fonds, Auflistung der Teilfonds	1.3. Falls die Gesellschaft weitere Investmentfonds verwaltet, Angabe dieser weiteren Investmentfonds	1.3. Im Falle einer Investmentgesellschaft in der Form eines Umbrella-Fonds, Auflistung der Teilfonds
1.4. Angabe der Stelle, bei der das Verwaltungsreglement, wenn auf dessen Beifügung verzichtet wird, sowie die periodischen Berichte erhältlich sind		1.4. Angabe der Stelle, bei der die Gründungsunterlagen, wenn auf deren Beifügung verzichtet wird, sowie die periodischen Berichte erhältlich sind
1.5. Kurzangaben über die auf den Investmentfonds anwendbaren Steuervorschriften, wenn sie für den Anteilinhaber von Bedeutung sind. Angaben dazu, ob auf die von den Anteilinhabern aus dem Investmentfonds bezogenen Einkünfte und Kapi-		1.5. Kurzangaben über die auf die Gesellschaft anwendbaren Steuervorschriften, wenn sie für den Anteilinhaber von Bedeutung sind. Angaben darüber, ob auf die von den Anteilinhabern aus der Gesellschaft bezogenen Einkünfte und

---

[103] Das Gesetz wurde am 24. Dezember 2010 im *Mémorial A Recueil de législation* veröffentlicht und trat daher am 1. Januar 2011 in Kraft.

talerträge Quellensteuern erhoben werden	Kapitalerträge Quellensteuern erhoben werden
1.6. Stichtag für Jahresabschluss und Ausschüttungen	1.6. Stichtag für Jahresabschluss und Ausschüttungen
1.7. Name der Personen, die mit der Prüfung der in Artikel 148 vorgesehenen Rechnungslegungsdaten beauftragt sind	1.7. Name der Personen, die mit der Prüfung der in Artikel 148 vorgesehenen Rechnungslegungsdaten beauftragt sind
1.8. Name und Funktion der Mitglieder der Verwaltungs-, Leitungs- und Aufsichtsorgane, Angaben zu den Hauptfunktionen, die diese Personen außerhalb der Gesellschaft ausüben, wenn sie für diese von Bedeutung sind	1.8. Name und Funktion der Mitglieder der Verwaltungs-, Leitungs- und Aufsichtsorgane, Angaben zu den Hauptfunktionen, die diese Personen außerhalb der Gesellschaft ausüben, wenn sie für diese von Bedeutung sind
1.9. Höhe des gezeichneten Kapitals mit Angabe des eingezahlten Kapitals	1.9. Kapital
1.10. Angabe der Art und der Hauptmerkmale der Anteile, insbesondere: – Art des Rechts (dingliches, Forderungs- oder anderes Recht), das der Anteil repräsentiert – Original-Urkunden oder Zertifikate über diese Urkunden, Eintragung in einem Register oder auf einem Konto – Merkmale der Anteile: Namens- oder Inhaberpapiere, gegebenenfalls Angabe der Stückelung – Beschreibung des Stimmrechts der Anteilinhaber, falls ein solches vorgesehen ist – Voraussetzungen, unter denen die Liquidation des Investmentfonds beschlossen werden kann und Einzelheiten der Auflösung, insbesondere in Bezug auf die Rechte der Anteilinhaber	1.10. Angabe der Art und der Hauptmerkmale der Anteile, insbesondere: – Original-Urkunden oder Zertifikate über diese Urkunden, Eintragung in einem Register oder auf einem Konto – Merkmale der Anteile: Namens- oder Inhaberpapiere, gegebenenfalls Angabe der Stückelung – Beschreibung des Stimmrechts der Anteilinhaber – Voraussetzungen, unter denen die Auflösung der Investmentgesellschaft beschlossen werden kann und Einzelheiten der Liquidation, insbesondere in Bezug auf die Rechte der Anteilinhaber
1.11. Gegebenenfalls Angabe der Börsen oder Märkte, an denen die Anteile no-	1.11. Gegebenenfalls Angabe der Börsen oder Märkte, an denen die Anteile no-

tiert oder gehandelt werden		tiert oder gehandelt werden
1.12. Modalitäten und Bedingungen für die Ausgabe und/oder den Verkauf der Anteile		1.12. Modalitäten und Bedingungen für die Ausgabe und/oder den Verkauf der Anteile
1.13. Modalitäten und Bedingungen der Rücknahme oder Auszahlung der Anteile und Voraussetzungen, unter denen diese ausgesetzt werden kann Im Falle eines Investmentfonds in der Form eines Umbrella-Fonds, Angaben über die Modalitäten, nach denen ein Anteilinhaber von einem Teilfonds in einen anderen Teilfonds wechseln kann sowie die mit diesem Wechsel verbundenen Kosten.		1.13. Modalitäten und Bedingungen der Rücknahme oder Auszahlung der Anteile und Voraussetzungen, unter denen diese ausgesetzt werden kann Im Falle einer Investmentgesellschaft in der Form eines Umbrella-Fonds Angaben über die Modalitäten, nach denen ein Anteilinhaber von einem Teilfonds in einen anderen Teilfonds wechseln kann sowie die mit diesem Wechsel verbundenen Kosten
1.14. Beschreibung der Regeln für die Ermittlung und Verwendung der Erträge		1.14. Beschreibung der Regeln für die Ermittlung und Verwendung der Erträge
1.15. Beschreibung der Anlageziele des Investmentfonds, einschließlich der finanziellen Ziele (zB Kapital- oder Ertragssteigerung), der Anlagepolitik (zB Konzentration auf bestimmte geographische Gebiete oder Wirtschaftsbereiche), Beschreibung etwaiger Beschränkungen bei dieser Anlagepolitik sowie Angaben zu etwaigen Techniken und Instrumenten oder Befugnissen zur Kreditaufnahme, von denen bei der Verwaltung des Investmentfonds Gebrauch gemacht werden kann		1.15. Beschreibung der Anlageziele der Gesellschaft, einschließlich der finanziellen Ziele (zB Kapital- oder Ertragssteigerung), der Anlagepolitik (zB Konzentration auf bestimmte geographische Gebiete oder Wirtschaftsbereiche), Beschreibung etwaiger Beschränkungen bei dieser Anlagepolitik sowie Angaben zu etwaigen Techniken und Instrumenten oder Befugnissen im Bereich der Kreditaufnahme, von denen bei der Verwaltung der Gesellschaft Gebrauch gemacht werden kann
1.16. Regeln für die Vermögensbewertung		1.16. Regeln für die Vermögensbewertung
1.17. Ermittlung der Verkaufs- oder Ausgabepreise sowie der Auszahlungspreise oder Rücknahmepreise der Anteile, insbesondere: – Methode und Häufigkeit der Berechnung dieser Preise		1.17. Ermittlung der Verkaufs- oder Ausgabepreise sowie der Auszahlungspreise oder Rücknahmepreise der Anteile, insbesondere: – Methode und Häufigkeit der Berechnung dieser Preise

– Angabe der mit dem Verkauf, der Ausgabe, der Rücknahme und der Auszahlung der Anteile verbundenen Kosten – Angaben über Art, Ort und Häufigkeit der Veröffentlichung dieser Preise		– Angabe der mit dem Verkauf oder der Ausgabe und der Rücknahme oder der Auszahlung der Anteile verbundenen Kosten – Angaben über Art, Ort und Häufigkeit der Veröffentlichung dieser Preise
1.18. Angaben über Methode, Höhe und Berechnung der zu Lasten des Investmentfonds gehenden Vergütungen für die Verwaltungsgesellschaft, die Verwahrstelle oder Dritte sowie die Erstattung sämtlicher Kosten der Verwaltungsgesellschaft, der Verwahrstelle oder Dritter durch den Investmentfonds		1.18. Angaben über Methode, Höhe und Berechnung der von der Gesellschaft zu leistenden Vergütungen bzw. zu erstattenden Kosten an ihre Geschäftsleiter und Mitglieder der Verwaltungs-, Leitungs- und Aufsichtsorgane, an die Verwahrstelle oder an Dritte

2. Informationen über die Verwahrstelle:
    2.1. Name oder Bezeichnung, Rechtsform, Satzungssitz und Sitz der Hauptverwaltung, wenn dieser nicht mit dem Satzungssitz zusammenfällt
    2.2. Haupttätigkeit
3. Angaben über die externen Beratungsfirmen oder Anlageberater, soweit ihre Dienste auf Vertragsbasis in Anspruch genommen werden und die Vergütung hierfür dem Vermögen des OGAW entnommen wird:
    3.1. Name der Firma oder des Beraters
    3.2. Einzelheiten des Vertrages mit der Verwaltungsgesellschaft oder der Investmentgesellschaft, die für die Anteilinhaber von Interesse sind, mit Ausnahme von Einzelheiten betreffend die Vergütungen
    3.3. Andere Tätigkeiten von Bedeutung
4. Angaben über die Maßnahmen, die getroffen wurden, um die Zahlungen an die Anteilinhaber, die Rücknahme oder Auszahlung der Anteile sowie die Verbreitung der Informationen über den OGAW vorzunehmen. Diese Angaben sind auf jeden Fall in Luxemburg zu machen. Falls ferner die Anteile in einem anderen Mitgliedstaat vertrieben werden, sind die vorgenannten Angaben im Hinblick auf diesen Mitgliedstaat zu machen und in den dort verwendeten Prospekt aufzunehmen
5. Sonstige Angaben über die Anlagen:
    5.1 Gegebenenfalls bisherige Ergebnisse des OGAW – diese Angaben können entweder im Prospekt enthalten oder diesem beigefügt sein;
    5.2 Profil des typischen Anlegers, für den der OGAW konzipiert ist;
    5.3 Im Falle einer Investmentgesellschaft oder eines Investmentfonds in der Form eines Umbrella-Fonds müssen die unter Punkt 5.1 und 5.2 genannten Angaben für jeden Teilfonds erfolgen
6. Wirtschaftliche Informationen:
    6.1 Etwaige sonstige Kosten und Gebühren, die über die unter Punkt 1.17 genannten Kosten hinausgehen, aufgeschlüsselt danach, ob sie vom Anteilinhaber zu entrichten sind oder aus dem Vermögen des OGAW zu zahlen sind

Schema B
Informationen, die in den periodischen Berichten enthalten sein müssen

I. Vermögensstand:
 – Wertpapiere,
 – Bankguthaben,
 – sonstige Vermögenswerte,

- Vermögen insgesamt,
- Verbindlichkeiten,
- Nettoinventarwert.

II. Anzahl der im Umlauf befindlichen Anteile

III. Nettoinventarwert je Anteil

IV. *Wertpapierbestand, wobei zu unterscheiden ist zwischen:*
   a) Wertpapieren, die zur amtlichen Notierung an einer Wertpapierbörse zugelassen sind,
   b) Wertpapieren, die auf einem anderen geregelten Markt gehandelt werden,
   c) in Artikel 41 Absatz (1) Buchstabe d) bezeichneten Wertpapieren,
   d) den sonstigen, in Artikel 41 Absatz (2) Buchstabe a) bezeichneten Wertpapieren,
   sowie eine Gliederung nach den geeignetsten Kriterien unter Berücksichtigung der Anlagepolitik des OGAW (zum Beispiel nach wirtschaftlichen oder geographischen Kriterien oder nach Devisen), nach prozentualen Anteilen am Nettovermögen; für jedes vorstehend bezeichnete Wertpapier Angabe seines Anteils am Gesamtvermögen des OGAW.
   Angaben der Veränderungen in der Zusammensetzung des Wertpapierbestandes während des Berichtszeitraums.

V. *Angaben über die Entwicklung des Vermögens des OGAW während des Berichtszeitraums, die Folgendes umfassen:*
   - Erträge aus Anlagen,
   - sonstige Erträge,
   - Aufwendungen für die Verwaltung,
   - Aufwendungen für die Verwahrstelle,
   - sonstige Kosten, Gebühren und Steuern,
   - Nettoertrag,
   - Ausschüttungen und wiederangelegte Erträge,
   - Erhöhung oder Verminderung der Kapitalrechnung,
   - Mehr- oder Minderwert der Anlagen,
   - etwaige sonstige Änderungen, die das Vermögen und die Verbindlichkeiten des OGAW betreffen,
   - Transaktionskosten, die dem OGAW bei Geschäften seines Wertpapierbestandes entstehen.

VI. *Vergleichende Übersicht über die letzten drei Geschäftsjahre, wobei zum Ende jedes Geschäftsjahres Folgendes anzugeben ist:*
   - gesamter Nettovermögenswert,
   - Nettoinventarwert je Anteil.

VII. *Angabe des Betrages der bestehenden Verbindlichkeiten aus vom OGAW im Berichtszeitraum getätigten Geschäften im Sinne von Artikel 43, wobei nach Kategorien zu differenzieren ist*

Anhang II

Aufgaben, die in die gemeinsame Portfolioverwaltung einbezogen sind
- Anlageverwaltung
- Administrative Tätigkeiten:
   a) gesetzlich vorgeschriebene und im Rahmen der Fondsverwaltung vorgeschriebene Rechnungslegungsdienstleistungen,
   b) Kundenanfragen,
   c) Bewertung und Preisfestsetzung (einschließlich Steueraspekte[104]),
   d) Überwachung der Einhaltung der Rechtsvorschriften,
   e) Führung des Anteilinhaberregisters,
   f) Gewinnausschüttung,
   g) Ausgabe und Rücknahme von Anteilen,
   h) Kontraktabrechnungen (einschließlich Versand der Zertifikate),
   i) Führung von Aufzeichnungen.
- Vertrieb

---

[104] In der amtlichen deutschen Fassung der Richtlinie 2009/65/EG Anhang II wird der französische Begriff aspects *fiscaux* mit *Steuererklärungen* wiedergegeben. In der vorliegenden Übersetzung wurde der allgemeinere Terminus *Steueraspekte* gewählt, um eine einschränkende Festlegung auf den Begriff Steuererklärung im Sinne von *déclaration fiscale* zu vermeiden.

2. Gesetz vom 13.2.2007 über spezialisierte Investmentfonds (SIF)

Gesetz vom 13. Februar 2007 über spezialisierte Investmentfonds
Konsolidierte Fassung vom 15. Juli 2013 (SIF)

Teil I – Auf spezialisierte Investmentfonds anwendbare allgemeine Bestimmungen

Kapitel 1 – Allgemeine Bestimmungen und Anwendungsbereich

Art. 1. (1) Für die Zwecke dieses Gesetzes gelten als spezialisierte Investmentfonds[1] alle Organismen für gemeinsame Anlagen mit Sitz in Luxemburg:
- deren ausschließlicher Zweck darin besteht, die ihnen zur Verfügung stehenden Mittel nach dem Grundsatz der Risikostreuung für gemeinsame Rechnung in Vermögenswerte anzulegen und den Anlegern das Ergebnis der Verwaltung ihrer Vermögenswerte zukommen zu lassen und
- die ihre Anteile[2] einem oder mehreren sachkundigen Anlegern[3] vorbehalten und
- deren Gründungsunterlagen oder Emissionsdokumente oder Gesellschaftsvertrag vorsehen, dass sie den Bestimmungen dieses Gesetzes unterliegen.

Unter „Verwaltung" im Sinne des ersten Gedankenstrichs wird eine Tätigkeit, welche zumindest die Portfolioverwaltung umfasst, verstanden.

(2) Spezialisierte Investmentfonds können die in den Kapiteln 2, 3 und 4 dieses Gesetzes vorgesehenen Rechtsformen haben.

Art. 2. (1) Ein sachkundiger Anleger im Sinne dieses Gesetzes ist ein institutioneller Anleger, ein professioneller Anleger sowie jeder andere Anleger, der die folgenden Bedingungen erfüllt:
a) er hat schriftlich sein Einverständnis mit der Einstufung als sachkundiger Anleger erklärt und
b) (i) er investiert mindestens 125 000 Euro in den spezialisierten Investmentfonds oder
  (ii) er verfügt über eine Einstufung seitens eines Kreditinstituts im Sinne der Richtlinie 2006/48/EG, einer Wertpapierfirma im Sinne der Richtlinie 2004/39/EG oder einer Verwaltungsgesellschaft im Sinne der Richtlinie 2009/65/EG, die ihm bescheinigt, den Sachverstand, die Erfahrung und die Kenntnisse zu besitzen, um auf angemessene Weise eine Anlage in dem spezialisierten Investmentfonds einschätzen zu können.

(2) Die Bedingungen dieses Artikels finden keine Anwendung auf Geschäftsleiter[4] und andere Personen, die bei der Verwaltung der spezialisierten Investmentfonds mitwirken.

(3) Der spezialisierte Investmentfonds muss über die notwendigen Mittel verfügen, um die Einhaltung der in Absatz (1) dieses Artikels vorgesehenen Bedingungen zu gewährleisten.

Art. 2bis. Die Bestimmungen dieses Teils sind auf alle spezialisierten Investmentfonds anwendbar, solange nicht durch die gemäß Teil II dieses Gesetzes auf spezialisierte Investmentfonds, die von einem nach Kapitel 2 des Gesetzes vom 12. Juli 2013 über die Verwalter alternativer Investmentfonds oder nach Kapitel II der Richtlinie 2011/61/EU zugelassenen AIFM verwaltet werden, anwendbaren besonderen Regelungen etwas Abweichendes bestimmt wird.

Art. 3. Ein spezialisierter Investmentfonds im Sinne dieses Gesetzes gilt als in Luxemburg ansässig, sofern sich der satzungsmäßige Sitz der Verwaltungsgesellschaft des Investmentfonds oder der Investmentgesellschaft in Luxemburg befindet. Die Hauptverwaltung[5] muss sich in Luxemburg befinden.

Kapitel 2 – Investmentfonds[6]

Art. 4. Als Investmentfonds im Sinne dieses Gesetzes gilt jedes ungeteilte Vermögen, das für Rechnung seiner Gesamthandseigentümer nach dem Grundsatz der Risikostreuung zusammengesetzt und

---

[1] *Fonds d'investissement spécialisés.*
[2] *Titres ou parts d'intérêts.*
[3] *Investisseurs avertis.*
[4] *Dirigeants.*
[5] *Administration centrale.*
[6] *Fonds communs de placement.*

verwaltet wird, wobei die Haftung der Gesamthandseigentümer auf ihre Einlage beschränkt ist und ihre Rechte in Anteilen verkörpert werden, die einem oder mehreren sachkundigen Anlegern vorbehalten sind.

Art. 5. Der Investmentfonds haftet nicht für Verbindlichkeiten der Verwaltungsgesellschaft oder der Anteilinhaber; seine Haftung beschränkt sich auf die Verbindlichkeiten und Kosten, die in seinem Verwaltungsreglement[7] ausdrücklich zu seinen Lasten aufgeführt sind.

Art. 6. Mit der Verwaltung eines Investmentfonds ist eine Verwaltungsgesellschaft luxemburgischen Rechts zu beauftragen, die den in Kapitel 15, 16 oder 18 des Gesetzes vom 17. Dezember 2010 über Organismen für gemeinsame Anlagen aufgeführten Bedingungen entspricht.

Art. 7. (1) Die Verwaltungsgesellschaft gibt Namensanteile, Inhaberanteile oder entmaterialisierte Anteile aus, die einen oder mehrere Anteile an dem von ihr verwalteten Investmentfonds verbriefen. Die Verwaltungsgesellschaft kann gemäß den im Verwaltungsreglement festgelegten Bedingungen schriftliche Zertifikate über die Eintragung der Anteile oder der – uneingeschränkt aufteilbaren – Anteilsbruchteile ausgeben.

Die den Anteilsbruchteilen zugeordneten Rechte werden im Verhältnis des jeweils gehaltenen Anteilsbruchteils ausgeübt; dies gilt nicht für eventuelle Stimmrechte, die ausschließlich für ganze Anteile ausgeübt werden können. Inhaberanteile werden von der Verwaltungsgesellschaft und von der gemäß Artikel 16[8] bestellten Verwahrstelle unterzeichnet.

Vorerwähnte Unterschriften können in mechanisch reproduzierter Form geleistet werden.

(2) Das Eigentum an den Anteilen in Form von Namens- oder Inhaberanteilen sowie deren Übertragung richten sich nach den in Artikel 40 und 42 des geänderten Gesetzes vom 10. August 1915 über die Handelsgesellschaften vorgesehenen Bestimmungen.[9] Die Rechte an Anteilen, die auf einem Anteilkonto eingetragen werden, sowie deren Übertragung richten sich nach den im Gesetz über entmaterialisierte Anteile und dem Gesetz vom 1. August 2001 über den Wertpapierverkehr vorgesehenen Bestimmungen.

(3) Die Inhaber von Inhaberanteilen können jederzeit auf eigene Kosten deren Umwandlung in Namensanteile oder, falls das Verwaltungsreglement[10] dies vorsieht, in entmaterialisierte Anteile verlangen. Im letzteren Fall sind die Kosten von der im Gesetz über entmaterialisierte Anteile vorgesehenen Person zu tragen.

Sofern im Verwaltungsreglement kein formelles Verbot vorgesehen ist, können die Inhaber von Namensanteilen jederzeit deren Umwandlung in Inhaberanteile verlangen.

Wenn das Verwaltungsreglement dies vorsieht, können die Eigentümer von Namensanteilen deren Umwandlung in entmaterialisierte Anteile verlangen. Die Kosten sind von der im Gesetz über entmaterialisierte Anteile vorgesehenen Person zu tragen.

Die Inhaber von entmaterialisierten Anteilen können jederzeit auf eigene Kosten deren Umwandlung in Namensanteile verlangen, außer das Verwaltungsreglement sieht die verpflichtende Entmaterialisierung der Anteile vor.

---

[7] *Règlement de gestion.*

[8] Die Originalversion des Gesetzes vom 6. April 2013 verweist auf „Artikel 17". Dies sollte jedoch als Verweis auf „Artikel 16" verstanden werden.

[9] *Loi du 10 août 1915 concernant les sociétés commerciales,* der Text der Artikel 40 und 42 des Gesetzes vom 10. August 1915 lautet in nichtamtlicher deutscher Übersetzung wie folgt:
Artikel 40.
Das Eigentum an Namensaktien wird durch Eintragung in das durch den vorhergehenden Artikel beschriebene Register begründet. Die Aktionäre erhalten Zertifikate, welche diese Eintragung feststellen.
Die Abtretung erfolgt durch eine vom Zedenten und Zessionar oder von deren jeweiligem Handlungsbevollmächtigten datierte und unterschriebene Abtretungserklärung, die in nämlichem Register eingetragen wird, sowie gemäß den in Artikel 1690 des *Code Civil* für die Forderungsabtretung festgelegten Regelungen. Die Gesellschaft kann eine Abtretung akzeptieren und im Register eintragen, die durch Korrespondenz oder andere Unterlagen, welche die Einigung zwischen Zedenten und Zessionar begründen, nachgewiesen ist.
Vorbehaltlich anderweitiger Regelungen in der Satzung wird die Übertragung von Todes wegen gegenüber der Gesellschaft rechtswirksam, sofern nach Vorlage der Sterbeurkunde, der Eintragungsbestätigung und einer amtsrichterlichen oder notariellen Beglaubigung *(acte de notoriété reçu par le juge de paix ou un notaire)* kein Einspruch erhoben wird.
Artikel 42.
Die Abtretung von Inhaberaktien erfolgt durch deren Übergabe.

[10] Die Originalversion des Gesetzes vom 6. April 2013 verweist auf „Satzung". Dies sollte für *fonds communs de placement* jedoch als „Verwaltungsreglement" verstanden werden.

IV. Normentexte

Art. 8. Die Anteilausgabe und gegebenenfalls die Anteilrücknahme erfolgen gemäß den im Verwaltungsreglement vorgesehenen Verfahren und Formen.

Art. 9. Vorbehaltlich anderweitiger Bestimmungen des Verwaltungsreglements des Investmentfonds erfolgt die Bewertung der Vermögenswerte des Investmentfonds auf der Grundlage des nach billigem Ermessen bestimmten Zeitwertes.[11] Dieser Wert ist entsprechend des im Verwaltungsreglement festgelegten Verfahrens zu bestimmen.

Art. 10. Weder die Anteilinhaber noch deren Gläubiger sind berechtigt, die Teilung oder Auflösung des Investmentfonds zu verlangen.

Art. 11. (1) Die *Commission de Surveillance du Secteur Financier* („CSSF") kann im Interesse der Anteilinhaber oder im öffentlichen Interesse die Aussetzung der Anteilrücknahme verlangen, insbesondere dann, wenn gesetzliche, aufsichtsrechtliche oder vertragliche Bestimmungen im Hinblick auf die Geschäftstätigkeit und die Funktionsweise des Investmentfonds nicht beachtet werden.

(2) Die Anteilausgabe und die Anteilrücknahme sind untersagt:
a) während eines Zeitraumes ohne Verwaltungsgesellschaft oder Verwahrstelle;
b) im Falle der Liquidation der Verwaltungsgesellschaft oder der Verwahrstelle, der Konkurseröffnung über das Vermögen der Verwaltungsgesellschaft oder der Verwahrstelle oder des Antrages der Verwaltungsgesellschaft oder der Verwahrstelle auf Eröffnung des Vergleichsverfahrens,[12] auf Zahlungsaufschub[13] oder auf Anordnung der Zwangsverwaltung[14] oder eines ähnlichen Verfahrens.

Art. 12. (1) Die Verwaltungsgesellschaft verfasst das Verwaltungsreglement des Investmentfonds. Dieses Verwaltungsreglement muss beim Handels- und Gesellschaftsregister[15] hinterlegt werden. Die Veröffentlichung des Verwaltungsreglements im *Mémorial*[16] erfolgt durch einen Verweis auf die Hinterlegung dieses Dokuments beim Handels- und Gesellschaftsregister gemäß den Bestimmungen des geänderten Gesetzes vom 10. August 1915 über die Handelsgesellschaften. Mit dem Erwerb der Anteile gelten die Bestimmungen des Verwaltungsreglements als durch die Anteilinhaber angenommen.

(2) Das Verwaltungsreglement des Investmentfonds muss mindestens die folgenden Angaben enthalten:
a) die Bezeichnung und die Dauer des Investmentfonds sowie die Bezeichnung der Verwaltungsgesellschaft und der Verwahrstelle,
b) die Anlagepolitik in Bezug auf die spezifischen Anlageziele und Anlagekriterien,
c) die Ausschüttungspolitik gemäß Artikel 15,
d) Vergütungen und Kostenerstattungen, die von der Verwaltungsgesellschaft dem Fonds entnommen werden können, sowie die Berechnungsweise dieser Vergütungen,
e) Bestimmungen zu Veröffentlichungen,
f) das Datum der Rechnungslegung des Investmentfonds,
g) unbeschadet der einschlägigen gesetzlichen Regelungen die Fälle, in denen der Investmentfonds aufgelöst werden kann,
h) das Verfahren zur Änderung des Verwaltungsreglements,
i) das Verfahren zur Anteilausgabe und gegebenenfalls zur Anteilrücknahme.

Art. 13. (1) Die Verwaltungsgesellschaft verwaltet den Investmentfonds entsprechend dem Verwaltungsreglement und im ausschließlichen Interesse der Anteilinhaber.

(2) Sie handelt in eigenem Namen, wobei sie darauf hinweisen muss, für Rechnung des Investmentfonds zu handeln.

(3) Sie übt sämtliche Rechte aus, die den das Portfolio des Investmentfonds bildenden Vermögenswerten anhaften.

Art. 14. Die Verwaltungsgesellschaft muss ihre Aufgaben mit der Sorgfalt eines entgeltlichen Auftragnehmers[17] ausführen; sie haftet gegenüber den Anteilinhabern für Schäden, die aus der Nicht- oder Schlechterfüllung ihrer Pflichten entstehen.

---

[11] Auf Französisch: „*juste valeur*"; auf Englisch: „*fair value*".
[12] *Concordat.*
[13] *Sursis de paiement.*
[14] *Gestion contrôlée.*
[15] *Registre de Commerce et des Sociétés.*
[16] Das *Mémorial C, Recueil des Sociétés et Associations* ist der Teil des Amtsblatts des Großherzogtums Luxemburg, in dem bestimmte Pflichtpublikationen und vorgeschriebene Mitteilungen für Gesellschaften veröffentlicht werden.
[17] *Mandataire salarié.*

C. Luxemburg

Art. 15. Vorbehaltlich anderweitiger Bestimmungen im Verwaltungsreglement können die Nettovermögenswerte des Investmentfonds im Rahmen der gemäß Artikel 21 dieses Gesetzes festgelegten Einschränkungen ausgeschüttet werden.

Art. 16. (1) Die Verwahrung der Vermögenswerte des Investmentfonds muss einer Verwahrstelle anvertraut werden.

(2) Die Verwahrstelle muss entweder ihren satzungsmäßigen Sitz in Luxemburg haben oder dort eine Niederlassung unterhalten, wenn sie ihren satzungsmäßigen Sitz im Ausland hat.

(3) Unbeschadet der Bestimmung des zweiten Unterabsatzes muss die Verwahrstelle ein Kreditinstitut oder eine Wertpapierfirma im Sinne des geänderten Gesetzes vom 5. April 1993 über den Finanzsektor sein. Eine Wertpapierfirma ist nur unter der Maßgabe als Verwahrstelle zulässig, dass diese Wertpapierfirma außerdem die Voraussetzungen des Artikels 19 Absatz (3) des Gesetzes vom 12. Juli 2013 über die Verwalter alternativer Investmentfonds erfüllt.

Für Investmentfonds, bei denen innerhalb von fünf Jahren nach Tätigung der ersten Anlagen keine Rücknahmerechte ausgeübt werden können und die im Einklang mit ihrer Hauptanlagestrategie in der Regel nicht in Vermögenswerte investieren, die gemäß Artikel 19 Absatz (8) Buchstabe a) des Gesetzes vom 12. Juli 2013 über die Verwalter alternativer Investmentfonds verwahrt werden müssen, oder in der Regel in Emittenten oder nicht börsennotierte Unternehmen investieren, um gemäß Artikel 24 des genannten Gesetzes möglicherweise die Kontrolle über solche Unternehmen zu erlangen, kann die Verwahrstelle auch ein Rechtsträger luxemburgischen Rechts sein, der den Status einer professionellen Verwahrstelle von anderen Vermögenswerten als Finanzinstrumenten im Sinne des Artikels 26-1 des geänderten Gesetzes vom 5. April 1993 über den Finanzsektor hat.

(4) Die Haftung der Verwahrstelle wird durch die vollständige oder teilweise Übertragung der von ihr verwahrten Vermögenswerte auf Dritte nicht berührt.

(5) Die Verwahrstelle erfüllt alle Aufgaben im Zusammenhang mit der laufenden Verwaltung der Vermögenswerte des Investmentfonds.

Art. 17. (1) Die Verwahrstelle haftet nach dem Recht des Großherzogtums Luxemburg der Verwaltungsgesellschaft und den Anteilinhabern gegenüber für sämtliche Schäden, die diesen aus der schuldhaften Nicht- oder Schlechterfüllung der Pflichten der Verwahrstelle entstehen.

(2) Die Haftung gegenüber den Anteilinhabern wird durch die Verwaltungsgesellschaft geltend gemacht. Sofern die Verwaltungsgesellschaft trotz schriftlicher Aufforderung durch einen Anteilinhaber nicht binnen drei Monaten nach dieser Aufforderung handelt, kann dieser Anteilinhaber die Haftung der Verwahrstelle unmittelbar geltend machen.

Art. 18. Die Verwaltungsgesellschaft und die Verwahrstelle haben bei der Wahrnehmung ihrer jeweiligen Aufgaben unabhängig und ausschließlich im Interesse der Anteilinhaber zu handeln.

Art. 19. Die Aufgaben der Verwaltungsgesellschaft beziehungsweise der Verwahrstelle im Hinblick auf den Investmentfonds enden:
a) im Falle des Ausscheidens der Verwaltungsgesellschaft, sofern diese durch eine andere nach Artikel 6 dieses Gesetzes zugelassene Verwaltungsgesellschaft ersetzt wird;
b) im Falle des auf eigenes Betreiben oder auf Veranlassung der Verwaltungsgesellschaft erfolgten Ausscheidens der Verwahrstelle; bis zu ihrer Ersetzung, die innerhalb von zwei Monaten erfolgen muss, wird die Verwahrstelle sämtliche erforderlichen Maßnahmen ergreifen, um die angemessene Wahrung der Interessen der Anteilinhaber zu gewährleisten;
c) im Falle der Eröffnung des Konkursverfahrens über das Vermögen der Verwaltungsgesellschaft oder der Verwahrstelle sowie im Falle der Eröffnung des Vergleichsverfahrens, der Gewährung von Zahlungsaufschub, der Anordnung der Zwangsverwaltung oder einer vergleichbaren Maßnahme oder der Liquidation der Verwaltungsgesellschaft oder der Verwahrstelle;
d) sofern die CSSF der Verwaltungsgesellschaft oder der Verwahrstelle die Zulassung entzieht;
e) in allen anderen im Verwaltungsreglement vorgesehenen Fällen.

Art. 20. (1) Der Investmentfonds befindet sich in folgenden Fällen in Liquidation:
a) nach Ablauf der gegebenenfalls im Verwaltungsreglement vorgesehenen Frist,
b) sofern die Verwaltungsgesellschaft oder die Verwahrstelle nach Beendigung ihrer Aufgaben gemäß Artikel 19 Buchstaben b), c), d) und e) nicht innerhalb von zwei Monaten ersetzt wurden, unbeschadet des nachfolgend unter Buchstabe c) genannten Falles,
c) nach Eröffnung des Konkursverfahrens über das Vermögen der Verwaltungsgesellschaft,

d) nachdem das Nettovermögen des Investmentfonds während eines Zeitraums von mehr als sechs Monaten unter einem Viertel des gesetzlichen Mindestbetrages gemäß nachstehendem Artikel 21 verblieben ist,
e) in allen anderen im Verwaltungsreglement vorgesehenen Fällen.

(2) Die Verwaltungsgesellschaft oder die Verwahrstelle haben den Umstand, der die Liquidation nach sich zieht, unverzüglich den Anteilinhabern sowie etwaigen Gläubigern des Investmentfonds zur Kenntnis zu bringen. Erfolgt eine solche Bekanntmachung nicht, so veranlasst die CSSF eine Veröffentlichung auf Kosten des Investmentfonds. Diese Veröffentlichung erfolgt im *Mémorial* und in mindestens zwei hinreichend verbreiteten Tageszeitungen, einschließlich mindestens einer Luxemburger Tageszeitung.

(3) Sobald ein Umstand eintritt, der die Liquidation des Investmentfonds nach sich zieht, ist die Ausgabe von Anteilen untersagt und nichtig. Die Rücknahme von Anteilen bleibt weiter möglich, wenn die Gleichbehandlung der Anteilinhaber gewährleistet werden kann.

Art. 21. Das Nettovermögen des Investmentfonds muss mindestens eine Million zweihundertfünfzigtausend Euro (1 250 000 Euro) betragen.

Dieser Mindestbetrag muss innerhalb von zwölf Monaten nach Zulassung des Investmentfonds erreicht werden.

Dieser Mindestbetrag kann durch eine großherzogliche Verordnung auf einen Höchstbetrag von zwei Millionen fünfhunderttausend Euro (2 500 000 Euro) erhöht werden.[18]

Art. 22. Die Verwaltungsgesellschaft muss die CSSF unverzüglich davon in Kenntnis setzen, wenn das Nettovermögen des Investmentfonds unter zwei Drittel des gesetzlichen Mindestbetrages gefallen ist. Sofern das Nettovermögen des Investmentfonds zwei Drittel des gesetzlichen Mindestbetrages unterschreitet, kann die CSSF unter Berücksichtigung der jeweiligen Umstände die Verwaltungsgesellschaft dazu verpflichten, den Investmentfonds zu liquidieren.

Die Anweisung der CSSF an die Verwaltungsgesellschaft, den Investmentfonds zu liquidieren, ist unverzüglich von der Verwaltungsgesellschaft oder der Verwahrstelle sowohl den Anteilinhabern als auch etwaigen Gläubigern des Fonds zur Kenntnis zu bringen. Erfolgt eine solche Bekanntmachung nicht, so veranlasst die CSSF eine Veröffentlichung auf Kosten des Investmentfonds. Diese Veröffentlichung erfolgt im *Mémorial* und in mindestens zwei hinreichend verbreiteten Tageszeitungen, einschließlich mindestens einer Luxemburger Tageszeitung.

Art. 23. Weder die Verwaltungsgesellschaft noch die Verwahrstelle können im Auftrag des Investmentfonds Anteilinhabern des Investmentfonds Kredite gewähren.

Art. 24. Die Bezeichnung „Investmentfonds" oder „FCP", wird für die Fonds, die in den Anwendungsbereich dieses Gesetzes fallen, durch die Bezeichnung „spezialisierter Investmentfonds" oder „FIS",[19] ergänzt.

Kapitel 3 – Investmentgesellschaften mit variablem Kapital[20]

Art. 25. Als Investmentgesellschaften mit variablem Kapital („SICAV") im Sinne dieses Gesetzes gelten Gesellschaften:
– in Form einer Aktiengesellschaft,[21] einer Kommanditgesellschaft auf Aktien,[22] einer einfachen Kommanditgesellschaft,[23] einer Spezialkommanditgesellschaft,[24] einer Gesellschaft mit beschränkter Haftung[25] oder einer Genossenschaft, die in Form einer Aktiengesellschaft organisiert[26] ist,
– deren ausschließlicher Zweck darin besteht, die ihnen zur Verfügung stehenden Mittel nach dem Grundsatz der Risikostreuung in Vermögenswerten anzulegen und ihren Anlegern das Ergebnis der Verwaltung ihrer Vermögenswerte zukommen zu lassen und
– deren Anteile[27] einem oder mehreren sachkundigen Anlegern vorbehalten sind und

---

[18] Gegenwärtig besteht keine derartige Verordnung.
[19] „FIS" steht für die französische Abkürzung von *„fonds d'investissement spécialisé"*.
[20] *Société d'investissement à capital variable.*
[21] *Société anonyme.*
[22] *Société en commandite par actions.*
[23] *Société en commandite simple.*
[24] *Société en commandite spéciale.*
[25] *Société à responsabilité limitée.*
[26] *Société coopérative organisée sous forme de société anonyme.*
[27] *Titres ou parts d'intérêts.*

– deren Satzung oder Gesellschaftsvertrag bestimmt, dass das Gesellschaftskapital zu jeder Zeit dem Nettovermögen der Gesellschaft entspricht.

Art. 26. (1) Vorbehaltlich anderweitiger Bestimmungen dieses Gesetzes unterliegen SICAV den auf Handelsgesellschaften anwendbaren Bestimmungen.

(2) Wenn die Satzung oder der Gesellschaftsvertrag einer SICAV sowie die diesbezüglich vorgenommenen Änderungen notariell beurkundet werden, wird die notarielle Urkunde nach Wahl der erschienenen Personen in französischer, deutscher oder englischer Sprache verfasst. Abweichend von den Bestimmungen des Erlasses vom 24. Prairial XI entfällt im Rahmen der Hinterlegung der Urkunde das Erfordernis, eine Übersetzung in eine der Amtssprachen beizufügen, sollte die Urkunde in englischer Sprache verfasst sein. Dieses Erfordernis findet weiterhin keine Anwendung auf alle anderen Urkunden, welche der notariellen Form bedürfen, wie zB notarielle Urkunden, die Protokolle von Gesellschafterversammlungen einer SICAV oder einen eine SICAV betreffenden Verschmelzungsplan festhalten.

(3) Abweichend von Artikel 73 Absatz (2) des geänderten Gesetzes vom 10. August 1915 über die Handelsgesellschaften sind SICAV, welche diesem Kapitel unterliegen und welche die Form einer Aktiengesellschaft, einer Kommanditgesellschaft auf Aktien oder einer Genossenschaft, die in Form einer Aktiengesellschaft organisiert ist, angenommen haben, nicht verpflichtet, den Jahresabschluss, den Bericht des zugelassenen Wirtschaftsprüfers,[28] den Geschäftsbericht und gegebenenfalls den Bericht des Aufsichtsrats zeitgleich mit der Einberufung zur jährlichen Generalversammlung an die Inhaber von Namensaktien zu versenden. Im Einberufungsschreiben werden der Ort und die Modalitäten für die Bereitstellung dieser Dokumente angegeben und dargelegt, dass jeder Aktionär die Zusendung des Jahresabschlusses, des Berichts des zugelassenen Wirtschaftsprüfers, des Geschäftsberichts und gegebenenfalls des Berichts des Aufsichtsrats verlangen kann.

(4) Für die SICAV, welche die Form einer Aktiengesellschaft, einer Kommanditgesellschaft auf Aktien oder einer Genossenschaft, die in Form einer Aktiengesellschaft organisiert ist, angenommen haben, können die Einberufungsschreiben zu den Generalversammlungen der Aktionäre vorsehen, dass das Anwesenheitsquorum in der Generalversammlung entsprechend der Anzahl der am fünften Tag um Mitternacht (Ortszeit Luxemburg) vor der Generalversammlung (nachfolgend „Stichtag") ausgegebenen und im Umlauf befindlichen Aktien bestimmt wird. Die Rechte der Aktionäre zur Teilnahme an einer Generalversammlung und zur Ausübung der mit ihren Aktien verbundenen Stimmrechte werden entsprechend der Anzahl der am Stichtag von jedem Aktionär gehaltenen Aktien bestimmt.

Art. 27. Das gezeichnete Kapital der SICAV zuzüglich der Ausgabeprämien[29] oder des Werts der Gründungseinlage der Anteile[30] darf nicht niedriger als eine Million zweihundertfünfzigtausend Euro (1 250 000 Euro) sein. Dieser Mindestbetrag muss innerhalb einer Frist von zwölf Monaten nach Zulassung der SICAV erreicht werden. Durch großherzogliche Verordnung kann ein höherer Mindestbetrag festgelegt werden, der jedoch zwei Millionen fünfhunderttausend Euro (2 500 000 Euro) nicht überschreiten darf.[31]

Art. 28. (1) Vorbehaltlich anderweitiger Bestimmungen in der Satzung oder dem Gesellschaftsvertrag kann die SICAV zu jeder Zeit Anteile ausgeben.

(2) Die Anteilausgabe und gegebenenfalls die Anteilrücknahme erfolgen gemäß den in der Satzung oder dem Gesellschaftsvertrag vorgesehenen Verfahren und Formen.

(3) Das Gesellschaftskapital einer SICAV muss vollständig gezeichnet und der Zeichnungsbetrag zu mindestens 5 % pro Aktie oder Anteil mittels Barzahlung oder sonstiger Einlage eingezahlt werden.

(4) Vorbehaltlich anderweitiger Bestimmungen in der Satzung oder dem Gesellschaftsvertrag erfolgt die Bewertung der Vermögenswerte der SICAV auf der Grundlage des nach billigem Ermessen bestimmten Zeitwertes. Dieser Wert ist entsprechend der in der Satzung oder dem Gesellschaftsvertrag festgelegten Verfahren zu bestimmen.

(5) Vorbehaltlich der gesetzlich vorgesehenen Fälle werden in der Satzung oder dem Gesellschaftsvertrag die Bedingungen festgelegt, unter welchen die Anteilausgabe und -rücknahme ausgesetzt werden können. Im Falle einer Aussetzung der Anteilausgabe oder -rücknahme muss die SICAV die CSSF unverzüglich informieren.

---

[28] *Réviseur d'entreprises agréé.*
[29] *Primes d'émission.*
[30] *Valeur de la mise constitutive de parts d'intérêts.*
[31] Gegenwärtig besteht keine derartige Verordnung.

IV. Normentexte

Im Interesse der Anleger kann die CSSF die Aussetzung der Anteilrücknahme insbesondere dann veranlassen, wenn gesetzliche, aufsichtsrechtliche oder satzungsrechtliche Bestimmungen bezüglich der Geschäftätigkeit oder Funktionsweise der SICAV nicht beachtet werden.

(6) Die Satzung oder der Gesellschaftsvertrag bestimmt die der SICAV aufzuerlegenden Kosten.

(7) Die Anteile[32] einer SICAV haben keinen Nennwert.

(8) Jeder Anteil[33] gibt den Mindestbetrag des Gesellschaftskapitals an, ohne den Nennwert oder Anteil am Gesellschaftskapital anzugeben.

Art. 29. (1) Änderungen des Gesellschaftskapitals erfolgen von Rechts wegen und ohne dass sie veröffentlicht oder im Handels- und Gesellschaftsregister eingetragen werden müssen.

(2) Auszahlungen an die Anleger als Folge einer Kapitalherabsetzung unterliegen lediglich den Beschränkungen des Artikels 31 Absatz (1).

(3) Im Falle der Ausgabe neuer Anteile können die bestehenden Aktionäre oder Anteilinhaber nur dann ein Vorzugsrecht geltend machen, wenn die Satzung ein solches Recht ausdrücklich vorsieht.

Art. 30. (1) Wenn das Gesellschaftskapital der SICAV unter zwei Drittel des in Artikel 27 bestimmten Mindestbetrages fällt, müssen die Verwaltungsratsmitglieder oder die Geschäftsführer der Gesellschafterversammlung die Auflösung der SICAV vorschlagen, wobei die Gesellschafterversammlung ohne Anwesenheitsquorum berät und Beschlüsse mit einfacher Mehrheit der in der Gesellschafterversammlung vertretenen Anteile fasst.

(2) Wenn das Gesellschaftskapital der SICAV unter ein Viertel des in Artikel 27 bestimmten Mindestbetrages fällt, müssen die Verwaltungsratsmitglieder oder die Geschäftsführer der Gesellschafterversammlung die Auflösung der SICAV vorschlagen, wobei die Gesellschafterversammlung ohne Anwesenheitsquorum berät; die Auflösung kann durch die Aktionäre beziehungsweise Anteilinhaber, die ein Viertel der in der Gesellschafterversammlung vertretenen Anteile halten, beschlossen werden.

(3) Die Einberufung muss so erfolgen, dass die Gesellschafterversammlung innerhalb einer Frist von vierzig Tagen nach Feststellung der Unterschreitung der vorbeschriebenen Betragsgrenzen von zwei Dritteln beziehungsweise einem Viertel des in Artikel 27 bestimmten Mindestkapitals stattfindet.

(4) Sehen die Gründungsunterlagen der SICAV keine Gesellschafterversammlungen vor, müssen die Geschäftsführer die CSSF unverzüglich darüber in Kenntnis setzen, wenn das Gesellschaftskapital der SICAV unter zwei Drittel des in Artikel 27 bestimmten Mindestbetrages gefallen ist. In diesem Falle kann die CSSF, unter Berücksichtigung der jeweiligen Umstände, die Geschäftsführer verpflichten, die Liquidation der SICAV einzuleiten.

Art. 31. (1) Vorbehaltlich anderweitiger Bestimmungen in der Satzung kann das Nettovermögen der SICAV innerhalb der in Artikel 27 dieses Gesetzes aufgeführten Grenzen ausgeschüttet werden.

(2) SICAV sind nicht verpflichtet, eine gesetzliche Mindestrücklage zu bilden.

(3) SICAV unterliegen in Bezug auf Zwischendividenden lediglich den Bestimmungen der Satzung.

Art. 32. Die Bezeichnung „Kommanditgesellschaft auf Aktien", „einfache Kommanditgesellschaft, Spezialkommanditgesellschaft," „Gesellschaft mit beschränkter Haftung", „Aktiengesellschaft" oder „Genossenschaft, die in der Form einer Aktiengesellschaft organisiert ist" wird für Gesellschaften, die in den Anwendungsbereich dieses Gesetzes fallen, durch „Investmentgesellschaft mit variablem Kapital – spezialisierter Investmentfonds" oder „SICAV – FIS" ergänzt.

Art. 33. Die Verwahrung der Vermögenswerte einer SICAV muss einer Verwahrstelle anvertraut werden.

Art. 34. (1) Die Verwahrstelle muss entweder ihren satzungsmäßigen Sitz in Luxemburg haben oder dort eine Niederlassung unterhalten, wenn sie ihren satzungsmäßigen Sitz im Ausland hat.

(2) Unbeschadet der Bestimmung des zweiten Unterabsatzes muss die Verwahrstelle ein Kreditinstitut oder eine Wertpapierfirma im Sinne des geänderten Gesetzes vom 5. April 1993 über den Finanzsektor sein. Eine Wertpapierfirma ist nur unter der Maßgabe als Verwahrstelle zulässig, dass diese Wertpapierfirma außerdem die Voraussetzungen des Artikels 19 Absatz (3) des Gesetzes vom 12. Juli 2013 über die Verwalter alternativer Investmentfonds erfüllt.

---

[32] *Titres ou parts d'intérêts.*
[33] *Titre ou part d'intérêts.*

C. Luxemburg

Für SICAV, bei denen innerhalb von fünf Jahren nach Tätigung der ersten Anlagen keine Rücknahmerechte ausgeübt werden können, und die im Einklang mit ihrer Hauptanlagestrategie in der Regel nicht in Vermögenswerte investieren, die gemäß Artikel 19 Absatz (8) Buchstabe a) des Gesetzes vom 12. Juli 2013 über die Verwalter alternativer Investmentfonds verwahrt werden müssen, oder in der Regel in Emittenten oder nicht börsennotierten Unternehmen investieren, um gemäß Artikel 24 des genannten Gesetzes möglicherweise die Kontrolle über solche Unternehmen zu erlangen, kann die Verwahrstelle auch ein Rechtsträger luxemburgischen Rechts sein, der den Status einer professionellen Verwahrstelle von anderen Vermögenswerten als Finanzinstrumenten im Sinne des Artikels 26-1 des geänderten Gesetzes vom 5. April 1993 über den Finanzsektor hat.

(3) Die Haftung der Verwahrstelle wird durch die vollständige oder teilweise Übertragung der von ihr verwahrten Vermögenswerte auf Dritte nicht berührt.

Art. 35. Die Verwahrstelle haftet den Anlegern nach luxemburgischem Recht für jeden erlittenen Schaden, der diesen aus schuldhafter Nicht- oder Schlechterfüllung der Pflichten der Verwahrstelle entstanden ist.

Art. 36. Die Aufgaben der Verwahrstelle im Hinblick auf eine SICAV enden:
a) im Falle des Ausscheidens der Verwahrstelle auf eigenes Betreiben oder auf Veranlassung der SICAV; bis zu ihrer Ersetzung, die innerhalb von zwei Monaten erfolgen muss, ist die Verwahrstelle verpflichtet, sämtliche erforderlichen Maßnahmen zu ergreifen, um die angemessene Wahrung der Interessen der Anleger zu gewährleisten;
b) im Falle der Eröffnung des Konkursverfahrens oder des Vergleichsverfahrens über das Vermögen der SICAV oder der Verwahrstelle, der Gewährung von Zahlungsaufschub, der Anordnung der Zwangsverwaltung oder einer vergleichbaren Maßnahme oder der Liquidation der SICAV oder der Verwahrstelle;
c) sofern die CSSF der SICAV oder der Verwahrstelle die Zulassung entzieht;
d) in allen anderen in der Satzung oder dem Gesellschaftsvertrag vorgesehenen Fällen.

Art. 37. Die Verwahrstelle muss im Rahmen der Wahrnehmung ihrer Aufgaben ausschließlich im Interesse der Anleger handeln.

Kapitel 4 – Spezialisierte Investmentfonds, die nicht die Rechtsform eines Investmentfonds oder die Rechtsform einer SICAV haben

Art. 38. Die diesem Gesetz unterliegenden spezialisierten Investmentfonds, die nicht die Rechtsform eines Investmentfonds oder einer SICAV haben, unterliegen den Bestimmungen dieses Kapitels.

Art. 39. (1) Das gezeichnete Kapital der unter dieses Kapitel fallenden spezialisierten Investmentfonds darf, zuzüglich der Ausgabeprämien, einen Mindestbetrag von einer Million zweihundertfünfzigtausend Euro (1 250 000 Euro) nicht unterschreiten.
Dieser Mindestbetrag muss innerhalb einer Frist von zwölf Monaten nach Zulassung erreicht werden. Durch großherzogliche Verordnung kann ein höherer Mindestbetrag festgelegt werden, der jedoch zwei Millionen fünfhunderttausend Euro (2 500 000 Euro) nicht überschreiten darf[34].

(2) Wenn das Gesellschaftskapital unter zwei Drittel des in Absatz (1) bestimmten Mindestbetrages fällt, müssen die Verwaltungsratsmitglieder oder die Geschäftsführer der Gesellschafterversammlung die Auflösung des spezialisierten Investmentfonds vorschlagen, wobei die Gesellschafterversammlung ohne Anwesenheitsquorum berät und Beschlüsse mit einfacher Mehrheit der in der Gesellschafterversammlung vertretenen Anteile fasst.

(3) Wenn das Gesellschaftskapital unter ein Viertel des in Absatz (1) bestimmten Mindestbetrages fällt, müssen die Verwaltungsratsmitglieder oder die Geschäftsführer der Gesellschafterversammlung die Auflösung vorschlagen, wobei die Gesellschafterversammlung ohne Anwesenheitsquorum berät; die Auflösung kann durch die Anleger beschlossen werden, die ein Viertel der in der Gesellschafterversammlung vertretenen Anteile halten.

(4) Die Einberufung muss so erfolgen, dass die Gesellschafterversammlung innerhalb einer Frist von vierzig Tagen nach Feststellung der Unterschreitung der vorbeschriebenen Betragsgrenzen von zwei Dritteln oder einem Viertel des in Absatz (1) bestimmten Mindestkapitals stattfindet.

(5) Sehen die Gründungsunterlagen des spezialisierten Investmentfonds keine Gesellschafterversammlungen vor, müssen die Verwaltungsratsmitglieder oder die Geschäftsführer die CSSF unverzüg-

---

[34] Gegenwärtig besteht keine derartige Verordnung.

lich darüber in Kenntnis setzen, wenn das gezeichnete Kapital des spezialisierten Investmentfonds unter zwei Drittel des in Absatz (1) bestimmten Mindestbetrages gefallen ist. In diesem Falle kann die CSSF, unter Berücksichtigung der jeweiligen Umstände, die Verwaltungsratsmitglieder oder die Geschäftsführer verpflichten, die Liquidation des spezialisierten Investmentfonds einzuleiten.

(6) Soweit der spezialisierte Investmentfonds in satzungsmäßiger Form gegründet ist, muss sein Gesellschaftskapital vollständig gezeichnet und jede Aktie beziehungsweise jeder Anteil zu mindestens 5 % mittels Barzahlung oder sonstiger Einlage eingezahlt werden.

Art. 40. (1) Vorbehaltlich anderweitiger Bestimmungen in den Gründungsunterlagen erfolgt die Bewertung der Vermögenswerte des spezialisierten Investmentfonds auf der Grundlage des nach billigem Ermessen bestimmten Zeitwertes. Dieser Wert ist entsprechend des in den Gründungsunterlagen festgelegten Verfahrens zu bestimmen.

(2) Artikel 26 (2) bis (4), 28 (5), 33, 34, 35, 36 und 37 dieses Gesetzes sind auf spezialisierte Investmentfonds, die unter den Anwendungsbereich dieses Kapitels fallen, anwendbar.

(3) Die Bezeichnung der spezialisierten Investmentfonds, die in den Anwendungsbereich dieses Kapitels 4 fallen, wird durch den Zusatz „spezialisierter Investmentfonds" oder „FIS" ergänzt.[35]

Kapitel 5 – Zulassung und Aufsicht

Art. 41. (1) Zuständige Behörde für die im Sinne dieses Gesetzes vorgesehenen Aufgaben ist die CSSF.

(2) Die CSSF übt ihre Zuständigkeit ausschließlich im öffentlichen Interesse aus.

(3) Die CSSF überwacht die Einhaltung der anwendbaren gesetzlichen und vertraglichen Bestimmungen durch die diesem Gesetz unterliegenden spezialisierten Investmentfonds und deren Geschäftsleiter.[36]

Art. 42. (1) Zur Ausübung ihrer Geschäfte benötigen die diesem Gesetz unterliegenden spezialisierten Investmentfonds eine vorherige Zulassung durch die CSSF.

(2) Ein Investmentfonds wird erst zugelassen, wenn die CSSF den Gründungsunterlagen und der Wahl der Verwahrstelle zustimmt.

(3) Die Geschäftsleiter des spezialisierten Investmentfonds und der Verwahrstelle müssen ausreichend gut beleumdet sein und über ausreichende Erfahrung auch hinsichtlich der Art des betreffenden spezialisierten Investmentfonds verfügen. Die Personalien der Geschäftsleiter des spezialisierten Investmentfonds, sowie jeder ihnen im Amt nachfolgenden Person, müssen unverzüglich der CSSF mitgeteilt werden. Die Ernennung der Geschäftsleiter, sowie jeder ihnen im Amt nachfolgenden Person, unterliegt der Genehmigung der CSSF.

„Geschäftsleiter" sind, im Falle von Aktiengesellschaften und Genossenschaften, die in der Form von Aktiengesellschaften organisiert sind, die Mitglieder des Verwaltungsrates, im Falle von Kommanditgesellschaften auf Aktien der oder die geschäftsführende(n) Komplementär(e), im Falle von einfachen Kommanditgesellschaften und Spezialkommanditgesellschaften der oder die Geschäftsführer, ob Komplementär(e) oder nicht, im Falle von Gesellschaften mit beschränkter Haftung der oder die Geschäftsführer und im Falle von Investmentfonds die Mitglieder des Verwaltungsrates oder die Geschäftsführer der Verwaltungsgesellschaft.

(4) Neben den Bedingungen der Absätze (2) und (3) hängt die Genehmigung nach Absatz (1) von der Mitteilung der Personalien der Personen, welche mit der Anlageportfolioverwaltung betraut sind, an die CSSF ab. Diese Personen müssen ausreichend gut beleumdet sein und über ausreichende Erfahrung hinsichtlich der Art des betreffenden spezialisierten Investmentfonds verfügen.

Die Ernennung der in Unterabsatz (1) genannten Personen, sowie jeder ihnen im Amt nachfolgenden Person, unterliegt der Genehmigung der CSSF.

(5) Jegliche Ersetzung der Verwaltungsgesellschaft oder der Verwahrstelle sowie jegliche Änderung der Gründungsunterlagen eines spezialisierten Investmentfonds erfordert die Genehmigung der CSSF.

(6) Die Zulassung nach Absatz (1) verpflichtet die spezialisierten Investmentfonds, der CSSF unverzüglich jede Änderung solcher wesentlichen Informationen, auf welche die CSSF sich bei der Prüfung des Zulassungsantrages gestützt hat, sowie jeden Wechsel der Geschäftsleiter im Sinne von Absatz (3) und der in Absatz (4) dieses Artikels genannten Personen, welche mit der Anlageportfolioverwaltung betraut sind, in vollständiger, schlüssiger und verständlicher Weise, schriftlich mitzuteilen.

---

[35] „FIS" steht für die französische Abkürzung von *„fonds d'investissement spécialisé"*.
[36] *Dirigeants.*

Art. 42bis. (1) Die unter dieses Gesetz fallenden spezialisierten Investmentfonds müssen geeignete Risikomanagementsysteme einrichten, die es ihnen erlauben, das mit den Anlagepositionen verbundene Risiko sowie deren Beitrag am Gesamtrisikoprofil des Anlageportfolios in geeigneter Weise zu erkennen, zu messen, zu verwalten und zu überwachen.

(2) Die unter dieses Gesetz fallenden spezialisierten Investmentfonds müssen zudem so aufgebaut und organisiert sein, dass das Risiko von Interessenkonflikten zwischen dem spezialisierten Investmentfonds und je nach Fall jeder Person, welche zu den Aktivitäten des spezialisierten Investmentfonds beiträgt oder jeder Person, welche direkt oder indirekt mit dem spezialisierten Investmentfonds verbunden ist, die den Interessen der Investoren schaden, möglichst gering ist. Im Fall von möglichen Interessenskonflikten muss der spezialisierte Investmentfonds die Interessen der Anleger hinreichend schützen.

(3) Die Anwendungsmodalitäten der Absätze (1) und (2) werden durch eine CSSF-Verordnung festgelegt.

Art. 42ter. Die unter dieses Gesetz fallenden spezialisierten Investmentfonds sind berechtigt, die Ausübung einer oder mehrerer ihrer Aufgaben zum Zwecke einer effizienteren Gestaltung ihrer Tätigkeiten an Dritte, die diese für sie wahrnehmen, zu übertragen. In diesem Fall müssen folgende Voraussetzungen erfüllt sein:
a) die CSSF muss in geeigneter Form unterrichtet werden;
b) der Auftrag darf die Wirksamkeit der Beaufsichtigung des spezialisierten Investmentfonds in keiner Weise beeinträchtigen; insbesondere darf er weder den spezialisierten Investmentfonds daran hindern, im besten Interesse der Anleger zu handeln, noch darf er verhindern, dass der spezialisierte Investmentfonds im besten Interesse der Anleger verwaltet wird;
c) wenn die Übertragung die Anlageportfolioverwaltung betrifft, darf der Auftrag nur an natürliche oder juristische Personen erteilt werden, die für die Zwecke der Anlageportfolioverwaltung zugelassen oder eingetragen sind und einer behördlichen Aufsicht unterliegen; wenn der Auftrag einer natürlichen oder juristischen Person aus einem Drittland, welche einer behördlichen Aufsicht unterliegt, erteilt wird, muss die Zusammenarbeit zwischen der CSSF und der Aufsichtsbehörde dieses Landes sichergestellt sein;
d) wenn die Bedingungen des Punkts (c) nicht erfüllt sind, wird die Übertragung erst dann wirksam, wenn die CSSF die Wahl der natürlichen oder juristischen Person, welcher die Aufgaben übertragen werden, genehmigt; im letzteren Fall müssen die Personen ausreichend gut beleumdet sein und über ausreichende Erfahrung hinsichtlich der Art des betreffenden spezialisierten Investmentfonds verfügen;
e) die Geschäftsleiter des spezialisierten Investmentfonds müssen in der Lage sein, festzustellen, ob die natürliche oder juristische Person, welcher die Aufgaben übertragen werden, über die entsprechende Qualifikation verfügt und in der Lage ist, die betreffenden Aufgaben wahrzunehmen und ob ihre Auswahl mit hinreichender Sorgfalt erfolgt ist;
f) es sind Mittel vorhanden, die den Geschäftsleitern des spezialisierten Investmentfonds erlauben, jederzeit und effektiv die übertragenen Aufgaben zu überwachen;
g) der Auftrag hindert die Geschäftsleiter des spezialisierten Investmentfonds nicht daran, der natürlichen oder juristischen Person, welcher die Aufgaben übertragen wurden, jederzeit weitere Anweisungen zu erteilen oder den Auftrag mit sofortiger Wirkung zu entziehen, wenn dies im Interesse der Anleger ist;
h) der Verwahrstelle darf kein Auftrag für die Hauptdienstleistung der Anlageverwaltung erteilt werden;
i) im Emissionsdokument des spezialisierten Investmentfonds sind die übertragenen Aufgaben aufzulisten.

Art. 43. (1) Zugelassene spezialisierte Investmentfonds werden von der CSSF in eine Liste eingetragen.

Diese Eintragung gilt als Zulassung und wird dem betreffenden spezialisierten Investmentfonds von der CSSF mitgeteilt. Anträge auf Zulassung von spezialisierten Investmentfonds müssen bei der CSSF innerhalb eines Monats nach deren Gründung oder Errichtung gestellt werden. Diese Liste sowie jegliche Änderungen dieser Liste werden auf Veranlassung der CSSF im *Mémorial*[37] veröffentlicht.

(2) Die Eintragung und ihre Aufrechterhaltung auf der Liste im Sinne von Absatz (1) erfolgen unter der Bedingung, dass alle gesetzlichen, aufsichtsrechtlichen oder vertraglichen Bestimmungen, welche

---

[37] Das *Mémorial B, Recueil Administratif et Economique*. In diesem Teil des Amtsblatts des Großherzogtums Luxemburg werden bestimmte Publikationen der Verwaltung vorgenommen.

die Organisation und die Funktionsweise der diesem Gesetz unterliegenden spezialisierten Investmentfonds sowie den Vertrieb, die Platzierung oder den Verkauf ihrer Anteile betreffen, eingehalten werden.

Art. 44. Die Eintragung eines spezialisierten Investmentfonds in die gemäß Artikel 43 Absatz (1) geführte Liste darf keinesfalls und in keiner Form als positive Wertung der Zweckmäßigkeit oder der wirtschaftlichen, finanziellen oder rechtlichen Struktur einer Anlage in den spezialisierten Investmentfonds, der Qualität der Anteile oder der Zahlungsfähigkeit des spezialisierten Investmentfonds durch die CSSF dargestellt werden.

Art. 45. (1) Entscheidungen der CSSF in Ausführung dieses Gesetzes müssen begründet werden und erfolgen, sofern nicht Gefahr in Verzug besteht, nach Durchführung eines kontradiktorischen Verfahrens.[38] Diese Entscheidungen werden mittels Einschreibens übermittelt oder durch Gerichtsvollzieher[39] zugestellt.

(2) Gegen Entscheidungen der CSSF betreffend die Erteilung, Verweigerung oder den Entzug der in diesem Gesetz vorgesehenen Zulassungen sowie gegen Entscheidungen der CSSF betreffend Geldbußen, welche gemäß Artikel 51 auferlegt wurden, kann Rechtsmittel beim Verwaltungsgericht[40], das in der Hauptsache entscheidet, eingelegt werden. Das Rechtsmittel muss innerhalb einer Ausschlussfrist von einem Monat nach Mitteilung der angefochtenen Entscheidung eingelegt werden.

(3) Die CSSF ist mit allen für die Wahrnehmung ihrer Aufgaben notwendigen Überwachungs- und Ermittlungsbefugnissen ausgestattet. Die Befugnisse der CSSF beinhalten das Recht:
a) Unterlagen aller Art einzusehen und Kopien davon zu erhalten;
b) von jeder Person Auskünfte zu verlangen und, falls notwendig, eine Person einzubestellen und zu befragen, um Informationen zu erhalten;
c) Ermittlungen vor Ort oder Überprüfungen von Personen, die gemäß diesem Gesetz ihrer Überwachung unterliegen, selbst oder durch von ihr bestimmte Personen vorzunehmen;
d) bereits existierende Aufzeichnungen von Telefongesprächen und Datenübermittlungen anzufordern;
e) vorzuschreiben, dass Praktiken, die gegen die zur Durchführung dieses Gesetzes erlassenen Vorschriften verstoßen, unterbunden werden;
f) das Einfrieren oder die Beschlagnahme von Vermögenswerten bei dem Präsidenten des Bezirksgerichts[41] von und in Luxemburg zu verlangen;
g) ein vorübergehendes Berufsverbot sowohl gegenüber ihrer Aufsicht unterstehenden Personen als auch den Mitgliedern der Verwaltungs-, Leitungs- und Geschäftsführungsorgane, Angestellten und Bevollmächtigten, die in Verbindung zu diesen Personen stehen, zu verlangen;
h) von zugelassenen Investmentgesellschaften, Verwaltungsgesellschaften und Verwahrstellen die Erteilung von Auskünften zu verlangen;
i) jegliche Art von Maßnahmen zu ergreifen, um sicherzustellen, dass Investmentgesellschaften, Verwaltungsgesellschaften oder Verwahrstellen weiterhin den Anforderungen dieses Gesetzes genügen;
j) im Interesse der Anleger oder der Öffentlichkeit die Aussetzung der Ausgabe, der Rücknahme oder der Auszahlung von Anteilen zu verlangen;
k) die einem spezialisierten Investmentfonds, einer Verwaltungsgesellschaft oder einer Verwahrstelle erteilte Zulassung zu entziehen;
l) im Hinblick auf eine strafrechtliche Verfolgung Informationen an den Staatsanwalt weiterzuleiten; und
m) Überprüfungen oder Ermittlungen durch zugelassene Wirtschaftsprüfer oder Sachverständige vornehmen zu lassen.

Kapitel 6 – Auflösung und Liquidation

Art. 46. (1) Die Entscheidung der CSSF, einen diesem Gesetz unterliegenden spezialisierten Investmentfonds von der in Artikel 43 Absatz (1) vorgesehenen Liste zu streichen, hat von Rechts wegen ab dem Zeitpunkt ihrer Mitteilung an den betroffenen spezialisierten Investmentfonds und zu dessen Lasten bis zu dem Tag, an welchem die Entscheidung rechtskräftig wird, die Aussetzung aller Zahlungen durch diesen spezialisierten Investmentfonds und die Untersagung beziehungsweise Nichtigkeit

---

[38] *Instruction contradictoire.*
[39] *Huissier.*
[40] *Tribunal administratif.*
[41] *Président du Tribunal d'arrondissement.*

sämtlicher Handlungen, die nicht lediglich Erhaltungsmaßnahmen darstellen, zur Folge, es sei denn, diese wurden durch die kommissarische Leitung[42] genehmigt. Die CSSF nimmt von Rechts wegen die Funktion der kommissarischen Leitung wahr, sofern nicht die Kammer für Handelssachen des Bezirksgerichts auf Antrag der CSSF eine oder mehrere Personen mit der kommissarischen Leitung betraut. Hierzu ist ein zu begründender und mit Belegen zu versehender Antrag bei der Geschäftsstelle des Bezirksgerichtes[43] im Gerichtsbezirk, in dem der spezialisierte Investmentfonds seinen Sitz hat, einzureichen.

Das Gericht entscheidet kurzfristig.

Sofern es die vorgelegten Angaben für ausreichend erachtet, trifft es unverzüglich und ohne Anhörung der Parteien seine Entscheidung in öffentlicher Sitzung. Sofern es dies für notwendig erachtet, lädt es durch seine Geschäftsstelle die Parteien spätestens innerhalb von drei Tagen nach Hinterlegung des Antrages. Das Gericht führt sodann eine Anhörung der Parteien im Kammertermin[44] durch und verkündet seine Entscheidung in öffentlicher Sitzung. Für sämtliche Handlungen und Entscheidungen des spezialisierten Investmentfonds ist die schriftliche Zustimmung der kommissarischen Leitung erforderlich. Anderenfalls sind solche Handlungen oder Entscheidungen nichtig.

Das Gericht kann jedoch den Bereich der genehmigungspflichtigen Geschäfte begrenzen.

Die kommissarische Leitung kann den Gesellschaftsorganen des spezialisierten Investmentfonds alle Vorschläge zur Beratung unterbreiten, die sie für angebracht hält. Die kommissarische Leitung ist berechtigt, an den Beschlussverfahren der Verwaltungs-, Leitungs-, Geschäftsführungs- oder Aufsichtsorgane des spezialisierten Investmentfonds teilzunehmen.

Das Gericht setzt die Kosten und Honorare der Mitglieder der kommissarischen Leitung fest; es kann Vorschusszahlungen bewilligen.

Die in Artikel 47 Absatz (1) dieses Gesetzes vorgesehene Gerichtsentscheidung beendet das Amt der kommissarischen Leitung, die innerhalb eines Monats nach ihrer Ersetzung den in der Entscheidung bestimmten Liquidatoren, unter Vorlage der Rechnungsunterlagen und Belege, Bericht über die Verwendung der Vermögenswerte des spezialisierten Investmentfonds erstatten muss.

Sofern die Entscheidung zum Entzug der Genehmigung durch die gemäß dem vorstehenden Artikel 45 Absatz (2) vorgesehenen Rechtsmittelinstanzen aufgehoben wird, gilt die kommissarische Leitung als zurückgetreten.

Art. 47. (1) Auf Antrag des Staatsanwaltes,[45] der sowohl von Amts wegen als auch auf Antrag der CSSF tätig werden kann, ordnet die Kammer für Handelssachen des Bezirksgerichts[46] die Auflösung und Liquidation der spezialisierten Investmentfonds im Sinne dieses Gesetzes, deren Eintragung in die gemäß Artikel 43 Absatz (1) vorgesehene Liste endgültig verweigert oder gelöscht wurde, an. Auf Antrag des Staatsanwalts, der sowohl von Amts wegen als auch auf Antrag der CSSF tätig werden kann, ordnet die Kammer für Handelssachen des Bezirksgerichts die Auflösung und Liquidation eines oder mehrerer Teilfonds eines spezialisierten Investmentfonds im Sinne dieses Gesetzes, deren Zulassung endgültig verweigert oder entzogen wurde, an.

Das Gericht ernennt anlässlich der Anordnung zur Liquidation einen kommissarischen Richter[47] sowie einen oder mehrere Liquidatoren. Es legt die Art und Weise der Liquidation fest. Es kann nach eigenem Ermessen festsetzen, inwieweit die Regeln der Konkursabwicklung Anwendung finden. Die Art und Weise der Liquidation kann durch eine spätere Entscheidung von Amts wegen oder auf Antrag des oder der Liquidatoren geändert werden.

Das Gericht setzt die Kosten und Honorare der Liquidatoren fest; es kann Vorschusszahlungen bewilligen. Die Gerichtsentscheidung durch welche die Auflösung beschlossen und die Liquidation angeordnet wird, ist vorläufig vollstreckbar.

(2) Der oder die Liquidatoren können für den spezialisierten Investmentfonds sämtliche Handlungen einleiten und vornehmen, Zahlungen in Empfang nehmen, Löschung gegen Quittung oder ohne Quittung veranlassen, alle Vermögenswerte des spezialisierten Investmentfonds veräußern und wiederanlegen, Wechsel ausgeben oder übertragen sowie in allen streitigen Angelegenheiten Vergleiche abschließen oder Verzichtserklärungen abgeben. Sie können Immobilien des spezialisierten Investmentfonds im Wege einer öffentlichen Versteigerung veräußern.

---

[42] *Commissaire de surveillance.*
[43] *Greffe du tribunal.*
[44] *Chambre de conseil.*
[45] *Procureur d'Etat.*
[46] *Tribunal d'arrondissement.*
[47] *Juge-commissaire.*

IV. Normentexte

Sie können darüber hinaus, jedoch ausschließlich mit Genehmigung des Gerichts, auf einzelvertraglicher Basis seine Güter mit Hypotheken belasten, verpfänden oder seine Immobilien veräußern.

(3) Mit Erlass der Gerichtsentscheidung können sämtliche Mobiliar- und Immobiliarklagen sowie jegliche Vollstreckungshandlungen im Zusammenhang mit beweglichem oder unbeweglichem Vermögen nur noch gegenüber den Liquidatoren verfolgt, eingeleitet oder vollzogen werden.

Die Gerichtsentscheidung über die Liquidation beendet jegliche Beschlagnahme auf Antrag von nicht bevorzugten und nicht mit Privilegien ausgestatteten Gläubigern[48] im Hinblick auf bewegliches und unbewegliches Vermögen.

(4) Nach Zahlung der Verbindlichkeiten beziehungsweise nach Hinterlegung der zur Zahlung der Verbindlichkeiten notwendigen Beträge kehren die Liquidatoren den Anlegern die ihnen jeweils zustehenden Beträge oder Vermögenswerte aus.

(5) Die Liquidatoren können auf eigenes Betreiben und müssen auf Antrag von Anlegern, die mindestens ein Viertel der Vermögenswerte des spezialisierten Investmentfonds vertreten, eine Generalversammlung der Anleger zur Entscheidung darüber einberufen, ob anstelle einer einfachen Liquidation die Einbringung der Vermögenswerte des spezialisierten Investmentfonds in Liquidation in einen anderen spezialisierten Investmentfonds zu veranlassen ist. Diese Entscheidung wird nur dann gefasst, wenn die Anleger auf dieser Generalversammlung mindestens die Hälfte des Wertes der Gründungseinlage der Anteile oder des Gesellschaftskapitals vertreten und wenn der Beschluss mit einer Mehrheit von mindestens zwei Dritteln der Stimmen der anwesenden oder vertretenen Anleger gefasst wird.

(6) Die Gerichtsentscheidung, durch die die Auflösung eines spezialisierten Investmentfonds beschlossen und seine Liquidation angeordnet wird, wird im *Mémorial*[49] und in zwei vom Gericht benannten, hinreichend verbreiteten Tageszeitungen, von denen mindestens eine Luxemburger Tageszeitung sein muss, veröffentlicht. Für die Veröffentlichung tragen der oder die Liquidatoren die Verantwortung.

(7) Wird vom kommissarischen Richter festgestellt, dass keine oder keine ausreichenden Vermögenswerte vorhanden sind, so werden die Verfahrensunterlagen von allen Kanzlei- und Registergebühren freigestellt und die Kosten und Honorare der Liquidatoren von der Staatskasse getragen und als Gerichtskosten erstattet.

(8) Die Liquidatoren sind gegenüber Dritten ebenso wie gegenüber dem spezialisierten Investmentfonds für die Ausführung ihres Auftrages und für durch ihre Geschäftsführung entstandene Fehler verantwortlich.

(9) Nach Abschluss der Liquidation erstatten die Liquidatoren dem Gericht Bericht über die Verwendung der Vermögenswerte des spezialisierten Investmentfonds und legen die Schlussrechnung einschließlich der Belege vor. Das Gericht ernennt Prüfer[50] zur Begutachtung der Unterlagen. Nach dem Bericht der Prüfer wird über die Geschäftsführung der Liquidatoren und über den Abschluss der Liquidation entschieden.

Dieser Abschluss wird gemäß vorstehendem Absatz (6) veröffentlicht. Die Veröffentlichung enthält unter anderem:
– die Angabe des vom Gericht bezeichneten Ortes, an dem die Bücher und Gesellschaftsunterlagen während mindestens fünf Jahren aufbewahrt werden müssen;
– die Angabe der gemäß Artikel 50 ergriffenen Maßnahmen zur Hinterlegung[51] der Beträge und Werte, die denjenigen Gläubigern, Anlegern oder Gesellschaftern zustehen, an die eine Auskehrung nicht erfolgen konnte.

(10) Sämtliche Klagen[52] gegen die Liquidatoren von spezialisierten Investmentfonds in deren Eigenschaft als Liquidatoren verjähren innerhalb von fünf Jahren nach der gemäß Absatz (9) erfolgten Veröffentlichung des Abschlusses der Liquidation.

Klagen gegen die Liquidatoren, die auf Vorfälle im Zusammenhang mit deren Eigenschaft als Liquidatoren gestützt werden, verjähren innerhalb von fünf Jahren nach den jeweiligen Vorfällen beziehungsweise nach deren Entdeckung, sofern diese Vorfälle vorsätzlich verdeckt wurden.

---

[48] *Créanciers chirographaires et non privilégiés.*
[49] Das *Mémorial C, Recueil des Sociétés et Associations* ist Teil des Amtsblatts des Großherzogtums Luxemburg, in dem bestimmte Pflichtpublikationen und vorgeschriebene Mitteilungen für Gesellschaften veröffentlicht werden.
[50] *Commissaires.*
[51] *Consignation.*
[52] „Klagen" steht für den französischen Begriff „*actions*".

(11) Die Bestimmungen dieses Artikels finden auch auf spezialisierte Investmentfonds Anwendung, die ihre Eintragung in der gemäß Artikel 43 vorgesehenen Liste nicht innerhalb der vorgeschriebenen Frist beantragt haben.

Art. 48. (1) Nach ihrer Auflösung bestehen die spezialisierten Investmentfonds zum Zweck ihrer Liquidation fort. Im Falle der nicht gerichtlich veranlassten Liquidation unterliegen sie weiterhin der Aufsicht der CSSF.

(2) In sämtlichen Unterlagen eines spezialisierten Investmentfonds in Liquidation muss erwähnt werden, dass sich dieser in Liquidation befindet.

Art. 49. (1) Im Falle einer nicht gerichtlich veranlassten Liquidation eines spezialisierten Investmentfonds müssen der oder die Liquidatoren zuvor von der CSSF genehmigt worden sein. Der oder die Liquidatoren müssen in vollem Umfang den erforderlichen Leumund sowie die erforderliche berufliche Qualifikation nachweisen.

(2) Wenn ein Liquidator seinen Auftrag nicht annimmt oder nicht genehmigt wird, bestimmt die Kammer für Handelssachen des Bezirksgerichts auf Antrag jedes Betroffenen oder der CSSF den oder die Liquidatoren. Die Gerichtsentscheidung, durch welche der oder die Liquidatoren bestimmt werden, ist in Urschrift und vor ihrer Registrierung vorläufig vollstreckbar, unbeschadet etwaiger Rechtsmittel der Berufung oder des Einspruchs.

Art. 50. Im Falle einer freiwilligen oder veranlassten Liquidation eines spezialisierten Investmentfonds im Sinne dieses Gesetzes werden die Beträge und Vermögenswerte, die den Anteilen zuzuordnen sind, deren Inhaber bis zum Abschluss der Liquidation keine Ansprüche angemeldet haben, bei der öffentlichen Hinterlegungsstelle[53] zugunsten der Berechtigten hinterlegt.

Art. 51. (1) Die Mitglieder des Verwaltungsrats oder gegebenenfalls des Vorstands, Geschäftsführer und leitenden Angestellten von unter der Aufsicht der CSSF stehenden spezialisierten Investmentfonds, Verwaltungsgesellschaften, Verwahrstellen sowie jedes anderen zur Geschäftstätigkeit des spezialisierten Investmentfonds beitragenden Unternehmens, sowie die Liquidatoren im Falle der freiwilligen Liquidation eines spezialisierten Investmentfonds können mit einer Geldbuße von 125 bis 12500 Euro belegt werden, wenn sie sich weigern, Finanzberichte und weitere angeforderte Informationen vorzulegen oder wenn diese sich als unvollständig, ungenau, oder unrichtig erweisen oder wenn gegen Artikel 52 dieses Gesetzes verstoßen wird.

(2) Die gleiche Geldbuße wird auch gegen Personen verhängt, die gegen die Bestimmungen von Artikel 44 verstoßen.

(3) Die CSSF kann jede Anordnung einer Geldbuße, die bei einem Verstoß gegen diesen Artikel verhängt wird, veröffentlichen, sofern eine solche Bekanntgabe nicht die Stabilität der Finanzmärkte ernstlich gefährdet, nachteilig für die Interessen der Anleger ist oder den Beteiligten einen unverhältnismäßig hohen Schaden zufügt.

Kapitel 7 – Erstellung eines Emissionsdokumentes[54] und eines Jahresberichts

Art. 52. (1) Eine Investmentgesellschaft beziehungsweise eine Verwaltungsgesellschaft muss für jeden der von ihr verwalteten Investmentfonds die folgenden Unterlagen erstellen:
– ein Emissionsdokument und
– einen Jahresbericht je Geschäftsjahr.

(2) Der Jahresbericht muss innerhalb von sechs Monaten gerechnet ab dem Ende des jeweiligen Berichtszeitraums den Anlegern zur Verfügung gestellt werden.

(3) Wenn bereits ein Verkaufsprospekt auf Grundlage des Gesetzes vom 10. Juli 2005 über Verkaufsprospekte für Wertpapiere veröffentlicht worden ist, so besteht keine Pflicht mehr, ein Emissionsdokument im Sinne dieses Gesetzes zu erstellen.

(4) Unbeschadet der Absätze (1) und (2) der Artikel 29 und 30 des Gesetzes vom 19. Dezember 2002 über das Handels- und Gesellschaftsregister sowie die Rechnungslegung und Unternehmensjahresabschlüsse bereiten die diesem Gesetz unterliegenden spezialisierten Investmentfonds ihren Jahresbericht gemäß dem im Anhang aufgeführten Schema vor. Der Jahresbericht muss eine Bilanz oder eine Vermögensübersicht, eine nach Erträgen und Aufwendungen für das jeweilige Geschäftsjahr gegliederte Rechnungslegung, einen Bericht über die Geschäftstätigkeit im abgelaufenen Geschäfts-

---

[53] *Caisse de Consignation.*
[54] *Document d'émission.*

jahr sowie alle wesentlichen Informationen, die es den Anlegern ermöglichen, sich in vollständiger Sachkenntnis ein Urteil über die Entwicklung der Geschäftstätigkeit und die Geschäftsergebnisse des spezialisierten Investmentfonds zu bilden, enthalten. Artikel 56 und 57 des Gesetzes vom 19. Dezember 2002 über das Handels- und Gesellschaftsregister sowie die Rechnungslegung und Unternehmensjahresabschlüsse sind jedoch auf spezialisierte Investmentfonds anwendbar, die dem Kapitel 3 oder dem Kapitel 4 dieses Gesetzes unterliegen.

(5) Unbeschadet Artikel 309 des geänderten Gesetzes vom 10. August 1915 über die Handelsgesellschaften sind die diesem Gesetz unterliegenden spezialisierten Investmentfonds sowie ihre Tochtergesellschaften von der Pflicht zur Konsolidierung von zu Investitionszwecken gehaltenen Gesellschaften befreit.

(6) Nicht durch Barzahlung geleistete Einlagen in diesem Gesetz unterliegende spezialisierte Investmentfonds, müssen zum Zeitpunkt ihrer Einlage Gegenstand eines von einem zugelassenen Wirtschaftsprüfer zu erstellenden Berichts sein. Die in Artikel 26-1 des Gesetzes vom 10. August 1915 über die Handelsgesellschaften vorgesehenen Bedingungen und Modalitäten finden auf die Erstellung des in diesem Artikel genannten Berichts Anwendung, unabhängig von der Rechtsform der betroffenen spezialisierten Investmentfonds.

Art. 53. Das Emissionsdokument muss die Angaben enthalten, die notwendig sind, damit sich die Anleger in vollständiger Sachkenntnis über die ihnen vorgeschlagene Anlage und insbesondere über die damit verbundenen Risiken ein Urteil bilden können.

Art. 54. Die wesentlichen Elemente des Emissionsdokumentes müssen bei der Ausgabe von zusätzlichen Anteilen an neue Anteilinhaber auf dem neuesten Stand gehalten werden. Jede Änderung wesentlicher Elemente des Emissionsdokuments bedarf der Genehmigung der CSSF.

Art. 55. (1) Die nach Luxemburger Recht errichteten spezialisierten Investmentfonds müssen die im Jahresbericht enthaltenen Rechnungslegungsdaten von einem zugelassenen Wirtschaftsprüfer prüfen lassen.

Der Bestätigungsvermerk des zugelassenen Wirtschaftsprüfers sowie gegebenenfalls dessen Vorbehalte werden vollständig in jedem Jahresbericht wiedergegeben.

Der zugelassene Wirtschaftsprüfer muss eine adäquate Berufserfahrung nachweisen können.

(2) Der zugelassene Wirtschaftsprüfer wird vom spezialisierten Investmentfonds ernannt und erhält von diesem seine Vergütung.

(3) Der zugelassene Wirtschaftsprüfer ist verpflichtet, der CSSF unverzüglich jegliche Tatsache oder Entscheidung zu melden, von der er bei der Ausführung der Prüfung der im Jahresbericht eines spezialisierten Investmentfonds enthaltenen Rechnungslegungsdaten oder bei der Erfüllung anderer gesetzlicher Aufgaben bei einem spezialisierten Investmentfonds Kenntnis erlangt hat, sofern diese Tatsache oder Entscheidung

– eine schwerwiegende Verletzung der Vorschriften dieses Gesetzes oder der entsprechenden aufsichtsrechtlichen Vorschriften darstellen könnte oder
– die Fortsetzung der Tätigkeit des spezialisierten Investmentfonds beeinträchtigen könnte oder
– die Ablehnung der Bestätigung der Rechnungslegung oder diesbezügliche Vorbehalte zur Folge haben könnte.

Des Weiteren ist der zugelassene Wirtschaftsprüfer verpflichtet, bei der Wahrnehmung der in vorstehendem Absatz genannten Aufgaben im Zusammenhang mit einem spezialisierten Investmentfonds die CSSF unverzüglich über alle diesbezüglichen Tatsachen oder Entscheidungen zu unterrichten, die unter die im vorstehenden Absatz genannten Kriterien fallen, von denen der Wirtschaftsprüfer bei der Prüfung der im Jahresbericht enthaltenen Rechnungslegungsdaten oder in Erfüllung anderer gesetzlicher Aufgaben bei einem anderen Unternehmen Kenntnis erlangt hat, das mit diesem spezialisierten Investmentfonds durch ein Kontrollverhältnis verbunden ist.

Im Rahmen dieses Artikels ist unter Kontrollverhältnis die Verbindung zwischen einem Mutter- und einem Tochterunternehmen in den Fällen gemäß Artikel 77 des geänderten Gesetzes vom 17. Juni 1992 über die Jahresberichte und den konsolidierten Abschluss der Kreditinstitute[55)] oder eine gleichgeartete Verbindung zwischen einer natürlichen oder juristischen Person und einem Unternehmen zu verstehen; jedes Tochterunternehmen eines Tochterunternehmens wird ebenfalls als Tochterunternehmen des Mutterunternehmens angesehen, das an der Spitze dieses Unternehmens steht. Ein Kontrollverhältnis zwischen zwei oder mehreren natürlichen oder juristischen Personen

---

[55] *Loi modifiée du 17 juin 1992 relative aux comptes annuels et les comptes consolidés des établissements de crédit.*

liegt ebenfalls vor, wenn die betreffenden Personen mit ein und derselben Person durch ein Kontrollverhältnis dauerhaft verbunden sind.

Erlangt der zugelassene Wirtschaftsprüfer in Erfüllung seiner Aufgaben Kenntnis davon, dass die den Anlegern oder der CSSF übermittelten Angaben in den Berichten oder in anderen Unterlagen des spezialisierten Investmentfonds die finanzielle Situation und Vermögenslage des spezialisierten Investmentfonds nicht zutreffend wiedergeben, muss er die CSSF hiervon unverzüglich unterrichten.

Der zugelassene Wirtschaftsprüfer muss darüber hinaus der CSSF sämtliche Angaben oder Bescheinigungen übermitteln, die die CSSF im Hinblick auf Umstände anfordert, von denen der zugelassene Wirtschaftsprüfer bei der Ausführung des Auftrags Kenntnis erlangt hat oder erlangt haben muss. Gleiches gilt, wenn der zugelassene Wirtschaftsprüfer davon Kenntnis erlangt, dass die Vermögenswerte des spezialisierten Investmentfonds nicht im Einklang mit den im Gesetz oder im Emissionsdokument vorgesehenen Regeln angelegt sind oder angelegt wurden.

Macht der zugelassene Wirtschaftsprüfer der CSSF in gutem Glauben Mitteilung über die in diesem Absatz genannten Tatsachen oder Entscheidungen, so gilt dies weder als Verletzung des Berufsgeheimnisses noch als Verletzung einer vertraglich geregelten Bekanntmachungsbeschränkung und zieht für den zugelassenen Wirtschaftsprüfer keinerlei Haftung nach sich.

Jeder der Aufsicht der CSSF unterliegende luxemburgische spezialisierte Investmentfonds, dessen Rechnungslegung von einem zugelassenen Wirtschaftsprüfer geprüft werden muss, muss der CSSF unaufgefordert die Berichte und schriftlichen Anmerkungen des zugelassenen Wirtschaftsprüfers im Zusammenhang mit seiner Prüfung der Jahresabschlüsse übermitteln.

Die CSSF kann den Umfang des Mandats zur Prüfung der Jahresabschlüsse sowie die inhaltlichen Anforderungen an die im vorhergehenden Unterabsatz genannten Berichte und schriftlichen Anmerkungen des zugelassenen Wirtschaftsprüfers festlegen, unbeschadet der gesetzlichen Bestimmungen über den Inhalt des Berichts des Abschlussprüfers.

Die CSSF kann von einem zugelassenen Wirtschaftsprüfer die Durchführung einer gezielten Prüfung im Hinblick auf einen oder mehrere näher bestimmte Aspekte der Tätigkeit und der Funktionsweise eines spezialisierten Investmentfonds verlangen. Die Kosten in diesem Zusammenhang gehen zu Lasten des betroffenen spezialisierten Investmentfonds.

(4) Die CSSF verweigert oder löscht die Eintragung in die Liste derjenigen spezialisierten Investmentfonds, deren zugelassener Wirtschaftsprüfer entweder die in diesem Artikel aufgestellten Bedingungen nicht erfüllt oder die in diesem Artikel auferlegten Verpflichtungen nicht beachtet.

(5) Die Ernennung von Rechnungsprüfern[56] gemäß Artikel 61, 109, 114 und 200 des geänderten Gesetzes vom 10. August 1915 über die Handelsgesellschaften ist für nach Luxemburger Recht errichtete Investmentgesellschaften nicht erforderlich. Die Verwaltungsratsmitglieder oder die Geschäftsführer sind allein zuständig in allen Fällen, in denen das geänderte Gesetz vom 10. August 1915 über die Handelsgesellschaften gemeinsame Maßnahmen der Rechnungsprüfer und der Verwaltungsratsmitglieder oder Geschäftsführer vorsieht.

Die Ernennung von Rechnungsprüfern, wie in Artikel 151 des geänderten Gesetzes vom 10. August 1915 über die Handelsgesellschaften vorgesehen, ist für Luxemburger Investmentgesellschaften nicht erforderlich. Nach Abschluss der Liquidation erstellt der zugelassene Wirtschaftsprüfer einen Liquidationsbericht. Dieser Bericht wird der Generalversammlung, in der die Liquidatoren ihren Bericht über die Verwendung des Gesellschaftsvermögens vorlegen, zusammen mit der diesbezüglich als Nachweis dienenden Schlussrechnung und den Belegen, vorgelegt. In dieser Generalversammlung wird ebenfalls über die Billigung der Schlussrechnung, die Entlastung und den Liquidationsabschluss entschieden.

Art. 56. Die spezialisierten Investmentfonds müssen ihr Emissionsdokument und jegliche an diesem vorgenommenen Änderungen sowie ihren Jahresbericht der CSSF übermitteln.

Art. 57. (1) Das Emissionsdokument und der letzte veröffentliche Jahresbericht ist Zeichnern auf Anfrage kostenlos auszuhändigen.

(2) Der Jahresbericht wird den Anlegern auf Anfrage kostenlos ausgehändigt.

Kapitel 8 – Mitteilung anderer Informationen an die CSSF

Art. 58. Die CSSF kann von spezialisierten Investmentfonds sämtliche Auskünfte verlangen, die zur Erfüllung ihrer Aufgaben dienlich sind und kann zu diesem Zwecke selbst oder durch ihre Beauftragten Bücher, Rechnungslegungsunterlagen, Register oder andere Urkunden und Unterlagen der spezialisierten Investmentfonds einsehen.

---

[56] *Commissaires aux comptes.*

IV. Normentexte

Kapitel 9 – Bezeichnungsschutz

Art. 59. (1) Kein Unternehmen darf Bezeichnungen oder Angaben verwenden, die den Eindruck erwecken, dass seine Geschäftstätigkeit der Gesetzgebung über spezialisierte Investmentfonds unterliegt, wenn es nicht im Sinne von Artikel 43 dieses Gesetzes zugelassen wurde.

(2) Auf Antrag der Staatsanwaltschaft kann die Kammer für Handelssachen des Gerichts des Gerichtsbezirks, in dem der spezialisierte Investmentfonds ansässig ist, oder des Gerichtsbezirks, in dem die Bezeichnung verwendet wurde, jedermann die Verwendung der Bezeichnung gemäß Absatz (1) untersagen, wenn die Anforderungen dieses Gesetzes nicht oder nicht mehr erfüllt sind.

(3) Die in Rechtskraft erwachsene Gerichtsentscheidung oder das in Rechtskraft erwachsene Urteil, durch welche die Untersagung ausgesprochen wird, ist durch die Staatsanwaltschaft auf Kosten des Verurteilten in zwei hinreichend verbreiteten Luxemburger oder ausländischen Tageszeitungen zu veröffentlichen.

Kapitel 10 – Strafbestimmungen

Art. 60. Haftstrafen von mindestens einem Monat und höchstens einem Jahr und/oder Geldbußen von mindestens fünfhundert und höchstens fünfundzwanzigtausend Euro werden verhängt gegen:
a) jeden, der die Ausgabe oder Rücknahme von Anteilen des Investmentfonds in den unter Artikel 11 Absatz (2) und 20 Absatz (3) dieses Gesetzes geregelten Fällen vorgenommen hat oder hat vornehmen lassen;
b) jeden, der Anteile des Investmentfonds zu einem anderen Preis als dem, der sich bei Anwendung der in Artikel 8 dieses Gesetzes vorgesehenen Kriterien ergeben hätte, ausgegeben oder zurückgenommen hat;
c) jeden, der als Mitglied des Verwaltungsrates, als Geschäftsführer oder Mitglied der kommissarischen Leitung der Verwaltungsgesellschaft oder der Verwahrstelle aus den Mitteln des Investmentfonds Darlehen oder Vorschüsse auf die Anteile dieses Investmentfonds gewährt hat oder zu Lasten des Investmentfonds in irgendeiner Weise Einzahlungen auf Anteile vorgenommen hat oder als erfolgt zugelassen hat, die tatsächlich nicht vorgenommen wurden.

Art. 61. (1) Mit einer Haftstrafe von mindestens einem und höchstens sechs Monaten und/oder einer Geldbuße von mindestens fünfhundert und höchstens fünfundzwanzigtausend Euro wird belegt:
a) wer es als Mitglied des Verwaltungsrates oder als Geschäftsführer der Verwaltungsgesellschaft unterlassen hat, unverzüglich die CSSF davon zu unterrichten, dass das Nettovermögen des Investmentfonds unter zwei Drittel beziehungsweise unter ein Viertel des gesetzlichen Mindestbetrags gefallen ist;
b) wer als Mitglied des Verwaltungsrates oder als Geschäftsführer der Verwaltungsgesellschaft gegen Artikel 9 dieses Gesetzes verstoßen hat.

(2) Mit einer Geldbuße von mindestens fünfhundert und höchstens fünfundzwanzigtausend Euro wird belegt, wer unter Verstoß gegen Artikel 59 eine Bezeichnung gebraucht oder eine Beschreibung verwendet hat, die den Anschein einer dem Gesetz über spezialisierte Investmentfonds unterliegenden Geschäftstätigkeit erweckt, ohne dass eine Zulassung gemäß Artikel 43 erteilt wurde.

Art. 62. Mit einer Haftstrafe von mindestens einem Monat und höchstens einem Jahr und/oder einer Geldbuße von mindestens fünfhundert und höchstens fünfundzwanzigtausend Euro wird belegt, wer als Gründungsgesellschafter, Mitglied des Verwaltungsrates oder Geschäftsführer einer Investmentgesellschaft gegen die Bestimmungen der Artikel 28 Absatz (2) und 28 Absatz (4) verstoßen hat.

Art. 63. Mit einer Haftstrafe von mindestens einem Monat und höchstens einem Jahr und/oder einer Geldbuße von mindestens fünfhundert und höchstens fünfundzwanzigtausend Euro wird belegt, wer als Mitglied des Verwaltungsrates oder als Geschäftsführer einer Investmentgesellschaft die außerordentliche Generalversammlung gemäß Artikel 30 und Artikel 39 Absätze (2) bis (4) dieses Gesetzes nicht einberufen oder der gegen Artikel 39 Absatz (5) dieses Gesetzes verstoßen hat.

Art. 64. Mit einer Haftstrafe von mindestens drei Monaten und höchstens zwei Jahren und/oder einer Geldbuße von mindestens fünfhundert und höchstens fünfzigtausend Euro wird belegt, wer es unternommen hat oder hat unternehmen lassen, Gelder bei Anlegern zu beschaffen, ohne dass für den spezialisierten Investmentfonds, für den er gehandelt hat, innerhalb eines Monats nach dessen Gründung ein Antrag auf Eintragung in die Liste bei der CSSF gestellt worden ist.

Art. 65. (1) Mit einer Haftstrafe von mindestens einem Monat und höchstens einem Jahr und/ oder einer Geldbuße von mindestens fünfhundert und höchstens fünfundzwanzigtausend Euro wird belegt, wer als Geschäftsleiter[57] eines spezialisierten Investmentfonds gemäß Artikel 38 dieses Gesetzes den ihm von diesem Gesetz auferlegten Pflichten nicht genügt hat.

(2) In gleicher Weise wird bestraft, wer als Geschäftsleiter spezialisierter Investmentfonds, unbeschadet der Bestimmungen des Artikels 46, andere Maßnahmen als die der Erhaltung getroffen hat, ohne hierzu von der kommissarischen Leitung ermächtigt worden zu sein.

Kapitel 11 – Steuerliche Bestimmungen

Art. 66. (1) Spezialisierte Investmentfonds im Sinne dieses Gesetzes unterliegen keiner Steuer mit Ausnahme der von den bürgerlich-rechtlichen Gesellschaften und Handelsgesellschaften zu entrichtenden Kapitalverkehrssteuern[58] und der Abonnementsteuer[59] gemäß nachstehendem Artikel 68.

(2) Die von diesen spezialisierten Investmentfonds vorgenommenen Ausschüttungen unterliegen unbeschadet der Bestimmungen des Gesetzes vom 21. Juni 2005, das die Richtlinie 2003/48/EG im Bereich der Besteuerung der Kapitalerträge in Form von Zinszahlungen in Luxemburger Recht umsetzt, keiner Quellensteuer und werden bei nicht Gebietsansässigen nicht besteuert.

Art. 67. (...)[60]

Art. 68. (1) Der Satz der jährlich von den diesem Gesetz unterliegenden spezialisierten Investmentfonds zu entrichtenden Abonnementsteuer beträgt 0,01 %.

(2) Von der Abonnementsteuer befreit sind:
a) der Wert der Anteile, die an anderen Organismen für gemeinsame Anlagen gehalten werden, soweit diese Anteile bereits der in diesem Artikel oder in Artikel 174 des Gesetzes vom 17. Dezember 2010 über Organismen für gemeinsame Anlagen vorgesehenen Abonnementsteuer unterworfen waren;
b) spezialisierte Investmentfonds wie auch einzelne Teilfonds eines spezialisierten Investmentfonds mit mehreren Teilfonds:
   (i) deren ausschließlicher Zweck die gemeinsame Anlage in Geldmarktinstrumenten und in Depots bei Kreditinstituten ist und
   (ii) deren gewichtete verbleibende Portfoliorestlaufzeit 90 Tage nicht überschreitet und
   (iii) die das höchste von einer anerkannten Ratingagentur vergebene Rating erhalten haben;
c) spezialisierte Investmentfonds, deren Anteile (i) betrieblichen Versorgungswerken oder Trägern ähnlicher Anlagen, die auf Initiative eines oder mehrerer Arbeitgeber zu Gunsten ihrer Arbeitnehmer geschaffen wurden und (ii) Gesellschaften eines oder mehrerer Arbeitgeber, die die von ihnen gehaltenen Mittel für Versorgungsleistungen an ihre Arbeitnehmer verwenden, vorbehalten sind;
d) spezialisierte Investmentfonds wie auch einzelne Teilfonds eines spezialisierten Investmentfonds mit mehreren Teilfonds deren hauptsächlicher Zweck die Anlage in Mikrofinanzinstitutionen ist.

(3) Die Anwendungsmodalitäten der Befreiung werden in einer großherzoglichen Verordnung geregelt, in der die Kriterien festgelegt sind, denen die vorstehend aufgeführten Geldmarktinstrumente entsprechen müssen.[61]

(4) Bemessungsgrundlage für die Abonnementsteuer bildet die Gesamtheit des Nettovermögens der spezialisierten Investmentfonds zum letzten Tag eines jeden Quartals.

(5) Die Bestimmungen des Absatzes (2) c) sind analog anwendbar:
– auf die einzelnen Teilfonds eines spezialisierten Investmentfonds mit mehreren Teilfonds, deren Anteile (i) betrieblichen Versorgungswerken oder Trägern ähnlicher Anlagen, die auf Initiative eines oder mehrerer Arbeitgeber zu Gunsten ihrer Arbeitnehmer geschaffen wurden und (ii) Gesellschaften eines oder mehrerer Arbeitgeber, die die von ihnen gehaltenen Mittel für Versorgungsleistungen an ihre Arbeitnehmer verwenden, vorbehalten sind und
– auf die einzelnen Klassen, die innerhalb eines spezialisierten Investmentfonds oder innerhalb eines Teilfonds eines spezialisierten Investmentfonds mit mehreren Teilfonds geschaffen wurden, deren Anteile (i) betrieblichen Versorgungswerken oder Trägern ähnlicher Anlagen, die auf Initiative ei-

---

[57] *Dirigeants.*
[58] *Droit d'apport*, welches durch das Gesetz vom 19. Dezember 2008 abgeschafft wurde.
[59] *Taxe d'abonnement.*
[60] Aufgehoben durch das Gesetz vom 19. Dezember 2008 zur Änderung der für bestimmte Gesellschaftsverträge geltenden Regelung im Bereich der Eintragungsgebühren.
[61] Großherzogliche Verordnung vom 27. Februar 2007 zur Bestimmung und Erhebung der Pauschalabgabe auf die Einbringung von Kapital gemäß Artikel 68 des Gesetzes vom 13. Februar 2007 über spezialisierte Investmentfonds.

IV. Normentexte

nes oder mehrerer Arbeitgeber zu Gunsten ihrer Arbeitnehmer geschaffen wurden und (ii) Gesellschaften eines oder mehrerer Arbeitgeber, die die von ihnen gehaltenen Mittel für Versorgungsleistungen an ihre Arbeitnehmer verwenden, vorbehalten sind.

(6) Eine großherzogliche Verordnung legt die Kriterien fest, denen die Absatz (2) Buchstabe d) unterliegenden spezialisierten Investmentfonds sowie einzelne Teilfonds spezialisierter Investmentfonds mit mehreren Teilfonds entsprechen müssen.[62)]

(7) Die in diesem Artikel genannte Voraussetzung des ausschließlichen Zwecks steht weder der Verwaltung zusätzlicher flüssiger Mittel noch dem Einsatz von Techniken und Instrumenten zur Absicherung oder zur effektiven Portfolioverwaltung entgegen.

Art. 69. Zuständige Steuerbehörde für die steuerliche Aufsicht über die spezialisierten Investmentfonds ist die staatliche Registerverwaltung.[63)]

Sofern die vorerwähnte Behörde nach Errichtung der diesem Gesetz unterliegenden spezialisierten Investmentfonds feststellt, dass diese spezialisierten Investmentfonds Geschäftstätigkeiten ausüben, die über den von diesem Gesetz festgelegten Rahmen hinausgehen, verlieren die in den Artikeln 66 bis 68 vorgesehenen Steuerbestimmungen ihre Anwendbarkeit.

Außerdem kann die staatliche Registerverwaltung eine Geldbuße von 0,2 % auf den Gesamtbetrag des Vermögens der jeweiligen spezialisierten Investmentfonds verhängen.

Kapitel 12 – Besondere Bestimmungen im Hinblick auf die Rechtsform

Art. 70. (1) Die auf der in Artikel 43 Absatz (1) vorgesehenen Liste eingetragenen Investmentgesellschaften können in eine SICAV umgewandelt werden und ihre Gründungsunterlagen können durch Beschluss einer Gesellschafterversammlung, der unabhängig von dem Betrag des vertretenen Kapitals mit zwei Dritteln der Stimmen der anwesenden oder vertretenen Aktionäre oder Anteilinhaber gefasst werden muss, an die Bestimmungen des Kapitels 3 dieses Gesetzes angepasst werden.

(2) Investmentfonds im Sinne dieses Gesetzes können zu denselben Bedingungen wie in vorstehendem Absatz (1) in eine diesem Gesetz unterliegende SICAV umgewandelt werden.

Art. 71. (1) Spezialisierte Investmentfonds können mit einzelnen Teilfonds gegründet werden, die jeweils einem separaten Teil des Vermögens des spezialisierten Investmentfonds entsprechen.

(2) Die Gründungsunterlagen eines spezialisierten Investmentfonds müssen diese Möglichkeit ebenso wie die diesbezüglichen Modalitäten ausdrücklich vorsehen. Das Emissionsdokument muss eine Beschreibung der spezifischen Anlagepolitik der einzelnen Teilfonds enthalten.

(3) Die Anteile eines spezialisierten Investmentfonds mit einzelnen Teilfonds können, je nach der gewählten Rechtsform, einen unterschiedlichen Wert besitzen und mit oder ohne Wertangabe ausgegeben werden.

(4) Investmentfonds mit mehreren Teilfonds können teilfondsspezifische Verwaltungsreglements mit den je Teilfonds relevanten Charakteristika und Bestimmungen erstellen.

(5) Die Rechte der Anleger und Gläubiger im Hinblick auf einen Teilfonds oder die im Zusammenhang mit der Gründung, der Verwaltung oder der Liquidation eines Teilfonds stehenden Rechte, beschränken sich, vorbehaltlich einer anderslautenden Bestimmung in den Gründungsunterlagen, auf die Vermögenswerte dieses Teilfonds.

Die Vermögenswerte eines Teilfonds haften, vorbehaltlich einer anderslautenden Bestimmung in den Gründungsunterlagen, ausschließlich im Umfang der Anlagen der Anleger in diesem Teilfonds und im Umfang der Forderungen derjenigen Gläubiger, deren Forderungen bei Gründung des Teilfonds, im Zusammenhang mit der Verwaltung oder der Liquidation dieses Teilfonds entstanden sind.

Vorbehaltlich einer anderslautenden Bestimmung in den Gründungsunterlagen wird im Verhältnis der Anleger untereinander jeder Teilfonds als eigenständige Einheit behandelt.

(6) Jeder Teilfonds eines spezialisierten Investmentfonds kann einzeln liquidiert werden, ohne dass dies die Liquidation eines anderen Teilfonds zur Folge hat. Nur die Liquidation des letzten verbleibenden Teilfonds eines spezialisierten Investmentfonds führt automatisch auch zur Liquidation des spezialisierten Investmentfonds im Sinne von Artikel 49 Absatz (1) dieses Gesetzes. Ist der spezialisierte Investmentfonds eine Gesellschaft, ist in diesem Fall ab dem Auftreten der die Liquidation des spezialisierten Investmentfonds nach sich ziehenden Tatsache, die Ausgabe von Aktien mit der Folge der Nichtigkeit untersagt, es sei denn die Ausgabe erfolgt zum Zwecke der Liquidation.

---

[62] Gegenwärtig besteht keine derartige Verordnung.
[63] *Administration de l'Enregistrement.*

(7) Die Zulassung eines Teilfonds eines spezialisierten Investmentfonds im Sinne dieses Gesetzes sowie die Aufrechterhaltung dieser Zulassung sind an die Bedingung geknüpft, dass alle Rechts-, Aufsichts- und Vertragsbestimmungen in Bezug auf seine Organisation und Funktionsfähigkeit eingehalten werden. Der Entzug der Zulassung eines Teilfonds gibt keinen Anlass, den spezialisierten Investmentfonds insgesamt von der in Artikel 43 Absatz (1) vorgesehenen Liste zu streichen.

(8) Ein Teilfonds eines spezialisierten Investmentfonds kann, vorbehaltlich der im Emissionsdokument vorgesehenen Bedingungen, die von einem oder mehreren anderen Teilfonds des selben spezialisierten Investmentfonds auszugebenden oder ausgegebenen Anteile zeichnen, erwerben und/oder halten, ohne dass dieser spezialisierte Investmentfonds, sollte er in der Form einer Gesellschaft gegründet sein, den Vorschriften des Gesetzes vom 10. August 1915 über die Handelsgesellschaften betreffend die Zeichnung, den Erwerb und/oder das Halten eigener Aktien durch eine Gesellschaft unterliegt, jedoch nur unter der Bedingung dass:
– der Zielteilfonds nicht selbst in den Teilfonds, welcher in den Zielteilfonds investiert, anlegt und
– das Stimmrecht, das gegebenenfalls den jeweiligen Anteilen zugeordnet ist, so lange ausgesetzt wird, wie die Anteile vom betroffenen Teilfonds gehalten werden, unbeschadet einer ordnungsgemäßen Abwicklung der Buchführung und der regelmäßigen Berichte und
– bei Berechnung des Nettovermögens des spezialisierten Investmentfonds zur Überprüfung des von diesem Gesetz vorgesehenen Mindestnettovermögens des spezialisierten Investmentfonds, der Wert dieser Anteile keinesfalls berücksichtigt wird, solange sie von dem spezialisierten Investmentfonds gehalten werden.

Kapitel 13 – Änderungsbestimmungen

Art. 72. Artikel 129 Absatz (3) des geänderten Gesetzes vom 20. Dezember 2002 über Organismen für gemeinsame Anlagen[64] wird dahingehend geändert, dass am Ende von Buchstabe a) der Zusatz „oder gemäß Artikel 68 des Gesetzes vom 13. Februar 2007 über spezialisierte Investmentfonds" eingefügt wird.

Art. 73. In Artikel 44 Absatz (1) Buchstabe d) des geänderten Gesetzes vom 12. Februar 1979 bezüglich der Mehrwertsteuer wird hinter „einschließlich SICAR" der Zusatz „und spezialisierte Investmentfonds" eingefügt.

Kapitel 14 – Übergangs- und Aufhebungsbestimmungen

Art. 74. Das Gesetz vom 19. Juli 1991 über Organismen für gemeinsame Anlagen, deren Anteile nicht zum öffentlichen Vertrieb bestimmt sind, wird aufgehoben.

Art. 75. Alle Verweise in Gesetzen und Verordnungen auf „Organismen, die dem Gesetz vom 19. Juli 1991 über Organismen für gemeinsame Anlagen, deren Anteile nicht zum öffentlichen Vertrieb bestimmt sind, unterliegen" werden ersetzt durch „Organismen, die dem Gesetz vom 13. Februar 2007 über spezialisierte Investmentfonds unterliegen".

Art. 76. Organismen, die bisher dem Gesetz vom 19. Juli 1991 über Organismen für gemeinsame Anlagen, deren Anteile nicht zum öffentlichen Vertrieb bestimmt sind, unterlagen, unterliegen nun von Rechts wegen diesem Gesetz.

Bezüglich dieser Organismen sind die Verweise in der Satzung und den Verkaufsunterlagen auf das Gesetz vom 19. Juli 1991 über Organismen für gemeinsame Anlagen, deren Anteile nicht zum öffentlichen Vertrieb bestimmt sind, als Verweise auf dieses Gesetz zu verstehen.

Art. 76bis. Vor dem Inkrafttreten des Gesetzes vom 26. März 2012, welches das Gesetz vom 13. Februar 2007 über spezialisierte Investmentfonds abändert, gegründete spezialisierte Investmentfonds haben bis zum 30. Juni 2012 Zeit, um sich den Bestimmungen von Artikel 2 Absatz (3) und Artikel 42bis dieses Gesetzes anzupassen. Diese spezialisierten Investmentfonds haben bis zum 30. Juni 2013 Zeit, um sich den Bestimmungen des Artikels 42ter dieses Gesetzes anzupassen, sofern diese auf sie anwendbar sind.

Kapitel 15 – Schlussbestimmungen

Art. 77. Die Bezugnahme auf dieses Gesetz kann in verkürzter Form wie folgt erfolgen: „Gesetz vom 13. Februar 2007 über spezialisierte Investmentfonds".

Art. 78. Dieses Gesetz tritt am 13. Februar 2007 in Kraft.

---

[64] Das geänderte Gesetz vom 20. Dezember 2002 über Organismen für gemeinsame Anlagen wurde durch Gesetz vom 17. Dezember 2010 über Organismen für gemeinsame Anlagen aufgehoben und ersetzt.

IV. Normentexte

Teil II – Auf spezialisierte Investmentfonds, die von einem nach Kapitel 2 des Gesetzes vom 12. Juli 2013 über die Verwalter alternativer Investmentfonds oder nach Kapitel II der Richtlinie 2011/61/EU zugelassenen AIFM verwaltet werden, anwendbare besondere Bestimmungen

Kapitel 1 – Allgemeine Bestimmungen

Art. 79. Dieser Teil ist abweichend von den allgemeinen Bestimmungen des Teils I dieses Gesetzes auf spezialisierte Investmentfonds, die von einem nach Kapitel 2 des Gesetzes vom 12. Juli 2013 über die Verwalter alternativer Investmentfonds oder nach Kapitel II der Richtlinie 2011/61/EU zugelassenen AIFM verwaltet werden, anwendbar.

Art. 80. (1) Jeder unter diesen Teil fallende spezialisierte Investmentfonds muss von einem AIFM verwaltet werden, der entweder ein in Luxemburg niedergelassener nach Kapitel 2 des Gesetzes vom 12. Juli 2013 über die Verwalter alternativer Investmentfonds zugelasser AIFM oder ein in einem anderen Mitgliedstaat oder in einem Drittland ansässigen nach Kapitel II der Richtlinie 2011/61/EU zugelassener AIFM sein kann, jedoch unter Vorbehalt der Anwendung des Artikels 66 Absatz (3) der genannten Richtlinie, sofern die Verwaltung des spezialisierten Investmentfonds durch einen in einem Drittland ansässigen AIFM ausgeübt wird.

(2) Der AIFM muss im Einklang mit den Bestimmungen des Artikels 4 des Gesetzes vom 12. Juli 2013 über die Verwalter alternativer Investmentfonds beziehungsweise im Einklang mit den Bestimmungen des Artikels 5 der Richtlinie 2011/61/EU bestimmt werden.

Der AIFM ist:

a) entweder ein externer AIFM, der eine vom spezialisierten Investmentfonds oder im Namen des spezialisierten Investmentfonds ernannte juristische Person ist und der aufgrund dieser Ernennung mit der Verwaltung dieses spezialisierten Investmentfonds betraut ist; im Falle der Ernennung eines externen AIFM muss dieser gemäß den Bestimmungen des Kapitels 2 des Gesetzes vom 12. Juli 2013 über die Verwalter alternativer Investmentfonds beziehungsweise gemäß den Bestimmungen des Kapitels II der Richtlinie 2011/61/EU zugelassen sein;

b) oder, sofern die Rechtsform des spezialisierten Investmentfonds eine interne Verwaltung erlaubt und sein Leitungsgremium entscheidet, keinen externen AIFM zu ernennen, der spezialisierte Investmentfonds selbst.

Ein spezialisierter Investmentfonds, der im Sinne dieses Artikels intern verwaltet wird, muss neben der gemäß Artikel 42 Absatz (1) dieses Gesetzes erforderlichen Zulassung auch als AIFM im Sinne des Kapitels 2 des Gesetzes vom 12. Juli 2013 über die Verwalter alternativer Investmentfonds zugelassen sein. Der betreffende spezialisierte Investmentfonds muss ständig die Einhaltung aller Vorschriften des genannten Gesetzes überwachen, soweit diese Vorschriften auf ihn anwendbar sind.

Art. 81. (1) Die Verwahrung der Vermögenswerte eines unter diesen Teil fallenden spezialisierten Investmentfonds muss einer gemäß Artikel 19 des Gesetzes vom 12. Juli 2013 über die Verwalter alternativer Investmentfonds ernannten Verwahrstelle anvertraut werden.

(2) Die Verwahrstelle muss entweder ihren satzungsmäßigen Sitz in Luxemburg haben oder dort eine Zweigniederlassung unterhalten, wenn sie ihren satzungsmäßigen Sitz in einem anderen Mitgliedstaat der Europäischen Union hat.

(3) Unbeschadet der Bestimmung des zweiten Unterabsatzes muss die Verwahrstelle ein Kreditinstitut oder eine Wertpapierfirma im Sinne des geänderten Gesetzes vom 5. April 1993 über den Finanzsektor sein. Eine Wertpapierfirma ist nur unter der Maßgabe als Verwahrstelle zulässig, dass diese Wertpapierfirma außerdem die Voraussetzungen des Artikels 19 Absatz (3) des Gesetzes vom 12. Juli 2013 über die Verwalter alternativer Investmentfonds erfüllt.

Für die unter diesen Teil fallenden spezialisierten Investmentfonds, bei denen innerhalb von fünf Jahren nach Tätigung der ersten Anlagen keine Rücknahmerechte ausgeübt werden können und die im Einklang mit ihrer Hauptanlagestrategie in der Regel nicht in Vermögenswerte investieren, die gemäß Artikel 19 Absatz (8) Buchstabe a) des Gesetzes vom 12. Juli 2013 über die Verwalter alternativer Investmentfonds verwahrt werden müssen, oder die in der Regel in Emittenten oder nicht börsennotierte Unternehmen investieren, um gemäß Artikel 24 des genannten Gesetzes möglicherweise die Kontrolle über solche Unternehmen zu erlangen, kann die Verwahrstelle auch ein Rechtsträger luxemburgischen Rechts sein, der den Status einer professionellen Verwahrstelle von anderen Vermögenswerten als Finanzinstrumenten im Sinne des Artikels 26-1 des geänderten Gesetzes vom 5. April 1993 über den Finanzsektor hat.

(4) Die Verwahrstelle ist verpflichtet, der CSSF auf Anfrage sämtliche Informationen zu übermitteln, die sie in Ausübung ihrer Funktionen erhalten hat, und die notwendig sind, um der CSSF die Überprüfung der Einhaltung dieses Gesetzes durch den spezialisierten Investmentfonds zu ermöglichen.

(5) Die Aufgaben und die Haftung der Verwahrstelle sind gemäß den in Artikel 19 des Gesetzes vom 12. Juli 2013 über die Verwalter alternativer Investmentfonds enthaltenen Regelungen definiert.

Art. 82. Unbeschadet der Anwendbarkeit der Bestimmungen der Artikel 9, 28 Absatz (4) und 40 Absatz (1) dieses Gesetzes erfolgt die Bewertung der Vermögenswerte der unter diesen Teil fallenden spezialisierten Investmentfonds im Einklang mit den in Artikel 17 des Gesetzes vom 12. Juli 2013 über die Verwalter alternativer Investmentfonds und in den von der Richtlinie 2011/61/EU vorgesehenen delegierten Rechtsakten enthaltenen Regelungen.

Art. 83. Abweichend von Artikel 52 Absatz (4) dieses Gesetzes bestimmt sich der Inhalt des Jahresberichts der unter diesen Teil fallenden spezialisierten Investmentfonds nach den in Artikel 20 des Gesetzes vom 12. Juli 2013 über die Verwalter alternativer Investmentfonds und in den von der Richtlinie 2011/61/EU vorgesehenen delegierten Rechtsakten enthaltenen Regelungen.

Art. 84. Im Hinblick auf die den Anlegern zu übermittelnden Informationen müssen die unter diesen Teil fallenden spezialisierten Investmentfonds die Regelungen einhalten, die in Artikel 21 des Gesetzes vom 12. Juli 2013 über die Verwalter alternativer Investmentfonds und in den in der Richtlinie 2011/61/EU vorgesehenen delegierten Rechtsakten aufgeführt sind.

Art. 85. Der AIFM eines unter den Anwendungsbereich dieses Teils fallenden spezialisierten Investmentfonds darf die Ausübung einer oder mehrerer seiner Aufgaben auf eigene Rechnung an Dritte übertragen. In diesem Fall muss die Übertragung der Aufgaben durch den AIFM im Einklang mit allen in Artikel 18 des Gesetzes vom 12. Juli 2013 über die Verwalter alternativer Investmentfonds vorgesehenen Voraussetzungen im Hinblick auf die von einem AIFM, dessen Herkunftsstaat im Sinne des Gesetzes vom 12. Juli 2013 über die Verwalter alternativer Investmentfonds Luxemburg ist, verwalteten spezialisierten Investmentfonds erfolgen, jedoch unter Vorbehalt der Anwendbarkeit des Artikels 66 Absatz (3) der genannten Richtlinie, falls der spezialisierte Investmentfonds von einem in einem Drittland ansässigen AIFM verwaltet wird.

Art. 86. Der Vertrieb von Anteilen der unter diesen Teil fallenden spezialisierten Investmentfonds in der Europäischen Union durch den AIFM sowie die grenzüberschreitende Verwaltung dieser spezialisierten Investmentfonds in der Europäischen Union werden für von einem in Luxemburg ansässigen AIFM verwalteten spezialisierten Investmentfonds durch die in Kapitel 6 des Gesetzes vom 12. Juli 2013 über die Verwalter alternativer Investmentfonds aufgeführten Bestimmungen beziehungsweise im Hinblick auf von einem in einem anderen Mitgliedstaat oder einem Drittland niedergelassenen AIFM verwalteten spezialisierten Investmentfonds durch die in den Kapiteln VI und VII der Richtlinie 2011/61/EU aufgeführten Bestimmungen geregelt, jedoch unter Vorbehalt der Anwendbarkeit des Artikels 66 Absatz (3) der genannten Richtlinie, falls der spezialisierte Investmentfonds von einem in einem Drittland ansässigen AIFM verwaltet wird.

Kapitel 2 – Übergangsbestimmungen

Art. 87. (1) Unbeschadet der in Artikel 58 des Gesetzes vom 12. Juli 2013 über die Verwalter alternativer Investmentfonds vorgesehenen Übergangsbestimmungen oder, falls es sich um einen in einem Drittland ansässigen AIFM handelt, der in Artikel 45 des Gesetzes vom 12. Juli 2013 über die Verwalter alternativer Investmentfonds vorgesehenen Übergangsbestimmungen müssen spezialisierte Investmentfonds, die von einem gemäß Kapitel 2 des Gesetzes vom 12. Juli 2013 über die Verwalter alternativer Investmentfonds oder gemäß Kapitel II der Richtlinie 2011/61/EU zugelassenen AIFM verwaltet werden und die vor dem 22. Juli 2013 gegründet wurden, bis zum 22. Juli 2014 die Bestimmungen dieses Teils erfüllen.

(2) Unbeschadet der in Artikel 58 des Gesetzes vom 12. Juli 2013 über die Verwalter alternativer Investmentfonds vorgesehenen Übergangsbestimmungen oder, falls es sich um einen in einem Drittland ansässigen AIFM handelt, der in Artikel 45 des Gesetzes vom 12. Juli 2013 über die Verwalter alternativer Investmentfonds vorgesehenen Übergangsbestimmungen werden spezialisierte Investmentfonds, die von einem gemäß Kapitel 2 des Gesetzes vom 12. Juli 2013 über die Verwalter alternativer Investmentfonds oder gemäß Kapitel II der Richtlinie 2011/61/EU zugelassenen AIFM verwaltet werden und die zwischen dem 22. Juli 2013 und dem 22. Juli 2014 gegründet wurden, ab ihrem Gründungsdatum als AIF im Sinne des Gesetzes vom 12. Juli 2013 über die Verwalter alternativer Investmentfonds eingestuft. Diese spezialisierten Investmentfonds müssen die Bestimmungen des Teils II dieses Gesetzes ab ihrer Gründung einhalten. In Abweichung von diesem Grundsatz haben diese zwischen dem 22. Juli 2013 und dem 22. Juli 2014 gegründeten spezialisierten Investmentfonds mit einem vor dem 22. Juli 2013 die Tätigkeiten eines AIFM ausübenden externen AIFM die in Teil II dieses Gesetzes aufgeführten Bestimmungen bis spätestens zum 22. Juli 2014 zu erfüllen.

(3) Alle spezialisierten Investmentfonds, die von einem gemäß Kapitel 2 des Gesetzes vom 12. Juli 2013 über die Verwalter alternativer Investmentfonds oder gemäß Kapitel II der Richtlinie 2011/61/EU zugelassenen AIFM verwaltet werden und die nach dem 22. Juli 2014 gegründet werden, unterliegen, vorbehaltlich der in Artikel 45 des Gesetzes vom 12. Juli 2013 vorgesehenen auf in einem Drittland ansässige AIFM anwendbaren Übergangsbestimmungen, von Rechts wegen Teil II dieses Gesetzes. Diese spezialisierten Investmentfonds, die von einem gemäß Kapitel 2 des Gesetzes vom 12. Juli 2013 über die Verwalter alternativer Investmentfonds oder gemäß Kapitel II der Richtlinie 2011/61/EU zugelassenen AIFM verwaltet werden, oder gegebenenfalls ihr AIFM, unterliegen von Rechts wegen dem Gesetz vom 12. Juli 2013 über die Verwalter alternativer Investmentfonds.

(4) Die spezialisierten Investmentfonds, die von einem gemäß Kapitel 2 des Gesetzes vom 12. Juli 2013 über die Verwalter alternativer Investmentfonds oder gemäß Kapitel II der Richtlinie 2011/61/EU zugelassenen AIFM verwaltet werden und die vor dem 22. Juli 2013 gegründet wurden und gemäß dem Gesetz vom 12. Juli 2013 über die Verwalter alternativer Investmentfonds als AIF des geschlossenen Typs einzustufen sind und die nach diesem Datum keine zusätzlichen Anlagen vornehmen, müssen die Bestimmungen dieses Teils nicht einhalten.

(5) Die spezialisierten Investmentfonds, die von einem gemäß Kapitel 2 des Gesetzes vom 12. Juli 2013 über die Verwalter alternativer Investmentfonds oder gemäß Kapitel II der Richtlinie 2011/61/EU zugelassenen AIFM verwaltet werden und im Sinne des Gesetzes vom 12. Juli 2013 über die Verwalter alternativer Investmentfonds als AIF des geschlossenen Typs einzustufen sind und deren Zeichnungsperiode für die Anleger vor dem 22. Juli 2011 abgelaufen ist und die für einen Zeitraum, welcher spätestens drei Jahre nach dem 22. Juli 2013 endet, aufgelegt wurden, müssen weder die Bestimmungen des Gesetzes vom 12. Juli 2013 über die Verwalter alternativer Investmentfonds, mit Ausnahme des Artikels 20 und gegebenenfalls der Artikel 24 bis 28 des Gesetzes vom 12. Juli 2013 über die Verwalter alternativer Investmentfonds, einhalten, noch einen Antrag auf Zulassung nach dem Gesetz vom 12. Juli 2013 über die Verwalter alternativer Investmentfonds stellen.

Anhang

Informationen, die in den Jahresberichten enthalten sein müssen

I. Vermögensstand:
   - Anlagen,
   - Bankguthaben,
   - sonstige Vermögenswerte,
   - Vermögen insgesamt,
   - Verbindlichkeiten,
   - Nettoinventarwert.
II. Anzahl der im Umlauf befindlichen Anteile
III. Nettoinventarwert je Anteil
IV. Qualitative und/oder quantitative Informationen über das Anlageportfolio, die es den Anlegern ermöglichen, sich mit Sachkenntnis ein Urteil über die Geschäftsentwicklung und die Ergebnisse des spezialisierten Investmentfonds zu bilden
V. Angaben über die Entwicklung des Vermögens des spezialisierten Investmentfonds während des Berichtszeitraums, die Folgendes beinhalten:
   - Erträge aus Anlagen,
   - sonstige Erträge,
   - Aufwendungen für die Verwaltung,
   - Aufwendungen für die Verwahrstelle,
   - sonstige Aufwendungen, Gebühren und Steuern,
   - Nettoertrag,
   - Ausschüttungen und wieder angelegte Erträge,
   - Erhöhung oder Verminderung der Kapitalrechnung,
   - Mehr- oder Minderwert der Anlagen,
   - jede sonstige Änderung, die das Vermögen und die Verbindlichkeiten des spezialisierten Investmentfonds betrifft.
VI. Vergleichende Übersicht über die letzten drei Geschäftsjahre, wobei zum Ende jedes Geschäftsjahres Folgendes anzugeben ist:
   - gesamter Nettoinventarwert,
   - Nettoinventarwert je Anteil.

3. Gesetz vom 15. Juni 2004 über Gesellschaften zur Anlage in Risikokapital (SICAR)

Gesetz vom 15. Juni 2004 über Gesellschaften zur Anlage in Risikokapital (SICAR)

Konsolidierte Fassung vom 15. Juli 2013

Teil I – Auf Investmentgesellschaften zur Anlage in Risikokapital anwendbare allgemeine Bestimmungen

Kapitel I: Allgemeine Bestimmungen

Art. 1. (1) Als Investmentgesellschaft zur Anlage in Risikokapital[1] im Sinne dieses Gesetzes, abgekürzt SICAR, gilt jede Gesellschaft:
– die die Form einer einfachen Kommanditgesellschaft,[2] einer Spezialkommanditgesellschaft,[3] einer Kommanditgesellschaft auf Aktien,[4] einer Genossenschaft, die in Form einer Aktiengesellschaft organisiert[5] ist, einer Gesellschaft mit beschränkter Haftung[6] oder einer Aktiengesellschaft[7] luxemburgischen Rechts hat und
– deren Zweck die Anlage der ihr zur Verfügung stehenden Mittel in Anlagen in Risikokapital ist, in dem Bestreben, den Anteilsinhabern im Gegenzug zu dem von ihnen getragenem Risiko das Ergebnis der Verwaltung ihrer Vermögenswerte zukommen zu lassen und
– die ihre Anteile[8] sachkundigen Anlegern im Sinne des Artikel 2 dieses Gesetzes vorbehält und
– deren Satzung oder Gesellschaftsvertrag bestimmt, dass sie den Bestimmungen dieses Gesetzes unterliegt.

(2) Unter einer Anlage in Risikokapital ist die direkte oder indirekte Einbringung von Vermögenswerten in Unternehmen im Hinblick auf ihre Geschäftsaufnahme, ihre Entwicklung oder ihren Börsengang zu verstehen.

(3) Der satzungsmäßige Sitz sowie die Hauptverwaltung[9] einer SICAR luxemburgischen Rechts muss sich in Luxemburg befinden.

Art. 2. Als sachkundiger Anleger im Sinne dieses Gesetzes gelten institutionelle Anleger, professionelle Anleger sowie jeder andere Anleger, der die folgenden Bedingungen erfüllt:
1) er hat schriftlich sein Einverständnis mit der Einstufung als sachkundiger Anleger erklärt und
2) er investiert mindestens 125 000 Euro in die Gesellschaft oder
3) er verfügt über eine Einstufung seitens eines Kreditinstituts im Sinne der Richtlinie 2006/48/EG, einer Wertpapierfirma im Sinne der Richtlinie 2004/39/EG, oder einer Verwaltungsgesellschaft im Sinne der Richtlinie 2009/65/EG, die ihm bescheinigt, den Sachverstand, die Erfahrung und die Kenntnisse zu besitzen, um auf angemessene Weise eine Anlage in Risikokapital einschätzen zu können.
Die Bedingungen dieses Artikels finden keine Anwendung auf Geschäftsleiter[10] und andere Personen, die bei der Verwaltung der SICAR mitwirken.

Art. 2bis. Die Bestimmungen dieses Teils sind auf alle SICARs anwendbar, solange nicht durch die gemäß Teil II dieses Gesetzes auf SICARs, die von einem nach Kapitel 2 des Gesetzes vom 12. Juli 2013 über die Verwalter alternativer Investmentfonds oder nach Kapitel II der Richtlinie 2011/61/

---

[1] *Société d'investissement en capital à risque.*
[2] *Société en commandite simple.*
[3] *Société en commandite spéciale.*
[4] *Société en commandite par actions.*
[5] *Société coopérative organisée sous forme de société anonyme.*
[6] *Société à responsabilité limitée.*
[7] *Société anonyme.*
[8] *Titres ou parts d'intérêts.*
[9] *Administration centrale.*
[10] *Dirigeants.*

IV. Normentexte

EU zugelassenen AIFM verwaltet werden, anwendbaren besonderen Regelungen etwas Abweichendes bestimmt wird.

Art. 3. (1) Vorbehaltlich anderweitiger Bestimmungen dieses Gesetzes unterliegen SICARs den auf Handelsgesellschaften anwendbaren Bestimmungen.

Wenn die Satzung oder der Gesellschaftsvertrag einer SICAR sowie die diesbezüglich vorgenommenen Änderungen notariell beurkundet werden, wird die notarielle Urkunde nach Wahl der erschienenen Personen in französischer, deutscher oder englischer Sprache verfasst. Abweichend von den Bestimmungen des Erlasses vom 24. Prairial XI entfällt im Rahmen der Hinterlegung der Urkunde das Erfordernis, eine Übersetzung in eine der Amtssprachen beizufügen, sollte die Urkunde in englischer Sprache verfasst sein. Dieses Erfordernis findet weiterhin keine Anwendung auf alle anderen Urkunden, welche der notariellen Form bedürfen, wie z. B. notarielle Urkunden, die Protokolle von Generalversammlungen der Aktionäre oder Anteilsinhaber einer SICAR oder einen eine SICAR betreffenden Verschmelzungsplan festhalten.

Der Ort und die Modalitäten der Bereitstellung des Jahresabschlusses sowie des Berichtes des Wirtschaftsprüfers, des Geschäftsberichts und gegebenenfalls der Beobachtungen des Aufsichtsrates sowie sämtlicher anderer, den Investoren zur Verfügung zu stellenden Informationen werden in der Satzung oder dem Gesellschaftsvertrag oder stattdessen im Einberufungsschreiben der jährlichen Generalversammlung festgelegt. Jeder Anleger kann verlangen, dass ihm diese Dokumente zugesendet werden.

Die Einberufungsschreiben zu den Generalversammlungen der Anleger einer SICAR können vorsehen, dass das Anwesenheitsquorum in der Generalversammlung entsprechend der Anzahl der am fünften Tag um Mitternacht (Ortszeit Luxemburg) vor der Generalversammlung (nachfolgend „Stichtag") ausgegebenen und im Umlauf befindlichen Anteile bestimmt wird. Die Rechte der Anleger zur Teilnahme an einer Generalversammlung und zur Ausübung der mit ihren Anteilen verbundenen Stimmrechte werden entsprechend der Anzahl der am Stichtag von jedem Anleger gehaltenen Anteile bestimmt.

(2) SICARs können mehrere Teilvermögen[11] haben, die jeweils einem separaten Teil des Vermögens der SICAR entsprechen.

(3) Die Gründungsunterlagen der SICAR müssen diese Möglichkeit ebenso wie die diesbezüglichen Modalitäten ausdrücklich vorsehen. Der Prospekt muss eine Beschreibung der die Anlagepolitik jedes Teilvermögens beschreiben.

(4) Die Anteile[12] von SICARs mit mehreren Teilvermögen können unterschiedliche Werte mit oder ohne Nennung des Wertes haben.

(5) Die Rechte der Anleger und Gläubiger im Hinblick auf ein Teilvermögen oder die im Zusammenhang mit der Gründung, der Verwaltung oder der Liquidation eines Teilvermögens stehenden Rechte, beschränken sich, vorbehaltlich einer anderslautenden Bestimmung in den Gründungsunterlagen, auf die Vermögenswerte diese Teilvermögens.

Die Vermögenswerte eines Teilvermögens haften, vorbehaltlich einer anderslautenden Bestimmung in den Gründungsunterlagen, ausschließlich im Umfang der Anlagen der Anleger in diesem Teilvermögen und im Umfang der Forderungen derjenigen Gläubiger, deren Forderung bei Gründung des Teilvermögens, im Zusammenhang mit der Verwaltung oder der Liquidation dieses Teilvermögens entstanden sind. Vorbehaltlich einer anderslautenden Bestimmung in den Gründungsunterlagen wird im Verhältnis der Anleger untereinander jedes Teilvermögen als eigenständige Einheit behandelt.

(6) Jedes Teilvermögen einer SICAR kann einzeln liquidiert werden, ohne dass dies die Liquidation eines anderen Teilvermögens zur Folge hat. Nur die Liquidation des letzten Teilvermögens der SICAR bewirkt die Liquidation der SICAR im Sinne des Artikels 21 Absatz 1 dieses Gesetzes.

Art. 4. (1) Das gezeichnete Kapital der SICAR, gegebenenfalls erhöht um die Ausgabeprämien[13] oder den Wert der Gründungseinlage der Anteile[14] darf nicht niedriger sein als 1 Million Euro. Dieser Mindestbetrag muss innerhalb einer Frist von 12 Monaten nach Zulassung der Gesellschaft erreicht werden. Durch großherzogliche Verordnung kann ein höherer Mindestbetrag festgelegt werden, wobei 2 Millionen Euro nicht überschritten werden dürfen.

---

[11] *Compartiments multiples.*
[12] *Titres ou parts d'intérêts.*
[13] *Primes d'émissions.*
[14] *Valeur de la mise constitutive de parts d'intérêts.*

(2) Die die Kommanditgesellschaften auf Aktien,[15] die Gesellschaften mit beschränkter Haftung,[16] die Aktiengesellschaften[17] und die Genossenschaften, in der Form einer Aktiengesellschaft organisiert sind,[18] die in den Anwendungsbereich dieses Gesetzes fallen, können in ihren Satzungen vorsehen, dass das Gesellschaftskapital zu jeder Zeit dem Nettovermögen entspricht. Veränderungen im Gesellschaftskapital erfolgen von Rechts wegen und ohne dass sie veröffentlicht oder im Handels- und Gesellschaftsregister eingetragen werden müssen.

(...)[19]

Art. 5. (1) Die SICAR kann neue Anteile[20] gemäß den in der Satzung oder dem Gesellschaftsvertrag vorgesehenen Verfahren und Formen ausgeben.

(2) Das Kapital einer Kommanditgesellschaft auf Aktien, einer Aktiengesellschaft, einer Gesellschaft mit beschränkter Haftung und einer Genossenschaft, die in der Form einer Aktiengesellschaft organisiert ist, die in den Anwendungsbereich dieses Gesetzes fallen, muss vollständig gezeichnet sein und jede Aktie muss zu mindestens 5 % mittels Barzahlung oder sonstiger Einlage eingezahlt werden.

(3) Die Bewertung der Vermögenswerte der Gesellschaft erfolgt auf der Grundlage des nach billigem Ermessen bestimmten Zeitwertes.[21] Dieser Wert ist entsprechend der in der Satzung oder dem Gesellschaftsvertrag festgelegten Verfahren zu bestimmen.

Art. 6. (1) SICARs sind nicht verpflichtet, eine gesetzliche Mindestrücklage zu bilden.

(2) Die Rückzahlungen und Dividenden für die Anleger unterliegen lediglich den in der Satzung oder dem Gesellschaftsvertrag festgelegten Beschränkungen.

(3) SICARs unterliegen in Bezug auf Zwischendividenden lediglich den Bestimmungen der Satzung oder des Gesellschaftsvertrags.

Art. 7. Die Bezeichnung oder Firma der Gesellschaft, gefolgt oder nicht von der Bezeichnung „einfache Kommanditgesellschaft", „Spezialkommanditgesellschaft", „Kommanditgesellschaft auf Aktien", „Gesellschaft mit beschränkter Haftung", „Aktiengesellschaft" oder „Genossenschaft, die in der Form einer Aktiengesellschaft organisiert ist", wird für Gesellschaften, die in den Anwendungsbereich dieses Gesetzes fallen, durch die Bezeichnung „Investmentgesellschaft zur Anlage in Risikokapital", abgekürzt: „SICAR", ergänzt.

Art. 7bis. (1) SICARs müssen derart aufgebaut und organisiert sein, dass das Risiko von Interessenskonflikten zwischen der SICAR und, je nachdem, jeder Person, welche zu den Aktivitäten der SICAR beiträgt oder jeder Person, welche direkt oder indirekt mit der SICAR verbunden ist, die den Interessen der Investoren schaden, möglichst gering ist. Im Fall von möglichen Interessenskonflikten muss die SICAR die Interessen der Anleger hinreichend schützen.

(2) Die Anwendungsmodalitäten von Absatz 1 werden durch eine CSSF-Verordnung festgelegt.

Kapitel II: Die Verwahrstelle

Art. 8. (1) Die Verwahrung der Vermögenswerte einer SICAR muss einer Verwahrstelle anvertraut werden.

(2) Die Verwahrstelle muss entweder ihren satzungsmäßigen Sitz in Luxemburg haben oder dort eine Niederlassung unterhalten, wenn sie ihren satzungsmäßigen Sitz im Ausland hat.

(3) Unbeschadet der Bestimmung des zweiten Unterabsatzes muss die Verwahrstelle ein Kreditinstitut oder eine Wertpapierfirma im Sinne des geänderten Gesetzes vom 5. April 1993 über den Finanzsektor sein. Eine Wertpapierfirma ist nur unter der Maßgabe als Verwahrstelle zulässig, dass diese Wertpapierfirma außerdem die Voraussetzungen des Artikels 19 Absatz (3) des Gesetzes vom 12. Juli 2013 über die Verwalter alternativer Investmentfonds erfüllt.

Für SICARs, bei denen innerhalb von fünf Jahren nach Tätigung der ersten Anlagen keine Rücknahmerechte ausgeübt werden können und die im Einklang mit ihrer Hauptanlagestrategie in der Regel nicht in Vermögenswerte investieren, die gemäß Artikel 19 Absatz (8) Buchstabe a) des Gesetzes vom 12. Juli 2013 über die Verwalter alternativer Investmentfonds verwahrt werden müssen, oder

---

[15] *Sociétés en commandite par actions.*
[16] *Sociétés à responsabilité limitée.*
[17] *Sociétés anonymes.*
[18] *Sociétés coopératives organisées comme sociétés anonymes.*
[19] Aufgehoben durch das Gesetz vom 12. Juli 2013.
[20] *Titres ou parts d'intérêts.*
[21] *Juste valeur.*

in der Regel in Emittenten oder nicht börsennotierte Unternehmen investieren, um gemäß Artikel 24 des genannten Gesetzes möglicherweise die Kontrolle über solche Unternehmen zu erlangen, kann die Verwahrstelle auch ein Rechtsträger luxemburgischen Rechts sein, der den Status einer professionellen Verwahrstelle von anderen Vermögenswerten als Finanzinstrumenten im Sinne des Artikels 26-1 des geänderten Gesetzes vom 5. April 1993 über den Finanzsektor hat.

(4) Die Haftung der Verwahrstelle wird durch die vollständige oder teilweise Übertragung der von ihr verwahrten Vermögenswerte auf Dritte nicht berührt.

Art. 9. (1) Die Verwahrstelle muss bei der Wahrnehmung ihrer Aufgaben unabhängig und ausschließlich im Interesse der Anleger handeln.

(2) Die Verwahrstelle haftet der Gesellschaft und den Anlegern nach luxemburgischem Recht für jeden erlittenen Schaden, der diesen aus schuldhafter Nicht- oder Schlechterfüllung der Pflichten der Verwahrstelle entstanden ist.

(3) Die Haftung gegenüber den Anlegern wird durch die SICAR geltend gemacht. Sofern die Gesellschaft trotz schriftlicher Aufforderung durch einen Anleger nicht binnen drei Monaten nach dieser Aufforderung handelt, kann dieser Anleger die Haftung der Verwahrstelle unmittelbar geltend machen.

Art. 10. Die Aufgaben der Verwahrstelle der SICAR enden:
a) im Falle des Ausscheidens der Verwahrstelle auf eigenes Betreiben oder auf Veranlassung der Gesellschaft; bis zu ihrer Ersetzung, die innerhalb von zwei Monaten erfolgen muss, ist die Verwahrstelle verpflichtet, sämtliche erforderlichen Maßnahmen zu ergreifen, um die angemessene Wahrung der Interessen der Anleger zu gewährleisten;
b) im Falle der Eröffnung des Konkursverfahrens oder des Vergleichsverfahrens über das Vermögen der SICAR oder der Verwahrstelle, der Gewährung von Zahlungsaufschub, der Anordnung der Zwangsverwaltung oder einer vergleichbaren Maßnahme oder der Liquidation der SICAR oder der Verwahrstelle;
c) sofern die CSSF der SICAR oder der Verwahrstelle die Zulassung entzieht;
d) in allen anderen in der Satzung oder dem Gesellschaftsvertrag vorgesehenen Fällen.

Kapitel III: Zulassung und Aufsicht

Art. 11. (1) Zuständige Behörde für die Ausübung der Aufsicht von SICARs ist die *Commission de Surveillance du Secteur Financier,* nachfolgend die „CSSF".

(2) Die CSSF übt ihre Zuständigkeit ausschließlich im öffentlichen Interesse aus.

(3) Die CSSF überwacht die Einhaltung der anwendbaren gesetzlichen und vertraglichen Bestimmungen durch die diesem Gesetz unterliegenden SICARs und deren Geschäftsleiter.

Art. 12. (1) Zur Ausübung ihrer Geschäfte müssen SICARs im Sinne dieses Gesetzes von der CSSF zugelassen werden.

(2) Eine SICAR wird erst zugelassen, wenn die CSSF den Gründungsunterlagen und der Wahl der Verwahrstelle zustimmt.

(3) Die Geschäftsleiter der SICAR und der Verwahrstelle müssen ausreichend gut beleumdet sein und über ausreichende Erfahrung für die Ausübung ihrer Tätigkeit verfügen. Zu diesem Zweck muss ihre Identität der CSSF angezeigt werden. Unter Geschäftsleitern[22] sind im Falle von Kommanditgesellschaften auf Aktien der oder die geschäftsführende(n) Komplementär(e), im Falle von einfachen Kommanditgesellschaften und Spezialkommanditgesellschaften der oder die Geschäftsführer, gleich ob Komplementär oder nicht, und im Falle von Aktiengesellschaften und Gesellschaften mit beschränkter Haftung die Mitglieder des Verwaltungsrates beziehungsweise der/die Geschäftsführer zu verstehen.

(4) Jegliche Ersetzung der Verwahrstelle oder eines Geschäftsleiters sowie jegliche Änderung der Gründungsunterlagen der SICAR erfordert die Genehmigung der CSSF.

(5) Die Erteilung der Zulassung ist an den Nachweis gebunden, dass die Hauptverwaltung der SICAR in Luxemburg liegt.

Art. 13. (1) Zugelassene SICARs werden von der CSSF in eine Liste eingetragen. Diese Eintragung gilt als Zulassung und wird der betreffenden SICAR von der CSSF mitgeteilt. Anträge auf Zulassung von SICARs müssen bei der CSSF innerhalb eines Monats nach deren Gründung oder Errichtung

---

[22] *Dirigeants.*

gestellt werden. Diese Liste sowie jegliche Änderungen auf dieser Liste werden auf Veranlassung der CSSF im *Mémorial*[23] veröffentlicht.

(2) Die Eintragung und ihre Aufrechterhaltung auf der Liste im Sinne von Absatz (1) erfolgen unter der Bedingung, dass alle gesetzlichen, aufsichtsrechtlichen oder vertraglichen Bestimmungen, welche die Organisation und die Funktionsweise der SICARs betreffen, eingehalten werden.

(3) (...)[24]

Art. 14. Die Eintragung einer SICAR in die gemäß Artikel 13 Absatz (1) geführte Liste darf keinesfalls und in keiner Form als positive Wertung der Zweckmäßigkeit oder der wirtschaftlichen, finanziellen oder rechtlichen Struktur einer Anlage in die SICAR, der Qualität der Anteile[25] oder der Zahlungsfähigkeit der SICAR durch die CSSF dargestellt werden.

Art. 15. (1) Alle Personen, die für die CSSF tätig sind oder waren, sowie die von der CSSF beauftragten zugelassenen Wirtschaftsprüfer[26] oder Sachverständigen unterliegen dem Berufsgeheimnis im Sinne von Artikel 16 des geänderten Gesetzes vom 23. Dezember 1998 über die Gründung einer Aufsichtsbehörde für den Finanzsektor.[27] Dieses Berufsgeheimnis bedeutet, dass vertrauliche Angaben, die sie in ihrer beruflichen Eigenschaft erhalten, an keine Person oder Behörde weitergegeben werden dürfen, es sei denn, in derart zusammengefasster oder allgemeiner Form, dass keine SICAR und keine Verwahrstelle zu erkennen ist. Hiervon ausgenommen sind die Fälle, die in den Anwendungsbereich des Strafrechts fallen.

(2) Absatz (1) steht nicht entgegen, dass die CSSF innerhalb der von diesem Gesetz vorgesehenen Grenzen Informationen mit den Aufsichtsbehörden anderer Mitgliedstaaten der Europäischen Union austauscht.

Bei der Aufsicht der SICARs und anderer Investmentgesellschaften zur Anlage in Risikokapital arbeitet die CSSF eng mit den Aufsichtsbehörden der anderen Mitgliedstaaten der Europäischen Union zusammen und gibt ausschließlich zu diesem Zweck sämtliche erforderlichen Informationen entsprechend weiter.

Innerhalb der Grenzen des Abkommens über den Europäischen Wirtschaftsraum und der damit zusammenhängenden Rechtsakte sind die Aufsichtsbehörden der Mitgliedstaaten dieses Abkommens, die nicht Mitgliedstaaten der Europäischen Union sind, den Aufsichtsbehörden der Mitgliedstaaten der Europäischen Union gleichstellt.

(3) Absatz (1) steht nicht entgegen, dass die CSSF Informationen austauscht mit:
– den Behörden von Drittländern, die mit der Aufsicht von Investmentgesellschaften zur Anlage in Risikokapital im öffentlichen Auftrag betraut sind,
– anderen in Absatz (5) genannten Behörden, Organismen und Personen, mit Ausnahme von Risikosicherungseinrichtungen, die ihren Sitz in Drittländern haben,
– den in Absatz (6) genannten Behörden von Drittländern.

Für die gemäß diesem Artikel zulässige Informationsübermittlung der CSSF gelten die folgenden Voraussetzungen:
– die übermittelten Informationen müssen zur Ausübung der Aufgaben der Behörden, Organismen und Personen, die sie empfangen, erforderlich sein,
– die übermittelten Informationen müssen unter das Berufsgeheimnis der Behörden, Organismen und Personen fallen, die sie empfangen, und das Berufsgeheimnis dieser Behörden, Organismen und Personen entspricht mindestens den Anforderungen an das Berufsgeheimnis, dem die CSSF unterliegt,
– die Behörden, Organismen und Personen, die von der CSSF Informationen erhalten, dürfen diese nur zu den Zwecken verwenden, zu denen sie ihnen übermittelt wurden und sie müssen gewährleisten können, dass diese Informationen keinesfalls zu anderen Zwecken verwendet werden,
– die Behörden, Organismen und Personen, die von der CSSF Informationen erhalten, räumen der CSSF dasselbe Informationsrecht ein,
– die Preisgabe von Informationen, welche die CSSF von in anderen Mitgliedstaaten der Europäischen Union für die Aufsicht der Investmentgesellschaften zur Anlage in Risikokapital zuständigen Behör-

---

[23] Das *Mémorial B, Recueil Administratif et Economique*. In diesem Teil des Amtsblatts des Großherzogtums Luxemburg werden bestimmte Publikationen der Verwaltung vorgenommen.
[24] Aufgehoben durch das Gesetz vom 10. Juli 2005.
[25] *Titres ou parts d'intérêts*.
[26] *Réviseurs d'entreprises agréés*.
[27] *Loi modifiée du 23 décembre 1998 portant création d'une Commission de Surveillance du Secteur Financier.*

den erhalten hat, kann nur mit ausdrücklichem Einverständnis dieser Behörden und gegebenenfalls ausschließlich zu den Zwecken erfolgen, für die diese Behörden ihr Einverständnis erteilt haben. Drittländern im Sinne dieses Absatzes sind andere Staaten als die unter Absatz (2) genannten.

(4) Die CSSF, die im Rahmen der Absätze (2) und (3) vertrauliche Informationen erhält, darf diese im Rahmen der Durchführung ihrer Aufgaben nur wie folgt verwenden:
– zur Prüfung, ob die Zulassungsbedingungen für SICARs und Verwahrstellen erfüllt sind, sowie zur Erleichterung der Prüfung der Voraussetzungen für die Tätigkeitsausübung, die verwaltungsrechtliche und buchhalterische Organisation und die internen Kontrollmechanismen; oder
– zur Verhängung von Sanktionen; oder
– im Rahmen eines verwaltungsrechtlichen Rechtsbehelfs gegen eine Entscheidung der CSSF; oder
– im Rahmen gerichtlicher Verfahren gegen Nichtzulassungs- beziehungsweise Widerrufsentscheidungen.

(5) Die Absätze (1) bis (4) stehen nicht entgegen:
a) einem Informationsaustausch innerhalb der Europäischen Union zwischen der CSSF und:
– den Behörden, die mit der Aufsicht von Kreditinstituten, Wertpapierfirmen, Versicherungsunternehmen und anderen Finanzinstitutionen im öffentlichen Auftrag betraut sowie den mit der Aufsicht der Finanzmärkte betrauten Behörden,
– den Organen, die mit der Liquidation, dem Konkurs oder anderen ähnlichen Verfahren im Hinblick auf Investmentgesellschaften zur Anlage in Risikokapital und Verwahrstellen betraut sind,
– den mit der Rechnungsprüfung von Kreditinstituten, Wertpapierfirmen, sonstigen Finanzinstitutionen oder Versicherungsgesellschaften betrauten Personen zum Zweck der Erfüllung ihrer Aufgaben.
b) der Weitergabe von Informationen durch die CSSF innerhalb der Europäischen Union an die mit der Verwaltung von Entschädigungssystemen der Anleger oder von Risikosicherungseinrichtungen betrauten Stellen, die diese Informationen zur Erfüllung ihrer Aufgaben benötigen.

Die durch diesen Absatz zugelassene Informationsübermittlung durch die CSSF unterliegt der Bedingung, dass diese Informationen unter das Berufsgeheimnis der Behörden, Organismen und Personen fallen, die sie erhalten, und ist nur insoweit zugelassen, als das Berufsgeheimnis dieser Behörden, Organismen und Personen mindestens den Anforderungen an das Berufsgeheimnis entspricht, dem die CSSF unterliegt. So dürfen insbesondere die Behörden, die Informationen von der CSSF erhalten, diese nur zu den Zwecken verwenden, zu denen sie ihnen übermittelt wurden und müssen gewährleisten können, dass diese Informationen keinesfalls zu anderen Zwecken verwendet werden.

Innerhalb der Grenzen des Abkommens über den Europäischen Wirtschaftsraum und der damit zusammenhängenden Rechtsakte sind den Mitgliedstaaten der Europäischen Union die Mitgliedstaaten dieses Abkommens, die nicht Mitgliedstaaten der Europäischen Union sind,, die nicht Mitgliedstaaten der Europäischen Union sind, in den durch das Abkommen und zugehörigen Akten definierten Grenzen gleichgestellt.

(6) Absätze (1) und (4) stehen einem Informationsaustausch innerhalb der Europäischen Union zwischen der CSSF und:
– den Behörden, denen die Aufsicht der mit der Liquidation, dem Konkurs und ähnlichen Verfahren betreffend Kreditinstitute, Wertpapierfirmen, Versicherungsunternehmen, Investmentgesellschaften zur Anlage in Risikokapital und Verwahrstellen betrauten Organe, obliegt
– den Behörden, denen die Aufsicht jener Personen, die mit der Rechnungsprüfung von Kreditinstituten, Wertpapierfirmen, Versicherungsunternehmen und sonstigen Finanzinstituten betraut sind, obliegt

nicht entgegen.

Die nach diesem Absatz zugelassene Informationsübermittlung durch die CSSF setzt voraus, dass:
– die übermittelten Informationen den Behörden zur Ausführung ihres Aufsichtsauftrags dienen,
– die übermittelten Informationen unter das Berufsgeheimnis der empfangenden Behörden fallen und dieses Berufsgeheimnis mindestens den Anforderungen an das Berufsgeheimnis entspricht, dem die CSSF unterliegt,
– die Behörden, die Informationen von der CSSF erhalten, diese nur zu den Zwecken verwenden, zu denen sie ihnen übermittelt wurden und gewährleisten können, dass diese Informationen keinesfalls zu anderen Zwecken verwendet werden,
– die Preisgabe von Informationen, welche die CSSF von den Aufsichtsbehörden nach den Absätzen (2) und (3) erhalten hat, nur mit ausdrücklichem Einverständnis dieser Behörden und gegebenenfalls ausschließlich zu den Zwecken erfolgen kann, für die diese Behörden ihr Einverständnis erteilt haben.

Innerhalb der Grenzen des Abkommens über den Europäischen Wirtschaftsraum und der damit zusammenhängenden Rechtsakte sind den Mitgliedstaaten der Europäischen Union die Mitgliedstaaten dieses Abkommens, die nicht Mitgliedstaaten der Europäischen Union sind gleichgestellt.

(7) Diesem Artikel steht nicht entgegen, dass die CSSF an die Zentralbanken und an andere Institutionen mit ähnlichen Aufgaben in deren Eigenschaft als Währungsbehörden Informationen zur Erfüllung ihrer Aufgaben weiterleitet.

Die nach diesem Absatz zulässige Weiterleitung von Informationen durch die CSSF darf nur insoweit erfolgen, als diese Informationen unter das Berufsgeheimnis der Behörden fallen, die diese erhalten und ist nur insoweit zugelassen, als das Berufsgeheimnis dieser Behörden mindestens den Anforderungen an das Berufsgeheimnis entspricht, dem die CSSF unterliegt. So dürfen insbesondere die Behörden, die Informationen von der CSSF erhalten, diese nur zu den Zwecken verwenden, zu denen sie übermittelt wurden und müssen gewährleisten können, dass diese Informationen keinesfalls zu anderen Zwecken verwendet werden.

Diesem Artikel steht darüber hinaus nicht entgegen, dass die Behörden oder Organismen gemäß diesem Absatz der CSSF Informationen übermitteln, die diese zu den in Absatz (4) genannten Zwecken benötigt. Die der CSSF übermittelten Informationen fallen unter ihr Berufsgeheimnis.

(8) Diesem Artikel steht nicht entgegen, dass die CSSF die Informationen gemäß den Absätzen (1) bis (4) einer Clearingstelle oder einer ähnlichen, gesetzlich anerkannten und mit der Sicherstellung von Clearing- oder Abwicklungsdienstleistungen auf einem der luxemburgischen Märkte betrauten Stelle übermittelt, sofern diese Informationen nach Auffassung der CSSF erforderlich sind, um die ordnungsgemäße Funktionsweise dieser Stellen im Falle von Verstößen, oder auch nur möglichen Verstößen, der Marktteilnehmer sicherzustellen.

Die nach diesem Absatz zulässige Weiterleitung von Informationen durch die CSSF darf nur insoweit erfolgen, als diese Informationen unter das Berufsgeheimnis der Organismen fallen, die diese erhalten und ist nur insoweit zugelassen, als das Berufsgeheimnis dieser Organismen mindestens den Anforderungen an das Berufsgeheimnis entspricht, dem die CSSF unterliegt. So dürfen insbesondere die Organismen, die Informationen von der CSSF erhalten, diese nur zu den Zwecken verwenden, zu denen sie übermittelt wurden und müssen gewährleisten können, dass diese Informationen keinesfalls zu anderen Zwecken verwendet werden.

Die gemäß den Absätzen (2) und (3) von der CSSF erhaltenen Informationen dürfen in dem in diesem Absatz genannten Fall nur mit dem ausdrücklichen Einverständnis der Aufsichtsbehörden, welche die Informationen an die CSSF übermittelt haben, weitergegeben werden.

Art. 16. (1) Die Entscheidungen der CSSF in Ausführung der Bestimmungen dieses Gesetzes müssen begründet werden und erfolgen, sofern nicht Gefahr in Verzug besteht, nach Durchführung eines streitigen Verfahrens.[28] Diese Entscheidungen werden mittels Einschreibens übermittelt oder durch den Gerichtsvollzieher[29] zugestellt.

(2) Gegen die Entscheidungen der CSSF betreffend die Erteilung, Verweigerung oder den Entzug der in diesem Gesetz vorgesehenen Zulassungen sowie gegen Entscheidungen der CSSF betreffend Geldbußen, welche gemäß Artikel 17 dieses Gesetzes auferlegt wurden, kann Rechtsmittel beim Verwaltungsgericht,[30] das in der Hauptsache entscheidet, eingelegt werden. Das Rechtsmittel muss innerhalb einer Ausschlussfrist von einem Monat nach Mitteilung der angegriffenen Entscheidung eingelegt werden.

Art. 17. (1) Die Geschäftsleiter der SICAR sowie die Liquidatoren im Falle der freiwilligen Liquidation einer SICAR können von der CSSF mit einer Geldbuße von fünfzehn Euro bis fünfhundert Euro belegt werden, wenn sie sich weigern, der CSSF die Finanzberichte oder weitere angeforderte Informationen vorzulegen oder wenn diese sich als unvollständig, ungenau oder unrichtig erweisen oder wenn gegen Artikel 23 dieses Gesetzes verstoßen wird sowie bei Feststellung jeder anderen schwerwiegenden Unregelmäßigkeit.

(2) Dieselbe Geldbuße wird auch gegen Personen verhängt, die gegen die Bestimmungen von Artikel 14 verstoßen.

Kapitel IV: Auflösung und Liquidation

Art. 18. Die Entscheidung der CSSF, eine SICAR von der in Artikel 13 genannten Liste zu streichen, hat von Rechts wegen ab dem Zeitpunkt der Mitteilung an die betreffende Gesellschaft an und

---

[28] *Instruction contradictoire.*
[29] *Huissier.*
[30] *Tribunal administratif.*

IV. Normentexte

zu deren Lasten bis zu dem Tag, an welchem die Entscheidung rechtskräftig wird, die Aussetzung aller Zahlungen durch diese Gesellschaft und die Untersagung beziehungsweise Nichtigkeit sämtlicher Handlungen, die nicht lediglich Erhaltungsmaßnahmen darstellen, zur Folge, es sei denn, diese wurden durch die kommissarische Leitung[31] genehmigt.

Die CSSF nimmt von Rechts wegen die Funktion der kommissarischen Leitung wahr, sofern die Kammer für Handelssachen des Bezirksgerichts[32] auf Antrag der CSSF eine oder mehrere Person(en) mit der kommissarischen Leitung betraut. Hierzu ist ein zu begründender und mit Belegen zu versehender Antrag bei der Geschäftsstelle des Bezirksgerichts,[33] im Gerichtsbezirk, in dem die SICAR ihren Sitz hat, einzureichen.

Das Gericht entscheidet kurzfristig.

Sofern es die vorgelegten Angaben für ausreichend erachtet, trifft es unverzüglich und ohne Anhörung der Parteien seine Entscheidung in öffentlicher Sitzung. Sofern es dies für notwendig erachtet, lädt es durch seine Geschäftsstelle die Parteien spätestens innerhalb von drei Tagen nach Hinterlegung des Antrages. Das Gericht führt sodann eine Anhörung der Parteien im Kammertermin[34] durch und verkündet seine Entscheidung in öffentlicher Sitzung.

Für sämtliche Handlungen und Entscheidungen der SICAR ist die schriftliche Zustimmung der kommissarischen Leitung erforderlich. Anderenfalls sind solche Handlungen oder Entscheidungen nichtig.

Das Gericht kann jedoch den Bereich der genehmigungspflichtigen Geschäfte begrenzen.

Die kommissarische Leitung kann den Gesellschaftsorganen alle Vorschläge zur Beratung unterbreiten, die sie für angebracht hält. Die kommissarische Leitung ist berechtigt, an den Beschlussverfahren der Verwaltungs-, Leitungs-, Geschäftsführungs- oder Aufsichtsorgane der SICAR teilzunehmen.

Das Gericht setzt die Kosten und Honorare der Mitglieder der kommissarischen Leitung fest; es kann Vorschusszahlungen bewilligen.

Die in Artikel 19 Absatz (1) dieses Gesetzes vorgesehen Gerichtsentscheidung beendet das Amt der kommissarischen Leitung, die innerhalb eines Monats nach ihrer Ersetzung den in der Entscheidung bestimmten Liquidatoren, unter Vorlage der Rechnungsunterlagen und Belege, Bericht über die Verwendung der Vermögenswerte der SICAR erstatten muss.

Sofern die Entscheidung zum Entzug der Genehmigung durch die gemäß den vorstehenden Absätzen (2) und (3) vorgesehenen Rechtsmittelinstanzen aufgehoben wird, gilt die kommissarische Leitung als zurückgetreten.

Art. 19. (1) Auf Antrag des Staatsanwaltes,[35] der sowohl von Amts wegen als auch auf Antrag der CSSF tätig werden kann, ordnet die Kammer für Handelssachen des Bezirksgerichts die Auflösung und Liquidation einer SICAR, deren Eintragung in die gemäß Artikel 13 Absatz (1) vorgesehene Liste endgültig verweigert oder gelöscht wurde, an.

Das Gericht ernennt anlässlich der Anordnung zur Liquidation einen kommissarischen Richter[36] sowie einen oder mehrere Liquidatoren. Es legt die Art und Weise der Liquidation fest. Es kann nach eigenem Ermessen festsetzen, inwieweit die Regeln der Konkursabwicklung Anwendung finden. Die Art und Weise der Liquidation kann durch eine spätere Entscheidung von Amts wegen oder auf Antrag des oder der Liquidatoren geändert werden.

Das Gericht setzt die Kosten die und Honorare der Liquidatoren fest; es kann Vorschusszahlungen bewilligen. Die Gerichtsentscheidung, durch welche die Auflösung beschlossen und die Liquidation angeordnet wird, ist vorläufig vollstreckbar.

(2) Der oder die Liquidatoren können für die SICAR sämtliche Handlungen einleiten und vornehmen, Zahlungen in Empfang nehmen, Löschung gegen Quittung oder ohne Quittung veranlassen, alle beweglichen Vermögenswerte der SICAR veräußern und wiederanlegen, Wechsel ausgeben oder übertragen sowie in allen streitigen Angelegenheiten Vergleiche abschließen oder Verzichtserklärungen abgeben. Sie können Immobilien der SICAR im Wege einer öffentlichen Versteigerung veräußern.

Sie können darüber hinaus, jedoch ausschließlich mit Genehmigung des Gerichts, auf einzelvertraglicher Basis ihre Güter mit Hypotheken belasten, verpfänden oder ihre Immobilien veräußern.

---

[31] *Commissaire de surveillance.*
[32] *Tribunal d'arrondissement.*
[33] *Greffe du tribunal.*
[34] *Chambre de conseil.*
[35] *Procureur d'Etat.*
[36] *Juge commissaire.*

(3) Mit Erlass der Gerichtsentscheidung können sämtliche Mobiliar- und Immobiliarklagen sowie jegliche Vollstreckungshandlungen im Zusammenhang mit beweglichem oder unbeweglichem Vermögen nur noch gegenüber den Liquidatoren verfolgt, eingeleitet oder vollzogen werden.

Die Gerichtsentscheidung über die Liquidation beendet jegliche Beschlagnahme auf Antrag von nicht bevorzugten und nicht mit Privilegien ausgestatteten Gläubigern[37] im Hinblick auf bewegliches und unbewegliches Vermögen.

(4) Nach Zahlung der Verbindlichkeiten beziehungsweise nach Hinterlegung der zur Zahlung der Verbindlichkeiten notwendigen Beträge kehren die Liquidatoren den Anlegern die ihnen jeweils zustehenden Beträge oder Vermögenswerte aus.

(5) Die Liquidatoren können auf eigenes Betreiben und müssen auf Antrag von Anlegern, die mindestens ein Viertel der Vermögenswerte der SICAR vertreten, eine Generalversammlung der Anleger zur Entscheidung darüber einberufen, ob anstelle einer einfachen Liquidation die Einbringung der Vermögenswerte der SICAR in Liquidation in eine andere SICAR zu veranlassen ist. Diese Entscheidung wird nur dann gefasst, wenn die Anleger auf dieser Generalversammlung mindestens die Hälfte des Wertes der Gründungseinlage der Anteile oder des Gesellschaftskapitals vertreten und wenn der Beschluss mit einer Mehrheit von mindestens zwei Dritteln der Stimmen der anwesenden oder vertretenen Anleger gefasst wird.

(6) Die Gerichtsentscheidung, durch die die Auflösung einer SICAR beschlossen und ihre Liquidation angeordnet wird, wird im *Mémorial* und in zwei vom Gericht benannten, hinreichend verbreiteten Tageszeitungen, von denen mindestens eine Luxemburger Tageszeitung sein muss, veröffentlicht. Für die Veröffentlichungen tragen der oder die Liquidatoren die Verantwortung.

(7) Wird vom kommissarischen Richter festgestellt, dass keine oder keine ausreichenden Vermögenswerte vorhanden sind, so werden die Verfahrensunterlagen von allen Kanzlei- und Registergebühren freigestellt und die Kosten und Honorare der Liquidatoren von der Staatskasse getragen und als Gerichtskosten erstattet.

(8) Die Liquidatoren sind gegenüber Dritten ebenso wie gegenüber der SICAR für die Ausführung ihres Auftrages und für durch ihre Geschäftsführung entstandene Fehler verantwortlich.

(9) Nach Abschluss der Liquidation erstatten die Liquidatoren dem Gericht Bericht über die Verwendung der Vermögenswerte der SICAR und legen die Schlussrechnung einschließlich der Belege vor. Das Gericht ernennt Prüfer[38] zur Begutachtung der Unterlagen. Nach dem Bericht der Prüfer wird über die Geschäftsführung der Liquidatoren und über den Abschluss der Liquidation entschieden.

Dieser Abschluss wird gemäß vorstehendem Absatz (6) veröffentlicht. Die Veröffentlichung enthält unter anderem:

– die Angabe des vom Gericht bezeichneten Ortes, an dem die Bücher und Gesellschaftsunterlagen während mindestens fünf Jahren aufbewahrt werden müssen;
– die Angabe der gemäß Artikel 22 ergriffenen Maßnahmen zur Hinterlegung[39] der Beträge und Werte, die denjenigen Gläubigern oder Anlegern zustehen, an die eine Auskehrung nicht erfolgen konnte.

(10) Sämtliche Klagen[40] gegen die Liquidatoren der SICAR in deren Eigenschaft als Liquidatoren verjähren innerhalb von fünf Jahren nach der gemäß Absatz (9) erfolgten Veröffentlichung des Abschlusses der Liquidation.

Klagen gegen die Liquidatoren, die auf Vorfälle im Zusammenhang mit deren Eigenschaft als Liquidatoren gestützt werden, verjähren innerhalb von fünf Jahren nach dem jeweiligen Vorfall beziehungsweise nach dessen Entdeckung, sofern diese Vorfälle vorsätzlich verdeckt wurden.

(11) Die Bestimmungen dieses Artikels finden auch auf SICARs Anwendung, die ihre Eintragung in der gemäß Artikel 13 vorgesehenen Liste nicht innerhalb der vorgeschriebenen Frist beantragt haben.

Art. 20. (1) Nach ihrer Auflösung bestehen SICARs zum Zweck ihrer Liquidation fort. Im Falle der nicht gerichtlich veranlassten Liquidation unterliegen sie weiterhin der Aufsicht der CSSF.

(2) In sämtlichen Unterlagen einer SICAR in Liquidation muss erwähnt werden, dass sich diese in Liquidation befindet.

---

[37] *Créanciers chirographaires et non privilégiés.*
[38] *Commissaires.*
[39] *Consignation.*
[40] „Klagen" steht für den französischen Begriff „*actions*".

IV. Normentexte

Art. 21. (1) Im Falle einer nicht gerichtlich veranlassten Liquidation einer SICAR müssen der oder die Liquidatoren zuvor von der CSSF genehmigt worden sein. Der oder die Liquidatoren müssen in vollem Umfang den erforderlichen Leumund sowie die erforderliche berufliche Qualifikation nachweisen.

(2) Wenn ein Liquidator seinen Auftrag nicht annimmt oder nicht genehmigt wird, bestimmt die Kammer für Handelssachen des Bezirksgerichts auf Antrag jedes Betroffenen oder der CSSF den oder die Liquidatoren. Die Gerichtsentscheidung, durch welche der oder die Liquidator(en) bestimmt werden, ist in Urschrift und vor ihrer Registrierung vorläufig vollstreckbar, unbeschadet etwaiger Rechtsmittel der oder des Einspruchs.

Art. 22. Im Falle einer freiwilligen oder veranlassten Liquidation einer SICAR im Sinne dieses Gesetzes werden die Beträge und Vermögenswerte, die den Anteilen[41] zuzuordnen sind, deren Inhaber bis zum Abschluss der Liquidation keine Ansprüche angemeldet haben, bei der öffentlichen Hinterlegungsstelle[42] zugunsten der Berechtigten hinterlegt.

Kapitel V: Veröffentlichung eines Prospekts und eines Jahresberichts

Art. 23. (1) SICARs müssen einen Prospekt und einen Jahresbericht für jedes Geschäftsjahr veröffentlichen.

(2) Die Jahresberichte sind, zusammen mit dem Bericht des Wirtschaftsprüfers, den Anlegern innerhalb von sechs Monaten ab Ende des jeweiligen Berichtzeitraums zur Verfügung zu stellen.

Art. 24. (1) Der Prospekt muss die Angaben enthalten, die notwendig sind, damit sich die Anleger über die ihnen vorgeschlagene Anlage und die damit verbundenen Risiken ein fundiertes Urteil bilden können.

(2) Der Jahresbericht muss eine Bilanz oder eine Vermögensübersicht, eine nach Erträgen und Aufwendungen für das jeweilige Geschäftsjahr gegliederte Rechnungslegung, einen Bericht über die Geschäftstätigkeit im abgelaufenen Geschäftsjahr sowie alle wesentlichen Informationen, die es den Anlegern ermöglichen, sich in vollständiger Sachkenntnis ein Urteil über die Entwicklung der Geschäftstätigkeit und die Geschäftsergebnisse der SICAR zu bilden, enthalten.

(3) Unbeschadet Artikel 309 des geänderten Gesetzes vom 10. August 1915 über die Handelsgesellschaften ist die SICAR von der Pflicht, konsolidierte Abschlüsse [s. Richtlinie 83/349/EWG] zu erstellen, befreit.

Art. 25. (1) Die Gründungsunterlagen der SICAR sind integraler Bestandteil des Prospekts, dem sie beigefügt werden müssen.

(2) Die in Absatz (1) bezeichneten Dokumente müssen dem Prospekt jedoch nicht beigefügt zu werden, wenn der Anleger davon unterrichtet wird, dass ihm auf sein Verlangen diese Dokumente ausgehändigt werden oder ihm mitgeteilt wird, wo er diese einsehen kann.

Art. 26. Die wesentlichen Elemente des Prospekts müssen zum Zeitpunkt der Ausgabe von zusätzlichen Anteilen[43] an neue Anleger auf dem neusten Stand sein.

Art. 27. (1) SICARs müssen die im Jahresbericht enthaltenen Rechnungslegungsdaten von einem zugelassenen Wirtschaftsprüfer prüfen lassen.

Der Bestätigungsvermerk des zugelassenen Wirtschaftsprüfers sowie gegebenenfalls dessen Vorbehalte werden vollständig in jedem Jahresbericht wiedergegeben.

Der zugelassene Wirtschaftsprüfer muss eine adäquate Berufserfahrung nachweisen können.

(2) Der zugelassene Wirtschaftsprüfer wird von der SICAR ernannt und erhält von dieser eine Vergütung.

(3) Der zugelassene Wirtschaftsprüfer ist verpflichtet, der CSSF unverzüglich jegliche Tatsache oder Entscheidung zu melden, von der er bei der Ausführung der Prüfung der im Jahresbericht einer SICAR enthaltenen Rechnungslegungsdaten oder bei der Erfüllung anderer gesetzlicher Aufgaben bei der SICAR Kenntnis erlangt hat, sofern diese Tatsache oder Entscheidung
– eine schwerwiegende Verletzung der Vorschriften dieses Gesetzes oder der entsprechenden aufsichtsrechtlichen Vorschriften darstellen könnte oder

---

[41] *Titres ou parts d'intérêts.*
[42] *Caisse de Consignation.*
[43] *Titres ou parts d'intérêts.*

- die Fortsetzung der Tätigkeit der SICAR beeinträchtigten könnte oder
- die Ablehnung der Bestätigung der Rechnungslegung oder diesbezügliche Vorbehalte zur Folge habe könnte.

Des Weiteren ist der zugelassene Wirtschaftsprüfer verpflichtet, bei der Wahrnehmung der in vorstehendem Absatz genannten Aufgaben im Zusammenhang mit einer SICAR, die CSSF unverzüglich über alle diesbezüglichen Tatsachen oder Entscheidungen zu unterrichten, die unter die im vorstehenden Absatz genannten Kriterien fallen, von denen der Wirtschaftsprüfer bei der Prüfung der im Jahresbericht enthaltenen Rechnungslegungsdaten oder in Erfüllung anderer gesetzlicher Aufgaben bei einem anderen Unternehmen Kenntnis erlangt hat, das mit dieser SICAR durch ein Kontrollverhältnis verbunden ist.

Im Rahmen dieses Artikels ist unter Kontrollverhältnis die Verbindung zwischen einem Mutter- und einem Tochterunternehmen in den Fällen gemäß Artikel 77 des geänderten Gesetzes vom 17. Juni 1992 über die Jahresberichte und den konsolidierten Abschluss der Kreditinstitute[44] oder eine gleichgeartete Verbindung zwischen einer natürlichen oder juristischen Person und einem Unternehmen zu verstehen; jedes Tochterunternehmen eines Tochterunternehmens wird ebenfalls als Tochterunternehmen des Mutterunternehmens angesehen, das an der Spitze dieses Unternehmens steht bildet. Ein Kontrollverhältnis zwischen zwei oder mehreren natürlichen oder juristischen Personen liegt ebenfalls vor, wenn die betreffenden Personen mit ein und derselben Person durch ein Kontrollverhältnis dauerhaft verbunden sind. Erlangt der zugelassene Wirtschaftsprüfer in Erfüllung seiner Aufgaben Kenntnis davon, dass die den Anlegern oder der CSSF übermittelten Angaben in den Berichten oder in anderen Unterlagen der SICAR die finanzielle Situation und Vermögenslage der SICAR nicht zutreffend wiedergeben, muss sie die CSSF hiervon unverzüglich unterrichten.

Der zugelassene Wirtschaftsprüfer muss darüber hinaus der CSSF sämtliche Angaben oder Bescheinigungen übermitteln, die die CSSF im Hinblick auf Umstände anfordert, von denen der zugelassene Wirtschaftsprüfer bei der Ausführung des Auftrags Kenntnis erlangt hat oder erlangt haben muss. Gleiches gilt, wenn der zugelassene Wirtschaftsprüfer davon Kenntnis erlangt, dass die Vermögenswerte der SICAR nicht im Einklang mit den im Gesetz oder dem Prospekt vorgesehenen Regeln angelegt sind oder angelegt wurden.

Macht der zugelassene Wirtschaftsprüfer der CSSF in gutem Glauben Mitteilung über die in diesem Absatz genannten Tatsachen oder Entscheidungen, so gilt dies weder als Verletzung des Berufsgeheimnisses noch als Verletzung einer vertraglich geregelten Bekanntmachungsbeschränkung und zieht für den zugelassenen Wirtschaftsprüfer keinerlei Haftung nach sich.

Jeder der Aufsicht der CSSF unterliegende SICARs, dessen Rechnungslegung von einem zugelassenen Wirtschaftsprüfer geprüft werden muss, muss der CSSF unaufgefordert die Berichte und schriftlichen Anmerkungen des zugelassenen Wirtschaftsprüfers im Zusammenhang mit seiner Prüfung der Unterlagen der Jahresabschlüsse übermitteln.

Die CSSF kann den Umfang des Mandats zur Prüfung der Jahresabschlüsse sowie die inhaltlichen Anforderungen an die im vorhergehenden Unterabsatz genannten Berichte und schriftlichen Anmerkungen des zugelassenen Wirtschaftsprüfers festlegen, unbeschadet der gesetzlichen Bestimmungen über den Inhalt des Berichts des Abschlussprüfers.

Die CSSF kann von einem zugelassenen Wirtschaftsprüfer die Durchführung einer gezielten Prüfung im Hinblick auf einen oder mehrere näher bestimmte Aspekte der Tätigkeit und der Funktionsweise einer SICAR verlangen. Die Kosten in diesem Zusammenhang gehen zu Lasten der betreffenden SICAR.

(4) Die CSSF verweigert oder löscht die Eintragung in die Liste derjenigen SICAR, deren zugelassener Wirtschaftsprüfer entweder die in diesem Artikel aufgestellten Bedingungen nicht erfüllt oder die in diesem Artikel auferlegten Verpflichtungen nicht beachtet.

(5) Die Ernennung von Rechnungsprüfern[45] gemäß Artikel 61, 109, 114 und 200 des geänderten Gesetzes vom 10. August 1915 über die Handelsgesellschaften ist für nach Luxemburger Recht errichtete SICARs nicht erforderlich. Die Verwaltungsratsmitglieder sind allein zuständig in allen Fällen, in denen das geänderte Gesetz vom 10. August 1915 über die Handelsgesellschaften gemeinsam Maßnahmen der Rechnungsprüfer und der Verwaltungsratsmitglieder vorsieht.

Die Ernennung von Rechnungsprüfern, wie in Artikel 151 des geänderten Gesetzes vom 10. August 1915 über die Handelsgesellschaften vorgesehen, ist für Luxemburger SICARs nicht erforderlich. Nach Abschluss der erstellt der zugelassene Wirtschaftsprüfer einen Liquidationsbericht. Die-

---

[44] *Loi modifiée du 17 juin 1992 relative aux comptes annuels et les comptes consolidés des établissement de crédit.*
[45] *Commissaires aux comptes.*

ser Bericht wird der Generalversammlung, in der die Liquidatoren ihren Bericht über die Verwendung des Gesellschaftsvermögens vorlegen, zusammen mit der diesbezüglich als Nachweis dienenden Schlussrechnung und den Belegen, vorgelegt. In dieser Generalversammlung wird ebenfalls über die Billigung der Schlussrechnung, die Entlastung und den Liquidationsabschluss entschieden.

Art. 28. Die SICAR muss ihren Prospekt und jegliche an diesem vorgenommenen Änderungen sowie ihre Jahresberichte der CSSF übermitteln.

Art. 29. (1) Der jeweils gültige Prospekt sowie der letzte Jahresbericht sind den Zeichnern vor Vertragsschluss kostenlos anzubieten.

(2) Die Jahresberichte werden den Anlegern auf Anfrage kostenlos ausgehändigt.

Kapitel VI: Veröffentlichung sonstiger Informationen

Art. 30. (…)[46]

Art. 31. Jede Aufforderung zum Erwerb von Anteilen[47] einer SICAR muss darauf hinweisen, dass ein Prospekt existiert und wo dieser erhältlich ist.

Kapitel VII: Mitteilung anderer Informationen an die CSSF

Art. 32. Die CSSF kann von SICARs sämtliche Auskünfte verlangen, die zur Erfüllung ihrer Aufgaben dienlich sind und kann zu diesem Zweck selbst oder durch ihre Beauftragten Bücher, Rechnungslegungsunterlagen, Register oder andere Urkunden und Unterlagen der SICARs einsehen.

Kapitel VIII: Bezeichnungsschutz

Art. 33. (1) Keine SICAR darf Bezeichnungen oder Angaben verwenden, die den Eindruck erwecken, dass sie diesem Gesetz unterfällt, wenn sie keine Zulassung im Sinne von Artikel 12 besitzt.

(2) Auf Antrag der Staatsanwaltschaft kann die Kammer für Handelssachen des Gerichts des Gerichtsbezirks, in dem die SICAR ansässig ist, oder des Gerichtsbezirks, in dem die Bezeichnung verwendet wurde, jedermann die Verwendung der Bezeichnung gemäß Absatz (1) untersagen, wenn die Anforderungen dieses Gesetzes nicht oder nicht mehr erfüllt sind.

(3) Die in Rechtskraft erwachsene Gerichtsentscheidung oder das in Rechtskraft erwachsene Urteil, durch welche die Untersagung ausgesprochen wird, ist durch die Staatsanwaltschaft auf Kosten des Verurteilten in zwei hinreichend verbreiteten Luxemburger oder ausländischen Tageszeitungen zu veröffentlichen.

Kapitel IX: Steuerliche Bestimmungen

Art. 34. (1) Das geänderte Gesetz vom 4. Dezember 1967 über die Einkommensteuer wird wie folgt abgeändert:

a) Artikel 14 Ziffer 1 wird durch den folgenden Satz ergänzt: „Die Investmentgesellschaft zur Anlage in Risikokapital (SICAR) in der Form einer einfachen Kommanditgesellschaft ist indessen nicht als Handelsgesellschaft anzusehen;"

b) Ziffer 3 des Artikels 147 wird wie folgt abgeändert und ergänzt: „3. wenn die Einkünfte durch eine Holding luxemburgischen Rechts gemäß dem Gesetz vom 31. Juli 1929 oder durch einen Organismus für gemeinsame Anlagen (OGA) luxemburgischen Rechts, einschließlich einer Investmentgesellschaft zur Anlage in Risikokapital (SICAR), gewährt werden, jedoch vorbehaltlich der Besteuerung dieser Einkünfte bei Gebietsansässigen."

c) Artikel 156 Ziffer 8 wird durch einen Buchstaben c) folgendermaßen ergänzt: „c) Den Ziffern 8a) und 8b) unterfallen hingegen solche Einkünfte nicht, die aus der Übertragung eines Anteils an einer Investmentgesellschaft zur Anlage in Risikokapital (SICAR) stammen."

d) Artikel 164bis wird durch die Einführung eines neuen Absatzes 5 nach Absatz 4 wie folgt ergänzt: „(5) Die Gesellschaften zur Anlage in Risikokapital (SICAR) unterfallen diesem Artikel nicht." Die anderen Absätze werden entsprechend neu beziffert.

(2) Als steuerpflichtige Einkünfte einer Kapitalgesellschaft im Sinne dieses Gesetzes gelten nicht Einkünfte aus Wertpapieren sowie aus der Übertragung, Einlage oder Rücknahme dieser Vermögensgegenstände. Die anlässlich der Übertragung realisierten Verluste sowie die nicht realisierten, aber infolge der Wertminderung verbuchten Verluste können nicht von den steuerpflichtigen Einkünften der Gesellschaft abgeschrieben werden.

---

[46] Aufgehoben durch das Gesetz vom 24. Oktober 2008.
[47] *Parts d'intérêts.*

(3) Als steuerpflichtige Einkünfte einer SICAR gelten nicht die Einkünfte aus Vermögenswerten, welche zu einer nachfolgenden Risikoanlage bestimmt sind; diese Befreiung greift nur, sofern nachgewiesen werden kann, dass die betroffenen Vermögenswerte tatsächlich in Risikokapital angelegt worden sind, und sofern der Anlage als Risikokapital unmittelbar ein Zeitraum von maximal zwölf Monaten vorausgegangen ist.

Art. 35. Der erste Unterabsatz von Absatz 3 des geänderten Gesetzes vom 16. Oktober 1934 über die Vermögenssteuer wird durch die Wiedereinfügung einer Ziffer 5 folgendermaßen ergänzt:

„5. die Investmentgesellschaft zur Anlage in Risikokapital (SICAR), welche in Form einer Kapitalgesellschaft gegründet wurde."

Art. 36. Das geänderte Gesetz vom 1. Dezember 1936 über die kommunale Gewerbesteuer wird wie folgt abgeändert:

a) Der zweite Unterabsatz von Absatz 2 wird durch die Einfügung einer Ziffer 4 mit dem folgenden Wortlaut ergänzt: „4. Die Bestimmungen der Ziffer 3 finden auf eine Investmentgesellschaft zur Anlage in Risikokapital (SICAR), die in Form einer einfachen Kommanditgesellschaft gegründet wurde, keine Anwendung."

b) Absatz 9 wird durch eine Ziffer 2b ergänzt mit dem folgenden Wortlaut: „2b. Gewinnanteile, die nach Absatz 8 Ziffer 4 zum Gewinn einer Kommanditgesellschaft auf Aktien hinzugefügt wurden, sofern sie in dem Geschäftsgewinn nach Absatz 7 enthalten sind."

Art. 37. (…)[48]

Art. 38. In Artikel 44 Absatz 1 Buchstabe d) des geänderten Gesetzes vom 12. Februar 1979 über die Mehrwertsteuer werden nach dem Begriff „OGA" die Worte „einschließlich SICAR" eingefügt.

Kapitel X: Strafbestimmungen

Art. 39. Mit einer Geldbuße von mindestens fünfhundert und höchstens fünfundzwanzigtausend Euro wird belegt, wer unter Verstoß gegen Artikel 33 eine Bezeichnung gebraucht oder eine Beschreibung verwendet hat, die den Anschein einer diesem Gesetz unterliegenden Geschäftstätigkeit erweckt, ohne dass eine Zulassung gemäß Artikel 12 erteilt wurde.

Art. 40. (…)[49]

Art. 41. Mit einer Haftstrafe von mindestens einem Monat und höchstens einem Jahr und/oder einer Geldbuße von mindestens fünfhundert und höchstens fünfundzwanzigtausend Euro wird belegt, wer als Gründungsgesellschafter oder Geschäftsleiter einer SICAR gegen die Bestimmungen der Artikel 5 Absatz (1) und Artikel 5 Absatz (3) dieses Gesetzes verstoßen hat.

Art. 42. Mit einer Haftstrafe von mindestens drei Monaten und höchstens zwei Jahren und/oder einer Geldbuße von mindestens fünfhundert und höchstens fünfzigtausend Euro wird belegt, wer es unternommen hat oder hat unternehmen lassen, Gelder bei Anlegern zu beschaffen, ohne dass die betreffende SICAR in die Liste nach Artikel 13 eingetragen war.

Art. 43. Mit einer Haftstrafe von mindestens einem Monat und höchstens einem Jahr und/oder einer Geldbuße von mindestens fünfhundert und höchstens fünfundzwanzigtausend Euro wird belegt, wer als Geschäftsleiter einer SICAR, unbeschadet der Bestimmungen des Artikels 18, andere Maßnahmen als die der Erhaltung getroffen hat, ohne hierzu von der kommissarischen Leitung ermächtigt worden zu sein.

Kapitel XI: Schlussbestimmung

Art. 44. Die Bezugnahme auf dieses Gesetz kann in verkürzter Form wie folgt erfolgen: „Gesetz vom 15. Juni 2004 über Investmentgesellschaften zur Anlage in Risikokapital (SICAR)".

Kapitel XII: Änderungsbestimmung

Art. 45. Der Absatz (3) des Artikels 129 des geänderten Gesetzes vom 20. Dezember 2002 über Organismen für gemeinsame Anlagen[50] wird durch einen zusätzlichen Punkt c) mit dem folgenden Text ergänzt:

---

[48] Aufgehoben durch das Gesetz vom 19. Dezember 2008.
[49] Aufgehoben durch das Gesetz vom 24. Oktober 2008.
[50] Ersetzt durch das Gesetz vom 17. Dezember 2010 über Organismen für gemeinsame Anlagen.

„c) Die OGA, deren Wertpapiere (i) Einrichtungen der betrieblichen Altersvorsorge oder ähnlichen Anlagevehikeln, die auf Initiative einer gleichen Gruppe zur Versorgung ihrer Mitarbeiter gegründet wurden, und (ii) Gesellschaften der gleichen Gruppe, die die Fonds, die sie halten, investieren, um ihren Mitarbeitern eine Altersvorsorge zu bieten, vorbehalten sind."

Teil II – Auf SICARs, die von einem nach Kapitel 2 des Gesetzes vom 12. Juli 2013 über die Verwalter alternativer Investmentfonds oder nach Kapitel II der Richtlinie 2011/61/EU zugelassenen AIFM verwaltet werden, anwendbare besondere Bestimmungen

Art. 46. Dieser Teil ist abweichend von den allgemeinen Bestimmungen des Teils I dieses Gesetzes auf SICARs, die von einem nach Kapitel 2 des Gesetzes vom 12. Juli 2013 über die Verwalter alternativer Investmentfonds oder nach Kapitel II der Richtlinie 2011/61/EU zugelassenen AIFM verwaltet werden, anwendbar.

Art. 47. (1) Jede unter diesen Teil fallende SICAR muss von einem AIFM verwaltet werden, der entweder ein in Luxemburg niedergelassener nach Kapitel 2 des Gesetzes vom 12. Juli 2013 über die Verwalter alternativer Investmentfonds zugelasser AIFM oder ein in einem anderen Mitgliedstaat oder in einem Drittland ansässigen nach Kapitel II der Richtlinie 2011/61/EU zugelassener AIFM sein kann, jedoch unter Vorbehalt der Anwendung des Artikels 66 Absatz (3) der genannten Richtlinie, sofern die Verwaltung der SICAR durch einen in einem Drittland ansässigen AIFM ausgeübt wird.

(2) Der AIFM muss im Einklang mit den Bestimmungen des Artikels 4 des Gesetzes vom 12. Juli 2013 über die Verwalter alternativer Investmentfonds beziehungsweise im Einklang mit den Bestimmungen des Artikels 5 der Richtlinie 2011/61/EU bestimmt werden.

Der AIFM ist:
a) entweder ein externer AIFM, der eine von der SICAR oder im Namen der SICAR ernannte juristische Person ist und der aufgrund dieser Ernennung mit der Verwaltung dieser SICAR betraut ist; im Falle der Ernennung eines externen AIFM muss dieser gemäß den Bestimmungen des Kapitels 2 des Gesetzes vom 12. Juli 2013 über die Verwalter alternativer Investmentfonds beziehungsweise gemäß den Vorschriften des Kapitels II der Richtlinie 2011/61/EU zugelassen sein;
b) oder, sofern das Leitungsgremium der SICAR entscheidet, keinen externen AIFM zu ernennen, die SICAR selbst.

Eine SICAR, die im Sinne dieses Artikels intern verwaltet wird, muss neben der gemäß Artikel 12 dieses Gesetzes erforderlichen Zulassung auch als AIFM im Sinne des Kapitels 2 des Gesetzes vom 12. Juli 2013 über die Verwalter alternativer Investmentfonds zugelassen sein. Die betreffende SICAR muss ständig die Einhaltung aller Vorschriften des genannten Gesetzes überwachen, soweit diese Vorschriften auf sie anwendbar sind.

Art. 48. (1) Die Verwahrung der Vermögenswerte einer unter diesen Teil fallenden SICAR muss einer gemäß Artikel 19 des Gesetzes vom 12. Juli 2013 über die Verwalter alternativer Investmentfonds ernannten Verwahrstelle anvertraut werden.

(2) Die Verwahrstelle muss entweder ihren satzungsmäßigen Sitz in Luxemburg haben oder dort eine Zweigniederlassung unterhalten, wenn sie ihren satzungsmäßigen Sitz in einem anderen Mitgliedstaat der Europäischen Union hat.

(3) Unbeschadet der Bestimmungen des zweiten Unterabsatzes muss die Verwahrstelle ein Kreditinstitut oder eine Wertpapierfirma im Sinne des geänderten Gesetzes vom 5. April 1993 über den Finanzsektor sein. Eine Wertpapierfirma ist nur unter der Maßgabe als Verwahrstelle zulässig, dass diese Wertpapierfirma außerdem die Voraussetzungen des Artikels 19 Absatz (3) des Gesetzes vom 12. Juli 2013 über die Verwalter alternativer Investmentfonds erfüllt.

Für SICARs, bei denen innerhalb von fünf Jahren nach Tätigung der ersten Anlagen keine Rücknahmerechte ausgeübt werden können und die im Einklang mit ihrer Hauptanlagestrategie in der Regel nicht in Vermögenswerte investieren, die gemäß Artikel 19 Absatz (8) Buchstabe a) des Gesetzes vom 12. Juli 2013 über die Verwalter alternativer Investmentfonds verwahrt werden müssen, oder die in der Regel in Emittenten oder nicht börsennotierte Unternehmen investieren, um gemäß Artikel 24 des genannten Gesetzes möglicherweise die Kontrolle über solche Unternehmen zu erlangen, kann die Verwahrstelle auch ein Rechtsträger luxemburgischen Rechts sein, der den Status einer professionellen Verwahrstelle von anderen Vermögenswerten als Finanzinstrumenten im Sinne des Artikels 26-1 des geänderten Gesetzes vom 5. April 1993 über den Finanzsektor hat.

(4) Die Verwahrstelle ist verpflichtet, der CSSF auf Anfrage sämtliche Informationen zu übermitteln, die sie in Ausübung ihrer Funktionen erhalten hat, und die notwendig sind, um der CSSF die Überprüfung der Einhaltung dieses Gesetzes durch die SICAR zu ermöglichen.

(5) Die Aufgaben und die Haftung der Verwahrstelle sind gemäß den in Artikel 19 des Gesetzes vom 12. Juli 2013 über die Verwalter alternativer Investmentfonds enthaltenen Regelungen definiert.

Art. 49. Unbeschadet der Anwendbarkeit der Bestimmungen des Artikels 5 Absatz (3) dieses Gesetzes erfolgt die Bewertung der Vermögenswerte der unter diesen Teil fallenden SICARs im Einklang mit den in Artikel 17 des Gesetzes vom 12. Juli 2013 über die Verwalter alternativer Investmentfonds und in den von der Richtlinie 2011/61/EU vorgesehenen delegierten Rechtsakten enthaltenen Regelungen.

Art. 50. Abweichend von Artikel 24 Absatz (2) dieses Gesetzes bestimmt sich der Inhalt des Jahresberichts der unter diesen Teil fallenden SICARs nach den in Artikel 20 und 26 des Gesetzes vom 12. Juli 2013 über die Verwalter alternativer Investmentfonds und in den von der Richtlinie 2011/61/EU vorgesehenen delegierten Rechtsakten enthaltenen Regelungen.

Art. 51. Im Hinblick auf die den Anlegern zu übermittelnden Informationen müssen die unter diesen Teil fallenden SICARs die Regelungen einhalten, die in Artikel 21 des Gesetzes vom 12. Juli 2013 über die Verwalter alternativer Investmentfonds und in den in der Richtlinie 2011/61/EU vorgesehenen delegierten Rechtsakten aufgeführt sind.

Art. 52. Die CSSF kann von unter diesen Teil fallenden SICARs verlangen, alle in Artikel 24 der Richtlinie 2011/61/EU vorgesehenen Informationen zu beschaffen.

Art. 53. Der Vertrieb von Anteilen[51] der unter diesen Teil fallenden SICARs in der Europäischen Union durch den AIFM sowie die grenzüberschreitende Verwaltung dieser SICARs in der Europäischen Union werden für von einem in Luxemburg ansässigen AIFM verwalteten SICARs durch die in Kapitel 6 des Gesetzes vom 12. Juli 2013 über die Verwalter alternativer Investmentfonds aufgeführten Bestimmungen beziehungsweise im Hinblick auf von einem in einem anderen Mitgliedstaat oder einem Drittland niedergelassenen AIFM verwalteten SICARs durch die in den Kapiteln VI und VII der Richtlinie 2011/61/EU aufgeführten Bestimmungen geregelt, jedoch unter Vorbehalt der Anwendbarkeit des Artikels 66 Absatz (3) der genannten Richtlinie, falls die SICAR von einem in einem Drittland ansässigen AIFM verwaltet wird.

Teil III – Übergangsbestimmungen

Art. 54. Die vor dem 22. Juli 2013 gegründeten SICARs erhalten eine Frist bis zum 22. Juli 2014, um Artikel 7bis dieses Gesetzes zu entsprechen.

Art. 55. (1) Unbeschadet der in Artikel 58 des Gesetzes vom 12. Juli 2013 über die Verwalter alternativer Investmentfonds vorgesehenen Übergangsbestimmungen oder, falls es sich um einen in einem Drittland ansässigen AIFM handelt, der in Artikel 45 des Gesetzes vom 12. Juli 2013 über die Verwalter alternativer Investmentfonds vorgesehenen Übergangsbestimmungen, müssen SICARs, die von einem gemäß Kapitel 2 des Gesetzes vom 12. Juli 2013 über die Verwalter alternativer Investmentfonds oder gemäß Kapitel II der Richtlinie 2011/61/EU zugelassenen AIFM verwaltet werden und die vor dem 22. Juli 2013 gegründet wurden, bis zum 22. Juli 2014 die Bestimmungen dieses Teils erfüllen.

(2) Unbeschadet der in Artikel 58 des Gesetzes vom 12. Juli 2013 über die Verwalter alternativer Investmentfonds vorgesehenen Übergangsbestimmungen oder, falls es sich um einen in einem Drittland ansässigen AIFM handelt, der in Artikel 45 des Gesetzes vom 12. Juli 2013 über die Verwalter alternativer Investmentfonds vorgesehenen Übergangsbestimmungen werden SICARs, die von einem gemäß Kapitel 2 des Gesetzes vom 12. Juli 2013 über die Verwalter alternativer Investmentfonds oder gemäß Kapitel II der Richtlinie 2011/61/EU zugelassenen AIFM verwaltet werden und die zwischen dem 22. Juli 2013 und dem 22. Juli 2014 gegründet wurden, ab ihrem Gründungsdatum als AIF im Sinne des Gesetzes vom 12. Juli 2013 über die Verwalter alternativer Investmentfonds eingestuft. Diese SICARs müssen die Bestimmungen des Teils II dieses Gesetzes ab ihrer Gründung einhalten. In Abweichung von diesem Grundsatz haben diese zwischen dem 22. Juli 2013 und dem 22. Juli 2014 gegründeten SICARs mit einem vor dem 22. Juli 2013 die Tätigkeiten eines AIFM ausübenden externen AIFM die in Teil II dieses Gesetzes aufgeführten Bestimmungen bis spätestens zum 22. Juli 2014 zu erfüllen.

---

[51] Parts d'intérêts.

(3) Alle SICARs, die von einem gemäß Kapitel 2 des Gesetzes vom 12. Juli 2013 über die Verwalter alternativer Investmentfonds oder gemäß Kapitel II der Richtlinie 2011/61/EU zugelassenen AIFM verwaltet werden und die nach dem 22. Juli 2014 gegründet werden, unterliegen, vorbehaltlich der in Artikel 45 des Gesetzes vom 12. Juli 2013 vorgesehenen auf in einem Drittland ansässige AIFM anwendbaren Übergangsbestimmungen, von Rechts wegen Teil II dieses Gesetzes. Diese SICARs, die von einem gemäß Kapitel 2 des Gesetzes vom 12. Juli 2013 über die Verwalter alternativer Investmentfonds oder gemäß Kapitel II der Richtlinie 2011/61/EU zugelassenen AIFM verwaltet werden, oder gegebenenfalls ihr AIFM, unterliegen von Rechts wegen dem Gesetz vom 12. Juli 2013 über die Verwalter alternativer Investmentfonds.

(4) Die SICARs, die von einem gemäß Kapitel 2 des Gesetzes vom 12. Juli 2013 über die Verwalter alternativer Investmentfonds oder gemäß Kapitel II der Richtlinie 2011/61/EU zugelassenen AIFM verwaltet werden und die vor dem 22. Juli 2013 gegründet wurden und im Sinne des Gesetzes vom 12. Juli 2013 über die Verwalter alternativer Investmentfonds als AIF des geschlossenen Typs einzustufen sind, und die nach diesem Datum keine zusätzlichen Anlagen vornehmen, müssen die Bestimmungen des Teils II dieses Gesetzes nicht einhalten.

(5) Die SICARs, die von einem gemäß Kapitel 2 des Gesetzes vom 12. Juli 2013 über die Verwalter alternativer Investmentfonds oder gemäß Kapitel II der Richtlinie 2011/61/EU zugelassenen AIFM verwaltet werden und im Sinne des Gesetzes vom 12. Juli 2013 über die Verwalter alternativer Investmentfonds als AIF des geschlossenen Typs einzustufen sind und deren Zeichnungsperiode für die Anleger vor dem 22. Juli 2011 abgelaufen ist und die für einen Zeitraum, welcher spätestens drei Jahre nach dem 22. Juli 2013 endet, aufgelegt wurden, müssen weder die Bestimmungen des Gesetzes vom 12. Juli 2013 über die Verwalter alternativer Investmentfonds, mit Ausnahme des Artikels 20 und gegebenenfalls der Artikel 24 bis 28 des Gesetzes vom 12. Juli 2013 über die Verwalter alternativer Investmentfonds, einhalten, noch einen Antrag auf Zulassung nach dem Gesetz vom 12. Juli 2013 über die Verwalter alternativer Investmentfonds stellen.

4. Gesetz vom 12.7.2013 über die Verwalter alternativer Investmentfonds

Gesetz vom 12. Juli 2013 über die Verwalter alternativer Investmentfonds

Kapitel 1. – Allgemeine Bestimmungen

Art. 1. Definitionen. Für die Zwecke dieses Gesetzes gelten die folgenden Definitionen:

(1) „EBA": die Europäische Bankenaufsichtsbehörde, errichtet durch die Verordnung (EU) Nr. 1093/2010 des Europäischen Parlaments und des Rats;

(2) „ESMA": die Europäische Wertpapier- und Marktaufsichtsbehörde, errichtet durch die Verordnung (EU) Nr. 1095/2010 des Europäischen Parlaments und des Rats;

(3) „zuständige Behörden": die nationalen Behörden der Mitgliedstaaten, die aufgrund von Rechts- oder Verwaltungsvorschriften zur Beaufsichtigung der AIFM befugt sind. In Luxemburg ist die CSSF die zuständige Behörde für die Beaufsichtigung der unter dieses Gesetz fallenden AIFM;

(4) „Aufsichtsbehörden" in Bezug auf Nicht-EU-AIFM: die nationalen Behörden eines Drittlands, die aufgrund von Rechts- oder Verwaltungsvorschriften zur Beaufsichtigung von AIFM befugt sind;

(5) „zuständige Behörden eines EU-AIF": die nationalen Behörden eines Mitgliedstaats, die aufgrund von Rechts- oder Verwaltungsvorschriften zur Beaufsichtigung von AIF befugt sind. Die CSSF ist die zuständige Behörde für in Luxemburg niedergelassene AIF;

(6) „Aufsichtsbehörden" in Bezug auf Nicht-EU-AIF: die nationalen Behörden eines Drittlands, die aufgrund von Rechts- oder Verwaltungsvorschriften zur Beaufsichtigung von AIF befugt sind;

(7) „zuständige Behörden" in Bezug auf eine Verwahrstelle:
  a) die zuständigen Behörden im Sinne des Artikels 4 Nummer 4) der Richtlinie 2006/48/EG, wenn die Verwahrstelle ein nach jener Richtlinie zugelassenes Kreditinstitut ist;
  b) die zuständigen Behörden im Sinne des Artikels 4 Absatz (1) Nummer 22) der Richtlinie 2004/39/EG, wenn die Verwahrstelle eine nach jener Richtlinie zugelassene Wertpapierfirma ist;
  c) die nationalen Behörden des Herkunftsmitgliedstaats der Verwahrstelle, die aufgrund von Rechts- oder Verwaltungsvorschriften zur Beaufsichtigung von Kategorien von Einrichtungen im Sinne von Artikel 21 Absatz (3) Unterabsatz 1 Buchstabe c) der Richtlinie 2011/61/EU befugt sind, wenn die Verwahrstelle zu einer in jener Vorschrift genannten Kategorie von Einrichtungen gehört;
  d) die nationalen Behörden des Mitgliedstaats, in dem ein Unternehmen im Sinne von Artikel 21 Absatz (3) Unterabsatz 3 der Richtlinie 2011/61/EU seinen satzungsmäßigen Sitz hat, wenn die Verwahrstelle ein in jener Vorschrift genanntes Unternehmen ist, und die aufgrund von Rechts- oder Verwaltungsvorschriften zur Beaufsichtigung eines solchen Unternehmens befugt sind, oder die amtliche Stelle, die für die Registrierung oder Beaufsichtigung eines solchen Unternehmens gemäß den für dieses geltenden berufsständischen Regeln zuständig ist;
  e) die betreffenden nationalen Behörden des Drittlands, in dem die Verwahrstelle ihren satzungsmäßigen Sitz hat, wenn die Verwahrstelle gemäß Artikel 21 Absatz (5) Buchstabe b der Richtlinie 2011/61/EU als Verwahrstelle für einen Nicht-EU-AIF benannt wird und nicht unter die Ziffern a) bis d) dieses Punktes fällt.

(8) „Anfangskapital": Mittel im Sinne von Artikel 57 Absatz 1 Buchstaben a) und b) der Richtlinie 2006/48/EG;[1)]

(9) „Vertrieb": das direkte oder indirekte, auf Initiative des AIFM oder in dessen Auftrag erfolgende Anbieten oder Platzieren von Anteilen oder Aktien an einem vom AIFM verwalteten AIF an Anleger oder bei Anlegern mit Wohnsitz oder Sitz in der Europäischen Union;

---

[1] Artikel 57, Buchstaben a) und b):
a) das Kapital im Sinne des Artikels 22 Richtlinie 86/635/EWG, zuzüglich des Emissionsagiokontos, jedoch unter Ausschluss der kumulativen Vorzugsaktien;
b) die Rücklagen im Sinne des Artikels 23 der Richtlinie 86/635/EWG, sowie die unter Zuweisung des endgültigen Ergebnisses vorgetragenen Ergebnisse.

(10) „Kontrolle": die Kontrolle gemäß der Definition des Artikels 1 der Richtlinie 83/349/EWG;

(11) „Primebroker": ein Kreditinstitut, eine regulierte Wertpapierfirma oder ein anderer Rechtsträger, der einer Regulierungsaufsicht und ständigen Überwachung unterliegt und professionellen Anlegern Dienstleistungen anbietet, in erster Linie, um als Gegenpartei Geschäfte mit Finanzinstrumenten zu finanzieren oder durchzuführen, und die möglicherweise auch andere Dienstleistungen wie Clearing und Abwicklung von Geschäften, Verwahrungsdienstleistungen, Wertpapierleihe und individuell angepasste Technologien und Einrichtungen zur betrieblichen Unterstützung anbietet;

(12) „EASR": der Europäische Ausschuss für Systemrisiken, errichtet durch die Verordnung (EU) Nr. 1092/2010 des Europäischen Parlaments und des Rates;

(13) „CSSF": die *Commission de Surveillance du Secteur Financier;*

(14) „Richtlinie 77/91/EWG": die Richtlinie 77/91/EWG des Rates vom 13. Dezember 1976 zur Koordinierung der Schutzbestimmungen, die in den Mitgliedstaaten den Gesellschaften im Sinne des Artikels 58 Absatz 2 des Vertrages im Interesse der Gesellschafter sowie Dritter für die Gründung der Aktiengesellschaft sowie für die Erhaltung und Änderung ihres Kapitals vorgeschrieben sind, um diese Bestimmungen gleichwertig zu gestalten;

(15) „Richtlinie 83/349/EWG": die geänderte Richtlinie 83/349/EWG des Rates vom 13. Juni 1983 aufgrund von Artikel 54 Absatz 3 Buchstabe g) des Vertrages über den konsolidierten Abschluss;

(16) „Richtlinie 95/46/EG": die Richtlinie 95/46/EG des Europäischen Parlaments und des Rates vom 24. Oktober 1995 zum Schutz natürlicher Personen bei der Verarbeitung personenbezogener Daten und zum freien Datenverkehr;

(17) „Richtlinie 97/9/EG": die Richtlinie 97/9/EG des Europäischen Parlaments und des Rates vom 3. März 1997 über Systeme für die Entschädigung der Anleger;

(18) „Richtlinie 98/26/EG": die Richtlinie 98/26/EG des Europäischen Parlaments und des Rates vom 19. Mai 1998 über die Wirksamkeit von Abrechnungen in Zahlungs- sowie Wertpapierliefer- und -abrechnungssystemen;

(19) „Richtlinie 2002/14/EG": die Richtlinie 2002/14/EG des Europäischen Parlaments und des Rates vom 11. März 2002 zur Festlegung eines allgemeinen Rahmens für die Unterrichtung und Anhörung der Arbeitnehmer in der Europäischen Gemeinschaft;

(20) „Richtlinie 2003/41/EG": die Richtlinie 2003/41/EG des Europäischen Parlaments und des Rates vom 3. Juni 2003 über die Tätigkeiten und die Beaufsichtigung von Einrichtungen der betrieblichen Altersversorgung;

(21) „Richtlinie 2003/71/EG": die Richtlinie 2003/71/EG des Europäischen Parlaments und des Rates vom 4. November 2003 betreffend den Prospekt, der beim öffentlichen Angebot von Wertpapieren oder bei deren Zulassung zum Handel zu veröffentlichen ist, und zur Änderung der Richtlinie 2001/34/EG;

(22) „Richtlinie 2004/25/EG": die Richtlinie 2004/25/EG des Europäischen Parlaments und des Rates vom 21. April 2004 betreffend Übernahmeangebote;

(23) „Richtlinie 2004/39/EG": die Richtlinie 2004/39/EG des Europäischen Parlaments und des Rates vom 21. April 2004 über Märkte für Finanzinstrumente;

(24) „Richtlinie 2004/109/EG": die Richtlinie 2004/109/EG des Europäischen Parlaments und des Rates vom 15. Dezember 2004 zur Harmonisierung der Transparenzanforderungen in Bezug auf Informationen über Emittenten, deren Wertpapiere zum Handel auf einem geregelten Markt zugelassen sind, und zur Änderung der Richtlinie 2001/34/EG;

(25) „Richtlinie 2006/48/EG": die Richtlinie 2006/48/EG des Europäischen Parlaments und des Rates vom 14. Juni 2006 über die Aufnahme und Ausübung der Tätigkeit der Kreditinstitute;

(26) „Richtlinie 2006/49/EG": die Richtlinie 2006/49/EG des Europäischen Parlaments und des Rates vom 14. Juni 2006 über die angemessene Eigenkapitalausstattung von Wertpapierfirmen und Kreditinstituten;

(27) „Richtlinie 2006/73/EG": die Richtlinie 2006/73/EG der Kommission vom 10. August 2006 zur Durchführung der Richtlinie 2004/39/EG des Europäischen Parlaments und des Rates in Bezug auf die organisatorischen Anforderungen an Wertpapierfirmen und die Bedingungen für die Ausübung ihrer Tätigkeit sowie in Bezug auf die Definition bestimmter Begriffe für die Zwecke der genannten Richtlinie;

(28) „Richtlinie 2009/65/EG": die Richtlinie 2009/65/EG des Europäischen Parlaments und des Rates vom 13. Juli 2009 zur Koordinierung der Rechts- und Verwaltungsvorschriften betreffend bestimmte Organismen für gemeinsame Anlagen in Wertpapieren (OGAW);

(29) „Richtlinie 2011/61/EU": die Richtlinie 2011/61/EU des Europäischen Parlaments und des Rates vom 8. Juni 2011 über die Verwalter alternativer Investmentfonds und zur Änderung der Richtlinien 2003/41/EG und 2009/65/EG und der Verordnungen (EG) Nr. 1060/2009 und (EU) Nr. 1095/2010;

(30) „Hebelfinanzierung": jede Methode, mit der ein AIFM das Risiko eines von ihm verwalteten AIF durch Kreditaufnahme, Wertpapierleihe, in Derivate eingebettete Hebelfinanzierungen oder auf andere Weise erhöht;

(31) „Emittent": ein Emittent im Sinne von Artikel 2 Absatz (1) Buchstabe d) der Richtlinie 2004/109/EG, der seinen satzungsmäßigen Sitz in der Europäischen Union hat, und dessen Wertpapiere im Sinne von Artikel 4 Absatz (1) Nummer 14 der Richtlinie 2004/39/EG zum Handel auf einem geregelten Markt zugelassen sind;

(32) „Mutterunternehmen": ein Mutterunternehmen im Sinne der Artikel 1 und 2 der Richtlinie 83/349/EWG;

(33) „niedergelassen":
a) bei AIFM: „mit satzungsmäßigem Sitz";
b) bei AIF: „zugelassen oder registriert in"; oder, falls der AIF nicht zugelassen oder registriert ist: „mit satzungsmäßigem Sitz";
c) bei Verwahrstellen: „mit satzungsmäßigem Sitz oder Zweigniederlassung";
d) bei gesetzlichen Vertretern, die juristische Personen sind: „mit satzungsmäßigem Sitz oder Zweigniederlassung";
e) bei gesetzlichen Vertretern, die natürliche Personen sind: „mit Wohnsitz";

(34) „Mitgliedstaat": ein Mitgliedstaat der Europäischen Union. Den Mitgliedstaaten der Europäischen Union sind Vertragsstaaten des Abkommens über den Europäischen Wirtschaftsraum gleichgestellt, Mitgliedstaaten der Europäischen Union, die nicht innerhalb der Grenzen dieses Abkommens und der damit zusammenhängende Rechtsakte;

(35) „Herkunftsmitgliedstaat des AIF":
a) der Mitgliedstaat, in dem der AIF nach den geltenden nationalen Rechtsvorschriften zugelassen oder registriert ist oder, im Falle mehrfacher Zulassungen oder Registrierungen, der Mitgliedstaat, in dem der AIF zum ersten Mal zugelassen oder registriert wurde; oder
b) wenn der AIF in keinem Mitgliedstaat zugelassen oder registriert ist, der Mitgliedstaat, in dem der AIF seinen Sitz und/oder seine Hauptverwaltung hat;

(36) „Herkunftsmitgliedstaat des AIFM": der Mitgliedstaat, in dem der AIFM seinen satzungsmäßigen Sitz hat; im Falle von Nicht-EU-AIFM ist bei allen Bezugnahmen in diesem Gesetz auf den „Herkunftsmitgliedstaat des AIFM" immer der „Referenzmitgliedstaat" gemeint, wie in Kapitel 7 vorgesehen;

(37) „Aufnahmemitgliedstaat des AIFM":
a) ein Mitgliedstaat außer dem Herkunftsmitgliedstaat, in dem ein EU-AIFM EU-AIF verwaltet;
b) ein Mitgliedstaat außer dem Herkunftsmitgliedstaat, in dem ein EU-AIFM Anteile oder Aktien eines EU-AIF vertreibt;
c) ein Mitgliedstaat außer dem Herkunftsmitgliedstaat, in dem ein EU-AIFM Anteile oder Aktien eines Nicht-EU-AIF vertreibt;
d) ein Mitgliedstaat außer dem Referenzmitgliedstaat, in dem ein Nicht-EU-AIFM EU-AIF verwaltet;
e) ein Mitgliedstaat außer dem Referenzmitgliedstaat, in dem ein Nicht-EU-AIFM Anteile oder Aktien eines EU-AIF vertreibt; oder
f) ein Mitgliedstaat außer dem Referenzmitgliedstaat, in dem ein Nicht-EU-AIFM Anteile oder Aktien eines Nicht-EU-AIF vertreibt;

(38) „Referenzmitgliedstaat": der gemäß Artikel 37 Absatz (4) der Richtlinie 2011/61/EU festgelegte Mitgliedstaat;

(39) „alternative Investmentfonds (AIF)": Organismen für gemeinsame Anlagen einschließlich ihrer Teilfonds,
a) die von einer Anzahl von Anlegern Kapital einsammeln, um es gemäß einer festgelegten Anlagestrategie zum Nutzen dieser Anleger zu investieren; und
b) keine Genehmigung gemäß Artikel 5 der Richtlinie 2009/65/EG benötigen;

IV. Normentexte

(40) „EU-AIF":
   a) ein AIF, der nach einschlägigem nationalem Recht in einem Mitgliedstaat zugelassen oder registriert ist; oder
   b) ein AIF, der nicht in einem Mitgliedstaat zugelassen oder registriert ist, dessen satzungsmäßiger Sitz und/oder Hauptverwaltung sich jedoch in einem Mitgliedstaat befindet;

(41) „Nicht-EU-AIF": ein AIF, der kein EU-AIF ist;

(42) „Feeder-AIF": ein AIF, der
   a) mindestens 85% seines Vermögens in Anteilen oder Aktien eines anderen AIF („Master-AIF") anlegt; oder
   b) mindestens 85% seines Vermögens in mehr als einem Master-AIF anlegt, wenn diese Master-AIF identische Anlagestrategien verfolgen; oder
   c) anderweitig ein Engagement von mindestens 85% seiner Vermögenswerte in solch einem Master-AIF hat;

(43) „Master-AIF": ein AIF, in den ein anderer AIF investiert oder Risiken an ihm gemäß Punkt (42) übernommen hat;

(44) „Tochterunternehmen": ein Tochterunternehmen gemäß der Definition in Artikel 1 und 2 der Richtlinie 83/349/EWG;

(45) „Eigenmittel": Eigenmittel gemäß Artikel 56 bis 67 der Richtlinie 2006/48/EG. Für die Zwecke der Anwendbarkeit dieser Definition sind die Artikel 13 bis 16 der Richtlinie 2006/49/EG analog anzuwenden;

(46) „Verwalter alternativer Investmentfonds (AIFM)": juristische Personen, deren reguläre Geschäftstätigkeit darin besteht, einen oder mehrere AIF zu verwalten;

(47) „EU-AIFM": ein AIFM mit satzungsmäßigem Sitz in einem Mitgliedstaat;

(48) „Nicht-EU-AIFM": ein AIFM, der kein EU-AIFM ist;

(49) „externer AIFM": ein AIFM, der die vom AIF oder für den AIF ernannte juristische Person ist und aufgrund dieser Ernennung mit der Verwaltung des AIF betraut ist;

(50) „Verwaltung von AIF": wer mindestens die in Anhang I Nummer 1 Buchstaben a) oder b) der Richtlinie 2011/61/EU genannten Anlageverwaltungsfunktionen für einen oder mehrere AIF erbringt;

(51) „Finanzinstrument": eines der in Anhang I Abschnitt C der Richtlinie 2004/39/EG genannten Instrumente;

(52) „Carried Interest": ein Anteil an den Gewinnen des AIF, die ein AIFM als Vergütung für die Verwaltung des AIF erhält, hiervon sind sämtliche Anteile an den Gewinnen des AIF ausgeschlossen, die der AIFM als Rendite für Anlagen des AIFM in den AIF bezieht;

(53) „professioneller Anleger": ein Anleger, der im Sinne von Anhang II der Richtlinie 2004/39/EG als ein professioneller Kunde angesehen wird oder auf Antrag als ein professioneller Kunde behandelt werden kann;

(54) „Kleinanleger": ein Anleger, der kein professioneller Anleger ist;

(55) „enge Verbindungen": eine Situation, in der zwei oder mehrere natürliche oder juristische Personen verbunden sind durch:
   a) eine Beteiligung, dh das direkte Halten oder das Halten im Wege der Kontrolle von mindestens 20% der Stimmrechte oder des Kapitals an einem Unternehmen;
   b) eine Kontrolle, dh das Verhältnis zwischen einem Mutterunternehmen und einem Tochterunternehmen gemäß Artikel 1 der Siebten Richtlinie 83/349/EWG des Rates vom 13. Juni 1983 über den konsolidierten Abschluss oder ein ähnliches Verhältnis zwischen einer natürlichen oder juristischen Person und einem Unternehmen; für die Zwecke dieses Buchstabens wird ein Tochterunternehmen eines Tochterunternehmens auch als Tochterunternehmen des Mutterunternehmens angesehen.
   Eine Situation, in der mindestens zwei oder mehr natürliche oder juristische Personen durch ein Kontrollverhältnis mit ein und derselben Person dauerhaft verbunden sind, gilt auch als „enge Verbindung" zwischen diesen Personen;

(56) „OGAW": ein Organismus für gemeinsame Anlagen in Wertpapieren, der gemäß Artikel 5 der Richtlinie 2009/65/EG zugelassen ist;

(57) „qualifizierte Beteiligung": das direkte oder indirekte Halten von mindestens 10% des Kapitals oder der Stimmrechte eines AIFM nach den Artikeln 9 und 10 der Richtlinie 2004/109/EG, unter Be-

rücksichtigung der Bedingungen für das Zusammenrechnen der Beteiligungen nach Artikel 12 Absätze (4) und (5) der genannten Richtlinie oder die Möglichkeit zur Ausübung eines maßgeblichen Einflusses auf die Geschäftsführung des AIFM, an dem diese Beteiligung gehalten wird;

(58) „Drittland": ein Staat, der kein Mitgliedstaat ist;

(59) „gesetzlicher Vertreter": eine natürliche Person mit Wohnsitz in der Europäischen Union oder eine juristische Person mit satzungsmäßigem Sitz in der Europäischen Union, die von einem Nicht-EU-AIFM ausdrücklich dazu ernannt worden ist, für Rechnung dieses Nicht-EU-AIFM gegenüber Behörden, Kunden, Einrichtungen und Gegenparteien des Nicht-EU-AIFM in der Europäischen Union hinsichtlich der Verpflichtungen des Nicht-EU-AIFM nach der Richtlinie 2011/61/EG zu handeln;

(60) „Arbeitnehmervertreter": Vertreter der Arbeitnehmer im Sinne von Artikel 2 Buchstabe e) der Richtlinie 2002/14/EG;

(61) „OGAW-Verwaltungsgesellschaft": eine nach Kapitel 15 des geänderten Gesetzes vom 17. Dezember 2010 über Organismen für gemeinsame Anlagen zugelassene Verwaltungsgesellschaft;

(62) „Holdinggesellschaft": eine Gesellschaft, die an einem oder mehreren anderen Unternehmen eine Beteiligung hält, deren Geschäftsgegenstand darin besteht, durch ihre Tochterunternehmen oder verbundenen Unternehmen oder Beteiligungen eine Geschäftsstrategie oder -strategien zur Förderung deren langfristigen Werts zu verfolgen, und bei der es sich um eine Gesellschaft handelt, die
  a) auf eigene Rechnung tätig ist und deren Anteile zum Handel auf einem geregelten Markt in der Europäischen Union zugelassen sind; oder
  b) die ausweislich ihres Jahresberichts oder anderer amtlicher Unterlagen nicht mit dem Hauptzweck gegründet wurde, ihren Anlegern durch Veräußerung ihrer Tochterunternehmen oder verbundenen Unternehmen eine Rendite zu verschaffen;

(63) „nicht börsennotiertes Unternehmen": ein Unternehmen, das seinen satzungsmäßigen Sitz in der Europäischen Union hat und dessen Aktien im Sinne von Artikel 4 Absatz (1) Nummer 14 der Richtlinie 2004/39/EG nicht zum Handel auf einem regulierten Markt zugelassen sind;

(64) „Verbriefungszweckgesellschaften": Gesellschaften, deren einziger Zweck darin besteht, eine oder mehrere Verbriefungen im Sinne von Artikel 1 Punkt (2) der Verordnung (EG) Nr. 24/2009 der Europäischen Zentralbank vom 19. Dezember 2008 über die Statistik über die Aktiva und Passiva von finanziellen Mantelkapitalgesellschaften, die Verbriefungsgeschäfte betreiben, und weitere zur Erfüllung dieses Zwecks geeignete Tätigkeiten durchzuführen;

(65) „Zweigniederlassung": in Bezug auf einen AIFM ein Standort, der einen rechtlich unselbstständigen Teil eines AIFM bildet und der die Dienstleistungen erbringt, für die dem AIFM eine Zulassung erteilt wurde; alle Standorte eines AIFM mit satzungsmäßigem Sitz in einem anderen Mitgliedstaat oder einem Drittland, die sich in ein und demselben Mitgliedstaat befinden, gelten als eine einzige Zweigniederlassung.

Art. 2. Gegenstand und Anwendungsbereich. (1) Dieses Gesetz legt die Vorschriften in Bezug auf die Zulassung, die Tätigkeiten und die Transparenzanforderungen der in Luxemburg niedergelassenen AIFM fest, die AIF in der Europäischen Union verwalten und/oder vertreiben.

Vorbehaltlich des Absatzes (2) dieses Artikels und vorbehaltlich des Artikels 3 gilt dieses Gesetz für jede juristische Person luxemburgischen Rechts, deren gewöhnliche Geschäftstätigkeit die Verwaltung eines oder mehrerer AIF ist, unabhängig davon, ob es sich bei diesen AIF um in Luxemburg niedergelassene AIF, in einem anderen Mitgliedstaat niedergelassene AIF oder um in einem Drittland niedergelassene AIF, um AIF des offenen oder des geschlossenen Typs handelt und ungeachtet der Rechtsform des AIF oder der rechtlichen Struktur des AIFM.

Dieses Gesetz gilt auch für in einem Drittland niedergelassene AIFM, die einen oder mehrere in der Europäischen Union oder einem Drittland niedergelassene AIF verwalten und/oder vertreiben, sofern Luxemburg als Referenzmitgliedstaat des AIFM im Sinne des Artikels 38 dieses Gesetzes bestimmt ist.

Die AIFM im Sinne dieses Absatzes haben die Bestimmungen dieses Gesetzes zu jeder Zeit zu beachten.

(2) Dieses Gesetz gilt nicht:
a) für Holdinggesellschaften,
b) für Einrichtungen der betrieblichen Altersversorgung, die unter die Richtlinie 2003/41/EG fallen, gegebenenfalls einschließlich der in Artikel 2 Absatz (1) der genannten Richtlinie aufgeführten zugelassenen Stellen, die für die Verwaltung solcher Einrichtungen verantwortlich und in ihrem Na-

men tätig sind, oder der nach Artikel 19 Absatz (1) der genannten Richtlinie bestellten Vermögensverwalter, sofern sie nicht AIF verwalten;
c) für supranationale Institutionen, wie die Europäische Zentralbank, die Europäische Investitionsbank, den Europäischen Investitionsfonds, die Europäische Finanzstabilisierungsfazilität S. A., den Europäischen Stabilitätsmechanismus, die Europäischen Entwicklungsfinanzierungsinstitute und bilateralen Entwicklungsbanken, die Weltbank, den Internationalen Währungsfonds und sonstige supranationale Einrichtungen und ähnliche internationale Organisationen, falls solche Einrichtungen bzw. Organisationen AIF verwalten, und sofern diese AIF im öffentlichen Interesse handeln;
d) für die Zentralbank von Luxemburg und andere nationale Zentralbanken;
e) für staatliche Stellen und Gebietskörperschaften oder andere Einrichtungen oder Institutionen, die Fonds zur Unterstützung von Sozialversicherungs- und Pensionssystemen verwalten;
f) für Arbeitnehmerbeteiligungssysteme und Arbeitnehmersparpläne;
g) für Verbriefungszweckgesellschaften.

Art. 3. Ausnahmen. (1) Dieses Gesetz gilt nicht für in Luxemburg niedergelassene AIFM, soweit sie einen oder mehrere AIF verwalten, deren einzige Anleger der AIFM oder die Muttergesellschaften oder die Tochtergesellschaften des AIFM oder andere Tochtergesellschaften jener Muttergesellschaften sind, sofern keiner dieser Anleger selbst ein AIF ist.

(2) Unbeschadet der Anwendung des Artikels 50 gelten für die folgenden AIFM nur die Absätze (3) und (4) dieses Artikels:
a) in Luxemburg niedergelassene AIFM, die entweder direkt oder indirekt über eine Gesellschaft, mit der sie über eine gemeinsame Geschäftsführung, ein gemeinsames Kontrollverhältnis oder durch eine wesentliche direkte oder indirekte Beteiligung verbunden sind, die Portfolios von AIF verwalten, deren verwaltete Vermögenswerte – einschließlich der durch Einsatz von Hebelfinanzierungen erworbenen Vermögenswerte – insgesamt nicht über einen Schwellenwert von 100 000 000 Euro hinausgehen; oder
b) in Luxemburg niedergelassene AIFM, die entweder direkt oder indirekt über eine Gesellschaft, mit der sie über eine gemeinsame Geschäftsführung, ein gemeinsames Kontrollverhältnis oder durch eine wesentliche direkte oder indirekte Beteiligung verbunden sind, die Portfolios von AIF verwalten, deren verwaltete Vermögenswerte insgesamt nicht über einen Schwellenwert von 500 000 000 Euro hinausgehen, wenn die Portfolios dieser AIF aus nicht hebelfinanzierten AIF bestehen, bei denen während eines Zeitraums von fünf Jahren nach der Tätigung der ersten Anlage in jeden dieser AIF keine Rücknahmerechte ausgeübt werden dürfen.

(3) Die in Absatz (2) genannten AIFM müssen:
a) bei der CSSF registriert sein;
b) sich und die von ihnen verwalteten AIF zum Zeitpunkt ihrer Registrierung gegenüber der CSSF ausweisen;
c) der CSSF zum Zeitpunkt ihrer Registrierung Informationen zu den Anlagestrategien der von ihnen verwalteten AIF vorlegen;
d) die CSSF regelmäßig über die wichtigsten Instrumente, mit denen sie handeln, und über die größten Risiken und Konzentrationen der von ihnen verwalteten AIF unterrichten, um der CSSF eine effektive Überwachung der Systemrisiken zu ermöglichen; und
e) der CSSF gegebenenfalls mitteilen, dass sie die in Absatz (2) genannten Voraussetzungen nicht mehr einhalten.

Wenn die in Absatz (2) genannten Voraussetzungen nicht mehr eingehalten werden, muss der betroffene AIFM binnen 30 Kalendertagen eine Zulassung nach den in diesem Gesetz dargelegten Verfahren beantragen.

(4) Die in Absatz (2) genannten AIFM kommen nicht in den Genuss der mit diesem Gesetz eingeräumten Rechte, es sei denn, sie beschließen, sich diesem Gesetz zu unterwerfen. Unterwerfen AIFM sich diesem Gesetz, so findet dieses Gesetz in seiner Gesamtheit Anwendung.

(5) Im Falle der Nichteinhaltung der Bestimmungen des Absatzes (3) dieses Artikels kann die CSSF die in Artikel 51 Absatz (2) dieses Gesetzes vorgesehenen Bußgelder verhängen.

Art. 4. Bestimmung des AIFM. (1) Jeder in Luxemburg niedergelassene AIF, der im Geltungsbereich dieses Gesetzes verwaltet wird, muss einen einzigen AIFM haben, der für die Einhaltung der Vorschriften dieses Gesetzes verantwortlich ist. Der AIFM ist:
a) entweder ein externer AIFM; der externe AIFM kann ein in Luxemburg, in einem anderen Mitgliedstaat oder in einem Drittland niedergelassener AIFM sein, der im Einklang mit den Bestimmungen der Richtlinie 2011/61/EU ordnungsgemäß zugelassen ist;

b) oder der AIF selbst, wenn die Rechtsform des AIF eine interne Verwaltung zulässt und das Leitungsgremium des AIF entscheidet, keinen externen AIFM zu bestellen; in diesem Fall wird der AIF als AIFM zugelassen.

(2) In den Fällen, in denen ein als externer AIFM eines in Luxemburg, in einem anderen Mitgliedstaat oder einem Drittland niedergelassenen AIF bestellter, in Luxemburg niedergelassener zugelassener AIFM nicht in der Lage ist, die Einhaltung der Anforderungen dieses Gesetzes sicherzustellen, für die dieser AIF oder eine andere in seinem Namen handelnde Stelle verantwortlich ist, unterrichtet der AIFM unverzüglich die CSSF und, sofern anwendbar, die zuständigen Behörden des betreffenden AIF. Die CSSF macht es dem AIFM zur Auflage, die notwendigen Schritte zu unternehmen, um der Situation abzuhelfen.

(3) Falls die Anforderungen dieses Gesetzes trotz der in Absatz (2) genannten Schritte weiterhin nicht eingehalten werden, verlangt die CSSF, dass der AIFM als externer AIFM des betreffenden AIF zurücktritt. In diesem Fall darf der AIF nicht mehr in der Europäischen Union vertrieben werden. Falls es einen Nicht-EU-AIFM betrifft, der einen Nicht-EU-AIF verwaltet, darf der AIF nicht weiter in der Europäischen Union vertrieben werden. Die CSSF, sofern sie die zuständige Behörde des Herkunftsmitgliedstaats des AIFM ist, setzt unverzüglich die zuständigen Behörden der Aufnahmemitgliedstaaten des AIFM in Kenntnis.

Kapitel 2. – Zulassung von AIFM

Art. 5. Bedingungen für die Aufnahme der Tätigkeit als AIFM. (1) Keine Person im Sinne des Artikels 2 Absatz (1) darf in Luxemburg als AIF verwaltender AIFM, tätig werden, ohne zuvor gemäß diesem Kapitel zugelassen worden zu sein.

Personen im Sinne dieses Absatzes müssen die in diesem Gesetz festgelegten Voraussetzungen für eine Zulassung jederzeit einhalten.

(2) Ein externer AIFM darf keine anderen Tätigkeiten ausüben als die in Anhang I dieses Gesetzes genannten Tätigkeiten und die zusätzliche Verwaltung von OGAW vorbehaltlich einer Genehmigung nach Richtlinie 2009/65/EG.

(3) Ein intern verwalteter AIF darf keine anderen Tätigkeiten ausüben als die der internen Verwaltung dieses AIF gemäß Anhang I dieses Gesetzes.

(4) Abweichend von Absatz (2) können externe AIFM außerdem folgende Dienstleistungen erbringen:
a) individuelle Verwaltung einzelner Portfolios, einschließlich solcher, die von Pensionsfonds und Einrichtungen der betrieblichen Altersversorgung gehalten werden, gemäß Artikel 19 Absatz (1) der Richtlinie 2003/41/EG und im Einklang mit von den Anlegern erteilten Einzelmandaten mit Ermessensspielraum,
b) Nebendienstleistungen, bestehend aus:
   i) Anlageberatung,
   ii) Verwahrung und Verwaltung im Zusammenhang mit Anteilen und Aktien an Organismen für gemeinsame Anlagen,
   iii) Annahme und Übermittlung von Aufträgen, die Finanzinstrumente zum Gegenstand haben.

(5) AIFM dürfen nach diesem Kapitel nicht zugelassen werden, um
a) ausschließlich die in Absatz (4) genannten Dienstleistungen zu erbringen;
b) die unter Absatz (4) Buchstabe b) genannten Nebendienstleistungen zu erbringen, ohne auch für die Erbringung der Dienstleistungen gemäß Absatz (4) Buchstabe a) zugelassen zu sein;
c) ausschließlich die in Anhang I Punkt 2 genannten Tätigkeiten zu erbringen, oder
d) die in Anhang I Punkt 1 Buchstabe a) dieses Gesetzes genannten Dienstleistungen zu erbringen, ohne auch die in Anhang I Punkt 1 Buchstabe b) dieses Gesetzes genannten Dienstleistungen zu erbringen; dasselbe gilt im umgekehrten Fall.

(6) Für die Erbringung der in Absatz (4) dieses Artikels genannten Dienstleistungen durch AIFM gelten auch Artikel 1–1, Artikel 37-1 und Artikel 37-3 des geänderten Gesetzes vom 5. April 1993 über den Finanzsektor.

(7) Die AIFM müssen der CSSF auf Anfrage die erforderlichen Angaben übermitteln, damit die CSSF die Einhaltung der in diesem Gesetz genannten Voraussetzungen zu jeder Zeit überwachen kann.

(8) Wertpapierfirmen, und Kreditinstitute, die nach dem geänderten Gesetz vom 5. April 1993 über den Finanzsektor zugelassen sind, sind nicht dazu verpflichtet, für die Erbringung von Wertpapierdienstleistungen, wie etwa der individuellen Portfolioverwaltung für AIF, eine Zulassung nach diesem Gesetz zu erhalten. Wertpapierfirmen dürfen Anteile oder Aktien an AIF allerdings nur dann

IV. Normentexte

direkt oder indirekt Anlegern in der Europäischen Union anbieten oder bei diesen platzieren, wenn die Anteile oder Aktien gemäß der Richtlinie 2011/61/EU vertrieben werden können.

Art. 6. Antrag auf Zulassung. (1) Für den Zugang zur Tätigkeit der in Luxemburg niedergelassenen AIFM ist die vorherige Zulassung durch die CSSF erforderlich.

(2) Der Zulassungsantrag muss folgende Angaben enthalten:
a) Auskünfte über die Personen, die die Geschäfte des AIFM tatsächlich führen;
b) Auskünfte über die Identität aller direkten oder indirekten Anteilseigner oder Mitglieder des AIFM, die eine qualifizierte Beteiligung an ihm halten, unabhängig davon, ob es sich um natürliche oder juristische Personen handelt, sowie die Höhe dieser Beteiligungen;
c) einen Geschäftsplan, der die Organisationsstruktur des AIFM beschreibt und auch Angaben darüber enthält, wie der AIFM seinen Pflichten nach den Kapiteln 2, 3, 4 und gegebenenfalls den Kapiteln 5, 6, 7 und 8 dieses Gesetzes nachkommen will,
d) Angaben über die Vergütungspolitik und -praxis gemäß Artikel 12,
e) Angaben über Vereinbarungen, die zur Übertragung und Weiterübertragung von Funktionen im Sinne von Artikel 18 an Dritte getroffen wurden.

(3) Der Zulassungsantrag muss außerdem folgende Angaben zu den AIF, die der AIFM zu verwalten beabsichtigt, enthalten:
a) Angaben zu den Anlagestrategien, einschließlich der Arten der Zielfonds, falls es sich bei dem AIF um einen Dachfonds handelt, und der Grundsätze, die der AIFM im Zusammenhang mit dem Einsatz von Hebelfinanzierungen anwendet sowie der Risikoprofile und sonstiger Eigenschaften der AIF, die er verwaltet oder zu verwalten beabsichtigt, einschließlich Angaben zu den Mitgliedstaaten oder Drittländer, in denen solche AIF niedergelassen sind oder voraussichtlich niedergelassen sein werden;
b) Angaben zum Sitz des Master-AIF, falls der AIF ein Feeder-AIF ist;
c) das Verwaltungsreglement oder die Gründungsunterlagen aller AIF, die der AIFM zu verwalten beabsichtigt;
d) Angaben zu den Vereinbarungen zur Bestellung der Verwahrstelle gemäß Artikel 19 für jeden AIF, den der AIFM zu verwalten beabsichtigt;
e) jede in Artikel 21 Absatz (1) genannte weitere Information für jeden AIF, den der AIFM verwaltet oder zu verwalten beabsichtigt.

(4) Wenn eine gemäß Kapitel 15 des geänderten Gesetzes vom 17. Dezember 2010 in Organismen für gemeinsame Anlagen zugelassene OGAW-Verwaltungsgesellschaft, bzw. eine Verwaltungsgesellschaft, die nach Artikel 125-1 des genannten Gesetzes zugelassen ist, eine Zulassung als AIFM nach diesem Gesetz beantragt, so schreiben die zuständigen Behörden der OGAW-Verwaltungsgesellschaft nicht vor, dass sie Angaben oder Unterlagen vorlegen muss, die sie der CSSF bereits bei der Beantragung der Zulassung nach dem geänderten Gesetz vom 17. Dezember 2010 vorgelegt hat, sofern diese Angaben oder Unterlagen nach wie vor auf dem neuesten Stand sind.

Art. 7. Zulassungsvoraussetzungen. (1) Die CSSF erteilt einem in Luxemburg niedergelassenen AIFM die Zulassung nur unter folgenden Voraussetzungen:
a) die CSSF ist der Auffassung, dass der AIFM zur Einhaltung der in diesem Gesetz festgelegten Bedingungen in der Lage ist;
b) der AIFM verfügt über ausreichendes Anfangskapital und Eigenmittel gemäß Artikel 8;
c) die Personen, die die Geschäfte des AIFM tatsächlich führen, müssen ausreichend gut bekundet und auch in Bezug auf die Anlagestrategien der vom AIFM verwalteten AIF über ausreichende Erfahrung verfügen; die Namen dieser Personen sowie aller ihrer Nachfolger werden der CSSF unverzüglich mitgeteilt; über die Geschäftsführung des AIFM bestimmen mindestens zwei Personen, die diese Bedingungen erfüllen;
d) die Aktionäre oder Gesellschafter des AIFM, die eine qualifizierte Beteiligung an ihm halten, verfügen über die entsprechende Eignung, wobei der Notwendigkeit, die solide und umsichtige Verwaltung des AIFM zu gewährleisten, Rechnung zu tragen ist; und
e) die Hauptverwaltung und der Sitz aller in Luxemburg niedergelassenen AIFM befinden sich in Luxemburg.

Die einem AIFM von der CSSF auf der Grundlage dieses Kapitels erteilte Zulassung gilt in allen Mitgliedstaaten.

Die zugelassenen AIFM werden von der CSSF in eine Liste eingetragen. Diese Eintragung gilt als Zulassung und wird dem betreffenden AIFM von der CSSF mitgeteilt. Diese Liste sowie jegliche Änderungen dieser Liste werden auf Veranlassung der CSSF im *Mémorial* veröffentlicht.

(2) Bevor den folgenden AIFM die Zulassung erteilt wird, sind die betreffenden zuständigen Behörden der anderen betroffenen Mitgliedstaaten zu konsultieren:
a) eine Tochtergesellschaft eines anderen AIFM, einer OGAW-Verwaltungsgesellschaft, einer Wertpapierfirma, eines Kreditinstituts oder einer Versicherungsgesellschaft, die/das in einem anderen Mitgliedstaat zugelassen ist;
b) ein Tochterunternehmen des Mutterunternehmens eines anderen AIFM, einer OGAW-Verwaltungsgesellschaft, einer Wertpapierfirma, eines Kreditinstituts oder einer Versicherungsgesellschaft, die/das in einem anderen Mitgliedstaat zugelassen ist; und
c) eine Gesellschaft, die von denselben natürlichen oder juristischen Personen kontrolliert wird, die auch einen anderen AIFM, eine OGAW-Verwaltungsgesellschaft, eine Wertpapierfirma, ein Kreditinstitut oder eine Versicherungsgesellschaft, die/das in einem anderen Mitgliedstaat zugelassen ist, kontrollieren.

(3) Bestehen enge Verbindungen zwischen dem AIFM und anderen natürlichen oder juristischen Personen, erteilt die CSSF nur dann eine Zulassung, wenn die wirksame Wahrnehmung ihrer Aufsichtsfunktionen nicht durch diese Verbindungen verhindert wird.

Die CSSF verweigert die Zulassung auch dann, wenn die Rechts- und Verwaltungsvorschriften eines Drittlands, denen natürliche oder juristische Personen unterliegen, mit denen der AIFM eng verbunden ist, oder Schwierigkeiten bei deren Durchsetzung die wirksame Wahrnehmung ihrer Aufsichtsfunktionen verhindern.

(4) Die CSSF kann den Umfang der Zulassung beschränken, insbesondere in Bezug auf die Anlagestrategien der AIF, zu deren Verwaltung der AIFM berechtigt ist.

(5) Der Antragsteller wird innerhalb von drei Monaten nach Einreichung eines vollständigen Antrags schriftlich über die Zulassung oder Ablehnung unterrichtet. Die CSSF kann diesen Zeitraum um bis zu drei zusätzliche Monate verlängern, wenn sie dies aufgrund der besonderen Umstände des Einzelfalls und nach einer entsprechenden Benachrichtigung des AIFM für notwendig erachtet.

Für die Zwecke dieses Absatzes gilt ein Antrag als vollständig, wenn der AIFM mindestens die in Artikel 6 Absatz (2) Buchstaben a) bis d) und Artikel 6 Absatz (3) Buchstaben a) und b) genannten Angaben vorgelegt hat.

Der AIFM kann mit der Verwaltung von AIF in Luxemburg mit den gemäß Artikel 6 Absatz (3) Buchstabe a) in dem Antrag beschriebenen Anlagestrategien beginnen, sobald die Zulassung erteilt ist, frühestens jedoch einen Monat nachdem er alle fehlenden, in Artikel 6 Absatz (2) Buchstabe e) und Artikel 6 Absatz (3) Buchstaben c), d) und e) genannte Angaben, nachgereicht hat.

(6) Niemand darf Bezeichnungen oder Angaben verwenden, die den Eindruck erwecken, dass seine Geschäftstätigkeit diesem Gesetz unterfällt, wenn er nicht gemäß diesem Artikel zugelassen wurde.

Art. 8. Anfangskapital und Eigenmittel. (1) Ein AIFM, der ein intern verwalteter AIF im Sinne des Artikels 4 Absatz (1) Buchstabe b) ist, muss über ein Anfangskapital von mindestens 300.000 Euro verfügen.

(2) Ein AIFM, der zum externen Verwalter eines oder mehrerer AIF im Sinne des Artikels 4 Absatz (1) Buchstabe a) bestellt wird, muss gemäß den folgenden Voraussetzungen über ein Anfangskapital von mindestens 125 000 EUR verfügen.

(3) Übersteigt der Wert der von dem AIFM verwalteten AIF-Portfolios 250 000 000 Euro, muss der AIFM einen zusätzlichen Eigenmittelbetrag einbringen; dieser zusätzliche Eigenmittelbetrag entspricht 0,02% des Betrags, um den der Wert der Portfolios des AIFM 250 000 000 Euro übersteigt. Die erforderliche Gesamtsumme aus Anfangskapital und zusätzlichem Betrag übersteigt jedoch nicht 10 000 000 Euro.

(4) Für die Zwecke der Anwendbarkeit des Absatzes (3) gelten als Portfolios des AIFM, die vom AIFM verwalteten AIF, einschließlich AIF, für die der AIFM gemäß Artikel 18 Funktionen an Dritte übertragen hat, jedoch mit Ausnahme von AIF-Portfolios, die der AIFM im Auftrag Dritter verwaltet.

(5) Ungeachtet des Absatzes (3) verfügen AIFM stets über Eigenmittel in Höhe von mindestens dem in Artikel 21 der Richtlinie 2006/49/EG geforderten Betrag.

(6) Die AIFM können von der Bereitstellung von bis zu 50% der in Absatz (3) genannten zusätzlichen Eigenmittel absehen, wenn sie über eine Garantie in derselben Höhe verfügen, die von einem Kreditinstitut oder einem Versicherungsunternehmen gestellt wird, das seinen Sitz in einem Mitgliedstaat hat, oder in einem Drittland, sofern es dort Aufsichtsbestimmungen unterliegt, die nach Auffassung der CSSF mit dem Unionsrecht gleichwertig sind.

(7) Um die potenziellen Berufshaftungsrisiken aus den Geschäftstätigkeiten, denen die AIFM nach diesem Gesetz nachgehen können, abzudecken, müssen sowohl intern verwaltete AIF als auch externe AIFM entweder über:
a) zusätzliche Eigenmittel verfügen, um potenzielle Haftungsrisiken aus beruflicher Fahrlässigkeit angemessen abzudecken; oder
b) von einer Berufshaftpflichtversicherung für die sich aus beruflicher Fahrlässigkeit ergebenden Haftung abgedeckt sein, die den abgedeckten Risiken entspricht.

(8) Eigenmittel, einschließlich der zusätzlichen Eigenmittel gemäß Absatz 7 Buchstabe a), werden in flüssige Vermögenswerte oder Vermögenswerte investiert, die kurzfristig unmittelbar in Bargeld umgewandelt werden können und keine spekulativen Positionen enthalten.

(9) Mit Ausnahme der Absätze (7) und (8) gilt dieser Artikel nicht für AIFM, die zugleich auch nach Kapitel 15 des geänderten Gesetzes vom 17. Dezember 2010 über Organismen für gemeinsame Anlagen zugelassene OGAW-Verwaltungsgesellschaften sind.

Art. 9. Änderungen des Umfangs der Zulassung. (1) Die Zulassung beinhaltet die Verpflichtung für AIFM, der CSSF vor ihrer Umsetzung alle wesentlichen Änderungen mitzuteilen, insbesondere hinsichtlich der gemäß Artikel 6 übermittelten Angaben, auf die sich die CSSF bei der Erteilung der Erstzulassung gestützt hat.

(2) Beschließt die CSSF, Beschränkungen vorzuschreiben oder diese Änderungen der Bedingungen der Erstzulassung abzulehnen, setzt sie den AIFM innerhalb eines Monats nach Erhalt der Mitteilung nach Absatz (1) davon in Kenntnis. Die CSSF kann diesen Zeitraum um bis zu einen Monat verlängern, wenn sie dies aufgrund der besonderen Umstände des Einzelfalls und nach einer entsprechenden Benachrichtigung des AIFM für notwendig erachtet. Die Änderungen werden vorgenommen, sofern die CSSF die Änderungen nicht innerhalb des vorgesehenen Beurteilungszeitraums ablehnt.

Art. 10. Entzug der Zulassung und Liquidation. (1) Die CSSF kann die einem AIFM erteilte Zulassung nach diesem Kapitel entziehen, wenn dieser:
a) von der Zulassung nicht binnen zwölf Monaten Gebrauch macht, ausdrücklich auf sie verzichtet oder die in diesem Gesetz genannten Tätigkeiten seit mehr als sechs Monaten nicht mehr ausgeübt hat;
b) die Zulassung aufgrund falscher Angaben oder auf andere rechtswidrige Weise erhalten hat;
c) die Voraussetzungen, unter denen die Zulassung erteilt wurde, nicht mehr einhält;
d) die Bestimmungen des in Folge der Umsetzung der 2006/49/EG geänderten Gesetzes vom 5. April 1993 über den Finanzsektor nicht mehr einhält, wenn seine Zulassung sich auch auf die Dienstleistung der Portfolioverwaltung mit Ermessensspielraum gemäß Artikel 5 Absatz (4) Buchstabe a) dieses Gesetzes erstreckt;
e) in schwerwiegender Weise oder systematisch gegen die Bestimmungen dieses Gesetzes oder die in dessen Anwendung erlassenen Verwaltungsvorschriften verstoßen hat; oder
f) einen der Fälle erfüllt, in denen das luxemburgische Recht bezüglich Angelegenheiten, die außerhalb des Anwendungsbereichs dieses Gesetzes liegen, den Entzug vorsieht.

(2) Unter Berücksichtigung der Bestimmungen von sektoralen Spezialgesetzen ordnet die Kammer für Handelssachen des Bezirksgerichts auf Antrag des Staatsanwaltes[2], der sowohl von Amts wegen als auch auf Antrag der CSSF tätig werden kann, die Auflösung und Liquidation von in Luxemburg niedergelassenen AIFM, deren Eintragung in die gemäß Artikel 7 Absatz (1) vorgesehene Liste endgültig verweigert oder entzogen wurde, an. Die Entscheidung der CSSF, einen AIFM von der in Artikel 7 Absatz (1) vorgesehenen Liste zu streichen, hat, von Rechts wegen ab dem Zeitpunkt ihrer Mitteilung an den betreffenden AIFM und zu dessen Lasten bis zu dem Zeitpunkt, an welchem die Entscheidung rechtskräftig wird, die Aussetzung aller Zahlungen durch diesen AIFM und die Untersagung bzw. Nichtigkeit sämtlicher Handlungen, die nicht lediglich Erhaltungsmaßnahmen darstellen, zur Folge, es sei denn, diese wurden durch die CSSF genehmigt.

Kapitel 3. – Bedingungen für die Ausübung der Tätigkeit der AIFM

Abschnitt 1 – Allgemeine Anforderungen

Art. 11. Allgemeine Grundsätze. (1) Im Rahmen ihrer Tätigkeiten müssen AIFM stets:
a) ihrer Tätigkeit ehrlich, mit der gebotenen Sachkenntnis, Sorgfalt und erforderlichen Gewissenhaftigkeit und redlich nachgehen;

---

[2] Procureur d'Etat.

b) im besten Interesse der von ihnen verwalteten AIF oder der Anleger dieser AIF und der Integrität des Marktes handeln;
c) über die für eine ordnungsgemäße Ausübung ihrer Geschäftstätigkeit erforderlichen Mittel und Verfahren verfügen und diese wirksam einsetzen;
d) alle angemessenen Maßnahmen zur Vermeidung von Interessenkonflikten und, wo diese nicht vermieden werden können, zur Ermittlung, Beilegung, Beobachtung und gegebenenfalls Offenlegung dieser Interessenkonflikte treffen, um zu vermeiden, dass sich diese nachteilig auf die Interessen der AIF und ihrer Anleger auswirken und um sicherzustellen, dass den von ihnen verwalteten AIF eine faire Behandlung zukommt;
e) alle auf die Ausübung ihrer Geschäftstätigkeit anwendbaren regulatorischen Anforderungen erfüllen, um das beste Interesse der von ihnen verwalteten AIF oder der Anleger dieser AIF und die Integrität des Marktes zu fördern;
f) alle Anleger der AIF fair behandeln.

Kein Anleger in einen AIF darf eine Vorzugsbehandlung erhalten, es sei denn, eine solche Vorzugsbehandlung ist im Verwaltungsreglement oder in den Gründungsunterlagen des entsprechenden AIF vorgesehen.

(2) AIFM, deren Zulassung sich auch auf die Portfolioverwaltung mit Ermessensspielraum gemäß Artikel 5 Absatz (4) Buchstabe a) dieses Gesetzes erstreckt:
a) dürfen das Portfolio des Kunden weder ganz noch teilweise in Anteilen oder Aktien der von ihnen verwalteten AIF anlegen, es sei denn, sie haben zuvor eine allgemeine Zustimmung des Kunden erhalten;
b) unterliegen in Bezug auf die Dienstleistungen gemäß Artikel 5 Absatz (4) den Vorschriften des Gesetzes vom 27. Juli 2000 zur Umsetzung der Richtlinie 97/9/EG über Systeme für die Entschädigung der Anleger in das geänderte Gesetz vom 5. April 1993 über den Finanzsektor.

Art. 12. Vergütung. Die AIFM müssen für alle Kategorien von Mitarbeitern einschließlich der Führungskräfte, Risikoträger, und Mitarbeiter mit Kontrollfunktionen und aller Mitarbeiter, die eine Gesamtvergütung erhalten, aufgrund derer sie sich in derselben Einkommensstufe befinden wie die Führungskräfte und Risikoträger, deren berufliche Tätigkeit sich wesentlich auf die Risikoprofile der AIFM oder auf die Risikoprofile der von ihnen verwalteten AIF auswirkt, eine Vergütungspolitik und -praxis festlegen, die mit einem soliden und wirksamen Risikomanagement vereinbar und diesem förderlich ist und nicht zur Übernahme von Risiken ermutigt, die nicht mit dem Risikoprofil, dem Verwaltungsreglement oder den Gründungsunterlagen der von ihnen verwalteten AIF vereinbar sind.

Sie legen die Vergütungspolitik und -praxis gemäß Anhang II dieses Gesetzes fest.

Art. 13. Interessenkonflikte. (1) Die AIFM müssen alle angemessenen Maßnahmen treffen, um Interessenkonflikte zu ermitteln, die im Zusammenhang mit der Verwaltung von AIF zwischen:
a) dem AIFM, einschließlich seinen Führungskräften, Mitarbeitern oder jeder anderen Person, die über ein Kontrollverhältnis direkt oder indirekt mit dem AIFM verbunden ist, und dem von ihm verwalteten AIF oder den Anlegern dieses AIF;
b) dem AIF oder den Anlegern dieses AIF und einem anderen AIF oder den Anlegern jenes anderen AIF;
c) dem AIF oder den Anlegern dieses AIF und einem anderen Kunden des AIFM;
d) dem AIF oder den Anlegern dieses AIF und einem von dem AIFM verwalteten OGAW oder den Anlegern dieses OGAW oder
e) zwei Kunden des AIFM
auftreten.

AIFM sind verpflichtet, wirksame organisatorische und administrative Vorkehrungen zur Ergreifung aller angemessen Maßnahmen zur Ermittlung, Vorbeugung, Beilegung und Beobachtung von Interessenkonflikten beizubehalten und anzuwenden, um zu verhindern, dass diese den Interessen der AIF und ihrer Anleger schaden.

Sie müssen innerhalb ihrer eigenen Betriebsabläufe Aufgaben und Verantwortungsbereiche trennen, die als miteinander unvereinbar angesehen werden könnten oder potenziell systematische Interessenkonflikte hervorrufen könnten. Sie haben zu prüfen, ob die Bedingungen der Ausübung ihrer Tätigkeit wesentliche andere Interessenkonflikte nach sich ziehen könnten und legen diese den Anlegern der AIF gegenüber offen.

(2) Reichen die von den AIFM zur Ermittlung, Vorbeugung, Beilegung und Beobachtung von Interessenkonflikten getroffenen organisatorischen Vorkehrungen nicht aus, um nach vernünftigem Ermessen zu gewährleisten, dass das Risiko einer Beeinträchtigung von Anlegerinteressen vermieden

IV. Normentexte

wird, so setzt der AIFM die Anleger – bevor er in ihrem Auftrag Geschäfte tätigt – unmissverständlich über die allgemeine Art bzw. die Quellen der Interessenkonflikte in Kenntnis und entwickelt angemessene Strategien und Verfahren.

(3) Wenn AIFM für einen AIF die Dienste eines Primebroker in Anspruch nehmen, müssen die Bedingungen in einem schriftlichen Vertrag vereinbart werden. Insbesondere muss die Möglichkeit einer Übertragung und Wiederverwendung von Vermögenswerten des AIF in diesem Vertrag vereinbart werden und dem Verwaltungsreglement oder den Gründungsunterlagen des AIF entsprechen. In dem Vertrag muss festgelegt werden, dass die Verwahrstelle von dem Vertrag in Kenntnis gesetzt wird.

Bei der Auswahl und Benennung der Primebroker, mit denen ein Vertrag geschlossen wird, haben die AIFM mit der gebotenen Sachkenntnis, Sorgfalt und Gewissenhaftigkeit vorzugehen.

Art. 14. Risikomanagement. (1) Die AIFM müssen die Funktionen des Risikomanagements funktionell und hierarchisch von den operativen Abteilungen trennen, auch von den Funktionen des Portfoliomanagements.

Die funktionelle und hierarchische Trennung der Funktionen des Risikomanagements in Übereinstimmung mit Unterabsatz 1 wird von der CSSF in Übereinstimmung mit dem Verhältnismäßigkeitsprinzip überwacht, in dem Sinn, dass der AIFM in jedem Fall in der Lage sein muss nachzuweisen, dass besondere Schutzvorkehrungen gegen Interessenkonflikte eine unabhängige Ausübung von Risikomanagementmaßnahmen ermöglichen und dass das Risikomanagements den Anforderungen dieses Artikels genügt und durchgehend wirksam ist.

(2) Die AIFM sind verpflichtet, angemessene Risikomanagement-Systeme einzusetzen, damit alle Risiken, die für die einzelnen AIF-Anlagestrategien wesentlich sind und denen jeder AIF unterliegt oder unterliegen kann, hinreichend festgestellt, bewertet, gesteuert und überwacht werden.

Die AIFM überprüfen die Risikomanagement-Systeme in angemessenen zeitlichen Abständen, mindestens jedoch einmal jährlich, und passen sie erforderlichenfalls an.

(3) AIFM unterliegen zumindest folgenden Verpflichtungen:
a) sie führen eine der Anlagestrategie, den Zielen und dem Risikoprofil des AIF angemessene, dokumentierte und regelmäßig aktualisierte Sorgfaltsprüfung *(Due Diligence Process)* durch, wenn sie für Rechnung des AIF Anlagen tätigen;
b) sie gewährleisten, dass die mit den einzelnen Anlagepositionen des AIF verbundenen Risiken samt ihrer Auswirkungen auf das Gesamtportfolio des AIF laufend – unter anderem auch durch die Nutzung angemessener Stresstests – ordnungsgemäß bewertet, eingeschätzt, gesteuert und überwacht werden können;
c) sie gewährleisten, dass die Risikoprofile der AIF der Größe, der Portfoliostruktur und den Anlagestrategien und -zielen, wie sie im Verwaltungsreglement oder den Gründungsunterlagen, den Prospekten und den Emissionsunterlagen des AIF festgelegt sind, entsprechen.

(4) Die AIFM müssen ein Höchstmaß an Hebelfinanzierungen festlegen, das sie für jeden der von ihnen verwalteten AIF einsetzen können, ebenso wie den Umfang des Rechts der Wiederverwendung von Sicherheiten oder sonstigen Garantien, die im Rahmen der Vereinbarung über die Hebelfinanzierung gewährt werden könnten, wobei sie Folgendes berücksichtigen:
a) die Art des AIF;
b) die Anlagestrategie des AIF;
c) die Herkunft der Hebelfinanzierung des AIF;
d) jede andere Verbindung oder relevante Beziehung zu anderen Finanzdienstleistungsinstituten, die potenziell ein Systemrisiko darstellen;
e) die Notwendigkeit, das Risiko gegenüber jeder einzelnen Gegenpartei zu begrenzen;
f) das Ausmaß, bis zu dem die Hebelfinanzierung abgesichert ist;
g) das Verhältnis von Aktiva und Passiva;
h) Umfang, Wesen und Ausmaß der Geschäftstätigkeiten des AIFM auf den betreffenden Märkten.

Art. 15. Liquiditätsmanagement. (1) Für jeden von ihnen verwalteten AIF, bei dem es sich nicht um einen AIF des geschlossenen nicht hebelfinanzierten Typs handelt, sind AIFM verpflichtet, ein angemessenes Liquiditätsmanagementsystem anzuwenden und Verfahren festzulegen, die es ihnen ermöglichen, die Liquiditätsrisiken des AIF zu überwachen und zu gewährleisten, dass sich das Liquiditätsprofil der Anlagen des AIF mit seinen zugrunde liegenden Verbindlichkeiten deckt.

Sie haben regelmäßig Stresstests durchzuführen, unter Zugrundelegung von sowohl normalen als auch außergewöhnlichen Liquiditätsbedingungen, mit denen sie die Liquiditätsrisiken der AIF bewerten und die Liquiditätsrisiken der AIF entsprechend überwachen können.

(2) Die AIFM müssen dafür sorgen, dass die Anlagestrategie, das Liquiditätsprofil und die Rücknahmegrundsätze eines jeden von ihnen verwalteten AIF schlüssig ineinander greifen.

Abschnitt 2 – Organisatorische Anforderungen

Art. 16. Allgemeine Grundsätze. Die AIFM müssen für die ordnungsgemäße Verwaltung der AIF jederzeit angemessene und geeignete personelle und technische Ressourcen einsetzen.

Insbesondere schreibt die CSSF - auch unter Berücksichtigung der Art der von dem AIFM verwalteten AIF - vor, dass der betreffende AIFM über eine ordnungsgemäße Verwaltungs- und Buchhaltungsverfahren, Kontroll- und Sicherheitsvorkehrungen in Bezug auf die elektronische Datenverarbeitung sowie angemessene interne Kontrollverfahren, zu denen insbesondere Regeln für persönliche Geschäfte ihrer Mitarbeiter oder für das Halten oder Verwalten von Anlagen zum Zwecke der Anlage auf dem eigenen Konto gehören, verfügt, durch die zumindest gewährleistet wird, dass jedes die AIF betreffende Geschäft nach Herkunft, Vertragsparteien, Art, Abschlusszeitpunkt und -ort rekonstruiert werden kann und dass die Vermögenswerte der vom AIFM verwalteten AIF gemäß dem Verwaltungsreglement des AIF oder dessen Gründungsunterlagen und gemäß den geltenden rechtlichen Bestimmungen angelegt werden.

Art. 17. Bewertung. (1) Die AIFM müssen dafür sorgen, dass für jeden von ihnen verwalteten AIF geeignete und kohärente Verfahren festgelegt werden, so dass eine ordnungsgemäße und unabhängige Bewertung der Vermögenswerte des AIF gemäß diesem Artikel, den anzuwendenden nationalen Rechtsvorschriften und dem Verwaltungsreglement des AIF oder dessen Gründungsunterlagen vorgenommen werden kann.

(2) Die für die Bewertung der Vermögenswerte und die Berechnung des Nettoinventarwerts je Anteil oder Aktie der AIF geltenden Vorschriften sind in dem Land, in dem der AIF niedergelassen ist, gesetzlich und/oder im Verwaltungsreglement des AIF oder in dessen Gründungsunterlagen geregelt.

(3) Die AIFM stellen auch sicher, dass die Berechnung und Offenlegung des Nettoinventarwertes je Anteil oder Aktie des AIF gegenüber den Anlegern gemäß diesem Artikel, den anzuwendenden nationalen Rechtsvorschriften und dem Verwaltungsreglement des AIF oder dessen Gründungsunterlagen erfolgt.

Die angewendeten Bewertungsverfahren müssen sicherstellen, dass die Bewertung der Vermögenswerte und die Berechnung des Nettoinventarwerts je Anteil oder Aktie mindestens einmal jährlich erfolgen.

Handelt es sich um einen offenen AIF, sind solche Bewertungen und Berechnungen in einem zeitlichen Abstand durchzuführen, der den von dem AIF gehaltenen Vermögenswerten und seiner Ausgabe- und Rücknahmehäufigkeit angemessen ist.

Handelt es sich um einen geschlossenen AIF, sind solche Bewertungen und Berechnungen auch durchzuführen, wenn das Kapital des entsprechenden AIF erhöht oder herabgesetzt wird.

Die Anleger werden über die Bewertungen und Berechnungen entsprechend dem diesbezüglichen Verwaltungsreglement oder den Gründungsunterlagen des AIF informiert.

(4) Die AIFM müssen dafür sorgen, dass die Bewertung durchgeführt wird von:
a) einem externen Bewerter, der eine natürliche oder juristische Person unabhängig vom AIF, dem AIFM und anderen Personen mit engen Verbindungen zum AIF oder zum AIFM ist; oder
b) dem AIFM selbst, vorausgesetzt die Bewertungsaufgabe ist von der Portfolioverwaltung und der Vergütungspolitik funktionell unabhängig, und dass andere Maßnahmen sicherstellen, dass Interessenkonflikte gemindert und ein unzulässiger Einfluss auf die Mitarbeiter verhindert wird.

Die Bestellung einer ernannten Verwahrstelle für einen AIF als externer Bewerter dieses AIF unterliegt der Voraussetzung, dass eine funktionelle und hierarchische Trennung der Ausführung ihrer Verwahrfunktionen von ihren Aufgaben als externer Bewerter vorliegt und die potenziellen Interessenkonflikte angemessen ermittelt, gesteuert, beobachtet und den Anlegern des AIF gegenüber offengelegt werden.

(5) Wird ein externer Bewerter für die Bewertung herangezogen, so muss der AIFM nachweisen können, dass:
a) der externe Bewerter einer gesetzlich anerkannten obligatorischen berufsmäßigen Registrierung oder Rechts- und Verwaltungsvorschriften oder berufsständischen Regeln unterliegt;
b) der externe Bewerter ausreichende berufliche Garantien vorweisen kann, um wirksam die entsprechende Bewertungsfunktion gemäß den Absätzen (1), (2) und (3) ausüben zu können; und
c) die Bestellung des externen Bewerters den Anforderungen von Artikel 18 Absatz (1) und (2) dieses Gesetzes und den gemäß Artikel 20 Absatz (7) der Richtlinie 2011/61/EU erlassenen delegierten Rechtsakten entspricht.

IV. Normentexte

(6) Der bestellte externe Bewerter darf die Bewertungsfunktion nicht an einen Dritten delegieren.

(7) Die AIFM haben die Bestellung eines externen Bewerters der CSSF mitzuteilen. Die CSSF kann für den Fall, dass die Voraussetzungen nach Absatz (5) nicht erfüllt sind, die Bestellung eines anderen externen Bewerters verlangen.

(8) Die Bewertung hat unparteiisch und mit der gebotenen Sachkenntnis, Sorgfalt und Gewissenhaftigkeit zu erfolgen.

(9) Wird die Bewertung nicht von einem externen unabhängigen Bewerter vorgenommen, so kann die CSSF verlangen, dass die Bewertungsverfahren und/oder Bewertungen des AIFM von einem externen Bewerter oder gegebenenfalls durch einen zugelassenen Wirtschaftsprüfer[3] überprüft werden.

(10) Die AIFM sind für die ordnungsgemäße Bewertung der Vermögenswerte der AIF sowie für die Berechnung und die Bekanntgabe des Nettoinventarwerts verantwortlich. Die Haftung des AIFM gegenüber dem AIF und seinen Anlegern wird durch die Tatsache, dass der AIFM einen externen Bewerter bestellt hat nicht berührt.

Ungeachtet des ersten Unterabsatzes und unabhängig von anderslautenden vertraglichen Regelungen haftet der externe Bewerter gegenüber dem AIFM für jeglichen Verlust, der diesem durch Fahrlässigkeit oder vorsätzliche Nichterfüllung der Aufgaben durch den externen Bewerter entsteht.

Abschnitt 3 – Übertragung von Funktionen der AIFM

Art. 18. Übertragung. (1) Sofern AIFM Dritten Aufgaben zur Ausübung in ihrem Namen übertragen wollen, melden sie dies der CSSF, bevor die Vereinbarung zur Übertragung in Kraft tritt. Die folgenden Bedingungen sind zu erfüllen:
a) der AIFM muss in der Lage sein, seine gesamte Struktur zur Übertragung von Aufgaben objektiv zu begründen;
b) der Beauftragte muss über ausreichende Ressourcen für die Ausführung der jeweiligen Aufgaben verfügen und die Personen, die die übertragenen Geschäfte tatsächlich führen, müssen gut beleumdet sein und über ausreichende Erfahrung verfügen;
c) sofern sich die Übertragung auf das Portfoliomanagement oder das Risikomanagement bezieht, darf sie nur an Unternehmen erfolgen, die für die Zwecke der Vermögensverwaltung zugelassen oder registriert sind und einer Aufsicht unterliegen, oder, wenn diese Bedingung nicht eingehalten werden kann, nur nach vorheriger Genehmigung durch die CSSF;
d) sofern sich die Übertragung auf das Portfoliomanagement oder das Risikomanagement bezieht und an ein Unternehmen aus einem Drittland erfolgt, so ist ergänzend zu den Anforderungen nach Buchstabe c) die Zusammenarbeit zwischen der CSSF und der für das Unternehmen zuständigen Aufsichtsbehörde sicherzustellen;
e) die Übertragung darf die Wirksamkeit der Beaufsichtigung der AIFM nicht beeinträchtigen und darf insbesondere weder den AIFM daran hindern, im Interesse seiner Anleger zu handeln, noch verhindern, dass der AIF im Interesse der Anleger verwaltet wird;
f) der AIFM muss nachweisen können, dass der betreffende Beauftragte über die erforderliche Qualifikation verfügt und in der Lage ist, die betreffenden Funktionen wahrzunehmen, dass alle erforderliche Sorgfalt bei seiner Auswahl eingehalten wurde und dass der AIFM in der Lage ist, jederzeit die übertragenen Aufgaben wirksam zu überwachen, jederzeit weitere Anweisungen an den Beauftragten zu erteilen und die Übertragung mit sofortiger Wirkung zurückzunehmen, wenn dies im Interesse der Anleger ist.

Die AIFM müssen fortwährend die von jedem Beauftragten erbrachten Dienstleistungen überprüfen.

(2) Keine Übertragung hinsichtlich des Portfoliomanagements oder des Risikomanagements erfolgt an:
a) die Verwahrstelle oder einen Beauftragten der Verwahrstelle; oder
b) ein anderes Unternehmen, dessen Interessen mit denen des AIFM oder der Anleger des AIF im Konflikt stehen könnten, außer wenn ein solches Unternehmen eine funktionale und hierarchische Trennung der Ausführung seiner Aufgaben bei der Portfolioverwaltung oder dem Risikomanagement von seinen anderen potenziell dazu im Interessenkonflikt stehenden Aufgaben vorgenommen hat und die potenziellen Interessenkonflikte ordnungsgemäß ermittelt, gesteuert, beobachtet und den Anlegern des AIF gegenüber angemessen offengelegt werden.

(3) Die Haftung des AIFM gegenüber dem AIF und seinen Anlegern wird nicht durch die Tatsache berührt, dass der AIFM eigene Funktionen an einen Dritten übertragen hat, oder durch eine weitere

---

[3] Réviseur d'entreprise[s] agréé.

Unterbeauftragung. Ferner darf der AIFM seine Funktionen nicht in einem Umfang übertragen, der darauf hinausläuft, dass er im Wesentlichen nicht länger als Verwalter des AIF angesehen werden kann und er zu einem bloßen Briefkastenunternehmen wird.

(4) Der Dritte darf jede der ihm übertragenen Funktionen weiterübertragen, sofern die folgenden Bedingungen eingehalten werden:
a) der AIFM hat vorher der Unterbeauftragung zugestimmt;
b) der AIFM hat die CSSF von der Vereinbarung über die Unterbeauftragung in Kenntnis gesetzt, bevor diese in Kraft tritt;
c) die in Absatz (1) festgelegten Bedingungen müssen mit dem Verständnis, dass alle Bezugnahmen auf die „Beauftragten" als Bezugnahme auf den „Unterbeauftragten" zu verstehen sind, erfüllt sein.

(5) Es erfolgt keine Unterbeauftragung hinsichtlich des Portfoliomanagements oder des Risikomanagements an:
a) die Verwahrstelle oder einen Beauftragten der Verwahrstelle; oder
b) ein anderes Unternehmen, dessen Interessen mit denen des AIFM oder der Anleger des AIF in Konflikt geraten könnten, außer wenn es eine funktionelle und hierarchische Trennung der Ausführung seiner Aufgaben bei der Portfolioverwaltung oder dem Risikomanagement von seinen anderen potenziell dazu im Interessenkonflikt stehenden Aufgaben vorgenommen hat und die potenziellen Interessenkonflikte ordnungsgemäß ermittelt, gesteuert, beobachtet und den Anlegern des AIF gegenüber angemessen offengelegt werden.

Der entsprechende Beauftragte hat fortwährend die von jedem Unterbeauftragten erbrachten Dienstleistungen zu überprüfen.

(6) Wenn der Unterbeauftragte irgendwelche an ihn übertragenen Funktionen weiter überträgt, gelten die Bedingungen gemäß Absatz (4) entsprechend.

Abschnitt 4 – Verwahrstelle

Art. 19. Verwahrstelle. (1) Für jeden von ihm verwalteten AIF stellt der AIFM sicher, dass im Einklang mit den Bestimmungen dieses Artikels eine einzige Verwahrstelle bestellt wird.

(2) Die Bestellung der Verwahrstelle wird in einem Vertrag schriftlich vereinbart. Dieser Vertrag regelt unter anderem den Informationsaustausch, der für erforderlich erachtet wird, damit die Verwahrstelle gemäß diesem Gesetz und gemäß den anderen einschlägigen Rechts- und Verwaltungsvorschriften ihren Aufgaben für den AIF, für den sie als Verwahrstelle bestellt wurde, nachkommen kann.

(3) (i) Für die in Luxemburg niedergelassenen AIF muss die Verwahrstelle ein Kreditinstitut oder eine Wertpapierfirma im Sinne des geänderten Gesetzes vom 5. April 1993 über den Finanzsektor sein. Eine Wertpapierfirma ist als Verwahrstelle von AIF nur dann zulässig, wenn sämtliche der folgenden Bedingungen erfüllt sind:
– die Zulassung der Wertpapierfirma umfasst die in Anhang II Abschnitt C Punkt 1 des geänderten Gesetzes vom 5. April 1993 über den Finanzsektor genannte Nebendienstleistung der Verwahrung und Verwaltung von Finanzinstrumenten auf Rechnung von Kunden;
– die Wertpapierfirma besitzt eigene Rechtspersönlichkeit;
– sie verfügt über ein gezeichnetes und eingezahltes Gesellschaftskapital in Höhe von mindestens 730 000 Euro;
– sie verfügt über ein System der internen Unternehmensführung einschließlich einer organisatorischen und administrativen Struktur und eines Systems der internen Kontrolle, das der Tätigkeit der Verwahrstelle angemessen ist;
– sie erfüllt die in Artikel 21 Absatz (3) Buchstabe b) der Richtlinie 2011/61/EU vorgesehenen Anforderungen an die Eigenmittel. Diese Anforderungen an die Eigenmittel werden von der CSSF präzisiert.

Jede Wertpapierfirma, die die Funktion der Verwahrstelle für einen oder mehrere in Luxemburg niedergelassene AIF ausüben möchte, muss dies vorher der CSSF mitteilen. Die CSSF verfügt über eine Frist von zwei Monaten ab dem Datum der Mitteilung, um Einwände zu erheben, falls die in diesem Absatz aufgeführten Bedingungen nicht erfüllt sind. Erhebt die CSSF Einwände, teilt sie dies der Wertpapierfirma unverzüglich schriftlich unter Darlegung der Entscheidungsgründe mit. Ergeht keine Entscheidung der CSSF, kann die Wertpapierfirma nach Ablauf der Frist von zwei Monaten ab dem Datum der Mitteilung die Tätigkeiten als Verwahrstelle aufnehmen. Die Entscheidung der CSSF kann innerhalb einer Ausschlussfrist von 2 Monaten vor dem Verwaltungsgericht, das in der Hauptsache entscheidet, angefochten werden.

Die Verwahrstelle muss entweder ihren satzungsmäßigen Sitz in Luxemburg unterhalten oder dort eine Zweigniederlassung haben, wenn sie ihren satzungsmäßigen Sitz in einem anderen Mitgliedstaat hat.

Bezüglich der in Luxemburg niedergelassenen AIF, bei denen innerhalb von fünf Jahren nach Tätigung der ersten Anlagen keine Rücknahmerechte ausgeübt werden können und die im Einklang mit ihrer Hauptanlagestrategie in der Regel nicht in Vermögenswerte investieren, die gemäß Artikel 19 Absatz (8) Buchstabe a) dieses Gesetzes verwahrt werden müssen, oder die in der Regel in Emittenten oder nicht börsennotierte Unternehmen investieren, um gemäß Artikel 24 des genannten Gesetzes möglicherweise die Kontrolle über solche Unternehmen zu erlangen, kann die Verwahrstelle auch ein Rechtsträger sein, der eine Lizenz als professionelle Verwahrstelle für Vermögenswerte, die keine Finanzinstrumente sind, im Sinne des Artikels [26-1] des geänderten Gesetzes vom 5. April 1993 über den Finanzsektor hat.

Die unter Punkt i) genannten Bestimmungen sind anwendbar, sofern nicht ein Spezialgesetz oder eine Bestimmung des Unionsrechts etwas anderes bestimmt.

(ii) Für ein in einem anderen Mitgliedstaat niedergelassenen AIF muss die Verwahrstelle zu einer der folgenden Kategorien von in Artikel 21 (3) der Richtlinie 2011/61/EU genannten Einrichtungen gehören, sofern nicht durch das auf den betreffenden AIF anwendbare nationale Recht oder eine Bestimmung des Unionsrechts etwas anderes bestimmt wird:
a) ein Kreditinstitut mit satzungsmäßigem Sitz in der Europäischen Union, das gemäß der Richtlinie 2006/48/EG zugelassen ist;
b) eine Wertpapierfirma mit satzungsmäßigem Sitz in der Europäischen Union, für die die Eigenkapitalanforderungen gemäß Artikel 20 Absatz (1) der Richtlinie 2006/49/EG gilt, einschließlich der Kapitalanforderungen für operationelle Risiken, und die gemäß der Richtlinie 2004/39/EG zugelassen ist, und die auch die Nebendienstleistungen wie Verwahrung und Verwaltung von Finanzinstrumenten für Rechnung von Kunden gemäß Anhang I Abschnitt B Nummer 1 der Richtlinie 2004/39/EG erbringt; solche Wertpapierfirmen müssen in jedem Fall über Eigenmittel verfügen, die den in Artikel 9 der Richtlinie 2006/49/EG genannten Betrag des Anfangskapitals nicht unterschreiten; oder
c) eine andere Kategorie von Einrichtungen, die einer behördlichen Aufsicht und ständigen Überwachung unterliegen und die am 21. Juli 2011 unter eine der von den Mitgliedstaaten gemäß Artikel 23 Absatz (3) der Richtlinie 2009/65/EG festgelegten Kategorien von Einrichtungen fallen, aus denen eine Verwahrstellen gewählt werden kann.

Für in einem anderen Mitgliedstaat zugelassene AIF, bei denen innerhalb von fünf Jahren nach Tätigung der ersten Anlagen keine Rücknahmerechte ausgeübt werden können, und die im Einklang mit ihrer Hauptanlagestrategie in der Regel nicht in Vermögenswerte investieren, die gemäß Artikel 21 Absatz (8) Buchstabe a) der Richtlinie 2011/61/EU verwahrt werden müssen, oder in der Regel in Emittenten oder nicht börsennotierte Unternehmen investieren, um gemäß Artikel 26 der vorgenannten Richtlinie möglicherweise die Kontrolle über solche Unternehmen zu erlangen, kann die Verwahrstelle eine Stelle sein, die Aufgaben einer Verwahrstelle im Rahmen ihrer beruflichen oder geschäftlichen Tätigkeit wahrnimmt, für die diese Stelle einer vom auf den in einem anderen Mitgliedstaat niedergelassenen AIF anwendbaren nationalen Recht anerkannten obligatorischen berufsmäßigen Registrierung unterliegt.

(iii) Einzig bei Nicht-EU-AIF und unbeschadet des Absatzes (5) Buchstabe b) dieses Artikels kann die Verwahrstelle auch ein Kreditinstitut oder ein ähnlich wie die in Buchstabe a) und b) des von Unterabsatz 1 des Artikels 21 Absatz (3) der Richtlinie 2011/61/EU genannten Unternehmen geartetes Unternehmen sein, sofern die Bedingungen des Artikels 21 Absatz (6) Buchstabe b) dieser Richtlinie eingehalten sind.

(4) Zur Vermeidung von Interessenkonflikten zwischen der Verwahrstelle, dem AIFM und/oder dem AIF und/oder seinen Anlegern:
a) darf ein AIFM nicht die Aufgabe einer Verwahrstelle wahrnehmen;
b) darf ein Primebroker, der als Gegenpartei eines AIF auftritt, nicht die Aufgaben einer Verwahrstelle dieses AIF wahrnehmen, außer wenn eine funktionale und hierarchische Trennung der Ausführung seiner Verwahrfunktionen von seinen Aufgaben als Primebroker vorliegt und die potenziellen Interessenkonflikte ordnungsgemäß ermittelt, gesteuert, beobachtet und den Anlegern des AIF offengelegt werden. Es ist gemäß Absatz (11) zulässig, dass die Verwahrstelle einem solchen Primebroker ihre Verwahraufgaben überträgt, wenn die entsprechenden Bedingungen eingehalten sind.

(5) Die Verwahrstelle muss niedergelassen sein:
a) bei EU-AIF im Herkunftsmitgliedstaat des AIF;
b) bei Nicht-EU-AIF in dem Drittland, in dem der AIF niedergelassen ist, oder in dem Herkunftsmitgliedstaat des AIFM, der den AIF verwaltet, oder in dem Referenzmitgliedstaat des AIFM, der den AIF verwaltet.

(6) Unbeschadet der Anforderungen von Absatz (3) unterliegt die Bestellung einer in einem Drittland niedergelassenen Verwahrstelle immer folgenden Bedingungen:
a) die zuständigen Behörden des Mitgliedstaats, in dem die Anteile oder Aktien des Nicht-EU-AIF gehandelt werden sollen, und die CSSF als zuständige Aufsichtsbehörde des Herkunftsmitgliedstaats des AIFM haben Vereinbarungen über die Zusammenarbeit und den Informationsaustausch mit den zuständigen Behörden der Verwahrstelle unterzeichnet;
b) die Verwahrstelle unterliegt einer wirksamen aufsichtlichen Regulierung, einschließlich Mindesteigenkapitalanforderungen, und Aufsicht, die den Rechtsvorschriften der Europäischen Union entsprechen und die wirksam durchgesetzt werden;
c) das Drittland, in dem die Verwahrstelle ihren Sitz hat, steht nicht auf der Liste der nicht kooperativen Länder und Gebiete, die von der Arbeitsgruppe „Finanzielle Maßnahmen gegen Geldwäsche und Terrorismusfinanzierung"[4] (AGFM) aufgestellt wurde;
d) die Mitgliedstaaten, in denen die Anteile oder Aktien des Nicht-EU-AIF vertrieben werden sollen, und Luxemburg als Herkunftsmitgliedstaat des AIFM haben mit dem Drittland, in dem die Verwahrstelle ihren Sitz hat, eine Vereinbarung unterzeichnet, die den Standards des Artikels 26 des OECD-Musterabkommens zur Vermeidung der Doppelbesteuerung von Einkommen und Vermögen vollständig entspricht und einen wirksamen Informationsaustausch in Steuerangelegenheiten, einschließlich multilateraler Steuerabkommen, gewährleistet;
e) die Verwahrstelle haftet vertraglich gegenüber dem AIF oder gegenüber den Anlegern des AIF in Übereinstimmung mit den Absätzen (12) und (13) und erklärt sich ausdrücklich zur Einhaltung der Bestimmungen von Absatz (11) bereit.

(7) Die Verwahrstelle muss allgemein sicherstellen, dass die Cashflows des AIF ordnungsgemäß überwacht werden und gewährleistet insbesondere, dass sämtliche Zahlungen von Anlegern oder im Namen von Anlegern bei der Zeichnung von Anteilen oder Aktien eines AIF erhalten wurden und dass die gesamten Geldmittel des AIF auf Geldkonten verbucht wurden, die im Namen des AIF oder im Namen des AIFM, der für Rechnung des AIF tätig ist, oder im Namen der Verwahrstelle, die für Rechnung des AIF tätig ist, bei einer Stelle gemäß Artikel 18 Absatz (1) Buchstaben a), b) und c) der Richtlinie 2006/73/EG oder bei einer Stelle der gleichen Art in dem entsprechenden Markt, in dem Geldkonten verlangt werden, eröffnet wurden, so lange eine solche Stelle einer wirksamen Regulierung und Aufsicht unterliegt, die den Rechtsvorschriften der Europäischen Union entsprechen und wirksam gemäß den Grundsätzen nach Artikel 16 der Richtlinie 2006/73/EG durchgesetzt werden.
Falls Geldkonten im Namen der Verwahrstelle, die für Rechnung des AIF handelt, eröffnet werden, werden keine Geldmittel der im ersten Unterabsatz genannten Stelle und keine Geldmittel der Verwahrstelle selbst auf solchen Konten verbucht.

(8) Die Vermögenswerte des AIF oder des für Rechnung des AIF handelnden AIFM sind der Verwahrstelle unter Berücksichtigung folgender Punkte zur Aufbewahrung anzuvertrauen:
a) für Finanzinstrumente, die in Verwahrung genommen werden können, gilt:
  i) die Verwahrstelle muss die Verwahrung sämtlicher Finanzinstrumente, die im Depot auf einem Konto für Finanzinstrumente verbucht werden können, und sämtlicher Finanzinstrumente, die der Verwahrstelle physisch übergeben werden können, gewährleisten;
  ii) zu diesem Zweck muss die Verwahrstelle sicherstellen, dass all jene Finanzinstrumente, die im Depot auf einem Konto für Finanzinstrumente verbucht werden können, gemäß den in Artikel 16 der Richtlinie 2006/73/EG festgelegten Grundsätzen in den Büchern der Verwahrstelle auf gesonderten Konten registriert werden, die im Namen des AIF bzw. des für ihn tätigen AIFM eröffnet wurde, so dass die Finanzinstrumente jederzeit gemäß geltendem Recht eindeutig als im Eigentum des AIF befindliche Instrumente identifiziert werden können;
b) für sonstige Vermögenswerte gilt:
  i) die Verwahrstelle muss das Eigentum des AIF oder des für Rechnung des AIF tätigen AIFM an solchen Vermögenswerten überprüfen und führt Aufzeichnungen derjenigen Vermögenswerte, bei denen sie sich vergewissert hat, dass der AIF oder der für Rechnung des AIF tätige AIFM an diesen Vermögenswerten das Eigentum hat;
  ii) die Beurteilung, ob der AIF oder der für Rechnung des AIF tätige AIFM Eigentümer ist, beruht auf Informationen oder Unterlagen, die vom AIF oder vom AIFM vorgelegt werden und, soweit verfügbar, auf externen Nachweisen;
  iii) die Verwahrstelle hat ihre Aufzeichnungen auf dem neuesten Stand zu halten.

---

[4] Groupe d'Action financière (GAFI).

IV. Normentexte

(9) Ergänzend zu den in Absatz (7) und (8) genannten Aufgaben muss die Verwahrstelle:
a) gewährleisten, dass der Verkauf, die Ausgabe, die Rücknahme[5], die Auszahlung und die Aufhebung von Anteilen oder Aktien des AIF gemäß den geltenden nationalen Rechtsvorschriften und dem Verwaltungsreglement oder den Gründungsunterlagen des AIF erfolgen;
b) gewährleisten, dass die Berechnung des Wertes der Anteile oder Aktien des AIF nach den geltenden nationalen Rechtsvorschriften, dem Verwaltungsreglement oder den Gründungsunterlagen des AIF und den in Artikel 19 der Richtlinie 2011/61/EU festgelegten Verfahren erfolgt;
c) die Weisungen des AIFM ausführen, es sei denn, diese verstoßen gegen geltende nationale Rechtsvorschriften oder das Verwaltungsreglement oder die Gründungsunterlagen des AIF;
d) gewährleisten, dass bei Transaktionen mit Vermögenswerten des AIF der Gegenwert innerhalb der üblichen Fristen an den AIF überwiesen wird;
e) gewährleisten, dass die Erträge des AIF gemäß den geltenden nationalen Rechtsvorschriften und dem Verwaltungsreglement oder den Gründungsunterlagen des AIF verwendet werden.

(10) Der AIFM und die Verwahrstelle haben im Rahmen ihrer jeweiligen Aufgaben ehrlich, redlich, professionell, unabhängig und im Interesse des AIF und der Anleger des AIF zu handeln.

Eine Verwahrstelle darf keine Aufgaben in Bezug auf den AIF oder den für Rechnung des AIF tätigen AIFM wahrnehmen, die Interessenkonflikte zwischen dem AIF, den Anlegern des AIF, dem AIFM und ihr selbst schaffen könnten, außer wenn die Verwahrstelle eine funktionelle und hierarchische Trennung der Ausführung ihrer Aufgaben als Verwahrstelle von ihren potenziell dazu in Konflikt stehenden Aufgaben vorgenommen wurde und die potenziellen Interessenkonflikte angemessen ermittelt, gesteuert, beobachtet und den Anlegern des AIF gegenüber offengelegt werden.

Die Verwahrstelle darf die in Absatz (8) genannten Vermögenswerte nicht ohne vorherige Zustimmung des AIF oder des für Rechnung des AIF tätigen AIFM wiederverwenden.

(11) Die Verwahrstelle darf ihre in diesem Artikel festgeschriebenen Funktionen nicht auf Dritte übertragen; hiervon ausgenommen sind die in Absatz (8) genannten Aufgaben.

Die Verwahrstelle kann die in Absatz (8) genannten Funktionen unter den folgenden Bedingungen auf Dritte übertragen:
a) die Aufgaben werden nicht in der Absicht übertragen, die Vorschriften der Richtlinie 2011/61/EU zu umgehen;
b) die Verwahrstelle kann belegen, dass die Übertragung durch einen objektiven Grund gerechtfertigt ist;
c) die Verwahrstelle ist bei der Auswahl und Bestellung eines Dritten, dem sie Teile ihrer Aufgaben übertragen möchte, mit der gebotenen Sachkenntnis, Sorgfalt und Gewissenhaftigkeit vorgegangen und geht weiterhin bei der laufenden Kontrolle und regelmäßigen Überprüfung von Dritten, denen sie Teile ihrer Aufgaben übertragen hat, und von Vereinbarungen des Dritten hinsichtlich der ihm übertragenen Aufgaben mit der gebotenen Sachkenntnis, Sorgfalt und Gewissenhaftigkeit vor, und
d) die Verwahrstelle sorgt dafür, dass der Dritte jederzeit bei der Ausführung der ihm übertragenen Aufgaben die folgenden Bedingungen einhält:
   i) der Dritte verfügt über eine Organisationsstruktur und die Fachkenntnisse, die für die Art und die Komplexität der Vermögenswerte des AIF oder des für dessen Rechnung handelnden AIFM, die ihm anvertraut wurden, angemessen und geeignet sind;
   ii) bezogen auf die Verwahraufgaben gemäß Absatz (8) Buchstabe a) unterliegt der Dritte einer wirksamen Regulierung und Aufsicht, einschließlich Mindesteigenkapitalanforderungen, in der betreffenden Gerichtsbarkeit und der Dritte unterliegt ferner einer regelmäßigen externen Rechnungsprüfung, durch die gewährleistet wird, dass sich die Finanzinstrumente in seinem Besitz befinden;
   iii) der Dritte trennt die Vermögenswerte der Kunden der Verwahrstelle von seinen eigenen Vermögenswerten und von den Vermögenswerten der Verwahrstelle in einer solchen Weise, dass sie zu jeder Zeit eindeutig als Eigentum von Kunden einer bestimmten Verwahrstelle identifiziert werden können;
   iv) der Dritte verwendet die Vermögenswerte nicht ohne vorherige Zustimmung des AIF oder des für Rechnung des AIF tätigen AIFM und eine vorherige Mitteilung an die Verwahrstelle; und
   v) der Dritte hält sich an die allgemeinen Verpflichtungen und Verbote gemäß den Absätzen (8) und (10).

---

[5] Im französischen Originaltext des Gesetzes wird der Begriff rachat verwendet, der dem Begriff Rückkauf entspricht. In dieser Übersetzung wird jedoch in Anlehnung an die amtliche deutsche Fassung der Richtlinie 2011/61/EU der Begriff „Rücknahme" verwendet.

C. Luxemburg

Unbeschadet des Unterabsatzes 2 Buchstabe d) ii), wenn laut den Rechtsvorschriften eines Drittlands vorgeschrieben ist, dass bestimmte Finanzinstrumente von einer ortsansässigen Einrichtung verwahrt werden müssen und es keine ortsansässigen Einrichtungen gibt, die den Anforderungen für eine Beauftragung gemäß Buchstabe d) ii) genügen, darf die Verwahrstelle ihre Funktionen an eine solche ortsansässige Einrichtung nur insoweit übertragen, wie es von dem Recht des Drittlandes gefordert wird und nur solange es keine ortsansässigen Einrichtungen gibt, die die Anforderungen für eine Beauftragung erfüllen, vorbehaltlich der folgenden Anforderungen:

a) die Anleger des jeweiligen AIF müssen vor Tätigung ihrer Anlage ordnungsgemäß unterrichtet werden, dass eine solche Beauftragung aufgrund rechtlicher Zwänge im Recht des Drittlandes erforderlich ist, und sie müssen über die Umstände unterrichtet werden, die die Übertragung rechtfertigen; und

b) der AIF oder der für Rechnung des AIF tätige AIFM müssen die Verwahrstelle anweisen, die Verwahrung dieser Finanzinstrumente an eine solche ortsansässige Einrichtung zu übertragen.

Der Dritte kann seinerseits diese Funktionen unter den gleichen Bedingungen weiter übertragen. In diesem Fall gilt Absatz (13) entsprechend für die jeweils Beteiligten.

Die Erbringung von Dienstleistungen gemäß der Richtlinie 98/26/EG durch Wertpapierliefer- und Abrechnungssysteme, wie es für die Zwecke jener Richtlinie vorgesehen ist, oder die Erbringung ähnlicher Dienstleistungen durch Wertpapierliefer- und Abrechnungssysteme von Drittländern wird für Zwecke dieses Absatzes nicht als Beauftragung mit Verwahrfunktionen betrachtet.

(12) Die Verwahrstelle haftet gegenüber dem AIF oder gegenüber den Anlegern des AIF für das Abhandenkommen durch die Verwahrstelle oder durch einen Dritten, dem die Verwahrung von Finanzinstrumenten, die gemäß Absatz (8) Buchstabe a) verwahrt wurden, übertragen wurde.

Im Falle eines solchen Abhandenkommens eines verwahrten Finanzinstruments hat die Verwahrstelle dem AIF oder dem für Rechnung des AIF handelnden AIFM unverzüglich ein Finanzinstrument gleicher Art zurückzugeben oder einen entsprechenden Betrag zu erstatten. Die Verwahrstelle haftet nicht, wenn sie in der Lage ist, nachzuweisen, dass das Abhandenkommen auf höhere Gewalt zurückzuführen ist, deren Konsequenzen trotz aller angemessenen Gegenmaßnahmen unabwendbar waren.

Die Verwahrstelle haftet auch gegenüber dem AIF oder den Anlegern des AIF für jeden sonstigen Verlust, den diese infolge einer von der Verwahrstelle fahrlässig oder vorsätzlich verursachten Nichterfüllung ihrer Verpflichtungen aus der Richtlinie 2011/61/EU erleiden.

(13) Die Haftung der Verwahrstelle bleibt von einer etwaigen Übertragung gemäß Absatz (11) unberührt.

Unbeschadet des Unterabsatzes 1 dieses Absatzes kann sich die Verwahrstelle bei Verlust von Finanzinstrumenten, die von einem Dritten gemäß Absatz (11) verwahrt wurden, von der Haftung befreien, wenn sie nachweisen kann, dass:

a) alle Bedingungen für die Übertragung ihrer in Absatz (11) Unterabsatz 2 genannten Verwahraufgaben eingehalten sind;

b) ein schriftlicher Vertrag zwischen der Verwahrstelle und dem Dritten die Haftung der Verwahrstelle ausdrücklich auf diesen Dritten überträgt und es dem AIF oder dem für Rechnung des AIF tätigen AIFM ermöglicht, seinen Anspruch wegen des Abhandenkommens von Finanzinstrumenten gegenüber dem Dritten geltend zu machen, oder die Verwahrstelle solch einen Anspruch für sie geltend machen darf; und

c) ein schriftlicher Vertrag zwischen der Verwahrstelle und dem AIF oder dem für Rechnung des AIF handelnden AIFM ausdrücklich eine Befreiung der Verwahrstelle von der Haftung gestattet und einen objektiven Grund für die vertragliche Vereinbarung einer solchen Befreiung angibt.

(14) Wenn ferner laut den Rechtsvorschriften eines Drittlands vorgeschrieben ist, dass bestimmte Finanzinstrumente von einer ortsansässigen Einrichtung verwahrt werden müssen und es keine ortsansässigen Einrichtungen gibt, die den Anforderungen für eine Beauftragung gemäß Absatz (11) Buchstabe d) ii) genügen, kann die Verwahrstelle sich von der Haftung befreien, sofern die folgenden Bedingungen eingehalten sind:

a) das Verwaltungsreglement oder die Gründungsunterlagen des betreffenden AIF erlauben ausdrücklich eine solche Befreiung unter den in diesem Absatz genannten Voraussetzungen;

b) die Anleger der entsprechenden AIF wurden vor Tätigung ihrer Anlage ordnungsgemäß über diese Haftungsbefreiung und die Umstände, die diese Haftungsbefreiung rechtfertigen, unterrichtet;

c) der AIF oder der für Rechnung des AIF tätige AIFM haben die Verwahrstelle angewiesen, die Verwahrung dieser Finanzinstrumente an eine ortsansässige Einrichtung zu übertragen;

d) es gibt einen schriftlichen Vertrag zwischen der Verwahrstelle und dem AIF oder dem für Rechnung des AIF tätigen AIFM, in dem solch eine Haftungsbefreiung ausdrücklich gestattet ist; und

e) es gibt einen schriftlichen Vertrag zwischen der Verwahrstelle und dem Dritten, in dem die Haftung der Verwahrstelle ausdrücklich auf den Dritten übertragen wird und es dem AIF oder dem für Rechnung des AIF tätigen AIFM ermöglicht, seinen Anspruch wegen des Abhandenkommens von Finanzinstrumenten gegenüber dem Dritten geltend zu machen, oder die Verwahrstelle solch einen Anspruch für sie geltend machen darf.

(15) Die Haftung eines AIF ohne Rechtspersönlichkeit gegenüber Anlegern kann mittelbar durch den AIFM geltend gemacht werden. Bleibt der AIFM trotz Mahnung durch einen Anleger innerhalb von drei Monaten ab dieser Mahnung untätig, kann dieser Anleger die Haftung der Verwahrstelle unmittelbar geltend machen.

(16) Ist die Verwahrstelle in Luxemburg niedergelassen, stellt diese der CSSF auf Anfrage alle Informationen zur Verfügung, die sie im Rahmen der Erfüllung ihrer Aufgaben erhalten hat und die sie für die Aufsicht des AIF oder des AIFM benötigen könnte. Ist die CSSF nicht die zuständige Behörde für die Aufsicht des AIF oder des betreffenden AIFM, übermittelt sie den jeweils zuständigen Behörden die erhaltenen Informationen.

Kapitel 4. – Transparenzanforderungen

Art. 20. Jahresbericht. (1) Ein in Luxemburg niedergelassener AIFM muss für jeden vom ihm verwalteten EU-AIF und für jeden von ihm in der Europäischen Union vertriebenen AIF für jedes Geschäftsjahr spätestens sechs Monate nach Ende des Geschäftsjahrs auf das er sich bezieht einen Jahresbericht vorlegen. Dieser Jahresbericht ist den Anlegern auf Anfrage vorzulegen. Der Jahresbericht ist der CSSF und gegebenenfalls dem Herkunftsmitgliedstaat des AIF zur Verfügung zu stellen.

Ist der AIF nach der Richtlinie 2004/109/EG verpflichtet, Jahresfinanzberichte zu veröffentlichen, so sind Anlegern auf Antrag lediglich die zusätzlichen Angaben nach Absatz 2 vorzulegen, separat oder in Form einer Ergänzung zum Jahresfinanzbericht. Im letzteren Fall ist der Jahresfinanzbericht spätestens vier Monate nach Ende des Geschäftsjahrs zu veröffentlichen.

(2) Der Jahresbericht muss mindestens Folgendes enthalten:
a) eine Bilanz oder eine Vermögensübersicht;
b) eine Aufstellung der Erträge und Aufwendungen des Geschäftsjahrs;
c) einen Bericht über die Tätigkeiten im abgelaufenen Geschäftsjahr;
d) jede wesentliche Änderung der in Artikel 21 aufgeführten Informationen während des Geschäftsjahrs, auf das sich der Bericht bezieht;
e) die Gesamtsumme der im abgelaufenen Geschäftsjahr gezahlten Vergütungen, gegliedert in feste und variable vom AIFM an seine Mitarbeiter gezahlte Vergütungen, die Zahl der Begünstigten und gegebenenfalls die vom AIF gezahlten Carried Interests;
f) die Gesamtsumme der gezahlten Vergütungen, aufgegliedert nach Führungskräften und Mitarbeitern des AIFM, deren Tätigkeit sich wesentlich auf das Risikoprofil des AIF auswirkt.

(3) Die im Jahresbericht enthaltenen Rechnungslegungsdaten sind gemäß den Rechnungslegungsstandards des Herkunftsmitgliedstaats des AIF oder gemäß den Rechnungslegungsstandards des Drittlandes, in dem der AIF seinen Sitz hat, und gemäß den im Verwaltungsreglement oder in den Gründungsunterlagen des AIF festgelegten Rechnungslegungsvorschriften zu erstellen.

Die im Jahresbericht enthaltenen Rechnungslegungsdaten sind von einer oder mehreren Personen zu prüfen, die gemäß der Richtlinie 2006/43/EG des Europäischen Parlaments und des Rates vom 17. Mai 2006 über Abschlussprüfungen von Jahresabschlüssen und konsolidierten Abschlüssen gesetzlich zur Abschlussprüfung zugelassen sind. Der Bericht des Abschlussprüfers einschließlich etwaiger Vorbehalte ist in jedem Jahresbericht vollständig wiederzugeben.

Abweichend von Unterabsatz 2 haben die AIFM, die Nicht-EU-AIF vertreiben, die Jahresberichte dieser AIF einer Prüfung zu unterziehen, die den internationalen Rechnungslegungsstandards entspricht, die in dem Land gelten, in dem der AIF seinen satzungsmäßigen Sitz hat.

Art. 21. Informationspflichten gegenüber Anlegern. (1) AIFM müssen Anlegern der AIF, bevor diese eine Anlage in einen AIF tätigen, für jeden von ihnen verwalteten EU-AIF sowie für jeden von ihnen in der Europäischen Union vertriebenen AIF folgende Informationen gemäß dem Verwaltungsreglement oder den Gründungsunterlagen des AIF sowie alle wesentlichen Änderungen dieser Informationen zur Verfügung stellen:
a) eine Beschreibung der Anlagestrategie und der Anlageziele des AIF, Angaben über den Sitz eines jeden Master-AIF und über den Sitz der Zielfonds, wenn es sich bei dem AIF um einen Dachfonds handelt, eine Beschreibung der Art der Vermögenswerte, in die der AIF investieren darf, der Techniken, die er einsetzen darf und aller damit verbundenen Risiken, etwaiger anwendbarer An-

663

lagebeschränkungen, der Umstände, unter denen der AIF Hebelfinanzierungen einsetzen kann, Art und Herkunft der zulässigen Hebelfinanzierung und damit verbundener Risiken, sonstiger eventuellen Beschränkungen für den Einsatz von Hebelfinanzierungen und Vereinbarungen über die Wiederverwendung von Sicherheiten und Vermögenswerten, sowie des maximalen Umfangs der Hebelfinanzierung, die die AIFM für Rechnung des AIF einsetzen dürfen;

b) eine Beschreibung der Verfahren, nach denen der AIF seine Anlagestrategie oder seine Anlagepolitik oder beides ändern kann;

c) eine Beschreibung der wichtigsten rechtlichen Auswirkungen der für die Tätigung der Anlage eingegangenen Vertragsbeziehung, einschließlich Informationen über die zuständigen Gerichte, das anwendbare Recht und das Vorhandensein oder Nichtvorhandensein von Rechtsinstrumenten, die die Anerkennung und Vollstreckung von Urteilen in dem Gebiet vorsehen, in dem der AIF seinen Sitz hat;

d) die Identität des AIFM, der Verwahrstelle und des Abschlussprüfers des AIF sowie sonstiger Dienstleistungsanbieter und eine Erläuterung ihrer Pflichten und der Rechte der Anleger;

e) eine Beschreibung, in welcher Weise der AIFM den Anforderungen des Artikels 8 Absatz (7) gerecht wird;

f) eine Beschreibung sämtlicher vom AIFM übertragener Verwaltungsfunktionen gemäß Anhang I sowie sämtlicher von der Verwahrstelle übertragener Verwahrungsfunktionen, die Identität des Beauftragten sowie sämtlicher Interessenkonflikte, die sich aus der Aufgabenübertragung ergeben könnten;

g) eine Beschreibung des Bewertungsverfahrens des AIF und der Kalkulationsmethoden für die Bewertung von Vermögenswerten, einschließlich der Verfahren für die Bewertung schwer zu bewertender Vermögenswerte gemäß Artikel 17;

h) eine Beschreibung des Liquiditätsrisikomanagements des AIF, einschließlich der Rücknahmerechte unter normalen und außergewöhnlichen Umständen, und der bestehenden Rücknahmevereinbarungen mit den Anlegern;

i) eine Beschreibung sämtlicher Entgelte, Gebühren und sonstiger Kosten unter Angabe der jeweiligen Höchstbeträge, die von den Anlegern mittel- oder unmittelbar getragen werden;

j) eine Beschreibung der Art und Weise, wie der AIFM eine faire Behandlung der Anleger gewährleistet, sowie, wann immer ein Anleger eine Vorzugsbehandlung oder einen Anspruch auf eine Vorzugsbehandlung erhält, eine Erläuterung dieser Vorzugsbehandlung, der Art der Anleger, die eine solche Vorzugsbehandlung erhalten, sowie gegebenenfalls die Angabe der rechtlichen oder wirtschaftlichen Verbindungen zwischen diesen Anlegern und dem AIF oder dem AIFM;

k) den letzten Jahresbericht nach Artikel 20;

l) die Verfahren und Bedingungen für die Ausgabe und den Verkauf von Anteilen oder Aktien;

m) den jüngsten Nettoinventarwert des AIF oder den jüngsten Marktpreis der Anteile oder Aktien des AIF nach Artikel 17;

n) sofern verfügbar, die bisherige Wertentwicklung des AIF;

o) die Identität des Primebrokers und eine Beschreibung jeder wesentlichen Vereinbarung zwischen dem AIF und seinen Primebrokern und der Art und Weise, in der diesbezügliche Interessenkonflikte beigelegt werden, sowie die Bestimmung im Vertrag mit der Verwahrstelle über die Möglichkeit einer Übertragung und einer Wiederverwendung von Vermögenswerten des AIF und Angaben über jede eventuell bestehende Haftungsübertragung auf den Primebroker;

p) eine Beschreibung, in welcher Weise und zu welchem Zeitpunkt die gemäß den Absätzen (4) und (5) erforderlichen Informationen offengelegt werden.

(2) Der AIFM unterrichtet die Anleger, bevor diese ihre Anlage in AIF tätigen, über eventuelle Vereinbarungen, die die Verwahrstelle getroffen hat, um sich vertraglich von der Haftung gemäß Artikel 19 Absatz (13) freizustellen. Der AIFM informiert die Anleger ebenfalls unverzüglich über alle Änderungen in Bezug auf die Haftung der Verwahrstelle.

(3) Ist der AIF gemäß der Richtlinie 2003/71/EG oder gemäß den nationalen Rechtsvorschriften verpflichtet, einen Prospekt zu veröffentlichen, sind in Ergänzung zu den im Prospekt enthaltenen Angaben lediglich die Angaben gemäß den Absätzen (1) und (2) gesondert oder als ergänzende Angaben im Prospekt offenzulegen.

(4) Für jeden von ihnen verwalteten EU-AIF sowie für jeden von ihnen in der Europäischen Union vertriebenen AIF unterrichten die AIFM die Anleger regelmäßig über Folgendes:

a) den prozentualen Anteil an den Vermögenswerten des AIF, die schwer zu liquidieren sind und die deshalb besonderen Regelungen unterliegen;

b) jegliche neuen Regelungen zur Steuerung der Liquidität des AIF;

c) das aktuelle Risikoprofil des AIF und die vom AIFM zur Steuerung dieser Risiken eingesetzten Risikomanagement-Systeme.

(5) AIFM, die hebelfinanzierte EU-AIF verwalten oder hebelfinanzierte AIF in der Europäischen Union vertreiben, legen für jeden dieser AIF regelmäßig Folgendes offen:
a) alle Änderungen zum maximalen Umfang, in dem der AIFM für Rechnung des AIF Hebelfinanzierungen einsetzen kann, sowie etwaige Rechte zur Wiederverwendung von Sicherheiten oder sonstige Garantien, die im Rahmen der Hebelfinanzierung gewährt wurden;
b) die Gesamthöhe der Hebelfinanzierung des betreffenden AIF.

Art. 22. Informationspflichten gegenüber der CSSF. (1) Die AIFM müssen die CSSF regelmäßig über die wichtigsten Märkte und Instrumente unterrichten, auf bzw. mit denen sie für Rechnung der von ihnen verwalteten AIF handeln.

Sie müssen Informationen zu den wichtigsten Instrumenten, mit denen sie handeln, zu den Märkten, in denen sie Mitglied sind oder am Handel aktiv teilnehmen, sowie zu den größten Risiken und Konzentrationen jedes von ihnen verwalteten AIF vorlegen.

(2) Der AIFM muss der CSSF für jeden von ihm verwalteten EU-AIF und für jeden von ihm in der Europäischen Union vertriebenen AIF folgende Informationen vorlegen:
a) den prozentualen Anteil an den Vermögenswerten des AIF, die schwer zu liquidieren sind und deshalb besonderen Regelungen unterliegen;
b) jegliche neuen Regelungen zur Steuerung der Liquidität des AIF;
c) das gegenwärtige Risikoprofil des AIF und die vom AIFM zur Steuerung des Marktrisikos, des Liquiditätsrisikos, des Gegenparteirisikos sowie sonstiger Risiken, einschließlich des operativen Risikos, eingesetzten Risikosteuerungssysteme;
d) Angaben zu den wichtigsten Kategorien von Vermögenswerten, in die der AIF investiert hat; und
e) die Ergebnisse der nach Artikel 14 Absatz (3) Buchstabe b) und Artikel 15 Absatz (1) Unterabsatz 2 durchgeführten Stresstests.

(3) Der AIFM muss der CSSF auf Verlangen die folgenden Unterlagen vorlegen:
a) einen Jahresbericht über jeden vom AIFM verwalteten EU-AIF und über jeden von ihm in der Europäischen Union vertriebenen AIF für jedes Geschäftsjahr gemäß Artikel 20 Absatz (1);
b) zum Ende jedes Quartals eine detaillierte Aufstellung sämtlicher vom AIFM verwalteten AIF.

(4) Ein AIFM, der AIF verwaltet, die in beträchtlichem Umfang Hebelfinanzierungen einsetzen, stellt der CSSF Angaben zum Gesamtumfang der eingesetzten Hebelfinanzierungen für jeden der von ihm verwalteten AIF, eine Aufschlüsselung nach Hebelfinanzierungen, die durch Kreditaufnahme oder Wertpapierleihe begründet wurden, und solchen, die in Derivate eingebettet sind, sowie Angaben zu dem Umfang, in dem die Vermögenswerte der AIF im Rahmen von Hebelfinanzierungen wiederverwendet wurden, zur Verfügung.

Diese Angaben umfassen für jeden der vom AIFM verwalteten AIF Angaben zur Identität der fünf größten Kreditgeber bzw. Wertpapierverleiher sowie zur jeweiligen Höhe der aus diesen Quellen für jeden der genannten AIF erhaltenen Hebelfinanzierung.

(5) Sofern die CSSF der Auffassung ist, dass eine solche Mitteilung für die wirksame Überwachung von Systemrisiken erforderlich ist, kann sie regelmäßig oder auf Anfrage ergänzende Informationen zu den in diesem Artikel festgelegten Informationen anfordern.

Kapitel 5. – AIFM, die bestimmte Arten von AIF verwalten

Abschnitt 1 – AIFM, die hebelfinanzierte AIF verwalten

Art. 23. Nutzung der Informationen durch die zuständigen Behörden, aufsichtsbehördliche Zusammenarbeit und Beschränkungen der Hebelfinanzierung. (1) Die CSSF nutzt die gemäß Artikel 22 dieses Gesetzes zu erhebenden Informationen, um festzustellen, inwieweit die Nutzung von Hebelfinanzierungen zur Entstehung von Systemrisiken im Finanzsystem, des Risikos von Marktstörungen oder zu Risiken für das langfristige Wirtschaftswachstum beiträgt.

(2) Die CSSF stellt sicher, dass sämtliche Informationen zu den ihrer Aufsicht unterliegenden AIFM, die gemäß Artikel 22 dieses Gesetzes erhoben wurden, sowie die gemäß Artikel 6 dieses Gesetzes erhobenen Informationen den zuständigen Behörden anderer entsprechender Mitgliedstaaten, der ESMA und dem ESRB nach den in Artikel 50 der Richtlinie 2011/61/EU zur Zusammenarbeit bei der Aufsicht vorgesehenen Verfahren zur Verfügung gestellt werden. Ferner informiert sie unverzüglich nach diesen Verfahren sowie bilateral die zuständigen Behörden der direkt betroffenen anderen Mitgliedstaaten, falls von einem ihrer Aufsicht unterliegenden AIFM oder einem von diesem

AIFM verwalteten AIF ein erhebliches Gegenparteirisiko für ein Kreditinstitut oder sonstige systemrelevante Institute in anderen Mitgliedstaaten ausgehen könnte.

(3) Der AIFM hat den Beweis zu erbringen, dass die von ihm angesetzte Begrenzung des Umfangs von Hebelfinanzierungen bei jedem von ihm verwalteten AIF angemessen ist und dass er diese Begrenzung stets einhält. Die CSSF bewertet die Risiken, die aus der Nutzung von Hebelfinanzierungen durch einen AIFM bei einem von ihm verwalteten AIF erwachsen könnten. Falls die CSSF dies zur Gewährleistung der Stabilität und Integrität des Finanzsystems als nötig erachtet, beschränkt sie nach Unterrichtung der ESMA, des ESRB und gegebenenfalls der zuständigen Behörden des entsprechenden AIF den Umfang der Hebelfinanzierung, die ein AIFM einsetzen darf, oder verhängt sonstige Beschränkungen der AIF-Verwaltung bezüglich der von ihm verwalteten AIF, so dass das Ausmaß begrenzt wird, in dem die Nutzung von Hebelfinanzierungen zur Entstehung von Systemrisiken im Finanzsystem oder des Risikos von Marktstörungen beiträgt. Über die in Artikel 50 der Richtlinie 2011/61/EU festgelegten Verfahren informiert die CSSF die ESMA, den ESRB und gegebenenfalls die zuständigen Behörden des AIF ordnungsgemäß über die diesbezüglich eingeleiteten Schritte.

(4) Die Mitteilung gemäß Absatz 3 erfolgt spätestens zehn Arbeitstage vor dem geplanten Wirksamwerden oder der Erneuerung der vorgeschlagenen Maßnahme. Die Mitteilung enthält Einzelheiten der vorgeschlagenen Maßnahme, deren Gründe und den Zeitpunkt, zu dem sie wirksam werden soll. Unter besonderen Umständen kann die CSSF verfügen, dass die vorgeschlagene Maßnahme innerhalb des in Satz 1 genannten Zeitraums wirksam wird.

Abschnitt 2 – Pflichten von AIFM, die AIF verwalten, die die Kontrolle über nicht börsennotierte Unternehmen und Emittenten erlangen

Art. 24. Geltungsbereich. (1) Dieser Abschnitt gilt für:
a) AIFM, die einen oder mehrere AIF verwalten, die entweder allein oder gemeinsam aufgrund einer Vereinbarung, die die Erlangung von Kontrolle zum Ziel hat, gemäß Absatz (5) die Kontrolle über ein nicht börsennotiertes Unternehmen erlangen;
b) AIFM, die mit einem oder mehreren anderen AIFM aufgrund einer Vereinbarung zusammenarbeiten, gemäß der die von diesen AIFM gemeinsam verwalteten AIF gemäß Absatz (5) die Kontrolle über ein nicht börsennotiertes Unternehmen erlangen.

(2) Dieser Abschnitt gilt nicht, für den Fall, dass es sich bei den nicht börsennotierten Unternehmen:
a) um kleine und mittlere Unternehmen im Sinne von Artikel 2 Absatz (1) des Anhangs der Empfehlung 2003/361/EG der Kommission vom 6. Mai 2003 betreffend die Definition der Kleinstunternehmen sowie der kleinen und mittleren Unternehmen; oder
b) um Zweckgesellschaften für den Erwerb, den Besitz oder die Verwaltung von Immobilien handelt.

(3) Unbeschadet der Absätze (1) und (2) dieses Artikels gilt Artikel 25 Absatz (1) auch für AIFM, die AIF verwalten, die eine Minderheitsbeteiligung an einem nicht börsennotierten Unternehmen erlangen.

(4) Artikel 26 Absätze (1), (2) und (3) und Artikel 28 gelten auch für AIFM, die AIF verwalten, die die Kontrolle in Bezug auf Emittenten erlangen. Für die Zwecke dieser Artikel gelten die Absätze (1) und (2) des vorliegenden Artikels entsprechend.

(5) Für die Zwecke dieses Abschnitts bedeutet Kontrolle im Falle nicht börsennotierter Unternehmen das Halten von über 50% der Stimmrechte dieser Unternehmen.
Bei der Berechnung des Anteils an den Stimmrechten, die von dem entsprechenden AIF gehalten werden, werden zusätzlich zu von dem betreffenden AIF direkt gehaltenen Stimmrechten auch die folgenden Stimmrechte berücksichtigt, wobei die Kontrolle gemäß Unterabsatz 1 festgestellt wird:
a) von Unternehmen, die von dem AIF kontrolliert werden; und
b) von natürlichen oder juristischen Personen, die in ihrem eigenen Namen, aber im Auftrag des AIF oder eines von dem AIF kontrollierten Unternehmens handeln.
Der Anteil der Stimmrechte wird ausgehend von der Gesamtzahl der mit Stimmrechten versehenen Anteile berechnet, auch wenn die Ausübung dieser Stimmrechte ausgesetzt ist.
Unbeschadet des Artikels 1 Punkt (10) wird Kontrolle in Bezug auf Emittenten für die Zwecke des Artikels 26 Absatz (1), (2) und (3) und des Artikels 28 gemäß Artikel 5 Absatz (3) der Richtlinie 2004/25/EG definiert.

(6) Dieser Abschnitt gilt vorbehaltlich der Bedingungen und Beschränkungen, die in Artikel 6 der Richtlinie 2002/14/EG festgelegt sind.

(7) Dieser Abschnitt gilt unbeschadet jeglicher strengerer Vorschriften des luxemburgischen Rechts über den Erwerb von Beteiligungen an Emittenten und nicht börsennotierten Unternehmen in ihrem Hoheitsgebiet.

IV. Normentexte

Art. 25. Mitteilung über den Erwerb bedeutender Beteiligungen und die Erlangung der Kontrolle über nicht börsennotierte Unternehmen. (1) Sofern ein AIF Anteile an einem nicht börsennotierten Unternehmen erwirbt, überträgt oder hält, hat der AIFM, der diesen AIF verwaltet, die CSSF von dem Anteil an den Stimmrechten des nicht börsennotierten Unternehmens, die von dem AIF gehalten werden, immer dann in Kenntnis zu setzen, wenn dieser Anteil die Schwellenwerte von 10%, 20%, 30%, 50% und 75% erreicht, überschreitet oder unterschreitet.

(2) Wenn ein AIF allein oder gemeinsam die Kontrolle über ein nicht börsennotiertes Unternehmen gemäß Artikel 24 Absatz (1) in Verbindung mit Absatz (5) des genannten Artikels erlangt, hat der AIFM, der den betreffenden AIF verwaltet, den Kontrollerwerb durch den AIF:
a) dem nicht börsennotierte Unternehmen;
b) den Anteilseignern, deren Identität und Adresse dem AIFM vorliegen oder ihm von dem nicht börsennotierten Unternehmen oder über ein Register, zu dem der AIFM Zugang hat bzw. erhalten kann, zur Verfügung gestellt werden können; und
c) der CSSF,
mitzuteilen.

(3) Die gemäß Absatz (2) erforderliche Mitteilung muss folgende zusätzlichen Angaben enthalten:
a) die sich hinsichtlich der Stimmrechte ergebende Situation;
b) die Bedingungen, unter denen die Kontrolle erlangt wurde, einschließlich Informationen über die Identität der einzelnen beteiligten Anteilseigner, der zur Stimmabgabe für ihre Rechnung ermächtigten natürlichen oder juristischen Personen und gegebenenfalls der Beteiligungskette, über die die Stimmrechte tatsächlich gehalten werden;
c) das Datum, an dem die Kontrolle erlangt wurde.

(4) In seiner Mitteilung an das nicht börsenorientierte Unternehmen muss der AIFM den Vorstand des Unternehmens ersuchen, die Arbeitnehmervertreter oder, mangels solcher Vertreter, die Arbeitnehmer selbst ohne unnötige Verzögerung von der Erlangung der Kontrolle durch den von dem AIFM verwalteten AIF und von den Informationen gemäß Absatz (3) in Kenntnis zu setzen. Der AIFM hat sich nach besten Kräften zu bemühen, um sicherzustellen, dass die Arbeitnehmervertreter oder, mangels solcher Vertreter, die Arbeitnehmer selbst ordnungsgemäß vom Vorstand gemäß diesem Artikel informiert werden.

(5) Die Mitteilungen gemäß den Absätzen (1), (2) und (3) werden so rasch wie möglich, aber nicht später als zehn Arbeitstage nach dem Tag, an dem der AIF die entsprechende Schwelle erreicht bzw. über- oder unterschritten oder die Kontrolle über das nicht börsenorientierte Unternehmen erlangt hat, gemacht.

Art. 26. Offenlegungspflicht bei Erlangung der Kontrolle. (1) Wenn ein AIF allein oder gemeinsam die Kontrolle über ein nicht börsennotiertes Unternehmen oder einen Emittenten gemäß Artikel 24 Absatz (1) in Verbindung mit Absatz (5) des genannten Artikels erlangt, hat der AIFM, der den betreffenden AIF verwaltet, die Informationen gemäß Absatz (2) dieses Artikels:
a) dem betreffenden Unternehmen;
b) den Anteilseignern des Unternehmens, deren Identität und Adresse dem AIFM vorliegen oder ihm von dem Unternehmen oder über ein Register, zu dem der AIFM Zugang hat oder erhalten kann, zur Verfügung gestellt werden können; und
c) der CSSF vorzulegen.

(2) Der AIFM muss im Einklang mit Absatz (1) folgende Informationen vorlegen:
a) die Namen der AIFM, die entweder allein oder im Rahmen einer Vereinbarung mit anderen AIFM die AIF verwalten, die die Kontrolle erlangt haben;
b) die Grundsätze zur Vermeidung und Steuerung von Interessenkonflikten, insbesondere zwischen dem AIFM, dem AIF und dem Unternehmen, einschließlich Informationen zu den besonderen Sicherheitsmaßnahmen, die getroffen wurden, um sicherzustellen, dass Vereinbarungen zwischen dem AIFM und/oder den AIF und dem Unternehmen wie zwischen voneinander unabhängigen Geschäftspartnern geschlossen werden; und
c) die externe und interne Kommunikationspolitik in Bezug auf das Unternehmen, insbesondere gegenüber den Arbeitnehmern.

(3) In seiner Mitteilung an das Unternehmen gemäß Absatz (1) Buchstabe a) hat der AIFM den Vorstand des Unternehmens zu ersuchen, die Arbeitnehmervertreter oder, mangels solcher Vertreter, die Arbeitnehmer selbst ohne unnötige Verzögerung von den Informationen gemäß Absatz (1) in Kenntnis zu setzen. Der AIFM hat sich nach besten Kräften zu bemühen, um sicherzustellen, dass die

Arbeitnehmervertreter oder, mangels solcher Vertreter, die Arbeitnehmer selbst ordnungsgemäß vom Vorstand gemäß diesem Artikel informiert werden.

(4) Wenn ein AIF allein oder gemeinsam die Kontrolle über ein nicht börsennotiertes Unternehmen gemäß Artikel 24 Absatz (1) in Verbindung mit Absatz (5) des genannten Artikels erlangt, legt der AIFM, der den betreffenden AIF verwaltet, die Absichten des AIF hinsichtlich der zukünftigen Geschäftsentwicklung des nicht börsennotierten Unternehmens und die voraussichtlichen Auswirkungen auf die Beschäftigung, einschließlich wesentlicher Änderungen der Arbeitsbedingungen, gegenüber folgenden Personen offen oder stellt sicher, dass der AIF diese Absichten diesen Personen gegenüber offenlegt:
a) dem nicht börsennotierten Unternehmen; und
b) den Anteilseignern des nicht börsennotierten Unternehmens, deren Identität und Adresse dem AIFM vorliegen oder ihm von dem nicht börsennotierten Unternehmen oder einem Register, zu dem der AIFM Zugang hat bzw. erhalten kann, zur Verfügung gestellt werden können.

Darüber hinaus muss der AIFM, der den betreffenden AIF verwaltet, alles Notwendige in die Wege leiten, damit der Vorstand des nicht börsennotierten Unternehmens, die in Unterabsatz 1 festgelegten Informationen den Arbeitnehmervertretern oder, mangels solcher Vertreter, den Arbeitnehmern des nicht börsennotierten Unternehmens selbst zur Verfügung stellt.

(5) Sobald ein AIF die Kontrolle über ein nicht börsennotiertes Unternehmen gemäß Artikel 24 Absatz (1) in Verbindung mit Absatz (5) des genannten Artikels erlangt, muss der AIFM, der den betreffenden AIF verwaltet, der CSSF und den Anlegern des AIF Angaben zur Finanzierung des Erwerbs vorlegen.

Art. 27. Besondere Bestimmungen hinsichtlich des Jahresberichts von AIF, die die Kontrolle über nicht börsennotierte Unternehmen ausüben. (1) Wenn ein AIF allein oder gemeinsam die Kontrolle über ein nicht börsennotiertes Unternehmen gemäß Artikel 24 Absatz (1) in Verbindung mit Absatz (5) des genannten Artikels erlangt, muss der AIFM, der den betreffenden AIF verwaltet:
a) darum ersuchen und sich nach besten Kräften bemühen, sicherzustellen, dass der Jahresbericht des nicht börsennotierten Unternehmens gemäß Absatz (2) innerhalb der Frist, die in den einschlägigen nationalen Rechtsvorschriften für die Erstellung eines solchen Jahresberichts vorgesehen ist, erstellt und vom Vorstand des Unternehmens allen Arbeitnehmervertretern oder, mangels solcher Vertreter, den Arbeitnehmern selbst zur Verfügung gestellt wird; oder
b) für jeden betreffenden AIF dieses Typs in den gemäß Artikel 20 vorgesehenen Jahresbericht zusätzlich die in Absatz (2) genannten Informationen über das betreffende nicht börsennotierte Unternehmen aufzunehmen.

(2) Die zusätzlichen Informationen, die gemäß Absatz (1) in den Jahresbericht des Unternehmens oder des AIF aufgenommen werden müssen, müssen zumindest einen Bericht über die Lage am Ende des von dem Jahresbericht abgedeckten Zeitraums enthalten, in dem der Geschäftsverlauf der Gesellschaft so dargestellt wird, dass ein den tatsächlichen Verhältnissen entsprechendes Bild entsteht. Der Bericht soll außerdem Angaben enthalten zu:
a) Ereignissen von besonderer Bedeutung, die nach Abschluss des Geschäftsjahres eingetreten sind;
b) der voraussichtlichen Entwicklung des Unternehmens; und
c) die in Artikel 22 Absatz (2) der Richtlinie 77/91/EWG des Rates bezeichneten Angaben über den Erwerb eigener Aktien.

(3) Der AIFM, der den betreffenden AIF verwaltet, muss:
a) darum ersuchen und sich nach besten Kräften bemühen, sicherzustellen, dass der Vorstand des nicht börsennotierten Unternehmens die in Absatz (1) Buchstabe b) genannten Informationen über das betreffende Unternehmen den Arbeitnehmervertretern des betreffenden Unternehmens oder, mangels solcher Vertreter, den Arbeitnehmern selbst innerhalb der in Artikel 20 Absatz (1) genannten Frist zur Verfügung stellt; oder
b) den Anlegern des AIF die Informationen gemäß Absatz (1) Buchstabe a), soweit bereits verfügbar, innerhalb der in Artikel 20 Absatz (1) genannten Frist und in jedem Fall spätestens bis zu dem Datum, zu dem der Jahresbericht des nicht börsennotierten Unternehmens gemäß den einschlägigen nationalen Rechtsvorschriften erstellt wird, zur Verfügung stellen.

Art. 28. Das Zerschlagen von Unternehmen. (1) Wenn ein AIF allein oder gemeinsam die Kontrolle über ein nicht börsennotiertes Unternehmen oder einen Emittenten gemäß Artikel 24 Absatz (1) in Verbindung mit Absatz (5) des genannten Artikels erlangt, hat der AIFM, der den betreffenden AIF verwaltet, innerhalb eines Zeitraums von vierundzwanzig Monaten nach dem Erlangen der Kontrolle über das Unternehmen durch den AIF:

a) Vertrieb, Kapitalherabsetzungen, Rücknahme von Anteilen und/oder Ankauf eigener Anteile durch das Unternehmen gemäß Absatz (2) weder zu gestatten, noch zu ermöglichen, zu unterstützen oder anzuordnen;
b) sofern der AIFM befugt ist, in den Versammlungen der Leitungsgremien des Unternehmens im Namen des AIF abzustimmen, nicht für Vertrieb, Kapitalherabsetzungen, Rücknahme von Anteilen und/oder Ankauf eigener Anteile durch das Unternehmen gemäß Absatz (2) zu stimmen; und
c) sich in jedem Falle nach besten Kräften zu bemühen, Vertrieb, Kapitalherabsetzungen, Rücknahme von Anteilen und/oder Ankauf eigener Anteile durch das Unternehmen gemäß Absatz (2) zu verhindern.

(2) Die Auflagen, die den AIFM gemäß Absatz (1) auferlegt werden, erstrecken sich auf Folgendes:
a) Ausschüttungen an die Anteilseigner, die vorgenommen werden, wenn das im Jahresabschluss des Unternehmens ausgewiesene Nettoaktivvermögen bei Abschluss des letzten Geschäftsjahres den Betrag des gezeichneten Kapitals zuzüglich der Rücklagen, deren Ausschüttung das Recht oder die Satzung nicht gestattet, unterschreitet oder durch eine solche Ausschüttung unterschreiten würde, wobei der Betrag des gezeichneten Kapitals um den Betrag des noch nicht eingeforderten Teils des gezeichneten Kapitals vermindert wird, falls Letzterer nicht auf der Aktivseite der Bilanz ausgewiesen ist;
b) Ausschüttungen an die Aktionäre, deren Betrag den Betrag des Ergebnisses des letzten abgeschlossenen Geschäftsjahres, zuzüglich des Gewinnvortrags und der Entnahmen aus hierfür verfügbaren Rücklagen, jedoch vermindert um die Verluste aus früheren Geschäftsjahren sowie um die Beträge, die nach Gesetz oder Satzung in Rücklagen eingestellt worden sind, überschreiten würde;
c) in dem Umfang, in dem der Ankauf eigener Anteile gestattet ist, Ankäufe durch das Unternehmen, einschließlich Anteilen, die bereits früher vom Unternehmen erworben und von ihm gehalten wurden, und Anteilen, die von einer Person erworben werden, die in ihrem eigenen Namen, aber im Auftrag des Unternehmens handelt, die zur Folge hätten, dass das Nettoaktivvermögen unter die unter Buchstabe a) genannte Schwelle gesenkt würde.

(3) Für die Zwecke des Absatzes (2) gilt Folgendes:
a) der in Absatz (2) Buchstabe a) und b) verwendete Begriff „Ausschüttung" bezieht sich insbesondere auf die Zahlung von Dividenden und Zinsen im Zusammenhang mit Anteilen;
b) die Bestimmungen für Kapitalherabsetzungen erstrecken sich nicht auf Herabsetzungen des gezeichneten Kapitals, deren Zweck im Ausgleich von erlittenen Verlusten oder in der Aufnahme von Geldern in eine nicht ausschüttbare Rücklage besteht, unter der Voraussetzung, dass die Höhe einer solchen Rücklage nach dieser Maßnahme 10% des herabgesetzten gezeichneten Kapitals nicht überschreitet; und
c) die Einschränkung gemäß Absatz (2) Buchstabe c) richtet sich nach Artikel 20 Absatz (1) Buchstabe b) bis h) der Richtlinie 77/91/EWG.

Kapitel 6. – Recht der EU-AIFM auf Vertrieb und Verwaltung von EU-AIF in der Europäischen Union

Abschnitt 1 – Bedingungen für den Vertrieb in der Europäischen Union von Anteilen oder Aktien von EU-AIF, die von einem EU-AIFM verwaltet werden

Art. 29. In Luxemburg niedergelassene AIFM, die Anteile oder Aktien der von ihnen verwalteten EU-AIF in Luxemburg vertreiben. (1) Ein in Luxemburg niedergelassener und nach diesem Gesetz zugelassener AIFM, der beabsichtigt, Anteile oder Aktien von allen EU-AIF, die er verwaltet, an professionelle Anleger in Luxemburg zu vertreiben, hat die Bestimmungen dieses Artikels einzuhalten.

Handelt es sich bei dem EU-AIF um einen Feeder-AIF, so gilt das Vertriebsrecht nach Unterabsatz 1 nur unter der Bedingung, dass der Master-AIF ebenfalls ein EU-AIF ist, der von einem zugelassenen EU-AIFM verwaltet wird.

Beabsichtigt ein in Luxemburg niedergelassener AIFM, AIF, die er verwaltet und die einer Zulassung und Aufsicht durch eine offizielle Kontrollbehörde in Luxemburg unterliegen, an professionelle Anleger in Luxemburg zu vertreiben, finden die in diesem Artikel vorgesehenen Bestimmungen über die Anzeigepflicht keine Anwendung.

(2) Der AIFM im Sinne dieses Artikels, der beabsichtigt, Anteile oder Aktien eines vom ihm verwalteten EU-AIF in Luxemburg zu vertreiben, muss der CSSF vorab ein Anzeigeschreiben für jeden von ihm verwalteten EU-AIF, dessen Anteile oder Aktien er in Luxemburg zu vertreiben beabsichtigt, vorlegen.

Das Anzeigeschreiben muss die Dokumentation und die Angaben gemäß Anhang III dieses Gesetzes umfassen.

(3) Die CSSF teilt dem AIFM innerhalb von zwanzig Arbeitstagen nach Eingang der vollständigen Anzeigeunterlagen nach Absatz (2) mit, ob er mit dem Vertrieb des im Anzeigeschreiben nach Absatz (2) genannten AIF beginnen kann. Die CSSF kann den Vertrieb des AIF nur untersagen, wenn die Verwaltung des AIF durch den AIFM gegen die Bestimmungen dieses Gesetzes verstößt bzw. verstoßen wird oder der AIFM gegen die Bestimmungen dieses Gesetzes verstößt bzw. verstoßen wird. Im Falle der Zustimmung der CSSF kann der AIFM ab dem Datum der diesbezüglichen Mitteilung der CSSF mit dem Vertrieb des AIF beginnen. Falls es sich bei dem betroffenen AIF um einen in einem anderen Mitgliedstaat als Luxemburg niedergelassenen AIF handelt, teilt die CSSF zudem den für den AIF zuständigen Behörden mit, dass der AIFM mit dem Vertrieb von Anteilen oder Aktien des AIF in Luxemburg beginnen kann.

(4) Bei einer wesentlichen Änderung der nach Absatz (2) übermittelten Angaben muss der AIFM der CSSF diese Änderung bei vom AIFM geplanten Änderungen mindestens einen Monat vor Durchführung der Änderung oder unverzüglich nach Eintreten einer ungeplanten Änderung schriftlich mitteilen.

Sollte die geplante Änderung dazu führen, dass die Verwaltung des AIF durch den AIFM nicht mehr den Bestimmungen dieses Gesetzes entspricht oder der AIFM nunmehr gegen die Bestimmungen dieses Gesetzes verstößt, teilt die CSSF dem AIFM unverzüglich mit, dass er die Änderung nicht durchführen darf.

Wenn eine geplante Änderung ungeachtet der Unterabsätze 1 und 2 durchgeführt wird oder wenn eine ungeplante Änderung dazu führt, dass die Verwaltung des AIF durch den AIFM nicht mehr den Bestimmungen dieses Gesetzes entspricht oder der AIFM nunmehr gegen die Bestimmungen dieses Gesetzes verstößt, ergreift die CSSF alle gebotenen Maßnahmen gemäß Artikel 50, einschließlich, falls erforderlich, der ausdrücklichen Untersagung des Vertriebs des AIF.

(5) Unbeschadet der Bestimmungen des Artikels 46 dieses Gesetzes dürfen die nach diesem Artikel von den AIFM verwalteten und vertriebenen AIF nur an professionelle Anleger vertrieben werden.

Art. 30. In Luxemburg niedergelassene AIFM, die Anteile oder Aktien der von ihnen verwalteten EU-AIF in einem anderen Mitgliedstaat vertreiben. (1) Ein in Luxemburg niedergelassener und nach diesem Gesetz zugelassener AIFM, der beabsichtigt, Anteile oder Aktien eines von ihm verwalteten EU-AIF an professionelle Anleger in einem anderen Mitgliedstaat zu vertreiben, hat die Bedingungen dieses Artikels einzuhalten.

Handelt es sich bei dem EU-AIF um einen Feeder-AIF, so gilt das Vertriebsrecht nach Unterabsatz 1 nur unter der Bedingung, dass der Master-AIF ebenfalls ein EU-AIF ist und von einem zugelassenen EU-AIFM verwaltet wird.

(2) Der AIFM, der beabsichtigt, Anteile oder Aktien in einem anderen Mitgliedstaat zu vertreiben, muss der CSSF vorab ein Anzeigeschreiben für jeden EU-AIF übermitteln, dessen Anteile oder Aktien er in einem anderen Mitgliedstaat zu vertreiben beabsichtigt.

Dieses Anzeigeschreiben muss die Dokumentation und die Angaben gemäß Anhang IV umfassen.

(3) Die CSSF übermittelt spätestens zwanzig Arbeitstage nach dem Eingang der vollständigen Anzeigeunterlagen nach Absatz (2) die vollständigen Anzeigeunterlagen an die zuständigen Behörden der Mitgliedstaaten, in denen der AIF vertrieben werden soll, wenn sie der Auffassung ist, dass die Verwaltung des AIF durch den AIFM den Bestimmungen dieses Gesetzes entspricht und weiterhin entsprechen wird und wenn der AIFM sich an die Bestimmungen dieses Gesetzes hält.

Die CSSF fügt eine Bescheinigung über die Zulassung des betreffenden AIFM zur Verwaltung von AIF mit einer bestimmten Anlagestrategie bei.

(4) Die CSSF unterrichtet den AIFM unverzüglich über den Versand der Anzeigeunterlagen. Der AIFM kann ab dem Datum dieser Meldung mit dem Vertrieb des AIF im Aufnahmemitgliedstaat des AIFM beginnen.

Falls es sich bei dem betroffenen AIF um einen in einem anderen Mitgliedstaat als Luxemburg niedergelassenen AIF handelt, teilt die CSSF zudem den für den AIF zuständigen Behörden mit, dass der AIFM mit dem Vertrieb von Anteilen oder Aktien des AIF im Aufnahmemitgliedstaat des AIFM beginnen kann.

(5) Die Vorkehrungen nach Anhang IV Buchstabe h) unterliegen den Rechtsvorschriften des Aufnahmemitgliedstaats des AIFM und sind der Aufsicht der zuständigen Behörden dieses Mitgliedstaats unterworfen.

IV. Normentexte

(6) Das in Absatz (2) genannte Anzeigeschreiben des AIFM und die in Absatz (3) genannte Bescheinigung werden in einer in der internationalen Finanzwelt gebräuchlichen Sprache bereitgestellt.

(7) Bei einer wesentlichen Änderung der nach Absatz (2) übermittelten Angaben muss der AIFM der CSSF diese Änderung bei vom AIFM geplanten Änderungen mindestens einen Monat vor Durchführung der Änderung, oder, nach einer ungeplanten Änderung, unverzüglich nach Eintreten der Änderung schriftlich mitteilen.

Sollte die geplante Änderung dazu führen, dass die Verwaltung des AIF durch den AIFM nicht mehr den Bestimmungen dieses Gesetzes entspricht oder der AIFM nunmehr gegen die Bestimmungen dieses Gesetzes verstößt, teilt die CSSF dem AIFM unverzüglich mit, dass er die Änderung nicht durchführen darf.

Wird eine geplante Änderung ungeachtet der Unterabsätze 1 und 2 durchgeführt, oder führt eine ungeplante Änderung dazu, dass die Verwaltung des AIF durch den AIFM nicht mehr den Bestimmungen dieses Gesetzes entspricht oder der AIFM nunmehr gegen die Bestimmungen dieses Gesetzes verstoßen würde, so ergreift die CSSF alle gebotenen Maßnahmen gemäß Artikel 50, einschließlich, falls erforderlich, der ausdrücklichen Untersagung des Vertriebs des AIF.

Sind die Änderungen zulässig, weil sie sich nicht auf die Vereinbarkeit der Verwaltung des AIF durch den AIFM mit den Bestimmungen dieses Gesetzes oder auf die Einhaltung der Bestimmungen dieses Gesetzes durch den AIFM auswirken, so unterrichtet die CSSF unverzüglich die zuständigen Behörden des Aufnahmemitgliedstaats des AIFM über diese Änderungen.

(8) Unbeschadet der Bestimmungen des Artikels 43 Absatz (1) der Richtlinie 2011/61/EU dürfen die von diesem Artikel erfassten von den AIFM verwalteten und vertriebenen AIF nur an professionelle Anleger vertrieben werden.

Art. 31. In einem anderen Mitgliedstaat niedergelassene AIFM, die Anteile oder Aktien der von ihnen verwalteten EU-AIF in Luxemburg vertreiben. (1) Wenn ein in einem anderen Mitgliedstaat niedergelassener AIFM beabsichtigt, Anteile oder Aktien von EU-AIF, die er verwaltet, an professionelle Anleger in Luxemburg zu vertreiben, werden der CSSF von den zuständigen Behörden des Herkunftsmitgliedstaates des AIFM die vollständigen Anzeigeunterlagen sowie die in Artikel 32 Absatz (3) der Richtlinie 2011/61/EU genannte Bescheinigung übermittelt.

Ab der Meldung der in diesem Absatz genannten Übermittlung durch die zuständigen Behörden des Herkunftsmitgliedstaates des AIFM an die CSSF an den AIFM kann dieser ab dem Datum dieser Mitteilung mit dem Vertrieb des AIF in Luxemburg beginnen.

(2) Unbeschadet der Bestimmungen des Artikels 46 dieses Gesetzes dürfen die von diesem Artikel erfassten von den AIFM verwalteten und vertriebenen AIF nur an professionelle Anleger vertrieben werden.

Abschnitt 2 – Bedingungen für die Verwaltung von EU-AIF

Art. 32. In Luxemburg niedergelassene AIFM, die in einem anderen Mitgliedstaat niedergelassene EU-AIF verwalten. (1) Ein in Luxemburg niedergelassener und nach diesem Gesetz zugelassener AIFM, der beabsichtigt, in einem anderen Mitgliedstaat niedergelassene EU-AIF entweder direkt oder indirekt über eine Zweigniederlassung zu verwalten, muss für die Verwaltung dieser Art von AIF zugelassen sein.

(2) Ein AIFM, der erstmals beabsichtigt, in einem anderen Mitgliedstaat niedergelassene EU-AIF zu verwalten, hat der CSSF folgende Angaben zu übermitteln:
a) den Mitgliedstaat, in dem der AIFM beabsichtigt, AIF direkt zu verwalten oder über eine Zweigniederlassung zu errichten;
b) einen Geschäftsplan, aus dem insbesondere hervorgeht, welche Dienstleistungen der AIFM zu erbringen und welche AIF er zu verwalten beabsichtigt.

(3) Beabsichtigt der AIFM die Errichtung einer Zweigniederlassung, muss er zusätzlich zu den Angaben nach Absatz (2) folgende Informationen vorlegen:
a) organisatorischer Aufbau der Zweigniederlassung;
b) Anschrift, unter der im Herkunftsmitgliedstaat des AIF Unterlagen erhalten werden können;
c) Namen und Kontaktdaten der Geschäftsführer der Zweigniederlassung.

(4) Die CSSF übermittelt binnen eines Monats nach dem Eingang der vollständigen Unterlagen nach Absatz (2) bzw. binnen zwei Monaten nach dem Eingang der vollständigen Unterlagen nach Absatz (3) die vollständigen Unterlagen an die zuständigen Behörden des Aufnahmemitgliedstats des AIFM, wenn die CSSF annimmt, dass die Verwaltung des AIF durch den AIFM den Bestimmungen dieses Gesetzes entspricht und weiterhin entsprechen wird und wenn der AIFM sich an die Bestimmungen dieses Gesetzes hält.

Die CSSF fügt eine Bescheinigung über die Zulassung des betreffenden AIFM gemäß den Bestimmungen dieses Gesetzes bei.

Die CSSF unterrichtet den AIFM unverzüglich über den Versand der Unterlagen an die zuständigen Behörden des Aufnahmemitgliedstaats des AIFM. Nach Eingang der Versandmeldung kann der AIFM mit der Erbringung der Dienstleistungen im seinem Aufnahmemitgliedstaat beginnen.

(5) Bei einer Änderung der nach Absatz (2) und gegebenenfalls nach Absatz (3) übermittelten Angaben muss der AIFM die CSSF mindestens einen Monat vor Durchführung geplanter Änderungen oder, im Falle von ungeplanten Änderungen, unmittelbar nach dem Eintritt der Änderung schriftlich von diesen Änderungen in Kenntnis setzen.

Sollte die geplante Änderung dazu führen, dass die Verwaltung des AIF durch den AIFM nicht mehr den Bestimmungen dieses Gesetzes entspricht oder der AIFM nunmehr gegen die Bestimmungen dieses Gesetzes verstößt, teilt die CSSF dem AIFM unverzüglich mit, dass er die Änderung nicht durchführen darf.

Wird eine geplante Änderung ungeachtet der Unterabsätze 1 und 2 durchgeführt oder würde eine durch einen unvorhersehbaren Umstand ausgelöste Änderung dazu führen, dass die Verwaltung des AIF durch den AIFM oder der AIFM nunmehr gegen die Bestimmungen dieses Gesetzes verstößt, ergreift die CSSF alle gebotenen Maßnahmen gemäß Artikel 50.

Wenn die Änderungen zulässig sind, weil sie sich nicht auf die Vereinbarkeit der Verwaltung des AIF durch den AIFM mit den Bestimmungen dieses Gesetzes oder auf die Einhaltung der Bestimmungen dieses Gesetzes durch den AIFM auswirken, unterrichtet die CSSF unverzüglich die zuständigen Behörden des Aufnahmemitgliedstaats des AIFM über diese Änderungen.

Art. 33. In einem anderen Mitgliedstaat niedergelassene AIFM, die in Luxemburg niedergelassene AIF verwalten. Wenn ein in einem anderen Mitgliedstaat niedergelassener zugelassener AIFM in Luxemburg niedergelassene AIF entweder direkt oder indirekt über eine Zweigniederlassung zu verwalten beabsichtigt, werden der CSSF im Einklang mit Artikel 33 der Richtlinie 2011/61/EU von den zuständigen Behörden des Herkunftsmitgliedstaates des AIFM die in Artikel 33 Absätze (2) bzw. (3) genannten vollständigen Unterlagen sowie die in Artikel 33 Absatz (4) der genannten Richtlinie genannte Bescheinigung übermittelt.

Ab der Mitteilung an den AIFM der in diesem Absatz genannten Übermittlung durch die zuständigen Behörden des Herkunftsmitgliedstaates des AIFM an die CSSF kann dieser ab dem Datum dieser Mitteilung mit der Erbringung seiner Dienstleistungen in Luxemburg beginnen.

Kapitel 7. – Spezifische Vorschriften in Bezug auf Drittländer

Art. 34. Bedingungen für in Luxemburg niedergelassene AIFM, die Nicht-EU-AIF verwalten, die in den Mitgliedstaaten nicht vertrieben werden. Ein in Luxemburg niedergelassener und nach diesem Gesetz zugelassener EU-AIFM kann Nicht-EU-AIF verwalten, die nicht in der Europäischen Union vertrieben werden, wenn:
a) der AIFM alle in diesem Gesetz für diese AIF festgelegten Anforderungen, mit Ausnahme der Artikel 19 und 20 erfüllt; und
b) geeignete Vereinbarungen über die Zusammenarbeit zwischen der CSSF und den Aufsichtsbehörden des Drittlands bestehen, in dem der Nicht-EU-AIF niedergelassen ist, damit zumindest ein effizienter Informationsaustausch gewährleistet ist, der der CSSF ermöglicht, ihre Aufgaben gemäß diesem Gesetz wahrzunehmen.

Art. 35. Bedingungen für den Vertrieb eines von einem in Luxemburg niedergelassenen AIFM verwalteten Nicht-EU-AIF mit einem Pass in Luxemburg oder einem anderen Mitgliedstaat der Europäischen Union. (1) Ein in Luxemburg niedergelassener und nach diesem Gesetz zugelassener AIFM, der beabsichtigt, Anteile oder Aktien der von ihm verwalteten Nicht-EU-AIF und von EU-Feeder-AIF, die nicht die Anforderungen gemäß Artikel 31 Absatz (1) Unterabsatz 2 der Richtlinie 2011/61/EU erfüllen, an professionelle Anleger in Luxemburg oder einem anderen Mitgliedstaat der Europäischen Union zu vertreiben, hat die in diesem Artikel festgelegten Bedingungen einzuhalten.

(2) Die in Absatz (1) genannten AIFM müssen alle in diesem Gesetz festgelegten Anforderungen mit Ausnahme derer in Kapitel 6 erfüllen. Darüber hinaus müssen die folgenden Bedingungen eingehalten werden:
a) es müssen geeignete Vereinbarungen über die Zusammenarbeit zwischen der CSSF und den Aufsichtsbehörden des Drittlands bestehen, in dem der AIF niedergelassen ist, damit unter Berücksichtigung von Artikel 53 Absatz (3) zumindest ein effizienter Informationsaustausch gewährleistet ist, der der CSSF ermöglicht, ihre Aufgaben gemäß diesem Gesetz wahrzunehmen;

IV. Normentexte

b) das Drittland, in dem der AIF niedergelassen ist, steht nicht auf der Liste der nicht kooperativen Länder und Gebiete, die von der AGFM[6]) aufgestellt wurde;
c) das Drittland, in dem der AIF niedergelassen ist, hat mit Luxemburg sowie mit jedem anderen Mitgliedstaat, in dem die Anteile oder Aktien des AIF vertrieben werden sollen, eine Vereinbarung unterzeichnet, die den Normen gemäß Artikel 26 des OECD-Musterabkommens zur Vermeidung der Doppelbesteuerung von Einkommen und Vermögen vollständig entspricht und einen wirksamen Informationsaustausch in Steuerangelegenheiten, gegebenenfalls einschließlich multilateraler Abkommen über die Besteuerung, gewährleistet.

(3) Beabsichtigt ein AIFM, Anteile oder Aktien von Nicht-EU-AIF in Luxemburg zu vertreiben, so übermittelt er der CSSF für jeden Nicht-EU-AIF, den er zu vertreiben beabsichtigt, ein Anzeigeschreiben.

Dieses Anzeigeschreiben umfasst die Dokumentation und die Angaben gemäß Anhang III.

(4) Spätestens zwanzig Arbeitstage nach Eingang des vollständigen Anzeigeschreibens nach Absatz (3) teilt die CSSF dem AIFM mit, ob er im luxemburgischen Hoheitsgebiet mit dem Vertrieb des im Anzeigeschreiben nach Absatz (3) genannten AIF beginnen kann. Die CSSF kann den Vertrieb des AIF nur untersagen, wenn die Verwaltung des AIF durch den AIFM nicht diesem Gesetz entspricht oder entsprechen wird oder der AIFM gegen dieses Gesetz verstößt oder verstoßen wird. Im Falle einer positiven Entscheidung kann der AIFM ab dem Datum der diesbezüglichen Mitteilung der CSSF mit dem Vertrieb des AIF in Luxemburg beginnen.

Die CSSF teilt zudem der ESMA mit, dass der AIFM mit dem Vertrieb von Anteilen oder Aktien des AIF in Luxemburg beginnen kann.

(5) Beabsichtigt ein AIFM, Anteile oder Aktien von Nicht-EU-AIF über Luxemburg hinaus auch in einem anderen Mitgliedstaat zu vertreiben, so legt er der CSSF für jeden Nicht-EU-AIF, den er zu vertreiben beabsichtigt, ein Anzeigeschreiben vor.

Das Anzeigeschreiben umfasst die Dokumentation und die Angaben gemäß Anhang IV.

(6) Spätestens zwanzig Arbeitstage nach dem Eingang der vollständigen Anzeigeunterlagen nach Absatz (5) übermittelt die CSSF die vollständigen Anzeigeunterlagen an die zuständigen Behörden des Mitgliedstaats, in dem der AIF vertrieben werden soll. Eine solche Weiterleitung findet nur dann statt, wenn die Verwaltung des AIF durch den AIFM diesem Gesetz entspricht und weiterhin entsprechen wird und wenn der AIFM sich an dieses Gesetz hält.

Die CSSF fügt den Anzeigeunterlagen eine Bescheinigung bei, aus der hervorgeht, dass der betreffende AIFM zur Verwaltung von AIF mit der betreffenden Anlagestrategie zugelassen ist.

(7) Die CSSF unterrichtet den AIFM unverzüglich über den Versand der Anzeigeunterlagen. Der AIFM kann ab dem Datum dieser Mitteilung durch die CSSF mit dem Vertrieb des AIF in en betreffenden Aufnahmemitgliedstaaten beginnen.

Die CSSF teilt zudem der ESMA mit, dass der AIFM mit dem Vertrieb von Anteilen oder Aktien des AIF in den Aufnahmemitgliedstaaten des AIFM beginnen kann.

(8) Die Vorkehrungen nach Anhang IV Buchstabe h) unterliegen den Rechtsvorschriften der Aufnahmemitgliedstaaten des AIFM und sind der Aufsicht der zuständigen Behörden dieses Mitgliedstaates unterworfen.

(9) Das in Absatz (5) genannte Anzeigeschreiben und die in Absatz (6) genannte Bescheinigung werden in einer in der internationalen Finanzwelt gebräuchlichen Sprache bereitgestellt.

(10) Im Falle einer wesentlichen Änderung der nach Absatz (3) oder Absatz (5) mitgeteilten Angaben hat der AIFM diese Änderung der CSSF bei vom AIFM geplanten Änderungen mindestens einen Monat vor Durchführung der Änderung, oder, bei ungeplanten Änderungen, unverzüglich nach Eintreten der ungeplanten Änderung schriftlich mitzuteilen.

Sollte die geplante Änderung dazu führen, dass die Verwaltung des AIF durch den AIFM nicht mehr diesem Gesetz entspricht oder der AIFM nunmehr gegen dieses Gesetz verstößt, teilt die CSSF dem AIFM unverzüglich mit, dass er die Änderung nicht durchführen darf.

Wird eine geplante Änderung ungeachtet der Unterabsätze 1 und 2 durchgeführt oder führt eine ungeplante Änderung dazu, dass die Verwaltung des AIF durch den AIFM oder der AIFM nunmehr gegen dieses Gesetz verstoßen würde, so ergreift die CSSF alle gebotenen Maßnahmen gemäß Artikel 50, einschließlich, falls erforderlich, der ausdrücklichen Untersagung des Vertriebs des AIF.

Wenn die Änderungen zulässig sind, weil sie sich nicht auf die Vereinbarkeit der Verwaltung des AIF durch den AIFM mit diesem Gesetz oder auf die Einhaltung dieses Gesetzes durch den AIFM

---

[6] Groupe d'Action financière (GAFI)/Arbeitsgruppe „Finanzielle Maßnahmen gegen Geldwäsche und Terrorismusfinanzierung (AG).

C. Luxemburg

auswirken, unterrichtet die CSSF unverzüglich die ESMA, soweit die Änderungen die Beendigung des Vertriebs von bestimmten AIF oder zusätzlichen vertriebenen AIF betreffen, und gegebenenfalls die zuständigen Behörden der Aufnahmemitgliedstaaten des AIFM von diesen Änderungen.

(11) Unbeschadet der Bestimmungen des Artikels 46 dieses Gesetzes im Falle des Vertriebs in Luxemburg und des Artikels 43 Absatz (1) der Richtlinie 2011/61/EU im Falle des Vertriebs in einem anderen Mitgliedstaat als Luxemburg dürfen die von diesem Artikel erfassten von dem AIFM verwalteten und vertriebenen AIF nur an professionelle Anleger vertrieben werden.

Art. 36. Bedingungen für den mit Pass erfolgenden Vertrieb von durch einen in einem anderen Mitgliedstaat niedergelassenen AIFM verwalteten Nicht-EU-AIF in Luxemburg.
(1) Wenn ein in einem anderen Mitgliedstaat niedergelassener AIFM beabsichtigt, Anteile oder Aktien von Nicht-EU-AIF, die er verwaltet, an professionelle Anleger in Luxemburg zu vertreiben, werden der CSSF von den zuständigen Behörden des Herkunftsmitgliedstaates des AIFM die vollständigen Anzeigeunterlagen sowie die in Artikel 35 Absatz (6) der Richtlinie 2011/61/EU genannte Bescheinigung übermittelt.

Ab der Mitteilung an den AIFM der in diesem Absatz genannten Übermittlung durch die zuständigen Behörden des Herkunftsmitgliedstaates des AIFM an die CSSF kann dieser ab dem Datum dieser Mitteilung mit dem Vertrieb des AIF in Luxemburg beginnen.

(2) Unbeschadet der Bestimmungen des Artikels 46 dieses Gesetzes dürfen die von den von diesem Artikel erfassten AIFM verwalteten und vertriebenen AIF nur an professionelle Anleger vertrieben werden.

Art. 37. Bedingungen für den ohne Pass erfolgenden Vertrieb von durch einen in Luxemburg oder einem anderen Mitgliedstaat der Europäischen Union niedergelassenen zugelassenen AIFM verwalteten Nicht-EU-AIF in Luxemburg. (1) Unbeschadet des Artikels 35 der Richtlinie 2011/61/EU ist ein in Luxemburg oder einem anderen Mitgliedstaat der Europäischen Union niedergelassener zugelassener AIFM befugt, den ausschließlich in Luxemburg erfolgenden Vertrieb von Anteilen oder Aktien an einem von ihm verwalteten Nicht-EU-AIF sowie von EU-Feeder-AIF, die nicht die Anforderungen gemäß Artikel 31 Absatz (1) Unterabsatz 2 der Richtlinie 2011/61/EU erfüllen, an professionelle Anleger vorzunehmen, sofern folgende Voraussetzungen erfüllt sind:
a) der AIFM erfüllt alle in der Richtlinie 2011/61/EU festgelegten Anforderungen mit Ausnahme von Artikel 21. Dieser AIFM sorgt dafür, dass eine oder mehrere Stellen benannt werden, die die Aufgaben nach Artikel 21 Absätze (7), (8) und (9) wahrnehmen. Der AIFM selbst nimmt diese Aufgaben nicht wahr. Der AIFM hat seine Aufsichtsbehörden darüber zu informieren, welche Stellen für die Wahrnehmung der Aufgaben nach Artikel 21 Absätze (7), (8) und (9) zuständig sind; erfolgt der Vertrieb durch einen in Luxemburg niedergelassenen zugelassenen AIFM, sind die vorgenannten Informationen der CSSF zu übermitteln;
b) es bestehen geeignete, der Überwachung der Systemrisiken dienende und im Einklang mit den internationalen Standards stehende Vereinbarungen über die Zusammenarbeit zwischen den zuständigen Behörden des Herkunftsmitgliedstaats des AIFM und den Aufsichtsbehörden des Drittlands, in dem der AIF niedergelassen ist, sodass ein effizienter Informationsaustausch gewährleistet ist, der es den zuständigen Behörden des Herkunftsmitgliedstaats des AIFM ermöglicht, ihre in der Richtlinie 2011/61/EU festgelegten Aufgaben zu erfüllen; im Sinne dieses Absatzes ist die CSSF die zuständige Behörde des Herkunftsmitgliedstaats, wenn der Vertrieb durch einen in Luxemburg niedergelassenen zugelassenen AIFM erfolgt;
c) das Drittland, in dem der AIF niedergelassen ist, steht nicht auf der Liste der nicht kooperativen Länder und Gebiete, die von der AGFM aufgestellt wurde.

Art. 38. Zulassung von Nicht-EU-AIFM, die beabsichtigen, EU-AIF zu verwalten und/ oder durch sie verwaltete AIF gemäß Artikel 39 und 40 der Richtlinie 2011/61/EU in der Europäischen Union zu vertreiben, wenn Luxemburg als Referenzmitgliedstaat des AIFM bestimmt ist. (1) Nicht-EU-AIFM, die beabsichtigen, EU-AIF zu verwalten und/oder von ihnen verwaltete AIF gemäß Artikel 39 oder 40 der Richtlinie 2011/61/EU in der Europäischen Union zu vertreiben, müssen gemäß diesem Artikel eine vorherige Genehmigung der CSSF einholen, falls Luxemburg der gemäß den im folgenden Absatz (4) aufgeführten Regelungen bestimmte Referenzmitgliedstaat des AIFM ist.

(2) Ein Nicht-EU-AIFM, der beabsichtigt, eine vorherige Genehmigung gemäß Absatz (1) einzuholen, muss die Bestimmungen dieses Gesetzes, mit Ausnahme von Kapitel 6, einhalten. Wenn und soweit die Einhaltung einer Bestimmung dieses Gesetzes mit der Einhaltung der Rechtsvorschriften,

IV. Normentexte

denen der Nicht-EU-AIFM und/oder der in der Europäischen Union vertriebene Nicht-EU-AIF unterliegt, unvereinbar ist, besteht für den AIFM keine Verpflichtung, sich an die genannte Bestimmung zu halten, wenn er belegen kann, dass
a) es nicht möglich ist, die Einhaltung dieser Bestimmung mit der Einhaltung einer verpflichtenden Rechtsvorschrift, der der Nicht-EU-AIFM und/oder der in der Europäischen Union vertriebene Nicht-EU-AIF unterliegt, miteinander zu verbinden;
b) die Rechtsvorschriften, denen der Nicht-EU-AIFM und/oder der Nicht-EU-AIF unterliegt, eine gleichwertige Bestimmung mit dem gleichen Regelungszweck und dem gleichen Schutzniveau für die Anleger des betreffenden AIF enthalten; und
c) der Nicht-EU-AIFM und/oder der Nicht-EU-AIF die in Buchstabe b) genannte gleichwertige Bestimmung erfüllt.

(3) Ein Nicht-EU-AIFM, der beabsichtigt, eine vorherige Genehmigung gemäß Absatz (1) einzuholen, muss über einen in Luxemburg niedergelassenen gesetzlichen Vertreter verfügen. Der gesetzliche Vertreter ist die Kontaktstelle für den AIFM in der Europäischen Union. Sämtliche offizielle Korrespondenz zwischen den zuständigen Behörden und dem AIFM und zwischen den EU-Anlegern des betreffenden AIF und dem AIFM gemäß der Richtlinie 2011/61/EU erfolgt über diesen gesetzlichen Vertreter. Der gesetzliche Vertreter nimmt gemeinsam mit dem AIFM die Compliance-Funktion in Bezug auf die von dem AIFM gemäß der Richtlinie 2011/61/EU ausgeführten Verwaltungs- und Vertriebstätigkeiten wahr.

(4) Der Referenzmitgliedstaat eines Nicht-EU-AIFM wird wie folgt bestimmt:
a) wenn der Nicht-EU-AIFM beabsichtigt, lediglich einen EU-AIF oder mehrere in demselben Mitgliedstaat niedergelassene EU-AIF zu verwalten, und nicht beabsichtigt, gemäß Artikel 39 oder 40 der Richtlinie 2011/61/EU einen AIF in der Europäischen Union zu vertreiben, ist der Herkunftsmitgliedstaat des bzw. der AIF als der Referenzmitgliedstaat zu betrachten und die zuständigen Behörden dieses Mitgliedstaats sind für das Zulassungsverfahren des AIFM und die Aufsicht über ihn zuständig;
b) wenn der Nicht-EU-AIFM beabsichtigt, mehrere in verschiedenen Mitgliedstaaten niedergelassene EU-AIF zu verwalten, und nicht beabsichtigt, gemäß Artikel 39 oder 40 der Richtlinie 2011/61/EU AIF in der Europäischen Union zu vertreiben, ist der Referenzmitgliedstaat entweder:
   i) der Mitgliedstaat, in dem die meisten der betreffenden AIF niedergelassen sind; oder
   ii) der Mitgliedstaat, in dem die umfangreichsten Vermögenswerte verwaltet werden;
c) wenn der Nicht-EU-AIFM beabsichtigt, lediglich einen EU-AIF in lediglich einem Mitgliedstaat zu vertreiben, wird der Referenzmitgliedstaat wie folgt bestimmt:
   i) falls der AIF in einem Mitgliedstaat zugelassen oder registriert ist, ist Referenzmitgliedstaat der Herkunftsmitgliedstaat des AIF oder der Mitgliedstaat, in dem der AIFM den AIF zu vertreiben beabsichtigt;
   ii) falls der AIF nicht in einem Mitgliedstaat zugelassen oder registriert ist, ist Referenzmitgliedstaat der Mitgliedstaat, in dem der AIFM den AIF zu vertreiben beabsichtigt;
d) wenn der Nicht-EU-AIFM beabsichtigt, lediglich einen Nicht-EU-AIF in lediglich einem Mitgliedstaat zu vertreiben, ist dieser Mitgliedstaat der Referenzmitgliedstaat;
e) wenn der Nicht-EU-AIFM beabsichtigt, lediglich einen EU-AIF in verschiedenen Mitgliedstaaten zu vertreiben, wird der Referenzmitgliedstaat wie folgt bestimmt:
   i) falls der AIF in einem Mitgliedstaat zugelassen oder registriert ist, ist der Referenzmitgliedstaat der Herkunftsmitgliedstaat des AIF oder einer der Mitgliedstaaten, in denen der AIFM einen wirksamen Vertrieb aufzubauen beabsichtigt; oder
   ii) falls der AIF nicht in einem Mitgliedstaat zugelassen oder registriert ist, ist der Referenzmitgliedstaat einer der Mitgliedstaaten, in denen der AIFM einen wirksamen Vertrieb aufzubauen beabsichtigt;
f) wenn der Nicht-EU-AIFM beabsichtigt, lediglich einen Nicht-EU-AIF in verschiedenen Mitgliedstaaten zu vertreiben, ist der Referenzmitgliedstaat einer dieser Mitgliedstaaten;
g) wenn der Nicht-EU-AIFM beabsichtigt, mehrere EU-AIF in der Europäischen Union zu vertreiben, wird der Referenzmitgliedstaat wie folgt bestimmt:
   i) falls die betreffenden AIF alle im selben Mitgliedstaat registriert oder zugelassen sind, ist der Referenzmitgliedstaat der Herkunftsmitgliedstaat der AIF oder der Mitgliedstaat, in dem der AIFM einen wirksamen Vertrieb der meisten der betreffenden AIF aufzubauen beabsichtigt;
   ii) falls die betreffenden AIF nicht alle im selben Mitgliedstaat registriert oder zugelassen sind, ist der Referenzmitgliedstaat der Mitgliedstaat, in dem der AIFM einen wirksamen Vertrieb der meisten der betreffenden AIF aufzubauen beabsichtigt;

h) wenn der Nicht-EU-AIFM beabsichtigt, mehrere EU- und Nicht-EU-AIF oder mehrere Nicht-EU-AIF in der Europäischen Union zu vertreiben, ist der Referenzmitgliedstaat der Mitgliedstaat, in dem der AIFM einen wirksamen Vertrieb der meisten der betreffenden AIF aufzubauen beabsichtigt.

In den Fällen, in denen entsprechend den Kriterien gemäß Unterabsatz 1 Buchstabe b), Buchstabe c) i), Buchstabe e), und f) und Buchstabe g) i) mehr als ein Referenzmitgliedstaat möglich ist, schreiben die Mitgliedstaaten vor, dass der Nicht-EU-AIFM, der beabsichtigt, EU-AIF zu verwalten, ohne sie zu vertreiben, und/oder von ihm verwaltete AIF gemäß Artikel 39 oder 40 der Richtlinie 2011/61/EU in der Europäischen Union zu vertreiben, bei den zuständigen Behörden aller Mitgliedstaaten, die gemäß den in den genannten Buchstaben festgelegten Kriterien mögliche Referenzmitgliedstaaten sind, beantragt, sich untereinander über die Festlegung seines Referenzmitgliedstaats zu einigen. Die betreffenden zuständigen Behörden entscheiden innerhalb eines Monats nach Eingang eines solchen Antrags gemeinsam über den Referenzmitgliedstaat für den Nicht-EU-AIFM. Die zuständigen Behörden des Mitgliedstaats, der als Referenzmitgliedstaat festgelegt wird, setzen den Nicht-EU-AIFM unverzüglich von dieser Festlegung in Kenntnis. Wenn der besagte AIFM nicht innerhalb von sieben Tagen nach Erlass der Entscheidung ordnungsgemäß über die Entscheidung der zuständigen Behörden informiert wird oder die betreffenden zuständigen Behörden innerhalb der Monatsfrist keine Entscheidung getroffen haben, kann der Nicht-EU-AIFM selbst seinen Referenzmitgliedstaat gemäß den in diesem Absatz aufgeführten Kriterien festlegen.

Der AIFM muss in der Lage sein, seine Absicht zu belegen, in einem spezifischen Mitgliedstaat einen wirksamen Vertrieb aufzubauen, indem er gegenüber den zuständigen Behörden des von ihm angegebenen Mitgliedstaats seine Vertriebsstrategie offenlegt.

(5) Ein Nicht-EU-AIFM, der beabsichtigt, EU-AIF zu verwalten, ohne sie zu vertreiben, und/oder von ihm verwaltete AIF gemäß Artikel 39 oder 40 der Richtlinie 2011/61/EU in der Europäischen Union zu vertreiben, legt der CSSF in dem Fall, dass Luxemburg der gemäß der in Absatz (4) dieses Artikels aufgeführten Regelungen bestimmte Referenzmitgliedstaat des AIFM ist, einen Antrag auf Zulassung vor.

Nach Eingang eines Antrags auf Zulassung beurteilt die CSSF, ob die Bestimmung des AIFM von Luxemburg als Referenzmitgliedstaat die Kriterien gemäß Absatz (4) einhält. Wenn die CSSF der Ansicht ist, dass dies nicht der Fall ist, lehnt sie den Antrag auf Zulassung des betreffenden AIFM unter Angabe der Gründe für die Ablehnung ab. Wenn die CSSF der Auffassung ist, dass die Kriterien gemäß Absatz (4) eingehalten worden sind, setzt sie die ESMA von diesem Umstand in Kenntnis und ersucht sie, eine Empfehlung zu ihrer Beurteilung auszusprechen. In ihrer Mitteilung an die ESMA legt die CSSF der ESMA die Begründung des AIFM für seine Beurteilung hinsichtlich des Referenzmitgliedstaats und Informationen über die Vertriebsstrategie des AIFM vor.

Innerhalb eines Monats nach Eingang der Mitteilung gemäß Unterabsatz 2 spricht die ESMA eine an die CSSF gerichtete Empfehlung zu deren Beurteilung bezüglich des Referenzmitgliedstaats gemäß den in Absatz (4) genannten Kriterien aus.

Die Frist nach Artikel 7 Absatz (5) dieses Gesetzes wird während der Beratungen der ESMA gemäß diesem Absatz ausgesetzt.

Wenn die CSSF entgegen der Empfehlung der ESMA gemäß Unterabsatz 3 vorschlägt, die Zulassung zu erteilen, setzt sie die ESMA davon unter Angabe ihrer Gründe in Kenntnis.

Wenn die CSSF entgegen der Empfehlung der ESMA gemäß Unterabsatz 3 vorschlägt, die Zulassung zu erteilen, und der AIFM beabsichtigt, Anteile oder Aktien von durch ihn verwalteten AIF in anderen Mitgliedstaaten als Luxemburg als der bestimmte Referenzmitgliedstaat zu vertreiben, setzt die CSSF davon auch die zuständigen Behörden der betreffenden Mitgliedstaaten unter Angabe ihrer Gründe in Kenntnis. Gegebenenfalls setzt die CSSF davon auch die zuständigen Behörden der Herkunftsmitgliedstaaten der von dem AIFM verwalteten AIF unter Angabe ihrer Gründe in Kenntnis.

(6) Unbeschadet des Absatzes (7) erteilt die CSSF die in Absatz (1) genannte Zulassung nur, wenn folgende zusätzlichen Bedingungen eingehalten sind:
a) Luxemburg wird von dem AIFM als Referenzmitgliedstaat gemäß den Kriterien nach Absatz (4) angegeben. Diese Benennung ist außerdem durch die Offenlegung der Vertriebsstrategie zu bestätigen und das Verfahren gemäß Absatz (5) muss durchgeführt worden sein;
b) der AIFM hat einen in Luxemburg niedergelassenen gesetzlichen Vertreter ernannt;
c) der gesetzliche Vertreter ist, zusammen mit dem AIFM, die Kontaktperson des Nicht-EU-AIFM für die Anleger der betreffenden AIF, für die ESMA und für die zuständigen Behörden im Hinblick auf die Tätigkeiten, für die der AIFM in der Europäischen Union zugelassen ist; der gesetzliche Vertreter ist zumindest hinreichend ausgestattet, um die Compliance-Funktion gemäß diesem Gesetz wahrnehmen zu können;

d) es bestehen geeignete Vereinbarungen über die Zusammenarbeit zwischen der CSSF, den zuständigen Behörden des Herkunftsmitgliedstaats der betreffenden EU-AIF und den Aufsichtsbehörden des Drittlands, in dem der AIFM niedergelassen ist, damit zumindest ein effizienter Informationsaustausch gewährleistet ist, der den zuständigen Behörden ermöglicht, ihre Aufgaben gemäß der Richtlinie 2011/61/EU wahrzunehmen;
e) das Drittland, in dem der AIFM niedergelassen ist, steht nicht auf der Liste der nicht kooperativen Länder und Gebiete, die von der AGFM aufgestellt wurde;
f) das Drittland, in dem der AIFM seinen Sitz hat, hat mit Luxemburg eine Vereinbarung unterzeichnet, die den Standards gemäß Artikel 26 des OECD-Musterabkommens zur Vermeidung der Doppelbesteuerung von Einkommen und Vermögen vollständig entspricht und einen wirksamen Informationsaustausch in Steuerangelegenheiten, gegebenenfalls einschließlich multilateraler Abkommen über die Besteuerung, gewährleistet;
g) die auf AIFM anwendbaren Rechts- und Verwaltungsvorschriften eines Drittlands oder die Beschränkungen der Aufsichts- und Ermittlungsbefugnisse der Aufsichtsbehörden dieses Drittlands hindern die zuständigen Behörden nicht an der effektiven Wahrnehmung ihrer Aufsichtsfunktionen gemäß der Richtlinie 2011/61/EU.

(7) Die in Absatz (1) genannte Zulassung wird von der CSSF im Einklang mit den Bestimmungen von Kapitel 2 dieses Gesetzes erteilt, die vorbehaltlich folgender Bestimmungen entsprechende Anwendung finden:
a) die Angaben gemäß Artikel 6 Absatz (2) werden durch Folgendes ergänzt:
  i) eine Begründung des AIFM für die von ihm vorgenommene Beurteilung bezüglich des Referenzmitgliedstaats gemäß den Kriterien nach Absatz (4) sowie Angaben zur Vertriebsstrategie;
  ii) eine Liste der Bestimmungen dieses Gesetzes, deren Einhaltung dem AIFM unmöglich ist, da ihre Einhaltung durch den AIFM gemäß Absatz (2) Buchstabe b) nicht mit der Einhaltung einer zwingenden Rechtsvorschrift, der der Nicht-EU-AIFM oder der in der Europäischen Union vertriebene Nicht-EU-AIF unterliegt, vereinbar ist;
  iii) schriftliche Belege auf der Grundlage der von der ESMA ausgearbeiteten technischen Regulierungsstandards, dass die betreffenden Rechtsvorschriften des Drittlands eine Vorschrift enthalten, die den Vorschriften, die nicht eingehalten werden können, gleichwertig ist, denselben regulatorischen Zweck verfolgt und den Anlegern der betreffenden AIF dasselbe Maß an Schutz bietet, und dass der AIFM sich an diese gleichwertige Vorschrift hält; diese schriftlichen Belege werden durch ein Rechtsgutachten zum Bestehen der betreffenden inkompatiblen zwingenden Vorschrift im Recht des Drittlands untermauert, das auch eine Beschreibung des Regulierungszwecks und der Merkmale des Anlegerschutzes enthält, die mit der Vorschrift angestrebt werden; und
  iv) Name des gesetzlichen Vertreters des AIFM und der Ort, an dem er seinen Sitz hat;
b) die Angaben gemäß Artikel 6 Absatz (3) können auf die EU-AIF, die der AIFM zu verwalten beabsichtigt, und auf die von dem AIFM verwalteten AIF, die er mit einem Pass in der Europäischen Union zu vertreiben beabsichtigt, beschränkt werden;
c) Artikel 7 Absatz (1) Buchstabe a) gilt unbeschadet des Absatzes (2) dieses Artikels;
d) Artikel 7 Absatz (1) Buchstabe e) findet keine Anwendung;
e) Artikel 7 Absatz (5) Unterabsatz 2 ist mit der folgenden Ergänzung zu lesen: „die in Artikel 38 Absatz (7) Buchstabe a) genannten Angaben".

(8) Ist die CSSF der Auffassung, dass der AIFM gemäß Absatz (2) von der Einhaltung bestimmter Vorschriften dieses Gesetzes befreit werden kann, so setzt sie die ESMA hiervon unverzüglich in Kenntnis. Die CSSF untermauert diese Beurteilung mit den von dem AIFM gemäß Absatz (7) Buchstabe a) ii) und iii) vorgelegten Angaben.

Innerhalb eines Monats nach Eingang der Mitteilung nach Unterabsatz 1 spricht die ESMA eine an die CSSF gerichtete Empfehlung hinsichtlich der Anwendung der Ausnahme von der Einhaltung bestimmter Bestimmungen des Gesetzes aufgrund der Unvereinbarkeit gemäß Absatz (2) aus. Die Frist nach Artikel 7 Absatz (5) wird während der Überprüfung durch die ESMA gemäß diesem Absatz ausgesetzt.

Wenn die CSSF entgegen der Empfehlung der ESMA gemäß Unterabsatz 2 vorschlägt, die Zulassung zu erteilen, setzt sie die ESMA davon unter Angabe ihrer Gründe in Kenntnis.

Wenn die CSSF entgegen der Empfehlung der ESMA gemäß Unterabsatz 2 vorschlägt, die Zulassung zu erteilen, und der AIFM beabsichtigt, Anteile oder Aktien von durch ihn verwalteten AIF in anderen Mitgliedstaaten als Luxemburg als der bestimmte Referenzmitgliedstaat zu vertreiben, setzt die CSSF davon auch die zuständigen Behörden der betreffenden Mitgliedstaaten unter Angabe ihrer Gründe in Kenntnis.

(9) Die CSSF als zuständige Behörde des Referenzmitgliedstaats unterrichtet die ESMA unverzüglich über das Ergebnis des Erstzulassungsprozesses, über Änderungen bei der Zulassung des AIFM und über einen Entzug der Zulassung.

Die CSSF unterrichtet die ESMA außerdem von den Zulassungsanträgen, die sie abgelehnt hat, und legt dabei Angaben zu dem AIFM, der eine Zulassung beantragt hat, sowie die Gründe für die Ablehnung vor.

(10) Wenn ein von der CSSF nach diesem Artikel zugelassener AIFM innerhalb von zwei Jahren nach seiner Erstzulassung seine Vertriebsstrategie ändert und wenn diese Änderung, falls die geänderte Vertriebsstrategie die ursprüngliche Vertriebsstrategie gewesen wäre, die Festlegung des Referenzmitgliedstaats beeinflusst hätte, hat der AIFM die CSSF als zuständige Behörde des Referenzmitgliedstaates von dieser Änderung vor ihrer Durchführung in Kenntnis zu setzen. Der betreffende AIFM gibt seinen Referenzmitgliedstaat gemäß den Kriterien nach Absatz (4) und entsprechend der neuen Strategie an. Der AIFM begründet seine Beurteilung, indem er seine neue Vertriebsstrategie der CSSF als zuständiger Behörde seines ursprünglichen Referenzmitgliedstaats gegenüber offenlegt. Zugleich legt der AIFM Angaben zu seinem gesetzlichen Vertreter, einschließlich zu dessen Name und dem Ort vor, an dem er seinen Sitz hat. Der gesetzliche Vertreter muss in dem neuen Referenzmitgliedstaat niedergelassen sein.

Die CSSF beurteilt, ob die Festlegung des Referenzmitgliedstaats durch den AIFM gemäß Unterabsatz 1 korrekt ist, und setzt die ESMA von dieser Beurteilung in Kenntnis. In ihrer Meldung an die ESMA legt die CSSF die Begründung des AIFM für seine Beurteilung hinsichtlich des Referenzmitgliedstaats und Informationen über die neue Vertriebsstrategie des AIFM vor.

Innerhalb eines Monats nach Eingang der Meldung gemäß Unterabsatz 2 spricht die ESMA eine Empfehlung zu der Beurteilung der CSSF aus.

Nachdem die CSSF die Empfehlung der ESMA gemäß Unterabsatz 3 erhalten hat, setzt sie den Nicht-EU-AIFM, dessen ursprünglichen gesetzlichen Vertreter und die ESMA von ihrer Entscheidung in Kenntnis.

Sofern die CSSF die vom AIFM vorgenommene Beurteilung bestätigt, setzt sie auch die zuständigen Behörden des neuen Referenzmitgliedstaats von der Änderung in Kenntnis. Die CSSF übermittelt den zuständigen Behörden des neuen Referenzmitgliedstaats unverzüglich eine Abschrift der Zulassungs- und Aufsichtsunterlagen des AIFM. Von dem Zeitpunkt der Übermittlung der Zulassungs- und Aufsichtsunterlagen an sind die zuständigen Behörden des neuen Referenzmitgliedstaats für Zulassung und Aufsicht des AIFM zuständig.

Wenn die abschließende Beurteilung der CSSF im Widerspruch zu den Empfehlungen der ESMA gemäß Unterabsatz 3 steht, gilt Folgendes:

a) die CSSF setzt die ESMA davon unter Angabe ihrer Gründe in Kenntnis;
b) wenn der AIFM Anteile oder Aktien von durch ihn verwalteten AIF in anderen Mitgliedstaaten als Luxemburg als ursprünglichem Referenzmitgliedstaat vertreibt, setzt die CSSF davon auch die zuständigen Behörden dieser anderen Mitgliedstaaten unter Angabe ihrer Gründe in Kenntnis. Gegebenenfalls setzt die CSSF davon auch die zuständigen Behörden der Herkunftsmitgliedstaaten der von dem AIFM verwalteten AIF unter Angabe ihrer Gründe in Kenntnis.

(11) Erweist sich anhand des tatsächlichen Verlaufs der Geschäftsentwicklung des AIFM in der Europäischen Union innerhalb von zwei Jahren nach seiner Zulassung nach diesem Artikel, dass der von dem AIFM zum Zeitpunkt seiner Zulassung vorgelegte Vertriebsstrategie nicht gefolgt worden ist, der AIFM diesbezüglich falsche Angaben gemacht hat oder der AIFM sich bei der Änderung seiner Vertriebsstrategie nicht an Absatz (10) gehalten hat, so fordert die CSSF als zuständige Behörde des ursprünglichen Referenzmitgliedstaats den AIFM auf, den Referenzmitgliedstaat gemäß seiner tatsächlichen Vertriebsstrategie anzugeben. Das Verfahren nach Absatz (10) ist entsprechend anzuwenden. Kommt der AIFM der Aufforderung der CSSF nicht nach, so entzieht sie ihm die Zulassung.

Ändert der AIFM seine Vertriebsstrategie nach Ablauf der in Absatz (10) genannten Zeitspanne und will er seinen Referenzmitgliedstaat entsprechend seiner neuen Vertriebsstrategie ändern, so kann er bei der CSSF als zuständige Behörde des ursprünglichen Referenzmitgliedstaats einen Antrag auf Änderung seines Referenzmitgliedstaats stellen. Das Verfahren nach Absatz (10) ist entsprechend anzuwenden.

(12) Alle zwischen der CSSF als zuständige Behörde des Referenzmitgliedstaats des AIFM und dem AIFM auftretenden Streitigkeiten werden nach luxemburgischem Recht beigelegt und unterliegen der luxemburgischen Gerichtsbarkeit.

Alle zwischen dem AIFM oder dem AIF und EU-Anlegern des jeweiligen AIF auftretenden Streitigkeiten werden nach dem Recht eines Mitgliedstaats beigelegt und unterliegen dessen Gerichtsbarkeit.

IV. Normentexte

Art. 39. Bedingungen für den in der Europäischen Union mit einem Pass erfolgenden Vertrieb von EU-AIF, die von einem Nicht-EU-AIFM verwaltet werden, wenn Luxemburg als Referenzmitgliedstaat des AIFM bestimmt ist. (1) Ein ordnungsgemäß zugelassener Nicht-EU-AIFM, der beabsichtigt, Anteile oder Aktien eines EU-AIF, den er verwaltet, an professionelle Anleger in der Europäischen Union mit einem Pass zu vertreiben, hat die in diesem Artikel festgelegten Bedingungen einzuhalten, falls Luxemburg der gemäß den in Artikel 38 Absatz (4) aufgeführten Regelungen bestimmte Referenzmitgliedstaat des AIFM ist.

(2) Beabsichtigt der AIFM, Anteile oder Aktien des EU-AIF in Luxemburg als dem bestimmten Referenzmitgliedstaat des AIFM zu vertreiben, so legt er der CSSF für jeden EU-AIF, den er zu vertreiben beabsichtigt, ein Anzeigeschreiben vor.

Das Anzeigeschreiben umfasst die Dokumentation und die Angaben gemäß Anhang III.

(3) Spätestens zwanzig Arbeitstage nach Eingang des vollständigen Anzeigeschreibens nach Absatz (2) teilt die CSSF dem AIFM mit, ob er im Hoheitsgebiet von Luxemburg mit dem Vertrieb des im Anzeigeschreiben nach Absatz (2) genannten AIF beginnen kann. Die CSSF kann den Vertrieb des AIF nur untersagen, wenn die Verwaltung des AIF durch den AIFM oder der AIFM gegen dieses Gesetz verstößt. Im Falle einer positiven Entscheidung kann der AIFM ab dem Datum der diesbezüglichen Mitteilung der CSSF in Luxemburg mit dem Vertrieb des AIF beginnen.

Die CSSF teilt zudem der ESMA und den für den AIF zuständigen Behörden mit, dass der AIFM in Luxemburg als dem bestimmten Referenzmitgliedstaat des AIFM mit dem Vertrieb von Anteilen oder Aktien des AIF beginnen kann.

(4) Beabsichtigt der AIFM, Anteile oder Aktien des EU-AIF über Luxemburg als dem bestimmten Referenzmitgliedstaat des AIFM hinaus auch in anderen Mitgliedstaaten zu vertreiben, so legt der AIFM der CSSF für jeden EU-AIF, den er zu vertreiben beabsichtigt, ein Anzeigeschreiben vor.

Das Anzeigeschreiben umfasst die Dokumentation und die Angaben gemäß Anhang IV.

(5) Spätestens zwanzig Arbeitstage nach dem Eingang der vollständigen Anzeigeunterlagen nach Absatz (4) leitet die CSSF diese an die zuständigen Behörden der Mitgliedstaaten weiter, in denen die Anteile oder Aktien des AIF vertrieben werden sollen. Eine solche Weiterleitung findet nur dann statt, wenn die Verwaltung des AIF durch den AIFM diesem Gesetz entspricht und weiterhin entsprechen wird und wenn der AIFM sich an dieses Gesetz hält.

Die CSSF fügt eine Bescheinigung über die Zulassung des betreffenden AIFM zur Verwaltung von AIF mit einer bestimmten Anlagestrategie bei.

(6) Nach der Weiterleitung der Anzeigeunterlagen unterrichtet die CSSF den AIFM unverzüglich über die Weiterleitung. Der AIFM kann ab dem Datum dieser Unterrichtung mit dem Vertrieb des AIF im betreffenden Aufnahmemitgliedstaat beginnen.

Die CSSF teilt zudem der ESMA und den für den AIF zuständigen Behörden mit, dass der AIFM in seinen Aufnahmemitgliedstaaten mit dem Vertrieb von Anteilen oder Aktien des AIF beginnen kann.

(7) Die Vorkehrungen nach Anhang IV Buchstabe h) unterliegen den Rechtsvorschriften der Aufnahmemitgliedstaaten des AIFM und sind der Aufsicht der zuständigen Behörden dieses Mitgliedstaates unterworfen.

(8) Das in Absatz (4) genannte Anzeigeschreiben des AIFM und die in Absatz (5) genannte Bescheinigung werden in einer in der internationalen Finanzwelt gebräuchlichen Sprache bereitgestellt.

(9) Im Falle einer wesentlichen Änderung der nach Absatz (2) und/oder Absatz (4) übermittelten Angaben teilt der AIFM diese Änderung, bei vom AIFM geplanten Änderungen mindestens einen Monat vor Durchführung der Änderung oder bei ungeplanten Änderungen unverzüglich nach Eintreten der Änderung, der CSSF schriftlich mit.

Sollte die geplante Änderung dazu führen, dass die Verwaltung des AIF durch den AIFM nicht mehr diesem Gesetz entspricht oder der AIFM nunmehr gegen dieses Gesetz verstößt, teilt die CSSF dem AIFM unverzüglich mit, dass er die Änderung nicht durchführen darf.

Wird eine geplante Änderung ungeachtet der Unterabsätze 1 und 2 durchgeführt oder führt eine ungeplante Änderung dazu, dass die Verwaltung des AIF durch den AIFM nicht mehr diesem Gesetz entspricht oder der AIFM nunmehr gegen dieses Gesetz verstößt, ergreift die CSSF alle gebotenen Maßnahmen gemäß Artikel 50, einschließlich, falls erforderlich, der ausdrücklichen Untersagung des Vertriebs des AIF.

Sind die Änderungen zulässig, weil sie sich nicht auf die Vereinbarkeit der Verwaltung des AIF durch den AIFM mit diesem Gesetz oder auf die Einhaltung dieses Gesetzes durch den AIFM auswirken, unterrichtet die CSSF unverzüglich die ESMA, soweit die Änderungen die Beendigung des Vertriebs von bestimmten AIF oder zusätzlichen vertriebenen AIF betreffen, und gegebenenfalls die zuständigen Behörden der Aufnahmemitgliedstaaten von diesen Änderungen.

(10) Unbeschadet der Bestimmungen des Artikels 46 dieses Gesetzes im Falle des Vertriebs in Luxemburg und des Artikels 43 Absatz (1) der Richtlinie 2011/61/EU im Falle des Vertriebs in einem anderen Mitgliedstaat als Luxemburg dürfen die von dem in diesem Artikel genannten AIFM verwalteten und vertriebenen AIF nur an professionelle Anleger vertrieben werden.

Art. 40. Bedingungen für den in der Europäischen Union mit einem Pass erfolgenden Vertrieb von EU-AIF, die von einem Nicht-EU-AIFM verwaltet werden, wenn Luxemburg nicht Referenzmitgliedstaat des AIFM ist. (1) Wenn ein ordnungsgemäß zugelassener Nicht-EU-AIFM beabsichtigt, Anteile oder Aktien eines EU-AIF, den er verwaltet, an professionelle Anleger in der Europäischen Union mit einem Pass zu vertreiben, werden der CSSF von den zuständigen Behörden des Referenzmitgliedstaates des AIFM die vollständigen Anzeigeunterlagen sowie die in Artikel 39 Absatz (5) der Richtlinie 2011/61/EU genannte Bescheinigung übermittelt.

Ab der Mitteilung an den AIFM der in diesem Absatz genannten Übermittlung durch die zuständigen Behörden des Referenzmitgliedstaates des AIFM an die CSSF kann dieser ab dem Datum dieser Mitteilung mit dem Vertrieb des AIF in Luxemburg beginnen.

(2) Unbeschadet der Bestimmungen des Artikels 46 dieses Gesetzes dürfen die von den in diesem Artikel genannten AIFM verwalteten und vertriebenen AIF nur an professionelle Anleger vertrieben werden.

Art. 41. Bedingungen für den in der Europäischen Union mit einem Pass erfolgenden Vertrieb von Nicht-EU-AIF, die von einem Nicht-EU-AIFM verwaltet werden, wenn Luxemburg als Referenzmitgliedstaat des AIFM bestimmt ist. (1) Ein ordnungsgemäß zugelassener Nicht-EU-AIFM, der beabsichtigt, Anteile oder Aktien eines Nicht-EU-AIF, den er verwaltet, an professionelle Anleger in der Europäischen Union mit einem Pass zu vertreiben, hat die in diesem Artikel festgelegten Bedingungen einzuhalten, falls Luxemburg der gemäß den in Artikel 38 Absatz (4) dieses Gesetzes aufgeführten Regelungen bestimmte Referenzmitgliedstaat des AIFM ist.

(2) Die in Absatz (1) genannten Nicht-EU-AIFM müssen alle in diesem Gesetz genannten Anforderungen an EU-AIFM erfüllen. Darüber hinaus müssen folgende Bedingungen erfüllt sein:
a) es bestehen geeignete Vereinbarungen über die Zusammenarbeit zwischen der CSSF und der Aufsichtsbehörde des Drittlands, in dem der AIF seinen Sitz hat, damit zumindest ein effizienter Informationsaustausch gewährleistet ist, der es der CSSF ermöglicht, ihre Aufgaben gemäß diesem Gesetz wahrzunehmen;
b) das Drittland, in dem der Nicht-EU-AIFM niedergelassen ist, steht nicht auf der Liste der nicht kooperativen Länder und Gebiete, die von der AGFM aufgestellt wurde;
c) das Drittland, in dem der Nicht-EU-AIF niedergelassen ist, hat mit Luxemburg sowie mit jedem anderen Mitgliedstaat, in dem die Anteile oder Aktien des Nicht-EU-AIF vertrieben werden sollen, eine Vereinbarung unterzeichnet, die den Standards des Artikels 26 des OECD-Musterabkommens zur Vermeidung der Doppelbesteuerung von Einkommen und Vermögen vollständig entspricht und einen wirksamen Informationsaustausch in Steuerangelegenheiten, gegebenenfalls einschließlich multilateraler Abkommen über die Besteuerung, gewährleistet.

(3) Beabsichtigt der AIFM Anteile oder Aktien von Nicht-EU-AIF in Luxemburg als dem bestimmten Referenzmitgliedstaat des AIFM zu vertreiben, legt der AIFM der CSSF eine Meldung für jeden Nicht-EU-AIF vor, den er zu vertreiben beabsichtigt.

Die Meldung umfasst die Dokumentation und die Angaben gemäß Anhang III.

(4) Spätestens zwanzig Arbeitstage nach Eingang des vollständigen Anzeigeschreibens nach Absatz (3) teilt die CSSF dem AIFM mit, ob er im Hoheitsgebiet von Luxemburg mit dem Vertrieb des im Anzeigeschreiben nach Absatz (3) genannten AIF beginnen kann. Die CSSF kann den Vertrieb des AIF nur untersagen, wenn die Verwaltung des AIF durch den AIFM nicht diesem Gesetz entspricht oder entsprechen wird oder der AIFM gegen dieses Gesetz verstößt oder verstoßen wird. Im Falle einer positiven Entscheidung kann der AIFM ab dem Datum der diesbezüglichen Mitteilung der CSSF in Luxemburg mit dem Vertrieb des AIF beginnen.

Die CSSF teilt zudem der ESMA mit, dass der AIFM in Luxemburg als dem bestimmten Referenzmitgliedstaat des AIFM mit dem Vertrieb von Anteilen oder Aktien des AIF beginnen kann.

(5) Beabsichtigt der AIFM, die Anteile oder Aktien eines Nicht-EU-AIF über Luxemburg als dem bestimmten Referenzmitgliedstaat des AIFM hinaus auch in anderen Mitgliedstaaten zu vertreiben, so legt der AIFM der CSSF für jeden Nicht-EU-AIF, den er zu vertreiben beabsichtigt, eine Meldung vor.

Die Meldung umfasst die Dokumentation und die Angaben gemäß Anhang IV.

IV. Normentexte

(6) Spätestens zwanzig Arbeitstage nach dem Eingang der vollständigen Anzeigeunterlagen nach Absatz (5) leitet die CSSF dieses an die zuständigen Behörden der Mitgliedstaaten weiter, in denen die Anteile oder Aktien des AIF vertrieben werden sollen. Eine solche Weiterleitung findet nur dann statt, wenn die Verwaltung des AIF durch den AIFM diesem Gesetz entspricht und weiterhin entsprechen wird und wenn der AIFM sich an dieses Gesetz hält.
Die CSSF fügt eine Bescheinigung über die Zulassung des betreffenden AIFM zur Verwaltung von AIF mit einer bestimmten Anlagestrategie bei.

(7) Nach der Weiterleitung der Anzeigeunterlagen unterrichtet die CSSF den AIFM unverzüglich über die Weiterleitung. Der AIFM kann ab dem Datum dieser Unterrichtung mit dem Vertrieb des AIF in den betreffenden Aufnahmemitgliedstaaten des AIFM beginnen.
Die CSSF teilt zudem der ESMA mit, dass der AIFM in den Aufnahmemitgliedstaaten des AIFM mit dem Vertrieb von Anteilen oder Aktien des AIF beginnen kann.

(8) Die gemäß Anhang IV Buchstabe h) getroffenen Vorkehrungen unterliegen den Rechtsvorschriften des Aufnahmemitgliedstaats des AIFM und sind der Aufsicht der zuständigen Behörden dieses Mitgliedstaats unterworfen.

(9) Das in Absatz (5) genannte Anzeigeschreiben des AIFM und die in Absatz (6) genannte Bescheinigung werden in einer in der internationalen Finanzwelt gebräuchlichen Sprache bereitgestellt.

(10) Im Falle einer wesentlichen Änderung der nach Absatz (3) oder Absatz (5) übermittelten Angaben teilt der AIFM diese Änderung, bei vom AIFM geplanten Änderungen mindestens einen Monat vor Durchführung der Änderung oder bei ungeplanten Änderungen unverzüglich nach Eintreten der Änderung, der CSSF schriftlich mit.
Sollte die geplante Änderung dazu führen, dass die Verwaltung des AIF durch den AIFM nicht mehr diesem Gesetz entspricht oder der AIFM nunmehr gegen dieses Gesetz verstößt, teilt die CSSF dem AIFM unverzüglich mit, dass er die Änderung nicht durchführen darf.
Wird eine geplante Änderung ungeachtet der Unterabsätze 1 und 2 durchgeführt oder führt eine ungeplante Änderung dazu, dass die Verwaltung des AIF durch den AIFM nicht mehr diesem Gesetz entspricht oder der AIFM nunmehr gegen dieses Gesetz verstößt, ergreift die CSSF alle gebotenen Maßnahmen gemäß Artikel 50, einschließlich, falls erforderlich, der ausdrücklichen Untersagung des Vertriebs des AIF.
Sind die Änderungen zulässig, weil sie sich nicht auf die Vereinbarkeit der Verwaltung des AIF durch den AIFM mit diesem Gesetz oder auf die Einhaltung dieses Gesetzes durch den AIFM auswirken, unterrichtet die CSSF unverzüglich die ESMA, soweit die Änderungen die Beendigung des Vertriebs von bestimmten AIF oder zusätzlichen vertriebenen AIF betreffen, und gegebenenfalls die zuständigen Behörden der Aufnahmemitgliedstaaten von diesen Änderungen.

(11) Unbeschadet der Bestimmungen des Artikels 46 dieses Gesetzes im Falle des Vertriebs in Luxemburg und des Artikels 43 Absatz (1) der Richtlinie 2011/61/EU im Falle des Vertriebs in einem anderen Mitgliedstaat als Luxemburg dürfen die von dem in diesem Artikel genannten AIFM verwalteten und vertriebenen AIF nur an professionelle Anleger vertrieben werden.

Art. 42. Bedingungen für den in der Europäischen Union mit einem Pass erfolgenden Vertrieb von Nicht-EU-AIF, die von einem Nicht-EU-AIFM verwaltet werden, wenn Luxemburg nicht Referenzmitgliedstaat des AIFM ist. (1) Wenn ein ordnungsgemäß zugelassener Nicht-EU-AIFM beabsichtigt, Anteile oder Aktien eines Nicht-EU-AIF, den er verwaltet, an professionelle Anleger in der Europäischen Union mit einem Pass zu vertreiben, werden der CSSF von den zuständigen Behörden des Referenzmitgliedstaates des AIFM die vollständigen Anzeigeunterlagen sowie die in Artikel 40 Absatz (4) der Richtlinie 2011/61/EU genannte Bescheinigung übermittelt.

Ab der Mitteilung an den AIFM der in diesem Absatz genannten Übermittlung durch die zuständigen Behörden des Referenzmitgliedstaates des AIFM an die CSSF kann dieser ab dem Datum dieser Mitteilung mit dem Vertrieb des AIF in Luxemburg beginnen.

(2) Unbeschadet der Bestimmungen des Artikels 46 dieses Gesetzes dürfen die von den in diesem Artikel genannten AIFM verwalteten und vertriebenen AIF nur an professionelle Anleger vertrieben werden.

Art. 43. Bedingungen für die Verwaltung von in einem anderen als dem Referenzmitgliedstaat niedergelassenen AIF durch Nicht-EU-AIFM, wenn Luxemburg als Referenzmitgliedstaat des AIFM bestimmt ist. (1) Ein zugelassener Nicht-EU-AIFM, der beabsichtigt, EU-AIF, die in einem anderen Mitgliedstaat niedergelassen sind als Luxemburg als dem bestimmten Referenzmitgliedstaat des AIFM, entweder direkt oder indirekt über eine Zweigniederlassung zu verwalten, muss für die Verwaltung dieser Art von AIF zugelassen sein.

C. Luxemburg

(2) Jeder in Absatz (1) genannte Nicht-EU-AIFM, der zum ersten Mal beabsichtigt, EU-AIF, die in einem anderen Mitgliedstaat als Luxemburg als dem bestimmten Referenzmitgliedstaat des AIFM niedergelassen sind, zu verwalten, hat der CSSF Folgendes mitzuteilen:
a) den Mitgliedstaat, in dem er AIF direkt oder über eine Zweigniederlassung zu verwalten beabsichtigt;
b) einen Geschäftsplan, aus dem insbesondere hervorgeht, welche Dienstleistungen er zu erbringen und welche AIF er zu verwalten beabsichtigt.

(3) Beabsichtigt der Nicht-EU-AIFM die Errichtung einer Zweigniederlassung, so muss er zusätzlich zu den Angaben nach Absatz (2) Folgendes angeben:
a) den organisatorischen Aufbau der Zweigniederlassung;
b) die Anschrift, unter der im Herkunftsmitgliedstaat des AIF Unterlagen angefordert werden können;
c) die Namen und Kontaktdaten der Geschäftsführer der Zweigniederlassung.

(4) Wenn die CSSF der Auffassung ist, dass die Verwaltung des AIF durch den AIFM den Bestimmungen dieses Gesetzes entspricht und weiterhin entsprechen wird und wenn sich der AIFM an die Bestimmungen dieses Gesetzes hält, übermittelt sie binnen eines Monats nach dem Eingang der vollständigen Unterlagen nach Absatz (2) bzw. binnen zwei Monaten nach dem Eingang der vollständigen Unterlagen nach Absatz (3) die gesamten Unterlagen an die zuständigen Behörden der Aufnahmemitgliedstaaten des AIFM.

Die CSSF fügt eine Bescheinigung über die Zulassung des betreffenden AIFM nach den Bestimmungen dieses Gesetzes bei.

Nach der Weiterleitung der Unterlagen unterrichtet die CSSF den AIFM unverzüglich über die Übermittlung. Nach Eingang der Übermittlungsmeldung kann der AIFM mit der Erbringung der Dienstleistungen in den Aufnahmemitgliedstaaten beginnen.

Die CSSF teilt zudem der ESMA mit, dass der AIFM in den Aufnahmemitgliedstaaten des AIFM mit der Verwaltung des AIF beginnen kann.

(5) Im Falle einer Änderung der nach Absatz (2) oder gegebenenfalls nach Absatz (3) übermittelten Angaben teilt der AIFM diese Änderung, bei vom AIFM geplanten Änderungen mindestens einen Monat vor Durchführung der Änderung oder bei ungeplanten Änderungen, unverzüglich nach Eintreten der Änderung, der CSSF schriftlich mit.

Sollte die geplante Änderung dazu führen, dass die Verwaltung des AIF durch den AIFM nicht mehr den Bestimmungen dieses Gesetzes entspricht oder der AIFM nunmehr gegen die Bestimmungen dieses Gesetzes verstößt, teilt die CSSF dem AIFM unverzüglich mit, dass er die Änderung nicht durchführen darf.

Wird eine geplante Änderung ungeachtet der Unterabsätze 1 und 2 durchgeführt oder führt eine ungeplante Änderung dazu, dass die Verwaltung des AIF durch den AIFM nicht mehr den Bestimmungen dieses Gesetzes entspricht oder der AIFM nunmehr gegen die Bestimmungen dieses Gesetzes verstößt, ergreift die CSSF alle gebotenen Maßnahmen gemäß Artikel 50, einschließlich der ausdrücklichen Untersagung des Vertriebes des AIF.

Sind die Änderungen zulässig, weil sie sich nicht auf die Vereinbarkeit der Verwaltung des AIF durch den AIFM mit den Bestimmungen dieses Gesetzes oder auf die Einhaltung der Bestimmungen dieses Gesetzes durch den AIFM auswirken, unterrichtet die CSSF unverzüglich die zuständigen Behörden der Aufnahmemitgliedstaaten des AIFM von diesen Änderungen.

Art. 44. Bedingungen für die Verwaltung von in Luxemburg niedergelassenen AIF durch Nicht-EU-AIFM, wenn Luxemburg nicht Referenzmitgliedstaat des AIFM ist. Wenn ein zugelassener Nicht-EU-AIFM beabsichtigt, in Luxemburg niedergelassene AIF entweder direkt oder indirekt über eine Zweigniederlassung zu verwalten, werden der CSSF von den zuständigen Behörden des Referenzmitgliedstaates des AIFM die in Artikel 41 Absätze (2) bzw. (3) der Richtlinie 2011/61/EU genannten Unterlagen übermittelt.

Ab der Mitteilung an den AIFM der in diesem Absatz genannten Übermittlung durch die zuständigen Behörden des Referenzmitgliedstaates des AIFM an die CSSF kann dieser ab dem Datum dieser Mitteilung mit der Erbringung seiner Dienstleistungen in Luxemburg beginnen.

Art. 45. Bedingungen für den ohne Pass in Mitgliedstaaten erfolgenden Vertrieb von in Luxemburg niedergelassenen AIF, die von Nicht-EU-AIFM verwaltet werden, wenn Luxemburg nicht Referenzmitgliedstaat des AIFM ist. (1) Unbeschadet der Artikel 37, 39 und 40 der Richtlinie 2011/61/EU dürfen Nicht-EU-AIFM Anteile oder Aktien der von ihnen verwalteten AIF an professionelle Anleger im Hoheitsgebiet von Luxemburg vertreiben, sofern mindestens folgende Voraussetzungen erfüllt sind:

a) der Nicht-EU-AIFM hält im Hinblick auf jeden gemäß diesem Artikel von ihm vertriebenen AIF die Artikel 22, 23 und 24 der Richtlinie 2011/61/EU sowie, wenn ein von ihm gemäß diesem Artikel vertriebener AIF in den Anwendungsbereich von Artikel 26 Absatz 1 der genannten Richtlinie fällt, die Artikel 26 bis 30 der Richtlinie 2011/61/EU ein;
b) es bestehen geeignete, der Überwachung der Systemrisiken dienende und im Einklang mit den internationalen Standards stehende Vereinbarungen über die Zusammenarbeit zwischen den zuständigen Behörden der Mitgliedstaaten, in denen die AIF vertrieben werden, und, soweit anwendbar, den zuständigen Behörden der betreffenden EU-AIF und den Aufsichtsbehörden des Drittlands, in dem der Nicht-EU-AIFM niedergelassen ist, und, soweit anwendbar, den Aufsichtsbehörden des Drittlands, in dem der Nicht-EU-AIF niedergelassen ist, so dass ein wirksamer Informationsaustausch gewährleistet ist, der es den zuständigen Behörden der betreffenden Mitgliedstaaten ermöglicht, ihre in der Richtlinie 2011/61/EU festgelegten Aufgaben zu erfüllen;
c) das Drittland, in dem der Nicht-EU-AIFM oder der Nicht-EU-AIF niedergelassen ist, steht nicht auf der Liste der nicht kooperativen Länder und Gebiete, die von der AGFM aufgestellt wurde.

Kapitel 8. – Vertrieb an Kleinanleger

Art. 46. Vertrieb von AIF durch AIFM an Kleinanleger. (1) AIFM, die in Luxemburg, in einem anderen Mitgliedstaat der Europäischen Union oder in einem Drittland niedergelassen sind, dürfen Anteile oder Aktien der von ihnen im Einklang mit der Richtlinie 2011/61/EU verwalteten AIF an Kleinanleger im Hoheitsgebiet von Luxemburg vertreiben, wobei es keine Rolle spielt, ob der Vertrieb der AIF auf grenzübergreifender Basis erfolgt oder nicht oder ob es sich um einen EU-AIF oder einen Nicht-EU-AIF handelt. In diesem Falle müssen folgende Voraussetzungen erfüllt sein:
a) die AIF müssen in ihrem Herkunftsstaat einer ständigen Aufsicht unterliegen, die von einer gesetzlich vorgesehenen Aufsichtsbehörde zum Zwecke des Anlegerschutzes ausgeübt wird. Für in Luxemburg niedergelassene AIF gilt diese Voraussetzung für alle AIF nach Teil II des geänderten Gesetzes vom 17. Dezember 2010 über Organismen für gemeinsame Anlagen als erfüllt.

Dieser Absatz berührt nicht die geltenden Zugangsvoraussetzungen für Anleger in AIF, die einer gesetzlichen Regelung durch ein Gesetz des luxemburgischen Finanzsektors unterliegen.
b) in einem anderen Mitgliedstaat als Luxemburg niedergelassene AIF und Nicht-EU-AIF müssen in ihrem Herkunftsstaat einer Regulierung unterliegen, die Anlegern einen Schutz gewährt, der mindestens dem Schutz entspricht, den die luxemburgische Gesetzgebung in Bezug auf den Vertrieb von in Luxemburg zugelassenen AIF an Kleinanleger vorsieht. Diese AIF müssen zudem in ihrem Herkunftsstaat einer Aufsicht unterliegen, von der die CSSF der Auffassung ist, dass sie der von der luxemburgischen Gesetzgebung in Bezug auf den Vertrieb von in Luxemburg zugelassenen AIF an Kleinanleger vorgesehenen Aufsicht entspricht.

In diesem Fall muss außerdem die Zusammenarbeit zwischen der CSSF und der Aufsichtsbehörde des AIF gewährleistet sein.

(2) Die Anwendungsmodalitäten dieses Artikels werden in einer von der CSSF zu erlassenden Verordnung geregelt.

Kapitel 9. – Organisation der Aufsicht

Abschnitt 1 – Zuständige Behörde, Aufsichts- und Sanktionsbefugnisse

Art. 47. Zuständige Behörde. (1) Zuständige Behörde für die von diesem Gesetz vorgesehenen Aufgaben ist die CSSF.

(2) Die CSSF übt ihre Zuständigkeit ausschließlich im öffentlichen Interesse aus.

(3) Alle Personen, die für die CSSF tätig sind oder tätig waren sowie die von der CSSF beauftragten zugelassenen Wirtschaftsprüfer[7] oder Sachverständigen unterliegen dem Berufsgeheimnis im Sinne von Artikel 16 des geänderten Gesetzes vom 23. Dezember 1998 über die Gründung einer Aufsichtsbehörde für den Finanzsektor. Dieses Berufsgeheimnis bedeutet, dass vertrauliche Informationen, die sie in ihrer beruflichen Eigenschaft erhalten, weder an Personen noch Behörden weitergegeben werden dürfen, es sei denn, in derart zusammengefasster oder allgemeiner Form, dass keine unter dieses Gesetz fallende Person zu erkennen ist. Hiervon ausgenommen sind alle Fälle, die in den Anwendungsbereich des Strafrechts fallen.

Diesem Absatz steht nicht entgegen, dass die CSSF innerhalb der von diesem Gesetz, der Richtlinie 2011/61/EU und anderen das Berufsgeheimnis der CSSF regelnden gesetzlichen Vorschriften

---

[7] *Réviseurs d'entreprises agréés.*

vorgesehenen Grenzen Informationen mit den Aufsichtsbehörden anderer Mitgliedstaaten, der ESMA, der EBA und dem ESRB austauscht.

Art. 48. Aufgaben der CSSF als zuständige Behörde des Herkunftsmitgliedstaates des AIFM. (1) Die Aufsicht über die in Luxemburg niedergelassenen und nach diesem Gesetz zugelassenen AIFM obliegt der CSSF, unabhängig davon, ob der AIFM AIF in einem anderen Mitgliedstaat verwaltet und/oder vertreibt; die Bestimmungen dieses Gesetzes, die den zuständigen Behörden des Aufnahmemitgliedstaats des AIFM die Zuständigkeit für die Aufsicht übertragen, bleiben hiervon unberührt.

(2) Sofern ein in Luxemburg niedergelassener und nach diesem Gesetz zugelassener AIFM, der AIF in einem anderen Mitgliedstaat entweder direkt oder indirekt über eine Zweigniederlassung verwaltet und/oder vertreibt, es ablehnt, den zuständigen Behörden seines Aufnahmemitgliedstaats die in deren Zuständigkeit fallenden Informationen zukommen zu lassen oder unternimmt er nicht die erforderlichen Schritte, um den Verstoß gegen die in deren Zuständigkeit fallenden Regelungen zu beenden, so wird die CSSF hiervon in Kenntnis gesetzt. Die CSSF trifft unverzüglich alle geeigneten Maßnahmen, um sicherzustellen, dass der betreffende AIFM die von den zuständigen Behörden seines Aufnahmemitgliedstaats geforderten Informationen vorlegt oder den Verstoß beendet. Gegebenenfalls ersucht die CSSF die betreffenden Aufsichtsbehörden in Drittländern unverzüglich um Erteilung der erforderlichen Informationen. Die Art der Maßnahmen wird den zuständigen2 Behörden des Aufnahmemitgliedstaats des AIFM durch die CSSF mitgeteilt.

(3) Die CSSF ergreift alle geeigneten Maßnahmen, einschließlich, falls erforderlich, der Anforderungzusätzlicher Informationen von den betreffenden Aufsichtsbehörden in Drittländern, wenn die zuständigen Behörden des Aufnahmemitgliedstaats des AIFM die CSSF informieren, dass sie klare und nachweisbare Gründe für die Annahme haben, dass der AIFM gegen die Verpflichtungen verstößt, die ihm aus Vorschriften erwachsen, die nicht ihrer Zuständigkeit unterliegen.

Art. 49. Aufgaben der CSSF als zuständige Behörde des Aufnahmemitgliedstaates des AIFM. (1) Wenn ein in einem anderen Mitgliedstaat niedergelassener AIFM AIF über eine Zweigniederlassung in Luxemburg verwaltet und/oder vertreibt, obliegt die Überwachung der Einhaltung der Artikel 11 und 13 dieses Gesetzes der CSSF als zuständiger Behörden des Aufnahmemitgliedstaats des AIFM.

(2) Ein AIFM, der in Luxemburg AIF verwaltet oder vertreibt, unabhängig davon, ob dies über eine Zweigniederlassung erfolgt, hat der CSSF die Informationen vorzulegen, die erforderlich sind, um die Einhaltung der Bestimmungen zu beaufsichtigen, die für ihn Anwendung finden und deren Überprüfung der Zuständigkeit der CSSF unterliegt.

(3) Sofern die CSSF feststellt, dass ein AIFM, der in Luxemburg AIF verwaltet und/oder vertreibt, unabhängig davon, ob dies über eine Zweigniederlassung erfolgt, gegen eine der Bestimmungen verstößt, die ihrer Zuständigkeit unterliegt, fordert sie den betreffenden AIFM auf, den Verstoß zu beenden und unterrichtet die zuständigen Behörden des Herkunftsmitgliedstaats entsprechend.

(4) Sofern es der betroffene AIFM ablehnt, der CSSF die in deren Zuständigkeit fallenden Informationen zukommen zu lassen oder unternimmt er nicht die erforderlichen Schritte, um den Verstoß gemäß Absatz (3) zu beenden, so setzt die CSSF die zuständigen Behörden des Herkunftsmitgliedstaats des AIFM hiervon in Kenntnis. Die Art der getroffenen Maßnahmen werden der CSSF von den zuständigen Behörden des Herkunftsmitgliedstaats des AIFM mitgeteilt, damit dieser die von der CSSF angeforderten Informationen zukommen lässt oder den Verstoß beendet.

(5) Sofern sich der AIFM trotz der gemäß Absatz (4) von den zuständigen Behörden seines Herkunftsmitgliedstaats getroffenen Maßnahmen oder weil sich solche Maßnahmen als unzureichend erweisen oder in dem fraglichen Mitgliedstaat nicht verfügbar sind, weiterhin weigert, die von der CSSF gemäß Absatz (2) geforderten Informationen vorzulegen, oder verstößt er weiterhin gegen die in Absatz (3) genannten in Luxemburg geltenden Rechts- und Verwaltungsvorschriften, so kann die CSSF nach Unterrichtung der zuständigen Behörden des Herkunftsmitgliedstaats des AIFM geeignete Maßnahmen einschließlich der Maßnahmen der Artikel 50 und 51 ergreifen, um weitere Verstöße zu verhindern oder zu ahnden; soweit erforderlich, kann sie diesem AIFM auch neue Geschäfte in Luxemburg untersagen. Handelt es sich bei der in Luxemburg durchgeführten Aufgabe um die Verwaltung von AIF, so kann die CSSF verlangen, dass der AIFM die Verwaltung dieser AIF einstellt.

(6) Hat die CSSF klare und nachweisbare Gründe für die Annahme, dass der AIFM gegen die Verpflichtungen verstößt, die ihm aus Vorschriften erwachsen, die nicht ihrer Zuständigkeit unterliegen, so teilt sie dies den zuständigen Behörden des Herkunftsmitgliedstaats des AIFM mit, die geeignete

Maßnahmen ergreifen, einschließlich, falls erforderlich, der Anforderung zusätzlicher Informationen von den entsprechenden Aufsichtsbehörden in Drittländern.

(7) Sofern sich der AIFM trotz der von den zuständigen Behörden seines Herkunftsmitgliedstaats getroffenen Maßnahmen oder weil sich solche Maßnahmen als unzureichend erweisen oder der Herkunftsmitgliedstaat des AIFM nicht rechtzeitig handelt, weiterhin auf eine Art und Weise verhält, die den Interessen der Anleger des betreffenden AIF, der Finanzstabilität oder der Integrität des luxemburgischen Marktes eindeutig abträglich ist, so kann die CSSF nach Unterrichtung der zuständigen Behörden des Herkunftsmitgliedstaats des AIFM alle angemessenen erforderlichen Maßnahmen ergreifen, um die Anleger des betreffenden AIF, die Finanzstabilität und die Integrität des luxemburgischen Marktes zu schützen, einschließlich der Möglichkeit, dem betreffenden AIFM den weiteren Vertrieb von Anteilen oder Aktien des betreffenden AIF in Luxemburg zu untersagen.

(8) Das Verfahren nach Absatz (6) und (7) kommt ferner zur Anwendung, wenn die CSSF klare und belegbare Einwände gegen die Zulassung eines Nicht-EU-AIFM durch den Referenzmitgliedstaat hat.

Art. 50. Überwachungs- und Ermittlungsbefugnisse. (1) Die CSSF ist im Rahmen der Anwendung dieses Gesetzes mit allen für die Wahrnehmung ihrer Aufgaben notwendigen Überwachungs- und Ermittlungsbefugnissen ausgestattet.

(2) Die Befugnisse der CSSF beinhalten das Recht:
a) Unterlagen aller Art einzusehen und eine Kopie von ihnen zu erhalten;
b) von jeder mit den Tätigkeiten des AIFM oder des AIF in Verbindung stehenden Person Auskünfte zu verlangen und, falls erforderlich, eine Person zum Zwecke der Informationserlangung vorzuladen und zu vernehmen;
c) angekündigte und unangekündigte Ermittlungen vor Ort oder Überprüfungen von Personen, die ihrer Überwachung unterliegen, im Einklang mit diesem Gesetz vorzunehmen;
d) bereits existierende Aufzeichnungen von Telefongesprächen und Datenübermittlungen anzufordern;
e) vorzuschreiben, dass Praktiken, die gegen die nach diesem Gesetz erlassenen Vorschriften verstoßen, unterlassen werden;
f) das Einfrieren oder die Beschlagnahme von Vermögenswerten bei dem Präsidenten des Bezirksgerichtes[8] in Luxemburg und Umgebung zu verlangen;
g) ein vorübergehendes Verbot der Ausübung beruflicher Tätigkeiten sowohl gegenüber ihrer Aufsicht unterstehenden Personen als auch den Mitgliedern der Verwaltungs-, Leitungs- und Geschäftsführungsorgane, Angestellten und der mit diesen verbundenen Personen zu verlangen;
h) von zugelassenen AIFM, Verwahrstellen oder zugelassenen Wirtschaftsprüfern Auskünfte zu verlangen;
i) im Einklang mit dem nationalen Recht jegliche Art von Maßnahmen zu ergreifen, um sicherzustellen, dass AIFM oder Verwahrstellen weiterhin den Anforderungen dieses Gesetzes genügen;
j) im Interesse der Anteilinhaber oder der Öffentlichkeit die Aussetzung der Ausgabe, Rücknahme oder Auszahlung von Anteilen von AIF zu verlangen;
k) die einem AIFM oder einer Verwahrstelle erteilte Zulassung zu entziehen;
l) im Hinblick auf eine strafrechtliche Verfolgung Informationen an den Staatsanwalt weiterzuleiten;
m) bei den diesem Gesetz unterliegenden Personen Überprüfungen oder Ermittlungen durch zugelassene Wirtschaftsprüfer oder Sachverständige vornehmen zu lassen.

(3) Die CSSF macht insbesondere Gebrauch von den im Absatz (2) genannten Befugnissen, um das ordnungsgemäße Funktionieren der Märkte in den Fällen zu gewährleisten, in denen die Tätigkeit eines oder mehrerer AIF am Markt für ein Finanzinstrument das ordnungsgemäße Funktionieren des Marktes gefährden könnte.

Art. 51. Verwaltungssanktionen. (1) Juristische Personen, die nach diesem Gesetz der Aufsicht der CSSF unterliegen, und natürliche Personen, die für die Verwaltung dieser juristischen Personen verantwortlich sind, sowie natürliche Personen, die derselben Aufsicht unterliegen, können von der CSSF mit Sanktionen belegt werden, wenn
– sie die in den Artikeln 3 Absatz (3), 4 Absatz (2), 5 Absätze (2), (3), (5) und (7), 8, 9 Absatz (1), 11, 12, 13, 14, 15, 16, 17, 18, 19, 20, 21, 22, 25, 26, 27, 28, 29, 30, 32, 34, 35, 37 und 46 dieses Gesetzes oder in den Ausführungsbestimmungen zu diesen Artikeln vorgesehenen Pflichten nicht einhalten,

---

[8] *Président du Tribunal d'arrondissement.*

- sie sich weigern, Rechnungslegungsunterlagen oder andere verlangten Auskünfte zu übermitteln,
- sie Unterlagen oder sonstige Auskünfte übermittelt haben, die sich als unvollständig, ungenau oder falsch erweisen,
- sie die Ausübung der Aufsichts-, Inspektions- und Ermittlungsbefugnisse der CSSF behindern,
- sie gegen die Regelungen zur Veröffentlichung der Bilanzen und Abschlüsse[9] verstoßen,
- sie den Anordnungen der CSSF nicht Folge leisten,
- sie durch ihr Verhalten die solide und umsichtige Verwaltung der betroffenen Einrichtung gefährden.

(2) Nach dem Grad der Schwere können von der CSSF verhängt werden:
- eine Verwarnung,
- eine Rüge,
- ein Bußgeld in Höhe von 250 bis 250 000 Euro,
- und in den im 4., 6. und 7. Spiegelstrich des Absatzes (1) genannten Fällen eine oder mehrere der folgenden Maßnahmen:
    a) ein zeitlich beschränktes oder endgültiges Verbot der Ausübung eines oder mehrerer Geschäfte oder Tätigkeiten, sowie sämtliche anderen Beschränkungen der Tätigkeit der Person oder des Rechtsträgers,
    b) ein zeitlich beschränktes oder endgültiges Berufsverbot gegenüber den der Aufsicht der CSSF unterliegenden Personen oder Rechtsträger als tatsächliche oder rechtliche Verwaltungsratsmitglieder, Vorstände oder Geschäftsführer.

Die CSSF kann jede im Rahmen dieses Artikels verhängte Sanktion öffentlich bekannt machen, es sei denn eine solche Bekanntmachung gefährdet ernstlich die Stabilität der Finanzmärkte oder fügt den Beteiligten einen unverhältnismäßig hohen Schaden zu.

Bei der Verhängung von Sanktionen berücksichtigt die CSSF insbesondere die Art, Dauer und Schwere der begangenen Verfehlungen, das Verhalten und die Vorgeschichte der zu sanktionierenden natürlichen oder juristischen Person, den Dritten entstandenen Schaden und die aus dem Verstoß möglicherweise entstehenden und/oder tatsächlich gezogenen Vorteile oder Gewinne.

Art. 52. Recht auf Einlegung eines Rechtsmittels. (1) Die Entscheidungen der CSSF in Ausführung dieses Gesetzes werden schriftlich begründet und erfolgen, sofern nicht Gefahr in Verzug ist, nach Durchführung eines streitigen Verfahrens.[10] Sie werden per Einschreiben übermittelt oder durch den Gerichtsvollzieher[11] zugestellt.

(2) Die Entscheidungen der CSSF über die Erteilung, die Verweigerung oder den Entzug der in diesem Gesetz vorgesehenen Genehmigungen bzw. Zulassungen sowie die Entscheidungen der CSSF über Verwaltungssanktionen gemäß Artikel 51 können vor dem Verwaltungsgericht, das in der Hauptsache entscheidet, angefochten werden. Das Rechtsmittel muss innerhalb einer Ausschlussfrist von einem Monat nach Mitteilung der angegriffenen Entscheidung eingelegt werden.

Abschnitt 2 – Zusammenarbeit der verschiedenen zuständigen Behörden

Art. 53. Verpflichtung zur Zusammenarbeit. (1) Die CSSF arbeitet mit den zuständigen Behörden der anderen Mitgliedstaaten sowie mit der ESMA und dem ESRB zusammen, wann immer dies zur Wahrnehmung ihrer in der Richtlinie 2011/61/EU festgelegten Aufgaben oder der ihnen durch die vorgenannte Richtlinie oder durch nationale Rechtsvorschriften übertragenen Befugnisse erforderlich ist.

(2) Die CSSF arbeitet auch dann mit den zuständigen Behörden zusammen, wenn die Verhaltensweisen, die Gegenstand der Ermittlung sind, keinen Verstoß gegen eine in Luxemburg geltende Vorschrift darstellen.

(3) Die CSSF übermittelt den zuständigen Behörden der anderen Mitgliedstaaten und der ESMA unverzüglich die zur Wahrnehmung ihrer Aufgaben im Rahmen der Richtlinie 2011/61/EU erforderlichen Informationen.

Die CSSF als zuständige Behörde des Herkunftsmitgliedstaats des AIFM übermittelt den Aufnahmemitgliedstaaten des betreffenden AIFM eine Abschrift der von ihnen gemäß Artikel 35, 37 und/oder 40 der Richtlinie 2011/61/EU geschlossenen Vereinbarungen über Zusammenarbeit. Die CSSF leitet die Informationen, die sie gemäß den mit Aufsichtsbehörden von Drittländern geschlossenen

---

[9] *situations comptables.*
[10] *Instruction contradictoire.*
[11] *Huissier.*

Vereinbarungen über Zusammenarbeit oder gegebenenfalls nach Maßgabe des Artikels 45 Absatz (6) oder (7) der Richtlinie 2011/61/EU von Aufsichtsbehörden von Drittländern in Bezug auf einen AIFM erhalten haben, gemäß den Verfahren in Bezug auf die anwendbaren technischen Regulierungsstandards gemäß Artikel 35 Absatz (14), Artikel 37 Absatz (17) oder Artikel 40 Absatz (14) der genannten Richtlinie an die zuständigen Behörden des Aufnahmemitgliedstaats des betreffenden AIFM weiter.

Ist die CSSF als zuständige Behörde des Aufnahmemitgliedstaats des AIFM der Auffassung, dass der Inhalt der gemäß Artikel 35, 37 und/oder 40 der Richtlinie 2011/61/EU vom Herkunftsmitgliedstaat des betreffenden AIFM geschlossenen Vereinbarung über die Zusammenarbeit nicht mit dem übereinstimmt, was nach den anwendbaren technischen Regulierungsstandards erforderlich ist, kann die CSSF die Angelegenheit der ESMA zur Kenntnis bringen, die im Rahmen der ihr durch Artikel 19 der Verordnung (EU) Nr. 1095/2010 übertragenen Befugnisse tätig werden kann.

(4) Sofern die CSSF eindeutige und nachweisbare Gründe zu der Vermutung hat, dass ein nicht ihrer Aufsicht unterliegender AIFM gegen die Richtlinie 2011/61/EU verstößt oder verstoßen hat, teilt sie dies der ESMA und den zuständigen Behörden des Herkunfts- und Aufnahmemitgliedstaats des betreffenden AIFM so genau wie möglich mit.

(5) Haben die zuständigen Behörden eines anderen Mitgliedstaats eindeutige und nachweisbare Gründe zu der Vermutung, dass ein nach diesem Gesetz zugelassener AIFM gegen die Richtlinie 2011/61/EU verstößt oder verstoßen hat, so teilen sie dies der CSSF mit. Die CSSF ergreift geeignete Maßnahmen und unterrichtet die ESMA und die zuständigen Behörden, von denen sie informiert wurde, über den Ausgang dieser Maßnahmen und so weit wie möglich über wesentliche zwischenzeitlich eingetretene Entwicklungen.

Art. 54. Übermittlung und Speicherung personenbezogener Daten. (1) Bei der Übermittlung personenbezogener Daten zwischen der CSSF und den betreffenden zuständigen Behörden nach der Richtlinie 2011/61/EU finden die Bestimmungen der Richtlinie 95/46/EG Anwendung.

(2) Die CSSF speichert die in Absatz (1) genannten personenbezogenen Daten für einen Zeitraum von höchstens fünf Jahren.

Art. 55. Offenlegung von Informationen gegenüber den zuständigen Behörden von Drittländern. (1) Die CSSF darf den zuständigen Behörden eines Drittlandes Daten und Datenauswertungen im Einzelfall übermitteln, wenn die Voraussetzungen des Artikels 25 oder des Artikels 26 der Richtlinie 95/46/EG erfüllt sind und soweit die CSSF sich vergewissert hat, dass diese Übermittlung für die Zwecke der Richtlinie 2011/61/EU erforderlich ist. Die zuständigen Behörden des Drittlandes, die die Informationen von der CSSF erhalten haben, dürfen die Daten nicht ohne ausdrückliche schriftliche Zustimmung der CSSF an die zuständigen Behörden eines anderen Drittlandes weiterleiten.

(2) Die CSSF darf die nach der Richtlinie 2011/61/EU erhaltenen Informationen nicht ohne die ausdrückliche Zustimmung der zuständigen Behörden, die der CSSF die Informationen übermittelt haben und nur zu den Zwecken, für die diese Behörden ihre Zustimmung gegeben haben einer Aufsichtsbehörde eines Drittlands weiterleiten.

Art. 56. Austausch von Informationen in Bezug auf potenzielle Systemauswirkungen von AIFM-Geschäften. (1) Die CSSF übermittelt den betreffenden zuständigen Behörden anderer Mitgliedstaaten Informationen, die für die Überwachung von und die Reaktion auf potenzielle Auswirkungen der Geschäfte einzelner oder aller AIFM auf die Stabilität systemrelevanter Finanzinstitute und das ordnungsgemäße Funktionieren der Märkte, auf denen AIFM tätig sind, wesentlich sind. Die ESMA und der ESRB werden von der CSSF ebenfalls unterrichtet und leiten diese Informationen an die zuständigen Behörden der anderen Mitgliedstaaten weiter.

(2) Nach Maßgabe des Artikels 35 der Verordnung (EU) Nr. 1095/2010 übermittelt die CSSF der ESMA und dem ESRB zusammengefasste Informationen über die Geschäfte von AIFM, die ihrer Aufsicht nach diesem Gesetz unterliegen.

Art. 57. Zusammenarbeit bei der Erfüllung der Aufsichtsaufgaben. (1) Die zuständigen Behörden eines Mitgliedstaats können bei der Ausübung der ihnen durch die Richtlinie 2011/61/EU übertragenen Befugnisse die CSSF um Zusammenarbeit bei der Aufsicht oder einer Überprüfung vor Ort oder einer Ermittlung in Luxemburg ersuchen.

Erhält die CSSF ein Ersuchen um eine Überprüfung vor Ort oder eine Ermittlung, so führt sie eine der folgenden Maßnahmen durch:

a) sie nimmt die Überprüfung oder Ermittlung selbst vor;
b) sie gestattet der ersuchenden Behörde die Durchführung der Überprüfung oder Ermittlung;
c) sie gestattet Rechnungsprüfern[12] oder Sachverständigen die Durchführung der Überprüfung oder Ermittlung.

(2) Wird die Überprüfung oder Ermittlung durch die CSSF selbst vorgenommen, kann die zuständige Behörde des um Zusammenarbeit ersuchenden Mitgliedstaats beantragen, dass Mitglieder ihres Personals das Personal der CSSF, das die Überprüfung oder Ermittlung durchführt, unterstützen. Die Überprüfung oder Ermittlung ist jedoch uneingeschränkt der Kontrolle der CSSF unterstellt.

Wird die Überprüfung oder Ermittlung durch die ersuchende Behörde vorgenommen kann die CSSF beantragen, dass ihr eigenes Personal das Personal, das die Überprüfung oder Ermittlung durchführt, unterstützt.

(3) Die CSSF kann ein Ersuchen um einen Informationsaustausch oder um Zusammenarbeit bei einer Ermittlung oder einer Überprüfung vor Ort im Rahmen der Richtlinie 2011/61/EU nur in folgenden Fällen ablehnen:
a) die Ermittlung, die Überprüfung vor Ort oder der Informationsaustausch könnte die Souveränität, Sicherheit oder öffentliche Ordnung in Luxemburg beeinträchtigen;
b) aufgrund derselben Handlungen und gegen dieselben Personen ist bereits ein Verfahren vor einem Gericht in Luxemburg anhängig;
c) in Luxemburg ist gegen dieselben Personen und aufgrund derselben Handlungen bereits ein rechtskräftiges Urteil ergangen.

Die CSSF teilt den ersuchenden zuständigen Behörden jede nach diesem Absatz getroffene Entscheidung mit. Diese Mitteilung enthält Informationen zu den Gründen für die Entscheidung.

Kapitel 10. – Übergangsbestimmungen

Art 58. Übergangsbestimmungen. (1) Die Personen, die vor dem 22. Juli 2013 Tätigkeiten als AIFM nach diesem Gesetz ausüben, ergreifen alle erforderlichen Maßnahmen, um den Bestimmungen dieses Gesetzes nachzukommen und stellen bis zum 22. Juli 2014 einen Antrag auf Zulassung bei der CSSF.

(2) Die Artikel 29, 30 und 32 gelten nicht für den Vertrieb von Anteilen oder Aktien an AIF, die Gegenstand eines laufenden öffentlichen Angebots mittels eines Prospekts sind, der gemäß der Richtlinie 2003/71/EG vor dem 22. Juli 2013 erstellt und veröffentlicht wurde, solange dieser Prospekt Gültigkeit hat.

(3) Sofern AIFM vor dem 22. Juli 2013 geschlossene AIF verwalten, die nach diesem Datum keine zusätzlichen Anlagen tätigen, können sie diese AIF weiterhin verwalten, ohne gemäß diesem Gesetz zugelassen zu sein.

(4) Sofern AIFM geschlossene AIF verwalten, deren Zeichnungsfrist für Anleger vor dem 22. Juli 2011 ablief und die für einen Zeitraum aufgelegt wurden, der spätestens drei Jahre nach dem 22. Juli 2013 abläuft, können sie diese AIF weiterhin verwalten, ohne – mit Ausnahme von Artikel 20 und gegebenenfalls der Artikel 24 bis 28 – die Bestimmungen dieses Gesetzes einhalten oder eine Zulassung gemäß diesem Gesetz beantragen zu müssen.

(5) Die Artikel 35 bis 36 und 38 bis 44 dieses Gesetzes sind anwendbar, wenn die Europäische Kommission den delegierten Rechtsakt nach Artikel 67 Absatz (6) der Richtlinie 2011/61/EU erlassen hat, und zwar ab dem Datum dieses Rechtsakts. Die Artikel 37 und 45 dieses Gesetzes verlieren ihre Anwendbarkeit, wenn die Europäische Kommission den delegierten Rechtsakt nach Artikel 68 Absatz (6) der Richtlinie 2011/61/EU erlassen hat, und zwar ab dem Datum dieses Rechtsakts.

Kapitel 11. – Strafbestimmungen

Art 59. Strafbestimmungen. (1) Mit Haftstrafen von acht Tagen bis fünf Jahren und einer Geldstrafe von 5000 bis 125 000 Euro oder nur einer dieser Strafen wird bestraft, wer die Tätigkeit als AIFM im Sinne des Artikels 4 Absatz (1) Buchstaben a) und b) dieses Gesetzes ausübt oder auszuüben versucht, ohne dass eine Zulassung der CSSF nach diesem Gesetz erteilt wurde.

(2) Mit Haftstrafen von acht Tagen bis fünf Jahren und einer Geldstrafe von 5000 bis 125 000 Euro oder nur einer dieser Strafen wird bestraft, wer unter Verstoß gegen Artikel 7 Absatz (6) eine Bezeichnung gebraucht oder eine Beschreibung verwendet hat, die den Anschein einer diesem Gesetz unterliegenden Geschäftstätigkeit erweckt, ohne dass eine Zulassung nach Artikel 7 erteilt wurde.

---

[12] *Contrôleurs des comptes.*

IV. Normentexte

Kapitel 12. – Änderungsbestimmungen und sonstige Bestimmungen

[...]

Kapitel 13. – Aufhebungs- und Schlussbestimmungen

Art. 215. Artikel 28-8 des geänderten Gesetzes über den Finanzsektor vom 5. April 1993 ist mit Wirkung vom 22. Juli 2014 aufgehoben.

Art. 216. Die Bezugnahme auf dieses Gesetz kann in verkürzter Form wie folgt erfolgen: „Gesetz vom 12. Juli 2013 über die Verwalter alternativer Investmentfonds".

Art. 217. Dieses Gesetz tritt am Tag seiner Veröffentlichung im *Mémorial* in Kraft. Die Änderungen von Artikel 208, 1° und Artikel 209 finden keine Anwendung auf einfache Kommanditgesellschaften[13] die vor dem Inkrafttreten dieses Gesetzes gegründet wurden. [...]

Anhang I

1. Anlageverwaltungsfunktionen, die ein AIFM bei der Verwaltung eines AIF mindestens übernehmen muss:
   a) Portfolioverwaltung;
   b) Risikomanagement.
2. Andere Aufgaben, die ein AIFM im Rahmen der kollektiven Verwaltung eines AIF zusätzlich ausüben kann:
   a) administrative Tätigkeiten:
      i) rechtliche Dienstleistungen sowie Dienstleistungen der Fondsbuchhaltung und Rechnungslegung;
      ii) Kundenanfragen;
      iii) Bewertung und Preisfestsetzung, einschließlich Steueraspekte[14];
      iv) Überwachung der Einhaltung der Rechtsvorschriften;
      v) Führung eines Anteils-/Aktieninhaberregisters;
      vi) Gewinnausschüttung;
      vii) Ausgabe und Rücknahme von Anteilen/Aktien;
      viii) Kontraktabrechnungen, einschließlich Versand der Zertifikate;
      ix) Führung von Aufzeichnungen;
   b) Vertrieb;
   c) Tätigkeiten im Zusammenhang mit den Vermögenswerten des AIF, worunter die Ausübung von Dienstleistungen, die zur Erfüllung der treuhänderischen Pflichten des AIFM erforderlich sind, das Facility Management, die Immobilienverwaltung, die Beratung von Unternehmen über die Kapitalstruktur, die industrielle Strategie und damit verbundene Fragen, Beratungs- und Dienstleistungen im Zusammenhang mit Fusionen und dem Erwerb von Unternehmen und weitere Dienstleistungen in Verbindung mit der Verwaltung der AIF und der Unternehmen und anderer Vermögenswerte, in die die AIF investiert haben, fallen.

Anhang II

Vergütungspolitik

1. Bei der Festlegung und Anwendung der gesamten Vergütungspolitik einschließlich der Gehälter und freiwilligen Altersversorgungsleistungen für jene Mitarbeiterkategorien, einschließlich Geschäftsleitung, Risikoträger und Mitarbeiter mit Kontrollfunktionen und aller Mitarbeiter, die eine Gesamtvergütung erhalten, aufgrund derer sie sich in derselben Einkommensstufe befinden wie Mitglieder der Geschäftsleistung und Risikoträger, deren Tätigkeit sich wesentlich auf die Risikoprofile der AIFM oder von ihnen verwalteter AIF auswirkt, müssen AIFM die nachstehend genannten Grundsätze nach Maßgabe ihrer Größe, ihrer internen Organisation und der Art, dem Umfang und der Komplexität ihrer Geschäfte anwenden:

---

[13] *sociétés en commandite simple.*
[14] In der amtlichen deutschen Fassung der Richtlinie 2011/61/EU Anhang I wird der französische Begriff *aspects fiscaux* mit Steuererklärungen wiedergegeben. In der vorliegenden Übersetzung wurde der allgemeine Terminus *Steueraspekte* gewählt, um eine einschränkende Festlegung auf den Begriff Steuererklärung im Sinne von *déclaration fiscale* zu vermeiden.

a) die Vergütungspolitik ist mit einem soliden und wirksamen Risikomanagement vereinbar und diesem förderlich und ermutigt nicht zur Übernahme von Risiken, die unvereinbar sind mit den Risikoprofilen, Verwaltungsreglements oder Gründungsunterlagen der von ihnen verwalteten AIF;
b) die Vergütungspolitik steht mit Geschäftsstrategie, Zielen, Werten und Interessen des AIFM und der von ihm verwalteten AIF oder der Anleger solcher AIF in Einklang und umfasst auch Maßnahmen zur Vermeidung von Interessenkonflikten;
c) das Leitungsorgan des AIFM legt in seiner Aufsichtsfunktion die allgemeinen Grundsätze der Vergütungspolitik fest, überprüft sie regelmäßig und ist für ihre Umsetzung verantwortlich;
d) mindestens einmal jährlich wird im Rahmen einer zentralen und unabhängigen internen Überprüfung festgestellt, ob die Vergütungspolitik gemäß den vom Leitungsorgan in seiner Aufsichtsfunktion festgelegten Vergütungsvorschriften und -verfahren umgesetzt wurde;
e) die Mitarbeiter, die Kontrollfunktionen innehaben, werden entsprechend der Erreichung der mit ihren Aufgaben verbundenen Ziele entlohnt, und zwar unabhängig von den Leistungen in den von ihnen kontrollierten Geschäftsbereichen;
f) die Vergütung höherer Führungskräfte in den Bereichen Risikomanagement und Compliance-Aufgaben wird vom Vergütungsausschuss unmittelbar überprüft;
g) bei erfolgsabhängiger Vergütung liegt der Vergütung insgesamt eine Bewertung sowohl der Leistung des betreffenden Mitarbeiters und seiner Abteilung bzw. des betreffenden AIF als auch des Gesamtergebnisses des AIFM zugrunde; und bei der Bewertung der individuellen Leistung werden finanzielle wie auch nicht finanzielle Kriterien berücksichtigt;
h) um zu gewährleisten, dass die Beurteilung auf die längerfristige Leistung abstellt und die tatsächliche Auszahlung erfolgsabhängiger Vergütungskomponenten über einen Zeitraum verteilt ist, der der Rücknahmepolitik der von ihm verwalteten AIF und ihren Anlagerisiken Rechnung trägt, sollte die Leistungsbeurteilung in einem mehrjährigen Rahmen erfolgen, der dem Lebenszyklus der vom AIFM verwalteten AIF entspricht;
i) eine garantierte variable Vergütung kann nur in Ausnahmefällen im Zusammenhang mit der Einstellung neuer Mitarbeiter gezahlt werden und ist auf das erste Jahr beschränkt;
j) bei der Gesamtvergütung stehen feste und variable Bestandteile in einem angemessenen Verhältnis und der Anteil der festen Komponente an der Gesamtvergütung ist genügend hoch, dass eine flexible Politik bezüglich der variablen Komponente uneingeschränkt möglich ist und auch ganz auf die Zahlung einer variablen Komponente verzichtet werden kann;
k) Zahlungen im Zusammenhang mit der vorzeitigen Beendigung eines Vertrags spiegeln die im Laufe der Zeit erzielten Ergebnisse wider und sind so gestaltet, dass sie Versagen nicht belohnen;
l) die Erfolgsmessung, anhand derer variable Vergütungskomponenten oder Pools von variablen Vergütungskomponenten berechnet werden, schließt einen umfassenden Berichtigungsmechanismus für alle einschlägigen Arten von laufenden und künftigen Risiken ein;
m) je nach der rechtlichen Struktur des AIF und seines Verwaltungsreglements oder seiner Gründungsunterlagen muss ein erheblicher Anteil der variablen Vergütungskomponente, und in jedem Fall mindestens 50%, aus Anteilen des betreffenden AIF oder gleichwertigen Beteiligungen oder mit Anteilen oder Aktien verknüpften Instrumenten oder gleichwertigen unbaren Instrumenten bestehen; der Mindestwert von 50% kommt jedoch nicht zur Anwendung, wenn weniger als 50% des vom AIFM verwalteten Gesamtportfolios auf AIF entfallen.
Für die Instrumente nach diesem Buchstaben gilt eine geeignete Rückstellungspolitik, die darauf abstellt, die Anreize an den Interessen des AIFM und der von diesem verwalteten AIF sowie an den Interessen der Anleger der AIF auszurichten. Dieser Buchstabe ist sowohl auf den Anteil der variablen Vergütungskomponente anzuwenden, die gemäß Buchstabe n zurückgestellt wird, als auch auf den Anteil der nicht zurückgestellten variablen Vergütungskomponente;
n) ein wesentlicher Anteil der variablen Vergütungskomponente, und in jedem Fall mindestens 40%, wird über einen Zeitraum zurückgestellt, der angesichts des Lebenszyklus und der Rücknahmegrundsätze des betreffenden AIF angemessen ist und ordnungsgemäß auf die Art der Risiken dieses AIF ausgerichtet ist.
Der Zeitraum nach diesem Buchstaben sollte mindestens drei bis fünf Jahre betragen, es sei denn, der Lebenszyklus des betreffenden AIF ist kürzer; die im Rahmen von Regelungen zur Zurückstellung der Vergütungszahlung zu zahlende Vergütung wird nicht rascher als auf anteiliger Grundlage erworben. Macht die variable Komponente einen besonders hohen Betrag aus, so wird die Auszahlung von mindestens 60% des Betrags zurückgestellt;

o) die variable Vergütung, einschließlich des zurückgestellten Anteils, wird nur dann ausgezahlt oder erworben, wenn sie angesichts der Finanzlage des AIFM insgesamt tragbar ist und nach der Leistung der betreffenden Geschäftsabteilung, des AIF und der betreffenden Person gerechtfertigt ist.
Eine schwache oder negative finanzielle Leistung des AIFM oder der betreffenden AIF führt in der Regel zu einer erheblichen Schrumpfung der gesamten variablen Vergütung, wobei sowohl laufende Kompensationen als auch Verringerungen bei Auszahlungen von zuvor erwirtschafteten Beträgen, auch durch Malus- oder Rückforderungsvereinbarungen, berücksichtigt werden;
p) die Altersversorgungsregelungen stehen mit Geschäftsstrategie, Zielen, Werten und langfristigen Interessen des AIFM und der von diesem verwalteten AIF in Einklang.
Verlässt der Mitarbeiter den AIFM vor Eintritt in den Ruhestand, sollten freiwillige Altersversorgungsleistungen vom AIFM fünf Jahre lang in Form der unter Buchstabe m) festgelegten Instrumente zurückbehalten werden. Tritt ein Mitarbeiter in den Ruhestand, sollten die freiwilligen Altersversorgungsleistungen dem Mitarbeiter in Form der unter Buchstabe m festgelegten Instrumente nach einer Wartezeit von fünf Jahren ausgezahlt werden;
q) von den Mitarbeitern wird verlangt, dass sie sich verpflichten, auf keine persönlichen Hedging-Strategien oder vergütungs- und haftungsbezogene Versicherungen zurückzugreifen, um die in ihren Vergütungsregelungen verankerte Ausrichtung am Risikoverhalten zu unterlaufen;
r) die variable Vergütung wird nicht in Form von Instrumenten oder Verfahren gezahlt, die eine Umgehung der Anforderungen dieses Gesetzes erleichtern.
2. Die in Punkt 1 genannten Grundsätze gelten für alle Arten von Vergütungen, die von AIFM gezahlt werden, für jeden direkt von dem AIF selbst gezahlten Betrag, einschließlich Carried Interests, und für jede Übertragung von Anteilen des AIF, die zugunsten derjenigen Mitarbeiterkategorien, einschließlich der Geschäftsleitung, Risikokäufer, Mitarbeiter mit Kontrollfunktionen und aller Mitarbeiter, die eine Gesamtvergütung erhalten, aufgrund derer sie sich in derselben Einkommensstufe befinden wie Mitglieder der Geschäftsleistung und Risikokäufer, vorgenommen werden, deren berufliche Tätigkeit sich wesentlich auf ihr Risikoprofil oder auf die Risikoprofile der von ihnen verwalteten AIF auswirkt.
3. AIFM, die aufgrund ihrer Größe oder der Größe der von ihnen verwalteten AIF, ihrer internen Organisation und der Art, des Umfangs und der Komplexität ihrer Geschäfte von erheblicher Bedeutung sind, müssen einen Vergütungsausschuss einrichten. Der Vergütungsausschuss ist auf eine Weise zu errichten, die es ihm ermöglicht, kompetent und unabhängig über die Vergütungsregelungen und -praxis sowie die für das Management der Risiken geschaffenen Anreize zu urteilen.
Der Vergütungsausschuss ist für die Ausarbeitung von Entscheidungen über die Vergütung zuständig, einschließlich derjenigen mit Auswirkungen auf das Risiko und das Risikomanagement des AIFM oder der betreffenden AIF; diese Entscheidungen sind vom Leitungsorgan in seiner Aufsichtsfunktion zu fassen. Den Vorsitz im Vergütungsausschuss führt ein Mitglied des Leitungsorgans, das in dem betreffenden AIFM keine Führungsaufgaben wahrnimmt. Die Mitglieder des Vergütungsausschusses sind Mitglieder des Leitungsorgans, die in dem betreffenden AIFM keine Führungsaufgaben wahrnehmen.

Anhang III

Unterlagen und Angaben, die für den Vertrieb in Luxemburg beizubringen oder zu machen sind

a) ein Anzeigeschreiben einschließlich eines Geschäftsplans, der Angaben zu den AIF, die der AIFM zu vertreiben beabsichtigt, sowie zu deren Sitz enthält;
b) das Verwaltungsreglement oder die Gründungsunterlagen des AIF;
c) Name der Verwahrstelle des AIF;
d) eine Beschreibung des AIF bzw. alle für die Anleger verfügbaren Informationen über den AIF;
e) Angaben zum Sitz des Master-AIF, falls es sich bei dem AIF um einen Feeder-AIF handelt;
f) alle in Artikel 21 Absatz (1) genannten weiteren Informationen für jeden AIF, den der AIFM zu vertreiben beabsichtigt;
g) sofern zutreffend Angaben zu den Vorkehrungen, die getroffen wurden, um zu verhindern, dass Anteile oder Aktien des AIF an Kleinanleger vertrieben werden, auch falls ein AIFM für die Erbringung von Wertpapierdienstleistungen für den AIF auf unabhängige Unternehmen zurückgreift.

C. Luxemburg

Anhang IV

Unterlagen und Angaben, die für den Vertrieb in anderen Mitgliedstaaten als Luxemburg beizubringen bzw. zu machen sind

a) ein Anzeigeschreiben einschließlich eines Geschäftsplans, der Angaben zu den AIF, die der AIFM zu vertreiben beabsichtigt, sowie zu deren Sitz enthält;
b) das Verwaltungsreglement oder die Gründungsunterlagen des AIF;
c) Name der Verwahrstelle des AIF;
d) eine Beschreibung des AIF bzw. alle für die Anleger verfügbaren Informationen über den AIF;
e) Angaben zum Sitz des Master-AIF, falls es sich bei dem AIF um einen Feeder-AIF handelt;
f) alle in Artikel 21 Absatz (1) genannten weiteren Informationen für jeden AIF, den der AIFM zu vertreiben beabsichtigt;
g) die Angabe des Mitgliedstaats, in dem Anteile oder Aktien des AIF an professionelle Anleger vertrieben werden sollen;
h) Angaben zu den Vorkehrungen für den Vertrieb des AIF und, sofern zutreffend, Angaben zu den Vorkehrungen, die getroffen wurden, um zu verhindern, dass Anteile oder Aktien des AIF an Kleinanleger vertrieben werden, auch falls ein AIFM für die Erbringung von Wertpapierdienstleistungen für den AIF auf unabhängige Unternehmen zurückgreift.

D. Einführung in das österreichische Investmentrecht

I. Übersicht Hauptgesetze

Das österreichische Investmentrecht ist kein einheitlich kodifiziertes Regelwerk. Es besteht aus einer Vielzahl von Normen (Gesetze, Verordnungen und Auslegungshilfen der Aufsichts- und Steuerbehörden), die der Rechtsanwender zu berücksichtigen hat. Diese sind zwar großteils europarechtlich geprägt, wie etwa die Umsetzung der OGAW-Richtlinien oder der MiFID, werden aber zT durch nationale Rechtsvorschriften, insbesondere durch das Steuerrecht, ergänzt. 1

Die wichtigsten Rechtsgrundlagen sind im Folgenden aufgelistet und zT im Anhang abgedruckt. 2

1. Hauptgesetze

- Bundesgesetz über Investmentfonds 2011 (Investmentfondsgesetz 2011; **„InvFG 2011"**)[1]
- Bundesgesetz über Immobilienfonds (Immobilien-Investmentfondsgesetz; **„Immo-InvFG"**)[2]
- Alternative Investmentfonds Manager – Gesetz (**„AIFMG"**)[3]
- Bundesgesetz über die Beaufsichtigung von Wertpapierdienstleistungen (Wertpapieraufsichtsgesetz 2007; **„WAG 2007"**)[4]
- Bundesgesetz über das Bankwesen (Bankwesengesetz; **„BWG"**)[5]
- Bundesgesetz über das öffentliche Anbieten von Wertpapieren und anderen Kapitalveranlagungen und über die Aufhebung des Wertpapier-Emissionsgesetzes (Kapitalmarktgesetz; **„KMG"**)[6]
- Bundesgesetz über die Wertpapier- und allgemeinen Warenbörsen und über die Abänderung des Börsesenale-Gesetzes 1949 und der Börsegesetz-Novelle 1903 (Börsegesetz 1989; **„BörseG"**)[7]
- Umsatzsteuergesetz 1994 (**„UStG"**)[8]

Verordnungen

a) Zum InvFG

- Verordnung der Finanzmarktaufsicht (FMA) über die Risikoberechnung und Meldung von Derivaten (4. Derivate-Risikoberechnungs- und Meldeverordnung)[9]
- Verordnung der Finanzmarktaufsicht (FMA) über die Art der elektronischen Übermittlung der Meldung von Derivaten (Derivate-Meldesystemverordnung 2011; **„DMV 2011"**)[10]
- Verordnung der Finanzmarktaufsicht (FMA) zur Festlegung der Kriterien betreffend die Definition, Bezeichnung, Veröffentlichungspflichten, Anlegerinformation und Anlagebe-

---

[1] BGBl. I 77/2011 idF BGBl. I 184/2013.
[2] BGBl. I 80/2003 idF BGBl. I 184/2013.
[3] BGBl. I 135/2013.
[4] BGBl. I 60/2007 idF BGBl. I 184/2013.
[5] BGBl. 532/1993 idF BGBl. I 13/2014.
[6] BGBl. 625/1991 idF BGBl. I 184/2013.
[7] BGBl. 555/1989 idF BGBl. I 13/2014.
[8] BGBl. 663/1994 idF BGBl. I 13/2014.
[9] BGBl. II 355/2013.
[10] BGBl. II 223/2013.

schränkungen von Geldmarktfonds und Geldmarktfonds mit kurzer Laufzeitstruktur (Geldmarktfondsverordnung; **„GMF-V"**)[11]
- Verordnung der Finanzmarktaufsicht (FMA) zur Festlegung der angemessenen Informationen, sowie der Kriterien zur Beurteilung der Gleichwertigkeit von Aufsichtsbestimmungen und des Schutzniveaus der Anteilinhaber bei Veranlagungsvorschriften (Informationen- und Gleichwertigkeitsfestlegungsverordnung; **„IG-FestV"**)[12]
- Verordnung der Finanzmarktaufsicht (FMA) über das Kundeninformationsdokument (**„KID-V"**)[13]
- Verordnung der Finanzmarktaufsicht (FMA) zur buchhalterischen Darstellung, Rechnungslegung und Ermittlung des Wertes von Teilfonds bei Umbrella-Konstruktionen (Teilfondsverordnung; **„TFV"**)[14]
- Verordnung der Finanzmarktaufsicht (FMA) zur Festlegung der näheren Erfordernisse einer elektronischen Übermittlung und Hinterlegung der Prospekte und Kundeninformationsdokumente (Übermittlungs- und Hinterlegungsverordnung; **„ÜHV"**)[15]
- Verordnung der Finanzmarktaufsicht (FMA) über die elektronische Einbringung (FMA-Incoming-Plattformverordnung; **„FMA-IPV"**)[16]

b) Zum ImmoInvFG

- Verordnung der Finanzmarktaufsicht (FMA) zur Festlegung der Kategorien von Gegenparteien bei Geschäften mit OTC-Derivaten bei Immobilienfonds (Immobilienfonds-OTC-Derivate-Gegenpartei-Verordnung)[17]
- Verordnung der Finanzmarktaufsicht über die Angaben, die im vereinfachten Prospekt eines Immobilienfonds enthalten sein müssen (Immobilienfonds-Prospektinhalt-Verordnung)[18]
- Verordnung der Finanzmarktaufsicht zur Durchführung des Immobilien-Investmentfondsgesetzes betreffend den Risikohinweis (Risikohinweisverordnung)[19]
- FMA-IPV

c) Zum KMG

- Verordnung der Finanzmarktaufsicht (FMA) über die Mindestinhalte von Prospekte ersetzenden Dokumenten, über die Veröffentlichung von Prospekten in Zeitungen und über die Sprachenregelung (Mindestinhalts-, Veröffentlichungs- und Sprachenverordnung; **„MVSV"**)[20]

d) Zum WAG 2007

- Interessenkonflikte- und Informationen für Kunden-Verordnung (**„IIKV"**)[21]

e) Zum AIFMG

- Verordnung der Finanzmarktaufsichtsbehörde (FMA) zur Ausgestaltung des Warnhinweises von Alternativen Investmentfonds (AIF-Warnhinweisverordnung)[22]

---

[11] BGBl. II 262/2011.
[12] BGBl. II 168/2008 idF BGBl. II 268/2011.
[13] BGBl. II 265/2011.
[14] BGBl. II 264/2011.
[15] BGBl. II 263/2011.
[16] BGBl. II 184/2010 idF BGBl. II 319/2013.
[17] BGBl. II 311/2007 idF BGBl. II 354/2013.
[18] BGBl. II 314/2008 idF BGBl. II 271/2011.
[19] BGBl. II 596/2003.
[20] BGBl. II 236/2005 idF BGBl. II 282/2012.
[21] BGBl. II 216/2007 idF BGBl. II 272/2011.
[22] BGBl. II 224/2013.

f) Erlässe des Bundesministeriums für Finanzen
- Einkommensteuerrichtlinien 2000
- Investmentfondsrichtlinien 2008

Aufgrund des Umfangs der Normen ist ein vollständiger Abdruck nicht möglich. Sämtliche Rechtsvorschriften sind elektronisch im Rechtsinformationssystem des Bundes unter www.ris.bka.gv.at kostenfrei und tagesaktuell verfügbar. Richtlinien der Finanzverwaltung wie die Erlässe des Bundesministeriums für Finanzen sind über die Homepage des Bundesministeriums für Finanzen unter https://findok.bmf.gv.at/findok/abrufbar.

II. Historischer Abriss

1. Allgemeiner Überblick

Vor der ersten Kodifizierung des Investmentrechts in Österreich wurden Formen des Investmentsparens,[23] also die Anlage in Investmentfonds, durch das Kreditwesengesetz und das Zivilrecht geregelt. Bereits sieben Jahre vor Inkrafttreten des ersten Investmentfondsgesetzes in Österreich hat der damalige Creditanstalt-Bankverein (heute UniCredit) den ersten österreichischen Investmentfonds aufgelegt. Obwohl zur damaligen Zeit die bestehenden zivilrechtlichen Regelungen über das Miteigentum ausreichend waren, bestand aufgrund der allgemeinen Beliebtheit des Investmentsparens in Österreich das Bedürfnis, ein Sondergesetz zu schaffen. Dieses sollte das besondere Schutzinteresse der Investoren berücksichtigen und auch steuerrechtliche Fragen bzgl. des Investmentsparens lösen.[24]

2. Das Investmentfondsgesetz 1963

Mit der Kodifizierung des Investmentrechts 1963 wurde erstmals eine rechtliche Grundlage geschaffen, welche die Rechtsbeziehungen zwischen Investmentsparern (Investoren), den das Vermögen verwaltenden Kapitalanlagegesellschaften (Investmentgesellschaften) und der Depotbank regelt.

Der österreichische Gesetzgeber hat sich bei der Kodifizierung des Investmentrechts im Gegensatz zum deutschen Gesetz, das auch Treuhandlösungen vorsieht, nur für die sogenannte Miteigentumslösung entschieden. Dadurch werden alle Anteilsinhaber zivilrechtliche Miteigentümer des veranlagten Vermögens.

Es wurden auch jene Vorgaben und Grundsätze verankert, die noch heute das österreichische Investmentrecht prägen. Zu den wichtigsten Prinzipien zählt der in § 20 Abs. 4 InvFG 1963[25] normierte Grundsatz der Risikostreuung. Die Verwaltung der Vermögenswerte wurde einer speziellen Verwaltungsgesellschaft (Kapitalanlagegesellschaft) übertragen, welche ausschließlich in der Rechtsform einer AG oder einer GmbH betrieben werden

---

[23] Das Investmentsparen stammt aus dem angelsächsischen Raum und verbreitete sich über die Niederlande und Frankreich in ganz Europa.
[24] Vgl. Sten Prot vom 10.7.1963, 22. Sitzung, 10. GP, S. 1108; *Kastner/Sixt/Mayer/Feyl,* Investmentfondgesetz, JBl 1963, S. 549; *Pircher/Pülzl,* Historische Entwicklung, aktueller Stand und Ausblick auf die Zukunft der Investmentfondsbesteuerung, ÖStZ 2002, S. 30.
[25] § 20 Abs. 4 InvFG 1963: *„Wertpapiere desselben Ausstellers dürfen nur bis zu insgesamt fünf vom Hundert des Fondsvermögens erworben werden; Wertpapiere von zwei Wertpapierausstellern, von denen der eine am Grundkapital (Stammkapital) des anderen mit mehr als fünfzig vom Hundert beteiligt ist, gelten als Wertpapiere desselben Ausstellers. Der Satz von fünf vom Hundert kann mit Genehmigung des Bundesministeriums für Finanzen auf zehn vom Hundert erhöht werden, falls die Fondsbestimmungen dies vorsehen. Aktien desselben Ausstellers dürfen nur bis zu insgesamt fünf vom Hundert des Grundkapitals der ausstellenden Aktiengesellschaft erworben werden; der Satz von fünf vom Hundert kann mit Genehmigung des Bundesministeriums für Finanzen auf siebeneinhalb vom Hundert erhöht werden, falls die Fondsbestimmungen dies vorsehen. Das Bundesministerium für Finanzen hat diese Genehmigungen zu erteilen, soweit die Erhöhung der Hundertsätze den berechtigten Interessen der Anteilinhaber entspricht."*

durfte.[26] Auch die Zwischenschaltung der Depotbank als Verwahrerin des Fondsvermögens zum Schutz der Anleger geht auf dieses Gesetz zurück. Schließlich wurden die steuerrechtlichen Begünstigungen des Investmentsparens eingeführt.[27]

a) Die Novellen 1968 und 1987

6   Die steigende Zahl an ausländischen Investmentfonds, die in Österreich ihre Anteile vertrieben, und nicht weit genug gehende Anlegerschutzbestimmungen veranlassten den österreichischen Gesetzgeber 1968 zur ersten Novelle des Investmentfondsgesetzes 1963.[28] Der neu eingeführte § 26 InvFG 1963 bestimmte, dass die gewerbsmäßige Werbung für den Erwerb von Anteilen an in- und ausländischen Kapitalanlagefonds ein Bank- und Sparkassengeschäft sei. Ebenso als Bank- und Sparkassengeschäft galt die Werbung für Anteile von Kapitalanlagegesellschaften oder ähnlichen Einrichtungen. Des Weiteren wurde das „Hausieren", also die Haustürwerbung durch Kundenberater eingeschränkt. Dieses durfte nur noch auf Einladung des Kunden erfolgen. Die Novelle beinhaltete auch ein Werbeverbot für Dachfonds.

7   Die Novelle 1987[29] wurde aufgrund von Änderungen im Kreditwesengesetz und den neuesten Entwicklungen im Wertpapierwesen notwendig. Besonders erwähnenswert ist die Ausnahme von den Streu- und Zusammenrechnungsvorschriften im Bereich der Anlagegrenzen für von Bund oder Ländern begebene Wertpapiere. Investmentzertifikate konnten nunmehr von Sammelurkunden vertreten werden, wodurch keine Einzelurkunden mehr ausgegeben werden mussten. Die Novelle passte das Investmentfondsgesetz 1963 auch an die neuesten internationalen Standards an, wobei man sich vor allem in den Bereichen Organisation von Investmentfonds, Publizität und Veranlagungsvorschriften an den Vorgaben der OGAW-Richtlinie orientierte.[30]

3. Das Investmentfondsgesetz 1993

8   Der Beitritt Österreichs zur Europäischen Union 1994 machte umfassende Änderungen im Bereich des Bankwesens und Kapitalmarktrechts notwendig. Aufgrund der Vielzahl der vorzunehmenden Änderungen entschloss sich der österreichische Gesetzgeber zu einer Neufassung des Investmentfondsgesetzes 1963. Durch das Finanzmarktanpassungsgesetz wurde 1993 ein neues Investmentfondsgesetz[31] in die österreichische Rechtsordnung eingeführt.

Da sich der österreichische Gesetzgeber bereits in früheren Jahren stark an den internationalen Standards, allen voran am deutschen KAGG, orientiert hatte, hielten sich die meisten Neuerungen in ihrer Intensität in Grenzen.

Durch die Umsetzung der OGAW-Richtlinie wurde ein duales System für ausländische Investmentfonds vorgesehen.[32] Insbesondere das erleichterte Zulassungsverfahren für OGAW-Investmentfonds liberalisierte den österreichischen Finanzmarkt. Im Gegensatz dazu wurden die strengeren Zulassungs- und Publizitätsvorschriften für nicht harmonisierte ausländische Investmentfonds beibehalten.

Das Investmentfondsgesetz 1993 verbesserte die Anlegerschutzbestimmungen bspw. durch die Einführung einer Prospektpflicht auch für inländische Investmentfonds.[33] Dem

---

[26] § 2 Abs. 3 InvFG 1963.
[27] Vgl. *Heidinger,* Das neue Investmentfondsrecht: InvFG-Nov, 1998, S. 27; *Pircher/Pülzl* ÖStZ 2002, S. 30.
[28] BGBl. 243/1968.
[29] BGBl. 650/1987.
[30] Vgl. *Sieberer,* Das europäische Investmentrecht und das Investmentfondsgesetz 1993, 1996, S. 1; *Heidinger,* Investmentfondsrecht, S. 27; Sten Prot vom 16.12.1987, 46. Sitzung, 17. GP, S. 5247.
[31] Art. II Finanzmarktanpassungsgesetz, BGBl. 532/1993.
[32] Abschn. III InvFG 1993 beinhaltet Regelungen über den Vertrieb von OGAW, während Abschn. II den Vertrieb sonstiger Investmentfonds regelte.
[33] Bis zur Einf. des Investmentfondsgesetzes 1993 waren Investmentfonds von der Prospektpflicht nach dem Kapitalmarktgesetz ausgenommen; vgl. *Sieberer,* S. 1.

II. Historischer Abriss

Anlegerschutz dienten auch strengere Vorschriften für Rechenschaftsberichte, eine Beschränkung der Werbung für Anteilsscheine, Haftungsregeln für die Depotbank und die Aufnahme umfassender und strenger Strafbestimmungen.[34]

a) Änderungen des Investmentfondsgesetzes 1993 durch das Steuerreformgesetz 1993

Zwischen der Einführung des Investmentfondsgesetzes 1993 und dessen erster größerer Novellierung 1998 wurde das Investmentfondsrecht zweimal geändert. Durch das Steuerreformgesetz 1993[35] wurden bestehende Steuerlücken geschlossen. So wurde etwa die Steuerfreiheit für Substanzgewinne von Anteilen, die dem Betriebsvermögen angehörten, abgeschafft.[36]

Ebenso wurde das Investmentfondsgesetz 1993 durch die Einführung des Wertpapieraufsichtsgesetzes[37], das am 1.1.1997 in Kraft trat, geringfügig geändert. Da dieses Gesetz ein allgemeines Haustürwerbeverbot für Wertpapierdienstleistungen beinhaltete, wurde die Spezialbestimmung im Investmentfondsgesetz 1993 aufgehoben.[38]

b) Novelle 1998

Die Novelle 1998 geht auf Marktentwicklungen am Ende des letzten Jahrtausends zurück. Damals investierten Österreicher einen erheblichen Teil ihres Vermögens im Ausland, weil die gewünschten Produkte mangels gesetzlicher Grundlagen in Österreich nicht angeboten werden konnten. Gleichzeitig fand eine Konzentration der Kreditwirtschaft statt und Kapitalanlagegesellschaften wurden vermehrt zusammengelegt.

Vorrangiges Ziel der Novelle war es daher, Investitionen in inländische Produkte zu fördern. Für Großanleger wurden Spezialfonds und für das breite Publikum neue Fondstypen wie etwa Dachfonds oder thesaurierende Fonds eingeführt. Weiters wurde mit der Novelle 1998 die Fondszusammenlegung vereinfacht. Dadurch erwartete man sich ein Verbesserung der Kosteneffizienz, die den Anlegern zugute kommen sollte.

Um den wachsenden Problem der Finanzierbarkeit des österreichischen Pensionssystems Rechnung zu tragen, wurde die private Pensionsvorsorge als dritte Vorsorgesäule forciert: Der Pensionsinvestmentfonds wurde eingeführt. Aufgrund der langen Veranlagungsdauer soll die Ertragsthesaurierung mittels Zinseszinseffekt gesteigert werden. Durch besondere Veranlagungsvorschriften wird ebenfalls eine substanzwertorientierte Anlagepolitik verfolgt. Da, wie bereits erwähnt, der Pensionsinvestmentfonds der privaten Vorsorge dient und daher der Anlegerschutz besonders im Vordergrund steht, wurde der Einsatz von Derivaten auf Absicherungsgeschäfte beschränkt. Der Erwerb von Optionen wurde generell verboten.[39]

c) Novelle 2003 – Umsetzung der Richtlinien 2001/107/EG und 2001/108/EG („OGAW III")

Im Jahr 2003 veranlassten zwei europäische Richtlinien und Marktentwicklungen den österreichischen Gesetzgeber wiederum zu einer Gesetzesänderung. Das Aufkommen von Immobilienfonds im Ausland führte wie bereits in der Vergangenheit zu einer Verlagerung von Investitionsvolumen in ausländische Produkte. Um dies hintanzuhalten wurde zusätzlich zum Investmentfondsgesetz das Immobilieninvestmentfondsgesetz eingeführt, das Immobilienveranlagungen nach dem Vorbild der Wertpapierfonds ermöglichen soll.

---

[34] Vgl. *Jusits/Schredl*, Die EWR-Anpassung des neuen Investmentfondsgesetzes, ÖBA 1993, S. 535.
[35] BGBl. 818/1993.
[36] Vgl. *Pircher/Pülzl*, S. 32.
[37] BGBl. 753/1996.
[38] Vgl. *Heidinger*, Investmentfondsrecht, S. 29.
[39] Vgl. Bericht des Finanzausschusses zu RV 917 BglNR. 20. GP, S. 1; *Heidinger*, Investmentfondsrecht, S. 30.

Im Investmentfondsgesetz selbst wurden aufgrund der „Organisationsrichtlinie" (2001/107/EG[40]) und der „Produktrichtlinie" (2001/108/EG[41]) Änderungen vorgenommen. In Umsetzung dieser Richtlinien wurden erleichterte Marktzugangs- und Ausübungsbestimmungen für Verwaltungsgesellschaften und Fonds aus Mitgliedsstaaten eingeführt. Der europäische Gesellschaftspass ermöglicht es Verwaltungsgesellschaften seitdem, Dienstleistungen in anderen Mitgliedsstaaten auf Grundlage ihrer Zulassung im Herkunftsmitgliedsstaat ohne nochmalige Zulassung im Aufnahmemitgliedsstaat entweder über eine Zweigniederlassung oder grenzüberschreitend ohne lokale Präsenz (Dienstleistungsfreiheit) anzubieten. Ähnlich ermöglicht der Produktpass einen grenzüberschreitenden Vertrieb von OGAW-Kapitalanlagefonds innerhalb der Europäischen Union auf Grundlage der Produktzulassung im Herkunftsmitgliedsstaat.

Weiters wurde der vereinfachte Prospekt als Kurzinformation für Anleger in das österreichische Recht eingeführt und das Veranlagungsspektrum für Kapitalanlagefonds erweitert. Von nun an konnte auch in Derivate, Dachfonds, aber auch in Bankeinlagen und Geldmarktinstrumente veranlagt werden.[42]

d) Novelle 2008 – Umsetzung der Richtlinie 2007/16/EG

12 Die Verbesserung der Wettbewerbsfähigkeit von österreichischen Investmentfonds unter gleichzeitiger Wahrung des Anlegerschutzes und der Abbau von Auslegungsunsicherheiten der bestehenden Rechtsvorschriften waren die Ziele, die mit der Umsetzung der „Definitionen-Richtlinie" (2007/16/EG[43]) in das österreichische Gesetz verwirklicht werden sollten. Gleichzeitig mit der Richtlinie wurden die CESR Guidelines CESR04–434b[44] und CESR/06–120b[45] umgesetzt.

Während die Niederlassungs- und die Dienstleistungsfreiheit zuvor mittels Verweis auf die einschlägigen Bestimmungen des BWG geregelt waren, wurden nun eigene Bestimmungen dazu in das Investmentfondsgesetz aufgenommen. Dies führte zu einer leichteren Abgrenzung der einzelnen Rechtsgebiete und schuf eine klare Struktur.

Durch die Novelle 2008 wurden zusätzliche Definitionen bestimmter Finanzinstrumente aufgenommen. Die Ausgestaltungsmöglichkeit einzelner Produkte wurde konkretisiert und mit Regelungen anderer Mitgliedsstaaten harmonisiert. Dadurch sollten österreichische Produkte wettbewerbsfähiger und mit ausländischen Produkten vergleichbarer gemacht werden.[46]

4. Novelle 2011 – Umsetzung der Richtlinien 2009/65/EU, 2010/43/EU und 2010/78/EU („OGAW IV")

13 Zuletzt wurde das Investmentfondsgesetz 1993 in Umsetzung der Richtlinien 2009/65/EU, 2010/43/EU und 2010/44 (**„OGAW IV"**) durchgreifend novelliert und neu

---

[40] Richtlinie 2001/107/EG des Europäischen Parlaments und des Rates vom 21.1.2002 zur Änderung der Richtlinie 85/611/EWG des Rates zur Koordinierung der Rechts- und Verwaltungsvorschriften betreffend bestimmte Organismen für gemeinsame Anlagen in Wertpapieren (OGAW) zwecks Festlegung von Bestimmungen für Verwaltungsgesellschaften und vereinfachte Prospekte, ABl. L 41 vom 13.2.2002, S. 20.

[41] Richtlinie 2001/108/EG des Europäischen Parlaments und des Rates vom 21.1.2002 zur Änderung der Richtlinie 85/611/EWG des Rates zur Koordinierung der Rechts- und Verwaltungsvorschriften betreffend bestimmte Organismen für gemeinsame Anlagen in Wertpapieren (OGAW) hinsichtlich der Anlagen der OGAW, ABl. L 41 vom 13.2.2002, S. 35.

[42] Vgl. RV 97 BlgNR. 22. GP, S. 1 ff.

[43] Richtlinie 2007/16/EG der Kommission vom 19.3.2007 zur Durchführung der Richtlinie 85/611/EWG des Rates zur Koordinierung der Rechts- und Verwaltungsvorschriften betreffend bestimmte Organismen für gemeinsame Anlagen in Wertpapieren (OGAW) im Hinblick auf die Erläuterung gewisser Definitionen, ABl. L 79 vom 20.3.2007, S. 11.

[44] CESR's guidelines for supervisors regarding the transitional provisions of the amending UCITS Directives (2001/107/EC and 2001/108/EC).

[45] CESR's guidelines to simplify the notification procedure of UCITS.

[46] RV 452 BlgNR. 23. GP, S. 1 ff.

gefasst. Das Investmentfondsgesetz 2011 kodifiziert seitdem das aktuell geltende Investmentfondsrecht. Die neuen Regelungen betrafen insbesondere die Bereiche Fondsstrukturen (Master-Feeder-Struktur), Fondsverschmelzungen, organisatorische Anforderungen und Wohlverhaltensregeln für Verwaltungsgesellschaften, grenzüberschreitende Verwaltung von Investmentfonds, Anlegerinformation (einheitliches Kundeninformationsdokument) und aufsichtsrechtliche Verfahren für den grenzüberschreitenden Fondsvertrieb. Ziel dieser Regelungen sind eine Effizienzsteigerung für Verwaltungsgesellschaften, mehr Rechtssicherheit sowie bessere Vergleichbarkeit für Anleger und Stärkung der Beaufsichtigung durch Aufsichtsbehörden, sowie eine bessere Zusammenarbeit dieser.

III. Nationale Reaktion auf die AIFM-RL, OGAW und MiFID

1. AIFM-RL

Im Gegensatz zu Deutschland, wo sich der deutsche Gesetzgeber wie bereits dargestellt für ein einheitliches Regelungswerk für Kapitalanlagen entschieden hat, wird die AIFM-RL in Österreich durch ein eigenes Gesetz – außerhalb des InvFG 2011 – umgesetzt. Das InvFG 2011 sowie das ImmoInvFG wurden an das AIFM Regelungsregime soweit nötig angepasst, blieben aber weiterhin als eigenständige Gesetze bestehen.

Das AIFMG trat am 29. Juli 2013 rückwirkend zum 22. Juli 2013 in Kraft. Die AIFM-RL Umsetzung ist die materiell und strukturell umfangreichste und komplexeste Anpassung des Investmentfondsrechts der letzten Jahre, da grundsätzlich all jene Fondskonstruktionen seitdem dem AIFM-Rahmenwerk unterliegen, die keine OGAW sind.[47] Nach der Intention des Gesetzgebers sollen vom AIFMG sämtliche Formen kollektiver Vermögensveranlagung, die nicht dem InvFG 2011 oder dem ImmoInvFG unterliegen, erfasst werden. Dazu zählen insbesondere Hedgefonds, geschlossene Immobilienfonds,[48] Managed-Futures Fonds, sonstige Risikokapitalfonds (zB Schifffahrtsfonds, Infrastrukturfonds, Rohstofffonds) sowie Private Equity- und Venture-Capital-Fonds. Erfasst werden können auch sonstige Kommanditanlagemodelle, Genussrechts-, Bauherren- oder stille Beteiligungsmodelle, wenn diese die gesetzlichen Tatbestandsvoraussetzungen erfüllen.[49]

Nach österreichischem Verständnis gibt es daher drei – zum Teil auch parallel anwendbare – Rechtsgrundlagen für AIF:

- InvFG 2011: anwendbar auf Spezialfonds, Andere Sondervermögen und Pensionsinvestmentfonds (sog. „InvFG AIF")
- ImmoInvFG: anwendbar auf offene österreichische Immobilienfonds, die an Privatanleger vertrieben werden
- AIFMG: anwendbar auf alle Fonds, die keine OGAW sind und nicht unter das InvFG 2011 oder das ImmoInvFG fallen.

Das AIFMG enthält hauptsächlich Regelungen über das Konzessionsregime für AIFM, die Festlegung von Bedingungen für die Ausübung der Tätigkeit von AIFM, die Vorschriften für den grenzüberschreitenden Vertrieb von AIF an professionelle Anleger (mit und ohne EU- Pass) und für den Vertrieb von bestimmten Typen von AIF an Privatkunden. Des Weiteren wird der Anwendungsbereich der steuerlichen Bestimmungen im InvFG 2011 und ImmoInvFG auf AIF ausgedehnt.

Österreichische AIFM unterliegen der Aufsicht der FMA, welche auch die Konzession nach AIFMG erteilt. Ein AIMF kann nur eine juristische Person sein; Wertpapierfirmen und Kreditinstitute können allerdings keine zusätzliche Konzessionierung als AIFM nach AIFMG erlangen.

---

[47] Vgl. *Kammel,* Alternative Investmentfonds Manager Gesetz (AIFMG) & Co – Eine erste Bestandsaufnahme, ÖBA 2013, S 483.
[48] Dazu näher *Gerstner/Leitner,* Geschlossene Immobilienfonds und kollektive Immobilien-Investments im Fokus des AIFMG; ÖBA 2013, S 566.
[49] *Kalss,* Editorial, GesRZ 2013, S 113.

18 An die AIFM werden Organisationsanforderungen gestellt, die die Vermeidung von Interessenkonflikten und ein ordnungsgemäßes Risiko- und Liquiditätsmanagement sicherstellen sollen. Sie unterliegen umfassenden Verhaltens- und Informationsverpflichtungen. Die für den AIFM handelnden Organe wie etwa die Geschäftsführer oder Mitglieder des Vorstands müssen für ihre Tätigkeit persönlich und fachlich geeignet sein, wobei sich das AIFMG bei den Entlohnungsbestimmungen (Stichwort „Vergütungspolitik") an den Vorgaben der CRD IV orientiert. Die Eigenkapitalanforderungen stehen in Abhängigkeit zum Umfang des verwalteten Fondsvermögens.

19 Das Gesetz sieht umfangreiche und detaillierte Transparenzanforderungen und Offenlegungspflichten für AIFM gegenüber Aufsichtsbehörden und Anlegern vor und regelt das Vertriebsregime neu. Anders als das KMG und das InvFG 2011 knüpft das AIFMG schlicht am Vertrieb an; die bisher übliche Unterscheidung zwischen öffentlichem Vertrieb und Privatplatzierung ist nicht vorgesehen, sodass der Vertriebsbegriff im Anwendungsbereich des AIFMG eine Erweiterung erfährt. Entsprechend der AIFM-RL regelt das AIFMG die Möglichkeit, AIF mittels EU-Pass an professionelle Anleger in anderen EU-Mitgliedsstaaten zu vertreiben. Bestimmte Typen von AIF dürfen auch Privatkunden in Österreich angeboten werden; der EU-Pass gilt bei Vertrieb an Privatkunden nicht.

20 Obwohl der Gesetzestext sehr richtliniennah ist, hat der österreichische Gesetzgeber doch einige Änderungen vorgenommen. Zwar ermöglicht das AIFMG einen Vertrieb von AIF an Privatkunden, schränkt diesen hinsichtlich der dafür in Frage kommenden Produkte jedoch stark ein.

21 Aufgrund der Orientierung am Richtlinientext sorgt das AIFMG kaum für Überraschungen. Allerdings scheint das Zusammenspiel mit anderen Aufsichtsgesetzen, insbesondere dem InvFG, ImmoInvFG, WAG 2007 und KMG,[50] zum Teil inkonsistent und auslegungsbedürftig. Es wird abzuwarten sein, wie die (aufsichtsbehördliche) Praxis derartige Abgrenzungs- und Auslegungsfragen handhaben wird.

2. OGAW V

22 Derzeit wird im Europäischen Parlament die Richtlinie des Europäischen Parlaments und des Rates zur Änderung der Richtlinie 2009/65/EWG des Rates zur Koordinierung der Rechts und Verwaltungsvorschriften betreffend bestimmte Organismen für gemeinsame Anlagen in Wertpapieren (OGAW) im Hinblick auf die Aufgaben der Verwahrstelle, die Vergütungspolitik und Sanktionen behandelt („OGAW V").

23 Aufgaben und Haftung von Verwahrstellen für OGAW-Fonds sollen nunmehr detailliert geregelt werden. Weiterhin enthält der Vorschlag Bestimmungen zum Vergütungsregime von OGAW-Verwaltern. Dieses soll die langfristigen Interessen der Anleger mit dem Anlageziel des OGAW in Einklang bringen und keine Anreize zum Eingehen übermäßiger Risiken schaffen. Schließlich soll ein einheitlicher Rahmen für Sanktionen und die Höhe von Geldbußen eingeführt werden.

Da ein genauer Zeitpunkt für das Inkrafttreten der Richtlinie noch nicht feststeht, liegt derzeit auch noch kein österreichischer Umsetzungsentwurf zu OGAW V vor.

---

[50] Siehe dazu insbesondere die Stellungnahme der FMA zum Entwurf des AIFMG vom 8.5.2013: *„Mit der Umsetzung der AIFM-RL im AIFMG kann jedoch unseres Erachtens die Regulierung zu den Veranlagungen im KMG entfallen. Ein „AIF" gemäß § 2 Abs. 1 Z. 1 AIFMG kann im Ergebnis die gleichen Merkmale wie eine Veranlagung gemäß § 1 Abs. 1 Z 3 KMG aufweisen. Eine doppelgleisige Regulierung von Veranlagungen im KMG und AIF im AIFMG ist der Rechtssicherheit abträglich und führt zu einer Kostenerhöhung für Anbieter von Veranlagungen. Der damit einhergehende Wegfall der Voraussetzung der Veröffentlichung eines kontrollierten Prospekts, bevor eine Veranlagung öffentlich angeboten wird, wird nach unserer Einschätzung durch die neue, weitere Auffangregelung der AIF im AIFMG ausgeglichen: So sind umfassende Informationen (§ 21 AIFMG) zum Produkt jedem Anleger, bevor er eine Anlage in einen AIF tätigt, zu Verfügung zu stellen. Zudem sind nur bestimmte, im AIFMG ausdrücklich aufgezählte AIF für den Vertrieb an Privatkunden zugelassen (§ 48 AIFMG). Diese Zulassung ist mit strengen Auflagen verbunden."*

3. MiFID II

Auf europäischer Ebene steht derzeit auch eine Neufassung der MiFID – geplant als Richtlinie und Verordnung – an. Zwar hat MiFID in den Mitgliedsstaaten insgesamt zu mehr Wettbewerb im internationalen Finanzsektor geführt, trotzdem sind viele Vorteile dieses gesteigerten Wettbewerbs nicht allen Marktteilnehmern gleich zugutegekommen. Mit Einführung von MiFID II soll daher vermehrt das Gewicht auf Transparenz und Verantwortung gelegt werden, was – so das Bestreben des europäischen Gesetzgebers – zu einem verstärkt integrierten Markt und mehr Wettbewerbsfähigkeit führen soll.

Als Reaktion auf die Finanzkrise soll der Anwendungsbereich der MiFID bedeutend erweitert werden. Neben den schon bisher von MiFID umfassten geregelten Märkten und MTF[51] sollen nun auch die bisher von der Regulierung ausgenommen OTF[52] mit einbezogen werden. Dabei handelt es sich um organisierte Plattformen (zB broker crossing networks), die derzeit keiner Regulierung unterliegen, jedoch eine immer wichtigere Rolle spielen, etwa weil standardisierte Derivatkontrakte zunehmend auf diesen Plattformen gehandelt werden. Im Ergebnis soll die MiFID daher nur noch im Bereich der Eigengeschäfte oder der gewerblichen Nutzung außerhalb des Hochfrequenzhandels keine Anwendung finden.

Ein weiteres Ziel der MiFID-Neufassung ist die Erhöhung der Transparenz von Handelstätigkeiten. Vor- und Nachhandels-Transparenzpflichten sollen nun auch für Schuldverschreibungen, strukturierte Finanzprodukte und Derivate gelten (bislang galten diese nur an den Aktienmärkten). Zudem sollen sämtliche Marktdaten an einem einzigen Handelsplatz verfügbar gemacht werden, um es den Anlegern zu erleichtern, sich einen Überblick über alle Handelsaktivitäten in der EU zu verschaffen und damit eine sachkundige Entscheidung zu treffen.

Um den besonders beschleunigten Handel, aber auch die systemischen Risiken, des Hochfrequenzhandels einzuschränken, soll auch der algorithmische Handel einer angemessenen Regulierung unterworfen werden.

Im Fokus steht wie auch schon bei MiFID I der Anlegerschutz. Durch verschärfte Regulierung sollen Anleger über komplexere Finanzprodukte wie strukturierte Produkte, noch besser aufgeklärt und beraten werden. Zusätzlich sollen Anlageberater offen legen, ob ihre Tätigkeit und Beratung unabhängig oder in abhängiger Funktion erfolgt. Des Weiteren sollen sie preisgeben, auf welche Analysen sie ihre Beratung stützen und strenger überprüfen, ob der Kunde die Tragweite seiner geplanten Anlage versteht.[53] Ob und inwieweit Bestandsprovisionen nach MiFD II zulässig sein werden, bleibt abzuwarten.

Der Richtlinienentwurf wird derzeit im Europäischen Parlament behandelt. Ein österreichischer Umsetzungsentwurf liegt ebenfalls noch nicht vor.

IV. Hauptgesetze im Detail

1. InvFG 2011

Das InvFG 2011 gliedert sich in fünf Teile, wobei im ersten Teil der Anwendungsbereich und die Definitionen geregelt sind.

Der zweite Teil hat sämtliche materiellen Regelungen einschließlich der Aufsicht für EU-rechtlich harmonisierte Investmentfonds (OGAW) zum Gegenstand. Er enthält insbesondere Vorschriften über

---

[51] Multilateral trading facilities.
[52] Organised trading facilities.
[53] Vgl. *Georg Ganner*, Eckpunkte und Einschätzung des Richtlinienvorschlags zur MiFID II, ZFR 2012, S 2.

- die Verwaltungsgesellschaften (Konzession,[54] Organisationsanforderungen und sonstige Ausübungsbedingungen[55] sowie zur grenzüberschreitenden Tätigkeit im Niederlassungs- oder Dienstleistungsverkehr[56])
- die Depotbank (Aufgaben, Anforderungen, Vereinbarung mit der Verwaltungsgesellschaft, Haftung und Vergütung)[57]
- OGAW (Anteilscheine, Teilfonds, Rechnungslegung,[58] Zulassung und allgemeine Bestimmungen,[59] Veranlagungsbestimmungen,[60] Risikomanagement,[61] Master-Feeder-Strukturen[62] und Verschmelzung[63])
- Anlegerinformation, Werbung und Vertrieb (Werbung und Angebot,[64] Prospekt, Informationspflichten sowie Art und Weise der Informationserteilung,[65] Kundeninformationsdokument,[66] Veröffentlichungen und Informationsmodalitäten[67] und Vertrieb von OGAW in anderen Mitgliedsstaaten[68])
- Aufsicht[69] und internationale Zusammenarbeit[70]

Im dritten Teil werden die nicht europarechtlich harmonisierten sog „InvFG AIF" geregelt.[71] Hinsichtlich deren Verwaltung und Beaufsichtigung wird vielfach auf den zweiten Teil verwiesen, da die Verwaltung idR durch Verwaltungsgesellschaften erfolgt, die auch OGAW verwalten. Der dritte Teil enthält Vorschriften über

- Spezialfonds[72]
- andere Sondervermögen[73] sowie
- Pensionsinvestmentfonds (Erwerbsvoraussetzungen, Gewinnverwendung, Veranlagungsvorschriften und Einsatz von Derivaten, Prospekte, Fondsbestimmungen und Auszahlungspläne).[74]

Der vierte Teil regelt die Besteuerung von Investmentfonds.[75]

29 Der fünfte Teil enthält die Straf- sowie Übergangs- und Schlussbestimmungen.[76] Erwähnenswert ist hier, dass das InvFG 2011 bei Gesetzesverstoß nicht nur Verwaltungsstrafbestimmungen (Geldstrafen bis 60 000 EUR), sondern insbesondere auch gerichtliche Straftatbestände (Freiheitsstrafe bis zu zwei Jahre; Geldstrafen bis zu 360 Tagessätze) vorsieht.

---

[54] §§ 5–7 InvFG 2011.
[55] §§ 8–35 InvFG 2011.
[56] §§ 36–38 InvFG 2011.
[57] §§ 39–45 InvFG 2011.
[58] §§ 46–49 InvFG 2011.
[59] §§ 50–65 InvFG 2011.
[60] §§ 65–84 InvFG 2011.
[61] §§ 85–92 InvFG 2011.
[62] §§ 93–113 InvFG 2011.
[63] §§ 114–127 InvFG 2011.
[64] §§ 129–130 InvFG 2011.
[65] §§ 131–133 InvFG 2011.
[66] §§ 134–135 InvFG 2011.
[67] §§ 136–38 InvFG 2011.
[68] §§ 139–142 InvFG 2011.
[69] §§ 143–156 InvFG 2011.
[70] §§ 157–162 InvFG 2011.
[71] Bis zum Inkrafttreten des AIFMG enthielt dieser Teil auch Vorschriften zum öffentlichen Vertrieb sogenannter ausländischer nicht-OGAW Investmentfonds. Für bereits zugelassene ausländische nicht-OGAW Investmentfonds sieht § 67 Abs 3 AIFMG allerdings eine Übergangsfrist bis 31.12.2014 vor: Bis dahin haben AIFM für diese Fonds eine Vertriebsanzeige nach § 49 AIFMG zu erstatten, widrigenfalls die Berechtigung zum Vertrieb dieser Fonds an Privatkunden ab 1.1.2015 erlischt.
[72] §§ 163–165 InvFG 2011.
[73] §§ 166–167 InvFG 2011.
[74] §§ 168–174 InvFG 2011.
[75] §§ 186–188 InvFG 2011.
[76] §§ 195–200 InvFG 2011.

Letztere finden etwa bei unzulässigem Vertrieb von Investmentfondsanteilen Anwendung, oder wenn Prospekt, Kundeninformationsdokument („**KID**") oder Rechenschaftsberichte über erhebliche Umstände unrichtige vorteilhafte Angaben enthalten oder nachteilige Tatsachen verschweigen. Wer Anteilscheine ohne erforderliche Konzession ausgibt oder vertreibt, verliert zudem auch sämtliche zivilrechtlichen Vergütungsansprüche (Provision, Kosten etc). Das Grundgeschäft bleibt aber aus Verkehrsschutzüberlegungen zivilrechtlich wirksam.[77]

2. ImmoInvFG

Das am 1.9.2003 in Kraft getretene ImmoInvFG bildet die Rechtsgrundlage für Veranlagungsmöglichkeiten in offene Immobilienfonds. Es soll insbesondere Privatanlegern mit verhältnismäßig geringem Kapitaleinsatz ermöglichen, sich über einen Fonds an unterschiedlichen Immobilien zu beteiligen und an deren laufenden Erträgen und Wertsteigerungen teilzuhaben.[78]   30

Konzeptionell orientiert sich ein Immobilienfonds vielfach am Vorbild und an den Regelungen zu Wertpapierfonds gem. InvFG 2011. Mangels OGAW-Eigenschaft sind Immobilienfonds (im Sinn des ImmoInvFG) AIF. Die Bestimmungen des ImmoInvG sind seit AIFM-RL-Umsetzung allerdings nur mehr auf den Vertrieb offener österreichischer Immobilienfonds an Privatkunden anzuwenden[79] Immobilienveranlagungen, welche die Anforderungen des ImmoInvFG nicht erfüllen, sind keine Immobilienfonds im Sinn des ImmoInvFG. Dies gilt für jede Form von geschlossenen Immobilienfonds, für auf gesellschafts- oder schuldrechtlicher Grundlage konzipierte Veranlagungsmodelle wie Immobilienaktiengesellschaften, Kommanditbeteiligungen auf Immobilien oder ausländische Immobilienfondskonstrukte. Derartige kollektive Vermögensanlagen in Immobilien sind idR als AIFs im Sinn des AIFMG oder als Veranlagungsgemeinschaften in Immobilien nach § 14 KMG zu qualifizieren und unterliegen diesen Rechtsvorschriften.[80]   31

Immobilienfonds investieren ihre Mittel in Immobilien (Grundstücke, Baurechte, Superädifikate,[81] Mit- und Wohnungseigentum und Beteiligungen an Grundstücksgesellschaften) sowie idR in „Liquiditätsreserve" in Bankguthaben bzw. geldmarktnahe Kapitalanlagefonds und bestimmte liquide Forderungswertpapiere.[82] Wesentliche Unterschiede zum InvFG 2011 sind insbesondere die deutlich reduzierte Fungibilität der Veranlagungsgegenstände, die mangelnde Passporting-Fähigkeit von Immobilienfonds und Immobilien-Kapitalanlagegesellschaften sowie die in § 1 Abs. 2 ImmoInvFG vorgesehene Treuhandlösung: Während § 46 Abs. 1 InvFG 2011 die Miteigentumslösung verankert, ist die Verwaltungsgesellschaft nach dem ImmoInvG rechtliche Eigentümerin des Fondsvermögens und verwaltet dieses treuhändig für die Anteilsinhaber. Grund dafür ist die erleichterte grundbuchsrechtliche Handhabbarkeit – die Eintragung einer Vielzahl von Anteilsinhabern als   32

---

[77] §§ 194 InvFG 2011.
[78] Für eine Kurzdarstellung des ImmoInvFG s. *Fuhrmann/Resch*, Immobilien-Investmentfondsgesetz, immolex 2003, S. 283 sowie *Kalss/Oppitz/Zollner*, Kapitalmarktrecht Bd. I (System), 2005, § 28.
[79] Vgl. § 1 Abs 1a ImmoInvFG.
[80] Veranlagungsgemeinschaften in Immobilien liegen vor, wenn „Veranlagungen" von Emittenten ausgegeben werden, die mit dem investierten Kapital direkt oder indirekt nach Zweck oder tatsächlicher Übung überwiegend Erträge aus der Überlassung oder Übertragung von Immobilien an Dritte erwirtschaften. Veranlagungen sind Vermögensrechte aus der direkten oder indirekten Investition von Kapital mehrerer Anleger auf deren gemeinsame Rechnung und gemeinsames Risiko oder auf gemeinsame Rechnung und gemeinsames Risiko mit dem Emittenten, über die keine Wertpapiere ausgegeben werden, wobei die Verwaltung des investierten Kapitals nicht durch die Anleger selbst erfolgt.
[81] Superädifikate sind Bauwerke, die auf fremden Grundstücken in der Absicht aufgeführt sind, dass sie nicht für immer dort bleiben sollen (§ 435 ABGB). Superädifikate sind damit Bauten, die einer anderen Person, als dem Eigentümer der Liegenschaft, auf der diese Bauten stehen, gehören.
[82] § 32 ImmoInvFG.

Eigentümer der im Fondsvermögen gehaltenen Grundstücke wäre teuer und aufgrund des wechselnden Anlegerkreises auch nicht praktikabel.[83]

33 Die Ausgabe und Verwaltung von Immobilienfonds erfordert sowohl eine Konzession der FMA nach § 1 Abs. 1 Z 13a BWG als auch eine Konzession nach § 4 AIFMG und wird dadurch unter staatlicher Beaufsichtigung ausgeübt. Wie auch im InvFG 2011 nehmen Anlegerschutzaspekte eine wichtige Rolle ein.[84] Das ImmoInvFG sieht daher ua

- detaillierte Vorschriften zur mindestens jährlichen Bewertung der im Fondsvermögen gehaltenen Immobilien durch unabhängige Sachverständige nach anerkannten Bewertungsgrundsätzen[85] sowie
- restriktive Veranlagungsvorschriften,[86]
- Mindeststreuungs- und Risikomischungsvorgaben,[87]
- Liquiditätsvorschriften,[88]
- Kontrollfunktion der Depotbank[89] und
- eine Rücknahmeverpflichtung des Anteils zum anteiligen Rechenwert der im Fonds befindlichen Immobilien gem. Liegenschaftsbewertung und der sonstigen Vermögenswerte[90]

vor.

3. BWG

34 Verwaltungsgesellschaften sind Sonderkreditinstitute, also spezielle Kreditinsitute, die nicht nur dem InvFG, sondern auch dem auf Kreditinsitute anwendbaren BWG unterliegen. Dies folgt aus § 1 Abs. 1 Ziff. 13 BWG, demzufolge die Verwaltung von Investmentfonds nach dem InvFG ein Bankgeschäft ist und daher einer Bankkonzession bedarf. Die Vorschriften des BWG sind großteils auf KI zugeschnitten, die das Einlagen- und das Kreditgeschäft betreiben. Daher sieht § 3 Abs. 4 BWG vor, dass das BWG neben der Anwendung von §§ 4 und 5 über die Konzessionserteilung und die Konzessionsvoraussetzungen nur insoweit anzuwenden ist, als es das InvFG vorsieht. § 10 Abs. 6 InvFG verweist grundsätzlich abschließend[91] auf die einschlägigen Vorschriften des BWG. Demzufolge sind eine Vielzahl der Ordnungsnormen des BWG und der dazu ergangenen Verordnungen für Verwaltungsgesellschaften nicht oder nur eingeschränkt anwendbar. Das gilt etwa für:

- Mindestanfangskapital;[92]
- Offenlegungsverpflichtungen;[93]
- Spareinlagen, Verbraucherschutzbestimmungen;[94]
- Vorschriften über die interne Revision;[95]

---

[83] Dazu näher *Paul* in Heidinger/Paul/Schmidt/Spranz/Urtz/Wachter, Kommentar zum ImmoInvFG, 2004, § 1 Rn. 10 mwN.

[84] So ausdrücklich auch die Gesetzesmaterialien: EBRV 97 BlgNR. 22. GP, S. 3 ff.

[85] § 29 ImmoInvFG.

[86] § 21 ImmoInvFG.

[87] § 22 ImmoInvFG und § 30 ImmoInvFG.

[88] § 32 ImmoInvFG.

[89] § 32 ImmoInvFG.

[90] § 11 ImmoInvFG.

[91] Darüber hinaus verweist § 151 InvFG, welcher die Anzeigepflichten von Verwaltungsgesellschaften an die FMA regelt, hinsichtlich einzelner Anzeigepflichten auf die §§ 5 Abs. 1 Ziff. 6, 7, 10, 9 bis 13 BWG, § 23 Abs. 1 bis 5 und 7 bis 17, § 24, § 25, § 27 und § 29 BWG.

[92] § 6 Abs. 1 Ziff. 5 InvFG sieht anstelle des Mindestanfangskapitals von € 5 Mio für KI nach BWG ein Mindestanfangskapital von € 2,5 Mio vor.

[93] Verwaltungsgesellschaften sind von der jährlichen Verpflichtung, Informationen über Organisationsstruktur, Risikomanagement und Risikokapitalsituation gem. §§ 26 und 26a BWG offenzulegen, ausgenommen.

[94] Die Vorschriften des VII. und VIII. Abschnitts des BWG finden auf Verwaltungsgesellschaften keine Anwendung.

[95] Dazu enthält § 16 InvFG eigene Vorschriften.

IV. Hauptgesetze im Detail

- Moratorien und internationale Sanktionen;[96]
- Einlagensicherung und Anlegerentschädigung;[97]
- Legalkonzession für andere Bankgeschäfte.[98]

Folgende Regelungen sind – zT modifiziert oder erweitert – jedoch auch von Verwaltungsgesellschaften einzuhalten:

- Bankenkonzession und Konzessionsverfahren[99]
- Eigentümerkontrollbestimmungen bei Erwerb einer qualifizierten Beteiligung und korrespondierende Anzeigepflichten der Kapitalanlagegesellschaft[100]
- Anforderungen an Geschäftsleiter[101]
- Anforderungen an Gesellschaftsvertrag bzw. Satzung[102]
- Zusätzliche Eigenmittel[103]
- Bewilligungspflichten[104]
- Liquidität[105]

---

[96] Die auf den Zahlungsverkehr abstellenden Vorschriften des XV. Abschn. des BWG finden auf Verwaltungsgesellschaften keine Anwendung.

[97] Sofern Verwaltungsgesellschaften mit „erweiterter Konzession" zusätzlich auch individuelle Portfolioverwaltung anbieten, gelten hinsichtlich dieser Dienstleistung die betreffenden Bestimmungen der §§ 93 ff. BWG über die Einlagensicherung und Anlegerentschädigung.

[98] Die Legalkonzession für das Erbringen der Wertpapierdienstleistungen der Anlageberatung und der individuellen Portfolioverwaltung gem. § 1 Abs. 3 BWG findet auf Verwaltungsgesellschaften keine Anwendung. Verwaltungsgesellschaften, die diese Wertpapierdienstleistungen zusätzlich erbringen möchten, haben daher eine entsprechende Konzession zu beantragen.

[99] Die einschlägigen Bestimmungen des BWG über die Konzessionserteilung und die Konzessionsvoraussetzungen (§§ 4 und 5 BWG) gelten auch für Verwaltungsgesellschaften.

[100] Personen, die direkt oder indirekt zumindest 10% der Kapital- oder Stimmrechte an einer Verwaltungsgesellschaft halten (oder die Möglichkeit einer maßgeblichen Beeinflussung ihrer Geschäftsführung haben) müssen den im Interesse einer soliden und umsichtigen Führung der Verwaltungsgesellschaft zu stellenden Ansprüchen genügen und persönlich zuverlässig (*fit and proper*) sein. Jeder, der eine qualifizierte Beteiligung an einer Verwaltungsgesellschaft zu erwerben beabsichtigt, muss dies zuvor der FMA sowie der OeNB anzeigen. Gleiches gilt für die beabsichtigte Erhöhung oder Verminderung einer qualifizierten Beteiligung. Die Verwaltungsgesellschaft selbst unterliegt ebenso Anzeigepflichten, wenn qualifizierte Beteiligungen an ihr erreicht, über- oder unterschritten werden. Weiters hat die Verwaltungsgesellschaft mindestens ein Mal pro Jahr Name, Adresse und Beteiligungsquote der qualifiziert beteiligten Gesellschafter zu melden.

[101] Geschäftsleiter von Verwaltungsgesellschaften unterliegen sowohl den allgemeinen Geschäftsleiteranforderungen nach BWG (insbesondere einschlägige theoretische und praktische Erfahrung, Zuverlässigkeit, Geschäftsleitertätigkeit als Haupttätigkeit) als auch den spezialgesetzlichen Anforderungen nach InvFG. Insbesondere dürfen Geschäftsleiter einer Verwaltungsgesellschaft keine Organfunktion (Geschäftsleiter, Aufsichtsrat, Prokurist) bei der Verwahrstelle innehaben.

[102] Die Satzung darf keine Bestimmungen enthalten, die die Sicherheit der der Verwaltungsgesellschaft anvertrauten Vermögenswerte und die ordnungsgemäße Durchführung des Investmentgeschäfts beeinträchtigen oder Einzelvertretungsbefugnis von Geschäftsleitern und/oder Prokuristen vorsehen (vgl. § 5 Abs. 1 Ziff. 2 und Ziff. 12 BWG).

[103] Die Vorschriften über das Vorhalten zusätzlicher Eigenmittel sind für Verwaltungsgesellschaften stark modifiziert (vgl. § 6 Abs. 1 Ziff. 5 InvFG): Überschreitet der Wert des Fondsvermögens einer Verwaltungsgesellschaft € 250 Mio., müssen wenigstens 0.02% des Betrags, um den der Wert des Portfolios € 250 Mio. überschreitet, höchstens jedoch € 7,5 Mio. an zusätzlichen Eigenmitteln gehalten werden. Soweit der Zusatzbetrag € 2,375 Mio. nicht überschreitet, gilt dieses Erfordernis nicht (Freibetrag).

[104] Diese betreffen etwa Verschmelzungen, Spaltungen, Rechtsformänderungen oder die Errichtung einer Zweigstelle in einem Drittland (s. näher § 21 BWG).

[105] Die Bestimmungen des § 25 Abs. 3 bis 14 BWG und die ihrer Grundlage ergangenen Verordnungen sind auf Verwaltungsgesellschaften nicht anwendbar (vgl. § 3 Abs. 2 Ziff. 4 BWG). Damit haben Verwaltungsgesellschaften nur die allgemeinen Liquiditätsbestimmungen einzuhalten, also insbesondere über eine unternehmensspezifische Liquiditäts- und Finanzplanung zu verfügen und Unterlagen vorzuhalten, anhand derer sich die finanzielle Lage der Verwaltungsgesellschaft jederzeit mit hinreichender Wahrscheinlichkeit rechnerisch bestimmen lässt.

- Großveranlagungen
- Vorschriften betreffend Organe[106]
- Bankgeheimnis[107]
- Sorgfaltspflicht der Geschäftsleiter[108]
- Grundsätze der Vergütungspolitik und -praktiken[109]
- Geldwäscherei und Terrorismusfinanzierung[110]
- Aufsichtsbestimmungen[111]

4. WAG

35   Das WAG 2007 und die auf seiner Grundlage ergangenen Verordnungen enthalten die österreichischen Umsetzungsbestimmungen der MiFID sowie der MiFID-Durchführungsrichtlinie.[112] Sie regeln insbesondere die Erbringung von Wertpapierdienstleistungen und Anlagetätigkeiten wie zB die Anlageberatung, die Portfolioverwaltung, Orderannahme/-übermittlung und Orderdurchführung in Bezug auf Finanzinstrumente. Zu Letzteren zählen ua auch Anteilscheine an in- oder ausländischen Kapitalanlagefonds.[113]

Das Verhältnis zwischen WAG 2007 und dem InvFG beschreibt *Macher*[114] zutreffend folgendermaßen: Während das InvFG die „Fonds-Produktion", also Fondsauflage, laufende Verwaltung und Produkttransparenz regelt, regelt das WAG 2007 den Drittvertrieb von Fondsanteilscheinen.

36   Demgemäß sind Verwaltungsgesellschaften hinsichtlich des Investmentgeschäfts, also in Bezug auf die kollektive Verwaltung des Fondsvermögens vom Anwendungsbereich des

---

[106] § 28a BWG sieht besondere Anforderungen für Aufsichtsräte von KI vor, deren Bilanzsumme € 750 Mio. übersteigt. Ferner dürfen Geschäftsleiter solcher KI frühestens nach einer „Cooling Off" Periode von zwei Jahren die Funktion als Vorsitzender des Aufsichtsrats in diesem KI annehmen.

[107] Gem. § 38 BWG haben Verwaltungsgesellschaften, ihre Organe, Mitarbeiter, Gesellschafter und sonst für sie tätige Personen Informationen, die ihnen ausschließlich aufgrund ihrer Geschäftsverbindung mit Kunden anvertraut wurden, geheim zu halten.

[108] Geschäftsleiter einer Verwaltungsgesellschaft unterliegen damit dem Sorgfaltsmaßstab eines ordentlichen und gewissenhaften Geschäftsleiters. Sie haben sich insbesondere über alle bankgeschäftlichen und bankbetrieblichen Risiken zu informieren und diese durch angemessene Strategien und Verfahren zu erfassen, beurteilen, steuern und überwachen. Weiters haben sie auf die Gesamtertragslage Bedacht zu nehmen.

[109] Die Vergütungsregelungen des BWG verlangen, dass die persönlichen Ziele der Mitarbeiter und der Geschäftsleiter eines KI an den langfristigen Interessen des KI auszurichten sind, und die Vergütungspolitik insbesondere keine Anreize zur Übernahme von unangemessenen Risiken bieten darf. Wenngleich die Vergütungsregelungen des BWG verhältnismäßig unter Berücksichtigung von Art der Tätigkeit, Größe und Risikoprofil des jeweiligen KI anzuwenden sind, passen sie nicht recht auf das Investmentgeschäft, bei dem Fremdvermögen verwaltet wird, und damit Fremdinteressen anstelle der Eigeninteressen des KI im Vordergrund stehen. Künftige Vorschriften wie etwa die AIFM-RL und die geplante Novelle der OGAW-Richtlinie **(„OGAW V")** sollen dem dadurch Rechnung tragen, dass für Zwecke der Vergütungspolitik auf die Fondsinteressen abzustellen ist – s. dazu näher *Macher*, Praxishandbuch Investmentfonds, 2011, S. 62ff mwN.

[110] Auch Verwaltungsgesellschaften haben die Vorschriften zur Bekämpfung von Geldwäscherei und Terrorismusfinanzierung einzuhalten bzw. entsprechend auf ihre Vertriebspartner zu überbinden.

[111] Anwendung finden insbesondere die Vorschriften über Vor Ort Prüfungen, Meldungen, Großkreditmeldungen und Bestellung eines Staatskommissärs sowie die Bestimmungen über die Geschäftsaufsicht und die insolvenzrechtlichen Sonderregelungen.

[112] Richtlinie 2006/73/EU der Kommission vom 10.8.2006 zur Durchführung der Richtlinie 2004/39/EG des Europäischen Parlaments und des Rates in Bezug auf die organisatorischen Anforderungen an Wertpapierfirmen und die Bedingungen für die Ausübung ihrer Tätigkeit sowie in Bezug auf die Definition bestimmter Begriffe für die Zwecke der genannten Richtlinie, ABl. L 241 vom 2.9.2006, S. 26.

[113] § 1 Abs. 6 lit. c WAG 2007.

[114] *Macher*, Praxishandbuch, Rn. 1/42; *Macher* in Macher/Buchberger/Kalss/Oppitz, InvFG-Kommentar², Vor § 1 Rn. 174.

WAG 2007 ausgenommen.[115] Soweit Verwaltungsgesellschaften aber über eine „erweiterte" Konzession gem. § 5 Abs. 2 Ziff. 3 und Ziff. 4 InvFG verfügen und damit auch die Wertpapierdienstleistungen der Anlageberatung und der individuellen Portfolioverwaltung erbringen dürfen, findet das WAG 2007 zT auf diese Tätigkeiten Anwendung.[116] Verwaltungsgesellschaften haben damit hinsichtlich dieser Tätigkeiten etwa die Vorgaben in Bezug auf organisatorische Anforderungen sowie die Bestimmungen zur Vermeidung von Interessenskonflikten und über die Gewährung und Annahme von Vorteilen *(Inducements)* einzuhalten. Letzteres ist derzeit insbesondere für die Gewährung von sogenannten Bestandsprovisionen durch Verwaltungsgesellschaften an Vertriebspartner von Bedeutung: Da Verwaltungsgesellschaften, wie erwähnt, hinsichtlich des Investmentgeschäfts vom Anwendungsbereich des WAG 2007 ausgenommen sind, unterliegt die Gewährung von Bestandsprovisionen nicht den strengen Regelungen des § 39 WAG 2007. Ferner unterliegen Verwaltungsgesellschaften, die Anlageberatung und individuelle Portfolioverwaltung erbringen, den umfassenden Kundeninformations- und Berichtspflichten sowie der Verpflichtung zur Eignungsprüfung und Kundeneinstufung.

Bedeutsam ist das WAG 2007 damit insbesondere für externe Vertriebspartner von Verwaltungsgesellschaften sowie für externe Fondsmanager, an die die Verwaltungsgesellschaft die Anlageverwaltung delegiert. Vertriebspartner müssen nicht nur über eine einschlägige Konzession – idR für Orderannahme/-übermittlung für den Vertrieb der Anteilscheine bzw. für Portfolioverwaltung hinsichtlich der Anlageverwaltung – verfügen, sondern insbesondere die Wohlverhaltensregeln des WAG 2007, etwa bei der Gestaltung von Marketingunterlagen, einhalten.[117] **37**

5. KMG

Kernstück des KMG ist die Verpflichtung, das öffentliche Anbieten von Kapitalveranlagungen von der vorherigen Veröffentlichung eines nach den Vorschriften des KMG (oder bei ausländischen Produkten nach den die Prospektrichtlinie[118] umsetzenden Vorschriften des Herkunftsmitgliedstaats) gebilligten Prospekts abhängig zu machen. Keine Prospektpflicht besteht, wenn eine einschlägige Ausnahme Anwendung findet. Das InvFG und das ImmoInvFG, die dem KMG als Spezialbestimmungen vorgehen, sehen ein eigenes Prospektregime für den öffentlichen Vertrieb von Fondsanteilscheinen vor. Folglich ist das öffentliche Angebot von Anteilscheinen an Kapitalanlagefonds nach InvFG sowie an inländischen Immobilieninvestmentfonds gem. ImmoInvFG nach § 3 Abs. 1 Ziff. 4 KMG prospektbefreit. **38**

Andererseits verweist das InvFG mehrfach auf die Vorschriften des KMG, die insofern sinngemäß anzuwenden sind. Das gilt insbesondere für die Veröffentlichungsvorschriften des § 10 Abs. 3 und Abs. 8 KMG bei Veröffentlichungen des Prospekts und dessen Änderungen in Bezug auf ausländische AIF. Demnach sind der Prospekt und dessen Änderungen entweder im Amtsblatt zur Wiener Zeitung oder einer sonstigen Zeitung mit Verbreitung **39**

---

[115] Vgl. § 2 Abs. 1 Ziff. 9 WAG 2007.

[116] Anwendbar sind gem. § 2 Abs. 3 WAG 2007 die §§ 16 bis 26 und 29 bis 51, 52 Abs. 2 bis 4, 54 Abs. 1 und 94 bis 96 WAG 2007.

[117] Das WAG 2007 differenziert nicht, von wem die Unterlagen ursprünglich erstellt wurden. Werden diese zB von der Verwaltungsgesellschaft erstellt, aber vom Vertriebspartner gegenüber seinen Kunden verwendet, bleibt dieser dennoch für die Einhaltung des §§ 40 ff. WAG 2007 verantwortlich: vgl. dazu auch 12. des Rundschreibens der FMA vom 2.5.2011 zu Informationen einschließlich Marketingmitteilungen gem. WAG 2007, abrufbar unter http://www.fma.gv.at/typo3conf/ext/dam_download/secure.php?u=0&file=3796&t=1354718527&hash=327e15166e802a5ba15990391278cafa.

[118] Richtlinie 2003/71/EG des Europäischen Parlaments und des Rates vom 4.11.2003 betreffend den Prospekt, der beim öffentlichen Angebot von Wertpapieren oder bei deren Zulassung zum Handel zu veröffentlichen ist, und zur Änderung der Richtlinie 2001/34/EG, ABl. L 345 vom 31.12.2003, S. 64, geändert insbesondere durch Richtlinie 2010/73/EU des Europäischen Parlaments und des Rates vom 24.11.2010, ABl. L 327 vom 15.12.2010, S. 1.

im gesamten Bundesgebiet, elektronisch auf der Internetseite der Verwaltungsgesellschaft, eines Finanzintermediärs oder der Zahlstelle oder durch Auflage in gedruckter Form am Sitz der Verwaltungsgesellschaft zu veröffentlichen. Werden Anteilscheine ohne vorherige Veröffentlichung eines Prospekts öffentlich angeboten, sind Verbraucher in sinngemäßer Anwendung von § 5 Abs. 1 und 3 bis Abs. 6 KMG zum Rücktritt binnen einer Woche ab dem Tag, an dem der Prospekt veröffentlicht wurde, berechtigt.[119] Ebenso findet das Rücktrittsrecht nach§ 6 Abs. 2 KMG sinngemäß Anwendung, wenn Anleger vor der Veröffentlichung wesentlicher Änderungen von Prospektangaben bereits den Erwerb von Anteilscheinen zugesagt haben. Diesfalls können Anleger ihre Zeichnungszusage binnen zwei Arbeitstagen nach Veröffentlichung zurückziehen.

Schließlich gilt die Prospekthaftung nach § 11 KMG in Zusammenhang mit dem Vertrieb ausländischer AIF in Österreich.[120]

6. BörseG

40   Im Anwendungsbereich des BörseG sind insbesondere die Marktmissbrauchsbestimmungen (§§ 48a ff. BörseG) beachtlich. Da Fondsanteile als „Finanzinstrumente" gelten, unterliegen sie dem Insider- und Marktmanipulationsverbot, wenn sie zum Handel an einem geregelten Markt in der EU zugelassen sind oder wenn ein entsprechender Zulassungsantrag gestellt wurde, selbst wenn das Geschäft selbst nicht auf einem geregelten Markt getätigt wurde.[121] Damit finden die Marktmissbrauchsbestimmungen auf nicht notierte Fondsanteile keine Anwendung. Dies gilt auch dann, wenn das Fondsvermögen börsennotierte Finanzinstrumente enthält und sich die Insiderinformation auf solche Finanzinstrumente bezieht, die ihrerseits nach § 57 InvFG wiederum den Wert der Fondsanteile bestimmen. Die Bestimmung des § 48e Abs. 2 BörseG, wonach das Verbot des Missbrauchs von Insiderinformationen auch für ein Finanzinstrument gilt, das zwar selbst nicht börsenotiert ist, dessen Wert aber von einem börsenotierten Finanzinstrument abhängt, sei daher entsprechend telelogisch zu reduzieren.[122] Diese Sicht wird ua von § 24 Abs. 3 Ziff. 2 WAG 2007 gestützt, der persönliche Geschäfte mit Anteilen an risikogestreutem Fondsvermögen ausdrücklich aus der Liste der Mitarbeitergeschäfte, die der Hintanhaltung von Insidergeschäften dienen, ausnimmt.

Österreichische Fondsanteilscheine sind typischerweise nicht börsennotiert. Die Marktmissbrauchsbestimmungen sind in der Praxis damit insgesamt von eher untergeordneter Bedeutung.

Organisationsrechtlich haben österreichische Verwaltungsgesellschaften als KI allerdings Maßnahmen zur Vermeidung von Insidergeschäften zu ergreifen.[123] Demnach haben Verwaltungsgesellschaften ihre Mitarbeiter und für sie handelnde Dritte über das Verbot des Missbrauchs von Insiderinformationen zu unterrichten, interne Richtlinien für die Informationsweitergabe im Unternehmen zu erlassen und deren Einhaltung zu überwachen sowie geeignete organisatorische Maßnahmen zur Verhinderung einer missbräuchlichen Verwendung oder Weitergabe von Insiderinformationen einzuführen.

---

[119] § 131 Abs. 7 InvFG.
[120] § 177 Abs. 2 InvFG. Zu Prospekthaftung und Investmentgeschäft s. insb. *Pálffy* in Macher/Buchberger/Kalss/Oppitz, InvFG-Kommentar², § 131 Rn. 10; *Heidinger/Paul,* InvFG, 2005, § 6 Rn. 5 and *Oppitz* in Apathy/Iro/Koziol (Hrsg.), Österreichisches Bankvertragsrecht, Bd. VI: Kapitalmarkt, 2. Aufl., 2007, Rn. 3/62.
[121] § 48a Abs. 1 Ziff. 3 lit. b iVm § 48e Abs. 2 BörseG.
[122] *Macher,* Praxishandbuch, Rn. 1/44; *Macher* in Macher/Buchberger/Kalss/Oppitz, InvFG-Kommentar², Vor § 1 Rn. 196 und 204.
[123] Dies ergibt sich aus §§ 2 Abs. 12 und 14 und 17 InvFG 2011 sowie aus §§ 48s iVm 82 Abs. 5 BörseG und ggf. § 18 WAG. Auch 2. der „Sondervorschriften für Verwaltungsgesellschaften" des Standard-Compliance Code der österreichischen Kreditwirtschaft und III.4 des Code of Conduct der österreichischen Investmentfondsindustrie 2012 sehen dies vor.

7. AIFMG, EuSEF-VO und EuVECA-VO[124]

Das AIFMG gliedert sich in zehn Teile, wobei der erste Teil des Gesetzes seinen Geltungsbereich festsetzt, umfangreiche Begriffsbestimmungen vorsieht und festlegt, wer ein AIFM sein kann.[125]

41

Der zweite Teil regelt detailliert die Konzessionierung des AIFM und legt die Bedingungen für die Erteilung und Rücknahme der Konzession fest.[126]

Die Bedingungen für die Ausübung der Tätigkeit des AIFM finden sich im dritten Teil. Er beinhaltet die allgemeinen Anforderungen (allgemeine Grundsätze, Vergütung, Umgang mit Interessenkonflikten, Risiko- und Liquiditätsmanagement), die organisatorischen Anforderungen (Grundsätze und Bewertung), die Übertragung von Funktionen des AIFM auf dritte Personen sowie die Regelungen über die Verwahrstelle.[127]

Der vierte Teil enthält die Informationspflichten gegenüber Kunden und Behörden.[128]

Der fünfte Teil regelt unter anderem die Tätigkeit von AIFM, die AIF verwalten, die Hebelfinanzierung einsetzen oder die die Kontrolle über nicht börsennotierte Unternehmen und Emittenten erlangen.[129]

Der Vertrieb und die Verwaltung von AIF durch EU-AIFM und Drittstaats-AIFM werden im sechsten und siebten Teil des AIFMG geregelt. Unter anderem finden sich hier die Vorschriften für die Erlangung des EU-Passes.[130]

Während der achte Teil den Vertrieb von bestimmten AIF an Privatkunden regelt,[131] beinhaltet der neunte Teil des Gesetzes Regelungen zur Behördenzuständigkeit.[132]

Die praktisch wichtigen Übergangs- und Schlussbestimmungen finden sich im zehnten und letzten Teil des Gesetzes.[133]

Neben dem AIFMG traten am 22.7.2013 zwei weitere EU-Verordnungen zur Regulierung spezieller Fonds in Kraft: Die Verordnung (EU) Nr 346/2013 über Europäische Fonds für soziales Unternehmertum (EuSEF-VO) und die Verordnung (EU) Nr 345/2013 über Europäische Risikokapitalfonds (European Venture Capital Funds – EuVECA-VO).

Jeder Fonds, der als Europäischer Fonds für soziales Unternehmertum gelten will, muss zumindest 70 % des (insgesamt) investierten sowie des noch nicht abgerufenen Kapitals tatsächlich dazu verwenden, in sogenannte „qualifizierte-Portfoliounternehmen" („soziale Unternehmen"), die nicht an einem regulierten Markt notieren, zu investieren. Das Kapital kann dabei sowohl in Form von Eigenkapital- und eigenkapitalähnlichen Instrumenten als auch in Form von Schuldtitel veranlagt werden. Qualifizierte Portfoliounternehmen gemäß EuSEF-VO sind Unternehmen, die im Einklang mit Gesellschaftsvertrag oder Satzung als vorrangiges Ziel die Erzielung messbarer, positiver sozialer Wirkung sehen, die Gewinne vorrangig zum Erreichen dieser Ziele einsetzen (wobei etwaige Gewinnausschüttungen an Anteilseigner und Eigentümer im Voraus festgelegt werden müssen) und die in verantwortungsbewusster und transparenter Weise verwaltet werden. Die positive soziale Wirkung soll dabei durch Bereitstellung von Gütern oder Dienstleistungen an schutzbedürftige, mar-

42

---

[124] Zur österreichischen AIFM-RL Umsetzung siehe *Kalss*, Editorial, GesRZ 2013, S 113, *Kammel*, Alternative Investmentfonds Manager Gesetz (AIFMG) & Co – Eine erste Bestandsaufnahme, ÖBA 2013, S 483 und *Majcen*, Auswirkungen des AIFMG auf Fondsmanager und den Vertrieb der von ihnen verwalteten Alternativen Investmentfonds in Österreich, ÖBA 2013, S 493.
[125] §§ 1–3 AIFMG.
[126] §§ 4–9 AIFMG.
[127] §§ 10–19 AIFMG.
[128] §§ 20–22 AIFMG.
[129] §§ 23–28 AIFMG.
[130] §§ 29–33 und §§ 34–47 AIFMG.
[131] Der österreichische Gesetzgeber hat von der Möglichkeit des Art 43 der AIFM-RL Gebrauch gemacht und den Vertrieb an Privatkunden unter Einhaltung bestimmter strengerer Auflagen ermöglicht. Vgl näher §§ 48–53 AIFMG.
[132] §§ 54–66 AIFMG.
[133] §§ 67–74 AIFMG.

ginalisierte, benachteiligte oder ausgegrenzte Personen erfolgen (nach Erwägungsgrund 14 etwa durch Vermittlung von Wohnraum, den Zugang zu Gesundheitsdienstleistungen, die Betreuung von älteren oder behinderten Personen, die Kinderbetreuung, den Zugang zu Beschäftigung und Ausbildung und das Pflegemanagement) oder dadurch, dass mit der Produktion von Gütern bzw. der Bereitstellung von Dienstleistungen soziale Ziele verfolgt werden.[134]

43   Um als Europäischer Risikokapitalfonds zu gelten, müssen zumindest 70% des (insgesamt) investierten sowie des noch nicht abgerufenen Kapitals in „Venture Capital"-Veranlagungen investiert werden. Dazu zählen nach der EuVECA-VO insbesondere Eigenkapital- und eigenkapitalähnliche Instrumente, die von sogenannten „qualifizierten Venturen Capital-Portfoliounternehmen" ausgegeben werden. Qualifizierte Venture Capital- Portfoliounternehmen sind Gesellschaften, die nicht an einem regulierten Markt notieren, weniger als 250 Arbeitnehmer beschäftigen und entweder einen jährlichen Umsatz von € 50 Mio. oder eine Bilanzsumme von € 43 Mio. nicht übersteigen.[135]

V. Q&A

1. Nationaler Fondsmarkt (Strukturen, Volumina, Schwerpunkte Asset-Klassen)[136]

44   Derzeit liegen in Österreich 2167 Investmentfonds auf, die von insgesamt 29 Kapitalanlagegesellschaften verwaltet werden.[137] Ungefähr zwei Drittel der österreichischen Investmentfonds sind als Publikumsfonds konzipiert.

Der österreichische Investmentfondsmarkt lässt sich in zwei große Sektoren unterteilen, jenen der institutionellen Anleger und jenen der Privatanleger. Zu den institutionellen Anlegern zählen insbesondere Versicherungsunternehmen, Pensionskassen und betriebliche Vorsorgekassen während Privatanleger typischerweise Privatpersonen, private Organisationen ohne Erwerbsweck und Privatstiftungen umfassen.

Nach einem leichten Rückgang des Fondsvolumens im Jahr 2011 vergrößerte es sich im Lauf des Jahres 2012 von 137,50 Mrd EUR auf 147,82 Mrd EUR und betrug im ersten Quartal 2014 150,21 Mrd EUR. Davon entfielen 83,4 Mrd EUR auf Publikumsfonds und 66,78 Mrd EUR auf Spezialfonds.

Im Bereich der Spezialfonds wurden im vergangenen Jahr rund 58,2% des Kapitals in Mischfonds, 31,96% in Rentenfonds und 9,16% in Aktienfonds investiert. In den letzten Jahren wurde auch vermehrt in Immobilieninvestmentfonds veranlagt. Deren Anteil am gesamten Fondvolumen im Bereich der Spezialfonds konnte von 0,05 Mrd EUR im Jahr 2010 im Verlauf des Jahres 2013 auf 1,37 Mrd EUR gesteigert werden. Im ersten Quartal 2014 erreichte der Immobilieninvestment-Spezialfonds mit 1,34 Mrd EUR (0,20% am Gesamtvolumen der Spezialfonds) seinen bisherigen Höchststand.

Bei den Publikumsfonds bildeten traditionell die Rentenfonds mit 54,2% des veranlagten Kapitals die Spitze. Die zweite große Gruppe bildeten die gemischten Fonds mit 22,68%, gefolgt von Aktienfonds mit 17,3%. Immobilieninvestmentfonds konnten so wie bei den Spezialfonds im Vergleich der letzten Jahre stetig zulegen und 4,59% des Kapitals

---

[134] Zur EuSEF-VO siehe etwa Forstinger, „EuSEFs" (Europäischer Fonds für Soziales Unternehmertum) Förderung sozialer Innovation durch ein neues Fondslabel in der EU?, ÖBA 2013, S 498

[135] Zur EuVECA-VO siehe etwa Majcen, „EuVECA" (Europäische Risikokapitalfonds) – Ein neues EU-Gütesiegel für Venture-Capital-Fonds, ÖBA 2013, S 705.

[136] Quelle: Österreichischen Nationalbank (01/2014); aktuelle Statistiken können unter http://www.oenb.at/Statistik/Standardisierte-Tabellen/Finanzinstitutionen/Investmentfonds.html abgerufen werden.

[137] Siehe dazu die Fondsdatenbank der FMA: http://www.fma.gv.at/de/unternehmen/investment-fonds-kag/abfragen/inlaendische-fonds.html.

für sich veranschlagen. Eine eher untergeordnete Rolle spielen in Österreich Geldmarktfonds (0,35%) und Hedgefonds (0,29%).

Im Gesamtbild betrachtet lässt sich daher für Österreich feststellen, dass gemischte Fonds (51.8% des gesamten nationalen Fondsvolumens), Rentenfonds (29.8% des gesamten nationalen Fondsvolumens) und Aktienfonds (16.4% des gesamten nationalen Fondsvolumens) die beliebtesten Asset-Klassen darstellen. Andere Asset-Klassen werden zwar auch angeboten, allerdings ist deren Anteil von 0,5% bis 1,0% des gesamten nationalen Fondvolumens eher zu vernachlässigen.

2. Typische Fondsstrukturen

a) Geschlossene Fonds

Anders als bei sogenannten „offenen Fonds", von denen sowohl das InvFG 2011 als auch 45
das ImmoInvFG ausgehen, gibt die Verwaltungsgesellschaft bei geschlossenen Fonds von vornherein eine bestimmte Anzahl von Anteilscheinen aus. Eine Rückgabe der Anteilscheine durch den Anleger ist nicht vorgesehen; es handelt sich quasi um „festes" Fondskapital. Geschlossene Fonds werden meist als (Investment)Gesellschaften strukturiert (zB Immobilienaktiengesellschaften). Nach Ansicht der FMA[138] werden sie im Sinn eines beweglichen Systems insbesondere durch folgende Merkmale charakterisiert:
- Konstruktion als Personengesellschaft, meist für ein spezifisches Projekt gegründet;
- Keine bzw. geringe Risikomischung;
- Vorab fixierte Laufzeit und fixiertes Investitionsvolumen;
- Nach Schließung des Fonds ist idR weder eine weitere Zeichnung von Fondsanteilen noch Rückgabe oder Handel der Anteile möglich.

In Österreich haben geschlossene Fonds bisher keine allzu große Bedeutung erlangt. Er- 46
wähnt werden soll jedoch die Mittelstandsfinanzierungs-AG, die 1994 eingeführt wurde und die bislang gebräuchlichste Venture-Capital/Private-Equity-Fondsstruktur in Österreich darstellte. Dabei handelte es sich um eine in der Rechtsform der AG errichtete Kapitalgesellschaft, die von diversen steuerlichen Erleichterungen profitierte (zB weitestgehende Befreiung der Erträge von der Körperschaftsteuer, Befreiungen auf dem Gebiet der Gebühren und Verkehrssteuern sowie im Bereich der persönlichen Einkommensteuer). Seit 2008 ist eine Neugründung von Mittelstandsfinanzierungs-AGs aus EU-beihilferechtlichen Gründen nicht mehr möglich. Andere Fondsvehikel, wie bspw. vermögensverwaltende Personengesellschaften – etwa in Rechtsform einer GmbH & Co KG – werden weit seltener eingesetzt.[139]

Sämtliche Formen von geschlossenen Fonds, die von einer Anzahl von Anlegern Kapital einsammeln, um es gemäß einer festgelegten Anlagestrategie zum Nutzen dieser Anleger zu investieren, ohne dass das eingesammelte Kapital unmittelbar der operativen Tätigkeit dient, unterliegen seit 22.7.2013 als AIF dem AIFMG.

b) Offene Fonds

Sowohl das InvFG 2011 (OGAW und „InvFG AIF") als auch das ImmoInvFG gehen 48
vom Prinzip des offenen Fonds aus. Es können damit fortlaufend neue Anteile ausgegeben und das Fondsvermögen erhöht werden. Im Gegenzug können Anleger grundsätzlich auch jederzeit die Rücknahme ihres Fondanteils verlangen. Da der Liquidität der Veranlagung hier ein besonderer Stellenwert zukommt, ist – soweit erforderlich – mitunter auch Fonds-

---

[138] S. Rn. 49 des Rundschreibens der Finanzmarktaufsichtsbehörde vom 4.12.2012 zu Fragen des Prospektrechts, abrufbar unter http://www.fma.gv.at/de/rechtliche-grundlagen/rundschreiben/emittenten.html.

[139] Dazu näher *Brandner/Jud/Kofler/Polster-Grüll,* Private Equity und Venture Capital: Anforderungen an eine neue Fondsstruktur für den österreichischen Risikokapitalmarkt, ÖBA 2007, S. 365 (S. 366).

vermögen zu veräußern, um die Rückzahlung sicherzustellen. Der Fonds muss daher meist sogar auf täglicher Basis für den Rückkauf der ausgegebenen Anteile bereitstehen. In bestimmten Fällen kann die Auszahlung der Anteile vorübergehend ausgesetzt werden.[140]

Innerhalb der offenen Fonds werden folgende Untergruppen von Fondsstrukturen unterschieden:

49 Nach Anzahl der Anteilsinhaber wird zwischen sog. Publikumsfonds und Spezialfonds unterschieden. Während bei ersterem die Zahl der Anleger unbeschränkt ist, darf ein Spezialfonds aus höchstens zehn der Verwaltungsgesellschaft namentlich bekannten Anlegern bestehen. Sofern sich natürliche Personen an einem Spezialfonds beteiligen, müssen sie zumindest 250 000 EUR investieren; eine Beteiligung natürlicher Personen an einem Immobilien-Spezialfonds ist hingegen unzulässig. Eine Übertragung der Anteile ist zudem nur mit Zustimmung der Verwaltungsgesellschaft möglich.[141] Spezialfonds stellen damit typischerweise eine Struktur für die Verwaltung eines größeren Investitionsbetrags zur Verfügung. Daher sind viele der gesetzlichen für Publikumsfonds vorgesehenen Schutzbestimmungen auf Spezialfonds nicht anwendbar. So können etwa die gesetzlichen Veranlagungsgrenzen um bis zu 100 % überschritten werden, wenn die Fondsbestimmungen dies vorsehen; es bedarf keiner mindestens zweimal monatlich stattfindenden Veröffentlichung von Aus- und Rücknahmepreis; KID und Prospekt müssen nicht erstellt werden und es bestehen erleichterte Veröffentlichungs- und Rechnungslegungsvorschriften. Die Mitwirkungsrechte der Anleger in Anlagefragen sind typischerweise größer und unmittelbarer. So ist bspw. die Einrichtung eines Anlagebeirats, der sich aus Vertretern der Verwaltungsgesellschaft und der Anleger zusammensetzt, zur Festlegung der Veranlagungspolitik des Fonds oder Auswahl der Fondsmanager häufig. Spezialfonds entsprechen nicht den OGAW-Anforderungen und sind AIF.

50 Tranchenfonds verfügen über unterschiedliche Anteilscheingattungen. Dadurch können bei ein- und demselben Sondervermögen Unterscheidungen etwa hinsichtlich der Rechte der Anleiheninhaber, insbesondere im Hinblick auf die Ertragsverwendung (ausschüttend oder thesaurierend), die Währung (EUR/USD) oder die Gebührenstruktur vorgesehen werden.[142] Trotz unterschiedlicher Anteilscheingattungen liegt dennoch ein einziger Fonds vor. Die Vermögensgegenstände sind damit für das gesamte Sondervermögen und nicht nur für eine bestimmte Anteilscheingattung erworben. Auch die Anlagepolitik für das Sondervermögen ist einheitlich.[143]

51 Im Unterschied zum Tranchenfonds bestehen sog. Umbrellafonds aus verschiedenen Sondervermögen (sog. Teilfonds), die unter einem gemeinsamen „Schirm" gebündelt sind.[144] Die Auflage von Teilfonds ist in Österreich erst seit der InvFG Novelle 2011 möglich. Anders als bei den Tranchenfonds können sich die Teilfonds in ihrer Anlagepolitik unterscheiden und getrennt voneinander verwaltet werden. Sie sind vermögens- und haftungsrechtlich voneinander getrennt.[145]

52 Dachfonds veranlagen ihr Vermögen typischerweise nicht unmittelbar in Einzeltiteln, sondern wiederum in Anteilen anderer Kapitalanlagefonds (sog. Sub- oder Zielfonds). Damit kann auch bei vergleichsweise geringem Investitionsvolumen des Anlegers die Risikostreuung weiter gesteigert werden. Zum Teil wird kritisiert, dass durch die mehrschichtige

---

[140] S. § 56 InvFG 2011 und § 11 ImmoInvFG.

[141] Zum Spezialfonds s. §§ 163–165 InvFG 2011 sowie für viele *Buchberger* in Macher/Buchberger/Kalss/Oppitz, InvFG-Kommentar², § 163 Rn. 11 ff. Zum Immobilien-Spezialfonds s. § 1 Abs. 3 ImmoInvFG; *Forstinger,* Immobilienspezialfonds. Sondervorschriften und erleichterte Rahmenbedingungen nach dem neuen Immobilien-Investmentfondsgesetz, ÖBA 2004, S. 261 sowie *Paul* in Heidinger/Paul/Schmidt/Spranz/Urtz/Wachter, ImmoInvFG, § 1 Rn. 15 ff.

[142] § 46 Abs. 4 InvFG 2011.

[143] *Macher,* Praxishandbuch, Rn. 1/37 und 4/7.

[144] Näher § 47 InvFG 2011.

[145] S. dazu näher die TFV zur buchhalterischen Darstellung, Rechnungslegung und Ermittlung des Wertes von Teilfonds bei Umbrella-Konstruktionen.

Struktur auch die Kostenbelastung (Dachfonds- und Subfondsebene) steigt und die Überschaubarkeit und Transparenz der Fondszusammensetzung abnimmt.[146]

Die InvFG Novelle 2011 hat in Umsetzung von UCITS IV auch Master-Feeder-Fondsstrukturen in das österreichische Recht eingeführt.[147] Anleger beteiligen sich hier zum Zweck einer Bündelung von Investitionsvolumen an einem sog. „Zubringerfonds" (Feederfonds). Dieser investiert zumindest 85% der vereinnahmten Gelder wiederum in einen (uU auch mehrere) zentralen Masterfonds. Der Vorteil solcher Strukturen liegt insbesondere in der Nutzung von Skalen-Effekten. Nachteilig mögen sich die detaillierten Regulierungsvorschriften, insbesondere die in § 96 InvFG 2011 vorgesehene vertragliche Vereinbarung zwischen Master- und Feeder-Fonds sowie allenfalls eine höhere Gebührenstruktur auswirken, die Herausforderungen aus Sicht des Risikomanagements und der Compliance darstellen und eine detaillierte Abstimmung zwischen Master- und Feeder-Fonds erfordern. Diese Abstimmung hat Angaben darüber zu enthalten, wie und wann die Informationsübermittlung für den Anteilinhaber vorgenommen wird, wie die Aufgabenübertragung betreffend das Investment- und Risikomanagement an Dritte erfolgt, in welcher Form Dokumente zu Risikomanagement und Compliance übermittelt werden, wie mit Verstößen des Master-Fonds gegen Rechtsvorschriften und Fondsbestimmungen umgegangen wird oder wie derivative Finanzinstrumente zu Sicherungszwecken vom Feeder-Fonds verwendet werden. Weiters ist zu regeln, in welche Anteilsgattungen investiert wird und wie die Kosten und Aufwendungen für den Feeder-Fonds gehandhabt werden.[148] 53

Andere Sondervermögen[149] zeichnen sich durch erhöhte Flexibilität in der Veranlagung hinsichtlich zulässiger Assetklassen und Anlagegrenzen aus. Diese Fonds dürfen bis zu 100% des Fondsvermögens in andere Fondsstrukturen investieren, die ihrerseits in volatilere, beschränkt marktgängige, weniger liquide und damit auch oft schwerer bewertbare Anlageformen wie bspw. Hedgefonds veranlagen dürfen. Andere Sondervermögen entsprechen nicht den OGAW Anforderungen und sind AIF. 54

Bei Pensionsinvestmentfonds[150] handelt es sich um Sondervermögen, die vorrangig der Altersvorsorge dienen. Das InvFG 2011 enthält daher besondere Vorschriften zu den Erwerbsvoraussetzungen von Vermögensanteilen für Pensionsinvestmentfonds, Gewinnverwendung, der Veranlagung und den Einsatz von Derivaten. Pensionsinvestmentfonds entsprechen nicht den OGAW-Anforderungen und sind AIF.

3. Aufsichtsbehörde

a) Konzession Verwaltungsgesellschaft für OGAW

aa) Inländische Verwaltungsgesellschaft. Das Investmentgeschäft gehört in Österreich zu den konzessionspflichtigen Bankgeschäften und bedarf daher gem. § 1 Abs. 1 Ziff. 13 BWG einer Konzession durch die Finanzmarktaufsicht.[151] 55

In den Antrag auf Erteilung einer Konzession bei der Finanzmarktaufsicht sind Informationen über den Sitz und die Rechtsform der Kapitalanlagegesellschaft aufzunehmen. Des Weiteren muss der Antrag die Satzung, die Höhe des den Geschäftsleitern im Inland unbeschränkt und ohne Belastung zur freien Verfügung stehenden Anfangskapitals und die Identität und die Höhe des Beteiligungsbetrages der Eigentümer, die eine qualifizierte Beteiligung an der Kapitalanlagegesellschaft halten, enthalten. Sofern die qualifiziert beteilig- 56

---

[146] *Kalss/Oppitz/Zollner*, Kapitalmarktrecht I § 27 Rn. 25.
[147] Vgl. §§ 93 ff. InvFG 2011.
[148] *Kammel/Schredl*, Das InvFG 2011 – Richtungsweisende Gesetzgebung oder verpasste Chance? ÖBA 2011, S. 556.
[149] § 166 InvFG 2011; dazu ausführlich *Macher*, Praxishandbuch, Rn. 3/222 ff.; zur Vorgängerbestimmung § 20a InvFG 2003 s. *Hanten* in Macher/Buchberger/Kalss/Oppitz, InvFG-Kommentar², § 166 Rn. 2 und 5 ff.
[150] § 168 InvFG 2011.
[151] S. dazu Kapitel IV/3.

ten Eigentümer einem Konzern angehören, müssen im Antrag Angaben über die Konzernstruktur gemacht werden. Der Antrag muss Informationen beinhalten, die für die Beurteilung der Zuverlässigkeit der qualifiziert beteiligten Eigentümer, der gesetzlichen Vertreter und der allenfalls persönlich haftenden Gesellschaft dieser Eigentümer erforderlich sind.

57 Schließlich müssen in den Antrag die Namen der vorgesehenen Geschäftsleiter und deren Qualifikation zum Betrieb des Unternehmens aufgenommen werden.[152] Dem Antrag ist ein Geschäftsplan anzuschließen, aus welchem der organisatorische Aufbau der Verwaltungsgesellschaft und die Strategien zur Etablierung des Risikomanagements, Überwachung, Steuerung und die Begrenzung etwaiger Risiken hervorgehen.[153]

Die Konzession ist binnen sechs Monaten ab (vollständigem) Antrag zu erteilen, wenn die folgenden Voraussetzungen gegeben sind:[154]

- die Verwaltungsgesellschaft hat die Rechtsform einer GmbH oder einer AG und ist auf unbestimmte Zeit errichtet. Für den Fall, dass die Verwaltungsgesellschaft in der Form einer GmbH gegründet wurde, ist ein Aufsichtsrat zu bestellen und das Aufgeld muss einer besonderen Rücklage zugewiesen sein, die nur zum Ausgleich von Wertminderungen und zur Deckung von sonstigen Verlusten verwendet werden darf;
- die Aktien lauten auf Namen (bei AG) und die Übertragung der Aktien bzw. der Gesellschaftsanteile bedarf gem. Satzung/Gesellschaftsvertrag der Zustimmung des Aufsichtsrats;
- das Anfangskapital beträgt 2,5 EUR Millionen und steht den Geschäftsleitern unbeschränkt und ohne Belastung im Inland zur freien Verfügung. Überschreitet der Wert des Fondsvermögens 250 EUR Millionen, muss die Verwaltungsgesellschaft über zusätzliche Eigenmittel verfügen;[155]
- Mindestens die Hälfte des einbezahlten Stammkapitals wird mündelsicher[156] veranlagt;
- weder ein Geschäftsleiter noch ein Mitglied des Aufsichtsrates der Verwahrstelle ist ein Mitglied des Aufsichtsrates der Verwaltungsgesellschaft;
- der Geschäftsleiter oder Prokurist der Verwaltungsgesellschaft ist weder ein Geschäftsleiter, Aufsichtsratsmitglied oder Prokurist der Verwahrstelle;
- bei den Geschäftsleitern liegen die fachliche Eignung, Leitungserfahrung und die erforderliche Erfahrung für den Betrieb einer Verwaltungsgesellschaft vor. Dabei müssen mindestens zwei Geschäftsleiter in Bezug auf den Typ des zu verwaltenden OGAW ausreichende praktische und theoretische Erfahrung haben;
- angemessene und wirksame Risikomanagement-Grundsätze sind vorgesehen und Vorkehrungen, Prozesse und Verfahren zur Vermeidung von Risiken wurden eingerichtet; und
- die Voraussetzungen des § 5 Abs. 1 Ziff. 2 bis 4a, 6, 7 und 9 bis 14 BWG sind erfüllt.

58 Bei der Ausübung der Verwaltungstätigkeit haben inländische Verwaltungsgesellschaften die im 2. Abschn. (§§ 8 bis 35 InvFG 2011) vorgesehenen Anforderungen an Organisationsaufbau und -ablauf zu beachten. Diese sehen etwa verfahrens- und systemseitige Regelungen zu Anforderungen an die Verwaltung, Rechnungslegung, das Risikomanagement, zum Umgang mit Interessenskonflikten und Mitarbeitergeschäften sowie zu Aufzeichnungs- und Aufbewahrungspflichten vor. Sie verpflichten die Verwaltungsgesellschaften weiters zur dauerhaften Einrichtung einer ständigen und unabhängigen Compliance-Funktion, zu einer ständigen Innenrevision und zu ständigem Risikomanagment.

59 **bb) Ausländische Verwaltungsgesellschaft.** Hat die Verwaltungsgesellschaft ihren Sitz nicht in Österreich, sondern in einem anderen EU Mitgliedstaat, so kann sie in Öster-

---

[152] Vgl. dazu § 6 Abs. 1 InvFG 2011 iVm § 4 Abs. 3 Ziff. 1, 2, 4, 5 und 6 BWG.
[153] S. dazu §§ 85 bis 89 InvFG 2011.
[154] § 6 Abs. 2 InvFG 2011.
[155] Zu den zusätzlichen Eigenmitteln und deren Höhe s. § 6 Abs. 2 Ziff. 5 InvFG 2011 und → Rn. 34.
[156] §§ 230 ff. ABGB.

reich inländische Fonds durch eine Zweigstelle oder im Wege der Dienstleistungsfreiheit auflegen und vertreiben (§ 36 InvFG 2011), wenn sie über die entsprechende Konzession in ihrem Herkunftsmitgliedstaat verfügt.

Möchte die ausländische Verwaltungsgesellschaft eine Zweigniederlassung in Österreich eröffnen, hat die Aufsichtsbehörde des Herkunftsmitgliedstaates folgende Informationen an die FMA als zuständige Behörde des Aufnahmemitgliedstaats weiterzuleiten:

- die Information, dass die Verwaltungsgesellschaft beabsichtigt, in Österreich ein Zweigstelle zu errichten (§ 37 Abs. 1 Ziff. 1 InvFG 2011);
- einen Geschäftsplan, aus dem hervorgeht, welche Tätigkeiten und Dienstleistungen in Österreich angeboten werden sollen. Der Geschäftsplan muss weiters die Organisationsstruktur der Zweigstelle darlegen und hat eine Beschreibung des Risikomanagement-Verfahrens sowie eine Beschreibung der Vereinbarungen und Vorkehrungen zur Gewährleistung eines effektiven Anlegerschutzes (insbesondere Beschwerdeverfahren, Sicherstellung von Ausgabe- und Rücknahme des Fondsanteil sowie Pflichtinformationen) zu enthalten;
- die Anschrift, wo in Österreich Unterlagen angefordert werden können;
- die Namen der Geschäftsleiter der Zweigstelle.

Die ausländische Verwaltungsgesellschaft darf ihre Tätigkeit in Österreich spätesten zwei Monate, nachdem die FMA die vollständigen Informationen erhalten hat, aufnehmen.[157]

Möchte eine ausländische Verwaltungsgesellschaft Fonds in Österreich im Wege der Dienstleistungsfreiheit auflegen und anbieten, hat die zuständige Behörde des Herkunftsmitgliedstaates der FMA folgende Informationen weiterzuleiten:

- die Information, dass die Verwaltungsgesellschaft beabsichtigt, im Wege der Dienstleistungsfreiheit in Österreich tätig zu werden (§ 31 Abs. 5 Ziff. 1 InvFG 2011);
- einen Geschäftsplan, aus dem hervorgeht, welche Tätigkeiten und Dienstleistungen in Österreich ausgeübt werden sollen. Der Geschäftsplan muss weiters eine Beschreibung des Risikomanagement-Verfahrens sowie eine Beschreibung der Vereinbarungen und Vorkehrungen zur Gewährleistung eines effektiven Anlegerschutzes (insbesondere Beschwerdeverfahren, Sicherstellung von Ausgabe- und Rücknahme des Fondsanteil sowie Pflichtinformationen) enthalten.

Die ausländische Verwaltungsgesellschaft darf ihre Tätigkeit in Österreich spätestens einen Monat, nachdem die FMA die vollständigen Informationen erhalten hat, aufnehmen.

b) Zulassungserfordernis für inländische und ausländische OGAW[158]

aa) Inländische OGAW. Auflage und Vertrieb eines inländischen OGAW bedarf der vorherigen Bewilligung durch die FMA. Diese wird erteilt, sofern die Voraussetzungen des § 50 InvFG 2011 erfüllt sind, wobei die FMA im Wesentlichen die Gesetzeskonformität folgender drei Tatbestände prüft: (1) Auflage des OGAW gem. den Fondsbestimmungen, (2) Verwaltung des OGAW durch die antragstellende Verwaltungsgesellschaft und (3) Bestellung der Depotbank. Die Antragstellung hat durch die Verwaltungsgesellschaft zu erfolgen, die den Fonds auflegen und verwalten möchte. Dem Antrag sind folgende Angaben und Unterlagen beizufügen:

- Fondbestimmungen iSd § 53 InvFG 2011. Diese bedürfen der Zustimmung des Aufsichtsrats der Verwaltungsgesellschaft und der Depotbank und müssen zudem von der FMA bewilligt werden;
- Firma und Sitz der Verwaltungsgesellschaft sowie den Nachweis, dass die Verwaltungsgesellschaft zur Verwaltung eines OGAW im Sinn der Fondsbestimmungen berechtigt ist

---

[157] Beabsichtigt die ausländische Verwaltungsgesellschaft auch, die kollektive Portfolioverwaltung von in Österreich bewilligten OGAW über eine Zweigstelle in Österreich anzubieten, ist dies speziell zu beantragen, es sind weitere Unterlagen beizubringen (§ 36 Abs. 6 InvFG 2011) und die Bewilligung nach § 50 Abs. 4 InvFG 2011 ist abzuwarten.

[158] Weitergehende Informationen s.: http://www.fma.gv.at/de/unternehmen/investmentfondskag/notifikation-gem-140-invfg-2011-und-informationen-gem-155-abs-2-invfg-2011.html.

(bei ausländischen Verwaltungsgesellschaften bedarf es einer entsprechenden Bescheinigung der Herkunftsmitgliedstaatsbehörde);
- Firma und Sitz der Depotbank sowie den Nachweis, dass die Depotbank die Anforderungen des § 41 InvFG 2011erfüllt.[159] Auch die Bestellung der Depotbank ist von der FMA gesondert zu bewilligen und hat zu erfolgen, wenn die Depotbank die Voraussetzungen der §§ 40 bis 45 InvFG 2011 erfüllt und deren Geschäftsleiter ausreichend Erfahrung auch in Bezug auf den Typ des zu verwahrenden OGAW nachweisen können.

Der OGAW ist von der FMA zu bewilligen, wenn die nachstehenden Voraussetzungen erfüllt sind:
- die Fondbestimmungen und die Depotbank entsprechen den gesetzlichen Bestimmungen;
- der Vertrieb der Anteile des OGAW in Österreich widerspricht nicht den Fondsbestimmungen;
- die antragstellende Verwaltungsgesellschaft verfügt über die notwendige Konzession.

Die FMA hat den OGAW innerhalb von zwei Monaten nach vollständigem Erhalt aller Unterlagen schriftlich zu bewilligen oder den Antrag auf Zulassung des OGAW durch Bescheid zu untersagen. Die FMA hat dabei die Möglichkeit, die Genehmigung nur unter Einhaltung von Auflagen, Befristungen oder Bedingungen zu erteilen.

62 **bb) Ausländische OGAW.** Bevor in einem anderen Mitgliedstaat bewilligte OGAW in Österreich öffentlich vertrieben werden dürfen, muss die Aufsichtsbehörde des Herkunftsmitgliedstaats des OGAW der FMA nachstehende Dokumente und Informationen übermitteln:[160]
- das Anzeigeschreiben (Teile A, B und C) gem. Anhang I der Anzeige-VO;[161]
- die OGAW-Bescheinigung gem. Anhang II der Anzeige-VO;
- jeweils eine aktuelle Fassung der Fondsbestimmungen oder der Satzung (falls nicht im Prospekt enthalten);
- den Prospekt, idealerweise samt sog. „Österreich-Anhang"; der die in Österreich zum öffentlichen Vertrieb zugelassenen Teilfonds sowie die inländische Zahl- und Informationsstelle angibt;
- eine aktuelle Fassung des letzten Rechenschafts- und Halbjahresberichts;
- das Kundeninformationsdokument;
- Angaben zu den Vermarktungsmodalitäten des OGAW in Österreich;
- ggf. Angaben zu Anteilsgattungen und Teilfonds;
- Nachweis der Zahlung der Registrierungsgebühren gem. § 140 Abs. 3 InvFG 2011;
- Benennung einer inländischen Zahl- und Informationsstelle unter Vorlage der Zahlstellenbestätigung; sowie
- allenfalls Einschreitungs- und Empfangsvollmacht.

Mit Ausnahme des verpflichtend in deutscher Sprache vorzulegenden KID können sämtliche Unterlagen und Informationen nach Wahl des OGAW auf Englisch oder Deutsch vorgelegt werden.

---

[159] Die Depotbank muss insbesondere mit der Führung und Verwaltung der OGAW-Konten betraut werden. Sie muss ihren Sitz im Inland haben und benötigt eine Konzession zum Betrieb des Depotgeschäfts nach § 1 Abs. 1 Ziff. 5 BWG.
[160] Dazu näher §§ 140 ff. InvFG 2011. Für weitergehende Informationen s.: http://www.fma.gv.at/de/unternehmen/investmentfonds-kag/notifikation-gem-140-invfg-2011-und-informationen-gem-155-abs-2-invfg-2011.html.
[161] Verordnung (EU) Nr. 584/2010 der Kommission vom 1.7.2010 zur Durchführung der Richtlinie 2009/65/EG des Europäischen Parlaments und des Rates im Hinblick auf Form und Inhalt des Standardmodells für das Anzeigeschreiben und die OGAW-Bescheinigung, die Nutzung elektronischer Kommunikationsmittel durch die zuständigen Behörden für die Anzeige und die Verfahren für Überprüfungen vor Ort und Ermittlungen sowie für den Informationsaustausch zwischen zuständigen Behörden, ABl. 176 vom 10.7.2010, S. 16 („Anzeige-VO").

V. Q&A

Der Vertrieb in Österreich kann aufgenommen werden, sobald der FMA die vollständigen Unterlagen und Informationen und die Bescheinigung gem. § 139 Abs. 2 InvFG 2011 von der zuständigen Behörde des Herkunftsmitgliedstaates des OGAW übermittelt wurden.

c) Konzessionierung und Registrierung österreichischer AIFM

aa) Konzessionierung. Seit Inkrafttreten des AIFMG erfordert die Verwaltung von AIF durch AIFM mit Sitz in Österreich eine Konzession der FMA.[162]

Diesbezüglich ist ein Konzessionsantrag zu stellen[163], dem eine Vielzahl von Unterlagen beizulegen sind und der detaillierte Informationen zur Geschäftätigkeit, über Führungspersonen und Gesellschafter, Anfangskapital und Eigenmittel[164], Organisationsstruktur, Vergütungspolitik, allfällige (Sub-)Delegationen sowie zu den verwalteten AIF selbst zu enthalten hat. In Bezug auf Letztere sind detaillierte Angaben zu den Anlagestrategien des AIF[165] und zur Verwahrstelle zu machen und es sind die Fondsbestimmungen sowie die Anleger-Informationen gemäß § 21 AIFMG beizufügen. Die Konzession ist zu erteilen, wenn nachgewiesen wird, dass:

- der AIFM zur Einhaltung der Bedingungen des AIFMG fähig ist;
- der AIFM über ein ausreichendes Anfangskapital und Eigenmittel verfügt;
- die Personen, die die Geschäfte des AIF tatsächlich führen ausreichend zuverlässig sind und auch in Bezug auf die Anlagestrategien betreffend der zu verwaltenden AIFs ausreichend Erfahrung haben. Die Geschäftsführung muss aus mindestens zwei entsprechend qualifizierten Personen bestehen;
- qualifiziert beteiligte Anteilseigner oder Mitglieder des AIF über entsprechende Eignung verfügen und für eine solide und umsichtige Verwaltung des AIFM Rechnung tragen; und
- der Sitz der Hauptverwaltung in Österreich liegt.

Die FMA hat den Konzessionswerber binnen drei Monaten ab vollständigem Antrag darüber schriftlich zu informieren, ob die Konzession erteilt wird, wobei der Beurteilungszeitraum um bis zu drei zusätzliche Monate verlängert werden kann, wenn die FMA dies aufgrund der besonderen Umstände des Einzelfalls und nach entsprechender Benachrichtigung des AIFM für notwendig erachtet.

Für OGAW-Verwaltungsgesellschaften iSd InvFG 2011 gibt es hinsichtlich des Konzessionsantrags Erleichterungen: Angaben und Unterlagen sind nicht nochmals vorzulegen, wenn sie im Rahmen der Beantragung der Konzession nach § 1 Abs. 1 Z 13 BWG iVm § 6 Abs. 2 InvFG 2011 schon vorgelegt wurden und auf dem neuesten Stand sind.

bb) Registrierung. AIFM, die entweder weniger als € 100 Mio. in gehebelten AIF verwalten, oder weniger als € 500 Mio. in nicht gehebelten AIF verwalten, die fünf Jahre

---

[162] Siehe näher §§ 4–9 AIFMG.

[163] Vgl diesbezüglich auch die von der FMA veröffentlichten Konzessionsleitfäden für *OGAW-Verwaltungsgesellschaften oder Kapitalanlagegesellschaften für Immobilien* und *für Gesellschaften die nicht bereits über eine Konzession gemäß § 1 Abs. 1 Z 13 BWG iVm § 6 Abs. 2 InvFG 2011 oder gemäß § 1 Abs. 1 Z 13a BWG verfügen*, abrufbar unter http://www.fma.gv.at/de/unternehmen/investmentfonds-kag/informationen-fuer-verwalter-alternativer-investmentfonds.html.

[164] Mindestens € 300 000 bei intern verwalteten AIF und mindestens € 150 000 bei extern verwalteten AIF. Übersteigt der Wert der von dem AIFM verwalteten AIF-Portfolios € 250 Mio, hat der AIFM zusätzliche Eigenmittel iHv 0,02 vH des Betrags einzubringen, um den der Wert der Portfolios des AIFM € 250 Mio übersteigt. Die erforderliche Gesamtsumme aus Anfangskapital und zusätzlichem Betrag ist mit maximal € 10 Mio gedeckelt (§ 7 AIFMG).

[165] Aufschlüsselung gemäß Formblatt Anhang IV AIFM-DV. Anzugeben sind etwa die wichtigsten Vermögenswerte, in die der AIF investieren darf, die Arten der Zielfonds, falls es sich bei dem AIF um einen Dachfonds handelt, die Grundsätze, die der AIFM im Zusammenhang mit dem Einsatz einer Hebelfinanzierung anwendet sowie die Risikoprofile und sonstigen Eigenschaften der AIF, die er verwaltet oder zu verwalten beabsichtigt, einschließlich Angaben zu den Mitgliedstaaten oder Drittländern, in denen sich der Sitz solcher AIF befindet oder voraussichtlich befinden wird.

lang geschlossen sind, müssen keine Konzession beantragen, sondern sich lediglich „registrieren" lassen.[166] Auf registrierte AIFM finden nur ausgewählte Bestimmungen des AIFM Anwendung; sie unterliegen daher einem reduzierten Aufsichtsregime. Allerdings dürfen die von ihnen verwalteten AIF nicht an Privatkunden vertrieben werden und darüber hinaus keine grenzüberschreitende Tätigkeit ausüben.[167] Fondsmanager im Unterschwellenbereich können jedoch freiwillig in das AIFMG-Regelwerk hineinoptieren – dann sind auch Vertrieb an Privatkunden und grenzüberschreitender Pass an professionelle Kunden möglich. Gleichzeitig müssen aber auch die damit verbundenen administrativen Hürden und Kosten wie insbesondere die Mindesteigenkapitalanforderungen und die weitreichenden Organisationsanforderungen eingehalten werden.[168] Für Fondsmanager von Risikokapitalfonds und Fonds für Soziales Unternehmertum bringen die EuVECA-VO und die EuSEF-VO hier Vorteile: registrierte Fondsmanager, die sich dem Anwendungsbereich der EuVECA-VO bzw der EuSEF-VO unterwerfen, können dadurch einen europäischen Pass zum grenzüberschreitenden Vertrieb von Risikokapitalfonds und Fonds für Soziales Unternehmertum an professionelle Anleger erreichen, ohne den vollumfänglichen AIFM-RL Anforderungen ausgesetzt zu sein.

Bei Überschreiten der Schwellenwerte haben registriere AIFM binnen 30 Kalendertagen eine volle AIFM-Konzession beantragen. Gleiches gilt, wenn registrierte AIFM die Vorteile des EU-weiten grenzüberschreitenden Vertriebs an professionelle Kunden nach AIFMG nützen wollen. Diesfalls haben sie die Möglichkeit, einen Konzessionsantrag zu stellen.[169]

d) Vertrieb und Verwaltung von in- und ausländischen AIF

65 In Umsetzung der AIFM-RL regelt das AIFMG den Vertrieb an professionelle Anleger und unterscheidet dabei zwischen EU-AIFM (Managern mit Sitz in der EU) und Nicht-EU-AIFM (Managern mit Sitz außerhalb der EU) sowie zwischen EU-AIF (AIF mit Fondsdomizil in der EU) und Nicht-EU-AIF (AIF mit Fondsdomizil außerhalb der EU).

Wesentliches Element beim Vertrieb von AIF an professionelle Anleger ist der in der AIFM-RL vorgesehene EU-Pass. Dieser berechtigt einen EU-AIFM zum EU-weiten Vertrieb von EU-AIF an professionelle Anleger. Das Pass-System ist für

- Nicht-EU-AIFM, die Verwaltungs- und/oder Vertriebsaktivitäten innerhalb der EU ausüben und für
- EU-AIFM, die Nicht-EU-AIF verwalten (obwohl in § 35 AIFMG bereits angelegt),

allerdings erst nach einer Evaluierung durch ESMA, die bis zum 22.7.2015 zu erfolgen hat, anzuwenden. Bis dahin sieht das AIFMG ab 22.7.2013 Bestimmungen für den Vertrieb von AIF mit Drittlandbezug ohne Pass vor[170] und gestattet Drittlands-AIFM unter bestimmten Voraussetzungen den Vertrieb von ihnen verwalteter AIF an professionelle Anleger in Österreich ohne Pass.[171]

Österreich hat ferner von der in Art 43 AIFM-RL vorgesehenen Möglichkeit Gebrauch gemacht und ermöglicht damit unter sehr restriktiven Voraussetzungen auch einen Vertrieb bestimmter AIF an Privatkunden.

---

[166] Vgl. zur Registrierung den von der FMA veröffentlichten *Leitfaden für die Registrierung gemäß AIFMG*, abrufbar unter http://www.fma.gv.at/de/unternehmen/investmentfonds-kag/informationen-fuer-verwalter-alternativer-investmentfonds.html.

[167] § 1 Abs 5 AIFMG.

[168] Anders als § 7 AIFMG, der zahlenmäßig festgelegte Mindestwerte für Anfangskapital und Eigenmittel von AIFM vorsieht, muss ein Risikokapitalfondsmanager gemäß Art 10 EuVECA-VO lediglich jederzeit ausreichende (jedoch zahlenmäßig nicht näher festgelegte) Eigenmittel halten, wobei der Nachweis dafür dem Manager obliegt. Auch entfällt etwa das Erfordernis für eine Verwahrstelle.

[169] Vgl. dazu näher die Opt-in Durchführungsverordnung der EU-Kommission (EU) Nr. 447/2013, ABl. 132 vom 16.5.2013, S. 1.

[170] Vgl. § 38 AIFMG, der Art 36 AIFM-RL umsetzt.

[171] Vgl. § 47 AIFMG, der Art 42 AIFM-RL umsetzt.

V. Q&A

e) Vertrieb und Verwaltung von EU-AIF durch in Österreich konzessionierte AIFM

aa) Vertrieb. Möchte ein in Österreich konzessionierter AIFM Anteile eines EU-AIF 66 an professionelle Anleger in Österreich vertreiben, muss er zuvor einen Antrag auf Bewilligung bei der FMA stellen und dazu die in Anlage 3[172] zum AIFMG angeführten Angaben und Unterlagen vorlegen (§ 29 AIFMG).

Möchte ein in Österreich konzessionierter AIFM Anteile eines von ihm verwalteten EU-AIF an professionelle Anleger in einem anderen Mitgliedstaat vertreiben, muss er dies zuvor der FMA anzeigen und dazu die in Anlage 4[173] angeführten Angaben und Unterlagen vorlegen (§ 30 AIFMG).

In beiden Varianten gilt für den Fall, dass es sich bei dem EU-AIF um einen Feeder-AIF handelt, dass auch der Master-AIF ein EU-AIF sein muss. Andernfalls kommen die Bestimmungen über den Vertrieb von Nicht-EU-AIFs zur Anwendung.[174] Die FMA hat jeweils innerhalb von 20 Arbeitstagen auf den vollständigen Bewilligungsantrag nach § 29 AIFMG bzw das vollständige Anzeigeschreiben nach § 30 AIFMG zu reagieren. Im Fall des § 29 AIFMG hat die FMA den Vertrieb in Österreich zu bewilligen oder zu untersagen. Mit Datum der Bewilligung durch die FMA kann der AIFM den Vertrieb des EU-AIF in Österreich aufnehmen.

Im Fall des § 30 AIFMG hat die FMA die Dokumente an die zuständige Behörde jenes 67 Mitgliedsstaates, in welchem der Vertrieb stattfinden soll, zu übermitteln und eine Bescheinigung über die Konzession des betreffenden AIFM zur Verwaltung von AIF mit einer bestimmten Anlagestrategie beizufügen. Über die Übermittlung der Unterlagen an die zuständige Behörde hat die FMA den AIFM unverzüglich zu unterrichten. Mit Datum dieser Mitteilung darf der AIFM den Vertrieb im Aufnahmemitgliedsstaat aufnehmen. Sollte der EU-AIF nicht unter die Zuständigkeit der FMA fallen, sondern unter jene eines anderen Mitgliedstaates, so hat die FMA auch diese Behörde von der Vertriebsaufnahme durch den österreichischen AIFM im Aufnahmemitgliedstaat zu unterrichten.

bb) Verwaltung. Ein in Österreich konzessionierter AIFM kann einen EU-AIF mit Sitz 68 in einem anderen Mitgliedstaat direkt oder indirekt über eine Zweigniederlassung in dem jeweiligen Mitgliedstaat verwalten. Zusätzlich muss ihn seine österreichische Konzession zur Verwaltung von EU-AIF in einem anderen Mitgliedstaat berechtigen (§ 32 AIFMG).

Die beabsichtigte Verwaltung eines EU-AIF in einem anderen Mitgliedstaat muss der 69 AIFM der FMA anzeigen. Das Anzeigeschreiben hat den Mitgliedstaat, in welchem der

---

[172] Anlage 3 entspricht Anhang III der AIFM-RL: Vorzulegen sind demnach ein Anzeigeschreiben einschließlich eines Geschäftsplanes, der Angaben zu den AIF, die der AIFM zu vertreiben beabsichtigt, sowie zu deren Sitz enthält; die Vertragsbedingungen oder die Satzung des AIF; Name und Verwahrstelle des AIF; eine Beschreibung des AIF oder alle für die Anleger verfügbaren Informationen über den AIF; Angaben zum Sitz des Master-AIF, falls es sich um einen Feeder-AIF handelt; alle in § 21 Abs 1 AIFMG genannten Informationen für jeden AIF, den der AIFM zu vertreiben beabsichtigt sowie – sofern zutreffend – Angaben zu den Vorkehrungen, die getroffen wurden, um zu verhindern, dass Anteile des AIF an Privatkunden vertrieben werden, auch falls ein AIFM für die Erbringung von Wertpapierdienstleistungen für den AIF auf unabhängige Unternehmen zurückgreift.

[173] Anlage 4 entspricht Anhang IV der AIFM-RL: Vorzulegen sind demnach ein Anzeigeschreiben einschließlich eines Geschäftsplanes, der Angaben zu den AIF, die der AIFM zu vertreiben beabsichtigt, sowie zu deren Sitz enthält; die Vertragsbedingungen oder die Satzung des AIF; Name und Verwahrstelle des AIF; eine Beschreibung des AIF oder alle für die Anleger verfügbaren Informationen über den AIF; Angaben zum Sitz des Master-AIF, falls es sich um einen Feeder-AIF handelt; alle in § 21 Abs 1 AIFMG genannten Informationen für jeden AIF; den der AIFM zu vertreiben beabsichtigt; die Angabe des Mitgliedstaats, in dem Anteile des AIF an professionelle Anleger vertrieben werden sollen; sowie – sofern zutreffend – Angaben zu den Vorkehrungen, die getroffen wurden, um zu verhindern, dass Anteile des AIF an Privatkunden vertrieben werden, auch falls ein AIFM für die Erbringung von Wertpapierdienstleistungen für den AIF auf unabhängige Unternehmen zurückgreift.

[174] § 35 Abs 8 AIFMG.

AIFM EU-AIF direkt oder indirekt über eine Zweigniederlassung verwalten möchte, zu benennen und einen Geschäftsplan zu enthalten, aus dem die zu erbringenden Dienstleistungen und eine Beschreibung, welche EU-AIFs verwaltet werden sollen, hervorgehen. Soll die Verwaltung des EU-AIF in einem anderen Mitgliedstaat über eine Zweigniederlassung erfolgen, sind weiters der organisatorische Aufbau der Zweigniederlassung, die Anschrift, unter der im Herkunftsmitgliedstaat des EU-AIF Unterlagen angefordert werden können und Namen und die Kontaktdaten der Geschäftsführung der Zweigniederlassung anzuführen.

70   Die FMA hat der zuständigen Behörde des Aufnahmemitgliedstaats die Anzeige des AIFM innerhalb eines Monats (falls die Verwaltung ohne eine Zweigniederlassung im Aufnahmemitgliedstaat stattfinden soll) bzw innerhalb von zwei Monaten (falls die Verwaltung im Aufnahmemitgliedstaat über eine Zweigniederlassung stattfinden soll), zu übermitteln. Die FMA hat eine Bescheinigung über die Konzession des betreffenden AIFM zur Verwaltung von AIF mit einer bestimmten Anlagestrategie beizufügen. Der AIFM ist von der FMA schriftlich vom Versand der Unterlagen an die zuständige Behörde des Aufnahmemitgliedstaats zu informieren. Mit Datum des Verständigungsschreibens kann der AIFM mit der Erbringung von Dienstleistungen im Aufnahmemitgliedstaat beginnen.

f) Vertrieb und Verwaltung von EU-AIF durch in anderen Mitgliedstaaten konzessionierte AIFM

71   **aa) Vertrieb.** Möchte ein in einem anderen Mitgliedstaat konzessionierter AIFM Anteile eines von ihm verwalteten EU-AIF an professionelle Anleger in Österreich vertreiben, setzt das einerseits die Bewilligung des EU AIFs im Herkunftsmitgliedstaat sowie andererseits die Unterrichtung der FMA als zuständige Behörde des Aufnahmemitgliedsstaats unter Vorlage der in Anlage 4[175] angeführten Angaben und Unterlagen und dem Nachweis über seine Konzessionierung zur Verwaltung von EU-AIF einer bestimmten Anlagestrategie (passporting) voraus (§ 31 AIFMG). Die erforderlichen Passporting-Unterlagen können auf Deutsch oder Englisch vorgelegt werden. Praktische Informationen zum Passporting-Prozess enthält das Merkblatt der FMA zum Vertrieb von EU-AIF in Österreich gemäß § 31 AIFMG.[176]

Sobald die Herkunftmitgliedstaatsbehörde den EU-AIFM über die vollständige Übermittlung der Vertriebsunterlagen an die FMA unterrichtet, darf dieser den Vertrieb an professionelle Anleger in Österreich aufnehmen.

72   **bb) Verwaltung.** Die Verwaltung von EU-AIF in Österreich durch einen in einem anderen Mitgliedstaat konzessionierten AIFM entweder direkt oder indirekt über eine Zweigniederlassung in Österreich setzt eine Anzeige an die FMA durch die zuständige Behörde des Herkunftsmitgliedstaats des EU-AIFM voraus (§ 33 AIFMG). Es sind dieselben Unterlagen vorzulegen wie bei der Anzeige der Verwaltung von EU-AIF in einem anderen Mitgliedstaat durch österreichische AIFM.[177] Die Unterlagen können auf Deutsch oder Englisch vorgelegt werden.

g) Vertrieb von Nicht-EU-AIF durch in Österreich konzessionierte AIFM und EU-AIFM)

73   Vertrieb und Verwaltung von Nicht-EU-AIF durch in Österreich konzessionierte AIFM und EU-AIFM an professionelle Anleger sind bis 2015 nur ohne Pass auf Grundlage von § 38 AIFMG, der Art 36 AIFM-RL umsetzt, möglich.

Dazu müssen folgende Voraussetzungen erfüllt sein:

---

[175] Entspricht Anhang IV der AIFM-RL.
[176] Abrufbar unter http://www.fma.gv.at/de/unternehmen/investmentfonds-kag/informationen-fuer-verwalter-alternativer-investmentfonds.html.
[177] Siehe dazu oben Vertrieb und Verwaltung von EU-AIF durch in Österreich konzessionierte AIFM – Verwaltung.

V. Q&A

- Der AIFM muss mit Ausnahme der Bestimmung über die Verwahrstelle (§ 19 AIFMG) in Österreich sämtliche Bestimmungen des AIFMG einhalten.
- Der AIFM benennt eine oder mehrere Stellen, welche die Aufgaben der 19 AIFMG Abs. 7 (ordnungsgemäße Überwachung des Cashflows), Abs. 8 (diverse Verwahrungs- und Überprüfungspflichten in Bezug auf Finanzinstrumente und sonstige Vermögenswerte des AIF) und Abs. 9 (Sicherstellung, dass insbesonders Verkauf, Ausgabe und Rücknahme von Anteilen sowie die Berechnung des Anteilswerts rechts- und satzungskonform erfolgen; dass Weisungen des AIFM ausgeführt werden; dass die Überweisung des Gegenwerts bei Transaktionen mit Vermögenswerten innerhalb üblicher Friste erfolgt; dass Erträge des AIF ordnungsgemäß verwendet werden) wahrnehmen, da diese nicht vom AIFM selbst vorgenommen werden dürfen.
- Es bestehen geeignete, der Überwachung von Systemrisiken dienende und im Einklang mit den internationalen Standards stehende Vereinbarungen über die Zusammenarbeit zwischen der FMA sowie den Aufsichtsbehörden jenes Drittlandes, in dem der Nicht-EU-AIF seinen Sitz hat, sodass ein effizienter Informationsaustausch gewährleistet ist, der es der FMA ermöglicht, ihre im AIFMG festgelegten Aufgaben zu erfüllen.
- Das Land, in welchem der Nicht-EU-AIF seinen Sitz hat, ist kein Land oder Gebiet in dem ein erhöhtes Risiko der Geldwäscherei oder Terrorismusfinanzierung bestehen.

Der beabsichtigte Vertrieb des Nicht-EU-AIF ist der FMA mittels Anzeigeschreiben samt Beilage der Dokumente und Angaben gemäß Anlage 3[178] zum AIFMG bekannt zu geben. Im Zuge dessen muss der AIFM eine Bestätigung der zuständigen Behörde des Herkunftsmitgliedstaates des Nicht-EU-AIF beibringen, aus der hervorgeht, dass dieser sämtliche Voraussetzungen des AIFMG[179] oder der AIFM-RL und aller delegierter Rechtsakte erfüllt und die Bezahlung der Bearbeitungsgebühren der FMA nachweisen. Sämtliche Unterlagen können auf Deutsch oder auf Englisch vorgelegt werden. 74

Die FMA prüft die Anzeige lediglich auf formelle Vollständigkeit. Es kommt zu keiner darüber hinausgehenden inhaltlichen Überprüfung. Innerhalb von 2 Monaten hat die FMA dem AIFM mitzuteilen, ob der Nicht-EU-AIF in Österreich vertrieben werden darf. Der Vertrieb darf diesfalls ab dem Tag der Mitteilung aufgenommen werden. Eine Vertriebsuntersagung kann nur erfolgen, wenn der Nicht-EU-AIF nicht alle gesetzlichen Vorgaben erfüllt oder das Anzeigeschreiben nicht vollständig eingebracht wurde. 75

Der Vertrieb von Nicht-EU-AIF darf auch nach diesen Bestimmungen nur an professionelle Anleger erfolgen.

h) Vertrieb von AIF in Österreich, die durch Nicht-EU-AIFM verwaltet werden

Das EU-Passregime findet bis 2015 auf Nicht-EU-AIFM keine Anwendung. Derartige Manager können von ihnen verwaltete AIF (sowohl EU-AIF als auch Nicht-EU-AIF) an professionelle Anleger in Österreich bis dahin nur ohne Pass auf Grundlage von § 47 AIFMG, der Art 42 AIFM-RL umsetzt, vertreiben. 76

Die Vertriebsabsicht ist der FMA anzuzeigen. Dem Anzeigeschreiben sind die Dokumente und Angaben gemäß Anlage 3[180] zum AIFMG anzufügen. Der Nicht-EU-AIFM benötigt eine Bestätigung seiner Herkunftsmitgliedsstaatsbehörde sowie der Herkunftsmitgliedsstaatsbehörde des AIF, dass der AIFM und der AIF sämtliche Anforderungen des AIFMG[181] (mit Ausnahme von Teil 6 betreffend Vertrieb und Verwaltung von AIF durch 77

---

[178] Entspricht Anhang III der AIFM-RL.
[179] Hierbei dürfte es sich um ein legistisches Versehen handeln. Ausländische Behörde dürften in der Regel nicht dazu bereit sein, die Einhaltung der Bestimmungen des österreichischen AIFMG durch den Nicht-EU AIF zu bestätigen.
[180] Entspricht Anhang III der AIFM-RL.
[181] Hierbei dürfte es sich um ein legistisches Versehen handeln. Ausländische Behörde dürften in der Regel nicht dazu bereit sein, die Einhaltung der Bestimmungen des österreichischen AIFMG durch den Nicht-EU AIF zu bestätigen.

EU-AIFM), der AIFM-RL und dazu erlassener delegierter Rechtsakte erfüllen. Des Weiteren sind folgende Angaben zu machen bzw Unterlagen (auf Deutsch oder Englisch) vorzulegen:
- sinngemäße Angaben zu § 5 Abs. 2 und Abs. 3 AIFMG (Angaben zum Konzessionsantrag);
- Angaben zur Vertriebsstrategie;
- Name und Sitz des gesetzlichen Vertreters in Österreich, der den AIFM in allen gerichtlichen und außergerichtlichen Angelegenheiten vertritt und als Zustellbevollmächtigter und Kontaktstelle auftritt. Der gesetzliche Vertreter ist für die gesamte Korrespondenz zwischen dem Nicht-EU-AIFM und der FMA sowie zwischen den Anlegern und dem Nicht-EU-AIFM verantwortlich. Der gesetzliche Vertreter und der Nicht-EU-AIFM nehmen die Compliance-Pflichten nach AIFMG gemeinsam wahr;
- eine Bestätigung des gesetzlichen Vertreters, dass er im Stande ist, die betreffenden Aufgaben zu erfüllen, den Nicht-EU-AIFM gerichtlich und außergerichtlich zu vertreten, als Kontaktstelle für die Anleger zu fungieren und hinreichend ausgestattet ist, um die Compliance-Funktion nach dem AIFMG, der AIFM-RL und den dazu erlassenen delegierten Rechtsakten wahrzunehmen;
- Nachweis der Entrichtung der Bearbeitungsgebühren der FMA;
- eine Erklärung des Nicht-EU-AIFM, dass er sich für die Dauer des Vertriebs des AIF in Österreich verpflichtet, die Anforderungen gemäß AIFMG, AIFM-RL und aller dazu erlassenen delegierten Rechtsakte einzuhalten.

Um die Vertriebszulassung zu erhalten, müssen jedenfalls noch folgende Bedingungen erfüllt sein:
- es bestehen geeignete, insbesondere der Überwachung von Systemrisiken dienende und im Einklang mit den internationalen Standards stehende Vereinbarungen über die Zusammenarbeit zwischen der FMA, den zuständigen Behörden des Herkunftsmitgliedsstaates des betreffenden AIF und den Aufsichtsbehörden des Drittlands, in dem der Nicht-EU-AIFM seinen Sitz hat, damit ein effizienter Informationsaustausch gewährleistet ist, der den zuständigen Behörden ermöglicht, ihre Aufgaben gemäß dem AIFMG und der AIFM-RL wahrzunehmen;
- das Land, in welchem der Nicht-EU-AIF seinen Sitz hat, darf kein erhöhtes Risiko der Geldwäscherei oder Terrorismusfinanzierung aufweisen;
- zwischen dem Drittland, in welchem der Nicht-EU-AIFM seinen Sitz hat und Österreich besteht ein Doppelbesteuerungsabkommen nach dem OCED-Musterabkommen zur Vermeidung der Doppelbesteuerung von Einkommen und Vermögen. Des Weiteren bestehen Abkommen zum Informationsaustausch in Steuerangelegenheiten;
- das auf den Nicht-EU-AIFM anzuwendende Recht hindert die zuständigen Behörden nicht an einer effektiven Wahrnehmung ihrer Aufsichtsfunktionen.

78 Die FMA prüft die Anzeige innerhalb von vier Monaten auf formale Vollständigkeit. Innerhalb dieser Frist teilt die FMA dem Nicht-EU-AIFM mit, ob dieser mit dem Vertrieb in Österreich beginnen kann. Mit Datum des Verständigungsschreibens kann der Nicht-EU-AIFM den Vertrieb des AIFs in Österreich aufnehmen. Eine Vertriebsuntersagung kann nur erfolgen, wenn der Nicht-EU-AIF nicht alle gesetzlichen Vorgaben erfüllt oder das Anzeigeschreiben nicht vollständig eingebracht wurde.

4. Vertrieb an institutionelle Investoren

a) OGAW

79 Das InvFG selbst unterscheidet grundsätzlich nicht zwischen Vertriebsanforderungen an institutionelle Investoren und an Privatanleger (dazu sogleich). Vielmehr ergeben sich abhängig vom Typ des betroffenen Fonds bestimmte Erleichterungen (etwa bei Spezialfonds) oder Sondervorschriften für den Vertrieb (wie beispielsweise bei Fonds mit erhöhter Volatilität). Es gelten demnach beim Vertrieb von Fondsprodukten an institutionelle Investoren weitgehend die

gleichen Anforderungen wie beim Vertrieb an Privatanleger. In der Praxis erleichtern jedoch typischerweise zwei Umstände den Vertrieb an institutionelle Investoren: wird der Fonds allerhöchstens 150 Personen angeboten („Privatplatzierung") müssen weder ein Prospekt noch ein KID noch Rechenschaftsberichte verpflichtend erstellt werden. Im Fall von ausländischen OGAW entfällt damit auch die Registrierungspflicht. Das Konzept der prospektbefreiten Privatplatzierung ist in Österreich gesetzlich nicht geregelt. Die Privatplatzierung wird typischerweise als Gegensatz zum öffentlichen Angebot definiert. Sie richtet sich demnach an einen (im Voraus) bestimmten Personenkreis, wobei eine genaue zahlenmäßige Festlegung nicht möglich ist. In keinem Fall dürfen mehr als 150 Personen angesprochen werden.[182]

Weiters bestehen Erleichterungen für die Gestaltung von Marketingunterlagen: Zwar müssen diese auch bei Verwendung für institutionelle Investoren klar als solche erkennbar, redlich und eindeutig sein und dürfen nicht irreführen. Die detaillierteren Anforderungen nach §§ 40 ff. WAG 2007 und der IIKV sowie die dazu ergangene Auslegungspraxis der FMA[183] betreffend Marketingunterlagen, die sich (auch) an Retailanleger richten, gelten allerdings nicht. Das erlaubt insbesondere größere Flexibilität bei der Darstellung historischer und künftiger Wertentwicklung und bei Simulationen sowie bei der Angabe möglicher Vorteile und Risiken in den Produktunterlagen. 80

b) AIF

Das AIFMG gilt primär für den Vertrieb von AIFs an professionelle Anleger (institutionelle Anleger). Die Vertriebsanforderungen unterscheiden sich je nach Sitz des Managers und des AIF (→ Rn. 65 ff.). 81

Allerdings hat der österreichische Gesetzgeber von der Ermächtigung des Art 43 AIFM-RL Gebrauch gemacht und eigene Regeln für den Vertrieb von österreichischen AIFs, EU-AIFs und Nicht-EU-AIFs an Privatkunden geschaffen.[184] Diese Regelungen sehen zusätzliche Voraussetzungen und damit strengere Vorschriften für den Vertrieb von AIF an Privatkunden vor (→ Rn. 61 ff.).

5. Vertrieb an Privatanleger

a) OGAW

In Umsetzung von OGAW IV sieht das InvFG 2007 für den öffentlichen Vertrieb von OGAW-Fondsanteilen an Privatanleger folgende Informationen und Anforderungen vor: 82

Spätestens einen Arbeitstag vor Beginn des öffentlichen Angebots ist das KID dem Anleger in Papierform oder auf einem sonstigen dauerhaften Datenträger (Website und E-Mails bei Erfüllung bestimmter Voraussetzungen) verfügbar zu machen. Ebenso ist spätestens einen Arbeitstag vor Beginn des öffentlichen Angebots der Prospekt zu veröffentlichen (zu zulässigen Veröffentlichungsarten s. sogleich).[185] Daneben hat die Verwaltungsgesellschaft 83

---

[182] S. die Informationen der FMA über die relevante Verwaltungspraxis und Rechtsvorschriften bei Anzeigen und Vertrieb von OGAW, abrufbar unter http://www.fma.gv.at/typo3conf/ext/dam_download/secure.php?u=0&file=5267&t=1358260814&hash=2a95a68e4f2b808459c1d46307a83bf9. Mangels näherer Konkretisierung im InvFG wird zur Beurteilung, wann ein öffentliches Angebot vorliegt, auf § 1 Abs. 1 Ziff. 1 KMG und das dazu ergangene Schrifttum zurückgegriffen. Zum Themenkomplex öffentliches Angebot/Privatplatzierung s. *Leiner/Nimmerrichter* in Macher/Buchberger/Kalss/Oppitz, InvFG-Kommentar[2], § 155 Rn. 7; *Russ* in Zib/Russ/Lorenz, Kapitalmarktgesetz Kommentar (KMG-Kommentar), 2008, § 1 KMG Rn. 4 ff.; *Zivny*, Kapitalmarktgesetz, 2007, § 1 KMG, Rn. 16; zwar zur alten Rechtslage, den Grundwertungen nach aber immer noch zutr.: *Gancz*, Das „Öffentliche Angebot" nach dem Kapitalmarktgesetz, ÖBA 1992, S. 264.

[183] S. das Rundschreiben der FMA zu Informationen einschließlich Marketingmitteilungen nach WAG 2007, abrufbar unter http://www.fma.gv.at/typo3conf/ext/dam_download/secure.php?u=0&file=3796&t=1358259703&hash=a7d2723afe725863197043538081cc1b.

[184] § 48 und § 49 AIFMG.

[185] § 129 Abs. 1 InvFG 2011.

das KID und den Prospekt stets in der aktuellsten Fassung auf ihrer Website zu veröffentlichen.[186]

84 Veröffentlichungspflichten bestehen für das KID, den Prospekt, Jahres- und Halbjahresberichte sowie den Ausgabe- und Rücknahmepreis. Das mit OGAW IV eingeführte KID soll auf zwei bis drei DIN A4 Seiten die wesentlichsten Informationen für Anleger enthalten, um diese in die Lage zu versetzen, Art und Risiken des angebotenen Anlageprodukts zu verstehen und auf dieser Grundlage eine fundierte Anlageentscheidung treffen zu können. Das KID hat Angaben zu Name und Identität des OGAW, eine kurze Beschreibung der Anlageziele und der Anlagestrategie sowie das Risiko-/Renditeprofil des Fonds, einschließlich angemessener Risiko- und Warnhinweise zu enthalten und die bisherige Wertentwicklung oder ggf. Performance-Szenarien sowie Kosten und Gebühren darzustellen. Bei der Erstellung des KID sind die Vorgaben der KID VO der EU[187] sowie der von der FMA erlassenen KID-V einzuhalten.[188] Der Prospekt ist die „Langfassung" des KID, die sämtliche für die Veranlagung in den OGAW relevante Informationen enthält.[189] Die Verwaltungsgesellschaft hat für jedes Rechnungsjahr (bzw. jedes Kalenderhalbjahr) bis vier (bzw. zwei) Monate nach dessen Ablauf einen Rechenschafts- (bzw. Halbjahres-)bericht zu erstellen, den Rechenschaftsbericht von einem beeideten Wirtschaftsprüfer prüfen zu lassen, der FMA zu übersenden und zu veröffentlichen. Spezialfonds haben weder ein KID noch einen Prospekt zu erstellen; ebenso entfällt die Verpflichtung zur monatlich mindestens zweimaligen Veröffentlichung von Ausgabe- und Rücknahmepreis.[190] Rechenschafts- und Halbjahresberichte müssen bei Spezialfonds weder der FMA übersandt, noch veröffentlicht werden – die Übersendung an die Anteilhaber ist ausreichend.

85 Veröffentlichungen haben jeweils auf eine der folgenden Veröffentlichungsarten zu erfolgen:[191] (i) Amtsblatt zur Wiener Zeitung oder sonstige Zeitung mit Verbreitung im gesamten Bundesgebiet, (ii) Zur-Verfügung Stellen in gedruckter Form am Sitz der Verwaltungsgesellschaft, (iii) elektronisch auf der Website der Verwaltungsgesellschaft, allfälliger Finanzintermediäre und/oder der Zahlstellen; oder (iv) elektronisch auf einer von der FMA bestimmten Website.

86 Betrifft der Vertrieb OGAW, die in einem anderen Mitgliedstaat zugelassen sind, muss lediglich das KID auf Deutsch übersetzt werden. Alle anderen Unterlagen können entweder auf Deutsch oder auf Englisch zur Verfügung gestellt werden. Prospekte ausländischer OGAWs, die in Österreich zum öffentlichen Vertrieb zugelassen sind, enthalten üblicherweise einen sog. „Österreich Anhang", welcher die Zahl- und Informationsstelle(n) in Österreich sowie die Veröffentlichungsart von Pflichtinformationen anführt, Ausführungen zur steuerlichen Behandlung enthält sowie einen allenfalls bestellten steuerlichen Vertreter des Fonds nennt.

87 Werbung für Anteile an OGAW darf nur unter gleichzeitigem Hinweis auf den veröffentlichten Prospekt und das KID erfolgen und hat anzugeben, auf welche Weise und in welcher Sprache diese Dokumente für den Anleger verfügbar sind. Werbung muss klar als solche erkennbar, redlich und eindeutig sein und darf nicht irreführen. Sie darf keine Aussagen treffen, die im Widerspruch zu den Informationen im Prospekt und im KID stehen oder die die Bedeutung dieser Informationen herabstufen. Wenn auf die vergangene Wert-

---

[186] § 138 Abs. 3 InvFG 2011.
[187] Verordnung (EU) Nr. 583/2010 der Kommission vom 1.7.2010 zur Durchführung der Richtlinie 2009/65/EG des Europäischen Parlaments und des Rates im Hinblick auf die wesentlichen Informationen für den Anleger und die Bedingungen, die einzuhalten sind, wenn die wesentlichen Informationen für den Anleger oder der Prospekt auf einem anderen dauerhaften Datenträger als Papier oder auf einer Website zur Verfügung gestellt werden, ABl. L 176 vom 10.7.2010, 1.
[188] § 134 Abs. 4 InvFG 2011.
[189] Zu den inhaltlichen Anforderungen s. im Detail § 131 InvFG 2011 und Schema A von Anlage I zum InvFG 2011.
[190] § 164 Abs. 7 InvFG 2011.
[191] § 136 Abs. 4 InvFG 2011.

entwicklung des Fonds Bezug genommen wird, ist ein Hinweis aufzunehmen, dass die Wertentwicklung der Vergangenheit keine verlässlichen Rückschlüsse auf die zukünftige Wertentwicklung eines Fonds zulässt. Verfolgt der betreffende Fonds eine besondere Anlagestrategie, sind folgende zusätzliche Hinweise aufzunehmen:[192]

- Ein Feeder OGAW hat in jede Werbung den Hinweis aufzunehmen, dass er dauerhaft mindestens 85% seines Vermögens in Anteile eines bestimmten Master OGAWs investiert.
- Falls das Nettovermögen eines OGAW aufgrund der Zusammensetzung seines Portfolios oder der verwendeten Portfoliomanagementtechniken eine erhöhte Volatilität aufweist, ist in der Werbung darauf hinzuweisen.
- Falls der OGAW hauptsächlich in OGA, Einlagen oder Derivate investiert, oder einen Aktien- oder Schuldtitelindex nachbildet, ist in der Werbung darauf hinzuweisen.
- Ein OGAW hat außerdem die Mitgliedstaaten, Gebietskörperschaften oder internationale Einrichtungen öffentlich-rechtlichen Charakters, in deren Wertpapiere er mehr als 35% seines Sondervermögens zu veranlagen beabsichtigt oder veranlagt, anzugeben.
- Andere Sondervermögen, die mehr als 10% ihres Sondervermögens in risikoreiche Subfonds veranlagen, müssen in der Werbung stets den von der FMA diesbezüglich genehmigten Warnhinweis anführen.

88 Neben den Vorschriften des InvFG sind bei der Gestaltung von Werbeunterlagen, die sich (auch) an Privatanleger richten, ferner die detaillierteren Anforderungen nach §§ 40ff. WAG 2007 und der IIKV sowie die dazu ergangene Auslegungspraxis der FMA betreffend Marketingunterlagen[193] zu beachten. Daraus ergibt sich insbesondere, dass die Informationen keine möglichen Vorteile hervorheben dürfen, ohne deutlich auf etwaige damit einhergehende Risiken hinzuweisen. Sie müssen für einen durchschnittlichen Anleger verständlich sein. Wichtige Aussagen oder Warnungen dürfen nicht verschleiert, abgeschwächt oder missverständlich dargestellt werden. Beziehen sich die Informationen auf eine bestimmte steuerliche Behandlung, ist deutlich darauf hinzuweisen, dass diese von den persönlichen Verhältnissen des jeweiligen Anlegers abhängt und künftigen Änderungen unterworfen sein kann. Die in Werbeunterlagen enthaltenen Informationen müssen ferner mit den anderen Informationen in Einklang stehen, die der Rechtsträger seinen Kunden übermittelt.

Bei Garantiefonds haben die Informationen ausreichende Details über den Garantiegeber und die Garantie zu enthalten.[194]

89 Enthalten die Vertriebsunterlagen Hinweise zur historischen und künftigen Wertentwicklung oder Simulationen, gelten zusätzliche Anforderungen[195]: So darf etwa die Angabe der historischen Wertentwicklung bei der Mitteilung nicht im Vordergrund stehen, muss sich grundsätzlich auf die unmittelbar vorausgehenden fünf Jahre beziehen und Referenzzeitraum und die Informationsquelle eindeutig angeben und eine deutliche Warnung enthalten, dass sich die Zahlenangaben auf die Vergangenheit beziehen und die frühere Wertentwicklung kein verlässlicher Indikator für künftige Ergebnisse ist. Stützt sich die Angabe auf eine andere Währung als die des Mitgliedstaats, in dem der Privatanleger ansässig ist, ist diese Währung eindeutig anzugeben und eine Warnung abzugeben, dass die Rendite infolge von Währungsschwankungen steigen oder fallen kann. Beruht die Angabe auf der Bruttowertentwicklung, so ist anzugeben, wie sich Provisionen, Gebühren und andere Entgelte auswirken. Informationen über eine künftige Wertentwicklung dürfen nicht auf einer simulierten früheren Wertentwicklung beruhen oder auf eine solche Simulation Bezug nehmen. Sie müssen auf

---

[192] § 128 InvFG 2011 und § 166 Abs. 6 InvFG 2011.
[193] S. das Rundschreiben der FMA zu Informationen einschließlich Marketingmitteilungen nach WAG 2007, abrufbar unter http://www.fma.gv.at/typo3conf/ext/dam_download/secure.php?u=0&file=3796&t=1358259703&hash=a7d2723afe725863197043538081cc1b.
[194] Näher §§ 40 und 41 WAG 2007.
[195] S. § 4 bis § IIKV.

D. Einführung in das österreichische Investmentrecht

angemessenen, durch objektive Daten gestützten Annahmen beruhen und eine deutliche Warnung enthalten, dass derartige Prognosen kein verlässlicher Indikator für die künftige Wertentwicklung sind. Beruht die Angabe auf der Bruttowertentwicklung, so ist anzugeben, wie sich Provisionen, Gebühren und andere Entgelte auswirken.

90   Bei Veranlagungsgemeinschaften in Immobilien nach § 14 KMG[196] ist dem Anleger der Erwerb der Veranlagung bei Vertragsabschluss in schriftlicher Form zu bestätigen. Die Bestätigung hat die wesentlichen Merkmale der Veranlagung, insbesondere deren Gegenwert und die Rechtsstellung des Anlegers sowie das Publikationsorgan und das Datum der Veröffentlichung des Prospekts zu enthalten. Diese Bestätigung ist vom Emittenten auszustellen. Ist der Emittent Ausländer, ist sie vom Anbieter auszustellen; sind Emittent und Anbieter Ausländer, ist sie vom Vermittler auszustellen.

b) AIF

91   Art 43 AIFM-RL sieht die Option vor, AIF unter bestimmten Voraussetzungen auch zum Vertrieb an Privatkunden, also an Kunden, die keine professionellen Anleger sind, zuzulassen. Da schon bisher insbesondere „InvFG AIF" sowie „Immo AIF an Retailanleger vertrieben wurden, hat Österreich von dieser Option Gebrauch gemacht. Die §§ 48 und 49 AIFMG sehen daher Regelungen für den Vertrieb von österreichischen AIF (§ 48 AIFMG) sowie für den Vertrieb von ausländischen AIF (§ 49 AIFMG) an das Retailpublikum vor. In Zusammenhang mit dem Vertrieb an Privatkunden ist ferner zu beachten, dass bloß registrierte AIFM von Gesetzes wegen grundsätzlich nicht zum Vertrieb an Privatkunden berechtigt sind und AIF daher – selbst wenn der Fondstyp an sich zum Retailvertrieb tauglich wäre – ausschließlich an professionelle Kunden vertreiben dürfen.[197]

92   **aa) Österreichische AIF.** § 48 Abs. 1 AIFMG legt abschließend jene Typen von AIF fest, die an Privatkunden vertrieben werden dürfen. Andere AIF, die nicht diese Vorgaben erfüllen, dürfen Privatkunden somit nicht länger angeboten werden.

Ein AIFM darf gemäß dieser Bestimmung nachstehende Typen von Fonds an Privatkunden vertreiben, wenn er dafür entsprechend konzessioniert ist und der jeweilige AIF selbst nach § 29 AIFMG bewilligt wurde:

- (offene) Immobilienfonds nach ImmoInvFG;
- Spezialfonds, Andere Sondervermögen und Pensionsinvestmentfonds nach InvFG;
- AIF in Immobilien, die die Bedingungen des § 48 Abs. 5 bis Abs. 7[198] AIFMG erfüllen; sowie
- Managed Futures Funds, die die Bedingungen des § 48 Abs. 7 und Abs. 8 AIFMG erfüllen.

Die FMA hat einen AIF in Immobilien zum Vertrieb an Privatkunden zu bewilligen, wenn dieser nachstehende Vorgaben gemäß § 48 Abs. 5 AIFMG erfüllt:

- gemäß der Anlagestrategie mit dem investierten Kapital direkt oder indirekt überwiegend Erträge aus der Überlassung oder Übertragung von Immobilien an Dritte erwirtschaftet werden sollen;
- die Mindeststreuungsbestimmungen gemäß § 22 Abs. 1 bis Abs. 4 ImmoInvFG eingehalten werden;[199]

---

[196] → Rn. 31.
[197] § 1 Abs 5 Z 6 AIFMG. Davon ausgenommen sind Europäische Fonds für soziales Unternehmertum und Risikokapitalfonds, die registrierte AIFM nach Art 6 der EuFSU-VO und der EuVECA-VO an Privatkunden vertreiben dürfen, wenn sich die Privatkunden verpflichten, mindestens € 100 000 zu investieren und schriftlich in einem vom Vertrag über die Investitionsverpflichtung getrennten Dokument angeben, sich der Risiken in Zusammenhang mit einer derartigen Veranlagung bewusst zu sein.
[198] Richtig wohl: § 48 Abs 5 und Abs 6 AIFMG, da § 48 Abs 7 AIFMG Managed Futures Fonds regelt.
[199] Wie *Gerstner/Leitner* zutreffend bemerken, können Privatanleger aufgrund der Streuungsvorgaben nicht in Single-Asset-AIFs in Immobilen investieren: *Gerstner/Leitner,* Geschlossene Immobilienfonds und kollektive Immobilien-Investments im Fokus des AIFMG; ÖBA 2013, S 566 (572).

V. Q&A

- der Nettoinventarwert des AIF mindestens zweimal im Monat veröffentlicht wird (es sei denn, der AIF ist zum Handel an einem geregelten Markt zugelassen);
- für den AIF eine Hebelfinanzierung eingesetzt wird, bei der das Engagement (Exposure), berechnet nach der Commitment-Methode, den Nettoinventarwert des AIF nicht um mehr als das Zweifache übersteigt;
- sämtliche Vertriebsunterlagen an drucktechnisch hervorgehobener Stelle einen Hinweis auf das besondere mit dieser Veranlagung verbundene Risiko (Risikohinweis) enthalten;
- ein Halbjahresbericht spätestens 2 Monate nach Ablauf des Halbjahres erstellt wird;
- ein KID (oder vereinfachter Prospekt) in deutscher Sprache vorliegt.

Dem Bewilligungsantrag sind folgende Beilagen anzuschließen:
- falls nach KMG ein Prospekt zu erstellen ist: der gebilligte bzw kontrollierte KMG-Prospekt, samt ergänzenden Angaben nach § 21 Abs. 1 und Abs. 2 AIFMG;
- falls nach KMG kein Prospekt zu erstellen ist: die Informationen gemäß § 21 AIFMG;
- der letzte Jahresbericht gemäß § 20 AIFMG;
- sofern der AIF eine Veranlagungsgemeinschaft in Immobilien gemäß § 14 KMG ist, der letzte Rechenschaftsbericht gemäß KMG;
- eine Bestätigung des AIFM, dass die Bedingungen des § 48 Abs. 5 AIFMG (siehe oben) eingehalten werden.

Die FMA hat einen Managed Futures Fonds zum Vertrieb an Privatkunden zu bewilligen, wenn dieser nachstehende Vorgaben gemäß § 48 Abs. 7 AIFMG erfüllt:
- das Fondsvermögen wird so veranlagt, dass eine ausreichende Diversifikation und eine angemessene Risikostreuung gewährleistet werden. Neben dem Erwerb von börsengehandelten Terminkontrakten in Form von Futures darf das Fondsvermögen ausschließlich in bestimmte außerbörslichen Zins- und Währungstermingeschäfte, Geldmarktinstrumente und OGAW veranlagt werden[200];
- es werden keine anderen Warenkontrakte als Terminkontrakte auf Rohstoffe abgeschlossen;
- bei Geschäften mit Warenderivaten ist die physische Lieferung der zugrundeliegenden Ware ausgeschlossen;
- Einschuss- und Nachschusszahlungen im Zusammenhang mit börsengehandelten Terminkontrakten überschreiten insgesamt 50 vH des Fondsvermögens nicht;
- Einschuss- oder Nachschusszahlungen werden nicht durch Kredit- oder Darlehensaufnahmen finanziert;
- der Nettoinventarwert wird jedes Mal veröffentlicht, wenn eine Ausgabe oder eine Rücknahme der Anteile des Managed-Futures-Fonds stattfindet, mindestens aber zweimal im Monat;
- wird eine Hebelfinanzierung eingesetzt, darf das maximale Risiko, berechnet unter Anwendung des § 87 InvFG mit dem absoluten Value-at-Risk-Ansatz, nicht höher als 35 % des Nettoinventarwerts sein;
- sämtliche Vertriebsunterlagen enthalten an drucktechnisch hervorgehobener Stelle einen Hinweis auf das besondere mit dieser Veranlagung verbundene Risiko (Risikohinweis);
- der Halbjahresbericht wird spätestens 2 Monate nach Ablauf des Halbjahres erstellt;
- ein KID in deutscher Sprache liegt vor.

Dem Bewilligungsantrag sind folgende Beilagen anzuschließen:
- falls nach KMG ein Prospekt zu erstellen ist: der gebilligte bzw kontrollierte KMG-Prospekt, samt ergänzenden Angaben nach § 21 Abs. 1 und Abs. 2 AIFMG;
- falls nach KMG kein Prospekt zu erstellen ist: die Informationen gemäß § 21 AIFMG;
- der letzte Jahresbericht gemäß § 20 AIFMG;
- sofern der AIF eine Veranlagungsgemeinschaft in Immobilien gemäß § 14 KMG ist, der letzte Rechenschaftsbericht gemäß KMG;
- eine Bestätigung des AIFM, dass die Bedingungen des § 48 Abs. 7 AIFMG (siehe oben) eingehalten werden.

---

[200] Siehe näher § 48 Abs 7 Z 1 lit a bis lit c AIFMG.

93   **bb) Ausländische AIF.** § 49 AIFMG gestattet unter bestimmten Voraussetzungen den Vertrieb ausländischer AIF an Privatkunden. Damit können sowohl österreichische AIFM, als auch EU-AIFM bzw Drittstaats-AIFM ausländische AIF, die die Anforderungen des § 49 Abs. 1 AIFMG erfüllen, an österreichische Privatanleger vertreiben. Wenngleich diese Option zunächst attraktiv klingen mag, ist anzunehmen, dass in der Praxis viele ausländische Fondskonstrukte an der Anforderung der materiellen Gleichwertigkeit mit einem gemäß § 48 Abs. 1 AIFMG in Österreich für den Vertrieb an Privatkunden zulässigen Fondstyp scheitern werden. Fondstypen, die den Gleichwertigkeitstest nicht erfüllen, dürfen künftig nicht mehr an Privatkunden vertrieben werden.

Zu den Anforderungen im Einzelnen: Der AIF muss
- in seinem Herkunftsstaat zum Vertrieb an Privatkunden zugelassen sein;
- in Österreich zum Vertrieb an professionelle Anleger zugelassen sein;
- materiell einem gemäß § 48 Abs. 1 in Österreich für den Vertrieb an Privatkunden zulässigen Fondstyp gleichwertig sein oder materiell einem OGAW gleichwertig sein, der jedoch von einem Nicht-EU-AIFM verwaltet wird.

Die Vertriebsabsicht an Privatkunden ist der FMA anzuzeigen.[201] Dazu sind folgende Angaben zu machen bzw Unterlagen (auf Deutsch oder Englisch) vorzulegen:
- Dokumente und Angaben gemäß Anlage 3[202] zum AIFMG
- Bestätigung der Herkunftsmitgliedsstaatsbehörde des Nicht-EU AIFM oder der Herkunftsmitgliedsstaatsbehörde des Nicht-EU AIF, dass dieser sämtliche Anforderungen der AIFM-RL (mit Ausnahme von Kapitel 6) und dazu erlassener delegierter Rechtsakte erfüllt sowie gegebenenfalls, dass der AIF materiell einem OGAW gleichwertig ist;
- Bestätigung der Herkunftsmitgliedsstaatsbehörde des AIF, dass dieser im Herkunftsmitgliedstaat zum Vertrieb an Privatkunden zugelassen ist;
- Halbjahresbericht, der spätestens 2 Monate nach Ablauf des Halbjahres zu erstellen ist;
- KID oder vereinfachter Prospekt in deutscher Sprache. In das KID beziehungsweise den vereinfachten Prospekt sowie in jede Werbeunterlage des AIF oder des AIFM ist zudem ein drucktechnisch hervorgehobener Warnhinweis aufzunehmen, dass weder der AIF noch der AIFM einer Aufsicht durch eine österreichische Behörde unterliegen, weder ein etwaiger Prospekt noch KID oder vereinfachter Prospekt von einer österreichischen Behörde geprüft wurden und keine österreichische Behörde die Haftung für Richtigkeit oder Vollständigkeit dieser Unterlagen trägt[203];
- Nachweis der Entrichtung der Bearbeitungsgebühr der FMA.

Die FMA prüft die Anzeige innerhalb von vier Monaten auf formale Vollständigkeit. Innerhalb dieser Frist teilt die FMA dem AIFM mit, ob dieser mit dem Vertrieb an Privatkunden in Österreich beginnen kann. Der Vertrieb kann erst ab dem Datum der positiven Entscheidung der FMA aufgenommen werden.

6. Besteuerung der einzelnen Fondsvehikel

94   Inländische Investmentfonds für österreichische steuerliche Zwecke sind gemäß § 186 Abs. 1 InvFG 2011
- Kapitalanlagefonds iSd InvFG 2011 (OGAW); und
- AIF iSd AIFMG, deren Herkunftsmitgliedstaat Österreich ist (ausgenommen AIF in Immobilien).[204]

---

[201] Siehe dazu auch das Merkblatt der FMA zum Vertrieb von AIF in Österreich an Privatkunden gemäß § 49 AIFMG (Art 43 Rl 2011/61/EZ), abrufbar unter http://www.fma.gv.at/de/unternehmen/investmentfonds-kag/informationen-fuer-verwalter-alternativer-investmentfonds.html.

[202] Entspricht Anhang III AIFM-RL.

[203] Die Ausgestaltung hat gemäß den Vorgaben der AIF Warnhinweisverordnung (BGBl II 243/2013) zu erfolgen.

[204] Das AIFMG enthält keine Regelungen zur steuerlichen Behandlung von Investmentfonds. Durch den Verweis auf AIF iSd AIFMG gelten die steuerlichen Bestimmungen des InvFG 2011 daher

V. Q&A

Ein Investmentfonds ist für österreichische steuerliche Zwecke generell kein Steuersubjekt. Es gilt das Transparenzprinzip. Für juristische Personen, die AIF iSd AIFMG sind, sieht das InvFG 2011 ausdrücklich vor, dass diese nicht als Körperschaftsteuersubjekte gelten.[205] Auch für österreichische kapitalertragsteuerliche Zwecke werden Investmentfonds grundsätzlich nicht als Steuersubjekt behandelt. So sieht § 94 Z 10 EStG für Auslandsdividenden, Zinsen, realisierte Wertsteigerungen von Wirtschaftsgütern, deren Erträge Einkünfte aus Kapitalvermögen sind, (§ 27 Abs. 3 EStG) und Einkünfte aus Derivaten (§ 27 Abs. 4 EStG), die dem Investmentfonds zugehen, eine Befreiung vom Kapitalertragsteuerabzug vor.[206] Bei Inlandsdividenden werden jedoch 25 % Kapitalertragsteuer durch die dividendenzahlende Kapitalgesellschaft abgezogen.[207] 95

Das Transparenzprinzip gilt auch für ausländische Investmentfonds.[208] Anders als im Fall von inländischen Investmentfonds erfolgt bei der Definition des ausländischen Investmentfonds neben einer formellen zusätzlich eine materielle Anknüpfung. Als ausländische Investmentfonds gelten demnach[209] 96
- OGAW, deren Herkunftsmitgliedstaat nicht Österreich ist;
- AIF im Sinne des AIFMG, deren Herkunftsmitgliedstaat nicht Österreich ist (ausgenommen AIF in Immobilien im Sinne des AIFMG); und
- jeder einem ausländischen Recht unterstehende Organismus, unabhängig von seiner Rechtsform, dessen Vermögen nach dem Gesetz, der Satzung oder tatsächlichen Übung nach den Grundsätzen der Risikostreuung angelegt ist und der im Ausland niedrigbesteuert[210] ist.

Die Einbeziehung von AIF in die Definition eines Investmentfonds für steuerliche Zwecke führt zu einer deutlichen Erweiterung des Anwendungsbereichs des Transparenzprinzips. Davon können unter anderem Private-Equity-Fonds oder (inländische) Hedgefonds betroffen sein.[211] 97

Der Ebene des Investmentfonds kommt für steuerliche Zwecke aber insofern Bedeutung zu, als der Investmentfonds die erwirtschafteten Erträge nach unternehmensrechtlichen (und bankrechtlichen) Grundsätzen ermittelt. Die Fondsbuchhaltung ist maßgeblich für die Bestimmung der Höhe der Ausschüttungen und die Einkünfteermittlung beim Investor.[212] 98

---

nicht nur für AIF iSd InvFG 2011 gemäß §§ 163 ff. InvFG 2011 (Spezialfonds, andere Sondervermögen und Pensionsinvestmentfonds). Immobilieninvestmentfonds und AIF in Immobilien werden in diesem Beitrag nicht behandelt.

[205] § 186 Abs 7 InvFG 2011.
[206] Ausländische Erträge können aber mit ausländischer Quellensteuer belastet sein.
[207] Zur Vermeidung einer neuerlichen Besteuerung bei Ausschüttung an den Investor besteht für den Investor eine entsprechende Befreiung von der Kapitalertragsteuer (siehe Tz. 7).
[208] §§ 188 iVm 186 InvFG 2011; BMF, InvFR 2008 Rn. 252.
[209] § 188 Abs 1 InvFG.
[210] Für das Merkmal der Niedrigbesteuerung im Ausland muss einer von drei Tests erfüllt sein: (i) der Organismus unterliegt tatsächlich direkt oder indirekt keiner der österreichischen Körperschaftsteuer vergleichbaren Steuer, (ii) die Gewinne des Organismus unterliegen einer der österreichischen Körperschaftsteuer vergleichbaren Steuer, deren anzuwendender Steuersatz um mehr als 10 Prozentpunkte niedriger als die österreichische Körperschaftsteuer (gegenwärtig somit unter 15 %) ist, oder (iii) der Organismus ist Gegenstand einer umfassenden persönlichen oder sachlichen Befreiung.
[211] Weil es bei einem AIF nicht auf dessen Rechtsform ankommt, kann im Ergebnis auch eine inländische Kapitalgesellschaft in diesem Zusammenhang für österreichische steuerliche Zwecke als transparent behandelt werden.
[212] Für Privatinvestoren ergibt sich daraus bei negativen Einkünften aus Kapitalvermögen innerhalb des Investmentfonds Zugang zu einem Verlustvortrag (§ 186 Abs 1 S 2 InvFG 2011), der im Fall einer Direktveranlagung nicht bestehen würde (beim Privatinvestor kommt nur eine Verrechnung mit positiven Einkünften aus Kapitalvermögen desselben Veranlagungszeitraums unter bestimmten Beschränkungen in Betracht; § 27 Abs 8 EStG). Gemäß § 198 Abs 2 Z 1 InvFG 2011 ist der Verlustvortrag bei Privatinvestoren aber mit 25 % des Verlustes beschränkt.

7. Besteuerung auf Investorenebene

99 Der Investor in einen Kapitalanlagefonds ist Miteigentümer der im Investmentfonds gehaltenen Wertpapiere und die vom Investmentfonds erwirtschafteten Erträge werden dem Investor nach dem Durchgriffs- oder Transparenzprinzip steuerlich zugerechnet.[213] Durch die Erweiterung des Anwendungsbereichs der Grundsätze der Fondsbesteuerung auf AIF, sind beim Investor in einen AIF auch andere Einkünfte als Einkünfte aus Kapitalvermögen denkbar.

100 Bei Ausschüttungen eines Investmentfonds gelten die Erträge des Fonds für steuerliche Zwecke in einer bestimmten Reihenfolge als an den Investor ausgeschüttet:[214]
- zunächst laufende Einkünfte aus Kapitalvermögen und Einkünfte aus Kapitalvermögen aus Vorjahren;
- danach laufende sonstige Einkünfte und sonstige Einkünfte aus Vorjahren;
- zuletzt nicht steuerbare Beträge.

101 Erfolgen keine Ausschüttungen oder werden nicht alle Erträge ausgeschüttet ((teil)thesaurierende Investmentfonds), gelten die Erträge des Fonds grundsätzlich spätestens vier Monate nach Ablauf des Fondsgeschäftsjahres fiktiv als an den Investor ausgeschüttet (ausschüttungsgleiche Erträge).

102 Für die Besteuerung auf Investorenebene ist auch der Meldestatus des Investmentfonds entscheidend. Gemäß § 186 Abs. 2 Z 2 InvFG 2011 sind die Bemessung und Höhe der Kapitalertragsteuer auf Ausschüttung und ausschüttungsgleiche Erträge, die Aufgliederung der Zusammensetzung der ausschüttungsgleichen Erträge und tatsächlichen Ausschüttung sowie die notwendigen Änderungen der Anschaffungskosten der Oesterreichischen Kontrollbank AG (OeKB) als Meldestelle durch einen steuerlichen Vertreter[215] bekannt zu geben. Hat ein Investmentfonds einen steuerlichen Vertreter bestellt (Meldefonds), erfolgt die Besteuerung der Fondseinkünfte beim Investor auf Grundlage der gemeldeten Ausschüttungen und ausschüttungsgleichen Erträge. Ist hingegen kein steuerlicher Vertreter bestellt (Nicht-Meldefonds),[216] sind tatsächliche Ausschüttungen zur Gänze[217] steuerpflichtig. Ausschüttungsgleiche Erträge von Nicht-Meldefonds werden pauschal[218] ermittelt und gelten am 31. Dezember eines jeden Jahres als dem Investor zugeflossen. Der Investor kann aber die Steuerfreiheit der tatsächlichen Ausschüttung oder die Höhe der ausschüttungsgleichen Erträge nachweisen (Selbstnachweis).[219]

Die steuerliche Behandlung von Erträgen aus inländischen Investmentfonds bei in Österreich für steuerliche Zwecke ansässigen Kapitalgesellschaften und natürlichen Personen als Investoren lässt sich wie folgt überblicksartig zusammenfassen:[220]

---

[213] BMF, InvFR 2008 Rn. 4 f. Abweichend von der allgemeinen steuerlichen Behandlung eines Miteigentümers, kommt es beim Investor in einen Investmentfonds aber erst bei der (fiktiven) Ausschüttung durch den Investmentfonds zum Zufluss der vom Investmentfonds erwirtschafteten Erträge (Periodenverschiebung).

[214] § 186 Abs 6 InvFG.

[215] Steuerlicher Vertreter in diesem Sinne kann ein inländischer Wirtschaftstreuhänder oder eine Person, die vergleichbare fachliche Qualifikationen nachweist, sein.

[216] Davon können durch die Erweiterung des Anwendungsbereichs der Fondsbesteuerung auf AIF neben ausländischen Investmentfonds etwa auch inländische AIF betroffen sein.

[217] Eine teilweise Steuerbefreiung besteht für Substanzgewinne aus Anteilscheinen, die im Privatvermögen gehalten werden (→ Rn. 107).

[218] Die ausschüttungsgleichen Erträge werden in diesem Fall mit 90 % des Unterschiedsbetrages zwischen dem ersten und letzten im Kalenderjahr festgesetzten Rücknahmepreis, mindestens jedoch 10 % des am Ende des Kalenderjahres festgesetzten Rücknahmepreises, geschätzt. Eine solche Pauschalbesteuerung kann für den Investor insbesondere dann steuerlich nachteilige Folgen haben, wenn der Investmentfonds tatsächlich gar keine Erträge erwirtschaftet hat.

[219] Die praktische Durchführung eines solchen Selbstnachweises kann sich im Einzelfall schwierig gestalten.

[220] In der Folge wird davon ausgegangen, dass die Anteilscheine nach dem 31.12.2010 entgeltlich erworben wurden (Neubestand). Für Anteilscheine, die vor dem 1.1.2011 entgeltlich erworben wur-

V. Q&A

a) Institutionelle Investoren (Kapitalgesellschaften)

Ausschüttungen eines inländischen Investmentfonds an eine in Österreich steuerlich ansässige Kapitalgesellschaft (Betriebsvermögen) unterliegen bei dieser der Körperschaftsteuer in der Höhe von 25%. Wurde von der inländischen auszahlenden oder depotführenden Stelle auf die Ausschüttungen Kapitalertragsteuer (25%) einbehalten,[221] ist die einbehaltene Kapitalertragsteuer auf die Körperschaftsteuerpflicht des Investors anrechenbar. Der Abzug von Kapitalertragsteuer kann durch Vorlage einer Befreiungserklärung gemäß § 94 Z 5 EStG vermieden werden.[222] Insoweit die Ausschüttung aus Inlandsdividenden besteht, ist die Ausschüttung von der Körperschaftsteuer und der Kapitalertragsteuer befreit.[223] Auch für Auslandsdividenden ist eine Befreiung von der Körperschaftsteuer grundsätzlich möglich.[224] Allfällige ausländische (Quellen-)Steuern, die auf die ausgeschütteten Erträge erhoben werden, können nach Maßgabe des jeweils anwendbaren Doppelbesteuerungsabkommens vom Investor zurückgefordert oder auf die österreichische Steuerschuld des Investors angerechnet werden. Bei auf einem Inlandsdepot gehaltenen Anteilscheinen kommt nach der Auslands-KESt VO 2012[225] auch eine Anrechnung von ausländischer (Quellen-)Steuer bis zu 15% auf die allenfalls einbehaltene Kapitalertragsteuer in Betracht.

103

Erfolgt keine tatsächliche Ausschüttung (oder werden nicht alle Einkünfte des Investmentfonds ausgeschüttet), gelten sämtliche Erträge aus der Überlassung von Kapital (insbesondere Zinsen und Dividenden; § 27 Abs. 2 EStG) sowie der positive Saldo aus Einkünften aus realisierten Wertsteigerungen (§ 27 Abs. 3 EStG) und Derivaten (§ 27 Abs. 4 EStG) abzüglich der damit im Zusammenhang stehenden Aufwendungen spätestens vier Monate nach dem Ende des Fondsgeschäftsjahres als an den Investor ausgeschüttet. Zu diesem Zeit-

104

---

den (Altbestand), gilt weiterhin die Rechtslage vor dem Budgetbegleitgesetz 2011 (BGBl 111/2010; mit dem Budgetbegleitgesetz 2011 erfolgte eine grundlegende Neuordnung der Besteuerung von Kapitaleinkünften) unter Berücksichtigung umfangreicher Übergangsvorschriften.

[221] Kapitalertragsteuer ist gemäß § 93 Abs 2 EStG bei Einkünften aus der Überlassung von Kapital (insbesondere Dividenden und Zinsen; § 27 Abs 2 EStG) abzuziehen, wenn eine inländische auszahlende Stelle (österreichisches Kreditinstitut oder österreichische Zweigstelle eines ausländischen Kreditinstituts) vorliegt. Bei realisierten Wertsteigerungen (§ 27 Abs 3 EStG) und Einkünften aus Derivaten (§ 27 Abs 4 EStG) erfolgt ein Kapitalertragsteuerabzug bei Vorliegen einer inländischen depotführenden Stelle oder, wenn keine inländische depotführende Stelle vorliegt, einer inländischen auszahlenden Stelle, wenn die ausländische depotführende Stelle eine Betriebsstätte der auszahlenden Stelle oder ein konzernzugehöriges Unternehmen ist und die auszahlende Stelle die Realisierung in Zusammenarbeit mit der depotführenden Stelle abwickelt (als depotführende oder auszahlende Stelle kommen dabei Kreditinstitute gemäß § 1 BWG, Zweigstellen eines Kreditinstituts aus Mitgliedstaaten gemäß § 9 BWG oder Zweigstellen eines Wertpapierdienstleisters mit Sitz in einem Mitgliedstaat in Betracht).

[222] In einer Befreiungserklärung erklärt der Empfänger der Einkünfte gegenüber der auszahlenden Stelle unter Nachweis seiner Identität, dass die Kapitaleinkünfte als Betriebseinnahmen eines Betriebes zu erfassen sind.

[223] Von in Österreich steuerlich ansässigen Körperschaften bezogene Inlandsdividenden sind gemäß § 10 Abs 1 KStG unabhängig von Beteiligungshöhe und Haltedauer von der Körperschaftsteuer befreit. § 94 Z 11 EStG sieht für die von einem § 186 oder § 188 InvFG 2011 unterliegenden Gebilde ausgeschütteten oder als ausgeschüttet geltenden Inlandsdividenden eine Befreiung von der Kapitalertragsteuer vor.

[224] § 10 KStG sieht unter bestimmten Voraussetzungen eine Befreiung von der Körperschaftsteuer für Dividenden sowohl aus internationalen Schachtelbeteiligungen als auch aus Portfoliobeteiligungen vor. Liegen durchgerechnet die Voraussetzungen für eine internationale Schachtelbefreiung vor (vereinfacht: Beteiligung von zumindest 10%, Haltedauer von zumindest einem 1 Jahr und keine Missbrauchsvermutung) kommt auch eine Befreiung von der Körperschaftsteuer für Veräußerungsgewinne in Betracht.

[225] Verordnung der Bundesministerin für Finanzen zur Durchführung der Kapitalertragsteuererstattung in Bezug auf Auslandszinsen sowie zur Anrechnung ausländischer Quellensteuer bei Kapitalertragsteuerabzug bei Auslandsdividenden (BGBl II 92/2012).

punkt gelten auch die nicht tatsächlich ausgeschütteten Erträge eines AIF, die keine Einkünfte aus Kapitalvermögen sind, als ausgeschüttet.[226]

105   Substanzgewinne aus der Veräußerung von Anteilscheinen[227] sind bei der Kapitalgesellschaft steuerpflichtig. Ausschüttungsgleiche Erträge (von Einkünften aus Kapitalvermögen[228]) erhöhen, ausgeschüttete steuerfreie Ausschüttungen vermindern die Anschaffungskosten des Anteilscheins beim Investor. Veräußerungsverluste sind grundsätzlich ausgleichsfähig. Als gesonderter Vermögenswert kann der Anteilschein auch auf den niedrigeren Teilwert abgeschrieben werden, wenn der Wert des Anteilscheins unter dessen Anschaffungskosten fällt.

b) Natürliche Personen als Investoren

106   Natürliche Personen als Investoren sind mit Ausschüttungen eines österreichischen Investmentfonds im Zeitpunkt des Zuflusses einkommensteuerpflichtig. Erfolgt die Ausschüttung an den Anleger über eine inländische auszahlende oder depotführende Stelle,[229] hat diese grundsätzlich 25 % Kapitalertragsteuer einzubehalten. Insoweit die Ausschüttung aus Inlandsdividenden besteht, ist die Ausschüttung von der Kapitalertragsteuer befreit (§ 94 Z 11 EStG). Mit dem Kapitalertragsteuerabzug ist die Einkommensteuerpflicht der Ausschüttung bei einer natürliche Person, die die Anteilscheine im Privatvermögen hält, abgegolten (dh der Investor hat diese Einkünfte nicht in die Steuererklärung aufzunehmen; Abgeltungswirkung). Werden die Anteilscheine im Betriebsvermögen gehalten, hat der Kapitalertragsteuerabzug für ausgeschüttete Einkünfte aus realisierten Wertsteigerungen und Derivaten (§ 27 Abs. 3 und Abs. 4 EStG) keine Abgeltungswirkung. Fließen die Ausschüttungen dem Investor nicht über eine österreichische auszahlende Stelle zu oder entfaltet der Kapitalertragsteuerabzug keine Abgeltungswirkung, hat der Investor die Ausschüttungen in die Steuererklärung aufzunehmen. Die zugeflossenen Ausschüttungen unterliegen im Zuge der Veranlagung des Investors der Einkommensteuer zum besonderen Steuersatz von 25 %.[230] Von allfälligen ausländischen (Quellen-)Steuern kann der Investor unter einem anwendbaren Doppelbesteuerungsabkommen oder der Auslands-KESt VO 2012 entlastet werden.[231] Von einem AIF ausgeschüttete andere Einkünfte als Einkünfte aus Kapitalvermögen unterliegen grundsätzlich der Einkommensteuer zum progressiven Regeltarif von bis zu 50 %. Dem Investor entstandene Kosten im Zusammenhang mit den Anteilscheinen, deren Ausschüttungen der Kapitalertragsteuer mit Endbesteuerungswirkung oder der Einkommensteuer zum Sondersteuersatz von 25 % unterliegen, sind nicht abzugsfähig.[232] Im Gegensatz zu Investoren, die den Anteilschein im Privatvermögen halten, haben betriebliche Investoren aber Anschaffungsnebenkosten (zB den Ausgabeaufschlag) anzusetzen.[233]

107   Bei (teil)thesaurierenden Investmentfonds gelten einer natürlichen Person, die die Anteilscheine im Privatvermögen hält, sämtliche Erträge aus der Überlassung von Kapital (insbesondere Zinsen und Dividenden; § 27 Abs. 2 EStG) sowie 60 %[234] des positiven Saldos

---

[226] § 186 Abs 5 Z 2 InvFG 2011.
[227] Auch die Rücknahme der Anteilscheine gilt im gegenständlichen Zusammenhang für österreichische steuerliche Zwecke als Veräußerung.
[228] Für ausschüttungsgleiche Erträge von anderen Einkünften als Einkünften aus Kapitalvermögen erfolgt keine derartige Korrektur der Anschaffungskosten (vgl auch die Gesetzesmaterialien zum AIFMG, EBRV 2401 BlgNR XXIV GP S. 26). Der Investor ist insofern auf den Veranlagungsweg verwiesen.
[229] Siehe Fn. 223.
[230] Der Investor kann jedoch gemäß § 27a Abs 5 EStG zur Besteuerung der Einkünfte zum Regeltarif optieren (Regelbesteuerungsoption). Der Investor wird diese Option insbesondere dann ausüben, wenn die nach dem progressiven Einkommensteuertarif ermittelte Einkommensteuer niedriger als die Kapitalertragsteuer in der Höhe von 25 % ist.
[231] → Rn. 103.
[232] § 20 Abs 2 EStG.
[233] § 27a Abs 4 EStG.
[234] Für Fondsgeschäftsjahre, die ab 1.1.2014 beginnen; für ab 1.1.2013 beginnende Fondsgeschäftsjahre gelten noch 50 % eines solchen positiven Saldos als ausgeschüttet (vgl die Übergangsvorschriften

aus Einkünften aus realisierten Wertsteigerungen (§ 27 Abs. 3 EStG) und Derivaten (§ 27 Abs. 4 EStG) abzüglich der damit im Zusammenhang stehenden Aufwendungen spätestens vier Monate nach Ende des Fondsgeschäftsjahres als ausgeschüttet (ausschüttungsgleiche Erträge). Einem betrieblichen Investor gilt der gesamte positive Saldo aus Einkünften aus realisierten Wertsteigerungen (§ 27 Abs. 3 EStG) und Einkünften aus Derivaten (§ 27 Abs. 4 EStG) abzüglich der damit im Zusammenhang stehenden Aufwendungen als ausgeschüttet. Die von einem AIF erwirtschafteten anderen Einkünfte als Einkünfte aus Kapitalvermögen gelten ebenfalls zu diesem Zeitpunkt als ausgeschüttet.[235] Spätere tatsächliche Ausschüttungen ausschüttungsgleicher Erträge sind steuerfrei.

Substanzgewinne aus der Veräußerung eines Anteilscheins unterliegen beim Investor der Einkommensteuer zum besonderen Steuersatz von 25%, die bei Vorliegen einer depotführenden oder auszahlenden Stelle im Wege des Kapitalertragsteuerabzugs eingehoben wird. Bei der Ermittlung des Veräußerungsgewinns bewirken ausschüttungsgleiche Erträge eine Erhöhung und ausgeschüttete steuerfreie Ausschüttungen eine Verminderung der Anschaffungskosten des Anteilscheins. Bei einem Investor, der die Anteilscheine im Privatvermögen hält, hat der Kapitalertragsteuerabzug Abgeltungswirkung. Ein betrieblicher Investor hat den Veräußerungsgewinn in die Steuererklärung aufzunehmen. Veräußerungsverluste dürfen bei Investoren, die die Anteilscheine im Privatvermögen halten, unter bestimmten Einschränkungen mit positiven Einkünften aus Kapitalvermögen verrechnet werden. Eine Verrechnung mit positiven Einkünften aus anderen Einkunftsarten oder ein Verlustvortrag ist nicht zulässig.[236] Bei betrieblichen Investoren darf nach der Verrechnung von Veräußerungsverlusten und Teilwertabschreibungen mit positiven Einkünften aus Kapitalvermögen und Zuschreibungen (derartiger Wirtschaftsgüter) desselben Betriebes ein verbleibender negativer Überhang zur Hälfte mit anderen Einkünften verrechnet und vorgetragen werden.[237]

108

8. Besteuerung der Fondsmanagement-Dienstleistungen

a) Carried Interest, Performance Fee, etc.

Ein Carried Interest in der Form einer überproportionalen Gewinnbeteiligung sollte aus österreichischer steuerlicher Sicht grundsätzlich als solche anerkannt werden, sofern diese wirtschaftlich gerechtfertigt und gesellschaftsrechtlich vereinbart ist.[238] Nach der Auffassung des BMF scheint für österreichische steuerliche Zwecke grundsätzlich keine Umqualifizierung des Carry etwa in Einkünfte aus selbständiger Arbeit (Managementgebühr) zu erfolgen.[239] Bei der Beteiligung an einer steuerlich transparenten vermögensverwaltenden Gesellschaft wären die Einkünfte aus dem Carried Interest daher etwa Einkünfte aus Kapi-

109

---

in § 198 Abs 2 Z 2 InvFG 2011, durch die der als ausgeschüttet geltende Anteil solcher Erträge stufenweise angehoben wird). Der nicht als ausgeschüttet geltende Teil dieser Einkünfte wird erst bei späterer Ausschüttung beim Investor steuerlich erfasst.

[235] § 186 Abs 5 Z 2 InvFG 2011.
[236] § 27a Abs 8 EStG.
[237] § 6 Z 2 lit c EStG; mit der Verrechnungsmöglichkeit von nur 50% des Überhangs mit anderen Einkünften soll der besonderen Einkommensteuersatz von 25% für Einkünfte aus Kapitalvermögen gegenüber dem für andere Einkunftsarten geltenden Regeltarif von bis zu 50% berücksichtigt werden (EBRV 981 BlgNR XXIV GP S. 113).
[238] Wenn die Gewinnverteilung aber in einem offenbaren Missverhältnis zur Beteiligung und der Mitarbeit der einzelnen Gesellschafter steht, ist die Gewinnverteilung steuerlich zu korrigieren (vgl. EStR 2000 Rn. 5883).
[239] In einem grenzüberschreitenden Sachverhalt gilt dies nach Auffassung des BMF auch dann, wenn im anderen Staat eine solche Umqualifizierung gesetzlich angeordnet ist (vgl. BMF 6.2.2006, EAS 2698 im Verhältnis zu Deutschland im Zusammenhang mit dem „Gesetz zur Förderung von Wagniskapital"). Aus Sicht der anderen Gesellschafter, deren Gewinnanteile sich entsprechend verringern, kann der Carried Interest somit aber auch nicht als Aufwand behandelt werden (BMF 14.5.2012, EAS 3280).

talvermögen gemäß § 27 EStG in Form von Dividenden, Zinsen, Veräußerungsgewinnen, etc. Die steuerliche Beurteilung eines Carried Interest hat aber jeweils im Einzelfall zu erfolgen.

b) Umsatzsteuer auf Management-Dienstleistungen

110   Die Verwaltung von Sondervermögen nach dem InvFG 2011 (und dem ImmoInvFG) durch Unternehmer, die eine Konzession für dieses Geschäft besitzen, ist gemäß § 6 Abs. 1 Z 8 lit i UStG[240] (unecht) von der Umsatzsteuer befreit. Die Befreiung erfasst auch die Verwaltung von durch die anderen Mitgliedstaaten als solche definierten Sondervermögen.[241] Nach dem BMF ist in unionsrechtlicher Interpretation auch die Verwaltung ausländischer Investmentfonds im Drittlandsgebiet steuerbefreit.[242]

111   Nach der Rechtsprechung des EuGH kommt es bei der Anwendung dieser Umsatzsteuerbefreiung weder auf die Person des Leistenden noch auf die des Leistungsempfängers an.[243] Die Verwaltungsleistung kann daher nicht nur durch eine Kapitalanlagegesellschaft, sondern auch durch einen Dritten (außenstehender Verwalter) erbracht werden.[244] Wird die Verwaltungsleistung durch Dritte erbracht, ist die Befreiung gemäß § 6 Abs. 1 Z 8 lit i UStG anwendbar, wenn die erbrachten Leistungen ein im Großen und Ganzen eigenständiges Ganzes bilden und für die Verwaltung des Sondervermögens spezifisch und wesentlich sind. Dazu zählen die Anlageverwaltung und verschiedene administrative Aufgaben der Organismen für gemeinsame Anlagen.[245]

112   Anlässlich des Inkrafttretens des AIFMG erfolgte keine ausdrückliche gesetzliche Anpassung des Wortlauts der Umsatzsteuerbefreiung gemäß § 6 Abs. 1 Z 8 lit i UStG. Diese bezieht sich weiterhin (nur) auf Sondervermögen iSd InvFG 2011 (und des ImmoInvFG) und die durch die anderen Mitgliedstaaten als solche definierten Sondervermögen. Eine Beschränkung der Befreiung auf Sondervermögen iSd OGAW-RL sollte jedoch im Rahmen des dem gemeinsamen Mehrwertsteuersystem innewohnenden Grundsatzes der steuerlichen Neutralität unzulässig sein.[246]

---

[240] Die Befreiung setzt Art 135 Abs 1 lit g MWSt-RL in nationales Recht um und soll Neutralität zwischen einem Direktinvestment und einem Investment über einen Investmentfonds herstellen.

[241] Erweiterter Gesetzeswortlaut seit dem BudgetbegleitG 2007 im Hinblick auf EuGH 4.5.2006, Rs C-169/04 *Abbey National*.

[242] BMF, UStR 2000 Rn. 772a, unter Bezugnahme auf EuGH 28.6.2007, Rs C-363/05 *J. P. Morgan*.

[243] EuGH 4.5.2006, Rs C-169/04 *Abbey National*; vgl auch EuGH 7.3.2013, Rs C-275/11 *GfBk*.

[244] BMF, UStR 2000 Rn. 772a.

[245] Vgl. dazu die in Anhang II der OGAW-RL aufgezählten Leistungen (BMF, UStR 2000 Rn. 772a). Der Nachweis der ausschüttungsgleichen Erträge durch den steuerlichen Vertreter eines Investmentfonds gemäß § 186 Abs 2 Z 1 InvFG 2011 ist nach dem BMF keine für die Verwaltung eines Sondervermögens spezifische und wesentliche Leistung und fällt somit nicht unter die Umsatzsteuerbefreiung gemäß § 6 Abs 1 Z 8 lit i UStG (Erlass des BMF, GZ BMF-010219/0416-VI/4/2008 vom 18.11.2008, Umsatzsteuerprotokoll über den Salzburger Steuerdialog 2008).

[246] Vgl EuGH 4.5.2006, Rs C-169/04 *Abbey National*. Demnach sind als Sondervermögen auch Fonds anzusehen, die zwar keine Organismen für gemeinsame Anlagen im Sinne der OGAW-RL sind, aber dieselben Merkmale aufweisen und dieselben Umsätze tätigen oder zumindest mit ihnen im Wettbewerb stehen. Vgl. in diesem Zusammenhang auch EuGH 7.3.2013, Rs C-424/11 *Wheels*.

VI. Normenteil

Bundesgesetz über Investmentfonds 2011 (Investmentfondsgesetz 2011; „InvFG 2011")

Inhaltsverzeichnis

1. Teil. Allgemeine Bestimmungen

- § 1. Anwendungsbereich
- § 2. Organismen zur gemeinsamen Veranlagung in Wertpapieren (OGAW)
- § 3. Begriffsbestimmungen
- § 4. Ausnahmen

2. Teil. Verwaltung und Beaufsichtigung von OGAW

1. Hauptstück. Verwaltungsgesellschaften

1. Abschnitt. Bedingungen für die Aufnahme der Tätigkeit

- § 5. Erfordernis und Umfang der Konzession
- § 6. Konzessionsantrag und Konzessionserteilung
- § 7. Rücknahme und Erlöschen der Konzession

2. Abschnitt. Bedingungen für die Ausübung der Tätigkeit

- § 8. Eigenmittel
- § 9. Staatskommissäre
- § 10. Allgemeine organisatorische Anforderungen
- § 11. Anlegerbeschwerden
- § 12. Elektronische Aufzeichnungen
- § 13. Rechnungslegung
- § 14. Kontrolle durch Geschäftsleitung und Aufsichtsrat
- § 15. Compliance
- § 16. Interne Revision (Innenrevision)
- § 17. Risikomanagement
- § 18. Persönliche Geschäfte
- § 19. Aufzeichnung von Portfoliogeschäften
- § 20. Aufzeichnung von Zeichnungs- und Rücknahmeaufträgen
- § 21. Aufbewahrungspflichten
- § 22. Kriterien für die Feststellung von Interessenkonflikten
- § 23. Grundsätze für den Umgang mit Interessenkonflikten
- § 24. Unabhängigkeit beim Konfliktmanagement
- § 25. Umgang mit Tätigkeiten, die einen schädlichen Interessenkonflikt nach sich ziehen
- § 26. Strategien für die Ausübung von Stimmrechten bei Veranlagungen
- § 27. Anlegerschutz bei individueller Portfolioverwaltung
- § 28. Übertragung von Aufgaben der Verwaltungsgesellschaft an Dritte
- § 29. Pflicht, im besten Interesse der OGAW und ihrer Anteilinhaber zu handeln
- § 30. Sorgfaltspflichten
- § 31. Bearbeitung von Zeichnungs- und Rücknahmeaufträgen und Mitteilungspflichten
- § 32. Bestmögliche Ausführung von Handelsentscheidungen für die verwalteten OGAW
- § 33. Allgemeine Grundsätze für die Bearbeitung von Aufträgen im Rahmen der Portfolioverwaltung
- § 34. Zusammenlegung und Zuweisung von Handelsaufträgen
- § 35. Gewährung und Annahme von Vorteilen zum Nachteil des OGAW

3. Abschnitt. Niederlassungsfreiheit und freier Dienstleistungsverkehr

- § 36. Verwaltungsgesellschaften aus Mitgliedstaaten in Österreich
- § 37. Österreichische Verwaltungsgesellschaften in Mitgliedstaaten
- § 38. Aufsicht im Rahmen der Dienstleistungs- und Niederlassungsfreiheit

D. Einführung in das österreichische Investmentrecht

2. Hauptstück. Depotbank

§ 39. Erfordernis der Depotbank
§ 40. Aufgaben der Depotbank
§ 41. Anforderungen an die Depotbank
§ 42. Inhalt der Vereinbarung zwischen Verwaltungsgesellschaft und Verwahrstelle
§ 43. Haftung der Depotbank
§ 44. Unabhängigkeit der Depotbank
§ 45. Vergütung der Depotbank und der Verwaltungsgesellschaft

3. Hauptstück. OGAW

1. Abschnitt. Sondervermögen

§ 46. Anteilscheine
§ 47. Teilfonds
§ 48. Rechnungsjahr der Kapitalanlagefonds
§ 49. Rechnungslegung

2. Abschnitt. Bewilligung des OGAW und allgemeine Bestimmungen

§ 50. Bewilligung des OGAW
§ 51. Anteilinhaberregister
§ 52. Verfügungsrecht über das Vermögen des OGAW
§ 53. Fondsbestimmungen
§ 54. Haftungsverhältnisse
§ 55. Ausgabe, Rücknahme und Auszahlung von Anteilen
§ 56. Aussetzung der Rücknahme oder Auszahlung
§ 57. Errechnung des Anteilswertes; Ausgabepreis
§ 58. Gewinnverwendung und Ausschüttungen
§ 59. Vergütung
§ 60. Beendigung der Verwaltung durch die Verwaltungsgesellschaft
§ 61. Wechsel der Verwaltungsgesellschaft oder der Depotbank
§ 62. Verwaltung durch die Depotbank oder eine andere Verwaltungsgesellschaft
§ 63. Abwicklung eines OGAW
§ 64. Umwandlung in Alternative Investmentfonds (AIF)
§ 65. Abspaltung

3. Abschnitt. Veranlagungsbestimmungen

§ 66. Allgemeine Grundsätze, Risikostreuung
§ 67. Liquide Finanzanlagen
§ 68. Verbot der Veranlagung in Edelmetalle
§ 69. Wertpapiere
§ 70. Geldmarktinstrumente
§ 71. Anteile an OGAW und OGA
§ 72. Sichteinlagen und kündbare Einlagen
§ 73. Derivate
§ 74. Quantitative Beschränkungen zur Vermeidung einer Emittentenkonzentration
§ 75. Quantitative Anlagebeschränkungen für Indexfonds
§ 76. Quantitative Beschränkungen für die Anlage in von öffentlichen Stellen begebene oder garantierte Emissionen
§ 77. Quantitative Beschränkungen für die Anlage in OGAW oder OGA
§ 78. Quantitative Beschränkungen zur Vermeidung der Einflussnahme auf Emittenten
§ 79. Ausnahmen und Abweichen von den Veranlagungsgrenzen
§ 80. Verbot der Kreditaufnahme und der Kreditgewährung
§ 81. Dingliche Verfügungen über Vermögenswerte
§ 82. Leerverkäufe
§ 83. Pensionsgeschäfte
§ 84. Wertpapierleihe

4. Abschnitt. Risikomanagement des OGAW

§ 85. Risikomanagementverfahren
§ 86. Risikomanagement-Grundsätze
§ 87. Risikomessung und Risikomanagement
§ 88. Liquiditätsrisikomanagement
§ 89. Berechnung des Gesamtrisikos

VI. Normenteil

§ 90. Commitment-Ansatz
§ 91. Kontrahentenrisiko und Emittentenkonzentration
§ 92. Verfahren zur Bewertung der OTC-Derivate

5. Abschnitt. Master-Feeder-Strukturen

§ 93. Feeder-OGAW
§ 94. Master-OGAW
§ 95. Bewilligung der Master-Feeder-Struktur durch die FMA
§ 96. Vereinbarung zwischen Feeder-OGAW und Master-OGAW
§ 97. Wahl des auf die Vereinbarung anzuwendenden Rechtes
§ 98. Interne Regelungen zwischen Master-OGAW und Feeder-OGAW
§ 99. Abstimmung der Zeitpläne
§ 100. Aussetzung der Rücknahme, Auszahlung oder Zeichnung
§ 101. Abwicklung eines Master-OGAW
§ 102. Antrag auf Bewilligung der Abwicklung
§ 103. Bewilligung der Abwicklung
§ 104. Verschmelzung oder Spaltung eines Master-OGAW
§ 105. Antrag auf Bewilligung der Verschmelzung oder Spaltung
§ 106. Bewilligung der Verschmelzung oder Spaltung
§ 107. Verwahrstellen von Master-OGAW und Feeder-OGAW
§ 108. Inhalt der Vereinbarung zwischen den Verwahrstellen von Master-OGAW und Feeder-OGAW
§ 109. Abschlussprüfer
§ 110. Inhalt der Vereinbarung zwischen den Abschlussprüfern von Master-OGAW und Feeder-OGAW
§ 111. Umwandlung bestehender OGAW in Feeder-OGAW und Änderung des Master-OGAW
§ 112. Überwachung des Master-OGAW durch die Verwaltungsgesellschaft des Feeder-OGAW
§ 113. Pflichten des Master-OGAW und der FMA

6. Abschnitt. Verschmelzungen

§ 114. Grundsätze
§ 115. Bewilligung der Verschmelzung eines in Österreich bewilligten übertragenden OGAW
§ 116. Prüfung der Anteilinhaberinformationen bei Verschmelzung eines in Österreich bewilligten übernehmenden OGAW
§ 117. Verschmelzungsplan
§ 118. Prüfung des Verschmelzungsplans durch die Verwahrstellen
§ 119. Bestätigung der Abschlussprüfer
§ 120. Information der Anteilinhaber
§ 121. Inhalt der Informationen für die Anteilinhaber
§ 122. Neue Anteilinhaber
§ 123. Rück- und Umtauschrecht der Anteilinhaber
§ 124. Kosten
§ 125. Wirksamwerden
§ 126. Auswirkungen der Verschmelzung
§ 127. Erleichterungen für Fondszusammenlegungen ohne grenzübergreifenden Bezug

4. Hauptstück. Information der Anleger, Werbung und Vertrieb

1. Abschnitt. Werbung und Angebot von Anteilen

§ 128. Werbung für OGAW-Anteile
§ 129. Angebot von Anteilen
§ 130. Schutz von Bezeichnungen

2. Abschnitt. Prospekt und Informationen für die Anleger

§ 131. OGAW-Prospekt
§ 132. Individuelle und punktuelle Informationspflichten
§ 133. Art und Weise der Informationsbereitstellung

3. Abschnitt. Wesentliche Informationen für den Anleger – Kundeninformationsdokument

§ 134. Kundeninformationsdokument – KID
§ 135. Inhalt des KID

4. Abschnitt. Veröffentlichungen und Informationsmodalitäten

§ 136. Veröffentlichungen
§ 137. Information an die FMA
§ 138. Zeitpunkt und Art der Bereitstellung von Prospekt, KID und Rechenschaftsberichten für die Anleger

5. Abschnitt. Vertrieb von OGAW-Anteilen in anderen Mitgliedstaaten als dem Zulassungsstaat des OGAW

§ 139. Vertrieb von Anteilen eines im Inland bewilligten OGAW in anderen Mitgliedstaaten
§ 140. Vertrieb von Anteilen in einem anderen Mitgliedstaat bewilligten OGAW im Inland
§ 141. Vorkehrungen zum Schutz der Anteilinhaber des in einem anderen Mitgliedstaat bewilligten OGAW
§ 142. Informationspflichten des in einem anderen Mitgliedstaat bewilligten OGAW

5. Hauptstück. Aufsicht und Europäische und Internationale Zusammenarbeit

1. Abschnitt. Aufsichtsbestimmungen

§ 143. Aufsicht
§ 144. Kosten
§ 145. Datenschutz
§ 146. Berufsgeheimnis
§ 147. Untersuchungen und Prüfungen
§ 148. Aufsichtsmaßnahmen
§ 149. Zusammenarbeit mit Gerichten und Sicherheitsbehörden
§ 150. Veröffentlichungen
§ 151. Anzeigepflichten an die FMA
§ 152. Meldepflichten
§ 153. Form der Kommunikation mit der FMA – elektronische Übermittlung
§ 154. Berichtspflicht von Abschlussprüfern
§ 155. Informationen der FMA über relevante Rechtsvorschriften
§ 156. Informationen der FMA über Maßnahmen im Zusammenhang mit Master-Feeder-Fonds

2. Abschnitt. Europäische und Internationale Zusammenarbeit

§ 157. Kontaktstelle und Informationsaustausch
§ 158. Zusammenarbeit bei Ermittlungen und bei der Überprüfung vor Ort
§ 159. Ablehnung der Zusammenarbeit
§ 160. Behördenkonsultation und Meldungen an die Europäische Kommission, ESMA und ESRB
§ 161. Zusammenarbeit zur Überwachung einer Verwaltungsgesellschaft im Rahmen des § 38
§ 162. Sicherungsmaßnahmen
§ 162a.

3. Teil. AIF

1. Hauptstück. Inländische AIF, Spezialfonds, Andere Sondervermögen, Pensionsinvestmentfonds

1. Abschnitt. Spezialfonds

§ 163. Spezialfonds
§ 164. Anwendbare Bestimmungen
§ 165. Anzeigepflicht

2. Abschnitt. Andere Sondervermögen

§ 166. Anderes Sondervermögen
§ 167. Anwendbare Bestimmungen

3. Abschnitt. Pensionsinvestmentfonds

§ 168. Anwendbare Vorschriften
§ 168a.
§ 169. Voraussetzungen für den Erwerb
§ 170. Gewinnverwendung

VI. Normenteil

§ 171. Veranlagungsvorschriften
§ 172. Derivative Produkte
§ 173. Kundeninformationsdokument
§ 174. Fondsbestimmungen und Auszahlungsplan

2. Hauptstück. Vorschriften über den Vertrieb von Anteilen an ausländischen Nicht-OGAW im Inland

§§ 175. bis 185. (Anm.: aufgehoben durch BGBl. I Nr. 135/2013)

4. Teil. Steuern

§ 186. Steuern vom Einkommen, vom Ertrag und vom Vermögen
§ 187. Pensionsinvestmentfonds
§ 188. Anwendung auf ausländische Kapitalanlagefonds

5. Teil. Strafbestimmungen, Übergangs- und Schlussbestimmungen

1. Hauptstück. Strafbestimmungen

§ 189. Gerichtliche Strafen
§ 190. Verwaltungsstrafen
§ 191. Verstöße gegen das BWG
§ 192. Zwangsstrafe
§ 193. Verfahren und Schlichtungsstelle
§ 194. Zivilrechtliche Auswirkungen unerlaubter Tätigkeit

2. Hauptstück. Übergangs- und Schlussbestimmungen

§ 195. Übergangsbestimmungen
§ 196. Verweise und Verordnungen
§ 197. Sprachliche Gleichbehandlung
§ 198. Außer-Kraft-Treten
§ 199. Vollzugsklausel
§ 200. Inkrafttreten

1. Teil. Allgemeine Bestimmungen Anwendungsbereich

§ 1. Dieses Bundesgesetz legt Bedingungen fest, zu denen OGAW (§ 2) in Österreich aufgelegt, verwaltet und vertrieben werden dürfen. Weiters wird festgelegt, zu welchen Bedingungen Andere Sondervermögen, Pensionsinvestmentfonds und Spezialfonds in Österreich unter Bedachtnahme auf § 48 Abs. 3 und 4 Alternative Investmentfonds Manager-Gesetz – AIFMG, BGBl. I Nr. 135/2013, aufgelegt, verwaltet und vertrieben werden dürfen.

Organismen zur gemeinsamen Veranlagung in Wertpapieren (OGAW)

§ 2. (1) Ein Organismus zur gemeinsamen Veranlagung in Wertpapieren (OGAW)
1. dient dem ausschließlichen Zweck der Veranlagung der beim Publikum beschafften Gelder für gemeinsame Rechnung nach dem Grundsatz der Risikostreuung in die in § 67 genannten liquiden Finanzanlagen und
2. seine Anteile werden auf Verlangen der Anteilinhaber unmittelbar oder mittelbar zu Lasten des Vermögens des OGAW zurückgenommen und ausgezahlt; diesen Rücknahmen und Auszahlungen gleichgestellt sind Handlungen, mit denen sichergestellt werden soll, dass der Kurs der Anteile des OGAW nicht erheblich von deren Nettoinventarwert abweicht; und
3. er ist gemäß § 50 bewilligt oder gemäß Art. 5 der Richtlinie 2009/65/EG in seinem Herkunftsmitgliedstaat bewilligt.

(2) Ein OGAW kann in Österreich nur als Sondervermögen gemäß § 46, das in gleiche, in Wertpapieren verkörperte Anteile zerfällt und im Miteigentum der Anteilinhaber steht, errichtet werden. Sofern in diesem Bundesgesetz Pflichten des OGAW festgelegt werden, bezieht sich eine daraus folgende Handlungspflicht auf die diesen OGAW verwaltende Verwaltungsgesellschaft.

(3) Ein OGAW kann sich aus verschiedenen Teilfonds zusammensetzen; für die Zwecke des 2. Teiles 3. Hauptstück 3. Abschnitt gilt jeder Teilfonds eines OGAW als eigener OGAW. Für die Zwecke des 2. Teiles 3. Hauptstück 6. Abschnitt und 4. Hauptstück schließt ein OGAW die dazugehörigen Teilfonds ein. Für jeden Teilfonds ist ein eigenes KID zu erstellen.

D. Einführung in das österreichische Investmentrecht

Begriffsbestimmungen

§ 3. (1) Auf den Inhalt der in diesem Bundesgesetz verwendeten Begriffe sind, soweit in diesem Bundesgesetz nicht eigene Begriffsbestimmungen festgelegt sind, die Begriffsbestimmungen des Bankwesengesetzes – BWG (BGBl. Nr. 532/1993), des Kapitalmarktgesetzes – KMG (BGBl. Nr. 625/1991) sowie der Verordnung (EU) Nr. 583/2010, der Verordnung (EU) Nr. 584/2010 und der Verordnung (EU) Nr. 575/2013 anzuwenden.

(2) Im Sinne dieses Bundesgesetzes sind:
1. Verwaltungsgesellschaft (Kapitalanlagegesellschaft): jede Gesellschaft gemäß § 5 oder Art. 6 der Richtlinie 2009/65/EG, deren reguläre Geschäftstätigkeit in der Verwaltung von OGAW gemäß § 2 und gegebenenfalls von Alternativen Investmentfonds (AIF) gemäß dem 3. Teil dieses Bundesgesetzes besteht;
2. reguläre Geschäftstätigkeit einer Verwaltungsgesellschaft: Aufgaben der kollektiven Portfolioverwaltung, die die Anlageverwaltung und gegebenenfalls auch administrative Tätigkeiten gemäß § 5 Abs. 2 Z 1 lit. b und den Vertrieb umfassen;
3. kollektive Portfolioverwaltung: die Verwaltung von Portfolios auf gemeinsame Rechnung der Anteilinhaber im Rahmen der Fondsbestimmungen gemäß § 53;
4. Anteilinhaber: jede natürliche oder juristische Person, die einen oder mehrere Anteilscheine an einem OGAW gemäß § 2 Abs. 2 oder an einem AIF im Sinne von Z 31 hält;
5. Verwahrstelle: eine Einrichtung, die mit der Durchführung der in § 40 genannten Aufgaben betraut ist und, sofern sie ihren Sitz in Österreich hat, als Depotbank den §§ 41 bis 45 dieses Bundesgesetzes oder den in Kapitel IV und Kapitel V Abschnitt 3 der Richtlinie 2009/65/EG festgelegten Bestimmungen unterliegt;
6. Herkunftsmitgliedstaat der Verwaltungsgesellschaft: der Mitgliedstaat, in dem die Verwaltungsgesellschaft ihren Sitz hat;
7. Aufnahmemitgliedstaat der Verwaltungsgesellschaft: ein Mitgliedstaat, der nicht der Herkunftsmitgliedstaat ist und in dessen Hoheitsgebiet eine Verwaltungsgesellschaft eine Zweigniederlassung hat oder Dienstleistungen erbringt;
8. Herkunftsmitgliedstaat des OGAW: der Mitgliedstaat, in dem der OGAW gemäß Artikel 5 der Richtlinie 2009/65/EG bewilligt ist;
9. Aufnahmemitgliedstaat eines OGAW: der Mitgliedstaat, der nicht der Herkunftmitgliedstaat des OGAW ist und in dem die Anteile des OGAW vertrieben werden;
10. Zweigstelle: eine Geschäftsstelle, die einen rechtlich unselbständigen Teil einer Verwaltungsgesellschaft bildet und Dienstleistungen erbringt, für die der Verwaltungsgesellschaft eine Zulassung erteilt wurde, wobei mehrere Geschäftsstellen in ein und demselben Aufnahmemitgliedstaat als eine einzige Zweigstelle gelten;
11. zuständige Behörden: die von den Mitgliedstaaten gemäß Artikel 97 der Richtlinie 2009/65/EG bezeichneten Behörden;
12. dauerhafter Datenträger: jedes Medium, das es einem Anleger gestattet, an ihn persönlich gerichtete Informationen derart zu speichern, dass der Anleger sie in der Folge für eine für die Zwecke der Informationen angemessene Dauer einsehen kann, und das die unveränderte Wiedergabe der gespeicherten Informationen ermöglicht;
13. Wertpapiere
    a) Aktien und andere, Aktien gleichwertige Wertpapiere („Aktien"),
    b) Schuldverschreibungen und sonstige verbriefte Schuldtitel („Schuldtitel"),
    c) alle anderen marktfähigen Wertpapiere, die zum Erwerb von Wertpapieren im Sinne dieses Bundesgesetzes durch Zeichnung oder Austausch berechtigen,
    nach Maßgabe von § 69 mit Ausnahme der in § 73 genannten Techniken und Instrumente;
14. Geldmarktinstrumente: Instrumente, die üblicherweise auf dem Geldmarkt gehandelt werden, liquide sind und deren Wert jederzeit genau bestimmt werden kann nach Maßgabe von § 70;
15. Verschmelzungen: Transaktionen, bei denen
    a) ein oder mehrere OGAW oder Teilfonds davon (die „übertragenden OGAW") bei ihrer Auflösung ohne Abwicklung sämtliche Vermögenswerte und Verbindlichkeiten auf einen anderen bestehenden OGAW oder einen Teilfonds dieses OGAW (den „übernehmenden OGAW") übertragen und ihre Anteilinhaber dafür Anteile des übernehmenden OGAW sowie gegebenenfalls eine Barzahlung in Höhe von maximal 10 vH des Nettobestandswerts dieser Anteile erhalten (Bruttoverschmelzung durch Aufnahme);
    b) zwei oder mehrere OGAW oder Teilfonds davon (die „übertragenden OGAW") bei ihrer Auflösung ohne Abwicklung sämtliche Vermögenswerte und Verbindlichkeiten auf einen von

VI. Normenteil

ihnen gebildeten OGAW oder einen Teilfonds dieses OGAW (den „übernehmenden OGAW") übertragen und ihre Anteilinhaber dafür Anteile des übernehmenden OGAW sowie gegebenenfalls eine Barzahlung in Höhe von maximal 10 vH des Nettobestandswerts dieser Anteile erhalten (Bruttoverschmelzung durch Neubildung);

 c) ein oder mehrere OGAW oder Teilfonds davon (die „übertragenden OGAW") die weiter bestehen, bis die Verbindlichkeiten getilgt sind, ihr Nettovermögen auf einen anderen Teilfonds desselben OGAW, auf einen von ihnen gebildeten OGAW oder auf einen anderen bestehenden OGAW oder einen Teilfonds dieses OGAW (den „übernehmenden OGAW") übertragen (Nettoverschmelzung);

16. grenzüberschreitende Verschmelzung: eine Verschmelzung von OGAW,
    a) von denen mindestens zwei in unterschiedlichen Mitgliedstaaten bewilligt sind oder
    b) die in demselben Mitgliedstaat bewilligt sind, zu einem neu gegründeten und in einem anderen Mitgliedstaat bewilligten OGAW;
17. inländische Verschmelzung: eine Verschmelzung von OGAW, die im gleichen Mitgliedstaat bewilligt sind, wenn mindestens einer der betroffenen OGAW gemäß § 139 notifiziert worden ist;
18. Anteilscheine: Wertpapiere, die Miteigentumsanteile an den Vermögenswerten des Kapitalanlagefonds und die Rechte der Anteilinhaber gegenüber der Verwaltungsgesellschaft sowie der Depotbank verkörpern sowie als Finanzinstrumente gemäß § 1 Z 6 lit. c Wertpapieraufsichtsgesetz 2007 – WAG 2007 (BGBl. I Nr. 60/2007) zu qualifizieren sind;
19. Kapitalanlagefonds: OGAW in der Form eines Sondervermögens gemäß § 2 Abs. 2 und Alternative Investmentfonds (AIF) gemäß § 3 Abs. 2 Z 31;
20. Kunde: jede natürliche oder juristische Person oder jedes andere Unternehmen einschließlich eines OGAW oder AIF, für die oder das eine Verwaltungsgesellschaft eine Dienstleistung der kollektiven Portfolioverwaltung oder Dienstleistungen gemäß § 5 Abs. 2 Z 3 oder 4 erbringt;
21. Relevante Person: in Bezug auf eine Verwaltungsgesellschaft
    a) ein Gesellschafter oder eine vergleichbare Person oder ein Mitglied der Geschäftsleitung der Verwaltungsgesellschaft,
    b) ein Angestellter der Verwaltungsgesellschaft sowie jede andere natürliche Person, deren Dienste der Verwaltungsgesellschaft zur Verfügung gestellt und von dieser kontrolliert werden und die an der von der Verwaltungsgesellschaft erbrachten kollektiven Portfolioverwaltung beteiligt ist, oder
    c) eine natürliche Person, die im Rahmen einer Vereinbarung zur Übertragung von Aufgaben an Dritte unmittelbar an der Erbringung von Dienstleistungen für die Verwaltungsgesellschaft beteiligt ist, welche der Verwaltungsgesellschaft die kollektive Portfolioverwaltung ermöglichen;
22. Geschäftsleitung: die Personen, die die Geschäfte einer Verwaltungsgesellschaft gemäß § 6 Abs. 2 Z 10 tatsächlich führen;
23. Aufsichtsfunktion: relevante Person, Stelle oder Stellen, die für die Beaufsichtigung der Geschäftsleitung und für die Bewertung und regelmäßige Überprüfung der Angemessenheit und Wirksamkeit des Risikomanagement-Prozesses und der Grundsätze, Vorkehrungen und Verfahren, die zur Erfüllung der in diesem Bundesgesetz festgelegten Pflichten eingeführt wurden, zuständig ist oder sind;
24. Kontrahentenrisiko: das Verlustrisiko für den OGAW, das aus der Tatsache resultiert, dass die Gegenpartei eines Geschäfts vor der Schlussabrechnung des mit dem Geschäft verbundenen Cashflows ihren Verpflichtungen möglicherweise nicht nachkommen kann;
25. Liquiditätsrisiko: das Risiko, dass eine Position im OGAW-Portfolio nicht innerhalb hinreichend kurzer Zeit mit begrenzten Kosten veräußert, liquidiert oder geschlossen werden kann und dass dies die Fähigkeit des OGAW, der Rücknahme- und Auszahlungsverpflichtung gemäß § 55 Abs. 2 jederzeit nachzukommen, beeinträchtigt;
26. Marktrisiko: das Verlustrisiko für den OGAW, das aus Schwankungen beim Marktwert von Positionen im OGAW-Portfolio resultiert, die auf Veränderungen bei Marktvariablen, wie Zinssätzen, Wechselkursen, Aktien- und Rohstoffpreisen, oder bei der Bonität eines Emittenten zurückzuführen sind;
27. operationelles Risiko: das Verlustrisiko für den OGAW, das aus unzureichenden internen Prozessen sowie aus menschlichem oder Systemversagen bei der Verwaltungsgesellschaft oder aus externen Ereignissen resultiert und Rechts- und Dokumentationsrisiken sowie Risiken, die aus den für den OGAW betriebenen Handels-, Abrechnungs- und Bewertungsverfahren resultieren, einschließt;

28. Neugewichtung des Portfolios: eine signifikante Änderung der Zusammensetzung des Portfolios eines OGAW;
29. synthetische Risiko- und Ertragsindikatoren: synthetische Indikatoren im Sinne von Artikel 8 der Verordnung (EU) Nr. 583/2010;
30. Investmentfonds: OGAW unabhängig von ihrer Rechtsform und AIF gemäß Z 31;
31. Alternative Investmentfonds (AIF): Organismen für gemeinsame Anlagen, die gemäß dem 3. Teil 1. Hauptstück als Sondervermögen gebildet werden und bewilligt sind, in gleiche, in Wertpapieren verkörperte Anteile zerfallen und im Miteigentum der Anteilinhaber stehen;
32. Indexfonds: ein OGAW, dessen Fondsbestimmungen ausdrücklich vorsehen, als Ziel seiner Anlagestrategie einen bestimmten, von der Finanzmarktaufsichtsbehörde (FMA) anerkannten Aktien- oder Schuldtitelindex nachzubilden;
33. Kundeninformationsdokument (KID): Dokument mit wesentlichen Anlegerinformationen gemäß Art. 3 der Verordnung (EU) Nr. 583/2010.

Ausnahmen

§ 4. Dürfen die Anteile gemäß den Fondsbestimmungen oder der Satzung nur an das Publikum in Drittstaaten vertrieben werden, oder die Anteile nicht an das Publikum in Österreich oder in anderen Mitgliedstaaten vertrieben werden, so findet der 2. Teil dieses Bundesgesetzes keine Anwendung.

2. Teil. Verwaltung und Beaufsichtigung von OGAW

1. Hauptstück. Verwaltungsgesellschaften

1. Abschnitt. Bedingungen für die Aufnahme der Tätigkeit
Erfordernis und Umfang der Konzession

§ 5. (1) Die Erbringung der Tätigkeiten einer Verwaltungsgesellschaft mit Sitz im Inland bedarf der Konzession gemäß § 1 Abs. 1 Z 13 BWG in Verbindung mit § 6 Abs. 2 dieses Bundesgesetzes durch die FMA. Eine Verwaltungsgesellschaft darf außer den in Abs. 2 genannten Tätigkeiten und Geschäften, die zur Anlage des eigenen Vermögens erforderlich sind, sowie den Tätigkeiten, die in unmittelbarem Zusammenhang mit dem Konzessionserfordernis stehen, keine anderen Tätigkeiten ausüben.

(2) Eine Verwaltungsgesellschaft darf folgende Tätigkeiten ausüben:
1. Die Verwaltung von OGAW im Rahmen der kollektiven Portfolioverwaltung, die folgende Tätigkeiten einschließt:
    a) Anlageverwaltung;
    b) Administrative Tätigkeiten,
        aa) gesetzlich vorgeschriebene und im Rahmen der Fondsverwaltung vorgeschriebene Rechnungslegungsdienstleistungen,
        bb) Kundenanfragen,
        cc) Bewertung und Preisfestsetzung (einschließlich Steuererklärungen),
        dd) Überwachung der Einhaltung der Rechtsvorschriften,
        ee) Führung des Anteilinhaberregisters,
        ff) Gewinnausschüttung,
        gg) Ausgabe und Rücknahme von Anteilen,
        hh) Kontraktabrechnungen (einschließlich Versand der Zertifikate),
        ii) Führung von Aufzeichnungen;
    c) Vertrieb;
2. zusätzlich zur Verwaltung von OGAW gemäß Z 1 die Verwaltung von AIF gemäß AIFMG sofern der Verwaltungsgesellschaft diesbezüglich eine Konzession nach AIFMG erteilt wurde;
3. zusätzlich zur Verwaltung von OGAW gemäß Z 1 die individuelle Verwaltung von Portfolios – einschließlich der Portfolios von Pensionsfonds – mit einem Ermessensspielraum im Rahmen des Mandats der Anleger, sofern die betreffenden Portfolios eines oder mehrere der im Anhang I Abschnitt C der Richtlinie 2004/39/EG genannten Instrumente enthalten (§ 3 Abs. 2 Z 2 WAG 2007);
4. folgende Nebentätigkeiten:
    a) Anlageberatung in Bezug auf eines oder mehrere der im Anhang I Abschnitt C der Richtlinie 2004/39/EG genannten Instrumente;
    b) Verwahrung und technische Verwaltung in Bezug auf die Anteile von OGAW.

(3) Die ausschließliche Erbringung von Dienstleistungen gemäß Abs. 2 Z 3 und 4 oder die Erbringung von Nebendienstleistungen gemäß Abs. 2 Z 4, ohne Berechtigung zur Erbringung von Dienstleistungen gemäß Abs. 2 Z 3 ist im Rahmen der Konzession als Verwaltungsgesellschaft nicht zulässig. § 1 Abs. 3 BWG gilt für Verwaltungsgesellschaften nicht.

(4) Die unter Abs. 2 Z 3 und 4 angeführten Dienstleistungen beziehen sich nicht auf Dienstleistungen, die von einer Gegenpartei dem Staat, der Zentralbank eines Mitgliedstaates oder anderen nationalen Einrichtungen mit ähnlichen Aufgaben im Rahmen der Geld-, Wechselkurs-, Staatsschuld- oder Reservepolitik des betreffenden Mitgliedstaates erbracht werden.

(5) Verwaltungsgesellschaften, die ausschließlich von der FMA bewilligte OGAW und gegebenenfalls AIF verwalten, können Aufgaben gemäß Abs. 2 Z 1 lit. b sublit. cc bis hh hinsichtlich der verwalteten OGAW an die Depotbank übertragen, wenn dies im Prospekt vorgesehen ist.

Konzessionsantrag und Konzessionserteilung

§ 6. (1) Der Antragsteller hat dem Antrag auf Erteilung einer Konzession die in § 4 Abs. 3 Z 1, 2, 4, 5 und 6 BWG genannten Angaben und Unterlagen anzuschließen sowie einen Geschäftsplan, aus dem der organisatorische Aufbau der Verwaltungsgesellschaft, die geplanten Strategien und Verfahren zur Überwachung, Steuerung und Begrenzung der in § 86 Abs. 3 beschriebenen Risken und die Verfahren und Pläne gemäß §§ 86 bis 89 hervorgehen.

(2) Die Konzession ist zu erteilen, wenn:
1. Das Unternehmen als Verwaltungsgesellschaft in der Rechtsform einer Aktiengesellschaft oder Gesellschaft mit beschränkter Haftung betrieben wird;
2. die Aktien der Aktiengesellschaft auf Namen lauten und gemäß der Satzung oder des Gesellschaftsvertrages die Übertragung von Aktien oder Geschäftsanteilen der Zustimmung des Aufsichtsrates der Gesellschaft bedarf;
3. bei Verwaltungsgesellschaften in der Rechtsform der Gesellschaft mit beschränkter Haftung gemäß dem Gesellschaftsvertrag ein Aufsichtsrat zu bestellen ist;
4. bei Verwaltungsgesellschaften in der Rechtsform der Gesellschaft mit beschränkter Haftung das Aufgeld einer besonderen Rücklage zuzuweisen ist, die nur zum Ausgleich von Wertminderungen und zur Deckung von sonstigen Verlusten verwendet werden darf;
5. das Anfangskapital 2,5 Millionen Euro beträgt und den Geschäftsleitern unbeschränkt und ohne Belastung im Inland zur freien Verfügung steht; wenn der Wert des Fondsvermögens der Verwaltungsgesellschaft 250 Millionen Euro überschreitet, muss diese über zusätzliches hartes Kernkapital (Teil 2 Titel II Kapitel 2 der Verordnung (EU) Nr. 575/2013) verfügen. Diese zusätzlichen Eigenmittel müssen wenigstens 0,02 vH des Betrags, um den der Wert der Portfolios der Verwaltungsgesellschaft 250 Millionen Euro übersteigt, betragen. Soweit die auf diese Weise errechneten zusätzlichen Eigenmittel einen Betrag von 2 375 000 Euro nicht übersteigen, muss jedoch kein zusätzliches Kapital zugeführt werden. Maximal müssen 7,5 Millionen Euro an zusätzlichen Eigenmitteln gehalten werden. Für die Zwecke dieser Bestimmung gelten als Portfolios von der Verwaltungsgesellschaft verwaltete OGAW und AIF im Sinne von § 5 Abs. 2 Z 2 einschließlich Investmentfonds, mit deren Verwaltung sie Dritte beauftragt hat, nicht jedoch Investmentfonds, die sie selbst im Auftrag Dritter verwaltet; die §§ 57 Abs. 5, 39a und 103 Z 9 lit. b BWG sowie Teil 3, 5 und 8 der Verordnung (EU) Nr. 575/2013 sind auf Kreditinstitute mit einer Konzession gemäß § 1 Abs. 1 Z 13 BWG nicht anwendbar;
6. mindestens die Hälfte des eingezahlten Grundkapitals oder Stammkapitals mündelsicher angelegt ist;
7. die Verwaltungsgesellschaft auf unbestimmte Zeit errichtet ist;
8. weder ein Geschäftsleiter noch ein Mitglied des Aufsichtsrates der Verwahrstelle Mitglied des Aufsichtsrates der Verwaltungsgesellschaft sind;
9. der Geschäftsleiter oder der Prokurist der Verwaltungsgesellschaft weder ein Geschäftsleiter noch ein Mitglied des Aufsichtsrates noch ein Prokurist der Verwahrstelle ist;
10. sämtliche Geschäftsleiter aufgrund ihrer Vorbildung fachlich geeignet sind und Leitungserfahrung sowie die für den Betrieb einer Verwaltungsgesellschaft erforderliche Erfahrung haben, und mindestens zwei Geschäftsleiter auch in Bezug auf den Typ des von der Verwaltungsgesellschaft verwalteten OGAW über ausreichende praktische und theoretische Erfahrung verfügen;
11. angemessene und wirksame Risikomanagement-Grundsätze, Vorkehrungen, Prozesse und Verfahren gemäß § 86 Abs. 3 vorgesehen sind;
12. im Falle der Erbringung von Tätigkeiten gemäß § 5 Abs. 2 Z 3 oder Z 3 und 4 weiters

a) das Anfangskapital mindestens in der Höhe des gemäß § 9 Abs. 2 WAG 2007 zu ermittelnden Betrages den Geschäftsleitern unbeschränkt und zur freien Verfügung im Inland zur Verfügung steht;
b) die Geschäftsleiter zusätzlich zu den Voraussetzungen der Z 10 die Voraussetzungen gemäß § 3 Abs. 5 Z 3 WAG 2007 erfüllen;
c) die Bedingungen des § 3 Abs. 5 Z 4 WAG 2007 eingehalten werden;
13. sowie die Voraussetzungen des § 5 Abs. 1 Z 2 bis 4a, 6, 7 und 9 bis 14 BWG erfüllt sind.

(3) Die FMA hat dem Antragsteller binnen sechs Monaten nach Eingang des Antrages oder, wenn dieser unvollständig ist, binnen sechs Monaten nach Übermittlung aller für den Bescheid erforderlichen Angaben entweder die Konzession zu erteilen oder die Ablehnung des Antrages mittels Bescheid schriftlich mitzuteilen. Die Konzession ist bei sonstiger Nichtigkeit schriftlich zu erteilen; sie kann mit entsprechenden Bedingungen und Auflagen versehen werden, wobei auch festzulegen ist, inwieweit die Verwaltungsgesellschaft zur Erbringung von Dienstleistungen gemäß § 5 Abs. 2 Z 2 bis 4 berechtigt ist und gegebenenfalls auf welche Arten von OGAW sich ihre Bewilligung zur kollektiven Portfolioverwaltung erstreckt.

(4) Die §§ 5 Abs. 2 Satz 1 und 3 BWG und § 160 Abs. 1 dieses Bundesgesetzes sind auf das Verfahren zur Erteilung der Konzession anzuwenden.

Rücknahme und Erlöschen der Konzession

§ 7. (1) Zusätzlich zu den in § 6 BWG erwähnten Gründen hat die FMA die Konzession zurückzunehmen, wenn
1. die für die Erteilung der Konzession erforderlichen Voraussetzungen nicht mehr vorliegen (§ 148 Abs. 7 dieses Bundesgesetzes in Verbindung mit § 70 Abs. 4 Z 3 BWG);
2. die Bestimmungen über die Eigenmittel (§ 8) nicht eingehalten werden;
3. Aufgaben in einer Weise oder einem Umfang an Dritte übertragen werden, dass die Verwaltungsgesellschaft zu einer Briefkastenfirma wird (§ 28 Abs. 2); oder
4. die Verwaltungsgesellschaft sonst in schwerwiegender Weise oder wiederholt gegen dieses Bundesgesetz oder gegen aufgrund der Richtlinie 2009/65/EG erlassene Verordnungen verstoßen hat, wobei auch diesfalls das Verfahren gemäß § 70 Abs. 4 BWG zur Anwendung zu kommen hat.

(2) Im Hinblick auf das Erlöschen der Konzession finden die §§ 7 und 7a BWG Anwendung.

(3) Eine Verwaltungsgesellschaft kann ihre Auflösung nicht beschließen, bevor ihr Recht zur Verwaltung aller OGAW gemäß § 60 geendet hat.

2. Abschnitt. Bedingungen für die Ausübung der Tätigkeit

Eigenmittel

§ 8. (1) Die Eigenmittel der Verwaltungsgesellschaft dürfen zu keiner Zeit unter den in § 6 Abs. 2 Z 5 genannten Betrag sinken; andernfalls hat die FMA gemäß § 70 Abs. 4 BWG vorzugehen.

(2) Unabhängig vom Eigenmittelerfordernis gemäß Abs. 1 dürfen die Eigenmittel der Verwaltungsgesellschaft zu keiner Zeit unter den gemäß § 9 Abs. 5 Z 1 WAG 2007 zu ermittelnden Betrag absinken.

Staatskommissäre

§ 9. Der Bundesminister für Finanzen hat bei jeder Verwaltungsgesellschaft einen Staatskommissär und dessen Stellvertreter für eine Funktionsperiode von längstens fünf Jahren zu bestellen; die Wiederbestellung ist zulässig. Die Staatskommissäre und deren Stellvertreter handeln als Organe der FMA und sind in dieser Funktion ausschließlich deren Weisungen unterworfen. § 76 Abs. 2 bis 9 BWG ist anzuwenden.

Allgemeine organisatorische Anforderungen

§ 10. (1) Eine Verwaltungsgesellschaft hat
1. Entscheidungsprozesse und eine Organisationsstruktur, durch die Berichtspflichten klar festgelegt und dokumentiert und die Funktionen und Aufgaben klar zugewiesen und dokumentiert sind, einzurichten und laufend anzuwenden und aufrecht zu erhalten;
2. dafür zu sorgen, dass alle relevanten Personen die Verfahren, die für eine ordnungsgemäße Erfüllung ihrer Aufgaben einzuhalten sind, kennen;
3. angemessene interne Kontrollmechanismen, die die Einhaltung von Beschlüssen und Verfahren auf allen Ebenen der Verwaltungsgesellschaft sicherstellen, einzurichten und laufend aufrecht zu erhalten;

VI. Normenteil

4. auf allen maßgeblichen Ebenen eine reibungslos funktionierende interne Berichterstattung und Weitergabe von Informationen sowie einen reibungslosen Informationsfluss mit allen beteiligten Dritten einzurichten und laufend sicherzustellen;
5. angemessene und systematische Aufzeichnungen über ihre Geschäftstätigkeit und interne Organisation zu führen;
6. dafür zu sorgen, dass die Aufgaben von Mitarbeitern erfüllt werden, die über die notwendigen Fähigkeiten, Kenntnisse und Erfahrungen verfügen;
7. für die Ressourcen und Fachkenntnisse zu sorgen, die für eine wirksame Überwachung der von Dritten im Rahmen einer Vereinbarung mit der Verwaltungsgesellschaft ausgeführten Tätigkeit erforderlich sind, was insbesondere für das Management der mit der Vereinbarung verbundenen Risiken gilt;
8. dafür zu sorgen, dass die ordentliche, redliche und professionelle Erfüllung der betreffenden Aufgaben auch dann gewährleistet ist, wenn relevante Personen mit mehreren Aufgaben betraut sind.

Dabei ist der Art, dem Umfang und der Komplexität der Geschäftstätigkeit der Verwaltungsgesellschaft sowie der Art und dem Spektrum der erbrachten Dienstleistungen und Tätigkeiten Rechnung zu tragen.

(2) Die Verwaltungsgesellschaft hat weiters angemessene Systeme und Verfahren zum Schutz der Sicherheit, Integrität und Vertraulichkeit von Daten einzurichten und laufend anzuwenden und dabei der Art dieser Daten Rechnung zu tragen. Die datenschutzrechtlich relevanten Bestimmungen (§ 14 DSG 2000-Datensicherheitsmaßnahmen) sind einzuhalten.

(3) Die Verwaltungsgesellschaft hat angemessene Vorkehrungen zu treffen, um die Kontinuität und Regelmäßigkeit der Geschäftstätigkeit zu gewährleisten. Zu diesem Zweck hat sie geeignete und angemessene Systeme, Ressourcen und Verfahren einzurichten und sonstige angemessene Vorkehrungen zu treffen, die bei einer Unterbrechung ihrer Systeme und Verfahren gewährleisten, dass wesentliche Daten und Funktionen erhalten bleiben und Dienstleistungen und Tätigkeiten fortgeführt werden können. Sollte dies nicht möglich sein, müssen diese Daten und Funktionen rechtzeitig wieder hergestellt werden können, damit die Dienstleistungen und Tätigkeiten rechtzeitig wieder aufgenommen werden können.

(4) Die Angemessenheit und Wirksamkeit der nach Abs. 1 bis 3 geschaffenen Systeme, internen Kontrollmechanismen und Vorkehrungen sind zu überwachen, regelmäßig zu bewerten und die zur Behebung etwaiger Mängel erforderlichen Maßnahmen sind zu ergreifen.

(5) Verwaltungsgesellschaften, die auch zur Erbringungen von Dienstleistungen gemäß § 5 Abs. 2 Z 3 oder 4 berechtigt sind, haben weiters hinsichtlich dieser Tätigkeiten die Bestimmungen gemäß §§ 16 bis 26 und 29 bis 51, 52 Abs. 2 bis 4, 54 Abs. 1 und 94 bis 96 WAG 2007 einzuhalten. Verwaltungsgesellschaften, die auch Anteile vertreiben, die nicht von ihnen selbst verwaltet werden, haben weiters hinsichtlich dieser Tätigkeit die §§ 36, 38 bis 59 sowie 61 bis 66 WAG 2007 einzuhalten.

(6) Verwaltungsgesellschaften haben die §§ 2, 20 bis 21, 25, 28 bis 28b, 29 bis 30, 35 bis 39, 39b, 40 bis 41, 43 bis 68, 70a, 74 bis 76, 81 bis 91, und 93 bis 93c BWG sowie Teil 2, 4 und 6 der Verordnung (EU) Nr. 575/2013 einzuhalten.

Beachte für folgende Bestimmung
Tritt mit 1. September 2011 in Kraft (vgl. § 200 Abs. 1). Für Verwaltungsgesellschaften gemäß Art. 6 der Richtlinie 2009/65/EG, welche in einem anderen Mitgliedstaat konzessioniert sind und über eine Zweigstelle, im Wege der Dienstleistungsfreiheit oder kollektiven Portfolioverwaltung in Österreich tätig werden, gilt diese Bestimmung samt den in ihr verwiesenen Normen rückwirkend ab 1. Juli 2011 (vgl. § 200 Abs. 3).

Anlegerbeschwerden

§ 11. (1) Die Verwaltungsgesellschaft hat wirksame und transparente Verfahren für die angemessene und prompte Bearbeitung von Anlegerbeschwerden zu schaffen, anzuwenden und aufrechtzuerhalten. Jede Beschwerde und alle zu deren Beilegung getroffenen Maßnahmen müssen aufgezeichnet und aufbewahrt werden.

(2) Die Anleger müssen kostenlos Beschwerde einlegen können. Informationen über die in Abs. 1 genannten Verfahren sind den Anlegern kostenlos zur Verfügung zu stellen.

(3) Falls der von der Verwaltungsgesellschaft verwaltete OGAW in einem anderen Mitgliedstaat bewilligt wurde, hat die Verwaltungsgesellschaft Maßnahmen gemäß § 141 Abs. 1 zu ergreifen und geeignete Verfahren und Vorkehrungen vorzusehen, um einen ordnungsgemäßen Umgang mit Anlegerbeschwerden zu gewährleisten, und um sicherzustellen, dass es für Anleger keine Einschränkungen in Bezug auf die

D. Einführung in das österreichische Investmentrecht

Wahrnehmung ihrer Rechte gibt. Diese Maßnahmen müssen es den Anlegern ermöglichen, Beschwerden in der Amtssprache oder einer der Amtssprachen des Herkunftmitgliedstaates und gegebenenfalls des Aufnahmemitgliedstaates des OGAW einzureichen.

(4) Die Verwaltungsgesellschaft hat ferner geeignete Verfahren und Vorkehrungen vorzusehen, um Informationen auf Antrag der Anleger, sonst interessierter Personen oder Stellen oder der zuständigen Behörden des Herkunftmitgliedstaats des OGAW, insbesondere auch Informationen im Sinne von § 38 Abs. 1 für zuständige Behörden, bereitzustellen.

Beachte für folgende Bestimmung
Tritt mit 1. September 2011 in Kraft (vgl. § 200 Abs. 1). Für Verwaltungsgesellschaften gemäß Art. 6 der Richtlinie 2009/65/EG, welche in einem anderen Mitgliedstaat konzessioniert sind und über eine Zweigstelle, im Wege der Dienstleistungsfreiheit oder kollektiven Portfolioverwaltung in Österreich tätig werden, gilt diese Bestimmung samt den in ihr verwiesenen Normen rückwirkend ab 1. Juli 2011 (vgl. § 200 Abs. 3).

Elektronische Aufzeichnungen

§ 12. (1) Die Verwaltungsgesellschaft hat angemessene Vorkehrungen für geeignete elektronische Systeme zu treffen, um eine zeitnahe und ordnungsgemäße Aufzeichnung jedes Portfoliogeschäfts und jedes Zeichnungs- oder Rücknahmeauftrags und damit die Einhaltung der §§ 19, 20 und 31 bis 33 zu ermöglichen.

(2) Die Verwaltungsgesellschaft hat bei der elektronischen Datenverarbeitung für ein hohes Maß an Sicherheit und für die Integrität und vertrauliche Behandlung der aufgezeichneten Daten zu sorgen. Die datenschutzrechtlich relevanten Bestimmungen (§ 14 DSG 2000-Datensicherheitsmaßnahmen) sind einzuhalten.

(3) Für den Fall, dass die Verwaltungsgesellschaft gemäß § 5 Abs. 5 die Depotbank mit den Aufgaben der Ausgabe und Rücknahme von Anteilen beauftragt hat, sind die Pflichten gemäß Abs. 1 und 2 im Hinblick auf § 20 von der Depotbank einzuhalten.

Beachte für folgende Bestimmung
Tritt mit 1. September 2011 in Kraft (vgl. § 200 Abs. 1).Für Verwaltungsgesellschaften gemäß Art. 6 der Richtlinie 2009/65/EG, welche in einem anderen Mitgliedstaat konzessioniert sind und über eine Zweigstelle, im Wege der Dienstleistungsfreiheit oder kollektiven Portfolioverwaltung in Österreich tätig werden, gilt diese Bestimmung samt den in ihr verwiesenen Normen rückwirkend ab 1. Juli 2011 (vgl. § 200 Abs. 3).

Rechnungslegung der Verwaltungsgesellschaft

§ 13. (1) Die Verwaltungsgesellschaft hat zum Schutz der Anteilinhaber Rechnungslegungsgrundsätze und -methoden festzulegen, umzusetzen und laufend aufrechtzuerhalten, die es ihr ermöglichen, der FMA auf Verlangen rechtzeitig Abschlüsse vorzulegen, die ein den tatsächlichen Verhältnissen entsprechendes Bild ihrer Vermögens- und Finanzlage vermitteln und mit allen geltenden Rechnungslegungsstandards und -vorschriften in Einklang stehen. Die Angemessenheit und Wirksamkeit dieser Grundsätze und Methoden und Vorkehrungen sind von der Verwaltungsgesellschaft zu überwachen, regelmäßig zu bewerten und die zur Behebung etwaiger Mängel erforderlichen Maßnahmen sind zu ergreifen.

(2) Im Bezug auf die Rechnungslegung des OGAW hat die Verwaltungsgesellschaft
1. Rechnungslegungsgrundsätze und -methoden festzulegen, anzuwenden und aufrecht zu erhalten, die den Rechnungslegungsvorschriften des Herkunftmitgliedstaates des jeweiligen von ihr verwalteten OGAW entsprechen, um
    a) eine präzise Berechnung des Nettoinventarwerts jedes einzelnen OGAW anhand der Rechnungslegung zu gewährleisten und
    b) sicherzustellen, dass Zeichnungs- und Rücknahmeaufträge zu diesem Nettoinventarwert ordnungsgemäß ausgeführt werden können;
2. angemessene Verfahren zu schaffen, um eine ordnungsgemäße und präzise Bewertung der Vermögenswerte und Verbindlichkeiten des OGAW in Einklang mit § 57 zu gewährleisten.
Dabei ist die Rechnungslegung des OGAW so auszugestalten, dass alle Vermögenswerte und Verbindlichkeiten des OGAW jederzeit direkt ermittelt werden können. Hat ein OGAW mehrere Teilfonds, so sind für jeden dieser Teilfonds getrennte Konten zu führen. Im Hinblick auf von der FMA bewilligte OGAW ist dabei § 49 zu berücksichtigen.

VI. Normenteil

(3) Für den Fall, dass die Verwaltungsgesellschaft gemäß § 5 Abs. 5 die Depotbank mit den Aufgaben der Rechnungslegung beauftragt hat, sind die Pflichten gemäß Abs. 1 und 2 von der Depotbank einzuhalten.

(4) Mit dem Jahresabschluss der Verwaltungsgesellschaft sind auch die von der Verwaltungsgesellschaft für die Anteilinhaber verwalteten OGAW und die Höhe ihres Fondsvermögens zu veröffentlichen.

Beachte für folgende Bestimmung
Tritt mit 1. September 2011 in Kraft (vgl. § 200 Abs. 1). Für Verwaltungsgesellschaften gemäß Art. 6 der Richtlinie 2009/65/EG, welche in einem anderen Mitgliedstaat konzessioniert sind und über eine Zweigstelle, im Wege der Dienstleistungsfreiheit oder kollektiven Portfolioverwaltung in Österreich tätig werden, gilt diese Bestimmung samt den in ihr verwiesenen Normen rückwirkend ab 1. Juli 2011 (vgl. § 200 Abs. 3).

Kontrolle durch Geschäftsleitung und Aufsichtsrat

§ 14. (1) Die Geschäftsleitung und der Aufsichtsrat sind dafür verantwortlich, dass die Verwaltungsgesellschaft ihren Pflichten aus diesem Bundesgesetz sowie anderen einschlägigen Bundesgesetzen und aufgrund dieser Bundesgesetze erlassenen Verordnungen und den aufgrund der Richtlinie 2009/65/EG erlassenen EU-Verordnungen nachkommt. Die interne Aufgabenverteilung der Verwaltungsgesellschaft ist daher entsprechend auszugestalten.

(2) Die Geschäftsleitung
1. ist insbesondere dafür verantwortlich, dass die allgemeine Anlagepolitik, wie sie im Prospekt und in den Fondsbestimmungen oder in der Satzung einer Investmentgesellschaft gemäß Art. 1 Abs. 3 der Richtlinie 2009/65/EG festgelegt ist, bei jedem verwalteten OGAW umgesetzt wird;
2. hat für jeden verwalteten OGAW die Genehmigung der Anlagestrategien zu überwachen;
3. ist insbesondere dafür verantwortlich, dass die Verwaltungsgesellschaft über eine dauerhafte und wirksame Compliance-Funktion (§ 15) verfügt, selbst wenn diese Funktion einem Dritten gemäß § 28 übertragen wurde;
4. hat dafür zu sorgen und sich regelmäßig zu vergewissern, dass die allgemeine Anlagepolitik, die Anlagestrategien und die Risikolimits jedes verwalteten OGAW ordnungsgemäß und wirkungsvoll umgesetzt und eingehalten werden, auch wenn die Risikomanagement-Funktion (§ 17) einem Dritten gemäß § 28 übertragen wurde;
5. hat die Angemessenheit der internen Verfahren, nach denen für jeden verwalteten OGAW die Anlageentscheidungen getroffen werden, festzustellen und regelmäßig zu überprüfen, um zu gewährleisten, dass solche Entscheidungen mit den genehmigten Anlagestrategien in Einklang stehen;
6. hat die in § 86 Abs. 1 und 2 genannten Grundsätze für das Risikomanagement sowie die zur Umsetzung dieser Grundsätze genutzten Vorkehrungen, Verfahren und Methoden zu billigen und regelmäßig zu überprüfen, was auch die Risikolimits für jeden verwalteten OGAW betrifft;
7. hat die Wirksamkeit der Grundsätze, Vorkehrungen und Verfahren, die zur Erfüllung der Pflichten eingeführt wurden, die in diesem Bundesgesetz sowie anderer einschlägiger Bundesgesetze und aufgrund dieser Bundesgesetze erlassenen Verordnungen und den aufgrund der Richtlinie 2009/65/EG erlassenen EU-Verordnungen festgelegt sind, zu bewerten und regelmäßig zu überprüfen;
8. hat angemessene Maßnahmen zu ergreifen, um etwaige Mängel zu beseitigen.

(3) Die Pflichten gemäß Abs. 1 Z 7 und 8 unterliegen der zusätzlichen nachprüfenden Kontrolle des Aufsichtsrates.

(4) Der Geschäftsleitung sind im Zusammenhang mit ihren Pflichten nach Abs. 1 und 2 auch Berichte zu erstatten, und zwar:
1. Regelmäßige Berichte über die Umsetzung der in Abs. 2 Z 2 bis 5 genannten Anlagestrategien und internen Verfahren für Anlageentscheidungen; und
2. regelmäßig, mindestens aber einmal jährlich, schriftliche Berichte zu Fragen der Rechtsbefolgung, der Innenrevision (§ 16) und des Risikomanagements (§ 17), in denen insbesondere angegeben wird, ob zur Beseitigung etwaiger Mängel geeignete Abhilfemaßnahmen getroffen wurden.

(5) Die in Abs. 4 Z 2 genannten Berichte sind auch dem Aufsichtsrat regelmäßig zu übermitteln. Die FMA kann mittels Verordnung festlegen, in welchem Umfang, in welchem Zeitrahmen und in welcher Form die Berichte gemäß Abs. 4 an die Geschäftsleitung und den Aufsichtsrat zu übermitteln sind. Sie hat dabei auf die europäischen Gepflogenheiten in diesem Bereich Bedacht zu nehmen.

D. Einführung in das österreichische Investmentrecht

Beachte für folgende Bestimmung
Tritt mit 1. September 2011 in Kraft (vgl. § 200 Abs. 1). Für Verwaltungsgesellschaften gemäß Art. 6 der Richtlinie 2009/65/EG, welche in einem anderen Mitgliedstaat konzessioniert sind und über eine Zweigstelle, im Wege der Dienstleistungsfreiheit oder kollektiven Portfolioverwaltung in Österreich tätig werden, gilt diese Bestimmung samt den in ihr verwiesenen Normen rückwirkend ab 1. Juli 2011 (vgl. § 200 Abs. 3).

Compliance

§ 15. (1) Die Verwaltungsgesellschaft hat
1. angemessene Grundsätze und Verfahren festzulegen, anzuwenden und aufrecht zu erhalten, die darauf ausgelegt sind, jedes Risiko der Nichteinhaltung der in diesem Bundesgesetz und den aufgrund der Richtlinie 2009/65/EG erlassenen EU-Verordnungen festgelegten Pflichten durch die Verwaltungsgesellschaft sowie die damit verbundenen Risiken aufzudecken, und
2. angemessene Maßnahmen und Verfahren zu schaffen, damit das Risiko gemäß Z 1 auf ein Minimum begrenzt wird und die FMA ihre Befugnisse wirksam ausüben kann.

Dabei ist der Art, dem Umfang und der Komplexität der Geschäfte sowie der Art und dem Spektrum der im Zuge dieser Geschäfte erbrachten Dienstleistungen und Tätigkeiten Rechnung zu tragen.

(2) Die Verwaltungsgesellschaft hat eine wirksame und unabhängige Compliance-Funktion dauerhaft einzurichten, die folgende Aufgaben hat:
1. Überwachung und regelmäßige Bewertung der Angemessenheit und Wirksamkeit der gemäß Abs. 1 festgelegten Maßnahmen, Grundsätze und Verfahren, sowie der Maßnahmen, die zur Beseitigung etwaiger Mängel unternommen wurden;
2. Beratung und Unterstützung der für Dienstleistungen und Tätigkeiten zuständigen relevanten Personen im Hinblick auf die Erfüllung der Pflichten für Verwaltungsgesellschaften, die in diesem Bundesgesetz und in aufgrund dieses Bundesgesetzes erlassenen Verordnungen sowie in aufgrund der Richtlinie 2009/65/EG erlassenen EU-Verordnungen festgelegt sind.

(3) Damit die Compliance-Funktion ihre Aufgaben ordnungsgemäß und unabhängig wahrnehmen kann, stellt die Verwaltungsgesellschaft sicher, dass
1. die Compliance-Funktion über die notwendigen Befugnisse, Ressourcen und Fachkenntnisse verfügt und zu allen für sie relevanten Informationen Zugang hat;
2. ein Compliance-Beauftragter benannt wird, der für die Compliance-Funktion und die Erstellung der Berichte verantwortlich ist, die der Geschäftsleitung regelmäßig, mindestens aber einmal jährlich, zu Fragen der Rechtsbefolgung vorgelegt werden und in denen insbesondere angegeben wird, ob die zur Beseitigung etwaiger Mängel erforderlichen Abhilfemaßnahmen getroffen wurden;
3. relevante Personen, die in diese Funktion eingebunden sind, nicht in die von ihnen überwachten Dienstleistungen oder Tätigkeiten eingebunden sind;
4. das Verfahren, nach dem die Bezüge der in die Compliance-Funktion eingebundenen relevanten Personen bestimmt wird, weder deren Objektivität beeinträchtigt noch dies wahrscheinlich erscheinen lässt.

(4) Die in Abs. 3 Z 3 und 4 genannten Anforderungen müssen nicht erfüllt werden, wenn die Verwaltungsgesellschaft nachweist, dass diese aufgrund der Art, des Umfangs und der Komplexität ihrer Geschäfte sowie der Art und des Spektrums ihrer Dienstleistungen und Tätigkeiten unverhältnismäßig sind und dass die Compliance-Funktion dennoch ihre Aufgabe erfüllt.

Beachte für folgende Bestimmung
Tritt mit 1. September 2011 in Kraft (vgl. § 200 Abs. 1). Für Verwaltungsgesellschaften gemäß Art. 6 der Richtlinie 2009/65/EG, welche in einem anderen Mitgliedstaat konzessioniert sind und über eine Zweigstelle, im Wege der Dienstleistungsfreiheit oder kollektiven Portfolioverwaltung in Österreich tätig werden, gilt diese Bestimmung samt den in ihr verwiesenen Normen rückwirkend ab 1. Juli 2011 (vgl. § 200 Abs. 3).

Interne Revision (Innenrevision)

§ 16. (1) Die Verwaltungsgesellschaft hat dauerhaft eine Innenrevisionsfunktion einzurichten, die unmittelbar den Geschäftsleitern untersteht und ausschließlich der laufenden und umfassenden Prüfung der Gesetzmäßigkeit, Ordnungsmäßigkeit und Zweckmäßigkeit des gesamten Unternehmens dient und – soweit dies angesichts der Art, des Umfangs und der Komplexität ihrer Geschäfte sowie der Art und des Spektrums der im Zuge dieser Geschäfte erbrachten kollektiven Portfolioverwaltungsdienste angemessen und verhältnismäßig ist – von den übrigen Funktionen und Tätigkeiten der Verwaltungsgesellschaft ge-

VI. Normenteil

trennt und unabhängig ist. Mit den Aufgaben der internen Revision dürfen Personen, bei denen Ausschließungsgründe vorliegen, nicht betraut werden.

(2) Als Ausschließungsgründe sind Umstände anzusehen, die die ordnungsgemäße Wahrnehmung der Aufgaben der internen Revision nicht wahrscheinlich erscheinen lassen. Ausschließungsgründe liegen insbesondere vor, wenn
1. den betroffenen Personen die erforderliche Sachkenntnis und Erfahrung im Investmentfondswesen fehlt und
2. die objektive Wahrnehmung der Funktion beeinträchtigt sein kann, insbesondere wenn die betroffenen Personen gleichzeitig zum Bankprüfer bei derselben Verwaltungsgesellschaft bestellt sind oder auf diese Personen durch ihre Tätigkeit in der internen Revision einer der in § 62 Z 6, 12 und 13 BWG genannten Ausschließungsgründe als Bankprüfer der Verwaltungsgesellschaft zutreffen würde.

(3) Die Innenrevisionsfunktion hat folgende Aufgaben:
1. Erstellung, Umsetzung und Aufrechterhaltung eines Revisionsprogramms mit dem Ziel, die Angemessenheit und Wirksamkeit der Systeme, internen Kontrollmechanismen und Vorkehrungen der Verwaltungsgesellschaft zu prüfen und zu bewerten;
2. Ausgabe von Empfehlungen auf der Grundlage der Ergebnisse der gemäß Z 1 ausgeführten Arbeiten;
3. Überprüfung der Einhaltung der unter Z 2 genannten Empfehlungen;
4. Erstellung von Berichten zu Fragen der Innenrevision gemäß § 14 Abs. 4 Z 2.

(4) Die Innenrevision betreffende Verfügungen müssen von mindestens zwei Geschäftsleitern gemeinsam getroffen werden. Die Innenrevision hat auch zu prüfen:
1. Die inhaltliche Richtigkeit und Vollständigkeit der Anzeigen und Meldungen an die FMA und an die Oesterreichische Nationalbank;
2. die Einhaltung der §§ 40, 40a, 40b, 40c, 40d und 41 BWG;
3. die Zweckmäßigkeit und Anwendung der Verfahren gemäß § 39 Abs. 2 BWG.

(5) Die Innenrevision hat einen jährlichen Revisionsplan aufzustellen und die Prüfungen danach durchzuführen. Sie hat weiters anlassbezogen ungeplante Prüfungen vorzunehmen.

Beachte für folgende Bestimmung
Tritt mit 1. September 2011 in Kraft (vgl. § 200 Abs. 1). Für Verwaltungsgesellschaften gemäß Art. 6 der Richtlinie 2009/65/EG, welche in einem anderen Mitgliedstaat konzessioniert sind und über eine Zweigstelle, im Wege der Dienstleistungsfreiheit oder kollektiven Portfolioverwaltung in Österreich tätig werden, gilt diese Bestimmung samt den in ihr verwiesenen Normen rückwirkend ab 1. Juli 2011 (vgl. § 200 Abs. 3).

Risikomanagement

§ 17. (1) Die Verwaltungsgesellschaft hat eine ständige Risikomanagement-Funktion dauerhaft einzurichten, die – soweit dies angesichts der Art, des Umfangs und der Komplexität der Geschäfte und der von der Verwaltungsgesellschaft verwalteten OGAW angemessen und verhältnismäßig ist – von den operativen Abteilungen hierarchisch und funktionell unabhängig ist.

(2) Die Verwaltungsgesellschaft muss nachweisen können, dass angemessene Maßnahmen zum Schutz vor Interessenkonflikten getroffen wurden, um ein unabhängiges Risikomanagement zu ermöglichen, und dass ihr Risikomanagement-Prozess den Anforderungen der Bestimmungen des 4. Abschnittes des 3. Hauptstückes entspricht.

(3) Die ständige Risikomanagement-Funktion hat die Aufgabe:
1. Die Risikomanagement-Grundsätze und -Verfahren umzusetzen;
2. für die Einhaltung der OGAW-Risikolimits zu sorgen, worunter auch die gesetzlichen Limits für das Gesamt- und das Kontrahentenrisiko gemäß den §§ 89, 90 und 91 fallen;
3. die Geschäftsleitung bei der Ermittlung des Risikoprofils der einzelnen verwalteten OGAW zu beraten;
4. der Geschäftsleitung und dem Aufsichtsrat regelmäßig zu folgenden Themen Bericht zu erstatten:
   a) Kohärenz zwischen dem aktuellen Risikostand bei jedem verwalteten OGAW und dem für diesen vereinbarten Risikoprofil;
   b) Einhaltung der jeweiligen Risikolimits durch die einzelnen verwalteten OGAW;
   c) Angemessenheit und Wirksamkeit des Risikomanagement-Prozesses, wobei insbesondere angegeben wird, ob bei eventuellen Mängeln angemessene Abhilfemaßnahmen eingeleitet wurden;
5. der Geschäftsleitung regelmäßig über den aktuellen Risikostand bei jedem verwalteten OGAW und jede tatsächliche oder vorhersehbare Überschreitung der für den jeweiligen OGAW geltenden

D. Einführung in das österreichische Investmentrecht

Limits Bericht zu erstatten, um zu gewährleisten, dass umgehend angemessene Maßnahmen eingeleitet werden können;
6. die in § 92 dargelegten Vorkehrungen und Verfahren für die Bewertung von OTC-Derivaten, im Falle des § 5 Abs. 5 in Zusammenarbeit mit der Depotbank, zu überprüfen und gegebenenfalls zu verstärken.

(4) Die ständige Risikomanagement-Funktion hat über die notwendige Autorität und über Zugang zu allen relevanten Informationen zu verfügen, die zur Erfüllung der in Abs. 3 genannten Aufgaben erforderlich sind.

Beachte für folgende Bestimmung
Tritt mit 1. September 2011 in Kraft (vgl. § 200 Abs. 1). Für Verwaltungsgesellschaften gemäß Art. 6 der Richtlinie 2009/65/EG, welche in einem anderen Mitgliedstaat konzessioniert sind und über eine Zweigstelle, im Wege der Dienstleistungsfreiheit oder kollektiven Portfolioverwaltung in Österreich tätig werden, gilt diese Bestimmung samt den in ihr verwiesenen Normen rückwirkend ab 1. Juli 2011 (vgl. § 200 Abs. 3).

Persönliche Geschäfte

§ 18. (1) Die Verwaltungsgesellschaft hat angemessene Vorkehrungen festzulegen, umzusetzen und aufrechtzuerhalten, die relevante Personen, deren Tätigkeiten zu einem Interessenkonflikt Anlass geben könnten, oder die aufgrund von Tätigkeiten, die sie für die Verwaltungsgesellschaft ausüben, Zugang zu Insider-Informationen im Sinne von § 48a Abs. 1 Z 1 Börsegesetz 1989 – BörseG (BGBl. Nr. 555/1989) oder zu anderen vertraulichen Informationen über OGAW oder über die mit oder für OGAW getätigten Geschäfte haben, daran hindern sollen,
1. ein persönliches Geschäft (§ 23 WAG 2007) zu tätigen, bei dem zumindest eine der folgenden Voraussetzungen erfüllt ist:
   a) Die Person darf das persönliche Geschäft gemäß den §§ 48b bis 48d BörseG oder einer in einem anderem Mitgliedstaat aufgrund der Richtlinie 2003/6/EG erlassenen Vorschrift nicht tätigen;
   b) es ist mit dem Missbrauch oder der vorschriftswidrigen Weitergabe vertraulicher Informationen verbunden;
   c) es kollidiert mit einer Pflicht der Verwaltungsgesellschaft aus diesem Bundesgesetz, dem WAG 2007 oder einer gemäß der Richtlinie 2009/65/EG oder der Richtlinie 2004/39/EG erlassenen Verordnung oder wird voraussichtlich damit kollidieren;
2. außerhalb ihres regulären Beschäftigungsverhältnisses oder Dienstleistungsvertrags einer anderen Person ein Geschäft mit Finanzinstrumenten zu empfehlen, das – würde es sich um ein persönliches Geschäft (§ 23 WAG 2007) der relevanten Person handeln – unter Z 1 oder unter § 37 Abs. 2 Z 1 oder 2 WAG 2007 fiele oder einen anderweitigen Missbrauch von Informationen über laufende Aufträge darstellen würde, oder diese Person zu einem solchen Geschäft zu veranlassen;
3. außerhalb ihres regulären Beschäftigungsverhältnisses oder Dienstleistungsvertrags und unbeschadet des § 48b Abs. 1 Z 2 BörseG Informationen oder Meinungen an eine andere Person weiterzugeben, wenn der relevanten Person klar ist oder nach vernünftigem Ermessen klar sein sollte, dass diese Weitergabe die andere Person dazu veranlassen wird oder veranlassen dürfte,
   a) ein Geschäft mit Finanzinstrumenten einzugehen, das – würde es sich um ein persönliches Geschäft (§ 23 WAG 2007) der relevanten Person handeln – unter Z 1 oder unter § 37 Abs. 2 Z 1 oder 2 WAG 2007 fiele oder einen anderweitigen Missbrauch von Informationen über laufende Aufträge darstellen würde;
   b) einer anderen Person zu einem solchen Geschäft zu raten oder zu verhelfen.

(2) Die in Abs. 1 vorgeschriebenen Vorkehrungen müssen insbesondere Folgendes gewährleisten:
1. Jede unter Abs. 1 fallende relevante Person hat die Beschränkungen für persönliche Geschäfte (§ 23 WAG 2007) und die Maßnahmen, die die Verwaltungsgesellschaft im Hinblick auf persönliche Geschäfte und Informationsweitergabe gemäß Abs. 1 getroffen hat, zu kennen.
2. Die Verwaltungsgesellschaft ist unverzüglich über jedes persönliche Geschäft (§ 23 WAG 2007) einer relevanten Person zu unterrichten, und zwar entweder durch Meldung des Geschäfts oder durch andere Verfahren, die der Verwaltungsgesellschaft die Feststellung solcher Geschäfte ermöglichen.
3. Ein bei der Verwaltungsgesellschaft gemeldetes oder von dieser festgestelltes persönliches Geschäft (§ 23 WAG 2007) sowie jede Erlaubnis und jedes Verbot im Zusammenhang mit einem solchen Geschäft ist festzuhalten.

(3) Werden bestimmte Tätigkeiten von Dritten (§ 28) ausgeführt, so hat die Verwaltungsgesellschaft für die Zwecke von Abs. 2 Z 2 sicherzustellen, dass das Unternehmen, das die Tätigkeit ausführt, persönliche Geschäfte (§ 23 WAG 2007) aller relevanten Personen festhält und der Verwaltungsgesellschaft diese Informationen auf Verlangen unverzüglich vorlegt.

(4) Von Abs. 1 und 2 ausgenommen sind:
1. Persönliche Geschäfte, die im Rahmen eines Vertrags über die Portfolioverwaltung mit Ermessensspielraum getätigt werden, sofern vor Geschäftsabschluss keine diesbezüglichen Kontakte zwischen dem Portfolioverwalter und der relevanten Person oder der Person, für deren Rechnung das Geschäft getätigt wird, stattfinden;
2. persönliche Geschäfte mit OGAW oder mit Anteilen an Organismen für gemeinsame Anlagen, die nach der Rechtsvorschrift eines Mitgliedstaats, die für deren Anlagen ein gleich hohes Maß an Risikostreuung vorschreibt, der Aufsicht unterliegen, wenn die relevante Person oder jede andere Person, für deren Rechnung die Geschäfte getätigt werden, nicht an der Verwaltung dieses Organismus beteiligt ist.

Beachte für folgende Bestimmung
Tritt mit 1. September 2011 in Kraft (vgl. § 200 Abs. 1). Für Verwaltungsgesellschaften gemäß Art. 6 der Richtlinie 2009/65/EG, welche in einem anderen Mitgliedstaat konzessioniert sind und über eine Zweigstelle, im Wege der Dienstleistungsfreiheit oder kollektiven Portfolioverwaltung in Österreich tätig werden, gilt diese Bestimmung samt den in ihr verwiesenen Normen rückwirkend ab 1. Juli 2011 (vgl. § 200 Abs. 3).

Aufzeichnung von Portfoliogeschäften

§ 19. (1) Die Verwaltungsgesellschaft hat sicherzustellen, dass jedes Portfoliogeschäft im Zusammenhang mit OGAW unverzüglich so aufgezeichnet wird, dass der Auftrag und das ausgeführte Geschäft im Einzelnen rekonstruiert werden können.

(2) Die in Abs. 1 genannte Aufzeichnung hat zu enthalten:
1. Den Namen oder die sonstige Bezeichnung des OGAW und der Person, die für Rechnung des OGAW handelt;
2. die zur Feststellung des betreffenden Instruments notwendigen Einzelheiten;
3. die Menge;
4. die Art des Auftrags oder des Geschäfts;
5. den Preis;
6. bei Aufträgen das Datum und die genaue Uhrzeit der Auftragsübermittlung und den Namen oder die sonstige Bezeichnung der Person, an die der Auftrag übermittelt wurde, oder bei Geschäften das Datum und die genaue Uhrzeit der Geschäftsentscheidung und -ausführung;
7. den Namen der Person, die den Auftrag übermittelt oder das Geschäft ausführt;
8. gegebenenfalls die Gründe für den Widerruf eines Auftrags;
9. bei ausgeführten Geschäften die Gegenpartei und den Ausführungsplatz.

(3) Unter einem Ausführungsplatz gemäß Abs. 2 Z 9 ist ein geregelter Markt im Sinne von § 1 Abs. 2 BörseG, ein multilaterales Handelssystem im Sinne von § 1 Z 9 WAG 2007, ein systematischer Internalisierer im Sinne von § 1 Z 10 WAG 2007 oder ein Market Maker (§ 56 Abs. 1 BörseG), ein sonstiger Liquiditätsgeber oder eine Einrichtung, die in einem Drittland eine ähnliche Funktion erfüllt, zu verstehen.

Beachte für folgende Bestimmung
Tritt mit 1. September 2011 in Kraft (vgl. § 200 Abs. 1). Für Verwaltungsgesellschaften gemäß Art. 6 der Richtlinie 2009/65/EG, welche in einem anderen Mitgliedstaat konzessioniert sind und über eine Zweigstelle, im Wege der Dienstleistungsfreiheit oder kollektiven Portfolioverwaltung in Österreich tätig werden, gilt diese Bestimmung samt den in ihr verwiesenen Normen rückwirkend ab 1. Juli 2011 (vgl. § 200 Abs. 3).

Aufzeichnung von Zeichnungs- und Rücknahmeaufträgen

§ 20. (1) Die Verwaltungsgesellschaft hat angemessene Vorkehrungen zu treffen, um zu gewährleisten, dass die eingegangenen OGAW-Zeichnungs- und -Rücknahmeaufträge unmittelbar nach ihrem Eingang zentral erfasst und aufgezeichnet werden.

(2) Folgende Angaben sind aufzuzeichnen:
1. Name des betreffenden OGAW;
2. Person, die den Auftrag erteilt oder übermittelt;

D. Einführung in das österreichische Investmentrecht

3. Person, die den Auftrag erhält;
4. Datum und Uhrzeit des Auftrags;
5. Zahlungsbedingungen und -mittel;
6. Art des Auftrags;
7. Datum der Auftragsausführung;
8. Zahl der gezeichneten oder zurückgenommenen Anteile;
9. Zeichnungs- oder Rücknahmepreis für jeden Anteil;
10. Gesamtzeichnungs- oder -rücknahmewert der Anteile;
11. Bruttowert des Auftrags einschließlich Zeichnungsgebühren oder Nettobetrag nach Abzug von Rücknahmegebühren.

(3) Für den Fall, dass die Verwaltungsgesellschaft gemäß § 5 Abs. 5 die Depotbank mit den Aufgaben der Ausgabe und Rücknahme von Anteilen beauftragt hat, sind die Pflichten gemäß Abs. 1 und 2 von der Depotbank einzuhalten.

Beachte für folgende Bestimmung
Tritt mit 1. September 2011 in Kraft (vgl. § 200 Abs. 1). Für Verwaltungsgesellschaften gemäß Art. 6 der Richtlinie 2009/65/EG, welche in einem anderen Mitgliedstaat konzessioniert sind und über eine Zweigstelle, im Wege der Dienstleistungsfreiheit oder kollektiven Portfolioverwaltung in Österreich tätig werden, gilt diese Bestimmung samt den in ihr verwiesenen Normen rückwirkend ab 1. Juli 2011 (vgl. § 200 Abs. 3).

Aufbewahrungspflichten

§ 21. (1) Die Verwaltungsgesellschaft hat die in den §§ 19 und 20 genannten Aufzeichnungen für einen Zeitraum von mindestens fünf Jahren aufzubewahren.

(2) Bei Vorliegen von außergewöhnlichen Umständen kann die FMA verlangen, dass die Verwaltungsgesellschaft alle oder einige dieser Aufzeichnungen für einen längeren, von der Art des Instruments oder Portfoliogeschäfts abhängigen Zeitraum aufbewahrt, wenn dies notwendig ist, um der FMA die Wahrnehmung ihrer Aufsichtsfunktion gemäß diesem Bundesgesetz oder gemäß der Richtlinie 2009/65/EG erlassenen EU-Verordnungen zu ermöglichen.

(3) Die FMA kann in dem Bescheid, mit dem über die Rücknahme der Konzession abgesprochen wird, anordnen, dass die Aufzeichnungen bis zum Ablauf eines höchstens fünfjährigen Zeitraumes aufzubewahren sind.

(4) Überträgt die Verwaltungsgesellschaft gemäß §§ 61 oder 62 Abs. 2 die Aufgaben, die sie im Zusammenhang mit dem OGAW hat, auf eine andere Verwaltungsgesellschaft, so kann die FMA Vorkehrungen im Hinblick darauf verlangen, dass dieser Gesellschaft die Aufzeichnungen für die vorangegangenen fünf Jahre zur Verfügung gestellt werden.

(5) Die Aufzeichnungen sind auf einem Datenträger aufzubewahren, auf dem sie so gespeichert werden können, dass die FMA auch in Zukunft auf sie zugreifen kann und die folgenden Voraussetzungen erfüllt sind:
1. Die FMA muss ohne weiteres auf die Aufzeichnungen zugreifen und jede maßgebliche Stufe der Bearbeitung jedes einzelnen Portfoliogeschäfts rekonstruieren können;
2. jede Korrektur oder sonstige Änderung sowie der Inhalt der Aufzeichnungen vor einer solchen Korrektur oder sonstigen Änderung müssen leicht feststellbar sein;
3. die Aufzeichnungen dürfen nicht anderweitig manipulierbar oder zu verändern sein.

(6) Für den Fall, das die Verwaltungsgesellschaft gemäß § 5 Abs. 5 die Depotbank mit den Aufgaben der Ausgabe und Rücknahme von Anteilen beauftragt hat, sind die Pflichten gemäß Abs. 1 bis 5 im Hinblick auf § 20 von der Depotbank einzuhalten.

Beachte für folgende Bestimmung
Tritt mit 1. September 2011 in Kraft (vgl. § 200 Abs. 1). Für Verwaltungsgesellschaften gemäß Art. 6 der Richtlinie 2009/65/EG, welche in einem anderen Mitgliedstaat konzessioniert sind und über eine Zweigstelle, im Wege der Dienstleistungsfreiheit oder kollektiven Portfolioverwaltung in Österreich tätig werden, gilt diese Bestimmung samt den in ihr verwiesenen Normen rückwirkend ab 1. Juli 2011 (vgl. § 200 Abs. 3).

Kriterien für die Feststellung von Interessenkonflikten

§ 22. (1) Die Verwaltungsgesellschaft hat die Arten von Interessenkonflikten, die bei der Dienstleistungserbringung und der Ausführung von Tätigkeiten auftreten und den Interessen eines OGAW abträglich sein können, zu ermitteln und dabei zu berücksichtigen:

VI. Normenteil

1. ihre eigenen Interessen, einschließlich solcher, die aus der Zugehörigkeit der Verwaltungsgesellschaft zu einer Gruppe oder aus der Erbringung von Dienstleistungen und Tätigkeiten resultieren, die Interessen der Kunden und die Verpflichtung der Verwaltungsgesellschaft gegenüber dem OGAW;
2. die Interessen von zwei oder mehreren verwalteten OGAW.

(2) Weiters hat die Verwaltungsgesellschaft bei der Ermittlung von Interessenkonflikten zumindest zu berücksichtigen, ob auf die Verwaltungsgesellschaft, eine relevante Person oder eine Person, die direkt oder indirekt durch Kontrolle mit der Verwaltungsgesellschaft verbunden ist, aufgrund der Tatsache, dass sie in der kollektiven Portfolioverwaltung oder einem anderen Bereich tätig ist, einer der folgenden Sachverhalte zutrifft:
1. Es besteht die Gefahr, dass die Verwaltungsgesellschaft oder die betreffende Person zulasten des OGAW einen finanziellen Vorteil erzielen oder einen finanziellen Verlust vermeiden wird;
2. die Verwaltungsgesellschaft oder die betreffende Person hat am Ergebnis einer für den OGAW oder einen anderen Kunden erbrachten Dienstleistung oder eines für den OGAW oder einen anderen Kunden getätigten Geschäfts ein Interesse, das sich nicht mit dem Interesse des OGAW an diesem Ergebnis deckt;
3. für die Verwaltungsgesellschaft oder die betreffende Person gibt es einen finanziellen oder sonstigen Anreiz, die Interessen eines anderen Kunden oder einer anderen Kundengruppe über die Interessen des OGAW zu stellen;
4. die Verwaltungsgesellschaft oder die betreffende Person führt für den OGAW und für einen oder mehrere andere Kunden, bei denen es sich nicht um OGAW handelt, die gleichen Tätigkeiten aus;
5. die Verwaltungsgesellschaft oder die betreffende Person erhält aktuell oder künftig von einer anderen Person als dem OGAW in Bezug auf Leistungen der kollektiven Portfolioverwaltung, die für den OGAW erbracht werden, zusätzlich zu der hierfür üblichen Provision oder Gebühr einen Anreiz in Form von Geld, Gütern oder Dienstleistungen.

Beachte für folgende Bestimmung
Tritt mit 1. September 2011 in Kraft (vgl. § 200 Abs. 1). Für Verwaltungsgesellschaften gemäß Art. 6 der Richtlinie 2009/65/EG, welche in einem anderen Mitgliedstaat konzessioniert sind und über eine Zweigstelle, im Wege der Dienstleistungsfreiheit oder kollektiven Portfolioverwaltung in Österreich tätig werden, gilt diese Bestimmung samt den in ihr verwiesenen Normen rückwirkend ab 1. Juli 2011 (vgl. § 200 Abs. 3).

Grundsätze für den Umgang mit Interessenkonflikten

§ 23. (1) Die Verwaltungsgesellschaft hat wirksame Grundsätze für den Umgang mit Interessenkonflikten festzulegen, einzuhalten und aufrechtzuerhalten. Diese Grundsätze sind schriftlich festzulegen und müssen der Größe und Organisation der Verwaltungsgesellschaft sowie der Art, dem Umfang und der Komplexität ihrer Geschäfte angemessen sein.

(2) Gehört die Verwaltungsgesellschaft einer Gruppe an, müssen diese Grundsätze darüber hinaus allen Umständen Rechnung tragen, die der Gesellschaft bekannt sind oder sein sollten und die aufgrund der Struktur und der Geschäftstätigkeiten anderer Gruppenmitglieder zu einem Interessenkonflikt Anlass geben könnten.

(3) In den gemäß Abs. 1 und 2 festgelegten Grundsätzen für den Umgang mit Interessenkonflikten ist festzulegen:
1. Im Hinblick auf die Leistungen der kollektiven Portfolioverwaltung, die von oder für die Verwaltungsgesellschaft erbracht werden, unter welchen Umständen ein Interessenkonflikt, der den Interessen des OGAW oder eines oder mehrerer anderer Kunden erheblich schaden könnte, vorliegt oder entstehen könnte;
2. welche Verfahren für den Umgang mit diesen Konflikten einzuhalten und welche Maßnahmen zu treffen sind.

Beachte für folgende Bestimmung
Tritt mit 1. September 2011 in Kraft (vgl. § 200 Abs. 1). Für Verwaltungsgesellschaften gemäß Art. 6 der Richtlinie 2009/65/EG, welche in einem anderen Mitgliedstaat konzessioniert sind und über eine Zweigstelle, im Wege der Dienstleistungsfreiheit oder kollektiven Portfolioverwaltung in Österreich tätig werden, gilt diese Bestimmung samt den in ihr verwiesenen Normen rückwirkend ab 1. Juli 2011 (vgl. § 200 Abs. 3).

D. Einführung in das österreichische Investmentrecht

Unabhängigkeit beim Konfliktmanagement

§ 24. (1) Die in § 23 Abs. 3 Z 2 genannten Verfahren und Maßnahmen sind so zu gestalten, dass relevante Personen, die verschiedene Tätigkeiten ausführen, die einen Interessenkonflikt nach sich ziehen, diese Tätigkeiten mit einem Grad an Unabhängigkeit ausführen, der der Größe und dem Betätigungsfeld der Verwaltungsgesellschaft und der Gruppe, der sie angehört, sowie der Erheblichkeit des Risikos, dass die Interessen von Kunden geschädigt werden, angemessen ist. Weiters haben diese Verfahren und Maßnahmen – soweit dies zur Gewährleistung des geforderten Grades an Unabhängigkeit der Verwaltungsgesellschaft notwendig und angemessen ist – Folgendes zu beinhalten:

1. Wirksame Verfahren, die den Austausch von Informationen zwischen relevanten Personen, die in der kollektiven Portfolioverwaltung tätig sind und deren Tätigkeiten einen Interessenkonflikt nach sich ziehen könnten, verhindern oder kontrollieren, wenn dieser Informationsaustausch den Interessen eines oder mehrerer Kunden schaden könnte;
2. die gesonderte Beaufsichtigung relevanter Personen, zu deren Hauptaufgaben die kollektive Portfolioverwaltung für Kunden oder die Erbringung von Dienstleistungen für Kunden oder Anleger gehört, deren Interessen möglicherweise kollidieren oder die in anderer Weise unterschiedliche, möglicherweise kollidierende Interessen vertreten, was auch die Interessen der Verwaltungsgesellschaft einschließt;
3. die Beseitigung jeder direkten Verbindung zwischen der Vergütung relevanter Personen, die sich hauptsächlich mit einer Tätigkeit beschäftigen, und der Vergütung oder den Einnahmen anderer relevanter Personen, die sich hauptsächlich mit einer anderen Tätigkeit beschäftigen, wenn bei diesen Tätigkeiten ein Interessenkonflikt entstehen könnte;
4. Maßnahmen, die jeden ungebührlichen Einfluss auf die Art und Weise, in der eine relevante Person die kollektive Portfolioverwaltung ausführt, verhindern oder einschränken;
5. Maßnahmen, die die gleichzeitige oder anschließende Beteiligung einer relevanten Person an einer anderen kollektiven Portfolioverwaltung verhindern oder kontrollieren, wenn eine solche Beteiligung einem einwandfreien Konfliktmanagement im Wege stehen könnte.

(2) Sollten eine oder mehrere dieser Maßnahmen und Verfahren gemäß Abs. 1 in der Praxis nicht das erforderliche Maß an Unabhängigkeit gewährleisten, so haben die Verwaltungsgesellschaften für die genannten Zwecke erforderliche und angemessene alternative oder zusätzliche Maßnahmen und Verfahren festzulegen.

Beachte für folgende Bestimmung
Tritt mit 1. September 2011 in Kraft (vgl. § 200 Abs. 1). Für Verwaltungsgesellschaften gemäß Art. 6 der Richtlinie 2009/65/EG, welche in einem anderen Mitgliedstaat konzessioniert sind und über eine Zweigstelle, im Wege der Dienstleistungsfreiheit oder kollektiven Portfolioverwaltung in Österreich tätig werden, gilt diese Bestimmung samt den in ihr verwiesenen Normen rückwirkend ab 1. Juli 2011 (vgl. § 200 Abs. 3).

Umgang mit Tätigkeiten, die einen potenziell nachteiligen Interessenkonflikt nach sich ziehen

§ 25. (1) Die Verwaltungsgesellschaft hat Aufzeichnungen darüber zu führen, bei welchen Arten der von ihnen oder für sie erbrachten kollektiven Portfolioverwaltung ein Interessenkonflikt aufgetreten ist oder bei laufender Portfolioverwaltung noch auftreten könnte, bei dem das Risiko, dass die Interessen eines oder mehrerer OGAW oder anderer Kunden Schaden nehmen, erheblich ist, und diese Aufzeichnungen regelmäßig zu aktualisieren.

(2) In Fällen, in denen die organisatorischen oder administrativen Vorkehrungen der Verwaltungsgesellschaft zum Umgang mit Interessenkonflikten nicht ausreichen, um nach vernünftigem Ermessen zu gewährleisten, dass das Risiko einer Schädigung der Interessen des OGAW oder seiner Anteilinhaber ausgeschlossen werden kann, ist die Geschäftsleitung oder eine andere zuständige interne Stelle der Verwaltungsgesellschaft umgehend zu informieren, damit sie die notwendigen Entscheidungen treffen kann, um zu gewährleisten, dass die Verwaltungsgesellschaft stets im besten Interesse des OGAW und seiner Anteilinhaber handelt. Die Verwaltungsgesellschaft hat die Anleger gemäß § 132 Abs. 2 zu informieren.

Beachte für folgende Bestimmung
Tritt mit 1. September 2011 in Kraft (vgl. § 200 Abs. 1). Für Verwaltungsgesellschaften gemäß Art. 6 der Richtlinie 2009/65/EG, welche in einem anderen Mitgliedstaat konzessioniert sind und über eine Zweigstelle, im Wege der Dienstleistungsfreiheit oder kollektiven Portfolioverwaltung in Österreich tätig werden, gilt diese Bestimmung samt den in ihr verwiesenen Normen rückwirkend ab 1. Juli 2011 (vgl. § 200 Abs. 3).

VI. Normenteil

Strategien für die Ausübung von Stimmrechten bei Veranlagungen

§ 26. (1) Die Verwaltungsgesellschaft hat wirksame und angemessene Strategien im Hinblick darauf auszuarbeiten, wann und wie die mit den Instrumenten in den verwalteten Portfolios verbundenen Stimmrechte ausgeübt werden sollen, damit dies ausschließlich zum Nutzen des betreffenden OGAW ist.

(2) Die in Abs. 1 genannten Strategien haben Maßnahmen und Verfahren zu enthalten, die
1. eine Verfolgung der maßgeblichen gesellschaftsrechtlichen Vorgänge ermöglichen;
2. sicherstellen, dass die Ausübung von Stimmrechten mit den Anlagezielen und der Anlagepolitik des jeweiligen OGAW in Einklang steht;
3. Interessenkonflikte, die aus der Ausübung von Stimmrechten resultieren, verhindern oder regeln.

Anlegerschutz bei individueller Portfolioverwaltung

§ 27. Eine Verwaltungsgesellschaft, deren Konzession sich auch auf die Portfolioverwaltung mit Ermessensspielraum gemäß § 5 Abs. 2 Z 3 erstreckt,
1. darf das Vermögen des Anlegers weder ganz noch teilweise in Anteilen der von ihr verwalteten OGAW anlegen, es sei denn, der Kunde hat zuvor eine allgemeine Zustimmung gegeben; und
2. unterliegt in Bezug auf die Dienstleistungen gemäß § 5 Abs. 2 Z 3 den Vorschriften gemäß § 93 Abs. 2a BWG.

Beachte für folgende Bestimmung
Tritt mit 1. September 2011 in Kraft (vgl. § 200 Abs. 1). Für Verwaltungsgesellschaften gemäß Art. 6 der Richtlinie 2009/65/EG, welche in einem anderen Mitgliedstaat konzessioniert sind und über eine Zweigstelle, im Wege der Dienstleistungsfreiheit oder kollektiven Portfolioverwaltung in Österreich tätig werden, gilt diese Bestimmung samt den in ihr verwiesenen Normen rückwirkend ab 1. Juli 2011 (vgl. § 200 Abs. 3).

Übertragung von Aufgaben der Verwaltungsgesellschaft an Dritte

§ 28. (1) Die Verwaltungsgesellschaft ist berechtigt, eine oder mehrere ihrer Aufgaben gemäß § 5 Abs. 2 zum Zwecke einer effizienteren Geschäftsführung an Dritte zu übertragen. Der Dritte handelt hierbei für Rechnung der Anteilinhaber. Folgende Voraussetzungen müssen dabei erfüllt sein:
1. Die Verwaltungsgesellschaft muss der FMA unverzüglich gemäß § 151 die Übertragung anzeigen; die FMA hat diese Informationen unverzüglich den zuständigen Behörden des Herkunftsmitgliedstaats des OGAW gemäß § 161 zu übermitteln;
2. der Auftrag darf die Wirksamkeit der Beaufsichtigung der Verwaltungsgesellschaft in keiner Weise beeinträchtigen; insbesondere darf er weder die Verwaltungsgesellschaft daran hindern, im Interesse ihrer Anleger zu handeln, noch darf er verhindern, dass der OGAW im Interesse der Anleger verwaltet wird;
3. wenn die Übertragung die kollektive Portfolioverwaltung betrifft, so darf der Auftrag nur Unternehmen erteilt werden, die für die Zwecke der Vermögensverwaltung konzessioniert oder eingetragen sind und einer Aufsicht unterliegen; die Übertragung muss mit den von der Verwaltungsgesellschaft regelmäßig festgelegten Vorgaben für die Verteilung der Anlagen in Einklang stehen;
4. wenn der Auftrag die kollektive Portfolioverwaltung betrifft und einem Drittlandsunternehmen erteilt wird, so muss weiters die Zusammenarbeit zwischen der FMA und den betroffenen Aufsichtsbehörden sichergestellt sein;
5. der Verwahrstelle oder anderen Unternehmen, deren Interessen mit denen der Verwaltungsgesellschaft oder der Anteilinhaber kollidieren können, darf kein Auftrag für die Hauptdienstleistung der kollektiven Portfolioverwaltung (§ 5 Abs. 2 Z 1 lit. a) erteilt werden;
6. es muss sichergestellt sein, dass die Verwaltungsgesellschaft die Tätigkeiten des Unternehmens, dem der Auftrag erteilt wurde, jederzeit wirksam überwachen kann;
7. es muss sichergestellt sein, dass die Verwaltungsgesellschaft den Unternehmen, denen Aufgaben übertragen wurden, jederzeit weitere Anweisungen erteilen kann und der Auftrag jederzeit mit sofortiger Wirkung entzogen werden kann, wenn dies im Interesse der Anleger ist;
8. unter Berücksichtigung der Art der zu übertragenden Aufgaben muss das Unternehmen, dem diese Aufgaben übertragen werden, über die entsprechende Qualifikation verfügen und in der Lage sein, die betreffenden Aufgaben wahrzunehmen;
9. in den OGAW-Prospekten (§ 131) sind die übertragenen Aufgaben aufzulisten;
10. werden Tätigkeiten im Bereich des Risikomanagements an Dritte übertragen, ist überdies § 30 Abs. 3 einzuhalten.

(2) Die Pflichten der Verwaltungsgesellschaft sowie die Pflichten der Depotbank gemäß diesem Bundesgesetz werden durch eine solche Übertragung nicht berührt. Die Verwaltungsgesellschaft haftet zwingend für das Verhalten des Dritten wie für ihr eigenes Verhalten. Die Verwaltungsgesellschaft darf ihre Aufgaben nicht in einem Umfang übertragen, der sie zu einer Briefkastenfirma werden lässt; von einem Briefkastenunternehmen ist dann auszugehen, wenn die Verwaltungsgesellschaft ihre Geschäftstätigkeit weitgehend auf Dritte überträgt. Die datenschutzrechtlich relevanten Bestimmungen (§§ 10 ff. DSG 2000) sind einzuhalten.

Beachte für folgende Bestimmung

Tritt mit 1. September 2011 in Kraft (vgl. § 200 Abs. 1). Für Verwaltungsgesellschaften gemäß Art. 6 der Richtlinie 2009/65/EG, welche in einem anderen Mitgliedstaat konzessioniert sind und über eine Zweigstelle, im Wege der Dienstleistungsfreiheit oder kollektiven Portfolioverwaltung in Österreich tätig werden, gilt diese Bestimmung samt den in ihr verwiesenen Normen rückwirkend ab 1. Juli 2011 (vgl. § 200 Abs. 3).

Pflicht, im besten Interesse der OGAW und ihrer Anteilinhaber zu handeln

§ 29. (1) Die Verwaltungsgesellschaft hat Anteilinhaber von verwalteten OGAW gleich zu behandeln und die Interessen einer bestimmten Gruppe von Anteilinhabern nicht über die Interessen einer anderen Gruppe von Anteilinhabern zu stellen.

(2) Die Verwaltungsgesellschaft hat angemessene Grundsätze und Verfahren zur Verhinderung von unzulässigen Praktiken sowie von Praktiken anzuwenden, von denen üblicherweise eine Beeinträchtigung der Finanzmarktstabilität oder -integrität zu erwarten wäre.

(3) Im Rahmen ihrer Pflicht, im besten Interesse der Anteilinhaber zu handeln, hat die Verwaltungsgesellschaft sicherzustellen, dass für die von ihnen verwalteten OGAW faire, korrekte und transparente Kalkulationsmodelle und Bewertungssysteme verwendet werden und zu verhindern, dass den OGAW und ihren Anteilinhabern unverhältnismäßig hohe Kosten in Rechnung gestellt werden. Die Verwaltungsgesellschaft, im Falle einer Übertragung gemäß § 5 Abs. 5 an die Depotbank jedoch diese, muss nachweisen können, dass die OGAW-Portfolios präzise bewertet wurden. Verwaltet die Verwaltungsgesellschaft in Österreich aufgelegte OGAW, so sind die §§ 57 bis 59 einzuhalten. Die Verwaltungsgesellschaft hat sich um die Vermeidung von Interessenkonflikten zu bemühen und dafür zu sorgen, dass bei unvermeidbaren Interessenkonflikten die von ihr verwalteten Fonds nach Recht und Billigkeit behandelt werden.

(4) Die Verwaltungsgesellschaft ist für die Annahme und Umsetzung sämtlicher Vereinbarungen und organisatorischer Entscheidungen verantwortlich, die erforderlich sind, um den Bedingungen in Bezug auf die Gründung und die Arbeitsweise des OGAW und den in den Fondsbestimmungen oder in der Satzung enthaltenen Verpflichtungen sowie den im Prospekt enthaltenen Verpflichtungen nachzukommen.

(5) Die Verwaltungsgesellschaft hat bei der Wahrnehmung ihrer Aufgaben unabhängig und ausschließlich im Interesse der Anteilinhaber zu handeln.

Sorgfaltspflichten

§ 30. (1) Die Verwaltungsgesellschaft hat im besten Interesse der OGAW und der Marktintegrität bei der Auswahl und laufenden Überwachung der Anlagen besondere Sorgfalt walten zu lassen. Dabei hat die Verwaltungsgesellschaft auch sicherzustellen, dass sie über ausreichendes Wissen und ausreichendes Verständnis über die Anlagen, in die die OGAW investiert werden, verfügt. Die Verwaltungsgesellschaft hat schriftliche Grundsätze und Verfahren zur Einhaltung der Sorgfaltspflichten festzulegen und wirksame Vorkehrungen zu treffen, um zu gewährleisten, dass Anlageentscheidungen, die für die OGAW getroffen werden, mit deren Zielen, Anlagestrategie und Risikolimits übereinstimmen.

(2) Bei der Umsetzung ihrer Risikomanagement-Grundsätze (§ 86) und soweit dies unter Berücksichtigung der Art einer geplanten Anlage angemessen ist, in Bezug auf den Beitrag, den die Anlage zur Zusammensetzung des OGAW-Portfolios, zu dessen Liquidität und zu dessen Risiko- und Ertragsprofil leistet, hat die Verwaltungsgesellschaft vor Tätigung der Anlage Prognosen abzugeben und Analysen anzustellen. Diese Analysen dürfen sich quantitativ wie qualitativ nur auf verlässliche und aktuelle Daten stützen.

(3) Wenn die Verwaltungsgesellschaft mit Dritten Vereinbarungen (§ 28) über die Ausführung von Tätigkeiten im Bereich des Risikomanagements schließt, solche Vereinbarungen verwaltet oder beendet, hat sie dabei die gebotene Sachkenntnis, Sorgfalt und Gewissenhaftigkeit anzuwenden. Vor dem

VI. Normenteil

Abschluss solcher Vereinbarungen hat sich die Verwaltungsgesellschaft zu vergewissern, dass der Dritte über die erforderlichen Fähigkeiten und Kapazitäten verfügt, um die betreffenden Tätigkeiten zuverlässig, professionell und wirksam auszuführen. Die Verwaltungsgesellschaft hat auch Methoden für die laufende Bewertung der Leistungen des Dritten festzulegen.

(4) Die Verwaltungsgesellschaft hat alle für die Ausübung ihrer Tätigkeit geltenden Vorschriften im besten Interesse ihrer Anleger und der Integrität des Marktes einzuhalten. Sie hat dabei dem Anleger auch alle Informationen zur Verfügung zu stellen, damit dieser seinen steuerrechtlichen Offenlegungs- und Nachweispflichten nachkommen kann.

(5) Die Verwaltungsgesellschaft hat geeignete und dokumentierte Verfahren und Vorkehrungen vorzusehen, die für den Fall, dass die Depotbank die Erfüllung ihrer Aufgaben nicht mehr gewährleisten kann, einen raschen Wechsel der Depotbank ermöglichen.

Beachte für folgende Bestimmung
Tritt mit 1. September 2011 in Kraft (vgl. § 200 Abs. 1).Für Verwaltungsgesellschaften gemäß Art. 6 der Richtlinie 2009/65/EG, welche in einem anderen Mitgliedstaat konzessioniert sind und über eine Zweigstelle, im Wege der Dienstleistungsfreiheit oder kollektiven Portfolioverwaltung in Österreich tätig werden, gilt diese Bestimmung samt den in ihr verwiesenen Normen rückwirkend ab 1. Juli 2011 (vgl. § 200 Abs. 3).

Bearbeitung von Zeichnungs- und Rücknahmeaufträgen und Mitteilungspflichten

§ 31. (1) Die Verwaltungsgesellschaft hat einem Anteilinhaber, dessen Zeichnungs- oder Rücknahmeauftrag sie ausgeführt hat, diese Ausführung schnellstmöglich, spätestens jedoch am ersten Geschäftstag nach Auftragsausführung oder – sofern die Verwaltungsgesellschaft die Bestätigung von einem Dritten erhält – spätestens am ersten Geschäftstag nach Eingang der Bestätigung des Dritten auf einem dauerhaften Datenträger gemäß § 133 zu bestätigen. Besteht bereits eine Verpflichtung einer anderen Person, dem Anteilinhaber diese Informationen unverzüglich zuzusenden, so kann die Bestätigungsmitteilung der Verwaltungsgesellschaft unterbleiben.

(2) Die Mitteilung nach Abs. 1 hat, sofern anwendbar, folgende Angaben zu enthalten:
1. Name der Verwaltungsgesellschaft;
2. Name oder sonstige Bezeichnung des Anteilinhabers;
3. Datum und Uhrzeit des Auftragseingangs sowie Zahlungsweise;
4. Datum der Ausführung;
5. Name des OGAW;
6. Art des Auftrags (Zeichnung oder Rücknahme);
7. Zahl der betroffenen Anteile;
8. Stückwert, zu dem die Anteile gezeichnet oder zurückgenommen wurden;
9. Referenz-Wertstellungsdatum;
10. Bruttoauftragswert einschließlich Zeichnungsgebühren oder Nettobetrag nach Rücknahmegebühren;
11. Summe der in Rechnung gestellten Provisionen und Auslagen sowie auf Wunsch des Anlegers Aufschlüsselung nach Einzelposten.

(3) Bei regelmäßiger Auftragsausführung für einen Anteilinhaber hat die Verwaltungsgesellschaft die in Abs. 2 genannten Informationen dem Anteilinhaber entweder gemäß Abs. 1 oder mindestens alle sechs Monate über die diesen Zeitraum betreffenden Geschäfte zu übermitteln.

(4) Die Verwaltungsgesellschaft hat dem Anteilinhaber auf Wunsch Informationen über den Status seines Auftrags gemäß § 133 zu übermitteln.

(5) Für den Fall, dass die Verwaltungsgesellschaft gemäß § 5 Abs. 5 die Depotbank mit den Aufgaben der Ausgabe und Rücknahme von Anteilen beauftragt hat, sind die Pflichten gemäß Abs. 1 bis 4 von der Depotbank einzuhalten.

Beachte für folgende Bestimmung
Tritt mit 1. September 2011 in Kraft (vgl. § 200 Abs. 1). Für Verwaltungsgesellschaften gemäß Art. 6 der Richtlinie 2009/65/EG, welche in einem anderen Mitgliedstaat konzessioniert sind und über eine Zweigstelle, im Wege der Dienstleistungsfreiheit oder kollektiven Portfolioverwaltung in Österreich tätig werden, gilt diese Bestimmung samt den in ihr verwiesenen Normen rückwirkend ab 1. Juli 2011 (vgl. § 200 Abs. 3).

Bestmögliche Ausführung von Handelsentscheidungen für die verwalteten OGAW

§ 32. (1) Die Verwaltungsgesellschaft hat im besten Interesse der von ihr verwalteten OGAW zu handeln, wenn sie

D. Einführung in das österreichische Investmentrecht

1. für diese bei der Verwaltung ihrer Portfolios Handelsentscheidungen ausführt oder
2. bei der Verwaltung ihrer Portfolios Handelsaufträge für die verwalteten OGAW zur Ausführung an andere Einrichtungen weiterleitet,

und hat dabei alle angemessenen Maßnahmen zu ergreifen, um das bestmögliche Ergebnis für den OGAW zu erzielen, wobei sie als Faktoren den Kurs, die Kosten, die Geschwindigkeit und Wahrscheinlichkeit der Ausführung und Abrechnung, den Umfang und die Art des Auftrags sowie alle sonstigen, für die Auftragsausführung relevanten Aspekte zu berücksichtigen hat.

(2) Die relative Bedeutung dieser Faktoren gemäß Abs. 1 ist anhand folgender Kriterien zu bestimmen:
1. Ziele, Anlagepolitik und spezifische Risiken des OGAW, wie im Prospekt oder gegebenenfalls in den Fondsbestimmungen oder der Satzung des OGAW dargelegt;
2. Merkmale des Auftrags;
3. Merkmale der Finanzinstrumente, die Gegenstand des betreffenden Auftrags sind;
4. Merkmale der Ausführungsplätze (§ 19 Abs. 3), an die der Auftrag weitergeleitet werden kann.

(3) Die Verwaltungsgesellschaft hat wirksame Vorkehrungen für die Einhaltung der in Abs. 1 niedergelegten Verpflichtung zu treffen und umzusetzen und insbesondere Grundsätze festzulegen und umzusetzen, die ihr bei OGAW-Aufträgen die Erzielung des bestmöglichen Ergebnisses gemäß Abs. 1 gestatten. In diesen Grundsätzen sind für die Zwecke des Abs. 1 Z 2 für jede Instrumentengattung die Einrichtungen zu nennen, bei denen Aufträge platziert werden dürfen. Die Verwaltungsgesellschaft darf nur dann Ausführungsvereinbarungen gemäß Abs. 1 Z 2 eingehen, wenn diese mit den in dieser Bestimmung festgelegten Verpflichtungen vereinbar sind.

(4) Verwaltet die Verwaltungsgesellschaft einen OGAW in der Rechtsform einer Investmentgesellschaft, so hat sie zu den Grundsätzen für die Auftragsausführung die vorherige Zustimmung der Investmentgesellschaft einzuholen.

(5) Die Verwaltungsgesellschaft hat die Wirksamkeit ihrer Vorkehrungen und der gemäß Abs. 3 festgelegten Grundsätze für die Auftragsausführung, und im Fall des Abs. 1 Z 2 insbesondere die Qualität der Ausführung durch die in diesen Grundsätzen genannten Einrichtungen, regelmäßig zu überwachen, um etwaige Mängel aufzudecken und bei Bedarf zu beheben. Außerdem hat die Verwaltungsgesellschaft ihre Grundsätze für die Auftragsausführung alljährlich einer Überprüfung zu unterziehen. Eine Überprüfung hat überdies immer dann stattzufinden, wenn eine wesentliche Veränderung eintritt, die die Fähigkeit der Verwaltungsgesellschaft beeinträchtigt, für die verwalteten OGAW auch weiterhin das bestmögliche Ergebnis zu erzielen.

(6) Die Verwaltungsgesellschaft muss nachweisen können, dass sie im Fall des Abs. 1 Z 1 Aufträge für OGAW gemäß ihren Grundsätzen für die Auftragsausführung ausgeführt hat und im Fall des Abs. 1 Z 2 die Aufträge für OGAW gemäß den nach Abs. 3 festgelegten Grundsätzen platziert hat.

Beachte für folgende Bestimmung
Tritt mit 1. September 2011 in Kraft (vgl. § 200 Abs. 1). Für Verwaltungsgesellschaften gemäß Art. 6 der Richtlinie 2009/65/EG, welche in einem anderen Mitgliedstaat konzessioniert sind und über eine Zweigstelle, im Wege der Dienstleistungsfreiheit oder kollektiven Portfolioverwaltung in Österreich tätig werden, gilt diese Bestimmung samt den in ihr verwiesenen Normen rückwirkend ab 1. Juli 2011 (vgl. § 200 Abs. 3).

Allgemeine Grundsätze für die Bearbeitung von Aufträgen im Rahmen der kollektiven Portfolioverwaltung

§ 33. (1) Die Verwaltungsgesellschaft hat Verfahren und Vorkehrungen festzulegen und umzusetzen, die eine umgehende, redliche und zügige Ausführung der für OGAW getätigten Portfoliogeschäfte gewährleisten und folgende Voraussetzungen erfüllen:
1. Sie gewährleisten, dass für OGAW ausgeführte Aufträge umgehend und korrekt aufgezeichnet und dem jeweiligen OGAW zugewiesen werden;
2. ansonsten vergleichbare OGAW-Aufträge werden der Reihe nach umgehend ausgeführt, es sei denn, die Merkmale des Auftrags oder die herrschenden Marktbedingungen machen dies unmöglich oder die Interessen des OGAW verlangen etwas anderes.

(2) Finanzinstrumente oder Gelder, die zur Abwicklung der ausgeführten Aufträge eingegangen sind, sind von der Verwaltungsgesellschaft, oder für den Fall, dass die Verwaltungsgesellschaft gemäß § 5 Abs. 5 die Depotbank mit den Aufgaben der Kontraktabrechnung beauftragt hat, von der Depotbank umgehend und korrekt auf dem Konto des betreffenden OGAW zu verbuchen.

VI. Normenteil

(3) Die Verwaltungsgesellschaft darf Informationen im Zusammenhang mit laufenden OGAW-Aufträgen nicht missbrauchen und hat alle angemessenen Maßnahmen zu treffen, um den Missbrauch derartiger Informationen durch ihre relevanten Personen zu verhindern.

Beachte für folgende Bestimmung
Tritt mit 1. September 2011 in Kraft (vgl. § 200 Abs. 1). Für Verwaltungsgesellschaften gemäß Art. 6 der Richtlinie 2009/65/EG, welche in einem anderen Mitgliedstaat konzessioniert sind und über eine Zweigstelle, im Wege der Dienstleistungsfreiheit oder kollektiven Portfolioverwaltung in Österreich tätig werden, gilt diese Bestimmung samt den in ihr verwiesenen Normen rückwirkend ab 1. Juli 2011 (vgl. § 200 Abs. 3).

Zusammenlegung und Zuweisung von Handelsaufträgen

§ 34. (1) Die Verwaltungsgesellschaft darf einen OGAW-Auftrag nicht zusammen mit dem Auftrag eines anderen OGAW oder sonstigen Kunden oder zusammen mit einem Auftrag für eigene Rechnung ausführen, außer unter den folgenden Bedingungen:
1. Es muss unwahrscheinlich sein, dass die Zusammenlegung der Aufträge für einen OGAW oder Kunden, dessen Auftrag mit anderen zusammengelegt wird, insgesamt von Nachteil ist;
2. es müssen Grundsätze für die Auftragszuweisung festgelegt und umgesetzt werden, die die faire Zuweisung zusammengelegter Aufträge präzise genug regeln, auch im Hinblick darauf, wie Auftragsvolumen und -preis die Zuweisungen bestimmen und wie bei Teilausführungen zu verfahren ist.

(2) Legt die Verwaltungsgesellschaft einen OGAW-Auftrag mit einem oder mehreren anderen OGAW- oder Kundenaufträgen zusammen und führt sie den zusammengelegten Auftrag teilweise aus, so hat sie die zugehörigen Geschäfte gemäß ihren Grundsätzen für die Auftragszuweisung zuzuweisen.

(3) Hat die Verwaltungsgesellschaft Geschäfte für eigene Rechnung mit einem oder mehreren Aufträgen von OGAW oder sonstigen Kunden zusammengelegt, so darf sie bei der Zuweisung der zugehörigen Geschäfte nicht in einer für den OGAW oder sonstigen Kunden nachteiligen Weise verfahren.

(4) Sofern die Verwaltungsgesellschaft einen OGAW- oder sonstigen Kundenauftrag mit einem Geschäft für eigene Rechnung zusammenlegt und den zusammengelegten Auftrag teilweise ausführt, hat sie bei der Zuweisung der zugehörigen Geschäfte dem OGAW oder sonstigen Kunden gegenüber ihren Eigengeschäften Vorrang einzuräumen. Kann die Verwaltungsgesellschaft gegenüber dem OGAW oder ihrem sonstigen Kunden jedoch schlüssig darlegen, dass sie den Auftrag ohne die Zusammenlegung nicht zu derart günstigen Bedingungen oder überhaupt nicht hätte ausführen können, kann sie das Geschäft für eigene Rechnung in Einklang mit ihren gemäß Abs. 1 Z 2 festgelegten Grundsätzen anteilsmäßig zuweisen.

Beachte für folgende Bestimmung
Tritt mit 1. September 2011 in Kraft (vgl. § 200 Abs. 1). Für Verwaltungsgesellschaften gemäß Art. 6 der Richtlinie 2009/65/EG, welche in einem anderen Mitgliedstaat konzessioniert sind und über eine Zweigstelle, im Wege der Dienstleistungsfreiheit oder kollektiven Portfolioverwaltung in Österreich tätig werden, gilt diese Bestimmung samt den in ihr verwiesenen Normen rückwirkend ab 1. Juli 2011 (vgl. § 200 Abs. 3).

Gewährung und Annahme von Vorteilen zum Nachteil des OGAW

§ 35. (1) Die Verwaltungsgesellschaft handelt nicht ehrlich, redlich und professionell im besten Interesse des OGAW, wenn sie im Zusammenhang mit der Portfolioverwaltung für den OGAW eine Gebühr oder Provision zahlt oder erhält oder wenn sie eine nicht in Geldform angebotene Zuwendung gewährt oder annimmt.

(2) Unbeschadet von Abs. 1 ist die Annahme oder Gewährung von Vorteilen jedoch zulässig, wenn
1. es sich um eine Gebühr, eine Provision oder eine nicht in Geldform angebotene Zuwendung handelt, die dem OGAW oder einer in seinem Auftrag handelnden Person gezahlt oder vom OGAW oder einer in seinem Auftrag handelnden Person gewährt wird;
2. es sich um eine Gebühr, eine Provision oder eine nicht in Geldform angebotene Zuwendung handelt, die einem Dritten oder einer in seinem Auftrag handelnden Person gezahlt oder von einer dieser Personen gewährt wird, sofern die folgenden Voraussetzungen erfüllt sind:
    a) die Existenz, die Art und der Betrag der Gebühr, Provision oder Zuwendung oder – wenn der Betrag nicht feststellbar ist – die Art und Weise der Berechnung dieses Betrages müssen dem

OGAW vor Erbringung der betreffenden Dienstleistung in umfassender, zutreffender und verständlicher Weise klar offengelegt werden;
b) die Zahlung der Gebühr oder der Provision oder die Gewährung der nicht in Geldform angebotenen Zuwendung muss den Zweck verfolgen, die Qualität der betreffenden Dienstleistung zu verbessern und darf die Verwaltungsgesellschaft nicht daran hindern, pflichtgemäß im besten Interesse des OGAW zu handeln;
3. es sich um Gebühren handelt, die die Erbringung der betreffenden Dienstleistung ermöglichen oder dafür notwendig sind – einschließlich Verwahrungsgebühren, Abwicklungs- und Handelsplatzgebühren, Verwaltungsabgaben oder gesetzliche Gebühren – und die wesensbedingt keine Konflikte mit der Verpflichtung der Verwaltungsgesellschaft hervorrufen können, im besten Interesse des OGAW ehrlich, redlich und professionell zu handeln.

(3) Die Verwaltungsgesellschaft darf für die Zwecke von Abs. 2 Z 2 lit. a, die wesentlichen Bestimmungen der Vereinbarungen über Gebühren, Provisionen und nicht in Geldform angebotene Zuwendungen in zusammengefasster Form offenlegen. Die Verwaltungsgesellschaft hat auf Wunsch des Anteilinhabers weitere Einzelheiten offenzulegen.

Beachte für folgende Bestimmung
Tritt mit 1. September 2011 in Kraft (vgl. § 200 Abs. 1). Für Verwaltungsgesellschaften gemäß Art. 6 der Richtlinie 2009/65/EG, welche in einem anderen Mitgliedstaat konzessioniert sind und über eine Zweigstelle, im Wege der Dienstleistungsfreiheit oder kollektiven Portfolioverwaltung in Österreich tätig werden, gilt diese Bestimmung samt den in ihr verwiesenen Normen rückwirkend ab 1. Juli 2011 (vgl. § 200 Abs. 3).

3. Abschnitt. Niederlassungsfreiheit und freier Dienstleistungsverkehr

Verwaltungsgesellschaften aus Mitgliedstaaten in Österreich

§ 36. (1) Die Tätigkeiten einer Verwaltungsgesellschaft gemäß § 5 Abs. 2 können von einer Verwaltungsgesellschaft gemäß Art. 6 der Richtlinie 2009/65/EG, die in einem anderen Mitgliedstaat konzessioniert ist, nach Maßgabe der Richtlinie 2009/65/EG in Österreich über eine Zweigstelle oder im Wege der Dienstleistungsfreiheit erbracht werden, soweit ihre Konzession sie dazu berechtigt. Beabsichtigt eine Verwaltungsgesellschaft die kollektive Portfolioverwaltung von in Österreich bewilligten OGAW, so hat sie, abgesehen von der Einhaltung der in dieser Bestimmung vorgesehenen Verfahren auch einen Antrag gemäß § 50 Abs. 3 bei der FMA zu stellen.

(2) Die Errichtung einer Zweigstelle in Österreich ist zulässig, wenn die zuständige Behörde des Herkunftmitgliedstaates der FMA alle Angaben gemäß § 37 Abs. 1 übermittelt hat und die FMA den Erhalt derselben gegenüber der Herkunftmitgliedstaatsbehörde bestätigt hat, spätestens jedoch zwei Monate nach Eingang der Angaben gemäß § 37 Abs. 1 bei der FMA. Innerhalb der Frist gemäß Satz 1 kann die FMA Vorbereitungen zur Beaufsichtigung der Einhaltung der unter ihre Zuständigkeit fallenden Bestimmungen, die von der Zweigstelle einzuhalten sind, treffen.

(3) Die Erbringung von Tätigkeiten im Rahmen der Dienstleistungsfreiheit in Österreich ist – abgesehen von den Bestimmungen von Abs. 6 – zulässig, wenn die zuständige Behörde des Herkunftmitgliedstaates der Verwaltungsgesellschaft der FMA alle Angaben gemäß § 37 Abs. 5 und gegebenenfalls Abs. 6 übermittelt hat und die FMA den Erhalt derselben bestätigt hat, spätestens jedoch einen Monat, nachdem die Behörde des Herkunftmitgliedstaates der Verwaltungsgesellschaft die Angaben erhalten hat. Im Falle der kollektiven Portfolioverwaltung von in Österreich bewilligten OGAW ist zudem die Bewilligung der FMA gemäß § 50 Abs. 4 abzuwarten. Im Falle des geplanten Vertriebes von OGAW-Anteilen ist § 140 einzuhalten.

(4) Verwaltungsgesellschaften, die Tätigkeiten in Österreich über eine Zweigstelle ausüben, haben die §§ 10 bis 35, die Bestimmungen des 4. Hauptstückes, die §§ 151 bis 153 dieses Bundesgesetzes sowie die §§ 40 bis 41 BWG einzuhalten. Verwaltungsgesellschaften, die Tätigkeiten der kollektiven Portfolioverwaltung in Österreich über eine Zweigstelle ausüben, haben weiters die Bestimmungen des 3. Hauptstückes sowie die in den Fondsbestimmungen und im Prospekt des OGAW enthaltenen Verpflichtungen einzuhalten. Verwaltungsgesellschaften, die Tätigkeiten der kollektiven Portfolioverwaltung in Österreich im Rahmen der Dienstleistungsfreiheit ausüben, haben die §§ 10 bis 28, die Bestimmungen des 3. und 4. Hauptstückes sowie die §§ 151 bis 153 dieses Bundesgesetzes sowie die §§ 40 bis 41 BWG und die in den Fondsbestimmungen und im Prospekt des OGAW enthaltenen Verpflichtungen einzuhalten.

(5) Die Verwaltungsgesellschaft hat der FMA jede Änderung der nach § 37 Abs. 1 übermittelten Angaben mindestens einen Monat vor deren Vornahme und jede Änderung der gemäß § 37 Abs. 5

übermittelten Angaben vor deren Vornahme schriftlich mitzuteilen, damit die FMA eine Entscheidung zu jeder Änderung betreffend Angaben gemäß § 36 Abs. 2 treffen kann.

(6) Falls die kollektive Portfolioverwaltung eines in Österreich bewilligten OGAW beabsichtigt wird, hat die Verwaltungsgesellschaft dies bei der FMA gemäß § 50 zu beantragen und folgende Unterlagen vorzulegen:
1. Die schriftliche Vereinbarung mit der Verwahrstelle gemäß den Artikeln 23 und 33 der Richtlinie 2009/65/EG und
2. Angaben über Übertragungsvereinbarungen bezüglich der Aufgaben des Portfoliomanagements und der Verwaltung gemäß § 5 Abs. 2 Z 1 lit. a und b.

Verwaltet die Verwaltungsgesellschaft bereits OGAW der gleichen Art in Österreich, so reicht der Hinweis auf die bereits vorgelegten Unterlagen aus.

(7) Die FMA kann, falls dies zur Gewährleistung der Einhaltung der in ihrer Verantwortung liegenden Vorschriften erforderlich ist, von den zuständigen Behörden des Herkunftmitgliedstaats der Verwaltungsgesellschaft Erläuterungen und Informationen über die Unterlagen nach Abs. 6 sowie auf der Grundlage der in § 37 Abs. 2 und 6 genannten Bescheinigung Auskünfte darüber anfordern, inwieweit die Art des OGAW, für den eine Bewilligung beantragt wird, vom Konzessionsumfang der Verwaltungsgesellschaft umfasst ist.

(8) Die FMA kann, nach Konsultation der zuständigen Behörden des Herkunftmitgliedstaats der Verwaltungsgesellschaft gemäß Abs. 7, den Antrag gemäß Abs. 6 innerhalb der Frist gemäß § 50 Abs. 5 abweisen, wenn:
1. Die Verwaltungsgesellschaft den Bestimmungen dieses Bundesgesetzes nach Maßgabe der Zuständigkeit der FMA gemäß § 143 Abs. 1 Z 2, 3 und 4 nicht entspricht,
2. die Verwaltungsgesellschaft von den zuständigen Behörden ihres Herkunftmitgliedstaats keine Zulassung zur Verwaltung der Art von OGAW erhalten hat, für die eine Zulassung beantragt wird, oder
3. die Verwaltungsgesellschaft die Unterlagen nach Abs. 6 nicht vorgelegt hat.

(9) Die Verwaltungsgesellschaft hat der FMA alle künftigen sachlichen Änderungen an den Unterlagen nach Abs. 6 mitzuteilen.

Österreichische Verwaltungsgesellschaften in Mitgliedstaaten

§ 37. (1) Jede Verwaltungsgesellschaft gemäß § 5 Abs. 1, die eine Zweigstelle im Hoheitsgebiet eines anderen Mitgliedstaats errichten möchte, hat dies zuvor der FMA schriftlich anzuzeigen und dabei folgende Angaben zu übermitteln:
1. Den Mitgliedstaat, in dessen Hoheitsgebiet die Errichtung einer Zweigstelle geplant ist;
2. den Geschäftsplan, in dem die geplanten Tätigkeiten und Dienstleistungen gemäß § 5 Abs. 2 und die Organisationsstruktur der Zweigstelle angegeben sind und der eine Beschreibung des Risikomanagement-Verfahrens umfasst, das von der Verwaltungsgesellschaft eingerichtet wurde und der ferner eine Beschreibung der Verfahren und Vereinbarungen gemäß § 11 Abs. 3 und 4 sowie § 141 Abs. 1 zu beinhalten hat;
3. die Anschrift, unter der im Aufnahmemitgliedstaat der Verwaltungsgesellschaft Unterlagen angefordert werden können;
4. die Namen der Geschäftsleiter der Zweigstelle.

(2) Sofern die FMA in Anbetracht der beabsichtigten Tätigkeit keine begründeten Zweifel an der Angemessenheit der Verwaltungsstruktur oder der Angemessenheit der Finanzlage der betreffenden Verwaltungsgesellschaft hat, hat sie innerhalb von zwei Monaten nach Eingang sämtlicher Angaben gemäß Abs. 1 diese, sowie sofern die Verwaltungsgesellschaft die Tätigkeit der kollektiven Portfolioverwaltung gemäß § 5 Abs. 2 Z 1 lit. a ausüben möchte, eine Bescheinigung über die Konzession der Verwaltungsgesellschaft gemäß der Richtlinie 2009/65/EG sowie eine Beschreibung des Umfangs der Konzession und gegebenenfalls Einzelheiten in Bezug auf Beschränkungen der Arten von OGAW, für deren Verwaltung die Verwaltungsgesellschaft eine Zulassung erhalten hat, den zuständigen Behörden des Aufnahmemitgliedstaats der Verwaltungsgesellschaft zu übermitteln und dies der Verwaltungsgesellschaft mitzuteilen. Ferner hat die FMA Einzelheiten zu etwaigen Entschädigungssystemen zu übermitteln, die den Schutz der Anleger sicherstellen sollen.

(3) Die FMA hat die Errichtung der Zweigstelle binnen zwei Monaten nach Einlangen sämtlicher Angaben mittels schriftlichen Bescheides zu untersagen, wenn die Voraussetzungen des Abs. 1 nicht zweifelsfrei erfüllt sind.

D. Einführung in das österreichische Investmentrecht

(4) Nach Einlangen einer Mitteilung der zuständigen Behörde des Aufnahmemitgliedstaates oder bei deren Nichtäußerung spätestens zwei Monate nach Eingang der Unterlagen gemäß Abs. 1 bei der zuständigen Behörde des Aufnahmemitgliedstaates kann die Zweigstelle errichtet werden.

(5) Jede Verwaltungsgesellschaft gemäß § 5 Abs. 1, die Tätigkeiten gemäß § 5 Abs. 2 erstmals im Hoheitsgebiet eines anderen Mitgliedstaates im Wege des freien Dienstleistungsverkehrs ausüben möchte, hat dies der FMA vorher schriftlich anzuzeigen und folgende Angaben zu übermitteln:
1. den Mitgliedstaat, in dessen Hoheitsgebiet die Verwaltungsgesellschaft ihre Tätigkeit ausüben möchte, und
2. den Geschäftsplan, in dem die geplanten Tätigkeiten und Dienstleistungen gemäß § 5 Abs. 2 angegeben sind und der eine Beschreibung des Risikomanagement-Verfahrens zu umfassen hat, das von der Verwaltungsgesellschaft eingerichtet wurde, und der ferner eine Beschreibung der Verfahren und Vereinbarungen gemäß § 11 Abs. 3 und 4 sowie gemäß § 141 Abs. 1 zu beinhalten hat.

(6) Die FMA hat der zuständigen Behörde des Aufnahmemitgliedstaates der Verwaltungsgesellschaft die Informationen gemäß Abs. 5 sowie, sofern die Verwaltungsgesellschaft die Tätigkeit der kollektiven Portfolioverwaltung gemäß § 5 Abs. 2 Z 1 lit. a ausüben möchte, eine Bescheinigung über die Zulassung der Verwaltungsgesellschaft gemäß der Richtlinie 2009/65/EG sowie eine Beschreibung des Umfangs der Zulassung und gegebenenfalls Einzelheiten in Bezug auf Beschränkungen der Arten von OGAW, für deren Verwaltung die Verwaltungsgesellschaft eine Zulassung erhalten hat, innerhalb eines Monates nach deren Eingang bei der FMA zu übermitteln. Ferner hat die FMA Einzelheiten zu etwaigen Entschädigungssystemen zu übermitteln, die den Schutz der Anleger sicherstellen sollen. Vorbehaltlich einer für die kollektive Portfolioverwaltung erforderlichen Bewilligung der zuständigen Behörde des Herkunftmitgliedstaates des OGAW und § 139 kann die Verwaltungsgesellschaft ab Information der FMA über die Weiterleitung, spätestens aber ein Monat nach Eingang der Angaben gemäß Abs. 5 bei der FMA die Tätigkeit im Aufnahmemitgliedstaat aufnehmen.

(7) Der bloße Vertrieb von Anteilen des von der Verwaltungsgesellschaft verwalteten OGAW in einem anderen Mitgliedstaat, der nicht der Herkunftmitgliedstaat des OGAW ist, ohne eine Zweigstelle zu errichten und ohne weitere Tätigkeiten oder Dienste anzubieten, bedarf keiner Anzeige gemäß Abs. 1 oder 5; es findet lediglich das Verfahren gemäß § 139 Anwendung.

(8) Sofern die Verwaltungsgesellschaft die Verwaltung eines in einem anderen Mitgliedstaat bewilligten OGAW beabsichtigt, hat sie die Unterlagen gemäß § 36 Abs. 6 direkt bei der zuständigen Behörde des Herkunftmitgliedstaates des OGAW vorzulegen. Erhält die FMA in diesem Zusammenhang ein Auskunftsersuchen der zuständigen Behörde des Herkunftmitgliedstaates des OGAW im Sinne von § 36 Abs. 7, so hat die FMA ihre Stellungnahme binnen zehn Arbeitstagen nach Erhalt des ursprünglichen Auskunftsersuchens abzugeben.

(9) Die Verwaltungsgesellschaft hat der FMA und den zuständigen Behörden des Aufnahmemitgliedstaates jede Änderung der nach Abs. 1 übermittelten Angaben mindestens einen Monat vor deren Vornahme und jede Änderung der gemäß Abs. 5 übermittelten Angaben vor deren Vornahme schriftlich mitzuteilen, damit die FMA und die zuständigen Behörden des Aufnahmemitgliedstaates der Verwaltungsgesellschaft eine Entscheidung zu jeder Änderung betreffend Angaben gemäß Abs. 1 treffen können. Änderungen der gemäß Abs. 2 übermittelten Angaben sowie Änderungen des Umfangs der Zulassung der Verwaltungsgesellschaft sowie Einzelheiten in Bezug auf Beschränkungen der Arten von OGAW, für deren Verwaltung die Verwaltungsgesellschaft eine Zulassung erhalten hat, hat die FMA der zuständigen Behörde des Aufnahmemitgliedstaates, falls erforderlich unter Aktualisierung der in der Bescheinigung gemäß Abs. 2 enthaltenen Informationen, mitzuteilen.

Aufsicht im Rahmen der Dienstleistungs- und Niederlassungsfreiheit

§ 38. (1) Jede Verwaltungsgesellschaft gemäß § 36, die in Österreich über eine Zweigstelle tätig ist, hat die Einhaltung der Bestimmungen gemäß § 36 Abs. 4 durch Abschlussprüfer prüfen zu lassen. Über das Ergebnis der Prüfung ist ein Prüfungsbericht in deutscher Sprache zu erstellen und erforderlichenfalls zu erläutern. Die Zweigstelle der Verwaltungsgesellschaft hat diesen Prüfungsbericht der FMA innerhalb von sechs Monaten nach Abschluss des Geschäftsjahres zu übermitteln. Eine Verwaltungsgesellschaft im Sinne von § 36 hat sicherzustellen, dass die FMA die in diesem Absatz genannten Informationen unmittelbar von ihr erhält.

(2) Stellt die FMA fest, dass eine Verwaltungsgesellschaft, die gemäß § 36 in Österreich eine Zweigstelle hat oder Dienstleistungen erbringt, gegen eine der in § 143 Abs 1 Z 2 bis 5 genannten Bestimmungen verstößt, so hat die FMA die Verwaltungsgesellschaft aufzufordern, den Verstoß zu beenden, und die zuständigen Behörden des Herkunftmitgliedstaats der Verwaltungsgesellschaft entsprechend zu unterrichten.

VI. Normenteil

(3) Lehnt eine Verwaltungsgesellschaft ab, der FMA die in die Zuständigkeit der FMA fallenden Informationen zukommen zu lassen oder unternimmt sie nicht die erforderlichen Schritte, um den Verstoß gemäß Abs. 2 zu beenden, so hat die FMA die zuständigen Behörden des Herkunftmitgliedstaats der Verwaltungsgesellschaft darüber zu informieren.

(4) Erhält die FMA von einer zuständigen Behörde eines anderen Mitgliedstaates eine Information im Sinne des Abs. 3, wonach eine Verwaltungsgesellschaft gemäß § 37 gegenüber dieser Behörde Informationen verweigert oder keine ausreichenden Schritte zur Beendigung eines Verstoßes im Sinne von Abs. 2 setzt, so hat die FMA unverzüglich alle geeigneten Maßnahmen zu treffen, um sicherzustellen, dass die Verwaltungsgesellschaft die vom Aufnahmemitgliedstaat der Verwaltungsgesellschaft gemäß Abs. 1 geforderten Informationen zur Verfügung stellt oder den Verstoß beendet. Die FMA hat Art und Inhalt dieser Maßnahmen den zuständigen Behörden des Aufnahmemitgliedstaats der Verwaltungsgesellschaft mitzuteilen. Jede Maßnahme gemäß diesem Absatz ist zu begründen und der Verwaltungsgesellschaft schriftlich mitzuteilen.

(5) Weigert sich eine Verwaltungsgesellschaft gemäß § 36 trotz der von den zuständigen Behörden des Herkunftmitgliedstaats der Verwaltungsgesellschaft getroffenen Maßnahmen oder infolge unzureichender oder fehlender Maßnahmen dieses Mitgliedstaats weiter, die von der FMA gemäß Abs. 1 geforderten Informationen bereitzustellen, oder verstößt sie weiter gegen die in Abs. 2 genannten Bestimmungen, so hat die FMA eine der folgenden Maßnahmen zu ergreifen:
1. Nach Unterrichtung der zuständigen Behörden des Herkunftmitgliedstaats der Verwaltungsgesellschaft geeignete Maßnahmen einschließlich der Maßnahmen gemäß den §§ 147 bis 150, um weitere Verstöße zu verhindern oder zu ahnden; soweit erforderlich, kann die FMA dieser Verwaltungsgesellschaft auch neue Geschäfte in Österreich untersagen. Handelt es sich bei der in Österreich erbrachten Dienstleistung der Verwaltungsgesellschaft gemäß § 36 um die Verwaltung eines OGAW, so kann die FMA verlangen, dass die Verwaltungsgesellschaft die Verwaltung dieses OGAW einstellt, und der Verwaltungsgesellschaft die Bewilligung gemäß § 50 Abs. 7 entziehen; oder
2. für den Fall, dass die zuständigen Behörden des Herkunftmitgliedstaats der Verwaltungsgesellschaft nach Dafürhalten der FMA nicht in angemessener Weise tätig geworden sind, kann die FMA die Europäische Wertpapier- und Marktaufsichtsbehörde – ESMA (Verordnung (EU) Nr. 1095/2010) über diesen Sachverhalt unterrichten, die ihrerseits im Rahmen ihrer Befugnisse gemäß Artikel 19 der Verordnung (EU) Nr. 1095/2010 tätig werden kann.

Jede Maßnahme gemäß diesem Absatz ist zu begründen und der Verwaltungsgesellschaft schriftlich mitzuteilen. Ist auf Grund von Z 1 oder 2 ein Bescheid der FMA erlassen worden, so ist die Rechtskraft dieses Bescheides gemäß § 21b Finanzmarktaufsichtsbehördengesetz – FMABG (BGBl. I Nr. 97/2001) eingeschränkt.

(6) Bei der Zustellung von amtlichen Schriftstücken der zuständigen Behörden des Aufnahmemitgliedstaates einer Verwaltungsgesellschaft gemäß § 37 kann der Empfänger die Annahme gemäß § 12 Abs. 2 Zustellgesetz – ZustG (BGBl. Nr. 200/1982) nur dann verweigern, wenn diese Schriftstücke nicht in der Amtssprache eines Mitgliedstaates abgefasst sind.

(7) In dringenden Fällen kann die FMA vor der Einleitung des in den Abs. 2, 3 oder 5 vorgesehenen Verfahrens die Sicherungsmaßnahmen ergreifen, die zum Schutz der Interessen der Anleger oder sonstiger Personen, für die Dienstleistungen erbracht werden, notwendig sind. Die Europäische Kommission, ESMA und die zuständigen Behörden der anderen betroffenen Mitgliedstaaten sind von solchen Maßnahmen von der FMA so früh wie möglich zu unterrichten. Die FMA hat auch geeignete Maßnahmen zur Wahrung der Interessen der Anleger zu treffen, wenn sie von der zuständigen Behörde des Herkunftmitgliedstaates der Verwaltungsgesellschaft informiert wird, dass diese die Entziehung der Konzession beabsichtigt. Diese Maßnahmen können Entscheidungen beinhalten, mit denen verhindert wird, dass die betreffende Verwaltungsgesellschaft neue Geschäfte in Österreich tätigt. Ist in diesem Zusammenhang ein Bescheid der FMA ergangen, so ist die Rechtskraft dieses Bescheides gemäß § 21b FMABG eingeschränkt.

(8) Die FMA hat die zuständigen Behörden des Herkunftmitgliedstaats des OGAW zu konsultieren, bevor sie der Verwaltungsgesellschaft gemäß § 37 die Konzession entzieht, damit die zuständigen Behörden des Herkunftmitgliedstaats des OGAW geeignete Maßnahmen zur Wahrung der Interessen der Anleger treffen können.

2. Hauptstück. Depotbank

Erfordernis der Depotbank

§ 39. (1) Die Verwahrung des Vermögens des OGAW ist einer Depotbank im Sinne von § 41 Abs. 1 zu übertragen.

D. Einführung in das österreichische Investmentrecht

(2) Die Anteilscheine sind vor ihrer Ausgabe der Depotbank in Verwahrung zu geben. Diese darf sie nur ausgeben, wenn ihr der Gegenwert gemäß § 55 Abs. 1 ohne jede Beschränkung zur Verfügung gestellt worden ist. Die Depotbank hat den empfangenen Gegenwert unverzüglich dem Fondsvermögen zuzuführen.

Aufgaben der Depotbank

§ 40. (1) Die Verwaltungsgesellschaft hat mit der Verwahrung der zu einem OGAW (§ 50) gehörigen Wertpapiere und mit der Führung der zum OGAW gehörigen Konten eine Depotbank, die die Anforderungen des § 41 erfüllt, zu beauftragen.

(2) Die Depotbank hat zu gewährleisten, dass
1. der Verkauf, die Ausgabe, die Rücknahme, die Auszahlung und die Aufhebung der Anteile, die für Rechnung des OGAW oder durch die Verwaltungsgesellschaft vorgenommen werden, gemäß den Bestimmungen dieses Bundesgesetzes und den Fondsbestimmungen im Interesse der Anteilinhaber erfolgt;
2. die Berechnung des Wertes der Anteile gemäß den Bestimmungen dieses Bundesgesetzes und den Fondsbestimmungen im Interesse der Anteilinhaber erfolgt;
3. ihr bei Geschäften, die sich auf das Vermögen des Investmentfonds beziehen, der Gegenwert unverzüglich übertragen wird;
4. die Erträge des Investmentfonds gemäß den Bestimmungen dieses Bundesgesetzes und den Fondsbestimmungen verwendet werden.

(3) Die Depotbank hat den Weisungen der Verwaltungsgesellschaft Folge zu leisten, außer diese Weisungen verstoßen gegen die Bestimmungen dieses Bundesgesetzes oder die Fondsbestimmungen.

(4) Die Depotbank ist berechtigt und verpflichtet, im eigenen Namen gemäß § 37 EO durch Klage Widerspruch zu erheben, wenn auf einen zu einem OGAW gehörigen Vermögenswert Exekution geführt wird, sofern es sich nicht um eine gemäß §§ 80 bis 84 begründete Forderung gegen den OGAW handelt.

Anforderungen an die Depotbank

§ 41. (1) Als Depotbank kann nur ein Kreditinstitut, das zum Betrieb des Depotgeschäftes (§ 1 Abs. 1 Z 5 BWG) berechtigt ist, oder eine gemäß § 9 Abs. 4 BWG errichtete inländische Zweigstelle eines EWR-Kreditinstitutes bestellt werden. Die Bestellung bedarf der Bewilligung der FMA. Sie darf nur erteilt werden, wenn anzunehmen ist, dass das Kreditinstitut die Erfüllung der Aufgaben der Depotbank gewährleistet. Die Bestellung der Depotbank ist zu veröffentlichen; die Veröffentlichung hat den Bewilligungsbescheid anzuführen.

(2) Im Rahmen des Verfahrens zur Bewilligung der Depotbank hat die FMA auch zu prüfen, ob die Geschäftsleiter der Depotbank eine ausreichende Erfahrung in Bezug auf den Typ des zu verwahrenden OGAW haben.

(3) Die Depotbank hat sicherzustellen, dass die FMA oder die zuständige Behörde des Herkunftmitgliedstaates des OGAW auf Verlangen alle Informationen erhält, die die Depotbank bei der Wahrnehmung ihrer Aufgaben erhalten hat und die die FMA zur Überwachung der Einhaltung der Bestimmungen dieses Bundesgesetzes, des BWG und der EU-Verordnungen zur Durchführung der Richtlinie 2009/65/EG benötigt.

(4) Wird der OGAW von einer Verwaltungsgesellschaft gemäß § 36 verwaltet, oder verwaltet eine Verwaltungsgesellschaft mit Sitz in Österreich einen OGAW in einem anderen Mitgliedstaat, so haben die Depotbank und die Verwaltungsgesellschaft gemäß § 36 oder die Verwaltungsgesellschaft gemäß § 5 Abs. 1 mit der Verwahrstelle im Herkunftmitgliedstaat des OGAW eine schriftliche Vereinbarung über den Informationsaustausch zu unterzeichnen, der für erforderlich erachtet wird, damit die Verwahrstelle ihren Aufgaben gemäß § 40 und gemäß anderen für Verwahrstellen im Herkunftmitgliedstaat des OGAW einschlägigen Rechts- und Verwaltungsvorschriften nachkommen kann. Die Vereinbarung hat zumindest die in § 42 festgelegten Bestimmungen zu beinhalten.

Inhalt der Vereinbarung zwischen Verwaltungsgesellschaft und Verwahrstelle

§ 42. (1) Die in § 41 Abs. 4 genannte Vereinbarung hat im Hinblick auf die von den Vereinbarungsparteien einzuhaltenden Verfahren und zu erbringenden Dienstleistungen zumindest Folgendes zu beinhalten:

VI. Normenteil

1. Beschreibung der Verfahren, die unter anderem bei der Verwahrung für die einzelnen Arten von Vermögenswerten des OGAW, die der Verwahrstelle anvertraut werden, festzulegen sind;
2. Beschreibung der Verfahren, die einzuhalten sind, wenn die Verwaltungsgesellschaft die Fondsbestimmungen oder den Prospekt des OGAW ändern will, wobei auch festzulegen ist, wann die Verwahrstelle informiert werden sollte oder die Änderung die vorherige Zustimmung der Verwahrstelle erfordert;
3. Beschreibung der Mittel und Verfahren, mit denen die Verwahrstelle der Verwaltungsgesellschaft alle einschlägigen Informationen übermittelt, die diese zur Erfüllung ihrer Aufgaben benötigt, einschließlich einer Beschreibung der Mittel und Verfahren für die Ausübung etwaiger mit Finanzinstrumenten verbundener Rechte sowie der Mittel und Verfahren, die angewandt werden, damit die Verwaltungsgesellschaft und der OGAW Zugang zu zeitnahen und genauen Informationen über die Konten des OGAW haben;
4. Beschreibung der Mittel und Verfahren, mit denen die Verwahrstelle Zugang zu allen einschlägigen Informationen erhält, die sie zur Erfüllung ihrer Aufgaben benötigt;
5. Beschreibung der Verfahren, mit denen die Verwahrstelle die Möglichkeit hat, Nachforschungen zum Wohlverhalten der Verwaltungsgesellschaft anzustellen und die Qualität der übermittelten Informationen zu bewerten, unter anderem durch Besuche vor Ort;
6. Beschreibung der Verfahren, mit denen die Verwaltungsgesellschaft die Leistung der Verwahrstelle in Bezug auf deren vertragliche Verpflichtungen überprüfen kann.

(2) Weiters hat die in § 41 Abs. 4 genannte Vereinbarung im Hinblick auf den Informationsaustausch und die Pflichten in Bezug auf Geheimhaltung und Geldwäsche zumindest Folgendes zu beinhalten:
1. Auflistung aller Informationen, die in Bezug auf Zeichnung, Rücknahme, Ausgabe, Annullierung und Rückkauf von Anteilen des OGAW zwischen dem OGAW, seiner Verwaltungsgesellschaft und der Verwahrstelle ausgetauscht werden müssen;
2. für die Vereinbarungsparteien geltende Geheimhaltungspflichten;
3. Informationen über die Aufgaben und Zuständigkeiten der Vereinbarungsparteien hinsichtlich der Pflichten in Bezug auf die Bekämpfung von Geldwäsche und Terrorismusfinanzierung, sofern anwendbar.

Die in Z 2 genannten Pflichten sind so zu formulieren, dass weder die zuständigen Behörden des Herkunftmitgliedstaats der Verwaltungsgesellschaft noch die zuständigen Behörden des Herkunftmitgliedstaats des OGAW daran gehindert werden, sich Zugang zu einschlägigen Dokumenten und Informationen zu verschaffen.

(3) Weiters hat die in § 41 Abs. 4 genannte Vereinbarung, sofern die Verwahrstelle oder die Verwaltungsgesellschaft beabsichtigen, Dritte mit der Ausführung ihrer jeweiligen Aufgaben zu beauftragen, zumindest Folgendes zu beinhalten:
1. Eine Verpflichtung beider Vereinbarungsparteien, regelmäßig Einzelheiten zu etwaigen Dritten zu übermitteln, die die Verwahrstelle oder die Verwaltungsgesellschaft mit der Ausführung ihrer jeweiligen Aufgaben beauftragt haben;
2. eine Verpflichtung, dass auf Antrag einer Partei die jeweils andere Informationen darüber erteilt, nach welchen Kriterien der Dritte ausgewählt wurde und welche Schritte unternommen wurden, um dessen Tätigkeit zu überwachen;
3. eine Erklärung, wonach die gemäß § 43 dieses Bundesgesetzes beziehungsweise in Artikel 24 und Artikel 34 der Richtlinie 2009/65/EG vorgesehene Haftung der Verwahrstelle davon unberührt bleibt, dass sie die von ihr verwahrten Vermögenswerte ganz oder teilweise einem Dritten anvertraut hat.

(4) Weiters hat die in § 41 Abs. 4 genannte Vereinbarung zumindest folgende Bestimmungen zu etwaigen Änderungen und zur Beendigung der Vereinbarung zu beinhalten:
1. Laufzeit der Vereinbarung;
2. Voraussetzungen, unter denen die Vereinbarung geändert oder beendet werden kann;
3. Voraussetzungen, die notwendig sind, um den Wechsel zu einer anderen Verwahrstelle zu erleichtern, und Verfahren, nach dem die Verwahrstelle der anderen Verwahrstelle in einem solchen Falle alle einschlägigen Informationen übermittelt.

(5) Die Verwahrstelle und die Verwaltungsgesellschaft haben in der Vereinbarung festzulegen, dass die Vereinbarung dem Recht des Herkunftmitgliedstaats der OGAW unterliegt.

(6) Wird in der Vereinbarung eine elektronische Übermittlung der zwischen den Vertragsparteien ausgetauschten Informationen zur Gänze oder teilweise vorgesehen, so hat die Vereinbarung auch

D. Einführung in das österreichische Investmentrecht

Bestimmungen zu enthalten, die sicherstellen, dass die entsprechenden Informationen aufgezeichnet werden.

(7) Soll die Vereinbarung für mehr als einen von der Verwaltungsgesellschaft verwalteten OGAW gelten, so sind in der Vereinbarung die in ihren Geltungsbereich fallenden OGAW anzuführen.

(8) Die Einzelheiten der in Abs. 1 Z 3 und 4 genannten Mittel und Verfahren sind entweder in der gemäß § 41 Abs. 4 vorgesehenen Vereinbarung oder in einer gesonderten schriftlichen Vereinbarung zu regeln.

Haftung der Depotbank

§ 43. (1) Die Depotbank haftet gegenüber der Verwaltungsgesellschaft und den Anteilinhabern für jede Schädigung, die durch ihre schuldhafte Pflichtverletzung verursacht worden ist.

(2) Die Haftung der Depotbank gemäß Abs. 1 wird nicht dadurch berührt, dass sie sämtliche oder einen Teil der Vermögensgegenstände, deren Verwahrung sie übernommen hat, einem Dritten überträgt.

Unabhängigkeit der Depotbank

§ 44. (1) Die Aufgaben der Verwaltungsgesellschaft und der Depotbank oder Verwahrstelle dürfen nicht von ein und derselben Gesellschaft wahrgenommen werden. § 6 Abs. 2 Z 8 und 9 findet auch auf die Depotbank Anwendung.

(2) Die Depotbank hat bei der Wahrnehmung ihrer Aufgaben unabhängig und ausschließlich im Interesse der Anteilinhaber zu handeln.

Vergütung der Depotbank und der Verwaltungsgesellschaft

§ 45. Die der Verwaltungsgesellschaft nach den Fondsbestimmungen für die Verwaltung zustehende Vergütung und der Ersatz für die mit der Verwaltung zusammenhängenden Aufwendungen sind von der Depotbank zu Lasten der für den Fonds geführten Konten zu bezahlen. Die Depotbank darf die ihr für die Verwahrung der Wertpapiere des Fonds und für die Kontoführung zustehende Vergütung dem Fonds anlasten. Bei diesen Maßnahmen darf die Depotbank nur auf Grund eines Auftrages der Verwaltungsgesellschaft handeln.

3. Hauptstück. OGAW

1. Abschnitt. Sondervermögen

Anteilscheine

§ 46. (1) Ein OGAW in der Form eines Sondervermögens gemäß § 2 Abs. 2 hat keine eigene Rechtspersönlichkeit; es zerfällt in gleiche, in Wertpapieren verkörperte Anteile (Anteilscheine). Die Anteilscheine sind Finanzinstrumente (§ 1 Z 6 lit. c WAG 2007); sie verkörpern die Miteigentumsanteile an den Vermögenswerten des OGAW und die Rechte der Anteilinhaber gegenüber der Verwaltungsgesellschaft sowie der Depotbank. Die Anteilscheine können auf den Inhaber oder auf Namen lauten. Lauten sie auf Namen, so gelten für sie die §§ 61 Abs. 2 bis 5, 62 und 63 Aktiengesetz – AktG (BGBl. Nr. 98/1965) sinngemäß.

(2) Die Anteilscheine sind von der Verwaltungsgesellschaft sowie einem Geschäftsleiter oder einem dazu beauftragten Angestellten der Depotbank zu unterzeichnen. § 13 AktG ist sinngemäß anzuwenden. Die Anteilscheine können über einen oder mehrere Anteile oder Bruchteile davon ausgestellt werden.

(3) Anteilscheine an Sondervermögen sind zur Anlage von Mündelgeld geeignet, sofern aufgrund der Fondsbestimmungen
1. das Fondsvermögen ausschließlich in Wertpapieren gemäß § 217 ABGB veranlagt werden darf;
2. Bankguthaben neben den Erträgnissen 10 vH des Fondsvermögens nicht überschreiten dürfen;
3. Geschäfte mit derivativen Produkten im Sinne des § 73 ausschließlich zur Absicherung des Fondsvermögens durchgeführt werden dürfen.

Wertpapierleihgeschäfte gemäß § 84 sind zulässig. Solche Anteilscheine sind auch für die Anlage im Deckungsstock einer inländischen Bank für Spareinlagen gemäß § 216 ABGB geeignet.

(4) Nach Maßgabe der Fondsbestimmungen (§ 53 Abs. 3 Z 7 und 14) können für ein Sondervermögen mehrere Gattungen von Anteilscheinen ausgegeben werden, insbesondere im Hinblick auf die Ertragsverwendung, den Ausgabeaufschlag, den Rücknahmeabschlag, die Währung des Anteilswertes,

die Verwaltungsvergütung oder eine Kombination der genannten Kriterien. Die Kosten bei Einführung neuer Anteilsgattungen für bestehende Sondervermögen müssen zu Lasten der Anteilspreise der neuen Anteilsgattungen in Rechnung gestellt werden. Der Wert des Anteils ist für jede Anteilsgattung gesondert zu errechnen.

(5) Ein Angebot von Anteilscheinen darf im Inland nur unter Einhaltung von § 50 und der Bestimmungen des 4. Hauptstückes erfolgen.

Beachte für folgende Bestimmung
Tritt mit 1. September 2011 in Kraft (vgl. § 200 Abs. 1). Für Verwaltungsgesellschaften gemäß Art. 6 der Richtlinie 2009/65/EG, welche in einem anderen Mitgliedstaat konzessioniert sind und über eine Zweigstelle, im Wege der Dienstleistungsfreiheit oder kollektiven Portfolioverwaltung in Österreich tätig werden, gilt diese Bestimmung samt den in ihr verwiesenen Normen rückwirkend ab 1. Juli 2011 (vgl. § 200 Abs. 3).

Teilfonds

§ 47. (1) Unter Berücksichtigung der Festlegung in der Verordnung der FMA gemäß Abs. 3 können mehrere Sondervermögen, die sich hinsichtlich der Anlagepolitik oder eines anderen Ausstattungsmerkmals unterscheiden (Teilfonds), zusammengefasst werden (Umbrella-Konstruktion). Die Kosten für die Auflegung neuer Teilfonds müssen zulasten der Anteilspreise der neuen Teilfonds in Rechnung gestellt werden. Die Fondsbestimmungen eines Teilfonds und deren Änderung sind durch die FMA gemäß § 53 Abs. 2 zu bewilligen. Für alle Teilfonds eines Sondervermögens ist die gleiche Depotbank zu benennen. Überdies haben alle Teilfonds eines Sondervermögens dasselbe Rechnungsjahr aufzuweisen.

(2) Die jeweiligen Teilfonds einer Umbrella-Konstruktion sind von den übrigen Teilfonds der Umbrella-Konstruktion vermögensrechtlich und haftungsrechtlich getrennt. Im Verhältnis der Anleger untereinander wird jeder Teilfonds als eigenständiges Sondervermögen behandelt. Die Rechte von Anlegern und Gläubigern im Hinblick auf einen Teilfonds, insbesondere dessen Auflegung, Verwaltung, Übertragung und Auflösung, beschränken sich auf die Vermögensgegenstände dieses Teilfonds. Für die auf den einzelnen Teilfonds entfallenden Verbindlichkeiten haftet nur der betreffende Teilfonds.

(3) Die FMA kann durch Verordnung nähere Bestimmungen zur buchhalterischen Darstellung, Rechnungslegung und Ermittlung des Wertes jedes Teilfonds festlegen.

Beachte für folgende Bestimmung
Tritt mit 1. September 2011 in Kraft (vgl. § 200 Abs. 1). Für Verwaltungsgesellschaften gemäß Art. 6 der Richtlinie 2009/65/EG, welche in einem anderen Mitgliedstaat konzessioniert sind und über eine Zweigstelle, im Wege der Dienstleistungsfreiheit oder kollektiven Portfolioverwaltung in Österreich tätig werden, gilt diese Bestimmung samt den in ihr verwiesenen Normen rückwirkend ab 1. Juli 2011 (vgl. § 200 Abs. 3).

Rechnungsjahr der Kapitalanlagefonds

§ 48. Das Rechnungsjahr des Sondervermögens ist das Kalenderjahr, falls die Fondsbestimmungen nichts anderes anordnen.

Beachte für folgende Bestimmung
Tritt mit 1. September 2011 in Kraft (vgl. § 200 Abs. 1). Für Verwaltungsgesellschaften gemäß Art. 6 der Richtlinie 2009/65/EG, welche in einem anderen Mitgliedstaat konzessioniert sind und über eine Zweigstelle, im Wege der Dienstleistungsfreiheit oder kollektiven Portfolioverwaltung in Österreich tätig werden, gilt diese Bestimmung samt den in ihr verwiesenen Normen rückwirkend ab 1. Juli 2011 (vgl. § 200 Abs. 3).

Rechenschafts- und Halbjahresberichte

§ 49. (1) Die Verwaltungsgesellschaft hat für jedes Rechnungsjahr über jedes Sondervermögen einen Rechenschaftsbericht, sowie für die ersten sechs Monate eines jeden Rechnungsjahres über jedes Sondervermögen einen Halbjahresbericht zu erstellen.

(2) Der Rechenschaftsbericht hat eine Ertragsrechnung, eine Vermögensaufstellung sowie die Fondsbestimmungen zu enthalten, über die Veränderungen des Vermögensbestandes zu berichten und die Zahl der Anteile zu Beginn des Berichtszeitraumes und an dessen Ende anzugeben. Weiters hat der Rechenschaftsbericht einen Bericht über die Tätigkeiten des abgelaufenen Rechnungsjahres und alle sonstigen in Anlage I Schema B vorgesehenen Angaben sowie alle wesentlichen Informationen,

D. Einführung in das österreichische Investmentrecht

die es den Anlegern ermöglichen, sich in voller Sachkenntnis ein Urteil über die Entwicklung der Tätigkeiten und der Ergebnisse des Sondervermögens zu bilden, zu enthalten. Im Rechenschaftsbericht ist weiters anzugeben, wie hoch die Anteile der Verwaltungsgebühren maximal sind, die der OGAW einerseits und die OGAW oder anderen Organismen für gemeinsame Anlagen, in die der OGAW investiert hat, andererseits zu tragen haben. Die Vermögenswerte des Sondervermögens sind mit den Werten gemäß § 57 Abs. 1 anzusetzen. Der Rechenschaftsbericht des Feeder-OGAW hat zusätzlich zu den in Anlage I Schema B vorgesehenen Informationen eine Erklärung zu den aggregierten Gebühren von Feeder-OGAW und Master-OGAW zu enthalten. Der Rechenschaftsbericht des Feeder-OGAW hat Informationen darüber zu enthalten, wo der Rechenschaftsbericht des Master-OGAW verfügbar ist.

(3) Der Halbjahresbericht hat mindestens die in den Abschnitten 1 bis 4 Anlage I Schemas B vorgesehenen Angaben zu enthalten; die Zahlenangaben haben, wenn der OGAW Zwischenausschüttungen vorgenommen hat oder dies vorgeschlagen wurde, das Ergebnis nach Steuern für das betreffende Halbjahr sowie die erfolgte oder vorgesehene Zwischenausschüttung auszuweisen. Die Vermögenswerte des Sondervermögens sind mit den Werten gemäß § 57 Abs. 1 anzusetzen. Der Halbjahresbericht des Feeder-OGAW hat Informationen darüber zu enthalten, wo der Halbjahresbericht des Master-OGAW verfügbar ist.

(4) Betreibt eine Verwaltungsgesellschaft für Rechnung eines Sondervermögens Pensionsgeschäfte (§ 83) oder Wertpapierleihgeschäfte (§ 84), so sind diese im Halbjahres- und Rechenschaftsbericht jeweils gesondert auszuweisen und zu erläutern.

(5) Der Rechenschaftsbericht ist von einem Wirtschaftsprüfer oder einer Wirtschaftsprüfungsgesellschaft, der oder die auch der Bankprüfer der Verwaltungsgesellschaft sein kann, zu prüfen; für diese Prüfung gelten die §§ 268 bis 276 Unternehmensgesetzbuch – UGB (dRGBl. 1897, S. 219) sinngemäß. Die Prüfung hat sich auch auf die Beachtung dieses Bundesgesetzes und der Fondsbestimmungen zu erstrecken. Der Bestätigungsvermerk des Abschlussprüfers und gegebenenfalls Einschränkungen desselben sind in jedem Rechenschaftsbericht vollständig wiederzugeben.

(6) Der geprüfte Rechenschaftsbericht und der Halbjahresbericht sind dem Aufsichtsrat der Verwaltungsgesellschaft vorzulegen.

(7) Der geprüfte Rechenschaftsbericht und der Halbjahresbericht sind in der Verwaltungsgesellschaft und in der Depotbank zur Einsicht aufzulegen. Im Übrigen sind die §§ 136 bis 138 zu beachten.

Beachte für folgende Bestimmung
Tritt mit 1. September 2011 in Kraft (vgl. § 200 Abs. 1). Für Verwaltungsgesellschaften gemäß Art. 6 der Richtlinie 2009/65/EG, welche in einem anderen Mitgliedstaat konzessioniert sind und über eine Zweigstelle, im Wege der Dienstleistungsfreiheit oder kollektiven Portfolioverwaltung in Österreich tätig werden, gilt diese Bestimmung samt den in ihr verwiesenen Normen rückwirkend ab 1. Juli 2011 (vgl. § 200 Abs. 3).

2. Abschnitt. Bewilligung des OGAW und allgemeine Bestimmungen
Bewilligung des OGAW

§ 50. (1) Die Ausgabe von Anteilscheinen eines OGAW in Österreich bedarf der Bewilligung der FMA.

(2) Die FMA hat im Rahmen der Bewilligung eines OGAW gemäß Abs. 4 folgende Bewilligungen zu erteilen:
1. Auflage des OGAW gemäß den Fondsbestimmungen (§ 53);
2. Verwaltung des OGAW durch die antragstellende Verwaltungsgesellschaft;
3. Bestellung der Depotbank (§ 41).

(3) Die Verwaltungsgesellschaft, die den OGAW in Österreich auflegen und verwalten möchte, hat bei der FMA einen Antrag auf Erteilung der Bewilligung des OGAW zu stellen und diesem Antrag folgende Angaben und Unterlagen anzuschließen:
1. Die Fondsbestimmungen (§ 53);
2. Firma und Sitz der Verwaltungsgesellschaft sowie den Nachweis, dass die Verwaltungsgesellschaft
   a) zur Verwaltung eines OGAW im Sinne der gemäß Z 1 vorgelegten Fondsbestimmungen berechtigt ist und
   b) für den Fall, dass die Verwaltungsgesellschaft nicht über eine Konzession gemäß § 6 Abs. 2 verfügt, den Nachweis, dass sie die Voraussetzungen des § 36 erfüllt, mittels Vorlage einer Bescheinigung der Herkunftmitgliedstaatsbehörde;

VI. Normenteil

3. Firma und Sitz der Depotbank (§ 41) sowie die Namen der Geschäftsleiter der Depotbank und den Nachweis, dass die Anforderungen gemäß § 41 erfüllt sind.

(4) Die Bewilligung des OGAW ist zu erteilen, wenn
1. die Fondsbestimmungen diesem Bundesgesetz entsprechen und sofern diese gemäß § 76 ein Abweichen von den Anlagegrenzen des § 74 vorsehen, die Fondsbestimmungen gemäß § 76 Abs. 3 geprüft wurden und § 76 Abs. 1 Z 2 entsprechen;
2. die Depotbank die Voraussetzungen der §§ 40 bis 45 erfüllt und deren Geschäftsleiter ausreichende Erfahrung auch in Bezug auf den Typ des zu verwahrenden OGAW haben;
3. der Vertrieb der Anteile des OGAW in Österreich nicht auf Grund der Fondsbestimmungen verwehrt ist; sowie
4. die antragstellende Verwaltungsgesellschaft entweder
   a) über eine Konzession gemäß § 6 Abs. 2 verfügt und zur Verwaltung des beantragten OGAW berechtigt ist oder,
   b) sofern sie ihren Sitz in einem anderen Mitgliedstaat hat, die Anforderungen des Abs. 3 Z 2 lit. b erfüllt sind.

(5) Die FMA hat der Verwaltungsgesellschaft binnen zwei Monaten nach Eingang des Antrages oder, wenn dieser unvollständig ist, binnen zwei Monaten nach Übermittlung aller für den Bescheid erforderlichen Angaben entweder die Bewilligung des OGAW schriftlich zu erteilen oder die Ablehnung des Antrages mittels Bescheides schriftlich mitzuteilen. Die Bewilligung kann mit Bedingungen, Befristungen und Auflagen versehen werden.

(6) Die Bewilligung erlischt, wenn die Verwaltungsgesellschaft von ihr nicht innerhalb eines Jahres seit ihrer Erteilung Gebrauch macht oder sie davor ausdrücklich auf die Bewilligung verzichtet.

(7) Die FMA hat die Bewilligung zurückzunehmen, wenn
1. die Verwaltungsgesellschaft die Bewilligung aufgrund falscher Erklärungen oder auf sonstige rechtswidrige Weise erhalten hat;
2. die Voraussetzungen nach Abs. 4 nicht mehr vorliegen;
3. die Verwaltungsgesellschaft nachhaltig gegen die Bestimmungen dieses Bundesgesetzes verstößt.
Im Fall der Rücknahme der Bewilligung gemäß Z 1, 2 oder 3 hat die Depotbank gemäß § 63 die Abwicklung durchzuführen.

Beachte für folgende Bestimmung
Tritt mit 1. September 2011 in Kraft (vgl. § 200 Abs. 1).Für Verwaltungsgesellschaften gemäß Art. 6 der Richtlinie 2009/65/EG, welche in einem anderen Mitgliedstaat konzessioniert sind und über eine Zweigstelle, im Wege der Dienstleistungsfreiheit oder kollektiven Portfolioverwaltung in Österreich tätig werden, gilt diese Bestimmung samt den in ihr verwiesenen Normen rückwirkend ab 1. Juli 2011 (vgl. § 200 Abs. 3).

Anteilinhaberregister

§ 51. (1) Für Anteilscheine, die auf Namen lauten, ist am Sitz des OGAW ein Anteilinhaberregister zu führen. Für jeden Anteilinhaber sind folgende Angaben im Anteilinhaberregister aufzunehmen:
1. Name (Firma) und für die Zustellung maßgebliche Anschrift und gegebenenfalls elektronische Anschrift des Anteilinhabers, bei natürlichen Personen das Geburtsdatum, bei juristischen Personen gegebenenfalls das Register und die Nummer unter der die juristische Person im Herkunftstaat geführt wird;
2. Stückzahl oder Nummer des Anteils;
3. eine auf den Anteilinhaber lautende Kontoverbindung bei einem Kreditinstitut gemäß § 10a Abs. 1 AktG, auf das sämtliche Zahlungen zu erfolgen haben;
4. wenn der Anteilinhaber die Anteile für Rechnung einer anderen Person hält, die Angaben nach Z 1 und 2 auch in Bezug auf diese Person, sofern der Anteilinhaber kein Kreditinstitut im Sinne des § 10a Abs. 1 AktG ist.

(2) Die Bestimmungen der §§ 61 Abs. 2 bis 5, 62 und 63 AktG finden sinngemäß Anwendung.

Beachte für folgende Bestimmung
Tritt mit 1. September 2011 in Kraft (vgl. § 200 Abs. 1). Für Verwaltungsgesellschaften gemäß Art. 6 der Richtlinie 2009/65/EG, welche in einem anderen Mitgliedstaat konzessioniert sind und über eine Zweigstelle, im Wege der Dienstleistungsfreiheit oder kollektiven Portfolioverwaltung in Österreich tätig werden, gilt diese Bestimmung samt den in ihr verwiesenen Normen rückwirkend ab 1. Juli 2011 (vgl. § 200 Abs. 3).

D. Einführung in das österreichische Investmentrecht

Verfügungsrecht über das Vermögen des OGAW

§ 52. Nur die Verwaltungsgesellschaft ist berechtigt, über die Vermögenswerte eines von ihr verwalteten OGAW zu verfügen und die Rechte an den Vermögenswerten auszuüben; sie handelt dabei im eigenen Namen auf Rechnung der Anteilinhaber. Sie hat die Interessen der Anteilinhaber zu wahren, die Sorgfalt eines ordentlichen Geschäftsleiters im Sinne von § 84 Abs. 1 AktG anzuwenden und die Bestimmungen dieses Bundesgesetzes und der auf der Grundlage dieses Bundesgesetzes erlassenen Verordnungen sowie die Fondsbestimmungen einzuhalten.

Fondsbestimmungen

§ 53. (1) Die Fondsbestimmungen sind von der Verwaltungsgesellschaft aufzustellen und regeln das Rechtsverhältnis der Anteilinhaber zur Verwaltungsgesellschaft und zur Depotbank. Nach Zustimmung des Aufsichtsrates der Verwaltungsgesellschaft sind sie der Depotbank zur Zustimmung vorzulegen.

(2) Die Fondsbestimmungen bedürfen der Bewilligung der FMA. Diese Bewilligung ist zu erteilen, wenn die Fondsbestimmungen diesem Bundesgesetz entsprechen.

(3) Die Fondsbestimmungen haben außer den sonst in diesem Bundesgesetz vorgeschriebenen Angaben Bestimmungen darüber hinaus zu enthalten:
1. Ob die Anteilscheine auf Inhaber oder auf Namen lauten;
2. nach welchen Grundsätzen die Wertpapiere, Geldmarktinstrumente und liquiden Finanzanlagen ausgewählt werden, die für den Fonds erworben werden;
3. welcher Anteil des Fondsvermögens höchstens in Bankguthaben gehalten werden darf;
4. ob und bejahendenfalls in welcher Höhe ein Mindestanteil des Fondsvermögens in Bankguthaben zu halten ist;
5. welche Vergütung die Verwaltungsgesellschaft für die Verwaltung des Fonds erhält und welche Aufwendungen ihr zu ersetzen sind (§ 59);
6. ob und bejahendenfalls in welcher Höhe bei der Ausgabe der Anteilscheine dem errechneten Anteilswert ein Aufschlag zur Deckung der Ausgabekosten der Verwaltungsgesellschaft zugerechnet werden darf (§§ 57 Abs. 2 und 59);
7. inwieweit der Jahresertrag an die Anteilinhaber auszuschütten ist. Hiebei kann auch bestimmt werden, dass für einen OGAW mehrere Gattungen von Anteilscheinen ausgegeben werden, nämlich Anteilscheine, die Anspruch auf jährliche Ausschüttungen des Jahresertrages an die Anteilinhaber verbriefen (Ausschüttungsanteilscheine) und Anteilscheine, die keinen Anspruch auf Ausschüttungen des Jahresertrages an die Anteilinhaber verbriefen (thesaurierende Anteilscheine) (§ 58) oder sonstige Unterscheidungen im Sinne von § 46 Abs. 4;
8. zu welchen Zeitpunkten der Wert der Anteile zu ermitteln ist (§ 57 Abs. 1);
9. ob und bejahendenfalls in welcher Höhe bei der Rücknahme von Anteilscheinen vom Rücknahmepreis eine Vergütung für die Verwaltungsgesellschaft abgezogen werden darf (§ 55 Abs. 2 und § 59);
10. welche Vergütung (§ 59) die Depotbank bei Abwicklung des OGAW erhält;
11. in welcher Weise das Fondsvermögen, sofern es nur für eine begrenzte Dauer gebildet wird, abgewickelt und an die Anteilinhaber verteilt wird;
12. Firma und Sitz der Verwaltungsgesellschaft;
13. Firma und Sitz der Depotbank;
14. ob und bejahendenfalls, welche Gattungen von Anteilscheinen (§ 46 Abs. 4) ausgegeben werden.

(4) Die Verwaltungsgesellschaft darf die Fondsbestimmungen mit Zustimmung ihres Aufsichtsrates und mit Zustimmung der Depotbank ändern; die Änderung bedarf der Bewilligung der FMA. Diese Bewilligung ist zu erteilen, wenn die Änderung der Fondsbestimmungen den berechtigten Interessen der Anteilinhaber nicht widerspricht. Die Änderung ist gemäß § 136 Abs. 4 zu veröffentlichen. Sie tritt mit dem in der Veröffentlichung angegebenen Tag, frühestens jedoch drei Monate nach der Veröffentlichung, in Kraft. Die Veröffentlichung kann unterbleiben, wenn die Änderung der Fondsbestimmungen sämtlichen Anteilinhabern gemäß § 133 mitgeteilt wird; in diesem Fall gelten die Interessen der Anteilinhaber als ausreichend gewahrt und tritt die Änderung mit dem in der Mitteilung angegebenen Tag, frühestens jedoch 30 Tage nach Mitteilung an die Anteilinhaber in Kraft.

Beachte für folgende Bestimmung
Tritt mit 1. September 2011 in Kraft (vgl. § 200 Abs. 1). Für Verwaltungsgesellschaften gemäß Art. 6 der Richtlinie 2009/65/EG, welche in einem anderen Mitgliedstaat konzessioniert sind und über eine Zweigstelle, im Wege der Dienstleistungsfreiheit oder kollektiven Portfolioverwaltung in

VI. Normenteil

Österreich tätig werden, gilt diese Bestimmung samt den in ihr verwiesenen Normen rückwirkend ab 1. Juli 2011 (vgl. § 200 Abs. 3).

Haftungsverhältnisse

§ 54. (1) Zur Sicherstellung oder zur Hereinbringung von Forderungen gegen Anteilinhaber kann auf deren Anteilscheine, jedoch nicht auf die Vermögenswerte des OGAW Exekution geführt werden.

(2) Zur Sicherstellung oder zur Hereinbringung von Forderungen aus Verbindlichkeiten, die die Verwaltungsgesellschaft für einen OGAW nach den Bestimmungen dieses Bundesgesetzes wirksam begründet hat, kann nur auf die Vermögenswerte des OGAW Exekution geführt werden.

Beachte für folgende Bestimmung
Tritt mit 1. September 2011 in Kraft (vgl. § 200 Abs. 1). Für Verwaltungsgesellschaften gemäß Art. 6 der Richtlinie 2009/65/EG, welche in einem anderen Mitgliedstaat konzessioniert sind und über eine Zweigstelle, im Wege der Dienstleistungsfreiheit oder kollektiven Portfolioverwaltung in Österreich tätig werden, gilt diese Bestimmung samt den in ihr verwiesenen Normen rückwirkend ab 1. Juli 2011 (vgl. § 200 Abs. 3).

Ausgabe, Rücknahme und Auszahlung von Anteilen

§ 55. (1) Die Ausgabe von Anteilen des OGAW ist nur zulässig, wenn der Gegenwert des Nettoausgabepreises unverzüglich dem Fondsvermögen zufließt. Die Einbringung von Wertpapieren, Geldmarktinstrumenten und anderen in § 67 Abs. 1 genannten liquiden Finanzanlagen ist nur zulässig, sofern diese über einen Börsekurs verfügen, wobei die Einbringung solcher Wertpapiere, Geldmarktinstrumente und anderer in § 67 Abs. 1 genannter liquider Finanzanlagen mit ihrem Börsekurs am Tage der Ausgabe der Anteilscheine den Fondsbestimmungen entsprechend zu erfolgen hat.

(2) Auf Verlangen eines Anteilinhabers ist diesem gegen Rückgabe des Anteilscheines, der Ertragnisscheine und des Neuerungsscheines sein Anteil am OGAW auszuzahlen. Die Voraussetzungen der Auszahlung sind in den Fondsbestimmungen (§ 53) zu regeln. Das Miteigentum der Anteilinhaber an den Vermögenswerten des OGAW kann nur gemäß § 63 aufgehoben werden.

Beachte für folgende Bestimmung
Tritt mit 1. September 2011 in Kraft (vgl. § 200 Abs. 1). Für Verwaltungsgesellschaften gemäß Art. 6 der Richtlinie 2009/65/EG, welche in einem anderen Mitgliedstaat konzessioniert sind und über eine Zweigstelle, im Wege der Dienstleistungsfreiheit oder kollektiven Portfolioverwaltung in Österreich tätig werden, gilt diese Bestimmung samt den in ihr verwiesenen Normen rückwirkend ab 1. Juli 2011 (vgl. § 200 Abs. 3).

Aussetzung der Rücknahme oder Auszahlung

§ 56. (1) Die Auszahlung des Rückgabepreises eines von der FMA gemäß § 50 bewilligten OGAW kann unter gleichzeitiger Anzeige an die FMA vorübergehend unterbleiben und vom Verkauf von Vermögenswerten des OGAW sowie vom Eingang des Verwertungserlöses abhängig gemacht werden, wenn außergewöhnliche Umstände vorliegen, die dies unter Berücksichtigung berechtigter Interessen der Anteilinhaber erforderlich erscheinen lassen.

(2) Die Verwaltungsgesellschaft hat die Anleger durch öffentliche Bekanntmachung gemäß § 136 Abs. 4 über das Unterbleiben der Rücknahme der Anteilscheine und die Wiederaufnahme der Rücknahme der Anteilscheine zu unterrichten und gleichzeitig der FMA diese Tatsache gemäß § 151 mitzuteilen. Werden die Anteilscheine in einem anderen Mitgliedstaat vertrieben, so hat die Verwaltungsgesellschaft diese Information unverzüglich dessen zuständigen Stellen bekannt zu geben.

Beachte für folgende Bestimmung
Tritt mit 1. September 2011 in Kraft (vgl. § 200 Abs. 1). Für Verwaltungsgesellschaften gemäß Art. 6 der Richtlinie 2009/65/EG, welche in einem anderen Mitgliedstaat konzessioniert sind und über eine Zweigstelle, im Wege der Dienstleistungsfreiheit oder kollektiven Portfolioverwaltung in Österreich tätig werden, gilt diese Bestimmung samt den in ihr verwiesenen Normen rückwirkend ab 1. Juli 2011 (vgl. § 200 Abs. 3).

Errechnung des Anteilswertes; Ausgabepreis

§ 57. (1) Der Wert eines Anteiles ergibt sich aus der Teilung des Gesamtwertes des OGAW einschließlich der Erträgnisse durch die Zahl der Anteile. Der Gesamtwert des OGAW ist nach den Fondsbestimmungen aufgrund der jeweiligen Kurswerte der zu ihm gehörenden Wertpapiere, Geldmarktinstrumente und Bezugsrechte zuzüglich des Wertes der zum OGAW gehörenden liquiden

Finanzanlagen gemäß § 67 Abs. 1, Geldbeträge, Guthaben, Forderungen und sonstigen Rechte, abzüglich Verbindlichkeiten von der Verwaltungsgesellschaft oder, sofern die Verwaltungsgesellschaft diese Aufgaben gemäß § 5 Abs. 5 an die Depotbank übertragen hat, der Depotbank zu ermitteln. Ist für ein Wertpapier kein oder kein aktueller Börsenkurs verfügbar, so ist der Verkehrswert, der bei sorgfältiger Einschätzung unter Berücksichtigung der Gesamtumstände angemessen ist, heranzuziehen.

(2) Der Ausgabepreis eines Anteiles hat seinem errechneten Wert zu entsprechen. Dem errechneten Wert kann zur Deckung der Ausgabekosten der Verwaltungsgesellschaft ein in den Fondsbestimmungen (§ 53) festgesetzter Aufschlag zugerechnet werden.

(3) Die Verwaltungsgesellschaft oder, sofern die Verwaltungsgesellschaft diese Aufgaben gemäß § 5 Abs. 5 an die Depotbank übertragen hat, die Depotbank hat den Ausgabe- und den Rücknahmepreis der Anteile jedes Mal dann zu veröffentlichen, wenn eine Ausgabe oder eine Rücknahme der Anteile stattfindet, mindestens aber zweimal im Monat.

Beachte für folgende Bestimmung
Tritt mit 1. September 2011 in Kraft (vgl. § 200 Abs. 1). Für Verwaltungsgesellschaften gemäß Art. 6 der Richtlinie 2009/65/EG, welche in einem anderen Mitgliedstaat konzessioniert sind und über eine Zweigstelle, im Wege der Dienstleistungsfreiheit oder kollektiven Portfolioverwaltung in Österreich tätig werden, gilt diese Bestimmung samt den in ihr verwiesenen Normen rückwirkend ab 1. Juli 2011 (vgl. § 200 Abs. 3).

Gewinnverwendung und Ausschüttungen

§ 58. (1) Die Fondsbestimmungen haben Regelungen über die Art der Ausschüttungen des OGAW an die Anteilinhaber zu enthalten. Das Fondsvermögen darf jedoch durch Ausschüttungen in keinem Fall 1 150 000 Euro unterschreiten.

(2) Innerhalb von vier Monaten nach Ende des Geschäftsjahres ist, sofern keine Ausschüttung erfolgt, jedenfalls ein Betrag in der Höhe der auf die ausschüttungsgleichen Erträge gemäß § 186 Abs. 2 Z 1 erster Satz entfallenden Kapitalertragsteuer zuzüglich des gemäß § 124b Z 186 des Einkommensteuergesetzes 1988 freiwillig geleisteten Betrages auszuzahlen. Zu den Einkünften gehören auch Beträge, die neu hinzukommende Anteilinhaber für den zum Ausgabetag ausgewiesenen Ertrag aus Zinsen, Dividenden und Substanz leisten (Ertragsausgleich auf Zins-, Dividenden- und Substanzerträge). Die Auszahlung kann für OGAW oder bestimmte Gattungen von Anteilscheinen eines Sondervermögens unterbleiben, wenn durch die den OGAW verwaltende Verwaltungsgesellschaft in eindeutiger Form nachgewiesen wird, dass die ausgeschütteten und ausschüttungsgleichen Erträge sämtlicher Inhaber der ausgegebenen Anteilscheine entweder nicht der inländischen Einkommen- oder Körperschaftsteuer unterliegen oder die Voraussetzungen für eine Befreiung gemäß § 94 des Einkommensteuergesetzes 1988 vorliegen. Als solcher Nachweis gilt das kumulierte Vorliegen von Erklärungen sowohl der Depotbank als auch der Verwaltungsgesellschaft, dass ihnen kein Verkauf an andere Personen bekannt ist, sowie von Fondsbestimmungen, die den ausschließlichen Vertrieb bestimmter Gattungen im Ausland vorsehen.

Beachte für folgende Bestimmung
Tritt mit 1. September 2011 in Kraft (vgl. § 200 Abs. 1). Für Verwaltungsgesellschaften gemäß Art. 6 der Richtlinie 2009/65/EG, welche in einem anderen Mitgliedstaat konzessioniert sind und über eine Zweigstelle, im Wege der Dienstleistungsfreiheit oder kollektiven Portfolioverwaltung in Österreich tätig werden, gilt diese Bestimmung samt den in ihr verwiesenen Normen rückwirkend ab 1. Juli 2011 (vgl. § 200 Abs. 3).

Vergütung

§ 59. Die Vergütung und der Kostenersatz, die die Verwaltungsgesellschaft aus dem Fondsvermögen entnehmen darf, sowie die Art der Berechnung sind in den Fondsbestimmungen zu regeln. Findet sich dort keine Regelung, so steht der Verwaltungsgesellschaft kein Anspruch auf Kostenersatz oder Vergütung aus dem Fondsvermögen zu.

Beendigung der Verwaltung durch die Verwaltungsgesellschaft

§ 60. (1) Die Verwaltungsgesellschaft kann die Verwaltung eines OGAW nach Einholung der Bewilligung der FMA unter Einhaltung einer Kündigungsfrist von mindestens sechs Monaten durch öffentliche Bekanntmachung (§ 136 Abs. 4) kündigen. Die Bewilligung ist dann zu erteilen, wenn die Interessen der Anteilinhaber ausreichend gewahrt sind. Die Veröffentlichung kann unterbleiben, wenn die Kündigung sämtlichen Anteilinhabern gemäß § 133 nachweislich mitgeteilt wird. In diesem Fall gel-

VI. Normenteil

ten die Interessen der Anteilinhaber als ausreichend gewahrt und tritt die Kündigung mit dem in der Mitteilung angegebenen Tag, frühestens jedoch 30 Tage nach Mitteilung an die Anteilinhaber, in Kraft.

(2) Die Verwaltungsgesellschaft kann die Verwaltung unter gleichzeitiger Anzeige an die FMA ohne Einhaltung einer Kündigungsfrist mit dem Tag der öffentlichen Bekanntmachung kündigen, wenn das Fondsvermögen 1 150 000 Euro unterschreitet. Eine Kündigung wegen Unterschreitung des Fondsvermögens ist während einer Kündigung der Verwaltung des Fondsvermögens gemäß Abs. 1 nicht zulässig.

(3) Das Recht der Verwaltungsgesellschaft zur Verwaltung eines OGAW erlischt mit dem Wegfall der Konzession für das Investmentgeschäft (§ 1 Abs. 1 Z 13 BWG in Verbindung mit § 6 Abs. 2 dieses Bundesgesetzes) oder der Zulassung gemäß Art. 6 der Richtlinie 2009/65/EG oder mit dem Beschluss ihrer Auflösung oder mit dem Entzug der Berechtigung gemäß § 50 Abs. 7.

Wechsel der Verwaltungsgesellschaft oder der Depotbank

§ 61. (1) Die Verwaltungsgesellschaft kann die Verwaltung eines OGAW ohne Kündigung nach § 60 Abs. 1 auf eine andere Verwaltungsgesellschaft übertragen, wenn folgende Voraussetzungen vorliegen:
1. Bewilligung der FMA,
2. Zustimmung des Aufsichtsrates der Verwaltungsgesellschaft und der Depotbank und
3. Zustimmung der Geschäftsleiter und des Aufsichtsrates der Verwaltungsgesellschaft, auf die die Verwaltung übertragen werden soll.

Dem Anteilinhaber dürfen durch diese Vorgangsweise keine Kosten und keine Nachteile entstehen. Die Übertragung der Verwaltung ist gemäß § 136 Abs. 4 zu veröffentlichen. Sie tritt mit dem in der Veröffentlichung angegebenen Tag, frühestens jedoch drei Monate nach der Veröffentlichung, in Kraft. Die Veröffentlichung kann unterbleiben, wenn die Übertragung der Verwaltung an eine andere Verwaltungsgesellschaft sämtlichen Anteilinhabern gemäß § 133, mindestens jedoch 30 Tage vor der Übertragung der Verwaltung mitgeteilt wird.

(2) Der Wechsel der Depotbank bedarf ebenfalls der Bewilligung der FMA und tritt, soweit keine darüber hinausgehenden Änderungen der Fondsbestimmungen beantragt wurden, mit dem in der Veröffentlichung angegebenen Tag in Kraft. Bei diesem Wechsel ist auf den Schutz der Anteilinhaber Bedacht zu nehmen. Wurde bei einer Depotbank ein Regierungskommissär gemäß § 70 Abs. 2 Z 2 BWG oder eine Aufsichtsperson gemäß § 84 BWG bestellt und erfolgt ein Wechsel der Depotbank, so ist die gemäß § 53 Abs. 4 erforderliche Zustimmung der Depotbank zur Änderung von Fondsbestimmungen lediglich von der neu zu bestellenden Depotbank zu erteilen.

Beachte für folgende Bestimmung
Tritt mit 1. September 2011 in Kraft (vgl. § 200 Abs. 1). Für Verwaltungsgesellschaften gemäß Art. 6 der Richtlinie 2009/65/EG, welche in einem anderen Mitgliedstaat konzessioniert sind und über eine Zweigstelle, im Wege der Dienstleistungsfreiheit oder kollektiven Portfolioverwaltung in Österreich tätig werden, gilt diese Bestimmung samt den in ihr verwiesenen Normen rückwirkend ab 1. Juli 2011 (vgl. § 200 Abs. 3).

Verwaltung durch die Depotbank oder eine andere Verwaltungsgesellschaft

§ 62. (1) Endet das Recht der Verwaltungsgesellschaft, einen OGAW zu verwalten, so geht die Verwaltung nach Maßgabe der Fondsbestimmungen auf die Depotbank über.

(2) Die Depotbank kann im Fall der Kündigung gemäß § 60 Abs. 1 mit Bewilligung der FMA die Verwaltung des OGAW binnen sechs Monaten nach Beendigung der Verwaltung durch die Verwaltungsgesellschaft einer anderen Verwaltungsgesellschaft übertragen. Diese Bewilligung ist zu erteilen, wenn die berechtigten Interessen der Anteilinhaber ausreichend gewahrt sind. Die Betrauung der anderen Verwaltungsgesellschaft ist von dieser gemäß § 136 Abs. 4 zu veröffentlichen.

Beachte für folgende Bestimmung
Tritt mit 1. September 2011 in Kraft (vgl. § 200 Abs. 1). Für Verwaltungsgesellschaften gemäß Art. 6 der Richtlinie 2009/65/EG, welche in einem anderen Mitgliedstaat konzessioniert sind und über eine Zweigstelle, im Wege der Dienstleistungsfreiheit oder kollektiven Portfolioverwaltung in Österreich tätig werden, gilt diese Bestimmung samt den in ihr verwiesenen Normen rückwirkend ab 1. Juli 2011 (vgl. § 200 Abs. 3).

Abwicklung eines OGAW

§ 63. (1) Überträgt die Depotbank nicht gemäß § 62 Abs. 2 die Verwaltung an eine andere Verwaltungsgesellschaft, so hat sie den OGAW abzuwickeln. Der Beginn der Abwicklung ist gemäß § 136

Abs. 4 zu veröffentlichen und der Meldestelle (§ 12 KMG) anzuzeigen. Vom Tage dieser Bekanntmachung an ist die Auszahlung von Anteilen unzulässig.

(2) Wertpapiere sind so rasch, als dies bei Wahrung der Interessen der Anteilinhaber möglich ist, in Geld umzusetzen. Die Verteilung des Vermögens auf die Anteilinhaber ist erst nach Erfüllung der Verbindlichkeiten des OGAW sowie der nach den Fondsbestimmungen zulässigen Zahlungen an die Verwaltungsgesellschaft und die Depotbank vorzunehmen. Während der Abwicklung gilt § 49 für die Depotbank sinngemäß.

(3) Unter Berücksichtigung von Abs. 2 können auch Vorauszahlungen auf die Ausschüttung der bereits in Geld umgesetzten Wertpapiere vorgenommen werden.

(4) Abs. 1 ist nicht anzuwenden, wenn ein auf bestimmte Laufzeit errichteter OGAW (§ 53 Abs. 3 Z 11) ausläuft; sofern sich ein OGAW durch vollständige Rückgabe aller Anteile (ohne Kündigung) auflöst, ist dies von der Verwaltungsgesellschaft der FMA unverzüglich gemäß § 151 mitzuteilen.

Umwandlung in einen Spezialfonds

§ 64. Die Umwandlung eines OGAW, dessen Fondsbestimmungen gemäß § 50 bewilligt worden sind, in einen Spezialfonds (§ 163) ist unter gleichzeitiger Antragstellung gemäß § 29 AIFMG an die FMA nur zulässig, wenn alle Anteilinhaber nachweislich zustimmen, der OGAW nicht gemäß § 139 zum Vertrieb in einem anderen Mitgliedstaat notifiziert ist und die Voraussetzungen des § 163 hinsichtlich der Mindestinvestitionssumme vorliegen, der OGAW nicht in einem anderen Mitgliedstaat vertrieben wird und sämtliche Anteilinhaber vorher von der Verwaltungsgesellschaft über sämtliche Rechtsfolgen, die sich für die Anteilinhaber aus der Umwandlung ergeben, aufgeklärt wurden. Die Anteilinhaber sind gemäß § 133 zu informieren. Bei Vorliegen bereits angezeigter Übertragungen gemäß § 28 hat die Verwaltungsgesellschaft der FMA unverzüglich mitzuteilen, ob jene Übertragungen weiterhin aufrecht sind. Im Falle einer gleichzeitigen Übertragung der Verwaltung auf eine andere Verwaltungsgesellschaft hat diese jene Mitteilung vorzunehmen.

Beachte für folgende Bestimmung
Tritt mit 1. September 2011 in Kraft (vgl. § 200 Abs. 1). Für Verwaltungsgesellschaften gemäß Art. 6 der Richtlinie 2009/65/EG, welche in einem anderen Mitgliedstaat konzessioniert sind und über eine Zweigstelle, im Wege der Dienstleistungsfreiheit oder kollektiven Portfolioverwaltung in Österreich tätig werden, gilt diese Bestimmung samt den in ihr verwiesenen Normen rückwirkend ab 1. Juli 2011 (vgl. § 200 Abs. 3).

Abspaltung

§ 65. (1) Verwaltungsgesellschaften können unvorhersehbar illiquide gewordene Teile des Fondsvermögens eines von ihnen verwalteten OGAW mit Zustimmung des Aufsichtsrats, mit Zustimmung der Depotbank und nach Einholung der Bewilligung der FMA auf einen neu zu bildenden OGAW abspalten. Dieser OGAW ist von der Depotbank nach Maßgabe des § 63 abzuwickeln, wobei der Abspaltungsstichtag zu veröffentlichen ist und die Anteilinhaber im selben Verhältnis am abzuspaltenden OGAW beteiligt sind. In der Veröffentlichung sind der von der Abspaltung betroffene OGAW, der abgespaltene OGAW, die Verwaltungsgesellschaft, die Depotbank, der Bewilligungsbescheid der FMA und Angaben über die Beteiligung am neu zu bildenden OGAW anzuführen. Die Abspaltung ist von der Verwaltungsgesellschaft zu beantragen. Die FMA hat der Verwaltungsgesellschaft binnen vier Wochen nach Eingang des Antrages oder, wenn dieser unvollständig ist, binnen vier Wochen nach Übermittlung aller für die Bewilligung erforderlichen Angaben entweder die Abspaltung mittels schriftlichen Bescheides zu bewilligen oder die Ablehnung des Antrages mittels Bescheides mitzuteilen. Die Bewilligung kann mit Bedingungen, Befristungen und Auflagen versehen werden. Dem Anteilinhaber dürfen infolge der Abspaltung keine Kosten entstehen. Der FMA und der Meldestelle (§ 12 KMG) ist die erfolgte Abspaltung unverzüglich anzuzeigen. Der Meldestelle ist darüber hinaus das Verhältnis der Rückkaufswerte der Anteile am abspaltenden OGAW zum abgespaltenen OGAW bekanntzugeben.

(2) Der Abspaltungsantrag hat jedenfalls nachstehende Angaben zu enthalten:
1. Beschreibung und Umfang der von der Abspaltung betroffenen Vermögensgegenstände;
2. Grund der Illiquidität jener Vermögensgegenstände;
3. Bestätigung der Illiquidität jener Vermögensgegenstände durch einen Wirtschaftsprüfer;
4. ob und bejahendenfalls in welchen anderen Staaten der OGAW vertrieben wird.

(3) Der abgespaltene OGAW hat den Zusatz „in Abwicklung" zu führen und ist kein OGAW gemäß Art. 1 Abs. 2 der Richtlinie 2009/65/EG. Der FMA ist von der Depotbank quartalsweise über den abgespaltenen OGAW Bericht zu erstatten.

VI. Normenteil

Beachte für folgende Bestimmung
Tritt mit 1. September 2011 in Kraft (vgl. § 200 Abs. 1). Für Verwaltungsgesellschaften gemäß Art. 6 der Richtlinie 2009/65/EG, welche in einem anderen Mitgliedstaat konzessioniert sind und über eine Zweigstelle, im Wege der Dienstleistungsfreiheit oder kollektiven Portfolioverwaltung in Österreich tätig werden, gilt diese Bestimmung samt den in ihr verwiesenen Normen rückwirkend ab 1. Juli 2011 (vgl. § 200 Abs. 3).

3. Abschnitt. Veranlagungsbestimmungen.
Allgemeine Grundsätze, Risikostreuung

§ 66. (1) Die Wertpapiere, Geldmarktinstrumente und die anderen in § 67 genannten liquiden Finanzanlagen eines OGAW sind nach dem Grundsatz der Risikostreuung unter Beachtung der §§ 66 bis 84 auszuwählen und es dürfen die berechtigten Interessen der Anteilinhaber nicht verletzt werden.

(2) Unter Einhaltung des Grundsatzes der Risikostreuung können die Höchstsätze der §§ 74 bis 77 während der ersten sechs Monate ab Beginn der erstmaligen Ausgabe von Anteilen eines OGAW um 100 vH überschritten werden.

Beachte für folgende Bestimmung
Tritt mit 1. September 2011 in Kraft (vgl. § 200 Abs. 1). Für Verwaltungsgesellschaften gemäß Art. 6 der Richtlinie 2009/65/EG, welche in einem anderen Mitgliedstaat konzessioniert sind und über eine Zweigstelle, im Wege der Dienstleistungsfreiheit oder kollektiven Portfolioverwaltung in Österreich tätig werden, gilt diese Bestimmung samt den in ihr verwiesenen Normen rückwirkend ab 1. Juli 2011 (vgl. § 200 Abs. 3).

Liquide Finanzanlagen

§ 67. (1) Für das Vermögen eines OGAW dürfen ausschließlich
1. Wertpapiere im Sinne von § 3 Abs. 2 Z 13 in Verbindung mit § 69,
2. Geldmarktinstrumente im Sinne von § 3 Abs. 2 Z 14 in Verbindung mit § 70,
3. Anteile an OGAW im Sinne von § 50 oder Art. 5 der Richtlinie 2009/65/EG in Verbindung mit § 71 und Anteile an anderen Organismen des offenen Typs zur gemeinsamen Veranlagung in liquiden Finanzanlagen nach den Grundsätzen der Risikostreuung (OGA),
4. Sichteinlagen oder kündbare Einlagen im Sinne von § 72,
5. abgeleitete Finanzinstrumente (Derivate) einschließlich gleichwertiger bar abgerechneter Finanzinstrumente im Sinne von § 73
erworben werden.

(2) Die in Abs. 1 Z 1, 2 und 5 genannten Wertpapiere, Geldmarktinstrumente und Derivate vorbehaltlich § 73 dürfen nur erworben werden, wenn sie
1. an einem geregelten Markt gemäß § 1 Abs. 2 BörseG notiert oder gehandelt werden, oder
2. an einem anderen geregelten Markt eines EWR-Mitgliedstaats, der anerkannt, für das Publikum offen und dessen Funktionsweise ordnungsgemäß ist, gehandelt werden, oder
3. an einer Wertpapierbörse eines Drittlandes (§ 2 Z 8 BWG) amtlich notiert oder an einem anderen geregelten Markt eines Drittlandes, der anerkannt, für das Publikum offen und dessen Funktionsweise ordnungsgemäß ist, gehandelt werden, sofern die Wahl dieser Börse oder dieses Marktes in den Fondsbestimmungen ausdrücklich vorgesehen ist.

(3) Abweichend von Abs. 2 genügt bei Wertpapieren aus Neuemissionen, wenn
1. die Emissionsbedingungen die Verpflichtung enthalten, dass die Zulassung zur amtlichen Notierung an einer Wertpapierbörse oder an einem anderen geregelten Markt, der anerkannt, für das Publikum offen und dessen Funktionsweise ordnungsgemäß ist, beantragt wird, und sofern die Wahl dieser Börse oder dieses Marktes in den Fondsbestimmungen vorgesehen ist, und
2. die unter Z 1 genannte Zulassung spätestens vor Ablauf eines Jahres nach der Emission erlangt wird.

(4) Höchstens 10 vH des Fondsvermögens dürfen in anderen als den in den Abs. 2 und 3 und §§ 69 und 70 genannten Wertpapieren und Geldmarktinstrumenten veranlagt werden.

Beachte für folgende Bestimmung
Tritt mit 1. September 2011 in Kraft (vgl. § 200 Abs. 1). Für Verwaltungsgesellschaften gemäß Art. 6 der Richtlinie 2009/65/EG, welche in einem anderen Mitgliedstaat konzessioniert sind und über eine Zweigstelle, im Wege der Dienstleistungsfreiheit oder kollektiven Portfolioverwaltung in Österreich tätig werden, gilt diese Bestimmung samt den in ihr verwiesenen Normen rückwirkend ab 1. Juli 2011 (vgl. § 200 Abs. 3).

D. Einführung in das österreichische Investmentrecht

Verbot der Veranlagung in Edelmetalle

§ 68. Edelmetalle oder Zertifikate in Edelmetalle dürfen nicht für das Vermögen eines OGAW erworben werden.

Beachte für folgende Bestimmung
Tritt mit 1. September 2011 in Kraft (vgl. § 200 Abs. 1). Für Verwaltungsgesellschaften gemäß Art. 6 der Richtlinie 2009/65/EG, welche in einem anderen Mitgliedstaat konzessioniert sind und über eine Zweigstelle, im Wege der Dienstleistungsfreiheit oder kollektiven Portfolioverwaltung in Österreich tätig werden, gilt diese Bestimmung samt den in ihr verwiesenen Normen rückwirkend ab 1. Juli 2011 (vgl. § 200 Abs. 3).

Wertpapiere

§ 69. (1) Für die Qualifikation als Wertpapier (§ 3 Abs. 2 Z 13) müssen folgende Kriterien vorliegen:
1. Der potenzielle Verlust, der dem OGAW durch das Halten solcher Instrumente entstehen kann, kann den dafür gezahlten Betrag nicht übersteigen;
2. ihre Liquidität beeinträchtigt nicht die Fähigkeit des OGAW zur Auszahlung des Rückgabepreises gemäß § 55 Abs. 2, wobei das Vorliegen dieser Voraussetzung bei Wertpapieren, die an einem geregelten Markt im Sinne von § 67 Abs. 2 oder 3 notieren oder gehandelt werden, angenommen wird, es sei denn, der Verwaltungsgesellschaft liegen Informationen vor, die zu einer anderen Feststellung führen würden;
3. eine verlässliche Bewertung der Instrumente ist in folgender Form verfügbar:
    a) bei Wertpapieren, die an einem geregelten Markt im Sinne von § 67 Abs. 2 oder 3 notieren oder gehandelt werden, in Form von exakten, verlässlichen und gängigen Preisen, die entweder Marktpreise sind oder von einem emittentenunabhängigen Bewertungssystem gestellt werden;
    b) bei sonstigen Wertpapieren, auf die in § 67 Abs. 4 Bezug genommen wird, in Form einer in regelmäßigen Abständen durchgeführten Bewertung, die aus Informationen des Wertpapieremittenten oder aus einer kompetenten Finanzanalyse abgeleitet wird;
4. angemessene Informationen über diese Finanzinstrumente müssen in folgender Form verfügbar sein:
    a) bei Wertpapieren, die im Sinne von § 67 Abs. 2 oder 3 an einem geregelten Markt notieren oder gehandelt werden, in Form von regelmäßigen, exakten und umfassenden Informationen des Marktes über das Wertpapier oder gegebenenfalls das zugehörige Portfolio;
    b) bei anderen Wertpapieren, auf die in § 67 Abs. 4 Bezug genommen wird, in Form einer regelmäßigen und exakten Information der Verwaltungsgesellschaft über das Wertpapier oder gegebenenfalls das zugehörige Portfolio;
5. sie sind handelbar, wobei das Vorliegen dieser Voraussetzung bei Wertpapieren die an einem geregelten Markt im Sinne von § 67 Abs. 2 oder 3 notieren oder gehandelt werden, angenommen wird, es sei denn, der Verwaltungsgesellschaft liegen Informationen vor, die zu einer anderen Feststellung führen würden;
6. ihr Erwerb steht im Einklang mit den Anlagezielen oder der Anlagestrategie oder beidem des Kapitalanlagefonds;
7. ihre Risiken werden durch das Risikomanagement des OGAW in angemessener Weise erfasst;

(2) Wertpapiere gemäß § 3 Abs. 2 Z 13 schließen Folgendes ein:
1. Anteile an geschlossenen Fonds in Form einer Investmentgesellschaft oder eines Investmentfonds, die folgende Kriterien erfüllen:
    a) Sie erfüllen die Kriterien in Abs. 1;
    b) die für Kapitalgesellschaften geltenden Unternehmenskontrollmechanismen sind für die geschlossenen Fonds anwendbar;
    c) wird die Fondsverwaltung von einem anderen Rechtsträger im Auftrag des geschlossenen Fonds wahrgenommen, so unterliegt dieser Rechtsträger rechtsverbindlichen Vorschriften für den Anlegerschutz;
2. Anteile an geschlossenen Fonds in Vertragsform, die folgende Kriterien erfüllen:
    a) Sie erfüllen die Kriterien in Abs. 1;
    b) Unternehmenskontrollmechanismen, die jenen im Sinne von Z 1 lit. b gleichkommen, sind auf den geschlossenen Fonds anwendbar;
    c) sie werden von einem Rechtsträger verwaltet, der rechtsverbindlichen Vorschriften für den Anlegerschutz unterliegt;
3. Finanzinstrumente, die folgende Kriterien erfüllen:
    a) Sie erfüllen die Kriterien in Abs. 1;

VI. Normenteil

b) sie sind durch andere Vermögenswerte besichert oder an die Entwicklung anderer Vermögenswerte gekoppelt, wobei diese Vermögenswerte von den in § 67 Abs. 1 genannten abweichen können.

Beachte für folgende Bestimmung
Tritt mit 1. September 2011 in Kraft (vgl. § 200 Abs. 1). Für Verwaltungsgesellschaften gemäß Art. 6 der Richtlinie 2009/65/EG, welche in einem anderen Mitgliedstaat konzessioniert sind und über eine Zweigstelle, im Wege der Dienstleistungsfreiheit oder kollektiven Portfolioverwaltung in Österreich tätig werden, gilt diese Bestimmung samt den in ihr verwiesenen Normen rückwirkend ab 1. Juli 2011 (vgl. § 200 Abs. 3).

Geldmarktinstrumente
§ 70. (1) Als Geldmarktinstrument (§ 3 Abs. 2 Z 14) gilt ein Finanzinstrument, das üblicherweise auf dem Geldmarkt gehandelt wird, wenn zumindest eines der folgenden Kriterien erfüllt ist:
1. Das Finanzinstrument hat bei der Emission eine Laufzeit von bis zu 397 Tagen;
2. es hat eine Restlaufzeit von bis zu 397 Tagen;
3. seine Rendite wird regelmäßig, mindestens aber alle 397 Tage entsprechend der Geldmarktsituation angepasst;
4. sein Risikoprofil, einschließlich Kredit- und Zinsrisiko, entspricht dem Risikoprofil von Finanzinstrumenten, die eine Laufzeit gemäß Z 1 oder Z 2 aufweisen oder einer Renditeanpassung gemäß Z 3 unterliegen.

(2) Ein Finanzinstrument ist liquide gemäß § 3 Abs. 2 Z 14, wenn es, unter Berücksichtigung der Pflicht zur Auszahlung oder Rücknahme der Anteilscheine gemäß § 55 Abs. 2, innerhalb hinreichend kurzer Zeit mit begrenzten Kosten veräußerbar ist. Der Wert eines Finanzinstrumentes ist dann gemäß § 3 Abs. 2 Z 14 genau bestimmbar, wenn es exakte und verlässliche Bewertungssysteme gibt, die
1. dem OGAW die Ermittlung eines Nettobestandswertes ermöglichen, der dem Wert entspricht, zu dem das im Portfolio gehaltene Finanzinstrument in einem Geschäft zwischen sachverständigen, vertragswilligen und unabhängigen Geschäftspartnern ausgetauscht werden könnte und
2. entweder auf Marktdaten oder Bewertungsmodellen einschließlich Systemen, die auf den fortgeführten Anschaffungskosten beruhen, basieren.

(3) Das Vorliegen der Liquidität (Abs. 2) und der jederzeit genauen Bestimmbarkeit des Wertes (Abs. 2 Z 1 und 2) wird bei Geldmarktinstrumenten, die an einem geregelten Markt im Sinne von § 67 Abs. 2 oder 3 notiert oder gehandelt werden, angenommen, es sei denn, der Verwaltungsgesellschaft liegen Informationen vor, die zu einer anderen Feststellung führen würden.

(4) Abweichend von § 67 Abs. 2 darf auch in Geldmarktinstrumente veranlagt werden, die nicht auf einem geregelten Markt gehandelt werden, frei übertragbar sind, unter die Definition des § 3 Abs. 2 Z 14 fallen und über die angemessene Informationen vorliegen, einschließlich solcher Informationen, die eine angemessene Bewertung der mit der Anlage in solche Instrumente verbundenen Kreditrisiken ermöglichen, sofern die Emission oder der Emittent dieser Instrumente bereits Vorschriften über den Einlagen- und den Anlegerschutz unterliegt, vorausgesetzt, sie werden,
1. von einer zentralstaatlichen, regionalen oder lokalen Körperschaft oder der Zentralbank eines Mitgliedstaates, der Europäischen Zentralbank, der Europäischen Union oder der Europäischen Investitionsbank, einem Drittstaat oder, sofern dieser ein Bundesstaat ist, einem Gliedstaat der Föderation, oder von einer internationalen Einrichtung öffentlich-rechtlichen Charakters, der mindestens ein Mitgliedstaat angehört, begeben oder garantiert oder
2. von Unternehmen begeben, deren Wertpapiere auf den unter § 67 Abs. 2 bezeichneten geregelten Märkten gehandelt werden, oder
3. von einem Institut begeben oder garantiert, das gemäß den im Unionsrecht festgelegten Kriterien einer Aufsicht unterstellt ist, oder von einem Institut begeben oder garantiert, das Aufsichtsbestimmungen, die nach Auffassung der FMA mindestens so streng sind wie die des Unionsrechts, unterliegt und diese einhält, oder
4. von anderen Emittenten begeben, die einer Kategorie angehören, die von der FMA zugelassen wurde, sofern für Anlagen in diesen Instrumenten Vorschriften für den Anlegerschutz gelten, die denen der in § 67 Abs. 1 bis 3 genannten gleichwertig sind und sofern es sich bei dem Emittenten entweder um ein Unternehmen mit einem Eigenkapital von mindestens 10 000 000 Euro, das seinen Jahresabschluss nach den Vorschriften der Richtlinie 78/660/EWG erstellt und veröffentlicht, oder um einen Rechtsträger, der innerhalb einer eine oder mehrere börsennotierte Gesellschaften umfassenden Unternehmensgruppe für die Finanzierung dieser Gruppe zuständig ist, oder um einen Rechtsträger handelt, der in Unternehmens-, Gesellschafts- oder Vertragsform die wertpapiermäßige Unterlegung von Ver-

D. Einführung in das österreichische Investmentrecht

bindlichkeiten durch Nutzung einer von einem Kreditinstitut eingeräumten Kreditlinie finanzieren soll; die Kreditlinie hat durch ein Finanzinstitut gesichert zu sein, das selbst die in Z 3 genannten Kriterien erfüllt.

(5) Die FMA kann durch Verordnung
1. in Bezug auf „angemessene Informationen" gemäß Abs. 4 in Entsprechung von Art. 5 der Richtlinie 2007/16/EG festlegen, welche Informationen angemessen sind, wobei Informationen über Instrumente, Emittenten, Emissionsprogramme sowie damit verbundene Kreditrisiken vorliegen müssen;
2. die Kriterien, die zur Beurteilung der Gleichwertigkeit von Aufsichtsbestimmungen gemäß Abs. 4 Z 3 heranzuziehen sind, in Entsprechung von Art. 6 der Richtlinie 2007/16/EG festlegen;
3. die Kriterien, betreffend die Definition, Bezeichnung, Veröffentlichungspflichten, Anlegerinformation und Anlagebeschränkungen von Geldmarktfonds und Geldmarktfonds mit kurzer Laufzeitstruktur unter Bedachtnahme auf die europäischen Gepflogenheiten in diesem Bereich festlegen.

Anteile an OGAW und OGA

§ 71. (1) Anteile von nach der Richtlinie 2009/65/EG bewilligten OGAW dürfen für das Fondsvermögen erworben werden, wenn der OGAW, dessen Anteile erworben werden sollen, nach seinen Vertragsbedingungen oder seiner Satzung insgesamt höchstens 10 vH seines Sondervermögens in Anteilen anderer OGAW oder OGA anlegen darf. Ein OGA ist ein AIF im Sinne des AIFMG, welcher die Voraussetzungen des Abs. 2 erfüllt.

(2) Anteile an OGA dürfen unabhängig davon, ob sie in einem Mitgliedstaat niedergelassen sind, für das Fondsvermögen erworben werden, sofern
1. sie nach Rechtsvorschriften bewilligt wurden, die sie einer Aufsicht unterstellen, welche nach Auffassung der FMA derjenigen nach dem Unionsrecht gleichwertig ist, und ausreichende Gewähr für die Zusammenarbeit zwischen den Behörden besteht,
2. das Schutzniveau der Anteilinhaber der OGA dem Schutzniveau der Anteilinhaber eines OGAW gleichwertig ist und insbesondere die Vorschriften für die getrennte Verwahrung des Sondervermögens, die Kreditaufnahme, die Kreditgewährung und Leerverkäufe von Wertpapieren und Geldmarktinstrumenten den Anforderungen der Richtlinie 2009/65/EG gleichwertig sind,
3. die Geschäftstätigkeit der OGA Gegenstand von Halbjahres- und Jahresberichten ist, die es erlauben, sich ein Urteil über das Vermögen und die Verbindlichkeiten, die Erträge und die Transaktionen im Berichtszeitraum zu bilden, und
4. der OGA, dessen Anteile erworben werden sollen, die Kriterien des Abs. 1 erfüllt.

(3) Die FMA kann mit Verordnung Kriterien, die von der Verwaltungsgesellschaft zur Beurteilung der Gleichwertigkeit des Schutzniveaus der Anteilinhaber heranzuziehen sind, festlegen. Sie müssen Vergleichbarkeit hinsichtlich Verwahrung des Sondervermögens, der Kreditaufnahme, Kreditgewährung, Leerverkäufe, Unternehmenskontrollmechanismen und Aufsicht gewährleisten und dabei den europäischen Gepflogenheiten und internationalen Standards entsprechen.

Beachte für folgende Bestimmung
Tritt mit 1. September 2011 in Kraft (vgl. § 200 Abs. 1). Für Verwaltungsgesellschaften gemäß Art. 6 der Richtlinie 2009/65/EG, welche in einem anderen Mitgliedstaat konzessioniert sind und über eine Zweigstelle, im Wege der Dienstleistungsfreiheit oder kollektiven Portfolioverwaltung in Österreich tätig werden, gilt diese Bestimmung samt den in ihr verwiesenen Normen rückwirkend ab 1. Juli 2011 (vgl. § 200 Abs. 3).

Sichteinlagen und kündbare Einlagen

§ 72. Es dürfen Sichteinlagen oder kündbare Einlagen mit einer Laufzeit von höchstens 12 Monaten bei Kreditinstituten, sofern das betreffende Kreditinstitut seinen Sitz in einem Mitgliedstaat hat oder – falls der Sitz des Kreditinstituts sich in einem Drittland befindet – es Aufsichtsbestimmungen unterliegt, die nach Auffassung der FMA denjenigen des Unionsrechts gleichwertig sind, für das Vermögen des OGAW erworben werden.

Beachte für folgende Bestimmung
Tritt mit 1. September 2011 in Kraft (vgl. § 200 Abs. 1). Für Verwaltungsgesellschaften gemäß Art. 6 der Richtlinie 2009/65/EG, welche in einem anderen Mitgliedstaat konzessioniert sind und über eine Zweigstelle, im Wege der Dienstleistungsfreiheit oder kollektiven Portfolioverwaltung in Österreich tätig werden, gilt diese Bestimmung samt den in ihr verwiesenen Normen rückwirkend ab 1. Juli 2011 (vgl. § 200 Abs. 3).

VI. Normenteil

Derivate

§ 73. (1) Für das Fondsvermögen dürfen abgeleitete Finanzinstrumente (Derivate), einschließlich gleichwertiger bar abgerechneter Instrumente, die an einem der in § 67 Abs. 2 genannten geregelten Märkten gehandelt werden, oder abgeleitete Finanzinstrumente, die nicht an einer Börse oder einem geregelten Markt gehandelt werden (OTC-Derivate), eingesetzt werden, sofern:
1. es sich bei den Basiswerten um Instrumente im Sinne des § 67 Abs. 1 Z 1 bis 4 oder um Finanzindizes, Zinssätze, Wechselkurse oder Währungen handelt, in welche der OGAW gemäß den in seinen Fondsbestimmungen genannten Anlagezielen investieren darf, wobei die FMA durch Verordnung Kriterien für die Finanzindizes festlegen kann und dabei unter Berücksichtigung von Art. 9 der Richtlinie 2007/16/EG auf die hinreichende Diversifizierung, die Bezugsgrundlage für den Markt und die Veröffentlichung des Index Bedacht zu nehmen ist,
2. die Gegenparteien bei Geschäften mit OTC-Derivaten einer Aufsicht unterliegende Institute der Kategorien sind, die von der FMA durch Verordnung zugelassen wurden,
3. die OTC-Derivate einer zuverlässigen und überprüfbaren Bewertung auf Tagesbasis unterliegen und jederzeit auf Initiative der Verwaltungsgesellschaft zum angemessenen Zeitwert veräußert, liquidiert oder durch ein Gegengeschäft glattgestellt werden können, wobei
   a) unter dem angemessenen Zeitwert der Betrag zu verstehen ist, zu dem ein Vermögenswert in einem Geschäft zwischen sachverständigen, vertragswilligen und unabhängigen Geschäftspartnern ausgetauscht oder eine Verbindlichkeit beglichen werden könnte, und
   b) eine zuverlässige und überprüfbare Bewertung sich nicht ausschließlich auf Marktnotierungen des Kontrahenten zu stützen hat; Grundlage der Bewertung hat zum einen entweder ein verlässlicher aktueller Marktwert des Instruments zu sein oder, falls dieser nicht verfügbar ist, ein Preismodell, das auf einer anerkannten adäquaten Methodik beruht; zum anderen hat die Bewertung entweder durch einen geeigneten vom Kontrahenten des OTC-Derivates unabhängigen Dritten in ausreichender Häufigkeit und in einer durch die Verwaltungsgesellschaft nachprüfbaren Weise oder von einer von der Vermögensverwaltung unabhängigen und entsprechend ausgerüsteten Stelle innerhalb der Verwaltungsgesellschaft überprüft zu werden und
4. sie nicht zur Lieferung oder Übertragung anderer als den in § 67 Abs. 1 genannten Vermögenswerten führen.

(2) Abs. 1 gilt auch für Instrumente, die die Übertragung des Kreditrisikos eines Vermögenswertes im Sinne von Abs. 1 Z 1 unabhängig von den sonstigen Risiken, die mit diesem Vermögenswert verbunden sind, ermöglichen.

(3) Der Einsatz von Warenderivaten ist unzulässig. Derivate auf Indizes, die keine Finanzindizes sind, dürfen nicht erworben werden. Indizes, die sich aus Derivaten auf Waren oder Sachanlagen zusammensetzen, sind Finanzindizes.

(4) Die Ermittlung des Verkehrswertes von OTC-Derivaten hat gemäß § 92 zu erfolgen.

(5) Das mit den Derivaten verbundene Gesamtrisiko darf den Gesamtnettowert des Fondsvermögens nicht überschreiten. Bei der Berechnung des Risikos werden der Marktwert der Basiswerte, das Ausfallrisiko, künftige Marktfluktuationen und die Liquidationsfrist der Positionen berücksichtigt. Ein OGAW darf als Teil seiner Anlagestrategie innerhalb der in § 74 Abs. 1, 4, 5, 6 und 7 und § 76 festgelegten Grenzen Anlagen in Derivaten tätigen, sofern das Gesamtrisiko der Basiswerte die Anlagegrenzen des § 74 und § 76 nicht überschreitet.

(6) Anlagen eines OGAW in indexbasierten Derivaten werden bei den Anlagegrenzen der §§ 74 und 76 nicht berücksichtigt. Ist ein Derivat in ein Wertpapier oder ein Geldmarktinstrument eingebettet, so muss es hinsichtlich der Einhaltung der Vorschriften der Abs. 1 bis 5 berücksichtigt werden.

Quantitative Beschränkungen zur Vermeidung einer Emittentenkonzentration

§ 74. (1) Wertpapiere oder Geldmarktinstrumente desselben Emittenten dürfen nur bis zu 10 vH des Fondsvermögens erworben werden, wobei der Gesamtwert der Wertpapiere und Geldmarktinstrumente von Emittenten, in deren Wertpapieren und/oder Geldmarktinstrumenten mehr als 5 vH des Fondsvermögens angelegt sind, 40 vH des Fondsvermögens nicht übersteigen dürfen. Diese Begrenzung findet keine Anwendung auf Sichteinlagen, kündbare Einlagen und auf Geschäfte mit OTC-Derivaten, die mit Kreditinstituten oder mit Finanzinstituten gemäß Art. 4 Abs. 1 Nummer 26 der Verordnung (EU) Nr. 575/2013 getätigt werden, die einer Aufsicht unterliegen. Optionsscheine sind dem Aussteller des Wertpapiers zuzurechnen, auf das die Option ausgeübt werden kann. Wertpapiere und Geldmarktinstrumente im Sinne von Abs. 4 und 5 sind bei der Anlagegrenze von 40 vH nicht zu

D. Einführung in das österreichische Investmentrecht

berücksichtigen. Weites dürfen nur bis zu 20 vH des Fondsvermögens in Sichteinlagen und kündbare Einlagen bei ein und demselben Kreditinstitut angelegt werden.

(2) Das Ausfallrisiko bei Geschäften eines OGAW mit OTC-Derivaten darf folgende Sätze nicht überschreiten:
1. wenn die Gegenpartei ein Kreditinstitut im Sinne des § 72 ist, 10 vH des Fondsvermögens,
2. ansonsten 5 vH des Fondsvermögens.

(3) Ungeachtet der Einzelobergrenzen gemäß Abs. 1 und 2 dürfen nachstehende liquide Finanzanlagen für das Fondsvermögen nicht in Kombination erworben werden, wenn dies zu einer Anlage von mehr als 20 vH des Fondsvermögens bei ein und desselben Unternehmens führen würde, und zwar:
1. von diesem Unternehmen begebene Wertpapiere oder Geldmarktinstrumente,
2. Sichteinlagen und kündbare Einlagen bei diesem Unternehmen oder
3. von diesem Unternehmen erworbene OTC-Derivate.

(4) Abweichend von Abs. 1 dürfen Schuldverschreibungen, die von einem Kreditinstitut ausgegeben werden, das seinen Sitz in einem EWR-Mitgliedstaat hat und auf Grund gesetzlicher Vorschriften zum Schutz der Inhaber dieser Schuldverschreibungen einer besonderen öffentlichen Aufsicht unterliegt, bis zu 25 vH des Fondsvermögens erworben werden. Die Erlöse aus der Emission dieser Schuldverschreibungen sind in Vermögenswerten anzulegen, die während der gesamten Laufzeit der Schuldverschreibungen die sich daraus ergebenden Verbindlichkeiten ausreichend decken und vorrangig für die beim Ausfall des Emittenten fällig werdende Rückzahlung des Kapitals und der Zinsen bestimmt sind. Übersteigt die Veranlagung in solchen Schuldverschreibungen desselben Emittenten 5 vH des Fondsvermögens, so darf der Gesamtwert solcher Anlagen 80 vH des Fondsvermögens nicht übersteigen.

(5) Abweichend von Abs. 1 dürfen Wertpapiere oder Geldmarktinstrumente, die von einem Mitgliedstaat oder dessen Gebietskörperschaften, von einem Drittstaat oder von internationalen Organisationen öffentlich-rechtlichen Charakters, denen ein oder mehrere EWR-Mitgliedstaaten angehören, begeben oder garantiert werden, bis zu 35 vH des Fondsvermögens erworben werden.

(6) Die in Abs. 1 bis 5 genannten Grenzen dürfen nicht kumuliert werden. Insgesamt dürfen die in Wertpapieren, Geldmarktinstrumenten oder Derivaten desselben Emittenten oder in Sichteinlagen und kündbare Einlagen bei diesem Emittenten getätigten Anlagen 35 vH des Fondsvermögens nicht übersteigen.

(7) Gesellschaften, die im Hinblick auf die Erstellung des konsolidierten Abschlusses im Sinne der Richtlinie 83/349/EWG oder nach anerkannten internationalen Rechnungslegungsvorschriften derselben Unternehmensgruppe angehören, werden bei der Berechnung der in den Abs. 1 bis 6 vorgesehenen Anlagegrenzen als ein einziger Emittent angesehen. Wertpapiere und Geldmarktinstrumente ein und derselben Unternehmensgruppe dürfen bis zu 20 vH des Fondsvermögens erworben werden.

Beachte für folgende Bestimmung
Tritt mit 1. September 2011 in Kraft (vgl. § 200 Abs. 1). Für Verwaltungsgesellschaften gemäß Art. 6 der Richtlinie 2009/65/EG, welche in einem anderen Mitgliedstaat konzessioniert sind und über eine Zweigstelle, im Wege der Dienstleistungsfreiheit oder kollektiven Portfolioverwaltung in Österreich tätig werden, gilt diese Bestimmung samt den in ihr verwiesenen Normen rückwirkend ab 1. Juli 2011 (vgl. § 200 Abs. 3).

Quantitative Anlagebeschränkungen für Indexfonds

§ 75. (1) Abweichend von § 74, jedoch unbeschadet der in § 78 festgelegten Anlagegrenzen, darf für einen OGAW, wenn die Fondsbestimmungen ausdrücklich als Ziel seiner Anlagestrategie vorsehen, einen bestimmten, von der FMA anerkannten Aktien- oder Schuldtitelindex nachzubilden, bis zu 20 vH des Fondsvermögens in Aktien oder Schuldtiteln desselben Emittenten anlegt werden (Indexfonds). Unter der Indexnachbildung ist die Nachbildung des Basiswertes eines Index zu verstehen, wobei dazu auch Derivate eingesetzt werden können.

(2) Der Index ist anzuerkennen, wenn insbesondere
1. die Zusammensetzung des Index den Risikodiversifizierungsvorschriften der Abs. 1 und 3 entspricht,
2. der Index eine adäquate Bezugsgrundlage für den Markt darstellt, auf den er sich bezieht, wobei der Indexanbieter eine anerkannte Methodik anzuwenden hat, die nicht zum Ausschluss eines größeren Emittenten vom Markt, auf den sich der Index bezieht, führt und
3. der Index in geeigneter Weise veröffentlicht wird. Der Index gilt als in geeigneter Weise veröffentlicht, wenn er öffentlich zugänglich ist und der Indexanbieter von der den Indexfonds verwaltenden Verwal-

tungsgesellschaft unabhängig ist, wobei dies nicht ausschließt, dass der Indexanbieter und die den Indexfonds verwaltende Verwaltungsgesellschaft zum selben Konzern gehören, sofern wirksame Regelungen für die Handhabung von Interessenkonflikten vorgesehen sind.

(3) Der Indexfonds darf bis zu 35 vH des Fondsvermögens in Aktien oder Schuldtiteln nur eines einzigen Emittenten anlegen, wenn dies auf Grund außergewöhnlicher Marktbedingungen gerechtfertigt ist, und zwar insbesondere auf geregelten Märkten, auf denen bestimmte Wertpapiere oder Geldmarktinstrumente stark dominieren. Eine Anlage bis zu dieser Obergrenze ist nur bei einem einzigen Emittenten möglich. Die Höchstgrenze von 40 vH gemäß § 74 Abs. 1 ist auf Indexfonds nicht anwendbar.

Beachte für folgende Bestimmung
Tritt mit 1. September 2011 in Kraft (vgl. § 200 Abs. 1). Für Verwaltungsgesellschaften gemäß Art. 6 der Richtlinie 2009/65/EG, welche in einem anderen Mitgliedstaat konzessioniert sind und über eine Zweigstelle, im Wege der Dienstleistungsfreiheit oder kollektiven Portfolioverwaltung in Österreich tätig werden, gilt diese Bestimmung samt den in ihr verwiesenen Normen rückwirkend ab 1. Juli 2011 (vgl. § 200 Abs. 3).

Quantitative Beschränkungen für die Anlage in von öffentlichen Stellen begebene oder garantierte Emissionen

§ 76. (1) Abweichend von § 74 kann unter Beachtung des Grundsatzes der Risikostreuung bis zu 100 vH des Fondsvermögens in Wertpapieren und Geldmarktinstrumenten verschiedener Emissionen, die von einem Mitgliedstaat, einer oder mehrerer Gebietskörperschaften eines Mitgliedstaates, einem Drittstaat oder internationalen Organisationen öffentlich-rechtlichen Charakters, der ein oder mehrere Mitgliedstaaten angehören, begeben oder garantiert werden, angelegt werden, wenn
1. es sich dabei um Wertpapiere und Geldmarktinstrumente im Sinne von § 74 Abs. 5 handelt,
2. die Anteilinhaber dieses OGAW den gleichen Schutz genießen wie die Anteilinhaber von OGAW, die die Anlagegrenzen des § 74 einhalten und
3. diese Wertpapiere im Rahmen von mindestens sechs verschiedenen Emissionen begeben worden sind, wobei die Wertpapiere aus einer einzigen Emission 30 vH des Gesamtbetrags des Fondsvermögens nicht überschreiten dürfen.

(2) In den Fondsbestimmungen sind die Mitgliedstaaten, Gebietskörperschaften, Drittstaaten oder internationalen Organisationen öffentlich-rechtlichen Charakters ausdrücklich zu erwähnen, von denen die Wertpapiere, in denen mehr als 35 vH des Fondsvermögens anzulegen beabsichtigt wird, begeben oder garantiert werden.

(3) Die FMA hat die Voraussetzungen des Abs. 1 Z 2 im Rahmen der Bewilligung der Fondsbestimmungen zu prüfen.

Beachte für folgende Bestimmung
Tritt mit 1. September 2011 in Kraft (vgl. § 200 Abs. 1). Für Verwaltungsgesellschaften gemäß Art. 6 der Richtlinie 2009/65/EG, welche in einem anderen Mitgliedstaat konzessioniert sind und über eine Zweigstelle, im Wege der Dienstleistungsfreiheit oder kollektiven Portfolioverwaltung in Österreich tätig werden, gilt diese Bestimmung samt den in ihr verwiesenen Normen rückwirkend ab 1. Juli 2011 (vgl. § 200 Abs. 3).

Quantitative Beschränkungen für die Anlage in OGAW oder OGA

§ 77. (1) Anteile an anderen OGAW oder an OGA dürfen für das Fondsvermögen erworben werden, sofern höchstens 20 vH des Fondsvermögens in Anteilen ein und desselben OGAW oder OGA angelegt werden.

(2) Anteile an OGA dürfen insgesamt 30 vH des Fondsvermögens des OGAW nicht übersteigen.

(3) Beim Erwerb von Anteilen an OGAs oder anderen OGAWs müssen die Anlagewerte des betreffenden OGAW oder OGA in Bezug auf die Obergrenzen des § 74 nicht berücksichtigt werden.

(4) Beim Erwerb von Anteilen anderer OGAW oder OGA, die unmittelbar oder mittelbar von derselben Verwaltungsgesellschaft oder von einer Gesellschaft verwaltet werden, mit der die Verwaltungsgesellschaft durch eine gemeinsame Verwaltung oder Kontrolle oder durch eine wesentliche direkte oder indirekte Beteiligung verbunden ist, darf die Verwaltungsgesellschaft oder die andere Gesellschaft für die Zeichnung oder den Rückkauf von Anteilen dieser anderen OGAW oder OGA durch den OGAW keine Gebühren verrechnen.

Beachte für folgende Bestimmung
Tritt mit 1. September 2011 in Kraft (vgl. § 200 Abs. 1). Für Verwaltungsgesellschaften gemäß Art. 6 der Richtlinie 2009/65/EG, welche in einem anderen Mitgliedstaat konzessioniert sind und über eine Zweigstelle, im Wege der Dienstleistungsfreiheit oder kollektiven Portfolioverwaltung in Österreich tätig werden, gilt diese Bestimmung samt den in ihr verwiesenen Normen rückwirkend ab 1. Juli 2011 (vgl. § 200 Abs. 3).

Quantitative Beschränkungen zur Vermeidung der Einflussnahme auf Emittenten

§ 78. (1) Eine Verwaltungsgesellschaft, darf für keine der von ihr verwalteten OGAW Aktien, mit denen ein Stimmrecht verbunden ist, erwerben, die es ihr ermöglichen, einen nennenswerten Einfluss im Sinne von Abs. 2 Z 1 auf die Geschäftsführung eines Emittenten auszuüben. Hat ein anderer Mitgliedstaat eine niedrigere Grenze für den Erwerb von Aktien mit Stimmrechten desselben Emittenten festgelegt, so ist diese Grenze maßgebend, wenn eine Verwaltungsgesellschaft für die von ihr verwalteten OGAW solche Aktien eines Emittenten mit Sitz in diesem Staat erwirbt.

(2) Für das Fondsvermögen eines OGAW dürfen von ein und demselben Emittenten liquide Finanzanlagen nur in folgendem Ausmaß erworben werden:
1. Aktien bis zu 7,5 vH des Grundkapitals der emittierenden Aktiengesellschaft, wenn die Aktien mit der Ausübung eines Stimmrechtes verbunden sind;
2. Aktien bis zu 10 vH des Grundkapitals der emittierenden Aktiengesellschaft, wenn es sich um stimmrechtslose Aktien handelt;
3. Schuldverschreibungen bis zu 10 vH des Gesamtemissionsvolumens ein und desselben Emittenten;
4. Geldmarktinstrumente bis zu 10 vH ein und desselben Emittenten;
5. nur bis höchstens 25 vH Anteile ein und desselben OGAW oder OGA.

(3) Die Anlagegrenzen gemäß Abs. 2 Z 3, 4 und 5 müssen zum Zeitpunkt des Erwerbs nicht eingehalten werden, wenn sich der Bruttobetrag der Schuldtitel oder der Geldmarktinstrumente oder der Nettobetrag der ausgegebenen Anteile zum Zeitpunkt des Erwerbs nicht berechnen lässt.

(4) Die in Abs. 2 vorgesehenen Anlagegrenzen müssen nicht eingehalten werden, wenn es sich dabei um
1. Wertpapiere und Geldmarktinstrumente handelt, die von einem Mitgliedstaat oder dessen öffentlichen Gebietskörperschaften begeben oder garantiert werden;
2. von einem Drittstaat begebene oder garantierte Wertpapiere und Geldmarktinstrumente handelt;
3. Wertpapiere und Geldmarktinstrumente handelt, die von internationalen Organismen öffentlich-rechtlichen Charakters begeben werden, denen ein oder mehrere Mitgliedstaaten angehören;
4. Aktien handelt, die ein OGAW an dem Kapital einer Gesellschaft eines Drittstaates besitzt, die ihr Vermögen im Wesentlichen in Wertpapieren von Emittenten anlegt, die in diesem Staat ansässig sind, wenn eine derartige Beteiligung für den OGAW aufgrund der Rechtsvorschriften dieses Staates die einzige Möglichkeit darstellt, Anlagen in Wertpapieren von Emittenten dieses Staates zu tätigen. Diese Ausnahmeregelung gilt jedoch nur unter der Voraussetzung, dass die Gesellschaft des Drittstaates in ihrer Anlagepolitik die in den §§ 74 und 77 sowie in Abs. 1, 2 und 3 dieser Bestimmung festgesetzten Grenzen nicht überschreitet. § 66 Abs. 2 und § 79 gelten bei Überschreiten der Grenzen sinngemäß.

Beachte für folgende Bestimmung
Tritt mit 1. September 2011 in Kraft (vgl. § 200 Abs. 1). Für Verwaltungsgesellschaften gemäß Art. 6 der Richtlinie 2009/65/EG, welche in einem anderen Mitgliedstaat konzessioniert sind und über eine Zweigstelle, im Wege der Dienstleistungsfreiheit oder kollektiven Portfolioverwaltung in Österreich tätig werden, gilt diese Bestimmung samt den in ihr verwiesenen Normen rückwirkend ab 1. Juli 2011 (vgl. § 200 Abs. 3).

Ausnahmen und Abweichen von den Veranlagungsgrenzen

§ 79. (1) Die in den §§ 66 bis 78 festgelegten Anlagegrenzen müssen bei der Ausübung von Bezugsrechten, die an Wertpapiere oder Geldmarktinstrumente geknüpft sind, die Teil des Fondsvermögens sind, nicht eingehalten werden.

(2) Werden die in den §§ 66 bis 78 festgelegten Grenzen unbeabsichtigt oder infolge der Ausübung der Bezugsrechte überschritten, so ist bei den Verkäufen aus dem Fondsvermögen vorrangig die Normalisierung dieser Lage unter Berücksichtigung der Interessen der Anteilinhaber anzustreben.

(3) Die Rechtswirksamkeit des Erwerbes von Wertpapieren, Geldmarktinstrumenten und anderen liquiden Finanzanlagen im Sinne von § 67 Abs. 1 wird durch einen Verstoß gegen die in den §§ 66 bis 78 festgelegten Anlagegrenzen nicht berührt.

VI. Normenteil

(4) Zwei Wochen vor dem Laufzeitende eines auf bestimmte Laufzeit errichteten OGAW und eine Woche vor und nach einem Verschmelzungsstichtag müssen die in den §§ 74 bis 77 genannten Höchstsätze unter Wahrung der Interessen der Anteilinhaber nicht eingehalten werden. Selbiges gilt bei Abwicklung eines OGAW gemäß § 63, bei OGAW in Abwicklung gemäß § 65 und bei Vorliegen unwiderruflicher Aufträge für die vollständige Rücklösung aller Anteile gemäß § 63 Abs. 4.

Beachte für folgende Bestimmung
Tritt mit 1. September 2011 in Kraft (vgl. § 200 Abs. 1). Für Verwaltungsgesellschaften gemäß Art. 6 der Richtlinie 2009/65/EG, welche in einem anderen Mitgliedstaat konzessioniert sind und über eine Zweigstelle, im Wege der Dienstleistungsfreiheit oder kollektiven Portfolioverwaltung in Österreich tätig werden, gilt diese Bestimmung samt den in ihr verwiesenen Normen rückwirkend ab 1. Juli 2011 (vgl. § 200 Abs. 3).

Verbot der Kreditaufnahme und der Kreditgewährung

§ 80. (1) Die Verwaltungsgesellschaft oder die Depotbank darf auf Rechnung des Fondsvermögens keinen Kredit aufnehmen, außer die Fondsbestimmungen sehen dies vor und es handelt sich um Kredite, die vorübergehend aufgenommen werden und sich auf nicht mehr als 10 vH des Wertes des Fondsvermögens belaufen.

(2) Der Erwerb von Fremdwährungen im Rahmen eines „Back-to-Back"-Darlehens ist zulässig.

(3) Die Verwaltungsgesellschaft oder die Depotbank darf auf Rechnung des Fondsvermögens weder Kredite gewähren noch Verpflichtungen aus einem Bürgschafts- oder Garantievertrag eingehen; die §§ 67, 68, 70 bis 74 bleiben davon unberührt.

(4) Das Verbot gemäß Abs. 3 steht jedoch dem Erwerb von noch nicht voll eingezahlten Wertpapieren, Geldmarktinstrumenten oder anderen in den §§ 71 oder 73 genannten, noch nicht voll eingezahlten Finanzinstrumenten nicht entgegen.

Beachte für folgende Bestimmung
Tritt mit 1. September 2011 in Kraft (vgl. § 200 Abs. 1). Für Verwaltungsgesellschaften gemäß Art. 6 der Richtlinie 2009/65/EG, welche in einem anderen Mitgliedstaat konzessioniert sind und über eine Zweigstelle, im Wege der Dienstleistungsfreiheit oder kollektiven Portfolioverwaltung in Österreich tätig werden, gilt diese Bestimmung samt den in ihr verwiesenen Normen rückwirkend ab 1. Juli 2011 (vgl. § 200 Abs. 3).

Dingliche Verfügungen über Vermögenswerte

§ 81. Vermögenswerte eines OGAW dürfen, ausgenommen in den in diesem Bundesgesetz ausdrücklich vorgesehenen Fällen, nicht verpfändet oder sonst belastet, zur Sicherung übereignet oder zur Sicherung abgetreten werden. Eine dieser Vorschrift widersprechende Verfügung ist gegenüber den Anteilinhabern unwirksam. Diese Bestimmung kommt nicht zur Anwendung, soweit für einen OGAW derivative Geschäfte nach § 73 abgeschlossen werden.

Beachte für folgende Bestimmung
Tritt mit 1. September 2011 in Kraft (vgl. § 200 Abs. 1). Für Verwaltungsgesellschaften gemäß Art. 6 der Richtlinie 2009/65/EG, welche in einem anderen Mitgliedstaat konzessioniert sind und über eine Zweigstelle, im Wege der Dienstleistungsfreiheit oder kollektiven Portfolioverwaltung in Österreich tätig werden, gilt diese Bestimmung samt den in ihr verwiesenen Normen rückwirkend ab 1. Juli 2011 (vgl. § 200 Abs. 3).

Leerverkäufe

§ 82. Weder die Verwaltungsgesellschaft noch die Depotbank darf für Rechnung des Fondsvermögens Wertpapiere, Geldmarktinstrumente oder andere in § 67 Abs. 1 genannte liquide Finanzanlagen verkaufen, die im Zeitpunkt des Geschäftsabschlusses nicht zum Fondsvermögen gehören. § 73 bleibt davon unberührt.

Beachte für folgende Bestimmung
Tritt mit 1. September 2011 in Kraft (vgl. § 200 Abs. 1). Für Verwaltungsgesellschaften gemäß Art. 6 der Richtlinie 2009/65/EG, welche in einem anderen Mitgliedstaat konzessioniert sind und über eine Zweigstelle, im Wege der Dienstleistungsfreiheit oder kollektiven Portfolioverwaltung in Österreich tätig werden, gilt diese Bestimmung samt den in ihr verwiesenen Normen rückwirkend ab 1. Juli 2011 (vgl. § 200 Abs. 3).

Pensionsgeschäfte

§ 83. Die Verwaltungsgesellschaft ist, sofern dies die Fondsbestimmungen ausdrücklich vorsehen, berechtigt, auf Rechnung des OGAW, innerhalb der Veranlagungsgrenzen dieses Bundesgesetzes Vermögensgegenstände mit der Verpflichtung des Verkäufers, diese Vermögensgegenstände zu einem im vorhinein bestimmten Zeitpunkt zu einem im voraus bestimmten Preis zurückzunehmen, für das Fondsvermögen zu kaufen (Pensionsgeschäfte). Die FMA kann mittels Verordnung unter Bedachtnahme auf die europäischen Gepflogenheiten und auf Art. 11 der Richtlinie 2007/16/EG nähere Kriterien im Hinblick auf die Definition, Veröffentlichungspflichten, Anlegerinformationen und Anlagebeschränkungen von Pensionsgeschäften festlegen.

Beachte für folgende Bestimmung
Tritt mit 1. September 2011 in Kraft (vgl. § 200 Abs. 1). Für Verwaltungsgesellschaften gemäß Art. 6 der Richtlinie 2009/65/EG, welche in einem anderen Mitgliedstaat konzessioniert sind und über eine Zweigstelle, im Wege der Dienstleistungsfreiheit oder kollektiven Portfolioverwaltung in Österreich tätig werden, gilt diese Bestimmung samt den in ihr verwiesenen Normen rückwirkend ab 1. Juli 2011 (vgl. § 200 Abs. 3).

Wertpapierleihe

§ 84. Die Verwaltungsgesellschaft ist, sofern dies die Fondsbestimmungen ausdrücklich vorsehen, innerhalb der Veranlagungsgrenzen dieses Bundesgesetzes berechtigt, Wertpapiere bis zu 30 vH des Fondsvermögens im Rahmen eines anerkannten Wertpapierleihsystems an Dritte befristet unter der Bedingung zu übereignen, dass der Dritte verpflichtet ist, die übereigneten Wertpapiere nach Ablauf einer im vorhinein bestimmten Leihdauer wieder zurückzuübereignen. Das Wertpapierleihsystem muss so beschaffen sein, dass die Rechte der Anteilinhaber ausreichend gesichert sind (Wertpapierleihe). Im Rahmen dieser Berechtigung darf die Verwaltungsgesellschaft für Rechnung eines OGAW eine Ermächtigung gemäß § 8 Depotgesetz erteilen. Die FMA kann mittels Verordnung unter Bedachtnahme auf die europäischen Gepflogenheiten und auf Art. 11 der Richtlinie 2007/16/EG nähere Kriterien im Hinblick auf die Definition, Bezeichnung, Veröffentlichungspflichten, Anlegerinformationen, Mündelsicherheit und Anlagebeschränkungen von Wertpapierleihgeschäften und -systemen festlegen.

Beachte für folgende Bestimmung
Tritt mit 1. September 2011 in Kraft (vgl. § 200 Abs. 1). Für Verwaltungsgesellschaften gemäß Art. 6 der Richtlinie 2009/65/EG, welche in einem anderen Mitgliedstaat konzessioniert sind und über eine Zweigstelle, im Wege der Dienstleistungsfreiheit oder kollektiven Portfolioverwaltung in Österreich tätig werden, gilt diese Bestimmung samt den in ihr verwiesenen Normen rückwirkend ab 1. Juli 2011 (vgl. § 200 Abs. 3).

4. Abschnitt. Risikomanagement des OGAW

Risikomanagementverfahren

§ 85. (1) Die Verwaltungsgesellschaft hat in Bezug auf den OGAW ein Risikomanagementverfahren zu verwenden, das es ihr ermöglicht, das mit den Anlagepositionen verbundene Risiko sowie ihren jeweiligen Anteil am Gesamtrisikoprofil des Vermögens des OGAW jederzeit zu überwachen und zu messen. Sie hat Informationsasymmetrien zwischen der Verwaltungsgesellschaft und dem Kontrahenten, die dadurch entstehen, dass der Kontrahent auf nicht öffentliche Informationen über die Unternehmen, auf die Kreditderivate Bezug nehmen, zugreifen kann, durch die internen Kontrollmechanismen in angemessener Weise gemäß diesem Abschnitt zu erfassen.

(2) Zur Sicherstellung einer präzisen und unabhängigen Bewertung des jeweiligen Wertes von OTC-Derivaten hat sie das in § 92 festgelegte Verfahren anzuwenden.

Beachte für folgende Bestimmung
Tritt mit 1. September 2011 in Kraft (vgl. § 200 Abs. 1). Für Verwaltungsgesellschaften gemäß Art. 6 der Richtlinie 2009/65/EG, welche in einem anderen Mitgliedstaat konzessioniert sind und über eine Zweigstelle, im Wege der Dienstleistungsfreiheit oder kollektiven Portfolioverwaltung in Österreich tätig werden, gilt diese Bestimmung samt den in ihr verwiesenen Normen rückwirkend ab 1. Juli 2011 (vgl. § 200 Abs. 3).

Risikomanagement-Grundsätze

§ 86. (1) Die Verwaltungsgesellschaft hat der Art, dem Umfang und der Komplexität ihrer Geschäfte und der von ihr verwalteten OGAW angemessene und dokumentierte Risikomanagement-Grundsätze festzulegen, umzusetzen und aufrechtzuerhalten, in denen

VI. Normenteil

1. die Risken genannt werden, denen die von ihr verwalteten OGAW ausgesetzt sind oder sein könnten;
2. Methoden, Mittel und Vorkehrungen zur Erfüllung der in den §§ 87 bis 89 festgelegten Pflichten festgelegt werden;
3. die Zuständigkeitsverteilung innerhalb der Verwaltungsgesellschaft in Bezug auf das Risikomanagement festgelegt wird;
4. Modalitäten, Inhalt und Häufigkeit der in § 17 vorgesehenen Berichterstattung der Risiko-Managementfunktion an die Geschäftsleitung sowie gegebenenfalls an den Aufsichtsrat festgelegt werden.

(2) Die Risikomanagement-Grundsätze gemäß Abs. 1 haben die Verfahren zu umfassen, die notwendig sind, damit die Verwaltungsgesellschaft bei jedem von ihr verwalteten OGAW dessen Markt-, Liquiditäts- und Kontrahentenrisiko sowie alle sonstigen Risiken, einschließlich operationeller Risiken, bewerten kann, die für die einzelnen von ihr verwalteten OGAW wesentlich sein könnten.

(3) Die Verwaltungsgesellschaft hat zu bewerten, zu überwachen und periodisch zu überprüfen:
1. Die Angemessenheit und Wirksamkeit und Einhaltung der Risikomanagement-Grundsätze und der Vorkehrungen, Prozesse und Verfahren gemäß §§ 87 bis 89; sowie
2. die Angemessenheit und Wirksamkeit der Maßnahmen zur Behebung etwaiger Schwächen in der Leistungsfähigkeit des Risikomanagementprozesses.

Beachte für folgende Bestimmung
Tritt mit 1. September 2011 in Kraft (vgl. § 200 Abs. 1). Für Verwaltungsgesellschaften gemäß Art. 6 der Richtlinie 2009/65/EG, welche in einem anderen Mitgliedstaat konzessioniert sind und über eine Zweigstelle, im Wege der Dienstleistungsfreiheit oder kollektiven Portfolioverwaltung in Österreich tätig werden, gilt diese Bestimmung samt den in ihr verwiesenen Normen rückwirkend ab 1. Juli 2011 (vgl. § 200 Abs. 3).

Risikomessung und Risikomanagement

§ 87. (1) Die Verwaltungsgesellschaft hat der Art, dem Umfang und der Komplexität ihrer Geschäfte und der von ihr verwalteten OGAW angemessene und wirksame sowie dem OGAW-Risikoprofil entsprechende Vorkehrungen, Prozesse und Verfahren einzuführen, um
1. die Risiken, denen die von ihr verwalteten OGAW ausgesetzt sind oder sein könnten, jederzeit messen und managen zu können; sowie
2. die Einhaltung der Obergrenzen für das Gesamtrisiko und das Kontrahentenrisiko gemäß den §§ 89 und 91 sicherzustellen.

(2) Die Verwaltungsgesellschaft hat im Sinne von Abs. 1 für jeden von ihr verwalteten OGAW folgende Maßnahmen zu ergreifen:
1. Einführung der notwendigen Risikomanagement-Vorkehrungen, -Prozesse und -Verfahren, um sicherzustellen, dass
   a) die Risiken übernommener Positionen und deren Beitrag zum Gesamtrisikoprofil auf der Grundlage solider und verlässlicher Daten genau gemessen werden und
   b) die Risikomanagement-Vorkehrungen, -Prozesse und -Verfahren adäquat dokumentiert werden;
2. gegebenenfalls Durchführung periodischer Rückvergleiche („Back-Testing") zur Überprüfung der Stichhaltigkeit der Risikomessvorkehrungen, zu denen modellbasierte Prognosen und Schätzungen gehören;
3. gegebenenfalls Durchführung periodischer Stresstests und Szenarioanalysen zur Erfassung der Risiken aus potenziellen Veränderungen der Marktbedingungen, die sich nachteilig auf den OGAW auswirken könnten;
4. Festlegung, Umsetzung und Aufrechterhaltung eines dokumentierten Systems interner Limits für die Maßnahmen, mit denen die einschlägigen Risiken für jeden OGAW gemanagt und kontrolliert werden, wobei allen in § 86 Abs. 1 und 2 genannten Risiken, die für den OGAW wesentlich sein könnten, Rechnung getragen und die Übereinstimmung mit dem Risikoprofil des OGAW sichergestellt wird;
5. Gewährleistung, dass der jeweilige Risikostand bei jedem OGAW mit dem in Z 4 dargelegten Risikolimit-System in Einklang steht;
6. Festlegung, Umsetzung und Aufrechterhaltung angemessener Verfahren, die im Falle von tatsächlichen oder zu erwartenden Verstößen gegen das Risikolimit-System des OGAW zu zeitnahen Abhilfemaßnahmen im besten Interesse der Anteilinhaber führen.

(3) Die FMA kann unter Bedachtnahme auf die europäischen Gepflogenheiten in diesem Bereich mittels Verordnung festlegen,
1. unter welchen Bedingungen periodische Rückvergleiche gemäß Abs. 2 Z 2 sowie periodische Stresstests und Szenarioanalysen gemäß Abs. 2 Z 3 durchzuführen sind;
2. welche Voraussetzungen erfüllt sein müssen, damit der Einklang des jeweiligen Risikostandes jedes OGAW mit dem Risikosystem gemäß Abs. 2 Z 5 gewährleistet ist;
3. welche Kriterien ein angemessener Risikomanagementprozess für Liquiditätsrisiken zu erfüllen hat (§ 88);
4. die konkrete Ausgestaltung der Risikomanagement-Grundsätze (§ 86) und der Risikomessung und des Risikomanagements (§ 87 Abs. 1 und Abs. 2);
5. die Definition von Gesamtrisiko (§ 89) und dessen quantitative und qualitative Ausgestaltung im Risikomanagement;
6. die Berechnung des Gesamtrisikos bei Verwendung des Commitment-Ansatzes und dessen quantitative und qualitative Ausgestaltung im Risikomanagement (§ 90);
7. die Berechnung des Gesamtrisikos bei Verwendung des Value-at-Risk-Ansatzes und dessen quantitative und qualitative Ausgestaltung im Risikomanagement (§ 89);
8. die Berechnung des Gegenpartei- oder Kontrahenten-Risikos unter Berücksichtigung von Sicherheiten und dessen quantitative und qualitative Ausgestaltung im Risikomanagement (§ 90);
9. die Regeln für die Deckung von Derivattransaktionen und deren quantitative und qualitative Ausgestaltung im Risikomanagement;
10. die erlaubten fortgeschrittenen Messansätze (§ 89);
11. die Berücksichtigung von Netting- und Hedging-Vereinbarungen beim Commitment-Ansatz (§ 90);
12. die Verfahren zur Sicherstellung einer angemessenen, präzisen und unabhängigen Bewertung von OTC-Derivaten zum Verkehrswert (§ 92);
13. welche Vorkehrungen und Verfahren festzulegen, umzusetzen und aufrechtzuerhalten sind, die eine geeignete, transparente und faire Bewertung der OGAW-Risiken aus OTC-Derivaten sicherstellen und diese adäquat dokumentieren (§ 92);
14. welche Sicherheiten und deren Höhe bei der Behandlung von Kontrahenten- und Emittentenrisiken zulässig sind und die Berechnung des Risikos aus OTC-Derivatgeschäften (§ 91).

Beachte für folgende Bestimmung
Tritt mit 1. September 2011 in Kraft (vgl. § 200 Abs. 1). Für Verwaltungsgesellschaften gemäß Art. 6 der Richtlinie 2009/65/EG, welche in einem anderen Mitgliedstaat konzessioniert sind und über eine Zweigstelle, im Wege der Dienstleistungsfreiheit oder kollektiven Portfolioverwaltung in Österreich tätig werden, gilt diese Bestimmung samt den in ihr verwiesenen Normen rückwirkend ab 1. Juli 2011 (vgl. § 200 Abs. 3).

Liquiditätsrisikomanagement

§ 88. (1) Die Verwaltungsgesellschaft hat einen angemessenen Risikomanagementprozess für Liquiditätsrisiken anzuwenden, um zu gewährleisten, dass jeder von ihr verwaltete OGAW jederzeit zur Rücknahme und Auszahlung der Anteile gemäß § 55 Abs. 2 imstande ist. Zur Bewertung des Liquiditätsrisikos des OGAW unter außergewöhnlichen Umständen hat die Verwaltungsgesellschaft Stresstests durchzuführen.

(2) Die Verwaltungsgesellschaft hat sicherzustellen, dass das Liquiditätsprofil der OGAW-Anlagen bei jedem von ihr verwalteten OGAW den in den Fondsbestimmungen und im Prospekt niedergelegten Rücknahmegrundsätzen entspricht.

Beachte für folgende Bestimmung
Tritt mit 1. September 2011 in Kraft (vgl. § 200 Abs. 1). Für Verwaltungsgesellschaften gemäß Art. 6 der Richtlinie 2009/65/EG, welche in einem anderen Mitgliedstaat konzessioniert sind und über eine Zweigstelle, im Wege der Dienstleistungsfreiheit oder kollektiven Portfolioverwaltung in Österreich tätig werden, gilt diese Bestimmung samt den in ihr verwiesenen Normen rückwirkend ab 1. Juli 2011 (vgl. § 200 Abs. 3).

Berechnung des Gesamtrisikos

§ 89. (1) Die Verwaltungsgesellschaft hat das Gesamtrisiko eines verwalteten OGAW im Sinne von § 73 Abs. 5 und 6 mindestens einmal täglich als eine der folgenden Größen zu berechnen:

VI. Normenteil

1. zusätzliches Risiko und zusätzlicher Leverage, die der verwaltete OGAW durch die Nutzung derivativer Finanzinstrumente einschließlich eingebetteter Derivate im Sinne von § 73 Abs. 6 erzeugt und die den Gesamtbetrag des OGAW-Nettoinventarwerts nicht übersteigen dürfen;
2. Marktrisiko des OGAW-Portfolios.

(2) Das Gesamtrisiko ist, je nach Zweckdienlichkeit, nach dem Commitment-Ansatz, dem Value-at-Risk-Modell oder einem fortgeschrittenen Messansatz zu ermitteln. „Value at Risk" bezeichnet in diesem Zusammenhang den bei einem gegebenen Konfidenzniveau über einen bestimmten Zeitraum maximal zu erwartenden Verlust. Die zur Messung des Gesamtrisikos gewählte Methode muss der vom OGAW gewählten Anlagestrategie sowie der Art und Komplexität der genutzten derivativen Finanzinstrumente und dem Anteil derivativer Finanzinstrumente am OGAW-Portfolio angemessen sein. Geschäfte gemäß § 83 und gemäß § 84 sind bei der Berechnung des Gesamtrisikos ebenfalls zu berücksichtigen.

Beachte für folgende Bestimmung
Tritt mit 1. September 2011 in Kraft (vgl. § 200 Abs. 1). Für Verwaltungsgesellschaften gemäß Art. 6 der Richtlinie 2009/65/EG, welche in einem anderen Mitgliedstaat konzessioniert sind und über eine Zweigstelle, im Wege der Dienstleistungsfreiheit oder kollektiven Portfolioverwaltung in Österreich tätig werden, gilt diese Bestimmung samt den in ihr verwiesenen Normen rückwirkend ab 1. Juli 2011 (vgl. § 200 Abs. 3).

Commitment-Ansatz

§ 90. (1) Wird das Gesamtrisiko nach dem Commitment-Ansatz berechnet, so hat die Verwaltungsgesellschaft
1. diesen Ansatz auf sämtliche Positionen in derivativen Finanzinstrumenten einschließlich eingebetteter Derivate im Sinne von § 73 Abs. 6 anzuwenden, und zwar unabhängig davon, ob sie im Zuge der allgemeinen Anlagepolitik des OGAW, zum Zwecke der Risikominderung oder zum Zwecke der effizienten Portfolioverwaltung im Sinne von §§ 83 und 84 genutzt werden;
2. jede Position in derivativen Finanzinstrumenten in den Marktwert einer gleichwertigen Position im Basiswert des betreffenden Derivats umzurechnen (Standard-Commitment-Ansatz).

(2) Die Verwaltungsgesellschaft darf bei der Berechnung des Gesamtrisikos Netting- und Hedging-Vereinbarungen berücksichtigen, sofern diese offenkundige und wesentliche Risiken nicht außer Acht lassen und eindeutig zu einer Verringerung des Risikos führen.

(3) Erzeugt die Nutzung derivativer Finanzinstrumente für den OGAW kein zusätzliches Risiko, so muss die zugrunde liegende Risikoposition nicht in die Commitment-Berechnung einbezogen werden.

(4) Vorübergehende Kreditvereinbarungen gemäß § 80 Abs. 1 müssen bei Anwendung des Commitment-Ansatzes zur Berechnung des Gesamtrisikos nicht berücksichtigt werden.

Beachte für folgende Bestimmung
Tritt mit 1. September 2011 in Kraft (vgl. § 200 Abs. 1). Für Verwaltungsgesellschaften gemäß Art. 6 der Richtlinie 2009/65/EG, welche in einem anderen Mitgliedstaat konzessioniert sind und über eine Zweigstelle, im Wege der Dienstleistungsfreiheit oder kollektiven Portfolioverwaltung in Österreich tätig werden, gilt diese Bestimmung samt den in ihr verwiesenen Normen rückwirkend ab 1. Juli 2011 (vgl. § 200 Abs. 3).

Kontrahentenrisiko und Emittentenkonzentration

§ 91. (1) Für das Kontrahentenrisiko aus nicht börsegehandelten derivativen Finanzinstrumenten (OTC-Derivaten) gelten die in § 74 festgelegten Obergrenzen. Dabei hat die Verwaltungsgesellschaft für die Berechnung des Kontrahentenrisikos eines OGAW im Einklang mit den in § 74 Abs. 1 und 2 festgelegten Obergrenzen den positiven Verkehrswert des OTC-Derivatkontrakts mit der betreffenden Gegenpartei zugrunde zu legen.

(2) Die Verwaltungsgesellschaft kann die Derivatpositionen eines OGAW mit ein und derselben Gegenpartei miteinander verrechnen (Netting), wenn sie die Möglichkeit hat, Nettingvereinbarungen mit der betreffenden Gegenpartei für den OGAW rechtlich durchzusetzen. Das Netting ist nur bei den OTC-Derivaten mit einer Gegenpartei, nicht bei anderen Positionen des OGAW gegenüber dieser Gegenpartei zulässig.

(3) Die Verwaltungsgesellschaft kann das Kontrahentenrisiko eines OGAW aus einem OTC-Derivat durch die Entgegennahme von Sicherheiten mindern. Die entgegengenommene Sicherheit muss hinreichend liquide sein, damit sie rasch zu einem Preis veräußert werden kann, der nahe an der vor

dem Verkauf festgestellten Bewertung liegt. Die Verwaltungsgesellschaft hat Sicherheiten bei der Berechnung des Ausfallrisikos im Sinne von § 74 Abs. 1 und 2 zu berücksichtigen, wenn die Verwaltungsgesellschaft einer OTC-Gegenpartei für den OGAW eine Sicherheit stellt. Die gestellte Sicherheit darf nur dann auf Nettobasis berücksichtigt werden, wenn die Verwaltungsgesellschaft die Möglichkeit hat, Nettingvereinbarungen mit der betreffenden Gegenpartei für den OGAW rechtlich durchzusetzen.

(4) Die Verwaltungsgesellschaft hat die in § 74 für die Emittentenkonzentration festgelegten Obergrenzen auf Basis des zugrunde liegenden Risikos zu berechnen, das nach dem Commitment-Ansatz durch die Nutzung derivativer Finanzinstrumente entsteht. Hinsichtlich des Risikos aus Geschäften mit OTC-Derivaten gemäß § 74 Abs. 2 hat die Verwaltungsgesellschaft etwaige Kontrahentenrisiken aus OTC-Derivaten in die Berechnung einzubeziehen.

Beachte für folgende Bestimmung
Tritt mit 1. September 2011 in Kraft (vgl. § 200 Abs. 1). Für Verwaltungsgesellschaften gemäß Art. 6 der Richtlinie 2009/65/EG, welche in einem anderen Mitgliedstaat konzessioniert sind und über eine Zweigstelle, im Wege der Dienstleistungsfreiheit oder kollektiven Portfolioverwaltung in Österreich tätig werden, gilt diese Bestimmung samt den in ihr verwiesenen Normen rückwirkend ab 1. Juli 2011 (vgl. § 200 Abs. 3).

Verfahren zur Bewertung der OTC-Derivate

§ 92. (1) Verwaltungsgesellschaften haben sich zu vergewissern, dass den Risiken von OGAW aus OTC-Derivaten ein Verkehrswert zugewiesen wird, der sich nicht nur auf die Marktnotierungen der Kontrahenten der OTC-Geschäfte stützt und die in § 73 Abs. 1 Z 3 lit. b niedergelegten Kriterien erfüllt. Zu diesem Zweck hat die Verwaltungsgesellschaft Vorkehrungen und Verfahren festzulegen, umzusetzen und aufrechtzuerhalten, die eine geeignete, transparente und faire Bewertung der OGAW-Risiken aus OTC-Derivaten sicherstellen und diese adäquat zu dokumentieren.

(2) Die Verwaltungsgesellschaft hat sicherzustellen, dass der Verkehrswert von OTC-Derivaten angemessen, präzise und unabhängig bewertet wird. Die Bewertungsvorkehrungen und -verfahren müssen geeignet und der Art und Komplexität der betreffenden OTC-Derivate angemessen sein. Schließen die Vorkehrungen und Verfahren für die Bewertung von OTC-Derivaten die Durchführung bestimmter Aufgaben durch Dritte ein, so muss die Verwaltungsgesellschaft die in § 10 Abs. 1 Z 7 und § 30 Abs. 3 niedergelegten Anforderungen erfüllen.

Beachte für folgende Bestimmung
Tritt mit 1. September 2011 in Kraft (vgl. § 200 Abs. 1). Für Verwaltungsgesellschaften gemäß Art. 6 der Richtlinie 2009/65/EG, welche in einem anderen Mitgliedstaat konzessioniert sind und über eine Zweigstelle, im Wege der Dienstleistungsfreiheit oder kollektiven Portfolioverwaltung in Österreich tätig werden, gilt diese Bestimmung samt den in ihr verwiesenen Normen rückwirkend ab 1. Juli 2011 (vgl. § 200 Abs. 3).

5. Abschnitt. Master-Feeder-Strukturen

Feeder-OGAW

§ 93. (1) Ein Feeder-OGAW ist ein OGAW oder ein Teilfonds eines OGAW, der abweichend von § 2 Abs. 1 Z 1, §§ 67, 68, 70, 71, 74, 76, 77, und 78 Abs. 3 mindestens 85 vH seines Vermögens in Anteile eines anderen OGAW oder eines Teilfonds eines anderen OGAW („Master-OGAW") anlegt.

(2) Ein Feeder-OGAW kann bis zu 15 vH seines Vermögens in einem oder mehreren der folgenden Vermögenswerte halten:
1. gemäß § 67 Abs. 2 gehaltene Sichteinlagen und kündbare Einlagen;
2. derivative Finanzinstrumente gemäß § 73, die ausschließlich für Absicherungszwecke verwendet werden dürfen;
3. wenn es sich beim Feeder-OGAW um eine Investmentgesellschaft handelt, bewegliches und unbewegliches Vermögen, das für die unmittelbare Ausübung seiner Tätigkeit unerlässlich ist.

(3) Für die Zwecke der Einhaltung von § 73 Abs. 5 und 6 hat der Feeder-OGAW sein Gesamtrisiko im Zusammenhang mit derivativen Finanzinstrumenten anhand einer Kombination seines eigenen unmittelbaren Risikos nach Abs. 2 Z 2 zu berechnen:
1. entweder mit dem tatsächlichen Risiko des Master-OGAW gegenüber derivativen Finanzinstrumenten im Verhältnis zur Anlage des Feeder-OGAW in den Master-OGAW oder

VI. Normenteil

2. mit dem potenziellen Gesamthöchstrisiko des Master-OGAW in Bezug auf derivative Finanzinstrumente gemäß den Fondsbestimmungen oder der Satzung des Master-OGAW im Verhältnis zur Anlage des Feeder-OGAW in den Master-OGAW.

Beachte für folgende Bestimmung
Tritt mit 1. September 2011 in Kraft (vgl. § 200 Abs. 1). Für Verwaltungsgesellschaften gemäß Art. 6 der Richtlinie 2009/65/EG, welche in einem anderen Mitgliedstaat konzessioniert sind und über eine Zweigstelle, im Wege der Dienstleistungsfreiheit oder kollektiven Portfolioverwaltung in Österreich tätig werden, gilt diese Bestimmung samt den in ihr verwiesenen Normen rückwirkend ab 1. Juli 2011 (vgl. § 200 Abs. 3).

Master-OGAW

§ 94. (1) Ein Master-OGAW ist ein OGAW oder ein Teilfonds eines OGAW, der
1. mindestens einen Feeder-OGAW unter seinen Anteilinhabern hat,
2. nicht selbst ein Feeder-OGAW ist und
3. keine Anteile eines Feeder-OGAW hält.

(2) Für einen Master-OGAW gelten folgende Abweichungen:
1. Hat ein Master-OGAW mindestens zwei Feeder-OGAW als Anteilinhaber, gilt das Erfordernis der Beschaffung des Kapitals beim Publikum der Mitgliedstaaten (§ 2 Abs. 1 Z 1 in Verbindung mit § 4) nicht und der Master-OGAW hat die Möglichkeit, sich Kapital bei anderen Anlegern zu beschaffen;
2. nimmt ein Master-OGAW in einem anderen Mitgliedstaat als dem, in dem er niedergelassen ist, und in dem er lediglich über einen oder mehrere Feeder-OGAW verfügt, kein beim Publikum beschafftes Kapital auf, so kommen die Bestimmungen des 5. Abschnittes des 4. Hauptstückes und von § 143 Abs. 1 Z 2 nicht zur Anwendung.

Beachte für folgende Bestimmung
Tritt mit 1. September 2011 in Kraft (vgl. § 200 Abs. 1). Für Verwaltungsgesellschaften gemäß Art. 6 der Richtlinie 2009/65/EG, welche in einem anderen Mitgliedstaat konzessioniert sind und über eine Zweigstelle, im Wege der Dienstleistungsfreiheit oder kollektiven Portfolioverwaltung in Österreich tätig werden, gilt diese Bestimmung samt den in ihr verwiesenen Normen rückwirkend ab 1. Juli 2011 (vgl. § 200 Abs. 3).

Bewilligung der Master-Feeder-Struktur durch die FMA

§ 95. (1) Anlagen eines in Österreich bewilligten Feeder-OGAW in einen bestimmten Master-OGAW, die die Grenze gemäß § 77 Abs. 1 für Anlagen in andere OGAW überschreiten, bedürfen der vorherigen Bewilligung durch die FMA und einer rechtswirksamen Vereinbarung im Sinne von § 96.

(2) Die FMA hat dem Feeder-OGAW innerhalb von 15 Arbeitstagen nach Vorlage eines vollständigen Antrags die Anlage des Feeder-OGAW in den Master-OGAW mittels schriftlichen Bescheides zu bewilligen oder die Ablehnung des Antrages mittels Bescheides mitzuteilen. Weist die FMA den Antragsteller auf im Antrag fehlende Unterlagen oder Informationen hin, so findet § 13 Abs. 3 letzter Satz AVG keine Anwendung. Wird die Anlage in den Master-OGAW innerhalb der Frist gemäß Satz 1 von der FMA nicht schriftlich untersagt, so gilt sie als bewilligt. Auf Antrag des Feeder-OGAW hat die FMA jedoch auch im Falle einer Nichtuntersagung einen schriftlichen Bescheid auszustellen.

(3) Die FMA hat die Bewilligung zu erteilen, wenn der Feeder-OGAW, seine Verwahrstelle und sein Abschlussprüfer sowie der Master-OGAW alle in diesem Abschnitt dargelegten Anforderungen erfüllen. Der Feeder-OGAW hat der FMA zu diesem Zweck folgende Dokumente zu übermitteln:
1. Die Fondsbestimmungen oder Satzungen von Feeder-OGAW und Master-OGAW,
2. den Prospekt und das in § 134 genannte Kundeninformationsdokument für den Anleger von Feeder-OGAW und Master-OGAW,
3. die Vereinbarung gemäß § 96 zwischen Feeder-OGAW und Master-OGAW oder die entsprechenden internen Regelungen gemäß § 98,
4. im Falle einer Umwandlung eines bestehenden OGAW, die in § 111 Abs. 1 genannten Informationen für die Anteilinhaber,
5. wenn Master-OGAW und Feeder-OGAW verschiedene Verwahrstellen haben, die Vereinbarung gemäß § 107 Abs. 1 zwischen den Verwahrstellen, und
6. wenn Master-OGAW und Feeder-OGAW verschiedene Abschlussprüfer haben, die Vereinbarung gemäß § 109 Abs. 1 zwischen den Abschlussprüfern.

D. Einführung in das österreichische Investmentrecht

(4) Ist der Master-OGAW in einem anderen Mitgliedstaat bewilligt, so hat der Feeder-OGAW außerdem eine Bestätigung der zuständigen Behörden des Herkunftmitgliedstaates des Master-OGAW beizubringen, dass der Master-OGAW ein OGAW oder ein Teilfonds eines OGAW ist, der die Bestimmungen gemäß Artikel 58 Absatz 3 Buchstaben b und c der Richtlinie 2009/65/EG erfüllt. Der Feeder-OGAW hat die Unterlagen in deutscher oder englischer Sprache oder in einer von der FMA gemäß Verordnung (§ 7b Abs. 1 KMG) anerkannten anderen Sprache vorzulegen.

(5) Zur Vorlage bei den zuständigen Behörden des Herkunftmitgliedstaates eines Feeder-OGAW hat die FMA auf dessen Antrag bei beabsichtigter Veranlagung in einen von der FMA bewilligten OGAW als Master-OGAW und zum Nachweis der Voraussetzungen eine Bescheinigung auszustellen, dass es sich bei diesem um einen OGAW handelt, dieser selbst nicht ebenfalls ein Feeder-OGAW ist und keine Anteile an einem Feeder-OGAW hält. Zum Nachweis, dass keine Anteile an einem Feeder-OGAW gehalten werden, hat die Depotbank eine Bestätigung auszustellen, die bei Antragstellung nicht älter als zwei Wochen ist.

Beachte für folgende Bestimmung
Tritt mit 1. September 2011 in Kraft (vgl. § 200 Abs. 1). Für Verwaltungsgesellschaften gemäß Art. 6 der Richtlinie 2009/65/EG, welche in einem anderen Mitgliedstaat konzessioniert sind und über eine Zweigstelle, im Wege der Dienstleistungsfreiheit oder kollektiven Portfolioverwaltung in Österreich tätig werden, gilt diese Bestimmung samt den in ihr verwiesenen Normen rückwirkend ab 1. Juli 2011 (vgl. § 200 Abs. 3).

Vereinbarung zwischen Feeder-OGAW und Master-OGAW

§ 96. (1) Der Feeder-OGAW hat mit dem Master-OGAW eine Vereinbarung abzuschließen, in der sich der Master-OGAW verpflichtet, dem Feeder-OGAW alle Unterlagen und Informationen zur Verfügung zu stellen, die der Feeder-OGAW benötigt, um die Anforderungen nach diesem Bundesgesetz zu erfüllen. Die Vereinbarung hat zumindest die in Abs. 2 bis 7 genannten Angaben zu enthalten.

(2) Die Vereinbarung gemäß Abs. 1 hat in Bezug auf den Zugang zu Informationen folgende Angaben zu enthalten:
1. Wie und wann der Master-OGAW dem Feeder-OGAW Kopien seiner Fondsbestimmungen oder Satzung, des Prospekts und der wesentlichen Informationen für den Anleger zu übermitteln hat;
2. wie und wann der Master-OGAW den Feeder-OGAW über die Übertragung von Aufgaben des Investment- und Risikomanagements an Dritte gemäß § 28 zu unterrichten hat;
3. wie und wann der Master-OGAW dem Feeder-OGAW – sofern relevant – interne Betriebsdokumente wie die Beschreibung des Risikomanagement-Verfahrens und die Compliance-Berichte zu übermitteln hat;
4. welche Angaben zu Verstößen des Master-OGAW gegen Rechtsvorschriften, Fondsbestimmungen oder Satzung und die Vereinbarung zwischen Master-OGAW und Feeder-OGAW der Master-OGAW dem Feeder-OGAW zu melden hat, einschließlich Angaben zu Modalitäten und Zeitpunkt dieser Meldung;
5. falls der Feeder-OGAW zu Sicherungszwecken in derivative Finanzinstrumente investiert, wie und wann der Master-OGAW dem Feeder-OGAW Informationen über seine tatsächliche Risikoexponierung gegenüber derivativen Finanzinstrumenten zu übermitteln hat, damit der Feeder-OGAW sein eigenes Gesamtrisiko gemäß § 93 Abs. 3 Z 1 ermitteln kann;
6. eine Erklärung, der zufolge der Master-OGAW den Feeder-OGAW über jegliche weitere Vereinbarungen über den Informationsaustausch mit Dritten unterrichtet, und gegebenenfalls wie und wann der Master-OGAW dem Feeder-OGAW diese Vereinbarungen über den Informationsaustausch übermittelt.

(3) Die Vereinbarung gemäß Abs. 1 hat in Bezug auf die Anlage- und Rücknahmebasis des Feeder-OGAW folgende Angaben zu enthalten:
1. Die Angabe, in welche Anteilsgattungen des Master-OGAW der Feeder-OGAW investieren kann;
2. Kosten und Aufwendungen, die vom Feeder-OGAW zu tragen sind, sowie Nachlässe oder Rückvergütungen von Gebühren oder Aufwendungen des Master-OGAW;
3. sofern zutreffend, die Modalitäten für jegliche anfängliche oder spätere Übertragung von Sacheinlagen vom Feeder-OGAW auf den Master-OGAW.

(4) Die Vereinbarung gemäß Abs. 1 hat in Bezug auf Standardhandelsvereinbarungen folgende Angaben zu enthalten:
1. Abstimmung der Häufigkeit und des Zeitplans für die Berechnung des Nettoinventarwerts und die Veröffentlichung der Anteilspreise;

2. Abstimmung der Weiterleitung von Aufträgen durch den Feeder-OGAW, gegebenenfalls einschließlich einer Beschreibung der Rolle der für die Weiterleitung zuständigen Personen oder Dritter;
3. sofern relevant, die erforderlichen Vereinbarungen zur Berücksichtigung der Tatsache, dass einer oder beide OGAW auf einem Sekundärmarkt notiert sind oder gehandelt werden;
4. sofern erforderlich, weitere angemessene Maßnahmen, die nötig sind, um die Abstimmung der Zeitpläne (§ 99) zu gewährleisten;
5. falls die Anteile von Feeder-OGAW und Master-OGAW auf unterschiedliche Währungen lauten, die Grundlage für die Umrechnung von Aufträgen;
6. Abwicklungszyklen und Zahlungsmodalitäten für Kauf und Zeichnung sowie Rücknahme oder Auszahlung von Anteilen des Master-OGAW, bei entsprechenden Vereinbarungen zwischen den Parteien, einschließlich der Modalitäten für die Erledigung von Auszahlungsaufträgen im Wege der Übertragung von Sacheinlagen vom Master-OGAW auf den Feeder-OGAW, insbesondere in den Fällen der Abwicklung (§ 101) und der Verschmelzung oder Spaltung (§ 104);
7. Verfahren zur Gewährleistung einer angemessenen Bearbeitung von Anfragen und Beschwerden der Anteilinhaber;
8. wenn Fondsbestimmungen oder Satzung und Prospekt des Master-OGAW diesem bestimmte Rechte oder Befugnisse in Bezug auf die Anteilinhaber gewähren und der Master-OGAW beschließt, in Bezug auf den Feeder-OGAW alle oder bestimmte Rechte und Befugnisse nur in beschränktem Maße oder gar nicht wahrzunehmen, eine Beschreibung der einschlägigen Modalitäten.

(5) Die Vereinbarung gemäß Abs. 1 hat in Bezug auf Ereignisse mit Auswirkung auf Handelsvereinbarungen folgende Angaben zu enthalten:
1. Modalitäten und Zeitplan für die Mitteilung der befristeten Aussetzung und Wiederaufnahme von Rücknahme, Auszahlung, Kauf oder Zeichnung von Anteilen eines jeden OGAW durch den betreffenden OGAW;
2. Vorkehrungen für Meldung und Korrektur von Fehlern bei der Preisfestsetzung im Master-OGAW.

(6) Die Vereinbarung gemäß Abs. 1 hat in Bezug auf Standardvereinbarungen für den Prüfbericht folgende Angaben zu enthalten:
1. Haben Feeder- und Master-OGAW die gleichen Rechnungsjahre, Abstimmung der Erstellung der regelmäßigen Berichte;
2. haben Feeder- und Master-OGAW unterschiedliche Rechnungsjahre, Vorkehrungen für die Übermittlung aller erforderlichen Informationen durch den Master-OGAW an den Feeder-OGAW, damit dieser seine regelmäßigen Berichte rechtzeitig erstellen kann, und um sicherzustellen, dass der Abschlussprüfer des Master-OGAW in der Lage ist, zum Abschlusstermin des Feeder-OGAW einen Ad-hoc-Bericht gemäß § 109 Abs. 2 zu erstellen.

(7) Die Vereinbarung gemäß Abs. 1 hat in Bezug auf Änderungen bestehender Vereinbarungen folgende Angaben zu enthalten:
1. Modalitäten und Zeitplan für die Mitteilung vorgeschlagener und bereits wirksamer Änderungen der Fondsbestimmungen oder der Satzung, des Prospekts und des Kundeninformationsdokuments durch den Master-OGAW, wenn diese Informationen von den in den Vertragsbedingungen, der Satzung oder im Prospekt des Master-OGAW festgelegten Standardvereinbarungen für die Unterrichtung der Anteilinhaber abweichen;
2. Modalitäten und Zeitplan für die Mitteilung einer geplanten oder vorgeschlagenen Liquidation, Verschmelzung oder Spaltung durch den Master-OGAW;
3. Modalitäten und Zeitplan für die Mitteilung eines OGAW, dass die Bedingungen für einen Feeder-OGAW beziehungsweise Master-OGAW nicht mehr erfüllt sind oder nicht mehr erfüllt sein werden;
4. Modalitäten und Zeitplan für die Mitteilung der Absicht eines OGAW, seine Verwaltungsgesellschaft, seine Verwahrstelle, seinen Wirtschaftsprüfer oder jegliche Dritte, die mit Aufgaben des Investment- oder Risikomanagements betraut sind, zu ersetzen;
5. Modalitäten und Zeitplan für die Mitteilung anderer Änderungen von bestehenden Vereinbarungen durch den Master-OGAW.

(8) Soweit die Vereinbarungen zwischen Master-OGAW und Feeder-OGAW den Fondsbestimmungen des Master-OGAW, die dem Prospekt des Master-OGAW beigefügt sind, entsprechen, reicht ein Querverweis in der Vereinbarung gemäß Abs. 1 auf die relevanten Teile des Prospektes des Master-OGAW.

D. Einführung in das österreichische Investmentrecht

Beachte für folgende Bestimmung
Tritt mit 1. September 2011 in Kraft (vgl. § 200 Abs. 1). Für Verwaltungsgesellschaften gemäß Art. 6 der Richtlinie 2009/65/EG, welche in einem anderen Mitgliedstaat konzessioniert sind und über eine Zweigstelle, im Wege der Dienstleistungsfreiheit oder kollektiven Portfolioverwaltung in Österreich tätig werden, gilt diese Bestimmung samt den in ihr verwiesenen Normen rückwirkend ab 1. Juli 2011 (vgl. § 200 Abs. 3).

Wahl des auf die Vereinbarung anzuwendenden Rechtes

§ 97. (1) Sind Feeder-OGAW und Master-OGAW in Österreich bewilligt, so ist auf die Vereinbarung österreichisches Recht anzuwenden; die Wahl eines anderen Rechtes oder eines Gerichtsstandes außerhalb Österreichs ist unwirksam.

(2) Ist entweder der Feeder-OGAW oder der Master-OGAW in einem anderen Mitgliedstaat bewilligt, so kann entweder
1. die Anwendbarkeit österreichischen Rechts oder
2. die Anwendbarkeit des Rechts des anderen Mitgliedstaates, in dem der Master-OGAW oder der Feeder-OGAW gebilligt sind,

vereinbart werden. Im Fall der Z 1 ist die Wahl eines Gerichtsstandes außerhalb Österreichs unwirksam. Im Fall der Z 2 kann ausschließlich die Zuständigkeit der Gerichte des anderen Mitgliedstaates vereinbart werden.

Beachte für folgende Bestimmung
Tritt mit 1. September 2011 in Kraft (vgl. § 200 Abs. 1). Für Verwaltungsgesellschaften gemäß Art. 6 der Richtlinie 2009/65/EG, welche in einem anderen Mitgliedstaat konzessioniert sind und über eine Zweigstelle, im Wege der Dienstleistungsfreiheit oder kollektiven Portfolioverwaltung in Österreich tätig werden, gilt diese Bestimmung samt den in ihr verwiesenen Normen rückwirkend ab 1. Juli 2011 (vgl. § 200 Abs. 3).

Interne Regelungen zwischen Master-OGAW und Feeder-OGAW

§ 98. (1) Werden Master-OGAW und Feeder-OGAW von der gleichen Verwaltungsgesellschaft verwaltet, kann die Vereinbarung (§ 96) durch interne Regelungen ersetzt werden, durch die sicherzustellen ist, dass die Bestimmungen gemäß § 96 eingehalten werden.

(2) Die internen Regelungen gemäß Abs. 1 haben folgende Bestimmungen zu enthalten:
1. Angemessene Maßnahmen zur Hintanhaltung von Interessenkonflikten, die zwischen Feeder-OGAW und Master-OGAW oder zwischen Feeder-OGAW und anderen Anteilinhabern des Master-OGAW entstehen können, sofern die Maßnahmen, die die Verwaltungsgesellschaft ergreift, um den Anforderungen der §§ 22 bis 26 zu genügen, nicht ausreichen;
2. in Bezug auf die Anlage- und Rücknahmebasis des Feeder-OGAW die Regelungen gemäß § 96 Abs. 3;
3. in Bezug auf Standardhandelsvereinbarungen die Regelungen gemäß § 96 Abs. 4 Z 1 bis 6 und Z 8;
4. in Bezug auf Ereignisse mit Auswirkungen auf Handelsvereinbarungen die Regelungen gemäß § 96 Abs. 5;
5. in Bezug auf den Prüfbericht die Regelungen gemäß § 96 Abs. 6.

Beachte für folgende Bestimmung
Tritt mit 1. September 2011 in Kraft (vgl. § 200 Abs. 1). Für Verwaltungsgesellschaften gemäß Art. 6 der Richtlinie 2009/65/EG, welche in einem anderen Mitgliedstaat konzessioniert sind und über eine Zweigstelle, im Wege der Dienstleistungsfreiheit oder kollektiven Portfolioverwaltung in Österreich tätig werden, gilt diese Bestimmung samt den in ihr verwiesenen Normen rückwirkend ab 1. Juli 2011 (vgl. § 200 Abs. 3).

Abstimmung der Zeitpläne

§ 99. Master-OGAW und Feeder-OGAW haben angemessene Maßnahmen zur Abstimmung ihrer Zeitpläne für die Berechnung und Veröffentlichung des Nettovermögenswertes zu treffen, um eine zeitliche Abstimmung der Marktentscheidungen („Market Timing") mit ihren Anteilen und damit verbundene Arbitragemöglichkeiten zu verhindern.

Beachte für folgende Bestimmung
Tritt mit 1. September 2011 in Kraft (vgl. § 200 Abs. 1). Für Verwaltungsgesellschaften gemäß Art. 6 der Richtlinie 2009/65/EG, welche in einem anderen Mitgliedstaat konzessioniert sind und

über eine Zweigstelle, im Wege der Dienstleistungsfreiheit oder kollektiven Portfolioverwaltung in Österreich tätig werden, gilt diese Bestimmung samt den in ihr verwiesenen Normen rückwirkend ab 1. Juli 2011 (vgl. § 200 Abs. 3).

Aussetzung der Rücknahme, Auszahlung oder Zeichnung

§ 100. (1) Wenn ein Master-OGAW unbeschadet der §§ 55 Abs. 2 und 56 auf eigene Initiative, oder sofern der Master-OGAW in einem anderen Mitgliedstaat bewilligt ist, auf Ersuchen der zuständigen Behörde seines Herkunftmitgliedstaates, die Rücknahme, Auszahlung oder Zeichnung seiner Anteile zeitweilig aussetzt, so ist jeder seiner Feeder-OGAW dazu berechtigt, die Rücknahme, Auszahlung oder Zeichnung seiner Anteile ungeachtet der in § 56 Abs. 1 formulierten Bedingungen während des gleichen Zeitraums wie der Master-OGAW auszusetzen.

(2) Haben die Anteilinhaber des Feeder-OGAW gemäß diesem Bundesgesetz das Recht, im Falle einer Abwicklung, Verschmelzung oder Spaltung des Master-OGAW eine Auszahlung zu verlangen, so darf die Ausübung dieses Rechtes nicht durch den Feeder-OGAW mittels einer befristeten Aussetzung der Rücknahme oder Auszahlung untergraben werden, es sei denn es liegen außergewöhnliche Umstände vor, die dies zur Wahrung der Interessen der Anteilinhaber erfordern.

Beachte für folgende Bestimmung
Tritt mit 1. September 2011 in Kraft (vgl. § 200 Abs. 1). Für Verwaltungsgesellschaften gemäß Art. 6 der Richtlinie 2009/65/EG, welche in einem anderen Mitgliedstaat konzessioniert sind und über eine Zweigstelle, im Wege der Dienstleistungsfreiheit oder kollektiven Portfolioverwaltung in Österreich tätig werden, gilt diese Bestimmung samt den in ihr verwiesenen Normen rückwirkend ab 1. Juli 2011 (vgl. § 200 Abs. 3).

Abwicklung eines Master-OGAW

§ 101. (1) Wird ein Master-OGAW abgewickelt, so ist auch der Feeder-OGAW abzuwickeln, es sei denn, die FMA bewilligt:
1. Die Anlage von mindestens 85 vH des Vermögens des Feeder-OGAW in Anteile eines anderen Master-OGAW oder
2. die Änderung der Fondsbestimmungen oder der Satzung, um dem Feeder-OGAW die Umwandlung in einen OGAW, der kein Feeder-OGAW ist, zu ermöglichen.

(2) Unbeschadet der §§ 60 bis 63 hat die Abwicklung eines Master-OGAW frühestens drei Monate nach dem Zeitpunkt zu erfolgen, an dem all seine Anteilinhaber und die FMA als zuständige Behörde des Feeder-OGAW oder sofern der Feeder-OGAW in einem anderen Mitgliedstaat bewilligt ist, die zuständigen Behörden des Herkunftmitgliedstaats des Feeder-OGAW über die verbindliche Entscheidung zur Abwicklung informiert worden sind.

Beachte für folgende Bestimmung
Tritt mit 1. September 2011 in Kraft (vgl. § 200 Abs. 1). Für Verwaltungsgesellschaften gemäß Art. 6 der Richtlinie 2009/65/EG, welche in einem anderen Mitgliedstaat konzessioniert sind und über eine Zweigstelle, im Wege der Dienstleistungsfreiheit oder kollektiven Portfolioverwaltung in Österreich tätig werden, gilt diese Bestimmung samt den in ihr verwiesenen Normen rückwirkend ab 1. Juli 2011 (vgl. § 200 Abs. 3).

Antrag auf Bewilligung der Abwicklung

§ 102. (1) Der Feeder-OGAW hat spätestens zwei Monate nach Mitteilung der verbindlichen Entscheidung zur Abwicklung durch den Master-OGAW der FMA folgende Unterlagen zu übermitteln:
1. Wenn der Feeder-OGAW beabsichtigt, gemäß § 101 Abs. 1 Z 1 mindestens 85 vH seiner Vermögenswerte in Anteile eines anderen Master-OGAW anzulegen:
   a) Den Antrag auf Bewilligung dieser Anlage;
   b) den Antrag auf Bewilligung der vorgeschlagenen Änderungen seiner Fondsbestimmungen;
   c) die Änderungen des Prospekts und des Kundeninformationsdokuments gemäß den § 137 Abs. 1 Z 1 und 2;
   d) die anderen gemäß § 95 Abs. 3 erforderlichen Dokumente;
2. wenn der Feeder-OGAW gemäß § 101 Abs. 1 Z 2 eine Umwandlung in einen OGAW, der kein Feeder-OGAW ist, beabsichtigt, die Unterlagen und Informationen gemäß Z 1 lit. b und c;
3. wenn der Feeder-OGAW eine Abwicklung plant, die Mitteilung dieser Absicht.

(2) Wenn der Master-OGAW den Feeder-OGAW mehr als fünf Monate vor dem Beginn der Abwicklung über seine verbindliche Entscheidung zur Abwicklung informiert hat, hat der Feeder-

D. Einführung in das österreichische Investmentrecht

OGAW abweichend von Abs. 1 der FMA seinen Antrag oder seine Mitteilung gemäß Abs. 1 Z 1, 2 oder 3 spätestens drei Monate vor Beginn der Abwicklung zu übermitteln.

(3) Der Feeder-OGAW hat seine Anteilinhaber unverzüglich über die beabsichtigte Abwicklung zu unterrichten.

Beachte für folgende Bestimmung
Tritt mit 1. September 2011 in Kraft (vgl. § 200 Abs. 1). Für Verwaltungsgesellschaften gemäß Art. 6 der Richtlinie 2009/65/EG, welche in einem anderen Mitgliedstaat konzessioniert sind und über eine Zweigstelle, im Wege der Dienstleistungsfreiheit oder kollektiven Portfolioverwaltung in Österreich tätig werden, gilt diese Bestimmung samt den in ihr verwiesenen Normen rückwirkend ab 1. Juli 2011 (vgl. § 200 Abs. 3).

Bewilligung der Abwicklung

§ 103. (1) Die FMA hat den Antrag des Feeder-OGAW auf Bewilligung der Abwicklung innerhalb von 15 Arbeitstagen nach Vorlage der vollständigen, in § 102 Abs. 1 Z 1 oder 2 genannten Unterlagen mittels schriftlichen Bescheides zu bewilligen oder die Ablehnung des Antrages mittels Bescheides schriftlich mitzuteilen. Weist die FMA den Antragsteller auf im Antrag fehlende Unterlagen oder Informationen hin, so findet § 13 Abs. 3 letzter Satz AVG keine Anwendung.

(2) Nach Erhalt der Bewilligung durch die FMA gemäß Abs. 1 hat der Feeder-OGAW den Master-OGAW darüber zu unterrichten.

(3) Sobald die FMA die erforderlichen Bewilligungen gemäß § 102 Abs. 1 Z 1 erteilt hat, hat der Feeder-OGAW alle erforderlichen Maßnahmen zu ergreifen, um die Anforderungen von § 111 ohne unnötigen Aufschub zu erfüllen.

(4) Wird der Abwicklungserlös des Master-OGAW vor dem Datum ausgezahlt, zu dem der Feeder-OGAW damit beginnt, entweder gemäß § 102 Abs. 1 Z 1 in andere Master-OGAW zu investieren oder in Einklang mit seinen neuen Anlagezielen und seiner neuen Anlagepolitik gemäß § 102 Abs. 1 Z 2 Anlagen zu tätigen, so hat die FMA ihre Bewilligung nur unter folgenden Bedingungen zu erteilen:
1. der Feeder-OGAW erhält
   a) den Liquidationserlös in bar oder
   b) einen Teil des Erlöses oder den gesamten Erlös in Form einer Übertragung von Sacheinlagen, sofern dies dem Wunsch des Feeder-OGAW entspricht und in der Vereinbarung zwischen Feeder-OGAW und Master-OGAW oder den internen Regelungen gemäß § 98 und der verbindlichen Entscheidung zur Liquidation vorgesehen ist;
2. sämtliche gemäß diesem Absatz gehaltenen oder erhaltenen Barmittel können vor dem Datum, zu dem der Feeder-OGAW beginnt, Anlagen in einen anderen Master-OGAW oder in Einklang mit seinen neuen Anlagezielen und seiner neuer Anlagepolitik zu tätigen, ausschließlich zum Zweck eines effizienten Liquiditätsmanagements neu angelegt werden.

(5) Kommt Abs. 4 Z 1 lit. b zur Anwendung, so kann der Feeder-OGAW jeden Teil der als Sacheinlagen übertragenen Vermögenswerte jederzeit in Barwerte umwandeln.

Beachte für folgende Bestimmung
Tritt mit 1. September 2011 in Kraft (vgl. § 200 Abs. 1). Für Verwaltungsgesellschaften gemäß Art. 6 der Richtlinie 2009/65/EG, welche in einem anderen Mitgliedstaat konzessioniert sind und über eine Zweigstelle, im Wege der Dienstleistungsfreiheit oder kollektiven Portfolioverwaltung in Österreich tätig werden, gilt diese Bestimmung samt den in ihr verwiesenen Normen rückwirkend ab 1. Juli 2011 (vgl. § 200 Abs. 3).

Verschmelzung oder Spaltung eines Master-OGAW

§ 104. (1) Bei der Verschmelzung eines Master-OGAW mit einem anderen OGAW oder der Spaltung in zwei oder mehr OGAW ist der Feeder-OGAW abzuwickeln, es sei denn, die FMA bewilligt, dass der Feeder-OGAW
1. Feeder-OGAW des Master-OGAW oder eines anderen OGAW bleibt, der aus der Verschmelzung oder Spaltung des Master-OGAW hervorgeht,
2. mindestens 85 vH seines Vermögens in Anteile eines anderen Master-OGAW anlegt, der nicht aus der Verschmelzung oder Spaltung hervorgegangen ist, oder
3. seine Fondsbestimmungen im Sinne einer Umwandlung in einen OGAW ändert, der kein Feeder-OGAW ist.

VI. Normenteil

(2) Eine Verschmelzung oder Spaltung eines Master-OGAW kann nur wirksam werden, wenn der Master-OGAW all seinen Anteilinhabern und der FMA oder, falls der Feeder-OGAW in einem anderen Mitgliedstaat gebilligt ist, den zuständigen Behörden der Herkunftmitgliedstaaten seines Feeder-OGAW, bis 60 Tage vor dem vorgeschlagenen Datum des Wirksamwerdens die in § 120 Abs. 1 und § 121 genannten Informationen oder mit diesen vergleichbare Informationen bereitgestellt hat.

(3) Der Feeder-OGAW hat vom Master-OGAW die Möglichkeit zu erhalten, vor Wirksamwerden der Verschmelzung oder Spaltung des Master-OGAW alle Anteile am Master-OGAW zurückzugeben oder ausbezahlt zu bekommen, es sei denn, die FMA oder, falls der Feeder-OGAW in einem anderen Mitgliedstaat gebilligt ist, die zuständigen Behörden des Herkunftmitgliedstaats des Feeder-OGAW, haben die in Abs. 1 Z 1 vorgesehene Bewilligung erteilt.

Beachte für folgende Bestimmung
Tritt mit 1. September 2011 in Kraft (vgl. § 200 Abs. 1). Für Verwaltungsgesellschaften gemäß Art. 6 der Richtlinie 2009/65/EG, welche in einem anderen Mitgliedstaat konzessioniert sind und über eine Zweigstelle, im Wege der Dienstleistungsfreiheit oder kollektiven Portfolioverwaltung in Österreich tätig werden, gilt diese Bestimmung samt den in ihr verwiesenen Normen rückwirkend ab 1. Juli 2011 (vgl. § 200 Abs. 3).

Antrag auf Bewilligung der Verschmelzung oder Spaltung

§ 105. (1) Der Feeder-OGAW hat der FMA innerhalb eines Monats nach dem Datum, zu dem der Feeder-OGAW gemäß § 104 Abs. 2 über die geplante Verschmelzung oder Spaltung unterrichtet wurde, folgende Unterlagen vorzulegen:
1. wenn der Feeder-OGAW beabsichtigt, Feeder-OGAW des gleichen Master-OGAW zu bleiben:
   a) den entsprechenden Bewilligungsantrag;
   b) sofern relevant, den Antrag auf Bewilligung der vorgeschlagenen Änderungen seiner Fondsbestimmungen oder Satzung;
   c) sofern relevant, die Änderungen des Prospekts und des Kundeninformationsdokuments gemäß § 137 Abs. 1 Z 1 und 2;
2. wenn der Feeder-OGAW beabsichtigt, Feeder-OGAW eines anderen, aus der vorgeschlagenen Verschmelzung oder Spaltung des Master-OGAW hervorgegangenen Master-OGAW zu werden oder mindestens 85 vH seines Vermögens in Anteile eines anderen, nicht aus der vorgeschlagenen Verschmelzung oder Spaltung hervorgegangenen Master-OGAW anzulegen:
   a) den Antrag auf Bewilligung dieser Anlage;
   b) den Antrag auf Bewilligung der vorgeschlagenen Änderungen seiner Fondsbestimmungen oder Satzung;
   c) die Änderungen des Prospekts und des Kundeninformationsdokuments gemäß § 137 Abs. 1 Z 1 und 2;
   d) die anderen gemäß § 95 Abs. 3 erforderlichen Dokumente;
3. wenn der Feeder-OGAW gemäß § 101 Abs. 1 Z 2 eine Umwandlung in einen OGAW, der kein Feeder-OGAW ist, beabsichtigt:
   a) den Antrag auf Bewilligung der vorgeschlagenen Änderungen seiner Fondsbestimmungen oder Satzung;
   b) die Änderungen des Prospekts und des Kundeninformationsdokuments gemäß § 137 Abs. 1 Z 1 und 2;
4. wenn der Feeder-OGAW eine Liquidation plant, die Mitteilung dieser Absicht.

(2) Im Zusammenhang mit Abs. 1 Z 1 und 2 bezieht sich:
1. der Ausdruck „bleibt Feeder-OGAW des gleichen Master-OGAW" auf Fälle, in denen
   a) der Master-OGAW übernehmender OGAW einer vorgeschlagenen Verschmelzung ist;
   b) der Master-OGAW ohne wesentliche Veränderungen einer der aus der vorgeschlagenen Spaltung hervorgehenden OGAW bleibt;
2. der Ausdruck „wird Feeder-OGAW eines anderen, aus der vorgeschlagenen Verschmelzung oder Spaltung des Master-OGAW hervorgegangenen Master-OGAW" auf Fälle, in denen
   a) der Master-OGAW übertragender OGAW ist und der Feeder-OGAW infolge der Verschmelzung Anteilinhaber des übernehmenden OGAW wird;
   b) der Feeder-OGAW Anteilinhaber eines aus einer Spaltung hervorgegangenen OGAW wird, der sich wesentlich vom Master-OGAW unterscheidet.

(3) Wenn der Master-OGAW dem Feeder-OGAW die in § 120 Abs. 1 und § 121 genannten oder vergleichbare Informationen mehr als vier Monate vor dem vorgeschlagenen Datum des Wirksam-

D. Einführung in das österreichische Investmentrecht

werdens der Verschmelzung oder Spaltung übermittelt, so hat der Feeder-OGAW der FMA abweichend von Abs. 1 seinen Antrag oder seine Mitteilung gemäß Abs. 1 spätestens drei Monate vor dem vorgeschlagenen Datum des Wirksamwerdens der Verschmelzung oder Spaltung des Master-OGAW zu unterbreiten.

(4) Der Feeder-OGAW hat seine Anteilinhaber und den Master-OGAW unverzüglich über die beabsichtigte Abwicklung zu unterrichten.

Beachte für folgende Bestimmung
Tritt mit 1. September 2011 in Kraft (vgl. § 200 Abs. 1). Für Verwaltungsgesellschaften gemäß Art. 6 der Richtlinie 2009/65/EG, welche in einem anderen Mitgliedstaat konzessioniert sind und über eine Zweigstelle, im Wege der Dienstleistungsfreiheit oder kollektiven Portfolioverwaltung in Österreich tätig werden, gilt diese Bestimmung samt den in ihr verwiesenen Normen rückwirkend ab 1. Juli 2011 (vgl. § 200 Abs. 3).

Bewilligung der Verschmelzung oder Spaltung

§ 106. (1) Die FMA hat den Antrag des Feeder-OGAW auf Verschmelzung oder Spaltung innerhalb von 15 Arbeitstagen nach Vorlage der vollständigen, in § 105 Abs. 1 Z 1 bis 3 genannten Unterlagen mittels schriftlichen Bescheides zu bewilligen oder die Ablehnung des Antrages mittels Bescheides schriftlich mitzuteilen. Weist die FMA den Antragsteller auf im Antrag fehlende Unterlagen oder Informationen hin, so findet § 13 Abs. 3 letzter Satz AVG keine Anwendung.

(2) Sobald der Feeder-OGAW den Bescheid über die Bewilligung der Verschmelzung oder Spaltung durch die FMA gemäß Abs. 1 erhalten hat, hat er den Master-OGAW darüber zu informieren.

(3) Nachdem der Feeder-OGAW darüber informiert wurde, dass die FMA die erforderlichen Bewilligungen gemäß § 105 Abs. 1 Z 2 erteilt hat, hat er alle erforderlichen Maßnahmen zu ergreifen, um die Anforderungen von § 111 unverzüglich zu erfüllen.

(4) In den in § 105 Abs. 1 Z 2 und 3 beschriebenen Fällen hat der Feeder-OGAW das Recht, gemäß § 104 Abs. 3 und § 123 die Rücknahme und Auszahlung seiner Anteile am Master-OGAW zu verlangen, sofern die FMA bis zu dem Arbeitstag, der dem letzten Tag, an dem der Feeder-OGAW vor Wirksamwerden der Verschmelzung oder Spaltung eine Rücknahme oder Auszahlung seiner Anteile im Master-OGAW verlangen kann, vorausgeht, die gemäß § 105 Abs. 1 erforderlichen Bewilligungen nicht erteilt hat. Der Feeder-OGAW hat dieses Recht auch zur Wahrung der Rechte seiner Anteilinhaber auf Rücknahme oder Auszahlung ihrer Anteile im Feeder-OGAW gemäß § 111 Abs. 1 Z 4 auszuüben. Dabei hat der Feeder-OGAW vor Wahrnehmung seiner Rechte auf Rücknahme und Auszahlung seiner Anteile im Master-OGAW mögliche Alternativen zu prüfen, die dazu beitragen können, Transaktionskosten oder andere negative Auswirkungen auf seine Anteilinhaber zu vermeiden oder zu verringern.

(5) Verlangt der Feeder-OGAW die Rücknahme oder Auszahlung seiner Anteile im Master-OGAW, so hat er zu erhalten:
1. entweder den Erlös aus der Rücknahme oder Auszahlung in bar oder
2. einen Teil oder den gesamten Erlös aus der Rücknahme oder Auszahlung in Form einer Übertragung von Sacheinlagen, sofern dies dem Wunsch des Feeder-OGAW entspricht und in der Vereinbarung zwischen Feeder-OGAW und Master-OGAW vorgesehen ist.

Im Fall der Z 2 kann der Feeder-OGAW jeden Teil der übertragenen Vermögenswerte jederzeit in Barwerte umwandeln.

(6) Die FMA hat die Bewilligung unter der Bedingung zu erteilen, dass sämtliche gehaltene oder gemäß Abs. 5 erhaltene Barmittel vor dem Datum, zu dem der Feeder-OGAW beginnt, Anlagen in den neuen Master-OGAW oder in Einklang mit seinen neuen Investitionszielen und seiner neuer Investitionspolitik zu tätigen, ausschließlich zum Zweck eines effizienten Liquiditätsmanagements neu angelegt werden können.

Beachte für folgende Bestimmung
Tritt mit 1. September 2011 in Kraft (vgl. § 200 Abs. 1). Für Verwaltungsgesellschaften gemäß Art. 6 der Richtlinie 2009/65/EG, welche in einem anderen Mitgliedstaat konzessioniert sind und über eine Zweigstelle, im Wege der Dienstleistungsfreiheit oder kollektiven Portfolioverwaltung in Österreich tätig werden, gilt diese Bestimmung samt den in ihr verwiesenen Normen rückwirkend ab 1. Juli 2011 (vgl. § 200 Abs. 3).

VI. Normenteil

Verwahrstellen von Master-OGAW und Feeder-OGAW

§ 107. (1) Wenn Master-OGAW und Feeder-OGAW unterschiedliche Verwahrstellen haben, so haben diese Verwahrstellen eine Vereinbarung über den Informationsaustausch abzuschließen, um sicherzustellen, dass beide Verwahrstellen ihre Pflichten erfüllen.

(2) Der Feeder-OGAW darf die Anlagen in Anteile des Master-OGAW erst tätigen, wenn eine solche Vereinbarung wirksam geworden ist.

(3) Bei der Einhaltung der Vorschriften dieses Abschnittes darf weder die Verwahrstelle des Master-OGAW noch die des Feeder-OGAW gesetzliche oder vertragliche Bestimmungen zur Wahrung des Datenschutzes oder betreffend die Einschränkung der Offenlegung von Informationen verletzen. Die Einhaltung der betreffenden Vorschriften löst weder für eine Verwahrstelle noch für eine für diese handelnde Person eine Haftung aus.

(4) Die Verwaltungsgesellschaft des Feeder-OGAW hat der Verwahrstelle des Feeder-OGAW alle Informationen über den Master-OGAW mitzuteilen, die für die Erfüllung der Pflichten der Verwahrstelle des Feeder-OGAW erforderlich sind.

(5) Die Verwahrstelle des Master-OGAW hat die FMA und gegebenenfalls die zuständige Behörde in einem anderen Mitgliedstaat, den Feeder-OGAW oder – sofern zutreffend – die Verwaltungsgesellschaft und die Verwahrstelle des Feeder-OGAW unmittelbar über alle Unregelmäßigkeiten zu unterrichten, die sie in Ausübung ihrer Pflichten in Bezug auf den Master-OGAW feststellt, die möglicherweise eine negative Auswirkung auf den Feeder-OGAW haben können. Dabei handelt es sich insbesondere um folgende Vorkommnisse:
1. Fehler bei der Berechnung des Nettoinventarwertes des Master-OGAW;
2. Fehler bei Transaktionen oder bei der Abwicklung von Kauf und Zeichnung oder von Aufträgen zur Rücknahme oder Auszahlung von Anteilen im Master-OGAW durch den Feeder-OGAW;
3. Fehler bei der Zahlung oder Kapitalisierung von Erträgen aus dem Master-OGAW oder bei der Berechnung der damit zusammenhängenden Quellensteuer;
4. Verstöße gegen die in den Fondsbestimmungen oder der Satzung, im Prospekt oder in den wesentlichen Informationen für den Anleger beschriebenen Anlageziele, -politik oder -strategie des Master-OGAW;
5. Verstöße gegen in diesem Bundesgesetz, in den Vertragsbedingungen oder in der Satzung, im Prospekt oder im Kundeninformationsdokument festgelegte Höchstgrenzen für Anlagen und Kreditaufnahme.

Beachte für folgende Bestimmung
Tritt mit 1. September 2011 in Kraft (vgl. § 200 Abs. 1). Für Verwaltungsgesellschaften gemäß Art. 6 der Richtlinie 2009/65/EG, welche in einem anderen Mitgliedstaat konzessioniert sind und über eine Zweigstelle, im Wege der Dienstleistungsfreiheit oder kollektiven Portfolioverwaltung in Österreich tätig werden, gilt diese Bestimmung samt den in ihr verwiesenen Normen rückwirkend ab 1. Juli 2011 (vgl. § 200 Abs. 3).

**Inhalt der Vereinbarung zwischen den Verwahrstellen
von Master-OGAW und Feeder-OGAW**

§ 108. (1) Die in § 107 Abs. 1 genannte Vereinbarung über den Informationsaustausch zwischen der Verwahrstelle des Master-OGAW und der Verwahrstelle des Feeder-OGAW hat Folgendes zu enthalten:
1. Beschreibung der Unterlagen und Kategorien von Informationen, die die beiden Verwahrstellen routinemäßig austauschen, und die Angabe, ob diese Informationen oder Unterlagen von einer Verwahrstelle an die andere übermittelt oder auf Anfrage zur Verfügung gestellt werden;
2. Modalitäten und Zeitplanung, einschließlich der Angabe aller Fristen, für die Übermittlung von Informationen durch die Verwahrstelle des Master-OGAW an die Verwahrstelle des Feeder-OGAW;
3. Koordinierung der Beteiligung beider Verwahrstellen unter angemessener Berücksichtigung ihrer in diesem Bundesgesetz sowie im BWG und im Depotgesetz (BGBl. Nr. 424/1969) vorgesehenen Pflichten hinsichtlich operationeller Fragen, einschließlich
   a) des Verfahrens zur Berechnung des Nettoinventarwerts jedes OGAW und aller angemessenen Maßnahmen zum Schutz vor „Market Timing" gemäß § 99;
   b) der Bearbeitung von Aufträgen des Feeder-OGAW für Kauf, Zeichnung, Rücknahme oder Auszahlung von Anteilen im Master-OGAW und der Abwicklung dieser Transaktionen unter Berücksichtigung von Vereinbarungen zur Übertragung von Sacheinlagen;

D. Einführung in das österreichische Investmentrecht

4. Koordinierung der Verfahren zur Erstellung der Jahresabschlüsse;
5. Angabe, welche Verstöße des Master-OGAW gegen Rechtsvorschriften und die Fondsbestimmungen oder die Satzung von der Verwahrstelle des Master-OGAW der Verwahrstelle des Feeder-OGAW mitgeteilt werden, sowie Modalitäten und Zeitpunkt für die Bereitstellung dieser Informationen;
6. Verfahren für die Bearbeitung von Ad-hoc-Ersuchen um Unterstützung zwischen Verwahrstellen;
7. Beschreibung von Eventualereignissen, über die sich die Verwahrstellen auf Ad-hoc-Basis gegenseitig unterrichten sollten, sowie Modalitäten und Zeitpunkt hierfür.

(2) Haben Feeder-OGAW und Master-OGAW eine Vereinbarung gemäß § 96 Abs. 1 geschlossen, so ist auf diese Vereinbarung über den Informationsaustausch zwischen den Verwahrstellen des Master-OGAW und des Feeder-OGAW das Recht des Mitgliedstaats anzuwenden, das gemäß § 97 für diese Vereinbarung gilt; beide Verwahrstellen haben die ausschließliche Zuständigkeit der Gerichte des betreffenden Mitgliedstaats, dessen Recht anzuwenden ist, anzuerkennen.

(3) Wurde die Vereinbarung zwischen Feeder-OGAW und Master-OGAW gemäß § 96 Abs. 1 durch interne Regelungen gemäß § 98 ersetzt, so kann in der Vereinbarung über den Informationsaustausch zwischen den Verwahrstellen des Master-OGAW und des Feeder-OGAW rechtswirksam nur entweder das Recht des Mitgliedstaats, in dem der Feeder-OGAW gebilligt ist, oder – sofern abweichend – das Recht des Mitgliedstaats, in dem der Master-OGAW gebilligt ist, vereinbart werden; beide Verwahrstellen haben die ausschließliche Zuständigkeit der Gerichte des Mitgliedstaats anzuerkennen, dessen Recht auf die Vereinbarung über den Informationsaustausch anzuwenden ist.

Beachte für folgende Bestimmung
Tritt mit 1. September 2011 in Kraft (vgl. § 200 Abs. 1). Für Verwaltungsgesellschaften gemäß Art. 6 der Richtlinie 2009/65/EG, welche in einem anderen Mitgliedstaat konzessioniert sind und über eine Zweigstelle, im Wege der Dienstleistungsfreiheit oder kollektiven Portfolioverwaltung in Österreich tätig werden, gilt diese Bestimmung samt den in ihr verwiesenen Normen rückwirkend ab 1. Juli 2011 (vgl. § 200 Abs. 3).

Abschlussprüfer

§ 109. (1) Wenn Master-OGAW und Feeder-OGAW unterschiedliche Abschlussprüfer haben, so haben diese Abschlussprüfer eine Vereinbarung über den Informationsaustausch abzuschließen, die die festgelegten Regelungen zur Erfüllung der Vorgaben gemäß Abs. 2 einschließt, um sicherzustellen, dass beide Abschlussprüfer ihre Pflichten erfüllen. Der Feeder-OGAW darf Anlagen in Anteile des Master-OGAW erst tätigen, wenn eine solche Vereinbarung wirksam geworden ist.

(2) Der Abschlussprüfer des Feeder-OGAW hat in seinem Prüfbericht den Prüfbericht des Master-OGAW zu berücksichtigen. Haben der Feeder-OGAW und der Master-OGAW unterschiedliche Rechnungsjahre, so hat der Abschlussprüfer des Master-OGAW einen Ad-hoc-Bericht zu dem Abschlusstermin des Feeder-OGAW zu erstellen. Der Abschlussprüfer des Feeder-OGAW hat in seinem Bericht insbesondere jegliche im Prüfbericht des Master-OGAW festgestellten Unregelmäßigkeiten sowie deren Auswirkungen auf den Feeder-OGAW zu nennen.

(3) Bei der Befolgung der Vorschriften dieses Abschnittes darf weder der Abschlussprüfer des Master-OGAW noch der des Feeder-OGAW eine gesetzliche oder vertragliche Bestimmung zur Wahrung des Datenschutzes oder betreffend die Einschränkung der Offenlegung von Informationen verletzen. Die Einhaltung der betreffenden Vorschriften darf weder für einen Abschlussprüfer noch für eine für diesen handelnde Person eine Haftung nach sich ziehen.

Beachte für folgende Bestimmung
Tritt mit 1. September 2011 in Kraft (vgl. § 200 Abs. 1). Für Verwaltungsgesellschaften gemäß Art. 6 der Richtlinie 2009/65/EG, welche in einem anderen Mitgliedstaat konzessioniert sind und über eine Zweigstelle, im Wege der Dienstleistungsfreiheit oder kollektiven Portfolioverwaltung in Österreich tätig werden, gilt diese Bestimmung samt den in ihr verwiesenen Normen rückwirkend ab 1. Juli 2011 (vgl. § 200 Abs. 3).

**Inhalt der Vereinbarung zwischen den Abschlussprüfern
von Master-OGAW und Feeder-OGAW**

§ 110. (1) Die in § 109 Abs. 1 genannte Vereinbarung über den Informationsaustausch zwischen den Abschlussprüfern von Master-OGAW und Feeder-OGAW hat Folgendes zu enthalten:
1. Beschreibung der Unterlagen und Kategorien von Informationen, die die beiden Abschlussprüfer routinemäßig austauschen;

2. Angabe, ob die unter Z 1 genannten Informationen oder Unterlagen von einem Abschlussprüfer an den anderen übermittelt oder auf Anfrage zur Verfügung gestellt werden;
3. Modalitäten und Zeitplanung, einschließlich Angabe aller Fristen, für die Übermittlung von Informationen durch den Abschlussprüfer des Master-OGAW an den Abschlussprüfer des Feeder-OGAW;
4. Koordinierung der Rolle der Abschlussprüfer in den Verfahren zur Erstellung der Jahresabschlüsse der OGAW;
5. Angabe der Unregelmäßigkeiten, die im Prüfbericht des Abschlussprüfers des Master-OGAW für die Zwecke von § 109 Abs. 2 zu nennen sind;
6. Modalitäten und Zeitplan für die Bearbeitung von Ad-hoc-Ersuchen um Unterstützung zwischen Abschlussprüfern, einschließlich Ersuchen um weitere Informationen über Unregelmäßigkeiten, die im Prüfbericht des Abschlussprüfers des Master-OGAW genannt werden.

(2) Die in Abs. 1 genannte Vereinbarung hat Bestimmungen für die Erstellung der in § 109 Abs. 2 und § 49 Abs. 5 genannten Berichte zu enthalten sowie Modalitäten und Zeitplan für die Übermittlung des Prüfberichts für den Master-OGAW und von dessen Entwürfen an den Abschlussprüfer des Feeder-OGAW.

(3) Haben Feeder-OGAW und Master-OGAW unterschiedliche Abschlussstichtage, so werden in der unter Abs. 1 genannten Vereinbarung Modalitäten und Zeitplan für die Erstellung des in § 109 Abs. 2 geforderten Ad-hoc-Berichts des Abschlussprüfers des Master-OGAW sowie für dessen Übermittlung, einschließlich Entwürfen, an den Abschlussprüfer des Feeder-OGAW geregelt.

(4) Haben Feeder-OGAW und Master-OGAW eine Vereinbarung gemäß § 96 Abs. 1 geschlossen, so ist auf die Vereinbarung über den Informationsaustausch zwischen den Abschlussprüfern des Master-OGAW und des Feeder-OGAW das Recht des Mitgliedstaats, das gemäß § 97 für diese Vereinbarung gilt, anzuwenden; beide Abschlussprüfer haben die ausschließliche Zuständigkeit der Gerichte des betreffenden Mitgliedstaats anzuerkennen.

(5) Wurde die Vereinbarung zwischen Feeder-OGAW und Master-OGAW gemäß § 96 Abs. 1 durch interne Regelungen gemäß § 98 ersetzt, so kann in der Vereinbarung über den Informationsaustausch zwischen den Abschlussprüfern des Master-OGAW und des Feeder-OGAW rechtswirksam nur entweder das Recht des Mitgliedstaats, in dem der Feeder-OGAW gebilligt ist, oder – sofern abweichend – das Recht des Mitgliedstaats, in dem der Master-OGAW gebilligt ist, vereinbart werden; beide Abschlussprüfer haben die ausschließliche Zuständigkeit der Gerichte des Mitgliedstaats anzuerkennen, dessen Recht auf die Vereinbarung über den Informationsaustausch anzuwenden ist.

Beachte für folgende Bestimmung
Tritt mit 1. September 2011 in Kraft (vgl. § 200 Abs. 1). Für Verwaltungsgesellschaften gemäß Art. 6 der Richtlinie 2009/65/EG, welche in einem anderen Mitgliedstaat konzessioniert sind und über eine Zweigstelle, im Wege der Dienstleistungsfreiheit oder kollektiven Portfolioverwaltung in Österreich tätig werden, gilt diese Bestimmung samt den in ihr verwiesenen Normen rückwirkend ab 1. Juli 2011 (vgl. § 200 Abs. 3).

Umwandlung bestehender OGAW in Feeder-OGAW und Änderung des Master-OGAW

§ 111. (1) Bei Umwandlung eines bereits bestehenden OGAW in einen Feeder-OGAW sowie bei Änderung des Master-OGAW hat der Feeder-OGAW seinen Anteilinhabern folgende Informationen kostenlos zur Verfügung zu stellen:
1. eine Erklärung, der zufolge die FMA die Anlage des Feeder-OGAW in Anteile dieses Master-OGAW bewilligt hat,
2. das in § 134 Abs. 1 genannte Kundeninformationsdokument betreffend Feeder-OGAW und Master-OGAW,
3. das Datum der ersten Anlage des Feeder-OGAW in den Master-OGAW, oder, wenn er bereits in den Master angelegt hat, das Datum zu dem seine Anlagen die Anlagegrenzen gemäß § 77 Abs. 1 übersteigen werden, und
4. eine Erklärung, der zufolge die Anteilinhaber das Recht haben, innerhalb von 30 Tagen die abgesehen von den vom OGAW zur Abdeckung der Veräußerungskosten erhobenen Gebühren die kostenlose Rücknahme oder Auszahlung ihrer Anteile zu verlangen; dieses Recht wird ab dem Zeitpunkt wirksam, an dem der Feeder-OGAW die in diesem Absatz genannten Informationen zur Verfügung gestellt hat.

D. Einführung in das österreichische Investmentrecht

Diese Informationen müssen spätestens 30 Tage vor dem in Z 3 genannten Datum zur Verfügung gestellt werden.

(2) Wurde der Feeder-OGAW gemäß § 139 notifiziert, so sind die in Abs. 1 genannten Informationen in der oder einer Amtssprache des Aufnahmemitgliedstaats des Feeder-OGAW oder in einer von dessen zuständigen Behörden gebilligten Sprache den Anlegern zur Verfügung zu stellen. Der Feeder-OGAW ist verantwortlich für die Erstellung der Übersetzung. Die Übersetzung hat den Inhalt des Originals zuverlässig wiederzugeben.

(3) Der Feeder-OGAW darf vor Ablauf der in Abs. 1 Z 4 genannten 30-Tagefrist keine Anlagen in Anteile des betreffenden Master-OGAW tätigen, die die Anlagegrenze gemäß § 77 Abs. 1 übersteigen.

(4) Auf das Zur Verfügung Stellen der in Abs. 1 genannten Informationen durch den Feeder-OGAW ist das in § 133 beschriebene Verfahren anzuwenden.

Beachte für folgende Bestimmung
Tritt mit 1. September 2011 in Kraft (vgl. § 200 Abs. 1). Für Verwaltungsgesellschaften gemäß Art. 6 der Richtlinie 2009/65/EG, welche in einem anderen Mitgliedstaat konzessioniert sind und über eine Zweigstelle, im Wege der Dienstleistungsfreiheit oder kollektiven Portfolioverwaltung in Österreich tätig werden, gilt diese Bestimmung samt den in ihr verwiesenen Normen rückwirkend ab 1. Juli 2011 (vgl. § 200 Abs. 3).

Überwachung des Master-OGAW durch die Verwaltungsgesellschaft des Feeder-OGAW

§ 112. (1) Die Verwaltungsgesellschaft des Feeder-OGAW hat die Tätigkeiten des Master-OGAW wirksam zu überwachen. Zur Erfüllung dieser Verpflichtung kann sich der Feeder-OGAW auf Informationen und Unterlagen des Master-OGAW oder, sofern zutreffend, seiner Verwaltungsgesellschaft, seiner Verwahrstelle oder seines Abschlussprüfers stützen, es sei denn, es liegen Gründe vor, an der Richtigkeit dieser Informationen und Unterlagen zu zweifeln.

(2) Erhält die Verwaltungsgesellschaft des Feeder-OGAW oder eine Person, die im Namen des Feeder-OGAW oder dessen Verwaltungsgesellschaft handelt, im Zusammenhang mit einer Anlage in Anteile des Master-OGAW eine Vertriebsgebühr, eine Vertriebsprovision oder sonstigen geldwerten Vorteil, so werden diese in das Vermögen des Feeder-OGAW eingezahlt.

Beachte für folgende Bestimmung
Tritt mit 1. September 2011 in Kraft (vgl. § 200 Abs. 1). Für Verwaltungsgesellschaften gemäß Art. 6 der Richtlinie 2009/65/EG, welche in einem anderen Mitgliedstaat konzessioniert sind und über eine Zweigstelle, im Wege der Dienstleistungsfreiheit oder kollektiven Portfolioverwaltung in Österreich tätig werden, gilt diese Bestimmung samt den in ihr verwiesenen Normen rückwirkend ab 1. Juli 2011 (vgl. § 200 Abs. 3).

Pflichten des Master-OGAW und der FMA

§ 113. (1) Der in Österreich bewilligte Master-OGAW hat der FMA unmittelbar die Identität jedes Feeder-OGAW, der Anlagen in seine Anteile tätigt, anzuzeigen. Sind Master-OGAW und Feeder-OGAW in unterschiedlichen Mitgliedstaaten niedergelassen, so hat die FMA betreffend einen in Österreich bewilligten Master-OGAW die zuständigen Behörden des Herkunftmitgliedstaats des Feeder-OGAW unmittelbar über solche Anlagen zu unterrichten.

(2) Der Master-OGAW darf für die Anlage des Feeder-OGAW in seine Anteile oder deren Veräußerung keine Zeichnungs- oder Rückkaufgebühren einheben.

(3) Der Master-OGAW hat zu gewährleisten, dass sämtliche Informationen, die gemäß diesem Bundesgesetz, anderen Bundesgesetzen oder Rechtsvorschriften der Europäischen Union, den Fondsbestimmungen oder der Satzung erforderlich sind, dem Feeder-OGAW oder, sofern zutreffend, seiner Verwaltungsgesellschaft, den zuständigen Behörden, der Verwahrstelle und dem Abschlussprüfer des Feeder-OGAW rechtzeitig zur Verfügung gestellt werden.

Beachte für folgende Bestimmung
Tritt mit 1. September 2011 in Kraft (vgl. § 200 Abs. 1). Für Verwaltungsgesellschaften gemäß Art. 6 der Richtlinie 2009/65/EG, welche in einem anderen Mitgliedstaat konzessioniert sind und über eine Zweigstelle, im Wege der Dienstleistungsfreiheit oder kollektiven Portfolioverwaltung in Österreich tätig werden, gilt diese Bestimmung samt den in ihr verwiesenen Normen rückwirkend ab 1. Juli 2011 (vgl. § 200 Abs. 3).

VI. Normenteil

6. Abschnitt. Verschmelzungen

Grundsätze

§ 114. (1) Verschmelzungen von OGAW sind unter Anwendung eines der Verschmelzungsverfahren gemäß § 3 Abs. 2 Z 15 zulässig. Dies gilt sowohl für grenzüberschreitende Verschmelzungen als auch für inländische Verschmelzungen. Grenzüberschreitende Verfahren sind unabhängig von der Rechtsform der OGAW zulässig. Im Falle einer Verschmelzung durch Neubildung findet weiters § 50 Anwendung. Auf inländische Verschmelzungen sind die §§ 115 bis 126 anzuwenden.

(2) Für grenzüberschreitende Verschmelzungen, bei denen der übertragende OGAW in Österreich gemäß § 50 bewilligt ist, gelten die §§ 115 und 117 bis 126. Ist der übertragende OGAW in einem anderen Mitgliedstaat bewilligt, so finden die Rechtsvorschriften des Herkunftmitgliedstaates des übertragenden OGAW Anwendung. Eine Rechtsformänderung des in Österreich bewilligten übernehmenden OGAW ist im Rahmen der Verschmelzung nicht zulässig.

(3) Jede Verschmelzung eines in Österreich bewilligten OGAW bedarf der vorherigen Zustimmung des Aufsichtsrates der den OGAW verwaltenden Verwaltungsgesellschaft sowie der Zustimmung der Depotbank jedes OGAW.

Beachte für folgende Bestimmung
Tritt mit 1. September 2011 in Kraft (vgl. § 200 Abs. 1). Für Verwaltungsgesellschaften gemäß Art. 6 der Richtlinie 2009/65/EG, welche in einem anderen Mitgliedstaat konzessioniert sind und über eine Zweigstelle, im Wege der Dienstleistungsfreiheit oder kollektiven Portfolioverwaltung in Österreich tätig werden, gilt diese Bestimmung samt den in ihr verwiesenen Normen rückwirkend ab 1. Juli 2011 (vgl. § 200 Abs. 3).

Bewilligung der Verschmelzung eines in Österreich bewilligten übertragenden OGAW

§ 115. (1) Die Verschmelzung eines in Österreich gemäß § 50 bewilligten übertragenden OGAW bedarf zu ihrer Rechtswirksamkeit der vorherigen Bewilligung durch die FMA. Der übertragende OGAW hat dabei der FMA alle nachstehenden Angaben zu übermitteln:
1. den vom übertragenden OGAW und vom übernehmenden OGAW gebilligten gemeinsamen Verschmelzungsplan,
2. eine aktuelle Fassung des Prospekts und des in § 134 Abs. 1 genannten Kundeninformationsdokuments für den Anleger des übernehmenden OGAW, falls dieser in einem anderen Mitgliedstaat niedergelassen ist,
3. eine von allen Verwahrstellen des übertragenden und des übernehmenden OGAW abgegebene Erklärung, mit der gemäß § 118 bestätigt wird, dass sie die Übereinstimmung der Angaben nach § 117 Abs. 1 Z 1, 6 und 7 mit den Anforderungen dieses Bundesgesetzes, der Richtlinie 2009/65/EG soweit es sich um eine grenzüberschreitende Verschmelzung handelt, und den Fondsbestimmungen oder der Satzung ihres jeweiligen OGAW überprüft haben, und
4. die Informationen, die der übertragende und der übernehmende OGAW ihren jeweiligen Anteilinhabern zu der geplanten Verschmelzung zu übermitteln beabsichtigen.

(2) Die Informationen gemäß Abs. 1 sind der FMA in deutscher oder im Falle einer grenzüberschreitenden Verschmelzung in deutscher Sprache und in der Amtssprache oder einer der Amtssprachen des Herkunftmitgliedstaates des übernehmenden OGAW oder in englischer oder in einer von der FMA gemäß Verordnung (§ 7b Abs. 1 KMG) anerkannten anderen Sprache zu übermitteln.

(3) Ist die FMA der Auffassung, dass der Antrag gemäß Abs. 1 nicht vollständig ist, so hat sie spätestens 10 Arbeitstage nach Eingang der Informationen gemäß Abs. 2 zusätzliche Informationen anzufordern. § 13 Abs. 3 letzter Satz AVG findet dabei keine Anwendung. Nach Vorliegen des vollständigen Antrages hat die FMA im Falle einer grenzüberschreitenden Verschmelzung unverzüglich die Kopien der Informationen gemäß Abs. 1 den zuständigen Behörden des Herkunftmitgliedstaates des übernehmenden OGAW zur Prüfung zu übermitteln. Erhält die FMA von den zuständigen Behörden des Herkunftmitgliedstaates des übernehmenden OGAW innerhalb von 15 Arbeitstagen ab Übermittlung der Kopien der Informationen gemäß Abs. 1 einen Hinweis auf Bedenken bezüglich der Informationen für die Anleger des übernehmenden OGAW, so ist das Verfahren im Sinne des § 38 letzter Satz AVG auszusetzen.

(4) Die FMA hat zur Prüfung der Angemessenheit der Informationen für die Anteilinhaber die potenziellen Auswirkungen der geplanten Verschmelzung auf die Anteilinhaber des übertragenden OGAW abzuwägen. Sie kann den übertragenden OGAW schriftlich auffordern, dass die Informatio-

nen für die Anteilinhaber des übertragenden OGAW klarer gestaltet werden. Diese Aufforderung hemmt den Fortlauf der Beurteilungsfrist gemäß Abs. 6 bis zum Eingang der geänderten Informationen für die Anleger bei der FMA.

(5) Die Bewilligung der Verschmelzung ist zu erteilen, wenn folgende Voraussetzungen erfüllt sind:
1. Die geplante Verschmelzung erfüllt sämtliche Auflagen dieser Bestimmung sowie der §§ 116 bis 119;
2. der übernehmende OGAW ist gemäß Artikel 93 der Richtlinie 2009/65/EG für die Vermarktung seiner Anteile in sämtlichen Mitgliedstaaten notifiziert, in denen der übertragende OGAW entweder bewilligt oder gemäß Artikel 93 der Richtlinie 2009/65/EG für die Vermarktung seiner Anteile notifiziert ist, und
3. die FMA und im Falle einer grenzüberschreitenden Verschmelzung die zuständigen Behörden des Herkunftmitgliedstaates des übernehmenden OGAW befinden die Informationen, die den Anteilinhabern übermittelt werden sollen, für zufrieden stellend oder es ist kein Hinweis auf Bedenken von Seiten der zuständigen Behörden im Herkunftmitgliedstaat des übernehmenden OGAW im Sinne von § 116 Abs. 2 eingegangen.

(6) Die FMA hat dem übertragenden OGAW nach Maßgabe von Abs. 3, 4 und 5 oder im Falle einer inländischen Verschmelzung nach Maßgabe von Abs. 4 und 5 und § 116 Abs. 2 innerhalb von 20 Arbeitstagen nach Vorlage des vollständigen Antrages gemäß Abs. 1 schriftlich mittels Bescheides die Verschmelzung zu bewilligen oder die Ablehnung des Antrages mittels Bescheides schriftlich mitzuteilen. Gleichzeitig sind im Falle einer grenzüberschreitenden Verschmelzung auch die zuständigen Behörden des Herkunftmitgliedstaates des übernehmenden OGAW von der FMA über die Entscheidung zu informieren.

Beachte für folgende Bestimmung
Tritt mit 1. September 2011 in Kraft (vgl. § 200 Abs. 1). Für Verwaltungsgesellschaften gemäß Art. 6 der Richtlinie 2009/65/EG, welche in einem anderen Mitgliedstaat konzessioniert sind und über eine Zweigstelle, im Wege der Dienstleistungsfreiheit oder kollektiven Portfolioverwaltung in Österreich tätig werden, gilt diese Bestimmung samt den in ihr verwiesenen Normen rückwirkend ab 1. Juli 2011 (vgl. § 200 Abs. 3).

Prüfung der Anteilinhaberinformationen bei Verschmelzung eines in Österreich bewilligten übernehmenden OGAW

§ 116. (1) Im Rahmen der Verschmelzung eines in Österreich bewilligten übernehmenden OGAW hat die FMA, im Falle einer grenzüberschreitenden Verschmelzung auf Basis der von der zuständigen Behörde des Herkunftmitgliedstaates des übertragenden OGAW übermittelten Informationen, die potenziellen Auswirkungen der geplanten Verschmelzung auf die Anteilinhaber des übernehmenden OGAW abzuwägen, um die Angemessenheit der Informationen für die Anteilinhaber zu prüfen.

(2) Hat die FMA Bedenken betreffend die Angemessenheit der Informationen für die Anleger des übernehmenden OGAW, so hat sie spätestens 15 Arbeitstage nach Erhalt der vollständigen Informationen, oder im Fall einer grenzüberschreitenden Verschmelzung spätestens 15 Arbeitstage nach Erhalt der Kopien der vollständigen Informationen gemäß Abs. 1 den übernehmenden OGAW schriftlich aufzufordern, die Informationen für seine Anteilinhaber zu ändern. Diese Aufforderung hemmt bei einer inländischen Verschmelzung den Fortlauf der Beurteilungsfrist gemäß § 115 Abs. 6 bis zum Eingang der geänderten Informationen für die Anleger bei der FMA.

(3) Im Falle einer grenzüberschreitenden Verschmelzung hat die FMA den zuständigen Behörden des Herkunftmitgliedstaates des übertragenden OGAW einen Hinweis auf ihre Bedenken innerhalb der Frist nach Abs. 2 Satz 1 zu übermitteln und nachdem ihr die geänderten Informationen für die Anteilinhaber des übernehmenden OGAW vorgelegt worden sind, den zuständigen Behörden des Herkunftmitgliedstaates des übertragenden OGAW innerhalb von 20 Arbeitstagen mitzuteilen, ob diese geänderten Informationen zufriedenstellend sind.

Beachte für folgende Bestimmung
Tritt mit 1. September 2011 in Kraft (vgl. § 200 Abs. 1). Für Verwaltungsgesellschaften gemäß Art. 6 der Richtlinie 2009/65/EG, welche in einem anderen Mitgliedstaat konzessioniert sind und über eine Zweigstelle, im Wege der Dienstleistungsfreiheit oder kollektiven Portfolioverwaltung in Österreich tätig werden, gilt diese Bestimmung samt den in ihr verwiesenen Normen rückwirkend ab 1. Juli 2011 (vgl. § 200 Abs. 3).

Verschmelzungsplan

§ 117. (1) Der übertragende OGAW und der übernehmende OGAW haben einen gemeinsamen Verschmelzungsplan zu erstellen, der folgende Angaben zu enthalten hat:

VI. Normenteil

1. Art der Verschmelzung und beteiligte OGAW,
2. Hintergrund und Beweggründe für die geplante Verschmelzung,
3. erwartete Auswirkungen der geplanten Verschmelzung auf die Anteilinhaber sowohl des übertragenden als auch des übernehmenden OGAW,
4. die beschlossenen Kriterien für die Bewertung des Vermögens und gegebenenfalls der Verbindlichkeiten zu dem Zeitpunkt der Berechnung des Umtauschverhältnisses gemäß § 125 Abs. 1 oder 2,
5. Methode zur Berechnung des Umtauschverhältnisses,
6. geplanter effektiver Verschmelzungstermin,
7. die für die Übertragung von Vermögenswerten und den Umtausch von Anteilen geltenden Bestimmungen und
8. im Falle einer Verschmelzung nach § 3 Abs. 2 Z 15 lit. b und gegebenenfalls § 3 Abs. 2 Z 15 lit. c die Fondsbestimmungen oder die Satzung des neu gegründeten übernehmenden OGAW.

(2) Die FMA kann nicht verlangen, dass weitere Informationen in den Verschmelzungsplan aufgenommen werden. Wohl aber können der übertragende und der übernehmende OGAW die Aufnahme weiterer Punkte in den Verschmelzungsplan beschließen.

Beachte für folgende Bestimmung
Tritt mit 1. September 2011 in Kraft (vgl. § 200 Abs. 1). Für Verwaltungsgesellschaften gemäß Art. 6 der Richtlinie 2009/65/EG, welche in einem anderen Mitgliedstaat konzessioniert sind und über eine Zweigstelle, im Wege der Dienstleistungsfreiheit oder kollektiven Portfolioverwaltung in Österreich tätig werden, gilt diese Bestimmung samt den in ihr verwiesenen Normen rückwirkend ab 1. Juli 2011 (vgl. § 200 Abs. 3).

Prüfung des Verschmelzungsplans durch die Verwahrstellen

§ 118. Die Verwahrstellen des übertragenden und des übernehmenden OGAW haben die Übereinstimmung der Angaben nach § 117 Abs. 1 Z 1, 6 und 7 mit den Anforderungen dieses Bundesgesetzes und den Fondsbestimmungen ihres jeweiligen OGAW zu prüfen und deren Ordnungsmäßigkeit zu bestätigen.

Beachte für folgende Bestimmung
Tritt mit 1. September 2011 in Kraft (vgl. § 200 Abs. 1). Für Verwaltungsgesellschaften gemäß Art. 6 der Richtlinie 2009/65/EG, welche in einem anderen Mitgliedstaat konzessioniert sind und über eine Zweigstelle, im Wege der Dienstleistungsfreiheit oder kollektiven Portfolioverwaltung in Österreich tätig werden, gilt diese Bestimmung samt den in ihr verwiesenen Normen rückwirkend ab 1. Juli 2011 (vgl. § 200 Abs. 3).

Bestätigung der Abschlussprüfer

§ 119. (1) Im Rahmen der Verschmelzung eines in Österreich gemäß § 50 bewilligten übertragenden OGAW hat ein unabhängiger Abschlussprüfer folgendes zu bestätigen:
1. die beschlossenen Kriterien für die Bewertung des Vermögens und gegebenenfalls der Verbindlichkeiten zu dem Zeitpunkt der Berechnung des Umtauschverhältnisses gemäß § 125 Abs. 1 oder 2;
2. sofern zutreffend, die Barzahlung je Anteil und
3. die Methode zur Berechnung des Umtauschverhältnisses und das tatsächliche Umtauschverhältnis zu dem Zeitpunkt für die Berechnung dieses Umtauschverhältnisses gemäß § 125 Abs. 1 oder 2.

(2) Die gesetzlichen Abschlussprüfer (§ 49 Abs. 5) des übertragenden oder des übernehmenden OGAW gelten für die Zwecke des Abs. 1 als unabhängige Abschlussprüfer.

(3) Den Anteilinhabern des übertragenden und des übernehmenden OGAW sowie der FMA ist auf Verlangen kostenlos eine Kopie des Berichts des unabhängigen Abschlussprüfers zur Verfügung zu stellen.

Beachte für folgende Bestimmung
Tritt mit 1. September 2011 in Kraft (vgl. § 200 Abs. 1). Für Verwaltungsgesellschaften gemäß Art. 6 der Richtlinie 2009/65/EG, welche in einem anderen Mitgliedstaat konzessioniert sind und über eine Zweigstelle, im Wege der Dienstleistungsfreiheit oder kollektiven Portfolioverwaltung in Österreich tätig werden, gilt diese Bestimmung samt den in ihr verwiesenen Normen rückwirkend ab 1. Juli 2011 (vgl. § 200 Abs. 3).

Information der Anteilinhaber

§ 120. (1) Der übertragende und der übernehmende OGAW haben jeweils ihren Anteilinhabern geeignete und präzise Informationen über die geplante Verschmelzung zu übermitteln, damit sich

D. Einführung in das österreichische Investmentrecht

diese ein fundiertes Urteil über die Auswirkungen der vorgeschlagenen Verschmelzung auf ihre Anlage bilden können und ihre Rechte gemäß § 123 ausüben können. Die Informationen sind kurz zu halten und in allgemein verständlicher Sprache abzufassen.

(2) Wird eine grenzüberschreitende Verschmelzung vorgeschlagen, so haben der übertragende OGAW und der übernehmende OGAW in leicht verständlicher Sprache sämtliche Begriffe und Verfahren in Bezug auf den anderen OGAW zu erläutern, die sich von den im eigenen Mitgliedstaat üblichen Begriffen und Verfahren unterscheiden.

(3) Die Informationen für die Anteilinhaber des übertragenden OGAW sind auf Anleger abzustimmen, die von den Merkmalen des übernehmenden OGAW und der Art seiner Tätigkeiten keine Kenntnis haben. Die Anteilinhaber sind dabei auf das Kundeninformationsdokument des übernehmenden OGAW zu verweisen und aufzufordern, dieses zu lesen.

(4) Bei den Informationen für die Anteilinhaber des übernehmenden OGAW liegt der Schwerpunkt auf dem Vorgang der Verschmelzung und den potenziellen Auswirkungen auf den übernehmenden OGAW.

(5) Wurde der übertragende oder der übernehmende OGAW gemäß § 139 notifiziert, so sind die Informationen in der bzw. in einer Amtssprache des Aufnahmemitgliedstaates des jeweiligen OGAW oder in einer von dessen zuständigen Behörden gebilligten Sprache den Anteilinhabern zur Verfügung zu stellen. Der OGAW, der die Informationen zu übermitteln hat, ist für die Erstellung der Übersetzung verantwortlich. Diese Übersetzung hat den Inhalt des Originals zuverlässig wiederzugeben.

(6) Die Informationen gemäß Abs. 1 sind den jeweiligen Anteilinhabern gemäß § 133 mindestens 30 Tage vor der letzten Frist für einen Antrag auf Rücknahme oder Auszahlung oder gegebenenfalls Umwandlung ohne Zusatzkosten gemäß § 123, aber erst nach Zustimmung
1. der FMA, sofern der übertragende OGAW in Österreich bewilligt ist, oder
2. der zuständigen Behörde des Herkunftmitgliedstaates, sofern der übertragende OGAW in einem anderen Mitgliedstaat bewilligt ist,
zu übermitteln.

Beachte für folgende Bestimmung
Tritt mit 1. September 2011 in Kraft (vgl. § 200 Abs. 1). Für Verwaltungsgesellschaften gemäß Art. 6 der Richtlinie 2009/65/EG, welche in einem anderen Mitgliedstaat konzessioniert sind und über eine Zweigstelle, im Wege der Dienstleistungsfreiheit oder kollektiven Portfolioverwaltung in Österreich tätig werden, gilt diese Bestimmung samt den in ihr verwiesenen Normen rückwirkend ab 1. Juli 2011 (vgl. § 200 Abs. 3).

Inhalt der Informationen für die Anteilinhaber

§ 121. (1) Die Informationen gemäß § 120 haben zumindest folgende Angaben zu enthalten:
1. Hintergrund und Beweggründe für die geplante Verschmelzung;
2. potenzielle Auswirkungen der geplanten Verschmelzung auf die Anteilinhaber, einschließlich aber nicht ausschließlich wesentlicher Unterschiede in Bezug auf Anlagepolitik und -strategie, Kosten, erwartetes Ergebnis, periodische Berichte, etwaige Verwässerung der Performance und gegebenenfalls eine eindeutige Warnung an die Anleger, dass ihre steuerliche Behandlung im Zuge der Verschmelzung Änderungen unterworfen sein kann;
3. spezifische Rechte der Anteilinhaber in Bezug auf die geplante Verschmelzung, einschließlich aber nicht ausschließlich des Rechts auf zusätzliche Informationen, des Rechts, auf Anfrage eine Kopie des Berichts des unabhängigen Abschlussprüfers oder der Verwahrstelle zu erhalten, des Rechts, gemäß § 123 die kostenlose Rücknahme oder Auszahlung oder gegebenenfalls Umwandlung ihrer Anteile zu verlangen, und der Frist für die Wahrnehmung dieses Rechts, wobei folgende Angaben beinhaltet sein müssen:
    a) Angaben zum Umgang mit den angefallenen Erträgen des betreffenden OGAW,
    b) einen Hinweis darauf, wie der in § 119 Abs. 3 genannte Bericht des unabhängigen Abschlussprüfers erhalten werden kann,
4. maßgebliche Verfahrensaspekte, insbesondere Einzelheiten jeder geplanten Aussetzung des Anteilhandels mit dem Ziel, eine effiziente Durchführung der Verschmelzung zu ermöglichen, und Angabe des Zeitpunktes des Wirksamwerdens der Verschmelzung gemäß § 125 (geplanter effektiver Verschmelzungstermin);
5. Kopie des in § 134 Abs. 1 genannten Kundeninformationsdokuments des übernehmenden OGAW.

(2) Die Informationen gemäß § 120 für die Anteilinhaber des übertragenden OGAW haben weiters zu enthalten:

VI. Normenteil

1. Einzelheiten zu Unterschieden hinsichtlich der Rechte von Anteilinhabern des übertragenden OGAW vor und nach Wirksamwerden der vorgeschlagenen Verschmelzung;
2. wenn die Kundeninformationsdokumente des übertragenden OGAW und des übernehmenden OGAW synthetische Risiko- und Ertragsindikatoren in unterschiedlichen Kategorien aufweisen oder in der begleitenden erläuternden Beschreibung unterschiedliche wesentliche Risiken beschrieben werden, einen Vergleich dieser Unterschiede;
3. einen Vergleich sämtlicher Kosten, Gebühren und Aufwendungen beider OGAW auf der Grundlage der in den jeweiligen Kundeninformationsdokumenten genannten Beträge;
4. wenn der übertragende OGAW eine performanceabhängige Gebühr erhebt, eine Erläuterung der Erhebung dieser Gebühr bis Wirksamwerden der Verschmelzung;
5. wenn der übernehmende OGAW eine performanceabhängige Gebühr erhebt, eine Erläuterung der Erhebung dieser Gebühr unter Gewährleistung einer fairen Behandlung der Anteilinhaber, die vorher Anteile des übertragenden OGAW hielten;
6. wenn dem übertragenden oder übernehmenden OGAW oder deren Anteilinhabern gemäß § 124 Kosten im Zusammenhang mit der Vorbereitung und Durchführung der Verschmelzung angelastet werden dürfen, die Einzelheiten der Allokation dieser Kosten;
7. eine Erklärung, ob die Verwaltungsgesellschaft des übertragenden OGAW beabsichtigt, vor Wirksamwerden der Verschmelzung eine Neugewichtung des Portfolios vorzunehmen;
8. sofern im Verschmelzungsplan eine Barzahlung gemäß § 3 Abs. 2 Z 15 lit. a oder b vorgesehen ist, Angaben zur vorgeschlagenen Zahlung, einschließlich Angaben zu Zeitpunkt und Modalitäten der Barzahlung an die Anteilinhaber des übertragenden OGAW;
9. Angabe des Zeitraums, während dessen die Anteilinhaber im übertragenden OGAW noch Aufträge für die Zeichnung und Auszahlung von Anteilen erteilen können;
10. Angabe des Zeitraums, während dessen Anteilinhaber, die ihre gemäß § 123 gewährten Rechte nicht innerhalb der einschlägigen Frist wahrnehmen, ihre Rechte als Anteilinhaber des übernehmenden OGAW wahrnehmen können.

(3) Die Informationen gemäß § 120 für die Anteilinhaber des übernehmenden OGAW haben weiters eine Erklärung zu enthalten, in der mitgeteilt wird, ob die Verwaltungsgesellschaft des übernehmenden OGAW davon ausgeht, dass die Verschmelzung wesentliche Auswirkungen auf das Portfolio des übernehmenden OGAW hat, und ob sie beabsichtigt, vor oder nach Wirksamwerden der Verschmelzung eine Neugewichtung des Portfolios vorzunehmen.

(4) Wird den Informationsunterlagen eine Zusammenfassung der wichtigsten Punkte der vorgeschlagenen Verschmelzung vorangestellt, muss darin auf die Abschnitte der Informationsunterlagen verwiesen werden, die weitere Informationen enthalten.

Beachte für folgende Bestimmung
Tritt mit 1. September 2011 in Kraft (vgl. § 200 Abs. 1). Für Verwaltungsgesellschaften gemäß Art. 6 der Richtlinie 2009/65/EG, welche in einem anderen Mitgliedstaat konzessioniert sind und über eine Zweigstelle, im Wege der Dienstleistungsfreiheit oder kollektiven Portfolioverwaltung in Österreich tätig werden, gilt diese Bestimmung samt den in ihr verwiesenen Normen rückwirkend ab 1. Juli 2011 (vgl. § 200 Abs. 3).

Neue Anteilinhaber

§ 122. Zwischen dem Datum der Übermittlung der Informationen gemäß § 120 an die Anteilinhaber und dem Datum des Wirksamwerdens der Verschmelzung sind die Informationsunterlagen gemäß § 120 und das aktuelle Kundeninformationsdokument für die Anleger des übernehmenden OGAW jeder Person zu übermitteln, die entweder im übertragenden oder im übernehmenden OGAW Anteile kauft oder zeichnet oder Kopien der Fondsbestimmungen oder der Satzung, des Prospekts oder des Kundeninformationsdokuments eines der beiden OGAW anfordert.

Beachte für folgende Bestimmung
Tritt mit 1. September 2011 in Kraft (vgl. § 200 Abs. 1). Für Verwaltungsgesellschaften gemäß Art. 6 der Richtlinie 2009/65/EG, welche in einem anderen Mitgliedstaat konzessioniert sind und über eine Zweigstelle, im Wege der Dienstleistungsfreiheit oder kollektiven Portfolioverwaltung in Österreich tätig werden, gilt diese Bestimmung samt den in ihr verwiesenen Normen rückwirkend ab 1. Juli 2011 (vgl. § 200 Abs. 3).

Rück- und Umtauschrecht der Anteilinhaber

§ 123. Die Anteilinhaber sowohl des übertragenden als auch des übernehmenden OGAW sind berechtigt, ohne weitere Kosten als jene, die gemäß § 59 in Verbindung mit § 53 zur Deckung der Rücknahmekosten einbehalten werden,

1. die Auszahlung oder die Rücknahme ihrer Anteile oder,
2. soweit möglich, deren Umtausch in Anteile eines anderen OGAW mit ähnlicher Anlagepolitik, der von derselben Verwaltungsgesellschaft oder einer anderen Gesellschaft verwaltet wird, mit der die Verwaltungsgesellschaft durch eine gemeinsame Verwaltung oder Kontrolle oder durch eine wesentliche direkte oder indirekte Beteiligung verbunden ist,

zu verlangen. Dieses Recht wird ab dem Zeitpunkt wirksam, zu dem die Anteilinhaber des übertragenden OGAW und die Anteilinhaber des übernehmenden OGAW nach § 120 über die geplante Verschmelzung unterrichtet werden, und erlischt fünf Arbeitstage vor dem Zeitpunkt für die Berechnung des Umtauschverhältnisses gemäß § 125 Abs. 1 oder 2.

Beachte für folgende Bestimmung
Tritt mit 1. September 2011 in Kraft (vgl. § 200 Abs. 1). Für Verwaltungsgesellschaften gemäß Art. 6 der Richtlinie 2009/65/EG, welche in einem anderen Mitgliedstaat konzessioniert sind und über eine Zweigstelle, im Wege der Dienstleistungsfreiheit oder kollektiven Portfolioverwaltung in Österreich tätig werden, gilt diese Bestimmung samt den in ihr verwiesenen Normen rückwirkend ab 1. Juli 2011 (vgl. § 200 Abs. 3).

Kosten

§ 124. Etwaige Rechts-, Beratungs- oder Verwaltungskosten, die mit der Vorbereitung und Durchführung der Verschmelzung verbunden sind, dürfen weder dem übertragenden OGAW, dem übernehmenden OGAW noch ihren Anteilinhabern angelastet werden.

Beachte für folgende Bestimmung
Tritt mit 1. September 2011 in Kraft (vgl. § 200 Abs. 1). Für Verwaltungsgesellschaften gemäß Art. 6 der Richtlinie 2009/65/EG, welche in einem anderen Mitgliedstaat konzessioniert sind und über eine Zweigstelle, im Wege der Dienstleistungsfreiheit oder kollektiven Portfolioverwaltung in Österreich tätig werden, gilt diese Bestimmung samt den in ihr verwiesenen Normen rückwirkend ab 1. Juli 2011 (vgl. § 200 Abs. 3).

Wirksamwerden

§ 125. (1) Eine inländische Verschmelzung ist mit dem im Verschmelzungsplan gemäß § 117 Abs. 1 Z 6 angeführten Datum wirksam. Für die Berechnung des Verhältnisses für den Umtausch von Anteilen des übertragenden OGAW in Anteile des übernehmenden OGAW und, sofern zutreffend, für die Festlegung des einschlägigen Nettovermögensbestandes für Barzahlungen ist der im Verschmelzungsplan angegebene Zeitpunkt maßgeblich.

(2) Für grenzüberschreitende Verschmelzungen, bei denen der übernehmende OGAW in Österreich bewilligt ist, gelten die Fristen gemäß Abs. 1, wobei die allenfalls erforderliche Bewilligung durch die Anteilinhaber des übertragenden OGAW jedenfalls abzuwarten ist. Bei grenzüberschreitenden Verschmelzungen, bei denen der übernehmende OGAW in einem anderen Mitgliedstaat bewilligt ist, richten sich die Fristen gemäß Abs. 1 nach dem Recht des Herkunftsstaates des übernehmenden OGAW.

(3) Das Wirksamwerden der Verschmelzung ist gemäß § 136 Abs. 4 Z 1, 3 oder 5 zu veröffentlichen und der FMA sowie, im Falle einer grenzüberschreitenden Verschmelzung der zuständigen Behörde des Herkunftmitgliedstaates des übertragenden oder übernehmenden OGAW mitzuteilen.

(4) Eine Verschmelzung, die gemäß Abs. 1 oder 2 wirksam geworden ist, kann nicht mehr für nichtig erklärt werden.

Beachte für folgende Bestimmung
Tritt mit 1. September 2011 in Kraft (vgl. § 200 Abs. 1). Für Verwaltungsgesellschaften gemäß Art. 6 der Richtlinie 2009/65/EG, welche in einem anderen Mitgliedstaat konzessioniert sind und über eine Zweigstelle, im Wege der Dienstleistungsfreiheit oder kollektiven Portfolioverwaltung in Österreich tätig werden, gilt diese Bestimmung samt den in ihr verwiesenen Normen rückwirkend ab 1. Juli 2011 (vgl. § 200 Abs. 3).

Auswirkungen der Verschmelzung

§ 126. (1) Eine gemäß § 3 Abs. 2 Z 15 lit. a (Bruttoverschmelzung durch Aufnahme) durchgeführte Verschmelzung hat folgende Auswirkungen:
1. Alle Vermögenswerte und Verbindlichkeiten des übertragenden OGAW werden auf den übernehmenden OGAW oder, sofern zutreffend, auf die Verwahrstelle des übernehmenden OGAW übertragen;

VI. Normenteil

2. die Anteilinhaber des übertragenden OGAW werden Anteilinhaber des übernehmenden OGAW, und sie haben gegebenenfalls Anspruch auf eine Barzahlung in Höhe von höchstens 10 vH des Nettovermögensbestandes ihrer Anteile an dem übertragenden OGAW, und
3. die Bewilligung des übertragenden OGAW erlischt mit Inkrafttreten der Verschmelzung.

(2) Eine gemäß § 3 Abs. 2 Z 15 lit. b (Bruttoverschmelzung durch Neubildung) durchgeführte Verschmelzung hat folgende Auswirkungen:
1. Alle Vermögenswerte und Verbindlichkeiten des übertragenden OGAW werden auf den neu gegründeten übernehmenden OGAW übertragen;
2. die Anteilinhaber des übertragenden OGAW werden Anteilinhaber des neu gebildeten übernehmenden OGAW, und sie haben gegebenenfalls Anspruch auf eine Barzahlung in Höhe von höchstens 10 vH des Nettovermögensbestandes ihrer Anteile an dem übertragenden OGAW, und
3. die Bewilligung des übertragenden OGAW erlischt mit Inkrafttreten der Verschmelzung.

(3) Eine gemäß § 3 Abs. 2 Z 15 lit. c (Nettoverschmelzung) durchgeführte Verschmelzung hat folgende Auswirkungen:
1. Die Nettovermögenswerte des übertragenden OGAW werden auf den übernehmenden OGAW übertragen;
2. die Anteilinhaber des übertragenden OGAW werden Anteilinhaber des übernehmenden OGAW, und
3. die Bewilligung des übertragenden OGAW erlischt erst, wenn alle Verbindlichkeiten getilgt sind.

(4) Die Verwaltungsgesellschaft des übernehmenden OGAW hat der Verwahrstelle des übernehmenden OGAW zu bestätigen, dass die Übertragung der Vermögenswerte und im Falle des Abs. 1 oder 2 der Verbindlichkeiten abgeschlossen ist.

(5) Die Bestimmungen über die Kontrolle von Unternehmenszusammenschlüssen nach dem Kartellgesetz 2005 – KartG 2005 (BGBl. I Nr. 61/2005) sowie gemäß der Verordnung (EG) Nr. 139/2004 über die Kontrolle von Unternehmenszusammenschlüssen („EG-Fusionskontrollerordnung") bleiben unberührt.

Beachte für folgende Bestimmung
Tritt mit 1. September 2011 in Kraft (vgl. § 200 Abs. 1). ür Verwaltungsgesellschaften gemäß Art. 6 der Richtlinie 2009/65/EG, welche in einem anderen Mitgliedstaat konzessioniert sind und über eine Zweigstelle, im Wege der Dienstleistungsfreiheit oder kollektiven Portfolioverwaltung in Österreich tätig werden, gilt diese Bestimmung samt den in ihr verwiesenen Normen rückwirkend ab 1. Juli 2011 (vgl. § 200 Abs. 3).

Erleichterungen für Fondszusammenlegungen ohne grenzübergreifenden Bezug

§ 127. (1) Die Verschmelzung (Zusammenlegung) von in Österreich bewilligten OGAW, die nicht gemäß § 139 in einem anderen Mitgliedstaat zum Vertrieb notifiziert sind, richtet sich nach den §§ 114 Abs. 3, 119 sowie 122 bis 126. Die §§ 120 und 125 sowie § 3 Abs. 2 Z 15 lit. c sind nicht anzuwenden. Die FMA darf die Bewilligung nur erteilen, wenn die Interessen aller Anleger hinreichend gewahrt sind.

(2) Die Verwaltungsgesellschaft des übernehmenden bzw. neu zu bildenden OGAW kann das aus der Vereinigung entstandene Fondsvermögen ab dem Zusammenlegungsstichtag als OGAW aufgrund dieses Bundesgesetzes verwalten, sofern der Zusammenlegungsstichtag unter Einhaltung einer mindestens dreimonatigen Ankündigungsfrist veröffentlicht wird. In der Veröffentlichung sind die von der Zusammenlegung betroffenen OGAW, der Bewilligungsbescheid der FMA, Angaben über den Anteilumtausch, Angaben über die den zusammengelegten oder den neu gebildeten OGAW verwaltende Verwaltungsgesellschaft, ein allfälliger Depotbankwechsel (§ 61) und die ab dem Zusammenlegungsstichtag geltenden Fondsbestimmungen (§ 53) anzuführen. Bruchteilsanteile sind bar abzugelten. Die Zusammenlegung eines OGAW mit einem AIF ist nicht zulässig.

(3) Die Verwaltungsgesellschaft kann die Verwaltung eines OGAW mit Bewilligung der FMA ohne Kündigung nach § 60 Abs. 1 durch Übertragung der zum Fondsvermögen gehörenden Vermögenswerte in einen anderen, von der gleichen oder einer anderen Verwaltungsgesellschaft verwalteten OGAW oder durch Zusammenlegung im Wege der Neubildung beenden. Die Bestimmungen des Abs. 1 sind anzuwenden. Dem Anteilinhaber dürfen durch diese Vorgangsweise keine Kosten entstehen. Sie tritt mit dem in der Veröffentlichung angegebenen Tag, frühestens jedoch drei Monate nach der Veröffentlichung, in Kraft.

Beachte für folgende Bestimmung
Tritt mit 1. September 2011 in Kraft (vgl. § 200 Abs. 1). Für Verwaltungsgesellschaften gemäß Art. 6 der Richtlinie 2009/65/EG, welche in einem anderen Mitgliedstaat konzessioniert sind und

über eine Zweigstelle, im Wege der Dienstleistungsfreiheit oder kollektiven Portfolioverwaltung in Österreich tätig werden, gilt diese Bestimmung samt den in ihr verwiesenen Normen rückwirkend ab 1. Juli 2011 (vgl. § 200 Abs. 3).

4. Hauptstück. Information der Anleger, Werbung und Vertrieb
1. Abschnitt. Werbung und Angebot von Anteilen
Werbung für OGAW-Anteile

§ 128. (1) Die Werbung für Anteile an OGAW darf nur unter gleichzeitigem Hinweis auf den gemäß § 136 Abs. 4 veröffentlichten Prospekt (§ 131) und das gemäß § 138 zur Verfügung zu stellende Kundeninformationsdokument (§ 134) erfolgen und hat anzugeben, auf welche Weise und in welcher Sprache dieser Prospekt sowie das Kundeninformationsdokument für den Anleger oder potenziellen Anleger erhältlich und zugänglich sind.

(2) Werbung an die Anleger muss
1. eindeutig als solche erkennbar,
2. redlich,
3. eindeutig und
4. nicht irreführend

sein. Insbesondere darf eine Werbung, die eine Aufforderung zum Erwerb von Anteilen eines OGAW und spezifische Informationen über einen OGAW enthält, keine Aussagen treffen, die im Widerspruch zu Informationen des Prospekts und des in § 134 Abs. 1 genannten Kundeninformationsdokuments stehen oder die Bedeutung dieser Informationen herabstufen.

(3) Die Werbung für Anteile an OGAW, in der auf die vergangene Wertentwicklung des Fonds Bezug genommen wird, hat einen Hinweis zu enthalten, aus welchem hervorgeht, dass die Wertentwicklung der Vergangenheit keine verlässlichen Rückschlüsse auf die zukünftige Entwicklung eines Fonds zulässt.

(4) Ein Feeder-OGAW hat in jede Werbung den Hinweis aufzunehmen, dass er dauerhaft mindestens 85 vH seines Vermögens in Anteile eines bestimmten Master-OGAW anlegt.

(5) Weiters ist in der Werbung an hervorgehobener Stelle auf folgende Tatsachen hinzuweisen:
1. die Anlagestrategie des OGAW, falls der OGAW hauptsächlich in den in § 67 Abs. 1 Z 3 bis 5 definierten Kategorien von Anlageinstrumenten, die keine Wertpapiere oder Geldmarktinstrumente sind, investiert oder einen Aktien- oder Schuldtitelindex nachbildet;
2. eine erhöhte Volatilität, falls das Nettovermögen eines OGAW aufgrund der Zusammensetzung seines Portfolios oder der verwendeten Portfoliomanagementtechniken eine erhöhte Volatilität aufweist;
3. die Bewilligung der Fondsbestimmungen durch die FMA im Falle eines OGAW im Sinne des § 76.

(6) Ein OGAW im Sinne des § 76 hat weiters die Mitgliedstaaten, Gebietskörperschaften oder internationalen Einrichtungen öffentlich-rechtlichen Charakters, in deren Wertpapieren der OGAW mehr als 35 vH seines Sondervermögens anzulegen beabsichtigt oder angelegt hat, anzugeben.

Beachte für folgende Bestimmung
Tritt mit 1. September 2011 in Kraft (vgl. § 200 Abs. 1). ür Verwaltungsgesellschaften gemäß Art. 6 der Richtlinie 2009/65/EG, welche in einem anderen Mitgliedstaat konzessioniert sind und über eine Zweigstelle, im Wege der Dienstleistungsfreiheit oder kollektiven Portfolioverwaltung in Österreich tätig werden, gilt diese Bestimmung samt den in ihr verwiesenen Normen rückwirkend ab 1. Juli 2011 (vgl. § 200 Abs. 3).

Angebot von Anteilen

§ 129. (1) Ein Angebot von Anteilen an OGAW darf – abgesehen von den Bestimmungen des 5. Abschnittes – im Inland nur erfolgen, wenn der OGAW gemäß § 50 von der FMA bewilligt wurde, spätestens einen Arbeitstag vor dem Angebot das KID gemäß § 138 verfügbar ist und der Prospekt gemäß § 136 Abs. 4 veröffentlicht wurde.

(2) Sowohl der von der Verwaltungsgesellschaft unterfertigte Prospekt samt Fondsbestimmungen sowie dessen Änderungen (§ 131 Abs. 6) als auch das KID in aktueller Fassung und etwaige Übersetzungen sind der Meldestelle so rechtzeitig zu übermitteln, dass sie ihr spätestens am Tag der Veröffentlichung des Prospektes vorliegen. Die FMA kann nach Anhörung der Meldestelle mittels Verordnung unter Bedachtnahme auf die europäischen Gepflogenheiten in diesem Bereich die näheren Erforder-

VI. Normenteil

nisse einer elektronischen Hinterlegung dieser Unterlagen festlegen und mittels Verordnung auch die Übermittlung ausschließlich in elektronischer Form vorschreiben. § 12 Abs. 1, 2 und 3 Z 1 und 2 KMG gilt mit der Maßgabe, dass die Verwahrungsfrist für die Meldestelle vom Abwicklungszeitpunkt des OGAW zu berechnen ist und dass die Unterrichtungspflicht gemäß § 12 Abs. 3 Z 2 KMG nur bei besonderem Anlass auf Verlangen des Bundesministers für Finanzen, der FMA oder der Oesterreichischen Nationalbank besteht.

(3) Sofern in Vereinbarungen zum Nachteil des Verbrauchers im Sinne des § 1 Abs. 1 Z 2 und Abs. 3 KSchG von den Bestimmungen dieses Bundesgesetzes abgewichen wird, sind diese unwirksam.

Schutz von Bezeichnungen

§ 130. (1) Die Bezeichnungen „Kapitalanlagegesellschaft", „Kapitalanlagefonds", „Investmentfondsgesellschaft", „Investmentfonds", „Miteigentumsfonds", „Wertpapierfonds", „Aktienfonds", „Obligationenfonds", „Investmentanteilscheine", „Investmentzertifikate", „Pensionsinvestmentfonds", „Spezialfonds", „Indexfonds", „Anleihefonds", „Rentenfonds", „Dachfonds", „thesaurierende Kapitalanlagefonds", „Geldmarktfonds", „Geldmarktfonds mit kurzer Laufzeitstruktur", „OGAW-ETF", „UCITS ETF", „ETF", „Exchange-Traded Fund" oder gleichbedeutende Bezeichnungen oder Abkürzungen von solchen Bezeichnungen dürfen nur für Kapitalanlagefonds und deren Anteilscheine verwendet sowie nur in die Firma von Verwaltungsgesellschaften aufgenommen werden. Die Bezeichnung „OGAW" darf nur für OGAW und deren Anteile verwendet werden. Der Zusatz „mündelsicher" oder gleichbedeutende Bezeichnungen oder Abkürzungen dürfen in der Bezeichnung von Kapitalanlagefonds und deren Anteilscheinen nur für OGAW gemäß § 46 Abs. 3 verwendet werden.

(2) Verwaltungsgesellschaften aus einem EWR-Mitgliedstaat dürfen für die Ausübung ihrer Tätigkeit im Rahmen des 2. Teiles 1. Hauptstück 3. Abschnitt dieselben allgemeinen Bezeichnungen führen, die sie in ihrem Sitzstaat führen. Sie müssen jedoch solchen Bezeichnungen geeignete klarstellende Zusätze beifügen, wenn die Gefahr der Irreführung besteht.

Beachte für folgende Bestimmung
Tritt mit 1. September 2011 in Kraft (vgl. § 200 Abs. 1). Für Verwaltungsgesellschaften gemäß Art. 6 der Richtlinie 2009/65/EG, welche in einem anderen Mitgliedstaat konzessioniert sind und über eine Zweigstelle, im Wege der Dienstleistungsfreiheit oder kollektiven Portfolioverwaltung in Österreich tätig werden, gilt diese Bestimmung samt den in ihr verwiesenen Normen rückwirkend ab 1. Juli 2011 (vgl. § 200 Abs. 3).

2. Abschnitt. Prospekt und Informationen für die Anleger

OGAW-Prospekt

§ 131. (1) Der Prospekt hat die Angaben zu enthalten, die erforderlich sind, damit sich die Anleger über die ihnen vorgeschlagene Anlage und vor allem über die damit verbundenen Risiken ein fundiertes Urteil bilden können.

(2) Der Prospekt muss – unabhängig von der Art der Instrumente, in die investiert wird, – eine eindeutige und leicht verständliche Erläuterung des Risikoprofils des Fonds enthalten.

(3) Der Prospekt muss mindestens die Angaben enthalten, die in Schema A von Anlage I vorgesehen sind, soweit diese Angaben nicht bereits in den Fondsbestimmungen des OGAW enthalten sind, die dem Prospekt gemäß Abs. 5 als Anhang beizufügen sind.

(4) Der Prospekt hat insbesondere folgende Angaben zu enthalten:
1. in welche Kategorien von Vermögensgegenständen der OGAW investieren darf;
2. ob der OGAW Geschäfte mit Derivaten tätigen darf;
3. falls der OGAW in Geschäfte mit Derivaten investieren darf (Z 2), so ist an hervorgehobener Stelle zu erläutern, ob diese Geschäfte zur Absicherung von Anlagepositionen oder als Teil der Anlagestrategie getätigt werden dürfen und wie sich die Verwendung von Derivaten möglicherweise auf das Risikoprofil auswirkt;
4. einen Hinweis auf die Anlagestrategie an hervorgehobener Stelle, wenn ein OGAW sein Sondervermögen hauptsächlich in den in § 67 Abs. 1 Z 3 bis 5 definierten Kategorien von Anlageinstrumenten, die keine Wertpapiere oder Geldmarktinstrumente sind, investiert oder wenn ein OGAW einen Aktien- oder Schuldtitelindex gemäß § 75 nachbildet;
5. gegebenenfalls einen Hinweis an hervorgehobener Stelle auf eine unter Umständen erhöhte Volatilität des Nettovermögensbestandes eines OGAW aufgrund der Zusammensetzung seines Portfolios oder der verwendeten Portfoliomanagementtechniken;

6. im Fall eines OGAW im Sinne des § 76 ein Hinweis an hervorgehobener Stelle auf die Bewilligung der Fondsbestimmungen durch die FMA und eine Angabe der Mitgliedstaaten, Gebietskörperschaften, Drittstaaten oder internationalen Einrichtungen öffentlich-rechtlichen Charakters, in deren Wertpapieren der OGAW mehr als 35 vH seines Sondervermögens anzulegen beabsichtigt oder angelegt hat;
7. falls ein wesentlicher Teil des Vermögens eines OGAW in Anteilen anderer OGAW oder sonstiger Organismen für gemeinsame Anlagen angelegt wird, Angaben über die maximale Höhe der Verwaltungsgebühren, die von dem betreffenden OGAW selbst sowie von den anderen OGAW oder sonstigen Organismen für gemeinsame Anlagen, in die zu investieren beabsichtigt ist, zu tragen sind;
8. eine Auflistung der gemäß § 28 übertragenen Aufgaben;
9. Berechnungsmethode des Gesamtrisikos;
10. gegebenenfalls die erwartete Höhe des Hebels beim Einsatz von Derivaten und die Möglichkeit von höheren Werten;
11. gegebenenfalls Informationen über das verwendete Referenzvermögen.

(5) Die von der FMA bewilligten Fondsbestimmungen sind Bestandteil des Prospekts und diesem beizufügen. Die Beifügung kann unterbleiben, wenn der Anleger davon unterrichtet wird, dass er sie auf Verlangen erhalten oder auf Anfrage erfahren kann, an welcher Stelle er sie in jedem Mitgliedstaat, in dem die Anteile vertrieben werden, einsehen kann. Davon bleibt die Hinterlegung der Fondsbestimmungen gemäß § 129 Abs. 2 unberührt.

(6) Änderungen von Angaben nach Abs. 1 bis 4, die geeignet sind, die Beurteilung der Anteile an OGAW zu beeinflussen, müssen als Nachtrag in den Prospekt aufgenommen werden und sind unverzüglich zu veröffentlichen.

(7) Im Falle eines Angebotes von Anteilscheinen ohne eine vorhergehende Veröffentlichung des Prospektes ist § 5 Abs. 1 und 3 bis 6 KMG sinngemäß anzuwenden. Im Falle der Veröffentlichung von Änderungen gemäß Abs. 6 findet § 6 Abs. 2 KMG sinngemäß Anwendung.

(8) Der Prospekt des Feeder-OGAW hat zusätzlich zu den in Anlage I Schema A vorgesehenen Informationen und den Angaben gemäß Abs. 1 bis 4 Folgendes zu enthalten:
1. eine Erklärung, der zufolge der Feeder-OGAW ein Feeder-Fonds eines bestimmten Master-OGAW ist und als solcher dauerhaft mindestens 85 vH seines Vermögens in Anteile dieses Master-OGAW anlegt,
2. Angabe des Anlageziels und der Anlagestrategie, einschließlich des Risikoprofils, sowie ob die Wertentwicklung von Feeder-OGAW und Master-OGAW identisch sind oder in welchem Ausmaß und aus welchen Gründen sie sich unterscheiden, einschließlich einer Beschreibung zu den gemäß § 93 Abs. 2 getätigten Anlagen,
3. eine kurze Beschreibung des Master-OGAW, seiner Struktur, seines Anlageziels und seiner Anlagestrategie, einschließlich des Risikoprofils, und Angaben dazu, wie der aktualisierte Prospekt des Master-OGAW erhältlich ist,
4. eine Zusammenfassung der zwischen Feeder-OGAW und Master-OGAW geschlossenen Vereinbarung gemäß § 96 Abs. 1 oder der entsprechenden internen Regelungen gemäß § 98,
5. Angabe der Möglichkeiten zur Einholung weiterer Informationen über den Master-OGAW und die gemäß § 96 Abs. 1 geschlossene Vereinbarung zwischen Feeder-OGAW und Master-OGAW durch die Anteilinhaber,
6. Beschreibung sämtlicher Vergütungen und Kosten, die aufgrund der Anlage in Anteile des Master-OGAW durch den Feeder-OGAW zu zahlen sind, sowie der aggregierten Gebühren von Feeder-OGAW und Master-OGAW, und
7. Beschreibung der steuerlichen Auswirkungen der Anlage in den Master-OGAW für den Feeder-OGAW.

Beachte für folgende Bestimmung
Tritt mit 1. September 2011 in Kraft (vgl. § 200 Abs. 1). Für Verwaltungsgesellschaften gemäß Art. 6 der Richtlinie 2009/65/EG, welche in einem anderen Mitgliedstaat konzessioniert sind und über eine Zweigstelle, im Wege der Dienstleistungsfreiheit oder kollektiven Portfolioverwaltung in Österreich tätig werden, gilt diese Bestimmung samt den in ihr verwiesenen Normen rückwirkend ab 1. Juli 2011 (vgl. § 200 Abs. 3).

Individuelle und punktuelle Informationspflichten

§ 132. (1) Auf Verlangen eines Anlegers hat die Verwaltungsgesellschaft ferner zusätzlich über die Anlagegrenzen des Risikomanagements des OGAW, die Risikomanagementmethoden und die jüngs-

VI. Normenteil

ten Entwicklungen bei den Risiken und Renditen der wichtigsten Kategorien von Anlageinstrumenten gemäß § 133 zu informieren.

(2) Die Verwaltungsgesellschaft hat die Anleger auf einem geeigneten dauerhaften Datenträger gemäß § 133 über die Gegebenheiten gemäß § 25 Abs. 2 (potenziell nachteilige Interessenkonflikte) unter Angabe der Gründe zu informieren.

(3) Den Anlegern ist eine Kurzbeschreibung der in § 26 Abs. 1 genannten Strategien für die Ausübung von Stimmrechten bei Veranlagungen kostenlos zur Verfügung zu stellen; die Information kann auch im Rahmen des Prospektes (§ 131) erfolgen. Nähere Angaben zu den aufgrund dieser Strategien getroffenen Maßnahmen sind den Anteilinhabern auf Verlangen kostenlos gemäß § 133 zur Verfügung zu stellen.

(4) Die Verwaltungsgesellschaft hat den Anteilinhabern angemessene Informationen über die gemäß § 32 festgelegten Grundsätze zur bestmöglichen Ausführung von Handelsentscheidungen und wesentliche Änderungen daran im Rahmen des Prospektes oder gemäß § 133 zur Verfügung zu stellen.

Beachte für folgende Bestimmung
Tritt mit 1. September 2011 in Kraft (vgl. § 200 Abs. 1). Für Verwaltungsgesellschaften gemäß Art. 6 der Richtlinie 2009/65/EG, welche in einem anderen Mitgliedstaat konzessioniert sind und über eine Zweigstelle, im Wege der Dienstleistungsfreiheit oder kollektiven Portfolioverwaltung in Österreich tätig werden, gilt diese Bestimmung samt den in ihr verwiesenen Normen rückwirkend ab 1. Juli 2011 (vgl. § 200 Abs. 3).

Art und Weise der Informationsbereitstellung

§ 133. (1) Sind die Anteilinhaber gemäß diesem Bundesgesetz über bestimmte Tatsachen oder Vorgänge zu informieren, so sind diese Informationen, sofern in diesem Bundesgesetz nicht ausdrücklich anderes vorgesehen ist, den Anteilinhabern auf Papier oder einem anderen dauerhaften Datenträger zur Verfügung zu stellen, wobei im Falle eines anderen dauerhaften Datenträgers als Papier folgende Bedingungen erfüllt sein müssen:
1. Die Bereitstellung der Informationen muss den Rahmenbedingungen angemessen sein, unter denen die Geschäftstätigkeiten zwischen Anteilinhaber und dem OGAW oder, sofern relevant, der jeweiligen Verwaltungsgesellschaft ausgeführt werden oder werden sollen; und
2. der Anteilinhaber, dem die Informationen zur Verfügung zu stellen sind, hat sich bei der Wahl zwischen Informationen auf Papier oder einem anderen dauerhaften Datenträger ausdrücklich für Letzteres entschieden.

(2) Für die Zwecke des Abs. 1 ist die Bereitstellung von Informationen auf elektronischem Wege im Hinblick auf die Rahmenbedingungen, unter denen die Geschäftstätigkeiten zwischen OGAW oder deren Verwaltungsgesellschaften und dem Anteilinhaber ausgeführt werden oder werden sollen, als angemessen zu betrachten, wenn der Anteilinhaber nachweislich über einen regelmäßigen Zugang zum Internet verfügt. Dies gilt als nachgewiesen, wenn der Anteilinhaber für die Ausführung dieser Geschäfte eine E-Mail-Adresse angegeben hat. Andernfalls sind die Informationen dem Anteilinhaber an eine von ihm bei Erwerb der Anteile bekannt gegebene Adresse zuzustellen.

(3) Soweit Anteilscheine nicht von der Verwaltungsgesellschaft verwahrt werden oder diese die Übermittlung von Informationen selbst nicht vornehmen kann, hat sie den depotführenden Stellen der Anteilinhaber die Informationen in angemessener Weise für eine Übermittlung an die Anteilinhaber bereitzustellen. Die depotführenden Stellen haben die Informationen unverzüglich nach der Bereitstellung den Anteilinhabern zu übermitteln.

3. Abschnitt. Wesentliche Informationen für den Anleger – Kundeninformationsdokument

Kundeninformationsdokument – KID

§ 134. (1) Die Verwaltungsgesellschaft hat für jeden OGAW, den sie verwaltet, ein kurzes Dokument mit wesentlichen Informationen für den Anleger zu erstellen. Dieses Dokument wird in der Verordnung (EU) Nr. 583/2010 als „Wesentliche Anlegerinformation" und in diesem Bundesgesetz als „Kundeninformationsdokument" oder kurz „KID" bezeichnet. Der Ausdruck „Wesentliche Anlegerinformation" ist im KID klar und in deutscher Sprache zu erwähnen.

(2) Das Kundeninformationsdokument ist eine vorvertragliche Information. Es muss redlich, eindeutig und nicht irreführend sein und mit den einschlägigen Teilen des Prospekts übereinstimmen.

D. Einführung in das österreichische Investmentrecht

Die zentralen Elemente (§ 135 Abs. 2) des KID müssen stets auf dem neuesten Stand (§ 131 Abs. 6) sein.

(3) Aufgrund des KID, einschließlich der Übersetzung, alleine kann der Anleger noch keine zivilrechtliche Haftung ableiten, es sei denn, die Informationen sind irreführend, unrichtig oder nicht mit den einschlägigen Teilen des Prospekts vereinbar. Das KID muss eine eindeutige diesbezügliche Warnung enthalten.

(4) Das KID ist kurz zu halten und in allgemein verständlicher Sprache abzufassen. Es ist in einem einheitlichen Format zu erstellen, um Vergleiche zu ermöglichen, und in einer Weise zu präsentieren, die für Kleinanleger im Sinne von § 1 Z 14 WAG 2007 aller Voraussicht nach verständlich ist. Dabei sind die Vorgaben der Verordnung (EU) Nr. 583/2010 einzuhalten. Die FMA kann mittels Verordnung unter Berücksichtigung der europäischen Gepflogenheiten in diesem Bereich nähere Angaben zu Art. 8 und Art. 10 Abs. 2 Buchstabe b sowie Annex I der Verordnung (EU) Nr. 583/2010 insbesondere im Hinblick auf die Übergangsbestimmungen, die Beschreibung eines synthetischen Indikators, auf die Risikokategorien, die Wertentwicklungen des OGAW sowie die laufenden Kosten festlegen.

(5) Das KID ist in allen Mitgliedstaaten, in denen der Vertrieb der OGAW-Anteile gemäß § 139 notifiziert wurde, abgesehen von der Übersetzung, ohne Änderungen oder Ergänzungen zu verwenden.

Beachte für folgende Bestimmung
Tritt mit 1. September 2011 in Kraft (vgl. § 200 Abs. 1). Für Verwaltungsgesellschaften gemäß Art. 6 der Richtlinie 2009/65/EG, welche in einem anderen Mitgliedstaat konzessioniert sind und über eine Zweigstelle, im Wege der Dienstleistungsfreiheit oder kollektiven Portfolioverwaltung in Österreich tätig werden, gilt diese Bestimmung samt den in ihr verwiesenen Normen rückwirkend ab 1. Juli 2011 (vgl. § 200 Abs. 3).

Inhalt des KID

§ 135. (1) Das KID hat geeignete Angaben zu den wesentlichen Merkmalen des betreffenden OGAW zu enthalten und soll die Anleger in die Lage versetzen, Art und Risiken des angebotenen Anlageprodukts zu verstehen und auf dieser Grundlage eine fundierte Anlageentscheidung zu treffen.

(2) Das KID hat Angaben zu folgenden wesentlichen Elementen des betreffenden OGAW zu enthalten:
1. Identität des OGAW,
2. eine kurze Beschreibung der Anlageziele und der Anlagestrategie,
3. Darstellung der bisherigen Wertentwicklung oder gegebenenfalls Performance-Szenarien,
4. Kosten und Gebühren, und
5. Risiko-/Renditeprofil der Anlage, einschließlich angemessener Hinweise auf die mit der Anlage in den betreffenden OGAW verbundenen Risiken und entsprechender Warnhinweise.

Diese wesentlichen Elemente muss der Anleger verstehen können, ohne dass hierfür zusätzliche Dokumente herangezogen werden müssen.

(3) Das KID muss eindeutige Angaben darüber enthalten, wo und wie zusätzliche Informationen über die vorgeschlagene Anlage eingeholt werden können, einschließlich der Angabe, wo und wie der Prospekt und die Rechenschaftsberichte und Halbjahresberichte jederzeit auf Anfrage kostenlos erhältlich sind und in welcher Sprache diese Informationen verfügbar sind.

(4) Hinsichtlich der genauen Ausgestaltung des KID im Sinne der Abs. 1 bis 3 ist die Verordnung (EU) Nr. 583/2010 maßgeblich.

Beachte für folgende Bestimmung
Tritt mit 1. September 2011 in Kraft (vgl. § 200 Abs. 1). Für Verwaltungsgesellschaften gemäß Art. 6 der Richtlinie 2009/65/EG, welche in einem anderen Mitgliedstaat konzessioniert sind und über eine Zweigstelle, im Wege der Dienstleistungsfreiheit oder kollektiven Portfolioverwaltung in Österreich tätig werden, gilt diese Bestimmung samt den in ihr verwiesenen Normen rückwirkend ab 1. Juli 2011 (vgl. § 200 Abs. 3).

4. Abschnitt. Veröffentlichungen und Informationsmodalitäten
Veröffentlichungen

§ 136. (1) Die Verwaltungsgesellschaft hat für jeden der von ihr verwalteten OGAW folgende Unterlagen zu veröffentlichen:
1. einen Prospekt,

VI. Normenteil

2. einen Rechenschaftsbericht je Rechnungsjahr und
3. einen Halbjahresbericht, der sich auf die ersten sechs Monate des Rechnungsjahres erstreckt.

(2) Der Rechenschaftsbericht und der Halbjahresbericht sind innerhalb folgender Fristen, gerechnet ab dem Ende des jeweiligen Berichtszeitraums zu veröffentlichen:
1. für den Rechenschaftsbericht vier Monate und
2. für den Halbjahresbericht zwei Monate.
Die Rechenschaftsberichte und Halbjahresberichte müssen der Öffentlichkeit an den in der wesentlichen Anlegerinformation und im Prospekt genannten Stellen oder in anderer, von der FMA durch Verordnung genehmigter Form zugänglich sein.

(3) Weiters hat der OGAW den Ausgabe-, Verkaufs-, Rücknahme- oder Auszahlungspreis seiner Anteile jedes Mal dann in geeigneter Weise, wenn eine Ausgabe, ein Verkauf, eine Rücknahme oder Auszahlung seiner Anteile stattfindet, zu veröffentlichen, mindestens aber zweimal im Monat. Die FMA kann einem OGAW jedoch gestatten, diese Veröffentlichung nur einmal monatlich vorzunehmen, sofern sich dies nicht nachteilig auf die Interessen der Anteilinhaber auswirkt.

(4) Durch dieses Bundesgesetz angeordnete Veröffentlichungen können erfolgen:
1. im Amtsblatt zur Wiener Zeitung oder sonst in wenigstens einer Zeitung mit Verbreitung im gesamten Bundesgebiet oder
2. durch Zur-Verfügung-Stellen an das Publikum in gedruckter Form kostenlos beim Sitz der Verwaltungsgesellschaft oder
3. in elektronischer Form auf der Internet-Seite der Verwaltungsgesellschaft und gegebenenfalls auf der Internet-Seite der die Anteile platzierenden oder verkaufenden Finanzintermediäre einschließlich der Zahlstellen oder
4. in elektronischer Form auf der Internet-Seite einer von der FMA dazu gegen angemessene Vergütung beauftragten Einrichtung, wenn die FMA entschieden hat, diese Dienstleistung anzubieten.

(5) Im Fall von Veröffentlichungen in elektronischer Form gemäß Abs. 4 Z 3 und 4 mit Ausnahme der nach Abs. 3 zu veröffentlichenden Angaben (Ausgabe- und Rücknahmepreis) muss dem Anleger von der Verwaltungsgesellschaft, vom Anbieter, von der die Zulassung zum Handel beantragenden Person oder von den Finanzintermediären, die die Anteile platzieren oder verkaufen, auf Verlangen eine Papierversion kostenlos zur Verfügung gestellt werden. Im Fall einer Veröffentlichung in Papierform gemäß Abs. 4 Z 2 hat die Verwaltungsgesellschaft auf Verlangen des Anlegers eine elektronische Version gemäß § 133 zu übermitteln.

Beachte für folgende Bestimmung
Tritt mit 1. September 2011 in Kraft (vgl. § 200 Abs. 1). Für Verwaltungsgesellschaften gemäß Art. 6 der Richtlinie 2009/65/EG, welche in einem anderen Mitgliedstaat konzessioniert sind und über eine Zweigstelle, im Wege der Dienstleistungsfreiheit oder kollektiven Portfolioverwaltung in Österreich tätig werden, gilt diese Bestimmung samt den in ihr verwiesenen Normen rückwirkend ab 1. Juli 2011 (vgl. § 200 Abs. 3).

Information an die FMA

§ 137. (1) Ein in Österreich bewilligter OGAW hat der FMA
1. das KID und alle Änderungen desselben,
2. den Prospekt des OGAW und dessen Änderungen und
3. die Rechenschaftsberichte und Halbjahresberichte sowie den Prüfbericht des OGAW
zu übermitteln. Die in Z 1 und 2 genannten Unterlagen sind der FMA im Wege der Meldestelle (§ 12 KMG) gemäß § 129 Abs. 2 zu übermitteln. Auf Ersuchen der zuständigen Behörden des Herkunftmitgliedstaates der Verwaltungsgesellschaft hat der OGAW die Unterlagen gemäß Z 1 bis 3 auch diesen Behörden zu Verfügung zu stellen.

(2) Zusätzlich zu den in Abs. 1 genannten Unterlagen hat der in Österreich bewilligte Feeder-OGAW der FMA den Prospekt, das in § 134 genannte KID einschließlich jeder einschlägigen Änderung sowie die Rechenschaftsberichte und Halbjahresberichte des Master-OGAW innerhalb der Fristen des Abs. 3 in deutscher oder englischer Sprache oder in einer von der FMA gemäß § 7b Abs. 1 KMG durch Verordnung anerkannten Sprache im Sinne von Abs. 1 zu übermitteln.

(3) Der geprüfte Rechenschaftsbericht und der Prüfbericht über den Rechenschaftsbericht sind von der Verwaltungsgesellschaft längstens innerhalb von vier Monaten nach Abschluss des Rechnungsjahres des OGAW der FMA vorzulegen. Der Halbjahresbericht ist der FMA innerhalb von zwei Monaten nach Ende des Berichtszeitraumes vorzulegen.

D. Einführung in das österreichische Investmentrecht

Beachte für folgende Bestimmung
Tritt mit 1. September 2011 in Kraft (vgl. § 200 Abs. 1). Für Verwaltungsgesellschaften gemäß Art. 6 der Richtlinie 2009/65/EG, welche in einem anderen Mitgliedstaat konzessioniert sind und über eine Zweigstelle, im Wege der Dienstleistungsfreiheit oder kollektiven Portfolioverwaltung in Österreich tätig werden, gilt diese Bestimmung samt den in ihr verwiesenen Normen rückwirkend ab 1. Juli 2011 (vgl. § 200 Abs. 3).

Zeitpunkt und Art der Bereitstellung von Prospekt, KID und Rechenschaftsberichten für die Anleger

§ 138. (1) Die Verwaltungsgesellschaft hat für jeden OGAW, den sie verwaltet und den sie direkt oder über eine andere natürliche oder juristische Person, die in ihrem Namen und unter ihrer vollen und unbedingten Haftung handelt, verkauft, den Anlegern rechtzeitig vor der angebotenen Zeichnung der Anteile des OGAW
1. das KID für diesen OGAW in deutscher Sprache und
2. auf Anfrage auch
   a) den Prospekt,
   b) die Fondsbestimmungen, sofern diese nicht bereits im Prospekt enthalten sind, und
   c) den zuletzt veröffentlichten Jahres- und Halbjahresbericht sowie
   d) im Falle eines Master-Feeder-OGAW die Vereinbarung zwischen Master-OGAW und Feeder-OGAW gemäß § 96

kostenlos in Papierform oder auf einem anderen dauerhaften Datenträger (Verordnung (EU) Nr. 583/2010) zur Verfügung zu stellen.

(2) Sofern die Verwaltungsgesellschaft den OGAW weder direkt noch über eine andere natürliche oder juristische Person, die in ihrem eigenen Namen und unter ihrer vollen und unbedingten Haftung gegenüber Anlegern handelt, verkauft, hat sie den Produktgestaltern sowie Intermediären, die Anlegern Anlagen in solche OGAW oder in Produkte, die Anlagerisiken solcher OGAW einschließen, vermitteln, verkaufen oder sie dazu beraten, das KID auf deren Antrag bereitzustellen. Die Intermediäre, die Anlegern potenzielle Anlagen in OGAW verkaufen oder sie dazu beraten, haben ihren Kunden bzw. potenziellen Kunden das KID – und auf Anfrage der Anleger auch die Fondsbestimmungen – kostenlos in Papierform oder auf einem anderen dauerhaften Datenträger (Verordnung (EU) Nr. 583/2010) zur Verfügung stellen.

(3) Zusätzlich zu Abs. 1 und 2 hat die Verwaltungsgesellschaft über eine Website
1. das Kundeninformationsdokument stets in aktueller Fassung sowie
2. den Prospekt stets in aktueller Fassung
zur Verfügung zu stellen.

(4) Die Rechenschaftsberichte und die Halbjahresberichte sind dem Anleger in der im Prospekt und im KID beschriebenen Form zur Verfügung zu stellen.

(5) Unbeschadet der Pflichten gemäß Abs. 2 bis 4 ist den Anteilinhabern auf Anfrage und kostenlos eine Papierfassung des Kundeninformationsdokuments in aktueller Fassung, des Prospektes, der Rechenschaftsberichte und Halbjahresberichts, und im Falle eines Master-Feeder-OGAW weiters des Prospektes sowie des Rechenschaftsberichtes und Halbjahresberichts des Master-OGAW durch den Feeder-OGAW, zur Verfügung zu stellen.

(6) Weiters ist im Falle einer Verschmelzung den Anteilinhabern des übertragenden OGAW eine aktuelle Fassung des Kundeninformationsdokuments des übernehmenden OGAW gemäß § 133 zu dem in § 120 Abs. 6 angegebenen Zeitpunkt zur Verfügung zu stellen. Werden aufgrund der vorgeschlagenen Verschmelzung Änderungen am Kundeninformationsdokument für die Anleger des übernehmenden OGAW vorgenommen, so ist das geänderte Kundeninformationsdokument den Anteilinhabern des übernehmenden OGAW gemäß § 133 zu dem in § 120 Abs. 6 angegebenen Zeitpunkt zu übermitteln.

(7) Ein in Österreich bewilligter OGAW hat den Anlegern in Österreich sämtliche Unterlagen und Informationen gemäß diesem Hauptstück jedenfalls in deutscher Sprache zur Verfügung zu stellen. Im Hinblick auf einen in einem anderen Mitgliedstaat bewilligten OGAW gilt § 142.

Beachte für folgende Bestimmung
Tritt mit 1. September 2011 in Kraft (vgl. § 200 Abs. 1). Für Verwaltungsgesellschaften gemäß Art. 6 der Richtlinie 2009/65/EG, welche in einem anderen Mitgliedstaat konzessioniert sind und über eine Zweigstelle, im Wege der Dienstleistungsfreiheit oder kollektiven Portfolioverwaltung in Österreich tätig werden, gilt diese Bestimmung samt den in ihr verwiesenen Normen rückwirkend ab 1. Juli 2011 (vgl. § 200 Abs. 3).

VI. Normenteil

5. Abschnitt. Vertrieb von OGAW-Anteilen in anderen Mitgliedstaaten als dem Zulassungsstaat des OGAW

Vertrieb von Anteilen eines im Inland bewilligten OGAW in anderen Mitgliedstaaten

§ 139. (1) Wenn ein OGAW beabsichtigt, seine Anteile in einem anderen Mitgliedstaat zu vertreiben, so hat er der FMA im Voraus ein Anzeigeschreiben gemäß Art. 1 der Verordnung (EU) Nr. 584/2010 zu übermitteln, das folgende Angaben und Unterlagen zu umfassen hat:
1. Angaben zu den Modalitäten der Vermarktung der OGAW-Anteile im Aufnahmemitgliedstaat;
2. gegebenenfalls Angaben zu den Anteilsgattungen und Teilfonds;
3. sofern der OGAW von der Verwaltungsgesellschaft, die ihn verwaltet, vertrieben wird (§ 37 – Dienstleistungs- und Niederlassungsfreiheit), einen Hinweis darauf;
4. eine aktuelle Fassung
   a) der Fondsbestimmungen,
   b) des Prospektes sowie
   c) gegebenenfalls des letzten Rechenschaftsberichtes und des anschließenden Halbjahresberichtes
in der gemäß § 142 Abs. 1 Z 4 angefertigten Übersetzung in die Amtssprache oder in eine der Amtssprachen des Aufnahmemitgliedstaates des OGAW oder in eine von den zuständigen Behörden des Aufnahmemitgliedstaates akzeptierte Sprache oder in eine in der Finanzwelt gebräuchlichen Sprache und
5. das in § 134 genannte Kundeninformationsdokument in der gemäß § 142 Abs. 1 Z 4 angefertigten Übersetzung in die Amtssprache oder in eine der Amtssprachen des Aufnahmemitgliedstaates des OGAW oder in eine von den zuständigen Behörden des Aufnahmemitgliedstaates akzeptierte Sprache.

(2) Die FMA hat nach Prüfung der Vollständigkeit der gemäß Abs. 1 übermittelten Angaben und Unterlagen den zuständigen Behörden des Mitgliedstaats, in dem der OGAW seine Anteile vertreiben möchte, spätestens zehn Arbeitstage nach Eingang des Anzeigeschreibens und der vollständigen in Abs. 1 geforderten Unterlagen die vollständigen in Abs. 1 genannten Unterlagen zu übermitteln und eine Bescheinigung gemäß Art. 2 der Verordnung (EU) Nr. 584/2010 beizufügen, dass der OGAW die in der Richtlinie 2009/65/EG festgelegten Bedingungen erfüllt. § 13 Abs. 3 letzter Satz AVG findet dabei keine Anwendung.

(3) Die FMA hat den OGAW unmittelbar nach dem Versand der Unterlagen darüber zu benachrichtigen. Der OGAW kann seine Anteile ab dem Datum dieser Benachrichtigung im Aufnahmemitgliedstaat auf den Markt bringen.

(4) Das in Abs. 1 genannte Anzeigeschreiben ist vom Anzeigenden und die in Abs. 2 genannte Bescheinigung ist von der FMA in einer in der internationalen Finanzwelt gebräuchlichen Sprache oder in deutscher Sprache, sofern es sich dabei auch um die Amtssprache des Aufnahmemitgliedstaates handelt, abzufassen.

(5) Die elektronische Übermittlung und Hinterlegung der in Abs. 1 und 2 genannten Unterlagen ist zulässig und die FMA hat zu diesem Zweck eine e-mail-Adresse gemäß Art. 3 der Verordnung (EU) Nr. 584/2010 bekannt zu geben, an die die Unterlagen und Informationen sowie die Änderungen der Unterlagen und Informationen gemäß Abs. 1, entweder mittels Beschreibung der Änderung oder unter Beifügung einer neuen Fassung in einem allgemein üblichen elektronischen Format, geschickt werden können.

(6) Die Verwaltungsgesellschaft eines in Österreich bewilligten OGAW hat dafür zu sorgen, dass sämtliche Informationen und Unterlagen gemäß Abs. 1 Z 4 und 5 samt allfälliger Übersetzungen auf einer Internet-Seite, die in dem gemäß Abs. 1 zu übermittelnden Anzeigeschreiben anzugeben ist, für die FMA sowie für die zuständige Behörde des Aufnahmemitgliedstaates elektronisch zugänglich sind, stets auf dem neuesten Stand sind und die zuständige Behörde des Aufnahmemitgliedstaates über jede Änderung an den in Abs. 1 genannten Unterlagen und deren elektronische Verfügbarkeit informiert ist. Jede auf dieser Website zur Verfügung gestellte Unterlage ist dort in einem allgemein üblichen elektronischen Format bereitzustellen.

(7) Die FMA kann unter Berücksichtigung der Vorgaben von ESMA mittels Verordnung für die Zwecke des Abs. 5 und 6 geeignete elektronische Datenverarbeitungs- und Zentralspeichersysteme vorsehen.

Beachte für folgende Bestimmung
Tritt mit 1. September 2011 in Kraft (vgl. § 200 Abs. 1). Für Verwaltungsgesellschaften gemäß Art. 6 der Richtlinie 2009/65/EG, welche in einem anderen Mitgliedstaat konzessioniert sind und

D. Einführung in das österreichische Investmentrecht

über eine Zweigstelle, im Wege der Dienstleistungsfreiheit oder kollektiven Portfolioverwaltung in Österreich tätig werden, gilt diese Bestimmung samt den in ihr verwiesenen Normen rückwirkend ab 1. Juli 2011 (vgl. § 200 Abs. 3).

Vertrieb von Anteilen von in einem anderen Mitgliedstaat bewilligten OGAW im Inland

§ 140. (1) Die Anteile eines von einem anderen Mitgliedstaat bewilligten OGAW dürfen in Österreich vertrieben werden, sobald der FMA die vollständigen Unterlagen und Informationen gemäß § 139 Abs. 1 und die Bescheinigung gemäß § 139 Abs. 2 von der zuständigen Behörde des Herkunftmitgliedstaates des OGAW übermittelt wurden.

(2) Die OGAW können für die Ausübung ihrer Tätigkeit denselben Verweis auf ihre Rechtsform, beispielsweise „Investmentgesellschaft" oder „Investmentfonds", wie in ihrem Herkunftmitgliedstaat verwenden (§ 130).

(3) Für die Bearbeitung der Anzeige gemäß Abs. 1 ist an die FMA eine Gebühr von 1 100 Euro zu entrichten. Diese Gebühr erhöht sich bei Fonds, die mehrere Teilfonds enthalten (Umbrella-Fonds), ab dem zweiten Teilfonds für jeden Fonds um 220 Euro. Für die Überwachung der Einhaltung der nach diesem Abschnitt bestehenden Pflichten ist weiters zu Beginn eines jeden Kalenderjahres, spätestens bis zum 15. Jänner dieses Jahres eine jährliche Gebühr von 600 Euro an die FMA zu entrichten; diese Gebühr erhöht sich bei Fonds, die mehrere Teilfonds enthalten (Umbrella-Fonds), ab dem zweiten Teilfonds für jeden Teilfonds um 200 Euro. Gebührenbeiträge, die nicht spätestens am Fälligkeitstag entrichtet wurden, sind vollstreckbar. Die FMA hat einen als Exekutionstitel geltenden Rückstandsausweis auszufertigen. Dieser hat Namen und Anschrift des Gebührenpflichtigen, den Betrag der Schuld und den Vermerk zu enthalten, dass die Schuld vollstreckbar geworden ist. Die nicht fristgerechte Entrichtung der Gebühr ist ein Vertriebsuntersagungsgrund gemäß § 162 Abs. 2.

Beachte für folgende Bestimmung
Tritt mit 1. September 2011 in Kraft (vgl. § 200 Abs. 1). Für Verwaltungsgesellschaften gemäß Art. 6 der Richtlinie 2009/65/EG, welche in einem anderen Mitgliedstaat konzessioniert sind und über eine Zweigstelle, im Wege der Dienstleistungsfreiheit oder kollektiven Portfolioverwaltung in Österreich tätig werden, gilt diese Bestimmung samt den in ihr verwiesenen Normen rückwirkend ab 1. Juli 2011 (vgl. § 200 Abs. 3).

Vorkehrungen zum Schutz der Anteilinhaber des in einem anderen Mitgliedstaat bewilligten OGAW

§ 141. (1) Die in einem anderen Mitgliedstaat bewilligten OGAW haben unter Einhaltung der §§ 55 bis 57 sowie der §§ 128, 132, 133, 136 und 138 die Maßnahmen zu treffen, die erforderlich sind, um sicherzustellen, dass die Anteilinhaber in Österreich in den Genuss der Zahlungen, des Rückkaufs und der Rücknahme der Anteile kommen und die vom OGAW zu liefernden Informationen erhalten. Hierzu hat der OGAW mindestens ein Kreditinstitut, das die Voraussetzungen des § 41 Abs. 1 erster Satz erfüllt, zu benennen.

(2) Der in einem anderen Mitgliedstaat bewilligte OGAW hat sämtliche Informationen und Unterlagen gemäß § 139 Abs. 1 Z 4 und 5 samt allfälliger Übersetzungen auf einer Internet-Seite für die FMA elektronisch zugänglich zu machen, stets auf dem neuesten Stand zu halten und die FMA über jede Änderung in diesen Unterlagen und deren elektronische Verfügbarkeit zu informieren.

(3) Im Falle einer Änderung der Informationen über die im Anzeigeschreiben gemäß § 139 Abs. 1 Z 1 mitgeteilten Modalitäten der Vermarktung oder einer Änderung der vertriebenen Anteilgattungen oder Teilfonds gemäß § 139 Abs. 1 Z 2 hat der gemäß § 140 in einem anderen Mitgliedstaat gebilligte OGAW der FMA vor Umsetzung der Änderung diese schriftlich mitzuteilen.

(4) Der in einem anderen Mitgliedstaat bewilligte OGAW hat die Absicht, den öffentlichen Vertrieb von Anteilen einzustellen, der FMA anzuzeigen und unter Hinweis auf die Rechtsfolgen zu veröffentlichen. Die Verpflichtungen aus dem öffentlichen Vertrieb, die sich aus diesem Bundesgesetz ergeben, enden frühestens drei Monate nach der erfolgten Vertriebseinstellung. Die FMA kann im Interesse der Anteilinhaber eine Verlängerung dieses Zeitraums sowie eine diesbezügliche Veröffentlichung anordnen. § 142 findet weiter Anwendung.

Beachte für folgende Bestimmung
Tritt mit 1. September 2011 in Kraft (vgl. § 200 Abs. 1). Für Verwaltungsgesellschaften gemäß Art. 6 der Richtlinie 2009/65/EG, welche in einem anderen Mitgliedstaat konzessioniert sind und über eine Zweigstelle, im Wege der Dienstleistungsfreiheit oder kollektiven Portfolioverwaltung in

Österreich tätig werden, gilt diese Bestimmung samt den in ihr verwiesenen Normen rückwirkend ab 1. Juli 2011 (vgl. § 200 Abs. 3).

Informationspflichten des in einem anderen Mitgliedstaat bewilligten OGAW

§ 142. (1) Ein in einem anderen Mitgliedstaat bewilligter OGAW, der seine Anteile in Österreich vertreibt, hat den Anlegern in Österreich alle Informationen und Unterlagen sowie deren Änderungen zur Verfügung zu stellen, die er gemäß Kapitel IX der Richtlinie 2009/65/EG den Anlegern in seinem Herkunftmitgliedstaat zur Verfügung stellen muss, und zwar:
1. Unbeschadet der Bestimmungen von Kapitel IX der Richtlinie 2009/65/EG sind diese Informationen und Unterlagen sowie deren Änderungen den Anlegern in Einklang mit den §§ 128, 132, 133, 136 und 138 zur Verfügung zu stellen;
2. das in § 134 genannte Kundeninformationsdokument sowie dessen Änderungen sind in die deutsche Sprache zu übersetzen;
3. andere Informationen oder Unterlagen als das in § 134 genannte Kundeninformationsdokument sowie dessen Änderungen sind nach Wahl des OGAW in die deutsche Sprache oder in die englische Sprache oder in eine gemäß § 7b Abs. 1 KMG in der Finanzwelt gebräuchliche Sprache zu übersetzen; und
4. Übersetzungen von Informationen und Unterlagen gemäß Z 2 und 3 sind unter der Verantwortung des OGAW zu erstellen und müssen den Inhalt der ursprünglichen Informationen getreu wiedergeben.

(2) Die Häufigkeit der Veröffentlichung der Ausgabe-, Verkaufs- oder Rücknahmepreise für die OGAW-Anteile richtet sich nach den Rechts- und Verwaltungsvorschriften des Herkunftmitgliedstaats des OGAW.

Beachte für folgende Bestimmung
Tritt mit 1. September 2011 in Kraft (vgl. § 200 Abs. 1). Für Verwaltungsgesellschaften gemäß Art. 6 der Richtlinie 2009/65/EG, welche in einem anderen Mitgliedstaat konzessioniert sind und über eine Zweigstelle, im Wege der Dienstleistungsfreiheit oder kollektiven Portfolioverwaltung in Österreich tätig werden, gelten Abs. 1 Z 2, 3, 4 und 5 samt den in ihnen verwiesenen Normen rückwirkend ab 1. Juli 2011 (vgl. § 200 Abs. 3).

5. Hauptstück. Aufsicht und Europäische und Internationale Zusammenarbeit

1. Abschnitt. Aufsicht

§ 143. (1) Die FMA hat
1. die Einhaltung der §§ 5 bis 35 durch Verwaltungsgesellschaften mit Sitz im Inland sowie deren Zweigstellen gemäß § 37;
2. die Einhaltung der Bestimmungen des 3. und 4. Hauptstückes sowie die in den Fondsbestimmungen und im Prospekt des OGAW enthaltenen Verpflichtungen und der Verordnungen (EU) Nr. 583/2010 und (EU) Nr. 584/2010 im Hinblick auf den im Inland bewilligten OGAW durch die Verwaltungsgesellschaft gemäß § 5 Abs. 1 und durch Verwaltungsgesellschaften aus Mitgliedstaaten, die in Ausübung der Dienstleistungsfreiheit oder über eine Zweigstelle Tätigkeiten der kollektiven Portfolioverwaltung im Inland erbringen;
3. die Einhaltung der §§ 10 bis 28 durch Verwaltungsgesellschaften gemäß § 36, die in Ausübung der Dienstleistungsfreiheit Tätigkeiten der kollektiven Portfolioverwaltung im Inland erbringen;
4. die Einhaltung der §§ 10 bis 35 durch Zweigstellen von Verwaltungsgesellschaften aus anderen Mitgliedstaaten gemäß § 36; und
5. die Einhaltung der §§ 141 und 142 und der dort genannten Bestimmungen durch OGAW gemäß § 140 und durch deren Verwaltungsgesellschaften;
zu überwachen und dabei auf das volkswirtschaftliche Interesse an einem funktionsfähigen Finanzmarkt und die Finanzmarktstabilität Bedacht zu nehmen.

(2) § 12 KMG betreffend die Aufgaben der Meldestelle gilt auch für den Anwendungsbereich dieses Bundesgesetzes.

(3) Die FMA und die Oesterreichische Nationalbank arbeiten zur wirksamen Erfüllung ihrer jeweiligen Aufgaben nach Maßgabe des BWG und dieses Bundesgesetzes zusammen.

(4) Bei der Zusammenarbeit mit anderen Behörden ist § 72 BWG anzuwenden.

Kosten

§ 144. (1) Die Kosten der FMA aus dem Rechnungskreis Wertpapieraufsicht (§ 19 Abs. 1 Z 3 und Abs. 4 FMABG) sind von gemäß § 5 Abs. 1 konzessionierten Verwaltungsgesellschaften sowie gemäß

D. Einführung in das österreichische Investmentrecht

von gemäß § 36 Abs. 2 errichteten Zweigstellen zu tragen. Die FMA hat zu diesem Zweck einen zusätzlichen gemeinsamen Subrechnungskreis für Verwaltungsgesellschaften, Kapitalanlagegesellschaften für Immobilien (ImmoInvFG), BV-Kassen (BMSVG) und AIFM (AIFMG) zu bilden.

(2) Die auf Kostenpflichtige gemäß Abs. 1 entfallenden Beträge sind von der FMA mit Bescheid vorzuschreiben; die Festsetzung von Pauschalbeträgen ist zulässig. Die FMA hat nähere Regelungen über diese Kostenaufteilung und ihre Vorschreibung mit Verordnung festzusetzen. Hierbei sind insbesondere zu regeln:
1. Die Bemessungsgrundlagen der einzelnen Arten von Kostenvorschreibungen;
2. die Termine für die Kostenbescheide und die Fristen für die Zahlungen der Kostenpflichtigen.
Die Verwaltungsgesellschaften haben der FMA alle erforderlichen Auskünfte über die Grundlagen der Kostenbemessung zu erteilen.

Datenschutz

§ 145. (1) Die FMA und die Oesterreichische Nationalbank sind zur konventionellen und automatisierten Ermittlung und Verarbeitung von Daten im Sinne des DSG 2000 ermächtigt, soweit dies in ihrem Aufgabenbereich nach diesem Bundesgesetz liegt; dieser umfasst:
1. Konzessionen von Verwaltungsgesellschaften und Depotbanken und die für die Erteilung maßgeblichen Umstände;
2. Leitung, verwaltungsmäßige und buchhalterische Organisation sowie interne Kontrolle (Risikomanagement) und Revision von Verwaltungsgesellschaften, OGAW, AIF und Depotbanken;
3. Zweigstellen und die Ausübung des freien Dienstleistungsverkehrs;
4. Eigenkapital;
5. Qualifizierte Beteiligungen an Verwaltungsgesellschaften;
6. Jahresabschluss und Rechnungslegung;
7. aufsichtsbehördliche Maßnahmen gemäß §§ 147 bis 150 und Rechtsmittelverfahren gegen solche Maßnahmen;
8. Verwaltungsstrafen gemäß §§ 190 bis 192;
9. Ermittlungen gemäß §§ 147 bis 149 und 157, 158, 161 und 162 dieses Bundesgesetzes, § 48q Abs. 1 oder § 86 Abs. 6 BörseG, § 70 BWG, § 91 WAG 2007, § 8a Abs. 2 KMG und § 22b FMABG;
10. Informationen, die von zuständigen Behörden im Rahmen des Informationsaustausches gemäß Abs. 2 dieser Bestimmung, den §§ 157, 158, 160 bis 162 dieses Bundesgesetzes oder gemäß §§ 47a, 48r und 86 Abs. 8 und 9 Börsegesetz 1989 oder im Wege des § 21 FMABG erlangt wurden;
11. die Zuordnung von Kosten für die Investmentfondsaufsicht;
12. Bewilligung von OGAW und AIF und die für die Erteilung maßgeblichen Umstände;
13. Beachtung der Bestimmungen des 2. Abschnittes des 1. Hauptstückes;
14. Veranlagungen in OGAW und AIF;
15. Vergütungsdaten gemäß § 39b und § 39c BWG.

(2) Die Übermittlung von Daten gemäß Abs. 1 ist zulässig:
1. durch die Oesterreichische Nationalbank an die FMA und
2. durch die FMA im Rahmen der Amtshilfe sowie
3. durch die FMA an
    a) die Oesterreichische Nationalbank,
    b) zuständige Behörden oder Zentralbanken von Mitgliedstaaten,
    c) ESMA,
    d) den Europäischen Ausschuss für Systemrisiken – ESRB (Verordnung (EU) Nr. 1092/2010) sowie die Europäische Zentralbank,
    soweit dies für die Erfüllung von Aufgaben, die den Aufgaben der FMA und der Oesterreichischen Nationalbank nach diesem Bundesgesetz, dem Börsegesetz 1989, dem BWG, dem WAG 2007, dem KMG, der Verordnung (EU) Nr. 583/2010 oder der Verordnung (EU) Nr. 584/2010 der Kommission entsprechen oder dies für die Wahrnehmung von anderen gesetzlichen Aufgaben im Rahmen der Aufsicht über den Finanzmarkt einer ersuchenden zuständigen Behörde erforderlich ist,
    und
    e) an Clearingstellen einschließlich der Oesterreichischen Kontrollbank AG, soweit dies für die Erfüllung ihrer Aufgaben zur Sicherung des Funktionierens dieser Stellen im Fall von möglichen Verstößen der Marktteilnehmer, erforderlich ist, oder für andere gesetzliche Aufgaben im

VI. Normenteil

Rahmen der Aufsicht über den Finanzmarkt der ersuchenden Behörde erforderlich ist, und soweit ein begründetes Ersuchen vorliegt
und soweit die übermittelten Daten bei diesen Behörden oder Stellen dem Berufsgeheimnis gemäß Art. 102 der Richtlinie 2009/65/EG unterliegen.

Die FMA kann bei der Übermittlung der Informationen darauf hinweisen und im Fall der Übermittlung an Clearingstellen einschließlich der Oesterreichischen Kontrollbank AG hat die FMA darauf hinzuweisen, dass diese nur mit ihrer ausdrücklichen Zustimmung veröffentlicht werden dürfen.

(3) Die Übermittlung von Daten gemäß Abs. 1 durch die FMA ist innerhalb desselben Rahmens, zu denselben Zwecken und mit denselben Beschränkungen wie an zuständige Behörden von Mitgliedstaaten gemäß Abs. 2 auch an Behörden von Drittländern, die den Aufgaben der FMA oder der Oesterreichischen Nationalbank entsprechende Aufgaben wahrzunehmen haben, nur zulässig, soweit die übermittelten Daten bei diesen Behörden einem dem Berufsgeheimnis in Art. 102 der Richtlinie 2009/65/EG entsprechenden Berufsgeheimnis unterliegen und die Übermittlung im Einklang mit Kapitel IV der Richtlinie 95/46/EG zum Schutz natürlicher Personen bei der Verarbeitung personenbezogener Daten und zum freien Datenverkehr, ABl. Nr. L 281 vom 23.11.1995, S. 31, steht.

(4) Die FMA kann für die Zwecke der Zusammenarbeit und des Informationsaustausches gemäß Abs. 2 und 3, soweit dies für die Erfüllung von Aufgaben, die den Aufgaben der FMA nach diesem Bundesgesetz, dem Börsegesetz 1989, dem BWG, dem WAG 2007, dem KMG, der Verordnung (EU) Nr. 583/2010, der Verordnung (EU) Nr. 584/2010 oder der Verordnung (EU) Nr. 575/2013 entsprechen, erforderlich ist oder dies für die Wahrnehmung von anderen gesetzlichen Aufgaben im Rahmen der Aufsicht über den Finanzmarkt einer ersuchenden für Wertpapieraufsicht zuständigen Behörde erforderlich ist und die ersuchende Behörde einem gleichartigen Ersuchen auf Zusammenarbeit und Informationsaustausch ebenso entsprechen würde, von ihren Befugnissen auch ausschließlich für Zwecke einer solchen Zusammenarbeit Gebrauch machen, auch wenn die Verhaltensweise, die Gegenstand der Ermittlung ist, keinen Verstoß gegen eine in Österreich geltende Vorschrift darstellt. Von allen ihren Befugnissen nach Abs. 1 Z 9 kann die FMA für die Zwecke einer solchen Zusammenarbeit auch gegenüber natürlichen und juristischen Personen Gebrauch machen, die nicht oder in ihrem Herkunftsland zur Erbringung von Dienstleistungen der Vermögensverwaltung im Sinne der Richtlinie 2009/65/EG zugelassen sind.

(5) Erhält die FMA im Rahmen des Informationsaustausches gemäß Abs. 2 oder 3 Informationen mit dem Hinweis, dass diese nur mit der ausdrücklichen Zustimmung der übermittelnden Behörde veröffentlicht werden dürfen, oder stammen die gemäß Abs. 3 erhaltenen Informationen aus einem anderem Mitgliedstaat, so darf die darin enthaltene Information nur für die Zwecke, für die die Zustimmung erteilt wurde, übermittelt werden; der Austausch der Information im Rahmen eines gerichtlichen Strafverfahrens, eines Insolvenzverfahrens oder Geschäftsaufsichtsverfahrens des OGAW oder der Verwaltungsgesellschaft oder der Depotbank bleibt jedoch zulässig.

Berufsgeheimnis

§ 146. Von der FMA oder der Oesterreichischen Nationalbank beauftragte Sachverständige unterliegen der Verschwiegenheitspflicht gemäß § 14 Abs. 2 FMABG.

Beachte für folgende Bestimmung

Tritt mit 1. September 2011 in Kraft (vgl. § 200 Abs. 1). Für Verwaltungsgesellschaften gemäß Art. 6 der Richtlinie 2009/65/EG, welche in einem anderen Mitgliedstaat konzessioniert sind und über eine Zweigstelle, im Wege der Dienstleistungsfreiheit oder kollektiven Portfolioverwaltung in Österreich tätig werden, gilt diese Bestimmung samt den in ihr verwiesenen Normen rückwirkend ab 1. Juli 2011 (vgl. § 200 Abs. 3).

Untersuchungen und Prüfungen

§ 147. (1) Die FMA hat alle Untersuchungen durchzuführen und jene Maßnahmen zu ergreifen, die zur Wahrnehmung der ihr, unter Bedachtnahme auf § 3 Abs. 8 BWG nach diesem Bundesgesetz gemäß § 143 Abs. 1 zukommenden Aufgaben erforderlich sind.

(2) In Ausübung der Zuständigkeiten gemäß Abs. 1, dem BWG und dem WAG 2007 ist die FMA unbeschadet der ihr auf Grund anderer bundesgesetzlicher Bestimmungen zustehenden Befugnisse jederzeit ermächtigt,
1. in die Bücher, Schriftstücke und Datenträger der Unternehmen gemäß § 143 Abs. 1 Einsicht zu nehmen und Kopien von ihnen zu erhalten; auf den Umfang der Auskunfts-, Vorlage- und Einschaurechte der FMA und die Verpflichtung zur Verfügbarkeit von Unterlagen im Inland ist § 60 Abs. 3 BWG anzuwenden;

D. Einführung in das österreichische Investmentrecht

2. von Verwaltungsgesellschaften und Depotbanken und deren Organen sowie von allen Stellen, an die Dienstleistungen ausgelagert wurden, Auskünfte zu verlangen und gemäß den Verwaltungsverfahrensgesetzen Personen vorzuladen und zu befragen;
3. durch Abschlussprüfer oder sonstige Sachverständige alle erforderlichen Prüfungen durchführen zu lassen, wobei die in § 62 BWG genannten Ausschließungsgründe anzuwenden sind; die Erteilung von Auskünften durch die FMA an die von ihr beauftragten Prüfer ist zulässig, soweit dies zur Erfüllung des Prüfungsauftrages zweckdienlich ist;
4. durch eigene Prüfer, Abschlussprüfer oder sonstige Sachverständige vor Ort Prüfungen durchzuführen;
5. zur Prüfung von Zweigstellen und Repräsentanzen in Mitgliedstaaten auch die Behörden des Aufnahmemitgliedstaates um die Vornahme der Prüfung zu ersuchen, wenn dies gegenüber einer Prüfung gemäß Z 4 das Verfahren vereinfacht oder beschleunigt oder wenn dies im Interesse der Zweckmäßigkeit, Einfachheit, Raschheit oder Kostenersparnis gelegen ist; unter diesen Voraussetzungen können eigene Mitarbeiter der FMA an einer solchen Prüfung teilnehmen;
6. von den Abschlussprüfern Auskünfte einzuholen.

(3) Bei einer Prüfung gemäß Abs. 2 Z 3 oder 5 sind die Prüfungsorgane mit einem schriftlichen Prüfungsauftrag zu versehen und haben sich vor Beginn der Prüfung unaufgefordert auszuweisen sowie den Prüfungsauftrag vorzuweisen. Im Übrigen ist § 71 BWG anzuwenden.

Aufsichtsmaßnahmen

§ 148. (1) Zur Abwendung einer Gefahr für die finanziellen Belange der Anteilinhaber eines OGAW gemäß § 50 oder der Kunden einer Verwaltungsgesellschaft gemäß § 5 Abs. 1 im Zusammenhang mit deren Tätigkeit kann die FMA befristete Maßnahmen durch Bescheid anordnen, die spätestens 18 Monate nach Wirksamkeitsbeginn außer Kraft treten. Die FMA kann durch Bescheid insbesondere
1. Kapital- und Gewinnentnahmen einer Verwaltungsgesellschaft ganz oder teilweise untersagen;
2. im Interesse der Anteilinhaber oder der Öffentlichkeit die Aussetzung der Ausgabe, Rücknahme oder Auszahlung von Anteilen verlangen;
3. eine fachkundige Aufsichtsperson (Regierungskommissär) bestellen, die dem Berufsstand der Rechtsanwälte oder der Wirtschaftsprüfer angehört; die Aufsichtsperson, der alle Rechte gemäß § 147 Abs. 2 zustehen, hat
    a) der Verwaltungsgesellschaft alle Geschäfte zu untersagen, die geeignet sind, die obige Gefahr zu vergrößern, oder
    b) im Falle, dass der Verwaltungsgesellschaft die Fortführung der Geschäfte ganz oder teilweise untersagt wurde, einzelne Geschäfte zu erlauben, die die im Einleitungsteil dieser Bestimmung beschriebene Gefahr nicht vergrößern;
4. Geschäftsleitern der Verwaltungsgesellschaft unter gleichzeitiger Verständigung des zur Bestellung der Geschäftsleiter zuständigen Organs die Führung des Unternehmens ganz oder teilweise untersagen; das zuständige Organ hat binnen eines Monats die entsprechende Anzahl von Geschäftsleitern neu zu bestellen; die Bestellung bedarf zu ihrer Rechtswirksamkeit der Zustimmung der FMA, die zu versagen ist, wenn die neu bestellten Geschäftsleiter nicht geeignet scheinen, eine Abwendung der obigen Gefahr herbeiführen zu können;
5. die Fortführung des Geschäftsbetriebes ganz oder teilweise untersagen.

(2) Die FMA kann auf Antrag der gemäß Abs. 1 Z 3 oder Abs. 3 bestellten Aufsichtsperson (Regierungskommissär) einen Stellvertreter bestellen, wenn und so lange dies aus wichtigen Gründen, insbesondere wegen vorübergehender Verhinderung der Aufsichtsperson, erforderlich ist. Für die Bestellung des Stellvertreters sowie für dessen Rechte und Pflichten finden die für die Aufsichtsperson geltenden Bestimmungen Anwendung. Die Aufsichtsperson (Regierungskommissär) kann sich mit Bewilligung der FMA zur Erfüllung ihrer Aufgaben fachlich geeigneter Personen bedienen, soweit dies nach Umfang und Schwierigkeit der Aufgaben erforderlich ist. Die Genehmigung der FMA hat diese Personen namentlich zu benennen und ist auch der Verwaltungsgesellschaft zuzustellen. Diese Personen handeln auf Weisung und im Namen der Aufsichtsperson (Regierungskommissär) oder ihres Stellvertreters. Es findet § 70 Abs. 2b und 3 sowie Abs. 6 BWG Anwendung.

(3) Alle von der FMA gemäß Abs. 1 und 2 angeordneten Maßnahmen ruhen für die Dauer eines Geschäftsaufsichtsverfahrens.

(4) Bescheide, mit denen Geschäftsleitern die Führung einer Verwaltungsgesellschaft gemäß § 5 Abs. 1 ganz oder teilweise untersagt wird (Abs. 1 Z 4), sind, wie auch eine allfällige Aufhebung dieser Maßnahme, von der FMA dem Firmenbuchgericht zur Eintragung in das Firmenbuch zu übermitteln.

VI. Normenteil

(5) Liegt eine Konzessionsvoraussetzung gemäß § 6 Abs. 1 nach Erteilung der Konzession nicht mehr vor oder verletzt eine Verwaltungsgesellschaft gemäß § 5 Abs. 1 Bestimmungen gemäß § 143 Abs. 1 dieses Bundesgesetzes oder des BWG oder einer auf Grund dieses Bundesgesetzes oder des BWG erlassenen Verordnung oder eines Bescheides oder eine Bestimmung der Verordnung (EU) Nr. 583/2010, der Verordnung (EU) Nr. 584/2010 oder der Verordnung (EU) Nr. 575/2013 oder einer aufgrund dieser Verordnungen erlassenen Bescheide, so hat die FMA die in § 70 Abs. 4 Z 1 bis 3 BWG genannten Maßnahmen in Bezug auf diese Verwaltungsgesellschaft zu ergreifen und gegebenenfalls die Konzession gemäß § 5 Abs. 1 oder die Bewilligung gemäß § 50 zu entziehen. Verletzt die Depotbank Bestimmungen dieses Bundesgesetzes oder einer aufgrund dieses Bundesgesetzes erlassenen Verordnung oder eines Bescheides, so sind die §§ 70 Abs. 3 und 96 BWG mit der Maßgabe anzuwenden, dass an die Stelle des Konzessionsentzuges gemäß § 70 Abs. 4 Z 3 BWG die Rücknahme der Bewilligung gemäß § 50 tritt.

Zusammenarbeit mit Gerichten und Sicherheitsbehörden

§ 149. (1) Zur Abwendung einer Gefahr für die finanziellen Belange der Anteilinhaber eines OGAW gemäß § 50 oder der Kunden einer Verwaltungsgesellschaft gemäß § 5 Abs. 1 im Zusammenhang mit deren Tätigkeit oder zur Wahrnehmung ihrer sonstigen Aufgaben nach diesem Bundesgesetz kann die FMA
1. bereits existierende Aufzeichnungen von Telefongesprächen und Datenübermittlungen anfordern;
2. bei der zuständigen Staatsanwaltschaft beantragen, dass diese bei Gericht einen Antrag auf Sicherstellung gemäß §§ 109 Z 1 und 110 Abs. 1 Z 3 oder Beschlagnahme gemäß §§ 109 Z 2 und 115 Abs. 1 Z 3 Strafprozessordnung 1975 – StPO (BGBl. Nr. 631/1975) stellt.

(2) Ergibt sich für die FMA bei der Wahrnehmung ihrer Aufgaben der Verdacht, dass eine Transaktion der Geldwäscherei oder der Terrorismusfinanzierung dient, so hat sie die Geldwäschemeldestelle (§ 4 Abs. 2 des Bundeskriminalamt-Gesetzes, BGBl. I Nr. 22/2002) hievon unverzüglich in Kenntnis zu setzen. § 41 Abs. 6 BWG ist anzuwenden.

Veröffentlichungen

§ 150. (1) Die FMA kann zur Abwendung einer Gefahr für die finanziellen Belange der Anteilinhaber eines OGAW gemäß § 50 oder der Kunden einer Verwaltungsgesellschaft gemäß § 5 Abs. 1 im Zusammenhang mit deren Tätigkeit von ihr getroffene Maßnahmen nach § 148 Abs. 1, 2 und 5 durch Kundmachung im Internet, Abdruck im „Amtsblatt zur Wiener Zeitung" oder in einer Zeitung mit Verbreitung im gesamten Bundesgebiet oder durch Aushang an geeigneter Stelle in den Geschäftsräumlichkeiten der Verwaltungsgesellschaft (§ 5) bekannt machen. Veröffentlichungen von Maßnahmen oder Sanktionen dürfen jedoch nur vorgenommen werden, wenn dies nach Art und Schwere des Verstoßes zur Information der Öffentlichkeit erforderlich ist, die Stabilität der Finanzmärkte nicht ernstlich gefährdet ist, nicht nachteilig für die Interessen der Anleger ist und im Hinblick auf mögliche Nachteile des Betroffenen verhältnismäßig ist. Diese Veröffentlichungsmaßnahmen können auch kumulativ getroffen werden. Die FMA kann weiters jede Maßnahme oder Sanktion wegen einer Verletzung dieses Bundesgesetzes, des BWG, der Verordnung (EU) Nr. 575/2013 oder auf Grund dieses Bundesgesetzes oder des BWG ergangener Verordnungen oder von zur Richtlinie 2009/65/EG erlassenen EU-Verordnungen bekannt machen, sofern eine solche Bekanntgabe die Stabilität der Finanzmärkte nicht ernstlich gefährdet, nachteilig für die Interessen der Anleger wäre oder den Beteiligten keinen unverhältnismäßig hohen Schaden zufügt. Diese Veröffentlichungsmaßnahmen können auch kumulativ getroffen werden.

(2) Die FMA kann durch Kundmachung im Internet, Abdruck im „Amtsblatt zur Wiener Zeitung" oder in einer Zeitung mit Verbreitung im gesamten Bundesgebiet die Öffentlichkeit informieren, dass eine namentlich genannte natürliche oder juristische Person (Person) zur Ausgabe von OGAW-Anteilen (§ 50 Abs. 1), zur Verwaltung von Investmentfonds (§ 1 Abs. 1 Z 13 BWG in Verbindung mit § 5 Abs. 2 Z 1 und 2 dieses Bundesgesetzes) oder zur Anlageberatung oder Verwahrung (§ 5 Abs. 2 Z 4) nicht berechtigt ist, sofern diese Person dazu Anlass gegeben hat und eine Information der Öffentlichkeit nach Art und Schwere des Verstoßes erforderlich ist, die Stabilität der Finanzmärkte nicht ernstlich gefährdet ist, nicht nachteilig für die Interessen der Anleger ist und im Hinblick auf mögliche Nachteile des Betroffenen verhältnismäßig ist. Diese Veröffentlichungsmaßnahmen können auch kumulativ getroffen werden. Diese Person muss in der Veröffentlichung eindeutig identifizierbar sein; zu diesem Zweck können, soweit der FMA bekannt, auch Geschäftsanschrift oder Wohnanschrift und Firmenbuchnummer, Internetadresse, Telefonnummer und Telefaxnummer angegeben werden.

(3) Der von der Veröffentlichung Betroffene kann eine Überprüfung der Rechtmäßigkeit der Veröffentlichung gemäß Abs. 1 oder 2 in einem bescheidmäßig zu erledigenden Verfahren bei der FMA

D. Einführung in das österreichische Investmentrecht

beantragen. Die FMA hat diesfalls die Einleitung eines solchen Verfahrens in gleicher Weise bekannt zu machen. Wird im Rahmen der Überprüfung die Rechtswidrigkeit der Veröffentlichung festgestellt, so hat die FMA die Veröffentlichung richtig zu stellen oder auf Antrag des Betroffenen entweder zu widerrufen oder aus dem Internetauftritt zu entfernen. Wird einer Beschwerde gegen einen Bescheid, der gemäß Abs. 1 bekannt gemacht worden ist, in einem Verfahren vor den Gerichtshöfen öffentlichen Rechts aufschiebende Wirkung zuerkannt, so hat die FMA dies in gleicher Weise bekannt zu machen. Die Veröffentlichung ist richtig zu stellen oder auf Antrag des Betroffenen entweder zu widerrufen oder aus dem Internetauftritt zu entfernen, wenn der Bescheid aufgehoben wird.

Anzeigepflichten an die FMA

§ 151. Die Verwaltungsgesellschaft hat der FMA unverzüglich jede für die Konzessionserteilung maßgebliche Änderung schriftlich mitzuteilen – wobei im Fall einer Beschlussfassung das Eintreten der Wirksamkeit des Beschlussgegenstandes nicht abzuwarten ist – und zwar:
1. Jede Satzungsänderung und den Beschluss auf Auflösung;
2. jede Änderung der Voraussetzungen gemäß § 5 Abs. 1 Z 6, 7, 10 und 13 BWG bei bestehenden Geschäftsleitern;
3. jede Änderung in der Person der Geschäftsleiter sowie die Einhaltung von § 5 Abs. 1 Z 6, 7 und 9 bis 13 BWG und § 6 Abs. 2 Z 8, 9, 10 und 12 lit. b dieses Bundesgesetzes;
3a. jede Ernennung eines Aufsichtsratsmitgliedes unter Angabe der Erfüllung der Voraussetzungen nach § 28a Abs. 5 BWG sowie jede Änderung der Voraussetzungen gemäß § 28a Abs. 3 und 5 BWG bei bestehenden Mitgliedern des Aufsichtsrates;
4. die beabsichtigte Eröffnung sowie die Verlegung, Schließung oder vorübergehende Einstellung des Geschäftsbetriebes der Hauptniederlassung;
5. Umstände, die für einen ordentlichen Geschäftsleiter erkennen lassen, dass die Erfüllbarkeit der Verpflichtungen gefährdet ist;
6. den Eintritt der Zahlungsunfähigkeit oder der Überschuldung;
7. jede beabsichtigte Erweiterung des Geschäftsgegenstandes;
8. jede Herabsetzung des eingezahlten Kapitals (§ 6 Abs. 2 Z 5);
9. den oder die Verantwortlichen für die interne Revision sowie Änderungen in deren Person;
10. das Absinken der anrechenbaren Eigenmittel unter die in § 8 genannten Beträge;
11. jede mehr als einen Monat andauernde Nichteinhaltung von Maßstäben gemäß § 25 BWG und von Art. 89 bis 91 und Teil 2, 4 und 6 der Verordnung (EU) Nr. 575/2013 sowie auf deren Grundlage erlassener Verordnungen oder Bescheide;
12. jede Bestellung eines Abschlussprüfers sowie Änderungen in der Person desselben;
13. jede Übertragung gemäß § 28 sowie jede Beendigung der Übertragung;
14. alle wesentlichen Änderungen am Risikomanagementprozess gemäß §§ 85 bis 92;
15. jede Aussetzung der Rücknahme oder Auszahlung gemäß § 56 sowie die Wiederaufnahme;
16. den Beginn der Abwicklung gemäß § 63 Abs. 1;
17. die Kündigung der Verwaltung des OGAW gemäß § 60 Abs. 2;
18. die Auflösung ohne Kündigung gemäß § 63 Abs. 4;
19. die Umwandlung gemäß § 64.

Beachte für folgende Bestimmung

Tritt mit 1. September 2011 in Kraft (vgl. § 200 Abs. 1). Für Verwaltungsgesellschaften gemäß Art. 6 der Richtlinie 2009/65/EG, welche in einem anderen Mitgliedstaat konzessioniert sind und über eine Zweigstelle, im Wege der Dienstleistungsfreiheit oder kollektiven Portfolioverwaltung in Österreich tätig werden, gilt diese Bestimmung samt den in ihr verwiesenen Normen rückwirkend ab 1. Juli 2011 (vgl. § 200 Abs. 3).

Regelmäßige Meldepflichten

§ 152. Die Verwaltungsgesellschaft hat der FMA im Einvernehmen mit der Depotbank quartalsweise Berichte mit Informationen zu übermitteln, die ein den tatsächlichen Verhältnissen entsprechendes Bild der für jeden verwalteten OGAW genutzten Derivate, der zugrunde liegenden Risiken, der Anlagegrenzen und der Methoden vermitteln, die zur Schätzung der mit den Derivatgeschäften verbundenen Risiken angewandt werden. Die FMA kann mit Verordnung die Art der Übermittlung regeln, wobei insbesondere die Verwendung elektronischer Meldesysteme oder Datenträger sowie EDV-Formate vorgeschrieben werden können.

VI. Normenteil

Beachte für folgende Bestimmung
Tritt mit 1. September 2011 in Kraft (vgl. § 200 Abs. 1). Für Verwaltungsgesellschaften gemäß Art. 6 der Richtlinie 2009/65/EG, welche in einem anderen Mitgliedstaat konzessioniert sind und über eine Zweigstelle, im Wege der Dienstleistungsfreiheit oder kollektiven Portfolioverwaltung in Österreich tätig werden, gilt Abs. 2 samt den in ihm verwiesenen Normen rückwirkend ab 1. Juli 2011 (vgl. § 200 Abs. 3).

Form der Kommunikation mit der FMA – elektronische Übermittlung

§ 153. (1) Die FMA kann nach Anhörung der Oesterreichischen Nationalbank durch Verordnung vorschreiben, dass die Anzeigen und Übermittlungen gemäß §§ 151 und 152 dieses Bundesgesetzes und § 20 Abs. 3, 28a Abs. 4, § 44 Abs. 1 erster Satz und Abs. 4 und § 70a Abs. 5 BWG sowie § 2 Abs. 2 der Mündelsicherheitsverordnung, BGBl. Nr. 650/1993, in der Fassung der Verordnung BGBl. II Nr. 219/2003 ausschließlich in elektronischer Form zu erfolgen haben sowie bestimmten Gliederungen, technischen Mindestanforderungen und Übermittlungsmodalitäten zu entsprechen haben. Die FMA hat sich dabei an den Grundsätzen der Wirtschaftlichkeit und Zweckmäßigkeit zu orientieren und dafür zu sorgen, dass die jederzeitige elektronische Verfügbarkeit der Daten für die FMA und die Oesterreichische Nationalbank gewährleistet bleibt und Aufsichtsinteressen nicht beeinträchtigt werden. Weiters kann die FMA in dieser Verordnung Abschlussprüfern für Bescheinigungen, Übermittlungen, Berichte und Meldungen gemäß § 154 eine fakultative Teilnahme an dem elektronischen System der Übermittlung gemäß dem ersten Satz ermöglichen. Die FMA hat geeignete Vorkehrungen dafür zu treffen, dass sich die Meldepflichtigen oder gegebenenfalls ihre Einbringungsverantwortlichen während eines angemessenen Zeitraums im System über die Richtigkeit und Vollständigkeit der von ihnen oder ihren Einbringungsverantwortlichen erstatteten Meldedaten vergewissern können.

(2) Die Kommunikation zwischen der FMA und den zuständigen Behörden in anderen Mitgliedstaaten im Zusammenhang mit dem Vertrieb von OGAW-Anteilen gemäß den §§ 139 bis 142 richtet sich nach Art. 3 bis 5 der Verordnung (EU) Nr. 584/2010.

Berichtspflicht von Abschlussprüfern

§ 154. (1) Stellt ein Abschlussprüfer, der den Jahresabschluss einer Verwaltungsgesellschaft (§ 5 Abs. 1) oder den Rechenschaftsbericht eines OGAW (§ 49) prüft oder bei dieser oder diesem eine sonstige gesetzlich vorgeschriebene Tätigkeit ausübt, Tatsachen fest, die eine Berichtspflicht gemäß § 273 Abs. 2 und 3 UGB begründen, so hat er unverzüglich, spätestens gleichzeitig, den gemäß § 273 Abs. 3 UGB zu erstattenden Bericht auch der FMA und der Oesterreichischen Nationalbank zu übermitteln.

(2) Der Abschlussprüfer hat, auch wenn keine Berichtspflicht gemäß § 273 Abs. 2 und 3 UGB besteht, der FMA und der Oesterreichischen Nationalbank sowie den Geschäftsleitern und dem nach Gesetz oder Satzung zuständigen Aufsichtsorgan unverzüglich schriftlich mit Erläuterungen zu berichten, wenn er bei seiner Prüfungstätigkeit Tatsachen feststellt, die
1. einen erheblichen Verstoß gegen die in § 143 Abs. 1 genannten Bestimmungen oder gegen auf Grund dieses Bundesgesetzes erlassene Verordnungen oder Bescheide der FMA erkennen lassen; oder
2. die Erfüllbarkeit der Verpflichtungen der Verwaltungsgesellschaft oder des OGAW für gefährdet erkennen lassen; oder
3. die Behinderung der Tätigkeit des OGAW oder der Verwaltungsgesellschaft oder eines Unternehmens, an das Tätigkeiten gemäß § 28 übertragen wurden, erkennen lassen; oder
4. wesentliche Bilanzposten oder außerbilanzielle Positionen der Verwaltungsgesellschaft als nicht werthaltig festgestellt werden; oder
5. begründete Zweifel an der Richtigkeit der Unterlagen oder an der Vollständigkeitserklärung der Geschäftsleiter vorliegen; oder
6. zu einer Ablehnung des Bestätigungsvermerks oder der Äußerung von Vorbehalten führen.
Stellt der Abschlussprüfer sonstige Mängel, nicht besorgniserregende Veränderungen der Risikolage oder der wirtschaftlichen Situation oder nur geringfügige Verletzungen von Vorschriften fest, und sind die Mängel und Verletzungen von Vorschriften kurzfristig behebbar, so muss der Abschlussprüfer der FMA und der Oesterreichischen Nationalbank erst dann berichten, wenn die Verwaltungsgesellschaft nicht binnen einer angemessenen Frist, längstens jedoch binnen drei Monaten, die festgestellten Mängel behoben und dies dem Abschlussprüfer nachgewiesen hat. Zu berichten ist auch dann, wenn die Geschäftsleiter eine vom Abschlussprüfer geforderte Auskunft innerhalb einer angemessenen Frist

nicht ordnungsgemäß erteilen. In Fällen, in denen eine Wirtschaftsprüfungsgesellschaft als Abschlussprüfer bestellt wird, trifft die Berichtspflicht auch die nach § 88 Abs. 7 Wirtschaftstreuhandberufsgesetz – WTBG (BGBl. I Nr. 58/1999) namhaft gemachten natürlichen Personen.

(3) Der Abschlussprüfer ist auch zur Meldung derartiger Sachverhalte verpflichtet, von denen er in Ausübung einer der vorgenannten Tätigkeiten in einem Unternehmen Kenntnis erlangt, das ein verbundenes Unternehmen (§ 228 Abs. 3 UGB) zu der in § 5 Abs. 1 genannten Verwaltungsgesellschaft ist, für das er diese Tätigkeit ausübt.

(4) Der Abschlussprüfer ist bei der Wahrnehmung seiner Aufgaben auch außerhalb von Prüfungsaufträgen des Aufsichtsorgans zur Verständigung des Aufsichtsratsvorsitzenden verpflichtet, wenn eine Berichterstattung an die Geschäftsleiter wegen der Art und Umstände der festgestellten Ordnungswidrigkeiten den Zweck der Beseitigung der Mängel nicht erreichen würde und diese schwerwiegend sind.

(5) Erstattet der Abschlussprüfer in gutem Glauben einen Bericht nach Abs. 1 bis 4, so gilt dies nicht als Verletzung einer vertraglich oder gesetzlich geregelten Einschränkung der Offenlegungspflicht und zieht für ihn keine Haftung nach sich.

Informationen der FMA über relevante Rechtsvorschriften

§ 155. (1) Die FMA hat auf ihrer Internet-Seite über sämtliche Gesetze und Verordnungen sowie die Mindeststandards und Rundschreiben der FMA, die sich auf die Gründung und die Geschäftstätigkeit eines OGAW beziehen, zu informieren.

(2) Weiters hat die FMA auf ihrer Internet-Seite über sämtliche Gesetze und Verordnungen, die nicht bereits in Umsetzung oder Vollzug der Verordnungen (EU) Nr. 583/2010 und (EU) Nr. 584/2010 erlassen worden sind und die für die Modalitäten der Vermarktung von Anteilen von in anderen Mitgliedstaaten bewilligten OGAW in Österreich spezifisch relevant sind, zu informieren. Diese Informationen sind in Form einer erläuternden Beschreibung oder einer Kombination aus erläuternder Beschreibung und Verweisen oder Verknüpfungen zu den Quellendokumenten aufzubereiten. Dabei ist insbesondere über Folgendes zu informieren:
1. die Bedeutung des Begriffs „Vermarktung von OGAW-Anteilen" gemäß dem geltenden Recht;
2. die Anforderungen an Inhalt, Format und Präsentation von Werbung, einschließlich aller obligatorischen Warnungen und Beschränkungen hinsichtlich der Verwendung bestimmter Wörter oder Sätze;
3. unbeschadet der Abschnitte 1 bis 4 des 4. Hauptstückes Einzelheiten aller zusätzlichen Informationen, die den Anlegern bereitgestellt werden müssen;
4. Einzelheiten zu allen Befreiungen von Bestimmungen und Anforderungen an Vermarktungsvereinbarungen, die für bestimmte OGAW, bestimmte Anteilsgattungen oder Teilfonds von OGAW oder bestimmte Anlegerkategorien gelten;
5. Anforderungen an die Berichterstattung oder Übermittlung von Informationen an die FMA und das Verfahren für die Übermittlung aktualisierter Fassungen der erforderlichen Unterlagen;
6. Anforderungen hinsichtlich Gebühren oder anderer Summen, die entweder bei Beginn der Vermarktung oder danach in regelmäßigen Abständen an die FMA oder eine andere Einrichtung des öffentlichen Rechts zu zahlen sind;
7. Anforderungen in Bezug auf die Möglichkeiten, die den Anteilinhabern gemäß § 141 Abs. 1 zur Verfügung stehen müssen;
8. Bedingungen für die Einstellung der Vermarktung von OGAW-Anteilen in Österreich durch einen OGAW, der in einem anderen Mitgliedstaat bewilligt ist;
9. detaillierte Angaben zum Inhalt der Informationen, die in Österreich in Teil B des in Artikel 1 der Verordnung (EG) Nr. 584/2010 genannten Anzeigeschreibens aufgenommen werden müssen;
10. die zu den Zwecken von § 139 Abs. 5 mitgeteilte E-Mail-Adresse.

(3) Die Informationen gemäß Abs. 1 und 2 sind in deutscher und englischer Sprache vollständig, eindeutig und unmissverständlich bereit zu stellen und stets am neuesten Stand zu halten.

Informationen der FMA über Maßnahmen im Zusammenhang mit Master-Feeder-Fonds

§ 156. Sind Master-OGAW und/oder Feeder-OGAW in Österreich bewilligt, so hat die FMA den Feeder-OGAW unmittelbar über jede Entscheidung, Maßnahme, Feststellung von Zuwiderhandlungen gegen die Bestimmungen des 3. Hauptstückes 5. Abschnitt sowie alle gemäß § 154 Abs. 1 und 4 mitgeteilten Informationen, die den Master-OGAW oder seine Verwaltungsgesellschaft, seine Verwahrstelle oder seinen Abschlussprüfer betreffen, zu unterrichten und gegebenenfalls eine entsprechende Information der weiteren Anteilinhaber des Master-OGAW sicherzustellen.

2. Abschnitt. Europäische und Internationale Zusammenarbeit

Kontaktstelle und Informationsaustausch

§ 157. (1) Die FMA ist zuständige Behörde gemäß Art. 97 der Richtlinie 2009/65/EG. Die FMA kann jederzeit Auskünfte über Tätigkeiten österreichischer Verwaltungsgesellschaften und OGAW in anderen Mitgliedstaaten und in Drittstaaten sowie über die Lage von Verwaltungsgesellschaften aus anderen Mitgliedstaaten oder Drittstaaten, deren Tätigkeit sich auf das österreichische Finanzmarktwesen auswirken kann, einholen, wenn dies im volkswirtschaftlichen Interesse an einem funktionsfähigen Finanzmarktwesen oder im Interesse des Gläubigerschutzes erforderlich ist.

(2) Die FMA kann mit
1. zuständigen Behörden anderer Mitgliedstaaten,
2. der Europäischen Zentralbank sowie den Zentralbanken anderer Mitgliedstaaten in ihrer Eigenschaft als Währungs- und Aufsichtsbehörden und
3. anderen Behörden, die in den anderen Mitgliedstaaten für die Aufsicht über Zahlungs- und Abwicklungssysteme, Clearingstellen, den Schutz natürlicher Personen bei der Verarbeitung personenbezogener Daten oder zur Bekämpfung der Geldwäsche und der Terrorismusfinanzierung zuständig sind, sowie
4. ESMA

zusammenarbeiten, wenn dies zur Wahrnehmung von in den Richtlinien 2009/65/EG, 2010/43/EU oder 2010/44/EU, oder in den Verordnungen (EU) Nr. 583/2010 oder (EU) Nr. 584/2010 oder (EU) Nr. 1095/2010 festgelegten Aufgaben oder im Wege der Amts- und Rechtshilfe erforderlich ist und soweit die an diese Behörden übermittelten Informationen bei diesen dem Berufsgeheimnis gemäß Art. 102 der Richtlinie 2009/65/EG unterliegen; in diesem Zusammenhang kann die FMA insbesondere auch Ersuchen auf Befragung von Personen an die zuständige Behörde in einem anderen Mitgliedstaat richten.

(3) Die FMA kann für die Zwecke der Zusammenarbeit und zur Weiterleitung von Daten nach diesem Hauptstück von ihren Befugnissen Gebrauch machen, auch wenn die Verhaltensweise, die Gegenstand der Ermittlung ist, keinen Verstoß gegen eine in Österreich geltende Vorschrift darstellt; die FMA hat von den vorgenannten Befugnissen Gebrauch zu machen, um den Behörden des Aufnahmemitgliedstaates einer Verwaltungsgesellschaft gemäß § 37 die Erhebung der in Art. 21 Abs. 2 der Richtlinie 2009/65/EG genannten Angaben zu ermöglichen und um die zuständigen Behörden des Herkunftmitgliedstaates einer Verwaltungsgesellschaft gemäß § 36 über alle gemäß § 38 Abs. 5 ergriffenen Maßnahmen zu unterrichten, die Maßnahmen oder Sanktionen gegen die Verwaltungsgesellschaft oder eine Beschränkung ihrer Tätigkeiten beinhalten. Von ihren Befugnissen nach § 147 Abs. 2 Z 1 und 2 kann die FMA für die Zwecke der Zusammenarbeit auch gegenüber juristischen Personen Gebrauch machen, die in ihrem Herkunftmitgliedstaat zur Erbringung von Dienstleistungen der Vermögensverwaltung als Verwaltungsgesellschaft im Sinne von Art. 6 Abs. 1 der Richtlinie 2009/65/EG konzessioniert sind.

(4) Die FMA hat anderen zuständigen Behörden die für die Wahrnehmung ihrer Aufgaben erforderlichen Informationen gemäß Art. 97 der Richtlinie 2009/65/EG zu übermitteln, sofern sich diese Aufgaben aus diesem Bundesgesetz oder aus der Richtlinie 2009/65/EG ergeben, insbesondere bei Zuwiderhandlungen oder mutmaßlichen Zuwiderhandlungen einer Zweigstelle oder einer Geschäftseinheit, zu der Tätigkeiten ausgelagert werden. Die FMA hat dabei auf Verlangen alle zweckdienlichen Informationen und von sich aus alle wesentlichen Informationen zu übermitteln. Die FMA kann sich, wenn sie Informationen mit anderen zuständigen Behörden austauscht, bei der Übermittlung vorbehalten, dass diese Informationen nur mit ihrer ausdrücklichen Zustimmung veröffentlicht werden dürfen. In diesem Fall dürfen sie nur für die Zwecke, für die die Zustimmung erteilt wurde, ausgetauscht werden.

(5) Die FMA sowie andere Stellen oder natürliche oder juristische Personen, die vertrauliche Informationen nach Abs. 2, gemäß § 145 Abs. 5 oder aus einem Drittland erhalten, dürfen diese in Wahrnehmung ihrer Aufgaben insbesondere nur für folgende Zwecke verwenden:
1. zur Prüfung, ob die Zulassungsbedingungen für OGAW oder Verwaltungsgesellschaften oder Unternehmen, die an ihrer Geschäftstätigkeit mitwirken, erfüllt sind, und zur leichteren Überwachung der Bedingungen für die Ausübung der Tätigkeit, der verwaltungsmäßigen und buchhalterischen Organisation und der internen Kontrollmechanismen;

D. Einführung in das österreichische Investmentrecht

2. zur Verhängung von Sanktionen;
3. im Rahmen eines Verwaltungsverfahrens betreffend die Bekämpfung von Entscheidungen der zuständigen Behörden;
4. im Rahmen eines von einem Gericht oder durch eine Staatsanwaltschaft geführten Verfahren.

(6) Die FMA kann folgenden Einrichtungen und Behörden zur Erfüllung ihrer Aufgaben vertrauliche Informationen übermitteln:
1. den Zentralbanken, dem Europäischen System der Zentralbanken und der Europäischen Zentralbank in ihrer Eigenschaft als Währungsbehörden; sowie
2. gegebenenfalls anderen staatlichen Behörden, die mit der Überwachung oder mit der gesetzlichen Kontrolle der Rechnungslegung von Kreditinstituten, Wertpapierfirmen, Versicherungsunternehmen oder anderen Finanzinstituten oder der Finanzmärkte betraut sind; oder
3. Organen, die mit der Liquidation oder dem Konkurs von OGAW befasst werden; oder
4. ESMA,
5. der Europäischen Bankenaufsichtsbehörde – EBA (Verordnung (EU) Nr. 1093/2010 vom 24. November 2010 zur Errichtung einer Europäischen Aufsichtsbehörde (Europäische Bankenaufsichtsbehörde), zur Änderung des Beschlusses Nr. 716/2009/EG und zur Aufhebung des Beschlusses 2009/78/EG der Kommission – ABl. Nr. L 331 vom 15.12.2010, S. 12),
6. der Europäischen Versicherungsaufsichtsbehörde – EIOPA (Verordnung (EU) Nr. 1094/2010 vom 24. November 2010 zur Errichtung einer Europäischen Aufsichtsbehörde (Europäische Aufsichtsbehörde für das Versicherungswesen und die betriebliche Altersversorgung), zur Änderung des Beschlusses Nr. 716/2009/EG und zur Aufhebung des Beschlusses 2009/79/EG der Kommission – ABl. Nr. L 331 vom 15.12.2010, S. 48); oder
7. dem ESRB.

Das Amtsgeheimnis, die Abs. 2 bis 4 sowie § 145 Abs. 3 und 5 stehen dieser Weiterleitung von Informationen oder einer Weiterleitung durch die Behörden oder Stellen gemäß Z 1 bis 7 an die zuständigen Behörden oder an die mit der Verwaltung von Anlegerentschädigungssystemen betrauten Stellen, die diese Informationen zur Erfüllung ihrer Aufgaben gemäß der Richtlinie 2009/65/EG benötigen, nicht entgegen, sofern diese Behörden oder Stellen dem Berufsgeheimnis im Sinne von Art. 102 der Richtlinie 2009/65/EG unterliegen.

(7) Die FMA hat jede Entscheidung über die Entziehung der Bewilligung gemäß § 50 und jede andere gegen einen OGAW getroffene schwerwiegende Maßnahme gemäß § 148 oder jede ihm auferlegte Maßnahme zur Aussetzung der Ausgabe, des Rückkaufs oder der Rücknahme seiner Anteile den zuständigen Behörden der Aufnahmemitgliedstaaten des OGAW und, wenn die Verwaltungsgesellschaft eines OGAW in einem anderen Mitgliedstaat niedergelassen ist, den zuständigen Behörden des Herkunftmitgliedstaates der Verwaltungsgesellschaft unverzüglich mitzuteilen.

Zusammenarbeit bei Ermittlungen und bei der Überprüfung vor Ort

§ 158. (1) Die FMA kann die zuständige Behörde eines anderen Mitgliedstaates um Zusammenarbeit bei einer Überprüfung vor Ort oder einer Ermittlung ersuchen. Erhält die FMA ein Ersuchen um eine Ermittlung oder eine Überprüfung vor Ort, so hat sie im Rahmen ihrer Befugnisse tätig zu werden, indem sie
1. die Überprüfungen oder Ermittlungen selbst vornimmt oder
2. der ersuchenden Behörde die Durchführung der Überprüfung oder Ermittlung gestattet, wobei auch in diesem Fall Mitarbeiter der FMA die Mitarbeiter der ersuchenden Behörde begleiten können oder
3. Abschlussprüfern oder Sachverständigen im behördlichen Auftrag die Durchführung der Überprüfung oder Ermittlung gestattet.

(2) Wenn eine Verwaltungsgesellschaft gemäß § 36 ihre Tätigkeit in Österreich über eine Zweigstelle ausübt, so ist den zuständigen Behörden des Herkunftmitgliedstaates der Verwaltungsgesellschaft nach Unterrichtung der FMA zu gestatten, die in § 161 genannten Informationen selbst zu prüfen oder von zu diesem Zweck von dieser Behörde benannten Intermediären vor Ort prüfen zu lassen. Die Rechte der FMA zur Vorortprüfung der Zweigstelle aufgrund der ihr durch dieses Bundesgesetz obliegenden Aufgaben werden dadurch nicht berührt.

(3) Hat die FMA begründeten Anlass zu der Vermutung, dass Unternehmen, die nicht ihrer Aufsicht unterliegen, im Hoheitsgebiet eines anderen Mitgliedstaates gegen die Bestimmungen der Richtlinie 2009/65/EG verstoßen oder verstoßen haben, so hat sie dies der zuständigen Behörde des anderen Mitgliedstaates so genau wie möglich mitzuteilen. Sie hat ihrerseits geeignete Maßnahmen zu

VI. Normenteil

ergreifen, wenn sie eine solche Mitteilung von einer anderen zuständigen Behörde erhalten hat, und hat diese Behörde über den Ausgang dieser Maßnahmen und soweit wie möglich über wesentliche zwischenzeitlich eingetretene Entwicklungen zu unterrichten. Die Befugnisse der FMA als zuständige Behörde werden durch diesen Absatz nicht berührt.

Ablehnung der Zusammenarbeit

§ 159. (1) Die FMA kann ein Ersuchen auf Zusammenarbeit bei der Durchführung einer Ermittlung oder einer Überprüfung vor Ort oder auf Austausch von Informationen gemäß § 157 oder 158 nur ablehnen, wenn
1. die Überprüfung vor Ort, Ermittlung oder der Austausch der Information die Souveränität, die Sicherheit oder die öffentliche Ordnung Österreichs beeinträchtigen könnte;
2. aufgrund derselben Handlungen und gegen dieselben Personen bereits ein Verfahren vor einem Gericht in Österreich anhängig ist;
3. in Österreich gegen die betreffenden Personen aufgrund derselben Handlungen bereits ein rechtskräftiges Urteil ergangen ist.

(2) Im Falle einer Ablehnung hat die FMA diese Ablehnung gemäß Abs. 1 der ersuchenden zuständigen Behörde mitzuteilen und ihr möglichst genaue Informationen zu übermitteln.

(3) Die FMA kann ESMA über Situationen informieren, in denen ein Ersuchen der FMA
1. um Informationsaustausch gemäß den §§ 157 oder 158 zurückgewiesen wurde oder innerhalb einer angemessenen Frist zu keiner Reaktion geführt hat;
2. um eine Überprüfung vor Ort oder eine Ermittlung gemäß § 158 zurückgewiesen wurde oder innerhalb einer angemessenen Frist zu keiner Reaktion geführt hat oder
3. um die Zulassung von Mitarbeitern der FMA zur Begleitung der Mitarbeiter der zuständigen Behörde des anderen Mitgliedstaats zurückgewiesen wurde oder innerhalb einer angemessenen Frist zu keiner Reaktion geführt hat.

(4) Hat die FMA ein Ersuchen gemäß Abs. 1 abgelehnt und ist in diesem Zusammenhang ein Bescheid der FMA an die Verwaltungsgesellschaft oder an den OGAW ergangen, so ist die Rechtskraft dieses Bescheides gemäß § 21b FMABG eingeschränkt.

**Behördenkonsultation und Meldungen
an die Europäische Kommission, ESMA und ESRB**

§ 160. (1) Die FMA hat die zuständigen Behörden des anderen betroffenen Mitgliedstaates zu konsultieren, bevor einer Verwaltungsgesellschaft die Konzession erteilt wird, die
1. Tochterunternehmen einer anderen Verwaltungsgesellschaft, einer Wertpapierfirma, eines Kreditinstituts oder einer Versicherungsgesellschaft ist, die oder das in einem anderen Mitgliedstaat zugelassen ist, oder
2. Tochterunternehmen des Mutterunternehmens einer anderen Verwaltungsgesellschaft, einer Wertpapierfirma, eines Kreditinstituts oder einer Versicherungsgesellschaft ist, die oder das in einem anderen Mitgliedstaat zugelassen ist, oder
3. von denselben natürlichen oder juristischen Personen kontrolliert wird wie eine andere Verwaltungsgesellschaft, eine Wertpapierfirma, ein Kreditinstitut oder eine Versicherungsgesellschaft, die oder das in einem anderen Mitgliedstaat zugelassen ist.

(2) Die FMA hat die Behörden im Sinne des Abs. 1 insbesondere zu konsultieren, wenn sie die Eignung der Aktionäre oder Gesellschafter sowie die Zuverlässigkeit und die Erfahrung der Personen, die die Geschäfte eines anderen Unternehmens derselben Gruppe tatsächlich leiten, überprüft. Sie hat diesen Behörden auf Anfrage alle Informationen hinsichtlich der Eignung der Aktionäre oder Gesellschafter sowie der Zuverlässigkeit und der Erfahrung der Personen, die die Geschäfte tatsächlich leiten sowie sämtliche Informationen, die geeignet sind die Beaufsichtigung der Verwaltungsgesellschaften zu erleichtern, zu übermitteln, sofern diese für die anderen zuständigen Behörden bei der Erteilung der Zulassung und der laufenden Überprüfung der Einhaltung der Bedingungen für die Ausübung der Tätigkeit erforderlich sind.

(3) Sind Master-OGAW und Feeder-OGAW in unterschiedlichen Mitgliedstaaten niedergelassen, so hat die FMA betreffend in Österreich bewilligte Master-OGAW die zuständigen Behörden des Herkunftmitgliedstaats des Feeder-OGAW unmittelbar über jede Entscheidung, Maßnahme, Feststellung von Zuwiderhandlungen gegen die Bestimmungen des 3. Hauptstückes 5. Abschnitt sowie alle gemäß § 154 Abs. 1 und 4 mitgeteilten Informationen, die den Master-OGAW oder seine Verwaltungsgesellschaft, seine Verwahrstelle oder seinen Abschlussprüfer betreffen, zu unterrichten und ge-

D. Einführung in das österreichische Investmentrecht

gebenenfalls eine entsprechende Information der weiteren Anteilinhaber des Master-OGAW sicherzustellen.

(4) Die FMA hat der Kommission und ESMA:
1. alle allgemeinen Schwierigkeiten mitzuteilen, auf die OGAW beim Vertrieb ihrer Anteile in Drittstaaten stoßen und der FMA zur Kenntnis gebracht wurden;
2. ein Verzeichnis der in § 74 Abs. 4 genannten Kategorien von Schuldverschreibungen und der Kategorien von Emittenten zu übermitteln, die nach § 74 Abs. 4 befugt sind, Schuldverschreibungen auszugeben, die den in § 74 festgelegten Kriterien entsprechen. Diesen Verzeichnissen ist ein Vermerk beizufügen, in dem der Status der gebotenen Garantien erläutert wird;
3. die Anzahl und die Art der Fälle mitzuteilen, in denen sie eine Zulassung gemäß § 37 Abs. 3 oder einen Antrag gemäß § 36 Abs. 8 abgelehnt hat; sowie
4. die nach § 38 Abs. 5 getroffenen Maßnahmen mitzuteilen.

(5) Die FMA hat ESMA mitzuteilen:
1. Jede gemäß § 6 Abs. 3 erteilte Konzession sowie jede Konzessionsrücknahme gemäß § 7;
2. alle bei ihr gemäß § 152 eingehenden Informationen über alle von ihr beaufsichtigten Verwaltungsgesellschaften und OGAW im Einklang mit Art. 35 der Verordnung (EU) Nr. 1095/2010 zum Zweck der Überwachung von Systemrisiken auf Unionsebene.

Die Informationen gemäß Z 2 sind auch dem ESRB im Einklang mit Art. 15 der Verordnung (EU) Nr. 1092/2010 zum Zweck der Überwachung von Systemrisiken auf Unionsebene zu übermitteln.

Zusammenarbeit zur Überwachung einer Verwaltungsgesellschaft im Rahmen des § 38

§ 161. (1) Die FMA hat auf Anfrage den Behörden des Aufnahmemitgliedstaates einer Verwaltungsgesellschaft gemäß § 37 sämtliche für die Erhebung der in Art. 21 Abs. 2 der Richtlinie 2009/65/EG genannten Angaben relevanten Informationen zu übermitteln und die zuständigen Behörden des Herkunftsstaates einer Verwaltungsgesellschaft gemäß § 36 über alle gemäß § 38 Abs. 5 ergriffene Maßnahmen zu unterrichten, die Maßnahmen oder Sanktionen gegen die Verwaltungsgesellschaft oder eine Beschränkung ihrer Tätigkeiten beinhalten.

(2) Die FMA hat der zuständigen Behörde des Herkunftmitgliedstaates eines OGAW, der von einer Verwaltungsgesellschaft gemäß § 5 Abs. 1 verwaltet wird, unverzüglich allfällige auf der Ebene der Verwaltungsgesellschaft festgestellte Probleme, die die Fähigkeit der Verwaltungsgesellschaft ihre Aufgaben in Bezug auf den OGAW richtig zu erfüllen, erheblich beeinträchtigen könnten, und alle Verstöße der Verwaltungsgesellschaft gegen das 1. Hauptstück mitzuteilen.

(3) Die FMA hat den zuständigen Behörden des Herkunftmitgliedstaates einer Verwaltungsgesellschaft gemäß § 36, die einen von der FMA gemäß § 50 bewilligten OGAW verwaltet, unverzüglich allfällige auf der Ebene des OGAW festgestellte Probleme mitzuteilen, die die Fähigkeit der Verwaltungsgesellschaft, ihre Aufgaben sachgerecht wahrzunehmen oder die Anforderungen dieses Bundesgesetzes einzuhalten, die in die Zuständigkeit der FMA als zuständige Behörde des Herkunftmitgliedstaates des OGAW fallen, beeinflussen könnten, mitzuteilen.

Beachte für folgende Bestimmung

Tritt mit 1. September 2011 in Kraft (vgl. § 200 Abs. 1). Für Verwaltungsgesellschaften gemäß Art. 6 der Richtlinie 2009/65/EG, welche in einem anderen Mitgliedstaat konzessioniert sind und über eine Zweigstelle, im Wege der Dienstleistungsfreiheit oder kollektiven Portfolioverwaltung in Österreich tätig werden, gelten Abs. 1 und 2 samt den in ihnen verwiesenen Normen rückwirkend ab 1. Juli 2011 (vgl. § 200 Abs. 3).

Sicherungsmaßnahmen

§ 162. (1) Hat die FMA als zuständige Behörde des Aufnahmemitgliedstaates klare und nachweisliche Gründe zu der Annahme, dass ein OGAW, dessen Anteile in Österreich gemäß § 140 vertrieben werden, gegen die Verpflichtungen verstößt, die ihm aus diesem Bundesgesetz oder den Verordnungen (EU) Nr. 583/2010 oder (EU) Nr. 584/2010 erwachsen, die der FMA als zuständiger Behörde des Aufnahmemitgliedstaates keine Zuständigkeit übertragen, so hat sie ihre Erkenntnisse der zuständigen Behörde des Herkunftmitgliedstaates des OGAW mitzuteilen.

(2) Wenn die Maßnahmen der zuständigen Behörden des Herkunftmitgliedstaates des OGAW oder der Verwaltungsgesellschaft nicht greifen oder sich als unzulänglich erweisen, oder die zuständigen Behörden des Herkunftmitgliedstaates des OGAW oder der Verwaltungsgesellschaft nicht innerhalb einer angemessenen, drei Monate nicht überschreitenden Frist handeln, und der OGAW oder die

VI. Normenteil

Verwaltungsgesellschaft für den OGAW deshalb weiterhin auf eine Weise tätig ist, die den Interessen der Anleger in Österreich eindeutig zuwiderläuft, so kann die FMA folgende Maßnahmen ergreifen:
1. nach Unterrichtung der zuständigen Behörden des Herkunftmitgliedstaates des OGAW oder der Verwaltungsgesellschaft alle Maßnahmen ergreifen, die zum Schutz der Anleger erforderlich sind, einschließlich der möglichen Untersagung des weiteren Vertriebes der Anteile des betreffenden OGAW in Österreich, wobei die Kommission und ESMA unverzüglich über jede ergriffene Maßnahme zu unterrichten sind;
2. die Angelegenheit ESMA zur Kenntnis bringen, die im Rahmen ihrer Befugnisse gemäß Art. 19 der Verordnung (EU) Nr. 1095/2010 tätig werden kann.

(3) Die FMA hat zur Sicherung der Interessen der Anleger gemäß Abs. 2 den weiteren Vertrieb der OGAW-Anteile zu untersagen, wenn
1. die Anzeige nach § 140 nicht erstattet worden ist,
2. beim Vertrieb erheblich gegen sonstige Vorschriften inländischen Rechts verstoßen worden ist,
3. die Zulassung durch die zuständigen Stellen des Mitgliedstaates, in dem die Verwaltungsgesellschaft ihren Sitz hat, entzogen worden ist,
4. die Vertriebsvoraussetzungen nach § 141 nicht mehr erfüllt sind oder
5. den Pflichten des § 142 nicht entsprochen wird.

(4) Die Untersagung des Vertriebes ist den zuständigen Stellen des EWR-Mitgliedstaates, in dem die Verwaltungsgesellschaft ihren Sitz hat, mitzuteilen und im Amtsblatt zur Wiener Zeitung zu veröffentlichen. Die Verpflichtungen aus dem öffentlichen Vertrieb, die sich aus diesem Bundesgesetz ergeben, enden frühestens drei Monate nach der Veröffentlichung der beabsichtigten Untersagung des Vertriebes. Im Interesse der Anteilinhaber kann die FMA eine Verlängerung dieses Zeitraumes sowie eine diesbezügliche Veröffentlichung anordnen.

§ 162a. Die Bestimmungen der §§ 163 bis 174 finden nach Maßgabe des AIFMG Anwendung.

3. Teil. AIF

1. Hauptstück. Inländische AIF: Spezialfonds, Andere Sondervermögen, Pensionsinvestmentfonds

1. Abschnitt. Spezialfonds

§ 163. (1) Ein Spezialfonds ist ein aus liquiden Finanzanlagen im Sinne von § 67 Abs. 1 bestehendes Sondervermögen, das in gleiche, in Wertpapieren verkörperte Anteile zerfällt, im Miteigentum der Anteilinhaber steht und nach den Bestimmungen dieses Bundesgesetzes gebildet wird und dessen Anteilscheine auf Grund der Fondsbestimmungen jeweils von nicht mehr als zehn Anteilinhabern, die der Verwaltungsgesellschaft bekannt sein müssen, gehalten werden.

(2) Im Falle des Erwerbes von Anteilscheinen durch eine natürliche Person beträgt die Mindestinvestitionssumme 250 000 Euro. Als ein solcher Anteilinhaber gilt auch eine Gruppe von Anteilinhabern, sofern sämtliche Rechte dieser Anteilinhaber im Verhältnis zur Verwaltungsgesellschaft einheitlich durch einen gemeinsamen Vertreter ausgeübt werden. Die Mindestinvestitionssumme muss von jeder natürlichen Person in einer Gruppe von Anteilinhabern erreicht werden. Die Fondsbestimmungen haben eine Regelung darüber zu enthalten, dass eine Übertragung der Anteilscheine von den Anteilinhabern nur mit Zustimmung der Verwaltungsgesellschaft erfolgen darf. Spezialfonds sind keine OGAWs gemäß Art. 1 Abs. 2 der Richtlinie 2009/65/EG. Bei Spezialfonds genügen die Verwaltungsgesellschaften den Veröffentlichungspflichten nach diesem Bundesgesetz dadurch, dass sie alle Anteilinhaber jeweils nachweislich schriftlich oder auf eine andere mit den jeweiligen Anteilinhabern ausgehandelte Art informieren.

Anwendbare Bestimmungen

§ 164. (1) Ein Spezialfonds darf nur von einer Verwaltungsgesellschaft gemäß § 5 Abs. 1 verwaltet werden. Die Bestimmungen des 2. Teiles 1. Hauptstück 1. und 2. Abschnitt sind dabei anzuwenden, wobei § 28 Abs. 1 Z 1 bis 8 und Z 10 sowie Abs. 2 mit der Maßgabe anzuwenden ist, dass von der Anwendung des Abs. 1 Z 3 und 5 abgesehen werden kann, sofern dazu ein schriftlicher Auftrag der Anleger vorliegt.

(2) Die Bestimmungen über die Depotbank gemäß §§ 39 bis 45 finden mit der Maßgabe Anwendung, dass die FMA die Auswahl der Depotbank für Spezialfonds auf Antrag der Verwaltungsgesellschaft allgemein bewilligen kann.

(3) Die Bestimmungen der
1. §§ 46 Abs. 1 bis 4, 47 bis 48, 52, 53 Abs. 1 und 3, 54, 55, 63 und 85 bis 92 finden Anwendung;
2. §§ 49, 136 und 137 finden mit der Maßgabe Anwendung, dass die Fondsbestimmungen im Rechenschaftsbericht entfallen können, die Auflage des Rechenschaftsberichtes und des Halbjahresberichtes in der Depotbank entfallen kann und an die Stelle der Veröffentlichung die Übersendung des geprüften Rechenschaftsberichtes und des Halbjahresberichtes an alle Anteilinhaber treten kann und Halbjahresberichte und der Prüfbericht über den Rechenschaftsbericht der FMA nur auf Aufforderung zu übermitteln ist;
3. § 53 Abs. 4 findet mit der Maßgabe Anwendung, dass die Bewilligung der FMA nicht erforderlich ist und die Veröffentlichung unterbleiben kann;
4. § 56 findet mit der Maßgabe Anwendung, dass die Anzeige an die FMA gemäß § 56 Abs. 1 unterbleiben kann;
5. § 57 findet mit der Maßgabe Anwendung, dass die Pflicht gemäß § 57 Abs. 3 zur Veröffentlichung des Ausgabe- und Rücknahmepreises mindestens zweimal monatlich entfällt;
6. §§ 58 bis 60 sowie 61 und 62 finden mit der Maßgabe Anwendung, dass die Übertragung der Verwaltung auf eine andere Verwaltungsgesellschaft nicht der Bewilligung der FMA, sondern der unverzüglichen Anzeige an die FMA bedarf;
7. § 65 findet mit der Maßgabe Anwendung, dass im Fall eines Vertriebes von Spezialfonds im Ausland die jeweils zuständige Aufsichtsbehörde sowie die Anteilinhaber über die erfolgte Abspaltung zu informieren sind.
8. Spezialfonds können auch in der Form von „Anderen Sondervermögen" aufgelegt werden. §§ 166, 167 Abs. 2 Z 1, Abs. 3 bis 5 sowie Abs. 7 und 8 sind anwendbar."

(4) Die Bestimmungen der §§ 66 bis 83 finden mit der Maßgabe Anwendung, dass die in den §§ 66 Abs. 2, 67 Abs. 4, 71 Abs. 1, 74 Abs. 1, 3 bis 7, 76 Abs. 1 und 2, 77 Abs. 1 und 2, 78 Abs. 2 festgelegten Anlagegrenzen um 100 vH überschritten werden können, wenn dies die Fondsbestimmungen ausdrücklich vorsehen und § 84 mit der Maßgabe, dass die Grenze von 30 vH für Spezialfonds nicht anwendbar ist, wenn der Anteilinhaber ein Kreditinstitut im Sinne des § 1 Abs. 1 BWG ist oder die Anteilinhaber Kreditinstitute im Sinne des § 1 Abs. 1 BWG sind und der Entleiher die verliehenen Wertpapiere als Sicherheiten im Rahmen von Refinanzierungsgeschäften mit der Europäischen Zentralbank, mit einer Zentralbank eines Mitgliedstaates des EWR, der Schweizerischen Nationalbank oder mit der US Federal Reserve, welche er für den Anteilinhaber abschließt, einsetzt und alle Anteilinhaber ausdrücklich zustimmen.

(5) Die Bestimmungen über Master-Feeder-Strukturen (§§ 93 bis 113) finden mit der Maßgabe Anwendung, dass anstelle des Wortteiles „OGAW" der Wortteil „Spezialfonds" tritt und die Pflicht zur Bewilligung der FMA in den §§ 95, 101 bis 106 entfällt; stattdessen haben die Anteilinhaber zuvor nachweislich zuzustimmen und muss die Verwaltungsgesellschaft dies der FMA unverzüglich vor Wirksamwerden der Änderung anzeigen. Die Zustimmung der Anteilinhaber ist für die Wirksamkeit der Maßnahmen erforderlich.

(6) Die Bestimmungen der §§ 114 bis 127 sind mit der Maßgabe anzuwenden, dass grenzüberschreitende Verschmelzungen nicht zulässig sind und die Verschmelzung eines Spezialfonds mit einem anderen Kapitalanlagefonds, der kein Spezialfonds ist, nicht zulässig ist. Weiters entfällt für Spezialfonds das Erfordernis der Bewilligung durch die FMA; stattdessen sind die Anteilinhaber nachweislich zu informieren. Die Information der Anteilinhaber ist für die Wirksamkeit der Verschmelzung erforderlich.

(7) Die Bestimmungen der §§ 128, 132, 133, 137 und 138 sind mit der Maßgabe anzuwenden, dass die Bestimmungen betreffend Prospekt und KID keine Anwendung finden.

(8) Spezialfonds sind von der FMA gemäß den §§ 143 bis 154 zu beaufsichtigen.

Anzeigepflicht

§ 165. Die Verwaltungsgesellschaft hat der FMA und der Oesterreichischen Nationalbank unverzüglich jeweils nach dem 30. Juni und 31. Dezember in der Form einer Sammelaufstellung die im abgelaufenen Halbjahr aufgelegten und geschlossenen Spezialfonds (§ 163) anzuzeigen. In der Aufstellung sind außer der Bezeichnung der Sondervermögen, der Fondstyp, die Zahl der Anleger, die Depotbank sowie das Geschäftsjahr anzugeben. Tritt bei einem bereits angezeigten Sondervermögen eine Änderung dieser Angaben ein, so ist dies der FMA und der Oesterreichischen Nationalbank innerhalb von zwei Monaten nach Wirksamwerden der Änderung anzuzeigen. Auflagen und Verschmelzungen von Spezialfonds sind überdies der FMA unverzüglich anzuzeigen. Die FMA kann nach Anhörung der Oesterreichischen Nationalbank durch Verordnung vorschreiben, dass die Anzeigen gemäß dem ersten und dritten Satz ausschließlich in elektronischer Form zu erfolgen sowie bestimmten Gliederungen, technischen Mindestanforderungen und Übermittlungsmodalitäten zu entsprechen haben. Die FMA hat sich dabei an den Grundsätzen der Wirtschaftlichkeit und Zweckmäßigkeit zu orientieren und dafür zu sorgen, dass die jederzeitige elektronische Verfügbarkeit der Daten für die FMA und die Oesterreichische Nationalbank gewährleistet bleibt und Aufsichtsinteressen nicht beeinträchtigt werden. Die FMA hat geeignete Vorkehrungen dafür zu treffen, dass sich die Meldepflichtigen oder gegebenenfalls ihre Einbringungsverantwortlichen während eines angemessenen Zeitraums im System über die Richtigkeit und Vollständigkeit der von ihnen oder ihren Einbringungsverantwortlichen erstatteten Meldedaten vergewissern können.

2. Abschnitt. Anderes Sondervermögen

§ 166. (1) „Anderes Sondervermögen" im Sinne dieses Bundesgesetzes ist ein Sondervermögen, das in gleiche, in Wertpapieren verkörperte Anteile zerfällt, im Miteigentum der Anteilinhaber steht und nach den Bestimmungen dieses Bundesgesetzes gebildet wird und das neben den Veranlagungsgegenständen des § 67 Abs. 1 nach den Fondsbestimmungen bis zu 100 vH des Fondsvermögens erwerben darf:
1. Anteile an ein und demselben OGAW oder OGA gemäß § 71 in Verbindung mit § 77 Abs. 1, unabhängig davon, ob der OGAW nach seinen Fondsbestimmungen oder seiner Satzung insgesamt höchstens 10 vH des Fondsvermögens in Anteilen anderer OGAW anlegen darf, jeweils bis zu 50 vH des Fondsvermögens;
2. Anteile an ein und demselben inländischen Spezialfonds im Sinne dieses Bundesgesetzes bis zu 50 vH des Fondsvermögens, sofern das erwerbende Andere Sondervermögen selbst ein Spezialfonds ist und alle Anteilinhaber des zu erwerbenden Spezialfonds vor dem Erwerb ihre diesbezügliche Zustimmung erteilen;
3. Anteile an Organismen für gemeinsame Anlagen, die nach dem Gesetz, der Satzung oder der tatsächlichen Übung nach den Grundsätzen der Risikostreuung veranlagt sind und die nicht den Anforderungen des § 71 in Verbindung mit § 77 Abs. 1 entsprechen, jeweils bis zu 10 vH des Fondsvermögens; solche Organismen für gemeinsame Anlagen dürfen auch in Anlagen investieren, die nur beschränkt marktgängig sind, hohen Kursschwankungen unterliegen, begrenzte Risikostreuung aufweisen oder deren Bewertung erschwert ist, wobei eine Nachzahlungspflicht für den Anleger nicht vorgesehen sein darf;
4. Anteile an ein und demselben Immobilienfonds gemäß § 1 Immobilien-Investmentfondsgesetz – ImmoInvFG (BGBl. I Nr. 80/2003) und Anteile an ein und demselben offenen Immobilienfonds, der von einem EU-AIFM verwaltet wird bis 10 vH des Fondsvermögens. Insgesamt dürfen Anteile an Immobilienfonds gemäß § 1 ImmoInvFG und Anteile an offenen Immobilienfonds, die von einem EU-AIFM verwaltet werden, 20 vH des Fondsvermögens nicht überschreiten. Der Erwerb von Anteilen an Immobilienspezialfonds gemäß § 1 Abs. 3 ImmoInvFG und Anteilen an Immobilienspezialfonds, die von einem EU-AIFM verwaltet werden, ist zulässig, sofern das erwerbende Andere Sondervermögen selbst ein Spezialfonds ist und alle Anteilinhaber des zu erwerbenden Immobilienspezialfonds vor dem Erwerb ihre diesbezügliche Zustimmung erteilen;
5. § 78 Abs. 2 Z 5 ist nicht anwendbar;
6. Anteile an ein und demselben Anderen Sondervermögen gemäß dieser Bestimmung jeweils bis zu 10 vH des Fondsvermögens. Diese Anlagegrenze kann auf 50 vH des Fondsvermögens angehoben werden, sofern dieses Andere Sondervermögen nach seinen Fondsbestimmungen insgesamt höchstens 10 vH des Fondsvermögens in Anteile an Organismen für gemeinsame Anlagen gemäß Z 3 anlegen darf.

„Andere Sondervermögen" sind keine OGAWs gemäß Art. 1 Abs. 2 der Richtlinie 2009/65/EG.

(2) Die in den §§ 66 bis 84 festgelegten Anlagegrenzen finden auf die unter Abs. 1 Z 1 bis 4 und 6 genannten Veranlagungen keine Anwendung.

Anwendbare Bestimmungen

§ 167. (1) Die Bestimmungen des 2. Teiles dieses Bundesgesetzes mit Ausnahme der §§ 36 bis 38 und 131 finden auf Andere Sondervermögen Anwendung, soweit in § 166 und in den Abs. 2 bis 8 dieser Bestimmung nicht ausdrücklich anderes angeordnet ist. Die §§ 50 bis 65 finden mit der Maßgabe Anwendung, dass im Fall eines Vertriebes eines Anderen Sondervermögens im Ausland die jeweils zuständige Aufsichtsbehörde sowie die Anteilinhaber über die erfolgte Abspaltung zu informieren sind.

(2) Andere Sondervermögen können in den Fondsbestimmungen vorsehen, dass
1. die Anteilsausgabe sowie abweichend von § 55 Abs. 2 die Anteilsrückgabe nur zu bestimmten Terminen, jedoch mindestens einmal in jedem Kalendervierteljahr erfolgen kann;

2. die Verwaltungsgesellschaft oder Depotbank abweichend von § 57 Abs. 3 den Ausgabe- und Rücknahmepreis mindestens einmal im Monat veröffentlicht. Die Veröffentlichung hat jedenfalls auch bei jeder Ausgabe und Rücknahme der Anteile zu erfolgen.

(3) Die Verwaltungsgesellschaft darf für Rechnung eines „Anderen Sondervermögens", das mehrheitlich in Anlagen gemäß § 166 Abs. 1 Z 3 veranlagt, kurzfristige Kredite bis zur Höhe von 20 vH des Fondsvermögens aufnehmen, wenn die Fondsbestimmungen dies vorsehen. Die FMA kann nach sorgfältiger Prüfung des Einzelfalls die Aufnahme höherer Kredite gestatten oder deren Herabsetzung anordnen.

(4) Die für „Andere Sondervermögen" geltenden Veranlagungs- und Emittentengrenzen sind in den Fondsbestimmungen festzulegen. Der Grundsatz der Risikostreuung gilt auch dann als gewahrt, wenn die für die „Anderen Sondervermögen" zu erwerbenden Kapitalanlagefonds in nicht unerheblichem Umfang Anteile an einem oder mehreren anderen Kapitalanlagefonds beinhalten und diese anderen Kapitalanlagefonds unmittelbar oder mittelbar nach dem Grundsatz der Risikostreuung veranlagen.

(5) Die Geschäftsleiter der Verwaltungsgesellschaft, die „Andere Sondervermögen" verwalten, müssen den beabsichtigten Veranlagungen entsprechend qualifiziert sein.

(6) Das Kundeninformationsdokument gemäß § 134 hat einen besonderen Hinweis auf besondere Bewertungs- und Rückzahlungsmodalitäten gemäß Abs. 2 zu enthalten. Bei Anderen Sondervermögen, die zu mehr als 10 vH in Veranlagungen gemäß § 166 Abs. 1 Z 3 anlegen, hat das Kundeninformationsdokument diesbezüglich einen Warnhinweis zu beinhalten. Der Warnhinweis bedarf der Bewilligung der FMA. In der Werbung für Anteilscheine von Anderen Sondervermögen muss der Warnhinweis stets in der von der FMA bewilligten Form eingesetzt werden.

(7) Der Erwerb von Anteilen an einem ausländischen Kapitalanlagefonds oder einer Investmentgesellschaft des offenen Typs oder an einem offenen Immobilienfonds, der von EU-AIFM verwaltet wird, durch ein Anderes Sondervermögen begründet für sich allein kein öffentliches Anbot im Inland (§ 129 Abs. 1, § 140 und § 175 Abs. 1).

(8) Die Bestimmungen der §§ 128, 132, 133, 137 und 138 sind für andere Sondervermögen mit der Maßgabe anzuwenden, dass die Bestimmungen betreffend den Prospekt keine Anwendung finden.

(9) „Andere Sondervermögen" sind von der FMA gemäß den §§ 143 bis 154 zu beaufsichtigen.

3. Abschnitt. Pensionsinvestmentfonds

Anwendbare Vorschriften

§ 168. Ein Pensionsinvestmentfonds ist ein aus liquiden Finanzanlagen im Sinne von § 67 Abs. 1 bestehendes Sondervermögen, das in gleiche, in Wertpapieren verkörperte Anteile zerfällt, im Miteigentum der Anteilinhaber steht und nach den Bestimmungen dieses Bundesgesetzes gebildet wird, der gemäß den Fondsbestimmungen die Bezeichnung Pensionsinvestmentfonds führt. Für Pensionsinvestmentfonds gelten die Bestimmungen des 2. Teiles mit Ausnahme des § 131 dieses Bundesgesetzes sinngemäß, soweit sich aus den nachfolgenden Vorschriften dieses Abschnittes nichts anderes ergibt. Ein Pensionsinvestmentfonds ist kein OGAW gemäß Art. 1 Abs. 2 der Richtlinie 2009/65/EG, der sämtliche Bestimmungen dieser Richtlinie erfüllt. Pensionsinvestmentfonds sind von der FMA gemäß den §§ 143 bis 154 zu beaufsichtigen.

§ 168a. Die Bestimmungen der §§ 128, 132, 133, 137 und 138 sind für Pensionsinvestmentfonds mit der Maßgabe anzuwenden, dass die Bestimmungen betreffend den Prospekt keine Anwendung finden.

Voraussetzungen für den Erwerb

§ 169. Die Anteilscheine von Pensionsinvestmentfonds sind durch Sammelurkunden darzustellen (§ 24 Depotgesetz).

Gewinnverwendung

§ 170. Ausschüttungen eines Pensionsinvestmentfonds sind unzulässig.

Veranlagungsvorschriften

§ 171. Für einen Pensionsinvestmentfonds dürfen Wertpapiere nur unter folgenden Voraussetzungen und Beschränkungen erworben werden:
1. Bis zu 50 vH des Fondsvermögens dürfen Wertpapiere von Ausstellern, die ihren Sitz außerhalb des EWR haben, erworben werden.

VI. Normenteil

2. Mindestens 5 vH des Fondsvermögens müssen in Aktien, Wertpapieren über Partizipationskapital im Sinne des § 23 Abs. 4 BWG und § 73c Abs. 1 VAG, Genussscheinen und Gewinnschuldverschreibungen angelegt werden.
3. Mindestens 30 vH des Fondsvermögens müssen in Teilschuldverschreibungen, Kassenobligationen, Wandelschuldverschreibungen, Pfandbriefen, Kommunalschuldverschreibungen und Bundesschatzscheinen angelegt werden.
4. Bis zu 10 vH des Fondsvermögens dürfen Anteile an Immobilienfonds gemäß § 1 Abs. 1 ImmoInvFG und Anteile an Immobilienfonds, die von einer Kapitalanlagegesellschaft mit Sitz im EWR verwaltet werden, erworben werden.
5. Optionsscheine dürfen nicht erworben werden.

Derivative Produkte

§ 172. Für einen Pensionsinvestmentfonds ist der Erwerb derivativer Produkte gemäß § 73 nur zur Absicherung von Vermögensgegenständen des Fondsvermögens zulässig.

Kundeninformationsdokument

§ 173. Im Kundeninformationsdokument von Pensionsinvestmentfonds ist darauf hinzuweisen, dass der Pensionsinvestmentfonds für Zwecke der Altersvorsorge dient und deshalb eine langfristige Anlagepolitik verfolgt.

Fondsbestimmungen und Auszahlungsplan

§ 174. (1) In den Fondsbestimmungen ist vorzusehen, dass die Ausgabe von Anteilen nur zulässig ist
– an unbeschränkt Steuerpflichtige im Sinne des § 1 Abs. 2 des Einkommensteuergesetzes 1988, die zuvor einen unwiderruflichen Auszahlungsplan für die auszugebenden Anteile mit dem depotführenden Kreditinstitut abgeschlossen haben sowie
– an Versicherungsunternehmen für die Veranlagung des Deckungsstockes einer Pensionszusatzversicherung sowie
– an Pensionskassen im Rahmen der Veranlagung einer Veranlagungs- und Risikogemeinschaft zugeordneten Vermögens und
– an Betriebliche Vorsorgekassen im Rahmen der Veranlagung des einer Veranlagungsgemeinschaft zugeordneten Vermögens.

(2) Der Auszahlungsplan hat vorzusehen, dass eine Auszahlung von Anteilen des Pensionsinvestmentfonds nur unter folgenden Voraussetzungen erfolgen kann:
1. Wenn beim Anteilinhaber die Voraussetzungen für Leistungen gemäß § 108b Abs. 1 Z 2 des Einkommensteuergesetzes 1988 eingetreten sind und
2. der Anteilinhaber das depotführende Kreditinstitut beauftragt, den Gegenwert der zum Zeitpunkt der Erfüllung der Voraussetzungen gemäß Z 1 vorhandenen Anteile, oder die Anteile selbst, an ein Versicherungsunternehmen seiner Wahl als Einmalprämie für eine vom Anteilinhaber nachweislich abgeschlossene Pensionszusatzversicherung (§ 108b des Einkommensteuergesetzes 1988) zu überweisen.

Beachte für folgende Bestimmung
Zum Bezugszeitraum: zu Abs. 2 Z 1 vgl. § 200 Abs. 2 Z 2 zu Abs. 1, 3, 5, 6, 7: Gilt erstmals für Geschäftsjahre von Kapitalanlagefonds, die nach dem 21. Juli 2013 beginnen. Abs. 1 zweiter und dritter Satz dürfen bereits in Geschäftsjahren angewendet werden, die nach dem 31. Dezember 2012 beginnen (vgl. § 200 Abs. 8).

4. Teil. Steuern

Steuern vom Einkommen, vom Ertrag und vom Vermögen

§ 186. (1) Die ausgeschütteten Erträge aus Einkünften im Sinne des § 27 des Einkommensteuergesetzes 1988 abzüglich der damit in Zusammenhang stehenden Aufwendungen eines
1. Kapitalanlagefonds oder eines
2. AIF im Sinne des AIFMG, dessen Herkunftsmitgliedstaat Österreich ist, ausgenommen AIF in Immobilien im Sinne des AIFMG,
sind beim Anteilinhaber steuerpflichtige Einnahmen. Ergibt sich aus den Einkünften im Sinne des § 27 des Einkommensteuergesetzes 1988 nach Abzug der damit in Zusammenhang stehenden Aufwendungen ein Verlust, ist dieser mit Einkünften im Sinne des § 27 des Einkommensteuergesetzes 1988 in den Folgejahren zu verrechnen, wobei die Verrechnung vorrangig mit Einkünften des

D. Einführung in das österreichische Investmentrecht

Fonds im Sinne des § 27 Abs. 3 und 4 des Einkommensteuergesetzes 1988 zu erfolgen hat. Werden anteilige Einkünfte aus der Überlassung von Kapital gemäß § 27 Abs. 2 Z 2 des Einkommensteuergesetzes 1988 in der Rechnungslegung des Fonds abgegrenzt, gelten diese bereits als Einkünfte im Sinne des § 27 Abs. 2 des Einkommensteuergesetzes 1988.

(2) 1. Erfolgt keine tatsächliche Ausschüttung im Sinne des Abs. 1 oder werden nicht sämtliche Erträge im Sinne des Abs. 1 ausgeschüttet, gelten mit Auszahlung der Kapitalertragsteuer (§ 58 Abs. 2 erster Satz) sämtliche Erträge aus der Überlassung von Kapital im Sinne des § 27 Abs. 2 des Einkommensteuergesetzes sowie 60 vH des positiven Saldos aus Einkünften im Sinne des § 27 Abs. 3 und 4 Einkommensteuergesetz 1988 abzüglich der damit in Zusammenhang stehenden Aufwendungen eines Kapitalanlagefonds an die Anteilinhaber in dem aus dem Anteilschein sich ergebenden Ausmaß als ausgeschüttet (ausschüttungsgleiche Erträge). Wird diese Auszahlung nicht innerhalb von vier Monaten nach Ende des Geschäftsjahres vorgenommen, gelten die ausschüttungsgleichen Erträge nach Ablauf dieser Frist als ausgeschüttet. Bei in einem Betriebsvermögen gehaltenen Anteilscheinen gilt der gesamte positive Saldo aus Einkünften im Sinne des § 27 Abs. 3 und 4 des Einkommensteuergesetzes 1988 abzüglich der damit in Zusammenhang stehenden Aufwendungen als ausgeschüttet. Werden die als ausgeschüttet geltenden Erträge später tatsächlich ausgeschüttet, sind sie steuerfrei.

2. Die Bemessung und Höhe der Kapitalertragsteuer auf die Ausschüttung im Sinne des Abs. 1 und die ausschüttungsgleichen Erträge im Sinne der Z 1 sind der Meldestelle gemäß § 129 Abs. 2 durch einen steuerlichen Vertreter zum Zwecke der Veröffentlichung bekannt zu geben. Als steuerlicher Vertreter kann nur ein inländischer Wirtschaftstreuhänder oder eine Person bestellt werden, die vergleichbare fachliche Qualifikationen nachweist. Lehnt die Meldestelle einen steuerlichen Vertreter wegen Zweifel an der Vergleichbarkeit der Qualifikation ab, entscheidet der Bundesminister für Finanzen. Der steuerliche Vertreter hat überdies die Aufgliederung der Zusammensetzung der ausschüttungsgleichen Erträge und tatsächlichen Ausschüttung sowie die notwendigen Änderungen der Anschaffungskosten gemäß Abs. 3 der Meldestelle zu übermitteln. Diese Aufgliederung ist von der Meldestelle in geeigneter Form zu veröffentlichen. Frist, Inhalt und Struktur der Übermittlung, allfällige Korrekturen sowie Art und Weise der Veröffentlichung durch die Meldestelle sind durch Verordnung des Bundesministers für Finanzen näher zu regeln. § 12 Abs. 1 letzter Satz KMG ist sinngemäß anzuwenden.

3. Erfolgt keine Meldung gemäß Z 2 betreffend der Ausschüttung, ist die Ausschüttung zur Gänze steuerpflichtig. Erfolgt keine Meldung gemäß Z 2 betreffend der ausschüttungsgleichen Erträge im Sinne der Z 1, sind diese in Höhe von 90 vH des Unterschiedsbetrages zwischen dem ersten und letzten im Kalenderjahr festgesetzten Rücknahmepreis, mindestens jedoch in Höhe von 10 vH des am Ende des Kalenderjahres festgesetzten Rücknahmepreises zu schätzen. Die auf diese Weise ermittelten ausschüttungsgleichen Erträge gelten jeweils als zum 31. Dezember eines jeden Jahres zugeflossen. Der Anteilinhaber kann die Höhe der ausschüttungsgleichen Erträge oder die Steuerfreiheit der tatsächlichen Ausschüttung unter Beilage der dafür notwendigen Unterlagen nachweisen.

4. Wurde Kapitalertragsteuer abgezogen, ist der Nachweis gemäß Z 3 gegenüber dem Abzugsverpflichteten zu erbringen. Dieser hat, wenn noch keine Realisierung im Sinne des Abs. 3 erfolgt ist, die Kapitalertragsteuer zu erstatten oder nachzubelasten und die Anschaffungskosten gemäß Abs. 3 zu korrigieren.

(3) Die realisierte Wertsteigerung bei Veräußerung des Anteilscheines oder des Anteils an einem AIF unterliegt der Besteuerung gemäß § 27 Abs. 3 des Einkommensteuergesetzes 1988. Ausschüttungsgleiche Erträge erhöhen, steuerfreie Ausschüttungen im Sinne des Abs. 2 Z 1 letzter Satz und Ausschüttungen, die keine Einkünfte im Sinne des Einkommensteuergesetzes 1988 sind, vermindern beim Anteilinhaber die Anschaffungskosten (§ 27a Abs. 3 Z 2 des Einkommensteuergesetzes 1988) des Anteilscheines oder des Anteils an einem AIF. Bei einer Abspaltung im Sinne des § 65 sind die steuerlich maßgebenden Anschaffungskosten der Anteile am abspaltenden Kapitalanlagefonds in dem Ausmaß zu vermindern und im gleichen Ausmaß als Anschaffungskosten der Anteile des abgespaltenen Kapitalanlagefonds anzusetzen, in dem sich die Werte, die in einer Anteilswertberechnung im Sinne des § 57 Abs. 1 eingehen, durch die Abspaltung verschieben. Die Gewährung neuer Anteile aufgrund einer Abspaltung gilt nicht als Tausch. Die Auszahlung des Anteilscheines gemäß § 55 Abs. 2 und die Abwicklung gemäß § 63 gelten als Veräußerung.

(4) Bei Verschmelzungen gemäß §§ 114 bis 127 gilt:

1. Die Anschaffungskosten sämtlicher Vermögenswerte des übertragenden Fonds sind vom übernehmenden Fonds fortzuführen, wenn es zu keiner endgültigen Verschiebung stiller Reserven kommt.

VI. Normenteil

Ansonsten gelten sämtliche Vermögenswerte des übertragenden Fonds am Verschmelzungsstichtag als zum gemeinen Wert veräußert (Liquidationsfiktion).
2. Die bis zum Verschmelzungsstichtag auf Grund der Z 1 entstandenen sowie sämtliche anderen ausschüttungsgleichen Erträge (Abs. 2) des übertragenden Fonds gelten am Verschmelzungsstichtag als zugeflossen und Verlustvorträge im Sinne des Abs. 1 des übertragenden Fonds gehen unter. Die Anschaffungskosten sind gemäß Abs. 3 zweiter Satz zu erhöhen und es ist ein Betrag gemäß § 58 Abs. 2 erster Satz auszuzahlen.
3. Der Umtausch von Anteilen auf Grund einer Verschmelzung gilt nicht als Realisierung im Sinne des Abs. 3 und die gemäß Z 2 erhöhten Anschaffungskosten der Anteile des übertragenden Fonds sind als Anschaffungskosten der Anteile des übernehmenden Fonds fortzuführen.
4. Barauszahlungen (§ 126 Abs. 1 Z 2 und § 126 Abs. 2 Z 2) gelten beim Anteilsinhaber als realisierte Wertsteigerungen gemäß Abs. 3 erster Satz.

(5) Für Erträge, die keine Einkünfte gemäß § 27 des Einkommensteuergesetzes 1988 sind, gilt Folgendes:
1. Auf Erträge, die Bewirtschaftungs- und Aufwertungsgewinnen im Sinne des § 14 Abs. 2 Z 1 und 2 des Immobilieninvestmentfondsgesetzes entsprechen, ist § 40 des Immobilieninvestmentfondsgesetzes sinngemäß anzuwenden.
2. Die ausgeschütteten Erträge aus anderen Einkünften im Sinne des Einkommensteuergesetzes 1988 abzüglich der damit in Zusammenhang stehenden Aufwendungen sind beim Anteilinhaber steuerpflichtige Einkünfte. Erfolgt keine tatsächliche Ausschüttung oder werden nicht sämtliche Erträge ausgeschüttet, gelten sämtliche Erträge als in jenem Zeitpunkt ausgeschüttet, der auch für die ausschüttungsgleichen Erträge gemäß Abs. 2 Z 1 maßgeblich ist.

(6) Erfolgt eine Ausschüttung, gelten für steuerliche Zwecke als ausgeschüttet:
1. zunächst die laufenden und die in den Vorjahren erzielten Einkünfte im Sinne des § 27 des Einkommensteuergesetzes 1988,
2. danach die laufenden und die in den Vorjahren erzielten anderen Einkünfte im Sinne des Einkommensteuergesetzes 1988 und
3. zuletzt Beträge, die keine Einkünfte im Sinne des Einkommensteuergesetzes 1988 darstellen.

(7) AIF im Sinne des AIFMG, auf die die Abs. 1 bis 6 Anwendung finden, gelten für Zwecke der Körperschaftsteuer nicht als Körperschaften im Sinne des § 1 des Körperschaftsteuergesetzes 1988.

Pensionsinvestmentfonds

§ 187. Für Anteile an Pensionsinvestmentfonds im Sinne des 3. Teiles 1. Hauptstück 3. Abschnitt, welche die Voraussetzungen des § 108h Abs. 1 Z 2 bis 5 des Einkommensteuergesetzes 1988 erfüllen, gilt Folgendes:
1. Ausschüttungsgleiche Erträge sind von der Einkommensteuer und Kapitalertragsteuer befreit.
2. Nachweislich einbehaltene inländische Kapitalertragsteuer von Gewinnausschüttungen (Dividenden), die dem Pensionsinvestmentfonds zugehen, können auf Antrag der Verwaltungsgesellschaft erstattet werden. Die Fondsbestimmungen haben zu regeln, bis wann ein entsprechender Antrag zu stellen ist.
3. Der Umtausch von Anteilen in andere Anteile an Pensionsinvestmentfonds im Sinne des 3. Teiles 1. Hauptstück 3. Abschnitt, welche die Voraussetzungen des § 108h Abs. 1 Z 2 bis 5 des Einkommensteuergesetzes 1988 erfüllen, oder zur Erfüllung des Auszahlungsplanes ist in Bezug auf die Realisierung gemäß § 27 Abs. 3 des Einkommensteuergesetzes 1988 wie eine unentgeltliche Übertragung zu behandeln.

Beachte für folgende Bestimmung
Gilt erstmals für Geschäftsjahre von Kapitalanlagefonds, die nach dem 21. Juli 2013 beginnen (vgl. § 200 Abs. 8).

Anwendung auf ausländische Kapitalanlagefonds

§ 188. (1) Die Bestimmungen des § 186 sind auch auf ausländische Kapitalanlagefonds anzuwenden. Als solche gelten:
1. OGAW, deren Herkunftsmitgliedstaat nicht Österreich ist;
2. AIF im Sinne des AIFMG, deren Herkunftsmitgliedstaat nicht Österreich ist, ausgenommen AIF in Immobilien im Sinne des AIFMG;
3. jeder einem ausländischen Recht unterstehende Organismus, unabhängig von seiner Rechtsform, dessen Vermögen nach dem Gesetz, der Satzung oder tatsächlichen Übung nach den Grundsätzen

der Risikostreuung angelegt ist, wenn er nicht unter Z 1 oder 2 fällt und eine der folgenden Voraussetzungen erfüllt:
a) Der Organismus unterliegt im Ausland tatsächlich direkt oder indirekt keiner der österreichischen Körperschaftsteuer vergleichbaren Steuer.
b) Die Gewinne des Organismus unterliegen im Ausland einer der österreichischen Körperschaftsteuer vergleichbaren Steuer, deren anzuwendender Steuersatz um mehr als 10 Prozentpunkte niedriger als die österreichische Körperschaftsteuer gemäß § 22 Abs. 1 KStG 1988 ist.
c) Der Organismus ist im Ausland Gegenstand einer umfassenden persönlichen oder sachlichen Befreiung.

(2) Abs. 1 gilt nicht für Veranlagungsgemeinschaften in Immobilien im Sinne des § 42 des Immobilien-Investmentfondsgesetzes.

5. Teil. Strafbestimmungen, Übergangs- und Schlussbestimmungen

1. Hauptstück. Strafbestimmungen

Gerichtliche Strafen

§ 189. (1) Wer im Zusammenhang mit einem öffentlichen Angebot von ausländischen Investmentfondsanteilen solche Anteile im Inland anbietet, obwohl
1. (Anm.: aufgehoben durch BGBl. I Nr. 135/2013)
2. (Anm.: aufgehoben durch BGBl. I Nr. 135/2013)
3. die FMA die Aufnahme des Vertriebes untersagt hat, oder
4. die FMA den weiteren Vertrieb untersagt hat, oder
wer im Zusammenhang mit einem öffentlichen Angebot von inländischen Investmentfondsanteilen solche Anteile im Inland anbietet, obwohl der in Österreich aufgelegte Fonds nicht gemäß § 50 oder § 95 von der FMA bewilligt worden ist,
ist, sofern die Tat nicht nach anderen Bestimmungen mit strengerer Strafe bedroht ist, vom Gericht mit Freiheitsstrafe bis zu zwei Jahren oder mit Geldstrafe bis zu 360 Tagessätzen zu bestrafen.

(2) Ebenso ist zu bestrafen, wer in einem veröffentlichten Prospekt oder in einem Kundeninformationsdokument eines in- oder ausländischen Investmentfonds oder in einer einen solchen Prospekt ändernden oder ergänzenden Angabe oder in einem Rechenschafts- oder Halbjahresbericht eines in- oder ausländischen Investmentfonds oder im Rahmen der Information gemäß § 120 über erhebliche Umstände unrichtige vorteilhafte Angaben macht oder nachteilige Tatsachen verschweigt.

(3) Nach Abs. 1 ist nicht zu bestrafen, wer freiwillig, bevor die für den Erwerb erforderliche Leistung erbracht worden ist, den Erwerb der Fondsanteile verhindert. Der Täter ist auch dann nicht zu bestrafen, wenn die Leistung ohne sein Zutun erbracht wird, er sich jedoch in Unkenntnis dessen freiwillig und ernsthaft bemüht, sie zu verhindern.

(4) Die Strafbarkeit nach Abs. 2 wird unter den Voraussetzungen des § 167 StGB durch tätige Reue aufgehoben, sofern sich die Schadensgutmachung auf die gesamte für den Erwerb erforderliche Leistung einschließlich der damit verbundenen Nebenkosten bezieht.

(5) Die FMA ist von der Einleitung und der Beendigung eines gerichtlichen Strafverfahrens nach Abs. 1 oder 2 zu verständigen.

Verwaltungsstrafen

§ 190. (1) Sofern die Tat nicht den Tatbestand einer in die Zuständigkeit der Gerichte fallenden strafbaren Handlung bildet, begeht eine Verwaltungsübertretung und ist hiefür von der FMA mit einer Geldstrafe bis zu 60 000 Euro zu bestrafen, wer
1. in einem veröffentlichten Prospekt oder in einem Kundeninformationsdokument eines Investmentfonds oder in einer einen solchen Prospekt ändernden oder ergänzenden Angabe oder in einem Rechenschafts- oder Halbjahresbericht eines Investmentfonds oder im Rahmen der Information gemäß § 120 über erhebliche Umstände unrichtige vorteilhafte Angaben macht oder die Angabe nachteiliger Tatsachen unterlässt;
2. sonst gegen die Vorschrift des § 129 verstößt;
3. entgegen § 128 ohne einen veröffentlichten Prospekt oder ein verfügbares KID für einen OGAW wirbt,
4. in der Werbung für einen OGAW die in § 128 genannten Inhalte unterlässt;
5. sonst gegen die §§ 132, 133, 136, 138, 140, 141 oder 142 dieses Bundesgesetzes oder gegen die Art. 3 bis 5 oder 7 bis 36 oder 38 der Verordnung (EU) Nr. 583/2010 oder gegen Art. 1 der Verordnung (EU) Nr. 584/2010 verstößt;

VI. Normenteil

6. ohne hiezu berechtigt zu sein, die Bezeichnungen „Kapitalanlagegesellschaft", „Kapitalanlagefonds", „Investmentfondsgesellschaft", „Investmentfonds", „Miteigentumsfonds", „Wertpapierfonds", „Aktienfonds", „Obligationenfonds", „Investmentanteilscheine", „Investmentzertifikate", „Pensionsinvestmentfonds", „Spezialfonds", „Indexfonds", „Anleihefonds", „Rentenfonds", „Dachfonds", „thesaurierende Kapitalanlagefonds", „Geldmarktfonds", „Geldmarktfonds mit kurzer Laufzeitstruktur", „OGAW-ETF", „UCITS-ETF", „ETF", „Exchange-Traded-Fund", den Zusatz „mündelsicher" oder gleichbedeutende Bezeichnungen oder Abkürzungen von solchen Bezeichnungen entgegen § 130 führt.

(2) Sofern die Tat nicht den Tatbestand einer in die Zuständigkeit der Gerichte fallenden strafbaren Handlung bildet, begeht eine Verwaltungsübertretung und ist hiefür von der FMA mit einer Geldstrafe bis zu 60 000 Euro zu bestrafen, wer als Verantwortlicher (§ 9 VStG) einer Kapitalanlagegesellschaft oder einer Verwaltungsgesellschaft,

1. die Anzeigepflichten gemäß §§ 37, 113 Abs. 1, 125 Abs. 3, 137 oder 151 verletzt;
2. die Meldepflichten gemäß §§ 152 oder 153 verletzt;
3. die Pflichten gemäß §§ 10 bis 35, 39 Abs. 1, 41 Abs. 4, 42 oder 45 verletzt;
4. die §§ 46 Abs. 2 und 3, 47 Abs. 1 und 2, 49, 52, 53 Abs. 4, 57, 59, 60 Abs. 1 oder 2, 61, 63 oder 65 verletzt;
5. die Rücknahme oder Auszahlung von Anteilen gemäß § 55 ohne Vorliegen außergewöhnlicher Gründe im Sinne des § 56 Abs. 1 aussetzt oder die Pflicht zur Information der Anleger oder der Behörden in anderen Mitgliedstaaten gemäß § 56 Abs. 2 verletzt;
6. die Veranlagungsbestimmungen der §§ 66 bis 84 oder die Bestimmungen über das Risikomanagement der §§ 85 bis 92 verletzt;
7. die Bestimmungen der §§ 120 bis 124 oder 127 Abs. 2 oder 3 verletzt;
8. die Bestimmungen der § 163 Abs. 2, § 164 Abs. 1 oder 3 Z 1 bis 8, Abs. 4 bis 6 oder § 165 verletzt;
9. die Bestimmungen der § 166, § 167 Abs. 1, 3, 5 oder 6 verletzt;
10. die Bestimmungen der §§ 168 bis 174 verletzt;
11. im Rahmen der Erbringung der Dienstleistungen gemäß § 5 Abs. 2 Z 3 und 4 die §§ 17 bis 26 und 29 bis 57 sowie 58 Abs. 4, 60 Abs. 3 oder 4 oder §§ 73 oder 74 WAG 2007 verletzt;
12. gegen die von der FMA bewilligten Fondsbestimmungen verstößt;
13. gegen eine gemäß diesem Bundesgesetz von der FMA erlassene Verordnung verstößt.

(3) Sofern die Tat nicht den Tatbestand einer in die Zuständigkeit der Gerichte fallenden strafbaren Handlung bildet, begeht eine Verwaltungsübertretung und ist hiefür von der FMA mit einer Geldstrafe bis zu 60 000 Euro zu bestrafen, wer als Verantwortlicher (§ 9 VStG) einer Verwaltungsgesellschaft aus einem anderen Mitgliedstaat gemäß § 36

1. im Rahmen der Tätigkeit der kollektiven Portfolioverwaltung die §§ 10 bis 28 oder 36 Abs. 1 bis 6 und 9 verletzt;
2. im Rahmen der kollektiven Portfolioverwaltung die §§ 46 Abs. 2 und 3, 47 Abs. 1 und 2, 49, 52, 53 Abs. 4, 57, 59, 60, 61, 63 Abs. 1 bis 3 oder 65 verletzt;
3. die Rücknahme oder Auszahlung von Anteilen gemäß § 55 ohne Vorliegen außergewöhnlicher Gründe im Sinne des § 56 Abs. 1 aussetzt oder die Pflicht zur Information der Anleger oder der Behörden in anderen Mitgliedstaaten gemäß § 56 Abs. 2 verletzt;
4. im Rahmen der Tätigkeit der kollektiven Portfolioverwaltung die Veranlagungsbestimmungen der §§ 66 bis 92 verletzt;
5. im Rahmen der Tätigkeit der kollektiven Portfolioverwaltung gegen die §§ 96 bis 106, 107 Abs. 2, 111, 112, 113 Abs. 2 und 3 verstößt.
6. im Rahmen der Erbringung der Dienstleistungen gemäß § 5 Abs. 2 Z 3 und 4 die §§ 17 bis 26 und 29 bis 57 sowie 58 Abs. 4, 60 Abs. 3 oder 4 oder §§ 73 oder 74 WAG 2007 verletzt.

(4) Sofern die Tat nicht den Tatbestand einer in die Zuständigkeit der Gerichte fallenden strafbaren Handlung bildet, begeht eine Verwaltungsübertretung und ist hiefür von der FMA mit einer Geldstrafe bis zu 60 000 Euro zu bestrafen, wer als Verantwortlicher (§ 9 VStG) einer Zweigstelle einer Verwaltungsgesellschaft aus einem anderen Mitgliedstaat gemäß § 36

1. im Rahmen der Tätigkeit der kollektiven Portfolioverwaltung die §§ 10 bis 35 oder 36 Abs. 1 bis 6 und 9 verletzt;
2. die §§ 46 Abs. 2 und 3, 47 Abs. 1 und 2, 49, 52, 53 Abs. 4, 57, 59, 60, 61, 63 Abs. 1 bis 3 oder 65 verletzt;
3. die Rücknahme oder Auszahlung von Anteilen gemäß § 55 ohne Vorliegen außergewöhnlicher Gründe im Sinne des § 56 Abs. 1 aussetzt oder die Pflicht zur Information der Anleger oder der Behörden in anderen Mitgliedstaaten gemäß § 56 Abs. 2 verletzt;

D. Einführung in das österreichische Investmentrecht

4. im Rahmen der Tätigkeit der kollektiven Portfolioverwaltung die Veranlagungsbestimmungen der §§ 66 bis 92 verletzt;
5. im Rahmen der Tätigkeit der kollektiven Portfolioverwaltung gegen die §§ 96 bis 106, 107 Abs. 2, 111, 112, 113 Abs. 2 und 3 verstößt;
6. im Rahmen der Erbringung der Dienstleistungen gemäß § 5 Abs. 2 Z 3 und 4 die §§ 17 bis 26 und 29 bis 57 sowie 58 Abs. 4, 60 Abs. 3 oder 4 oder §§ 73 oder 74 WAG 2007 verletzt.

(5) Sofern die Tat nicht den Tatbestand einer in die Zuständigkeit der Gerichte fallenden strafbaren Handlung bildet, begeht eine Verwaltungsübertretung und ist hiefür von der FMA mit einer Geldstrafe bis zu 60 000 Euro zu bestrafen, wer als Verantwortlicher (§ 9 VStG) einer Depotbank
1. gegen die §§ 39 Abs. 2, 40 Abs. 2 bis 4, 41 Abs. 3 und 4, 42, 44, 45 verstößt,
2. sofern der Depotbank die entsprechenden Aufgaben gemäß § 5 Abs. 5 übertragen worden sind, die §§ 12, 13, 20, 21 Abs. 6, 31, 57, 63, 64 verletzt,
3. gegen § 107 Abs. 1, 3, 4 oder 5 oder § 108 verstößt, oder
4. wider besseres Wissen die Ordnungsmäßigkeit gemäß § 118 bestätigt;

(6) Sofern die Tat nicht den Tatbestand einer in die Zuständigkeit der Gerichte fallenden strafbaren Handlung bildet, begeht eine Verwaltungsübertretung und ist hiefür von der FMA mit einer Geldstrafe bis zu 60 000 Euro zu bestrafen, wer als Abschlussprüfer eines OGAW,
1. gegen die §§ 109 oder 110 verstößt; oder
2. wider besseres Wissen eine Bestätigung gemäß § 119 Abs. 1 vornimmt.

(7) Bei Verletzung einer Verpflichtung gemäß § 151 Z 1 hinsichtlich Satzungsänderungen, Z 4, Z 7 und Z 9 hat die FMA von der Einleitung und Durchführung eines Verwaltungsstrafverfahrens abzusehen, wenn die nicht ordnungsgemäß erstattete Anzeige nachgeholt wurde, bevor die FMA Kenntnis von dieser Übertretung erlangt hat.

Verstöße gegen das BWG

§ 191. Die §§ 96, 97, 98 Abs. 1, Abs. 1a, Abs. 2 Z 4a, 5, 8, 10 und 11 im Hinblick auf § 44 BWG, § 98 Abs. 3 Z 10, 11a, 12, § 98 Abs. 5a Z 1 bis 3 und 6 sowie § 99 Abs. 1 Z 3 bis 10, 15 und 16 und Abs. 2 sowie die §§ 99a, 99b, 100 und 101 BWG sind auf Verwaltungsgesellschaften anzuwenden.

Zwangsstrafe

§ 192. Verletzt eine Depotbank Bestimmungen dieses Bundesgesetzes oder einer auf Grund dieses Bundesgesetzes erlassenen Verordnung oder eines Bescheides, so sind die §§ 70 Abs. 4 und 96 BWG mit der Maßgabe anzuwenden, dass an die Stelle des Konzessionsentzuges gemäß § 70 Abs. 4 Z 3 BWG die Rücknahme der Bewilligung gemäß § 50 Abs. 2 Z 3 tritt.

Verfahren und Schlichtungsstelle

§ 193. (1) Für die Verhängung von Verwaltungsstrafen gemäß §§ 190 bis 191 sowie von Zwangsstrafen gemäß § 192 ist in erster Instanz die FMA zuständig.

(2) Bei Verwaltungsübertretungen gemäß den §§ 190 bis 191 gilt anstelle der Verjährungsfrist des § 31 Abs. 1 VStG eine Verjährungsfrist von 18 Monaten.

(3) Bei der Ermittlung in Verwaltungsstrafverfahren gemäß §§ 190 bis 191 kommen der FMA alle Kompetenzen gemäß den §§ 147 bis 150 zu.

(4) Die FMA hat Kunden von Verwaltungsgesellschaften oder OGAW, die eine Beschwerde gegen einen Verstoß einer Verwaltungsgesellschaft oder eines OGAW gegen die §§ 10 bis 35 oder gegen eine Bestimmung des 3. oder 4. Hauptstückes zur Anzeige bringen, auf die Möglichkeit einer Beschwerde bei der außergerichtlichen FIN-NET Schlichtungsstelle (§ 3 Z 9 ZaDiG) unter Angabe von deren Sitz und Adresse zu verweisen.

Zivilrechtliche Auswirkungen unerlaubter Tätigkeit

§ 194. Wer Investmentfondsanteile ohne die erforderliche Berechtigung ausgibt oder vertreibt, hat auf alle mit diesen Geschäften verbundenen Vergütungen, Kosten und Entgelte keinen Anspruch. Die Rechtsunwirksamkeit der mit diesen Geschäften verbundenen Vereinbarungen zieht nicht die Rechtsunwirksamkeit des ganzen Geschäfts nach sich. Entgegenstehende Vereinbarungen sowie mit diesen Geschäften verbundene Bürgschaften und Garantien sind rechtsunwirksam.

VI. Normenteil

2. Hauptstück. Übergangs- und Schlussbestimmungen

Übergangsbestimmungen

§ 195. (1) Die Aktiengesellschaften und Gesellschaften mit beschränkter Haftung, die bei Inkrafttreten dieses Bundesgesetzes mit Bewilligung der FMA das Investmentgeschäft (§ 1 Abs. 1 Z 13 BWG) betreiben, sind Verwaltungsgesellschaften im Sinne dieses Bundesgesetzes und bedürfen keiner erneuten Bewilligung zum Geschäftsbetrieb.

(2) Für den Vertrieb von Anteilen ausländischer Kapitalanlagefonds im Sinne des § 3 Abs. 2 Z 31 lit. c und von EWR-Kapitalanlagefonds, die zum Zeitpunkt des Inkrafttretens dieses Bundesgesetzes zulässigerweise im Inland öffentlich angeboten wurden, ist eine Anzeige nach § 140 oder § 176 nicht erforderlich. Ausländische Kapitalanlagefonds im Sinne des § 3 Abs. 2 Z 31 lit. c haben allerdings die Verpflichtungserklärung gemäß § 181 Abs. 2 Z 5 lit. e und f bis 31. Dezember 2011 der FMA vorzulegen; widrigenfalls hat die FMA gemäß § 182 Abs. 2 vorzugehen.

(3) Wertpapierfirmen im Sinne von § 3 Abs. 2 Z 1 WAG 2007 und Wertpapierdienstleistungsunternehmen gemäß § 4 WAG 2007 können um eine Konzession gemäß § 5 ansuchen, um OGAW zu verwalten und selbst als Verwaltungsgesellschaften aufzutreten, wenn sie gleichzeitig ihre Konzession nach dem WAG 2007 für den Fall der Erteilung einer Konzession als Verwaltungsgesellschaft zurücklegen.

(4) Verwaltungsgesellschaften, die bereits vor dem 1. Juli 2011 in ihrem Herkunftmitgliedstaat gemäß der Richtlinie 85/611/EWG eine Zulassung für die Verwaltung von OGAW in Form eines Investmentfonds oder einer Investmentgesellschaft erhalten haben, gelten im Sinne dieser Bestimmung als konzessioniert, wenn die Rechtsvorschriften des Herkunftmitgliedstaates vorsehen, dass die Gesellschaften zur Aufnahme dieser Tätigkeit Bedingungen genügen müssen, die den in den Artikeln 7 und 8 der Richtlinie 2009/65/EG genannten gleichwertig sind. Sofern solche Verwaltungsgesellschaften unter Einhaltung des § 32a InvFG 1993 bereits Tätigkeiten in Österreich erbringen oder gemäß § 36 InvFG 1993 OGAW-Anteile in Österreich vertreiben, ist eine Erneuerung der Bescheinigung gemäß § 36 dieses Bundesgesetzes nicht erforderlich. Beabsichtigen solche Verwaltungsgesellschaften die kollektive Portfolioverwaltung eines in Österreich aufgelegten OGAW, so sind die §§ 36 und 50 dieses Bundesgesetzes sowie die Bestimmungen des 4. Hauptstückes einzuhalten. Der Vertrieb neuer Anteilsgattungen oder Teilfonds ist jedoch gemäß § 141 Abs. 3 mitzuteilen.

(5) Kapitalanlagefonds im Sinne des InvFG 1993, die bereits vor dem 1. September 2011 von der FMA bewilligt worden sind, sind je nach Bewilligungsbescheid OGAW oder AIF im Sinne dieses Bundesgesetzes und bedürfen keiner neuerlichen Bewilligung. Sie haben die Bestimmungen der §§ 134 und 135 spätestens ab dem 1. Juli 2012 einzuhalten; bis dahin können sie weiterhin anstelle des KID einen vereinfachten Prospekt gemäß Anlage E Schema E InvFG 1993 zur Verfügung stellen.

(6) Verwaltungsgesellschaften, die vor dem 22. Juli 2013 Tätigkeiten gemäß dem 3. Teil dieses Bundesgesetzes ausüben, haben alle erforderlichen Maßnahmen zu setzen, um den aufgrund des AIFMG erlassenen Vorschriften nachzukommen und haben binnen eines Jahres nach Ablauf dieses Datums einen Antrag auf Bewilligung als AIFM zu stellen, widrigenfalls die Berechtigung zur Verwaltung von AIF gemäß dem 3. Teil dieses Bundesgesetzes entfällt.

(7) Für AIFM welche vor dem 22. Juli 2013 Anteile an AIF in Österreich gemäß 3. Teil 2. Hauptstück öffentlich vertreiben dürfen, sind §§ 175 bis 180, § 181 Abs. 3 und 4 und §§ 182 bis 185 in der Fassung des Bundesgesetzes BGBl. I Nr. 70/2013 bis 31. Dezember 2014 weiterhin anzuwenden.

Verweise und Verordnungen

§ 196. (1) Soweit in diesem Bundesgesetz auf andere Bundesgesetze verwiesen wird, sind diese in ihrer jeweils geltenden Fassung anzuwenden, außer es ist ausdrücklich anderes angeordnet.

(2) Wenn in diesem Bundesgesetz auf folgende Rechtsakte der Europäischen Union verwiesen wird, sind diese, sofern nichts Anderes angeordnet ist, jeweils in der folgenden Fassung anzuwenden:
1. Richtlinie 2009/65/EG zur Koordinierung der Rechts- und Verwaltungsvorschriften betreffend bestimmte Organismen für gemeinsame Anlagen in Wertpapieren (OGAW) (Neufassung) (ABl. Nr. L 302 vom 17.11.2009, S. 32) in der Fassung der Richtlinie 2010/78/EU zur Änderung der Richtlinien 98/26/EG, 2002/87/EG, 2003/6/EG, 2003/41/EG, 2003/71/EG, 2004/39/EG, 2004/109/EG, 2005/60/EG, 2006/48/EG, 2006/49/EG und 2009/65/EG im Hinblick auf die Befugnisse der Europäischen Aufsichtsbehörde (Europäische Bankenaufsichtsbehörde), der Europäischen Aufsichtsbehörde (Europäische Aufsichtsbehörde für das Versicherungswesen und die

D. Einführung in das österreichische Investmentrecht

betriebliche Altersversorgung) und der Europäischen Aufsichtsbehörde (Europäische Wertpapier- und Marktaufsichtsbehörde) – ABl. Nr. L 331 vom 15.12.2010, S. 120), wobei Verweise in Gesetzen oder Verordnungen auf die Richtlinie 85/611/EWG als Verweise auf die Richtlinie 2009/65/EG gelten;

2. Richtlinie 2013/36/EU über den Zugang zur Tätigkeit von Kreditinstituten und die Beaufsichtigung von Kreditinstituten und Wertpapierfirmen und zur Änderung der Richtlinie 2002/87/EG über die zusätzliche Beaufsichtigung der Kreditinstitute, Versicherungsunternehmen und Wertpapierfirmen eines Finanzkonglomerats, ABl. Nr. L 176 vom 27.6.2013, S. 338;
3. Richtlinie 2010/43/EU zur Durchführung der Richtlinie 2009/65/EG im Hinblick auf organisatorische Anforderungen, Interessenkonflikte, Wohlverhalten, Risikomanagement und den Inhalt der Vereinbarung zwischen Verwahrstelle und Verwaltungsgesellschaft (ABl. Nr. L 176 vom 10.7.2010, S. 42);
4. Richtlinie 2010/44/EU zur Durchführung der Richtlinie 2009/65/EG in Bezug auf Bestimmungen über Fondsverschmelzungen, Master-Feeder-Strukturen und das Anzeigeverfahren (ABl. Nr. L 176 vom 10.7.2010, S. 28);
5. Verordnung (EU) Nr. 583/2010 zur Durchführung der Richtlinie 2009/65/EG im Hinblick auf die wesentlichen Informationen für den Anleger und die Bedingungen, die einzuhalten sind, wenn die wesentlichen Informationen für den Anleger oder der Prospekt auf einem anderen dauerhaften Datenträger als Papier oder auf einer Website zur Verfügung gestellt werden (ABl. Nr. L 176 vom 10.7.2010, S. 1);
6. Verordnung (EU) Nr. 584/2010 zur Durchführung der Richtlinie 2009/65/EG im Hinblick auf Form und Inhalt des Standardmodells für das Anzeigeschreiben und die OGAW-Bescheinigung, die Nutzung elektronischer Kommunikationsmittel durch die zuständigen Behörden für die Anzeige und die Verfahren für Überprüfungen vor Ort und Ermittlungen sowie für den Informationsaustausch zwischen den zuständigen Behörden (ABl. Nr. L 176 vom 10.7.2010, S. 16);
7. Richtlinie 2004/39/EG über Märkte für Finanzinstrumente, zur Änderung der Richtlinien 85/611/EWG und 93/6/EWG und der Richtlinie 2000/12/EG und zur Aufhebung der Richtlinie 93/22/EWG (ABL Nr. L 145 vom 30.4.2004, S. 1) in der Fassung der Richtlinie 2010/78/EU zur Änderung der Richtlinien 98/26/EG, 2002/87/EG, 2003/6/EG, 2003/41/EG, 2003/71/EG, 2004/39/EG, 2004/109/EG, 2005/60/EG, 2006/48/EG, 2006/49/EG und 2009/65/EG im Hinblick auf die Befugnisse der Europäischen Aufsichtsbehörde (Europäische Bankenaufsichtsbehörde), der Europäischen Aufsichtsbehörde (Europäische Aufsichtsbehörde für das Versicherungswesen und die betriebliche Altersversorgung) und der Europäischen Aufsichtsbehörde (Europäische Wertpapier- und Marktaufsichtsbehörde) – ABl. Nr. L 331 vom 15.12.2010, S. 120);
8. Richtlinie 2003/6/EG über Insider-Geschäfte und Marktmanipulation (Marktmissbrauch) (ABl. Nr. L 96 vom 12.4.2003, S. 16) in der Fassung der Richtlinie 2010/78/EU zur Änderung der Richtlinien 98/26/EG, 2002/87/EG, 2003/6/EG, 2003/41/EG, 2003/71/EG, 2004/39/EG, 2004/109/EG, 2005/60/EG, 2006/48/EG, 2006/49/EG und 2009/65/EG im Hinblick auf die Befugnisse der Europäischen Aufsichtsbehörde (Europäische Bankenaufsichtsbehörde), der Europäischen Aufsichtsbehörde (Europäische Aufsichtsbehörde für das Versicherungswesen und die betriebliche Altersversorgung) und der Europäischen Aufsichtsbehörde (Europäische Wertpapier- und Marktaufsichtsbehörde) – ABl. Nr. L 331 vom 15.12.2010, S. 120);
9. Verordnung (EU) Nr. 1287/2006 zur Durchführung der Richtlinie 2004/39/EG betreffend Aufzeichnungspflichten für Wertpapierfirmen, die Meldung von Geschäften, die Markttransparenz, die Zulassung von Finanzinstrumenten zum Handel und bestimmte Begriffe im Sinne dieser Richtlinie (ABl. Nr. L 241 vom 2.9.2006, S. 1);
10. Verordnung (EU) Nr. 1095/2010 vom 24. November 2010 zur Errichtung einer Europäischen Aufsichtsbehörde (Wertpapier- und Marktaufsichtsbehörde), zur Änderung des Beschlusses Nr. 716/2009/EG und zur Aufhebung des Beschlusses 2009/77/EG der Kommission (ABl. Nr. L 331 vom 15.12.2010, S. 84);
11. Verordnung (EU) Nr. 1092/2010 vom 24. November 2010 über die Finanzaufsicht der Europäischen Union auf Makroebene und zur Errichtung eines Europäischen Ausschusses für Systemrisiken (ABl. Nr. L 331 vom 15.12.2010, S. 1);
12. Richtlinie 2005/60 vom 26. Oktober 2005 zur Verhinderung der Nutzung des Finanzsystems zum Zwecke der Geldwäsche und der Terrorismusfinanzierung, ABl. Nr. L 309 vom 25.11.2005, S. 15, in der Fassung der Richtlinie 2010/78/EU zur Änderung der Richtlinien 98/26/EG, 2002/87/EG, 2003/6/EG, 2003/41/EG, 2003/71/EG, 2004/39/EG, 2004/109/EG,

VI. Normenteil

2005/60/EG, 2006/48/EG, 2006/49/EG und 2009/65/EG im Hinblick auf die Befugnisse der Europäischen Aufsichtsbehörde (Europäische Bankenaufsichtsbehörde), der Europäischen Aufsichtsbehörde (Europäische Aufsichtsbehörde für das Versicherungswesen und die betriebliche Altersversorgung) und der Europäischen Aufsichtsbehörde (Europäische Wertpapier- und Marktaufsichtsbehörde) – ABl. Nr. L 331 vom 15.12.2010, S. 120);
13. Richtlinie 95/46 vom 24. Oktober 1995 zum Schutz natürlicher Personen bei der Verarbeitung personenbezogener Daten und zum freien Datenverkehr, ABl. Nr. L 281 vom 23.11.1995, S. 31, in der Fassung der Verordnung (EG) Nr. 1882/2003 vom 29. September 2003 (ABl. Nr. L 284 vom 31.10.2003, S. 1);
14. Siebente Richtlinie 83/349/EWG vom 13. Juni 1983 aufgrund von Artikel 54 Absatz 3 Buchstabe g) des Vertrages über den konsolidierten Abschluss, ABl. Nr. L 193 vom 18.7.1983, S. 1, in der Fassung der Richtlinie 2006/99/EG vom 20. November 2006 (ABl. Nr. L 363 vom 20.12.2006, S. 137);
15. Verordnung (EG) Nr. 1781/2006 vom 15. November 2006 über die Übermittlung von Angaben zum Auftraggeber bei Geldtransfers (ABl. Nr. L 345 vom 8.12.2006, S. 1);
16. Richtlinie 2007/16/EG vom 19. März 2007 zur Durchführung der Richtlinie 85/611/EWG des Rates zur Koordinierung der Rechts- und Verwaltungsvorschriften betreffend bestimmte Organismen für gemeinsame Anlagen in Wertpapieren (OGAW) im Hinblick auf die Erläuterung gewisser Definitionen (ABl. Nr. L 79 vom 20.3.2007, S. 11);
17. Verordnung (EU) Nr. 575/2013 über Aufsichtsanforderungen an Kreditinstitute und Wertpapierfirmen und zur Änderung der Verordnung (EU) Nr. 648/2012, ABl. Nr. L 176 vom 27.6.2013 S. 1.

(3) Verordnungen auf Grund dieses Bundesgesetzes in seiner jeweiligen Fassung dürfen bereits von dem Tag an erlassen werden, der der Kundmachung des durchzuführenden Bundesgesetzes folgt; sie dürfen jedoch nicht vor den durchzuführenden Gesetzesbestimmungen in Kraft treten.

(4) Soweit in anderen Bundesgesetzen auf Bestimmungen des InvFG 1993 verwiesen wird, treten an deren Stelle die entsprechenden Bestimmungen dieses Bundesgesetzes.

Sprachliche Gleichbehandlung

§ 197. Soweit in diesem Bundesgesetz personenbezogene Bezeichnungen nur in männlicher Form angeführt sind, beziehen sie sich auf Frauen und Männer in gleicher Weise. Bei der Anwendung auf bestimmte Personen ist die jeweils geschlechtsspezifische Form zu verwenden.

Außer-Kraft-Treten

§ 198. (1) Das Investmentfondsgesetz – InvFG 1993 (BGBl. Nr. 532/1993) in der Fassung des Bundesgesetzes BGBl. I Nr. 111/2010 wird mit Ablauf des 31. August 2011 aufgehoben; die §§ 6 Abs. 1, 20a Abs. 7, 21a Abs. 1, 2 und 3, 23f und 35 sowie Anlage E Schema E jeweils betreffend den vereinfachten Prospekt sind auf OGAW und AIF, die vor dem 1. September 2011 bewilligt wurden und solange für diese der FMA noch kein KID übermittelt wurde, bis zum Ablauf des 30. Juni 2012 anzuwenden. Die §§ 3 Abs. 2 und 14 Abs. 4 sind auf Zusammenlegungen von Kapitalanlagefonds anzuwenden, hinsichtlich derer bis zum Ablauf des 31. August 2011 bei der FMA ein vollständiger Antrag auf Bewilligung eingereicht wurde. § 44 InvFG 1993 ist auf Taten, die vor dem 1. September 2011 gesetzt wurden, uneingeschränkt weiter anzuwenden.

(2) Folgende Bestimmungen des Investmentfondsgesetzes 1993 in der Fassung vor dem Bundesgesetz BGBl. I Nr. 111/2010 bleiben in Geltung:
1. Die § 13 4. Satz, § 40 Abs. 1 und 2 sowie § 42 Abs. 1 und 3 sind unbeschadet den Bestimmungen des § 200 Abs. 2 erster Satz für Geschäftsjahre des Fonds, die im Kalenderjahr 2012 beginnen, weiter anzuwenden. Nicht verbrauchte Verlustvorträge können in späteren Geschäftsjahren mit Einkünften des Kapitalanlagefonds gemäß § 27 Abs. 3 und 4 des Einkommensteuergesetzes 1988 verrechnet werden, wobei bei nicht im Betriebsvermögen gehaltenen Anteilscheinen 25 vH der Verlustvorträge verrechnet werden können. Für Zwecke der Kapitalertragsteuer ist einheitlich von diesem Prozentsatz auszugehen; die Aufgliederung der Zusammensetzung der ausschüttungsgleichen Erträge gemäß § 186 Abs. 2 Z 2 für Geschäftsjahre, die im Kalenderjahr 2013 beginnen, hat den Gesamtbetrag der nicht verbrauchten Verlustvorträge auszuweisen. § 42 Abs. 2 und 4 sind bis zum 31. März 2012 anzuwenden.
2. Das in § 40 Abs. 1 zweiter Satz genannte Ausmaß von einem Fünftel erhöht sich für
   a) Geschäftsjahre des Fonds, die nach dem 30. Juni 2011 beginnen, auf einen Prozentsatz von 30 vH;
   b) Geschäftsjahre des Fonds, die im Kalenderjahr 2012 beginnen, auf einen Prozentsatz von 40 vH;

3. Die in § 40 Abs. 2 Z 2 vorgesehene Verpflichtung zur Meldung der Kapitalertragsteuer auf täglicher Basis entfällt ab dem 1. April 2012. Ab diesem Zeitpunkt gilt stattdessen, ungeachtet der Z 1, bereits § 186 Abs. 2 Z 2 bis 4 in der Fassung des Investmentfondsgesetzes 2011, BGBl. I Nr. 77/2011.
4. Abweichend von § 40 Abs. 2 Z 2 kann der Nachweis der ausschüttungsgleichen Erträge ab dem 1. Jänner 2012 ausschließlich durch einen steuerlichen Vertreter erbracht werden. Als steuerlicher Vertreter kann nur ein inländischer Wirtschaftstreuhänder oder eine Person bestellt werden, die vergleichbare fachliche Qualifikationen nachweist.

Vollzugsklausel

§ 199. Mit der Vollziehung dieses Bundesgesetzes ist hinsichtlich
1. § 189 der Bundesminister für Justiz,
2. hinsichtlich der §§ 10 bis 35, 50 bis 65, 128 bis 138 und 194 der Bundesminister für Finanzen im Einvernehmen mit dem Bundesminister für Justiz und
3. hinsichtlich aller übrigen Bestimmungen der Bundesminister für Finanzen betraut.

Inkrafttreten

§ 200. (1) Dieses Bundesgesetz tritt mit 1. September 2011 in Kraft.

(2) Die §§ 186 und 188 treten mit 1. April 2012 in Kraft. Davon abweichend gilt:
1. § 186 Abs. 3 gilt erstmals für Veräußerungen nach dem 31. März 2012, von nach dem 31. Dezember 2010 angeschafften Anteilscheinen. Für solche Anteilscheine ist eine Berichtigung der Anschaffungskosten gemäß § 186 Abs. 3, für Ausschüttungen und ausschüttungsgleiche Erträge vorzunehmen, die nach dem 31. Dezember 2010 zufließen bzw. als zugeflossen gelten. § 40 Abs. 3 des Investmentfondsgesetzes 1993 in der Fassung vor dem Bundesgesetz BGBl. I Nr. 111/2010 ist bis 31. März 2012 anzuwenden.
2. Abweichend von § 186 Abs. 2 Z 1 tritt bei nicht in einem Betriebsvermögen gehaltenen Anteilen an Stelle des Prozentsatzes von 60 vH für Geschäftsjahre des Fonds, die im Kalenderjahr 2013 beginnen, ein Prozentsatz von 50 vH.

(3) Die §§ 157 bis 161 gelten rückwirkend ab 1. Juli 2011. Für Verwaltungsgesellschaften gemäß Art. 6 der Richtlinie 2009/65/EG, welche in einem anderen Mitgliedstaat konzessioniert sind und über eine Zweigstelle, im Wege der Dienstleistungsfreiheit oder kollektiven Portfolioverwaltung in Österreich tätig werden, gelten rückwirkend ab 1. Juli 2011 die im Folgenden genannten Bestimmungen samt den in ihnen verwiesenen Normen: §§ 10 bis 36; § 38; §§ 46 bis 142; § 143 Abs. 1 Z 2, 3, 4 und 5; § 145; § 147; § 151; § 152; § 153 Abs. 2; § 162 Abs. 1 und 2; § 195 Abs. 2.

(4) § 190 Abs. 1 bis 6 in der Fassung des 2. Stabilitätsgesetzes 2012, BGBl. I Nr. 35/2012, tritt mit 1. Mai 2012 in Kraft.

(5) § 53 Abs. 4 und § 61 Abs. 2 in der Fassung des Bundesgesetzes BGBl. I Nr. 83/2012 treten mit 1. Juli 2012 in Kraft.

(6) § 193 Abs. 2 in der Fassung des Bundesgesetzes BGBl. I Nr. 70/2013 tritt mit 1. Jänner 2014 in Kraft.

(7) § 1, § 2 Abs. 3, § 3Abs. 2 Z 19, 30 und Z 31, § 5 Abs. 2 Z 2, § 5 Abs. 5, § 6 Abs. 3, § 130, § 134 Abs. 1, § 162a, und § 195 Abs. 6 und 7 in der Fassung des Bundesgesetzes BGBl. I Nr. 135/2013 treten mit 22. Juli 2013 in Kraft. § 27, § 30 Abs. 5, § 46 Abs. 3, § 60 Abs. 1, § 64, § 71 Abs. 1, § 166 Abs. 1 Z 4, § 167 Abs. 1 und 6 bis 9, § 168, § 173 samt Überschrift, § 190 Abs. 1 Z 2 und 6, Abs. 2 Z 11 bis 13, Abs. 3 Z 2, Abs. 4 Z 2 in der Fassung des Bundesgesetzes BGBl. I Nr. 135/2013 treten mit dem der Kundmachung folgenden Tag in Kraft. § 144 samt Überschrift in der Fassung des Bundesgesetzes BGBl. I Nr. 135/2013 tritt mit 1. Jänner 2014 in Kraft. § 175 bis § 185 samt Überschriften und § 189 Abs. 1 Z 1 und 2 treten mit Ablauf des 21. Juli 2013 außer Kraft.

(8) §§ 186 und 188 in der Fassung BGBl. I Nr. 135/2013 gelten erstmals für Geschäftsjahre von Kapitalanlagefonds, die nach dem 21. Juli 2013 beginnen. § 186 Abs. 1 zweiter und dritter Satz in der Fassung BGBl. I Nr. 135/2013 dürfen bereits in Geschäftsjahren angewendet werden, die nach dem 31. Dezember 2012 beginnen.

(9) § 3 Abs. 1, § 6 Abs. 2 Z 5, § 8 Abs. 2, § 10 Abs. 6, § 74 Abs. 1, § 145 Abs. 4, § 148 Abs. 5, § 150 Abs. 1, § 151 Z 3a und 11, § 190 Abs. 7, § 191 samt Überschrift und § 196 Abs. 2 Z 2 und 17 in der Fassung des Bundesgesetzes BGBl. I Nr. 184/2013 treten mit 1. Jänner 2014 in Kraft. § 10 Abs. 7 und § 151 Z 11a in der Fassung des Bundesgesetzes BGBl. I Nr. 184/2013 treten mit 1. Jänner 2015 in Kraft. § 10 Abs. 6 und § 151 Z 11 in der Fassung des Bundesgesetzes BGBl. I Nr. 184/2013 treten mit Ablauf des 31. Dezember 2014 außer Kraft.

VI. Normenteil

Anlage I zu Art. 2
InvFG 2011

Schema A

I. Investmentfonds

1. Informationen über den Investmentfonds
   1.1. Bezeichnung
   1.2. Zeitpunkt der Gründung des Investmentfonds. Angabe der Dauer, falls diese begrenzt ist
   1.3. –
   1.4. Angabe der Stelle, bei der die Fondsbestimmungen sowie die periodischen Berichte erhältlich sind
   1.5. Kurzangaben über die auf den Investmentfonds anwendbaren Steuervorschriften, wenn sie für den Anteilinhaber von Bedeutung sind. Angabe, ob auf die von den Anteilinhabern vom Investmentfonds bezogenen Einkünfte und Kapitalerträge Quellenabzüge erhoben werden
   1.6. Stichtag für den Jahresabschluss und Häufigkeit der Ausschüttung
   1.7. Name der Personen, die mit der Abschlussprüfung gemäß § 49 Abs. 5 beauftragt sind
   1.8. –
   1.9. –
   1.10. Angabe der Art und der Hauptmerkmale der Anteile, insbesondere:
      – Art des Rechts (dingliches, Forderungs- oder anderes Recht), das der Anteil repräsentiert
      – Original-Urkunden oder Zertifikate über diese Urkunden, Eintragung in einem Register oder auf einem Konto
      – Merkmale der Anteile: Namens- oder Inhaberpapiere, gegebenenfalls Angabe der Stückelung
      – Beschreibung des Stimmrechts der Anteilinhaber, falls dieses besteht
      – Voraussetzungen, unter denen die Auflösung des Investmentfonds beschlossen werden kann, und Einzelheiten der Auflösung, insbesondere in Bezug auf die Rechte der Anteilinhaber
   1.11. Gegebenenfalls Angabe der Börsen oder Märkte, an denen die Anteile notiert oder gehandelt werden
   1.12. Modalitäten und Bedingungen für die Ausgabe und/oder den Verkauf der Anteile
   1.13. Modalitäten und Bedingungen der Rücknahme oder Auszahlung der Anteile und Voraussetzungen, unter denen diese ausgesetzt werden kann
   1.14. Beschreibung der Regeln für die Ermittlung und Verwendung der Erträge
   1.15. Beschreibung der Anlageziele des Investmentfonds, einschließlich der finanziellen Ziele (zB Kapital- oder Ertragssteigerung), der Anlagepolitik (zB Spezialisierung auf geografische Gebiete oder Wirtschaftsbereiche), etwaiger Beschränkungen bei dieser Anlagepolitik sowie der Angabe etwaiger Techniken und Instrumente oder Befugnisse zur Kreditaufnahme, von denen bei der Verwaltung des Investmentfonds Gebrauch gemacht werden kann
   1.16. Regeln für die Vermögensbewertung
   1.17. Ermittlung der Verkaufs- oder Ausgabe- und der Auszahlungs- oder Rücknahmepreise der Anteile, insbesondere:
      – Methode und Häufigkeit der Berechnung dieser Preise
      – Angaben der mit dem Verkauf, der Ausgabe, der Rücknahme oder Auszahlung der Anteile verbundenen Kosten
      – Angabe von Art, Ort und Häufigkeit der Veröffentlichung dieser Preise
   1.18. Angaben über die Methode, die Höhe und die Berechnung der zu Lasten des Investmentfonds gehenden Vergütungen für die Verwaltungsgesellschaft, die Verwahrstelle oder Dritte und der Unkostenerstattungen an die Verwaltungsgesellschaft, die Verwahrstelle oder Dritte durch den Investmentfonds
2. Angaben über die Verwahrstelle:
   2.1. Bezeichnung oder Firma, Rechtsform, Gesellschaftssitz und Ort der Hauptverwaltung, wenn dieser nicht mit dem Gesellschaftssitz zusammenfällt,
   2.2. Haupttätigkeit.
3. Angaben über die externen Beratungsfirmen oder Anlageberater, wenn ihre Dienste auf Vertragsbasis in Anspruch genommen und die Vergütungen hierfür dem Vermögen des OGAW entnommen werden:

D. Einführung in das österreichische Investmentrecht

    3.1. Name der Firma oder des Beraters,
    3.2. Einzelheiten des Vertrags mit der Verwaltungsgesellschaft oder der Investmentaktiengesellschaft, die für die Anteilinhaber von Interesse sind; ausgenommen sind Einzelheiten betreffend die Vergütungen,
    3.3. andere Tätigkeiten von Bedeutung.
4. Angaben über die Maßnahmen, die getroffen worden sind, um die Zahlungen an die Anteilinhaber, den Rückkauf oder die Rücknahme der Anteile sowie die Verbreitung der Informationen über den OGAW vorzunehmen. Diese Angaben sind auf jeden Fall hinsichtlich des Mitgliedstaats zu machen, in dem der OGAW bewilligt ist. Falls ferner die Anteile in einem anderen Mitgliedstaat vertrieben werden, sind die oben bezeichneten Angaben hinsichtlich dieses Mitgliedstaats zu machen und in den dort verbreiteten Prospekt aufzunehmen.
5. Weitere Anlageinformationen:
    5.1. Gegebenenfalls bisherige Ergebnisse des OGAW – diese Angaben können entweder im Prospekt enthalten oder diesem beigefügt sein,
    5.2. Profil des typischen Anlegers, für den der OGAW konzipiert ist.
6. Wirtschaftliche Informationen:
    6.1. Etwaige Kosten oder Gebühren mit Ausnahme der unter Nummer 1.17 genannten Kosten, aufgeschlüsselt nach denjenigen, die vom Anteilinhaber zu entrichten sind, und denjenigen, die aus dem Sondervermögen des OGAW zu zahlen sind.

II. Verwaltungsgesellschaft

1. Informationen über die Verwaltungsgesellschaft mit einem Hinweis darauf, ob die Verwaltungsgesellschaft in einem anderen Mitgliedstaat niedergelassen ist als im Herkunftmitgliedstaat des OGAW
    1.1. Bezeichnung oder Firma, Rechtsform, Gesellschaftssitz und Ort der Hauptverwaltung, wenn dieser nicht mit dem Gesellschaftssitz zusammenfällt
    1.2. Zeitpunkt der Gründung der Gesellschaft. Angabe der Dauer, falls diese begrenzt ist
    1.3. Falls die Gesellschaft weitere Investmentfonds verwaltet, Angabe dieser weiteren Investmentfonds
    1.4. –
    1.5. –
    1.6. –
    1.7. –
    1.8. Name und Funktion der Mitglieder der Verwaltungs-, Leitungs- und Aufsichtsorgane. Angabe der Hauptfunktionen, die diese Personen außerhalb der Gesellschaft ausüben, wenn sie für diese von Bedeutung sind
    1.9. Kapital: Höhe des gezeichneten Kapitals mit Angabe des eingezahlten Kapitals
    1.10. –
    1.11. –
    1.12. –
    1.13. –
    1.14. –
    1.15. –
    1.16. –
    1.17. –
    1.18. –
2. Angaben über die Verwahrstelle:
    2.1. Bezeichnung oder Firma, Rechtsform, Gesellschaftssitz und Ort der Hauptverwaltung, wenn dieser nicht mit dem Gesellschaftssitz zusammenfällt,
    2.2. Haupttätigkeit.
3. Angaben über die externen Beratungsfirmen oder Anlageberater, wenn ihre Dienste auf Vertragsbasis in Anspruch genommen und die Vergütungen hierfür dem Vermögen des OGAW entnommen werden:
    3.1. Name der Firma oder des Beraters,
    3.2. Einzelheiten des Vertrags mit der Verwaltungsgesellschaft oder der Investmentaktiengesellschaft, die für die Anteilinhaber von Interesse sind; ausgenommen sind Einzelheiten betreffend die Vergütungen,
    3.3. andere Tätigkeiten von Bedeutung.

VI. Normenteil

4. Angaben über die Maßnahmen, die getroffen worden sind, um die Zahlungen an die Anteilinhaber, den Rückkauf oder die Rücknahme der Anteile sowie die Verbreitung der Informationen über den OGAW vorzunehmen. Diese Angaben sind auf jeden Fall hinsichtlich des Mitgliedstaats zu machen, in dem der OGAW bewilligt ist. Falls ferner die Anteile in einem anderen Mitgliedstaat vertrieben werden, sind die oben bezeichneten Angaben hinsichtlich dieses Mitgliedstaats zu machen und in den dort verbreiteten Prospekt aufzunehmen.
5. Weitere Anlageinformationen:
   5.1. Gegebenenfalls bisherige Ergebnisse des OGAW – diese Angaben können entweder im Prospekt enthalten oder diesem beigefügt sein,
   5.2. Profil des typischen Anlegers, für den der OGAW konzipiert ist.
6. Wirtschaftliche Informationen:
   6.1. Etwaige Kosten oder Gebühren mit Ausnahme der unter Nummer 1.17 genannten Kosten, aufgeschlüsselt nach denjenigen, die vom Anteilinhaber zu entrichten sind, und denjenigen, die aus dem Sondervermögen des OGAW zu zahlen sind.

III. Investmentgesellschaft

1. Informationen über die Investmentgesellschaft
   1.1. Bezeichnung oder Firma, Rechtsform, Gesellschaftssitz und Ort der Hauptverwaltung, wenn dieser nicht mit dem Gesellschaftssitz zusammenfällt
   1.2. Zeitpunkt der Gründung der Gesellschaft. Angabe der Dauer, falls diese begrenzt ist
   1.3. Im Falle von Investmentgesellschaften mit unterschiedlichen Teilfonds, Angabe dieser Teilfonds
   1.4. Angabe der Stelle, bei der die Satzung sowie die periodischen Berichte erhältlich sind
   1.5. Kurzangaben über die auf die Gesellschaft anwendbaren Steuervorschriften, wenn sie für den Anteilinhaber von Bedeutung sind. Angabe, ob auf die von den Anteilinhabern von der Gesellschaft bezogenen Einkünfte und Kapitalerträge Quellenabzüge erhoben werden
   1.6. Stichtag für den Jahresabschluss und Häufigkeit der Dividendenausschüttung
   1.7. Name der Personen, die mit der Abschlussprüfung gemäß § 49 Abs. 5 beauftragt sind
   1.8. Name und Funktion der Mitglieder der Verwaltungs-, Leitungs- und Aufsichtsorgane. Angabe der Hauptfunktionen, die diese Personen außerhalb der Gesellschaft ausüben, wenn sie für diese von Bedeutung sind
   1.9. Kapital
   1.10. Angabe der Art und der Hauptmerkmale der Anteile, insbesondere:
   – Original-Urkunden oder Zertifikate über diese Urkunden, Eintragung in einem Register oder auf einem Konto
   – Merkmale der Anteile: Namens- oder Inhaberpapiere, gegebenenfalls Angabe der Stückelung
   – Beschreibung des Stimmrechts der Anteilinhaber
   – Voraussetzungen, unter denen die Auflösung der Investmentaktiengesellschaft beschlossen werden kann, und Einzelheiten der Auflösung, insbesondere in Bezug auf die Rechte der Anteilinhaber
   1.11. Gegebenenfalls Angabe der Börsen oder Märkte, an denen die Anteile notiert oder gehandelt werden
   1.12. Modalitäten und Bedingungen für die Ausgabe und/oder den Verkauf der Anteile
   1.13. Modalitäten und Bedingungen der Rücknahme oder Auszahlung der Anteile und Voraussetzungen, unter denen diese ausgesetzt werden kann. Im Falle von Investmentgesellschaften mit unterschiedlichen Teilfonds, Angabe der Art und Weise, wie ein Anteilinhaber von einem Teilfonds in den anderen wechseln kann, und welche Kosten damit verbunden sind
   1.14. Beschreibung der Regeln für die Ermittlung und Verwendung der Erträge
   1.15. Beschreibung der Anlageziele der Gesellschaft, einschließlich der finanziellen Ziele (zum Beispiel Kapital- oder Ertragssteigerung), der Anlagepolitik (zum Beispiel Spezialisierung auf geografische Gebiete oder Wirtschaftsbereiche), etwaiger Beschränkungen bei dieser Anlagepolitik sowie der Angabe etwaiger Techniken und Instrumente oder Befugnisse zur Kreditaufnahme, von denen bei der Verwaltung der Gesellschaft Gebrauch gemacht werden kann
   1.16. Regeln für die Vermögensbewertung
   1.17. Ermittlung der Verkaufs- oder Ausgabe- und der Auszahlungs- oder Rücknahmepreise der Anteile, insbesondere:
   – Methode und Häufigkeit der Berechnung dieser Preise

- Angaben der mit dem Verkauf, der Ausgabe, der Rücknahme oder Auszahlung der Anteile verbundenen Kosten
- Angabe von Art, Ort und Häufigkeit der Veröffentlichung dieser Preise
1.18. Angaben über die Methode, die Höhe und die Berechnung der Vergütungen, die von der Gesellschaft zu zahlen sind an ihre Geschäftsleiter und Mitglieder der Verwaltungs-, Leitungs- und Aufsichtsorgane, an die Verwahrstelle oder an Dritte, und der Unkostenerstattungen an die Geschäftsleiter der Gesellschaft, an die Verwahrstelle oder an Dritte durch die Gesellschaft
2. Angaben über die Verwahrstelle:
   2.1. Bezeichnung oder Firma, Rechtsform, Gesellschaftssitz und Ort der Hauptverwaltung, wenn dieser nicht mit dem Gesellschaftssitz zusammenfällt;
   2.2. Haupttätigkeit.
3. Angaben über die externen Beratungsfirmen oder Anlageberater, wenn ihre Dienste auf Vertragsbasis in Anspruch genommen und die Vergütungen hierfür dem Vermögen des OGAW entnommen werden:
   3.1. Name der Firma oder des Beraters,
   3.2. Einzelheiten des Vertrags mit der Verwaltungsgesellschaft oder der Investmentaktiengesellschaft, die für die Anteilinhaber von Interesse sind; ausgenommen sind Einzelheiten betreffend die Vergütungen,
   3.3. andere Tätigkeiten von Bedeutung.
4. Angaben über die Maßnahmen, die getroffen worden sind, um die Zahlungen an die Anteilinhaber, den Rückkauf oder die Rücknahme der Anteile sowie die Verbreitung der Informationen über den OGAW vorzunehmen. Diese Angaben sind auf jeden Fall hinsichtlich des Mitgliedstaats zu machen, in dem der OGAW bewilligt ist. Falls ferner die Anteile in einem anderen Mitgliedstaat vertrieben werden, sind die oben bezeichneten Angaben hinsichtlich dieses Mitgliedstaats zu machen und in den dort verbreiteten Prospekt aufzunehmen.
5. Weitere Anlageinformationen:
   5.1. Gegebenenfalls bisherige Ergebnisse des OGAW – diese Angaben können entweder im Prospekt enthalten oder diesem beigefügt sein,
   5.2. Profil des typischen Anlegers, für den der OGAW konzipiert ist.
6. Wirtschaftliche Informationen:
   6.1. Etwaige Kosten oder Gebühren mit Ausnahme der unter Nummer 1.17 genannten Kosten, aufgeschlüsselt nach denjenigen, die vom Anteilinhaber zu entrichten sind, und denjenigen, die aus dem Sondervermögen des OGAW zu zahlen sind.

Schema B

Informationen, die in den periodischen Berichten enthalten sein müssen

1. Vermögensstand:
   - Wertpapiere,
   - Bankguthaben,
   - sonstige Vermögen,
   - Vermögen insgesamt,
   - Verbindlichkeiten,
   - Nettobestandswert.
2. Anzahl der umlaufenden Anteile
3. Nettobestandswert je Anteil
4. Wertpapierbestand, wobei zu unterscheiden ist zwischen
   a) Wertpapieren, die zur amtlichen Notierung an einer Wertpapierbörse zugelassen sind;
   b) Wertpapieren, die auf einem anderen geregelten Markt gehandelt werden;
   c) in § 67 Abs. 3 bezeichneten neu emittierten Wertpapieren;
   d) den sonstigen in § 67 Abs. 4 bezeichneten Wertpapieren,
   wobei eine Gliederung nach den geeignetsten Kriterien unter Berücksichtigung der Anlagepolitik des OGAW (zum Beispiel nach wirtschaftlichen oder geografischen Kriterien, nach Devisen und so weiter) nach prozentualen Anteilen am Reinvermögen vorzunehmen ist; für jedes vorstehend bezeichnete Wertpapier Angabe seines Anteils am Gesamtvermögen des OGAW.
   Angabe der Veränderungen in der Zusammensetzung des Wertpapierbestandes während des Berichtszeitraums.

VI. Normenteil

5. Angaben über die Entwicklung des Vermögens des OGAW während des Berichtszeitraums, die Folgendes umfassen:
   – Erträge aus Anlagen;
   – sonstige Erträge;
   – Aufwendungen für die Verwaltung;
   – Aufwendungen für die Verwahrstelle;
   – sonstige Aufwendungen und Gebühren;
   – Nettoertrag;
   – Ausschüttungen und wiederangelegte Erträge;
   – Erhöhung oder Verminderung der Kapitalrechnung;
   – Mehr- oder Minderwert der Anlagen;
   – etwaige sonstige Änderungen, welche das Vermögen und die Verbindlichkeiten des OGAW berühren;
   – Transaktionskosten (Kosten, die dem OGAW bei Geschäften mit seinem Portfolio entstehen).
6. Vergleichende Übersicht über die letzten drei Geschäftsjahre, wobei zum Ende jeden Geschäftsjahres Folgendes anzugeben ist:
   – gesamter Nettobestandswert;
   – Nettobestandswert je Anteil.
7. Angabe des Betrags der bestehenden Verbindlichkeiten aus vom OGAW im Berichtszeitraum getätigten Geschäften im Sinne von §§ 73, 83 und 84, wobei nach Kategorien zu differenzieren ist.
8. Berechnungsmethode des Gesamtrisikos:
   8.1. Verwendete Berechnungsmethode des Gesamtrisikos
   8.2. Falls anwendbar, Informationen über das verwendete Referenzvermögen
   8.3. Falls anwendbar, die niedrigste, die höchste und die durchschnittliche Höhe des Value-at-Risk im vergangenen Jahr
   8.4. Falls anwendbar, das verwendete Modell und die Inputs, die für die Berechnung des Value-at-Risk verwendet wurden (Kalkulationsmodell, Konfidenzintervall, Halteperiode, Länge der Datenhistorie)
   8.5. Bei Verwendung des Value-at-Risk, Höhe des Leverage während der vergangenen Periode, berechnet aus der Summe der Nominalwerte der Derivate

Artikel 1
(Anm.: Zu den §§ 1 bis 198 und Anlage 1, BGBl. I Nr. 77/2011)

Dieses Bundesgesetz dient der Umsetzung der Richtlinie 2009/65/EG zur Koordinierung der Rechts- und Verwaltungsvorschriften betreffend bestimmte Organismen für gemeinsame Anlagen in Wertpapieren (OGAW) (ABl. Nr. L 302 vom 17.11.2009, S. 32) sowie der Richtlinie 2010/43/EU zur Durchführung der Richtlinie 2009/65/EG im Hinblick auf organisatorische Anforderungen, Interessenkonflikte, Wohlverhalten, Risikomanagement und den Inhalt der Vereinbarung zwischen Verwahrstelle und Verwaltungsgesellschaft (ABl. L 176 vom 10.7.2010, S. 42) und der Richtlinie 2010/42/EU zur Durchführung der Richtlinie 2009/65/EG in Bezug auf Bestimmungen über Fondsverschmelzungen, Master-Feeder-Strukturen und das Anzeigeverfahren (ABl. L 176 vom 10.7.2010, S. 28) sowie der Richtlinie 2010/78/EU zur Änderung der Richtlinien 98/26/EG, 2002/87/EG, 2003/6/EG, 2003/41/EG, 2003/71/EG, 2004/39/EG, 2004/39/EG, 2004/109/EG, 2005/60/EG, 2006/48/EG, 2006/49/EG und 2009/65/EG im Hinblick auf die Befugnisse der Europäischen Aufsichtsbehörde (Europäische Bankenaufsichtsbehörde), der Europäischen Aufsichtsbehörde (Europäische Aufsichtsbehörde für das Versicherungswesen und die betriebliche Altersversorgung) und der Europäischen Aufsichtsbehörde (Europäische Wertpapier- und Marktaufsichtsbehörde) – ABl. Nr. L 331 vom 15.12.2010, S. 120). Im Rahmen der Neufassung des Investmentfondsgesetzes (Artikel 2) wird auch die bereits mit BGBl. I Nr. 69/2008 umgesetzte Richtlinie 2007/16/EG berücksichtigt.

Artikel 1. Umsetzungshinweis

(Anm.: Zu den §§ 1, 2, 3, 5, 6, 27, 30, 46, 60, 64, 71, 130, 134, 144, 162a, 166, 167, 168, 168a, 173, 186, 188, 190, 195 und 198, BGBl. I Nr. 77/2011)

Mit diesem Bundesgesetz werden
1. die Richtlinie 2011/61/EU über die Verwalter alternativer Investmentfonds und zur Änderung der Richtlinien 2003/41/EG und 2009/65/EG und der Verordnungen (EG) Nr. 1060/2009 und (EU)

D. Einführung in das österreichische Investmentrecht

Nr. 1095/2010 ABl. Nr. L 174 vom 1.7.2011 S. 1, in der Fassung der Berichtigung ABl. Nr. L 155 vom 27.4.2012 S. 35 umgesetzt sowie
2. die Voraussetzungen für das Wirksamwerden der
   a) Verordnung (EU) Nr. 345/2013 über Europäische Risikokapitalfonds, ABl. Nr. L 115 vom 25.4.2013, S 1 und
   b) Verordnung (EU) Nr. 346/2013 über Europäische Fonds für soziales Unternehmertum, ABl. Nr. L 115 vom 25.4.2013, S 18 und
geschaffen.

Artikel 1

(Anm.: Zu den §§ 3, 6, 8, 10, 74, 145, 148, 150, 151, 190, 191 und 196, BGBl. I Nr. 77/2011)

Dieses Bundesgesetz dient der Umsetzung der Richtlinie 2013/36/EU über den Zugang zur Tätigkeit von Kreditinstituten und die Beaufsichtigung von Kreditinstituten und Wertpapierfirmen, zur Änderung der Richtlinie 2002/87/EG und zur Aufhebung der Richtlinien 2006/48/EG und 2006/49/EG, ABl. Nr. L 176 vom 27.6.2013 S. 338, und zur Anpassung des Aufsichtsrechts an die Verordnung (EU) Nr. 575/2013 über Aufsichtsanforderungen an Kreditinstitute und Wertpapierfirmen und zur Änderung der Verordnung (EU) Nr. 648/2012, ABl. Nr. L 176 vom 27.6.2013 S. 1, sowie der Umsetzung der Richtlinie 2011/89/EU zur Änderung der Richtlinien 98/78/EG, 2002/87/EG, 2006/48/EG und 2009/138/EG hinsichtlich der zusätzlichen Beaufsichtigung der Finanzunternehmen eines Finanzkonglomerats, ABl. Nr. L 326 vom 8.12.2011 S. 113.

Alternative Investmentfonds Manager – Gesetz („AIFMG")

Inhaltsverzeichnis

Art/Paragraf   Gegenstand/Bezeichnung

1. Teil. Geltungsbereich

§ 1.
§ 2.   Begriffsbestimmungen
§ 3.   Bestimmung des AIFM

2. Teil. Konzessionierung von AIFM

§ 4.   Bedingungen für die Aufnahme der Tätigkeit als AIFM
§ 5.   Konzessionsantrag
§ 6.   Konzessionsvoraussetzungen
§ 7.   Anfangskapital und Eigenmittel
§ 8.   Änderungen des Umfangs der Konzession
§ 9.   Rücknahme und Erlöschen der Konzession

3. Teil. Bedingungen für die Ausübung der Tätigkeit des AIFM

1. Abschnitt. Allgemeine Anforderungen

§ 10.   Allgemeine Grundsätze
§ 11.   Vergütung
§ 12.   Interessenkonflikte
§ 13.   Risikomanagement
§ 14.   Liquiditätsmanagement
§ 15.   Anlagen in Verbriefungspositionen

2. Abschnitt. Organisatorische Anforderungen

§ 16.   Allgemeine Grundsätze
§ 17.   Bewertung

3. Abschnitt. Übertragung von Funktionen des AIFM

§ 18.   Übertragung

4. Abschnitt.

§ 19.   Verwahrstelle

VI. Normenteil

4. Teil. Transparenzanforderungen

§ 20. Jahresbericht
§ 21. Informationspflichten gegenüber Anlegern
§ 22. Informationspflichten gegenüber den zuständigen Behörden

5. Teil. AIFM, die bestimmte Arten von AIF verwalten

1. Abschnitt. AIFM, die AIF mit Hebelfinanzierung verwalten

§ 23. Nutzung der Informationen durch die zuständigen Behörden, aufsichtsbehördliche Zusammenarbeit und Beschränkungen der Hebelfinanzierung

2. Abschnitt. Pflichten von AIFM, die AIF verwalten, die die Kontrolle über nicht börsennotierte Unternehmen und Emittenten erlangen

§ 24. Geltungsbereich
§ 25. Mitteilung über den Erwerb bedeutender Beteiligungen und die Erlangung der Kontrolle über nicht börsennotierte Unternehmen
§ 26. Offenlegungspflicht bei Erlangung der Kontrolle
§ 27. Besondere Bestimmungen hinsichtlich des Jahresberichts von AIF, die die Kontrolle über nicht börsennotierte Unternehmen ausüben
§ 28. Zerschlagung von Unternehmen

6. Teil. Recht der EU-AIFM auf Vertrieb und Verwaltung von EU-AIF

§ 29. Vertrieb von Anteilen von EU-AIF in Österreich als Herkunftsmitgliedstaat des AIFM
§ 30. Vertrieb von Anteilen von EU-AIF in anderen Mitgliedstaaten durch einen in Österreich konzessionierten AIFM
§ 31. Vertrieb von Anteilen von EU-AIF aus anderen Mitgliedstaaten in Österreich durch einen in einem Mitgliedstaat zugelassenen AIFM
§ 32. Bedingungen für die Verwaltung von EU-AIF durch einen in Österreich konzessionierten AIFM
§ 33. Bedingungen für die Verwaltung von EU-AIF in Österreich durch AIFM mit Sitz in einem anderen Mitgliedstaat

7. Teil. Spezifische Vorschriften in Bezug auf Drittländer

§ 34. Bedingungen für EU-AIFM, die Nicht-EU-AIF verwalten, die in den Mitgliedstaaten nicht vertrieben werden
§ 35. Vertrieb von Anteilen eines Nicht-EU-AIF in Österreich durch einen in Österreich konzessionierten AIFM
§ 36. Vertrieb von Anteilen eines Nicht-EU-AIF in anderen Mitgliedstaaten durch einen in Österreich konzessionierten AIFM mit einem Pass
§ 37. Vertrieb von Nicht-EU-AIF mit einem Pass in Österreich durch einen EU-AIFM
§ 38. Bedingungen für den ohne Pass erfolgenden Vertrieb in Österreich von durch EU-AIFM verwalteten Nicht-EU-AIF
§ 39. Zulassung von Nicht-EU-AIFM, für die Österreich Referenzmitgliedstaat ist
§ 40. Bedingungen für den in der Union mit einem Pass erfolgenden Vertrieb von EU-AIF, die von Nicht-EU-AIFM verwaltet werden, für die Österreich Referenzmitgliedstaat ist
§ 41. Vertrieb von EU-AIF mit Pass in Österreich durch einen Nicht-EU-AIFM
§ 42. Bedingungen für den in der Union mit einem Pass erfolgenden Vertrieb von Nicht-EU-AIF, die von einem Nicht-EU-AIFM verwaltet werden, für den Österreich Referenzmitgliedstaat ist
§ 43. Vertrieb von Nicht-EU-AIF durch einen Nicht-EU-AIFM mit Pass in Österreich
§ 44. Bedingungen für die Verwaltung von EU-AIF aus anderen Mitgliedstaaten durch Nicht-EU-AIFM, für die Österreich Referenzmitgliedstaat ist
§ 45. Bedingungen für die Erbringung von Dienstleistungen eines Nicht-EU-AIFM in Österreich als Aufnahmemitgliedstaat
§ 46. Zusammenarbeit der FMA als zuständige Behörde des Aufnahmemitgliedstaats mit ESMA und zuständigen Behörden anderer Mitgliedstaaten
§ 47. Bedingungen für den ohne Pass in Österreich erfolgenden Vertrieb von AIF, die von Nicht-EU-AIFM verwaltet werden

D. Einführung in das österreichische Investmentrecht

8.Teil. Vertrieb an Privatkunden

§ 48. Vertrieb von österreichischen AIF durch AIFM an Privatkunden
§ 49. Vertrieb von EU-AIF aus anderen Mitgliedstaaten und Nicht-EU-AIF durch österreichische AIFM oder von AIF durch EU-AIFM mit Sitz in einem anderen Mitgliedstaat oder durch Nicht-EU-AIFM an Privatkunden
§ 50. Vertriebsuntersagung
§ 51. Werbung
§ 52. Kostenloses Zur-Verfügung-Stellen von Prospekten, Rechenschaftsbericht und Halbjahresbericht
§ 53. Weiterverwendung von allgemeinen Bezeichnungen

9.Teil. Zuständige Behörden

1. Abschnitt. Benennung, Befugnisse und Rechtsbehelfe

§ 54. Benennung der zuständigen Behörde
§ 55. Aufgaben der zuständigen Behörden in den Mitgliedstaaten
§ 56. Befugnisse und Kosten der FMA
§ 57. Maßnahmen der FMA
§ 58. Form der Kommunikation mit der FMA – elektronische Übermittlung
§ 59. Befugnisse und Zuständigkeiten von ESMA
§ 60. Verwaltungsstrafen und Veröffentlichungen

2. Abschnitt. Zusammenarbeit der verschiedenen zuständigen Behörden

§ 61. Verpflichtung zur Zusammenarbeit
§ 62. Übermittlung und Speicherung personenbezogener Daten
§ 63. Offenlegung von Informationen gegenüber Drittländern
§ 64. Austausch von Informationen in Bezug auf potenzielle Systemauswirkungen von AIFM-Geschäften
§ 65. Zusammenarbeit bei der Aufsicht
§ 66. Streitbeilegung

10. Teil. Übergangs- und Schlussbestimmungen

§ 67. Übergangsbestimmung
§ 68.
§ 69.
§ 70.
§ 71. Verweise und Verordnungen
§ 72. Sprachliche Gleichbehandlung
§ 73. Vollziehung
§ 74. Inkrafttreten
Anlage 1 zu § 4
Anlage 2 zu § 11
Anlage 3 zu § 29
Anlage 4 zu § 30

1. Teil. Geltungsbereich

§ 1. (1) Vorbehaltlich Abs. 3 bis 5 gilt dieses Bundesgesetz für
1. EU-AIFM, die einen oder mehrere AIF verwalten, unabhängig davon, ob es sich bei solchen AIF um EU-AIF oder Nicht-EU-AIF handelt,
2. Nicht-EU-AIFM, die einen oder mehrere EU-AIF verwalten, und
3. Nicht-EU-AIFM, die einen oder mehrere AIF in der Europäischen Union vertreiben, unabhängig davon, ob es sich bei solchen AIF um EU-AIF oder Nicht-EU-AIF handelt.

(2) Für die Zwecke des Abs. 1 ist es ohne Bedeutung,
1. ob es sich bei dem AIF um einen offenen oder geschlossenen Typ handelt,
2. ob der AIF in der Vertragsform, der Form des Trust, der Satzungsform oder irgendeiner anderen Rechtsform errichtet ist,
3. welche Rechtsstruktur der AIFM hat.

(3) Dieses Bundesgesetz gilt nicht für
1. Holdinggesellschaften,
2. Einrichtungen der betrieblichen Altersversorgung, die unter die Richtlinie 2003/41/EG fallen, gegebenenfalls einschließlich der in Art. 2 Abs. 1 der genannten Richtlinie aufgeführten zugelasse-

VI. Normenteil

nen Stellen, die für die Verwaltung solcher Einrichtungen verantwortlich und in ihrem Namen tätig sind, oder der nach Art. 19 Abs. 1 der genannten Richtlinie bestellten Vermögensverwalter, sofern sie nicht AIF verwalten,
3. supranationale Institutionen, wie die Europäische Zentralbank, die Europäische Investitionsbank, den Europäischen Investitionsfonds, die Europäischen Entwicklungsfinanzierungsinstitute und bilateralen Entwicklungsbanken, die Weltbank, den Internationalen Währungsfonds und sonstige supranationale Einrichtungen und ähnliche internationale Organisationen, falls solche Einrichtungen oder Organisationen AIF verwalten, und sofern diese AIF im öffentlichen Interesse handeln,
4. nationale Zentralbanken,
5. staatliche Stellen und Gebietskörperschaften oder andere Einrichtungen, die Fonds zur Unterstützung von Sozialversicherungs- und Pensionssystemen verwalten,
6. Arbeitnehmerbeteiligungssysteme oder Arbeitnehmersparpläne und
7. Verbriefungszweckgesellschaften.

(4) Dieses Bundesgesetz gilt nicht für AIFM, welche einen oder mehrere AIF verwalten, deren einzige Anleger der AIFM oder die Muttergesellschaften oder die Tochtergesellschaften des AIFM oder andere Tochtergesellschaften jener Muttergesellschaften sind, sofern keiner dieser Anleger selbst ein AIF ist.

(5) Unbeschadet der Anwendung der §§ 24 bis 28, 56 und 60 gilt dieses Bundesgesetz nicht für AIFM, die entweder direkt oder indirekt über eine Gesellschaft, mit der der AIFM über eine gemeinsame Geschäftsführung, ein gemeinsames Kontrollverhältnis oder durch eine wesentliche direkte oder indirekte Beteiligung verbunden ist, die Portfolios von AIF verwalten, deren verwaltete Vermögenswerte – einschließlich der durch Einsatz einer Hebelfinanzierung erworbenen Vermögenswerte – insgesamt nicht über einen Schwellenwert von 100 Mio. EUR hinausgehen, oder deren verwaltete Vermögenswerte insgesamt nicht über einen Schwellenwert von 500 Mio. EUR hinausgehen, wenn die Portfolios dieser AIF aus AIF bestehen, die keine Hebelfinanzierung verwenden und die für einen Zeitraum von fünf Jahren nach der Tätigung der ersten Anlage in jeden dieser AIF keine Rücknahmerechte ausüben dürfen. Allerdings hat ein solcher AIFM
1. sich bei der FMA registrieren zu lassen;
2. sich und die von ihm verwalteten AIF zum Zeitpunkt ihrer Registrierung gegenüber der FMA auszuweisen;
3. der FMA zum Zeitpunkt ihrer Registrierung Informationen zu den Anlagestrategien der von ihm verwalteten AIF vorzulegen;
4. der FMA jährlich und zusätzlich auf Verlangen die wichtigsten Instrumente, mit denen er handelt, und über die größten Risiken und Konzentration der von ihm verwalteten AIF unterrichten, um der FMA eine effektive Überwachung der Systemrisiken zu ermöglichen;
5. der FMA jede Auflage eines AIF und jeden Beginn der Abwicklung eines AIF unverzüglich anzuzeigen;
6. zu erklären, Anteile des AIF nicht an Privatkunden im Sinne des § 48 zu vertreiben und
7. der FMA unverzüglich mitzuteilen, wenn er die in diesem Abs. genannten Voraussetzungen nicht mehr einhalten kann.

Übersteigen die Vermögenswerte der Portfolios der verwalteten AIF eines gemäß dieses Abs. registrierten AIFM zu einem späteren Zeitpunkt eine der genannten Schwellen, hat der AIFM die gemäß diesem Bundesgesetz erforderliche Konzession gemäß § 4 binnen 30 Kalendertagen zu beantragen. Unbeschadet der Schwellenwerte kann ein AIFM beschließen, eine Konzession gemäß § 4 zu beantragen. Diesfalls findet mit Erteilung der Konzession dieses Bundesgesetz in seiner Gesamtheit Anwendung. Sind von einem AIFM verwaltete AIF für den Vertrieb an Privatkunden bestimmt, ist unter Vorbehalt der Erteilung der Konzession gemäß § 4 dieses Bundesgesetz jedenfalls in seiner Gesamtheit anzuwenden.

Begriffsbestimmungen

§ 2. (1) Im Sinne dieses Bundesgesetzes gelten folgende Begriffsbestimmungen:
1. „AIF" ist jeder Organismus für gemeinsame Anlagen einschließlich seiner Teilfonds, der
   a) von einer Anzahl von Anlegern Kapital einsammelt, um es gemäß einer festgelegten Anlagestrategie zum Nutzen dieser Anleger zu investieren, ohne dass das eingesammelte Kapital unmittelbar der operativen Tätigkeit dient, und
   b) keine Genehmigung gemäß Art. 5 der Richtlinie 2009/65/EG benötigt.
2. „AIFM" ist jede juristische Person, deren reguläre Geschäftstätigkeit darin besteht, einen oder mehrere AIF zu verwalten.

D. Einführung in das österreichische Investmentrecht

3. „Zweigniederlassung" in Bezug auf einen AIFM ist eine Betriebsstelle, die einen rechtlich unselbstständigen Teil eines AIFM bildet und die die Dienstleistungen erbringt, für die dem AIFM eine Zulassung erteilt wurde; alle Betriebsstellen eines AIFM mit satzungsmäßigem Sitz in einem anderen Mitgliedstaat oder einem Drittland, die sich in ein und demselben Mitgliedstaat befinden, gelten als eine einzige Zweigniederlassung.
4. „Carried interest" ist ein Anteil an den Gewinnen des AIF, den ein AIFM als Vergütung für die Verwaltung des AIF erhält, hiervon sind sämtliche Anteile an den Gewinnen des AIF ausgeschlossen, die der AIFM als Rendite für Anlagen des AIFM in den AIF bezieht.
5. „Enge Verbindungen" ist eine Situation, in der zwei oder mehrere natürliche oder juristische Personen verbunden sind durch
    a) Beteiligung, dh das direkte Halten oder das Halten im Wege der Kontrolle von mindestens 20 vH der Stimmrechte oder des Kapitals an einem Unternehmen;
    b) Kontrolle, dh das Verhältnis zwischen einem Mutterunternehmen und einem Tochterunternehmen gemäß Art. 1 der Siebten Richtlinie 83/349/EWG oder ein ähnliches Verhältnis zwischen einer natürlichen oder juristischen Person und einem Unternehmen; für die Zwecke dieser Bestimmung wird ein Tochterunternehmen eines Tochterunternehmens auch als Tochterunternehmen des Mutterunternehmens angesehen.

    Eine Situation, in der zwei oder mehr natürliche oder juristische Personen durch ein Kontrollverhältnis mit ein und derselben Person dauerhaft verbunden sind, gilt auch als „enge Verbindung" zwischen diesen Personen.
6. „Zuständige Behörden" sind die nationalen Behörden der Mitgliedstaaten, die aufgrund von Rechts- oder Verwaltungsvorschriften zur Beaufsichtigung von AIFM befugt sind.
7. „Zuständige Behörden" in Bezug auf eine Verwahrstelle sind
    a) die zuständigen Behörden im Sinne des Art. 4 Nr. 4 der Richtlinie 2006/48/EG, wenn die Verwahrstelle ein nach jener Richtlinie zugelassenes Kreditinstitut ist;
    b) die zuständigen Behörden im Sinne des Art. 4 Abs. 1 Nr. 22 der Richtlinie 2004/39/EG, wenn die Verwahrstelle eine nach jener Richtlinie zugelassene Wertpapierfirma ist;
    c) die nationalen Behörden des Herkunftsmitgliedstaats der Verwahrstelle, die aufgrund von Rechts- oder Verwaltungsvorschriften zur Beaufsichtigung von Kategorien von Einrichtungen im Sinne von Art. 21 Abs. 3 Unterabsatz 1 lit. c der Richtlinie 2011/61/EU befugt sind, wenn die Verwahrstelle zu einer in jener Vorschrift genannten Kategorie von Einrichtungen gehört;
    d) die nationalen Behörden des Mitgliedstaats, in dem ein Unternehmen im Sinne von Art. 21 Abs. 3 Unterabsatz 3 der Richtlinie 2011/61/EU seinen satzungsmäßigen Sitz hat, wenn die Verwahrstelle ein in jener Vorschrift genanntes Unternehmen ist, und die aufgrund von Rechts- oder Verwaltungsvorschriften zur Beaufsichtigung eines solchen Unternehmens befugt sind, oder die amtliche Stelle, die für die Registrierung oder Beaufsichtigung eines solchen Unternehmens gemäß den für dieses geltenden berufsständischen Regeln zuständig ist;
    e) die betreffenden nationalen Behörden des Drittlands, in dem die Verwahrstelle ihren satzungsmäßigen Sitz hat, wenn die Verwahrstelle gemäß Art. 21 Abs. 5 lit. b der Richtlinie 2011/61/EU als Verwahrstelle für einen Nicht-EU-AIF benannt wird und nicht unter die Ziffern i bis iv dieser Richtlinie fällt.
8. „Zuständige Behörden des EU-AIF" sind die nationalen Behörden eines Mitgliedstaats, die aufgrund von Rechts- oder Verwaltungsvorschriften zur Beaufsichtigung von AIF befugt sind.
9. „Kontrolle" ist die Kontrolle im Sinne des Art. 1 der Richtlinie 83/349/EWG.
10. „Mit Sitz in" bezeichnet
    a) bei AIFM: „mit satzungsmäßigem Sitz in";
    b) bei AIF: „bewilligt oder registriert in"; oder, falls der AIF nicht bewilligt oder registriert ist: „mit satzungsmäßigem Sitz in";
    c) bei Verwahrstellen: „mit satzungsmäßigem Sitz oder Zweigniederlassung in";
    d) bei gesetzlichen Vertretern, die juristische Personen sind: „mit satzungsmäßigem Sitz oder Zweigniederlassung in";
    e) bei gesetzlichen Vertretern, die natürliche Personen sind: „mit Wohnsitz in".
11. „EU-AIF" bezeichnet
    a) einen AIF, der nach einschlägigem nationalen Recht in einem Mitgliedstaat zugelassen oder registriert ist, oder
    b) einen AIF, der nicht in einem Mitgliedstaat zugelassen oder registriert ist, dessen satzungsmäßiger Sitz und/oder Hauptverwaltung sich jedoch in einem Mitgliedstaat befindet.

VI. Normenteil

12. „EU-AIFM" bezeichnet einen AIFM mit satzungsmäßigem Sitz in einem Mitgliedstaat.
13. „Feeder-AIF" bezeichnet einen AIF, der
    a) mindestens 85 vH seiner Vermögenswerte in Anteilen eines anderen AIF („Master-AIF") anlegt, oder
    b) mindestens 85 vH seiner Vermögenswerte in mehr als einem Master-AIF anlegt, wenn diese Master-AIF identische Anlagestrategien verfolgen, oder
    c) anderweitig ein Engagement von mindestens 85 vH seiner Vermögenswerte in solch einem Master-AIF hat.
14. „Finanzinstrument" ist eines der in Anhang I Abschnitt C der Richtlinie 2004/39/EG genannten Instrumente.
15. „Holdinggesellschaft" ist eine Gesellschaft, die an einem oder mehreren anderen Unternehmen eine Beteiligung hält, deren Geschäftsgegenstand darin besteht, durch ihre Tochterunternehmen oder verbundenen Unternehmen oder Beteiligungen eine Geschäftsstrategie oder -strategien zur Förderung deren langfristigen Werts zu verfolgen, und bei der es sich um eine Gesellschaft handelt, die entweder
    a) auf eigene Rechnung tätig ist und deren Anteile zum Handel auf einem geregelten Markt in der Union zugelassen sind, oder
    b) die ausweislich ihres Jahresberichts oder anderer amtlicher Unterlagen nicht mit dem Hauptzweck gegründet wurde, ihren Anlegern durch Veräußerung ihrer Tochterunternehmen oder verbundenen Unternehmen eine Rendite zu verschaffen.
16. „Herkunftsmitgliedstaat des AIF" ist:
    a) der Mitgliedstaat, in dem der AIF nach den geltenden nationalen Rechtsvorschriften zugelassen oder registriert ist, oder im Falle mehrfacher Bewilligungen oder Registrierungen der Mitgliedstaat, in dem der AIF zum ersten Mal bewilligt oder registriert wurde, oder
    b) wenn der AIF in keinem Mitgliedstaat bewilligt oder registriert ist, der Mitgliedstaat, in dem der AIF seinen Sitz und/oder seine Hauptverwaltung hat;
17. „Herkunftsmitgliedstaat des AIFM" ist der Mitgliedstaat, in dem der AIFM seinen satzungsmäßigen Sitz hat; im Falle von Nicht-EU-AIFM ist bei allen Bezugnahmen der Richtlinie 2011/61/EU auf den „Herkunftsmitgliedstaat des AIFM" immer der „Referenzmitgliedstaat" gemeint, wie im 7. Teil vorgesehen.
18. „Aufnahmemitgliedstaat des AIFM" ist:
    a) ein Mitgliedstaat außer dem Herkunftsmitgliedstaat, in dem ein EU-AIFM EU-AIF verwaltet;
    b) ein Mitgliedstaat außer dem Herkunftsmitgliedstaat, in dem ein EU-AIFM Anteile eines EU-AIF vertreibt;
    c) ein Mitgliedstaat außer dem Herkunftsmitgliedstaat, in dem ein EU-AIFM Anteile eines Nicht-EU-AIF vertreibt;
    d) ein Mitgliedstaat außer dem Referenzmitgliedstaat, in dem ein Nicht-EU-AIFM Anteile eines EU-AIF verwaltet;
    e) ein Mitgliedstaat außer dem Referenzmitgliedstaat, in dem ein Nicht-EU-AIFM Anteile eines EU-AIF vertreibt, oder
    f) ein Mitgliedstaat außer dem Referenzmitgliedstaat, in dem ein Nicht-EU-AIFM Anteile eines Nicht-EU-AIF vertreibt.
19. „Anfangskapital" bezeichnet Mittel im Sinne von Art. 57 Abs. 1 lit. a und b der Richtlinie 2006/48/EG.
20. „Emittent" ist jeder Emittent im Sinne von Art. 2 Abs. 1 lit. d der Richtlinie 2004/109/EG, der seinen satzungsmäßigen Sitz in der Union hat, und dessen Wertpapiere im Sinne von Art. 4 Abs. 1 Nr. 14 der Richtlinie 2004/39/EG zum Handel auf einem geregelten Markt zugelassen sind.
21. „Gesetzlicher Vertreter" ist jede natürliche Person mit Wohnsitz in der Union oder jede juristische Person mit Sitz in der Union, die von einem Nicht-EU-AIFM ausdrücklich dazu ernannt worden ist, im Namen dieses Nicht-EU-AIFM gegenüber Behörden, Kunden, Einrichtungen und Gegenparteien des Nicht-EU-AIFM in der Union hinsichtlich der Verpflichtungen des Nicht-EU-AIFM nach der Richtlinie 2011/61/EU zu handeln.
22. „Hebelfinanzierung" ist jede Methode, mit der ein AIFM das Risiko eines von ihm verwalteten AIF durch Kreditaufnahme, Wertpapierleihe, in Derivate eingebettete Hebelfinanzierung oder auf andere Weise erhöht.
23. „Verwaltung von AIF" bedeutet, dass mindestens die in Anlage 1 Z 1 lit. a oder b genannten Anlageverwaltungsfunktionen für einen oder mehrere AIF erbracht werden.

24. „Vertrieb" ist das direkte oder indirekte, auf Initiative des AIFM oder in dessen Auftrag erfolgende Anbieten oder Platzieren von Anteilen an einem vom AIFM verwalteten AIF an Anleger oder bei Anlegern mit Wohnsitz oder Sitz in der Union.
25. „Master-AIF" ist jeder AIF, in den ein anderer AIF investiert oder Risiken an ihm gemäß Z 13 übernommen hat.
26. „Referenzmitgliedstaat" ist der gemäß Art. 37 Abs. 4 der Richtlinie 2011/61/EU festgelegte Mitgliedstaat.
27. „Nicht-EU-AIF" ist ein AIF, der kein EU-AIF ist.
28. „Nicht-EU-AIFM" ist ein AIFM, der kein EU-AIFM ist.
29. „Nicht börsennotiertes Unternehmen" ist ein Unternehmen, das seinen satzungsmäßigen Sitz in der Union hat und dessen Anteile im Sinne von Art. 4 Abs. 1 Nr. 14 der Richtlinie 2004/39/EG nicht zum Handel auf einem regulierten Markt zugelassen sind.
30. „Eigenmittel" sind Eigenmittel gemäß Art. 56 bis 67 der Richtlinie 2006/48/EG.
31. „Mutterunternehmen" ist ein Mutterunternehmen im Sinne der Art. 1 und 2 der Richtlinie 83/349/EWG.
32. „Primebroker" ist ein Kreditinstitut, eine regulierte Wertpapierfirma oder eine andere Einheit, die einer Regulierungsaufsicht und ständigen Überwachung unterliegt und professionellen Anlegern Dienstleistungen anbietet, in erster Linie, um als Gegenpartei Geschäfte mit Finanzinstrumenten zu finanzieren oder durchzuführen, und die möglicherweise auch andere Dienstleistungen wie Clearing und Abwicklung von Geschäften, Verwahrungsdienstleistungen, Wertpapierleihe und individuell angepasste Technologien und Einrichtungen zur betrieblichen Unterstützung anbietet.
33. „Professioneller Anleger" ist jeder Anleger, der im Sinne von Anhang II der Richtlinie 2004/39/EG als ein professioneller Kunde angesehen wird oder auf Antrag als ein professioneller Kunde behandelt werden kann.
34. „Qualifizierte Beteiligung" ist das direkte oder indirekte Halten von mindestens 10 vH des Kapitals oder der Stimmrechte eines AIFM nach den Art. 9 und 10 der Richtlinie 2004/109/EG, unter Berücksichtigung der Bedingungen für das Zusammenrechnen der Beteiligungen nach Art. 12 Absätze 4 und 5 der genannten Richtlinie oder die Möglichkeit zur Ausübung eines maßgeblichen Einflusses auf die Geschäftsführung des AIFM, an dem diese Beteiligung gehalten wird.
35. „Arbeitnehmervertreter" sind Vertreter der Arbeitnehmer im Sinne von Art. 2 lit. e der Richtlinie 2002/14/EG.
36. „Privatkunde" ist ein Anleger gemäß § 1 Z 14 Wertpapieraufsichtsgesetz 2007 – WAG 2007 (BGBl. I Nr. 60/2007).
37. „Tochterunternehmen" ist ein Tochterunternehmen gemäß der Definition in Art. 1 und 2 der Richtlinie 83/349/EWG.
38. „Aufsichtsbehörden" in Bezug auf Nicht-EU-AIF sind die nationalen Behörden eines Drittlands, die aufgrund von Rechts- oder Verwaltungsvorschriften zur Beaufsichtigung von AIF befugt sind.
39. „Aufsichtsbehörden" in Bezug auf Nicht-EU-AIFM sind die nationalen Behörden eines Drittlands, die aufgrund von Rechts- oder Verwaltungsvorschriften zur Beaufsichtigung von AIFM befugt sind.
40. „Verbriefungszweckgesellschaften" sind Gesellschaften, deren einziger Zweck darin besteht, eine oder mehrere Verbriefungen im Sinne von Art. 1 Abs. 2 der Verordnung (EG) Nr. 24/2009, die Verbriefungsgeschäfte betreiben, und weitere zur Erfüllung dieses Zwecks geeignete Tätigkeiten durchzuführen.
41. „OGAW" sind Organismen für gemeinsame Anlagen in Wertpapieren gemäß § 2 Abs. 1 Z 3 Investmentfondsgesetz 2011 – InvFG 2011 (BGBl. I Nr. 77/2011).

(2) Für die Zwecke von Abs. 1 Z 30 finden die Art. 13 bis 16 der Richtlinie 2006/49/EG entsprechend Anwendung.

(3) Die FMA kann mittels Verordnung unter Bedachtnahme auf die europäischen Gepflogenheiten verschiedene Arten von AIF sowie deren Kriterien festlegen.

(4) Soweit in diesem Bundesgesetz nicht eigene Begriffsbestimmungen festgelegt sind, sind die Begriffsbestimmungen des Bankwesengesetzes – BWG (BGBl. Nr. 532/1993) und des Kapitalmarktgesetzes – KMG (BGBl. Nr. 625/1991) anzuwenden.

Bestimmung des AIFM

§ 3. Ein AIF darf nur durch einen einzigen AIFM verwaltet werden, der auch für die Einhaltung der Bestimmungen dieses Bundesgesetzes verantwortlich ist. Der AIFM ist entweder

VI. Normenteil

1. ein externer Verwalter, der die vom AIF oder im Namen des AIF bestellte juristische Person ist und aufgrund dieser Bestellung oder kraft Gesetzes für die Verwaltung des AIF verantwortlich ist (externer AIFM), oder
2. der AIF selbst, wenn die Rechtsform des AIF eine interne Verwaltung zulässt und das Leitungsgremium des AIF entscheidet, keinen externen AIFM zu bestellen; in diesem Fall wird der AIF als AIFM zugelassen.

2. Teil. Konzessionierung von AIFM

Bedingungen für die Aufnahme der Tätigkeit als AIFM

§ 4. (1) Die Verwaltung von AIF setzt die Konzession als AIFM durch die FMA voraus. Die gemäß diesem Bundesgesetz konzessionierten AIFM müssen die Konzessionsvoraussetzungen jederzeit einhalten.

(2) Ein externer AIFM darf vorbehaltlich Abs. 4 keine anderen Tätigkeiten ausüben als die in Anlage 1 genannten Tätigkeiten und die zusätzliche Verwaltung von OGAW vorbehaltlich einer Konzession zum Investmentfondsgeschäft gemäß § 1 Abs. 1 Z 13 BWG in Verbindung mit § 6 Abs. 2 InvFG 2011.

(3) Ein intern verwalteter AIF darf keine andere Tätigkeit ausüben als die interne Verwaltung dieses AIF gemäß Anlage 1.

(4) Die FMA kann einem externen AIFM zusätzlich die Konzession zur Erbringung der folgenden Dienstleistungen erteilen:
1. Individuelle Verwaltung einzelner Portfolios, einschließlich solcher, die von Pensionsfonds und Einrichtungen der betrieblichen Altersversorgung gehalten werden, gemäß Art. 19 Abs. 1 der Richtlinie 2003/41/EG und im Einklang mit von den Anlegern erteilten Einzelmandaten mit Ermessensspielraum,
2. als Nebendienstleistungen:
    a) Anlageberatung,
    b) Verwahrung und technische Verwaltung im Zusammenhang mit Anteilen an Organismen für gemeinsame Anlagen,
    c) Annahme und Übermittlung von Aufträgen, die Finanzinstrumente zum Gegenstand haben.

(5) AIFM dürfen nicht konzessioniert werden, um
1. ausschließlich die in Abs. 4 genannten Dienstleistungen zu erbringen,
2. die unter Abs. 4 Z 2 genannten Nebendienstleistungen zu erbringen, ohne auch für die Erbringung der Dienstleistungen gemäß Abs. 4 Z 1 zugelassen zu sein,
3. ausschließlich die in Anlage 1 Z 2 genannten Tätigkeiten zu erbringen, oder
4. die in Anlage 1 Z 1 lit. a genannten Dienstleistungen zu erbringen, ohne auch die in Anlage 1 Z 1 lit. b genannten zu erbringen; dasselbe gilt im umgekehrten Fall.

(6) Für die Erteilung und Rücknahme einer Konzession gemäß Abs. 4 gelten § 3 Abs. 5 Z 4 und Abs. 6, 8 und 9, §§ 5, 9 und 75 bis 78 WAG 2007 sinngemäß. AIFM, die auch zur Erbringung von Dienstleistungen gemäß Abs. 4 berechtigt sind, haben weiters hinsichtlich dieser Tätigkeiten die Bestimmungen gemäß §§ 16 bis 26 und 29 bis 51, 52 Abs. 2 bis 4, 54 Abs. 1 und 94 bis 96 WAG 2007 einzuhalten. Eine OGAW Verwaltungsgesellschaft, deren Konzession sich auch auf Abs. 4 erstreckt, unterliegt in Bezug auf jene Dienstleistungen den Vorschriften gemäß § 93 Abs. 2a BWG.

(7) Die AIFM haben der FMA die erforderlichen Angaben vorzulegen, damit sie die Einhaltung der in diesem Bundesgesetz genannten Voraussetzungen zu jeder Zeit überwachen kann.

(8) Wertpapierfirmen gemäß § 1 Z 1 WAG 2007 und Kreditinstitute gemäß § 1 Abs. 1 und § 9 Abs. 1 BWG sind im Rahmen ihrer Berechtigung für die Erbringung von Wertpapierdienstleistungen gemäß Anhang I der Richtlinie 2004/39/EG nicht dazu verpflichtet, eine Konzession nach diesem Bundesgesetz zu erhalten. Wertpapierfirmen und Kreditinstitute dürfen Anteile an AIF allerdings nur dann direkt oder indirekt Anlegern in der Union anbieten oder bei diesen platzieren, wenn die Anteile gemäß diesem Bundesgesetz vertrieben werden dürfen.

Konzessionsantrag

§ 5. (1) Ein AIFM, für den Österreich der Herkunftsmitgliedstaat ist, hat eine Konzession als AIFM gemäß diesem Bundesgesetz durch die FMA zu beantragen.

(2) Der Antragsteller hat dem Antrag auf Erteilung einer Konzession folgende Angaben und Unterlagen anzuschließen:

D. Einführung in das österreichische Investmentrecht

1. Auskünfte über die Personen, die die Geschäfte des AIFM tatsächlich führen, sowie Informationen über einen eventuellen kontrollierenden Einfluss dieser Personen in Unternehmen in anderen Mitgliedstaaten, die unter die in § 6 Abs. 3 angeführten Kategorien fallen;
2. Auskünfte über die Identität aller Anteilseigner oder Mitglieder des AIFM, die eine qualifizierte Beteiligung an ihm halten, unabhängig davon, ob diese Beteiligung direkt oder indirekt ist oder es sich um natürliche oder juristische Personen handelt, sowie die Höhe dieser Beteiligungen, sowie Informationen über eventuelle Beteiligungen dieser Personen an Unternehmen in anderen Mitgliedstaaten, die unter die in § 6 Abs. 3 angeführten Kategorien fallen;
3. einen Geschäftsplan, der neben der Organisationsstruktur des AIFM auch Angaben darüber enthält, wie der AIFM seinen Pflichten nach dem 2. bis 4. Teil und gegebenenfalls dem 5. bis 8. Teil dieses Bundesgesetzes nachkommen will, sowie die Anlagestrategien der AIF zu deren Verwaltung der AIFM die Konzession beantragt hat;
4. Angaben über die Vergütungspolitik und -praxis gemäß § 11;
5. Angaben über Vereinbarungen, die zur Übertragung und Weiterübertragung von Funktionen im Sinne von § 18 an Dritte getroffen wurden.

(3) Zu den AIF, die der Antragsteller als AIFM zu verwalten beabsichtigt, sind beizulegen:
1. Angaben zu den Anlagestrategien, einschließlich der Arten der Zielfonds, falls es sich bei dem AIF um einen Dachfonds handelt, und der Grundsätze, die der AIFM im Zusammenhang mit dem Einsatz einer Hebelfinanzierung anwendet sowie der Risikoprofile und sonstiger Eigenschaften der AIF, die er verwaltet oder zu verwalten beabsichtigt, einschließlich Angaben zu den Mitgliedstaaten oder Drittländern, in denen sich der Sitz solcher AIF befindet oder voraussichtlich befinden wird;
2. Angaben zum Sitz des Master-AIF, falls es sich bei dem AIF um einen Feeder-AIF handelt;
3. die Vertragsbedingungen oder Satzungen aller AIF, die der AIFM verwaltet oder zu verwalten beabsichtigt;
4. Angaben zu den Vereinbarungen zur Bestellung der Verwahrstelle gemäß § 19 für jeden AIF, den der AIFM verwaltet oder zu verwalten beabsichtigt;
5. alle in § 21 Abs. 1 genannten weiteren Informationen für jeden AIF, den der AIFM verwaltet oder zu verwalten beabsichtigt.

(4) Beantragt eine Verwaltungsgesellschaft, die gemäß § 1 Abs. 1 Z 13 BWG in Verbindung mit § 6 Abs. 2 InvFG 2011 konzessioniert ist (im Folgenden „OGAW-Verwaltungsgesellschaft"), oder eine Kapitalanlagegesellschaft für Immobilien, die gemäß § 1 Abs. 1 Z 13a BWG konzessioniert ist, eine Konzession als AIFM nach diesem Bundesgesetz, so sind jene Angaben und Unterlagen nicht vorzulegen, die sie bereits bei der Beantragung der Konzession nach § 1 Abs. 1 Z 13 BWG in Verbindung mit § 6 Abs. 2 InvFG 2011 oder § 1 Abs. 1 Z 13a BWG vorgelegt hat, sofern diese Angaben oder Unterlagen nach wie vor auf dem neuesten Stand sind.

(5) Die FMA hat ESMA vierteljährlich über die nach diesem Teil erteilten Konzession und Rücknahmen von Konzessionen zu unterrichten.

Konzessionsvoraussetzungen

§ 6. (1) Die Konzession ist zu erteilen, wenn:
1. der Nachweis erbracht wurde, dass der AIFM zur Einhaltung der in diesem Bundesgesetz festgelegten Bedingungen in der Lage ist;
2. der AIFM über ausreichendes Anfangskapital und Eigenmittel gemäß § 7 verfügt;
3. die Personen, die die Geschäfte der AIFM tatsächlich führen, ausreichend zuverlässig sind und auch in Bezug auf die Anlagestrategien der vom AIFM verwalteten AIF über ausreichende Erfahrung verfügen; die Namen dieser Personen sowie aller ihrer Nachfolger sind der FMA vom AIFM unverzüglich mitzuteilen; über die Geschäftsführung des AIFM haben mindestens zwei Personen zu bestimmen, die die genannten Bedingungen erfüllen;
4. die Anteilseigner oder Mitglieder des AIFM, die eine qualifizierte Beteiligung an ihm halten, über die entsprechende Eignung verfügen, wobei der Notwendigkeit, die solide und umsichtige Verwaltung des AIFM zu gewährleisten, Rechnung zu tragen ist, und
5. der Sitz und die Hauptverwaltung des AIFM im Inland liegen.

(2) Die Konzession gilt in allen Mitgliedstaaten.

(3) Die FMA hat die zuständigen Behörden der anderen betroffenen Mitgliedstaaten zu konsultieren, bevor einem AIFM eine Konzession erteilt wird, der
1. eine Tochtergesellschaft eines anderen AIFM, einer OGAW-Verwaltungsgesellschaft, einer Wertpapierfirma, eines Kreditinstituts oder einer Versicherungsgesellschaft, der, die oder das in einem anderen Mitgliedstaat zugelassen ist,

VI. Normenteil

2. ein Tochterunternehmen des Mutterunternehmens eines anderen AIFM, einer OGAW-Verwaltungsgesellschaft, einer Wertpapierfirma, eines Kreditinstituts oder einer Versicherungsgesellschaft, der, die oder das in einem anderen Mitgliedstaat zugelassen ist, oder
3. eine Gesellschaft, die von denselben natürlichen oder juristischen Personen kontrolliert wird wie die, die einen anderen AIFM, eine OGAW-Verwaltungsgesellschaft, eine Wertpapierfirma, ein Kreditinstitut oder eine Versicherungsgesellschaft, der, die oder das in einem anderen Mitgliedstaat zugelassen ist,
kontrolliert.

(4) Die FMA hat die Konzession jedenfalls zu verweigern, wenn die wirksame Wahrnehmung ihrer Aufsichtsfunktionen durch einen der folgenden Umstände verhindert wird:
1. Durch eine enge Verbindung zwischen dem AIFM und anderen natürlichen oder juristischen Personen;
2. durch die Rechts- und Verwaltungsvorschriften eines Drittlands, denen natürliche oder juristische Personen unterliegen, mit denen der AIFM eng verbunden ist;
3. durch Schwierigkeiten bei der Durchsetzung dieser Rechts- und Verwaltungsvorschriften.

(5) Die FMA hat dem Antragsteller binnen drei Monaten nach Eingang des Antrages oder, wenn dieser unvollständig ist, binnen drei Monaten nach Übermittlung aller für den Bescheid erforderlichen Angaben entweder die Konzession zu erteilen oder die Ablehnung des Antrages mittels Bescheids schriftlich mitzuteilen. Die FMA kann diesen Zeitraum um bis zu drei zusätzliche Monate verlängern, wenn sie dies aufgrund der besonderen Umstände des Einzelfalls und nach einer entsprechenden Benachrichtigung des AIFM für notwendig erachtet. § 13 Abs. 3 letzter Satz AVG findet keine Anwendung. Für die Zwecke dieses Absatzes gilt ein Antrag als vollständig, wenn der AIFM mindestens die in § 5 Abs. 2 Z 1 bis 4 und § 5 Abs. 3 Z 1 und 2 genannten Angaben vorgelegt hat. AIFM können mit der Verwaltung von AIF mit den gemäß § 5 Abs. 3 Z 1 in dem Antrag beschriebenen Anlagestrategien im Inland beginnen, sobald die Konzession erteilt ist, frühestens jedoch einen Monat nachdem sie etwaige fehlende, in § 5 Abs. 2 Z 5 und § 5 Abs. 3 Z 3 bis 5 genannte Angaben, nachgereicht haben. Die Konzession ist bei sonstiger Nichtigkeit schriftlich zu erteilen. Die Konzession kann insbesondere im Hinblick auf die Anlagestrategien der AIF, welche der AIFM zulässigerweise verwalten darf, mit Bedingungen, Befristungen und Auflagen versehen werden.

Anfangskapital und Eigenmittel

§ 7. (1) Ein AIFM, der ein intern verwalteter AIF ist, hat über ein Anfangskapital von mindestens 300 000 Euro zu verfügen.

(2) Ein AIFM, der zum externen Verwalter von AIF bestellt wird, hat über ein Anfangskapital von mindestens 125 000 Euro zu verfügen.

(3) Übersteigt der Wert der von dem AIFM verwalteten AIF-Portfolios 250 Mio. Euro, hat der AIFM zusätzliche Eigenmittel einzubringen; diese zusätzlichen Eigenmittel haben 0,02 vH des Betrags zu entsprechen, um den der Wert der Portfolios des AIFM 250 Mio. Euro übersteigt; die erforderliche Gesamtsumme aus Anfangskapital und zusätzlichem Betrag übersteigt jedoch nicht 10 Mio. Euro.

(4) Für die Zwecke des Abs. 3 gelten die vom AIFM verwalteten AIF, einschließlich AIF, für die der AIFM gemäß § 18 Funktionen an Dritte übertragen hat, jedoch mit Ausnahme von AIF-Portfolios, die der AIFM im Auftrag Dritter verwaltet, als die Portfolios des AIFM.

(5) Ungeachtet des Abs. 3 haben AIFM stets über Eigenmittel in Höhe von mindestens dem in § 9 Abs. 2 WAG 2007 genannten Betrag zu verfügen.

(6) Um die potenziellen Berufshaftungsrisiken aus den Geschäftstätigkeiten, denen die AIFM nach diesem Bundesgesetz und der Richtlinie 2011/61/EU nachgehen können, abzudecken, haben sowohl intern verwaltete AIF als auch externe AIFM über
1. zusätzliche Eigenmittel, um potenzielle Haftungsrisiken aus beruflicher Fahrlässigkeit angemessen abzudecken, oder
2. eine Berufshaftpflichtversicherung für die sich aus beruflicher Fahrlässigkeit ergebende Haftung, die den abgedeckten Risiken entspricht,
zu verfügen.

(7) Eigenmittel, einschließlich der zusätzlichen Eigenmittel gemäß Abs. 6 Z 1, dürfen nur in liquide Vermögenswerte oder Vermögenswerte investiert werden, die kurzfristig unmittelbar in Bargeld umgewandelt werden können und keine spekulativen Positionen enthalten. Ein AIFM, der zugleich auch OGAW-Verwaltungsgesellschaft ist, hat dies nur in Bezug auf die zusätzlichen Eigenmittel gemäß Abs. 6 Z 1 einzuhalten.

D. Einführung in das österreichische Investmentrecht

(8) Mit Ausnahme der Abs. 6 und 7 und mit Ausnahme von gemäß Art. 9 der Richtlinie 2011/61/EU erlassenen delegierten Rechtsakten gilt diese Bestimmung nicht für AIFM, die zugleich auch OGAW-Verwaltungsgesellschaften sind.

Änderungen des Umfangs der Konzession

§ 8. (1) Ein AIFM hat der FMA alle wesentlichen Änderungen der Voraussetzungen für die Konzessionserteilung vor deren Anwendung anzuzeigen. Dies gilt insbesondere für wesentliche Änderungen der gemäß § 5 und § 6 Abs. 1 vorgelegten Angaben.

(2) Beschließt die FMA Beschränkungen vorzuschreiben oder diese Änderungen abzulehnen, so hat sie davon den AIFM innerhalb eines Monats nach Erhalt der Mitteilung durch Erlassen eines Bescheides in Kenntnis zu setzen. § 13 Abs. 3 letzter Satz AVG findet keine Anwendung. Die FMA kann diesen Zeitraum um bis zu einen Monat verlängern, wenn sie dies aufgrund der besonderen Umstände des Einzelfalls und nach einer entsprechenden Benachrichtigung des AIFM für notwendig erachtet. Werden die Änderungen innerhalb des vorgesehenen Beurteilungszeitraums nicht von der FMA abgelehnt, so dürfen sie vorgenommen werden.

Rücknahme und Erlöschen der Konzession

§ 9. (1) Zusätzlich zu den in § 6 Abs. 2 BWG erwähnten Gründen hat die FMA die Konzession zurückzunehmen, wenn:
1. der AIFM von der Konzession nicht binnen zwölf Monaten Gebrauch macht, ausdrücklich auf sie verzichtet oder die in diesem Bundesgesetz genannten Tätigkeiten in den vorangegangenen sechs Monaten nicht ausgeübt hat;
2. die für die Erteilung der Konzession erforderlichen Voraussetzungen nicht mehr vorliegen;
3. der AIFM die Richtlinie 2006/49/EG nicht mehr erfüllt, wenn seine Konzession sich auch auf die Dienstleistung der Portfolioverwaltung mit Ermessensspielraum gemäß § 4 Abs. 4 Z 1 erstreckt;
4. vom AIFM in schwerwiegender Weise oder systematisch gegen die nach diesem Bundesgesetz erlassenen Bestimmungen oder gegen die Bestimmungen der Richtlinie 2011/61/EU oder gegen die auf Grund dieser Richtlinie erlassenen delegierten Rechtsakte verstoßen wurde.

(2) Im Hinblick auf das Erlöschen der Konzession findet § 7 BWG Anwendung.

(3) Wird die Konzession des AIFM von der FMA entzogen, so geht das Recht zur Verwaltung des AIF auf die Verwahrstelle über. Mit dem Übergang des Rechts zur Verwaltung des AIF auf die Verwahrstelle ist die Auszahlung von Anteilen unzulässig. Die Verwahrstelle hat den AIF unverzüglich abzuwickeln und das Vermögen an die Anleger zu verteilen. Die für den AIF gehaltenen Vermögenswerte sind so rasch, als dies bei Wahrung der Interessen der Anteilinhaber möglich ist, in Geld umzusetzen. Die Verteilung des Vermögens auf die Anteilinhaber ist erst nach Erfüllung der Verbindlichkeiten des AIF sowie der nach den Fondsbestimmungen zulässigen Zahlungen an den AIFM und die Verwahrstelle vorzunehmen. Während der Abwicklung gilt § 22 Abs. 1 bis 4 für die Verwahrstelle sinngemäß. Mit Bewilligung der FMA kann die Verwahrstelle von der Abwicklung des AIF und der Verteilung des Vermögens absehen und binnen eines Monats nach dem Übergang des Rechts zur Verwaltung des AIF auf die Verwahrstelle einem anderen AIFM die Verwaltung des AIF nach Maßgabe der Anlagebedingungen übertragen. Die FMA kann die Bewilligung mit entsprechenden Bedingungen und Auflagen versehen.

3. Teil. Bedingungen für die Ausübung der Tätigkeit des AIFM

1. Abschnitt. Allgemeine Anforderungen

Allgemeine Grundsätze

§ 10. (1) Ein AIFM hat stets:
1. seiner Tätigkeit ehrlich und redlich, mit der gebotenen Sachkenntnis, Sorgfalt und Gewissenhaftigkeit nachzugehen;
2. im besten Interesse der von ihm verwalteten AIF oder der Anleger dieser AIF und der Integrität des Marktes zu handeln;
3. über die für eine ordnungsgemäße Ausübung ihrer Geschäftstätigkeit erforderlichen Mittel und Verfahren zu verfügen und diese wirksam einzusetzen;
4. alle angemessenen Maßnahmen zur Vermeidung von Interessenkonflikten und, wo diese nicht vermieden werden können, zur Ermittlung, Beilegung, Beobachtung und gegebenenfalls Offenle-

gung dieser Interessenkonflikte zu treffen, um zu vermeiden, dass sich diese nachteilig auf die Interessen der AIF und ihrer Anleger auswirken, und um sicherzustellen, dass den von ihm verwalteten AIF eine faire Behandlung zukommt;
5. alle auf die Ausübung ihrer Geschäftstätigkeit anwendbaren regulatorischen Anforderungen zu erfüllen, um das beste Interesse der von ihm verwalteten AIF oder der Anleger dieser AIF und die Integrität des Marktes zu fördern;
6. alle Anleger der AIF fair zu behandeln.

Der AIFM hat Anleger der von ihm verwalteten AIF gleich zu behandeln und die Interessen einer bestimmten Gruppe von Anlegern nicht über die Interessen einer anderen Gruppe von Anlegern zu stellen, es sei denn, eine solche Vorzugsbehandlung ist in den Vertragsbedingungen oder in der Satzung des entsprechenden AIF vorgesehen.

(2) Ein AIFM, dessen Konzession sich auch auf die individuelle Portfolioverwaltung mit Ermessensspielraum gemäß § 4 Abs. 4 Z 1 erstreckt, darf das Portfolio des Kunden weder ganz noch teilweise in Anteilen der von ihm verwalteten AIF anlegen, es sei denn, er hat zuvor eine allgemeine Zustimmung des Kunden erhalten und unterliegt in Bezug auf die Dienstleistungen gemäß § 4 Abs. 4 den Vorschriften der §§ 75 bis 78 WAG 2007. Hält der AIFM zusätzlich eine Konzession gemäß § 1 Abs. 1 Z 13 BWG in Verbindung mit § 6 Abs. 2 InvFG 2011, so ist stattdessen § 93 Abs. 2a BWG beachtlich.

(3) Die §§ 40, 40a, 40b und 41 BWG sind auf AIFM anzuwenden. § 40 Abs. 2 und 2a Z 1 BWG ist auch auf jene Personen anzuwenden, die Anteilsscheine oder Anteile vom AIFM erwerben.

Vergütung

§ 11. (1) Ein AIFM hat für alle Kategorien von Mitarbeitern einschließlich der Geschäftsleiter und Personen welche die Geschäfte tatsächlich führen, Risikoträger, Mitarbeiter mit Kontrollfunktionen und aller Mitarbeiter, die eine Gesamtvergütung erhalten, aufgrund derer sie sich in derselben Einkommensstufe befinden wie die Führungskräfte und Risikoträger, deren berufliche Tätigkeit sich wesentlich auf das Risikoprofil des AIFM oder auf die Risikoprofile der von ihm verwalteten AIF auswirkt, eine Vergütungspolitik und -praxis festzulegen, die mit einem soliden und wirksamen Risikomanagement vereinbar und diesem förderlich ist und nicht zur Übernahme von Risiken ermutigt, die nicht mit dem Risikoprofil, den Vertragsbedingungen oder der Satzung der von ihm verwalteten AIF vereinbar sind.

(2) Ein AIFM hat die Vergütungspolitik und -praxis gemäß Anlage 2 festzulegen.

(3) Die FMA kann mittels Verordnung unter Bedachtnahme auf die europäischen Gepflogenheiten die Grundsätze für eine Vergütungspolitik festlegen.

Interessenkonflikte

§ 12. (1) Ein AIFM hat alle angemessenen Maßnahmen zu treffen, um Interessenkonflikte zu ermitteln, die im Zusammenhang mit der Verwaltung von AIF zwischen
1. dem AIFM sowie seinen Geschäftsleitern, Mitarbeitern oder jeder anderen Person, die über ein Kontrollverhältnis direkt oder indirekt mit dem AIFM verbunden ist, und dem von ihm verwalteten AIF oder den Anlegern dieses AIF;
2. dem AIF oder den Anlegern dieses AIF und einem anderen AIF oder den Anlegern jenes AIF;
3. dem AIF oder den Anlegern dieses AIF und einem anderen Kunden des AIFM,
4. dem AIF oder den Anlegern dieses AIF und einem vom AIFM verwalteten OGAW oder den Anlegern dieses OGAW oder
5. zwei Kunden des AIFM
auftreten. Der AIFM hat wirksame organisatorische und administrative Vorkehrungen zur Ergreifung aller angemessen Maßnahmen zur Ermittlung, Vorbeugung, Beilegung und Beobachtung von Interessenkonflikten zu treffen und beizubehalten, um zu verhindern, dass diese den Interessen der AIF und ihrer Anleger schaden. Innerhalb seiner eigenen Prozessabläufe hat der AIFM Aufgaben und Verantwortungsbereiche zu trennen, die als miteinander unvereinbar angesehen werden könnten oder potenziell systematische Interessenkonflikte hervorrufen könnten. Der AIFM hat zu prüfen, ob die Bedingungen der Ausübung seiner Tätigkeit wesentliche andere Interessenkonflikte nach sich ziehen könnten und hat diese den Anlegern der AIF gegenüber offen zu legen.

(2) Reichen die von dem AIFM zur Ermittlung, Vorbeugung, Beilegung und Beobachtung von Interessenkonflikten getroffenen organisatorischen Vorkehrungen nicht aus, um nach vernünftigem Ermessen zu gewährleisten, dass das Risiko einer Beeinträchtigung von Anlegerinteressen vermieden

wird, so hat der AIFM die Anleger – bevor er in ihrem Auftrag Geschäfte tätigt – unmissverständlich über die allgemeine Art oder die Quellen der Interessenkonflikte in Kenntnis zu setzen und angemessene Strategien und Verfahren zu entwickeln.

(3) Wenn der AIFM für einen AIF die Dienste eines Primebroker in Anspruch nimmt, muss er die Bedingungen in einem schriftlichen Vertrag vereinbaren. Insbesondere muss die Möglichkeit einer Übertragung und Wiederverwendung von Vermögenswerten des AIF in diesem Vertrag vereinbart werden und den Vertragsbedingungen oder der Satzung des AIF entsprechen. In dem Vertrag muss festgelegt werden, dass die Verwahrstelle von dem Vertrag in Kenntnis gesetzt wird. Bei der Auswahl und Benennung der Primebroker, mit denen ein Vertrag geschlossen wird, hat der AIFM mit der gebotenen Sachkenntnis, Sorgfalt und Gewissenhaftigkeit vorzugehen.

Risikomanagement

§ 13. (1) Ein AIFM hat die Funktionen des Risikomanagements funktional und hierarchisch von den operativen Abteilungen zu trennen. Die FMA hat dies in Übereinstimmung mit dem Verhältnismäßigkeitsprinzip zu überwachen. Der AIFM muss jedenfalls in der Lage sein, der FMA auf Verlangen nachzuweisen, dass besondere Schutzvorkehrungen gegen Interessenkonflikte verwendet werden um eine unabhängige Ausübung von Risikomanagementmaßnahmen zu ermöglichen und dass das Risikomanagement den Anforderungen dieser Bestimmung genügt und durchgehend Anwendung findet.

(2) Damit alle Risiken, die für die einzelnen AIF-Anlagestrategien wesentlich sind und denen jeder AIF unterliegt oder unterliegen kann, hinreichend festgestellt, bewertet, gesteuert und überwacht werden, hat der AIFM angemessene Risikomanagement-Systeme einzusetzen. Der AIFM hat die Risikomanagement-Systeme in angemessenen zeitlichen Abständen zu überprüfen, mindestens jedoch einmal jährlich, und sie erforderlichenfalls anzupassen.

(3) Ein AIFM hat zumindest folgende Verpflichtungen:
1. Er hat eine der Anlagestrategie, den Zielen und dem Risikoprofil des AIF angemessene, dokumentierte und regelmäßig aktualisierte Sorgfaltsprüfung (Due Diligence Process) durchzuführen, wenn er für Rechnung des AIF Anlagen tätigt;
2. er hat zu gewährleisten, dass die mit den einzelnen Anlagepositionen des AIF verbundenen Risiken samt ihrer Auswirkungen auf das Gesamtportfolio des AIF laufend – unter anderem auch durch die Nutzung angemessener Stresstests – ordnungsgemäß bewertet, eingeschätzt, gesteuert und überwacht werden können;
3. er hat weiters zu gewährleisten, dass die Risikoprofile der AIF der Größe, der Portfoliostruktur und den Anlagestrategien und -zielen, wie sie in den Vertragsbedingungen oder der Satzung, dem Prospekt und den Emissionsunterlagen des AIF festgelegt sind, entsprechen.

(4) Ein AIFM hat ein Höchstmaß an Hebelfinanzierung festzulegen, das er für jeden der von ihm verwalteten AIF einsetzen kann, ebenso wie den Umfang des Rechts der Wiederverwendung von Sicherheiten oder sonstigen Garantien, die im Rahmen der Vereinbarung über die Hebelfinanzierung gewährt werden, wobei er Folgendes zu berücksichtigen hat:
1. Die Art des AIF;
2. die Anlagestrategie des AIF;
3. die Herkunft der Hebelfinanzierung des AIF;
4. jede andere Verbindung oder relevante Beziehung zu anderen Finanzdienstleistungsinstituten, die potenziell ein Systemrisiko darstellen,
5. die Notwendigkeit, das Risiko gegenüber jeder einzelnen Gegenpartei zu begrenzen,
6. das Ausmaß, bis zu dem die Hebelfinanzierung besichert ist,
7. das Verhältnis von Aktiva und Passiva,
8. Umfang, Wesen und Ausmaß der Geschäftstätigkeiten des AIFM auf den betreffenden Märkten.

(5) Die FMA kann mittels Verordnung unter Bedachtnahme auf die europäischen Gepflogenheiten nähere Kriterien im Hinblick auf Techniken für ein effizientes Portfoliomanagement festlegen.

Liquiditätsmanagement

§ 14. (1) Ein AIFM hat für jeden von ihm verwalteten AIF, bei dem es sich nicht um einen AIF des geschlossenen Types ohne Hebelfinanzierung handelt, über ein angemessenes Liquiditätsmanagementsystem zu verfügen und Verfahren festzulegen, die es ihm ermöglichen, die Liquiditätsrisiken des AIF zu überwachen und zu gewährleisten, dass sich das Liquiditätsprofil der Anlagen des AIF mit seinen zugrunde liegenden Verbindlichkeiten deckt. Der AIFM hat regelmäßig Stresstests durchzuführen,

VI. Normenteil

unter Zugrundelegung von sowohl normalen als auch außergewöhnlichen Liquiditätsbedingungen, mit denen er die Liquiditätsrisiken der AIF bewerten und entsprechend überwachen kann.

(2) Ein AIFM hat zu gewährleisten, dass die Anlagestrategie, das Liquiditätsprofil und die Rücknahmegrundsätze eines jeden von ihm verwalteten AIF miteinander konsistent sind.

Anlagen in Verbriefungspositionen

§ 15. Um sektorübergreifende Kohärenz zu gewährleisten und Divergenzen zwischen den Interessen von Firmen, die Kredite in handelbare Wertpapiere umwandeln, und Originatoren im Sinne von Art. 4 Abs. 41 der Richtlinie 2006/48/EG, und den Interessen von AIFM, die für Rechnung von AIF in diese Wertpapiere oder andere Finanzinstrumente investieren, zu beseitigen, hat der AIFM diesbezügliche delegierte Rechtsakte einzuhalten.

2. Abschnitt. Organisatorische Anforderungen

Allgemeine Grundsätze

§ 16. (1) Ein AIFM hat für die ordnungsgemäße Verwaltung der AIF jederzeit angemessene und geeignete personelle und technische Ressourcen einzusetzen.

(2) Ein AIFM hat unter Berücksichtigung der Art der von dem AIFM verwalteten AIF über eine ordnungsgemäße Verwaltung und Buchhaltung, Kontroll- und Sicherheitsvorkehrungen in Bezug auf die elektronische Datenverarbeitung sowie angemessene interne Kontrollverfahren, zu denen insbesondere Regeln für persönliche Geschäfte seiner Mitarbeiter und für das Halten oder Verwalten von Veranlagungen zum Zwecke der Anlage auf dem eigenen Konto gehören, zu verfügen, durch die zumindest gewährleistet wird, dass jedes die AIF betreffende Geschäft nach Herkunft, Vertragsparteien, Art, Abschlusszeitpunkt und -ort rekonstruiert werden kann und dass die Vermögenswerte der vom AIFM verwalteten AIF gemäß den Vertragsbedingungen oder Satzungen der AIF und gemäß den geltenden rechtlichen Bestimmungen angelegt werden.

Bewertung

§ 17. (1) Ein AIFM hat sicher zu stellen, dass für jeden von ihm verwalteten AIF geeignete und kohärente Verfahren festgelegt werden, so dass eine ordnungsgemäße und unabhängige Bewertung der Vermögenswerte des AIF gemäß dieser Bestimmung und den Vertragsbedingungen oder der Satzung der AIF vorgenommen werden kann.

(2) Die für die Bewertung der Vermögenswerte und die Berechnung des Nettoinventarwerts je Anteil eines AIF geltenden Vorschriften sind, sofern der AIF in Österreich seinen Sitz hat, in den Vertragsbedingungen oder der Satzung des AIF zu regeln.

(3) Ein AIFM hat auch sicher zu stellen, dass die Berechnung und Offenlegung des Nettoinventarwertes je Anteil des AIF gegenüber den Anlegern gemäß dieser Bestimmung und den Vertragsbedingungen oder der Satzung des AIF erfolgt. Durch die angewendeten Bewertungsverfahren hat sichergestellt zu werden, dass die Bewertung der Vermögenswerte und die Berechnung des Nettoinventarwerts je Anteil mindestens einmal jährlich erfolgt. Handelt es sich um einen offenen AIF, sind solche Bewertungen und Berechnungen in einem zeitlichen Abstand durchzuführen, der den von dem AIF gehaltenen Vermögenswerten und seiner Ausgabe- und Rücknahmehäufigkeit angemessen ist. Handelt es sich um einen geschlossenen AIF, sind solche Bewertungen und Berechnungen auch durchzuführen, wenn das Kapital des entsprechenden AIF erhöht oder herabgesetzt wird. Die Anleger haben über die Bewertungen und Berechnungen entsprechend den diesbezüglichen Vertragsbedingungen oder der Satzung des AIF informiert zu werden.

(4) Ein AIFM hat zu gewährleisten, dass die Bewertung von einer der folgenden Stellen durchgeführt wird:
1. einem externen Bewerter, der eine natürliche oder juristische Person unabhängig vom AIF, dem AIFM und anderen Personen mit engen Verbindungen zum AIF oder zum AIFM ist, oder
2. dem AIFM selbst, vorausgesetzt die Bewertungsaufgabe ist von der Portfolioverwaltung funktional unabhängig, und die Vergütungspolitik und andere Maßnahmen stellen sicher, dass Interessenkonflikte gemindert und ein unzulässiger Einfluss auf die Mitarbeiter verhindert werden.

Die für einen AIF bestellte Verwahrstelle darf nicht als externer Bewerter dieses AIF bestellt werden, außer wenn eine funktionale und hierarchische Trennung der Ausführung ihrer Verwahrfunktionen von ihren Aufgaben als externer Bewerter vorliegt und die potenziellen Interessenkonflikte ordnungsgemäß ermittelt, gesteuert, beobachtet und den Anlegern des AIF gegenüber offengelegt werden.

D. Einführung in das österreichische Investmentrecht

(5) Wird ein externer Bewerter für die Bewertung herangezogen, so hat der AIFM nachzuweisen, dass:
1. der externe Bewerter einer gesetzlich anerkannten verpflichtenden berufsmäßigen Registrierung oder Rechts- und Verwaltungsvorschriften oder berufsständischen Regeln unterliegt;
2. der externe Bewerter ausreichende berufliche Garantien vorweisen kann, um wirksam die entsprechende Bewertungsfunktion gemäß den Abs. 1, 2 und 3 ausüben zu können, und
3. die Bestellung des externen Bewerters den Anforderungen von § 18 und den gemäß Art. 20 Abs. 7 der Richtlinie 2011/61/EU erlassenen delegierten Rechtsakten entspricht.

(6) Der bestellte externe Bewerter darf die Bewertungsfunktion nicht an einen Dritten delegieren.

(7) Ein AIFM hat die Bestellung eines externen Bewerters der FMA unverzüglich anzuzeigen; diese kann für den Fall, dass die Voraussetzungen nach Abs. 5 nicht erfüllt sind, die Bestellung eines anderen externen Bewerters verlangen.

(8) Die Bewertung hat unabhängig und mit der gebotenen Sachkenntnis, Sorgfalt und Gewissenhaftigkeit zu erfolgen.

(9) Wird die Bewertung nicht von einem externen Bewerter vorgenommen, so kann die FMA verlangen, dass die Bewertungsverfahren und Bewertungen des AIFM von einem externen Bewerter oder gegebenenfalls durch einen Wirtschaftsprüfer überprüft werden.

(10) Ein AIFM ist für die ordnungsgemäße Bewertung der Vermögenswerte der AIF, für die Berechnung und die Bekanntgabe dieses Nettoinventarwerts verantwortlich. Die Haftung des AIFM gegenüber dem AIF und seinen Anlegern darf deshalb nicht durch die Tatsache berührt werden, dass der AIFM einen externen Bewerter bestellt hat. Ungeachtet dessen und unabhängig von anderslautenden vertraglichen Regelungen haftet der externe Bewerter gegenüber dem AIFM für jegliche Verluste des AIFM, die sich auf fahrlässige oder vorsätzliche Nichterfüllung der Aufgaben durch ihn zurückführen lassen.

3. Abschnitt. Übertragung von Funktionen des AIFM

Übertragung

§ 18. (1) Der AIFM ist berechtigt, eine oder mehrere seiner Aufgaben an Dritte zu übertragen. Folgende Voraussetzungen müssen dabei erfüllt sein:
1. Der AIFM hat der FMA unverzüglich ab Beschlussfassung die Übertragung schriftlich anzuzeigen, jedenfalls aber bevor die Vereinbarung zur Übertragung in Kraft tritt;
2. der AIFM muss in der Lage sein, seine gesamte Struktur zur Übertragung von Aufgaben mit objektiven Gründen zu rechtfertigen;
3. der Beauftragte muss über ausreichende Ressourcen für die Ausführung der jeweiligen Aufgaben verfügen und die Personen, die die Geschäfte des Dritten tatsächlich führen, müssen gut beleumundet sein und über ausreichende Erfahrung verfügen;
4. bezieht sich die Übertragung auf das Portfoliomanagement oder das Risikomanagement, so darf sie nur an Unternehmen erfolgen, die für die Zwecke der Vermögensverwaltung bewilligt sind und einer Aufsicht unterliegen, oder, wenn diese Bedingung nicht eingehalten werden kann, nur nach vorheriger Genehmigung durch die FMA;
5. bezieht sich die Übertragung auf das Portfoliomanagement oder das Risikomanagement und erfolgt sie an ein Unternehmen aus einem Drittland, so muss ergänzend zu den Anforderungen nach Z 4 die Zusammenarbeit zwischen der FMA und der für das Unternehmen zuständigen Aufsichtsbehörde sichergestellt sein;
6. die Übertragung darf die Wirksamkeit der Beaufsichtigung des AIFM nicht beeinträchtigen; insbesondere darf sie weder den AIFM daran hindern, im Interesse seiner Anleger zu handeln, noch verhindern, dass der AIF im Interesse der Anleger verwaltet wird;
7. der AIFM muss nachweisen können, dass der betreffende Beauftragte über die erforderliche Qualifikation verfügt und in der Lage ist, die betreffenden Funktionen wahrzunehmen, dass er sorgfältig ausgewählt wurde und dass der AIFM in der Lage ist, jederzeit die übertragenen Aufgaben wirksam zu überwachen, jederzeit weitere Anweisungen an den Beauftragten zu erteilen und die Übertragung mit sofortiger Wirkung zurückzunehmen, wenn dies im Interesse der Anleger ist.

Der AIFM hat jederzeit die von Beauftragten erbrachten Dienstleistungen zu überprüfen.

(2) Eine Übertragung darf hinsichtlich des Portfoliomanagements oder des Risikomanagements nicht an die folgenden Einrichtungen erfolgen:

VI. Normenteil

1. die Verwahrstelle oder einen Beauftragten der Verwahrstelle, oder
2. ein anderes Unternehmen, dessen Interessen mit denen des AIFM oder der Anleger des AIF im Konflikt stehen könnten, außer wenn ein solches Unternehmen eine funktionale und hierarchische Trennung der Ausführung seiner Aufgaben bei der Portfolio-Verwaltung oder dem Risikomanagement von seinen anderen potenziell dazu im Interessenkonflikt stehenden Aufgaben vorgenommen hat und die potenziellen Interessenkonflikte ordnungsgemäß ermittelt, gesteuert, beobachtet und den Anlegern des AIF gegenüber offengelegt werden.

(3) Die Pflichten des AIFM gegenüber dem AIF und seinen Anlegern gemäß diesem Bundesgesetz werden durch eine solche Übertragung oder durch eine weitere Unterbeauftragung nicht berührt. Der AIFM haftet jedenfalls für das Verhalten des Dritten wie für sein eigenes Verhalten. Der AIFM darf seine Aufgaben nicht in einem Umfang übertragen, der ihn zu einer Briefkastenfirma werden lässt. Die datenschutzrechtlich relevanten Bestimmungen (§§ 10 ff DSG 2000) sind einzuhalten.

(4) Dritte dürfen jede der ihnen übertragenen Funktionen weiterübertragen, sofern die folgenden Bedingungen eingehalten werden:
1. der AIFM hat vorher der Unterbeauftragung zugestimmt;
2. der AIFM hat der FMA diesbezüglich Anzeige erstattet, bevor die Vereinbarung über die Unterbeauftragung in Kraft tritt;
3. die in Abs. 1 und 2 festgelegten Bedingungen sind ebenfalls bei einer Unterbeauftragung jederzeit erfüllt;
4. der vom AIFM Beauftragte hat jederzeit die von Unterbeauftragten erbrachten Dienstleistungen zu überprüfen.

(5) Wenn der Unterbeauftragte an ihn übertragene Funktionen weiterüberträgt, ist Abs. 4 anzuwenden und einzuhalten.

4. Abschnitt. Verwahrstelle

§ 19. (1) Für jeden von ihm verwalteten AIF hat der AIFM sicherzustellen, dass im Einklang mit dieser Bestimmung eine einzige Verwahrstelle bestellt wird.

(2) Die Bestellung der Verwahrstelle hat in einem Vertrag schriftlich vereinbart zu werden. Der Vertrag hat unter anderem den Informationsaustausch zu regeln, der für erforderlich erachtet wird, damit die Verwahrstelle gemäß diesem Bundesgesetz und gemäß den anderen einschlägigen Rechts- und Verwaltungsvorschriften ihren Aufgaben für den AIF, für den sie als Verwahrstelle bestellt wurde, nachkommen kann.

(3) Die Verwahrstelle hat entweder:
1. ein Kreditinstitut mit Sitz in der Union, das gemäß der Richtlinie 2006/48/EG zugelassen ist oder
2. eine Wertpapierfirma mit satzungsmäßigem Sitz in der Union, für die die Eigenkapitalanforderungen gemäß Art. 20 Abs. 1 der Richtlinie 2006/49/EG gelten, einschließlich der Kapitalanforderungen für operationelle Risiken, und die gemäß der Richtlinie 2004/39/EG zugelassen ist, und die auch die Nebendienstleistungen wie Verwahrung und Verwaltung von Finanzinstrumenten für Rechnung von Kunden gemäß Anhang I Abschnitt B Nr. 1 der Richtlinie 2004/39/EG erbringt; solche Wertpapierfirmen müssen in jedem Fall über Eigenmittel verfügen, die den in Art. 9 der Richtlinie 2006/49/EG genannten Betrag des Anfangskapitals nicht unterschreiten; oder
3. eine andere Kategorie von Einrichtungen, die einer Beaufsichtigung und ständigen Überwachung unterliegen und die am 21. Juli 2011 unter eine der von den Mitgliedstaaten gemäß Art. 23 Abs. 3 der Richtlinie 2009/65/EG festgelegten Kategorien von Einrichtungen fallen, aus denen eine Verwahrstellen gewählt werden kann,

zu sein. Nur bei Nicht-EU-AIF und unbeschadet des Abs. 5 Z 2 kann die Verwahrstelle auch ein Kreditinstitut oder ein ähnlich wie die in Z 1 und 2 genannten Unternehmen geartetes Unternehmen sein, sofern die Bedingungen des Abs. 6 Z 2 eingehalten sind.

(4) Zur Vermeidung von Interessenkonflikten zwischen der Verwahrstelle, dem AIFM und/oder dem AIF und/oder seinen Anlegern
1. darf ein AIFM nicht die Aufgabe einer Verwahrstelle wahrnehmen;
2. darf ein Primebroker, der als Geschäftspartner eines AIF auftritt, nicht die Aufgaben einer Verwahrstelle dieses AIF wahrnehmen, außer wenn eine funktionale und hierarchische Trennung der Ausführung seiner Verwahrfunktionen von seinen Aufgaben als Primebroker vorliegt und die potenziellen Interessenkonflikte ordnungsgemäß ermittelt, gesteuert, beobachtet und den Anlegern des AIF offengelegt werden. Es ist gemäß Abs. 11 zulässig, dass die Verwahrstelle einem solchen Primebroker ihre Verwahraufgaben überträgt, wenn die entsprechenden Bedingungen eingehalten sind.

D. Einführung in das österreichische Investmentrecht

(5) Die Verwahrstelle hat ihren Sitz an einem der folgenden Orte zu haben:
1. Bei EU-AIF im Herkunftsmitgliedstaat des AIF;
2. bei Nicht-EU-AIF in dem Drittland, in dem sich der Sitz des AIF befindet, oder in dem Herkunftsmitgliedstaat des AIFM, der den AIF verwaltet, oder in dem Referenzmitgliedstaat des AIFM, der den AIF verwaltet.

(6) Unbeschadet der Anforderungen von Abs. 3 unterliegt die Bestellung einer Verwahrstelle mit Sitz in einem Drittland den folgenden Bedingungen:
1. die zuständigen Behörden des Mitgliedstaats, in dem die Anteile des Nicht-EU-AIF vertrieben werden sollen, und, falls es sich um unterschiedliche Behörden handelt, die Behörden des Herkunftsmitgliedstaats des AIFM, haben Vereinbarungen über die Zusammenarbeit und den Informationsaustausch mit den zuständigen Behörden der Verwahrstelle unterzeichnet;
2. die Verwahrstelle unterliegt einer wirksamen aufsichtlichen Regulierung, einschließlich Mindesteigenkapitalanforderungen, und Aufsicht, die den Rechtsvorschriften der Union entsprechen und die wirksam durchgesetzt werden;
3. das Drittland, in dem die Verwahrstelle ihren Sitz hat, ist kein Land oder Gebiet, in dem gemäß § 40b Abs. 1 letzter Satz BWG jedenfalls ein erhöhtes Risiko der Geldwäscherei oder Terrorismusfinanzierung besteht;
4. die Mitgliedstaaten, in denen die Anteile des Nicht-EU-AIF vertrieben werden sollen, und, soweit verschieden, der Herkunftsmitgliedstaat des AIFM, haben mit dem Drittland, in dem die Verwahrstelle ihren Sitz hat, eine Vereinbarung unterzeichnet, die den Standards des Art. 26 des OECD-Musterabkommens zur Vermeidung der Doppelbesteuerung von Einkommen und Vermögen vollständig entspricht und einen wirksamen Informationsaustausch in Steuerangelegenheiten, einschließlich multilateraler Steuerabkommen, gewährleistet;
5. die Verwahrstelle haftet vertraglich gegenüber dem AIF oder gegenüber den Anlegern des AIF, in Übereinstimmung mit den Abs. 12 und 13, und erklärt sich ausdrücklich zur Einhaltung von Abs. 11 bereit.

Ist die FMA nicht mit der Bewertung der Anwendung von Z 1 bis 4 durch die zuständigen Behörden des Herkunftsmitgliedstaats des AIFM einverstanden, so kann sie die Angelegenheit ESMA zur Kenntnis bringen und zwar im Hinblick auf die ihr gemäß Art. 19 der Verordnung (EU) Nr. 1095/2010 übertragenen Befugnisse.

(7) Die Verwahrstelle hat sicherzustellen, dass die Cashflows der AIF ordnungsgemäß überwacht werden und hat insbesondere zu gewährleisten, dass sämtliche Zahlungen von Anlegern oder im Namen von Anlegern bei der Zeichnung von Anteilen eines AIF geleistet wurden und dass die gesamten Geldmittel des AIF auf einem Geldkonto verbucht wurden, das für Rechnung des AIF, im Namen des AIFM, der für Rechnung des AIF tätig ist, oder im Namen der Verwahrstelle, die für Rechnung des AIF tätig ist, bei einer Stelle gemäß Art. 18 Abs. 1 lit. a, b und c der Richtlinie 2006/73/EG oder bei einer Stelle der gleichen Art in dem entsprechenden Markt, in dem Geldkonten verlangt werden, eröffnet wurde, solange eine solche Stelle einer wirksamen aufsichtlichen Regulierung und Aufsicht unterliegt, die den Rechtsvorschriften der Union entsprechen und wirksam durchgesetzt werden, und mit den Grundsätzen nach Art. 16 der Richtlinie 2006/73/EG übereinstimmt. Falls Geldkonten im Namen der Verwahrstelle, die für Rechnung des AIF handelt, eröffnet werden, werden keine Geldmittel der in diesem Abs. genannten Stelle und keine Geldmittel der Verwahrstelle selbst auf solchen Konten verbucht.

(8) Die Vermögenswerte des AIF oder des für Rechnung des AIF handelnden AIFM, haben der Verwahrstelle folgendermaßen zur Aufbewahrung anvertraut zu werden:
1. für Finanzinstrumente, die in Verwahrung genommen werden können, gilt:
   a) die Verwahrstelle verwahrt sämtliche Finanzinstrumente, die im Depot auf einem Konto für Finanzinstrumente verbucht werden können, und sämtliche Finanzinstrumente, die der Verwahrstelle physisch übergeben werden können;
   b) zu diesem Zweck stellt die Verwahrstelle sicher, dass all jene Finanzinstrumente, die im Depot auf einem Konto für Finanzinstrumente verbucht werden können, gemäß den in Art. 16 der Richtlinie 2006/73/EG festgelegten Grundsätzen in den Büchern der Verwahrstelle auf gesonderten Konten registriert werden, die im Namen des AIF oder des für ihn tätigen AIFM eröffnet wurden, so dass die Finanzinstrumente jederzeit gemäß geltendem Recht eindeutig als im Eigentum des AIF befindliche Instrumente identifiziert werden können;
2. für sonstige Vermögenswerte gilt:
   a) die Verwahrstelle prüft das Eigentum des AIF oder des für Rechnung des AIF tätigen AIFM an solchen Vermögenswerten und führt Aufzeichnungen derjenigen Vermögenswerte, bei denen

sie sich vergewissert hat, dass der AIF oder der für Rechnung des AIF tätige AIFM an diesen Vermögenswerten das Eigentum hat;
b) die Beurteilung, ob der AIF oder der für Rechnung des AIF tätige AIFM Eigentümer ist, beruht auf Informationen oder Unterlagen, die vom AIF oder vom AIFM vorgelegt werden und, soweit verfügbar, auf externen Nachweisen;
c) die Verwahrstelle hält ihre Aufzeichnungen auf dem neuesten Stand.

(9) Ergänzend zu den in Abs. 7 und 8 genannten Aufgaben hat die Verwahrstelle sicherzustellen, dass
1. der Verkauf, die Ausgabe, die Rücknahme, die Auszahlung und die Aufhebung von Anteilen des AIF gemäß den geltenden nationalen Rechtsvorschriften und den Vertragsbedingungen oder der Satzung des AIF erfolgen;
2. die Berechnung des Wertes der Anteile des AIF nach den geltenden nationalen Rechtsvorschriften, den Vertragsbedingungen oder der Satzung des AIF, gemäß § 17 dieses Bundesgesetzes oder des in Art. 19 der Richtlinie 2011/61/EU festgelegten Verfahrens erfolgt;
3. die Weisungen des AIFM ausgeführt werden, es sei denn, diese verstoßen gegen geltende nationale Rechtsvorschriften oder die Vertragsbedingungen oder die Satzung des AIF;
4. bei Transaktionen mit Vermögenswerten des AIF der Gegenwert innerhalb der üblichen Fristen an den AIF überwiesen wird;
5. die Erträge des AIF gemäß den geltenden nationalen Rechtsvorschriften und den Vertragsbedingungen oder der Satzung des AIF verwendet werden.

(10) Der AIFM und die Verwahrstelle haben im Rahmen ihrer jeweiligen Aufgaben ehrlich, redlich, professionell, unabhängig und im Interesse des AIF und seiner Anleger zu handeln. Eine Verwahrstelle darf keine Aufgaben in Bezug auf den AIF oder den für Rechnung des AIF tätigen AIFM wahrnehmen, die Interessenkonflikte zwischen dem AIF, den Anlegern des AIF, dem AIFM und ihr selbst schaffen könnten, außer wenn eine funktionale und hierarchische Trennung der Ausführung ihrer Aufgaben als Verwahrstelle von ihren potenziell dazu in Konflikt stehenden Aufgaben vorgenommen wurde und die potenziellen Interessenkonflikte ordnungsgemäß ermittelt, gesteuert, beobachtet und den Anlegern des AIF gegenüber offengelegt werden. Die in Abs. 8 genannten Vermögenswerte dürfen nicht ohne vorherige Zustimmung des AIF oder des für Rechnung des AIF tätigen AIFM von der Verwahrstelle wiederverwendet werden.

(11) Die Verwahrstelle darf ihre in dieser Bestimmung festgeschriebenen Funktionen nicht auf Dritte übertragen, hiervon ausgenommen sind die in Abs. 8 genannten Aufgaben. Die Verwahrstelle kann die in Abs. 8 genannten Funktionen unter den folgenden Bedingungen auf Dritte übertragen:
1. die Aufgaben werden nicht in der Absicht übertragen, die Vorschriften dieses Bundesgesetzes zu umgehen;
2. die Verwahrstelle kann belegen, dass es einen objektiven Grund für die Übertragung gibt;
3. die Verwahrstelle ist bei der Auswahl und Bestellung eines Dritten, dem sie Teile ihrer Aufgaben übertragen möchte, mit der gebotenen Sachkenntnis, Sorgfalt und Gewissenhaftigkeit vorgegangen und geht weiterhin bei der laufenden Kontrolle und regelmäßigen Überprüfung von Dritten, denen sie Teile ihrer Aufgaben übertragen hat, und von Vereinbarungen des Dritten hinsichtlich der ihm übertragenen Aufgaben mit der gebotenen Sachkenntnis, Sorgfalt und Gewissenhaftigkeit vor, und
4. die Verwahrstelle gewährleistet, dass der Dritte jederzeit bei der Ausführung der ihm übertragenen Aufgaben die folgenden Bedingungen einhält:
a) Der Dritte verfügt über eine Organisationsstruktur und die Fachkenntnisse, die für die Art und die Komplexität der Vermögenswerte des AIF oder des für dessen Rechnung handelnden AIFM, die ihm anvertraut wurden, angemessen und geeignet sind;
b) bezogen auf die Verwahraufgaben gemäß Abs. 8 Z 1 unterliegt der Dritte einer wirksamen aufsichtlichen Regulierung, einschließlich Mindesteigenkapitalanforderungen, und Aufsicht in der betreffenden rechtlichen Zuständigkeit und der Dritte unterliegt ferner einer regelmäßigen externen Wirtschaftsprüfung, durch die gewährleistet wird, dass sich die Finanzinstrumente in seinem Besitz befinden;
c) der Dritte trennt die Vermögenswerte der Kunden der Verwahrstelle von seinen eigenen Vermögenswerten und von den Vermögenswerten der Verwahrstelle in einer solchen Weise, dass sie zu jeder Zeit eindeutig als Eigentum von Kunden einer bestimmten Verwahrstelle identifiziert werden können;
d) der Dritte darf die Vermögenswerte nicht ohne vorherige Zustimmung des AIF oder des für Rechnung des AIF tätigen AIFM und eine vorherige Mitteilung an die Verwahrstelle verwenden und

e) der Dritte hält sich an die allgemeinen Verpflichtungen und Verbote gemäß den Abs. 8 und 10.
Unbeschadet der Z 4 lit. b, wenn laut den Rechtsvorschriften eines Drittlands vorgeschrieben ist, dass bestimmte Finanzinstrumente von einer ortsansässigen Einrichtung verwahrt werden müssen und es keine ortsansässigen Einrichtungen gibt, die den Anforderungen für eine Beauftragung gemäß Z 4 lit. b genügen, darf die Verwahrstelle ihre Funktionen an eine solche ortsansässige Einrichtung nur insoweit übertragen, wie es von dem Recht des Drittlandes gefordert wird und nur solange es keine ortsansässigen Einrichtungen gibt, die die Anforderungen für eine Beauftragung erfüllen, vorbehaltlich der folgenden Anforderungen:

aa) Die Anleger des jeweiligen AIF müssen vor Tätigung ihrer Anlage ordnungsgemäß unterrichtet werden, dass eine solche Beauftragung aufgrund rechtlicher Zwänge im Recht des Drittlandes erforderlich ist, und sie müssen über die Umstände unterrichtet werden, die die Übertragung rechtfertigen; und

bb) der AIF oder der für Rechnung des AIF tätige AIFM müssen die Verwahrstelle anweisen, die Verwahrung dieser Finanzinstrumente an eine solche ortsansässige Einrichtung zu übertragen.

Der Dritte kann seinerseits diese Funktionen unter den gleichen Bedingungen weiter übertragen. In diesem Fall gilt Abs. 13 entsprechend für die jeweils Beteiligten. Die Erbringung von Dienstleistungen gemäß der Richtlinie 98/26/EG durch Wertpapierliefer- und Abrechnungssysteme, wie es für die Zwecke jener Richtlinie vorgesehen ist, oder die Erbringung ähnlicher Dienstleistungen durch Wertpapierliefer- und Abrechnungssysteme von Drittländern wird für Zwecke dieses Absatzes nicht als Beauftragung mit Verwahrfunktionen betrachtet.

(12) Die Verwahrstelle haftet gegenüber dem AIF oder gegenüber den Anlegern des AIF für das Abhandenkommen durch die Verwahrstelle oder durch einen Dritten, dem die Verwahrung von Finanzinstrumenten, die gemäß Abs. 8 Z 1 verwahrt wurden, übertragen wurde. Im Falle eines solchen Abhandenkommens eines verwahrten Finanzinstruments hat die Verwahrstelle dem AIF oder dem für Rechnung des AIF handelnden AIFM unverzüglich ein Finanzinstrument gleicher Art zurückzugeben oder einen entsprechenden Betrag zu erstatten. Die Verwahrstelle haftet nicht, wenn sie nachweisen kann, dass das Abhandenkommen auf höhere Gewalt zurückzuführen ist, deren Konsequenzen trotz aller angemessenen Gegenmaßnahmen unabwendbar waren. Die Verwahrstelle haftet auch gegenüber dem AIF oder den Anlegern des AIF für sämtliche sonstigen Verluste, die diese infolge einer von der Verwahrstelle fahrlässig oder vorsätzlich verursachten Nichterfüllung ihrer Verpflichtungen aus diesem Bundesgesetz erleiden.

(13) Die Haftung der Verwahrstelle bleibt von einer etwaigen Übertragung gemäß Abs. 11 unberührt. Unbeschadet dessen kann sich die Verwahrstelle bei Verlust von Finanzinstrumenten, die von einem Dritten gemäß Abs. 11 verwahrt wurden, von der Haftung befreien, wenn sie nachweisen kann, dass:

1. alle Bedingungen für die Übertragung ihrer Verwahraufgaben gemäß Abs. 11 Z 1 bis Z 4 eingehalten sind;
2. ein schriftlicher Vertrag zwischen der Verwahrstelle und dem Dritten die Haftung der Verwahrstelle ausdrücklich auf diesen Dritten überträgt und es dem AIF oder dem für Rechnung des AIF tätigen AIFM ermöglicht, seinen Anspruch wegen des Abhandenkommens von Finanzinstrumenten gegenüber dem Dritten geltend zu machen, oder die Verwahrstelle solch einen Anspruch für sie geltend machen darf, und
3. ein schriftlicher Vertrag zwischen der Verwahrstelle und dem AIF oder dem für Rechnung des AIF handelnden AIFM ausdrücklich eine Befreiung der Verwahrstelle von der Haftung gestattet und einen objektiven Grund für die vertragliche Vereinbarung einer solchen Befreiung angibt.

(14) Wenn ferner laut den Rechtsvorschriften eines Drittlands vorgeschrieben ist, dass bestimmte Finanzinstrumente von einer ortsansässigen Einrichtung verwahrt werden müssen und es keine ortsansässigen Einrichtungen gibt, die den Anforderungen für eine Beauftragung gemäß Abs. 11 Z 4 lit. b genügen, kann die Verwahrstelle sich von der Haftung befreien, sofern die folgenden Bedingungen eingehalten sind:

1. die Vertragsbedingungen oder die Satzung des betreffenden AIF erlauben ausdrücklich eine solche Befreiung unter den in diesem Abs. genannten Voraussetzungen;
2. die Anleger der entsprechenden AIF wurden vor Tätigung ihrer Anlage ordnungsgemäß über diese Haftungsbefreiung und die Umstände, die diese Haftungsbefreiung rechtfertigen, unterrichtet;
3. der AIF oder der für Rechnung des AIF tätige AIFM haben die Verwahrstelle angewiesen, die Verwahrung dieser Finanzinstrumente an eine ortsansässige Einrichtung zu übertragen;
4. es gibt einen schriftlichen Vertrag zwischen der Verwahrstelle und dem AIF oder dem für Rechnung des AIF tätigen AIFM, in dem solch eine Haftungsbefreiung ausdrücklich gestattet ist; und

VI. Normenteil

5. es gibt einen schriftlichen Vertrag zwischen der Verwahrstelle und dem Dritten, in dem die Haftung der Verwahrstelle ausdrücklich auf den Dritten übertragen wird und es dem AIF oder dem für Rechnung des AIF tätigen AIFM ermöglicht, seinen Anspruch wegen des Abhandenkommens von Finanzinstrumenten gegenüber dem Dritten geltend zu machen, oder die Verwahrstelle solch einen Anspruch für sie geltend machen darf.

(15) Haftungsansprüche der Anleger eines AIF können in Abhängigkeit von der Art der Rechtsbeziehungen zwischen der Verwahrstelle, dem AIFM und den Anlegern unmittelbar oder mittelbar durch den AIFM geltend gemacht werden.

(16) Die Verwahrstelle hat der FMA als zuständiger Behörde auf Anfrage alle Informationen zur Verfügung zu stellen, die sie im Rahmen der Erfüllung ihrer Aufgaben erhalten hat und die die FMA als zuständige Behörde des AIF oder des AIFM benötigen könnte. Unterscheiden sich die zuständigen Behörden des AIF oder des AIFM von denen der Verwahrstelle, hat die FMA als zuständige Behörde der Verwahrstelle den zuständigen Behörden des AIF und des AIFM die erhaltenen Informationen unverzüglich zur Verfügung zu stellen.

(17) Der AIFM hat geeignete und dokumentierte Verfahren und Vorkehrungen vorzusehen, die für den Fall, dass die Verwahrstelle die Erfüllung ihrer Aufgaben nicht mehr gewährleisten kann, einen raschen Wechsel der Verwahrstelle ermöglichen.

(18) Abweichend von Abs. 3 kann die Verwahrstelle von AIF gemäß 5. Teil 2. Abschnitt auch ein Treuhänder sein, der die Aufgaben einer Verwahrstelle im Rahmen seiner beruflichen oder geschäftlichen Tätigkeit wahrnimmt, sofern
1. bei den AIF innerhalb von 5 Jahren nach Tätigung der ersten Anlagen keine Rücknahmerechte ausgeübt werden können, und
2. die AIF im Einklang mit ihrer Hauptanlagestrategie in der Regel in Emittenten oder nicht börsennotierten Unternehmen investieren, um nach §§ 24 ff möglicherweise die Kontrolle über solche Unternehmen zu erlangen.

(19) Der gemäß Abs. 18 bestellte Treuhänder hat in Bezug auf seine berufliche oder geschäftliche Tätigkeit einer gesetzlich anerkannten obligatorischen Registrierung zu unterliegen oder Rechts- und Verwaltungsvorschriften oder berufsständischen Regeln zu unterliegen, die ausreichend finanzielle und berufliche Garantien bieten können, um es ihm zu ermöglichen, die relevanten Aufgaben einer Verwahrstelle wirksam auszuführen und die mir dieser Funktion einhergehenden Verpflichtungen zu erfüllen. Die ausreichende finanzielle und berufliche Garantie ist laufend zu gewährleisten. Der Treuhänder hat Änderungen hinsichtlich seiner finanziellen oder beruflichen Garantien der FMA unverzüglich anzuzeigen. Sofern der Treuhänder zum Zwecke der finanziellen Garantie eine Versicherung abschließt, so ist das Versicherungsunternehmen im Versicherungsvertrag verpflichtet, der FMA den Beginn und die Beendigung oder Kündigung des Versicherungsvertrags sowie Umstände, die den vorgeschriebenen Versicherungsschutz beeinträchtigen, unverzüglich anzuzeigen.

(20) Der AIFM hat den Treuhänder gemäß Abs. 18 der FMA vor Bestellung bekanntzugeben. Hat die FMA gegen die Bestellung Bedenken, so kann sie verlangen, dass binnen einer angemessenen Frist ein anderer Treuhänder benannt wird. Unterlässt dies der AIFM oder hat die FMA auch gegen die Bestellung der neu vorgeschlagenen Treuhänders Bedenken, so hat der AIFM für den AIF eine Verwahrstelle gemäß Abs. 3 zu beauftragen.

4. Teil. Transparenzanforderungen

Jahresbericht

§ 20. (1) Ein AIFM hat für jeden vom ihm verwalteten EU-AIF und für jeden von ihm in der Union vertriebenen AIF für jedes Geschäftsjahr spätestens sechs Monate nach Ende des Geschäftsjahrs einen Jahresbericht zu erstellen. Dieser Jahresbericht ist den Anlegern auf Verlangen zu übermitteln. Der Jahresbericht hat innerhalb der genannten Frist der FMA als zuständiger Behörde des Herkunftsmitgliedstaats des AIFM und gegebenenfalls der FMA als zuständiger Behörde des Herkunftsmitgliedstaats des AIF vom AIFM bereitgestellt zu werden. Ist der AIF nach der Richtlinie 2004/109/EG verpflichtet, Jahresfinanzberichte zu veröffentlichen, so sind den Anlegern auf Antrag lediglich die Angaben nach Abs. 2 zusätzlich vorzulegen. Die Übermittlung kann gesondert oder in Form einer Ergänzung zum Jahresfinanzbericht erfolgen. Im letzteren Fall ist der Jahresfinanzbericht spätestens vier Monate nach Ende des Geschäftsjahrs zu veröffentlichen.

(2) Der Jahresbericht muss mindestens Folgendes enthalten:
1. eine Bilanz oder eine Vermögensübersicht;

2. eine Aufstellung der Erträge und Aufwendungen des Geschäftsjahres;
3. einen Bericht über die Tätigkeiten im abgelaufenen Geschäftsjahr;
4. jede wesentliche Änderung der in § 21 aufgeführten Informationen während des Geschäftsjahrs, auf das sich der Bericht bezieht;
5. die Gesamtsumme der im abgelaufenen Geschäftsjahr gezahlten Vergütungen, gegliedert in feste und variable vom AIFM an seine Mitarbeiter gezahlte Vergütungen, die Zahl der Begünstigten und gegebenenfalls die vom AIF gezahlten Carried Interests;
6. die Gesamtsumme der gezahlten Vergütungen, aufgegliedert nach Führungskräften und Mitarbeitern des AIFM, deren Tätigkeit sich wesentlich auf das Risikoprofil des AIF auswirkt.

(3) Die im Jahresbericht enthaltenen Zahlenangaben haben gemäß den Rechnungslegungsstandards des Herkunftsmitgliedstaats des AIF oder gemäß den Rechnungslegungsstandards des Drittlandes, in dem der AIF seinen Sitz hat, und gemäß den in den Vertragsbedingungen oder der Satzung des AIF festgelegten Rechnungslegungsvorschriften erstellt zu werden. Die im Jahresbericht enthaltenen Zahlenangaben werden von einer oder mehreren Personen geprüft, die gemäß der Richtlinie 2006/43/EG gesetzlich zur Abschlussprüfung zugelassen sind. Der Bericht des Abschlussprüfers einschließlich etwaiger Vorbehalte ist in jedem Jahresbericht vollständig wiederzugeben.

Informationspflichten gegenüber Anlegern

§ 21. (1) AIFM haben Anlegern der AIF, bevor diese eine Anlage in einen AIF tätigen, für jeden von ihnen verwalteten EU-AIF sowie für jeden von ihnen in der Union vertriebenen AIF folgende Informationen gemäß den Vertragsbedingungen oder der Satzung des AIF, sowie alle wesentlichen Änderungen dieser Informationen zur Verfügung zu stellen:
1. eine Beschreibung der Anlagestrategie und der Ziele des AIF, Angaben über den Sitz eines eventuellen Master-AIF und über den Sitz der Zielfonds, wenn es sich bei dem AIF um einen Dachfonds handelt, eine Beschreibung der Art der Vermögenswerte, in die der AIF investieren darf, der Techniken, die er einsetzen darf und aller damit verbundenen Risiken, etwaiger Anlagebeschränkungen, der Umstände, unter denen der AIF eine Hebelfinanzierung einsetzen kann, Art und Herkunft der zulässigen Hebelfinanzierung und damit verbundener Risiken, sonstiger Beschränkungen für den Einsatz einer Hebelfinanzierung und Vereinbarungen über Sicherheiten und über die Wiederverwendung von Vermögenswerten, sowie des maximalen Umfangs der Hebelfinanzierung, den der AIFM für Rechnung des AIF einsetzen darf;
2. eine Beschreibung der Verfahren, nach denen der AIF seine Anlagestrategie oder seine Anlagepolitik oder beides ändern kann;
3. eine Beschreibung der wichtigsten rechtlichen Auswirkungen der für die Tätigung der Veranlagung eingegangenen Vertragsbeziehung, einschließlich Informationen über die zuständigen Gerichte, das anwendbare Recht und das Vorhandensein oder Nichtvorhandensein von Rechtsinstrumenten, die die Anerkennung und Vollstreckung von Urteilen in dem Gebiet vorsehen, in dem der AIF seinen Sitz hat;
4. die Identität des AIFM, der Verwahrstelle des AIF, des Abschlussprüfers oder sonstiger Dienstleistungsanbieter sowie eine Erläuterung ihrer Pflichten und der Rechte der Anleger;
5. eine Beschreibung, in welcher Weise der AIFM den Anforderungen des § 7 Abs. 7 gerecht wird;
6. eine Beschreibung sämtlicher vom AIFM übertragener Verwaltungsfunktionen gemäß Anlage 1 sowie sämtlicher von der Verwahrstelle übertragener Verwahrungsfunktionen, Bezeichnung des Beauftragten sowie sämtlicher Interessenkonflikte, die sich aus der Aufgabenübertragung ergeben könnten;
7. eine Beschreibung des Bewertungsverfahrens des AIF und der Kalkulationsmethoden für die Bewertung von Vermögenswerten, einschließlich der Verfahren für die Bewertung schwer zu bewertender Vermögenswerte gemäß § 17;
8. eine Beschreibung des Liquiditätsrisikomanagements des AIF, einschließlich der Rücknahmerechte unter normalen und außergewöhnlichen Umständen, und der bestehenden Rücknahmevereinbarungen mit den Anlegern;
9. eine Beschreibung sämtlicher Entgelte, Gebühren und sonstiger Kosten unter Angabe der jeweiligen Höchstbeträge, die von den Anlegern mittel- oder unmittelbar getragen werden;
10. eine Beschreibung der Art und Weise, wie der AIFM eine faire Behandlung der Anleger gewährleistet, sowie, wann immer ein Anleger eine Vorzugsbehandlung oder einen Anspruch auf eine solche Behandlung erhält, eine Erläuterung dieser Behandlung, der Art der Anleger, die eine solche Vorzugsbehandlung erhalten, sowie gegebenenfalls der rechtlichen oder wirtschaftlichen Verbindungen zwischen diesen Anlegern und dem AIF oder dem AIFM;

11. den letzten Jahresbericht nach § 20;
12. die Verfahren und Bedingungen für die Ausgabe und den Verkauf von Anteilen;
13. den jüngsten Nettoinventarwert des AIF oder den jüngsten Marktpreis der Anteile des AIF nach § 17;
14. sofern verfügbar, die bisherige Wertentwicklung des AIF;
15. die Identität des Primebrokers und eine Beschreibung jeder wesentlichen Vereinbarung zwischen dem AIF und seinen Primebrokern und der Art und Weise, in der diesbezügliche Interessenkonflikte beigelegt werden, sowie die Bestimmung im Vertrag mit der Verwahrstelle über die Möglichkeit einer Übertragung und einer Wiederverwendung von Vermögenswerten des AIF und Angaben über jede eventuell bestehende Haftungsübertragung auf den Primebroker;
16. eine Beschreibung, in welcher Weise und zu welchem Zeitpunkt die gemäß den Abs. 4 und 5 erforderlichen Informationen offengelegt werden.

(2) Der AIFM hat die Anleger, bevor diese ihre Anlage in den AIF tätigen, über eventuelle Vereinbarungen, die die Verwahrstelle getroffen hat um sich vertraglich von der Haftung gemäß § 19 Abs. 13 freizustellen, zu unterrichten. Der AIFM hat die Anleger ebenfalls unverzüglich über alle Änderungen, die sich in Bezug auf die Haftung der Verwahrstelle ergeben, zu informieren.

(3) Ist der AIF gemäß der Richtlinie 2003/71/EG oder gemäß sonstigen nationalen Rechtsvorschriften verpflichtet, einen Prospekt zu veröffentlichen, sind in Ergänzung zu den im Prospekt enthaltenen Angaben lediglich die Angaben gemäß den Abs. 1 und 2 gesondert oder als ergänzende Angaben im Prospekt offenzulegen. Die gemäß §§ 8 oder 8a KMG vorgesehene Prospektprüfung oder Prospektbilligung erstreckt sich nicht auf diese ergänzenden Angaben. Bei gesonderter Erstellung dieser Angaben, kann das Dokument gemeinsam mit dem Prospekt bei der Meldestelle gemäß § 12 KMG hinterlegt werden.

(4) Für jeden von ihnen verwalteten EU-AIF sowie für jeden von ihnen in der Union vertriebenen AIF haben die AIFM die Anleger regelmäßig, zumindest jährlich, über Folgendes zu unterrichten:
1. den prozentualen Anteil an den Vermögenswerten des AIF, die schwer zu liquidieren sind und für die deshalb besondere Regelungen gelten;
2. jegliche neuen Regelungen zur Steuerung der Liquidität des AIF;
3. das aktuelle Risikoprofil des AIF und die vom AIFM zur Steuerung dieser Risiken eingesetzten Risikomanagement-Systeme.

(5) AIFM, die EU-AIF, die eine Hebelfinanzierung verwenden, verwalten oder die AIF, die eine Hebelfinanzierung verwenden, in der Union vertreiben, haben für jeden dieser AIF regelmäßig, zumindest jährlich entsprechend den diesbezüglichen Vertragsbedingungen oder der Satzung des AIF Folgendes offen zu legen:
1. alle Änderungen zum maximalen Umfang, in dem der AIFM für Rechnung des AIF eine Hebelfinanzierung einsetzen kann, sowie etwaige Rechte zur Wiederverwendung von Sicherheiten oder sonstige Garantien, die im Rahmen der Hebelfinanzierung gewährt wurden;
2. die Gesamthöhe der Hebelfinanzierung des betreffenden AIF.

Informationspflichten gegenüber den zuständigen Behörden

§ 22. (1) Der AIFM hat die FMA regelmäßig über die wichtigsten Märkte und Instrumente, auf oder mit denen er für Rechnung des von ihm verwalteten AIF handelt, zu unterrichten. Er hat Informationen zu den wichtigsten Instrumenten, mit denen er handelt, zu den Märkten, in denen er Mitglied ist oder am Handel aktiv teilnimmt, sowie zu den größten Risiken und Konzentrationen jedes von ihm verwalteten AIF vorzulegen.

(2) Der AIFM hat der FMA für jeden von ihm verwalteten EU-AIF und für jeden von ihm in der Union vertriebenen AIF Folgendes vorzulegen:
1. den prozentualen Anteil an den Vermögenswerten des AIF, die schwer zu liquidieren sind und für die deshalb besondere Regelungen gelten;
2. jegliche neuen Regelungen zur Steuerung der Liquidität des AIF;
3. das gegenwärtige Risikoprofil des AIF und die vom AIFM zur Steuerung des Marktrisikos, des Liquiditätsrisikos, des Risikos des Ausfalls der Gegenpartei sowie sonstiger Risiken, einschließlich des operativen Risikos, eingesetzten Risikosteuerungssysteme;
4. Angaben zu den wichtigsten Kategorien von Vermögenswerten, in die der AIF investiert hat und
5. die Ergebnisse der nach § 13 Abs. 3 Z 2 und § 14 Abs. 1 durchgeführten Stresstests.

(3) Der AIFM hat der FMA auf Verlangen die folgenden Unterlagen vorzulegen:
1. einen Jahresbericht über jeden vom AIFM verwalteten EU-AIF und über jeden von ihm in der Union vertriebenen AIF für jedes Geschäftsjahr gemäß § 20 Abs. 1;
2. zum Ende jedes Quartals eine detaillierte Aufstellung sämtlicher vom AIFM verwalteten AIF.

(4) Ein AIFM, der AIF verwaltet, die in beträchtlichem Umfang Hebelfinanzierungen einsetzen, hat der FMA Angaben zum Gesamtumfang der eingesetzten Hebelfinanzierung für jeden der von ihm verwalteten AIF, eine Aufschlüsselung nach Hebelfinanzierung, die durch Kreditaufnahme oder Wertpapierleihe begründet wurde, und solcher, die in Derivate eingebettet ist, sowie Angaben zu dem Umfang, in dem die Vermögenswerte der AIF im Rahmen einer Hebelfinanzierung wiederverwendet wurden, zu übermitteln. Diese Angaben haben für jeden der vom AIFM verwalteten AIF Angaben zur Identität der fünf größten Kreditgeber oder Wertpapierverleiher sowie zur jeweiligen Höhe der aus diesen Quellen für jeden der genannten AIF erhaltenen Hebelfinanzierung zu umfassen. Für Nicht-EU-AIFM sind die Berichtspflichten gemäß diesem Abs. auf die von ihnen verwalteten EU-AIF und die von ihnen in der Union vertriebenen Nicht-EU-AIF beschränkt.

(5) Sofern dies für die wirksame Überwachung von Systemrisiken erforderlich ist, kann die FMA als zuständige Behörde des Herkunftsmitgliedstaats regelmäßig oder anlassbezogen ergänzende Informationen zu den in diesen Bestimmungen festgelegten Informationen anfordern. Die FMA hat ESMA über den zusätzlichen Informationsbedarf zu informieren. Bei Vorliegen außergewöhnlicher Umstände und soweit zur Sicherung der Stabilität und Integrität des Finanzsystems oder zur Förderung eines langfristigen nachhaltigen Wachstums erforderlich, hat die FMA, zusätzlichen Berichtsersuchen von ESMA zu entsprechen.

(6) AIFM haben einen Jahresabschluss gemäß der Gliederung der Anlage 2 zu § 43 BWG so rechtzeitig zu erstellen, dass die Frist des Abs. 7 eingehalten werden kann. Anlage 2 zu § 43 BWG, Teil 2 (Gliederung der Gewinn- und Verlustrechnung) ist mit der Maßgabe anzuwenden, dass unter der Position „III. Betriebsaufwendungen" zusätzlich die Position „darunter: fixe Gemeinkosten" auszuweisen ist. Die §§ 43, 45 bis 59a, 64 und 65 Abs. 1 und 2 BWG sind anzuwenden. Die Vorschriften gemäß § 275 UGB über die Verantwortlichkeit des Abschlussprüfers sind anzuwenden.

(7) Der gemäß Abs. 6 erstellte und gemäß Abs. 8 geprüfte Jahresabschluss des AIFM ist längstens innerhalb von sechs Monaten nach Abschluss des Geschäftsjahres der FMA vorzulegen. Die Geschäftsleiter haben für die Gesetzmäßigkeit der Jahresabschlüsse zu sorgen. Die FMA kann die Vorlage der Daten der Jahresabschlüsse auch mittels elektronischer Übermittlung oder elektronischer Datenträger in standardisierter Form verlangen.

(8) Die Jahresabschlüsse sind von Abschlussprüfern, bei Genossenschaften von den Prüfungsorganen gesetzlich zuständiger Prüfungseinrichtungen zu prüfen. Der Abschlussprüfer hat die Gesetzmäßigkeit des Jahresabschlusses zu prüfen. Die Prüfung hat weiters zu umfassen:
1. Die sachliche Richtigkeit der Bewertung einschließlich der Vornahme gebotener Abschreibungen, Wertberichtigungen und Rückstellungen sowie
2. die Beachtung der Bestimmungen dieses Bundesgesetzes.

(9) Die FMA kann mittels Verordnung unter Bedachtnahme auf die europäischen Gepflogenheiten nähere Kriterien im Hinblick auf die Informationspflichten gemäß dieser Bestimmung sowie gemäß § 1 Abs. 5 Z 4 sowie die Art der Übermittlung festlegen, wobei insbesondere die Verwendung elektronischer Meldesysteme oder Datenträger sowie EDV-Formate vorgeschrieben werden können.

5. Teil. AIFM, die bestimmte Arten von AIF verwalten

1. Abschnitt. AIFM, die AIF mit Hebelfinanzierung verwalten

Nutzung der Informationen durch die zuständigen Behörden, aufsichtsbehördliche Zusammenarbeit und Beschränkungen der Hebelfinanzierung

§ 23. (1) Die FMA als zuständige Behörde des Herkunftsmitgliedstaats des AIFM hat die gemäß § 22 zu erhebenden Informationen der Oesterreichischen Nationalbank (OeNB) weiterzuleiten. Die OeNB hat auf Basis dieser Informationen zu analysieren, inwieweit die Nutzung von Hebelfinanzierung zur Entstehung von Systemrisiken im Finanzsystem, des Risikos von Marktstörungen in einzelnen oder mehreren Marktsegmenten oder zu Risiken für das langfristige Wirtschaftswachstum beiträgt. Die OeNB hat der FMA ihre Analyse unverzüglich weiterzuleiten, wenn darin derartige Risiken festgestellt werden.

(2) Die FMA hat sämtliche Informationen zu den ihrer Aufsicht unterliegenden AIFM, die gemäß § 22 erhoben wurden, sowie die gemäß § 5 erhobenen Informationen den zuständigen Behörden anderer betroffener Mitgliedstaaten, ESMA und dem ESRB nach den in § 61 und Art. 50 der Richtlinie 2011/61/EU zur Zusammenarbeit bei der Aufsicht vorgesehenen Verfahren zur Verfügung zu stellen. Ferner hat sie unverzüglich nach diesen Verfahren sowie bilateral die zuständigen Behörden der direkt betroffenen anderen Mitgliedstaaten zu informieren, falls sich aus den Analysen der OeNB

auf Basis der Informationen gemäß § 22 ergibt, dass von einem ihrer Aufsicht unterliegenden AIFM oder einem von diesem AIFM verwalteten AIF ein erhebliches Gegenparteirisiko für ein Kreditinstitut oder sonstige systemrelevante Institute in anderen Mitgliedstaaten ausgehen könnte.

(3) Der AIFM hat der FMA darzulegen, dass die von ihm angesetzte Begrenzung des Umfangs einer Hebelfinanzierung bei jedem von ihm verwalteten AIF angemessen ist und dass er diese Begrenzung stets einhält. Die OeNB hat auf Basis der Informationen gemäß § 22 das Risiko zur Entstehung von Systemrisiken im Finanzsystem oder von Marktstörungen in einzelnen oder mehreren Marktsegmenten zu bewerten, die aus der Nutzung einer Hebelfinanzierung durch einen AIFM bei einem von ihm verwalteten AIF erwachsen könnten. Die OeNB hat der FMA ihre Analyse unverzüglich weiterzuleiten, wenn darin derartige Risiken festgestellt werden. Wenn dies zur Gewährleistung der Stabilität und Integrität des Finanzsystems als nötig erachtet wird, hat die FMA nach Verständigung von ESMA, des ESRB und der zuständigen Behörden des entsprechenden AIF den Umfang der Hebelfinanzierung zu beschränken, die ein AIFM einsetzen darf, oder hat sonstige Beschränkungen der AIF-Verwaltung bezüglich der von ihm verwalteten AIF zu verhängen, so dass das Ausmaß begrenzt wird, in dem die Nutzung einer Hebelfinanzierung zur Entstehung von Systemrisiken im Finanzsystem oder des Risikos von Marktstörungen in einzelnen oder mehreren Marktsegmenten beiträgt. Über die in § 61 und Art. 50 der Richtlinie 2011/61/EU festgelegten Verfahren hat die FMA als zuständige Behörde des Herkunftsmitgliedstaats des AIFM ESMA, den ESRB und die zuständigen Behörden des AIF ordnungsgemäß über die diesbezüglich eingeleiteten Schritte zu informieren.

(4) Die Verständigung gemäß Abs. 3 hat spätestens zehn Arbeitstage vor dem geplanten Wirksamwerden oder der Erneuerung der vorgeschlagenen Maßnahme zu erfolgen. Die Verständigung hat Einzelheiten der vorgeschlagenen Maßnahme zu enthalten, deren Gründe und den Zeitpunkt, zu dem sie wirksam werden soll. Unter besonderen Umständen kann die FMA als zuständige Behörde des Herkunftsmitgliedstaats des AIFM verfügen, dass die vorgeschlagene Maßnahme innerhalb des in Satz 1 genannten Zeitraums wirksam wird.

(5) Wenn die FMA als zuständige Behörde vorschlägt, Maßnahmen zu ergreifen, die im Widerspruch zu der Empfehlung von ESMA gemäß Art. 25 Abs. 6 oder 7 der Richtlinie 2011/61/EU stehen, setzt sie ESMA davon unter Angabe ihrer Gründe in Kenntnis.

(6) Für die in Abs. 1 bis 3 genannten Aufgaben der OeNB gilt § 79 Abs. 4 2. Satz BWG sinngemäß.

2. Abschnitt. Pflichten von AIFM, die AIF verwalten, die die Kontrolle über nicht börsennotierte Unternehmen und Emittenten erlangen

Geltungsbereich

§ 24. (1) Dieser Abschnitt gilt für:
1. AIFM, die einen oder mehrere AIF verwalten, die entweder allein oder gemeinsam aufgrund einer Vereinbarung, die die Erlangung von Kontrolle zum Ziel hat, gemäß Abs. 5 die Kontrolle über ein nicht börsennotiertes Unternehmen erlangen;
2. AIFM, die mit einem oder mehreren anderen AIFM aufgrund einer Vereinbarung zusammenarbeiten, gemäß der die von diesen AIFM verwalteten AIF gemeinsam gemäß Abs. 5 die Kontrolle über ein nicht börsennotiertes Unternehmen erlangen.

(2) Dieser Abschnitt gilt nicht für den Fall, dass es sich bei den nicht börsennotierten Unternehmen
1. um kleine und mittlere Unternehmen im Sinne von Art. 2 Abs. 1 des Anhangs der Empfehlung der Kommission betreffend die Definition der Kleinstunternehmen sowie der kleinen und mittleren Unternehmen, ABl. Nr. L 124 vom 20.5.2003 S. 36 oder
2. um Zweckgesellschaften für den Erwerb, den Besitz oder die Verwaltung von Immobilien handelt.

(3) Unbeschadet der Abs. 1 und 2 gilt § 25 Abs. 1 auch für AIFM, die AIF verwalten, die eine Minderheitsbeteiligung an einem nicht börsennotierten Unternehmen erlangen.

(4) § 26 Abs. 1, 2 und 3 und § 28 gelten auch für AIFM, die AIF verwalten, die die Kontrolle in Bezug auf Emittenten erlangen. Für die Zwecke dieser Paragrafen gelten die Abs. 1 und 2 dieser Bestimmung entsprechend.

(5) Für die Zwecke dieses Abschnitts bedeutet Kontrolle im Falle nicht börsennotierter Unternehmen über 50 vH der Stimmrechte dieser Unternehmen. Bei der Berechnung des Anteils an den Stimmrechten, die von dem entsprechenden AIF gehalten werden, werden zusätzlich zu von dem

D. Einführung in das österreichische Investmentrecht

betreffenden AIF direkt gehaltenen Stimmrechten auch die folgenden Stimmrechte berücksichtigt, wobei die Kontrolle gemäß dem ersten Satz dieses Absatzes festgestellt wird:
1. von Unternehmen, die von dem AIF kontrolliert werden, und
2. von natürlichen oder juristischen Personen, die in ihrem eigenen Namen, aber im Auftrag des AIF oder eines von dem AIF kontrollierten Unternehmens handeln.

Der Anteil der Stimmrechte wird ausgehend von der Gesamtzahl der mit Stimmrechten versehenen Anteile berechnet, auch wenn die Ausübung dieser Stimmrechte ausgesetzt ist. Unbeschadet des § 2 Abs. 1 Z 9 wird Kontrolle in Bezug auf Emittenten für die Zwecke des § 26 Abs. 1, 2 und 3 und des § 28 gemäß Art. 5 Abs. 3 der Richtlinie 2004/25/EG definiert.

(6) Dieser Abschnitt gilt vorbehaltlich der Bedingungen und Beschränkungen, die in Art. 6 der Richtlinie 2002/14/EG festgelegt sind.

(7) Dieser Abschnitt gilt unbeschadet jeglicher von den Mitgliedstaaten erlassener strengerer Vorschriften über den Erwerb von Beteiligungen an Emittenten und nicht börsennotierten Unternehmen in ihrem Hoheitsgebiet.

Mitteilung über den Erwerb bedeutender Beteiligungen und die Erlangung der Kontrolle über nicht börsennotierte Unternehmen

§ 25. (1) Beim Erwerb, Verkauf oder Halten von Anteilen an einem nicht börsennotierten Unternehmen durch einen AIF hat der AIFM, der diesen AIF verwaltet, der FMA von dem Anteil an den Stimmrechten des nicht börsennotierten Unternehmens, die von dem AIF gehalten werden, immer dann Anzeige zu erstatten, wenn dieser Anteil die Schwellenwerte von 10 vH, 20 vH, 30 vH, 50 vH und 75 vH erreicht, überschreitet oder unterschreitet.

(2) Wenn ein AIF allein oder gemeinsam die Kontrolle über ein nicht börsennotiertes Unternehmen gemäß § 24 Abs. 1 in Verbindung mit Abs. 5 erlangt, hat der AIFM, der den betreffenden AIF verwaltet, folgende Personen in Bezug auf den Kontrollerwerb durch den AIF zu informieren:
1. das nicht börsennotierte Unternehmen;
2. die Anteilseigner, deren Identität und Adresse dem AIFM vorliegen oder ihm von dem nicht börsennotierten Unternehmen oder über ein Register, zu dem der AIFM Zugang hat oder erhalten kann, zur Verfügung gestellt werden können, und
3. die FMA als zuständige Behörde des Herkunftsmitgliedstaats des AIFM.

(3) Die gemäß Abs. 2 erforderliche Mitteilung enthält die folgenden zusätzlichen Angaben:
1. die sich hinsichtlich der Stimmrechte ergebende Situation;
2. die Bedingungen, unter denen die Kontrolle erlangt wurde, einschließlich Nennung der einzelnen beteiligten Anteilseigner, der zur Stimmabgabe in ihrem Namen ermächtigten natürlichen oder juristischen Personen und gegebenenfalls der Beteiligungskette, über die die Stimmrechte tatsächlich gehalten werden;
3. das Datum, an dem die Kontrolle erlangt wurde.

(4) In seiner Mitteilung an das nicht börsennotierte Unternehmen hat der AIFM den Vorstand des Unternehmens zu ersuchen, die Arbeitnehmervertreter oder, falls es keine solchen Vertreter gibt, die Arbeitnehmer selbst ohne unnötige Verzögerung von der Erlangung der Kontrolle durch den von dem AIFM verwalteten AIF und von den Informationen gemäß Abs. 3 in Kenntnis zu setzen. Der AIFM hat sich zu bemühen, nach besten Kräften sicherzustellen, dass die Arbeitnehmervertreter oder, falls es keine solchen Vertreter gibt, die Arbeitnehmer selbst ordnungsgemäß vom Vorstand gemäß dieser Bestimmung informiert werden.

(5) Die Mitteilungen gemäß den Abs. 1, 2 und 3 sind spätestens zehn Arbeitstage nach dem Tag, an dem der AIF die entsprechende Schwelle erreicht, über- oder unterschritten hat oder die Kontrolle über das nicht börsennotierte Unternehmen erlangt hat, zu machen.

Offenlegungspflicht bei Erlangung der Kontrolle

§ 26. (1) Wenn ein AIF allein oder gemeinsam die Kontrolle über ein nicht börsennotiertes Unternehmen oder einen Emittenten gemäß § 24 Abs. 1 in Verbindung mit Abs. 5 erlangt, hat der AIFM, der den betreffenden AIF verwaltet, die Informationen gemäß Abs. 2 dieser Bestimmung
1. dem betreffenden Unternehmen;
2. den Anteilseignern des Unternehmens, deren Identität und Adresse dem AIFM vorliegen oder ihm von dem Unternehmen oder über ein Register, zu dem der AIFM Zugang hat oder erhalten kann, zur Verfügung gestellt werden können, und
3. der FMA als zuständige Behörde des Herkunftsmitgliedstaats des AIFM vorzulegen.

VI. Normenteil

(2) Der AIFM hat die folgenden Informationen vorzulegen:
1. die Namen der AIFM, die entweder allein oder im Rahmen einer Vereinbarung mit anderen AIFM die AIF verwalten, die die Kontrolle erlangt haben;
2. die Grundsätze zur Vermeidung und Steuerung von Interessenkonflikten, insbesondere zwischen dem AIFM, dem AIF und dem Unternehmen, einschließlich Informationen zu den besonderen Sicherheitsmaßnahmen, die getroffen wurden, um sicherzustellen, dass Vereinbarungen zwischen dem AIFM und/oder den AIF und dem Unternehmen wie zwischen voneinander unabhängigen Geschäftspartnern geschlossen werden, und
3. die externe und interne Kommunikationspolitik in Bezug auf das Unternehmen, insbesondere gegenüber den Arbeitnehmern.

(3) In seiner Mitteilung an das Unternehmen gemäß Abs. 1 Z 1 hat der AIFM den Vorstand des Unternehmens zu ersuchen, die Arbeitnehmervertreter oder, falls es keine solchen Vertreter gibt, die Arbeitnehmer selbst ohne unnötige Verzögerung von den Informationen gemäß Abs. 1 in Kenntnis zu setzen. Der AIFM hat sich zu bemühen, nach besten Kräften sicherzustellen, dass die Arbeitnehmervertreter oder, falls es keine solchen Vertreter gibt, die Arbeitnehmer selbst ordnungsgemäß vom Vorstand gemäß diesem Absatz informiert werden.

(4) Wenn ein AIF allein oder gemeinsam die Kontrolle über ein nicht börsennotiertes Unternehmen gemäß § 24 Abs. 1 in Verbindung mit Abs. 5 erlangt, hat der AIFM, der den betreffenden AIF verwaltet, die Absichten des AIF hinsichtlich der zukünftigen Geschäftsentwicklung des nicht börsennotierten Unternehmens und die voraussichtlichen Auswirkungen auf die Beschäftigung, einschließlich wesentlicher Änderungen der Arbeitsbedingungen, gegenüber folgenden Personen offenzulegen oder sicherzustellen, dass der AIF diese Absichten diesen Personen gegenüber offenlegt:
1. dem nicht börsennotierten Unternehmen, und
2. den Anteilseignern des nicht börsennotierten Unternehmens, deren Identität und Adresse dem AIFM vorliegen oder ihm von dem nicht börsennotierten Unternehmen oder einem Register, zu dem der AIFM Zugang hat oder erhalten kann, zur Verfügung gestellt werden können.

Darüber hinaus hat der AIFM, der den betreffenden AIF verwaltet, den Vorstand des nicht börsennotierten Unternehmens zu ersuchen, die im ersten Satz dieses Absatzes festgelegten Informationen den Arbeitnehmervertretern oder, falls es keine solchen Vertreter gibt, den Arbeitnehmern des nicht börsennotierten Unternehmens selbst zur Verfügung zu stellen, und hat sich nach besten Kräften zu bemühen, dies sicherzustellen.

(5) Sobald ein AIF die Kontrolle über ein nicht börsennotiertes Unternehmen gemäß § 24 Abs. 1 in Verbindung mit Abs. 5 erlangt, hat der AIFM, der den betreffenden AIF verwaltet, der FMA als zuständiger Behörde seines Herkunftsmitgliedstaats und den Anlegern des AIF Angaben zur Finanzierung des Erwerbs vorzulegen.

Besondere Bestimmungen hinsichtlich des Jahresberichts von AIF, die die Kontrolle über nicht börsennotierte Unternehmen ausüben

§ 27. (1) Wenn ein AIF allein oder gemeinsam die Kontrolle über ein nicht börsennotiertes Unternehmen gemäß § 24 Abs. 1 in Verbindung mit Abs. 5 erlangt, hat der AIFM, der den betreffenden AIF verwaltet, entweder
1. darum zu ersuchen und sich nach besten Kräften zu bemühen sicherzustellen, dass der Jahresbericht des nicht börsennotierten Unternehmens innerhalb der Frist, die in den einschlägigen nationalen Rechtsvorschriften für die Erstellung eines solchen Jahresberichts vorgesehen ist, gemäß Abs. 2 erstellt und vom Vorstand des Unternehmens allen Arbeitnehmervertretern oder, falls es keine solchen Vertreter gibt, den Arbeitnehmern selbst zur Verfügung gestellt wird, oder
2. für jeden betreffenden AIF in den gemäß § 20 vorgesehenen Jahresbericht zusätzlich die in Abs. 2 genannten Informationen über das betreffende nicht börsennotierte Unternehmen aufzunehmen.

(2) Die zusätzlichen Informationen, die gemäß Abs. 1 in den Jahresbericht des Unternehmens oder des AIF aufgenommen werden müssen, müssen zumindest einen Bericht über die Lage am Ende des von dem Jahresbericht abgedeckten Zeitraums enthalten, in dem der Geschäftsverlauf der Gesellschaft so dargestellt wird, dass ein möglichst getreues Bild der Vermögens- Ertrags- und Finanzlage entsteht. Der Bericht soll außerdem Angaben zu Folgendem enthalten:
1. Ereignisse von besonderer Bedeutung, die nach Abschluss des Geschäftsjahres eingetreten sind,
2. die voraussichtliche Entwicklung des Unternehmens und
3. die in Art. 24 Abs. 2 der Richtlinie 2012/30/EU bezeichneten Angaben über den Erwerb eigener Aktien.

(3) Der AIFM, der den betreffenden AIF verwaltet, hat entweder
1. darum zu ersuchen und sich nach besten Kräften zu bemühen, sicherzustellen, dass der Vorstand des nicht börsennotierten Unternehmens die in Abs. 1 Z 2 genannten Informationen über das betreffende Unternehmen den Arbeitnehmervertretern des betreffenden Unternehmens oder, falls es keine solchen Vertreter gibt, den Arbeitnehmern selbst innerhalb der in § 20 Abs. 1 genannten Frist zur Verfügung stellt, oder
2. den Anlegern des AIF die Informationen gemäß Abs. 1 Z 1, soweit bereits verfügbar, innerhalb der in § 20 Abs. 1 genannten Frist und in jedem Fall spätestens bis zu dem Datum, zu dem der Jahresbericht des nicht börsennotierten Unternehmens gemäß den einschlägigen nationalen Rechtsvorschriften erstellt wird, zur Verfügung zu stellen.

Zerschlagung von Unternehmen

§ 28. (1) Wenn ein AIF allein oder gemeinsam die Kontrolle über ein nicht börsennotiertes Unternehmen oder einen Emittenten gemäß § 24 Abs. 1 in Verbindung mit Abs. 5 erlangt, darf der AIFM, der den betreffenden AIF verwaltet, innerhalb eines Zeitraums von 24 Monaten nach dem Erlangen der Kontrolle über das Unternehmen durch den AIF
1. Vertrieb, Kapitalherabsetzungen, Rücknahme von Anteilen und/oder Ankauf eigener Anteile durch das Unternehmen gemäß Abs. 2 weder gestatten, noch ermöglichen, unterstützen oder anordnen;
2. sofern der AIFM befugt ist, in den Versammlungen der Leitungsgremien des Unternehmens im Namen des AIF abzustimmen, nicht für Vertrieb, Kapitalherabsetzungen, Rücknahme von Anteilen und/oder Ankauf eigener Anteile durch das Unternehmen gemäß Abs. 2 stimmen und
3. hat innerhalb des gleichen Zeitraumes sich in jedem Falle nach besten Kräften zu bemühen, Vertrieb, Kapitalherabsetzungen, Rücknahme von Anteilen und/oder Ankauf eigener Anteile durch das Unternehmen gemäß Abs. 2 zu verhindern.

(2) Die Auflagen, die den AIFM gemäß Abs. 1 auferlegt werden, erstrecken sich auf Folgendes:
1. Ausschüttungen an die Anteilseigner, die vorgenommen werden, wenn das im Jahresabschluss des Unternehmens ausgewiesene Nettoaktivvermögen bei Abschluss des letzten Geschäftsjahres den Betrag des gezeichneten Kapitals zuzüglich der Rücklagen, deren Ausschüttung das Recht oder die Satzung nicht gestattet, unterschreitet oder durch eine solche Ausschüttung unterschreiten würde, wobei der Betrag des gezeichneten Kapitals um den Betrag des noch nicht eingeforderten Teils des gezeichneten Kapitals vermindert wird, falls Letzterer nicht auf der Aktivseite der Bilanz ausgewiesen ist;
2. Ausschüttungen an die Aktionäre, deren Betrag den Betrag des Ergebnisses des letzten abgeschlossenen Geschäftsjahres, zuzüglich des Gewinnvortrags und der Entnahmen aus hierfür verfügbaren Rücklagen, jedoch vermindert um die Verluste aus früheren Geschäftsjahren sowie um die Beträge, die nach Gesetz oder Satzung in Rücklagen eingestellt worden sind, überschreiten würde;
3. Ankäufe durch das Unternehmen, einschließlich Anteilen, die bereits früher vom Unternehmen erworben und von ihm gehalten wurden, und Anteilen, die von einer Person erworben werden, die in ihrem eigenen Namen, aber im Auftrag des Unternehmens handelt, in dem Umfang, in dem der Ankauf eigener Anteile gestattet ist, die zur Folge hätten, dass das Nettoaktivvermögen unter die in Z 1 genannte Schwelle gesenkt würde.

(3) Für die Zwecke des Abs. 2 gilt Folgendes:
1. der in Abs. 2 Z 1 und 2 verwendete Begriff „Ausschüttung" bezieht sich insbesondere auf die Zahlung von Dividenden und Zinsen im Zusammenhang mit Anteilen;
2. die Bestimmungen für Kapitalherabsetzungen erstrecken sich nicht auf Herabsetzungen des gezeichneten Kapitals, deren Zweck im Ausgleich von erlittenen Verlusten oder in der Aufnahme von Geldern in eine nicht ausschüttbare Rücklage besteht, unter der Voraussetzung, dass die Höhe einer solchen Rücklage nach dieser Maßnahme 10 vH des herabgesetzten gezeichneten Kapitals nicht überschreitet, und
3. die Einschränkung gemäß Abs. 2 Z 3 richtet sich nach Art. 22 Abs. 1 lit. b bis h der Richtlinie 2012/30/EU.

6. Teil. Recht der EU-AIFM auf Vertrieb und Verwaltung von EU-AIF

Vertrieb von Anteilen von EU-AIF in Österreich als Herkunftsmitgliedstaat des AIFM

§ 29. (1) Ein in Österreich konzessionierter AIFM kann Anteile von allen EU-AIF, die er verwaltet, an professionelle Anleger in Österreich als seinem Herkunftsmitgliedstaat vertreiben, sobald die in dieser Bestimmung festgelegten Bedingungen eingehalten sind. Handelt es sich bei dem EU-AIF um einen Feeder-AIF, so gilt das im ersten Satz diese Absatzes genannte Vertriebsrecht nur dann, wenn der Master-AIF ebenfalls ein EU-AIF ist, der von einem in einem Mitgliedstaat zugelassenen EU-AIFM verwaltet wird.

(2) Der AIFM hat bei der FMA für jeden AIF, welchen er zu vertreiben beabsichtigt, einen Antrag auf Bewilligung einzureichen. Der Antrag auf Bewilligung hat die Dokumentation und die Angaben gemäß Anlage 3 zu umfassen.

(3) Innerhalb von 20 Arbeitstagen nach Eingang des vollständigen Antrags nach Abs. 2 hat die FMA über die Zulässigkeit des Vertriebs des genannten AIF zu entscheiden. § 13 Abs. 3 letzter Satz AVG kommt hinsichtlich der Berechnung der Frist nicht zur Anwendung. Die FMA kann den Vertrieb des AIF untersagen, wenn die Verwaltung des AIF durch den AIFM oder der AIFM in sonstiger Weise gegen dieses Bundesgesetz, die Richtlinie 2011/61/EU oder auf Basis dieser Richtlinie erlassene delegierte Rechtsakte verstößt oder verstoßen wird. Im Falle einer positiven Entscheidung kann der AIFM ab dem Datum der diesbezüglichen Bewilligung mit dem Vertrieb des AIF beginnen.

(4) Im Falle, dass die FMA nicht zugleich zuständige Behörde des EU-AIF ist, teilt die FMA den zuständigen Behörden des EU-AIF mit, dass der AIFM den Vertrieb mit Anteilen des AIF in Österreich beginnen kann.

(5) Im Falle einer wesentlichen Änderung der nach Abs. 2 mitgeteilten Angaben hat der AIFM diese der FMA bei von ihm geplanten Änderungen mindestens einen Monat vor Durchführung der Änderung, oder, bei ungeplanten Änderungen, unverzüglich nach Eintreten der ungeplanten Änderung schriftlich anzuzeigen. Sollte die geplante Änderung dazu führen, dass die Verwaltung des EU-AIF durch den AIFM oder der AIFM im Allgemeinen nunmehr gegen dieses Bundesgesetz, gegen die Richtlinie 2011/61/EU oder auf Basis dieser Richtlinie erlassene delegierte Rechtsakte verstößt, hat die FMA dem AIFM unverzüglich, die Durchführung der Änderungen zu untersagen. Wird eine geplante Änderung ungeachtet dieses Abs. oder einer Untersagung durchgeführt oder führt eine durch einen ungeplanten Umstand ausgelöste Änderung dazu, dass die Verwaltung des EU-AIF durch den AIFM oder der AIFM im Allgemeinen nunmehr gegen dieses Bundesgesetz, die Richtlinie 2011/61/EU oder auf Basis dieser Richtlinie erlassene delegierte Rechtsakte verstoßen würde, so hat die FMA alle gebotenen Maßnahmen gemäß §§ 56 f zu ergreifen, einschließlich, falls erforderlich, der ausdrücklichen Untersagung des Vertriebs des EU-AIF im Inland.

(6) Unbeschadet des § 48 Abs. 1 dürfen die von den AIFM verwalteten und vertriebenen AIF nur an professionelle Anleger vertrieben werden.

**Vertrieb von Anteilen von EU-AIF in anderen Mitgliedstaaten
durch einen in Österreich konzessionierten AIFM**

§ 30. (1) Ein in Österreich konzessionierter AIFM kann Anteile eines von ihm verwalteten EU-AIF an professionelle Anleger in anderen Mitgliedstaaten als in Österreich vertreiben, sobald die in dieser Bestimmung festgelegten Bedingungen eingehalten sind. Handelt es sich bei dem EU-AIF um einen Feeder-AIF, so gilt das Vertriebsrecht nur dann, wenn der Master-AIF ebenfalls ein EU-AIF ist und von einem in einem Mitgliedstaat zugelassenen EU-AIFM verwaltet wird.

(2) Wenn ein in Österreich konzessionierter AIFM beabsichtigt, die Anteile eines von ihm verwalteten EU-AIF in einem anderen Mitgliedstaat zu vertreiben, so hat er der FMA im Voraus ein Anzeigeschreiben zu übermitteln, welches die Dokumentation und die Angaben gemäß Anlage 4 umfasst.

(3) Die FMA hat nach Prüfung der Vollständigkeit der gemäß Abs. 2 übermittelten Anzeige und Unterlagen den zuständigen Behörden des Mitgliedstaats, in dem der EU-AIF vertrieben werden soll, diese spätestens 20 Arbeitstage nach dem Eingang des vollständigen Anzeigeschreibens und der Unterlagen zu übermitteln. § 13 Abs. 3 letzter Satz AVG kommt hinsichtlich der Berechnung der Frist nicht zur Anwendung. Die FMA hat nur dann die Anzeige zu übermitteln, wenn die Verwaltung des EU-AIF durch den AIFM diesem Bundesgesetz, der Richtlinie 2011/61/EU sowie den auf Basis dieser Richtlinie erlassenen delegierten Rechtsakten entspricht und weiterhin entsprechen wird und wenn der AIFM im Allgemeinen sich an dieses Bundesgesetz, die Richtlinie 2011/61/EU sowie auf Basis dieser Richtlinie erlassenen delegierten Rechtsakten hält. Die FMA hat eine Bescheinigung über die Konzession des betreffenden AIFM zur Verwaltung von AIF mit einer bestimmten Anlagestrategie beizufügen.

(4) Die FMA hat den AIFM unverzüglich über den Versand der Anzeigeunterlagen zu unterrichten. Der AIFM kann ab dem Datum dieser Mitteilung mit dem Vertrieb des EU-AIF im Aufnahmemitgliedstaat beginnen. Im Falle, dass die FMA nicht zugleich zuständige Behörde des EU-AIF ist,

teilt die FMA zudem den für den EU-AIF zuständigen Behörden mit, dass der AIFM mit dem Vertrieb von Anteilen des EU-AIF im Aufnahmemitgliedstaat des AIFM beginnen kann.

(5) Das in Abs. 2 genannte Anzeigeschreiben des AIFM, die in Abs. 3 genannte Bescheinigung sowie die in Abs. 6 genannte Änderungsanzeige haben in deutscher oder englischer Sprache oder in einer von der FMA gemäß Verordnung (§ 7b Abs. 1 KMG) anerkannten anderen Sprache bereitgestellt zu werden. Die FMA hat die elektronische Übermittlung und Archivierung der genannten Unterlagen zu akzeptieren.

(6) Im Falle einer wesentlichen Änderung der nach Abs. 2 mitgeteilten Angaben hat der AIFM diese der FMA bei von ihm geplanten Änderungen mindestens einen Monat vor Durchführung der Änderung, oder, bei ungeplanten Änderungen, unverzüglich nach Eintreten der ungeplanten Änderung schriftlich mitzuteilen. Sollte die geplante Änderung dazu führen, dass die Verwaltung des EU-AIF durch den AIFM oder der AIFM im Allgemeinen nunmehr gegen dieses Bundesgesetz, gegen die Richtlinie 2011/61/EU oder auf Basis dieser Richtlinie erlassene delegierte Rechtsakte verstößt, hat die FMA dem AIFM unverzüglich die Durchführung der Änderungen zu untersagen. Wird eine geplante Änderung ungeachtet dieses Abs. oder einer Untersagung durchgeführt oder führt eine durch einen ungeplanten Umstand ausgelöste Änderung dazu, dass die Verwaltung des EU-AIF durch den AIFM oder der AIFM im Allgemeinen nunmehr gegen dieses Bundesgesetz, die Richtlinie 2011/61/EU oder auf Basis dieser Richtlinie erlassene delegierte Rechtsakte verstoßen würde, so hat die FMA alle gebotenen Maßnahmen gemäß §§ 56f zu ergreifen, einschließlich, falls erforderlich, der ausdrücklichen Untersagung des Vertriebs des EU-AIF. Sind die Änderungen zulässig, so hat die FMA unverzüglich die zuständigen Behörden des Aufnahmemitgliedstaats des AIFM über diese Änderungen zu unterrichten.

(7) Unbeschadet des § 48 Abs. 1 dürfen die von den AIFM verwalteten und vertriebenen AIF im Inland nur an professionelle Anleger vertrieben werden.

Vertrieb von Anteilen von EU-AIF aus anderen Mitgliedstaaten in Österreich durch einen in einem Mitgliedstaat zugelassenen AIFM

§ 31. (1) Ein in einem Mitgliedstaat zugelassener AIFM kann Anteile eines von ihm verwalteten EU-AIF an professionelle Anleger in Österreich vertreiben, sobald der AIFM von der zuständigen Behörde seines Herkunftsmitgliedstaats darüber unterrichtet wurde, dass die vollständigen Unterlagen und Informationen gemäß Anlage 4 und die Bescheinigung gemäß § 30 Abs. 3 an die FMA übermittelt wurden.

(2) Die gemäß Anlage 4 lit. h anzugebenden Vorkehrungen für den Vertrieb des EU-AIF und, sofern zutreffend, die Vorkehrungen, die getroffen wurden, um zu verhindern, dass Anteile des EU-AIF an Privatkunden vertrieben werden, auch falls der AIFM für die Erbringung von Wertpapierdienstleistungen für den AIF auf unabhängige Unternehmen zurückgreift, unterliegen den Anforderungen dieses Bundesgesetzes und der Aufsicht durch die FMA. Die FMA hat im Falle eines Verstoßes gegen dieses Bundesgesetz, die Richtlinie 2011/61/EU oder auf Basis dieser Richtlinie erlassene delegierte Rechtsakte alle gebotenen Maßnahmen gemäß §§ 56f zu ergreifen, einschließlich, falls erforderlich, der ausdrücklichen Untersagung des Vertriebs des EU-AIF im Inland.

(3) Die durch die zuständigen Behörde des Herkunftsmitgliedstaats des AIFM übermittelte Anzeige samt Unterlagen sowie die in § 30 Abs. 3 genannte Bescheinigung haben in deutscher oder englischer Sprache oder in einer von der FMA gemäß Verordnung (§ 7b Abs. 1 KMG) anerkannten anderen Sprache bereitgestellt zu werden. Die FMA hat die elektronische Übermittlung und Archivierung der genannten Unterlagen zu akzeptieren.

(4) Für die Bearbeitung der übermittelten Unterlagen gemäß Abs. 1 ist an die FMA eine Gebühr von 1100 Euro zu entrichten. Diese Gebühr erhöht sich bei EU-AIF, die mehrere Teilfonds enthalten (Umbrella-Fonds), ab dem zweiten Teilfonds für jeden Fonds um 220 Euro. Für die Überwachung der Einhaltung der nach diesem Abschnitt bestehenden Pflichten ist weiters zu Beginn eines jeden Kalenderjahres, spätestens bis zum 15. Jänner dieses Jahres eine jährliche Gebühr von 600 Euro an die FMA zu entrichten; diese Gebühr erhöht sich bei EU-AIF, die mehrere Teilfonds enthalten (Umbrella-Fonds), ab dem zweiten Teilfonds für jeden Teilfonds um 200 Euro. Gebührenbeiträge, die nicht spätestens am Fälligkeitstag entrichtet wurden, sind vollstreckbar. Die FMA hat einen als Exekutionstitel geltenden Rückstandsausweis auszufertigen. Dieser hat Namen und Anschrift des Gebührenpflichtigen, den Betrag der Schuld und den Vermerk zu enthalten, dass die Schuld vollstreckbar geworden ist. Die nicht fristgerechte Entrichtung der Gebühr ist ein Vertriebsuntersagungsgrund gemäß § 50.

VI. Normenteil

Bedingungen für die Verwaltung von EU-AIF durch einen in Österreich konzessionierten AIFM

§ 32. (1) Ein in Österreich konzessionierter AIFM kann EU-AIF mit Sitz in einem anderen Mitgliedstaat entweder direkt oder indirekt über eine Zweigniederlassung verwalten, sofern die Konzession den AIFM zu der Verwaltung dieser Art von AIF berechtigt.

(2) Ein AIFM, der erstmals beabsichtigt, EU-AIF mit Sitz in einem anderen Mitgliedstaat zu verwalten, hat der FMA dies anzuzeigen und folgende Angaben zu übermitteln:
1. den Mitgliedstaat, in dem er EU-AIF direkt oder über eine Zweigniederlassung zu verwalten beabsichtigt,
2. einen Geschäftsplan, aus dem insbesondere hervorgeht, welche Dienstleistungen er zu erbringen und welche EU-AIF er zu verwalten beabsichtigt.

(3) Beabsichtigt der AIFM die Errichtung einer Zweigniederlassung in diesem Mitgliedstaat, so sind zusätzlich zu den Angaben nach Abs. 2 folgende Informationen vorzulegen:
1. der organisatorische Aufbau der Zweigniederlassung;
2. die Anschrift, unter der im Herkunftsmitgliedstaat des EU-AIF Unterlagen angefordert werden können; und
3. die Namen und die Kontaktangaben der Geschäftsführer der Zweigniederlassung.

(4) Die FMA hat binnen eines Monats nach dem Eingang der vollständigen Anzeige nach Abs. 2 oder binnen zwei Monaten nach dem Eingang der vollständigen Unterlagen nach Abs. 3 die vollständigen Anzeigeunterlagen an die zuständigen Behörden des Aufnahmemitgliedstaats des AIFM zu übermitteln. § 13 Abs. 3 letzter Satz AVG kommt hinsichtlich der Berechnung der Frist nicht zur Anwendung. Die FMA hat nur dann die Anzeige zu übermitteln, wenn die Verwaltung des EU-AIF durch den AIFM diesem Bundesgesetz, der Richtlinie 2011/61/EU sowie den auf Basis dieser Richtlinie erlassenen delegierten Rechtsakten entspricht und weiterhin entsprechen wird und wenn der AIFM im Allgemeinen sich an dieses Bundesgesetz, die Richtlinie 2011/61/EU sowie die auf Basis dieser Richtlinie erlassenen delegierten Rechtsakten hält. Die FMA hat eine Bescheinigung über die Konzession des betreffenden AIFM zur Verwaltung von AIF mit einer bestimmten Anlagestrategie beizufügen.

(5) Die FMA hat den AIFM unverzüglich über den Versand der Unterlagen zu unterrichten. Der AIFM kann ab dem Datum dieser Mitteilung mit der Erbringung der Dienstleistungen im Aufnahmemitgliedstaat beginnen.

(6) Im Falle einer wesentlichen Änderung der nach Abs. 2 und gegebenenfalls nach Abs. 3 übermittelten Angaben hat der AIFM diese der FMA bei von ihm geplanten Änderungen mindestens einen Monat vor Durchführung der Änderung, oder, bei ungeplanten Änderungen, unverzüglich nach Eintreten der ungeplanten Änderung schriftlich mitzuteilen. Sollte die geplante Änderung dazu führen, dass die Verwaltung des EU-AIF durch den AIFM oder der AIFM im Allgemeinen nunmehr gegen dieses Bundesgesetz, gegen die Richtlinie 2011/61/EU oder auf Basis dieser Richtlinie erlassene delegierte Rechtsakte verstößt, hat die FMA dem AIFM unverzüglich die Durchführung der Änderungen zu untersagen. Wird eine geplante Änderung ungeachtet dieses Absatzes oder einer Untersagung durchgeführt oder führt eine durch einen ungeplanten Umstand ausgelöste Änderung dazu, dass die Verwaltung des EU-AIF durch den AIFM oder der AIFM im Allgemeinen nunmehr gegen dieses Bundesgesetz, die Richtlinie 2011/61/EU oder auf Basis dieser Richtlinie erlassene delegierte Rechtsakte verstoßen würde, so hat die FMA alle gebotenen Maßnahmen gemäß §§ 56f zu ergreifen, einschließlich, falls erforderlich, der ausdrücklichen Untersagung des Vertriebs des EU-AIF im Inland. Sind die Änderungen zulässig, so hat die FMA unverzüglich die zuständigen Behörden des Aufnahmemitgliedstaats des AIFM über diese Änderungen zu unterrichten.

(7) Das in Abs. 2 genannte Anzeigeschreiben des AIFM, gegebenenfalls die in Abs. 3 übermittelten Angaben sowie die in Abs. 6 genannte Änderungsanzeige haben in deutscher oder englischer Sprache oder in einer von der FMA gemäß Verordnung (§ 7b Abs. 1 KMG) anerkannten anderen Sprache bereitgestellt zu werden. Die FMA hat die elektronische Übermittlung und Archivierung der genannten Unterlagen zu akzeptieren.

Bedingungen für die Verwaltung von EU-AIF in Österreich durch AIFM mit Sitz in einem anderen Mitgliedstaat

§ 33. (1) Ein in einem anderen Mitgliedstaat zugelassener EU-AIFM kann EU-AIF entweder direkt oder indirekt über eine Zweigniederlassung in Österreich verwalten und an professionelle Anleger vertreiben, sofern der EU-AIFM für die Verwaltung dieser Art von EU-AIF berechtigt ist.

D. Einführung in das österreichische Investmentrecht

(2) Die Aufnahme der Verwaltung des EU-AIF in Österreich sowie die Errichtung einer Zweigstelle in Österreich durch einen EU-AIFM ist zulässig, wenn die zuständige Behörde des Herkunftsmitgliedstaats des EU-AIFM der FMA alle Angaben gemäß § 32 Abs. 2 und 3 übermittelt hat sowie dem EU-AIFM eine Bestätigung der Übermittlung durch die zuständige Behörde seines Herkunftsmitgliedstaats zuging. Die Angaben gemäß § 32 Abs. 2 und 3 haben in deutscher oder englischer Sprache oder in einer von der FMA gemäß Verordnung (§ 7b Abs. 1 KMG) anerkannten anderen Sprache bereitgestellt zu werden. Die FMA hat die elektronische Übermittlung und Archivierung der genannten Unterlagen zu akzeptieren.

(3) Falls die kollektive Portfolioverwaltung eines in Österreich bewilligten AIF beabsichtigt wird, hat der EU-AIFM dies bei der FMA gemäß § 29 zu beantragen. Verwaltet der EU-AIFM bereits AIF der gleichen Art in Österreich, so reicht der Hinweis auf die bereits vorgelegten Unterlagen aus. Der Vertrieb des EU-AIF an Privatkunden in Österreich ist ausschließlich dann zulässig, wenn die Bedingungen des § 48 eingehalten werden.

7. Teil. Spezifische Vorschriften in Bezug auf Drittländer

Bedingungen für EU-AIFM, die Nicht-EU-AIF verwalten, die in den Mitgliedstaaten nicht vertrieben werden

§ 34. Ein im Inland konzessionierter EU-AIFM darf Nicht-EU-AIF verwalten, die nicht in der Europäischen Union vertrieben werden, wenn
1. der AIFM alle in diesem Bundesgesetz oder in der Richtlinie 2011/61/EU für diese AIF festgelegten Anforderungen mit Ausnahme der Anforderungen in den §§ 19 und 20 oder den Art. 21 und 22 der Richtlinie 2011/61/EU erfüllt, und
2. geeignete Vereinbarungen über die Zusammenarbeit zwischen der FMA als zuständiger Behörde des Herkunftsmitgliedstaats des AIFM und den Aufsichtsbehörden des Drittlands bestehen, in dem der Nicht-EU-AIF seinen Sitz hat, damit zumindest ein effizienter Informationsaustausch gewährleistet ist, der es der FMA als zuständiger Behörde des Herkunftsmitgliedstaats des AIFM ermöglicht, ihre Aufgaben gemäß diesem Bundesgesetz und der Richtlinie 2011/61/EU wahrzunehmen.

Beachte für folgende Bestimmung
Gilt gemäß dem von der Europäischen Kommission nach Artikel 67 Abs. 6 der Richtlinie 2011/61/EU erlassenen delegierten Rechtsakte und erst ab dem darin bestimmten Zeitpunkt (vgl. § 74 Abs. 1).

Vertrieb von Anteilen eines Nicht-EU-AIF in Österreich durch einen in Österreich konzessionierten AIFM

§ 35. (1) Ein in Österreich konzessionierter AIFM kann Anteile eines von ihm verwalteten Nicht-EU-AIF an professionelle Anleger in Österreich vertreiben, sobald die in dieser Bestimmung festgelegten Bedingungen eingehalten sind.

(2) Wenn ein in Österreich konzessionierter AIFM beabsichtigt, Anteile eines von ihm verwalteten Nicht-EU-AIF in Österreich zu vertreiben, so hat er der FMA im Voraus für jeden Nicht-EU-AIF, den er zu vertreiben beabsichtigt, ein Anzeigeschreiben zu übermitteln, welches die Dokumentation und die Angaben gemäß Anlage 3 umfasst.

(3) Der AIFM muss alle in diesem Bundesgesetz, mit Ausnahme derer im 6. Teil, Kapitel VI der Richtlinie 2011/61/EU oder auf Basis dieser Richtlinie erlassenen delegierten Rechtsakten festgelegten Anforderungen erfüllen. Darüber hinaus müssen die folgenden Bedingungen eingehalten werden:
1. es müssen geeignete Vereinbarungen über die Zusammenarbeit zwischen der FMA und den Aufsichtsbehörden des Drittlands, in dem der Nicht-EU-AIF seinen Sitz hat, bestehen, damit unter Berücksichtigung von § 61 Abs. 3 ein effizienter Informationsaustausch gewährleistet ist, der es der FMA ermöglicht, ihre Aufgaben gemäß diesem Bundesgesetz wahrzunehmen;
2. das Drittland, in dem der Nicht-EU-AIF seinen Sitz hat, ist kein Land oder Gebiet, in dem gemäß § 40b Abs. 1 letzter Satz BWG jedenfalls ein erhöhtes Risiko der Geldwäscherei oder Terrorismusfinanzierung besteht;
3. das Drittland, in dem der Nicht-EU-AIF seinen Sitz hat, hat mit Österreich eine Vereinbarung unterzeichnet, die den Normen gemäß Art. 26 des OECD-Musterabkommens zur Vermeidung der Doppelbesteuerung von Einkommen und Vermögen vollständig entspricht und einen wirksamen Informationsaustausch in Steuerangelegenheiten, gegebenenfalls einschließlich multilateraler Abkommen über die Besteuerung, gewährleistet.

VI. Normenteil

(4) Spätestens 20 Arbeitstage nach dem Eingang des vollständigen Anzeigeschreibens und der Unterlagen gemäß Abs. 2 hat die FMA nach Prüfung der Vollständigkeit der Anzeige und der Unterlagen dem AIFM mitzuteilen, ob er im Inland mit dem Vertrieb des im Anzeigeschreiben nach Abs. 2 genannten AIF beginnen kann. § 13 Abs. 3 letzter Satz AVG kommt hinsichtlich der Berechnung der Frist nicht zur Anwendung. Die FMA kann den Vertrieb des AIF nur untersagen, wenn die Verwaltung des AIF durch den AIFM oder der AIFM im Allgemeinen gegen dieses Bundesgesetz, die Richtlinie 2011/61/EU oder auf Basis dieser Richtlinie erlassene delegierte Rechtsakte verstößt. Im Falle einer positiven Entscheidung kann der AIFM ab dem Datum der diesbezüglichen Mitteilung der FMA mit dem Vertrieb des AIF beginnen.

(5) Das in Abs. 2 genannte Anzeigeschreiben des AIFM hat in deutscher oder englischer Sprache oder in einer von der FMA gemäß Verordnung (§ 7b Abs. 1 KMG) anerkannten anderen Sprache bereitgestellt zu werden. Die FMA hat die elektronische Übermittlung und Archivierung der genannten Unterlagen zu akzeptieren.

(6) Im Falle einer wesentlichen Änderung der nach Abs. 2 mitgeteilten Angaben hat der AIFM diese der FMA bei von ihm geplanten Änderungen mindestens einen Monat vor Durchführung der Änderung, oder, bei ungeplanten Änderungen, unverzüglich nach Eintreten der ungeplanten Änderung schriftlich mitzuteilen. Sollte die geplante Änderung dazu führen, dass die Verwaltung des Nicht-EU-AIF durch den AIFM oder der AIFM im Allgemeinen nunmehr gegen dieses Bundesgesetz, gegen die Richtlinie 2011/61/EU oder auf Basis dieser Richtlinie erlassene delegierte Rechtsakte verstößt, hat die FMA dem AIFM unverzüglich die Durchführung der Änderungen zu untersagen. Wird eine geplante Änderung ungeachtet dieses Absatzes oder einer Untersagung durchgeführt, fällt eine Voraussetzung des Abs. 3 nachträglich weg oder führt eine durch einen ungeplanten Umstand ausgelöste Änderung dazu, dass die Verwaltung des Nicht-EU-AIF durch den AIFM oder der AIFM im Allgemeinen nunmehr gegen dieses Bundesgesetz, die Richtlinie 2011/61/EU oder auf Basis dieser Richtlinie erlassene delegierte Rechtsakte verstoßen würde, so hat die FMA alle gebotenen Maßnahmen gemäß §§ 56f zu ergreifen, einschließlich, falls erforderlich, der ausdrücklichen Untersagung des Vertriebs des Nicht-EU-AIF. Sind die Änderungen zulässig, so hat die FMA nach Maßgabe des Abs. 4 den AIFM davon zu unterrichten.

(7) Unbeschadet des § 48 Abs. 1 dürfen die von den AIFM verwalteten und vertriebenen Nicht-EU-AIF nur an professionelle Anleger vertrieben werden.

(8) Diese Bestimmung gilt gleichermaßen für EU-Feeder-AIF, die nicht die Anforderungen gemäß § 29 Abs. 1 zweiter Satz erfüllen.

Beachte für folgende Bestimmung
Gilt gemäß dem von der Europäischen Kommission nach Artikel 67 Abs. 6 der Richtlinie 2011/61/EU erlassenen delegierten Rechtsakte und erst ab dem darin bestimmten Zeitpunkt (vgl. § 74 Abs. 1).

**Vertrieb von Anteilen eines Nicht-EU-AIF in anderen Mitgliedstaaten
durch einen in Österreich konzessionierten AIFM mit einem Pass**

§ 36. (1) Ein in Österreich konzessionierter AIFM kann Anteile eines von ihm verwalteten und gemäß § 35 angezeigten Nicht-EU-AIF an professionelle Anleger in anderen Mitgliedstaaten vertreiben, sobald die in dieser Bestimmung festgelegten Bedingungen eingehalten sind.

(2) Der AIFM hat die Absicht, Anteile eines von ihm verwalteten und gemäß § 35 angezeigten Nicht-EU-AIF in einem anderen Mitgliedstaat zu vertreiben, der FMA im Voraus für jeden betreffenden Nicht-EU-AIF anzuzeigen. Das Anzeigeschreiben hat jedenfalls die Dokumentation und die Angaben gemäß Anlage 4 zu umfassen.

(3) Der AIFM muss alle in diesem Bundesgesetz, mit Ausnahme derer im 6. Teil, Kapitel VI der Richtlinie 2011/61/EU oder auf Basis dieser Richtlinie erlassenen delegierten Rechtsakten festgelegten Anforderungen erfüllen. Darüber hinaus müssen die folgenden Bedingungen eingehalten werden:
1. es müssen geeignete Vereinbarungen über die Zusammenarbeit zwischen der FMA und den Aufsichtsbehörden des Drittlands, in dem der Nicht-EU-AIF seinen Sitz hat, bestehen, damit unter Berücksichtigung von § 61 Abs. 3 ein effizienter Informationsaustausch gewährleistet ist, der es der FMA ermöglicht, ihre Aufgaben gemäß diesem Bundesgesetz wahrzunehmen;
2. das Drittland, in dem der Nicht-EU-AIF seinen Sitz hat, ist kein Land oder Gebiet, in dem gemäß § 40b Abs. 1 letzter Satz BWG jedenfalls ein erhöhtes Risiko der Geldwäscherei oder Terrorismusfinanzierung besteht;
3. das Drittland, in dem der Nicht-EU-AIF seinen Sitz hat, hat mit Österreich sowie mit jedem anderen Mitgliedstaat, in dem die Anteile des Nicht-EU-AIF vertrieben werden sollen, eine Verein-

879

D. Einführung in das österreichische Investmentrecht

barung unterzeichnet, die den Normen gemäß Art. 26 des OECD-Musterabkommens zur Vermeidung der Doppelbesteuerung von Einkommen und Vermögen vollständig entspricht und einen wirksamen Informationsaustausch in Steuerangelegenheiten, gegebenenfalls einschließlich multilateraler Abkommen über die Besteuerung, gewährleistet.

(4) Die FMA hat nach Prüfung der Vollständigkeit der gemäß Abs. 2 übermittelten Anzeige und Unterlagen diese den zuständigen Behörden des Mitgliedstaats, in dem der Nicht-EU-AIF vertrieben werden soll, spätestens 20 Arbeitstage nach dem Eingang des vollständigen Anzeigeschreibens und der Unterlagen zu übermitteln. § 13 Abs. 3 letzter Satz AVG kommt hinsichtlich der Berechnung der Frist nicht zur Anwendung. Die FMA hat nur dann die Anzeige zu übermitteln, wenn die Verwaltung des Nicht-EU-AIF durch den AIFM diesem Bundesgesetz, der Richtlinie 2011/61/EU sowie den auf Basis dieser Richtlinie erlassenen delegierten Rechtsakten entspricht und weiterhin entsprechen wird und wenn der AIFM im Allgemeinen sich an dieses Bundesgesetz, die Richtlinie 2011/61/EU sowie auf Basis dieser Richtlinie erlassenen delegierten Rechtsakten hält. Die FMA hat eine Bescheinigung über die Konzession des betreffenden AIFM zur Verwaltung von AIF mit einer bestimmten Anlagestrategie beizufügen.

(5) Das in Abs. 2 genannte Anzeigeschreiben des AIFM und die in Abs. 4 genannte Bescheinigung haben in deutscher oder englischer Sprache oder in einer von der FMA gemäß Verordnung (§ 7b Abs. 1 KMG) anerkannten anderen Sprache bereitgestellt zu werden. Die FMA hat die elektronische Übermittlung und Archivierung der genannten Unterlagen zu akzeptieren.

(6) Die FMA hat den AIFM unverzüglich über den Versand der Anzeigeunterlagen zu unterrichten. Der AIFM kann ab dem Datum dieser Unterrichtung durch die FMA mit dem Vertrieb des AIF in den Aufnahmemitgliedstaaten des AIFM beginnen. Die FMA hat zudem ESMA mitzuteilen, dass der AIFM mit dem Vertrieb von Anteilen des AIF in den Aufnahmemitgliedstaaten des AIFM beginnen kann.

(7) Im Falle einer wesentlichen Änderung der nach Abs. 2 mitgeteilten Angaben hat der AIFM diese der FMA bei von ihm geplanten Änderungen mindestens einen Monat vor Durchführung der Änderung, oder, bei ungeplanten Änderungen, unverzüglich nach Eintreten der ungeplanten Änderung schriftlich mitzuteilen. Sollte die geplante Änderung dazu führen, dass die Verwaltung des Nicht-EU-AIF durch den AIFM oder der AIFM im Allgemeinen nunmehr gegen dieses Bundesgesetz, gegen die Richtlinie 2011/61/EU oder auf Basis dieser Richtlinie erlassene delegierte Rechtsakte verstößt, hat die FMA dem AIFM unverzüglich die Durchführung der Änderungen zu untersagen. Wird eine geplante Änderung ungeachtet dieses Abs. oder einer Untersagung durchgeführt, fällt eine Voraussetzung des Abs. 3 nachträglich weg oder führt eine durch einen ungeplanten Umstand ausgelöste Änderung dazu, dass die Verwaltung des Nicht-EU-AIF durch den AIFM oder der AIFM im Allgemeinen nunmehr gegen dieses Bundesgesetz, die Richtlinie 2011/61/EU oder auf Basis dieser Richtlinie erlassene delegierte Rechtsakte verstoßen würde, so hat die FMA alle gebotenen Maßnahmen gemäß §§ 56f zu ergreifen, einschließlich, falls erforderlich, der ausdrücklichen Untersagung des Vertriebs des Nicht-EU-AIF. Sind die Änderungen zulässig, so hat die FMA nach Maßgabe des Abs. 4 unverzüglich ESMA zu unterrichten, soweit die Änderungen die Beendigung des Vertriebs von bestimmten AIF oder den Vertrieb von zusätzlichen AIF betreffen, und gegebenenfalls die zuständigen Behörden der Aufnahmemitgliedstaaten des AIFM.

(8) Lehnt eine zuständige Behörde einen Antrag auf Informationsaustausch gemäß den Bestimmungen der in Art. 35 Abs. 14 der Richtlinie 2011/61/EU erwähnten technischen Regulierungsstandards ab, hat die FMA als zuständige Behörde die Angelegenheit an ESMA verweisen, die im Rahmen der ihr durch Art. 19 der Verordnung (EU) Nr. 1095/2010 übertragenen Befugnisse tätig werden kann.

(9) Unbeschadet des § 48 Abs. 1 dürfen die von dem AIFM verwalteten und vertriebenen Nicht-EU-AIF nur an professionelle Anleger vertrieben werden.

(10) Diese Bestimmung gilt gleichermaßen für EU-Feeder-AIF, die nicht die Anforderungen gemäß § 29 Abs. 1 zweiter Satz erfüllen.

Beachte für folgende Bestimmung
Gilt gemäß dem von der Europäischen Kommission nach Artikel 67 Abs. 6 der Richtlinie 2011/61/EU erlassenen delegierten Rechtsakte und erst ab dem darin bestimmten Zeitpunkt (vgl. § 74 Abs. 1).

Vertrieb von Nicht-EU-AIF mit einem Pass in Österreich durch einen EU-AIFM

§ 37. (1) Ein in einem Mitgliedstaat zugelassener EU-AIFM kann Anteile eines von ihm verwalteten Nicht-EU-AIF an professionelle Anleger in Österreich vertreiben, sobald der FMA die vollständigen

VI. Normenteil

Unterlagen und Informationen gemäß § 36 von der zuständigen Behörde des Herkunftsmitgliedstaats des EU-AIFM übermittelt wurden.

(2) Die gemäß Anlage 4 lit. h anzugebenden Vorkehrungen für den Vertrieb des Nicht-EU-AIF und, sofern zutreffend, die Vorkehrungen, die getroffen wurden, um zu verhindern, dass Anteile des Nicht-EU-AIF an Privatkunden vertrieben werden, auch falls der AIFM für die Erbringung von Wertpapierdienstleistungen für den AIF auf unabhängige Unternehmen zurückgreift, unterliegen den Anforderungen dieses Bundesgesetzes und der Aufsicht durch die FMA. Die FMA hat im Falle eines Verstoßes gegen dieses Bundesgesetz, die Richtlinie 2011/61/EU oder auf Basis dieser Richtlinie erlassene delegierte Rechtsakte alle gebotenen Maßnahmen gemäß §§ 56f zu ergreifen, einschließlich, falls erforderlich, der ausdrücklichen Untersagung des Vertriebs des Nicht-EU-AIF im Inland.

(3) Die durch die zuständigen Behörde des Herkunftsmitgliedstaats des AIFM übermittelte Anzeige des AIFM samt Unterlagen sowie die in § 36 Abs. 4 genannte Bescheinigung haben in deutscher oder englischer Sprache oder in einer von der FMA gemäß Verordnung (§ 7b Abs. 1 KMG) anerkannten anderen Sprache bereitgestellt zu werden. Die FMA hat die elektronische Übermittlung und Archivierung der genannten Unterlagen zu akzeptieren.

(4) Für die Bearbeitung der Anzeige gemäß Abs. 1 ist an die FMA eine Gebühr von 1 100 Euro zu entrichten. Diese Gebühr erhöht sich bei Nicht-EU-AIF, die mehrere Teilfonds enthalten (Umbrella-Fonds), ab dem zweiten Teilfonds für jeden Fonds um 220 Euro. Für die Überwachung der Einhaltung der nach diesem Abschnitt bestehenden Pflichten ist weiters zu Beginn eines jeden Kalenderjahres, spätestens bis zum 15. Jänner dieses Jahres eine jährliche Gebühr von 600 Euro an die FMA zu entrichten; diese Gebühr erhöht sich bei Nicht-EU-AIF, die mehrere Teilfonds enthalten (Umbrella-Fonds), ab dem zweiten Teilfonds für jeden Teilfonds um 200 Euro. Gebührenbeiträge, die nicht spätestens am Fälligkeitstag entrichtet wurden, sind vollstreckbar. Die FMA hat einen als Exekutionstitel geltenden Rückstandsausweis auszufertigen. Dieser hat Namen und Anschrift des Gebührenpflichtigen, den Betrag der Schuld und den Vermerk zu enthalten, dass die Schuld vollstreckbar geworden ist. Die nicht fristgerechte Entrichtung der Gebühr ist ein Vertriebsuntersagungsgrund gemäß § 50.

(5) Ist die FMA mit der Beurteilung der zuständigen Behörde des Herkunftsmitgliedstaats des AIFM hinsichtlich der Erfüllung der Voraussetzungen nach § 36 Abs. 3 Z 1 und 2 nicht einverstanden, so kann die FMA dies ESMA zur Kenntnis bringen, die im Rahmen der ihr durch Art. 19 der Verordnung (EU) Nr. 1095/2010 übertragenen Befugnisse tätig werden kann. Bis zur Beendigung des Schlichtungsverfahrens durch ESMA ist der Vertrieb der Anteile des betreffenden Nicht-EU-AIF in Österreich nicht zulässig.

(6) Unbeschadet des § 48 Abs. 1 dürfen die von dem AIFM verwalteten und vertriebenen Nicht-EU-AIF nur an professionelle Anleger vertrieben werden.

(7) Diese Bestimmung gilt gleichermaßen für EU-Feeder-AIF, die nicht die Anforderungen gemäß § 29 Abs. 1 zweiter Satz erfüllen.

Bedingungen für den ohne Pass erfolgenden Vertrieb in Österreich von durch EU-AIFM verwalteten Nicht-EU-AIF

§ 38. (1) Unbeschadet § 35 darf ein in Österreich konzessionierter AIFM den ausschließlich im Inland erfolgenden Vertrieb von Anteilen an einem von ihm verwalteten Nicht-EU-AIF sowie von EU-Feeder-AIF, die nicht die Anforderungen gemäß § 29 Abs. 1 zweiter Satz erfüllen, an professionelle Anleger durchführen, sofern folgende Voraussetzungen eingehalten sind:
1. der AIFM erfüllt mit Ausnahme von § 19 alle in diesem Bundesgesetz festgelegten Anforderungen. Der AIFM benennt eine oder mehrere Stellen, welche die Aufgaben gemäß § 19 Abs. 7, 8 und 9 wahrnehmen, und teilt dies der FMA sowie den Aufsichtsbehörden des Drittlandes, in dem der Nicht-EU-AIF seinen Sitz hat, unverzüglich mit. Die Anforderungen des § 19 Abs. 7, 8 und 9 können nicht vom AIFM selbst übernommen werden.
2. Es bestehen geeignete, der Überwachung von Systemrisiken dienende und im Einklang mit den internationalen Standards stehende Vereinbarungen über die Zusammenarbeit zwischen der FMA sowie den Aufsichtsbehörden des Drittlandes, in dem der Nicht-EU-AIF seinen Sitz hat, sodass ein effizienter Informationsaustausch gewährleistet ist, der es der FMA ermöglicht, ihre in diesem Bundesgesetz festgelegten Aufgaben zu erfüllen.
3. Das Drittland, in dem der Nicht-EU-AIF seinen Sitz hat, ist kein Land oder Gebiet, in dem gemäß § 40b Abs. 1 letzter Satz BWG jedenfalls ein erhöhtes Risiko der Geldwäscherei oder Terrorismusfinanzierung besteht.

D. Einführung in das österreichische Investmentrecht

(2) Beabsichtigt ein AIFM, Anteile eines Nicht-EU-AIF in Österreich zu vertreiben, so hat er der FMA für jeden Nicht-EU-AIF ein Anzeigeschreiben zu übermitteln. Dieses Anzeigeschreiben umfasst die Dokumentation und die Angaben gemäß Anlage 3 sowie eine Bestätigung der zuständigen Behörde des Herkunftsmitgliedstaates des Nicht-EU-AIF, dass dieser alle in diesem Bundesgesetz oder der Richtlinie 2011/61/EU sowie auf Basis dieser Richtlinie erlassenen delegierten Rechtsakten festgelegten Anforderungen mit Ausnahme derer im 6. Teil erfüllt. Weiters ist ein Nachweis über die Entrichtung der Gebühr gemäß Abs. 3 beizulegen.

(3) Für die Bearbeitung der Anzeige gemäß Abs. 2 ist an die FMA eine Gebühr von 2 200 Euro zu entrichten. Diese Gebühr erhöht sich bei Nicht-EU-AIF, die mehrere Teilfonds enthalten (Umbrella-Fonds), ab dem zweiten Teilfonds für jeden Fonds um 440 Euro. Für die Prüfung der nach Abs. 6 vorgeschriebenen Unterlagen ist weiters zu Beginn eines jeden Kalenderjahres, spätestens bis zum 15. Jänner dieses Jahres, eine jährliche Gebühr von 1200 Euro an die FMA zu entrichten; diese Gebühr erhöht sich bei Fonds, die mehrere Teilfonds enthalten (Umbrella-Fonds), ab dem zweiten Teilfonds für jeden Teilfonds um 400 Euro. Gebührenbeiträge, die nicht spätestens am Fälligkeitstag entrichtet wurden, sind vollstreckbar. Die FMA hat einen als Exekutionstitel geltenden Rückstandsausweis auszufertigen. Dieser hat Namen und Anschrift des Gebührenpflichtigen, den Betrag der Schuld und den Vermerk zu enthalten, dass die Schuld vollstreckbar geworden ist. Die nicht fristgerechte Entrichtung der Gebühr ist ein Vertriebsuntersagungsgrund gemäß Abs. 8.

(4) Die FMA hat die Anzeige auf ihre formale Vollständigkeit zu prüfen, eine darüber hinausgehende inhaltliche Prüfung hat nicht zu erfolgen. Spätestens zwei Monate nach Eingang des vollständigen Anzeigeschreibens nach Abs. 2 hat die FMA dem AIFM mitzuteilen, ob er im Inland mit dem Vertrieb des im Anzeigeschreiben nach Abs. 2 genannten Nicht-EU-AIF beginnen kann, wobei der Vertrieb mit dem Tag jener Mitteilung erfolgen darf. § 13 Abs. 3 letzter Satz AVG kommt hinsichtlich der Berechnung der Frist von zwei Monaten nicht zur Anwendung. Die FMA hat den Vertrieb des Nicht-EU-AIF zu untersagen, wenn die Verwaltung des Nicht-EU-AIF durch den AIFM oder der AIFM im Allgemeinen gegen dieses Bundesgesetz oder die Richtlinie 2011/61/EU oder auf Basis dieser Richtlinie erlassene delegierte Rechtsakte verstößt. Die Aufnahme des Vertriebes ist weiters zu untersagen, wenn der AIFM oder der Nicht-EU-AIF eine Voraussetzung dieser Bestimmung nicht erfüllt oder die Anzeige nach Abs. 2 nicht ordnungsgemäß erstattet wurde.

(5) Das in Abs. 2 genannte Anzeigeschreiben des AIFM sowie die Beilagen haben in deutscher Sprache oder in englischer Sprache oder in einer gemäß § 7b Abs. 1 KMG in der Finanzwelt gebräuchlichen Sprache bereitgestellt zu werden. Die FMA als zuständige Behörde hat die elektronische Übermittlung und Archivierung der in Abs. 2 genannten Unterlagen zu akzeptieren.

(6) Im Falle einer wesentlichen Änderung der nach Abs. 2 mitgeteilten Angaben hat der AIFM diese der FMA bei von ihm geplanten Änderungen mindestens einen Monat vor Durchführung der Änderung, oder, bei ungeplanten Änderungen, unverzüglich nach Eintreten der ungeplanten Änderung schriftlich mitzuteilen. Sollte die geplante Änderung dazu führen, dass die Verwaltung des Nicht-EU-AIF durch den AIFM oder der AIFM im Allgemeinen nunmehr gegen dieses Bundesgesetz, gegen die Richtlinie 2011/61/EU oder auf Basis dieser Richtlinie erlassene delegierte Rechtsakte verstößt, hat die FMA dem AIFM unverzüglich, die Durchführung der Änderung zu untersagen. Wird eine geplante Änderung ungeachtet dieses Absatzes oder einer Untersagung durchgeführt oder führt eine durch einen ungeplanten Umstand ausgelöste Änderung dazu, dass die Verwaltung des Nicht-EU-AIF durch den AIFM oder der AIFM im Allgemeinen nunmehr gegen dieses Bundesgesetz, die Richtlinie 2011/61/EU oder auf Basis dieser Richtlinie erlassene delegierte Rechtsakte verstoßen würde, so hat die FMA alle gebotenen Maßnahmen gemäß §§ 56f zu ergreifen, einschließlich, falls erforderlich, der ausdrücklichen Untersagung des Vertriebs des Nicht-EU-AIF im Inland.

(7) Der AIFM hat die Absicht, den Vertrieb von Anteilen des Nicht-EU-AIF in Österreich einzustellen, der FMA unverzüglich anzuzeigen.

(8) Die FMA hat den weiteren Vertrieb von Nicht-EU-AIF zu untersagen, wenn
1. die Anzeige nach Abs. 2 nicht erstattet worden ist,
2. eine Voraussetzung nach dieser Bestimmung weggefallen ist,
3. beim Vertrieb erheblich gegen gesetzliche Vorschriften verstoßen wurde,
5. ein durch rechtskräftiges Urteil oder gerichtlichen Vergleich gegenüber dem Nicht-EU-AIF oder AIFM festgestellter Anspruch eines Anteilinhabers nicht erfüllt worden ist,
6. die in diesem Gesetz vorgesehenen Verpflichtungen nicht ordnungsgemäß erfüllt werden, oder
7. die Zulassung durch die zuständigen Stellen des Herkunftsstaates des Nicht-EU-AIF entzogen worden ist.

(9) Hat die FMA die Aufnahme des Vertriebs oder den weiteren Vertrieb des Nicht-EU-AIF untersagt, darf der AIFM die Absicht, Anteile dieses Nicht-EU-AIF im Geltungsbereich dieses Bundesgesetzes zu vertreiben, frühestens gemäß Abs. 2 wieder anzeigen, wenn seit dem Tag der Untersagung ein Jahr verstrichen ist.

(10) Die FMA kann bei Umbrella-Konstruktionen auch den Vertrieb von Anteilen eines Nicht-EU-AIF, die im Geltungsbereich dieses Bundesgesetzes vertrieben werden dürfen, unter Beachtung des Abs. 8 untersagen, wenn weitere Anteile von Teilfonds derselben Umbrella-Konstruktion im Geltungsbereich dieses Bundesgesetzes vertrieben werden, die die Anzeige nach Abs. 2 nicht ordnungsgemäß erstattet haben.

(11) Diese Bestimmung gilt gleichermaßen für EU-Feeder-AIF, die nicht die Anforderungen gemäß § 29 Abs. 1 zweiter Satz erfüllen.

Beachte für folgende Bestimmung
Gilt gemäß dem von der Europäischen Kommission nach Artikel 67 Abs. 6 der Richtlinie 2011/61/EU erlassenen delegierten Rechtsakte und erst ab dem darin bestimmten Zeitpunkt (vgl. § 74 Abs. 1).

Zulassung von Nicht-EU-AIFM, für die Österreich Referenzmitgliedstaat ist

§ 39. (1) Ein Nicht-EU-AIFM, der beabsichtigt, AIF zu verwalten oder von ihm verwaltete AIF gemäß § 40 oder § 42 zu vertreiben, hat, sofern gemäß Abs. 3 Österreich der Referenzmitgliedstaat des Nicht-EU-AIFM ist, bei der FMA einen Antrag auf Bewilligung zu stellen. Die Bestimmungen des 2. Teils dieses Bundesgesetzes finden unter Berücksichtigung der Abs. 6 und 7 dieser Bestimmung Anwendung. Der Nicht-EU-AIFM ist verpflichtet, dieses Bundesgesetz, mit Ausnahme des Teils 6, die Richtlinie 2011/61/EU sowie die auf Basis dieser Richtlinie erlassenen delegierten Rechtsakte einzuhalten. Wenn und soweit die Einhaltung einer dieser Bestimmungen mit der Einhaltung der Rechtsvorschriften unvereinbar ist, denen der Nicht-EU-AIFM oder der in einem Mitgliedstaat vertriebene Nicht-EU-AIF unterliegt, besteht für den Nicht-EU-AIFM keine Verpflichtung, sich an diese Bestimmung zu halten. Hierzu hat er der FMA nachzuweisen, dass
1. es nicht möglich ist, die Einhaltung dieser Bestimmung mit der Einhaltung einer verpflichtenden Rechtsvorschrift, der der Nicht-EU-AIFM oder der in einem Mitgliedstaat vertriebene Nicht-EU-AIF unterliegt, zu verbinden;
2. die Rechtsvorschriften, denen der Nicht-EU-AIFM oder der Nicht-EU-AIF unterliegt, eine gleichwertige Bestimmung mit dem gleichen Regelungszweck und dem gleichen Schutzniveau für die Anleger des betreffenden Nicht-EU-AIF enthalten; und
3. der Nicht-EU-AIFM oder der Nicht-EU-AIF die in Z 2 genannte gleichwertige Bestimmung erfüllt.

(2) Ein Nicht-EU-AIFM, der beabsichtigt, AIF zu verwalten oder von ihm verwaltete AIF gemäß § 40 oder § 42 zu vertreiben, muss über einen gesetzlichen Vertreter mit Sitz in Österreich verfügen. Der gesetzliche Vertreter vertritt den Nicht-EU-AIFM gerichtlich und außergerichtlich, ist Zustellungsbevollmächtigter und Kontaktstelle für den Nicht-EU-AIFM in Österreich. Sämtliche Korrespondenz zwischen der FMA und dem Nicht-EU-AIFM sowie zwischen den Anlegern des betreffenden AIF und dem Nicht-EU-AIFM gemäß diesem Bundesgesetz erfolgt über diesen gesetzlichen Vertreter. Der gesetzliche Vertreter hat gemeinsam mit dem Nicht-EU-AIFM die Compliance-Funktion in Bezug auf die von dem Nicht-EU-AIFM gemäß dieser Richtlinie ausgeführten Verwaltungs- und Vertriebstätigkeiten wahrzunehmen. Diese Befugnisse können nicht beschränkt werden.

(3) Österreich ist Referenzmitgliedstaat eines Nicht-EU-AIFM, sofern der Nicht-EU-AIFM beabsichtigt,
1. einen einzigen EU-AIF oder mehrere EU-AIF mit Sitz in Österreich zu verwalten, und nicht beabsichtigt, gemäß § 40 oder § 42 einen AIF in einem anderen Mitgliedstaat zu vertreiben;
2. mehrere EU-AIF mit Sitz in verschiedenen Mitgliedstaaten zu verwalten, und nicht beabsichtigt, gemäß § 40 oder § 42 einen AIF in einem anderen Mitgliedstaat zu vertreiben, und entweder
    a) in Österreich die meisten der betreffenden AIF ihren Sitz haben, oder
    b) in Österreich die umfangreichsten Vermögenswerte verwaltet werden;
3. einen einzigen AIF zu vertreiben, Österreich Herkunftsmitgliedstaat des AIF ist und der AIF in keinem anderen Mitgliedstaat vertrieben wird;
4. einen einzigen AIF zu vertreiben, der AIF in einem anderen Mitgliedstaat zugelassen ist und ausschließlich in Österreich vertrieben wird;
5. einen einzigen Nicht-EU-AIF ausschließlich in Österreich zu vertreiben;

D. Einführung in das österreichische Investmentrecht

6. einen einzigen EU-AIF in verschiedenen Mitgliedstaaten zu vertreiben und Österreich Herkunftsmitgliedstaat des AIF oder einer der Mitgliedstaaten ist, in denen der AIFM einen leistungsfähigen Vertrieb aufzubauen beabsichtigt;
7. einen einzigen AIF, welcher nicht in einem Mitgliedstaat zugelassen ist, in verschiedenen Mitgliedstaaten zu vertreiben und Österreich einer der Mitgliedstaaten ist, in denen der AIFM einen leistungsfähigen Vertrieb aufzubauen beabsichtigt;
8. einen einzigen Nicht-EU-AIF in Österreich und zumindest einem anderen Mitgliedstaaten zu vertreiben und kein anderer Mitgliedstaat als Referenzmitgliedstaat benannt wurde;
9. mehrere EU-AIF in der Union zu vertreiben und Österreich Herkunftsmitgliedstaat sämtlicher EU-AIF ist oder in Österreich ein leistungsfähiger Vertrieb der meisten der betreffenden AIF aufgebaut werden soll;
10. mehrere EU-AIF, welche nicht alle denselben Herkunftsmitgliedstaat haben, in der Union zu vertreiben und in Österreich ein leistungsfähiger Vertrieb der meisten der betreffenden AIF aufgebaut werden soll;
11. mehrere EU- und Nicht-EU-AIF oder mehrere Nicht-EU-AIF in der Union zu vertreiben, und einen leistungsfähigen Vertrieb der meisten der betreffenden AIF in Österreich aufzubauen.

Kommen neben Österreich andere Mitgliedstaaten als Referenzmitgliedstaaten in Betracht, so hat der betreffende Nicht-EU-AIFM, der beabsichtigt, EU-AIF zu verwalten, ohne sie zu vertreiben, oder von ihm verwaltete AIF gemäß Art. 39 oder 40 der Richtlinie 2011/61/EU in der Union zu vertreiben, bei der FMA, aber auch den zuständigen Behörden aller als mögliche Referenzmitgliedstaaten in Betracht kommenden Mitgliedstaaten, zu beantragen, dass sich diese Behörden untereinander über die Festlegung seines Referenzmitgliedstaats einigen. Die FMA und die betreffenden anderen zuständigen Behörden haben innerhalb eines Monats nach Eingang eines solchen Antrags gemeinsam über den Referenzmitgliedstaat für den Nicht-EU-AIFM zu entscheiden. Wird die FMA als zuständige Behörde des Referenzmitgliedstaats festgelegt, hat sie den Nicht-EU-AIFM unverzüglich von dieser Festlegung in Kenntnis zu setzen. Wenn der Nicht-EU-AIFM nicht innerhalb von sieben Tagen nach Erlass der Entscheidung ordnungsgemäß über die Entscheidung der zuständigen Behörden informiert wird oder die betreffenden zuständigen Behörden innerhalb der Monatsfrist keine Entscheidung getroffen haben, kann der Nicht-EU-AIFM selbst seinen Referenzmitgliedstaat gemäß den in diesem Abs. aufgeführten Kriterien festlegen. Legt der Nicht-EU-AIFM Österreich als seinen Referenzmitgliedstaat fest, so hat er gegenüber der FMA seine Vertriebsstrategie offenzulegen um zu belegen, dass er in Österreich einen leistungsfähigen Vertrieb aufzubauen gedenkt.

(4) Nach Eingang eines Antrags auf Bewilligung eines Nicht-EU-AIFM hat die FMA zu beurteilen, ob die Entscheidung des Nicht-EU-AIFM hinsichtlich seines Referenzmitgliedstaats die Kriterien gemäß Abs. 3 erfüllt. Wenn die FMA der Ansicht ist, dass dies nicht der Fall ist, hat sie den Antrag des Nicht-EU-AIFM auf Bewilligung abzulehnen. Wenn die FMA der Auffassung ist, dass die Kriterien gemäß Abs. 3 erfüllt sind, hat sie ESMA von diesem Umstand in Kenntnis zu setzen und zu ersuchen, eine Empfehlung zu ihrer Beurteilung auszusprechen. In ihrer Mitteilung an ESMA hat die FMA die Begründung des Nicht-EU-AIFM für seine Beurteilung hinsichtlich des Referenzmitgliedstaats und Informationen über die Vertriebsstrategie des Nicht-EU-AIFM vorzulegen. Die Frist nach § 6 Abs. 5 wird während der Beratungen von ESMA nach Art. 37 Abs. 5 der Richtlinie 2011/65/EG bis zur Übermittlung der Empfehlung durch ESMA unterbrochen. Wenn die FMA als zuständige Behörde entgegen der Empfehlung von ESMA beabsichtigt, die Bewilligung des Nicht-EU-AIFM zu erteilen, hat sie ESMA davon unter Angabe ihrer Gründe in Kenntnis zu setzen. Beabsichtigt der Nicht-EU-AIFM, Anteile von durch ihn verwalteten AIF in anderen Mitgliedstaaten als Österreich zu vertreiben, hat die FMA ebenfalls die zuständigen Behörden der betreffenden Mitgliedstaaten unter Angabe ihrer Gründe in Kenntnis zu setzen. Gegebenenfalls hat die FMA ebenfalls die zuständigen Behörden der Herkunftsmitgliedstaaten der von dem Nicht-EU-AIFM verwalteten AIF unter Angabe ihrer Gründe in Kenntnis zu setzen.

(5) Unbeschadet des Abs. 6 kann die Bewilligung durch die FMA erst dann erteilt werden, wenn die folgenden zusätzlichen Bedingungen eingehalten sind:
1. Österreich wird als Referenzmitgliedstaat von dem Nicht-EU-AIFM gemäß den Kriterien nach Abs. 3 benannt, durch die Offenlegung der Vertriebsstrategie bestätigt und das Verfahren gemäß Abs. 4 wurde von den betreffenden zuständigen Behörden durchgeführt;
2. der Nicht-EU-AIFM hat einen gesetzlichen Vertreter gemäß Abs. 2 benannt;
3. es bestehen geeignete Vereinbarungen über die Zusammenarbeit zwischen der FMA, den zuständigen Behörden der Herkunftsmitgliedstaaten der betreffenden EU-AIF und den Aufsichtsbehörden des Drittlands, in dem der Nicht-EU-AIFM seinen Sitz hat, damit zumindest ein effizienter In-

formationsaustausch gewährleistet ist, der es den zuständigen Behörden ermöglicht, ihre Aufgaben gemäß diesem Bundesgesetz und der Richtlinie 2011/61/EU wahrzunehmen;
4. das Drittland, in dem der Nicht-EU-AIFM seinen Sitz hat, ist kein Land oder Gebiet, in dem gemäß § 40b Abs. 1 letzter Satz BWG jedenfalls ein erhöhtes Risiko der Geldwäscherei oder Terrorismusfinanzierung besteht;
5. das Drittland, in dem der Nicht-EU-AIFM seinen Sitz hat, hat mit Österreich eine Vereinbarung unterzeichnet, die den Standards gemäß Art. 26 des OECD-Musterabkommens zur Vermeidung der Doppelbesteuerung von Einkommen und Vermögen vollständig entspricht und einen wirksamen Informationsaustausch in Steuerangelegenheiten, gegebenenfalls einschließlich multilateraler Abkommen über die Besteuerung, gewährleistet;
6. die auf Nicht-EU-AIFM anwendbaren Rechts- und Verwaltungsvorschriften eines Drittlands oder die Beschränkungen der Aufsichts- und Ermittlungsbefugnisse der Aufsichtsbehörden dieses Drittlands hindern die zuständigen Behörden nicht an der effektiven Wahrnehmung ihrer Aufsichtsfunktionen gemäß der Richtlinie 2011/61/EU.

(6) Die Bewilligung des Nicht-EU-AIFM durch die FMA wird gemäß dem 2. Teil dieses Bundesgesetzes vorbehaltlich folgender Kriterien erteilt:
1. die Angaben gemäß § 5 Abs. 2 werden durch Folgendes ergänzt:
   a) eine Begründung des Nicht-EU-AIFM für die von ihm vorgenommene Beurteilung bezüglich des Referenzmitgliedstaats gemäß den Kriterien nach Abs. 3 sowie Angaben zur Vertriebsstrategie;
   b) eine Liste der Bestimmungen dieses Bundesgesetzes, deren Einhaltung dem Nicht-EU-AIFM unmöglich ist, da ihre Einhaltung durch den Nicht-EU-AIFM gemäß Abs. 1 nicht mit der Einhaltung einer zwingenden Rechtsvorschrift, der der Nicht-EU-AIFM oder der in einem Mitgliedstaat vertriebene Nicht-EU-AIF unterliegt, vereinbar ist;
   c) schriftliche Belege auf der Grundlage der von ESMA ausgearbeiteten technischen Regulierungsstandards, dass die betreffenden Rechtsvorschriften des Drittlands eine Vorschrift enthalten, die den Vorschriften, die nicht eingehalten werden können, gleichwertig ist, denselben regulatorischen Zweck verfolgt und den Anlegern der betreffenden AIF dasselbe Maß an Schutz bietet, und dass der Nicht-EU-AIFM sich an diese gleichwertige Vorschrift hält; diese schriftlichen Belege werden durch ein Rechtsgutachten zum Bestehen der betreffenden inkompatiblen zwingenden Vorschrift im Recht des Drittlands untermauert, das auch eine Beschreibung des Regulierungszwecks und der Merkmale des Anlegerschutzes enthält, die mit der Vorschrift angestrebt werden, und
   d) Name und Sitz des gesetzlichen Vertreters des Nicht-EU-AIFM;
2. die Angaben gemäß § 5 Abs. 3 können auf die EU-AIF, die der Nicht-EU-AIFM zu verwalten beabsichtigt, und auf die von dem Nicht-EU-AIFM verwalteten AIF, die er mit einem Pass in der Union zu vertreiben beabsichtigt, beschränkt werden;
3. § 6 Abs. 1 Z 1 gilt unbeschadet des Abs. 1 dieser Bestimmung;
4. § 6 Abs. 1 Z 5 findet keine Anwendung;
5. § 6 Abs. 5 dritter und vierter Satz ist mit der folgenden Ergänzung zu lesen: „die in § 39 Abs. 6 Z 1 genannten Angaben".

(7) Ist die FMA der Auffassung, dass der Nicht-EU-AIFM gemäß Abs. 1 von der Einhaltung bestimmter Vorschriften der Richtlinie 2011/61/EU befreit werden kann, so hat sie ESMA hiervon unverzüglich in Kenntnis zu setzen. Sie hat diese Beurteilung mit den von dem Nicht-EU-AIFM gemäß Abs. 6 Z 1 lit. b und c vorgelegten Angaben zu untermauern. Die Frist nach § 6 Abs. 5 wird bis zur Übermittlung der Empfehlung durch ESMA gemäß diesem Abs. unterbrochen. Wenn die FMA entgegen der Empfehlung von ESMA vorschlägt, die Bewilligung zu erteilen, hat sie ESMA davon unter Angabe ihrer Gründe in Kenntnis zu setzen. Beabsichtigt der Nicht-EU-AIFM, Anteile von durch ihn verwalteten AIF in anderen Mitgliedstaaten als Österreich zu vertreiben, hat die FMA davon auch die zuständigen Behörden der betreffenden Mitgliedstaaten unter Angabe ihrer Gründe in Kenntnis zu setzen.

(8) Die FMA als zuständige Behörde des Referenzmitgliedstaats hat ESMA unverzüglich über das Ergebnis des Bewilligungsprozesses, über Änderungen bei der Bewilligung des Nicht-EU-AIFM und über einen Entzug der Bewilligung zu unterrichten. Die FMA hat weiters ESMA über die Anträge auf Bewilligung, die sie abgelehnt hat, zu unterrichten und dabei Angaben zu den Nicht-EU-AIFM, die eine Bewilligung beantragt haben, sowie die Gründe für die Ablehnung vorzulegen.

(9) Ändert der Nicht-EU-AIFM innerhalb von zwei Jahren nach seiner Bewilligung seine Vertriebsstrategie derart, dass dies im Falle eines Antrags auf Bewilligung die Festlegung des Referenzmit-

D. Einführung in das österreichische Investmentrecht

gliedstaats beeinflusst hätte, hat der Nicht-EU-AIFM die FMA von dieser Änderung vor ihrer Durchführung in Kenntnis zu setzen und seinen neuen Referenzmitgliedstaat gemäß den Kriterien nach Abs. 3 und unter Zugrundelegung seiner neuen Vertriebsstrategie anzugeben. Zugleich hat der Nicht-EU-AIFM Angaben zu seinem neuen gesetzlichen Vertreter, einschließlich dessen Name und Sitz in dem neuen Referenzmitgliedstaat, vorzulegen. Die FMA hat zu beurteilen, ob die Festlegung durch den Nicht-EU-AIFM gemäß diesem Abs. korrekt ist, und hat ESMA von dieser Beurteilung in Kenntnis zu setzen. In dieser Meldung sind die Begründung des Nicht-EU-AIFM für seine Beurteilung hinsichtlich des neuen Referenzmitgliedstaats sowie die Informationen über die neue Vertriebsstrategie des Nicht-EU-AIFM vorzulegen. Nachdem die FMA die Empfehlung der ESMA erhalten hat, hat sie den Nicht-EU-AIFM, dessen in Österreich benannten gesetzlichen Vertreter und ESMA von ihrer Entscheidung in Kenntnis zu setzen. Ist die FMA mit der von dem Nicht-EU-AIFM vorgenommenen Beurteilung einverstanden, so hat sie auch die zuständigen Behörden des neuen Referenzmitgliedstaats von der Änderung in Kenntnis zu setzen. Die FMA hat der zuständigen Behörde des neuen Referenzmitgliedstaats unverzüglich eine Abschrift der Bewilligungs- und Aufsichtsunterlagen des Nicht-EU-AIFM zu übermitteln. Ab dem Zeitpunkt der Übermittlung der Bewilligungs- und Aufsichtsunterlagen ist die zuständige Behörde des neuen Referenzmitgliedstaats für die Zulassung und Aufsicht des Nicht-EU-AIFM zuständig. Wenn die abschließende Beurteilung der FMA im Widerspruch zu der Empfehlung der ESMA steht, hat die FMA Folgendes zu beachten:
1. die FMA hat ESMA davon unter Angabe ihrer Gründe in Kenntnis zu setzen;
2. wenn der Nicht-EU-AIFM Anteile von durch ihn verwalteten AIF in anderen Mitgliedstaaten als Österreich als ursprünglichem Referenzmitgliedstaat vertreibt, hat die FMA davon auch die zuständigen Behörden dieser anderen Mitgliedstaaten unter Angabe ihrer Gründe in Kenntnis zu setzen. Gegebenenfalls hat die FMA davon auch die zuständigen Behörden der Herkunftsmitgliedstaaten der von dem Nicht-EU-AIFM verwalteten AIF unter Angabe ihrer Gründe in Kenntnis zu setzen.

(10) Erweist sich anhand des tatsächlichen Verlaufs der Geschäftsentwicklung des Nicht-EU-AIFM innerhalb von zwei Jahren nach seiner Bewilligung, dass der von dem Nicht-EU-AIFM zum Zeitpunkt seiner Bewilligung vorgelegte Vertriebsstrategie nicht gefolgt worden ist, der Nicht-EU-AIFM diesbezüglich falsche Angaben gemacht hat oder der Nicht-EU-AIFM sich bei der Änderung seiner Vertriebsstrategie nicht an Abs. 9 gehalten hat, so hat die FMA den Nicht-EU-AIFM aufzufordern, den Referenzmitgliedstaat gemäß seiner tatsächlichen Vertriebsstrategie anzugeben. Das Verfahren nach Abs. 9 ist entsprechend anzuwenden. Kommt der Nicht-EU-AIFM der Aufforderung der FMA nicht nach, so hat sie ihm die Bewilligung gemäß § 9 zu entziehen. Ändert der Nicht-EU-AIFM seine Vertriebsstrategie nach Ablauf der in Abs. 9 genannten Zeitspanne und will er seinen Referenzmitgliedstaat entsprechend seiner neuen Vertriebsstrategie ändern, so kann er bei der FMA einen Antrag auf Änderung seines Referenzmitgliedstaats stellen. Das Verfahren nach Abs. 9 ist entsprechend anzuwenden. Ist die FMA als zuständige Behörde eines Mitgliedstaats nicht mit der Beurteilung hinsichtlich der Festlegung des Referenzmitgliedstaats nach Abs. 9 oder nach dem vorliegenden Abs. einverstanden, so kann sie die Angelegenheit der ESMA zur Kenntnis bringen, die im Rahmen der ihr durch Art. 19 der Verordnung (EU) Nr. 1095/2010 übertragenen Befugnisse tätig werden kann.

(11) Alle zwischen dem Nicht-EU-AIFM oder dem AIF und Anlegern des jeweiligen AIF mit satzungsmäßigem Sitz oder Wohnsitz in einem Mitgliedstaat auftretenden Streitigkeiten werden nach dem Recht eines Mitgliedstaats beigelegt und unterliegen dessen Gerichtsbarkeit.

(12) Lehnt eine zuständige Behörde einen Antrag auf Informationsaustausch gemäß den in Art. 37 Abs. 17 der Richtlinie 2011/61/EU erwähnten technischen Regulierungsstandards ab, kann die FMA als zuständige Behörde die Angelegenheit an ESMA verweisen, die im Rahmen der ihr durch Art. 19 der Verordnung (EU) Nr. 1095/2010 übertragenen Befugnisse tätig werden kann.

Beachte für folgende Bestimmung
Gilt gemäß dem von der Europäischen Kommission nach Artikel 67 Abs. 6 der Richtlinie 2011/61/EU erlassenen delegierten Rechtsakte und erst ab dem darin bestimmten Zeitpunkt (vgl. § 74 Abs. 1).

Bedingungen für den in der Union mit einem Pass erfolgenden Vertrieb von EU-AIF, die von Nicht-EU-AIFM verwaltet werden, für die Österreich Referenzmitgliedstaat ist

§ 40. (1) Ein gemäß § 39 ordnungsgemäß zugelassener Nicht-EU-AIFM kann Anteile eines EU-AIF, den er verwaltet, an professionelle Anleger in der Union mit einem Pass vertreiben, sobald die in dieser Bestimmung festgelegten Bedingungen eingehalten sind.

VI. Normenteil

(2) Beabsichtigt der Nicht-EU-AIFM, für den Österreich Referenzmitgliedstaat gemäß § 39 ist, die Anteile eines EU-AIF in Österreich zu vertreiben, so hat er der FMA ein Anzeigeschreiben vorzulegen, das die Dokumentation und die Angaben gemäß Anlage 3 umfasst.

(3) Die FMA hat die Anzeige auf ihre formale Vollständigkeit zu prüfen, eine darüber hinausgehende inhaltliche Prüfung hat nicht zu erfolgen. Spätestens 20 Arbeitstage nach Eingang des vollständigen Anzeigeschreibens nach Abs. 2 hat die FMA dem Nicht-EU-AIFM mitzuteilen, ob er im Inland mit dem Vertrieb des im Anzeigeschreiben nach Abs. 2 genannten EU-AIF beginnen kann. § 13 Abs. 3 AVG kommt hinsichtlich der Berechnung der Frist nicht zur Anwendung. Im Falle einer positiven Entscheidung kann der Nicht-EU-AIFM ab dem Datum der diesbezüglichen Mitteilung der FMA mit dem Vertrieb des EU-AIF beginnen. Die Aufnahme des Vertriebes ist zu untersagen, wenn die Verwaltung des EU-AIF durch den Nicht-EU-AIFM oder der Nicht-EU-AIFM im Allgemeinen gegen dieses Bundesgesetz, die Richtlinie 2011/61/EU oder auf Basis dieser Richtlinie erlassene delegierte Rechtsakte verstößt oder die Anzeige nach Abs. 2 nicht ordnungsgemäß erstattet wurde. Die FMA hat ESMA und den für den EU-AIF zuständigen Behörden mitzuteilen, dass der Nicht-EU-AIFM in Österreich mit dem Vertrieb von Anteilen des EU-AIF beginnen kann.

(4) Beabsichtigt der AIFM, Anteile des EU-AIF über seinen Referenzmitgliedstaat hinaus auch in anderen Mitgliedstaaten zu vertreiben, so hat er der FMA für jeden EU-AIF, den er zu vertreiben beabsichtigt, ein Anzeigeschreiben vorzulegen, das die Dokumentation und die Angaben gemäß Anlage 4 umfasst.

(5) Die FMA hat die Anzeige auf ihre formale Vollständigkeit zu prüfen, eine darüber hinausgehende inhaltliche Prüfung hat nicht zu erfolgen. Spätestens 20 Arbeitstage nach Eingang des vollständigen Anzeigeschreibens nach Abs. 4 hat die FMA dieses an die zuständigen Behörden der Mitgliedstaaten weiterzuleiten, in denen die Anteile des EU-AIF vertrieben werden sollen. Die FMA hat eine Bescheinigung über die Zulassung des betreffenden Nicht-EU-AIFM zur Verwaltung von EU-AIF mit einer bestimmten Anlagestrategie beizufügen. Eine solche Weiterleitung findet nur dann statt, wenn die Verwaltung des EU-AIF durch den Nicht-EU-AIFM diesem Bundesgesetz, der Richtlinie 2011/61/EU sowie den auf Basis dieser Richtlinie erlassenen delegierten Rechtsakte entspricht und weiterhin entsprechen wird und sich der Nicht-EU-AIFM im Allgemeinen an diese Bestimmungen hält. § 13 Abs. 3 AVG kommt hinsichtlich der Berechnung der Frist nicht zur Anwendung.

(6) Die FMA hat den Nicht-EU-AIFM unverzüglich über die Weiterleitung der Anzeigeunterlagen zu unterrichten. Die FMA hat zudem ESMA und den für den EU-AIF zuständigen Behörden mitzuteilen, dass der Nicht-EU-AIFM in seinen Aufnahmemitgliedstaaten mit dem Vertrieb von Anteilen des EU-AIF beginnen kann.

(7) Die in Abs. 2 und 4 genannten Anzeigeschreiben des Nicht-EU-AIFM sowie die Beilagen haben in deutscher Sprache oder in englischer Sprache oder in einer gemäß § 7b Abs. 1 KMG in der Finanzwelt gebräuchlichen Sprache bereitgestellt zu werden. Die FMA hat die elektronische Übermittlung und Archivierung der Unterlagen zu akzeptieren.

(8) Für die Bearbeitung der Anzeige gemäß Abs. 2 ist an die FMA eine Gebühr von 2200 Euro zu entrichten. Diese Gebühr erhöht sich bei EU-AIF, die mehrere Teilfonds enthalten (Umbrella-Fonds), ab dem zweiten Teilfonds für jeden Fonds um 440 Euro. Für die Bearbeitung der Anzeige gemäß Abs. 4 ist an die FMA eine Gebühr von 400 Euro zu entrichten. Für die Prüfung der nach den Abs. 2 vorgeschriebenen Unterlagen ist weiters zu Beginn eines jeden Kalenderjahres, spätestens bis zum 15. Jänner dieses Jahres, eine jährliche Gebühr von 1200 Euro an die FMA zu entrichten; diese Gebühr erhöht sich bei Fonds, die mehrere Teilfonds enthalten (Umbrella-Fonds), ab dem zweiten Teilfonds für jeden Teilfonds um 400 Euro. Gebührenbeiträge, die nicht spätestens am Fälligkeitstag entrichtet wurden, sind vollstreckbar. Die FMA hat einen als Exekutionstitel geltenden Rückstandsausweis auszufertigen. Dieser hat Namen und Anschrift des Gebührenpflichtigen, den Betrag der Schuld und den Vermerk zu enthalten, dass die Schuld vollstreckbar geworden ist. Die nicht fristgerechte Entrichtung der Gebühr ist ein Vertriebsuntersagungsgrund gemäß § 50.

(9) Im Falle einer wesentlichen Änderung der nach Abs. 2 oder Abs. 4 übermittelten Angaben hat der Nicht-EU-AIFM diese der FMA bei von ihm geplanten Änderungen mindestens einen Monat vor Durchführung der Änderung, oder, bei ungeplanten Änderungen, unverzüglich nach Eintreten der Änderung schriftlich mitzuteilen. Sollte die geplante Änderung dazu führen, dass die Verwaltung des EU-AIF durch den Nicht-EU-AIFM oder der Nicht-EU-AIFM im Allgemeinen nunmehr gegen dieses Bundesgesetz, die Richtlinie 2011/61/EU oder auf Basis dieser Richtlinie erlassene delegierte Rechtsakte verstößt, hat die FMA dem Nicht-EU-AIFM unverzüglich mitzuteilen, dass er die Änderung nicht durchführen darf. Wird eine geplante Änderung ungeachtet dieses Absatzes durchgeführt

oder führt eine durch einen ungeplanten Umstand ausgelöste Änderung dazu, dass die Verwaltung des EU-AIF durch den Nicht-EU-AIFM oder der Nicht-EU-AIFM im Allgemeinen nunmehr gegen dieses Bundesgesetz, die Richtlinie 2011/61/EU oder auf Basis dieser Richtlinie erlassene delegierte Rechtsakte verstoßen würde, so hat die FMA alle gebotenen Maßnahmen gemäß §§ 56f zu ergreifen, einschließlich, falls erforderlich, der ausdrücklichen Untersagung des Vertriebs des EU-AIF. Sind die Änderungen zulässig, weil sie sich nicht auf die Vereinbarkeit der Verwaltung des EU-AIF durch den Nicht-EU-AIFM mit diesem Bundesgesetz, der Richtlinie 2011/61/EU oder auf Basis dieser Richtlinie erlassene delegierte Rechtsakte oder auf die Einhaltung dieser Bestimmungen durch den Nicht-EU-AIFM im Allgemeinen auswirken, so hat die FMA unverzüglich ESMA, soweit die Änderungen die Beendigung des Vertriebs von bestimmten EU-AIF oder zusätzlichen vertriebenen EU-AIF betreffen, und gegebenenfalls die zuständigen Behörden der Aufnahmemitgliedstaaten von diesen Änderungen zu unterrichten.

(10) Unbeschadet des § 48 Abs. 1 dürfen die von dem Nicht-EU-AIFM verwalteten und vertriebenen EU-AIF nur an professionelle Anleger vertrieben werden.

Beachte für folgende Bestimmung

Gilt gemäß dem von der Europäischen Kommission nach Artikel 67 Abs. 6 der Richtlinie 2011/61/EU erlassenen delegierten Rechtsakte und erst ab dem darin bestimmten Zeitpunkt (vgl. § 74 Abs. 1).

Vertrieb von EU-AIF mit Pass in Österreich durch einen Nicht-EU-AIFM

§ 41. (1) Ein Nicht-EU-AIFM, für welchen Österreich nicht Referenzmitgliedstaat ist, kann Anteile eines von ihm verwalteten EU-AIF an professionelle Anleger in Österreich vertreiben, sobald der Nicht-EU-AIFM von der zuständigen Behörde seines Referenzmitgliedstaats darüber unterrichtet wurde, dass die vollständigen Unterlagen und Informationen gemäß Art. 39 der Richtlinie 2011/65/EU und gemäß Anlage 4 von der zuständigen Behörde des Referenzmitgliedstaats des Nicht-EU-AIFM an die FMA übermittelt wurden.

(2) Die gemäß Anlage 4 lit. h anzugebenden Vorkehrungen für den Vertrieb des EU-AIF und, sofern zutreffend, die Vorkehrungen, die getroffen wurden, um zu verhindern, dass Anteile des EU-AIF an Privatkunden vertrieben werden, auch falls der Nicht-EU-AIFM für die Erbringung von Wertpapierdienstleistungen für den EU-AIF auf unabhängige Unternehmen zurückgreift, unterliegen den Anforderungen dieses Bundesgesetzes und der Aufsicht durch die FMA. Die FMA hat im Falle eines Verstoßes gegen dieses Bundesgesetz, die Richtlinie 2011/61/EU oder auf Basis dieser Richtlinie erlassene delegierte Rechtsakte alle gebotenen Maßnahmen gemäß §§ 56f. zu ergreifen, einschließlich, falls erforderlich, der ausdrücklichen Untersagung des Vertriebs des Nicht-EU-AIF im Inland.

(3) Die durch die zuständige Behörde des Referenzmitgliedstaats des Nicht-EU-AIFM übermittelte Anzeige des Nicht-EU-AIFM samt Unterlagen sowie die Bescheinigung über die Zulassung des betreffenden Nicht-EU-AIFM zur Verwaltung von EU-AIF, gegebenenfalls mit einer bestimmten Anlagestrategie, haben in deutscher oder englischer Sprache oder in einer von der FMA gemäß Verordnung (§ 7b Abs. 1 KMG) anerkannten anderen Sprache bereitgestellt zu werden. Die FMA hat die elektronische Übermittlung und Archivierung der genannten Unterlagen zu akzeptieren.

(4) Für die Bearbeitung der übermittelten Unterlagen gemäß Abs. 1 ist an die FMA eine Gebühr von 1100 Euro zu entrichten. Diese Gebühr erhöht sich bei EU-AIF, die mehrere Teilfonds enthalten (Umbrella-Fonds), ab dem zweiten Teilfonds für jeden Fonds um 220 Euro. Für die Überwachung der Einhaltung der nach diesem Abschnitt bestehenden Pflichten ist weiters zu Beginn eines jeden Kalenderjahres, spätestens bis zum 15. Jänner dieses Jahres eine jährliche Gebühr von 600 Euro an die FMA zu entrichten; diese Gebühr erhöht sich bei EU-AIF, die mehrere Teilfonds enthalten (Umbrella-Fonds), ab dem zweiten Teilfonds für jeden Teilfonds um 200 Euro. Gebührenbeiträge, die nicht spätestens am Fälligkeitstag entrichtet wurden, sind vollstreckbar. Die FMA hat einen als Exekutionstitel geltenden Rückstandsausweis auszufertigen. Dieser hat Namen und Anschrift des Gebührenpflichtigen, den Betrag der Schuld und den Vermerk zu enthalten, dass die Schuld vollstreckbar geworden ist. Die nicht fristgerechte Entrichtung der Gebühr ist ein Vertriebsuntersagungsgrund gemäß § 50.

(5) Unbeschadet des § 48 Abs. 1 dürfen die von dem Nicht-EU-AIFM verwalteten und vertriebenen EU-AIF nur an professionelle Anleger vertrieben werden.

Beachte für folgende Bestimmung

Gilt gemäß dem von der Europäischen Kommission nach Artikel 67 Abs. 6 der Richtlinie 2011/61/EU erlassenen delegierten Rechtsakte und erst ab dem darin bestimmten Zeitpunkt (vgl. § 74 Abs. 1).

VI. Normenteil

Bedingungen für den in der Union mit einem Pass erfolgenden Vertrieb von Nicht-EU-AIF, die von einem Nicht-EU-AIFM verwaltet werden, für den Österreich Referenzmitgliedstaat ist

§ 42. (1) Ein gemäß § 39 ordnungsgemäß zugelassener Nicht-EU-AIFM kann Anteile eines Nicht-EU-AIF, den er verwaltet, an professionelle Anleger in der Union mit einem Pass vertreiben, sobald die in dieser Bestimmung festgelegten Bedingungen eingehalten sind.

(2) Zusätzlich zu den in diesem Bundesgesetz festgelegten Anforderungen an EU-AIFM müssen Nicht-EU-AIFM, für welche Österreich Referenzmitgliedstaat ist, folgende Bedingungen einhalten:
1. es bestehen geeignete Vereinbarungen über die Zusammenarbeit zwischen der FMA und der Aufsichtsbehörde des Drittlands, in dem der Nicht-EU-AIF seinen Sitz hat, damit zumindest ein effizienter Informationsaustausch gewährleistet ist, der der FMA ermöglicht, ihre Aufgaben gemäß diesem Bundesgesetz, der Richtlinie 2011/61/EU sowie auf Basis dieser Richtlinie erlassene delegierte Rechtsakte wahrzunehmen;
2. das Drittland, in dem der Nicht-EU-AIF seinen Sitz hat, ist kein Land oder Gebiet, in dem gemäß § 40b Abs. 1 letzter Satz BWG jedenfalls ein erhöhtes Risiko der Geldwäscherei oder Terrorismusfinanzierung besteht;
3. das Drittland, in dem der Nicht-EU-AIF seinen Sitz hat, hat mit Österreich sowie mit jedem anderen Mitgliedstaat, in dem die Anteile des Nicht-EU-AIF vertrieben werden sollen, eine Vereinbarung unterzeichnet, die den Standards des Art. 26 des OECD-Musterabkommens zur Vermeidung der Doppelbesteuerung von Einkommen und Vermögen vollständig entspricht und einen wirksamen Informationsaustausch in Steuerangelegenheiten, gegebenenfalls einschließlich multilateraler Abkommen über die Besteuerung, gewährleistet.

(3) Der Nicht-EU-AIFM hat der FMA eine Anzeige für jeden Nicht-EU-AIF, den er in Österreich zu vertreiben beabsichtigt, vorzulegen. Die Anzeige hat die Dokumentation und die Angaben gemäß Anlage 3 zu umfassen.

(4) Die FMA hat die Anzeige auf ihre formale Vollständigkeit zu prüfen, eine darüber hinausgehende inhaltliche Prüfung hat nicht zu erfolgen. Spätestens 20 Arbeitstage nach Eingang des vollständigen Anzeigeschreibens nach Abs. 3 hat die FMA dem Nicht-EU-AIFM mitzuteilen, ob er im Inland mit dem Vertrieb des im Anzeigeschreiben nach Abs. 3 genannten Nicht-EU-AIF beginnen kann. § 13 Abs. 3 AVG kommt hinsichtlich der Berechnung der Frist nicht zur Anwendung. Im Falle einer positiven Entscheidung kann der Nicht-EU-AIFM ab dem Datum der diesbezüglichen Mitteilung der FMA mit dem Vertrieb des Nicht-EU-AIF beginnen. Die Aufnahme des Vertriebes ist zu untersagen, wenn die Verwaltung des Nicht-EU-AIF durch den Nicht-EU-AIFM oder der Nicht-EU-AIFM im Allgemeinen gegen dieses Bundesgesetz, die Richtlinie 2011/61/EU oder auf Basis dieser Richtlinie erlassene delegierte Rechtsakte verstößt oder die Anzeige nach Abs. 3 nicht ordnungsgemäß erstattet wurde. Die FMA hat ESMA mitzuteilen, dass der Nicht-EU-AIFM in Österreich mit dem Vertrieb von Anteilen des Nicht-EU-AIF beginnen kann.

(5) Beabsichtigt der Nicht-EU-AIFM, die Anteile eines Nicht-EU-AIF über Österreich als seinen Referenzmitgliedstaat hinaus auch in anderen Mitgliedstaaten zu vertreiben, so hat er der FMA für jeden Nicht-EU-AIF, den er zu vertreiben beabsichtigt, ein Anzeigeschreiben vorzulegen, das die Dokumentation und die Angaben gemäß Anlage 4 umfasst

(6) Die FMA hat die Anzeige auf ihre formale Vollständigkeit zu prüfen, eine darüber hinausgehende inhaltliche Prüfung hat nicht zu erfolgen. Spätestens 20 Arbeitstage nach Eingang des vollständigen Anzeigeschreibens nach Abs. 5 hat die FMA dieses an die zuständigen Behörden der Mitgliedstaaten weiterzuleiten, in denen die Anteile des Nicht-EU-AIF vertrieben werden sollen. Die FMA hat eine Bescheinigung über die Zulassung des betreffenden Nicht-EU-AIFM zur Verwaltung von Nicht-EU-AIF mit einer bestimmten Anlagestrategie beizufügen. Eine solche Weiterleitung findet nur dann statt, wenn die Verwaltung des Nicht-EU-AIF durch den Nicht-EU-AIFM diesem Bundesgesetz, der Richtlinie 2011/61/EU sowie den auf Basis dieser Richtlinie erlassenen delegierten Rechtsakten entspricht und weiterhin entsprechen wird und sich der Nicht-EU-AIFM im Allgemeinen an diese Bestimmungen hält. § 13 Abs. 3 AVG kommt hinsichtlich der Berechnung der Frist nicht zur Anwendung.

(7) Die FMA hat den Nicht-EU-AIFM unverzüglich über die Weiterleitung der Anzeigeunterlagen zu unterrichten. Die FMA hat zudem ESMA mitzuteilen, dass der Nicht-EU-AIFM in seinen Aufnahmemitgliedstaaten mit dem Vertrieb von Anteilen des Nicht-EU-AIF beginnen kann.

(8) Die in Abs. 3 und 5 genannten Anzeigeschreiben des Nicht-EU-AIFM sowie die Beilagen haben in deutscher Sprache oder in englischer Sprache oder in einer gemäß § 7b Abs. 1 KMG in der

D. Einführung in das österreichische Investmentrecht

Finanzwelt gebräuchlichen Sprache bereitgestellt zu werden. Die FMA hat die elektronische Übermittlung und Archivierung der Unterlagen zu akzeptieren.

(9) Für die Bearbeitung der Anzeige gemäß Abs. 3 ist an die FMA eine Gebühr von 2200 Euro zu entrichten. Diese Gebühr erhöht sich bei Nicht-EU-AIF, die mehrere Teilfonds enthalten (Umbrella-Fonds), ab dem zweiten Teilfonds für jeden Fonds um 440 Euro. Für die Bearbeitung der Anzeige gemäß Abs. 5 ist an die FMA eine Gebühr von 400 Euro zu entrichten. Für die Prüfung der nach den Abs. 3 vorgeschriebenen Unterlagen ist weiters zu Beginn eines jeden Kalenderjahres, spätestens bis zum 15. Jänner dieses Jahres, eine jährliche Gebühr von 1200 Euro an die FMA zu entrichten; diese Gebühr erhöht sich bei Fonds, die mehrere Teilfonds enthalten (Umbrella-Fonds), ab dem zweiten Teilfonds für jeden Teilfonds um 400 Euro. Gebührenbeiträge, die nicht spätestens am Fälligkeitstag entrichtet wurden, sind vollstreckbar. Die FMA hat einen als Exekutionstitel geltenden Rückstandsausweis auszufertigen. Dieser hat Namen und Anschrift des Gebührenpflichtigen, den Betrag der Schuld und den Vermerk zu enthalten, dass die Schuld vollstreckbar geworden ist. Die nicht fristgerechte Entrichtung der Gebühr ist ein Vertriebsuntersagungsgrund gemäß § 50.

(10) Im Falle einer wesentlichen Änderung der nach Abs. 3 oder 5 übermittelten Angaben hat der Nicht-EU-AIFM diese der FMA bei von ihm geplanten Änderungen mindestens einen Monat vor Durchführung der Änderung, oder, bei ungeplanten Änderungen, unverzüglich nach Eintreten der Änderung schriftlich mitzuteilen. Sollte die geplante Änderung dazu führen, dass die Verwaltung des Nicht-EU-AIF durch den Nicht-EU-AIFM oder der Nicht-EU-AIFM im Allgemeinen nunmehr gegen dieses Bundesgesetz, die Richtlinie 2011/61/EU oder auf Basis dieser Richtlinie erlassenen delegierten Rechtsakten verstößt, hat die FMA dem Nicht-EU-AIFM unverzüglich mitzuteilen, dass er die Änderung nicht durchführen darf. Wird eine geplante Änderung ungeachtet dieses Absatzes durchgeführt oder führt eine durch einen ungeplanten Umstand ausgelöste Änderung dazu, dass die Verwaltung des Nicht-EU-AIF durch den Nicht-EU-AIFM oder der Nicht-EU-AIFM im Allgemeinen nunmehr gegen dieses Bundesgesetz, die Richtlinie 2011/61/EU oder auf Basis dieser Richtlinie erlassenen delegierten Rechtsakten verstößt, so hat die FMA alle gebotenen Maßnahmen gemäß §§ 56f zu ergreifen, einschließlich, falls erforderlich, der ausdrücklichen Untersagung des Vertriebs des Nicht-EU-AIF. Sind die Änderungen zulässig, weil sie sich nicht auf die Vereinbarkeit der Verwaltung des Nicht-EU-AIF durch den Nicht-EU-AIFM mit diesem Bundesgesetz, der Richtlinie 2011/61/EU oder auf Basis dieser Richtlinie erlassenen delegierten Rechtsakten oder auf die Einhaltung dieser Bestimmungen durch den Nicht-EU-AIFM im Allgemeinen auswirken, so hat die FMA unverzüglich ESMA, soweit die Änderungen die Beendigung des Vertriebs von bestimmten Nicht-EU-AIF oder zusätzlichen vertriebenen Nicht-EU-AIF betreffen, und gegebenenfalls die zuständigen Behörden der Aufnahmemitgliedstaaten von diesen Änderungen zu unterrichten.

(11) Unbeschadet des § 48 Abs. 1 dürfen die von dem Nicht-EU-AIFM verwalteten und vertriebenen Nicht-EU-AIF nur an professionelle Anleger vertrieben werden.

Beachte für folgende Bestimmung
Gilt gemäß dem von der Europäischen Kommission nach Artikel 67 Abs. 6 der Richtlinie 2011/61/EU erlassenen delegierten Rechtsakte und erst ab dem darin bestimmten Zeitpunkt (vgl. § 74 Abs. 1).

Vertrieb von Nicht-EU-AIF durch einen Nicht-EU-AIFM mit Pass in Österreich

§ 43. (1) Ein Nicht-EU-AIFM, für welchen Österreich nicht Referenzmitgliedstaat ist, kann Anteile eines von ihm verwalteten Nicht-EU-AIF an professionelle Anleger in Österreich vertreiben, sobald der Nicht-EU-AIFM von der zuständigen Behörde seines Referenzmitgliedstaats darüber unterrichtet wurde, dass die vollständigen Unterlagen und Informationen gemäß Art. 40 der Richtlinie 2011/65/EU und gemäß Anlage 4 von der zuständigen Behörde des Referenzmitgliedstaats des Nicht-EU-AIFM an die FMA übermittelt wurden.

(2) Die gemäß Anlage 4 lit. h anzugebenden Vorkehrungen für den Vertrieb des Nicht-EU-AIF und, sofern zutreffend, die Vorkehrungen, die getroffen wurden, um zu verhindern, dass Anteile des Nicht-EU-AIF an Privatkunden vertrieben werden, auch falls der Nicht-EU-AIFM für die Erbringung von Wertpapierdienstleistungen für den Nicht-EU-AIF auf unabhängige Unternehmen zurückgreift, unterliegen den Anforderungen dieses Bundesgesetzes und der Aufsicht durch die FMA. Die FMA hat im Falle eines Verstoßes gegen dieses Bundesgesetz, die Richtlinie 2011/61/EU oder auf Basis dieser Richtlinie erlassene delegierte Rechtsakte alle gebotenen Maßnahmen gemäß §§ 56f zu ergreifen, einschließlich, falls erforderlich, der ausdrücklichen Untersagung des Vertriebs des Nicht-EU-AIF im Inland.

(3) Die durch die zuständigen Behörde des Referenzmitgliedstaats des Nicht-EU-AIFM übermittelte Anzeige des Nicht-EU-AIFM samt Unterlagen sowie die Bescheinigung über die Zulassung des betreffenden Nicht-EU-AIFM zur Verwaltung von Nicht-EU-AIF, gegebenenfalls mit einer bestimmten Anlagestrategie, haben in deutscher oder englischer Sprache oder in einer von der FMA gemäß Verordnung (§ 7b Abs. 1 KMG) anerkannten anderen Sprache bereitgestellt zu werden. Die FMA hat die elektronische Übermittlung und Archivierung der genannten Unterlagen zu akzeptieren.

(4) Für die Bearbeitung der übermittelten Unterlagen gemäß Abs. 1 ist an die FMA eine Gebühr von 1100 Euro zu entrichten. Diese Gebühr erhöht sich bei Nicht-EU-AIF, die mehrere Teilfonds enthalten (Umbrella-Fonds), ab dem zweiten Teilfonds für jeden Fonds um 220 Euro. Für die Überwachung der Einhaltung der nach diesem Abschnitt bestehenden Pflichten ist weiters zu Beginn eines jeden Kalenderjahres, spätestens bis zum 15. Jänner dieses Jahres eine jährliche Gebühr von 600 Euro an die FMA zu entrichten; diese Gebühr erhöht sich bei Nicht-EU-AIF, die mehrere Teilfonds enthalten (Umbrella-Fonds), ab dem zweiten Teilfonds für jeden Teilfonds um 200 Euro. Gebührenbeiträge, die nicht spätestens am Fälligkeitstag entrichtet wurden, sind vollstreckbar. Die FMA hat einen als Exekutionstitel geltenden Rückstandsausweis auszufertigen. Dieser hat Namen und Anschrift des Gebührenpflichtigen, den Betrag der Schuld und den Vermerk zu enthalten, dass die Schuld vollstreckbar geworden ist. Die nicht fristgerechte Entrichtung der Gebühr ist ein Vertriebsuntersagungsgrund gemäß § 50.

(5) Unbeschadet des § 48 Abs. 1 dürfen die von dem Nicht-EU-AIFM verwalteten und vertriebenen Nicht-EU-AIF nur an professionelle Anleger vertrieben werden.

Beachte für folgende Bestimmung
Gilt gemäß dem von der Europäischen Kommission nach Artikel 67 Abs. 6 der Richtlinie 2011/61/EU erlassenen delegierten Rechtsakte und erst ab dem darin bestimmten Zeitpunkt (vgl. § 74 Abs. 1).

Bedingungen für die Verwaltung von EU-AIF aus anderen Mitgliedstaaten durch Nicht-EU-AIFM, für die Österreich Referenzmitgliedstaat ist

§ 44. (1) Ein gemäß § 39 ordnungsgemäß zugelassener Nicht-EU-AIFM kann EU-AIF mit Sitz in einem anderen Mitgliedstaat entweder direkt oder indirekt über eine Zweigstelle verwalten, sofern der Nicht-EU-AIFM für die Verwaltung dieser Art von EU-AIF zugelassen ist.

(2) Ein Nicht-EU-AIFM, der zum ersten Mal beabsichtigt, einen EU-AIF mit Sitz in einem anderen Mitgliedstaat zu verwalten, hat der FMA Folgendes anzuzeigen:
1. den Mitgliedstaat, in dem er den EU-AIF direkt oder über eine Zweigniederlassung zu verwalten beabsichtigt;
2. einen Geschäftsplan, aus dem insbesondere hervorgeht, welche Dienstleistungen er zu erbringen und welche EU-AIF er zu verwalten beabsichtigt.

(3) Beabsichtigt der Nicht-EU-AIFM die Errichtung einer Zweigstelle in einem anderen Mitgliedstaat, so muss er zusätzlich zu den Angaben nach Abs. 2 Folgendes angeben:
1. den organisatorischen Aufbau der Zweigstelle,
2. die Anschrift, unter der im Herkunftsmitgliedstaat des EU-AIF Unterlagen angefordert werden können,
3. die Namen und Kontaktangaben der Geschäftsführer der Zweigstelle.

(4) Die FMA hat die Anzeige gemäß Abs. 2 und gegebenenfalls jene gemäß Abs. 3 auf ihre formale Vollständigkeit zu prüfen, eine darüber hinausgehende inhaltliche Prüfung hat nicht zu erfolgen. Spätestens einen Monat nach Eingang des vollständigen Unterlagen nach Abs. 2 oder zwei Monate nach dem Eingang der vollständigen Unterlagen nach Abs. 3 hat die FMA diese an die zuständigen Behörden der Aufnahmemitgliedstaaten des Nicht-EU-AIFM zu übermitteln. Die FMA hat eine Bescheinigung über die Zulassung des betreffenden Nicht-EU-AIFM zur Verwaltung von EU-AIF mit einer bestimmten Anlagestrategie beizufügen. Eine solche Weiterleitung findet nur dann statt, wenn die Verwaltung des EU-AIF durch den Nicht-EU-AIFM diesem Bundesgesetz, der Richtlinie 2011/61/EU sowie den auf Basis dieser Richtlinie erlassenen delegierten Rechtsakten entspricht und weiterhin entsprechen wird und sich der Nicht-EU-AIFM im Allgemeinen an diese Bestimmungen hält. § 13 Abs. 3 AVG kommt hinsichtlich der Berechnung der Frist nicht zur Anwendung. Die FMA hat den Nicht-EU-AIFM unverzüglich über die Übermittlung zu unterrichten. Die FMA hat zudem ESMA mitzuteilen, dass der Nicht-EU-AIFM in den Aufnahmemitgliedstaaten des Nicht-EU-AIFM mit der Verwaltung des EU-AIF beginnen kann.

D. Einführung in das österreichische Investmentrecht

(5) Im Falle einer Änderung der nach Abs. 2 oder gegebenenfalls nach Abs. 3 übermittelten Anzeigen hat der Nicht-EU-AIFM diese der FMA bei von ihm geplanten Änderungen mindestens einen Monat vor Durchführung der Änderung, oder, bei ungeplanten Änderungen, unverzüglich nach Eintreten der Änderung schriftlich mitzuteilen. Sollte die geplante Änderung dazu führen, dass die Verwaltung des EU-AIF durch den Nicht-EU-AIFM oder der Nicht-EU-AIFM im Allgemeinen nunmehr gegen dieses Bundesgesetz, die Richtlinie 2011/61/EU oder auf Basis dieser Richtlinie erlassene delegierte Rechtsakte verstößt, hat die FMA dem Nicht-EU-AIFM unverzüglich mitzuteilen, dass er die Änderung nicht durchführen darf. Wird eine geplante Änderung ungeachtet dieses Abs. durchgeführt oder führt eine durch einen ungeplanten Umstand ausgelöste Änderung dazu, dass die Verwaltung des EU-AIF durch den Nicht-EU-AIFM oder der Nicht-EU-AIFM im Allgemeinen nunmehr gegen dieses Bundesgesetz, die Richtlinie 2011/61/EU oder auf Basis dieser Richtlinie erlassene delegierte Rechtsakte verstößt, so hat die FMA alle gebotenen Maßnahmen gemäß §§ 56 f. zu ergreifen, einschließlich, falls erforderlich, ausdrücklich den Vertrieb des EU-AIF zu untersagen. Sind die Änderungen zulässig, weil sie sich nicht auf die Vereinbarkeit der Verwaltung des EU-AIF durch den Nicht-EU-AIFM mit diesem Bundesgesetz, der Richtlinie 2011/61/EU oder auf Basis dieser Richtlinie erlassene delegierte Rechtsakte oder auf die Einhaltung dieser Bestimmungen durch den Nicht-EU-AIFM im Allgemeinen auswirken, so hat die FMA unverzüglich die zuständigen Behörden der Aufnahmemitgliedstaaten des Nicht-EU-AIFM von diesen Änderungen zu unterrichten.

Beachte für folgende Bestimmung
Gilt gemäß dem von der Europäischen Kommission nach Artikel 67 Abs. 6 der Richtlinie 2011/61/EU erlassenen delegierten Rechtsakte und erst ab dem darin bestimmten Zeitpunkt (vgl. § 74 Abs. 1).

Bedingungen für die Erbringung von Dienstleistungen eines Nicht-EU-AIFM in Österreich als Aufnahmemitgliedstaat

§ 45. (1) Ein Nicht-EU-AIFM, für welchen Österreich nicht Referenzmitgliedstaat ist, kann EU-AIF entweder direkt oder indirekt über eine Zweigniederlassung in Österreich verwalten und an professionelle Anleger vertreiben, sofern der Nicht-EU-AIFM für die Verwaltung dieser Art von EU-AIF berechtigt ist.

(2) Die Aufnahme des Verwaltung des EU-AIF in Österreich sowie die Errichtung einer Zweigstelle in Österreich durch einen Nicht-EU-AIFM ist zulässig, wenn die zuständige Behörde des Referenzmitgliedstaats des Nicht-EU-AIFM der FMA alle Angaben gemäß § 44 Abs. 2 und 3 übermittelt hat sowie dem Nicht-EU-AIFM eine Bestätigung der Übermittlung durch die zuständige Behörde seines Referenzmitgliedstaats zuging. Die Angaben gemäß § 44 Abs. 2 und 3 haben in deutscher oder englischer Sprache oder in einer von der FMA gemäß Verordnung (§ 7b Abs. 1 KMG) anerkannten anderen Sprache bereitgestellt zu werden. Die FMA hat die elektronische Übermittlung und Archivierung der genannten Unterlagen zu akzeptieren. Der Vertrieb des EU-AIF an Privatkunden in Österreich ist ausschließlich dann zulässig, wenn die Bedingungen des § 48 eingehalten werden und der Typ des EU-AIF einem in Österreich gemäß diesem Bundesgesetz für den Vertrieb an Privatkunden zulässigen Typ eines AIF entspricht und die jeweiligen Anforderungen eingehalten werden.

(3) Falls die kollektive Portfolioverwaltung eines in Österreich bewilligten AIF beabsichtigt wird, hat der Nicht-EU-AIFM dies bei der FMA gemäß § 30 zu beantragen. Verwaltet der Nicht-EU-AIFM bereits AIF der gleichen Art in Österreich, so reicht der Hinweis auf die bereits vorgelegten Unterlagen aus.

(4) Die FMA als zuständige Behörde des Aufnahmemitgliedstaats des Nicht-EU-AIFM darf dem betreffenden Nicht-EU-AIFM in den von diesem Bundesgesetz, der Richtlinie 2011/61/EU oder auf Basis dieser Richtlinie erlassenen delegierten Rechtsakten erfassten Bereichen keine zusätzlichen Anforderungen auferlegen.

Beachte für folgende Bestimmung
Gilt gemäß dem von der Europäischen Kommission nach Artikel 67 Abs. 6 der Richtlinie 2011/61/EU erlassenen delegierten Rechtsakte und erst ab dem darin bestimmten Zeitpunkt (vgl. § 74 Abs. 1).

Zusammenarbeit der FMA als zuständige Behörde des Aufnahmemitgliedstaats mit ESMA und zuständigen Behörden anderer Mitgliedstaaten

§ 46. (1) Wenn die FMA nicht mit der Entscheidung des Nicht-EU-AIFM gemäß § 39 oder Art. 37 der Richtlinie 2011/61/EU hinsichtlich seines Referenzmitgliedstaats einverstanden ist, kann sie die

VI. Normenteil

Angelegenheit ESMA zur Kenntnis bringen, die im Rahmen der ihr durch Art. 19 der Verordnung (EU) Nr. 1095/2010 übertragenen Befugnisse tätig werden kann.

(2) Wenn die FMA nicht mit der Bewertung der Anwendung der lit. a bis e und g des Art. 37 Abs. 7 der Richtlinie 2011/61/EU oder Erteilung einer Zulassung des Nicht-EU-AIFM durch die zuständigen Behörden eines anderen Referenzmitgliedstaats des AIFM einverstanden ist, kann sie die Angelegenheit ESMA zur Kenntnis bringen, die im Rahmen der ihr durch Art. 19 der Verordnung (EU) Nr. 1095/2010 übertragenen Befugnisse tätig werden kann.

(3) Wenn eine für einen EU-AIF zuständige Behörde die gemäß Unterabsatz 1 lit. d leg. cit. geforderten Vereinbarungen über Zusammenarbeit nicht innerhalb eines angemessenen Zeitraums abschließt, kann die FMA die Angelegenheit ESMA zur Kenntnis bringen, die im Rahmen der ihr durch Art. 19 der Verordnung (EU) Nr. 1095/2010 übertragenen Befugnisse tätig werden kann.

(4) Wenn die FMA als zuständige Behörde eines anderen Mitgliedstaats nicht mit der Entscheidung durch die zuständigen Behörden des Referenzmitgliedstaats des Nicht-EU-AIFM hinsichtlich der Befreiung des Nicht-EU-AIFM von der Einhaltung bestimmter Vorschriften der Richtlinie 2011/61/EU einverstanden ist, kann sie die Angelegenheit ESMA zur Kenntnis bringen, die im Rahmen der ihr durch Art. 19 der Verordnung (EU) Nr. 1095/2010 übertragenen Befugnisse tätig werden kann.

(5) Wenn die FMA als zuständige Behörde eines anderen Mitgliedstaats nicht mit der Bewertung der Anwendung von Art. 40 Abs. 2 Unterabs. 1 lit. a und b der Richtlinie 2011/61/EU hinsichtlich der zusätzlich einzuhaltenden Bedingungen für Nicht-EU-AIFM, welche mit einem Pass Nicht-EU-AIF verwalten wollen, durch die zuständigen Behörden des Referenzmitgliedstaats des AIFM einverstanden ist, kann sie die Angelegenheit ESMA zur Kenntnis bringen, die im Rahmen der ihr durch Art. 19 der Verordnung (EU) Nr. 1095/2010 übertragenen Befugnisse tätig werden kann.

(6) Wenn eine zuständige Behörde einen Antrag auf Informationsaustausch gemäß den in Art. 40 Abs. 14 der Richtlinie 2011/61/EU erwähnten technischen Regulierungsstandards ablehnt, kann die FMA als zuständige Behörde die Angelegenheit ESMA zur Kenntnis bringen, die im Rahmen der ihr durch Art. 19 der Verordnung (EU) Nr. 1095/2010 übertragenen Befugnisse tätig werden kann.

Bedingungen für den ohne Pass in Österreich erfolgenden Vertrieb von AIF, die von Nicht-EU-AIFM verwaltet werden

§ 47. (1) Unbeschadet der §§ 39, 40 und 42 kann ein Nicht-EU-AIFM Anteile der von ihm verwalteten AIF an professionelle Anleger ausschließlich im Inland vertreiben, sofern der Nicht-EU-AIFM mit Ausnahme des 6. Teils alle in diesem Bundesgesetz, der Richtlinie 2011/61/EU sowie den auf Basis der Richtlinie erlassenen delegierten Rechtsakten festgelegten Anforderungen erfüllt.

(2) Ein Nicht-EU-AIFM, der beabsichtigt, von ihm verwaltete AIF in Österreich zu vertreiben, muss über einen gesetzlichen Vertreter mit Sitz in Österreich verfügen. Der gesetzliche Vertreter vertritt den Nicht-EU-AIFM gerichtlich und außergerichtlich, ist Zustellungsbevollmächtigter und Kontaktstelle für den Nicht-EU-AIFM in Österreich. Sämtliche Korrespondenz zwischen der FMA und dem Nicht-EU-AIFM sowie zwischen den inländischen Anlegern des betreffenden AIF und dem Nicht-EU-AIFM gemäß diesem Bundesgesetz erfolgt über diesen gesetzlichen Vertreter. Der gesetzliche Vertreter hat gemeinsam mit dem Nicht-EU-AIFM die Compliance-Funktion in Bezug auf die von dem Nicht-EU-AIFM gemäß dieser Richtlinie ausgeführten Verwaltungs- und Vertriebstätigkeiten wahrzunehmen. Diese Befugnisse können nicht beschränkt werden.

(3) Beabsichtigt ein Nicht-EU-AIFM, Anteile von AIF in Österreich zu vertreiben, so hat er der FMA für jeden AIF, den er zu vertreiben beabsichtigt, ein Anzeigeschreiben zu übermitteln. Dieses Anzeigeschreiben umfasst die Dokumentation und die Angaben gemäß Anlage 3, sowie eine Bestätigung der zuständigen Behörden des Herkunftsmitgliedstaates des Nicht-EU-AIFM sowie des AIF, dass der AIF sowie der Nicht-EU-AIFM mit Ausnahme des 6. Teils alle in diesem Bundesgesetz, der Richtlinie 2011/61/EU oder auf Basis der Richtlinie erlassenen delegierten Rechtsakten festgelegten Anforderungen erfüllen. Weiters sind der Anzeige beizufügen:
1. Die sinngemäßen Angaben gemäß § 5 Abs. 2 und 3;
2. Angaben zur Vertriebsstrategie;
3. der Name des gesetzlichen Vertreters des Nicht-EU-AIFM samt Angabe des Sitzes;
4. eine Bestätigung des gesetzlichen Vertreters des Nicht-EU-AIFM, dass er die ihn betreffenden Aufgaben zu erfüllen im Stande ist, den Nicht-EU-AIFM gerichtlich und außergerichtlich vertritt sowie als Kontaktstelle für die Anleger der betreffenden AIF fungiert und zumindest hinreichend ausgestattet ist, um die Compliance-Funktion gemäß diesem Bundesgesetz und der Richtlinie 2011/61/EU wahrnehmen zu können;

5. der Nachweis über die Entrichtung der Gebühr gemäß Abs. 6;
6. eine Erklärung des Nicht-EU-AIFM, dass er sich verpflichtet, für die gesamte Dauer des Vertriebs des AIF in Österreich die in diesem Bundesgesetz, der Richtlinie 2011/61/EU sowie den auf Basis der Richtlinie erlassenen delegierten Rechtsakten festgelegten Anforderungen einzuhalten.

(4) Das in Abs. 3 genannte Anzeigeschreiben des Nicht-EU-AIFM sowie die Beilagen haben in deutscher Sprache oder in englischer Sprache oder in einer gemäß § 7b Abs. 1 KMG in der Finanzwelt gebräuchlichen Sprache bereitgestellt zu werden. Die FMA als zuständige Behörde hat die elektronische Übermittlung und Archivierung der in Abs. 3 genannten Unterlagen zu akzeptieren.

(5) Die FMA hat die Anzeige auf ihre formale Vollständigkeit zu prüfen, eine darüber hinausgehende inhaltliche Prüfung hat nicht zu erfolgen. Spätestens 4 Kalendermonate nach Eingang des vollständigen Anzeigeschreibens nach Abs. 3 hat die FMA dem Nicht-EU-AIFM mitzuteilen, ob er im Inland mit dem Vertrieb des im Anzeigeschreiben nach Abs. 3 genannten AIF beginnen kann. § 13 Abs. 3 AVG kommt hinsichtlich der Berechnung der Frist nicht zur Anwendung. Im Falle einer positiven Entscheidung kann der Nicht-EU-AIFM ab dem Datum der diesbezüglichen Mitteilung der FMA mit dem Vertrieb des AIF beginnen. Die Aufnahme des Vertriebes ist zu untersagen, wenn der Nicht-EU-AIFM oder der AIF eine Voraussetzung dieser Bestimmung nicht erfüllt oder die Anzeige nach Abs. 3 nicht ordnungsgemäß erstattet. Die FMA hat die Zulassung zum Vertrieb des AIF dann zu erteilen, wenn die folgenden zusätzlichen Bedingungen eingehalten sind:
1. es bestehen geeignete, insbesondere der Überwachung der Systemrisiken dienende und im Einklang mit den internationalen Standards stehende Vereinbarungen über die Zusammenarbeit zwischen der FMA, den zuständigen Behörden des Herkunftsmitgliedstaats des betreffenden AIF und den Aufsichtsbehörden des Drittlands, in dem der Nicht-EU-AIFM seinen Sitz hat, damit ein effizienter Informationsaustausch gewährleistet ist, der den zuständigen Behörden ermöglicht, ihre Aufgaben gemäß diesem Bundesgesetz und der Richtlinie 2011/61/EU wahrzunehmen;
2. das Drittland, in dem der Nicht-EU-AIFM seinen Sitz hat, ist kein Land oder Gebiet, in dem gemäß § 40b Abs. 1 letzter Satz BWG jedenfalls ein erhöhtes Risiko der Geldwäscherei oder Terrorismusfinanzierung besteht;
3. das Drittland, in dem der Nicht-EU-AIFM seinen Sitz hat, hat mit Österreich eine Vereinbarung unterzeichnet, die den Standards gemäß Art. 26 des OECD-Musterabkommens zur Vermeidung der Doppelbesteuerung von Einkommen und Vermögen vollständig entspricht und einen wirksamen Informationsaustausch in Steuerangelegenheiten, gegebenenfalls einschließlich multilateraler Abkommen über die Besteuerung, gewährleistet;
4. die auf Nicht-EU-AIFM anwendbaren Rechts- und Verwaltungsvorschriften eines Drittlands oder die Beschränkungen der Aufsichts- und Ermittlungsbefugnisse der Aufsichtsbehörden dieses Drittlands hindern die zuständigen Behörden nicht an der effektiven Wahrnehmung ihrer Aufsichtsfunktionen gemäß dieser Richtlinie.

(6) Für die Bearbeitung der Anzeige gemäß Abs. 3 ist an die FMA eine Gebühr von 4500 Euro zu entrichten. Diese Gebühr erhöht sich bei AIF, die mehrere Teilfonds enthalten (Umbrella-Fonds), ab dem zweiten Teilfonds für jeden Fonds um 1000 Euro. Für die Prüfung der nach den Abs. 3 und 4 vorgeschriebenen Unterlagen ist weiters zu Beginn eines jeden Kalenderjahres, spätestens bis zum 15. Jänner dieses Jahres, eine jährliche Gebühr von 2500 Euro an die FMA zu entrichten; diese Gebühr erhöht sich bei Fonds, die mehrere Teilfonds enthalten (Umbrella-Fonds), ab dem zweiten Teilfonds für jeden Teilfonds um 600 Euro. Gebührenbeiträge, die nicht spätestens am Fälligkeitstag entrichtet wurden, sind vollstreckbar. Die FMA hat einen als Exekutionstitel geltenden Rückstandsausweis auszufertigen. Dieser hat Namen und Anschrift des Gebührenpflichtigen, den Betrag der Schuld und den Vermerk zu enthalten, dass die Schuld vollstreckbar geworden ist. Die nicht fristgerechte Entrichtung der Gebühr ist ein Vertriebsuntersagungsgrund gemäß Abs. 9.

(7) Im Falle einer wesentlichen Änderung der nach Abs. 3 mitgeteilten Angaben hat der Nicht-EU-AIFM diese der FMA bei von ihm geplanten Änderungen mindestens einen Monat vor Durchführung der Änderung, oder, bei ungeplanten Änderungen, unverzüglich nach Eintreten der ungeplanten Änderung schriftlich mitzuteilen. Sollte die geplante Änderung dazu führen, dass die Verwaltung des AIF durch den Nicht-EU-AIFM oder der Nicht-EU-AIFM im Allgemeinen nunmehr gegen dieses Bundesgesetz, die Richtlinie 2011/61/EU oder auf Basis dieser Richtlinie erlassene delegierte Rechtsakte verstößt, hat die FMA dem Nicht-EU-AIFM unverzüglich mitzuteilen, dass er die Änderung nicht durchführen darf. Wird eine geplante Änderung ungeachtet dieses Abs. durchgeführt oder führt eine durch einen ungeplanten Umstand ausgelöste Änderung dazu, dass die Verwaltung des AIF durch den Nicht-EU-AIFM oder der Nicht-EU-AIFM im Allgemeinen nunmehr gegen dieses Bundesgesetz oder die Richtlinie 2011/61/EU oder auf Basis dieser Richtlinie

erlassene delegierte Rechtsakte verstoßen würde, so hat die FMA alle gebotenen Maßnahmen gemäß §§ 56 f. zu ergreifen, einschließlich, falls erforderlich, der ausdrücklichen Untersagung des Vertriebs des AIF.

(8) Der Nicht-EU-AIFM hat die Absicht, den Vertrieb von Anteilen des AIF in Österreich einzustellen, der FMA unverzüglich anzuzeigen.

(9) Die FMA hat den weiteren Vertrieb von AIF zu untersagen, wenn
1. die Anzeige nach Abs. 3 nicht erstattet worden ist oder der Nicht-EU-AIFM gegen die Verpflichtungen gemäß der Erklärung nach Abs. 3 Z 6 verstößt;
2. eine Voraussetzung nach dieser Bestimmung weggefallen ist;
3. beim Vertrieb erheblich gegen gesetzliche Vorschriften verstoßen worden ist;
4. ein durch rechtskräftiges Urteil oder gerichtlichen Vergleich gegenüber dem AIF oder Nicht-EU-AIFM festgestellter Anspruch eines Anteilinhabers nicht erfüllt worden ist;
5. die in diesem Gesetz vorgesehenen Verpflichtungen nicht ordnungsgemäß erfüllt werden; oder
6. die Zulassung durch die zuständigen Stellen des Herkunftsstaates des Nicht-EU-AIFM oder AIF entzogen worden ist.

(10) Hat die FMA die Aufnahme des Vertriebs oder den weiteren Vertrieb des AIF untersagt, darf der Nicht-EU-AIFM die Absicht, Anteile dieses AIF im Geltungsbereich dieses Bundesgesetzes zu vertreiben, frühestens gemäß Abs. 3 wieder anzeigen, wenn seit dem Tag der Untersagung ein Jahr verstrichen ist.

(11) Die FMA kann bei Umbrella-Konstruktionen auch den Vertrieb von Anteilen eines AIF, die im Geltungsbereich dieses Bundesgesetzes vertrieben werden dürfen, unter Beachtung des Abs. 9 untersagen, wenn weitere Anteile von Teilfonds derselben Umbrella-Konstruktion im Geltungsbereich dieses Bundesgesetzes vertrieben werden, die das Anzeigeverfahren nach Abs. 3 nicht ordnungsgemäß durchlaufen haben.

8. Teil. Vertrieb an Privatkunden
Vertrieb von österreichischen AIF durch AIFM an Privatkunden

§ 48. (1) Ein AIFM kann in Österreich Anteile von folgenden gemäß § 29 bewilligten AIF an Privatkunden vertreiben:
1. Sofern er über eine Konzession gemäß § 1 Abs. 1 Z 13a BWG verfügt, Anteile an Immobilienfonds gemäß dem Immobilien-Investmentfondsgesetzes – ImmoInvFG (BGBl. I Nr. 80/2003),
2. sofern er über eine Konzession gemäß § 1 Abs. 1 Z 13 BWG in Verbindung mit § 6 Abs. 2 InvFG 2011 verfügt, AIF gemäß dem 3. Teil erstes Hauptstück des InvFG 2011,
3. sofern er über eine Konzession gemäß dem 2. Teil dieses Bundesgesetzes verfügt, AIF in Immobilien, die die Bedingungen der Abs. 5 bis 7 erfüllen, oder
4. sofern er über eine Konzession gemäß dem 2. Teil dieses Bundesgesetzes verfügt, AIF, die die Bedingungen der Abs. 7 und 8 erfüllen (Managed Futures Funds).

(2) Soweit die Anforderungen des ImmoInvFG für die Verwaltung und den Vertrieb von Immobilienfonds gemäß ImmoInvFG über dieses Bundesgesetz hinausgehen, sind jene Vorschriften maßgeblich.

(3) Soweit die Anforderungen des InvFG 2011 für die Verwaltung und Vertrieb von AIF über dieses Bundesgesetz hinausgehen, sind für die Verwaltung und den Vertrieb von AIF gemäß dem 3. Teil erstes Hauptstück des InvFG 2011 jene Vorschriften maßgeblich.

(4) Soweit dieses Bundesgesetz über die Anforderungen des ImmoInvFG oder des InvFG 2011 für die Verwaltung und den Vertrieb von AIF an Privatkunden hinausgeht, sind für die Verwaltung und den Vertrieb von AIF oder Immobilienfonds die Vorschriften dieses Bundesgesetzes maßgeblich.

(5) Die FMA hat einen AIF in Immobilien gemäß Abs. 1 Z 3 zum Vertrieb an Privatkunden zu bewilligen, wenn:
1. gemäß der Anlagestrategie mit dem investierten Kapital direkt oder indirekt überwiegend Erträge aus der Überlassung oder Übertragung von Immobilien an Dritte erwirtschaftet werden sollen, wobei es unerheblich ist, ob die Rechtsform eines Wertpapiers oder einer Veranlagung gemäß § 1 Abs. 1 Z 3 KMG vorliegt;
2. die Mindeststreuungsbestimmungen des Immobilienbesitzes gemäß § 22 Abs. 1 bis 4 ImmoInvFG eingehalten werden;
3. der gemäß § 17 ermittelte Nettoinventarwert des AIF mindestens zweimal im Monat veröffentlicht wird, es sei denn, der AIF ist zum Handel an einem geregelten Markt zugelassen;

D. Einführung in das österreichische Investmentrecht

4. für den AIF eine Hebelfinanzierung eingesetzt wird, bei der das Engagement (Exposure), berechnet nach der Commitment-Methode, den Nettoinventarwert des AIF nicht um mehr als das Zweifache übersteigt;
5. sämtliche Vertriebsunterlagen an drucktechnisch hervorgehobener Stelle einen Hinweis auf das besondere mit dieser Veranlagung verbundene Risiko (Risikohinweis) enthalten;
6. ein Halbjahresbericht spätestens 2 Monate nach Ablauf des Halbjahres erstellt wird;
7. ein Kundeninformationsdokument in deutscher Sprache vorliegt, das die wesentlichen Anlegerinformationen enthält und dem KID gemäß § 134 InvFG 2011 sowie der dazu erlassenen Verordnung gleichwertig ist, vorliegt. Alternativ zu einem KID kann ein Vereinfachter Prospekt, der dem Vereinfachten Prospekt gemäß § 7 ImmoInvFG entspricht, in deutscher Sprache vorliegen.

(6) Dem Antrag auf Bewilligung sind beizufügen:
1. Im Falle, dass der AIF in Immobilien einen Prospekt gemäß KMG zu erstellen hat, der gemäß § 8 oder 8a KMG geprüfte bzw. gebilligte Prospekt. Die gemäß § 21 Abs. 3 erforderlichen ergänzenden Angaben gemäß § 21 Abs. 1 und 2 sind gesondert vorzulegen, wobei im Prospekt die bereits enthaltenen Angaben gemäß § 21 deutlich gekennzeichnet sein müssen. Die gemäß § 8 oder § 8a KMG vorgesehene Prospektprüfung bzw. -billigung erstreckt sich nicht auf diese ergänzenden Angaben;
2. im Falle, dass der AIF in Immobilien keinen Prospekt gemäß KMG zu erstellen hat, die Informationen gemäß § 21;
3. der letzte Jahresbericht gemäß § 20;
4. im Falle, dass es sich bei dem AIF in Immobilien um eine Veranlagungsgemeinschaft in Immobilien gemäß § 14 KMG handelt, der letzte Rechenschaftsbericht gemäß § 14 Z 4 KMG;
5. eine Bestätigung des AIFM, dass die Bedingungen des Abs. 5 eingehalten werden.

(7) Die FMA hat einen AIF (Managed-Futures-Fonds) zum Vertrieb an Privatkunden zu bewilligen, wenn
1. das Fondsvermögen so veranlagt wird, dass eine ausreichende Diversifikation und eine angemessene Risikostreuung gewährleistet werden. Neben dem Erwerb von börsengehandelten Terminkontrakten in Form von Futures darf das Fondsvermögen ausschließlich veranlagt werden in
    a) außerbörslichen Zins- und Währungstermingeschäften, sofern diese nicht zur Absicherung des Fondsvermögens abgeschlossen werden, in einem Ausmaß, sodass die Einschuss- und Nachschusszahlungen im Zusammenhang mit solchen außerbörslichen Zins- und Währungstermingeschäften 30 vH des Fondsvermögens nicht überschreiten dürfen;
    b) Geldmarktinstrumente gemäß § 70 InvFG 2011;
    c) unter Einhaltung der §§ 71 und 77 Abs. 1 InvFG 2011, Anteile an OGAW, welche gemäß § 50 InvFG 2011 oder gemäß Art. 5 der Richtlinie 2009/65/EG in ihrem Heimatstaat bewilligt wurden, in einem Ausmaß, welches 50 vH des Fondsvermögens nicht überschreiten darf;
2. keine anderen Warenkontrakte als Terminkontrakte auf Rohstoffe abgeschlossen werden dürfen und keine offene Position auf
    a) einen einzigen Terminkontrakt gehalten wird, für den die Einschuss- oder Nachschusszahlung 5 vH des Fondsvermögens übersteigt sowie
    b) Terminkontrakte auf ein und denselben Rohstoff oder auf ein und dieselbe Kategorie von Terminkontrakten auf Finanzinstrumente gehalten wird, für welche die Einschuss- oder Nachschusszahlung 20 vH des Fondsvermögens übersteigt;
3. bei Geschäften mit Warenderivaten die physische Lieferung der zugrundeliegenden Ware ausgeschlossen ist;
4. Einschuss- und Nachschusszahlungen im Zusammenhang mit börsengehandelten Terminkontrakten insgesamt 50 vH des Fondsvermögens nicht überschreiten; die Reserve liquider Vermögenswerte muss mindestens dem Betrag der insgesamt vorgenommenen Einschuss- und Nachschusszahlungen entsprechen und aus Geldmarktinstrumenten gemäß § 70 InvFG 2011 bestehen;
5. Einschuss- oder Nachschusszahlungen nicht durch Kredit- oder Darlehensaufnahmen finanziert werden;
6. der gemäß § 17 ermittelte Nettoinventarwert des Managed-Futures-Fonds jedes Mal dann veröffentlicht wird, wenn eine Ausgabe oder eine Rücknahme der Anteile des Managed-Futures-Fonds stattfindet, mindestens aber zweimal im Monat;
7. für den Managed-Futures-Fonds eine Hebelfinanzierung eingesetzt wird, bei der das maximale Risiko für den Managed-Futures-Fonds, berechnet unter Anwendung des § 87 InvFG 2011 mit dem absoluten Value-at-Risk-Ansatz, nicht höher als 35 vH des Nettoinventarwerts des Mana-

ged-Futures-Fonds ist. Bei der Berechnung des absoluten Value-at-Risk-Ansatzes sind folgende Parameter heranzuziehen:
  a) Konfidenzintervall von 99 vH;
  b) Haltedauer von einem Monat (20 Geschäftstage);
  c) effektiver Beobachtungszeitraum der Risikofaktoren von mindestens einem Jahr (250 Geschäftstage), außer wenn eine kürzere Beobachtungsperiode durch eine bedeutende Steigerung der Preisvolatilität durch extreme Marktbedingungen begründet ist;
  d) vierteljährliche Datenaktualisierung, oder häufiger, wenn die Marktpreise wesentlichen Veränderungen unterliegen;
  e) Berechnungen mindestens auf täglicher Basis;
8. ein von Z 7 lit. a abweichendes Konfidenzintervall und eine von Z 7 lit. b abweichende Haltedauer vom Managed-Futures-Fonds nur herangezogen werden kann, wenn das Konfidenzintervall 95 vH nicht unterschreitet und die Haltedauer einen Monat (20 Geschäftstage) nicht überschreitet; bei Anwendung dieser Berechnungsparameter ist eine Umrechnung der 35 vH-Grenze zur jeweiligen Haltedauer und zum jeweiligen Konfidenzintervall vorzunehmen; diese Umrechnung darf jedoch nur unter der Annahme einer Normalverteilung mit einer identen und unabhängigen Verteilung der Risikofaktoren sowie der Bezugnahme auf die Quantile der Normalverteilung und der mathematischen Wurzel-Zeit-Formel („Square root of time"-Regel) angewendet werden;
9. sämtliche Vertriebsunterlagen an drucktechnisch hervorgehobener Stelle einen Hinweis auf das besondere mit dieser Veranlagung verbundene Risiko (Risikohinweis) enthalten;
10. ein Halbjahresbericht spätestens 2 Monate nach Ablauf des Halbjahres erstellt wird;
11. ein Kundeninformationsdokument in deutscher Sprache, das die wesentlichen Anlegerinformationen enthält und dem KID gemäß § 134 InvFG 2011 sowie der dazu erlassenen Verordnung gleichwertig ist, vorliegt.

(8) Dem Antrag auf Bewilligung eines Managed-Futures-Fonds gemäß Abs. 7 sind beizufügen:
1. Im Falle, dass der Managed-Futures-Fonds einen Prospekt gemäß KMG zu erstellen hat, der gemäß § 8 oder 8a KMG geprüfte bzw. gebilligte Prospekt. Die gemäß § 21 Abs. 3 erforderlichen ergänzenden Angaben gemäß § 21 Abs. 1 und 2 sind gesondert vorzulegen, wobei im Prospekt die bereits enthaltenen Angaben gemäß § 21 deutlich gekennzeichnet sein müssen. Die gemäß § 8 oder § 8a KMG vorgesehene Prospektprüfung und -billigung erstreckt sich nicht auf diese ergänzenden Angaben;
2. im Falle, dass der Managed-Futures-Fonds keinen Prospekt gemäß KMG zu erstellen hat, die Informationen gemäß § 21;
3. der letzte Jahresbericht gemäß § 20;
4. eine Bestätigung des AIFM, dass die Bedingungen des Abs. 7 eingehalten werden.

(9) Sind Angaben und Unterlagen gegenüber der gemäß § 29 erstatteten Bewilligung unverändert, kann unter Verweis auf jene eine erneute Übermittlung unterbleiben.

(10) Beginn und Ende des Vertriebs sind der FMA unverzüglich anzuzeigen. Weiters hat der AIFM der FMA das vorübergehende Unterbleiben der Rücknahme der Anteilscheine, wobei außergewöhnliche Umstände vorliegen müssen, und die Wiederaufnahme der Rücknahme der Anteilscheine unverzüglich anzuzeigen sowie die Anleger durch öffentliche Bekanntmachung über das Unterbleiben der Rücknahme der Anteilscheine und die Wiederaufnahme von deren Rücknahme zu unterrichten.

(11) Die FMA kann mittels Verordnung die Ausgestaltung der Risikohinweise gemäß Abs. 5 Z 5 und Abs. 7 Z 9 festlegen sowie weitere Hinweise vorschreiben.

Vertrieb von EU-AIF aus anderen Mitgliedstaaten und Nicht-EU-AIF durch österreichische AIFM oder von AIF durch EU-AIFM mit Sitz in einem anderen Mitgliedstaat oder durch Nicht-EU-AIFM an Privatkunden

§ 49. (1) Inländische AIFM können EU-AIF aus anderen Mitgliedstaaten sowie gemäß der Richtlinie 2011/61/EU verwaltete Nicht-EU-AIF, EU-AIFM mit Sitz in einem anderen Mitgliedstaat sowie Nicht-EU-AIFM können von ihnen gemäß Richtlinie 2011/61/EU verwaltete AIF in Österreich an Privatkunden vertreiben, wenn:
1. der AIF in seinem Herkunftsstaat zum Vertrieb an Privatkunden zugelassen ist und
2. der AIF gemäß §§ 31, 35, 40, 42 oder 47 in Österreich zum Vertrieb an professionelle Anleger zugelassen ist und
3. der AIF materiell einem gemäß § 48 Abs. 1 in Österreich für den Vertrieb an Privatkunden zulässigen Fondstypen gleichwertig ist, und zwar

D. Einführung in das österreichische Investmentrecht

   a) Anteilen an Immobilienfonds gemäß Immobilien-Investmentfondsgesetz,
   b) AIF gemäß dem 3. Teil erstes Hauptstück InvFG 2011,
   c) AIF in Immobilien gemäß § 48 Abs. 1 Z 3,
   d) AIF gemäß § 48 Abs. 7 oder
   e) der AIF ein AIF ist, der materiell einem OGAW der Richtlinie 2009/65/EU gleichwertig ist, jedoch von einem Nicht-EU-AIFM verwaltet wird.

(2) Beabsichtigt ein AIFM, Anteile solcher AIF in Österreich an Privatkunden zu vertreiben, so hat er der FMA für jeden AIF, den er zu vertreiben beabsichtigt, ein Anzeigeschreiben zu übermitteln. Sind Angaben und Unterlagen gegenüber der gemäß §§ 21, 38 oder 47 erstatteten Anzeige unverändert, kann unter Verweis auf jene Anzeige eine erneute Übermittlung unterbleiben.

(3) Der Anzeige sind beizufügen:
1. die Dokumentation und die Angaben gemäß Anlage 3;
2. eine Bestätigung der zuständigen Behörde des Herkunftsstaates des Nicht-EU-AIFM oder Nicht-EU-AIF, dass dieser alle in der Richtlinie 2011/61/EU, mit Ausnahme derer im 6. Kapitel, sowie auf Basis dieser Richtlinie erlassenen delegierten Rechtsakten festgelegten Anforderungen erfüllt, sowie, im Falle des Abs. 1 Z 3 lit. e, dass der AIF materiell einem OGAW gemäß der Richtlinie 2009/65/EU gleichwertig ist;
3. eine Bestätigung der zuständigen Behörde des Herkunftsstaates des AIF, dass der AIF im Herkunftsstaat zum Vertrieb für Privatkunden zugelassen ist;
4. ein Halbjahresbericht, der spätestens 2 Monate nach Ablauf des Halbjahres zu erstellen ist;
5. ein Kundeninformationsdokument in deutscher Sprache, das die wesentlichen Anlegerinformationen enthält, dem KID gemäß § 134 InvFG 2011 sowie der dazu erlassenen Verordnung gleichwertig ist. Alternativ zu einem KID kann ein Vereinfachter Prospekt, der dem Vereinfachten Prospekt gemäß § 7 ImmoInvFG entspricht, in deutscher Sprache beigefügt werden;
6. der Nachweis über die Entrichtung der Gebühr gemäß Abs. 6.

(4) In das KID beziehungsweise den Vereinfachten Prospekt gemäß Abs. 3 Z 5 sowie in jede Werbeunterlage des AIF oder des AIFM ist ein drucktechnisch hervorgehobener Warnhinweis aufzunehmen, dass weder der AIF noch der AIFM einer Aufsicht durch eine österreichische Behörde unterliegen, weder ein etwaiger Prospekt noch KID oder Vereinfachter Prospekt von einer österreichischen Behörde geprüft wurden und keine österreichische Behörde die Haftung für Richtigkeit oder Vollständigkeit dieser Unterlagen trägt.

(5) Die FMA kann mittels Verordnung die Ausgestaltung der Warnhinweise gemäß Abs. 4 festlegen sowie weitere Hinweise vorschreiben.

(6) Für die Bearbeitung der Anzeige gemäß Abs. 3 ist an die FMA eine Gebühr von 1100 Euro zu entrichten. Diese Gebühr erhöht sich bei AIF, die mehrere Teilfonds enthalten (Umbrella-Fonds), ab dem zweiten Teilfonds für jeden Fonds um 220 Euro. Für die Prüfung der nach Abs. 2 und 3 vorgeschriebenen Unterlagen ist weiters zu Beginn eines jeden Kalenderjahres, spätestens bis zum 15. Jänner dieses Jahres, eine jährliche Gebühr von 600 Euro an die FMA zu entrichten; diese Gebühr erhöht sich bei Fonds, die mehrere Teilfonds enthalten (Umbrella-Fonds), ab dem zweiten Teilfonds für jeden Teilfonds um 200 Euro. Gebührenbeiträge, die nicht spätestens am Fälligkeitstag entrichtet wurden, sind vollstreckbar. Die FMA hat einen als Exekutionstitel geltenden Rückstandsausweis auszufertigen. Dieser hat Namen und Anschrift des Gebührenpflichtigen, den Betrag der Schuld und den Vermerk zu enthalten, dass die Schuld vollstreckbar geworden ist. Die nicht fristgerechte Entrichtung der Gebühr ist ein Vertriebsuntersagungsgrund gemäß § 50.

(7) Die FMA hat die Anzeige auf ihre formale Vollständigkeit zu prüfen, eine darüber hinausgehende inhaltliche Prüfung hat nicht zu erfolgen. Spätestens 4 Monate nach Eingang des vollständigen Anzeigeschreibens nach Abs. 3 hat die FMA dem AIFM mitzuteilen, ob er im Inland mit dem Vertrieb des im Anzeigeschreiben genannten AIF an Privatkunden beginnen kann. Im Falle einer positiven Entscheidung kann der AIFM ab dem Datum der diesbezüglichen Mitteilung der FMA mit dem Vertrieb des AIF beginnen. § 13 Abs. 3 letzter Satz AVG findet keine Anwendung.

(8) Das in Abs. 2 genannte Anzeigeschreiben des AIFM sowie die Beilagen haben in deutscher Sprache oder in englischer Sprache oder in einer gemäß § 7b Abs. 1 KMG in der Finanzwelt gebräuchlichen Sprache bereitgestellt zu werden. Die FMA als zuständige Behörde hat die elektronische Übermittlung und Archivierung der in Abs. 2 und 3 genannten Unterlagen zu akzeptieren.

(9) Im Falle einer wesentlichen Änderung der nach Abs. 2 und 3 mitgeteilten Angaben hat der AIFM diese der FMA bei von ihm geplanten Änderungen mindestens einen Monat vor Durchführung der Änderung, oder, bei ungeplanten Änderungen, unverzüglich nach Eintreten der ungeplanten

Änderung schriftlich mitzuteilen. Sollte die geplante Änderung dazu führen, dass die Verwaltung des AIF durch den AIFM oder der AIFM im Allgemeinen nunmehr gegen dieses Bundesgesetz oder gegen die Richtlinie 2011/61/EU verstößt, hat die FMA dem AIFM unverzüglich mitzuteilen, dass er die Änderung nicht durchführen darf. Wird eine geplante Änderung ungeachtet dieses Abs. durchgeführt oder führt eine durch einen ungeplanten Umstand ausgelöste Änderung dazu, dass die Verwaltung des AIF durch den AIFM oder der AIFM im Allgemeinen nunmehr gegen dieses Bundesgesetz oder die Richtlinie 2011/61/EU verstoßen würde, so hat die FMA alle gebotenen Maßnahmen gemäß §§ 56 f. zu ergreifen, einschließlich, falls erforderlich, der ausdrücklichen Untersagung des Vertriebs des AIF.

(10) Der AIFM hat der FMA das vorübergehende Unterbleiben der Rücknahme der Anteilscheine, wobei außergewöhnliche Umstände vorliegen müssen, und die Wiederaufnahme der Rücknahme der Anteilscheine unverzüglich anzuzeigen sowie die Anleger durch öffentliche Bekanntmachung über das Unterbleiben der Rücknahme der Anteilscheine und die Wiederaufnahme von deren Rücknahme zu unterrichten.

(11) Der AIFM hat die Absicht, den Vertrieb von Anteilen des AIF an Privatkunden in Österreich einzustellen, der FMA anzuzeigen.

Vertriebsuntersagung

§ 50. (1) Die Aufnahme des Vertriebes ist zu untersagen, wenn der AIFM oder der AIF eine Voraussetzung nach § 49 nicht erfüllt oder die Anzeige nach § 49 nicht ordnungsgemäß erstattet wurde.

(2) Die FMA hat den weiteren Vertrieb von AIF zu untersagen, wenn
1. die Anzeige nach § 49 nicht erstattet worden ist;
2. eine Voraussetzung nach § 49 weggefallen ist;
3. beim Vertrieb erheblich gegen gesetzliche Vorschriften verstoßen worden ist;
4. ein durch rechtskräftiges Urteil oder gerichtlichen Vergleich gegenüber dem AIF oder AIFM festgestellter Anspruch eines Anteilinhabers nicht erfüllt worden ist;
5. die in diesem Gesetz vorgesehenen Verpflichtungen nicht ordnungsgemäß erfüllt werden, oder
6. die Zulassung durch die zuständigen Stellen des Herkunftsstaates des AIFM oder des AIF entzogen worden ist.

(3) Hat die FMA die Aufnahme des Vertriebs oder den weiteren Vertrieb des AIF untersagt, darf der AIFM die Absicht, Anteile dieses AIF im Geltungsbereich dieses Bundesgesetzes zu vertreiben, frühestens gemäß § 49 wieder anzeigen, wenn seit dem Tag der Untersagung ein Jahr verstrichen ist.

(4) Die FMA kann bei Umbrella-Konstruktionen auch den Vertrieb von Anteilen eines AIF, die im Geltungsbereich dieses Bundesgesetzes vertrieben werden dürfen, unter Beachtung des Abs. 2 untersagen, wenn weitere Anteile von Teilfonds derselben Umbrella-Konstruktion im Geltungsbereich dieses Bundesgesetzes vertrieben werden, die das Anzeigeverfahren nach § 49 nicht ordnungsgemäß durchlaufen haben.

Werbung

§ 51. (1) Werbung mit dem Hinweis auf die Befugnisse der FMA nach diesem Gesetz ist untersagt.

(2) Die Werbung darf nur unter Anwendung des § 128 Abs. 1 bis 3 InvFG 2011 erfolgen.

(3) Verstößt der AIFM, ihr gesetzlicher Vertreter oder eine mit dem Vertrieb befasste Person gegen Abs. 1 oder 2 und werden die Verstöße trotz Verwarnung nicht eingestellt, so hat die FMA den weiteren Vertrieb von Anteilen zu untersagen.

Kostenloses Zur-Verfügung-Stellen von Prospekten, Rechenschaftsbericht und Halbjahresbericht

§ 52. Einem potentiellen Erwerber vor Vertragsabschluss sowie jedem interessierten Anteilinhaber eines gemäß § 48 oder § 49 vertriebenen AIF sind die Angaben gemäß § 21 sowie allenfalls das zu erstellende KID oder der Vereinfachte Prospekt in der jeweils geltenden Fassung, der zuletzt veröffentlichte Rechenschaftsbericht und der anschließende Halbjahresbericht, sofern er veröffentlicht ist, kostenlos zur Verfügung zu stellen.

Weiterverwendung von allgemeinen Bezeichnungen

§ 53. Der AIFM und der AIF dürfen dieselben allgemeinen Bezeichnungen verwenden, die sie in dem Staat, in dem sie ihren Sitz haben, berechtigterweise führen. Der AIFM muss jedoch solchen Bezeichnungen geeignete klarstellende Zusätze beifügen, wenn die Gefahr der Irreführung besteht.

9. Teil. Zuständige Behörden

1. Abschnitt. Benennung, Befugnisse und Rechtsbehelfe

Benennung der zuständigen Behörde

§ 54. (1) Die FMA ist zuständig für die Wahrnehmung der Aufgaben aufgrund dieses Bundesgesetzes und der Richtlinie 2011/61/EU. Die FMA hat durch geeignete Methoden zu überwachen, dass AIFM ihren Verpflichtungen gemäß diesem Bundesgesetz und gemäß der Richtlinie 2011/61/EU, gegebenenfalls auf der Grundlage der von ESMA entwickelten Leitlinien, nachkommen.

(2) Die FMA ist die für Österreich zuständige Behörde gemäß
1. Art. 3 lit. m der Verordnung (EU) Nr. 345/2013 über Europäische Risikokapitalfonds und
2. Art. 3 lit. m der Verordnung (EU) Nr. 346/2013 über Europäische Fonds für soziales Unternehmertum und

unbeschadet der ihr in anderen Bundesgesetzes zugewiesenen Aufgaben mit der Registrierung von Verwaltern von Organismen für gemeinsame Anlagen gemäß diesen Verordnungen betraut. Die FMA hat die Einhaltung der Vorschriften dieser Verordnungen durch Verwalter eines qualifizierten Risikokapitalfonds und Verwalter eines qualifizierten Fonds für soziales Unternehmertum zu überwachen. Dazu stehen der FMA unbeschadet der Befugnisse der ihr in diesen Verordnungen zugewiesen werden, insbesondere die Befugnisse gemäß § 56 Abs. 2, Z 1, 2, 5, 8, 9 und 11 zu.

Aufgaben der zuständigen Behörden in den Mitgliedstaaten

§ 55. (1) Die Aufsicht über einen AIFM obliegt der FMA als der zuständigen Behörde des Herkunftsmitgliedstaats des AIFM, unabhängig davon, ob der AIFM AIF in einem anderen Mitgliedstaat verwaltet und/oder vertreibt; die Bestimmungen dieses Bundesgesetzes und der Richtlinie 2011/61/EU, die den zuständigen Behörden des Aufnahmemitgliedstaats des AIFM die Zuständigkeit für die Aufsicht übertragen, bleiben hiervon unberührt.

(2) Die Überwachung der Einhaltung der §§ 10 und 12 durch einen AIFM obliegt der FMA als zuständiger Behörde des Aufnahmemitgliedstaats des AIFM, wenn der AIFM AIF über eine Zweigniederlassung in Österreich verwaltet und/oder vertreibt.

(3) Die FMA als zuständig Behörde des Aufnahmemitgliedstaats des AIFM kann von einem AIFM, der in Österreich AIF verwaltet oder vertreibt – unabhängig davon, ob dies über eine Zweigniederlassung erfolgt –, die Vorlage von Informationen verlangen, die erforderlich sind, um zu beaufsichtigen, dass die maßgeblichen Bestimmungen, für die FMA verantwortlich ist, durch den AIFM eingehalten werden.

(4) Stellt die FMA als zuständige Behörde des Aufnahmemitgliedstaats des AIFM fest, dass ein AIFM, der in Österreich AIF verwaltet und/oder vertreibt – unabhängig davon, ob dies über eine Zweigniederlassung erfolgt –, gegen eine der Bestimmungen, hinsichtlich derer sie für die Überwachung der Einhaltung zuständig sind, verstößt, so fordert die FMA den betreffenden AIFM auf, den Verstoß zu beenden und unterrichtet die zuständigen Behörden des Herkunftsmitgliedstaats des AIFM entsprechend.

(5) Lehnt es der betreffende AIFM ab, der FMA als zuständiger Behörde seines Aufnahmemitgliedstaats die in deren Zuständigkeit fallenden Informationen zukommen zu lassen oder unternimmt er nicht die erforderlichen Schritte, um den Verstoß gemäß Abs. 4 zu beenden, so hat die FMA als zuständige Behörde seines Aufnahmemitgliedstaats die zuständigen Behörden seines Herkunftsmitgliedstaats hievon in Kenntnis zu setzen.

(6) Die FMA als zuständige Behörde des AIFM hat
1. unverzüglich alle geeigneten Maßnahmen zu treffen, um sicherzustellen, dass der betreffende AIFM die von den zuständigen Behörden seines Aufnahmemitgliedstaats gemäß Art. 45 Abs. 3 der Richtlinie 2011/61/EU geforderten Informationen vorlegt oder den Verstoß im Sinne des Abs. 4 der genannten Bestimmung beendet,
2. die betreffenden Aufsichtsbehörden in Drittländern unverzüglich um Erteilung der erforderlichen Informationen zu ersuchen.

Die Art der Maßnahmen gemäß Z 1 und Z 2 ist von der FMA den zuständigen Behörden des Aufnahmemitgliedstaats des AIFM mitzuteilen.

(7) Weigert sich der AIFM trotz der gemäß Abs. 5 von den zuständigen Behörden seines Herkunftsmitgliedstaats getroffenen Maßnahmen oder weil sich solche Maßnahmen als unzureichend erweisen oder in dem fraglichen Mitgliedstaat nicht verfügbar sind, weiterhin, die von der FMA als zuständiger Behörde seines Aufnahmemitgliedstaats im Sinne des Abs. 3 geforderten Informationen

VI. Normenteil

vorzulegen, oder verstößt er weiterhin gegen die in Abs. 4 genannten Rechts- und Verwaltungsvorschriften seines Aufnahmemitgliedstaats, so kann die FMA als zuständige Behörde des Aufnahmemitgliedstaats des AIFM nach Unterrichtung der zuständigen Behörden des Herkunftsmitgliedstaats des AIFM geeignete Maßnahmen einschließlich der Maßnahmen der §§ 56 und 60 ergreifen, um weitere Verstöße zu verhindern oder zu ahnden; soweit erforderlich, kann sie diesem AIFM auch neue Geschäfte in Österreich untersagen. Handelt es sich bei der in Österreich als Aufnahmemitgliedstaat des AIFM durchgeführten Aufgabe um die Verwaltung von AIF, so kann die FMA als zuständige Behörde des Aufnahmemitgliedstaats verlangen, dass der AIFM die Verwaltung dieser AIF einstellt.

(8) Hat die FMA als zuständige Behörde des Aufnahmemitgliedstaats eines AIFM klare und nachweisbare Gründe für die Annahme, dass der AIFM gegen die Verpflichtungen verstößt, die ihm aus Vorschriften erwachsen, hinsichtlich derer sie nicht für die Überwachung der Einhaltung zuständig ist, so hat sie ihre Erkenntnisse den zuständigen Behörden des Herkunftsmitgliedstaats des AIFM mitzuteilen; als zuständige Behörde des Herkunftsmitgliedstaats wiederum hat sie geeignete Maßnahmen zu ergreifen und erforderlichenfalls von den entsprechenden Aufsichtsbehörden in Drittländern zusätzliche Informationen anzufordern.

(9) Verhält sich der AIFM trotz der von den zuständigen Behörden seines Herkunftsmitgliedstaats getroffenen Maßnahmen oder weil sich solche Maßnahmen als unzureichend erweisen oder der Herkunftsmitgliedstaat des AIFM nicht rechtzeitig handelt, weiterhin auf eine Art und Weise, die den Interessen der Anleger des betreffenden AIF, der Finanzstabilität oder der Integrität des Marktes im Aufnahmemitgliedstaat des AIFM eindeutig abträglich ist, so kann die FMA als zuständige Behörde des Aufnahmemitgliedstaats des AIFM nach Unterrichtung der zuständigen Behörden des Herkunftsmitgliedstaats des AIFM alle erforderlichen Maßnahmen ergreifen, um die Anleger des betreffenden AIF, die Finanzstabilität und die Integrität des Marktes im Aufnahmemitgliedstaat zu schützen; sie hat auch die Möglichkeit, dem betreffenden AIFM den weiteren Vertrieb von Anteilen des betreffenden AIF in Österreich als Aufnahmemitgliedstaat zu untersagen.

(10) Das Verfahren nach Abs. 8 und 9 kommt ferner zur Anwendung, wenn die FMA als zuständige Behörde des Aufnahmemitgliedstaats klare und belegbare Einwände gegen die Zulassung eines Nicht-EU-AIFM durch den Referenzmitgliedstaat hat.

(11) Besteht zwischen den betreffenden zuständigen Behörden keine Einigkeit in Bezug auf eine von einer zuständigen Behörde nach den Abs. 4 bis 10 getroffene Maßnahme, so kann die FMA die Angelegenheit ESMA zur Kenntnis bringen, die im Rahmen der ihr durch Art. 19 der Verordnung (EU) Nr. 1095/2010 übertragenen Befugnisse tätig werden kann.

Befugnisse und Kosten der FMA

§ 56. (1) Die FMA hat unbeschadet der ihr in anderen Bundesgesetzen oder EU-Verordnungen zugewiesenen Aufgaben gegenüber AIF, gemäß § 4 Abs. 1 konzessionierte oder gemäß § 1 Abs. 5 Z 1 registrierte AIFM, EU-AIFM aus anderen Mitgliedstaaten im Rahmen des § 55, Nicht-EU-AIFM, Dritte im Rahmen des § 18 sowie Verwahrstellen gemäß § 19 die Einhaltung dieses Bundesgesetzes, sowie der auf Basis der Richtlinie 2011/61/EU erlassenen delegierten Rechtsakte zu überwachen und alle erforderlichen Maßnahmen zu treffen, um das ordnungsgemäße Funktionieren der Märkte in den Fällen zu gewährleisten, in denen die Tätigkeit eines oder mehrerer AIF am Markt für ein Finanzinstrument das ordnungsgemäße Funktionieren dieses Marktes gefährden könnte.

(2) Die FMA ist in ihrem Zuständigkeitsbereich gemäß Abs. 1 und § 54 Abs. 2 insbesondere befugt,
1. Unterlagen aller Art einzusehen und eine Kopie von ihnen zu erhalten,
2. von jeder mit den Tätigkeiten des AIFM, des Verwalters eines qualifizierten Risikokapitalfonds, des Verwalters eines qualifizierten Fonds für soziales Unternehmertum oder des AIF in Verbindung stehenden Person Auskünfte zu verlangen und gegebenenfalls eine Person zum Zwecke der Informationserlangung vorzuladen und zu vernehmen,
3. angekündigte und unangekündigte Ermittlungen vor Ort durchzuführen,
4. bereits existierende Aufzeichnungen von Telefongesprächen und Datenübermittlungen zu verlangen,
5. vorzuschreiben, dass Praktiken, die gegen dieses Bundesgesetz, die Richtlinie 2011/61/EU, die auf Basis dieser Richtlinie erlassene delegierte Rechtsakte, die Verordnung (EU) Nr. 345/2013 oder die Verordnung (EU) Nr. 346/2013 verstoßen, unterlassen werden,
6. bei der zuständigen Staatsanwaltschaft beantragen, dass diese bei Gericht einen Antrag auf Sicherstellung gemäß §§ 109 Z 1 und 110 Abs. 1 Z 3 oder Beschlagnahme gemäß §§ 109 Z 2 und 115 Abs. 1 Z 3 Strafprozessordnung 1975 – StPO (BGBl. Nr. 631/1975) stellt,

D. Einführung in das österreichische Investmentrecht

7. ein vorübergehendes Verbot der Ausübung der Berufstätigkeit zu verhängen,
8. von AIFM, Verwahrstellen, Abschlussprüfern, Verwaltern eines qualifizierten Risikokapitalfonds oder Verwaltern eines qualifizierten Fonds für soziales Unternehmertum Auskünfte zu verlangen,
9. jegliche Art von Maßnahmen zu ergreifen, um sicherzustellen, dass AIFM, Verwahrstellen, Verwalter eines qualifizierten Risikokapitalfonds oder Verwalter eines qualifizierten Fonds für soziales Unternehmertum sich weiterhin an die auf sie anwendbaren Anforderungen dieses Bundesgesetzes, der auf Basis der Richtlinie 2011/61/EU erlassenen delegierten Rechtsakte, der Verordnung (EU) Nr. 345/2013 oder der Verordnung (EU) Nr. 346/2013 halten,
10. im Interesse der Anteilinhaber oder der Öffentlichkeit die Aussetzung der Ausgabe, Rücknahme oder Auszahlung von Anteilen zu verlangen,
11. die weitere Tätigkeit eines AIFM, eines Verwalters eines qualifizierten Risikokapitalfonds, eines Verwalters eines qualifizierten Fonds für soziales Unternehmertum oder einer Verwahrstelle im Inland zu untersagen,
12. Überprüfungen oder Ermittlungen durch Wirtschaftsprüfer oder Sachverständige vornehmen zu lassen.

(3) Gelangt die FMA als zuständige Behörde des Referenzmitgliedstaats zu der Auffassung, dass ein zugelassener Nicht-EU-AIFM seinen Pflichten gemäß diesem Bundesgesetz, der Richtlinie 2011/61/EU oder auf Basis dieser Richtlinie erlassenen delegierten Rechtsakten nicht nachkommt, so setzt die FMA ESMA hiervon so bald wie möglich und unter vollständiger Angabe der Gründe in Kenntnis.

(4) Die FMA kann die Verwaltung von AIF durch natürliche oder juristische Personen ohne eine Konzession gemäß § 4 Abs. 1 oder eine Registrierung gemäß § 1 Abs. 5 Z 1 untersagen. Zu diesem Zweck sowie zur Verfolgung der in § 60 Abs. 1 Z 2 genannten Übertretungen durch diese Personen stehen der FMA die Befugnisse gemäß §§ 22b bis 22e Finanzmarktaufsichtsbehördengesetz – FMABG (BGBl. I Nr. 97/2001) zu.

(5) Die Kosten der FMA aus dem Rechnungskreis Wertpapieraufsicht (§ 19 Abs. 1 Z 3 und Abs. 4 FMABG) sind von gemäß § 4 Abs. 1 konzessionierten oder gemäß § 1 Abs. 5 Z 1 registrierten AIFM, von gemäß § 32 Abs. 3 errichteten Zweigstellen, von Nicht-EU-AIFM gemäß § 39 Abs. 3, von gemäß Art. 14 der Verordnung (EU) Nr. 345/2013 registrierten Verwalter eines qualifizierten Risikokapitalfonds sowie von gemäß Art. 15 der Verordnung (EU) Nr. 346/2013 registrierten Verwalter eines qualifizierten Fonds für soziales Unternehmertum zu tragen. Die FMA hat zu diesem Zweck einen zusätzlichen gemeinsamen Subrechnungskreis für AIFM, Verwalter eines qualifizierten Risikokapitalfonds, Verwalter eines qualifizierten Fonds für soziales Unternehmertum, Verwaltungsgesellschaften (InvFG 2011), Kapitalanlagegesellschaften für Immobilien (ImmoInvFG) und BV-Kassen (BMSVG) zu bilden.

(6) Die auf Kostenpflichtige gemäß Abs. 5 entfallenden Beträge sind von der FMA mit Bescheid vorzuschreiben; die Festsetzung von Pauschalbeträgen ist zulässig. Die FMA hat nähere Regelungen über diese Kostenaufteilung und ihre Vorschreibung mit Verordnung festzusetzen. Hierbei sind insbesondere zu regeln:
1. Die Bemessungsgrundlagen der einzelnen Arten von Kostenvorschreibungen;
2. die Termine für die Kostenbescheide und die Fristen für die Zahlungen der Kostenpflichtigen.

Die AIFM haben der FMA alle erforderlichen Auskünfte über die Grundlagen der Kostenbemessung zu erteilen.

Maßnahmen der FMA

§ 57. (1) Ist ein externer AIFM nicht in der Lage, die Einhaltung der Anforderungen dieses Bundesgesetzes sicherzustellen, hat er unverzüglich die zuständigen Behörden seines Herkunftsmitgliedstaats und, sofern anwendbar, die zuständigen Behörden des betreffenden EU-AIF, zu unterrichten. Die FMA hat die Herstellung des rechtmäßigen Zustandes unter Androhung einer Zwangsstrafe binnen jener Frist, welche im Hinblick auf die Umstände des Falles angemessen ist, aufzutragen.

(2) Falls die Anforderungen dieses Bundesgesetzes weiterhin nicht eingehalten werden, hat die FMA anzuordnen, dass der AIFM die Bestellung für die Verwaltung des betroffenen AIF zurücklegt, sofern es sich um einen EU-AIFM oder einen EU-AIF handelt. In diesem Fall darf der AIF nicht mehr in der Union vertrieben werden. Im Falle eins Nicht-EU-AIFM, der einen Nicht-EU-AIF verwaltet, darf der AIF nicht weiter in der Union vertrieben werden. Die FMA hat unverzüglich die zuständigen Behörden der Aufnahmemitgliedstaaten des AIFM von der Anordnung in Kenntnis zu setzen. § 9 Abs. 3 ist sinngemäß anzuwenden.

VI. Normenteil

Form der Kommunikation mit der FMA – elektronische Übermittlung

§ 58. Die FMA kann durch Verordnung vorschreiben, dass die Anzeigen und Übermittlungen gemäß § 1 Abs. 5 Z 4, § 8 Abs. 1, § 18 Abs. 1 Z 1, § 20 Abs. 1, § 22 Abs. 1 bis 5 und 7, § 25 Abs. 1, § 29 Abs. 2, § 30 Abs. 2 und 6, § 32 Abs. 2, 3 und 6, § 35 Abs. 2 und 6, § 36 Abs. 2 und 7, § 38 Abs. 2, 6 und 7, § 39 Abs. 1 und 9, § 40 Abs. 2, 4 und 9, § 42 Abs. 3, 5 und 10, § 44 Abs. 2, 3 und 5, § 47 Abs. 3, 7 und 8, § 48 Abs. 6, § 49 Abs. 2, 3, 9 und 11 ausschließlich in elektronischer Form zu erfolgen haben sowie bestimmten Gliederungen, technischen Mindestanforderungen und Übermittlungsmodalitäten zu entsprechen haben. Die FMA hat sich dabei an den Grundsätzen der Wirtschaftlichkeit und Zweckmäßigkeit zu orientieren und dafür zu sorgen, dass die jederzeitige elektronische Verfügbarkeit der Daten für die FMA gewährleistet bleibt und Aufsichtsinteressen nicht beeinträchtigt werden. Die FMA hat geeignete Vorkehrungen dafür zu treffen, dass sich die Meldepflichtigen oder gegebenenfalls ihre Einbringungsverantwortlichen während eines angemessenen Zeitraums im System über die Richtigkeit und Vollständigkeit der von ihnen oder ihren Einbringungsverantwortlichen erstatteten Meldedaten vergewissern können.

Befugnisse und Zuständigkeiten von ESMA

§ 59. (1) Die FMA hat die Leitlinien von ESMA für die zuständigen Behörden der Mitgliedstaaten bezüglich der Wahrnehmung ihrer Zulassungsbefugnisse und ihrer Informationspflichten, die gemäß der Richtlinie 2011/61/EU festgelegt wurden, zu beachten und über Aufforderung durch ESMA die Einhaltung dieser Leitlinien nachzuweisen.

(2) Alle Personen, die bei der FMA oder bei einer sonstigen Person, an die ESMA Aufgaben übertragen hat, tätig sind oder tätig waren, einschließlich der von ESMA beauftragten Prüfer und Sachverständigen, sind zur Wahrung des Berufsgeheimnisses verpflichtet. Die unter das Berufsgeheimnis fallenden Informationen werden keiner anderen Person oder Behörde gegenüber offengelegt, es sei denn, die Offenlegung ist für ein Gerichtsverfahren erforderlich.

(3) Alle zwischen ESMA, den zuständigen Behörden, EBA, EIOPA und dem ESRB im Rahmen dieser Richtlinie ausgetauschten Informationen sind als vertraulich zu betrachten, es sei denn, ESMA oder die betreffende zuständige Behörde oder andere Behörde oder Stelle erklärt zum Zeitpunkt der Mitteilung, dass diese Informationen offengelegt werden können oder die Offenlegung ist für ein Gerichtsverfahren erforderlich.

(4) Die FMA als zuständige Behörde des Referenzmitgliedstaats des betreffenden Nicht-EU-AIFM kann ESMA auffordern, einen Beschluss gemäß Art. 47 Abs. 5ff der Richtlinie 2011/61/EU zu überprüfen.

Verwaltungsstrafen und Veröffentlichungen

§ 60. (1) Sofern die Tat nicht den Tatbestand einer in die Zuständigkeit der Gerichte fallenden strafbaren Handlung bildet, begeht eine Verwaltungsübertretung und ist hiefür von der FMA mit einer Geldstrafe bis zu 100 000 Euro zu bestrafen, wer
1. gegen das Erfordernis einer Konzession gemäß § 4 Abs. 1 oder das Erfordernis einer Registrierung gemäß § 1 Abs. 5 Z 1 verstößt;
2. trotz Untersagung des Vertriebs durch die FMA gemäß §§ 29 Abs. 5, 30 Abs. 6, 31 Abs. 2, 32 Abs. 6, 35 Abs. 6, 36 Abs. 7, 38 Abs. 6, 40 Abs. 8 und 9, 41 Abs. 4, 42 Abs. 9 und 10, 43 Abs. 4, 44 Abs. 5, 47 Abs. 6 und 7, 49 Abs. 9, 50 oder 56 Abs. 2 Z 5, 10 und 11 sowie Abs. 4 Anteile an AIF vertreibt;
3. entgegen der Anordnung der FMA gemäß § 56 Abs. 4, die Verwaltung von AIF einzustellen, AIF weiter verwaltet.

(2) Sofern die Tat nicht den Tatbestand einer in die Zuständigkeit der Gerichte fallenden strafbaren Handlung bildet, begeht eine Verwaltungsübertretung und ist hiefür von der FMA mit einer Geldstrafe bis zu 60 000 Euro zu bestrafen, wer
1. es unterlässt, die FMA gemäß § 1 Abs. 5 Z 4 zu unterrichten;
2. gegen die Bestimmung des § 1 Abs. 5 Z 5 verstößt;
3. entgegen § 3 neben einem anderen AIFM einen AIF verwaltet;
4. entgegen § 4 Abs. 2 oder 3 andere Tätigkeiten ausübt;
5. der FMA nicht unverzüglich gemäß § 6 Abs. 1 Z 3 die Namen der Nachfolger der Personen, die die Geschäfte der AIFM tatsächlich führen, anzeigt;
6. gegen die Vorschrift des § 7 Abs. 5 verstößt;
7. der FMA entgegen § 8 Abs. 1 nicht alle wesentlichen Änderungen der Voraussetzungen für die Konzessionserteilung vor deren Anwendung anzeigt;
8. gegen die Vorschriften der §§ 10 Abs. 2, 11 bis 17 verstößt;

9. der FMA nicht unverzüglich die Übertragung von Aufgaben an Dritte gemäß § 18 Abs. 1 Z 1 anzeigt;
10. die Pflichten gemäß § 19 verletzt;
11. gegen die Bestimmungen der §§ 21 bis 23 verstößt;
12. gegen die Informationspflichten des § 25 verstößt;
13. gegen die Offenlegungspflicht des § 26 verstößt;
14. gegen die Bestimmungen der §§ 27 und 28 Abs. 1 verstößt;
15. entgegen der §§ 29 Abs. 5, 30 Abs. 6, 32 Abs. 6, 35 Abs. 6, 36 Abs. 7, 38 Abs. 6, 40 Abs. 9, 42 Abs. 10, 44 Abs. 5, 47 Abs. 7 oder 49 Abs. 9 der FMA die wesentlichen Änderungen der Angaben nicht rechtzeitig mitteilt;
16. trotz Untersagung des Vertriebs gemäß § 51 Abs. 3 weiter Anteile vertreibt;
17. gegen die Bestimmungen der §§ 52 oder 53 verstößt;
18. entgegen § 57 Abs. 1 die Unterrichtung der FMA unterlässt;
19. entgegen § 57 Abs. 2 nicht die Bestellung für die Verwaltung des betroffenen AIF zurücklegt oder einen AIF weiter vertreibt;
20. gegen eine Bestimmung der auf Basis der Richtlinie 2011/61/EU erlassenen delegierten Rechtsakte verstößt.
21. gegen eine gemäß diesem Bundesgesetz von der FMA erlassene Verordnung verstößt.

(3) Wer als Verantwortlicher (§ 9 VStG) eines AIFM gemäß § 10 Abs. 3 die Pflichten gemäß §§ 40, 40a, 40b, 41 Abs. 1 bis 4 BWG verletzt, begeht, sofern die Tat nicht den Tatbestand einer in die Zuständigkeit der Gerichte fallenden Handlung bildet, eine Verwaltungsübertretung und ist von der FMA mit einer Geldstrafe bis zu 150 000 Euro zu bestrafen.

(4) Wer als Treuhänder gegenüber einem AIFM gemäß § 10 Abs. 3 seiner Offenlegungsverpflichtung gemäß § 40 Abs. 2 BWG nicht nachkommt, begeht, sofern die Tat nicht den Tatbestand einer in die Zuständigkeit der Gerichte fallenden Handlung bildet, eine Verwaltungsübertretung und ist von der FMA mit einer Freiheitsstrafe bis zu sechs Wochen oder mit einer Geldstrafe bis zu 60 000 Euro zu bestrafen.

(5) Sofern die Tat nicht den Tatbestand einer in die Zuständigkeit der Gerichte fallenden strafbaren Handlung oder einer unter Abs. 1 fallende Verwaltungsübertretung bildet, begeht eine Verwaltungsübertretung und ist hiefür von der FMA mit einer Geldstrafe bis zu 60 000 Euro zu bestrafen, wer gegen die Bestimmungen der Verordnung (EU) Nr. 345/2103 oder gegen Bestimmungen der Verordnung (EU) Nr. 346/2103 verstößt.

(6) Die FMA als zuständige Behörde kann jede Maßnahme oder Sanktion, die bei einem Verstoß gegen die nach diesem Bundesgesetz oder der Richtlinie 2011/61/EU erlassenen Vorschriften oder gegen die Verordnung (EU) Nr. 345/2013 oder die Verordnung (EU) Nr. 346/2013 verhängt wird, öffentlich bekannt machen, sofern eine solche Bekanntgabe die Stabilität der Finanzmärkte nicht ernstlich gefährdet, die Interessen der Anleger nicht beeinträchtigt oder den Beteiligten keinen unverhältnismäßig hohen Schaden zufügt.

(7) Der von der Veröffentlichung Betroffene kann eine Überprüfung der Rechtmäßigkeit der Veröffentlichung gemäß Abs. 6 in einem bescheidmäßig zu erledigenden Verfahren bei der FMA beantragen. Die FMA hat diesfalls die Einleitung eines solchen Verfahrens in gleicher Weise bekannt zu machen. Wird im Rahmen der Überprüfung die Rechtswidrigkeit der Veröffentlichung festgestellt, so hat die FMA die Veröffentlichung richtig zu stellen oder auf Antrag des Betroffenen entweder zu widerrufen oder aus dem Internetauftritt zu entfernen. Wird einer Beschwerde gegen einen Bescheid, der gemäß Abs. 6 bekannt gemacht worden ist, in einem Verfahren vor den Gerichtshöfen öffentlichen Rechts aufschiebende Wirkung zuerkannt, so hat die FMA dies in gleicher Weise bekannt zu machen. Die Veröffentlichung ist richtig zu stellen oder auf Antrag des Betroffenen entweder zu widerrufen oder aus dem Internetauftritt zu entfernen, wenn der Bescheid aufgehoben wird.

(8) Bei Verwaltungsübertretungen nach dieser Bestimmung gilt anstelle der Verjährungsfrist des § 31 Abs. 1 VStG eine Verjährungsfrist von 18 Monaten.

(9) Die von der FMA gemäß diesem Bundesgesetz verhängten Geldstrafen fließen dem Bund zu.

2. Abschnitt. Zusammenarbeit der verschiedenen zuständigen Behörden

Verpflichtung zur Zusammenarbeit

§ 61. (1) Die FMA hat mit den zuständigen Behörden der anderen Mitgliedstaaten und mit ESMA und dem ESRB zusammenzuarbeiten, wann immer dies zur Wahrnehmung ihrer in diesem Bundes-

VI. Normenteil

gesetz oder der Richtlinie 2011/61/EU festgelegten Aufgaben oder der ihr durch diese Richtlinie oder durch nationale Rechtsvorschriften übertragenen Befugnisse erforderlich ist.

(2) Die FMA als zuständige Behörde hat zum Zwecke der Zusammenarbeit von ihren Befugnissen Gebrauch zu machen, auch wenn die Verhaltensweise, die Gegenstand der Ermittlung ist, keinen Verstoß gegen eine in Österreich geltende Vorschrift darstellt.

(3) Die FMA als zuständige Behörde hat den zuständigen Behörden der anderen Mitgliedstaaten und ESMA unverzüglich die zur Wahrnehmung ihrer Aufgaben im Rahmen dieses Bundesgesetzes und der Richtlinie 2011/61/EU erforderlichen Informationen zu übermitteln. Die FMA als zuständige Behörde des Herkunftsmitgliedstaats hat zuständigen Behörden der Aufnahmemitgliedstaaten des betreffenden AIFM eine Abschrift der von ihr gemäß Art. 35, 37 oder 40 der Richtlinie 2011/61/EU geschlossenen Vereinbarungen über Zusammenarbeit zu übermitteln. Die FMA als zuständige Behörde des Herkunftsmitgliedstaats hat die Informationen, die sie gemäß den mit Aufsichtsbehörden von Drittländern geschlossenen Vereinbarungen über Zusammenarbeit oder gegebenenfalls nach Maßgabe des Art. 45 Abs. 6 oder 7 der genannten Richtlinie von Aufsichtsbehörden von Drittländern in Bezug auf einen AIFM erhalten hat, gemäß den Verfahren in Bezug auf die anwendbaren technischen Regulierungsstandards gemäß Art. 35 Abs. 14, Art. 37 Abs. 17 oder Art. 40 Abs. 14 der genannten Richtlinie an die zuständigen Behörden des Aufnahmemitgliedstaats des betreffenden AIFM weiterzuleiten. Ist die FMA als zuständige Behörde eines Aufnahmemitgliedstaats der Auffassung, dass der Inhalt der gemäß Art. 35, 37 oder 40 der genannten Richtlinie vom Herkunftsmitgliedstaat des betreffenden AIFM geschlossenen Vereinbarung über die Zusammenarbeit nicht mit dem übereinstimmt, was nach den anwendbaren technischen Regulierungsstandards erforderlich ist, kann die FMA die Angelegenheit ESMA zur Kenntnis bringen, die im Rahmen der ihr durch Art. 19 der Verordnung (EU) Nr. 1095/2010 übertragenen Befugnisse tätig werden kann.

(4) Hat die FMA als zuständige Behörde eindeutige und nachweisbare Gründe zu der Vermutung, dass ein nicht ihrer Aufsicht unterliegender AIFM gegen die Richtlinie 2011/61/EU verstößt oder verstoßen hat, so hat sie dies ESMA und den zuständigen Behörden des Herkunfts- und Aufnahmemitgliedstaats des betreffenden AIFM so genau wie möglich mitzuteilen. Ist die FMA die Behörde, die eine solche Information empfängt, hat sie geeignete Maßnahmen zu ergreifen und ESMA und die zuständigen Behörden, von denen sie informiert wurde, über den Ausgang dieser Maßnahmen und so weit wie möglich über wesentliche zwischenzeitlich eingetretene Entwicklungen zu unterrichten. Die Befugnisse der FMA als der zuständigen Behörde, die die Information vorgelegt hat, werden durch diesen Abs. nicht berührt.

Übermittlung und Speicherung personenbezogener Daten

§ 62. (1) Bei der Übermittlung personenbezogener Daten zwischen zuständigen Behörden hat die FMA als zuständige Behörde die Richtlinie 95/46/EG anzuwenden.

(2) Die Daten dürfen für einen Zeitraum von höchstens fünf Jahren gespeichert werden.

Offenlegung von Informationen gegenüber Drittländern

§ 63. (1) Die FMA als zuständige Behörde eines Mitgliedstaats kann einer zuständigen Behörde eines Drittlandes Daten und Datenauswertungen einschließlich Kundendaten im Einzelfall übermitteln, soweit dies im Einklang mit Art. 25 oder Art. 26 der Richtlinie 95/46/EG steht und sie sich als zuständige Behörde des Mitgliedstaats vergewissert hat, dass die Übermittlung für die Zwecke dieses Bundesgesetzes oder der Richtlinie 2011/61/EU oder entsprechender Regelung im Drittland oder zur Wahrnehmung sonstiger gesetzlicher Aufgaben im Rahmen der Aufsicht über den Finanzmarkt im Drittland erforderlich ist. Zudem muss sichergestellt sein, dass die zuständige Behörde des Drittlandes die Daten nicht ohne ausdrückliche schriftliche Zustimmung der FMA als zuständiger Behörde des Mitgliedstaats an andere Drittländer weitergeben darf.

(2) Die FMA als zuständige Behörde eines Mitgliedstaats darf die von einer zuständigen Behörde eines anderen Mitgliedstaats erhaltenen Informationen nur dann gegenüber einer Aufsichtsbehörde eines Drittlands offenlegen, wenn sie die ausdrückliche Zustimmung der zuständigen Behörde erhalten hat, die die Informationen übermittelt hat, und, gegebenenfalls, wenn die Informationen lediglich zu dem Zweck offengelegt werden, für den die zuständige Behörde ihre Zustimmung gegeben hat.

Austausch von Informationen in Bezug auf potenzielle Systemauswirkungen von AIFM-Geschäften

§ 64. (1) Die FMA als für die Zulassung und/oder Beaufsichtigung von AIFM zuständige Behörde hat den zuständigen Behörden anderer Mitgliedstaaten Informationen zu übermitteln, soweit dies für

D. Einführung in das österreichische Investmentrecht

die Überwachung von und die Reaktion auf potenzielle Auswirkungen der Geschäfte einzelner oder aller AIFM auf die Stabilität systemrelevanter Finanzinstitute und das ordnungsgemäße Funktionieren der Märkte, auf denen AIFM tätig sind, wesentlich ist. ESMA und der ESRB haben von der FMA ebenfalls unterrichtet zu werden und leiten ihrerseits diese Informationen an die zuständigen Behörden der anderen Mitgliedstaaten weiter.

(2) Nach Maßgabe des Art. 35 der Verordnung (EU) Nr. 1095/2010 hat die FMA als für die AIFM zuständige Behörde ESMA und dem ESRB zusammengefasste Informationen über die Geschäfte von AIFM, für die sie verantwortlich ist, zu übermitteln.

Zusammenarbeit bei der Aufsicht

§ 65. (1) Die FMA als zuständige Behörde eines Mitgliedstaats kann bei der Ausübung der ihr durch dieses Bundesgesetz oder durch die Richtlinie 2011/61/EU übertragenen Befugnisse die zuständigen Behörden eines anderen Mitgliedstaats um Zusammenarbeit bei der Aufsicht oder einer Überprüfung vor Ort oder einer Ermittlung im Gebiet dieses anderen Mitgliedstaats ersuchen. Erhält die FMA als zuständige Behörde ein Ersuchen um eine Überprüfung vor Ort oder eine Ermittlung, so hat sie eine der folgenden Maßnahmen durchzuführen:
1. sie kann die Überprüfung oder Ermittlung selbst vornehmen,
2. sie kann der ersuchenden Behörde die Durchführung der Überprüfung oder Ermittlung gestatten,
3. sie kann Wirtschaftsprüfern oder Sachverständigen die Durchführung der Überprüfung oder Ermittlung gestatten.

(2) In dem Fall gemäß Abs. 1 Z 1 kann die zuständige Behörde des um Zusammenarbeit ersuchenden Mitgliedstaats beantragen, dass Mitglieder ihres Personals das Personal der FMA, das die Überprüfung oder Ermittlung durchführt, unterstützen. Die Überprüfung oder Ermittlung unterliegt jedoch der Gesamtkontrolle der FMA als zuständiger Behörde des Mitgliedstaats, in dessen Hoheitsgebiet sie stattfindet. In dem Fall gemäß Abs. 1 Z 2 kann die FMA als zuständige Behörde des Mitgliedstaats, in dessen Hoheitsgebiet die Überprüfung oder Ermittlung durchgeführt wird, beantragen, dass Mitglieder ihres Personals das Personal, das die Überprüfung oder Ermittlung durchführt, unterstützen.

(3) Die FMA als zuständige Behörde kann ein Ersuchen um einen Informationsaustausch oder um Zusammenarbeit bei einer Ermittlung oder einer Überprüfung vor Ort nur in folgenden Fällen ablehnen:
1. die Ermittlung, die Überprüfung vor Ort oder der Informationsaustausch könnte die Souveränität, Sicherheit oder öffentliche Ordnung Österreichs beeinträchtigen,
2. aufgrund derselben Handlungen und gegen dieselben Personen ist bereits ein Verfahren vor einem österreichischen Gericht anhängig,
3. in Österreich ist gegen dieselben Personen und aufgrund derselben Handlungen bereits ein rechtskräftiges Urteil ergangen.
Die FMA als zuständige Behörde hat die ersuchenden zuständigen Behörden über jede nach Abs. 3 getroffene Entscheidung unter Angabe der Gründe zu unterrichten.

(4) Die FMA kann auch mit zuständigen Behörden aus Drittländern im Rahmen der Abs. 1 bis 3 sowie der §§ 61 Abs. 1 und 2 und 64 Abs. 1 zusammenarbeiten. Dies auch für Aufgaben und Zwecke nach Rechtsvorschriften in einem Drittland die jenen nach diesem Bundesgesetz oder der Richtlinie 2011/61/EU gleichwertig sind.

Streitbeilegung

§ 66. Bei Uneinigkeit zwischen den zuständigen Behörden der Mitgliedstaaten über eine Bewertung, Maßnahme oder Unterlassung einer der zuständigen Behörden in einem Bereich, in dem die Richtlinie 2011/61/EU eine Zusammenarbeit oder Koordinierung der zuständigen Behörden aus mehr als einem Mitgliedstaat vorschreibt, kann die FMA als zuständige Behörde die Angelegenheit an ESMA verweisen, die im Rahmen der ihr durch Art. 19 der Verordnung (EU) Nr. 1095/2010 übertragenen Befugnisse tätig werden kann.

10. Teil. Übergangs- und Schlussbestimmungen

Übergangsbestimmung

§ 67. (1) AIFM, die vor dem 22. Juli 2013 Tätigkeiten in Österreich nach diesem Bundesgesetz oder der Richtlinie 2011/61/EU ausüben, haben alle erforderlichen Maßnahmen zu setzen, um dem aufgrund dieses Bundesgesetzes erlassenen nationalen Recht nachzukommen und haben bis 22. Juli 2014 einen Antrag auf Konzession gemäß § 5 sowie für die von ihnen verwalteten und vertriebenen AIF einen Antrag auf Bewilligung gemäß § 29 zu stellen oder gegebenenfalls eine Anzeige nach §§ 30, 31, 32 oder 33 einzubringen.

(2) Unbeschadet der §§ 48 ff. ist in Bezug auf Sondervermögen, welche vor dem 22. Juli 2013 als Immobilienfonds gemäß ImmoInvFG oder als AIF gemäß dem 3. Teil erstes Hauptstück des InvFG 2011 errichtet sind, binnen eines Jahres nach Ablauf dieses Datums ein Antrag auf Bewilligung gemäß § 29 zu stellen oder eine Anzeige gemäß §§ 30 oder 32 einzubringen, andernfalls die Vertriebsberechtigung erlischt.

(3) EU-AIFM sowie Nicht-EU-AIFM, die vor dem 22. Juli 2013 AIF in Österreich vertreiben, haben alle erforderlichen Maßnahmen zu setzen, um dem aufgrund dieses Bundesgesetzes erlassenen nationalen Recht nachzukommen und haben bis 21. Juli 2014 einen Antrag auf Zulassung zu stellen, andernfalls die Vertriebsberechtigung des AIF erlischt. AIFM, welche vor dem 22. Juli 2013 Anteile an AIF in Österreich gemäß 3. Teil, 2. Hauptstück InvFG 2011 öffentlich vertreiben dürfen, haben zusätzlich die Anzeige gemäß § 49 auf Zulassung des Vertriebs an Privatkunden bis spätestens 31. Dezember 2014 einzureichen, andernfalls die Berechtigung zum Vertrieb an Privatkunden erlischt.

(4) Die §§ 29, 30, 31, 33, 38 oder 47 gelten nicht für den Vertrieb von Anteilen an AIF, die Gegenstand eines laufenden öffentlichen Angebots mittels eines Prospekts sind, der gemäß KMG oder der Richtlinie 2003/71/EG vor dem 22. Juli 2013 erstellt und veröffentlicht wurde, solange dieser Prospekt Gültigkeit hat.

(5) Sofern AIFM vor dem 22. Juli 2013 AIF des geschlossenen Typs verwalten, die nach dem 22. Juli 2013 keine zusätzlichen Anlagen tätigen, können sie jedoch weiterhin solche AIF verwalten, ohne eine Zulassung gemäß diesem Bundesgesetz oder der Richtlinie 2011/61/EU zu haben.

(6) Sofern AIFM geschlossene AIF verwalten, deren Zeichnungsfrist für Anleger vor Inkrafttreten der Richtlinie 2011/61/EU ablief und die für einen Zeitraum aufgelegt wurden, der spätestens drei Jahre nach dem 22. Juli 2013 abläuft, können sie jedoch weiterhin solche AIF verwalten, ohne – mit Ausnahme von § 20 und gegebenenfalls der §§ 24 bis 28 – die Bestimmungen dieses Bundesgesetzes einhalten oder eine Konzession gemäß diesem Bundesgesetz oder der Richtlinie 2011/61/EU beantragen zu müssen.

(7) Bis 31. Dezember 2013 ist hinsichtlich der Zuordnung der Kosten der FMA § 69a BWG anzuwenden.

§ 68. Nach Inkrafttreten dieses Bundesgesetzes und bis zur Vorlage der in Art. 67 Abs. 1 lit. a der Richtlinie 2011/61/EU erwähnten Stellungnahme von ESMA hat die FMA als zuständige Behörde ESMA zu diesem Zweck vierteljährlich Informationen über die AIFM zur Verfügung zu stellen, die ihrer Aufsicht unterliegende AIF gemäß der in dieser Richtlinie vorgesehenen Pass-Regelung oder gemäß der innerstaatlichen Regelungen verwalten und/oder vertreiben. Ferner hat sie ESMA die für eine Bewertung der in Art. 67 Abs. 2 der genannten Richtlinie genannten Punkte erforderlichen Informationen zur Verfügung zu stellen.

§ 69. Nach dem Inkrafttreten des in Art. 67 Abs. 6 der Richtlinie 2011/61/EU erwähnten delegierten Rechtsakts und bis zur Vorlage der in Art. 68 Abs. 1 lit. a der genannten Richtlinie erwähnten ESMA-Stellungnahme hat die FMA als zuständige Behörde ESMA zu diesem Zweck vierteljährlich Informationen über die AIFM zur Verfügung zu stellen, die ihrer Aufsicht unterliegende AIF gemäß der in dieser Richtlinie vorgesehenen Passregelung oder der innerstaatlichen Regelungen verwalten und/oder vertreiben.

§ 70. Für Zwecke der Überprüfung gemäß Art. 69 Abs. 1 der Richtlinie 2011/61/EU hat die FMA der Kommission jährlich Informationen über AIFM zur Verfügung zu stellen, die ihrer Aufsicht unterliegende AIF entweder gemäß der in dieser Richtlinie vorgesehenen Passregelung oder gemäß den innerstaatlichen Regelungen verwalten und/oder vertreiben. Sie hat dabei den Zeitpunkt anzugeben, an dem die Passregelung in ihrem Hoheitsgebiet umgesetzt oder gegebenenfalls angewendet wurde. Die Informationen haben Folgendes zu umfassen:
1. Angaben zum Sitz der betreffenden AIFM;
2. gegebenenfalls Angabe der EU-AIF, die von den betreffenden AIFM verwaltet und/oder vertrieben werden;
3. gegebenenfalls Angabe der Nicht-EU-AIF, die von EU-AIFM verwaltet, aber nicht in der Union vertrieben werden;
4. gegebenenfalls Angabe der in der Union vertriebenen Nicht-EU-AIF;
5. Angaben zu der anwendbaren Regelung, ob national oder auf Unionsebene, in deren Rahmen die betreffenden AIFM ihre Tätigkeiten ausüben, und

6. sonstige Informationen, die wichtig sind, um zu verstehen, wie die Verwaltung und der Vertrieb von AIF durch AIFM in der Union in der Praxis funktioniert.

Verweise und Verordnungen

§ 71. (1) Soweit in diesem Bundesgesetz auf andere Bundesgesetze verwiesen wird, sind diese in ihrer jeweils geltenden Fassung anzuwenden, außer es ist ausdrücklich anderes angeordnet.

(2) Wenn in diesem Bundesgesetz auf folgende Rechtsakte der Europäischen Union verwiesen wird, sind diese, sofern nichts anderes angeordnet ist, jeweils in der folgenden Fassung anzuwenden:
1. Richtlinie 2011/61/EU über die Verwalter alternativer Investmentfonds und zur Änderung der Richtlinien 2003/41/EG und 2009/65/EG und der Verordnungen (EG) Nr. 1060/2009 und (EU) Nr. 1095/2010 ABl. Nr. L 174 vom 1.7.2011 S. 1, in der Fassung der Berichtigung ABl. Nr. L 155 vom 27.4.2012 S. 35;
2. Richtlinie 2003/41/EG über die Tätigkeiten und die Beaufsichtigung von Einrichtungen der betrieblichen Altersversorgung, ABl. Nr. L 235 vom 23.9.2003 S. 10, zuletzt geändert durch die Richtlinie 2011/61/EU, ABl. Nr. L 174 vom 1.7.2011 S. 1;
3. Richtlinie 2009/65/EG zur Koordinierung der Rechts- und Verwaltungsvorschriften betreffend bestimmten Organismen für gemeinsame Anlagen in Wertpapieren, ABl. Nr. L 302 vom 17.11.2009 S. 32, zuletzt geändert durch die Richtlinie 2011/61/EU, ABl. Nr. L 174 vom 1.7.2011 S. 1;
4. Siebten Richtlinie 83/349/EWG aufgrund von Artikel 54 Absatz 2 Buchstabe g) des Vertrages über den konsolidierten Abschluss, ABl. Nr. L 193 vom 18.07.1983 S. 1, zuletzt geändert durch Richtlinie 2009/49/EG, ABl. Nr. L 164 vom 26.06.2009 S. 42;
5. Richtlinie 2006/48/EG über die Aufnahme und Ausübung der Tätigkeit der Kreditinstitute, ABl. Nr. L 177 vom 30.6.2006 S. 1, zuletzt geändert durch Richtlinie 2011/89/EU, ABl. Nr. L 326 vom 8.12.2011 S. 113;
6. Richtlinie 2004/39/EG über Märkte für Finanzinstrumente, zur Änderung der Richtlinien 85/611/EWG und 93/6/EWG des Rates und der Richtlinie 2000/12/EG des Europäischen Parlaments und des Rates und zur Aufhebung der Richtlinie 93/22/EWG des Rates, ABl. Nr. L 145 vom 30.4.2004 S. 1, zuletzt geändert durch Richtlinie 2010/78/EU, ABl. Nr. L 331 vom 15.12.2010 S. 120;
7. Richtlinie 2004/109/EG zur Harmonisierung der Transparenzanforderungen in Bezug auf Information über Emittenten, deren Wertpapiere zum Handel auf einen geregelten Markt zugelassen sind, und zur Änderung der Richtlinie 2001/34/EG, ABl. Nr. L 390 vom 31.12.2004 S. 638, zuletzt geändert durch Richtlinie 2010/78/EU, ABl. Nr. L 331 vom 15.12.2010 S. 120;
8. Richtlinie 2002/14/EG zur Festlegung eines allgemeinen Rahmens für die Unterrichtung und Anhörung der Arbeitnehmer in der Europäischen Gemeinschaft – Gemeinsame Erklärung des Europäischen Parlaments, des Rates und der Kommission zur Vertretung der Arbeitnehmer, ABl. Nr. L 80 vom 23.3.2002 S. 29;
9. Verordnung (EG) Nr. 24/2009 über die Statistik über die Aktiva und Passiva von finanziellen Mantelkapitalgesellschaften, die Verbriefungsgeschäfte betreiben, ABl Nr. L 15 vom 20.1.2009 S. 1;
10. Richtlinie 2006/49/EG über die angemessene Eigenkapitalausstattung von Wertpapierfirmen und Kreditinstituten, ABl. Nr. L 177 vom 30.6.2006 S. 201, zuletzt geändert durch Richtlinie 2010/78/EU, ABl. Nr. L 331 S. 120;
11. Verordnung (EU) Nr. 1095/2010 zur Errichtung einer Europäischen Aufsichtsbehörde (Europäische Wertpapier- und Marktaufsichtsbehörde), zur Änderung des Beschlusses Nr. 716/2009/EG und zur Aufhebung des Beschlusses 2009/77/EG, ABl. Nr. L 331 vom 15.12.2010 S. 84, in der Fassung der Richtlinie 2011/61/EU, ABl. Nr. 174 vom 1.7.2011 S. 1;
12. Richtlinie 2006/73/EG zur Durchführung der Richtlinie 2004/39/EG in Bezug auf die organisatorischen Anforderungen an Wertpapierfirmen und die Bedingungen für die Ausübung ihrer Tätigkeit sowie in Bezug auf die Definition bestimmter Begriffe für die Zwecke der genannten Richtlinie, ABl. Nr. L 241 vom 2.9.2006 S. 26;
13. Richtlinie 98/26/EG über die Wirksamkeit von Abrechnungen in Zahlungs- sowie Wertpapierliefer- und -abrechnungssystemen, ABl. Nr. L 166 vom 11.6.1998 S. 45, zuletzt geändert durch Verordnung (EU) Nr. 648/2012, ABl. Nr. L 201 vom 27.7.2012 S. 1;
14. Richtlinie 2006/43/EG über Abschlussprüfungen von Jahresabschlüssen und konsolidierten Abschlüssen, zur Änderung der Richtlinien 78/660/EWG und 83/349/EWG des Rates und zur Aufhebung der Richtlinie 84/253/EWG des Rates, ABl. Nr. L 157 vom 9.6.2006 S. 87, zuletzt geändert durch Richtlinie 2008/30/EG, ABl. Nr. L 81 vom 20.3.2008 S. 53;

VI. Normenteil

15. Richtlinie 2003/71/EG betreffend den Prospekt, der beim öffentlichen Angebot von Wertpapieren oder bei deren Zulassung zum Handel zu veröffentlichen ist, und zur Änderung der Richtlinie 2001/34/EG, ABl. Nr. L 345 vom 31.12.2003 S. 64, zuletzt geändert durch Richtlinie 2010/78/EU, ABl. Nr. L 331 vom 15.12.2010 S. 120;
16. Richtlinie 2004/25/EG betreffend Übernahmeangebote, ABl. Nr. L 142 vom 30.4.2004 S. 12;
17. Richtlinie 2012/30/EU zur Koordinierung der Schutzbestimmungen, die in den Mitgliedstaaten den Gesellschaften im Sinne des Artikels 54 Absatz 2 des Vertrages über die Arbeitsweise der Europäischen Union im Interesse der Gesellschafter sowie Dritter für die Gründung der Aktiengesellschaft sowie für die Erhaltung und Änderung ihres Kapitals vorgeschrieben sind, um diese Bestimmungen gleichwertig zu gestalten, ABl. Nr. L 315 vom 14.11.2012 S. 74;
18. Verordnung (EU) Nr. 1094/2010 zur Errichtung einer Europäischen Aufsichtsbehörde (Europäische Aufsichtsbehörde für das Versicherungswesen und die betriebliche Altersversorgung), zur Änderung des Beschlusses Nr. 716/2009/EG und zur Aufhebung des Beschlusses 2009/79/EG der Kommission, ABl. Nr. L 331 vom 15.12.2010 S. 48;
19. Richtlinie 95/46/EG zum Schutz natürlicher Personen bei der Verarbeitung personenbezogener Daten und zum freien Datenverkehr, ABl. Nr. L 281 vom 23.11.1995 S. 31, in der Fassung der Verordnung (EG) Nr. 1882/2003, ABl. Nr. 284 vom 31.10.2003 S. 1
20. Verordnung (EU) Nr. 345/2013 über Europäische Risikokapitalfonds, ABl. Nr. L 115 vom 25.4.2013, S 1;
21. Verordnung (EU) Nr. 346/2013 über Europäische Fonds für soziales Unternehmertum, ABl. Nr. L 115 vom 25.4.013, S 18.

(3) Verordnungen auf Grund dieses Bundesgesetzes in seiner jeweiligen Fassung dürfen bereits von dem Tag an erlassen werden, der der Kundmachung des durchzuführenden Bundesgesetzes folgt; sie dürfen jedoch nicht vor den durchzuführenden Gesetzesbestimmungen in Kraft treten.

Sprachliche Gleichbehandlung

§ 72. Soweit in diesem Bundesgesetz personenbezogene Bezeichnungen nur in männlicher Form angeführt sind, beziehen sie sich auf Frauen und Männer in gleicher Weise. Bei der Anwendung auf bestimmte Personen ist die jeweils geschlechtsspezifische Form zu verwenden.

Vollziehung

§ 73. Mit der Vollziehung dieses Bundesgesetzes ist die Bundesministerin für Finanzen betraut.

Inkrafttreten

§ 74. (1) Dieses Bundesgesetz tritt mit Ausnahme der §§ 35 bis 37, §§ 39 bis 46, § 56 Abs. 5 und 6 und § 60 mit 22. Juli 2013 in Kraft. § 60 tritt mit dem der Kundmachung folgenden Tag in Kraft. §§ 35 bis 37 und §§ 39 bis 46 gelten gemäß dem von der Europäischen Kommission nach Artikel 67 Abs. 6 der Richtlinie 2011/61/EU erlassenen delegierten Rechtsakte und erst ab dem darin bestimmten Zeitpunkt.

(2) § 56 Abs. 5 und 6 tritt mit 1. Jänner 2014 in Kraft und ist auf Geschäftsjahre der FMA anzuwenden, die nach dem 31. Dezember 2013 beginnen.

Anlage 1 zu § 4

1. Anlageverwaltungsfunktionen, die ein AIFM bei der Verwaltung eines AIF mindestens übernehmen muss:
   a) Portfolioverwaltung,
   b) Risikomanagement.
2. Andere Aufgaben, die ein AIFM im Rahmen der kollektiven Verwaltung eines AIF zusätzlich ausüben kann:
   a) administrative Tätigkeiten:
      i) rechtliche Dienstleistungen sowie Dienstleistungen der Fondsbuchhaltung und Rechnungslegung,
      ii) Kundenanfragen,
      iii) Bewertung und Preisfestsetzung, einschließlich Steuererklärungen,
      iv) Überwachung der Einhaltung der Rechtsvorschriften,
      v) Führung eines Anlegerregisters,
      vi) Gewinnausschüttung,
      vii) Ausgabe und Rücknahme von Anteilen,

D. Einführung in das österreichische Investmentrecht

viii) Kontraktabrechnungen, einschließlich Versand der Zertifikate,
ix) Führung von Aufzeichnungen;
b) Vertrieb;
c) Tätigkeiten im Zusammenhang mit den Vermögenswerten des AIF, worunter Dienstleistungen, die zur Erfüllung der treuhänderischen Pflichten des AIFM erforderlich sind, das Facility Management, die Immobilienverwaltung, die Beratung von Unternehmen über die Kapitalstruktur, die industrielle Strategie und damit verbundene Fragen, Beratungs- und Dienstleistungen im Zusammenhang mit Fusionen und dem Erwerb von Unternehmen und weitere Dienstleistungen in Verbindung mit der Verwaltung der AIF und der Unternehmen und anderer Vermögenswerte, in die die AIF investiert haben, fallen.

Anlage 2 zu § 11

Vergütungspolitik

1. Bei der Festlegung und Anwendung der gesamten Vergütungspolitik einschließlich der Gehälter und freiwilligen Altersversorgungsleistungen für jene Mitarbeiterkategorien, einschließlich Geschäftsleitung, Risikoträger und Mitarbeiter mit Kontrollfunktionen und aller Mitarbeiter, die eine Gesamtvergütung erhalten, aufgrund derer sie sich in derselben Einkommensstufe befinden wie Mitglieder der Geschäftsleistung und Risikoträger, deren Tätigkeit sich wesentlich auf die Risikoprofile der AIFM oder von ihnen verwalteter AIF auswirkt, wenden AIFM die nachstehend genannten Grundsätze nach Maßgabe ihrer Größe, ihrer internen Organisation und der Art, dem Umfang und der Komplexität ihrer Geschäfte an:
    a) Die Vergütungspolitik ist mit einem soliden und wirksamen Risikomanagement vereinbar und diesem förderlich und ermutigt nicht zur Übernahme von Risiken, die unvereinbar sind mit den Risikoprofilen, Vertragsbedingungen oder Satzungen der von ihnen verwalteten AIF;
    b) die Vergütungspolitik steht mit Geschäftsstrategie, Zielen, Werten und Interessen des AIFM und der von ihm verwalteten AIF oder der Anleger solcher AIF in Einklang und umfasst auch Maßnahmen zur Vermeidung von Interessenkonflikten;
    c) das Leitungsorgan des AIFM legt in seiner Aufsichtsfunktion die allgemeinen Grundsätze der Vergütungspolitik fest, überprüft sie regelmäßig und ist für ihre Umsetzung verantwortlich;
    d) mindestens einmal jährlich wird im Rahmen einer zentralen und unabhängigen internen Überprüfung festgestellt, ob die Vergütungspolitik gemäß den vom Leitungsorgan in seiner Aufsichtsfunktion festgelegten Vergütungsvorschriften und -verfahren umgesetzt wurde;
    e) die Mitarbeiter, die Kontrollfunktionen innehaben, werden entsprechend der Erreichung der mit ihren Aufgaben verbundenen Ziele entlohnt, und zwar unabhängig von den Leistungen in den von ihnen kontrollierten Geschäftsbereichen;
    f) die Vergütung höherer Führungskräfte in den Bereichen Risikomanagement und Compliance-Aufgabe wird vom Vergütungsausschuss unmittelbar überprüft;
    g) bei erfolgsabhängiger Vergütung liegt der Vergütung insgesamt eine Bewertung sowohl der Leistung des betreffenden Mitarbeiters und seiner Abteilung oder des betreffenden AIF als auch des Gesamtergebnisses des AIFM zugrunde, und bei der Bewertung der individuellen Leistung werden finanzielle wie auch nicht finanzielle Kriterien berücksichtigt;
    h) um zu gewährleisten, dass die Beurteilung auf die längerfristige Leistung abstellt und die tatsächliche Auszahlung erfolgsabhängiger Vergütungskomponenten über einen Zeitraum verteilt ist, der der Rücknahmepolitik der von ihm verwalteten AIF und ihren Anlagerisiken Rechnung trägt, sollte die Leistungsbeurteilung in einem mehrjährigen Rahmen erfolgen, der dem Lebenszyklus der vom AIFM verwalteten AIF entspricht;
    i) eine garantierte variable Vergütung kann nur in Ausnahmefällen im Zusammenhang mit der Einstellung neuer Mitarbeiter gezahlt werden und ist auf das erste Jahr beschränkt;
    j) bei der Gesamtvergütung stehen feste und variable Bestandteile in einem angemessenen Verhältnis und der Anteil der festen Komponente an der Gesamtvergütung ist genügend hoch, dass eine flexible Politik bezüglich der variablen Komponente uneingeschränkt möglich ist und auch ganz auf die Zahlung einer variablen Komponente verzichtet werden kann;
    k) Zahlungen im Zusammenhang mit der vorzeitigen Beendigung eines Vertrags spiegeln die im Laufe der Zeit erzielten Ergebnisse wider und sind so gestaltet, dass sie Versagen nicht belohnen;
    l) die Erfolgsmessung, anhand derer variable Vergütungskomponenten oder Pools von variablen Vergütungskomponenten berechnet werden, schließt einen umfassenden Berichtigungsmechanismus für alle einschlägigen Arten von laufenden und künftigen Risiken ein;

VI. Normenteil

m) je nach der rechtlichen Struktur des AIF und seiner Vertragsbedingungen oder seiner Satzung muss ein erheblicher Anteil der variablen Vergütungskomponente, und in jedem Fall mindestens 50 vH, aus Anteilen des betreffenden AIF oder gleichwertigen Beteiligungen oder mit Anteilen verknüpften Instrumenten oder gleichwertigen unbaren Instrumenten bestehen; der Mindestwert von 50 vH kommt jedoch nicht zur Anwendung, wenn weniger als 50 vH des vom AIFM verwalteten Gesamtportfolios auf AIF entfallen. Für die Instrumente nach dieser lit. gilt eine geeignete Rückstellungspolitik, die darauf abstellt, die Anreize an den Interessen des AIFM und der von diesem verwalteten AIF sowie an den Interessen der Anleger der AIF auszurichten. Die Mitgliedstaaten oder die zuständigen nationalen Behörden können Einschränkungen betreffend die Arten und Formen dieser Instrumente beschließen oder, sofern dies angemessen ist, bestimmte Instrumente verbieten. Diese Bestimmung ist sowohl auf den Anteil der variablen Vergütungskomponente anzuwenden, die gemäß lit. n zurückgestellt wird, als auch auf den Anteil der nicht zurückgestellten variablen Vergütungskomponente;

n) ein wesentlicher Anteil der variablen Vergütungskomponente, und in jedem Fall mindestens 40 vH, wird über einen Zeitraum zurückgestellt, der angesichts des Lebenszyklus und der Rücknahmegrundsätze des betreffenden AIF angemessen ist und ordnungsgemäß auf die Art der Risiken dieses AIF ausgerichtet ist. Der Zeitraum nach dieser lit. sollte mindestens drei bis fünf Jahre betragen, es sei denn der Lebenszyklus des betreffenden AIF ist kürzer. Die im Rahmen von Regelungen zur Zurückstellung der Vergütungszahlung zu zahlende Vergütung wird nicht rascher als auf anteiliger Grundlage erworben. Macht die variable Komponente einen besonders hohen Betrag aus, so wird die Auszahlung von mindestens 60 vH des Betrags zurückgestellt;

o) die variable Vergütung, einschließlich des zurückgestellten Anteils, wird nur dann ausgezahlt oder erworben, wenn sie angesichts der Finanzlage des AIFM insgesamt tragbar ist und nach der Leistung der betreffenden Geschäftsabteilung, des AIF und der betreffenden Person gerechtfertigt ist. Eine schwache oder negative finanzielle Leistung des AIFM oder der betreffenden AIF führt in der Regel zu einer erheblichen Schrumpfung der gesamten variablen Vergütung, wobei sowohl laufende Kompensationen als auch Verringerungen bei Auszahlungen von zuvor erwirtschafteten Beträgen, auch durch Malus- oder Rückforderungsvereinbarungen, berücksichtigt werden;

p) die Altersversorgungsregelungen stehen mit Geschäftsstrategie, Zielen, Werten und langfristigen Interessen des AIFM und der von diesem verwalteten AIF in Einklang. Verlässt der Mitarbeiter den AIFM vor Eintritt in den Ruhestand, sollten freiwillige Altersversorgungsleistungen vom AIFM fünf Jahre lang in Form der unter lit. m festgelegten Instrumente zurückbehalten werden. Tritt ein Mitarbeiter in den Ruhestand, sollten die freiwilligen Altersversorgungsleistungen dem Mitarbeiter in Form der unter lit. m festgelegten Instrumente nach einer Wartezeit von fünf Jahren ausgezahlt werden;

q) von den Mitarbeitern wird verlangt, dass sie sich verpflichten, auf keine persönlichen Hedging-Strategien oder vergütungs- und haftungsbezogene Versicherungen zurückzugreifen, um die in ihren Vergütungsregelungen verankerte Ausrichtung am Risikoverhalten zu unterlaufen;

r) die variable Vergütung wird nicht in Form von Instrumenten oder Verfahren gezahlt, die eine Umgehung der Anforderungen dieser Richtlinie erleichtern.

2. Die in Z 1 genannten Grundsätze gelten für alle Arten von Vergütungen, die von AIFM gezahlt werden, für jeden direkt von dem AIF selbst gezahlten Betrag, einschließlich carried interests, und für jede Übertragung von Anteilen des AIF, die zugunsten derjenigen Mitarbeiterkategorien, einschließlich der Geschäftsleitung, Risikokäufer, Mitarbeiter mit Kontrollfunktionen und aller Mitarbeiter, die eine Gesamtvergütung erhalten, aufgrund derer sie sich in derselben Einkommensstufe befinden wie Mitglieder der Geschäftsleistung und Risikokäufer, vorgenommen werden, deren berufliche Tätigkeit sich wesentlich auf ihr Risikoprofil oder auf die Risikoprofile der von ihnen verwalteten AIF auswirkt.

3. AIFM, die aufgrund ihrer Größe oder der Größe der von ihnen verwalteten AIF, ihrer internen Organisation und der Art, des Umfangs und der Komplexität ihrer Geschäfte von erheblicher Bedeutung sind, richten einen Vergütungsausschuss ein. Der Vergütungsausschuss ist auf eine Weise zu errichten, die es ihm ermöglicht, kompetent und unabhängig über die Vergütungsregelungen und -praxis sowie die für das Management der Risiken geschaffenen Anreize zu urteilen.

Der Vergütungsausschuss ist für die Ausarbeitung von Entscheidungen über die Vergütung zuständig, einschließlich derjenigen mit Auswirkungen auf das Risiko und das Risikomanagement des AIFM oder der betreffenden AIF; diese Entscheidungen sind vom Leitungsorgan in seiner Aufsichtsfunktion zu fassen. Den Vorsitz im Vergütungsausschuss führt ein Mitglied des Leitungsorgans, das in dem betreffenden AIFM keine Führungsaufgaben wahrnimmt. Die Mitglieder des Vergütungsausschusses sind Mitglieder des Leitungsorgans, die in dem betreffenden AIFM keine Führungsaufgaben wahrnehmen.

D. Einführung in das österreichische Investmentrecht

Anlage 3 zu § 29

Unterlagen und Angaben, die im Falle eines beabsichtigten Vertriebs im Herkunftsmitgliedstaat des AIFM beizubringen oder zu machen sind

a) Ein Anzeigeschreiben einschließlich eines Geschäftsplans, der Angaben zu den AIF, die der AIFM zu vertreiben beabsichtigt, sowie zu deren Sitz enthält;
b) die Vertragsbedingungen oder die Satzung des AIF;
c) Name der Verwahrstelle des AIF;
d) eine Beschreibung des AIF oder alle für die Anleger verfügbaren Informationen über den AIF;
e) Angaben zum Sitz des Master-AIF, falls es sich bei dem AIF um einen Feeder-AIF handelt;
f) alle in § 21 Abs. 1 genannten weiteren Informationen für jeden AIF, den der AIFM zu vertreiben beabsichtigt;
g) sofern zutreffend Angaben zu den Vorkehrungen, die getroffen wurden, um zu verhindern, dass Anteile des AIF an Privatkunden vertrieben werden, auch falls ein AIFM für die Erbringung von Wertpapierdienstleistungen für den AIF auf unabhängige Unternehmen zurückgreift.

Anlage 4 zu § 30

Unterlagen und Angaben, die im Falle eines beabsichtigten Vertriebs in anderen Mitgliedstaaten als dem Herkunftsmitgliedstaat des AIFM beizubringen oder zu machen sind

a) Ein Anzeigeschreiben einschließlich eines Geschäftsplans, der Angaben zu den AIF, die der AIFM zu vertreiben beabsichtigt, sowie zu deren Sitz enthält;
b) die Vertragsbedingungen oder die Satzung des AIF;
c) Name der Verwahrstelle des AIF;
d) eine Beschreibung des AIF oder alle für die Anleger verfügbaren Informationen über den AIF;
e) Angaben zum Sitz des Master-AIF, falls es sich bei dem AIF um einen Feeder-AIF handelt;
f) alle in § 21 Abs. 1 genannten weiteren Informationen für jeden AIF, den der AIFM zu vertreiben beabsichtigt;
g) die Angabe des Mitgliedstaats, in dem Anteile des AIF an professionelle Anleger vertrieben werden sollen;
h) Angaben zu den Vorkehrungen für den Vertrieb des AIF und, sofern zutreffend, Angaben zu den Vorkehrungen, die getroffen wurden, um zu verhindern, dass Anteile des AIF an Privatkunden vertrieben werden, auch falls ein AIFM für die Erbringung von Wertpapierdienstleistungen für den AIF auf unabhängige Unternehmen zurückgreift.

Artikel 1. Umsetzungshinweis
(Anm.: Zu den §§ 1 bis 74 und Anlagen 1 bis 4, BGBl. I Nr. 135/2013)

Mit diesem Bundesgesetz werden
1. die Richtlinie 2011/61/EU über die Verwalter alternativer Investmentfonds und zur Änderung der Richtlinien 2003/41/EG und 2009/65/EG und der Verordnungen (EG) Nr. 1060/2009 und (EU) Nr. 1095/2010 ABl. Nr. L 174 vom 1.7.2011 S. 1, in der Fassung der Berichtigung ABl. Nr. L 155 vom 27.4.2012 S. 35 umgesetzt sowie
2. die Voraussetzungen für das Wirksamwerden der
    a) Verordnung (EU) Nr. 345/2013 über Europäische Risikokapitalfonds, ABl. Nr. L 115 vom 25.4.2013, S 1 und
    b) Verordnung (EU) Nr. 346/2013 über Europäische Fonds für soziales Unternehmertum, ABl. Nr. L 115 vom 25.4.2013, S 18 und
geschaffen.

Bundesgesetz über Immobilienfonds
(Immobilien-Investmentfondsgesetz; „ImmoInvFG")
Gesamte Rechtsvorschrift für Immobilien-Investmentfondsgesetz,
Fassung vom 8.1.2014

Langtitel

Bundesgesetz über Immobilienfonds (Immobilien-Investmentfondsgesetz – ImmoInvFG)
StF: BGBl. I Nr. 80/2003 (NR: GP XXII RV 97 AB 139 S. 27. BR: AB 6850 S. 700.)
[CELEX-Nr.: 32001L0107, 32001L0108]

VI. Normenteil

Änderung
BGBl. I Nr. 37/2005 (NR: GP XXII AB 895 S. 109. BR: AB 7262 S. 722.)
BGBl. I Nr. 48/2006 (NR: GP XXII RV 1279 AB 1321 S. 140. BR: AB 7494 S. 732.)
BGBl. I Nr. 134/2006 (NR: GP XXII RV 1436 AB 1469 S. 150. BR: 7536)
BGBl. I Nr. 69/2008 (NR: GP XXIII RV 452 AB 514 S. 55. BR: AB 7913 S. 755.)
[CELEX-Nr.: 32007L0016]
BGBl. I Nr. 152/2009 (NR: GP XXIV RV 478 AB 497 S. 51. BR: AB 8251 780.)
BGBl. I Nr. 111/2010 (NR: GP XXIV RV 981 AB 1026 S. 90. BR: 8437 AB 8439 S. 792.)
[CELEX-Nr.: 32010L0012]
BGBl. I Nr. 77/2011 (NR: GP XXIV RV 1254 AB 1326 S. 114. BR: AB 8561 S. 799.)
[CELEX-Nr.: 32009L0065, 32010L0043, 32010L0044, 32010L0078]
BGBl. I Nr. 112/2011 (NR: GP XXIV RV 1494 AB 1500 S. 130. BR: 8602 AB 8603 S. 802.)
[CELEX-Nr.: 32009L0133, 32010L0024]
BGBl. I Nr. 35/2012 (NR: GP XXIV RV 1685 AB 1708 S. 148. BR: 8686 AB 8688 S. 806.)
BGBl. I Nr. 83/2012 (NR: GP XXIV RV 1806 AB 1888 S. 167. BR: 8764 AB 8790 S. 812.)
[CELEX-Nr.: 32010L0073]
BGBl. I Nr. 70/2013 (NR: GP XXIV RV 2196 AB 2233 S. 193. BR: AB 8921 S. 819.)
BGBl. I Nr. 135/2013 (NR: GP XXIV RV 2401 AB 2516 S. 216. BR: 9051 AB 9088 S. 823.)
[CELEX-Nr.: 32011L0061]
BGBl. I Nr. 184/2013 (NR: GP XXIV RV 2438 AB 2514 S. 216. BR: 9050 AB 9087 S. 823.)
[CELEX-Nr.: 32013L0036, 32011L0089]

Immobilienfonds

§ 1. (1) Ein Immobilienfonds ist ein überwiegend aus Vermögenswerten im Sinne des § 21 bestehendes Sondervermögen, das in gleiche, in Wertpapieren verkörperte Anteile zerfällt.

(1a) Die §§ 2 bis 39 gelten für Sondervermögen gemäß Abs. 1, deren Anteile für den Vertrieb an Privatkunden gemäß § 2 Abs. 1 Z 36 Alternative Investmentfonds Manager-Gesetz – AIFMG, BGBl. I Nr. 135/2013, bestimmt sind.

(1b) Die §§ 40 bis 42 gelten für Sondervermögen gemäß Abs. 1, für AIF in Immobilien im Sinne des AIFMG sowie für jede einem ausländischen Recht unterstehende Veranlagungsgemeinschaft in Immobilien, die nach Gesetz, Satzung oder tatsächlicher Übung nach den Grundsätzen der Risikostreuung errichtet ist.

(2) Das Fondsvermögen eines Immobilienfonds steht im Eigentum der Kapitalanlagegesellschaft für Immobilien, die dieses treuhändig für die Anteilinhaber hält und verwaltet.

(3) Ein Immobilienspezialfonds ist ein Sondervermögen gemäß Abs. 1, dessen Anteilscheine auf Grund der Fondsbestimmungen jeweils von nicht mehr als zehn Anteilinhabern, die der Kapitalanlagegesellschaft für Immobilien bekannt sein müssen und die keine natürliche Personen sind, gehalten werden. Als ein solcher Anteilinhaber gilt auch eine Gruppe von solchen Anteilinhabern, sofern sämtliche Rechte dieser Anteilinhaber im Verhältnis zur Kapitalanlagegesellschaft für Immobilien einheitlich durch einen gemeinsamen Vertreter ausgeübt werden. Die Fondsbestimmungen haben eine Regelung darüber zu enthalten, dass eine Übertragung der Anteilscheine von den Anteilinhabern nur mit Zustimmung der Kapitalanlagegesellschaft für Immobilien erfolgen darf. Das Erfordernis der zumindest zweimaligen Wertermittlung im Monat (§ 8 Abs. 4) kann in den Fondsbestimmungen des Immobilienspezialfonds abweichend von den Bestimmungen dieses Bundesgesetzes festgelegt werden. Bei Immobilienspezialfonds können die Kapitalanlagegesellschaften für Immobilien den Veröffentlichungspflichten nach diesem Bundesgesetz dadurch genügen, dass sie alle Anteilinhaber jeweils nachweislich schriftlich oder auf eine andere mit den jeweiligen Anteilinhabern vereinbarte Art informieren. Bei Immobilienspezialfonds ist eine Mitteilung der Kapitalanlagegesellschaft für Immobilien, die Rücknahme der Anteilscheine auszusetzen, nur den Anteilinhabern in geeigneter Weise mitzuteilen; diese sind auch über die Wiederaufnahme der Rücknahme zu unterrichten. Eine diesbezügliche Anzeige an die Finanzmarktaufsichtsbehörde kann bei Immobilienspezialfonds unterbleiben.

Kapitalanlagegesellschaft für Immobilien

§ 2. (1) Ein AIFM (§ 2 Abs. 1 Z 2 AIFMG), der zur Verwaltung von Immobilienfonds berechtigt ist (§ 1 Abs. 1 Z 13a BWG), ist eine Kapitalanlagegesellschaft für Immobilien und unterliegt den Vorschriften dieses Bundesgesetzes.

(2) Kapitalanlagegesellschaften für Immobilien dürfen außer den Geschäften, die zur Anlage des eigenen Vermögens erforderlich sind, nur das Immobilienfondsgeschäft und Geschäfte, die mit dem Immobilienfondsgeschäft im Zusammenhang stehen und Geschäfte zu denen sie laut AIFMG berechtigt sind, betreiben. Sie können mehrere Immobilienfonds mit verschiedenen Bezeichnungen verwalten.

(3) Das Immobilienfondsgeschäft darf nur von Aktiengesellschaften oder Gesellschaften mit beschränkter Haftung betrieben werden.

(4) Die Aktien einer Kapitalanlagegesellschaft für Immobilien müssen auf Namen lauten. Die Übertragung von Aktien oder Geschäftsanteilen einer Kapitalanlagegesellschaft für Immobilien bedarf der Zustimmung des Aufsichtsrates der Gesellschaft.

(5) Bei Kapitalanlagegesellschaften für Immobilien in der Rechtsform einer Gesellschaft mbH ist ein Aufsichtsrat zu bestellen.

(6) Bei einer Kapitalanlagegesellschaft für Immobilien in der Rechtsform einer Gesellschaft mbH ist das Aufgeld einer besonderen Rücklage zuzuweisen, die nur zum Ausgleich von Wertverminderungen und zur Deckung von sonstigen Verlusten verwendet werden darf.

(7) Mindestens die Hälfte des eingezahlten Grundkapitals (Stammkapitals) muss mündelsicher angelegt werden.

(8) Die Kapitalanlagegesellschaft für Immobilien ist auf unbestimmte Zeit zu errichten. Eine Kapitalanlagegesellschaft für Immobilien kann ihre Auflösung nicht beschließen, bevor ihr Recht zur Verwaltung aller Immobilienfonds gemäß § 15 geendet hat.

(9) Mitglied des Aufsichtsrates der Kapitalanlagegesellschaft für Immobilien darf weder ein Geschäftsleiter noch ein Mitglied des Aufsichtsrates der Depotbank (§ 35) sein. Geschäftsleiter oder Prokurist der Kapitalanlagegesellschaft für Immobilien darf weder ein Geschäftsleiter noch ein Mitglied des Aufsichtsrates noch ein Prokurist der Depotbank sein.

(10) Der Bundesminister für Finanzen hat bei jeder Kapitalanlagegesellschaft für Immobilien einen/eine StaatskommissärIn und dessen/deren StellvertreterIn für eine Funktionsperiode von längstens fünf Jahren zu bestellen; die Wiederbestellung ist zulässig. Die StaatskommissärInnen und deren StellvertreterInnen handeln als Organe der Finanzmarktaufsichtsbehörde und sind in dieser Funktion ausschließlich deren Weisungen unterworfen. § 76 Abs. 2 bis 9 BWG ist anzuwenden.

(11) Die statistischen Berichtspflichten, welche die Europäische Zentralbank gemäß Artikel 2 der Verordnung (EG) Nr. 2533/98 des Rates vom 23. November 1998 über die Erfassung statistischer Daten durch die Europäische Zentralbank den Kapitalanlagegesellschaften für Immobilien auferlegen kann, bleiben durch dieses Bundesgesetz unberührt.

(12) Die Kosten der FMA aus dem Rechnungskreis Wertpapieraufsicht (§ 19 Abs. 1 Z 3 und Abs. 4 FMABG) sind von Kapitalanlagegesellschaften für Immobilien gemäß Abs. 1 zu tragen. Die FMA hat zu diesem Zweck neben den in § 90 Abs. 1 des Wertpapieraufsichtsgesetzes 2007 (WAG2007), BGBl. I Nr. 60/2007, vorgesehenen Subrechnungskreisen im Rechnungskreis Wertpapieraufsicht einen zusätzlichen gemeinsamen Subrechnungskreis für Kapitalanlagegesellschaften für Immobilien, Verwaltungsgesellschaften (InvFG 2011), BV-Kassen (BMSVG) und AIFM (AIFMG) zu bilden.

(13) Die auf Kostenpflichtige gemäß Abs. 12 entfallenden Beträge sind von der FMA mit Bescheid vorzuschreiben; die Festsetzung von Pauschalbeträgen ist zulässig. Die FMA hat nähere Regelungen über diese Kostenaufteilung und ihre Vorschreibung mit Verordnung festzusetzen. Hierbei sind insbesondere zu regeln:
1. Die Bemessungsgrundlagen der einzelnen Arten von Kostenvorschreibungen;
2. die Termine für die Kostenbescheide und die Fristen für die Zahlungen der Kostenpflichtigen.
Die Kapitalanlagegesellschaften für Immobilien haben der FMA alle erforderlichen Auskünfte über die Grundlagen der Kostenbemessung zu erteilen.

Verfügungsrecht der Kapitalanlagegesellschaft

§ 3. (1) Nur die Kapitalanlagegesellschaft für Immobilien ist berechtigt, über die Vermögenswerte zu verfügen, die zu einem von ihr verwalteten Immobilienfonds gehören, und die Rechte aus diesen Vermögenswerten auszuüben; sie handelt hiebei im eigenen Namen für Rechnung der Anteilinhaber. Sie hat hiebei die Interessen der Anteilinhaber zu wahren, die Sorgfalt eines ordentlichen und gewissenhaften Geschäftsleiters im Sinne des § 84 Abs. 1 AktG anzuwenden und die Bestimmungen dieses Bundesgesetzes sowie die Fondsbestimmungen einzuhalten.

VI. Normenteil

(2) Die Kapitalanlagegesellschaften für Immobilien können Fondsvermögen von ihnen verwalteter Immobilienfonds mit Zustimmung des Aufsichtsrats und mit Zustimmung der Depotbank und nach Einholung der Bewilligung der Finanzmarktaufsichtsbehörde, im Wege einer übertragenden Übernahme oder einer Neubildung, zusammenlegen und das aus der Vereinigung entstandene Fondsvermögen ab dem Zusammenlegungsstichtag als Immobilienfonds auf Grund dieses Bundesgesetzes verwalten, sofern der Zusammenlegungsstichtag unter Einhaltung einer mindestens dreimonatigen Ankündigungsfrist veröffentlicht wird. In der Veröffentlichung sind die von der Zusammenlegung betroffenen Immobilienfonds, der Bewilligungsbescheid der Finanzmarktaufsichtsbehörde, Angaben über den Anteilumtausch, Angaben über die den zusammengelegten oder den neugebildeten Immobilienfonds verwaltende Kapitalanlagegesellschaft für Immobilien, ein allfälliger Depotbankwechsel und die ab dem Zusammenlegungsstichtag geltenden Fondsbestimmungen anzuführen. Bruchteilsanteile sind bar abzugelten. Die Bewilligung ist von der Finanzmarktaufsichtsbehörde zu erteilen, wenn die Interessen aller Anteilinhaber ausreichend gewahrt sind. Die Zusammenlegung eines Immobilienspezialfonds mit einem anderen Immobilienfonds, der kein Immobilienspezialfonds ist, ist nicht zulässig. Die Zusammenlegung eines Immobilienspezialfonds mit einem anderen Immobilienspezialfonds bedarf keiner Bewilligung der FMA.

(3) Die Kapitalanlagegesellschaft für Immobilien ist berechtigt, eine oder mehrere der in § 2 Abs. 2 angeführten Aufgaben zum Zwecke einer effizienteren Geschäftsführung an Dritte zu übertragen. Der Dritte handelt hierbei für Rechnung der Anteilinhaber. Folgende Voraussetzungen müssen erfüllt sein:
1. die Übertragung sowie jede Beendigung der Übertragung ist unverzüglich der FMA anzuzeigen;
2. die Übertragung darf die Wirksamkeit der Beaufsichtigung der Kapitalanlagegesellschaft für Immobilien in keiner Weise beeinträchtigen. Insbesondere darf die Übertragung weder die Kapitalanlagegesellschaft für Immobilien daran hindern, im Interesse der Anteilinhaber zu handeln, noch darf sie verhindern, dass die Verwaltung der Immobilienfonds im Interesse der Anteilinhaber erfolgt;
3. der Depotbank oder anderen Unternehmen, deren Interessen mit denen der Kapitalanlagegesellschaft für Immobilien oder der Anteilinhaber kollidieren können, darf keine Übertragung für die Hauptdienstleistung der Immobilienverwaltung erteilt werden;
4. es muss sichergestellt sein, dass die Kapitalanlagegesellschaft für Immobilien die Unternehmen, denen Aufgaben übertragen wurden, jederzeit wirksam überwachen kann;
5. es muss sichergestellt sein, dass die Kapitalanlagegesellschaft für Immobilien den Unternehmen, denen Aufgaben übertragen wurden, jederzeit weitere Anweisungen erteilen kann und der Auftrag mit sofortiger Wirkung entzogen werden kann, sofern dies im Interesse der Anteilinhaber ist;
6. unter Berücksichtigung der Art der zu übertragenden Aufgaben muss das Unternehmen, dem diese Aufgaben übertragen werden, über die entsprechende Qualifikation verfügen und in der Lage sein, die betreffenden Aufgaben wahrzunehmen;
7. in den Fondsprospekten sind die übertragenen Aufgaben aufzulisten;
8. durch den Umfang der Übertragung darf die Kapitalanlagegesellschaft für Immobilien nicht zu einem Briefkastenunternehmen werden; von einem Briefkastenunternehmen ist dann auszugehen, wenn die Kapitalanlagegesellschaft ihre Geschäftstätigkeit weitgehend auf Dritte überträgt;
9. die Pflichten der Kapitalanlagegesellschaft für Immobilien gemäß Abs. 1 zweiter Satz sowie die Pflichten der Depotbank gemäß diesem Bundesgesetz werden durch eine solche Übertragung nicht berührt. Die Kapitalanlagegesellschaft für Immobilien haftet zwingend für Handlungen des Dritten wie für eigenes Handeln.

Soferne die Delegation nicht den Erwerb, die Veräußerung oder die Belastung von Vermögensgegenstände gemäß § 21 oder die Veranlagung in Vermögensgegenständen gemäß § 32 oder § 33 erfasst, kann Z 1 entfallen. Im Falle von Immobilienspezialfonds ist Z 7 nicht anwendbar. Von Z 3 kann bei Immobilienspezialfonds abgesehen werden, sofern dazu ein schriftlicher Auftrag der Anleger vorliegt.

Verfügungsbeschränkungen

§ 4. (1) Die Kapitalanlagegesellschaft für Immobilien darf unbeschadet des § 24 für Rechnung eines Immobilienfonds weder Gelddarlehen gewähren noch Verpflichtungen aus einem Bürgschafts- oder einem Garantievertrag eingehen.

(2) Vermögenswerte eines Immobilienfonds dürfen, ausgenommen in den in diesem Bundesgesetz ausdrücklich vorgesehenen Fällen, wie insbesondere § 5, nicht verpfändet oder sonst belastet, zur Sicherung übereignet oder zur Sicherung abgetreten werden. Eine dieser Vorschrift widersprechende Verfügung ist gegenüber den Anteilinhabern unwirksam.

(3) Die Kapitalanlagegesellschaft für Immobilien darf für Rechnung eines Immobilienfonds kurzfristige Kredite bis zur Höhe von 20 vH, bei Immobilienspezialfonds bis zur Höhe von 40 vH, des

Fondsvermögens aufnehmen, wenn die Fondsbestimmungen dies vorsehen. Im Rahmen des § 11 Abs. 2 aufgenommene Kredite sind auf diesen Hundertsatz nicht anzuwenden.

(3a) Die Kapitalanlagegesellschaft für Immobilien ist, sofern dies die Fondsbestimmungen ausdrücklich vorsehen, berechtigt, im Rahmen des § 32 auf Rechnung des Immobilienfonds, innerhalb der Veranlagungsgrenzen, Vermögensgegenstände gemäß § 32 mit der Verpflichtung des Verkäufers, diese Vermögensgegenstände zu einem im vorhinein bestimmten Zeitpunkt zu einem im voraus bestimmten Preis zurückzunehmen, für das Fondsvermögen zu kaufen (Pensionsgeschäfte).

(3b) Die Kapitalanlagegesellschaft für Immobilien ist, sofern dies die Fondsbestimmungen ausdrücklich vorsehen, berechtigt, Wertpapiere gemäß § 32 bis zu 30 vH des Fondsvermögens im Rahmen eines anerkannten Wertpapierleihsystems an Dritte befristet unter der Bedingung zu übereignen, dass der Dritte verpflichtet ist, die übereigneten Wertpapiere nach Ablauf einer im vorhinein bestimmten Leihdauer wieder zurück zu übereignen. Das Wertpapierleihsystem muss so beschaffen sein, dass die Rechte der Anteilinhaber ausreichend gesichert sind (Wertpapierleihe). Im Rahmen dieser Berechtigung darf die Kapitalanlagegesellschaft für Immobilien für Rechnung eines Immobilienfonds eine Ermächtigung gemäß § 8 Depotgesetz erteilen.

(4) Die Kapitalanlagegesellschaft für Immobilien darf nur mit Zustimmung der Depotbank Liegenschaften, Baurechte, Superädifikate oder Anteile an Grundstücksgesellschaften erwerben, veräußern oder belasten, die zu einem von ihr verwalteten Immobilienfonds gehören oder gehören sollen. Eine Verfügung ohne Zustimmung der Depotbank ist unwirksam. Die Vorschriften zugunsten derjenigen, welche Rechte von einem Nichtberechtigten herleiten, finden entsprechende Anwendung. Die Depotbank muss einer Verfügung zustimmen, die mit den Vorschriften dieses Bundesgesetzes und den Fondsbestimmungen vereinbar ist. Stimmt die Depotbank zu, obwohl dies nicht der Fall ist, berührt dies die Wirksamkeit der Verfügung nicht.

(5) Die im Fondsvermögen eines Immobilienfonds befindlichen Geldbeträge/Wertpapiere sind auf einem oder mehreren ausschließlich für Rechnung des Immobilienfonds eingerichteten Konten/Depots zu verbuchen. Die Konten/Depots sind von der Depotbank zu führen.

(6) Aus den gemäß Abs. 5 geführten Konten führt die Depotbank auf Weisung der Kapitalanlagegesellschaft für Immobilien die Bezahlung des Kaufpreises beim Erwerb von Gegenständen für den Immobilienfonds, die Zahlung des Rücknahmepreises bei der Rücknahme von Anteilen und die Ausschüttung der Gewinnanteile an die Anteilinhaber sowie die Begleichung sonstiger durch die Verwaltung des Immobilienfonds bedingter Verpflichtungen durch. Aus den gemäß Abs. 5 geführten Depots stellt die Depotbank der Kapitalanlagegesellschaft für Immobilien auf deren Weisung Wertpapiere zur Beschaffung von Barmitteln oder zu sonstigen im Rahmen einer ordnungsgemäßen Wirtschaftsführung liegenden Zwecken zur Verfügung.

Veräußerung und Belastung von Vermögenswerten

§ 5. (1) Die Veräußerung von Vermögenswerten gemäß § 21 ist unbeschadet des § 11 nur zulässig, wenn dies in den Fondsbestimmungen vorgesehen ist und die Gegenleistung den gemäß § 29 ermittelten Wert nicht oder nur unwesentlich unterschreitet.

(2) Die Kreditaufnahme und die Belastung von Vermögenswerten gemäß § 21 sowie die Abtretung und Belastung von Forderungen aus Rechtsverhältnissen, die sich auf Vermögensgegenstände gemäß § 21 beziehen, ist unbeschadet des § 11 zulässig, wenn dies in den Fondsbestimmungen vorgesehen und im Rahmen einer ordnungsmäßigen Wirtschaftsführung geboten ist und wenn die Depotbank der Kreditaufnahme und der Belastung zustimmt, weil sie die Bedingungen, unter denen die Kreditaufnahme und die Belastung erfolgen sollen, für marktüblich erachtet. Diese Kreditaufnahme und diese Belastung dürfen insgesamt 50 vH des Verkehrswertes der Vermögenswerte gemäß § 21 nicht überschreiten. Im Rahmen des § 4 Abs. 3 aufgenommene Kredite sind bei der Berechnung gemäß diesem Absatz anzurechnen und mindern die Zulässigkeit der Kreditaufnahme und die Belastbarkeit entsprechend.

(3) Die Wirksamkeit einer Verfügung wird durch einen Verstoß gegen die Vorschriften der Abs. 1 und 2 nicht berührt.

Anteilscheine

§ 6. (1) Die Anteilscheine sind Wertpapiere; sie verkörpern die Rechte der Anteilinhaber gegenüber der Kapitalanlagegesellschaft für Immobilien sowie der Depotbank, die sich aus der Anlage und aus der Verwaltung des vom Anteilinhaber bei der Kapitalanlagegesellschaft für Immobilien veranlagten Geldes und den Bestimmungen dieses Bundesgesetzes und den Fondsbestimmungen ergeben. Sie verbriefen eine schuldrechtliche Teilhabe an den Vermögenswerten des im Treuhandeigentum der

VI. Normenteil

Kapitalanlagegesellschaft für Immobilien stehenden Immobilienfonds. Die Anteilscheine können auf den Inhaber oder auf Namen lauten. Lauten sie auf Namen, so gelten für sie die §§ 61 bis 63 AktG sinngemäß.

(2) Die Anteilscheine sind von der Kapitalanlagegesellschaft für Immobilien zu unterzeichnen. § 13 AktG ist sinngemäß anzuwenden. Die Anteilscheine haben die handschriftliche Unterfertigung eines Geschäftsleiters oder eines dazu beauftragten Angestellten der Depotbank zu tragen.

(3) Die Anteilscheine können über einen oder mehrere Anteile oder Bruchteile ausgestellt werden.

(4) Jedem interessierten Anleger ist vor Erwerb der Anteilscheine die kostenlose Aushändigung der Fondsbestimmungen ausdrücklich anzubieten. Auf Verlangen des Anteilinhabers sind diesem die Fondsbestimmungen jederzeit kostenlos auszufolgen.

(5) Die Anteilscheine können durch Sammelurkunden (§ 24 Depotgesetz) vertreten werden. Bestimmungen dieses Bundesgesetzes, die auf die körperliche Ausgabe von Anteilscheinen Bezug nehmen, sind hierauf sinngemäß anzuwenden.

(6) Nach Maßgabe der Fondsbestimmungen (§ 34 Abs. 2 Z 8) können für einen Immobilienfonds mehrere Gattungen von Anteilscheinen ausgegeben werden, insbesondere im Hinblick auf die Ertragsverwendung, den Ausgabeaufschlag, Rücknahmeabschlag, eine Mindestanlagesumme, die Währung des Anteilswertes, die Verwaltungsvergütung oder eine Kombination der genannten Kriterien. Für Gattungen von Anteilscheinen, die eine Mindestanlagesumme von mindestens 750 000 Euro vorsehen, kann vorgesehen werden, dass die Rücknahme von Anteilen mit in den Fondsbestimmungen festgelegten Rückgabefristen, die sechs Monate nicht überschreiten dürfen, erfolgt. Die Kosten bei Einführung neuer Anteilscheingattungen für bestehende Sondervermögen müssen zu Lasten der Anteilspreise der neuen Anteilgattungen in Rechnung gestellt werden. Der Wert des Anteils ist für jede Anteilsgattung gesondert zu errechnen.

(7) Anteilscheine an Immobilienfonds sind zur Anlage von Mündelgeld geeignet, sofern diese auf Grund der Fondsbestimmungen direkt oder über Beteiligungen an Grundstücks-Gesellschaften im Sinne des § 23 ausschließlich in Liegenschaften veranlagen dürfen, deren Erwerb zur Anlegung von Mündelgeld geeignet ist. Bankguthaben dürfen neben den Erträgnissen 10 vH des Fondsvermögens nicht überschreiten. Geschäfte mit derivativen Produkten im Sinne des § 33 dürfen ausschließlich zur Absicherung des Fondsvermögens durchgeführt werden. Wertpapierleihgeschäfte gemäß § 4 Abs. 3b sind zulässig.

Ausgabe der Anteilscheine

§ 7. (1) Ein Angebot von Anteilscheinen darf im Inland nur erfolgen, wenn spätestens einen Werktag davor sowohl ein vereinfachter als auch ein vollständiger Prospekt veröffentlicht wurde; beide Prospekte haben alle Angaben zu enthalten, die erforderlich sind, damit sich die Anleger über die ihnen angebotene Anlage und über die damit verbundenen Risiken ein fundiertes Urteil bilden können. Der vollständige Prospekt hat mindestens die in der Anlage A Schema A vorgesehenen Angaben (soweit diese nicht bereits in den Fondsbestimmungen des Immobilienfonds enthalten sind) sowie die von der Finanzmarktaufsichtsbehörde bewilligten Fondsbestimmungen zu enthalten. Weiters haben der vereinfachte und der vollständige Prospekt einen allgemeinen Hinweis auf den Charakter der Veranlagung sowie auf die damit verbundenen Risiken zu enthalten. Die Finanzmarktaufsichtsbehörde kann im Interesse einer zuverlässigen Aufklärung der Anleger durch Verordnung Mindestinhalte für diesen Hinweis festlegen. Die FMA kann die in Anlage C Schema C genannten Angaben durch Verordnung näher konkretisieren und durch andere Angaben mit gleichem Informationszweck ergänzen. Der vereinfachte Prospekt hat in zusammengefasster Form die wichtigsten Informationen zu enthalten, wie sie in der Anlage C Schema C vorgesehen sind. Dieser ist so zu gliedern und abzufassen, dass er für den Durchschnittsanleger leicht verständlich ist. Der vereinfachte Prospekt kann dem vollständigen Prospekt als herausnehmbarer Teil beigefügt werden. Sowohl der vollständige als auch der vereinfachte Prospekt können entweder als schriftliches Dokument erstellt oder auf einem von der Finanzmarktaufsichtsbehörde durch Verordnung gebilligten dauerhaften Datenträger mit gleichwertiger Rechtsstellung gespeichert werden. Auf Verlangen ist dem Anleger aber jedenfalls kostenlos eine Papierversion zur Verfügung zu stellen. Im Falle eines Angebotes von Anteilscheinen ohne eine vorhergehende Veröffentlichung der Prospekte ist § 5 Abs. 1 und 3 bis 6 KMG sinngemäß anzuwenden.

(2) Wesentliche Änderungen der Verhältnisse im Sinne des Abs. 1, die geeignet sind, die Beurteilung der Anteilscheine zu beeinflussen, sind unverzüglich zu veröffentlichen.

(3) Sowohl der von der Kapitalanlagegesellschaft für Immobilien unterfertigte vereinfachte als auch der vollständige Prospekt sowie deren Änderungen sind der Meldestelle so rechtzeitig zu übersenden, dass sie ihr spätestens am Tag der Veröffentlichung vorliegen. § 12 KMG gilt sinngemäß.

D. Einführung in das österreichische Investmentrecht

(4) Der vereinfachte Prospekt in der jeweils geltenden Fassung ist dem Anleger vor Vertragsabschluss kostenlos anzubieten. Darüber hinaus sind dem interessierten Anleger der vollständige Prospekt in der jeweils geltenden Fassung, der letzte vorhandene Rechenschaftsbericht sowie der auf ihn folgende Halbjahresbericht, sofern er veröffentlicht wurde, vor Vertragsabschluss kostenlos zur Verfügung zu stellen. Die Jahres- und Halbjahresberichte müssen der Öffentlichkeit an den im vereinfachten und vollständigen Prospekt genannten Stellen oder in anderer von der Finanzmarktaufsichtsbehörde durch Verordnung genehmigter Form zugänglich sein.

(5) Die Anteilscheine dürfen nur gegen volle Leistung des Ausgabepreises ausgegeben werden. Die Einbringung von Vermögenswerten gemäß § 21 ist nicht zulässig. Die Einbringung von Wertpapieren ist nur zulässig, sofern diese über einen Börsekurs verfügen, wobei die Einbringung solcher Wertpapiere mit ihrem Börsekurs am Tage der Ausgabe der Anteilscheine den Fondsbestimmungen entsprechend zu erfolgen hat.

(6) Die Anteilscheine sind vor ihrer Ausgabe der Depotbank in Verwahrung zu geben. Diese darf sie nur ausgeben, wenn ihr der Gegenwert gemäß Abs. 5 ohne jede Beschränkung zur Verfügung gestellt worden ist. Die Depotbank hat den empfangenen Gegenwert unverzüglich dem Fondsvermögen zuzuführen.

(7) Abs. 1 bis 5 sind nicht auf Immobilienspezialfonds anzuwenden.

Errechnung des Anteilswertes; Ausgabepreis

§ 8. (1) Der Wert eines Anteils ergibt sich aus der Teilung des Gesamtwertes des Immobilienfonds einschließlich der Erträgnisse durch die Zahl der Anteile. Der Gesamtwert des Immobilienfonds ist nach den Fondsbestimmungen auf Grund der nicht länger als ein Jahr zurückliegenden Bewertung gemäß § 29 und der jeweiligen (Kurs-)Werte der zum Fonds gehörenden Wertpapiere, Geldbeträge, Guthaben, Forderungen und sonstigen Rechte, abzüglich der Verbindlichkeiten, von der Depotbank zu ermitteln.

(2) Die Kapitalanlagegesellschaft für Immobilien ist verpflichtet, eine aktuelle Bewertung gemäß § 29 der Depotbank zur Verfügung zu stellen, falls anzunehmen ist, dass der Wert der Vermögenswerte gemäß § 21 von der zuletzt erstellten Bewertung um mehr als 10 vH abweicht. Bei Vermögenswerten gemäß § 21, die über eine Grundstücks-Gesellschaft (§§ 23 ff) gehalten werden, verringert sich der Prozentsatz auf 5 vH. Ab diesem Zeitpunkt ist die aktualisierte Bewertung der Berechnung der Depotbank zu Grunde zu legen.

(3) Der Ausgabepreis eines Anteils hat seinem errechneten Wert zu entsprechen. Dem errechneten Wert kann zur Deckung der Ausgabekosten der Kapitalanlagegesellschaft für Immobilien ein in den Fondsbestimmungen festgesetzter Aufschlag zugerechnet werden.

(4) Die Depotbank hat den Ausgabe- und den Rücknahmepreis der Anteile jedes Mal dann zu veröffentlichen, wenn eine Ausgabe oder eine Rücknahme der Anteile stattfindet, mindestens aber zweimal im Monat.

Eintragungen im Grundbuch

§ 9. (1) Die Kapitalanlagegesellschaft für Immobilien hat dafür zu sorgen, dass die Zugehörigkeit von inländischen Liegenschaften und Baurechten für einen Immobilienfonds und die Verfügungsbeschränkung nach § 4 Abs. 4 im Grundbuch angemerkt und bei Superädifikaten in die Urkundensammlung eingereiht wird. Die Depotbank hat die Einhaltung dieser Vorschrift zu überwachen. In der Folge können Eintragungen/Einreihungen im Grundbuch, die der Zustimmung der Depotbank bedürfen, nur auf Grund einer Zustimmungserklärung der Depotbank vorgenommen werden. Die Depotbank ist von allen die Liegenschaft, das Baurecht oder das Superädifikat betreffenden Eintragungen/Einreihungen, soweit sie der Zustimmung der Depotbank bedürfen, vom Grundbuchsgericht zu verständigen.

(2) Ausländische Immobilien dürfen nur mit Zustimmung der Depotbank erworben werden. Ist bei ausländischen Vermögenswerten gemäß § 21 die Eintragung der Verfügungsbeschränkung (§ 4 Abs. 4) in ein Grundbuch oder ein vergleichbares Register rechtlich nicht vorgesehen, so ist die Wirksamkeit der Verfügungsbeschränkung in anderer geeigneter Form sicherzustellen.

(3) Die Bestimmungen der Abs. 1 und 2 sind auf Immobilienspezialfonds nicht anzuwenden.

Haftungsverhältnisse

§ 10. (1) Zur Sicherstellung oder zur Hereinbringung von Forderungen gegen Anteilinhaber kann auf deren Anteilscheine, jedoch nicht auf die Vermögenswerte des Immobilienfonds, Exekution geführt werden.

VI. Normenteil

(2) Zur Sicherstellung oder zur Hereinbringung von Forderungen aus Verbindlichkeiten, die die Kapitalanlagegesellschaft für Immobilien für einen Immobilienfonds nach den Bestimmungen dieses Bundesgesetzes wirksam begründet hat, kann nur auf die Vermögenswerte des Immobilienfonds Exekution geführt werden.

Auszahlung der Anteile

§ 11. (1) Auf Verlangen eines Anteilinhabers ist diesem gegen Rückgabe des Anteilscheines, der Erträgnisscheine und des Erneuerungsscheines sein Anteil aus dem Immobilienfonds auszuzahlen. Die Voraussetzungen der Auszahlungen sind in den Fondsbestimmungen zu regeln. Die Auszahlung des Rückgabepreises kann unter gleichzeitiger Anzeige an die Finanzmarktaufsichtsbehörde vorübergehend unterbleiben und vom Verkauf von Vermögenswerten des Immobilienfonds sowie vom Eingang des Verwertungserlöses abhängig gemacht werden, wenn außergewöhnliche Umstände vorliegen, die dies unter Berücksichtigung berechtigter Interessen der Anteilinhaber erforderlich erscheinen lassen. Die Anzeige an die Finanzmarktaufsichtsbehörde kann bei Immobilienspezialfonds unterbleiben.

(2) Außergewöhnliche Umstände im Sinne des Abs. 1 liegen insbesondere dann vor, wenn die Bankguthaben und der Erlös gehaltener Wertpapiere zur Zahlung des Rücknahmepreises und zur Sicherstellung einer ordnungsgemäßen laufenden Bewirtschaftung nicht ausreichen oder nicht sogleich zur Verfügung stehen. Reichen nach Ablauf einer in den Fondsbestimmungen festgelegten Frist, die ein Jahr nicht übersteigen darf, die Mittel nicht aus, so sind Vermögenswerte des Immobilienfonds zu veräußern. Bis zur Veräußerung dieser Vermögenswerte zu angemessenen Bedingungen, längstens jedoch ein Jahr nach Vorlage des Anteilscheines zur Rücknahme, kann die Kapitalanlagegesellschaft für Immobilien die Rücknahme verweigern. Die Jahresfrist kann durch die Fondsbestimmungen auf zwei Jahre verlängert werden. Nach Ablauf dieser Frist darf die Kapitalanlagegesellschaft für Immobilien Vermögenswerte des Immobilienfonds beleihen, wenn das erforderlich ist, um Mittel zur Rücknahme der Anteilscheine zu beschaffen. Sie ist verpflichtet, diese Belastungen durch Veräußerung von Vermögenswerten des Immobilienfonds oder in sonstiger Weise abzulösen, sobald dies zu angemessenen Bedingungen möglich ist. Belastungen und ihre Ablösung sind der Finanzmarktaufsichtsbehörde unverzüglich anzuzeigen.

(3) Der Prospekt gemäß § 7 hat einen besonderen Hinweis auf die Rückzahlungsmodalitäten gemäß dieser Bestimmung zu enthalten.

(4) Die Kapitalanlagegesellschaft für Immobilien hat die Anleger durch öffentliche Bekanntmachung über das Unterbleiben der Rücknahme der Anteilscheine und die Wiederaufnahme der Rücknahme der Anteilscheine zu unterrichten. Der FMA ist die Wiederaufnahme der Rücknahme der Anteilscheine unverzüglich anzuzeigen.

Rechnungsjahr der Immobilienfonds

§ 12. Das Rechnungsjahr der Immobilienfonds ist das Kalenderjahr, falls die Fondsbestimmungen nichts anderes anordnen.

Rechnungslegung und Veröffentlichung

§ 13. (1) Die Kapitalanlagegesellschaft für Immobilien hat für jedes Rechnungsjahr über jeden Immobilienfonds einen Rechenschaftsbericht sowie für die ersten sechs Monate eines jeden Rechnungsjahres einen Halbjahresbericht zu erstellen.

(2) Der Rechenschaftsbericht hat eine Ertragsrechnung, eine Vermögensaufstellung sowie die Fondsbestimmungen zu enthalten, über die Veränderungen des Vermögensbestandes zu berichten und die Zahl der Anteile zu Beginn des Berichtszeitraumes und an dessen Ende anzugeben. Weiters hat der Rechenschaftsbericht einen Bericht über die Tätigkeiten des abgelaufenen Rechnungsjahres und alle sonstigen in der Anlage B vorgesehenen Angaben sowie alle wesentlichen Informationen, die es den Anlegern ermöglichen, sich in voller Sachkenntnis ein Urteil über die Entwicklung der Tätigkeiten und der Ergebnisse des Immobilienfonds zu bilden, zu enthalten. Der Halbjahresbericht hat mindestens die in den Ziffern 1 bis 3 und 5 bis 7 der Anlage B vorgesehenen Angaben zu enthalten; die Zahlenangaben haben, wenn der Immobilienfonds Zwischenausschüttungen vorgenommen hat oder dies vorgeschlagen wurde, das Ergebnis nach Steuern für das betreffende Halbjahr sowie die erfolgte oder vorgesehene Zwischenausschüttung auszuweisen. Die Halbjahresdaten sind mit Vorschaudaten bis Ende des Rechnungsjahres zu ergänzen. Die Vermögenswerte des Immobilienfonds sind mit den Werten gemäß § 29 anzusetzen. Der Rechenschaftsbericht ist innerhalb von vier Monaten, der Halbjahresbericht ist innerhalb von zwei Monaten nach dem Ende des Berichtszeitraumes zu veröffentlichen.

(2a) Betreibt eine Kapitalanlagegesellschaft für Immobilien für Rechnung eines Immobilienfonds Pensionsgeschäfte (§ 4 Abs. 3a) oder Wertpapierleihegeschäfte (§ 4 Abs. 3b), so sind diese im Halbjahres- und Rechenschaftsbericht jeweils gesondert auszuweisen und zu erläutern.

(3) Der Rechenschaftsbericht ist vom Bankprüfer der Kapitalanlagegesellschaft für Immobilien zu prüfen; für diese Prüfung gelten die §§ 268 bis 276 UGB sinngemäß. Die Prüfung hat sich auch auf die Beachtung dieses Bundesgesetzes und der Fondsbestimmungen zu erstrecken. Der geprüfte Rechenschaftsbericht ist von der Kapitalanlagegesellschaft längstens innerhalb von vier Monaten nach Abschluss des Rechnungsjahres der Finanzmarktaufsichtsbehörde vorzulegen. Der Halbjahresbericht ist der Finanzmarktaufsichtsbehörde innerhalb von zwei Monaten nach Ende des Berichtszeitraumes vorzulegen.

(4) Der geprüfte Rechenschaftsbericht und der Halbjahresbericht sind dem Aufsichtsrat der Kapitalanlagegesellschaft für Immobilien unverzüglich vorzulegen.

(5) Der geprüfte Rechenschaftsbericht und der Halbjahresbericht sind in der Kapitalanlagegesellschaft für Immobilien und in der Depotbank zur Einsicht aufzulegen und den Anteilinhabern auf Verlangen kostenlos zur Verfügung zu stellen.

(6) Mit dem Jahresabschluss der Kapitalanlagegesellschaft für Immobilien sind auch die von der Kapitalanlagegesellschaft für Immobilien für die Anteilinhaber verwalteten Immobilienfonds und die Höhe ihres Fondsvermögens zu veröffentlichen.

(7) Bei Immobilienspezialfonds können im Rechenschaftsbericht die Fondsbestimmungen entfallen. Bei Immobilienspezialfonds kann die Auflage des Rechenschaftsberichts und Halbjahresberichts in der Depotbank entfallen, der Prüfbericht über den Rechenschaftsbericht ist den Inhabern von Immobilienspezialfonds jedenfalls zu übermitteln. Halbjahresberichte von Immobilienspezialfonds und der Prüfbericht über den Rechenschaftsbericht sind der Finanzmarktaufsichtsbehörde nur auf Anforderung einzureichen.

Gewinn und Gewinnverwendung

§ 14. (1) Der Jahresgewinn eines Immobilienfonds ist an die Anteilinhaber in dem Ausmaß auszuschütten, in dem es die Fondsbestimmungen vorsehen. Insoweit keine Ausschüttung erfolgt, ist vom nicht ausgeschütteten Jahresgewinn ein Betrag in Höhe der gemäß § 40 darauf entfallenden Kapitalertragsteuer einschließlich des gemäß § 124b Z 186 des Einkommensteuergesetzes 1988 freiwillig geleisteten Betrages auszuzahlen. Zum Ertrag gehören auch Beträge, die neu hinzukommende Anteilinhaber für den zum Ausgabetag ausgewiesenen Ertrag gemäß Abs. 2 Z 1 und 3 leisten (Ertragsausgleich). Die Auszahlung kann für Immobilienfonds oder bestimmte Gattungen von Anteilscheinen eines Immobilienfonds unterbleiben, wenn durch die den Fonds verwaltende Kapitalanlagegesellschaft für Immobilien in eindeutiger Form nachgewiesen wird, dass die ausgeschütteten und ausschüttungsgleichen Erträge sämtlicher Inhaber der ausgegebenen Anteilscheine entweder nicht der inländischen Einkommen- oder Körperschaftsteuer unterliegen oder die Voraussetzungen für eine Befreiung gemäß § 94 des Einkommensteuergesetzes 1988 vorliegen. Als solcher Nachweis gilt das kumulierte Vorliegen von Erklärungen sowohl der Depotbank als auch der Kapitalanlagegesellschaft für Immobilien, dass ihnen kein Verkauf an solche Personen bekannt ist, sowie von Fondsbestimmungen, die den ausschließlichen Vertrieb bestimmter Gattungen im Ausland vorsehen.

(2) Der Jahresgewinn eines Immobilienfonds setzt sich aus den
1. Bewirtschaftungsgewinnen
2. Aufwertungsgewinnen und
3. Wertpapier- und Liquiditätsgewinnen
zusammen. Als Gewinn gelten auch Ausschüttungen von inländischen Grundstücks-Gesellschaften (§§ 23ff), soweit diese nicht auf Veräußerungsgewinne von Immobilienveräußerungen zurückzuführen sind. Gewinne von ausländischen Grundstücks-Gesellschaften (§§ 23ff) sind unmittelbar dem Immobilienfonds zuzurechnen. Ein Ausgleich von Verlusten ist zunächst vorrangig innerhalb der einzelnen Gewinnarten durchzuführen. Danach ist ein Ausgleich zwischen den einzelnen Gewinnen gemäß Z 1 bis 3 vorzunehmen. Ein Vortrag von Verlusten ist in jedem Falle unzulässig.

(3) Die Bewirtschaftungsgewinne errechnen sich aus den erhaltenen Erträgen für die entgeltliche Überlassung der jeweiligen Immobilien (Vermögen gemäß § 21) zuzüglich sonstiger Erträge aus der laufenden Bewirtschaftung, soweit diese nicht den Gewinnen gemäß Abs. 2 Z 2 und 3 zuzurechnen sind, abzüglich damit im Zusammenhang stehender Aufwendungen. Die Geltendmachung einer Abschreibung gemäß § 204 UGB für Wertminderung von Gebäuden ist unzulässig. Für Kosten, die durch Hintanhaltung oder Beseitigung von baulichen Schäden aus Abnutzung, Alterung und Witterungseinflüssen entstehen, ist eine Rücklage in Höhe von einem Zehntel bis zu einem Fünftel der Nettomieteinnahmen als Aufwand abzuziehen (Instandhaltungsrücklage). Eine Durchführung derartiger Maßnahmen ist kein gewinnmindernder Aufwand.

(4) Aufwertungsgewinne sind 80% der Bewertungsdifferenzen auf der Grundlage korrekter Bewertungen gemäß § 29 abzüglich damit im Zusammenhang stehender Aufwendungen. Aufwendungen sind um 20% zu kürzen und dürfen nur insoweit abgezogen werden als keine Berücksichtigung bei Bewirtschaftungsgewinnen oder bei Wertpapier- und Liquiditätsgewinnen zu erfolgen hat. Dies gilt auch für Beteiligungen an Grundstücks-Gesellschaften (§§ 23 ff), deren Gewinne gemäß Abs. 2 nicht direkt dem Immobilienfonds zuzurechnen sind, soweit die Wertschwankungen auf Bewertungsdifferenzen im Sinne der vorangehenden Sätze zurückzuführen sind.

(5) Wertpapier- und Liquiditätsgewinne sind Gewinne aus Zinsen von Vermögen gemäß den §§ 32 und 33.

Beendigung der Verwaltung durch die Kapitalanlagegesellschaft

§ 15. (1) Die Kapitalanlagegesellschaft für Immobilien kann die Verwaltung eines Immobilienfonds nach Einholung der Bewilligung der Finanzmarktaufsichtsbehörde unter Einhaltung einer Kündigungsfrist von mindestens sechs Monaten durch öffentliche Bekanntmachung (§ 19) kündigen. Die Bewilligung ist dann zu erteilen, wenn die Interessen der Anleger ausreichend gewahrt sind.

(2) Die Kapitalanlagegesellschaft für Immobilien kann die Verwaltung unter gleichzeitiger Anzeige an die Finanzmarktaufsichtsbehörde ohne Einhaltung einer Kündigungsfrist mit dem Tag der öffentlichen Bekanntmachung kündigen, wenn das Fondsvermögen 30 Millionen Euro unterschreitet. Eine Kündigung wegen Unterschreitung des Fondsvermögens ist während einer Kündigung der Verwaltung des Fondsvermögens gemäß Abs. 1 nicht zulässig.

(3) Das Recht der Kapitalanlagegesellschaft für Immobilien zur Verwaltung eines Immobilienfonds erlischt mit dem Wegfall der Konzession für das Immobilienfondsgeschäft oder mit dem Beschluss ihrer Auflösung.

(4) Die Kapitalanlagegesellschaft für Immobilien kann die Verwaltung eines Immobilienfonds mit Bewilligung der Finanzmarktaufsichtsbehörde ohne Kündigung nach Abs. 1 durch Übertragung der zum Fondsvermögen gehörenden Vermögenswerte in einen anderen, von der gleichen oder einer anderen Kapitalanlagegesellschaft für Immobilien verwalteten Immobilienfonds oder durch Zusammenlegung im Wege der Neubildung beenden. Die Bestimmungen des § 3 Abs. 2 sind anzuwenden. Dem Anteilinhaber dürfen durch diese Vorgangsweise keine Kosten entstehen.

(5) Die Kapitalanlagegesellschaft für Immobilien kann die Verwaltung eines Immobilienfonds mit Bewilligung der Finanzmarktaufsichtsbehörde ohne Kündigung nach Abs. 1 auf eine andere Kapitalanlagegesellschaft für Immobilien übertragen. Die Bestimmungen des § 3 Abs. 2 sind sinngemäß anzuwenden. Dem Anteilinhaber dürfen durch diese Vorgangsweise keine Kosten entstehen.

Verwaltung durch die Depotbank oder eine andere Kapitalanlagegesellschaft für Immobilien

§ 16. (1) Endet das Recht der Kapitalanlagegesellschaft für Immobilien, einen Immobilienfonds zu verwalten, so geht die Verwaltung nach Maßgabe der Fondsbestimmungen auf die Depotbank über.

(2) Die Depotbank kann im Fall der Kündigung gemäß § 15 Abs. 1 mit Bewilligung der Finanzmarktaufsichtsbehörde die Verwaltung des Immobilienfonds binnen sechs Monaten nach Beendigung der Verwaltung durch die Kapitalanlagegesellschaft für Immobilien einer anderen Kapitalanlagegesellschaft für Immobilien übertragen. Diese Bewilligung ist zu erteilen, wenn die berechtigten Interessen der Anteilinhaber ausreichend gewahrt sind. Die Betrauung der anderen Kapitalanlagegesellschaft für Immobilien ist von dieser zu veröffentlichen. Die Übertragung eines Immobilienspezialfonds auf eine andere Kapitalanlagegesellschaft für Immobilien bedarf keiner Bewilligung der Finanzmarktaufsichtsbehörde.

Abwicklung eines Immobilienfonds

§ 17. (1) Überträgt die Depotbank nicht gemäß § 16 Abs. 2 die Verwaltung an eine andere Kapitalanlagegesellschaft für Immobilien, so hat sie den Immobilienfonds abzuwickeln. Der Beginn der Abwicklung ist zu veröffentlichen. Vom Tage dieser Bekanntmachung an ist die Auszahlung von Anteilen unzulässig.

(2) Die im Immobilienfonds enthaltenen Vermögenswerte sind so rasch, als dies bei Wahrung der Interessen der Anteilinhaber möglich ist, in Geld umzusetzen. Die Verteilung des Vermögens auf die Anteilinhaber ist erst nach Erfüllung der Verbindlichkeiten des Immobilienfonds sowie der nach den Fondsbestimmungen zulässigen Zahlungen an die Kapitalanlagegesellschaft für Immobilien und die Depotbank vorzunehmen.

D. Einführung in das österreichische Investmentrecht

Erwerbsverbot für Organe der Kapitalanlagegesellschaft für Immobilien und der Depotbank

§ 18. Geschäftsleiter oder Mitglieder des Aufsichtsrates einer Kapitalanlagegesellschaft für Immobilien dürfen weder Vermögenswerte aus den Beständen von Immobilienfonds erwerben, die von dieser Kapitalanlagegesellschaft für Immobilien verwaltet werden, noch Vermögenswerte an einen solchen Fonds verkaufen. Dies gilt nicht für Anteilscheine eines von der Kapitalanlagegesellschaft für Immobilien verwalteten Fonds. Gleiches gilt für die Depotbank sowie deren Geschäftsleiter oder Mitglieder des Aufsichtsrates sowie für gemäß § 29 bestellte Sachverständige, soweit diese den zum Erwerb oder zur Veräußerung anstehenden Vermögenswert gemäß § 29 Abs. 2 bewertet haben.

Veröffentlichungen

§ 19. Für durch dieses Bundesgesetz oder die Fondsbestimmungen angeordnete Veröffentlichungen gilt § 10 Abs. 3 KMG. Ebenso gilt für Veröffentlichungen nach diesem Bundesgesetz § 10 Abs. 4 und Abs. 8 KMG, mit Ausnahme der nach § 8 dieses Bundesgesetzes zu veröffentlichenden Angaben. Für nach § 6 Abs. 2 dieses Bundesgesetzes zu veröffentlichende Angaben kann die Mitteilung gemäß § 10 Abs. 4 KMG auch lediglich gemäß § 10 Abs. 3 Z 3 KMG erfolgen.

Schutz von Bezeichnungen

§ 20. Die Bezeichnungen „Immobilien-Kapitalanlagefonds", „Kapitalanlagefonds für Immobilien", „Immobilienfonds", „Immobilieninvestmentfonds", „Immobilieninvestmentanteilschein" oder gleichbedeutende Bezeichnungen oder Abkürzungen von solchen Bezeichnungen dürfen nur für Immobilienfonds und deren Anteilscheine verwendet sowie nur in die Firma von Kapitalanlagegesellschaften für Immobilien aufgenommen werden. Der Zusatz "mündelsicher" oder gleichbedeutende Bezeichnungen oder Abkürzungen in Verbindung mit Immobilienfonds dürfen nur für Immobilienfonds gemäß § 6 Abs. 7 verwendet werden.

Veranlagungsvorschriften

§ 21. (1) Nach Maßgabe der Fondsbestimmungen dürfen für einen Immobilienfonds nachstehende in einem Mitgliedstaat der Europäischen Union oder in einem Vertragsstaat des Abkommens über den Europäischen Wirtschaftsraum belegene Vermögenswerte erworben werden, wobei der Grundsatz der Risikostreuung zu beachten ist:
1. bebaute Grundstücke;
2. Grundstücke im Zustand der Bebauung, wenn nach den Umständen mit einem Abschluss der Bebauung in angemessener Zeit zu rechnen ist und die Aufwendungen für die Grundstücke zusammen mit dem Wert der bereits in dem Immobilienfonds befindlichen Grundstücke im Zustand der Bebauung gemäß dieser Ziffer insgesamt 40 vH des Wertes des Immobilienfonds nicht überschreiten;
3. unbebaute Grundstücke, die für eine alsbaldige eigene Bebauung bestimmt und geeignet sind, wenn zur Zeit des Erwerbs ihr Wert zusammen mit dem Wert der bereits in dem Immobilienfonds befindlichen unbebauten Grundstücke insgesamt 30 vH des Wertes des Immobilienfonds nicht übersteigt;
4. Baurechte, Superädifikate im Sinne von § 435 ABGB, Miteigentum sowie Wohnungseigentum, je unter den Voraussetzungen der Z 1 bis 3.

(2) Wenn die Fondsbestimmungen dies vorsehen und die Gegenstände einen dauernden Ertrag erwarten lassen, dürfen für einen Immobilienfonds auch erworben werden
1. andere in Mitgliedstaaten der Europäischen Union oder in Vertragsstaaten des Abkommens über den Europäischen Wirtschaftsraum belegene Grundstücke, Baurechte sowie Rechte in der Form des Wohnungseigentums, Miteigentums und Baurechts und
2. außerhalb der Mitgliedstaaten der Europäischen Union oder außerhalb der Vertragsstaaten des Abkommens über den Europäischen Wirtschaftsraum belegene Grundstücke der in Abs. 1 Z 1 bis 3 bezeichneten Art. Die Grundstücke und Rechte nach Z 1 dürfen nur erworben werden, wenn zur Zeit des Erwerbs ihr Wert zusammen mit dem Wert der bereits in dem Immobilienfonds befindlichen Grundstücke und Rechte in der Art der Z 1 10 vH des Wertes des Immobilienfonds nicht überschreitet. Die Grundstücke nach Z 2 dürfen nur erworben werden, wenn zur Zeit des Erwerbs ihr Wert zusammen mit dem Wert der bereits in dem Immobilienfonds befindlichen Grundstücke in der Art der Z 2 20 vH des Wertes des Immobilienfonds nicht überschreitet. Bei den Grundstücken nach Z 2 gelten ferner die Begrenzungen nach Abs. 1 Z 2 und 3 mit der Maßgabe, dass an die Stelle des Wertes des Immobilienfonds der Wert der Grundstücke nach Z 2 tritt.

(3) Ein Vermögensgegenstand gemäß Abs. 1 und 2 darf nur erworben werden, wenn er zuvor von wenigstens zwei Sachverständigen (§ 29 Abs. 1 und 2) unabhängig von einander bewertet worden ist und die aus dem Immobilienfonds zu erbringende Gegenleistung den ermittelten Wert nicht oder nur unwesentlich übersteigt.

(4) Die Grundsätze für die Auswahl der Vermögenswerte gemäß Abs. 1 und 2 und die Veranlagungsgrenzen sind in den Fondsbestimmungen zu regeln.

(5) Für einen Immobilienfonds dürfen auch Gegenstände erworben werden, die zur Bewirtschaftung der Vermögenswerte des Fonds erforderlich sind.

(6) (Anm.: aufgehoben durch BGBl. I Nr. 134/2006)

(7) Die Nichtbeachtung der vorstehenden Vorschriften berührt die Wirksamkeit des Rechtsgeschäftes nicht.

Mindeststreuung

§ 22. (1) Ein Immobilienfonds muss aus mindestens zehn Vermögenswerten gemäß § 21 Abs. 1 und 2 bestehen.

(2) Keiner der Vermögenswerte gemäß § 21 Abs. 1 und 2 darf zur Zeit seines Erwerbs den Wert von 20 vH des Wertes des Immobilienfonds übersteigen.

(3) Als Vermögenswert im Sinne des Abs. 1 ist auch eine aus mehreren Grundstücken bestehende wirtschaftliche Einheit anzusehen.

(4) Die Begrenzungen von Abs. 1 und 2, § 4 Abs. 3b, § 21, § 23 Abs. 5 Z 3 und Abs. 6 und § 32 Abs. 1 Z 1 bis 4 sind für den Immobilienfonds erst dann verpflichtend, wenn seit dem Zeitpunkt seiner Bildung eine Frist von vier Jahren verstrichen ist. Eine Zusammenlegung nach § 3 Abs. 2 gilt nicht als Bildung.

(5) Ein Immobilienspezialfonds muss abweichend zu Abs. 1 aus mindestens fünf Vermögenswerten gemäß § 21 Abs. 1 und 2 bestehen und es darf abweichend zu Abs. 2 keiner der Vermögenswerte gemäß § 21 Abs. 1 und 2 zur Zeit seines Erwerbs den Wert von 40 vH des Wertes des Immobilienspezialfonds übersteigen. Abs. 3 und 4 sind anzuwenden.

Grundstücks-Gesellschaften

§ 23. (1) Die Kapitalanlagegesellschaft für Immobilien darf für Rechnung des Immobilienfonds Beteiligungen an Grundstücks-Gesellschaften nach Maßgabe der Abs. 2 bis 6 nur erwerben und halten, wenn die Fondsbestimmungen dies vorsehen, die Beteiligung einen dauernden Ertrag erwarten lässt und durch Vereinbarung zwischen der Kapitalanlagegesellschaft für Immobilien und der Grundstücks-Gesellschaft die Befugnisse der Depotbank gemäß § 4 Abs. 4 in geeigneter Form sichergestellt sind. Grundstücks-Gesellschaften sind Gesellschaften,

1. deren Unternehmensgegenstand im Gesellschaftsvertrag oder in der Satzung auf Tätigkeiten beschränkt ist, welche die Kapitalanlagegesellschaft für Immobilien für den Immobilienfonds ausüben darf, und

2. die nach dem Gesellschaftsvertrag oder der Satzung nur Vermögensgegenstände im Sinne des § 21 erwerben dürfen, die nach den Fondsbestimmungen unmittelbar für den Immobilienfonds erworben werden dürfen.

(2) Vor dem Erwerb der Beteiligung an einer Grundstücks-Gesellschaft ist ihr Wert durch einen Abschlussprüfer im Sinne der §§ 268 ff UGB zu ermitteln. Dabei ist von dem letzten mit dem Bestätigungsvermerk eines Abschlussprüfers versehenen Jahresabschluss der Grundstücks-Gesellschaft oder, wenn dieser mehr als drei Monate vor dem Bewertungsstichtag liegt, von den Vermögenswerten und Verbindlichkeiten der Grundstücks-Gesellschaft auszugehen, die in einer vom Abschlussprüfer geprüften aktuellen Vermögensaufstellung nachgewiesen sind. Für die Bewertung gilt § 25 Abs. 2.

(3) Die Kapitalanlagegesellschaft für Immobilien darf für Rechnung des Immobilienfonds eine Beteiligung an einer Grundstücks-Gesellschaft nur erwerben und halten, wenn sie bei der Grundstücks-Gesellschaft die für eine Änderung des Gesellschaftsvertrages oder der Satzung erforderliche Stimmenmehrheit hat und durch die Rechtsform der Grundstücks-Gesellschaft die Außenhaftung mit der Einlage beschränkt ist. Abweichend davon darf die Kapitalanlagegesellschaft für Immobilien im Rahmen der Veranlagungsgrenze des Abs. 6 zweiter Satz für Rechnung des Immobilienfonds Beteiligungen an einer Grundstücks-Gesellschaft auch dann erwerben und halten, wenn sie nicht die für eine Änderung der Satzung erforderliche Stimmen- und Kapitalmehrheit hat (Minderheitsbeteiligung).

(4) Die Einlagen der Gesellschafter einer Grundstücks-Gesellschaft, an der die Kapitalanlagegesellschaft für Immobilien für Rechnung des Immobilienfonds beteiligt ist, müssen voll eingezahlt sein.

(5) Der Gesellschaftsvertrag oder die Satzung der Grundstücks-Gesellschaft muss sicherstellen, dass
1. von der Grundstücks-Gesellschaft nicht mehr als drei Vermögenswerte im Sinne des § 21 gehalten werden dürfen,
2. (Anm.: aufgehoben durch BGBl. I Nr. 134/2006)
3. die Grundstücks-Gesellschaft einen Vermögenswert nur erwerben darf, wenn sein Wert zusammen mit dem Wert der bereits von der Grundstücks-Gesellschaft gehaltenen Vermögenswerte 20 vH des Wertes des Immobilienfonds, für dessen Rechnung eine Beteiligung an der Grundstücks-Gesellschaft gehalten wird, nicht übersteigt.

Eine aus mehreren Grundstücken bestehende wirtschaftliche Einheit ist als ein Vermögenswert anzusehen. Entsprechen der Gesellschaftsvertrag oder die Satzung der Grundstücks-Gesellschaft nicht diesen Bestimmungen, darf die Kapitalanlagegesellschaft für Immobilien die Beteiligung an der Grundstücks-Gesellschaft nur erwerben, wenn eine entsprechende Änderung des Gesellschaftsvertrags oder der Satzung unverzüglich nach dem Erwerb der Beteiligung sichergestellt ist.

(6) Der Wert aller Beteiligungen (inklusive allfälliger Darlehensforderungen) an Grundstücks-Gesellschaften, an denen die Kapitalanlagegesellschaft für Immobilien für Rechnung des Immobilienfonds beteiligt ist, darf 49 vH des Wertes des Immobilienfonds nicht übersteigen. Unbeschadet der Anlagegrenze nach dem ersten Satz darf der Wert der Vermögensgegenstände gemäß § 21, die zum Vermögen von Grundstücks-Gesellschaften gehören, an denen die Kapitalanlagegesellschaft für Immobilien für Rechnung des Immobilienfonds nicht mit einer Kapitalmehrheit beteiligt ist, 20 vH des Wertes des Immobilienfonds nicht überschreiten.

(7) Wenn nach Erwerb einer Beteiligung an einer Grundstücks-Gesellschaft die Voraussetzungen für den Erwerb und das Halten der Beteiligung nicht mehr erfüllt sind, hat die Kapitalanlagegesellschaft für Immobilien deren Veräußerung unter Wahrung der Interessen der Anleger zu betreiben.

(8) Soferne der Unternehmensgegenstand der Grundstücks-Gesellschaft erst in den letzten drei Jahren vor dem Erwerb für den Immobilienfonds auf den Umfang von Abs. 1 Z 1 beschränkt worden ist, ist der Erwerb für den Immobilienfonds nur zulässig, soferne entweder die Veräußerer der Grundstücks-Gesellschaft oder die Kapitalanlagegesellschaft für Immobilien zu Gunsten des Immobilienfonds, für den der Erwerb erfolgt, die Haftung für Verbindlichkeiten der Grundstücks-Gesellschaft übernehmen, soferne diese Verbindlichkeiten nicht den Geschäftsgegenstand gemäß Abs. 1 Z 1 betreffen und soweit sie nicht bei der Bewertung der Grundstücks-Gesellschaft zum Zeitpunkt des Erwerbes bekannt waren, übernehmen.

§ 24. (1) Die Kapitalanlagegesellschaft für Immobilien darf einer Grundstücks-Gesellschaft für Rechnung des Immobilienfonds ein Darlehen nur gewähren, wenn sie an der Grundstücks-Gesellschaft für Rechnung des Immobilienfonds beteiligt ist, die Darlehensbedingungen marktgerecht sind, das Darlehen ausreichend besichert ist und bei einer Veräußerung der Beteiligung die Rückzahlung des Darlehens innerhalb von sechs Monaten nach der Veräußerung vereinbart ist. Die Kapitalanlagegesellschaft für Immobilien hat sicherzustellen, dass die Summe der für Rechnung des Immobilienfonds einer Grundstücks-Gesellschaft insgesamt gewährten Darlehen 50 vH des Wertes der von der Grundstücks-Gesellschaft gehaltenen Grundstücke nicht übersteigt. Die Kapitalanlagegesellschaft für Immobilien hat sicherzustellen, dass die Summe der für Rechnung des Immobilienfonds den Grundstücks-Gesellschaften insgesamt gewährten Darlehen 25 vH des Wertes des Immobilienfonds nicht übersteigt.

(2) Einer Darlehensgewährung nach Abs. 1 steht gleich, wenn ein Dritter im Auftrag der Kapitalanlagegesellschaft für Immobilien der Grundstücks-Gesellschaft ein Darlehen im eigenen Namen für Rechnung des Immobilienfonds gewährt.

§ 25. (1) Die Kapitalanlagegesellschaft für Immobilien muss die Grundstücks-Gesellschaft, an der sie für Rechnung des Immobilienfonds beteiligt ist, vertraglich verpflichten, monatlich Vermögensaufstellungen bei der Kapitalanlagegesellschaft für Immobilien und der Depotbank einzureichen und diese einmal jährlich an Hand des von einem Abschlussprüfer mit einem Bestätigungsvermerk versehenen Jahresabschlusses der Grundstücks-Gesellschaft vom Bankprüfer der Kapitalanlagegesellschaft für Immobilien prüfen zu lassen. Die Vermögensaufstellungen sind bei den Bewertungen zur laufenden Preisermittlung zu Grunde zu legen.

(2) Die im Jahresabschluss oder der Vermögensaufstellung der Grundstücks-Gesellschaft ausgewiesenen Grundstücke sind mit dem Wert anzusetzen, der von mindestens zwei Sachverständigen gemäß § 29 Abs. 1 festgestellt wurde. § 29 Abs. 2 zweiter Satz ist anzuwenden. Die Sachverständigen haben die Grundstücke vor Erwerb der Beteiligung an der Grundstücks-Gesellschaft und danach mindestens einmal jährlich zu bewerten sowie neu zu erwerbende Grundstücke vor ihrem Erwerb. Die sonstigen

Vermögensgegenstände der Grundstücks-Gesellschaft sind ebenso wie die sonstigen Vermögensgegenstände des Immobilienfonds zu bewerten. Die aufgenommenen Kredite und sonstigen Verbindlichkeiten sind von diesen Werten abzuziehen.

(3) Der sich ergebende Wert der Grundstücks-Gesellschaft ist entsprechend der Höhe der Beteiligung unter Berücksichtigung sonstiger wertbeeinflussender Faktoren in den Immobilienfonds einzustellen.

§ 26. Die Kapitalanlagegesellschaft für Immobilien hat mit der Grundstücks-Gesellschaft zu vereinbaren, dass die der Kapitalanlagegesellschaft für Immobilien für Rechnung des Immobilienfonds zustehenden Zahlungen, der Liquidationserlös und sonstige der Kapitalanlagegesellschaft für Immobilien für Rechnung des Immobilienfonds zustehende Beträge unverzüglich auf ein Konto des Immobilienfonds bei der Depotbank einzuzahlen sind. Die Depotbank hat zu überwachen, dass diese Vereinbarung getroffen wird.

§ 27. Die Wirksamkeit eines Rechtsgeschäfts wird durch einen Verstoß gegen die Vorschriften der §§ 23 bis 26 nicht berührt.

§ 28. (1) Die Depotbank hat den Bestand der Beteiligungen an Grundstücks-Gesellschaften laufend zu überwachen. Sie hat ferner zu überwachen, dass beim Erwerb einer Beteiligung die Vorschriften des § 23 beachtet werden.

(2) Verfügungen über Beteiligungen an Grundstücks-Gesellschaften oder zum Vermögen dieser Gesellschaften gehörende Gegenstände im Sinne des § 21 sowie Änderungen des Gesellschaftsvertrags oder der Satzung bedürfen der Zustimmung der Depotbank. Durch Vereinbarung zwischen Kapitalanlagegesellschaft für Immobilien und Grundstücks-Gesellschaft sind die Befugnisse der Depotbank nach Satz 1 sicherzustellen. Die Depotbank muss einer Verfügung oder Änderung nach Satz 1 zustimmen, wenn dies mit den Vorschriften dieses Gesetzes und den Fondsbestimmungen vereinbar ist und die Interessen der Anteilinhaber gewahrt werden. Stimmt die Depotbank zu, obwohl die Voraussetzungen nicht vorliegen, so berührt dies die Wirksamkeit der Verfügung oder Änderung nicht.

Bewertung der Vermögenswerte

§ 29. (1) Die Kapitalanlagegesellschaft für Immobilien hat in den Fondsbestimmungen die Bewertung der Vermögenswerte gemäß § 21 zu regeln. Für die Bewertung sind von der Kapitalanlagegesellschaft für Immobilien mindestens zwei von ihr und der Depotbank unabhängige, fachlich geeignete Sachverständige für das Fachgebiet der Immobilienschätzung und -bewertung beizuziehen. Die Bestellung der Sachverständigen erfolgt durch die Geschäftsleitung der Kapitalanlagegesellschaft für Immobilien im Einvernehmen mit der Depotbank und mit Zustimmung des Aufsichtsrates der Kapitalanlagegesellschaft für Immobilien. Für die unabhängigen Sachverständigen gelten die Ausschließungsgründe des § 62 BWG, mit Ausnahme von § 62 Z 6a BWG, sinngemäß. Für Fehlverhalten der Sachverständigen haften neben den Sachverständigen auch die Kapitalanlagegesellschaft für Immobilien und die Depotbank zur ungeteilten Hand und zwar wie für einen Erfüllungsgehilfen gemäß § 1313a ABGB.

(2) Die Bewertung der Vermögenswerte gemäß § 21 hat nach den allgemein anerkannten Bewertungsgrundsätzen und mindestens einmal jährlich zu erfolgen, jedenfalls aber bei Erwerb, Veräußerung oder Belastung derartiger Vermögenswerte, bei Anordnung einer Bewertung durch die Depotbank aus besonderem Anlass sowie in sonstigen, in den Fondsbestimmungen vorgesehenen Fällen. Den jeweiligen Berechnungen für die Wertermittlung des Immobilienfonds und seiner Anteile ist der arithmetische Mittelwert der zum gleichen Stichtag erfolgten Bewertungen der zwei oder mehreren Sachverständigen gemäß Abs. 1 zu Grunde zu legen.

(3) Bei einer Beteiligung nach § 23 hat die Kapitalanlagegesellschaft für Immobilien in den Vermögensaufstellungen (Rechenschaftsberichten/Halbjahresberichten) die Angaben für die einzelnen Grundstücke und sonstigen Vermögensgegenstände der Grundstücks-Gesellschaft aufzuführen, als ob es sich um eine Direktveranlagung des Fonds handeln würde, und besonders zu kennzeichnen. Zusätzlich sind anzugeben:
1. Firma, Rechtsform und Sitz der Grundstücks-Gesellschaft,
2. das Gesellschaftskapital,
3. die Höhe der Beteiligung und der Zeitpunkt ihres Erwerbs durch die Kapitalanlagegesellschaft für Immobilien und
4. Zahl und Beträge der durch die Kapitalanlagegesellschaft für Immobilien oder Dritte nach § 24 gewährten Darlehen.

D. Einführung in das österreichische Investmentrecht

(4) Der Bankprüfer der Kapitalanlagegesellschaft für Immobilien hat bei der Gründung und in der Folge jeweils bei der Prüfung des Rechenschaftsberichtes Stellung zu nehmen, ob die Sachverständigen seines Erachtens gemäß Abs. 1 ordnungsgemäß bestellt worden sind und die übrigen Voraussetzungen der Abs. 1 bis 3 vorliegen. Wenn nach der Wahrnehmung des Bankprüfers diese Voraussetzungen fehlen oder wegfallen, so hat er hierüber der Depotbank und der Finanzmarktaufsichtsbehörde unverzüglich zu berichten. Die Finanzmarktaufsichtsbehörde trifft keine Haftung für die Auswahl und die Eignung der Sachverständigen.

Risikomischung

§ 30. Die Fondsbestimmungen müssen die Mindestanzahl der für den Immobilienfonds zu erwerbenden Vermögenswerte gemäß § 21 sowie den höchstmöglichen Wert eines einzelnen derartigen Vermögenswertes im Verhältnis zum gesamten Fondsvermögen festsetzen.

Anlaufzeit

§ 31. Die Fondsbestimmungen müssen den Zeitraum bestimmen, der für die Erreichung der Mindestanzahl gemäß § 30 zur Verfügung steht.

Liquiditätsvorschriften

§ 32. (1) Die Kapitalanlagegesellschaft für Immobilien kann für einen Immobilienfonds folgende Vermögenswerte bis zu 49 vH des Fondsvermögens halten bzw. erwerben:
1. Bankguthaben;
2. Geldmarktinstrumente;
3. Anteile an OGAW gemäß § 2 Investmentfondsgesetz 2011 – InvFG 2011, BGBl. I Nr. 77/2011 oder an Spezialfonds gemäß § 163 InvFG 2011, die nach den Fondsbestimmungen ausschließlich direkt oder indirekt in Vermögensgegenstände nach den Z 1, 2 und 4 anlegen dürfen;
4. Teilschuldverschreibungen, Kassenobligationen, Wandelschuldverschreibungen, Pfandbriefe, Kommunalschuldverschreibungen und Bundesschatzscheine mit einer jeweiligen Restlaufzeit von längstens drei Jahren;
5. Wertpapiere, die an einer Börse in einem Mitgliedstaat der Europäischen Union oder in einem Vertragsstaat des Abkommens über den Europäischen Wirtschaftsraum zum amtlichen Markt zugelassen sind, soweit diese Wertpapiere insgesamt einen Betrag von 5 vH des Fondsvermögens nicht überschreiten.

Die Kapitalanlagegesellschaft für Immobilien hat vom Fondsvermögen eines Immobilienfonds einen Betrag, der mindestens 10 vH des Fondsvermögens (ohne Erträgnisse), bei Immobilienspezialfonds aber mindestens 5 vH des Fondsvermögens (ohne Erträgnisse) entspricht, in Vermögenswerten gemäß Z 1 bis 4 zu unterhalten.

(1a) Abs. 1 letzter Satz wird auch entsprochen, wenn die Kapitalanlagegesellschaft für Immobilien für den Immobilienfonds eine schriftliche Vereinbarung mit einem Kreditinstitut oder einem Versicherungsunternehmen, je mit Sitz in einem Mitgliedstaat der Europäischen Union oder in einem Vertragsstaat des Abkommens über den Europäischen Wirtschaftsraum, geschlossen hat, die den Vertragspartner verpflichtet, bei Aufforderung durch die Kapitalanlagegesellschaft für Immobilien Anteile des Immobilienfonds im Gegenwert bis zur in den Fondsbestimmungen festgelegten Mindestliquidität zu erwerben, um dem Immobilienfonds die notwendige Liquidität zur Verfügung zustellen.

(2) Nach Maßgabe der Fondsbestimmungen dürfen neben den Erträgnissen Bankguthaben, bis zu einer Höhe von 20 vH des Fondsvermögens bei derselben Kreditinstitutsgruppe (§ 30 BWG) gehalten werden. Bei Veranlagungen gemäß Abs. 1 Z 2, 4 und 5 gilt § 72 in Verbindung mit § 74 Abs. 1 und 3 InvFG 2011 sinngemäß. Bei Veranlagungen gemäß Abs. 1 Z 3 gilt § 71 in Verbindung mit § 77 Abs. 1 und 2 InvFG 2011 sinngemäß.

(3) Anteile an geldmarktnahen Kapitalanlagefonds sind Bankguthaben in Anwendung der Abs. 1 und 2 gleichzuhalten.

(4) Die Rechtswirksamkeit des Erwerbes von Wertpapieren sowie der Veranlagung in Bankguthaben wird durch einen Verstoß gegen die Abs. 1 bis 3 nicht berührt.

Derivative Produkte

§ 33. (1) Für einen Immobilienfonds dürfen zur Absicherung der Vermögensgegenstände und zur Fixierung von Forderungen aus der Bewirtschaftung der Vermögenswerte gemäß § 21, die in den folgenden 24 Monaten fällig werden, abgeleitete Finanzinstrumente (Derivate), einschließlich gleichwertiger bar abgerechneter Instrumente, die an einem geregelten Markt gemäß Art. 4 Abs. 1 Num-

mer 92 der Verordnung (EU) Nr. 575/2013 notiert oder gehandelt werden, oder an einem anderen anerkannten, geregelten, für das Publikum offenen und ordnungsgemäß funktionierenden Wertpapiermarkt eines Mitgliedstaates der Europäischen Union oder eines Vertragsstaates des Abkommens über den Europäischen Wirtschaftsraum gehandelt werden oder an einer Wertpapierbörse eines Drittlandes (§ 2 Z 8 BWG) amtlich notiert oder an einem anerkannten, geregelten, für das Publikum offenen und ordnungsgemäß funktionierenden Wertpapiermarkt eines Drittlandes gehandelt werden, sofern die Wahl dieser Börse oder dieses Marktes in den Fondsbestimmungen ausdrücklich vorgesehen ist, oder abgeleitete Finanzinstrumente, die nicht an einer Börse oder einem geregelten Markt gehandelt werden (OTC-Derivate), wie etwa Zinsswaps und Devisenswaps, eingesetzt werden, sofern:
1. es sich bei den Basiswerten um Wertpapiere, Geldmarktinstrumente, Vermögensgegenstände gemäß § 21 Abs. 1 und 2 sowie Beteiligungen gemäß § 23 oder um Finanzindizes, Zinssätze, Wechselkurse oder Währungen handelt, in welche der Immobilienfonds gemäß den in seinen Fondsbestimmungen genannten Anlagezielen investieren darf,
2. die Gegenparteien bei Geschäften mit OTC-Derivaten einer Aufsicht unterliegende Institute der Kategorien sind, die von der Finanzmarktaufsichtsbehörde durch Verordnung zugelassen wurden, und
3. die OTC-Derivate einer zuverlässigen und überprüfbaren Bewertung auf Tagesbasis unterliegen und jederzeit auf Initiative der Kapitalanlagegesellschaft für Immobilien zum angemessenen Zeitwert veräußert, liquidiert oder durch ein Gegengeschäft glattgestellt werden können.

(2) Die Kapitalanlagegesellschaft für Immobilien hat ein Verfahren zu verwenden, das eine präzise und unabhängige Bewertung des jeweiligen Wertes der OTC-Derivate erlaubt.

(3) Das Ausfallrisiko bei Geschäften eines Immobilienfonds mit OTC-Derivaten darf folgende Sätze nicht überschreiten:
1. wenn die Gegenpartei ein Kreditinstitut im Sinne des § 72 InvFG 2011 ist, 10 vH des Fondsvermögens,
2. ansonsten 5 vH des Fondsvermögens.

Beachte für folgende Bestimmung
Zum Bezugszeitraum vgl. § 44 Abs. 5.

Fondsbestimmungen

§ 34. (1) Die Geschäftsleitung der Kapitalanlagegesellschaft für Immobilien hat Fondsbestimmungen aufzustellen, die das Rechtsverhältnis der Anteilinhaber zur Kapitalanlagegesellschaft für Immobilien sowie zur Depotbank regeln. Nach Zustimmung des Aufsichtsrates der Kapitalanlagegesellschaft für Immobilien sind sie der Depotbank zur Zustimmung vorzulegen. Die Fondsbestimmungen bedürfen der Bewilligung der Finanzmarktaufsichtsbehörde, sofern es sich nicht um einen Immobilienspezialfonds (§ 1 Abs. 3) handelt. Diese Bewilligung ist zu erteilen, wenn die Fondsbestimmungen den berechtigten Interessen der Anteilinhaber nicht widersprechen.

(2) Die Fondsbestimmungen haben außer den sonst in diesem Bundesgesetz vorgeschriebenen Angaben Bestimmungen darüber zu enthalten:
1. ob die Anteilscheine auf Inhaber oder auf Namen lauten;
2. nach welchen Grundsätzen die Immobilien ausgewählt werden, die für den Fonds erworben werden;
3. welcher Anteil des Fondsvermögens höchstens in Bankguthaben bzw. in Forderungswertpapieren gehalten werden darf;
4. in welcher Höhe ein Mindestanteil des Fondsvermögens in Bankguthaben bzw. in Forderungswertpapieren zu halten ist;
   Erträge des Immobilienfonds dürfen insoweit nicht ausgeschüttet werden, als sie für künftige Instandsetzungen von Gegenständen des Fondsvermögens erforderlich sind;
5. die Grundsätze für Vorschaurechnungen für die Entwicklung und Erhaltung des Fondsvermögens;
6. welche Vergütung die Kapitalanlagegesellschaft für Immobilien für die Verwaltung des Fonds erhält und welche Aufwendungen ihr zu ersetzen sind;
7. ob und bejahendenfalls in welcher Höhe bei der Ausgabe der Anteilscheine dem errechneten Anteilswert ein Aufschlag zur Deckung der Ausgabekosten der Kapitalanlagegesellschaft für Immobilien zugerechnet werden darf;
8. inwieweit der Jahresertrag an die Anteilinhaber auszuschütten ist. Hierbei kann auch bestimmt werden, dass für einen Immobilienfonds mehrere Gattungen von Anteilscheinen gemäß § 6 Abs. 6 ausgegeben werden;

D. Einführung in das österreichische Investmentrecht

9. zu welchen Zeitpunkten der Wert der Anteile zu ermitteln ist;
10. ob und bejahendenfalls in welcher Höhe bei der Rücknahme von Anteilscheinen vom Rücknahmepreis eine Vergütung für die Kapitalanlagegesellschaft für Immobilien abgezogen werden darf;
11. welche Vergütung die Depotbank bei Abwicklung des Immobilienfonds erhält.

(3) Die Kapitalanlagegesellschaft für Immobilien darf die Fondsbestimmungen mit Zustimmung ihres Aufsichtsrates und mit Zustimmung der Depotbank ändern; die Änderung bedarf der Bewilligung der Finanzmarktaufsichtsbehörde, sofern es sich nicht um einen Immobilienspezialfonds (§ 1 Abs. 3) handelt. Diese Bewilligung ist zu erteilen, wenn die Änderung der Fondsbestimmungen den berechtigten Interessen der Anteilinhaber nicht widerspricht. Die Änderung ist zu veröffentlichen. Sie tritt mit dem in der Veröffentlichung angegebenen Tag, frühestens jedoch drei Monate nach der Veröffentlichung, in Kraft.

(4) Immobilienfonds im Sinne des § 1 Abs. 1 dürfen, wenn die Fondsbestimmungen nach Abs. 1 bewilligt wurden, nur mit Zustimmung aller Anteilinhaber in Immobilienspezialfonds (§ 1 Abs. 3) umgewandelt werden.

(5) Die Kapitalanlagegesellschaft für Immobilien hat der Finanzmarktaufsichtsbehörde und der Oesterreichischen Nationalbank unverzüglich jeweils nach dem 30. Juni und 31. Dezember in der Form einer Sammelaufstellung die im abgelaufenen Halbjahr aufgelegten und geschlossenen Immobilienspezialfonds (§ 1 Abs. 3) anzuzeigen. In der Aufstellung sind außer der Bezeichnung der Immobilienspezialfonds, die Zahl der Anleger, die Depotbank sowie das Geschäftsjahr anzugeben. Tritt bei einem bereits angezeigten Immobilienspezialfonds eine Änderung dieser Angaben ein, so ist dies der Finanzmarktaufsichtsbehörde und der Oesterreichischen Nationalbank innerhalb von zwei Monaten nach Wirksamwerden der Änderung anzuzeigen. Auflagen und Verschmelzungen von Spezialfonds sind überdies der FMA und der Oesterreichischen Nationalbank unverzüglich anzuzeigen. Die FMA kann nach Anhörung der Oesterreichischen Nationalbank durch Verordnung vorschreiben, dass die Anzeigen gemäß dem ersten und dritten Satz ausschließlich in elektronischer Form zu erfolgen sowie bestimmten Gliederungen, technischen Mindestanforderungen und Übermittlungsmodalitäten zu entsprechen haben. Die FMA hat sich dabei an den Grundsätzen der Wirtschaftlichkeit und Zweckmäßigkeit zu orientieren und dafür zu sorgen, dass die jederzeitige elektronische Verfügbarkeit der Daten für die FMA und die Oesterreichische Nationalbank gewährleistet bleibt und Aufsichtsinteressen nicht beeinträchtigt werden. Die FMA hat geeignete Vorkehrungen dafür zu treffen, dass sich die Meldepflichtigen oder gegebenenfalls ihre Einbringungsverantwortlichen während eines angemessenen Zeitraums im System über die Richtigkeit und Vollständigkeit der von ihnen oder ihren Einbringungsverantwortlichen erstatteten Meldedaten vergewissern können.

Depotbank

§ 35. (1) Die Geschäftsleitung der Kapitalanlagegesellschaft für Immobilien hat mit Zustimmung des Aufsichtsrates eine Depotbank zu bestellen. Als Depotbank kann nur ein Kreditinstitut, das zum Betrieb des Depotgeschäftes (§ 1 Abs. 1 Z 5 BWG) berechtigt ist, oder eine gemäß § 9 Abs. 4 BWG errichtete inländische Zweigstelle eines CRR-Kreditinstitutes gemäß § 1a Abs. 1 Z 1 BWG bestellt werden. Die Bestellung und der Wechsel der Depotbank bedarf der Bewilligung der Finanzmarktaufsichtsbehörde. Sie darf nur erteilt werden, wenn anzunehmen ist, dass das Kreditinstitut die Erfüllung der Aufgaben einer Depotbank gewährleistet. Die Bestellung und der Wechsel der Depotbank ist zu veröffentlichen, die Veröffentlichung hat den Bewilligungsbescheid anzuführen. Auf Antrag der Kapitalanlagegesellschaft für Immobilien kann die Auswahl der Depotbank für Immobilienspezialfonds von der Finanzmarktaufsichtsbehörde allgemein bewilligt werden.

(1a) Wurde bei einer Depotbank ein Regierungskommissär gemäß § 70 Abs. 2 Z 2 BWG oder eine Aufsichtsperson gemäß § 84 BWG bestellt und erfolgt ein Wechsel der Depotbank, so ist die gemäß § 34 Abs. 3 erforderliche Zustimmung der Depotbank zu dieser Änderung der Fondsbestimmungen lediglich von der neu zu bestellenden Depotbank zu erteilen und tritt der Wechsel der Depotbank, nicht aber allfällige darüber hinausgehende Änderungen der Fondsbestimmungen, mit dem in der Veröffentlichung angegebenen Tag und zwar unabhängig von dem in § 34 Abs. 3 genannten Aufschub in Kraft.

(2) Die Depotbank hat die Ausgabe und Rücknahme der Anteilscheine sowie die Verwahrung der zu einem Immobilienfonds gehörigen Wertpapiere durchzuführen und die zum Immobilienfonds gehörigen Konten zu führen. Der Depotbank ist bei allen für einen Immobilienfonds abgeschlossenen Geschäften unverzüglich der Gegenwert für die von ihr geführten Depots und Konten des Fonds zur

Verfügung zu stellen. Dies gilt insbesondere für die Ausgabe der Anteilscheine und deren Rücknahme. Die Depotbank zahlt die Gewinnanteile für die Anteilinhaber aus. Die Depotbank hat den Bestand an Vermögenswerten gemäß § 21 sowie den Bestand der zum Fondsvermögen gehörenden Geldbeträge, Wertpapiere und sonstigen Vermögenswerte laufend zu überwachen. Sie ist befugt, jederzeit die Bücher und Schriften der Kapitalanlagegesellschaft für Immobilien einzusehen, soweit sich diese auf Vermögensgegenstände der Immobilienfonds beziehen. Streitigkeiten zwischen der Depotbank und der Kapitalanlagegesellschaft für Immobilien nach diesem Bundesgesetz, soweit es sich nicht um bürgerliche Rechtsstreitigkeiten handelt, die dem Prozessgericht zugewiesen sind, entscheidet das Gericht im Außerstreitverfahren.

(3) Die der Kapitalanlagegesellschaft für Immobilien nach den Fondsbestimmungen für die Verwaltung zustehende Vergütung und der Ersatz für die mit der Verwaltung zusammenhängenden Aufwendungen sind von der Depotbank zu Lasten der für den Fonds geführten Konten zu bezahlen. Die Depotbank darf die ihr für ihre Tätigkeit zustehende Vergütung dem Fonds anlasten. Bei diesen Maßnahmen kann die Depotbank nur auf Grund eines Auftrages der Kapitalanlagegesellschaft für Immobilien handeln.

(4) Die Depotbank ist berechtigt und verpflichtet, im eigenen Namen gemäß § 37 EO durch Klage Widerspruch zu erheben, wenn auf einen zu einem Immobilienfonds gehörigen Vermögensgegenstand Exekution geführt wird, sofern es sich nicht um eine gemäß diesem Bundesgesetz rechtmäßig begründete Forderung gegen den Immobilienfonds handelt.

(5) Die Depotbank hat bei der Wahrnehmung ihrer Aufgaben die Bestimmungen dieses Bundesgesetzes und die Fondsbestimmungen und die Interessen der Anteilinhaber zu beachten. Die Depotbank haftet gegenüber der Kapitalanlagegesellschaft für Immobilien und den Anteilinhabern für jede Schädigung, die durch ihre schuldhafte Pflichtverletzung verursacht worden ist.

Einschränkung der Werbung für Anteilscheine

§ 36. (1) Die Werbung für Anteilscheine darf nur unter gleichzeitigem Hinweis auf den veröffentlichten Prospekt, auf dessen allfällige Änderungen sowie auf das Veröffentlichungsorgan, das Erscheinungsdatum, das Datum der Mitteilung gemäß § 10 Abs. 4 KMG sowie auf allfällige Abholstellen erfolgen. Weiters ist hinsichtlich Inhalt und Gestaltung von Werbeanzeigen § 4 Abs. 2 bis 4 KMG anzuwenden.

(2) Die Werbung für Anteile an Immobilienfonds, in denen auf die vergangene Wertentwicklung des Fonds Bezug genommen wird, hat einen Hinweis zu enthalten, aus welchem hervorgeht, dass die Wertentwicklung der Vergangenheit keine verlässlichen Rückschlüsse auf die zukünftige Entwicklung eines Fonds zulässt.

Strafbestimmungen

§ 37. (1) Wer in einem veröffentlichten Prospekt eines Immobilienfonds oder in einer einen solchen Prospekt ändernden oder ergänzenden Angabe oder in einem Rechenschafts- oder Halbjahresbericht eines Immobilienfonds über erhebliche Umstände unrichtige vorteilhafte Angaben macht oder nachteilige Tatsachen verschweigt, ist, sofern die Tat nicht nach anderen Bestimmungen mit strengerer Strafe bedroht ist, vom Gericht mit Freiheitsstrafe bis zu einem Jahr oder mit Geldstrafe bis zu 360 Tagessätzen zu bestrafen.

(2) Nach Abs. 1 ist nicht zu bestrafen, wer freiwillig, bevor die für den Erwerb erforderliche Leistung erbracht worden ist, den Erwerb der Fondsanteile verhindert. Der Täter ist auch dann nicht zu bestrafen, wenn die Leistung ohne sein Zutun nicht erbracht wird, er sich jedoch in Unkenntnis dessen freiwillig und ernsthaft bemüht, sie zu verhindern.

(3) Die Strafbarkeit nach Abs. 1 wird unter den Voraussetzungen des § 167 StGB durch tätige Reue aufgehoben, sofern sich die Schadensgutmachung auf die gesamte für den Erwerb erforderliche Leistung einschließlich der damit verbundenen Nebenkosten bezieht.

§ 38. (1) Sofern die Tat nicht den Tatbestand einer in die Zuständigkeit der Gerichte fallenden strafbaren Handlung bildet, begeht eine Verwaltungsübertretung und ist hiefür von der Finanzmarktaufsichtsbehörde mit einer Geldstrafe bis zu 60 000 Euro zu bestrafen, wer entgegen der Bestimmung des § 36 wirbt. Ebenso ist zu bestrafen, wer als Verantwortlicher (§ 9 VStG) einer Kapitalanlagegesellschaft für Immobilien die Anzeigepflicht gemäß § 3 Abs. 3 Z 1, die Hinterlegungsverpflichtung gemäß § 7 Abs. 3, die Anzeigepflichten gemäß § 11 Abs. 1 oder 4 oder § 15 Abs. 2, die Vorlagefrist gemäß § 13 Abs. 3 oder die Melde- oder Anzeigepflichten gemäß § 34 Abs. 5 verletzt.

(2) Sofern die Tat nicht den Tatbestand einer in die Zuständigkeit der Gerichte fallenden strafbaren Handlung bildet, begeht eine Verwaltungsübertretung und ist hiefür von der Finanzmarktaufsichtsbehörde mit einer Geldstrafe bis zu 60 000 Euro zu bestrafen, wer, ohne hiezu berechtigt zu sein, die Bezeichnungen "Immobilien-Kapitalanlagefonds", "Kapitalanlagefonds für Immobilien", "Immobilienfonds", "Immobilieninvestmentfonds", "Immobilieninvestmentanteilschein" oder gleichbedeutende Bezeichnungen oder Abkürzungen von solchen Bezeichnungen oder die Bezeichnung "mündelsicher" oder gleichbedeutende Bezeichnungen oder Abkürzungen entgegen § 20 führt.

(3) Bei Verwaltungsübertretungen nach dieser Bestimmung gilt anstelle der Verjährungsfrist des § 31 Abs. 1 VStG eine Verjährungsfrist von 18 Monaten.

Zwangsstrafe

§ 39. Verletzt eine Depotbank Bestimmungen dieses Bundesgesetzes oder einer auf Grund dieses Bundesgesetzes erlassenen Verordnung oder eines Bescheides, so sind die §§ 70 Abs. 4 und 96 BWG mit der Maßgabe anzuwenden, dass an die Stelle des Konzessionsentzuges gemäß § 70 Abs. 4 Z 3 BWG, die Rücknahme der Bewilligung gemäß § 35 tritt.

Beachte für folgende Bestimmung
Zu Abs. 1, 3 und 4:Gelten erstmals für Geschäftsjahre von Immobilienfonds und AIF in Immobilien im Sinne des AIFMG, die nach dem 21. Juli 2013 beginnen (vgl. § 44 Abs. 12).

Steuern

§ 40. (1) Mit Auszahlung der Kapitalertragsteuer (§ 14 zweiter Satz) gelten
1. Gewinne gemäß § 14 und
2. entsprechend dem § 14 ermittelte Gewinne von AIF in Immobilien im Sinne des AIFMG, einschließlich Immobilienspezialfonds im Sinne des § 1 Abs. 3, deren Herkunftsmitgliedstaat Österreich ist, und die nicht unter § 7 Abs. 3 des Körperschaftsteuergesetzes 1988 fallen,

an die Anteilinhaber in dem aus dem Anteilrecht sich ergebenden Ausmaß als ausgeschüttet (ausschüttungsgleiche Erträge); § 186 Abs. 1 letzter Satz des Investmentfondsgesetzes 2011 gilt sinngemäß. Wird die Auszahlung der Kapitalertragsteuer nicht innerhalb von vier Monaten nach Ende des Geschäftsjahres vorgenommen, gelten die nicht ausgeschütteten Jahresgewinne nach Ablauf dieser Frist als ausgeschüttet. Die ausschüttungsgleichen Erträge sind steuerpflichtige Einnahmen und gelten bei nicht in einem Betriebsvermögen gehaltenen Anteilen als Einkünfte aus Kapitalvermögen. Nicht zu den steuerpflichtigen Einnahmen gehören Gewinne ausländischer Immobilien, wenn auf Grund eines Doppelbesteuerungsabkommens oder einer Maßnahme gemäß § 48 der Bundesabgabenordnung die Einkünfte dieser Immobilien von der Besteuerung ausgenommen sind. Ansonsten hat sowohl beim Ausgleich von Verlusten innerhalb als auch zwischen den einzelnen Gewinnarten gemäß § 14 Abs. 2 Z 1 bis 3 zunächst vorrangig der Gewinn mit Verlusten aus Immobilien desselben Staates und danach ein Ausgleich mit Immobilien eines anderen Staates zu erfolgen, sofern es sich nicht um Verluste aus Immobilien handelt, die in einem Staat gelegen sind, von denen die Einkünfte dieser Immobilie auf Grund eines Doppelbesteuerungsabkommens oder einer Maßnahme gemäß § 48 der Bundesabgabenordnung ausgenommen sind. Ein Ausgleich von Verlusten ausländischer Immobilien mit Gewinnen aus inländischen Immobilien oder mit Gewinnen aus Vermögen gemäß §§ 32 und 33 ist jedenfalls unzulässig. Tatsächliche Ausschüttungen und die Auszahlung der Kapitalertragsteuer (§ 14 zweiter Satz) führen nicht zu Einkünften.

(2) 1. Die Bemessung und Höhe der Kapitalertragsteuer auf die ausschüttungsgleichen Erträge im Sinne des Abs. 1 sind der Meldestelle gemäß § 7 Abs. 3 durch einen steuerlichen Vertreter zum Zwecke der Veröffentlichung bekannt zu geben. Als steuerlicher Vertreter kann nur ein inländischer Wirtschaftstreuhänder oder eine Person bestellt werden, die vergleichbare fachliche Qualifikationen nachweist. Lehnt die Meldestelle einen steuerlichen Vertreter wegen Zweifel an der Vergleichbarkeit der Qualifikation ab, entscheidet der Bundesminister für Finanzen. Der steuerliche Vertreter hat überdies die Aufgliederung der Zusammensetzung der ausschüttungsgleichen Erträge und tatsächlichen Ausschüttung sowie die notwendigen Änderungen der Anschaffungskosten gemäß Abs. 1 der Meldestelle zu übermitteln. Diese Aufgliederung ist von der Meldestelle in geeigneter Form zu veröffentlichen. Frist, Inhalt und Struktur der Übermittlung, allfällige Korrekturen sowie Art und Weise der Veröffentlichung durch die Meldestelle sind durch Verordnung des Bundesministers für Finanzen näher zu regeln. § 12 Abs. 1 letzter Satz und § 13 Abs. 5 KMG sind sinngemäß anzuwenden.
2. Erfolgen keine Meldungen gemäß Z 1 ist die Ausschüttung zur Gänze steuerpflichtig. Die ausschüttungsgleichen Erträge im Sinne des Abs. 1 sind in Höhe von 90 % des Unterschiedsbetrages zwischen dem ersten und letzten im vorangegangenen Kalenderjahr festgesetzten Rücknahmepreis,

mindestens jedoch in Höhe von 10% des am Ende des vorangegangenen Kalenderjahres festgesetzten Rücknahmepreises zu schätzen. Der Anteilinhaber kann die Höhe der ausschüttungsgleichen Erträge oder die Steuerfreiheit der tatsächlichen Ausschüttung unter Beilage der dafür notwendigen Unterlagen nachweisen.
3. Wurde Kapitalertragsteuer abgezogen, ist der Nachweis gemäß Z 2 gegenüber dem Abzugsverpflichteten zu erbringen. Dieser hat, wenn noch keine Realisierung im Sinne des Abs. 3 erfolgt ist, die Kapitalertragsteuer zu erstatten oder nachzubelasten und die Anschaffungskosten gemäß Abs. 3 zu korrigieren.

(3) Die realisierte Wertsteigerung bei Veräußerung des Anteilscheines oder des Anteils an einem AIF in Immobilien unterliegt der Besteuerung gemäß § 27 Abs. 3 des Einkommensteuergesetzes 1988. Ausschüttungsgleiche Erträge erhöhen, steuerfreie Ausschüttungen und die Auszahlung der Kapitalertragsteuer (§ 14 zweiter Satz) vermindern beim Anteilinhaber die Anschaffungskosten des Anteilscheines oder des Anteils an einem AIF in Immobilien im Sinne des § 27a Abs. 3 Z 2 des Einkommensteuergesetzes 1988. Als Veräußerung gilt auch die Auszahlung von Anteilscheinen gemäß § 11 Abs. 1. Der Umtausch von Anteilen an einem Kapitalanlagefonds auf Grund der Zusammenlegung von Fondsvermögen gemäß § 3 Abs. 2 oder eines Anteilserwerbs gemäß § 15 Abs. 4 gilt nicht als Realisierung und die bisherigen Anschaffungskosten sind fortzuführen.

(4) Werden Anteilscheine oder Anteile an einem AIF in Immobilien nicht in tatsächlicher und rechtlicher Hinsicht an einen unbestimmten Personenkreis angeboten, und erfolgt eine Veranlagung, sind die Ausschüttungen oder als ausgeschüttet geltende Gewinne gemäß 14 Abs. 4 um ein Viertel zu erhöhen.

Beachte für folgende Bestimmung
Zu Abs. 1 und 2: Gelten erstmals für Geschäftsjahre von Immobilienfonds und AIF in Immobilien im Sinne des AIFMG, die nach dem 21. Juli 2013 beginnen (vgl. § 44 Abs. 12).

§ 41. (1) Für die Bewertung von Anteilscheinen oder Anteilen an einem AIF in Immobilien finden die Bestimmungen der §§ 15 bis 85 des Bewertungsgesetzes 1955 keine Anwendung.

(2) Durch Ausgabe, Rücknahme oder Übertragung von Anteilen an einem Immobilienfonds oder an einem AIF in Immobilien verwirklichte Erwerbsvorgänge nach § 1 des Grunderwerbsteuergesetzes 1987 sind von der Grunderwerbsteuer befreit.

(3) Werden durch Übertragung oder Zusammenlegung nach § 3 Abs. 2 oder § 15 Abs. 4 Erwerbsvorgänge nach § 1 des Grunderwerbsteuergesetzes 1987 verwirklicht, so ist die Grunderwerbsteuer vom Zweifachen des Einheitswertes zu berechnen.

(4) Werden durch die Einbringung von Vermögensgegenständen im Sinne des § 21 von mit eigenem Rechnungskreis eingerichtetem Sondervermögen von Aktiengesellschaften, für welche Genussrechte im Sinne des § 174 Aktiengesetz begeben sind, sowie von Aktiengesellschaften, deren nahezu ausschließlicher Zweck die Verwaltung von Immobilienvermögen ist, gegen Erwerb von Anteilscheinen in einen Immobilienfonds, Erwerbsvorgänge nach § 1 des Grunderwerbsteuergesetzes 1987 verwirklicht, so ist die Grunderwerbsteuer vom Zweifachen des Einheitswertes zu berechnen. Dies gilt nur dann, wenn das Sondervermögen und die Aktiengesellschaft zum 1. September 2003 bestanden hat, und die Anteilscheine an den Immobilienfonds im Zuge einer unmittelbar daran anschließenden Liquidation des Sondervermögens oder der Aktiengesellschaft an die Genussrechts- oder Aktieninhaber durchgereicht werden.

Beachte für folgende Bestimmung
Gilt erstmals für Geschäftsjahre von Immobilienfonds und AIF in Immobilien im Sinne des AIFMG, die nach dem 21. Juli 2013 beginnen (vgl. § 44 Abs. 12).

§ 42. Die Bestimmungen des § 40 sind auch auf ausländische Immobilienfonds anzuwenden. Als solche gelten:
1. AIF in Immobilien im Sinne des AIFMG, deren Herkunftsmitgliedstaat nicht Österreich ist, ausgenommen Körperschaften, die mit einer inländischen unter § 7 Abs. 3 des Körperschaftsteuergesetzes fallenden Körperschaft vergleichbar sind.
2. Jede einem ausländischen Recht unterstehende Veranlagungsgemeinschaft in Immobilien, unabhängig von ihrer Rechtsform, deren Vermögen nach dem Gesetz, der Satzung oder tatsächlichen Übung nach den Grundsätzen der Risikostreuung angelegt ist, wenn sie nicht unter Z 1 fällt und eine der folgenden Voraussetzungen erfüllt:
    a) Die Veranlagungsgemeinschaft unterliegt im Ausland tatsächlich direkt oder indirekt keiner der österreichischen Körperschaftsteuer vergleichbaren Steuer.

b) Die Gewinne der Veranlagungsgemeinschaft unterliegen im Ausland einer der österreichischen Körperschaftsteuer vergleichbaren Steuer, deren anzuwendender Steuersatz um mehr als 10 Prozentpunkte niedriger als die österreichische Körperschaftsteuer gemäß § 22 Abs. 1 KStG 1988 ist.
c) Die Veranlagungsgemeinschaft ist im Ausland Gegenstand einer umfassenden persönlichen oder sachlichen Befreiung.

Bei AIF in Immobilien im Sinne des AIFMG gilt das Vermögen stets als nach den Grundsätzen der Risikostreuung angelegt.

Vollzugsklausel

§ 43. Mit der Vollziehung dieses Bundesgesetzes ist hinsichtlich des § 37 der Bundesminister für Justiz betraut, hinsichtlich aller übrigen Bestimmungen der Bundesminister für Finanzen.

Übergangsvorschriften

§ 43a. Kapitalanlagegesellschaften für Immobilien, die vor dem 22. Juli 2013 Tätigkeiten nach diesem Bundesgesetz ausüben, haben alle erforderlichen Maßnahmen zu setzen, um den aufgrund des AIFM-Gesetzes erlassenen Vorschriften nachzukommen und haben binnen eines Jahres nach Ablauf dieses Datums einen Antrag auf Konzession als AIFM zu stellen. Ansonsten entfällt die Berechtigung zur Verwaltung der Immobilienfonds.

In-Kraft-Treten

§ 44. (1) Dieses Bundesgesetz tritt mit 1. September 2003 in Kraft.

(2) § 1 Abs. 3, § 13 Abs. 3 und § 29 Abs. 4 in der Fassung des Bundesgesetzes BGBl. I Nr. 37/2005 treten mit 1. Juli 2005 in Kraft.

(3) § 15 Abs. 2 in der Fassung des Bundesgesetzes BGBl. I Nr. 134/2006 tritt mit 1. Juli 2007 in Kraft. Die Anlage C in der Fassung des Bundesgesetzes BGBl. I Nr. 134/2006 tritt mit 1. Jänner 2007 in Kraft.

(4) § 7 Abs. 1, § 13 Abs. 3, § 14 Abs. 3, § 15 Abs. 2, § 19, § 22 Abs. 4, § 23 Abs. 3 (Anm.: richtig: § 23 Abs. 2), § 36 Abs. 1, § 38 Abs. 1 in der Fassung des Bundesgesetzes BGBl. I Nr. 69/2008 treten mit dem der Kundmachung folgenden Tag in Kraft.

(5) § 34 Abs. 5 in der Fassung des Bundesgesetzes BGBl. I Nr. 152/2009 tritt mit 1. Jänner 2010 in Kraft. Die Anzeigen gemäß § 34 Abs. 5 in der Fassung des Bundesgesetzes BGBl. I Nr. 152/2009 können bis zum 30. Juni 2010 auch gemäß Immobilien-Investmentfondsgesetz in der Fassung des Bundesgesetzes BGBl. I Nr. 69/2008 rechtsgültig erfüllt werden.

(6) § 40 und § 42 in der Fassung des Budgetbegleitgesetzes 2011, BGBl. I Nr. 111/2010, treten mit 1. April 2012 in Kraft. Davon abweichend gilt § 40 Abs. 3 in der Fassung des Budgetbegleitgesetzes 2011, BGBl. I Nr. 111/2010, erstmals für nach dem 31. Dezember 2010 angeschaffte Anteilscheine; für bis zum 31. Dezember 2010 angeschaffte Anteilscheine gilt weiterhin § 40 Abs. 3 in der Fassung vor dem Budgetbegleitgesetz 2011, BGBl. I Nr. 111/2010. § 42 Abs. 2 in der Fassung vor dem Budgetbegleitgesetz 2011, BGBl. I Nr. 111/2010, ist letztmalig bei der Veranlagung 2012 insoweit anzuwenden, als Ausschüttungen oder ausschüttungsgleiche Erträge vor dem 1. April 2012 zufließen oder als zugeflossen gelten. Abweichend von § 40 Abs. 2 Z 2 in der Fassung vor dem Budgetbegleitgesetz 2011, BGBl. I Nr. 111/2010, kann der Nachweis der ausschüttungsgleichen Erträge ab dem 1. Jänner 2012 ausschließlich durch einen steuerlichen Vertreter erbracht werden. Als steuerlicher Vertreter kann nur ein inländischer Wirtschaftstreuhänder oder eine Person bestellt werden, die vergleichbare fachliche Qualifikationen nachweist.

(7) § 3 Abs. 2 und 3 Z 1, § 6 Abs. 6, § 11 Abs. 4, § 32 Abs. 1 Z 3 und Abs. 2, § 33 Abs. 3 Z 1, § 34 Abs. 2 Z 8 und Abs. 5 und § 38 Abs. 1 und 3 in der Fassung des Bundesgesetzes BGBl. I Nr. 77/2010 treten mit 1. September 2011 in Kraft.

(8) § 38 Abs. 1 und 2 in der Fassung des 2. Stabilitätsgesetzes 2012, BGBl. I Nr. 35/2012, tritt mit 1. Mai 2012 in Kraft.

(9) § 35 Abs. 1a in der Fassung des Bundesgesetzes BGBl. I Nr. 83/2012 tritt mit 1. Juli 2012 in Kraft.

(10) § 38 Abs. 3 in der Fassung des Bundesgesetzes BGBl. I Nr. 70/2013 tritt mit 1. Jänner 2014 in Kraft.

(11) § 1 Abs. 1, 1a und 1b, § 2 Abs. 1 und 2 und § 43a mit Überschrift in der Fassung des Bundesgesetzes BGBl. I Nr. 135/2013 treten mit 22. Juli 2013 in Kraft. § 2 Abs. 12 und 13 in der Fassung des Bundesgesetzes BGBl. I Nr. 135/2013 tritt mit 1. Jänner 2014 in Kraft.

VI. Normenteil

(12) § 40 bis § 42 jeweils in der Fassung des Bundesgesetzes BGBl. I Nr. 135/2013 gelten erstmals für Geschäftsjahre von Immobilienfonds und AIF in Immobilien im Sinne des AIFMG, die nach dem 21. Juli 2013 beginnen.

(13) § 33 Abs. 1 und § 35 Abs. 1 in der Fassung des Bundesgesetzes BGBl. I Nr. 184/2013 treten mit 1. Jänner 2014 in Kraft.

Anlage A

Schema A
Schema für den Prospekt über die Kapitalanlagegesellschaft für Immobilien und den Immobilienfonds

Abschnitt I. Angaben über die Kapitalanlagegesellschaft für Immobilien

1. Firma und Sitz; Rechtsform; Gründungszeitpunkt; Ort der Hauptverwaltung, wenn dieser nicht mit dem Gesellschaftssitz zusammenfällt; Angabe des Registers und der Registereintragung; geltende Rechtsordnung
2. Angabe sämtlicher von der Gesellschaft verwalteter Immobilienfonds
3. Name und Funktion der Mitglieder der Geschäftsleitung und des Aufsichtsrates
4. Höhe des Grund(Stamm)kapitals der Gesellschaft; nicht eingezahlte Beträge des gezeichneten Kapitals
5. Geschäftsjahr
6. Angabe der Aktionäre (Gesellschafter), die auf die Gesellschaft unmittelbar oder mittelbar einen beherrschenden Einfluss ausüben oder ausüben können.

Abschnitt II. Angaben über den Immobilienfonds

1. Bezeichnung des Fonds
2. Zeitpunkt der Gründung des Fonds
3. Angabe der Stelle, bei der die Fondsbestimmungen sowie die nach dem ImmoInvFG vorgesehenen Berichte erhältlich sind
4. Die steuerliche Behandlung des Anteilscheines
5. Stichtag für den Rechnungsabschluss und Angabe der Häufigkeit und Form der Ausschüttung
6. Name des Bankprüfers
7. Voraussetzungen, unter denen die Verwaltung des Fonds gekündigt werden kann; Kündigungsfrist
8. Angabe der Art und der Hauptmerkmale der Anteile, insbesondere:
   – Originalurkunden oder Zertifikate über diese Urkunden, Eintragung in einem Register oder auf einem Konto
   – Merkmale der Anteile: Namens- oder Inhaberpapiere, gegebenenfalls Angabe der Stückelung
   – Rechte der Anteilinhaber, insbesondere bei Kündigung
   – Je Immobilie: Anschaffungskosten, vermietbare Flächen, Errichtungsjahr, Summe der Kosten der durchgeführten Instandsetzungs-, Instandhaltungs-, Erhaltungs- und Verbesserungsarbeiten, Summe der Kosten geplanter Instandsetzungs-, Instandhaltungs-, Erhaltungs- und Verbesserungsarbeiten, Art der Betriebskostenverrechnung
   – Bücherliche Belastung und sonstige Belastungen, soweit sie für die Wertermittlung von wesentlicher Bedeutung sind, je Immobilie
   – Darstellung des Kaufpreises der angebotenen Veranlagung samt aller Nebenkosten
   – Art und Umfang der grundbücherlichen Sicherung der Veranlagung
   – Projektierte Rentabilität und Berechnungsmethode der Rentabilität
9. Angabe der Börsen oder Märkte, an denen die Anteile amtlich notiert oder gehandelt werden
10. Modalitäten und Bedingungen der Ausgabe und den Verkauf der Anteile
11. Modalitäten und Bedingungen der Rücknahme oder Auszahlung der Anteile und Voraussetzungen, unter denen diese ausgesetzt werden kann
12. Beschreibung der Regeln für die Ermittlung und Verwendung der Erträge und Beschreibung der Ansprüche der Anteilinhaber auf Erträge
13. Beschreibung der Anlageziele des Immobilienfonds, einschließlich der finanziellen Ziele (zum Beispiel Kapital- oder Ertragssteigerung), der Anlagepolitik (zum Beispiel Immobilienspezialisierung auf geographische Gebiete oder Wirtschaftsbereiche), etwaiger Beschränkungen bei dieser Anlagepolitik sowie der Angabe der Befugnisse der Kreditaufnahme, von denen bei der Verwaltung des Immobilienfonds Gebrauch gemacht werden kann
14. Bewertungsgrundsätze

15. Ermittlung der Verkaufs- oder Ausgabe- und der Auszahlungs- oder Rücknahmepreise der Anteile, insbesondere:
    – Methode und Häufigkeit der Berechnung dieser Preise
    – Angaben der mit dem Verkauf, der Ausgabe, der Rücknahme oder Auszahlung der Anteile verbundenen Kosten
    – Angaben von Art, Ort und Häufigkeit der Veröffentlichung dieser Preise
16. Angaben über die Methode, die Höhe und die Berechnung der zu Lasten des Immobilienfonds gehenden Vergütungen für die Kapitalanlagegesellschaft für Immobilien, die Depotbank oder Dritte und der Unkostenerstattungen an die Kapitalanlagegesellschaft für Immobilien, die Depotbank oder Dritte durch den Immobilienfonds
17. sofern Dienste externer Beratungsfirmen oder Anlageberater in Anspruch genommen werden und die Vergütungen hiefür zu Lasten des Immobilienfonds gehen, Angaben über:
    – den Namen der Firma oder des Beraters
    – Einzelheiten des Vertrages mit der Verwaltungsgesellschaft oder der Investmentgesellschaft, die für die Anteilinhaber von Interesse sind
    – andere Tätigkeiten von Bedeutung

Abschnitt III. Angaben über die Depotbank

1. Firma, Rechtsform; Sitz und Ort der Hauptverwaltung, wenn dieser nicht mit dem Gesellschaftssitz zusammenfällt
2. Angaben über den Vertrag der Depotbank mit der Kapitalanlagegesellschaft für Immobilien
3. Haupttätigkeit der Depotbank

Anlage B

Schema B
Schema für die Informationen über den Immobilienfonds, die in den periodischen Berichten enthalten sein müssen

1. Vermögensstand
   – Wertpapiere
   – Immobilien und immobiliengleiche Rechte
      a) Lage und regionale Verteilung
      b) Größe
      c) Errichtungsjahr
      d) Anschaffungsjahr
      e) Anschaffungskosten, getrennt nach Kaufpreis und Nebenkosten, oder Herstellungskosten
      f) Vermietbare Flächen
      g) Art der Betriebskostenverrechnung
      h) Summe der Kosten durchgeführter Instandsetzungen, Instandhaltungen, Erhaltungsarbeiten, Verbesserungsarbeiten und Erweiterungen
      i) Summe der Kosten geplanter Instandsetzungen, Instandhaltungen, Erhaltungsarbeiten, Verbesserungsarbeiten und Erweiterungen
      j) Kosten der Verwaltung, soweit sie nicht unter Betriebskosten verrechnet wurden
      k) Baubehördliche Auflagen, sofern für die Wertermittlung von Bedeutung
      l) Bücherliche Belastungen und sonstige Belastungen, soweit sie für die Wertermittlung von wesentlicher Bedeutung sind
      m) Feuerversicherung, deren Versicherungssumme und Deckungsgrad
      n) gewählte Bewertungsansätze
   – Bankguthaben
   – Sonstiges Vermögen
   – Vermögen insgesamt
   – Verbindlichkeiten
   – Nettobestandswert
2. Anzahl der umlaufenden Anteile
3. Nettobestandswert je Anteil
4. Wertpapierbestand, wobei zu unterscheiden ist zwischen:
   a) Wertpapieren, die zur amtlichen Notierung an einer Wertpapierbörse zugelassen sind
   b) Wertpapieren, die auf einem anderen geregelten Markt gehandelt werden samt folgenden zusätzlichen Angaben:

VI. Normenteil

- es ist je eine Gliederung nach geeigneten Kriterien für den Immobilienfonds (zum Beispiel nach wirtschaftlichen oder geographischen Kriterien, nach Devisen usw.) nach prozentuellen Anteilen am Reinvermögen vorzunehmen; für jeden vorstehend bezeichneten Vermögensgegenstand ist ein Anteil am Gesamtvermögen des Fonds sowie die Emissionswährung, die Nominalverzinsung (soweit vorhanden), der Wertpapierkurs und der Währungskurs anzugeben
- Angaben der Veränderungen in der Zusammensetzung des Vermögensbestandes während des Berichtszeitraumes
5. Angaben über die Entwicklung des Vermögens des Immobilienfonds während des Berichtszeitraumes, die Folgendes umfassen:
   - Erträge aus Anlagen
   - sonstige Erträge
   - Aufwendungen für die Verwaltung
   - Aufwendungen für die Depotbank
   - sonstige Aufwendungen und Steuern/Gebühren
   - Nettoertrag
   - Ausschüttungen und wiederangelegte Erträge
   - Erhöhung oder Verminderung der Kapitalrechnung
   - Mehr- oder Minderwert der Anlagen
   - etwaige sonstige Änderungen, welche das Vermögen und die Verbindlichkeiten des Immobilienfonds berühren
6. Vergleichende Übersicht über die letzten fünf Rechnungsjahre, wobei zum Ende jedes Rechnungsjahres Folgendes anzugeben ist:
   - Fondsvermögen
   - Errechneter Wert je Anteil (Rechenwert)
   - Wertentwicklung in Prozent
   - bisher ausgewiesene Erträge
7. Angabe des Betrages der bestehenden Verbindlichkeiten aus von der Kapitalanlagegesellschaft für Immobilien für den Immobilienfonds im Berichtszeitraum getätigten Geschäften, wobei nach Kategorien zu differenzieren ist
8. Ausschüttung je Anteil
9. Steuerliche Behandlung des Anteilscheines unter der Annahme, dass der Anteilinhaber den Anteil während des gesamten Geschäftsjahres des Fonds besessen hat.

Anlage C

Schema C
Schema für den vereinfachten Prospekt

1. Kurzdarstellung des Immobilienfonds
   - Datum seiner Gründung
   - die verwaltende Kapitalanlagegesellschaft für Immobilien – (gegebenenfalls) Angaben über externe Beraterfirmen – (gegebenenfalls) Angaben über Unternehmen, an die delegiert wurde
   - Depotbank
   - Abschlussprüfer
   - den Immobilienfonds anbietende Finanzgruppe (zB ein Kreditinstitut)
2. Anlageinformationen
   - Kurzdefinition des Anlageziels/der Anlageziele des Immobilienfonds (zB Immobilienspezialisierung nach geografischen Kriterien und/oder Immobilienarten)
   - Anlagestrategie des Immobilienfonds und kurze Beurteilung des Risikoprofils des Immobilienfonds
   - bisherige Wertentwicklungen des Immobilienfonds und ein Warnhinweis, dass die bisherige Wertentwicklung kein Indiz für die zukünftige Wertentwicklung ist – derartige Informationen können in den Prospekt eingefügt oder angehängt werden
   - Profil des typischen Anlegers, für den der Immobilienfonds konzipiert ist
3. Wirtschaftliche Informationen
   - Geltende Steuervorschriften

D. Einführung in das österreichische Investmentrecht

- Ein- und Ausstiegsprovisionen
- etwaige sonstige Provisionen und Gebühren, wobei danach zu unterscheiden ist, welche vom Anteilinhaber zu entrichten sind, und welche aus dem Sondervermögen des Immobilienfonds zu zahlen sind
4. Den Handel betreffende Informationen
   - Art und Weise des Erwerbs der Anteile
   - Art und Weise der Veräußerung der Anteile
   - Häufigkeit und Ort sowie Art und Weise der Veröffentlichung bzw. Zurverfügungstellung der Anteilspreise
5. Zusätzliche Informationen
   - Hinweis darauf, dass auf Anfrage der vollständige Prospekt
     sowie die Jahres- und Halbjahresberichte kostenlos vor und nach Vertragsschluss angefordert werden können
   - zuständige Aufsichtsbehörde
   - Angabe einer Kontaktstelle (Person/Abteilung; Zeiten usw.),
     bei der gegebenenfalls weitere Auskünfte eingeholt werden können,
   - Veröffentlichungsdatum des Verkaufsprospekts

Artikel 1
(Anm.: Zu den §§ 7, 15, 19, 22, 36 und 38, BGBl. I Nr. 80/2003)

Dieses Bundesgesetz dient der Umsetzung der Richtlinie 2007/16/EG der Europäischen Kommission zur Durchführung der Richtlinie 85/611/EG des Rates (ABl. Nr. L 375 vom 31.12.1985, S. 3) zur Koordinierung der Rechts- und Verwaltungsvorschriften betreffend bestimmte Organismen für gemeinsame Anlagen in Wertpapieren (OGAW) in der Fassung der Richtlinie 2005/1/EG des Europäischen Parlaments und des Rates (ABl. Nr. L 79 vom 24.3.2005, S. 9) im Hinblick auf die Erläuterung gewisser Definitionen (ABl. Nr. L 79 vom 20.3.2007, S. 11).

Artikel 1
(Anm.: Zu §§ 3, 6, 11, 32, 33, 34 und 38, BGBl. I Nr. 80/2003)

Dieses Bundesgesetz dient der Umsetzung der Richtlinie 2009/65/EG zur Koordinierung der Rechts- und Verwaltungsvorschriften betreffend bestimmte Organismen für gemeinsame Anlagen in Wertpapieren (OGAW) (ABl. Nr. L 302 vom 17.11.2009, S. 32) sowie der Richtlinie 2010/43/EU zur Durchführung der Richtlinie 2009/65/EG im Hinblick auf organisatorische Anforderungen, Interessenkonflikte, Wohlverhalten, Risikomanagement und den Inhalt der Vereinbarung zwischen Verwahrstelle und Verwaltungsgesellschaft (ABl. L 176 vom 10.07.2010, S. 42) und der Richtlinie 2010/42/EU zur Durchführung der Richtlinie 2009/65/EG in Bezug auf Bestimmungen über Fondsverschmelzungen, Master-Feeder-Strukturen und das Anzeigeverfahren (ABl. L 176 vom 10.7.2010, S. 28) sowie der Richtlinie 2010/78/EU zur Änderung der Richtlinien 98/26/EG, 2002/87/EG, 2003/6/EG, 2003/41/EG, 2003/71/EG, 2004/39/EG, 2004/39/EG, 2004/109/EG, 2005/60/EG, 2006/48/EG, 2006/49/EG und 2009/65/EG im Hinblick auf die Befugnisse der Europäischen Aufsichtsbehörde (Europäische Bankenaufsichtsbehörde), der Europäischen Aufsichtsbehörde (Europäische Aufsichtsbehörde für das Versicherungswesen und die betriebliche Altersversorgung) und der Europäischen Aufsichtsbehörde (Europäische Wertpapier- und Marktaufsichtsbehörde) – ABl. Nr. L 331 vom 15.12.2010, S. 120). Im Rahmen der Neufassung des Investmentfondsgesetzes (Artikel 2) wird auch die bereits mit BGBl. I Nr. 69/2008 umgesetzte Richtlinie 2007/16/EG berücksichtigt.

Artikel 1
Umsetzungshinweis
(Anm.: Zu den §§ 1, 2, 40, 41, 42 und 43a, BGBl. I Nr. 80/2003)

Mit diesem Bundesgesetz werden
1. die Richtlinie 2011/61/EU über die Verwalter alternativer Investmentfonds und zur Änderung der Richtlinien 2003/41/EG und 2009/65/EG und der Verordnungen (EG) Nr. 1060/2009 und (EU) Nr. 1095/2010 ABl. Nr. L 174 vom 1.7.2011 S. 1, in der Fassung der Berichtigung ABl. Nr. L 155 vom 27.4.2012 S. 35 umgesetzt sowie
2. die Voraussetzungen für das Wirksamwerden der
   a) Verordnung (EU) Nr. 345/2013 über Europäische Risikokapitalfonds, ABl. Nr. L 115 vom 25.4.2013, S 1 und

VI. Normenteil

b) Verordnung (EU) Nr. 346/2013 über Europäische Fonds für soziales Unternehmertum, ABl. Nr. L 115 vom 25.4,2013, S 18 und
geschaffen.

Artikel 1
(Anm.: Zu den §§ 33 und 35, BGBl. I Nr. 80/2003)

Dieses Bundesgesetz dient der Umsetzung der Richtlinie 2013/36/EU über den Zugang zur Tätigkeit von Kreditinstituten und die Beaufsichtigung von Kreditinstituten und Wertpapierfirmen, zur Änderung der Richtlinie 2002/87/EG und zur Aufhebung der Richtlinien 2006/48/EG und 2006/49/EG, ABl. Nr. L 176 vom 27.6.2013 S. 338, und zur Anpassung des Aufsichtsrechts an die Verordnung (EU) Nr. 575/2013 über Aufsichtsanforderungen an Kreditinstitute und Wertpapierfirmen und zur Änderung der Verordnung (EU) Nr. 648/2012, ABl. Nr. L 176 vom 27.6.2013 S. 1, sowie der Umsetzung der Richtlinie 2011/89/EU zur Änderung der Richtlinien 98/78/EG, 2002/87/EG, 2006/48/EG und 2009/138/EG hinsichtlich der zusätzlichen Beaufsichtigung der Finanzunternehmen eines Finanzkonglomerats, ABl. Nr. L 326 vom 8.12.2011 S. 113.

E. Schweizer Investmentrecht

I. Einführung in das Schweizer Investmentrecht und seine flankierenden Materien einschliesslich historischer Bezüge

Die Schweizer Finanzmarktrechtsarchitektur ruht in ihrem Kern auf den Säulen des Bundesgesetzes über die Banken und Sparkassen vom 8. November 1934 (Bankengesetz, BankG), dem Bundesgesetz über die Börsen und den Effektenhandel vom 24. März 1995 (Börsengesetz, BEHG), dem Bundesgesetz über die eidgenössische Finanzmarktaufsicht vom 22. Juni 2007 (Finanzmarktaufsichtsgesetz, FINMAG) und für den Bereich der kollektiven Kapitalanlagen auf dem Bundesgesetz über die kollektiven Kapitalanlagen vom 23. Juni 2006 (Kollektivanlagengesetz, KAG). 1

1. Vom AFG zum KAG

a) Das AFG von 1966

Die Historie des KAG lässt sich auf das 1966 geschaffene Bundesgesetz über die Anlagefonds (Anlagefondsgesetz, AFG) zurückverfolgen. Dieses wurde geschaffen, um Anleger vor den verschiedenen Gefahren, die Kollektivvermögen aufweisen, zu schützen. Dies sollte insbesondere durch eine verhältnismässig strenge Limitierung der Anlagemöglichkeiten auf Wertpapiere und Immobilien sowie durch ein Aussonderungsrecht im Konkurs der Fondsleitung gewährleistet werden. 2

b) Das AFG von 1994

Primär in Reaktion auf die Auswirkungen des Inkrafttreten der europäischen Richtlinie 85/611/EWG des Rates vom 20. Dezember 1985 betreffend bestimmte Organismen für gemeinsame Anlagen in Wertpapieren (OGAW I bzw. UCITS I-Richtlinie), welche grosszügigere Anlagevorschriften als das AFG bot und zur Ausprägung eines neuen Standards für Fonds in Europa führte, wurde eine Totalrevision des AFG erforderlich. Kernintentionen dieser Revision waren gemäss der zugrundeliegenden Botschaft die Wiederherstellung der Konkurrenzfähigkeit des Finanzplatzes Schweiz und die Steigerung seiner Attraktivität auf europäischer und internationaler Ebene, die Anpassung des Gesetzes an die OGAW I-Richtlinie und die Verbesserung des Anlegerschutzes durch erhöhte Transparenz. Das entsprechend erneuerte Bundesgesetz über die Anlagefonds vom 18. März 1994 trat am 1. Januar 1995 in Kraft. Flankiert wurde das AFG von 1994 durch die Verordnung über die Anlagefonds vom 19. Oktober 1994 (AFV) und die später geschaffene Verordnung der Eidgenössischen Bankenkommission (EBK) über die Anlagefonds vom 24. Januar 2001 (AFV-EBK).[1] 3

Als alleiniger Gesetzeszweck wurde der Anlegerschutz unverändert fortgeschrieben, und auch der Geltungsbereich blieb insofern unverändert, als Anlagefonds schweizerischen Rechts weiterhin lediglich in vertraglicher Form zugelassen wurden. Neu wurden allerdings die bankinternen Sondervermögen explizit gesetzlich geregelt und ebenso die bis dahin nur in der Verordnung über die ausländischen Anlagefonds vom 13. Januar 1971 enthaltenen Anordnungen betreffend ausländische Anlagefonds auf Gesetzesstufe erhoben. Die Anpassung an die OGAW I-Richtlinie wurde durch Schaffung einer Kategorie EU-kompatibler Anlagefonds, die sogenannten Effektenfonds, eingeleitet. Zudem wurden durch die Implementierung der zwingenden juristischen Trennung von Fondsleitung und 4

---

[1] Vgl. *Eidgenössisches Finanzdepartement*, Erläuterungsbericht Totalrevision AFG 2003, S. 12f.

Depotbank sowie durch verschärfte Informations- und Publikationsvorschriften, die mehr Transparenz zugunsten der Anleger sichern sollten, weitere Schwerpunkte der OGAW I-Richtlinie ins Schweizer Anlagefondsrecht transponiert. Im Sinne der Attraktivitätssteigerung bzw. der Wiederherstellung der Wettbewerbsfähigkeit des Fondsplatzes Schweiz wurden als neue Fondskategorie die „Übrigen Fonds" und „Übrigen Fonds mit besonderem Risiko" geschaffen, neu die Unterteilung von Fonds in Segmente (Umbrella-Fonds) zugelassen und die Möglichkeit, von modernen Anlagetechniken und derivativen Anlageinstrumenten Gebrauch zu machen, eröffnet.

2. Das KAG und seine Revisionen

a) Das KAG von 2006

5   Auch der Anstoss zum nächsten Paradigmenwechsel in der Schweizer Regulierung des Fondswesens ging von der Europäischen Union (EU) aus. Die OGAW I-Richtlinie mit ihren restriktiven Bestimmungen liess schon bald den Ruf nach Revision laut werden. Diese wurde nach einigen Anläufen mit der Annahme der beiden Richtlinien 2001/107/EG („EU-Dienstleistungsrichtlinie") und 2001/108/EG („EU-Produkterichtlinie"), gemeinsam die sogenannte OGAW III bzw. UCITS III-Richtlinie, durch das Europäische Parlament am 23. Oktober 2001 erreicht. Die EU-Produkterichtlinie dehnte unter anderem den Geltungsbereich der OGAW I-Richtlinie auf Geldmarktfonds, OGAW-Dachfonds („Fund of Funds") und Fonds, die in Bankguthaben anlegen dürfen („Cash-Funds") aus. Die EU-Dienstleistungsrichtlinie brachte als wichtigste Neuerung einen für den gesamten harmonisierten Markt der teilnehmenden Staaten des Europäischen Wirtschaftsraumes (EWR) gültigen Europa-Pass für Fondsleitungen, der effizientes Tätigwerden in anderen Mitgliedstaaten ermöglichte. Zudem wurde ihnen die Erbringung weiterer wichtiger Dienstleistungen wie die individuelle Vermögensverwaltung und die Anlageberatung gestattet. In weiterer Verstärkung der Transparenz zugunsten der Anleger wurde das neue Instrument des „vereinfachten Prospektes" geschaffen.[2]

6   Ursprünglich war geplant, die neuen EU-Richtlinien in der Schweiz im Rahmen einer Revision des AFG umzusetzen. Es gelang auch tatsächlich zunächst einen Teil der EU-Richtlinien auf Verordnungsstufe via AFV und AFV-EBK überzuführen, letztlich wurde allerdings mit der Schaffung eines neuen Kollektivanlagegesetzes ein umfassendes neues Regelwerk implementiert, welches auch jene Bestimmungen umsetzte, die nicht bereits auf Verordnungsstufe verankert werden konnten.[3] Das Bundesgesetz über die kollektiven Kapitalanlagen vom 23. Juni 2006 trat am 1. Januar 2007 in Kraft. Flankiert wurde es wiederum durch zwei Verordnungen, nämlich die Verordnung über die kollektiven Kapitalanlagen vom 22. November 2006 (Kollektivanlagenverordnung, KKV) und die Verordnung der Eidgenössischen Finanzmarktaufsicht (FINMA) über die kollektiven Kapitalanlagen vom 21. Dezember 2006 (Kollektivanlagenverordnung-FINMA, KKV-FINMA).

7   Mit dem KAG sollte also zunächst die Schweizer Anlagefondsgesetzgebung an die revidierte Regelung in der EU angepasst und zu einer umfassenden Regelung der kollektiven Kapitalanlagen ausgebaut werden. Zudem sollten identifizierte Standortnachteile beseitigt werden. Dazu gehörte insbesondere der beschränkte Vehikelkatalog des AFG, welcher lediglich Vermögen, die aufgrund eines Kollektivanlagevertrages verwaltet werden, berücksichtigte. Neu wurde die gesellschaftsrechtliche Form des Anlagefonds wie die Investmentgesellschaft mit variablem Kapital (Société d'investissement à capital variable, SICAV) und die Investmentgesellschaften mit festem Kapital (Société d'investissement à capital fixe, SICAF) und die Kommanditgesellschaft für kollektive Kapitalanlagen (KGK) geschaffen bzw. unterstellt. Ausserdem wurde das Anlegerschutzinstrumentarium weiter verfeinert indem zwischen gewöhnlichen und qualifizierten Anlegern unterschieden wurde.[4]

---

[2] Vgl. *Eidgenössisches Finanzdepartement,* Erläuterungsbericht Totalrevision AFG 2003, S. 17 f.
[3] Vgl. *Botschaft zum Kollektivanlagengesetz 2005,* S. 6404.
[4] Vgl. *Botschaft zum Kollektivanlagengesetz 2005,* S. 6396 f.

I. Einführung in das Schweizer Investmentrecht

Im EU-Raum schritt die Rechtsentwicklung im Zusammenhang mit kollektiven Kapitalanlagen weiter voran. Bereits Mitte 2009 wurde die Richtlinie 2009/65/EG des europäischen Parlaments und des Rates zur Koordinierung der Rechts- und Verwaltungsvorschriften betreffend UCITS, die sogenannte OGAW IV bzw. UCITS IV-Richtlinie verabschiedet, welche anfangs Dezember 2009 in Kraft trat und innert zweier Jahre von den Mitgliedstaaten umgesetzt werden musste. Durch diese Richtlinie wurden nicht nur weitere Effizienzsteigerungsinstrumente für die Fondsbranche wie zum Beispiel Master-Feeder-Fondsstrukturen geschaffen, sondern mit dem Key Investor Information Dokument (KIID) auch zugunsten der Anleger ein weiter verfeinertes Informationsdokument verbindlich verankert. Die faktisch erforderliche Harmonisierung des Schweizer Rechtsrahmens wurde in diesem Fall durch eine Änderung der KKV bewirkt. Am 29. Juli 2011 erfolgte der entsprechende Beschluss des Schweizer Bundesrats und bereits am 15. Juli 2011, lediglich 15 Tage nach Inkrafttreten der europäischen Bestimmungen, wurden auch die parallelen Schweizer Bestimmungen rechtswirksam. Wesentlich schwerwiegendere Auswirkungen auf die Schweizer Kollektivanlagengesetzgebung als die UCITS IV-Richtlinie hatte allerdings die nächste EU Regulierungsmassnahme in Gestalt der Richtlinie 2011/61/EU des Europäischen Parlaments und des Rates vom 8. Juni 2011 über die Verwalter alternativer Investmentfonds, die sogenannte AIFM-RL. 8

b) Das revidierte KAG von 2012

Diese AIFM-Richtlinie wurde seitens der EU als Reaktion auf die schwere Finanzkrise von 2007/2008 lanciert, um identifizierte Regulierungslücken im Zusammenhang mit Alternativinvestmentfonds (AIFs) und vor allem bezüglich deren Verwalter zu adressieren und so inskünftig der Entwicklung systemischer Risiken besser entgegenwirken zu können. Dazu verlangt die Richtlinie, dass sich Verwalter von Alternativinvestmentfonds (AIFMs), die in oder aus der EU AIFs verwalten oder solche bei qualifizierten Investoren platzieren wollen, regulieren lassen. Zu diesem Zweck wurden durch die Richtlinie AIFMs erstmals EU-weit einem einheitlichen Regulierungsstandard unterworfen. Im Gegenzug zur Regulierung wird den AIFMs ab 2013 ein europäischer Pass nach dem Vorbild des UCITS III-Passes für Fondsleitungen gewährt. Das Hauptaugenmerk der AIFM-RL liegt also auf AIFMs, gleichzeitig wirkt sie allerdings auch erheblich auf die Produktebene ein. So wurden zum Beispiel die Pflichten von für europäische AIFs tätige Depotbanken erheblich erweitert. Die AIFM-RL wurde am 11. November 2010 vom EU-Parlament verabschiedet und trat am 21. Juli 2011 mit zweijähriger Überführungsfrist für die Mitgliedstaaten in Kraft.[5] 9

Obgleich die Schweiz als Nicht-EU-Mitgliedstaat nicht zur Überführung der Richtlinie in nationales Recht verpflichtet ist, entschloss man sich wiederum zu diesem Schritt, um Schweizer Anbietern und ihren Produkten weiterhin einen einigermassen gleichwertigen Zugang zum wichtigen europäischen Markt zu sichern. Dazu wurde im Sommer 2011 eine neuerliche Teilrevision des KAG lanciert und am 28. September 2012 die Teilrevision des KAG vom Schweizer Parlament angenommen. Gleichzeitig wurde auch die KKV einer Überarbeitung unterzogen. Zu den wesentlichen Änderungen der Teilrevision des KAG gehört, dass neu grundsätzlich auch Schweizer Vermögensverwalter von ausländischen AIFs der Aufsicht der FINMA unterstellt sind. Zu beachten ist weiter, dass diese jüngste Teilrevision des KAG nicht nur eine Angleichung des Schweizer Rechtsbestands an die AIFM-RL im Zusammenhang mit der Beaufsichtigung von AIFMs zeitigte, sondern gleichzeitig auch eine Annäherung an europäische Standards im Zusammenhang mit Platzierungsregeln und hinsichtlich des Definitionsbestands bezüglich qualifizierter Anlegern bewirkte.[6] 10

Als weiterer Ausfluss der KAG-Revision bedürfen ausländische AIFs nunmehr eines offiziellen Schweizer Vertreters und einer Schweizer Zahlstelle sofern die AIFs in der Schweiz 11

---

[5] Vgl. *Derungs/Dobrauz,* Tafeln zum Schweizer Kollektivanlagenrecht, S. 3.
[6] Vgl. *Botschaft über die Änderung des Kollektivanlagengesetz 2012,* S. 3640 ff.

aktiv bei anderen qualifizierten Anlegern als beaufsichtigten Finanzintermediären gemäss Art. 10 Abs. 3 lit. a KAG oder beaufsichtigten Versicherungen gemäss Art. 10 Abs. 3 lit. b KAG platziert werden sollen. Zusätzlich wurde die Pflicht zur Erlangung einer dafür erforderlichen Vertriebsträgerbewilligung erweitert. Letzteres Erfordernis ist nicht zuletzt deshalb von erheblicher Bedeutung, als der bisher massgebliche Anknüpfungspunkt der „öffentlichen Werbung" durch den umfassenderen Vertriebsbegriff ersetzt wurde, die Definition des qualifizierten Anlegers durch die KAG-Teilrevision Einschränkungen erfahren hat und zudem Bewilligungsträger und zum Vertrieb beigezogene Dritte einer Protokollierungspflicht von Kundengesprächen unterstehen und dabei sowohl die Kundenbedürfnisse als auch die Gründe für jede Empfehlung zum Erwerb einer bestimmten kollektiven Kapitalanlage festhalten müssen. Anders als im Fall von ausländischen Fonds, die in der Schweiz zum öffentlichen Vertrieb (dh zum Vertrieb an nicht qualifizierte Anleger) zugelassen werden und für welche ebenfalls ein Vertreter sowie eine Zahlstelle zu bestellen sind, ist es jedoch bei AIFs, die auch unter teilrevidiertem Recht nicht publikumsfähig werden, nicht erforderlich, die wesentlichen Dokumente des Produktes durch die FINMA genehmigen zu lassen.[7]

II. Schweizer Investmentrecht

1. Struktur des KAG und seine Fondstypen

a) Struktur

12   Das KAG ist in sieben Hauptabschnitte, sogenannte Titel, unterteilt. Der erste Titel enthält dabei allgemeine Bestimmungen zum Zweck und Geltungsbereich des KAG, zu den kollektiven Kapitalanlagen – hierbei insbesondere die Begriffsbestimmung –, zur Bewilligung und Genehmigung und zu den Verhaltensregeln. Der zweite Titel ist den vertraglichen Anlagefonds und der SICAV als Formen der offenen kollektiven Kapitalanlagen gewidmet und enthält entsprechend Anordnungen zu deren Anlagevorschriften sowie gemeinsame Bestimmungen. Diese umfassen insbesondere die Themenblöcke Depotbank, Prospekt, Wesentliche Informationen für die Anlegerinnen und Anleger, vereinfachter Prospekt, Stellung der Anleger, Buchführung, Bewertung und Rechenschaftsablage, offene kollektive Kapitalanlagen mit Teilvermögen und Umstrukturierung und Auflösung. Der dritte Titel enthält die Ausführungen zur KGK und zur SICAF als Formen der geschlossenen kollektiven Kapitalanlagen. Der vierte Titel ist den Bestimmungen zum Begriff und der Genehmigung der ausländischen kollektiven Kapitalanlagen und dem Vertreter ausländischer kollektiver Kapitalanlagen gewidmet. Im fünften und sechsten Titel finden sich die Bestimmungen zu Prüfung und Aufsicht sowie zur Verantwortlichkeit und die Strafbestimmungen. Im siebten Titel sind schliesslich die Schlussbestimmungen enthalten.

b) KAG Fondstypen und -klassifikation

13   Die erste und wichtigste Unterscheidung der dem KAG unterstellten kollektiven Kapitalanlagen folgt der Ausgestaltung ihres Liquiditätsprofils. Demnach kann zwischen offenen kollektiven Kapitalanlagen, also solchen mit Rückgaberecht, und geschlossenen kollektiven Kapitalanlagen ohne Rückgaberecht der Anleger unterschieden werden. Die offenen kollektiven Kapitalanlagen können sodann auf Basis der für sie geltenden Anlagevorschriften weiter in Effektenfonds, die im Wesentlichen den EU-OGAW- bzw. UCITS-Fonds entsprechen, in Immobilienfonds und in übrige Fonds für traditionelle und für alternative Anlagen unterteilt werden. Schliesslich können die offenen kollektiven Kapitalanlagen auch nach ihrem zulässigen Anlegerkreis in Publikumsfonds und Fonds für qualifizierte Anleger

---

[7] Vgl. *Derungs/Dobrauz*, Tafeln zum Schweizer Kollektivanlagenrecht, S. 5 und *Eidgenössisches Finanzdepartement*, Erläuterungsbericht Revision KKV 2012.

klassifiziert werden. Weiter kann bei kollektiven Kapitalanlagen allgemein nach der Rechtsform differenziert werden. Hierbei lassen sich die vertraglichen Anlagefonds, welche schon unter dem AFG existierten, und die mit der Schaffung des KAG ins schweizerische Recht eingeführten gesellschaftsrechtlich ausgestalteten Fonds in Gestalt der SICAV, SICAF und KGK unterscheiden. Bedeutsam ist, dass strukturierte Produkte dem KAG grundsätzlich nicht unterstellt sind, jedoch bestimmte parallele Anforderungen erfüllt sein müssen, damit ein Publikumsvertrieb erfolgen darf. Daneben gibt es Ausnahmen für weitere Sonderfälle und -konstellationen.

2. Geltungsbereich des KAG und Ausnahmen

a) Sachlicher Geltungsbereich

Art. 2 Abs. 1 lit. a KAG bestimmt zunächst, dass dem KAG unabhängig von ihrer Rechtsform sämtliche schweizerischen kollektiven Kapitalanlagen, und alle Personen, die diese verwalten, aufbewahren oder vertreiben, unterstehen. **14**

Art. 2 Abs. 1 lit. b KAG unterstellt dem KAG zusätzlich auch sämtliche ausländischen kollektiven Kapitalanlagen, die in der Schweiz vertrieben werden. Art. 2 Abs. 1 lit. c KAG ordnet an, dass dem KAG zudem sämtliche Personen, die in oder von der Schweiz aus ausländische kollektive Kapitalanlagen verwalten (Art. 2 Abs. 1 lit. c KAG) unterstehen, somit neu auch jene, welche für ausländische AIFs verwaltend tätig sind. Neu fallen gemäss Art. 18 Abs. 1 lit. c KAG auch schweizerische Zweigniederlassungen ausländischer Vermögensverwalter kollektiver Kapitalanlagen unter die Zulassungspflicht als Vermögensverwalter kollektiver Kapitalanlagen nach KAG, sofern sie einer angemessenen Aufsicht unterstehen, ausreichend organisiert sind und über genügend finanzielle Mittel und qualifiziertes Personal verfügen, zwischen FINMA und den zuständigen ausländischen Aufsichtsbehörde eine Kooperationsvereinbarung besteht und darüber hinaus auch die allgemeinen Bewilligungsvoraussetzungen erfüllt sind.

Vor der jüngsten KAG-Revision war lediglich bewilligungspflichtig, wer in der Schweiz entsprechend genehmigte schweizerische oder ausländischen kollektive Kapitalanlagen vertrieb. Durch Art. 2 Abs. 1 lit. d und e KAG wurde die Bewilligungspflicht auch auf sämtliche Personen, die in oder von der Schweiz aus ausländische kollektive Kapitalanlagen vertreiben, ausgedehnt. Hiervon ausgenommen ist lediglich, wer von der Schweiz aus ausländische kollektive Kapitalanlagen vertreibt, die ausschliesslich qualifizierten Anlegern gemäss Art. 10 Abs. 3, 3bis oder 3ter KAG oder entsprechendem ausländischen Recht vorbehalten sind. **15**

Gemäss Art. 2 Abs. 1 lit. f KAG untersteht dem KAG, wer in der Schweiz ausländische kollektive Kapitalanlagen vertritt. Dieser Umstand erlangte durch die jüngste KAG-Teilrevision erhöhte Bedeutung, als Art. 120 Abs. 4 KAG neu verlangt, dass ausländische kollektive Kapitalanlagen, die einzig an qualifizierte Anleger vertrieben werden, zwar keiner Genehmigung bedürfen, aber die Voraussetzungen nach Art. 120 Abs. 2 lit. c und d KAG jederzeit zu erfüllen haben. Diese umfassen einerseits das Verbot der Verwendung von Bezeichnungen für kollektive Kapitalanlagen, welche zu Täuschung oder Verwechslung Anlass geben könnten und andererseits das Erfordernis, für die in der Schweiz vertriebenen Anteile eine Zahlstelle und einen Vertreter zu ernennen. **16**

b) Ausnahmen

aa) Sonderfälle. In Art. 2 Abs. 2 KAG findet sich eine nicht abschliessende Liste der Ausnahmen vom Geltungsbereich des KAG. Diese umfassen zunächst gemäss Art. 2 Abs. 2 lit. a KAG Einrichtungen und Hilfseinrichtungen der beruflichen Vorsorge, einschliesslich Anlagestiftungen. Zur ersten Kategorie gehören dabei alle als juristische Personen ausgestalteten Einrichtungen, welche der Aufsicht gemäss Art. 61 des Bundesgesetzes über die berufliche Alters-, Hinterlassenen- und Invalidenvorsorge vom 25. Juni 1982 (BVG) unterstehen. Art. 2 Abs. 2 lit. b KAG stellt sodann Sozialversicherungseinrichtungen und Aus- **17**

gleichskassen, also spezialgesetzlich geregelte soziale Einrichtungen, vom KAG frei. Gemäss Art. 2 Abs. 2 lit. c KAG fallen zudem auch öffentlich-rechtliche Körperschaften und Anstalten nicht in den Anwendungsbereich des KAG.

18 In der Praxis oft von Bedeutung ist Art. 2 Abs. 2 lit. d KAG. Diese Bestimmung stellt klar, dass auch operative Gesellschaften, die eine unternehmerische Tätigkeit ausüben, vom Anwendungsbereich des KAG ausgenommen sind. In gleicher Weise bestimmt Art. 2 Abs. 2 lit. e KAG, dass Holdinggesellschaften, also Gesellschaften, die durch Stimmenmehrheit oder auf andere Weise eine oder mehrere Gesellschaften in einem Konzern unter einheitlicher Leitung zusammenfassen, ebenfalls ausgenommen sind.

19 Weiter nimmt Art. 2 Abs. 2 lit. f KAG Investmentclubs vom Anwendungsbereich des KAG aus. Voraussetzung dafür ist allerdings, dass die Mitglieder eines Investmentclubs in der Lage sind, ihre Vermögensinteressen selbst wahrzunehmen, also keine Fremdverwaltung erfolgt. Weitere von Investmentclubs zu erfüllende Voraussetzungen finden sich in Art. 1a KKV. Hierzu gehört etwa, dass gemäss Art. 1a lit. a KKV die Mitgliedschaftsrechte in dem für die gewählte Rechtsform massgebenden konstitutiven Dokument aufzuführen sind. Wie oben indiziert besteht ein wesentliches Merkmal eines Investmentclubs darin, dass keine Fremdverwaltung bezüglich seines Vermögens erfolgt. Folgerichtig macht es Art. 1a lit. b KKV erforderlich, dass die Mitglieder oder ein Teil der Mitglieder die Anlageentscheide fällen müssen. Weitere Präzisierungen finden sich sodann in Art. 1a lit. c und d KKV. Diese legen fest, dass die Mitglieder eines Investmentclubs regelmässig über den Stand der Anlagen informiert werden müssen und dass die Anzahl der Mitglieder eines Investmentclubs 20 nicht überschreiten darf.

Art. 2 Abs. 2 lit. g KAG nimmt Vereine und Stiftungen im Sinne des Schweizerischen Zivilgesetzbuches (ZGB) vom Anwendungsbereich des KAG aus.

Eine weitere in der Praxis relevante Ausnahme von der Anwendbarkeit des KAG findet sich in Art. 2 Abs. 3 KAG. Diese Bestimmung stellt Investmentgesellschaften in Form von schweizerischen AGs, die an einer Schweizer Börse kotiert sind oder an denen ausschliesslich Aktionäre beteiligt sind und sein dürfen, welche die Anforderungen von Art. 10 Abs. 3, 3bis und 3ter KAG erfüllen und wenn ausschliesslich Namensaktien begeben werden, ausserhalb des Anwendungsbereichs des KAG. Die unter altem KAG vorgesehene zusätzliche Verpflichtung, die Erfüllung der obigen Voraussetzungen gegenüber der FINMA jährlich durch eine zugelassene Prüfgesellschaft nachweisen zu lassen, wurde im revidierten KAG fallengelassen.

20 **bb) *de minimis*-Bestimmungen.** Die von der AIFM-RL vorgesehenen sogenannten *de minimis*-Bestimmungen wurden im Rahmen der KAG-Teilrevision als Ausnahmebestimmung in Art. 2 Abs. 2 lit. h ins KAG aufgenommen. Diese legen fest, dass Vermögensverwalter kollektiver Kapitalanlagen, deren Anleger gemäss Art. 10 Abs. 3, 3bis oder 3ter qualifiziert sind, als ausgenommen gelten, sofern zusätzlich eine der drei Bedingungen gemäss Ziff. 1 bis 3 zusätzlich erfüllt sind. Diese verlangen, dass

1. die verwalteten Vermögenswerte, einschliesslich der durch Einsatz von Hebelfinanzierungen erworbenen Vermögenswerte, insgesamt höchstens CHF 100 Mio. betragen;
2. die verwalteten Vermögenswerte der kollektiven Kapitalanlagen aus nicht hebelfinanzierten kollektiven Kapitalanlagen bestehen, die für einen Zeitraum von fünf Jahren nach der Tätigung der ersten Anlage in jeden dieser kollektiven Kapitalanlagen keine Rücknahmerechte ausüben dürfen, und höchstens CHF 500 Mio. betragen; oder
3. die Anleger ausschliesslich Konzerngesellschaften der Unternehmensgruppe, zu welcher der Vermögensverwalter gehört, sind.

21 Weitere Präzisierungen hierzu finden sich in Art. 1b KKV. So beinhalten Art. 1b Abs. 1 lit. a–d KKV die anwendbaren Grundsätze für die Berechnung der obigen Schwellenwerte. Entsprechend dieser Bestimmungen gelten als verwaltete Vermögenswerte sämtliche schweizerischen und ausländischen kollektiven Kapitalanlagen, die vom selben Vermögensverwalter kollektiver Kapitalanlagen verwaltet werden. Hierbei ist es unerheblich, ob er

diese direkt, im Delegationsweg oder über eine Gesellschaft mit der er über eine einheitliche Geschäftsführung, über ein gemeinsames Kontrollverhältnis oder durch eine wesentliche direkte oder indirekte Beteiligung verbunden ist, verwaltet. Zudem ist der Wert unter Berücksichtigung einer allfälligen Hebelfinanzierung mindestens auf Quartalsbasis zu errechnen, kann allerdings für kollektive Kapitalanlagen, die vor mehr als zwölf Monaten aufgesetzt wurden auf Basis des Durchschnittswerts der Vermögenswerte der letzten vier Quartale errechnet werden. Zu beachten ist weiter, dass der Wert der kollektiven Kapitalanlagen gemäss Art. 2 Abs. 2 lit. h Ziff. 2 KAG aufgrund der Kapitalzusagen (sog. Commitment-Ansatz) oder des Nominalwertes der betreffenden Kollektivanlagengefässe zu berechnen ist, sofern die diesen zugrunde liegenden Anlagen über keinen Preis verfügen, der aus dem Handel an einem geregelten Markt gebildet wird.

In der Praxis bedeutsam ist, dass Vermögensverwalter kollektiver Kapitalanlagen, die unterhalb der *de minimis*-Schwelle operieren gemäss Art. 1b Abs. 3 KKV verpflichtet sind, sich innerhalb von 10 Tagen bei der FINMA zu melden, sobald ein Schwellenwert gemäss Art. 2 Abs. 2 lit. h Ziff. 1 und 2 KAG überschritten wird. Zusätzlich muss innerhalb von 90 Tagen nach der Überschreitung der *de minimis*-Schwelle ein Bewilligungsgesuch gemäss Art. 14 ff. KAG bei der FINMA eingereicht werden. 22

Es erscheint wesentlich darauf hinzuweisen, dass die aktuell im teilrevidierten KAG enthaltenen Schweizer *de minimis*-Bestimmungen und die daran anschliessende behördliche Praxis teilweise vom EU-Rechtsbestand divergieren. So hat zum Beispiel die grundsätzliche Befreiung von der Unterstellungspflicht für Vermögensverwalter kollektiver Kapitalanlagen unterhalb der *de minimis* – Schwelle durch die FINMA Mitteilung Nr. 48 eine erhebliche Einschränkung erfahren. In dieser hat die Behörde festgehalten, dass gemäss Art. 31 Abs. 3 und Art. 36 Abs. 3 KAG Anlageentscheide für Fonds nach schweizerischem Recht ausschliesslich an Vermögensverwalter delegiert werden dürfen, welche einer anerkannten Aufsicht unterstehen. Daraus folgt, dass Vermögensverwalter schweizerischer kollektiver Kapitalanlagen nicht von den Ausnahmebestimmungen gemäss Art. 2 Abs. 2 lit. h KAG profitieren können.[8] 23

Im Zusammenhang mit den *de minimis*-Bestimmungen sei erwähnt, dass das KAG in Art. 1c KKV auch eine Möglichkeit zur freiwilligen Unterstellung für Verwalter von kollektiven Kapitalanlagen unterhalb der *de minimis*-Wertgrenzen zur Verfügung stellt. Diesen wird es ermöglicht bei der FINMA ein Bewilligungsgesuch gemäss Art. 14 KAG zu stellen, sofern sie ihren Sitz in der Schweiz haben und das schweizerische oder anwendbare ausländische Recht die Vermögensverwaltung bezüglich kollektiver Kapitalanlagen lediglich beaufsichtigten Vermögensverwaltern gestattet. An eine solche freiwillige Unterstellung knüpfen sich allerdings gemäss Art. 1c Abs. 2 KKV dieselben Anforderungen wie bei einer gesetzlichen Unterstellungspflicht. 24

3. Begriff der kollektiven Kapitalanlage und Arten von Fonds im Detail

a) Definition

Die Legaldefinition für den typisch schweizerischen Begriff der „kollektiven Kapitalgesellschaft" ist in Art. 7 KAG enthalten. Demzufolge sind kollektive Kapitalanlagen Vermögen, die von Anlegern zur gemeinschaftlichen Kapitalanlage aufgebracht und im Sinne der Fremdverwaltung für deren Rechnung verwaltet werden, wobei die Anlegerinteressen in gleichmässiger Weise befriedigt werden. 25

Ausser im Falle eines Einanlegerfonds ist zur Verwirklichung einer kollektiven Kapitalanlage eine Mehrzahl von Anlegern erforderlich, wobei die jeweils konkret notwendige Mindestanzahl von Anlegern gemäss Art. 7 Abs. 3 KAG von der Rechtsform und dem erlaubten Adressatenkreis der jeweiligen kollektiven Kapitalanlage abhängt. In diesem Sinne wird 26

---

[8] Vgl. *Derungs/Dobrauz*, Tafeln zum Schweizer Kollektivanlagenrecht, S. 20.

auch im neuen Art. 5 Abs. 1 KKV präzisiert, dass das Anlagevermögen von mindestens zwei voneinander unabhängigen Anlegern aufgebracht werden muss, und Art. 5 Abs. 2 KKV hält diesbezüglich fest, dass diese Anleger nur dann als voneinander unabhängig gelten, wenn sie rechtlich und tatsächlich voneinander unabhängig verwaltete Vermögen aufbringen.

27   Das Erfordernis der Fremdverwaltung stellt, wie ebenfalls neu in Art. 5 Abs. 1 KKV verankert, einen weiteren definitorischen Wesensbestandteil einer kollektiven Kapitalanlage dar. Damit ist gemeint, dass die Verwaltung des Anlagevermögens durch Dritte erfolgen muss und den Anlegern grundsätzlich kein Recht zur Teilnahme an der Vermögensverwaltung zukommt. Bei vertraglichen Anlagefonds wird die Verwaltung primär durch die Fondsleitung ausgeübt, welche diese Funktion manchmal an spezialisierte Vermögensverwalter weiterdelegieren. Bei körperschaftlich organisierten kollektiven Kapitalanlagen wie der SICAV und der SICAF sowie bei der KGK kommt die Vermögensverwaltung den Organen der Gesellschaft bzw. im Falle der KGK den Organen der Kommanditgesellschaft zu.[9]

b) Arten von kollektiven Kapitalanlagen im Detail

28   Wie erläutert unterscheidet das KAG zunächst zwischen offenen und geschlossenen kollektiven Kapitalanlagen.

Der wesentliche Unterschied zwischen den beiden Kategorien besteht darin, dass Anlegern gemäss Art. 8 Abs. 2 KAG bei offenen kollektiven Kapitalanlagen zulasten des Kollektivvermögens unmittelbar oder mittelbar ein Rechtsanspruch auf Rückgabe ihrer Anteile zum Nettoinventarwert (NAV) zusteht, wohingegen gemäss Art. 9 Abs. 2 KAG bei geschlossenen kollektiven Kapitalanlagen kein solcher Rechtsanspruch gegeben ist.

Als für die Anleger wesentliche Dokumente sieht das KAG bei offenen kollektiven Kapitalanlagen gemäss Art. 8 Abs. 3 KAG das Fondsreglement vor, welchem beim vertraglichen Anlagefonds der Kollektivanlagevertrag (Fondsvertrag) entspricht und bei der SICAV die Statuten und das Anlagereglement. Bei den geschlossenen kollektiven Kapitalanlagen beruht gemäss Art. 9 Abs. 3 KAG die KGK auf einem Gesellschaftsvertrag und die SICAF, welche zudem ein Anlagereglement erlässt, auf Statuten.[10]

29   Gemäss Art. 8 KAG können offene kollektive Kapitalanlagen entweder in der Form des vertraglichen Anlagefonds, der in den Art. 25 ff. KAG näher geregelt ist, oder in der Form der Investmentgesellschaft mit variablem Kapital, also als sogenannte SICAV, die in den Art. 36 ff. KAG geregelt ist, aufgelegt werden. Inhaltlich können diese dabei gemäss Art. 53 ff. KAG als Effektenfonds, gemäss Art. 58 ff. KAG als Immobilienfonds oder gemäss Art. 68 ff. KAG als übrige Fonds für traditionelle oder für alternative Anlagen ausgestaltet werden. Zudem ist es möglich, diese jeweils als publikumsfähiges Anlageprodukt oder als kollektive Kapitalanlage ausschliesslich für qualifizierte Anleger auszugestalten.

30   Gemäss Art. 9 KAG können geschlossene kollektive Kapitalanlagen entweder in der Form der Kommanditgesellschaft für kollektive Kapitalanlagen, die in den Art. 98 ff. KAG geregelt ist, oder in der Form der Investmentgesellschaft mit festem Kapital, also als sogenannte SICAF, die in den Art. 110 ff. KAG geregelt ist, aufgelegt werden.

31   **aa) Ausländische kollektive Kapitalanlagen.** Bevor auf die Darstellung der einzelnen Formen der kollektiven Kapitalanlage eingegangen wird, erscheint es wesentlich darauf hinzuweisen, dass sich die obige Definition lediglich auf schweizerische kollektive Kapitalgesellschaften bezieht, wohingegen zur Definition der ausländischen kollektiven Kapitalgesellschaft Art. 119 KAG zur Anwendung gelangt. Dabei wird auch bei den ausländischen kollektiven Kapitalgesellschaften zwischen offenen und geschlossenen Produkten unterschieden.

---

[9] Vgl. *Derungs/Dobrauz*, Tafeln zum Schweizer Kollektivanlagenrecht, S. 29.
[10] Vgl. *Derungs/Dobrauz*, Tafeln zum Schweizer Kollektivanlagenrecht, S. 30.

II. Schweizer Investmentrecht

Art. 119 Abs. 1 KAG bestimmt als ausländische offene kollektive Kapitalanlage:
a) Vermögen, die aufgrund eines Fondsvertrags oder eines andern Vertrags mit ähnlicher Wirkung zum Zweck der kollektiven Kapitalanlage geäufnet wurden und von einer Fondsleitung mit Sitz und Hauptverwaltung im Ausland verwaltet werden;
b) Gesellschaften und ähnliche Vermögen mit Sitz und Hauptverwaltung im Ausland, deren Zweck die kollektive Kapitalanlage ist und bei denen die Anleger gegenüber der Gesellschaft selbst oder einer ihr nahe stehenden Gesellschaft einen Rechtsanspruch auf Rückzahlung ihrer Anteile zum Nettoinventarwert haben.

Demgegenüber gelten als ausländische geschlossene kollektive Kapitalanlagen gemäss Art. 119 Abs. 2 KAG Gesellschaften und ähnliche Vermögen mit Sitz und Hauptverwaltung im Ausland, deren Zweck die kollektive Kapitalanlage ist und bei denen die Anleger gegenüber der Gesellschaft selbst oder einer ihr nahe stehenden Gesellschaft keinen Rechtsanspruch auf Rückzahlung ihrer Anteile zum Nettoinventarwert haben.

bb) Offene kollektive Kapitalanlagen

aaa) Vertraglicher Anlagefonds. Basis eines vertraglichen Anlagefonds ist gemäss Art. 25 Abs. 1 KAG ein Kollektivanlagevertrag, durch welchen sich die Fondsleitung verpflichtet, die Anleger nach Massgabe der von diesen erworbenen Fondsanteile am Anlagefonds zu beteiligen und das Fondsvermögen gemäss den Bestimmungen des Fondsvertrags selbständig und im eigenen Namen zu verwalten. Neben der Fondsleitung und den Anlegern bildet die Depotbank die dritte wesentliche Partei im Dreiecksverhältnis eines Anlagefonds und als solche nimmt sie gemäss Art. 25 Abs. 2 KAG nach Massgabe der ihr durch Gesetz und Fondsvertrag übertragenen Aufgaben am Fondsvertrag teil. Wie erwähnt werden oft auch spezialisierte Vermögensverwalter zur Verwaltung des Anlagefondsvermögens beigezogen. Soll diesen die effektive Entscheidungskompetenz delegiert werden, müssen sie als Vermögensverwalter kollektiver Kapitalanlagen von der FINMA bewilligt sein. Liegt eine solche Bewilligung nicht vor, dürfen sie lediglich als Berater der Fondsleitung bzw. des Vermögensverwalters kollektiver Kapitalanlagen agieren. Unterhalb der Depotbank finden aus Gründen der effizienten Vermögensverwaltung oft Unterverwahrstellen und spezialisierte Broker zur Abwicklung der Handelsgeschäfte für den Anlagefonds Verwendung.[11]

Art. 25 Abs. 3 KAG stellt klar, dass ein Anlagefonds innert einer bestimmten Frist ein gewisses Mindestvermögen aufweisen muss. Bezüglich relevanter Fristen wird in Art. 35 Abs. 1 und 2 KKV festgeschrieben, dass ein Anlagefonds bzw. das Teilvermögen eines Umbrella-Fonds innert eines Jahres nach Genehmigung durch die FINMA zur Zeichnung (Lancierung) aufgelegt und spätestens ein Jahr nach Lancierung über ein Nettovermögen von mindestens CHF 5 Mio. verfügen muss. Es besteht die Möglichkeit, diese Frist gemäss Art. 35 Abs. 3 KKV mittels Gesuch an die FINMA von der Behörde erstrecken zu lassen. Die Fondsleitung ist gemäss Art. 35 Abs. 4 KKV verpflichtet, der FINMA unverzüglich Meldung zu machen, sollte das vorgenannte Mindestvolumen nicht erreicht oder unterschritten werden.

Für die Erstellung des Fondsvertrages ist die Fondsleitung verantwortlich, welche diesen gemäss Art. 26 Abs. 1 KAG mit Zustimmung der Depotbank bei der FINMA zur Genehmigung einreicht. Gemäss Art. 27 Abs. 1 KAG gilt das Gleiche für Änderungen des Fondsvertrags. Art. 26 Abs. 2 KAG präzisiert, dass im Fondsvertrag die Rechte und Pflichten der Anleger, der Fondsleitung und der Depotbank niederzulegen sind. Der vorgeschriebene Mindestinhalt des Fondsvertrages ist insbesondere in Art. 35a Abs. 1 KKV konkretisiert. Dieser muss insbesondere die folgenden Angaben umfassen:
- die Bezeichnung des Anlagefonds sowie die Firma und den Sitz der Fondsleitung; der Depotbank und des Vermögensverwalters kollektiver Kapitalanlagen;
- den Anlegerkreis;
- die Anlagepolitik, die Anlagetechniken, die Risikoverteilung sowie die mit der Anlage verbundenen Risiken;

---

[11] Vgl. *Derungs/Dobrauz*, Tafeln zum Schweizer Kollektivanlagenrecht, S. 80 f.

- die Unterteilung in Teilvermögen;
- die Anteilsklassen;
- das Kündigungsrecht der Anleger;
- das Rechnungsjahr;
- die Berechnung des NAV und der Ausgabe- und Rücknahmepreise;
- die Verwendung des Nettoertrags und der Kapitalgewinne aus der Veräusserung von Sachen und Rechten;
- die Art, die Höhe und die Berechnung aller Vergütungen, die Ausgabe- und Rücknahmekommissionen sowie die Nebenkosten für den An- und Verkauf der Anlagen (Courtagen, Gebühren, Abgaben), die dem Fondsvermögen oder den Anlegern belastet werden dürfen;
- die Laufzeit des Vertrags und die Voraussetzungen der Auflösung;
- die Publikationsorgane;
- die Voraussetzungen des Rückzahlungsaufschubs sowie des Zwangsrückkaufs;
- die Stellen, bei denen der Fondsvertrag, der Prospekt, die wesentlichen Informationen für die Anlegerinnen und Anleger, der vereinfachte Prospekt sowie der Jahres- und Halbjahresbericht kostenlos bezogen werden können;
- die Rechnungseinheit;
- die Umstrukturierung.

Weitere Vorgaben zu den Richtlinien der Anlagepolitik, zu Vergütungen und Nebenkosten, zum Ausgabe- und Rücknahmepreis, den Publikationsorganen und den Anteilsklassen sind in den Art. 36–40 KKV enthalten.

35 **bbb) Investmentgesellschaft mit variablem Kapital (SICAV).** Im Unterschied zum vertraglichen Anlagefonds ist die Investmentgesellschaft mit variablem Kapital (SICAV) eine offene kollektive Kapitalanlage in gesellschaftsrechtlicher Form und verfügt als solche über eine eigene Rechtspersönlichkeit. Entsprechend besteht die SICAV aus zwei Teilvermögen – einem an welchem die Unternehmeraktionäre, die als Promotoren oder Sponsoren bei der Gründung die Mindesteinlage leisten, beteiligt sind, und einem für die Anlegeraktionäre.

Eine SICAV kann grundsätzlich in einer von zwei Erscheinungsformen lanciert werden: als selbstverwaltete SICAV, welche die Administration selbst ausführt, oder als fremdverwaltete SICAV. Gemäss Art. 36 Abs. 3 und 51 Abs. 5 KAG iVm Art. 51 KKV wird bei der fremdverwalteten SICAV die Administration von einer bewilligten Fondsleitung besorgt, und die Portfolioverwaltung entweder ebenfalls an dieser übernommen oder an einen Vermögensverwalter, der einer anerkannten Aufsicht untersteht, delegiert.

Gemäss Art. 36 KAG gehören zu den charakteristischen Merkmalen einer SICAV, dass ihr Kapital und die Anzahl ihrer Aktien nicht im Voraus bestimmt sind, ihr Kapital, wie oben erläutert, in Unternehmer- und Anlegeraktien aufgeteilt ist, für ihre Verbindlichkeiten ausschliesslich das Gesellschaftsvermögen haftet und ihr ausschliesslicher Zweck die kollektive Kapitalanlage ist. Zu den Unternehmeraktien ist zu bemerken, dass es sich bei diesen gemäss Art. 40 Abs. 1 KAG um Namensaktien handelt. Anlegeraktien können dagegen sowohl als Namenaktien als auch als Inhaberaktien ausgestaltet sein. Beide Arten von Aktien haben keinen Nennwert, müssen grundsätzlich vollständig in bar liberiert sein und sind frei übertragbar.

36 Da es sich bei der SICAV im Kern um eine Aktiengesellschaft (AG) handelt, richtet sich ihre Gründung und Organisation grundsätzlich nach den entsprechenden Bestimmungen des Schweizer Obligationenrechts (OR). Davon ausgenommen sind gemäss Art. 37 Abs. 1 KAG die Bestimmungen über die Sacheinlagen, die Sachübernahmen und die besonderen Vorteile. Art. 38 KAG bestimmt weiter, dass die Firma die Bezeichnung der Rechtsform oder deren Abkürzung „SICAV" enthalten muss. Aus verfahrensrechtlicher Sicht ist im Zusammenhang mit der Gründung der SICAV zu beachten, dass, wie sich aus Art. 13 Abs. 5 KAG ergibt, die Bewilligung der FINMA vorliegen muss, bevor ein Eintrag ins Handelsregister bewirkt werden kann.

II. Schweizer Investmentrecht

Aus den Art. 37 Abs. 2 KAG und Art. 54 Abs. 1 und 2 KKV ergibt sich, dass von den 37
Unternehmensaktionären im Zeitpunkt der Gründung für die fremdverwaltete SICAV, welche die Administration und die Portfolioverwaltung an dieselbe bewilligte Fondsleitung delegiert haben, eine Mindesteinlage von CHF 250'000 zu leisten ist und für die selbstverwaltete oder fremdverwaltete SICAV, welche die Administration an eine Fondsleitung und die Portfolioverwaltung an einen von dieser verschiedenen Vermögensverwalter delegiert hat, eine Mindesteinlage in Höhe von CHF 500'000. Art. 36 Abs. 2 KAG iVm Art. 53 KKV und Art. 35 KKV schreiben vor, dass zwischen den Einlagen der Unternehmeraktionäre und dem Gesamtvermögen der SICAV ein angemessenes Verhältnis bestehen muss. Die Berechnung der entsprechend erforderlichen eigenen Mittel ist in Art. 55 KKV näher detailliert. Wie beim oben beschriebenen vertraglichen Anlagefonds greifen auch bezüglich der SICAV Mindestvermögensvorschriften. Diesbezüglich ergibt sich aus Art. 36 Abs. 2 KAG iVm Art. 53 KKV und Art. 35 KKV, dass jedes Teilvermögen der Anlegeraktionäre spätestens ein Jahr nach Lancierung über ein Nettovermögen von mindestens CHF 5 Mio. verfügen muss.

Ganz im Sinne einer offenen kollektiven Kapitalanlage kann die SICAV gemäss Art. 42 38
Abs. 1 KAG und soweit das KAG und die Statuten nichts anderes vorsehen jederzeit zum NAV neue Aktien ausgeben und muss umgekehrt, auf Ersuchen eines Aktionärs, ausgegebene Aktien grundsätzlich jederzeit zum Nettoinventarwert zurücknehmen. Dazu bedarf es weder einer Statutenänderung noch eines Handelsregistereintrags, wie Art. 42 Abs. 1 KAG verdeutlicht. Unternehmeraktionäre sind demgegenüber weniger flexibel. Sie können gemäss Art. 58 KKV ihre Aktien nur zurückgeben, sofern sichergestellt ist, dass das gesetzlich vorgeschriebene angemessene Verhältnis zwischen Einlagen und Gesamtvermögen der SICAV auch nach der Rücknahme eingehalten ist und die Mindesteinlage nicht unterschritten wird. Zusätzlich ist zu beachten, dass eine SICAV weder direkt noch indirekt eigene Aktien halten darf. Anlagen eines Teilvermögens in andere Teilvermögen derselben SICAV stellen dabei allerdings keine untersagte Anlage im obigen Sinne dar.

So wie der vertragliche Anlagefonds über einen Fondsvertrag verfügen muss, ist die SI- 39
CAV verpflichtet, Statuten und ein Anlagereglement zu erstellen. Der vorgeschriebene Mindestinhalt der Statuten umfasst dabei gemäss Art. 43 und 44 KAG Bestimmungen über:
- die Firma und den Sitz;
- den Zweck;
- die Mindesteinlage;
- die Einberufung der Generalversammlung;
- die Organe und
- die Publikationsorgane.

Der Inhalt des Anlagereglements richtet sich, soweit das KAG und die Statuten nichts anderes vorsehen, nach den Bestimmungen über den Fondsvertrag.

Der ausschliessliche Zweck der SICAV besteht in der Verwaltung ihres Vermögens be- 40
ziehungsweise ihrer Teilvermögen. Gemäss Art. 44a KAG ist sie grundsätzlich verpflichtet, eine Depotbank im Auftragsverhältnis beizuziehen, wobei die FINMA allerdings in begründeten Fällen Ausnahmen von dieser Pflicht bewilligen kann. Voraussetzung dafür ist gemäss Art. 44a Abs. 2 KAG allerdings, dass die SICAV ausschliesslich qualifizierten Anlegern offensteht, ein oder mehrere Institute, welche auf solche Transaktionen spezialisiert sind und einer gleichwertigen Aufsicht unterstehen, mit der Abwicklung der Transaktionen betraut sind und dabei sichergestellt ist, dass diese sogenannten Prime Broker oder die für diese zuständigen ausländischen Aufsichtsbehörden der FINMA alle Auskünfte erteilen und Unterlagen zustellen, die diese zur Erfüllung ihrer Aufgabe benötigt. Neben der Depotbank muss eine SICAV gemäss Art. 52 KAG zudem eine von der FINMA anerkannte Prüfgesellschaft bezeichnen.

Als oberstes Organ der SICAV fungiert gemäss Art. 50 Abs. 1 KAG die Generalver- 41
sammlung der Aktionäre, die sowohl in Art. 63 KKV als auch in den entsprechenden Bestimmungen des OR der AG geregelt ist. Gemäss Art. 51 Abs. 1 KAG besteht der Verwal-

tungsrat aus mindestens drei und höchstens sieben Mitgliedern und hat gemäss Art. 64 Abs. 1 KKV folgende Aufgaben:
- Wahrnehmung der Aufgaben nach Art. 716a OR;
- Festlegung der Grundsätze der Anlagepolitik;
- Bezeichnung der Depotbank bzw. des Prime Brokers;
- Schaffung neuer Teilvermögen, sofern die Statuten dies vorsehen;
- Ausarbeitung des Prospektes, des vereinfachten Prospektes und der wesentlichen Informationen für die Anlegerinnen und Anleger sowie
- Administration.

Hierbei gilt es zu beachten, dass die ersten drei gelisteten Aufgaben nicht delegiert werden können und vom Verwaltungsrat selber wahrgenommen werden müssen. In einer selbstverwalteten SICAV können die Schaffung neuer Teilvermögen sowie die Erstellung des Kerndokumentariums sowie Teile der Administration wie insbesondere das Risikomanagement, die Ausgestaltung des internen Kontrollsystems (IKS) und die Compliance, nur an die Geschäftsleitung delegiert werden.

42   **ccc) Inhaltliche Ausgestaltung offener kollektiver Kapitalanlagen.** Die offenen kollektiven Kapitalanlagen werden vom KAG basierend auf ihren Anlagevorschriften in vier Arten unterteilt: Effektenfonds, Immobilienfonds, übrige Fonds für traditionelle Anlagen und übrige Fonds für alternative Anlagen. Die ausführlichen Regelungen zu den Arten der offenen kollektiven Kapitalanlagen und den entsprechenden Anlagevorschriften sind in den Art. 67ff. KKV enthalten. Im Zusammenhang mit den Angaben zu den prozentualen Beschränkungen ist zu beachten, dass sich diese, wo nichts anderes bestimmt ist, auf das Fondsvermögen zu Verkehrswerten beziehen und ständig eingehalten werden müssen, wie Art. 67 Abs. 1 KKV präzisiert. Für den Fall, dass Beschränkungen durch Marktveränderungen überschritten werden (sog. „passive breach"), müssen die Anlagen gemäss Art. 67 Abs. 2 KKV unter Wahrung der Interessen der Anleger innerhalb angemessener Frist auf das zulässige Mass zurückgeführt werden. Gemäss Art. 67 Abs. 3 und 4 KKV müssen Effektenfonds und übrige Fonds die Anlagebeschränkungen sechs Monate nach ihrer Lancierung erfüllen, Immobilienfonds werden zur Erreichung dieser Anlagegrenzen zwei Jahre zugestanden.[12]

43   **(1) Effektenfonds.** Art. 53 KAG definiert Effektenfonds als offene kollektive Kapitalanlagen, die ihre Mittel in Effekten anlegen und dem Recht der Europäischen Gemeinschaften entsprechen. Zu den für Effektenfonds zulässigen Anlagen zählen gemäss Art. 54 Abs. 1 KAG Anlagen in massenweise ausgegebene Wertpapiere und in nicht verurkundete Rechte mit gleicher Funktion (Wertrechte), die an einer Börse oder an einem andern geregelten, dem Publikum offen stehenden Markt gehandelt werden, sowie in andere liquide Finanzanlagen. Der Katalog der zulässigen Anlagen umfasst gemäss Art. 54 und 56 KAG iVm Art. 70ff. KKV konkret Effekten, derivative Finanzinstrumente, Anteile an kollektiven Kapitalanlagen, Geldmarktinstrumente, Guthaben auf Sicht und auf Zeit mit Laufzeiten bis zu zwölf Monaten und flüssige Mittel.

44   Als **Effekten** gelten gemäss Art. 70 Abs. 1 lit. a KKV und Art. 71 Abs. 1 KKV Wertpapiere und Wertrechte, die ein Beteiligungs- oder Forderungsrecht oder das Recht verkörpern, solche Wertpapiere und Wertrechte durch Zeichnung oder Austausch zu erwerben, namentlich Warrants. Hierbei gilt es weiter zu beachten, dass die Wertpapiere und Wertrechte vereinheitlicht und zum massenweisen Handel geeignet sein müssen und Anlagen in Effekten aus Neuemissionen nur gestattet sind, wenn deren Zulassung an einer Börse oder einem anderen geregelten, dem Publikum offen stehenden Markt in den Emissionsbedingungen vorgesehen ist. Im Zusammenhang mit den Letztgenannten gilt es zusätzlich zu beachten, dass diese Titel gemäss Art. 71 Abs. 2 KKV innerhalb eines Monats verkauft werden müssen, wenn sie ein Jahr nach dem Erwerb noch nicht an der Börse oder an einem anderen dem Publikum offen stehenden Markt zugelassen sind.

---

[12] Vgl. *Derungs/Dobrauz*, Tafeln zum Schweizer Kollektivanlagenrecht, S. 107 f.

II. Schweizer Investmentrecht

Derivative Finanzinstrumente sind gemäss Art. 70 Abs. 1 lit. b KKV zulässig, wenn 45
ihnen als Basiswerte Anlagen im Sinne von Art. 70 Abs. 1 lit. a–d KKV, also Effekten, derivative Finanzinstrumente, Anteile an kollektiven Kapitalanlagen, Geldmarktinstrumente oder Finanzindizes, Zinssätze, Wechselkurse, Kredite oder Währungen zu Grunde liegen, welche gemäss Fondsreglement als Anlagen zulässig sind und sie an einer Börse oder an einem anderen geregelten, dem Publikum offen stehenden Markt gehandelt werden. Bei Geschäften mit OTC-Derivaten gilt es gemäss Art. 72 Abs. 1 und 2 KKV zusätzlich Voraussetzungen zu erfüllen. Zunächst muss die Gegenpartei ein beaufsichtigter, auf dieses Geschäft spezialisierter Finanzintermediär sein. Weiter müssen die OTC-Derivate täglich handelbar sein oder eine Rückgabe an den Emittenten jederzeit möglich sein. Schliesslich müssen sie zuverlässig und nachvollziehbar bewertbar sein.

Es ist zusätzlich zu beachten, dass das mit derivativen Finanzinstrumenten verbundene Gesamtengagement eines Effektenfonds 100 % des Nettofondsvermögens nicht überschreiten darf. Es ist zudem nicht gestattet, dass das Gesamtengagement eines Effektenfonds 200 % des Nettofondsvermögens überschreitet. Berücksichtigt man zusätzlich die Möglichkeit der vorübergehenden Kreditaufnahme im Umfang von höchstens 10 % des Nettofondsvermögens gemäss Art. 77 Abs. 2 KKV darf gemäss Art. 72 Abs. 3 KKV das Gesamtengagement also insgesamt 210 % des Nettofondsvermögens nicht überschreiten. Art. 72 Abs. 4 KKV präzisiert schliesslich, dass Warrants dabei wie derivative Finanzinstrumente zu behandeln sind.

Bezüglich der **Anlage in Anteilen anderer kollektiven Kapitalanlagen** bestimmt 46
Art. 73 Abs. 1 KKV, dass diese nur zulässig sind, wenn:
- die Dokumente der Zielfonds die Anlagen in andere Zielfonds ihrerseits insgesamt auf 10 % begrenzen;
- die Zielfonds in Bezug auf Zweck, Organisation, Anlagepolitik, Anlegerschutz, Risikoverteilung, getrennte Verwahrung des Fondsvermögens, Kreditaufnahme, Kreditgewährung, Leerverkäufe von Wertpapieren und Geldmarktinstrumenten, Ausgabe und Rücknahme der Anteile und Inhalt der Halbjahres- und Jahresberichte einer gleichwertigen Regulierung unterstehen wie die Effektenfonds und
- die Zielfonds in ihrem Sitzstaat als kollektive Kapitalanlagen zugelassen sind und dort einer dem Anlegerschutz dienenden, der schweizerischen gleichwertigen Aufsicht unterstehen, und die internationale Amtshilfe gewährleistet ist.
- Zusätzliche Anlagegrenzen ergeben sich im Zusammenhang mit Investitionen in andere kollektive Kapitalanlagen aus Art. 73 Abs. 2. KKV. Gemäss dieser Anordnung dürfen höchstens 20 % des Fondsvermögens in Anteile desselben Zielfonds angelegt werden und höchstens 30 % des Fondsvermögens in Anteile von Zielfonds, die nicht den massgebenden OGAW-Richtlinien der EU entsprechen, aber diesen oder schweizerischen Effektenfonds nach Art. 53 KAG gleichwertig sind.

Art. 73 Abs. 4 KKV bestimmt, dass, sofern gemäss Fondsreglement ein wesentlicher Teil des Fondsvermögens in Zielfonds angelegt werden darf, das Fondsreglement und der Prospekt Angaben darüber enthalten müssen, wie hoch die Verwaltungskommissionen maximal sind, die von der investierenden kollektiven Kapitalanlage selbst wie auch von den Zielfonds zu tragen sind und dass im Jahresbericht anzugeben ist, wie hoch der Anteil der Verwaltungskommissionen maximal ist, den die investierende kollektive Kapitalanlage einerseits und die Zielfonds andererseits tragen.

Zur im Zusammenhang mit der indirekten Überführung der wesentlichen Elemente der OGAW IV-Richtlinie geschaffenen Möglichkeit der Nutzung von Master-Feeder-Fondsstrukturen siehe weiter unten.

Bezüglich der Anlage in **Geldmarktinstrumente** bestimmt Art. 74 Abs. 1 KKV, dass 47
diese erworben werden dürfen, wenn sie liquide und bewertbar sind und an einer Börse oder an einem anderen geregelten, dem Publikum offen stehenden Markt gehandelt werden. Art. 74 Abs. 2 KKV präzisiert hierzu, dass Geldmarktinstrumente, die nicht an einer Börse oder an einem anderen geregelten, dem Publikum offen stehenden Markt gehandelt werden, nur erworben werden dürfen, wenn die Emission oder der Emittent Vorschriften

über den Gläubiger- und den Anlegerschutz unterliegt und wenn die Geldmarktinstrumente von einer der folgenden Einrichtungen begeben oder garantiert sind:
- der Schweizerischen Nationalbank;
- der Zentralbank eines Mitgliedstaates der Europäischen Union;
- der Europäischen Zentralbank;
- der Europäischen Union;
- der Europäischen Investitionsbank;
- der Organisation für wirtschaftliche Zusammenarbeit (OECD);
- einem anderen Staat einschliesslich dessen Gliedstaaten;
- einer internationalen Organisation öffentlich-rechtlichen Charakters, der die Schweiz oder mindestens ein Mitgliedstaat der Europäischen Union angehört;
- einer öffentlich-rechtlichen Körperschaft;
- einem Unternehmen, dessen Effekten an einer Börse oder an einem anderen geregelten, dem Publikum offen stehenden Markt gehandelt werden;
- einer Bank, einem Effektenhändler oder einem sonstigen Institut, die einer Aufsicht unterstehen, die derjenigen in der Schweiz gleichwertig ist.

48 Zu den **Guthaben auf Sicht und auf Zeit mit Laufzeiten bis zu zwölf Monaten** präzisiert Art. 70 Abs. 1 lit. e KKV, dass diese bei Banken, die ihren Sitz in der Schweiz oder in einem Mitgliedstaat der Europäischen Union haben oder in einem anderen Staat, wenn die Bank dort einer Aufsicht untersteht, die derjenigen in der Schweiz gleichwertig ist, liegen müssen.

49 Art. 54 Abs. 2 KAG hält fest, dass in begrenztem Umfang auch andere Anlagen sowie das Halten angemessener **flüssiger Mittel** zulässig ist. Als flüssige Mittel gelten dabei gemäss Art. 75 KKV Bankguthaben sowie Forderungen aus Pensionsgeschäften auf Sicht und auf Zeit mit Laufzeiten bis zu zwölf Monaten.

50 Neben all diesen zulässigen Anlagen gibt es auch eine Reihe von nicht zulässigen Anlagen und Einschränkungen. So dürfen gemäss Art. 70 Abs. 2 KKV Effektenfonds nicht in Edelmetalle, Edelmetallzertifikate, Waren und Warenpapiere investieren und es dürfen keine Leerverkäufe von Anlagen nach Art. 70 Abs. 1 lit. a–d KKV, also von Effekten, derivative Finanzinstrumente, Anteile an kollektiven Kapitalanlagen und Geldmarktinstrumente nach Art. 71–74 KKV, vorgenommen werden.

Aus Anlegerschutzperspektive ist es zudem wesentlich, dass gemäss Art. 70 Abs. 4 KKV eine Fondsleitung, die auch die individuelle Vermögensverwaltung nach Art. 29 lit. a KAG anbietet, das Vermögen ihres Vermögensverwaltungskunden weder ganz noch teilweise in Anteilen der von ihr ebenfalls verwalteten kollektiven Kapitalanlagen anlegen darf, ausser wenn der Kunde zuvor seine Zustimmung dazu erteilt hat.

51 Gemäss Art. 55 Abs. 1 KAG dürfen die Fondsleitung und die SICAV im Rahmen der effizienten Verwaltung an Anlagetechniken für Effektenfonds Effektenleihe (sog. Securities Lending) und Pensionsgeschäfte (sog. Repo, Reverse Repo), Kreditaufnahme und Verpfändung oder Sicherungsübereignung einsetzen.

52 Zu **Effektenleihe und Pensionsgeschäften** finden sich in Art. 1–24 KKV-FINMA umfassende Regelungen. Art. 76 Abs. 1 KKV hält zudem fest, dass die Depotbank für die marktkonforme, einwandfreie Abwicklung von Effektenleihe und Pensionsgeschäften haftet und ihr wesentliche Kontrollpflichten in diesem Zusammenhang zukommen. Für die Effektenleihe dürfen grundsätzlich die Dienste von Banken, Brokern, Versicherungseinrichtungen und Effektenclearing-Organisationen herangezogen werden, sofern sie auf diese Tätigkeit spezialisiert sind und Sicherheiten leisten, die dem Umfang und dem Risiko der beabsichtigten Geschäfte entsprechen. Unter den gleichen Bedingungen darf gemäss Art. 76 Abs. 2 KKV auch das Pensionsgeschäft mit den vorgenannten Instituten abgewickelt werden. Effektenleihe und das Pensionsgeschäft sind dabei gemäss Art. 76 Abs. 3 KKV in einem standardisierten Rahmenvertrag wie etwa dem Global Master Securities Lending Agreement (GMSLA) oder dem Overseas Securities Lender's Agreement (OSLA) der International Securities Lending Association (ISLA), dem European Master Agreement for Financial Transactions (EMA) der Ban-

II. Schweizer Investmentrecht

kenvereinigung der Europäischen Union oder dem Schweizer Rahmenvertrag für Repo-Geschäfte der Schweizerischen Bankiervereinigung zu regeln.[13]

Zur **Kreditaufnahme** bestimmt Art. 77 Abs. 2 KKV, wie erläutert, dass Effektenfonds 53 höchstens für 10% des Nettofondsvermögens vorübergehend Kredite aufnehmen dürfen. Gemäss Art. 77 Abs. 1 lit. a KKV dürfen zulasten eines Effektenfonds keine Kredite gewährt und keine Bürgschaften abgeschlossen werden. Art. 77 Abs. 3 KKV stellt klar, dass die Effektenleihe und das Pensionsgeschäft als Reverse Repo dabei allerdings nicht als Kreditgewährung gelten. Art. 77 Abs. 4 KKV qualifiziert dahingegen das Pensionsgeschäft als Repo als Kreditaufnahme, sofern nicht die erhaltenen Mittel im Rahmen eines Arbitrage-Geschäfts für die Übernahme von Effekten gleicher Art und Güte iVm einem entgegengesetzten Pensionsgeschäft (Reverse Repo) verwendet werden.

Bezüglich **Verpfändung oder Sicherungsübereignung** bestimmt Art. 77 Abs. 1 lit. b 54 KKV, dass Effektenfonds höchstens 25% des Nettofondsvermögens verpfänden oder zur Sicherung übereignen können.

Teilweise finden im Hinblick auf eine effiziente Verwaltung des Vermögens eines Effek- 55 tenfonds Derivate Einsatz. Gemäss Art. 56 Abs. 1 KAG iVm Art. 26 KKV-FINMA ist dies der Fondsleitung und der SICAV gestattet sofern diese Geschäfte nicht zu einer Veränderung des Anlagecharakters des Effektenfonds führen, sie über eine geeignete Organisation und ein adäquates Risikomanagement verfügen sowie die mit der Abwicklung und der Überwachung betrauten Personen hierfür qualifiziert sind und entsprechend die Wirkungsweise der eingesetzten Derivate jederzeit verstehen und nachvollziehen können. Aus Art. 70 Abs. 1 lit. b KKV ist ersichtlich, dass der Einsatz von Derivaten nicht nur zu Absicherungszwecken, sondern auch als zulässige Anlage erfolgen darf. Hierbei gilt es allerdings wiederum zu beachten, dass das Gesamtengagement eines Effektenfonds in Derivaten 100% seines Nettovermögens nicht überschreiten darf.

Die Fondsleitung und die SICAV sind verpflichtet bei ihrer Anlagetätigkeit jederzeit den 56 Grundsatz der Diversifikation beachten. Aus Anlegerschutzgründen ist entsprechend gemäss Art. 57 Abs. 1 KAG der zulässige Prozentsatz der Anlagen beim gleichen Emittenten und der Anlage in den gleichen Titeln limitiert. Zudem dürfen die mit den Wertpapieren oder Wertrechten erworbenen Stimmrechte bei einem Schuldner oder Unternehmen einen bestimmten Prozentsatz nicht überschreiten, sodass die Fondsleitung und die SICAV einen wesentlichen Einfluss auf die Geschäftsleitung des entsprechenden Emittenten ausüben können. Art. 84 KKV bietet eine Übersicht über diese Beschränkungen.

(2) Immobilienfonds. Gemäss Art. 58 KAG sind Immobilienfonds offene kollektive 57 Kapitalanlagen, die ihre Mittel in Immobilienwerte anlegen. Neben der Möglichkeit Immobilienfonds als offene kollektive Kapitalanlage aufzulegen, ist es auch möglich, diese in geschlossener Form als KGK oder SICAF zu realisieren. Gemäss Art. 59 KAG iVm Art. 86ff. KKV gelten als zulässige Anlagen eines Immobilienfonds Grundstücke einschliesslich Zugehör als direkte Immobilienanlagen, als indirekte Immobilienanlagen Schuldbriefe oder andere vertragliche Grundpfandrechte, Beteiligungen an und Forderungen gegen Immobiliengesellschaften und Anteile an anderen Immobilienfonds einschliesslich Real Estate Investment Trusts (REITs) und börsenkotierten Immobilieninvestmentgesellschaften und -zertifikate sowie zusätzlich ausländische Immobilienwerte.

Als Grundstücke gelten gemäss Art. 86 Abs. 2 KKV: 58
- Wohnbauten;
- Liegenschaften, die ausschliesslich oder zu einem überwiegenden Teil kommerziellen Zwecken dienen, wobei der kommerzielle Anteil überwiegend ist, wenn der Ertrag daraus mindestens 60% des Liegenschaftsertrages ausmacht;
- Bauten mit gemischter Nutzung, die sowohl Wohn- als auch kommerziellen Zwecken dienen, wobei eine gemischte Nutzung vorliegt, wenn der Ertrag aus dem kommerziellen Anteil mehr als 20%, aber weniger als 60% des Liegenschaftsertrages ausmacht;

---

[13] Vgl. *Derungs/Dobrauz*, Tafeln zum Schweizer Kollektivanlagenrecht, S. 113.

- Stockwerkeigentum;
- Bauland (inkl. Abbruchobjekte) und angefangene Bauten;
- Baurechtsgrundstücke.

Hinsichtlich unbebauter Grundstücke eines Immobilienfonds gilt es zu beachten, dass diese erschlossen und für eine umgehende Überbauung geeignet sein und über eine rechtskräftige Baubewilligung verfügen müssen. Art. 86 Abs. 4 KKV bestimmt weiter, dass mit der Ausführung der Bauarbeiten vor Ablauf der Gültigkeitsdauer der jeweiligen Baubewilligung begonnen werden können muss. Zur Absicherung der Investitionen ist in Art. 86 Abs. 2bis KKV festgeschrieben, dass die Eintragung der Grundstücke je nach konkreter Form des offenen Immobilienfonds auf den Namen der Fondsleitung oder der SICAV unter Anmerkung der Zugehörigkeit zum Immobilienfonds zu erfolgen hat und zudem im Falle des Vorliegens von Teilvermögen das jeweils einschlägige anzumerken ist. Gemäss Art. 59 Abs. 2 KAG ist Miteigentum an Grundstücken nur zulässig, wenn die Fondsleitung oder die SICAV einen beherrschenden Einfluss ausüben können.

59 Gemäss Art. 60 KAG sind die Fondsleitung bzw. die SICAV verpflichtet, zur Sicherstellung von Verbindlichkeiten einen angemessenen Teil des Fondsvermögens in kurzfristigen festverzinslichen Effekten oder in anderen kurzfristig verfügbaren Mitteln zu halten. Zusätzlich sind bestimmte Risikoverteilungsparameter einzuhalten. Art. 62 KAG sieht dazu zunächst die Verteilung der Anlagen nach Objekten, deren Nutzungsart, Alter, Bausubstanz und Lage vor.

Art. 87 Abs. 1 KKV verlangt konkret, dass die Anlagen eines Immobilienfonds auf mindestens zehn Grundstücke verteilt werden müssen, wobei Siedlungen, die nach den gleichen baulichen Grundsätzen erstellt worden sind, sowie aneinander grenzende Parzellen als ein einziges Grundstück gelten. Art. 87 Abs. 2 KKV verlangt weiter, dass der Verkehrswert eines Grundstückes nicht mehr als 25% des Fondsvermögens betragen darf.

Im Zusammenhang mit den oben erläuterten, grundsätzlich zulässigen Anlagen eines Immobilienfonds gilt es auf die Anlagebeschränkungen gemäss Art. 87 Abs. 3 KKV zu verweisen. Gemäss dieser Bestimmung darf ein Immobilienfonds investieren in:

- Bauland, einschliesslich Abbruchobjekte, und angefangene Bauten bis höchstens 30% des Fondsvermögens;
- Baurechtsgrundstücke bis höchstens 30% des Fondsvermögens;
- Schuldbriefe und andere vertragliche Grundpfandrechte bis höchstens 10% des Fondsvermögens und
- Anteile an anderen Immobilienfonds und Immobilieninvestmentgesellschaften nach Art. 86 Abs. 3 lit. c KKV bis höchstens 25% des Fondsvermögens.

Anlagen nach Art. 87 Abs. 3 lit. a und b KKV dürfen zusammen höchstens 40% des Fondsvermögens betragen, wie in Art. 87 Abs. 4 KKV präzisiert wird.

60 Zur Vermeidung von Interessenskonflikten und zum Schutz der Anleger bestimmt Art. 63 Abs. 2 KAG, dass die Fondsleitung, die Depotbank sowie deren Beauftragte und die ihnen nahe stehenden natürlichen und juristischen Personen von Immobilienfonds keine Immobilienwerte übernehmen oder diesen abtreten dürfen. Identisches gilt für die SICAV. Diese darf gemäss Art. 63 Abs. 3 KAG von den Unternehmeraktionären, von ihren Beauftragten sowie von den ihr nahe stehenden natürlichen oder juristischen Personen keine Immobilienwerte übernehmen oder ihnen abtreten. Gemäss Art. 63 Abs. 4 KAG iVm Art. 32 Abs. 5 KKV kann die FINMA allerdings im Interesse der Anleger in begründeten Fällen und unter genau bestimmten Bedingungen vom Verbot von Geschäften mit nahe stehenden Personen Ausnahmen gewähren.

61 Art. 64 Abs. 1 KAG bestimmt, dass die Fondsleitung und die SICAV mindestens zwei natürliche Personen oder eine juristische Person als unabhängige Schätzungsexperten beauftragen müssen, wobei dieser Auftrag von der FINMA genehmigt werden muss. Die von den unabhängigen Schätzungsexperten anzuwendenden Bewertungsgrundsätze sind in den Art. 92 ff. KKV enthalten.

62 Gemäss Art. 65 Abs. 1 KAG dürfen die Fondsleitung und die SICAV Bauten erstellen lassen, sofern das Fondsreglement ausdrücklich den Erwerb von Bauland und die Durch-

führung von Bauvorhaben vorsieht, wobei die Bauten allerdings nur von unabhängigen Drittunternehmern erstellt werden dürfen.

Gemäss Art. 97 Abs. 2 KKV ist die Ausgabe von Immobilienfondsanteilen jederzeit möglich, sie darf aber nur tranchenweise erfolgen. Zudem müssen, um einer Verwässerung der bisherigen Anteile entgegenzuwirken, die Fondsleitung und die SICAV neue Anteile gemäss Art. 66 Abs. 1 KAG zuerst den bisherigen Anlegern anbieten. Entgegen dem grundsätzlich offenen Charakter von Immobilienfonds, ist das jederzeitige Rückgaberecht der Fondsanteile in Reflexion der beschränkten Liquidität der Zielanlagen eingeschränkt. Konkret können die Anleger gemäss Art. 66 Abs. 2 KAG jeweils nur auf das Ende eines Rechnungsjahres und unter Einhaltung einer Frist von zwölf Monaten die Rücknahme ihrer Anteile verlangen.[14]

(3) Übrige Fonds für traditionelle und alternative Anlagen. Art. 68 KAG definiert die übrigen Fonds für traditionelle und für alternative Anlagen als offene kollektive Kapitalanlagen, die weder Effektenfonds noch Immobilienfonds sind. Die für übrige Fonds für traditionelle und für alternative Anlagen zulässigen Anlagen sind in Art. 69 KAG iVm Art. 99 KKV geregelt und zeichnen sich dadurch aus, dass sie erheblich weiter gefasst sind als bei Effektenfonds und Immobilienfonds. So ist zum Beispiel im Zusammenhang mit Effekten der hierbei einschlägige Effektenbegriff weiter gefasst als der gemäss Art. 54 KAG und 71 Abs. 1 KKV und auch Wertpapiere und Wertrechte umfasst, welche nicht massenweise ausgegeben werden oder für die kein Markt besteht. Auch der für diese Fondstypen einschlägige Immobilienbegriff gemäss Art. 69 Abs. 1 KAG ist ebenfalls weiter gefasst, als derjenige in Art. 59 KAG und Art. 86 KKV. Gemäss Art. 69 Abs. 2 KAG können Anlagen getätigt werden, die nur beschränkt marktgängig sind, die hohen Kursschwankungen unterliegen, die eine begrenzte Risikoverteilung aufweisen oder deren Bewertung erschwert ist. Solche Anlagen sind allerdings gemäss Art. 69 Abs. 3 KAG ausdrücklich im Fondsreglement zu nennen.

Gemäss Art. 70 Abs. 1 KAG gelten als übrige Fonds für traditionelle Anlagen offene kollektive Kapitalanlagen, die bei ihren Anlagen, Anlagetechniken und -beschränkungen ein für traditionelle Anlagen typisches Risikoprofil aufweisen, allerdings beinhalten weder das KAG noch die KKV eine Definition des Risikoprofils für traditionelle und alternative Anlagen. Als traditionelle Anlagen werden typischerweise Aktien, Obligationen und Geldmarktanlagen angesehen, für die Beurteilung, ob ein typisches Risikoprofil für traditionelle oder alternative Anlagen vorliegt, muss allerdings wohl eine Gesamtschau erfolgen.[15]

Gemäss Art 100 Abs. 1 KKV dürfen übrige Fonds für traditionelle Anlagen im Unterschied zu Effekten- und Immobilienfonds:
- Kredite in der Höhe von höchstens 25 % des Nettofondsvermögens aufnehmen;
- höchstens 60 % des Nettofondsvermögens verpfänden oder zur Sicherung übereignen;
- ein Gesamtengagement von höchstens 225 % des Nettofondsvermögens eingehen;
- Leerverkäufe tätigen.

Gemäss Art. 100 Abs. 2 KKV sind bei übrigen Fonds für alternative Anlagen im Vergleich zu den übrigen Fonds für traditionelle Anlagen die zulässigen Schwellenwerte höher angesetzt und so dürfen diese
- Kredite in der Höhe von höchstens 50 % des Nettofondsvermögens aufnehmen;
- höchstens 100 % des Nettofondsvermögens verpfänden oder zur Sicherung übereignen;
- ein Gesamtengagement von höchstens 600 % des Nettofondsvermögens eingehen und
- Leerverkäufe tätigen.

Bei beiden Fondstypen muss das Fondsreglement gemäss Art. 100 Abs. 3 KKV die Anlagebeschränkungen ausdrücklich nennen und zudem Art und Höhe der zulässigen Leerverkäufe regeln.

---

[14] Vgl. *Derungs/Dobrauz*, Tafeln zum Schweizer Kollektivanlagenrecht, S. 127.

[15] Vgl. *Derungs/Dobrauz*, Tafeln zum Schweizer Kollektivanlagenrecht, S. 131.

Da die übrigen Fonds für alternative Anlagen über ein umfangreiches Spektrum an Anlagemöglichkeiten verfügen und erhöhte Risiken eingehen dürfen, verlangt Art. 71 Abs. 3 KAG, dass in Verbindung mit der Bezeichnung, im Prospekt und in der Werbung auf die besonderen Risiken, die mit alternativen Anlagen verbunden sind, hingewiesen werden muss. Dieser, auf der ersten Seite des Fondsreglements und des Prospekts anzubringende Warnhinweis bedarf gemäss Art. 102 Abs. 1 KKV der Genehmigung der FINMA. Ausserdem muss gemäss Art. 71 Abs. 4 KAG der Prospekt interessierten Personen vor Vertragsabschluss bzw. vor der Zeichnung kostenlos angeboten und nicht nur zur Verfügung gestellt werden.

cc) Geschlossene kollektive Kapitalanlagen

66 **aaa) Kommanditgesellschaft für kollektive Kapitalanlagen.** Die Kommanditgesellschaft für kollektive Kapitalanlagen wurde, wie erläutert, mit dem Ziel einen umfangreicheren und international wettbewerbsfähigen Vehikelkatalog zur Verfügung zu stellen mit der KAG-Revision von 2006 ins Schweizer Kollektivanlagenrecht implementiert und ist stark an der angelsächsischen Limited Partnership (LP) und der luxemburgischen Investmentgesellschaft für Investitionen in Risikokapital (Société d'investissement en capital à risque, SICAR) orientiert. Gemäss Art. 98 Abs. 1 KAG besteht der ausschliessliche Zweck der KGK in der kollektiven Kapitalanlage, wobei Art. 117 KKV diesbezüglich präzisiert, dass sich diese Tätigkeit ausschliesslich auf die Verwaltung ihres eigenen Vermögens bezieht und es ihr somit verwehrt ist, Dienstleistungen im Sinne von Art. 29 KAG, also individuelle Portfolioverwaltung, Anlageberatung oder Aufbewahrung und technische Verwaltung kollektiver Kapitalanlagen für Dritte zu erbringen. Gemäss Art. 13 Abs. 2 lit. c KAG bedarf die KGK eine Bewilligung der FINMA, bevor sie die Ausübung ihrer Tätigkeit aufnehmen darf. Die FINMA hat für das entsprechende Gesuch auf ihrer Webpage eine Wegleitung zur Verfügung gestellt.

67 Gemäss Art. 98 Abs. 1 KAG besteht die KGK aus wenigstens einem Mitglied, welches als Komplementär unbeschränkt haftet und weiteren Mitgliedern, welche als Kommanditäre beitreten und nur bis zu einer bestimmten Vermögenseinlage, der sog. Kommanditsumme, haften. Der Komplementär als Promotor der KGK, dem gemäss Art. 599 OR iVm Art. 99 KAG die Geschäftsführung der KGK vorbehalten ist, muss gemäss Art. 98 Abs. 2 KAG eine Schweizer AG sein und darf nur im Rahmen einer einzigen KGK in dieser Form tätig sein. Aus Konkurrenzverbotsperspektive ist wesentlich, dass gemäss Art. 104 Abs. 1 KAG Kommanditäre ohne Zustimmung der Komplementäre für eigene und für fremde Rechnung andere Geschäfte betreiben und sich an anderen Unternehmen beteiligen können, sofern der Gesellschaftsvertrag nichts anderes vorsieht. Im Gegensatz dazu dürfen die Komplementäre ohne Zustimmung der Kommanditäre für eigene und für fremde Rechnung andere Geschäfte nur betreiben und sich an anderen Unternehmen beteiligen, sofern dies offen gelegt wird und die Interessen der KGK dadurch nicht beeinträchtigt werden. Gemäss Art. 119 Abs. 1 und 2 KKV können die Komplementäre die Anlageentscheide sowie weitere Tätigkeiten delegieren, soweit dies im Interesse einer sachgerechten Verwaltung liegt und ausschliesslich Personen, die für eine einwandfreie Ausführung der Tätigkeit qualifiziert sind, beauftragt werden und die Instruktion, Überwachung und Kontrolle der Durchführung des Auftrages sichergestellt ist.

Obwohl die Komplementäre keine Bewilligungsträger gemäss Art. 13 KAG sind, kommen auf sie gemäss Art. 98 Abs. 2bis KAG die Bewilligungsvoraussetzungen und Meldepflichten nach Art. 14 und 15 KAG sinngemäss zur Anwendung. Auch die Meldepflichten der qualifiziert Beteiligten müssen eingehalten werden. Die Kommanditäre erwerben lediglich das Recht auf Gewinnbeteiligung und das Stimmrecht an der Gesellschafterversammlung, sind jedoch nicht zur Geschäftsführung berechtigt oder verpflichtet.[16]

---

[16] *Lezzi*, Regulierung und Aufsicht über kollektive Kapitalanlagen für alternative Anlagen, S. 84 N 268.

II. Schweizer Investmentrecht

Gemäss Art. 98 Abs. 3 KAG sind als Kommanditäre einer KGK grundsätzlich nur qualifizierte Anleger iSv Art. 10 Abs. 3 KAG zulässig. Dieser Katalog wurde allerdings durch den neuen Art. 119 Abs. 3bis KKV erweitert. Demzufolge können auch vermögende Privatpersonen nach Art. 6 KKV, die eine schriftliche Erklärung im Sinne von Art. 6a Abs. 1 KKV abgegeben haben, und sofern der Gesellschaftsvertrag dies vorsieht, als Kommanditäre zugelassen werden. Zudem kann auch die Komplementär-AG selbst Kommanditär werden. Gemäss Art. 119 Abs. 3 KKV können sich auch die geschäftsführenden Personen der Komplementär-AG als Kommanditäre beteiligen. Voraussetzung dafür ist, dass der Gesellschaftsvertrag eine solche Beteiligung vorsieht, die Beteiligung aus dem Privatvermögen der geschäftsführenden Personen stammt und die Beteiligung bei Lancierung der KGK gezeichnet wird. Für die Gründung der KGK ist keine Mindestanzahl an Kommanditären vorgeschrieben. 68

Gemäss Art. 118 Abs. 2 KKV muss der Komplementär einer KGK über ein einbezahltes Aktienkapital in Höhe von mindestens CHF 100 000.- verfügen. Gibt es mehrere Komplementäre, müssen diese zusammen über ein einbezahltes Aktienkapital in dieser Höhe verfügen. Sonst bestehen keine zusätzlichen Eigenmittelvorschriften für die KGK. 69

Die KGK gilt gemäss Art. 2 Abs. 2 lit. bbis des Bundesgesetzes zur Bekämpfung der Geldwäscherei und der Terrorismusfinanzierung im Finanzsektor vom 10. Oktober 1997 (Geldwäschereigesetz, GWG) als Finanzintermediär und untersteht diesbezüglich gemäss Art. 12 lit. a GWG der direkten Aufsicht der FINMA. Ebenso qualifiziert die Komplementär-AG aufgrund ihrer Tätigkeit als Finanzintermediär iSv Art. 2 Abs. 3 GWG und muss sich als Konsequenz für diese Zwecke einer Selbstregulierungsorganisation (SRO) gemäss Art. 24 GWG anschliessen bzw. sich direkt der Aufsicht der FINMA unterstellen.[17] 70

Art. 99 KAG stellt klar, dass auf die KGK die Bestimmungen des OR über die Kommanditgesellschaft zur Anwendung kommen, sofern das KAG nichts anderes vorsieht. Gemäss Art. 100 Abs. 1 KAG kommt bezüglich der KGK der Eintragung im Handelsregister konstituierende Wirkung zu. Modalitäten und Voraussetzungen der Eintragung sind in der Handelsregisterverordnung vom 17. Oktober 2007 (Handelsregisterverordnung, HRegV) geregelt. Gemäss Art. 101 KAG muss die Firma der Gesellschaft die Bezeichnung der Rechtsform oder die Abkürzung KGK enthalten. 71

Art. 102 KAG bestimmt, dass die folgenden Bestimmungen zwingend im Gesellschaftsvertrag enthalten sein müssen: 72
- die Firma und den Sitz;
- der Zweck der Gesellschaft;
- die Firma und den Sitz der Komplementäre;
- der Betrag der gesamten (nicht einzelnen) Kommanditsumme;
- die Dauer der Gesellschaft (Laufzeit);
- die Bedingungen über den Ein- und Austritt der Kommanditäre;
- die Führung eines Registers der Kommanditäre;
- die Anlagen, die Anlagepolitik, die Anlagebeschränkungen, die Risikoverteilung, die mit der Anlage verbundenen Risiken sowie die Anlagetechniken;
- die Delegation der Geschäftsführung sowie der Vertretung und
- der Beizug einer Depot- und einer Zahlstelle.

Der Prospekt hat gemäss Art. 102 Abs. 2 und 3 KAG die im Gesellschaftsvertrag enthaltenen Angaben gemäss Art. 102 Abs. 1 lit. h KAG zu konkretisieren.

Gemäss Art. 103 Abs. 1 KAG darf die KGK Anlagen in Risikokapital tätigen. Das zulässige Anlageuniversum wird durch Art. 121 Abs. 1 KKV zusätzlich um Bau-, Immobilien- und Infrastrukturprojekte sowie alternative Anlagen erweitert. Entsprechend Art. 120 KKV dienen Risikokapitalanlagen in der Regel der direkten oder indirekten Finanzierung von Unternehmungen und Projekten in grundsätzlicher Erwartung eines überdurchschnittlichen Mehrwertes verbunden mit einer überdurchschnittlichen Verlustwahrscheinlichkeit. 73

---

[17] Vgl. *Derungs/Dobrauz*, Tafeln zum Schweizer Kollektivanlagenrecht, S. 165.

Die Finanzierung kann dabei insbesondere im Wege der Begabe von Eigenkapital, von Fremdkapital und in Mischformen von Eigen- und Fremdkapital sowie als Mezzanine-Finanzierungen erfolgen. Art. 121 Abs. 3 KKV hält fest, dass Anlagen in Bau- Immobilien- und Infrastrukturprojekte nur zulässig sind, wenn diese von Parteien stammen, die weder direkt noch indirekt mit dem Komplementär, den für die Verwaltung und Geschäftsführung verantwortlichen Personen oder den Anlegern verbunden sind. Art. 121 Abs. 4 KKV untersagt zudem den Komplementären, den für die Verwaltung und Geschäftsführung verantwortlichen Personen und den ihnen nahestehenden natürlichen und juristischen Personen sowie den Anleger einer KGK, von dieser Immobilienwerte und Infrastrukturwerte zu übernehmen oder ihr solche abzutreten.

74   Gemäss Art. 102 Abs. 1 lit. f KAG sind die Bedingungen für den Ein- und Austritt der Kommanditäre im Gesellschaftsvertrag zu regeln. Die Entscheidungskompetenz über den Ein- und Austritt von Kommanditären kann, sofern nicht ein Gesellschafterbeschluss vorgesehen ist, gemäss Art. 105 Abs. 1 KAG via Gesellschaftsvertrag an den Komplementär delegiert werden. Gemäss Art. 105 Abs. 2 KAG bleiben die Bestimmungen des OR über den Ausschluss von Gesellschaftern der Kommanditgesellschaft vorbehalten.

75   Gemäss Art. 107 KAG muss die KGK eine von der FINMA anerkannte Prüfgesellschaft iSv Art. 126 ff. KAG bestellen. Art. 108 Abs. 1 KAG bestimmt, dass für die Rechenschaftsablage der Gesellschaft und die Bewertung des Vermögens die Art. 88 ff. KAG sinngemäss gelten. Zudem sind in Entsprechung von Art. 108 Abs. 2 KAG international anerkannte Standards wie zB die Bewertungsstandards der European Venture Capital & Private Equity (EVCA) Association zu berücksichtigen.

76   Die Auflösung der Gesellschaft erfolgt gemäss Art. 109 KAG durch Gesellschafterbeschluss, aus den in Gesetz und Gesellschaftsvertrag vorgesehenen Gründen oder durch Verfügung der FINMA nach Art. 133 ff. KAG.

77   **bbb) Investmentgesellschaft mit fixem Kapital (SICAF).** Bevor eine SICAF ihre Tätigkeit aufnehmen darf, bedarf sie einerseits einer Bewilligung als Institut und einer zusätzlichen Genehmigung des Produkts durch die FINMA. Für Erstere sind unter anderem die Statuten und das Organisationsreglement einzureichen, für Zweitere die Statuten und das Anlagereglement. Die SICAF muss zudem einen Prospekt erstellen, auf welchen die Art. 75 und 77 KAG sinngemäss anzuwenden sind. Gemäss Art. 110 Abs. 1 KAG zeichnet sich die SICAF, welche grundsätzlich als AG gemäss Art. 620 ff. OR organisiert ist, zunächst dadurch aus, dass ihr ausschliesslicher Zweck in der kollektiven Kapitalanlage besteht, und sie dabei gemäss Art. 122 KKV nur ihr eigenes Vermögen verwalten darf, wobei die Erzielung von Erträgen und/oder Kapitalgewinnen im Vordergrund stehen muss und ohne dass sie sonst eine unternehmerische Tätigkeit verfolgen darf. Insbesondere ist der SICAF die Erbringung von Dienstleistungen iSv Art. 29 KAG, also die individuelle Portfolioverwaltung, Anlageberatung und Aufbewahrung und technische Verwaltung kollektiver Kapitalanlagen untersagt. Weiter müssen gemäss Art. 110 Abs. 1 KAG die Aktionäre der SICAF keine qualifizierten Anleger im Sinne von Art. 10 Abs. 3 KAG und die SICAF nicht an einer Schweizer Börse kotiert sein. Gemäss Art. 111 Abs. 1 KAG muss die Firma der Gesellschaft die Bezeichnung der Rechtsform oder die Abkürzung SICAF enthalten.

78   Gemäss Art. 122 Abs. 2 KKV darf die SICAF, soweit dies im Interesse einer sachgerechten Verwaltung liegt, Anlageentscheide sowie Teilaufgaben delegieren. Gemäss Art. 110 Abs. 2 KAG muss zwischen den eigenen Mitteln der SICAF und deren Gesamtvermögen ein angemessenes Verhältnis bestehen. Art. 122a KKV verlangt konkret, dass im Zeitpunkt der Gründung ein bar liberiertes Aktienkapital im Umfang von mindestens CHF 500 000.–, welches dauern einzuhalten ist, gegeben sein muss und dass eine Unterschreitung der Mindesteinlage unverzüglich der FINMA zu melden ist. Art. 122b Abs. 1 KKV bestimmt zu den eigenen Aktien der Organe, als Prozente des Gesamtvermögens der SICAF, welche diese dauernd halten müssen, und wobei der von den Organen selbst zu haltende Höchstanteil an Aktien CHF 20 Millionen beträgt:

- 1 % für den Teil, der CHF 50 Mio. nicht übersteigt;
- $^3/_4$ % für den Teil, der CHF 50 Mio., nicht aber CHF 100 Mio. übersteigt;
- $^1/_2$ % für den Teil, der CHF 100 Mio., nicht aber CHF 150 Mio. übersteigt;
- $^1/_4$ % für den Teil, der CHF 150 Mio., nicht aber CHF 250 Mio. übersteigt;
- $^1/_8$ % für den Teil, der CHF 250 Mio. übersteigt.

Als spezifische Limitation sieht Art. 113 Abs. 2 KAG vor, dass der SICAF die Ausgabe 79 von Stimmrechtsaktien, Partizipationsscheinen, Genussscheinen und Vorzugsaktien untersagt ist. Seit der Teilrevision des KAG wurde im Geiste der AIFM-RL auch für die SICAF gemäss Art. 114 KAG neu der Beizug einer Depotbank nach den Art. 72 bis 74 KAG statt lediglich einer Depot- und Zahlstelle verpflichtend eingeführt. Gemäss Art. 115 Abs. 1 KAG sind die Anlagen, die Anlagepolitik, die Anlagebeschränkungen, die Risikoverteilung sowie die mit den Anlagen verbundenen Risiken in den Statuten und im Anlagereglement der SICAF zu regeln. Bezüglich der Anlagen verweist Art. 115 Abs. 2 KAG auf Art. 69 KAG und die sinngemässe Anwendbarkeit der Art. 64, 70 und 71 KAG. Art. 115 Abs. 3 KAG hält fest, dass die Generalversammlung über Änderungen des Anlagereglements zu entscheiden hat und dabei die Mehrheit der vertretenen Aktienstimmen erforderlich ist. Die Änderungen bedürfen sodann der Genehmigung durch die FINNMA und müssen veröffentlicht werden. Wie die KGK muss gemäss Art. 118 KAG auch die SICAF eine Prüfgesellschaft nach Art. 126 ff. KAG bezeichnen.

dd) Einanlegerfonds. Bis zur Teilrevision des KAG war die Errichtung eines Einanle- 80 gerfonds nicht im KAG sondern in der alten KKV geregelt. Dort wurde dieser für offene kollektive Kapitalanlagen zugelassen, sofern der Anleger eine Einrichtung oder Hilfseinrichtung der beruflichen Vorsorge (inkl. Anlagestiftungen), eine beaufsichtigte Lebensversicherungseinrichtung oder eine steuerbefreite inländische Sozialversicherungs- und Ausgleichskasse war und wenn diese Beschränkung des Anlegerkreises in den massgebenden Dokumenten nach Art. 15 Abs. 1 KAG offengelegt war. Im Gegensatz dazu sieht das teilrevidierte KAG in Art. 7 Abs. 3 KAG nun erstmals ausdrücklich die Möglichkeit vor, Einanlegerfonds zu bewilligen und es eröffnet diese Möglichkeit neu für die Errichtung von sowohl offenen als auch geschlossenen kollektiven Kapitalanlagen. Gemäss Art. 5 Abs. 4 KKV sind die Voraussetzungen dafür, dass der Anleger eine beaufsichtigte Versicherungseinrichtung nach Art. 10 Abs. 3 lit. b KAG oder eine öffentlich-rechtliche Körperschaft oder Vorsorgeeinrichtungen mit professioneller Tresorerie nach Art. 10 Abs. 3 lit. c KAG ist und diese Beschränkung des Anlegerkreises wiederum in den massgebenden Dokumenten nach Art. 15 Abs. 1 KAG offengelegt ist. Art. 7 Abs. 4 KAG räumt der Fondsleitung und der SICAV die Möglichkeit ein, die Anlageentscheide an den einzigen Anleger zu delegieren. Zudem kann die FINMA diesen Anleger von der Pflicht befreien kann, sich einer anerkannten Aufsicht gemäss Art. 31 Abs. 3 bzw. Art. 36 Abs. 3 KAG zu unterstellen.

ee) Master-Feeder Fonds. In die teilrevidierte Verordnung wurde in Überführung 81 dieses wesentlichen Elements der OGAW IV-Richtlinie auch die Möglichkeit der Verwendung von Master-Feeder-Strukturen aufgenommen. Art. 73a Abs. 1 KKV definiert dabei den Feeder-Fonds als eine kollektive Kapitalanlage, die abweichend von Art. 73 Abs. 2 lit. a KKV mindestens 85 % des Fondsvermögens in Anteile desselben Zielfonds, des sog. Master-Fonds, anlegt. Gemäss Art. 73a Abs. 2 KKV ist dabei der Master-Fonds eine schweizerische kollektive Kapitalanlage derselben Art wie der Feeder-Fonds ohne dabei selbst ein Feeder-Fonds zu sein oder Anteile an einem solchen zu halten. Es ist einem Feeder-Fonds gestattet, bis zu 15 % seines Fondsvermögens in flüssige Mittel oder derivative Finanzinstrumente anzulegen, wobei letztere gemäss Art. 73a Abs. 3 KKV ausschliesslich zum Zweck der Absicherung erfolgen dürfen.

4. Bewilligungsträger

Gemäss Art. 13 Abs. 1 KAG benötigt eine Bewilligung der FINMA, wer in der Schweiz 82 kollektive Kapitalanlagen verwaltet, aufbewahrt oder an nicht qualifizierte Anleger vertreibt. Art. 13 Abs. 2 KAG definiert den konkreten Katalog der Personen sowie der kollektiven Kapitalanlagen, welche eine Bewilligung der FINMA als Institut benötigen. Dieser umfasst die Fondsleitung, die SICAV, KGK und SICAF, die Depotbank schweizerischer kollektiver Kapitalanlagen, den Vermögensverwalter kollektiver Kapitalanlagen, den Vertriebsträger und den Vertreter ausländischer kollektiver Kapitalanlagen. Gemäss Art. 13 Abs. 3 KAG können Vermögensverwalter kollektiver Kapitalanlagen, Vertriebsträger sowie Vertreter, die bereits einer anderen gleichwertigen staatlichen Aufsicht unterstehen, von der Bewilligungspflicht befreit werden. Art. 13 Abs. 5 KAG hält fest, dass Bewilligungsträger gemäss Abs. 2 lit. a–d KAG erst nach Erteilung der Bewilligung durch die FINMA ins Handelsregister eingetragen werden dürfen. Es muss betont werden, dass die Bewilligungsvoraussetzungen ständig eingehalten werden müssen und Änderungen der Umstände einer aufsichtsbehördlichen Bewilligung bedürfen.

83   Es gilt zu beachten, dass der Schweizer Bewilligungssystematik ein kaskadischer Stufenbau zugrunde liegt. Dadurch sollen Doppelspurigkeiten vermieden und insbesondere auch ermöglicht werden, dass diejenigen, die schon einer prudentiellen Aufsicht unterstehen, nicht in jedem Fall einer weiteren bedürfen, um zusätzliche, bewilligungspflichtige Tätigkeiten ausüben zu können, an welche weniger umfangreiche Bewilligungsvoraussetzungen geknüpft sind. Art. 8 Abs. 1 KKV bestimmt, dass iS des BankG, Effektenhändler iS des BEHG sowie Versicherungseinrichtung iS des Bundesgesetz betreffend die Aufsicht über Versicherungsunternehmen (VAG) von der Bewilligungspflicht für Vermögensverwalter kollektiver Kapitalanlagen sowie für Vertriebsträger befreit sind. Allerdings bedürfen sie einer gesonderten Bewilligung als Vertreter ausländischer kollektiver Kapitalanlagen, sofern sie auch diese Tätigkeit ausüben wollen. Gemäss Art. 8 Abs. 1bis KKV bedürfen bewilligte Fondsleitungen keiner weiteren Bewilligung um als Vermögensverwalter kollektiver Kapitalanlagen, Vertriebsträger oder als Vertreter ausländischer kollektiver Kapitalanlagen tätig werden zu können. Gemäss Art. 8 Abs. 2 KKV sind bewilligte Vermögensverwalter kollektiver Kapitalanlagen von der Bewilligungspflicht für Vertriebsträger befreit, bedürfen allerdings einer gesonderten Bewilligung als Vertreter ausländischer kollektiver Kapitalanlagen, sofern sie auch diese Tätigkeit ausüben wollen. Art. 8 Abs. 3 KKV bestimmt, dass Vertreter ausländischer kollektiver Kapitalanlagen von der Bewilligungspflicht für Vertriebsträger befreit sind. Art. 8 Abs. 4 KKV stellt schliesslich Agenten von Versicherungseinrichtungen, die aufgrund von Agenturverträgen rechtlich und faktisch in die Organisation von Versicherungseinrichtungen eingebunden sind, von der Bewilligungspflicht für Vertriebsträger frei.[18]

a) Fondsleitung

84   Die Fondsleitung ist in den Art. 28 ff. KAG sowie in Art. 7 und 42 ff. KKV näher beschrieben. Gemäss Art. 28 Abs. 1 KAG muss sie als AG mit Sitz und Hauptverwaltung in der Schweiz organisiert sein. Zu ihren definitorischen Aufgaben, welche auch für die Bestimmung der effektiven Hauptverwaltung massgeblich sind, gehören gemäss Art. 42 KKV neben der Wahrnehmung der Aufgaben des Verwaltungsrates gemäss Art. 716a OR, für jeden von der Fondsleitung verwalteten Anlagefonds der Entscheid über die Ausgabe von Anteilen, über die Anlagepolitik und über die Bewertung der Anlagen, die Festlegung der Ausgabe- und Rücknahmepreise sowie der Gewinnausschüttungen und des Inhaltes des Prospektes, des vereinfachten Prospektes, des Jahres- bzw. Halbjahresberichtes sowie weiterer für Anleger bestimmter Publikationen als auch die Führung der Buchhaltung. Gemäss Art. 28 Abs. 2 iVm Art. 43 KKV muss die Fondsleitung ein bar einbezahltes Aktienkapital von mindestens CHF 1 Mio. aufweisen, welches zudem gemäss Art. 28 Abs. 3 KAG in Namenaktien aufgeteilt sein muss. Führt die Fondsleitung Anteilskonten, und vertreibt sie selbst Anteile einer kollektiven Kapitalanlage, gilt sie als Finanzintermediär und untersteht gemäss Art. 2 Abs. 2 lit. b GWG dem Geldwäschereigesetz.

---

[18] Vgl. *Derungs/Dobrauz*, Tafeln zum Schweizer Kollektivanlagenrecht, S. 42.

II. Schweizer Investmentrecht

Art. 28 Abs. 4 KAG verlangt, dass die Fondsleitung über eine für die Erfüllung ihrer 85
Aufgaben geeignete Organisation verfügt. Ihre Aufgaben und Kompetenzen sind in den Statuten und einem Organisationsreglement festzulegen, wobei im Organisationsreglement unter anderem die Einsetzung und Aufgaben der Geschäftsleitung sowie die Kompetenzaufteilung zwischen Verwaltungsrat und Geschäftsleitung bezüglich der Organisation der Fondsleitung zu regeln sind. Gemäss Art. 44 Abs. 1 KKV muss der Verwaltungsrat der Fondsleitung aus mindestens drei Mitgliedern bestehen und gemäss Art. 44 Abs. 2 KKV ist weiter vorgesehen, dass die Fondsleitung in der Regel über mindestens drei Vollzeitstellen mit Zeichnungsberechtigung verfügt, wobei die unterschriftsberechtigten Personen gemäss Art. 12 Abs. 2 KKV kollektiv zu zweien zeichnen müssen. Grundsätzlich ist insbesondere der Verwaltungsrat berufen, die Geschäfte der Gesellschaft zu führen, Art. 31 KAG sieht diesbezüglich allerdings Delegationsmöglichkeiten bezüglich Anlageentscheiden und Teilaufgaben vor. Das FINMA-Rundschreiben 2008/37 präzisiert die Delegationsmöglichkeiten und deren Grenzen.

Art. 28 Abs. 5 KAG bestimmt, dass die geschäftsführenden Personen der Fondsleitung 86
und der Depotbank grundsätzlich von der jeweils anderen Gesellschaft unabhängig sein müssen, Art. 45 Abs. 1 KKV erklärt die gleichzeitige Mitgliedschaft im Verwaltungsrat von Fondsleitung und Depotbank jedoch für zulässig. Art. 45 Abs. 3 KKV präzisiert in diesem Zusammenhang, dass die Mehrheit der Verwaltungsräte der Fondsleitung von den bei der Depotbank mit den Aufgaben gemäss Art. 73 KAG betrauten Personen unabhängig sein muss und stellt klar, dass Personen der Depotbank auf Geschäftsleitungsebene, welche mit den Aufgaben gemäss Art. 73 KAG betraut sind, nicht als unabhängig gelten. Art. 45 Abs. 4 KAG präzisiert weiter, dass keine der für die Fondsleitung unterschriftsberechtigten Personen gleichzeitig bei der Depotbank für Aufgaben gemäss Art. 73 KAG verantwortlich sein darf.

Gemäss Art. 29 Abs. 1 KAG besteht der Hauptzweck der Fondsleitung in der Aus- 87
übung des Fondsgeschäfts. Dazu gehören die in Art. 30 KAG und Art. 46 KKV aufgeführten Aufgaben. Gemäss Art. 30 KAG verwaltet die Fondsleitung einen oder mehrere Anlagefonds für Rechnung der Anleger selbständig und in eigenem Namen wobei die Fondsleitung insbesondere über die Ausgabe von Anteilen, die Anlagen und deren Bewertung entscheidet, den Nettoinventarwert berechnet, die Ausgabe- und Rücknahmepreise sowie Gewinnausschüttungen festsetzt und alle zum Anlagefonds gehörenden Rechte geltend macht. Neben diesen Aufgaben zählt Art. 46 KKV Folgendes zum Fondsgeschäft:

- Vertretung ausländischer kollektiver Kapitalanlagen;
- Erwerb von Beteiligungen an Gesellschaften, deren Hauptzweck das kollektive Kapitalanlagengeschäft ist;
- Führung von Anteilskonten;
- Vertrieb von kollektiven Kapitalanlagen sowie
- Erbringen von administrativen Dienstleistungen für kollektive Kapitalanlagen und ähnliche Vermögen wie interne Sondervermögen, Anlagestiftungen und Investmentgesellschaften.

Neben dem Fondsgeschäft kann die Fondsleitung als weitere Dienstleistungen individuelle Verwaltung einzelner Portfolios, Anlageberatung sowie Aufbewahrung und technische Verwaltung kollektiver Kapitalanlagen erbringen. Darüber hinaus darf eine Fondsleitung gemäss Art. 29 Abs. 2 KAG iVm Art. 18 Abs. 3 lit. a KAG das Fondsgeschäft auch für ausländische kollektive Kapitalanlagen erbringen, sofern eine Vereinbarung über Zusammenarbeit und Informationsaustausch zwischen der FINMA und den für das Fondsgeschäft relevanten ausländischen Aufsichtsbehörden besteht und das ausländische Recht eine solche Vereinbarung verlangt.

Art. 32 Abs. 1 KAG verlangt, dass zwischen den eigenen Mitteln der Fondsleitung und 88
dem Gesamtvermögen der von ihr verwalteten kollektiven Kapitalanlagen ein angemessenes Verhältnis bestehen muss. Art. 47 KKV verweist für die Berechnung der eigenen Mittel

auf die Art. 22 und 23 KKV, weitere Bestimmungen sind in Art. 48 KKV enthalten. Demnach müssen die eigenen Mittel höchstens CHF 20 Mio. betragen und werden allgemein in Prozenten des Gesamtvermögens der von der Fondsleitung verwalteten kollektiven Kapitalanlagen wie folgt berechnet:
- 1% für den Teil, der CHF 50 Mio. nicht übersteigt;
- $3/4$% für den Teil, der CHF 50 Mio., nicht aber CHF 100 Mio. übersteigt;
- $1/2$% für den Teil, der CHF 100 Mio., nicht aber CHF 150 Mio. übersteigt;
- $1/4$% für den Teil, der CHF 150 Mio., nicht aber CHF 250 Mio. übersteigt, und
- $1/8$% für den Teil, der CHF 250 Mio. übersteigt.

Da die Fondsleitung aufgrund von Art. 43 KKV ohnedies über ein Mindestaktienkapital von CHF 1 Mio. verfügen muss, findet diese Berechnung nur zwischen der Summe von CHF 1 Mio. und CHF 20 Mio. Anwendung.

b) Depotbank

89   Die Depotbank ist in den Art. 72 ff. KAG sowie in Art. 102a ff. KKV geregelt. Wesentlich ist zunächst, dass die erforderliche Bewilligung als Depotbank zusätzlich zur Bewilligung als Bank nach BankG zu erlangen ist, wenn diese Funktion ausführt werden soll. Die Depotbank nimmt beim vertraglichen Anlagefonds gemäss Art. 25 Abs. 2 KAG zusammen mit der Fondsleitung nach Massgabe der ihr durch das KAG und den Fondsvertrag übertragenen Aufgaben am Fondsvertrag teil. Art. 26 KAG bestimmt, dass die Depotbank den Fondsvertrag, in dem unter anderem die Rechte und Pflichten der Anleger, der Fondsleitung und der Depotbank umschrieben sind, zu prüfen und zu genehmigen hat, während die Fondsleitung für die Erstellung des Fondsvertrages zuständig ist. Gemäss Art. 44a KAG hat auch die SICAV grundsätzlich eine Depotbank beizuziehen. Die FINMA kann unter bestimmten Voraussetzungen Ausnahmen von dieser Pflicht bewilligen. Bei den geschlossenen kollektiven Kapitalanlagen besteht nur für die SICAF eine Pflicht zur Beiziehung einer Depotbank, bei der KGK genügt der Beizug einer Depot- und Zahlstelle.

90   Die Depotbank muss gemäss 72 Abs. 1 KAG eine für ihre Tätigkeit angemessene Organisation aufweisen. Es kann nicht davon ausgegangen werden, dass dies bei jeder Bank nach BankG automatisch erfüllt ist. Art. 102a KKV verlangt, dass die Depotbank Personal beschäftigt, das ihrer Tätigkeit angemessen und entsprechend qualifiziert ist. Für die Erfüllung der Tätigkeit als Depotbank wird gemäss Art. 102a KKV von mindestens drei Vollzeitstellen mit Zeichnungsberechtigung ausgegangen. Konkret wird erwartet, dass die mit der Geschäftsführung der Depotbank betrauten Personen die Anforderungen nach Art. 14 Abs. 1 lit. a KAG erfüllen und somit einen guten Ruf geniessen, Gewähr für eine einwandfreie Geschäftsführung bieten und die erforderlichen fachlichen Qualifikationen aufweisen. Dieselben Anforderungen sind von den mit den Aufgaben der Depotbanktätigkeit betrauten Personen zu erfüllen, wie Art. 72 Abs. 2 KAG festhält. Wie schon oben bei der Fondsleitung erläutert, müssen die geschäftsführenden Personen der Fondsleitung bzw. SICAV und der Depotbank von der jeweils anderen Gesellschaft unabhängig sein.

91   Zur Präzisierung der Anforderungen an die angemessene und zweckmässige Organisation einer Depotbank hat die FINMA die Mitteilung Nr. 40 zur Verfügung gestellt. Daraus ergibt sich, dass eine Bank, um die spezifischen Depotbankaufgaben nach KAG gesetzeskonform wahrnehmen zu können, für eine angemessene und zweckmässige Organisation internen Regelungen schriftlich festhalten muss, die u.a. die Aufgaben, Verantwortlichkeiten, Stellvertretungen, Kontrollabläufe und -intervalle sowie das Verfahren im Eskalationsfall detaillieren und eine adäquate Funktionentrennung sicherstellen. Zudem müssen die für die Aufbewahrungs- und Kontrollaufgaben der Depotbank zuständigen, zeichnungsberechtigten Personen mit Kernaufgaben der Depotbanktätigkeit betraut sein und dürfen keine weiteren Aufgaben wahrnehmen, die von einer Fondsleitung oder SICAV zusätzlich an die Bank delegiert werden.

Gemäss Art. 73 Abs. 1 KAG kommt der Depotbank die Aufgabe zu, das Fondsvermögen 92
aufzubewahren sowie die Ausgabe und Rücknahme der Anteile und den Zahlungsverkehr
zu besorgen. Darüber hinaus hat die Depotbank gemäss Art. 73 Abs. 3 KAG im Rahmen
ihrer Überwachungspflichten dafür zu sorgen, dass die Fondsleitung oder die SICAV das
Gesetz und das Fondsreglement beachten. Insbesondere prüft sie ob die Berechnung des
Nettoinventarwertes und der Ausgabe- und Rücknahmepreise der Anteile dem Gesetz und
Fondsreglement entsprechen. Zusätzlich ist es an ihr zu überprüfen, ob die Anlageentscheide Gesetz und Fondsreglement entsprechen und der Erfolg nach Massgabe des Fondsreglements verwendet wird. In Art. 104 Abs. 1 KKV werden die Aufgaben der Depotbank
weiter präzisiert und an internationale Standards wie namentlich die Regelungen der
UCITS- und AIFM-Richtlinien angeglichen.[19]
- Die Depotbank ist für die Konto- und Depotführung der kollektiven Kapitalanlagen verantwortlich, kann aber nicht selbstständig über deren Vermögen verfügen;
- Sie gewährleistet, dass ihr bei Geschäften, die sich auf das Vermögen der kollektiven Kapitalanlage beziehen, der Gegenwert innert der üblichen Fristen übertragen wird;
- Sie benachrichtigt die Fondsleitung oder die kollektive Kapitalanlage, falls der Gegenwert nicht innert der üblichen Frist erstattet wird und fordert von der Gegenpartei Ersatz für den betroffenen Vermögenswert, sofern dies möglich ist;
- Sie führt die erforderlichen Aufzeichnungen und Konten so, dass sie jederzeit die verwahrten Vermögensgegenstände der einzelnen kollektiven Kapitalanlagen voneinander unterscheiden kann;
- Sie prüft bei Vermögensgegenständen, die nicht in Verwahrung genommen werden können, das Eigentum der Fondsleitung oder der kollektiven Kapitalanlage und führt darüber Aufzeichnungen.

Gemäss Art. 104 Abs. 2 KKV hat die Depotbank bei Immobilienfonds die Pflicht, die
unbelehnten Schuldbriefe sowie die Aktien von Immobiliengesellschaften aufzubewahren
und ihr wird das Recht erteilt, für die laufende Verwaltung von Immobilienwerten die
Konten von Dritten führen zu lassen. Entsprechend Art. 104 Abs. 3 KKV ist, sofern es sich
um eine kollektive Kapitalanlage mit Teilvermögen handelt, für sämtliche Aufgaben dieselbe Depotbank verantwortlich.

Grundsätzlich ist eine Übertragung der Aufbewahrung des Fondsvermögens an Dritt- 93
und Sammelverwahrer im In- oder Ausland zulässig, es wird jedoch verlangt, dass dies im
Interesse einer sachgerechten Verwahrung liegt und die Anleger über die entsprechenden
Risiken im Prospekt informiert werden. Im Falle von Finanzinstrumenten darf eine solche
Übertragung gemäss Art. 73 Abs. 2bis KAG nur an beaufsichtigte Dritt- oder Sammelverwahrer erfolgen, es sei denn es liegt ein Fall der zwingenden Verwahrung an einem Ort, an
dem die Übertragung an beaufsichtigte Dritt- oder Sammelverwahrer nicht möglich ist,
vor, wie insbesondere aufgrund zwingender Rechtsvorschriften oder der Modalitäten des
Anlageprodukts. Wiederum ist es diesfalls allerdings erforderlich, die Anleger in der Produktedokumentation über die Aufbewahrung durch nicht beaufsichtigte Dritt- oder Sammelverwahrer zu informieren, wie Art. 73 Abs. 2bis KAG festhält. Art. 31 Abs. 5 KAG bestimmt, dass für kollektive Kapitalanlagen, die in der EU aufgrund eines Abkommens
erleichtert vertrieben werden, Anlageentscheide weder an die Depotbank noch an andere
Unternehmen delegiert werden dürfen, deren Interessen mit denen der Fondsleitung oder
der Anleger kollidieren können.

c) Vermögensverwalter kollektiver Kapitalanlagen

Der Vermögensverwalter kollektiver Kapitalanlagen ist grundsätzlich in den Art. 18 ff. 94
KAG sowie in den Art. 19 ff. KKV normiert. Art. 13 Abs. 2 lit. f KAG hält fest, dass Vermögensverwalter kollektiver Kapitalanlagen der Bewilligungspflicht der FINMA unterstehen. Im Geiste der AIFM-RL unterstehen dabei sämtliche in oder von der Schweiz aus

---

[19] Vgl. *Derungs/Dobrauz,* Tafeln zum Schweizer Kollektivanlagenrecht, S. 137.

E. Schweizer Investmentrecht

tätigen Vermögensverwalter kollektiver Kapitalanlagen, unabhängig davon, in welcher Jurisdiktion diese Fonds lanciert werden, grundsätzlich der Bewilligungspflicht durch die FINMA. Hinsichtlich der Ausnahmen von der Bewilligungspflicht in Anwendung der sog. *de minimis*-Bestimmungen, welche allerdings nicht im Zusammenhang mit der Verwaltung schweizerischer kollektiver Kapitalanlagen zur Anwendung kommen, wird auf die Ausführungen weiter oben verwiesen. Wie ebenfalls erläutert, sind gemäss Art. 8 KKV bereits anderweitig beaufsichtigte Finanzintermediäre wie Banken, Versicherungen, Effektenhändler und Versicherungseinrichtungen von der Bewilligungspflicht als Vermögensverwalter kollektiver Kapitalanlagen befreit.

95 Unter dem Titel der allgemeinen Bewilligungsvoraussetzungen verlangt Art. 14 Abs. 1 lit. a KAG, dass die für die Verwaltung und Geschäftsführung der Bewilligungsträger verantwortlichen Personen einen guten Ruf geniessen, Gewähr für eine einwandfreie Geschäftsführung bieten und die erforderlichen fachlichen Qualifikationen aufweisen. Zum letzten Kriterium präzisiert Art. 10 Abs. 1 KKV, dass die für die Verwaltung und die Geschäftsführung verantwortlichen Personen aufgrund ihrer Ausbildung, Erfahrung und ihrer bisherigen Laufbahn für die vorgesehene Tätigkeit ausreichend qualifiziert sein müssen. Die FINMA bestimmt gemäss Art. 10 Abs. 2–4 KKV die Voraussetzungen für den Nachweis des guten Rufes, der Gewähr für eine einwandfreie Geschäftsführung sowie der erforderlichen fachlichen Qualifikationen und berücksichtigt dabei unter anderem die vorgesehene Tätigkeit beim Bewilligungsträger und die Art der beabsichtigten Anlagen. Typischerweise finden als Basis für die Beurteilung dieser Voraussetzungen Unterlagen wie Lebensläufe, Arbeitszeugnisse, aktuelle Strafregister- und Betreibungsregisterauszüge sowie Ausbildungsnachweise Beachtung. Darüber hinaus sind gültige Identifikationspapiere der Gewährsträger beizubringen. Zu den Anforderungen an den Verwaltungsrat hat die FINMA in ihrer Mitteilung Nr. 34 nähere Ausführungen getätigt. Insbesondere wird dort gefordert, dass der Verwaltungsrat eines Vermögensverwalters kollektiver Kapitalanlagen aus mindestens drei Mitgliedern, welche im Unternehmen mehrheitlich nicht operativ tätig sein dürfen, bestehen muss, um seine Überwachungsfunktion angemessen ausüben zu können. Darüber hinaus muss, um eine Objektivität des Kontrollorgans zu gewährleisten, mindestens ein Drittel des Verwaltungsrats vollständig unabhängig zu sein. Es wird erwartet, dass der Verwaltungsrat eine dauernde Begleitung der Gesellschaft gewährleistet.[20]

96 Hinsichtlich der möglichen Rechtsform eines Vermögensverwalters kollektiver Kapitalanlagen mit Sitz in der Schweiz erklärt Art. 18 Abs. 1 KAG im Falle einer juristischen Person die AG, die Kommanditaktiengesellschaft oder die Gesellschaft mit beschränkter Haftung für zulässig. Art. 18 Abs. 1 lit. b KAG ermöglicht zudem die Verwendung einer Kollektiv- und Kommanditgesellschaft. Seit der jüngsten KAG-Teilrevision können und müssen neu gemäss Art. 18 Abs. 1 lit. c KAG iVm Art. 29b KKV auch schweizerische Zweigniederlassungen ausländischer Vermögensverwalter kollektiver Kapitalanlagen durch die FINMA zugelassen werden. Konkret bedarf gemäss Art. 29b Abs. 1 KKV ein ausländischer Vermögensverwalter kollektiver Kapitalanlagen einer Bewilligung der FINMA, wenn er in der Schweiz Personen beschäftigt, die für ihn dauernd und gewerbsmässig in oder von der Schweiz aus die Vermögensverwaltung iS der Kollektivanlagengesetzgebung betreiben. An zu erfüllenden Bewilligungsvoraussetzungen verlangen Art. 29b Abs. 2 lit. a–f KKV, dass:

- der ausländische Vermögensverwalter kollektiver Kapitalanlagen hinreichend organisiert ist und über genügend finanzielle Mittel und qualifiziertes Personal verfügt, um in der Schweiz eine Zweigniederlassung zu betreiben;
- der ausländische Vermögensverwalter kollektiver Kapitalanlagen einer angemessenen Aufsicht untersteht, welche die Zweigniederlassung mit einschliesst;
- die zuständigen ausländischen Aufsichtsbehörden keine Einwände gegen die Errichtung einer Zweigniederlassung erheben;

---

[20] Vgl. *Derungs/Dobrauz*, Tafeln zum Schweizer Kollektivanlagenrecht, S. 68 f.

II. Schweizer Investmentrecht

- die zuständigen ausländischen Aufsichtsbehörden mit der FINMA eine Vereinbarung über Zusammenarbeit und Informationsaustausch abgeschlossen haben;
- sich die zuständigen ausländischen Aufsichtsbehörden verpflichten, die FINMA unverzüglich zu benachrichtigen, wenn Umstände eintreten, welche die Interessen der Kunden oder deren Vermögenswerte oder der vom Vermögensverwalter verwalteten kollektiven Kapitalanlage ernsthaft gefährden könnten;
- die Zweigniederlassung die Bewilligungsvoraussetzungen nach Art. 14 Abs. 1 lit. a–c und Abs. 2 KAG sowie Art. 10ff. KKV erfüllt und über ein Reglement verfügt, das den Geschäftskreis genau umschreibt und eine ihrer Geschäftstätigkeit entsprechende Betriebsorganisation vorsieht; und
- der ausländische Vermögensverwalter kollektiver Kapitalanlagen nachweist, dass die Firma der Zweigniederlassung im Handelsregister eingetragen werden kann.

Gemäss Art. 29b Abs. 3 KKV steht es der FINMA frei, für den Fall, dass der ausländische Vermögensverwalter kollektiver Kapitalanlagen Teil einer im Finanzbereich tätigen Gruppe ist, die Bewilligung von einer angemessenen konsolidierten Aufsicht durch die zuständigen ausländischen Aufsichtsbehörden abhängig zu machen. Darüber hinaus kann die FINMA gemäss Art. 29b Abs. 4 KKV verlangen, dass die Zweigniederlassung eine Sicherheitsleistung erbringt. Wie auch bei den anderer Bewilligungsträgern vorgesehen, bestimmt Art. 29b Abs. 5 KKV, dass ein ausländischer Vermögensverwalter kollektiver Kapitalanlagen seine Zweigniederlassung erst zur Eintragung ins Handelsregister anmelden darf, wenn die FINMA die Bewilligung zu deren Errichtung erteilt hat. Sollen von einem ausländischen Vermögensverwalter kollektiver Kapitalanlagen in der Schweiz mehrere Zweigniederlassungen errichtet werden, so verlangt Art. 29c Abs. 1 KKV, dass für jede Einzelne eine Bewilligung eingeholt werden und unter diesen eine bezeichnet werden muss, die für die Beziehungen zur FINMA verantwortlich ist. Gemäss Art. 29c Abs. 2 KKV müssen diese Zweigniederlassungen die Voraussetzungen gemäss KAG und KKV gemeinsam erfüllen. Weiter wird festgehalten, dass ein Prüfbericht genügt, welcher gemäss Art. 29e Abs. 1 KKV in einer schweizerischen Amtssprache abzufassen ist. Art. 29d Abs. 1 KKV gestattet, dass die Zweigniederlassungen ihre Jahresrechnungen und Zwischenabschlüsse nach den Vorschriften erstellen, die auf den ausländischen Vermögensverwalter kollektiver Kapitalanlagen Anwendung finden, soweit sie den internationalen Standards zur Rechnungslegung genügen. In diesem Zusammenhang gilt es allerdings zu beachten, dass gemäss Art. 29d Abs. 2 lit. a und b Forderungen und Verpflichtungen (einschliesslich Ausserbilanzgeschäfte) gegenüber dem ausländischen Vermögensverwalter kollektiver Kapitalanlagen und gegenüber den im Finanzbereich tätigen Unternehmungen oder Immobiliengesellschaften gesondert auszuweisen sind, wenn der ausländische Vermögensverwalter kollektiver Kapitalanlagen mit ihnen eine wirtschaftliche Einheit bildet, oder anzunehmen ist, dass er rechtlich verpflichtet oder faktisch gezwungen ist, einem solchen Unternehmen beizustehen. Gemäss Art. 29d Abs. 4 KKV ist die Zweigniederlassung verpflichtet, ihre Jahresrechnungen und Zwischenabschlüsse der FINMA zu übermitteln.[21]

Art. 18a Abs. 1 KAG definiert, dass ein Vermögensverwalter kollektiver Kapitalanlagen für eine oder mehrere kollektive Kapitalanlagen die Portfolioverwaltung und das Risk Management sicherstellt. Weiter führt die FINMA in ihrer Mitteilung Nr. 34 aus, dass das Risk Management von den Investitionsentscheidungen unabhängig sein und sich unter anderem in der Berichterstattungslinie widerspiegeln muss. Neben diesen Kernfunktionen kann ein Vermögensverwalter kollektiver Kapitalanlagen zusätzlich Tätigkeiten ausführen. Art. 24a KKV präzisiert diesbezüglich, dass dies zusätzlich zu den Aufgaben gemäss Art. 18a KAG namentlich Dienstleistungen und administrative Tätigkeiten wie die Annahme und Übermittlung von Aufträgen im Namen und für Rechnung von Kunden, die Finanzinstrumente zum Gegenstand haben, sein dürfen. Gemäss Art. 18a Abs. 3 lit. a–e KAG sind insbesondere folgende zusätzlichen Dienstleistungen für einen Vermögensverwalter kollektiver Kapitalanlagen zulässig:

---

[21] Vgl. *Derungs/Dobrauz,* Tafeln zum Schweizer Kollektivanlagenrecht, S. 70.

- Fondsgeschäft für ausländische kollektive Kapitalanlagen, sofern eine Vereinbarung über Zusammenarbeit und Informationsaustausch zwischen der FINMA und den für das Fondsgeschäft relevanten ausländischen Aufsichtsbehörden besteht und das ausländische Recht eine solche Vereinbarung verlangt;
- Individuelle Verwaltung einzelner Portfolios;
- Anlageberatung;
- Vertrieb kollektiver Kapitalanlagen;
- Vertretung ausländischer kollektiver Kapitalanlagen.

98 Gemäss Art. 18b Abs. 1 KAG ist es zulässig, dass ein Vermögensverwalter kollektiver Kapitalanlagen Aufgaben delegiert, soweit dies im Interesse einer sachgerechten Verwaltung liegt. Art. 18b Abs. 2 KAG präzisiert bezüglich einer gesetzeskonformen (Sub-)Delegation, dass ausschliesslich Personen, die für die einwandfreie Ausführung der Aufgabe qualifiziert sind, ausgewählt werden und deren Instruktion sowie die Überwachung und die Kontrolle der Durchführung des Auftrags sichergestellt wird. Gemäss Art. 18b Abs. 3 KAG darf der Anlageentscheid nur Vermögensverwaltern kollektiver Kapitalanlagen delegiert werden, die einer anerkannten Aufsicht unterstehen.

99 Das Mindestkapital von Vermögensverwaltern kollektiver Kapitalanlagen beträgt gemäss Art. 14 Abs. 1 lit. d KAG iVm Art. 19 Abs. 1 KKV mindestens CHF 200 000.– und muss bar einbezahlt sein. Wird das Fondsgeschäft iSv Art. 18a Abs. 3 lit. a KAG für ausländische kollektive Kapitalanlagen ausgeübt, so erhöht sich das erforderliche Mindestkapital gemäss Art. 19 Abs. 2 KKV auf CHF 500 000.–. Wird für die Tätigkeit eines Vermögensverwalters kollektiver Kapitalanlagen die Rechtsform einer Personengesellschaft gewählt, so sieht Art. 19 Abs. 3 KKV vor, dass die FINMA anstelle des Mindestkapitals eine Sicherheit wie eine Bankgarantie oder eine Bareinlage auf einem Sperrkonto bei einer Bank, die dem Mindestkapital gemäss Art. 19 Abs. 1 und 2 KKV entspricht, zulassen kann.

100 In Art. 20 KKV finden sich die Regeln für die Kapitalbestandteile bei den einzelnen Rechtsformen. Art. 20 Abs. 1 KKV stellt klar, dass das Kapital bei der AG und der Kommanditaktiengesellschaft dem Aktien- und Partizipationskapital entspricht, bei der Gesellschaft mit beschränkter Haftung dem Stammkapital. Gemäss Art. 20 Abs. 2 lit. a–d KKV entspricht das Kapital bei Personengesellschaften den Kapitalkonten, der Kommandite und den Guthaben der unbeschränkt haftenden Gesellschafter. Diesbezüglich ordnen allerdings Art. 20 Abs. 3 lit. a und b KKV an, dass die Kapitalkonten und die Guthaben der unbeschränkt haftender Gesellschafter dem Kapital nur zugerechnet werden können, sofern aus einer unwiderruflichen schriftlichen Erklärung, die bei einer Prüfgesellschaft hinterlegt ist, hervorgeht, dass sie im Falle der Liquidation, des Konkurses oder des Nachlassverfahrens den Forderungen aller übrigen Gläubigerinnen und Gläubiger im Rang nachgehen und sich der Vermögensverwalter kollektiver Kapitalanlagen verpflichtet hat, sie weder mit eigenen Forderungen zu verrechnen noch aus eigenen Vermögenswerten sicherzustellen und keinen der Kapitalbestandteile gemäss Art. 20 Abs. 2 lit. a und c KKV ohne vorgängige Zustimmung der Prüfgesellschaft so weit herabzusetzen, dass das Mindestkapital unterschritten wird.[22]

101 Zusätzlich zum Mindestkapital sind Vermögensverwalter kollektiver Kapitalanlagen verpflichtet, dauernd eigene Mittel vorzuhalten, welche gemäss Art. 21 Abs. 1 lit. a–c KKV wie folgt zusammengesetzt sind:
- 0,02 % des Gesamtvermögens der vom Vermögensverwalter verwalteten kollektiven Kapitalanlagen, der CHF 250 Mio. übersteigt;
- stets mindestens einen Viertel der Fixkosten der letzten Jahresrechnung; und
- höchstens CHF 20 Mio.

Als Fixkosten gelten dabei gemäss Art. 21 Abs. 2 KKV:
- Personalaufwand (gemäss Art. 21 Abs. 4 KKV kann dabei allerdings der variable Personalaufwand, der ausschliesslich vom Geschäftsergebnis abhängig ist oder auf welchen kein Rechtsanspruch besteht, wie insbesondere Bonuszahlung, unberücksichtigt bleiben);

---

[22] Vgl. *Derungs/Dobrauz*, Tafeln zum Schweizer Kollektivanlagenrecht, S. 72.

- betrieblicher Geschäftsaufwand (Sachaufwand);
- Abschreibungen auf dem Anlagevermögen;
- Aufwand für Wertberichtigungen, Rückstellungen und Verluste.

Art. 21 Abs. 3 lit. a und b KKV verlangen zudem, dass Vermögensverwalter kollektiver Kapitalanlagen zusätzliche Eigenmittel von 0,01% des Gesamtvermögens der verwalteten kollektiven Kapitalanlagen halten oder eine entsprechende Berufshaftpflichtversicherung abschliessen müssen. Art. 22 Abs. 1 lit. a–e KKV bestimmen, dass juristische Personen an die eigenen Mittel das einbezahlte Aktien- und Partizipationskapital bei der Aktien- und der Kommanditaktiengesellschaft und das Stammkapital bei der Gesellschaft mit beschränkter Haftung anrechnen dürfen. Auch die gesetzlichen und anderen Reserven, der Gewinnvortrag, der Gewinn des laufenden Geschäftsjahres nach Abzug des geschätzten Gewinnausschüttungsanteils, sofern eine prüferische Durchsicht des Zwischenabschlusses mit einer vollständigen Erfolgsrechnung vorliegt und die stillen Reserven, sofern sie auf einem besonderen Konto ausgeschieden und als eigene Mittel gekennzeichnet werden, sind anrechenbar. Dazu ist allerdings ihre Anrechenbarkeit im Prüfbericht zu bestätigen. Ebenso dürfen gemäss Art. 22 KKV Abs. 2 lit. a–d Personengesellschaften die Kapitalkonten, die Kommandite, die Sicherheiten nach Art. 19 Abs. 2 KKV und die Guthaben der unbeschränkt haftenden Gesellschafter, wenn die Voraussetzungen nach Art. 20 Abs. 3 KKV erfüllt sind, an die eigenen Mittel anrechnen. Gemäss Art. 22 Abs. 3 lit. a und b KKV dürfen Vermögensverwalter kollektiver Kapitalanlagen ihnen gewährte Darlehen, einschliesslich Obligationenanleihen mit einer Laufzeit von mindestens fünf Jahren, an die eigenen Mittel anrechnen, wenn aus einer unwiderruflichen schriftlichen Erklärung, die bei einer Prüfgesellschaft hinterlegt ist, hervorgeht, dass die Darlehen im Falle der Liquidation, des Konkurses oder des Nachlassverfahrens den Forderungen aller übrigen Gläubiger im Rang nachgehen, und sie sich verpflichtet haben, die Darlehen weder mit ihren Forderungen zu verrechnen, noch aus ihren Vermögenswerten sicherzustellen. All dies steht allerdings gemäss Art. 22 Abs. 4 KKV unter der Einschränkung, dass die eigenen Mittel nach Art. 22 Abs. 1 und 2 KKV mindestens 50% der insgesamt erforderlichen eigenen Mittel ausmachen.

Art. 23 lit. a–f KKV bietet ein Verzeichnis der Positionen, welche bei der Berechnung der eigenen Mittel in Abzug zu bringen sind. Diese umfassen:
- den Verlustvortrag und den Verlust des laufenden Geschäftsjahres;
- einen ungedeckten Wertberichtigungs- und Rückstellungsbedarf des laufenden Geschäftsjahres;
- bei Darlehen gemäss Art. 22 Abs. 3 KKV für die letzten fünf Jahre vor der Rückzahlung pro Jahr 20% des ursprünglichen Nominalbetrages;
- immaterielle Werte (inklusive Gründungs- und Organisationskosten sowie Goodwill) mit Ausnahme von Software;
- bei der AG und bei der Kommanditaktiengesellschaft die von ihnen auf eigenes Risiko gehaltenen Aktien der Gesellschaft;
- bei der Gesellschaft mit beschränkter Haftung die von ihr auf eigenes Risiko gehaltenen Stammanteile der Gesellschaft;
- den Buchwert der Beteiligungen, sofern nicht eine Konsolidierung vorgenommen wird.

d) Vertriebsträger

Der Vertriebsträger ist in Art. 19 KAG sowie in den Art. 30 ff. KKV detailliert geregelt. Der Frage, ob eine Bewilligungspflicht als Vertriebsträgers gegeben ist, lässt sich am Besten im Wege einer mehrstufigen Annäherung beantworten. Als erster Schritt wird dabei geprüft, ob die ausgeübte Tätigkeit in den Anwendungsbereich von Art. 2 KAG fällt oder nicht. So ist zB der Vertrieb von ausländischen kollektiven Kapitalanlagen, welche ausschliesslich qualifizierten Anlegern vorbehalten sind, aus der Schweiz nicht dem KAG unterstellt. Als zweiter Schritt prüft man, ob die ausgeübte Tätigkeit unter den vom Vertriebsbegriff ausgenommen Katalog gemäss Art. 3 KAG fällt. Im dritten Schritt gilt es zwischen den unterschiedlich behandelten Tätigkeiten des Vertriebs von schweizerischen und ausländischen kollektiven Kapitalanlagen an qualifizierte bzw. nicht qualifizierte Anleger zu unterscheiden, denn der Vertrieb schweizerischer kollektiver Kapitalanlagen an nicht qualifizierte Anleger ist bewilligungspflichtig wohingegen der Vertrieb schweizerischer kollektiver Kapitalanlagen an ausschliesslich qualifizierte Anleger bewilligungsfrei ist. Vertrieb ausländischer kollektiver Kapitalanlagen an nicht qualifizierte Anleger ist demgegenüber gemäss Art. 13 Abs. 1 KAG bewilligungspflichtig. Gemäss Art. 19 Abs. 1bis KAG ist der Vertrieb ausländischer kollektiver Kapitalanlagen an ausschliesslich qualifizierte Anleger nur durch einen Finanzintermediär gestattet, der in der Schweiz oder in seinem Sitzstaat angemessen beaufsichtigt ist und wenn zudem ein schriftlicher Vertriebsvertrag, auf den schweizerisches Recht anwendbar ist, mit einem Vertreter der ausländischen kollektiven Kapitalanlage abgeschlossen wurde. Im vierten und letzten Schritt gilt es zu prüfen, ob allenfalls eine Befreiung von der Notwendigkeit einer Bewilligung als Vertriebsträger aufgrund einer bereits bestehenden, höherwertigen Bewilligung gegeben ist.[23]

104 Wie in vielen Bereichen kommt in der Schweiz auch im Zusammenhang mit dem Vertrieb kollektiver Kapitalanlagen Selbstregulierung zur Anwendung. In diesem Zusammenhang sind insbesondere die Richtlinien für den Vertrieb kollektiver Kapitalanlagen und die Verhaltensregeln für die schweizerische Fondswirtschaft der Swiss Funds & Asset Management Association (SFAMA) von Bedeutung. Erstere beinhalten dabei insbesondere die Regelungen zur Auswahl von und Zusammenarbeit mit den Vertriebsträgern basierend auf entsprechenden Vertriebsverträgen, zu deren Organisation und zur dauernden Einhaltung der Bestimmungen für die Vertriebsträger, und zur entsprechenden Prüfung der Einhaltung der Bestimmungen für die Vertriebsträger.

e) Vertreter ausländischer kollektiver Kapitalanlagen

105 Der Vertreter ausländischer kollektiver Kapitalanlagen ist in den Art. 120 bzw. 123 ff. KAG sowie in den Art. 30, 128 und 130 ff. KKV näher geregelt. Gemäss Art. 120 Abs. 1 und 4 KAG ist ein Vertreter (und eine Zahlstelle) sowohl beim Vertrieb von ausländischen kollektiven Kapitalanlagen in oder von der Schweiz aus an nicht qualifizierte Anleger als auch an qualifizierte Anleger zu bezeichnen. Wiederum ist es wichtig zu prüfen, ob allenfalls ein Vertrieb gemäss Art. 3 Abs. 1 und 2 KAG vorliegt, um das Bedürfnis nach einem Vertreter definitiv bestimmen zu können. Sofern nämlich eine ausländische kollektive Kapitalanlage ausschliesslich an qualifizierte Anleger gemäss Art. 10 Abs. 3 lit. a und b KAG, also Banken, Effektenhändler, Fondsleitungen, Vermögensverwalter kollektiver Kapitalanlagen, Zentralbanken sowie beaufsichtige Versicherungseinrichtungen, vertrieben wird und/oder die Zurverfügungstellung von Informationen sowie der Erwerb von ausländischen kollektiven Kapitalanlagen im Rahmen eines schriftlichen Vermögensverwaltungsvertrages nach Art. 3 Abs. 2 lit. b und c KAG erfolgt, bedarf es keiner Bezeichnung eines Vertreters (und einer Zahlstelle), da diese Art von Tätigkeit vom Vertriebsbegriff ausgenommen ist. Dasselbe trifft gemäss Art. 3 Abs. 2 lit. a KAG zu, sofern die Zurverfügungstellung von Informationen und der Erwerb ausländischer kollektiver Kapitalanlagen auf Veranlassung oder auf Eigeninitiative des Anlegers erfolgt, insbesondere im Rahmen von Beratungsverträgen und bei bloss ausführenden Transaktionen.

106 Die Fondsleitung und die eine Vertreter beauftragende Gesellschaft sind gemäss Art. 123 Abs. 2 KAG verpflichtet, dem Vertreter alle Informationen zur Verfügung zu stellen, die er zur Wahrnehmung seiner Aufgaben braucht. Gegenstand des Auftrags eines Vertreters ist die Vertretung von ausländischen kollektiven Kapitalanlagen gegenüber den Anlegern und der FINMA, wobei die Vertretungsbefugnis dabei nicht beschränkt werden darf. Der Vertreter muss die gesetzlichen Melde-, Publikations- und Informationspflichten sowie die Verhaltensregeln von Branchenorganisationen, die von der FINMA zum Mindeststandard

---

[23] Vgl. *Derungs/Dobrauz*, Tafeln zum Schweizer Kollektivanlagenrecht, S. 75 f.

erklärt worden sind, einhalten. Der Vertreter ist gemäss Art. 124 KAG in jeder Publikation zu nennen. Gemäss Art. 131a Abs. 1 KKV hat der Vertreter bei ausländischen kollektiven Kapitalanlage, die in der Schweiz ausschliesslich an qualifizierte Anleger vertrieben werden, die zusätzliche Pflicht, mit einem Finanzintermediär gemäss Art. 19 Abs. 1bis KAG, der die ausländische kollektive Kapitalanlage vertreibt, einen schriftlichen Vertriebsvertrag abzuschliessen, wobei dieser schweizerischem Recht unterstehen und den Finanzintermediär dazu verpflichten muss, ausschliesslich Fondsdokumente zu verwenden, die den Vertreter, die Zahlstelle sowie den Gerichtsstand angeben. Darüber hinaus muss der Vertreter gemäss Art. 131a Abs. 2 KKV sicherzustellen, dass die Anleger die massgebenden Dokumente der ausländischen kollektiven Kapitalanlage bei ihm beziehen können.

Art. 131 Abs. 1 KKV bestimmt, dass ein Vertreter ausländischer kollektiver Kapitalanlagen über ein Mindestkapital von CHF 100 000.– verfügen muss, welches bar einbezahlt sein muss. Art. 131 Abs. 2 KKV verweist zudem auf die sinngemäss anwendbaren Bestimmungen für Vermögensverwalter kollektiver Kapitalanlagen wie insbesondere Art. 19 KKV und Art. 20 KKV, die Bestimmungen zu den Themen Mindestkapital und Sicherheitsleistung und Kapitalbestandteile enthalten. Ausserdem muss der Vertreter gemäss Art. 132 KKV eine seiner Geschäftstätigkeit angemessene Berufshaftpflichtversicherung von mindestens CHF 1 Mio. abschliessen. 107

Zu den Kernaufgaben des Vertreters gehört es gemäss Art. 133 Abs. 1 KKV, die Dokumente nach den Art. 13a und 15 Abs. 3 KKV sowie den Jahres- und Halbjahresbericht in einer Amtssprache zu veröffentlichen. In den Publikationen und in der Werbung sind insbesondere Folgende Informationen anzuführen: 108

- das Herkunftsland der kollektiven Kapitalanlage;
- der Vertreter;
- die Zahlstelle und
- der Ort, wo die Dokumente nach den Art. 13a und 15 Abs. 3 KKV sowie der Jahres- und Halbjahresbericht bezogen werden können.

Darüber hinaus ist der Vertreter zur unverzüglichen Einreichung der Jahres- und Halbjahresberichte bei der FINMA verpflichtet und muss unverzüglich Meldung von Änderungen der Dokumente gemäss Art. 13a KKV machen. Diese Änderungen müssen gemäss Art. 133 Abs. 3 KKV auch in den bestimmten Publikationsorganen veröffentlicht werden. Schliesslich ist der Vertreter gemäss Art. 133 Abs. 4 KKV verpflichtet, in regelmässigen Abständen die Nettoinventarwerte von Anteilen zu veröffentlichen. Für ausländische kollektive Kapitalanlagen, die ausschliesslich an qualifizierte Anleger vertrieben werden, gelten gemäss Art. 133 Abs. 5 KKV die Publikations- und Meldevorschriften nicht.

5. Anleger

Gemäss Art. 10 Abs. 1 KAG sind Anleger natürliche und juristische Personen sowie Kollektiv- und Kommanditgesellschaften, die Anteile an kollektiven Kapitalanlagen halten. Art. 10 Abs. 2 KAG hält weiter fest, dass kollektive Kapitalanlagen grundsätzlich sämtlichen Anlegern offen stehen, es sei denn das KAG, das Fondsreglement oder die Statuten schränken den Anlegerkreis auf qualifizierte Anleger ein. 109

a) Qualifizierter Anleger

Art. 10 Abs. 3 KAG definiert als qualifizierte Anleger: 110
- beaufsichtigte Finanzintermediäre wie Banken, Effektenhändler, Fondsleitungen und Vermögensverwalter kollektiver Kapitalanlagen sowie Zentralbanken;
- beaufsichtigte Versicherungseinrichtungen;
- öffentlich-rechtliche Körperschaften und Vorsorgeeinrichtungen mit professioneller Tresorerie und
- Unternehmen mit professioneller Tresorerie;

Die SICAV, SICAF und KGK sowie Vertreter von ausländischen kollektiven Kapitalanlagen werden ebenfalls zu den qualifizierten Anlegern gezählt, da sie beaufsichtigte Finanzintermediäre iSv Art. 10 Abs. 3 lit. a KAG sind.[24]

111   **aa) Vermögende Privatpersonen.** Während unter altem Regime vermögende Privatpersonen als qualifizierte Anleger galten, scheinen diese neu nicht mehr in der Liste der qualifizierten Anleger gemäss Art. 10 Abs. 3 KAG auf. Art. 10 Abs. 3bis KAG eröffnet diesen aber die Möglichkeit, schriftlich zu erklären (sog. *Opting In*), dass sie als qualifizierte Anleger gelten wollen, sofern sie eine der folgenden Voraussetzungen gemäss Art. 6 Abs. 1 KKV erfüllen:

- Sie weisen nach, dass sie aufgrund ihrer persönlichen Ausbildung und der beruflichen Erfahrung oder aufgrund einer vergleichbaren Erfahrung im Finanzsektor über die Kenntnisse verfügen, die notwendig sind, um die Risiken der Anlagen zu verstehen und dass sie über ein Vermögen von mindestens CHF 500 000.– verfügen, oder
- Sie bestätigen schriftlich, dass sie über ein Vermögen von mindestens CHF 5 Mio. verfügen.

Dem Vermögen nach Art. 6 Abs. 1 KKV sind gemäss Art. 6 Abs. 2 KKV Finanzanlagen zuzurechnen, die direkt oder indirekt im Eigentum des Anlegers stehen. Dazu zählen namentlich Bankguthaben auf Sicht oder auf Zeit, Treuhandvermögen, Effekten einschliesslich kollektiver Kapitalanlagen und strukturierter Produkte, Derivate, Edelmetalle und Lebensversicherungen mit Rückkaufswert. Demgegenüber gelten direkte Anlagen in Immobilien, Ansprüche aus Sozialversicherungen sowie Guthaben der beruflichen Vorsorge gemäss Art. 6 Abs. 3 KKV nicht als Finanzanlagen im vorgenannten Sinn. Wird das Vorhandensein eines Vermögens von mindestens CHF 5 Mio. schriftlich bestätigt, so kann dieses Vermögen gemäss Art. 6 Abs. 4 KKV immobile Vermögenswerte von bis zu CHF 2 Mio. umfassen, wobei diese allerdings lediglich zu ihrem Nettowert anzurechnen sind und dabei auf den Verkehrswert unter Abzug aller auf der Immobilie lastenden Schulden abzustellen ist. Gemäss Art. 6 Abs. 5 KKV hat der Anleger die Pflicht, die entsprechenden Vermögenswerte aktiv nachweisen.

112   **bb) Vermögensverwaltungskunden.** Gemäss Art. 10 Abs. 3ter KAG gelten Vermögensverwaltungskunden als qualifizierte Anleger, sofern sie einen schriftlichen Vermögensverwaltungsvertrag entweder mit

- einem beaufsichtigten Finanzintermediär wie einer Bank, einem Effektenhändler, einer Fondsleitung, einem Vermögensverwalter kollektiver Kapitalanlagen oder einer Zentralbank oder
- einem unabhängigen Vermögensverwalter, der als Finanzintermediär nach Art. 2 Abs. 3 lit. e GWG dem Geldwäschereigesetz unterstellt ist, den Verhaltensregeln einer Branchenorganisation untersteht, die von der FINMA als Mindeststandards anerkannt sind, und der Vermögensverwaltungsvertrag den Richtlinien einer Branchenorganisation entspricht, die von der FINMA als Mindeststandard anerkannt sind, abgeschlossen haben,
- und sofern sie nicht schriftlich erklärt haben, nicht als qualifizierte Anleger gelten zu wollen (sog. *Opting Out*).

Über diese Möglichkeit des Opting Out sowie über die damit einhergehenden Risiken müssen beaufsichtigte Finanzintermediär und unabhängige Vermögensverwalter Vermögensverwaltungskunden nach Art. 10 Abs. 3ter KAG aufzuklären.

b) Ausländische qualifizierte Anleger

113   Gemäss Art. 2 Abs. 1 lit. e KAG unterstehen Personen, die von der Schweiz aus ausländische kollektive Kapitalanlagen vertreiben, die nicht ausschliesslich qualifizierten Anlegern gemäss Art. 10 Abs. 3, 3bis oder 3ter KAG oder entsprechendem ausländischem Recht vorbehalten sind, dem KAG. Aufgrund von Art. 1 KKV zählen folgende Anlegergruppen zu den nach ausländischem Recht qualifizierten Anlegern:

---

[24] Siehe dazu im Einzelnen: Gysi, S. 35 N ff.

- institutionelle Anleger mit professioneller Tresorerie wie namentlich beaufsichtigte Finanzintermediäre und Versicherungseinrichtungen, öffentlich-rechtliche Körperschaften, Vorsorgeeinrichtungen und Unternehmen mit professioneller Tresorerie;
- vermögende Privatpersonen, die im Zeitpunkt des Erwerbs Voraussetzungen erfüllen, die mit denjenigen von Art. 6 KKV vergleichbar sind;
- Privatpersonen, die einen Vermögensverwaltungsvertrag mit einem beaufsichtigten Finanzintermediär abgeschlossen haben, der für ihre Rechnung Anteile kollektiver Kapitalanlagen erwirbt.

6. Vertrieb

Als Vertrieb von kollektiven Kapitalanlagen iS des KAG gilt gemäss Art. 3 Abs. 1 KAG jedes Anbieten von kollektiven Kapitalanlagen und jedes Werben für solche. Unter „Anbieten" ist hierbei das effektive Angebot zum Vertragsabschluss und unter „Werben" die Verwendung von Werbemitteln jeder Art, deren Inhalt dazu dient, bestimmte kollektive Kapitalanlagen anzubieten oder zu vertreiben, zu verstehen.[25] Art. 3 Abs. 1 KKV umschreibt das Anbieten von oder das Werben für kollektive Kapitalanlagen als jegliche Art von Tätigkeit, die den Erwerb von Anteilen kollektiver Kapitalanlagen durch einen Anleger bezweckt.

a) Ausnahmen vom Vertriebsbegriff

Vom Vertriebsbegriff ausgenommen ist jede Tätigkeit, die sich ausschliesslich an Anleger gemäss Art. 10 Abs. 3 lit. a und b KAG, also an beaufsichtigte Finanzintermediäre wie Banken, Effektenhändler, Fondsleitungen und Vermögensverwalter kollektiver Kapitalanlagen sowie Zentralbanken und beaufsichtigte Versicherungseinrichtungen richtet. Gemäss Art. 3 Abs. 2 KAG gilt auch die Zurverfügungstellung von Informationen sowie der Erwerb kollektiver Kapitalanlagen auf Veranlassung oder auf Eigeninitiative des Anlegers (die sog. *reverse solicitation*) sowie im Rahmen von Beratungsverträgen und bloss ausführenden Transaktionen nicht als Vertrieb. Auch die Zurverfügungstellung von Informationen sowie der Erwerb kollektiver Kapitalanlagen im Rahmen eines schriftlichen Vermögensverwaltungsvertrags mit Finanzintermediären gemäss Art. 10 Abs. 3 lit. a KAG – also wiederum Banken, Effektenhändler, Fondsleitungen und Vermögensverwalter kollektiver Kapitalanlagen sowie Zentralbanken – sowie mit einem unabhängigen Vermögensverwalter qualifiziert nicht als Vertrieb. Gemäss Art. 3 Abs. 2 lit. c Ziff. 1–3 KAG ist allerdings im zweiten Fall zusätzlich erforderlich, dass der unabhängige Vermögensverwalter als Finanzintermediär nach Art. 2 Abs. 3 lit. e GWG dem Geldwäschereigesetz unterstellt ist, den Verhaltensregeln einer Branchenorganisation untersteht, die von der FINMA als Mindeststandards anerkannt sind, und der Vermögensverwaltungsvertrag den Richtlinien einer Branchenorganisation entspricht, die ebenfalls von der FINMA als Mindeststandard anerkannt sind. Weitere Ausnahmen vom Vertriebsbegriff finden sich in Art. 3 Abs. 2 lit. d und e KAG. Dazu zählen die Publikation von Preisen, Kursen, Inventarwerten und Steuerdaten durch beaufsichtigte Finanzintermediäre und das Anbieten von Mitarbeiterbeteiligungsplänen in der Form von kollektiven Kapitalanlagen an Mitarbeitende. Liegt kein Vertrieb iSd KAG vor, ist *private placement* im klassischen Sinne ohne weitere Anwendbarkeit des KAG möglich. Ist Vertrieb gegeben, kommt das KAG voll zur Anwendung und es ist weiter relevant, ob Vertrieb an qualifizierte Anleger oder an – nicht qualifizierte Anleger erfolgt.

b) Vertrieb an qualifizierte Anleger

Fälle der Vermarktung von kollektiven Kapitalanlagen an qualifizierte Anleger gemäss Art. 10 Abs. 3 lit. a und b KAG, also an beaufsichtigte Finanzintermediäre wie Banken, Effektenhändler, Fondsleitungen, Vermögensverwalter kollektiver Kapitalanlagen und

---

[25] Vgl. *Derungs/Dobrauz*, Tafeln zum Schweizer Kollektivanlagenrecht, S. 33.

Zentralbanken sowie an beaufsichtigte Versicherungseinrichtungen fallen, wie erläutert, nicht unter den Vertriebsbegriff. Gleichermassen gilt der Erwerb von kollektiven Kapitalanlagen im Rahmen eines Vermögensverwaltungsvertrages, also durch qualifizierte Anleger gemäss Art. 3 Abs. 3ter KAG, nicht als Vertrieb. Somit verbleiben für die weitere Betrachtung aus dem Katalog der qualifizierten Anleger lediglich Vorsorgeeinrichtungen und Unternehmen mit professioneller Tresorerie sowie vermögende Privatperson mit schriftlichem „Opting-In".

117   Zu beachten ist zudem, ob es sich um Vertrieb ausländischer oder schweizerischer kollektiven Kapitalanlage handelt. Ausländische kollektive Kapitalanlagen bedürfen für den Vertrieb an qualifizierte Investoren gemäss Art. 120 Abs. 4 KAG (und Art. 120 Abs. 1 KAG e contrario) keiner Produktgenehmigung durch die FINMA. Sehr wohl ist aber in Übereinstimmung mit dem mit der Teilrevision des KAG eingeführten Art. 120 Abs. 4 iVm Abs. 2 lit. d KAG für die in der Schweiz vertriebenen Anteile von ausländischen kollektiven Kapitalanlagen ein Vertreter und eine Zahlstelle zu bezeichnen. Zudem muss für den gemäss Art. 19 Abs. 1bis KAG Vertreibenden in der Schweiz oder im Sitzstaat eine angemessene Beaufsichtigung vorliegen. Dies wird gemäss Art. 30a KKV angenommen, wenn der betreffende Finanzintermediär im Sitzstaat über eine Bewilligung zum Vertrieb von kollektiven Kapitalanlagen verfügt, angemessen beaufsichtigt ist und diese Beaufsichtigung auch den Vertrieb von kollektiven Kapitalanlagen umfasst. Neu verlangt Art. 131a KKV, dass der Vertreter einer ausländischen kollektiven Kapitalanlage, die in der Schweiz ausschliesslich an qualifizierte Anleger vertrieben wird, mit dem Finanzintermediär gemäss Art. 19 Abs. 1bis KAG einen schriftlichen Vertriebsvertrag, der schweizerischem Recht untersteht, abschliesst. Darüber hinaus muss der Vertreter sicherstellen, dass der Finanzintermediär in seinem Sitzstaat über eine Bewilligung zum Vertrieb von kollektiven Kapitalanlagen nach Art. 30a KKV verfügt. Für den Fall, dass eine angemessene Beaufsichtigung im Sitzstaat fehlt, ist der Vertrieb der ausländischen kollektiven Kapitalanlage nur über einen in der Schweiz domizilierten Vertriebsträger, der über eine Vertriebsträgerbewilligung nach KAG verfügt, zulässig. Über die Pflicht zur Bestellung einer Schweizer Zahlstelle und eines Vertreters für die ausländische kollektive Kapitalgesellschaft hinaus, verlangt Art. 120 Abs. 2 lit. c KAG, dass jederzeit gewährleistet sein muss, dass deren Bezeichnung nicht zu Täuschung oder Verwechslung Anlass gibt. Gemäss Art. 30a Abs. 2 KKV ist es erforderlich, dass in den Fondsdokumenten der Vertreter, die Zahlstelle und der Gerichtsstand genannt werden. Der ausschliesslich auf qualifizierte Anleger ausgerichtete Vertrieb schweizerischer kollektiver Kapitalanlagen bedarf nach allgemeiner Ansicht keiner Vertriebsträgerbewilligung (Art. 13 Abs. 1 KAG e contrario), sehr wohl bedarf es allerdings gemäss Art. 15 KAG der Genehmigung der massgeblichen Dokumente durch die FINMA.[26]

c) Publikumsvertrieb

118   Der Vertrieb kollektiver Kapitalanlagen ans Publikum bedingt sowohl im Falle einer schweizerischen kollektiven Kapitalanlage als auch im Falle einer ausländischen gemäss Art. 13 Abs. 1 KAG das Vorhandensein einer Vertriebsträgerbewilligung. Auf Produktebene ist gemäss Art. 15 KAG in beiden Fällen vor Aufnahme des Vertriebes eine Genehmigung der massgeblichen Dokumente durch die FINMA erforderlich. Eine solche wird gemäss Art. 120 Abs. 2 lit. a–e KAG im Falle einer ausländischen kollektiven Kapitalanlage erteilt, wenn:
- die kollektive Kapitalanlage, die Fondsleitung oder die Gesellschaft, der Vermögensverwalter der kollektiven Kapitalanlage und die Verwahrstelle einer dem Anlegerschutz dienenden öffentlichen Aufsicht unterstehen;
- die Fondsleitung oder die Gesellschaft sowie die Verwahrstelle hinsichtlich Organisation, Anlegerrechte und Anlagepolitik einer Regelung unterstehen, die den Schweizer Bestimmungen gleichwertig ist;

---

[26] Vgl. *Derungs/Dobrauz*, Tafeln zum Schweizer Kollektivanlagenrecht, S. 37 f.

- die Bezeichnung der kollektiven Kapitalanlage nicht zu Täuschung oder Verwechslung Anlass gibt;
- für die in der Schweiz vertriebenen Anteile ein Vertreter und eine Zahlstelle bezeichnet sind und
- eine Vereinbarung über Zusammenarbeit und Informationsaustausch zwischen der FINMA und den für den Vertrieb relevanten ausländischen Aufsichtsbehörden besteht.

Im Rahmen der jüngsten KAG-Teilrevision wurden im Zusammenhang mit dem Vertrieb von kollektiven Kapitalanlagen neue und erweiterte Informationspflichten der Bewilligungsträger geschaffen. So verlangt Art. 24 Abs. 3 KAG iVm Art. 34a KKV für sämtliche Vertriebshandlungen iSv Art. 3 KAG eine Protokollierungspflicht. Diese kommt auch im Falle von Vertrieb, der sich ausschliesslich an qualifizierte Anleger richtet, zur Anwendung, jedoch nicht in Fällen des Vertriebes an ausschliesslich beaufsichtigte Finanzintermediäre und Versicherungseinrichtungen, zur Anwendung. Die Bewilligungsträger und für den Vertrieb beigezogene Dritte müssen dafür nunmehr die erhobenen Kundenbedürfnisse und die Gründe für eine Kaufempfehlung für Fondsprodukte schriftlich festhalten und dieses Protokoll den Kunden übergeben. Weiter sehen die Art. 20 Abs. 1c KAG und Art. 34 KKV eine Pflicht zur Offenlegung der Art und Höhe der Kommissionen und geldwerten Vorteile, mit denen der Vertriebsträger entschädigt werden soll, sowie der Gebühren, die die Fondsleitung oder Vermögensverwalter erhalten, wenn sie von ihnen verwaltete Fonds für ihre Kunden erwerben, vor. 119

III. Steuerliche Aspekte des Schweizer Investmentrechts[27]

1. Besteuerung des Fondsmanagements

Das Fondsmanagement kann einerseits von einer oder mehreren in- oder ausländischen Kapitalgesellschaft(en) wahrgenommen werden. Diese Gesellschaften können, müssen aber nicht, Teil der rechtlichen und/oder betriebswirtschaftlichen Struktur der kollektiven Kapitalanlage sein. Auf jeden Fall aber stehen diesen Gesellschaften die Management Fees sowie die Vorzugsgewinne in der Form des Carried Interest und der Performance Fee zu. 120

Andererseits besteht auch die Möglichkeit, dass das Fondsmanagement von den Fondsmanagern direkt oder über eine Personengesellschaft wahrgenommen wird, an der sich die Fondsmanager beteiligen. Bei diesem Modell stehen Management Fees und Vorzugsgewinne (Carried Interest/Performance Fee) den Fondsmanager direkt zu. Steuerlich muss daher zwischen diesen beiden Managementmodellen differenziert werden. 121

a) Besteuerung der Managementgesellschaft

aa) Gewinn- und Kapitalsteuer. Die Fondsmanagementgesellschaft unterliegt als Kapitalgesellschaft sowohl der Gewinn- als auch der Kapitalsteuer.[28] Folglich unterliegen die der Managementgesellschaft zufliessenden Management Fees und Vorzugsgewinne zunächst einmal der Gewinnsteuer. Sofern die Gewinne den Reserven zufliessen bzw. einbehalten werden, unterliegen sie zudem der Kapitalsteuer. 122

In der Praxis kommt es häufig vor, dass die formellen, im Ausland domizilierten Fondmanagementgesellschaften einen Teil ihrer Aufgaben an wirtschaftlich verbundene, in der Schweiz ansässige Beratungsgesellschaften delegieren. Selbstverständlich ist dies auch umgekehrt der Fall, dh die schweizerischen Fondsmanagementgesellschaften delegieren einen Teil ihrer Aufgaben an ausländische Beratungsgesellschaften. Generell stellt sich dabei die Frage, wie die Gewinne zwischen den Gesellschaften aufzuteilen sind. 123

---

[27] Die Autoren danken den Herrn Benjamin De Zordi, Silvan Amberg und Herrn Roland Wild für ihre Unterstützung und Ausführungen zu den steuerlichen Aspekten.
[28] Art. 49 Abs. 1 lit. a DBG; Art. 29 Abs. 1 StHG.

124 Die zürcherischen Steuerbehörden wenden dazu die sog. Restgewinnaufteilungsmethode (Residual Profit Split Method) an.[29] Bei diesem Verfahren wird der innerhalb der Gruppe erzielte Gesamtgewinn in einem zweistufigen Verfahren verteilt. Vorab muss allerdings eine Funktionsanalyse durchgeführt werden, dh innerhalb der Gruppe sind die werttreibenden nicht-routine Funktionen zu ermitteln, was in der Regel das Portfolio- und Risikomanagement sowie gelegentlich der Vertrieb darstellen wird. Die anderen Tätigkeiten dürften routinemässige Hilfsfunktionen darstellen. Nachdem die Funktionsanalyse durchgeführt wurde, werden in einem ersten Schritt die routinemässigen Hilfsfunktionen mit einer Mindestrendite vergütet. Das geschieht üblicherweise über die Kostenaufschlagsmethode. In einem zweiten Schritt wird dann der verbleibende Residualgewinn auf die werttreibenden Funktionen verteilt. In der Praxis empfiehlt es sich, den Mechanismus der Gewinnaufteilung mit den Steuerbehörden vorgängig in einem Ruling festzulegen.

bb) Stempelabgaben

125 **aaa) Emissionsabgabe.** Die Ausgabe von Anteilen an der Fondsmanagementgesellschaft sowie Zuschüsse ins Eigenkapital derselben unterliegen grundsätzlich der Emissionsabgabe von 1% ab einem Freibetrag von CHF 1 Mio.[30]

126 **bbb) Umsatzabgabe.** Gegenstand der schweizerischen Umsatzabgabe ist die entgeltliche Übertragung von Eigentum an steuerbaren Urkunden, sofern eine der involvierten Vertragsparteien ein inländischer Effektenhändler ist oder die Transaktion durch einen solchen inländischen Effektenhändler vermittelt wird.[31] Sind diese Voraussetzungen kumulativ erfüllt, wird der als Vermittler oder als Vertragspartei an der Transaktion beteiligte Effektenhändler abgabepflichtig. Die zu entrichtende Umsatzabgabe beträgt 1.5‰ auf inländischen bzw. 3‰ auf ausländischen Urkunden. Berechnungsgrundlage bildet dabei das beim Kauf oder Verkauf einer steuerbaren Urkunde bezahlte Entgelt (also auch im Falle der Vermittlung der Betrag, den der Investor für das Investment bezahlt, nicht lediglich die Kommission des Vermittlers). Ferner ist zu beachten, dass sich die Umsatzabgabe immer in halben Abgaben bezogen auf die involvierten Vertragsparteien berechnet.

127 Eine Umsatzabgabepflicht entsteht nur dann, wenn an der entgeltlichen Übertragung von Eigentum an steuerbaren Urkunden mindestens ein inländischer Effektenhändler (im umsatzabgaberechtlichen Sinne, im Unterschied zum regulatorischen Sinne) beteiligt ist. Als Effektenhändler im umsatzabgaberechtlichen Sinne gelten auch inländische juristische Personen (zB schweizerische Aktiengesellschaften), sofern deren Tätigkeit darin besteht, für Dritte den Handel mit steuerbaren Urkunden zu betreiben (Händler) oder als Anlageberater oder Vermögensverwalter Kauf und Verkauf von steuerbaren Urkunden zu vermitteln (Vermittler).[32] Ferner können juristische Personen zu Effektenhändler werden, wenn sie steuerbare Urkunden im Buchwert von mehr als CHF 10 Mio. besitzen.

128 Der Begriff der Vermittlung wird in der schweizerischen Steuerrechtspraxis weit ausgelegt. Im Ergebnis gilt jede Tätigkeit, die darauf ausgerichtet ist, nicht bloss zu beraten oder einen Auftrag nur weiterzuleiten, sondern den Abschluss eines Geschäfts herbeizuführen, als steuerrechtlich relevante Vermittlung. Dabei ist umstritten, ob der Vermittlerbegriff wirtschaftlich oder formell auszulegen ist. Während unseres Erachtens bei einer Rechtsverkehrssteuer lediglich die formelle Auslegung in Frage kommt, wendet die ESTV den Begriff in der Regel wirtschaftlich und damit weit aus. Letztere Auslegung kann dazu führen, dass ein Anlageberater, welcher materiell die Investitionsentscheide fällt, auch dann zum Vermittler wird, wenn die Geschäfte formell durch einen ausländischen Manager getätigt werden.

129 Es ist zu beachten, dass selbst beim Vorliegen einer Vermittlung einer steuerbaren Urkunde die schweizerische Umsatzabgabe nur dann entrichtet werden muss, wenn keine

---

[29] Vgl. zum Ganzen: *Zuckschwerdt/Meuter*: Verrechnungspreisproblematik.
[30] Art. 5 Abs. 1 lit. a StG.
[31] Art. 13 Abs. 1 StG.
[32] Art. 13 Abs. 3 lit. b StG.

III. Steuerliche Aspekte des Schweizer Investmentrechts

Steuerausnahme greift. Die schweizerische Umsatzabgabe kennt eine Vielzahl von objektiven[33] Befreiungsgründen und subjektiven[34] Befreiungsgründen. Je nach Art des Befreiungsgrundes ist entweder gar keine Umsatzabgabe zu entrichten, oder es ist bloss eine halbe Abgabe geschuldet. Allerdings gilt dies nicht, wenn ein weiterer Effektenhändler oder ein befreiter Anleger[35] an der Transaktion beteiligt ist. Der Effektenhändler schuldet somit je eine halbe Abgabe, wenn er vermittelt, für jede Vertragspartei, die weder ein registrierter Effektenhändler noch ein befreiter Anleger ist.

Objektive Befreiungsgründe führen dazu, dass die gesamte Transaktion von der Umsatzabgabe ausgenommen ist.[36]   130

Subjektive Befreiungsgründe führen dazu, dass eine halbe Abgabe entfällt für die Partei, welche den Befreiungsgrund aufgrund bestimmter Eigenschaften der Partei erfüllt – dh entweder ist eine halbe Abgabe geschuldet (wenn nur eine der beiden Parteien einen subjektiven Befreiungsgrund erfüllt), oder gar keine Umsatzabgabe (wenn beide Parteien einen subjektiven Befreiungsgrund erfüllen).   131

Handelt der Effektenhändler als Vermittler, ergeben sich somit folgende Konstellationen: 132

Vertragspartei 1 ist ein…	Vermittler	Vertragspartei 2 ist ein…
…Nicht-Effektenhändler	Vermittler rechnet für beide Vertragsparteien je ½ Abgabe (insgesamt also eine volle Abgabe) ab, da keine der Vertragsparteien selber Effektenhändler oder befreiter Anleger ist **Volle Abgabe**	…Nicht-Effektenhändler
…befreiter Anleger	Vermittler rechnet als Effektenhändler keine Abgabe ab, da beide Vertragsparteien befreite Anleger sind **keine Abgabe**	…befreiter Anleger

---

[33] Objektiv deshalb, weil der Befreiungsgrund in der Natur der Transaktion liegt (vgl. Art. 14 StG).

[34] Subjektiv deshalb, weil sich der Befreiungsgrund aufgrund der an der Transaktion beteiligten Parteien ergibt (vgl. Art. 17a StG).

[35] Befreite Anleger sind: Ausländische Staaten und Zentralbanken; inländische (= schweizerische) kollektive Kapitalanlagen; ausländische kollektive Kapitalanlagen; ausländische Einrichtungen der Sozialversicherung; ausländische Einrichtungen der beruflichen Vorsorge; ausländische Lebensversicherer, die einer der schweizerischen Bundesaufsicht vergleichbaren ausländischen Regulierung unterstehen; ausländische Gesellschaften, deren Aktien an einer anerkannten Börse kotiert sind, sowie ihre ausländischen konsolidierten Konzerngesellschaften; ausländische Banken sowie ausländische Börsenagenten (vgl. Art. 17a Abs. 1 StG). Diese Aufzählung gibt lediglich einen Überblick. Für bestimmte befreite Anleger sind zusätzliche Kriterien zu prüfen, damit die Steuerausnahme angewendet werden kann.

[36] Von der Umsatzabgabe sind folgende Transaktionen ausgenommen: (i) Der ganze Emissionsvorgang bei inländischen Beteiligungsurkunden (Aktien, Anteilscheine von Gesellschaften mit beschränkter Haftung und von Genossenschaften, Partizipationsscheine, Genussscheine), bei Anteilscheinen von inländischen Anlagefonds sowie bei inländischen Obligationen und Geldmarktpapieren; (ii) die Ausgabe von Euroobligationen; (iii) die Vermittlung oder der Kauf und Verkauf von ausländischen Obligationen (Euroobligationen) soweit der Käufer oder der Verkäufer eine ausländische Vertragspartei ist; (iv) die Sacheinlage von Urkunden zur Liberierung inländischer Aktien, Stammeinlagen von Gesellschaften mit beschränkter Haftung, Genossenschaftsanteile, Partizipationsscheine und Anteile an einem Anlagefonds; (v) der Handel mit Bezugsrechten und Optionen; (vi) die Rückgabe von Urkunden zur Tilgung; (vii) der Handel mit in- und ausländischen Geldmarktpapieren sowie (viii) Transaktionen für den Handelsbestand eines gewerbsmässigen Effektenhändlers, soweit dieser Titel daraus veräussert oder zur Äufnung dieses Bestandes erwirbt (Befreiung für den auf ihn selbst entfallenden Teil der Abgabe).

E. Schweizer Investmentrecht

Vertragspartei 1 ist ein...	Vermittler	Vertragspartei 2 ist ein...
...Effektenhändler *	Vermittler rechnet als Effektenhändler keine Abgabe ab, da beide Vertragsparteien als Effektenhändler bereits für sich abrechnen. **keine Abgabe**	...Effektenhändler *
...Effektenhändler *	Vermittler rechnet als Effektenhändler ½ Abgabe ab. **½ Abgabe**	...Nicht-Effektenhändler
...Effektenhändler *	Vermittler rechnet weder für Vertragspartei 1 noch für Vertragspartei 2 etwas ab, da Vertragspartei 1 bereits selbst abrechnet und Vertragspartei 2 von der Abgabe befreit ist. **keine Abgabe**	...befreiter Anleger
...Nicht-Effektenhändler	Vermittler rechnet für Vertragspartei 1 ½ Abgabe ab, nicht aber für Vertragspartei 2, da diese von der Abgabe befreit ist. **½ Abgabe**	...befreiter Anleger

* Effektenhändler rechnet die Steuer selber ab.

133 Eine Umsatzabgabepflicht zieht verschiedene Compliance Erfordernisse mit sich. Dabei ist zu beachten, dass es sich bei der Umsatzabgabe um eine Selbstveranlagungssteuer handelt und sich die Managementgesellschaft deshalb bei der Eidgenössischen Steuerverwaltung mit der Aufnahme der Geschäftstätigkeit unaufgefordert als Effektenhändler zu registrieren hat.

134 Ein Effektenhändler ist verpflichtet, ein Umsatzregister zu führen, das nach bestimmten Vorschriften zu gliedern ist. In dieses Umsatzregister ist grundsätzlich jede Transaktion innerhalb von drei Tagen nach deren Abschluss einzutragen, ausgenommen es handle sich um eine aufgrund von objektiven Befreiungsgründen von der Umsatzabgabe ausgenommene Transaktion. Allerdings müssen Sekundärmarkttransaktionen mit ausländischen Obligationen immer ins Umsatzregister eingetragen werden. Gleiches gilt für Transaktionen mit befreiten Anlegern, dh wo subjektive Befreiungsgründe zur Anwendung gelangen.

Ferner ist zu beachten, dass, selbst wenn keine Umsatzabgabe geschuldet ist, der Eidgenössischen Steuerverwaltung jeweils innerhalb von 30 Tagen nach Ablauf des Geschäftsvierteljahres das amtliche Abrechnungsformular (Formular 9: Abgabe auf Wertpapieren beim Umsatz) unaufgefordert eingereicht werden muss. Um unverhältnismässige Umtriebe zu vermeiden, kann bei der Eidgenössischen Steuerverwaltung beantragt werden, ein anderes Abrechnungsverfahren (zB jährliche Abrechnungen) verwenden zu dürfen. Die Limite

cc) Mehrwertsteuer

aaa) Inländische kollektive Kapitalanlagen. Der Vertrieb von Anteilen an und die Verwaltung von inländischen kollektiven Kapitalanlagen gemäss KAG durch Personen, welche diese verwalten oder aufbewahren, die Fondsleitungen, die Depotbanken, deren Beauftragte sowie deren (Unter-)Beauftragte, ist von der Mehrwertsteuer grundsätzlich ausgenommen.[37] Die Ausnahme greift somit unter den folgenden drei Voraussetzungen:
- Es handelt sich um eine kollektive Kapitalanlage gemäss KAG;
- die Leistung wird durch die Fondsleitung, die Depotbank, eine SICAV, eine KGK oder deren Beauftragte erbracht; und
- bei der Leistung handelt es sich um eine Verwaltungsaufgabe oder um eine Vertriebsleistung für eine kollektive Kapitalanlage.

Nicht unter diese Ausnahme fallen dagegen die inländische SICAF. Hier ist bloss der Vertrieb von Anteilen an einer SICAF von der Mehrwertsteuer ausgenommen.[38] Die Verwaltung der SICAF ist dagegen je nach Art der jeweiligen Leistung steuerbar.

bbb) Ausländische kollektive Kapitalanlagen. Bei ausländischen kollektiven Kapitalanlagen hängt es davon ab, ob diese unter das schweizerische KAG fallen. Falls ja, ist der Vertrieb von Anteilen an und die Verwaltung von diesen kollektiven Kapitalanlagen durch Personen, welche diese verwalten oder aufbewahren, die Fondsleitungen, die Depotbanken, deren Beauftragte sowie deren (Unter-)Beauftragte, ebenfalls von der Mehrwertsteuer ausgenommen. Falls nicht, dann sind die jeweiligen Vertriebs- bzw. Verwaltungsleistungen je nach ihrer Art steuerbar.

b) Besteuerung der Fondsmanager (natürliche Personen)

aa) Fondsmanager als Angestellte einer Fondsmanagementgesellschaft. In der Regel erzielen die Fondsmanager unterschiedliche Einkommensarten aus dem Fonds. Einerseits sind sie bei der Fondsmanagementgesellschaft angestellt, wofür sie eine Entschädigung beziehen. Sofern diese Entschädigung marktkonform ist, stellt sie Einkommen aus unselbstständiger Erwerbstätigkeit dar und ist entsprechend zu versteuern.[39]

Oft sind die Fondsmanager nicht nur an der Fondsmanagementgesellschaft sondern auch am Fonds selbst beteiligt. Diese Beteiligungen qualifizieren grundsätzlich als Privatvermögen. Folglich gelten Erträge aus diesen Beteiligungen üblicherweise als Vermögenserträge und sind als solche entsprechend zu versteuern.[40] Handelt es sich dabei allerdings um eine Ausschüttung von Kapitalgewinnen des Fonds, dann liegt in der Regel ein steuerfreier privater Kapitalgewinn vor.[41] Sofern es sich bei diesen Erträgen allerdings um überproportionale Entschädigungen bzw. Vorzugsgewinne handelt, qualifizieren diese als Einkommen aus unselbstständiger Erwerbstätigkeit und unterliegen der Einkommenssteuer und den Sozialversicherungsabgaben.[42]

Zu beachten ist allerdings, dass kein privater Kapitalgewinn mehr vorliegt, wenn die Fondsmanager als gewerbsmässige Wertschriftenhändler qualifizieren. Neben verschiedenen Kriterien ist insbesondere darauf zu achten, dass die Beteiligung der Fondsmanager an der Fondsmanagementgesellschaft nicht fremdfinanziert wird, die Fondsmanager ein angemessenes Salär erhalten und für die Beteiligung an der Fondsmanagementgesellschaft die gleichen Bedingungen wie für Dritte gelten.

---

[37] Art. 21 Abs. 2 Ziff. 19 lit. e MWSTG.
[38] Art. 21 Abs. 2 Ziff. 19 lit. e MWSTG.
[39] Art. 17 Abs. 1 DBG.
[40] Art. 20 Abs. 1 lit. e DBG.
[41] Art. 16 Abs. 3 DBG.
[42] Art. 17 Abs. 1 DBG.

140 **bb) Fondsmanager als selbstständig Erwerbstätige/Mitglieder einer Personengesellschaft.** Im Unterschied zu (→ Rn. 137 ff.) handelt es sich hier bei der Fondsmanagementgesellschaft um ein Einzelunternehmen oder eine Personengesellschaft. Dadurch qualifizieren die Beteiligungen der Fondsmanager grundsätzlich als Geschäftsvermögen. Folglich gelten Management Fees, Vorzugsgewinne und Erträge des Fonds als steuerbares Einkommen.[43] Dies gilt insbesondere auch für Kapitalgewinne, da diese nur dann steuerfrei sind, wenn sie aus der Veräusserung von Beteiligungen des Privatvermögens stammen.

2. Besteuerung kollektiver Kapitalanlagen

a) Besteuerungsgrundsätze

aa) Dem Kollektivanlagegesetz unterstellte kollektive Kapitalanlagen

141 **aaa) Inländische kollektive Kapitalanlagen.** Bei der Besteuerung von inländischen kollektiven Kapitalanlagen, welche dem KAG unterstellt sind, folgt das schweizerische Steuerrecht grundsätzlich dem sog. Transparenzprinzip.[44] Die kollektiven Kapitalanlagen werden somit regelmässig als transparent betrachtet.

Allerdings gilt der eben erwähnte Transparenzgrundsatz nur für die vertraglich strukturierten Anlagefonds, die SICAV sowie die KGK.[45] Kollektive Kapitalanlagen mit direktem Grundbesitz sowie die SICAF werden dagegen wie Kapitalgesellschaften besteuert und somit für ihre Anteile aus direktem Grundbesitz wie Kapitalgesellschaften als nicht transparent behandelt.[46]

142 **bbb) Ausländische kollektive Kapitalanlagen.** Ob eine ausländische kollektive Kapitalanlage für schweizerische Steuerzwecke ebenfalls als kollektive Kapitalanlage zu behandeln ist, beurteilt sich anhand der Definition einer ausländischen kollektiven Kapitalanlage in Art. 119 KAG. Nach der Praxis der schweizerischen Steuerbehörden sind ausländische kollektive Kapitalanlagen steuerlich in folgenden Fällen den schweizerischen kollektiven Kapitalanlagen gleichzustellen:[47]

1. Anlageformen, welche in der Schweiz zum Vertrieb zugelassen sind; oder
2. Anlageformen, welche im Ausland einer anerkannten Aufsicht über kollektive Kapitalanlagen unterstehen; oder
3. vertraglich oder gesellschaftsrechtlich ausgestaltete offene Anlageformen,
    a) deren Zweck die kollektive Kapitalanlage ist; und
    b) die ihren Sitz im Ausland haben; und
    c) deren Anleger gegenüber der Anlageform oder einer ihr nahe stehenden Gesellschaft einen Rechtsanspruch auf Rückzahlung ihrer Anteile zum NAV haben; oder
4. vertraglich oder gesellschaftsrechtlich ausgestaltete geschlossene Anlageformen,
    a) deren Zweck die kollektive Kapitalanlage ist; und
    b) die ihren Sitz im Ausland haben.

143 Nachdem feststeht, dass die ausländische kollektive Kapitalanlage steuerlich einer schweizerischen kollektiven Kapitalanlage gleichzustellen ist, ist damit allerdings noch nichts über deren konkrete Besteuerung im Einzelfall ausgesagt. Hierbei ist zu berücksichtigen, dass sich die schweizerischen Besteuerungsregeln je nach Art der kollektiven Kapitalanlage unterscheiden. Aus diesem Grund müssen ausländische kollektive Kapitalanlagen einzeln unter dem schweizerischen Recht beurteilt und qualifiziert werden. Dabei gilt es festzulegen,

---

[43] Art. 18 Abs. 1 DBG.
[44] Vgl. KS ESTV Nr. 25 Ziff. 2.
[45] Art. 10 Abs. 2 DBG, 1. Halbsatz.
[46] Art. 49 Abs. 2 DBG.
[47] Vgl. KS ESTV Nr. 24 Ziff. 3.1.1; KS ESTV Nr. 25 Ziff. 4.6.1.

mit welcher schweizerischen kollektiven Kapitalanlage die ausländische zu vergleichen ist. Anschliessend lassen sich daraus die konkreten Steuerfolgen für die betreffende ausländische kollektive Kapitalanlage ableiten. Allerdings ist darauf hinzuweisen, dass eine allgemein gültige Qualifikation für sämtliche Steuerarten nicht möglich ist. Stattdessen gilt es die ausländische kollektive Kapitalanlage im Hinblick auf die fraglichen Steuerarten mittels einer separaten Auslegung gesondert zu beurteilen und zu qualifizieren. Damit ist es grundsätzlich möglich, dass eine ausländische kollektive Kapitalanlage für schweizerische Gewinnsteuerzwecke bspw. wie eine schweizerische SICAV behandelt wird, derweil die gleiche ausländische kollektive Kapitalanlage für schweizerische Verrechnungssteuerzwecke wie eine schweizerische SICAF behandelt wird.

bb) Dem Kollektivanlagegesetz nicht unterstellte kollektive Kapitalanlagen. Als nicht dem Kollektivanlagegesetz unterstellte, kollektive Kapitalanlagen sind Anlagestiftungen, interne Sondervermögen, Investmentclubs sowie derivative und strukturierte Produkte zu verstehen. Bei diesen Formen kollektiver Kapitalanlagen handelt es sich um Spezialfälle, deren allfällige Besteuerung im Einzelfall gesondert zu analysieren ist. 144

b) Besteuerung von vertraglichen Anlagefonds, SICAV und KGK

Aufgrund der Tatsache, dass für die vertraglich strukturierten Anlagefonds, die SICAV sowie die KGK der Transparenzgrundsatz gilt, lassen sich die Steuerfolgen dieser drei Formen der kollektiven Kapitalanlage gemeinsam abhandeln. 145

aa) Gewinnsteuer. Der Gewinnsteuer unterliegen grundsätzlich sämtliche juristischen Personen.[48] Vertragliche Anlagefonds und KGKs sind jedoch keine juristischen Personen. Daher unterliegen diese beiden Anlageformen auch nicht der Gewinnsteuer. 146

Die SICAV hingegen zählt zu den juristischen Personen und müsste folgerichtig der Gewinnsteuer unterliegen. Gemäss Praxis der ESTV unterliegt die SICAV jedoch ebenfalls nicht der Gewinnsteuer, weil sie als transparent betrachtet wird und damit kein Steuersubjekt darstellt.[49]

bb) Kapitalsteuer. Bei der Kapitalsteuer gelten die Ausführungen zur Gewinnsteuer analog (→ Rn. 146). Folglich unterliegen vertragliche Anlagefonds und KGKs nicht der Kapitalsteuer, da sie keine juristischen Personen sind.[50] 147

Die SICAV hingegen würde als juristische Person zwar grundsätzlich der Kapitalsteuer unterliegen, tut dies allerdings nicht, weil sie gemäss Praxis der ESTV als transparent betrachtet wird und somit kein Steuersubjekt darstellt.[51]

cc) Stempelabgaben

aaa) Emissionsabgabe. Gegenstand der Emissionsabgabe ist die Ausgabe der in Art. 5 Abs. 1 lit. a StG abschliessend aufgezählten Beteiligungsrechte. Anteile an vertraglichen Anlagefonds und KGKs sind in dieser Aufzählung nicht enthalten, weshalb deren Ausgabe nicht der Emissionsabgabe unterliegt. 148

Die SICAV hingegen gilt als Aktiengesellschaft, deren Beteiligungsrechte bei der Ausgabe grundsätzlich der Emissionsabgabe unterliegen.[52] Allerdings ist die Ausgabe von Anteilen an kollektiven Kapitalanlagen explizit von der Emissionsabgabe ausgenommen.[53] Folglich ist bei der Ausgabe von Anteilen an einer SICAV keine Emissionsabgabe geschuldet.

---

[48] Art. 49 Abs. 1 DBG.
[49] Vgl. KS ESTV Nr. 25 Ziff. 3.1.
[50] Art. 20 Abs. 1 StHG e contrario.
[51] Vgl. KS ESTV Nr. 25 Ziff. 3.1.
[52] Art. 5 Abs. 1 lit. a, 1. Lemma StG.
[53] Art. 6 Abs. 1 lit. i StG.

bbb) Umsatzabgabe

149 **(1) Ausgabe von und Handel mit Anteilen kollektiver Kapitalanlagen.** Anteile einer kollektiven Kapitalanlage zählen zu den steuerbaren Urkunden.[54] Dadurch unterliegen grundsätzlich sämtliche Transaktionen mit Anteilen an vertraglichen Anlagefonds, SICAVs und KGKs der Umsatzabgabe, sofern an dieser Transaktion ein Effektenhändler beteiligt ist.

Die Ausgabe von Anteilen an inländischen kollektiven Kapitalanlagen ist von der Umsatzabgabe ausgenommen, währendem die Ausgabe von Anteilen an ausländischen kollektiven Kapitalanlagen steuerbar ist. Konkret sind die Ausgabe von Anteilen an inländischen kollektiven Kapitalanlagen sowie die Sacheinlage von steuerbaren Urkunden zur Liberierung von Anteilen an inländischen kollektiven Kapitalanlagen von der Umsatzabgabe ausgenommen.[55]

Dagegen unterliegen Sekundärmarkttransaktionen mit Anteilen an kollektiven Kapitalanlagen der Umsatzabgabe.[56] Folglich unterliegt der Handel mit Anteilen an vertraglichen Anlagefonds, SICAVs und KGKs der Umsatzabgabe. Von diesem Grundsatz ausgenommen ist lediglich die Rücknahme von Anteilen an kollektiven Kapitalanlagen zwecks Tilgung.[57]

150 **(2) Handel mit steuerbaren Urkunden durch kollektive Kapitalanlagen.** Der Umsatzabgabe unterliegen die sog. Effektenhändler.[58] Die vertraglichen Anlagefonds und die KGKs sind keine Effektenhändler, da sie in der abschliessenden Aufzählung von Art. 13 Abs. 3 StG nicht enthalten sind. Somit sind diese beiden Anlageformen nicht umsatzabgabepflichtig.

Anders die SICAV, bei welcher es sich um einen Spezialfall einer Aktiengesellschaft handelt. Bei einer Aktiengesellschaft besteht nämlich die Möglichkeit, dass sie als Effektenhändlerin qualifizieren könnte. Dies ist dann der Fall, wenn die Bilanz der Aktiengesellschaft zu mehr als CHF 10 Mio. aus steuerbaren Urkunden besteht.[59] Unter diesen Voraussetzungen würde die SICAV als Effektenhändlerin qualifizieren und wäre damit grundsätzlich umsatzabgabepflichtig. Jedenfalls vermag die Tatsache, dass kollektive Kapitalanlagen generell (und somit auch die SICAV) als befreite Anleger qualifizieren,[60] eine Umsatzabgabepflicht nicht gänzlich auszuschliessen. Immer dann, wenn die Gegenpartei ein Nicht-Effektenhändler ist, besteht die Gefahr, dass die SICAV eine halbe Umsatzabgabe zu entrichten hat.

151 **(3) Kollektive Kapitalanlagen als befreite Anleger.** Wie bereits erwähnt, qualifizieren sowohl inländische als auch ausländische kollektive Kapitalanlagen als befreite Anleger.[61] Demzufolge unterliegen Umsätze, die ein Effektenhändler mit einer kollektiven Kapitalanlage erzielt, nur einer halben Abgabe (→ Rn. 126 ff) (III. 1. a) bb) bbb)).

152 **dd) Verrechnungssteuer.** Erträge aus vertraglichen Anlagefonds, SICAVs und KGKs sind grundsätzlich verrechnungssteuerpflichtig.[62] Der Verrechnungssteuer unterliegt dabei jede auf dem Anteil beruhende geldwerte Leistung an die Anteilsinhaber, die nicht über einen ausschliesslich der Ausschüttung von Kapitalgewinnen, von Erträgen aus direktem Grundbesitz oder der Rückzahlung der Kapitaleinzahlungen dienenden Coupon ausgerichtet wird.[63]

---

[54] Art. 13 Abs. 2 lit. a Ziff. 3 StG.
[55] Art. 14 Abs. 1 lit. a und b StG.
[56] Art. 13 Abs. 2 lit. a Ziff. 3 StG.
[57] Art. 14 Abs. 1 lit. e StG.
[58] Art. 17 Abs. 1 StG.
[59] Art. 13 Abs. 3 lit. d StG.
[60] Art. 17a Abs. 1 lit. b StG.
[61] Art. 17a Abs. 1 lit. b und c StG.
[62] Art. 4 Abs. 1 lit. c VStG.
[63] Art. 28 Abs. 1 VStV.

Ferner ist zu beachten, dass für Verrechnungssteuerzwecke zwischen Ausschüttungsfonds und Thesaurierungsfonds differenziert werden muss.[64] Diese Unterscheidung ist von Bedeutung, weil die thesaurierten Gewinne beim Ausschüttungsfonds im Gegensatz zum Thesaurierungsfonds nicht der Verrechnungssteuer unterliegen.

Steuerpflichtig ist jeweils der Schuldner der steuerbaren Leistung.[65] Bei vertraglichen Anlagefonds ist dies die Fondsleitung, derweil bei der SICAV und der KGK jeweils die Gesellschaft selbst verrechnungssteuerpflichtig ist.[66] Aus der Verrechnungssteuerpflicht können sich bestimmte Melde-, Abrechnungs- und Ablieferungspflichten ergeben.

Unter bestimmten Voraussetzungen kann die verrechnungssteuerpflichtige kollektive Kapitalanlage allerdings von der Ablieferungspflicht befreit werden. Das ist einerseits der Fall, wenn die Anteilsinhaber ausschliesslich institutionelle Anleger sind und die Verrechnungssteuerpflicht somit durch Meldung statt Entrichtung erfüllt werden kann.[67] Andererseits entfällt die Ablieferungspflicht für ausländische Anleger, wenn die kollektive Kapitalanlage für das sog. Affidavitverfahren qualifiziert. Dazu muss die steuerpflichtige kollektive Kapitalanlage gegenüber der ESTV glaubhaft machen, dass der steuerbare Ertrag zu mindestens 80% aus ausländischen Quellen entstammen wird, woraufhin die ESTV die kollektive Kapitalanlage ermächtigen kann, die Steuer insoweit nicht zu entrichten, als der Ertrag gegen Domizilerklärung (Affidavit) zugunsten eines Ausländers ausbezahlt, überwiesen oder gutgeschrieben wird.[68]

c) Besteuerung von kollektiven Kapitalanlagen mit direktem Grundstückeigentum

Kollektive Kapitalanlagen können entweder direkt oder indirekt in Grundstücke investieren. Beim direkten Investment, wird das Grundstück direkt von der kollektiven Kapitalanlage gehalten. Beim indirekten Investment dagegen investiert die kollektive Kapitalanlage in eine Immobiliengesellschaft, die wiederum das Grundstück investiert. Steuerlich von Bedeutung sind lediglich die kollektiven Kapitalanlagen mit direktem Grundstückeigentum, da diese speziell besteuert werden. 153

aa) Gewinnsteuer. Kollektive Kapitalanlagen mit direktem Grundstückeigentum werden gewinnsteuerlich den übrigen juristischen Personen gleichgestellt.[69] Allerdings unterliegen vertragliche Anlagefonds, SICAVs und KGKs nur für den Ertrag aus direktem Grundstückeigentum der Gewinnsteuer.[70] Die übrigen Einkünfte werden nicht besteuert. Somit werden die vertragliche Anlagefonds, SICAVs und KGKs für Gewinnsteuerzwecke als semi-transparent betrachtet. 154

Im Zusammenhang mit der Gewinnsteuer ist zu beachten, dass kollektive Kapitalanlagen, die ausschliesslich über institutionelle Investoren verfügen, von der Gewinnsteuer befreit sind.[71]

bb) Kapitalsteuer. Aufgrund der Gleichstellung der kollektiven Kapitalanlagen mit direktem Grundstückeigentum mit den übrigen juristischen Personen unterliegt das Reinvermögen der Kapitalsteuer.[72] Dies gilt allerdings nur soweit das Reinvermögen aus direktem Grundstückeigentum besteht. 155

---

[64] Vgl. KS ESTV Nr. 24 Ziff. 2.1.2; Vertragliche Anlagefonds, SICAVs und KGKs qualifizieren dann als Ausschüttungsfonds, wenn in den Basisdokumenten eine Ausschüttungsvorschrift von mindestens 70% des jährlichen Nettoertrags enthalten ist.
[65] Art. 10 Abs. 1 VStG.
[66] Art. 10 Abs. 2 VStG.
[67] Art. 38a VStV.
[68] Art. 11 Abs. 2 VStG iVm Art. 34 Abs. 1 VStV.
[69] Art. 49 Abs. 2 DBG.
[70] Art. 66 Abs. 3 DBG.
[71] Art. 56 lit. j DBG.
[72] Art. 29 Abs. 2 lit. c StHG.

156 **cc) Grundstückgewinnsteuer.** Sofern ein vertraglicher Anlagefonds, eine SICAV oder eine KGK ein Grundstück verkauft und dabei einen Kapitalgewinn erzielt, kann dies in einigen Kantonen zur Erhebung einer Grundstückgewinnsteuer führen. Der Grundstückgewinnsteuer unterliegt allerdings bloss der beim Verkauf erzielte Wertzuwachsgewinn, da die wiedereingebrachten Abschreibungen mit der Gewinnsteuer erfasst werden.

157 **dd) Weitere Steuern und Gebühren.** Im Zusammenhang mit einem Grundstückverkauf können in gewissen Kantonen Handänderungssteuern und/oder Grundbuchgebühren anfallen. Darüber hinaus erheben einige Kantone eine gesonderte Liegenschaftssteuer.

158 **ee) Verrechnungssteuer.** Grundsätzlich unterliegen sowohl die ausgeschütteten als auch die thesaurierten Erträge von vertraglichen Anlagefonds, SICAVs und KGKs der Verrechnungssteuer.[73] Nicht der Verrechnungssteuer unterliegen allerdings diejenigen Erträge aus direktem Grundstückeigentum, die über einen gesonderten Coupon ausgeschüttet werden.[74]

d) Besteuerung einer SICAF

159 Die SICAF wird steuerlich für sämtliche Steuerarten wie eine Kapitalgesellschaft behandelt.[75] Entsprechend gestaltet sich die steuerliche Behandlung der SICAF.

160 **aa) Gewinn- und Kapitalsteuer.** Die SICAF unterliegt sowohl der Gewinn- als auch der Kapitalsteuer.

161 **bb) Stempelabgaben.** Als Folge der Gleichstellung der SICAF mit den Kapitalgesellschaften unterliegen die Ausgabe von Aktien an der SICAF sowie Zuschüsse ins Eigenkapital grundsätzlich der Emissionsabgabe.

Hinsichtlich der Umsatzabgabe ist zu beachten, dass die SICAF aufgrund der Gleichstellung mit den Kapitalgesellschaften als Effektenhändlerin qualifizieren kann, wenn ihre Bilanz zu mehr als CHF 10 Mio. aus steuerbaren Urkunden besteht.[76] Ansonsten gelten die bereits gemachten Ausführungen zur Umsatzabgabepflicht (→ Rn. 126 ff.).

162 **cc) Verrechnungssteuer.** Ausschüttungen einer SICAF gelten als der Verrechnungssteuer unterliegende Dividendenzahlungen.[77] Aufgrund der Gleichstellung der SICAF mit den Kapitalgesellschaften ergibt sich die Verrechnungssteuerpflicht einer SICAF aus Art. 4 Abs. 1 lit. b VStG und nicht wie beim vertraglichen Anlagefonds, der SICAV und der KGK aus der Spezialvorschrift in Art. 4 Abs. 1 lit. c VStG. Dieses vermeintlich unscheinbare Detail hat weitreichende Konsequenzen. Diese bestehen bspw. darin, dass die Verrechnungssteuer auf einem anderen Formular abgerechnet werden muss, als bei den übrigen kollektiven Kapitalanlagen. Neben dieser eher administrativen Konsequenz, kommt es aber auch zu konkreten steuerlichen Folgen. So unterliegen bspw. Erträge einer thesaurierenden SICAF erst dann der Verrechnungssteuer, wenn sie ausgeschüttet werden.[78] Auch unterliegen Erträge aus direktem Grundstückeigentum der Verrechnungssteuer selbst wenn sie über einen separaten Coupon ausgeschüttet werden.[79] Schliesslich ist bei der SICAF weder das normalerweise für auf kollektive Kapitalanlagen vorgesehene Meldeverfahren[80] noch das Affidavitverfahren[81] anwendbar.

---

[73] → Rn. 152.
[74] Art. 28 Abs. 1 VStV.
[75] Art. 49 Abs. 2 Satz 2 DBG; Art. 20 Abs. 1 Satz 3 StHG; Art. 9 Abs. 3 Satz 2 VStG; Art. 4 Abs. 2 StG.
[76] Art. 13 Abs. 3 lit. d StG.
[77] Vgl. KS ESTV Nr. 24 Ziff. 2.2.3.
[78] Art. 12 Abs. 1ter VStG ist nicht anwendbar.
[79] Art. 5 Abs. 1 lit. b VStG ist nicht anwendbar.
[80] Art. 38a VStV.
[81] Art. 34 ff. VStV.

3. Besteuerung der Investoren

a) Anleger von vertraglichen Anlagefonds, SICAV und KGK

aa) Einkommens- und Gewinnsteuer. Im Zusammenhang mit der Besteuerung der Erträge, die ein Anleger von vertraglichen Anlagefonds, SICAV und KGK erzielt, ist von entscheidender Bedeutung, ob die Fondsanteile im Privat- oder Geschäftsvermögen gehalten werden. 163

Werden die Fondsanteile im Privatvermögen gehalten, so unterliegen die ausgeschütteten Erträge der Einkommenssteuer.[82] In diesem Zusammenhang ist die bereits erwähnte Unterscheidung zwischen Ausschüttungs- und Thesaurierungsfonds in Erinnerung zu rufen.[83] Bei letzterem werden nicht bloss die ausgeschütteten Erträge, sondern darüber hinaus auch die thesaurierten Gewinn mit der Einkommenssteuer belastet. Sofern beim Verkauf der Anteile an einem vertraglichen Anlagefonds, einer SICAV oder einer KGK ein Kapitalgewinn erzielt wird, so ist dieser steuerfrei.[84] Gleiches gilt auch für die Rückgabe der Fondsanteile an einer offenen kollektiven Kapitalanlage, dh beim vertraglichen Anlagefonds und der SICAV. Dagegen qualifiziert die Rückgabe von Anteilen an einer KGK als steuerbare Teilliquidation, wobei der dabei erzielte Liquidationsgewinn besteuert wird. Die Liquidationsgewinne bei der Auflösung eines vertraglichen Anlagefonds, einer SICAV sowie einer KGK sind ebenfalls steuerbar.[85]

Sofern die Fondsanteile im Geschäftsvermögen gehalten werden, unterliegen sämtliche Erträge grundsätzlich der Einkommens- bei natürlichen Personen[86] bzw. der Gewinnsteuer bei juristischen Personen.[87] Da die Fondsanteile jedoch nicht als qualifizierende Beteiligungen gelten, ist weder das Holdingprivileg noch das Teilbesteuerungsverfahren anwendbar.

bb) Vermögenssteuer. Der Inventarwert (net asset value; NAV) eines vertraglichen Anlagefonds, einer SICAV oder einer KGK per 31. Dezember des jeweiligen Kalenderjahres unterliegt der Vermögenssteuer. 164

cc) Umsatzabgabe. Die Ausgabe von Anteilen an inländischen vertraglichen Anlagefonds, SICAV und KGK ist grundsätzlich von der Umsatzabgabe ausgenommen.[88] Gleiches gilt, wenn steuerbare Urkunden zur Liberierung von vertraglichen Anlagefonds, SICAV und KGK verwendet werden.[89] 165

Anders dagegen die Sekundärmarkttransaktionen, dh die entgeltliche Übertragung von Eigentum an Anteilen von vertraglichen Anlagefonds, SICAV und KGK. Diese Transaktionen unterliegen grundsätzlich der Umsatzabgabe, sobald ein Effektenhändler als Vertragspartei oder Vermittler an der Transaktion beteiligt ist.[90]

Die Rückgabe von Anteilen an vertraglichen Anlagefonds, SICAV oder KGK ist von der Umsatzabgabe ausgenommen.[91] Allerdings gilt dies nur solange die Anteile zwecks Tilgung zurückgegeben werden. Andernfalls unterliegt die Rückgabe der Umsatzabgabe.

dd) Verrechnungssteuerrückerstattung. Wie bereits dargelegt wurde, unterliegen Ausschüttungen eines vertraglichen Anlagefonds, einer SICAV sowie einer KGK grundsätzlich der Verrechnungssteuer.[92] 166

---

[82] Art. 20 Abs. 1 lit. e DBG.
[83] → Rn. 152; Verrechnungssteuer.
[84] Art. 16 Abs. 3 DBG.
[85] Art. 20 Abs. 1 lit. e DBG.
[86] Art. 18 DBG.
[87] Art. 58 DBG.
[88] Art. 14 Abs. 1 lit. a StG.
[89] Art. 14 Abs. 1 lit. b StG.
[90] Art. 13 Abs. 1 iVm Abs. 2 lit. a Ziff. 3 StG.
[91] Art. 14 Abs. 1 lit. e StG.
[92] Art. 4 Abs. 1 lit. c VStG.

Inländische Investoren können sich die Verrechnungssteuer unter den Voraussetzungen von Art. 22 f. VStG (für natürliche Personen) bzw. Art. 24 ff. VStG (für juristische Personen) zurückerstatten lassen.

Ausländische Investoren haben zunächst einen Anspruch auf Rückerstattung der Verrechnungssteuer, der von den Erträgen ihrer Anteile abgezogenen Verrechnungssteuer, wenn diese Erträge zu mindestens 80% von ausländischen Quellen stammen.[93] In diesen Fällen besteht allerdings auch die Möglichkeit, das Affidavitverfahren anzuwenden, wobei dann gar keine Verrechnungssteuer abgezogen wird und eine Rückerstattung damit obsolet wird.[94] Folglich muss nur dann auf Art. 27 VStG zurückgegriffen werden, wenn das Affidavitverfahren nicht angewandt wurde.

In den übrigen Fällen kann die Verrechnungssteuer allenfalls gestützt auf ein Doppelbesteuerungsabkommen zurückgefordert werden. Dabei ist jeweils im Einzelfall zu prüfen, ob die dazu erforderlichen Voraussetzungen erfüllt sind.

b) Anleger von Anlagefonds mit direktem Grundstückeigentum

167   **aa) Einkommens- und Gewinnsteuer.** Erträge aus Anteilen an vertraglichen Anlagefonds, SICAV und KGK, die direkt in Grundstücke investieren, unterliegen nur insoweit der Einkommenssteuer, als dass die Gesamterträge die Erträge aus direktem Grundbesitz übersteigen.[95] Die gilt ebenso für die Gewinnsteuer.

168   **bb) Vermögens- und Kapitalsteuer.** Bei Anteilen an vertraglichen Anlagefonds, SICAV und KGK, die direkt in Grundstücke investieren, unterliegt nur die Wertdifferenz zwischen den Gesamtaktiven der kollektiven Kapitalanlage und deren direktem Grundstückeigentum der Vermögenssteuer.[96] Gleiches gilt für die Kapitalsteuer.

c) Anleger einer SICAF

169   **aa) Einkommens- und Gewinnsteuer.** Erzielt ein Anleger Erträge aus einer SICAF, so stellen diese steuerlich keine Einkünfte aus kollektiven Kapitalanlagen dar, sondern steuerbare Dividendeneinkünfte.[97]

Für einen Investor, der die Anteile an der SICAF im Privatvermögen hält, hat dies zur Folge, dass die Ausschüttungen, nicht aber die thesaurierten Gewinne, der Einkommenssteuer unterliegen.[98] Zudem werden auch ausgeschüttete Kapitalgewinne und Erträge aus direktem Grundstückeigentum mit der Einkommenssteuer erfasst.

Sofern der Investor die Anteile an der SICAF im Geschäftsvermögen hält, werden sämtliche Ausschüttungen je nachdem ob es sich um eine natürliche oder juristische Person handelt, mit der Einkommens- oder der Gewinnsteuer erfasst.[99] Da regelmässig keine qualifizierenden Beteiligungen vorliegen werden, ist weder das Holdingprivileg noch das Teilbesteuerungsverfahren anwendbar.

170   **bb) Vermögens- und Kapitalsteuer.** Bei der SICAF unterliegt das gesamte Eigenkapital der Vermögens- bzw. Kapitalsteuer.

171   **cc) Stempelabgaben.** Die Ausgabe von Aktien einer inländischen SICAF unterliegt grundsätzlich der Emissionsabgabe,[100] ist dafür jedoch von der Umsatzabgabe ausgenommen.[101] Anders bei einer ausländischen SICAF. Hier unterliegt die Ausgabe zwar nicht der

---

[93] Art. 27 VStG.
[94] Art. 34 ff. VStV.
[95] Art. 20 Abs. 1 lit. e DBG.
[96] Art. 13 Abs. 3 StHG.
[97] Art. 20 Abs. 1 lit. e DBG ist nicht anwendbar, dafür aber Art. 20 Abs. 1 lit. c DBG.
[98] Art. 20 Abs. 1 lit. c DBG.
[99] Art. 18 DBG (für natürliche Personen); Art. 58 DBG (für juristische Personen).
[100] Art. 5 Abs. 1 lit. a StG.
[101] Art. 14 Abs. 1 lit. a StG.

Emissionsabgabe, dafür aber grundsätzlich der Umsatzabgabe. Allerdings qualifiziert die ausländische SICAF ebenfalls als befreiter Anleger, womit das Anfallen der Abgabe von der Gegenpartei abhängt (→ Rn. 126 ff.).

Die entgeltliche Übertragung von Eigentum an Anteilen einer SICAF unterliegt grundsätzlich der Umsatzabgabe, sobald ein Effektenhändler als Vertragspartei oder Vermittler an der Transaktion beteiligt ist.[102]

Die Rückgabe von Anteilen an einer SICAF ist von der Umsatzabgabe ausgenommen.[103] Allerdings gilt dies nur solange die Anteile zwecks Tilgung zurückgegeben werden. Andernfalls unterliegt die Rückgabe der Umsatzabgabe.

dd) Verrechnungssteuerrückerstattung. Inländische Investoren können sich die Verrechnungssteuer unter den Voraussetzungen von Art. 22 f. VStG (für natürliche Personen) bzw. Art. 24 ff. VStG (für juristische Personen) zurückerstatten lassen. 172

Ausländische Investoren können die Verrechnungssteuer ausschliesslich gestützt auf ein allenfalls anwendbares Doppelbesteuerungsabkommen zurückfordern, wobei die Rückforderung jeweils auf den massgeblichen Dividendenartikel abgestützt werden muss.

IV. Q&A-Schweiz

1. Nationaler Fondsmarkt[104]

Per Ende September 2013 waren in der Schweiz 1429 schweizerische kollektive Kapitalanlagen zum Vertrieb zugelassen. Von diesen war knapp die Hälfte für qualifizierte Anleger reserviert. Es bestanden 15 geschlossene kollektive Kapitalanlagen in Form der Kommanditgesellschaft für kollektive Kapitalanlagen. Bei den offenen kollektiven Kapitalanlagen war die überwiegende Mehrheit in Form der übrigen Fonds für traditionelle Anlagen aufgelegt (1165), gefolgt von Effektenfonds (140), übrige Fonds für alternative Anlagen (62) und Immobilienfonds (47). 173

Im Vergleich waren 6119 ausländische kollektive Kapitalanlagen zum Vertrieb in der Schweiz zugelassen. Es handelt sich dabei ausschliesslich um kollektive Kapitalanlagen, welche auch an nicht qualifizierte Anleger vertrieben werden dürfen. Aufgrund der fehlenden Genehmigungsvoraussetzung für ausländische kollektive Kapitalanlagen für qualifizierte Anleger sind keine offiziellen Zahlen verfügbar.

Die Statistik des Schweizer Fondsmarkts wies per Ende September 2013 ein Totalvolumen von CHF 744.8 Mrd. aus, wovon geschätzte CHF 295 Mrd. auf institutionelle Anleger entfielen.

Nach Anlagekategorien unterteilt, dominieren die Aktienfonds (36.3%) und die Obligationenfonds (33.8%), gefolgt von Anlagestrategiefonds (11.3), welche sich zunehmender Beliebtheit der Anleger erfreuen.

2. Typische Fondsstrukturen

a) Geschlossene Fonds

Geschlossene kollektive Kapitalanlagen können in der Schweiz entweder in der Form der „Kommanditgesellschaft für kollektive Kapitalanlagen" (Art. 98 ff. KAG[105]) oder der Form der „Investmentgesellschaft mit festem Kapital" (SICAF, Art. 110 ff. KAG) aufgelegt werden. Bei geschlossenen kollektiven Kapitalanlagen haben die Anleger weder unmittelbar 174

---

[102] Art. 13 Abs. 1 iVm Abs. 2 lit. a Ziff. 3 StG.
[103] Art. 14 Abs. 1 lit. e StG.
[104] Die Zahlen sind den „SFAMA News Winter 2013" (S. 10 f.) entnommen und stellen den Stand per Ende September 2013 dar; www.sfama.ch/publications/sfama-news.
[105] Bundesgesetz über die kollektiven Kapitalanlagen (Kollektivanlagengesetz), SR 951.31.

noch mittelbar einen Anspruch auf Rückgabe ihrer Anteile zum Nettoinventarwert. Während die Kommanditgesellschaft für kollektive Kapitalanlagen auf einem Gesellschaftsvertrag beruht, verfügt die SICAF über Statuten und einem Anlagereglement.

Die Kommanditgesellschaft für kollektive Kapitalanlagen ist vorgesehen für Investitionen in Risikokapital, Bau-, Immobilien- und Infrastrukturprojekte und alternative Anlagen. Die SICAF ist eine Aktiengesellschaft im Sinne des Schweizerischen Obligationenrechts, (1) deren ausschliesslicher Zweck die kollektive Kapitalanlage ist; (2) deren Aktionäre nicht qualifiziert im Sinne von Art. 10 Abs. 3 KAG sein müssen und (3) die nicht an einer Schweizer Börse kotiert ist.

b) Offene Fonds

175 Offene kollektive Kapitalanlagen weisen entweder die Form des „vertraglichen Anlagefonds" (Art. 25 ff. KAG) oder die Form der „Investmentgesellschaft mit variablem Kapital" (SICAV, Art. 36 ff. KAG) auf. Bei offenen kollektiven Kapitalanlagen haben die Anleger unmittelbar oder mittelbar einen Rechtsanspruch auf Rückgabe ihrer Anteile zum Nettoinventarwert. Die offenen kollektiven Kapitalanlagen verfügen über ein Fondsreglement. Beim vertraglichen Anlagefonds entspricht dies dem Kollektivanlagevertrag (Fondsvertrag) und bei der SICAV den Statuten und dem Anlagereglement. Offene kollektive Kapitalanlagen in der Schweiz können weiter unterteilt werden in Effektenfonds, Immobilienfonds, übrige Fonds für traditionelle Anlagen und übrige Fonds für alternative Anlagen.

c) Sonstige (zB REITs, Managed Accounts, Club Deals etc.)

176 Auch diese Anlageformen sind vom Schweizer Kollektivanlagenrecht berücksichtigt. Offizielle Zahlen sind hierzu allerdings nicht erhältlich. Es wird jedoch davon ausgegangen, dass sich Managed Accounts zunehmender Beliebtheit erfreuen und erhebliche Volumina auf diesem Weg veranlagt und bewirtschaftet werden.

3. Aufsichtsbehörde

a) Entstehung, Historie

177 Die Eidgenössische Finanzmarktaufsicht (FINMA) ist eine öffentlich-rechtliche Anstalt mit eigener Rechtspersönlichkeit und für den Vollzug des Finanzmarktaufsichtsgesetzes (FINMAG) sowie der Finanzmarktgesetze zuständig. Sie ist am 1. Januar 2009 aus einer Zusammenführung der Eidgenössischen Bankenkommission (EBK), des Bundesamtes für Privatversicherungen (BPV) und der Kontrollstelle für die Bekämpfung der Geldwäscherei (Kst GwG) entstanden.[106] Unter anderem bewilligt die FINMA Fondsleitungen, Depotbanken, Vermögensverwalter kollektiver Kapitalanlagen und Vertreter ausländischer kollektiver Kapitalanlagen und überwacht diese anschliessend laufend. Des Weiteren ist die FINMA auch für die Genehmigung schweizerischer kollektiver Kapitalanlagen sowie ausländischer kollektiver Kapitalanlagen, die in oder von der Schweiz aus an nicht qualifizierte Anleger vertrieben werden.

b) Zulassungserfordernis von Fonds und/oder Manager

178 Auf Produktebene bedürfen schweizerische kollektive Kapitalanlagen vor deren Vertrieb der Genehmigung der FINMA, unabhängig davon, ob sich der Vertrieb an qualifizierte oder nicht qualifizierte Anleger richtet.

Der Genehmigung der FINMA bedürfen folgende Dokumente:
- der Kollektivanlagevertrag des Anlagefonds;
- die Statuten und das Anlagereglement der SICAV;
- der Gesellschaftsvertrag der Kommanditgesellschaft für kollektive Kapitalanlagen;
- die Statuten und das Anlagereglement der SICAF;

---

[106] Porträtbroschüre, S. 38: www.finma.ch/d/finma/publikationen/Documents/finma-portraitbroschuere-20130927-d.pdf.

IV. Q&A-Schweiz

Sofern der Anlagefonds oder die SICAV als offene kollektive Kapitalanlage mit Teilvermögen ausgestaltet ist, bedarf jedes Teilvermögen bzw. jede Aktienkategorie einer eigenen Genehmigung.

Ausländische kollektive Kapitalanlagen, welche in oder von der Schweiz aus vertrieben werden, bedürfen nur dann einer Genehmigung der FINMA, wenn sich der Vertrieb an nicht qualifizierte Anleger richtet. Der Vertreter der ausländischen kollektiven Kapitalanlage muss der FINMA die entsprechenden massgebenden Dokumente wie Verkaufsprospekt, Statuten oder Fondsvertrag vorlegen. 179

Sowohl Vermögensverwalter schweizerischer als auch ausländischer kollektiver Kapitalanlagen bedürfen für die Ausübung ihrer Tätigkeit einer Bewilligung[107] der FINMA. In Anlehnung an die Ausnahmeregelung gemäss AIFMD („de minimis – Regel") besteht auch in der Schweiz eine Ausnahme für Vermögensverwalter kollektiver Kapitalanlagen, deren Anleger im Sinne von Art. 10 Abs. 3, 3bis oder 3ter KAG qualifiziert sind und deren verwaltete Vermögenswerte entweder gewisse Schwellenwerte nicht erreichen oder deren Anleger ausschliesslich Konzerngesellschaften der Unternehmensgruppe, zu welcher der Vermögensverwalter kollektiver Kapitalanlagen gehört, sind. 180

c) Anforderungen an Fonds und Manager

Neben Anforderungen zur Organisation (zB Angaben zu Verwaltungsrat, Geschäftsleitung, Organigramm, Verantwortlichkeiten, Risikomanagement, Internes Kontrollsystem, Compliance, interne Revision etc.) sind auch die finanziellen Voraussetzungen zu beachten. Das Mindestkapital von Vermögensverwaltern kollektiver Kapitalanlagen, die ausschliesslich (1) für eine oder mehrere kollektive Kapitalanlagen die Portfolioverwaltung und das Riskmanagement sicherstellen, (2) im Rahmen dieser Aufgaben zusätzlich administrative Tätigkeiten ausführen oder (3) individuelle Verwaltung einzelner Portfolios, Anlageberatung, oder Vertrieb kollektiver Kapitalanlagen betreiben muss CHF 200 000.– betragen und bar einbezahlt sein. Das Mindestkapital von Vermögensverwaltern kollektiver Kapitalanlagen, die für ausländische kollektive Kapitalanlagen das Fondsgeschäft im Sinne von Art. 18a Abs. 3 lit. a KAG ausüben, muss CHF 500 000.– betragen und bar einbezahlt sein. 181

4. Verbände

Die 1992 gegründete Swiss Funds & Asset Management Association SFAMA[108] ist die repräsentative Branchenorganisation der kollektiven Kapitalanlagen und deren Manager in der Schweiz. Zu ihren Mitgliedern gehören insbesondere alle wichtigen schweizerischen Fondsleitungen, SICAV und Verwalter kollektiver Kapitalanlagen sowie die Vertreter ausländischer kollektiven Kapitalanlagen, welche rund 95 % des in der Schweiz platzierten Kollektivanlagevermögens repräsentieren. Zudem gehören der SFAMA zahlreiche weitere Dienstleister an, welche im Bereich der kollektiven Kapitalanlage tätig sind. Die SFAMA ist ein aktives Mitglied der Europäischen Investmentvereinigung EFAMA in Brüssel und ist in deren Vorstand sowie in verschiedenen Fachkommissionen vertreten. 182

Die Swiss Private Equity & Corporate Finance Association (SECA) repräsentiert die schweizerische Private Equity, Venture Capital und Corporate Finance Branche.

Für den Bereich der strukturierten Produkte besteht mit dem Schweizer Verband für Strukturierte Produkte (SVSP) eine weitere spezialisierte Interessensvertretung.

5. Zulassungsverfahren ieS

a) Fondsvehikel

Schweizerische kollektive Kapitalanlagen, welche an qualifizierte und nicht qualifizierte Anleger, sowie ausländische kollektive Kapitalanlagen, welche an ausschliesslich qualifizierte 183

---

[107] Art. 13 Abs. 1 lit. c KAG.
[108] Siehe zum Ganzen: „Porträt"; www.sfama.ch/sfama.

Anleger vertrieben werden bedürfen einer vorgängigen Genehmigung der FINMA. Die FINMA stellt auf dem Internet Wegleitungen, sowie Gesuchsvorlagen und Hilfsdokumente zur Verfügung (zB Checkliste für KIID).[109]

b) Fondsmanager

184 Vermögensverwalter kollektiver Kapitalanlagen gehören neben der Fondsleitung, der SICAV, der Kommanditgesellschaft für kollektive Kapitalanlagen, der SICAF, der Depotbank schweizerischer kollektiver Kapitalanlagen, dem Vertriebsträger und dem Vertreter ausländischer kollektiver Kapitalanlagen zu den Bewilligungsträgern gemäss Art. 13 Abs. 1 KAG und bedürfen vor der Ausübung ihrer Tätigkeit einer Bewilligung der FINMA. Die FINMA stellt auf dem Internet eine Gesuchsvorlage sowie die dazugehörenden Beiblätter und Erklärungen zur Verfügung.[110]

Zusätzlich kann die Verwaltung kollektiver Kapitalanlagen durch andere, höherwertig bewilligte Finanzintermediäre wie Banken, Fondsleitungen und Effektenhändler wahrgenommen werden, sofern diese über eine entsprechende organisatorische Ausgestaltung verfügen. Deren jeweilige Bewilligung ist separat geregelt.

6. Vertrieb an institutionelle Investoren

a) Inländische Fondsvehikel

185 Als qualifizierte Anleger im Sinne des KAG gelten (1) Finanzintermediäre wie Banken, Effektenhändler, Fondsleitungen und Vermögensverwalter kollektiver Kapitalanlagen sowie Zentralbanken; (2) beaufsichtigte Versicherungseinrichtungen; (3) öffentlich-rechtliche Körperschaften und Vorsorgeeinrichtungen mit professioneller Tresorerie; sowie (4) Unternehmen mit professioneller Tresorerie. Obwohl sie nicht zu den institutionellen Anleger gehören, zählen vermögende Privatpersonen und Vermögensverwaltungskunden unter bestimmten Bedingungen ebenfalls zu den qualifizierten Anleger.

Schweizerische kollektive Kapitalanlagen bedürfen der vorgängigen Genehmigung der FINMA, unabhängig davon, ob sie an qualifizierte oder nicht qualifizierte Anleger vertrieben werden.

b) Ausländische Fondsvehikel (EU und Drittstaaten)

186 Ausländische kollektive Kapitalanlagen bedürfen keiner Genehmigung der FINMA, wenn sie an ausschliesslich qualifizierte Anleger vertrieben werden. Sie müssen jedoch für die in der Schweiz vertriebenen Anteile einen Vertreter und eine Zahlstelle ernennen.

c) Vertriebszulassung vs. -anzeige

187 Der Vertrieb von schweizerischen kollektiven Kapitalanlagen an nicht qualifizierte Anleger ist bewilligungspflichtig. Hingegen können schweizerische kollektive Kapitalanlagen bewilligungsfrei an qualifizierte Anleger vertrieben werden.

d) Private Placements/Reverse Solicitation

188 Zentraler Anknüpfungspunkt des revidierten KAG (Inkrafttreten 1. März 2013) ist der Vertriebsbegriff. Als Vertrieb von kollektiven Kapitalanlagen gilt als Grundsatz jedes Anbieten von kollektiven Kapitalanlagen und jedes Werben für kollektive Kapitalanlagen, das sich nicht ausschliesslich an gewisse spezialgesetzlich regulierte Anleger (zB Banken, Effektenhändler, beaufsichtigte Versicherungseinrichtungen) richtet.

---

[109] Siehe www.finma.ch/d/beaufsichtigte/kollektivekapitalanlagen/Seiten/schweizerische-kollektive-kapitalanlagen.aspx

[110] Siehe www.finma.ch/d/beaufsichtigte/Kollektivkapitalanlagen/Seiten/vermögensverwalter-kollektiver-kapitalanlagen.aspx

IV. Q&A-Schweiz

Als Ausnahme vom Vertrieb gelten:
- die Zurverfügungstellung von Informationen sowie der Erwerb kollektiver Kapitalanlagen, die auf Veranlassung oder auf Eigeninitiative des Anlegers erfolgen, insbesondere im Rahmen von Beratungsverträgen und bloss ausführenden Transaktionen;
- die Zurverfügungstellung von Informationen sowie der Erwerb kollektiver Kapitalanlagen im Rahmen eines schriftlichen Vermögensverwaltungsvertrags mit zB Banken und Effektenhändlern oder im Rahmen eines schriftlichen Vermögensverwaltungsvertrags mit einem unabhängigen Vermögensverwalter, sofern weitere Voraussetzungen erfüllt sind (zB Unterstellung unter die Geldwäschereigesetzgebung, Einhaltung von Verhaltensregeln einer anerkannten Branchenorganisation etc.);
- die Publikation von Preisen, Kursen, Inventarwerten und Steuerdaten durch beaufsichtigte Finanzintermediäre;
- das Anbieten von Mitarbeiterbeteiligungsplänen in der Form von kollektiven Kapitalanlagen an Mitarbeitende.

Aktivitäten, welche nicht unter den Vertriebsbegriff fallen, unterstehen grundsätzlich nicht dem Anwendungsbereich des KAG und sind im Sinne eines Private Placements möglich.

7. Vertrieb an Privatanleger

a) Inländische Fondsvehikel

Schweizerische kollektive Kapitalanlagen bedürfen der vorgängigen Genehmigung der FINMA, unabhängig davon, ob sie an qualifizierte oder nicht qualifizierte Anleger vertrieben werden. **189**

b) Ausländische Fondsvehikel (EU und Drittstaaten)

Ausländische kollektive Kapitalanlagen bedürfen nur der vorgängigen Genehmigung der FINMA, wenn sie an nicht qualifizierte Anleger vertrieben werden. **190**

c) Vertriebszulassung vs. -anzeige

Der Vertrieb von schweizerischen kollektiven Kapitalanlagen an nicht qualifizierte Anleger ist bewilligungspflichtig. Das bedeutet, dass die vertreibende Person vor Ausübung ihrer Tätigkeit eine Bewilligung der FINMA benötigt. **191**

Sowohl der Vertrieb von ausländischen kollektiven Kapitalanlagen an qualifizierte als auch an nicht qualifizierte Anleger ist bewilligungspflichtig. Für den Vertrieb an nicht qualifizierte Anleger bedarf es einer Bewilligung der FINMA. Sofern der Vertrieb nur an qualifizierte Anleger erfolgt, muss der vertreibende Finanzintermediär in der Schweiz oder im Sitzstaat angemessen beaufsichtigt sein. Dies bedeutet in der Praxis, dass der Finanzintermediär in seinem Sitzstaat zum Vertrieb kollektiver Kapitalanlagen zugelassen ist und einen schriftlichen Vertriebsvertrag mit dem Schweizerischen Vertreter abschliessen muss, auf den schweizerisches Recht anwendbar ist.

d) Private Placements/Reverse Solicitation

→ Rn. 188. **192**

8. Besteuerung der einzelnen Fondsvehikel

Bei der Besteuerung der einzelnen Fondsvehikel ist zwischen inländischen und ausländischen Fondsvehikel zu unterscheiden. **193**

Bei inländischen Fondsvehikeln kommt es primär darauf an, ob diese dem KAG unterstellt sind. Ist dies der Fall, so folgt das schweizerische Steuerrecht grundsätzlich dem Transparenzprinzip, dh die dem KAG unterstellten kollektiven Kapitalanlagen werden grundsätzlich als transparent betrachtet. Allerdings gilt der Transparenzgrundsatz nur für die vertraglich strukturierten Anlagefonds, die SICAV sowie die KGK. Kollektive Kapitalanlagen mit direktem Grundbesitz sowie die SICAF werden dagegen wie Kapitalgesellschaften besteuert und somit als nicht transparent behandelt.

Bei ausländischen kollektiven Kapitalanlagen muss zunächst festgestellt werden, ob diese für schweizerische Steuerzwecke ebenfalls als kollektive Kapitalanlagen zu betrachten sind. Dies beurteilt sich anhand der Definition einer ausländischen kollektiven Kapitalanlage gemäss Art. 119 KAG. Sofern die ausländische kollektive Kapitalanlage steuerlich einer schweizerischen kollektiven Kapitalanlage gleichzustellen sein sollte, ist damit allerdings noch nichts über deren konkrete Besteuerung im Einzelfall ausgesagt. Die schweizerischen Besteuerungsregeln unterscheiden sich je nach Art der kollektiven Kapitalanlage. Folglich müssen ausländische kollektive Kapitalanlagen einzeln unter dem schweizerischen Recht beurteilt und qualifiziert werden. Dabei ist festzulegen, mit welcher schweizerischen kollektiven Kapitalanlage die ausländische zu vergleichen ist. Anschliessend lassen sich daraus die konkreten Steuerfolgen für die betreffende ausländische kollektive Kapitalanlage ableiten. Eine allgemein gültige Qualifikation für sämtliche Steuerarten ist indessen nicht möglich.

9. Besteuerung auf Investorenebene

a) Im Geschäftsvermögen gehaltene Fondsanteile

194   Im Geschäftsvermögen gehaltene Fondsanteile werden aufgrund des Massgeblichkeitsprinzips anhand des nach schweizerischem Obligationenrecht erstellen Jahresabschlusses besteuert. Ausschüttungen und Aufwertungen der Fondsanteile führen entsprechend zu einem steuerbaren Ertrag.

b) Im Privatvermögen gehaltene Fondsanteile

195   Die Besteuerung der Privatanleger hängt primär davon ab, ob diese in einen (i) vertraglichen Anlagefonds, eine SICAV oder eine KGK; (ii) in einen Anlagefonds mit direktem Grundstückeigentum oder (iii) in eine SICAF investieren.

10. Besteuerung der Fondsmanagement-Dienstleistungen

a) Einkommens-/Gewinnsteuer

196   Bei der Besteuerung der Fondsmanagement-Dienstleistungen ist zu unterscheiden, ob diese Dienstleistungen von einer Gesellschaft oder von natürlichen Personen (zB über ein Einzelunternehmen oder eine Personengesellschaft) wahrgenommen wird.

Die Fondsmanagementgesellschaft unterliegt als Kapitalgesellschaft sowohl der Gewinn- als auch der Kapitalsteuer. Folglich unterliegen die der Managementgesellschaft zufliessenden Management Fees und Vorzugsgewinne zunächst einmal der Gewinnsteuer. Sofern die Gewinne den Reserven zufliessen bzw. einbehalten werden, unterliegen sie zudem der Kapitalsteuer.

Bei Fondsmanagementgesellschaften, die ihre Aufgaben an andere in- oder ausländische Gesellschaften delegieren, stellt sich generell die Frage, wie die Gewinne unter diesen Gesellschaften aufzuteilen sind. Es empfiehlt sich, den Mechanismus der Gewinnaufteilung mit den Steuerbehörden vorgängig in einem Ruling festzulegen.

Wird das Fondsmanagement über ein Einzelunternehmen oder eine Personengesellschaft wahrgenommen, qualifizieren die Beteiligungen der Fondsmanager grundsätzlich als Geschäftsvermögen. Folglich gelten Management Fees, Vorzugsgewinne und Erträge des Fonds als steuerbares Einkommen. Dies gilt insbesondere auch für Kapitalgewinne, da diese nur dann steuerfrei sind, wenn sie aus der Veräusserung von Beteiligungen des Privatvermögens stammen.

b) Mehrwertsteuer auf Management-Dienstleistungen

Die Verwaltung von inländischen kollektiven Kapitalanlagen gemäss KAG durch Personen, welche diese verwalten oder aufbewahren, die Fondsleitungen, die Depotbanken, deren Beauftragte sowie deren (Unter-)Beauftragte, ist von der Mehrwertsteuer grundsätzlich ausgenommen. 197

Nicht unter diese Ausnahme fällt dagegen die inländische SICAF. Die Verwaltung der SICAF ist je nach Art der jeweiligen Leistung grundsätzlich steuerbar.

Bei ausländischen kollektiven Kapitalanlagen ist die Verwaltung grundsätzlich steuerbar, allerdings liegt der Ort der Dienstleistung in der Regel im Ausland, weshalb auf den entsprechenden Dienstleistungen keine schweizerische Mehrwertsteuer anfällt.

11. Typische Outbound-Strukturen

Schweizer Fonds-Promotoren legen Fonds mit traditionellen Anlagestrategien neben der Schweiz vor allem auch in Luxemburg, Irland, Liechtenstein und Malta auf. Alternative Anlagestrategien werden primär aufgrund der steuerlichen Rahmenbedingungen in den klassischen Offshore-Jurisdiktionen wie Cayman Islands, den British Virgin Islands (BVI) und den Kanalinseln Jersey und Guernsey verwirklicht. Neben diese treten allerdings immer häufiger auch die vorgenannten EU- bzw. EWR-Mitgliedsstaaten. 198

12. Update: Nationale investmentrechtliche Vorhaben 2014/15

Das revidierte Kollektivanlagengesetz und die dazugehörende Kollektivanlagenverordnung sind am 1. März 2013 in Kraft getreten. Die FINMA hat im Oktober 2013 das neue Rundschreiben 2013/9 „Vertrieb kollektiver Kapitalanlagen" publiziert. Die SFAMA wird ihre Vertriebsrichtlinien und Musterdokumente im 2014 anpassen. 199

In Anlehnung an MiFID II wird zurzeit das Finanzdienstleistungsgesetz (FIDLEG) erarbeitet. Im Sinne einer sektorübergreifenden Regulierung (Bankdienstleistungen, Versicherungsdienstleistungen, Beratungsdienstleistungen etc.) soll neben der Erbringung von Finanzdienstleistungen auch auf Finanzproduktebene eine Vereinheitlichung stattfinden. Das Inkrafttreten des FIDLEG ist per Ende 2015/anfangs 2016 zu erwarten.

Insgesamt soll die gesamte Schweizer Finanzmarktregulierungsarchitektur in den Jahren bis 2017 signifikant überarbeitet und dabei insbesondere in einige wenige umfassende Gesetze umgegossen werden. Konkret wird es sich dabei neben dem Finanzdienstleistungsgesetz (FIDLEG), um das Finanzmarktaufsichtsgesetz (FINMAG), das Finanzinfrastrukturgesetz (FinfraG) und das Finanzinstitutsgesetz handeln. Das Vernehmlassungsverfahren zum FinfraG wurde im Dezember 2013 eröffnet, für FIDLEG und Finanzinstitutsgesetz wird dies für das zweite Quartal 2014 erwartet. Geplant ist, diese neuen Rahmenwerke bis 2017 in Kraft zu setzen.

V. Normentexte

1. KAG

Bundesgesetz über die kollektiven Kapitalanlagen
(Kollektivanlagengesetz, KAG)

vom 23. Juni 2006 (Stand am 1. Januar 2014)

Die Bundesversammlung der Schweizerischen Eidgenossenschaft,
gestützt auf die Artikel 98 Absätze 1 und 2 und 122 Absatz 1
der Bundesverfassung,[1]
nach Einsicht in die Botschaft des Bundesrates vom 23. September 2005,[2]
beschliesst:

1. Titel: Allgemeine Bestimmungen

1. Kapitel: Zweck und Geltungsbereich

Art. 1 Zweck

Dieses Gesetz bezweckt den Schutz der Anlegerinnen und Anleger sowie die Transparenz und die Funktionsfähigkeit des Marktes für kollektive Kapitalanlagen.

Art. 2 Geltungsbereich

¹ Diesem Gesetz unterstellt sind, unabhängig von der Rechtsform:
a) schweizerische kollektive Kapitalanlagen und Personen, die diese verwalten, aufbewahren oder vertreiben;
b) ausländische kollektive Kapitalanlagen, die in der Schweiz vertrieben werden;
c) Personen, die in der Schweiz oder von der Schweiz aus ausländische kollektive Kapitalanlagen verwalten;
d) Personen, die in der Schweiz ausländische kollektive Kapitalanlagen vertreiben;
e) Personen, die von der Schweiz aus ausländische kollektive Kapitalanlagen vertreiben, die nicht ausschliesslich qualifizierten Anlegerinnen und Anlegern gemäss Artikel 10 Absätze 3, 3bis oder 3ter oder entsprechendem ausländischem Recht vorbehalten sind;
f) Personen, die in der Schweiz ausländische kollektive Kapitalanlagen vertreten.[3]

² Diesem Gesetz nicht unterstellt sind insbesondere:
a) Einrichtungen und Hilfseinrichtungen der beruflichen Vorsorge, einschliesslich Anlagestiftungen;
b) Sozialversicherungseinrichtungen und Ausgleichskassen;
c) öffentlich-rechtliche Körperschaften und Anstalten;
d) operative Gesellschaften, die eine unternehmerische Tätigkeit ausüben;
e) Gesellschaften, die durch Stimmenmehrheit oder auf andere Weise eine oder mehrere Gesellschaften in einem Konzern unter einheitlicher Leitung zusammenfassen (Holdinggesellschaften);
f) Investmentclubs, sofern deren Mitglieder in der Lage sind, ihre Vermögensinteressen selber wahrzunehmen;
g) Vereine und Stiftungen im Sinne des Zivilgesetzbuches;[4]
h) [5] Vermögensverwalter kollektiver Kapitalanlagen, deren Anleger im Sinne von Artikel 10 Absatz 3, 3bis oder 3ter qualifiziert sind und die eine der folgenden Voraussetzungen erfüllen:
  1. Die verwalteten Vermögenswerte, einschliesslich der durch Einsatz von Hebelfinanzierungen erworbenen Vermögenswerte, betragen insgesamt höchstens 100 Millionen Franken.

---

[1] SR **101**.
[2] BBl **2005** 6395.
[3] Fassung gemäss Ziff. I des BG vom 28. Sept. 2012, in Kraft seit 1. März 2013 (AS **2013** 585; BBl **2012** 3639).
[4] SR **210**.
[5] Eingefügt durch Ziff. I des BG vom 28. Sept. 2012, in Kraft seit 1. März 2013 (AS **2013** 585; BBl **2012** 3639).

2. Die verwalteten Vermögenswerte der kollektiven Kapitalanlagen bestehen aus nicht hebelfinanzierten kollektiven Kapitalanlagen, die für einen Zeitraum von fünf Jahren nach der Tätigung der ersten Anlage in jeden dieser kollektiven Kapitalanlagen keine Rücknahmerechte ausüben dürfen, und betragen höchstens 500 Millionen Franken.
3. Die Anleger sind ausschliesslich Konzerngesellschaften der Unternehmensgruppe, zu welcher der Vermögensverwalter gehört.

^{2bis} Vermögensverwalter kollektiver Kapitalanlagen nach Absatz 2 Buchstabe h können sich diesem Gesetz unterstellen, sofern dies vom Land gefordert wird, in dem die kollektive Kapitalanlage aufgesetzt oder vertrieben wird. Der Bundesrat regelt die Einzelheiten. Er kann unabhängig von einer Unterstellung eine Registrierungspflicht zur Erhebung von volkswirtschaftlich bedeutsamen Daten vorschreiben.[6]

^{3} Investmentgesellschaften in Form von schweizerischen Aktiengesellschaften unterstehen diesem Gesetz nicht, sofern sie an einer Schweizer Börse kotiert sind oder sofern:
a) ausschliesslich Aktionärinnen und Aktionäre im Sinne von Artikel 10 Absätze 3, 3bis und 3ter beteiligt sein dürfen; und
b) die Aktien auf Namen lauten.[7]

^{4} ...[8]

Art. 3[9] Vertrieb

^{1} Als Vertrieb von kollektiven Kapitalanlagen im Sinne dieses Gesetzes gilt jedes Anbieten von kollektiven Kapitalanlagen und jedes Werben für kollektive Kapitalanlagen, das sich nicht ausschliesslich an Anleger gemäss Artikel 10 Absatz 3 Buchstaben a und b richtet.

^{2} Nicht als Vertrieb gelten:
a) die Zurverfügungstellung von Informationen sowie der Erwerb kollektiver Kapitalanlagen, die auf Veranlassung oder auf Eigeninitiative der Anlegerin oder des Anlegers erfolgen, insbesondere im Rahmen von Beratungsverträgen und bloss ausführenden Transaktionen;
b) die Zurverfügungstellung von Informationen sowie der Erwerb kollektiver Kapitalanlagen im Rahmen eines schriftlichen Vermögensverwaltungsvertrags mit Finanzintermediären gemäss Artikel 10 Absatz 3 Buchstabe a;
c) die Zurverfügungstellung von Informationen sowie der Erwerb kollektiver Kapitalanlagen im Rahmen eines schriftlichen Vermögensverwaltungsvertrags mit einem unabhängigen Vermögensverwalter, sofern:
  1. dieser als Finanzintermediär nach Artikel 2 Absatz 3 Buchstabe e des Geldwäschereigesetzes vom 10. Oktober 1997[10] unterstellt ist,
  2. dieser den Verhaltensregeln einer Branchenorganisation untersteht, die von der Eidgenössischen Finanzmarktaufsicht (FINMA) als Mindeststandards anerkannt sind,
  3. der Vermögensverwaltungsvertrag den Richtlinien einer Branchenorganisation entspricht, die von der FINMA als Mindeststandard anerkannt sind;
d) die Publikation von Preisen, Kursen, Inventarwerten und Steuerdaten durch beaufsichtigte Finanzintermediäre;
e) das Anbieten von Mitarbeiterbeteiligungsplänen in der Form von kollektiven Kapitalanlagen an Mitarbeitende.

Art. 4 Interne Sondervermögen

^{1} Dieses Gesetz gilt nicht für interne Sondervermögen vertraglicher Art, die Banken und Effektenhändler zur kollektiven Verwaltung von Vermögen bestehender Kundinnen und Kunden schaffen, wenn folgende Voraussetzungen erfüllt sind:
a) Sie beteiligen Kundinnen und Kunden ausschliesslich aufgrund eines schriftlichen Vermögensverwaltungsvertrages am internen Sondervermögen.
b) Sie geben dafür keine Anteilscheine aus.
c)[11] Sie vertreiben diese Sondervermögen nicht.

---

[6] Eingefügt durch Ziff. I des BG vom 28. Sept. 2012, in Kraft seit 1. März 2013 (AS **2013** 585; BBl **2012** 3639).
[7] Fassung gemäss Ziff. I des BG vom 28. Sept. 2012, in Kraft seit 1. März 2013 (AS **2013** 585; BBl **2012** 3639).
[8] Aufgehoben durch Ziff. I des BG vom 28. Sept. 2012, mit Wirkung seit 1. März 2013 (AS **2013** 585; BBl **2012** 3639).
[9] Fassung gemäss Ziff. I des BG vom 28. Sept. 2012, in Kraft seit 1. März 2013 (AS **2013** 585; BBl **2012** 3639).
[10] SR **955.0**.
[11] Fassung gemäss Ziff. I des BG vom 28. Sept. 2012, in Kraft seit 1. März 2013 (AS **2013** 585; BBl **2012** 3639).

²Die Errichtung und die Auflösung interner Sondervermögen sind der banken- beziehungsweise börsengesetzlichen Prüfgesellschaft[12] zu melden.

³Sachen und Rechte, die zum Sondervermögen gehören, werden im Konkurs der Bank oder des Effektenhändlers zugunsten der Anlegerinnen und Anleger abgesondert.

Art. 5 Strukturierte Produkte

¹Strukturierte Produkte wie kapitalgeschützte Produkte, Produkte mit Maximalrendite und Zertifikate dürfen in der Schweiz oder von der Schweiz aus an nicht qualifizierte Anlegerinnen und Anleger nur vertrieben werden, wenn:[13]
a) sie ausgegeben, garantiert oder gleichwertig gesichert werden von:[14]
 1. einer Bank nach dem Bundesgesetz vom 8. November 1934;[15]
 2. einer Versicherung nach dem Versicherungsaufsichtsgesetz vom 17. Dezember 2004;[16]
 3. einem Effektenhändler nach dem Börsengesetz vom 24. März 1995,[17]
 4. einem ausländischen Institut, das einer gleichwertigen prudentiellen Aufsicht untersteht;
b) für sie ein vereinfachter Prospekt vorliegt.

¹ᵇⁱˢ Die Ausgabe von strukturierten Produkten an nicht qualifizierte Anlegerinnen und Anleger durch Sonderzweckgesellschaften ist zulässig, sofern der Vertrieb durch ein Institut nach Absatz 1 Buchstabe a erfolgt und eine gleichwertige Sicherung gewährleistet ist. Der Bundesrat regelt die Anforderungen an die gleichwertige Sicherung.[18]

²Der vereinfachte Prospekt muss folgende Anforderungen erfüllen:
a) Er beschreibt gemäss einem genormten Schema die wesentlichen Merkmale des strukturierten Produkts (Eckdaten), dessen Gewinn- und Verlustaussichten, sowie die bedeutenden Risiken für die Anlegerinnen und Anleger.
b) Er ist für die Durchschnittsanlegerin und den Durchschnittsanleger leicht verständlich.
c) Er weist darauf hin, dass das strukturierte Produkt weder eine kollektive Kapitalanlage ist noch der Bewilligung der FINMA untersteht.

³Jeder interessierten Person ist vor der Zeichnung des Produkts oder vor Abschluss des Vertrags über den Erwerb des Produkts ein vorläufiger vereinfachter Prospekt mit indikativen Angaben kostenlos anzubieten. Zudem ist bei Emission oder bei Abschluss des Vertrags über den Erwerb des Produkts jeder interessierten Person der definitive vereinfachte Prospekt kostenlos anzubieten.[19]

⁴Das Prospekterfordernis von Artikel 1156 des Obligationenrechts[20] gilt in diesem Fall nicht.

⁵Im Übrigen unterstehen die strukturierten Produkte nicht diesem Gesetz.

Art. 6 Delegation an den Bundesrat

¹Der Bundesrat kann im Rahmen der Ausführungsbestimmungen den kollektiven Kapitalanlagen ähnliche Vermögen oder Gesellschaften diesem Gesetz ganz oder teilweise unterstellen oder diesem Gesetz unterstellte Vermögen oder Gesellschaften von der Unterstellung befreien, soweit der Schutzzweck dieses Gesetzes dies erfordert beziehungsweise dadurch nicht beeinträchtigt wird.

²Er unterbreitet die entsprechenden Bestimmungen der zuständigen Kommission nach Artikel 151 Absatz 1 des Parlamentsgesetzes vom 13. Dezember 2002[21] zur Konsultation.

---

[12] Ausdruck gemäss Anhang Ziff. 14 des Finanzmarktaufsichtsgesetzes vom 22. Juni 2007, in Kraft seit 1. Jan. 2009 (AS **2008** 5207 5205; BBl **2006** 2829). Die Anpassung wurde im ganzen Text vorgenommen.

[13] Fassung gemäss Ziff. I des BG vom 28. Sept. 2012, in Kraft seit 1. März 2013 (AS **2013** 585; BBl **2012** 3639).

[14] Fassung gemäss Ziff. I des BG vom 28. Sept. 2012, in Kraft seit 1. März 2013 (AS **2013** 585; BBl **2012** 3639).

[15] SR **952.0**.

[16] SR **961.01**.

[17] SR **954.1**.

[18] Eingefügt durch Ziff. I des BG vom 28. Sept. 2012, in Kraft seit 1. März 2013 (AS **2013** 585; BBl **2012** 3639).

[19] Fassung gemäss Ziff. I des BG vom 28. Sept. 2012, in Kraft seit 1. März 2013 (AS **2013** 585; BBl **2012** 3639).

[20] SR **220**.

[21] SR **171.10**.

V. Normentexte

2. Kapitel: Kollektive Kapitalanlagen

Art. 7 Begriff

¹ Kollektive Kapitalanlagen sind Vermögen, die von Anlegerinnen und Anlegern zur gemeinschaftlichen Kapitalanlage aufgebracht und für deren Rechnung verwaltet werden. Die Anlagebedürfnisse der Anlegerinnen und Anleger werden in gleichmässiger Weise befriedigt.

² Die kollektiven Kapitalanlagen können offen oder geschlossen sein.

³ Der Bundesrat kann die Mindestanzahl der Anlegerinnen und Anleger je nach Rechtsform und Adressatenkreis bestimmen. Er kann kollektive Kapitalanlagen für einen einzigen qualifizierten Anleger (Einanlegerfonds) gemäss Artikel 10 Absatz 3 Buchstaben b und c zulassen.[22]

⁴ Bei Einanlegerfonds können die Fondsleitung und die SICAV die Anlageentscheide an die einzige Anlegerin oder an den einzigen Anleger delegieren. Die FINMA kann diesen von der Pflicht befreien, sich einer anerkannten Aufsicht nach Artikel 31 Absatz 3 beziehungsweise Artikel 36 Absatz 3 zu unterstellen.[23]

Art. 8 Offene kollektive Kapitalanlagen

¹ Offene kollektive Kapitalanlagen weisen entweder die Form des vertraglichen Anlagefonds (Art. 25 ff.) oder die Form der Investmentgesellschaft mit variablem Kapital (SICAV, Art. 36 ff.) auf.

² Bei offenen kollektiven Kapitalanlagen haben die Anlegerinnen und Anleger zulasten des Kollektivvermögens unmittelbar oder mittelbar einen Rechtsanspruch auf Rückgabe ihrer Anteile zum Nettoinventarwert.

³ Die offenen kollektiven Kapitalanlagen haben ein Fondsreglement. Dieses entspricht beim vertraglichen Anlagefonds dem Kollektivanlagevertrag (Fondsvertrag) und bei der SICAV den Statuten und dem Anlagereglement.

Art. 9 Geschlossene kollektive Kapitalanlagen

¹ Geschlossene kollektive Kapitalanlagen weisen entweder die Form der Kommanditgesellschaft für kollektive Kapitalanlagen (Art. 98 ff.) oder die Form der Investmentgesellschaft mit festem Kapital (SICAF, Art. 110 ff.) auf.

² Bei geschlossenen kollektiven Kapitalanlagen haben die Anlegerinnen und Anleger zulasten des Kollektivvermögens weder unmittelbar noch mittelbar einen Rechtsanspruch auf Rückgabe ihrer Anteile zum Nettoinventarwert.

³ Die Kommanditgesellschaft für kollektive Kapitalanlagen beruht auf einem Gesellschaftsvertrag.

⁴ Die SICAF beruht auf Statuten und erlässt ein Anlagereglement.

Art. 10 Anlegerinnen und Anleger

¹ Anlegerinnen und Anleger sind natürliche und juristische Personen sowie Kollektiv- und Kommanditgesellschaften, die Anteile an kollektiven Kapitalanlagen halten.

² Kollektive Kapitalanlagen stehen sämtlichen Anlegerinnen und Anlegern offen, es sei denn, dieses Gesetz, das Fondsreglement oder die Statuten schränken den Anlegerkreis auf qualifizierte Anlegerinnen und Anleger ein.

³ Als qualifizierte Anlegerinnen und Anleger im Sinne dieses Gesetzes gelten:[24]
a)[25] beaufsichtigte Finanzintermediäre wie Banken, Effektenhändler, Fondsleitungen und Vermögensverwalter kollektiver Kapitalanlagen sowie Zentralbanken;
b) beaufsichtigte Versicherungseinrichtungen;
c) öffentlich-rechtliche Körperschaften und Vorsorgeeinrichtungen mit professioneller Tresorerie;
d) Unternehmen mit professioneller Tresorerie;
e) und f. ...[26]

³bis Vermögende Privatpersonen können schriftlich erklären, dass sie als qualifizierte Anlegerinnen und Anleger gelten wollen. Der Bundesrat kann die Eignung dieser Personen als qualifizierte Anlege-

---

[22] Fassung gemäss Ziff. I des BG vom 28. Sept. 2012, in Kraft seit 1. März 2013 (AS **2013** 585; BBl **2012** 3639).
[23] Eingefügt durch Ziff. I des BG vom 28. Sept. 2012, in Kraft seit 1. März 2013 (AS **2013** 585; BBl **2012** 3639).
[24] Fassung gemäss Ziff. I des BG vom 28. Sept. 2012, in Kraft seit 1. Juni 2013 (AS **2013** 585; BBl **2012** 3639).
[25] Fassung gemäss Ziff. I des BG vom 28. Sept. 2012, in Kraft seit 1. Juni 2013 (AS **2013** 585; BBl **2012** 3639).
[26] Aufgehoben durch Ziff. I des BG vom 28. Sept. 2012, mit Wirkung seit 1. Juni 2013 (AS **2013** 585; BBl **2012** 3639).

rinnen und Anleger zusätzlich von Bedingungen, namentlich von fachlichen Qualifikationen, abhängig machen.[27]

³ᵗᵉʳ Anlegerinnen und Anleger, die einen schriftlichen Vermögensverwaltungsvertrag gemäss Artikel 3 Absatz 2 Buchstaben b und c abgeschlossen haben, gelten als qualifizierte Anlegerinnen und Anleger, sofern sie nicht schriftlich erklärt haben, dass sie nicht als solche gelten wollen.[28]

⁴ Der Bundesrat kann weitere Anlegerkategorien als qualifiziert bezeichnen.

⁵ Die FINMA kann kollektive Kapitalanlagen ganz oder teilweise von bestimmten Vorschriften dieses Gesetzes befreien, sofern sie ausschliesslich qualifizierten Anlegerinnen und Anlegern offenstehen und der Schutzzweck des Gesetzes dadurch nicht beeinträchtigt wird, namentlich von den Vorschriften über:[29]

a) ...[30]
b. die Pflicht zur Erstellung eines Prospektes;
c) die Pflicht zur Erstellung eines Halbjahresberichtes;
d) die Pflicht, den Anlegerinnen und Anlegern das Recht auf jederzeitige Kündigung einzuräumen;
e) die Pflicht zur Ausgabe und Rücknahme der Anteile in bar;
f) die Risikoverteilung.

Art. 11 Anteile

Anteile sind Forderungen gegen die Fondsleitung auf Beteiligung an Vermögen und Ertrag des Anlagefonds oder Beteiligungen an der Gesellschaft.

Art. 12 Schutz vor Verwechslung oder Täuschung

¹ Die Bezeichnung der kollektiven Kapitalanlage darf nicht zu Verwechslung oder Täuschung Anlass geben, insbesondere nicht in Bezug auf die Anlagen.

² Bezeichnungen wie „Anlagefonds", „Investmentfonds", „Investmentgesellschaft mit variablem Kapital", „SICAV", „Kommanditgesellschaft für kollektive Kapitalanlagen", „KGK", „Investmentgesellschaft mit festem Kapital" und „SICAF" dürfen nur für die entsprechenden, diesem Gesetz unterstellten kollektiven Kapitalanlagen verwendet werden.[31]

3. Kapitel: Bewilligung und Genehmigung

1. Abschnitt: Allgemein

Art. 13 Bewilligungspflicht

¹ Wer kollektive Kapitalanlagen verwaltet, aufbewahrt oder an nicht qualifizierte Anlegerinnen und Anleger vertreibt, braucht eine Bewilligung der FINMA.[32]

² Eine Bewilligung beantragen müssen:
a) die Fondsleitung;
b) die SICAV;
c) die Kommanditgesellschaft für kollektive Kapitalanlagen;
d) die SICAF;
e)[33] die Depotbank schweizerischer kollektiver Kapitalanlagen;
f)[34] der Vermögensverwalter kollektiver Kapitalanlagen;
g) der Vertriebsträger;
h) der Vertreter ausländischer kollektiver Kapitalanlagen.

³ Der Bundesrat kann Vermögensverwalter kollektiver Kapitalanlagen, Vertriebsträger sowie Vertreter, die bereits einer anderen gleichwertigen staatlichen Aufsicht unterstehen, von der Bewilligungspflicht befreien.[35]

---

[27] Eingefügt durch Ziff. I des BG vom 28. Sept. 2012, in Kraft seit 1. Juni 2013 (AS **2013** 585; BBl **2012** 3639).
[28] Eingefügt durch Ziff. I des BG vom 28. Sept. 2012, in Kraft seit 1. Juni 2013 (AS **2013** 585; BBl **2012** 3639).
[29] Fassung gemäss Ziff. I des BG vom 28. Sept. 2012, in Kraft seit 1. Juni 2013 (AS **2013** 585; BBl **2012** 3639).
[30] Aufgehoben durch Ziff. I des BG vom 28. Sept. 2012, mit Wirkung seit 1. Juni 2013 (AS **2013** 585; BBl **2012** 3639).
[31] Fassung gemäss Ziff. I des BG vom 28. Sept. 2012, in Kraft seit 1. März 2013 (AS **2013** 585; BBl **2012** 3639).
[32] Fassung gemäss Ziff. I des BG vom 28. Sept. 2012, in Kraft seit 1. März 2013 (AS **2013** 585; BBl **2012** 3639).
[33] Fassung gemäss Ziff. I des BG vom 28. Sept. 2012, in Kraft seit 1. März 2013 (AS **2013** 585; BBl **2012** 3639).
[34] Fassung gemäss Ziff. I des BG vom 28. Sept. 2012, in Kraft seit 1. März 2013 (AS **2013** 585; BBl **2012** 3639).
[35] Fassung gemäss Ziff. I des BG vom 28. Sept. 2012, in Kraft seit 1. März 2013 (AS **2013** 585; BBl **2012** 3639).

V. Normentexte

⁴ ... ³⁶⁾

⁵ Die Personen nach Absatz 2 Buchstaben a–d dürfen erst nach Erteilung der Bewilligung durch die FINMA in das Handelsregister eingetragen werden.

Art. 14 Bewilligungsvoraussetzungen

¹ Die Bewilligung wird erteilt, wenn:
a) die für die Verwaltung und Geschäftsführung verantwortlichen Personen einen guten Ruf geniessen, Gewähr für eine einwandfreie Geschäftsführung bieten und die erforderlichen fachlichen Qualifikationen aufweisen;
b) die qualifiziert Beteiligten einen guten Ruf geniessen und sich ihr Einfluss nicht zum Schaden einer umsichtigen und soliden Geschäftstätigkeit auswirkt;
c) durch interne Vorschriften und eine angemessene Betriebsorganisation die Erfüllung der Pflichten aus diesem Gesetz sichergestellt ist;
d) ausreichende finanzielle Garantien vorliegen;
e) die in den entsprechenden Bestimmungen des Gesetzes aufgeführten zusätzlichen Bewilligungsvoraussetzungen erfüllt sind.

¹ᵇⁱˢ Sofern es sich bei finanziellen Garantien um Kapitalanforderungen handelt, kann der Bundesrat höhere Kapitalanforderungen als nach dem Obligationenrecht³⁷⁾ vorsehen.³⁸⁾

¹ᵗᵉʳ Der Bundesrat kann, unter Berücksichtigung internationaler Entwicklungen, zusätzliche Bewilligungsvoraussetzungen festlegen. Er kann zudem die Erteilung der Bewilligung vom Abschluss einer Berufshaftpflichtversicherung oder vom Nachweis finanzieller Garantien abhängig machen.³⁹⁾

² Die FINMA kann die Erteilung der Bewilligung zudem davon abhängig machen, ob die Einhaltung von Verhaltensregeln einer Branchenorganisation sichergestellt ist.

³ Als qualifiziert beteiligt gelten, sofern sie an den Personen nach Artikel 13 Absatz 2 direkt oder indirekt mit mindestens 10 Prozent des Kapitals oder der Stimmen beteiligt sind oder ihre Geschäftstätigkeit auf andere Weise massgebend beeinflussen können:
a) natürliche und juristische Personen;
b) Kollektiv- und Kommanditgesellschaften;
c) wirtschaftlich miteinander verbundene Personen, die dieses Kriterium gemeinsam erfüllen.⁴⁰⁾

Art. 15 Genehmigungspflicht

¹ Der Genehmigung der FINMA bedürfen folgende Dokumente:
a) der Kollektivanlagevertrag des Anlagefonds (Art. 25);
b) die Statuten und das Anlagereglement der SICAV;
c) der Gesellschaftsvertrag der Kommanditgesellschaft für kollektive Kapitalanlagen;
d) die Statuten und das Anlagereglement der SICAF;
e)⁴¹⁾ die entsprechenden Dokumente ausländischer kollektiver Kapitalanlagen, die an nicht qualifizierte Anlegerinnen und Anleger vertrieben werden.

² Ist der Anlagefonds oder die SICAV als offene kollektive Kapitalanlage mit Teilvermögen (Art. 92 ff.) ausgestaltet, so bedarf jedes Teilvermögen beziehungsweise jede Aktienkategorie einer eigenen Genehmigung.

Art. 16 Änderung der Umstände

Ändern sich die der Bewilligung beziehungsweise der Genehmigung zugrunde liegenden Umstände, so ist für die Weiterführung der Tätigkeit vorgängig die Bewilligung beziehungsweise Genehmigung der FINMA einzuholen.

Art. 17 Vereinfachtes Bewilligungs- und Genehmigungsverfahren

Der Bundesrat kann für kollektive Kapitalanlagen ein vereinfachtes Bewilligungs- und Genehmigungsverfahren vorsehen.

---

[36] Aufgehoben durch Ziff. I des BG vom 28. Sept. 2012, mit Wirkung seit 1. März 2013 (AS **2013** 585; BBl **2012** 3639).
[37] SR **220**.
[38] Eingefügt durch Anhang Ziff. 14 des Finanzmarktaufsichtsgesetzes vom 22. Juni 2007, in Kraft seit 1. Jan. 2009 (AS **2008** 5207 5205; BBl **2006** 2829).
[39] Eingefügt durch Ziff. I des BG vom 28. Sept. 2012, in Kraft seit 1. März 2013 (AS **2013** 585; BBl **2012** 3639).
[40] Fassung gemäss Ziff. I des BG vom 28. Sept. 2012, in Kraft seit 1. März 2013 (AS **2013** 585; BBl **2012** 3639).
[41] Fassung gemäss Ziff. I des BG vom 28. Sept. 2012, in Kraft seit 1. März 2013 (AS **2013** 585; BBl **2012** 3639).

2. Abschnitt:[42] Vermögensverwalter kollektiver Kapitalanlagen

Art. 18 Organisation

[1] Vermögensverwalter kollektiver Kapitalanlagen mit Sitz in der Schweiz kann sein:
a) eine juristische Person in der Form einer Aktiengesellschaft, einer Kommanditaktiengesellschaft oder einer Gesellschaft mit beschränkter Haftung;
b) eine Kollektiv- und Kommanditgesellschaft;
c) eine schweizerische Zweigniederlassung eines ausländischen Vermögensverwalters kollektiver Kapitalanlagen, sofern:
   1. dieser, einschliesslich der Zweigniederlassung, an seinem Sitz einer angemessenen Aufsicht untersteht,
   2. dieser ausreichend organisiert ist und über genügend finanzielle Mittel und qualifiziertes Personal verfügt, um in der Schweiz eine Zweigniederlassung zu betreiben, und
   3. eine Vereinbarung über Zusammenarbeit und Informationsaustausch zwischen der FINMA und den relevanten ausländischen Aufsichtsbehörden besteht.

[2] Die FINMA kann Vermögensverwalter kollektiver Kapitalanlagen, die einer Finanzgruppe oder einem Finanzkonglomerat angehören, einer Gruppen- oder Konglomeratsaufsicht unterstellen, sofern internationale Standards dies verlangen.

[3] Die FINMA kann Vermögensverwalter kollektiver Kapitalanlagen in begründeten Fällen von Vorschriften dieses Gesetzes ganz oder teilweise befreien, sofern:
a) der Schutzzweck des Gesetzes nicht beeinträchtigt wird; und
b) ihnen die Vermögensverwaltung von kollektiven Kapitalanlagen einzig von folgenden Personen übertragen worden ist:
   1. Bewilligungsträgern nach Artikel 13 Absatz 2 Buchstaben a–d und f, oder
   2. ausländischen Fondsleitungen oder Gesellschaften, die hinsichtlich Organisation und Anlegerrechte einer Regelung unterstehen, die mit den Bestimmungen dieses Gesetzes gleichwertig ist.

Art. 18a Aufgaben

[1] Der Vermögensverwalter kollektiver Kapitalanlagen stellt für eine oder mehrere kollektive Kapitalanlagen die Portfolioverwaltung und das Riskmanagement sicher.

[2] Er kann im Rahmen dieser Aufgaben zusätzlich administrative Tätigkeiten ausführen. Vorbehalten bleibt Artikel 31.

[3] Überdies darf er insbesondere folgende weitere Dienstleistungen erbringen:
a) Fondsgeschäft für ausländische kollektive Kapitalanlagen, sofern eine Vereinbarung über Zusammenarbeit und Informationsaustausch zwischen der FINMA und den für das Fondsgeschäft relevanten ausländischen Aufsichtsbehörden besteht und das ausländische Recht eine solche Vereinbarung verlangt;
b) individuelle Verwaltung einzelner Portfolios;
c) Anlageberatung;
d) Vertrieb kollektiver Kapitalanlagen;
e) Vertretung ausländischer kollektiver Kapitalanlagen.

Art. 18b Delegation von Aufgaben

[1] Der Vermögensverwalter kollektiver Kapitalanlagen kann Aufgaben delegieren, soweit dies im Interesse einer sachgerechten Verwaltung liegt.

[2] Er beauftragt ausschliesslich Personen, die für die einwandfreie Ausführung der Aufgabe qualifiziert sind, und stellt deren Instruktion sowie die Überwachung und die Kontrolle der Durchführung des Auftrags sicher.

[3] Anlageentscheide darf er nur Vermögensverwaltern kollektiver Kapitalanlagen delegieren, die einer anerkannten Aufsicht unterstehen.

[4] Verlangt das ausländische Recht eine Vereinbarung über Zusammenarbeit und Informationsaustausch mit den ausländischen Aufsichtsbehörden, so darf er Anlageentscheide nur an einen Vermögensverwalter im Ausland delegieren, wenn eine solche Vereinbarung zwischen der FINMA und den für die betreffenden Anlageentscheide relevanten ausländischen Aufsichtsbehörden besteht.

Art. 18c Wechsel

Der Wechsel des Vermögensverwalters kollektiver Kapitalanlagen ist der FINMA vorgängig zu melden.

---

[42] Fassung gemäss Ziff. I des BG vom 28. Sept. 2012, in Kraft seit 1. März 2013 (AS **2013** 585; BBl **2012** 3639).

3. Abschnitt: Vertriebsträger

Art. 19

¹ ... [43)]

¹ᵇⁱˢ Ein Finanzintermediär darf ausländische kollektive Kapitalanlagen, die ausschliesslich an qualifizierte Anlegerinnen und Anleger vertrieben werden sollen, nur vertreiben, wenn er in der Schweiz oder im Sitzstaat angemessen beaufsichtigt ist.[44)]

² Der Bundesrat legt die Bewilligungsvoraussetzungen fest.

³ Er kann die Bewilligung insbesondere von ausreichenden finanziellen und beruflichen Garantien der Vertriebsträger abhängig machen.

⁴ ... [45)]

4. Kapitel: Verhaltensregeln

Art. 20 Grundsätze

¹ Die Bewilligungsträger und ihre Beauftragten erfüllen insbesondere die folgenden Pflichten:[46)]

a) Treuepflicht: Sie handeln unabhängig und wahren ausschliesslich die Interessen der Anlegerinnen und Anleger;

b) Sorgfaltspflicht: Sie treffen die organisatorischen Massnahmen, die für eine einwandfreie Geschäftsführung erforderlich sind;

c)[47)] Informationspflicht: Sie gewährleisten eine transparente Rechenschaftsablage und informieren angemessen über die von ihnen verwalteten, verwahrten und vertriebenen kollektiven Kapitalanlagen; sie legen sämtliche den Anlegerinnen und Anlegern direkt oder indirekt belasteten Gebühren und Kosten sowie deren Verwendung offen; über Entschädigungen für den Vertrieb kollektiver Kapitalanlagen in Form von Provisionen, Courtagen und anderen geldwerten Vorteilen informieren sie die Anlegerinnen und Anleger vollständig, wahrheitsgetreu und verständlich.

² Die FINMA kann Verhaltensregeln von Branchenorganisationen als Mindeststandards festlegen.

³ Die Bewilligungsträger treffen für ihre gesamte Geschäftstätigkeit alle zur Erfüllung dieser Pflichten notwendigen Massnahmen.[48)]

Art. 21 Vermögensanlage

¹ Die Bewilligungsträger und ihre Beauftragten befolgen eine Anlagepolitik, die dauernd mit dem in den entsprechenden Dokumenten festgelegten Anlagecharakter der kollektiven Kapitalanlage übereinstimmt.

² Sie dürfen im Zusammenhang mit dem Erwerb und der Veräusserung von Sachen und Rechten für sich wie für Dritte nur die Vergütungen entgegennehmen, die in den entsprechenden Dokumenten vorgesehen sind. Retrozessionen und andere Vermögensvorteile sind der kollektiven Kapitalanlage gutzuschreiben.

³ Sie dürfen Anlagen auf eigene Rechnung nur zum Marktpreis übernehmen und Anlagen aus eigenen Beständen nur zum Marktpreis abtreten.

Art. 22 Effektenhandelsgeschäfte

¹ Gegenparteien für Effektenhandelsgeschäfte und sonstige Transaktionen sind sorgfältig auszuwählen. Sie müssen Gewähr für die bestmögliche Erfüllung der Transaktionen in preismässiger, zeitlicher und quantitativer Hinsicht bieten.

² Die Auswahl der Gegenparteien ist in regelmässigen Abständen zu überprüfen.

³ Vereinbarungen, welche die Entscheidungsfreiheit der Bewilligungsträger oder ihrer Beauftragten einschränken, sind unzulässig.

---

[43] Aufgehoben durch Ziff. I des BG vom 28. Sept. 2012, mit Wirkung seit 1. März 2013 (AS **2013** 585; BBl **2012** 3639).

[44] Eingefügt durch Ziff. I des BG vom 28. Sept. 2012, in Kraft seit 1. März 2013 (AS **2013** 585; BBl **2012** 3639).

[45] Aufgehoben durch Ziff. I des BG vom 28. Sept. 2012, mit Wirkung seit 1. März 2013 (AS **2013** 585; BBl **2012** 3639).

[46] Fassung gemäss Ziff. I des BG vom 28. Sept. 2012, in Kraft seit 1. März 2013 (AS **2013** 585; BBl **2012** 3639).

[47] Fassung gemäss Ziff. I des BG vom 28. Sept. 2012, in Kraft seit 1. März 2013 (AS **2013** 585; BBl **2012** 3639).

[48] Eingefügt durch Ziff. I des BG vom 28. Sept. 2012, in Kraft seit 1. März 2013 (AS **2013** 585; BBl **2012** 3639).

Art. 23 Ausübung von Mitgliedschafts- und Gläubigerrechten

[1] Die mit den Anlagen verbundenen Mitgliedschafts- und Gläubigerrechte sind unabhängig und ausschliesslich im Interesse der Anlegerinnen und Anleger auszuüben.

[2] Artikel 685d Absatz 2 des Obligationenrechts[49] findet auf Anlagefonds keine Anwendung.

[3] Verwaltet eine Fondsleitung mehrere Anlagefonds, so wird die Höhe der Beteiligung im Hinblick auf die prozentmässige Begrenzung nach Artikel 685d Absatz 1 des Obligationenrechts für jeden Anlagefonds einzeln berechnet.

[4] Absatz 3 gilt auch für jedes Teilvermögen einer offenen kollektiven Kapitalanlage im Sinne von Artikel 92 ff.

Art. 24 Weitere Verhaltensregeln[50]

[1] Die Bewilligungsträger treffen die Vorkehrungen, die notwendig sind, um eine seriöse Akquisition und objektive Beratung der Kundinnen und Kunden zu gewährleisten.

[2] Ziehen sie Dritte zum Vertrieb von Anteilen an kollektiven Kapitalanlagen bei, so schliessen sie mit diesen Vertriebsverträge ab.

[3] Die Bewilligungsträger und die zum Vertrieb beigezogenen Dritten halten die von ihnen erhobenen Bedürfnisse der Kundin oder des Kunden sowie die Gründe für jede Empfehlung für den Erwerb einer bestimmten kollektiven Kapitalanlage schriftlich fest. Dieses schriftliche Protokoll wird der Kundin oder dem Kunden übergeben.[51]

2. Titel: Offene kollektive Kapitalanlagen

1. Kapitel: Vertraglicher Anlagefonds

1. Abschnitt: Begriff

Art. 25

[1] Der vertragliche Anlagefonds (Anlagefonds) basiert auf einem Kollektivanlagevertrag (Fondsvertrag), durch den sich die Fondsleitung verpflichtet:
a) die Anlegerinnen und Anleger nach Massgabe der von ihnen erworbenen Fondsanteile am Anlagefonds zu beteiligen;
b) das Fondsvermögen gemäss den Bestimmungen des Fondsvertrags selbständig und im eigenen Namen zu verwalten.

[2] Die Depotbank nimmt nach Massgabe der ihr durch Gesetz und Fondsvertrag übertragenen Aufgaben am Fondsvertrag teil.

[3] Der Anlagefonds weist ein Mindestvermögen auf. Der Bundesrat legt dessen Höhe fest und die Frist, innerhalb der es geäufnet werden muss.

2. Abschnitt: Fondsvertrag

Art. 26 Inhalt

[1] Die Fondsleitung stellt den Fondsvertrag auf und unterbreitet diesen mit Zustimmung der Depotbank der FINMA zur Genehmigung.

[2] Der Fondsvertrag umschreibt die Rechte und Pflichten der Anlegerinnen und Anleger, der Fondsleitung und der Depotbank.

[3] Der Bundesrat legt den Mindestinhalt fest.[52]

Art. 27 Änderungen des Fondsvertrags

[1] Die Fondsleitung hat Änderungen des Fondsvertrags mit Zustimmung der Depotbank der FINMA zur Genehmigung einzureichen.

[2] Ändert die Fondsleitung den Fondsvertrag, so veröffentlicht sie eine Zusammenfassung der wesentlichen Änderungen im Voraus mit dem Hinweis auf die Stellen, wo die Vertragsänderungen im Wortlaut kostenlos bezogen werden können.

---

[49] SR **220**.
[50] Fassung gemäss Ziff. I des BG vom 28. Sept. 2012, in Kraft seit 1. Jan. 2014 (AS **2013** 585; BBl **2012** 3639).
[51] Eingefügt durch Ziff. I des BG vom 28. Sept. 2012, in Kraft seit 1. Jan. 2014 (AS **2013** 585; BBl **2012** 3639).
[52] Fassung gemäss Ziff. I des BG vom 28. Sept. 2012, in Kraft seit 1. März 2013 (AS **2013** 585; BBl **2012** 3639).

³ In den Publikationen sind die Anlegerinnen und Anleger auf die Möglichkeit hinzuweisen, bei der FINMA innert 30 Tagen nach der Publikation Einwendungen zu erheben. Das Verfahren richtet sich nach dem Verwaltungsverfahrensgesetz vom 20. Dezember 1968.[53] Die Anlegerinnen und Anleger sind ferner darauf hinzuweisen, dass sie unter Beachtung der vertraglichen oder reglementarischen Frist die Auszahlung ihrer Anteile in bar verlangen können.[54]

⁴ Die FINMA veröffentlicht ihren Entscheid in den Publikationsorganen.

3. Abschnitt: Fondsleitung

Art. 28 Organisation

¹ Die Fondsleitung muss eine Aktiengesellschaft mit Sitz und Hauptverwaltung in der Schweiz sein.

² Sie muss ein Mindestkapital aufweisen. Der Bundesrat legt dessen Höhe fest.

³ Das Aktienkapital ist in Namenaktien aufzuteilen.

⁴ Die Fondsleitung muss eine für die Erfüllung ihrer Aufgaben geeignete Organisation haben. Sie legt die Aufgaben und Kompetenzen in den Statuten und im Organisationsreglement fest.

⁵ Die geschäftsführenden Personen der Fondsleitung und der Depotbank müssen von der jeweils anderen Gesellschaft unabhängig sein.

Art. 29[55] Zweck

¹ Hauptzweck der Fondsleitung ist die Ausübung des Fondsgeschäfts. Daneben darf sie namentlich folgende weitere Dienstleistungen erbringen:
a) individuelle Verwaltung einzelner Portfolios;
b) Anlageberatung;
c) Aufbewahrung und technische Verwaltung kollektiver Kapitalanlagen.

² Für die Ausübung des Fondsgeschäfts für ausländische kollektive Kapitalanlagen gilt Artikel 18a Absatz 3 Buchstabe a.

Art. 30 Aufgaben

Die Fondsleitung verwaltet den Anlagefonds für Rechnung der Anlegerinnen und Anleger selbständig und in eigenem Namen. Insbesondere:
a) entscheidet sie über die Ausgabe von Anteilen, die Anlagen und deren Bewertung;
b) berechnet sie den Nettoinventarwert;
c) setzt sie Ausgabe- und Rücknahmepreise sowie Gewinnausschüttungen fest;
d) macht sie alle zum Anlagefonds gehörenden Rechte geltend.

Art. 31 Delegation von Aufgaben

¹ Die Fondsleitung kann die Anlageentscheide sowie Teilaufgaben delegieren, soweit dies im Interesse einer sachgerechten Verwaltung liegt.

² Sie beauftragt ausschliesslich Personen, die für die einwandfreie Ausführung der Aufgabe qualifiziert sind, und stellt die Instruktion sowie Überwachung und Kontrolle der Durchführung des Auftrages sicher.

³ Anlageentscheide darf sie nur an Vermögensverwalter kollektiver Kapitalanlagen delegieren, die einer anerkannten Aufsicht unterstehen.[56]

⁴ Verlangt das ausländische Recht eine Vereinbarung über Zusammenarbeit und Informationsaustausch mit den ausländischen Aufsichtsbehörden, so darf sie Anlageentscheide nur an einen Vermögensverwalter im Ausland delegieren, wenn eine solche Vereinbarung zwischen der FINMA und den für die betreffenden Anlageentscheide relevanten ausländischen Aufsichtsbehörden besteht.[57]

⁵ Für kollektive Kapitalanlagen, die in der Europäischen Union aufgrund eines Abkommens erleichtert vertrieben werden, dürfen die Anlageentscheide weder an die Depotbank noch an andere Unternehmen delegiert werden, deren Interessen mit denen der Fondsleitung oder der Anlegerinnen und Anleger kollidieren können.[58]

⁶ Für Handlungen der Beauftragten haftet die Fondsleitung wie für eigenes Handeln.[59]

---

[53] SR **172.021**.
[54] Fassung gemäss Ziff. I des BG vom 28. Sept. 2012, in Kraft seit 1. März 2013 (AS **2013** 585; BBl **2012** 3639).
[55] Fassung gemäss Ziff. I des BG vom 28. Sept. 2012, in Kraft seit 1. März 2013 (AS **2013** 585; BBl **2012** 3639).
[56] Fassung gemäss Ziff. I des BG vom 28. Sept. 2012, in Kraft seit 1. März 2013 (AS **2013** 585; BBl **2012** 3639).
[57] Fassung gemäss Ziff. I des BG vom 28. Sept. 2012, in Kraft seit 1. März 2013 (AS **2013** 585; BBl **2012** 3639).
[58] Fassung gemäss Ziff. I des BG vom 28. Sept. 2012, in Kraft seit 1. März 2013 (AS **2013** 585; BBl **2012** 3639).
[59] Eingefügt durch Ziff. I des BG vom 28. Sept. 2012, in Kraft seit 1. März 2013 (AS **2013** 585; BBl **2012** 3639).

Art. 32 Eigene Mittel

¹ Zwischen den eigenen Mitteln der Fondsleitung und dem Gesamtvermögen der von ihr verwalteten kollektiven Kapitalanlagen muss ein angemessenes Verhältnis bestehen. Der Bundesrat regelt dieses Verhältnis.

² Die FINMA kann in besonderen Fällen Erleichterungen gewähren oder Verschärfungen anordnen.

³ Die Fondsleitung darf die vorgeschriebenen eigenen Mittel weder in Fondsanteilen anlegen, die sie selber ausgegeben hat, noch ihren Aktionärinnen und Aktionären oder diesen nahe stehenden natürlichen und juristischen Personen ausleihen. Das Halten flüssiger Mittel bei der Depotbank gilt nicht als Ausleihe.

Art. 33 Rechte

¹ Die Fondsleitung hat Anspruch auf:
a) die im Fondsvertrag vorgesehenen Vergütungen;
b) Befreiung von den Verbindlichkeiten, die sie in richtiger Erfüllung ihrer Aufgaben eingegangen ist;
c) Ersatz der Aufwendungen, die sie zur Erfüllung dieser Verbindlichkeiten gemacht hat.

² Diese Ansprüche werden aus den Mitteln des Anlagefonds erfüllt. Die persönliche Haftung der Anlegerinnen und Anleger ist ausgeschlossen.

Art. 34 Wechsel

¹ Die Rechte und Pflichten der Fondsleitung können von einer anderen Fondsleitung übernommen werden.

² Der Übernahmevertrag zwischen der bisherigen und der neuen Fondsleitung bedarf zu seiner Gültigkeit der schriftlichen Form sowie der Zustimmung der Depotbank und der Genehmigung der FINMA.

³ Die bisherige Fondsleitung gibt den geplanten Wechsel vor der Genehmigung durch die FINMA in den Publikationsorganen bekannt.[60]

⁴ In den Publikationen sind die Anlegerinnen und Anleger auf die Möglichkeit hinzuweisen, bei der FINMA innert 30 Tagen nach der Publikation Einwendungen zu erheben. Das Verfahren richtet sich nach dem Verwaltungsverfahrensgesetz vom 20. Dezember 1968.[61], [62]

⁵ Die FINMA genehmigt den Wechsel der Fondsleitung, wenn die gesetzlichen Vorschriften eingehalten sind und die Fortführung des Anlagefonds im Interesse der Anlegerinnen und Anleger liegt.

⁶ Sie veröffentlicht den Entscheid in den Publikationsorganen.

Art. 35 Absonderung des Fondsvermögens

¹ Sachen und Rechte, die zum Anlagefonds gehören, werden im Konkurs der Fondsleitung zugunsten der Anlegerinnen und Anleger abgesondert. Vorbehalten bleiben die Ansprüche der Fondsleitung nach Artikel 33.[63]

² Schulden der Fondsleitung, die sich nicht aus dem Fondsvertrag ergeben, können nicht mit Forderungen, die zum Anlagefonds gehören, verrechnet werden.

2. Kapitel: Investmentgesellschaft mit variablem Kapital

1. Abschnitt: Allgemeine Bestimmungen

Art. 36 Begriff und Aufgaben[64]

¹ Die Investmentgesellschaft mit variablem Kapital (SICAV) ist eine Gesellschaft:
a) deren Kapital und Anzahl Aktien nicht im Voraus bestimmt sind;
b) deren Kapital in Unternehmer- und Anlegeraktien aufgeteilt ist;
c) für deren Verbindlichkeiten nur das Gesellschaftsvermögen haftet;
d) deren ausschliesslicher Zweck die kollektive Kapitalanlage ist.

---

[60] Fassung gemäss Ziff. I des BG vom 28. Sept. 2012, in Kraft seit 1. März 2013 (AS **2013** 585; BBl **2012** 3639).
[61] SR 172.021.
[62] Fassung gemäss Ziff. I des BG vom 28. Sept. 2012, in Kraft seit 1. März 2013 (AS **2013** 585; BBl **2012** 3639).
[63] Fassung gemäss Anhang Ziff. 3 des BG vom 18. März 2011 (Sicherung der Einlagen), in Kraft seit 1. Sept. 2011 (AS **2011** 3919; BBl **2010** 3993).
[64] Fassung gemäss Ziff. I des BG vom 28. Sept. 2012, in Kraft seit 1. März 2013 (AS **2013** 585; BBl **2012** 3639).

V. Normentexte

² Die SICAV weist ein Mindestvermögen auf. Der Bundesrat legt dessen Höhe fest und die Frist, innerhalb der dieses geäufnet werden muss.

³ Anlageentscheide darf die SICAV nur an Vermögensverwalter kollektiver Kapitalanlagen delegieren, die einer anerkannten Aufsicht unterstehen. Die Artikel 30 und 31 Absätze 1–5 gelten sinngemäss.[65]

Art. 37 Gründung

¹ Die Gründung der SICAV richtet sich nach den Bestimmungen des Obligationenrechtes[66] über die Gründung der Aktiengesellschaft; ausgenommen sind die Bestimmungen über die Sacheinlagen, die Sachübernahmen und die besonderen Vorteile.

² Der Bundesrat legt fest, wie hoch die Mindesteinlage im Zeitpunkt der Gründung einer SICAV sein muss.[67]

³ ...[68]

Art. 38 Firma

¹ Die Firma muss die Bezeichnung der Rechtsform oder deren Abkürzung (SICAV) enthalten.

² Im Übrigen kommen die Bestimmungen des Obligationenrechtes[69] über die Firma der Aktiengesellschaft zur Anwendung.

Art. 39 Eigene Mittel

¹ Zwischen den Einlagen der Unternehmeraktionärinnen und -aktionäre und dem Gesamtvermögen der SICAV muss ein angemessenes Verhältnis bestehen. Der Bundesrat regelt dieses Verhältnis.

² Die FINMA kann in besonderen Fällen Erleichterungen gewähren oder Verschärfungen anordnen.

Art. 40 Aktien

¹ Die Unternehmeraktien lauten auf den Namen.

² Die Unternehmer- und die Anlegeraktien weisen keinen Nennwert auf und müssen vollständig in bar liberiert sein.

³ Die Aktien sind frei übertragbar. Die Statuten können den Anlegerkreis auf qualifizierte Anlegerinnen und Anleger einschränken, wenn die Aktien der SICAV nicht an einer Börse kotiert sind. Verweigert die SICAV ihre Zustimmung zur Übertragung der Aktien, so kommt Artikel 82 zur Anwendung.

⁴ Die Statuten können verschiedene Kategorien von Aktien vorsehen, denen unterschiedliche Rechte zukommen.

⁵ Die Ausgabe von Partizipationsscheinen, Genussscheinen und Vorzugsaktien ist untersagt.

Art. 41 Unternehmeraktionärinnen und -aktionäre

¹ Die Unternehmeraktionärinnen und -aktionäre leisten die für die Gründung der SICAV erforderliche Mindesteinlage.

² Sie beschliessen die Auflösung der SICAV und von deren Teilvermögen nach Artikel 96 Absätze 2 und 3.[70]

³ Im Übrigen finden die Bestimmungen über die Rechte der Aktionärinnen und Aktionäre (Art. 46 ff.) Anwendung.

⁴ Die Rechte und Pflichten der Unternehmeraktionärinnen und -aktionäre gehen mit der Übertragung der Aktien auf den Erwerber über.

Art. 42 Ausgabe und Rücknahme von Aktien

¹ Soweit Gesetz und Statuten nichts anderes vorsehen, kann die SICAV jederzeit zum Nettoinventarwert neue Aktien ausgeben und muss, auf Ersuchen einer Aktionärin oder eines Aktionärs, ausge-

---

[65] Eingefügt durch Ziff. I des BG vom 28. Sept. 2012, in Kraft seit 1. März 2013 (AS **2013** 585; BBl **2012** 3639).

[66] SR **220**.

[67] Fassung gemäss Ziff. I des BG vom 28. Sept. 2012, in Kraft seit 1. März 2013 (AS **2013** 585; BBl **2012** 3639).

[68] Aufgehoben durch Ziff. I des BG vom 28. Sept. 2012, mit Wirkung seit 1. März 2013 (AS **2013** 585; BBl **2012** 3639).

[69] SR **220**.

[70] Fassung gemäss Ziff. I des BG vom 28. Sept. 2012, in Kraft seit 1. März 2013 (AS **2013** 585; BBl **2012** 3639).

gebene Aktien jederzeit zum Nettoinventarwert zurücknehmen. Dazu bedarf es weder einer Statutenänderung noch eines Handelsregistereintrags.

² Die SICAV darf weder direkt noch indirekt eigene Aktien halten.

³ Die Aktionärinnen und Aktionäre haben keinen Anspruch auf den Teil der neu ausgegebenen Aktien, der ihrer bisherigen Beteiligung entspricht. Im Falle von Immobilienfonds bleibt Artikel 66 Absatz 1 vorbehalten.

⁴ Im Übrigen richten sich die Ausgabe und die Rücknahme der Aktien nach den Artikeln 78–82.

Art. 43 Statuten

¹ Die Statuten müssen Bestimmungen enthalten über:
a) die Firma und den Sitz;
b) den Zweck;
c) die Mindesteinlage;
d) die Einberufung der Generalversammlung;
e) die Organe;
f) die Publikationsorgane.

² Zu ihrer Verbindlichkeit bedürfen der Aufnahme in die Statuten Bestimmungen über:
a) die Dauer;
b) die Einschränkung des Aktionärskreises auf qualifizierte Anlegerinnen und Anleger und die damit verbundene Beschränkung der Übertragbarkeit der Aktien (Art. 40 Abs. 3);
c) die Kategorien von Aktien und die damit verbundenen Rechte;
d) die Delegation der Geschäftsführung und der Vertretung sowie deren Modalitäten (Art. 51);
e) die Abstimmung auf dem Korrespondenzweg.

Art. 44 Anlagereglement

Die SICAV stellt ein Anlagereglement auf. Sein Inhalt richtet sich nach den Bestimmungen über den Fondsvertrag, soweit dieses Gesetz und die Statuten nichts anderes vorsehen.

Art. 44a[71] Depotbank

¹ Die SICAV muss eine Depotbank nach den Artikeln 72–74 beiziehen.

² Die FINMA kann in begründeten Fällen Ausnahmen von dieser Pflicht bewilligen, sofern:
a) die SICAV ausschliesslich qualifizierten Anlegerinnen und Anlegern offensteht;
b) ein oder mehrere Institute, welche einer gleichwertigen Aufsicht unterstehen, die mit der Abwicklung verbundenen Transaktionen vornehmen und für solche Transaktionen spezialisiert sind („Prime Broker"); und
c) sichergestellt ist, dass die „Prime Broker" oder die zuständigen ausländischen Aufsichtsbehörden der „Prime Broker" der FINMA alle Auskünfte und Unterlagen erteilen, die diese zur Erfüllung ihrer Aufgabe benötigt.

Art. 45 Verhältnis zum Börsengesetz

Die börsengesetzlichen Bestimmungen über öffentliche Kaufangebote (Art. 22 ff. des Börsengesetzes vom 24. März 1995[72]) sind auf die SICAV nicht anwendbar.

2. Abschnitt: Rechte der Aktionärinnen und Aktionäre

Art. 46 Mitgliedschaftsrechte

¹ Die Mitgliedschaftsrechte ausüben kann, wer von der SICAV als Aktionärin oder als Aktionär anerkannt ist.

² Die Aktionärinnen und Aktionäre können ihre Aktien in der Generalversammlung selbst vertreten oder durch einen Dritten vertreten lassen. Sofern die Statuten nichts anderes vorsehen, brauchen diese nicht Aktionärinnen oder Aktionäre zu sein.

³ Die SICAV führt ein Aktienbuch, in welches die Unternehmeraktionärinnen und Unternehmeraktionäre mit Namen und Adressen eingetragen werden.

⁴ Die Statuten können vorsehen, dass die Unternehmeraktionärinnen und -aktionäre sowie die Anlegeraktionärinnen und -aktionäre sowohl bei der selbst- als auch bei der fremdverwalteten SICAV einen Anspruch auf mindestens je einen Verwaltungsratssitz haben.[73]

---

[71] Eingefügt durch Ziff. I des BG vom 28. Sept. 2012, in Kraft seit 1. März 2013 (AS **2013** 585; BBl **2012** 3639).
[72] SR **954.1**.
[73] Eingefügt durch Ziff. I des BG vom 28. Sept. 2012, in Kraft seit 1. März 2013 (AS **2013** 585; BBl **2012** 3639).

V. Normentexte

Art. 47[74] Stimmrechte

¹ Jede Aktie entspricht einer Stimme.

² Der Bundesrat kann die FINMA ermächtigen, die Zerlegung oder die Zusammenlegung von Aktien einer Aktienkategorie anzuordnen.

Art. 48 Kontrollrechte

Die Kontrollrechte richten sich nach den Bestimmungen des Obligationenrechtes[75] über die Kontrollrechte der Aktionärinnen und Aktionäre, soweit dieses Gesetz nichts anderes vorsieht.

Art. 49 Weitere Rechte

Im Übrigen kommen die Artikel 78 ff. zur Anwendung.

3. Abschnitt: Organisation

Art. 50 Generalversammlung

¹ Oberstes Organ der SICAV ist die Generalversammlung der Aktionärinnen und Aktionäre.

² Die Generalversammlung findet jährlich innerhalb von vier Monaten nach Abschluss des Geschäftsjahres statt.

³ Sofern der Bundesrat nichts anderes vorsieht, kommen im Übrigen die Bestimmungen des Obligationenrechts[76] über die Generalversammlung der Aktiengesellschaft zur Anwendung.[77]

Art. 51 Verwaltungsrat

¹ Der Verwaltungsrat besteht aus mindestens drei und höchstens sieben Mitgliedern.

² Die Statuten können den Verwaltungsrat ermächtigen, die Geschäftsführung und die Vertretung nach Massgabe des Organisationsreglements ganz oder teilweise an einzelne Mitglieder oder Dritte zu übertragen.

³ Die geschäftsführenden Personen der SICAV und der Depotbank müssen von der jeweils anderen Gesellschaft unabhängig sein.

⁴ Der Verwaltungsrat erstellt den Prospekt sowie die Wesentlichen Informationen für die Anlegerinnen und Anleger oder den vereinfachten Prospekt.[78]

⁵ Die Administration der SICAV darf nur an eine bewilligte Fondsleitung nach Artikel 28 ff. delegiert werden.

⁶ Sofern der Bundesrat nichts anderes vorsieht, kommen im Übrigen die Bestimmungen des Obligationenrechts[79] über den Verwaltungsrat der Aktiengesellschaft zur Anwendung.[80]

Art. 52 Prüfgesellschaft

Die SICAV bezeichnet eine Prüfgesellschaft (Art. 126 ff.).

3. Kapitel: Arten der offenen kollektiven Kapitalanlagen und Anlagevorschriften

1. Abschnitt: Effektenfonds

Art. 53 Begriff

Effektenfonds sind offene kollektive Kapitalanlagen, die ihre Mittel in Effekten anlegen und dem Recht der Europäischen Gemeinschaften entsprechen.

Art. 54 Zulässige Anlagen

¹ Für Effektenfonds zulässig sind Anlagen in massenweise ausgegebene Wertpapiere und in nicht verurkundete Rechte mit gleicher Funktion (Wertrechte), die an einer Börse oder an einem andern geregelten, dem Publikum offen stehenden Markt gehandelt werden, sowie in andere liquide Finanzanlagen.

---

[74] Fassung gemäss Anhang Ziff. 14 des Finanzmarktaufsichtsgesetzes vom 22. Juni 2007, in Kraft seit 1. Jan. 2009 (AS **2008** 5207 5205; BBl **2006** 2829).

[75] SR **220**.

[76] SR **220**.

[77] Fassung gemäss Anhang Ziff. 14 des Finanzmarktaufsichtsgesetzes vom 22. Juni 2007, in Kraft seit 1. Jan. 2009 (AS **2008** 5207 5205; BBl **2006** 2829).

[78] Fassung gemäss Ziff. I des BG vom 28. Sept. 2012, in Kraft seit 1. März 2013 (AS **2013** 585; BBl **2012** 3639).

[79] SR **220**.

[80] Fassung gemäss Anhang Ziff. 14 des Finanzmarktaufsichtsgesetzes vom 22. Juni 2007, in Kraft seit 1. Jan. 2009 (AS **2008** 5207 5205; BBl **2006** 2829).

²In begrenztem Umfang sind auch andere Anlagen sowie das Halten angemessener flüssiger Mittel zulässig.

Art. 55 Anlagetechniken

¹Die Fondsleitung und die SICAV dürfen im Rahmen der effizienten Verwaltung folgende Anlagetechniken einsetzen:
a) Effektenleihe;
b) Pensionsgeschäft;
c) Kreditaufnahme, jedoch nur vorübergehend und bis zu einem bestimmten Prozentsatz;
d) Verpfändung oder Sicherungsübereignung, jedoch nur bis zu einem bestimmten Prozentsatz.

²Der Bundesrat kann weitere Anlagetechniken wie Leerverkäufe und Kreditgewährung zulassen.

³Er legt die Prozentsätze fest. Die FINMA regelt die Einzelheiten.

Art. 56 Einsatz von Derivaten

¹Die Fondsleitung und die SICAV dürfen Geschäfte mit Derivaten tätigen, sofern:
a) diese Geschäfte nicht zu einer Veränderung des Anlagecharakters des Effektenfonds führen;
b) sie über eine geeignete Organisation und ein adäquates Risikomanagement verfügen;
c) die mit der Abwicklung und der Überwachung betrauten Personen qualifiziert sind und die Wirkungsweise der eingesetzten Derivate jederzeit verstehen und nachvollziehen können.

²Das Gesamtengagement aus Geschäften mit Derivaten darf einen bestimmten Prozentsatz des Nettofondsvermögens nicht übersteigen. Engagements aus Geschäften mit Derivaten sind auf die gesetzlichen und reglementarischen Höchstlimiten, namentlich auf die Risikoverteilung, anzurechnen.

³Der Bundesrat legt den Prozentsatz fest. Die FINMA regelt die Einzelheiten.

Art. 57 Risikoverteilung

¹Die Fondsleitung und die SICAV müssen bei ihren Anlagen die Grundsätze der Risikoverteilung einhalten. Sie dürfen in der Regel nur einen bestimmten Prozentsatz des Fondsvermögens beim gleichen Schuldner oder Unternehmen anlegen.

²Die mit den Wertpapieren oder Wertrechten erworbenen Stimmrechte bei einem Schuldner oder Unternehmen dürfen einen bestimmten Prozentsatz nicht überschreiten.

³Der Bundesrat legt die Prozentsätze fest. Die FINMA regelt die Einzelheiten.

2. Abschnitt: Immobilienfonds

Art. 58 Begriff

Immobilienfonds sind offene kollektive Kapitalanlagen, die ihre Mittel in Immobilienwerten anlegen.

Art. 59 Zulässige Anlagen

¹Für Immobilienfonds zulässig sind Anlagen in:
a) Grundstücke einschliesslich Zugehör;
b) Beteiligungen an und Forderungen gegen Immobiliengesellschaften, deren Zweck einzig der Erwerb und Verkauf oder die Vermietung und Verpachtung eigener Grundstücke ist, sofern mindestens zwei Drittel ihres Kapitals und der Stimmen im Immobilienfonds vereinigt sind;
c) Anteile an anderen Immobilienfonds und börsenkotierten Immobilieninvestmentgesellschaften bis höchstens 25 Prozent des Gesamtfondsvermögens;
d) ausländische Immobilienwerte, deren Wert hinreichend beurteilt werden kann.

²Miteigentum an Grundstücken ist nur zulässig, sofern die Fondsleitung oder die SICAV einen beherrschenden Einfluss ausüben kann.

Art. 60 Sicherstellung der Verbindlichkeiten

Die Fondsleitung und die SICAV müssen zur Sicherstellung der Verbindlichkeiten einen angemessenen Teil des Fondsvermögens in kurzfristigen festverzinslichen Effekten oder in anderen kurzfristig verfügbaren Mitteln halten.

Art. 61 Einsatz von Derivaten

Die Fondsleitung und die SICAV dürfen Geschäfte mit Derivaten tätigen, sofern sie mit der Anlagepolitik vereinbar sind. Die Bestimmungen über den Einsatz von Derivaten bei Effektenfonds (Art. 56) sind sinngemäss anwendbar.

V. Normentexte

Art. 62 Risikoverteilung

Die Anlagen sind nach Objekten, deren Nutzungsart, Alter, Bausubstanz und Lage zu verteilen.

Art. 63 Besondere Pflichten

¹ Die Fondsleitung haftet den Anlegerinnen und Anlegern dafür, dass die Immobiliengesellschaften, die zum Immobilienfonds gehören, die Vorschriften dieses Gesetzes und des Fondsreglementes einhalten.

² Die Fondsleitung, die Depotbank sowie deren Beauftragte und die ihnen nahe stehenden natürlichen und juristischen Personen dürfen von Immobilienfonds keine Immobilienwerte übernehmen oder ihnen abtreten.

³ Die SICAV darf von den Unternehmeraktionärinnen und -aktionären, von ihren Beauftragten sowie den ihr nahe stehenden natürlichen oder juristischen Personen keine Immobilienwerte übernehmen oder ihnen abtreten.

⁴ Im Interesse der Anlegerinnen und Anleger kann die FINMA in begründeten Einzelfällen Ausnahmen vom Verbot von Geschäften mit nahe stehenden Personen im Sinne der Absätze 2 und 3 gewähren. Der Bundesrat regelt die Ausnahmekriterien.[81]

Art. 64 Schätzungsexpertinnen und Schätzungsexperten[82]

¹ Die Fondsleitung und die SICAV beauftragen mindestens zwei natürliche Personen oder eine juristische Person als Schätzungsexpertinnen oder Schätzungsexperten. Der Auftrag bedarf der Genehmigung der FINMA.[83]

² Die Genehmigung wird erteilt, wenn die Schätzungsexpertinnen und Schätzungsexperten:[84]
a) die erforderlichen Qualifikationen aufweisen;
b) unabhängig sind;
c) ...[85]

³ Die Schätzungsexpertinnen und Schätzungsexperten haben die Schätzungen mit der Sorgfalt einer ordentlichen und sachkundigen Schätzungsexpertin oder eines ordentlichen und sachkundigen Schätzungsexperten durchzuführen.[86]

⁴ Die FINMA kann die Genehmigung vom Abschluss einer Berufshaftpflichtversicherung oder vom Nachweis finanzieller Garantien abhängig machen.[87]

⁵ Sie kann weitere Anforderungen an die Schätzungsexpertinnen und Schätzungsexperten festlegen und die Schätzungsmethoden umschreiben.[88]

Art. 65 Sonderbefugnisse

¹ Die Fondsleitung und die SICAV dürfen Bauten erstellen lassen, sofern das Fondsreglement ausdrücklich den Erwerb von Bauland und die Durchführung von Bauvorhaben vorsieht.

² Sie dürfen Grundstücke verpfänden und die Pfandrechte zur Sicherung übereignen; die Belastung darf jedoch im Durchschnitt aller Grundstücke einen bestimmten Prozentsatz des Verkehrswertes nicht übersteigen.

³ Der Bundesrat bestimmt den Prozentsatz. Die FINMA regelt die Einzelheiten.

Art. 66 Ausgabe und Rücknahme von Anteilen

¹ Die Fondsleitung und die SICAV müssen neue Anteile zuerst den bisherigen Anlegerinnen und Anlegern anbieten.

² Die Anlegerinnen und Anleger können jeweils auf das Ende eines Rechnungsjahres unter Einhaltung einer Frist von zwölf Monaten die Rücknahme ihrer Anteile verlangen.

Art. 67 Handel

Die Fondsleitung und die SICAV stellen über eine Bank oder einen Effektenhändler einen regelmässigen börslichen oder ausserbörslichen Handel von Immobilienfondsanteilen sicher.

---

[81] Eingefügt durch Ziff. I des BG vom 28. Sept. 2012, in Kraft seit 1. März 2013 (AS **2013** 585; BBl **2012** 3639).
[82] Fassung gemäss Ziff. I des BG vom 28. Sept. 2012, in Kraft seit 1. März 2013 (AS **2013** 585; BBl **2012** 3639).
[83] Fassung gemäss Ziff. I des BG vom 28. Sept. 2012, in Kraft seit 1. März 2013 (AS **2013** 585; BBl **2012** 3639).
[84] Fassung gemäss Ziff. I des BG vom 28. Sept. 2012, in Kraft seit 1. März 2013 (AS **2013** 585; BBl **2012** 3639).
[85] Aufgehoben durch Ziff. I des BG vom 28. Sept. 2012, mit Wirkung seit 1. März 2013 (AS **2013** 585; BBl **2012** 3639).
[86] Fassung gemäss Ziff. I des BG vom 28. Sept. 2012, in Kraft seit 1. März 2013 (AS **2013** 585; BBl **2012** 3639).
[87] Fassung gemäss Ziff. I des BG vom 28. Sept. 2012, in Kraft seit 1. März 2013 (AS **2013** 585; BBl **2012** 3639).
[88] Fassung gemäss Ziff. I des BG vom 28. Sept. 2012, in Kraft seit 1. März 2013 (AS **2013** 585; BBl **2012** 3639).

3. Abschnitt: Übrige Fonds für traditionelle und für alternative Anlagen

Art. 68 Begriff

Übrige Fonds für traditionelle und für alternative Anlagen sind offene kollektive Kapitalanlagen, die weder Effektenfonds noch Immobilienfonds sind.

Art. 69 Zulässige Anlagen

¹ Für übrige Fonds für traditionelle und alternative Anlagen zulässig sind insbesondere Anlagen in Effekten, Edelmetallen, Immobilien, Massenwaren (Commodities), Derivaten, Anteilen anderer kollektiver Kapitalanlagen sowie in anderen Sachen und Rechten.

² Für diese Fonds können insbesondere Anlagen getätigt werden:
a) die nur beschränkt marktgängig sind;
b) die hohen Kursschwankungen unterliegen;
c) die eine begrenzte Risikoverteilung aufweisen;
d) deren Bewertung erschwert ist.

Art. 70 Übrige Fonds für traditionelle Anlagen

¹ Als übrige Fonds für traditionelle Anlagen gelten offene kollektive Kapitalanlagen, die bei ihren Anlagen, Anlagetechniken und -beschränkungen ein für traditionelle Anlagen typisches Risikoprofil aufweisen.

² Auf übrige Fonds für traditionelle Anlagen sind die Bestimmungen über den Einsatz von Anlagetechniken und Derivaten für Effektenfonds sinngemäss anwendbar.

Art. 71 Übrige Fonds für alternative Anlagen

¹ Als übrige Fonds für alternative Anlagen gelten offene kollektive Kapitalanlagen, deren Anlagen, Struktur, Anlagetechniken (Leerverkäufe, Kreditaufnahme etc.) und -beschränkungen ein für alternative Anlagen typisches Risikoprofil aufweisen.

² Die Hebelwirkung ist nur bis zu einem bestimmten Prozentsatz des Nettofondsvermögens erlaubt. Der Bundesrat legt den Prozentsatz fest. Die FINMA regelt die Einzelheiten.

³ Auf die besonderen Risiken, die mit alternativen Anlagen verbunden sind, ist in Verbindung mit der Bezeichnung, im Prospekt und in der Werbung hinzuweisen.

⁴ Der Prospekt muss interessierten Personen vor Vertragsabschluss beziehungsweise vor der Zeichnung kostenlos angeboten werden.

⁵ Die FINMA kann gestatten, dass die mit der Abwicklung der Transaktionen verbundenen Dienstleistungen eines direkt anlegenden übrigen Fonds für alternative Anlagen durch ein beaufsichtigtes Institut, das für solche Transaktionen spezialisiert ist („Prime Broker"), erbracht werden. Sie kann festlegen, welche Kontrollaufgaben die Fondsleitung und die SICAV wahrnehmen müssen.

4. Kapitel: Gemeinsame Bestimmungen

1. Abschnitt: Depotbank

Art. 72 Organisation

¹ Die Depotbank muss eine Bank im Sinne des Bankengesetzes vom 8. November 1934[89] sein und über eine für ihre Tätigkeit als Depotbank von kollektiven Kapital anlagen angemessene Organisation verfügen.[90)]

² Neben den mit der Geschäftsführung betrauten Personen müssen auch die mit den Aufgaben der Depotbanktätigkeit betrauten Personen die Anforderungen nach Artikel 14 Absatz 1 Buchstabe a erfüllen.

Art. 73 Aufgaben

¹ Die Depotbank bewahrt das Fondsvermögen auf, besorgt die Ausgabe und Rücknahme der Anteile und den Zahlungsverkehr.

² Sie kann die Aufbewahrung des Fondsvermögens Dritt- und Sammelverwahrern im In- oder Ausland übertragen, soweit dies im Interesse einer sachgerechten Verwahrung liegt. Die Anlegerinnen und Anleger sind über die Risiken, die mit einer solchen Übertragung verbunden sind, im Prospekt zu informieren.[91)]

---

[89] SR 952.0.
[90] Fassung gemäss Ziff. I des BG vom 28. Sept. 2012, in Kraft seit 1. März 2013 (AS **2013** 585; BBl **2012** 3639).
[91] Fassung gemäss Ziff. I des BG vom 28. Sept. 2012, in Kraft seit 1. März 2013 (AS **2013** 585; BBl **2012** 3639).

²ᵇⁱˢ Für Finanzinstrumente darf die Übertragung nach Absatz 2 nur an beaufsichtigte Dritt- oder Sammelverwahrer erfolgen. Davon ausgenommen ist die zwingende Verwahrung an einem Ort, an dem die Übertragung an beaufsichtigte Dritt- oder Sammelverwahrer nicht möglich ist, wie insbesondere aufgrund zwingender Rechtsvorschriften oder der Modalitäten des Anlageprodukts. Die Anlegerinnen und Anleger sind in der Produktedokumentation über die Aufbewahrung durch nicht beaufsichtigte Dritt- oder Sammelverwahrer zu informieren.[92]

³ Die Depotbank sorgt dafür, dass die Fondsleitung oder die SICAV das Gesetz und das Fondsreglement beachten. Sie prüft ob:[93]
a) die Berechnung des Nettoinventarwertes und der Ausgabe- und Rücknahmepreise der Anteile Gesetz und Fondsreglement entsprechen;
b) die Anlageentscheide Gesetz und Fondsreglement entsprechen;
c) der Erfolg nach Massgabe des Fondsreglements verwendet wird.

⁴ Der Bundesrat regelt die Anforderungen für die Tätigkeiten der Depotbank und kann Vorgaben zum Schutz der Wertpapieranlagen einführen.[94]

Art. 74 Wechsel

¹ Für den Wechsel der Depotbank gelten bei Anlagefonds die Bestimmungen über den Wechsel der Fondsleitung (Art. 34) sinngemäss.

² Der Wechsel der Depotbank bei der SICAV bedarf eines schriftlichen Vertrages und der vorgängigen Genehmigung der FINMA.

³ Die FINMA veröffentlicht den Entscheid in den Publikationsorganen.

2. Abschnitt: Prospekt, Wesentliche Informationen für die Anlegerinnen und Anleger und vereinfachter Prospekt[95]

Art. 75 Prospekt

¹ Die Fondsleitung und die SICAV veröffentlichen für jede offene kollektive Kapitalanlage einen Prospekt.

² Der Prospekt enthält das Fondsreglement, sofern den interessierten Personen nicht mitgeteilt wird, wo dieses vor Vertragsabschluss beziehungsweise vor der Zeichnung separat bezogen werden kann. Der Bundesrat legt fest, welche weiteren Angaben im Prospekt aufgeführt werden müssen.

³ Der Prospekt muss interessierten Personen auf Verlangen vor Vertragsabschluss beziehungsweise vor der Zeichnung kostenlos zur Verfügung gestellt werden.

Art. 76[96] Wesentliche Informationen für die Anlegerinnen und Anleger und vereinfachter Prospekt

¹ Für Effektenfonds und übrige Fonds für traditionelle Anlagen ist ein Dokument mit den Wesentlichen Informationen für die Anlegerinnen und Anleger, für Immobilienfonds ist ein vereinfachter Prospekt zu veröffentlichen.

² Die Wesentlichen Informationen für die Anlegerinnen und Anleger enthalten sachgerechte Angaben zu den wesentlichen Merkmalen der betreffenden kollektiven Kapitalanlage. Sie sind so darzustellen, dass Anlegerinnen und Anleger Art und Risiken der kollektiven Kapitalanlage verstehen und auf deren Grundlage fundierte Anlageentscheide treffen können.

³ Der vereinfachte Prospekt enthält eine Zusammenfassung der wesentlichen Angaben des Prospekts. Er muss leicht verständlich sein.

⁴ Der Bundesrat legt die wesentlichen Merkmale und Angaben fest. Die FINMA kann die wesentlichen Angaben unter Berücksichtigung der internationalen Entwicklungen konkretisieren.

⁵ Die Wesentlichen Informationen für die Anlegerinnen und Anleger und der vereinfachte Prospekt sind jeder interessierten Person vor der Zeichnung des Produkts und vor Abschluss des Vertrags über den Erwerb des Produkts kostenlos zur Verfügung zu stellen.

---

[92] Eingefügt durch Ziff. I des BG vom 28. Sept. 2012, in Kraft seit 1. März 2013 (AS **2013** 585; BBl **2012** 3639).
[93] Fassung gemäss Ziff. I des BG vom 28. Sept. 2012, in Kraft seit 1. März 2013 (AS **2013** 585; BBl **2012** 3639).
[94] Eingefügt durch Ziff. I des BG vom 28. Sept. 2012, in Kraft seit 1. März 2013 (AS **2013** 585; BBl **2012** 3639).
[95] Fassung gemäss Ziff. I des BG vom 28. Sept. 2012, in Kraft seit 1. März 2013 (AS **2013** 585; BBl **2012** 3639).
[96] Fassung gemäss Ziff. I des BG vom 28. Sept. 2012, in Kraft seit 1. Juni 2013 (AS **2013** 585; BBl **2012** 3639).

Art. 77[97] Gemeinsame Bestimmungen

¹ In jeder Werbung ist auf den Prospekt und die Wesentlichen Informationen für die Anlegerinnen und Anleger oder den vereinfachten Prospekt zu verweisen und anzugeben, wo diese erhältlich sind.

² Der Prospekt, die Wesentlichen Informationen für die Anlegerinnen und Anleger oder der vereinfachte Prospekt und jede Änderung dieser Dokumente sind unverzüglich der FINMA einzureichen.

3. Abschnitt: Stellung der Anlegerinnen und Anleger

Art. 78 Erwerb und Rückgabe

¹ Die Anlegerinnen und Anleger erwerben mit Vertragsabschluss beziehungsweise mit der Zeichnung und der Einzahlung in bar:
a) beim Anlagefonds nach Massgabe der von ihnen erworbenen Fondsanteile eine Forderung gegen die Fondsleitung auf Beteiligung am Vermögen und am Ertrag des Anlagefonds;
b) bei der SICAV nach Massgabe der von ihnen erworbenen Aktien eine Beteiligung an der Gesellschaft und an deren Bilanzgewinn.

² Sie sind grundsätzlich jederzeit berechtigt, die Rücknahme ihrer Anteile und deren Auszahlung in bar zu verlangen. Anteilscheine sind zur Vernichtung zurückzugeben.

³ Bei kollektiven Kapitalanlagen mit verschiedenen Anteilsklassen regelt der Bundesrat die Einzelheiten.

⁴ Die FINMA kann Abweichungen von der Pflicht zur Ein- und Auszahlung in bar gestatten.

⁵ Bei kollektiven Kapitalanlagen mit Teilvermögen richten sich die Vermögensrechte nach den Artikeln 93 Absatz 2 und 94 Absatz 2.

Art. 79 Ausnahmen vom Recht auf jederzeitige Rückgabe

¹ Der Bundesrat kann nach Massgabe der Anlagevorschriften (Art. 54 ff., 59 ff. und Art. 69 ff.) bei kollektiven Kapitalanlagen mit erschwerter Bewertung oder beschränkter Marktgängigkeit Ausnahmen vom Recht auf jederzeitige Rückgabe vorsehen.

² Er darf das Recht auf jederzeitige Rückgabe jedoch höchstens fünf Jahre aussetzen.

Art. 80 Ausgabe- und Rücknahmepreis

Der Ausgabe- und der Rücknahmepreis der Anteile bestimmen sich nach dem Nettoinventarwert pro Anteil am Bewertungstag, zuzüglich beziehungsweise abzüglich allfälliger Kommissionen und Kosten.

Art. 81 Aufschub der Rückzahlung

¹ Der Bundesrat bestimmt, in welchen Fällen das Fondsreglement im Interesse der Gesamtheit der Anlegerinnen und Anleger einen befristeten Aufschub für die Rückzahlung der Anteile vorsehen kann.

² Die FINMA kann in ausserordentlichen Fällen im Interesse der Gesamtheit der Anlegerinnen und Anleger einen befristeten Aufschub für die Rückzahlung der Anteile gewähren.

Art. 82 Zwangsrückkauf

Der Bundesrat schreibt den Zwangsrückkauf vor, wenn:
a) dies zur Wahrung des Rufes des Finanzplatzes, namentlich zur Bekämpfung der Geldwäscherei, erforderlich ist;
b) die Anlegerin oder der Anleger die gesetzlichen, reglementarischen, vertraglichen oder statutarischen Voraussetzungen zur Teilnahme an einer kollektiven Kapitalanlage nicht mehr erfüllen.

Art. 83 Berechnung und Publikation des Nettoinventarwertes

¹ Der Nettoinventarwert der offenen kollektiven Kapitalanlage wird zum Verkehrswert am Ende des Rechnungsjahres sowie für jeden Tag berechnet, an dem Anteile ausgegeben oder zurückgenommen werden.

² Der Nettoinventarwert pro Anteil ergibt sich aus dem Verkehrswert der Anlagen, vermindert um allfällige Verbindlichkeiten, dividiert durch die Anzahl der im Umlauf befindlichen Anteile.

³ Die FINMA kann eine von Absatz 2 abweichende Methode zur Berechnung des Nettoinventarwertes oder der Nettoinventarwerte zulassen, soweit diese internationalen Standards entspricht und der Schutzzweck des Gesetzes dadurch nicht gefährdet wird.

---

[97] Fassung gemäss Ziff. I des BG vom 28. Sept. 2012, in Kraft seit 1. Juni 2013 (AS **2013** 585; BBl **2012** 3639).

⁴ Die Fondsleitung und die SICAV veröffentlichen die Nettoinventarwerte in regelmässigen Abständen.

Art. 84 Recht auf Auskunft

¹ Die Fondsleitung und die SICAV erteilen Anlegerinnen und Anlegern auf Verlangen Auskunft über die Grundlagen für die Berechnung des Nettoinventarwertes pro Anteil.

² Machen Anlegerinnen und Anleger ein Interesse an näheren Angaben über einzelne Geschäfte der Fondsleitung oder der SICAV wie die Ausübung von Mitgliedschafts- und Gläubigerrechten oder über das Riskmanagement geltend, so erteilen diese ihnen auch darüber jederzeit Auskunft.[98]

³ Die Anlegerinnen und Anleger können beim Gericht am Sitz der Fondsleitung oder der SICAV verlangen, dass die Prüfgesellschaft oder eine andere sachverständige Person den abklärungsbedürftigen Sachverhalt untersucht und ihnen darüber Bericht erstattet.

Art. 85 Klage auf Rückerstattung

Werden der offenen kollektiven Kapitalanlage widerrechtlich Vermögensrechte entzogen oder Vermögensvorteile vorenthalten, so können die Anlegerinnen und Anleger auf Leistung an die betroffene offene kollektive Kapitalanlage klagen.

Art. 86 Vertretung der Anlegergemeinschaft

¹ Die Anlegerinnen und Anleger können vom Gericht die Ernennung einer Vertretung verlangen, wenn sie Ansprüche auf Leistung an die offene kollektive Kapitalanlage glaubhaft machen.

² Das Gericht veröffentlicht die Ernennung in den Publikationsorganen der offenen kollektiven Kapitalanlage.

³ Die Person, welche die Anlegerinnen und Anleger vertritt, hat dieselben Rechte wie diese.

⁴ Klagt sie auf Leistung an die offene kollektive Kapitalanlage, so können die einzelnen Anlegerinnen und Anleger dieses Klagerecht nicht mehr ausüben.

⁵ Die Kosten der Vertretung gehen zulasten des Fondsvermögens, sofern sie nicht durch das Urteil anders verteilt werden.

4. Abschnitt: Buchführung, Bewertung und Rechenschaftsablage

Art. 87 Buchführungspflicht

Für jede offene kollektive Kapitalanlage muss gesondert Buch geführt werden. Soweit dieses Gesetz oder die Ausführungsbestimmungen nichts anderes vorsehen, kommen die Artikel 662 ff. des Obligationenrechtes[99] zur Anwendung.

Art. 88 Bewertung zum Verkehrswert

¹ Anlagen, die an einer Börse kotiert sind oder an einem anderen geregelten, dem Publikum offen stehenden Markt gehandelt werden, sind zu den Kursen zu bewerten, die am Hauptmarkt bezahlt werden.

² Andere Anlagen, für die keine aktuellen Kurse verfügbar sind, sind zu dem Preis zu bewerten, der bei sorgfältigem Verkauf im Zeitpunkt der Schätzung wahrscheinlich erzielt würde.

Art. 89 Jahres- und Halbjahresbericht

¹ Für jede offene kollektive Kapitalanlage wird innerhalb von vier Monaten nach Abschluss des Geschäftsjahres ein Jahresbericht veröffentlicht; dieser enthält namentlich:
a) die Jahresrechnung, bestehend aus der Vermögensrechnung beziehungsweise der Bilanz und der Erfolgsrechnung, sowie die Angaben über die Verwendung des Erfolges und die Offenlegung der Kosten;
b) die Zahl der im Berichtsjahr zurückgenommenen und der neu ausgegebenen Anteile sowie den Schlussbestand der ausgegebenen Anteile;
c) das Inventar des Fondsvermögens zu Verkehrswerten und den daraus errechneten Wert (Nettoinventarwert) eines Anteils auf den letzten Tag des Rechnungsjahres;
d) die Grundsätze für die Bewertung sowie für die Berechnung des Nettoinventarwertes;
e) eine Aufstellung der Käufe und Verkäufe;
f) den Namen oder die Firma der Personen, an die Aufgaben delegiert sind;

---

[98] Fassung gemäss Ziff. I des BG vom 28. Sept. 2012, in Kraft seit 1. März 2013 (AS **2013** 585; BBl **2012** 3639).
[99] SR **220**. Heute: Art. 957 ff. OR.

g) Angaben über Angelegenheiten von besonderer wirtschaftlicher oder rechtlicher Bedeutung, insbesondere über:
  1. Änderungen des Fondsreglements,
  2. wesentliche Fragen der Auslegung von Gesetz und Fondsreglement,
  3. den Wechsel von Fondsleitung und Depotbank,
  4.[100] Änderungen der geschäftsführenden Personen der Fondsleitung, der SICAV oder des Vermögensverwalters kollektiver Kapitalanlagen,
  5. Rechtsstreitigkeiten;
h) das Ergebnis der offenen kollektiven Kapitalanlage (Performance), allenfalls im Vergleich zu ähnlichen Anlagen (Benchmark);
i) einen Kurzbericht der Prüfgesellschaft zu den vorstehenden Angaben, bei Immobilienfonds ebenfalls zu den Angaben nach Artikel 90.

[2] Die Vermögensrechnung des Anlagefonds und die Bilanz der SICAV sind zu Verkehrswerten zu erstellen.

[3] Innerhalb von zwei Monaten nach Ablauf der ersten Hälfte des Rechnungsjahres ist ein Halbjahresbericht zu veröffentlichen. Dieser enthält eine ungeprüfte Vermögensrechnung beziehungsweise eine ungeprüfte Bilanz und eine Erfolgsrechnung sowie Angaben nach Absatz 1 Buchstaben b, c und e.

[4] Die Jahres- und Halbjahresberichte werden der FINMA spätestens gleichzeitig mit der Veröffentlichung eingereicht.

[5] Sie sind während zehn Jahren interessierten Personen kostenlos zur Einsicht zur Verfügung zu halten.

Art. 90 Jahresrechnung und Jahresbericht für Immobilienfonds

[1] Die Jahresrechnung für Immobilienfonds besteht aus einer konsolidierten Rechnung von Vermögen beziehungsweise Bilanz und Erfolg des Immobilienfonds und dessen Immobiliengesellschaften. Artikel 89 kommt sinngemäss zur Anwendung.

[2] Die Grundstücke sind in der Vermögensrechnung zu den Verkehrswerten einzustellen.

[3] Im Inventar des Fondsvermögens sind die Gestehungskosten und die geschätzten Verkehrswerte der einzelnen Grundstücke aufzuführen.

[4] Der Jahresbericht und die Jahresrechnung enthalten neben den Angaben nach Artikel 89 Angaben über die Schätzungsexperten, die Schätzungsmethoden und über die angewandten Kapitalisierungs- und Diskontierungssätze.

Art. 91 Vorschriften der FINMA

Die FINMA erlässt die weiteren Vorschriften über die Buchführungspflicht, die Bewertung, die Rechenschaftsablage und die Publikationspflicht.

5. Abschnitt: Offene kollektive Kapitalanlagen mit Teilvermögen

Art. 92 Begriff

Bei einer offenen kollektiven Kapitalanlage mit Teilvermögen (Umbrella-Fonds) stellt jedes Teilvermögen eine eigene kollektive Kapitalanlage dar und weist einen eigenen Nettoinventarwert auf.

Art. 93 Anlagefonds mit Teilvermögen

[1] Beim Anlagefonds mit Teilvermögen sind die Anlegerinnen und Anleger nur am Vermögen und am Ertrag desjenigen Teilvermögens berechtigt, an dem sie beteiligt sind.

[2] Jedes Teilvermögen haftet nur für eigene Verbindlichkeiten.

Art. 94 SICAV mit Teilvermögen

[1] Die Anlegerinnen und Anleger sind nur am Vermögen und am Ertrag desjenigen Teilvermögens beteiligt, dessen Aktien sie halten.

[2] Jedes Teilvermögen haftet nur für eigene Verbindlichkeiten. In Verträgen mit Dritten muss die SICAV die Beschränkung der Haftung auf ein Teilvermögen offenlegen. Wird die Beschränkung nicht offen gelegt, so haftet die SICAV mit ihrem gesamten Vermögen. Vorbehalten bleiben die Artikel 55 und 100 Absatz 1 des Obligationenrechtes.[101]

---

[100] Fassung gemäss Ziff. I des BG vom 28. Sept. 2012, in Kraft seit 1. März 2013 (AS **2013** 585; BBl **2012** 3639).
[101] SR **220**.

6. Abschnitt: Umstrukturierung und Auflösung

Art. 95[102] Umstrukturierung

¹ Folgende Umstrukturierungen von offenen kollektiven Kapitalanlagen sind zulässig:
a) die Vereinigung durch Übertragung der Vermögenswerte und Verbindlichkeiten;
b) die Umwandlung in eine andere Rechtsform einer kollektiven Kapitalanlage;
c) für die SICAV: die Vermögensübertragung nach den Artikeln 69–77 des Fusionsgesetzes vom 3. Oktober 2003.[103]

² Eine Umstrukturierung nach Absatz 1 Buchstaben b und c darf erst ins Handelsregister eingetragen werden, nachdem sie von der FINMA nach Artikel 15 genehmigt worden ist.

Art. 96 Auflösung

¹ Der Anlagefonds wird aufgelöst:
a) bei unbestimmter Laufzeit durch Kündigung der Fondsleitung oder der Depotbank;
b) bei bestimmter Laufzeit durch Zeitablauf;
c) durch Verfügung der FINMA:
  1. bei bestimmter Laufzeit vorzeitig aus wichtigem Grund und auf Antrag der Fondsleitung und der Depotbank,
  2. bei Unterschreiten des Mindestvermögens,
  3. in den Fällen nach Artikel 133 ff.

² Die SICAV wird aufgelöst:
a) bei unbestimmter Laufzeit durch Beschluss der Unternehmeraktionärinnen und -aktionäre, sofern er mindestens zwei Drittel der ausgegebenen Unternehmeraktien auf sich vereinigt;
b) bei bestimmter Laufzeit durch Zeitablauf;
c) durch Verfügung der FINMA:
  1. bei bestimmter Laufzeit vorzeitig aus wichtigem Grund und auf Antrag der Unternehmeraktionärinnen und -aktionäre, sofern er mindestens zwei Drittel der ausgegebenen Unternehmeraktien auf sich vereinigt,
  2. bei Unterschreiten des Mindestvermögens,
  3. in den Fällen nach Artikel 133 ff.;
d) in den übrigen vom Gesetz vorgesehenen Fällen.

³ Für die Auflösung von Teilvermögen kommen die Absätze 1 und 2 sinngemäss zur Anwendung.

⁴ Die Fondsleitung und die SICAV geben der FINMA die Auflösung unverzüglich bekannt und veröffentlichen sie in den Publikationsorganen.

Art. 97 Folgen der Auflösung

¹ Nach der Auflösung des Anlagefonds beziehungsweise der SICAV dürfen Anteile weder neu ausgegeben noch zurückgenommen werden.

² Die Anlegerinnen und Anleger haben beim Anlagefonds Anspruch auf einen verhältnismässigen Anteil des Liquidationserlöses.

³ Bei der SICAV haben die Anlegeraktionärinnen und -aktionäre ein Recht auf einen verhältnismässigen Anteil am Ergebnis der Liquidation. Die Unternehmeraktionärinnen und -aktionäre werden nachrangig befriedigt. Im Übrigen kommen die Artikel 737 ff. des Obligationenrechtes[104] zur Anwendung.

3. Titel: Geschlossene kollektive Kapitalanlagen

1. Kapitel: Kommanditgesellschaft für kollektive Kapitalanlagen

Art. 98 Begriff

¹ Die Kommanditgesellschaft für kollektive Kapitalanlagen ist eine Gesellschaft, deren ausschliesslicher Zweck die kollektive Kapitalanlage ist. Wenigstens ein Mitglied haftet unbeschränkt (Komplementär), die anderen Mitglieder (Kommanditärinnen und Kommanditäre) haften nur bis zu einer bestimmten Vermögenseinlage (der Kommanditsumme).

---

[102] Fassung gemäss Ziff. I des BG vom 28. Sept. 2012, in Kraft seit 1. März 2013 (AS **2013** 585; BBl **2012** 3639).
[103] SR **221.301**.
[104] SR **220**.

²Komplementäre müssen Aktiengesellschaften mit Sitz in der Schweiz sein. Sie dürfen nur in einer einzigen Kommanditgesellschaft für kollektive Kapitalanlagen als Komplementär tätig sein.

²ᵇⁱˢ Für die Komplementäre gelten die Bewilligungsvoraussetzungen nach Artikel 14 sinngemäss.[105]

³Kommanditärinnen und Kommanditäre müssen qualifizierte Anlegerinnen und Anleger nach Artikel 10 Absatz 3 sein.

Art. 99 Verhältnis zum Obligationenrecht

Sofern dieses Gesetz nichts anderes vorsieht, kommen die Bestimmungen des Obligationenrechtes[106] über die Kommanditgesellschaft zur Anwendung.

Art. 100 Handelsregister

¹Die Gesellschaft entsteht durch die Eintragung in das Handelsregister.

²Die Anmeldung der einzutragenden Tatsachen oder ihre Änderung müssen von allen Komplementären beim Handelsregister unterzeichnet oder schriftlich mit beglaubigten Unterschriften eingereicht werden.

Art. 101[107] Firma

Die Firma der Gesellschaft muss die Bezeichnung der Rechtsform oder deren Abkürzung KGK enthalten.

Art. 102 Gesellschaftsvertrag und Prospekt

¹Der Gesellschaftsvertrag muss Bestimmungen enthalten über:
a) die Firma und den Sitz;
b) den Zweck;
c) die Firma und den Sitz der Komplementäre;
d) den Betrag der gesamten Kommanditsumme;
e) die Dauer;
f) die Bedingungen über den Ein- und Austritt der Kommanditärinnen und Kommanditäre;
g) die Führung eines Registers der Kommanditärinnen und Kommanditäre;
h) die Anlagen, die Anlagepolitik, die Anlagebeschränkungen, die Risikoverteilung, die mit der Anlage verbundenen Risiken sowie die Anlagetechniken;
i) die Delegation der Geschäftsführung sowie der Vertretung;
j) den Beizug einer Depot- und einer Zahlstelle.

²Der Gesellschaftsvertrag bedarf der Schriftform.

³Der Prospekt konkretisiert namentlich die im Gesellschaftsvertrag enthaltenen Angaben gemäss Absatz 1 Buchstabe h.

Art. 103 Anlagen

¹Die Gesellschaft tätigt Anlagen in Risikokapital.

²Der Bundesrat kann auch andere Anlagen zulassen.

Art. 104 Konkurrenzverbot

¹Die Kommanditärinnen und Kommanditäre sind ohne Zustimmung der Komplementäre berechtigt, für eigene und für fremde Rechnung andere Geschäfte zu betreiben und sich an anderen Unternehmen zu beteiligen.

²Sofern der Gesellschaftsvertrag nichts anderes vorsieht, dürfen die Komplementäre ohne Zustimmung der Kommanditärinnen und Kommanditäre für eigene und für fremde Rechnung andere Geschäfte betreiben und sich an anderen Unternehmen beteiligen, sofern dies offen gelegt wird und die Interessen der Kommanditgesellschaft für kollektive Kapitalanlagen dadurch nicht beeinträchtigt werden.

Art. 105 Ein- und Austritt von Kommanditärinnen und Kommanditären

¹Sofern dies der Gesellschaftsvertrag vorsieht, kann der Komplementär über den Ein- und Austritt von Kommanditärinnen und Kommanditären beschliessen.

---

[105] Eingefügt durch Ziff. I des BG vom 28. Sept. 2012, in Kraft seit 1. März 2013 (AS **2013** 585; BBl **2012** 3639).

[106] SR **220**.

[107] Fassung gemäss Ziff. I des BG vom 28. Sept. 2012, in Kraft seit 1. März 2013 (AS **2013** 585; BBl **2012** 3639).

V. Normentexte

² Die Bestimmungen des Obligationenrechtes[108] über den Ausschluss von Gesellschaftern der Kommanditgesellschaft bleiben vorbehalten.

³ Der Bundesrat kann den Zwangsausschluss vorschreiben. Dieser richtet sich nach Artikel 82.

Art. 106 Einsicht und Auskunft

¹ Die Kommanditärinnen und Kommanditäre sind berechtigt, jederzeit Einsicht in die Geschäftsbücher der Gesellschaft zu nehmen. Geschäftsgeheimnisse der Gesellschaften, in die die Kommanditgesellschaft investiert, bleiben gewahrt.

² Die Kommanditärinnen und Kommanditäre haben mindestens einmal vierteljährlich Anspruch auf Auskunft über den Geschäftsgang der Gesellschaft.

Art. 107 Prüfgesellschaft

Die Gesellschaft bezeichnet eine Prüfgesellschaft (Art. 126 ff.).

Art. 108 Rechenschaftsablage

¹ Für die Rechenschaftsablage der Gesellschaft und die Bewertung des Vermögens gelten die Artikel 88 ff. sinngemäss.

² International anerkannte Standards sind zu berücksichtigen.

Art. 109 Auflösung

Die Gesellschaft wird aufgelöst:
a) durch Gesellschafterbeschluss;
b) aus den in Gesetz und Gesellschaftsvertrag vorgesehenen Gründen;
c) durch Verfügung der FINMA in den Fällen nach Artikel 133 ff.

2. Kapitel: Investmentgesellschaft mit festem Kapital

Art. 110 Begriff

¹ Die Investmentgesellschaft mit festem Kapital (SICAF) ist eine Aktiengesellschaft im Sinne des Obligationenrechts[109] (Art. 620 ff. OR):
a) deren ausschliesslicher Zweck die kollektive Kapitalanlage ist;
b) deren Aktionärinnen und Aktionäre nicht qualifiziert im Sinne von Artikel 10 Absatz 3 sein müssen; und
c) die nicht an einer Schweizer Börse kotiert ist.

² Zwischen den eigenen Mitteln der SICAF und deren Gesamtvermögen muss ein angemessenes Verhältnis bestehen. Der Bundesrat regelt dieses Verhältnis.[110]

Art. 111 Firma

¹ Die Firma der Gesellschaft muss die Bezeichnung der Rechtsform oder deren Abkürzung (SICAF) enthalten.

² Im Übrigen kommen die Bestimmungen des Obligationenrechtes[111] über die Firma der Aktiengesellschaft zur Anwendung.

Art. 112 Verhältnis zum Obligationenrecht

Sofern dieses Gesetz nichts anderes vorsieht, kommen die Bestimmungen des Obligationenrechtes[112] über die Aktiengesellschaft zur Anwendung.

Art. 113 Aktien

¹ Die Aktien sind vollständig liberiert.

² Die Ausgabe von Stimmrechtsaktien, Partizipationsscheinen, Genussscheinen und Vorzugsaktien ist untersagt.

³ Der Bundesrat kann den Zwangsrückkauf vorschreiben. Dieser richtet sich nach Artikel 82.

Art. 114[113] Depotbank

Die SICAF muss eine Depotbank nach den Artikeln 72–74 beiziehen.

---

[108] SR **220**.
[109] SR **220**.
[110] Eingefügt durch Ziff. I des BG vom 28. Sept. 2012, in Kraft seit 1. März 2013 (AS **2013** 585; BBl **2012** 3639).
[111] SR **220**.
[112] SR **220**.
[113] Fassung gemäss Ziff. I des BG vom 28. Sept. 2012, in Kraft seit 1. März 2013 (AS **2013** 585; BBl **2012** 3639).

Art. 115 Anlagepolitik und Anlagebeschränkungen

¹Die SICAF regelt die Anlagen, die Anlagepolitik, die Anlagebeschränkungen, die Risikoverteilung sowie die mit den Anlagen verbundenen Risiken in den Statuten und im Anlagereglement.

²Für die Anlagen gelten Artikel 69 und sinngemäss die Artikel 64, 70 und 71.

³Über Änderungen des Anlagereglements entscheidet die Generalversammlung mit der Mehrheit der vertretenen Aktienstimmen.

Art. 116 Prospekt

Die SICAF erstellt einen Prospekt. Für diesen gelten die Artikel 75 und 77 sinngemäss.

Art. 117 Rechenschaftsablage

Für die Rechenschaftsablage kommen neben den aktienrechtlichen Bestimmungen über die Rechnungslegung die Artikel 89 Absatz 1 Buchstaben a und c–i, Absätze 2–4 sowie Artikel 90 sinngemäss zur Anwendung.

Art. 118 Prüfgesellschaft

Die SICAF bezeichnet eine Prüfgesellschaft (Art. 126 ff.).

4. Titel: Ausländische kollektive Kapitalanlagen

1. Kapitel: Begriff und Genehmigung

Art. 119 Begriff

¹Als ausländische offene kollektive Kapitalanlagen gelten:
a) Vermögen, die aufgrund eines Fondsvertrags oder eines andern Vertrags mit ähnlicher Wirkung zum Zweck der kollektiven Kapitalanlage geäufnet wurden und von einer Fondsleitung mit Sitz und Hauptverwaltung im Ausland verwaltet werden;
b) Gesellschaften und ähnliche Vermögen mit Sitz und Hauptverwaltung im Ausland, deren Zweck die kollektive Kapitalanlage ist und bei denen die Anlegerinnen und Anleger gegenüber der Gesellschaft selbst oder einer ihr nahestehenden Gesellschaft einen Rechtsanspruch auf Rückzahlung ihrer Anteile zum Nettoinventarwert haben.

²Als ausländische geschlossene kollektive Kapitalanlagen gelten Gesellschaften und ähnliche Vermögen mit Sitz und Hauptverwaltung im Ausland, deren Zweck die kollektive Kapitalanlage ist und bei denen die Anlegerinnen und Anleger gegenüber der Gesellschaft selbst oder einer ihr nahe stehenden Gesellschaft keinen Rechtsanspruch auf Rückzahlung ihrer Anteile zum Nettoinventarwert haben.

Art. 120 Genehmigungspflicht

¹Der Vertrieb ausländischer kollektiver Kapitalanlagen in der Schweiz oder von der Schweiz aus an nicht qualifizierte Anlegerinnen und Anleger bedarf vor dessen Aufnahme einer Genehmigung der FINMA. Der Vertreter legt der FINMA die entsprechenden massgebenden Dokumente wie Verkaufsprospekt, Statuten oder Fondsvertrag vor.[114]

²Die Genehmigung wird erteilt, wenn:
a)[115] die kollektive Kapitalanlage, die Fondsleitung oder die Gesellschaft, der Vermögensverwalter der kollektiven Kapitalanlage und die Verwahrstelle einer dem Anlegerschutz dienenden öffentlichen Aufsicht unterstehen;
b)[116] die Fondsleitung oder die Gesellschaft sowie die Verwahrstelle hinsichtlich Organisation, Anlegerrechte und Anlagepolitik einer Regelung unterstehen, die den Bestimmungen dieses Gesetzes gleichwertig ist;
c) die Bezeichnung der kollektiven Kapitalanlage nicht zu Täuschung oder Verwechslung Anlass gibt;
d) für die in der Schweiz vertriebenen Anteile ein Vertreter und eine Zahlstelle bezeichnet sind;
e)[117] eine Vereinbarung über Zusammenarbeit und Informationsaustausch zwischen der FINMA und den für den Vertrieb relevanten ausländischen Aufsichtsbehörden besteht.

---

[114] Fassung gemäss Ziff. I des BG vom 28. Sept. 2012, in Kraft seit 1. März 2013 (AS **2013** 585; BBl **2012** 3639).
[115] Fassung gemäss Ziff. I des BG vom 28. Sept. 2012, in Kraft seit 1. März 2013 (AS **2013** 585; BBl **2012** 3639).
[116] Fassung gemäss Ziff. I des BG vom 28. Sept. 2012, in Kraft seit 1. März 2013 (AS **2013** 585; BBl **2012** 3639).
[117] Eingefügt durch Ziff. I des BG vom 28. Sept. 2012, in Kraft seit 1. März 2013 (AS **2013** 585; BBl **2012** 3639).

V. Normentexte

²ᵇⁱˢ Der Vertreter und die Zahlstelle dürfen nur mit vorgängiger Genehmigung der FINMA ihr Mandat beenden.¹¹⁸⁾

³ Der Bundesrat kann für ausländische kollektive Anlagen ein vereinfachtes und beschleunigtes Genehmigungsverfahren vorsehen, sofern solche Anlagen bereits von einer ausländischen Aufsichtsbehörde genehmigt wurden und das Gegenrecht gewährleistet ist.

⁴ Ausländische kollektive Kapitalanlagen, die einzig an qualifizierte Anlegerinnen und Anleger vertrieben werden, bedürfen keiner Genehmigung, haben aber die Voraussetzungen nach Absatz 2 Buchstaben c und d jederzeit zu erfüllen.¹¹⁹⁾

Art. 121 Zahlstelle

¹ Als Zahlstelle ist eine Bank im Sinne des Bankengesetzes vom 8. November 1934¹²⁰⁾ vorzusehen.

² Die Anlegerinnen und Anleger können die Ausgabe und Rücknahme der Anteile bei der Zahlstelle verlangen.

Art. 122 Staatsverträge

Der Bundesrat ist befugt, auf der Grundlage gegenseitiger Anerkennung gleichwertiger Regelungen und Massnahmen Staatsverträge abzuschliessen, die für kollektive Kapitalanlagen aus den Vertragsstaaten anstelle der Genehmigungspflicht eine blosse Meldepflicht vorsehen.

2. Kapitel: Vertreter ausländischer kollektiver Kapitalanlagen

Art. 123 Auftrag

¹ Ausländische kollektive Kapitalanlagen dürfen in der Schweiz oder von der Schweiz aus nur vertrieben werden, sofern die Fondsleitung oder die Gesellschaft vorgängig einen Vertreter mit der Wahrnehmung der Pflichten nach Artikel 124 beauftragt hat. Vorbehalten bleibt Artikel 122.¹²¹⁾

² Die Fondsleitung und die Gesellschaft verpflichten sich, dem Vertreter alle Informationen zur Verfügung zu stellen, die er zur Wahrnehmung seiner Aufgaben braucht.

Art. 124 Pflichten

¹ Der Vertreter vertritt die ausländische kollektive Kapitalanlage gegenüber Anlegerinnen und Anlegern und der FINMA. Seine Vertretungsbefugnis darf nicht beschränkt werden.

² Er hält die gesetzlichen Melde-, Publikations- und Informationspflichten sowie die Verhaltensregeln von Branchenorganisationen ein, die von der FINMA zum Mindeststandard erklärt worden sind. Seine Identität ist in jeder Publikation zu nennen.

Art. 125 Erfüllungsort

¹ Der Erfüllungsort für die in der Schweiz vertriebenen Anteile der ausländischen kollektiven Kapitalanlage liegt am Sitz des Vertreters.

² Er besteht nach einem Bewilligungsentzug oder nach der Auflösung der ausländischen kollektiven Kapitalanlage am Sitz des Vertreters weiter.

5. Titel: Prüfung¹²²⁾ und Aufsicht 1. Kapitel: Prüfung

Art. 126 Auftrag

¹ Folgende Personen müssen eine von der FINMA zugelassene¹²³⁾ Prüfgesellschaft beauftragen:
a) die Fondsleitung für sich selbst und für die von ihr verwalteten Anlagefonds;
b) die SICAV;

---

¹¹⁸ Eingefügt durch Ziff. I des BG vom 28. Sept. 2012, in Kraft seit 1. März 2013 (AS **2013** 585; BBl **2012** 3639).
¹¹⁹ Eingefügt durch Ziff. I des BG vom 28. Sept. 2012, in Kraft seit 1. März 2013 (AS **2013** 585; BBl **2012** 3639).
¹²⁰ SR **952.0**.
¹²¹ Fassung gemäss Ziff. I des BG vom 28. Sept. 2012, in Kraft seit 1. März 2013 (AS **2013** 585; BBl **2012** 3639).
¹²² Ausdruck gemäss Anhang Ziff. 14 des Finanzmarktaufsichtsgesetzes vom 22. Juni 2007, in Kraft seit 1. Jan. 2009 (AS **2008** 5207 5205; BBl **2006** 2829). Die Anpassung wurde im ganzen Text vorgenommen.
¹²³ Ausdruck gemäss Anhang Ziff. 14 des Finanzmarktaufsichtsgesetzes vom 22. Juni 2007, in Kraft seit 1. Jan. 2009 (AS **2008** 5207 5205; BBl **2006** 2829). Die Anpassung wurde im ganzen Text vorgenommen.

c) die Kommanditgesellschaft für kollektive Kapitalanlagen;
d) die SICAF;
e) [124] der Vermögensverwalter kollektiver Kapitalanlagen;
f) der Vertreter ausländischer kollektiver Kapitalanlagen.

² ... [125]

³ Von der gleichen Prüfgesellschaft zu prüfen sind:
a) die Fondsleitung und die von ihr verwalteten Anlagefonds;
b) die SICAV und die gegebenenfalls von ihr nach Artikel 51 Absatz 5 beauftragte Fondsleitung.

⁴ Die FINMA kann in den Fällen von Absatz 3 Buchstabe b Ausnahmen gestatten.

Art. 127[126] Zulassungsvoraussetzungen für Prüfgesellschaften und leitende Prüferinnen und Prüfer

¹ Die Zulassungsvoraussetzungen für Prüfgesellschaften und leitende Prüferinnen und Prüfer richten sich nach Artikel 26 des Finanzmarktaufsichtsgesetzes vom 22. Juni 2007[127].

² Der Bundesrat kann zusätzliche oder erleichterte Zulassungsvoraussetzungen erlassen. Die Vorschriften des Revisionsaufsichtsgesetzes vom 16. Dezember 2005[128] bleiben vorbehalten.

Art. 128[129] Aufgaben der Prüfgesellschaft

¹ Die Prüfgesellschaft prüft, ob die Bewilligungsträger die gesetzlichen, vertraglichen, statutarischen und reglementarischen Vorschriften einhalten, und führt unangemeldet Zwischenprüfungen durch. Sie prüft jährlich namentlich:
a) die Jahresrechnung des Anlagefonds, der SICAV, der Kommanditgesellschaft für kollektive Kapitalanlagen und der SICAF;
b) die Jahresrechnung jeder zum Immobilienfonds oder zur Immobilieninvestmentgesellschaft gehörenden Immobiliengesellschaft;
c)[130] den Prospekt, die Wesentlichen Informationen für die Anlegerinnen und Anleger und den vereinfachten Prospekt;
d)[131] die Jahresrechnung der Fondsleitung, des Vermögensverwalters kollektiver Kapitalanlagen sowie des Vertreters ausländischer kollektiver Kapitalanlagen.

² Der Bundesrat erlässt Ausführungsbestimmungen zum Inhalt und zur Durchführung der Prüfung, zur Form der Berichterstattung und zu den Anforderungen an die Prüfgesellschaft. Er kann die FINMA ermächtigen, Ausführungsbestimmungen zu technischen Angelegenheiten zu erlassen.

Art. 129 Prüfungsgeheimnis

¹ Der Prüfgesellschaft ist untersagt, den Anlegerinnen und Anlegern oder Dritten Informationen weiterzugeben, die ihr bei ihrer Tätigkeit anvertraut werden oder die sie dabei wahrgenommen hat.

² Vorbehalten bleiben die eidgenössischen und kantonalen Bestimmungen über die Zeugnis- und Auskunftspflicht gegenüber Behörden.

Art. 130[132] Auskunftspflichten

¹ Die Schätzungsexperten sowie die Immobiliengesellschaften, die zur kollektiven Kapitalanlage gehören, gewähren der Prüfgesellschaft Einsicht in die Bücher, die Belege und in die Schätzungsberichte; sie erteilen ihr zudem alle Auskünfte, die sie zur Erfüllung der Prüfungspflicht benötigt.

---

[124] Fassung gemäss Ziff. I des BG vom 28. Sept. 2012, in Kraft seit 1. März 2013 (AS **2013** 585; BBl **2012** 3639).

[125] Aufgehoben durch Anhang Ziff. 14 des Finanzmarktaufsichtsgesetzes vom 22. Juni 2007, mit Wirkung seit 1. Jan. 2009 (AS **2008** 5207 5205; BBl **2006** 2829).

[126] Fassung gemäss Anhang Ziff. 14 des Finanzmarktaufsichtsgesetzes vom 22. Juni 2007, in Kraft seit 1. Jan. 2009 (AS **2008** 5207 5205; BBl **2006** 2829).

[127] SR **956.1**.

[128] SR **221.302**.

[129] Fassung gemäss Anhang Ziff. 14 des Finanzmarktaufsichtsgesetzes vom 22. Juni 2007, in Kraft seit 1. Jan. 2009 (AS **2008** 5207 5205; BBl **2006** 2829).

[130] Fassung gemäss Ziff. I des BG vom 28. Sept. 2012, in Kraft seit 1. März 2013 (AS **2013** 585; BBl **2012** 3639).

[131] Fassung gemäss Ziff. I des BG vom 28. Sept. 2012, in Kraft seit 1. März 2013 (AS **2013** 585; BBl **2012** 3639).

[132] Fassung gemäss Anhang Ziff. 14 des Finanzmarktaufsichtsgesetzes vom 22. Juni 2007, in Kraft seit 1. Jan. 2009 (AS **2008** 5207 5205; BBl **2006** 2829).

² Die Prüfgesellschaft der Depotbank und die Prüfgesellschaft der übrigen Bewilligungsträger arbeiten zusammen.

Art. 131[133)]

2. Kapitel: Aufsicht

Art. 132[134)] **Aufsicht**

¹ Die FINMA erteilt die nach diesem Gesetz erforderlichen Bewilligungen und Genehmigungen und überwacht die Einhaltung der gesetzlichen, vertraglichen, statutarischen und reglementarischen Bestimmungen.

² Sie überprüft die geschäftspolitische Zweckmässigkeit der Entscheide der Bewilligungsträger nicht.

Art. 133[135)] **Aufsichtsinstrumente**

¹ Für Verletzungen der vertraglichen, statutarischen und reglementarischen Bestimmungen sind die Aufsichtsinstrumente nach den Artikeln 30–37 des Finanzmarktaufsichtsgesetzes vom 22. Juni 2007[136)] sinngemäss anwendbar.[137)]

² Artikel 37 des Finanzmarktaufsichtsgesetzes vom 22. Juni 2007 gilt sinngemäss auch für die Genehmigung nach diesem Gesetz.

³ Erscheinen die Rechte der Anlegerinnen und Anleger gefährdet, so kann die FINMA die Bewilligungsträger zu Sicherheitsleistungen verpflichten.

⁴ Wird eine vollstreckbare Verfügung der FINMA nach vorgängiger Mahnung innert der angesetzten Frist nicht befolgt, so kann die FINMA auf Kosten der säumigen Partei die angeordnete Handlung selber vornehmen.

Art. 134[138)] **Liquidation**

Bewilligungsträger, denen die Bewilligung entzogen wurde, oder kollektive Kapitalanlagen, denen die Genehmigung entzogen wurde, können von der FINMA liquidiert werden. Der Bundesrat regelt die Einzelheiten.

Art. 135 Massnahmen bei nicht bewilligter beziehungsweise genehmigter Tätigkeit

¹ Gegen Personen, die ohne Bewilligung beziehungsweise Genehmigung der FINMA tätig werden, kann die FINMA die Auflösung verfügen.

² Zur Wahrung der Interessen der Anlegerinnen und Anleger kann die FINMA die Überführung der kollektiven Kapitalanlage in eine gesetzmässige Form vorschreiben.

Art. 136 Andere Massnahmen

¹ In begründeten Fällen kann die FINMA für die Schätzung der Anlagen von Immobilienfonds oder Immobilieninvestmentgesellschaften Schätzungsexperten nach Artikel 64 einsetzen.

² Sie kann die vom Immobilienfonds oder von der Immobilieninvestmentgesellschaft eingesetzten Schätzungsexperten abberufen.

Art. 137[139)] **Konkurseröffnung**

¹ Besteht begründete Besorgnis, dass ein Bewilligungsträger nach Artikel 13 Absatz 2 Buchstaben a–d oder f überschuldet ist oder ernsthafte Liquiditätsprobleme hat, und besteht keine Aussicht auf Sanierung oder ist diese gescheitert, so entzieht die FINMA dem Bewilligungsträger die Bewilligung, eröffnet den Konkurs und macht diesen öffentlich bekannt.[140)]

---

[133] Aufgehoben durch Anhang Ziff. 14 des Finanzmarktaufsichtsgesetzes vom 22. Juni 2007, mit Wirkung seit 1. Jan. 2009 (AS **2008** 5207 5205; BBl **2006** 2829).

[134] Fassung gemäss Anhang Ziff. 14 des Finanzmarktaufsichtsgesetzes vom 22. Juni 2007, in Kraft seit 1. Jan. 2009 (AS **2008** 5207 5205; BBl **2006** 2829).

[135] Fassung gemäss Anhang Ziff. 14 des Finanzmarktaufsichtsgesetzes vom 22. Juni 2007, in Kraft seit 1. Jan. 2009 (AS **2008** 5207 5205; BBl **2006** 2829).

[136] SR **956.1**.

[137] Fassung gemäss Ziff. I des BG vom 28. Sept. 2012, in Kraft seit 1. März 2013 (AS **2013** 585; BBl **2012** 3639).

[138] Fassung gemäss Anhang Ziff. 14 des Finanzmarktaufsichtsgesetzes vom 22. Juni 2007, in Kraft seit 1. Jan. 2009 (AS **2008** 5207 5205; BBl **2006** 2829).

[139] Fassung gemäss Anhang Ziff. 3 des BG vom 18. März 2011 (Sicherung der Einlagen), in Kraft seit 1. Sept. 2011 (AS **2011** 3919; BBl **2010** 3993).

[140] Fassung gemäss Ziff. I des BG vom 28. Sept. 2012, in Kraft seit 1. März 2013 (AS **2013** 585; BBl **2012** 3639).

²Die Bestimmungen über das Nachlassverfahren (Art. 293–336 des BG vom 11. April 1889[141] über Schuldbetreibung und Konkurs), über das aktienrechtliche Moratorium (Art. 725 und 725a des Obligationenrechts[142]) und über die Benachrichtigung des Gerichts (Art. 728c Abs. 3 des Obligationenrechts) sind auf die von Absatz 1 erfassten Bewilligungsträger nicht anwendbar.

³Die FINMA ernennt eine oder mehrere Konkursliquidatorinnen oder einen oder mehrere Konkursliquidatoren. Diese unterstehen der Aufsicht der FINMA und erstatten ihr auf Verlangen Bericht.[143]

Art. 138[144] Durchführung des Konkurses

¹Die Anordnung des Konkurses hat die Wirkungen einer Konkurseröffnung nach den Artikeln 197–220 des Bundesgesetzes vom 11. April 1889[145] über Schuldbetreibung und Konkurs (SchKG).

²Der Konkurs ist unter Vorbehalt der Artikel 138a–138c nach den Artikeln 221–270 SchKG durchzuführen.

³Die FINMA kann abweichende Verfügungen und Anordnungen treffen.

Art. 138a[146] Gläubigerversammlung und Gläubigerausschuss

¹Die Konkursliquidatorin oder der Konkursliquidator kann der FINMA beantragen:
a) eine Gläubigerversammlung einzusetzen und deren Kompetenzen sowie die für die Beschlussfassung notwendigen Präsenz- und Stimmquoten festzulegen;
b) einen Gläubigerausschuss einzurichten sowie dessen Zusammensetzung und Kompetenzen festzulegen.

²Bei einer SICAV mit Teilvermögen nach Artikel 94 kann für jedes Teilvermögen eine Gläubigerversammlung oder ein Gläubigerausschuss eingesetzt werden.

³Die FINMA ist nicht an die Anträge der Konkursliquidatorin oder des Konkursliquidators gebunden.

Art. 138b[147] Verteilung und Schluss des Verfahrens

¹Die Verteilungsliste wird nicht aufgelegt.

²Nach der Verteilung legen die Konkursliquidatorinnen oder Konkursliquidatoren der FINMA einen Schlussbericht vor.

³Die FINMA trifft die nötigen Anordnungen zur Schliessung des Verfahrens. Sie macht die Schliessung öffentlich bekannt.

Art. 138c[148] Ausländische Insolvenzverfahren

Für die Anerkennung ausländischer Konkursdekrete und Insolvenzmassnahmen sowie für die Koordination mit ausländischen Insolvenzverfahren gelten die Artikel 37f und 37g des Bankengesetzes vom 8. November 1934[149] sinngemäss.

Art. 139[150] Auskunftspflicht

¹Personen, die eine Funktion im Rahmen dieses Gesetzes ausüben, müssen der FINMA alle Auskünfte und Unterlagen erteilen, die diese zur Erfüllung ihrer Aufgabe benötigt.

²Die FINMA kann Bewilligungsträger verpflichten, ihr die Informationen zu liefern, die sie zur Erfüllung ihrer Aufgabe benötigt.[151]

Art. 140 Zustellung von Urteilen

Die kantonalen Zivilgerichte und das Bundesgericht stellen der FINMA die Urteile, die sie in Streitigkeiten zwischen einer dem Gesetz unterstellten Person oder Gesellschaft und Anlegerinnen und Anlegern fällen, in vollständiger Ausfertigung kostenlos zu.

---

[141] SR **281.1**.
[142] SR **220**.
[143] Fassung gemäss Ziff. I des BG vom 28. Sept. 2012, in Kraft seit 1. März 2013 (AS **2013** 585; BBl **2012** 3639).
[144] Fassung gemäss Ziff. I des BG vom 28. Sept. 2012, in Kraft seit 1. März 2013 (AS **2013** 585; BBl **2012** 3639).
[145] SR **281.1**.
[146] Eingefügt durch Ziff. I des BG vom 28. Sept. 2012, in Kraft seit 1. März 2013 (AS **2013** 585; BBl **2012** 3639).
[147] Eingefügt durch Ziff. I des BG vom 28. Sept. 2012, in Kraft seit 1. März 2013 (AS **2013** 585; BBl **2012** 3639).
[148] Eingefügt durch Ziff. I des BG vom 28. Sept. 2012, in Kraft seit 1. März 2013 (AS **2013** 585; BBl **2012** 3639).
[149] SR **952.0**.
[150] Fassung gemäss Anhang Ziff. 14 des Finanzmarktaufsichtsgesetzes vom 22. Juni 2007, in Kraft seit 1. Jan. 2009 (AS **2008** 5207 5205; BBl **2006** 2829).
[151] Eingefügt durch Ziff. I des BG vom 28. Sept. 2012, in Kraft seit 1. März 2013 (AS **2013** 585; BBl **2012** 3639).

V. Normentexte

Art. 141[152] **Amtshilfe**

Die FINMA darf ausländischen Finanzmarktaufsichtsbehörden nicht öffentlich zugängliche Auskünfte und Unterlagen über Bewilligungsträger gemäss Artikel 13 Absatz 2 nach Massgabe von Artikel 42 Absätze 2–4 des Finanzmarktaufsichtsgesetzes vom 22. Juni 2007[153] übermitteln, sofern diese Behörden in ihrem Hoheitsgebiet für die Beaufsichtigung der Tätigkeit der Bewilligungsträger verantwortlich sind.

Art. 142[154]

Art. 143[155] **Grenzüberschreitende Prüfungen**

¹ Die FINMA darf ausländischen Finanzmarktaufsichtsbehörden direkte Prüfungen bei Bewilligungsträgern gemäss Artikel 13 Absatz 2 nach Massgabe von Artikel 43 Absatz 2 Buchstaben a und b und Absatz 4 des Finanzmarktaufsichtsgesetzes vom 22. Juni 2007[156] erlauben, sofern diese Behörden in ihrem Hoheitsgebiet für die Beaufsichtigung der Tätigkeit der Bewilligungsträger verantwortlich sind.

² Soweit die ausländischen Aufsichtsbehörden bei direkten Prüfungen in der Schweiz Informationen einsehen wollen, die direkt oder indirekt einzelne Anlegerinnen oder Anleger betreffen, erhebt die FINMA die Informationen selbst und übermittelt sie den ersuchenden Finanzmarktaufsichtsbehörden. Das Verfahren richtet sich nach dem Verwaltungsverfahrensgesetz vom 20. Dezember 1968.[157]

Art. 144 Erhebung und Meldung von Daten[158]

¹ Die FINMA ist befugt, von den Bewilligungsträgern die Daten über ihre Geschäftstätigkeit und über die Entwicklung der von ihnen verwalteten oder vertretenen kollektiven Kapitalanlagen zu erheben, die sie benötigt, um die Transparenz im Markt der kollektiven Kapitalanlagen zu gewährleisten oder ihre Aufsichtstätigkeit auszuüben. Sie kann diese Daten durch Dritte erheben lassen oder die Bewilligungsträger verpflichten, ihr diese zu melden.[159]

² Beauftragte Dritte haben über die erhobenen Daten das Geheimnis zu bewahren.

³ Die statistischen Meldepflichten gegenüber der Schweizerischen Nationalbank, die das Nationalbankgesetz vom 3. Oktober 2003[160] vorschreibt, sowie die Befugnis der FINMA und der Schweizerischen Nationalbank, Daten auszutauschen, bleiben vorbehalten.

6. Titel: Verantwortlichkeit und Strafbestimmungen

1. Kapitel: Verantwortlichkeit

Art. 145 Grundsatz

¹ Wer Pflichten verletzt, haftet der Gesellschaft, den einzelnen Anlegerinnen und Anlegern sowie den Gesellschaftsgläubigern für den daraus entstandenen Schaden, sofern er nicht beweist, dass ihn kein Verschulden trifft. Haftbar gemacht werden können alle mit der Gründung, der Geschäftsführung, der Vermögensverwaltung, dem Vertrieb, der Prüfung oder der Liquidation befassten Personen:
a) der Fondsleitung,
b) der SICAV,
c) der Kommanditgesellschaft für kollektive Kapitalanlagen,
d) der SICAF,
e) der Depotbank,
f) der Vertriebsträger,
g) des Vertreters ausländischer kollektiver Kapitalanlagen,
h) der Prüfgesellschaft,
i) des Liquidators.

² Die Verantwortlichkeit nach Absatz 1 gilt auch für den Schätzungsexperten und den Vertreter der Anlegergemeinschaft.[161]

---

[152] Fassung gemäss Ziff. I des BG vom 28. Sept. 2012, in Kraft seit 1. März 2013 (AS **2013** 585; BBl **2012** 3639).
[153] SR **956.1**.
[154] Aufgehoben durch Anhang Ziff. 14 des Finanzmarktaufsichtsgesetzes vom 22. Juni 2007, mit Wirkung seit 1. Jan. 2009 (AS **2008** 5207 5205; BBl **2006** 2829).
[155] Fassung gemäss Ziff. I des BG vom 28. Sept. 2012, in Kraft seit 1. März 2013 (AS **2013** 585; BBl **2012** 3639).
[156] SR **956.1**.
[157] SR **172.021**.
[158] Fassung gemäss Ziff. I des BG vom 28. Sept. 2012, in Kraft seit 1. März 2013 (AS **2013** 585; BBl **2012** 3639).
[159] Fassung gemäss Ziff. I des BG vom 28. Sept. 2012, in Kraft seit 1. März 2013 (AS **2013** 585; BBl **2012** 3639).
[160] SR **951.11**.
[161] Fassung gemäss Anhang Ziff. 14 des Finanzmarktaufsichtsgesetzes vom 22. Juni 2007, in Kraft seit 1. Jan. 2009 (AS **2008** 5207 5205; BBl **2006** 2829).

³ Wer die Erfüllung einer Aufgabe einem Dritten überträgt, haftet für den von diesem verursachten Schaden, sofern er nicht nachweist, dass er bei der Auswahl, Instruktion und Überwachung die nach den Umständen gebotene Sorgfalt angewendet hat. Der Bundesrat kann die Anforderungen an die Überwachung regeln. Vorbehalten bleibt Artikel 31 Absatz 6.[162]

⁴ Die Verantwortlichkeit der Organe der Fondsleitung, der SICAV und SICAF richtet sich nach den Bestimmungen des Obligationenrechts über die Aktiengesellschaft.[163]

⁵ Die Verantwortlichkeit der Kommanditgesellschaft für kollektive Kapitalanlagen richtet sich nach den Bestimmungen des Obligationenrechts über die Kommanditgesellschaft.

Art. 146 Solidarität und Rückgriff

¹ Sind für einen Schaden mehrere Personen ersatzpflichtig, so haftet die einzelne Person mit den andern solidarisch, soweit ihr der Schaden aufgrund ihres eigenen Verschuldens und der Umstände persönlich zurechenbar ist.

² Die Klägerin oder der Kläger können mehrere Beteiligte gemeinsam für den Gesamtschaden einklagen und verlangen, dass das Gericht im gleichen Verfahren die Ersatzpflicht jeder einzelnen beklagten Person festsetzt.

³ Das Gericht bestimmt unter Würdigung aller Umstände den Rückgriff auf die Beteiligten.

Art. 147 Verjährung

¹ Der Anspruch auf Schadenersatz verjährt fünf Jahre nach dem Tage, an dem die geschädigte Person Kenntnis vom Schaden und von der ersatzpflichtigen Person erlangt hat, spätestens aber ein Jahr nach der Rückzahlung eines Anteils und jedenfalls zehn Jahre nach der schädigenden Handlung.

² Wird die Klage aus einer strafbaren Handlung hergeleitet, für die das Strafrecht eine längere Verjährung vorschreibt, so gilt diese auch für den Zivilanspruch.

2. Kapitel: Strafbestimmungen

Art. 148 Vergehen

¹ Mit Freiheitsstrafe bis zu 3 Jahren oder mit Geldstrafe wird bestraft, wer vorsätzlich:

a) ...[164]
b) ohne Bewilligung beziehungsweise Genehmigung eine kollektive Kapitalanlage bildet;
c) ...[165]
d)[166] ohne Bewilligung beziehungsweise Genehmigung in- und ausländische kollektive Kapitalanlagen vertreibt;
e) die Geschäftsbücher nicht ordnungsgemäss führt oder Geschäftsbücher, Belege und Unterlagen nicht vorschriftsgemäss aufbewahrt;
f) in der Jahresrechnung, im Jahresbericht, Halbjahresbericht, Prospekt und in den Wesentlichen Informationen für die Anlegerinnen und Anleger oder im vereinfachten Prospekt oder bei anderen Informationen:[167]
  1. falsche Angaben macht oder wesentliche Tatsachen verschweigt,
  2. nicht alle vorgeschriebenen Angaben aufnimmt;
g) die Jahresrechnung, den Jahresbericht, Halbjahresbericht, Prospekt, die Wesentlichen Informationen für die Anlegerinnen und Anleger oder den vereinfachten Prospekt:[168]
  1. nicht oder nicht ordnungsgemäss erstellt,
  2. nicht oder nicht innerhalb der vorgeschriebenen Fristen veröffentlicht,
  3. nicht oder nicht innerhalb der vorgeschriebenen Fristen der FINMA einreicht,
  4. ...[169]
h) der Prüfgesellschaft, dem Untersuchungsbeauftragten, dem Sachwalter, dem Liquidator oder der FINMA falsche Auskünfte erteilt oder die verlangten Auskünfte verweigert;

---

[162] Fassung gemäss Ziff. I des BG vom 28. Sept. 2012, in Kraft seit 1. März 2013 (AS **2013** 585; BBl **2012** 3639).
[163] SR **220**.
[164] Aufgehoben durch Anhang Ziff. 14 des Finanzmarktaufsichtsgesetzes vom 22. Juni 2007, mit Wirkung seit 1. Jan. 2009 (AS **2008** 5207 5205; BBl **2006** 2829).
[165] Aufgehoben durch Anhang Ziff. 14 des Finanzmarktaufsichtsgesetzes vom 22. Juni 2007, mit Wirkung seit 1. Jan. 2009 (AS **2008** 5207 5205; BBl **2006** 2829).
[166] Fassung gemäss Ziff. I des BG vom 28. Sept. 2012, in Kraft seit 1. März 2013 (AS **2013** 585; BBl **2012** 3639).
[167] Fassung gemäss Ziff. I des BG vom 28. Sept. 2012, in Kraft seit 1. März 2013 (AS **2013** 585; BBl **2012** 3639).
[168] Fassung gemäss Ziff. I des BG vom 28. Sept. 2012, in Kraft seit 1. März 2013 (AS **2013** 585; BBl **2012** 3639).
[169] Aufgehoben durch Anhang Ziff. 14 des Finanzmarktaufsichtsgesetzes vom 22. Juni 2007, mit Wirkung seit 1. Jan. 2009 (AS **2008** 5207 5205; BBl **2006** 2829).

V. Normentexte

i) ...[170]

j) als Schätzungsexperte die ihm auferlegten Pflichten grob verletzt;

k) ein Kundengeheimnis, auch nach Beendigung des amtlichen oder dienstlichen Verhältnisses oder der Berufsausübung, offenbart, das einer Person in ihrer Eigenschaft als Organ, Angestellte oder Angestellter, Beauftragte oder Beauftragter, Liquidatorin oder Liquidator einer Fondsleitung anvertraut worden ist oder das sie in ihrer dienstlichen Stellung wahrgenommen hat.

² Wer fahrlässig handelt, wird mit Busse bis zu 250 000 Franken bestraft.

³ Im Fall einer Wiederholung innert fünf Jahren nach der rechtskräftigen Verurteilung beträgt die Geldstrafe mindestens 45 Tagessätze.[171]

Art. 149 Übertretungen

¹ Mit Busse bis zu 500 000 Franken wird bestraft, wer vorsätzlich:

a) gegen die Bestimmung über den Schutz vor Verwechslung oder Täuschung (Art. 12) verstösst;

b) in der Werbung für eine kollektive Kapitalanlage unzulässige, falsche oder irreführende Angaben macht;

c)[172] ein internes Sondervermögen vertreibt;

d) die vorgeschriebenen Meldungen an die FINMA, die Schweizerische Nationalbank oder die Anlegerinnen und Anleger unterlässt oder darin falsche Angaben macht;

e) ein strukturiertes Produkt an nicht qualifizierte Anlegerinnen und Anleger vertreibt, ohne dass:[173]
  1. die Bedingungen von Artikel 5 Absatz 1 Buchstabe a eingehalten werden,
  2. ein vereinfachter Prospekt vorliegt,
  3. [174] die Hinweise gemäss Artikel 5 Absatz 2 Buchstabe c im vereinfachten Prospekt aufgeführt werden.

² Wer fahrlässig handelt, wird mit Busse bis zu 150 000 Franken bestraft.

³ Im Fall einer Wiederholung innerhalb von fünf Jahren seit der rechtskräftigen Verurteilung beträgt die Busse mindestens 10 000 Franken.[175]

⁴ ...[176]

Art. 150[177] Strafverfolgung bei Verstössen gegen das Kundengeheimnis

Verfolgung und Beurteilung von Verstössen gegen das Kundengeheimnis (Art. 148 Abs. 1 Bst. k) obliegen den Kantonen.

Art. 151[178]

7. Titel: Schlussbestimmungen[179]

1. Kapitel: Vollzug; Aufhebung und Änderung bisherigen Rechts[180]

Art. 152[181] Vollzug

¹ Der Bundesrat erlässt die Ausführungsbestimmungen.

---

[170] Aufgehoben durch Anhang Ziff. 14 des Finanzmarktaufsichtsgesetzes vom 22. Juni 2007, mit Wirkung seit 1. Jan. 2009 (AS **2008** 5207 5205; BBl **2006** 2829).

[171] Fassung gemäss Anhang Ziff. 14 des Finanzmarktaufsichtsgesetzes vom 22. Juni 2007, in Kraft seit 1. Jan. 2009 AS **2008** 5207 5205; BBl **2006** 2829).

[172] Fassung gemäss Ziff. I des BG vom 28. Sept. 2012, in Kraft seit 1. März 2013 (AS **2013** 585; BBl **2012** 3639).

[173] Fassung gemäss Ziff. I des BG vom 28. Sept. 2012, in Kraft seit 1. März 2013 (AS **2013** 585; BBl **2012** 3639).

[174] Fassung gemäss Anhang Ziff. 14 des Finanzmarktaufsichtsgesetzes vom 22. Juni 2007, in Kraft seit 1. Jan. 2009 (AS **2008** 5207 5205; BBl **2006** 2829).

[175] Fassung gemäss Anhang Ziff. 14 des Finanzmarktaufsichtsgesetzes vom 22. Juni 2007, in Kraft seit 1. Jan. 2009 (AS **2008** 5207 5205; BBl **2006** 2829).

[176] Aufgehoben durch Anhang Ziff. 14 des Finanzmarktaufsichtsgesetzes vom 22. Juni 2007, mit Wirkung seit 1. Jan. 2009 (AS **2008** 5207 5205; BBl **2006** 2829).

[177] Fassung gemäss Anhang Ziff. 14 des Finanzmarktaufsichtsgesetzes vom 22. Juni 2007, in Kraft seit 1. Jan. 2009 (AS **2008** 5207 5205; BBl **2006** 2829).

[178] Aufgehoben durch Anhang Ziff. 14 des Finanzmarktaufsichtsgesetzes vom 22. Juni 2007, mit Wirkung seit 1. Jan. 2009 (AS **2008** 5207 5205; BBl **2006** 2829).

[179] Fassung gemäss Ziff. I des BG vom 28. Sept. 2012, in Kraft seit 1. März 2013 (AS **2013** 585; BBl **2012** 3639).

[180] Eingefügt durch Ziff. I des BG vom 28. Sept. 2012, in Kraft seit 1. März 2013 (AS **2013** 585; BBl **2012** 3639).

[181] Fassung gemäss Anhang Ziff. 14 des Finanzmarktaufsichtsgesetzes vom 22. Juni 2007, in Kraft seit 1. Jan. 2009 (AS 2008 5207 5205; BBl 2006 2829).

² Der Bundesrat und die FINMA beachten beim Erlass von Verordnungsrecht die massgebenden Anforderungen des Rechts der Europäischen Gemeinschaften.

Art. 153 Aufhebung und Änderung bisherigen Rechts

Die Aufhebung und die Änderung bisherigen Rechts werden im Anhang geregelt.

2. Kapitel: Übergangsbestimmungen[182]

Art. 154 Übergangsbestimmungen für schweizerische Anlagefonds

¹ Bei Inkrafttreten dieses Gesetzes hängige Verfahren betreffend Reglementsänderungen sowie Wechsel der Fondsleitung oder der Depotbank werden nach bisherigem Verfahrensrecht beurteilt.

² Innert eines Jahres ab Inkrafttreten dieses Gesetzes müssen Fondsleitungen:
a) für jeden Immobilienfonds und für jeden übrigen Fonds für traditionelle Anlagen einen vereinfachten Prospekt veröffentlichen;
b) [183] gegenüber der FINMA nachweisen, dass die von ihr beauftragten Vermögensverwalter schweizerischer kollektiver Kapitalanlagen einer staatlichen Aufsicht unterstehen.

³ Innert eines Jahres ab Inkrafttreten dieses Gesetzes müssen Fondsleitungen die angepassten Fondsreglemente der FINMA zur Genehmigung einreichen.

⁴ In besonderen Fällen kann die FINMA die in diesem Artikel genannten Fristen erstrecken.

Art. 155 Übergangsbestimmungen für ausländische kollektive Kapitalanlagen

¹ Innert sechs Monaten ab Inkrafttreten dieses Gesetzes haben sich ausländische kollektive Kapitalanlagen, die neu diesem Gesetz unterstehen, bei der FINMA zu melden und ein Gesuch um Genehmigung zu stellen. Bis zum Entscheid über die Genehmigung können sie ihre Tätigkeit fortführen.

² Die FINMA entscheidet über die Genehmigung innert zweier Jahre ab Inkrafttreten des Gesetzes.

³ In besonderen Fällen kann die FINMA die in diesem Artikel genannten Fristen erstrecken.

Art. 156 Übergangsbestimmungen für Vertreter ausländischer kollektiver Kapitalanlagen

¹ Innert eines Jahres ab Inkrafttreten dieses Gesetzes müssen Vertreter ausländischer kollektiver Kapitalanlagen für jede von ihnen in der Schweiz vertretene ausländische kollektive Kapitalanlage, die in der Schweiz mit einem Immobilienfonds oder übrigen Fonds für traditionelle Anlagen vergleichbar sind, einen vereinfachten Prospekt veröffentlichen und der FINMA einreichen.

² Innert eines Jahres ab Inkrafttreten dieses Gesetzes haben Vertreter ausländischer kollektiver Kapitalanlagen der FINMA nachzuweisen, dass sie eine Prüfgesellschaft (Art. 126 ff.) bezeichnet haben.

Art. 157 Übergangsbestimmungen für Bewilligungsträger und schweizerische kollektive Kapitalanlagen

¹ Innert sechs Monaten ab Inkrafttreten dieses Gesetzes haben sich die nachstehenden Personen bei der FINMA zu melden:
a) SICAF;
b) [184] Vermögensverwalter kollektiver Kapitalanlagen.

² Sie müssen innert eines Jahres ab Inkrafttreten dieses Gesetzes dessen Anforderungen genügen und ein Gesuch um Bewilligung beziehungsweise Genehmigung stellen. Bis zum Entscheid über die Bewilligung können sie ihre Tätigkeit fortführen.

³ Die FINMA entscheidet über die Bewilligung beziehungsweise die Genehmigung innert zweier Jahre ab Inkrafttreten des Gesetzes.

⁴ In besonderen Fällen kann die FINMA die in diesem Artikel genannten Fristen erstrecken.

Art. 158 Übergangsbestimmungen für Rechtsträger, die eine Bezeichnung nach Artikel 12 verwenden

¹ Innert eines Jahres ab Inkrafttreten dieses Gesetzes haben Rechtsträger, deren Bezeichnung gegen Artikel 12 verstösst, diese anzupassen.

² Wird die erforderliche Anpassung der Bezeichnung nicht innert Frist vorgenommen, setzt die FINMA dem Rechtsträger eine Nachfrist. Nach unbenutztem Ablauf der Nachfrist löst die FINMA den Rechtsträger zum Zwecke der Liquidation auf und ernennt die Liquidatoren.

---

[182] Eingefügt durch Ziff. I des BG vom 28. Sept. 2012, in Kraft seit 1. März 2013 (AS **2013** 585; BBl **2012** 3639).
[183] Fassung gemäss Ziff. I des BG vom 28. Sept. 2012, in Kraft seit 1. März 2013 (AS **2013** 585; BBl **2012** 3639).
[184] Fassung gemäss Ziff. I des BG vom 28. Sept. 2012, in Kraft seit 1. März 2013 (AS **2013** 585; BBl **2012** 3639).

3. Kapitel:[185] Übergangsbestimmungen zur Änderung vom 28. September 2012

Art. 158a Übergangsbestimmungen für schweizerische kollektive Kapitalanlagen

¹ Fondsleitungen, SICAV und Kommanditgesellschaften für kollektive Kapitalanlagen müssen der FINMA die angepassten Fondsverträge, Anlagereglemente und Gesellschaftsverträge innert zweier Jahre ab Inkrafttreten der Änderung vom 28. September 2012 zur Genehmigung einreichen.

² Fondsleitungen und SICAV, die Anlageentscheide von schweizerischen kollektiven Kapitalanlagen ins Ausland delegiert haben, ohne dass zwischen der FINMA und den relevanten ausländischen Aufsichtsbehörden eine entsprechende Vereinbarung besteht, obwohl das ausländische Recht eine solche Vereinbarung verlangt, melden die Delegation unverzüglich der FINMA. Sie müssen innerhalb eines Jahres nach Inkrafttreten dieser Änderung Erklärungen vorlegen, in denen sich diese Behörden zur Zusammenarbeit und zum Informationsaustausch gegenüber der FINMA verpflichten.

³ In besonderen Fällen kann die FINMA die Fristen nach diesem Artikel erstrecken.

Art. 158b Übergangsbestimmungen für die Übertragung der Anlageentscheide und der Aufbewahrung des Fondsvermögens

¹ Vermögensverwalter kollektiver Kapitalanlagen, Fondsleitungen und SICAV, die die Anlageentscheide an Vermögensverwalter kollektiver Kapitalanlagen delegiert haben, die nicht einer anerkannten Aufsicht unterstehen, müssen die Delegation innert sechs Monaten ab Inkrafttreten der Änderung vom 28. September 2012 der FINMA melden. Innert zweier Jahre ab Inkrafttreten dieser Änderung muss die Delegation den gesetzlichen Anforderungen genügen. Vorbehalten bleibt die Delegation an einen Vermögensverwalter kollektiver Kapitalanlagen im Sinne von Artikel 158c Absatz 2.

² Innert zweier Jahre nach Inkrafttreten dieser Änderung müssen Depotbanken gegenüber der FINMA bestätigen, dass die Aufbewahrung des Fondsvermögens von bestehenden schweizerischen kollektiven Kapitalanlagen einzig an nach Artikel 73 zulässige Dritt- und Sammelverwahrer übertragen wurde und diese Übertragung im Interesse einer sachgerechten Verwahrung liegt.

Art. 158c Übergangsbestimmungen für Vermögensverwalter und Fondsleitungen von ausländischen kollektiven Kapitalanlagen

¹ Vermögensverwalter von ausländischen kollektiven Kapitalanlagen, die neu diesem Gesetz unterstehen, haben sich innert sechs Monaten ab Inkrafttreten der Änderung vom 28. September 2012 bei der FINMA zu melden.

² Sie müssen innert zweier Jahre ab Inkrafttreten dieser Änderung den gesetzlichen Anforderungen genügen und ein Bewilligungsgesuch stellen. Bis zum Entscheid über das Gesuch können sie ihre Tätigkeit fortführen.

³ In besonderen Fällen kann die FINMA die Fristen nach diesem Artikel erstrecken.

Art. 158d Übergangsbestimmungen für den Vertrieb von kollektiven Kapitalanlagen

¹ Vertreter von ausländischen kollektiven Kapitalanlagen und Vertriebsträger, die neu diesem Gesetz unterstehen, haben sich innert sechs Monaten ab Inkrafttreten der Änderung vom 28. September 2012 bei der FINMA zu melden.

² Sie müssen innert zweier Jahre ab Inkrafttreten dieser Änderung den gesetzlichen Anforderungen genügen und ein Bewilligungsgesuch stellen. Bis zum Entscheid über das Gesuch können sie ihre Tätigkeit fortführen.

³ Vertreter, die nach bisherigem Recht ausländische kollektive Kapitalanlagen vertrieben haben, ohne dass zwischen der FINMA und den relevanten Aufsichtsbehörden eine entsprechende Vereinbarung bestanden hat, müssen zur Fortführung dieses Vertriebs der FINMA innerhalb eines Jahres nach Inkrafttreten dieser Änderung Erklärungen vorlegen, in welchen sich diese Behörden zur Zusammenarbeit und zum Informationsaustausch gegenüber der FINMA verpflichten.

⁴ Ausländische kollektive Kapitalanlagen, welche in der Schweiz ausschliesslich an qualifizierte Anlegerinnen und Anleger vertrieben werden, müssen innert zweier Jahre ab Inkrafttreten dieser Änderung die Voraussetzungen nach Artikel 120 Absatz 4 sowie Artikel 123 erfüllen.

⁵ Ausländische kollektive Kapitalanlagen, welche zum Vertrieb an nicht qualifizierte Anlegerinnen und Anleger in oder von der Schweiz aus zugelassen sind, müssen innert eines Jahres ab Inkrafttreten dieser Änderung die neu eingeführten Anforderungen nach Artikel 120 Absatz 2 erfüllen

⁶ In besonderen Fällen kann die FINMA die Fristen nach diesem Artikel erstrecken.

---

[185] Eingefügt durch Ziff. I des BG vom 28. Sept. 2012, in Kraft seit 1. März 2013 (AS **2013** 585; BBl **2012** 3639).

Art. 158e Übergangsbestimmung für vermögende Privatpersonen gemäss Artikel 10 Absatz 3bis

Vermögende Privatpersonen, die innert zweier Jahre nach Inkrafttreten der Änderung vom 28. September 2012 die Voraussetzungen nach Artikel 10 Absatz 3bis nicht erfüllen, dürfen keine qualifizierten Anlegerinnen und Anlegern vorbehaltenen kollektiven Kapitalanlagen mehr tätigen.

4. Kapitel: Referendum und Inkrafttreten[186]

Art. 159 ...[187]

¹ Dieses Gesetz untersteht dem fakultativen Referendum.

² Der Bundesrat bestimmt das Inkrafttreten.
Datum des Inkrafttretens: 1. Januar 2007[188]

Anhang
(Art. 153)

Aufhebung und Änderung bisherigen Rechts

I. Das Anlagefondsgesetz vom 18. März 1994[189] wird aufgehoben.
II. Die nachstehenden Bundesgesetze werden wie folgt geändert:
...[190]

---

[186] Eingefügt durch Ziff. I des BG vom 28. Sept. 2012, in Kraft seit 1. März 2013 (AS **2013** 585; BBl **2012** 3639).
[187] Aufgehoben durch Ziff. I des BG vom 28. Sept. 2012, mit Wirkung seit 1. März 2013 (AS **2013** 585; BBl **2012** 3639).
[188] BRB vom 22. Nov. 2006.
[189] [AS **1994** 2523, **2000** 2355 Anhang Ziff. 27, **2004** 1985 Anhang Ziff. II 4]
[190] Die Änderungen können unter AS **2006** 5379 konsultiert werden.

2. KKV

Verordnung über die kollektiven Kapitalanlagen
(Kollektivanlagenverordnung, KKV)

vom 22. November 2006 (Stand am 1. Januar 2014)

Der Schweizerische Bundesrat,
gestützt auf das Bundesgesetz vom 23. Juni 2006[1] über die kollektiven Kapitalanlagen (KAG; im Folgenden Gesetz genannt),
beschliesst:

1. Titel: Allgemeine Bestimmungen

1. Kapitel: Zweck und Geltungsbereich

Art. 1[2] **Nach ausländischem Recht qualifizierte Anlegerinnen und Anleger**
(Art. 2 Abs. 1 Bst. e KAG)

Als nach ausländischem Recht qualifiziert im Sinne von Artikel 2 Absatz 1 Buchstabe e des Gesetzes gelten die folgenden Anlegerinnen und Anleger:
a) institutionelle Anleger mit professioneller Tresorerie wie namentlich beaufsichtigte Finanzintermediäre und Versicherungseinrichtungen, öffentlich rechtliche Körperschaften, Vorsorgeeinrichtungen und Unternehmen mit professioneller Tresorerie;
b) vermögende Privatpersonen, die im Zeitpunkt des Erwerbs Voraussetzungen erfüllen, die mit denjenigen von Artikel 6 vergleichbar sind;
c) Privatpersonen, die einen Vermögensverwaltungsvertrag mit einem beaufsichtigten Finanzintermediär abgeschlossen haben, der für ihre Rechnung Anteile kollektiver Kapitalanlagen erwirbt.

Art. 1*a*[3] **Investmentclub**
(Art. 2 Abs. 2 Bst. f KAG)

Unabhängig von seiner Rechtsform muss ein Investmentclub die folgenden Voraussetzungen erfüllen:
a) Die Mitgliedschaftsrechte sind in dem für die gewählte Rechtsform massgebenden konstitutiven Dokument aufgeführt.
b) Die Mitglieder oder ein Teil der Mitglieder fällen die Anlageentscheide.
c) Die Mitglieder werden regelmässig über den Stand der Anlagen informiert.
d) Die Zahl der Mitglieder darf 20 nicht überschreiten.

Art. 1*b*[4] **Nicht unterstellte Vermögensverwalter kollektiver Kapitalanlagen**
(Art. 2 Abs. 2 Bst. h KAG)

¹ Für die Berechnung der Schwellenwerte der vom Vermögensverwalter kollektiver Kapitalanlagen verwalteten Vermögenswerte im Sinne von Artikel 2 Absatz 2 Buchstabe h Ziffern 1 und 2 des Gesetzes gelten folgende Grundsätze:
a) Als verwaltete Vermögenswerte gelten sämtliche schweizerischen und ausländischen kollektiven Kapitalanlagen, die vom selben Vermögensverwalter kollektiver Kapitalanlagen verwaltet werden, unabhängig davon, ob er diese direkt oder über eine Delegation verwaltet oder über eine Gesellschaft, mit der er verbunden ist:
   1. über eine einheitliche Geschäftsführung; über
   2. ein gemeinsames Kontrollverhältnis; oder
   3. durch eine wesentliche direkte oder indirekte Beteiligung.
b) Der Wert wird unter Berücksichtigung einer allfälligen Hebelwirkung mindestens auf Quartalsbasis errechnet.

---

[1] SR **951.31**.
[2] Eingefügt durch Ziff. I der V vom 13. Febr. 2013, in Kraft seit 1. März 2013 (AS **2013** 607).
[3] Ursprünglich Art. 1
[4] Eingefügt durch Ziff. I der V vom 13. Febr. 2013, in Kraft seit 1. März 2013 (AS **2013** 607).

c) Für kollektive Kapitalanlagen, die vor mehr als zwölf Monaten aufgesetzt wurden, kann der Schwellenwert auf der Basis des Durchschnittswerts der Vermögenswerte der letzten vier Quartale errechnet werden.

d) Der Wert der kollektiven Kapitalanlagen gemäss Artikel 2 Absatz 2 Buchstabe h Ziffer 2 des Gesetzes berechnet sich aufgrund der Kapitalzusagen oder des Nominalwertes der betreffenden Kollektivanlagengefässe, sofern die diesen zugrunde liegenden Anlagen keinen Preis haben, der sich aus dem Handel an einem geregelten Markt ergibt.

² Die FINMA regelt die Einzelheiten zur Berechnung der Vermögenswerte und der Hebelwirkung nach Absatz 1.

³ Überschreitet ein Vermögensverwalter kollektiver Kapitalanlagen ein Schwellenwert gemäss Artikel 2 Absatz 2 Buchstabe h Ziffern 1 und 2 des Gesetzes, so muss er dies innerhalb von 10 Tagen der FINMA melden und ihr innerhalb von 90 Tagen ein Bewilligungsgesuch gemäss Artikel 14 ff. des Gesetzes einreichen.

⁴ Als Konzerngesellschaften der Unternehmensgruppe im Sinne von Artikel 2 Absatz 2 Buchstabe h Ziffer 3 des Gesetzes gelten unabhängig von ihrer Rechtsform öffentlich- oder privatrechtliche Unternehmen, die durch eine wirtschaftliche Einheit untereinander verbunden sind.

⁵ Unternehmen bilden eine wirtschaftliche Einheit, wenn das eine Unternehmen direkt oder indirekt mit mehr als der Hälfte der Stimmen oder des Kapitals am anderen beteiligt ist oder dieses auf andere Weise beherrscht.

Art. 1c[5] Freiwillige Unterstellung
(Art. 2 Abs. 2bis KAG)

¹ Ein Vermögensverwalter kollektiver Kapitalanlagen nach Artikel 2 Absatz 2 Buchstabe h des Gesetzes kann bei der FINMA ein Bewilligungsgesuch gemäss Artikel 14 ff. des Gesetzes stellen, wenn er:
a) seinen Sitz in der Schweiz hat; und
b) das schweizerische oder das anwendbare ausländische Recht vorsieht, dass die Vermögensverwaltung kollektiver Kapitalanlagen nur an einen beaufsichtigten Vermögensverwalter kollektiver Kapitalanlagen delegiert werden kann.

² Er muss die gleichen Bewilligungsvoraussetzungen erfüllen wie ein Vermögensverwalter kollektiver Kapitalanlagen, der eine Bewilligung einholen muss.

Art. 2 Investmentgesellschaft
(Art. 2 Abs. 3 KAG)

Neu gegründete Investmentgesellschaften, deren Emissionsprospekt die Kotierung an einer Schweizer Börse vorsieht, werden kotierten Gesellschaften gleichgestellt, sofern die Kotierung binnen eines Jahres vollzogen ist.

Art. 3[6] Vertrieb
(Art. 3 KAG)

¹ Das Anbieten von kollektiven Kapitalanlagen oder das Werben für kollektive Kapitalanlagen umfasst jegliche Art von Tätigkeit, die den Erwerb von Anteilen kollektiver Kapitalanlagen durch eine Anlegerin oder einen Anleger bezweckt.

² Auf Veranlassung oder Eigeninitiative der Anlegerin oder des Anlegers im Sinne von Artikel 3 Absatz 2 Buchstabe a des Gesetzes werden Informationen zur Verfügung gestellt oder kollektive Kapitalanlagen erworben, wenn:
a) die Information im Rahmen von Beratungsverträgen nach Absatz 3 abgegeben oder die kollektiven Kapitalanlagen im Rahmen solcher Verträge erworben werden;
b) die Anlegerin oder der Anleger ohne vorgängige Einwirkung oder Kontaktnahme namentlich des Vermögensverwalters kollektiver Kapitalanlagen, des Vertriebsträgers oder des Vertreters Informationen anfordert oder Anteile einer bestimmten kollektiven Kapitalanlage erwirbt.

³ Beratungsverträge im Sinne von Artikel 3 Absatz 2 Buchstabe a des Gesetzes sind Verträge, die:
a) ein langfristiges entgeltliches Beratungsverhältnis bezwecken; und
b) schriftlich abgeschlossen werden mit einem beaufsichtigten Finanzintermediär im Sinne von Artikel 10 Absatz 3 Buchstabe a des Gesetzes oder mit einem unabhängigen Vermögensverwalter im Sinne von Artikel 3 Absatz 2 Buchstabe c des Gesetzes.

---

⁵ Eingefügt durch Ziff. I der V vom 13. Febr. 2013, in Kraft seit 1. März 2013 (AS **2013** 607).
⁶ Fassung gemäss Ziff. I der V vom 13. Febr. 2013, in Kraft seit 1. März 2013 (AS **2013** 607).

⁴ Angebote von kollektiven Kapitalanlagen und Werbung für kollektive Kapitalanlagen, die ausschliesslich Anlegerinnen und Anlegern im Sinne von Artikel 10 Absatz 3 Buchstaben a und b des Gesetzes vorbehalten sind, dürfen für die übrigen qualifizierten und für nicht qualifizierte Anlegerinnen und Anleger nicht einsehbar sein.

⁵ Nicht als Vertrieb gilt die Publikation von Preisen, Kursen, Inventarwerten und Steuerdaten durch beaufsichtigte Finanzintermediäre nur, wenn die Publikation keine Kontaktangaben enthält.

⁶ Mitarbeiterbeteiligungspläne gemäss Artikel 3 Absatz 2 Buchstabe e des Gesetzes müssen:
a) eine direkte oder indirekte Investition in das Unternehmen des Arbeitgebers oder in ein anderes Unternehmen darstellen, das durch Stimmenmehrheit oder auf andere Weise unter einheitlicher Leitung mit dem Unternehmen des Arbeitgebers zusammengefasst ist (Konzern);
b) sich an Mitarbeiterinnen und Mitarbeiter richten:
   1. die im Zeitpunkt des Angebots in ungekündigter Stellung arbeiten,
   2. für die der Mitarbeiterbeteiligungsplan einen Lohnbestandteil darstellt.

⁷ Für strukturierte Produkte gelten die Absätze 4 und 5 sinngemäss.

Art. 4 Strukturierte Produkte
(Art. 5 KAG)

¹ Ein strukturiertes Produkt darf in der Schweiz oder von der Schweiz aus nur an nicht qualifizierte Anlegerinnen und Anleger vertrieben werden, wenn es von:
a) einem Finanzintermediär nach Artikel 5 Absatz 1 Buchstabe a Ziffern 1–3 des Gesetzes ausgegeben, garantiert oder auf gleichwertige Weise gesichert wird;
b) einem beaufsichtigten Finanzintermediär gemäss Artikel 5 Absatz 1 Buchstabe a Ziffer 4 des Gesetzes, der eine Niederlassung in der Schweiz hat, ausgegeben, garantiert oder auf gleichwertige Weise gesichert wird, es sei denn, das strukturierte Produkt ist an einer Schweizer Börse kotiert, welche die Transparenz im Sinne von Absatz 2 und Artikel 5 Absatz 2 des Gesetzes sicherstellt.[7]

¹ᵇⁱˢ Als gleichwertige Sicherheit im Sinne von Artikel 5 Absatz 1 sowie Absatz 1ᵇⁱˢ des Gesetzes gilt insbesondere:
a) jede rechtlich durchsetzbare Zusicherung eines beaufsichtigten Finanzintermediärs gemäss Artikel 5 Absatz 1 Buchstabe a des Gesetzes:
   1. für die Leistungsverpflichtungen des Emittenten eines strukturierten Produktes einzustehen,
   2. den Emittenten finanziell so auszustatten, dass dieser die Ansprüche der Anlegerinnen und Anleger befriedigen kann; oder
b) die Bereitstellung einer in der Schweiz belegenen, rechtlich durchsetzbaren dinglichen Sicherheit zugunsten der Anlegerinnen und Anleger.[8]

¹ᵗᵉʳ Als Sonderzweckgesellschaft gilt eine juristische Person, deren ausschliesslicher Zweck die Ausgabe strukturierter Produkte ist und deren Mittel nur im Interesse der Anlegerinnen und Anleger verwendet werden dürfen.[9]

² Wird ein strukturiertes Produkt nicht von einem beaufsichtigten Finanzintermediär gemäss Artikel 5 Absatz 1 des Gesetzes ausgegeben, garantiert oder gleichwertig gesichert, so ist im vereinfachten Prospekt ausdrücklich darauf hinzuweisen.[10]

³ Die Finanzintermediäre gemäss Artikel 5 Absatz 1 Buchstabe a des Gesetzes konkretisieren die Anforderungen an den vereinfachten Prospekt in Selbstregulierung. Diese unterliegt der Genehmigung durch die Eidgenössische Finanzmarktaufsicht (FINMA).[11]

⁴ Die Pflicht zur Erstellung eines vereinfachten Prospekts entfällt, wenn das strukturierte Produkt:
a) an einer Schweizer Börse kotiert ist, welche die Transparenz im Sinne von Absatz 2 und Artikel 5 Absatz 2 des Gesetzes sicherstellt; oder
b)[12] nicht in der Schweiz, aber von der Schweiz aus an nicht qualifizierte Anlegerinnen und Anleger vertrieben wird und aufgrund ausländischer Regelungen die Transparenz im Sinne von Artikel 5 Absatz 2 des Gesetzes sichergestellt ist.

⁵ Der vorläufige vereinfachte Prospekt hat die nur indikativen Angaben als solche zu kennzeichnen und die Anlegerinnen und Anleger auf das Ausgabedatum des definitiven vereinfachten Prospekts

---

[7] Fassung gemäss Ziff. I der V vom 13. Febr. 2013, in Kraft seit 1. März 2013 (AS **2013** 607).
[8] Eingefügt durch Ziff. I der V vom 13. Febr. 2013, in Kraft seit 1. März 2013 (AS **2013** 607).
[9] Eingefügt durch Ziff. I der V vom 13. Febr. 2013, in Kraft seit 1. März 2013 (AS **2013** 607).
[10] Fassung gemäss Ziff. I der V vom 13. Febr. 2013, in Kraft seit 1. März 2013 (AS **2013** 607).
[11] Fassung gemäss Anhang Ziff. 6 der Finanzmarktprüfverordnung vom 15. Okt. 2008, in Kraft seit 1. Jan. 2009 (AS **2008** 5363).
[12] Fassung gemäss Ziff. I der V vom 13. Febr. 2013, in Kraft seit 1. März 2013 (AS **2013** 607).

hinzuweisen. Die Anforderungen an den vorläufigen vereinfachten Prospekt richten sich nach Absatz 3.[13]

2. Kapitel: Kollektive Kapitalanlagen

Art. 5[14] Begriff der kollektiven Kapitalanlage
(Art. 7 Abs. 3 und 4 KAG)

¹ Als kollektive Kapitalanlagen gelten, unabhängig von ihrer Rechtsform, Vermögen, die von mindestens zwei voneinander unabhängigen Anlegerinnen oder Anlegern zur gemeinschaftlichen Kapitalanlage aufgebracht und fremdverwaltet werden.

² Anlegerinnen und Anleger sind voneinander unabhängig, wenn sie rechtlich und tatsächlich voneinander unabhängig verwaltete Vermögen aufbringen.

³ Für Konzerngesellschaften derselben Unternehmensgruppe im Sinne von Artikel 1b Absatz 4 gilt das Erfordernis der Unabhängigkeit der Vermögen im Sinne von Absatz 2 nicht.

⁴ Das Vermögen einer kollektiven Kapitalanlage kann von einem einzigen Anleger aufgebracht werden (Einanlegerfonds), wenn es sich um einen Anleger im Sinne von Artikel 10 Absatz 3 Buchstabe b oder c des Gesetzes handelt.

⁵ Die Beschränkung des Anlegerkreises auf die Anlegerin oder den Anleger nach Absatz 4 ist in den massgebenden Dokumenten nach Artikel 15 Absatz 1 des Gesetzes offenzulegen.

Art. 6[15] Qualifizierte Anlegerinnen und Anleger
(Art. 10 Abs. 3bis und 3ter KAG)

¹ Als vermögende Privatperson im Sinne von Artikel 10 Absatz 3bis des Gesetzes gilt jede natürliche Person, die im Zeitpunkt des Erwerbs kollektiver Kapitalanlagen eine der folgenden Voraussetzungen erfüllt:
a) Die Anlegerin oder der Anleger weist nach, dass sie oder er:
  1. aufgrund der persönlichen Ausbildung und der beruflichen Erfahrung oder aufgrund einer vergleichbaren Erfahrung im Finanzsektor über die Kenntnisse verfügt, die notwendig sind, um die Risiken der Anlagen zu verstehen; und
  2. über ein Vermögen von mindestens 500 000 Franken verfügt.
b) Die Anlegerin oder der Anleger bestätigt schriftlich, dass sie oder er über ein Vermögen von mindestens 5 Millionen Schweizer Franken verfügt.

² Dem Vermögen im Sinne von Absatz 1 zuzurechnen sind Finanzanlagen, die direkt oder indirekt im Eigentum der Anlegerin oder des Anlegers stehen, namentlich:
a) Bankguthaben auf Sicht oder auf Zeit;
b) Treuhandvermögen;
c) Effekten einschliesslich kollektive Kapitalanlagen und strukturierte Produkte;
d) Derivate;
e) Edelmetalle;
f) Lebensversicherungen mit Rückkaufswert.

³ Nicht als Finanzanlagen im Sinne von Absatz 2 gelten namentlich direkte Anlagen in Immobilien und Ansprüche aus Sozialversicherungen sowie Guthaben der beruflichen Vorsorge.

⁴ Das Vermögen im Sinne von Absatz 1 Buchstabe b kann immobile Vermögenswerte von höchstens 2 Millionen Franken umfassen. Die immobilen Vermögenswerte sind zu ihrem Nettowert anzurechnen. Der Nettowert errechnet sich gestützt auf den Verkehrswert unter Abzug aller auf der Immobilie lastenden Schulden.

⁵ Die Anlegerin oder der Anleger muss die Vermögenswerte gemäss Absatz 1 im Zeitpunkt des Erwerbs nachweisen.

Art. 6a[16] Schriftliche Erklärung
(Art. 10 Abs. 3bis und 3ter KAG)

¹ Vermögende Privatpersonen, die als qualifizierte Anlegerinnen und Anleger gemäss Artikel 10 Absatz 3bis des Gesetzes gelten wollen, müssen dies schriftlich bestätigen.

---

[13] Eingefügt durch Ziff. I der V vom 13. Febr. 2013, in Kraft seit 1. März 2013 (AS **2013** 607).
[14] Fassung gemäss Ziff. I der V vom 13. Febr. 2013, in Kraft seit 1. März 2013 (AS **2013** 607).
[15] Fassung gemäss Ziff. I der V vom 13. Febr. 2013, in Kraft seit 1. März 2013 (AS **2013** 607).
[16] Eingefügt durch Ziff. I der V vom 13. Febr. 2013, in Kraft seit 1. März 2013 (AS **2013** 607).

² Der Finanzintermediär und der unabhängige Vermögensverwalter:
a) informieren die Anlegerinnen und Anleger im Sinne von Artikel 10 Absatz 3ter des Gesetzes, dass sie als qualifizierte Anlegerin oder Anleger gelten;
b) klären sie über die damit einhergehenden Risiken auf; und
c) weisen sie auf die Möglichkeit hin, schriftlich erklären zu können, nicht als qualifizierte Anlegerin oder Anleger gelten zu wollen.

3. Kapitel: Bewilligung und Genehmigung

1. Abschnitt: Allgemein

Art. 7 Bewilligungsunterlagen
(Art. 13 und 14 KAG)

Wer eine Bewilligung nach Artikel 13 des Gesetzes beantragt, muss der FINMA folgende Dokumente unterbreiten:
a) die Statuten und das Organisationsreglement im Fall der Fondsleitung, der SICAV und der SICAF;
b) den Gesellschaftsvertrag im Fall der Kommanditgesellschaft für kollektive Kapitalanlagen;
c) die einschlägigen Organisationsdokumente im Fall der Vermögensverwalterin, des Vermögensverwalters, des Vertreters ausländischer kollektiver Kapitalanlagen und des Vertriebsträgers.

Art. 8 Befreiung von der Bewilligungspflicht[17]
(Art. 13 Abs. 3 KAG)

¹ Wer eine Bewilligung als Bank im Sinne des Bankengesetzes vom 8. November 1934[18], als Effektenhändler im Sinne des Börsengesetzes vom 24. März 1995[19] oder als Versicherungseinrichtung im Sinne des Versicherungsaufsichtsgesetzes vom 17. Dezember 2004[20] hat, ist von der Bewilligungspflicht für Vermögensverwalter kollektiver Kapitalanlagen sowie für Vertriebsträger befreit.[21]

¹ᵇⁱˢ Wer eine Bewilligung als Fondsleitung hat, ist von der Bewilligungspflicht für Vermögensverwalter kollektiver Kapitalanlagen, Vertriebsträger sowie für Vertreter ausländischer kollektiver Kapitalanlagen befreit.[22]

² Wer eine Bewilligung als Vermögensverwalter kollektiver Kapitalanlagen hat, ist von der Bewilligungspflicht für Vertriebsträger befreit.[23]

³ Vertreter ausländischer kollektiver Kapitalanlagen sind von der Bewilligungspflicht für Vertriebsträger befreit.[24]

⁴ Agenten von Versicherungseinrichtungen, die aufgrund des Agenturvertrages rechtlich und faktisch in die Organisation der Versicherungseinrichtung eingebunden sind, unterstehen der Bewilligungspflicht für Vertriebsträger nicht. Die FINMA regelt die Einzelheiten.

Art. 9[25]

Art. 10 Guter Ruf, Gewähr und fachliche Qualifikation
(Art. 14 Abs. 1 Bst. a KAG)

¹ Die für die Verwaltung und die Geschäftsführung verantwortlichen Personen müssen aufgrund ihrer Ausbildung, Erfahrung und ihrer bisherigen Laufbahn für die vorgesehene Tätigkeit ausreichend qualifiziert sein.

² Die FINMA bestimmt die Voraussetzungen für den Nachweis des guten Rufes, der Gewähr für eine einwandfreie Geschäftsführung sowie der erforderlichen fachlichen Qualifikationen.

³ Sie berücksichtigt für die Bemessung der Anforderungen unter anderem die vorgesehene Tätigkeit beim Bewilligungsträger sowie die Art der beabsichtigten Anlagen.

⁴ Sie kann in begründeten Einzelfällen von diesen Anforderungen Abweichungen gewähren.

---

[17] Fassung gemäss Ziff. I der V vom 13. Febr. 2013, in Kraft seit 1. März 2013 (AS **2013** 607).
[18] SR **952.0**.
[19] SR **954.1**.
[20] SR **961.01**.
[21] Fassung gemäss Ziff. I der V vom 13. Febr. 2013, in Kraft seit 1. März 2013 (AS **2013** 607).
[22] Eingefügt durch Ziff. I der V vom 13. Febr. 2013, in Kraft seit 1. März 2013 (AS **2013** 607).
[23] Fassung gemäss Ziff. I der V vom 13. Febr. 2013, in Kraft seit 1. März 2013 (AS **2013** 607).
[24] Fassung gemäss Ziff. I der V vom 13. Febr. 2013, in Kraft seit 1. März 2013 (AS **2013** 607).
[25] Aufgehoben durch Ziff. I der V vom 13. Febr. 2013, mit Wirkung seit 1. März 2013 (AS **2013** 607).

Art. 11 Qualifiziert Beteiligte
(Art. 14 Abs. 1 Bst. b und Abs. 3 KAG)

Die FINMA bestimmt die Voraussetzungen für den Nachweis des guten Rufes der qualifiziert Beteiligten. Ferner bestimmt sie die Voraussetzungen für den Nachweis, dass sich ihr Einfluss nicht zum Schaden einer umsichtigen und soliden Geschäftstätigkeit auswirken kann.

Art. 12 Betriebsorganisation
(Art. 14 Abs. 1 Bst. c KAG)

¹Die Geschäftsleitung muss aus mindestens zwei Personen bestehen. Diese müssen an einem Ort Wohnsitz haben, wo sie die Geschäftsführung tatsächlich und verantwortlich ausüben können.

²Die für den Bewilligungsträger unterschriftsberechtigten Personen müssen kollektiv zu zweien zeichnen.

³Der Bewilligungsträger muss seine Organisation in einem Organisationsreglement festlegen.[26]

⁴Er hat das seiner Tätigkeit angemessene und entsprechend qualifizierte Personal zu beschäftigen.

⁵Die FINMA kann, sofern Umfang und Art der Tätigkeit es erfordern, eine interne Revision verlangen.

⁶Sie kann in begründeten Fällen von diesen Anforderungen Abweichungen gewähren.

Art. 12a[27] Riskmanagement, internes Kontrollsystem und Compliance
(Art. 14 Abs. 1ᵗᵉʳ KAG)

¹Der Bewilligungsträger muss ein zweckmässiges und angemessenes Riskmanagement, ein internes Kontrollsystem (IKS) und eine Compliance gewährleisten, welche die gesamte Geschäftstätigkeit erfassen.

²Das Riskmanagement muss so organisiert sein, dass sich alle wesentlichen Risiken hinreichend feststellen, bewerten, steuern und überwachen lassen.

³Der Bewilligungsträger trennt die Funktionen des Riskmanagements, des internen Kontrollsystems und der Compliance funktional und hierarchisch von den operativen Geschäftseinheiten, insbesondere von der Funktion der Anlageentscheide (Portoliomanagement).

⁴Die FINMA kann in begründeten Fällen von diesen Anforderungen Abweichungen gewähren.

Art. 13 Finanzielle Garantien
(Art. 14 Abs. 1 Bst. d KAG)

Ausreichende finanzielle Garantien liegen vor, wenn der Bewilligungsträger die massgeblichen Bestimmungen betreffend Mindestkapital oder Mindesteinlage einhält.

Art. 13a[28] Dokumente ausländischer kollektiver Kapitalanlagen
(Art. 15 Abs. 1 Bst. e KAG)

Für ausländische kollektive Kapitalanlagen müssen der FINMA folgende Dokumente zur Genehmigung unterbreitet werden:
a) der Prospekt;
b) der vereinfachte Prospekt oder die wesentlichen Informationen für die Anlegerinnen und Anleger;
c) der Kollektivanlagevertrag der vertraglichen kollektiven Kapitalanlagen;
d) die Statuten und das Anlagereglement oder der Gesellschaftsvertrag von gesellschaftsrechtlich organisierten kollektiven Kapitalanlagen;
e) andere Dokumente, die für eine Genehmigung nach dem anwendbaren ausländischen Recht notwendig wären und denjenigen für schweizerische kollektive Kapitalanlagen gemäss Artikel 15 Absatz 1 des Gesetzes entsprechen.

Art. 14 Änderung von Organisation und Dokumenten
(Art. 16 KAG)

¹Für Änderungen in der Organisation ist eine Bewilligung der FINMA einzuholen. Der FINMA sind die Dokumente nach Artikel 7 zu unterbreiten.

²Änderungen der Dokumente gemäss Artikel 15 des Gesetzes sind der FINMA zur Genehmigung zu unterbreiten, ausgenommen:

---

[26] Fassung gemäss Ziff. I der V vom 13. Febr. 2013, in Kraft seit 1. März 2013 (AS **2013** 607).
[27] Eingefügt durch Ziff. I der V vom 13. Febr. 2013, in Kraft seit 1. März 2013 (AS **2013** 607).
[28] Eingefügt durch Ziff. I der V vom 13. Febr. 2013, in Kraft seit 1. März 2013 (AS **2013** 607).

V. Normentexte

a) die entsprechenden Dokumente ausländischer kollektiver Kapitalanlagen;
b) die Änderung der Höhe der Kommanditsumme des Gesellschaftsvertrags der Kommanditgesellschaft für kollektive Kapitalanlagen;
c)[29] die Änderungen der genehmigungspflichtigen Dokumente einer inländischen kollektiven Kapitalanlage, die ausschliesslich Bestimmungen über Verkaufs- und Vertriebsrestriktionen betreffen und die im Rahmen von ausländischen Gesetzen, Staatsverträgen, zwischenstaatlichen oder aufsichtsrechtlichen Vereinbarungen und dergleichen erforderlich sind.

Art. 15 Meldepflichten
(Art. 16 KAG)

¹ Die Bewilligungsträger mit Ausnahme der Depotbank melden:
a) die Änderung der für die Verwaltung und Geschäftsführung verantwortlichen Personen;
b) Tatsachen, die geeignet sind, den guten Ruf oder die Gewähr für eine ein wandfreie Geschäftsführung der für die Verwaltung und Geschäftsführung verantwortlichen Personen in Frage zu stellen, namentlich die Einleitung von Strafverfahren gegen sie;
c) die Änderung der qualifiziert Beteiligten, ausgenommen die Anlegeraktionärinnen und -aktionäre der SICAV und die Kommanditärinnen und Kommanditäre der Kommanditgesellschaft für kollektive Kapitalanlagen;
d) Tatsachen, die geeignet sind, den guten Ruf der qualifiziert Beteiligten in Frage zu stellen, namentlich die Einleitung von Strafverfahren gegen sie;
e) Tatsachen, die eine umsichtige und seriöse Geschäftstätigkeit der Bewilligungsträger aufgrund des Einflusses der qualifiziert Beteiligten in Frage stellen;
f) Änderungen hinsichtlich der finanziellen Garantien (Art. 13), insbesondere das Unterschreiten der Mindestanforderungen.

² Die Depotbank meldet den Wechsel der mit den Aufgaben der Depotbank betrauten leitenden Personen (Art. 72 Abs. 2 KAG).

³ Zu melden sind ferner Änderungen des Prospekts, des vereinfachten Prospekts oder der wesentlichen Informationen für die Anlegerinnen und Anleger eines Anlagefonds, einer SICAV, einer KGK sowie einer SICAF.[30]

⁴ Die Vertreter ausländischer kollektiver Kapitalanlagen, die nicht ausschliesslich an qualifizierte Anlegerinnen und Anleger vertrieben werden, müssen melden:[31]
a)[32] Massnahmen einer ausländischen Aufsichtsbehörde gegen die kollektive Kapitalanlage, namentlich den Entzug der Genehmigung;
b)[33] Änderungen der Dokumente ausländischer kollektiver Kapitalanlagen gemäss Artikel 13a.
c) ...[34]

⁵ Die Meldung ist der FINMA unverzüglich zu erstatten. Diese stellt die Gesetzeskonformität fest.

Art. 16 Voraussetzungen für das vereinfachte Genehmigungsverfahren
(Art. 17 KAG)

¹ Das vereinfachte Genehmigungsverfahren kann nur durchgeführt werden, wenn das Fondsreglement:
a) einer Vorlage entspricht, welche die FINMA als Mindeststandard anerkannt hat, wie Musterreglemente und -prospekte einer Branchenorganisation; oder
b) einem Standard entspricht, welchen die FINMA gegenüber dem jeweiligen Bewilligungsträger als verbindlich anerkannt hat.

² Die FINMA bestätigt dem Gesuchsteller den Eingang des Gesuchs.

³ Sind zur Beurteilung des Gesuchs weitere Informationen erforderlich, so kann die FINMA den Gesuchsteller auffordern, diese nachzureichen.

Art. 17 Fristen im vereinfachten Genehmigungsverfahren
(Art. 17 KAG)

¹ Offene kollektive Kapitalanlagen für qualifizierte Anlegerinnen und Anleger gelten nach Ablauf folgender Fristen als genehmigt:

---

[29] Eingefügt durch Ziff. I der V vom 13. Febr. 2013, in Kraft seit 1. März 2013 (AS **2013** 607).
[30] Fassung gemäss Ziff. I der V vom 13. Febr. 2013, in Kraft seit 1. März 2013 (AS **2013** 607).
[31] Fassung gemäss Ziff. I der V vom 13. Febr. 2013, in Kraft seit 1. März 2013 (AS **2013** 607).
[32] Fassung gemäss Anhang Ziff. 6 der Finanzmarktprüfverordnung vom 15. Okt. 2008, in Kraft seit 1. Jan. 2009 (AS **2008** 5363).
[33] Fassung gemäss Ziff. I der V vom 13. Febr. 2013, in Kraft seit 1. März 2013 (AS **2013** 607).
[34] Aufgehoben durch Ziff. I der V vom 13. Febr. 2013, mit Wirkung seit 1. März 2013 (AS **2013** 607).

a) Effektenfonds, Immobilienfonds und übrige Fonds für traditionelle Anlagen: nach Eingang des Gesuchs;
b) übrige Fonds für alternative Anlagen: vier Wochen nach Eingang des Gesuchs.

²Die FINMA genehmigt offene kollektive Kapitalanlagen, die sich ans Publikum richten, spätestens innerhalb folgender Fristen:
a) Effektenfonds: vier Wochen nach Eingang des Gesuchs;
b) Immobilienfonds und übrige Fonds für traditionelle Anlagen: sechs Wochen nach Eingang des Gesuchs;
c) übrige Fonds für alternative Anlagen: acht Wochen nach Eingang des Gesuchs.

³Die Frist beginnt einen Tag nach Eingang des Gesuchs zu laufen.

⁴Verlangt die FINMA weitere Informationen, so ist der Fortlauf der Frist ab dem Zeitpunkt der Aufforderung bis zum Eingang der Informationen bei der FINMA aufgeschoben.

Art. 18 Nachträgliche Änderung von Dokumenten
(Art. 17 KAG)

¹Die FINMA kann für kollektive Kapitalanlagen für qualifizierte Anlegerinnen und Anleger bis drei Monate nach der vereinfachten Genehmigung eine nachträgliche Änderung der Dokumente verlangen.

²Die Anlegerinnen und Anleger sind:
a) auf die Möglichkeit einer Änderung vorgängig aufmerksam zu machen;
b) über nachträgliche Änderungen in den Publikationsorganen zu informieren.

2. Abschnitt: Bewilligungsvoraussetzungen für nach schweizerischem Recht organisierte Vermögensverwalter kollektiver Kapitalanlagen[35]

Art. 19[36] Mindestkapital und Sicherheitsleistung
(Art. 14 Abs. 1 Bst. d KAG)

¹Das Mindestkapital von Vermögensverwaltern kollektiver Kapitalanlagen, die ausschliesslich Aufgaben im Sinne von Artikel 18a Absätze 1, 2 und 3 Buchstaben b–d des Gesetzes ausüben, muss 200 000 Franken betragen und bar einbezahlt sein.

²Das Mindestkapital von Vermögensverwaltern kollektiver Kapitalanlagen, die für ausländische kollektive Kapitalanlagen das Fondsgeschäfts im Sinne von Artikel 18a Absatz 3 Buchstabe a des Gesetzes ausüben, muss 500 000 Franken betragen und bar einbezahlt sein.

³Die FINMA kann Personengesellschaften gestatten, anstelle des Mindestkapitals eine Sicherheit, namentlich eine Bankgarantie oder eine Bareinlage, auf einem Sperrkonto bei einer Bank zu hinterlegen, die dem Mindestkapital gemäss den Absätzen 1 und 2 entspricht.

⁴Sie kann in begründeten Einzelfällen einen anderen Mindestbetrag festlegen.

⁵Das Mindestkapital ist dauernd einzuhalten.

Art. 20 Kapitalbestandteile
(Art. 14 Abs. 1 Bst. d KAG)[37]

¹Das Kapital entspricht bei der Aktiengesellschaft und der Kommandit-Aktiengesellschaft dem Aktien- und Partizipationskapital, bei der Gesellschaft mit beschränkter Haftung dem Stammkapital.

²Bei Personengesellschaften entspricht das Kapital:[38]
a) den Kapitalkonten;
b) der Kommandite; und
c) den Guthaben der unbeschränkt haftenden Gesellschafter.

³Die Kapitalkonten und die Guthaben der unbeschränkt haftenden Gesellschafter können nur dem Kapital zugerechnet werden, sofern aus einer unwiderruflichen schriftlichen Erklärung, die bei einer Prüfgesellschaft[39] hinterlegt ist, hervorgeht, dass:[40]

---

[35] Fassung gemäss Ziff. I der V vom 13. Febr. 2013, in Kraft seit 1. März 2013 (AS **2013** 607).
[36] Fassung gemäss Ziff. I der V vom 13. Febr. 2013, in Kraft seit 1. März 2013 (AS **2013** 607).
[37] Fassung gemäss Ziff. I der V vom 13. Febr. 2013, in Kraft seit 1. März 2013 (AS **2013** 607).
[38] Fassung gemäss Ziff. I der V vom 13. Febr. 2013, in Kraft seit 1. März 2013 (AS **2013** 607).
[39] Ausdruck gemäss Anhang Ziff. 6 der Finanzmarktprüfverordnung vom 15. Okt. 2008, in Kraft seit 1. Jan. 2009 (AS **2008** 5363). Die Anpassung wurde im ganzen Text vorgenommen.
[40] Fassung gemäss Ziff. I der V vom 13. Febr. 2008, in Kraft seit 1. März 2008 (AS **2008** 571).

V. Normentexte

a) sie im Falle der Liquidation, des Konkurses oder des Nachlassverfahrens den Forderungen aller übrigen Gläubigerinnen und Gläubiger im Rang nachgehen; und
b) sich der Vermögensverwalter kollektiver Kapitalanlagen verpflichtet hat:[41]
   1. sie weder mit eigenen Forderungen zu verrechnen noch aus eigenen Vermögenswerten sicherzustellen,
   2. keinen der Kapitalbestandteile gemäss Absatz 2 Buchstaben a und c ohne vorgängige Zustimmung der Prüfgesellschaft so weit herabzusetzen, dass das Mindestkapital unterschritten wird.

Art. 21[42] Höhe der eigenen Mittel

¹ Die erforderlichen eigenen Mittel betragen:
a) 0,02 Prozent des Gesamtvermögens der vom Vermögensverwalter verwalteten kollektiven Kapitalanlagen, der 250 Millionen Franken übersteigt;
b) stets mindestens einen Viertel der Fixkosten der letzten Jahresrechnung; und
c) höchstens 20 Millionen Franken.

² Als Fixkosten gelten:
a) Personalaufwand;
b) betrieblicher Geschäftsaufwand (Sachaufwand);
c) Abschreibungen auf dem Anlagevermögen;
d) Aufwand für Wertberichtigungen, Rückstellungen und Verluste.

³ Vermögensverwalter kollektiver Kapitalanlagen müssen zudem:
a) zusätzliche Eigenmittel von 0,01 Prozent des Gesamtvermögens der vom Vermögensverwalter kollektiver Kapitalanlagen verwalteten kollektiven Kapitalanlagen halten; oder
b) eine Berufshaftpflichtversicherung abschliessen. Die FINMA regelt die Einzelheiten.

⁴ Derjenige Teil des Personalaufwandes, welcher ausschliesslich vom Geschäftsergebnis abhängig ist oder auf welchen kein Rechtsanspruch besteht, ist in Absatz 2 Buchstabe a in Abzug zu bringen.

⁵ Die vorgeschriebenen eigenen Mittel sind dauernd einzuhalten.

⁶ Vermögensverwalter kollektiver Kapitalanlagen melden der FINMA unverzüglich die fehlenden eigenen Mittel.

⁷ Die FINMA kann in begründeten Fällen Erleichterungen gewähren.

Art. 22 Anrechenbare eigene Mittel
(Art. 14 Abs. 1 Bst. d KAG)

¹ Juristische Personen können an die eigenen Mittel anrechnen:
a) das einbezahlte Aktien- und Partizipationskapital bei der Aktien- und der Kommanditaktiengesellschaft und das Stammkapital bei der Gesellschaft mit beschränkter Haftung;
b) die gesetzlichen und anderen Reserven;
c) den Gewinnvortrag;
d) den Gewinn des laufenden Geschäftsjahres nach Abzug des geschätzten Gewinnausschüttungsanteils, sofern eine prüferische Durchsicht des Zwischenabschlusses mit einer vollständigen Erfolgsrechnung vorliegt;
e) stille Reserven, sofern sie auf einem besonderen Konto ausgeschieden und als eigene Mittel gekennzeichnet werden. Ihre Anrechenbarkeit ist im Prüfbericht[43] zu bestätigen.

² Personengesellschaften können an die eigenen Mittel anrechnen:[44]
a) die Kapitalkonten;
b) die Kommandite;
c) die Sicherheiten nach Artikel 19 Absatz 2;
d) die Guthaben der unbeschränkt haftenden Gesellschafter, wenn die Voraussetzungen nach Artikel 20 Absatz 3 erfüllt sind.

³ Vermögensverwalter kollektiver Kapitalanlagen dürfen zudem ihnen gewährte Darlehen, einschliesslich Obligationenanleihen mit einer Laufzeit von mindestens fünf Jahren, an die eigenen Mittel anrechnen, wenn aus einer unwiderruflichen schriftlichen Erklärung, die bei einer Prüfgesellschaft hinterlegt ist, hervorgeht, dass:[45]

---

[41] Fassung gemäss Ziff. I der V vom 13. Febr. 2013, in Kraft seit 1. März 2013 (AS **2013** 607).
[42] Fassung gemäss Ziff. I der V vom 13. Febr. 2013, in Kraft seit 1. März 2013 (AS **2013** 607).
[43] Ausdruck gemäss Anhang Ziff. 6 der Finanzmarktprüfverordnung vom 15. Okt. 2008, in Kraft seit 1. Jan. 2009 (AS **2008** 5363).
[44] Fassung gemäss Ziff. I der V vom 13. Febr. 2013, in Kraft seit 1. März 2013 (AS **2013** 607).
[45] Fassung gemäss Ziff. I der V vom 13. Febr. 2013, in Kraft seit 1. März 2013 (AS **2013** 607).

a) die Darlehen im Falle der Liquidation, des Konkurses oder des Nachlassverfahrens den Forderungen aller übrigen Gläubigerinnen und Gläubiger im Rang nachgehen; und
b) sie sich verpflichtet haben, die Darlehen weder mit ihren Forderungen zu verrechnen noch aus ihren Vermögenswerten sicherzustellen.

⁴ Die eigenen Mittel nach den Absätzen 1 und 2 müssen mindestens 50 Prozent der insgesamt erforderlichen eigenen Mittel ausmachen.

Art. 23 Abzüge bei der Berechnung der eigenen Mittel
(Art. 14 Abs. 1 Bst. d KAG)

Bei der Berechnung der eigenen Mittel sind abzuziehen:
a) der Verlustvortrag und der Verlust des laufenden Geschäftsjahres;
b) ein ungedeckter Wertberichtigungs- und Rückstellungsbedarf des laufenden Geschäftsjahres;
c) bei Darlehen gemäss Artikel 22 Absatz 3 für die letzten fünf Jahre vor der Rückzahlung pro Jahr 20 Prozent des ursprünglichen Nominalbetrages;
d) immaterielle Werte (inklusive Gründungs- und Organisationskosten sowie Goodwill) mit Ausnahme von Software;
e) bei der Aktiengesellschaft und bei der Kommanditaktiengesellschaft die von ihnen auf eigenes Risiko gehaltenen Aktien der Gesellschaft;
f) bei der Gesellschaft mit beschränkter Haftung die von ihr auf eigenes Risiko gehaltenen Stammanteile der Gesellschaft;
g) der Buchwert der Beteiligungen, sofern nicht eine Konsolidierung nach Artikel 29 vorgenommen wird.

Art. 24 Umschreibung des Geschäftsbereichs
(Art. 14 Abs. 1 Bst. c KAG)[46]

¹ Vermögensverwalter kollektiver Kapitalanlagen müssen ihren Geschäftsbereich in den Statuten, den Gesellschaftsverträgen oder den Organisationsreglementen sachlich und geografisch genau umschreiben.[47]

² Wollen sie eine Tochtergesellschaft, eine Zweigniederlassung oder eine Vertretung im Ausland betreiben, so liefern sie der FINMA alle Angaben, die diese für die Beurteilung der Aufgaben benötigt, namentlich:
a) Name und Adresse der Tochtergesellschaft, Zweigniederlassung oder Vertretung;
b) den Namen der mit der Verwaltung und Geschäftsführung betrauten Personen;
c) die Prüfgesellschaft;
d) Name und Adresse der Aufsichtsbehörde im ausländischen Sitz- oder Domizilstaat.

³ Sie melden der FINMA unverzüglich jede wesentliche Änderung bei ihren Tochtergesellschaften, Zweigniederlassungen oder Vertretungen im Ausland.

Art. 24a[48] Aufgaben
(Art. 18a KAG)

Vermögensverwalter kollektiver Kapitalanlagen dürfen zusätzlich zu den Aufgaben nach Artikel 18a des Gesetzes namentlich Dienstleistungen und administrative Tätigkeiten ausüben wie die Annahme und Übermittlung von Aufträgen im Namen und für Rechnung von Kundinnen und Kunden, die Finanzinstrumente zum Gegenstand haben.

Art. 25[49] Vereinbarung
(Art. 14 Abs. 1 Bst. c KAG)

Vermögensverwalter kollektiver Kapitalanlagen müssen mit ihren Kundinnen und Kunden eine schriftliche Vereinbarung abschliessen, welche die Rechte und Pflichten der Parteien sowie die übrigen wesentlichen Punkte regelt.

Art. 26[50] Delegation von Aufgaben
(Art. 18b KAG)

Vermögensverwalter kollektiver Kapitalanlagen, die die Portfolioverwaltung und das Riskmanagement für kollektive Kapitalanlagen wahrnehmen, dürfen diese Aufgaben nicht an andere Unterneh-

---

[46] Fassung gemäss Ziff. I der V vom 13. Febr. 2013, in Kraft seit 1. März 2013 (AS **2013** 607).
[47] Fassung gemäss Ziff. I der V vom 13. Febr. 2013, in Kraft seit 1. März 2013 (AS **2013** 607).
[48] Eingefügt durch Ziff. I der V vom 13. Febr. 2013, in Kraft seit 1. März 2013 (AS **2013** 607).
[49] Fassung gemäss Ziff. I der V vom 13. Febr. 2013, in Kraft seit 1. März 2013 (AS **2013** 607).
[50] Fassung gemäss Ziff. I der V vom 13. Febr. 2013, in Kraft seit 1. März 2013 (AS **2013** 607).

men delegieren, deren Interessen mit denen der Anlegerinnen und Anleger oder des Vermögensverwalters kollektiver Kapitalanlagen kollidieren können.

Art. 27[51] Richtlinien von Branchenorganisationen
(Art. 14 Abs. 2 KAG)

Die FINMA kann die Bewilligungserteilung davon abhängig machen, ob beim Vermögensverwalter kollektiver Kapitalanlagen die Einhaltung von Verhaltensregeln von Branchenorganisationen sichergestellt ist.

Art. 28[52] Rechnungslegung
(Art. 14 Abs. 1ter KAG)

¹ Auf Vermögensverwalter kollektiver Kapitalanlagen kommen, unabhängig von ihrer Rechtsform, die Rechnungslegungsvorschriften des Obligationenrechts (OR)[53] für die Aktiengesellschaft zur Anwendung.

² Unterliegen die Vermögensverwalter kollektiver Kapitalanlagen strengeren spezialgesetzlichen Rechnungslegungsvorschriften, so gehen diese vor.

Art. 29[54]

2a. Abschnitt:[55] Bewilligungsvoraussetzungen für nach ausländischem Recht organisierte Vermögensverwalter kollektiver Kapitalanlagen

Art. 29a Ausländische Vermögensverwalter kollektiver Kapitalanlagen
(Art. 18 Abs. 1 Bst. c KAG)

¹ Als ausländischer Vermögensverwalter kollektiver Kapitalanlagen gilt jedes nach ausländischem Recht organisierte Unternehmen, das:
a) im Ausland eine Bewilligung als Vermögensverwalter kollektiver Kapitalanlagen besitzt;
b) in der Firma, in der Bezeichnung des Geschäftszweckes oder in Geschäftsunterlagen den Begriff „Vermögensverwalter kollektiver Kapitalanlagen" oder einen Ausdruck verwendet, der auf die Erbringung von Vermögensverwaltung von kollektiven Kapitalanlagen hinweist; oder
c) die Vermögensverwaltung im Sinne der Kollektivanlagengesetzgebung betreibt.

² Wird der ausländische Vermögensverwalter kollektiver Kapitalanlagen tatsächlich in der Schweiz geleitet oder wickelt er seine Geschäfte ausschliesslich oder überwiegend in oder von der Schweiz aus ab, so muss er sich nach schweizerischem Recht organisieren. Zudem untersteht er den Bestimmungen über die inländischen Vermögensverwalter kollektiver Kapitalanlagen.

Art. 29b Bewilligungspflicht und Bewilligungsvoraussetzungen
(Art. 2 Abs. 1 Bst. c, 13 Abs. 2 Bst. f, 14 und 18 KAG)

¹ Ein ausländischer Vermögensverwalter kollektiver Kapitalanlagen bedarf einer Bewilligung der FINMA, wenn er in der Schweiz Personen beschäftigt, die für ihn dauernd und gewerbsmässig in oder von der Schweiz aus die Vermögensverwaltung im Sinne der Kollektivanlagengesetzgebung betreiben (Zweigniederlassung).

² Die FINMA erteilt dem ausländischen Vermögensverwalter kollektiver Kapitalanlagen eine Bewilligung zur Errichtung einer Zweigniederlassung, wenn:
a) er hinreichend organisiert ist und über genügend finanzielle Mittel und qualifiziertes Personal verfügt, um in der Schweiz eine Zweigniederlassung zu betreiben;
b) er einer angemessenen Aufsicht untersteht, welche die Zweigniederlassung mit einschliesst;
c) die zuständigen ausländischen Aufsichtsbehörden keine Einwände gegen die Errichtung einer Zweigniederlassung erheben;
d) die zuständigen ausländischen Aufsichtsbehörden mit der FINMA eine Vereinbarung über Zusammenarbeit und Informationsaustausch abgeschlossen haben;
e) die zuständigen ausländischen Aufsichtsbehörden sich verpflichten, die FINMA unverzüglich zu benachrichtigen, wenn Umstände eintreten, welche die Interessen der Kundinnen und Kunden, von deren Vermögenswerten oder der von ihm verwalteten kollektiven Kapitalanlagen ernsthaft gefährden könnten;

---

[51] Fassung gemäss Ziff. I der V vom 13. Febr. 2013, in Kraft seit 1. März 2013 (AS **2013** 607).
[52] Fassung gemäss Ziff. I der V vom 13. Febr. 2013, in Kraft seit 1. März 2013 (AS **2013** 607).
[53] SR **220**.
[54] Aufgehoben durch Ziff. I der V vom 13. Febr. 2013, mit Wirkung seit 1. März 2013 (AS **2013** 607).
[55] Eingefügt durch Ziff. I der V vom 13. Febr. 2013, in Kraft seit 1. März 2013 (AS **2013** 607).

f) die Zweigniederlassung die Bewilligungsvoraussetzungen nach Artikel 14 Absatz 1 Buchstaben a–c und 2 des Gesetzes sowie Artikel 10 ff. dieser Verordnung erfüllt und über ein Reglement verfügt, das den Geschäftskreis genau umschreibt und eine ihrer Geschäftstätigkeit entsprechende Betriebsorganisation vorsieht; und

g) der ausländische Vermögensverwalter kollektiver Kapitalanlagen nachweist, dass die Firma der Zweigniederlassung im Handelsregister eingetragen werden kann.

³ Bildet der ausländische Vermögensverwalter kollektiver Kapitalanlagen Teil einer im Finanzbereich tätigen Gruppe, so kann die FINMA unter Vorbehalt von Artikel 18 Absatz 2 des Gesetzes die Bewilligung von der Voraussetzung abhängig machen, dass er einer angemessenen konsolidierten Aufsicht durch die zuständigen ausländischen Aufsichtsbehörden untersteht.

⁴ Die FINMA kann die Zweigniederlassung zur Leistung einer Sicherheit verpflichten, wenn der Schutz der Kundinnen und Kunden es erfordert.

⁵ Der ausländische Vermögensverwalter kollektiver Kapitalanlagen darf die Zweigniederlassung erst zur Eintragung ins Handelsregister anmelden, wenn ihm die FINMA die Bewilligung zu ihrer Errichtung erteilt hat.

Art. 29c Mehrere Zweigniederlassungen
(Art. 18 Abs. 1 Bst. c KAG)

¹ Errichtet ein ausländischer Vermögensverwalter kollektiver Kapitalanlagen mehrere Zweigniederlassungen in der Schweiz, so muss er:
a) für jede eine Bewilligung einholen;
b) unter ihnen eine bezeichnen, die für die Beziehungen zur FINMA verantwortlich ist.

² Diese Zweigniederlassungen müssen die Voraussetzungen des Gesetzes und dieser Verordnung gemeinsam erfüllen. Es genügt ein Prüfbericht.

Art. 29d Jahresrechnung und Zwischenabschlüsse der Zweigniederlassung

¹ Die Zweigniederlassung kann ihre Jahresrechnungen und Zwischenabschlüsse nach den Vorschriften erstellen, die auf den ausländischen Vermögensverwalter kollektiver Kapitalanlagen Anwendung finden, soweit sie den internationalen Standards zur Rechnungslegung genügen.

² Gesondert auszuweisen sind Forderungen und Verpflichtungen:
a) gegenüber dem ausländischen Vermögensverwalter kollektiver Kapitalanlagen;
b) gegenüber den im Finanzbereich tätigen Unternehmungen oder Immobiliengesellschaften, wenn:
 1. der ausländische Vermögensverwalter kollektiver Kapitalanlagen mit ihnen eine wirtschaftliche Einheit bildet, oder
 2. anzunehmen ist, dass der ausländische Vermögensverwalter kollektiver Kapitalanlagen rechtlich verpflichtet oder faktisch gezwungen ist, einem solchen Unternehmen beizustehen.

³ Absatz 2 gilt auch für die Ausserbilanzgeschäfte.

⁴ Die Zweigniederlassung übermittelt ihre Jahresrechnungen und Zwischenabschlüsse der FINMA. Eine Veröffentlichung ist nicht erforderlich.

Art. 29e Prüfbericht

¹ Die Prüfgesellschaft fasst ihren Bericht in einer schweizerischen Amtssprache ab und stellt ihn dem verantwortlichen Leiter der Zweigniederlassung und der FINMA zu.

² Die Zweigniederlassung übermittelt den Prüfbericht derjenigen Stelle des ausländischen Vermögensverwalters kollektiver Kapitalanlagen, die für die Geschäftstätigkeit der Zweigniederlassung zuständig ist.

Art. 29f Aufhebung einer Zweigniederlassung

Der ausländische Vermögensverwalter kollektiver Kapitalanlagen holt vor der Aufhebung einer Zweigniederlassung die Genehmigung der FINMA ein.

3. Abschnitt: Bewilligungsvoraussetzungen für Vertriebsträger

Art. 30 Bewilligungsvoraussetzungen
(Art. 3 und 19 Abs. 2 KAG)

¹ Die FINMA erteilt einer natürlichen Person, die Anteile einer kollektiven Kapitalanlage vertreiben will, die Bewilligung dazu, wenn sie sich ausweisen kann über:[56]

---

[56] Fassung gemäss Ziff. I der V vom 13. Febr. 2013, in Kraft seit 1. März 2013 (AS **2013** 607).

a) den Abschluss einer ihrer Geschäftstätigkeit angemessenen Berufshaftpflichtversicherung von mindestens 250 000 Franken, die ihre Tätigkeit als Vertriebsträger umfasst, oder die Hinterlegung einer angemessenen Kaution in gleicher Höhe;
b) zulässige Vertriebsmodalitäten; und
c) einen schriftlichen Vertriebsvertrag mit der Fondsleitung, der SICAV, der Kommanditgesellschaft für kollektive Kapitalanlagen oder der SICAF beziehungsweise dem Vertreter einer ausländischen kollektiven Kapitalanlage, in dem ihr die Entgegennahme von Zahlungen zum Erwerb von Anteilen ausdrücklich untersagt ist.

² Sie erteilt juristischen Personen und rechtsfähigen Personengesellschaften die Bewilligung, wenn diese beziehungsweise die geschäftsführenden Personen die Voraussetzungen nach Absatz 1 erfüllen.

³ Sie kann die Erteilung der Bewilligung ausserdem davon abhängig machen, ob der Vertriebsträger entsprechenden Richtlinien einer Branchenorganisation untersteht.

Art. 30a[57] Vertrieb durch Finanzintermediäre
(Art. 19 Abs. 1bis KAG)

¹ Ein Finanzintermediär darf ausländische kollektive Kapitalanlagen an qualifizierte Anlegerinnen und Anleger in der Schweiz vertreiben, sofern er in seinem Sitzstaat zum Vertrieb kollektiver Kapitalanlagen zugelassen ist und einen schriftlichen Vertriebsvertrag mit einem Vertreter nach Artikel 131a abschliesst, auf den schweizerisches Recht anwendbar ist.

² Der Vertriebsvertrag verpflichtet den Finanzintermediär, ausschliesslich Fondsdokumente zu verwenden, die den Vertreter, die Zahlstelle sowie den Gerichtsstand angeben.

4. Kapitel: Verhaltensregeln

Art. 31 Treuepflicht
(Art. 20 Abs. 1 Bst. a KAG)

¹ Die Bewilligungsträger und ihre Beauftragten dürfen von kollektiven Kapitalanlagen Anlagen auf eigene Rechnung nur zum Marktpreis erwerben und ihnen Anlagen aus eigenen Beständen nur zum Marktpreis veräussern.

² Sie haben für an Dritte delegierte Leistungen auf die ihnen gemäss Fondsreglement, Gesellschaftsvertrag, Anlagereglement oder Vermögensverwaltungsvertrag zustehende Entschädigung zu verzichten, sofern diese nicht zur Bezahlung der Leistung des Dritten verwendet wird.

³ Werden Anlagen einer kollektiven Kapitalanlage auf eine andere Anlage des gleichen oder eines ihm nahe stehenden Bewilligungsträgers übertragen, so dürfen keine Kosten belastet werden.

⁴ Die Bewilligungsträger dürfen keine Ausgabe- oder Rücknahmekommission erheben, wenn sie Zielfonds erwerben, die:
a) sie unmittelbar oder mittelbar selbst verwalten; oder
b) von einer Gesellschaft verwaltet werden, mit der sie verbunden sind durch:
  1. eine gemeinsame Verwaltung,
  2. Beherrschung, oder
  3. eine wesentliche direkte oder indirekte Beteiligung.[58]

⁵ Für die Erhebung einer Verwaltungskommission bei Anlagen in Zielfonds nach Absatz 4 gilt Artikel 73 Absatz 4 sinngemäss.[59]

⁶ Die Aufsichtsbehörde regelt die Einzelheiten. Sie kann die Absätze 4 und 5 auch für weitere Produkte anwendbar erklären.[60]

Art. 32 Besondere Treuepflicht bei Immobilienanlagen
(Art. 20 Abs. 1 Bst. a, 21 Abs. 3 und 63 KAG)

¹ Die Bewilligungsträger berechnen die Honorare an natürliche oder juristische Personen, die ihnen nahe stehen und die für Rechnung der kollektiven Kapitalanlage bei der Planung, der Erstellung, dem Kauf oder dem Verkauf eines Bauobjektes mitwirken, ausschliesslich zu branchenüblichen Preisen.

² Der Schätzungsexperte überprüft die Honorarrechnung vor deren Begleichung und erstattet nötigenfalls Bericht an den Bewilligungsträger und die Prüfgesellschaft.

---

[57] Eingefügt durch Ziff. I der V vom 13. Febr. 2013, in Kraft seit 1. März 2013 (AS **2013** 607).
[58] Fassung gemäss Ziff. I der V vom 28. Jan. 2009, in Kraft seit 1. März 2009 (AS **2009** 719).
[59] Fassung gemäss Ziff. I der V vom 28. Jan. 2009, in Kraft seit 1. März 2009 (AS **2009** 719).
[60] Eingefügt durch Ziff. I der V vom 28. Jan. 2009, in Kraft seit 1. März 2009 (AS **2009** 719).

³ Werden Immobilienanlagen einer kollektiven Kapitalanlage auf eine andere Anlage des gleichen oder eines ihm nahe stehenden Bewilligungsträgers übertragen, so dürfen keine Vergütungen für Kaufs- und Verkaufsbemühungen belastet werden.

⁴ Die Leistungen der Immobiliengesellschaften an die Mitglieder ihrer Verwaltung, die Geschäftsführung und das Personal sind auf die Vergütungen anzurechnen, auf welche die Fondsleitung und die SICAV nach dem Fondsreglement Anspruch haben.

Art. 32a[61]) Ausnahmen vom Verbot von Geschäften mit nahestehenden Personen
(Art. 63 Abs. 3 und 4 KAG)

¹ Die FINMA kann nach Artikel 63 Absatz 4 des Gesetzes in begründeten Einzelfällen Ausnahmen vom Verbot von Geschäften mit nahestehenden Personen nach Artikel 63 Absätze 2 und 3 des Gesetzes bewilligen, wenn:
a) diese Möglichkeit in den massgebenden Dokumenten der kollektiven Kapitalanlage vorgesehen ist;
b) die Ausnahme im Interesse der Anlegerinnen und Anleger ist;
c) zusätzlich zu der Schätzung der ständigen Schätzungsexperten des Immobilienfonds ein von diesen beziehungsweise deren Arbeitgeber und von der Fondsleitung oder SICAV sowie der Depotbank des Immobilienfonds unabhängiger Schätzungsexperte gemäss Artikel 64 Absatz 1 des Gesetzes die Marktkonformität des Kaufs- und Verkaufspreises des Immobilienwertes sowie der Transaktionskosten bestätigt.

² Nach Abschluss der Transaktion erstellt die Fondsleitung oder die SICAV einen Bericht, der Folgendes enthält:
a) Angaben zu den einzelnen übernommenen oder übertragenen Immobilienwerten und deren Wert am Stichtag der Übernahme oder Abtretung;
b) die Schätzberichte der ständigen Schätzungsexperten;
c) den Bericht über die Marktkonformität des Kaufs- oder Verkaufspreises der Schätzungsexperten nach Absatz 1 Buchstabe c.

³ Die Prüfgesellschaft bestätigt im Rahmen ihrer Prüfung der Fondsleitung oder der SICAV die Einhaltung der besonderen Treuepflicht bei Immobilienanlagen;

⁴ Im Jahresbericht der kollektiven Kapitalanlage werden die bewilligten Geschäfte mit nahestehenden Personen erwähnt.

⁵ Für Immobilienwerte, an denen die Fondsleitung, die SICAV oder diesen nahestehende Personen Bauprojekte durchführen liessen, darf die FINMA keine Ausnahmen vom Verbot von Geschäften mit nahestehenden Personen bewilligen.

Art. 32b[62]) Interessenkonflikte
(Art. 20 Abs. 1 Bst. a KAG)

Die Bewilligungsträger müssen wirksame organisatorische und administrative Massnahmen zur Feststellung, Verhinderung, Beilegung und Überwachung von Interessenkonflikten treffen, um zu verhindern, dass diese den Interessen der Anlegerinnen und Anleger schaden. Lassen sich Interessenkonflikte nicht vermeiden, so sind diese den Anlegerinnen und Anlegern gegenüber offenzulegen.

Art. 33 Sorgfaltspflicht
(Art. 20 Abs. 1 Bst. b KAG)

¹ Die Bewilligungsträger sorgen für eine wirksame Trennung der Tätigkeiten des Entscheidens (Vermögensverwaltung), der Durchführung (Handel und Abwicklung) und der Administration.

² Die FINMA kann in begründeten Einzelfällen Ausnahmen gestatten oder die Trennung weiterer Funktionen anordnen.

Art. 34 Informationspflicht
(Art. 20 Abs. 1 Bst. c und 23 KAG)

¹ Die Bewilligungsträger weisen die Anlegerinnen und Anleger insbesondere auf die mit einer bestimmten Anlageart verbundenen Risiken hin.

² Sie legen sämtliche Kosten offen, die bei der Ausgabe und Rücknahme von Anteilen und bei der Verwaltung der kollektiven Kapitalanlage anfallen. Zudem legen sie die Verwendung der Verwaltungskommission sowie die Erhebung einer allfälligen erfolgsabhängigen Kommission *(Performance Fee)* offen.

---

[61] Eingefügt durch Ziff. I der V vom 13. Febr. 2013, in Kraft seit 1. März 2013 (AS **2013** 607).
[62] Eingefügt durch Ziff. I der V vom 13. Febr. 2013, in Kraft seit 1. März 2013 (AS **2013** 607).

V. Normentexte

²ᵇⁱˢ Die Informationspflicht hinsichtlich Entschädigungen beim Vertrieb umfasst Art und Höhe aller Kommissionen und anderen geldwerten Vorteile, mit denen die Tätigkeit des Vertriebsträgers entschädigt werden soll.[63]

³ Sie gewährleisten bei der Ausübung von Mitgliedschafts- und Gläubigerrechten die Transparenz, welche den Anlegerinnen und Anlegern den Nachvollzug von deren Ausübung ermöglicht.

⁴ Die Fondsleitung sowie die Vermögensverwalter kollektiver Kapitalanlagen, die Anteile einer von ihnen verwalteten kollektiven Kapitalanlage für Kundinnen und Kunden erwerben, müssen diesen die dafür erhaltenen Leistungen offenlegen.[64]

Art. 34a[65] Protokollierungspflicht
(Art. 24 Abs. 3 KAG)

¹ Die Pflicht zur Erstellung eines Protokolls gemäss Artikel 24 Absatz 3 des Gesetzes gilt für Vertriebshandlungen im Sinne von Artikel 3 des Gesetzes.

² Form und Inhalt des Protokolls richten sich nach den Verhaltensregeln einer Selbstregulierung, die von der FINMA nach Artikel 7 Absatz 3 des Finanzmarktaufsichtsgesetzes vom 22. Juni 2007[66] als Mindeststandard anerkannt sind.

2. Titel: Offene kollektive Kapitalanlagen

1. Kapitel: Vertraglicher Anlagefonds

1. Abschnitt: Mindestvermögen
(Art. 25 Abs. 3 KAG)

Art. 35

¹ Der Anlagefonds beziehungsweise das Teilvermögen eines Umbrella-Fonds ist innert eines Jahres nach Genehmigung durch die FINMA zur Zeichnung (Lancierung) aufzulegen.

² Der Anlagefonds beziehungsweise das Teilvermögen eines Umbrella-Fonds muss spätestens ein Jahr nach Lancierung über ein Nettovermögen von mindestens 5 Millionen Franken verfügen.

³ Die FINMA kann die Fristen auf ein entsprechendes Gesuch hin erstrecken.

⁴ Nach Ablauf der Frist gemäss den Absätzen 2 und 3 meldet die Fondsleitung eine Unterschreitung unverzüglich der FINMA.

2. Abschnitt: Fondsvertrag

Art. 35a[67] Mindestinhalt des Fondsvertrags
(Art. 26 Abs. 3 KAG)

¹ Der Fondsvertrag enthält insbesondere folgende Angaben:
a) die Bezeichnung des Anlagefonds sowie die Firma und den Sitz der Fondsleitung, der Depotbank und des Vermögensverwalters kollektiver Kapitalanlagen;
b) den Anlegerkreis;
c) die Anlagepolitik, die Anlagetechniken, die Risikoverteilung sowie die mit der Anlage verbundenen Risiken;
d) die Unterteilung in Teilvermögen;
e) die Anteilsklassen;
f) das Kündigungsrecht der Anlegerinnen und Anleger;
g) das Rechnungsjahr;
h) die Berechnung des Nettoinventarwertes und der Ausgabe- und Rücknahmepreise;
i) die Verwendung des Nettoertrags und der Kapitalgewinne aus der Veräusserung von Sachen und Rechten;
j) die Art, die Höhe und die Berechnung aller Vergütungen, die Ausgabe- und Rücknahmekommissionen sowie die Nebenkosten für den An- und Verkauf der Anlagen (Courtagen, Gebühren, Abgaben), die dem Fondsvermögen oder den Anlegerinnen und Anlegern belastet werden dürfen;
k) die Laufzeit des Vertrags und die Voraussetzungen der Auflösung;

---

[63] Eingefügt durch Ziff. I der V vom 13. Febr. 2013, in Kraft seit 1. März 2013 (AS **2013** 607).
[64] Eingefügt durch Ziff. I der V vom 13. Febr. 2013, in Kraft seit 1. März 2013 (AS **2013** 607).
[65] Eingefügt durch Ziff. I der V vom 13. Febr. 2013, in Kraft seit 1. Jan. 2014 (AS **2013** 607).
[66] SR **956.1**.
[67] Eingefügt durch Ziff. I der V vom 13. Febr. 2013, in Kraft seit 1. März 2013 (AS **2013** 607).

E. Schweizer Investmentrecht

l) die Publikationsorgane;
m) die Voraussetzungen des Rückzahlungsaufschubs sowie des Zwangsrückkaufs;
n) die Stellen, bei denen der Fondsvertrag, der Prospekt, die wesentlichen Informationen für die Anlegerinnen und Anleger, der vereinfachte Prospekt sowie der Jahres- und Halbjahresbericht kostenlos bezogen werden können;
o) die Rechnungseinheit;
p) die Umstrukturierung.

²Bei der Genehmigung des Fondsvertrags prüft die FINMA ausschliesslich die Bestimmungen nach Absatz 1 Buchstaben a–g und stellt deren Gesetzeskonformität fest.

³Auf Antrag der Fondsleitung prüft die FINMA bei der Genehmigung eines vertraglichen Anlagefonds sämtliche Bestimmungen des Fondsvertrags und stellt deren Gesetzeskonformität fest, sofern dieser im Ausland vertrieben werden soll und das ausländische Recht es verlangt.

⁴Die FINMA kann den Inhalt des Fondsvertrags unter Berücksichtigung der internationalen Entwicklungen konkretisieren.

Art. 36 Richtlinien der Anlagepolitik
(Art. 26 Abs. 3 Bst. b KAG)

¹Der Fondsvertrag umschreibt die zulässigen Anlagen:
a) nach ihrer Art (Beteiligungsrechte, Forderungsrechte, derivative Finanzinstrumente; Wohnbauten, kommerziell genutzte Liegenschaften; Edelmetalle; Massenwaren usw.);
b) nach Ländern, Ländergruppen, Branchen oder Währungen.

²Für übrige Fonds nach den Artikeln 68 ff. des Gesetzes enthält er zudem die den Besonderheiten und Risiken der jeweiligen Anlagen entsprechenden Angaben in Bezug auf deren Charakteristik und Bewertung.

³Der Fondsvertrag umschreibt die zulässigen Anlagetechniken und -instrumente.

Art. 37[68)] Vergütungen und Nebenkosten
(Art. 26 Abs. 3 KAG)

¹Dem Fondsvermögen oder allfälligen Teilvermögen können belastet werden:
a) die Verwaltungskommission für die Vergütung der Tätigkeit der Fondsleitung;
b) die Verwahrungskommission und andere Kosten für die Vergütung der Depotbanktätigkeit einschliesslich der Kosten für die Aufbewahrung des Fondsvermögens durch Dritt- oder Sammelverwahrer;
c) die Verwaltungskommission sowie allfällige erfolgsabhängige Kommissionen für die Vergütung des Vermögensverwalters kollektiver Kapitalanlagen;
d) allfällige Vertriebskommissionen für die Vergütung der Vertriebsträgertätigkeit;
e) die Gesamtheit der in Absatz 2 aufgeführten Nebenkosten.

²Sofern der Fondsvertrag dies ausdrücklich vorsieht, können folgende Nebenkosten dem Fondsvermögen oder den Teilvermögen belastet werden:
a) Kosten für den An- und Verkauf von Anlagen, namentlich marktübliche Courtagen, Kommissionen, Steuern und Abgaben, sowie Kosten für die Überprüfung und Aufrechterhaltung von Qualitätsstandards bei physischen Anlagen;
b) Kosten für den An- und Verkauf von Immobilienanlagen, namentlich marktübliche Courtagen, Anwaltshonorare und Notargebühren, Mutationsgebühren;
c) Abgaben der Aufsichtsbehörde für die Gründung, Änderung, Liquidation, Fusion oder Vereinigung des Fonds oder allfälliger Teilvermögen;
d) Jahresgebühr der Aufsichtsbehörde;
e) Honorare der Prüfgesellschaft für die jährliche Revision sowie für Bescheinigungen im Rahmen von Gründungen, Änderungen, Liquidation, Fusion oder Vereinigung von Fonds oder allfälliger Teilvermögen;
f) Honorare für Rechts- und Steuerberater im Zusammenhang mit Gründungen, Änderungen, Liquidation, Fusion oder Vereinigung von Fonds oder allfälliger Teilvermögen sowie der allgemeinen Wahrnehmung der Interessen des Fonds und seiner Anlegerinnen und Anleger;
g) Notariats- und Handelsregisterkosten für die Eintragung von Bewilligungsträgern der Kollektivanlagegesetzgebung ins Handelsregister;

---

[68] Fassung gemäss Ziff. I der V vom 13. Febr. 2013, in Kraft seit 1. März 2013 (AS **2013** 607).

h) Kosten für die Publikation des Nettoinventarwerts des Fonds oder seiner Teilvermögen sowie sämtliche Kosten für Mitteilungen an die Anlegerinnen und Anleger einschliesslich der Übersetzungskosten, welche nicht einem Fehlverhalten der Fondsleitung zuzuschreiben sind;
i) Kosten für den Druck juristischer Dokumente sowie Jahres- und Halbjahresberichte des Fonds;
j) Kosten für eine allfällige Eintragung des Fonds bei einer ausländischen Aufsichtsbehörde, namentlich von der ausländischen Aufsichtsbehörde erhobene Kommissionen, Übersetzungskosten sowie die Entschädigung des Vertreters oder der Zahlstelle im Ausland;
k) Kosten im Zusammenhang mit der Ausübung von Stimmrechten oder Gläubigerrechten durch den Fonds, einschliesslich der Honorarkosten für externe Beraterinnen und Berater;
l) Kosten und Honorare im Zusammenhang mit im Namen des Fonds eingetragenem geistigen Eigentum oder mit Nutzungsrechten des Fonds;
m) Vergütung der Mitglieder des Verwaltungsrates der SICAV und Kosten für die Haftpflichtversicherung;
n) alle Kosten, die durch die Ergreifung ausserordentlicher Schritte zur Wahrung der Anlegerinteressen durch die Fondsleitung, den Vermögensverwalter kollektiver Kapitalanlagen oder die Depotbank verursacht werden.

³ Der Fondsvertrag gibt die Vergütungen und Nebenkosten in einer einheitlichen und umfassenden Übersicht an und gliedert sie nach Art, maximaler Höhe und Berechnung.

⁴ Die Verwendung der Bezeichnung „All-in-fee" ist nur zulässig, sofern diese sämtliche Vergütungen mit Ausnahme der Ausgabe- und Rücknahmekommissionen, aber einschliesslich der Nebenkosten umfasst. Wird die Bezeichnung „Pauschalkommission" benutzt, ist ausdrücklich aufzuführen, welche Vergütungen und Nebenkosten nicht darin enthalten sind.

⁵ Die Fondsleitung, der Vermögensverwalter kollektiver Kapitalanlagen und die Depotbank können nur dann Retrozessionen zur Deckung der Vertriebstätigkeit des Fonds bezahlen, wenn dies im Fondsvertrag ausdrücklich vorgesehen ist.

Art. 38[69] Ausgabe- und Rücknahmepreis; Zuschläge und Abzüge
(Art. 26 Abs. 3 KAG)

¹ Den Anlegerinnen und Anlegern können belastet werden:
a) die pauschalisierten Nebenkosten, die bei Ausgabe, Rücknahme oder Umtausch von Anteilen für den An- und Verkauf der Anlagen entstehen;
b) eine Kommission für Zeichnungen, Umwandlungen oder Rückzahlungen an den Vertreiber zur Deckung der mit dem Vertrieb verbundenen Kosten.

² Der Fondsvertrag umschreibt auf verständliche und transparente Weise die Kommissionen, die den Anlegerinnen und Anlegern belastet werden können, sowie deren Höhe und Berechnungsweise.

Art. 39 Publikationsorgane
(Art. 26 Abs. 3 KAG)[70]

¹ Im Prospekt des Anlagefonds sind ein oder mehrere Publikationsorgane zu bezeichnen, in denen die vom Gesetz und von der Verordnung geforderten Informationen den Anlegerinnen und Anlegern zur Verfügung gestellt werden. Als Publikationsorgane können Printmedien oder öffentlich zugängliche und von der FINMA anerkannte elektronische Plattformen bezeichnet werden.[71]

² Sämtliche publikationspflichtigen Tatbestände, bei welchen Anlegerinnen und Anlegern ein Einwendungsrecht bei der FINMA zusteht, sowie die Auflösung eines Anlagefonds sind in den dafür vorgesehenen Publikationsorganen zu veröffentlichen.

Art. 40 Anteilsklassen
(Art. 26 Abs. 3 Bst. k und 78 Abs. 3 KAG)

¹ Die Fondsleitung kann mit Zustimmung der Depotbank und Genehmigung der FINMA Anteilsklassen schaffen, aufheben oder vereinigen. Sie orientiert sich dabei namentlich an folgenden Kriterien: Kostenstruktur, Referenzwährung, Währungsabsicherung, Ausschüttung oder Thesaurierung der Erträge, Mindestanlage oder Anlegerkreis.

² Die Einzelheiten werden im Prospekt geregelt. Darin ist namentlich das Risiko, dass eine Klasse unter Umständen für eine andere haften muss, offen zu legen.

---

[69] Fassung gemäss Ziff. I der V vom 13. Febr. 2013, in Kraft seit 1. März 2013 (AS **2013** 607).
[70] Fassung gemäss Ziff. I der V vom 13. Febr. 2013, in Kraft seit 1. März 2013 (AS **2013** 607).
[71] Fassung gemäss Ziff. I der V vom 13. Febr. 2013, in Kraft seit 1. März 2013 (AS **2013** 607).

³ Die Fondsleitung publiziert die Schaffung, Aufhebung oder Vereinigung von Anteilsklassen in den Publikationsorganen. Nur die Vereinigung gilt als Änderung des Fondsvertrags und unterliegt Artikel 27 des Gesetzes.

⁴ Artikel 112 Absatz 3 Buchstaben a–c ist sinngemäss anwendbar.

Art. 41 Änderung des Fondsvertrages; Publikationspflicht, Einwendungsfrist, Inkrafttreten und Barauszahlung
(Art. 27 Abs. 2 und 3 KAG)

¹ Die Fondsleitung hat jede Änderung des Fondsvertrags in den Publikationsorganen des jeweiligen Anlagefonds in der vom Gesetz vorgesehenen Form zu publizieren. In der Publikation informiert die Fondsleitung die Anlegerinnen und Anleger in klarer und verständlicher Weise darüber, auf welche Fondsvertragsänderungen sich die Prüfung und die Feststellung der Gesetzeskonformität durch die FINMA erstrecken.[72]

¹ᵇⁱˢ Die FINMA kann von Gesetzes wegen erforderliche Änderungen, welche die Rechte der Anlegerinnen und Anleger nicht berühren oder ausschliesslich formeller Natur sind, von der Publikationspflicht ausnehmen.[73]

² Die Frist zur Erhebung von Einwendungen gegen die Änderung des Fondsvertrages beginnt am Tag nach der Veröffentlichung in den Publikationsorganen zu laufen.

²ᵇⁱˢ Bei der Genehmigung der Fondsvertragsänderung prüft die FINMA ausschliesslich die Änderungen der Bestimmungen nach Artikel 35a Absatz 1 Buchstaben a–g und stellt deren Gesetzeskonformität fest.[74]

²ᵗᵉʳ Hat die FINMA bei der Genehmigung eines Fondsvertrags gemäss Artikel 35a Absatz 3 sämtliche Bestimmungen geprüft und deren Gesetzeskonformität festgestellt, so prüft sie auch bei der Änderung dieses Fondsvertrags alle Bestimmungen und stellt deren Gesetzeskonformität fest, sofern der Anlagefonds im Ausland vertrieben werden soll und das ausländische Recht es verlangt.[75]

³ Die FINMA legt in ihrem Entscheid das Datum des Inkrafttretens der Fondsvertragsänderung fest.

3. Abschnitt: Fondsleitung

Art. 42 Hauptverwaltung in der Schweiz
(Art. 28 Abs. 1 KAG)

Die Hauptverwaltung der Fondsleitung liegt in der Schweiz, wenn folgende Voraussetzungen erfüllt sind:
a) Die unübertragbaren und unentziehbaren Aufgaben des Verwaltungsrates gemäss Artikel 716a des Obligationenrechts[76] werden in der Schweiz wahrgenommen.
b) Für jeden von ihr verwalteten Anlagefonds werden mindestens folgende Aufgaben in der Schweiz wahrgenommen:
   1. Entscheid über die Ausgabe von Anteilen,
   2. Entscheid über die Anlagepolitik und die Bewertung der Anlagen,
   3.[77] Bewertung der Anlagen,
   4. Festlegung der Ausgabe- und Rücknahmepreise,
   5. Festsetzung der Gewinnausschüttungen,
   6. Festlegung des Inhaltes des Prospektes, des vereinfachten Prospektes, des Jahres- beziehungsweise Halbjahresberichtes sowie weiterer für Anlegerinnen und Anleger bestimmter Publikationen,
   7. Führung der Buchhaltung.

Art. 43 Mindestkapital
(Art. 28 Abs. 2 KAG)

Die Fondsleitung muss ein bar einbezahltes Aktienkapital von mindestens 1 Million Franken aufweisen.

---

[72] Fassung gemäss Ziff. I der V vom 13. Febr. 2013, in Kraft seit 1. März 2013 (AS **2013** 607).
[73] Eingefügt durch Ziff. I der V vom 13. Febr. 2013, in Kraft seit 1. März 2013 (AS **2013** 607).
[74] Eingefügt durch Ziff. I der V vom 13. Febr. 2013, in Kraft seit 1. März 2013 (AS **2013** 607).
[75] Eingefügt durch Ziff. I der V vom 13. Febr. 2013, in Kraft seit 1. März 2013 (AS **2013** 607).
[76] SR **220**.
[77] Fassung gemäss Ziff. I der V vom 13. Febr. 2008, in Kraft seit 1. März 2008 (AS **2008** 571).

V. Normentexte

Art. 44 Organisation
(Art. 28 Abs. 4 KAG)

¹ Der Verwaltungsrat der Fondsleitung umfasst mindestens drei Mitglieder.
² Die Fondsleitung verfügt in der Regel über mindestens drei Vollzeitstellen mit Zeichnungsberechtigung.

Art. 45 Unabhängigkeit
(Art. 28 Abs. 5 KAG)

¹ Die gleichzeitige Mitgliedschaft im Verwaltungsrat von Fondsleitung und Depotbank ist zulässig.
² Nicht zulässig ist die gleichzeitige Mitgliedschaft in der Geschäftsleitung von Fondsleitung und Depotbank.
³ Die Mehrheit der Verwaltungsrätinnen und Verwaltungsräte der Fondsleitung muss von den bei der Depotbank mit Aufgaben gemäss Artikel 73 des Gesetzes betrauten Personen unabhängig sein. Nicht als unabhängig gelten die mit Aufgaben gemäss Artikel 73 des Gesetzes betrauten Personen der Depotbank auf Geschäftsleitungsebene.
⁴ Keine der für die Fondsleitung unterschriftsberechtigten Personen darf gleichzeitig bei der Depotbank für Aufgaben gemäss Artikel 73 des Gesetzes verantwortlich sein.

Art. 46 Ausübung des Fondsgeschäftes
(Art. 29 KAG)

¹ Zum Fondsgeschäft gehören neben den Aufgaben nach Artikel 30 des Gesetzes namentlich:
a) die Vertretung ausländischer kollektiver Kapitalanlagen;
b) der Erwerb von Beteiligungen an Gesellschaften, deren Hauptzweck das kollektive Kapitalanlagengeschäft ist;
c) die Führung von Anteilskonten;
d) der Vertrieb von kollektiven Kapitalanlagen;
e) das Erbringen von administrativen Dienstleistungen für kollektive Kapitalanlagen und ähnliche Vermögen wie interne Sondervermögen, Anlagestiftungen und Investmentgesellschaften.

² Diese Tätigkeiten sowie die weiteren Dienstleistungen gemäss Artikel 29 des Gesetzes darf die Fondsleitung nur ausüben, sofern die Statuten dies vorsehen.
³ Die FINMA regelt die Einzelheiten.

Art. 47 Eigene Mittel
(Art. 32 KAG)

Für die anrechenbaren eigenen Mittel gelten die Artikel 22 und 23 sinngemäss.

Art. 48 Höhe der eigenen Mittel
(Art. 32 Abs. 1 KAG)

¹ Die erforderlichen eigenen Mittel betragen höchstens 20 Millionen Franken.
² Sie werden in Prozenten des Gesamtvermögens der von der Fondsleitung verwalteten kollektiven Kapitalanlagen wie folgt berechnet:
a) 1 Prozent für den Teil, der 50 Millionen Franken nicht übersteigt;
b) ¾ Prozent für den Teil, der 50, nicht aber 100 Millionen Franken übersteigt;
c) ½ Prozent für den Teil, der 100, nicht aber 150 Millionen Franken über steigt;
d) ¼ Prozent für den Teil, der 150 Millionen, nicht aber 250 Millionen Franken übersteigt;
e) ⅛ Prozent für den Teil, der 250 Millionen Franken übersteigt.

³ Erbringt die Fondsleitung weitere Dienstleistungen gemäss Artikel 29 Absatz 1 des Gesetzes, so werden die operationellen Risiken aus diesen Geschäften nach dem Basisindikatoransatz gemäss Artikel 92 der Eigenmittelverordnung vom 1. Juni 2012[78] berechnet.[79]
⁴ Wird die Fondsleitung mit der Administration und der Portfolioverwaltung des Vermögens einer SICAV beauftragt, so ist deren Gesamtvermögen für die Berechnung der eigenen Mittel nach Absatz 2 mit einzubeziehen.[80]
⁴ᵇⁱˢ Wird die Fondsleitung ausschliesslich mit der Administration einer SICAV beauftragt, so muss sie zusätzliche Eigenmittel von 0,01 Prozent des Gesamtvermögens der SICAV halten.[81]

---

[78] SR **952.03**.
[79] Fassung gemäss Ziff. I der V vom 13. Febr. 2013, in Kraft seit 1. März 2013 (AS **2013** 607).
[80] Fassung gemäss Ziff. I der V vom 13. Febr. 2013, in Kraft seit 1. März 2013 (AS **2013** 607).
[81] Eingefügt durch Ziff. I der V vom 13. Febr. 2013, in Kraft seit 1. März 2013 (AS **2013** 607).

⁵ Die Fondsleitung zieht von den eigenen Mitteln den Buchwert ihrer Beteiligungen ab.

⁶ Die vorgeschriebenen eigenen Mittel sind dauernd einzuhalten.

⁷ Die Fondsleitung meldet der FINMA unverzüglich die fehlenden eigenen Mittel.

Art. 49 Geschäftsbericht

¹ Die Fondsleitung reicht den eigenen Geschäftsbericht innerhalb von zehn Tagen nach der Genehmigung durch die Generalversammlung der FINMA ein.

² Sie legt dem Geschäftsbericht eine Aufstellung über die am Bilanzstichtag vorgeschriebenen und die vorhandenen eigenen Mittel bei.

³ Für die Erstellung und die Gliederung der Jahresrechnung sind die Vorschriften des Obligationenrechts[82] massgebend.

Art. 50 Wechsel der Fondsleitung; Einwendungsfrist, Inkrafttreten und Barauszahlung
(Art. 34 Abs. 3, 4 und 6 KAG)

¹ Für den Wechsel der Fondsleitung ist Artikel 41 sinngemäss anwendbar.

² Die Fusion von Fondsleitungen oder fusionsähnliche Tatbestände gelten als Wechsel im Sinne von Artikel 34 des Gesetzes.

2. Kapitel: Investmentgesellschaft mit variablem Kapital

1. Abschnitt: Allgemeine Bestimmungen

Art. 51[83] Selbst- und fremdverwaltete SICAV
(Art. 36 Abs. 3 KAG)

¹ Die selbstverwaltete SICAV führt die Administration selber aus. Sie darf die Portfolioverwaltung nach Artikel 36 Absatz 3 des Gesetzes an einen Vermögensverwalter kollektiver Kapitalanlagen delegieren, der einer anerkannten Aufsicht untersteht.

² Die fremdverwaltete SICAV delegiert die Administration an eine bewilligte Fondsleitung. Die Administration beinhaltet auch den Vertrieb der SICAV. Zusätzlich delegiert die fremdverwaltete SICAV die Portfolioverwaltung an dieselbe Fondsleitung oder an einen Vermögensverwalter kollektiver Kapitalanlagen, der einer anerkannten Aufsicht untersteht.

³ Vorbehalten bleibt Artikel 64.

Art. 52 Zweck
(Art. 36 Abs. 1 Bst. d KAG)

Die SICAV darf ausschliesslich ihr Vermögen beziehungsweise ihre Teilvermögen verwalten. Namentlich ist es ihr verboten, Dienstleistungen im Sinne von Artikel 29 des Gesetzes für Dritte zu erbringen.

Art. 53 Mindestvermögen
(Art. 36 Abs. 2 KAG)

Für das Mindestvermögen der SICAV gilt Artikel 35 sinngemäss.

Art. 54[84] Mindesteinlage

¹ Für die selbstverwaltete SICAV und die fremdverwaltete SICAV, welche die Administration an eine bewilligte Fondsleitung und die Portfolioverwaltung an einen anderen Vermögensverwalter kollektiver Kapitalanlagen delegiert, müssen die Unternehmeraktionärinnen und -aktionäre im Zeitpunkt der Gründung eine Mindesteinlage von 500 000 Franken einzahlen.

² Delegiert die fremdverwaltete SICAV die Administration und die Portfolioverwaltung an dieselbe bewilligte Fondsleitung, so müssen die Unternehmeraktionärinnen und -aktionäre im Zeitpunkt der Gründung eine Mindesteinlage von 250 000 Franken einzahlen.

³ Die Mindesteinlage ist dauernd einzuhalten.

⁴ Die SICAV meldet der FINMA unverzüglich eine Unterschreitung.

---

[82] SR **220**.
[83] Fassung gemäss Ziff. I der V vom 13. Febr. 2013, in Kraft seit 1. März 2013 (AS **2013** 607).
[84] Fassung gemäss Ziff. I der V vom 13. Febr. 2013, in Kraft seit 1. März 2013 (AS **2013** 607).

V. Normentexte

Art. 55 Begriff und Höhe der eigenen Mittel
(Art. 39 KAG)

¹ Als eigene Mittel werden die einbezahlten Einlagen der Unternehmeraktionärinnen und -aktionäre angerechnet.

² Von den eigenen Mitteln abzuziehen sind:
a) der den Unternehmeraktionärinnen und -aktionären zurechenbare Bilanzverlust;
b) der den Unternehmeraktionärinnen und -aktionären zurechenbare Wertberichtigungs- und Rückstellungsbedarf;
c) immaterielle Werte (inklusive Gründungs- und Organisationskosten sowie Goodwill) mit Ausnahme von Software.

³ Die selbstverwaltete SICAV berechnet die Höhe der notwendigen eigenen Mittel nach Artikel 48 sinngemäss.

³ᵇⁱˢ Die fremdverwaltete SICAV, welche die Administration an eine bewilligte Fondsleitung und die Portfolioverwaltung an einen Vermögensverwalter kollektiver Kapitalanlagen delegiert, berechnet die Höhe der notwendigen eigenen Mittel sinngemäss nach Artikel 48. Von diesem Betrag kann sie 20 Prozent abziehen.[85]

³ᵗᵉʳ Die FINMA kann die fremdverwaltete SICAV, welche die Portfolioverwaltung an eine Bank im Sinne des Bankengesetzes vom 8. November 1934[86] oder an einen Effektenhändler im Sinne des Börsengesetzes vom 24. März 1995[87] mit Sitz in der Schweiz delegiert, von der Pflicht befreien, das Vermögen mit eigenen Mitteln zu unterlegen.[88]

⁴ Delegiert die fremdverwaltete SICAV die Administration und die Portfolioverwaltung an dieselbe bewilligte Fondsleitung, so muss sie das Vermögen nicht mit eigenen Mitteln unterlegen (Art. 48 Abs. 4).[89]

⁵ Das vorgeschriebene Verhältnis zwischen eigenen Mitteln und Gesamtvermögen der selbstverwalteten SICAV sowie der fremdverwalteten SICAV, welche die Administration an eine bewilligte Fondsleitung und die Portfolioverwaltung an einen Vermögensverwalter kollektiver Kapitalanlagen delegiert, ist dauernd einzuhalten.[90]

⁶ Die SICAV meldet der FINMA unverzüglich die fehlenden eigenen Mittel.

⁷ Die FINMA regelt die Einzelheiten.

Art. 56 Nettoemissionspreis zum Zeitpunkt der Erstemission
(Art. 40 Abs. 4 KAG)

Alle Aktien haben, unabhängig davon, ob sie unterschiedlichen Kategorien angehören, zum Zeitpunkt der Erstemission ihrer Kategorie denselben Nettoemissionspreis. Dieser entspricht dem von den Anlegerinnen und Anlegern zu zahlenden Ausgabepreis bei der Emission abzüglich allfälliger Vergütungen und Nebenkosten.

Art. 57[91]

Art. 58 Ausgabe und Rücknahme von Aktien
(Art. 42 Abs. 1 und 3 KAG)

¹ Die Artikel 37 und 38 gelten sinngemäss.

² Unternehmeraktionärinnen und -aktionäre können ihre Aktien zurückgeben, sofern:
a) das angemessene Verhältnis zwischen Einlagen und Gesamtvermögen der SICAV auch nach der Rücknahme eingehalten ist; und
b) die Mindesteinlage nicht unterschritten wird.

Art. 59 Anlage in eigenen Aktien
(Art. 42 Abs. 2 und 94 KAG)

Anlagen eines Teilvermögens in anderen Teilvermögen derselben SICAV stellen keine Anlage in eigenen Aktien dar.

---

[85] Eingefügt durch Ziff. I der V vom 13. Febr. 2013, in Kraft seit 1. März 2013 (AS **2013** 607).
[86] SR **952.0**.
[87] SR **954.1**.
[88] Eingefügt durch Ziff. I der V vom 13. Febr. 2013, in Kraft seit 1. März 2013 (AS **2013** 607).
[89] Fassung gemäss Ziff. I der V vom 13. Febr. 2013, in Kraft seit 1. März 2013 (AS **2013** 607).
[90] Fassung gemäss Ziff. I der V vom 13. Febr. 2013, in Kraft seit 1. März 2013 (AS **2013** 607).
[91] Aufgehoben durch Ziff. I der V vom 13. Febr. 2013, mit Wirkung seit 1. März 2013 (AS **2013** 607).

E. Schweizer Investmentrecht

Art. 60 Publikationsorgane
(Art. 43 Abs. 1 Bst. f KAG)

Artikel 39 gilt sinngemäss.

Art. 61 SICAV mit Anteilsklassen
(Art. 40 Abs. 4 und 78 Abs. 3 KAG)

¹ Sofern die Statuten es vorsehen, kann die SICAV mit der Genehmigung der FINMA Anteilsklassen schaffen, aufheben oder vereinigen.

² Artikel 40 gilt sinngemäss. Die Vereinigung bedarf der Zustimmung der Generalversammlung.

³ Das Risiko, dass eine Anteilsklasse für eine andere haften muss, ist im Prospekt offen zu legen.

Art. 62 Stimmrechte
(Art. 40 Abs. 4, 47 und 94 KAG)

¹ Aktionärinnen und Aktionäre sind stimmberechtigt für:
a) das Teilvermögen, an dem sie beteiligt sind;
b) die Gesellschaft, wenn der Entscheid die SICAV als Ganzes betrifft.

² Weicht der einem Teilvermögen zurechenbare Stimmanteil deutlich von dem diesem Teilvermögen zurechenbaren Vermögensanteil ab, so können die Aktionärinnen und Aktionäre an der Generalversammlung gemäss Absatz 1 Buchstabe b über die Zerlegung oder Zusammenlegung der Aktien einer Aktienkategorie entscheiden. Die FINMA muss diesem Entscheid zu seiner Gültigkeit zustimmen.

³ Die FINMA kann die Zerlegung oder die Zusammenlegung von Aktien einer Aktienkategorie anordnen.

Art. 62a[92] Depotbank
(Art. 44a KAG)

Für die Depotbank gelten die Artikel 15 Absatz 2 und 45 sinngemäss.

Art. 62b[93] Inhalt des Anlagereglements
(Art. 43 und 44 KAG)

¹ Der Inhalt und die Genehmigung des Anlagereglements richten sich nach den Bestimmungen über den Fondsvertrag, soweit das Gesetz oder die Statuten nichts anderes vorsehen.

² Die SICAV informiert die Aktionärinnen und Aktionäre mit der Einberufung der Generalversammlung schriftlich darüber:
a) welche Änderungen des Anlagereglements die FINMA geprüft hat; und
b) für welche dieser Änderungen die FINMA festgestellt hat, dass sie gesetzes konform sind.

³ Die Absätze 1 und 2 gelten sinngemäss für die Statuten, sofern diese Inhalte des Anlagereglements regeln.

2. Abschnitt: Organisation

Art. 63 Generalversammlung
(Art. 50 und 94 KAG)

¹ Die Statuten können für einzelne Teilvermögen Generalversammlungen vorsehen, wenn es um Entscheide geht, welche lediglich diese Teilvermögen betreffen.

² Aktionärinnen und Aktionäre, die zusammen über mindestens 10 Prozent der Stimmen sämtlicher beziehungsweise einzelner Teilvermögen verfügen, können die Traktandierung eines Verhandlungsgegenstandes an der Generalversammlung der SICAV beziehungsweise der Teilvermögen verlangen.

³ Die Generalversammlung der SICAV beziehungsweise der Teilvermögen ist zuständig für die Änderung des Anlagereglements, sofern die Änderung:
a) nicht von Gesetzes wegen erforderlich ist;
b)[94] die Rechte der Aktionärinnen und Aktionäre berührt; oder
c) nicht ausschliesslich formeller Natur ist.

---

[92] Eingefügt durch Ziff. I der V vom 13. Febr. 2013, in Kraft seit 1. März 2013 (AS **2013** 607).
[93] Eingefügt durch Ziff. I der V vom 13. Febr. 2013, in Kraft seit 1. März 2013 (AS **2013** 607).
[94] Fassung gemäss Ziff. I der V vom 13. Febr. 2008, in Kraft seit 1. März 2008 (AS **2008** 571).

⁴ Die SICAV veröffentlicht in den Publikationsorganen die von der Generalversammlung beschlossenen und von der FINMA genehmigten wesentlichen Änderungen des Fondsreglements mit dem Hinweis auf die Stellen, wo die Änderungen im Wortlaut kostenlos bezogen werden können.

⁵ Die Bestimmung über die wichtigen Beschlüsse der Generalversammlung einer Aktiengesellschaft (Art. 704 OR[95]) findet keine Anwendung.[96]

Art. 64 Verwaltungsrat
(Art. 51 KAG)

¹ Der Verwaltungsrat hat folgende Aufgaben:
a) die Wahrnehmung der Aufgaben nach Artikel 716a des Obligationenrechts;[97]
b) die Festlegung der Grundsätze der Anlagepolitik;
c)[98] die Bezeichnung der Depotbank oder eines Instituts gemäss Artikel 44a Absatz 2 des Gesetzes;
d) die Schaffung neuer Teilvermögen, sofern die Statuten dies vorsehen;
e) die Ausarbeitung des Prospektes und des vereinfachten Prospektes;
f) die Administration.

² Die Aufgaben nach Absatz 1 Buchstaben a–c können nicht delegiert werden.

³ In einer selbstverwalteten SICAV können die Aufgaben nach Absatz 1 Buchstaben d und e sowie Teile der Administration nach Absatz 1 Buchstabe f, namentlich das Risk-Management, die Ausgestaltung des internen Kontrollsystems (IKS) und die Compliance, nur an die Geschäftsleitung delegiert werden.

⁴ Für die Organisation der selbstverwalteten SICAV gelten die Artikel 44 und 45 sinngemäss.

Art. 65 Delegation von Aufgaben[99]
(Art. 36 Abs. 3 und 51 Abs. 5 KAG)

¹ Delegiert der Verwaltungsrat die Administration, die Anlageentscheide oder den Vertrieb an Dritte, so sind in einem schriftlichen Vertrag die Rechte und Pflichten der Vertragspartner zu umschreiben, namentlich:[100]
a) die übertragenen Aufgaben;
b) allfällige Befugnisse zur Weiterdelegation;
c) die Rechenschaftspflicht der Fondsleitung;
d) die Kontrollrechte des Verwaltungsrates.

¹ᵇⁱˢ Die Artikel 30 und 31 Absätze 1–5 des Gesetzes sind sinngemäss auf die Delegation der Aufgaben anwendbar.[101]

² Die FINMA regelt die Einzelheiten.

Art. 66[102]

3. Kapitel: Arten der offenen kollektiven Kapitalanlagen und Anlagevorschriften

1. Abschnitt: Gemeinsame Bestimmungen

Art. 67 Einhaltung der Anlagevorschriften
(Art. 53 ff. KAG)

¹ Die Prozentualen Beschränkungen dieses Kapitels beziehen sich, soweit nichts anderes bestimmt wird, auf das Fondsvermögen zu Verkehrswerten; sie müssen ständig eingehalten werden.

² Werden die Beschränkungen durch Marktveränderungen überschritten, so müssen die Anlagen unter Wahrung der Interessen der Anlegerinnen und Anleger innerhalb einer angemessenen Frist auf das zulässige Mass zurückgeführt werden.

³ Effektenfonds und übrige Fonds müssen die Anlagebeschränkungen sechs Monate nach der Lancierung erfüllen.

---

[95] SR **220**.
[96] Eingefügt durch Anhang Ziff. 6 der Finanzmarktprüfverordnung vom 15. Okt. 2008, in Kraft seit 1. Jan. 2009 (AS **2008** 5363).
[97] SR **220**.
[98] Fassung gemäss Ziff. I der V vom 13. Febr. 2013, in Kraft seit 1. März 2013 (AS **2013** 607).
[99] Fassung gemäss Ziff. I der V vom 13. Febr. 2013, in Kraft seit 1. März 2013 (AS **2013** 607).
[100] Fassung gemäss Ziff. I der V vom 13. Febr. 2013, in Kraft seit 1. März 2013 (AS **2013** 607).
[101] Eingefügt durch Ziff. I der V vom 13. Febr. 2013, in Kraft seit 1. März 2013 (AS **2013** 607).
[102] Aufgehoben durch Ziff. I der V vom 13. Febr. 2013, mit Wirkung seit 1. März 2013 (AS **2013** 607).

⁴Immobilienfonds müssen die Anlagebeschränkungen zwei Jahre nach der Lancierung erfüllen.

⁵Die FINMA kann die Fristen der Absätze 3 und 4 auf Gesuch der Fondsleitung und der SICAV erstrecken.

Art. 68 Tochtergesellschaften und zulässige Anlagen
(Art. 53 ff. KAG)

¹Die Fondsleitung und die SICAV dürfen für die Verwaltung der kollektiven Kapitalanlagen Tochtergesellschaften einsetzen, deren ausschliesslicher Zweck das Halten von Anlagen für die kollektive Kapitalanlage ist. Die FINMA regelt die Einzelheiten.

²Die SICAV darf bewegliches und unbewegliches Vermögen erwerben, das für die unmittelbare Ausübung ihrer betrieblichen Tätigkeit unerlässlich ist. Die FINMA regelt die Einzelheiten.

Art. 69 Gegenstand von Umbrella-Fonds
(Art. 92 ff. KAG)

¹Umbrella-Fonds dürfen nur Teilvermögen der gleichen Fondsart umfassen.

²Als Fondsarten gelten:
a) Effektenfonds;
b) Immobilienfonds;
c) übrige Fonds für traditionelle Anlagen;
d) übrige Fonds für alternative Anlagen.

³Bei kollektiven Kapitalanlagen mit Teilvermögen gelten die Anlagebeschränkungen und -techniken für jedes Teilvermögen einzeln.

2. Abschnitt: Effektenfonds

Art. 70 Zulässige Anlagen
(Art. 54 Abs. 1 und 2 KAG)

¹Zulässig sind Anlagen in:
a) Effekten nach Artikel 71;
b) derivativen Finanzinstrumenten nach Artikel 72;
c) Anteilen an kollektiven Kapitalanlagen, welche die Anforderungen nach Artikel 73 erfüllen;
d) Geldmarktinstrumenten nach Artikel 74;
e) Guthaben auf Sicht und auf Zeit mit Laufzeiten bis zu zwölf Monaten bei Banken, die ihren Sitz in der Schweiz oder in einem Mitgliedstaat der Europäischen Union haben oder in einem anderen Staat, wenn die Bank dort einer Aufsicht untersteht, die derjenigen in der Schweiz gleichwertig ist.

²Nicht zulässig sind:
a) Anlagen in Edelmetallen, Edelmetallzertifikaten, Waren und Warenpapieren;
b) Leerverkäufe von Anlagen nach Absatz 1 Buchstaben a–d.

³In anderen als in Absatz 1 genannten Anlagen dürfen höchstens 10 Prozent des Fondsvermögens angelegt werden.

⁴Eine Fondsleitung, die auch die individuelle Vermögensverwaltung nach Artikel 29 Buchstabe a des Gesetzes anbietet, darf das Vermögen der Anlegerin oder des Anlegers weder ganz noch teilweise in Anteilen der von ihr verwalteten kollektiven Kapitalanlagen anlegen, es sei denn, die Kundin oder der Kunde hat zuvor eine allgemeine Zustimmung gegeben.

Art. 71 Effekten
(Art. 54 KAG)

¹Als Effekten gelten Wertpapiere und Wertrechte im Sinne von Artikel 54 Absatz 1 des Gesetzes, die ein Beteiligungs- oder Forderungsrecht oder das Recht verkörpern, solche Wertpapiere und Wertrechte durch Zeichnung oder Austausch zu erwerben, namentlich Warrants.

²Anlagen in Effekten aus Neuemissionen sind nur zulässig, wenn deren Zulassung an einer Börse oder einem anderen geregelten, dem Publikum offen stehenden Markt in den Emissionsbedingungen vorgesehen ist. Sind sie ein Jahr nach dem Erwerb noch nicht an der Börse oder an einem anderen dem Publikum offen stehenden Markt zugelassen, so sind die Titel innerhalb eines Monats zu verkaufen.

³Die FINMA kann die für einen Effektenfonds zulässigen Anlagen nach dem jeweils geltenden Recht der Europäischen Gemeinschaften konkretisieren.[103]

---

[103] Eingefügt durch Ziff. I der V vom 13. Febr. 2013, in Kraft seit 1. März 2013 (AS **2013** 607).

V. *Normentexte*

Art. 72 Derivative Finanzinstrumente
(Art. 54 und 56 KAG)

¹ Derivative Finanzinstrumente sind zulässig, wenn:
a) ihnen als Basiswerte Anlagen im Sinne von Artikel 70 Absatz 1 Buchstaben a–d, Finanzindizes, Zinssätze, Wechselkurse, Kredite oder Währungen zu Grunde liegen;
b) die zu Grunde liegenden Basiswerte gemäss Fondsreglement als Anlagen zulässig sind; und
c) sie an einer Börse oder an einem anderen geregelten, dem Publikum offen stehenden Markt gehandelt werden.

² Bei Geschäften mit OTC-Derivaten (OTC-Geschäften) müssen zusätzlich die folgenden Voraussetzungen erfüllt sein:
a) Die Gegenpartei ist ein beaufsichtigter, auf dieses Geschäft spezialisierter Finanzintermediär.
b) Die OTC-Derivate sind täglich handelbar oder eine Rückgabe an den Emittenten ist jederzeit möglich. Zudem sind sie zuverlässig und nachvollziehbar bewertbar.

³ Das mit derivativen Finanzinstrumenten verbundene Gesamtengagement eines Effektenfonds darf 100 Prozent des Nettofondsvermögens nicht überschreiten. Das Gesamtengagement darf 200 Prozent des Nettofondsvermögens nicht überschreiten. Unter Berücksichtigung der Möglichkeit der vorübergehenden Kreditaufnahme im Umfang von höchstens 10 Prozent des Nettofondsvermögens (Art. 77 Abs. 2) darf das Gesamtengagement insgesamt 210 Prozent des Nettofondsvermögens nicht überschreiten.

⁴ Warrants sind wie derivative Finanzinstrumente zu behandeln.

Art. 73 Anlagen in anderen kollektiven Kapitalanlagen (Zielfonds)
(Art. 54 und 57 Abs. 1 KAG)

¹ Die Fondsleitung und die SICAV dürfen nur in Zielfonds anlegen, wenn:
a) deren Dokumente die Anlagen in anderen Zielfonds ihrerseits insgesamt auf 10 Prozent begrenzen;
b) für diese in Bezug auf Zweck, Organisation, Anlagepolitik, Anlegerschutz, Risikoverteilung, getrennte Verwahrung des Fondsvermögens, Kreditaufnahme, Kreditgewährung, Leerverkäufe von Wertpapieren und Geldmarktinstrumenten, Ausgabe und Rücknahme der Anteile und Inhalt der Halbjahres und Jahresberichte gleichwertige Bestimmungen gelten wie für Effektenfonds;
c) die Zielfonds im Sitzstaat als kollektive Kapitalanlagen zugelassen sind und dort einer dem Anlegerschutz dienenden, der schweizerischen gleichwertigen Aufsicht unterstehen, und die internationale Amtshilfe gewährleistet ist.

² Sie dürfen höchstens:
a) 20 Prozent des Fondsvermögens in Anteilen desselben Zielfonds anlegen; und
b)[104] 30 Prozent des Fondsvermögens in Anteilen von Zielfonds anlegen, die nicht den massgebenden Richtlinien der Europäischen Union entsprechen (Organismus für gemeinsame Anlagen in Wertpapieren, OGAW), aber diesen oder schweizerischen Effektenfonds nach Artikel 53 des Gesetzes gleichwertig sind.

³ Für die Anlagen in Zielfonds gelten die Artikel 78–84 nicht.

⁴ Darf gemäss Fondsreglement ein wesentlicher Teil des Fondsvermögens in Zielfonds angelegt werden, so:
a)[105] müssen das Fondsreglement und der Prospekt Angaben darüber enthalten, wie hoch die Verwaltungskommissionen maximal sind, die von der investierenden kollektiven Kapitalanlage selbst wie auch von den Zielfonds zu tragen sind;
b) ist im Jahresbericht anzugeben, wie hoch der Anteil der Verwaltungskommissionen maximal ist, den die investierende kollektive Kapitalanlage einerseits und die Zielfonds andererseits tragen.

Art. 73a[106] Master-Feeder-Strukturen
(Art. 54 und 57 Abs. 1 KAG)

¹ Ein Feeder-Fonds ist eine kollektive Kapitalanlage, die abweichend von Artikel 73 Absatz 2 Buchstabe a mindestens 85 Prozent des Fondsvermögens in Anteilen desselben Zielfonds (Master-Fonds) anlegt.

² Der Master-Fonds ist eine schweizerische kollektive Kapitalanlage derselben Art wie der Feeder-Fonds, ist selber kein Feeder-Fonds und hält keine Anteile an einem solchen.

---

[104] Fassung gemäss Ziff. I der V vom 13. Febr. 2013, in Kraft seit 1. März 2013 (AS **2013** 607).
[105] Fassung gemäss Ziff. I der V vom 13. Febr. 2013, in Kraft seit 1. März 2013 (AS **2013** 607).
[106] Eingefügt durch Ziff. I der V vom 13. Febr. 2013, in Kraft seit 1. März 2013 (AS **2013** 607).

³Ein Feeder-Fonds kann bis zu 15 Prozent seines Fondsvermögens in flüssige Mittel (Art. 75) oder derivative Finanzinstrumente (Art. 72) anlegen. Die derivativen Finanzinstrumente dürfen ausschliesslich zum Zweck der Absicherung verwendet werden.
⁴Die FINMA regelt die Einzelheiten.

Art. 74 Geldmarktinstrumente
(Art. 54 Abs. 1 KAG)

¹Die Fondsleitung und die SICAV dürfen Geldmarktinstrumente erwerben, wenn diese liquide und bewertbar sind sowie an einer Börse oder an einem anderen geregelten, dem Publikum offen stehenden Markt gehandelt werden.

²Geldmarktinstrumente, die nicht an einer Börse oder an einem anderen geregelten, dem Publikum offen stehenden Markt gehandelt werden, dürfen nur erworben werden, wenn die Emission oder der Emittent Vorschriften über den Gläubiger- und den Anlegerschutz unterliegt und wenn die Geldmarktinstrumente begeben oder garantiert sind von:
a) der Schweizerischen Nationalbank;
b) der Zentralbank eines Mitgliedstaates der Europäischen Union;
c) der Europäischen Zentralbank;
d) der Europäischen Union;
e) der Europäischen Investitionsbank;
f) der Organisation für wirtschaftliche Zusammenarbeit (OECD);
g) einem anderen Staat einschliesslich dessen Gliedstaaten;
h) einer internationalen Organisation öffentlich-rechtlichen Charakters, der die Schweiz oder mindestens ein Mitgliedstaat der Europäischen Union angehört;
i) einer öffentlich-rechtlichen Körperschaft;
j) einem Unternehmen, dessen Effekten an einer Börse oder an einem anderen geregelten, dem Publikum offen stehenden Markt gehandelt werden;
k) einer Bank, einem Effektenhändler oder einem sonstigen Institut, die einer Aufsicht unterstehen, die derjenigen in der Schweiz gleichwertig ist.

Art. 75 Flüssige Mittel
(Art. 54 Abs. 2 KAG)

Als flüssige Mittel gelten Bankguthaben sowie Forderungen aus Pensionsgeschäften auf Sicht und auf Zeit mit Laufzeiten bis zu zwölf Monaten.

Art. 76 Effektenleihe *(Securities Lending)* und Pensionsgeschäft *(Repo, Reverse Repo)*
(Art. 55 Abs. 1 Bst. a und b KAG)

¹Effektenleihe und Pensionsgeschäft sind nur im Hinblick auf eine effiziente Verwaltung des Fondsvermögens zulässig. Die Depotbank haftet für die marktkonforme, einwandfreie Abwicklung der Effektenleihe und des Pensionsgeschäftes.

²Banken, Broker, Versicherungseinrichtungen und Effektenclearing-Organisationen dürfen bei der Effektenleihe als Borger herangezogen werden, sofern sie auf die Effektenleihe spezialisiert sind und Sicherheiten leisten, die dem Umfang und dem Risiko der beabsichtigten Geschäfte entsprechen. Unter den gleichen Bedingungen darf das Pensionsgeschäft mit den genannten Instituten abgewickelt werden.

³Die Effektenleihe und das Pensionsgeschäft sind in einem standardisierten Rahmenvertrag zu regeln.

Art. 77 Aufnahme und Gewährung von Krediten; Belastung des Fondsvermögens
(Art. 55 Abs. 1 Bst. c und d sowie Abs. 2 KAG)

¹Zulasten eines Effektenfonds dürfen:
a) keine Kredite gewährt und keine Bürgschaften abgeschlossen werden;
b) höchstens 25 Prozent des Nettofondsvermögens verpfändet oder zur Sicherung übereignet werden.

²Effektenfonds dürfen für höchstens 10 Prozent des Nettofondsvermögens vorübergehend Kredite aufnehmen.

³Die Effektenleihe und das Pensionsgeschäft als Reverse Repo gelten nicht als Kreditgewährung im Sinne von Absatz 1 Buchstabe a.

⁴Das Pensionsgeschäft als Repo gilt als Kreditaufnahme im Sinne von Absatz 2, es sei denn, die erhaltenen Mittel werden im Rahmen eines Arbitrage-Geschäfts für die Übernahme von Effekten glei-

cher Art und Güte in Verbindung mit einem entgegengesetzten Pensionsgeschäft (Reverse Repo) verwendet.

Art. 78 Risikoverteilung bei Effekten und Geldmarktinstrumenten
(Art. 57 KAG)

¹ Die Fondsleitung und die SICAV dürfen einschliesslich der derivativen Finanzinstrumente höchstens 10 Prozent des Fondsvermögens in Effekten oder Geldmarktinstrumenten desselben Emittenten anlegen.

² Der Gesamtwert der Effekten und Geldmarktinstrumente der Emittenten, bei welchen mehr als 5 Prozent des Fondsvermögens angelegt sind, darf 40 Prozent des Fondsvermögens nicht übersteigen. Diese Begrenzung findet keine Anwendung auf Guthaben auf Sicht und auf Zeit gemäss Artikel 79 und auf Geschäfte mit OTC-Derivaten gemäss Artikel 80, bei welchen die Gegenpartei eine Bank nach Artikel 70 Absatz 1 Buchstabe e ist.

Art. 79 Risikoverteilung bei Guthaben auf Sicht und auf Zeit
(Art. 57 KAG)

Fondsleitung und SICAV dürfen höchstens 20 Prozent des Fondsvermögens in Guthaben auf Sicht und auf Zeit bei derselben Bank anlegen. In diese Limite sind sowohl die Anlagen in Bankguthaben (Art. 70 Abs. 1 Bst. e) als auch die flüssigen Mittel (Art. 75) einzubeziehen.

Art. 80 Risikoverteilung bei OTC-Geschäften und Derivaten
(Art. 57 KAG)

¹ Fondsleitung und SICAV dürfen höchstens 5 Prozent des Fondsvermögens in OTC-Geschäften bei derselben Gegenpartei anlegen.

² Ist die Gegenpartei eine Bank nach Artikel 70 Absatz 1 Buchstabe e, so erhöht sich diese Limite auf 10 Prozent des Fondsvermögens.

³ Die derivativen Finanzinstrumente und die Forderungen gegen Gegenparteien aus OTC-Geschäften sind in die Risikoverteilungsvorschriften nach den Artikeln 73 und 78–84 einzubeziehen. Dies gilt nicht für Derivate auf Indizes, welche die Voraussetzungen nach Artikel 82 Absatz 1 Buchstabe b erfüllen.

⁴ Werden die Forderungen aus OTC-Geschäften durch Sicherheiten in Form von liquiden Aktiven gemäss Artikel 12 der Liquiditätsverordnung vom 30. November 2012[107] abgesichert, so werden diese Forderungen bei der Berechnung des Gegenparteirisikos nicht berücksichtigt.[108]

Art. 81 Gesamtbeschränkungen
(Art. 57 KAG)

¹ Anlagen, Guthaben und Forderungen gemäss den Artikeln 78–80 desselben Emittenten dürfen insgesamt 20 Prozent des Fondsvermögens nicht übersteigen.

² Anlagen und Geldmarktinstrumente gemäss Artikel 78 derselben Unternehmensgruppe dürfen insgesamt 20 Prozent des Fondsvermögens nicht übersteigen.

³ Die Beschränkungen nach den Artikeln 78–80 und 83 Absatz 1 dürfen nicht kumuliert werden.

⁴ Bei Umbrella-Fonds gelten diese Beschränkungen für jedes Teilvermögen einzeln.

⁵ Gesellschaften, die aufgrund internationaler Rechnungslegungsvorschriften einen Konzern bilden, gelten als einziger Emittent.

Art. 82 Ausnahmen für Indexfonds
(Art. 57 KAG)

¹ Die Fondsleitung und die SICAV dürfen höchstens 20 Prozent des Fondsvermögens in Effekten oder Geldmarktinstrumenten desselben Emittenten anlegen, wenn:
a) das Fondsreglement die Nachbildung eines von der FINMA anerkannten Index für Beteiligungs- oder Forderungsrechte vorsieht (Indexfonds); und
b) der Index hinreichend diversifiziert und für den Markt, auf den er sich bezieht, repräsentativ ist und in angemessener Weise veröffentlicht wird.

² Die Limite erhöht sich auf 35 Prozent für Effekten oder Geldmarktinstrumente desselben Emittenten, die auf geregelten Märkten stark dominieren. Diese Ausnahme kann nur für einen einzigen Emittenten beansprucht werden.

---

[107] SR **952.06**.
[108] Eingefügt durch Ziff. I der V vom 13. Febr. 2013, in Kraft seit 1. März 2013 (AS **2013** 607).

³Die Anlagen nach diesem Artikel sind bei der Einhaltung der Limite von 40 Prozent nach Artikel 78 Absatz 2 nicht zu berücksichtigen.

Art. 83 Ausnahmen für öffentlich garantierte oder begebene Anlagen
(Art. 57 Abs. 1 KAG)

¹Die Fondsleitung und die SICAV dürfen höchstens 35 Prozent des Fondsvermögens in Effekten oder Geldmarktinstrumenten desselben Emittenten anlegen, sofern diese begeben oder garantiert werden von:
a) einem OECD-Staat;
b) einer öffentlich-rechtlichen Körperschaft aus der OECD;
c) einer internationalen Organisation öffentlich-rechtlichen Charakters, der die Schweiz oder ein Mitgliedstaat der Europäischen Union angehört.

²Mit Bewilligung der FINMA dürfen sie bis 100 Prozent des Fondsvermögens in Effekten oder Geldmarktinstrumenten desselben Emittenten anlegen. In diesem Fall sind folgende Regeln zu berücksichtigen:
a) Die Anlagen sind in Effekten oder Geldmarktinstrumente aus mindestens sechs verschiedenen Emissionen aufgeteilt.
b) Höchstens 30 Prozent des Fondsvermögens werden in Effekten und Geldmarktinstrumenten derselben Emission angelegt.
c) Im Prospekt und in den Werbeunterlagen werden auf die spezielle Bewilligung der FINMA hingewiesen sowie die Emittenten aufgeführt, bei denen mehr als 35 Prozent des Fondsvermögens angelegt werden können.
d) Im Fondsreglement sind die Emittenten aufgeführt, bei denen mehr als 35 Prozent des Fondsvermögens angelegt werden können, und die entsprechenden Garanten.

³Die FINMA erteilt die Bewilligung, wenn dadurch der Schutz der Anlegerinnen und Anleger nicht gefährdet wird.

⁴Die Anlagen nach diesem Artikel sind bei der Einhaltung der Limite von 40 Prozent nach Artikel 78 Absatz 2 nicht zu berücksichtigen.

Art. 84 Beschränkung der Beteiligung an einem einzigen Emittenten
(Art. 57 Abs. 2 KAG)

¹Weder die Fondsleitung noch die SICAV darf Beteiligungsrechte erwerben, die insgesamt mehr als 10 Prozent der Stimmrechte ausmachen oder die es ihnen erlauben, einen wesentlichen Einfluss auf die Geschäftsleitung eines Emittenten auszuüben.

²Die FINMA kann eine Ausnahme gewähren, sofern die Fondsleitung oder die SICAV nachweist, dass sie den wesentlichen Einfluss nicht ausübt.

³Die Fondsleitung und die SICAV dürfen für das Fondsvermögen höchstens erwerben:
a) je 10 Prozent der stimmrechtslosen Beteiligungspapiere, der Schuldverschreibungen oder der Geldmarktinstrumente desselben Emittenten;
b) 25 Prozent der Anteile an anderen kollektiven Kapitalanlagen, welche die Anforderungen nach Artikel 73 erfüllen.

⁴Die Beschränkung nach Absatz 3 gilt nicht, wenn sich im Zeitpunkt des Erwerbs der Bruttobetrag der Schuldverschreibungen, der Geldmarktinstrumente oder der Anteile an anderen kollektiven Kapitalanlagen nicht berechnen lässt.

⁵Die Beschränkungen nach den Absätzen 1 und 3 sind nicht anwendbar auf Effekten und Geldmarktinstrumente, die von einem Staat oder einer öffentlich-rechtlichen Körperschaft aus der OECD oder von internationalen Organisationen öffentlich rechtlichen Charakters, denen die Schweiz oder ein Mitgliedstaat der Europäischen Union angehören, begeben oder garantiert werden.

Art. 85 Besondere Informationspflichten im Prospekt
(Art. 75 KAG)

¹Im Prospekt ist anzugeben, in welche Kategorien von Anlageinstrumenten investiert wird und ob Geschäfte mit derivativen Finanzinstrumenten getätigt werden. Werden Geschäfte mit derivativen Finanzinstrumenten getätigt, so ist zu erläutern, ob diese Geschäfte als Teil der Anlagestrategie oder zur Absicherung von Anlagepositionen getätigt werden und wie sich deren Einsatz auf das Risikoprofil des Effektenfonds auswirkt.

V. Normentexte

² Dürfen die Fondsleitung oder die SICAV das Fondsvermögen hauptsächlich in andere Anlagen als solche nach Artikel 70 Absatz 1 Buchstaben a und e investieren oder bilden sie einen Indexfonds (Art. 82), so ist im Prospekt und in den Werbeunterlagen besonders darauf hinzuweisen.

³ Weist das Nettofondsvermögen eines Effektenfonds aufgrund der Zusammensetzung der Anlagen oder der angewandten Anlagetechniken eine erhöhte Volatilität beziehungsweise Hebelwirkung auf, so ist im Prospekt und in den Werbeunterlagen besonders darauf hinzuweisen.

3. Abschnitt: Immobilienfonds

Art. 86 Zulässige Anlagen

(Art. 59 Abs. 1 und 62 KAG)

¹ Die Anlagen von Immobilienfonds oder Immobilien-SICAV sind im Fondsreglement ausdrücklich zu nennen.[109]

² Als Grundstücke nach Artikel 59 Absatz 1 Buchstabe a gelten folgende Grundstücke, die gestützt auf die Anmeldung der Fondsleitung, der SICAV oder der von der SICAV beauftragten Fondsleitung gemäss Absatz 2bis eingetragen sind: [110]
a) Wohnbauten;
b) Liegenschaften, die ausschliesslich oder zu einem überwiegenden Teil kommerziellen Zwecken dienen; überwiegend ist der kommerzielle Anteil, wenn der Ertrag daraus mindestens 60 Prozent des Liegenschaftsertrages ausmacht (kommerziell genutzte Liegenschaften);
c) Bauten mit gemischter Nutzung, die sowohl Wohn- als auch kommerziellen Zwecken dienen; eine gemischte Nutzung liegt vor, wenn der Ertrag aus dem kommerziellen Anteil mehr als 20 Prozent, aber weniger als 60 Prozent des Liegenschaftsertrages ausmacht;
d) Stockwerkeigentum;
e) Bauland (inkl. Abbruchobjekte) und angefangene Bauten;
f) Baurechtsgrundstücke.

²^{bis} Die Grundstücke sind auf den Namen der Fondsleitung oder der SICAV unter Anmerkung der Zugehörigkeit zum Immobilienfonds im Grundbuch eingetragen. Hat der Immobilienfonds oder die SICAV, auf dessen oder deren Name das Grundstück eingetragen ist, Teilvermögen, so muss angemerkt sein, zu welchem Teilvermögen das Grundstück gehört.[111]

³ Als weitere Anlagen sind zulässig:
a) Schuldbriefe oder andere vertragliche Grundpfandrechte;
b) Beteiligungen an und Forderungen gegen Immobiliengesellschaften nach Artikel 59 Absatz 1 Buchstabe b des Gesetzes;
c) Anteile an anderen Immobilienfonds (einschliesslich *Real Estate Investment Trusts*) sowie Immobilieninvestmentgesellschaften und -zertifikate, die an einer Börse oder an einem anderen geregelten, dem Publikum offen stehenden Markt gehandelt werden, gemäss Artikel 59 Absatz 1 Buchstabe c des Gesetzes;
d) ausländische Immobilienwerte gemäss Artikel 59 Absatz 1 Buchstabe d des Gesetzes.

⁴ Unbebaute Grundstücke eines Immobilienfonds müssen erschlossen und für eine umgehende Überbauung geeignet sein sowie über eine rechtskräftige Baubewilligung für deren Überbauung verfügen. Mit der Ausführung der Bauarbeiten muss vor Ablauf der Gültigkeitsdauer der jeweiligen Baubewilligung begonnen werden können.[112]

Art. 87 Risikoverteilung und Beschränkungen

(Art. 62 KAG)

¹ Immobilienfonds müssen ihre Anlagen auf mindestens zehn Grundstücke verteilen. Siedlungen, die nach den gleichen baulichen Grundsätzen erstellt worden sind, sowie aneinander grenzende Parzellen gelten als ein einziges Grundstück.

² Der Verkehrswert eines Grundstückes darf nicht mehr als 25 Prozent des Fondsvermögens betragen.

³ Es gelten folgende Anlagebeschränkungen bezogen auf das Fondsvermögen:
a) Bauland, einschliesslich Abbruchobjekte, und angefangene Bauten bis höchstens 30 Prozent;
b)[113] Baurechtsgrundstücke bis höchstens 30 Prozent;

---

[109] Fassung gemäss Ziff. I der V vom 13. Febr. 2013, in Kraft seit 1. März 2013 (AS **2013** 607).
[110] Fassung gemäss Ziff. I der V vom 13. Febr. 2013, in Kraft seit 1. März 2013 (AS **2013** 607).
[111] Eingefügt durch Ziff. I der V vom 13. Febr. 2013, in Kraft seit 1. März 2013 (AS **2013** 607).
[112] Fassung gemäss Ziff. I der V vom 13. Febr. 2013, in Kraft seit 1. März 2013 (AS **2013** 607).
[113] Fassung gemäss Ziff. I der V vom 13. Febr. 2013, in Kraft seit 1. März 2013 (AS **2013** 607).

c) Schuldbriefe und andere vertragliche Grundpfandrechte bis höchstens 10 Prozent;
d) Anteile an anderen Immobilienfonds und Immobilieninvestmentgesellschaften nach Artikel 86 Absatz 3 Buchstabe c bis höchstens 25 Prozent.

⁴Die Anlagen nach Absatz 3 Buchstaben a und b dürfen zusammen höchstens 40 Prozent des Fondsvermögens betragen.[114]

⁵Die FINMA kann in begründeten Einzelfällen Abweichungen zulassen.

Art. 88 Beherrschender Einfluss der Fondsleitung und der SICAV bei gewöhnlichem Miteigentum
(Art. 59 Abs. 2 KAG)

¹Die Fondsleitung und die SICAV üben einen beherrschenden Einfluss aus, wenn sie über die Mehrheit der Miteigentumsanteile und Stimmen verfügen.

²Sie haben sich in einer Nutzungs- und Verwaltungsordnung nach Artikel 647 Absatz 1 des Zivilgesetzbuches (ZGB)[115] alle in den Artikeln 647a–651 ZGB vorgesehenen Rechte, Massnahmen und Handlungen vorzubehalten.

³Das Vorkaufsrecht nach Artikel 682 ZGB darf vertraglich nicht aufgehoben werden.

⁴Miteigentumsanteile an Gemeinschaftsanlagen im Zusammenhang mit Grundstücken der kollektiven Kapitalanlage, die zu einer Gesamtüberbauung gehören, müssen keinen beherrschenden Einfluss ermöglichen. In diesen Fällen darf das Vorkaufsrecht nach Absatz 3 vertraglich aufgehoben werden.

Art. 89 Verbindlichkeiten; kurzfristige festverzinsliche Effekten und kurzfristig verfügbare Mittel
(Art. 60 KAG)

¹Als Verbindlichkeiten gelten aufgenommene Kredite, Verpflichtungen aus dem Geschäftsgang sowie sämtliche Verpflichtungen aus gekündigten Anteilen.

²Als kurzfristige festverzinsliche Effekten gelten Forderungsrechte mit einer Laufzeit oder Restlaufzeit bis zu zwölf Monaten.

³Als kurzfristig verfügbare Mittel gelten Kasse, Post-[116] und Bankguthaben auf Sicht und Zeit mit Laufzeiten bis zu zwölf Monaten sowie fest zugesagte Kreditlimiten einer Bank bis zu 10 Prozent des Nettofondsvermögens. Die Kreditlimiten sind der Höchstgrenze der zulässigen Verpfändung nach Artikel 96 Absatz 1 anzurechnen.

Art. 90 Sicherstellung von Bauvorhaben
(Art. 65 KAG)

Zur Sicherstellung von bevorstehenden Bauvorhaben können festverzinsliche Effekten mit einer Laufzeit oder Restlaufzeit von bis zu 24 Monaten gehalten werden.

Art. 91[117] Derivative Finanzinstrumente
(Art. 61 KAG)

Zur Absicherung von Zins-, Währungs-, Kredit- und Marktrisiken sind derivative Finanzinstrumente zulässig. Dabei kommen die für Effektenfonds geltenden Bestimmungen (Art. 72) sinngemäss zur Anwendung.

Art. 91a[118] Nahestehende Personen
(Art. 63 Abs. 2 und 3 KAG)

¹Als nahestehende Personen gelten insbesondere:
a) die Fondsleitung, die SICAV, die Depotbank und deren Beauftragte, namentlich von diesen beauftragte Architektinnen und Architekten und Bauunternehmerinnen und Bauunternehmer;
b) die Mitglieder des Verwaltungsrates und die Mitarbeiterinnen und Mitarbeiter der Fondsleitung oder der SICAV;

---

[114] Fassung gemäss Ziff. I der V vom 13. Febr. 2013, in Kraft seit 1. März 2013 (AS **2013** 607).
[115] SR **210**.
[116] Infolge des BRB vom 7. Juni 2013 der die Anstalt Post in die spezialgesetzliche Schweizerische Post AG umgewandelt und die PostFinance in eine privatrechtliche Aktiengesellschaft ausgegliedert hat, ist der Hinweis auf die Postguthaben seit dem 26. Juni 2013 gegenstandslos.
[117] Fassung gemäss Ziff. I der V vom 13. Febr. 2013, in Kraft seit 1. März 2013 (AS **2013** 607).
[118] Eingefügt durch Ziff. I der V vom 13. Febr. 2013, in Kraft seit 1. März 2013 (AS **2013** 607).

V. Normentexte

c) der Verwaltungsrat und die Mitglieder der Geschäftsleitung sowie die mit der Überwachung der Immobilienfonds beauftragten Mitarbeiterinnen und Mitarbeiter der Depotbank;
d) die Prüfgesellschaft und die mit der Prüfung der Immobilienfonds betrauten Mitarbeiterinnen und Mitarbeiter;
e) die Schätzungsexperten;
f) die nicht zu 100 Prozent zum Immobilienfonds gehörenden Immobiliengesellschaften sowie die Mitglieder des Verwaltungsrates und die Mitarbeiterinnen und Mitarbeiter dieser Immobiliengesellschaften;
g) die mit der Verwaltung der Immobilienwerte beauftragten Liegenschaftsverwaltungen sowie die Mitglieder des Verwaltungsrates und die Mitarbeiterinnen und Mitarbeiter dieser Liegenschaftsverwaltungen;
h) die qualifiziert Beteiligten im Sinne von Artikel 14 Absatz 3 des Gesetzes der oben in Buchstaben a–g erwähnten Gesellschaften.

²Beauftragte nach Absatz 1 Buchstabe a gelten nicht als nahestehende Personen, wenn nachgewiesen werden kann, dass sie weder direkten noch indirekten Einfluss auf die Fondsleitung oder die SICAV nehmen oder genommen haben und die Fondsleitung oder die SICAV in der Sache nicht auf andere Weise befangen ist.

Art. 92 Bewertung von Grundstücken bei Erwerb oder Veräusserung
(Art. 64 KAG)

¹Grundstücke, welche die Fondsleitung oder die SICAV erwerben wollen, sind vorgängig schätzen zu lassen.[119]

²Für diese Schätzung besichtigt der Schätzungsexperte die Grundstücke.

³Bei einer Veräusserung kann auf eine neue Schätzung verzichtet werden, wenn:
a) die bestehende Schätzung nicht älter 3 Monate ist; und
b) sich die Verhältnisse nicht wesentlich geändert haben.[120]

⁴Die Fondsleitung und die SICAV müssen eine Veräusserung unter oder den Erwerb über dem Schätzungswert gegenüber der Prüfgesellschaft begründen.

Art. 93 Bewertung der zur kollektiven Kapitalanlage gehörenden Grundstücke
(Art. 64 KAG)[121]

¹Der Verkehrswert der Grundstücke, die zum Immobilienfonds gehören, ist auf den Abschluss jedes Rechnungsjahres durch die Schätzungsexperten überprüfen zu lassen.

²Die Besichtigung der Grundstücke durch die Schätzungsexperten ist mindestens alle drei Jahre zu wiederholen.

³Die Schätzungsexperten haben ihre Schätzungsmethode gegenüber der Prüfgesellschaft zu begründen.

⁴Übernehmen die Fondsleitung und die SICAV den Schätzungswert nicht unverändert in ihre Rechnung, so haben sie dies gegenüber der Prüfgesellschaft zu begründen.

Art. 94 Prüfung und Bewertung bei Bauvorhaben
(Art. 64 und 65 KAG)[122]

¹Die Fondsleitung und die SICAV lassen bei Bauvorhaben durch mindestens einen Schätzungsexperten prüfen, ob die voraussichtlichen Kosten marktkonform und angemessen sind.

²Nach Fertigstellung der Baute lassen die Fondsleitung und die SICAV den Verkehrswert durch mindestens einen Schätzungsexperten schätzen.

Art. 95 Publikationspflicht
(Art. 67 KAG)[123]

¹Die Fondsleitung und die SICAV veröffentlichen den Verkehrswert des Fondsvermögens und den sich daraus ergebenden Inventarwert der Fondsanteile gleichzeitig mit der Bekanntgabe an die mit dem regelmässigen börslichen oder ausserbörslichen Handel der Immobilienfondsanteile betraute Bank oder den damit betrauten Effektenhändler in den Publikationsorganen.

---

[119] Fassung gemäss Ziff. I der V vom 13. Febr. 2013, in Kraft seit 1. März 2013 (AS **2013** 607).
[120] Fassung gemäss Ziff. I der V vom 13. Febr. 2013, in Kraft seit 1. März 2013 (AS **2013** 607).
[121] Eingefügt durch Ziff. I der V vom 13. Febr. 2013, in Kraft seit 1. März 2013 (AS **2013** 607).
[122] Eingefügt durch Ziff. I der V vom 13. Febr. 2013, in Kraft seit 1. März 2013 (AS **2013** 607).
[123] Eingefügt durch Ziff. I der V vom 13. Febr. 2013, in Kraft seit 1. März 2013 (AS **2013** 607).

²Bei Immobilienfonds, die an einer Börse oder an einem anderen geregelten, dem Publikum offen stehenden Markt gehandelt werden, sind zusätzlich die massgebenden börsenrechtlichen Bestimmungen zu beachten.

Art. 96 Sonderbefugnisse
(Art. 65 KAG)

¹ Bei der Verpfändung der Grundstücke und der Sicherungsübereignung der Pfandrechte nach Artikel 65 Absatz 2 des Gesetzes darf die Belastung aller Grundstücke im Durchschnitt nicht mehr als ein Drittel des Verkehrswertes betragen.[124]

¹ᵇⁱˢ Zur Wahrung der Liquidität kann die Belastung vorübergehend und ausnahmsweise auf die Hälfte des Verkehrswertes erhöht werden, sofern:
a) das Fondsreglement dies vorsieht; und
b) die Interessen der Anlegerinnen und Anleger gewahrt bleiben.[125]

¹ᵗᵉʳ Die Prüfgesellschaft nimmt im Rahmen der Prüfung des Immobilienfonds zu den Voraussetzungen gemäss Absatz 1ᵇⁱˢ Stellung.[126]

² Lassen die Fondsleitung und die SICAV Bauten erstellen oder führen sie Gebäudesanierungen durch, so dürfen sie für die Zeit der Vorbereitung, des Baus oder der Gebäudesanierung der Ertragsrechnung des Immobilienfonds für Bauland und angefangene Bauten einen Bauzins zum marktüblichen Satz gutschreiben, sofern dadurch die Kosten den geschätzten Verkehrswert nicht übersteigen.

Art. 97 Ausgabe von Immobilienfondsanteilen
(Art. 66 KAG)

¹ Die Ausgabe von Anteilen ist jederzeit möglich. Sie darf nur tranchenweise erfolgen.

² Die Fondsleitung und die SICAV bestimmen mindestens:
a) die geplante Anzahl der neu auszugebenden Anteile;
b) das geplante Bezugsverhältnis für die bisherigen Anlegerinnen und Anleger;
c) die Emissionsmethode für das Bezugsrecht.

³ Die Schätzungsexperten überprüfen zur Berechnung des Inventarwertes und zur Festlegung des Ausgabepreises den Verkehrswert jedes Grundstückes.

Art. 98 Vorzeitige Rücknahme von Immobilienfondsanteilen
(Art. 66 KAG)

Die Fondsleitung und die SICAV können die während eines Rechnungsjahres gekündigten Anteile nach Abschluss desselben vorzeitig zurückzahlen, wenn:
a) die Anlegerin oder der Anleger dies bei der Kündigung schriftlich verlangt;
b) sämtliche Anlegerinnen und Anleger, die eine vorzeitige Rückzahlung verlangt haben, befriedigt werden können.

4. Abschnitt: Übrige Fonds für traditionelle und alternative Anlagen

Art. 99 Zulässige Anlagen
(Art. 69 KAG)

¹ Als Anlagen von übrigen Fonds sind namentlich zugelassen:
a) Effekten;
b) Anteile an kollektiven Kapitalanlagen;
c) Geldmarktinstrumente;
d) Guthaben auf Sicht und auf Zeit mit Laufzeiten bis zu zwölf Monaten;
e) Edelmetalle;
f) derivative Finanzinstrumente, denen als Basiswerte Effekten, kollektive Kapitalanlagen, Geldmarktinstrumente, derivative Finanzinstrumente, Indizes, Zinssätze, Wechselkurse, Kredite, Währungen, Edelmetalle, Commodities oder ähnliches zu Grunde liegen;
g) strukturierte Produkte, die sich auf Effekten, kollektive Kapitalanlagen, Geldmarktinstrumente, derivative Finanzinstrumente, Indizes, Zinssätze, Wechselkurse, Währungen, Edelmetalle, Commodities oder ähnliches beziehen.

---

[124] Fassung gemäss Ziff. I der V vom 13. Febr. 2013, in Kraft seit 1. März 2013 (AS **2013** 607).
[125] Eingefügt durch Ziff. I der V vom 13. Febr. 2013, in Kraft seit 1. März 2013 (AS **2013** 607).
[126] Eingefügt durch Ziff. I der V vom 13. Febr. 2013, in Kraft seit 1. März 2013 (AS **2013** 607).

V. Normentexte

² Für übrige Fonds für alternative Anlagen kann die FINMA weitere Anlagen wie Commodities, Rohstoffe und die entsprechenden Rohstofftitel zulassen.[127]

³ Anlagen gemäss Artikel 69 Absatz 2 des Gesetzes sind im Fondsreglement ausdrücklich zu nennen.

⁴ Für Anlagen in Anteile an kollektiven Kapitalanlagen gilt Artikel 73 Absatz 4 sinngemäss.

Art. 100 Anlagetechniken und Beschränkungen
(Art. 70 Abs. 2 und 71 Abs. 2 KAG)

¹ Übrige Fonds für traditionelle Anlagen dürfen:
a) Kredite in der Höhe von höchstens 25 Prozent des Nettofondsvermögens aufnehmen;
b)[128] höchstens 60 Prozent des Nettofondsvermögens verpfänden oder zur Sicherung übereignen;
c) ein Gesamtengagement von höchstens 225 Prozent des Nettofondsvermögens eingehen;
d) Leerverkäufe tätigen.

² Übrige Fonds für alternative Anlagen dürfen:
a) Kredite in der Höhe von höchstens 50 Prozent des Nettofondsvermögens aufnehmen;
b)[129] höchstens 100 Prozent des Nettofondsvermögens verpfänden oder zur Sicherung übereignen;
c) ein Gesamtengagement von höchstens 600 Prozent des Nettofondsvermögens eingehen;
d) Leerverkäufe tätigen.

³ Das Fondsreglement nennt die Anlagebeschränkungen ausdrücklich. Es regelt zudem Art und Höhe der zulässigen Leerverkäufe.

Art. 101 Abweichungen
(Art. 69–71 KAG)

Die FINMA kann im Einzelfall Abweichungen zulassen von den Bestimmungen über:
a) die zulässigen Anlagen;
b) die Anlagetechniken;
c) die Beschränkungen;
d) die Risikoverteilung.

Art. 102 Risikohinweis
(Art. 71 Abs. 3 KAG)

¹ Der Hinweis auf die besonderen Risiken (Warnklausel) bedarf der Genehmigung der FINMA.

² Die Warnklausel muss auf der ersten Seite des Fondsreglements und des Prospekts angebracht und stets in der Form verwendet werden, in der sie von der FINMA genehmigt wurde.

4. Kapitel: Gemeinsame Bestimmungen

1. Abschnitt: Depotbank

Art. 102a[130] Organisation
(Art. 72 KAG)

¹ Die Depotbank muss eine für die Erfüllung ihrer Aufgaben geeignete Organisation haben und Personal beschäftigen, das ihrer Tätigkeit angemessen und entsprechend qualifiziert ist.

² Sie verfügt für die Erfüllung ihrer Tätigkeit als Depotbank über mindestens drei Vollzeitstellen mit Zeichnungsberechtigung.

Art. 103 Informationspflicht
(Art. 72 Abs. 2 KAG)

Die Depotbank teilt der Prüfgesellschaft die mit den Aufgaben der Depotbank betrauten leitenden Personen mit.

Art. 104 Aufgaben
(Art. 73 KAG)

¹ Die Depotbank hat folgende Aufgaben:
a) Sie ist für die Konto- und Depotführung der kollektiven Kapitalanlagen verantwortlich, kann aber nicht selbstständig über deren Vermögen verfügen.

---

[127] Fassung gemäss Ziff. I der V vom 13. Febr. 2013, in Kraft seit 1. März 2013 (AS **2013** 607).
[128] Fassung gemäss Ziff. I der V vom 13. Febr. 2008, in Kraft seit 1. März 2008 (AS **2008** 571).
[129] Fassung gemäss Ziff. I der V vom 13. Febr. 2008, in Kraft seit 1. März 2008 (AS **2008** 571).
[130] Eingefügt durch Ziff. I der V vom 13. Febr. 2013, in Kraft seit 1. März 2013 (AS **2013** 607).

E. Schweizer Investmentrecht

b) Sie gewährleistet, dass ihr bei Geschäften, die sich auf das Vermögen der kollektiven Kapitalanlage beziehen, der Gegenwert innert der üblichen Fristen übertragen wird.
c) Sie benachrichtigt die Fondsleitung oder die kollektive Kapitalanlage, falls der Gegenwert nicht innert der üblichen Frist erstattet wird, und fordert von der Gegenpartei Ersatz für den betroffenen Vermögenswert, sofern dies möglich ist.
d) Sie führt die erforderlichen Aufzeichnungen und Konten so, dass sie jederzeit die verwahrten Vermögensgegenstände der einzelnen kollektiven Kapitalanlagen voneinander unterscheiden kann.
e) Sie prüft bei Vermögensgegenständen, die nicht in Verwahrung genommen werden können, das Eigentum der Fondsleitung oder der kollektiven Kapitalanlage und führt darüber Aufzeichnungen.[131]

²Bei Immobilienfonds bewahrt sie die unbelehnten Schuldbriefe sowie die Aktien von Immobiliengesellschaften auf. Für die laufende Verwaltung von Immobilienwerten kann sie Konten von Dritten führen lassen.

³Bei kollektiven Kapitalanlagen mit Teilvermögen ist für sämtliche Aufgaben dieselbe Depotbank verantwortlich.

Art. 105 Wechsel der Depotbank; Einwendungsfrist, Inkrafttreten und Barauszahlung
(Art. 74 KAG)

¹Artikel 41 ist für den Wechsel der Depotbank eines vertraglichen Anlagefonds sinngemäss anwendbar.

²Der Beschluss zum Wechsel der Depotbank wird unverzüglich in den Publikationsorganen der SICAV veröffentlicht.

Art. 105a[132] Aufgaben bei Delegation der Verwahrung
(Art. 73 Abs. 2 und 2bis KAG)

Überträgt die Depotbank die Aufbewahrung des Fondsvermögens einem Dritt- oder Sammelverwahrer im In- oder Ausland, so prüft und überwacht sie, ob dieser:
a) über eine angemessene Betriebsorganisation, finanzielle Garantien und die fachlichen Qualifikationen verfügt, die für die Art und die Komplexität der Vermögensgegenstände, die ihm anvertraut wurden, erforderlich sind;
b) einer regelmässigen externen Prüfung unterzogen und damit sichergestellt wird, dass sich die Finanzinstrumente in seinem Besitz befinden;
c) die von der Depotbank erhaltenen Vermögensgegenstände so verwahrt, dass sie von der Depotbank durch regelmässige Bestandesabgleiche zu jeder Zeit eindeutig als zum Fondsvermögen gehörend identifiziert werden können;
d) die für die Depotbank geltenden Vorschriften hinsichtlich der Wahrnehmung ihrer delegierten Aufgaben und der Vermeidung von Interessenkollisionen einhält.

2. Abschnitt: Prospekt und vereinfachter Prospekt

Art. 106 Prospekt
(Art. 75 und 77 KAG)

¹Die Fondsleitung und die SICAV führen im Prospekt alle wesentlichen Angaben auf, die für die Beurteilung der kollektiven Kapitalanlage von Bedeutung sind (Anhang 1). Der Prospekt enthält zudem das Fondsreglement, sofern den interessierten Parteien nicht mitgeteilt wird, wo dieses vor der Zeichnung der Anteile separat bezogen werden kann.

²Die Fondsleitung und die SICAV datieren den Prospekt und reichen ihn und jede Änderung der FINMA spätestens bei der Veröffentlichung ein.

³Sie passen ihn bei wesentlichen Änderungen an, mindestens jedoch einmal jährlich.

Art. 107 Vereinfachter Prospekt für Immobilienfonds[133]
(Art. 76 und 77 KAG)

¹Der vereinfachte Prospekt für Immobilienfonds enthält die Informationen gemäss Anhang 2. Die FINMA konkretisiert diese Anforderungen.[134]

---

[131] Fassung gemäss Ziff. I der V vom 13. Febr. 2013, in Kraft seit 1. März 2013 (AS **2013** 607).
[132] Eingefügt durch Ziff. I der V vom 13. Febr. 2013, in Kraft seit 1. März 2013 (AS **2013** 607).
[133] Fassung gemäss Ziff. I der V vom 29. Juni 2011, in Kraft seit 15. Juli 2011 (AS **2011** 3177).
[134] Fassung gemäss Ziff. I der V vom 29. Juni 2011, in Kraft seit 15. Juli 2011 (AS **2011** 3177).

² Die Fondsleitung und die SICAV datieren den vereinfachten Prospekt und reichen ihn und jede Änderung der FINMA spätestens bei der Veröffentlichung ein.

³ Sie passen ihn bei wesentlichen Änderungen an, mindestens jedoch einmal jährlich.

3. Abschnitt: Wesentliche Informationen für die Anlegerinnen und Anleger für Effektenfonds und übrige Fonds für traditionelle Anlagen[135]
(Art. 76 und 77 KAG)

Art. 107a[136] Grundanforderungen

¹ Die wesentlichen Informationen für die Anlegerinnen und Anleger für Effektenfonds und übrige Fonds für traditionelle Anlagen enthalten die Informationen gemäss Anhang 3.

² Die Fondsleitung und die SICAV datieren die wesentlichen Informationen für die Anlegerinnen und Anleger und reichen sie und jede Änderung unverzüglich der FINMA ein.

Art. 107b[137] Bei mehreren Teilvermögen

Besteht eine kollektive Kapitalanlage aus mehreren Teilvermögen, so sind für jedes Teilvermögen die wesentlichen Informationen für die Anlegerinnen und Anleger zu erstellen.

Art. 107c[138] Bei mehreren Anteilsklassen

¹ Besteht eine kollektive Kapitalanlage aus mehreren Anteilsklassen, so sind für jede dieser Anteilsklassen die wesentlichen Informationen für die Anlegerinnen und Anleger zu erstellen. Sofern die Anforderungen nach Anhang 3, insbesondere die Anforderungen an die Länge des Dokuments, eingehalten werden, können auch mehrere Anteilsklassen zusammengefasst werden.

² Die Fondsleitung und die SICAV können für eine Anteilsklasse oder mehrere andere Anteilsklassen eine repräsentative Anteilsklasse auswählen, sofern diese Wahl für die Anlegerinnen und Anleger in den anderen Anteilsklassen nicht irreführend ist. In solchen Fällen muss der Abschnitt „Risiko- und Ertragsprofil" der wesentlichen Informationen für die Anlegerinnen und Anleger die Erklärung des wesentlichen Risikos enthalten, das auf jede der zu vertretenden Anteilsklassen Anwendung findet.

³ Unterschiedliche Anteilsklassen dürfen nicht zu einer repräsentativen Anteilsklasse nach Absatz 2 zusammengefasst werden. Die Fondsleitung und die SICAV führen Buch über die von der repräsentativen Anteilsklasse vertretenen Anteilsklassen nach Absatz 2 und die Gründe dieser Wahl.

Art. 107d[139] Überprüfung

¹ Die Fondsleitung und die SICAV überprüfen die wesentlichen Informationen für die Anlegerinnen und Anleger bei jeder wesentlichen Änderung der Angaben, mindestens jedoch einmal jährlich.

² Geht aus einer Überprüfung hervor, dass die wesentlichen Informationen für die Anlegerinnen und Anleger geändert werden müssen, so haben die Fondsleitung und die SICAV unverzüglich eine überarbeitete Fassung zur Verfügung zu stellen.

Art. 107e[140] Veröffentlichung

Die wesentlichen Informationen für die Anlegerinnen und Anleger, einschliesslich der angemessen überarbeiteten Darstellung der bisherigen Wertentwicklung der kollektiven Kapitalanlage bis zum 31. Dezember, sind von der Fondsleitung und der SICAV innert der ersten 35 Werktage des folgenden Jahres zu veröffentlichen.

Art. 108 Einzahlung; Verurkundung von Anteilen
(Art. 78 Abs. 1 und 2 KAG)

¹ Als Zahlstelle ist eine Bank im Sinne des Bankengesetzes vom 8. November 1934[141] vorzusehen.[142]

---

[135] Fassung gemäss Ziff. I der V vom 13. Febr. 2013, in Kraft seit 1. März 2013 (AS **2013** 607).
[136] Eingefügt durch Ziff. I der V vom 29. Juni 2011 (AS **2011** 3177). Fassung gemäss Ziff. I der V vom 13. Febr. 2013, in Kraft seit 1. März 2013 (AS **2013** 607).
[137] Eingefügt durch Ziff. I der V vom 13. Febr. 2013, in Kraft seit 1. März 2013 (AS **2013** 607).
[138] Eingefügt durch Ziff. I der V vom 13. Febr. 2013, in Kraft seit 1. März 2013 (AS **2013** 607).
[139] Eingefügt durch Ziff. I der V vom 13. Febr. 2013, in Kraft seit 1. März 2013 (AS **2013** 607).
[140] Eingefügt durch Ziff. I der V vom 13. Febr. 2013, in Kraft seit 1. März 2013 (AS **2013** 607).
[141] SR **952.0**.
[142] Fassung gemäss Ziff. I der V vom 13. Febr. 2013, in Kraft seit 1. März 2013 (AS **2013** 607).

²Sofern das Fondsreglement die Auslieferung von Anteilscheinen vorsieht, verurkundet die Depotbank auf Verlangen der Anlegerin oder des Anlegers deren oder dessen Rechte in Wertpapieren (Art. 965 OR[143]) ohne Nennwert, die auf den Namen lauten und als Ordrepapiere (Art. 967 und 1145 OR) ausgestaltet sind.[144]

³Anteilscheine dürfen erst nach Bezahlung des Ausgabepreises ausgegeben werden.

⁴Die Ausgabe von Fraktionsanteilen ist nur bei Anlagefonds erlaubt.

Art. 109 Ausnahmen vom Recht auf jederzeitige Rückgabe
(Art. 79 KAG)

¹Das Fondsreglement einer kollektiven Kapitalanlage mit erschwerter Bewertung oder beschränkter Marktgängigkeit kann vorsehen, dass die Kündigung nur auf bestimmte Termine, jedoch mindestens viermal im Jahr, erklärt werden kann.

²Die FINMA kann auf begründeten Antrag das Recht auf jederzeitige Rückgabe in Abhängigkeit von Anlagen und Anlagepolitik einschränken. Dies gilt namentlich bei:
a) Anlagen, die nicht kotiert sind und an keinem anderen geregelten, dem Publikum offen stehenden Markt gehandelt werden;
b) Hypothekaranlagen;
c) Private-Equity-Anlagen.

³Wird das Recht auf jederzeitige Rückgabe eingeschränkt, so ist dies im Fondsreglement, im Prospekt und im vereinfachten Prospekt ausdrücklich zu nennen.

⁴Das Recht auf jederzeitige Rückgabe darf höchstens fünf Jahre ausgesetzt werden.

Art. 110 Aufschub der Rückzahlung
(Art. 81 KAG)

¹Das Fondsreglement kann vorsehen, dass die Rückzahlung vorübergehend und ausnahmsweise aufgeschoben wird, wenn:
a) ein Markt, welcher Grundlage für die Bewertung eines wesentlichen Teils des Fondsvermögens bildet, geschlossen ist oder der Handel an einem solchen Markt beschränkt oder ausgesetzt ist;
b) ein politischer, wirtschaftlicher, militärischer, monetärer oder anderer Notfall vorliegt;
c) wegen Beschränkungen des Devisenverkehrs oder Beschränkungen sonstiger Übertragungen von Vermögenswerten Geschäfte für die kollektive Kapitalanlage undurchführbar werden;
d) zahlreiche Anteile gekündigt werden und dadurch die Interessen der übrigen Anlegerinnen und Anleger wesentlich beeinträchtigt werden können.

²Der Entscheid über den Aufschub ist der Prüfgesellschaft und der FINMA unverzüglich mitzuteilen. Er ist auch den Anlegerinnen und Anlegern in angemessener Weise mitzuteilen.

Art. 111 Zwangsrückkauf
(Art. 82 KAG)

¹Der Zwangsrückkauf im Sinne von Artikel 82 des Gesetzes ist nur im Ausnahmefall zulässig.

²Die Gründe für einen Zwangsrückkauf sind im Fondsreglement zu nennen.

4. Abschnitt: Offene kollektive Kapitalanlagen mit Teilvermögen

Art. 112 Teilvermögen
(Art. 92–94 KAG)

¹Die Fondsleitung und die SICAV erstellen für eine kollektive Kapitalanlage mit Teilvermögen ein einziges Fondsreglement. Dieses enthält deren Bezeichnung sowie die Zusatzbezeichnungen der einzelnen Teilvermögen.

²Haben die Fondsleitung oder die SICAV das Recht, weitere Teilvermögen zu eröffnen, bestehende aufzulösen oder zu vereinigen, so ist im Fondsreglement besonders darauf hinweisen.

³Die Fondsleitung und die SICAV weisen zudem im Fondsreglement darauf hin, dass:
a) Vergütungen nur demjenigen Teilvermögen belastet werden, dem eine bestimmte Leistung zukommt;
b) Kosten, die nicht eindeutig einem Teilvermögen zugeordnet werden können, den einzelnen Teilvermögen im Verhältnis zum Fondsvermögen belastet werden;

---

[143] SR **220**.
[144] Fassung gemäss Ziff. I der V vom 13. Febr. 2013, in Kraft seit 1. März 2013 (AS **2013** 607).

V. Normentexte

c) Anlegerinnen und Anleger nur am Vermögen und Ertrag desjenigen Teilvermögens berechtigt sind, an dem sie beteiligt sind beziehungsweise dessen Aktien sie halten;
d) für die auf das einzelne Teilvermögen entfallenden Verbindlichkeiten nur das betreffende Teilvermögen haftet.

⁴ Kommissionen, die Anlegerinnen und Anlegern beim Wechsel von einem Teilvermögen zu einem andern belastet werden, sind im Fondsreglement ausdrücklich zu nennen.

⁵ Artikel 115 ist bei der Vereinigung von Teilvermögen sinngemäss anwendbar.

Art. 113 SICAV mit Teilvermögen
(Art. 94 KAG)

Das Risiko, dass ein Teilvermögen unter Umständen für ein anderes haften muss, ist im Prospekt offen zu legen.

5. Abschnitt: Umstrukturierung und Auflösung

Art. 114 Voraussetzungen für die Umstrukturierung
(Art. 92 und 95 Abs. 1 KAG)

¹ Anlagefonds oder Teilvermögen können von der Fondsleitung vereinigt werden, sofern:
a) die entsprechenden Fondsverträge dies vorsehen;
b) sie von der gleichen Fondsleitung verwaltet werden;
c) die entsprechenden Fondsverträge bezüglich der Bestimmungen gemäss Artikel 26 Absatz 3 Buchstaben b, d, e, und i des Gesetzes grundsätzlich übereinstimmen;
d) am gleichen Tag die Vermögen der beteiligten Anlagefonds bewertet, das Umtauschverhältnis berechnet und die Vermögenswerte und Verbindlichkeiten übernommen werden;
e) weder den Anlagefonds beziehungsweise Teilvermögen noch den Anlegerinnen und Anlegern daraus Kosten erwachsen.

² Bei der Vermögensübertragung einer SICAV kommt Absatz 1 sinngemäss zur Anwendung.

³ Die FINMA kann die Vereinigung von Anlagefonds und die Vermögensübertragung einer SICAV, insbesondere im Fall von Immobilienfonds, von zusätzlichen Voraussetzungen abhängig machen.

Art. 115 Verfahren für die Vereinigung kollektiver Kapitalanlagen
(Art. 95 Abs. 1 Bst. a und b KAG)

¹ Bei der Vereinigung zweier Anlagefonds erhalten die Anlegerinnen und Anleger des übertragenden Anlagefonds Anteile am übernehmenden Anlagefonds in entsprechender Höhe. Der übertragende Anlagefonds wird ohne Liquidation aufgelöst.

² Der Fondsvertrag regelt das Verfahren der Vereinigung. Er enthält insbesondere Bestimmungen über:
a) die Information der Anlegerinnen und Anleger;
b) die Prüfungspflichten der Prüfgesellschaft bei der Vereinigung.

³ Die FINMA kann einen befristeten Aufschub der Rückzahlung bewilligen, wenn die Vereinigung voraussichtlich mehr als einen Tag in Anspruch nimmt.

⁴ Die Fondsleitung meldet der FINMA den Abschluss der Vereinigung.

⁵ Bei der Vermögensübertragung einer SICAV kommen die Absätze 2–4 sinngemäss zur Anwendung.

Art. 116 Auflösung einer kollektiven Kapitalanlage
(Art. 96 und 97 KAG)

¹ Die kollektive Kapitalanlage wird aufgelöst und darf unverzüglich liquidiert werden, wenn:
a) die Fondsleitung oder die Depotbank gekündigt hat;
b) die Unternehmeraktionärinnen und -aktionäre einer SICAV die Auflösung beschlossen haben.

² Hat die FINMA die Auflösung der kollektiven Kapitalanlage verfügt, so muss sie unverzüglich liquidiert werden.

³ Vor der Schlusszahlung muss die Fondsleitung oder die SICAV die Bewilligung der FINMA einholen.

⁴ Der Handel von Anteilen an der Börse ist auf den Zeitpunkt der Auflösung einzustellen.

⁵ Die Kündigung des Depotbankvertrags zwischen der SICAV und der Depotbank ist der FINMA und der Prüfgesellschaft unverzüglich zu melden.

3. Titel: Geschlossene kollektive Kapitalanlagen
1. Kapitel: Kommanditgesellschaft für kollektive Kapitalanlagen
Art. 117[145] **Zweck**

(Art. 98 Abs. 1 KAG)

[1] Die Kommanditgesellschaft für kollektive Kapitalanlagen darf ausschliesslich ihr Vermögen verwalten. Namentlich ist es ihr verboten, Dienstleistungen im Sinne von Artikel 29 des Gesetzes für Dritte zu erbringen oder unternehmerische Aktivitäten zur Verfolgung kommerzieller Zwecke aufzunehmen.

[2] Sie investiert in Risikokapital von Unternehmen und Projekten und kann deren strategische Ausrichtung bestimmen. Sie kann auch in Anlagen gemäss Artikel 121 investieren.

[3] Sie kann zu diesem Zweck:
a) die Kontrolle der Stimmrechte an Unternehmen übernehmen;
b) zur Gewährleistung der Interessen der Kommanditäre Einsitz im Organ der Oberleitung, der Aufsicht und der Kontrolle ihrer Beteiligungen nehmen.

Art. 118 Komplementäre

(Art. 98 Abs. 2 KAG)

[1] ... [146]

[2] Hat die Gesellschaft einen Komplementär, so muss er über ein einbezahltes Aktienkapital von mindestens 100 000 Franken verfügen. Hat sie mehrere Komplementäre, so müssen sie zusammen über ein einbezahltes Aktienkapital von mindestens 100 000 Franken verfügen.

[3] Für die Komplementäre gelten die Bewilligungs- und Meldepflichten nach den Artikeln 14 Absatz 1 und 15 Absatz 1 sinngemäss.

Art. 119 Gesellschaftsvertrag

(Art. 9 Abs. 3 und 102 KAG)[147]

[1] Die Komplementäre können die Anlageentscheide sowie weitere Tätigkeiten delegieren, soweit dies im Interesse einer sachgerechten Verwaltung liegt.

[2] Sie beauftragen ausschliesslich Personen, die für eine einwandfreie Ausführung der Tätigkeit qualifiziert sind, und stellen die Instruktion, Überwachung und Kontrolle der Durchführung des Auftrages sicher.

[3] Die geschäftsführenden Personen der Komplementäre können sich als Kommanditärinnen oder Kommanditäre an der Gesellschaft beteiligen, sofern:
a) der Gesellschaftsvertrag es vorsieht;
b) die Beteiligung aus ihrem Privatvermögen stammt; und
c) die Beteiligung bei der Lancierung gezeichnet wird.

[3bis] Vermögende Privatpersonen gemäss Artikel 6, die eine schriftliche Erklärung im Sinne von Artikel 6a Absatz 1 abgegeben haben, können sich als Kommanditärinnen und Kommanditäre an der Gesellschaft beteiligen, sofern der Gesellschaftsvertrag dies vorsieht.[148]

[4] Der Gesellschaftsvertrag regelt die Einzelheiten und ist in einer Amtssprache zu erstellen. Die FINMA kann im Einzelfall eine andere Sprache zulassen.[149]

Art. 120 Risikokapital

(Art. 103 Abs. 1 KAG)

[1] Risikokapital dient in der Regel der direkten oder indirekten Finanzierung von Unternehmungen und Projekten in grundsätzlicher Erwartung eines überdurchschnittlichen Mehrwertes verbunden mit einer überdurchschnittlichen Verlustwahrscheinlichkeit.

[2] Die Finanzierung kann insbesondere erfolgen über:
a) Eigenkapital;
b) Fremdkapital;
c) Mischformen von Eigen- und Fremdkapital wie Mezzanine-Finanzierungen.

---

[145] Fassung gemäss Ziff. I der V vom 13. Febr. 2013, in Kraft seit 1. März 2013 (AS **2013** 607).
[146] Aufgehoben durch Ziff. I der V vom 13. Febr. 2013, mit Wirkung seit 1. März 2013 (AS **2013** 607).
[147] Fassung gemäss Ziff. I der V vom 13. Febr. 2013, in Kraft seit 1. März 2013 (AS **2013** 607).
[148] Eingefügt durch Ziff. I der V vom 13. Febr. 2013, in Kraft seit 1. März 2013 (AS **2013** 607).
[149] Fassung gemäss Ziff. I der V vom 13. Febr. 2013, in Kraft seit 1. März 2013 (AS **2013** 607).

V. Normentexte

Art. 121 Andere Anlagen
(Art. 103 Abs. 2 KAG)

¹ Zulässig sind insbesondere:
a)[150] Bau-, Immobilien- und Infrastrukturprojekte;
b) alternative Anlagen.

² Der Gesellschaftsvertrag regelt die Einzelheiten.

³ Zulässig sind nur Bau-, Immobilien- und Infrastrukturprojekte von Personen, die weder direkt noch indirekt verbunden sind mit:
a) dem Komplementär;
b) den für die Verwaltung und Geschäftsführung verantwortlichen Personen; oder
c) den Anlegerinnen und Anlegern.[151]

⁴ Der Komplementär, die für die Verwaltung und Geschäftsführung verantwortlichen Personen und die ihnen nahestehenden natürlichen und juristischen Personen sowie die Anlegerinnen und Anleger einer Kommanditgesellschaft für kollektive Kapitalanlagen dürfen weder von dieser Immobilienwerte und Infrastrukturwerte übernehmen noch ihr solche abtreten.[152]

2. Kapitel: Investmentgesellschaft mit festem Kapital

Art. 122 Zweck
(Art. 110 KAG)

¹ Die Investmentgesellschaft mit festem Kapital darf nur ihr eigenes Vermögen verwalten. Sie bezweckt hauptsächlich die Erzielung von Erträgen und/oder Kapitalgewinnen und verfolgt keine unternehmerische Tätigkeit im eigentlichen Sinn. Namentlich ist es ihr verboten, Dienstleistungen im Sinne von Artikel 29 des Gesetzes für Dritte zu erbringen.

² Sie darf die Anlageentscheide sowie Teilaufgaben delegieren, soweit dies im Interesse einer sachgerechten Verwaltung liegt.

Art. 122a[153] Mindesteinlage
(Art 110 Abs. 2 KAG)

¹ Im Zeitpunkt der Gründung müssen Aktien im Umfang von mindestens 500 000 Franken bar liberiert werden.

² Die Mindesteinlage ist dauernd zu halten.

³ Die SICAF meldet der FINMA unverzüglich eine Unterschreitung der Mindesteinlage.

Art. 122b[154] Eigene Aktien der Organe
(Art 110 Abs. 2 KAG)

Die Organe müssen dauernd wie folgt eigene Aktien in Prozenten des Gesamtvermögens der SICAF halten, höchstens jedoch 20 Millionen Franken:
a) 1 Prozent für den Teil, der 50 Millionen Franken nicht übersteigt;
b) ¾ Prozent für den Teil, der 50 Millionen, nicht aber 100 Millionen Franken übersteigt;
c) ½ Prozent für den Teil, der 100 Millionen, nicht aber 150 Millionen Franken übersteigt;
d) ¼ Prozent für den Teil, der 150 Millionen, nicht aber 250 Millionen Franken übersteigt;
e) ⅛ Prozent für den Teil, der 250 Millionen Franken übersteigt.

Art. 123 Zulässige Anlagen
(Art. 110 KAG)

¹ Die Bestimmungen über die zulässigen Anlagen für übrige Fonds sind sinngemäss anwendbar.

² Die FINMA kann weitere Anlagen zulassen.

Art. 124 Publikationsorgane
(Art. 112 KAG)

Artikel 39 gilt sinngemäss.

---

[150] Fassung gemäss Ziff. I der V vom 13. Febr. 2013, in Kraft seit 1. März 2013 (AS **2013** 607).
[151] Eingefügt durch Ziff. I der V vom 13. Febr. 2013, in Kraft seit 1. März 2013 (AS **2013** 607).
[152] Eingefügt durch Ziff. I der V vom 13. Febr. 2013, in Kraft seit 1. März 2013 (AS **2013** 607).
[153] Eingefügt durch Ziff. I der V vom 13. Febr. 2013, in Kraft seit 1. März 2013 (AS **2013** 607).
[154] Eingefügt durch Ziff. I der V vom 13. Febr. 2013, in Kraft seit 1. März 2013 (AS **2013** 607).

Art. 125 Zwangsrückkauf
(Art. 113 Abs. 3 KAG)

Artikel 111 gilt sinngemäss.

Art. 126 Änderungen der Statuten und des Anlagereglements
(Art. 115 Abs. 3 KAG)

Die SICAF veröffentlicht in den Publikationsorganen die von der Generalversammlung beschlossenen und von der FINMA genehmigten wesentlichen Änderungen der Statuten und des Anlagereglements mit dem Hinweis auf die Stellen, wo die Änderungen im Wortlaut kostenlos bezogen werden können.

4. Titel: Ausländische kollektive Kapitalanlagen

1. Kapitel: Genehmigung

Art. 127 Bezeichnung der ausländischen kollektiven Kapitalanlage[155]
(Art. 120 Abs. 2 Bst. c und 122 KAG)

Trägt eine ausländische kollektive Kapitalanlage eine Bezeichnung, die zu Täuschung oder Verwechslung Anlass gibt oder geben kann, so kann die FINMA einen erläuternden Zusatz vorschreiben.

Art. 128[156] Vertretungsvertrag und Zahlstellenvertrag
(Art. 120 Abs. 2 Bst. d KAG)

¹Die Fondsleitung einer ausländischen kollektiven Kapitalanlage oder die ausländische Fondsgesellschaft, die in der Schweiz zum Vertrieb zugelassen ist, hat nachzuweisen, dass sie einen schriftlichen Vertretungsvertrag abgeschlossen hat.

²Die Fondsleitung einer ausländischen kollektiven Kapitalanlage oder die Fondsgesellschaft, die in der Schweiz zum Vertrieb zugelassen ist, sowie die Depotbank haben nachzuweisen, dass sie einen schriftlichen Zahlstellenvertrag abgeschlossen haben.

³Für den Vertrieb ausländischer kollektiver Kapitalanlagen in der Schweiz regelt der Vertretungsvertrag namentlich:
a) die Rechte und Pflichten der ausländischen kollektiven Kapitalanlage und des Vertreters im Sinne von Artikel 124 Absatz 2 des Gesetzes, insbesondere hinsichtlich seiner Melde-, Publikations- und Informationspflichten sowie der Verhaltensregeln;
b) die Art und Weise des Vertriebs der kollektiven Kapitalanlagen in der Schweiz; und
c) die Pflicht der ausländischen kollektiven Kapitalanlagen zur Rechenschaftsablegung gegenüber dem Vertreter, namentlich hinsichtlich Änderungen des Prospekts und der Organisation der ausländischen kollektiven Kapitalanlage.

⁴Die FINMA veröffentlicht eine Liste der Länder, mit denen sie eine Vereinbarung über die Zusammenarbeit und den Informationsaustausch gemäss Artikel 120 Absatz 2 Buchstabe e des Gesetzes abgeschlossen hat.

Art. 128a[157] Pflichten des Vertreters
(Art. 124 Abs. 2 KAG)

Der Vertreter einer ausländischen kollektiven Kapitalanlage verfügt für die Erfüllung der Pflichten gemäss Artikel 124 des Gesetzes über eine angemessene Organisation.

Art. 129[158] Vereinfachtes und beschleunigtes Verfahren
(Art. 120 Abs. 3 KAG)

Die FINMA kann im Einzelfall für ausländische kollektive Anlagen ein vereinfachtes und beschleunigtes Genehmigungsverfahren vorsehen, sofern solche Anlagen bereits von einer ausländischen Aufsichtsbehörde genehmigt wurden und das Gegenrecht gewährleistet ist.

---

[155] Fassung gemäss Ziff. I der V vom 13. Febr. 2008, in Kraft seit 1. März 2008 (AS **2008** 571).
[156] Fassung gemäss Ziff. I der V vom 13. Febr. 2013, in Kraft seit 1. März 2013 (AS **2013** 607).
[157] Eingefügt durch Ziff. I der V vom 13. Febr. 2013, in Kraft seit 1. März 2013 (AS **2013** 607).
[158] Fassung gemäss Anhang Ziff. 6 der Finanzmarktprüfverordnung vom 15. Okt. 2008, in Kraft seit 1. Jan. 2009 (AS **2008** 5363).

Art. 130 Dahinfallen der Genehmigung
(Art. 15 und 120 KAG)

Die Genehmigung für ausländische kollektive Kapitalanlagen nach den Artikeln 15 und 120 des Gesetzes fällt dahin, wenn die Aufsichtsbehörde des Herkunftslandes der kollektiven Kapitalanlage die Genehmigung entzieht.

2. Kapitel: Vertreter ausländischer kollektiver Kapitalanlagen

Art. 131 Mindestkapital und Sicherheitsleistung
(Art. 14 Abs. 1 Bst. d KAG)

¹ Der Vertreter ausländischer kollektiver Kapitalanlagen muss über ein Mindestkapital von 100 000 Franken verfügen. Dieses muss bar einbezahlt sein.

² Im Übrigen gelten die Artikel 19 und 20 sinngemäss.

Art. 131a[159] Pflichten des Vertreters beim Vertrieb an qualifizierte Anlegerinnen und Anleger
(Art. 120 Abs. 4 KAG)

¹ Der Vertreter einer ausländischen kollektiven Kapitalanlage, die in der Schweiz ausschliesslich an qualifizierte Anlegerinnen und Anleger vertrieben wird, hat mit dem Finanzintermediär gemäss Artikel 19 Absatz 1bis des Gesetzes einen schriftlichen Vertriebsvertrag gemäss Artikel 30a abzuschliessen.

² Er stellt sicher, dass die Anlegerinnen und Anleger die massgebenden Dokumente der ausländischen kollektiven Kapitalanlage bei ihm beziehen können.

Art. 132 Berufshaftpflichtversicherung
(Art. 14 Abs. 1 Bst. d KAG)

Der Vertreter schliesst eine seiner Geschäftstätigkeit angemessene Berufshaftpflichtversicherung ab von mindestens 1 Million Franken, abzüglich des Mindestkapitals beziehungsweise der effektiven Sicherheitsleistung gemäss Artikel 131.

Art. 133 Publikations- und Meldevorschriften
(Art. 75–77, 83 Abs. 4 und 124 Abs. 2 KAG)[160]

¹ Der Vertreter einer ausländischen kollektiven Kapitalanlage veröffentlicht die Dokumente nach den Artikeln 13a und 15 Absatz 3 sowie den Jahres- und Halbjahresbericht in einer Amtssprache. Die FINMA kann die Publikation in einer anderen Sprache zulassen, sofern sich die Publikation nur an einen bestimmten Anlegerkreis richtet.[161]

² In den Publikationen und in der Werbung sind anzugeben:
a) das Herkunftsland der kollektiven Kapitalanlage;
b) der Vertreter;
c) die Zahlstelle;
d)[162] der Ort, wo die Dokumente nach den Artikeln 13a und 15 Absatz 3 sowie der Jahres- und Halbjahresbericht bezogen werden können.

³ Der Vertreter einer ausländischen kollektiven Kapitalanlage reicht der FINMA die Jahres- und Halbjahresberichte unverzüglich ein, meldet ihr Änderungen der Dokumente gemäss Artikel 13a unverzüglich und veröffentlicht diese in den Publikationsorganen. Die Artikel 39 Absatz 1 und 41 Absatz 1 zweiter Satz gelten sinngemäss.[163]

⁴ Er veröffentlicht die Nettoinventarwerte von Anteilen in regelmässigen Abständen.

⁵ Die Publikations- und Meldevorschriften gelten nicht für ausländische kollektive Kapitalanlagen, die ausschliesslich an qualifizierte Anlegerinnen und Anleger vertrieben werden.[164]

---

[159] Eingefügt durch Ziff. I der V vom 13. Febr. 2013, in Kraft seit 1. März 2013 (AS **2013** 607).
[160] Fassung gemäss Ziff. I der V vom 13. Febr. 2013, in Kraft seit 1. März 2013 (AS **2013** 607).
[161] Fassung gemäss Ziff. I der V vom 13. Febr. 2013, in Kraft seit 1. März 2013 (AS **2013** 607).
[162] Fassung gemäss Ziff. I der V vom 13. Febr. 2013, in Kraft seit 1. März 2013 (AS **2013** 607).
[163] Fassung gemäss Ziff. I der V vom 13. Febr. 2013, in Kraft seit 1. März 2013 (AS **2013** 607).
[164] Eingefügt durch Ziff. I der V vom 13. Febr. 2013, in Kraft seit 1. März 2013 (AS **2013** 607).

5. Titel: Aufsicht[165]

Art. 134–140[166]

Art. 141 Fortführung der kollektiven Kapitalanlage
(Art. 96 KAG)

[1] Liegt die Fortführung des Anlagefonds im Interesse der Anlegerinnen und Anleger und findet sich eine geeignete neue Fondsleitung oder Depotbank, so kann die FINMA die Übertragung des Fondsvertrags mit Rechten und Pflichten auf diese verfügen.

[2] Tritt die neue Fondsleitung in den Fondsvertrag ein, so gehen die Forderungen und das Eigentum an den zum Anlagefonds gehörenden Sachen und Rechten von Gesetzes wegen auf die neue Fondsleitung über.

[3] Liegt die Fortführung der SICAV im Interesse der Anlegerinnen und Anleger und findet sich eine geeignete neue SICAV, so kann die FINMA die Übertragung des Vermögens auf diese verfügen.

Art. 142 Form der einzureichenden Dokumente
(Art. 1 und 144 KAG)

[1] Die FINMA kann insbesondere für die folgenden Dokumente die Form der Zustellung an die FINMA bestimmen:
a) der Prospekte und vereinfachten Prospekte;
b) der Dokumente nach Artikel 15 Absatz 1 Buchstaben a–e des Gesetzes;
c) der Jahres- und Halbjahresberichte.

[2] Sie kann einen Dritten als Zustellungsempfänger bezeichnen.

6. Titel: Schluss- und Übergangsbestimmungen

Art. 143[167]

Art. 144 Übergangsbestimmungen

[1] Diese Verordnung gilt, mit Ausnahme der nachstehenden Bestimmungen, ab Inkrafttreten für:
a) neue kollektive Kapitalanlagen und bestehende Anlagefonds;
b) alle Personen, die der Bewilligungspflicht gemäss Artikel 13 des Gesetzes unterstehen;
c) Prüfgesellschaften im Sinne der Artikel 126 ff. des Gesetzes.

[2] Innert eines Jahres ab Inkrafttreten dieser Verordnung müssen Investmentclubs die Vorschriften nach Artikel 1 erfüllen.

[3] Innert sechs Monaten ab Inkrafttreten dieser Verordnung müssen die beaufsichtigten Finanzintermediäre gemäss Artikel 5 Absatz 1 Buchstabe a des Gesetzes vereinfachte Prospekte erstellen, welche die Anforderungen von Artikel 4 Absatz 3 der Verordnung erfüllen.

[4] Innert eines Jahres ab Inkrafttreten dieser Verordnung müssen bestehende Anlagefonds beziehungsweise Teilvermögen eines Umbrella-Fonds die Vorschrift über das Mindestvermögen (Art. 35 Abs. 2) erfüllen.

[5] Nach Ablauf eines Jahres ab Inkrafttreten dieser Verordnung werden Solidarbürgschaften nach Artikel 15 Absatz 1 Buchstabe e der Verordnung vom 19. Oktober 1994[168] über die Anlagefonds nicht mehr als eigene Mittel anerkannt.

[6] Innert eines Jahres ab Inkrafttreten dieser Verordnung müssen bestehende Vertreter ausländischer kollektiver Kapitalanlagen die Vorschriften betreffend Mindestkapital (Art. 131) und Berufshaftpflichtversicherung (Art. 132) erfüllen.

[7] Ausnahmen, welche die FINMA von Fall zu Fall Fondsleitungen von Anlagefonds für institutionelle Anleger mit professioneller Tresorerie nach Artikel 2 Absatz 2 der Verordnung über die Anlagefonds (Art. 10 Abs. 5 KAG) gewährt hat, gelten unverändert weiter.

---

[165] Fassung gemäss Anhang Ziff. 6 der Finanzmarktprüfverordnung vom 15. Okt. 2008, in Kraft seit 1. Jan. 2009 (AS **2008** 5363).

[166] Aufgehoben durch Anhang Ziff. 6 der Finanzmarktprüfverordnung vom 15. Okt. 2008, mit Wirkung seit 1. Jan. 2009 (AS **2008** 5363).

[167] Aufgehoben durch Ziff. I der V vom 29. Juni 2011, mit Wirkung seit 15. Juli 2011 (AS **2011** 3177).

[168] [AS **1994** 2547, **1997** 85 Art. 57 Ziff. 2 2255 2779 II 64, **2000** 2713, **2004** 2073 3535]

V. Normentexte

⁸ Innert eines Jahres ab Inkrafttreten dieser Verordnung müssen die Prüfgesellschaften von Vermögensverwalterinnen und Vermögensverwaltern sowie von Vertretern ausländischer kollektiver Kapitalanlagen mindestens die Anerkennungsvoraussetzungen nach Artikel 136 erfüllen.

⁹ In besonderen Fällen kann die FINMA die in diesem Artikel genannten Fristen erstrecken.

Art. 144a[169] Übergangsbestimmungen zur Änderung vom 29. Juni 2011 für schweizerische kollektive Kapitalanlagen

¹ Innert drei Jahren nach Inkrafttreten der Änderung vom 29. Juni 2011 müssen die Fondsleitung und die SICAV für bestehende Effektenfonds und übrige Fonds für traditionelle Anlagen vereinfachte Prospekte gemäss Anhang 3 veröffentlichen und der FINMA einreichen.

² Für Effektenfonds und übrige Fonds für traditionelle Anlagen, die innert eines Jahres nach Inkrafttreten der Änderung genehmigt werden, können die Fondsleitung und die SICAV vereinfachte Prospekte gemäss Anhang 2 veröffentlichen. Absatz 1 ist anwendbar.

Art. 144b[170] Übergangsbestimmungen zur Änderung vom 29. Juni 2011 für ausländische kollektive Kapitalanlagen

¹ Innert drei Jahren nach Inkrafttreten der Änderung vom 29. Juni 2011 müssen Vertreter ausländischer kollektiver Kapitalanlagen für jede von ihnen in der Schweiz vertretene ausländische kollektive Kapitalanlage, die mit einem schweizerischen Effektenfonds oder mit einem übrigen Fonds für traditionelle Anlagen vergleichbar ist, einen vereinfachten Prospekt gemäss Anhang 3 veröffentlichen und der FINMA einreichen.

² Für ausländische kollektive Kapitalanlagen, die mit einem schweizerischen Effektenfonds oder mit einem übrigen Fonds für traditionelle Anlagen vergleichbar sind und die innert eines Jahres nach Inkrafttreten der Änderung zum öffentlichen Vertrieb in oder von der Schweiz aus genehmigt werden, können deren Vertreter vereinfachte Prospekte gemäss Anhang 2 veröffentlichen. Absatz 1 ist anwendbar.

Art. 144c[171] Übergangsbestimmungen zur Änderung vom 13. Februar 2013

¹ Banken, Effektenhändler, Versicherungseinrichtungen und Vermögensverwalter kollektiver Kapitalanlagen, die bei Inkrafttreten der Änderung vom 13. Februar 2013 als Vertreter ausländischer kollektiver Kapitalanlagen tätig sind, müssen innert eines Jahres ab Inkrafttreten die gesetzlichen Anforderungen erfüllen und ein Bewilligungsgesuch als Vertreter ausländischer kollektiver Kapitalanlagen stellen. Bis zum Entscheid über das Gesuch können sie ihre Tätigkeit fortführen.

² Vermögensverwalter kollektiver Kapitalanlagen, die nach schweizerischem Recht organisiert sind, bestehende Fondsleitungen und SICAF müssen innert eines Jahres nach Inkrafttreten dieser Änderung die jeweils anwendbaren Kapitalvorschriften gemäss den Artikeln 19–22, 48 und 122b erfüllen.

³ Die Bewilligungsträger gemäss Artikel 13 Absatz 2 Buchstaben a–d und f–h des Gesetzes müssen innert eines Jahres nach Inkrafttreten dieser Änderung die Vorschriften betreffend die Betriebsorganisation gemäss Artikel 12 sowie das Riskmanagement, interne Kontrollsystem und Compliance gemäss Artikel 12a erfüllen.

⁴ Depotbanken müssen innert eines Jahres nach Inkrafttreten dieser Änderung die Vorschriften betreffend die Betriebsorganisation gemäss den Artikeln 12a und 102a erfüllen.

⁵ Finanzintermediäre, die ausländische kollektive Kapitalanlagen an qualifizierte Anlegerinnen und Anleger vertreiben, müssen innert zweier Jahre ab Inkrafttreten dieser Änderung die Voraussetzungen von Artikel 30a erfüllen.

⁶ Bestehende Belastungsverhältnisse im Sinne von Artikel 96 Absatz 1, welche den Grenzwert überschreiten, müssen innerhalb von fünf Jahren angepasst werden.

⁷ Anteilsscheine, die gemäss Artikel 108 Absatz 2 als Wertpapiere ausgestaltet sind, die auf den Inhaber lauten, müssen bis zum 31. Dezember 2016 in Wertpapiere umgewandelt werden, die auf den Namen lauten.

⁸ Kommanditgesellschaften für kollektive Kapitalanlagen, die vermögende Privatpersonen im Sinne von Artikel 119 Absatz 3bis als Kommanditärinnen und Kommanditäre zulassen, müssen ihren Gesellschaftsvertrag innert zweier Jahre anpassen. Qualifizierte Anlegerinnen und Anleger im Sinne von

---

[169] Eingefügt durch Ziff. I der V vom 29. Juni 2011, in Kraft seit 15. Juli 2011 (AS **2011** 3177).
[170] Eingefügt durch Ziff. I der V vom 29. Juni 2011, in Kraft seit 15. Juli 2011 (AS **2011** 3177).
[171] Eingefügt durch Ziff. I der V vom 13. Febr. 2013, in Kraft seit 1. März 2013 (AS **2013** 607).

E. Schweizer Investmentrecht

Artikel 10 Absatz 3ter des Gesetzes dürfen nach Inkrafttreten dieser Änderung keine Beteiligungen als Kommanditärinnen oder Kommanditäre mehr erwerben.

Art. 145 Inkrafttreten
Diese Verordnung tritt am 1. Januar 2007 in Kraft.

Anhang 1[172]
(Art. 106)

Mindestinhalt des Prospektes

Der Prospekt enthält neben dem in Gesetz und Verordnung vorgeschriebenen Inhalt folgende Angaben:

1   Informationen über die kollektive Kapitalanlage
1.1   Gründungsdatum und Staat, in dem die kollektive Kapitalanlage gegründet wurde;
1.2   bei kollektiven Kapitalanlagen mit bestimmter Laufzeit: deren Dauer (Art. 43 KAG);
1.3   Hinweis auf die für die kollektive Kapitalanlage relevanten Steuervorschriften (inkl. Verrechnungssteuerabzüge);
1.4   Rechnungsjahr;
1.5   Name der Prüfgesellschaft;
1.6   Angaben über die Anteile (zB Art des im Anteil repräsentierten Rechts und gegebenenfalls Beschreibung des Stimmrechts der Anlegerinnen und Anleger; vorhandene Urkunden oder Zertifikate; Qualifikation und Stückelung allfälliger Titel; Voraussetzungen und Auswirkungen der Auflösung der kollektiven Kapitalanlage);
1.7   gegebenenfalls Angaben über Börsen und Märkte, an denen die Anteile notiert oder gehandelt werden;
1.8   Modalitäten und Bedingungen für die Zeichnung, den Umtausch und die Rückzahlung der Anteile, einschliesslich der Möglichkeit einer Zeichnung oder einer Rückzahlung von Sachwerten (zB Methode, Häufigkeit der Preisberechnung und -veröffentlichung, unter Angabe des Publikationsorgans) und Voraussetzungen, unter denen diese ausgesetzt werden kann;
1.9   Angaben über die Ermittlung und Verwendung des Erfolges sowie über die Häufigkeit der Auszahlungen gemäss Verteilungspolitik;
1.10   Umschreibung der Anlageziele, der Anlagepolitik, der zulässigen Anlagen, der angewandten Anlagetechniken, der Anlagebeschränkungen und anderer anwendbarer Regeln im Bereich des Riskmanagements;
1.11   Angaben über die anwendbaren Regeln zur Berechnung des Nettoinventarwertes;
1.12   Angaben über die Berechnung und die Höhe der zulasten der kollektiven Kapitalanlage gehenden Vergütungen an die Fondsleitung, die Depotbank, den Vermögensverwalter kollektiver Kapitalanlagen, die Vertriebsträger gemäss Artikel 37; Angaben über die Nebenkosten, über eine allfällige erfolgsabhängige Kommission (performance fee), den Koeffizienten der gesamten, laufend dem Fondsvermögen belasteten Kosten (total expense ratio, TER); schliesslich gegebenenfalls Angaben über Retrozessionen und andere Vermögensvorteile; Angaben über die Berechnung und die Höhe der Vergütungen zulasten der Anlegerinnen und Anleger gemäss Artikel 38;
1.13   Angabe der Stelle, wo der Fondsvertrag, wenn auf dessen Beifügung verzichtet wird, sowie die Jahres- und Halbjahresberichte erhältlich sind;
1.14   Angabe der Rechtsform (vertraglicher Anlagefonds oder SICAV) und der Art der kollektiven Kapitalanlage (Effektenfonds, Immobilienfonds, übriger Fonds für traditionelle oder alternative Anlagen);
1.15   gegebenenfalls Hinweise auf die besonderen Risiken und erhöhte Volatilität;
1.16   bei Fonds für alternative Anlagen ein Glossar, das die wichtigsten Fachausdrücke erklärt.
2   Informationen über den Bewilligungsträger (Fondsleitung, SICAV)
2.1   Gründungszeitpunkt, Rechtsform, Sitz und Hauptverwaltung;
2.2   Angaben über weitere von der Fondsleitung verwaltete kollektive Kapitalanlagen und gegebenenfalls über die Erbringung weiterer Dienstleistungen;
2.3   Name und Funktion der Mitglieder der Verwaltungs- und Leitungsorgane sowie deren relevante Tätigkeiten ausserhalb des Bewilligungsträgers (Fondsleitung, SICAV);
2.4   Höhe des gezeichneten und des einbezahlten Kapitals;

---

[172] Bereinigt gemäss Ziff. II der V vom 13. Febr. 2013, in Kraft seit 1. März 2013.

V. Normentexte

2.5 Personen, an welche die Anlageentscheide sowie weitere Teilaufgaben delegiert worden sind;
2.6 Angaben über die Ausübung von Mitgliedschafts- und Gläubigerrechten.
3 Informationen über die Depotbank
3.1 Rechtsform, Sitz und Hauptverwaltung;
3.2 Haupttätigkeit.
4 Informationen über Dritte, deren Vergütungen der kollektiven Kapitalanlage belastet werden
4.1 Name/Firma;
4.2 für die Anlegerinnen und Anleger wesentliche Vertragselemente zwischen dem Bewilligungsträger (Fondsleitung, SICAV) und Dritten, ausgenommen Vergütungsregelungen;
4.3 weitere bedeutende Tätigkeiten der Dritten;
4.4 Fachkenntnisse von Dritten, die mit Verwaltungs- und Entscheidungsaufgaben beauftragt sind.
5 Weitere Informationen
Angaben über Zahlungen an die Anlegerinnen und Anleger, die Rücknahme von Anteilen sowie Informationen und Publikationen über die kollektive Kapitalanlage sowohl in Bezug auf den Sitzstaat als auch auf allfällige Drittstaaten, in denen die Anteile vertrieben werden.
6 Weitere Anlageinformationen
6.1 gegebenenfalls bisherige Ergebnisse der kollektiven Kapitalanlage; diese Angaben können entweder im Prospekt enthalten oder diesem beigefügt sein;
6.2 Profil der typischen Anlegerin oder des typischen Anlegers, für die oder den die kollektive Kapitalanlage konzipiert ist.
7 Wirtschaftliche Informationen
Etwaige Kosten oder Gebühren mit Ausnahme der unter den Ziffern 1.8 und 1.12 genannten Kosten, aufgeschlüsselt nach denjenigen, die von der Anlegerin oder dem Anleger zu entrichten sind, und denjenigen, die zulasten des Vermögens der kollektiven Kapitalanlage gehen.

Anhang 2[173]
(Art. 107)

Vereinfachter Prospekt für Immobilienfonds

Der vereinfachte Prospekt für Immobilienfonds enthält folgende Angaben:
1 Kurzdarstellung der kollektiven Kapitalanlage
1.1 Gründungsdatum und Staat, in dem die kollektive Kapitalanlage gegründet wurde;
1.2 gegebenenfalls Hinweis auf unterschiedliche Teilvermögen;
1.3 gegebenenfalls Name der Fondsleitung;
1.4 bei kollektiven Kapitalanlagen mit bestimmter Laufzeit deren Dauer;
1.5 Name der Depotbank;
1.6 Name der Prüfgesellschaft;
1.7 Name der Personen, an welche die Anlageentscheide sowie weitere Teilaufgaben delegiert sind;
1.8 Name der Finanzgruppe, welche die kollektive Kapitalanlage anbietet (zB eine Bank).
2 Anlageinformationen
2.1 Kurzdefinition des Anlageziels;
2.2 Anlagestrategie und kurze Beurteilung des Risikoprofils der kollektiven Kapitalanlage (gegebenenfalls inkl. der Informationen nach den Art. 53 ff., 58 ff. und 68 ff. KAG);
2.3 gegebenenfalls bisherige Wertentwicklung der kollektiven Kapitalanlage und ein Warnhinweis, dass die bisherige Wertentwicklung kein Indiz für die künftige Wertentwicklung ist;
2.4 Profil der typischen Anlegerin oder des typischen Anlegers, für die oder den die kollektive Kapitalanlage konzipiert ist.
3 Wirtschaftliche Angaben
3.1 Hinweis auf die für die kollektive Kapitalanlage relevanten Steuervorschriften (inkl. Verrechnungssteuerabzüge);
3.2 Angaben über die Ausgabe- und Rücknahmekommission von Anteilen;
3.3 Angaben über die Kommissionen und Kosten zulasten der Anlegerinnen und Anleger und zulasten des Fondsvermögens; ferner Angaben über die beabsichtigte Verwendung der Verwaltungs-

---

[173] Bereinigt gemäss Ziff. II Abs. 1 der V vom 29. Juni 2011 (AS **2011** 3177) und gemäss Ziff. II der V vom 13. Febr. 2013, in Kraft seit 1. März 2013 (AS **2013** 607).

kommission, eine allfällige erfolgsabhängige Kommission (Performance Fee) und den Koeffizienten der gesamten, laufend dem Fondsvermögen belasteten Kosten (TER).

4 Den Handel betreffende Informationen
4.1 Art und Weise des Erwerbs der Anteile;
4.2 Art und Weise der Veräusserung der Anteile;
4.3 bei kollektiven Kapitalanlagen mit unterschiedlichen Teilvermögen gegebenenfalls Angabe der Art und Weise, wie von einem Teilvermögen in ein anderes gewechselt werden kann, und Angabe der damit verbundenen Kosten;
4.4 gegebenenfalls Termin und Art und Weise der Ausschüttung der Erträge;
4.5 Häufigkeit und Ort sowie Art und Weise der Veröffentlichung beziehungsweise Zurverfügungstellung der Inventarwerte.

5 Weitere Informationen
5.1 Hinweis darauf, wo auf Anfrage der Prospekt sowie die Jahres- und Halbjahresberichte kostenlos angefordert werden können;
5.2 zuständige Aufsichtsbehörde;
5.3 Angabe einer Kontaktstelle, bei der gegebenenfalls weitere Auskünfte eingeholt werden können;
5.4 Datum der Veröffentlichung des vereinfachten Prospektes.

Anhang 3[174]
(Art. 107a)

Vereinfachter Prospekt für Effektenfonds und übrige Fonds für traditionelle Anlagen (nachfolgend „Wesentliche Informationen für die Anlegerinnen und Anleger")

Die wesentlichen Informationen für die Anlegerinnen und Anleger müssen redlich, eindeutig und nicht irreführend sein und folgende Angaben enthalten:

1 Titel und Inhalt des Dokuments
1.1 Der Titel „Wesentliche Informationen für die Anlegerinnen und Anleger" hat klar oben auf der ersten Seite zu erscheinen.
1.2 Dem Titel hat eine Erklärung mit folgendem Wortlaut zu folgen:
„*Gegenstand dieses Dokuments sind wesentliche Informationen für die Anlegerinnen und Anleger über diese kollektive Kapitalanlage. Es handelt sich nicht um Werbematerial. Diese Informationen sind gesetzlich vorgeschrieben, um Ihnen die Wesensart dieser kollektiven Kapitalanlage und die Risiken einer Anlage zu erläutern. Wir raten Ihnen zur Lektüre dieses Dokuments, sodass Sie eine fundierte Anlageentscheidung treffen können*".
1.3 Die Bezeichnung der kollektiven Kapitalanlage/des Teilvermögens, falls anwendbar/der Anteilsklasse, falls anwendbar.
Im Falle eines Teilvermögens oder einer Anteilsklasse ist die Bezeichnung der kollektiven Kapitalanlage nach der Bezeichnung des Teilvermögens oder der Anteilsklasse anzugeben.
1.4 Falls anwendbar, die Bezeichnung der Fondsleitung.
1.5 Darüber hinaus kann in Fällen, in denen die Fondsleitung aus rechtlichen, administrativen oder vertriebsmässigen Gründen einer Unternehmensgruppe angehört, der Name dieser Gruppe angegeben werden. Zusätzlich kann eine Unternehmensmarke aufgenommen werden, sofern sie die Anlegerin oder den Anleger nicht am Verständnis der wesentlichen Elemente der Anlage hindert oder den Vergleich der Anlageprodukte erschwert.
1.6 Das Dokument hat folgende Erklärung zu beinhalten:
„*Diese kollektive Kapitalanlage ist von [zuständige Aufsichtsbehörde] genehmigt und beaufsichtigt* ".
1.7 Die Information über die Veröffentlichung wird mit folgender Erklärung bekannt gegeben:
„*Diese wesentlichen Informationen für die Anlegerinnen und Anleger sind zutreffend und entsprechen dem Stand vom [Datum der Veröffentlichung]* ".

2 Anlageziele und Anlagepolitik
2.1 Eine Beschreibung der Anlageziele und der Anlagepolitik.
2.2 Die Hauptkategorien der in Frage kommenden Finanzinstrumente, die Gegenstand der Anlage sein können.
2.3 Ein Hinweis auf das Kündigungsrecht der Anlegerinnen und Anleger unter Angabe der Rücknahmefrequenz.

---

[174] Fassung gemäss Ziff. II Abs. 2 der V vom 29. Juni 2011, in Kraft seit 15. Juli 2011 (AS **2011** 3177).

2.4 Die Angabe, ob die kollektive Kapitalanlage ein bestimmtes Ziel in Bezug auf einen branchenspezifischen, geografischen oder anderen Marktsektor bzw. in Bezug auf spezifische Anlageklassen/Anlagearten verfolgt.
2.5 Die Angabe, ob die kollektive Kapitalanlage die Anlageentscheide nach freiem Ermessen treffen kann und ob ein Referenzwert (Benchmark) herangezogen wird, welcher in diesem Fall anzugeben ist. Bei Bezugnahme auf einen Benchmark ist der Ermessensspielraum bei seiner Nutzung anzugeben. Sollte die Anlagepolitik der kollektiven Kapitalanlage an einen Index gebunden sein, ist dieser anzugeben.
2.6 Die Angabe, ob die Erträge der kollektiven Kapitalanlage ausgeschüttet oder thesauriert werden.
2.7 Werden besondere Anlagetechniken verwendet, wie insbesondere „hedging", „arbitrage" oder „leverage", so sind in leicht verständlicher Sprache die Faktoren zu erläutern, welche die Wertentwicklung der kollektiven Kapitalanlage beeinflussen dürften.
2.8 Investiert die kollektive Kapitalanlage in Schuldtitel, so ist anzugeben, ob sie von Unternehmen, Regierungen oder anderen Stellen ausgegeben wurden, gegebenenfalls sind die Mindestrating-Anforderungen anzugeben.
2.9 Ist die Wahl der Vermögenswerte an bestimmte Kriterien wie „Wachstum", „Wert" oder „hohe Dividenden" gebunden, eine Erläuterung dieser Kriterien.
2.10 Für den Fall, dass die kollektive Kapitalanlage an vordefinierten Daten Ausschüttungen leistet, deren Höhe von einem Algorithmus abgeleitet wird und die an die Wertentwicklung, Preisänderungen oder sonstige Bedingungen von Vermögenswerten, Indizes oder Referenzportfolios oder an die Entwicklung anderer kollektiver Kapitalanlagen mit ähnlicher Anlagestrategie gebunden sind (nachfolgend „strukturierte kollektive Kapitalanlage"), sind in leicht verständlicher Sprache die Faktoren zu erläutern, welche die Ausschüttungen (pay-off) sowie die Wertentwicklung der kollektiven Kapitalanlage beeinflussen. Dazu gehören gegebenenfalls Verweise auf die detaillierten Informationen im Fonds-Reglement bzw. Prospekt. Diese Informationen enthalten die Formel des Algorithmus sowie Erläuterungen zur Berechnungsweise der Ausschüttungen der kollektiven Kapitalanlage.
Der Erläuterung ist eine Illustration von mindestens drei Szenarien der potenziellen Fondsentwicklung beizufügen. Dabei sind zweckmässige Szenarien zu wählen, die die Umstände aufzeigen, unter denen mit der Formel eine niedrige, mittlere oder hohe und gegebenenfalls auch eine negative Rendite für die Anlegerin oder den Anleger erwirtschaftet wird.
Diese Szenarien stützen sich auf vernünftige und konservative Annahmen über künftige Marktbedingungen und Preisbewegungen. Insbesondere steigern sie nicht künstlich die Bedeutung der endgültigen Wertentwicklung der kollektiven Kapitalanlage. Setzt die Formel die Anlegerinnen und Anleger jedoch der Möglichkeit erheblicher Verluste aus, wie zB eine Kapitalgarantie, die nur unter bestimmten Umständen funktioniert, so sind diese Verluste angemessen zu erläutern, selbst wenn die entsprechenden Marktbedingungen nur ein geringes Risiko vermuten lassen.
Den Szenarien ist eine Erklärung beizufügen, dass sie nur Beispiele sind, die zur Verdeutlichung der Formel aufgenommen wurden und keine Prognose zukünftiger Entwicklungen darstellen. Auch ist klar zu machen, dass die dargestellten Szenarien nicht mit gleicher Wahrscheinlichkeit eintreten werden.
2.11 Sollten sich die Portfolio-Transaktionskosten aufgrund der von der kollektiven Kapitalanlage gewählten Strategie erheblich auf die Renditen auswirken, so ist eine entsprechende Erklärung beizufügen, aus der auch hervorgeht, dass die Portfolio-Transaktionskosten aus den Vermögenswerten der kollektiven Kapitalanlage zusätzlich zu den in Ziffer 4 genannten Kosten zulasten des Fondsvermögens gehen.
2.12 Sollte im Prospekt oder in anderen Dokumenten der kollektiven Kapitalanlage ein Mindestzeitraum für das Halten von Fondsanteilen empfohlen oder sollte festgestellt werden, dass ein Mindestzeitraum für das Halten von Fonds-Anteilen ein wichtiger Bestandteil der Anlagestrategie ist, so ist eine Erklärung mit folgendem Wortlaut beizufügen:
„*Empfehlung: Diese kollektive Kapitalanlage ist unter Umständen für Anlegerinnen und Anleger nicht geeignet, die ihr Geld innerhalb eines Zeitraumes von [...] aus der kollektiven Kapitalanlage wieder zurückziehen wollen.*".
2.13 Der Abschnitt „Anlageziele und Anlagepolitik" unterscheidet zwischen den Anlagekategorien gemäss den Ziffern 2.2, 2.4 und 2.8 einerseits sowie dem von der Fondsleitung oder der SICAV gemäss den Ziffern 2.5, 2.7, 2.9 und 2.10 gewählten Anlageansatz andererseits.
2.14 Legt eine kollektive Kapitalanlage einen wesentlichen Teil ihrer Vermögenswerte in andere kollektive Kapitalanlagen an, so enthält die Beschreibung der Ziele und der Anlagepolitik dieser

kollektiven Kapitalanlage eine kurze Erläuterung der Art und Weise, wie die anderen kollektiven Kapitalanlagen im Rahmen der laufenden Verwaltung auszuwählen sind.
2.15 Der Abschnitt „Anlageziele und Anlagepolitik" kann andere Angaben als die unter den Ziffern 2.7-2.12 genannten enthalten, einschliesslich einer Beschreibung der Anlagestrategie der kollektiven Kapitalanlage, sofern diese Elemente zur angemessenen Beschreibung der Ziele und der Anlagepolitik der kollektiven Kapitalanlage erforderlich sind.

3   Risiko- und Ertragsprofil

3.1 Der Abschnitt „Risiko- und Ertragsprofil" enthält einen synthetischen Indikator, der wie folgt ergänzt wird:
   a) mit einer erläuternden Beschreibung dieses synthetischen Indikators und seiner Hauptbeschränkungen, mit folgenden Informationen:
   – einer Erklärung, dass die zur Berechnung des synthetischen Indikators verwendeten historischen Daten nicht als verlässlicher Hinweis auf das künftige Risikoprofil der kollektiven Kapitalanlage herangezogen werden können,
   – einer Erklärung, dass die ausgewiesene Risiko- und Ertragskategorie Veränderungen unterliegen und sich die Einstufung der kollektiven Kapitalanlage in eine Kategorie im Laufe der Zeit verändern kann,
   – einer Erklärung, dass die niedrigste Kategorie nicht mit einer risikofreien Anlage gleichgesetzt werden kann,
   – einer kurzen Erläuterung der Gründe für die Einstufung der kollektiven Kapitalanlage in eine bestimmte Kategorie,
   – Einzelheiten zu Wesensart, Dauer und Tragweite einer jeden Kapitalgarantie und eines jeden Kapitalschutzes, die von der kollektiven Kapitalanlage geboten werden, einschliesslich möglicher Auswirkungen der Rücknahme von Anteilen ausserhalb des Garantie- oder Schutzzeitraums;
   b) mit einer erläuternden Beschreibung der Risiken, die für die kollektive Kapitalanlage wesentlich sind und die vom Indikator nicht angemessen erfasst werden, mit folgenden Risikokategorien, sofern sie von wesentlicher Bedeutung sind:
   – dem Kreditrisiko, sofern Anlagen in wesentlicher Höhe in Schuldtitel getätigt wurden,
   – dem Liquiditätsrisiko, sofern Anlagen in wesentlicher Höhe in Finanzinstrumente getätigt wurden, die ihrer Wesensart zufolge hinreichend liquide sind, unter bestimmten Umständen aber ein relativ niedriges Liquiditätsniveau erreichen können, das sich gegebenenfalls auf das Liquiditätsrisikoniveau der kollektiven Kapitalanlage auswirkt,
   – dem Ausfallrisiko, wenn eine kollektive Kapitalanlage durch die Garantie einer Drittperson unterlegt ist oder aufgrund von Verträgen mit Gegenparteien einem wesentlichen Gegenparteirisiko ausgesetzt ist,
   – operationellen Risiken und Risiken im Zusammenhang mit der Verwahrung von Vermögenswerten,
   – Auswirkungen der Finanztechniken wie Derivate auf das Risikoprofil der kollektiven Kapitalanlage, wenn diese dazu verwendet werden, eine Exponierung in Bezug auf Basiswerte einzugehen, zu erhöhen oder zu vermindern.
3.2 Falls die kollektive Kapitalanlage einen wesentlichen Teil ihrer Vermögenswerte in andere kollektive Kapitalanlagen investiert, haben die erläuternden Beschreibungen gemäss Ziffer 3.1 Buchstabe b den Risiken jedes dieser Zielfonds insofern Rechnung zu tragen, als diese für die kollektive Kapitalanlage insgesamt wesentlich sein dürften.
3.3 Der synthetische Indikator stuft die kollektive Kapitalanlage auf der Grundlage seiner Aufzeichnungen über die bisherige Volatilität in einer Skala von 1–7 ein. Diese Skala wird als eine Folge von Kategorien dargestellt, die in Gesamtzahlen in aufsteigender Reihenfolge von 1–7 von links nach rechts auszuweisen sind und das Risiko- und Ertragsniveau vom niedrigsten zum höchsten Wert repräsentieren. In der Skala sollte klargestellt werden, dass niedrige Risiken potenziell zu niedrigeren Erträgen und hohe Risiken potenziell zu höheren Erträgen führen.
Die Kategorie, in die eine kollektive Kapitalanlage fällt, ist klar und deutlich anzugeben.
Für eine Unterscheidung der Bestandteile der Skala dürfen keine Farben verwendet werden.
3.4 Die Berechnung des synthetischen Indikators und alle Anpassungen sind angemessen zu dokumentieren. Die Fondsleitung oder die SICAV bewahrt die Reihe der Berechnungen während mindestens fünf Jahren auf. Bei strukturierten kollektiven Kapitalanlagen beträgt dieser Zeitraum fünf Jahre nach ihrer Fälligkeit.

V. Normentexte

3.5 Die Ermittlung und Erklärung der Risiken gemäss Ziffer 3.1 Buchstabe b haben in Übereinstimmung mit dem internen Verfahren der Fondsleitung oder der SICAV zu erfolgen. Verwaltet eine Fondsleitung mehrere kollektive Kapitalanlagen, so hat sie die Risiken in konsistenter Art und Weise zu ermitteln und erklären.

4 Kosten

4.1 Die Kosten sind in einer wie folgt strukturierten Tabelle auszuweisen:

Kosten zulasten der Anlegerinnen und Anleger:	
Ausgabekommission	[] %
Rücknahmekommission	[] %
Dabei handelt es sich um den höchsten Prozentsatz, der vom Kapitalengagement der Anlegerin oder des Anlegers in Abzug gebracht werden darf.	
Kosten zulasten des Fondsvermögens im Laufe des Jahres:	
Laufende Kosten	[] %
Kosten zulasten des Fondsvermögens unter bestimmten Bedingungen:	
An die Wertentwicklung der kollektiven Kapitalanlage gebundene Gebühren	[] %
* pro Jahr einer jeden von der kollektiven Kapitalanlage erwirtschafteten Rendite über dem Referenzwert für diese Gebühren [Bezeichnung des Referenzwerts einfügen]	

Für jede dieser Kostenkategorien ist ein Prozentwert anzugeben. Im Falle einer an die Wertentwicklung der kollektiven Kapitalanlage gebundenen Gebühr ist der während des letzten Geschäftsjahres der kollektiven Kapitalanlage berechnete Betrag als Prozentzahl anzugeben.

4.2 Die Tabelle gemäss Ziffer 4.1 wird anhand folgender Anforderungen ausgefüllt:
 a) Ausgabe- und Rücknahmekommissionen entsprechen jeweils dem höchsten Prozentsatz, der vom Kapitalengagement der Anlegerin oder des Anlegers in Abzug gebracht werden darf.
 b) Für alle von der kollektiven Kapitalanlage im Jahresverlauf getragenen Kosten, die unter der Bezeichnung „laufende Kosten" zusammengefasst werden, ist eine einzige auf den Zahlen des Vorjahres basierende Zahl zu nennen. Dabei handelt es sich um sämtliche im Laufe des Jahres angefallenen Kosten und sonstigen Zahlungen aus den Vermögenswerten der kollektiven Kapitalanlage während des festgelegten Zeitraums.
 c) die Tabelle enthält eine Auflistung und Erläuterung sämtlicher der kollektiven Kapitalanlage unter bestimmten Bedingungen berechneten Kosten, die Grundlage, auf der sie berechnet werden, und den Zeitpunkt, zu dem sie berechnet werden.

4.3 Der Abschnitt „Kosten" enthält die erläuternde Beschreibung jeder in der Tabelle aufgeführten Kostenkategorie, einschliesslich der folgenden Informationen:
 a) in Bezug auf die Ausgabe- und Rücknahmekommissionen:
  – einer Klarstellung, dass es sich bei den Kosten stets um Höchstwerte handelt, da die Anlegerin oder der Anleger in einigen Fällen weniger zahlen kann,
  – einer Erklärung, dass eine Anlegerin oder ein Anleger über die aktuellen Ausgabe- und Rücknahmekommissionen von der Finanzberaterin, dem Finanzberater oder der für sie oder für ihn zuständigen Stelle informiert werden kann;
 b) hinsichtlich der „laufenden Kosten" einer Erklärung, dass sie sich für das am [Monat/Jahr] endende Jahr auf die Vorjahreswerte stützen und gegebenenfalls von Jahr zu Jahr schwanken können.

4.4 Der Abschnitt „Kosten" enthält eine Erklärung zu den Auswirkungen der Kosten, aus der hervorgeht, dass die von der Anlegerin oder dem Anleger getragenen Kosten für den Betrieb der kollektiven Kapitalanlage verwendet werden, einschliesslich der Vermarktung und des Vertriebs der Fondsanteile, und dass diese Kosten das potenzielle Anlagewachstum beschränken.

4.5 Kann eine neue kollektive Kapitalanlage den Anforderungen gemäss Ziffer 4.2 Buchstabe b und Ziffer 4.3 Buchstabe b nicht nachkommen, so werden die laufenden Kosten auf der Grundlage der erwarteten Gesamtkosten geschätzt.

4.6 Ziffer 4.5 ist nicht anwendbar für kollektive Kapitalanlagen, die eine All-in-fee erheben, die stattdessen bekannt gegeben wird.

4.7 Für den Fall, dass die kollektive Kapitalanlage einen wesentlichen Teil ihrer Vermögenswerte in andere kollektive Kapitalanlagen investiert, trägt die Beschreibung der Kosten sämtlichen Kosten

Rechnung, die die kollektive Kapitalanlage selbst als Anlegerin in Zielfonds zu tragen hat. So sind insbesondere alle Ausgabe- und Rücknahmekommissionen sowie alle laufenden Kosten, die von den Zielfonds belastet werden, bei der Berechnung der eigenen laufenden Kosten mit zu berücksichtigen.

4.8 Der Abschnitt „Kosten" enthält gegebenenfalls einen Querverweis auf Teile des Fonds-Reglements mit detaillierteren Informationen zu den Kosten, einschliesslich Informationen zu den an die Wertentwicklung der kollektiven Kapitalanlage gebundenen Gebühren und ihrer Berechnung.

5 Bisherige Wertentwicklung

5.1 Die Darstellung der bisherigen Wertentwicklung der kollektiven Kapitalanlage ist durch ein Balkendiagramm für die letzten zehn Jahre zu präsentieren. Falls die kollektive Kapitalanlage weniger als fünf vollständige Kalenderjahre existiert, sind lediglich die letzten fünf Jahre darzustellen.

5.2 Das in Ziffer 5.1 genannte Balkendiagramm muss eine leserliche Grösse haben, darf aber unter keinen Umständen mehr als eine halbe Seite des Dokuments mit wesentlichen Informationen für die Anlegerinnen und Anleger ausmachen.

5.3 Die Berechnungen der bisherigen Wertentwicklung stützen sich auf den Nettoinventarwert der kollektiven Kapitalanlage und gehen davon aus, dass die auszuschüttenden Erträge der kollektiven Kapitalanlage wieder angelegt wurden.

5.4 Für Jahre, für die keine Daten verfügbar sind, enthält das Diagramm eine Blanko-Spalte, in der lediglich das Datum angegeben wird.

5.5 Ein simulierter Bericht der Wertentwicklung (Performance) für den Zeitraum, in dem noch keine Daten vorlagen, ist nur für eine neue Anteilsklasse eines bereits bestehenden Fonds oder eines Teilfonds und in Anlehnung an die Wertentwicklung einer anderen Klasse zulässig, sofern sich die beiden Klassen in Bezug auf ihre Beteiligung an den Vermögenswerten des Fonds nicht wesentlich voneinander unterscheiden. Der simulierte Bericht der Wertentwicklung muss redlich, eindeutig und darf nicht irreführend sein.
In denjenigen Fällen, in denen die Wertentwicklung simuliert wurde, ist dies deutlich sichtbar zu machen.

5.6 Für eine kollektive Kapitalanlage, für die noch keinerlei Daten über die Wertentwicklung für ein vollständiges Kalenderjahr vorliegen, ist eine Erklärung aufzunehmen, dass noch keine ausreichenden Daten vorhanden sind, um den Anlegerinnen und Anlegern nützliche Angaben über die bisherige Wertentwicklung zu machen.

5.7 Nimmt der Abschnitt „Anlageziele und Anlagepolitik" auf einen Referenzwert Bezug, so wird ein Balken mit der Wertentwicklung dieses Referenzwerts im Diagramm neben jedem Balken mit der bisherigen Wertentwicklung der kollektiven Kapitalanlage aufgenommen.

5.8 Bei kollektiven Kapitalanlagen, die über keinerlei Daten für die bisherige Wertentwicklung in den geforderten letzten fünf oder zehn Jahren verfügen, ist der Referenzwert gemäss Ziffer 5.7 für die Jahre, in denen die kollektive Kapitalanlage nicht existierte, ebenfalls nicht auszuweisen.

5.9 Im Falle einer strukturierten kollektiven Kapitalanlage enthalten die wesentlichen Informationen für die Anlegerinnen und Anleger keine Angaben zur bisherigen Wertentwicklung.

5.10 Das Balkendiagramm ist durch Erklärungen an deutlich sichtbarer Stelle zu ergänzen, die:
  a) vor dem begrenzten Aussagewert des Diagramms im Hinblick auf die künftige Wertentwicklung warnen;
  b) kurz angeben, welche Kosten und Gebühren bei der Berechnung der bisherigen Wertentwicklung mitberücksichtigt oder ausgeschlossen wurden, ausser bei kollektiven Kapitalanlagen, die keine Ausgabe- und Rücknahmekommissionen in Rechnung stellen;
  c) das Jahr der Gründung der kollektiven Kapitalanlage angeben;
  d) die Währung benennen, in der die bisherige Wertentwicklung berechnet wurde.

5.11 Im Balkendiagramm hat die Darstellung der bisherigen Wertentwicklungen folgenden Kriterien zu genügen:
  – die Skala auf der Y-Achse des Balkendiagramms ist linear, nicht logarithmisch;
  – die Skala ist der Breite der Balken anzupassen und hat die Balken nicht so zu komprimieren, dass die Fluktuationen bei den Renditen nur schwer zu unterscheiden sind;
  – die X-Achse beginnt bei einer Wertentwicklung von 0%;
  – jeder Balken wird mit einer Legende versehen, in der die erzielte Rendite in % angegeben wird;
  – Zahlen für bisherige Wertentwicklungen werden auf eine Dezimalstelle nach dem Komma gerundet.

V. Normentexte

5.12 Die wesentlichen Informationen für die Anlegerinnen und Anleger enthalten keine Aufzeichnung über die bisherige Wertentwicklung, die zum laufenden Kalenderjahr (oder einem Teil davon) ins Verhältnis gesetzt wird.
5.13 Tritt eine wesentliche Änderung der Ziele und der Anlagepolitik einer kollektiven Kapitalanlage während des im Balkendiagramm genannten Zeitraums ein, so ist die Wertentwicklung vor dieser wesentlichen Änderung auch weiterhin auszuweisen.
5.14 Der Zeitraum vor der in Ziffer 5.13 genannten wesentlichen Änderung ist im Balkendiagramm anzugeben und mit dem klaren Hinweis zu versehen, dass die Wertentwicklung unter Umständen erzielt wurde, die nicht mehr gültig sind.

6 Praktische Informationen
6.1 den Namen der Depotbank;
6.2 den Hinweis darauf, wo und wie weitere Informationen über die kollektive Kapitalanlage, Kopien des Fonds-Reglements, des Prospekts sowie der letzten Jahres- und Halbjahresberichte erhältlich sind, in welcher(n) Sprache(n) sie vorliegen und dass sie kostenlos angefordert werden können;
6.3 den Hinweis darauf, wo und wie weitere praktische Informationen erhältlich sind, einschliesslich der Angabe, wo die aktuellsten Anteilspreise abrufbar sind;
6.4 die folgende Erklärung:
„*[Den Namen der SICAV oder der Fondsleitung einfügen] kann lediglich auf der Grundlage einer in diesem Dokument enthaltenen Erklärung haftbar gemacht werden, die irreführend, unrichtig oder nicht mit den einschlägigen Teilen des Fonds-Reglements und des Prospekts vereinbar ist.*"
6.5 sofern anwendbar:
– die Angabe, dass sich die wesentlichen Informationen für die Anlegerinnen und Anleger auf ein Teilvermögen beziehen,
– die Angabe, dass die Teilvermögen eines Umbrella-Fonds rechtlich voneinander getrennt sind und nicht gegenseitig haften, sowie eine Erklärung, wie sich das auf die Situation der Anlegerin oder des Anlegers auswirkt,
– die Angabe, ob die Anlegerin oder der Anleger das Recht hat, Anteile eines Teilvermögens gegen Anteile eines anderen Teilvermögens zu tauschen, und falls ja, wo Informationen zu den Modalitäten des Anteiltausches erhältlich sind;
6.6 Sofern anwendbar, Angaben über die verfügbaren Anteilsklassen.

7 Länge und Form
7.1 Die wesentlichen Informationen für die Anlegerinnen und Anleger dürfen ausgedruckt nicht länger als zwei DIN-A4-Seiten sein und nicht länger als drei DIN-A4-Seiten im Falle einer strukturierten kollektiven Kapitalanlage.
7.2 Die wesentlichen Informationen für die Anlegerinnen und Anleger:
– werden auf eine Art und Weise präsentiert und aufgemacht, die leicht verständlich sind, wobei die Grösse der Buchstaben gut leserlich sein muss;
– werden deutlich verfasst und in einer Sprache geschrieben, die den Anlegerinnen und Anlegern das Verständnis der mitgeteilten Informationen erleichtert. Dabei gilt insbesondere:
   i. es ist eine klare, präzise und verständliche Sprache zu verwenden,
   ii. Jargon ist zu vermeiden,
   iii. auf technische Termini ist zu verzichten, wenn stattdessen eine allgemein verständliche Sprache verwendet werden kann;
– konzentrieren sich auf die wesentlichen Informationen, die die Anlegerinnen und Anleger benötigen.
7.3 Wenn Farben verwendet werden, sollten sie die Verständlichkeit der Informationen nicht beeinträchtigen, falls die wesentlichen Informationen für die Anlegerinnen und Anleger in Schwarz und Weiss ausgedruckt oder fotokopiert werden.
7.4 Wenn das Logo der Unternehmensmarke der Fondsleitung oder der Gruppe, zu der sie gehört, verwendet wird, darf es weder die Anlegerinnen und Anleger ablenken noch den Text verschleiern.

F. Europäische Bestimmungen

1. AIFM-Richtlinie mit Durchführungsbestimmungen („Level 2")

http://eur-lex.europa.eu

2. OGAW-Richtlinie mit Durchführungsbestimmungen („Level 2")

http://eur-lex.europa.eu

Stichwortverzeichnis

(Die Buchstaben bezeichnen die Länderteile, die Ziffern die Randnummern)

Administrator B 24, 140, 145, 146 ff., 154, 230
AFG
– AFG von 1966 **E** 2
– AFG von 1994 **E** 3
– Bundesgesetz über die Anlagefonds Schweiz **B** 13
– Historie **E** 2
AIF B 21 ff., 129, 132 f., 138, 146; **D** 46, 91
– AIF Anlagepolitik **B** 155
– AIF Besteuerung Liechtenstein **B** 181
– *siehe Investmentfonds und Alternativinvestmentfonds / Alternative Investmentfonds in Liechtenstein*
AIF in Immobilien
– Vertrieb an Privatkunden **D** 92
AIF-KVG
– Entscheidungsfrist nach Erlaubnisantrag **A** 130
AIFM
– EWR-AIFM **B** 128
– kleiner AIFM nach AIFMG **B** 131, 138 f., 146, 155
– Manager/Verwalter alternativer Investmentfonds oder Alternativinvestmentfondsmanager (großer AIFM) **B** 24, 128, 130 ff., 137 ff., 141 f., 145 ff., 164 ff., 218 ff., 231 ff.
AIFMG B 21 ff., 83, 128 ff., 181, 203 ff.; **D** 2, 19, 46
– AIFM-Gesetz **B** 24, 128 ff.
– Opting in **D** 64
– Verwaltung Österreich konzessionierter AIFM **D** 68
AIFM-Richtlinie A 77 ff.
– AIFM-RL **B** 21 ff., 72, 138, 150 ff., 164, 231
– De-minimis Regelung **E** 20, 94
– Drittstaatenregulierung **A** 78, 80 f.
– Einfluss auf alternative Anlagestrategien **C** 71
– Inkrafttreten **A** 82
– laufende Aufsicht **A** 82
– Privatplatzierung **C** 138
– Revision KAG **E** 9, 79
– Umsetzung in luxemburgisches Recht **C** 12, 33, 53 ff., 140
– Verhinderung systemischer Risiken **A** 78, 81
AIFM-RL B 21 ff.; **D** 14
AIFM-StAnpG A 88 ff.
AIF-Warnhinweisverordnung D 2
Aktiengesellschaft B 7
– mit fixem oder veränderlichem Kapital **B** 13
– Fondsleitung eines Anlagefonds **B** 42 ff.
– OGAW als Investmentgsellschaft **B** 60, 66, 173

– als Rechtsform des Investmentunternehmens **B** 32 ff.
– schweizerische Aktiengesellschaft **B** 176
Aktiengesellschaft für Rheinisch-Westfälische Industrie A 2
Alternative Investmentfonds Manager – Gesetz D 2
Andere Sondervermögen D 54
Anlageberatung D 36
– Beraterregister **A** 129
– Beschwerden **A** 129
Anlagegesellschaft
– iSd IUG Liechtenstein **B** 13, 19, 28 ff., 54, 189, 212
Anlagestiftungen E 17
Anlageverordnung
– Konsultationsentwurf **A** 168 ff.
Anleger
– Anlegeraktien **B** 61
– Anlegerbeschwerden **B** 104
– Anlegerbesteuerung, Einzelanleger, Unternehmensanleger **B** 178, 180 f., 190, 197 f., 203, 206, 224
– Anlegergleichbehandlung **B** 152
– Anlegerinformation **B** 56, 64, 66, 74, 92 ff., 96, 100, 102, 105, 128, 135, 137, 140, 146, 148, 152, 159, 163, 219 ff.
– Anlegerinteressen **B** 41, 71, 135
– Anlegerregister **B** 146
– Anlegerschutz/-rechte **B** 11, 17, 20, 27 ff., 44, 49, 57, 63 ff., 69, 71, 74 ff., 84, 89 ff., 96 ff., 104 ff., 118, 129 ff., 135 ff., 139 ff., 148, 150 ff., 152, 160, 163, 168, 228, 244
– ausländischer qualifizierter Anleger **E** 113
– Begriff **E** 109
– Privatanleger **B** 137, 139, 140, 150, 152, 163, 220, 223 f.
– professionelle Anleger **B** 137, 139, 150, 163, 220, 224, 229, 231
– qualifizierter Anleger **E** 110 ff.
– vermögende Privatperson **E** 111
– Vermögensverwaltungskunde **E** 112
Anlegerschutz D 8
AnsFuG A 69 ff.
– grauer Kapitalmarkt **A** 70 f.
Anzahl von Anlegern
– Begriff unter dem KAGB **A** 138
– Einstufung eines Treuhandkommanditisten **A** 138
ASSEP C 73, 148
Asset-Klassen D 44

1081

Asset-Pooling-Vehikel
- Option nach InvStG **A** 188

Aufsichtsbehörde
- nach KAGB **A** 126 ff.
- s. FINMA

Ausgabe- und Rücknahmepreis D 84

Ausgleichskassen E 17

Ausländische AIF
- Vertrieb nach KAGB **A** 162 ff.

Ausländische Immobilienkonstrukte D 31

Ausländische kollektive Kapitalanlagen
- Begriff nach KAG **E** 31
- Vertreter **E** 105 ff.
- Vertrieb **E** 103
- Vertriebsvertrag **E** 106

Ausländische OGAW D 62

Ausländische Verwaltungsgesellschaft D 59

Auslegungspraxis FMA betreffend Marketingunterlagen D 88

AuslInvestmG A 39 ff.
- Anmeldeverfahren **A** 42
- ausländische Investmentanteile **A** 39 ff.
- Besteuerung der Erträge **A** 44
- Depotbank **A** 43

BaFin
- Aufsichtsbehörde nach KAGB **A** 126 ff.
- Hauptaufgabe **A** 127
- zentrale Hinterlegungsstelle für Verkaufsprospekte **A** 128

BAKRed
- als Vorläuferbehörde der BaFin **A** 126

BankG
- Bankengesetz Liechtenstein **B** 8, 43, 72, 131, 134

Bankgeschäft D 34

Bankkonzession D 34

BankV
- Bankenverordnung Liechtenstein **B** 8

Bankwesengesetz D 2

Bauherrenmodelle D 15

BAV
- als Vorläuferbehörde der BaFin **A** 126

BAWe
- als Vorläuferbehörde der BaFin **A** 126

Bayerische Investment-AG A 11 ff.

Bestandsprovisionen D 36

Besteuerung der Fondsmanager
- Fondsmanager als Angesteller einer Fondsmanagementgesellschaft **E** 137 ff.
- Fondsmanager als Mitglied einer Personengesellschaft **E** 140
- Fondsmanager als selbstständig Erwerbstätiger **E** 140

Besteuerung der Investoren
- Anleger einer SICAF **E** 169 ff.
- Anleger von Anlagefonds mit direktem Grundstückeigentum **E** 167 f.
- Anleger von vertraglichen Anlagefonds, SICAV und KGK **E** 163 f.

Besteuerung der Managementgesellschaft
- Emissionsabgabe **E** 125
- Gewinn- und Kapitalsteuer **E** 122 ff.
- Mehrwertsteuer **E** 135 f.
- Stempelabgaben **E** 125 ff.
- Umsatzabgabe; Befreiungsgründe **E** 126 ff.

Besteuerung einer SICAF
- Gewinn- und Kapitalsteuer **E** 160
- Stempelabgaben **E** 161
- Verrechnungssteuer **E** 162

Besteuerung in Österreich
- ausschüttungsgleiche Erträge **D** 101 f., 104, 107
- institutionelle Investoren **D** 103 ff.
- natürliche Personen als Investoren **D** 106 ff.
- tatsächliche Ausschüttungen **D** 100, 102 f., 106
- Veräußerung von Anteilscheinen **D** 105, 108

Besteuerung kollektiver Kapitalanlagen
- ausländische kollektive Kapitalanlagen **E** 142 f.
- inlandische kollektive Kapitalanlagen **E** 141
- Transparenzprinzip **E** 141

Besteuerung von kollektiven Kapitalanlagen mit direktem Grundstückeigentum
- Gewinnsteuer **E** 154
- Grundstückgewinnsteuer **E** 156
- Kapitalsteuer **E** 155
- Verrechnungssteuer **E** 158

Besteuerung von vertraglichen Anlagefonds, SICAV und KGK
- Emissionsabgabe **E** 148
- Gewinnsteuer **E** 146
- Kapitalsteuer **E** 147
- Stempelabgaben **E** 148 ff.
- Umsatzabgabe **E** 149 ff.
- Verrechnungssteuer **E** 152

Beurteilungszeitraum D 66

Bewilligungspflicht
- Ausnahmen **E** 83
- Revision KAG **E** 15

Bewilligungsträger
- allgemein **E** 82 ff.

Börsegesetz 1989 D 2

Boston Personal Property Trust A 4

broker crossing networks D 25

BWG D 2
- Konzessionsvoraussetzungen **D** 34

Carried Interest E 120
- Besteuerung **C** 158; **D** 109
- Besteuerung in Deutschland **A** 205 ff.

CESR
- 06–120b **D** 13
- Guidelines CESR 04–434b **D** 12

Club Deal E 176
- Einstufung nach KAGB **A** 136

Stichwortverzeichnis

Couponsteuer
– Besteuerung in Liechtenstein **B** 171
CSSF
– Befugnisse **C** 83 ff.
– interne Organisation **C** 77 ff.
– Überwachungsauftrag **C** 81 ff.
– Zulassungsverfahren für Fondsvehikel **C** 104 ff.
– Zulassungsverfahren für sonstige Dienstleister **C** 133
– Zulassungsverfahren für Verwaltungsgesellschaften **C** 125 ff.

Dachfonds D 10, 52
Debt Funds s. *Kreditfonds*
Definitions-Richtlinie (2007/16/EG) D 12
De-minimis Regelung E 20
depository lite D 73
Depotbank
– Aufgaben **E** 92 f.
– Begriff und Organisation **E** 89 ff.
– nach IUG **B** 19, 24, 43, 55, 73, 184, 241; siehe auch *Verwahrstelle*
– bei SICAF **E** 79
– Übertragung der Aufgaben **E** 93
Derivate Risikoberechnungs- und Meldeverordnung D 2
Derivate-Meldesystemverordnung 2011 D 2
Deutscher Fondsmarkt
– Statistik **A** 97 ff.
Dienstleistungsfreiheit D 59
DMV 2011 D 2
Doppelbesteuerungsabkommen C 75, 147, 153

Effektenfonds
– Begriff **E** 43
– zulässige Anlagen **E** 44 ff.
Effektenleihe und Pensionsgeschäfte E 52
EFTA
– Europäische Freihandelsassoziation **B** 9
Einanlegerfonds E 26, 80
– Einstufung nach KAGB **A** 138
Einkommensteuer E 163, 167, 169
Einkommensteuerrichtlinien 2000 D 2
Einrichtungen und Hilfseinrichtungen der beruflichen Vorsorge E 17
Einsammlung von Kapital
– Begriff unter dem KAGB **A** 139
Einzelanlage A 29
ELTIF A 102
EMIR A 95; **C** 58
Emissionsabgabe E 125, 148
– Besteuerung in Liechtenstein **B** 173 f.
Erlaubnispflicht
– unter dem KAGB **A** 130
Erleichterungen D 63
Ertragssteuer
– in Liechtenstein **B** 169 ff.

Erweiterte Konzession D 36
ESMA C 89
– Europäische Wertpapier- und Börsenaufsicht **B** 20, 87
ETF A 94
EU Zinsertragsrichtlinie C 149
EU-AIF
– Vertrieb in Österreich **D** 66, 68
– Vertrieb nach KAGB **A** 160 f.
EU-Pass D 19
– EU-Passportierung nach AIFM-RL oder UCITS-RL **B** 16, 22 ff.
Europäische Fonds für soziales Unternehmertum A 84
Europäische Risikokapitalfonds A 84
EuSEF C 145
EuSEF-VO D 41
EuVECA C 145
EuVECA-VO D 41
EWR
– Abkommen **B** 9, 14, 23
– Beitritt Liechtenstein **B** 8 ff.
– Mitgliedstaat **B** 89, 103, 105, 108, 130, 142, 164, 216, 228, 231
Externe KVG A 150

FCP C 6, 17 ff.
– Qualifikation unter InvStG **A** 92, 194
Feeder-AIF D 66
Festgelegte Anlagestrategie
– Begriff unter dem KAGB **A** 140 ff.
– Kategorisierung **A** 143
Finanzanlagenvermittler
– Berufshaftpflichtversicherung **A** 75
– Sachkundeprüfung **A** 75
– Vermittlerregister **A** 75
– Wohlverhaltenspflichten **A** 75
Finanzanlagenvermittlungsverordnung A 75
FinDAG A 126
FINMA E 22 ff., 32 ff., 82, 115, 118, 177, 183 ff.
FMA
– Liechtenstein **B** 10, 15 ff., 20, 37 ff., 49 ff., 64, 68, 71 ff., 93 ff., 100 ff., 105 ff., 118 ff., 126 ff., 131, 137 ff., 210 ff.
FMAG B 10, 216
FMA-Incoming-Plattformverordnung D 2
FMA-IPV D 2
FONDRA A 25
Fondsbuchhaltung D 98
Fondsleitung
– Aufgaben **E** 84, 87
– Begriff und Organisation **E** 84 ff.
– Besteuerung der – in Liechtenstein **B** 173 f., 184, 189
– in Liechtenstein **B** 24, 29, 37 f., 40, 42, 173
Fondsstrukturen
– Österreich **D** 44, 45
Fondsverschmelzungen D 13

1083

Fondsvertrag E 28
– Inhalt **E** 34
Fondszusammenlegung D 10
Freie Vermittler
– Aufsicht durch Gewerbeaufsichtsbehörden **A** 74, 129

Garantiefonds
– Einstufung nach KAGB **A** 137
Geldmarktfondsverordnung D 2
Gemeinsame Anlage
– Begriff unter dem KAGB **A** 137
Genussrechtsmodelle D 15
Gepragetheorie C 152
Geschlossene Anlage-Kommanditgesellschaft B 135
Geschlossene Fonds D 45, 46
– Abgrenzung zu offenen Fonds **A** 107
– Besteuerung in Liechtenstein **B** 212 ff.
– Immobilienfonds **D** 15, 31
– Statistik in Deutschland **A** 98 ff.
– Struktur unter dem KAGB **A** 105 ff.
Geschlossene Investmentunternehmen B 30
Geschlossene Investmentvermögen A 108
– Rechtsformzwang unter dem KAGB **A** 115a
Geschlossene Organismen für gemeinsame Anlagen (OGA) B 132
Geschlossene Publikums-Investmentvermögen A 109 ff.
Geschlossene Spezial-Investmentvermögen A 112 f.
Gesetzliche Vertreter D 77
Gewinnsteuer E 122 ff., 146, 154, 160, 163, 167, 169
GMF-V D 2
Grenzüberschreitender Fondsvertrieb D 11, 13, 14, 62, 67, 71, 76

Haustürwerbeverbot D 9
Haustürwerbung D 6
Hedgefonds C 8, 30, 68; **D** 15, 54
– unter der AIFM-Richtlinie **A** 79
– unter dem InvG **A** 57
Hinzurechnungsbesteuerung
– nach AStG **A** 194
Hochfrequenzhandel D 25
Holdinggesellschaften E 18
Honorarberatung
– Anlegerführerschein **A** 76
– Qualifikationsregulierung **A** 76

IG-FestV D 2
IIKV D 2, 88
Immobilien
– Besteuerung der Fondsvehikel **B** 234
– Einstufung nach AIFMG, IUG **B** 21, 42, 45, 48 ff., 54, 139, 160, 187
Immobilienaktiengesellschaft
– Einstufung nach KAGB **A** 147

Immobilienaktiengesellschaften D 31, 45
Immobilienfonds D 11
– Ausgabe von Immobilienfondsanteilen **E** 63
– Begriff **E** 57
– Interessenskonflikte **E** 60
– Schätzungsexperte **E** 61
– zulässige Anlagen **E** 58 ff.
Immobilienfonds-OTC-Derivate-Gegenpartei-Verordnung D 2
Immobilienfonds-Prospekt-Inhalts-Verordnung D 2
Immobiliengesellschaft
– KAGB-Anwendbarkeit **A** 124
Immobilien-Investmentfondsgesetz D 2
Immobilien-Spezialfonds D 49
Immobilienveranlagungen D 11, 31
Immo-InvFG D 2
Individuelle Portfolioverwaltung D 36
Inducements D 36
Informationen- und Gleichwertigkeitsfestlegungsverordnung D 2
Infrastrukturfonds D 15
Initiator C 99
Inländische OGAW D 61
Inländische Verwaltungsgesellschaft D 55
Institutionelle Investoren D 79
– Besteuerung in Deutschland **A** 197 ff.
Interessenkonflikte- und Informationen für Kunden-Verordnung D 2
Interne KVG A 151
Investitionsgesellschaft
– Besteuerung nach InvStG **A** 185
Investment Advisers Act of 1940 A 95a
Investment Company Act of 1940 A 4, 95a
Investment Trust Company A 1, 24
InvestmentänderungsG 2007 A 58 f.
Investmentclubs E 19
Investmentfonds
– Alternativinvestmentfonds/Alternative Investmentfonds in Liechtenstein **B** 21 ff., 129, 132 f., 138, 146
– Besteuerung Investmentfonds in Liechtenstein **B** 173, 191, 212, 234
– Besteuerung nach InvStG **A** 184
– Investmentfonds in Liechtenstein **B** 11, 16
– Investmentfonds-/verwaltung nach UCITSG **B** 60 ff., 79, 81
– unter dem KAGB **A** 122 f.
Investmentfonds für österreichische steuerliche Zwecke
– ausländische Investmentfonds **D** 96
– inländische Investmentfonds **D** 94
Investmentfondsgesetz 2011 D 2
Investmentfondsrichtlinien 2008 D 2
Investmentgesellschaft B 19, 60 ff., 66 f., 73, 79, 81, 99, 104, 133, 212; **E** 20
– Investmentgesellschaft mit veränderlichem Kapital *siehe SICAV*

- steuerliche Behandlung **A** 18 ff.; **B** 212
- steuerliche Nachteile **A** 15 ff.

Investmentgesetz
- Corporate Governance **A** 59

Investmentmodernisierungsgesetz A 54

Investmentsteuergesetz
- Besteuerung der einzelnen Fondsvehikel **A** 182 ff.
- Investitionsgesellschaft **A** 90, 185
- Investmentfonds **A** 90, 184
- Kapital-Investitionsgesellschaft **A** 90
- Personen-Investitionsgesellschaft **A** 90
- transparente Besteuerung **A** 59

Investmentvermögen
- unter dem KAGB **A** 103, 134 ff., 148

InvFG 2011 D 2

InvFG AIF D 15, 28

IUG
- Besteuerung von Investmentunternehmen **B** 183, 187
- Gesetz über Investmentunternehmen **B** 11 ff., 20, 26 ff., 69, 72 ff., 107, 183, 209 f., 213, 234
- Investmentunternehmen nach IUG **B** 11, 19 f., 28 ff., 176, 209 f., 213, 234

IUV
- Investmentverordnung Liechtenstein **B** 14, 32 ff., 46 ff., 53

KAG
- Fondstypen – und klassifikation **E** 13
- Geltungsbereich und Ausnahmen **E** 14 f.
- KAG von 2006 **E** 5 ff.
- Revision von 2012 **E** 9 ff.
- Struktur **E** 12

KAGB A 83 ff.
- Drittstaatenregulierung **A** 86, 162 ff.
- Goldplating **A** 85, 213
- Publikums-AIF **A** 85
- Systematik **A** 86
- Übergangsvorschriften **A** 154
- Vertrieb an Privatanleger **A** 174 ff.
- Vertrieb an professionelle Anleger **A** 155 ff.
- Vertriebsbegriff **A** 157 f.
- Vertriebserlaubnis **A** 175
- Vertriebsmatrix **A** 176
- Vertriebszulassung **A** 166 f.

KAGG A 34 ff.
- Anpassungen **A** 37
- Grundsystematik **A** 35
- steuerrechtliche Vorschriften **A** 38
- Ziele **A** 36

Kapital-Investitionsgesellschaft
- Besteuerung nach InvStG **A** 186
- Besteuerung von Drittstaatenvehikeln **A** 194a

Kapitalmarktgesetz D 2

Kapitalsteuer E 122 ff., 147, 155, 160, 168, 170

Kapitalverwaltungsgesellschaft A 149 ff.
- Anforderungen an Geschäftsleiter **A** 152 f.

Kapitel-15-Verwaltungsgesellschaft C 113 ff.

Kapitel-16-Verwaltungsgesellschaft C 31, 41, 55, 120

KIAG
- Kapitalanlagegesellschaften-, Investment-Trust und Anlagefondsgesetz Liechtenstein **B** 11

KID D 83

KID-V D 2, 84

KID-VO D 84

KIID C 59

KMG D 2, 39

Kollektive Kapitalanlagen
- Arten **E** 28 ff.
- ausländische s. Ausländische kollektive Kapitalanlagen
- Begriff **E** 25 ff.

Kollektive Vermögensanlagen in Immobilien D 31

Kommanditanlagemodelle D 15

Kommanditbeteiligungen auf Immobilien D 31

Kommanditgesellschaft für kollektive Kapitalanlagen
- Auflösung **E** 76
- Begriff **E** 66
- Gesellschaftsvertrag **E** 72
- Komplementär und Kommanditär **E** 67
- Prospekt **E** 73

Konzession ausländische Verwaltungsgesellschaft für OGAW D 59
- Voraussetzungen **D** 60
- Wartefrist **D** 60

Konzession inländische Verwaltungsgesellschaft für OGAW D 55
- Voraussetzungen **D** 57
- Wartefrist **D** 57

Konzessionierung österreichischer AIFM D 63
- Voraussetzungen **D** 63
- Wartefrist **D** 63

Kreditaufnahme E 53

Kreditfonds C 66

Kreditinstitute
- Einstufung nach KAGB **A** 147
- KWG-Erlaubnis **A** 180
- Vertrieb von Anteilen an geschlossenen Fonds **A** 178 f.

Kundeninformationsdokument D 13

LAFV
- Liechtensteinischer Anlagefondsverband **B** 20, 147, 209, 225

Letterbox-entity C 122

limited partnership C 12

LOPC
- Loi relative aux Organismes de Placement Collectif **B** 13

Managed Account
- Einstufung nach KAGB **A** 136

1085

Managed Accounts E 176
Managed Futures Fonds D 15
– Vertrieb an Privatkunden **D** 92
Management-Dienstleistungen
– Umsatzsteuer **D** 110 ff.
– Umsatzsteuerpflichtigkeit in Deutschland **A** 208 ff.
Marketingunterlagen D 37, 80
Marketmissbrauchsbestimmungen D 40
Massachusetts Trust A 4
Master-Feeder
– Master-Feeder-Strukturen nach AIFMG und UCITSG **B** 17, 56 ff., 98 ff., 154
Master-Feeder-Fonds E 81
Master-Feeder-Fondsstrukturen D 13, 53
Materielle Gleichwertigkeit D 93
Mehrwertsteuer E 135 f.
– Besteuerung in Liechtenstein **B** 182 ff.
Meldefonds D 102
Merkblatt der FMA D 71
MiFID I B 15
MiFID II A 95; **D** 24
MiFIR A 95
Mindestinhalts-, Veröffentlichungs- und Sprachenverordnung D 2
Missbrauch von Insiderinformationen D 40
Miteigentumslösung A 20 ff.; **D** 5, 32
MTF D 25
mutual funds A 95a
MVSV D 2

Nationaler Fondsmarkt
– Österreich **D** 44
Nicht-Meldefonds D 102

Offene Fonds D 48
– Abgrenzung zu geschlossenen Fonds **A** 107
– Struktur unter dem KAGB **A** 116 ff.
Offene Fondsstruktur
– Besteuerung in Liechtenstein **B** 214 ff.
Offene Immobilienfonds D 30
– unter dem InvG **A** 59
Offene Investmentvermögen A 118 ff.
– Rechtsformzwang unter dem KAGB **A** 121a
Offene InvKG
– als Asset-Pooling-Vehikel **A** 188
Offene Publikums-Investmentvermögen A 119 f.
Offene Spezial-Investmentvermögen A 121
Öffentlich-rechtliche Körperschaften und Anstalten E 17
Offshore-Fonds
– Besteuerung nach InvStG **A** 189 ff.
– Fonds-Zertifikate als Alternative **A** 193
OGAW D 13
– siehe Organismus für gemeinsame Anlagen in Wertpapiere (OGAW/UCITS) Begriff unter dem UCITSG **B** 19, 46, 56 f., 59 ff., 66 f., 69, 71 f., 74 ff., 210 ff.

OGAW III D 11
OGAW IV-Umsetzungsgesetz A 67 f.
– grenzüberschreitende Fondsverwaltung **A** 68
– Master-Feeder-Konstruktionen **A** 68; **B** 98 ff.
– nicht-richtlinienkonforme Investmentvermögen **A** 67 f.
– Schlichtungswesen für Anleger **A** 68
– wesentliche Anlegerinformationen **A** 68
OGAW V D 22
OGAW-III-Richtlinie C 8
OGAW-IV-Richtlinie C 9
OGAW-V-Richtlinie C 58
OGAW-VI-Richtlinie C 58
OGAW-Investmentvermögen A 123
OGAW-KVG
– Entscheidungsfrist nach Erlaubnisantrag **A** 130
OGAW-Richtlinie IV A 65 ff.
– Anlagepolitik **B** 86
– Anzeigeverfahren **B** 57, 104 ff.
– EU-Pass **A** 66
– grenzübergreifende Fonds-Fusionen **A** 66
– KIID **A** 66
– Master-Feeder-Fonds-Strukturen **A** 66; **B** 17
– Verschmelzung (Fusion) **B** 88 ff.
OGAW-Richtlinie V A 93
OGAW-Richtlinie VI A 94
– OTC-Derivate **A** 94
– Repo-Geschäfte **A** 94
OGAW-Richtlinien E 3 f., 5, 8
OGAW-Richtlinien I-III A 45 ff.; **B** 12, 16 ff.
– 1. Finanzmarktförderungsgesetz **A** 49
– Derivate **A** 53
– EU-Binnenmarkt **A** 50
– europäischer Pass **A** 48
– Finanzinstrumente **A** 53; **B** 17
– Finanzterminkontrakte **A** 49
– freier Dienstleistungsverkehr **A** 52
– Rentenfonds **A** 49
– Übertragung von Aufgaben auf Dritte **A** 51
– Wertpapier-Optionsgeschäfte **A** 49
– Zweigniederlassungen **A** 52
Operativ tätiges Unternehmen außerhalb des Finanzsektors
– Begriff unter dem KAGB **A** 145 ff.
Operative Gesellschaften E 18
ÖPP-Fonds
– unter dem InvG **A** 59
Opting in E 111
Opting out E 112
Organisationsrichtlinie 2001/107/EG D 11, 62
Organismus
– Begriff unter dem KAGB **A** 135
Organismus für gemeinsame Anlagen
– Abgrenzung Begriff nach AIFMG **B** 132, 139, 162 f.
– Begriff nach dem IUG **B** 46
– Begriff unter dem KAGB **A** 136
– OGAW Besteuerung in Liechtenstein **B** 187

Organismus für gemeinsame Anlagen in Wertpapiere
- OGAW/UCITS Begriff unter dem UCITSG **B** 19, 46, 56f., 59ff., 66f., 69, 71f., 74ff., 210ff.
- Strafbestimmungen nach UCITSG **B** 112

Österreich Anhang D 62, 86
OTF D 25
Outbound-Strukturen in Deutschland A 210f.

passporting D 71
Pensionsgeschäfte E 52
Pensionsinvestmentfonds D 10, 54
Personen-Investitionsgesellschaft
- Besteuerung nach InvStG **A** 187

PGR
- Personen- und Gesellschaftsrecht **B** 6, 7, 9, 14, 16, 32ff., 42, 65ff., 97, 120, 134ff., 174

Prime Broker C 30
- nach AIFMG **B** 24ff.

PRIPS-Verordnung C 59
Privatanleger B 137, 139, 140, 150, 152, 163, 220, 223f.; **D** 82
- Besteuerung in Deutschland **A** 200ff.
- siehe Anleger

Private Equity
- unter der AIFM-Richtlinie **A** 79; **B** 21
- GmbH & Co. KG-Struktur **A** 64
- unter dem KAGB **A** 57
- unter dem UBGG **A** 63

Private Equity-Fonds D 15
Private Placement E 115, 188, 192
- unter dem KAGB **A** 177

Privatplatzierung C 140; **D** 19, 79
Produktpass D 11
Produktrichtlinie 2001/108/EG D 11
Professionelle Anleger C 138; **D** 81
Promoter C 95
Prospekt D 83
Prospekthaftung D 39
Prospektpflicht D 8
Protokollierungspflicht E 119
PSF C 128ff.
Publikumsfonds D 49
- Entwicklung in Deutschland **A** 28
Publikums-KG C 75
Publikumsvertrieb E 118f.

Qualifizierter Anleger
- Begriff **E** 110ff.

Rechenschafts- (bzw. Halbjahres-)bericht D 84
Referenzaktionär C 118
Registrierung D 64
Registrierung österreichischer AIFM D 63
Registrierungs- und Anzeigepflicht
- unter dem KAGB **A** 131ff.

REIT
- Einstufung nach KAGB **A** 125, 147

REITs E 176
Revenue Act of 1936 A 95a
Reverse Solicitation E 115, 188, 192
reverse solicitation
- Einstufung nach KAGB **A** 158

Richtlinien 2009/65/EU, 2010/43/EU und 2010/44 D 13
Risiko- und Liquiditätsmanagement D 18
Risikodiversifizierung A 3
Risikohinweisverordnung D 2
Risikokapitalfonds D 15
Risikomanager
- nach AIFMG **B** 140, 145, 146ff., 230

Risikostreuung D 5
Rohstofffonds D 15
Rücktrittsrecht D 39

Sachkundige Anleger C 39
Schifffahrtsfonds D 15
SCS(p)
- Besteuerung nach InvStG **A** 195

Securities and Exchange Commission A 95a f.
Security Exchange Act of 1934 A 95a
Selbsregulierung s. *SFAMA*
Selbstnachweis D 102
SEPCAV C 73, 148
SFAMA E 104, 182
SICAF
- Aktienkapital **E** 78
- Depotbank **E** 79
- Dokumente **E** 77
- société d'investissement à capital fixe als Anlagevehikel **B** 13, 35, 185f., 242f.

SICAR C 10, 46ff.
- Zulassungsvoraussetzung **C** 100ff.

SICAV C 2, 21ff.
- Begriff **E** 35ff.
- fremdverwaltete SICAV **E** 35
- Investmentgesellschaft mit veränderlichem Kapital; société d'investissement à capital variable als Anlagevehikel **B** 13, 35, 66ff., 79, 81, 99, 104, 133, 184
- Mindesteinlage und Mindestvermögen **E** 37
- Organe **E** 41
- Qualifikation unter InvStG **A** 92
- selbstverwaltete SICAV **E** 35
- Statuten und Anlagereglement **E** 39

Sicherungsübereignung E 54
SIF C 39ff.
- Zulassungsvoraussetzung **C** 96ff.

Sonderkreditinstitut D 34
Sondervermögen
- Typentrennung nach KAGG **A** 56

Sonstige Sondervermögen
- unter dem InvG **A** 59

Sozialversicherungseinrichtungen E 17

Spezial-AIF
– Vertrieb nach KAGB **A** 159
Spezialfonds D 10, 49, 84
Spezielle Kommanditgesellschaft C 41, 51, 75, 151
Stempelabgabe
– in Liechtenstein **B** 172
Stempelsteuer E 125, 148 ff., 161, 171
Steuerliche Aspekte E 120
Steuerlicher Vertreter D 102
Stiftungen E 19
Stille Beteiligungsmodelle D 15
Strukturierte Produkte
– Regelung im KAG **E** 13
Sub- oder Zielfonds D 52
Sukuks C 66
Super-Verwaltungsgesellschaft C 33, 55
– Zulassungsvoraussetzung **C** 91 ff.

Teil-II-Fonds C 25 ff.
Teilfonds C 35 ff., 42; **D** 51
Teilfondsverordnung D 2
TFV D 2
Thesaurierende Fonds D 10
Tranchenfonds D 50
Transparenz E 141
Transparenzprinzip D 95
Treuhandlösung A 20 ff., 35
TrUG B 6
Trust
– angloamerikanischer Trust **B** 7, 33
– Investment-Trust **B** 11
– Trust-Form des AIF **B** 24, 132, 212

Übermittlungs- und Hinterlegungsverordnung D 2
UBGG A 61 ff.
Übrige Fonds für traditionelle und alternative Anlagen
– Begriff **E** 64
– Prospekt **E** 65
– zulässige Anlagen **E** 65
UCITSG B 16 ff., 56 ff., 112, 128 ff., 139, 149, 156, 176, 181, 203 ff., 221 ff.
UCITS-Richtlinie IV s. *OGAW-Richtlinie IV*
UCITS-Richtlinien I-III s. *OGAW-Richtlinien I-III*, **B** 12, **B** 14, **B** 27, **B** 47
ÜHV D 2
Umbrellafonds D 51
Umbrella-Struktur C 35 ff., 42
Umsatzabgabe E 126 ff., 149 ff., 165
– in Liechtenstein **B** 175 f.
Umsatzsteuer C 154 ff.
Umsatzsteuergesetz 1994 D 2
Unit Trust A 1
Unternehmensgegenstand
– in Abgrenzung zur Anlagestrategie **A** 142
USA
– regulatorische Entwicklung **A** 95a

– Vergleich mit den Rahmenbedingungen in Deutschland **A** 95b
UStG D 2

Venture Capital C 48
– unter dem KAGB **A** 57
Venture-Capital-Fonds D 15
Veranlagungsgemeinschaften in Immobilien D 90
Verbände s. *SFAMA*
Vereine E 19
Vergütungspolitik D 18
Vergütungsregelungen D 34
VermAnlG A 72 ff.
– Kurzinformationsblatt **A** 73
– Qualifikation als Auffangrecht nach KAGB **A** 177
– Verkaufsprospekt **A** 73
Vermögende Privatperson
– Begriff **E** 111
– Opting in **E** 111
Vermögenssteuer E 164, 168, 170
Vermögensverwalter kollektiver Kapitalanlagen
– Begriff **E** 94
– Bewilligungsvoraussetzungen **E** 95
– De-minimis Regelung **E** 20 ff., 94
– Mindestkapital und Eigenmittel **E** 99, 101
– Portfolioverwaltung und Risk Management **E** 97
– Rechtsform **E** 96
– Zweigniederlassung **E** 96
Vermögensverwaltung
– in Liechtenstein **B** 15, 71, 115 f., 118 f., 227
Vermögensverwaltungsgesellschaft
– nach VVG **B** 113, 115, 119, 121, 123 ff., 126 f., 139, 148, 222, 227
Vermögensverwaltungskunden
– Begriff **E** 112
– Opting out **E** 112
Veröffentlichungsarten D 85
Veröffentlichungspflichten D 84
Veröffentlichungsvorschriften D 39
Verpfändung E 54
Verrechnungssteuer E 152, 158, 162, 166, 172
Versicherungsunternehmen
– zukünftiges Anlagespektrum **A** 173
Vertraglicher Anlagefonds
– Begriff **E** 32
Vertreter ausländischer kollektiver Kapitalanlagen
– Aufgaben **E** 108
– Mindestkapital **E** 107
– Pflicht zur Bezeichnung **E** 105
– Pflichten **E** 106
Vertrieb C 136 ff.; **D** 66, 71
– AIFM **C** 142 ff.
– Ausnahmen vom Vertriebsbegriff **E** 115
– Begriff **E** 114

- Eigeninitiative und Reverse Solicitation **E** 115
- EuVECA/EuSEF **C** 145
- OGAW **C** 141
- Private Placement **E** 115
- an Publikum **E** 118
- an qualifizierte Anleger **E** 116

Vertrieb AIF an Privatkunden D 91
- Voraussetzungen ausländische AIF **D** 93
- Voraussetzungen österreichische AIF **D** 92

Vertrieb ausländischer AIF an Privatkunden
- Anforderungen **D** 93
- Anzeige **D** 93
- Sprache **D** 93
- Voraussetzungen **D** 93
- Wartefrist **D** 93

Vertrieb und Verwaltung von EU-AIF durch in anderen Mitgliedstaaten konzessionierte AIFM
- Sprachen **D** 71
- Wartefrist **D** 71

Vertrieb und Verwaltung von EU-AIF durch in Österreich konzessionierte AIFM D 66 ff.
- Beurteilungszeitraum **D** 66

Vertrieb von AIF durch Nicht-EU-AIFM D 77 ff.
- Sprachen **D** 77
- Voraussetzungen **D** 77 ff.
- Wartefrist **D** 77

Vertrieb von EU-AIF durch EU-AIFM D 71 ff.
- Passporting **D** 71
- Sprachen **D** 71

Vertrieb von Nicht-EU-AIF durch österreichische und EU-AIFM D 73
- Sprachen **D** 73
- Voraussetzungen **D** 73 ff.
- Wartefrist **D** 75

Vertrieb von OGAW
- Voraussetzungen **D** 61, 73

Vertriebsbegriff AIFMG D 19

Vertriebsträger
- Begriff **E** 103
- Bewilligungspflicht **E** 103, 117, 118
- Vertriebsträger nach AIFMG **B** 140, 145, 147, 148 ff., 154, 230

Vertriebsvertrag E 106

Verwahrstelle
- Unterverwahrstelle Liechtenstein **B** 145, 149
- Verwahrstelle Liechtenstein **B** 19, 56 ff., 63, 71 ff., 89, 97, 100 ff., 128, 137, 140, 141 ff., 149, 154, 163, 165 ff., 219, 223, 232 f.

Verwaltung D 68, 72

Verwaltungsgesellschaft
- nach OGAW **B** 16 f., 26 f., 40, 56 ff., 70, 74, 81, 82 ff., 104, 107 f., 110, 131, 173, 227

Volumina D 44

Vor- und Nachhandels-Transparenzpflichten D 26

VVG
- Vermögensverwaltungsgesetz Liechtenstein **B** 15, 68, 83, 113 ff., 221

VVO
- Vermögensverwaltungsverordnung Liechtenstein **B** 15

WAG 2007 D 2
Wartefrist für OGAW-Verwaltungsgesellschaften D 63
Werbeverbot D 6
Werbung D 6, 8, 87
- Garantiefonds **D** 89
- historische und künftige Wertentwicklung oder Simulation **D** 89

Wertpapieraufsichtsgesetz 2007 D 2
Wirtschaftsprüfer
- oder Revisor Liechtenstein **B** 19, 55 ff., 71, 81, 92, 100, 102, 112, 126 ff., 137, 144, 147, 156, 160 ff., 212 ff.

WKBG A 62 f.
Wohlverhaltensregeln D 37

Zahl- und Informationsstelle D 62, 86
Zeichnungssteuer C 146
Zickert'scher Kapitalverein A 5 ff.
Zoll- und Währungsvertrag
- Zoll- und Währungsvertrag zwischen Schweiz und Liechtenstein **B** 9

Zulassungserfordernisse ausländische OGAW D 62
- Sprachen **D** 62
- Wartefrist **D** 62

Zulassungserfordernisse inländische OGAW D 61
- Wartefrist **D** 61

Zulassungsverfahren E 178, 183 f.
Zum Nutzen der Anleger
- Begriff unter dem KAGB **A** 144

Zweigstelle D 59

Im Lesesaal vom 2 0. AUG. 2014 bis